U0946091

图书馆学情报学大辞典

丘东江　主编

海洋出版社

2013年·北京

图书在版编目（CIP）数据

图书馆学情报学大辞典 / 丘东江主编. — 北京 ：
海洋出版社，2013.3
ISBN 978-7-5027-8344-0

Ⅰ. ①图… Ⅱ. ①丘… Ⅲ. ①图书馆学-词典②情报学-文集 Ⅳ. ①G250-61②G350-61

中国版本图书馆 CIP 数据核字（2013）第 034805 号

策划编辑：高显刚
责任编辑：杨 明
封面设计：申 彪
责任印制：赵麟苏

海洋出版社 出版发行
http://www.oceanpress.com.cn
北京市海淀区大慧寺路 8 号 邮编：100081
北京旺都印务有限公司印刷 新华书店北京发行所经销
2013 年 3 月第 1 版 2013 年 3 月第 1 次印刷
开本：787 mm×1092 mm 1/16 印张：103
字数：3640 千字 定价：480.00 元
发行部：62132549 邮购部：68038093 总编室：62114335

#《图书馆学情报学大辞典》

编 委 会

The Editorial Committee

内容简介

Synopsis

《图书馆学情报学大辞典》是一部收词最多、专业覆盖面最广、结构合理、解释详细、表达严谨、实用性突出的工具书，是同类专业辞典中规模最大的一部。

这部大型工具书是在《新编图书馆学情报学辞典》的基础上进行修订和增补形成的。由丘东江先生主编并主持修订。收录词条近2万条，共364万字，覆盖面广，释义力求精准。共增补收录3 000多条新词、新义。其内容同样涵盖与图书馆学、情报学、目录学、档案学、信息学、图书学、计算机科学和传播学学科有关的理论和实践、人物、图书馆事业、文献资源建设与管理、馆藏发展与维护、读者服务、图书馆系统及技术支持、电子/数字资源管理、职业规范、报刊、大众传媒、编辑和出版、装订发行、知识产权和图书馆法律条例、经典著作、出版社和图书馆服务机构等有关的专题，汇集了近几年来随着图书馆事业、图书馆学研究以及网络化的发展所出现的新词汇、新术语。

该辞典附录部分全面更新，更具参考性、实用性和知识性。编辑有《1928—2012年世界图书馆和信息大会：国际图联大会概况》、《国际图联专业委员会机构表》、《专业缩略语》、《国内外专业期刊》、《世界主要图书博览会》、《海峡两岸专业名词对照表》、《都柏林核心元数据应用国际会议概况》、《中美图书馆合作会议概况》以及《上海国际图书馆论坛概况》等内容。

该辞典是从事图书馆学、情报学专业工作的工作者和研究者的最佳案头工具书。

主编弁言

Preface

7年前，一部具有百科辞典功能的综合性的大型专业工具书《新编图书馆学情报学辞典》诞生。今天，当这部大型工具书的修订、增补本——《图书馆学情报学大辞典》在几十位同道努力下，焕然一新问世时，可以自豪地说：对业界又作出了一点贡献。

《新编图书馆学情报学辞典》收词最多、专业覆盖面最广、结构合理、解释详细、表达严谨、得体实用，是同类专业词典中的规模最大的一部。

事实上，《新编图书馆学情报学辞典》从出版的第一天起，编委会就没有间断过两件事：一是查找遗漏；二是收集新词。补遗也好，增词也罢，进行修订、删减和增补，是一件劳心、耗智和费力的工作。

《图书馆学情报学大辞典》在《新编图书馆学情报学辞典》收词1万多条的基础上，增补收录3 000多条新词、新义。其内容同样涵盖与图书馆学、情报学、目录学、档案学、信息学、图书学、计算机科学和传播学学科有关的理论和实践、人物、图书馆事业、文献资源建设与管理、馆藏发展与维护、读者服务、图书馆系统及技术支持、电子/数字资源管理、职业规范、报刊、大众传媒、编辑和出版、装订发行、知识产权和图书馆法律条例、经典著作、出版社和图书馆服务机构等有关的专题，汇集了近几年来随着图书馆事业、图书馆学研究以及网络化的发展所出现的新词汇、新术语。

该辞典附录部分编辑有《1928—2012年世界图书馆和信息大会：国际图联大会概况》、《国际图联专业委员会机构表》、《专业缩略语》、《主要专业期刊》、《世界主要图书博览会》、《文学图书奖》、《海峡两岸专业名词对照表》、《都柏林核心元数据应用国际会议概况》、《中美图书馆合作会议》以及《上海国际图书馆论坛》等内容，参考性和实用性较强。

在《图书馆学情报学大辞典》总体完工后，由原浙江图书馆馆长程小澜研究馆员和《图书情报工作》杂志社的编辑们进行了认真、仔细的审读、校对。在此表示衷心的感谢。

7年来，由于全体编撰人员合力工作，终于有了成果，希望《图书馆学情报学大辞典》尽可能少些遗憾。

丘东江

2013年2月

凡例

Guide to Using the Dictionary

1. 本辞典所收录的辞条，一律按汉语拼音字母顺序排列，当第一字同音时，按四声的声调排列；同音同调时，按笔画的多少排列，如第一字相同，则按第二字排列，余类推。

2. 每一辞条下都附有外文译名，在英文以外的外文译名前用括号标出文种，如（法）法文、（德）德文、（意）意大利文、（西）西班牙文、（葡）葡萄牙文和（拉）拉丁文等。

3. 书名下面的英文译名和英文以外其他外文译名一律采用斜体。

4. 释义以现代汉语为准，力求简明扼要，对于学术上目前尚无定论或有争议者，则采取诸说并存，或者以一说为主，兼及其他。

5. 本辞典最后编辑有中、外文索引，按拉丁文字母顺序排列，后注明页码，以备查检。

6. 本辞典所引用的资料截止到2013年2月底。

目　　录

CONTENTS

A

阿贝维也尔出版集团（美国）
Abbeville Publishing Group

国际著名艺术图书和插图本出版商，同时也是著名文具商。成立于1977年，总部设在美国纽约，在法国巴黎设有办事处。该出版集团由出版英语艺术图书和插图本的阿贝维也尔出版社（Abbeville Press）、出版廉价图书的阿塔布拉斯出版社（Artabras）、出版高质量儿童插图本的阿贝维也尔儿童出版社（Abbeville Kids）和生产文具用品的阿贝维也尔礼品公司（Abbeville Gifts）组成。该出版集团出版的艺术图书在国际上享有盛名，屡次获得国际大奖。每年出版英语图书70多种，法语图书10多种，拥有在版书700多种。

阿德恩·克罗诺斯通讯社（意大利）
（意）*Kronos-Agenzia di Notizie*

成立于1962年。为意大利重要的私营通讯社之一，初隶属意大利社会党（PSI），1984年改制为独立核算的企业集团。该通讯社每天播发意大利语新闻300多条，计约9万余字，其特色是所提供的新闻简短且丰富多彩。广告代理、音像制品发行、图书出版、展览宣传、法律咨询以及经理人才培训等也是该通讯社的业务。

阿德莱德大学图书馆（澳大利亚）
University of Adelaide Library

阿德莱德大学建立于1874年，该馆也随之创立。该馆包括1所中心馆和5所专业分馆（Barr Smith图书馆、Elder音乐图书馆、法学图书馆、Roseworth图书馆以及Waite图书馆），馆藏各类图书文献达200万册，订阅电子期刊2万多种、期刊论文2 500多万篇，馆藏侧重于医药、牙科、生物科学、健康科学、物理学、环境科学、农业、音乐以及社会科学等学科。中心图书馆设有阅览座位1 300席，各分馆拥有700个阅览席位。

阿德莱德·罗莎莉·哈西（1868—1953）
Adelaide Rosalie Hasse

美国著名目录学家兼作家。1889年在洛杉矶公共图书馆工作，负责整理美国政府出版物。因编制了分类表和文献目录，引起图书馆界的关注。1895年被任命为华盛顿文献管理局的首任图书馆馆长，负责管理美国政府出版物索引的编制与出版。1896年出版其第一部重要书目《美国农业部出版物目录》（*The List of Publications of the U. S. Department of Agriculture*），同时撰写文章和编制大量索引，如《美国经济学资料索引》（*Index of Economic Material in Documents of the States of the United States*）和《1828—1861年美国外交文献索引》（*Index to United States Documents Relating to Foreign Affairs*）等。1897—1918年在纽约公共图书馆工作，率先提出情报工作要为商业界提供参考咨询服务。一生著书颇丰，出版了24本专著，发表50篇文章。

阿尔巴尼亚国家图书馆
National Library of the Republic of Albania/*Biblioteka Kombëare e Shqipërisë*

位于首都地拉那，是全阿尔巴尼亚书目中心、图书保存和传播的主要机构、全国图书馆员职业训练及资格授予中心，成立于1922年。下设馆长办公室、采选部、编目部、典藏部、查证部、信息服务部、阿尔巴尼亚学部、书目部、国际交换与互借部、资格培训部、修整部、技术部、管理部和财务部。该馆拥有馆藏（包括图书、报纸杂志、地图和缩微胶卷等）100余万卷（册）。

阿尔伯塔大学图书馆学与情报学学院（加拿大）
School of Library and Information Studies of University of Alberta

其前身是成立于1968年的阿尔伯塔大学图书馆学系。该系于1970年获得美国图书馆协会和加拿大图书馆协会资格认证，所开设的课程有：图书馆学与情报学基础、参考咨询与信息服务、学校媒体中心管理、加拿大儿童文学、信息技术和知识与信息组织等。可授予独立跨学科研究博士学位和图书馆学与情报学研究硕士学位。1988年更为现名。

阿尔伯塔图书馆协会（加拿大）
Library Association of Alberta（LAA）

成立于1930年，是加拿大西部阿尔伯塔省的图书馆协会，由阿尔伯塔大学图书馆发起。会员包括个人会员、机构会员、商业会员及附属会员4类。协会每年召开一次年度会议。协会提供继续教育资助金和职业发展奖学金，为阿尔伯塔居民接受图书馆专业教育与培训提供机会。同时还设置了图书馆服务杰出奖、杰出贡献奖、主席奖及学生奖等奖项。

阿尔及利亚国家图书馆

The National Library of Algeria/*Bibliothèque Nationale d'Algérie*

为该国最古老的文化设施，隶属文化部。成立于1835年。目前的馆舍建于1958年。馆藏以人文学科为主，拥有7万卷关于阿尔及利亚、摩洛哥和突尼斯的马格里布专藏，内容涵盖17—19世纪有关阿尔及利亚的历史以及1830年沦为法国殖民地后的历史。特藏有1194年阿尔默哈德·阿布·尤素福·雅各布撰写的道德格言、1607年波斯人伊玛德·本·易卜拉欣抄写的镀金蓝边《古兰经》。馆藏总量110万册（件），现刊1 000种，乐谱2.3万件，3 500卷手稿，以阿拉伯文为主，涉及理论、立法以及语言、诗歌、历史、地理、医学、哲学和天文学等内容。16/35毫米电影胶片约2 000件，音像资料近4.5万件。每年刊行两期《阿尔及利亚国家书目》和专门书目。

阿根廷国家图书馆

The National Library of Republic Argentina/*Biblioteca Nacional de la República Argentina*

1810年9月7日建立的布宜诺斯艾利斯公共图书馆是该馆的前身，1884年10月根据议会法律更为现名。作为阿根廷出版物的总书库，还编辑国家书目、开展书刊交换业务、对图书馆员进行职业培训、通过数字和卫星网络与其他图书馆及信息中心联系并进行国内外合作交流。主要业务部门有：读者服务部、采选交换与捐赠部、报刊图书馆、地图图书馆、参考书部、计算机部与机构关系部。该馆特藏有1484年但丁的《神曲》（*Dante's Divine Comedy*）和1607年布鲁塞尔出版的《唐·吉诃德》（*Don Quichotte*）。拥有藏书200余万册（卷），现刊2.2万种，摇篮本21卷，学位论文3万余篇，地图3万余幅。

阿根廷“胡安·阿尔瓦雷斯博士”图书馆

Biblioteca Argentina “Dr. Juan Alvarez”

于1913年成立。该馆不仅是阿根廷罗萨里奥（Rosario）市最重要的图书馆，而且在整个圣达菲（SantaFe）省的图书馆中也居于重要地位。其馆藏为近20万册（件），涵盖了所有学科，并且所有馆藏都对读者开放。该馆设有读者座位190席，以及举行各类会议和音乐会的场所。该馆还为视力残障人士提供免费服务，如有声文献资料、可供外借的磁盘以及盲文印刷材料。自1957年4月以来，该馆成为联合国的托存图书馆。

阿肯色州中心图书馆系统（美国）

The Central Arkansas Library System

位于美国阿肯色州，根据1975年阿肯色州6个中心县市达成的合作协议，由小石城、杰克逊唯尔、舍伍德和伯利唯尔等图书馆以及小石城流动图书馆联合构成一个该州最大的图书馆系统。馆藏图书及期刊合订本90万多册，激光唱片、磁带及其他音频资料1万多件，数字视盘和家用录像机制式的视频资料7 000多件。年到馆访问达200万人次，年图书流通量达240万多册次。

阿拉巴马大学图书馆学与情报学学院（美国）

SLIS of University of Alabama

阿拉巴马大学位于美国阿拉巴马州的塔城。其图书馆学情报学学院建于1929年，当时隶属于教育学院。1989年，该学院更为现名，并获得美国图书馆协会资格认证。该学院的愿景是“作为以学者、学生为中心的社区，努力为他们创建、管理和有效利用信息的机会”。所开设主要课程有：图书馆学情报学导论、学校媒体中心、数据库分析与评价、法律图书馆与法律资源、馆藏发展和教学设计等。可授予图书学和图书馆学与情报学硕士学位、图书馆学与情报学博士学位。

阿拉伯联合酋长国国家图书馆

National Library of the United Arab Emirates

该馆成立于1981年，隶属于作为公共机构的阿拉伯联合酋长国文化基金会。旨在收集与海湾国家和阿拉伯半岛有关的手稿、书刊、地图和图片，并进行该地区的调查和研究。作为联合国文献保存馆，负责开展馆际互借。拥有藏书100万册（卷），现刊1 500种，手稿9万部，地图1万幅。该馆前身为1968年成立的阿拉伯联合酋长国文献与研究中心。

阿拉伯数字

Arabic numerals（Arabic figures）

现国际通用数字。公元6世纪由印度发明的10个数字（0 1 2 3 4 5 6 7 8 9），约于公元900年前后为阿拉伯人所采用。大约100年后经由西班牙传入欧洲并逐渐取代了罗马数字，随后又传遍世界各个角落。人们在阿拉伯数字的基础上创造了科学记数法。是十进制计数法中的计数工具，结构简明，计数灵活，在科学领域中应用广泛。杜威十进分类法的分类符号即采用阿拉伯数字。国会图书馆图书分类法也采用阿拉伯数字，紧跟于表示大类的字母之后。中国图书馆分类法其标记符号则采用拉丁字母和阿拉伯数字相结合的混合号码制。在印刷业中，一本书除了前附资料用罗马数字标页外，其余页码均采用阿拉伯数字，并且还用来表示脚注和尾注。根据《美国图书馆协会排卡规则》(*ALA Filing Rules*)，以阿拉伯数字开头的大标题位于以字母开头的标题之前，并按从小到大的顺序排列。

阿莱·贝思·马丁（1914—1976）
Allie Beth Martin

美国教育家、政治活动家、作家和图书馆学家。1935 年大学毕业后即在图书馆工作，1949 年取得哥伦比亚大学图书馆学院硕士学位。后任阿肯色州和俄克拉荷马州图书馆协会主席。在俄克拉荷马州担任多年儿童图书馆馆长，在社区会议上积极不断地宣传建立新馆或改进图书馆设施，终于得到拨款，使塔尔萨市县图书馆系统焕然一新。1969—1970 年任美国西南地区图书馆协会主席，在该地区的成人教育和馆际合作方面做了大量工作。在为美国图书馆协会工作多年后，于 1975 年当选为该协会主席。主要作品有《公共图书馆改革的战略：公共图书馆的目标》(*Strategy for Public Library Change*: *Proposed Public Library Goals*)。

阿里格尔穆斯林大学图书馆（印度）
Aligarh Muslim University Library

该大学成立于 1875 年，图书馆也随之创立。21 世纪以来的图书馆综合系统包括 1 所中心馆和 80 多所大学及部门图书馆。馆藏有 150 万册（件），包括图书、期刊、小册子、手稿、油画和照片。该馆还收藏大量早期印刷的多种语言图书，最突出的就是 1572 年出版的拉丁文译文，由著名的 *Ibn-al-Haitham*（965—1040）所撰写的关于视觉、光学方面的著作。

阿利布利斯公司（美国）
Alibris

位于美国加利福尼亚州的一家专门为书店、图书馆、批发商和零售顾客供应善本书、绝版书以及非常稀有的图书的公司，其主要营销方式是网上销售新旧书。该公司于 1997 年由马丁·曼利（Martin Manley）创设。

阿马多·阿拉桑·布索（1933—）
Amadou Alassane Bousso

塞内加尔图书馆学家、图书馆学教育家。曾任中学教师，后在塞内加尔达喀尔大学深造，获文学士学位。1962 年作为联合国教科文组织专家创立达喀尔图书馆学、档案学和文献学院，以满足非洲西部对图书馆员培训的需要。布索多次参加国际会议，到非洲各国游说，向当地政府宣传把学生送到这所学校深造，并敦促政府开展图书馆宣传活动。经过艰苦创业，终于在达喀尔大学设置了两年制课程的图书馆学院，每年招收 50 多名受过完全中学教育的学生。20 世纪 70 年代末，该学院还开设了硕士学位课程。

阿米莉亚·弗朗西丝·霍华德-吉本插图画家奖
Amelia Frances Howard-Gibbon illustrator's Award

加拿大的一项艺术奖于 1971 年创立，每年颁发给上一年度在加拿大国内出版的儿童读物中最出色的插图画家。该画家必须是加拿大公民或永久居留者，并且所配的图画文字应当是具有一定价值的。该奖项由全加拿大图书服务中心（National Book Service）赞助，由加拿大儿童图书馆员协会（Canadian Association of Children's Librarians）实施管理。

阿姆斯特丹大学图书馆（荷兰）
The Library of the Universiteit van Amsterdam (UBA)

位于荷兰首都阿姆斯特丹市，前身是拥有 1578 年大革命中没收天主教财产中的图书和手稿而建立的阿姆斯特丹市图书馆。1632 年开始作为市政图书馆为市民使用。1877 年，成为大学图书馆，既为大学师生服务，同时也为阿姆斯特丹市民服务。包括 1 所总图书馆，7 所系图书馆，分布于阿姆斯特丹市的 25 处地区。总藏书量超过 400 万册（件）。

阿帕网络
ARPA Net

又称“高级研究计划署网络”，1969 年由美国国防部高级研究计划署（Advanced Research Projects Agency）所创立，当时是一个军事实验网，连接了加利福尼亚大学校园、斯坦福研究所和犹他大学的计算机。至 1983 年，超过 300 台计算机接入网内，其协议改为传输控制协议/因特网互联协议（TCP/IP），名称也更换为因特网。1987 年，国家科学基金会（NSF）开发了高速主干网络以联结超级计算机中心，阿帕网络作为中级网络接入主干网。1995

年，商业化因特网服务供应商开始运营全美国的主干网络，“网络交通”日益膨胀。阿帕网络较好地解决了异种机网络互联的一系列理论和技术问题，其特点是：资源共享、分散控制、分组交换、使用单独的通信控制处理和网络协议分层化等。这些已成为现代计算机网络建设的基础。

阿瑟·弗里蒙特·赖德（1885—1962）
Arthur Fremont Rider

美国编辑、出版商、作家、图书馆员和缩微印刷商。毕业于锡拉丘兹大学，深造于纽约州立图书馆学院。曾参与分类法修订，并担任《书评月刊》（*Monthly Book Review*）、《出版周刊》（*Publishers' Weekly*）和《图书馆杂志》（*Library Journal*）主编。在任威斯利安大学图书馆馆长期间，大胆实验，采用密集排架，并撰写《图书密集排架存储》（*Compact Book Storage*）和《学者与研究图书馆的未来》（*The Scholar and the Future of the Research Libraries*）。鉴于藏书的迅速发展，建议采用缩微卡片来提高经济效益，节省空间。1951年成立专供家谱研究学者用的戈弗雷纪念图书馆（Godfrey Memorial Library），并负责编辑出版了《美国家谱——传记索引》（*American Genealogical-Bibliographical Index*），还出版了《赖德国际分类法：供综合性图书馆排架用》（*Rider's International Classification for the Arrangement of Books on the shelves of General Libraries*）。

阿什盖特出版公司（英国）
Ashgate Publishing Ltd.

成立于1967年，总部设在英国汉普（夏）郡（Hampshire）的奥尔德肖特（Aldershot），是一家以出版高质量的人文科学、社会科学、航空学、航空心理学、商务与管理、法律与法制研究和艺术图书闻名的国际出版公司，善长出版学术专著和精选论文集。该公司每年出版700余种新书，代表了世界高水平的学术研究与专业实践。同时，沿用1967年成立的高尔出版公司（Gower Publishing）的版号，出版管理类图书和图书馆信息类图书。

阿斯特出版社（俄罗斯）
The AST Press

1990年成立，为俄罗斯最大的图书出版公司之一。主要出版俄罗斯国内外文艺、儿童和教育图书。如著名的爱情系列丛书《激情》，俄罗斯侦探系列丛书《土耳其进行曲》以及儿童系列百科全书《我认识世界》、《生命活动安全保证》系列教材和《学生手册》系列工具书等。该出版社每月出版新书150~200种，所出版的图书在俄罗斯以及邻近国家的图书市场上需求量极大。该出版社还拥有俄罗斯联邦最大的图书贸易公司，向图书批发商提供全方位的贸易服务，并经营相关产品，如办公用品等。

阿歇特图书出版集团（法国）
（法）*Hachette Livre*

该图书出版集团是规模位居全球前列、法国最大的图书出版集团。1826年创建。百余年来一直致力于为一般大众出版优质图书。其编辑力量集中于教育、文化和消遣三大类图书出版领域，囊括各类文学作品、教育图书、儿童图书、生活百科类图书以及插图本、旅游图书、百科全书和词典。旗下有40多家出版社。2009年10月15日，凤凰出版传媒集团与该图书出版集团合作签约仪式在法兰克福市举行。双方宣布，在北京合资成立凤凰阿歇特文化发展（北京）有限公司。

埃得蒙顿公共图书馆（加拿大）
Edmonton Public Library（EPL）

位于加拿大阿尔贝托省省会埃得蒙顿市，始建于1913年，最初只有两所分馆，现已发展到17所分馆。馆藏各类图书资料总量达200万册（件）（包括图书、报刊杂志、地图、缩微胶卷、激光盘和数字多功能光盘），订购期刊1 100多种。年图书流通量达810万册次，其中儿童图书约占40%，年到馆访问达1 400万人次，为全市公民提供各种各样的服务。

埃德加·爱伦·坡奖
Edgar Allan Poe Award

全世界优秀侦探小说家创设的最具权威的奖项，创立于1946年，由美国侦探作家协会主办，在世界侦探小说界享有极高的声誉。共设16个奖项，其中最为引人瞩目的便是最优秀作品奖，当代侦探小说大师美国侦探小说家雷蒙德·钱德勒（Raymond Chandler）以及英国作家弗雷德德里克·福赛斯（Frederick Forsyth）曾分别因《漫长的告别》（*The Long Goodbye*）（1955年）和《豺狼的日子》（*The Day of the Jackal*）（1972年）荣膺此项大奖而声名远扬。

埃菲·路易丝·鲍尔（1873—1969）
Effie Louise Power

美国儿童图书馆事业先驱、图书馆学教育家和作家。中学毕业后即在图书馆工作，1898 年成为克利夫兰市的第一位儿童图书馆员。鲍尔改变了非小说类儿童读物的管理方法，为少年儿童提供了故事书之外的知识读物。1902—1904 年接受了儿童图书馆员工作训练课程教育，回克利夫兰承担学校图书馆教育工作，因教学成绩出色获得哥伦比亚大学授予的教学资格证书。后应美国图书馆协会的要求撰写《公共图书馆的儿童服务工作》（*Library Service to Children*），这是在美国图书馆界关于儿童服务的第一本权威著作，深受美国图书馆学校的欢迎。此外，鲍尔还撰写了 4 本儿童读物，分别于 1934—1937 年出版。

埃菲社（西班牙）

（西）*La Agencia EFE*

西班牙语国家中最大的通讯社，世界五大通讯社之一。于 1939 年 1 月西班牙内战结束前创建，总社设在马德里，在国内外均设有分社，在亚洲有北京、东京、马尼拉、新德里、香港和曼谷分社。1976 年 9 月，该通讯社实现了全部采编、广播系统的现代化，稿件多为综述性新闻，很少有单独的国际评论。新闻主要通过电传和卫星线路播发。埃菲社还设立了每年颁发一次的西班牙国王国际新闻奖。与美联社、合众国际社、路透社、法新社、塔斯社以及拉美社都签有交换新闻的合作协定。1977 年 12 月 31 日，与中国新华社签署了新闻交换合作协定。

埃及广播电视协会

Egyptian Radio and Television Union（ERTU）

主管广播电视的埃及国家机构，负责管理电视、国内及国际广播业务。1934 年开始举办广播节目，目前拥有 7 套全国性广播频道，包括兼顾国内外听众的阿拉伯语综合节目、青年和教育节目、音乐和文化节目、古兰经节目、对中东地区的商业节目（使用“中东广播电台”呼号）、“阿拉伯之声”节目和对以色列广播的希伯来语节目。日播出时数为 22 小时。还有两套全国性电视节目，四套地区性电视节目，三套对首都开罗播放的节目和两套卫星电视节目。

埃及国家图书馆和档案馆

National Library and Archives of Egypt

埃及研究文化的非营利机构，隶属于埃及文化部。始建于 1870 年，后根据 1993 年第 176 号总统令进行重组，旨在保护及保存埃及和阿拉伯世界的文化遗产并提供图书馆服务。该馆是法定的本国出版物缴送单位，负责编辑出版《埃及出版物通报》。下辖埃及音乐图书馆（系埃及所有录音、唱片的缴送图书馆）、艺术图书馆、国家图书交换中心、国家书目服务中心以及 22 个分馆。设立的研究机构有：阿拉伯手稿编辑出版中心、埃及文献和当代历史中心、计算机中心、儿童文学研究中心和修复与缩微复制中心等。该馆拥有藏书 300 万册（卷），现刊 6 000 种，世界上最珍贵的手稿 5.7 万件，音像资料 3 万件，罕见的阿拉伯文纸莎草纸 3 000 件，该馆还收藏公元 696 年时期发行的阿拉伯古钱币。该馆为国际图联机构会员。

埃及文化与自然遗产文献中心

Center for Documentation of Cultural and Natural Heritage（CULTNAT）

2000 年 1 月，由埃及国家通讯与信息技术部成立。2003 年成为新亚历山大图书馆的部门中心，由国家通讯与信息技术部继续提供支持。其使命是保存埃及的文化及自然遗产，培养文化与自然遗产保存方面的专业人才，促进文化与自然遗产保存的最新技术的发展及应用，向公众宣传保护埃及文化与自然遗产的重要性。该中心承担了许多国家、区域及国际项目，包括埃及文物古迹电子地图、埃及城市建筑遗产、埃及自然遗产、埃及图片记忆遗产、埃及民俗和埃及艺术文献等项目。

埃里县公共图书馆（美国）

Erie County Public Library

1897 年成立，位于美国的宾夕法尼亚州的伊利市，设有 1 所中心馆、6 所分馆和 2 所流动图书馆。其使命是为促进教育、丰富文化生活和娱乐以改善公民的生活质量提供书刊资料和服务。其馆藏图书和期刊合订本有 50 万册，激光唱片、磁带和其他音频资料共 2 万多件，数字视盘和家用录像机制式的视频材料 9 600 件。年到馆访问 560 万人次，年图书流通量为 200 余万册次。该馆发行《伊利县公共图书馆电子报》（*Erie County Public Library E-Newsletter*）。

埃米奖

Emmy Award

又称“国际埃米奖”或“国际艾美奖”。是美国为外国优秀电影电视节目设立的奖项，美国电视传媒的最高荣誉。埃米奖由美国电视艺术和科学学会于 1949 年创办。最初只评选美国国内电视节目，

1963年为国外电视节目增设了国际奖，颁发给杰出的电视节目。1973年正式定名为国际埃米奖，评奖活动每年在纽约举行一次。评奖节目分为新闻和纪录片、戏剧、舞台艺术和大众艺术片四大类。该奖旨在提高全球电视节目的质量。

埃塞俄比亚国家档案馆与图书馆
National Archives & Library of Ethiopia

埃塞俄比亚国家总书库，1944年，由国王海尔·塞拉西一世亲自过问下成立。该馆向公众提供外借和参考服务，类似中央公共图书馆。1974年革命后，政府颁发了有关缴送的法令，开始接收缴送书刊，并开展馆际互借。20世纪90年代初启动编辑发行国家书目的计划，同时在馆内设立国家档案馆，其藏品包括来自大皇宫和王储宫殿的14、15世纪早期书面古老的历史书稿，还有国王、皇后以及王子书写的来往信件。该馆最珍贵的馆藏是数百部埃塞俄比亚东正教手稿，其中精美的插图可上溯到14世纪。拥有藏书30万册（卷）、现刊40种、手稿531件、摇篮本455卷、政府文献5 000件、乐谱1 500件、地图278张、缩微平片900余张、16/35毫米电影胶片100余件和小册子2万本。该馆为国际图联机构会员。

癌症文献数据库
CancerLit

由美国国家癌症研究所开发提供。从1963年至今，该数据库的记录摘自癌症研究方面的出版物。大部分记录有文摘，所有记录都有引文信息和其他内容（如论文类型和语种）。主题范围包括：试验性和临床肿瘤治疗；体内和体外癌症的生物化学、免疫学、生理学和生物学；诱发癌症的化学、病毒和其他因素；致癌剂的结构、突变因子的研究、突变因子的试验、导致细胞分离的生长因子和其他因素。

艾迪生—韦斯利—朗文公司（美国）
Addison Wesley Longman

世界上历史悠久、规模较大的教育出版公司之一，隶属于皮尔森（培生）教育出版集团（Pearson Education），是皮尔森公司（Pearson plc）的子公司。出版各专业教学方面的各种图书、多媒体教材。是由主要出版计算机、经济、数学、天文学、物理、金融和统计学方面的图书及电子读物的艾迪生-韦斯利公司（Addison-Wesley）、主要出版化学和生命科学方面图书的本杰明-卡明斯公司（Benjamin/Cummings）和主要出版语言交流、教育学、英国语言学、历史、政治和戏剧方面的图书的朗文公司（Longman）三部分组成。

艾利贝斯有限公司（以色列）
Ex Libris Ltd.

为大中型图书馆和信息中心提供完整数字图书馆解决方案的国际软件供应商。该公司于1980年就开始开发ALEPH系统，其旗帜产品ALEPH 500，在图书馆自动化集成系统领域名列前茅。该系统已在近60个国家1 300多所图书馆、信息中心等机构中成功应用，并且针对中国用户进行了成功、完善的中文本土化的开发。目前，中国国家图书馆、天津图书馆、南京图书馆、北京师范大学图书馆、北京交通大学图书馆、东北大学图书馆、陕西师范大学图书馆等40余家单位先后成为该公司的用户。

艾伦—昂温出版公司（澳大利亚）
Allen & Unwin

创建于1976年，是澳大利亚著名教育出版公司。主要出版范围：小说、非小说类图书、教材、工具书和儿童图书。专业类图书以社会科学图书和保健图书为主。该出版公司出版的图书远销到美国、英国、新加坡、日本、加拿大、新西兰、南非和中国的香港特别行政区，曾两次被选为澳大利亚年度最佳出版公司。

艾伦城公共图书馆（美国）
Allentown Public Library（APL）

位于美国宾夕法尼亚州的艾伦城，设有1所中心馆和1所分馆，为该城的居民提供现代化服务，其馆藏图书和期刊合订本有50万册，激光唱片、磁带和其他音频资料共7 000多件，数字视盘和家用录像机制式的视频材料共5 000件。年到馆访问有60万人次，年图书流通量为120万册次。

爱德华·爱德华兹（1812—1886）
Edward Edwards

英国图书馆学家。1839年到大英博物院图书馆从事编目工作，积极投身于免费公共图书馆活动，并撰写了大量文章。因与馆长潘尼兹（Panizzi）观点不一致而被解雇。1851年爱德华兹担任了最先执行公共图书馆法的曼彻斯特公共图书馆馆长，为英国市立图书馆系统奠定了良好基础。撰写了被认为是图书馆学之典范著作的《图书馆回顾》（*Memoirs of Libraries*），其中包括《免费城镇图书馆》（*Free*

Town Libraries）和《大英博物馆创立者生平》（*Lives of the Founders of the British Museum*）等专著。在古代图书馆史、图书采购、图书馆建筑、分类编目内部管理和公共服务等方面均有所阐述。爱德华兹首创了英国科技图书的分类法，并探讨了图书馆协会和职员退休制度。

爱丁堡大学图书馆（英国）
Edinburgh University Library

位于英国苏格兰首府爱丁堡市，始建于1580年，是世界上最大的高校图书馆之一，苏格兰最重要的大学图书馆之一。最初由爱丁堡社会活动家克莱门特·利蒂（Clement Litill）赠送276册图书给苏格兰教会，1583年，这批书又转移至爱丁堡大学的前身杜尼斯（Tounis）学院。该馆由1所总馆和16所分馆组成，馆藏图书300多万册，期刊9 000多种，其中现刊4 762种，电子期刊4 685种，数据库150多个。该馆为国际图联机构会员。

爱丁堡图书节（英国）
Edinburgh Book Festival

于1983年设立，作为爱丁堡国际艺术节八大活动之一，是全球最大的图书节。每年8月有数百名世界级的作家参与该图书节举办的活动。该图书节的一部分在神奇的帐篷村举行，另一部分则在美丽的新城市广场开展，创造了非常独特的节日环境。成千上万的游客参加了数十项演讲、读书、讨论和签售活动。除了这些活动外，爱丁堡图书节还是孩子们的乐园。除了每天上午10点开始的10分钟故事会，孩子们还可以参加“写作练习室”“漫画工作室”和“读书会”等丰富多彩的免费活动，肆意徜徉于书籍的海洋。主办方还组织读者投票选举“我喜爱的图书”活动，希望以此鼓励读者更多地阅读，拉近读者和作者之间的距离。

爱读书的人
reading man

指出于自愿而读很多书的人，特指过分致力于读书和研究的大学生。

爱尔泊科克/伯纳德县图书馆系统（美国）
Albuquerque/Bernalillo County Library System

位于美国新墨西哥州的爱尔泊科克市。目前该系统拥有1所中心馆和16所分馆。为该市居民提供服务，读者在系统内所有图书馆中都可以进行无线上网。其馆藏图书和期刊合订本有150万册，激光唱片、磁带和其他音频资料共9 000多件，数字视盘和家用录像机制式的视频材料共1 500件。年到馆访问有200万人次，年图书流通量为350万册次。

爱尔兰国家图书馆
National Library of Ireland

该馆位于首都都柏林，是隶属于爱尔兰艺术、体育与旅游部的一个文化机构。1876年通过的法案使都柏林皇家学会（The Royal Dublin Society）的图书馆更名为爱尔兰国家图书馆。根据版权法该馆可免费获得1册爱尔兰的出版物，并负责收集、保存和提供对爱尔兰有影响的图书、手稿和插图资料。由于呈缴、馈赠和采购，该馆的藏书迅速扩充并于1890年迁入目前的建筑物。该馆藏书的基础是都柏林皇家学会和乔利图书馆的藏书，现拥有印刷型书刊150万册（件），其中手稿7万件、图片30万件和版画及水彩画9万件。该馆编辑《爱尔兰书目》，为国际图联和欧洲研究图书馆联盟成员。

爱尔兰图书馆协会
Library Association of Ireland（LAI）

成立于1928年。该协会于1952年根据《公司法案》转变为有限责任公司，按照协会的章程大纲及细则组织运作。旨在促进爱尔兰图书馆与信息服务的发展，加强爱尔兰图书馆之间的合作，促进会员的职业发展，监督影响爱尔兰图书馆的法律法规，促进有利于爱尔兰图书馆的法律法规的制定，代表爱尔兰图书馆界处理与政府或其他机构的关系。该协会设立了大学与专门图书馆、编目与元数据等14个专门工作组，每个工作组都有各自的委员会及负责人。该协会每年出版年度报告。《图书馆：爱尔兰图书馆》（*An Leabharlann*：*The Irish Library*）是与爱尔兰图书馆和信息专业人员学会联合出版的期刊，每年出版两次。

爱格蒙字体
Egmont

一种白体的拉丁字母铅字。其特点是上长铅字出头部分较长，下长铅字出头部分较短。

爱好者杂志
fanzine

在国外，通常由业余爱好者举办的杂志。这类刊物开始一般用打印或油印出版，发行量只有10～30份，也称俱乐部杂志（Clubzine）。

爱墨瑞得出版集团（英国）
Emerald Group Publishing Limited

国际图联金级企业团体会员，是世界一流的管理学、图书馆学专业出版社，由来自世界著名百强商学院之一的布拉德福商学院（Bradford University Management Center）的学者于1967年成立。40多年来，该出版社一直致力于管理学、图书馆学、工程学专家评审期刊的出版。从建社以来一直秉承理论联系实际并应用于实践的出版理念，有效地搭建起学术界与实践人士的桥梁。虽然该出版社总部在英国，但所出版期刊的主编、作者遍及世界各地，而且在很多国家设有代表处，因此说该出版社是具有真正意义的国际化文化出版机构。该出版集团设立“爱墨瑞得图书馆学与情报学研究基金奖”，还与国际图联管理与市场营销委员会联合举办图书馆国际营销奖。

爱墨瑞得数据库
Emerald Databases

有“管理学电子期刊库”（超过250种管理学专家评审期刊）、“工程学电子期刊库”（收录18种高品质的同行评审工程学期刊）、“健康与社会关怀专集”（21种社会关怀及相关领域期刊）、“电子系列丛书”（出版1 100多卷电子系列书）、“新兴市场案例集”（200多个教学案例集）、“管理第一”（200种管理学期刊，涵盖21个不同学科）、“国际土木工程文摘库”（来自全球著名的150多种期刊的超过175 000篇文摘）、“国际计算机文摘数据库”（超过242 700篇来自于200多种计算机期刊的文摘）、“计算机和通讯安全文摘”（超过100多种期刊的17 800多篇文摘内容）、“图书馆和信息管理文摘”（全球400多种核心期刊中出版的每一篇重要的有关图书馆学和信息管理科学的文章。37 000多篇文摘存档，可回溯至1989年）等。

爱墨瑞得图书馆学与情报学研究基金奖
Emerald LIS Research Fund Awards

该奖项旨在“资助社会有益知识在中国内地的传播”，优秀奖获得者，将获得的资助基金为2 000英镑（相当于3 000美元）；所有获奖者都将获得证书；所有获奖项目的研究成果将有机会得到爱墨瑞得资深主编的指导，为其论文发表在高质量期刊上提供友情帮助。

爱默里·沃克爵士（1851—1933）
Sir Emery Walker

英国雕刻家、印刷商和设计师。参加过19世纪末20世纪初英国精美印刷的复兴活动。1900年，他与其他人合伙创办了达夫斯出版社（Doves Press），并用特制活字印刷了5卷本《圣经》而享有盛名，1930年被封为爵士。

爱情故事
romance

指具有浪漫性质的恋爱事件、婚姻轶事和风流韵事等。

爱沙尼亚国家图书馆
National Library of Estonia/*Eesti Rahvusraamatukogu*

为满足立法者和执政者的需要，爱沙尼亚共和国临时政府决定设立国家图书馆。1918年12月21日建于首都塔林（Tallinn），以F. L. 克赖茨瓦尔德命名，首批馆藏仅2 000余册，最早的读者为国会议员。1944年改为爱沙尼亚公共图书馆，1988年取得国家图书馆的地位；按照1998年通过并实施的《爱沙尼亚国家图书馆法案》，该馆是独立法人，既是爱沙尼亚议会图书馆，又是国家图书馆。拥有馆藏350万册（件），俄国出版物的收集占据主导地位，有珍本图书（爱沙尼亚科学和文学经典作家的早期作品）、爱沙尼亚藏书签和回忆录等。该馆为国际图联机构会员。

爱沙尼亚音乐学院图书馆
Library of Estonian Academy of Music

位于爱沙尼亚首都塔林，始建于1935年，是一所专业的音乐戏剧图书馆，主要为学校师生服务，同时也向社会公众开放。该馆馆藏的一个重要来源是各界的捐赠，如里昂音乐学校曾捐赠了1 500件很有价值的法国音乐作品，芬兰音乐信息中心也馈赠了许多芬兰现代音乐作品。1996年开始使用计算机编目，目前17%的记录可以通过在线目录ESTER查询，1999年与爱沙尼亚国内图书馆网络系统相连。该馆于1994年加入国际音乐图书馆协会。

爱书癖
biblioholism

指对图书或者图书收藏成瘾的人，沉溺程度比藏书癖（bibliomania）稍差，但是比好书癖（bibliophily）更为强烈。

爱思唯尔电子期刊
Elsevier E-Journal

由荷兰爱思唯尔科学（Elsevier Science）公司出版的综合性英文学术电子期刊，可检索该出版公司所属的各出版社出版的近2 000余种学术期刊全文数据。主题涵盖数学、物理、生命科学、临床医学、工程与能源技术、社会科学、化学化工、天文学、材料科学、经济、商业和管理科学、计算机科学、地球和行星、环境科学与技术以及航空航天等学科领域。爱思唯尔电子期刊除浏览、检索服务之外，还提供最新目次报道、常见问题解答等服务。

爱思唯尔家族
Elsevier family

荷兰印刷出版家族，对16、17世纪欧洲印刷出版业的发展作出很大的贡献。他们用精湛的技术，上乘的纸张和精美的字体，印刷出文字容量大、版本小巧的图书，不断修订与大量印刷拉丁文古典作品。1712年该家族最后一代去世的时候，共印刷出2 000余种图书。

爱思唯尔科学出版社（荷兰）
Elsevier Science Publishers

一家经营科学、技术、医疗信息产品和出版服务的世界一流的出版社。其前身为1937年成立的爱思唯尔科学出版公司（Elsevier Scientific Publishing Company）。总部设在荷兰的阿姆斯特丹，在全球各地设立代表处。通过与全球的科技与医学机构的合作，该出版社每年出版2 000多种期刊，包括《柳叶刀》（*The Lancet*）和《细胞》（*Cell*）等世界著名期刊，还出版近20 000种图书以及一系列创新性的电子产品，如Science Direct和MD Consult、文摘型数据库、在线参考书目和特定学科入口网站。该出版社是国际图联金级企业团体会员。

安泊里亚州立大学图书馆学与信息管理学院（美国）
SLIM of Emporia State University

安泊里亚州立大学位于美国的堪萨斯州，建于1902年，是一所综合性大学。20世纪末，在研究生院成立了图书馆学与信息管理学院，可授予情报学博士学位、图书馆学硕士学位、信息资源研究学士学位以及颁发法律信息管理、图书馆服务、图书馆媒体、新信息管理证书班证书。该学院获得美国图书馆协会资格认证，提供主要课程有：信息技术技能、信息组织、在线信息检索、图书馆与信息机构的网络、信息机构管理的当前问题和图书馆与信息机构的数据库设计与解决方案等。近几年来与堪萨斯大学法学院合办，联合授予法律信息管理硕士学位。

安达 淳（1952—）
Jun Adachi

日本图书馆学家、东京大学工学博士、日本国立情报学研究所教授。主要从事情报系统学、情报通讯工学和计算机科学的教学和研究。具体研究的课题主要为分散情报系统、数字图书馆系统、情报检索系统、文本挖掘和文献数据库。

安道尔国家图书馆
Andorra National Library/*Biblioteca Nacional d'Andorra*

创建于1930年，新图书馆建立于1974年，1980年成为安道尔的缴送本图书馆。其主要任务包括：为保存安道尔的文化遗产资料并改进对学者和普通公众的藏书借阅服务，同时还通过出版等活动传播文化。根据规定进行呈缴的资料包括所有的出版物，也有招贴画、信息页和广告页等。这些缴送资料汇聚在一起具有较大的历史价值，有助于安道尔出版物的保存，并且是编辑国家书目的基础。安道尔国家图书馆藏书重点为中世纪历史。该馆为国际图联机构会员。

安东尼·潘尼兹（1797—1879）
Antonio Panizzi

英国图书馆学家、大英博物院图书馆馆长，是世界图书馆历史上重量级人物之一。1831年开始在大英博物院图书馆印本部任助理，1856年担任馆长。在任馆长期间上书国会，要求增加拨款购置图书，同时坚决实施呈缴本法。由于在藏书建设上的贡献，使藏书从其进馆的24万册（卷）到离职时增加到120万册（卷）。另外，亲自筹建了世界第一的大型图书馆建筑——可典藏150万卷的书库，450个座位的阅览室和陈列6.5万册图书的大厅。潘尼兹主持制定了《91条编目规则》，提出服务对象要一视同仁，取消部分读者的特权之措施。鉴于其在藏书、建筑、人员、服务及编目等方面所作出的贡献，于1869年被授予爵士勋位。

A

安哥拉国家图书馆
National Library of Angola/*Biblioteca Nacional de Angola*

为了组成全国性的图书馆、档案馆和文献中心（教育部属下的大学和学校图书馆也包括在内），安哥拉政府于1978年通过的一项法令，在罗安达成立了国立中心图书馆，并接收了最初成立于1968年、为里斯本葡萄牙国家图书馆一部分的原国家馆的藏书和设备。这部分收藏相当丰富，因为法定缴送本政策源于里斯本。另外国立中心图书馆从被放弃的私人和官方图书馆也获得不少资料。1979年正式颁布了缴送法，使安哥拉国家图书馆的馆藏日益增长。该馆为国际图联机构会员。

安徽大学管理学院图书馆学系
Department of Library Science of Management College, Anhui University

成立于1979年，前身为安徽省文化厅委托安徽大学开办的图书馆学专业干部大专班。1982年成立图书馆学专修科，1985年成立图书馆学系，1991年改名为图书情报学系，1993年2月更名为信息管理系，1998年9月由原工商管理系、信息管理系与历史系的档案专业合并组建安徽大学管理学院，恢复图书馆学系名。该系已经发展成为拥有研究生、本科生、专科生、进修生和函授生等多种教育结构，设有图书馆学、图书出版发行管理两个本科和专科专业。2003年该系改为信息资源管理系下辖的图书馆学专业。

安徽大学图书馆
Anhui University Library

创建于1928年，原有馆舍1万多平方米，2002年8月建成位于黄山路的2.3万平方米的逸夫图书馆，2007年7月又在磬苑校区建成4万多平方米新馆文典阁。设有学术报告厅、会议室和展厅、密集书库、多个专业阅览室和普通阅览室。普通阅览座位有5 200余席，多功能电子阅览室拥有电子阅览席位260个。该馆入藏各种印刷型文献近300万册（件），馆藏资源业已形成适合地方综合性重点大学文献需要的显著特点。藏书以品种齐全、综合性强、人文社科、古籍、安徽传统文化以及安徽地方文献特藏见长。该馆设有办公室、采编部、阅览流通部、特藏阅览部、期刊部、参考咨询部、技术部和图工委秘书处等8个部门。该馆是全国高校图书情报工作指导委员会委员馆，安徽省高校图书情报工作委员会秘书处所在馆。安徽省高校文献保障体系管理中心和人文社会科学资源中心也依托安徽大学图书馆，编辑出版《大学图书情报学刊》（双月刊）。

安徽省图书馆
Anhui Provincial Library

省级综合性公共图书馆之一。建于1913年，其前身是安徽省立图书馆，馆址初设于安庆文昌宫及存古学堂。后几度迁移，1953年在原皖北区合肥图书馆的基础上正式建馆，定为现名。2002年12月原主楼修缮工程竣工，总馆舍建筑面积为3.69万平方米，阅览座位1 400余个，拥有馆藏文献300万册（件），安徽地方文献、皖籍先贤著作为特色收藏。与安徽省图书馆学会联合编辑出版季刊《图书馆工作》。

安徽省图书馆学会
Anhui Society for Library Science

1978年3月成立。该学会成立以来，先后多次举办学术研讨会、各类培训班。理事会每四年换届一次。拥有个人会员（中图会员及省图会员）1 000余人。与安徽省图书馆、安徽省中心图书馆委员会联合编辑出版学术刊物《图书馆工作》（季刊），编辑出版图书馆专业书籍10余部。

安那大学图书馆（印度）
Anna University Library

位于印度的马德拉斯（Madras），成立于1978年9月4日。该馆是由马德拉斯著名的技术协会和马德拉斯大学的三个技术系的图书馆整合而成，为上述单位的科研人员、教学人员和学生提供信息化、数字化服务。

安纳·安阿恩德县公共图书馆（美国）
Anne Arundel County Public Library

1921成立，位于美国马里兰州安纳波里斯市，设有15所分馆，为该市辖区50多万居民提供服务。馆藏图书及期刊合订本130多万册，激光唱片、磁带及其他音频资料10多万件，以及数字视盘和家用录像机制式的视频资料4万多件。年到馆访问300万人次，年图书流通量600多万册次，其中约34%为儿童图书。

安娜法令（英国）
Statute of Anne

又称安娜女王法令。原名为《为鼓励知识创

作授予作者及购买者就其已印刷成册的图书在一定时期内之权利的法》(*An Act for the Encouragement of Learning, by Vesting the Copies of Printed Books in the Authors or Purchasers of such Copies, during the Times therein mentioned*)，1709 年由英国议会颁布，1710 年生效，是世界上第一部保护作者权益的法律。该法规定，作品自首次出版之日起，其作者享有 14 年的版权保护期，期满作者尚未去世，可以顺延 14 年。《安娜法令》在世界上首次承认作者是著作权保护的主体，确立了近代意义的著作权思想，对世界各国后来的著作权立法产生了重大影响。

安妮·卡罗尔·穆尔（1871—1961）
Anne Carroll Moore

美国儿童图书馆学家，纽约公共图书馆儿童部创建人。从纽约的普拉特学院图书馆专业毕业后，即在该校图书馆的免费儿童阅览室担任主任，这是美国图书馆第一个专门为儿童设计的儿童阅览室。1906 年在纽约公共图书馆创办儿童服务部，并协调纽约全市 36 所分馆的儿童服务工作。1918 年在穆尔的影响下，美国麦克米兰出版公司成立了儿童出版部，专门出版发行供儿童阅读的图书。穆尔还定期撰写儿童图书评论，推荐儿童读物。曾撰写多种儿童图书，如《童年之路》(*Roads to Childhood*)、《我的童年之路：儿童读物之评论与展望》(*My Roads to Childhood: Views and Reviews of Children's Books*)。穆尔为美国儿童图书馆事业作出很大贡献。

安全检查
security audit

指对一个组织机构的网络和计算机所进行的检查，以确定是否符合安全要求，其内容包括黑客和病毒的入侵和自然灾害的袭击。在图书馆的安全检查中，受过安全训练并具备丰富经验的专家对图书馆中所存在的安全系统及措施进行严格的检查与分析，查清当前的情况，查漏补缺，同时提出安全性建议。专业的安全检查包括犯罪统计分析、环境及个人安全、保险需求的评估。

安全胶片
safety film

一种以醋酸纤维素或其他非易燃物质作为片基的感光胶片，这种胶片性能稳定，不易燃烧。

安全门
security gate

安装在靠近图书馆入口或出口处的一种检测设备，通常由两个直立器件构成，进入或离开图书馆的读者必须通过的一种磁性检测系统。如果有人未经办理手续就擅自携带图书资料离开，在经过该检测设备时，就会发出警报。此外，有些安全门旁还设有一个柜台，柜台上安装一台计数器，可提供每日到馆读者的统计数据。

安全墨水
safety ink

指用消字灵或其他化学药品都无法消去字迹或图案的墨水。

安全数码卡
secure digital memory card

一种基于半导体快闪记忆器的新一代记忆设备，被广泛地在便携式装置上使用，例如数码相机、个人数码助理和多媒体播放器等。安全数码卡由日本松下、东芝及美国 SanDisk 公司于 1999 年 8 月共同开发研制。大小犹如一张邮票的安全数码记忆卡，重量只有 2 克，但却拥有高记忆容量、快速数据传输率、极大的移动灵活性以及很好的安全性。

安全系统
security system

安装在图书馆进出口处的一个电子警报系统，用来监视未经允许就携带图书资料出馆的行为。大多数图书馆的安全系统都采用安全门，由于每样物品都贴有磁条，如果读者在办理外借手续时未经图书馆员消磁就通过安全门，防盗系统就会报警。

安全性
security

用于防止非授权人员，尤其是黑客的侵入，以保护计算机系统及文件安全的计算机技术。包括数据加密、病毒监测，防火墙及特许码（用户名、密码和 PIN 码等）。是计算机信息或数据的安全措施，也是评价计算机系统性能的一项重要指标。所以，采取的一切措施都是为了阻止非授权人员获得保密的信息。在图书馆和档案馆中，指用于防止窃取资料和设备、保护读者和工作人员免受图谋不轨之人的侵害所采取的行动。

A

安全油墨
safety ink

一种用于防止篡改、伪造和抹消而用的油墨，由氧化还原化合物、水溶性连结料、填充料、稳定剂及防腐剂等组成。这种油墨必须用于凸版印刷机或干胶印机印刷。

安色尔字体
Uncial

公元4—8世纪时，希腊和拉丁文手稿中所使用的一种大写字体、用稍带圆形的、不相连的大字母组成，但某些字母具有草写体的形式。uncial来自拉丁文 *uncialis*，意思是“一英寸”或“一英寸高”。

安莎社（意大利）
（意）*Agenzia Nazionale Stampa Associata*（*ANSA*）

全称为全国报纸联合通讯社，意大利报业合办的通讯社，国际性通讯社之一。1945年由意大利57家日报联合组成，实际是半官方通讯社。意大利政府部门和国家机关的重要新闻与消息，通常都是由其发布的。该社总部设在罗马，总社设有编辑部、行政部、人事部、商业部、技术部、计算机中心和摄影图片部，每天24小时用意大利语、法语、英语、葡萄牙语和西班牙语5种语言向国内外播发新闻。此外还发布宗教专题新闻稿和其他专题材料。其主要供稿对象是中美和南美地区。安莎社同世界67家通讯社签有交换和使用新闻的协议，包括法新社、合众国际社和路透社等。该通讯社同中国新华社多年来一直保持着友好的合作关系。两社签订了互相提供图片的合同、相互派常驻记者并签订了两社新闻合作协定。

安特卫普市图书馆（比利时）
Municipal Library of Antwerp

位于比利时安特卫普市，始建于1481年，最初由安特卫普市律师威廉·波唯尔斯（Willem Pauwels）遗赠建立，1505年正式在市政府大楼开放。馆藏图书大多是荷兰语和佛兰德语，主要涉及文学、艺术、历史以及安特卫普地区的作家作品和该地区出版的作品等。馆藏图书150多万册（件），并有大量的期刊和报纸。其中包括6 000多册各个时期的稀缺书籍，包括109册古版本图书以及381件手稿。

安装程序
installation program

用来安装某个新的软件或设备的计算机程序。利用这个程序，可以把保存在各种介质上的应用软件安装到硬盘上。

（安装在图书馆门口的）计数器
gate counter

安装在图书馆进出口安全门附近（或同入口相连接），用于记录到馆读者进出次数的装置。其工作时间可设定为一天、一星期或一月。这种计数器所提供的读者出入统计信息，将有助于设定图书馆的服务时间和员工的配备数量。

按比例间隔字体
proportionally spaced font

一种具有图形字符的字体，分配给每个字符的间距宽度随着字符宽度的变化而变化。这种字体可使字符之间间隔均匀，且可消除细长字符周围的多余空白。

按尺寸大小排架
shelving by size

一种藏书的排架法，即按照图书的高度而非主题分类进行排架。通常将藏书按照其高度不同分为4组以上。该方法可使书架容量最多增加25%，但是由于未按主题分类，浏览功能降低。因此，该方法主要用于闭架的藏书库，不适于公众查阅。

按读者兴趣分类
reader-interest classification

文献分类用语。指在对文献进行分类时，不是根据分类表按文献内容进行分类，而是按使用该文献的读者对象进行分类。在编制各种推荐书目时，图书馆往往采用这种分类方法进行分类。

按键
key

计算机或电子操作设备（如各种遥控器）上由人工操作用于输入信息或发布控制命令的部件。

按历年订阅
calendar year basis

在很多国家，尽管图书馆连续订购两年或更多年份的期刊，出版商可以提供价格上的优惠，但是大多数图书馆预订期刊期限仍是一年，即按历年订阅（从每年1月订至12月止）。

按需出版
demand publishing

在图书出版过程中，由作者和出版商所构成的新型出版方式。作者不通过图书零售商直接向社会发行作品。图书可以在用户需求时订购或重印。作者有权自己选择封面、版面、纸张及格式。传统出版是以作者、印刷者和装订者及书商为基础的三位一体结构。作品能否出版取决于编辑决策。按需出版则采用特定出版系统，首先对作者文稿经过排版和文字处理，将符合出版条件的版面和格式存储在系统档案数据库中，在用户需求时随时订购或重印。按需出版对那些希望直接将作品销售给公众的人来说，既可以将那些被商业出版社拒绝的作品推向社会，又可以节省大量印刷存储经费，还可以节省图书零售成本。据估算，按需出版使每本书的收益可达原有出版方式的5倍。

按需印刷（按需出版）
print on demand（POD）

一种可以将出版信息全部存储在计算机系统中，需要时可以直接印刷成书，省去制版等中间环节，一册起印，即需即印，为用户提供极大便利的印刷方式。按需印刷技术可以帮助出版社规避市场风险，降低库存和物流成本；可以有效地扩充专业出版的生存空间，给出版社带来长尾效应，可以给发行行业提供增值服务。

按字母排列
letter-by-letter

一种以组成检索点的字为单位，逐字排比序列检索条目的方法。也指字顺排列的一种方法。在西文拼音文字中，是指按字母排比的方法，此方法不需考虑词的切分，比较容易处理某些切分形式不固定的词。在由两个或两个以上词汇组成的标题中，忽略任何标点符号和分段，将该标题作为一个单独词汇来处理（例如，“newt”放在“New Testament”前），《芝加哥格式手册》(*The Chicago Manual of Style*）对此方法作了限定，只跟在第一个逗号或圆括号后，将所拼写的姓放在一起。大多数词典都按这种方式排序。

按字母顺序的
alphabetical

按照某种语言字母表的顺序进行排列。按字顺排列方式可以是逐字的，忽略标点和词间分隔；也可以是逐词的，以每个条目的首词顺序排列，等等。

按字母顺序排列，字顺排法
alphabetization

将作者、标题和主题等著录项按字母表顺序进行排列的方式。最常用的有逐字（母）排列和逐词排列两种。采用逐字（母）排列法时，即不分单词、多词，按字母与字母相比，如：

New
New Criticism
Newfoundland
New Greek
Newtonian
New York

采用逐词排列法时，即以词为单位，词与词相比，第一个词相同再比第二个词，依次类推，如：

New
New Criticism
New Greek
New York
Newfoundland
Newtonian

案卷
roll

经过分类、整理的卷起来以便携带或存放的书面文件，特指有官方记录或正式记录的书面文件（如法庭的审案记录或政治团体的会议记录等）。

案卷目录
roll list

根据一定体例按照某种顺序编排、供用户查阅档案资料详细情况的一种目录。

案例研究
case study

对现实生活中某个事件的真实记录和客观的叙述，1967年正式成为社会学的研究方法。常见的案例研究方法有：描述性案例研究、探索性案例研究、关键性案例研究以及累计性案例研究等类型。

案头词典
desk dictionary

收词在15万个左右的单卷本词典。便于在案头或其他工作地点使用，例如：《现代汉语词典》（*The Contemporary Chinese Dictionary*）、《韦氏新美语词典》（*Webster's New World Dictionary of the American Language*）。该类词典条目多指明词的拼写、来源、发音、定义以及其同义词、反义词、简短传记和地名解释等。

案头剧，书斋剧
closet drama（closet play）

一种主要追求文学性、不以演出为目的的剧本，或不适于上演的剧本，被称为"案头剧"、"书斋剧"。欧洲19世纪的浪漫主义者们曾用戏剧形式写过不少诗作，也是只供人阅读的，如法国诗人与剧作家艾尔弗雷德·德缪塞（*Alfred de Musset*）的剧本等。

凹版印刷
intaglio

一种印刷方法的统称，包括照相凹版（影写法）、手工或电子雕刻凹版等。印版本的图文部分低于印版版面。印刷时，将整个版面涂黑后，去除平面上（空白部分）的油墨，只留图文部分，然后覆纸、加压，使版面低凹部分的油墨印到纸上。这种方法包括蚀刻版、影写版印刷，多用于印刷有价证券，如钞票、印花和邮票等。

凹版纸
plate paper

指印刷细线条的手工雕刻凹版和木刻画用的平滑无光泽的软纸。主要运用于单色和彩色凹版印刷画报、美术图片和插图等的用纸。凹版纸要求纸质洁白坚挺，具有很好的平滑度和耐水性，印刷时不能有明显的掉粉、起毛或透印现象。

凹面监视器
recessed monitor

观察面由外向里凹进的一种用于观察和验证数据处理系统运行状况的设备。

凹室排架法
alcove（cell）

图书馆内两个自立书架单元与壁式书架（靠墙书架）成直角放置，在书架与书架之间放置阅览桌椅，这种排架方式称凹室排架法，所形成的半私有区域称为凹室。凹室的面积足以容纳一定数目的读者，他们可以自由取阅架上的图书。这种排架方法最早源于克里斯托弗·雷恩（Christopher Wren）爵士于1676年为剑桥大学三一学院图书馆的设计。

奥德萨州立综合技术大学科学图书馆（乌克兰）
Scientific Library of Odessa State Polytechnic University

位于乌克兰奥德萨市，始建于1918年，最初的藏书由市民和教师捐赠。馆藏各种文献资料约180万册（件），其中图书80万册，期刊70万册（合订本），艺术作品7.5万件。拥有阅览座位600席，注册读者约4万人。

《奥德赛》
Odyssey

古希腊大诗人荷马（*Homer*）所写的史诗，共24卷，2 110行。大约成书于公元前8—7世纪，与《伊利亚特》（*Iliad*）合称为荷马史诗，是西方古代著名史诗。《奥德赛》叙述的是奥德赛在特洛伊城陷落以后，返回家乡伊塔卡途中的艰险历程，以海上冒险和家庭生活为中心描写主人公的不畏艰险和坚贞，歌颂了其智慧、勇敢和忠诚。

奥地利国家图书馆
Austrian National Library/*Österreichische National-Bibliothek*（*ÖNB*）

14世纪的哈布斯堡王朝时期，在维也纳王公贵族中有不少人为图书收藏家，并乐于捐赠给当时的奥地利皇家图书馆。该馆最早的手稿资料（Codex）为阿尔布雷希特公爵三世（*Puke Albrecht* Ⅲ）所收集。1945年更名为奥地利国家图书馆，2002年起成为奥地利联邦公益性质的自治科学机构，但进行企业式管理，有营利目标，以便减少政府资金约束，避免财政拨款决策中出现的矛盾。该馆从事有关图书馆事业的研究，编辑出版7种杂志并举办展览、讨论会、音乐会和报告会等活动。拥有藏品740万（件），包括：纸莎草纸、手稿、地图、珍善本、乐谱、肖像、照片以及海报等。

奥尔胡斯大学图书馆（丹麦）
Libraries of Aarhus University

位于丹麦港口城市奥尔胡斯市，始建于1902年，共有22所分馆，为奥尔胡斯大学和奥尔胡斯医学院的师生提供服务。馆藏各种图书、期刊、音频资料及视频资料等300万册（件），拥有电子出版物1万多种。馆藏目录同时包括奥尔胡斯地区其他高校的图书目录，可以为学校师生和该市市民提供其他图书馆的借阅服务。

奥尔玛出版社（俄罗斯）
The Olma-Press

俄罗斯三家最优秀的出版社之一，成立于1991年，并于当年出版了第一本书《神话、传奇和传说》。最初两年，主要出版妇女小说，介绍世界著名作家的作品，以其完整的妇女小说的体裁，成为妇女小说市场的领头羊。1995年开始出版至今仍风行的系列图书《俄罗斯方案》。1996年成为经典“家庭”出版社，主要定向于出版俄罗斯国内作家的作品。目前奥尔玛出版社已成为俄罗斯最大的图书出版者之一。

奥克兰大学图书馆（新西兰）
The University of Auckland Library

成立于1883年，由总馆、11所院系馆和4个信息共享中心组成，是新西兰覆盖面最广的图书馆系统，在电子资源服务与开发方面处于全国领先地位。该馆纸质馆藏达200万余册（件）、阅览座位达4 783席，其中大部分配有电脑供读者使用。该馆的亚洲馆藏规模为新西兰同类馆藏之首，多为中国、日本和韩国三国的文学、历史、语言、哲学和宗教，包括参考工具书、期刊、报纸、电子数据库和音像资料，并各配备有能使用这三国语言之一的参考馆员为读者提供服务。

奥雷略·兹拉特科·坦诺迪（1914—1985）
Aurelio Zlatko Tanodi

阿根廷杰出的学者，档案学专家。曾在克罗地亚共和国国家档案馆任职，后到梵蒂冈秘密档案局和布达佩斯匈牙利国家档案局从事专题研究，获得萨格勒布大学历史博士学位。短期移居澳大利亚后，重返欧洲在大学图书馆工作，并学习图书馆学和档案管理。1948年起一直居住阿根廷，在科尔多瓦国家大学任教，并担任拉美国家档案工作及组织的顾问和指导。著有《拉丁美洲档案手册：理论与原则》（*Manual of Hispanoamerican Archives*：*Theories and Principles*）。

奥罗拉公共图书馆（美国）
Aurora Public Library

位于美国伊利诺伊州奥罗拉市，始建于1881年。其使命为提供支持市民终身学习和获取信息的机会。该馆共包括1所中心馆，2所分馆和1所流动图书馆，馆舍面积为44 000平方英尺。馆藏图书及期刊合订本60多万册，激光唱片、磁带及其他音频资料4万多件，以及数字视盘和家用录像机制式的视频资料2万多件。年到馆访问65万人次，年图书流通量100多万册次，其中44%为儿童图书。

奥斯陆大学图书馆（挪威）
University of Oslo Library/*Universitetsbiblioteket i Oslo*

始建于1811年9月，是挪威最大的高校图书馆。到1998年底，该馆一直承担挪威国家图书馆的职责。现在奥斯陆大学图书馆使用的馆舍是1999年修建的新馆舍，占地3万平方米。新馆大胆地采用橙色作为建筑主色调，用巨大的玻璃幕墙营造了通透、和谐的氛围。该馆由人文科学和社会科学图书馆、医学图书馆、法律学院图书馆和数学与自然科学图书馆4个分馆和1管理中心组成。该馆有员工100多人，日接待读者量为3 000人。该馆除向奥斯陆大学的教师和学生开放外，还向公众提供服务。该馆图书馆可以外借，外借期限为4周，但1850年以前的出版物和工具书一般不予外借，只能在图书馆内限制使用。该馆提供馆际互借服务和参考服务。奥斯陆大学图书馆还对部分藏书进行了数字化整理。该馆以其先进的设备、合理的管理以及丰富的馆藏成为挪威高校图书馆的“领头羊”。

奥斯陆公共图书馆（挪威）
Oslo Public Library/*Deichmanske Biblioteke*

位于挪威首都奥斯陆市，始建于1785年，最初由挪威大臣卡尔·德切曼（*Karl Deichman*，1705—1780）的遗赠而组建。该馆当时获赠各种图书有6 000多册，同时还有很多手稿。奥斯陆公共图书馆现已成为挪威最大的公共图书馆，共设有16所分馆，藏书总量达200万册（件），每年书刊流通量为170万册（件）。其服务对象包括奥斯陆地区的个人、研究机构、各级学生以及商业机构和公共组织。另外，馆内还专门建立了1所多语言图书馆，收集了近37种语言的文献资料，为全挪威提供服务，尤其帮助移民掌握挪威语言以便其更好地融入挪威社会。

澳大利亚大学图书馆委员会
Council of Australian University Librarians（CAUL）

成立于1965年，旨在提高学生的学习效率、最大程度地发挥大学图书馆的作用、发挥信息资源对大学研究人员的最大化效用、推动有利于大学图书馆的政策及法律法规环境的发展，促进大学图书馆可持续发展。目前该委员会拥有40个成员，主要由澳大利亚的大学图书馆组成。该委员会与其成员开设了许多项目，如建立澳大利亚机构库、澳大利亚数字论文库；开展开放学术研究以及澳大利亚大学图书馆之间的馆际互借服务；该委员会每年召开各种类型的会议，包括委员会大会、执行会大会、统计咨询委员会大会和工作组会议等。与此同时还设置了"国际旅行奖学金"以支持对澳大利亚大学图书馆有重要意义的现实问题的海外调研。所设立的"成就奖"表彰对委员会的战略规划有突出贡献的人士。

澳大利亚档案工作者协会
The Australian Society of Archivists (ASA)

成立于1975年，作为澳大利亚档案专业的一个非营利学术性团体，在澳大利亚档案界具有很大的影响力。其宗旨是为提高档案工作者的专业水平，开展档案工作各领域的研究，制定并维护档案工作的各项标准和档案工作者的职业准则，与相关组织和团体合作以促进档案的保管和利用，促进档案工作者、档案机构和档案利用者之间的交流与合作，出版和传播有关档案专业的信息等。该协会由理事会、8个分支机构和9个专门兴趣小组组成。理事会负责协会的日常运转和发展规划。分支机构则经常举行各种会议，交流档案工作经验，进行学术讨论。专门兴趣小组主要针对档案领域某一专题设立，如电子文件兴趣小组、大学档案兴趣小组等。会员类型分为专业会员、一般会员和机构会员。该协会每年制定有较为周密的年度活动计划和课题研究目标。采取的活动形式主要有举办年会、研讨会和展览、出版档案专业刊物和著作以及开展档案培训等。会刊《档案与手稿》(*Archives & Manuscripts Journal*) 创办于1975年，每年两期。为澳大利亚档案工作者和其他文件管理和信息人士提供档案专业的最新文献信息，具有较高的学术价值和国际知名度。

澳大利亚地质调查局图书馆
Library of Australian Geological Survey Organization

澳大利亚最大的关于地球科学的专业图书馆，始建于1946年，位于首都堪培拉市。馆藏图书10万册，期刊4 000多种，其中2 500多种为现刊。澳大利亚地质调查局图书馆和世界范围内的各大地球科学研究机构建立了正式的书刊交换关系，通过互换文献使图书馆的馆藏不断丰富。除了面向地球科学组织和大学研究机构开放以外，该馆还服务于采矿和石油工业，并对社会开放。

澳大利亚电影音像收藏馆
National Film and Sound Archive (NFSA)

地处格里芬湖北侧。馆内按照不同的历史时期，展示了澳洲电影和音乐的制作发展史，从1890年的澳洲第一部电影到目前的数码电影，还有广播、电视和音乐歌曲的唱片磁带等。目前该数字图书馆主要收录纪录片、电影、电视新闻、音乐、口述历史和演说等音像资源。许多图书馆、博物馆都将其收藏的图像资料、文化遗产图片数字化，提供在线的访问和浏览，让更多的人能够欣赏到这些丰富多彩的资源。

澳大利亚儿童图书理事会
Children's Book Council of Australia (CBCA)

成立于1945年，由对儿童及青年文学感兴趣的个人或机构组成的非营利组织，总部在澳大利亚阿得雷德的诺伍德市，在澳大利亚各地还设有分支机构。从1946年开始，每年评选一次年度图书奖，分5类，每类各评选出获奖者或获奖图书。每年的图书周是自1945年以来该理事会举办的活动，是澳大利亚历史最悠久的儿童节日，截至2012年已经成功举办67届。一年4次出版《阅读时代》(*Reading Time*)，主要评论澳大利亚出版的儿童及青年图书。每两年举行一次会议探讨阅读及文化相关的主题。

澳大利亚广播公司
Australia Broadcasting Corporation (ABC)

世界十大广播公司之一。澳大利亚最大的广播公司，总部设在悉尼。于1983年7月1日建立，取代1932年5月17日创建的澳大利亚广播委员会(Australia Broadcasting Commission, ABC)。在全国进行无线广播和电视广播。拥有1套全国性电视节目，通过276座发射台和转播台以及通信卫星向全国播出。在79个地区播出1套广播节目，国际广播则以"澳大利亚广播电台"名义，使用9种语言(包括汉语普通话和广东话)，每天广播48小时，重点对象为亚洲、太平洋地区。

澳大利亚国际图书博览会
Australia Book Fair

自1999年举办以来，已逐渐成为世界各地的出版商和图书销售商寻求合作的良好机会。在所有的参观者中，84%的人可以制定购买决策，68%的人可直接决策购买，这使该书展成为颇具成果的博览会。该图书博览会是亚太地区版权贸易型书展，每年一届。书展期间，澳大利亚出版商与国际书商、供应商以及图书发行销售商进行谈判、贸易、电子商务和网络服务等活动，同时还举办一些颁奖仪式。历届澳大利亚国际书展都能吸引来自澳大利亚本土、日本、新加坡、马来西亚、美国、加拿大、意大利、英国、法国、丹麦、中国内地及香港的参观者。

澳大利亚国家及州图书馆联盟
National & State Libraries, Australia (NSLA)

1999 年成立，其目标在于：加强信息基础设施并提升信息服务的获取，以服务澳大利亚和新西兰满足其社会、文化、经济和教育需求；为各级政府、文化和教育部门及其他相关机构的图书馆提供服务，该联盟每年至少召开两次会议。

澳大利亚国家图书馆
National Library of Australia

其前身为1907 年建立的澳大利亚联邦国会图书馆。该馆根据1960 年颁布的《国家图书馆法案》而建立，并于 1968 年 8 月正式对外开放。现隶属于通讯、信息技术与艺术部。每个财政年度结束之际，图书馆理事会要向主管部长提交年度报告。作为最重要的文献收藏机构，该馆收集、组织、保存和维护各种形式的澳大利亚及非澳大利亚的书刊资料，同时有选择地对澳大利亚原生资料进行数字化并上网，利用因特网优势开展专家咨询与信息服务，并收集具有重要价值的亚太地区的古籍善本。馆藏 1 100 万册（件），包括图书、报刊杂志、照片、地图、乐谱、口述记录以及手稿文件等。该馆出版《澳大利亚国家书目》(*Australian National Bibliography*)、《全国图书联合目录》(*National Union Catalog*) 和《全国社会科学与人文科学杂志目录》(*Serials in Australian Libraries: Social Sciences and Humanities*) 等。

澳大利亚海事学院图书馆
Australian Maritime College Library

位于澳大利亚郎赛斯顿市，是澳大利亚馆藏海事文献资源最丰富的图书馆。馆藏专业图书及期刊有 10 万册，现刊 1 200 多种，视听资料 620 多件。馆藏大部分位于纽汉姆（Newnham）校区，另有8 000 册图书及期刊收藏于景点（Beauty Point）校区。馆藏文献多涉及商业贸易、通信技术、电子技术、渔业、海洋学、船舶驾驶及航运等领域。

澳大利亚环境遗产部图书馆
Library of Department of the Environment and Heritage of Australia Government

该馆由两所图书馆组成：中心图书馆和澳大利亚国家植物园图书馆。中心图书馆的藏书涉及环境领域，具体藏有关于环境政策、空气质量、环境影响评测、森林以及国家公园等方面的文献资料。澳大利亚国家植物园图书馆收藏的植物学文献在世界范围内享有盛誉，馆藏文献主要集中于植物学、园艺、植被保护学及生态学等方面。

澳大利亚联合新闻社
Australian Associated Press (AAP)

澳大利亚国家通讯社，简称澳联社。总部设在悉尼，在澳大利亚大部分州府设有分社，并在英国伦敦、新西兰的奥克兰和巴布亚新几内亚的莫尔兹比派驻记者。澳联社向澳大利亚报纸、电台和电视台提供国内外新闻。其国际新闻除由该社的记者发回外，还取材于路透社、合众国际社、美联社、法新社、新西兰报联社以及《泰晤士报》和《纽约时报》的稿件。该社一直为斐济和巴布亚新几内亚提供新闻，并通过卫星向纽埃这样的偏远地区提供新闻。此外，也向路透社提供澳大利亚新闻。

澳大利亚圣梅出版集团
St. Plum-Blossom Press Group, Australia

澳大利亚出版商协会正式成员，自成立以来，坚持为科技交流、教育发展服务。以向科研院所、高等学校提供优质、权威的精神产品为宗旨，以满足社会和人类文化生活的需求，传播先进的科研成果和文化知识为己任。出版内容涉及经济、管理、物理、通讯、计算机和教育等多学科。

澳大利亚圣母大学图书馆
University of Notre Dame Australia Library

位于澳大利亚弗里曼特尔，由 1 所中心图书馆（弗里曼特尔校园）和 6 所独立的图书馆组成：本迪克 XVI 医学图书馆（悉尼校区）、圣德助撒图书馆（弗里曼特尔校园）、高尔文医学图书馆（弗里曼特尔校园）、克雷文法学院图书馆（弗里曼特尔校园）、圣本迪克斯图书馆（悉尼校区）和布鲁姆校区图书馆。1992年通过购买一所美国文学院的藏书大大丰富了馆藏。拥有馆藏书刊资料超过30万册，侧重于人类学和社会科学领域，主要是教育、商业、神学和卫生学学科。电子资源如全文电子期刊的数量在近几年也增长迅速。

澳大利亚天主教大学图书馆
Library of Australian Catholic University

1991年由6所分布在不同地区的大学图书馆组建而成，每所图书馆都保留自己的方针政策、程序及财务预算，通过集成管理实现资源共享。其使命是通过丰富的馆藏和相关的信息资源，提供灵活、优质的服务，促进教学与科研工作的发展。总馆藏量中图书有50多万册，期刊3 350多种。另外还包括大量的数字资源，其中全文电子期刊4 000多种。各个校区的馆藏根据其教学的重点各有侧重点，整体来看，馆藏多涉及教育、护理学、商业、信息科学、艺术、社会科学、环境科学和哲学等领域。

澳大利亚图书馆和信息协会
Australian Library and Information Association (ALIA)

澳大利亚图书馆和信息服务业的全国性专业组织，1937年成立，当时取名为澳大利亚图书馆员研究所。1949年曾改名澳大利亚图书馆协会。1989年采用澳大利亚图书馆和信息协会的新名称。该协会根据章程及其确定的愿景、任务、目标和行业准则开展工作，致力于通过领导、支持和相互支撑，加强全国图书馆和信息服务业发展、提升和高质量服务中的专业建设。经由选举产生的董事会下设6个常务委员会、11个咨询委员会，所发布的施政措施由董事会设在首都堪培拉的国家办公室实施，每年向全国图书馆和信息服务业的优秀会员颁发国家和地区级的各种奖项。该协会还出版有《澳大利亚图书馆杂志》（季刊）、《澳大利亚学术与研究图书馆》（季刊）以及电子版通讯杂志《澳大利亚图书馆和信息协会新闻》、《澳大利亚公共图书馆在线新闻》等。

澳大利亚文化遗产收藏委员会
Collections Council of Australia

2004年成立，目的在于为加强澳大利亚收藏机构，尤其是档案馆、艺术馆、图书馆和博物馆等相关领域机构的稳定性和持续性。该委员会是一个非营利性组织，最初由澳大利亚文化委员会发起，2010年8月，在文化部长委员会的努力下该委员会获得了澳大利亚联邦、州和地方政府的支持。

澳大利亚学校图书馆协会
Australian School Library Association (ASLA)

成立于1969年，旨在通过高标准的专业新技术的应用、学校图书馆资源的共享与利用、教育学与图书馆学的最优化结合等途径为学生提供终身学习及获得决策技能的服务，致力于为学校图书馆及图书馆长职业发展制定相关标准与政策，制定图书馆长职业发展课程。成员有机构会员及个人会员两种。每两年举行一次大会，探讨学校图书馆学习与教育、图书馆长职业发展相关的问题，还与其他组织合作举行地区及国际会议。该协会出版专业期刊《获取》（*ACCESS*）主要关注合作课程发展、基于资源的学习、信息技术与教学的融合、信息管理、信息素养等主题。此外，还出版有关教育的会议录、期刊及多媒体资源。该协会还设立《澳大利亚学校图书馆协会表彰奖》（ASLA Citation Award）以奖励对图书馆长职业发展有突出贡献的人士，在每两年召开的会议上颁发。

澳门大学出版中心
The Publications Centre of the University of Macau

成立于1995年，是澳门大学的出版单位，其业务集中学术出版，以研究报告、研讨会论文集和学术书刊为主。多年来该中心出版100多种学术书籍，涵盖中、葡、英、日等不同语文，学科范围广泛，涉及语言文学、美术、人文及社会科学以及教育、澳门研究、自然及应用科学等。

澳门大学国际图书馆
University of Macau International Library/*Biblioteca Internacional da Universidade de Macau*

位于中国澳门特别行政区，始建于1980年，1982年图书馆大楼落成。原名为东亚大学图书馆，1991年改为澳门大学图书馆。1999年得到澳门基金会的资助，建成了新的澳门大学国际图书馆，建筑面积为1.5万平方米。馆藏图书39万册，藏书主要来源有已故名人何贤先生、已故香港大学陈君葆教授和已故陈炜恒先生的赠书以及零星购买、其他捐赠。收录中外文期刊4 000多种，电子全文期刊35 000种，缩微资料5 000卷，视听资料185 000件，古籍线装书7 000多种，约1.3万册，地图580张。中文资料以国内版本为主，主要涉及文史哲和教育领域。英文资料以工商管理及计算机类为主，其藏量为澳门各馆之首。葡文图书以文学和法律为主，藏量仅次于澳门中央图书馆，馆内还设有全东南亚资料藏量最多的国际组织文献中心。该馆为国际图联机构会员、联合国托存图书馆。

澳门广播电视有限公司

（葡）*Teledifusao De Macao*（*TDM*）

为澳门公共广播服务机构，成立于1983年。1984年5月13日启播，是澳门首家提供免费无线电视广播的公司。其属下有2套广播电台节目及6套电视频道，其中有“澳视澳门台”（每天仅播出15小时）、“澳视高清台”、“澳视葡文台”、“澳视体育台”、“澳视生活台”以及“澳门-Macau”等，以及24小时广播的汉语电台、葡萄牙语电台。

澳门科技大学图书馆

Library of Macau University of Science and Technology

成立于2001年，该馆为师生创造和提供支持大学教学和科研的文献资讯及相关服务，不断改善图书馆的各种软硬环境，使该馆更加人性化、人文化、多样化和科技化。每月到馆人次超过2.5万，年借还馆藏超过8万册次，拥有近20万册图书、1.5万种期刊以及近20种数据库。

澳门理工学院图书馆

Macau Polytechnic Institute Library

成立于1991年，为配合学院的宗旨而成立的相应资讯服务部门。其目的是为提高个人文化、技术和专业水平；在教学、科研和学习方面提供各种不同类型的资讯文献资料；和其他图书馆进行学术及技术交流。该馆专设怀远楼林近藏书，收藏澳门书画名家林近先生所捐赠的珍藏图书。设有自动借还书系统、多媒体区和研习室等。

澳门旅游学院多媒体图书馆

IFT Multimedia Library

成立于1995年，为澳门旅游学院从事旅游管理、行政管理和文化遗产的研究提供服务，并为旅游学院提供与课程有关的参考材料，其目的是支持学生更好地学习和学术研究。

《澳门日报》

Macao Daily News

创办于1958年8月15日，是澳门目前最大、销量最多的一家综合性中文日报。每日出版40～48版。宗旨为立足澳门，服务市民，实事地报道祖国各方面的成就和变化，准确反映民意。主要栏目有：国际新闻、大陆新闻、澳门新闻、台湾新闻、新闻焦点、经济、体育和珠江三角等。该报设有编辑部和经理部，员工100多人，其中采编人员约40人，在广州和珠海设有办事处。该报刊登大量当地新闻和大陆、香港和国际新闻，设有副刊、专刊30多个。《澳门日报》长期订刊新华社和中新社的新闻稿及新闻照片，另设星光出版社、澳门日报出版社。

澳门图书馆暨资讯管理协会

Macau Library & Information Management Association

1995年5月4日成立筹委会，7月2日正式成立。其宗旨为协调各资讯服务单位的技术及政策过渡、协助相关单位培训专业人才；向会员及资讯服务从业人员提供各种讯息，促进交流与合作，加强本地区与国际间之联系；向社会大众推广图书馆功能的重要性，从而发展澳门的图书馆事业，提高图书馆及资讯管理人员的专业地位；制定各种图书馆法规及标准，以作为大众参考之指引。该协会成立以来，多次举办研讨会及座谈会。每年定期参与的大型活动有“澳门图书馆周”、“澳门资讯科技周”、“全澳门儿童故事比赛”、“科普图书阅读奖励计划”、“书香文化节”等。澳门市政厅委托代管其辖下两所图书馆，作为发展澳门图书馆事业的据点。该协会拥有分别来自50多个相关单位的个人会员392人，团体会员13个。1998年与澳门业余进修中心及北京大学合作在澳门开设图书馆学专科课程。编辑出版的学术刊物有《澳门图书馆暨信息管理协会学刊》、《两岸三地图书馆管理与技术》和《两岸三地图书馆学研究与发展》等。该协会分别于1996年、2008年加入国际图书馆协会联合会和国际学校图书馆协会。

澳门中央图书馆

（葡）*Biblioteca Central de Macau*

中国澳门特别行政区最大的公共图书馆。建于1895年，其前身为建于1873年的澳门图书馆，现由1所总馆和7所分馆组成，民政总署大楼图书馆和何东图书馆为其较有特色的分馆。1983年迁入现址，建筑面积1 371平方米，馆藏10余万册。葡萄牙在远东的历史文献、前葡属各海外领地的法令及政府公报、19世纪末和20世纪初的100种葡文报纸及中国境内第一份西文报纸（1822年的《蜜蜂华报》）为特色馆藏。该馆不定期举办各种类型的专题展览，例如：中葡关系450年展览、回归剪报资料展等，并注重与读者的沟通，举办“亲子阅读乐趣多”和“图书馆之旅”等活动。新中央图书馆位于澳门南湾区占地面积约17 000平方米，改建后的图书馆大楼楼高10层，另包括地下2层，将取代现有的澳门中央图书馆，成为全澳最大的公共图书馆中枢系统。

B

八分法
octave device

由印度图书馆学家阮冈纳赞（Ranganathan，1892—1972）创立的一种图书分类标记法，用于当某一同位类超过八个时进行标记，即从第九个类目起用91至98进行标记，以此类推。该方法最早被阮冈纳赞用于其“冒号分类法”（Colon Classification）。1948年“国际十进分类法”（Universal Decimal Classification）将这种方法扩展到字母，即将不管什么样的字母表的最后一位，如英语字母表中的z，用来进行类似的扩展标记，使八分法在排序上具有了更好的实用性。

八卦
Eight Trigrams

亦称“经挂”，是中国古代的一套有象征意义的符号。用“—”代表阳，用“--”代表阴，用三个这样的符号，组成八种形式，叫做八卦。每一卦形代表一定的事物。乾代表天，坤代表地，坎代表水，离代表火，震代表雷，艮（gèn）代表山，巽（xùn）代表风，兑代表泽。八卦互相搭配又得到六十四卦，用来象征各种自然现象和人事现象。在中医中，八卦指围绕掌心周围八个穴位的总称。在娱乐圈中，八卦是指非正式的小道消息或者新闻，通常是某个明星的隐私等。八卦源于中国古代对基本的宇宙生成、相应日月的地球自转（阴阳）关系、农业社会和人生哲学互相结合的观念。最原始资料来源为西周的易经，内容有六十四卦，但没有图像。《易传》记录“易有太极，是生两仪。两仪生四象，四象生八卦”。故近代考证认为所谓太极即宇宙，两仪指天地，四象就是四季天象；如长日照的夏季称太阳，短日照的冬季称太阴，春是少阳，秋是少阴，而八卦再分三爻，自然是指廿四节气。表面上“太极八卦图”明显是指地球自转一周年而复始。八卦的代表符号由三爻演变而成。八卦代表了早期中国的哲学思想，除了占卜、风水之外，其影响涉及中医、武术和音乐等方面。

八角亭图书馆
“Eight-angled Pavilion” Library

1947年，澳门南湾花园（又名：嘉思栏花园）中的一座两层八角亭为澳门中华总商会副理事长何贤购得，次年设为澳门中华总商会附设阅书报室，即俗称的八角亭图书馆，并于1948年11月1日由澳督柯维纳主持剪彩开幕。该馆为民间私立公共图书馆，是澳门最早开放的公共图书馆，亦是澳门现存历史最悠久的中文图书馆。八角亭图书馆藏有早期的《华侨报》、《澳门日报》、《文汇报》、《大公报》和《光明日报》等报纸合订本，不论是近两三年的报纸，还是20世纪50—70年代的资料查找非常方便，每年阅览人数达6万多人次，外借书籍、杂志7千册次。在阅书报室开放的60年里，除免费为会员提供阅览或翻查资料外，实际上已成为一个对外开放的公共阅书报室。

八开本
Octavo（8vo）

大小约为6英寸×9英寸的图书。将整张纸印好后，对折三次形成八张（16页）。八开本中页面的大小取决于原纸的大小。在现代印刷中，与对开本、四开本、十二开本和十六开本相比，八开本是精装出版的图书最常用的开本。

巴布亚新几内亚国家图书馆服务处
The National Library Service of Papua New Guinea

于1975年设立，隶属于巴布亚新几内亚教育部图书馆与档案馆办公室。1978年10月30日开始接待读者，其建筑物是澳大利亚政府送给巴布亚新几内亚独立的礼物。该馆收藏有大量澳大利亚资料，属于巴布亚新几内亚独立前珍贵的历史文献。馆藏总计6万余册（件）：其中包括具有历史性研究价值的图书、参考性及普通图书（卷）、16毫米电影胶片和录像带、地图、图表、照片以及缩微胶卷。

巴伐利亚州图书馆（德国）
Bavarian State Library/*Bayerische Staatsbibliothek*

位于德国慕尼黑市，始建于1558年。该馆历史悠久、是欧洲规模最大的图书馆之一，仅次于英国的不列颠图书馆，同时也是德国联邦与州政府出版物的保存馆以及联合国、欧共体等国际组织出版物的托存馆。除了技术和应用农业领域以外，该馆还收藏了各个国家、各个学科丰富的文献资料，藏书量达1 000余万册（件），期刊5.5万多种，其中包括古籍、珍本及手稿等极具价值的资料。该馆为国际图联机构会员。

B

巴基斯坦国家图书馆
National Library of Pakistan

1950 年成立，几经改名，现在的巴基斯坦国家图书馆隶属于教育部。1993 年 8 月 24 日，该馆新馆落成。在服务方面，提供参考咨询、外借及馆际互借服务，同时编辑出版《巴基斯坦国家书目》(*Pakistan National Bibliography*)、普通目录和其他书目信息。该馆还是巴基斯坦国际标准书号中心和国际图联机构会员。馆藏主要通过购买、版权缴送、捐赠、交换和礼品方式获得。拥有馆藏图书与期刊合订本 14 万册、珍本书籍 1 万册、现刊 1 000 种、手稿 580 部、缩微胶片 4.8 万张。其中有 4.1 万册（卷）巴基斯坦出版物是根据版权法获得的。

巴卡图拉大学图书馆（印度）
Barkatullah University Library

位于印度的甘地巴林。该馆建立于 1972 年，有藏书 10 万册，论文有 5 800 篇，另有由印度知名人士捐赠的 60 台多光谱扫描器。该馆订购 15 种日报、12 种期刊，设有参考书和论文部，主要收集了社会科学、微生物学、语言学和经济学等领域稀缺的参考书。大多数社会学方面的参考书和稀缺的、价值在 50 万卢比左右的图书，都是由巴卡图拉大学教授捐赠的。

巴拉德，诗体叙事曲
ballad（folk ballad）

有特别显著的节奏，适于简单的歌唱或舞蹈，特指中世纪或近代早期经口头流传下来的乐曲，具有叙事性，曲调富有语言表现力。内容多取材于民间史诗、古老传说和文学作品。

巴拉圭国家图书馆与档案馆
（西）*Bibliotecay Archivo Nacional*

成立于 1869 年，是由城市图书馆派生出来的。1897 年通过了设立国家图书馆的立法议案。1985 年政府制订了缴送法，要求作者和出版商在巴拉圭出版的出版物每种向该馆提供 5 册。该馆亟须专业人员和资料采访工作的协调。该馆拥有书刊 6 万册（件）、现刊 80 种，其期刊阅览室收藏有 18—19 世纪以来的重要报纸。

巴黎原则
Paris Principles

1961 年 10 月在巴黎召开的“国际编目原则会议”上通过的编目原则。该原则共有 12 条，规定了印刷型图书和其他类型文献目录中的个人著者、团体著者、多著者文献的标目以及书名标目、统一标目与各种标目著录形成的确定原则。为《英美编目条例第一版》（*AACR*）奠定了基础，并被国际编目界广为接受。

巴拿马国家图书馆
National Library of Panama/*Biblioteca Nacional de Panamá*

根据法令规定，于 1942 年 1 月 31 日成立。1942 年 7 月 11 日由巴拿马教育部市议会（Municipal Council）捐献了首批藏书 1 万册。这批书原来存放在成立于 1892 年的巴拿马城的科隆图书馆（Colon Library）里。巴拿马国家图书馆是该国出版物的寄存馆，负责编辑国家书目，是有关巴拿马历史和文学书籍的总书库。现馆藏约有书刊 30 余万册（卷）。

巴塞罗那大学图书馆（西班牙）
University of Barcelona Library/*La Biblioteca de la Universitat de Barcelona*

位于西班牙巴塞罗那市，建于 1450 年，是西班牙第二大图书馆，仅次于国家图书馆。曾经收藏有许多 16—18 世纪的珍贵资料，如古版本、手稿以及雕版。但是这些珍藏于 19 世纪的资料，由于保管不善和人为掠夺，遗失了不少。现馆藏图书近 300 万册、期刊 3.6 万种，分布于 17 所分馆。拥有阅读席位 6 000 个。

巴特洛莫·普拉丁纳（1431—1481）
Bartolomeo Platina

意大利图书馆员、人文学家。1461 年任罗马红衣主教秘书，实现了教皇尼古拉斯五世建立图书馆的设想，提出图书馆建筑规划以及保管早期收藏和采购新资料的建议。1475 年教皇西克斯特斯四世委任其为教廷图书馆馆长。普拉丁纳制订了图书馆制度，配置了设备，还专门雇人精心抄写拉丁文、希腊文和希伯来文的原稿，并派人到欧洲各国采购收集图书资料。6 年后他临终时的报告表明，馆藏已达到 3 499 册（卷），其中四分之一是著名古典著作。

巴西传播公司（巴西）
（葡）*Empresa Brasileira de Comunieacação S. A.*

巴西唯一的官方新闻机构，总部设在巴西利

亚。1988年由巴西广播公司和巴西新闻公司合并而成，集国家电台、电视台和巴西通讯社为一体，形成了一个能利用广播、电视、文字和图片4种传播手段开展工作的综合性新闻媒体。

巴西国家图书馆

Brazilian National Library/*Biblioteca Nacional do Brasil*

拉丁美洲最大的图书馆，原为1810年10月29日成立的皇家图书馆，首批藏品包括图书、手稿、版画、地图、钱币和勋章总计6万册（件），源于葡萄牙宫廷。1814年向普通公众开放后，具有了公共图书馆的性质。1822年巴西独立，皇家图书馆成为巴西政府的财产，1890年正式成为国家图书馆。从1847年以来，该馆是巴西出版物法定呈缴图书馆并负责编辑出版《巴西国家书目》(*Boletim Bibliográfico*)，著录巴西境内所有出版物。藏书为900余万册（件），其中珍善本6万余册（卷），期刊4万余种，现刊2万余种，另藏有19世纪以来的21 742幅珍贵照片。

巴西通讯社

（葡）*Agência Brasil*

巴西政府主管的通讯社，为巴西传播公司的成员。报道以政治新闻为主，对国家领导人的讲话和政府的决定大都全文播发。巴西通讯社对经济和社会新闻的报道显得较为薄弱，体育新闻几乎没有。每天向大约60家报纸和300多家电台、电视台供稿。

扒圆

rounding

一种使书脊呈圆形的装订工艺。在图书装订过程中，对书脊进行首次刷胶并加衬页之前必需的一道工序。具体做法是用刮刀或小刨刀将书脊修刮、打磨成一个光滑的凸面以利于粘胶和加装硬皮封面。

跋、后记

epilog（postscript）

图书正文后的读后提要、感悟和评论，或是说明写作目的、经过以及资料来源等事项的文字，是图书的组成部分。在图书馆工作中，后记是书目数据的重要来源，图书分类编目工作的重要环节之一是对后记的审读。

灞桥纸

Baqiao paper

世界上最早的植物纤维纸。于1957年5月在陕西省西安市灞桥出土，制造于西汉武帝时，距今已有2 000多年的历史。灞桥纸纸色暗黄，经化验分析，原料主要是大麻，并掺有少量苎麻。在显微镜下观察，纸中纤维长度1毫米左右，绝大部分纤维作不规则异向排列，有明显被切断、打溃的帚化纤维，说明在制造过程中经历过被切断、蒸煮、舂捣及抄造等处理。虽然质地比较粗糙，表面也不够平滑，但无疑是世界上最早的以植物纤维为原料的纸。这一发现，把中国造纸术的发明时间向前推了两个世纪。

白报纸挂本

newsprint block

教学中使用的一种直观教具。是用若干张约500毫米×760毫米大小的白报纸合订成一本大簿子，挂在教室的墙壁上代替黑板。教师讲课时可用彩色蜡笔在上面书写或绘画，一张写满后可以翻到下一页，也可将其撕去。现在这种教具基本已被淘汰。

白俄罗斯国家科学院中央科学图书馆

Central Science Library of the National Academy of Sciences of Belarus

位于白俄罗斯共和国首都明斯克（Minsk），始建于1925年2月，最初为白俄罗斯文化研究院图书馆，1928年改为科学院图书馆。1926年起开始和其他国家及地区开展图书交换活动，1997年成为全国性的科学文献中心。现已成为白俄罗斯科学文献最丰富的图书馆，馆藏各种图书资料350万册，其中最重要的包括各种15—18世纪的稀缺古版本、大量的参考手册和完整的科学期刊。

白俄罗斯国家图书馆

National Library of Belarus/*Нацыянальная бібліятэка Беларусі*

1922年9月建于首都明斯克。作为白俄罗斯国家的综合图书馆接受苏联出版物缴送本1册和白俄罗斯出版物缴送本2册。1926年根据白俄罗斯社会主义共和国人民委员会令改组为白俄罗斯国立图书馆，1932年该馆以列宁命名。1992年5月10日，根据共和国部长会议令，正式更名为白俄罗斯国家图书馆，隶属于白俄罗斯文化部。该馆馆舍大楼共22层，落成于2006年。该馆藏书总量为800万册

（件），阅览座位 2 000 席。为公众提供馆内阅览、馆际互借和外借服务。根据该馆规定，具有学位的读者才能办理外借证。

白俄罗斯州立大学图书馆
Library of the Belarusian State University

位于白俄罗斯共和国首都明斯克，始建于 1921 年。馆藏各类图书资料 300 万册（件），大多是白俄罗斯文和俄文。注册读者 2.6 万人，每年图书借阅量达 185 万册次。该馆和世界 24 个国家和地区的 136 个科研和教学机构开展图书交换活动，并参与了 TEMPUS 国际项目。从 1959 年起，该馆开展图书馆学的教学与科研，取得了很大的成果。

白宫图书馆
White House Library

又称第一家庭书屋。这是在美国总统官邸——白宫内供总统、家属以及工作人员使用的图书馆。1850 年，米勒德·菲尔莫尔（Millard Filmer）总统的夫人阿比盖尔·菲尔莫尔（Abigail Filmer）最早提出在白宫建立永久性图书馆。在她的敦促下，总统向国会申请到 2 000 美元用来购置图书。1930 年，美国图书销售协会成立专门委员会为白宫图书馆精选了 500 册图书，此后，每 4 年赠送 200～250 册图书。半个世纪以来，美国的书商们一直保持着这样的一种特殊服务——每隔 4 年，他们亲自委派代表带上精选出来的当代图书专程前往白宫当面赠送总统。现在，白宫图书馆的藏书大多来自于个人、出版社、基金会和图书销售协会的捐赠，图书馆的编目工作由国会图书馆负责。白宫图书馆无疑与白宫的主人——总统有着不言而喻的关系，不仅是人们研究美国总统可资借助的重要工具，而且其本身就是映现着美国历史与社会的一面镜子。

白国应（1933—）
Bai Guoying

中国科学院文献情报中心教授。1956 年毕业于武汉大学图书馆学专修科，同年到中国科学院图书馆工作。历任中国科学院文献情报中心研究员、学术委员会主任和中国科学院出版图书情报委员会委员，兼任中国科技大学、北京师范大学、华中师范大学、广西师范大学、东北师范大学、西南师范大学、山西大学、安徽大学、湘潭大学、黑龙江大学、河北大学、西北大学、四川大学、兰州大学和中国科学院管理干部学院教授。主要研究文献分类学和宏观图书馆学情报学理论。编著著作 10 部，发表论文 350 篇，参编图书 20 部。

白话小说
novel in vernacular

一种用接近日常生活语言的文字来表达的小说形式。中国白话小说发源于唐代，其前身是民间故事和所谓的“街谈巷语”，到宋代的话本小说阶段基本成熟定型，到明代迎来了真正的繁荣，成为与抒情文学分庭抗礼的一大文学体系。

白皮书
white paper

原指英国下议院的重要政策及立法目的之报告文献，但现在是指国家政府就任何一个主题内容或行业发展的总体情况发表的报告，因封面为白色而得名。白皮书的作用在于明确政府就具体事务的态度和观点，同时提高人们对其了解与关心程度。许多国家政府都发表过白皮书，如中国的政府白皮书、国防白皮书、人权事业的进展白皮书、航天白皮书和禁毒白皮书等；日本的青少年白皮书、环境白皮书和循环型社会白皮书等；欧盟食品安全白皮书及美国的电子期刊利用统计白皮书，等等。

白页
white pages

电话号码簿或商务指南中列出的机关、企事业单位的名称、电话号码和地址目录部分，一般按字顺排列，放在黄页广告的前面。一般用白色纸张印刷。电子白页除基本联系方式外通常还包括一些附加信息，如工作地点、工作电话和单位邮箱等。

《百度百科》
Baidu Encyclopedia

百度公司推出的一部内容开放、自由网络百科全书。其测试版于 2006 年 4 月 20 日上线，正式版在 2008 年 4 月 21 日发布。百度百科旨在创造一个涵盖各领域知识的中文信息收集平台。百度百科强调用户的参与和奉献精神，充分调动因特网用户的力量，汇聚上亿用户的头脑智慧，积极进行交流和分享。同时，百度百科实现与百度检索、百度知道的结合，从不同的层次上满足用户对信息的需求。百度百科是全球最大的中文百科全书，全球华人地区影响最广泛的因特网知识平台，拥有最全面的知识系统。

百度公司
Baidu

中国因特网领先的软件技术提供商、平台运营商。全球最大的中文搜索引擎。2000 年 1 月创立于北京中关村，致力于向人们提供“简单、可依赖”的信息获取方式。百度的起名，来自于“众里寻她千百度”的灵感，寄托着百度公司对自身技术的信心。百度公司自进入中国因特网及软件市场以来，就一直以开发真正符合中国人习惯的因特网核心技术为使命，依靠自身实力不断研发出拥有自主知识产权的可扩展的网络应用软件。

百度搜索引擎
Baidu Search Engine

中国国内最大的商业化全文搜索引擎，占国内 80% 的市场份额。其功能完备，搜索精度高，除数据库的规模及部分特殊搜索功能外，其他方面可与当前的搜索引擎业界领军者 Google 相媲美，在中文搜索支持方面有些地方甚至超过了 Google，是目前国内技术水平最高的搜索引擎。为包括 Lycos 中国、Tom. com、21CN、广州视窗等搜索引擎以及中央电视台、外经贸部等机构提供后台数据搜索及技术支持。百度主要提供中文（简/繁体）网页搜索服务。如无限定，默认以关键词精确匹配方式搜索。支持“-”号、“.”号、“|”号、“link:”、书名号“《》”等特殊搜索命令。在搜索结果页面，百度还设置了关联搜索功能，方便访问者查询与所输入关键词有关的其他方面的信息。提供“百度快照”查询。其他搜索功能包括新闻搜索、MP3 搜索、图片搜索和 Flash 搜索等。

百科辞典
encyclopedia dictionary

广泛汇集各学科专业术语、人名地名、成语典故和事物名称等，是综合性辞典。一般按字母顺序编排，逐一解释其含义。如《辞海》、《辞源》、《中国大百科辞典》、《微软英汉双解计算机百科辞典》和《中国艺术百科全书》等。

百科全书
encyclopedia（cyclopedia）

以辞典形式编排的有着多种学科知识内容的大型工具书。其编排需搜集社会科学和自然科学各科专门术语、重要名词等分列条目，并加以详细的叙述和说明。其中，有包罗较广的世界著名的大型百科全书，如《中国大百科全书》（*Encyclopedia of China*）、英国《不列颠百科全书》（*Encyclopedia Britannica*）、《美国百科全书》（*Encyclopedia Americana*）、法国《拉鲁斯百科全书》（*La Grande Encyclopédia*）和德国《布洛克豪斯百科全书》（*Brockhaus Enzyklopädie*）等。也有只收一门或几门学科的专业性百科全书，如《图书馆学情报学百科全书》（*Encyclopedia of Library and Information Science*）。Encyclopedia 源于希腊文，“*enkyklios*”意为“循环的、周期性、平常的”，和“*paideia*”一起指教育。

百利唱片有限公司
Bailey Record Co. Ltd

1962 年于中国香港成立，在中国音像产品界开拓耕耘近 40 年。由最初代理中国唱片公司的音像产品，包括各地戏曲、传统民歌、中国器乐、革命歌曲及相声等，延伸至结集出版、发行及代理中国音乐、戏曲及各类歌曲于一身。公司至今已推出了 10 多个系列唱片，音乐类型力求多元化，涉及中国民歌、传统器乐以至怀旧金曲、外国民歌、军乐及佛教音乐等，皆力臻完美，为广大的“爱乐人”提供不同的音乐选择。除了代理及经销中国（包括香港、台湾地区）、欧、美等 20 多家唱片出版公司的产品之外，发行网络还遍及中国内地、东南亚、日本、美国和加拿大、欧洲、澳大利亚及新西兰等不同国家和地区。

百链
www. blyun. com

为超星公司推出的新一代图书馆资源解决方案及共建共享方案，其内置丰富的全文资源，同时也是一套智能整合系统。针对各数据库资源和用户自建资源，预先对检索内容进行整合索引，并建立全面海量的元数据仓储；通过对元数据仓储数据与用户本地资源分布建立定位链接，能够完成学术资源的一站式检索，能够实现本馆与其他馆互联互通、共建共享。

百衲本
patched edition

利用零散不全的版本汇集成一部完整的书。清初人宋荦汇集宋元三种版本印成百衲本《史记》，近代有百衲本《资治通鉴》，商务印书馆也影印百衲本《二十四史》。

B

拜占庭装订法
Byzantine binding

始于公元4世纪东罗马帝国建立后的一种图书装订形式。即在书的封面上用一些金银宝石来进行嵌饰，以便让书看上去更显得富丽华贵。

班达伯格地区图书馆（澳大利亚）
Bundaberg Regional Library

位于澳大利亚昆士兰州班达伯格市，是昆士兰州最大也是最繁忙的图书馆之一。该馆始建于19世纪70年代，最初设在州艺术学校内，为付费图书馆。1980年班达伯格市政府得到农场主斯坦莱·罗斯·福克纳（Stanley Ross Faulkner）的一笔遗赠后，建立了免费的公共图书馆。随着读者人数的迅速增长，又于1994年建立了新的图书馆大楼。该馆共设有4所分馆，为9.7万辖区居民（其中3.5万人为注册读者）提供各种服务。馆藏各类图书文献约14万册，年图书借阅量100多万册次。

班级访问
class visiting

公共图书馆与学校进行教育合作的最主要的方式，即以班级为单位到图书馆进行参观访问。其目的就是希望在孩子刚入学的时候，向他们普及使用图书馆的理念，同时这也是公共图书馆进行延伸服务的重要方式之一。对很多孩子来说，通过到馆参观访问，对图书馆有了一定的感官认识。利用这个机会，图书馆员会向孩子们介绍图书馆概况，教给孩子如何使用图书馆、如何查找自己所需的资源，图书馆的服务都有哪些内容。

班级集体借书
classroom loan

学校或大学图书馆以班级为单位向老师和学生出借书刊资料，存放在教室内供其使用，通常用以支持特定的课程或科研项目。

班级图书角
classroom library

学校图书馆长期存放在教室中供老师和学生为所开设的课程参考使用的一小部分书刊资料。通常包括词典、辞典和一般性百科全书等。

搬运
moving

指将某物体改变原有位置移到另外的地方。如图书馆搬迁到新馆时，通常雇用有搬运工作经验的专业搬运公司，并签订搬运合同，以避免搬迁过程中损坏图书馆的管理设备、图书资料等。

版本
edition

同一部书因编辑、传抄、刻版、排版或装订形式不同而产生的本子。一般包括书写或印刷的形式、年代、版次、行款、纸墨、装订和内容的增删与修改以及印记、批校和题识等特征。在报纸出版中，同一天印刷出版数次，如报纸的早上版、中午版或晚上版等。近年来，版本也开始应用于影视、软件等事物上。

版本
iteration

集成性资源的实例，包括首次发布的版本及其后更新的版本，主要是指计算机软件或硬件的新版本。

版本标识
designation of edition

识别资源所属版本的单词、字符或其组合。

版本（次）项
edition area

反映文献出版发行次数、其版本形式和与之有关的责任者的著录项目，位于题名与责任者说明项之后。《国际标准书目著录（专著出版物）》（*ISBD, M*）（第2版）规定版本项包括版本说明、并列版本说明、与本版有关的责任说明、附加版本说明和附加版本说明的责任说明。在MARC 21书目数据格式中，这些数据元素在250字段里标出。

版本号
edition number

又称“版次号”。是指索书号中的一种辅助区分号，主要用来区分同种书的不同版本，供图书馆、发行机构和读者了解出版物印制发行情况及内容重大修改次数的记录。第一次出版的出版物称为第一版或初版。出版以后，只要内容没有重大修改，不管印多少次，都是第一版。内容有重大增删或修改时称第二版，以此类推。如果A出版社出版的图书转给B出版社出版，B出版社第一次印刷，虽然内容没有改动，也称新一版，其版次、印次均需重新起算。

版本号
version number

为使软件更加完善或更适合应用环境，软件商会对软件不断进行修改。每次发布的修改都给一个号码，称版本号，以表示其升级换代的程度。版本号一般采用小数制，整数部分的变化表示软件大的修改，小数部分的变化则表示小的修改。

版本目录
bibliography of editions（textual bibliography）

记载图书版本的书目，即专门研究与某些图书的不同版本之间的文字差别和变化的注释书目。中国在宋、元、明、清代和民国时期都编有各种不同的版本书目。中华人民共和国成立之后，编制出版了《中国古籍善本书目》、《中国善本书提要》、《北京图书馆善本书目》和《上海图书馆善本书目》等。世界上一些国家较重视对版本目录的研究和编制，因为其对版本学研究和古籍整理具有重要参考价值，可以为读者提供比较、甄别和参考不同版本图书的便捷工具。

版本升级
version up

为增加和完善软件功能，弥补旧版本中的不足，对原有的软件进行改进，同时对使用手册也进行相应的修正，以更好地适应计算机硬件的新开发以及用户的新要求。

版本说明
printer's imprint

在图书、期刊内的题名页或版权页上刊印有关该书刊的出版印刷地点、时间、版权所有者、版别、印数和印刷厂名称等信息。

版本图书馆，存储图书馆
depository library

由政府指定，接收本国各出版机构免费呈缴的全部或部分出版物的图书馆。在美国，指根据联邦版本图书馆计划，法定免费接受全部或部分美国政府印刷局和其他联邦机构文献的图书馆。美国一些联邦版本图书馆还收集地方政府机构的出版物。联邦机构文献一般按照文献管理号排架。在英国，是指根据法律被授权免费接受已出版的全部图书的图书馆。中国版本图书馆于 1950 年 7 月建立，依据中央人民政府出版总署、文化部和国家出版局先后制定的规定，为国家征集、收集和管理全国各种各样的正式出版物。

版本项
edition area

文献著录的项目之一，是记录文献的版次、出版年代、出版地、出版者和版本类别等版本各种特征的项目，主要包括版本说明、与版本有关的责任说明等，是鉴别图书价值与作用的重要因素，是读者选择和利用图书的重要线索。

版本学
Bibliology

以版本为研究对象，辨别其特征差异，探究各版本之间的关系以及研究版本的发生、发展规律的学科。其研究范围涉及写本、历代刊本、历代传录本、批校本和稿本等各种版本，每种书的雕版、传抄源流以及善本、劣本、原刻和翻刻的区分，还包括纸墨色、字体刀法、藏书印记、版式行款和装潢式样等。版本学和校雠学、目录学关系密切，其内容为校雠学、目录学奠定了基础，而后两者又为版本学的进一步发展提供了依据和方法。

版本装订
trade binding（edition binding）

出版社出版时的原始装订，未经图书馆等单位的后来装订加工。

版边刨光机
edge planning machine

出版印刷业使用的一种机器。主要用于加工铅版的版边，使之齐整并呈方形。操作方法为：组版时，先将版边刨直，留边宽窄一致，特别是靠页码和外切口的两边，更要刨整齐。

版次
edition

图书出版发行的先后次序。用以标明版别，以示版本的重要变更。图书第一次出版为“第一版”或“初版”，内容经过重大增删后出版的为“第二版”，以下类推。同一种图书改换题名、开本、版式、装订和封面出版的，均不作为再版。

版次（本）说明
edition statement

在著录款目中说明一书版次和与该版有关的责

B

任者的著录项目，如："再版由……修订"（2nd ed., rev. by…）。在 MARC 21 书目数据格式中，版次说明在 250 字段的子字段 $ a 中标出。

版牍
wood table

中国最早的书籍之一。相对于简策的细竹条，版牍用的是薄木板。没写字的木板叫做"版"，写了字的叫做"牍"。1 尺见方的牍，叫做"方"。版牍一般用来写短文章，往往一块儿版牍就是一篇文章。《仪礼·聘礼》说"百名以上书于策，不及百名书于方。"指的就是不到百字的短文便写在 1 尺见方的版牍上。若是百字以上的长文，方牍容纳不下，就要写在简策上了。版牍通常用毛笔、墨写的，写错了就用刀子刮削掉再写。古书上曾说孔子在编定《春秋》时"笔则笔，削则削"，该加的就用毛笔加上去，该删的就用刀子把它削掉，正是此意。版牍写录短文，记录杂事，有很大的灵活性。后世称公文为文牍，书札为尺牍。

版面，版心
type area

书刊一页的全部幅面，包括印有文字、图画部分和四周的白边。图书版面即图书书页的幅图。图书版面面积即图书幅面面积（图书开本），其规格是与图书开本的规格一致的。版心是书刊页面内去除四周的白边，中间实际内容的部分。是版面构成的要素之一，也是版面内容的主体。

版面编辑
layout editor

指排版工作，比如在网站或者报社，使每一个页面或每一张报纸的构图更为合理、美观。也指新闻出版单位的一种职业名称。版面编辑不仅需要具有新闻学、语言学中的很多知识，还需要具有一定程度上的艺术美学知识和造型能力。

版面费
page charge

作者在发表文章时所付给出版社或编辑部的一笔版面费用。

（版面上的）隔空白道
river

在文件的编辑排版过程中，由于过多的字间空格和文字排列不规则而形成的从上到下空白间距自动延伸成较长白道的一种版面类型。这种排版方式所形成的字间空白间距看上去像一条河流一样在页面上奔流而下，故被形象地称为"河道式版面"。

版面设计
layout

指书刊等印刷品付印之前的整体设计。包括开本大小，正文、表格及各级标题的字体与字号，标题占位和正文行距、插图的位置，各种版面装饰和页码排版形式等。

（版面设计）平衡
balance

指印刷和网页设计中，从审美角度来看，一个页面上图文结构的安排是令人满意的。

版（铅字）面
face（typeface）

指书刊一面的幅面内全部版式，包括版心和版心周围空白的部分，也就是书刊一面的整面。

版前（在版）编目
pre-cataloging

图书在出版过程中，由集中编目中心根据出版社印出的图书清样进行编目，然后由出版社将书目资料（应有的著录事项）刊印在图书上，供各个图书馆编目时选用。

版权
copyright

授予作者、编者、编译者、作曲者、剧作者、出版者或发行人对文学作品、音乐作品、戏剧、艺术或其他作品在一定范围内（合理使用）进行出版、生产、销售或发行的唯一合法权利。版权法也保护作品的派生、部分或全部复制、公开展示或表演的权利。作品所有者可以将版权转让或出售给他人，而无需转让所有权。版权保护原创作品的特定形式，而不是作品所表达的想法、主题或概念，其他作者可以免费以另外的方式对其进行诠释。1710 年，英国第一部版权法给予作者 14 年的保护期，并可再追加相同期限的保护期。美国在 1790 年通过第一部联邦版权法，版权由国会来控制，其管理则由美国国会图书馆版权办公室负责。版权的通知经常以小圆圈内加字母"c"或者单词"copyright"加上出版年和短语"all rights reserved."的形式出现在题名页的背面。在一本书版权页上所标记的年代是版权的授予年，也就是版权期的开始年。

版权代理
copyright agent

在版权交易活动中，版权代理人受著作权人的委托，以被代理人的名义，代理解决版权转让、授权使用作品著作权，收取版税、保证金等版权相关事务，并向被代理人收取报酬的活动。版权代理行为的特征是：代理活动必须以被代理人的授权为前提；代理人必须以被代理人的名义进行活动；具有法律意义；代理行为的法律效果直接归属于被代理人。版权代理业被认为是成熟的版权产业和出版产业链条上的一个必要环节，是对外版权贸易市场成熟的一个标志。

版权的海盗行为
piracy of copyright

原指未经国家授权在公海上或在不属该管辖区域的地方，对船舶、飞机上的人或财物进行抢劫或用其他暴力的行为。目前该词已广泛应用于知识产权领域，指没有经过版权拥有者的许可和协商，不注明来源，擅自复制受国家版权或国际版权保护的作品并公开发行的牟利行为。版权海盗行为主要涉及图书、期刊的翻印以及电影片、录音带、录像带、唱片和光碟的翻录等。

版权登记（生效）日期
copyright date

一件特定作品被批准版权保护的时间，通常印在题名页的背面，有时在圆圈内加字母“c”。如果有两个以上的版权登记日期，最早的日期是第一版的登记日期，也是第一次出版的日期。后面的日期表示作品修订后需要更新版权的日期。

版权法
Law of Copyright

即“著作权法”，指确认作者对其创作的文学、艺术和科学作品享有权利，规定因创作、传播和使用作品而产生的权利与义务的法律规范的总称。作者有权控制和处理自己的作品，有权分享因作品被使用而产生的经济利益，这是18世纪欧洲资产阶级革命时期形成的现代版权概念。英国1710年4月10日生效的《安妮女王法令》被认为是世界上第一部版权法。该法对欧洲及世界各地以后的版权立法影响较大。各国因政治制度、经济发展水平、文化传统观念不同，版权立法的原则和对作者保护水平亦不相同，但版权法包含的内容大体相似。一部版权法一般在以下几个方面均有明确规定：1. 版权的主体（可以享受版权的个人和法人）；2. 版权的客体（可以给予版权的作品）；3. 版权的内容（作者对其作品享有的权利）；4. 版权的归属；5. 版权的保护期限；6. 版权的继承；7. 版权的转让或使用许可；8. 版权的限制；9. 侵犯版权及其处罚；10. 版权管理（或登记）机构。1990年9月7日第七届全国人民代表大会常务委员会第十五次会议通过的《中华人民共和国著作权法》，于2010年2月26日第十一届全国人民代表大会常务委员会第十三次会议作了第二次修正，重新公布后，自2010年4月1日起施行。

版权法定许可使用
statutory license of copyright

根据法律的直接规定，以特定的方式使用他人已经发表的作品可以不经著作权人的许可，但应当向著作权人支付使用费，并尊重著作权人的其他各项人身权和财产权利的制度。法定许可作为对著作权的一种限制措施，在大多数国家的著作权法中都有明文规定，普遍限于已发表的作品，只是其适用范围有所不同。

版权费
copyright fee

对原创性作品进行注册版权时向国家版权保护机构交纳的费用，同时还要递交完整的申请表和该作品的一本复本。也指必须向版权拥有者支付的费用，用来获得该作品的全部或部分使用权。

版权管理信息
copyrights management information

指版权人为了在因特网上保护和管理自己的版权而附加于作品复制件上或当作品向公众传播时显示出来的有关版权和版权人的信息。版权管理信息各种各样，但主要可以分为以下四种：1. 关于作品本身的信息；2. 关于作品版权人的信息；3. 关于使用作品的条件和期限的信息；4. 识别或链接上述信息的数字或标记。

版权获酬权
right to remuneration for copyright

指版权所有人具有通过他人（包括许可他人）利用其作品获得经济收益的权利。

B

版权贸易
copyright trading

主要是指在版权许可（copyright licence）或版权转让（copyright transfer）过程中产生的贸易行为。属于许可证贸易范畴，也是无形财产权贸易，在欧美和中国港台地区多称为版权交易（copyright exchange）。按对作品使用方式的不同或所涉及的作品载体的不同，可分为图书、音像、影视、广播和软件等不同种类的版权贸易。

版权批准中心（美国）
Copyright Clearance Center（CCC）

世界上最大的影印复制权许可证颁发机构。为了促进人们遵守美国版权法，由一些作者、出版者和有版权文献的用户共同于1978年建立。该中心管理着175万多件作品的版权，并代表大约9 600个出版机构和成千上万个作者和发明者的利益。

版权侵犯
copyright infringement

指违反有关版权的法律规定，对作者或版权所有者的合法权益，包括财产权利和人身权利，造成损害的行为。一般说，只要未经版权所有者同意，在法律允许的范围以外使用受版权保护作品，便构成侵犯版权。常见的侵犯版权的行为有：将他人创作的作品，全部或部分，原样或经过改换面目，以自己的名义发表；未经创作集体或其他合作作者同意，将集体创作或与他人合作的作品，以自己的名义发表；未参与创作，强行或以其他不正当手段在他人创作的作品上署名；未经作者或其他版权所有者的许可，擅自发表其未发表过的作品；未经作者许可，擅自对其作品作实质性的修改，或作其他有损作者声誉的改动；继续传播作者已经公开声明收回的作品；除法律另有规定外，未经版权所有者许可，以复制、出版、表演、录制、改编和翻译等方式使用受版权保护的作品；除法律另有规定外，使用受版权保护的作品不向版权所有者支付报酬或不支付合理报酬，等等。版权侵犯，一般属于民事侵权，须承担停止侵害、消除影响、公开赔礼道歉和赔偿损失等民事法律责任。许多国家对较为严重的版权侵犯行为还规定有刑事法律责任。

版权所有
all rights reserved

正式出版物上所印刷的短语（常印在题名页的背面），声明按照现有著作权法规定，该著作的版权归著作权人所有，并保留对侵权行为诉诸法律行动的权利。

版权页
copyright page

指图书中载有版权说明内容的书页。在国家标准中，实际上是图书书名页中的主书名页背面。版权页一般安排在正扉页的反面，或者正文后面的空白页反面。文字处于版权页下方和书口为多。版权文字书名字体略大，其余文字分类排列，有的设计并运用线条分栏、装饰，起着美化画面的作用。版权页是后台角色，包括了书名、作者、编者、评者的姓名；出版者、发行者和印刷者的名称及地点；书刊出版营业许可证的号码；开本、印张和字数；出版年月、版次、印次和印数；统一书号和定价，等等。

版权与其他法律事务委员会
Committee on Copyright and Other Legal Matters（CLM）

国际图联核心活动组织之一。该委员会的基本职责是就有关版权问题在国际图联版权与其他法律事务委员会委员内进行讨论。包括版权和知识产权的情况、经济与贸易障碍对图书馆和信息资料的采购的影响、图书馆与信息资料所有权的争端问题、电子版课本的真实性、协议的签署与许可问题以及图书馆和情报信息服务中所涉及的其他重大的国际法律问题等。

版权转让
transfer of copyright

仅指版权所有者将其版权中的财产权利转让给他人享有。版权转让的方式有继承、赠与和有偿出让等。版权的有偿转让是版权交易的基本内容。版权转让可以是版权中部分财产权利的转让，也可以是版权中全部财产权利的转让；可以是在版权保护期中某一段时间内转让，也可以是在整个版权保护期内的转让。而在一些国家，由于认为版权人身权利与财产权利不可分，法律禁止版权的转让，只允许授权使用。中国亦禁止“卖绝版权”，即全部版权在整个版权保护期内有偿转让的行为。

版权转让费
transfer remuneration of copyright

作者或其他版权所有者向他人转让其作品的版

权所获得的经济报酬。

版权转售博览会
rights fair

对以版权转售活动为主的图书博览会的一种别称，如一年一度召开的法兰克福图书博览会（Frankfurt Book Fair）。

版权遵守
copyright compliance

图书馆有责任保证其馆际互借、保存文献、使用指南和网页等符合现有版权法的规定。在OCLC馆际互借系统中，借方图书馆采用代码“ccg”（“conforms to copyright guidelines”，遵守版权原则）和“ccl”（“conforms to copyright law”，遵守版权法）通知出借方图书馆这种馆际互借请求是合法的。

版式
format

印刷型出版物的版面格式，主要包括正文和标题的字体、字号、版心大小、通栏、双栏、行数、行距、排版要求和以上各方面的相互配合以及页码、装版线和图片等各种比例关系。

版税，稿酬
royalties

指出版机构依据有关法律和合同在作品采用后付给该作品作者的报酬，或指按出售出版物所得收入的约定百分数付给作者的报酬。版税变化幅度可以很大。一位名作家在精装书销售上可以收到定价的10%的版税，而在平装书销售上可以收到定价5%的版税。

版税率
royalty rate

指作者或其他著作权人从作品使用者的收入中抽取的百分比，并以此计算版税，取得作品使用费。版税率可因作者的知名度、作品的种类、质量、授权使用的范围、版权计算方法等因素的不同而不同，一般由当事双方在签订作品授权或许可使用合同时协商确定。

（版心较小的）开本
tall copy

指一种天头地脚的空白留得多的精装本。

办公文件检索系统
office document retrieval system

用人工来管理办公室的文件比较困难。在办公自动化系统中，一般都建立这种系统。其优点是不但可以存储大量文件，而且可以根据编号、时间和主题词等要求方便地检索到所需要的文件。

办公自动化
office automation（OA）

指借助于计算机网络处理办公的各种信息（包括文本、图像和声音等多媒体的处理和通信），从而使办公活动无纸化，并进而拥有网络所带来的所有便利。一个完整的办公自动化系统应包括信息采集、信息加工、信息传递和信息存储4个环节。按功能可分为事务级、管理级和辅助决策级三个逻辑等级。

半布面装订
half cloth（half linen）

书脊和书角用布裱装，其余部分则用纸裱装的装订方法。

半岛电视台
Al-Jazeera

被称为“阿拉伯的CNN”或“海湾的CNN”，其总部位于卡塔尔首都多哈。1996年成立，每天24小时不间断播报全球资讯。该电视台在美国、英国、法国、俄国等大国和部分阿拉伯、伊斯兰国家设有27个记者站。其关注的焦点集中于阿拉伯和伊斯兰事务，服务对象只限于通晓阿拉伯语的观众。该电视台虽然只有十几年的历史，却被誉为阿拉伯地区的美国有线新闻网（CNN），在中东和中亚地区，观众3 500万人，在全球抢尽风头。阿富汗塔利班政权与美国的对抗之战尚未尘埃落定，阿拉伯半岛的半岛电视台已在世界上相当出名。“911事件”之后，曾多次率先播放本·拉登和其他阿凯达组织领导人的录像声明，从而引起了全世界的广泛关注。

半革装
half leather

又称半皮面装订。指书脊和书角用皮革包装，其余部分用纸或布包装的装订方法。

半格画面
half frame

摄影时在镜头后加放蔽光框，因而拍摄到的图像为原来大小的一半。

B

B

半化学浆

half stuff

亦称半成浆，纸浆的一种。由破布蒸煮制成纸浆，经过部分生产过程，如经洗涤、漂白与脱水后，送至打浆机。这种纸浆用于制造书写用纸或印刷用纸。

半纪实小说（或电影、戏剧）

faction

指在小说、电影和戏剧中事实与虚构的混合。例如，有部半纪实小说中可能会用真实的人物来作主人公，但对真实的历史事件却进行了虚构的描述。

半精装，半皮面装订

half-binding（half leather bound）

书籍装订的一种方式。书脊和书角使用的装订材料与其他部分的不同，用皮包裹，通常是比较耐磨损的，其他部分则用布装订。

半棱性图记

half stamp

装订用语，一种在书籍封面上压印半棱形图案的印模。

半年刊

half yearly（semiannual，biannual）

指每半年出版一次的或一年出版两期的连续出版物。

半色调

half-tone

将连续色调图分解成为一系列尺寸很小的网点。

半试销

half see safe

一种图书销售形式。发行书商与出版商在订购图书时达成一项协议：所订的图书如果滞销，可以要求出版商收回一半，另换其他书籍给发行书商。

半衰期

half life

文献老化程度的度量指标之一。指某一学科中目前被利用的全部文献中较新的一半发表时间的间隔。这是一种表示文献老化速率的概念，由英国科学家和文献学家贝尔纳（Belna）于1925年首次提出。1960年，美国人巴顿（R. E. Burton）和凯普勒（R. Kebler）发表文章探讨利用引文数据，计算出某些学科的半衰期。一般说来，专家所提供的文献半衰期数据，可以用来确定不同学科和专业的文献的存储年限和剔除标准。

半双工

half-duplex

一种数据传输的方式。指信息流可以在单一信道上向两个方向传输，但同一时刻只能向一个方向传输。

半题名

half-title

又称扉页书名或简略题名。是指印在书籍题名页前面一页（扉页）上的题名，其字体略小于题名页上的字体。从17世纪起，为了防止题名页受损，会在其前加入一空白页，半题名页的使用也许由此演变而来。在现代印刷业中，半题名可以帮助印刷工人识别作品的首页。在许多书籍中，半题名也可以用来分隔前言与正文部分。

半题名页

half title page

又名扉页、简略题名页。指文献简略记载题名的印张。一般位于题名页之前。

半纤维素纸

hemi-celluloses

纸张的一种，用含有高成分半纤维素的纸浆所制成，具有良好的黏合性能，且耐折叠。

半线屏隔印版

half-line block

一种加网线版，这是一种利用减弱线条强度来提高图像效果的制版方法，即通过制版照相机用粗十字线网屏或单线网屏进行垂直、水平或对角线照相的方法。

半圆字体，半安色尔体

half Uncial（semi-Uncial）

字体发展的一个阶段。在此期间，圆体字型中出现了精心书写的小草书体的特征和印刷连字，部分字母还出现上下的延伸笔划。作为向罗马小写字

体的过渡字体，演化诸多变种，如英国的海岛体（Insular），北欧日耳曼人的如尼文字（Rune）

半月刊

half monthly（semimonthly，biweekly）

也叫双周刊，每半个月或两周出版一期的连续出版物。

邦德大学图书馆（澳大利亚）

Bond University Library

位于澳大利亚昆士兰州著名的“黄金海岸”，馆藏图书20万余册，纸质期刊2 000多种，电子全文期刊5万多种，电子图书5.5万册以及大量的视听资料。馆藏各类古典音乐和经典电影尤其丰富。邦德大学共有5个系和4个学院，每个院系都有一位专门的图书馆联络员，为图书馆的馆藏发展提供专业性的建议。该馆除了为学校师生服务以外，还向与学校有联系的社会团体及组织开放，同时也向社区内其他大学的学生开放。

帮助屏幕

help screen

在线书目或书目数据库中的帮助屏幕，可以为需要帮助的用户提供系统应用指导，找到解决问题的办法。这是便于用户使用的提供学习和指导的计算机软件程序所具有的性能。

包背装

Wrapped-back Binding

中国传统书册装帧形式之一。由蝴蝶装发展而成，即将每张书页有字的正面正折，使书口朝外，单边向里，让书页的两个外边粘在书背上，再包上书衣，就成为“包背装”。后改在边上打两个或三个小孔，用纸捻穿进小孔把书页订牢，再包上书衣。此装法已与线装相近，唯前者不穿孔装，而用浆糊粘连。明代《永乐大典》和清代《四库全书》均采用此装订形式。包背装在元代和明代前期最为流行。

包边缝纫装订

oversewing

指一种图书装订的方式。具体做法是：首先把折贴背部切开，分成若干部分，用手工或机器将各部分沿订口缝合。缝合时，每一部分至少与其他部分连接在一起。装订后书页比较容易打开，便于阅读和复制。

包角

wrapped slip

精装图书的加工工艺流程之一。即在订口的上下切角用细软织物沿书角轮廓包紧，并用粘结剂粘平，以保护书角不散、不折、坚固耐用，并增加美感。在珍贵的古籍藏书中有浅蓝、浅黄或棕色的绫包角。

包角封面

wrap angle cover

一种图书的包装形式。用布来包角，所用的布不必剪断，多余部分折成对角线褶页，每折一次就叠加，从而增加书角的牢度。

包装清单

packing list

放在邮寄书籍内的清单，上面填写发货的详细书名及数量等，以便接收方清点验收。

包装纸，包书纸

packing paper（wrapper）

包装用纸的总称。按照纸的特性及用途的不同，可分为普通包装纸、特种包装纸、商标包装纸、防油包装纸和防潮包装纸等。

宝贝篮子

treasure basket

根据儿童心理学家埃莉诺·哥德斯密德（Elinor Goldschmied）的理论发展起来的。她发现通过摆弄日常生活中的各种熟悉的东西能够刺激孩子感官的发展，帮助他们认识周围的世界。因此，在图书馆中通常会选用一些竹篮子，在里面放上生活中常用的一些生活品，如小石子、贝壳、勺子和钥匙链等，供孩子们玩耍时使用。宝贝篮子是专门针对刚刚能够坐还不会爬的低幼婴儿，因为这个年龄段的孩子主要通过吮吸、抓取和触摸来认识事物，所以与各种不同质感、不同功能、不同形状的事物反复接触能够促进他们感官和认知等方面的发展，同时还能激发他们的想象力。

保安员

security guard（security officer）

负责在图书馆中四处巡逻的保卫人员。他们负责图书馆的安全保卫工作，阻止任何违法行为，例如偷窃图书资料。另外，他们还负责处理和教育不遵守图书馆规章制度的读者。大多数保安员都身着特制服装，而且都接受过应对一切突发事件及解决问题方面的训练。

B

保存版
reserved edition

指对某个文件作部分改动时，为查阅和对照原文件，利用 Word 建立的保留该文件原始内容和样式的保存文档。以便有需要的时候。Word 可以将每次改动后的文件作为一个新版本保存起来（不是另存为，而是保存在同一个文档里，就像工具里的修订功能）。调阅那个版本时，就会显示上一次修改过的内容。如果认为这个版本没有必要保留，就可以将这个版本删除掉。

保存，保护
conservation

使用物理或化学的手段对手稿、书籍及其他文献资料加以保护的行为。例如：将文献资料放置于人工控制的环境中或采用化学抑制剂挽救发霉的书籍。从广义上讲，可指为保护馆藏资源所做的任何预防性的或修复性的工作。而书刊保护专家（conservator）则指受过专业的图书保管训练并精于此道的人。

保存本书库
reserved books collection

亦称“样本书库”。指图书馆将典藏入库的每一种图书，不论其复本多少，一律抽出 1 ~ 2 本作为样本，单独保存在图书馆样本书库中。保存本图书一般不外借，只供特殊需要的读者在馆内查阅。

保存，存入
save

指为了保存文件，把数据从计算机随机存储器里复制到永久的存储的媒介中（如计算机的硬盘或软盘）的过程。当关闭机器、系统故障或突然断电时，未保存的文件会丢失，这是使用计算机相关资源最大的灾难。所以，为了保护数据，最好在工作时经常存盘，不断地存储工作结果。

保存会议记录
keep the minute

通常指正式会议上安排专门负责记录的人员对出席会议人员的发言进行记录。会议记录作为重要的原始资料，具有相当的权威性和珍贵性。记录上应有会议出席人员和记录人的签名。通常会作永久保存，而且要保持其整洁、完整。

保存期
retention period

一是指在档案馆中，档案被移交到中间存储器或进行其他处理之前有效保存的时间长度。在缺乏法定或常规的情况下，保存期限通常根据目前使用情况和计划所需而定。二是指文件维护的时间间隔。在这个期间里，文件中的一些记录在它们被处理之前一直被保存着。保存周期常用月或年、一个特定的终止日期或一个特别事件出现之后的时间来表示。

保存图书馆
storage library

又名存储图书馆（repository library），其主要功能是在互相协作的基础上集中保存各图书馆多余的文献资料，而且根据需要提供利用的书库。所寄存的文献的所有权一般还是属于原图书馆。把利用率低的馆藏抽出来集中管理，有利于合理利用各馆有限的藏书空间。

保存文档
Save File

在 OCLC Connexion 编目系统中，为编目员创建、编辑和审查书目记录或规范文档过程中的一个临时在线存储区域。每所图书馆的每一个单一的登录授权，只能从该馆在线保存文档获得。只有在 Connexion 客户端，编目员可使用本地、同时登录或离线保存文档（本地指存储在工作站或共享驱动器中）。在线和本地保存文件，可以存储多达 9 999 条记录。

保存文档号码
Save File Number

OCLC Connexion 浏览器端的图书馆编目保存文档中用于系统跟踪的号码，每一个保存的文档都有一个单独的号码。

保存限期
shelf life

图书馆中的馆藏，如图书、磁带、录像带、影碟或光碟等，尤其指缩微复制品，由于正常磨损或损坏，在被替换前保持可用状态的平均时间（使用的有效年限）。

保存与保护核心活动专业委员会
Preservation and Conservation Core Activity

在国际图联第50届肯尼亚内罗毕大会上诞生，保存与保护计划于1986年正式启动。该委员会之宗旨是保证各种载体的图书档案资料，无论出版与否，均以易于存取的形式尽可能长久地予以保存。为了实现这一目标，该委员会最重要的任务为在政府、公众、信息与文化遗产专业人员中，提高其对机构管理中文化保护所占据的重要位置的认识。该委员会自1992年以来分别在美国、委瑞内拉、巴西、南非、澳大利亚、哈萨克斯坦、俄罗斯、日本、韩国、法国和中国的国家图书馆或大学图书馆设立区域中心。该委员会出版年报（PAC Annual Report）和业务通讯（Newsletter）等。

保存元数据实施策略
PREservation Metadata Implementation Strategies (PREMIS)

一种保存元数据元素核心集的数据字典，支持可扩展标记语言（XML）规范，可广泛应用于数字资源长期保存。

保存中心，修护中心
conservation center

专门从事印刷品和照片资料，尤其是受损或腐坏资料的保护和修复工作的机构。这种机构还参与并促进图书馆、档案馆和博物馆等历史文化机构的保存工作，有时也提供灾难性事故救援。

保管，保存
preservation

在适当的环境下所采取相应的保护措施，可以使图书馆和档案馆的资料以其原始版本或更耐用的载体形式保存和使用。用酸性纸张印制的资料可以通过脱酸处理，可以对原始文献进行同种和不同种载体的转换：如照相复制、缩微胶卷或数字化加以保存。单张的资料可以封装起来压成薄片。页面有污损或变色的出版物可以清洗后再装订，发霉的资料常需用烟熏蒸。珍本图书或手稿通常保存在温度、湿度和光线受到严格控制的场所。世界各机构的文献保护工作的具体内容各有所不同，但在所有文献保护规划与方案中，都应制定切实可行的馆藏发展与保护管理政策。国际图联的核心计划之一是“出版物的保护和保存”。该计划包括预防性图书保护工作与补救性图书保护工作。

保管人
custodian

法定保管单件（资源的特定副本或实例）的个人、家族或团体。

《保护表演者、录音制品制作者和广播组织公约》
International Convention for the Protection of Performers, Producers of Phonograms and Broadcasting Organizations

又称为《邻接权公约》或《罗马公约》，是世界上第一个关于邻接权国际保护的国际公约，故称之为《邻接权公约》。该公约由联合国世界劳工组织、教科文组织和世界知识产权组织共同发起，1961年10月26日于罗马缔结，故又称之为《罗马公约》。该公约的主要内容包括国民待遇原则、受保护的权利、保护期限、权利限制、对著作权的保护和非自动保护原则等。

《保护工业产权巴黎公约》
Paris Convention for International Protection of Industrial Property

由11个国家于1883年3月签署，经过6次修订于1884年7月生效。中国于1984年向世界知识产权组织总干事交存了加入书，并声明中国不受公约第28条第1款的约束。公约于1985年3月19日对中国生效。该公约修订后共有30条，根据公约规定，工业产权的保护对象有专利、实用新型、外观设计、商标、服务标记、厂商名称、货源标记或原产地名称和制止不正当竞争。该公约是保护工业产权方面最重要的国际公约。

《保护录音制品制作者防止未经许可复制其录音制品公约》
Convention for the Protection of Producers of Phonograms Against Unauthorized Duplication of Their Phonograms

简称《唱片公约》或《录音制品公约》，也有的译作《保护唱片制作者，防止唱片被擅自复制公约》。1971年10月在日内瓦签订。该公约的主要内容包括国民待遇原则、非自动保护原则、成员国国内的适用法、权利内容与保护期、权利限制等。由世界知识产权组织管理。

保护装订
conservation binding

为了长时期保存而对手稿、书籍或其他文献资料所做的装订或重新装订。与那些不考虑装订对图书保存的影响，只为增加牢固性而进行的装订方式不同，这种保护装订不会破坏原著作在形式上的完整性。

《保护字型及其国际注册维也纳协定》
Vienna Agreement for the Protection of Type and Their International Deposit

简称《维也纳字型协定》。由德国、意大利、列支敦士登、卢森堡、荷兰、圣马力诺、瑞士、英国、南斯拉夫、法国和匈牙利 11 国于 1973 年签订的协议。协定所称的字型，是指印刷出版文字作品所使用的印刷字体，包括字母、数字以及标点符号和科学符号等。

保护作品完整权
right of integrity

即著作权人保护其作品不受歪曲、篡改的权利。这是著作权人享有的一种著作人身权利。

保加利亚国家图书馆
National Library of Bulgaria/*Национална библиотека*，“*СВ. СВ Кирил и Методий*”

全保加利亚最大的图书馆、最古老的文化机构，于 1878 年成立，时为索非亚公共图书馆，图书来源靠私人捐赠。1897 年颁布第一部缴送法，1909 年诞生了关于国家图书馆的法律。2000 年议会通过的法律拓宽了文献缴送范围，包含该国全部印刷品和电子介质的出版物，该馆负责定期编印国家书目，于是成为保加利亚国家书目中心。该馆隶属于文化部，系二级财政拨款机构。拥有馆藏约 700 余万册（件），其中包含塞尔维亚、保加利亚、瓦拉几亚、摩尔多瓦和俄罗斯的书籍，藏有奥托曼王朝、封建社会和保加利亚复兴时期的文献，并藏有摇篮本、中世纪和现代的手稿以及早期的印本书、乐谱、地图、版画及肖像、专利和标准。读者可在线检索国家书目、国家联合目录。

保加利亚科学院中心图书馆
The Central Library of the Bulgarian Academy of Sciences

位于保加利亚首都索非亚，始建于 1869 年，是保加利亚第一所科学图书馆，由 1 所总馆和 47 所分馆组成，为保加利亚国内各研究机构的研究和学术活动提供丰富的科学文献资源。1979 年开始实行编目自动化，2002 年引入 ALEPH500 图书馆自动化系统，2003 年开始提供在线目录。该图书馆同时是保加利亚国内出版物和世界银行出版物的法定托管单位之一。

保留
Retention

指图书馆按照一定的专业要求对所拥有的文献资料进行长期收藏和保留的一项业务。在档案馆中，文献保留期的长短要在文献的著录信息中标注清楚，以备文献的后续保留。图书馆资料的长期保留需要有一定的技术措施，特别对那些已过时的机读格式信息资料。

保留本
reserves

亦称“库本”、“保存本”。是指图书馆从读者的长远利益出发，为保证本馆藏书品种齐全而将每种入藏图书的其中一册加盖特殊标记（印章等）单独入库保存起来。这种保留本一般不外借，仅供特殊需要者在馆内查阅或复印。

保留活版，存版
keep standing

指旧式印刷完毕后，不拆散排好版的活字，原样保存，以备今后重印。

保留期
retention period

指在磁带信息抹掉之前，数据必须在磁带磁盘上保留的时间期限，也指文件、电子邮件和域名删除保留的时间期限。

保留上下文标引系统
Preserved Context Indexing System（PRECIS）

一种计算机辅助标引系统。又称保留原意索引法或前后关联索引法。由英国图书馆学家德里夫·威廉·奥斯汀（Derev William Austin）于 1968 年开发并在《英国国家书目》（*British National Bibliography*）中首次使用，加拿大图书馆的读者服务工作和《澳大利亚国家书目》（*Australian National Bibliography*）也采用了该系统。1974 年，奥斯汀专门编写了一本作者独创的保留上下文索引系统的入门书，详细地介绍了这种索引系统的基本概念、原理、标引方法与规则以及标引工作的管理等。

保留协议
reservation protocol

图书馆应读者要求，将某书刊装订完毕或外借归还后，保留下来供其优先借阅的书面或口头协议。

保留阅读图书
reserved book

指在高校图书馆中，根据导师所开列的书单，图书馆从总书库中将大量学生需要阅读、参考的某些图书集中收藏在一处供他们使用。

保罗—玛丽—吉斯莱恩·奥特勒（1868—1944）
Paul-Marie-Ghislain Otlet

比利时目录学家、律师和国际主义者，布鲁塞尔大学毕业。1891 年结识亨利·拉封登（*Henry La Fontaine*），受其影响倾心目录学。1895 年和拉封登召开第一届国际目录学会议，决定建立国际目录学研究所（International Institute of Bibliography）。在欧洲最杰出学者、科学家的帮助下，以杜威十进分类法为基础，使用了分面分类概念的“国际十进分类法”（Universal Decimal Classification），于 1905 年首次以法文出版。此外与拉封登一起促成举办国际文献学大会的召开和国际知识合作研究所的成立，并于 1937 年在法国巴黎召开联席会议，会议期间将国际目录学研究所改为国际文献联合会（International Federation of Documentation，FID）。

保密文件
classified matter

指文件的级别。在军队或政府机关、私人公司或其他组织或机构中，因为某文件含有高度敏感的信息，通常仅限于授权的人员使用。当无需作为秘密的时候，该文件即可解密。

保密性
confidentiality

图书馆服务中，读者所拥有的对自己查找的内容以及借阅、归还和复制等情况的保密权利。图书馆的工作人员应尊重和保护他们的个人信息。图书馆的电子流通系统也会在外借的书刊归还后消除所有相关记录，而且只允许经过授权的人士查看借阅者的有关资料。

报表，报表书
report

数据库中数据输出的一种方式，即对数据库中的数据以事先设定的格式进行表格式打印输出。对多数程序而言，报表可以包括计算的栏目、小计、总计、平均值以及由库中数据计算出的其他数值。

报表生成
report generation

特指在文献工作自动化中按照一定的程序由计算机自动生成完整的报表或报告的一种技术方法。在特定的程序中，计算机能对输入的信息自动进行编排，并按规定格式输出报告或报表。

报道性摘要
informative abstract

一种用来报道原文内容要点，向读者提供文献中的定性信息和定量信息的摘要。由于对原文内容摘录详细、深入，信息量大，是原文内容的浓缩，基本能反映原文的主要信息，所以一般可以代替阅读原文。该摘要主要适用于学术论文、技术报告和专利说明书等学术价值较高、主题集中的文献。一般研究论文的摘要由 200 ~ 300 个左右的中文字或英文单词组成。

报告编号
Report Number

OCLC Connexion 编目系统中技术报告的唯一识别号码、非序列号码。号码有两种：标准技术报告号码和其他非标准号码。

报告号索引
report number index

在档案整理过程中，以技术报告的编号（如原报告编号、报告人藏号和订购号等）为标目，按照号码顺序组织款目的一种专用索引。报告号索引可供读者按某个特定的报告号码查找报告原文或报告摘要。报告号索引多见于科技报告的检索工具中。

报告类文献
report literature

各种报告文书的统称。通常包括研究报告、技术札记、备忘录、会议论文和会议纪要等。报告类文献是灰色文献的重要组成部分。

报告文学
reportage

文艺性的通讯、速写、特写和采访报告等的总

B

称。属于散文体裁。其特点是以生活中的真人真事为表现对象，经适当的艺术加工，使人与事更具典型意义，具有新闻特点，但不允许虚构。报告文学产生于近代欧洲，“五四”运动后传入中国。

报价
quotation

图书馆在购买大批或大套书刊时，可以要求书商先报价格，然后进行讨价还价，决定是否购买。

报角
ear

又称“报眼”。报纸首页左右上角用花边框出的部分，用来刊登天气预报、广告等信息。

报刊栏
column

报刊中由直线（分栏线）或空白相互隔开的印有文字的竖直栏（分单栏、双栏或三栏）。报刊中的文章长度用栏英寸表示。

（报刊）期号
issue number

丛刊、连续出版物或期刊每期的编号，以便将其与同一年出版的其他期相区别。通常情况下，期号都是从第一期开始，由出版者连续分配。但如果以“卷”来出版，那么每卷都会重新从第一期开始。

报刊索引
newspaper & periodical index

将各类报刊中所载的具有检索意义的事项，包括篇名、作者、所载报刊名、卷期、页次等分别摘录下来，按字顺、分类等方式编排而成的检索工具，供人们充分、迅速、准确地利用报刊资源，便利科学研究。《全国报刊索引》是中国最重要，也是最具影响力的报刊索引，有纸本、光盘版和网络数据库等版本。

报刊亭
kiosk

城市中设在街道旁专门销售报刊和图书的像亭子一样的小屋。亦指设在机场、车站、酒店以及展览会等公共场所的书报零售摊、小卖部等。

报/刊头
flag（nameplate）

一份报纸的标题印刷在头版头条，包括报头上角小型广告栏。

报刊阅览室
newsroom

图书馆中陈列最近一段时间收藏的报纸、期刊，供读者阅读浏览的地方。在现代报刊阅览室里，往往还设有光盘检索等设备，方便读者使用。

报刊专栏作者
columnist

在某家杂志或报纸（有时为多家报纸）上，定期撰写时事评论文章或定期就读者感兴趣的话题发表独到见解的专栏作家。也可指为杂志或期刊定期撰写评论文章的某特定领域或学科的专家。

报社图书资料室
news library

报刊或其他新闻机构办公室管理的一种小型专门资料室，所藏图书资料主要包括剪报、照片档案（有时还包括底片）、地图、小册子、缩微平片、参考工具书以及与新闻和时事事件有关的在线数据库。其他新闻媒体和图书馆员通过预约均可使用这类图书资料室，所有资料一般只供阅览，不能出借。

报头、刊头
masthead

在报刊上反映报刊名称、编辑者、出版者、发行者、出版日期、出版频率、国际连续出版物标准编号、定价、版权声明和联系方式等内容的部分，没有固定的刊载位置。报纸一般在第一版的上端或最末一版的下端，期刊则在目录页或封底。当报刊缺少正式的题名页时，可作为著录的依据。

报文首部
heading

在某页、某章或作品的某一部分文章的开始印刷的描述性文字，通常用黑体字或大号字体。

报文头
header

电子邮件消息的开头数行，包括电子邮件地址和发送与接收者姓名以及大概内容。

报销
reimburse

图书馆工作人员以提供有效票据从单位财务部门领回因公花费的差旅费和自己垫支购买办公用品的费用。

报业集团
press group

又称"报团"、"报系"和"报链"。是指拥有两家以上报纸或多种报刊的联合体。历史上第一个报业集团由美国人爱德华·斯克里普斯（Edward Scripps）于1889年创办。20世纪50年代以后，西方一些国家的报业集团逐步相互联合、兼并，出现了超大型的报业垄断集团和跨国性的国际报业垄断集团。2000年以来，中国各地纷纷成立报业集团，一般以省（市、自治区）报为核心，以报业为主业，兼营信息服务业等，并积极开展多种经营，覆盖全省，面向全国，辐射海外。报业集团设有广告中心、印务中心、资金结算中心和若干全资子公司，拥有现代化、智能化办公大楼。办报、办公系统基本实现内部网上计算机作业。

报载小通告
press notice

指在报纸上刊登关于讣告、结婚启事、新书简评和音乐歌舞演出的短评等。

报纸
newspaper

通常以新闻纸出版，每天或一周的某几天或每周发行的、具有固定刊名的连续出版物。刊载有新闻、编辑评论、固定栏目、读者来信、漫画、广告或一般读者关心的当地发生的事件。一些全国性的报纸一天内早、晚各发行一次，或在全国不同的地区发行不同的版本。世界上最早的报纸诞生在1609年，如荷兰的安特卫普的《新闻报》（*Nieuwe Tijdinghen*）、德国的《通告报》（*Relation-oder Zeitung*）。中国近代第一份中文报纸是1858年在香港创办的《中外新报》。在图书馆里，读者可以阅读新近出版的各期印刷型报纸，过期报纸可以转换成缩微胶卷或缩微平片（或数字化机读型），以便节省保存空间。报纸具有内容广泛、出版周期短、版面大、读者面广等特点，还具有报道、宣传、评论、教育和参考咨询等社会职能。目前许多报纸除了出版印刷版外，还有网络版。

报纸编辑学
Theory of Newspaper Edition

新闻学的一个分支，是研究报纸编辑工作的规律、方法和技巧的应用学科。主要研究报纸编辑的原理和方法，具体内容包括宏观编辑与微观编辑两部分。

（报纸的）大字标题
headline

用于报纸上对于当天列出所发生的重大事件的突出报道。通常在头版位置采用大号字体列出其标题，或是在报纸正文上方列出用以揭示文章内容的标题。精心组织的标题语言足以激发读者的兴趣。

报纸的栏目
section

指报纸中相对固定的栏目，如生活专栏、健康专栏和妇女专栏等。

（报纸等上的）短标题
kicker

指报纸杂志的大标题上用显著字体排版的较短的标题，也指在广告文案写作中，出现在文案标题之上的副标题。

报纸夹
newspaper file

一种用来固定、陈列近期报纸、方便读者阅读的工具。式样很多，最基本的是用长约70厘米、宽2.5厘米、厚1厘米的两根木杆制成。报纸按时间顺序夹在两根木杆中间，在靠近木杆两端的地方用金属环扣固定。可方便读者翻阅，也确保报纸不易散落。随着时代进步，木杆被塑料、金属材料所取代。随着工业技术的进步，报夹的类型越来越多样，包括有自动式报夹、多功能报夹、折叠式报夹等，通过技术改进，报夹变得越来越简单、实用、方便和功能多样。

报纸开张
newspaper format

指报纸幅面的大小。具体方法是以全张印刷用原纸为基本单位。常见的报纸开张有对开张和四开张两种，对开张的报纸一般称大报，四开张的报纸则称小报。

B

报纸联合社（英国）
Press Association, Ltd.

英国的第二大通讯社，1868 年与伦敦以外的英国日报社共同成立。该社属报业联合体制，在英国各地派驻记者。该社向英国和爱尔兰的全国性和地区性报纸、电台和电视台提供广泛的新闻报道，其中包括综合性消息、商业报道、国会报道、法律消息和体育新闻等。也向国内地区性报纸转发路透社和美联社的国际新闻。

报纸索引
newspaper index

在其许多款目下有简明提要，因此具有文摘的作用，不仅可用于查明关于某某事件或消息的来源，也可直接用于回答什么事情发生于何时何地或始末等问题。事实上，报纸索引既是报纸内容的检索工具，同时也兼备资料性工具书的作用。

报纸头版
front page

报纸第一部分的第一页，刊登当天重大新闻或报道重要事件。

报纸专业组
Newspapers Section

隶属国际图联专业委员会图书馆藏书部（Division of Library Collections），原为报纸圆桌会议。该专业组关注与图书馆、档案馆收藏的报纸有关的所有问题，包括采访和馆藏建设、保存和管理、报纸和目录的保管、馆际互借以及数字化技术对所有这一切的影响和冲击。出版该专业组的业务通讯（电子版），刊登与报纸有关的新闻、会议动态和论文，出版会议录和年报以及《中欧和东欧的报纸》（*Newspapers in Central and Eastern Europe*）、《国际报纸编目指南》（*International Guidelines for the Cataloging of Newspapers*）、《缩微报纸保护指南》（*Guidelines for Newspaper Preservation Microfilming*）以及《用于数字化处理及 OCR 的缩微处理》（*Microfilming for Digitization and Optical Character Recognition*）。

报纸资源数据库（美国）
Newspaper Source

该数据库由美国 EBSCO 公司推出，提供 35 种美国和国际报纸的全文，还包括 375 种美国报纸的摘录文章，并提供电视和广播的新闻稿。

鲍尔州立大学信息学与传播科学中心（美国）
CICS of Ball State University

成立于 1986 年 5 月 8 日，隶属鲍尔州立大学通信、信息和传媒学院（College of Communication, Information, and Media, CCIM）。可授予信息学与传播科学的理学硕士学位。该中心的全体教授来自其他相关科系，包括计算机科学、管理科学、新闻学、电子通信、语言交际、历史、音乐和营销等。其课程设置旨在培养信息时代的高效领导人。

鲍克公司（美国）
R. R. Bowker

美国的重要出版公司之一，是出版巨头里德-爱思唯尔（Reed Elsevier Plc）出版集团的子公司。1872 年在纽约市成立，专门出版发行有关出版业、图书馆学和书业方面的参考书。该公司以其长期出版的参考性连续出版物而著称，如《在版书目》（*Books in Print*）、《美国图书馆指南》（*American Library Directory*）、《鲍克图书馆和书业年鉴》（*The Bowker Annual Library and Book Trade Almanac*）、《图书出版业》（*Literary Market Place*）、《图书馆杂志》（*Magazines for Libraries*）、《出版商贸易目录年刊》（*Publishers Trade List Annual*）和《乌利希国际期刊索引》（*Ulrich's International Periodicals Directory*）等。1968 年以来，该公司一直是美国官方的国际标准书号（ISBN）机构。

鲍廷博（1728—1814）
Bao Tingbo

清代藏书家、刻书家。字以文，号渌饮，清安徽歙县人，定居浙江桐乡。其父不惜重金求购宋元书籍，筑室藏书，取名“知不足斋”。乾隆三十八年（1773 年），开《四库全书》馆，鲍廷博献家藏书 600 余种，得赐《古今图书集成》一部。校刻秘籍数百种，取名《知不足丛书》，先后共 30 集，207 种。以刻书的方法把书存之于世，在中国出版史上起到比较重要的作用。

鲍振西（1929—2008）
Bao Zhenxi

中国国家图书馆研究馆员。1946 年在国立北平图书馆任助理员，1959 年毕业于苏联莫斯科国立图书馆学院，同年在北京图书馆工作，1980 年任该馆副馆长。1984—1992 年任文化部图书馆事业管理局（后改为图书馆司）副局长、副司长，兼任中国图书馆学会常务理事、副秘书长、代秘书长、副理事长、名誉理事、学术研究委员会顾问以及《当代中国的图书馆事业》副主编、中国大百科全书图书馆学编委会副主任。出版专著多部，发表文章60余篇。

悲哀的故事，哀史

jeremiad

对社会的某种或某些罪恶进行的强烈谴责，而现今的不幸被认为是对过往罪行的应得惩罚，悔改则被赞美为通向幸福未来唯一道路。该词源于《圣经·旧约》（*Old Testament*）中的一卷《耶利米书——耶利米哀歌》（*Lamentations of Jeremiah*）。

悲剧，悲剧作品

tragedy

是最古老也是最常见的一种戏剧题材，是反映主人公与现实的剧烈冲突或突然出现的灾难造成的悲惨结局的戏剧种类，也泛指不幸的事件，如中国的传统悲剧有《梁山伯与祝英台》、《感天动地窦娥冤》和《赵氏孤儿大报雠》；挪威剧作家亨里克·易卜生（*Henrik Ibsen*）的《玩偶之家》（*A Doll House*）和莎士比亚（Shakespeare）的《奥赛罗》（*Othello*）等。古希腊的戏剧最早以悲剧驰名，它起源于古希腊的祭祀酒神仪式。完整的悲剧出现于公元前5世纪。悲剧作品是以诗体或散文体写作的，具有严肃、庄重性质的戏剧，典型地描写主角与占优势的力量，如命运、环境和社会之间冲突的发展，最后达到悲惨或灾祸性的结局，引起人们的悯或恐怖。悲剧的经典题材是男女相恋但不能结合、英雄的悲壮人生、家庭破碎、社会问题以及国家覆灭等。

悲喜剧

tragicomedy

戏剧文学的一种体裁。兼有悲剧和喜剧的交融和延伸，也泛指同类的事件，通常以悲剧性成分占主导地位，最后以喜剧为结局。这种戏剧形式源于英国的伊丽莎白王朝，如莎士比亚（Shakespeare）的《泰尔亲王佩力克尔斯》（*Pericles Prince of Tyre*）。

碑铭的研究

epigraphy

指对古代碑铭的辨认和解释，也指碑铭学。

碑帖

stele rubbing

碑和帖的合称，总指石刻、木刻文字的拓本或印本，可供研究和学习书法之用。“碑”指的是石刻的拓本，古代将歌功颂德、立传、纪事的文字镌刻在石上，碑石上的字用薄纸、焦墨捶拓下来再经装裱就形成拓本，也称为“碑”，按照类型来分，有刻石、墓碑、庙碑、造像和摩崖等。“帖”原指书法家的墨迹真笔，为传播、学习需要，宋代以后出现将汇集的名家真迹勾勒在石上或木板上，经镌刻捶拓形成拓本，称为“帖”。在印刷术发展的前期，碑的拓本和帖的拓本都是传播文化的重要手段。

碑文

stele inscription

指刻在竖石上的文字。这种文字是专为刻碑而作。有些文章虽刻在碑上，但不是为立碑而作的，就不能叫作碑文。碑文这种体裁有文，有铭，又有序。立题时，依据形式而定，或直题为某某碑，或题为某某碑铭，或题为碑并序、铭并序之类，没有固定的格式，有的就不题碑铭等字，直书文章题目。

北得克萨斯州大学图书馆学与情报学学院（美国）

School of Library and Information Science of University of North Texas

位于美国得克萨斯州的登顿（Denton），成立于1890年。其图书馆学与情报学学院成立于1925年，所开设课程有：信息专业导论、研究方法与评论、基本信息利用与检索、电子信息服务、研究方法与分析和信息技术引论等。可授予情报科学与图书馆学硕士学位、图书馆学博士学位，获得美国图书馆协会资格认证。该学院于2008年10月成为北得克萨斯州大学信息学院的一个部门，2009年2月成为iSchools的成员。

北国公共图书馆（美国）

Northland Public Library

位于美国的宾夕法尼亚州的匹兹堡市，服务于当地居民。通过EIN网络提供图书、杂志、学术期刊、百科全书以及其他在线资源。该馆还收集关于当地历史的剪报、小册子、地图、市政报告、口述历史、图片以及各种简报。

北京超星数图信息技术有限公司

Beijing Super Star Digital Library Information Technology Co., Ltd.

原名为北京世纪超星信息技术发展有限责任公司，成立于1993年，是一家开发以扫描方式存储资料相关技术的综合性高科技公司，以“全球最大的中文数字图书馆”著称。超星数字图书馆具有海量的数字资源、权威专业的资料、强大的加工能力、成熟的技术模式和广泛的用户群等优势。超星数字图书馆已被列入国家863计划中国数字图书馆示范工程，并荣获了“中国优秀文化网站”等一系列荣誉称号。其综合资源服务平台产品系列：100万册中文图书资源、读秀知识库、Metalink外文数据库服务平台以及超星名师讲坛视频数据库。

北京大学法律图书馆

Law Library of Peking University

其前身为1954年成立的北京大学法律系资料室。该馆馆藏以法学为主，相关学科为辅，突出专业性、学术性、理论性，确保法律文献的系统性与完整性。馆舍面积为4 200平方米，阅览座位600余席，藏书15万册（件）。从2001年起，该馆成为联合国在中国的托存馆之一，全面收集联合国文件、正式出版的部分图书、期刊以及非正式出版物。该馆还与香港、澳门和台湾地区以及国外多所大学法学院图书馆、组织和机构建立了资料交换关系。

北京大学数字图书馆研究所

Institute of Digital Library Peking University

1999年9月成立，是一个跨领域跨专业的综合性学术研究团体。由CALIS管理中心、北京大学图书馆和北京大学信息科学中心联合发起并组织，旨在发挥北大的整体优势，构建一个在信息资源、服务方式、服务质量和信息技术诸方面都能达到国际先进、国内领先水平的数字信息服务环境。该研究所的工作主要在前沿研究、技术研究、实验系统和成果转换等层面上展开。

北京大学图书馆

Peking University Library

建于1902年，前身是京师大学堂藏书楼，中国最早的近代新型图书馆之一。辛亥革命之后正式改为现名。1998年底新馆建成后其建筑面积达5.1万平方米。2000年与原北京医科大学图书馆合并，馆舍总面积达6.2万平方米，馆藏文献550余万册，阅读座位为4 000余席。建立学科馆员制度，为读者提供高层次的信息服务，并提供科技查新、查收查引和定题服务等特色服务。“211工程”两个公共服务项目之一“（CALIS）的管理中心”、“文理中心”以及“中国高校人文社会科学文献中心”均设在该馆内，为中国高等教育的资源共享和数字化建设做出重要贡献。该馆设有采访部、编目部、期刊部、流通阅览部、信息咨询部、自动化部、古籍特藏部、视听资料室、文献服务部、特藏部、总务科、保安部、馆长办公室以及20所分馆。该馆为国际图书馆协会联合会（IFLA）、联机计算机图书馆中心（OCLC）、中国图书馆学会和中国科技情报学会的机构会员。与国外500多个图书馆、学校、研究机构保持着固定的资料交换和馆际互借关系。

北京大学新闻与传播学院

School of Journalism and Communication, PKU

2001年5月28日正式成立，下设传播学系、新闻学系、广告学系和新闻媒体与网络传播系以及财经新闻研究中心、现代广告研究所、世界华文传媒研究中心、市场与媒介研究中心、媒体与传播研究所、俄罗斯传媒研究所、多媒体中心、影视制作中心和现代出版研究所。依托日益增强的新闻学和传播学学科基础，整合全校资源，逐步形成具有北大特色、适应时代发展的新闻与传播学研究和教学模式，形成了新闻学、传播学、广告学、编辑出版学、网络传播、广播影视、跨文化交流、公共关系、媒体经营管理等一系列学科群。设有新闻传播学一级学科博士点、硕士点和一级学科博士后流动站。

北京大学信息管理系

Department of Information Management, Peking University

创建于1947年，原名北京大学图书馆学情报学系，1992年10月改为现名，是中国创办最早的图书馆学情报学教育机构之一。经过60多年的建设与发展，该系由单一的图书馆学专修科逐步发展成为一个拥有图书馆学、情报学和编辑出版学三个专业。拥有图书馆学（本、硕、博），情报学（硕、博），信息管理与信息系统（本），编辑出版学（硕、博士点为自设）两本科专业与三个硕士、博士点，另外图书馆学是国家重点学科，有“图书馆、情报与档案管理”一级学科授予权并设有博士后流动站。拥有的研究机构有国家信息资源管理北京研究基地、北京大学信息化与人类信息行为研究所、北京大学信息传播研究所。该系先后设立了万方数据奖学金、北京大学出版社奖学金、中国图书馆学学术研究基金和王重民研究基金。

北京大学信息化与人类信息行为研究所
Institute of Informatization and Human Information Behavior, Peking University

于2007年11月15日经北京大学批准成立，是非营利的综合性研究与咨询机构。太平洋证券股份有限公司为研究所的筹建提供了启动经费。该研究所旨在全力推广应用各人群和各类型信息行为研究的理论和方法成果，为各领域和各层面信息活动的科学决策提供切实帮助；大力弘扬信息化建设的人本思想，为向信息社会的转型提供智力支持。

北京大学医学图书馆
Peking University Health Science Library

始建于1922年，原称北京医科大学图书馆。2000年学校与北京大学合并，更为现名。拥有馆舍面积10 200平方米，阅览座位1 000余个；藏书70余万册，以生物学、医学、卫生和医药类为主。该馆文献资源与北京大学各附属医院图书馆文献资源协调配套，共同形成全校医、教、研工作所需的医药卫生文献保障系统。特藏有珍、善本古代图书，其中有中国内地唯一珍善本——手抄本《太平圣惠方》一部十函共100卷100册。1998年教育部决定在北京大学医学部设立中国高等教育文献保障系统（CALIS）全国医学文献信息中心，作为“211工程”医药重点学科所需文献的保障基地，该中心也设在该馆。

北京丹诚软件有限责任公司
Beijing Data Trans Software Corp. Ltd.

自1996年成立以来，一直致力于以同步世界的应用软件、超前的技术储备来保障图书馆工作的可持续发展，成为国内图书情报自动化管理系统主要提供商。丹诚最新一代主导产品数字图书馆系统DataTrans-2000，在秉承并光大了DataTrans-1000系统优势的基础上，推出了多文种编目系统（Integrated Operation Environment，IOE），以简单易用的全新MARC编辑界面实现了Unicode（多文种）编目，是中国国内第一家彻底支持Unicode的编目系统。该公司已由单一的图书馆集成系统软件提供商扩展为提供网络信息发布平台软件、数字图书馆信息系统软件、书店管理系统软件、网络化书目数据生产加工等多种产品和服务的企业。

北京方正电子有限公司
Beijing Founder Electronics Co. , Ltd.

成立于1995年。为跨媒体信息传播领域技术、产品和服务的提供商。面向全球报业、出版、印刷、广播、电视、因特网、图书馆和政府办公等行业和领域提供先进的信息处理技术、软件产品、综合解决方案和增值服务。方正电子拥有电子出版、印艺、数字媒体、网络传播4个业务部门和方正特会、方正印捷两家控股公司。其中，电子出版事业部集中了方正在报业、出版、印刷、因特网等领域的各项软件和系统集成业务。印艺事业部担负印艺软件产品研发和国际市场开拓以及扫描仪、数字印刷、数码影像等与印刷出版相关的业务，数字媒体事业部倾力于广电数字化和视音频产品的开发、生产和销售；网络传播事业部主要提供基于数字版权保护的电子图书、数字图书馆、字库和电子政务等技术、产品及解决方案。

北京高校网络图书馆
Beijing Digital Library on Universities & Colleges

2002年6月正式开通。依托中国教育科研网（CERNET），利用北京地区高校图书馆丰富的馆藏资源，在各馆专业特色馆藏建设的基础上，建立北京地区高校图书馆文献资源共享服务体系，使网上的资源与服务功能达到较高水平，与“211工程高等教育文献保障系统”的建设相互补充，形成对北京地区高校上网文献资源的重要补充和教学科研所需文献的联合保障，为北京地区高校的教学科研提供信息支持和咨询服务。

北京工业大学图书馆
Beijing University of Technology Library

始建于1960年。作为北京工业大学的文献信息中心，经过多年建设，已拥有南北两馆共2万平方米的现代化馆舍。馆藏达100多万册（件），中外文期刊杂志1 600多种。已形成以信息工程文献为重点，工科文献为主，理、工和管多学科文献并存的文献资源保障体系，实行全方位藏借阅一体的开放式服务，依托校园网为教学科研用户提供实时的文献信息查询服务，并以馆际互借、网上文献传递和在线书目查询等方式满足读者对馆藏以外文献信息的需求。

B

B

北京冠景软件有限公司
Beijing Topengine software Co., Ltd.

书业软件提供商，也是图书信息和技术咨询服务提供商。软件产品包括智能图书馆系统、团购业务管理系统和知识管理系统等，其中编目系统和Z39.50服务器是国内中文图书及元数据走向海外的首选平台和工具；冠景书桥平台提供书目信息整理发布、订单收集处理、目录推送和专家推荐等服务，成为连接出版社、书商、图书馆和读者的图书信息沟通桥梁。冠景软件始终遵循标准化、国际化的发展方向，为国内外众多图书馆以及大型书店提供了高品质软件和服务。

北京国际图书博览会
Beijing International Book Fair (BIBF)

于1986年经国务院正式批准创办。由中国新闻出版总署（国家版权局）、国务院新闻办公室、文化部、科学技术部、教育部、北京市人民政府和中国出版工作者协会联合主办，中国图书进出口（集团）总公司、环球新闻出版发展有限公司承办。每两年在北京举办一次。从2002年开始由两年一届的办展周期缩短为一年一届。其宗旨是“把世界优秀图书引进中国，让中国图书走向世界，以促进国际科技文化交流，增强各国人民的相互了解和友谊，扩大中外合作出版和版权贸易，发展图书进出口贸易”。

北京航空航天大学图书馆
Library of Beijing University of Aeronautics and Astronautics

建于1952年，其前身为北京航空学院图书馆，1988年更为现名。馆舍建筑面积近2万平方米，阅览座位3 000余席，拥有馆藏纸质文献250万册。重点收藏航空航天的发展、航空航天技术的研究和航空航天的应用等航空航天类文献资料，系统收藏机械、电子、计算机、自动控制及管理科学等相关学科的文献。引进数据库总量达65个，电子图书总量达164万种，外文电子期刊达1.2万种。该馆于2005年获授予情报学硕士学位的资格，培养方向为：科技情报采集、分析与服务研究、信息素质教育研究和知识管理与竞争情报研究。

北京化工大学图书馆
Beijing University of Chemical Technology

建于1958年。建馆初期称为图书室，地址在中国北京和平里南大楼，仅有1名工作人员、3间小屋和几千册图书。1960年暑假，图书室迁入新落成的教学大楼，总面积约500平方米，并改称图书馆。文献资源注重突出两大特点：一是突出以化学化工为主的特点，二是突出数字化信息资源建设的特点。馆藏纸质文献总量为150余万册，电子图书170万册，电子学位论文52万篇，专业中外文文献数据库39种。全馆总面积达26 600平方米。设有报刊阅览室、中文图书阅览室、中文科技期刊阅览室、外文文献阅览室、文献检索阅览室、电子阅览室和视听室等17个大型阅览室和3个书库，其中有电子阅览室5个，阅览座位2 500席。

北京记忆
Beijing Memory

由中国首都图书馆建设推出的“北京记忆”大型图文数据库是继联合国教科文组织建设的“世界记忆”、美国国会图书馆组织建设的“美国记忆”之后的第三大记忆数字图书馆项目。一个提供北京建城3000年、建都800年以来独特历史文化发展轨迹的资源站点。这是首都图书馆开发的高定位、高质量和高水准的大型历史文献多媒体数据库及网站。“北京记忆”这一大型数据库在数量建设上已初具规模，在内容质量上也鲜明地体现出地域性、唯一性、完备性、权威性和实用性，成为世界范围内大型而有序的资源性数据库。

北京交通大学图书馆
Beijing Jiaotong University Library

创建于1909年，拥有馆舍13 515万平方米，阅览座位2 100余席。馆藏总量为450万册，其中纸本资源总量为162万余册，电子图书等电子资源35万余册。还有CNKI、万方、SCI、EI等中外文数据库140余种，中外文全文电子期刊2.1万余种，中外文学位论文193万余册，中外文会议论文、法规标准全文7.7万余册。该馆馆藏具有以工业管理为主体、以信息与通信类和管理与经济类学科为特色，工业、管理、经济、理学和文科多学科综合发展的理工大学的特点。该馆藏中关于中外文铁路、交通的史料已成为广大专家学者编史修志、科学研究的宝贵资源。

北京开卷信息技术有限公司
Beijing Open Book Co., LTD.

前身为开卷图书市场研究所，成立于1998年。是以图书馆信息服务为核心的图书零售市场调研与咨询专业机构，也是从事中文图书市场零售数据连续跟踪服务的单位。

北京科技大学图书馆

Library of University of Science and Technology Beijing

原名北京钢铁学院图书馆，创建于 1952 年，由原北洋大学、唐山交通大学、山西大学、西北工学院和华北大学工学院的矿冶系的图书馆、资料室合并而成。馆舍面积为 2 万平方米，馆藏约 150 万册，设置专业阅览室 12 个，阅览座位 2 000 余席。开展了国内外在线检索、光盘检索、信息咨询和信息开发等多项服务。该馆还收藏具有很高的学术价值的文献，如 1871 年创刊的英国杂志《钢铁学会杂志》（*The Journal of Iron and Steel Institute*）、1907 年创刊的美国杂志《化学文摘》（*Chemical Abstract*）和 1915 年创刊的日本杂志《铁と钢》等。

北京雷速科技有限公司

Beijing Leisun Sci-tech Co. , Ltd.

专门为各级各类图书馆情报单位提供优质数据库产品、深度产业研究和专业咨询服务的股份制企业。该公司对于图情行业尤其是数字图书馆产业的发展有着深刻理解，从人物、理论、技术、企业、产品、协会、用户和市场等不同角度对图书馆事业进行全方位的把握。该公司创办了中国图情行业第一家全方位、专业性的综合性图情网站——e 线图情（http：//www. chinalibs. net）。e 线图情是一个以数字图书馆理论技术及其应用为核心的集数据库应用、产业研究、专业咨询于一体的面向图情业的参考咨询平台。公司还创办了集数据库、知识门户、知识博客于一体的新一代知识管理平台——方略知识管理系统（http：//www. firstlight. cn）。该系统以各学科的灰色文献、网络文献为主要收录内容，注重对知识的挖掘和整理，是教学、科研和管理工作的知识导航和学术指南。

北京理工大学图书馆

Beijing Institute of Technology's Library

1940 年成立于延安，其前身是延安自然科学院图书馆。1950 年与中法大学图书馆合并，命名为华北大学工学院图书馆。1952 年更名北京工业学院图书馆，1988 年 5 月易为现名。馆舍建筑面积达 4. 5 万平方米，阅览座位 2 477 席。馆藏文献 312. 7 万余册（其中电子图书 100. 8 万余册），网络数据库 83 个，中文期刊 1 829 种，外文期刊 149 种，全文电子期刊 4. 6 万种，涵盖理、工、管、文、医、法等多个学科专业，形成了多种载体形态并存、学科覆盖基本齐备的文献信息资源保障体系。该馆于 2004 年成立信息资源管理研究所，主要进行信息资源管理方向的研究；自 2006 年起经国家批准获硕士学位授予权，培养情报学专业高级人才。

北京联合大学应用文理学院信息科学系

Department of Information and Science, College of Arts and Science of Beijing Union University

设有本科专业和专科专业，即信息与计算科学、电子信息科学与技术、信息管理与信息系统本科专业以及计算机网络使用与维修专科专业。这些专业的主要基础课程除大学英语外，还有高等数学、线性代数、离散数学、普通物理、计算机概论、数据库系统（包括 FoxPro）和 C 语言等。该信息科学系下设应用数学与计算机科学教研室、电子学与信息系统教研室、信息管理教研室、计算机与信息处理研究中心以及计算机网络中心。拥有物理实验室、电子实验室、微机原理实验室、多媒体实验室、传感技术实验室、网络通信实验室、计算数学实验室及信息网络综合实训基地。

北京木斋图书馆

Beijing Muzhai Library

建于 1935 年，馆址在北京西单旧刑部街 20 号。为卢靖（字木斋）创办的私人公共图书馆。其办馆方针是：“以搜集新旧图书文献，供众阅览为职志。”

北京人天书店有限公司

Beijing Rentian Bookstore Co. , Ltd.

创立于 1998 年 9 月，中国内地最大的民营图书发行公司之一、专业性的图书经销和出版信息提供商。该公司主要为公共和高校图书馆客户提供专业化服务，服务范围包括中文图书、中文期刊、西文书刊和专业图书策划，并为全国图书市场提供全面、及时的出版信息服务。现拥有固定客户近千所图书馆，在全国 20 多个省、市、自治区建立了办事处和工作站。

北京师范大学管理学院信息管理系

Department of Information Management, Management School, Beijing Normal University

1979 年 12 月，由该校图书馆筹备建系，1980 年 3 月正式成立图书馆学专业，同年开始招收第一届本科生。1984 年在原专业的基础上建系，1988 年改名为图书馆学情报学系，1993 年更名为信息技术与管理学系（简称信息管理系），2001 年 7 月该系并入北京师范大学管理学院。从 1986 年起开始招收硕士研究生，该系设有“信息管理与信息系统”一个本科专业，并拥有“情报学”与“图书馆学”两个硕士点以及“政府信息管理”博士培养方向。每年招收全日制本科生约 30 人，研究生约 20 人。另外，还开设“信息管理与信息系统”高起本（五年制）和“信息管理与信息系统”专升本（三年制）两个夜大本科专业以及“情报学”同等学历硕士课程班。该系在科研上以信息资源管理研究为基础，以信息系统分析与设计、网络信息资源开发与利用等为特色，受到国内外同行的关注。该系教师承担有多项国家和省部级课题，与美国、港澳台同行有着广泛的学术交流和合作。该系在教学上注重学生基本素质和能力的培养，课程设置分为数理类、管理与经济类、计算机类和信息资源管理类 4 个模块。

北京师范大学图书馆
Beijing Normal University Library

始于 1902 年京师大学堂师范馆的图书室。1908 年的京师优级师范学堂图书室是该馆的前身。共藏有包括中外文图书、期刊、学位论文等在内的印本文献 419 万余册；引进各类型中外文数据库 257 个，中外文全文电子期刊 6 万余种、学位论文 428.7 万篇、中外文电子图书 340 万余册，建设各类型特色馆藏资源数据库 25 个。该馆重点收藏教育类书刊，特别是对百年来中国各地的师范讲义和中小学教材有着系统收藏。清末以来中央政府及各地有关教育事业的法规、文件、图表和报告等是研究中国教育史及近现代教育事业发展的重要文献资料。

《北京市图书馆条例》
The Rule for Libraries in Beijing

由北京市第 11 届人民代表大会常务委员会第 35 次会议于 2002 年 7 月 18 日通过，自 2002 年 11 月 1 日起施行。条例共 7 章 45 条，除总则和附则外，该条例详细叙述了发展与保障、图书馆设置、图书馆服务和读者权益保障、文献信息资源建设和法律责任等。为贯彻实施《北京市图书馆条例》，根据该条例和国家有关规定，制定了北京市图书馆条例实施办法，共 33 条，从 2003 年 5 月 1 日起施行。

北京市图书馆协会
Beijing Library Association

原名北京市图书馆学会，1979 年由北京市图书馆工作者发起成立，挂靠首都图书馆，主管单位为北京市文化局。该学会自成立以来，多次举办各种学术研讨会、学术报告会、业务培训班和上岗证培训班。为了加强北京市各系统图书馆行业的协作、促进信息传递、为实现资源共享奠定基础，同时也为了促使全北京市各系统图书馆更好地贯彻落实《北京市图书馆条例》各项规定，为全市读者提供更加便捷、完善的服务，2003 年 9 月 8 日改为现名。该协会改变了北京市各系统图书馆相对封闭的模式，通过开展各种行业性活动，为全市各系统图书馆提供丰富的信息资源，制定全市图书馆的行业规范，促进各系统图书馆服务及业务的发展；不断深化图书馆学理论研究，形成更多促进北京市图书馆事业发展的科研成果，为政府机关提供决策依据；同时协会还积极促进各图书馆广泛开展交流与合作，通过网络化、数字化等现代化的技术手段实现馆藏资源共享，最终形成覆盖全市的图书馆信息网络系统，从而更好地满足知识经济社会发展的需要，使广大市民方便、快捷地获得全市各图书馆的文献信息资源。

北京书同文数字化技术有限公司
Beijing UniHan Technology Co. , Ltd.

成立于 2000 年，其前身是书同文电脑技术开发有限公司暨《四库全书》电子版工程中心，获得中国国家高科技企业认证、软件企业认证。该公司致力于中文信息数字化技术的研究与开发，是一个文理相兼、研发与工程相结合、ICP（数字化内容提供商）与 ASP（数字化工具提供者）相结合的新型科技实体，同时也是一个 ISO/IEC 10646 UCS 即 Unicode 实用化研发中心。该公司成功地完成了世界上最大的中文典籍丛书《文渊阁四库全书》的数字化工程。1999 年分别荣获莫比斯国际多媒体光盘北京赛区大奖和首届国家电子出版物国家奖。该公司又将《四部丛刊》开发制作成了全文检索的电子版（包括单机版和网络版）。此外，还制作了《汉语大词典》、《中华古汉语字典》和《中华文化通志》等古今文献大型因特网版以及《康熙字典》、《十通》和《中国历代石刻史料汇编》等数字化典籍。在海量的数字化工程的基础上，完成了国家语言文字工作委员会“十五”科技攻关任务《大规模古籍字频统计》和《康熙字典汉字在 CJK 中的分布》。

北京斯克瑞迪电子工程有限公司

Beijing Security Electronics Engineering Co., Ltd.

成立于1998年3月。涉及图书馆领域的主要业务包括：防范图书丢失的国际品牌——瑞典盖威（Gateway）图书电子防盗系统和高档Secuready图书防盗系统；探测火灾国际顶级品牌——德国Wagner极早期空气采样烟雾探测预警系统；中国国内级Secuready借阅区出入口智能管理系统；国际级的Access办公区门禁系统和停车场智能管理系统；闭路电视监控系统等独立系统和集成系统工程。

北京拓尔思（TRS）信息技术有限公司

Beijing TRS Information Technology Co., Ltd.

成立于1993年，2002年更名前为北京易宝北信信息技术有限公司。该公司始终专注于具有自主核心技术和知识产权的企业级应用软件产品的研发，并为行业用户提供高质量的应用软件系统设计、集成和开发服务，是信息检索、内容管理和知识挖掘领域的领导厂商。公司总部设在北京，上海、广州、成都和长沙等地设有分公司或办事处，现有员工近200人，是中国最具实力的软件开发商之一。研究、开发和服务的无缝融合是该公司服务于客户和被用户信赖的核心竞争力，公司的发展目标是成为中国软件产业的领军企业之一。该公司是内容管理（Content Management）和信息检索（Information Retrieval）领域的技术和市场领导者，并且在国内外领先推出实用化的知识管理（Knowledge Management）和数据挖掘（Data Mining）产品。TRS系列产品具有全部自主核心技术和知识产权，赢得国内外超过1 200家企业及客户的信赖。

北京外国语大学图书馆

Beijing Foreign Studies University Library

建于1941年，前身为延安外国语学校图书馆，后几经迁移变更，1994年更为现名。现由南馆、北馆组成，馆舍建筑总面积为1万余平方米，阅览座位1 000席，馆藏文献涵盖中、英、法、俄、德、西、日、阿等44个语种，文献总量约101万册，其中电子图书25万余册，中外文期刊1 100余种，各种音像资料近10 000件，中外文全文电子期刊近26 000种，中外文数据库25个，自建特色数据库4个，初步形成覆盖语言、文学、文化、法律、外交和经济等学科的馆藏文献体系。教育部北京外国语大学文科文献信息中心、华北地区外语教学资料中心、澳大利亚研究中心、英语研究资料中心及美国学研究中心等均设于该馆内。

北京文心图论文献信息咨询有限公司

Beijing Book Compass Info-consulting Company (BCIC)

又称文心图论文献评价研究中心，成立于2007年9月，是一家专业从事中、外文学术文献评价的研究机构，同时也是从事海外出版机构在中国内地的宣传推广以及代理工作的信息咨询公司。秉持"专业·专注·诚信"的精神，致力于学术文献的评价研究及其内在价值的深层挖掘工作。公司利用现代的技术手段，打造了一个相对客观和科学的学术文献评价系统。该系统采用了科学计量学的最新理论和方法；通过多方面分析和揭示评价对象内在规律，制定出了合理的评价指标体系，对学术图书、学位论文、学术会议录、教材等文献进行评价。该系统的最大优势是可以对学术文献进行预评价和实时评价，并且具有系统性、多学科特性和易操作性。该公司为用户（图书馆员、出版社、专家学者以及文献进出口代理商）提供文献评价和预评价以及文献实时评价服务。

《北京宣言》

Beijing Manifesto

2006年12月，70多所高校图书馆馆长出席在北京大学召开的"高校人文社会科学文献资源建设与服务研讨会"，会上发布了《人文社会科学文献资源共建、共知、共享北京宣言》（简称《北京宣言》）。其主要内容是要在中国人文社会科学文献中心（CASHL）项目建设上，进一步整合中国高校人文社会科学文献资源，加强和完善统一的文献资源保障与服务体系，努力实现国内人文社会科学文献资源的共建、共知和共享。

北京邮电大学图书馆

Library of Beijing University of Posts and Telecommunications

中国邮电专业高校图书馆。建于1955年，原名北京邮电学院图书馆，1993年更为现名。馆舍建筑面积为1.4万平方米。全馆共设办公室、信息资源建设部、流通部、阅览部、信息咨询部、技术部和宏福分馆等7个部门；对外开放服务口共12个。总馆藏近596万册（件），其中纸质藏书158万余册，电子资源（折合）438万余册。拥有中外文电子文献数据库136个，其中自建数据库9个。数据

B

库提供每周 7×24 小时全天候服务。全国邮电高校图书情报工作委员会秘书处、北京地区高校数字图书馆建设研究会秘书处等设在该馆。

北京语言大学图书馆
Beijing Language and Culture University

建于 1962 年，当时名为中国北京外国留学生高等预备学校图书馆。后几经改名，2002 年更为现名。现馆舍于 1992 年建成投入使用，建筑面积 9 870 平方米。根据该校的主要教学任务，馆藏以收集语言文字类文献为主，兼顾中华文化类文献的收藏。馆藏文献近 100 万册。该馆建有中国语言学家文库和世界汉语教学文献数据库等汉语语言教学研究数据库。

北京珍本国际贸易有限公司
Beijing Chinese Book Trading Co.（BCBTC）

经营中文图书、期刊、音像制品、缩微制品、电子书、版权代理、国际汉语教学的教材教辅和图书馆设备，服务于世界各地的学术图书馆、公共图书馆、进口商和汉语教学的院校，定期为学术、公共图书馆和汉语教学的院校分别组织相应的书目。作为一家私营国际图书贸易公司，被中国政府认定为“国家文化出口重点企业”。

北京中科进出口公司
Beijing Zhong Ke I/E Company of China Science Publishing Group

隶属于中国科学院，是中国科学出版集团成员企业、中国国家新闻出版总署特别批准的从事图书、文献、期刊、数据库和光盘等相关制品业务的进出口公司。成立于 1987 年，与世界各国及港台地区数百家出版公司、学协会、书商建立了直接贸易往来，并形成了稳定而快捷的传递渠道。特别是近几年，公司与国外出版企业和代理商密切合作，采用具有创新性的运作模式，提供优质超值服务，为图书馆提供专业化服务，已成为中国科技书刊及其他资料的主要进出口公司之一。业务范围主要有进口业务、出口业务、版权贸易，开展中国与海外出版界间的版权贸易合作并组织展览。

《北京周报》
Beijing Review

时事政治性外文周刊，是在周恩来总理的亲切关怀下于 1958 年创办的，目前用英文、法文、西文、日文和德文出版。该周报主要向外国读者介绍中国政治、经济和文化等方面的动向、有关政策和发展成就，反映中国对国际问题的观点和看法，以增进外国对中国的了解。该刊主要栏目有：编者札记、大事与动向、国际评论、专题报道、报刊文摘、旅游、经贸动态、文化与科学和文件译载等。每周航空发行到世界 150 多个国家和地区。

北卡罗莱纳大学查佩尔希尔分校情报学与图书馆学学院（美国）
SILS of University of North Carolina at Chapel Hill

北卡罗莱纳大学建于 1795 年。其查佩尔希尔分校的情报学与图书馆学学院成立于 1931 年，原名为图书馆学学院，当时拥有 37 名学生和 5 名教师（包括威尔逊博士），所开设的课程有信息产业、数据库设计和使用、网页设计和应用、网络支持和信息咨询等。可授予情报学学士、图书馆学硕士、情报学与图书馆学、情报学图书馆学与公共历史双硕士、情报学图书馆学与公共卫生双硕士、情报学图书馆学与护理学双硕士、情报学图书馆学与工商管理双硕士以及情报学与图书馆学博士等学位。该学院还设立了诸多奖项以奖励作出杰出贡献的教师、职员、校友以及学生。

北卡罗莱纳大学格林斯博罗分校图书馆学与情报学系（美国）
DLIS of University of North Carolina at Greensboro

1904 年在该校图书馆里开设非正式图书馆学课程，1928 年成立图书馆学系。1989 年更为现名并在其格林斯博罗分校的教育学院下设有图书馆学情报学系，课程包括工商信息服务和资源、馆藏管理、人力信息资源、信息检索、高校图书馆和信息应用等。该系获得美国图书馆协会资格认证，可授予图书馆学与情报学研究的硕士学位。

北卡罗莱纳州中心大学图书馆学与情报学学院（美国）
SLIS of North Carolina Central University

位于北卡罗莱纳州达拉姆市，成立于 1939 年，可授予情报学与工商管理双硕士学位、图书馆学和情报学硕士学位，获得美国图书馆协会资格认证。所提供的课程主要有：基于计算机的信息存储与检索系统、社会与人文科学资源服务、大众传播的理论与应用、比较图书馆学、信息系统效益和图书馆的人际关系等。

北美分类学会（美国）
Classification Society of North America（CSNA）

非营利性跨学科的组织，致力于促进分类和归类的科学研究以及传播与该领域相关的科学和教育信息。该学会是国际分类学会联合会（International Federation of Classification Societies，IFCS）的成员之一。其出版物有《分类杂志》（*Journal of Classification*）（半年刊）和《北美分类学会业务通讯》（*The CSNA Newsletter*）。

北美工业分类系统
North American Industry Classification System（NAICS）

由美国行政管理和预算局牵头与加拿大统计局和墨西哥国家地理统计与信息研究所（INEGI）协作制订而成，用来取代自20世纪30年代以来被长期使用的标准工业分类法。基于用产品生产和服务的过程对商业进行分类的新概念，该分类体系试图对服务和技术部分作进一步的描述，对北美自由贸易协定所包含的3个国家能提供可比的统计资料，并能与联合国制订的国际工业分类体系兼容。1997年，行政管理和预算局采用了北美工业分类体系，作为美国联邦政府统计部门使用的工业分类法。

北美连续出版物兴趣小组（美国）
North American Serials Interest Group（NASIG）

组建于1985年，旨在促进美国、加拿大和墨西哥地区与连续出版物有关的人员和机构（包括连续出版物、出版商、图书馆员、订购部门、目录软件、期刊索引、数据库出版商和销售商、书目检索部门代表、教育人员和装订人员等）的信息和概念共享的独立组织。该小组每年召开年会，建有电子邮件目录NASIG-L，出版《北美连续出版物兴趣小组业务通讯》（*NASIG Newsletter*）。

北美体育图书馆网（美国）
North American Sport Library Network（NASLIN）

建立于1989年，通过会议、教育培训和其他协作项目致力于推进体育图书馆、档案馆和信息服务部门之间的交流和资源共享。其成员包括与运动、体育教育和娱乐各方面信息有关的出版、采购、组织、检索和传递的图书馆员、档案管理员和信息专家。北美体育图书馆网出版半年刊《业务通讯》（*NASLINE*）。

北美艺术图书馆学会（美国）
Art Libraries Society/North America（ARLIS/NA）

美国图书馆协会分支机构之一，1972年在芝加哥成立，是对艺术创作有兴趣的图书馆员、研究机构和个人的联合组织，是公共图书馆、高校图书馆、博物馆、艺术陈列馆、艺术协会和出版社等视觉艺术资源的管理机构。该学会总部设在加拿大，拥有1 500多个会员，下设大学图书馆、艺术与设计学校图书馆、博物馆图书馆、公共图书馆和视听资源图书馆等部门以及12个专业组的圆桌会议和17个分会。每年召开一次年会，颁发杰出服务、研究出版奖。自1982年以来出版该学会公报《艺术文献》（*Art Documentation*）和《会务通讯》（*ARLIS/NA Update*）。

北欧古代历法
rune-staff

流传于古代北欧的一种用木棍划刻的日历，又称如尼历法。

北欧古代文字
runic

流传于古代斯堪的纳维亚半岛的一种具有神秘意义的文字。

北堂图书馆
Northern Hall Library

天主教堂的图书馆。明万历二十八年（1600年）耶稣会士利玛窦来华献天主教像、圣母像、天主经典、万国图等并建立了南堂之后，先后又建立了东、西和北堂，这四个天主教堂均设有图书馆，后来东、西和南堂图书馆都并入北堂图书馆，据1938年整理统计，该馆共有西文图书5 000册，中文图书8万册。该馆是东西方两种伟大文明会合的媒介，在最初存在的两个世纪中，几乎成为基督教文学的唯一的源泉。并成为给双方文化交流与发展带来了巨大利益的一种永久性的联系。

贝尔斯坦和盖墨林化学数据库
（德）*Beilstein /Gmelin Crossfire*

当今世界上最为庞大并享有盛誉的化合物数值与事实数据库，该数据库以电子方式提供包含可供检索的化学结构和化学反应、相关的化学和物理性质以及详细的药理学和生态学数据在内的最全面的信息资源。CrossFire Gmelin是关于无机和金属有机化合物的结构及相关化学、物理信息的数据库，收录了1772年以来文献记录中的160万个化合物、130万个结构和130万个反应以及90万篇1995年以来包括标题和文摘的文献引文。CrossFire Beilstein则是世界上最大的关于有机化学事实的数据库，数据来源于175种期刊，已收录900多万个化合物和900多万个反应。作为最基本的化学文献数据库，CrossFire Beilstein能帮助有机化学研究人员形成新思路、设计合成路径（包括起始原料和中间体）、确定生物活性和物理性质、了解外界环境对化合物的影响等。主要数据的索引分为3部分。

《贝尔斯坦有机化学手册》（德国）

（德）*Beilstein's Handbuch der Organischen Chemie*

一部查阅关于有机化合物制备及特征的最为全面、最为系统、最为权威的工具书，由德国弗里德里克·康拉德·贝尔斯坦（*Friedrich Konrad Beilstein*）于1881年创编。由德国贝尔斯坦有机化学文献研究所出版。该手册是一种连续出版物，对应的数据库可以通过在线检索到，如DIALOG、STN在线检索系统。1951年开始出版的第五次修订版，除了囊括过去的资料外，还来自原始期刊摘录数值事实资料，到目前为止已出版近500册，每年还以14~18册的速度增加。数据来源为1779—1959年的《贝尔斯坦手册》（*Beilstein Handbook*）从正编到第四补编的全部内容和1960年以来的原始文献数据。该工具书是目前世界上有机化学资料方面最为完备的手册，收录了原始文献中已报道过的有机化合物的结构、性质等数据和信息，内容准确、引文全面、信息量大，是查找有机化合物性质、结构及制备知识的最好的参考书。

贝克与泰勒公司（美国）

Baker & Taylor

成立于1828年，是世界上最大的图书馆图书和音像制品供应商，也是面向零售商发行图书和音像制品的出版界领头羊。总部在美国北卡罗莱纳州的沙罗特。购买该公司的产品，通常可以享受很好的折扣，也能得到满足各种类型图书馆需要的增值服务和个性化服务。该公司的产品和服务在其商品目录中罗列齐全并有详细描述。该公司于2003年被维里斯·斯泰因合伙人（Willis Stein & Partners）收购，2006年又被纽约私营公司卡塞尔·哈兰（Castle Harlan）收购。

贝鲁特协议

Beirut Agreement

联合国教科文组织在1948年所签署的推动教育、科学和文化方面的视听材料国际交流协议，于1954年开始生效。此协议是国际间在促成全世界范围内视听材料的自由流动和交换方面相互合作努力的结果。从20世纪初开始，许多国家对文化产品的贸易实行了限制，而1948年签署的贝鲁特协议规定取消教育用视听材料国际贸易中的进口关税、许可证和数量限制。

贝宁国家图书馆

National Library of Benin/*Bibliothèque nationale du Bénin*

1975年11月成立于波多诺伏，隶属于贝宁大众文化、青年和体育部。该馆设有3个技术部门，专业人员占25%。由于没有专门购书经费，所以藏书来源为版权登记、赠送和交换。全贝宁国际标准期刊号与国际标准书号中心设在该馆。该馆通过汽车图书馆协调全国的读书活动，与世界许多国家的文化机构建有友好关系。

贝塔斯曼直接集团（德国）

Direct Group Bertelsmann

为创建于1835年的贝塔斯曼的6个子集团之一，亦是贝塔斯曼集团的三大业务支柱之一，在全球拥有5 500万个会员，在世界媒体业排行第三。该集团力求成为全球客户和订户购买传媒和娱乐产品的首选。其业务包括：图书出版和图书俱乐部、音乐出版和音乐俱乐部、职业信息、报刊、广播电视、印刷、网上服务和电子商务等。该集团通过各种渠道，提供品种繁多、精彩纷呈的产品。21世纪以来，该集团的业务整体处于上升之中。该集团的业务代表了贝塔斯曼集团在中国的主营业务。

贝叶

olla

一种书写材料。在印度南部和斯里兰卡，人们把嫩棕榈叶（尤其是扇叶树头榈叶）放在水中浸泡后压平，然后切割为大约3英寸宽、4英寸长的条状，并在每张贝叶的一端打上孔，用绳子将其固定在木板上，这样就成了一部书。用金属笔在贝叶表面刻上字后，再将木炭和油的混合物擦进其中。按《哈罗德图书馆员词汇表》（*Harrod Librarians' Glossary*）的说法，在斯里兰卡，和尚们现在还在制作这样的书。olla也可拼作ola。

贝叶经
Buddhist Sutra written on pattern leaves

写在贝树叶子上的经文，源于古印度。在造纸技术还没有传到印度之前，印度人就用贝树叶子书写东西，佛教徒们也用贝叶书写佛教经典和画佛像，贝叶经的名字由此而来。贝叶经有2 500多年的历史，是用“斋杂”和“瓦都”两种文字写的。贝叶经有的是用墨汁写的，有的则是用针刺的。中国西藏贝叶经数量很多，较大的寺庙或个别私人手中都有不同时期和不同文字的藏本，是研究古代西藏文化、语言文字、佛教和宗教艺术等方面的重要原始资料。古代印度使用贝叶经最为普遍，中国云南等地，直到近代还有贝叶经的图书流传使用，可见其流传之久、影响之大，不愧是世界上古代重要的书籍形式之一。

备份
backup

数据处理过程中，对于重要数据文件另作一份复制，防止因硬盘或服务器故障造成原始数据丢失、损坏或被毁坏。

备架
shelf-ready

通常，书刊资料供应商向图书馆信息机构提供图书资料时，会将标签提前粘贴在书脊上，为上架做好准备。

备忘录
memorandum

一种正式的文书，发给公司、机构、组织或协会的一个或多个人，标明发出日期，抬头处写明收信人及其地址、发信人及其地址和正文。备忘录不需要像信件那样有完整的问候语或在末尾签名，发送人可以简单地在抬头处写上自己名字的首字母。也指个人遇事随时记载，帮助记忆的笔记本。另外又指一种外交照会，声明本国对某种问题的立场，或把某些事项的概况通知对方。memorandum的复数形式为：memoranda。

备忘性记录档
tickler system

在图书馆范围内指登记一些需要办理或提醒的事务的文案，如召开会议、图书期刊采购和学会事务等。

备有现货，尚有存书
in stock

指出版者、经销商、批发商、发行者和书商等备有充足的图书复本，以满足订货需求。

备注
remark

表格上为附加必要的注解说明而留的一栏。亦指在这一栏内所加的注解说明。

背脊衬
backstrip（spine）

在附上书壳之前，书脊截面部分被缝成圆凸形后，为了使书更加坚固，用一片窄长的薄纱或棕色牛皮纸贴在书背上。

背景音乐
incidental music

为了烘托气氛，在人物对话和活动场景中配合适当的音乐，或是专为某部电影或电视剧制作，以增加感染力。

背面印刷
reverse printing

指一张纸的一面印完后，翻过来再印另一面的印刷方法。

背射式投影
rear projection

利用仪器将透明载体或不透明载体上的图文放映到屏幕上的一种技术。具体操作方法是：先将投影设备安置在银幕背后，然后再将幻灯片之类的资料向银幕背面投射放映，即通过投影机或放映机将画面投射在半透明的屏面上，让观众在屏面的另一侧观看。这种方法常用于背景影片的投射放映。

被动服务
passive services

指图书馆的服务工作只是根据读者提出的要求而提供，处于守株待兔、被动应付的局面。

被禁字段
Suppressed Fields

在馆际互借管理软件工作表单中不显示的字段。

B

被勉强用户
reluctant user

特指事实上被迫或被动地使用某种服务而其本身不愿接受这种服务的图书馆用户。一些少年儿童有时会成为学校图书馆的被勉强用户。

被磨损的边缘
frayed

指在布书面上因读者翻阅过多而被磨破的边缘。

被损书刊资料
mutilation

指图书馆的书刊资料受到蓄意损坏。包括撕去封面、内页、挖掉插图或者文章，或在书上勾画、涂写、做记号或撕掉书中的条形码、磁条等现象。

被引半衰期
cited half-life

指某一期刊在统计当年被引用的全部次数中，较新一半的引用数是在多长一段时间内累计达到的。被引半衰期是测度期刊老化速度的一种指标，通常不是针对个别文献或某一组文献，而是指某一学科或专业领域的文献总和而言。

被引聚类
citation clustering

科学学、情报学和科技管理学等领域的重要研究方法。可以将内容相关的论文聚合为一系列文献族，定量给出文献族之间的联系密切程度，并得出某一学科或专业的文献聚类分析网络图和树状图。根据这两个图可以分析文献之间在内容上的联系，而且还可以研究学科和专业的社会结构、认知结构、科研人员结构、发展趋势以及不同国家、地区和科研机构在某些学科或专业领域的发展情况。

"本馆有"项，馆藏项
library has'

记录图书馆收藏的某一种丛编、多卷集或连续出版物的具体卷期的著录项目。用于综合款目和连续出版物款目，只反映某一整套文献中本馆所藏的部分，一般用"本馆有"来作引导词。

本国语
vernacular

指一个国家原来就有的语言，一般情况下是本民族的标准语或某一种方言。

本杰明·富兰克林（1706—1790）
Benjamin Franklin

美国政治家、科学家，参与《独立宣言》起草，担任过外交使节，并发明避雷针。作为美国公共图书馆的创始人，1737 年创办了费城图书馆公司（Library Company of Philadelphia），向付租书费的读者开放。1741 年富兰克林印刷了图书馆公司目录第 2 版，共有 375 个条目。1746—1757 年任图书馆公司总部秘书。为了扩充馆藏，利用到英国进行电气方面实验的机会从英国争取赠书。1790 年逝世时，遗产中的 4 276 卷藏书被其子女拍卖，成为美国历史上十分重大的一次图书拍卖。

《本体与数字图书馆》
Ontology and Digital Library

《数字时代图书馆学与情报学论丛》之一。该书从数字图书馆的定义、特点、作用和机制的范式演化分析了数字图书馆的内涵和本质；从元数据管理与应用、数字化信息组织结构、数字对象的标识和服务机制等，揭示了实现数字图书馆工程中应该应用的主要技术；从本体的定义、语义网的结构、本体的描述语言和本题的逻辑基础分析了本体的定义、各领域的应用以及应用前景。董慧著，由武汉大学出版社于 2008 年 8 月出版。

比尔和梅琳达·盖茨基金会（美国）
Bill & Melinda Gates Foundation

建立于 2000 年 1 月。是一个非营利组织、目前世界上最大的慈善基金会。由盖茨教育基金会和威廉·盖茨基金会合并而成。前一个基金会致力于通过公共图书馆使更多人有机会使用科技资源，后一个基金会则注重改善全球卫生保健状况。合并后的基金会总部位于美国西雅图，由比尔·盖茨的父亲老威廉·盖茨及帕蒂·斯通斯福主持，拥有比尔和梅琳达·盖茨个人捐赠的基金大约 288 亿美元。该基金会工作分 4 个主要项目：全球卫生保健、教育、图书馆和美国西北部太平洋沿岸地区的建设。其中图书馆项目是帮助美国的公共图书馆向低收入和处境不利的社区居民提供使用计算机、因特网、数字化信息的机会。此外，该项目还以资助性质向墨西哥、智利、英国和加拿大等国偏僻或贫困社区的图书馆提供公用计算机。

比尔·克林顿总统图书馆与博物馆（美国）
Bill Clinton President Library and Museum

美国第42届总统图书馆于2004年建成，坐落在阿肯色州小石城克林顿总统中心与公园内，花费在1.6亿美元左右。占地27英亩，包括了总统图书馆、档案馆、博物馆以及一些小石城古迹的仿造物。图书馆里面有戏院、礼品店、教室、咖啡店，大厅的天花板高达40英尺。该馆拟建立一个电子邮件档案，这一由4 000万份电子邮件组成的档案中将包括前总统克林顿发出的两封电子邮件。该馆的宗旨是要再现克林顿任总统时的2 923个日日夜夜。克林顿的各种文件档案是美国历届总统中最多的，总重量达835吨，包括7 700万份文件、200万张照片和7.5万份礼物。

《比较出版学》
Comparative Publishing Science

罗紫初著，由武汉大学出版社于2006年10月出版。《武汉大学学术丛书》之一。该书作者以及作者所率领的团队在中外出版比较研究征程上所登攀的一个新的台阶。本书共分四篇，分别从比较出版学学科理论、出版事业、出版实务、出版技术与未来发展等方面对中外出版业发展的基本面貌及其异同进行了比较。

比较档案学
Comparative Archives Science

档案学分支学科之一。指采用比较的方法，分析和研究不同的国家和地区、时期的档案学理论和档案工作实践的共性与特点、一般规律和特殊规律等问题。主要包括：国家与国家之间、地区与地区之间、不同历史时期之间的档案事业状况、档案管理方法、档案学理论水平和档案工作应用技术等方面的研究。

比较目录学
Comparative Bibliography

目录学的分支学科之一。是将世界各国与不同历史时期的目录学的方方面面进行深入分析和比较，并研究其共性和个性，比较其优劣，衡量其得失，探索目录学研究和书目工作的特殊规律和普遍规律。有助于开阔目录学研究的眼界，进一步促进目录学的发展。

比较情报学
Comparative Information Science

情报学的一个分支学科。是以世界各国和地区的情报事业为研究对象，从各种角度出发，对各个国家和地区的情报事业的发展、社会情报现象的经验或问题进行比较研究，分析其共同点与差异点，并作出科学的解释，从而归纳出正确发展社会情报事业的准则。

《比较图书馆学》
Comparative Librarianship

俄罗斯著名图书馆学家H.C.卡尔塔绍夫教授撰写的第一部俄罗斯比较图书馆学教科书。代表了当代俄罗斯比较图书馆学研究的最高水平，对促进中国图书馆学理论研究有着较大的意义。作者详细地论证了比较图书馆学作为一门独立图书馆科学的一系列理论问题，分析了比较图书馆学研究的方法论问题，并且介绍了几种典型的比较图书馆学研究方法。该书由陈运明、徐晓晴翻译，2004年由电子科学出版社出版。

比较图书馆学
Comparative Librarianship

图书馆学的一个分支学科。是以世界各国、各地区的图书馆事业为研究对象，以深化图书馆学的理论研究、传播成功经验、加强馆际合作为目的，从社会政治、经济、文化和历史的角度出发，对不同国家的图书馆状况、图书馆体制和图书馆事业发展的经验及问题等进行分析比较并找出其异同，从而得出图书馆事业发展的规律。

比雷埃夫斯大学图书馆（希腊）
University of Piraeus Library

该馆藏书共计约4.6万册，杂志350多种，藏书内容大多数都与学校所开设的专业有密切关系，包括一些私营或公共机构的出版物、参考资料、数据表、多媒体光盘和录影带。除常规的图书馆服务外，该馆还与欧洲文献中心（European Centre of Documentation）合作，共享丰富的欧洲文献资源。

比利时皇家图书馆
Royal Library of Belgium/*Koninklijke Bibliotheek België*

比利时最重要的文化机构之一，建于1837年。该馆以收藏1480年从安特卫普（Antwerp）市印刷术开始后的出版物为主。除了从15世纪勃艮第公爵图书馆中接收的300件手稿外，还藏有匈牙利国王马梯阿斯·卡文的佛罗伦萨弥撒书以及4 750册古版书。此外，还收藏有硬币、刻度尺、货币砝

B

码、筹码及各种纪念品等。比利时皇家图书馆十分重视图书保护，对馆藏进行了大规模脱酸、缩微及数字化处理。与此同时，还开展与大学图书馆的合作，实施虚拟图书馆计划，旨在利用电子通讯技术建构虚拟图书馆基础设施，满足书目检索、电子文献需求及传输。拥有馆藏合订本约400万册、现刊2万种。此外，该馆还提供在线目录和多种光盘版回溯书目的查询服务。

比例
scale

在制图学中，显示在地图、照片或其他具有地理特征图形上的长度与相应的实地水平距离之比。即：地图比例尺＝图形上长度/相应实地水平距离。比如，一幅地图的比例尺是1:50 000，那么地图上两点间为1厘米，实地该两点的距离应为50 000厘米。地图比例尺常以图形结合文字、数字表示，一般标注在地图的下方中央。其中以数字表示的为数字比例尺，用比例式或分数式表示。以图形表示的为直线比例尺。图书馆在对地图进行编目时，需在书目著录的数据项内对比例尺进行描述。比例通常指模型或复制品与原始物品大小的比，也指物件的大小与同类其他物品大小的比。

比例尺
ratio scale

又称“缩尺”，即将物体或实物对象制成建筑图、地图、地球仪和模型时，在长度大小上缩小或放大的倍数。指图上距离与之所表示的实际距离的比。也指线段比例尺，附在图旁的表示比例的数字和线段，还指制图用的一种工具，上面有多种不同比例的刻度。

比例空格，比例间隔
proportional spacing

在文字处理技术中，根据不同字符的宽度横向处理字符间距的方法。

比特，位
bit

指电子计算机中最小存储单位二进制系统中两个字符（0或1）中任意一个的缩写形式，以表示一个“关”或“开”的脉冲来传输。在计算机中，设计用来处理8个比特单位的存储数据称为字节。在ASCII代码中，每一个字母数字式字符用7个比特的唯一次序来表示。比特不仅可用来测量数据传输的速度，它还可用来衡量磁盘、文档和数据库等的字节存储量。

彼得森大学指南（数据库）
Peterson College Database

由美国彼得森指南（Peterson's Guides）公司于1994年出版的全文数据库。介绍北美地区（美国及加拿大）3 200多所可授予学士及同等学位的大学及大专院校的情况。内容包括在校学生人数、所属国别或地区、SAT或ACT入学考试标准、在校开销、奖学金发放、特殊项目设置、住房条件、校园生活、体育活动或设施及专业设置等情况。该数据库每年更新一次。

笔画法
Arrangement by Strokes

又叫笔画检字法，是按照汉字的笔画数目对汉字进行排序的检字法。基本形式是：按汉字笔画数由小到大排序；笔画数目相同的，按起笔笔形来区分；笔画和笔形都一样的，再按字形结构区分，先左右形体，次上下形体字，后整体形字。这种方法原理简单、易学易用，但是有些字的笔画不易数清；有些字笔画太多，数笔画费时间，速度慢；同笔画的字太多，不易查检，因此笔画法有其局限性，还应采取别的方法加以补充。

笔记本
notebook

用软纸板、硬纸板或塑料封面构成的活页或螺旋型活页夹。内装印有带行或不带行的空白纸，供记笔记使用。有些笔记本还在封底的背面或封里的底边装有一个小口袋，供盛装活页纸用，还有的笔记本的封面内装有小型计算器。

笔记本计算机
laptop computer

一种比膝上型计算机更小并能装入手提箱的便携式个人计算机。笔记本计算机于20世纪90年代初问世，约一英尺宽，重6～7磅，由充电电池或外接交流电源供电。这种计算机通常配有一个3.5英寸软驱。尽管体积小，许多笔记本计算机具有台式个人计算机一样的功能，甚至可以无线上网，特别适合外出（旅行、参加会议和出差等）使用。

笔记小说
literary sketches

广义上指一切用文言写的志怪、传奇、杂录、琐闻、传记和随笔之类的著作，内容广泛驳杂，举凡天文地理、朝章典制、草木虫鱼、风俗民情、学术考证、鬼怪神仙、艳情传奇、笑话奇谈和逸事趣闻，等等。狭义上指一种极短篇式小说的创作形式，其特点篇幅短小、内容繁杂几乎无所不包，连饮食起居、治身理家之谈都可以写。笔记小说是一座非常丰富、值得珍视的宝库，是后人取之不尽的无价宝藏。中国古代的笔记小说，截至清末，大约不下 3 000 种，具有极高的史料价值，是一笔巨大的文化遗产。

笔名
pen name

作者在发表作品时为隐藏身份而用的别名。笔名可以用冒名（假冒别人的名字）、假名或者根据作者真实姓名改编的名字，甚至是不属于人名的词或短语。同一个人在不同时期或不同的写作场合常采用不同的笔名。中国现当代作家的笔名，既继承了古代文人取别号的传统，又带有深深的时代烙印，如老舍、落花生、闻一多、茅盾、鲁迅、林语堂、朱自清、柳青、沈从文和闻捷等。

笔名著作
pseudonymous works

作者为了不显露真实姓名，在题名页上用笔名发表的作品。

俾斯麦克·凡特纪念公共图书馆（美国）
Bismarck Veterans Memorial Public Library

位于美国北达科他州的俾斯麦克市。包括 1 所中心馆和 1 所流动图书馆，作为北达科他州图书馆网络的成员为全市居民提供全州 56 万册馆藏图书和期刊合订本以及电子图书、电子听书、数字视盘和家用录像机制式的视频材料、激光唱片、磁带和其他音频资料的服务。和其他公共图书馆一样，该馆也提供无线上网服务。

必须归还的（在指定时间）书刊资料
returnable materials

在馆际互借中，贷方图书馆要求借方图书馆必须在一定时间内将所借的书刊资料归还。

毕昇（？—1051）
Bi Sheng

北宋布衣，淮南路蕲州蕲水县直河乡，即今湖北省英山县草盘地镇五桂墩村人。初为印刷铺工人，从事手工印刷。在印刷实践中，深知雕版印刷的艰难，认真总结前人的经验，发明活字印刷术（庆历年间 1041—1048）。其方法，沈括在《梦溪笔谈》中有具体记载。毕昇创造发明的胶泥活字，是中国印刷术发展中的一个根本性的改革，对中国和世界各国的文化交流做出了伟大贡献，是世界上最早的活字印刷技术，比西方的活字技术早了 500 多年。

毕希纳奖（法国）
George-Buchner Prize

为了纪念 19 世纪德国著名的剧作家毕希纳（1813—1837）于 1923 年而设立。一开始只颁发艺术奖，每年颁给有突出贡献的艺术家。1951 年后改成单项文学奖，授予对德国文化生活做出重要贡献以及从事德文创作的作家或诗人。该奖是德语国家的著名文学奖，享有国际声誉。获奖的作家也常常具有一定的地位，如剧作家海涅（*Heinrich heine*）、穆勒（*Heiner Muller*），作家彼得·韦斯（*Peter Weiss*）和彼得·汉德克（*Peter Handke*）。

闭馆时间
closing time

当图书馆将要闭馆时，图书馆员要按照所有闭馆的规定做好工作，包括通知读者离馆，检查并确认所有的读者是否已离馆，退出计算机系统，关闭照明设施，锁定门窗，打开预录的电话信息和启动安全警报装置等。闭馆时所需的时间和图书馆员数由图书馆的大小和设施的设计需要而定。

闭架书库
closed stacks

通常只有图书馆工作人员才能进入，读者不能入内。设置此种书库的目的在于保护馆藏或可设置比开架书库走廊的标准宽度狭窄的通道，以节省空间，图书馆员根据读者需求到闭架书库为其取书或刊等。虽然目前大多数图书馆都采用开架服务，但闭架式书库仍有一定的存在价值，如用于存放珍贵文献、使用率较低或内容不宜公开的书刊等。

B

闭路电视（监控系统）
closed circuit television（CCTV）

用于某些大型组织机构或图书馆内部的电视系统，为召开会议或为安全的目的而设置的监视系统，是安全技术防范体系中的重要组成部分。

闭式解说字幕
closed caption（CC）

指在电视播放中沿荧屏底部出现的一行连续滚动的字幕。用以说明画面中的解说或对话，并说明任何非语言的发声（如大笑、尖叫声和狗吠等）或声音效果（如音乐、鼓掌和门铃等）。这主要是为具有听力障碍的人而设立的，另也用于双语电视节目中。

闭型目录
closed catalog

指不再增加新的书目记录的图书馆目录，或者尽管现有记录因修订、更正和转换为机读格式而需要继续整理，但仍不准备增加新内容的目录。在目录回溯转换完成之后，通常将闭型目录从公共目录中撤出甚至丢弃。

皕宋楼
Bisong Building

清同治、光绪年间著名藏书家陆心源的藏书楼。以皕（音 bì）宋为楼名，意思是内藏宋刻本有200 种之多。但实际不及此数。陆氏藏书多得自上海郁松年宜稼堂，其中大部分为汪士钟艺芸书舍所收乾嘉时苏州黄丕烈士礼居、周锡瓒水月亭、袁廷梼五观楼、顾之逵小读书堆四大家之旧藏，极为珍贵。

壁画
mural painting

绘在建筑物的墙壁或天花板上的图画。为人类历史上最早的绘画形式之一。原始社会人类在洞壁上刻画各种图形，以记事表情，是最早的壁画。中国陕西咸阳秦宫壁画残片，距今有 2 300 年。汉代和魏晋南北朝时期壁画也很繁荣，20 世纪以来出土者甚多。唐代形成壁画兴盛期，如敦煌壁画、克孜尔石窟等，为当时壁画艺术的高峰。宋代以后，壁画逐渐衰落。1949 年后，中国壁画得到恢复与发展。壁画从广义上分为史前时期的岩画、洞窟壁画和地画等类型，从狭义上分为宫廷壁画、墓室壁画、石窟壁画和寺观壁画等。壁画以技法区分，有绘画型与绘画工艺型两类。壁画的历史发展到最后，变成建筑装饰和室内装饰的一种形式。户外广告如果是用绘画的形式制作的，也是壁画。

壁式书架排列法
wall shelving

靠墙壁排列单面书架的方式。常用于阅览室或书库四周的书架排列，以充分利用空间。其他书架排列方式有并列式、间隔式和辐射式 3 种。

边框
box

印刷中，在较大的版心内或者两个栏目之间用线条或空白间隔形成正方形或长方形，将正文与插图或插图与插图分隔开来。还指印刷在书心版周围一个或多个正方形或长方形的平行边框线，有时在拐角处有修饰。用这种方式分隔的材料就称为加边框。

边框装饰
cartouche

一种卷轴形的装饰框。通常画在或者印在地图的角上，内容有地图的名称、地图的绘制者、比例尺和其他一些描述性信息。在老式地图上或装订的旧书里，经常可以看到国家的风景、人像、动物和建筑物等装饰图案。

边饰
border

与图书或其他印刷品的页边、封面或正文及插图的四周等对应的连续性装饰。边饰可由一条或多条完整朴素或修饰性的线条或几何单元或重复模式中的系统图案构成。

边缘灰雾
edge fog

又称“片边雾翳”。指冲洗过的胶片或照片的边缘部分产生的过亮或灰雾过大现象。一般因装片或卸片时感光材料意外露光，或是胶片老化或存储保管不当而引起，属缩微品外观缺陷之一。

边缘学科
Interdisciplinary（interdisciplinary subject）

与两种或两种以上不同领域的知识体系有密切联系，并借助其成果而发展起来的综合性科学门类。如生物物理学、生态经济学等。其共同特点是：运用一门学科或几门学科的概念和方法研究另一门学科的对象或交叉领域的对象，使不同学科的方法和对象有机地结合起来。边缘学科，又称交叉学科，是在两个或两个以上不同学科的边缘交叉领域生成的新学科的统称。边缘学科的生成一般有两种情况。一种是某些重大的科研课题涉及两个或两个以上学科领域，在研究过程中，便在这些相关领域的结合部产生了新兴学科。如物理化学、生物力学和技术经济等。另一种情况，是运用某一学科的理论和方法去研究另一学科领域的问题，也会形成一些边缘学科。如数量经济学、模糊语言学和统计物理学等。

边注，旁注
side note（marginal note）

书写或印刷在某页边空白处的注解，通常用小于正文的字体印出。

边注行数
marginal figure

注在页边的数字，标明行数。一般每隔 5 行注一数字，如 5，10，15，20 等，目的是为了便于查找。

编号
numbering

将物体按照某一规律，如按数字 1，2，3，或按英文字母 A，B，C，或按甲，乙，丙等赋予一个代码的方法叫编号、图书馆员经常要对其工作对象进行编号。又指丛编编号、丛编连续各期的标识。该标识可以包括一个数字、一个字母、任何字符或数字字母组合以及有关单位名称（卷、号等）或日期等。

编号及签署版
numbered and signed edition

一般指名著或有价值的大部头图书。每版印数不多，每部书上都编有号码，甚至还有著者的亲笔签名。

编号款目
numbered entry

有些目录或书目文献的款目编有流水号，以便查找。

编号限制发行本
numbered copy

指发行额有限的限定版图书。在图书的末页或题名页前面一页封底的出版声明中，通常标有出版商手写或印行的该册顺序号以及该书印刷总册数的标记。

编辑
editor

指专门从事编辑工作的人员，是联系作者与读者的桥梁。大型出版社的编辑人员主要有负责从整体上规划选题、进行各项决策的正副总编辑，专门负责书稿选题、审读和加工整理等并承担主要责任的责任编辑，专门从事组稿、拟定选题的专务编辑，专门负责书稿文字加工的案头编辑，专门从事图书美术、音乐等方面的美术、音乐编辑和负责出版物流程、印刷、装订和发行的出版管理编辑，还有社外编辑和特约编辑等。

编辑部
editorial board（editorial department）

体现出版机构的方针、任务，负责编辑业务的综合性部门。有的还负责采访、编辑与通联的全面工作。编辑部的任务是根据本社的出版方针，结合所面向的专业领域，提出选题规划和近期发稿计划，联络作者，组稿、审稿、加工修改稿件和定期发稿。与此同时，注意掌握国内外学术研究动态，听取作者、读者的意见，更好地做好编辑出版工作。

编辑程序
editor

又称“编辑器”或“编辑机”，是具有编辑功能的程序。用于产生和编辑文件以及输入和修改源程序与数据等。用户使用此程序，可以对存放在计算机中的文件进行增加、删除、修改和剪贴等加工处理。

编辑，处理（编排）
editing

数据处理中对数据文件进行修改的过程。一般通过“编辑菜单”中的选项，对文本某部分进行剪切、复制、粘贴或删除，或通过其他方式重定格式。

编辑处理中心
editorial processing center

出版行业中的一种专门机构。主要负责将各种零星少量的出版业务集中成一大项，以便充分利用计算机技术，从而达到增产节支效果。中心具备在线作业功能，具有计算机排版和业务管理自动处理的能力。

B

编辑符号
editing symbols

指缩微胶片影像区外用肉眼能看到的字母、数字和几何图形。是为剪辑、装片和其他整理工作提供说明的符号，可位于片头或胶片的边缘。

编辑内容
editorial content

由编辑或编辑部对刊物进行编辑加工的项目。内容包括文章、专栏、社论、致编辑的信函、插图和漫画等，不同于广告和通知。

编辑，修订
redaction

对一部已出版或尚不符合出版条件的作品进行校订、整理的过程。许多修订工作是在作品原作者去世后进行的。

编辑学
Science of Editorship

以编辑活动为对象，研究其产生、发展规律以及工作方法的科学。主要研究内容为：编辑活动的发生、发展历史、现状和未来；编辑系统中的管理、编辑活动在知识传播和文献复制中的地位和作用；编辑工作中的工作方法、特点、原则、规律等；编辑人员的素质和培养以及其权益保护等问题。

编码
encode

为适合计算机的运算和操作，将某种信息用规定的某一组代码来表示的过程。因为编码可以改变信息的表示形式，所以可利用它对信息进行加密、压缩，甚至在信息传输过程中还可用其进行校验。另外，在遥控系统和通讯系统中，采用编码技术可提高信息传送的效率和可靠性。

编码格式
encoding format

用于资源的数字内容编码的规范、标准等。文本、图像、音频、视频、数据及空间数据等各有不同类型的标准。属数字文件特征（digital file characteristic）之一。

编密码
encryption

又称“加密”。数据信息在通过远程公共通信信道前，将其转换成密码的过程。除授权用户外，其他人不能读。通过加密，对保密信息如在线商贸业务中的信用卡号加以保护，并保证只有支付服务费用的用户能够获得该信息。加密依据是一种算法，至少应有一种密钥，假如知道了算法，但没有密钥，还是无法阅读信息。

编目
cataloging

为图书资料目录编制款目的过程。包括书目描述、主题分析和分类符号的分配等。所有的编目工作均由训练有素的编目员担任，并进行有效管理。编目的英式英语拼写是：cataloguing。

编目标签程序
Cataloging Label Program

OCLC 的一项服务，让 OCLC 编目产品用户更轻松地打印图书馆资料标签。使用免费的视窗（Windows）软件管理口袋标签和书脊编目标签的创建、显示、编辑和打印任务。

编目草片
process slip

在手工编目的环境下，指与目录卡片同样大小的卡片或纸条，上面注有著者、题名、出版事项和入藏册数等项目。被夹在书中，用来作为打印正式目录卡片的参考。

编目服务
cataloging service

为编目工作者或图书馆提供的一种与编目工作相关的服务，其目的是提高图书编目水平和效率。根据提供主体的不同，可分为两种类型，一种是由图书馆界的组织或机构为其成员所提供的编目服务，如 OCLC 编目服务，CALIS 联机合作编目服务等，上述机构所提供的服务包括：为其成员提供编目数据库中的数据源、允许编目员上传或下载编目数据、业务咨询等，其成员一般要缴纳服务年费、数据费、软件费等。另一种是一些营利性公司为图书馆或其他机构提供的有偿性编目服务，包括查重、编目数据的制作、修改、匹配、发送等工作。

编目工作管理
management of cataloging services

以最有效地组织、揭示和利用馆藏为目的，对编目工作加以组织、规划、指挥、协调与控制的过程。根据编目工作的组织方式，编目工作机构有不同的形式。有的按文献语种和类型组成，有的则按文献类型组成。编目工作可划分为文献著录和分类主题标引两大环节，对这两大环节的组织、控制与协调，构成了编目工作管理的核心。

编目机构
cataloging agency

以新书书目记录或者以修改已有编目记录的形式提供权威性编目数据且能被其他图书馆利用的图书馆或者其他的机构。在美国主要提供编目数据的机构是国会图书馆。在 MARC 21 书目数据格式中，OCLC 的编目资源段里是用 3 个字母来表示编目机构的（如 DLC 表示国会图书馆）。在中国国家图书馆内设有全国图书馆联合编目中心，为全中国范围内组织和管理图书馆的联合编目工作。

编目记录
catalog record（cataloging record）

图书馆的目录卡片提供的信息，包括：类目描述、主要款目、任何增加的款目、主题标目、附注和索书号。在线目录中，屏幕上显示著作版本的最详细的信息，包括：描述元素、检索点，还有当地图书馆或图书馆系统的馆藏信息（复本数量、藏书位置、索书号和借阅状态等）。

《编目思想史》
A History of Cataloging Perspectives

高红著。由国家图书馆出版社于 2008 年出版。该书使读者跳出了编目工作的繁文缛节，从编目原则与编目思想的高度回顾了西方与中国编目思想的产生与发展，以清晰的脉络说明中西编目思想由各自发展到近代的趋同，从巴黎原则到 FRBR、法兰克福原则、RDA 的发展。书中对 FRBR、RDA 精华部分的描述，更充分地意识到了无论时间怎样流逝，技术怎样发展，方便信息资源用户才是制定编目原则与规则的最高原则。

编目条例，编目规则
catalog code（cataloging rules）

编撰书目记录的详细规则，这些记录将被加入到馆藏中。为建立并保持图书馆目录的一致性，馆际编目也是用相同的编目条例。编目条例主要包括标目的选择、标目形式的统一和其他有关著录事项、著录格式的规定，有些条例还包括排片规则。美国、英国和加拿大等国的图书馆使用的是由美国图书馆协会、英国图书馆协会和加拿大图书馆协会联合编辑的《英美编目条例》（*Anglo-American Cataloging Rules*）。在中国，著名图书馆学家刘国钧于 1929 年编制的《中文图书编目条例草案》的影响延续到 20 世纪 70 年代。1974 年，《中文普通图书统一著录条例》成为新中国正式出版的第一部统一的中文文献著录规则。1996 年和 2005 年分别出版了《中国文献编目条例》的第一、二版。

编目条例说明
rule interpretation（RI）

指对现有编目条例的一种正式的解释、阐明或扩充。它的出现通常是由于现有编目条例在适用性方面出现了争议而不得不出台相应的补救措施。编目条例说明通常由管理编目规则的编目机构来制定和发行，如《英美编目条例第二版说明》（*Interpretations for AACR2*）就是由美国国会图书馆编目发行服务处出版发行的。其他国家的编目条例说明则由国家图书馆负责撰写、发布。

编目外包
outsourcing cataloging

指图书馆利用企业外部相对优秀的资源，将一些非核心的、次要的或辅助性的功能业务实行外包，如将图书加工的全过程，包括嵌磁条、盖馆藏章、贴条形码和贴书标等环节，全部交由专门机构来完成，从而降低成本，节约时间，提高编目整体效益和服务质量。

编目样卡
rider slip

指手工编目时代一种与目录卡片同样大小的卡片。上面注有著者、题名、出版者和入藏册数等项目，常夹于书刊中供打印正式目录卡片时用。

（编目用语）参见……
see also

图书馆目录、索引或参考工作中的类目参照，用于指引读者从一条标目到另一条能发现相关信息的标目。

B

（编目用语）见……
see

图书馆目录、索引或参考工作中的类目参照，用于指引读者从一条标目去查阅另一条标目的使用方法。

编目员
cataloger（catalogist）

负责制作书目记录并提供图书馆所需的编目资料，包括书目描述、主题分析和分类的图书馆员。也指负责管理编目部的图书馆员。编目员的英式英语拼写是：cataloguer。

《编目员案头资料》（美国）
Cataloger's Desktop

由美国国会图书馆提供的基本的编目文件（包括 MARC 格式）、主题词表、卡特表等。该资料基于《英美编目条例第二版》（*AACR2*）1998 年的修订版并且包括了全部的更正内容。

编目员附注
cataloguer's note

特指编目员对规范检索点所做的注释，有助于使用或修改表示实体或关系数据的规范检索点，或者创建表示相关实体的规范检索点。

编目专业组
Cataloguing Section

隶属国际图联专业委员会图书馆服务部（Division of Library Services）。该专业组从所有用户的利益出发，分析各类资料和媒体（包括书目和规范信息）编目活动的功能，提议和制定发展中的电子、网络环境下书目信息的编目规则、指南和标准，以促进书目和规范信息在世界范围内的存取和交换。出版该专业组的业务通讯（电子版），刊登与编目有关的新闻、会议动态和论文，出版会议录和年报以及《国际标准书目著录》（*International Standard Bibliographic Description for Serials*）。

编目资源
cataloging source

MARC 21 书目数据格式的字段（040），记录 OCLC 3 个字母代码，表示著录、套录和修改书目记录的机构的名称，例如：DLC 代表美国国会图书馆。如果编目机构使用的语言不是英语，040 字段同时也包含编目使用的语种。

编年档
reading file（chronological file）

按年、月、日顺序排列整理的案卷、文件等。

编年法
chronological device

以年度先后为顺序，逐年编列各方面情况的一种方法，可以是文字叙述型，也可以是表格型。

编年史
chronicle

原意是指按年代顺序详尽记录的同时代事件的最初记录。通常在跨越一段时期后编写，没有虚饰的文学风格，极少或没有解释或分析。现存最早的例子是公元 9 世纪艾尔弗雷德（Alfred）国王统治时期开始编纂的《安格鲁—萨克逊编年史》（*Anglo-Saxon Chronicle*），涵盖了从公元前 60 年到 12 世纪的英国历史。现代用法是，按发生顺序描写和记录的事件一览表。处理上比年报更完整，更有连贯性，脉络清晰，详简得当。如《中国抗日战争编年史》、《新中国编年史》、《中国出版编年史》和《中国新闻事业编年史》等。

编年体
annals style（annalistic Style）（chronicle）

以时间为中心，按年、月、日编排史书的体裁，是编写历史最早也是最简便的方法。如《春秋》、《资治通鉴》等就是编年体史书。编年体史书以时间为中心，按年、月、日顺序记述史事。因为以时间为经，以史事为纬，比较容易反映出同一时期各个历史事件的联系。因为编年体是中国最古老的历史体裁，故《隋书·经籍志》称之为“古史”。以编年体纪录历史的方式最早起源于中国。由周代史官于公元前 841 年前后创体，《左传》完善其体例，荀悦《汉纪》创断代编年体，司马光成通史编年体。其他的编年体史书，还有纲目体、起居注、日历、实录和东华录等。编年体优点是给人以明确的时间观念，比较容易反映出史事发生和发展的时代背景；其缺点是不易集中反映同一历史事件前后的联系，历史人物的生平和典章制度等也无从详其原委。弥补方法是：在记载史事时，有时要追叙往事，有时也附带记述后事。

编图资料示意图
reliability diagram

在地图或海图上用于表明编绘该图所依据资料

的来源及出处等相关信息的图示。

编校终端机
editing terminal

排版中使用的一种图像显示器。可执行信息编辑操作的终端装置，包括键盘、显示器、存储装置和必要的文字处理软件。

编者按
editor's comments

指报刊、书籍编者对新闻、文章阅读后连同稿件一起发表的说明、批注或考证性文字，常常放在新闻或文章的前面，有时也放在文章的中间，也称作“编者案”、“按语”、“案语”。是应用写作研究的重要文体之一，是编者（不是作品的作者）对作品的解释或引申。编者按可以表明编者的态度和意见，也可以提示要点，还可交代背景；补充材料或借题发挥，一般起强调重点、表明态度的作用，是编者在编稿过程中经常使用的一种处理方式，也是最简短、最轻便的言论形式之一，在编辑工作中用途很广。编者按通常 200 字左右，甚至更短，有时仅三言两语，但要能够切中要点。没有独立的标题，位置也较自由。

编者参见
editor reference

又称“编者参照”。指文献目录中，从一个编者姓名的款目，引见到其他标目的款目。

编者前言，编者的话
editor's preface (editor's note)

指编者自己对所编图书的看法、见解，印在图书正文之前，以便吸引读者阅读此书。一般编者的话就是前言，但也有先印编者的话，然后再印前言的情况。

(编制机读目录的) 图书馆员
MARCese

图书馆员的行话，指编制机读目录记录的人员。他们惯于使用字段标识符（标识符、指示符和子字段标识）而不是用词语和句子来描述书目著录项目。

编纂，编制
compile

收集各种来源的信息和资料，并将其汇集成一个有序整体的行为，如编制索引或文献目录等。

编纂物
compilation

由编纂者（非原著者）将不同作者的作品或某一作者的不同作品，在不改写其内容的条件下汇集整理而成的有序整体。在广义上，也指各种来源的资料汇集而成的书籍或书面材料。通常采取汇编形式的资料包括法律条文、规定规则和技术性数据等。

编纂者
compiler (editor)

收集和挑选不同作者的作品或某一作者的不同作品，在不改变其内容的条件下将其汇集成有序整体的人。在图书馆的文献目录中，编纂者的姓名通常处于责任者的位置。

变更版
variant edition

指含有作者对正文所作修改的版本，有时包括历次修改本中的异文，以反映作品的演化。

变色，霉斑
foxing

出现在旧文献纸张中类似于斑点的棕色或黄色污点，是在潮湿状态下由细菌或化学反应（或两者）引起的状况。对于某些出版物，霉斑能通过被称为清洗的保存技术减少或消除。

变体
variant

指检索时如果遇到具有多种形式的词，可以截词，用其中的某一形式作为检索词进行检索。

变异检索点
variant access point

表达实体的规范检索点的交替形式。

变异名称
variant name

与实体的首选名称（规范名称）不同的另一形式的名称。包括个人、家族、团体和地点等的变异名称。

B

便捷参考源
ready reference collection (RRC)

因特网公共图书馆参考中心的一种参考源。其宗旨是满足广大因特网用户的信息需求。不是一个有关各种学科主题的大型站点列表，而是一个对所选信息进行评注，并赋予了关键词的信息源。可帮助参考馆员快速、有效地回答各种咨询问题。同时也是用户查找所需要的信息、独立解决问题的有效工具。该参考源将信息分类组织为10大类：参考、艺术与人文科学、商业与经济、计算机与因特网、教育、娱乐与休闲、健康与医学、法律、政府与政治学、科学与技术和社会科学。

便览
enchiridion

为人们提供简洁的指引性资料或情况的包括说明。收集一定主题范围内的知识，以便于阅览的方式系统编排，内容多为交通、邮政或风景类。其特色为内容简要、形式精巧和携带方便。

便携式计算机
portable computer

一种小而轻、方便携带的微型计算机，也称作膝上型计算机、掌上计算机、笔记本计算机或者手提式计算机。

便携式摄像机
camcorder

指便于携带的微型摄像机，内置、录像带和麦克风。新款便携式摄像机可以通过兼容的蓝牙手机或蓝牙调制解调器来浏览网页、发送电子邮件等。该摄像机还可以存储几十封电子邮件和通讯地址，同时还支持JPEG、TIFF和MPEG格式文件，当收到电子邮件后，会自动保存在内存中。在没有计算机的情况下，可以通过该设备来访问因特网。另外，还可以作为数码照相机使用。

标尺
ruler

在文字处理软件中，显示在屏幕上的尺子型功能指示符。对于规定打印格式十分有用，调整它的长度就可规定文件页边的空白、行距等。

标点符号，标点使用法
punctuation

在书写和印刷中，为分隔字、词、句子和短语等以及为说明含义或音调而使用的标准符号。英文标点符号包括句号（.）、逗号（,）、冒号（:）、分号（;）、问号（?）、叹号（!）、撇号（'）、引号（“”）、圆括号（()）、破折号或连接号（—）和方括号（[ ]）。在《英美编目条例》第二版（*AACR2*）中，对书目著录的每一项都有非常详细的标点符号的使用规定。

标记，标志系统
signage

图书馆内使用的视觉标识和装置，用于指引读者到特定的阅览室利用文献资源、服务和设施，告知图书馆的开放时间、规章制度和活动。合理的标识将会有效地减少咨询服务台有关指引类咨询服务的数量，便于读者利用图书馆，特别是对于初次来图书馆的读者。许多图书馆都有盲人触摸的标识系统，有些地区还有多种语言的标识以方便读者。

标记法字符
radix of notation

图书分类法中专门用于编制标记符号或分类号的一种特殊用途的数字或字母，如26个拉丁字母及10个阿拉伯数字。

标记符号
notation

用来表示一种分类体系的大类和小类的字符集（通常为数字或字符）。在图书馆编目工作中，表示一篇文献主题类目的标记符号便组成该文献索书号的第一部分，从而决定该文献在馆藏架位中的相对排列位置。此符号要求简明易懂，容易书写和记忆，一般用罗马字母或阿拉伯数字作符号。使用标记符号可以提高分类法的实际使用价值，便于文献的分类、排架和流通工作。

标记符号的合成
synthesis of notation

在分类体系中通过添加标记符号创建数字的过程。标记符号来自分类表主表或其他部分。

标记符号的基础号
base of notation

在标示特定分类系统的符号中使用的一套符号或字符。在杜威十进制分类系统中，使用阿拉伯数字0~9（十进制标记符号）。在国会图书馆分类系统中，使用英语字母（字顺标记符号），除去字母

O 和 I，因为它们容易被误解为数字 0 和 1。其一般规则，基数越短，表示一个类的标记符号很可能越长。

标记图像文件格式

Tagged Image File Format（TIFF）

一种压缩图像的存储格式，由 Aldus 和 Microsoft 公司研究开发。个人计算机上的黑白图像、灰度图和彩色位图常用来被存储为 TIFF 格式，其文件名的扩展名为 . tif 或 . tiff。TIFF 格式文件可处理单色、灰色、灰阶、8 位或24 位图像，这种格式有多种版本。

标记语言

markup language

用一套标记字符构成的语言，描述一个文档各个部分及其格式。在因特网中，有很多不相容的系统链接在一起，而标记语言采用美国标准信息交换码来沟通。标记语言分为两种：定义性的（如标准统一标记语言 SGML 和超文本标记语言 HTML）和过程性的（如 Post Script 页面描述语言）。定义性标记语言只是说明文档的各个部分，而过程性标记语言则包括了指示计算机如何显示或打印文档的指令。在因特网中，标准统一标记语言是作为电子文本的标记语言，而超文本标记语言则用在万维网中。

标名行

byline

一种类型的字行，通常印在报纸或杂志文章的开头或结尾，以此签上记者的名字，说明其身份。

标目

heading

在书目记录中，将名称（个人著者或其他个人责任者姓名、团体名称、地名、题名、统一题名和丛编名等）或标题置于款目的第一行，作为检索点。

标目注释

heading note

以注释的形式对索引标目的概念范围及涵义进行说明、限定或补充。如对同形（音）异义词标目进行的区分、对涵义不明确的标目进行的限定、对标目排序方法进行的说明等。通过标目注释可以尽量减少标引和检索过程中可能出现的误差，从而提高查全率和查准率。

标签框

label holder（card frame）

指（目录屉的）用于摆放标签的小金属片框，又称为“标签插”。

标签式题名

label title

15 世纪印刷型图书的一种题名表现形式。这种题名一般位于书前单独页的顶端，偶尔也印在书末页的背面，用以代替或补充原书的题名。

标识词

identifier（identifying factor）

分配给一篇文献的关键词或可作索引的某个概念词，用来增加主题标引的深度。由于代表着并未经过权威专家的核准或认可的某一名称（地理名称、个人名称、测试或程序名称和法规名称等）或某一概念，所以没有在索引词典中列出。主要的标识词可能会以星号或者其他方式予以标记，其条目形式由权威人士控制，并非所有的索引系统都使用标识词。

标识符

identifier

用于区别不同实体的唯一字符串。如个人标识符、家族标识符、团体标识符、作品标识符、内容表达标识符、载体表现标识符以及单件标识符等。资源的标识应该采用符合正式标识体系的规范的字串及数字的组合。

标识符

Identifier

指都柏林核心元素集的元素之一。指用来标识资源的字串或者数字。资源的标识应该采用符合正式标识体系的规范之字串及数字组合。比如网络资源标识中的统一资源符（URI）、其他通用的唯一性标识如国际标准书号（ISBN）、国际标准刊号（ISSN）。

标识符

tag

指识别或描述某一计算机指令、数据项、字段或记录和文件等的一组数字或字符。

B

B

标题
heading

书刊报纸每一章节或每篇文章的题目或章节以下的各种副标题。

标题词
banner word（headword）

指标题词语言中的标引、检索用词。所谓标题词，并非指文献“标题”中的词，而是一种检索标识。标题词视其在检索系统中的作用可分为两种，起主导作用的称为主标题词，多为表现实物、材料、结构、理论、现象、工艺和过程等概念的词，例如：“飞机”、“不锈钢”、“信息论”、“磨损”等；起说明或限定作用的称为副标题词，多为表现主标题词某一方面概念或通用概念的词，例如：“着陆”、“安全”、“节能”、“稳定性”等。有少数词既可作为主标题词，又作为副标题词。副标题词又有两种，一种是只能与规定的主标题词组配的专用副标题词，一种是可以与任意主标题词组配的通用副标题词。

标题词
headword

词典或大百科全书中用来表示主要词条的词或短语，通常以黑体字或其他特殊字体印在词条的释义前。在大部分词典中，标题词通常按照字母顺序排列。在分类参考书目中，每一部分的标题词会按照字母顺序列出，通常在最后一卷的末尾至少会有关于整部作品的索引。

标题词组
title phrase

用于图书馆资源名称的准确术语，如：图书、文章、誊抄件、视频资料、录音资料、歌曲、乐谱和软件等。要使用标题中显示的准确术语，如输入THX-1138 检索带有这个标题的录像带。

标题词组索引列表
title phrase index list

标题词组检索结果显示的诸多标题。检索一个标题后，会显示这个标题列表下拉菜单，所有标题均在列表中。

标题法
indexing with subject headings

以标题词作为检索标识的文献标引与检索方法。其基本原理是：按照文献所论及的事物集中有关文献，采用成熟定型的标题词来描述文献主题，按字顺组织知识并建立检索文档，利用参照系统来控制同义词，连接相关的标题词和限定标题词的意义及其用法。

标题，说明文字
caption

一种简短的标题、注释或描述，直接标注在插图或照片上方、下方或相临的位置。也指一部书中章节的题目或期刊杂志中文章的大字标题。也指缩微胶片、电影胶片中的解说性标题和电视屏幕下方的滚动字幕。

标题著录
recording of title

指首先标识文献篇名的一种目录著录方式。

标题著作区分号
title work mark

杜威索书号最后一个单元后面的一个字母，在本馆目录中其确保此索书号是唯一号码。标题著作区分号是主要款目的第一个字符，或是在传记中和第一个 600 字段。

标线，坐标线
neatline

在绘制地图用的方格图纸中，坐标方格纸上表示地图边缘的线，与页边的空白（如有空白的话）区别开来。

标音文字
phonetic writing

又称“表音文字”。由标音符号组成音节或音组的文字，与早期的表意文字或象形文字不同，比较先进的标音文字是由字母组成的。

标引
indexing

通过标记指引人们方便、快捷地找到所需要的信息。具体而言，就是在主题分析的基础上，以一定的检索语言作为依据，将信息资源中具有检索意义的特征转换成相应的检索标识（分类号、主题词、关键词、人名和地名等），并将其组织成反映信息资源内容特征的过程。简言之，标引即把自然语言转化为可控的人工语言并以之作为检索标识的过程。

标引词
indexing term

由标引人员或系统从某种索引语言或文献中选出的，被作为特定文献标识的主题词、关键词或其他代码、符号。未被文献标引所使用的索引词不能称作标引词。

（标引词）专指性
specificity

又称专指度。在标引中，指标引词或主题词的意义与文献内容相匹配的程度。专指性与描述的文献相关。检索词无论是广义或狭义，只要它与文献的重要主题相匹配，它便具有专指性。专指度可以分为词表专指度和标引专指度。

标引对象
object of indexing

标引对象的范畴现已从传统的文献资源扩展到数字资源，前者包括图书、报纸和期刊等纸质文献以及缩微制品、音像制品等，后者则主要指可通过计算机网络进行检索的数字形式的各种文本、声音、图像、动画及各种软件等，标引时采用的是不同的元数据格式。

标引方式
pattern of indexing

根据检索系统的类型与功能、信息用户的需求等方面的考虑，为控制文献标引深度而采取的揭示文献内容的方式。一般根据检索语言类型的不同将标引方式分为分类标引和主题标引。主题标引又分为受控标引和非受控标引（或自由词标引）。

标引服务
indexing service

指定期将某一门学科的期刊或其他出版物的目次或内容编制成索引出版，供读者使用。也可以指根据特定读者的特别需求而编制索引的文献服务工作。

标引记录
record of indexing results

按照一定的格式要求，对标引结果以及标引过程中所处理的一些重要问题进行详细记录。标引记录的内容通常包括标引著录方法，所采用的标引词及其使用频率、组配方式、上位词标引、靠词标引和组代标引说明以及索引词的增减、删改说明等。

标引深度
exhaustivity

指通过检索标识揭示文献主题概念的详尽程度。即在检索工具编制过程中，分析及标引文献内容、外部特征所达到的深度。标引过程所形成的标引词的数量可以反映文献内容被揭示的详尽程度。确定标引深度时需要考虑的因素主要有：检索设备、学科性质、文献内容、索引语言、主题分析水准、标引方式和成本效益。

标引深度
indexing depth

显示对一篇文章的主题性和专指性的程度，标引的深度是影响查全率和查准率的重要因素。标引深度与检索效率有密切关系。

标引系统
indexing system

由标引文献所使用的规则、方法和资源构成的工作体系。在计算机文献管理中，标引系统是指完整的、可用于文献标引的专用主机、外围设备和软件的组合，有时也特指完整的标引程序包。

（标引）一致性，相符度
consistency

指标引员在不同时期的标引过程中或不同标引员在分别标引过程中，对同一文献所标出的索引词之间的相同程度。这是标引工作中的一条重要原则。选择相同的标引方式、标引词和标引深度是处理好同类文献之标引的关键。

标引语
indexable matter

为了便于读者检索自己所需的资料，将一篇文章或一部作品的主要内容、主题思想等事项作为编制索引的标引语。备注、附录以及其他补充性的或增补性的材料，应根据其是否对潜在读者有用以及出版者的有关政策之标准，决定其是否应被作为标引语。参考书目和术语表基本不应被作为标引语编入索引。

B

标引语句
statement of indexing

在情报检索语言中，赋予一个文献主题的标识。可以是一种带语法结构的普通句子或短语，也可以是一个语词。

标引语言
indexing language

一种由被选出用以方便信息检索的主题标目或内容描述所组成的人工语言，作为目录或索引的检索点。标引语言可以是“自然的”，即被标引文献本身的语言，也可以是“结构的”或“控制的”，即经过规范的语言。

标引原则
principles of indexing

为提高文献标引质量，避免因标引不当而造成误检，保证文献工作者与读者之间、自然语言与系统语言之间、人与机器之间对文献的分析、描述和著录的一致性和准确性，标引人员共同遵守的准则。其内容有标引工作的一般规则、选词规则、组配规则和各类文献的标引规则等。

标有字母的
lettered

用字母表中的字母标注，特别是对书脊上的题名，通常用对比色大的或烫金字母来表示。

标志，符号
symbol

代表其他事物的字母、图形、数字和记号等。例如，玫瑰是爱情的标志，骷髅或交叉的骨头则标志死亡或危险。

标注页码
pagination

对手写或印刷文稿的每一页标注表示该页次序的数字，这个过程称为标注页码。现代书刊通常排在书页上靠近翻口的上角或下角，或者排在版心下居中的位置。正文前书页的扉页、版权页和目次等部分的页码用小写的罗马数字表示，而正文部分的页码则用连续的阿拉伯数字标注。对于一本打开的图书来说，通常将页的正面，即右边的页面标注为奇数页，而将其反面即左边页面标注为偶数页。据历史记载，手稿或者公元1500年以前印刷的文献很少标页码。1550年以后，现代意义上的页码标注方式才取代按张数标注的方式而流行起来。在图书馆编目时，载体形态项（MARC 21书目数据格式中300字段，中国机读规范格式中215字段）用于记录文献的页码或页数。

标准
standards

由专业协会、授权团体或政府机构建立的规范，用于衡量和评估图书馆服务、馆藏和项目等。也指由国家性或国际性图书馆组织建立的规则代码，用于书目控制，例如MARC记录格式、在版编目以及出版界接受的国际标准书号、国际标准连续出版物编号等。

标准标签B（sl6）格式
Standard Label B（sl6）format

编目标签格式之一。其用于创建一个书脊上的编目标签和两个四线口袋编目标签。

标准标签6（sl6）格式
Standard Label 6（sl6）format

编目标签格式之一。其用于创建一个书脊上的编目标签和两个六线口袋编目标签。

标准档，权威档
authority file

编目部门主要通过参照手段，对正式采用的标目形式与同一个人或团体、书名、主题等的其他未被采用的名称形式的全面记录与说明。其作用是列举编目人员在著录中遇到的所有形式的名称，突出注明正式标目形式，并用参照法把同一个人、团体或著作的其他名称引见正式标目，构成一个记录档案，著录时即以此为准，从而保证标目形式的一致性和全面性。专供编目人员使用，具有公务性质，不参与目录组织。

标准地址号码
Standard Address Number（SAN）

馆际互借服务的一个7位数字的唯一识别号，用于表示一个组织或出版业的特定地址。此识别号为美国国家标准，创始人为美国图书馆学家理查德·罗杰斯·鲍克（Richard Rogers Bowker）。

标准格式
standard format

指某种特定类型文献的最普通的形式。例如科技期刊论文写作顺序通常为：文献综述、研究方法、研究结果、研究结果的分析与讨论、结论与进一步研究建议和引用文献与参考文献。

标准工业代码
Standard Industrial Code（SIC）

信息第一站（FirstSearch）术语，是一个根据类型区分行业的字母数字识别号码。例如：078200是“草坪和花园服务”的标准工业代码。

标准工业分类法
Standard Industrial Classification（SIC）

美国管理与预算局的统计政策部门于20世纪30年代制订的一套四位数的代码系统。为商业企业提供产品和服务的类别，可以用来汇编经济数据。1997年美国管理与预算局采用北美工业分类系统（NAICS）替代标准工业分类法（SIC），这影响了一些工业参考书的编纂。

标准号索引
standard number index

指以标准编号为标目而组成的一种号码索引。

标准号与获得方式项
standard number and terms of availability area

书目记录中用以描述文献的标准号码（ISBN、ISSN等）、价格及其他关于文献获取方式（方法）和条件的记载项。在MARC 21书目数据格式中是020或022字段。

标准化
standardization

在特定领域建立统一的程序和规范的过程，以促进交流与合作，提高品质和生产率。在图书馆界，标准由专业协会、委托团体或政府机构建立。图书馆工作的标准化，具体在编目和分类等方面的处理上有统一的标准规定。

标准（基本）读物
standard work

指被公认为本领域典范的著作。图书馆很可能订购标准读物的多个版本或多个副本。标准读物也常常出修订版。

标准开本
standard format

指国际标准规定的图书和杂志开本及其幅面尺寸。国际标准尺寸是根据DLN476（德国工业标准）由ISO国际标准化组织推荐使用的。这个标准尺寸是根据奥斯特瓦尔教授的标准尺寸制定的。纸张长边和短边的比例是：1∶2或1∶1.414。这种尺寸无论是对开、四开或八开，其长边与短边的比例始终保持一样。现已记入中国国家行业标准GB/T 1999内在全国执行。书刊本册现行开本尺寸主要是A系列规格，有以下几种：A4(16 k)297 mm×210 mm；A5(32 k)210 mm×148 mm；A6(64 k)144 mm×105 mm三种，其中A3(8 k)尺寸尚未记入，但普遍用420 mm×297 mm。图书和杂志开本尺寸根据中国国家标准的规定允许误差为±1 mm。

标准目录
standard list

指在某种特定类型和特定规模的图书馆中，被推荐为该类图书馆必须收藏的核心文献目录。通常由某个图书馆协会所赞助出版。

标准拍纸簿
legal pad

用划线黄纸制成的本子，通常尺寸为22厘米×36厘米。

标准通用标记语言
Standard Generalized Markup Language（SGML）

1986年出版发布的一个信息管理方面的国际标准（ISO8879）。广泛运用于万维网中，是一种格式化标记，用以显示文本元素及它们之间的逻辑关系，独立于数据库系统和软件类型。标准通用标记语言也是一套用于描述任何数字化文档的结构并管理其内容的规则，通常用于Web上的文件描述。例如常见的超文本标记语言即为一种标准通用标记语言的子集合。

标准文献
normative documents

在标准化领域中所涉及的各类文献的总称，包括标准、技术法规、标准目录、标准通报、标准化期刊、标准化工作文件和会议文件、标准化专著、标准化手册等。

标准文献
standard document

指由技术标准、管理标准以及在标准化过程中产生的其他具有标准性质的类似文件所组成的一种特定形式的技术文献体系。广义的标准文献还包括标准的检索工具及有关标准化的文件等。狭义的标准文献仅指原始的技术标准或管理标准，是按照规定程序编制并经政府专门机构批准颁布的。标准文献反映了国家经济政策、技术政策、技术水平、生产水平、加工工艺水平、自然条件和资源等情况，是重要的文献信息源。

标准页面描述语言
PostScript

一种最早由 Adobe System 公司开发的描述并处理文字和图形的打印机页面输出的程序设计语言。

表查询法
table search

指检索时，系统将可检项目用表格的形式列出，用户只要把检索要求填入表中即可进行检索。该检索方法是布尔检索在数据库检索系统中的应用。

表处理
list processing

指一种用列表的形式来处理数据的方法。

表格
table

将数据明了化、系统化的列表。也指通过行与列将事实、数字或数据紧密排列的表。通常在表格上方加上标题或在表格下方进行补充性说明。有些统计学类的参考资料全部由表格组成。

表情符号
smiley

用标点符号及特别的字符序列排列起来表示人的面目表情。通常用在电子邮件中，象征性地传达人的表情或情绪。通常的例子包括：: -）微笑，: -D开心，: -（不高兴，: -］傻笑和：-O惊讶等。

表示标记
expressive notation

又称“表达型标记制”或“结构型标记制”。指表达类目等级或结构的标记符号制度，是印度图书馆学家阮冈纳赞提出的标记原则，其符号形式强调类目概念的关系。主要包括层累标记制、分段标记制、混合标记制以及起讫标记制等。

表示商业域名的代码
dot. com

代表在因特网上开展业务的商业性企业，如emeraldinsight. com。

表示“书籍”的前缀
biblio-

在希腊文中“*biblion*”是“书”的意思，用来联结其他的词形成一组与图书和图书馆有关的词，比如书目（bibliography），藏书癖、集书狂（bibliomania），爱书者、藏书家（bibliophile），厌书癖（bibliophobia）和读书疗法（bibliotherapy）等。在与读者交往的服务中，大多数从事公共服务的图书馆员都避免使用这种以“biblio”为词头的图书馆学专业术语，因为一般的公众对这些词汇不熟悉。

表示尊敬的称号
honorific epithet

指目录索引中对人名标目所附加的表示身份地位的称号，以作识别用。

表式索引
tabledex index

一种以表格形式编制的书本型组配索引，一般指主题词与文献号的相关索引。

表述性状态转移
Representational State Transfer（REST）

一种面向资源的网络应用和设计架构，通常基于超文本传送协议、统一资源标识符、可扩展标记语言以及超文本标记语言等协议和标准规范。表述性状态转移主要有下面一些特征：网络资源由统一资源标识符来指定分配；资源操作（获取、创建、修改和删除）遵循超文本传送协议提供的 GET、POST、PUT 和 DELETE 等方法；通过通用的连接器接口（Generic Connector Interface）对资源进行操作，对资源的各种操作不会改变资源标识；所有操作都没有上下文的约束。表述性状态转移可以降低开发的复杂性，提高系统的可伸缩性。

表演媒介
medium of performance

音乐作品设想采用的乐器、声音等。属“资源描述与检索”（RDA）的内容描述元素之一。

表演者
performers

指演员、演出单位或者其他表演文学、艺术作及民间传说作品的人。

表演者权
right of performers

指表演者的人身权和财产权。依中国著作权法的规定，表演者权一般包括：表明表演者身份的权利，保护表演形象不受歪曲的权利，许可他人从现场直播和公开传送其现场表演并获得报酬的权利，许可他人录音录像并获得报酬的权利，许可他人复制、发行录有其表演的录音录像制品并获得报酬的权利，许可他人通过信息网络向公众传播其表演并获得报酬的权利。表演者权是与著作权相关连的邻接权。

表意符号
ideogram（ideograph）

表示某种物体、思想、概念或指某件东西的图画或符号，但并不在语音学上表达出其读音，例如中文的表意字和日文中的汉字等。同时亦指代表一定意义的某种符号，例如数学中的等号“=”或加号“+”，又例如表示“禁止停车”的交通符号等。

表音字母
phonogram

出现在几个或多个词中而具有相同音值的一连串表音字母。

裱绢，薄绢
chiffon silk

用于修补和加固善本书或纸质文书、画稿或其他文件的一种超薄且很柔韧的丝绸。

裱贴
onlay

粘贴在表面上的材料，使呈浮凸状以起装饰作用，特别是指贴在精装书籍封面上的小块薄皮花饰。

裱装
mounted

用纸或丝织品作衬托，把字画书脊等装潢起来。同样的用纸或薄的布料做衬背，加固书页较薄的地方或修补破损处。

别传
unofficial biography

传记文的一种。古代为人作传，列于家谱的称“家传”，列于史乘的称“史传”，这都是“本传”；本传以外的传记或对本传的补充记载，一般成为别传，以别于“本传”。如《赵云别传》，佚文见《三国志·蜀志·赵云传》裴松之注引。

别集
separate collection

中国古代对个人著作集的称呼，同“总集”相对。如白居易的《白氏长庆集》和苏轼的《东坡七集》，都是别集。别集的编集是有诸多讲究的。作者生前所定，基本上属于选集，就是说基本上要删汰一些作品。而后人所编，则大多属于全集，片语只字也不遗漏，这是因为编者往往是作者的子孙或学生，或者是乡后辈，或者是作者的研究者、爱好者。有的别集单收诗，称为诗集。有的单收文，称为文集。兼收诗文的往往也被称为文集。别集因系统收集了某一作者的著作，为研究该作者的生平和创作等提供了基本材料。别集对保存历史文献具有重要作用，也是编辑总集的主要依据。

别卷，别册
odd part

指附属于某丛书或连续性出版物，但并不编入其统一的卷辑而单独出版的分辑。通常是丛书或连续性出版物的一种必要补充。

《别录》
Compendium to the Catalog of Books

中国第一部有书名，有解题的综合性的分类目录书，在古代文献学史和学术史上占有极重要的地位。二十卷，西汉刘向撰。汉成帝时，刘向受命参与校理宫廷藏书，校完书后写一篇简明的内容提要，向子刘歆汇编成《别录》。

别名
alias（alternative name）

电子邮件地址的缩略形式，可以使因特网用户在发送邮件时用简短的标志来代替冗长的邮件地址。例如：susan 是 susanmiller@ library. myuniersity. edu 的别名。又指从事违法活动的人员所使用的假名，以逃避刑事侦查和起诉。又指正式名字以外的名称。

B

别史

unofficial history (informal history)

指编年体、纪传体以外，区别于正史、杂史，杂记历代或一代史实的史书。一般由私人撰写，是图书四部分类中史部的一目，指不属于正史、杂史的史书。

宾夕法尼亚克拉伦大学图书馆学系（美国）

DLS of Clarion University of Pennsylvania

设在宾夕法尼亚克拉伦大学研究生院的教育与公共事业学院内，成立于1967年。该系提供8种职业教育的专业课程，其中包括图书馆学、基础教育、环境教育、音乐教育、第二教育、专业教育和情报科学等。获得美国图书馆协会的资格认证，可以授予图书馆学学士学位、管理学/图书馆学双学士学位、学校图书馆媒体和图书馆学硕士学位以及图书馆学/法学硕、博士学位等。

冰岛国家与大学图书馆

National and University Library of Iceland/ *NatiLandsbókasafn Háskólabókasafn Ílands*

冰岛国家图书馆成立于1818年，根据冰岛书刊缴送法的规定，该馆可获得冰岛印刷型和录音资料每种2件。由几个部门图书馆合并而成的冰岛大学图书馆成立于1940年，可获得冰岛印刷型缴送出版物每种1件。1957年冰岛议会决定将国家图书馆与大学图书馆合并，并在冰岛大学附近建造一座新的馆舍。该图书馆是独立于大学的机构，有自己的管理委员会并受教育科学文化部管理。作为冰岛最大的研究学术图书馆，保存冰岛的全部印刷出版物和音像制品，收集国外出版的有关冰岛的资料，为学生、教员、研究机构和公众提供服务。该馆于1996年开始实施大型数字图书馆项目，2001年与美国康奈尔大学合作对冰岛古老的手稿进行数字化，2002年与法比罗群岛国家图书馆和格陵兰国家图书馆合作施行期刊与报纸数字化项目，2008年冰岛国家书目上线。该馆为国际图联机构会员。

饼分图，饼图

pie chart

统计图的一种，将一个圆按半径方向分割成若干个扇形部分，以每部分的扇形面积大小来表示约占总体的百分数，常见的饼图有：平面型饼图、分离型饼图、三维饼图、分离型三维饼图和复合饼图等几种。还有馆藏资源类型、读者类型等。

并发用户

simultaneous users

在同一时刻访问系统或服务器的在线用户。并发用户的最大特征是同一时刻和系统或服务器产生了交互，这种交互既可以是单向的数据传输，也可以是双向的数据传送。

并列出版，并行出版

parallel publishing

指同时出版一种著作的印刷版和电子版。

并列题名

parallel title

又称平行题名。在图书馆编目中，并列题名是指在多语种文献的题名页上，用两种或两种以上文字互相对照的题名。《英美编目条例（第二版）》（*AACR*2）规定：并列题名应按其在主要信息源上的次序，著录在题名与责任说明项（245字段），其前冠以空格、等号和空格与正题名隔开。

并行传输

parallel transmission

指在不同信道中，或在同一信道中用不同的载波频率同时传输信息的技术。

并行记录

Parallel Records

OCLCWorldCat中描述单一资源的记录，已用不同的语言进行了编目。例如：校对、注释和主题标目使用不同的语言。

并行检索

parallel searching

一种计算机检索方法，能同时请求访问若干个数据库或存储单元。

并行排架法

parallel arrangement

将较大尺寸的书抽取出来按相同顺序另行排架，这是一种节省书架空间的排架方法。共有3种排架方式：一是在每排书架的最下层用来排大书；二是在一个大类图书的最后留下书架空间排列大书；三是在整个分类体系的最后，留下书架空间排列大书。

拨号访问
dial-up access

在计算机终端或工作站通过电话线路与网络、在线服务或与计算机系统连接。通常按月向服务提供商付费。拨号访问必须通过调制解调器将计算机产生的数字信号转变为传输声音的模拟信号，或将模拟信号转换为数字信号。

波多兰航海图
Portolan chart

一种附有海图的欧洲中世纪（1300—1500 年）时期的航海手册。据记载，当时英国海军舰队曾以此当作罗盘海图用。

波兰国家图书馆
National Library of Poland/*Biblioteka Narodowa*

1918 年波兰获得独立之后，根据 1928 年 2 月 24 日总统令正式在华沙设立了波兰国家图书馆。1930 年正式开馆。1997 年 6 月 27 日颁布的《图书馆法》最终确立了该馆在全国图书馆系统中国家总书库的职能——重视对国家资源和波兰民族所承担的义务，保护、保存和推广波兰遗产，延续和发扬波兰民族文化和历史传统。该馆隶属于波兰文化艺术部，是全波兰的文化活动中心，担任图书馆学的研究任务，负责编辑出版多种刊物。馆藏总计 850 万册（件），其中包括 1801 年前出版的文献。该馆为国际图联机构会员。

波伦亚字体
Bolognese letters

指起源于意大利波伦亚大学法学院的手稿书写体，是形成哥特字体的基础。该种字体是从威尼斯传入德国的。

波洛尼亚儿童书展
Bologna Children's Book Fair

1964 年创办。每年 4 月初在意大利波洛尼亚举行，展期为 4 天。该书展是世界上最大的展示儿童图书的国际性活动，以其高度专业化展示业界最新动态以及全面俯瞰出版业产品而吸引出版商。每年的书展云集国际上 1 000 多家参展商（其中有很多来自意大利之外的国家），是全面俯瞰世界儿童图书出版动态的大看台。图书展览中心也因此成为国际出版商洽谈业务的重要场所，甚至还吸引了来自世界各国的插图画家。各国参展的出版商在那里广泛进行有关购买版权、转让版权和合作出版等方面的商业性谈判。

波士顿公共图书馆（美国）
Boston Public Library（BPL）

美国第二大公共图书馆，位于美国马萨诸塞州首府波士顿市，始建于 1848 年，是美国第一所市级公共图书馆，也是第一所提供外借图书服务、第一所拥有分馆和第一所设立儿童馆的图书馆。1854 年 5 月 20 日，该馆首次向公众开放，当时拥有藏书仅 1.6 万册。目前包括 1 所中心馆和 27 所分馆，为辖区居民提供服务。馆藏图书及期刊合订本 900 万册，其中手稿与珍善本 170 万册（件），激光唱片、磁带及其他音频资料 5.2 万多件，另有数字视盘和家用录像机制式的视频资料 2.7 万多件。年到馆访问 220 万人次，年图书流通量 350 多万册次。该馆是国际图联机构会员。

波斯尼亚与黑塞哥维那国家与大学图书馆
National & University Library, Bosnia & Hercegovinia/*Nacionalna i Univerzitetska biblioteka Bosne i Hercegovine*

成立于 1947 年，系前南斯拉夫国家图书馆。在南斯拉夫解体前享有缴送本权，可以获得全国出版的所有出版物的缴送本，同时也购买收集国外各学科的著作。该馆藏书在 1992 年的战争中遭到重大损坏。目前读者可在线查询该馆的书刊目录。该馆为国际图联机构会员。

波特
baud

最初是电报信号传送速度的一个单位（每秒一个莫尔斯电码点）。于 1927 年在国际电报会议上被提出来，以法国工程师琼·莫里斯·埃米勒·波特（*Jean-Maurice-Emile Baudot*, 1845—1903）的名字命名。他发明了第一台电传打印机。又指在电信中，用来衡量通过一个通信渠道，每秒传送的信号基本单位的数量，在较慢的速度下，与每秒比特同义。在速度快的情况下，每秒 4 800 波特的速度可以传送 9 600 比特。因此，每秒比特（bps）已经代替了波特作为数据传输速度的衡量尺度。通过电话上网时，调制解调器的波特速率是决定网络连接速度的因素之一。

波特兰公共图书馆（美国）
Portland Public Library（PPL）

位于美国缅因州波特兰市，始建于 1867 年，其使命是为大波特兰社区提供不同的文献和其他资源，提供全球信息资源的访问服务，维护所有社区成员的享受教育、信息和娱乐的权益。拥有1所中心馆和3所分馆（Burbank 分馆、Peaks Island 分馆和 Riverton 分馆）。每年有40万人次访问该馆。

玻利维亚国家图书馆暨档案馆
National Library & Archives of Bolivia/*Biblioteca y Archivo Nacional de Bolivia*

位于首都苏克雷，1825年6月23日成立，1835年重组。国家档案馆成立于1883年，设立在国家图书馆内，收藏有大量殖民地时期的文献、期刊。国家保存本图书馆在拉巴斯，相当于法定缴送本库。该馆负责编辑出版玻利维亚国家书目。现有藏书近20万册（卷），其主要构成部分是19世纪的出版物，现刊2 300余种。

播放时间
playing time

指需要特定设备来播放的非印刷型媒体的长度。通常用时间作度量单位，如录音磁带、电影、影视光碟和数字视盘等。在文献著录中，播放时间在载体形态项中予以描述（MARC 21 书目数据中的300字段）。如果精确的数值难以确定，可以使用一个近似的数值。

播放速度
playing speed

为产生预定的声音，要求声音载体运行的速度。属音频特征（sound characteristic）之一。

播放信道配置
configuration of playback channels

录制的音频信道数量，如一个信道的单声道录音，两个信道的立体声录音。属音频特征（sound characteristic）之一。

播叫，呼叫
page

在大型图书馆里，通过公共寻呼系统呼叫寻找某人。

播客
podcasting

数字广播技术的一种。源于苹果电脑的"iPod"与"broadcast"的合成词。指将音频信息从网上传递给终端使用者的一种技术。网友可将网上的广播节目下载到自己的 iPod、MP3 播放器中随身收听，不用坐在计算机前，也不必实时收听，享受随时随地的自由。同时，还可以自己制作声音节目，并将其上传到网上，与广大网友分享。目前，播客被称为最时尚的网络营销工具。

伯查多戏剧图书馆（意大利）
Burcardo Library and Theatre Collection

位于意大利首都罗马，始建于1932年，主要收集戏剧方面的文献等资源。图书馆藏书约4万多册（卷）。来源分两部分：一部分是自购，另一部分是接受馈赠。藏书涵盖了从16世纪到现代的有关戏剧方面的丰富资源，包括16世纪以来各个年代、各个国家、各个流派以及各种评论文章。同时还收集了各个剧院的历史、各种形式的表演艺术以及参考书籍。其中最珍贵的文献包括16世纪的藏本244册和17世纪的藏本346册。

《伯尔尼版权公约》
Berne Convention

一种国际版权协定，1886年签订于瑞士首都伯尔尼，全名为《保护文学和艺术作品国际公约》（*The Berne Convention for the Protection of Literary and Artistic Works*）。1887年得到欧洲几个国家及其殖民地国的承认，并于1896年、1908年、1914年、1928年、1948年、1967年、1971年和1979年进行修改和更正。到2001年，共有148个成员国，美国和中国分别于1988年和1993年加入。该公约包括国民待遇原则、自动保护原则和版权独立性原则。要获得伯尔尼协定的版权保护，首先要求作品首次出版必须发生在签约成员国。非签约国出版的作品要接受保护，必须同时在一个签约国出版。保护期为作者有生之年及身后50年。该条约共38条，附件6条。

伯明翰公共图书馆（美国）
Birmingham Public Library（BPL）

建立于1886年，位于美国阿拉巴马州伯明翰市。成立之初隶属于伯明翰市公共学校，1913年由市政府接管。包括1所中心馆和20所分馆。其使命是为公民终身学习、丰富文化生活和娱乐提供最优质的图书馆服务。馆藏图书及期刊合订本100万多册，在线图书馆提供英文及西班牙文服务，年到馆访问达240万人次，年图书流通量260万册次。

伯特伦·克劳德·布鲁克斯（1910—1991）
Bertram Claude Brookes

英国情报学家。1948—1968 年担任英国一个科学编辑机构的秘书与组长，1955—1965 年任英国科学哲学学会秘书与委员会委员，1964 年由英国文化委员会派往巴基斯坦访问、讲学，1965—1974 年任英国《文献工作杂志》编委会委员，1970—1974 年任该编委会主席，1970—1980 年任国际文献联合会情报学理论委员会的英国委员，1981—1986 年任荷兰出版的《情报科学杂志》副主编，1981 年在芬兰赫尔辛基开设文献计量学课程。以后分别在伦敦学院、美国安阿伯密执安大学、加拿大西安大略大学与多伦多大学执教。在情报学理论、定量化研究、文献计量学、统计学等方面有一定研究与贡献，其著作有《统计方法引论》（1953 年第一版，1969 年第二版），论文有 30 余篇，如《情报科学的新范例》（1967）、《布拉德福-齐普夫分布的推导与应用》（1968）、《情报空间中的计量：客观与主观计量空间》（1980）、《情报科学基础》（1980—1981）、《海通二分法与布拉德福定律的相关性》（1984）、《走向情报计量学》（1984）、《频率排序与频率分布：情报损失》（1986）。

帛画
Silk Painting, Painting on Silk

指中国古代画在丝织物上的图画，因画在帛上而得名。帛是一种质地为白色的丝织品，在其上用笔墨和色彩描绘人物、走兽、飞鸟及神灵、异兽等形象的图画，约兴起于战国时期，至西汉发展到高峰。

帛书
Silk Manuscripts

指中国古代写在绢帛上的文字，是一种将文字、图像及其他特定的符号写绘于丝织品上的书籍形式，为纸还未发明之前重要的书写材料。已出土楚帛书和汉帛书。帛书以白色丝帛为书写材料，其起源可以追溯到春秋时期，现存实物以子弹库楚墓中出土的帛书为最早。

柏克豪泽出版社（瑞士）
Birkhäuser Publishing Ltd.

创建于 1879 年，总部设在瑞士巴塞尔市（Basel），由艾米尔·柏克豪泽（Emil · Birkhauser）创办。隶属于世界著名科技出版巨头——德国施普林格出版集团（Springer-Verlag），是瑞士最大的科技图书出版公司。主要出版数学、物理、地球科学、科学史、生物科学、工程、计算科学、建筑类以及科普类图书（仅出版德语版），此外还有科技期刊。1997 年与普林斯顿建筑出版社（Princeton Architectural Press）合作，从而使柏克豪泽出版社成为欧洲主要建筑图书出版公司，2000 年 1 月起，柏克豪泽出版社又承担部分施普林格出版集团维也纳、纽约分公司的图书销售任务。

柏林开放存取会议
Berlin Open Access Conference

2003 年 10 月 22—23 日，德国马普学会发起召开了第一次柏林会议，在继承《布达佩斯开放获取计划》的基础上通过了《关于自然科学与人文科学知识的开放获取的柏林宣言》。《柏林宣言》提出，开放获取的对象是经科学界认可的人类知识和文化遗产的综合性信息资源，包括原始的科研论文、数据和元数据、参考资料、照片和图表、学术类多媒体资源等。《柏林宣言》得到了全球科技界的积极拥护，截止 2008 年 9 月，已经有包括中国科学院、中国国家自然科学基金委员会、德国马普学会、印度科学院、瑞士科学院、捷克科学院、荷兰科学研究局、瑞士科学基金会、奥地利科学基金会、捷克科学基金会、欧洲地球科学协会和 Wikimedia 基金会等 250 多家机构签署了柏林宣言。柏林会议至今已举办了 8 届，为在全球范围推动开放获取，柏林会议决定在欧洲以外地区举行。2010 年第八届国际会议在北京召开，由中国科学院与德国马普学会联合主办，中国科学院国家科学图书馆、德国马普学会数字图书馆共同承办。2012 年第九届国际会议在南非斯泰伦博斯（Stellenbosch）举行。

柏林理工大学图书馆（德国）
Library of the Technical University of Berlin/
Universitätsbibliothek der Technischen Universität Berlin

始建于 1879 年，位于德国首都柏林市。该馆是德国最大的技术图书馆，作为柏林地区的技术与工程信息中心，为整个地区师生和科研人员提供服务。该馆系统由总馆、21 所分馆以及各个系图书馆、文献中心、出版社以及档案馆组成，馆藏书刊约 270 万册（件），其中总馆约藏有图书 180 万册（件）、期刊 6 500 种，注册读者 2.7 余万人。

柏斯有限公司
BOR SU Co., Ltd.

2002 年成立，是台湾的一家动画相关产品的代理，主要经营动画光盘与人偶等相关产品销售，并以匠丸达人名义进行产品行销公司工作。

B

柏油纸

tarred brown paper（union paper）

包装纸的一种，跟焦油、沥青或一些类似的防水性质的材料粘在一起的包装纸，可以用于图书防潮。由于这种纸比较结实，所以通常用来包装寄往海外的图书。

博比尼“爱尔莎·特丽奥莱”图书馆（法国）

Bibliothèque Elsa Triolet

该馆服务体系由两所图书馆和一个流动图书站组成。爱尔莎·特丽奥莱（Elsa-Triolet）中心图书馆成立于1986年，建筑面积为3 600多平方米，共有三层。除办公区域和报告厅外，公共区域根据书架配置位置的不同被划分为儿童阅览室、成人阅览室、一个书库和一间展览工作室。爱弥儿·艾罗（Emile Aillaud）分馆开放于1995年，占地700平方米。该馆的所有服务均免费。现有注册读者8 400人，其中16%为非法国籍。馆藏总量达13.5万件，包括数字多功能光盘4 000多碟、250种报纸和杂志。为适应非法语读者的需求，该馆专门设立了阿拉伯文、中文、英文、德文、意大利文、西班牙文、泰米尔文、土耳其文、越南文书籍以及大量的法文学习类书籍。由于博比尼的特殊历史以及地理位置（靠近第二次世界大战时期 Drancy 集中营），该馆还收藏有1 800种关于大屠杀的特种文献。中心馆和分馆常常举办各类文娱活动，如大批量借阅，为托儿所、学校、冬/夏令营、成年学习者以及相关社会团体做图书馆使用说明，举办读者与作家、插画家等的见面会，早餐读书会、儿童故事会、每月公共读书会以及写作培训等。该馆于2006年建立“上海之窗”。

博茨瓦纳国家图书馆服务处

The Botswana National Library Service

根据1967年国家图书馆服务处法案，博茨瓦纳国家图书馆服务处成立，隶属于劳动与国内事务部。1968年8月正式开放。该馆既是国家馆也是全国性的公共图书馆机构，在全国范围内采取一切有效、有影响的手段，通过开发国家书目控制系统和服务，促进国内文献遗产的收藏、保护和利用。同时开发有效的信息存储和检索系统，以支持推进正规和非正规的教育，增进公民的文化修养和素质。

博茨瓦纳图书馆学会

Botswana Library Association（BLA）

成立于1978年，致力于促进该国的图书馆与信息服务事业的发展、鼓励专业学习与研究、提高图书馆与信息工作者的地位、促进图书馆及信息服务标准的发展、监督任何影响图书馆和信息工作者权利的任何行为、收集并定期发布对成员有益的信息、宣传协会的目标与任务、提供图书馆及信息服务培训课程的相关建议等。会员由图书馆员、信息专家、文献专家、目录学专家及其他对图书馆和信息服务感兴趣的个体和机构组成。1986年成功举办东部、中部和南部非洲馆员常务委员会暨图书馆与扫盲会议，会议促成了博茨瓦纳乡村阅览室的诞生。该协会向博茨瓦纳大学的图书馆员教育项目及全国教育委员会提供建议与方案，参与2016年国家愿景的制定。同时，还参与国家图书政策、国家文化政策等的制定，参与全国扫盲咨询委员会、图书馆和信息研究部咨询委员会等的成立所涉及的相关事务。该协会于1979年开始出版《博茨瓦纳图书馆协会期刊》（*The Botswana Library Association Journal*），定期出版的通讯供会员了解协会的最新活动，并出版《东部、中部、南部非洲馆员常务委员会会议录》。

博多尼字体

Bodoni

近代早期的罗马字的印刷体，由当时最著名的印刷专家——意大利帕尔玛城的吉亚珀斯塔·博多尼（*Giambattista Bodoni*，1740—1813）于1790年设计创立。1921年又被当时的印刷界进行了重新删改。其特征是较长的上行和下行字母上、细长的直衬线及细如发丝线上所受的力都是很精确的，例如字母表的范本。

博尔顿公共图书馆（英国）

Bolton Libraries

位于英国巴勒，包括1所中心图书馆、14所分馆，为巴勒地区的居民、工人及学生提供服务。其特色收藏为有关巴勒地区的丰富而珍贵的文献，包括1620年的地区地图，1841—1881年的地区人口统计以及1823年的地区报纸等。年平均到馆访问读者为140万人次，借阅图书200万册次。

博康尼大学图书馆（意大利）

Bocconi University Library

位于意大利米兰市，始建于1903年。该学校是意大利第一个授予经济学学位的大学，在经济和社会学领域享有盛誉。馆藏图书有70多万册（件），期刊7 500多种。其中现行期刊3 500多种，年度报告3 400多篇，博士及硕士论文2.37万多篇。设立500多个阅览席位，读者可通过OPAC、CD-ROM以及在线查阅所需要的文献资料。博康尼大学与欧盟于1983年联合在该馆设立欧洲文献中心（EDC），为大学社区和公众提供欧洲信息与书目参考服务。

博客
blog

又称为网络日志，是一种通常由个人管理、不定期张贴新文章、图片或影片的在线日记，大部分内容以文字为主，还有一些博客内容侧重于摄影、艺术、音乐等各种主题。博客是社会媒体网络的一部分。

博士论文
doctoral dissertation

由攻读博士学位的研究生所撰写的学术论文，通常为授予博士学位的最后要求之一。要求作者在博士生导师的指导下，选择自己能够把握和驾驭的潜在的研究方向，开辟新的研究领域。由此可见，这就对作者提出了较高要求，要求作者必须在本学科的专业领域具备大量的理论知识，并对所学专业的理论知识有相当深入的理解和思考，同时还要具有相当水平的独立科学研究能力，能够为在学科领域提出独创性的见解和有价值的科研成果。

博特公共图书馆（美国）
Burton Public Library（BPL）

位于美国俄亥俄州的博特市，1910年成立。包括1所中心馆和1所流动图书馆，为全市居民服务。其馆藏图书和期刊合订本有10多万册，激光唱片、磁带和其他音频资料共4 600多件，数字视盘和家用录像机制式的视频材料共3 300件。年到馆访问量为12万人次，年图书流通量为21万册次。

博文
blog posts

有两种含义，一种是其基本意义，指通晓古代文献；另一种是指一个网络新词，即博客上的文章，用作动词时，指在博客上写文章。

博物馆和图书馆服务研究所（美国）
Institute of Museum and Library Services

根据1996年颁发的博物馆和图书馆服务法案而创建的一个独立联邦研究机构。支持博物馆、档案馆和所有类型的图书馆，也通过奖励他们之间的合作来培养领导能力、改革创新能力和终生学习能力。该研究所负责执行4个准备为图书馆提供援助的计划。每月定期出版电子版的业务通讯《原始资料》（*Primary Source*）。

博物馆学
Museology

研究博物馆的性质、特征、任务、运作机制和事业发展历史、发展规律的科学。其主要的研究对象是保存、研究、展示和利用人类历史文化遗存和自然标本遗存，进行社会教育的理论和实践。博物馆学的分支学科包括理论博物馆学、博物馆陈列学、博物馆藏品管理学、博物馆群众教育学、博物馆技术学、博物馆建筑与设备学和博物馆管理学等。

博物院图书馆
museum library

由博物院管理的专业图书馆，设置在博物院内。主要收藏内容包括博物院工作人员学习、阅读、研究用的图书、期刊；展品的复制品及与展品有关系的资料，设有专门的陈列室存放复制品。一些重要的数据库软件或信息一般不提供给博物馆的工作人员和会员查阅，如要查阅需办有关手续。

博学馆员
renaissance librarian

指一位图书馆员不但对某一专业领域有精深的研究，而且对图书馆工作的各个方面都有广博而深刻的了解，对新知识和新事物充满兴趣并具有良好的鉴赏能力。

博主
bloger

该词从博客中衍生出来，指的是博客的主人，博主即可以是个人，也可以是某个群体、组织或机构，他们对自己开设的博客具有自主创作权和管理权，可以随时随地在自己的博客上撰写文字，发表日志文章，管理、回复评论等。

B

箔
foil

金属或者其他颜色的薄膜，用以在书籍表面或者其他印刷品上压印文字或图案的材料。

薄光泽纸，葱皮纸
onionskin

一种非常薄、轻、拉力很强、半透明的纸张。其表面平坦光滑，可以用作航空邮件的信纸、描图纸等，onionskin 也可拼作：onion skin。

薄软封面
limp covers

不用纸板而用塑料或其他柔软易曲材料制成的封面，外包一层布或皮革。

薄页纸，印度纸
India paper

又称圣经纸、摹拓纸。是一种由植物纤维或碎布制造而成的、非常薄的、不透明而且抗张力度很强的书纸。若需减小书籍的厚度，则宜采用该种纸张，以方便携带，例如圣经、名册、字典和百科全书等。这种质地柔软、吸水性强的米黄色纸张是由中国传入印度的。在中国等地尤其被用来摹拓图版、版画之用。

薄纸
tissue paper

一页非常薄的纸，分别地插入书页中或粘在内页边，通常起保护单页插图的作用，防止新印墨迹污损首页。

补白
filler

添加到出版物末尾但未编号的空白页，以便在装订时增加其体积。在图书贸易中被称为 padding，又指用来填充报纸或期刊的栏或页中的多余空白的短文或小消息。

补编，增刊
supplement

沿用原书刊的封皮和题名页而单独出版的补充材料。出版之目的通常澄清、继续补充或更新其内容，或者是增加以前没有的资料如图、表、统计数据和名录信息等。通常由原作者和原出版社以与原书刊同样的名称出版。

补充版
added edition

对以出版物形式发表的作品，进行适合修改、补充而重新印刷，但需要改版（封面、内容、装帧方式和定价等）。

补充著录事项
additional bibliographic particulars

科技文摘文本结构三部分组成内容之一。指一次文献书名页上没有标明，须从正文中抽出或在研究其目录的基础上加进著录项目中的资料，如参考文献和图表的数目、文种、组织机构名称和国别等。补充著录事项起到指示检索作用，通常包括一次文献所附参考文献数目、插图和表格数量，与一次文献有类似内容的研究、论述的作者及出处。若一次文献有错误或观点不正确，文摘员可加注脚，进行说明。在补充摘录事项后面，附上文摘员姓名，并用圆括号括起来。

补充资料
pocket part

通常指单独出版的可以装入图书书袋（常粘贴于图书封面和封底内侧）的补充材料。比如法律图书发行后，由于其中条文的修改，出版商可以单独发行这种补充资料。读者购买后将其置于原先发行的图书所附的书袋中作为对原法律条文的订正。现在也指单独印刷、制作，但和图书一起发行的地图、乐谱、软盘以及光盘等附加资料。

补刊
make-up

指想方设法通过一定的方式补期刊的缺期。make-up 也可拼写为：makeup。

补拟题名，提供题名
supplied title

一个作品主要信息源中缺少正题名以及可以替代正题名的其他题名时，由编目员提供的题名。补拟题名可以从作品的内容中取出，或是从参考资料中找到，或是编目员基于对作品的理解自己选编的。

补入（新类目）
interpolation

由编目人员向目录中添加的描述文献的信息。这些信息一般是文献中没有加以明确说明的，例如：页码之外的页数，或者是文献中没有指出但肯定正确的出版日期。在书目记录中，“补入”通常置于方括号内，如［49］页，［1999?］。

补遗，附录
addendum

在图书或其他出版物已排版印刷之后而补上的、对于文章的含义及完整性必不可少的部分简短内容。其篇幅、内容均比增刊和补编要少，通常单独印制，并附于正文的开头或结尾。addendum 的复数形式为：addenda。

不常用档案资料
semi-current records

太旧的已过期且不常用的资料。由于仍有利用的价值，因此要保存一定的时期。

不丹国家图书馆
National Library of Bhuta（NLB）

成立于 1967 年，隶属于不丹国家文化事务专门委员会，负责对全国的文化遗产资源进行彻底的调查。该馆通过购买、交换和馈赠收集、保存不丹和中国西藏古代宗教、文化、传说以及与该国历史有关的古代文献。该馆拥有宗卡语佛教文献 9 万卷、其他书籍 3 万册（卷），还有档案文献、期刊等近 1.8 万种。

不等定价
differential pricing

期刊出版商以高于个人订户的价格向图书馆征订期刊，这是一种有争议的做法。但期刊出版商认为，图书馆征订期刊将为更多用户所使用，只有提高价格才能保证出版商的利益，因此这种做法是公正的。也指欧洲期刊出版商对北美订户所收取费用高于欧洲订户的做法。

不规则大写字母
rustic capital

公元 1—6 世纪手工抄书中常用的一种不太正式的大写字母。与其相对应的是从古罗马碑文衍生出来、经常用于正文文献抄印的大方形字母，其字母是随笔法而自然形成的。不规则大写字母在书写材料（羊皮纸或仿羊皮纸）造价昂贵时有较明显的优势。

不规则性
irregular

指连续性出版物的出版频率不固定，没有遵循明确的规则，属于不定期出版。

不间断电源
uninterrupted power supply（UPS）

指在发生故障或断电的情况下仍旧能继续供电的一种电源。

不兼容（性）
non-compatability

一个系统的硬件或软件产品不能与另一系统或多种系统的硬件或软件产品进行数据交换的现象。不兼容涉及设计技术领域，人们在选择配置时或更新设备配置时必须注意这一因素。

不可擦的（介质）
non-erasable

记录在介质上的信息可永久保存，因此称之为不可擦介质。例如：穿孔纸带、光盘只读存储器（CD-ROM）等。

不良学术研究现象
harmful academic research tendencies

指由于大学或研究机构对受聘教师或研究人员提出学术研究要求，根据其所发表的论文作品进行业绩评估，使得教师或研究人员只求文章的发表数量而不顾文章质量，甚至出现弄虚作假、抄袭剽窃的不良学术研究现象。

《不列颠百科全书》
***Encyclopedia Britannica*（EB）**

全球最具权威性的大型综合性百科全书，于 1771 年成书出版。1993 年出版第 15 版《不列颠百科全书》修订版，共 32 卷。其主体为《百科详编》（*Macropedia*），共 19 卷，4 207 个中、长条目。《百科简编》（*Micropedia*）共 10 卷，102 214 个短条目，《百科类目》（*Propedia*）1 卷，《索引》（*Index*）2 卷。1994 年正式发布的《不列颠百科全书网络版》（*Encyclopedia Britannica Online*）是因特网上第一部百科全书，除包括印本内容外，还包括最新的修改和大量印本中没有的文章，可检索词条达到 9.8 万个。《不列颠百科全书》国际中文版，于 1999 年由中国大百科全书出版社和英国不列颠百科全书公司合作编译出版。全书共 20 卷，收入 8.16 万个条目，图片 1.53 万幅，地图 250 幅，总字数约 4 300 万。

《不列颠百科全书》网络版
Encyclopedia Britannica Online

《不列颠百科全书》于1768年首次出版，历经两百多年修订、再版的发展，得到不断的完善，所有条目均由世界各国著名的学者、各个领域的专家撰写，对主要学科、重要人物事件都有详尽介绍和叙述，其学术性和权威性已为世人所公认。其网络版作为第一部因特网上的百科全书，1994年正式发布。该网络版界面友好，简单易用，同时具有浏览和检索功能。共整合了4部百科全书：不列颠百科全书完整版、学生版、初级版和简明版。共126 000篇文章、人物传记23 000篇、超过34 000篇的图解、地图和统计图等和超过3 300个动画和影片。并提供主题方式来浏览该网络版，所涉及的主题有：艺术及文学、自然科学和数学、地球与地理生命、生命科学、健康和医学、社会学、哲学与宗教、科学技术、运动与娱乐以及历史。

不列颠哥伦比亚大学图书馆（加拿大）
University of British Columbia Library（UBCL）

位于加拿大温哥华市，始建于1915年，是加拿大第二大研究型图书馆，仅次于多伦多大学图书馆，拥有21个分馆和分部，其中包括北美收藏亚洲语言文献最丰富的亚洲图书馆。馆藏图书及期刊近700万册，电子图书55万册，缩微资料520万件，地图85万幅，录像及其他多媒体资料超过9.7万件。该馆拥有加拿大西部最丰富的生物医学馆藏，同时是不列颠哥伦比亚省政府、加拿大政府和联合国的官方文件托管馆之一。该馆为国际图联机构会员。

不列颠哥伦比亚大学图书馆学、档案学与情报学学院（加拿大）
School of Library, Archival, and Information Studies of the University of British Columbia

位于加拿大的温哥华市，成立于1915年。在艺术与教育学部设有图书馆学、档案学与情报学学院，开设图书馆学与情报学课程。该学院成立于1961年，当时的名称是图书馆学职业学院，教授图书馆学学士课程。1963年获得美国图书馆协会资格认证。1981年，与该校历史系联合，开设档案学硕士学位课程。1984年改为现名。1995年开始授予图书馆学与情报学硕士学位。2003年起授予图书馆学、档案学与情报学研究博士学位。教授图书馆和档案管理、档案系统和职业、数据库设计、信息技术和信息系统、数字图书馆、数字馆藏收集、信息政策和信息服务等课程。

不列颠哥伦比亚政府信息技术图书馆（加拿大）
British Columbia Government IT Library

位于加拿大维多利亚市，拥有加拿大西部最丰富的信息技术类及管理类文献。其主要职责是向不列颠哥伦比亚政府内职员提供文献服务，大多以电子文献方式提供，同时提供用户研究及网络培训等项目。馆藏信息技术类图书及视听资料超过6 000册，各种管理及职业规划类书籍达3 500册。

不流通资料
non-circulating

除了特殊安排之外不向读者出借，仅供在图书馆内阅览的资料。不流通资料包括参考工具书、期刊索引，有时还包括期刊。某份特定馆藏的资料是否被指定为流通或非流通资料，取决于该图书馆或图书馆系统的办馆方针，但不流通资料几乎总是局限在图书馆内使用。

不能退回
not returnable（NR）

国外出版商发票上使用的术语，表示图书馆或书商在下达订单后，一旦他们收到预订的图书或出版物，该图书或出版物便不能退回。

不能（宜）付印的书刊资料
unprintable

通常认为是因法律或道德等原因，如宣扬色情淫秽的不宜印刷的书刊资料或单词、短语，有时在英文文本中出现以星号代替并跟在一个字母的后面，如（h ***）。

不区分大小写
case-insensitive

在输入英文字母或数字时，大写的、小写的或混合的可以同时输入，对搜索结果不会造成影响。

不烫金（不着色）的（图书封面）
blind

图书装订时，没有做更进一步的修饰。例如，在皮革封面上进行不烫金加工盖戳时，未添加任何油墨或金边。

不同题名
variant title

正式题名以外的题名，但同样具有识别文献的作用，一般出现在不同的题名页、连续出版物的分卷或分册上。

不同文本
variant text（variant version）

指 Word 中文本文件的不同类型。一般有纯文本文件格式、MS-DOS 纯文本、带分行符纯文本和 MS-DOS 带分行符纯文本、带格式文本和 MS-DOS 带格式文本。

不透明本
opaque cop

指印在不透明材料上的文献副本。

不透明度
opacity

印刷纸张不透光的性质，取决于纤维间的空隙，这是纸张的质量要求之一。如果使用的纸张太薄，印刷的文字或插图就可能会透到背面。作为一般的原则，光亮的白纸比灰白或奶油色的纸张要透明一些，而表层不光滑的纸则比表层光滑的纸更不透明。机械浆可以生产不透明纸，印刷用的不透明纸一般用不透明测试仪进行测量。

不印页码的页面
blind folio

指一本对开的手稿或图书中，没有印出对开页码的页面。

不匀页边
faulty margin

由于装版时未套准而造成的宽窄不匀的页边。

不再出版
no longer published

如果一种出版物原计划出版多册或多卷且尚未出全，突然决定不再继续出版时，这时应在该出版物记录的载体形态描述项的文献数量说明中记录其已出版的真实册数和卷数，并且同时附注该出版物不再继续出版的信息。

不再出版的（期刊）
cessation

指不再出版的连续出版物或年刊。

布尔代数
Boolean algebra

也称逻辑代数，是英国数学家乔治·布尔（George Boole，1815—1864）于 1849 年创立的。当时，这种代数纯粹是一种数学游戏，自然没有物理意义，也没有现实意义。在其诞生 100 多年后才发现其应用和价值。其规定：1. 所有可能出现的数只有 0 和 1 两个。2. 基本运算只有“与”、“或”、“非”三种形式。

布尔检索法
Boolean searching

检索系统的一种基本检索技术，计算机情报检索的一种基本方法。检索时，检索者把检索词按要求组成布尔算符（逻辑与、逻辑或和逻辑非等）表达的提问逻辑式，然后由计算机进行相应的逻辑运算，从经过标引的情报集合体中，检出所需要的情报。布尔检索存在着较大的弊端，如带有机械、呆板的特征，很难控制命中文献量，较难确定检索结果的相关程度等。

布尔算符
Boolean operators

布尔代数中连接布尔变量的运算符号。也是计算机情报检索中常用的表述各概念之间关系的一类运算符。基本的布尔算符有三种：“＊”AND（与）表示逻辑积、“＋”OR（或）表示逻辑和、“—”NOT（非）表示逻辑非。

布告栏，公告牌
bulletin board

指平面的布告栏，通常固定在图书馆入口处附近的墙壁上，用来张贴业务活动预告、陈列馆藏新书的护封、推荐书目、读者的意见和建议（有时附有图书馆行政部门的答复）以及其他图书馆业务方面的相关信息，有的图书馆还用此作为阅报栏。

布海德半革装订法
Bradel binding

法国人布海德（*Bradel*）采用的半革半布的图书装订法。书脊书角用皮革或冲皮包裹，其余用布，以增加书籍封皮的牢固度和外形的美观度。

布浆纸，棉浆纸
rag paper

一种全部或部分用破布、亚麻布制成的优质纸，比较结实、耐用，造价也较贵。

B

布克小说奖（英国）

Booker Prize

设立于1969年，是英国最重要的文学奖之一。该奖每年颁发一次，由布克·麦康内尔有限公司赞助，全国书籍联盟管理。布克奖是一项只颁给英国及英联邦国家作家的奖项，用以表彰那些在英联邦及爱尔兰境内出版的优秀长篇英文小说的作者。布克奖设奖金5万英镑，当然，赢得这一英语世界最高的小说奖项的荣誉，价值要远远高于5万英镑。

布拉德福分散定律

Bradford's Law of Scattering

又称"文献分散规律"。该定律于1934年1月26日在《工程》周刊上由英国文献学家和物理化学家S.C. 布拉德福（Samuel Clement Bradford）首先提出，故称为布拉德福分散定律，亦称布拉德福定律或布氏定律。布拉德福于1948年详细阐述了他的研究成果：如果把科学期刊按其刊载某学科文献数量的多少以递减顺序排列起来，则可把这些期刊分成一个核心区和相继的几个区域，每区刊载的论文数量相等，此时核心区与相继各区的期刊数量成1：a：a^2……的关系，式中a为布氏分散系数。布氏定律问世后，著名的文献学家维克利、莱姆库勒和布鲁克斯等人对其进行了大量的研究，使其日臻完善。布拉德福定律的诞生不仅对情报学理论的研究有着重要的影响，而且在实际应用中也相当广泛。该研究对于确定核心期刊、维护动态馆藏以及文献检索和科学专著分布的考察等都具有重要意义。

布拉格市图书馆（捷克）

Municipal Library of Prague/*Mestská knihovna v Praze*

位于捷克首都布拉格，由市政委员会建于1891年7月1日，最初馆藏仅3 370册。该馆包括1所中心馆、48所分馆和2所流动图书馆。馆藏各类文献资料约230万册（件），其中图书约200万册、地图2万件、音频资料15万件、艺术作品近万件。注册读者达17万人，年到馆访问量为600万人次。2008年5月，该馆建立"上海之窗"。

布莱恩·坎贝尔·维克里（1918—2009）

Brian Campbell Vickery

英国情报检索理论学家。1946—1960年在英国皇家化学工业阿克斯公司研究实验室任图书馆员，1960—1964年成为英国科技外借图书馆馆长。1966年任美国麻省理工学院图书馆馆长，1973年应聘成为英国伦敦大学图书馆学情报学学院院长和教授。维克里教授从事大量对分类法、标引工作和情报检索的研究，吸取了阮冈纳赞著作中的许多概念和原理，以此进一步发展了朱莉娅·佩蒂（Julia Pettee）的关于主题表中存在着一个隐藏的分类法的思想，制定了一套概念范畴及标识引用符号，为后来的"保持原意索引法"（PRECIS）打下了基础。

《布莱克法律辞典》

Black's Law Dictionary

自1891年出版以来一直是重要的法律工具书，被誉为法律界"圣经"。全辞典共辑录超过45 000个定义及接近3 000条引文，有5 300多条单词的不同拼写方式和同义词，附录更载有大量法律词汇缩写，乃市面首见。该辞典第九版由著名法律词典编辑者布莱恩·加纳（Bryan Garner）编辑和整理，同时得到杰出法律史学家、学者及33位律师和法官的协助。全球法学院推荐使用本辞典，是世界上引用最广泛的辞典。由西方（West）公司出版。

布莱叶盲字，点字法

Braille

一位名叫路易斯·布莱叶（*Louis Braille*）的法国盲人于1824年在巴黎发明了浮凸印刷的触觉系统。在该系统中，每一个文字的字母及标点符号用6个小圆点按照3点高2点宽组合排列在各行之中，以便视觉受损的人用触摸的方式进行阅读。后来，各国根据本国文字的特点，参照该系统，逐步发展了适合本国国情的盲文文字体系。在美国的图书馆里，指示牌上常用布莱叶盲字法来表示。数学中所用的点字法形式被称为内姆斯代码（Nemeth Code）。

布赖顿纪念图书馆（美国）

Brighton Memorial Library

位于美国纽约州的罗彻斯特市，1953年建立。作为社区服务中心为市民提供公共信息访问服务。其馆藏图书和期刊合订本有50万册，激光唱片、磁带和其他音频资料共9 600多件，数字视盘和家用录像机制式的视频材料共7 500件。年到馆访问量为25万人次，年图书流通量为56万册次。

布朗借书登记法

Browne Book Charging System

美国图书馆协会图书馆员尼娜E. 布朗（Nina E. Browne）于1895年首创的一种适用于公共图书

馆的外借方法。这种外借方法须备有期限表、书袋卡、书袋和与限借册数相配的袋状借书卡。在借书之前，先发给读者有一定张数的借书卡，每张卡限借书一种，归还后方可再借。还书时，将书袋卡插回书袋，借书卡归还读者即可。这种方法的优点是手续简单，但是借书、还书速度较慢。目前在已实行计算机管理的图书馆内，此借书法现已被计算机流通管理子系统所替代。

《布朗主题分类法》

Brown's Subject Classification

1906年由詹姆士·达夫·布朗（James Duff Brown）创编出版，是20世纪初期流行的四大分类法之一。在当时被认为是一部具有科学精神且有实用价值的分类法。《布朗主题分类法》的特点是把从不同角度论述某一主题的图书集中在一起，在编排体例上，则是按物质和力、生命、思想、记录的发展次序来编排。其类目共分为：总论、物理、化学、人类科学、医学、经济作物学、哲学和宗教、社会政治科学、语言和文学、文艺作品、史地和传记等11大类。标记符号是由字母与数字组成的，每类之下用三位数字作为分类号，按000~999排列，此外还附有范畴表与地名表。该分类法1914年再版时，进行了部分的修订。1939年第3版由他人主编，增加了不少新类目。由于有一些编排方法并不符合读者使用习惯，且当时英国已流行《杜威十进分类法》，所以它未能在图书馆界得到推广使用。

《布里斯分类法》

***Bliss Classification*（*BC*）**

又名书目分类法。是由美国图书馆学家、曾任美国纽约市立大学图书馆馆长的亨利·伊福林·布里斯（Henry Evelyn Bliss）编制的一部综合性分类法。1940年出版了该分类法的第一册，1946年出版了第二册，第三、四册则于1951年出版。自1954年起以出版《布里斯分类公报》的形式报道修订情况。虽然该分类法在美国没有被广泛采用，但是在英国却备受重视，当时约有80所图书馆使用该分类法。1977年由布里斯分类协会会长杰克·米尔斯（Jack Mills）主编的修订版出版。修订版更名为《布里斯书目分类法》，在保留原表大类结构的同时，对各类内容进行了调整和扩充，采用分面列类方式，实际上已成为一部以布里斯所编类表为基础的新型分类法，分20个分册出版。

布卢姆斯伯里出版公司（英国）

Bloomsbury Publishing Plc

一家独立的高品质文学图书出版公司，总部设在英国伦敦，主要在英国和美国出版小说、经典小说、经典诗歌、非小说作品、工具书、传记、电影剧本、生活用书、园艺、烹调、音乐和儿童图书。1999年度，布卢姆斯伯里出版公司获得英国三大图书业奖：年度最佳出版社奖、年度最佳作者奖（J. K. 罗琳）和年度最佳设计制作奖（The Tulip）。布卢姆斯伯里出版公司最为出名的图书，要算由J. K. 罗琳所著的哈里·波特（Harry Potter）系列图书。该套5本系列魔幻小说的出版风靡全球，在全世界一共卖出了2亿册。

布鲁克林公共图书馆（美国）

Brooklyn Public Library

位于美国纽约市布鲁克林区，是美国国内第五大公共图书馆。该图书馆系统有60所分馆，共有馆藏近505万册（件）。其中，中心馆于1941年正式开放，收录有超过100万册图书、期刊和多媒体材料。中心馆馆舍被认为是美国最好的装饰艺术建筑之一，拥有33 000平方米，布鲁克林公共图书馆系统的行政总部就设立于此。

布罗达特图书用品公司（美国）

Brodart

专门向图书馆提供图书、家具和设备服务的公司。主要是通过印刷型的商业目录来向各类型图书馆提供商品信息，以便图书馆能够及时购置到工作中所需要的各种专项用品、家具或设备等。1939年，有一位名叫阿瑟·布罗达特（Arthur Brody）的美国哥伦比亚大学学生，发明了塑料图书护封。由于这项发明诞生了布罗达特图书用品公司。如今，该公司下设自动化部（提供最新计算机技术和应用服务）、图书服务部（覆盖2 000多个出版社，存储23万种、200万册图书，为图书馆提供最新出版的优质图书）、图书馆家具部（包括设计、安装等服务）和图书馆用品部（提供数以千种的图书馆用品），全方位地为世界图书馆提供优质服务。

《布罗克豪斯百科全书》（德国）

（德）*Brockhaus Enzyklopädie*

德国历史悠久的综合性百科全书，具有德国百科全书的特殊风格，并对许多国家的百科全书产生了很大影响。其前身为《妇女百科词典》，1808年

B

出版家布罗克豪斯（*F. A. Brockhaus*）将其版权买下，采取将知识分解为比较专指词条的小条目方法改编出版，深受欢迎，畅销一时。该百科全书的特点是：采取典型字典式短条目编写方法及采用工具书的检索特点。条目的编写充分考虑到各界读者的需求，因此十分适合于大学及学术研究机构使用，是世界上条目最多的百科全书。第 21 版篇幅达 24 000 页，有 30 万条条目和 35 000 幅地图、图片及表格。是 21 世纪最大的刊印出来的德语百科全书。2008 年 2 月，布罗克豪斯宣布不再发行刊印版本。

布面原装本
publisher cloth

指出版社用布面来包装护封的那种版本的图书。

布纹纸，网纹纸
wove paper

对着光线可看见网纹图案的微透明纸张，是造纸时用布纹水印辊在纸页上转动加压而成的。纸面无压线纹理，有别于直纹纸。

布质图书
cloth book

完全印刷在机织物上的带插图的儿童图书，以便于蹒跚学步的儿童阅读而不易折揉或撕破。为了防止儿童涎水浸湿，用作印制布质图书的布都是用抗潮湿的物质处理过的。

部分
Segment

派生搜索的一部分，是 OCLC Connexion 编目系统中搜索 WorldCat 的术语。

部分出版
semi-published

指报告、内部文件和学位论文等文献因为没有正式出版发行，通常难以甚至不可能通过正规市场渠道获得。但是有时可以通过馆际互借、文献传递服务或其他方式获得。

部分和整体关系
part-whole relationship

指文献分类表中概念或类目之间的等级关系。

部分匹配检索
partial match retrieval

一种模糊逻辑检索的方法，即在信息检索时，只需要将提问标识与检索标识部分匹配即可命中所要检索的记录，是与精确匹配或完全匹配检索相对的一个概念。

部分时间，兼职
part-time

主要指在本职之外兼任的职务。工作聘用限制在常规工作时间的某一部分，每周或每月工作不到一定时间的兼职人员不能享受全额津贴。

部分题名款目
partial title entry

指以部分题名为标目的附加款目。

部分转入他页
jump page

指报纸、杂志等在其某一页（或靠近前面的部分）开始的报道或文章未刊登完，需要转到其他页，常在该文中断的地方用“下转第 × 页”表示。

部类名称
divisional title（part title, section title）

一本书分几个部类，在各部类正文前通常有一排印的单页标明部类名称或编号。部类名称印刷于单页右侧。只用单码，背面空白，一般作暗码计算，也可不计页码。编码时采用分篇号码。有时用彩色纸印刷，以示鲜明。左面多为空白，篇幅较长的图书常用。

部门，部，室
department

图书馆从业务工作的角度划分出来的机构，通常行使某种职能，如负责采访工作的采访部（acquisition department）。有些国家的图书馆使用“division”来表示其部、室。

部门主任
Department Head

美国图书馆协会职业联合协会认定的部门主任是指对一个或多个职业图书馆员进行监管的人员，包括获得图书馆学认可的硕士学位及未获得该学位的部门负责人、分馆馆长、图书馆协调员以及高级管理者。

C

擦除，抹掉
wipe

从计算机硬盘或者软盘上移走或者删除信息的操作。

擦亮，磨光
burnish

图书装订时，用一个光滑的硬工具来磨亮彩色或镀金的书边。如用玛瑙将其表面磨到在日光下发亮为止。

猜字画谜
rebus

一种智力谜语游戏。以物体的图画或符号表示字或音节，这些符号的名称与预期的字或音节的声音相似。又指全部或部分由这种图画或符号所组成的谜语。

财产登录，个别登录
individual accession

图书馆进行藏书登记的一种方式。按照图书的种、册进行登记，每本书都要给出一个登录号，然后把登录号、题名、著者、版本、价格和来源等逐项记入图书馆的“财产登记簿”，为检查图书财产是否完整和每本图书的入藏记录的重要依据。

财产登录号，个别登录号
individual accession number

图书馆对每册（种）图书进行登录时所给出的号码，可以按照图书入藏的先后顺序连续给号，称为“大流水号”或“总册序号”；也可以按照年代编号，称为“年份册序号”；还可以按文种或文献类型编号，分别称为“文种册序号”和“类型册序号”，基本原则是一本书一个号，不能有重号。

财产章，馆藏章
property stamp

用来标记图书资料归属图书馆所有的图章。财产章常盖在图书的里封面、衬页或书页的各个位置。

《财富》杂志（美国）
Fortune

1930 年在美国芝加哥创刊，开始是月刊，1978 年后改为半月刊。该刊主要以丰富的专业知识为背景，对美国和全球各大企业的经营做深入研究报道，具有很高的权威性。特别是刊登全球企业 500 强排行榜、外国（美国除外）企业 500 强、外国（美国除外）最大银行 50 家和全球 50 家最大工业公司等排行榜，最具权威性。该杂志还发表一些有分量的外交及军事方面的文章。

财政年度，会计年度
fiscal year（accounting year）

指 12 个月的一个时间段，在图书馆或图书馆系统中用于财务计算时，没有必要与年历相一致。在国外的一些国家，尤其是大多数依靠基金建立起来的公共图书馆和高等院校图书馆使用的财政年度是从第一年的 7 月 1 日开始到第二年的 6 月 30 日为止。建立在个人基金之上的学院和大学的图书馆，其财政年度与学院的年历相一致。有的图书馆，其财政年度可能从第一年的 10 月 1 日到第二年的 9 月 30 日。而有的专业图书馆，财政年度通常和学院的年历相一致。

裁剪
cropping

把计算机显示屏上的图像由其上、下、左、右四个方向上将不需要之处剪切掉，从而使图像整体缩小至理想效果或使杂乱无章的线条排列整齐的一种方法。

裁切成形尺寸
trimmed size（trim size）

指印刷品或出版物已经切除了多余的部分，准备装订的最后尺寸。书籍或印刷品在最后光切时，所必须保留的切口规格，每边至少须留有 1/8 英寸的最少光边。

裁切，切齐
cropping

从上部、下部或侧面裁齐一张照片或插图，使其大小适合页面要求（书页空边）。

采访部
acquisition department

指图书馆中专门负责采访工作的部门。所从事的工作是图书流通的首要环节，也是其他图书馆业务的物质基础，其工作人员称为采访馆员（acquisitions librarian）。一些小型图书馆的采访馆员同时负责馆藏建设工作，但在大多数公共图书馆和高校图书馆中，新图书资料的选择是由所有熟悉馆藏建设工作的馆员根据自己的特长和专业完成的。因该部门工作与编目部联系极为密切，一些图书馆将其与编目部合并为采编部。

采访方针
acquisition policy

根据图书馆的藏书结构、目标和任务以及读者需求，针对藏书建设的发展而确定的指导原则，具有阶段性的特点。采访方针的具体化即为采访计划。

采访工作的管理
management of acquisition services

以建立科学合理的馆藏体系为目的，对采访工作加以组织、规划、指挥、协调与控制的过程。是图书馆管理工作中重要的环节。其主要任务就是在总体规划的指导下，认真处理好经费与效益、藏书与读者需求之间的关系，使之达到最佳水平。

采访，收集
acquisitions

指为满足图书馆读者的需求，尽可能经济、迅速地补充馆藏资源的过程。这个过程包括新图书资料的选择、征订、购买和接收等以及与出版社、经销商等外部机构相关的预算和谈判工作。

采访与馆藏发展专业组
Acquisition and Collection Development Section

隶属国际图联专业委员会图书馆藏书部（Division of Library Collections）。该专业组的业务广泛，包括：获取资料（订购、交换、赠送、呈缴）、取消采选和注销图书、关于馆藏发展方针、馆藏评估和应用、资料价格问题和图书馆员与出版商的关系等相关的方法和专题内容。此外，出版该专业组的业务通讯（电子版），刊登与采访与馆藏发展有关的新闻、会议动态和论文；出版会议录和年报以及《馆藏发展方针指南》（*Guide for a Collection Development Policy*）。

（采访支出的）预留数
encumbrance

图书馆采访中，按预算资金支出的金额。包括购买材料、服务、设备或供应品的预留部分。预留部分在全部付款时冲掉，采取支出预留方式之目的是以防超支。

采访自动化系统
automated acquisition system

一种应用电子计算机技术和自动化技术处理图书馆采访工作的现代化设施，图书馆自动化系统的重要组成部分，使图书采访工作实现计算机化。一个采访自动化系统一般具备以下几种基本功能：预订文档建立、订购查重、订单处理、资金账目处理、统计分析、到书处理、采访查询和新书报道。

采购订单
purchase order（PO）

图书馆采购图书时的正式订单，授权某一出版商、批发商、经销商或书贩按标价发送资料或服务。采购订单一旦被书商接受就成为合同。多数订单包括一个唯一的订单号、书商的姓名和地址、图书馆的名称和地址、订购图书的说明和数量、价格、折扣、交货时间和交货地址等。

采购号
acquisition number

图书馆采访部用以确认采购单上特定书目项的唯一号码。一些图书馆使用标准号码作采购号，如ISBN（国际标准书号）、ISSN（国际标准连续出版物编号），也有使用文献征订目录号的。

采购招标
acquisition bidding

亦称招标采购，是指采购方作为招标方，事先提出采购的条件和要求（诸如物料名称、规格、数量、交货日期、付款条件、罚则、投标押金、投标厂商资格和开标日期等），并予以公告。投标厂商依照公告的条件，在规定时间交纳投标押金，参加投标。然后由采购方按照规定的程序和标准一次性地从中择优选择交易对象，并与最有利条件的投标方签订协议的一种市场交易行为。

采购政策
acquisition policy

亦称采访政策。是指图书馆情报机构在文献采访过程中实行的方针和策略，是根据实际情况与发展需求制定的文献采访工作的基本政策和行为准则，往往以采访（采购）规则、采访（采购）条例、采访（采购）指南、采访（采购）管理办法等来命名。其具体内容一般包括采访（采购）总则、资源的类型与级别、采访（采购）方式、工作程序、责任与要求等几个方面。

彩色插图
color plate

书刊中与正文分开印刷的彩色插图，往往采用与正文不同等级的纸质。

彩色喷墨打印机
color ink jet printer

简称彩喷。其彩色、黑白打印效果好，纸张处理能力强，可用于信封、信纸、胶片和卷纸等打印。喷墨打印机与热敏打印机、激光打印机均属非击打式打印机类。

彩色丝网印法
pochoir

一种制作彩色印件或在已印好的轮廓插图上加上颜色的丝网印刷方法。这种印刷方法在 20 世纪早期的法国巴黎应用非常普遍，而且用这种技术印制的产品具有手工艺品的特殊效果。经过改良，这种技术也可被用来进行套色印刷。pochoir 源于法文，意指“用蜡纸印刷”。

彩色套印，套色印刷
trapping printing

一种复杂的、高度精密的印刷技术。是将同一版面分成几块同样大小的木版，各用一色，逐次加印在同一张纸上。例如：要印红黑两色字体，就先取一块版，把需要印成黑色的字，精确地刻在适当的地方，另外取一块与之尺寸大小完全相同的版，把需要印成红色的字，也精确地刻在适当的地方。印刷时，先就一块版印出一种色，再把印上这种色的纸覆在另一块版上，印出第二种色。这样，一张两色的套色印刷物就完成了。套印多种颜色，仍照此办法，套色越多，印刷越费事，技术要求越熟练。如果印刷的时候两块版不相吻合，或是刻版时两块版上的字位置算得不准确，印成后就会参差不齐，无法阅读。现存最早的套印本书籍，是元至正元年（1341 年）中兴路资福寺刻印的《金刚经注》。

彩色增刊
color supplement

随星期日报纸一同发行的印有彩色插图的杂志，如《纽约时报杂志》（*The New York Times Magazine*）。也指杂志或书籍中间安插的一组彩色插图，有的可取下，有的是固定的。起初这种彩版附刊仅见于一些周日大报，20 世纪 80 年代以后，世界上很多国家的周日版报纸也开始发行彩版增刊。

彩饰
illumination

以亮彩的金色或银色设计或摹图装饰手稿的首字母或第一个词，或用文稿的首字母、手绘缩写、金色或银色的特色设计来装饰页面或页面边缘。这是一种中世纪手稿和古版本印刷品中的常用技术。以手工对书籍进行彩饰的艺术家被称为彩饰者。

彩饰本
illuminated book

用金、银和鲜明彩色加以装饰的书籍或手稿，书中一般配有插图或图案。

彩饰首字母
illuminated initial

以亮彩的金色或银色设计或摹图装饰手稿中每段或每词的第一个字母，该字母可以用不同的颜色与手稿主体文字进行区分。这种设计是为了增强手稿的艺术性，并彰显其质量品质。

菜单
menu

向用户提出的、由可供选择的项目组成的清单，以便用户选择适当的项目或操作过程。用计算机编目时，可以把编目功能（如原始编目、修改记录）以项目单的形式显示在屏幕上，供检索时选择。用户可按项目单敲击字母或数字键（或一些键的组合），或者用鼠标或其他点击设备点击链接、图标和正文标志等进行选择。

菜单栏
menu bar

按照程序功能分组排列的按钮集合，在标题栏下的水平栏，包含：文件、编辑、查看和帮助等多个菜单。菜单内是各个命令，可以是内置或自定义菜单栏。

蔡伦（？—121）
Cai Lun

中国造纸术的奠基者、改进者，东汉桂阳人。

自西汉时期就出现了纸，但多以麻为原料，纸质粗糙。蔡伦经数年研究、试验、改良，不但用麻，而且用树皮、废旧织物为原料，经剥切、沤烂、蒸煮、舂捣、定型和漂白等工序，制造出质地优良的"蔡侯纸"，在造纸术发展史上具有重大意义。

参观图书馆
library tour

读者教育的直观方式之一。为了向读者指明图书馆各种服务和图书馆各种文献资源的位置，一般由馆员或图书馆助理员引导的对图书馆设施的定向漫步参观活动。一些图书馆还在它们的网站上安装了在线参观图书馆的内容，包括介绍图书馆的文字和楼层平面图。

参见，参考资料
reference

在索引中用来注明某一个条目事项在源资料中出处或页数的说明性文字。

参见，参照该条
（拉）*quod vide*

用于书籍等中的参照用语。*quod vide* 的缩写形式为：*q. v.* 。

参见符号
reference mark

文献正文中使用的一种常见印刷符号，用于指向文中涉及的刊印在其他地方的资料。用脚注或附注等方式在同一页或文末印出时，须在正文有关词句后和相应的脚注前标明相同的符号，如 1，2，3 等。

参考藏书
reference collection

图书馆收藏的只供参考、查找信息资料出处或解答咨询的一类工具书，一般不予外借。

参考丛书
reference series

指汇集多种独立出版物的参考性著作或一套具有一个总题名的参考性出版物。

参考工具书
reference tools

指可以方便读者迅速查找文献信息或信息源而无需通读其全文内容的一种专用工具书。是根据一定的需要，采用特定的编排形式和检索方法，可以为读者迅速提供某方面的基本知识和资料线索的特定类型的文献资料。包括字典、词典、百科全书、年鉴、手册指南、书目、索引、文摘、表谱和图录等。参考工具书是图书馆开展参考咨询工作不可缺少的一种文献类型。在图书馆中，由于参考工具书具有较高的备查性而常被单独存放在某些专架上或参考阅览室里，并且一般不提供外借。

参考工具书标签
reference label

图书馆用以标注参考工具书索取号或馆藏名称、地点等并贴在参考工具书上的一种指示性标签。其格式与一般图书标签相同。

参考工具书架
reference stacks

图书馆用于存放参考工具书的专用书架，通常位于参考咨询台附近。

参考工具书目录
reference list

根据图书馆服务工作的实际需要，收集有关参考资料并按特定的方法编排起来供读者查考文献的一种工具书检索目录。

参考工具源
reference source

图书馆参考馆员在从事参考咨询服务时所使用的各类文献资料和信息源。可用来提供权威性信息，解答读者的咨询问题。参考工具源主要包括参考图书、编目记录、印刷型索引、文摘以及在线数据库等。

《参考工作评论》（英国）
Reference Services Review

1973 年创刊，由美国迪金森学院埃里埃诺·米切尔（Eleanor Mitchell）和美国加州大学洛杉矶分校图书馆萨拉·巴巴拉·瓦特斯坦（Sarah Barbara Watstein）任主编。该刊致力于丰富参考知识与提高参考文献服务水平。内容涵盖了参考文献功能相关的所有方面，包括参考服务的自动化、对参考资源及其功能的评价、各种类型、规模大小图书馆更有效提供参考服务模式、技术和学习活动的发展与管理、信息扫盲运动的推广、与其他组织机构合作。由爱墨瑞得（Emerald）出版集团出版，季刊。读者可以在线阅读自1973年至今的期刊论文。

参考工作统计
reference statistics

指在图书馆中，对图书馆参考咨询工作中各种数量化现象进行分析和记录。其中记录有咨询的问题、受理时间和问题的种类，通常依据年、月、日顺序来进行编辑整理。通过对其结果进行分析，能够了解读者的基本情况和咨询工作的发展趋势，对于制订参考咨询工作计划、建设参考藏书以及开展新的信息服务具有一定的参考作用。

参考馆员
reference librarian

图书馆中从事参考咨询工作的专职馆员。一般在参考咨询台当面或通过电话、电子邮件回答读者提出的有关书目、文献检索及其利用方面存在的问题，也提供有关图书馆现代技术和设备使用方面的现场辅导。专业图书馆的参考馆员还应具备有关专业领域的知识。图书馆一般会聘用中高级馆员担任参考馆员。

参考目录
reference catalog

指作者认为对读者有用的资源列表，一般列在书后或论文篇后。读者希望通过阅读这些目录扩充他们在工作中所从事学科的知识，不同于作品引用的参考书目。

参考书目，参考文献
bibliography（reference）

学术类出版物（一本书或者一篇文章）中说明正文中引用文献来源的列表，通常在文献的末尾列出。

参考数据库
reference database

可以指引用户去参见另一个具有全文或其他补充数据源的数据库类型。不存储实际数据，而是存储数据、信息或文献的介绍、目录、索引及其他查找的信息。这类数据库存放的信息可为用户指出更详细、更完整的源信息。参考数据库通常可分为文献目录式和介绍式两种。

参考台，咨询台
reference desk

图书馆为解答读者咨询而专门设立的服务台。其服务内容依据各馆的实际情况而定，从解答读者在书目、文献信息的检索、利用方面存在的疑难问题到提供全面的信息咨询服务。随着现代通讯技术的发展，读者也可以通过电话或电子邮件与参考咨询台工作人员联系并得到服务。参考咨询台一般设立在图书馆内比较醒目的位置，并派遣熟悉图书馆业务的中高级馆员负责有关咨询服务工作。

参考图书馆
reference library（non-lending library）

一种专业图书馆类型。主要为读者提供书目咨询服务、文献信息服务和知识咨询与解答服务。参考图书馆中所陈列的文献往往信息量大、内容新，通常以较新的参考工具书和检索工具书为主，其藏书一般只供读者在馆内查阅与浏览使用，不能外借。参考馆员必须具备良好的业务素质，能以口头或书面形式直接解答读者咨询，提供解决问题的线索、途径和方法。

参考文献
reference bibliography

作者撰文时引用或参考过的文献。通常在文章末尾或一章的末尾按照规定的著录格式列出其篇名目录及出处。被参考引用的文献一般以字顺或在正文中引用的先后顺序排列。参考文献在论文中具有非常重要的作用，是科学继承性的体现，可避免重复劳动，能提供科学依据，为读者研究相关问题提供方便。标注参考文献表明作者对他人劳动成果的尊重，反映作者高尚的学术道德，同时还能从一个侧面体现作者事先进行文献调研的详细程度，从而体现论文的起点、深度和广度，在一定程度上反映作者的科研水平和态度。

《参考文献评论》（英国）
Reference Review

1977年创刊，由英国约克圣约翰大学安东尼·查尔克拉夫特（Anthony Chalcraft）先生任主编。提供对当今最新、最有意义的参考资料的全面分析，从而帮助获悉各种明智的决策。文章的作者是图书馆员，目标读者也是图书馆员。该刊在其网络专栏上也定期为图书馆员提供各种资源和资料的评论。由爱墨瑞得（Emerald）出版集团出版，每年出版发行8期。读者可以在线阅读自1977年至今的期

C

刊论文。

参考系列工具书
reference serial

根据社会的实际需要，以特定的编排形式和检索方法，为人们迅速提供某方面的基本知识或资料线索，专供人们查阅的特定类型的图书。包括字典、词典、百科全书、手册和年鉴等。

参考信息服务
reference information service

特指图书馆针对读者在研究课题中提出的疑难问题，利用参考工具书和文献数据库，以个别解答的方式，帮助查寻或直接提供有关文献信息或文献检索途径的服务工作。

参考性简介
reference annotation

只引用参考性资料，不对文献内容及应用范围进行主观评价的一种介绍。

《参考与用户服务季刊》（美国）
***Reference & User Services Quarterly*（*RUSQ*）**

美国图书馆协会参考与用户服务分会的官方刊物。1960年创刊，原名为《参考季刊》（*Reference Quarterly*），1997年改为现名。季刊，每期共有104页。读者对象是参考馆员、信息专家以及其他为用户提供图书馆服务的专业人员。该刊在出版之前对来稿采用双盲评审政策。由参考与用户服务分会主席、宾夕法尼亚州立大学Schreyer商业图书馆馆长黛安·萨贝尔（Diane Zabel）女士担任编辑。

参考与用户服务协会（美国）
Reference and User Services Association（RUSA）

美国图书馆协会（ALA）的一个部门，成立于1972年。图书馆员或者其他个人，不论其年龄大小，只要热心于图书馆的参考和用户服务工作，都可成为它的会员。该协会出版的会刊为《参考和用户服务季刊》（*Reference and User Service Quarterly*）。

参考源
source consulted

用于确定实体的名称、题名或其他识别属性，或者确定实体间关系的资源。

参考咨询
reference inquiry

图书馆学情报学专业人员对用户在利用文献、获取知识和信息方面提供帮助的一项专业性活动。其主要任务是以协助检索、解答咨询和专题文献报道等方式向用户提供事实、数据和文献信息线索。它是发挥图书馆信息传递职能、开发文献信息资源和提高文献信息利用率的重要手段。按咨询内容划分，参考咨询可分为事实性咨询、方法性咨询和专题性咨询；按提问方式划分，可分为口头咨询和书面咨询。

参考咨询部
reference department

图书馆向读者提供参考咨询服务的业务工作部门，是图书馆的主要业务部门之一。其主要任务是：1. 接受读者（用户）的咨询。即以书面或口头的形式，直接解答读者的各类咨询；2. 向读者提供解决咨询问题的线索，指导和帮助读者使用各类工具书，检索各种文献资料；3. 开展专题文献信息服务；4. 建立和健全咨询档案。参考咨询部通常应配备系统完备的电子书库、各种常用参考工具书和检索工具书。参考馆员应具备较高的学科专业知识水平、图书馆学情报学专业水平和较强的阅读翻译能力以及工具书使用能力。大型图书馆一般都设置有专门的参考咨询部或咨询室。中、小型图书馆往往设置有专门的咨询台或指派专人负责这项工作。

参考咨询单
reference slip

图书馆在解答读者咨询时所作的一种工作记录。其内容包括：解答咨询信息的来源以及解答过程。它既是参考咨询工作统计的依据，又为今后解答类似咨询提供了参考。

《参考咨询导论》（美国）
Introduction to Reference Work

美国纽约州立大学教授卡兹（William A. Katz）著，于2001年出版了第8版。该书共分上下两卷，分别为“信息资源基础”和“参考咨询服务与参考咨询过程”。上卷论述了基本参考咨询服务流程和当代图书馆的资源，是了解和掌握基本参考咨询形式包括在线服务和印本服务的重要工具。下卷介绍了构成完整的参考咨询流程的复杂因素，探讨了不断发展变化的信息技术尤其是因特网对参考咨询工作的作用和影响。作者在第 8 版中对全书内容作了很大的修改，反映了电子数据库和因特网出现以后图书馆学发生的深刻变化。该书得到了众多专家的推崇。

参考咨询服务
reference services

针对读者当面或通过电话、电子邮件提出的有关在课题研究及学习过程中遇到的疑难问题，图书馆参考馆员利用参考工具和有关文献，帮助读者查询或直接为读者提供相关文献、文献知识或文献检索途径的信息服务方式。参考咨询服务的过程大致可分为受理咨询、调查了解、查找文献、答复咨询和建立咨询档案五个阶段。参考咨询服务是发挥图书馆信息职能、开发文献资源和提高文献利用率的重要手段。许多图书馆设有专门的参考咨询部门，通过集中参考工具书和检索工具书等方式建立系统的参考馆藏，并配备具有一定专业知识和熟悉检索工具的专业馆员开展此项工作。

参考咨询工作
reference work

参考咨询馆员以文献信息为依据，通过个别解答的方式，有针对性地向读者（用户）提供具体的文献、文献知识或文献检索途径以及为此搜集和整理文献信息的一项专门的信息服务工作。它主要包括书目参考和咨询解答两方面的任务。前者主要是根据研究课题，搜集、编制各种通报性和专题性的目录、索引、文摘、快报等二次文献，供读者（用户）查阅；后者指利用参考工具和检索工具以及有关的文献，以口头或书面的形式解答读者（用户）提出的问题。参考咨询工作起源于美国的公共图书馆，进入 20 世纪后，相继扩展到世界上其他许多国家的图书馆，并成为各国图书馆不可缺少的一项服务内容。它的具体工作内容通常包括编制参考工具书、查找专题信息、指导用户使用有关资料、代科研人员检索有关文献，并编制相关文献书目等。

参考咨询人员
reference staff

图书馆中专门从事以文献资料为依据，通过查询参考工具书，解答读者提出的各种咨询问题的工作人员。

参考资料
reference material

特指图书馆收藏的、只提供馆内查阅而不允许外借和拿出图书馆的各种文献资料。这类文献资料一般都属于参考性藏书，而非普通阅读型藏书，复本量很小，所以一般不提供外借服务。

参考资料室
reference room

图书馆为科学研究工作提供各种参考文献服务而设立的专门阅览室。所陈列的文献一般按语种、专题等方法相应集中。陈列的文献资料主要是参考性较强的参考工具书和检索工具书，供指定范围的读者利用。图书馆一般应配备具有一定专业知识和熟悉检索工具的专职参考馆员从事该室的工作。参考资料室一般还配有专门的辅助书库。

参考资料指南
Guide to Reference Material

指图书馆为读者编写的所收集馆藏主要的工具书介绍资料。包括“专题资料指南”（各学科的百科全书、手册、辞典和专题图书）、“电子资源简介”（包括文摘索引数据库和全文数据库）、“光盘数据库”（各类光盘版数据库的使用方法）、“Web 数据库指南”（利用检索工具查询收录/引用方法与技巧）和“信息服务指南”（科技查新咨询服务、馆际互借服务、在线公共检索目录查询、开架借阅区寻找图书指引以及特种文献收藏一览）。

《参考资料指南》（英国）
Guide to Reference Material

由 A. J. 奥尔福德（A. J. Alford）编纂，英国图书馆协会出版，1959 年初版。着重收录英国和欧洲各国出版的各种工具书。该书旨在帮助图书馆建立参考馆藏，收录在参考咨询工作中使用的主要工具书。分三个独立分册出版：第一卷：《科学与技术》(*Science and Technology*)；第二卷：《社会与历史学、哲学与宗教》(*Social and Historical Science, Philosophy and Religion*)；第三卷：《综合语言、文学与艺术》(*Generalia, Language and Literature, the Arts*)。正文按学科分类编排，附有作者-书名索引和主题索引。该书的一大特色是对每一本书都有较为详细的评论。

C

C

参数

parameter

一种确定的范围，表明任何现象、机构、装置的某种性质的量。例如：用户在进行书目数据库检索之前，指定以出版日期范围作为检索参数。

参照

reference

在目录、索引或检索词表中，反映标目之间关系及其组织原则的一种手段。通常分为一般参照、单纯参照和相关参照。有时也用于作品正文中，通过某些常规词或词组来指引读者去查看该作品的另外部分（如见上或见下）。也指用相似的词或词组指引读者从某一款目去查阅其他款目（如见或参见）。

参照片

reference card

记载参照款目内容的一种目录卡片或索引卡片。参照片能有效地显示目录、索引或检索词表内各款目之间的相互依存与联系，使其成为有机的整体。参照片主要分为单纯参照片、相关参照片和一般参照片三种。

参照指示号

reference indicator number（RIN）

计算机标引系统中使用的一种专业代码。其作用是指示计算机从词库中提取有关某词的全部参照数据，然后自动生成相应的参照款目。每当一个词在标引中首次被使用时，就为其编写一条记录，记明其参照指示号、参照类型和相关词的参照指示号等，并存入机器控制的词库中。

残次印张

imperfections

在图书装订过程中被退回的印张，因为这些印张存在着缺陷或错误，需要进行替换。同时也指印刷或装订缺陷的印本，比如因意外情况忽略或重复了的签名或插页等。对于一批残本书籍，出版商往往会替换残本或对残本中的缺陷进行修改，并向书商或零售商赔偿退回残本的运输费用。

残缺

mutilation

指图书馆资料在使用中由于正常磨损或人为因素，使其缺页、缺图等而不完整。

残缺本

imperfect（imperfect copy）

指经过印刷和装订之后发现有缺页或缺少书籍的某一部分，书页次序混乱，有重复书页或装订颠倒等情况的有缺陷的书籍。对于买到残缺本的读者，出版商往往会免费调换并向读者赔偿在调换时所花费的运输或交通费用。

残书

missing

又称“残卷”，指卷册残缺不全的多卷书、丛书或连续出版物、缺少索引或附录等的书刊。例如，应有 8 卷的书仅保存有 6 卷；出版频率是月刊的期刊，年装订应该是 12 期，但仅有 11 期。多因遗失、盗窃、未购入、缺期和破损等原因造成。图书馆对残缺的多卷书、连续出版物，应该及时补充入藏。

藏借阅咨一体化

collecting-circulating-reading-consulting integration

指在同一空间范围内把藏书、外借、阅览、咨询工作组合成一个有机整体，构筑面向读者无缝连接，既能检索、阅览、借还书刊，又能上网浏览、下载和获得信息咨询服务的一站式服务平台，使读者在全开架形式下，以最便捷的检索手段达到最佳的利用文献资源的目的。

藏匿图书者

bibliotaph

将图书私藏或者隐藏起来并常常把他们囤积、锁起来的人。

藏书保障率

rate of collection possession

图书馆提供读者使用的藏书总数量与其所服务的读者总数量之比。亦即每位读者在该图书馆中平均占有的图书册数。其计算公式为：藏书保障率 = 馆藏图书总册（件）数/本馆注册读者总人数 × 100%。该计算公式的结果反映了一所图书馆的藏书规模以及满足读者阅读需求的潜在能力。国际图书馆协会联合会（IFLA）建议公共图书馆的藏书保障率标准为每位居民拥有 2 ~ 3 册图书。经过有关专家长期的调查研究和测算分析，一般认为综合性大学、文科学院的图书馆，其藏书保障率为 150 ~ 200 册/人比较适宜；理工院校的图书馆，其藏书保障率为 80 ~ 150 册/人比较适宜。

藏书标示
holdings display

在联合目录中，拥有某一特定资料的所有图书馆和其他参加机构的名单。在 OCLC 的 *WorldCat* 数据库中，每一种出版物前都附有由 3 个字母组成的 OCLC 的标示码，表示那些至少拥有 1 册该出版物的机构，该标示码在馆际互借事务中生成。

藏书补充参数
parameter of collection supplement

用数学建模方法来确定藏书补充的方式、类别和数量等的一种数学变量。

藏书布局
overall arrangement of collection

宏观上的藏书布局指一个国家或地区内所有文献的布局，指文献资源在地理位置上的分布与配置，即文献资源大范围内的空间组合。是政府或政府委托的行业组织对文献资源建设的宏观控制，需要众多的图书收藏单位协作才能完成，通常又叫做文献资源布局。微观上的藏书布局，则是指一所图书馆为了最大限度地满足广大读者的阅读需要和文献保存的需要，将藏书划分为相互独立而又相互联系的藏书系统，建立各种功能的书库，为每一部分藏书确定合理的存放位置。

藏书成分
element of collection

图书馆藏书的构成要素。这些要素按其内容性质划分，可分为：思想修养著作、科技和社科著作、通俗读物、教材、工具书和特种文献资料等。按其出版形式可划分为：印刷型文献、缩微文献、机读型文献和视听资料等。

藏书穿孔印戳，镂空的藏书印章
perforating stamp

一种通过在纸或书页上打上一定式样的小孔使之成为永久标记而设计的机械装置。该装置曾被图书馆用作馆藏章，是一种藏书穿孔印戳、镂空的藏书印章，但现在大多数已被替换成橡皮图章。

藏书，馆藏
holdings（library collection）

图书馆或图书馆系统中收藏的可供读者利用的所有文献，包括图书、报刊、手稿、声像制品、缩微制品和其他类型的资料，通常会在馆藏目录中列出。也指一所图书馆收藏的图书或期刊的复本、卷、期、册，由馆藏目录中记录的藏书注明。

藏书管理
collection management

将统计和成本效益分析等定量技术应用到馆藏建设过程中去的管理方法，通常仅限于大型图书馆和图书馆系统。从更广泛的意义上来说，指计划与监督图书馆馆藏增长和保护的活动。

藏书归架
reshelving

指将读者归还图书馆的藏书按索书号顺序准确地放回到图书馆原有书架上的一项业务工作。藏书归架错误将会影响图书馆员对图书的管理和下一位读者对该书的查找与使用。

藏书归架车
reshelving cart（book truck）

指一种两端装有小轮子、中间安有一层或多层隔板的图书馆专用手推车，用来存放刚被还回的图书并将其运送到书库重新上架。如果读者从目录中查到某一本书或期刊，但它们并不在书架上，则很有可能刚被其他读者归还，正在归架车上等待归架。

藏书记号
ownership mark

表示在图书或其他资料中用来表示拥有所有权的标记，包括藏书章、藏书标签和藏书票等以及其他标记于图书或其他资料上表示所有权的记号。形式通常为标签、浮雕图案、齿孔或图章（用永固油墨）。

藏书家
book collector

常指出于研究需要或个人兴趣而系统收集购买某一知识领域或某一历史分支专题书籍的人。

藏书利用率
rate of collection utilization

指在一定时间内，读者外借和阅览藏书的数量同馆藏书刊总数之比。其计算公式为：藏书利用率＝一定时间内外借和阅览册数/一定时间内馆藏书刊总册数×100%。一般来说，图书馆藏书利用率越高，其藏书质量也越高。影响藏书利用率的因素很多，其中所藏图书是否符合读者需求是一个重要因素。

C

藏书量
book capacity

指截止到一定时期、一定范围内，某图书馆经过积累发展所达到的藏书数量，即藏书的累计量。衡量图书馆的发展规模，馆藏文献收藏数量的多少也是重要的衡量指标之一。

藏书零增长理论
Theory of Collection Zero-growth

又称藏书稳定状态理论，由美国人 G. 丹尼尔（G. Daniell）于 1974 年提出。其基本内容是：在一定的时期内，图书馆藏书已经发展到一定规模，应保持图书馆入藏量与剔除量大致相当，使图书馆藏书量呈现出零增长的态势。

藏书楼
book depository

中国古代供官方机构、民间团体或私人收藏和阅览图书用的建筑，古代藏书的地方并非都称为“楼”，还多以斋、阁、堂、室、轩、亭等命名，统称为“藏书楼”。古代藏书楼的历史大致终结于清末民初，具有现代意义的图书馆相继建立，取代并大大扩展了藏书楼的社会功能。

藏书排架法
arrangement of collection

图书馆的藏书需要有序地排列在书架上，才能便于查找，充分为读者所利用。藏书排架法可分为内容排架法（包括分类排架、主题排架）和形式排架法（包括字顺排架、固定排架、登记号排架、出版序号排架以及文别排架、年代排架、书型排架等）两大类。

藏书配置
allocation

指图书馆对藏书的内容、用途和其他特性进行划分，使之形成相对独立又互相联系的系统。一般方法为建立各种功能的书库，为每一部分藏书确定合理的存储位置，以利于保存和使用。

藏书癖，珍本书收集狂
bibliomania

指对图书，尤其是珍本图书，进行收集和占有的一种强迫症和狂躁症。一些有藏书癖的人会通过偷窃来满足这种迫切的嗜好。他们的盗窃行为往往是受内心占有欲的驱使和刺激，而并非为了利用非法所得追求利润，他们有些人的经济状况甚至非常宽裕。

藏书评价
collection assessment（collection evaluation）

对图书馆现有藏书体系所具有的属性及质量进行的系统检测和评价。包括参数质量、藏书结构以及藏书本身的价值等综合指标，以确定藏书的范围是否符合图书馆之目标和目的以及图书馆读者的信息需求。在评价中发现的问题可通过在馆藏建设中不断改进和调整来解决。通常采用的方法有专家直接鉴定法、书目对比分析法、统计分析法和藏书结构分析法等。这是馆藏建设的基本内容之一。

藏书签，藏书票
bookplate

通常贴在封面内或卷尾前的纸质标签或类似物品，其空白处用于记录藏书人的名字。装饰性的藏书签（票）还可作为礼品来出售，可以是空白的，也可以带有接受者的名字。在定做的藏书签（票）空白处可写名字，有时名字写在拉丁短语 *ex libris*（属于我的书）之后。藏书签（票）的规格大小不一，小的 3~4 厘米，大的约 10 厘米。票面以图案为主，并配有藏书人的姓名、别号和书斋号等，有时还有 1~2 句箴言、警句以及藏书的年份。藏书签（票）最早出现于 15 世纪欧洲文艺复兴时期。具体是在德国活铅字印刷发明后的几年里，人们当时收到图书礼品后，常用藏书签（票）来表达对捐赠人的感谢（实际上有些图书馆现仍在接受作为赠品的图书）。目前人们能看到的最早的藏书签（票）是德国人 1450 年制作的。藏书签（票）设计成为一种艺术品，起源于 16 世纪初期的阿尔贝切·特杜热（*Albrecht Durer*）。藏书签（票）的图案最初多半以家徽（如纹章或家族箴言）、神话传说和英雄美人等为题材，后来题材范围逐步扩大到风景、个人生活、工作、兴趣爱好等有关类型的图案。此外，一些纪念重要历史事件的专用格言、图案藏书签（票）也很风靡一时，但现代藏书签（票）上的格言多是赞誉图书或追求学问。

藏书史
provenance（history of book collecting）

指系统研究藏书的搜求、图书鉴别、图书校

勘、藏书抄补、图书储藏、藏书传录、藏书刊本、藏书题跋、藏书用印、藏书保护、藏书建筑、藏书编目、藏书思想和藏书毁散等的一门独立学科。

藏书特色，馆藏特色
collection strength

图书馆经过长期建设积累，在藏书内容与形式（主要指文献类型）方面形成的独特优势，或藏书体系所发挥的特定功能。简单来说，是指一个馆和其他馆相比，在藏书方面所具有的特点或优点。包括6个方面的内容：等级特色、地方特色、时间特色、文种特色、文献类型特色和专业特色。

藏书维护
collection maintenance

图书馆在日常工作中为了保护藏书所采取的一系列措施，包括裱糊、修补、装订和重新装订等。通常该项工作由技术加工部和期刊部等部门负责。藏书维护之目的是延长藏书的使用寿命，保证藏书完整而长久地提供给读者使用。

藏书选择
book selection

图书馆在采集图书的过程中，一般通过查阅众多的书目、评论、馆藏目录、出版机构和书讯资料等途径，从中挑选符合馆藏建设目标及读者需求的图书，因此，选书是图书收集工作的重要组成部分，同时又是一项知识性、学术性很强的工作，其结果将会直接影响到馆藏的质量。在绝大多数情况下，图书馆的选书工作，通常由理论水平较高、知识结构较广泛、熟悉读者需求与藏书情况的图书馆专业人员或学科专家来完成。

藏书印
private mark

为表示图书为藏书单位或个人所有，在书上所盖的印章。

《藏书与读书》
Books and Reading

由国家图书馆出版社于2008年出版。《当代中国图书馆学研究文库》之一，徐雁著。该书立足于中国图书文化史的学术背景，探讨了中国图书馆古籍典藏保护、明清私家藏书楼规制和藏书资源利用等问题，评介了《书林清话》、《藏书纪事诗》和《文献家通考》等名著要籍，叙述了克乃文、王重民、刘国钧、李小缘等图书馆学家和前辈学人的事迹，并对中日典籍交流史的有关主题有所涉及。

藏书章（印）
ownership seal（book stamp）

图书收藏者用蘸有油墨的木质、金属或橡胶章盖在图书的封面、书边或补页或题名页上以标明图书所有权和表达其个性和爱好的一种印记。藏书章形状大多数是正方形和长方形，也有其他不规则的形状。现代图书馆的藏书章除了正方形和长方形以外，还有圆形、椭圆形、三角形和菱形等多种形状。在材料的使用上也有木质、石质、金属、牛角、象牙、塑料和有机玻璃等多种材料。藏书章的内容通常为姓名、字号、乡里、祖籍、藏书处所、官职和记事等。中国最早的藏书章见于西汉时期。古代藏书章对了解文献的收藏源流及鉴别版本有着重要的价值。古代藏书家的书印一般不只一枚，有的藏书家多达十多枚甚至数十枚。现代图书馆通常也在所收藏的文献上加盖用料和形状各异的藏书章，有的还有入藏日期图案，有的采用不带色的钢印。各馆都视具体需要盖在馆藏相对固定的位置上。

藏书总目
main catalog

指总馆（或中心图书馆）所设有的包括各分馆藏书的目录。

操作环境，运行环境
operating environment

指设备正常运行所必需的物理环境，如温度、湿度、电源和布局等。也指程序运行时所需要的软件或硬件环境。

操作码
operation code（OP）

指示应该执行的操作的一种计算机程序指令，规定计算机执行的操作。

操作人员
operator

按照一定的程序和技术要求进行活动的工作人员。图书馆根据其工作的性质要求设有不同的岗位，各个岗位的操作人员必须严格按照一定的规则进行工作。也指实际操作计算机的人员。

C

操作手册
operating manual

由生产厂商或销售商随产品一起提供给用户的书面材料，内容主要是向用户介绍产品的结构、功能、使用方法及常见故障的处理方法。

操作系统
operating system（OS）

设计用于控制计算机基本操作和在中央处理器（CPU）与任何外部设备（主要是输入和输出设备）之间进行数据交换的软件。操作系统的主要功能是为管理中央处理机、进行数据管理、设备管理、作业管理和系统的安全与保护等，并且还可以控制安全，防止未经授权的用户访问系统。随着计算机的不断发展和应用领域的扩大，操作系统也会不断扩充管理功能，出现适应不同计算机类型的专用和通用操作系统。

曹溶（1613—1685）
Cao Rong

字洁躬，又字秋岳，号倦圃，晚号金陀老人，浙江嘉兴人，明末清初藏书家。好收宋元文人集，建有“静惕堂”藏其书。编有《静惕堂书目》。著有《流通古书约》、《流通图书约》，是中国藏书史上的重要文献。

曹树金（1962—）
Cao Shujin

教授、博士生导师，中山大学资讯管理学院院长。兼任中国图书馆学会第八届理事会理事、学术研究委员会委员、编译委员会图书馆学著作编辑出版委员会委员、广东图书馆学会副理事长及学术委员会主任委员、广东社科情报学会理事、《中国图书馆分类法》编委、中国高等教育文献保障体系华南地区文献信息中心专家委员会委员。历任中山大学资讯管理系科研秘书、研究生秘书、图书馆学教研室主任、信息学教研室主任、系教工党支部书记、系副主任。研究方向为情报检索语言、文献分类与主题标引、信息组织、用户信息行为、信息检索、网络信息管理、市场营销、电子商务、企业信息化。主持和参与科研项目多项，出版专著多部，发表学术论文数十篇，并多次获奖。

曹寅（1658—1712）
Cao Yin

字子清，一字幼清。号荔轩，又号楝亭。清代文学家、藏书家。著名小说《红楼梦》作者曹雪芹的祖父。藏书甚丰，如魏鹤山《毛诗要义》、楼钥《攻媿集》等均为宋刻本。著有《楝亭诗钞》、《诗别钞》、《文钞》、《词钞》。

曹之（1944—）
Cao Zhi

武汉大学信息管理学院教授、博士生导师。1968年毕业于武汉大学图书馆学系，1982年武汉大学图书情报学院研究生毕业，获文学硕士学位。其研究方向是古典文献学，重点研究古籍版本学。出版《中国古籍版本学》、《中国印刷术的起源》和《中国古籍编撰史》专著，在20多家专业刊物上发表论文140余篇，并多次获奖。

草案
rough draft

指未正式确定或未经有关部门批准、通过、公布或虽经公布，但正在试行中的法令、条例、规章和计划等。

草稿
draft

不作为最后完成稿的手写、打印或印刷文献。以备将来修饰、校对和修改之用。草稿有时由原创作者以外的个人或群体修改。梗概性草稿通常只提供作品或计划的初步构想或框架。经过多次修改后形成最后草稿。著作出版后，草稿应归还著作人。作家的原稿常保存在图书馆和档案馆，是图书馆和档案馆的重要馆藏资料。为避免误会，尚未完成的作品应清楚标明“草稿”。

草（略）图
sketch

指仅画出物体或景色粗略的轮廓，而没有细节的草图，但表现了其主要特点，通常完成很快。

草书，连写字体
running hand

汉字中的一种字体，是为了简便而简省笔画或潦草而产生。其特点是笔画相连，书写起来较快。

草图
rude drawing（rude sketch）

指初步画出的简单机械图或工程设计图，不要求十分精确。

草写体，草写的手稿
cursive

西文中的一种向右倾斜的手写体，又称为连笔书写体（running script），表现为单词里的字母相连，写时不用把钢笔或铅笔从纸上抬起来，常见于文艺复兴时期的手稿或罗马教皇的文件和信件。也指在印刷和字体处理过程中任何表现为一种摹仿手写形式的印刷字体。

侧理纸
Celi Paper

纸名，即苔纸。由于晋代越人用水苔为原料制作成的纸，因其纸面上纹路纵横交错，斜侧错落，所以称侧理纸。

测绘制图资料
cartographic material

用任何一个载体、任何一种比例，部分或全部表现地球或任何天体的图其中包括二维或三维的地图、平面图、航空图、航海图、星体图、鸟瞰图、切面图以及方块图等。

层
layer

在开放式系统互连结构中，层是指相互联系依赖的某些性能和服务之间有明显差别的各个层次。每层都建立在其下层的基础之上，而每层又为更高的一层提供服务。应用层、表示层、对话层和传输层构成了开放式系统互连的主要部分。所有的层结合在一起就构成了一个整体网络。

层次分析法
The Analytic Hierarchy Process (AHP)

一种定性和定量相结合的、系统化、层次化的分析方法。20 世纪 70 年代中期由美国运筹学家托马斯·塞蒂（T. L. Saaty）正式提出。是对定性问题进行定量分析的一种简便、灵活而又实用的多准则决策方法。其特点是把复杂问题中的各种因素通过划分为相互联系的有序层次，使之条理化，根据对一定客观现实的主观判断结构（主要是两两比较）把专家意见和分析者的客观判断结果直接而有效地结合起来。将该方法应用到机构团体科研评价领域，用于经济计划和管理、能源政策和分配、行为科学、军事指挥、运输、农业、教育、人才、医疗和环境等领域。

层累标记制
hierarchical notation

简称层累制，亦称等级标记制。以标记符号的长度表示类目等级层次的标记制度。一般用一位数字或一个字母标志大类，然后再加一位数字或一个字母标志其下位类，这样层层累加，用以表示类目的层层划分以及类目之间的隶属和并列关系。号码的位数一般代表类目的等级；下位类号须包括其上位类的号码；从号码上可以显示出类目之间的关系和类表的结构特点。其优点是：表意性强，等级分明、层次清楚，有利于排架和目录组织；适宜于机器检索。但缺点是：分类愈细，类号愈长，容纳性也受影响。

层累制分类法
hierarchical classification

又称等级分类法。分类体系的一种，其类别按照逻辑从属原则进行细分，即用一定的分类标准将大类逐级细分，直至不能再分为止（例如：杜威十进制分类法）。层累制分类法可以扩展或是缩并。

层压封面，仿金书面
laminated cover

由塑料薄片叠压而成的图书封面，多以仿金箔片或塑料薄膜为材料。

插播广告
spot announcement

指插在电台或电视台节目之间播出的，一般只有 1 分钟左右的简短商业广告。

插件
plug-ins

又称外挂，是一种计算机程序，负责与应用程序（例如网页浏览器、电子邮件服务器）的互动，用于为应用程序增加某些特需功能。常见的外挂有游戏外挂、网页浏览器的插件和媒体播放器的插件等。

插件
plug-in

在因特网浏览服务中，能够插到浏览器中运行的一种软件，通常具有容易安装、短小精悍等特点。随着软件行业技术的发展，许多软件公司越来越注重插件的开发，许多大型软件都预留了插件接口，以便随时扩充。

C

C

插脚
pins

指芯片与印刷电路板之间的连接器件。

插铅，铅条
leads

指在印刷排版时填充空白的铅块。是排版材料之一，主要用来排直线条（如用以划分正文、编排表格等），也用来填充行与行之间的空白材料，这种铅条比活字略低，在书面上没有印迹。

插入记号
caret

也称增字符号。当原稿或校样中需要表示有漏字的情况或需要增添文字时，便使用此符号“^”。

插入语
parenthesis

指在一段文字里插入的详述或注释，可以在语法上与整段无关，并常用标点（逗号、破折号或曲线）与全段分开。

插图
illustration（inset）

与图书或其他出版物的正文一起印刷或插入其中的图片、图版、图表、设计图、海图、地图、图案或其他形式的图解、图像，其作用是为了装饰、补充或者阐明文字的内容。同时也指创作如视觉作品的美术作品。最早出现的带有插图的文字可上溯至公元前2000年，在中世纪的手稿中也出现过作为插图的缩图。早期的印刷型书籍中有木刻画或木雕版图。在现代的书籍中，插图往往会列于书籍正文前的版面中并有详细的编号。照片或图片也可能以与书籍正文不同的纸质进行印刷并以一组或多组的形式被专门插入书中的某些部分。地图、图表以及宗谱有时会印刷于书籍卷首或卷尾的空白页之上。杂志、艺术书籍和儿童书籍常会出现大量的插图，而在小说中使用插图的做法则自19世纪以来慢慢减少。illustration的缩写形式为：il. 或 illus。

插图材料
art

用于图书或其他出版物中装饰性的或图解性的部分，区别于正文或用标准字母系统印刷的其他部分，尤其是指有关说明性的内容，包括手写字、照片、图片翻版、版画、绘画和其他图像等。

插图卷
plates volume

多卷书或多卷文集中的一卷，不印正文，而只印插图及插图说明，其文字与正文无关。

插图目次
list of illustrations

说明该书中排印插图（整页插图或在文中的插图）的编号表，包括刊载的页次和栏目标志。

插图内容
illustrative content

以插图表达资源的主要内容。除泛称插图外，还包括图纸、盾徽、摹真、表格、世系表、图表、画饰、地图、乐谱、照片、平面图以及肖像等。属“资源描述与检索”（RDA）的内容描述元素之一。

插图说明
legend

指在插图旁边配有的文字说明。

插图原样
artwork

出版业和印刷业术语，指任何作品形式中的插图原样，不是复制作品。这种作品拥有独立于出版物的艺术价值。

插图作者
illustrator

为书籍、期刊或其他印刷出版物创作图画、素描图或设计图案以达到阐明或装饰文字作用的艺术家。为儿童图画书创作插图的插图作者往往会享有比图画书的文字作者更大的荣誉和更广的知名度。因为插图作者在书中的作用十分重要，所以在编目中专门为一书的插图作者编制款目（即以插图作者姓名作标目的款目）。

插页，插入语
insert

指任何单页，例如地图、插图、用户表格和增补的广告等，随意地插入如图书期刊这样的出版物，一般不编页码，所以不是出版物的组成部分。也指准备出版的稿件在付梓前，在作最后校对时加入一些词语、句子或段落。

插页地图
inset map

插在一幅大地图里的一幅绘出或者是被复印的小地图，通常是为了更详细地显示大地图的具体特征或部分。例如，在一幅国家或者省市区域地图内插有某一个主要城市的小地图。出于同样的目的，同一张主地图页面之外印有附图。

茶几上（摆设）的图书
coffee table book

指内容大众化但价格昂贵、附有大量插图的摆设书籍，通常多为装潢精美但内容贫乏的大开本画册。其设计目的主要是为摆设或偶尔浏览，而非逐页阅读。这些书籍经常以色彩斑斓的封皮作装饰上市销售。在书店，经常以优惠价销售，尤其在圣诞节或其他节假日以特惠价吸引礼品购买者。

查尔斯·埃文斯（1850—1935）
Charles Evans

美国图书馆学家和目录学家。曾在多所图书馆工作，积累了丰富的经验。1902 年致力于编辑《美国书目》（*American Bibliography*），该书目奠定了美国早期出版物基本资料来源之地位。最初参加图书馆工作时曾在波士顿图书馆馆长威廉·弗雷德里克·普尔（William Frederik Poole）麾下任助理，获益匪浅。后来曾分别担任印第安纳州波利斯公共图书馆馆长、巴尔的摩市伊诺克普拉特免费图书馆馆长、芝加哥历史协会图书馆馆长和美国图书馆协会第一任司库等。

查尔斯·安米·卡特（1837—1903）
Charles Ammi Cutter

美国图书馆学家，毕业于哈佛大学神学院。由于结识图书馆编目员埃兹拉·艾博特（Ezra Abbot）而于 1859 年到校图书馆任编目助理。卡特在此工作期间获益良多，掌握目录组织和编目技术及分类理论。1869—1880 年任波士顿图书馆馆长，出版了波士顿图书馆藏书字典式目录，撰写了《印刷型字典目录条例》（*Rules for a Printed Dictionary Catalog*）和《图书馆目录》（*Library Catalogs*），开拓了图书馆目录理论和方法。1880 年完成了《著者号码表》（*Cutter Number*），还拟定《展开式图书分类法》（*Expansive Classification*），对美国《国会图书馆分类法》的编制有很大影响。1876 年与杜威等筹建美国图书馆协会，并任该协会主席。卡特由于注重试验，所以管理成本过高，造成一些计划失败，但其分类法的影响不可低估。

查尔斯顿县公共图书馆（美国）
Charleston County Public Library

位于美国南卡罗莱纳州的查尔斯顿市。设有 1 所中心馆、14 个分馆和 2 个流动图书馆，为当地居民提供服务，其馆藏图书和期刊合订本有 105 万册，激光唱片、磁带和其他音频资料共 2.5 万多件，数字视盘和家用录像机制式的视频材料共 3.7 万件。年到馆访问量达 154 万人次，年图书流通量为 350 万册次。

查尔斯·科芬·朱厄特（1816—1868）
Charles Coffin Jewett

美国图书馆事业的创始人之一，毕业于布朗大学，先后从事编目和藏书发展工作。在游历欧洲时为该馆收集藏书并钻研目录学，成为当时学术书目方面的权威。1847 年担任史密斯学会图书馆馆长，与世界学术机构建立广泛交换和资料互赠关系，同时建议编制美国全国联合目录。1853 年担任全美图书馆员大会主席，提出联合编目计划，虽获得通过但未能实施，因为史密斯学会无法用自己的财力做国家图书馆应做的工作。随后朱厄特担任波士顿图书馆编目员、采访员和首席监事。

查尔斯·马特尔（1860—1945）
Charles Martel

美国图书馆学家，美国《国会图书馆分类法》的主要编制者。生于瑞士的苏黎世，1887 年取得美国国籍。1897 年到美国国会图书馆工作，任编目部副主任。曾向美国国会图书馆杨格馆长提交一个新分类法大纲，强调以标记符号为主，是将研究图书馆使用的分类法优点结合起来的混合物，尽量少变动，避免影响已有藏书的秩序。任职期间负责编制、出版《国会图书馆分类法》。1911 年发表国会图书馆分类体系基本原则的详细说明。从 1912 年起担任编目部主任 28 年，对描述性目录有许多真知灼见。

查尔斯沃思集团
The Charlesworth Group

成立于 1928 年，总部位于英格兰，在美国和中国设有办事处。集团下辖 5 个独立的业务公司，分管排版、印刷、出版、发行以及版权代理 5 大类业务。查尔斯沃思在中国自 1999 年成立以来，一直致力于与国内学术机构如中国科学院、中国社会科学院、中国高等教育文献保障系统和全国各大高校等发展合作关系。目前该公司的业务伙伴已经扩展到了中国的出版社、图书馆、政府机构和跨国公司等领域。

查架，对架
reading shelves（shelf checking）

图书馆按照一定的要求检查、整理书刊架位，以确保上架书刊按规定顺序排列的一项基本业务工作。在整理过程时，由于要对上架书刊进行细致的浏览、鉴别和归位处理，因此“查架”、“对架”又形象地被称为“读架”。在开架书库或开架阅览室内，由于读者可以比较自由地从书架上选取书刊，因而极易造成书刊的排架次序混乱和书刊的破损变形，所以，“查架”、“对架”工作就显得尤为重要。“查架”、“对架”是图书馆流通、阅览部门一项最基本的日常工作。

“查看”菜单
View Menu

OCLC Connexion 编目系统中系列命令之一。用于查看标签、记录的馆藏信息、使用者信息、日期消息、OCLC 新闻或被指派的快捷键，还可用于决定记录内固定字段的版面、显示哪些工具条或状态栏，并且用于锁定已打开的特定类型的一条记录，用于为记录或列表定位和整理，等等。

查全率
recall ratio

衡量信息检索的一种定量指标。在信息检索系统的某个查询结果中，从系统相关文献中检出相关文献成功度的一项指标，是评价信息检索系统检索效率的重要指标之一。该指标是由美国人 J. W. 佩里（J. W. Perry）和 A. 肯特（A. Kent）于 1965 年提出来的。查全率可用以下公式表示：查全率（R）＝检出的相关文献件数（W）/系统中相关文献总件数（X）×100%。

查全率估计值
recall estimate

一般来讲，在一个具体的检索系统中，与某一提问不相关的文献数量通常要比相关文献的数量大得多，人们从大量未检出的文献中找出系统漏检的相关文献是非常困难的。在这种情况下，只能通过某种方法，如并行检索等对文献查全率作出近似的估计，即得出文献查全率估计值。

查塔努加－汉密尔顿县图书馆（美国）
Chattanooga-Hamilton County Library

位于美国田纳西州的查塔努加市，设有 1 所中心馆和 4 所分馆，为当地居民提供全方位的服务。其馆藏图书和期刊合订本有 119 万册，激光唱片、磁带和其他音频资料共 1.4 万多件，数字视盘和家用录像机制式的视频材料共 5 400 件。年到馆访问量为 60 万人次，年图书流通量为 92 万册次。

查新服务
novelty check services

科技查新服务的简称。具有查新资格的图书馆或信息机构为查新委托人的专利、发明以及科研成果的新颖性做出鉴证的信息服务工作。上述机构要向委托人出具查新报告，就查新结果及其结论做出书面陈述。

查找帮助
finding aid

一种公开发行或未发行的用于检索档案原始资料的方法指南、详细目录、索引、登记簿、记录表、清单或其他系统。对每一条目的描述比通常的图书馆目录更加详细。在同美国档案学会的合作中，美国国会图书馆提出一种称为档案描述编码（EAD）的标准，采用通用标记语言标准（SGML）编写档案查找帮助代码。查找帮助也可以以非打印格式（ASCII、HTML 等格式）存在。

查找服务
search service

应图书馆员及私人藏书家的要求而推出的一项专门查找已绝版的图书服务。当一本书依旧还有需求，但已不再出版时，图书馆和其他一些古籍书商就必须借助于这样的服务以得到在市场上难以获得的图书。

查找，检索
searching

指研究人员或图书馆员采取人工或电子手段设法寻找所需要的信息的过程。也指图书馆员查找不在书架的正确位置上的一种文献的过程。

查找语句，检索语句
search statement

数据库检索中，用户采取检索软件可接受的形式输入的信息需求或查询条件。高级检索程序允许检索语句使用布尔逻辑检索、截词符、通配符和位置算符等。同时，允许用户通过各种参数限制其检索结果。

查重，采访查重

duplicate checking (acquisition search)

文献采访工作的重要程序，通过对馆藏、编目、采访和验收等数据库的书目数据进行有效访问，查核拟订购的图书本馆是否已订购过以及订购的数量及其与已订购、已入藏图书间的关系，如版本、版次、卷次和会议录届次等，以尽可能做到不重购、不漏购，避免浪费和馆藏臃肿，并保证馆藏图书的连续和完整。

查准率

precision

在信息检索时，检索结果中符合要求的条目数占结果总条目数的百分比，是信息检索中用于评价某个特定检索效果的一个重要指标。可用下面的公式表示：查准率 = 检出相关文献数/检出文献总数×100%。

查准，切题

pertinence

根据用户当前的知识水平，判断按检索方式检到的文献是否真正满足检索需求而且是能解决实际问题的一个概念。

差异，多样性

diversity

对各种差异，包括年龄、性别、宗教信仰、民族、种族和特定群体不同的文化背景的包容。在一些国家里，图书馆界在争取图书馆院校在录取、聘用、藏书发展、服务和项目管理等方面提倡和实行多样性原则。

拆开

broken up

一本书被拆开，以便让其各部分（通常是插图）能够单独出售。有些《谷腾堡圣经》(*Gutenberg Bible*）的复本曾被拆开，进行散页的零售。

拆卸

take down

指将书的封面、硬壳、环衬、装订线以及里衬都拆开来的过程，并且对各部分进行清理、修补和重新装订。

《产经新闻》(日本)

Sankei Shimbun

其前身是《日本工业新闻》，1933 年 6 月 20 日创刊于大阪。以后陆续合并了《大阪每夕新闻社》和爱知县以西 33 个有关产业经济的新闻社，于 1942 年 11 月 1 日改为现名，成为全国性报纸。1969 年 2 月，该报在日本新闻界率先把报纸、广播和电视三者统一起来，成立了大众传播界的第一个新闻中心。该刊与日本财政界、政界、企业界和文化界右翼势力关系密切，一直致力于宣扬战前“皇家史观”，否定日本的战争责任，美化侵略战争。

(产品) 保证，(法律上的) 担保

warranty

产品提供者对产品质量、用途、性能或所有权的一种承诺，常见于产品的广告、标签、使用说明书、产品保证书和保修单中。中国《产品质量法》规定，承担产品质量的责任方式有：修理、更换、退货、赔偿损失、恢复原状或者折价赔偿。根据美国《统一商法典》(*Uniform Commercial Code*)，担保可划分为明示担保（express warranty）和默示担保(implied warranty)。保证是合同中的一种允诺，在图书行业中指作者和书商之间所签订合同的允诺。作者不得剽窃、抄袭他人的作品。

产品标准

product standard

对产品的质量和规格所作出的统一规定，是衡量产品质量的依据。

产品目录

list of product

企业、厂商对其定型产品的简单介绍，只列出产品的名称、型号、简要的技术规格、特性或用途，一般无图片说明。若有图片也只是产品外形展示，此类目录可使用户了解企业、厂商产品大致的情况，是产品样本最简单的形式。

产品说明书

product specification

有关生产厂商对产品的性能、构造、原理、用途和使用方法等具体说明的资料。

C

长春图书馆
Changchun Library

1910 年建馆，拥有总馆及铁北分馆两处馆舍，总建筑面积 3.3 万平方米，其中，总馆于 1992 年建成，位于市中心文化区域，面积 2.5 万平方米；铁北分馆于 2008 年建成，位于市郊北部新城，面积 8 027 平方米。该馆实行全开放式的服务，除满足广大读者借阅、检索文献资料的需求之外，还设有多媒体网络中心、文献信息咨询服务中心、社会教育培训学校及八角书屋、院士厅、展览中心、电子演播厅和文献数字化加工中心。可为读者提供查询、阅览和购书等“一站式”服务以及跟踪定题、参考咨询、信息开发、网上浏览、光盘检索、代查代译、复印打字和教育培训等全方位服务。同时定期或不定期举办各种报告会、专题讲座、展览等多种形式的读者活动。馆藏国内外文献资料总量 200 余万册（件），其中包括中文图书、中文报刊、古籍善本、外文文献、电子文献、视听资料和特藏珍品等，尤以伪满地方文献及文革资料为特色馆藏。

长岛大学帕默图书馆学与情报学学院（美国）
Palmer School of Library and Information Science of Long Island University

1959 年创立。提供档案管理认证、信息研究博士、图书馆学情报学硕士（理学硕士）、业务管理认证和学校图书馆媒介专家（理学硕士）课程。图书馆学情报学硕士课程获得美国图书馆协会资格认证。所培养的人才涉及知识组织、书目控制、儿童图书馆服务、索引和文摘、书刊系统设计与评估、信息存储与检索、信息网络、咨询服务、文档、记录管理和学校媒体认证等各个方面。

长方形对开本
oblong folio

指书型宽度大于高度的对开本。

长方形活字盘
galley

一端开口的狭长形活字盘，专为拼版前编排版面用。在排版时，将铅字从排版托盘移到活字盘中，以等候编排页码。早期的长方形活字盘是木制的，尺寸为 10 英寸 ×6 英寸。到 19 世纪初，出现了金属制的长方形活字盘，长度延伸到了 22 英寸左右，可以容纳几个版面。

长方形书型
oblong

开本的宽度大于高度的图书，儿童图画书常用此书型。

长方形四开本
oblong quarto

指书型宽度大于高度的四开本。

长庚大学图书馆
Chang Gung University Library

位于中国台湾桃源县，建于 1987 年。初期设在长庚纪念医院林口医学中心教育大楼一楼。1988 年 10 月暂迁入本校医学大楼八楼之生化学科图书室，同年 12 月 10 日迁入十二楼。于 1996 年 10 月再迁新建图书馆大楼。馆藏中外文图书 32 万册，电子图书 38 470 册，装订期刊 12.2 万册（合订本）。现刊 1 423 种，其中外文期刊 1 139 种。电子期刊 72 590 种，其中外文期刊占绝大部分，有 57 407 种。数据库 168 种，其中书目资料库 34 个，全文资料库 131 个。缩微胶片 4 260 多件，视听资料 27 679 件，地图、挂图、图表等 50 幅。

长宽比
aspect ratio

特指移动图像的宽度与高度的比例。属“资源描述与检索”（RDA）的内容描述元素之一。

长令
long ream

纸张的计数单位。每一长令为 500 或 516 张纸。

（长篇）小说
novel

小说的一种样式，指篇幅长、情节复杂、容量大、人物较多和结构宏伟的一类小说。适于表现广阔的社会生活和人物的成长历程，并能反映某一时代的重大事件和历史面貌。长度一般在 5 万字以上。如笔名为哈金的旅美作家金雪飞所出版的长篇英文小说《战争垃圾》获 2005 年“美国笔会福克纳小说奖”。还有列夫·托尔斯泰的《战争与和平》，曹雪芹的《红楼梦》以及巴尔扎克的《人间喜剧》等。novel 源于意大利文“*novella*”一词，意即“一种新的小东西”。在大多数欧洲语言中，小说一词均为“roman”，来源于中世纪的传奇小说传统。

长期订单
till forbid order

重要的连续出版的文献要连年订购，如果未得到特别的取消通知，订购长期有效，如订购多卷集或丛书等。

长崎县立图书馆（日本）
Nagasaki Prefectural Library/*長崎県立長崎図書館*

1912 年 6 月 1 日，在长崎县文库的基础上，在长崎市新桥町开馆，当时藏书只有 2 400 册。该馆现占地面积 4 000 平方米，建筑物面积 1 100 平方米，其中包括 5 个楼面的 7 层书库。拥有馆藏 90 多万册（件）。2006 年 12 月建立“上海之窗”。

长三角大学图书馆联盟
Yangtze River University Library Alliance

根据 2011 年长三角教育联动发展研讨会形成的共识，2011 年 4 月 8 日，上海市教育委员会、江苏省教育厅、浙江省教育厅共同签署了“长三角地区高校图书馆联盟的框架协议”。为贯彻落实“框架协议”的精神，两省一市教委（教育厅）高教处和高校图工委本着“优势互补、相互开放、互惠互利、共同发展”的原则，就具体合作项目和内容进行了多次协商，达成共识。共建一个以数字资源为主体的包括印本资源在内的长江三角洲地区高校图书馆文献信息资源服务共享平台，以实现长三角地区高校文献信息资源的共建、共知和共享。同时，还将积极为两省一市高校特别是高职高专院校图书馆的专业人员提供各类进修、培训的机会，迅速提高长三角地区高校图书馆馆员的整体专业水平和实际能力。该联盟的建立，有助于完善和提升三地现有的文献信息服务能力。

长沙缯书
Silk Books Found in Changsha

1942 年在长沙子弹库楚墓出土的缯书，是写在丝织品上的书，呈长方形，长约 46 厘米，宽约 38 厘米。中心有两段文字，为墨书，共 948 字，行文颠倒排列，可分为甲、乙编，甲编 13 行，乙编 8 行，四周用朱、绛、青三色绘有神物和树木等图像和解说词，图像为彩绘。此缯书是中国最早用毛笔与彩墨书画的珍贵图书资料。

长体的下伸字母
long descender

西文下伸字母如 g，j，p，q，y 等，其延伸长度是字体设计中的一个特征，通常认为长体下伸字母比较优美。

长条校样
galley proof（slip proof）

拼版前用长方形活字盘内排就的版面所打的长条形，为等待校对改动后拼版付印的一种校样，长条校样一般不包括插图和索引之类的内容。

长尾理论
Long Tail Theory

由美国人克里斯·安德森（Chris Anderson）提出的网络时代的一种新经济理论。所谓“长尾”，实际上是网络环境下特定产品的供需曲线，由于这条曲线看上去像一条长长的尾巴，所以称为长尾。长尾这一概念由安德森提出后，很快发展成为一种新经济理论。

长效保存胶卷
permanent record film

指在一定的条件下，可以永久性保存的照片胶卷或缩微胶片。

长型字母
long letters

伸至基线以上和以下的西文字母，如 f、j、g、p、q 和 y 等。

长音符号字
long letters

加有长音符号的西文字母，如 ā，ē，ī 等。

常见问题
frequently asked questions（FAQ）

一种在线的或印刷体的文本文件，主要就人们对某一个特定领域、事务或主题等经常提及的问题进行回答，包括用户提问概率很高的问题答案的文件。可以作为一种小型指导手册，为不熟悉计算机系统或软件程序的用户提供帮助。

常量数据记录
constant data record

一个不完全记录，包含了在创建或编辑一条记录时重复使用的标准化内容，从而编目员无需每次重复输入。使用 OCLC 编目和资源共享服务的机构的编目员可以自行创建和共享本馆的常量数据记录。

C

常青开源图书馆集成系统
Evergreen ILS

开源图书馆集成系统，采用通用公共许可证（GNU GPL）协议，适用于图书馆及图书馆联盟。旨在为较大型图书馆设计出稳定、健壮、灵活、安全和用户友好的图书馆集成系统。2006 年由美国佐治亚公共图书馆系统首创，服务于该州约 250 所公共图书馆。现已被美国和加拿大的很多图书馆联盟及图书馆采用（约 800 多所），并已用于北美之外的图书馆。

常务委员会
standing committee

指一个按照一定程序建立及管理的常设委员会。通常以支持某个组织的目标和使命，为实现其目标并且具有特定的职责。常务委员会不同于临时性委员会，临时性委员会是为了某个特定的问题和临时性的任务而组成，一旦其目标和任务完成即解散。

常用参考工具书
quick-reference books

辞典、指南、名录、年鉴、百科全书、手册、书目和索引等经常使用的参考工具。

常用参考资料
ready reference

图书馆员在解答问题、查找事实过程中经常要用到的一类参考书。图书馆一般把这类参考书集中放在一起，专供在室内参考使用，目前大部分图书馆还为读者提供网上参考资源查询服务。

常用名，流行名称
predominant name

在西文权威的典籍中，当个人或团体有多个合法的名称，而且其中某个名称特别著名或特别流行时，著者标目就会使用这个名称，而不论其为真名、昵称、笔名、缩略名还是其他形式的名称，比如，查尔斯·勒特威奇·道奇森（Charles Lutwidge Dodgson）（原名）和刘易斯·卡罗尔（Lewis Karroll）（查尔斯·勒特威奇· 道奇森的笔名），这两个名称中，著录时只选择其中的一个作为标目。

常驻字体
resident font

特指打印机在出厂前已被加载到其内存储器中的各种预定字体。

常作然（1941—）
Chang Zuoran

内蒙古自治区图书馆研究馆员。1965 年毕业于河北大学外语系，1966 年随内蒙古科技图书馆并入内蒙古图书馆工作。曾任该馆科技部负责人、业务副馆长，兼任中国图书馆学会第三、四届理事、第五届常务理事、第六届名誉理事；内蒙古图书馆学会常务理事、学术委员会主任、副理事长和秘书长。发表论著多部（篇），并多次受到奖励。

厂内校对员
reader for the printer

特指在印刷厂内从事样稿校对工作的专职人员。

场地许可
site license

软件应用的一种许可方式。由软件产品的开发商或经销商授予一家公司、代理商或组织机构拥有使用该项产品的正式许可权利。在特定条件下，在拥有一特定的 IP 地址的计算机上，或在指定的 IP 地址范围内的所有计算机上使用，通常支付年费方可获得场地许可。

畅销书
bestseller

受到读者热烈欢迎、销售量极高的图书，通常在书店和图书馆中会有大量宣传。由于这种书的需求量极高，因此大都会被大量盗版出售和流通。主要的报纸和评论类刊物经常公布有关小说类、散文类的畅销书目录，有时也会公布儿童文学的畅销书目。

唱片
phonograph record

一种扁平的薄型圆盘，常用乙烯树脂制成，在单面或正反两面的螺旋型凹槽里记录声音。随着唱片在放音机里的旋转，凹槽使唱针产生震动，拾音器把唱针的机械振动转换成电脉冲，放大器把电脉冲增强并通过扬声器把电信号还原为声信号。唱片按记录声音的方式可分为单声道和立体声；记录的内容可分为语音教学唱片、音乐唱片；按转速可分为快转和慢转，最常用的是 33 转/分。在图书馆，乙烯树脂唱片被作为档案保存。

C

唱片分类目录
discography

将唱片按一定形式排列、加以揭示的记录或索引，通常集中一个作曲家或演奏家的作品，或某种风格、流派或某个时期的音乐作品。在唱片目录中，各款目都包括以下部分或全部描述成分：作品名称、作曲家和演奏家名称、录音日期、生产厂家名称和编目号码、发行日期。又指唱片编目工作以及将录音作为媒体而开展的研究。编制这种目录的人被称为唱片编目员。

唱片套，唱片盒
album

保存旧式留声机唱片的装置，通常用带有插图的硬纸板作封面，纸板内部印制唱片的曲目以及内容描述。

唱片图书馆
gramophone library

专门收集、整理唱片以及按唱片题名、类型、作者和表演者名称编制目录，为读者提供服务的图书馆。1914 年，美国明尼苏达州圣保罗城图书馆开设了世界上最早的唱片图书馆。开馆伊始，只有当地妇女俱乐部寄赠的 25 张唱片，到 1919 年，图书馆所收藏的唱片已近 600 张，借出次数达 3 505 次。还有一种“唱片图书馆”，一张唱片大小的装置能存储大量资料，20 卷的《美国学术百科全书》(*Academic American Encyclopedia*) 中的 900 万个词，只占一张直径 4.7 寸的唱片的 4/5。使用时，只要将唱片放入与计算机连在一起的唱机上，即可查阅到要找的资料。

唱片制作者
producers of sound recordings

亦称录音制品制作者，指首次将表演的声音或其他声音录制下来的自然人或法人。

抄本学，手稿学
Codicology

对手抄本书的物理特性进行研究，是作为鉴定古典手稿和中世纪手抄本变化（无意和故意的）的方法。

抄录
transcribe

通常指将讲话、广播、声音记录或其他口头文字用手写或用打字机打印出来，或者是上述材料的副本。

抄袭，剽窃
plagiarism

专指复制或完全模仿他人作品的行为，是侵犯他人著作权的一种行为。避免侵犯他人著作权最好的方法就是在作品中用自己的话语来表达，如果确实需要引用他人作品中的观点或论据，也应该在脚注或尾注中加以说明。现在因特网上一种另类的剽窃现象正在悄然兴起，这就是所谓的“论文制造工场”。用户可以通过网络在这里购买到适合自己学科研究方向的论文，现在大多数高校和学术单位都把这种现象也归属于剽窃，并予以严厉的打击。但是，如何识别区分这种假论文还需要新技术的帮助。plagiarism 来源于拉丁文 *plagiarius*，原意是“绑匪”。

抄写员
scribe

专门誊写手稿的人。中世纪时，抄写员通常是在罗马天主教宗教机构修道院缮写室工作的修道士。又指犹太法律学家。在犹太史的波斯时期及古希腊时期，这一阶层的人专门致力于法律研究或解释法律，他们本来是圣经的抄写员、编辑及解释者，尤其是作为法律的抄写员、编辑及解释者，而在新约时期则主要当法官。

超短篇小说
short short story

也称小小说、微型小说。起源于英国，20 世纪 50 年代末传入日本。是一种 500 ~ 1 500 字的叙事文学作品，包含短篇小说的所有要素，形式简明。这种小说吸取了特写、散文中某些独特的表现手法，在描写中具有散文的笔法。其选材角度一般比较小，主题单纯，通常为追求耸人听闻的效果而撰写或讲述，情节发展很快、结局突兀。

超高频射频识别
Ultra High Frequency Radio Frequency Identification (UHF RFID)

无线射频识别（RFID）是一种利用无线射频信号（通过空间耦合或交变磁场或电磁场）实现非接触信息传递，并获取目标对象相关数据信息的自动识别技术，根据工作频率的不同可分为低频（30 kHz ~ 300 kHz）、中频（3 MHz ~ 30 MHz）和超高频（300 MHz ~ 3 GHz）RFID 系统。工作于超高频（UHF）频段的无线射频识别称为超高频射频识别，具有读写速度快、标签存储容量大、识别距离远、能适应物体高速运动、可同时读写多个电子标签、阅读器及电子标签天线具有较强的方向性等特点，在物流、仓储管理、交通管理、追踪和防伪等领域得到越来越广泛的应用。

超级计算机
supercomputer

一种具有复杂运算能力、超快执行速度、功能强大的计算机系统。相对于一般计算机系统而言，由于其速度快、功能强、规模大，成本也相应比较高。常常用于政府部门和大学的研究机构，尤其是气象研究和空间技术部门。

超级链接
hyperlink

指在超文本文档中的某个元素如单词、短语、符号或图像等，与该文档中的另外一个元素或与另一超文本文档、文件或命令程序之间的一种链接。这些元素一般具有下划线或与文档中其他元素颜色不同，以示区别。

超媒体
hypermedia

一种利用多媒体资源（文字、图像、图形、音频和视频等）的相互关联的信息存储和检索系统。超媒体技术是用于表示组织、存储和访问多媒体文档的信息技术，是超文本概念在多媒体文档中的推广，用户可以在相关的主题之间查询所需要的信息。超媒体试图提供一种符合人类思维习惯的学习和工作环境。

超时工作
overtime

指图书馆员的工作时间超过了正常的工作时间，还指在固定时间外为完成最低工作定额所花费的时间。

超时，时间超限
timeout

计算机运行中，在一段时间内没有反应，就会启动一个自动中止程序，例如用户检索一个书目数据库，如果在规定的时间内没有对其操作，系统就会因超时而切断用户与数据库的联系。

超缩微平片
ultrafiche

能够将 3 200 页 8. 5 英寸（21. 59 厘米）×11 英寸（27. 94 厘米）尺寸大小纸的内容记录在 4 英寸（10. 16 厘米）×6 英寸（15. 24 厘米）透明的卡片上。使用时将这些卡片（缩微胶片）插入阅读机，一页的内容会被投射到比通常尺寸稍大一点的屏幕上。经过层压处理，缩微平片变得耐用结实，而且同缩微胶片上容纳的图书相比，也并不昂贵。这种平片提供了使图书馆小型化的有效方法。一所拥有 10 万册藏书的超缩微平片图书馆，其体积只有大约 3 个文件箱大小。要阅读超缩微胶片，需要一种特殊的阅读印刷机。

超王裁
super royal

指一种印刷用纸的规格，其尺寸为 20. 5 英寸×27. 5 英寸。

超文本
hypertext

一种数字化数据的组织方式，能使文件建立内在的链接，而不是以一种严格的线性顺序查看。嵌在超文本标记语言（HTML）文件中的活动链接可使信息以一种非线性、相互关联的方式得以浏览，类似人类的思维方式。超文本是万维网上基本的组织原则。

超文本标记语言
Hypertext Markup Language（HTML）

用于建立一个超文本文件，该文件可以通过万维网和内联网、外联网获得。超文本标记语言脚本是一种跨平台的表示性语言，允许作者混合使用文本、框架、图片、声音、视频以及在一个网页内链接其他文件和附件。用户若想查看一个网页所使用的超文本标记语言代码，可以点击浏览器中的“查看”或工具栏中的相应选项，然后选择“源文件”或“源页面”。

（超文本标记语言的）编辑程序
HTML editor

一种使网页设计者不需要键入超文本标记语言代码就可以生成网页的计算机软件，该软件能自动提供超文本标记语言编码或编码提示，并在屏幕上显示一些格式。

超文本传输协议

Hyper Text Transfer Protocol（HTTP）

一种在Web浏览器软件中使用的通讯协议，该协议在一台客户机与一台远程Web服务器之间建立联系，使得服务器能够通过因特网向安装了浏览器的客户机传输超文本标记语言格式的数据文件。该协议是Web最基本、运行最多的协议。

超星电子书

Super Star e-books

指由超星数字图书馆提供在线阅读、下载的中文电子图书，有100万种，内容涵盖“中图法”22大类，其中文本格式电子图书有30万册，图像格式电子图书70万册，其中2000年以后出版的图书达到了31万册。内容涉及计算机、政治、经济、文学、艺术、数学、工业技术、生物科学和医学等20多个大类，并且每天仍在不断增加与更新。提供检索功能及分类索引，可在线阅读全文。阅读时，可检索、识别、打印、下载所需的全文图书。使用超星阅读器的版本必须在4.0以上版本（即最新版）。使用超星阅读器（SSreader）可以满足下载、打印、OCR文字识别、标注等需求。

超印本

over copy

指超出指定印刷数量的书本。

超印量

overrun

考虑到印刷和装订中正常的损耗，一种出版物印刷的数量超过出版商预定的数量。

超越服务，扩大服务范围

outreach

为了满足那些未享受到服务或享受服务不够的读者的信息需求，图书馆把其服务项目和业务活动扩大到超出当前或传统的范围和界限。这些读者大都为残障人士或母语不流畅的人和文盲等。在大型公共图书馆，指定馆员专门提供这类服务。

超载

overload

在计算机实时操作系统中，由于输入的信息太多而出现了拥塞现象，以致系统不能及时处理输入信息的一种状态。

朝代代号

regnal numbers

布朗主题分类法（Brown Subject Classification）分类号中的部分特定号码。一般表示某一国家历史上的某一朝代。皇室人物传记、史料、国家文书和其他历史性资料均可用这种朝代代号进行标引。

朝鲜版本

Korean edition

指朝鲜刻印的中国古籍。中国印刷术很早就传入朝鲜，并通过朝鲜传入日本。朝鲜版本无论活字本还是刻本，均用软体大字，采用皮纸精印，书品宽大，非常醒目。与日本版本相比，在字体与装订等方面均胜一筹。亦称高丽本或韩本。

朝鲜活字本

Korean Movable-type Edition

用胶泥、木、铜、铁、铅、锡、磁和瓢制成方块单字，然后排版印刷的图书，称为活字本。中国印刷术流入朝鲜甚早，朝鲜用活字法印刷的汉文书籍称为朝鲜活字本，以木活字本最常见，铜活字本亦多，陶、瓢和铅等材料也间有采用，其特点是采用软体大字，皮纸精印，书品宽大。

朝鲜人民大学习堂

The Grand People's Study House DPRK

前身是1945年的平壤市立图书馆，再上溯则为日占时期的平壤府立图书馆，1946年更名为国立中央图书馆，开始履行国家图书馆的职能，在朝鲜图书馆事业中起枢纽作用。作为朝鲜国家图书馆的人民大学习堂，成立于1982年，是隶属于政务院的部级单位。大学习堂还办有研究生院，授予学位，学员对象为非图书馆学专业在图书馆工作的大学本科生。朝鲜人民大学习堂拥有阅览座位5 000席，日均接待读者1.2万人。

《朝鲜日报》

Korean Daily News

韩国历史悠久的私营股份制综合性报纸，1920年3月5日创刊。办报宗旨：拥护正义、建设文化、发展产业、不偏不倚。该报以其独立的编辑政策及其对舆论有较大的影响而闻名，并享有批评官僚的自由，因此一向站在领导社会变革的前列。《朝鲜日报》发行量约200万份，国内有1 415个分社和记者站，在中、美等国设有海外记者站。

C

朝鲜中央通讯社
Korean Central News Agency（KCNA）

简称朝中社，为朝鲜国家通讯社，1946 年 12 月 5 日成立。朝鲜政府和朝鲜劳动党的重要喉舌，总部设在平壤，在朝鲜各省和国外均设有分部。对外发稿语言有英语、俄语和西班牙语。发行日刊《朝鲜中央通讯》等。

撤销操作
Undo

Connexion 编目系统中“编辑”菜单中的一条命令。在单元格内，此命令用于取消最后一个更改（一次取消一个更改）。

撤销选择
deselection

在图书馆经费紧张时重新审核图书预订目录，以便取消预订图书的审议过程。此外，该词还用于根据图书和非印刷资料的流通和自身情况来确定某些资料是否应该剔除的审议过程。

撤页
suppressed

因为错误或其他原因从书或其他出版物中撤销部分书页，在编目时必须在著录项中注明。

《沉思与对话：高校图书馆新馆建设》
Meditation and Dialog: New Building Development in Academic Libraries

刘锦山、崔凤雷和高新陵编著。该书全面反映中国 2000 年以来的高校图书馆新馆建设情况，对于高校图书馆新馆建设过程中需要注意的问题详加讨论，并将图书馆新馆建设过程中所取得的宝贵经验辅以生动的案例，以生动的方式展示出来。全书分为“高校图书馆新馆建设概述”、“高校图书馆建设对话”、“部分高校图书馆新馆介绍”与“部分图书馆家具集萃”四部分。由国家图书馆出版社于 2010 年出版。

陈传夫（1962—）
Chen Chuanfu

武汉大学教务部部长。教授、博士生导师。先后获武汉大学图书馆学硕士学位和国际法学博士学位。兼任中国图书馆学会第八届理事会副理事长。曾任武汉大学信息管理学院院长。主持完成多项自然科学基金会国家级和国际合作项目。主要研究方向：目录学、知识产权法和社会信息建设。曾以访问学者身份赴美国华盛顿大学图书馆学情报学院、法国巴黎第 11 大学法学院等从事研究工作。出版专著多部，发表论文近百篇。

陈词滥调
cliche

一个词、一个短语或一种表达方式等用得过多、过滥，以至于失去其影响，或在某种程度上失去了原意，被认为是缺乏想象力。严肃的作家和演说家都会避免陈词滥调的现象，但不包括讲话者在谈话中希望表明其重要观点而引用或借用的话等。在文学中，使用过滥的情节或特征会使该文或该书丧失特色。cliche 来源于法文“*clicher*”一词，意思为“陈规旧俗，陈词滥调”等。

陈第（1541—1617）
Chen Di

字季立，号一斋，晚号温麻山农。福建连江人。明代古音韵学家、藏书家。平生“唯书是癖”，对收藏图书、研究学问乐此不疲。回乡后潜心读书治学，在居中辟一室曰：“世善堂”以收藏图书。经过 40 多年穷搜苦求，积累图书近万有余卷。明万历四十四年（1616 年），和儿孙一起把藏书整理，编成《世善堂书目》二卷。在目录学、文献学、分类法、版本学等方面都有重要学术价值。著有：《毛诗古音考》、《尚书疏衍》、《屈宋古音义》和《一斋诗集》等。

（陈腐的）新闻文体
journalese

由一些报纸和广播记者使用的相当陈腐的一种写作方式。它用陈词滥调来竭力推销一个故事以迎合更大范围内的可能的读者、听众，而不用严肃的新闻表现方法。

陈光祚（1935—）
Chen Guangzuo

武汉大学信息管理学院教授、博士生导师。1957 年毕业于北京大学图书馆学系，并在武汉大学图书馆学系任教，从事图书馆学、信息管理学教学与科研工作 50 多年。1985 年作为访问学者赴英国拉夫巴勒大学一年。1984 年起任该校武汉大学图书情报学院情报科学系首届系主任。1989 年起任该校图书馆学情报学研究所所长。1991 年，在全文数据库研究的基础上，成功制作中国第一部电子图书——《国共两党关系通史》（150 万字）。这种以全文数据库为基础的电子出版物，具有较强的信息检索和聚类功能，成为新型的读书治学的工具。此后，又相继制作了《中国名胜诗词》、《红楼梦》和《市场经济大辞典》等电子图书。2002 年，陈光祚提出了关于创建 e 时代私人藏书楼——个人数字图书馆的观点，并一直致力于个人数字图书馆的建设实践。该个人数字图书馆采用联合国教科文组织的多媒体信息存储与检索软件 WINISIS（该软件由陈光祚及其博士生于 2002 年汉化成功）。曾担任国家教委文献检索系列教材编审委员会委员，国家科委全国计算机情报检索系统领导小组技术顾问，文化部图书馆集成系统研究顾问，《情报学报》、《情报科学》、《情报科学技术》等杂志编委。研究涉及普通目录学、图书馆学、科技文献检索、计算机检索等诸多领域，有大批论（译）著问世。

陈鸿舜（1905—1986）
Chen Hongshun

北京大学图书馆学系教授。1926 年燕京大学经济学系毕业后，留校任图书馆秘书。1941 年赴美国哈佛大学汉和图书馆工作。次年入哥伦比亚大学图书馆学院学习，毕业后任该校东亚图书馆研究员。1947—1952 年，任燕京大学图书馆主任，并兼任北京大学图书馆学专修科教学工作、北京大学图书馆学系教授、中国图书馆学会编辑委员会委员、学术工作委员会顾问、中国科学技术情报学会理事。对高等院校图书馆管理、藏书建设、社会科学文献参考工作有专深研究，发表论著多部（篇）。

陈力（1958—）
Chen Li

博士、研究馆员、中国国家图书馆副馆长，兼任中国图书馆学会第八届理事会副理事长。1988 年四川大学历史系博士研究生毕业后，在四川大学图书馆工作，先后任副馆长、馆长。2001 年调入中国国家图书馆，任副馆长。

陈列
exhibit

对所展示的物品按一定程序排列组合，并从不同角度给予科学的解释，从而达到揭示主题和宣传教育之目的。陈列工作是博物馆、艺术馆的中心环节，与一般意义上的展览比较，从主题到设计都更明确、周密。

陈列用豪华本
table book

豪华本是指封面用丝绸或天鹅绒包装的书籍。19 世纪时期西方富人常将其陈列于私人会客室，coffee table book 是指当代陈列用豪华本。

陈刘钦智（1937—）
Ching-chin Chen

美国西蒙斯大学荣誉教授，“全球联接与合作机构”董事长。曾经担任美国总统信息技术咨询委员会成员。拥有 10 年的管理资历及 39 年的教学、研究、咨询和学术演讲经验。其研究重点是数字人文、光学技术、数字媒体和多媒体技术等。所创造的可为全世界共用的世界遗产及文化知识信息知识库，其中最为知名的“全球记忆网”项目和“世界遗产记忆网”。获得来自世界各地 20 多个重要奖项与荣誉，其中包括 2006 年 6 月的 LITA/OCLC 颁发的 Kilgor 奖和 2008 年 6 月由美国图书馆协会颁发的 Beta Phi Mu 荣誉奖。由于所开展的研发工作具有深远而广泛的社会影响力，获得美国联邦文化公约组织颁发的国际和平奖。编辑与撰写 30 多部专著，发表 200 多篇学术论文。

陈梦雷（1650—1741）
Chen Menglei

字则震，号省斋，晚号松鹤老人。福建侯官（今福州市）人。清代学者、类书编辑者。清康熙时进士，授翰林院编修。一生著作颇多，编撰有《周易浅述》、《松鹤山房集》和《天一道人集》等书，并主持编成大型类书《古今图书集成》，广受国内外学者的赞誉。

陈能华（1957—）
Chen Nenghua

湘潭大学管理学院教授、硕士生导师、院长。1982 年毕业于湖南大学图书馆学情报学系，长期从事图书馆学与信息管理的教学与研究。曾任教育部高等学校本科教育图书馆学学科教学指导委员会委员、中国图书馆学会第八届理事会理事兼学术研究委员会图书馆学教育专业委员会委员、湖南省图书馆学会副理事长和湘潭大学学位委员会委员等。著有《广告信息传播》等专著多部，发表论文 80 余篇，主持和参与研究科研课题 14 项。

C

陈锐（1963—）
Chen Rui

研究馆员，军事医学科学院情报学硕士研究生导师。解放军医学图书馆馆长。兼任中国图书馆学会第八届理事会常务理事、医院图书馆委员会主任委员、学术研究委员会用户研究与服务专业委员会委员以及中华预防医学会信息学分会常务理事、中华医学会信息学分会委员、中国图书馆学会专业图书馆委员会常务理事、全军卫生信息学图书情报分委会主任委员、世界中医药学会联合会信息专业委员会常务理事、国防医学信息专业委员会委员、《中华医学图书情报杂志》编委会主任委员、《中华医学科研管理杂志》特邀编委以及《图书馆报》编委。共承担科研项目23项，作为课题负责人10项。完成并获国家科技进步二等奖1项，军队科技进步二等奖1项、三等奖7项，在研课题14项。主编专著1部，副主编专著3部，参编专著3部。发表论文20余篇。

陈树年（1946—）
Chen Shunian

华东理工大学科技信息研究所所长。1970年毕业于解放军军事工程学院导弹系，1972年到陕西省宝鸡市图书馆工作，1984—1993年任该馆馆长，1993年起任华东理工大学石油化工学院图书馆馆长、研究馆员，发表学术论文40余篇，并多次获奖。

陈雪华（1954—）
Hsueh-Hua Chen

中国台湾大学教授、图书馆馆长以及出版中心主任，美国乔治亚大学博士。曾任空中大学副教授兼研究处处长和台湾大学图书资讯学系主任暨研究所所长。研究领域为资讯组织、数位典藏、知识管理和知识组织。发表学术性论著60多篇，其中包括期刊论文、研讨会论文。编辑专书或会议论文集2本、技术报告16本，其中论著的主题包括资讯组织、知识管理、电子资源、数位典藏以及数位内容等。

陈誉（1920—2003）
Chen Yu

中国图书馆学教育家，教授。1943年毕业于西南联合大学社会学系，1950年毕业于美国哥伦比亚大学社会工作研究生院，获硕士学位，同年回国。历任华东师范大学政治教育系资料室主任，校图书馆副馆长、馆长。1979年主持创建华东师范大学图书馆学系并任系主任、教授和硕士研究生导师。曾任中国图书馆学会理事、常务理事和中国社会科学情报学会理事。在社会科学情报、外文参考和图书馆学情报学教育等领域均有专深研究，在图书馆变革背景上的学术研究促进了当代图书馆学理论的发展，在社科情报的理论研究中提出了以社会科学发展为基础的社科情报体系，为学科建设做出了重要贡献。著述甚丰。

陈源蒸（1935—）
Chen Yuanzheng

研究馆员。1960年毕业于北京大学图书馆学系，后留校图书馆工作，1984年任中宣部出版局图书馆处副处长，1987年10月任中国科学院文献情报中心计算机室主任，1993年12月任中宣部出版局调研员。从20世纪80年代起从事图书馆自动化与计算机在出版工作中的研究、开发，取得不少成果。在对图书馆学的宏观研究中，提出文献信息系统工程思想。1996年开始关注数字图书馆的研究，主张从出版物生产的源头解决文献资源的数字化问题；倡导图书在版编目的电子化（ECIP）的实施，实现中文图书的自动编目，并对其实现进行模拟试验，对XML语言的应用、DC元数据与MARC格式的改进以及排版软件的潜力做了深入研究，撰写了《中文图书ECIP与自动编目手册》一书。与张宝元合作研制成实际应用系统。发表论文100多篇，出版专著多部。研制软件包括工具书刊排版与造库系统、中国科学院文献情报中心集成管理系统、中文图书自动编目系统等。

陈兆能（1936—）
Chen Zhaoneng

上海交通大学教授，机电控制及自动化学科博士生导师，曾任上海交通大学图书馆馆长。1963年毕业于西安交通大学机械系，研究生学历。1964年起一直在上海交通大学任教。1981—1983年在美国俄克拉荷马州立大学做访问学者，1993年任澳大利亚莫纳什大学访问教授。历任上海交通大学机械工程系主任、机械工程研究所所长。出版专著多部，发表论文数百篇。

衬垫袋
padded envelope

一种特殊的包装袋，外形类似普通的信封，其外皮是强韧的牛皮纸，内衬是由塑料薄膜制成的含有空气小泡的缓冲垫或者是柔软的纤维。这种包装袋可以有效地避免袋中的物品在运输过程中受到损坏。在图书馆，这种包装袋被广泛地用于馆际互借。用户可以从图书馆供应商那里获得各种型号的衬垫袋，如果用户在开启时小心一些，一个衬垫袋可以被多次使用。

衬脊纸
lining paper for spine

书脊里面所衬的纸或布，用以加固书的钉线部分。

衬页
endpaper（endleaf）

书籍装帧中，由纸张对折而成的坚实衬纸，牢固粘贴在书芯第一帖和最后一帖的折缝处，每一衬页的一半紧密黏合在前后封面的内侧，另一半成为扉页。为增加强度，有些书籍采用双衬页。一些古旧书籍的衬页常采用大理石花纹装饰。在现代图书印刷出版中，有时在衬页上印制地图、系谱、表格或图表等。endpaper 亦可拼作：end-paper。

衬纸
flyleaf

粘贴在礼盒内部边沿的纸张，用来覆盖礼盒内的礼品或作装饰用。

称号，别称
epithet

一个常与人的名字固定地连在一起的词或短语，用来表达一个人特性的称谓。用以区别原名，著录标目时放在个人名字之后。当具有多个称谓时，称谓之间用“，”分隔。

成本回收
cost-recovery

销售商或供应商以收回成本的价格（无利润）所提供的产品或服务。例如，绝大多数高等院校图书馆提供的文献传递服务就是一种成本回收性的服务。

成本效益
cost-effective

通过控制所投入的时间、金钱和物资等资源的数量进而减少开支的一种做法。对于无形的开支、间歇性的花费以及长期的支付，是很难确定其货币价值的。

成本预测
cost projection

运用一定的科学方法，对未来成本水平及其变化趋势做出科学的估计。通过成本预测，有助于减少决策的盲目性，使管理者易于挑选最优方案，做出正确决策。图书馆馆长应根据图书采购成本特性和数据资料，运用定量分析和定性分析相结合方法，对各类图书资料费用（书籍、期刊等）有关未来的成本水平及变动趋势做出估计。

成功大学图书馆
National Cheng Kung University Library

初建于 1931 年 1 月。原名为台南高等工业学校事务部图书课，1971 年 7 月改为现名。2001 年 6 月新建馆舍落成启用，总面积为 39 800 平方米。拥有图书、期刊合订本、视听等非书资料 230 万册，电子图书 430 000 种，32 000 种电子期刊和 420 余种数据库。

成年人
adult

身体、精神各方面都发育完全，达到法定年龄，能够做出慎重决策并为自己的行为承担法律责任的人。图书馆的借阅工作是建立在假定成年人能自主决定他或她所需借阅图书的前提之下开展的。对于未成年人来说，尽管监护人对其行为负责，图书馆员仍有必要对他们的图书借阅活动提供适当的指导以促进其健康成长。

成批处理
batch processing

将需要计算机处理的工作积累到一定的数量时再进行一次运行处理，而不是有一个就处理一个，这主要用于自动化编目和馆际互借，以提高效率和减少开支。成批处理有脱线和在线两种方法。

成人读者服务
adult service

公共图书馆中专为满足成人读者的需求而提供的服务项目和图书资料。

成人教育
adult education

特别为那些错过了受普通高等教育的机会的成

年人而设计的课程和培训体系。又称为“业余教育”，是终身教育的组成部分，也是学校教育的继续和延伸。这种教育具有形式多样性、原则实用性和规模社会性的特点。由于这些成年人比普通学生少了很多的图书馆使用和信息检索技能培养的机会，所以他们需要更多的咨询帮助和更基本的书目指导。

成人学生
adult learner

高于普通入学年龄，从事独立的、有组织的课程学习但未被纳入传统教育体制的那一部分学生，也就是参加成人教育的学生。他们往往比普通学生需要更基本的书目指导。

成语，习语
idiom

在语言的字面意义之外为大家所熟知的另外的含义。也可能指某些由特定人群所使用的术语，或因语法结构特殊或无法拆开而只能依据其组织成分来解释的语言形式或某种固定的语言表达方法；或是某个民族特有的语言或行为方式。因为其具有语言的特殊性，因此它们很难被翻译。同时也指一种特有的风格，尤其在艺术方面，表示以某个个人、学派、时代或媒介为代表的艺术风格。或指特定人群、地理区域或社会阶层所使用的特别的语言。成语词典或习语词典一般置于图书馆的参考部门。

呈缴本
deposit copy

根据有关法律或法令规定，著者或出版者每出版一本新书刊都要免费呈缴一定的样本给版本图书馆或其他指定图书馆，这种制度称为呈缴本制度，所呈缴的样本为呈缴本。呈缴本制度起源于法国1537年由法国国王法兰西一世（*Franois* I，1494—1547）颁发的“蒙彼利埃敕令”。该敕令首次规定每种新书出版后都应免费送给皇家图书馆一册，以充实其馆藏，同时检查印刷品出版发行情况。目前世界上约有100多个国家和地区确立了呈缴本制度。美国《版权登记法》规定，凡在美国出版的书刊，一律须送两册给国会图书馆，并向版权局呈送样本、版费和申请进行版权登记。中国于1952年开始实施呈缴本制度。呈缴本制度能保证国家图书馆能够系统、全面地收藏本国出版物。

呈现格式
presentation format

制作投影图像所用的格式，如全景电影（cinerama）、矩形幕和球形幕电影（IMAX）。属电影放映特征之一。

城邦文化事业股份有限公司
Cite Publishing Ltd.

简称城邦文化、城邦文化事业，是当前台湾最大的出版集团。旗下拥有近40家出版社，内容广泛，每月有近70本出版刊物上市，旗下出版的杂志约有40种。该公司旗下各出版部门有很多出版公司加入，由城邦文化统一发行，并负责仓储、发行和行销等。

城市地图
city map

一种地图。其规格比公路交通图大，展示城市边界内的街道、公共运输线路、医院、公共图书馆、博物馆、公园、学校和其他主要机构以及文物建筑等的详图。

《城市图书馆集群化管理与研究》
Network Management of Cluster of City Libraries

李东来等编著。该书在充分利用现有技术成果、工作资料和实践经验的基础上，论述了中国城市图书馆事业发展历程以及城市图书馆现状及其发展历程，并且通过案例，探讨了网络环境下城市图书馆集群化发展趋势。由国家图书馆出版社于2005年出版。

城市图书馆，市图书馆
city library（urban library）（municipal library）

在城市建设的各级公共图书馆和一些富有该城市地方特色的专门图书馆的总称，由政府管理、资助和支持，免费为社会公众服务。城市图书馆是城市不断发展的产物，是一个城市开放的知识与信息中心，应努力促进全民阅读，为市民终身学习提供保障，促进学习型社会建设。

城市图书馆委员会（美国）
Urban Libraries Council（ULC）

美国图书馆协会的一个分支机构，于1971年建立，由为各地区大约50 000人服务的150所城市公共图书馆组成。其作用是解决常见问题，利用新的机会，鼓励应用研究，改进图书馆专业实践。

《城市图书馆研究》

Research on Urban Library

探讨了城市图书馆发展思路、发展路向、公共图书馆社会和谐与包容使命，城市图书馆未成年人服务理论的基础和资源，公共图书馆在城市知识化进程中的价值，欧洲数字图书馆的早年发展及对当地和区域所做的贡献，城市图书馆服务方式方法与工作技巧等。楮树青编著，由国家图书馆出版社于2012年7月出版。

城市指南

city directory

以人名字母、街道地址和电话号码为款目，列出某一城镇或城市居民和商业分布的情况。共有三部分，主要是按电话号码列出人名和地址或按街道的地址列出人名和电话号码。市场上销售的较新的城市指南包括邮政编码和人口调查统计区。城市指南每年出版一次，征订发行。图书馆通常将其放在备用的参考书架上。

城域网

metropolitan area network（MAN）

跨越整个城市的一种公用高速网络，一般以200Mbps的速度在75Km长的距离内传送声音、数据和图像。根据网络结构，在更短的距离，速度还可以进一步提高。城域网可以包括一个或多个局域网以及通信设备（如微波和卫星中转站），比广域网范围小，但速度快。

程德清（1911—2003）

Cheng Deqing

自1946年起先后担任北方大学、华北大学、中国人民大学图书馆和首都图书馆副馆长、中国人民大学图书馆党总支书记、馆长。兼任中国图书馆学会第一届、第二届常务理事会理事、出版编辑委员会副主任和《中国人民大学图书馆图书分类法》主编。

程焕文（1961—）

Cheng Huanwen

博士、教授、博士生导师、中山大学图书馆馆长。1986年起在中山大学信息管理系任教，历任系副主任、系主任、图书资讯研究所所长、网络教育学院院长和信息科技学院副院长；曾兼任国际图书馆协会联合会（IFLA）图书馆史专业组执行委员、图书馆学理论与研究专业组通讯委员、教育部高等学校图书情报工作指导委员会委员、中国图书馆学会第七届理事会常务理事、学术研究委员会副主任委员和图书馆史研究专业委员会主任、中国图书馆学会高校图书馆分会第一届委员会副主任以及广东图书馆学会理事长等数十项学术职务。独立完成学术多部，参与编写教材多部，在国内和美国、英国、法国、荷兰、新西兰、马来西亚发表中、英、法文学术论文100多篇，获教学与科研奖励20余项。

程小澜（1953—）

Cheng Xiaolan

研究馆员，毕业于武汉大学图书情报学院，获学士学位。历任杭州应用工程技术学院图书馆副馆长、浙江图书馆副馆长、馆长，并兼任浙江省图书馆学会副理事长，中国图书馆学会第七届理事会常务理事及学术研究委员会用户研究与服务专业委员会副主任、中国社会科学信息学会常务理事、国际图联（IFLA）善本与手稿专业组（Rare Books and Manuscripts Section）常务委员。浙江省第十届人大代表。从事图书馆情报研究和管理工作30余年，先后荣获浙江省哲学社会科学优秀成果一等奖、三等奖，文化部优秀专家等多项奖励。在国内外图书馆学情报学刊物发表论文70余篇，主编论著2部。

程序

program

按照特定计算机语言的语法规则所编写的含有数据定义语句和执行语句的一组完整的定义和指令，能控制计算机或其他智能装置执行预期操作。计算机程序可以分为系统程序、应用程序和实用程序。

程序编制器

programmer

指向计算机写入程序和数据的设备和软件。

程序控制器

programmer

在声像技术中，一种多功能多通道的控制器。在接收外部信号或内部同步器信号后，程序控制器可自动选择下一步控制功能并完成相应动作，如开灯、选出新的幻灯片来放映等。

C

程序库
library

计算机程序集或数据文档集，即一组预编好的软件程序。

程序设计语言
programming language

指编写计算机程序所用的语言，这是为数值科学计算、商用数据处理、系统程序设计以及为其他计算机程序而建立的人工语言。它是面向机器的语言、面向过程的语言或面向问题的语言，如ALGOL、FORTRAN、COBOL、PASCAL和PL/1等。

程序员
programmer

为计算机设计程序的专业人员。其任务是根据软件设计的总体方案，提出具体可行的设计规划，编制解题过程和流程图、编制指令序列，并对其进行调试等。

程亚男（1945—）
Cheng Yanan

深圳南山区图书馆研究馆员、深圳市图书馆专家委员会委员。1967年毕业于武汉大学图书馆学系。1973年开始从事图书馆工作，先后在贵州省锦屏县图书馆、贵州省黔东南自治州图书馆、湖南图书馆和深圳南山图书馆工作。历任湖南图书馆副馆长、湖南省图书馆学会秘书长、常务副理事长，并兼任《图书馆》杂志主编、中国图书馆学会理事、《中国图书馆学报》编委以及湖南省政协委员。1994年，主持筹建深圳南山图书馆并任馆长。出版专著数部，发表论文数百篇，并多次受到奖励。

持续性
Persistent

OCLC编目系统术语。数据或显示选项在变更之前保持有效状态。例如：一个图书馆馆藏代码一直持续到从系统退出，除非使用者有所更改。

持续修订版
continuous revision

每次印刷时通过修改正文的部分内容或插图，对教科书或参考工具书进行更新的过程，不同于对整个作品进行更新的修订版。

尺寸
Dimensions

资源的载体或容器的测度。不同类型资源规定有不同的尺寸记录方法，如片状的记录长度和宽度，胶卷记录宽度，圆盘记录直径，容器一般记录长、宽和高，等等。属“资源描述与检索”（RDA）的载体描述元素之一。

尺寸，范围
dimensions

书目著录中，被著录文献的实际长度。为载体形态项的著录内容之一，多以厘米表示，只有在特殊情况下，才采用其他度量单位。在文献目录中，有助于确定文献收藏地点，如大开本图书通常是另架排列。

尺牍
letter writing

即现在的书信。是人们用来交流思想和社会交际的书面语言。中国古代造纸术发明以前，人们书写文字主要是在削好的竹片或木片上，即竹简木牍。竹简木牍长度多在一尺到三尺左右，人们有时用简牍来书写信函，传递信息。

尺牍摹写本
letter book

用薄纸覆在原书上摹写而成的本子。坚韧而略带透明的纸张覆在底本上可显出原书字迹，再依照原样仔细描摹，精工者几可乱真，又称“影写本”。

敕撰本
Imprint by Imperial Order

从清初到乾隆年间奉皇帝命令编撰的书籍，称为“敕撰本”，敕撰本是清朝乾隆年间编修《四库全书》的文献来源之一。

充皮革，人造革漆布
leather cloth（leatherette）

又称“假皮”。用于装订图书封面的替代真皮材质的纸、麻布或塑料。经过粗加工处理后，可以模仿真皮材料，其表面具有与皮革相似的组织、纹路和色彩。

冲洗
rinsing

指在完成摄影工作以后，必须要把已曝光的银盐感光材料进行化学加工，才能使潜影显现出影像并且能固定下来的过程，也就是用水冲掉在显影和定影时残留在感光材料上的可溶性盐类和其他化学药品的过程。冲洗可使底片或照片免受残留物质侵蚀而不变质。冲洗时，水的流速、温度、pH 值对冲洗的效果有很大影响。

冲洗机
processor

能完成感光材料整个冲洗程序的装置。按操作方式，有手工和自动两种。手工操作的冲洗机主要有往复式手摇处理器和螺旋式卷片处理器。自动冲洗设备按传送胶卷方式可分滚轴输送式、水平输送式和环形输送式。

虫蛀
worming

由于图书本身有适于害虫生长繁殖的物质基础，如纸张的主要成分植物纤维和装订所用的浆糊、胶粘剂等是害虫喜食物质，加上书库内高温潮湿的环境，很易造成虫害。虫蛀的结果是纸张上形成孔洞或留下污迹，蛀损严重的图书甚至无法抢救。据调查，中国图书害虫的种类目前有 54 种，隶属于 6 目 19 科。其中分布范围较广的常见的害虫有缨尾目衣鱼科的毛衣鱼；啮虫目书虱科的书虱；鞘翅目窃蠹科的烟草甲、档案窃蠹；皮蠹科的花斑皮蠹等。害虫的防治方法有：控制库内的温湿度、熏和物理杀虫法。对虫蛀造成许多孔洞的图书进行修补，目前所采用的先进设备是纸浆补洞机。

重版，改版
re-edition

文字内容不经过修改或经过一定修改而再次编排印刷的作品。根据改订重版的次数，重版或改版图书可分别被称为第一版、第二版等。

重编页码
remake

印刷业术语。指重新编排某本图书的页码或对某一出版物的版面排列位置进行更改，但不改换其文字内容。

重播，再度上映
rerun

把已播放过的录音或录像资料进行再度放映的过程。尤指首轮放映后再度上映的电影片或电视片。

重叠处理
overlap processing

指计算机中不同部件的操作或同一部件内的各种操作同时进行，是用于提高运算速度的一种技术。例如，处理器和输入输出设备的操作可同时进行，在处理器内部，指令的预处理（例如取指令、译码、地址计算和取操作数等）以及指令的执行可同时进行。

重叠的视窗
overlaid windows

显示器上所显示的若干个彼此重叠的视窗，其中最上层的视窗必然是当前正在操作中的，如果将其最大化，则其他视窗将被完全遮盖。

重叠印（故障）
mackle（mackled proof）

由于印刷过程中机器故障而造成的印张污斑或重影，模糊不清。

重叠（政策）
superimposition

指美国国会图书馆的一种编目政策，又称新旧规则并存政策，即出现的新编目规则只适用于新的文献编目，依旧的规则编目的文献不需要重新编目。1967 年当《英美编目条例》成为全美国的编目规则后，所有图书馆都按照国会图书馆的做法，接受了编目的重叠政策。

重订
reorder

在图书采访工作中，填发订购某一出版物的订单后又一次收到相同订单并进行订购。一般在原订单未被执行的情况下会出现重订。当出版商首次发出订单后，如果出版物的出版发生了变更，也会要求图书馆对出版物进行重订。

重定格式
reformat

把一个文件从一种格式转换成另一种格式而不改变其内容的操作过程。例如，把一篇印刷型期刊论文转换成压缩存储的缩微文献，或从印刷型文本转换成美国信息交换标准码文本，以便将其收进全文期刊数据库中。当原先存储的文件或使用的设备因老化、过时而无法对电子版文献进行存取时，为永久保存文献起见，也需要对其进行重定格式。重

C

定格式还有另一种意思，即对已经格式化过的磁盘再度格式化。

重复出版
duplicate publication

一种出版物与另一种出版物中的内容部分或全部重复，包括用同一种语言出版和不同的语言出版。或者是选题重复雷同，内容大同小异，甚至装帧无新意的一种出版现象。

重复记录
duplicate record

图书馆目录中重复出现的书目记录。在 MARC 文档中，当一条记录被 OCLC 编目过程多次使用时便会出现重复纪录。创建书目数据库时，重复记录以批处理方式消除，即解备份。

重复检测和解决
Duplicate Detection and Resolution

用于识别和合并重复的图书、期刊书目记录的软件。由于在常规的书目数据批量处理过程中，一些重复记录没有被发现和合并，因此应用该软件通过复杂的算法来纠正这些错误。例如，在常规批量处理时，无法将出版商字符串“Charles Scribner”和“Chas. Scribner”匹配；但通过该软件，当发现其他条件都匹配时，会识别在出版商字符串中都有相同的“Scribner”，从而确定为重复记录，并将其合并。

重复键
repeating key

在计算机键盘上设置的一个功能键。只要按下这个键，计算机便可重复执行该键所对应的功能。松开时，重复操作结束。

重复性受损伤
repetitive strain injury（RSI）

一种与计算机操作工作有关的综合病征。特别是指与经常使用计算机键盘有关工作所引起的病征，由于手腕及臂部经常重复执行相同的操作，导致肌腱及韧带过度疲劳，引起严重不适。

重换封面
re-casing

一是指对一本封面已经脱落或开始松动的图书封面和衬页更换和重装；二是指用一种新的、符合特别需要的封面或包皮纸对一本新书进行封面的重装和美化。

重刊本，重刻本
later engraved edition

即“重刻本”或“翻刻本”，相对于“原刊本”“初刻本”而言，是在原刻本或其他早期重刊本的基础上重新刊刻的书本。重刊本中的全部文字和图像均是按照原刊本重新书绘而成的，因此其内容次序基本相同，但其主要规格（如版式大小、行款、字体、图形等）一般已作了不同程度的改动。各种不同的重刊本与原刊本相比，往往有字句的增减漏误等差异。有些未记明刊刻年代的重刊本习惯上被称为旧刊（刻）本。

重排版
resetting

特指对增订修改后书刊资料的重新排版。

重启动
reboot

计算机操作术语，指重新启动因故障（死机）而停止工作的计算机。重启动一般有两种方法：一种是热启动，即在不切断电源的情况下利用某些功能键来实现对计算机的重新启动。通常个人计算机是同时按下 Ctrl 键、Alt 键和 Delete 键，苹果机是按动 Reset 键。另一种是冷启动，即直接切断电源，然后再重新接通电源来启动计算机。需要注意的是，切断电源将造成未保存数据的丢失。

重启指令
restart instruction

计算机程序中可以重新启动程序执行过程的一种指令。

重庆大学图书馆
Chongqing University Library

于1930年建立，2000年5月由原重庆大学图书馆、重庆建筑大学图书馆和重庆建筑高等专科学校图书馆合并而成。拥有理工、建筑、应用技术、虎溪、艺术和法学6个分馆，馆舍面积为6.3万平方米，藏书680万册，其中纸质文献330万册，古籍2 332册，民国文献23 213册，电子图书160万种，中文电子期刊10 700余种，外文电子期刊20 800余种，学位论文250万篇以及检索数据库12个。该馆建有重庆大学图书馆学情报学研究所，承担国家社科基金项目、重庆市重点攻关项目等几十项科学研究项目，发表包括SSCI/SCI在内的高水平论文数十篇，编撰图书近10部。该馆还承担全校本科生和研究生的文献检索与利用课程的教学任务。2003年开始，与经济管理学院联合建设情报学硕士点。编辑出版内部刊物《砚溪》。

重庆市图书馆学会
Chongqing Society for Library Science

成立于1980年1月7日。多次召开学术研讨会，举办各类继续教育培训班，不断发展新会员，开展多种形式的科普宣传活动。与重庆市高校图工委和重庆图书馆联合编辑出版学术刊物《重庆图情研究》(季刊)。

《重庆图情研究》
Research on Library and Information Science of Chongqing Library

原名为于2000年创刊的《重庆图情通讯》，2003年4月更名为现刊名。由重庆市图书馆学会、重庆市高校图工委和重庆图书馆联合主办。主要栏目有“专稿”、“学术探讨”、“图书馆事业建设与发展”、“信息资源建设”、“图书馆现代化与信息服务”、“分类与编目”、“基层图书馆”和“简讯”等。该刊为季刊，有英文目录，自办发行。

重庆图书馆
Chongqing Library

中国综合性省级公共图书馆之一。建于1947年，其前身是国立罗斯福图书馆，1950年更名为国立西南人民图书馆。1955年由原西南图书馆、重庆市人民图书馆（重庆市立通俗图书馆）、北碚图书馆三馆合并，组成重庆市图书馆。1987年定为现名。拥有馆舍面积5万平方米，阅览座位3 000席。馆藏文献300余万册。特色馆藏为：民国时期出版物76 611种、177 621册，其中抗战文献3.4万种9万册，为第二次世界大战时期图书、报刊收集最全、保藏最多和最完整的图书馆。古籍线装书53万册，其中孤本和稀见本424种。联合国资料10余万册（件），自成立即被联合国指定为联合国资料寄存馆，1999年被联合国教科文组织确定为联合国全部文献寄存馆。与重庆市图书馆学会共同编辑出版季刊《重庆图情研究》。

重庆维普资讯有限公司
Chong Qing VIP Info Co., Ltd.

中国科学技术部西南信息中心下属的一家大型的专业化数据公司，是中文期刊数据库建设事业的奠基者。自1989年以来，一直致力于对海量的报刊数据进行研究、分析，采集、加工等深层次开发和推广应用。该公司的主要产品《中文科技期刊数据库》收录了中国境内历年出版的中文期刊12 000余种，全文3 000余万篇，引文4 000余万条，分三个版本（全文版、文摘版、引文版）和8个专辑（社会科学、自然科学、工程技术、农业科学、医药卫生、经济管理、教育科学、图书情报）定期出版发行，拥有高等院校、中等学校、职业学校、公共图书馆、科研机构、政府部门、信息机构、医疗机构、企业等各类用户6 000多家，覆盖海内外数千万用户。《中文科技期刊数据库》已经成为文献保障系统的重要组成部分，是科技工作者进行科技查新和科技查证的必备数据库。

重写版（本）
rewritten edition

指原作者根据已出版的图书版本，按其基本内容重新对其进行写作之后所出版的版本。

重写，改写
rewrite

一是计算机术语，指在磁盘上存有数据的区域里再写数据，这样会破坏原有的数据。二是编辑出版术语，指原作者根据已出版的原本，按其基本内容对作品进行重新写作。

重写手稿，涂改污损手稿
palimpsest

指原来的字迹已被擦去，重复用过二、三次的羊皮手稿、碑匾或书写材料的其他部分。在纸发明以前，这些材料的重复使用是常见的事情，因为高质量的书写材料相对昂贵而且经常短缺。对涂改污损手稿进行研究，可使研究人员能够恢复其原文的一部分。

重新包装，重新装帧外表
repackaging

将原来出版的图书以不同的形式重新出版，以提高其对基本市场以外读者的吸引力。重新包装的图书有时价格更便宜，有时更便于阅读（如大字本）。

C

重新编号
renumber

在信息处理过程中根据新的排序规则对索引款目或计算机文档进行有序化处理、为其分配新的序列号码。

重新编目
recataloging

指因图书馆编目原则和馆藏结构出现重大改变或某种其他原因，而需要更改现有目录记录中的著录标目形式，或修改其他著录事项、加注等。例如：为选集和其他文集的记录添加内容说明。

重新编页码
repaginated

由于作者或出版社、编辑部在书刊内增加了内容页数，而需要重新编排某种书刊的页码或对某一出版物的版面排列位置进行更改。

重新分类
reclassification

指将已分类的文献再进行分类的工作。图书馆一般在出现分类体系修订、变更及分类错误等情况时，须对全部或部分藏书进行重新分类。

重新更名版
retitled edition

对原出版图书进行一定程度的修改后，以另一题名或对原有题名进行稍加修改后另行出版的一种图书版本。

重新配置
reconfigure

系统发生故障后，为了使系统部分或完全恢复，把故障设备拆除或用备件替换原有的故障设备所采取的办法。

重新启动
restart

计算机操作通俗用语，指计算机重新启动程序运行，使计算机程序重新执行的过程。

重新装订
rebinding

把已经装订成册的图书根据特定的要求重新加以装订的过程。重新装订后的图书一般会失去原有的装帧风格。大型图书馆在馆内设有装订室，而小型图书馆只能依靠商业性装订机构提供这种服务。

重新装载
reload

在系统崩溃或程序的操作被中断的情况下，再次把程序从存储设备装入内存以便运行。

重修本，修订本
revised edition

书籍内容经过重大修改订补后的版本。内容增订较多的，有时称为“增订本”。古代的修订本，通常会在序跋中加以说明，甚至直接在封面或书名上标出“修订”、“增补”字样。现代版权页产生后，经过修订重版的图书，同样会在版权页上标明“修订版”、“增补版”。

重译本
retranslation edition

相对原译本而言，指原文书已有译本，但因原译文已陈旧或质量不高，或因原文书出现了新版，而对原文书或其新版重新进行翻译的版本。

重印本
reprint

完全用原来的印版重新印刷的图书。在封面页、版权页等处标有重印说明。

重印本出版商
reprint publisher

指专门从事重印已售完的、以前出版的书刊文献的出版商。重印本出版商在重印某种书刊之前，一般须取得文献原出版商的许可，重印权必须与原版权拥有者商定。重印版的印数一般比初版少。

重印丛书
reprint series

将先前其他出版社已出版过的图书重新组织起来，统一冠以新的丛书题名，统一开本、统一定价并印刷出版。选入重印丛书中的图书并不要求必须是相关或相同学科的图书，也不要求必须是首次发表的著作，完全是由重印图书辑成的重印丛书。

重印书目
backlist

所有出版物的书单是出版商前几年出版的图书

目录。重印书目往往是出版商图书目录中最有价值的部分，存放于库房中，以备日后销售。图书馆可据此进行缺藏文献的补购工作。

重印，再版
reissue

为适应社会的需要，对某种早期出版的图书进行再一次印刷出版。重印时图书内容基本上保持不变，但题名页可能会重新设计，前后页也可能会有所变化。平装的畅销书在重印时大多数还要换上新设计的封面。

重影
slur

在印刷时由于纸在印刷机上的滑动而弄成的模糊点或印成双影。又指印刷机与纸张安排不协调而印刷出两个重叠的印像。

重装封面
recover

制作新的图书封面并将其粘贴到配页上的过程。重装封面时不需重装书的配页，而只需为其更新原有封面。

重装书脊本
rebacked

图书的书脊断裂或固封折叶脱落后，不进行全部重新装订，仅用新的装订材料对书脊进行加固并修复固封折页。

重组，整合
repackaging

信息处理的一种方式。指对一次文献所含的知识进行重新组织，然后从大量有关文献中抽取、核实有用的数据、事实和结论，按便于检索的阅读体系重新进行组织加工的过程。

重组装订
reconstructed binding

图书装订术语。指图书馆对原已装订过的图书进行重新装订。重新装订完成后，通常还要将图书原有的封面剪下贴在新装的封面之上，以尽可能保持原书的外观与模样。

抽查法
sample checking

在文献检索中，抽查法是指针对检索课题的特点，选择有关的文献信息最可能出现或最多出现的时间段，利用检索工具进行重点检索的方法。这种方法针对性强，可节省时间。但必须是在熟悉文献情况的基础上才能使用，有一定的局限性。

抽词标引
extraction indexing

又称“抽词”。直接从被标引的文献中抽取标引词以表达文献主题内容的标引方法。采用关键词标识文献主题就是一种抽词标引形式。计算机自动标引多采用这种方式。抽词标引方法简便，速度快，但质量不如依照词表赋词标引高。

抽印本
reprint

也指选印，期刊、论文的单行本。选录或重印某出版物的一部分，或若干卷的一卷装订成册的图书，一般供作者赠送其同行之用。

抽印论文
reprinted article

从已出版刊物中抽出重印并按新的编页方法对其进行组织编排而形成的一种论文类型。

出版
publication

指把著述编印成图书和报刊的工作。现代出版工作泛指出版、印刷和发行三方面的工作；也可专指图书和报刊编辑部门的工作，包括组稿、审稿、编辑加工、出版设计和校对等项工作。

出版，出版业务
publishing

指从事出版发行文献资料包括图书、音乐、照片、地图和其他供销售用的印刷资料的职业或工作。其中包括与作者和其代理商的谈判、组稿、编辑作者的手稿、与印刷部门一起从事设计、发行、推广出版物以及批发、零售等工作。

出版地
place of publication

作品出版时的地理位置，一般用城市名，必要时加注省、市名称缩写。出版地信息一般被标注在题名页、版权页或封底。在图书馆目录中，出版发行项用于记录该信息。

C

出版地不同
various place

指一作品有两个或两个以上的出版地。

出版地不详
（拉）***sine loco***

表示“没有地方”的意思。在图书馆编目中，*sino loco* 可缩写为 *s. l.*，外面加括弧。用于出版发行中，表明出版地不详。

出版地目录
geographical catalog

按文献的出版或印刷地名的字顺或分类顺序排列的目录。

出版，发行
issue

出版者生产图书、期刊或其他印刷品，将作品编辑加工之后，经过印刷、装订后向公众出售或销售。在印刷术发明以前，书籍主要靠人工抄写流传。印刷术发明之后，开始雕版印刷。随着科学技术的进步，出版正朝着多媒体、网络化方向迅速发展。

出版发行目录
publisher's catalog

一种由出版商向图书馆、书商和其他读者发送的免费宣传册，一般登载新出版和再版的图书目录，并刊印有著者索引和题名索引。图书馆根据书评来选购新书，但有时在订购前会参考该目录，这种目录与图书馆目录是不同的。

出版发行项
publication，distribution，etc.，area

在文献著录中用来反映文献出版、制作和发行情况等的著录项目。

出版法
law of publication

国家立法机关制定和颁布的为调整从事出版工作而产生的各种关系的法律规范的总称。出版法主要分为追惩制和预防制两种。世界上最早的出版法律是法国的出版法，于1881年7月9日公布，后几经修改。中国近代第一部出版法规是清代1906年颁布的《大清印刷物专律》。中华人民共和国成立后，关于出版的法规除了散见于刑法、民法通则之外，国务院两次颁布了《出版管理条例》。国家新闻出版总署多次发布有关出版方面的法规，其中包括2005年12月起施行的《期刊出版管理规定》和《报纸出版管理规定》。

出版顾问
publisher's reader

指出版社或编辑部专门聘请社会专家担任该社的顾问，负责审查稿件的质量，并提出是否采用的建议。

出版合同
publisher's agreement

作者和出版商之间所签订的有关作品出版和销售条款的合同。出版合同大多可分为4个类别：基于销售比例的版税、利润分成、佣金和出卖全部版权。

出版季节
season

出版业每年的出版周期之一。大多数的出版社在每年的春、秋季会推出他们的出版计划，并把每季的出版目录提供给图书馆和书商。

出版家丛书
publisher's series

由出版家编纂的丛书。著名的有商务印书馆刊印的《万有文库》和《丛书集成》等。

《出版科学》
Publishing Science

1986年创刊，由湖北省新闻出版局主管、湖北省编辑学会主办、武汉大学信息管理学院承办的一份面向全国的出版专业学术期刊。该刊宗旨为立足湖北省，面向全国，为出版学、编辑学研究提供园地，对编辑出版实践给予理性指导，理论性与实用性并重，总结介绍图书、期刊、音像制品、电子出版和网络出版的编辑出版经验，促进编辑出版学理论研究和学科建设。双月刊。

出版年代号
year number

书次号的一个组成部分，用以表示图书出版年代的号码。出版年代号以图书出版年月作为排列同类中不同种图书的次序。一般取年份末尾两位数与月份组成书次号。出版年代号取号简便，但重号很多，号码不够简短。

出版年限定符
Years of Publication Qualifier

Connexion 编目系统为增加检索限制而使检索更加准确并减少检索到的记录的数量使用的一种检索方法。使用限定符可限定特定出版年份或范围年的检索结果，从而使检索结果更加准确。

出版品种
title production

指一个国家或一个出版社出版的总品种数。

出版前编目
pre-natal cataloging

又称预编目录，是在版编目的前身，由印度著名图书馆学家阮冈纳赞提出。由国家图书馆或国家书目中心根据出版社提供的样书或未装订的样张先行编制的目录。著录款目印在题名页背面，供各图书馆编目时选用。

出版前的折扣
prepublication discount

出版商为鼓励用户提前订购而对在正式出版日期前的订单实行价格优惠的措施。

出版前分类
pre-natal classification

图书出版前即给定一个分类号并印在其题名页背面，供各图书馆分类时参考。

出版前预约价
prepublication price

在图书或其他出版物出版日期前的订购价格，比在出版后订购便宜些。出版商为了增加订单，常在昂贵的多卷参考工具书出版前的一定期限内，以相对低的价格向图书馆推销，过期则价格要高很多。

出版权
right of publication

出版者根据与版权所有人达成的协议所享有的使用、复制其作品的合法权利。一般由版权法加以规定。出版权的享有期限在各国的版权法中规定不一，出版权有时也指版权所有人享有的出版专有权。

《出版人》
China Publishers

创刊于 2004 年 9 月，由湖南出版投资控股集团有限公司主管，中广报刊出版发展中心和湖南教育出版社联合主办。是中国第一本立足于图书出版产业，报道全球文化产业状况，追踪市场发展趋向，引导大众文化消费的高端产业杂志。该杂志在 2006 年初成功引进美国《出版商周刊》（Publishers Weekly）、《图书馆杂志》（Library Journal）和《学校图书馆杂志》（School Library Journal）中文合作版权，并于 2006 年 8 月扩大为旬刊，每月出版《出版人 · 图书馆与阅读》专刊。

出版日
publication day

出版物出版或公开销售的日子，如期刊指每月的某一天或每周的星期几出版，图书指公开销售的第一天。出版日是文献著录的内容之一。

出版日期
date of publication

指资源的出版或发布日期。

（出版）日期不同
various dates（v. d.）

用于表示一套图书中不同作品各有不同的出版时间，也指一部作品包括多卷出版年代不同的卷册。

出版日期，出版年代
publication date（date of publication）

出版物向公众出售的日期，图书用“年”来表示，期刊用“月、日、季”来表示，影片则用公映日期来表示。在图书馆编目中的出版发行项中说明文献出版的日期，著录于出版发行者之后，用阿拉伯数字记录公元纪年。

出版商标
device

代表出版商的专用标识，如中国大百科全书出版社、外语教学与研究出版社或兰登书屋的特定标识，印在书脊或题名页上。

出版商地点
Publisher Location

OCLC 编目系统术语。在编目时，其中一个字段专用于出版商的信息，如出版商的地点、出版商的名称等。

C

出版商定价
list price

由出版商确定的、提供出售的新出版物的无折扣价格。出版商定价在出版商目录中标出，印在硬封面装订本护封的前边，又通常印在软封面装订本的封底。提供给图书馆、书商和批发商的折扣是按照出版商定价的百分比扣除数来计算的。在编目实践中，每件入藏品的出版商定价（如果有的话）在书目描述的标准书号与获得方式项中表示（MARC 21 书目数据格式中的 020 或 022 字段）。

出版商号码
Publisher Number

OCLC 编目系统术语。指印版和出版商的号码。用于乐谱、期刊和唱片复制模板号码、可视资料的录音、录像记录号码和不同于那些录音记录、音乐和录像记录的出版商号码。出版商号码位于 028 字段，子字段 ‡a 或 262 字段，或子字段 ‡c。出版商号码还用于批次匹配。

《出版商周刊》（美国）
***Publishers Weekly*（*PW*）**

1872 年创刊的一种美国出版行业周刊。包括新闻和通告、作者会面、新书评论和与图书出版有关的文章以及对书业中涉及的出版商、图书馆、书商及其他人员的利益取向的分析。该刊刊登的报道及评介立场公正、客观，是图书馆界很好的图书采购工具。《出版商周刊》由爱思维尔（Elsevier）公司的分公司卡纳斯（Cahners Business Information）公司出版。

出版社
publishing house（press）

广义指负责编辑、发行印刷资料的出版单位，狭义指书刊编辑，不包括印刷和发行。主要是对图书、报纸、期刊进行组稿、审稿、编辑、加工和付印出版的机构。其主要工作包括确定选题和作者、组织稿件、审阅与编辑加工、定稿发稿、校对付印等。中国早在春秋战国时期就有人开始做编辑工作。唐代发明了雕版印刷术之后，出现了民间出版业性质的刻坊。宋朝以后建立了许多官刻和私刻机构，出现了不少传世书籍。1897 年成立了商务印书馆，人民出版社于 1921 年开始出版图书，加上 20 世纪 30 年代的开明书店等，这些出版社的成立与发展为中国出版事业的发展奠定了基础。由于德国谷腾堡发明了金属活字印刷术，欧洲的出版社始于 15 世纪中叶。著名的牛津大学出版社和剑桥大学出版社都在那时开始出版书刊。随着现代化技术在出版业的应用，出版社已成为重要传媒产业。

出版社丛书
publisher's series

由某一出版社采用统一开本、统一定价的方式，将以前出版过的若干种相互有关或无关的图书冠以丛编题名后连续出版的书籍。也可指未曾出版的由出版社编成丛书形式出版的书籍。

出版社目录
publisher's list

由某一出版社出版的库存图书或正在发行或印刷中的图书书目。

出版社校稿
house corrections

出版社或印刷所的校对员对稿样所作的删改或校正，有别于由著者本人校稿。

出版社原装本
publisher's cover

指出版社出版时的原装订本，图书馆未予以重新装订。

出版声明，出版说明
certificate of issue

在每本限额发行图书的声明中，注明了书的总印刷数量。在自传书中，也可能包括作者、编辑和插图作者的亲笔签名。

出版时间表
publication schedule

指由出版社的总编辑制定的控制编辑、印刷和装订进度的时间表。

出版事项
imprint

用来标记出版者和印刷者的名称，往往和出版日期、地址及版本一起印在出版物或印刷品的题名页底部。出版者说明（publisher imprint）一般由出版公司的正式名称以及出版日期、出版地组成。承印商说明（printer imprint）一般会指明印刷公司的正式名称和印刷地点的地址。在装订中，出版者的名称和出版者的图案一般会印在书脊的底部，或者装订者的名称会印在里封，一般是在底部。几乎所有印刷品必须有两种版权标记即出版社和印刷厂的版权标记。在一些国家，一般在书的末尾有印刷厂的版权标记。在杂志中，版权标记和编辑及其工作人员的详细资料列在一起。

出版物
publication

指出版的图书、报刊。根据其材料结构可分为印刷型、声像型和机读型；根据其出版周期可分为非定期出版物和定期出版物。

出版物爆炸
publication explosion

人们对信息和知识以史无前例的速度增长的夸张描述。具体表现为：文献数量激增、文献内容交叉重复、专业文献的分布分散化、文献载体多样化、文献使用的语种增多、文献老化加速、文献质量下降、无用信息增加和文献发表的“时滞”增加。信息激增给研究人员及时、有效地利用各类文献所提供的知识带来困难。但由于计算机和通信技术的发展，给人们利用知识提供了更广泛的途径。

（出版物）次品
reject

由于存在严重缺陷或远低于规定的标准而不被出版商、经销商或购买者接受的一种出版物。简单地说，是指印刷或装订不合格的图书。

（出版物）次品本
aberrant copy

指存在着明显印刷错误、装订错误或裁切不齐的图书。

出版物的流水编号、顺序号
serial number

为连续出版物按流水特点所编的顺序号，也指分派给期刊的独一无二的识别号，例如国际标准连续出版物编号（ISSN）。

出版物发行量
circulation

指出版物每期发行的复本数量，包括零售的单本和发送给订户的复本。

出版物国际交换
international exchange of publication

不同国家或不同国家的某些机构之间按照一定的原则和协议相互交换本国的出版物，是出版物在国际间流通的一种方式，也是一种国际间进行科学与文化合作的形式，能促进各国不同机构之间思想与科学情报的交流。出版物国际交换的议定方式主要有：信函联系、双边协定、一般文化协定和多边国际公约。

出版物目录
list

通过专门出版商可购到现行所有出版物的目录，包括新版书目录和再版书目录，但不包括即将出版的新书题名目录。

出版物识别符
publisher item identifier（PII）

一种由科学技术和医学（STM）方面出版社开发的内部的编号体系，主要用于预印出版物的管理。这是一个包含 17 个字符的标识符，以国际标准书号和出版年份（由 S 字母领先）或国际标准连续出版物编号（由字母 B 领先）为开头。

出版学
Science of Publication

指研究出版活动的内在规律、出版与社会的关系，探索出版发生、发展的历史以及在人类文明中的地位和作用的学科。出版学还研究出版业的发生、发展的历史进程以及出版业的发展在人类社会发展中的地位和作用。

出版沿革
publication history

说明分卷出版的图书或期刊的印刷和出版的次序以及题名或出版商变动的情况。在图书馆编目中，用于连续出版物的待续款目或完结款目。在书目著录项内记录出版物的详细数据。

出版（印刷）通告
press notice

出版社或印刷厂在报纸或其他媒体上公开发表

的有关新书出版或印刷的信息。

出版者
Publisher

都柏林核心元素集的元素之一。指负责使资源成为可取得和利用状态的责任者，可以是某一个人、某个团体或者某一项服务系统。一般用出版者的名称来标引这一条目。

出版者
publisher

负责制作、发行印刷资料的个人或团体。以前，出版商和印刷商是同一个单位，但在现代出版业中，出版和印刷则是由不同机构完成的。在图书馆编目中，出版者的名字在书目著录的出版发行项里标出。

出版者不详，无出版者
no publisher，（拉）*sine nominee*

根据《英美编目条例》的规定，当从一种出版物的各种信息来源中无法查到出版者名称时，应在载体形态项中注明该出版物“出版者名称不详”，用［s. n.］（缺出版者）表示。

出版证，出版许可
（拉）*imprimatur*

意思为“允许被印刷”。指官方的出版或印刷的许可或执照，一般出现在书籍的题名页的反面，指出许可颁发者的名称以及颁发许可的时间。该词大多出现在16—17世纪之间印刷的出版物之上，目前仍在罗马天主教的教义出版物中使用，用来表明教义出版物的官方出版许可。

出版周期（频率）
frequency

期刊或其他连续出版物发行时间的间隔（每日，半周，每周，半月，每月，双月，每季，半年，每年和未定期等）。学术期刊通常每季出版，杂志按周或按月出版，报纸每天或每周出版。频率和频率变化在连续出版物书目记录的附注项内说明。

出处同上（或同前）
（拉）*ibidem*

意为“出处同上、同前和在同一处”，在脚注、尾注和参考书目中用页码指出在前面的注释或书目款目中完全引用的来源资料。*ibidem* 的缩写形式为：*ib.* 或 *ibid.*。

出借方政策
Lender Policies

通过OCLC资源共享服务向其他图书馆提供馆际互借或文献传递的图书馆，需要提供的关于出借政策及有关信息，例如出借周期、费用、传递方式如电子邮件或传真等、提供国际服务的如确定面向国家的列表、邮寄地址、所属联盟，等等。这样有利于借入馆事先了解这些潜在出借馆的政策，然后决定向哪所图书馆发出请求。

出借规则
loan rule

在图书馆流通系统中，根据读者类型决定某类藏书借期的规则。出借规则还规定了对读者过期罚款的各种额度标准。丢失或损坏藏书的赔偿价码也部分地由出借规则决定。每所图书馆或图书馆系统都为其藏书中不同的种类制定和保持着一整套出借规则。

出借期限
loan period

图书馆出借的书刊资料规定的归还期限，不同类型的图书馆规定的期限有所不同。

出借者字符串
lender string

指馆际互借中，多达5所图书馆的OCLC符号表。此表由借用的图书馆从OCLC的 *WorldCat* 数据库的藏书显示屏上（作为图书馆读者所需资料的潜在出借者）选取。OCLC在此表上首先询问第一所预期的出借图书馆，如果请求未得到满足，则第二所出借图书馆被自动询问，这样依次下去。一旦经联系5所图书馆后仍未满足请求，借用的图书馆可从藏书列表中选择第二个字符串，即5个新的OCLC符号来重新执行这一程序。

出借状况
loan status

图书馆藏书的出借情况。多数藏书在一般流通中可以借到，但有些藏书可能已被预约或通过馆际互借至其他图书馆。非流通藏书如参考书仅限图书馆使用。

出口版，外销版
export edition

指专门用来销往国外的某一出版物的版本。

出纳台
circulation desk（return desk）

指图书馆提供借、还图书和其他资料服务的地方。一般都是接近入口或出口的窄长柜台，这种工作台一般采用高低柜台，台面分为两部分，前部台面高，约 1 150 ~ 1 250 毫米，后部与书桌同高，为出纳人员办公用桌。设在辅助书库或参考阅览室中的出纳台，一般采用简单的形式，以接近读者。可能有一个嵌入式的书柜来放置归还的图书资料，读者可以在出纳台办理出借和预约手续。

出售剔旧图书
book sale

按惯例，图书馆每年会处理或剔除一些图书资料和不用的赠品。主要有：在物质形态上残缺破损、被污染以及印刷粗劣不堪的图书资料；在数量上超过读者需要，过量的复本以及同一著作的不同版本、文本和载体形态的图书资料；在内容上已不为读者所需要的内容陈旧、失去使用时效或因语言表达、文体结构和风格体裁等方面的原因对读者失去吸引力的图书资料，或因工作人员不慎误采集的或出版发行商强行搭配的不符合读者阅读需要的图书资料。图书馆出售剔旧图书的场所是寻找印刷版图书和廉价图书的好地方。

出土文物
unearthed relics（unearthed artifacts）

从地下发掘出来的古代文物。也用作落伍、过时的人物或事物的谑语。

出土文献
excavated texts

通过地下挖掘得到的各类文献资料，主要指出土文物中的文字资料，从载体来看，出土文献主要以甲骨文、金文、简牍、帛书和石刻为大宗，其余有陶文、盟书、瓦当文字、砖文、玺印和纸质文献等。

出席国际图联大会补助资金
Conference Participation Grant

为鼓励有更多的图书馆员出席国际图联大会，国际图联决定为在拉丁美洲和加勒比地区、亚洲和太平洋洲、非洲和世界各地发展中国家和新兴经济体国家数位馆员提供注册、旅费和食宿资助。

出血版，裁切太多
bleed

在印刷时，由于未预留空白处，插图被印出页边线外。根据所印插图触及边线的多少，一页纸可能在不止一个方向上被裁切过多，也指正文裁切得过紧。在以图版为主的图书中，为了美化版面，将图版的一边或双边，超出书心，经裁切之后不留空白，就称之为出血版，常见的有：大型画报、儿童读物和美术画册等。

出租卡
rental card

指租书部门向读者发放的用于租阅图书、杂志的会员卡。

出租权
right of rental

著作权人享有的一种著作财产权。指作者或其他著作权人享有禁止他人将其作品原件或复制品以营利为目的而出租的权利。中国于 2001 年修正的《中华人民共和国著作权法》规定：出租权，即有偿许可他人临时使用电影作品和以类似摄制电影的方法创作的作品、计算机软件的权利。

出租图书
rental collection

图书馆为读者提供的一种收费租借图书的服务方式。对于需求量大的图书，可以采取这种出租的方式提供给读者使用。这样既能在一定程度上缓解馆藏文献的供需矛盾，又可利用收取的租金来支付图书资料收藏和保管过程中不可避免的一些费用。

初版，第一版
first edition，（拉）*editio princeps*

指图书第一版的第一次印刷和发行，也指第一次印刷的某一日期的报纸。在古籍图书的交易中，通常原版本比其他版本要值钱得多。同版的图书再次印刷，叫重印本。有时也指某一天中报纸的第一次印刷版，因为有时报纸在一天内会发行多个版本。

C

初版装订本，原装本
original binding

指保留出版时的装订形式，不同于图书馆装订本及其他修补装订本。

初级教科书，入门书
primer

最早的意思是指 14—17 世纪使用的祈祷书，包括各种祈祷文，原用拉丁文书写或印刷，后来用英文。又指教育小孩如何拼读的书籍，现引申为初级教科书或初学者的入门指导读物。

初级图书馆员
beginning librarian

美国图书馆协会职业联合协会认定的初级图书馆员是指在得到硕士学位后无专业实际经验，并在半年内被聘为图书馆全职工作人员者。

初景利（1962—）
Chu Jingli

教授，博士生导师。中国科学院国家科学图书馆编辑出版中心主任，《图书情报工作》主编。兼任中国图书馆学会第八届图书馆学文献编译出版专业委员会主任。1985 年、1988 年和 2003 年分别毕业于东北师范大学图书馆学系、北京大学信息管理系和中国科学院文献情报中心，获学士、硕士和博士学位。1988 年 2 月起在辽宁师范大学信息管理系任教，曾担任系副主任。曾兼任国际图联（IFLA）“图书馆理论与研究”（Library Theory and Research）专业组常务委员、全国信息与文献标准化技术委员会第八分会主任委员、中国科技情报学会理论方法与教育培训专业委员会副主任、中国图书馆学会第七届学术研究委员会教育与培训专业委员会委员、《大学图书馆学报》、《图书馆建设》编委、《图书情报工作动态》常务副主编。主要研究方向为图书情报事业发展战略、用户服务评价、数字参考咨询等。先后承担国家社科基金、国家自然科学基金项目，主持省部级科研项目、国家社科基金项目和国家科学数字图书馆建设项目。出版专著多部、译著（主译）、工具书（副主编）多部，在国内外学术刊物上发表论文近百篇。

初始化
initialize

一项经常使用的命令，将内存中的全部或部分数据消除掉。对于“大苹果”机来说，初始化磁盘就是将硬盘格式化。而对于程序而言，初始化即给变量赋初值。不必要的初始化会造成磁盘空间的浪费。

初校样
reader proof

印刷出版行业专用术语，指根据编辑要求设计出的第一张排字校样。该校样的主要用途是供印刷厂校对员校对时使用，校对后再进行更改，在更改的基础上再打印出二校样。

初学计算机者，新读者
novice

初次使用计算机系统的人。又指在设计网站和图像用户界面时，图书馆和计算机软件公司常常要对其可用性进行测试，以便确定新系统的用户友好行为。广义来说，凡对图书馆手续感到陌生而陷于茫然的读者，图书馆参考咨询台均应对他们给予特殊的照顾。

初印（预印，暂定）版
preliminary edition

出版商为了留出时间来给图书的内容做出评判，在正式版本发行之前出版的一种版本。

橱柜
armarium

有隔架和门的木质橱柜，起初用于放置卷轴，后放置手稿和图书。最早见于罗马帝国时期，直到文艺复兴后期才用于修道院和教堂中。

储藏书（档案）库
repository

又称“寄存书库”，图书馆用以存放库本图书或不常用图书的仓库。将利用率不高的藏书抽出来集中管理，有利于合理利用有限的藏书空间，提高工作效率。还指永久或临时保存各种档案资料（手稿、珍善本、官方文件、论文和照片等）的场所（大楼、房间或区域）。为更好地保存和保护档案资料，其装备一般要求达到环境调控和安全防护的最新标准。

储片盒，容器
container

被设计用来存放文献目录资料等物品的容器，如文件匣、案卷盒和资料套盒等。

《楚辞》
Elegies of Chu

又称“楚词”，是战国时代以屈原为代表的楚国人创作的诗歌，是《诗经》三百篇后一种新的诗体。作品运用楚地（今两湖一带）的文学样式、方言声韵，叙写楚地的山川人物、历史风情，具有浓厚的地方特色。汉武帝时，刘向把屈原的作品及宋玉等人“承袭屈赋”的作品编辑成集，共计十六篇，名为《楚辞》。并成为继《诗经》以后，对中国文学具有深远影响的一部诗歌总集，也是中国第一部浪漫主义诗歌总集。由于屈原的《离骚》是《楚辞》的代表作，故楚辞体这种文体又称为“骚”或“骚体”。

褚树青（1963—）
Chu Shuqing

杭州图书馆馆长。1981 年到杭州图书馆工作。1985 年开始从事古籍整理工作，曾得到中国著名古籍版本目录学专家、上海图书馆名誉馆长顾廷龙老先生的指导。1998 年任杭州图书馆副馆长。2000 年担任该馆图书馆馆长。先后兼任杭州市政协常委、中国图书馆学会第八届理事会理事、学术研究委员会委员、图书馆统计与评价专业委员会主任、浙江省图书馆学会第七届理事会副理事长、学术委员会副主任兼古籍版本与文献保护分委员会主任。从事图书馆工作近 30 年，致力于最大限度发挥公共图书馆的社会教育、文化休闲职能，为最广泛人群提供最大限度的文化服务。他所提出的“平等、免费、全民共享”的服务理念，获得国内业界的赞同。在古籍部工作期间，主持完成了《杭州图书馆古籍善本书目》、《馆藏南宋史文献目录》和《馆藏丛书子目》。发表多篇学术论文，出版专著并策划撰稿文化纪录片。

褚纸
Paper-mulberry Paper

用褚树皮纤维制作的一种纸，色白质韧，结实、耐用是这种纸的最大特点，可用于印刷书籍，制作纸艺品等，古代还用于印制官府高档印刷品，如古代纸币、官府证书等。

处理程序
processor

指一种计算机程序，用来执行编译、汇编和翻译任务。

处理后报告
Post-processing Report

批处理后产生的报告。批处理是指 OCLC 所提供的一种编目方式，能够将记录成批载入联合目录 WorldCat 中。每完成一次批处理，会产生系列不同的报告，如：相互参照报告、输出报告、统计报告、错误评价报告和批处理总结报告，等等。

处理器
processor

计算机中能独立执行程序，完成对数据和指令处理的部分，是计算机系统的核心部件，由运算器、存储控制器等组成。用于控制和执行计算机基本指令系统的处理器，称为中央处理器（CPU）。

处理中心
Processing Center

由 OCLC 约定，一个单独的编目代理创建记录或将馆藏放在给多所图书馆的单一 OCLC 符号下的联机系统。馆藏代码能识别单独的图书馆。馆藏代码保留在书目记录联机档案副本中，但只有处理中心的 OCLC 符号能在记录的馆藏显示中可以出现。

触觉材料
tactile materials

出版物的阅读材料是一套凸起的符号，能够供有视力障碍者或失明者通过触摸方式来辨认出版物的内容。例如盲文，是专为盲人设计、靠触觉感知的文字。1829 年法国盲人路易·布莱尔（*Louis Braille*）发明了点字。是用 6 个凸点组成的符号体系，以点数的多少和点位的不同来区分不同的符形，可变化成 63 个不同的图形符号，是现代国际上普遍使用的盲文形式。中国最早使用的通用汉语盲文叫“康熙盲字”，俗称“408”，是一种代码性质的盲字，以两方盲符的排列组合，组成 408 个号码，代表汉语的 408 个音节，每个音节按一定规律变换其图形可以表示四声。

触觉动作记号、触觉舞谱
Tactile Notated Movement

以运动记号形式表达，由触觉感知的内容。属“资源描述与检索”（RDA）定义的内容类型（content type）之一。

C

触觉乐谱
Tactile Notated Music

以音乐记号形式表达，由触觉感知的内容。属“资源描述与检索”（RDA）定义的内容类型（content type）之一。

触觉三维形体
Tactile Three-dimensional Form

以形状表达，由触觉感知为三维形体的内容。属“资源描述与检索”（RDA）定义的内容类型（content type）之一。

触觉图像
Tactile Image

以线条、阴影及其他形式表达，由触觉感知为二维静态图像的内容。属“资源描述与检索”（RDA）定义的内容类型（content type）之一。

触觉文本
Tactile Text

语言记号形式表达，由触觉感知的内容。属“资源描述与检索”（RDA）定义的内容类型（content type）之一。

触觉资料，可触摸资料
tactile materials

主要由人的触觉器官通过接触、滑动、压觉等机械刺激来获取信息的资料，包括盲文、立体图形和图形触觉显示器等。

触摸键盘
tactile keyboard

指一种平面式薄膜无触点键盘，用手指轻轻触摸按键即可完成操作。

触摸屏
touch screen

又称为触控面板，是一种感应式液晶显示设备。当用户接触了液晶屏幕上的图形按钮时，屏幕上的触觉反馈系统可根据软件指令驱动各种已联结的周边设备。触摸屏可以取代机械式的按钮装置，并借由液晶显示画面产生影音效果体验。

触摸屏控制板
touch pad（touch panel）

一种电子指向设备，有一个触摸平面同一部计算机相连，用户可以通过手指触摸操作，无需通过键盘或鼠标操作。

川崎 良孝（1949—）
Yoshitaka Kawasaki

日本图书馆学家、教育学硕士、京都大学研究生院教育学研究科教授。兼任日本图书馆情报学会理事、日本图书馆研究会事务局理事、《国际图联杂志》（*IFLA Journal*）编辑委员、京都大学图书馆情报学研究会会长和《终身教育和图书馆》（*Lifelong Education and Libraries*）主编等。其研究范围是美国公共图书馆和图书馆的知识自由。

穿孔边缘
perforated edge

泛指按照某种规格在穿孔后留下的不规则边，如邮票边。

穿孔，打眼
perforation

为了使一张纸或纸的一部分比较容易被撕下，在靠近内页边打出一行排列紧密的小孔。

穿孔规则
perforating rule

为了使穿孔纸带上的小孔表示一定意义所制定的穿孔规则。

穿孔机
punch

广义指对卡片或纸带进行穿孔的设备。狭义指按一定规定，通过穿孔方式将信息记录在穿孔卡片或穿孔带上的一种设备。

穿孔卡片
punched card

按规定的尺寸和标准形式，利用厚纸或专用的薄纸板制成的长方形卡片。用于图书目录、文摘、读者登记和其他统计资料，卡片边缘穿孔，便于管理。也可指以二进制编码格式记录数据的媒体。即在一张硬纸片上纵向冲出若干个大小相同的孔，利用孔的不同排列代替各种字符。

穿孔纸带
punched tape

具有同样标准样式的长纸带、塑料带或赛璐珞带，在上面按照一定的方式用穿孔方法记录信息的一种介质。

穿线装帧
lacing-in

装订用语，指平装书封面缝装的一种方法。将夹衬或细线穿附在书脊上来缝合和加固图书，然后摊开书页，用胶水浸湿，通过书脊上的孔隙来穿线。

《传播和信息百科全书》（美国）
Encyclopedia of Communication and Information

2002年由美国麦克米兰（Macmillan）工具书出版公司出版。该百科全书横跨了信息学和传播学两个学科，提供了传播模式的概要说明、传播的各类媒介、传播理论及其影响、传播和信息方面的职业发展以及该领域著名人物的传记，着重历史和现实问题、主题和人物介绍。该百科全书面向普通读者，尤其适用于学生、社会研究者以及传播和信息系统的课程。共收录280个大条目，主要分布于8个主题：事业、信息科学、信息技术、文化、学术研究、人际传播、图书馆学和媒介效果。该百科全书共3卷，条目按字母顺序排列，设有参照，编辑有约80页的主题索引。每个条目都注明撰写者，正文后还附有主要参考文献，为增强条目说明效果，还在一些条目中插入了精选出的图片。

传播媒介
media

信息交流过程中传递特定符号系统的物质载体。传播媒体的发展标志着人类社会生产力、科学技术以及人类文明的发展。在社会发展的过程中，经历了从简单到复杂、从低级到高级的历史过程。在人类处于以口头传播为主的阶段时，传播媒介主要是自然物质载体——空气。在人类用文字传播、交流思想时，传播媒介有自然或人工物质载体。进入20世纪之后，电子传播媒介的兴盛无疑得到很大肯定。因特网和网络多媒体的传播，则是传播媒介进化史上的新里程碑。

《传播网络理论》
Theories of Communication Networks

该书是《网络经济译丛》之一。于2003年由牛津大学出版社出版，并获得2003年国际传播学会组织传播分会的年度最佳著作奖。该书不仅抓住了传播中核心的网络问题，系统介绍了网络分析方法和工具，更为重要的是透过网络结构本身，深入分析了网络结构的生成机制问题，探讨了网络研究涉及的社会理论基础。书中提出了多理论多层次的网络研究框架，应用复杂适应系统观点分析传播网络并构建计算机仿真环境以验证各种理论与假设。该书还探讨了传播网络与其他网络的关系，为通过计算机仿真方法研究动态组织结构涌现提供了基础。彼得·R. 芒戈（Peter R. Monge）、诺什·S. 康特拉克特（Noshir S. Contractor），褚建勋合著。中文版由陈禹、刘颖、褚建勋翻译，中国人民大学出版社于2009年8月出版。

传播学
Communication Studies

又称传学、传意学。是研究社会上信息流通的渠道、演化以及对社会的影响，研究人类一切传播行为和传播过程发生、发展的规律以及传播人和社会的关系，研究社会信息系统及其运行规律的学科。传播学的理论分支有个人自身传播、人际传播、团体传播、组织传播和大众传播。在传播学研究中有两种基本方法，即科学主义的方法和人文主义的方法。

《传播与社会学刊》
Communication & Society

由香港中文大学新闻与传播学院传播研究中心暨香港浸会大学传播学院媒介与传播研究中心于2006年12月15日创办。学刊一年出三期。从2009年起改为季刊。该学刊立足香港，背靠中国，面向台湾，放眼海外，希望为华人学者与世界学术提供对话的平台。该刊实行双向匿名的审稿制度，来稿将隐去作者名字交相关学者评审，审稿者的身份也同时保密。由香港中文大学出版社出版。

传单
handbill

印在单页纸上的一小段通知或广告，可以随手散发，也可以用作海报张贴。

传呼系统
paging system

公共设施中的扩音系统，用来传呼员工或用户，通知关门时间和意外情况等。在图书馆中，通常在流通柜台后面安装，且使用报话器呼叫，以减少对读者的影响。

C

传奇故事
legend

关于著名事件的辗转述说，或有关某个国家民间英雄的生平事迹。这些描述可能有虚构的或超自然的成分，一般认为有一定的历史依据。

传奇故事，传奇文学
romance

中世纪时主要根据传说、骑士的恋爱和冒险或超自然内容而写的诗体故事，亦称韵文传奇。也指由传奇或浪漫小说组成的一种文学。

传奇剧，情节剧
melodrama

原来指所有包括音乐的戏剧作品，但在19世纪的英格兰指的是一种戏剧。其中的角色都是老一套（无论好坏），动作夸张而情绪化，情节荒诞而感人，夹杂着诱人的音乐和管弦乐伴奏，总是团圆的结局。情节剧和悲剧的关系同滑稽剧和喜剧的关系相同。melodrama来自于古希腊词"*melos*"，是"音乐"的意思。

传是楼
Chuanshi Building

清康熙间学者、藏书家徐乾学在江苏昆山自己居室后所建的藏书楼名。该藏书楼储藏各种图书数万卷，按部类排列，多为宋元刻本。是中国藏书史上著名的藏书楼。

传输层，运输层
transport layer

国际标准化组织（ISO）关于开放系统互连（OSI）七层参考模式的第四层，用以传送信息和报文，并进行验证。它的上面是会话层，下面是网络层。

传输结束（符）
end of transmission（EOT）

在数据传输过程中用于标志发送结束的指定字符。

传输控制协议/网际协议
Transmission Control Protocol/*Internet Protocol*（TCP/IP）

20世纪70年代中期美国为阿帕网络（ARPA-NET）开发的网络体系结构和协议标准。该协议是网络中提供可靠数据传输的协议，是用来实现在不同环境中的不相似节点相互通信的一套工业标准网络协议。

传输速度
transmission speed

声频或视频流媒体的设计播放速度。属数字文件特征（digital file characteristic）之一。

传统顺序
canonical order

由一定规则或传统所形成的对书的标题、卷、章和节等顺序的安排。基督教的圣经就是传统顺序的典范。

传统装帧式样
Japanese style

指日本或中国旧式线装书的式样。

传真
facsimile transmission（FAX）

通过电话线把手写或印刷的文件或照片等的真迹件从一个地点传送到另一个地点的通信方式，接收方收到的是与真迹完全相同的复制件。一部传真机由一台扫描仪、打印机和调制解调器组成，并需要一条专用的电话线和一个传真号码。传真的速度依赖于发送方传真机的性能与规格，通常情况必须达到每分钟9 600比特。

窗孔卡片
aperture card（image card）

卡片上有一个至多个小窗孔，内嵌缩微胶片的一帧。这种格式使得缩微胶片的影像能够独立使用，并为记录每帧胶片的相关信息提供了便利的界面。

窗口，视窗
window

一个矩形的、可滚动浏览的图形用户界面的微机应用程序。视窗可以由用户打开（部分或者全部覆盖屏幕），可以调整大小，当不需要时，可以缩小为一个图符。一般仅显示一个窗口，起到框架作用，用户可通过窗口随时观看文档、工作单和数据库，或选定编辑参考，或者关闭。视窗系统便于多任务操作，同时使用两个或者多个程序。

创建者
Creator

都柏林核心元素集的元素之一。指创建资源内容的主要责任者，可以是某位个人、某个团体或者某一项服务系统。一般来说，用创建者的名字来标识这一条目。

创刊号
first issue

刊物的总第一期，是每一种刊物诞生的证明，是该刊物办刊宗旨、办刊思路、办刊背景、栏目设置、编辑成员等信息的重要来源，具有较高的收藏价值，是具有指导性、资料性、鉴赏性和知识性的文献性史料实物。

创造者，制作者
creator

对一个作品的知识或艺术内容负有责任的实体。在档案工作中，指负责采集、接收、积累或制作档案记录和文件资料的人或机构。他们也负责对这些文献资料的档案价值的评估，并重新进行整序。

创作
creation

著作权法所称创作，是指直接产生文学、艺术和科学作品的智力活动。为他人创作进行组织工作，提供一般咨询意见、物质条件或者进行其他辅助活动，均不能视为创作。

创作，著作物
composition

用文字的集合来表达思想、情怀，描述观点和做出结论的行为。也可指该行为的产物，即各种著作物，如诗、书、乐曲和文章等。

吹捧性的书评
gutting

这种书评往往比较片面，缺少批判的眼光，甚至引用一些句子对某书进行广告吹嘘，对出版商拍尽马屁。因此，不是真正的推荐性书评，令人厌烦。

春宫图，淫画
obscene picture

指具体描绘性行为的实际情况或者露骨宣扬色情、缺乏艺术价值的淫秽性绘画作品。

春天出版国际文化有限公司
Spring International Publishers Co., Ltd.

2002 年成立。其特点：封面设计讲究、严谨的选稿、编辑。所出版的书籍经常在各大书店和网络书店排行榜上名列前茅。该出版社积极与更多的海外单位，如出版社、著作权人及版权代理商合作，将彼此的优秀作品介绍给读者，一起共创双赢的局面。

纯标记法
pure notation

只用一种符号的分类标记法，即只用字母或只用数字而不是两者混用的标记法。如《杜威十进制分类法》就采用纯标记法。

纯文学
（法）*belles lettres*

与科学技术文献相对而言，是指那些高雅文学，如诗歌、散文、演说、书信、小说、戏剧和文学评论。*belles lettres* 是来自于法文的一个词汇，意思为“美丽的文学”。

戳记
countermark

印在古籍上的一种较小的二次水印，一般位于水印反面纸张的中间或略低于中间，用来指明造纸者的姓名、手工制作的时间和地点。

绰号，诨名
sobriquet（nickname）

假设的名字、外号，或适用于人、机构等的其他想象的名称。绰号具有品评、表情功能，标明身份功能和隐匿身份功能。法国作家荷诺斯·巴勒萨克（*Honors de Balzac*，1799—1850）在他的小说中曾提到，人物最好的画像有时莫过于他的绰号。作家喜用绰号描写人物。如苏联时期的《红星报》称前英国首相撒切尔（Thatcher）夫人为“铁娘子”（Iron Lady）；人们把美国的维吉尼亚州伦保格（Lunenburg）县称为“自由的州”（Free State）；称美国政府为“山姆大叔”（Uncle Sam）。当然，绰号也有它的明显缺陷，有时或流入低级趣味，如讪笑他人生理缺陷或因比喻夸张而近乎为虐等。

C

词
Word

任何在两个空格之间的字符或一组字符包括首写字母或缩写词的用于搜索的词。此为 OCLC 编目服务术语。

词标引
word indexing

指直接用文献中使用的词语标引该文献。这些词语不一定都与文献主题相关，通常也不必转换成规范的索引词。这种标引的主要作用是帮助作者查出与某词相关的文献或某词的用法和语境。

词表动态性
thesaurus dynamics

词表随着时间的推移和客观的需要而进行改进的特性，包括结构、词汇的增、删、改、适用范围的变动和使用规则的改变等方方面面的总和。

词表管理
thesaurus management

用人工或自动化的手段对词表进行测定、监控和修改，使之能够满足标引和检索的需要。

词表管理系统
thesaurus management system

承担词表管理任务的信息系统，由各个功能模块组成。

词表互换性
thesaurus interchangeability

指不同词表之间可以互相调换使用词汇的特性。

词表兼容性
thesaurus compatibility

在众多的词表之间，某一词表使用的词、显示格式和结构等因素能够被另外的词表所兼容，其兼容性就高。故词表兼容性是评价词表标准化、通用性及实现信息资源共享程度的一个指标。

词表控制
vocabulary control

为了使检索词符合唯一性、规律性、定型性、通用性和准确性等要求，对自然语言进行规范化处理的过程，这是提高检索词质量的重要措施。包括对词量、词类、词形、词义、词间关系、专指度、先组度和句法等的控制。广义的词汇控制也包括分类检索语言在内。

词表映射
vocabulary mapping

指不同词表之间的映射关系，即在不同词表中表达相同事物或概念的标识之间建立对应关系。如《中国分类主题词表》就是《中国图书馆分类法》和《汉语主题词表》类号与叙词的对应表。有人做过《美国国会图书馆标题表》(*LCSH*) 与《西尔氏标题表》(*The Sears List of Subject Headings*) 之间的词表兼容工作。

词串索引法
string indexing systems

又称串语言标引系统。采用词串式语言来标引文献的各种计算机辅助索引生产系统的总称。该索引法有三种类型：基于原文语句的串语言标引系统、基于简单的术语串的系统和基于编码输入串的系统。

词典
dictionary

通常按发音排列词条，并提供语音表示法、音节区分法、发音法、词源和定义的工具书。有些词典还包括同义词、反义词、简短传记和地理信息。足本词典收录词条数量和定义解释具有综合性。简明词典根据编写目的选择词汇数量，解释信息较少。可视化词典则对所有词条都用图加以说明。分为普通词典和专科词典两种，前者汇集通用的词语，后者汇集某个或几个相关学科的词语。通常按字母顺序排列。词典条目一般短于同样主题的百科全书，但有些百科全书也以词典命名。狭义的词典只限于语文词典，广义的词典包括以词语为收录单位的各种工具书，即语文词典和各类知识词典。词典起源于 13 世纪拉丁语的疑难词汇表。17 世纪英语中出现疑难词词典。最著名的《牛津英语词典》(*Oxford English Dictionary*) 于 1857 年由英国哲学学会编纂。有些词典收录词汇限定在一定范围内，如《美国俚语词典》(*Dictionary of American Slang*)、《英汉信息技术词典》(*English-Chinese Dictionary of Information Technology*)。图书馆多将大型印刷版词典置于专用字典台上。

词典编纂法，辞典学
Lexicography

编写词典或词汇表所采用的方法。包括选择术语和为每个词汇准备一个条目，标出正确拼法、发音以及派生词，一种以上的定义，有时标出同义词和用法示例。编写这种作品的人称为词典编撰者。

词典编纂者
lexicographer

指词典的编纂人，即对词典的词条撰写、体例编制、目次排检及统编工作等负有责任的编纂人员。

词典，词汇
lexicon

收集词汇加以解释供检索参考的工具书。最初指希腊文、希伯来文、阿拉伯文或其他文学语言辞典。在现代用法上，指某个专门学科或研究领域的词汇表或专门辞典。语言学上，指特定语言中的所有词汇术语的列表。

词典架
dictionary stand

供读者翻阅各类字典词典时使用的专门支架或阅览台，能托起翻开的字典词典，便于读者翻查和阅读。

词典式索引
dictionary index

又称详细字顺主题索引，是按每个款目的标题字顺排列的索引。

词对轮排
paired keyword permute

一种索引款目的排列方法。在《科学引文索引》(*Science Citation Index*, *SCI*) 的轮排主题索引中，从文献的篇名中选取主题词，主题词采用“词对”式，每两个词构成一个词对，篇名中的每一词汇都要作一次主题词，其余各词均作配对词使用。

词对式关键词索引
paired keyword index

一种关键词索引编排方式。将一篇文献标题中的关键词全部抽出，用数学中的排列原理，每取一对关键词构成一条索引款目，用以标引文献的一种关键词轮排索引。《科学引文索引》(*Science Citation Index*, *SCI*) 的《轮排主题索引》(*Permuterm Subject Index*) 就是词对关键词索引的例子。

词干
stem

指一个有词形变化的词中保持不变的部分（语音变化或某一特定词的词形变化遍及整个词的情况除外）。在检索在线目录或书目数据库时用以检索的词干，常在其中加一个或多个截词符号以检索不同的形式。

词根
root

通过语音变化或通过引申，如合成和增加前缀、后缀、词尾变化或替换词，可以派生出一个新词的最基本单词。它是词的最主要组成部分，也是词义的基础。

词根字，语素词
root-word

指由一个单一的富有意义的词素（词根）组成的一个正字法字。

词汇表
vocabulary

附在图书最后、正文之后或者每章之后的，在该文献中出现过的词汇的汇总表，通常按字母顺序排列。特指在外语课本中要教授或要使用的单词和短语表。

词汇索引
glossarial index

一种索引形式，即在书末对索引词汇的说明，且有被诠释的索引词所在的页码。

词汇学
Lexicology

从事词汇的词根、形式和意义研究的语言学领域，即以语言的词汇为研究对象的语言学分支学科。就内容而言，分为普通词汇学、描写词汇学和历史词汇学。广义上，包括词源学、词义学和词典学。它与研究信息检索语汇的选择、含义与形式规范有关。

词汇转换
vocabulary mapping

在 MEDLINE 和 PsycINFO 等拥有词表的大型数据库中，用户检索时可以输入自然语言提问，检索软件将其与词表中规范词联系起来，即将用户引至词表的相关部分，用户通过浏览词表的树状结构，了解其上下位词及其他词之间关系，挑选合适的规范词再进行检索。另外一种词汇转换则是通过预先设置的同义词表，计算机自动将用户所用的自然语言转换成规范语言进行检索，并输出检索结果。

C

词间关系
term interrelations

情报检索语言中显示或隐含显示的控制性词汇间的固有的逻辑关系，包括语义关系和句法关系。在主题词表等规范性强的标准检索语言中，对反映词间关系的种类、符号等均有明确的规定。在因特网广泛发展的时代，检索引擎中也常用词间关系这个术语，最常见的是用布尔逻辑反映两个检索词之间的关系，如经常出现“在本检索对话框中默认的词间关系为 AND”等样式的陈述。

词库
term bank

大量的名词术语的集合，在主题检索领域通常具有规范化主题词、检索词集合的含义。名词术语应用于文献的标引与检索，但也常与词典、主题词表等的用法相同，亦指关于术语研究的机构，如挪威词库（The Norwegian Term Bank），就是挪威一个关于语言学研究的中心。在英语学习领域里，词库这个术语被大量应用。其本义与词典、词汇等含义的区分已经不很严格，如 GRE 词库、GMAT 词库、TOEFL 词库、大学生词库、计算机英语词库和医学英语词库等。

词目
entry

又称“词条”。词典中按标题词编排的，或百科全书和手册等工具书中按标题编排的信息内容。

词频
term frequency（word frequency）

在一定范围或一定数量的文献中，某个词出现的次数、标引的次数或检索的次数。词频反映了该词与文献主题的关系、重要程度和标引检索使用价值，是情报检索语言中重要的基础研究，也是自动标引、检索和翻译的重要基础。计算机的一些应用软件可以根据词频来调整文字输入，如可将使用频率较高的重码词语调整到前面的位置上。对词频进行统计有助于评价著作风格、某种专门语言的词汇特点以及为语言教学和学习选定最低限度词汇。

词树
term tree

指具有树形结构关系的一组词。

词搜索
Word Search

OCLC 编目系统中一个词、数字或字符串用于启动检索记录内一个索引字段内的词。使用 Connexion 编目系统中的“命令行”搜索或信息第一站（FirstSearch）和资源共享（WorldCat Resource Sharing）中的“专家搜索”，输入一个完整的搜索串，在××格式内使用一个词索引标签。如搜索 OCLC 控制号，输入号码 10998406（或#10998406，或＊10998406）。

词索引
Word Indexes

OCLC 编目系统中用于特定记录索引字段内搜索一个词或数字的搜索索引。此索引也可浏览。

词源
etymology

词的来源。一种语言形式（如一个词或词素）的历史（常包括其史前史）。从该词或词素在语言中最早出现的记载追溯其语言、书法和词义的发展。追溯从一种语言转变为另一种语言的过程，分析其组成部分，鉴定在其他语言中的同源词。一些语言词典以语词为主，重在溯源。查考各个词的历史源头，探寻词的音义演变，并对词汇中的同源词加以研究。如《牛津英语词典》（*The Oxford English Dictionary*）。

词源词典
etymological dictionary

按一定次序排列，说明词的起源、音义演变及词汇中的同源词的词典。

词源学
Etymology

语言学的一个分支。指依据史实资料，对各个词的历史来源，音、形、义的演变过程及同源词等所做的研究。

（词藻绚丽的）散文
purple prose

指过多地使用华丽词藻、给读者造成阅读困难的散文作品或段落。

词组检索
phrase retrieval

将一个词组当作一个独立运算单元，进行严格匹配，以提高检索的精度和准确度，是一般数据库检索中常用的方法。也称为短语检索，或字符串检索。

词组搜索
Phrase Search

OCLC 编目系统中词、数字或字符串用于启动一条记录内全部字段或子字段的搜索。使用 Connexion 编目系统中的“命令行”搜索或信息第一站（FirstSearch）和资源共享（WorldCat Resource Sharing）中的“专家”搜索，输入一个完整的搜索串，在××=格式内使用一个词组索引标签。如搜索一个个人名称词组，输入 brooks，gwendolyn。

词组索引
Phrase Indexes

OCLC 编目系统中用于搜索记录内全部字段或子字段的搜索索引。词组索引也可浏览。

辞典台
dictionary stand

放置大型词典等工具书，供读者站立查阅的台座。木制，高约 100 厘米，由台面和书柜组成。台面倾斜 10°左右，前缘有防滑条，可摊放工具书。有的上部可转动，下部书柜可陈放工具书，既利用空间，又增加稳定性。通常设于参考阅览室，供放置大型辞书。

《辞海》
***The Great Dictionary* (*Ci Hai*)**

一部兼有字典、词语词典和百科功能的大型综合工具书，在国内外享有盛誉。1915 年由中华书局开始策划，1936 年成书，之后历经多次重大修订，由上海辞书出版社出版。《辞海》以其专业的编纂队伍、严谨的编纂作风著称，其知识性和准确性极高，是中国内地最权威的工具书之一。《辞海》以收录词汇为主体内容，除收录常见词汇外，还收录了丰富的专业词汇，涉及哲学、历史、医学、法学、化学、宗教和数学等众多学科和领域，因而成为百科全书式的综合性辞典。

《辞源》
Ci Yuan

中国第一部大规模的语文辞书。始编于 1908 年（清光绪三十四年），至今已经修订再版多次，凝聚了几代学者的心血。修订版《辞源》以旧有的字书、韵书和类书为基础，吸收了现代辞书的特点，以语词为主，兼收百科，以常见为主，强调实用，是一部综合性、实用性极强的百科式大型工具书。全书共 4 册，收词近 10 万条，总计解说约 1 200万字。由商务印书馆于 1978 年出版。1970 年台湾商务印书馆出版《辞源·补编》，增词 8 700 条，1978 年修订，共增词 29 430 条。

磁带
magnetic tape

一种涂有磁性材料的柔软带状存储介质，是一种常用的辅助存储器。可通过表面形成的磁化点来记录声音、图像和其他信息。多用塑料作基体，表面材料有氧化铁、氧化铬和合金等多种。带宽 1 英寸或 0.5 英寸，卷成盘状，一般由供带盘和收带盘两个轴带动，磁头紧贴磁带表面存取信息。记录二进制信息的方式有归零制、不归零制和调相制等几种。磁带按用途可分为录音磁带、录像磁带、仪测磁带和计算机磁带；按其表面成分可分为γ-Fe_2O_3磁带、CrO_2 磁带、合金磁带和复合磁带等。价格低廉，存储容量大，存储密度高，可反复使用、长期保存，常用作电子计算机的外存储器。通过磁带机可将数据写在带上，或从带上读出。在计算机上，磁带存取信息是按顺序进行的，因此不能随机存储和读取信息，这就使其存取速度比磁盘、磁鼓等慢。

磁带驱动设备
tape driver

在磁敏介质上读写数据的装置，也指驱动纸带通过读和打孔的设备。

磁带装载
tapeloading

早期传输数据的方法。传输数据时，将数据成批装载到磁带，是当时唯一传输数据的方法。

C

磁道
track

磁盘中一个同心圆道称为一个磁道，用以记录数据，一张老式 1.44 MB 的 3.5 英寸软盘，一面有 80 个磁道，而硬盘有成千上万个磁道。

磁化，吸引
magnetized

使某些物体具有磁性。如图书馆在开架借阅图书中，为了防止图书丢失，在图书里均贴了磁条。当图书被借出时，工作人员用消磁器消掉磁，归还回来的图书必须再充上磁。

磁卡（片）
magnetic card（MC）

有可磁化表面层的卡片，可以用磁记录法把数据存储在其表面层上。另外，在字词处理过程中，用具有磁性表面的纸或塑料卡片做成的存储媒体，信息只能记录在一个面上。

磁盘
magnetic disk

一种表面涂有磁性材料的圆盘状记录介质，是磁盘存储器的一个重要组成部分。可在盘面同心的圆形磁道上形成不同形式的磁化点，以此来记录二进制信息。盘面上的磁道划分成若干个扇形区，读写头可自由伸到各个磁道上存取数据，因此具有随机存取的能力。按盘片数量和形式，可分为单片盒式和多片组合式磁盘；按记录磁头的不同类型，可分为固定式磁盘和浮动式磁盘；按盘片材料，可分为软盘和硬盘。是电子计算机常用的外存储器。磁盘的特点是存储容量大、工作速度快，由若干片硬盘片固定在一个公共转轴上，构成盘片组。每个盘片对应有一个磁头。软磁盘有 8 英寸、5.25 英寸和 3.5 英寸，硬磁盘有 14 英寸、8 英寸和 5.25 英寸等几种。

磁盘操作系统
Disk Operating System（DOS）

最早的操作系统，包括 MS-DOS 和 PC-DOS。MS-DOS 是美国微软公司为 16 位微机开发的操作系统，1981 年美国 IBM 公司将其选为 IBM-PC 机的基本操作系统。比尔·盖茨（Bill Gates）将微软版本（MS-DOS）市场化，成为早期 Windows 的支持控制程序。Windows NT 以及后来的 Windows 版本并不依赖于 DOS，但能够支持 DOS 应用。DOS 为非图形界面，线性命令驱动，因此不如 Windows 界面友好。DOS 可用来控制和管理 PC 机的硬件和软件资源，并为用户提供单任务操作环境。

磁盘存储器
magnetic disk memory

由磁盘和驱动器构成的存储设备，具有存储容量大、速度快等特点。

磁盘驱动器
disk drive

计算机硬件，用于控制特定磁盘（硬盘、软盘、WORM 和 Zip 等），允许用户在磁盘上读、写数据。磁盘驱动器可以内置或外装。磁盘驱动器兼备输入、输出功能。由磁盘与磁盘驱动器共同实现对信息的读写操作。磁盘驱动器主要由主轴旋转机构、磁头定位机构和读写机构组成。disk drive 也可以拼写为 disc drive。

磁条
magnetic strip

一种带磁性的薄条。图书馆员在图书资料加工时将其粘在中间，读者如果不经消磁处理把图书从图书馆中拿出去，就会引发检测仪报警。磁条广泛应用于图书馆、书店和自选商场等场所。

磁头
head

能读出记录在媒体上的信息，并将信息写到记录媒体上或抹除记录在媒体上的信息等一种或多种功能的电磁装置。

磁性感应条
marker

为了防止书刊被窃而粘贴在书刊隐蔽处的磁性条。目前大多数开架的图书馆均采取这种办法进行书刊管理。未经消磁处理的图书被带出图书馆，图书防盗系统就会报警。此类磁条分永磁和非永磁两种。只能在阅览室内借阅的书刊多装永磁性磁条，不能消去磁性。外借的图书通常装非永磁性磁条。图书出借时消磁，归还时充磁。

磁性介质
magnetic media

表面涂有磁性材料，泛指用磁性材料制成的磁存储器，如硬盘、软盘和磁带等。

磁性声迹

stripe

在电影胶片边缘的一端或两端上的一条狭窄的磁性材料涂层，用于记录声音。

磁性油墨

magnetic ink

以磁性氧化铁为颜料制成的油墨。一般是供作平版或者凸版印刷用。随着办公事务的自动化，在支票、邮件上需要印上文字或记号时，一般用磁性油墨印刷，并通过机械操作，进行分类、检索和整理。

磁性油墨字符阅读器

magnetic ink, character reader（MICR）

能够识读用磁性油墨印刷的字符的机器，主要应用于支票、申请表等。

次等纸，污损纸

retree（retree paper）

指品质不好或稍有污损的纸张。次等纸主要是由于在纸张制造的过程中所出现的污点、斑点或小孔等造成的。英国在这种纸的包装上打 XX 印记，美国则打 R。

次分面，类组

array

分类法中，指源自同一大类而分成的一组互相排斥且详尽覆盖母类的同位类组。例如，次分面"报纸"、"时事通讯"、"杂志"、"期刊"都源自大类"定期刊物"。

次级的

Subordinate

杜威分类法术语。描述一个数字或题目低于同一层级中的另一个数字或题目。

次全新书

fine copy

在旧书交易中，一种用过的质量虽好但未达到完好无损标准的版本，略次于全新的书。

《从传统图书馆到数字图书馆》

From Traditional Library to Digital Library

《当代中国图书馆学研究文库》之一，富平著。该文集是作者从自己发表的 50 多篇论文中选出来的，主要包括两方面的内容：一是有关传统图书馆文献编目、读者服务与业务管理的内容；二是有关转型期图书馆与数字图书馆的建设发展过程中的理论模型、资源建设、标准规范和用户服务等业务研究与管理方面的内容。由国家图书馆出版社于 2007 年出版。

从属情节，次要情节

subplot

在文学作品中，出现的情节之中还套着情节，有时牵涉着同样的人物或相关人物。有的文学作品中有不止一个从属情节，相互纠缠形成戏剧性的效果。

从属著作

dependent work（related work）

在图书馆编目中，被著录的著作是从以前出版的其他著者的著作派生的，称为从属著作，包括摘要、改编、评论、续编、补编和修订等。

（匆忙做成的）事

quickie

指匆忙写成和出版的书籍或其他出版物，亦指匆忙出炉和粗制滥造拍成的电影。

从编说明

series statement

在编目中书刊所属的丛编说明项目，包括丛编正题名、关于丛编的责任者项、国际标准连续出版物编号等。在 MARC 记录中，丛编说明项字段标记为"4××"。

从编题名页

series title page

载有丛编正题名的附加页，一般情况下有丛编的其他信息，从编题名常印在与简题名有关的偶数页上。

从编项

series area

用于描述单独出版的一套并具有一个总书名的文献的著录项，揭示所属丛编的文献特征的总体情况。主要包括丛编名、副丛编名及说明丛编文字、丛编编号和丛编编者等。在 MARC 记录中，丛编说明项字段标记为"4××"。

C

C

丛书
series

将多种著作汇集在一起并冠以总题名，以编号或不编号形式出版的具有统一风格的一种文献形式。文献为图书时，称为丛书，每本书通常在主题或形式上与其他的图书有关联。除了自己的题名以外，还有一个统一的丛题名。每册或每一部分不一定由同一作家执笔，定期出版，或编号出版。论文集及参考书通常采取丛书的形式出版。在图书馆编目中，丛书数据（正题名、责任说明）置于书目著录中的丛编项。series 的缩略形式为：ser。

丛书附加款目
series add entry

指目录中以丛书、丛刊作标目的附加款目。可以是名称和丛书名一起的附加款目或是题名附加款目。

丛书号
series number

指一套丛书中的每部书的编号。可以是数字或字母，一般连接在丛书名之后。

丛书名
series title

图书在出版时所属的一个丛书名，通常印在封面、题名页、简题名页上，或在题名页的后一页上。在书目记录中，正题名编入丛编说明项（在 MARC 记录中，从编项说明标记为“4 × ×”）。

丛书作者
series authors

指撰写丛书的多个作者。

粗布
crash

一种薄薄的粗织窄布条，在装订书时，把图书各个部分缝在一起后将其粘在书的后面加以固定。在一些版本中，在衬背的过程中把棕色牛皮纸粘在布上面进行固定。

粗读
rough reading

以了解阅读对象大体内容为目的的一种浏览式阅读方法。

粗犊皮
rough calf

指装订图书、账簿用的表面粗糙、颜色较浅的假麂皮。

粗分类法
broad classification

一种只有大类而没有广泛细分的分类体系。可用于不需要细分类法来有效组织藏书的小型图书馆。这种分类法是通过逻辑删节提供的大类分类法。虽然某本书可以给予更具体的分类号，但是一般选择上一级类目。例如，一本有关墨西哥食谱的图书，选择使用 641.5（烹饪），而不使用 641.5972（墨西哥烹饪）。OCLC 杜威十进分类（Dewey Deimal Classification，DDC）体系是全球使用最广泛的图书馆分类体系，目前同时提供完整版的第 23 版（DDC 23）和精简版第 15 版（DDC 15）。精简版的第 15 版适用于馆藏数量少于 2 万种的图书馆使用。通常一些小型图书馆会选择使用该种分类法。

粗封面纸板
chip board

由再生纸和其他含有纤维素的纤维制成的一种薄的、廉价的低密度封面纸板。虽然粗封面纸板有时用硬封面装订，但更适用于精装贸易类图书。

粗黑体字体
fat face

一种特殊字体，每个字符的粗细笔画之间具有很高的对比度，通常用来突出重要字句或标题。从 19 世纪起，主要用于海报、广告和招贴等。

粗体字，黑体字
full face

一种比常用字既黑又粗的字体，一般用来突出重要字句或标题。

粗译文
rough translation

指尚未经过编辑修改的翻译文稿。

（粗制滥造的）文学艺术作品

potboiler

指仅为赚取稿费而创作的文学作品。这类作品通常没有多大的艺术价值，往往是作者在其写作生涯早期，由于没有其他经济来源而粗制滥造出来的，其共同特点就是以商业收益为主要目的。出版这类作品所带来的一个问题是，一旦日后作者成名，对其以后的发展会产生一定的负面影响，诸如评论家怀疑的目光、读者的不信任等。

促进者

facilitator

一个能够帮助他人更好、更容易地完成其工作，实现既定目标的人。从理论上来讲，一位图书馆馆长应是其下属馆员的促进者。此外，该词也指具有超常沟通技巧的人，通常作为一个会议或研讨会的讨论的引导者。

促销广告

promotional advertising

旨在促使人们迅速购买某一商品或服务的广告。

促销价

introductory price

在某一本新书或其他出版物出版之前，或者在出版前后一个有限的期限内，出版商所提供的一个较低的价格，以鼓励预先的销售，在此之后则恢复报价单上的价格。这种推广价的期限可能会因预付订单而延长，这就与出版商制定的一个严格的终止日期形成对比。

促销图书

promotional book

指关于旅游、烹调、艺术、园艺和博物学等方面并有大量插图的图书。通常是一些在行业书店专门作为廉价礼物促销的、用廉价版式重印的某个行业的图书。promotional book 的简略形式为：promo book。

篡改

mutilation

未经作者同意，对其作品的内容、观点作了违反原意的实质性改动，或者把自己的意图强加在他人作品之中。

崔慕岳（1943—）

Cui Muyue

郑州大学教授，毕业于武汉大学图书情报学院。曾任郑州大学图书馆学情报学系主任、郑州大学副校长、全国高校图书情报工作委员会副主任、河南省高校图书情报工作委员会主任、教育部高校图书馆学学科教学指导委员会副主任、郑州大学南校区管委会副主任、中国图书馆学会第七届理事会理事、中国图书馆学会高校分会第一届委员会委员、河南省图书馆学会副理事长和郑州大学图书馆学专业硕士研究生导师等，论述颇丰。

催补缺书

claim

图书馆所订购的某种期刊的一期或增刊在合理的时间内尚未收到时，图书馆有专人将这种情况通知出版商或订阅代理商，以补缺期。负责这项工作的图书馆员会将催补缺书的通知记录在登到记录中，并将其附在该出版物的目录记录上。

催还书单

recall notice（recall slip）

图书馆向读者发出的催其归还所借书刊资料的一种书面通知。通知内容包括应归还书刊资料名称和归还的最后期限等。图书馆一般在以下三种情况下向读者发出催还书单：一是该书刊已经超过规定的借期，影响了其他读者的使用；二是在某特殊读者特别急需某种已被借出书刊资料的情况下，图书馆要求原借阅者提前归还该书刊资料以满足该特殊读者；三是图书馆在内部整理或修改分类法、建设数据库等工作过程中急需使用或加工该书刊资料。在计算机流通系统中，系统可按要求自动打印输出过期通知单。

催还图书

recall a book

图书馆向读者催还所借图书的一项工作。催还图书多发生在所借图书已经到期或有其他读者急需该书的情况下。

催书单

recall

又称催还通知。读者所借的书刊过期不还，必定影响书刊的周转和别的读者借阅。因此，图书馆必须向逾期不还所借书刊的读者发出催还书通知单，催其归还。

C

C

脆化书

brittle book

图书因脱水使纸中有机成分变质，书页泛黄，严重的会一翻即碎。

（脆易损坏的）纸

brittle

纸张容易破损毁坏的条件：酸性纸变黄、发脆时容易撕毁，即使在正常使用下也会成为碎片。对于单张纸可采用密封保管方法，但对整卷书用此法保护是不切实际的。为保护易脆性的图书，可以采取缩微式数字化的方法。

存储介质

storage medium

存储信息或艺术内容的物理材料。与容器（container）共同构成载体（carrier）的两个组成部分。

存储密度

packing density

每个单位存储媒体所容纳的信息量。

存储器

memory（storage）

又称“内存”。指能接收和保存程序或数据，并在此可对其进行检索和利用的装置，是计算机硬件设备的重要组成部分之一。

存储区

storage area

指存储器中的特定区域。这些区域可以用于存放程序、常数，或用作输入输出数据缓冲区。在图书馆中，存储区指的是用于存放不常用的文献资料和设备的空间。存储区中的文献状态仍然在馆藏目录中能够反映出来，以备读者需要时可以调阅。

存储书库

reservoir stack room

又称“提存书库”。指图书馆为了节约藏书空间，提高工作效率，将普通书库中利用率不高的各类藏书一律提出，然后安排专门的书库进行存储。通常采用密集书架存储的方式排列藏书。

存储图书馆

reservoir library

存储保管有关图书馆因年代久远、书刊内容过时等原因，很少有人查阅的书刊资料的一种特殊图书馆。其主要职能是：接受和保管各地区各部门图书馆送来的不常用图书资料，从事现有馆藏书刊的进一步开发利用和重新分配等。建立存储图书馆有利于在全国范围内合理组织图书馆藏书布局，减少图书馆之间由于重复收藏、重复编目而造成的资源浪费。

存储阵列

memory array

把多个磁盘组成一个阵列，作为单一磁盘使用，将数据以分段、冗余的方式储存在不同的磁盘中，通过多个磁盘同时存储和读取数据来大幅提高存储系统的数据吞吐量，同时有更好的数据安全性。独立冗余磁盘阵列（Redundant Array of Inexpensive Disk，RAID），是存储阵列在技术上实现的理论标准，其目的在于减少错误、提高存储系统的性能与可靠度。常用的等级有1、3、5级等。图书馆的海量数字资源基本都保存在存储阵列中。

存档本

archival copy

公司、政府部门或研究机构出于保护、法律、作为证据和历史的原因以及保存版本的需要而特意制作或指派的某本文献。

存档价值

archival value

经某个或多个博学的专家评估，鉴定某文献值得长期或无限期保存。其价值在于历史、信息（参考和检索）、法律、证明、管理和金融等方面。

存档数据库

archival database

以数字格式存储的有组织的数据集合，包括需无限期保存的信息。例如，根据电子邮件列表而接收和发送的消息、电子参考服务部所收到的参考问题及其答案等。

存档原本
file copy

文件、报告和期刊文章的原本，以文件形式保存，以备将来使用或参考。

存档杂志
archival journal

主要为存档目的而出版的杂志，而不是为了向广大用户传递信息，其定价也基于图书馆市场，而基本不考虑大众市场。

存取点
access point（AP）

指可用作信息检索的文件入口点的任何唯一的数据元素。

存取方针，检索方针
access policy

由档案或特殊馆藏管理组织提供的一种正式的书面说明，具体指明哪些资料可以检索以及哪些用户可以检索，包括检索条件和检索限制。

存取，访问
access

读者按照一定的存取方式对存储在计算机检索系统中的图书资料进行检索的过程。这是计算机专业术语，指用户使用计算机系统或在线资源的权利，这种"特权"一般是通过发布检索码的方式授予的。也就是指用户获取并使用计算机或计算机系统中存储数据的能力。

存取服务，检索服务
access services

针对利用图书馆馆藏而提供的服务。包括资料流通（如普通流通、预约、馆际互借和文献传递等）、重新排架、书架维护以及安全保护等。一些大型图书馆设有专门的"检索服务馆员"来处理这些工作。

存取时间
access time

把数据送入存储器或从存储器取出数据所需要的时间，在高峰期使用可能会有所延长。这是计算机存储设备性能的重要指标。

存疑文献
questioned document

指任何来源和其真实性值得怀疑的手写或印刷资料。

错架
misshelved（misplaced）

图书馆或档案馆里已经加工整理的书刊、档案等文献资料没有按照一定的依据和次序陈放在书架或书柜上的现象。

错排，印刷错误
misprint

指排版上和印刷上的错误。排版上的错误，即误排、跳字、脱字和倒字等；印刷上的错误，即颜色、油墨浓度和印刷位置等方面的错误。

错误的日期
false date

由于疏忽或故意地提供一个错误的出生日期、死亡日期或出版日期。在图书馆编目中，正确的日期应补充于不正确的日期后，并置于方括号内。

错误信息
error message

当用户在操作电脑不当时系统所给出的文字提示信息，语法错误是导致应用程序生成错误信息的最常见原因。当软件检测到"检索"或"高级检索"页面的检索式语法错误时，就会显示以下错误信息。检查相应的错误信息，然后按正确的语法重新输入检索式。

D

达盖尔银版照相法
daguerrotype

历史上第一个获得成功的摄影方法。以法国发明者、擅长透景画的画家路易丝·雅克斯·马代·达盖尔（*Louis Jacques Mande Daguerre*）的名字命名。达盖尔在约瑟夫·奈斯福·尼埃普斯（*Joseph Nicephore Niepce*）的早期实验基础上完成了这一发明，并于1839年公开展示。这种摄影方法是在一个高度抛光、对碘雾具有感光作用的银铜版上直接形成正片。制作时将银铜版置于照相机的暗箱中曝光，涂有碘化银的感光层会抓住影像，然后运用水银蒸汽将影像显影。早期的达盖尔银版照相法受到收藏者的珍视，因为每一幅照片都是唯一的，不是从负片翻拍的。daguerrotype也可拼作：daguerreotype。

达格·哈马舍尔德图书馆
Dag Hammarskjöld Library

1961年11月16日，为纪念达格·哈马舍尔德秘书长，联合国总部图书馆以他的名字命名。该馆的法定任务是向各国驻联合国代表团和秘书处工作人员提供信息服务和培训。一些高级研究人员若在联合国寄存图书馆无法找到所需要的图书资料，也被容许短期利用该馆。福特基金会将图书馆楼作为礼物捐献给联合国，该建筑坐落在联合国总部大院的西南角，与秘书处大楼相连。因特网用户可通过联合国书目资料系统网络版（UNBISnet）免费检索UNBIS数据库。从1946年以来，该馆通过各寄存图书馆系统（在146个国家设有405所寄存图书馆）向世界各地的读者分发联合国的文件和出版物，传播联合国信息。

达豪斯大学信息管理学院（加拿大）
School of Information Management of Dalhousie University

位于加拿大的哈利法克斯市（Halifax）。其前身是建于1969年的图书馆服务学院，从1971年起开始授予图书馆服务硕士学位。提供管理学学士、图书馆学与情报学硕士、信息管理硕士、图书馆学情报学与其他研究方向的双硕士以及图书馆学与情报学研究博士等学位的全职兼职课程等。该学院获得有美国图书馆协会资格认证，其研究内容涉及信息搜索行为、电子文本设计、电子环境浏览和科学家信息传播等。

达卡大学图书馆（孟加拉国）
University of Dhaka Library

位于孟加拉国首都达卡市，是孟加拉国最大的高校图书馆，1921年成立。主要由总馆和科学图书馆组成，还包括一些系图书馆。馆藏各类图书文献总量约70万册。其中总馆主要收藏各种教科书、参考文献、稀缺书籍以及各类手稿。其中手稿有3万多件，包括孟加拉文、阿拉伯文、波斯文等多种文字。科学图书馆收藏的文献主要涉及科学技术领域，订购了世界上各大科学文摘。

达特默思文学奖（美国）
Dartmouth Medal

1974年由美国达特默思学院（Dartmouth College）设立的奖项，由美国图书馆协会参考和用户服务部（RUSA）颁发，用以奖励上一年出版的优秀参考书。该奖在达特默思学院院长、图书馆馆长拉斯姆（Lathem）的建议下设立。拉斯姆认为在美国没有与参考工具书相关的荣誉奖项，而参考工具书是图书馆员和终身学习最重要的信息来源。为此，应设置专项资金用以评选和奖励在参考书创作方面有突出贡献的作者和出版商。铜质奖牌是由国际著名艺术家鲁道夫·茹兹卡（Rudolph Ruzicka）创作的，上有希腊智慧女神雅典娜侧面头像及橄榄枝，用以象征艺术、科学以及人类所有的智慧。达特默思学院认为美国图书馆协会对奖项管理有绝对权威，能够保证评选的客观公正。评审团由5位成员组成：4位来自美国图书馆协会（ALA）参考和用户服务部，另一位为《美国图书馆协会参考书通报》编委会主席。评审团任期两年，不得连任。每年年终评审团对提名作品进行封闭式评审。

打包费，包装费
packing charge

指邮寄文献资料所需的纸箱、包装材料和打包等费用。

打开视窗操作系统
Open Windows

OCLC编目系统中“视窗”菜单中的命令。其用于按照首次打开的数字顺序来打开特定的列表或记录。

打样
proofing

在印刷过程中，为了生产出满足质量要求的样张，为校审人员和制版、印刷工序提供依据和标准。打样是模拟印刷、为作者和编辑校对提供审校样张。作者和编辑校对人员通过样张进行审校和预测印刷品的质量效果，确认正式印刷的质量标准，并验收签样付印。打样还是进行试生产，为印刷工序提供标准样张。印刷工序依据样张进行材料和机器调节，以样张为标准进行印刷生产和检验印刷品质量，从拼组的图文信息复制出校样。

打印标签
Print Labels

使用 OCLC 编目标签程序打印标签。可为现有记录打印一个标签集，从 WorldCat 中检索书目记录或书目保存文档，查看标签程序中的标签，创建或下载文件打印一批标签，在书目保存文档中标示记录，创建已被标示记录的标签。

打印记录
Print Record

OCLC 编目系统中用于打印已显示的书目或规范记录的命令。也可使用浏览器的“打印”功能打印完整的记录或结果列表。

打印列表
Print List

OCLC 编目系统中用于打印已显示的列表的命令。此命令在编目系统中“文件”菜单中。

打印输出
printout

计算机的一种信息输出方式。通过打印机将计算机文档中的文本、图像或其他数据打印在纸或其他印刷平面上。

打印纸
tab sheet

电子计算机输出装置打印文字用的一种纸。纸质细密光洁，白度好。可用来打印文件、文稿、目录和文摘等。

打油诗
doggerel

一种专用俚语写成并故作诙谐的诗体，具有松散、不规则、粗糙和肤浅的诗律。中国的打油诗，历史悠久，虽说粗鄙可笑，历来不登大雅之堂，但也出现了一些有品味的佳作，为世人所传诵。如中国著名漫画家方成先生在为《画币图》配的一首打油诗：工资四五百/当官六七年/出国八九次/旅游几十天/百万藏床底/银行二三千/一听呼声起/防腐又倡廉/面币心中苦/周身软绵绵。doggerel 也可拼作 doggrel。

打折书
book bargain

一种销售策略，可让购书者在价格上享受一定的折扣优惠。

打字，打印
type

指通过敲击计算机或打字机键盘，将文字等内容输入或打印的过程。

打字色带
ribbon carbon

一种专用于针式打字机的带有颜色的密织窄幅织物。

打字原稿、打字本
typescript

一般是作者提交给出版单位的原始打印稿，或者是作者、出版商委托打印的稿件，尤其是指供印刷工印刷的稿子。typescript 的缩写词为 ts。

大阪府立中央图书馆（日本）
Osaka Prefectural Central Library/*大阪府立中之島図書館*

其前身为 1904 年建立的大阪图书馆。1974 年，夕日丘图书馆竣工，成为了大阪府第二家府立图书馆。为避免名称上的混乱，原先的大阪图书馆更名为大阪府立中之岛图书馆。由于不断发展的馆藏与日益减少的藏书空间的矛盾，大阪府立夕日丘图书馆在运作了 20 年后于 1996 年歇业。同年，大阪府立中央图书馆成立，接手了前者所有馆藏。大阪府立中央图书馆与中之岛图书馆馆藏各有千秋，因此两馆各行其职、各尽其责：中央图书馆作为大阪府的综合型图书馆，服务于普通大众；而中之岛图书馆因其馆内的大阪特藏和商务类馆藏成为了大阪府的特殊图书馆。拥有馆藏 200 万册（件），其中 20 万册为外语资源。2009 年 9 月，该馆建立“上海之窗”。

大报
broadsheet（quality paper）

大开张报纸，多为“日报”类的报纸，或称之为主流报业媒体。指的是高级报纸、严肃报纸，约380毫米宽、600毫米长。

大标题，特大头条新闻
skyline

在印刷报纸的过程中，印刷在第一页顶端的任何大标题。

大部头图书，巨著
tome

在现代用法中，指大型而沉重的图书，或有学术价值的巨著。

《大藏经》
Tripitaka

一部佛教典籍丛书，也可视为一部佛经总汇。就广义而言，泛指世界上现存的巴利语大藏经、藏文大藏经、汉文大藏经三大体系；在狭义上则专指中国的汉文大藏经。大藏经的编辑从南北朝时即开始，刊印始于北宋初。最初为蜀版，后有福州版、思溪版等，辽、金、元、明和清各代，也都有刻本。

大纲
outline

指一个主题主要特征的概括，（著作、演讲稿和计划）系统排列的内容要点。

《大公报》
Ta Kung Pao

1902年在天津创办，是中国近代历史上最有影响的报纸之一。在中国香港每日出对开20～40版。主要版面有：国际新闻、中国新闻、香港新闻、香港经济、国际经济、中国经济、金融股市、体育、影视娱乐和副刊等。周六出版《大公周刊》，随报附送。该报主要在香港、澳门地区销售，并有海外航空版，销往100多个国家和地区。自1983年起，在美国旧金山发行美洲中文版和英文版，1996年5月开始出版电子版，是香港最早的新闻网站之一。

大管弦乐队的图书馆协会（美国）
Major Orchestra Librarians' Association（MOLA）

1983年由费城管弦乐队、波士顿管弦乐队和明尼苏达管弦乐队的代表成立。该协会是一个国际组织，其目的是为了促进图书馆员中的演奏员之间的交流，帮助他们为所在的管弦乐队提供更好的服务。该协会也和音乐出版商进行合作。会员包括170多位和管弦乐有关的图书馆、歌剧和芭蕾公司、军队乐队和音乐学校等单位。大管弦乐队的图书馆协会出版业务通讯季刊《重拍》（*Marcato*）。

大规模集成电路
large sale integration（LSI）

指在一个硅锌片上许多电路的集成，可以容纳3 000～100 000个电子元件的一种集成电路。

《大韩每日》（韩国）
Seoul Shimun

1945年11月22日创刊，原名为《汉城新闻》，1997年更为现名。《大韩每日》报社是一家具有官方色彩的股份制报社，政府是报社的股东之一。该报政治倾向比较明显，反映和体现韩国政府的方针政策。号称发行量100万份。报社除该报外还出版发行《体育首尔》报等4种杂志。

大号铅字排印
large print（LP）

用大号铅字排印的出版物，字体型号指的是：西文16点以上的型号，汉字一般在四号以下。因字体较大、版面清晰，通常用于教科书、视障者和少儿出版物（如图画书和启蒙读物）的排印。书籍用大尺寸排印，方便视力较弱的人，这种书籍一般由公共图书馆购买，在普通书店是见不到的。

大叫
shouting

在电子邮件中，如果某些词或文章使用大写字母形式，收件者会认为其粗鲁，很不礼貌。

大开本，大型本
large paper edition

一种版本，页面尺寸比商业版本（通常用质量较好的纸张印刷）大，页面边缘比通常版本要宽。限量本和豪华本通常用这种方式印制。

大理石花纹书边
marbled edges

书籍的三边切齐后，染上一层色彩似大理石花纹的装饰，以美化书籍的装帧。

大理石饰纹
marbling

一种手工装订图书封面和封底的装饰风格，对书边及环衬添上一层模仿大理石花纹样的色彩的加工过程。也用在图书封面和书脊的装饰。这种技术起源于 17 世纪的法国，在维多利亚时期变得很普遍。

大连海事大学图书馆
Dalian Maritime University Library

创建于 1953 年。馆舍面积 24 132 平方米，拥有阅览座位 1 858 席，馆藏文献 195 万册（件）。订购各类电子资源平台 44 个，电子文献数据库总计 110 多个。数据库内容已经基本涵盖学校所有学科专业。该馆已初步建成以航海类学科文献为主干、以海上交通运输类学科文献为主体，兼顾工程、管理、经济和法律等学科文献的多类型、多语种、多载体的印刷型文献和数字化文献相结合的文献保障服务体系，已经成为学校教学、科研的文献信息保障中心。

大连理工大学图书馆
Dalian University of Technology Library

建于 1949 年，原称大连工学院图书馆，1988 年更为现名。由 1998 年建成的伯川图书馆、令希图书馆以及软件学院图书馆三部分组成。馆舍总面积 6.7 万平方米，阅览座位 2 500 多席。馆藏文献 270 多万册。初步形成以理工科为主、兼顾社会科学、管理等学科文献的多类型、多语种和多载体的馆藏体系。现已建成的数据库以文献书目数据库为主，包括中文科技期刊、西文期刊、西文会议文献等。专题数据库有：该校教师的论文被国际著名检索刊物 EI、SCI、ISTP 收录情况的数据库和研究生学位论文全文数据库等。

大连图书馆
Dalian Library

前身为 1907 年创建的满铁大连图书馆，1981 年更名为现名。馆舍面积达 4 万平方米，阅览座位 1 500 席。作为大连市中心图书馆，其办馆宗旨是把大连图书馆建成名副其实的地区信息中心、文献收藏利用中心、社会文化教育中心及图书文化交流、发展、科研中心。各类文献 365 万多册。其中以 55 万多册宋、金、元、明、清、民国以及日本占领时期的古旧籍文献最具特色，内容包括明清小说、满铁资料、清代内府档案、地方志、舆图、碑刻拓片、佛经和由 29 种西文组成的各种文献，种类繁多，版本珍稀。

大批书外借
bulk lending

一所图书馆借给另一所图书馆的、外借期较长的大量书刊资料。在公共图书馆系统内，甚至系统以外，大量的印刷型和视听出版物有时也是大批量运送借给分馆的。

“大苹果”计算机
Macintosh

1984 年 1 月，美国苹果计算机公司推出的一组首先使用图形用户界面（GUI）的计算机，此后成为最大的非 IBM 品牌的兼容个人计算机。虽然比 IBM 系列的微机价格贵得多，但其率先采用图示、视窗、鼠标以及易学易用的界面，尤其是在图形、声音等方面具有较强的功能，很受用户欢迎。

大人物知识管理集团
Greatman knowledge Management Group

由台湾诗人范扬松教授于 1994 年创立，以“知识之创造与传播”为核心专长。1997 年正式成立“联合百科电子出版公司”与深圳子公司，出版具有中国特色与台湾地区特色的中文数据库，并走深耕精致之路线。“联百”酷爱选择重量级核心期刊、经典文献为内容，予以数字化保存，并借助策略结盟，营销至全球市场。十多年来已开发完成 20 个以上大型中文数据库，处理了约 15 亿字的数据量。“联百”拥有自行研发的超强搜索引擎，1998 年曾获海外“科技进步奖”，2006 年、2007 年、2010 年分获“数位出版创新奖”、“数字金鼎奖”，同时也拥有优异的营销团队，营销全球十余国、数十所海外知名汉学机构以及国内上千家图书馆。

《大日本百科事典》
Dai Nihon Hyakka jiten*; *Encyclopedia japonica

日本综合百科全书，由东京小学馆编辑于 1980 年出版。全书收录各学科领域范围 10 万条，按五十顺序编排，对各条目概要给予简洁说明。全书共 26 卷，第 24 卷为索引小百科，收录 1 ~ 23 卷中涉及所有相关解释中的对应知识点，约32万条。第25卷是日本美术珍品分类，在照片基础上加以简单介绍，总计收录珍品1 364件。第26卷为世界美术珍品辞典，除日本、中国、朝鲜和东南亚地区外，以世界其他主要美术馆为对象，对其藏品选取收录，计有1 347件。每册约600页，精装16开，彩色印刷。

D

大容量存储器
mass memory（mass storage device）

也称海量存储器。为了弥补计算机主存储器容量的有限，而配置的具有大容量的辅助存储器。主要包括磁盘、磁带和光盘等。这是一种超大容量的辅助存储器用海量来形容其存储容量的庞大。现代情报数量急剧增加，要求庞大的存储系统贮存情报。有海量磁鼓存储器、海量磁盘存储器、海量磁带存储器和光盘存储器等。

大容量存储器，海量存储器
mass storage（MS）

指具有特大存储容量，并便于计算机处理装置存取的存储器。如磁盘，可以作为计算机系统中小容量存储器的补充。

大山 敬三（1958—）
Keizo Oyama

日本图书馆学家、工学博士、日本国立情报学研究所教授。从事的研究学科为情报学、情报系统和情报工学。具体研究领域为基于XML的结构化文献的形成、变换、检索技术、全文数据库检索技术、Web情报检索、搜集技术的文本处理技术和Web检索技术评价用文献集合构筑及评价手法，学术情报的检索入口，以及论文情报的导航、学术情报服务系统等方面。

大事记
chronicle of events

把重要事情或重大事件按时间顺序记录下来，以便日后查考的一种编年体资料。大事记通常作为特藏收藏。

大书
big book

大开本，一般用的字体也比较大，通常指带插图的儿童读物。

大数据
Big Data（BD）

指那些超过传统数据库系统处理能力的数据。其数据规模和传输速度要求很高。其主要特征为数据量巨大，从TB级别跃升到PB级别；数据类型繁多，如网络日志、视频、图片、地理位置信息等；商业价值巨大以及处理速度快。

大五码
BIG 5 code

汉语常用的编码方式有GB码、HZ码和BIG5码等。BIG5码是一种汉字繁体字编码方案，主要在中国台湾和香港地区使用。

《大西洋古抄本》
Codice Atlantico

彭佩欧·莱奥尼（Pompeo Leoni）于16世纪末集结而成，现存于意大利米兰的安波罗修图书馆（Biblioteca Ambrosiana），1968—1972年期间曾进行过修复，是诸多列奥纳多·达·芬奇的手稿集册中最大的一部，共12卷，1 119张，年代分布为1478—1519年，包含的类别非常广泛，有飞行、武器、乐器、数学和植物学，等等，让后人得以一窥达·芬奇多才多艺的思路。

大写，大写用法
capitalization

以大写的方式来书写或印刷字词、句子。也指在语言中使用大写字母（书写或印刷）的习惯。比如：在英文中文章段落的第一个单词和专有名词的第一个字母都必须大写。由好几个词组成的专有名称，如组织机构名、题名、报刊杂志名和文章题目名等，其中除冠词、连接词和单音节的前置词不用大写外，每个词的第一个字母（包括双音节的前置词）都必须大写。

大写首字母
block capitals

一般指大号的大写字母，以区别于小写字母。通常用在文章中的段落、章节第一个字母，用较大号字排印。

大写字母
capital letter

罗马大写字母表最先出现于公元4世纪。起源于雕刻在建筑物石柱或碑文上的大写罗马字母。也指任何区别于小写字母的书写或印刷的大写字母。capital letter 的缩写形式为 cap。

大写字母的高度
cap height

指大写字母中超出基线（baseline）以上的高度。

大写字母盘
uppercase

指一副活字盘内盛放大写体活字，其下半部分放小型大写活字、分数活字、符号和重音符号等。

大写字母上线
cap line（ascender line）

在印刷中，连接大写字母的上端的一条假想线。

大型旧式小说
three-decker

一种八开本的三卷本小说，最早是纸板封面，后来是布封面。是英国女王维多利亚时代的小说最常见的形式。实惠的折扣使这种图书得以在图书馆里流通，一直到便宜的反复再版的图书大量出现为止。

大型新闻纸
blanket sheet

指一张可折成四页的对开新闻纸，也可称之为大白纸。

大型主机
mainframe

一种快速、多用户的、支持很多没有独立处理能力的终端的大型计算机系统，是为了计算密集型计算任务而设计的一种高级计算机。一般为大学、大型公司和军事机构所使用。

大学出版社
university press

与大学和学术机构相关的出版公司，或附属大学的出版社（如 1534 年建立的剑桥大学出版社，是世界现存年代最久的大学出版社），专门出版学术性图书、教科书和期刊，特别是帮助其教职员工出版他们的著作等。为大学的教学、科研以及其他学术机构的学术研究工作服务。

（大学的）总馆
general library

又称中心图书馆，指大学图书馆系统设有分馆的主要图书馆。

大学公告
official gazette

高等院校管理机构正式发布的有关学校在学籍、学位和考试等各个方面的管理办法和措施以及人事招聘、课题招标等方面的信息。

大学和研究图书馆协会（美国）
Association of College and Research Libraries（ACRL）

成立于 1889 年，是美国图书馆协会的一个分支机构，原名为大学与参考图书馆协会，1938 年改为现名。其成员包括各高校图书馆和研究图书馆，主要工作在于提高大学图书馆的服务质量，促进大学图书馆和研究图书馆的专业化发展，并支持其研究项目的开展。该协会下设图书馆统计、版权、立法、教育、研究和标准委员会以及社会学、艺术、书目教学、社区、法律与政治和科学与技术等研究组。出版物有：《大学和研究图书馆》（*College & Research Libraries*，*C&RL*）和《大学和研究图书馆新闻》（*College & Research Libraries News*，*C&RL News*）。

大学和研究图书馆专业组
Academic and Research Libraries Section

隶属于国际图联图书馆类型部（Division of Library Types）。前身为大学图书馆和其他综合研究图书馆专业组。该专业组是大学、研究图书馆领域的国际论坛，为其成员提供了与全世界同仁交流经验和思想的机会，同时也是今后各图书馆合作发展的中介。出版该专业组的业务通讯（电子版），刊登有关大学和研究图书馆的新闻与会议动态和论文，并出版会议录和年报。

大学简介
college viewbook

大学或学院印刷的图文并茂的手册，旨在吸引潜在的学生。这种手册一般简要介绍入学要求、校园生活、学习课程以及所需的费用等。

大学生图书馆
undergraduate library

由大学建立，支持并维护的图书馆，专供在校的大学生利用。主要根据大学生课程的结构要求和大学生研究的需要专门提供资料和信息服务，有时作为学校图书馆的分馆。规模较大的学校还分设在校大学生图书馆和毕业生图书馆。

D

大学图书馆
university and college library

由大学建立、管理并资助的图书馆或图书馆系统，收集、整理各种文献资料，以满足其学生或教职工对信息、研究和课程的需要。根据藏书范围不同，大体上可以分为综合性和专业性两类，综合性大学及师范院校图书馆属于综合性的图书馆，而多科性及单科性院校图书馆则基本上是专业性的图书馆。

《大学图书馆》
University Library Journal

1997 年创立于台湾大学图书馆，主要刊载图书馆学与资讯科学相关学术论著，作为海内外图书馆学资讯学界及该馆同仁发表研究论文的园地。半年刊（3、9 月出版），纸本由台湾学生书局有限公司出版。

大学图书馆副馆长
associate university librarian（AUL）

大学图书馆的主要管理者，图书馆的第二行政负责人，协助馆长开展工作，对图书馆工作和业务进行具体组织和管理。各个大学图书馆一般设有一位或一位以上的副馆长，每位副馆长分管不同的业务工作。

大学图书馆馆长
university librarian（dean of university library）（UL）

大学图书馆的直接领导者和管理者，图书馆的最高行政负责人，其主要职责是主持全馆工作，领导制订本馆的发展规划、规章制度、工作计划、经费预算及组织贯彻实施，在图书馆工作运行的整个过程中具有组织、领导、指挥、监督、评价和奖惩等权利。中国大学图书馆馆长一般来自三类人员：行政管理人员、教学科研人员、图书馆学情报学专业人员。

大学图书馆馆长联席会
Joint University Librarians Advisory Committee（JULAC）

1967 年成立，这是由香港特区“大学教育资助委员会”直接资助的香港中文大学、城市大学、浸会大学、教育学院、理工大学、科技大学、岭南大学和香港大学 8 所大学图书馆建立的平台，供共同商讨、协调和合作推行各种图书馆信息资源和服务。

《大学图书馆学报》
Journal of Academic Libraries

由北京大学和中国高等学校图书情报工作指导委员会联合主办，双月刊，原名为《大学图书馆动态》，创立于 1981 年，1983 年改为《大学图书馆通讯》，1989 年改称现名。该刊是图书馆学情报学学术期刊，多次入选中国图书馆学核心期刊和被评为全国图书馆学优秀期刊，并收入《乌利希国际期刊指南》（*Ulrich International Periodicals Directory*）。所开设的栏目有：“专稿”、“数字图书馆论坛”、“图书馆与图书馆事业”、“图书馆与图书馆学史”、“理论研究”、“自动化网络化数字化”、“文献资源建设”、“文献学”、“用户研究与服务”、“合作与共享”、“文献计量学”、“图书馆建筑”、“图苑传真”、“书评”和“文献信息组织与利用”等。

大学图书馆员地位
faculty status

在许多国家，大学承认在职的图书馆员是其正式的教员，具有相应的级别和头衔以及权利和利益，如任期、提升等。

《大学图书馆杂志》（美国）
Journal of Academic Librarianship

于 1975 年创刊，双月刊，由美国山边公司出版。内容主要涉及图书馆管理、读者服务、馆藏发展、教育与行政、技术服务、图书馆与计算机中心和图书馆学情报学的发展，还有短篇专栏文章、书评和文献指南等。每期刊登的专题论文，均附有摘要和参考文献，均被收录于《最新目次》（*Current Contents*）、《教育索引》（*Education Index*）、《教育期刊最新索引》（*Current Index to Journal in Education*）、《参考资源》（*Reference Sources*）、《社会科学引文索引》（*Social Science Citation Index*）、《法律信息管理索引》（*Law Information Management Index*）、《图书馆文献》（*Library Literature*）和《图书馆学情报学摘要》（*Library Information Science Abstracts*）。

《大学图书馆杂志》（日本）
Journal of College and University Libraries

由日本国公私立大学图书馆协调委员会和大学

图书馆研究编辑委员会编辑出版。1972 年创刊，每年出版 3 期。论文主要来自国立、私立大学图书馆有关人员，主要内容涉及日本国内外图书馆、国内外图书和国立、私立大学图书馆协会会议内容报告等。

《大学图书情报学刊》

Journal of Academic Library and Information Science

原名为《安徽高校图书馆》，于 1985 年创刊，1989 年改为现名。由安徽省高等学校图书情报工作委员会主办的图书馆学、情报学、档案学方面的综合性学术刊物。主要栏目有："理论研究"、"图书馆管理与事业建设"、"信息技术"、"文献信息资源建设"、"工作研究"、"用户研究与服务"、"图书馆建设"、"图书馆人"、"文献研究"、"专业教育"、"综述评介" 和 "图苑传真" 等。该刊是中国学术期刊综合评介数据库来源期刊、中文科技期刊数据库原文收录期刊和中国期刊网上网期刊。双月刊，有英文主要目录，国内外公开发行。

大学系图书馆

departmental library

在大学的专业系中，满足教职人员信息和研究需求的专业图书馆，一般属大学图书馆的分馆。大学系图书馆也供选修该系课程的学生、特别是研究生使用。如果购书经费由系里支付，选书工作通常由任课教师与系图书馆员共同承担。

大学（学院）书店

college bookstore

与学院或大学有关的零售书店，销售新旧教科书以及教师在教学中作为指定阅读资料的普通版图书。大学书店也销售大众参考书、中小学用书、贺卡、大学纪念品、大众杂志、畅销书和其他适合学生阅读兴趣的普通读物。

《大学与研究图书馆》（美国）

***College and Research Libraries*（C&RL）**

1939 年创刊，是美国图书馆协会下属的大学与研究图书馆协会主办的学术期刊。主要研讨如何促进专业图书馆工作，加强专业图书馆馆员的业务水准和改善专业图书馆所面临的困境。该刊主要分为 4 部分：1. 主编的话；2. 研究论文；3. 读者来信；4. 书评。该刊的文章被收入《图书馆文献》（*Library Literature*）、《教育期刊现刊索引》（*Current Index to Journals in Education*）、《情报学摘要》（*Information Science Abstracts*）、《图书馆学与情报学摘要》（*Library & Information Science Abstracts*）、《社会科学引用文献索引》（*Social Science Citation Index*）、《书评文摘》（*Book Review Digest*）、《书评》（*Book Review*）和《现刊书评引用资料库》（*Current Book Review Citations*）等。该刊为双月刊，是高水准的学术性刊物。

大英百科全书出版公司

Encyclopedia Britannica Inc.

一家以出版《大英百科全书》而闻名的美国公司。《大英百科全书》是现存仍然发行的最古老的百科全书。18 世纪，公司成立于苏格兰启蒙运动时期的苏格兰爱丁堡。印刷工人科林·麦克法卡尔和雕刻家安德鲁·贝尔决定怀着新的科学精神一起写一本书。他们聘请了威廉·斯梅利来写最初的三卷，并于 1768 年出版了第一卷。随着后续几册的出版，大英百科全书公司的名声越来越响亮。到了 20 世纪 30 年代中期，公司总部搬到了美国伊利诺伊州芝加哥市。1996 年 1 月瑞士亿万富翁杰葵·沙弗拉以 1.36 亿美元买下了大英百科全书公司。该公司是第一批通过网络提供百科全书内容的公司之一，现在利用包括 DVD 和其网站在内的多种方式提供百科全书。

大于书芯的封面

overhang cover

指在书籍装订中，尚未内折及粘贴空白扉页时，封面超出书芯的那部分。

大约

（拉）*circa*

指关于日期缺乏确定性但有合理的可能性，如没有官方记录的某人大概的出生和死亡日期，缩写为 c. 或 ca.，例如：born c. 1922（大约生于 1922 年）。

大张插图

gatefold

书内所附大于书型的插图、地图或其他展开后才能阅读的插入图片材料。

大张插页

throw-out

指大张的地图、表格、插图和宽角度的照片等，是正文的必要的参考资料。比图书的开本要大得多，装订时用浆糊粘在书页或封面、封底里，折叠后收放在书内。

大张印刷纸，大页书写纸
foolscap

以前指标准尺寸的打印纸，尺寸从 13 英寸×15 英寸（33.02 厘米×38.1 厘米）到 13.5 英寸×17 英寸（34.29 厘米×43.18 厘米）；从中间折叠后，会产生两个页面，每面大约为 13 英寸×8 英寸（33.02 厘米×20.32 厘米）。foolscap 来源于传统造纸工使用的水印，描述中世纪小丑戴的尖尖的、有铃铛的帽子。英制大页书写纸的对开本为 13.5 英寸×8.5 英寸（34.29 厘米×21.59 厘米），四开本为 8.5 英寸×6.75 英寸（21.59 厘米×17.15 厘米），八开本为 6.75 英寸×4.25 英寸（17.15 厘米×10.80 厘米）。foolscap 可缩写为：fcap 或 fcp。

《大众报》
Tai Chung Pou

1933 年 7 月 15 日由陈天心创办，是中国澳门中文报纸中历史最久的日报。1982 年增设葡文版，成为澳门唯一一家中文、葡文同时刊行的报纸。每日出版 12 版。主要内容有：当代新闻、中国新闻、国际新闻、经济新闻、体育新闻、大众娱乐和大众园地等。1983 年起，增设珠海特区版，专门报道珠海特区的动态和建设成就，并在珠海设有办事处和常驻记者。1987 年，该报又发行到中山、广州等地。

大众出版社
popular press

面向报摊、超市以及连锁店销售而出版书刊的出版社。

大众传播
mass communication

指专业化的媒体组织运用先进的传播技术和产业化手段，以社会上一般大众为对象而进行的大规模的信息生产和传播活动。1945 年 11 月在伦敦发表的联合国科教文宪章中首先使用这个概念。

大众传媒
mass media

大众传播工具，宣传媒介。向无特定对象的大众传递信息的载体。包括报纸、期刊和图书等文献载体以及电影、无线电与电视广播等非文献型载体。内容通俗易懂、价格便宜并能大量提供，是大众媒介必须具备的基本条件。17 世纪出现的近代报纸是最早的大众媒介。唱片、电影、无线电与电视广播等非文献型的光学和电磁载体的出现，加快了信息传递的速度，并扩大了信息传播的范围。

大众分类法
Folksonomy

由网络信息用户自发为某类信息定义一组标签进行描述，并最终根据标签被使用的频次选用高频标签作为该类信息类名的一种为网络信息分类的方法。该分类法有下列特点：由个人自发性定义；标签分类是公开共享的，可以被所有人看到以及由用户群体定义的频率来决定。

大众文化
mass culture

指兴起于当代都市、与当代大工业密切相关、以全球化的现代传媒（特别是电子传媒）为介质大批量生产的当代文化形态，是现代工业和市场经济充分发展后的产物，是当代大众大规模地共同参与的当代社会文化公共空间或公共领域，是有史以来人类广泛参与的，历史上规模最大的文化事件。大众文化从实质上说是在现代工业社会产生、与市场经济发展相适应的一种市民文化。一方面是同与其共时态的官方主流文化、学界精英文化相互区别和对应的，另一方面也是同传统自然农业经济社会里的各种民间文化、通俗文化有着一些原则差异的，商业性、流行性、娱乐性和普及性可以说是其最主要的基本特征。

大众文库（英国）
Everyman's Library（EL）

由兰登书屋用精装本出版的一系列古典文学重印本，最初源于 J. M. 登特及其公司 1906 年的一个的印刷计划，后来成为英国韦登菲尔德和尼科尔森出版商的出版内容，由其继续用平装书出版经典作品。

大众杂志
mass magazine（general interest magazine）

不是专门针对或指向某一读者群，是以多数人为对象的杂志，或广大读者感兴趣的杂志，例如《生活》（*Life*）、《读者文摘》（*Reader's Digest*）。公共图书馆宜多订购一些受读者欢迎的大众杂志。

大篆

Big-seal Style

西周时期普遍采用的字体，相传为夏朝伯益所创。针对不同的书写媒介，大篆亦有金文、籀文之别。大篆是对后来的小篆而言的。广义的大篆包括小篆，以前的甲骨文、金文（或称“钟鼎文”）、籀文（金文之繁化）和春秋战国时通行于六国的文字。狭义则仅指籀文。古文记载的大篆通常指籀文。因其著录于字书《史籀篇》而得名。大篆的真迹，一般认为是“石鼓文”。唐初在天兴县陈仓（今陕西宝鸡）南之畴原出土的径约三尺，上小下大，顶圆底平像馒头似的十个像鼓一样的石敦子。上面刻下的是秦献公十一年作的十首四言诗，是中国最早的刻石文字，经过失而复得，得而复失。原刻的700多字，现存300多字。这十个石敦现存故宫。因内容记载畋猎之事，命名为“猎碣或雍邑刻石”，唐诗人韦应物认为石的形状像鼓，改名“石鼓文”，现作为大篆的代表。

大字母

majuscule

包括一般大写字母或安色尔字体。多用于目录、索引，原则上还应用于句子开头和固有名词的词首，特别常用于夸耀权威的语句。还用于议会、皇室、王公、贵族的尊称，宗教、政党、陆海军和节日等。

大宗采购

mass purchasing

采购出版物方式之一。图书馆订购某一出版社或发行机构的全部或若干类的出版物。

代

generation

由旧形式变衍而来的一代事物。此处为照相复制用语，指在文献拷贝复印过程中，原始缩微胶片上的图像是第一代，拷贝复印出来的是第二代，与此类推。图像的清晰度往往随着代数的增加而减小。

代

Generation

原始载体与其复制品载体之间的关系。包括录音制品、录像制品、电影胶片、缩微品和数字资源等。如第一代照相母片、第二代印刷母本。属“资源描述与检索”（RDA）的载体描述元素之一。

代笔人，捉刀人

ghost writer

为一个可能很著名但实际上并不写作的人代写文章作品，从而获取报酬的职业写作手。自传和回忆录一般都是采用这种方法写作。有时代笔人的名字也可能会同“作者”一起出现在书籍的题名页上。

代根兴（1962—）

Dai Genxing

1985年7月毕业于武汉大学图书馆学专业，后在郑州大学获法学硕士学位，北京邮电大学出版社社长。曾任郑州大学信息管理系副主任、北京邮电大学图书馆馆长、中国图书馆学会第七届理事会常务理事和副秘书长、学术研究委员会委员和资源建设与共享专业委员会副主任、高校图书馆分会第一届委员会委员，教育部高等学校图书情报工作指导委员会委员，全国通信与电子类高校图书情报工作委员会主任，北京市高校图工委副主任，北京市科技情报学会高校专业委员会副理事长和北京市北三环与学院路地区高校图书馆联合体召集人。主要从事图书馆领域的教学、研究与管理工作。先后主持或参与完成国家级、省部级等各类科研项目多项；出版著作多种（合作），发表论文70余篇。

代理

agent

在资源的生命周期中发挥某种作用的个人（作者、出版者、雕塑者、编者、导演和作曲者等）、群体（家族、组织、公司、图书馆、乐队、国家和联合会等）或自动装置（气象记录仪、软件翻译程序等）。

代理服务器

proxy server

一种在计算机网络上客户机和服务器之间建立连接用的设备及其应用程序，通常该程序作为防火墙安装以提供安全保障。设置代理服务器的最大好处是可以加速网络的浏览速度。设置代理服务器的另一个好处是：若没有指定DNS（域名服务器）时，也能解决IP地址的对应问题。

代理人，代销商

agent

在图书馆或图书馆系统向出版商购买书刊资料时，扮演中介角色的个人或公司。也就是说，受图书馆或图书馆系统委托，进行书刊贸易的个人或机构。

代码，编码
code

用来表示数据、计算机指令等信息的一套字符及其规则。在数据处理中，是指能为计算机所接受的符号系统。在数据通信中，指表示数据信号的组成、传送、接收和处理的一组规律或约定。

代书板
dummy

用来防止书、刊乱架的牌子。读者阅览书刊时，将代书板插在原书刊的位置，阅读完后将书刊放回原处并撤走代书板。其尺寸一般为 5 厘米 ×24 厘米。可以用木、纸、塑料或其他材料制作。

代题名页
title-page substitute

在没有题名页时，可代替题名页的信息源，比如封面、乐谱的首页、书末出版说明等。

代销，代售
on-sale

一种售书方式。由出版商与书商签订的合同，出版商为书商提供图书，如未能售完，便可退回。

代销或可退货
on sale or return

出版社与书商的一种契约，指出版社出于信用允许书商将未卖出的图书退给出版社。

代销商说明
distribution imprint

印于题名页背面的陈述，提供发行者正式名称、读者得到该书的地址等信息，有别于出版说明或承印说明。

代用样本
publisher's dummy

出版社为推销某些重点图书而印刷的特殊样本，其开本、篇幅、封面设计和装帧等完全与原书相同，但书中只印少数样张或目录，其余均为空白。

代字号
tilde

符号“~”，在辞典中用于标记重复情况下的词或词组的一部分。

带宽
bandwidth

在电子通讯网络中每根线最大的容量，也是指一个频带的上下界频率之差，用每秒比特（bit/s）、每秒字节（bytes per second）或者赫兹（HZ）来衡量。带宽广泛地运用于因特网，决定了一段光纤所能支持的数字信息的大小。带宽也可以决定传输速度，特别是对大容量数据文件（如图片、音频和视频等）。

（带轮书架的）书车
rolling bookcase

指图书馆用于水平方向运书的一种小推车。其特点是车轮灵活，车体坚固，操作灵便，回转半径小。书车一般有三轮、四轮和六轮之分，车轮多采用万向轮。书车身长一般在 60 厘米 ~ 100 厘米之间。书车宽度，单面多为 30 厘米 ~ 50 厘米，双面多为 45 厘米。书车通常装有两层或三层搁板，搁板有的微微向中间倾斜，下搁板离地约 20 厘米 ~ 25 厘米，车轮直径一般在 7.5 厘米 ~ 10 厘米之间。

带式排架法
ribbon arrangement

为避免读者经常过度集中在某类图书书架前，将该类图书按顺序连续排列在每一书架的同一格上，使这类图书的布局如同一条长长的带子呈现在读者面前，故称“带式排架法”。带式排架法常被公共图书馆采用。在公共图书馆，社会读者普遍喜欢借阅小说类图书。为避免读者过度集中在小说类书架前，影响图书馆的管理秩序，图书馆常将小说类图书排放在每个书架的中部或下部几格上，而上部几格用于排放其他图书。这样，小说类图书就像一条带子布满全馆各个书架。

（带有偏袒性的）廉价书
partial remainders

由出版商向经过挑选的书商提供的大量低于出版价格的图书，即使这样，这些图书仍可盈利。因为制造了在同一市场中某些书商不公平的竞争条件，所以这一行为要遭到出版商和书商协会的谴责。

待处理请求，馆际互借请求
pending request

在馆际互借系统中，指由外借图书资料的图书馆的通知文档上出现的由借阅馆提出的借阅请求的记录。

待续
to be continued

指篇章内容没有结束，等待以后再续。常见于报刊连续发表的文章，在当日文章最后用“待续”来表示该篇文章没有登载完，尚待继续刊载。

待续款目，不完全著录
open entry

也称开口款目，指允许增加相关补充信息的书目记录、财产登记、索引或书目中的款目。在图书馆目录中，待续款目用来描述该馆尚未收全的连续出版物，表明某种分卷册刊行的文献仍在继续出版，由一个连字号和紧随该馆所拥有的第一卷序号或第一年的年份后的一个空格表示，如 v.1 –，1999—。

待印印版
live matter

准备付印的、电铸版或制铅版的活字印版或插图印版，放在一边留待日后使用的印版。

待执行订单
back order（BO）

由于图书馆第一次订购时，因所需的图书资料没有库存或还未出版，所以在开始下订单时必须注明，保留订购信息。这样的订单称为待执行订单。为了保证以后的交货，此类订单通常在一个签订好的时期内有效，过了这个期限将被取消。

待装订的印页
in sheets（in quires）

指书刊的各个部分（章节）集中到一起之前，平面的或折叠的未装订成册的散叶印张。

戴利华（1952—）
Dai Lihua

研究馆员、硕士生导师。曾任中国科学院国家科学图书馆副馆长。1975 年毕业于北京大学图书馆学系。同年 8 月被分配到中国科学院图书馆工作。历任业务处处长、中心主任助理，曾兼任中国图书馆学会第七届学术委员会副主任、图书馆建筑与设备专业委员会主任。主持筹备建设了中国科学院文献情报中心新馆工程，工程不仅获得国家设计金奖、鲁班奖等七、八个重要奖项，更以其开放性、现代化和人性化等特点，在图书馆建筑界产生一定的影响；作为图书馆建筑与设备专业委员会负责人，参加组织了海峡两岸图书馆建筑研讨会，对促进两岸三地图书馆建筑领域的学术交流发挥了积极作用，出版专著、论文多部（篇）。

戴龙基（1947—）
Dai Longji

研究馆员、澳门科技大学图书馆馆长。曾任北京大学图书馆馆长、北京外国语大学图书馆馆长。1982 年毕业于北京大学图书馆学系，同年留校任教。1985—1986 年为美国马里兰大学访问学者。历任北京大学图书馆常务副馆长、教育部中国教育图书进出口公司副总经理、教育部“211”工程公共服务体系中的“中国高等教育文献保障系统”（CALIS）项目全国管理中心常务副主任、教育部第一、二届高等学校图书情报工作指导委员会副主任委员、教育部中国高等教育数字图书馆（CADLIS）项目管理委员会委员、中国社会科学情报学会理事会副理事长、中国图书馆学会第七届理事会常务理事、编译出版委员会主任、中国图书馆学会高校图书馆分会第一届委员会主任、教育部中国高校人文社会科学文献中心副主任、专家组组长和《大学图书馆学报》编辑委员会副主任委员等职务。研究方向主要是图书馆参考咨询、书评研究、西方图书出版史、年鉴史、数字图书馆、文献资源建设和共享等方面。出版论著、译著多部，发表论文数十篇。

戴斯楚特斯公共图书馆（美国）
Deschutes Public Library

位于美国的俄勒冈州的本德市，设有 5 所分馆（Bend、La Pine、Redmond、Sisters 和 Sunriver）和 1 所流动图书馆，为全市居民提供全方位的服务，其馆藏有图书和期刊合订本、激光唱片、磁带和其他音频资料、数字视盘和家用录像机制式的视频材料。年到馆访问有 675 万人次，年图书流通量为 205 万册次。出版电子版的《戴斯楚特斯公共图书馆通讯》（*Deschutes Public Library Newsletter*）。

戴维·贾德森·海金（1896—1958）
David Judson Haykin

1925 年毕业于美国纽约州立大学阿尔巴尼图书馆学学院，获图书馆学士学位。1932 年进入国会图书馆工作，1934 年任该馆联合编目与分类部主任，

D

1941 年成为主题编目部主任。海金先生第一次将文献主题控制工作集中由具有专业知识的专家完成，同时进行文献分类并用主题词作主题标引。他从实践中总结出理论，写成《主题标目实用指南》(*Subject Heading, A Practical Guide*) 一书，于 1951 年出版。美国图书馆协会于 1957 年授予他“玛格丽特·曼引证奖”(Margaret Mann Citation)。

戴维·拉格尔斯 (1810—1849)
David Ruggles

废奴运动活动家，因早期“地下铁道”奴隶逃逸事件而被大家所熟知。1810 年，拉格尔斯出生于美国康乃狄克州莱姆镇的一个自由黑人家庭。1833 年，他在百老汇附近开了一家书店，成为美国的第一位非裔书商。1938 年，他创办文学杂志——《自由的镜子 (*Mirror of Liberty*)》，是第一份由非裔美国人创办的杂志。他用短暂的生命不仅为美国黑人解放运动，也为美国非裔图书馆事业的起步和发展做出了较大的贡献。

戴维民 (1962—)
Dai Weimin

博士、南京政治学院训练部部长、军事信息管理系教授、图书馆学专业情报语言学研究方向硕士研究生导师、图书馆学专业博士生导师。1987 年起执教于空军政治学院信息管理系，历任空军政治学院教研室主任、图书馆馆长和信息管理系副主任、主任、南京政治学院上海分院院长以及《信息管理》杂志主编。曾兼任全军档案自动化建设领导小组成员、中国图书馆学会第七届理事会理事、上海图书馆学会学术委员会副主任、《图书馆杂志》、《上海高校图书情报学刊》编委和《中国图书馆分类法》第七届编委会委员等。主要从事情报语言学的教学和研究，是该学科的学术带头人之一。先后主持和参加了部级、军队级和国家级科研项目多项，主编、参编和独立编著学术著作多部，发表论文 100 余篇。曾获得多项全军优秀教学成果奖，多项部级三等以上科技进步奖，多项全国优秀论文奖。

戴祖谋 (1937—)
Dai Zumou

研究馆员。1960 年毕业于武汉大学图书馆学系。先在河南省商丘市图书馆工作，1983 年调至广西壮族自治区图书馆，任研究辅导部副主任、主任、业务副馆长，兼任广西壮族自治区图书馆学会常务理事、秘书长和常务副理事长。出版专著 2 部，发表论文 10 余篇。

丹佛公共图书馆 (美国)
Denver Public Library

位于美国科罗拉多州首府丹佛市，始建于 1889 年。包括 1 所中心馆，22 所分馆和 1 所流动图书馆。馆藏图书及期刊合订本 228 多万册，60 万幅老照片以及 3 700 件珍贵手稿。年到馆访问达 930 万人次，年图书流通量达 1 580 多万册次。

丹麦皇家图书馆
Royal Danish Library/*Det Kongelige Bibliotek*

北欧国家最大的图书馆。1648 年成立，1793 年向公众正式开放。1697 年制定的缴送制度保证了丹麦所有出版物的收藏。1997 年呈缴范围扩大到多媒体、网络电子等出版物。老馆舍建于 1906 年，由丹麦设计师自行设计的被称为“黑钻石”新图书馆大楼于 1999 年落成并对外开放。1989 年该馆与成立于 1482 年哥本哈根大学图书馆合并成为一个有 4 处馆舍的新皇家图书馆，这个隶属于丹麦文化部的独立机构既是国家图书馆及图书与印刷博物馆又是研究性大学图书馆，该馆是国际图联机构会员。

丹麦兽医及农业图书馆 (丹麦)
The Danish of Veterinary & Agricultural Library

位于丹麦腓烈特堡市，始建于 1783 年，是丹麦唯一的兽医农业大学——皇家兽医农业大学的图书馆。该馆不仅为大学服务，同时也是丹麦国内农业和兽医领域的专业公共图书馆。馆藏资源包括兽医科学、农业科学、奶制品学、园艺和林学等范围。同时还收集了有关食品科学、营养学和环境科学等领域的文献资料。馆藏各种形式的资源，都可以通过在线目录 Agroline 查询。

丹尼尔·萨姆普尔-奥尔特加 (1895—1943)
(西) *Daniel Samper-Ortega*

哥伦比亚的教育家、历史学家、作家和图书馆事业的开拓者。毕业于军事学院，并在西班牙的大学中从事历史小说和文学方面的研究。1930 年任国家公共图书馆馆长，3 年中增补 19 万张卡片，兼并了国家档案馆，整理了 29 万份历史文献，同时创办第一所图书馆学院，确立了图书馆普及文化和进行教育之地位，并创建国家广播电台，传播知识文化。还编辑了《哥伦比亚文学作品选集》(Selection of Colombian Literature)，创办了《农村文化普及文库》(Biblioteca Aldeana de Cultura Popular) 和月刊《小路》(Paths)。

单纯参照
see reference

又称直接参照。用以反映作标目的名称或名称形式与相关的、未被选作标目的名称与名称形式之间的关系的参照。

单词表
vocabulary

附在图书最后、正文之后或者每章之后的，在该文献中出现过的词汇的汇总表，通常是按字母顺序排列。特指在外语课本中要教授或要使用的单词和短语表。

单独出版
separately published

由出版商作为独立个体出版的项目，通常冠以或拥有其自身的名字与版权，不同于出版选集或连续出版物。例如：专题丛集的独立专著，每本专著都是以独立标题出版的。

单独索引
single index

为方便读取一种出版物而编制的索引，例如在书末尾处的索引或多卷参考书的最后一卷的索引。

单独研究室
carrel

指在图书馆内单独设立的研究室。1915 年，美国大学图书馆开始使用个人阅览席，因为读者互相干扰，于是带隔间的独立研究室产生了。这样就保证一些特殊读者拥有舒适、理想的研究空间，提高研究效率。要利用这种研究室的读者，必须事先向图书馆有关工作人员提出预约申请。先进的独立研究室带有明亮的内部照明设备和笔记本计算机的上网接口。

单工通信
simplex

在通信中，信号的传输能向一个方向而不向另一个方向进行的通信方式。在公共通信网络中，这种通信方式已经很少使用。

单馆项目
Single-institution Project

为单馆确定的批处理项目。OCLC 既为单馆提供批处理上传馆藏数据服务，也为联盟提供此服务。

单轨制，单卡借书制
one card system

图书馆外借处保存读者的借书记录，按照某种方式所排列成的一套借书记录系统。不同的排列方式所回答的问题各不相同。按读者的借书证号或读者姓名排，可反映读者借了哪本书；按书袋卡上的分类索书号排，可反映某本书被哪位读者所借；按还书日期排，可反映特定日期应该归还图书馆的书。这种方式省时又省力，是图书馆最常用的借阅记录排列方法。当然，在采用计算机管理系统后，这种传统的借阅记录排列方式也就失去了其存在的意义。

单件
Item

载体表现的单个实例。单件是“资源描述与检索”(RDA) 根据《书目记录的功能需求》(FRBR) 所定义的 4 个实体之一。

单件的保管史
custodial history of item

指单件以前的拥有或保管记录。

单卷
single volume

指整套多卷集丛书中的某一卷。

单卷式检索工具
one volume retrieval device

又称专题性检索工具，指选择一定的专题、面向特定范围的读者编印并单独出版的检索工具。其特点是选题具有独立意义、专业性及针对性强、收集的文献比较集中且反映的时间比较长。

单面印刷
unbacked

在仅仅一张空白纸的一侧上印刷，也就是说正面印刷，反面空白。

(单面印刷的) 宽幅纸张
broadsheet

一张在单面、长而窄且打开的纸上印刷，主要用于广告目的和传播政治观点。有时与单面印刷的不折叠的印页同义，还指大张报纸。

单面印刷品
broadside

指只是在单面印刷并展开阅读的印刷品，通常可邮寄，公开散发或出售，例如：单张报纸、民谣歌单、公告和传单等。

D

单色清样
flat proof

在彩图印刷中，由单色图版印出的样张。

单色印版
monochrome plate

印刷术语，指相对于多色套叠的印版。常指黑白稿制成的印版，如单色铜、锌版和连环画版等。现在多用来印刷书的正文前的版面（扉页、版权页、前言和目次页等）。

单声道
monaural

一个声音通道，用一个传声器拾取声音，用一个扬声器进行放音的过程。单声道是比较原始的声音复制形式，早期的声卡采用的比较普遍。当通过两个扬声器回放单声道信息的时候，可以明显感觉到声音是从两个音箱中间传递到人们耳朵里的。这种缺乏位置感的录制方式已被淘汰。

单位字数
folio

用作计算或参考的文件中一定字数的单位或部分，按照法定条例，英国及爱尔兰常为72字或90字，在美国一般为100字。

单线条木刻画
helgen

用单线条手法制作的木刻画，多为14世纪末至15世纪初西欧僧侣散发给农民，宣传宗教所用。

单行本
separate edition

也称单篇本，指的是从著作、期刊或报纸中抽出一篇或一部分文章，单独印刷成册的书。

单行本、单卷本
in one volume (single volume)

书籍出版的一种形态，内容上多是集合同一作者或者是同一类型，已经发表在其他媒体或者是从未发表的作品在一本书籍当中。单行本同时也可以指同一作者出版的多本书当中的一本，或者是一套多本的出版品当中的一本。单行本一字源于日文单行本（Tankōbon），此字最常用于日本漫画，指同一作品于连载后，把内容从连载的刊物重印，成为一本独立以一个作品为题材的书籍。一般漫画单行本由7~8回集结。除了漫画外，其他作品也有单行本，但一般人不会称这些其他作品集结而成的书籍为“单行本”，而直称“书”。

单行索引
entry a line index

又称“行式索引”。索引的一种排版格式，在索引中每个款目都单列一行，而且同一标目下面的每个副标目和说明语也都单列一行。这种索引格式中的副标目和说明语明显，便于识别和检索。

单性本电子书
e-singles

一种新的电子书类型，像纸质型的单行本图书那样可以作为单本书处理一样，归入电子类型，指从完整著作中抽取部分章节单独出版的电子书，由美国普林斯顿大学出版社于2011年首次推出。

单页论文服务
tear sheet

从某一期刊或其他出版物上复制其中一页，寄给读者，满足读者需要的服务。

单页目录
page catalog

以单页形式出现，页面上只列有少数几个款目，留有空白，以便新记录按正确顺序添加进去，又称准备补充、增加内容的目录。

单页锁线订
overcastting

装订信件、财务报表等单页文件的一种方法。具体做法是先把订口切齐，然后涂上一层薄胶，等风干后再用针线订缝。若页数太多，可将其分为适量的帖，然后再加绳或布带。

单页印刷品
broadside

由一大张单面印刷而不折叠的单独出版的文献，用于散发、张贴或出售，比如传单、节目单、广告和海报等。

单一单位、单一单元
single unit

以单个物理单位发行的资源，如单册专著；或者在无形资源的情况下，以单一逻辑单元发行的资源，如 Web 上的一个 PDF 文件。

单语词典
monolingual dictionary

仅用一种语言编制的词典。主要是为学习和研究本民族语言服务。如汉语词典、英语词典和成语词典等。

单语种词表
monolingual thesaurus

只用一种语言文字编制的主题词表，没有其他语言的对应词或等价词。

单元
element

书目数据库中一条记录的字段中的信息单位。例如，表示期刊论文出处字段中的期刊名称或卷册号等。

单元、单位
unit

数量/篇幅描述时，资源的物理或逻辑组成部分。例如：一卷、录音带、电影胶卷、一张地图以及一个数字文档等。

单张地图
sheet map

指印在一张纸单面上的地图，在其反面有的印有解释说明，有的则没有。在图书馆中，单张地图通常被存储在专门的地图箱中。

单张画面
still

在动画片或录像带中单独的一格画面，经常被用作宣传促销。

但尼丁公共图书馆（新西兰）
Dunedin Public Libraries

成立于 1908 年，由美国慈善家安德鲁·卡内基捐赠 1 万英镑建造。1981 年迁至莫雷广场 230 号，翌年安装图书自动流通系统。1989 年随着行政划分变动，该馆被划入但尼丁公共图书馆系统，成为了这个由 5 所图书馆、2 部流通图书巴士组成的图书馆系统的中心馆，归属但尼丁市议会管理。该馆系统共计馆藏 73 万件，每年新增藏书约 3.5 万册、杂志约 1.5 万册，拥有注册读者约 6.1 万名，系统内提供通借通还服务。2008 年 11 月该馆设立“上海之窗”。

淡江大学出版中心
The Publications Centre of the University of Tamkang

该校为激励学术研究风气，提升教学品质，出版学术性著作和期刊，于 2002 年 8 月设立。该中心出版《淡江人文社会学刊》、《淡江理工学刊》、《淡江数学》、《教育资料与图书馆学》、《资讯与管理学》、《淡江国际研究》、《未来研究丛刊》和《淡江评论》等。

淡江大学觉生纪念图书馆
Tamkang University Chueh Sheng Memorial Library

位于中国台湾台北县淡水镇，始建于 1950 年。该馆于 1955 年为纪念首任董事长居觉生先生被命名为觉生纪念图书馆，由总馆、台北分馆、钟灵分馆和非书资料室组成，馆舍面积为 23 000 平方米，阅览座位 2 820 席。馆藏图书有 300 多万册，其中西文书 121 万册，电子图书 184 万本，纸质期刊 8 400 多种，电子期刊 6 万多种，数据库 600 多个。从 1970 年起与淡江大学资讯与图书馆学系联合编辑出版季刊《教育资料与图书馆学》(*The Journal of Educational Media & Library Science*)、《淡江大学图书馆电子报》以及《图书馆指引》、《图书馆服务手册》(教师版、学生版)、《教职员著作目录》、《淡江大学图书馆自动化系统（TALIS）手册》和《图书馆学与资讯科学西文图书期刊联合目录》等。

淡江大学资讯与图书馆学系暨研究所
Department of Information and Library Science, Tamkang University

前身为 1971 年成立的教育资料科学学系，该系于 1990 年成立教育资讯研究所，2000 年 8 月改

D

名为资讯与图书馆学系，简称资图系。该系主要以探讨新的信息、传播科技于图书馆信息服务上的应用，并以培养现代化的图书馆信息服务研究、教学、与实务工作人才为宗旨。研究的内容以社会教育为导向，研究的主题包括图书馆学的定位与未来走向的探讨、图书馆自动化的研究、信息网络系统在图书馆与多媒体的应用等，并兼重实务导向的发展性研究。该系教学目标旨在培养学生具备图书馆学、资讯科学及通讯与媒体技术三方面理论与实务之专业智能。可授予资讯与图书馆学学士学位和资讯与图书馆学研究硕士学位。编辑出版季刊《教育资料与图书馆学》(*The Journal of Educational Media & Library Science*)、《淡江资图所电子报》、《教资图季刊目次新讯服务》和《淡江资图所研讨会快讯》。

《当代图书馆》

Contemporary Library

1982 年创刊，由陕西省图书馆学会、陕西省图书馆和陕西地区图书馆协作委员会主办。该刊立足陕西，面向全国，以关注国内外图书馆领域的动态、贴近工作实践和事业发展前沿、促进图书馆学理论研究为宗旨，力求为各级各类图书馆工作者提供具有指导性、实用性、工具性和参考性的服务。常设栏目有："理论纵横"、"服务论坛"、"实践天地"、"资源建设"、"数据信箱"、"书情检索"等。另外，还灵活设立"馆长空间"、"图苑写真"、"一线调研"等非固定性栏目。季刊，有英文目录，自办发行。

《当代中国图书馆事业》

Contemporary Chinese Librarianship

由杜克主编，内容涉及"新中国图书馆事业的发展历程"、"新中国图书馆事业建设"、"新中国图书馆事业业务建设"、"新中国图书馆的读者服务工作"和"新中国图书馆学教育与研究"。该书编有索引和英文目录，并附有"当代中国图书馆事业大事年表"。

当代中国文化研究中心

Research Centre Contemporary Chinese Culture

成立于 1993 年，隶属香港中文大学中国文化研究所。其宗旨是推动中国近现代思想和文化研究。主要研究工作在中国思想文化的现代转型、中国近代思想史、中国近现代发展研究、文化比较等方面，编辑出版《二十一世纪》(双月刊)。

当当网

dangdang. com

于 1999 年 11 月开通，目前是全球最大的中文网上购物商城之一。面向全世界中文读者提供 30 多万种中文图书和音像商品，每天为数以万计的消费者提供方便、快捷的服务，给网上购物者带来极大的方便和实惠。当当网的使命是以世界上最全的中文图书使所有中文读者获得启迪，得到教育，享受娱乐。已有全球数百万的读者在当当网上选购过自己喜爱的商品。

档案

archives

国家机构、社会组织和个人在从事政治、经济和文化等社会实践活动的过程中直接形成的历史记录。是其在处理官方事务或履行法律义务的过程中搜集、整理并加以保存的一种正规文件，包括电文、会议记录、照片、录音录像带和技术资料等。档案的外文词，欧美语言均源于希腊文 *αρχεolv* 和拉丁文 *archivum*。其原意为行政机关所在地，后指保存公务案卷或其他文件的处所，进而指保存在这些地方的档案。通常保管于特定的收藏室中以长期保留它们的历史、信息、法律、管理和金融价值。档案可划分为三种类别：政府档案、组织内部档案和收集性档案（如手稿档案、电影档案、宗谱档案和个人档案等）。档案由受过专业教育和培训的人员管理，该人员称作档案管理员。

档案保管期限表

records retention schedule

以表册形式列举档案的来源、内容和形式并指明其保管期限的一种指导性文件。是档案部门鉴定档案保存价值、确定档案保管期限的依据和标准。档案保管期限表因编制单位和适用范围不同可分为：标准档案保管期限表、专门档案保管期限表、同系统机关档案保管期限表、同类型机关档案保管期限表、机关档案保管期限表等。其中，标准档案保管期限表是其他各种保管期限表的制定依据，其项目有顺序号、条款名称、保管期限和备注等。档案保管期限基本上分为永久、定期两种。

档案保护技术

archival conservation technology (file protection technique)

根据档案制成材料的特性及其损毁的规律和内外因素，为最大限度延长档案寿命而采取的各种专门保护技术，包括防虫、防霉、温湿度调控、复制和修补等技术。这些技术总的来说可分为两类：一类是“防”的技术，即防止各种因素对档案造成破坏而采取的技术处理和措施；另一类是“治”的技术，即对已损坏的档案进行补救和修复的技术。

档案材料
archival document

人类在各种社会实践中直接形成的，并且具有保存价值的原始文件材料，包括各种文件资料、技术图纸、照片、影片和音像资料等。

档案处理
records disposition

依照既定原则，报经主管部门批准后，对某些类型的档案资料进行永久的保存或销毁。

档案的生命周期
life cycle of records

指档案的创建、存储、检索利用及其不再需要时的处理的全过程。

档案法
archives law

国家制定的有关档案收集、整理、保护和利用等各种活动的行为规则。包括国家权力机关根据宪法制定的档案法律、法令和其他各种法律、法令中有关档案的条款，也包括国家权力机关根据宪法、法律、法令在其职权范围制定的关于档案管理的各种规范性文件，如条例、章程、纲要、办法、方案、决定、规定、指示、细则、通知等。制定档案法，旨在加强档案管理，维护档案的完整和安全，以便于国家机关和社会各个方面利用。近代档案立法始于法国，1794 年 6 月法国颁布专门的档案法令。从 19 世纪末起，英国、荷兰、意大利、瑞典、美国、西班牙、加拿大、罗马尼亚、比利时、日本、马来西亚、澳大利亚、巴西和苏联等国先后都制定了档案法或法规。迄今为止，世界上已有数十部国家档案法，至于国家和地方性的档案法规就难以计数了。《中华人民共和国档案法》于 1987 年 9 月 5 日由第六届全国人民代表大会常务委员会第 22 次会议通过。该法有总则、档案机构及其职责、档案的管理、档案的利用和公布、法律责任和附则共 6 章 26 条。1996 年 7 月 5 日第八届全国人民代表大会常务委员会第 20 次会议通过了《关于修改〈中华人民共和国档案法〉的决定》。

档案复制
record duplication

采用临摹、摄影、复印和缩微照相等方法对档案原件进行加工，以获得完全一致的复制件的技术实施过程。

档案馆
Archives（records library）

专门从事收集、存储和保管档案以提供用户使用的机构。是永久保管档案的基地，科学研究和各方面工作利用档案史料的中心。按其收藏档案的范围和服务对象，可分多种类型，如国家档案馆、中央档案馆、地方档案馆、综合档案馆、专门档案馆、部门档案馆、企业档案馆、大学档案馆、医院档案馆和教会档案馆等。在中国是按地区并结合其他特点来设置的，有中央档案馆、省市自治区、地区、县级档案馆和专业档案馆。中国周代的天府、汉代的石渠阁、唐代的甲库、宋代的架阁库、明清的皇史宬等，都是历代保管档案的机构。

档案馆、图书馆与博物馆委员会（美国）
Committee on Archives, Libraries and Museums（CALM）

该委员会是由美国图书馆协会、美国档案工作者协会以及美国博物馆协会联合组成的委员会。其执行委员会成立于 1970 年，1974 年 7 月，该委员会作为常设联合委员会的地位被确立下来。其目标是：培育和发展以各种方式促使各机构的亲密合作、鼓励制定共同标准、各委员会开展联合委员会委派的活动以及通过联合委员会赞助或特别项目的方式促使不同系统机构联合开展活动。

档案管理
records management

指以准确、有效和经济为目的，系统地收集、整理、保管和使用政府部门、公司、社会机构或个人的档案记录资料的过程。档案管理工作通常要由受过专业训练的档案管理员承担。

档案管理方针
archives policy

正式制定并形成书面文字的规则声明，规定了有关档案的使用、管理、活动范围（任务、目的和保管条件）和向用户提供服务的内容。

档案管理学

Archives Administration (File Management)

研究档案信息系统的运行规律，阐述档案管理的一般原理的技术和方法的学科，以档案管理活动为研究对象。

档案管理员

archivist

经过档案学方法和专业培训，负责档案管理和保存的专业人员。其培训内容包括：档案价值的鉴别、评价和确证、档案检索和使用方法以及档案增添、描述、考证、保存、维护、展览和出版发行等。美国建有档案管理员的专门组织：美国档案管理员学会（Society of American Archivists）。

档案盒

archives box

专门用以保管档案材料的标准规格的容器。通常是由防酸、不掺和木质素的薄纸板并且不使用胶水或金属钉精制而成，也有用惰性聚丙烯塑料制成。

档案记录

Archive Record

指 OCLC 创建和存储的书目记录，包含了一个机构对主记录所做的本地化修改。档案记录是一个机构的 OCLC 编目活动的完整历史。档案记录分为两个独立的档案：一个是批业务即批量处理档案记录；另一个是实时业务即编目档案记录。当一个机构的本地编目记录丢失或损坏时，可以通过 OCLC 书目记录快照服务订购一个其档案记录的备份来恢复数据。档案记录不以在线方式提供给机构使用。OCLC 使用档案记录创建离线产品如目录卡片或记录的电子文档。

档案局

archives bureau

国家档案事业行政管理部门的统称。主要负责对国家档案事业实行统筹规划、组织协调、统一制度、指导监督档案馆和其他档案机构的工作。最早设立档案局的是 1831 年的德意志普鲁士王国。中国从 1954 年起正式成立国务院直属的国家档案局，统一管理全国的档案事业，以后在各省（自治区、直辖市）、地（市、盟、自治州）、县（市、旗、自治县）都相继设立了各级政府直属的档案局。

档案室

record office (archive)

指通过采购、接受捐赠和行政指令等方式存取当地政府官方档案资料或单为某个部门统一保存、管理并提供利用档案服务的专门机构。其基本任务是：集中统一管理本地区、本部门各种档案资料，为本地区、本部门的工作、生产和研究活动提供档案查询服务，并按要求将具有长远保存价值的档案经过整理后向档案馆移交。档案室可分为文书档案室、科技档案室、人事档案室和会计档案室等多种类型。档案室是档案馆的初级形式，是收集和保管档案资料的基地，是科学研究和利用档案史料的重要信息中心。目前，档案室的数字化已成为档案工作发展的重要趋势，档案室的数字化建设包括馆藏信息数字化、馆藏资源虚拟化、信息传递网络化、信息检索智能化和用户使用方便化等多个方面的内容。

档案信息官

records information officer

一是指在档案管理与业务部门中专门从事档案管理工作的全职人员；二是指公司或企业中专门负责档案管理与提供的信息管理专业人员。

档案修裱

records mounting

利用胶粘剂修补和托裱档案文件的一种档案修复技术。

档案修补

restoration of archives

通过装订或粘贴等方式将破损、散落的档案文献进行技术处理使其恢复完好的过程。

档案学

Archives Science

探索档案及档案工作的发展规律，研究档案信息资源管理、开发的理论和方法的学科。档案学研究之目的在于提高档案事业管理和档案管理的科学水平，更有效地开发利用档案信息资源。

《档案学通讯》

Archives Science Bulletin

1979 年创刊，由教育部主管、中国档案学会和中国人民大学联合主办，双月刊。档案专业学术性刊物。旨在研究档案学、文书学的基本理论，探讨档案工作、文书工作及档案教学工作中的新问题，介绍国内外研究动态及成果。所开设的栏目有："本刊专稿"、"每期话题"、"理论纵横"、"档案管理现代化"、"公文研究"、"博士文库"、"研究生论坛"、"企业档案管理"、"教与学"、"档案保护技术"、"实践经纬"和"档案史志"。该刊是"中国期刊网"、《中国学术期刊（光盘版）》全文收录期刊，中国学术期刊综合评价数据库来源期刊、中国人文科学引文数据库来源期刊。有英文主要目次，公开发行。

《档案学研究》
Archives Science Study

1987年创刊，中国档案学会会刊。双月刊，档案专业学术性刊物。旨在结合中国档案事业的实际，开展学术研究，促进档案资源的开发与利用，加强国际交流合作。所开设的栏目："档案理论与历史"、"档案馆、室业务"、"档案教育"、"专门档案管理"、"档案史料与编研"、"现代化管理"和"学术动态与学会工作"。该刊是"中国期刊网"、《中国学术期刊（光盘版）》全文收录期刊，中国学术期刊综合评价数据库来源期刊和中国人文科学引文数据库来源期刊。

《档案学研究进展》
Progress in Research on Archival Science

该书为《数字时代图书馆学情报学研究论丛》（第2辑）之一，从档案学基础理论、档案管理、电子文件管理、档案保护、档案教育、数字档案信息服务、档案法规、企业档案和民生档案等方面重点总结探讨了近年来中国的档案研究，并旁及政府信息资源管理、知识管理、电子政务公共服务、突发事件应急管理体制与机制等领域，同时与第1辑相比，还首次从博士学位论文角度探讨了中国的档案学研究，以及从档案学国际会议的角度探讨了档案学的国际热点。王新才著，由武汉大学出版社于2010年9月出版。

档案纸
archival paper

一种非常耐久的档案用的脱酸纸，特别不易褪色和不受酸性侵蚀，可保存很长时间，主要用于印制耐存档案质量的材料。

档案资料检查
records survey

在进行著录和排列之前，对档案资料进行检查以确定其内容、格式、出处、原始顺序和外观质量等各方面特征的业务处理过程。在这种检查过程中所获得的信息对于制定档案资料的处置方案、保护规划、存取政策和估算其所要占用的存储空间是非常有用的。

《档案资料著录的标准》
Archives, Personal Papers, and Manuscripts (APPM)

基于《英美编目条例第二版》（*AACR2*）并被美国大多数档案馆所接受的档案、个人论文和手稿等档案资料的著录标准。

刀片服务器
blade server

在标准高度的机架式机箱内插装多个卡式的服务器单元，每一个单元即"刀片"实际上就是一块系统主板，包括中央处理器、硬盘、内存等；机箱为服务器单元提供冗余电源、冗余风扇、管理单元以及连接背板、网络交换机等。每个刀片可以通过"板载"硬盘启动自己的操作系统，类似于一个独立的服务器，相互之间没有关联。不过，管理员可以使用系统软件将这些母板集合成一个服务器集群。在集群模式下，所有的母板可以连接起来提供高速的网络环境，并同时共享资源，为相同的用户群服务。在集群中插入新的"刀片"，就可以提高整体性能。刀片服务器的特点是节约空间，减少了大量线缆，便于集中管理和扩展，而由于每块"刀片"都是热插拔的，所以，系统可以轻松地进行替换，并且将维护时间减少到最小。适合应用于数据中心或者需要大规模计算的领域，如大型图书馆的中心机房。

刀（纸张单位）
quire

纸张的计数单位。对办公用纸或印刷用纸来说，一令纸的标准数量是500张，一刀纸是其1/20，即25张；对普通书写纸和手工制纸来说，一令纸为480张；由于纸的类型不同，一刀纸的张数会有差别，如一外刀（outside quire）为20张，一内刀（inside quire）为24张。

导词，关键词
catchword

一个词或者词的一部分以黑体或者大写形式印在词典或百科全书一个栏目或者一页的上面，重复栏目或该页的第一个和（或）最后一个标题。在中世纪的手稿和早期的印刷图书里，后一页的第一个单词或者是一个单词的一部分印在前一页的最后一行的下面，以便于装订者更好地排序。也指一个单词或者短语经常被使用而成了格言或者口号。

导耳
tab

指贴在拇指缺口底部或页边伸出部分的小型字母标签。又指卡片目录中为揭示目录排列结构、方便检索和突出指示重要著作而设在上端有凸出部分的卡片或纸片，上面印有字母、主题词、数字或其他标志，能够指明图书内容编排顺序，便于快速查找。又称指导卡、指引卡、导卡或导片。其尺寸和普通卡片大小相同，导耳的排列应该使导耳从左向右依次错开，以方便检索。

导航检索，浏览检索
navigation search（browse search）

指在系统设置的导航区内按检索树格式逐级展开和进行浏览选择的检索方式。导航检索有学科分类导航检索和刊名导航检索。分类导航检索在选择到分类末级时会显示该类的全部文献记录。刊名导航则在按刊名分类或字顺查到所需刊名时会显示该刊年份和期号，在选定期号后即会显示该期的目录，以供选择某文的题录、文摘或全文。

导航图
navigational chart

协助飞机或船舶航行、航海必须备有的图表。

导航站
navigation station

有两种意思，一是指对飞行器、船舶等提供导航的实体站点；二是指网址导航站点，是一个集合较多网址，并按照一定条件进行分类的网址站，网址导航可方便上网者快速找到自己需要的网站，并且不必记住网站的网址就可以直接点击进入所需的网站。

导卡，引导卡片
guide card

在卡片目录中，为准确、迅速地检索文献而设立的具有导耳的卡片。用以醒目地区别目录的各个组成部分，揭示目录的结构及其逻辑系统。按其作用可分为一般导片和特殊导片，卡片目录可根据目录的不同层次分别使用不同规格的导片。

导言，序言
preamble

指文件、档案等文献资料前面的一小段介绍性文字，特指法规、法令或规章的引言部分。阐明法律或规章的理由和意图，或用于其他解释性之目的（如陈述某些对理解法律及解释或限制法律用语的意义所必须知道的事实）。preamble 来源于拉丁文 *prae*（“在……之前”）和 *ambulare*（“开始”）。

导言，绪论
introduction

图书内容的一部分，用于说明写作本书之目的和主题，便于读者对后面正文主题的理解，通常是由作者本人或者该领域公认的学术权威撰写。导言通常位于书的前面，但有时也以第一章的形式出现。无论是上述哪种方式，它都被认为是著作不可分割的一部分，在以后的版本中没有必要加以改变。

导演
director

对舞台或屏幕的脚本的演出负有全部责任的人。导演的名字多出现在影片或电视剧的开头或结尾。在图书馆目录中导演著录在辅助项。

倒查法
search in reverse chronological order

指由近及远，从新到旧，逆着时间的顺序，利用检索工具进行文献检索的方法。倒查法的重点是放在近期文献上。使用这种方法可以很快地获得最新资料。

倒带键
rewind key

音像播放设备中可使磁带倒回其起始位置的一种控制键。

倒读
reverse reading

一种从一篇文章后部或一部著作的后一章逐页向前阅读的读书方法。

倒架，调架
shifting

将图书馆全部或部分藏书从一个地方转移到另

一个地方的过程。倒架的目的是为了使书架过度拥挤的部分腾出一些空位。

倒排标目
inverted heading

在标引中，为了突出中心词而放弃某些词组或短语原来的语法形式，重新按其中各个词的主次关系来构造标题词，将标题中的修饰成分倒转置于中心词之后。

倒排题名
inverted title

为了便于检索，题名被编目人员或标引人员分成两部分，并且调换其位置，把关键性的词放在首位，在书目当中被作为一个款目使用，或者作为标题索引。

倒排文档
inverted file

以标引词为单元，在其后列举一系列相关文献号码的文档，也包括详细记录文献内容的主文档。其优点是可支持快速的多途径检索，对组配检索特别方便，但在编制、更新时有一定的难度。

倒转布朗（借书登记）法
reverse Browne

1897 年由雅各布·斯格沃茨（Jacob Schwartz）提出的一种借书登记方法。该方法是对布朗法加以改进而成的。与布朗外借法采用袋状借书卡和卡片状书袋卡相反，倒转布朗法采用卡片状借书卡和袋状书袋卡。读者借书时，只是递交所拥有的借书卡，图书馆员则将其置于各袋状书袋卡内，并在期限表上盖还书日期即可。

倒装合订本
（法）*tête-bêche*

一种装订形式。一本书包含有两部著作，按照一顺一倒的排列形式装订，读者可以从前向后读前一部著作，也可以从后向前读后一部著作。

（祷告用的）诗篇歌集
psalter

一本包括有单独刊印的诗篇，专为做礼拜或祷告仪式时使用的《圣经》赞美诗集。还指英国国教公用的祈祷书中所印刷的诗篇。

到处，处处（指在书中）
（法）*passim*

常印在索引的主题标目后，或印在脚注、正题名的尾注或者作者名称的后面。表示与一个概念相关的词组或参照在整章、甚至整部作品中经常出现，每页标注量太大，因而用这个词标注。*passim* 通常缩写为：*pass*。

到馆访问
library visit

以读者进入图书馆建筑内为前提的访问。以区别于从图书馆外为前提的读者对图书馆网站的虚拟访问（virtual visit）。

到期，截止期
on expiration（expiry）

指某种授权或许可终止的时间，过了此时间则失效。在图书馆工作中，专指读者借阅文献之有效时间的限期。

到期日期
due date

外借期限的最后一天。传统上由图书馆员在期限条上盖章。图书在流通台被借出后，到期未能按时续借，过期归还的藏书或其他资料将被处以罚款。在线目录中，显示到期日期以指出外借图书目前的流通状况。

盗版
pirated edition

对未经作者或版权持有人允许、没有支付版税、违反现有版权法而非法出版发行的出版物的总称。虽然各国版权法对作品版权的保护范围略有不同，但通常都包括文字作品、音像、计算机软件、工程设计等要件，使用他人作品应当同著作权人订立合同或者取得许可，否则即属盗版行为。

盗版软件
pirate software

通常指以赢利为目的，非法复制和传播的软件。

盗用版权，侵犯版权
copyright piracy（acts of copyright piracy）

指未经版权人许可或授权而掠夺性地使用他人版权的行为，具体行为包括擅自对版权人的作品、出版物等进行复制、出版等。在绝大多数国家和地区，此行为被定义为侵犯知识产权的违法行为，甚至构成犯罪，会受到所在国家的相应处罚。

《道藏》
Collected Taoist Scriptures

中国道教经籍总集，是按照一定的编纂意图，收集范围和组织结构，将很多经典编排而成的大型道教丛书。关于道经的汇录起始于南北朝，而汇辑成"藏"则在唐开元（713—741）。以后唐末五代、宋代、金元和明代不断修订、增补。道藏的内容十分庞杂，其中有大批道教经典、论集、科戒、符图、法术、斋仪、赞颂、宫观山志、神仙谱录和道教人物传记等。里面还包括有关中国古代科学技术的著作以及天文历法方面的著作等。

道德剧，寓意剧
morality play

中世纪和文艺复兴时期在舞台上正式上演的一种戏剧，以道德说教或利用具有寓意的角色描绘灵魂上的斗争并最终获得拯救的戏剧。

道德准则，职业道德规范
code of ethics

规范图书馆员、图书馆工作人员和其他信息专业人员日常工作的行为和判断的一组标准。例如，《日本图书馆协会图书馆员伦理纲领》于 1980 年 6 月颁布，为履行图书馆员自身职责而制定的自律规范。《英国图书馆协会专业行为守则》(*The Library Association*, *Code of Professional Conduct*) 于 1983 年公布，规定英国图书馆协会会员必须遵守协会会章、法规和行为守则的条款，不得作出严重损伤图书馆专业或协会地位与声誉的行为。美国图书馆协会于 1995 年 6 月通过的《美国图书馆协会（ALA）伦理守则》(*ALA Code of Ethics*) 为公平使用、知识自由和隐私权等制定了标准，涉及知识产权、准确性、完整性、个人特长、公平、礼貌和尊重同事与图书馆读者等。时至今日，仍是美国图书馆协会所有会员开展图书馆工作所遵循的标准。中国图书馆学会于 2002 年 11 月通过的《中国图书馆员职业道德准则（试行）》，是总结中国图书馆活动的实践经验，为履行图书馆所承担的社会职责而制定的行为规范。

道格拉斯·约翰·福斯克特（1918—2004）
Douglas John Foskett

英国图书馆学、情报学界著名人物。最初在公共图书馆工作，后任企业图书馆馆长。1957 年任伦敦大学教育研究所图书馆馆长，后升任大学中心图书馆服务处主任。多年担任英国图书馆协会理事会会员、副主席和主席。1968—1973 年任联合国教科文组织文献工作、图书馆及档案馆国际咨询委员会委员及其他国际机构成员。在美国、加纳、尼日利亚和冰岛担任过客座教授。撰写有《外借图书馆读者指南》(*Assistant to Readers in Lending Libraries*)、《图书馆的情报服务》(*Information Service in libraries*)、《社会科学的分类与标引》(*Classification and Indexing in the Social Sciences*) 和《比较图书馆学中的读者研究》(*Reader in Comparative Librarianship*) 等。

道路交通图
road atlas

一种专门用于标注机动车行驶线路和里程的专用地图。其比例比城市地图小，内容一般包括主要城镇与大都市之间的距离表、地名索引、一幅或多幅大都市区域大比例插图以及表示服务区、风景区路线、收费站、大型公园和博物馆、旅馆以及机场等各类设施的标识。

道路指南，道路图册
road book

一种标有详细路线和里程、专供游人外出旅行时携带使用的一种小册子。

（得到版权许可而出版的）图书
licensed book

作者根据版权法的规定利用某部作品或文学人物而编著的图书，例如：以动画人物米老鼠（Mickey Mouse）或热销玩具芭比（Barbie）为基础而创作的儿童读物。这种利用是根据租赁合同条款得到版权持有者允许的，而租赁合同一般由版权拥有人的租赁机构掌握。尽管这些有版权图书的销售潜力使其成为零售图书商的畅销书，但作为一条普遍原则而不被图书馆所购藏。

得·格鲁里特·绍尔/国际图联研究论文奖
De Gruyter Saur/IFLA Research Paper Award

该项奖是由德国绍尔公司和国际图联共同主办、由绍尔公司出资，论文评审由国际图联管理委员会负责。获奖论文作者会得到 1 000 欧元的奖金，并被邀请出席每年举行的世界图书馆与信息大会期间的主席午餐会。

得克萨斯大学奥斯汀分校信息学院（美国）
School of Information Science of the University of Texas at Austin

成立于1948年。1980年更名为图书馆学情报学研究生院，2002年又更为现名。主要研究信息检索与人工智能、图书馆历史与管理、分类与编目等方面。教授信息研究、用户理解、信息组织和检索、目录描述、学校图书馆管理、知识管理、人力资源管理和信息构建与设计等课程。可授予情报学研究硕士学位和图书馆学与情报学博士学位。

得克萨斯女子大学图书馆学与情报学学院（美国）
The School of Library and Information Studies of Texas Woman's University

位于美国得克萨斯州的登顿（Denton），成立于1901年。在其职业教育学院中设有图书馆学与情报学学院，可授予大众传播学学士学位，图书馆学硕士学位，图书馆学、信息系统与服务、图书馆与信息系统管理博士学位。该学院获得美国图书馆协会资格认证，所开设的主要课程有：图书馆学情报学基础、图书馆管理趋势、信息组织与检索、分类与编目、信息与通信技术、馆藏发展、多媒体资料与图书馆服务、电子信息资源、标引与文摘、信息存储与检索系统、商务信息资源和学校图书馆媒体中心等。

德班市特克维尼大都市图书馆（南非）
eThekwini Municipal Library of Durban

前身为德班市机械学院，始建于1853年，是夸祖鲁-纳塔尔省最古老的学术性机构之一，其宗旨为"提升学院成员及其他社会成员的智力水平"。最初只有400多册藏书，馆舍也只是一栋用茅草盖顶的木结构建筑物，坐落于今天的西街320号。1910年移址至市政厅，隔年由德班集团公司接手，并作为德班市立图书馆向公众开放。如今，该馆已成为极具活力的社区生活与学习中心，为不同年龄层的居民丰富精神生活提供充裕的资源条件。该馆鼓励读者挖掘阅读的乐趣，同时注重本馆在教育，尤其是终生教育领域里发挥的作用。拥有馆藏300多万册（件），年流通量为650万册次。2005年9月该馆设立"上海之窗"。

德班特克维尼大都市图书馆（南非）
The eThekwini Municipal Library of Durban

该馆前身为德班市机械学院图书馆，始建于1853年，是夸祖鲁尔省最古老的学术性机构之一，其宗旨为"提升学院成员及其他社会成员的智力水平"。目前该馆拥有注册读者30万名，在整个特克维尼大都市范围内设有85所分馆及1所参考文献图书馆，并为20所专业馆（主要供政府雇员使用）提供专业技术支持。馆藏约300万册（件）。

德尔玛出版公司（美国）
Delmar

创办于1945年。自1981年加入汤姆森公司（The Thomson Corporation），成为其子公司，称为汤姆森德尔玛学习公司（Thomson Delmar Learning）。主要出版医疗保健、科学技术、贸易和职业教育类图书，在世界上处于领先地位，是世界上发展较快的出版公司。

德国标准化学会
（德）*Deutsches Institut fur Normung*（*DIN*）/German Institute for Standardization

1917年成立，是德国的标准化主管机关，作为全国性标准化机构参加国际和区域的非政府性标准化机构。该学会是一个经注册的私立协会，大约有6 000个工业公司和组织为其会员。于1975年被德国政府认可，在世界和欧洲代表德国的利益。该学会于1951年参加国际标准化组织，和德国电气工程师协会（*VDE*）联合组成的德国电工委员会（*DKE*）代表德国参加国际电工委员会。该学会还是欧洲标准化委员会、欧洲电工标准化委员会（CENELEC）和国际标准实践联合会（IFAN）的积极参加国。每年11月颁发有关"标准化的益处"、"最佳实践"和"青年科学"等奖项共计16 000欧元。1979年，中国标准化协会与该会代表团进行了互访，并签订了双边合作协议。

德国电视二台
（德）*Zweites Deutsches Fernsehen*（*ZDF*）

德国主要全国性公共电视台，1961年6月6日成立，1963年4月1日正式开播。已成为欧洲最大的电视台和台式节目制作中心。总部在美因茨，在波恩建有一个联邦制作室，在西部11个州及东部地区共建有18个编辑部，在世界各国各地区建有20多个制作室或编辑部，全部节目用立体声伴音。电视二台经费主要来源于电视收看费，占全国电视收看费的30%。

德国电视一台

(德) *AED Fernschen*

德国全国性公共电视台。1954 年 11 月正式开播，1967 年 8 月采用该国的帕尔制式播出彩色节目。原为西德的全国性广播电视台，两德统一后，于 1990 年 12 月正式向全德广播。节目由 11 个州广播电视机构共同举办，称第一套电视节目。

德国电台

(德) *Deutschlandfunk* (*DLF*)

原联邦德国对外广播电台之一，以欧洲各国为对象，用中波和长波广播。1960 年建立，1962 年 1 月开始广播，台址设在科隆市。两德统一前，除详细介绍联邦德国的情况外，还注重报道原民主德国的情况。另外，大量播出西方热门音乐、摇滚乐和德国的流行歌曲等。音乐节目占总播出时间的 55%。

德国电子学位论文元数据

XMetaDiss

2005 年由德国国家图书馆开发出来的一种新的电子学位论文元数据。具有层级性、开放性、自动性、可植性以及可兼容性等优势。

德国公共广播联盟

(德) *Öffentlich-rechtlichen Rund-funkanstalten in der Bundesrepublik Deu-tschland* (*ARD*)

简称“德广联”，是德国各州广播电视机构和国际广播机构的联合组织，除了私营广播和德国电视二台以外的所有广播电台和电视台的联盟。成立于 1950 年 8 月，总部设在法兰克福，在柏林设有分部，并在世界各地 30 多个城市建有制作室。

德国国家图书馆

The German National Library/*Deutsche Nationalbibliothek* (*DNB*)

根据联邦统一法令，统一后的德意志图书馆由 1912 年在莱比锡成立的德意志图书馆、1947 年在法兰克福成立的德意志图书馆以及 1970 年成立的柏林德国音乐档案馆合并而成。该馆是德国的文献中心、德国音乐文献中心、全德书目中心、全德音乐信息咨询中心和全德图书馆的资源库，馆藏总量 2 500 余万册（件）。该馆是国际图联机构会员。

德国青少年文学奖

(德) *Deutsche Jugendliteraturpreis*

德国唯一的一个国家级的青少年文学最高奖项，至今已有 50 多年的历史。为了促进优秀少儿图书的写作和出版，德国政府从 1956 年开始设立该奖，同时成立德国青年文学工作协会，组织评选工作。该文学奖共设有 4 种：图画书奖、儿童图书奖、少年图书奖和非文学类图书奖。其奖金金额共为 6 万马克。除此之外还附设有一个德国青少年文学特别奖项，对象是专题图书和优秀的作家、插图家和翻译家。德国青少年文学奖并不仅仅面对本土作家，体现其国际文化思想也是它的重要宗旨之一。因此，在其获奖和提名图书中，翻译作品几乎占据一半的比例。

(德国施普林格出版集团) 全文期刊数据库

SpringerLink

由德国施普林格（Springer-Verlag）科技出版集团推出。通过该系统提供学术期刊及电子图书的在线服务。该系统涵盖的学科为生命科学、医学、数学、化学、计算机科学、经济、法律、工程学、环境科学、地球科学、物理学与天文学等，所拥有的数字资源有电子期刊 1 500 余种，图书和科技丛书 13 000 种以上，超过 200 万条期刊文章的回溯记录以及最新期刊论文出版印刷前的在线浏览。

德国书业协会

(德) *Börsenverin des deutschen Buchhandels*

原名为莱比锡书业协会，成立于 1825 年。该协会负责举办每年一次的法兰克福书展以及颁发书业和平奖，同时为商界和文化界服务。自 1994 年开始，德国书业协会还与莱比锡市及莱比锡书展合作，并在书展上颁发促进欧洲和平解放事业的书本奖。该协会是德国图书出版和贸易中最高层的一个组织，也是德国图书界中各层成员的总代表。

德国图书馆协会

German Library Association (DBV)/*Deutscher Bibliotheksverband e. V.*

该协会成立于 1949 年，总部设在柏林。其宗旨为改善德国图书馆工作，提高图书馆员的专业水平。该协会由理事会管理，每年召开会员大会。由于德国图书馆协会的努力工作，推动了德国图书馆事业研究与发展，促进了国内外图书馆界的团结和友谊。编辑出版会刊《图书馆服务》（*Bibliotheksdienst*）和《公共图书馆手册》（*Handbuch der Offentlichen*）。该协会于 1959 年加入国际图联，成为其国家协会会员。

德怀特·艾森豪威尔总统图书馆与博物馆
Dwight Eisenhower Presidential Library & Museum

美国第34届总统德怀特·艾森豪威尔图书馆与博物馆于1962年5月1日建在美国堪萨斯州的阿比林。该馆舍建筑为典型的19世纪末堪萨斯家居风格，所展的物品按时间顺序布置，让游客们一览艾森豪威尔从孩提时代到就任总统的生平事迹。馆中陈列有艾森豪威尔上小学时用的书桌，在美国陆军学院西点军校参加美式足球赛穿的球衣，一艘1944年6月美军进攻欧洲大陆时使用的登陆艇的模型；另外还有各国首脑馈赠的礼物及总统夫人简单的家庭小工艺品。此处也是总统和夫人及长子的长眠之地。该馆以馆藏资料丰富著称，藏有数百万份文件、图书、音像制品和反映艾森豪威尔长期军旅生活时期的史料。一些访谈记录了其内阁主要成员、家庭成员以及对重大历史事件熟悉的观察家们的回忆。目前这些档案资料收藏在哥伦比亚大学的口述历史研究室中。

德可赛尔大学信息科学与技术学院（美国）
SIST of Drexel University

德可赛尔大学位于美国费城，该校的信息科学与技术学院，培养信息实践与研究专家。提供软件工程和信息系统学士学位、图书馆学与情报学、信息系统和软件工程硕士学位以及信息学博士学位。该学院获得美国图书馆协会资格认证，所提供硕士学位课程主要有：信息系统分析导论、信息资源与服务、人工智能概念、多媒体信息开发、交互系统设计、数据库管理、面向对象的信息系统编程、知识库系统、信息系统评估图书史、职业整合教育软件项目管理和人文科学资源等。

德克·约翰·德·索拉·普赖斯（1922—1983）
Derek John de Solla Price

美国科学计量学奠基人和情报科学的创始人之一。曾任耶鲁大学教授、科学史与医学史系主任、皮博蒂博物馆历史科技仪器馆馆长、联合国教科文组织的科学政策顾问、《科学计量学》杂志主编。发表300多篇学术论文，出版多部专著。

德里克·威廉·奥斯汀（1921—）
Derek William Austin

英国图书馆学家，中学毕业即从事图书馆工作。第二次世界大战后获得英国图书馆协会会员资格。在多所公共图书馆从事参考馆员、主题专家和读者指导等工作，为其研究索引系统打下良好基础。1963年成为《英国国家书目》(*British National Bibliography*) 编辑，1967年参与伦敦图书分类法研究小组对分面组配原则编制综合性图书分类法的研究。后作为英国机读目录主题索引设计小组负责人，成功研制出保留上下文索引系统。该系统成为机读目录问世以来主题索引法领域最引人瞩目的发明。著有《保留上下文索引系统手册》(*PRECIS: A Manual*)。1976年获国际文献联合会授予的阮冈纳赞奖（Ranganathan Award），1978年美国图书馆协会授予她玛格丽特·曼奖（Margaret Mann Citation）。

德罗法出版社（俄罗斯）
The Bustard Press

成立于1991年，主要出版中小学及职业教育教材、教学方法类图书、儿童及成人科普和文艺类图书以及各种参考工具书等，每年出版图书约500种。

德通社（德国）
（德）*Allgemeiner Deutscher Nachrichtendienst* (*AND*)

全称德意志通讯社，成立于1946年，其前身为德意志民主共和国的国家通讯社。两德统一后，曾改为股份有限公司，后被杜塞尔多夫的明镜证券公司所收购，因而其组织机构、编辑方针和人员规模等都发生了根本性的变化。目前，德通社的主要业务不再以提供即时的基础新闻为主，而是以提供有关重要历史情况和背景资料以及重大历史事件、风土人情、文化传统等方面的专稿为主。

德温特创新索引数据库
Derwent Innovations Index（DII）

由全球最权威的专利文献信息出版机构推出的基于Web的专利信息数据库，这一数据库将《德温特世界专利索引》(*Derwent World Patents Index, WPI*) 与《专利引文索引》(*Patents Citation Index*) 加以整合，以每周更新的速度，提供全球专利信息。该数据库收录来自全球100多个国家40多个专利机构的超过1 300万条基本发明专利，3 000多万条专利，资料回溯至1963年。该数据库还同时提供了直接到专利全文电子版（PDF文件）的连接，用户只需点击记录中“Original Document”就可以立刻连接到Thomson Patent Store（TPS），获取专利申请书的全文电子版。该数据库提供德温特专业的专利情报加工技术，协助研究人员简捷有效地检索和利用信息，全面掌握工程技术领域新科技的动向与发展。

德温特生物技术文摘
Derwent Biotechnology Abstracts

由世界著名的德温特信息公司提供，由汤姆森·路透斯集团出版，是世界上最大的生物技术专业数据库之一，收录了生物技术研究领域内的综合性出版物、科技期刊和专利文献的文摘。内容涉及生物技术的所有方面，包括遗传工程、生物化学工程、发酵技术、细胞结构和废物销毁。其摘录自1982年至今的全球1 200多种高质量的科技期刊以及来自40种权威专利期刊和国际研讨会的专利信息。可以通过Ovid数据库平台访问。

德温特世界专利索引
Derwent World Patents Index（DWPI）

该数据库是结合了来自汤姆森·路透斯科技与医疗集团出版的、以德温特世界专利索引（Derwent World Patent Index）和德温特世界专利引文索引（Patents Citation Index）为基础形成的专利信息和专利引文信息数据库，是世界上最大的专利文献数据库，收录来自全球41个专利机构（涵盖100多个国家，包括中国的实用新型专利信息）的超过1 800万条基本发明专利，3 890多万条专利信息，数据回溯到1963年；支持快速而精确的专利和引文检索，内容涵盖化学、电气、电子和机械工程等领域。借助附加的描述信息和编码以及可追溯到1963年的专利收录内容，使读者能够快速了解某一专利的重要性及其与其他专利的关系。

德新社（德国）
（德）*Deutsche Press-Agentur*（*DPA*）

全称德意志新闻社，成立于1949年9月1日，是由第二次世界大战结束后美占区的DENA、英占区的DPD和法占区的SUEDENA的3家通讯社在联邦德国成立后合并而成的，是德国大众媒介最主要的消息来源，其总部设在汉堡。该通讯社提供的服务最主要是基础新闻，内容包括国内外的政治、经济、社会、科技、文化和体育等各个领域的新闻，其中约三分之一为政治新闻。除了汉堡总部外，该通讯社还在波恩设有一个联邦分社，并在国内其他大城市建立了50多个分社或地方编辑部，在全世界80多个国家和地区派有驻外记者或聘用特约记者。

德语图书信息中心
BIZ Peking

1998年在歌德学院北京分院成立，由法兰克福书展和联邦德国外交部共同支持，主要在于帮助和促进德国和中国书业界的交流与合作。联邦德国外交部、德国书商出版商协会以及法兰克福书展公司都非常重视并支持这个专门致力于促进德中两国书业交流的平台。德国每年出版6万余种新书，每年有3 000多种德文图书被翻译成40多种语言。中国出版界对德文图书的兴趣也与年俱增。然而，由于语言的障碍，许多优秀的德语图书还鲜为中国出版界所知。德国图书信息中心为希望了解引进德语图书的各界提供中文的咨询和帮助。

灯黑、灯烟
lampblack

纯炭沉淀，曾是用于制造印刷油墨的最主要黑色颜料。在由纸质或绵羊皮质帐篷中设置容器，在该容器内燃烧树脂松香，使烟尘积淤在帐篷内，击打烟尘使烟黑落在地上，再加热多次，直到顶部带小孔的铁盒发红，以去除杂质来提纯灯黑。

登到记录
check-in record

附在连续出版物上的完整书目记录中单列的一个记录，说明该连续出版物每一期和部分的到馆情况，这项工作通常由图书馆期刊部的工作人员完成。大多数在线目录允许读者查看登到记录以确定某一期是否已到馆。登到记录也能显示出某一期是否丢失、借出或正在装订的情况。

登记
post

将单位数据或信息录入到记录里的过程；也指在数据库管理中，向数据记录增加数据。

登记，记录
register

一是指记录人名、地名、事件和日期等内容的一种目录，通常以一年的顺序或数字顺序来进行编辑并被作为官方的档案来保存。该术语也被用来表示记录这类信息的行为。二是为计算机用语，常用有两种意义：一是指直接联网的主机向网络信息中心或网络服务提供商登记以获得IP地址。二是指用户在试用共享软件或商业性软件的演示版后正式登记购买正版软件的行为。

登记卡借书法
transaction card charging

外借图书的方法之一。是指图书馆员在办理外借图书手续时把一张编有顺序号的外借登记卡插在书内，读者在还书时将此卡抽出按号排列，由于卡片是按借出及还书日期依次编号的，因此排列后发现缺号，可用于催还到期图书。

登记目录
registration bibliography

又称“统计登记性书目”或“通报书目”。是为全面登记和反映一个时期、一定范围的某一类型文献出版或收藏状况而编制的一种文献目录。登记目录是目录的一种基本类型。收录了一定时期既定范围内的全部出版物，是文献编译、出版、发行部门以及图书馆和其他文献相关部门开展业务活动、进行科学管理以及编制其他类型目录的基础。国家书目、图书馆馆藏目录和联合目录等均属登记目录。

登记制国家
registration countries

专利管理术语，也称不审查制国家。这些国家一般只要求专利申请人向专利局提交申请文件，进行简单的登记，以便于专利权的授予。

登录
session (login)

负责采访的图书馆员把入藏和注销的图书完整地具体登记在登记簿上，分为总括登记和个别登记。又指对图书馆某一数据库或在线目录的成功请求，图书馆为每位许可的读者配置了一套独特的用户名和密码，这些读者可以用来进入使用数据库或在线目录的过程以及系统验证进入是成功还是失败的过程。

登录簿
register

装订成册的一种账表式簿记，供图书馆登记各种书刊资料的采集、分类编目、典藏和外借时使用。

登录次序，入藏顺序
accession order

图书或其他上架的文献按特定类目或门类的年月顺序以及简单的数字顺序进行排列。而不是完全按照分类系统所排定的顺序。

登录号，入藏号
accession number

新到馆的图书资料在加入馆藏时所分配的唯一编号，并记录于图书资料入藏登记（accession record）中，这项工作由技术（采访）服务部来做。大多数图书馆是以流水号来分配入藏号的，也有使用编码系统表明图书资料类型、收藏年度以及入藏顺序。这样，可作为清查图书资料，区别复本的依据。

登录时间
session time

一次登录所花费的时间，通常是指从登录到明确或不明确退出数据库或在线目录之间的时间长度。

登录项附注
postings note

在标引词的叙词表中，附加在叙词款目里的注释，说明该叙词在某一指定日期之前已作为主要款目或二级款目标引文献的次数。登录项附注可以帮助用户查找叙词。对于登录次数少的词可以查看其相关款目或上位类目的词，而登录次数多的词则可以考虑用一个或多个下位类目的词来代替。

等等，以及其他等等
（拉）*etc.*，& *c*

拉丁文 *et cetera* 的缩写（人名后面不宜用 etc.，可用 and others）。

等高线地图
contour map

通过连续的线条描述地貌的一种地形学地图。传统上采用褐色墨水笔把相同海拔的点连接起来，采用或不采用描影。等高线之间的距离根据地图的比例而定。海底地形学地图称为测海学地图。

等级分类法，层类制分类法
hierarchical classification

将类目按等级层层展开来表示类目间的从属关系，并用列举的方法将类别罗列出来以表达类列的完整性的一种文献分类法。这种分类方法能较好地反映类目之间的系统性，但不能很好地反映主题内容的复杂性和事物间的交叉关系。

D

等级关系
hierarchic relation

两个词语间的语义关系，即一个词的概念是另一个词的概念的子集（例如：儿童图书馆和图书馆）。实际上是指上位类与下位类的关系。

等级，级位
level

在分层结构中的等级或层次，表示从属关系的程度。

等级检索
hierarchical search

主题目录的一种检索方式，按照从具体到一般，从分到总逐级排列的链式标题索引进行检索。

等级描述、等级著录
hierarchical description

资源整体的综合描述/综合著录（comprehensive description）与其一个或多个部分的分析描述/分析著录（analytical description）的结合，也称多级描述/多级著录（multilevel description）。

等级制约
hierarchical force

在分类法中凡应用于某一类别的类目标题与注释，同样应用于其所有下位类。对其下位类而言，这就是一种等级制约。

等深地图
bathymetric map

一种地形学地图，可以显示海洋板块的深度和特征，包括沿海地带（海湾和河口），通常是通过等高线划出的称作等深线的方法。

等同关系
equivalent relation

主题词之间的一种语义关系，一般包括同义关系、组代关系和语际等价关系。其作用在于使有关文献相对集中，为读者提供多个检索途径。主题词表中常把某些准同义词或近义词也归入等同关系中。

等值线
isograms（isoline）

图表或地图中的线条，用来连接等值或特定变量的相应的平均值。例如：数量（等量线）、温度（等温线）、大气压力（等压线）和日照（等日照线）等。

邓邦述（1868—1939）
Deng Bangshu

近代藏书家。字孝先，号正闇，又号沤梦词人，晚号沤梦老人、群碧翁，江宁（今南京）人。在其寓所建有藏书楼“青藜阁”藏书万卷。从图书分类上来看，邓邦述的藏书以史部、集部为多，从版本上来看，则注重于宋元本、明刻本、明嘉靖刻本，同时也收藏有相当数量的抄校本。在这些版本中，又以明嘉靖本最精、最具特色，他先后收藏明嘉靖刻本有150种左右，为此他还将自己的书斋命名为“百靖斋”。

邓景康（1956—）
Deng Jingkang

教授、博士生导师，核物理学家，清华大学图书馆馆长。兼任中国图书馆学会第八届理事会常务理事。

邓小平图书馆
Deng Xiaoping Library

为纪念邓小平百周年诞辰，2005年10月，在四川广安市图书馆基础上挂牌开放，馆舍建筑面积为11 000平方米，设有阅览室11个，阅览座位近500席以及多功能厅、展览厅。应用ILASII自动化系统，建立了文化信息资源共享工程四川省广安市分中心。馆藏图书及多媒体资料达110万册（件），其中关于邓小平及广安地方文献等特色文献资料近3万册（件），建成“邓小平文献资料库”。

邓小昭（1965—）
Deng Xiaozhao

西南大学计算机与信息科学学院硕士生导师、教授。曾任该学院副院长。1989年毕业于上海华东师范大学图书馆学情报学系，获硕士学位，2002年毕业于武汉大学信息管理学院，获博士学位。兼任教育部高等学校档案学学科教学指导委员会委员、中国图书馆学会第八届学术研究委员会目录学专业委员会委员、中国社会科学情报学会理事、重庆市情报学学科带头人、重庆市图书馆学会常务理事和重庆市科技情报学会理事。主要研究方向为信息组织、信息用户与服务。讲授信息组织原理、信息分类标引、信息管理研究方法、网络信息组织与服务等本科及硕士研究生课程。参与国家社会科学基金项目1项、主持省部级项目4项、校级项目1项，发表学术论文60余篇。受美国国务院的邀请和资助，于2006年参加了“International Visitor Leadership Program”项目。

邓衍林（1908—1980）
Deng Yanlin

中国图书馆学家。1931年毕业于文华图书馆专科学校。1945年赴美哥伦比亚大学研究生院深造，获教育学硕士。1946年到联合国秘书处出版司工作。1956年回国在北京大学图书馆学系任副教授兼任全国第一中心图书馆委员会委员、全国图书馆联合目录编辑组组长和中国图书馆学会学术委员。著有《关于太平天国史料史籍集目》、《元太祖成吉思汗史料目录》、《北平各馆所藏中国算学书联合目录》、《中国边疆图籍录》和《中文参考书举要》等。

低倍放大照片
photomacrograph

指被摄体不放大或稍微放大到一定的幅度（一般为10倍左右）的照片。

低级滑稽故事，淫书
facetiae

关于讲述笑话、幽默故事和淫秽故事的图书。

低级庸俗书刊
pulp fiction

指国外一种为吸引大众市场，按固定模式创作的缺乏文学价值却能引起轰动的书刊。常用木浆粗纸作封面，用质量很差的纸印刷，软面装订，封面印有可怕的图案，易于识别。

低级语言
low level language

一种类似于机器语言，包括所有的汇编语言，对于非专家用户来说是难以理解的计算机编程语言。

低频度词
low-frequency word

又称罕见词，美国学者G.K. 齐普夫（G.K. Zipf）于20世纪40年代提出的词频分布定律中的一个概念，是指一篇较长文章中出现频次较低的词。

低幼读物
beginning reader

专门为儿童初学阅读所设计的以插图为主的传说或其他类型的读物。这些书一般内容浅显，词汇、语法简单且字体较大，置于图书馆的青少年读物的书架上。

低折扣
short discount

图书贸易中，出版社批发给书店或直销商的图书的一种折扣，一般有30%左右（极个别有20%的），专业图书、教材及特殊订购的书籍实行低折扣。

迪斯蒂斯·皮特·塞文司马（1878—1966）
Tiestse Pieter Sevensma

荷兰图书馆学会创始人、首任会长，国际图联首任秘书长。毕业于阿姆斯特丹大学，获神学、政治学博士学位。历任荷兰鹿特丹商业大学图书馆馆长、阿姆斯特丹市公共图书馆馆长、国际联盟图书馆馆长、莱顿大学图书馆馆长和国际图联秘书长。1938年，第3任国际图联主席马塞尔·戈台特（Marcel Gdet）发起为庆祝塞文司马先生60寿辰而设立的奖学金，大约有200多位图书馆专家和图书馆协会（包括中华图书馆协会）集资了1万法郎作为基金，用来鼓励40岁以下的青年专业人员撰写图书馆学论文，每年由国际图联授予一篇最佳论文的作者。

《邸报》
Official Gazette

中国最早的报纸，创办于2 000多年前的西汉初期（约公元前二世纪），当时西汉实行郡县制，在全国分成若干郡，郡下再分若干县。各郡在京城长安都设有驻京办事处，以便传递沟通消息，这个住处叫作“邸”，派有常驻代表，他们的任务就是要在皇帝和各郡首长之间做联络工作，定期把皇帝的谕旨、诏书、臣僚奏议等官方文书以及宫廷大事等有关政治情报，写在竹简上或绢帛上，然后由信使骑着快马，通过秦朝建立起来的驿道，传送到各郡长官，称为“邸报”，也称“邸抄”；并有“朝报”、“条报”、“杂报”称。到了清代末期除了《邸报》之外又有了《京报》。《京报》有了专门的报房来管理经营，开始初步形成报纸的雏形。《京报》由《宫门抄》（被印刷成单页不加封皮的"新闻纸"）、谕旨和奏折三部分组成，由于奏折的字数较多，排印费时，需要在晚间才能完成其印刷装订，在次日发行，这种印成对折双页装在一起的《京报》很像现在发行的日报。《邸报》或《京报》一直出版到1917年清朝皇帝退位，才停止了刊行。

底衬、底座
Mount

资源所配备的支持基底材料的物理材料。属"资源描述与检索"（RDA）的载体描述元素之一。

底带
tailband

也称书脊底带，指嵌在书脊尾部的彩色布带，作装饰用。

底带帽
tailcap

将书籍封面和书脊底部的皮革折叠成一条贴边，目的在于提高其牢固度，以保护底带。

底端空白处
tail

书的底部，也指一页最底端的空白处。

底片修描
retouch

指对雕刻版或照相底片进行修改和修描的行为。也指修改或润色文稿。

《底线：图书馆财务管理》（英国）
The Bottom Line: Managing Library Finances

1988创刊，由美国加州圣芭芭拉分校布雷德福·李·伊登（Bradford Lee Eden）任主编。该刊为帮助图书馆员处理财务制约的问题提供很多切合实际的创新尝试。能使图书馆员在坚持紧缩的财务原则下，满足日益增长的服务需求。由爱墨瑞得（Emerald）出版集团出版，季刊。读者可以在线阅读自1988年至今的期刊论文。

地边
tail edge

又称地脚切口，指图书下端的切口边。

地点
place

由名称所标识的位置。在编目中，地点名称通常用于行政管辖区（如国、省、州、县、市）及非行政社区名称，也用于团体名称附加以区别同名团体、会议名称附加，以及记录与个人、家族或团体有关的地名。

地方版文献联合采编协作网
China Regional Libraries Network（CRLNet）

于2000年12月正式开通，由深圳图书馆、湖南图书馆、福建省图书馆、上海图书馆、天津图书馆和辽宁省图书馆共同创建，并且发展了香港特别行政区、广西、浙江、北京、吉林和黑龙江等地多家成员馆，目前已形成一个达近200万条记录的网上书目数据库。

地方文献，地方资料
local collection

通常指图书馆收藏的有关某一特别地区及其居民的图书、印刷品、地图、图画、照片和其他资料，所有这些藏书资料适用于历史研究和家谱研究。

地方文献目录
local list

以揭示、报道地方文献信息为目的，收集反映某一地区的政治、文化、经济、教育、历史、科技、地理、民族、风俗习惯、自然资源和名胜古迹等方面的文献、方志等目录。

地方志，方志
local gazetteer（local records）

按一定体例，全面系统地记载某一地域某一时期的自然、政治、经济、文化和社会等各个方面的历史与现状的资料性文献，包括地方志书、地方综合年鉴，可看作是内容宏富、体例完备、统合古今的地方百科全书，具有各种研究和参考价值。

地籍图
cadastral map（plat）

指一张准确的比例图，一般用于征税目的。这种图标注了土地面积及划分界线，记录了土地的所有权及使用权，并附有准确辨认各部分所需要的数据，对地产的价值进行详述和确认。cadastral 源于拉丁文 *capitastrum* 一词，意思是"人头税登记"。

地脚
bottom space（tail margin）

亦称“下脚”，指书刊版心最末一行文字到书根（下切口）的空白处。其作用是保护版心中的图文不因翻阅而磨损，也可供读者用来做笔记或写批语。

地脚标题、页底文字
footer

网页底部的一行或者多行，用来命名创建和维护站点及主机的负责人。地脚标题也可能标出网页内容最后更新日期，版权通告以及使用因特网地址联系的链接。有时也指电子邮件信息底部的几行，用来指出名字、标题和发信人信息以及所有的联系信息，这些不同于从信息和正文开始的标题。

地理参考数据库
GeoBase

由 Elsevier Science B. V. 建立，为地球科学、生态学、地质力学、人类地理学和海洋学等多学科的文摘书目数据库。内容涉及自然和人文地理、地质学、经济地理、海洋地理、岩石力学、矿物学及地质力学等学科。数据来自 2 500 种期刊、档案文件及 2 000 种图书、会议录、报告及非正式出版物，其中包括《爱思唯尔地理文摘》(*Elsevier's Geographical Abstracts*)、《地质学文摘》(*Geological Abstracts*)、《生态学文摘》(*Ecological Abstracts*)、《国际发展文摘》(*International Development Abstracts*）以及《海洋学文献评论》(*Oceanographic Literature Review*）等。收录起始年限为 1980 年，数据每月更新。现有 750 多万条数据，每年增加 9 万多条记录。

地理底图
base map（mother map）

一种地形图，上面可以作标记的简化地图。通常的比例从 1:10 000 到 1:50 000，是其他地图的基础依据。

地理复分表
geographic subdivision

用以指明主要论题的起源或地理位置，即包含主标目或其他复分反映文献内容涉及的地理区域或位置。在美国国会图书馆标题表（*LCSH*）后凡标注“May Subd Geog”的标题均可进行地理复分。若在某个主标目及复分词后均出现“May Subd Geog”时，地理复分应在相应的复分词后展开，通常出现在 MARC 21 书目数据格式中 6××主题字段的 $z 子字段中，主要用于文献的主题标引。

地理名称
geographic name（place name）

通常是由编目人员在确立款目的地理名称的正确形式时使用，用来识别特定的地理区域、地理特征及地点（如法国用 France，而不用 *République franaise*）。

地理区域代码
geographic area code

指的是由 1 ~ 7 个字符组成的标准代码，包含英文小写字母和连字符，在图书编目中，根据地理名称主题或地理复分自动生成地理区域代码（如 USMARC 043 字段）。地理区域代码有超过 500 个代码，分别标识国家、地区、地理特征、天体特征等。例如：e-ic 为冰岛，n-us-hi 为美国夏威夷州，ag 为湄公河，x 为地球。

地理区域分类表
geographic division

图书馆分类法中将地区作为一级类目进行细分，如地理名称（地区、国家、州和城市等），也可采用在主题标引之后，对某个类目加以延伸。地区表是根据自然区划编列的，以便处理世界各地区和国家的著作，主要用于文献分类标引。

地理网格
graticule

在地图之类的图像上由水平线（平行线）和垂直线（子午线）构成的坐标格，帮助看图的人对特指地方定位。在地图册里，坐标格通常标明其在地名索引或地名词典中的页码和对应条目。

地理信息系统
geographic information system（GIS）

用于分析地理现象、地理资源等数据的计算机硬件和软件系统。这种数据可以是微观级的，也可以是宏观级（全球级）的。地理信息系统与地图不同，是数据化的空间信息系统，可以进行定量的空间分析。

地理志
Monograph on Administrative Geography

以某一特定的区域为对象，全面系统地记述阐明该区域地理环境及其与人类活动的关系的图书。通常以所记的特定区域为对象，把所辖范围内地理

D

环境的各个要素，诸如地质、地貌、气候、水文、土壤、植物、动物、自然资源以及其他地理环境要素等，进行较为全面系统的记述。

地理资料
geographical materials

指所有与地理学有关的书目、索引、词典、百科全书、手册以及地图集等资料的统称。

地理资讯系统
Geographic Information System（GIS）

一门综合性学科，结合地理学与地图学，已经广泛的应用在不同的领域，是用于输入、存储、查询、分析和显示地理数据的计算机系统，可以分为人员、数据、硬件、软件和过程五个部分。该系统属于信息系统的一类，与全球定位系统（GPS）、遥感系统（RS）合称3S系统。

地名辞典
gazetteer

单独出版的查阅地名的辞书。指出地名及其位置以及该处的山川、市镇等的地理名词，通常按字母顺序编制，例如《世界地名词典》（*The Gazetteer of the World*）。地图册里的地名索引，则通常附在地图后面单独排印，并用坐标来表明方位。Gazetteer的缩写形式为：gaz。

地名复分
place subdivision

用于进一步说明主标题的发源地或所处位置。地名复分的使用一般有两种方式：一是直接方式，即如果是国家的名称，可以直接置于相应主标题或其他复分标题之后；二是间接方式，即如果是小于国家的地区名、地貌名、州或省名、城市名，则一般要在用其复分前，先用国家名复分。在一个标题内，地名复分不能超过两次。

地名排列法
geographic filing method

依据文献出版地域或其内容涉及的地区名称字顺为序列的排列文献资料或目录的方法。

地名索引
topographical index

以地名作为索引款目的标目，按其字顺或者按规定的地名分类体系编制。读者可从地名角度检索地理文献。

地球村
global village

加拿大作家马歇尔·麦克卢汉（Marshall McLuhan）于20世纪60年代末所创造的一个词。特指现代通讯技术使各种信息能够轻易、快捷地传递，大大缩短了人类相隔的距离，使现代世界犹如一村。

地球科学参考数据库
GeoRef

该数据库于1966年建立，包含地球科学领域文献最广泛的一个数据库，提供世界范围内地球科学文献的检索，并且每年持续增长8万多条文献资料，该数据库包含了240万条记录。该数据库70%的文献来源于世界各国出版的4 000余种期刊，2%的文献来源于会议录，学位论文来自美国、加拿大两国大学地球科学领域的硕博士学位论文。文献共涉及44种文字。该数据库收录的学科范围主要包括：地质学、地球物理、古生物、地层学、工程地质、环境地质、水文地质、水文学、矿物岩石学、结晶学、地球化学、海洋学、海洋地质、石油地质，另外还包括行星科学、天体物理学、天体化学、数学地质、遥感地质、电子学和计算机应用、分析化学等。

地球科学信息学会（美国）
Geosciences Information Society（GIS）

美国地质协会成员（American Geological Institute（AGI）），1965年成立，其基本目标是提倡地球科学家、图书馆员、文献资料工作者、编辑及其他信息专家之间交换信息的相互合作。每年跟美国地理学会一起召开会议。该学会出版了报道各学会成员的工作及相关事件的《业务通讯》（*Newsletter*）和双月刊《会议录》（*Proceeding*）。该学会着重关注地质学文献，尤其对诸如地形指南、论文和地图等形式的文献予以特别重视。

地球科学信息中心（加拿大）
Earth Sciences Information Center

位于加拿大首都渥太华，是加拿大最大的地球科学文献信息中心。其馆藏主要分为：地质学类、地理学类、地图类以及照片类。涉及地质学、地球化学、地球年代学、地球物理学、矿产资源、地貌学、矿物学、古生物学、岩石学、构造学、制图学（航空、地质、专题和地形）、大地测量学、地理资讯系统、全球定位系统、摄影测量和遥感等领域。

为地球科学界所有科研教学人员提供信息服务。

地球仪
globe

在一个球体上比平面图更加精确地描绘地球（或其他星球）表面的情况，这个球体可以用纸板、塑料、金属或玻璃制作，以子午线为轴悬于支架上。供特殊用途使用的地球仪甚至有灯饰。

地区表
local list

图书分类法通用复分表的一种。附在图书分类法正表之后，供对主表中列举的类目进一步按地区细分之用。地区表上的地名一般按地理或行政区域划分，每个区域或国家都给以特定的编号。

地区分类法
regional classification

一种按地理区域而不是按主题设置类目的专用分类法。

地区复分表
area table

体系分类表中的一种通用复分表。供对分类表中所列类目进一步按地区进行细分用。

地区号
geographical numbers

指加在分类号后面的反映地区的号码，取自分类法所附的地区复分表。到馆图书按内容性质分类之后，再按所涉及的地理位置复分。

地区排架法
region arrangement

亦称“地理排架法”。是以文献所论及的地理区域为标识来组织文献的一种藏书排架方法。采用这种排架方法，通常将文献按地理名称的字顺或一定的地理位置分类体系为序进行排列，同一地区出版的藏书再按登记号和种次号等进行排列。这种排架法通常只适用于部分类型藏书的组织，如地方文献、农业资料、地方志、地理文献和游记等地区特性较强的文献多采用此法。利用这种排架方法可集中同一地区的全部文献。

地区商业数据库（美国）
Regional Business News

该数据库由美国 EBSCO 公司推出，提供了地区商业出版物的详尽全文收录，将美国所有城市和乡村地区的 75 种商业期刊、报纸和新闻专线合并在一起。该数据库每日更新。

地区书目中心
regional bibliographic center

利用书目向某一地理区域的读者或用户提供有关文献信息或查找线索的一种专门书目机构。随着计算机和网络的普及，现代书目中心的主要任务是向本地区用户提供计算机书目检索服务。通过提供标准的检索接口，用户可直接或通过书目服务部门获取自己所需的书目记录。

地区索引
geographic index

以地区的地理方位（城市或大都会、州、省和国家等）为标目，按某种地区划分体系组织索引款目的专用索引。

地区图书馆
regional library（zone library）

一种由地区政府拨款兴办，主要面向该地区读者服务的公共图书馆。其主要任务是根据本地的地理、历史等特点和经济发展状况，搜集整理并提供有关文献资料，为本地区的经济发展和丰富居民文化生活服务。除本身对外提供完整的图书馆信息服务外，还要负责管理区域范围内若干较小的图书馆，并向这些图书馆提供必要的资源和服务。

地区图书馆网
regional library network

根据一定的约定将本地区各种类型、分属各个系统的图书馆组织起来而形成的一个分工协作、协调发展的区域性图书馆网络。因是同处一个地区，所以网内各成员馆之间一般都比较容易建立实质性的协作关系，相互之间的联系也比较密切，开展活动也比较方便。

地区信息网
regional information network

信息网络的一种形式。是指在一定地区范围内，由有关信息部门组成的信息协作网络。其服务对象主要是本地区内的各类信息用户。地区信息网可以利用本地区的方便条件组织信息协作方面的经验交流、业务培训和信息资源共享等，以推动本地区信息工作现代化的发展。

地区信息中心
regional information center

面向某一地理区域的一种综合性信息机构。其主要任务是根据本地区自然特点和社会、经济发展情况，搜集整理有关资料，形成本地区的文献中心和信息检索中心。在此基础上，围绕本地区发展需要，广泛开展信息分析与信息研究工作，开展各种各样的信息服务，积极推动本地区的政治、经济和文化建设，提高本地区信息化水平。

地区性目录
regional catalog (local bibliography)

又称区域目录。专选某一国家某一地理区域有关文献的一种专门目录。其内容通常只包括该地区出生的作者所撰写或涉及该地区出生的知名人物的作品以及有关该地区的地理、历史、建筑和社会演变情况的文献。也指某一地区内各级各类图书馆馆藏文献的联合目录。

地势（等高线地形）图
hypsometric map

指利用等高线的分布来表示陆地表面高低起伏的地图。

地图
map

指关于地球表面的事物和现象分布情况的图，上面标着符号和文字，有时也印上颜色，通常是有比例的平面展现。大都运用数学计算方法和投影技术将所记录的事物加以缩小，概括地反映各种自然和社会景象的地理分布与联系。地图种类很多，按内容可分普通地图和专门地图；按地域可分世界地图、各洲地图、国家地图、省区地图和县市镇乡村地图等；按比例尺可分大、中、小比例尺地图；按物质形式可分折叶地图、卷轴地图、单幅地图和地图集等。现代地图已有数字化地图、磁带记录、电视图像和全息像片等新形式。地图直观而清晰地描绘地理知识，辅助文字叙述之不足，不仅对国家政治、军事、国防、外交、经济建设和科学研究等具有重要意义，也是平时学习和教学的工具。在现代图书馆，地图通常保存在木质或金属地图盒里，平放在宽而浅的抽屉里。有的图书和杂志中也有地图，作为插图印成图版或在卷首或卷尾。

地图比例
representative fraction (RF)

制图学术语。指在地图上的距离与其所表示的陆地或海洋表面的实际距离之间的比例关系。其中表示单位，如厘米、英寸或英尺的数字是以分数（如 1∶250 000）来标示的。

地图的坐标格
grid

两组相互垂直相交的平行线以等距间隔所形成的网格，添印到地图或二维表面上，用来对若干特定的点进行定位。通常在顶边或底边上标有数字或字母，在左右两边（或一边）标有不同的数列。

地图格式
Maps Format

用于地图资料编目的 OCLC MARC 格式。如地图、地图集、地球仪和数字地图。在 OCLC 编目系统 WorldCat 搜索中，使用“地图”索引作为限定符来限制这类资料的记录结果。

地图柜
map case

一种图书馆设备，通常用木头或金属制作，设计有宽、纵深而浅的抽屉来平放大幅地图。

地图和地理空间圆桌会议（美国）
Map & Geospatial Information Round Table (MAGIRT)

前身为 1980 年成立的地图和地理圆桌会议（Map and Geography Round Table），2011 年 6 月 28 日改为现名。美国图书馆协会下属的 17 个圆桌会议之一，是由近 400 名会员组成的世界上最大的地图图书馆组织。为对各种地图感兴趣的人和地图图书馆员提供了一个论坛。该圆桌会议出版半年刊《子午线》(*Meridian*) 和双月刊业务通讯《基线》(*Base Line*)。

地图盒
atlas case

图书馆专门用来存放和展示地图的盒子，通常是木制，齐腰身深的高度并且上顶倾斜。盒内可以有几个不同深度和宽度的隔架用以存放地图集或其他大号参考资料。有些还设计有活动隔架以利于大型资料的存取。

地图集
atlas

将一卷或一盒与某一主题相关的地图汇编成册

的地理资料，通常附有地名索引或地名词典。所知最早的地图集出版于16世纪中期的欧洲。大多数地图集中的地图是以相同风格和格式印制的，大小也基本一致，可以作为独立出版物或附加材料出版。同时配以描述文字、插图或图表，也可不配。可分为普通地图集，如《中国地图集》、《泰晤士世界地图集》(*The Times Atlas of World Exploration*)和专门地图集，如《中国古代地图集》、《牛津世界经济地图集》(*The Oxford Atlas of World Economy*)。图书馆中一般用特制的地图盒（atlas cases）来保存大型地图集。

地图目录
cartobibliography

以特定顺序排列（通常以不同的主题、比例尺或不同地区等范围）的地图或与地图有关的著作的目录。地图目录可供选购地图时作参考。世界较大型图书馆都编制自己的馆藏地图目录。

地图索引
map index

指供查找各种地图资料（如地图集、地图册和地图目录等）的一种索引。通常包括地名索引、图名索引、主题索引、绘制者索引和出版者索引等。

地图图书馆
map library

主要收藏现代或历史地图资料（地图、地图集、地名辞典、图表、地球仪、简易模型、数字资料和遥感图像等）的图书馆或大型图书馆的一个部门。

地图系列
map series

反映同一对象时代的同一特征或不同特征，并以该对象名称为图名的一组地图。它们具有同一比例尺及其测绘标准，由绘制地图社分别出齐后，可完整地反映一个对象的全貌。在图书馆宜集中整理、加工和保存。

地图专用纸
map papers

指专为制作地图而生产的纸，要求有耐折叠，柔韧性强。这种纸一般使用破布、木头或将其两者混合制作而成，表面光滑。为了特殊的目的，地图专用纸有时须有较好的防水性。

地图资料
cartographic material

任何能全部或部分代表地球的表面或其他任何大小的天体（真实的或想象的），还包括二维和三维的地图、地图册、地图仪、航空和航海图、航空照片、地域图、比较地图和鸟瞰地图等。地图资料著录的依据和规则是《国际标准书目著录（地图资料）》[*ISBD*（*CM*）]，于1977年公布。1986年中国标准局也发布了《地图资料著录规则》。

地图资料室
map room

指图书馆内专门收藏与查阅地图的场所。

地下出版商，地下出版物
underground press

非官方和秘密印刷出版物的出版商。通常是反对政府政策或著作权的群体或组织成员，这种情况在政治动荡时期比和平时期更多。也指由一些反对现存社会及文化的人组织出版的非正式报刊和图书。这些地下出版商和地下出版物肯定会遭到严厉打击和惩处。

地形图
topographic map

地图的品种之一，是介于一览图与平面图之间的地图。鲜明地反映各种类别的地形、地貌和自然特征的地图。可以反映地球表面任何指定的区域，也可以是其他天体，常用等高线与颜色来表示地势高低。

地学参考数据库（美国）
GeoRef

该数据库是美国地质学院地球科学数据库的光盘版，包含北美地区1785年以来和世界其他地区1933年以来的190万条数据。该数据库同四种主要的地球科学方面的出版物是相对应的，这四种出版物分别是：北美地理学书目、北美以外地区地理学书目和索引、地球物理学文摘、地理学书目和索引。

地域索引
geographic index

一个地区范围内的地点名称按其字顺或专门分类体系为序编制而成的索引。

D

地域指南，地域手册
field guide

一种用于帮助读者识别和熟悉某特定地理区域内的动植物群的手册，经常系列出版。地域指南通常按生物种类编排，每一条目描写一个物种（或物种群）。典型的条目包括拉丁文物种名称、说明文本、至少一个插图，有时还有一个地理分布图。在图书馆中，根据当地的规定，地域指南放在参考部或流动书库内。

地支
Earthly Branch

中国古代的一种文字计序符号，子（zǐ）、丑（chǒu）、寅（yín）、卯（mǎo）、辰（chén）、巳（sì）、午（wǔ）、未（wèi）、申（shēn）、酉（yǒu）、戌（xū）、亥（hài）12个字的总称，又称"十二支"。中国古代用十二地支纪时、纪月。地支纪时就是将一日均分为12个时段，分别以十二地支表示，子时为现在的23—1时，丑时为1—3时，等等，称为十二时辰。地支纪月就是把冬至所在的月称为子月，下一个月称为丑月等。地支与十天干顺序相配，组成甲子、乙丑……癸亥，以六十为周期用以纪日、纪年。

地址
address

计算机专业术语，指向内存或外部存储器中特定位置的字符或字符集。一般分为文本域名地址（物理地址）和数字IP地址（逻辑地址）。

《地质汉语主题词表》
Geological Chinese Subject Thesaurus

用于储存和检索地质科学情报资料的专门叙词表，简称《地质词表》，由原中国地质部情报所编制，1984年出版。该表由主表、范畴表和词族表三部分组成。主表是该表的核心部分，是文献标引、文献检索的主要依据。范畴表是主表的辅助表，而词族表则是计算机检索中实现自动扩检和进行族性检索的重要手段，也是标引和检索中查词、选词的辅助工具。

地质图
geologic map

通常用颜色、阴影和印花图案在地形图上表示出某个区域地表下面各种地质体和地质现象的分布情况的一种图件。在地质图上还可以反映地质构造中某些重要的断层带、化石、矿物沉积和岩石形成年代等方面的信息。

第二代缩微胶卷
second generation microfilm

直接对文献进行缩微化处理得到的原件胶卷称为第一代缩微胶卷。对原件缩微胶卷（母片）复制而成的缩微胶卷称为第二代缩微胶卷，又称为第一次复制缩微胶卷（first reproduction microfilm）。

第二代因特网
Internet Ⅱ

指满足教学、科研需要的超带宽、超高速多媒体导向的光纤网络。1996年，由美国34所大学提出了第二代因特网（INTERNET—Ⅱ）计划，1997年这些大学集资成立了大学先进因特网发展公司，研究第二代因特网技术。目前国际上正在着力发展性能更加优越的第二代因特网。美国已建成连接180所大学的第二代因特实验网。受到中国国家自然科学基金会委员会支持的"中国高速互联研究试验网络（NSFCNET）"已基本建成，并直接与美国第二代因特网连通。

第二代网络、第二代因特网
Web 2.0

相对第一代因特网（Web 1.0，2003年以前的因特网模式）的新的一类因特网应用的统称。第一代因特网的主要特点在于用户通过浏览器获取信息。第二代因特网则更注重用户的交互作用，用户既是网站内容的浏览者，也是网站内容的制造者。所谓网站内容的制造者是说因特网上的每一个用户不再仅仅是互联网的读者，同时也成为互联网的作者；不再仅仅是在因特网上冲浪，同时也成为波浪制造者；在模式上由单纯的"读"向"写"以及"共同建设"发展；由被动地接收互联网信息向主动创造互联网信息发展，从而更加人性化。第二代因特网是以Flickr、Craigslist、Linkedin、Tribes、Ryze、Friendster、Del. icio. us、43Things. com等网站为代表，以Blog、TAG、SNS、RSS、wiki等应用为核心，依据六度分隔、xml、ajax等新理论和技术实现的、更加以用户为中心的因特网新一代模式。

第二手资料
secondary data

用户不是从原始出处、而是从早些时候收集的参考书中获得的资料。

第二资源
second resources

相对于自然物质而言，知识是人类创造出来的第二资源。第二资源是发展人类财富的动力，起主导和决定性作用。

第三产业
tertiary Industry

指不直接从事物质产品生产，而主要以劳务的形式向社会提供生产性或生活性服务的各个行业。具体指商业与贸易、金融和保险、旅游与娱乐、信息和通讯、科研与咨询、文教和卫生、仓储与运输、饮食和旅馆以及理发、修理、美容等。其中，教育、文化、广播电视和科研事业等均属第三产业。

第三代缩微胶卷
second reproduction microfilm

指由第二代缩微胶卷复制而成的缩微胶卷，也称为第二次复制缩微胶卷。

第三代邮件邮局协议
Post Office Protocol 3（POP3）

个人计算机连接到因特网的邮件服务器和下载电子邮件的电子协议，是因特网电子邮件的第一个离线协议标准。POP3 协议提供了信息存储功能，允许用户从服务器上把邮件存储到本地机，并同时删除保存在邮件服务器上的邮件。

第四媒体
fourth media

网络媒体，尤其指基于因特网这个传输平台来传播信息和新闻的网站。1998 年，联合国新闻委员会在当年的年会上首次提出了“第四媒体”的概念。因特网被誉为继报刊、广播和电视后的第四媒体。第四媒体集报刊、广播、电视三家之长，实现文本、图片、音频、视频等素材的有机结合，并使受众全球化，是大众传播领域一次革命性的飞跃。第四媒体拥有其他媒体无法比拟的优点。有学者提出，这种媒体有 10 个方面的特征，即数字化、网络化、多元化、全球化、小众化、多媒体化、实时性、交互性、广容性和易检性。当然，其最大的优势在于传播信息的快捷性。

第五代计算机
fifth-generation computer

20 世纪 80 年代末、90 年代初开发的新一代计算机。是一种能使有限知识加上推理能力来解决困难问题的计算机，其处理问题的方法类似人类处理问题的方法，并容许人用简单的语言与之对话。这代计算机还以高级程序设计语言为特色，使用户能容易地识别计算机问题。

第一部对开本
first folio

为莎士比亚戏剧作品第一个被收藏的版本所起的通用名字。发行于 1623 年，是世界上最著名和最有价值的印刷版本之一。已有 79 种不同版本存于美国华盛顿莎士比亚图书馆。

第一流作家，经典作家
standard author

指拥有在本国或者世界文学界享有盛誉的作品的作家。他们的作品通常被收入文选中，或者被选入文学课程中供学习。这类作家如鲁迅、巴金、郭沫若、茅盾、叶圣陶、老舍、冰心等以及埃默斯特·海明威（Ernest Hemingway）、威廉·福克纳（William Faulkner）、简·奥斯汀（Jane Austen）、马克斯·韦伯（Max Weber）、约翰·歌德（Johann Goethe）、居斯塔夫·福楼拜（Gustave Flaubert）、多利斯·莱辛（Doris Lessing）、亨利·易卜生（Henrik Ibsen）、马克·吐温（Mark Twain）和安东·契诃夫（Anton Chekhov）等。

第一修正案（美国）
First Amendment

于 1791 年由《美国宪法》（*The United States Constitution*）批准。该修正案规定“每个州无权自定有关宗教制度的法律，无权禁止自由集会，无权限制言论和新闻自由和民众和平集会以及向政府为不平之案请愿”。美国图书馆协会颁布的《自由阅读声明》（*Freedom to Read Statement*）和《图书馆自由权力法案》（*Library Bill of Rights*）就是建立在宪法保护的基础之上的。

第一责任说明
first statement of responsibility

指一种文献中有好几种责任方式的责任者时，列为第一责任方式的所有责任者。责任者可以是个人名称，也可以是团体名称，应严格按在文献上出现的形式著录。

D

第一作者
primary author

对于由多个合作者共同撰写的文献，在图书馆编目时根据其主要信息来源上的作者排列顺序，将第一个作者姓名著录在以著者为标目的主要款目里，其余作者按著者附加款目著录。

蒂姆·奥莱理（1954—）
Tim O'Reilly

爱尔兰裔美国人，是 O'Reilly & Associates 公司的联合创始人、首席执行官，是自由软件和开源软件运动的强力支持者。他所提出的“Web 2.0”一词掀起了一场因特网革命，因此有着“Web 2.0 之父”美誉。

蒂姆·伯纳斯-李（1955—）
Tim Berners-Lee

万维网的发明者。担任总部在美国的万维网联盟（W3C）领导人。蒂姆·伯纳斯-李毕业于英国牛津大学物理系，并在英国的电信行业工作了一段时间。1984 年成为欧洲粒子物理实验室（CERN）（这是瑞士的一个高能物理研究机构，是世界最大的粒子物理研究中心）的成员。1989 年，他提议欧洲原子核研究组织基金会投资进行超文本数据系统的研究，并且在接下来的 5 年时间内致力于这项研究的推广，使得超文本数据系统很快成为全球电子通讯系统。1994 年，伯纳斯-李前往麻省理工学院的计算机科学实验室，在那里继续他的网络工具和标准的研究。他从来不考虑自己的版权和从自己的发明中获利，因为他希望公众能够乐意接受并且理解网络。正如他所说的那样：“人人都有理想，而且理想能够实现。然而任何一个有梦想的人都应该去努力，不能停止。”

典藏
book reservation

根据图书、期刊采编原则和馆舍分布，将其进行系统划分和组织，归入馆藏地点进行保管和利用的过程。

典藏人文社科全文期刊库
Periodicals Archive Online（PAO）

该期刊库提供访问世界范围内从 1802 年至 2000 年著名人文社科类期刊回溯性内容全文，收录近 435 种全文期刊，为高校及科研机构的读者提供了一个可以访问超过 140 万篇文章，总计超过 890 万页期刊内容的过刊在线图书馆。在该期刊库当中有超过 20% 为非英文期刊内容，为读者提供了访问非英语国家期刊信息资源的机会，配以最新升级的检索平台，读者可以在最短的时间内在广泛的信息资源当中找到自己所需的文章内容。

点
dot

实心句号，用于划分因特网域名的各个部分。因特网域名空间被划分为几个顶级域名，各域名以实心句号相互分开，例如：. com，. net，. org，. info 等表示全球性顶级域名，. uk，. de，. cn 表示国家的顶级域名。在顶级域名之下必须有延伸部分，才能注册域名。

点击
point-and-click

用鼠标器代替键盘的一种人与计算机的交互操作方式。用户在平滑表面上滑动控制光标位置的鼠标器，并按下鼠标器上的一个键，以此来进行选项。

点击和移动
click and drag

用鼠标或鼠标按键等位置定位器点击并移动，即可将计算机屏幕上的图标、文档名、窗口或其他内容从一处移到另一处；也可将计算机文档从一个目录或子目录中移到另一个目录或子目录中存储起来。在大多数网络浏览器中可将经标注的网站组织起来放入文件夹。

点击率
click ratio（hit rate）

来自于英文“click-through rate”（点进率），是指网站页面上某一内容被点击的次数与被显示次数之比，即 clicks/views，是一个百分比。反映了网页上某一内容的受关注程度，常常用来衡量广告的吸引程度。举例：如果该网页被打开了 1 000 次，而该网页上某一广告被点击了 10 次，那么该广告的点击率为 1%。点击率是指每秒发送的超文本传输协议请求的数量。点击率越大对服务器造成的压力就越大。

点刻，点画
stipple engraving

把蚀刻术和雕版术结合起来的画图技术。画图时轮廓采用蚀刻画法，底纹由不同大小和不同密度的圆点雕刻而成。也指用这种技术刻画出来的作品。

点刻装饰
pointille

在手工装订图书时期，一些高档图书往往用皮革来装帧，为显示其豪华，常在其上面用密集排列的金色小点来作装饰。pointille 起源于法文 *pointiller*，意思是"用点来装饰"。

点通数据有限公司
DATUM Data Co.，Ltd

专业从事数据录入、数据处理技术研究、设计和开发并提供相关服务，集研发、生产、市场于一体的中国高新技术企业。拥有先进的专业技术、一流的专业设备、高效的管理经验和一支专业化的数据录入队伍，特别在专业处理报刊、文献等大型数字化工程及全文检索制作等方面有着独特的优势。该公司成立于 1996 年，已拥有了深圳点通、北京点通、美国 Pacific Data Express、中科澳门、香港网盟一点通数码化服务中心、埃及达特姆等众多全资或合资机构以及锦州、南宫、济南等多处生产基地，成为国内生产规模最大的专业数据加工服务公司。

点制，点数
point

印刷行业中用于表示活字尺寸的一个度量单位。在英国和美国，点数是基于派卡制而设立的。一点大约等于 1/72 英寸或 0.013837 英寸，12 点相当于 1 英寸的 1/6，或为 4.21 毫米，或为 1 派卡。这种度量方式最早由法国印刷工人皮埃尔·福尼埃（*Pierre Fournier*）于 1737 年提出，1770 年弗明·迪德特（*Firmin-Didot*）作了修订，并于 19 世纪 70 年代在美国得到正式确认和应用。在点数度量系统发明之前，用于表示活字大小的术语有：nonpareil（6 点活字）、brevier（8 点活字）和 pica（12 点活字），等等。

电唱机
record player

播放唱片的一种专用设备。主要由动力部分、传动部分、转盘、拾音器、放大器和扬声器等组成。放唱时，须将唱片置于转盘上，使其随转盘一起转动。置于唱片上的拾音器，通过唱针将唱片音沟上的机械震动转换成电能，经放大器放大后，由扬声器转变为声音播放出来。电唱机一般可分为单速和多速两种。多速唱机可根据唱片规格调节转速。此外还有具备各种自动功能的自动唱机、能播放立体声唱片的立体声唱机、由激光束和调制器取代拾音器与唱针的激光唱机等。

电传排版
Teletypesetting（TTS）

由打孔纸带控制的照排机，通过遥控图形系统，利用电报排字机设备进行排版的过程，大多用于报纸印刷。

电发光显示器
electroluminescent display（ELD）

便携式和笔记本计算机通常采用的一种显示器。显示屏幕很薄，有时称"平板显示器"。

电话号码簿
telephone directory

由电话公司每年无偿提供给用户的大开本平装出版物。该出版物分为白页和黄页两部分。白页部分是所在城镇、地区的个人用户的姓名、电话号码和地址；黄页部分则是企业用户的电话号码和地址。无论白页或黄页均以字母排序，大都市的白页与黄页是分册出版的。

电话投票
televoting

一种智能网业务。需要举行电话投票的用户，可以向电信部门申请一个电话号码来征询群众对某个问题的意见。这个电话号码就好比是一个"意见箱"。所有电话用户只要拨通这个电话号码就可以表达他们的意见。电信部门通过对不同意见进行分类统计。这种业务简称 VOT，就是"电话投票"的意思。

电话咨询
reference by phone

参考咨询服务的一种方式，指图书馆和信息机构利用电话向用户提供有关信息、知识和情报等方面的咨询服务，电话咨询对问题的解答更快、更及时，是用户获取信息和帮助最便利、最常用的渠道。

D

D

电可擦可编程只读存储器
Electrically Erasable Programmable Read-only Memory（EEPROM）

一种可被电信号擦除的可编程只读存储器（EPROM）芯片。不需要电源就可长期保存其存储的内容，同时又允许再编程。存储的内容可在计算机内或者使用外部装置用电擦除，但所用电压需高于普通逻辑电路板上使用的5伏电压。EEPROM比动态存储器的容量小，需要较长时间的再编程，而且在失效之前只能对其进行有限次数的再编程。

电可擦只读存储器
Electrically Erasable Read-Only Memory（EEROM）

可用电信号进行清除和重写输入新的数据的只读存储器。

电缆
cable

指由相互绝缘的导线和护套绞合而成的电信号传输线。在计算机系统中，用于连接计算机的外部设备。

电路板
board

在计算机里，设计用来装载微型集成电路片和其他计算机硬件的塑料或光纤薄板，且板的一面或两面装有各种电路。在大多数系统中主电路板被称为母板，而插在主板上所有的元器件则称为卡或板。

电脑配置
computer configuration

构成电脑的各种硬件，也就是电脑物理实体的组成部分，主要包括中央处理器（CPU）、显卡、声卡、主板（有的主板上已集成了声卡或显卡）、内存、硬盘、软驱、光驱、机箱、电源、显示器、鼠标、键盘和音箱等，电脑配置的高低主要由中央处理器、显卡、主板内存的性能决定，其直接影响电脑的运算能力和流畅度。

电气与电子工程师学会（美国）
Institute of Electrical and Electronics Engineers（IEEE）

世界最大的专业技术学会，由1884年成立的美国电气工程师学会（AIEE）和1912年成立的美国无线电工程师学会（IRE）于1963年合并而成，总部设在美国纽约。该学会致力于航空航天、计算机通信、生化技术、电气、电子、计算机工程和相关科学领域的开发和研究工作。由工程和电子方面的专业人士（包括工程师、科学家和学生）组成。因制定许多硬件和软件标准而著称，其会员40万人，来自160个国家和地区。主要出版物有《电气与电子工程师学会学报》（*IEEE Journals and Transactions*）、《电气与电子工程师学会杂志》（*IEEE Magazine*）等，还有1 300多种已经颁发或正在制订的各种标准。各专业分学会还出版各种期刊杂志和会议论文集。主要数据库是美国电气与电子工程师学会和英国电气与电子工程师学会电子文库（IEEE/IEE Electronic Library，IEL）。收录美国电气与电子工程师学会和英国电气工程师学会（IEE）所出版的全部期刊、会议录及标准的全文信息。

电视会议
video conference

又称桌上视频会议。摄像机、麦克风、电视机或计算机屏幕等会议设备安装在与会者所在处，并通过卫星或者数字网联接。目前，因特网上以V. 80通信协议为电视会议标准。由于电视会议加入了视频，与会者可以通过屏幕看到彼此的即时影像，同时阅读、编辑一份文件。近年来，电视会议逐渐受到青睐，因为它可以节约时间减少旅费开支。

电视屏幕录制片
kinescope

指利用拍摄电视监控器上显示的图像所制作的电视片。

电视同步字幕解读器
caption decoder

一种把电视屏幕上正在进行的对话同步译成字幕，在屏幕下方显示出来的装置。该装置原先是为帮助失聪者欣赏电视节目而设计的，后来受到广大英语非母语的留学生和外国移民的欢迎。

电影博物馆
museum of the moving image（MOMI）

专门收藏各种电影、电视片拷贝、明星照片以及电影拍摄设备与器材的博物馆。

电影、电视和录像制作者

producers of video recordings and cinematographic works

指提供资金，承担责任，组织制作电影、电视、录像作品的自然人或法人。

（电影、电视中）的旁白叙述

voice-over

电影、录像和电视中，由不出现在屏幕上的人所作的叙述、评论或讲解。这种技术广泛应用于广告中。纪录片中旁白者的名字通常出现在摄制人员名单中。

电影短片

short film（short subject）

长度不超过30分钟（不到3 000英尺）的35毫米电影片，或16毫米不满3盘（每盘放映11分钟）的电影片。包括：卡通、新闻影片、科教片、纪录片及试验用电影片。过去商业性电影院在正片开始前，常放映一部或多部电影短片，现在电影短片多在电影艺术节上放映。

电影放映机

projector

通过电影胶片的移动，将影像射映到银幕上去的设备，一般是附有将电影片上带声音记录放出来的设备。

电影放映特征

Projection Characteristic of Motion Picture Film

与电影放映有关的技术指标，包括放映格式（presentation format）与放映速度（projection speed）。属“资源描述与检索”（RDA）的载体描述元素之一。

电影分级制度

filmrating

西方许多国家都制定了严格的电影分级制，其中好莱坞的电影分级制度由来已久。美国早期的分级制将电影分为G级、M级、R级和X级。经过调整后包括5个级别，即G级——适合所有年龄观众；PG级——10岁以下的儿童需有家长陪同；PG13级——13岁以下的儿童需有家长陪同；R17级——17岁以下的未成年人需有成年人指导；NC17级——17岁以下的未成年人不得观看。加拿大的分级制则更细，分为三大类6个级别。

电影剧本

screenplay

为拍摄电影、电视而编写的故事脚本，包括角色的描写、景物的细节和对白与舞台指导，或为拍摄电影，电视将小说、短篇故事和舞台剧改编成合适于拍摄的故事脚本。

电影剧本作者

screenwriter

负责为电影、录像和电视节目编写剧本的人，或者指纪录影片的撰稿人。他们的名字常出现在影视片中的摄制人员名单里。在图书馆编目中，电影剧本作者名字置入书目著录的附注项内。

电影图书馆

film library

一种专门性图书馆，主要收藏与电影有关的图书、大量的电影资料和影片拷贝，为电影爱好者和工作者提供学习、娱乐、观摩和研究之用。随着电影事业的发展，世界上很多国家从20世纪30年代起先后建起了专业性很强的电影图书馆。

电影业，电影院

cinema

一个含义广泛的词。意指包括电影生产业、发行系统、胶片生产和其所代表的艺术形式。cinema在欧洲和英国也指电影公演的剧院。

电影，影片

movie（film）

一种综合艺术，用强灯光把拍摄的形象连续放映在银幕上，看起来像实在活动的形象。

电影预告片

trailer

以即将上映的电影进行广告宣传为目的之电影短片。从原片中选取精彩的片段，加以精致的编辑而形成。

电影资料馆

film archives

负责维护电影收藏品（通常包括电影故事片、新闻纪录片、卡通片和相关资料）永久性的某大型机构或协会中的一个组织或单位。在电影资料馆

D

中，环境控制是至关重要的，以防止媒介载体的变质。美国加利福尼亚州洛杉矶分校（UCLA）电影电视资料馆中保存了世界上最多的大学影片藏品。

电源关闭
power down

原意指关闭电源、断电。一般指关闭计算机电源，由于计算机内存需要电力支持，因此一旦电源突然关闭，内存中的数据将全部丢失，所以在关机前必须将有关数据存储到相关的存储设备中，如硬盘、软盘等。

电铸版
electrotype（electro）

指利用电解原理，从原版复制成硬度较强、可供大量印刷的印版。适用于凸版和凹版。将原版（活字版、网目铜版和雕刻铜版等）用蜡、塑料片、锡片或软铅片压成模版，涂石墨粉，使版面具有导电性，然后进行镀铜，剥下镀层，在反面用熔铅或塑料填铸即成。为提高耐压性，可加镀铬、镍等硬金属薄层。字模也可用电铸方法制成。

电子办公室
electronic office

指通过最大限度或最佳利用信息技术而形成的一种技术灵活多样的无纸办公环境。

电子保存本，电子保存
electronic reserves

又称“电子保留本”。高等学校图书馆提供的各种在线保存的文献，作为教师指定的学生参考或课外阅读书。可以在计算机屏幕上阅读，或下载到磁盘上，或根据需要打印。对未公开发表的著作，需得到版权持有者的许可。

电子报纸
electronic newspaper（e-newspaper）

在多媒体技术、网络技术和通信技术的基础上，将电子技术应用到报纸出版、发行、利用的全过程，使报纸成为一种新的数字化新闻媒体。使其内容、形式、载体、存储方式、出版、发行、阅读等都实现电子化，可以远程存取。

电子笔
electronic stylus

又称“光笔”。一种与计算机配套使用的带有光电传感器的笔形电子器件。由笔体、透镜组、光导纤维、触钮开关、光电变换元件、整形放大电路、开关电路和金属导线组成。通常与阴极射线管显示器相连，在程序控制下，可用来修改和增删信息。利用光笔可以很方便地实现人机对话，是计算机的一种新型数据输入装置，具有输入速度快、无机械噪声和磨损、使用方便灵活以及直观等优点。

电子边界基金会
Electronic Frontier Foundation（EFF）

非营利的国际法律组织，成立于1990年，总部设在美国的旧金山市。在加拿大的多伦多和比利时的布鲁塞尔设有办事处。其目标是对新闻业、决策者和民众就与技术相关的公民权利问题进行普及教育，并为捍卫这种权利而斗争。主要业务分为：言论自由、创新、知识产权、国际问题、隐私问题和透明性方面。该基金会是世界知识产权组织的观察员之一。

电子表格
electronic spreadsheet

由用户在计算机屏幕上而不是打印在纸上来显示和完成的一种表格。利用网络，电子表格可比传统的纸型式更快、更有效和更精确地传递。在万维网上，通常以公共网关接口编码并加密保护。

电子别墅
electronic cottage

提供有与工作单位连接的计算机终端设施的住宅。使人足不出户在家即可远距离工作。

电子采选（数字采选）
electronic selection

基于网络的图书馆馆藏发展的方法或工具。不同于传统的基于印刷型目录或卡片信息的采选办法。所具有的优势包括：可以随时浏览资源目录、封面和全文；利用电子邮件及时互动，过程方便快捷。

电子参考服务
electronic reference（digital reference）

又称“数字参考服务”、“虚拟参考服务”、“网络参考服务”和“在线参考服务”。是一种基于因特网的帮助服务机制。例如，用户以电子邮件方式提出问题，请求网上“信息专家”给予回答。而“信息专家”的回答也以电子邮件方式反馈至用户。电子参考服务方式除电子邮件和实时交互模式外，还有利用网络技术开展的“数字参考协作服务”模式。

电子藏书
electronic collection

数字式馆藏文献。包括网络版和光盘版电子杂志、电子图书、参考文献，在线书目数据库和全文数据库以及其他网络资源。

电子成像
electronic imaging

用计算机生成电子图像的过程。涉及图形图像的捕获、存储、显示或打印的所有过程，包括图像处理、文档图像处理、多媒体以及图像管理等。

电子出版
electronic publishing（e-publishing）

把著作记录在计算机存储介质上或直接通过通信网络传送到用户终端供人利用的出版形式。随着计算机技术、机读数据库和通信网络的发展而逐步兴起。电子出版在出版过程中省去了传统出版物生产过程中的许多环节，使其制作速度快、出版周期短、便于文本的删改和易于更新文献内容。电子出版成本低，便于传递。

电子出版物
electronic publication

20 世纪 60 年代出现在美国，是以数字代码的方式将图文声像等信息编辑加工后存储在磁、光、电介质上，通过计算机或具有类似功能的设备读取使用，用以表达思想、普及知识和积累文化，并且可以复制发行的大众传播媒体。主要形式为：软磁盘、只读光盘、高密度只读光盘和集成电路卡等。

电子词典
electronic dictionary

将内容存储在磁盘、光盘等非传统介质上，通过计算机加以利用的词典。电子词典（电子辞典）以其实用方便、价格便宜等特点受到广大学生、外文学习者的普遍喜爱。随着新技术的推出，电子词典的本身附属功能越来越强大。电子词典除了词典功能外，还有记事本、计算器、电话名片以及区号邮编、交通路线、法律常识、证券知识、文学知识、元素周期表、数学公式和物理公式等资料以及时钟、闹钟、时区、万年历乃至游戏等各项附加的功能。

电子服务
electronic service

是以现代软件及因特网技术为基础，采用集约的服务模式，整合有形设备和场所，以及无形的技术和服务，为用户提供更为高效和专业的服务形式，是现代服务业发展的必然。电子服务与传统的服务形式有着本质上的区别。电子服务是服务科学学科下以现代服务业为背景而兴起的一个新的领域，主要依托于信息技术和现代管理理念，其特点是采用面向服务的软件架构，涉及服务的各个领域，从而推动现代服务业的大发展。

电子复制
electrocopying

将印刷版本的文献数字化并将其存储、显示、传输、整理或复制的过程。亦指通过光学字符识别技术（OCR）将印刷文本数字化的转换过程。

电子公告牌
electronic bulletin board

因特网上的一种服务系统，供用户进行经验交流、信息交流和娱乐活动等。

电子公告牌系统
bulletin board system（BBS）

一种因特网上的服务项目之一，是以文字为主的界面，为广大公众提供一个彼此交流的空间。电子公告牌系统具体是指一台计算机及相关软件，通常提供一个在线信息系统和论坛，并允许用户张贴通告和评论发给在同一网络上有共同兴趣的小组成员。电子公告牌系统的功能相似于 Web 网站，但它没有图形，拥有自己的电话号码，这个号码须由用户借助于一个通讯软件方可使用。电子公告牌系统与电子邮件都是早期因特网上最为普遍的通讯应用方式之一。

电子光刻机
electronic photo-engraving machines

又称“电子照相制版机”。是利用光电效应直接制作印版或分色底片的机械的总称，包括电子刻版机和电子分色机等。主要由光点扫描、电子校正和雕刻或录影（曝光）装置，以及倍率变换、传动机构等组成。其原理是用光点扫描方法将黑白或彩色、反射或透射原稿各部分明暗不同的光线，通过镜头、滤色片等光学元件，照射到光电管上，按光量大小转换成强弱不同的电讯号。经调制放大，并经制版上必要的色调校正等电子电路运算，最后，如果将经过校正的电讯号送至雕刻装置，转换成大小不同的机械能，通过雕刻刀在不断移动的版材上刻成印版，即是电子刻版机；如果将经过校正的电讯号送至录影灯等装置，转换成强弱不同的光量，或通过激光加网装置，在感光片上曝光录影，制成分色底片，即是电子分色机。也有利用激光直接在版材上刻制凸版或凹版以及利用激光感光制作平版。

D

电子归档
electronic filing

使用以计算机为主的技术与设备实现文献存档的自动化处理过程。具体内容包括文献著录、自动标引、自动编制目录、索引和各种参考工具等。主要技术手段和设备包括带有文字、图形输入输出设备的计算机系统、计算机网络等。其核心是信息处理自动化，它的实现依赖于信息处理技术、系统工程技术和自动控制技术。为此，必须做好揭示文献内容特征和外部特征的标准化处理工作，如采用文献主题词表和分类法的著录标引，采用标准化机读目录信息交换格式等。

电子贺卡
electronic card

在计算机上设计制作，并通过网络传送，需要用计算机或其他专用设备阅读的贺卡。包括文字、图像以及声音、视频等，可以用电子邮件或磁盘传递。其中的音乐贺卡是指能够存储并播放音乐的电子贺卡。

电子黑板
electronic blackboard

由美国贝尔（Bell）公司于1994年发明的一种书写与显示工具。与普通黑板相似，用户将内容写在电子黑板上，书写的压力被转换成书写点的水平和垂直位置信号，通过电话线路将其传送到远端的电视设备上，让远端电视观众通过电话听取声音，通过电子黑板看到板书内容。当若干系统连接使用时，可提供多点图文通信，也可应用于教学活动或远程会议。

电子会议
electronic conference

通过一种支持举行会议的计算机通信系统进行通信网络传输，利用终端或个人计算机召开的会议。与会者可以克服时空的限制，在自己的办公室中参加会议，甚至可以同时参加几个会议。

电子记录
electronic records

存储在磁带或磁盘介质上，通过计算机检索和处理的书目记录或档案记录。

《电子技术汉语主题词表》
Electronic Technology Chinese Subject Thesaurus

用于储存和检索电子科技情报资料的专门叙词表，由原中国第四机械工业部第一研究所编制，1977年出版。共收录电子技术叙词约7 500个，其中正式主题词有6 500个，非正式主题词约1 000个。该词表由字顺主题表、分类索引、等级索引和英汉对照索引4部分组成。

电子科技大学图书馆
Library of Electronic Science and Technology of China

创建于1956年，汇集了上海交通大学、华南理工大学和东南大学3所高校图书馆的电子类文献。经过50多年不断积累和发展，已建立起一个以电子及相关学科的文献资源为特色的藏书体系。馆藏总量达975万册，其中纸质文献253万册，数字文献722万册（其中学位论文366万册）。网络学术资源系统达66种，含170余个数据库。自建大量特色数据库，如本校SCI论文查询系统、本校研究生学位论文数据库、成电人著作收藏库、重点学科导航系统、教学参考书系统、中文电子期刊导航系统、西文期刊和会议录导航系统等。馆舍面积为66 974平方米，读者座位总数6 600席，各类研修间108间。可向读者提供外借阅览（含电子阅览）、课题检索、在线检索、科技查新、文献复制、参考咨询和馆际互借等多种服务。

电子名片
electronic business card

将个人、企业信息以数字形式存储在可移动存储介质（如智能卡、光盘等）或本地计算机或网络上，通过专用机器或计算机读取。

电子名片的文件格式标准
vCard（Versitcard）

由因特网邮件联盟（IMC）制定的电子名片的

文件格式标准，一般附加在电子邮件之后，但也可以用于其他场合（如在因特网上相互交换）。所包含的信息有：姓名、地址信息、电话号码、URL和logo、相片等。最早是由Versit联盟于1995年提出的。

电子墨水
E-ink

一种新型材料，是化学、物理学和电子学多学科发展的产物，这种材料可被印刷到任何材料的表面来显示文字或图像信息。电子墨水显示设备的厚度通常比较小，重量也很轻，结构比普通的液晶显示器更加坚固耐用。电子墨水的功耗相当低，甚至在电源短暂停止的情况下仍能显示一幅图画。

电子期刊
electronic journal（e-journal）

一种电子出版物，通过计算机或具有类似功能的设备阅读使用。电子期刊的类型按信息的载体分为：在线网络电子期刊和单独发行的光盘、磁盘电子期刊；从与印刷型期刊的关系上，可分为基于印刷型期刊的电子期刊和纯网络电子期刊。基于印刷型期刊的电子期刊是指将印刷本期刊转化为光盘、磁盘、磁带等电子出版物，或将印刷本放在建立的网站上供用户使用。纯网络电子期刊以因特网为唯一的发行和传播渠道，投稿、编辑、出版、阅读乃至读者意见反馈的全过程都在因特网中进行，具有检索、浏览、打印和下载等功能。

电子期刊数据库
Electronic Collections Online（ECO）

OCLC的一个学术期刊数据库，收录了自1995年以来来自世界上70多家出版社的5 000多种期刊，共有420多万篇电子文章，涉及几乎所有学科，每月更新一次。该数据库允许图书馆订购个别期刊的全文，在同一个平台上即能访问该期刊的全文文章。

电子签名
electronic signature

一种个人签名的数字图像，可进行传输。联合国国际贸易法委员会电子商务工作组第35次会议印发的《电子签名统一规则草案》第二条提出：电子签名是指在数据电文中，以电子形式所含、所附或逻辑上与数据电文有关系的任何方法，可以用于鉴别与数据电文有关系的签名持有人和表明此人认可数据电文所含信息。

电子钱包
electronic wallet

一种可以在网上由持卡人用来进行安全电子交易和存储交易记录的软件，如同生活中随身携带的钱包一样。通过电子钱包用户可以获得网上安全电子交易的许可证，帮助识别用户身份、发送交易信息并保存每笔交易的记录。用户输入的信用卡账号和密码可以通过电子钱包进行加密传送。

《电子情报通讯工程师学会杂志》（日本）
The Journal of the Institute of Electronics, Information, and Communication Engineers

由日本电子情报通讯学会编辑出版，创刊于1987年，月刊。主要内容为与电子通讯学有关的技术调查、最新课题讲座和指南，每月发行量近5万册。

电子情报通讯学会（日本）
The Institute of Electronic, Information and Communication Engineers（IEICE）/ *Denshi Jōhō Tsūshin Gakkai*

成立于1917年5月。该学会下属有4个社团：工程学（Engineering Sciences Society）、通信（Communications Society）、电子（Electronics Society）和情报系统（Information and Systems Society）以及1个人类通信工程小组（Human Communication Engineering Group）。该学会是为电子工程学及信息通信学术、技术及相关事业的振兴作贡献的聚集地。所开展的活动有：举办有关电子工程学及信息通信的讲演会、讨论会、讲习会及参观会；有关电子工程学及信息通信的调查研究、电子工程学及信息通信有关制品的规格标准的制定、电子工程学及信息通信及相关事业有贡献者的奖励以及电子工程学及信息通讯有关专业图书及杂志的出版发行等。

电子商务
electronic commerce（e-commerce）

出现于20世纪90年代，是随着网络技术迅速发展而产生的一种新型商业模式，具有高效率、数字化和全球化等特征，内容包括广告、交易、支付和服务等。产品可以是实体化的，如仪器设备、房屋汽车，也可以是数字化的，如新闻、软件等基于知识的产品。服务包括旅游安排、远程教育等。从广义上讲，电子商务包括企业内部的商务活动，如生产、管理、财务等以及企业间的商务活动。电子商务就交易对象和交易方式来划分，主要有："B to B"，即 Business to Business（商业机构对商业机构模式）；"B to C"，即 Business to Consumer（商业机构对消费者模式）；"C to C"，即 Consumer to Consumer（消费者对消费者模式）。此外，还有"B to A"，即 Business to Administrations（商业机构与政府间进行交易的模式），如政府的网上采购、网上征税等；"C to A"即 Consumer to Administrations（消费者与政府间进行交易的模式），如社会福利基金的网上发放、个人所得税的网上征收等。

电子式样
electronic style

一种公认的格式。常见于脚注、尾注和书目中，用以引用可利用的数字化信息资源。包括计算机软件，从书目数据库检索的文摘和全文，寄往新闻机构的消息、通讯和万维网上的文献等。近年来许多出版物也收录了引用电子资源部分。

电子书流通
ebook circulation

电子书在图书馆的流通方式，主要采用馆内阅览和馆外阅读为主。读者可在图书馆的电子阅览室或在馆舍内通过馆有线、无线局域网阅览电子图书，无须身份认证；馆外阅读则需要首先通过身份认证才能阅读电子图书。有些电子书只要注册之后，可在任意时间，任意地点随便阅读。另外，有些电子书类似印刷型图书的借阅方式，有借阅期，到期自动归还。同一电子书若已被借阅，则其他读者需等该书到期或归还后，方可浏览或借阅。为执行版权保护规定，一般电子书要被限制打印、传播和永久下载。比如，一次打印不能超过 10 页，打印页上加有保护版权的标识。

电子书阅读器
e-book device（e-book reader）

一种采用 LCD、电子纸为显示屏幕的新式数字阅读器，产生于 20 世纪 90 年代，可以阅读网上绝大部分格式的电子书如 PDF、CHM、TXT 等。采用电子纸技术的电子书阅读器，特指使用电子墨水显示技术，提供类似纸张阅读感受的电子阅读产品，耗电量低（电子纸换页时才耗电），而且如同普通纸张采取被动反光显示，但是换页速度慢，且彩色显示技术尚未成熟。2007 年亚马逊推出电子书阅读器 Kindle，掀起了全球电子书阅读热潮。亚马逊的成功不仅在于终端服务，更在于内容服务，利用其丰富的电子书资源，使电子书产业有了新的商业模式。

电子数据处理
electronic data processing（EDP）

指由电子设备（主要是电子计算机）完成的数据处理的过程。注重输入、输出数据的组织及生成的数据库的结构，使数据占有尽可能少的空间，并便于处理。利用计算机与通信电子装置输入数据，可分为实时处理和非实时处理，集中式处理和分布式处理，在线处理和脱机处理等。

电子数据处理能力
EDP capability

指电子计算机处理数据的能力。包括输入、输出数据的组织及生成数据库结构的能力，使数据占有尽可能少的空间，并便于处理。

电子数据交换
electronic data interchange（EDI）

将结构化的业务数据在计算机之间进行的一种电子式的交换。其标准有些是通用的，有些则是和特定类型的传递或数据相关的。它包括三个方面的内容：计算机应用、通信网络和数据标准化。

电子数字积分计算机
Electronic Numerical Integrator and Calculator（ENIAC）

指世界上第一台真正的电子计算机，由美国物理学家约翰·莫克莱（John W. Mauchly）和普雷斯帕·埃克特（J. Presper Eckert）于 1946 年 2 月在宾夕法尼亚大学摩尔学院所建。该机使用了 18 800 支电子管，加法速度为每秒 5 000 次。该机最初是为第二次世界大战之后的美国军方服务的。

电子提书系统（荷兰）
Randtriever

指荷兰鹿特丹大学图书馆于 1971 年安装的世界上最早的自动化提书系统之一。该系统大体由机器人、传送带和控制台三部分组成。

电子图书
electronic book

一种新型图书。利用数字编码形式，将信息记录存储在磁盘、光盘等存储介质上。可以通过网络传送，也可利用存储介质传递，在电子计算机或电子阅读器等终端屏幕上读出显示，也能以纸张形式输出。也称“电子书”、“E书”。

电子图书馆
electronic library

指图书馆的馆藏文献资源均以电子版形式保存，通过计算机网络提供服务。用户可以不受图书馆开馆时间的限制，在办公室、实验室，甚至在家中便可通过计算机网络检索和利用这些资源。电子图书馆的基本构成如下：1. 图书馆主页：作用是通过其建立同各种资源的链接，并在其引导下检索图书馆的文献资源。主页的内容包括图书馆资源和有关图书馆的信息。2. 网络系统：不仅涉及一所图书馆或一个地区的局域网，而且与其他局域网、广域网互联。3. 电子化文献资源：包括电子出版物和其他类型出版物的在线目录。4. 系统管理和维护：包括软件、硬件设备的购置、安装、维护，图书馆主页的维护与更新等。5. 在线咨询服务系统：一般分为自我帮助系统和请求帮助系统。电子图书馆是一个不断发展的概念，随着技术的进步，将会不断地得到发展和完善。电子图书馆不仅拓展了图书馆的功能，提高其使用率，也为读者提供很大的方便。

《电子图书馆》(俄罗斯)
Electronic Libraries

创刊于1998年，由俄罗斯信息社会发展研究所编辑出版。该刊旨在实时反映建立和利用电子图书馆（加工、存储、分析和传播信息以及通过全球数据传输网络组织检索文本、图表、视听资料等各种电子文献的信息系统）的理论与实践。其基本栏目为：建立电子文献收藏，将传统文献转换为电子形式、文献的互动性、标准和协议的制定、元数据的研究、电子资料的长久保存、著作权与电子文献的利用、电子图书馆建立和利用的经济问题以及电子图书馆在继续教育和教学过程中的作用等。

《电子图书馆》(英国)
The Electronic Library

1983年创刊，由荷兰欧洲太空总署空间技术中心大卫·雷特（David Raitt）博士任主编。该刊致力于提供世界各地各类图书馆、信息中心和博物馆在新技术、自动化、数字化、互联网、用户界面和网络等方面的应用与影响的信息以及这些应用所带来的硬件与软件的发展方面的信息。由爱墨瑞得（Emerald）出版集团出版，每年出版发行6期。读者可以在线阅读自1983年至今的期刊论文。

《电子图书馆和信息系统》(英国)
Program: Electrnic Library & Information Systems

1966年创刊，由英国威尔士阿伯斯威大学露西·A·特德（Lucy Tedd）博士任主编。该刊内容涵盖了图书馆、档案馆、博物馆、艺术馆、信息中心以及整个信息行业的信息技术的使用与管理。其重点不仅包括新技术、新方法的实际应用与成本，而且包括相关领域的发展与新兴技术以及对他们的评论。由爱墨瑞得（Emerald）出版集团出版，季刊。读者可以在线阅读自1966年至今的期刊论文。

电子图书馆计划（日本）
e-Japan

2000年，日本国会图书馆立项，旨在努力推进美术馆、博物馆和图书馆等收藏品的数字化保存，与此同时还制定了《电子图书馆实施基本计划》。2004年，该馆制定了新的中期计划，侧重于扩充和强化网络服务，并以电子图书馆服务的核心功能和电子图书馆的内容调整作为主要范围。

电子文本
electronic text

在网络上，可以获得以电子媒体形式存储的书籍或其他基于文本的作品。可以在线阅读或下载到用户的计算机上。电子文本通常有两种：普通文本和特殊格式。

电子文献
electronic document

以电子形式保存的、能够被计算机输入装置判读的非印刷型文献资料。

电子文献传递
electronic document delivery

指各种信息服务机构通过因特网提供的文献传递服务。传递途径是读者通过因特网将自己的请求传送给传递服务机构，而后由这些机构通过电子邮件、传真、邮寄和在线下载等方式将原文传送给读者。这种服务的特点是快捷、灵活，24小时内即可获得原始文献。

电子文献管理
electronic document management（EDM）

泛指各种格式文献的管理，包括文献的数字化、存储、检索及安全等各个方面。

电子文献生命周期信息（英国）
Lifecycle Information for E-literature（LIFE）

英国伦敦大学学院与英国国家图书馆的一个合作项目，始于 2005 年。该项目旨在为适应数字资源与日俱增的形势，为各类型信息收藏和服务机构提供有关数字资源的采集、整理、保存及提供利用方面的经济性观察，并在此基础上提供实用性的成本测算模型。该项目开发出一套构建数字生命周期模型，并测算未来 5 年、10 年或 20 年内数字信息保存成本的方法，相关组织机构能够利用这些方法有效制定和实施数字馆藏保存计划。该项目主要由英国联合信息系统委员会和研究信息网络提供资助。

电子文献提供方
electronic document supplier

文献提供者接收到 WorldCat 资源共享请求，以电子邮件的方式将电子全文内容发送到请求馆。能提供该项服务的图书馆必须满足以下 3 个条件：1. 获得电子内容提供商允许其开展文献传递的许可；2. 将本馆电子资源的书目和馆藏信息添加到 WorldCat 中；3. 使用 WorldCat 资源共享服务，并同意出借电子文献。

电子现金
electronic cash

又称“电子钱”、“网币”。一种数字化的虚拟货币，通常存储在 IC 卡或其他智能卡中，也可以通过网络或其他方式存储，是一种用以网上支付的电子商务信息交换方式。

电子信息
electronic information

指以电子形式存在的各种信息。

电子信息处理
electronic messaging

使用计算机和数据通信设备对文字、图形、图像或声音数据进行创建、传送、存储和检索的过程。

电子信息服务
electronic information service

在因特网上提供信息服务，一般分为：盈利性的商用信息服务和非盈利性的“电子公告牌”。

电子信息系统
electronic message system

普通术语。最初用来描述在通信网络中通过终端的通信。现在包括若干专门的服务，如电子邮件、远程会议、视频信息传输以及文字处理机之间的通信等。

电子信箱
electronic mailbox

一个电子邮件系统中所提供给用户来存储信息的目录。每个电子邮件用户有唯一的标识符和唯一的电子信箱。

电子学
electronics

研究电子或离子运动规律及其应用的学科。基本内容包括：电子发射、电子光学以及在真空、气体、液体和固体中的电子运动或能级跃迁所起的各种作用；电子器件、电子仪器和电子设备的构造、设计和应用。随着科学技术的发展，电子学所研究的范围不断扩大。在工业、医疗、军事和核物理等方面的应用，已发展成为新兴的电子学科。

电子学位论文
electronic theses and dissertations（ETD）

以电子版而非印刷版方式提交的硕士论文和博士论文。另一种方式是，以打印稿提交，再通过扫描转换成数字格式。

电子业务通讯
electronic newsletter

一种在线出版的业务通讯。通常经因特网传递，有些同时出版印刷版。

电子印本
e-print

研究人员出于和同行交流需要自愿通过因特网方式传播的学术与专业论文论著。一般分为预印本（preprints）和后印本（postprints）两类。这种新的学术交流方式具有交流速度快、利于学术争鸣、开放获取（OAI）等特点。电子印本系统中的信息资源类型以学术论文为主，同时包含书籍中的部分章节、会议文献、学位论文、技术报告和研究手稿等。目前，主要有三种类型的电子印本系统：电子印本资源搜索系统、电子印本资源导航和电子印本资源系统。

电子邮件
electronic mail

通过局域网或因特网等通信网络，在若干计算机或终端之间交换传递的文本信息和计算机文件。内容可以是文本、数据、图形、图像以及音频、视频等信息，是因特网上使用得最广泛的一种服务。electronic mail 也可拼作：e-mail。

电子邮件病毒
e-mail virus

以电子邮件方式作为传播途径的计算机病毒。电子邮件病毒与普通病毒一样，只是传播媒介不同。其特点是：通过电子邮件在因特网上疯狂蔓延，有时在短短的几天内，网上传送带有病毒的电子邮件可以突破数亿封。有时伪装成系统退回的电子邮件，用户只要一打开附件，病毒就开始在系统内疯狂运行，使发送端口严重瘫痪，以致无法发出邮件。所以，用户收到奇怪的附件或系统退信时，千万不要轻易打开。要彻底杀死病毒，必须尽快到杀毒软件公司的专业网站上下载杀毒软件。

电子邮件地址
e-mail address

在因特网上用户通过申请获得的电子邮件信箱地址，这样就可以通过它接收、发送电子邮件。典型的电子邮件地址包括用于识别用户的名字、符号@、邮件服务器的主机名和域名，例如：webmaster@cqupt.edu.cn。

（电子）邮件服务器
mail server

在因特网上用作存储电子邮件的计算机，而且在用户之间对这些邮件进行传递。

电子邮件过滤器
e-mail filter

又称“电子邮件筛选器”。电子邮件阅读软件的一种特性。可以根据电子邮件中包含的信息将收到的电子邮件自动进行归类，将其收入相应的文件夹或邮件箱，并自动回复邮件。电子邮件过滤器也可用于封锁或接收发自指定来源的电子邮件，自动删除垃圾邮件或邮件病毒。

（电子）邮件网关
mail gateway

一种连接两个以上的电子邮件系统并且在其之间传递电子邮件的设备。邮件网关通常采用存储——转发模式在服务器之间传递邮件。

（电子）邮件网桥
mail bridge

一种特殊形式的电子邮件网关，用于在两个或多个网络之间传送电子邮件。电子邮件网桥是一种连接网络并在网络之间筛选邮件的设备，它只允许符合特定标准的信息通过。

电子邮件业务
electronic mail service（EMS）

数据通信中的一种信息交换服务方法。用户可用计算机编写邮件并通过通信设施传送给个人或团体的计算机电子信函接收器。

电子邮件炸弹
mail bomb

发送或怂恿他人发送大量的电子邮件给一个人或一个系统，目的是使其邮件程序超载，甚至崩溃、破坏其系统，这是对收件方用户的恶作剧行为。

电子阅览室
electronic reading room

以计算机技术、网络技术为基础，集数字资源（包括本地和网络数据库、光盘、录像带、录音带等）阅览、咨询、培训和服务为一体的现代化多功能阅览室，并为公众提供因特网上网服务。电子阅览室的硬件系统主要由服务器、存储设备、网络系统和用户终端等构成。电子阅览室的软件系统包括服务器操作系统、阅览室管理系统、防火墙和客户端软件等。

电子杂志
e-zine（electronic magazine）

又称“电子期刊”。指作者和杂志编辑部利用计算机和通信系统撰写、编辑和发表的，订户可以通过网络传输方式获得的电子出版物。该出版物具有出版周期短、传递信息快等优点。

D

电子照相
electrophotography

又称“静电照相、静电印刷”。指采用静电荷的方法产生照相图像，即利用静电感应原理进行印刷的方法。承印材料表面经静电感应后带有电荷，通过原稿照相曝光，使其形成静电潜像，能吸附带有相反电荷的色粉，固着后形成图文，它适合在凹凸不平的材料表面上印刷。还有一种方法是在光导材料的版材上进行静电感应和原稿照相曝光，形成静电潜像后吸附带有相反电荷的色粉。然后将感光版面上的色粉再转移至纸上，经过热熔化凝固成图文。也有将吸附液体墨转移至纸上，溶剂挥发固着成图文。电子照相方法轻便简易，经济实用，已广泛应用于静电复印、胶印制版、激光印字和传真等方面。

电子照相版
scan plates

用电子分色制版机扫描制成的照相凸版，故亦称扫描版。

电子照相静电复制法
electrophotographic processes

静电复印方式之一。按复印步骤区分，属于间接式静电复印。复印过程为：首先对光导体表面充电，即用高压电晕放电法使感光体表面在暗处充上静电荷。充电后的感光体便具有感光性能，接着通过光学系统对光导体进行曝光，即对要复印的原件进行照相。曝光后，光电导层照光部分静电荷消失，未照光部分静电荷保留下来，形成静电潜像，显影后转印到普通纸上。最后定影，即通过加热使热塑性墨粉熔化而固着在纸上。其特点是使用普通纸，复印件更接近于原件，使用方便。是常用的一种静电复印方式。

电子政务
electronic government affair

利用信息网络技术和其他相关技术构建的政府结构和运行方式。其主要目的是为了促进政府信息资源的开发利用和共享，提高行政效率和决策水平，改善公共服务质量和增加服务内容，增加办事执法的透明度，加强政府有效监管，建立政府与人民直接沟通的渠道，推动国民经济和社会信息化发展。

电子支票
electronic check

纸质支票的电子替代物。使用数字签名和自动验证技术来确定其合法性的一种支付方式。显示器屏幕上的电子支票在样式和填写方式上与纸质支票基本相同，除收款人姓名、账号、金额和日期等项目，还隐含了加密信息。收款人通过电子邮件接收电子支票，并用数字签名证实支票收讫，再通过电子邮件将电子支票发送到银行，把款项存入到账户中。

电子纸
E-paper

一种类似纸张的电子显示器，其兼有纸的优点（如视觉感观几乎完全和纸一样等），又可以像常见的液晶显示器一样不断转换刷新显示内容，并且比液晶显示器省电得多。电子纸的用途相当广泛，第一代产品用于代替常规显示设备，第二代产品包括移动通讯和 PDA 等手持设备显示屏，计划开发的下一代产品定位在超薄型显示器，形成与印刷业有关的应用领域，例如便携式电子书、电子报纸和 IC 卡等，能提供与传统书刊类似的阅读功能和使用属性。电子纸技术实际上是一类技术的统称。一般把可以实现像纸一样阅读舒适、超薄轻便、可弯曲和超低耗电的显示技术叫做电子纸技术。

电子资源
electronic resource

以数据或计算机编码的形式把文字、图像、声音、动画和程序等多种形式的信息存储在光、磁等非印刷型介质上，通过计算机和其他外部设备可以使用的资源。包括软件、网站资源、电子文本、数据库、电子图书和电子期刊等。电子资源一般不能通过免费的方式获取，并且需要认证获得。

电子资源管理
electronic resources management（ERM）

对各类电子资源，包括数据库、电子图书、电子期刊等进行的资源采购、元数据编目、资源整合、资源更新、资源使用及资源发展的过程。美国革新（Innovative）公司最早提供了电子资源软件用于电子资源管理，其后，其他的图书馆自动化管理系统公司都开始提供这种软件。

电子资源评价指标
E-metrics

由美国研究图书馆协会（ARL）组织研制的项目。由22个指标组成，从用户使用电子资源的角度出发，为电子资源的使用评估建立了科学的评价指标体系。改变了传统图书馆把馆藏规模作为图书馆馆藏评价的标准，实现了对电子资源进行系统化评估。为图书馆电子资源采选、续订等决策及评估工作提供了良好的指导和借鉴。

垫衬纸
padding

书刊装订时垫衬在薄型小册子背面的空白纸，以起到加固作用。

刁维汉（1941—）
Diao Weihan

中国华东师范大学信息学系教授，硕士生导师。1962年北京大学图书馆学系毕业，1997—1998年赴美国俄亥俄大学访问研究，1987年参加“中国图书馆学会代表团”访问英国。曾任在线计算机图书馆中心（OCLC）顾问、国家教委考试中心命题专家、中国图书馆学会科普教育学会委员、上海市图书馆学会科普教育委员会副主任和上海市图书馆学会教育工作委员会副主任。其主要研究方向为西文文献信息处理、基于Web的信息服务、联机编目和拍卖管理信息。曾参加《汉语主题词表》的研制工作，该项目获1985年国家科学技术进步奖二等奖。1997年与OCLC亚太地区总裁王行仁先生以及美国俄亥俄大学图书馆长李华伟教授合作研究关于中国用户如何利用OCLC编目服务参与全球联机共享编目课题，2001年再度与王行仁先生合作研究基于Web的信息服务，2003—2004年主持完成《东方国际商品拍卖有限公司拍卖管理信息系统》研制。共参与14部著作的编著，其中5部担任主编及主要撰稿人。

雕版印刷，木刻版印刷
xylography

把文字、图像反向凸起雕刻在平整的木板上，再刷上油墨，然后在上面覆盖纸张，并用干净的刷子轻轻刷过，使印版上的图文清晰地转印到纸张上。这就是世界最早印刷方式。文献记载和实物资料显示雕版印刷起源于中国，是中国古代四大发明之一。隋末唐初（6世纪—7世纪初）已处于实用阶段。现存最早的雕版印刷品是1966年在韩国东南部庆州佛国寺释迦塔内发现的汉字译本《无垢净光大陀罗尼经》。据考证，此件雕印于706—751年间，是中国唐朝长安印本。

雕刻版
engraving

在凹版印刷中，用冰凿或雕刻刀等工具在金属板或木板上雕刻成图文的印版。线条涂墨后，将印纸或其他印刷面压制成印图。或者用照相凸版制版法用酸刻蚀未印刷的表面，让上面着墨。另外，在美术中，艺术家用夹针在木版上刻出很多精美的线条，并在上面涂上油墨，将多余的油墨用布擦去，这样就形成了图像。

雕刻题名页
engraved title page

指采用雕刻版（包括木刻版、雕刻凹版、雕刻凸版和雕刻印花滚筒等）印制的题名页。

雕刻校样
engraver's proofs

稿件经雕刻制版后印出的专供校正用的样张。校对后未经改正的校样称“红样”；改正后再次打出的校样称“清样”；最后一次校正付印的校样称“付印样”或“付型样”。

雕刻字体
glyphic

印刷业术语。在整块木板或金属板上刻写或蚀刻文字或图案，成为印刷用的书版。雕凿出来的字体形态的艺术设计不同于手写出来的字体。

调查表法
tabulating call card system

进行调查研究的一种方法。大多用于用户调查。即：将需要调查的内容以表格的形式制作成问卷，然后分发给调查对象填写。该方法操作简单，费用较低，可以在比较短的时间内得到较多的数据和资料。缺点是回收率较低，回答有时不完整或令人费解。

调查法
investigation

科学研究中的一个常用的方法。是对已有事实的考查，通过对客观实际情况现状的了解和对现象之间联系的了解，认识事物发展规律的一种研究方法。

调查研究的结果
findings

经过系统研究或调查获得的数据或信息。另外，针对某一特定主题或事件的官方调查或听证得出的结论，通常以报告的形式提交，可能会作为一个法律文件保存。

叠加式书库
layer-shelving book stacks (multi-tier stack)

书库结构的一种形式。库内书架层层堆叠，全部荷载均由书架的支柱或侧板承重。承重的书架一通到底，自成一体，基本上脱离书库四壁而独立。这种结构避免了大跨度设立主梁与次梁的楼面结构，提高了空间利用率，减轻结构自重，节省建材。但由于这种结构使书架布局固定，各层书库温差较大，不利于防火。

叠印，套印
overprint

将一种颜色印在另一种颜色上的过程，并且不去掉或弄坏下层颜色。

蝶式摆架法
butterfly plan

开架阅览室内呈一种放射状的摆架法。这主要是为了便于工作人员的管理，而将阅览室内的书架排成如扇面的放射形状，以便让处于扇轴中心位置的管理人员能够一览无余地看到整个室内读者使用各个书架上书刊的情况。

丁丙（1832—1899）
Ding Bing

字嘉鱼，号松生，晚号松存，浙江钱塘人。晚清著名藏书家。家世布业，富于资财，一生淡于名利，终身不仕，热心公益事业，喜好收集地方文献。丁丙祖父丁国典藏书八千卷，建造小楼，称："八千卷楼"。咸丰末，杭州经逢战火，丁氏藏书亦遭焚毁。丁丙和他的哥哥在避难之时发现文澜阁所藏《四库全书》残片，不避艰险，四方搜求，得书近万册。使得文澜阁逐渐恢复。战后，丁丙尽力买书得至数十万卷。建"嘉惠堂"以藏"四库"著录之书，以及各种珍善本书籍。著有《九思居经说》、《说文部目详考》等，藏书目录有《善本室藏书志》40卷。

丁志刚（1919—1996）
Ding Zhigang

中国图书馆事业家。1938年毕业于重庆南开中学，同年进入陕北抗日军政大学学习。1949年后，先后任徐州市立第一中学校长、山东省文学艺术联合会主席和省文化局副局长。1954—1982年任北京图书馆副馆长，并兼任该馆党委书记、文化部图书馆事业管理局局长、中国图书馆学会第一、第二届副理事长、中国科学技术协会第二届全国委员会委员、《图书馆通讯》主编和《中国图书馆图书分类法》第2版编辑委员会主任。1980年和北京大学图书馆副馆长梁思庄一起代表中国图书馆界，参加在菲律宾马尼拉举办的第46届的国际图联大会会议，为中国图书馆学会恢复在国际图联的合法地位作了很大的努力。1986年应邀在《美国图书馆协会世界图书馆学和情报工作百科全书》(*ALA World Encyclopedia of Library and Information Services*)上撰写介绍中华人民共和国图书馆事业的文章。

顶饰
head ornament

又称"刊头"、"题图"、"头花"。印在书刊的页端或篇章开头的装饰性图案。设计与文字内容相配合，用以表示文章或栏目的性质，同时还具有装饰作用。

订单档
order file

指在图书馆采访部门向书商发出图书订单后，按一定顺序排列的订单记录档。

订单记录
order record

在订购图书时根据书目记录所编制并附在其上的一种记录。包括需要用来处理该份订单的信息（选书人的名字、预算的资金、卖主、订购时间、估价、订购单的号码、收到的日期、特别处理注释、编目时间以及该书的相关特性）。所订购的图书收到并加工处理完毕后，该订单最终要销毁不予保存。

订单执行率
rate of execution

图书馆向出版社或书商递交订单后，出版社或书商最终能提供的书刊数量与订单所订书刊数量之比。通常情况下，订单执行率越高，说明该出版社或书商对图书馆文献资源采集的重要性越强，满足率越高。

订购集团
Subscription Group

订购 OCLC 虚拟参考系统服务（QuestionPoint）的一种形式。订购此服务时，既可以单馆订购，也可以多个机构联合起来以集团的形式订购。

订购卡，订单
order card

图书馆订购文献的凭据。订单上通常会记录订购文献的名称（题名、刊名）、责任者、出版者、定价、订购数和订购日期等项目。一般分为几联，分别用于发送文献发行部门、核对清单和编排订购目录（预订目录）以作凭证或备查检。

订购前的查检
pre-order searching

新书订购前由图书馆书目核查员完成的一项工作。包括查找有无复本或相关题名的文献，核对出版商或发行商名称、书价、订到的可能性、标准书号及查找其他有关信息（例如：签订许可协议的详细资料等）。

订购，预订
bookings

图书馆或文献收集单位对各出版社、书店、邮局、图书进出口公司、内部书刊编印单位等出版发行机构发来的征订目录或自行搜集到的出版预告进行圈选按计划订购出版物。图书馆通常根据送来的征订目录，圈选本馆所需要的书刊。这种方式能使图书馆有计划地、有针对性获得新书，也是图书馆不断进行藏书补充最主要、最行之有效的基本方法之一。

订户，预约者
subscriber

以书面形式同意购买期刊者。也指图书俱乐部和租书的图书馆中的付费用户以及向因特网服务提供商付费以获得因特网访问权的用户。付费使用商业数据库的图书馆以及付费电子邮件群的用户也称为订户。又指预约借书者，如果读者到馆借书，某书已借出，可以预约。

订货说明
order information

有关订单细节的登记，包括订购书刊名称、订单编号、订货日期、出版商或书商名称、定价、收货日期及发票日期等。

订货须知
ordering instruction

在出版商目录上注明所订购文献的有关注意事项或者有关订购办法的说明。

订书推荐卡
recommendation card

图书馆为满足读者需求，请读者推荐新出版的图书，以方便订购而专门设计的一种小卡片。通过发放这种卡片，图书馆可以更好地了解读者阅读需求，广泛获取出版信息。

订书线
bands

早期手工装订书籍，一部分要用亚麻或是大麻纤维搓成的细绳，穿过书芯每隔一定的间隔地缝起来。这种订书线代替了原来用皮带来装订书。在现代图书的装订中，则采取无线装订法。

订正，修改
emendation

狭义指同一部书，用不同版本和有关资料或翻译的原文相互核对，比较其文字篇章的异同，以订正错误；广义指古书的辨伪、辑佚及书目的整理等。

定长数据元素
fixed length data elements

MARC 记录中的定长编码数据，如中国机读目录格式的 100 字段，包含 36 个字符位置（00 ~ 35），MARC 21 书目数据格式的 008 字段，包含 40 个字符位置（00 ~ 39）。数据元素按字符位置定义，这些编码数据元素很容易被计算机识别，在数据管理和检索方面作用较大。例如，用于限制检索的出版日期代码、出版地代码、语种代码、会议录代码、读者对象代码等。

定长字段
fixed field

MARC 记录中包含固定字符数的字段，如记录

D

头标区（固定长度为24个字符位置）、中国机读目录格式的100字段、MARC 21书目数据格式的006、007和008字段。定长字段中每个字符的功能均由字符位置定义，编目时系统通常会提供内置表单以帮助编目人员选择合适的数据代码。

定价，书价
price

根据国家有关书价标准的规定，按照图书的印张多少进行计算，再加上此书的封面、装帧材料和图画插页情况计算出的价格，称为定价。图书馆要在订购记录和书目记录中同时著录图书的定价，如果图书丢失或破损至无法修复时，可以从上述记录中查出赔偿的依据。

定界符，定义符
delimiter

表示代码、指令、指示或字符串内数据的开始或结束的特别代码或字符，如逗号、分号、括号和空格等，有些时候也可以是用户自行定义其他特别符号。在MARC记录中，子字段编码的两个符号中，第一个符号用作定界符，说明子字段的开始并区分同一字段中的其他数据元素。OCLC用双剑号作为定义符，国会图书馆则用“ $ ”作为定义符。

定期（出版、发行）
regular

依据已确定的规则来管理，定期地发行某一连续出版物的次数，通常是指相同时间长度的次数。

定期出版书目
serial bibliography

定期连续出版的书目，通常仅限于特定的专业研究领域。

（定时出版的）图书
number book

流行于18世纪和19世纪的一种图书，通常每隔一段固定的时间按顺序分期出版。

定题服务
selective dissemination of information（SDI）

针对用户特定项目或主题的检索需求，以描述特定主题的主题词、关键词等作为检索入口，定期或不定期对此特定主题进行跟踪检索，将检索结果及时向用户通报或提交，同时定期为用户提供相关综述报告的特定信息服务手段。此术语是由德国情报学家卢恩（Lu Hn）于1958年提出，意即根据用户确定的课题，定期向用户提供新的文献资料。

定题检索
Selective Dissemination of Information（SDI）

1959年，美国IBM公司的卢恩（H. Luhn）首次利用IBM 650型计算机开发了世界上第一个“定题情报检索”（SDI）系统，为用户定期检索和提供一定主题的新到文献。该项检索是根据用户的检索需求，预先确定好检索策略，编制出合理的检索方式，输入并长期保留在计算机中，并根据数据库更新周期，定期对保存的检索提问式进行检索，将检索出的最新文献信息提供给用户。

定题文摘服务
selective abstract service

定期向某些专业读者提供对他们有用的文摘的服务。

定位器
locator

目录或索引款目的一个组成部分，指明被标引单元的位置。在图书馆目录中，指的是索书号。在单一索引中，它通常是页码或段落号或一幅插图或表格的编号。在提供文摘服务时，定位器是文摘号，其下可以找到一篇文献的完全书目描述。在一个开放式索引中，定位器可以是书目描述本身。顺序定位器是一对用连字符隔开的定位器，指明开始和最后的页码、段落或图书部分或提及被标引的标题的其他文献。为避免含糊不清，标准的做法是完全写出顺序定位器的第二部分。

定线
alignment

印刷业中，将活字排成一行的字符定位方式，这样可以使书页的顶部和底端成一条直线并与其他直线平行。

定义
definition

被清晰、准确表达的词意。有些词有多层含义，因此会有不止一个定义。在词典编纂中，词或短语先按类划分，然后标出其与同类中的其他词义相区别的特征。词典、词汇表要对词明确定义，在一些索引和同义词典中也会对词给予定义。在大多数词典中，一般先列出某词的今义，最后才列出古义，但也有例外的现象。

定影
fixing

指用化学或物理方法使感光材料显影所得影像稳定的过程。具体做法是把经过显影的感光材料放入配好的药液里，溶去全部卤化银，只留下银质的影像，并把影像固定下来，不再变化。

东巴吞鲁日市教会图书馆（美国）
East Baton Rouge Parish Library

位于美国路易斯安那州首府巴吞鲁日市，包括1所中心馆和12所分馆，为辖区居民提供服务。馆藏图书及期刊合订本155万多册，激光唱片、磁带及其他音频资料5万多件以及数字视盘和家用录像机制式的视频资料5万多件。年到馆访问120万人次，年图书流通量310多万册次。特色收藏包括路易斯安那州历史地理文化的路易斯安那文库，路易斯安那州政府及地方政府出版的文献资料，有关美国黑人大量的文献及视听资料，还有关于各种汽车修理的文献资料等。

东北大学图书馆
Northeastern University Library

建于1949年，原名中国东北工学院图书馆，1993年更为现名。包括宁恩承图书馆和秦皇岛分校图书馆两个部分。馆舍于1985年建成，建筑面积2.1万平方米，该馆馆藏文献以中、英、俄、日文为主，另有少量德、法、朝鲜、越南等语言的文献。多年来，该馆的藏书建设工作一直围绕满足学校教学科研和学科建设需要进行，形成了以工为主，理、经、管和人文社科藏书丰富的多类型、多语种、多载体的文献保障体系。馆藏文献240万余册，包括金属材料、机械工程、自动化工程、电子计算机科学和数理化等基础科学、管理科学和社会科学等多学科的文献。采矿冶金学科的中外文文献为特色收藏。该馆订购中文现刊1 500种，外文现刊430余种，过刊5 000余种。收藏较早且较全的刊物包括德国的《铁和钢》(*Stahi und Eisen*)(1898年第18卷起)、日文刊《钢与铁》(1915年第1卷起)、《化学文摘》(*CA*)(1907年第1卷起）等。数字化文献和数据库的订购，有Web of Science、Ei Village、PQDD、CSA、ISTP、John Wiley、ACS、WSN、ASME、ASP、BSP、AIP、APS、China InfoBank、Kluwer、Elsevier、Springer、ARL、ACM、万方数据、CNKI、超星电子图书等38个数据库供读者使用。

东北师范大学传媒科学学院
School of Media Science, Northeast Normal University

创建于1960年，前身为图书馆学专修科。1962年停办，1979年恢复。1980年经中国教育部批准正式建立图书馆学系，开始招收本科生。1985年改名为图书情报系。1995年改名为信息管理系，与经济系合建国际工商管理学院。1998年6月经批准脱离国际工商学院，恢复独立建制。2000年在原信息管理系的基础上组建信息传播与管理学院。2004年初由原广播电视学院和信息传播与管理学院合并，改为现名。该学院下设学院设有教育技术学、广播电视编导（内设播音主持方向)、广播电视新闻学、图书馆学、广告学5个本科专业；教育技术学、图书馆学、情报学、广播电视艺术学、新闻学5个硕士点。拥有教授12人，副教授22人，高级工程师3人。在校本科生1 180人，硕士研究生230人，学院的专业图书馆拥有丰富的文献资源。

东北师范大学图书馆
Northeast Normal University Library

创建于1946年，前身为东北大学图书资料室。校本部图书馆新馆舍建筑面积2.46万平方米，读者阅览座位2 904席，拥有藏书260万册，其中古籍46万册，内有善本书1 200余种、明版书800余种、清代禁毁书数十种、钞本近百种。中文现刊3 140种，外文期刊200余种，中文电子图书56万册，外文电子图书8 000册。建校初期，该馆先后接收了原长春大学、长白师范学院等校的部分藏书，日伪时期东北地方文献有较多收藏，教育、语言、文学、历史、数学、物理、化学、地理和生物等基础学科的图书收藏比较系统。期刊收藏1万余种，合订本27万册，解放前的重要期刊较多，东北解放区出版的期刊收藏较全。

东地中海大学图书馆（土耳其）
Eastern Mediterranean University Library

位于土耳其法马盖斯塔，馆藏图书25万册，现刊1 300多种，视频和音频文献约1 000多件，400多张古典激光唱片以及20多个激光唱片播放机供读者使用。同时拥有许多电子资源，20多个在线数据库，以及各种国内和国外的报纸。

D

《东方日报》

Oriental Daily News

1969年1月22日在中国香港创办，日报。创刊初期只出对开4版，1972年增至8版，每日出80版左右。该报以报道香港本地社会新闻为主，报道面宽，文章短小，栏目众多，通俗易懂，深受读者欢迎，销售量逐年增加，自1977年起，销售量居香港各报之首。1987年，该报组建东方报业集团。1991—1992年又先后出版了《东方新地》和《东方周刊》等集新闻、时事、政治、经济和娱乐为一体的大型杂志。该报还积极扩大社会服务，专设24小时热线电话，倾听读者的意见，接受读者的投诉。

《东方时报》

Weekly TOHO Times

1995年5月在日本创刊，综合性的华语报纸。公正、客观的报道日本、中国乃至世界各地的新闻。其目的是为了促进中日两国之间的友好交流，使在日本的中国人的生活更上一层楼。汇集政治、经济、社会、文化和娱乐等多方面的内容，以最快的速度、最全面细致的报道为广大读者提供最新的时事新闻，使读者更方便快捷的了解最新信息。发行范围为日本全国、中国（包括港、澳、台地区）及亚洲等国华语圈，发行量为10万份（周刊）。定期专栏有专题报道、东方论坛、东方特写、在日华人、东方经营、东方文苑和东方热线等。

东方图书馆

Eastern Library

又名上海东方图书馆，有“东亚闻名文化宝库”、“亚洲第一图书馆”之美誉。前身为商务印书馆的附设机构涵芬楼。1904年商务印书馆编译所所长张元济着手筹建图书馆，决定以涵芬楼旧藏为基础，在商务印书馆总厂对面的宝山路西头建起一幢5层大楼作为馆舍，定为东方图书馆。聘请王云五先生为馆长。该馆丰富而珍贵，1932年1月，全部馆藏达46万册，包括宋、元、明、清版本等珍善本，还有大量图表和照片，比较齐全的地方志和中外杂志报纸以及中小学教科书。该馆于1932年2月焚毁于日本侵略军的纵火。

东非图书馆协会

East African Library Association（EALA）

1956年创建于肯尼亚的内罗毕，该协会的宗旨是促进东非地区各国图书馆事业的发展——建立各种类型的图书馆，开展各项图书馆服务，推动图书和图书出版事业的发展。提高图书馆管理者的领导水平，改进图书馆现状等。该协会的出版物为《东非图书馆协会公报》（*East African Library Association Bulletin*）。

东非图书馆学院

East African School of Librarianship（EASL）

1963年由联合国教科文组织（UNESCO）援助创建。该学院作为地区图书馆培训中心，主要面向肯尼亚、坦桑尼亚和乌干达三国，承担上述国家的图书馆学培训及研究任务。学院除不定期出版图书馆学专著外，还出版以下连续出版物：1.《乌干达图书馆学报》（*The Journal of Ugandan Libraries*）（半年刊）；2.《东非图书馆学院公报》（*EASL Bulletin*）（季刊）；3.《东非图书馆学院会务通讯》（*EASL Newsletter*）（月刊）；4.《东非图书馆学院报告》（*EASL Library Report*）（季刊），主要面向图书馆、信息科学领域的学生、教师和研究人员。

东华大学图书馆

Donghua University Library

前身为华东纺织工学院图书室，创建于1951年，1953年改名为图书馆。1982年建设新馆，1983正式迁入使用。1999年随着学校的改名更名为东华大学图书馆。由校本部图书馆、长宁校区图书分馆和松江校区图书分馆组成，配备了比较丰富的电子化资源和虚拟资源，并初步形成一个以信息服务为重心的全方位、多层次、开放式、高效率的文献信息服务体系。该馆馆藏特色，是以传承学校历史悠久的纺织教育和丰富的纺织理论研究成果为基础；以彰显学校重点学科特色专长为主导；以推进学校教学、科研、产业发展，“彰前贤，励后学”为目的。掘旧采新，突出重点，兼收并蓄该馆具有历史价值、学术价值、科研价值、教学价值、版本收藏及文献类型价值的书刊文献资料。校本部图书馆馆舍面积为9 266平方米，其中阅览室面积为2 250平方米，阅览室座位738席。

东京国际图书博览会

Tokyo International Book Fair（TIBF）

曾号称亚洲最大国际图书博览会，于每年4月在东京举行。日本是世界第二大出版市场，日本人均图书消费比率为世界首位。该图书博览会为来自世界各地的出版业界人士进入日本出版市场创造了机遇。在博览会上不仅可以与出版专业人士进行面对面的交流，也可以与版权代理机构、出版商达成协议。

东卡罗莱纳州立大学图书馆学教育技术及远程教育系（美国）

Department of LETDICE of East Carolina University

东卡罗莱纳州立大学位于美国北卡罗莱纳州，其研究生院的教育学院，设有图书馆学、教育技术和远程教育系。该系可授予图书馆学和教育技术硕士学位和教学发展博士学位，同时提供图书馆学、远程学习和教育与培训的证书班课程。该教育学院已获得美国教育委员会认证，图书馆学课程已获美国学校图书馆员联合会认证。

东立出版社有限公司

Tongli Publishing Co.

简称东立，1977 年在台南成立，是台湾的漫画出版社，特别是翻译出版各类日本漫画。目前除了继续引进日本及韩国的漫画之外，也开展对于台湾本土漫画题材与出版物的推广和销售。

东南大学图书馆

Southeast University Libraries

建于 1902 年，其前身是三江学堂的藏书楼。辛亥革命以后，在学堂原址筹建了高等师范学校图书部，1920 年国立东南大学成立，1923 年，建筑面积 1 600 平方米的馆舍竣工。之后随社会的变迁，学校几经更名，1988 年定为现名。拥有馆舍面积 6.7 万多平方米，阅览座位 5 500 余席，藏书近 352 多万册，外文现刊 4 100 多种；中外文数据库 95 种，含电子图书 140.51 万册，电子期刊 3.1 万种。以建筑、机械、动力、电子、自动控制、土木工程、生物工程和交通运输等工科书刊为主，兼及理科、文科、医学和管理等书刊。

东南地区图书馆（加拿大）

Southeast Regional Library

位于加拿大萨斯喀彻温省韦伯恩市，成立于 1966 年。为该省公共图书馆系统的 8 个地区分馆之一，主要为萨斯喀彻温省东部地区 9.7 万居民服务。该馆包括 49 所分馆、11 个社区中心和 1 个特定协议点。馆藏图书资料 70 万册，订阅杂志 1 500 种，有声读物 2 400 多种，缩微资料 300 多件以及各种视听资料 1 万多件。

东南亚图书馆员会议

Congress of Southeast Asian Librarians (CONSAL)

由新加坡图书馆协会和马来西亚图书馆协会发起，于 1970 年在新加坡举行了第 1 次会议。以后每隔 3 年在 10 个成员国（文莱、柬埔寨、印度尼西亚、老挝、马来西亚、缅甸、菲律宾、新加坡、泰国和越南）中轮流召开，以促进在图书馆学、目录学、文献学以及相关领域的合作。东南亚图书馆员会议的宗旨在于确立、维护和强化东南亚各国的图书馆员、图书馆、图书馆学院、图书馆协会与相关机构之间的协作关系。促进东南亚地区图书馆业务、图书馆学情报学以及相关活动领域的协作活动，并谋求与其他地区组织、国际组织的协作。

东吴大学图书馆

Soochow University Library

位于中国台湾省台北市，始建于 1975 年，1978 年投入使用。建筑总面积为 12 000 平方米，分为外双溪校区的中正图书馆（总馆）和城中校区分馆两部分，收藏人文社会、理、法、商以及外国语文领域相关资料为主，提供阅览流通、参考咨询、文献传递和馆际互借等项服务。图书总藏量为（含装订期刊）82 万册，其中中文图书 46 万册，西文图书 26 万册，非书资料馆藏量为 17 万件。总馆拥有阅览席位 2 702 席，所有图书、期刊、非书资料及参考资料区均采用开架管理。出版《东吴大学图书馆通讯》(*SCU Library Newsletter*)。

东亚大学图书馆（韩国）

Dong-A University Library/동아대학교 석당도서관

位于韩国釜山，包括 3 所图书馆。1949 年第一所图书馆在库多克（Kudok）校园投入使用。1981 年圣哈克（Sunghak）校园图书馆落成后，除社会科学、音乐和美术艺术文献外，所有图书资料均迁往该馆，因此该馆也就成了总馆。1988 年库多克校园新建立了第三所图书馆，即独立的医学图书馆。

《东亚日报》（韩国）

Dong-AIlbo

一家私营股份制全国综合性报纸，1920 年 4 月 1 日创刊。办报宗旨：“支持民主、提倡文化”。1953 年 6 月因朝鲜战争暂时停刊，8 月复刊。《东亚日报》在汉城出版，常规版面为每天 24 版，发行量为 200 万份。版式与日本报纸风格接近，图文并茂，笔锋犀利。它的系列报刊有《少年东亚日报》、《新东亚》杂志、《科学东亚》杂志、《音乐东亚》杂志、《风采月刊》、《女性东亚》杂志和《东亚年鉴》等。

东亚图书馆理事会（美国）
Council on East Asian Libraries（CEAL）

前身为美国图书馆远东资源委员会（CALFRE），成立于1958年。该机构的早期活动可以追溯到1948年。作为一个非营利的组织，其任务是作为一个讨论共同关心的东亚图书馆问题的论坛，论述东亚图书馆的资源、服务、各种有记录的信息和知识、有系统有组织的发展计划，并且在东亚的图书馆管理业务方面促进图书馆间的国际合作。其成员包括46所美国、加拿大的东亚图书馆。该理事会由17人组成的执行董事会管理，并设置中文资料、日文资料、韩文资料、公共服务、技术处理、图书馆技术、成员、统计以及出版等委员会。《东亚图书馆期刊》（*Journal on East Asian Libraries*，*JEAL*），创刊于1963年，自2011年开始，该刊成为同行评议的期刊，并将出版周期调整为一年两次（2月和10月）。此外，该理事会每年公布北美东亚图书馆及博物馆的馆藏、日常开支、人员及服务相关的统计数据，并建立了网络统计数据库（CEAL Statistics Database），并且维护在线的北美东亚图书馆名录（Directory of East Asian Libraries in North America）。每年召开一次年度会议。

东洋本，日本本
Chinese Works Engraved & Printed in Japan

日本刻印的汉文书籍。日本刻本多用美浓纸精印，近似朝鲜本，刻工精巧，但字体、装订则逊于朝鲜。

东洋绵纸
Japanese Paper

又称日本皮纸，产自日本的一种纸，有黄、白两种颜色，富于棉性，柔韧有力。日本印书多用这种纸，中国清末民初也有用此类纸印书。

东义大学图书馆（韩国）
Dong-eui University Libraries

位于韩国釜山市，包括中心图书馆和东方药学图书馆。中心图书馆大楼是韩国国内最大的图书馆大楼，楼高九层，地下一层。馆舍面积2万平方米，阅览座位3 000席。图书馆阅览室根据学科分布，如电子信息阅览室、社会科学阅览室以及自然科学阅览室等。中心图书馆藏书82万余册，东方药学图书馆藏书3.6万余册，致力于东方药学尤其是韩国草药的研究。

董慧（1947—）
Dong Hui

武汉大学信息管理学院教授、软件工程国家重点实验室客座研究员、博士生导师。1967年毕业于华中师范大学物理科学与技术学院。历任武汉大学信息管理学院情报科学系副主任、信息管理学系主任和信息资源研究中心信息组织与检索室主任等职务。从事信息管理与信息系统领域的教学与科研工作30余年，主要研究方向为本体与数字图书馆、信息系统工程。先后承担和参与了国家、省部级和委托科研课题多项，出版著作（含合作）多部，发表论文几十篇，多次获奖。

董建成（1957—）
Dong Jiancheng

南通大学教授、研究馆员、图书馆馆长。1982年毕业于南通医学院医学系，获医学学士学位。1988年考入北京大学图书馆学情报学系（现信息管理系）科技情报专业，1991年获北京大学理学硕士学位。历任南通医学院图书馆馆员、副研究馆员、研究馆员、副馆长、馆长，以及南通医学院现代教育技术系教授、主任和南通医学院网络中心主任。2004年9月至2005年6月在东南大学计算机科学与工程学院做高级访问学者。1996年起在南通医学院图书馆工作并兼任医学信息学、医学文献检索、循证医学等课程的教学和科研工作。其研究方向主要为：文献计量学、医学信息学及其数据挖掘。发表学术论文40多篇，主编和参编专著与教材8部。还兼任全国医学文献检索教学研究会理事、江苏省图书馆学会学术委员、南通市医学信息学会理事长、南通市图书馆学会副理事长、《中国交通医学杂志》副主编、《医学信息——医学与计算机应用》和《中国现代医院管理杂志》等杂志的编委。

董小英（1959—）
Dong Xiaoying

北京大学光华管理学院副教授，北京大学国家高新技术开发区发展战略研究院副院长。1983年毕业于北京大学图书馆学系，获学士学位，1987年获硕士学位，1997年获博士学位。兼任中国信息经济协会副理事长，信息产业部信息资源管理项目专家组成员，教育部CALIS项目专家组成员，美国

OCLC研究院特聘教师，武汉大学信息管理基地客座研究员，曾在美国匹兹堡大学、澳大利亚国立大学、英国Robert Gordon大学、泰国亚洲理工大学做访问学者。主持并承担联合国教科文组织、国家"九五"社会科学重大项目和国家社科基金项目。主要著作有《网络环境下的信息资源管理与信息服务》、《知识管理的理论与实践》和《信息高速公路与社会发展》，译著包括《信息战略与信息技术的扩散：欧美及东亚国家和地区的历程》、《开发知识为基础的客户关系》和《互联网信息的检索、利用与服务》。在国内外专业期刊上发表论文50余篇。主要研究方向为企业信息战略、信息技术与组织变革、知识管理、企业竞争情报系统、基于Internet的信息管理与信息服务等。参与为房地产公司、首都机场服务型公司、流通企业和其他服务型企业制定信息化战略，建立竞争情报系统和知识管理平台的咨询和第三方支持等工作。

动画片
animation

通过对图画、静止图片或卡通画序列进行连续拍照的方式所展现于荧屏的活动影像。这些图画序列中每一张都比前一张有稍微的变动，因此在高速放映时就给人以活灵活现的感觉。这种动画制作技术由沃尔特·迪斯尼（Walt Disney）公司研究室的制作人员发展为一种艺术形式并将欢乐带给了全世界的观众。

动画制图法
animated graphics

一种图像设计技术，将静止的图像按次序高速播放以使活动影像展现于计算机屏幕之上。此制图法比全息视频需要更少的网络传输带宽和存储量，以便浏览者在访问包括此类动画的因特网站时能够快速载入。

动力操作印刷机，电动印刷机
power press

用电动机和自控电路来控制印刷机的速度、送纸和印刷等功能的印刷机。

动态地图
dynamic map（flow map）

专门化地图。用流动线条和不同宽度的箭头标示运动方向、（移动）运动量、（军事演习）行动或（天气）变化条件等。

动态服务器页面
Active Server Page（ASP）

一种由微软公司开发的一项技术，可以编写和运行动态、交互、高效率的Web服务应用程序。允许程序员来发展与微软的因特网信息服务器（IIS）协作的自定义码。程序员可以使用两种脚本语言的一种来创建动态服务器页面：VBScript（Visual Basic脚本）或JavaScript。只需简单的英语和数学表达式即可实现，而且不需要编译。Script都嵌在网页语言HTML内，使Script与HTML的开发一次性完成。动态服务器页面经常利用ActiveX数据页面链接到SQL服务器数据库和其他数据源。动态服务器页面还附带了一些常用的功能组件：如访问人数的计数器、获得用户所使用浏览器版本号的收集器、判断用户对某个特定文件是否有权的检查器，等等。

动物的故事
beast epic

一系列流行于中世纪的故事，这些故事中的角色一般为人性化的动物，写作手法一般用讽喻手法来抨击天主教教义、皇宫贵族或是其他一些有权势的机构或人物。

动物雕刻或绘画作品
bestiary

指中世纪大教堂中，常陈列关于一群真实或想象的动物的艺术作品，常常被赋予象征意义。

动物史诗
beast epic

一种长篇的诗体记事作品，其中动物具有人的特征。目的通常是为了讥讽人类的愚蠢荒唐。

动物寓言集
bestiary

流行于中世纪的一种文学形式，是一种带有插图的诗体或散文体作品。其内容包括一些有关奇特动物的神话故事和民间传说，以寓言方式的说教来解释描绘真实的或是虚构的动物外观和习性，并讲授自然史和基督教的教义。

冻结型目录
frozen catalog

在对机器可读格式进行修订、修改或转化时，也不增添新的书目记录和消除现存记录的图书馆目录。

D

都柏林核心
Dublin Core（DC）

全称为都柏林核心集（Dublin Core Elements Set）。1995年以来，一个OCLC国际小组始终致力于元数据元素集的设计和开发，以便将其应用于不同的数字图书馆资料。“都柏林核心集”的名称来自OCLC在美国俄亥俄州都柏林所召开的第一次元数据讨论会。由于其简练、易于理解、可扩展及能与其他元数据形式衔接等特性，使其成为了一个良好的网络信息资源描述元数据集。此次会议之后又召开了二十次元数据研讨会，每次会议都对DC进行了一定的补充和修订，使DC在结构和功能上逐渐的完善并能较好地解决网络资源的发现、控制和管理问题。会议确定了相对稳定的15个描述信息资源的元素：1. 题名（Title）；2. 创建者（Creator）；3. 主题（Subject）；4. 描述（Description）；5. 出版者（Publisher）；6. 相关责任者（Contributors）；7. 出版日期（Date）；8. 资源类型（Type）；9. 格式（Format）；10. 资源识别符（Identifier）；11. 来源（Source）；12. 语言（Language）；13. 关联（Relation）；14. 覆盖范围（Coverage）；15. 权限管理（Rights Management）。DC元数据是在充分吸纳了图书馆情报机构界的编目、分类和文摘等经验，同时在利用计算机、网络的自动搜索、编目、索引和检索等研究成果的基础上发展起来的。并正在逐步发展成为世界公认的标准。

都柏林核心国际会议
International Conference on Dublin Core

由都柏林核心工作小组召开，每次会议都有不同的研究重点，并由浅入深、由泛到专对都柏林核心理论和应用问题进行商讨和交流。在讨论的基础上对都柏林核心进行补充和修订，使其在结构和功能上逐渐完善，并直接促进都柏林核心的新发展。

都柏林核心元数据组织
Dublin Core Metadata Inititative（DCMI）

一个独立运行、自由进出、开放的学术团体。是在1995年3月由联机计算机图书馆中心（OCLC）和美国国家超级计算应用中心（National Center for Supercomputing Applications，NCSA）联合召开的研讨会上，邀请到会的52位图书馆员和电脑专家，共同制定规格，建立的一套描述网络上电子文件特征的词汇表。其术语的含义和用法有定义良好的语法，被划分成最小化的基本元素集和对这些基本元素细化的可选集。由此形成了一个致力于开发能共同使用的元数据标准以支持更广泛用途和商业模式的开放性组织。

都市图书馆专业组
Metropolitan Libraries Section

隶属国际图联专业委员会图书馆类型部（Division of Library Types）。其前身是1966年成立的国际都市图书馆协会圆桌会议（INTAMEL）。该专业组主要为拥有40万或以上居民的城市图书馆提供一个讲台，也包括一些为具有相同或更多人口的更大地理区域服务的图书馆。主要就图书馆网络、图书馆建筑、图书馆自动化、图书馆研究以及对特定用户群的服务交换意见和信息。该专业组出版年报、业务通讯（电子版），刊登有关都市图书馆的新闻与会议动态和论文、《年度统计》（*Annual Statistics*）以及《都市图书馆专业组小册子》（*Brochure Metropolitan Libraries Section*）。

豆瓣网
www. douban. com

读书网站，一所“图书馆”，一个读者俱乐部和一个以书会友的虚拟社区。成立于2005年3月。源于创立者杨勃的一个简单想法，就是“想知道有多少人在和自己看同样的书”。该网站成立之目的就是要实现兴趣相同者之间的阅读分享与互动。豆瓣读者俱乐部就是要帮助读者在浩如烟海的图书中挑选自己喜爱或适合自己阅读的网站。“豆瓣”不仅是一个读书网站、一所“图书馆”，还是一个读书俱乐部，一个以书会友的虚拟社区。

独白
monologue

指戏剧、电影中角色独自抒发个人感情和愿望的话；也指以独白形式写出的文学作品。

独创性
originality

指作品由作者自己创作而非抄袭他人作品的创作特征。著作权法的独创性强调的是：作品是作者独立完成的，没有剽窃他人的劳动成果，但不考察作品的新颖性、创造性和学术水平。

独角戏
monologue

一个演员所表演的短剧，指只有一个角色的戏。比喻一个人做一般不是一个人做的工作。monologue 源于希腊文“*monologos*”，是“独自说话”的意思。

《独立报·书评周刊》(俄罗斯)
The Independent Newspaper Bookreview

创办于1990年12月21日。《独立报》起初是一份综合性报纸，同时也是“独立”传媒集团的重要组成部分。书评比重不低，经常有专版评论当时不断回归的侨民文学与哲学著作、极力推荐重新挖掘出来的苏联时期边缘化的各门学科经典著作。该报先后于1997年分化为《综合》、《信仰、政治、社会》、《宗教》和《军事评论》等几种报（或周报或周五报），其中《独立报·书评周刊》也就在这个时候问世了。该刊物一开始就非常注重图书信息，首先是在第一版左右两边位置重点推荐一周5本新书，以引导读者关心一周来的学术热点。同时与国家图书馆联手在第七整版、第八版的1/8篇幅刊出国家图书馆最近一周购进、编目、上架的新书目。并且介绍莫斯科、圣彼得堡、叶卡特林堡的下诺夫格诺得等重要城市主要书店的地址、电话号码、传真，给任何一个读者提供方便。同时还开设有“小字号”栏目以扩大版面容量，刊发这一周世界各国重要文化现象，包括某国某个文学家去世或新作问世、介绍“五本书”之外的次重要的新作。

《独立出版物》(美国)
Independent Publisher

以前被称为小出版社（Small Press）的一种商业性出版物，通常提供一些文章、新书预告、文章摘录和对每两个月出版一次的小型出版物的有关评论文章或作品，以刊登别的出版物未曾发表过的著作评论而闻名。

独立计算机
stand-alone

指没有联入任何网络的计算机，这种计算机的功能独立于其他任何计算机和计算机系统。有些书目数据库受到许可协议的限制只允许单个用户使用，这类光盘数据库通常安装在图书馆的独立计算机上。

独立式书架
free-standing shelving

设计为独自竖立的书架，远离墙或其他支撑物。大部分独立式书架是双面的、分段使用，在组装时长度可调整。书架之间通道的尺寸，要以方便读者、利于管理为原则。大多数图书馆，书架之间的最小通道宽度是91.44厘米（36英寸）。在易发地震的区域，其建筑安全规则规定了需要用特殊的支撑物来稳固独立书架。

独立信息专业人员协会（美国）
Association of Independent Information Professionals（AIIP）

成立于1987年6月，是从事信息相关服务专业公司经纪人的专业组织。会员有700多个，其业务范围包括在线与人工信息检索和研究文献传递、数据库设计、图书馆支持、咨询、写作和出版等。该协会出版《独立信息专业人员协会联系》（*AIIP Connections*）并设立会员奖（AIIP Member Awards）。

独幕剧
one-act play

一种现代小型戏剧形式。剧中所有的情节均在一幕中发生，一般情节比较简单紧凑。独幕剧成为一种确定的文学形式始于19世纪晚期的实验剧场运动。

读本，读物
reader

供阅读课进行讲授和实践的书。又指选读课本，特指在某一学科方面为初学者所编的选读课本。

读出
read out

一是指在终端显示屏上显示所处理的信息。二是指将内存储中的数据读出或转录到外部设备或外存储的过程。三是指构成一个数或一个字的一组显示字符，这个数或字通常是机器处理的结果。

读经台
bookrest

指欧洲中世纪僧院所使用的类似钢琴谱台的斜面书桌。

《读卖新闻》(日本)
The Yomiuri Shimbun

于1874年11月2日在东京创刊，为日本发行量最大的报纸，一直维持着日报1 000万份左右的水平。该报的特点是突出群众性、庶民性和通俗性，以一般市民、中小业主为主要读者对象。《读

D

卖新闻》以社会新闻和体育新闻著称，并拥有日本最有影响的职业棒球队和足球队。这不仅使之在报道体育新闻上具有得天独厚的优势，而且也是其吸引读者、扩大发行的一个重要手段。

读入

read in

一是指按照特定的存储地址把外界输入数据置于存储器中的操作过程。二是指从外存储器读出信息并将其传送至内存储器的操作过程。

读书会，读者俱乐部

reading club

一是指在图书馆或其他社会文化机构的指导下阅读爱好者有组织或自发地行动起来、定期或不定期地聚集在一起来交流读书体会、讨论或评论书刊文献的社会组织，其组织形式一般比较松散，入会手续也比较简单。除了参加各种形式的集会和活动外，入会成员有时还可享受到购书方面的折扣优惠和借书方面的便利。二是指中小学校为学生们组织的一种俱乐部，其主要目的是倡导和鼓励学生们在假期中开展一些有针对性的阅读活动。

读书小组

reading group

一个有组织、有多人参与的读书群体，通常由图书馆、学校、教会或书店发起。在读书小组中，其成员常会聚集在一起，交流读书心得，切磋文章主旨。大部分读书小组在集会交流之前，都要进行一定的协调，引导大家阅读相同的图书。读书小组每次集会一般都要选举出一位主持人，通常是由小组成员轮流担任。在讨论问题之前，首先由主持人简要介绍某位作家或某本新书的概况，然后组织大家发言并讨论。这种方式有利于端正阅读方向，提高阅读兴趣，加强阅读效果，扩大阅读范围。

读书周（日本）

Reading Week

始于1924年，由日本图书馆协会启动。1948年该项活动时间定为每年10月27日到11月9日，活动内容丰富多彩，开展各种以倡导读书、普及图书文化和推荐优秀图书为主要目的的活动。出版界的各个团体也参与这一活动，形成了不同组织共同推动该项活动的态势。

读物

reading matter

指可供人们阅读的任何材料。书籍、杂志、报纸和各类文章等均可称为“读物”。对读物的选择可以反映出一个人的兴趣、爱好、受教育程度和经历。

读校

read proofs

两人合作对文稿进行校对的一项工作，即一人朗读原稿，一人看校样。读稿的人要做到每字、每句和每个标点符号都读清楚，速度要均匀，音调要有节奏，同音偏旁字、罕见字、另行、另面、另页、空行、占行和特殊格式等都要读出。看校样的人要聚精会神，对字体、字号、每字、每句和每个标点符号和版面的格式都要辨别清楚。

读写校验

read-write check

计算机信息处理系统检查读、写操作正确性的过程，即关于读、写或其他类似操作正确性的检验过程。读写检验操作通过将已写好的或已读入的信息读出来或写出来，与原来的信息进行比较，从而确定在读或写的过程中是否存在错误。

读写信道

read/write channel

一是指中央处理部件和外部设备之间的数据通道。这种通道可由程序指定连接方式。二是指在数字磁记录中写入和读出信息的通道。

读秀学术搜索

www. duxiu. com

文献搜索平台及获取服务平台，具有为读者提供深入内容章节和全文检索、部分文献试读、参考咨询等多种功能。其特点是：整合各种文献资源于同一平台，实现统一检索管理；通过读秀的深度搜索，快速、准确的查找图书资源；为读者提供多种阅读、获取资源的途径；为读者提供即时的参考咨询、文献传递服务以及为读者提供随书光盘的下载服务。

读者

reader（patron，user）

图书馆的服务对象。一是指凡直接或间接、现在或将来可能利用图书馆文献资料服务的个人或团体；二是指一切具有阅读能力并与阅读媒介发生关系的个人或团体。一般来讲，读者是指通过经常阅读某些出版物而获取信息的个人。另外，也指志愿或被有偿聘请来朗读一本书，然后将其朗读信息录制成录音带对外发行的人。

读者不良行为
misbehavior of users

读者在利用图书馆的过程中出现的违反图书馆规章制度和一般行为准则的行为，具体可分为三类：违规行为，如图书超期、藏匿图书、盗书和违规上网等；破坏性行为，如损毁书刊、损坏财物和破坏环境等；不文明行为，如使用不雅言语、馆内喧哗和辱骂馆员等，这些行为会给图书馆、其他读者以及行为者自身造成不良影响。

读者出口
exit

指位于流通柜台附近，便于读者离开图书馆的通道，通常装有数字检测系统。

读者登记
enrolment

图书馆读者管理工作的一项内容。是图书馆接收读者时履行的一种手续，也是图书馆建立的一种读者档案。目的是为了解读者的阅读范围、阅读兴趣和阅读需要等情况。图书馆在接收读者时，首先要进行读者登记。读者携带身份证、工作证或介绍信等有效证明身份的证件，到图书馆读者登记处填写读者登记卡片或读者登记簿。图书馆根据读者的实际需要发给不同类型的借书证或阅览证，也就是说读者只有经过登记后方可取得外借文献和阅览书刊的权利。读者登记的主要内容包括：读者姓名、性别、年龄、职称、文化程度、专业范围、工作单位、通信地址、电话号码、读者编号及登记日期等。

读者登记册
borrowers' register

在进行读者注册时所用的登记簿册。该登记册通常记录有读者的姓名、住址、电话号码、工作单位、年龄、职业、文化程度、专业范围、证件（借书证或阅览证）编号及登记日期。较完善的登记簿还附有读者照片。一般按登记时间与证号排列，并附姓名或单位编号索引以便查找。现在采用计算机管理的图书馆内已基本废除了手工注册的读者登记册，并由计算机注册读者文档来进行读者相关信息的管理工作。

读者登记档
reader's register

用于登记读者有关事项的专用卡片。登记的内容一般包括读者姓名、年龄、职业、文化程度、专业范围、工作单位、住址、电话号码及借阅证编号和登记日期，有的还附有读者的照片。读者登记档一般按姓名字顺排列，存放在借阅处。读者登记档应每隔一定时期进行一次清理，并在已注销读者的登记档上进行明确的标识。近几年来，各馆都采用计算机进行建档登记。

读者调查报告
Survey of Patrons

OCLC 虚拟参考系统（QuestionPoint）中提供给读者的调查报告。其包括读者问题的答复和聊天记录以及读者的满意度及服务使用的集中信息。调查报告也包括读者反馈的摘要。

读者反馈
user feedback

指读者使用了图书馆、报社等信息服务机构的服务或资源之后利用特定方式表达有关感受、评价、意见和建议等信息，读者反馈的方式主要有：填写读者反馈表或意见簿、参加读者座谈会和填写读者调查表等。

读者分类目录
reader's classified catalog

按文献内容的学科体系组织起来、专供读者使用的一种目录类型。通常由分类款目、分类附加款目、分类分析款目和分类综合款目组成，供读者从文献分类号检索利用文献资料。分类目录具有系统性、间接性和严密性特点。完善的分类目录一般还应附有分类目录字顺主题索引。

读者服务部
reader service department

出版社的主要业务部门之一。一般负责解答读者咨询、门市零售业务及邮购图书业务等。出版社的读者服务部一般只销售本社出版的各种图书，也有少数出版社的读者服务部还兼营其他出版社相关图书的零售或代销业务。

读者服务，公共服务

user services（reader services），public services

图书馆读者工作的核心，指图书馆以各类文献资源、设施、设备为依托，提供适合和满足读者知识、信息、空间需求的各种服务活动，主要包括：文献借阅、文献检索、参考咨询、阅读指导、资源推荐、文印服务、自习与研讨等。

读者服务卡

reader service card

附夹在专业期刊中的一种联系卡形式的广告明信片，供读者向出版商或厂商企业索取书刊目录或产品目录、技术资料以及反馈对产品的建议和意见时使用。这种明信片有时被作为插页装订在期刊中，有时直接作为活动附页被夹插在期刊正文中。

读者工作

reader services

引导读者利用其馆藏资源的各项活动的统称。包括读者服务、读者教育、读者研究及相关规章制度宣传介绍等多个方面的内容。读者工作是图书馆文献交流系统的有机组成部分。

读者工作管理

management of reader services

为了准确、迅速和方便地满足读者对图书馆资源的需求，将读者、藏书、目录和设施等图书馆诸要素进行合理安排，使之顺利运行的过程。具体内容包括：确定借阅体制，系统地组织借书处、阅览室及其辅助藏书和相应的读者目录，合理地组织馆员和利用各种设备，最大限度地发挥人力物力的作用。

读者顾问

reader's adviser

指图书馆工作人员中学识渊博、经验丰富，能辅导读者选择合适文献的专业图书馆员，他们往往在图书馆中从事参考咨询工作。担任此项工作的馆员要爱书、知书和具有丰富的图书知识以及必须充分了解读者的需求，以便向读者推荐其所需要的图书。

读者记录

patron record

指图书馆流通系统中与读者账户数据有关的保密记录。其内容包括读者姓名全称、地址、电话、借书证号、读者类型、已借文献、预约文献和未付罚金等。在计算机流通系统中，经过授权的图书馆工作人员可通过扫描读者借书证条码或用键盘输入读者姓名或借书证号来检索该读者记录，读者也可在适当的权限内浏览自己的借阅记录。

读者检索限制

limiting

设计完善的在线目录或书目数据库的一个特点，即允许读者除了指定检索表达式的词以外，还可指定某种参数，在参数范围内限制检索。依据某种系统，可在检索开始前或在检索结果显示后设定限制，或在检索前后都设定限制。通用限制内容包括：出版日期、资料类型、语音、全文、专论（期刊文章）和资料所在地。

读者教育

reader education

对读者开展的如何利用图书馆及图书馆资源的一种专业性教育辅导活动。通过这种教育，图书馆可以帮助读者获得最有效地利用图书馆资源的各种方法与技巧。随着计算机等现代信息技术在图书馆的广泛应用以及文献类型多样化和文献数量的剧增，这种教育活动显得越来越重要。读者教育的内容一般包括：利用图书馆入门、文献知识、文献检索知识、参考工具书的使用方法、图书情报源介绍以及图书馆现代化技术设备介绍与使用等，教育的手段有图书宣传、文献检索课、讲座、参观、专题咨询、直观引导、编写图书馆使用手册和组织观看影视教育片等。读者教育是图书馆读者工作的重要组成部分。

读者界面

Patron Interface

OCLC 虚拟参考系统服务（QuestionPoint）中专门提供给读者的界面。在此界面上读者可以查看提出的问题以及聊天记录的状态。

读者借阅档案

registration file

用于记载图书馆各类读者借书情况的一种档案。档案中所记载的内容通常有：按借书证号码排列的识别号码、读者姓名、住址、电话号码和借阅情况等。

读者借阅权限
borrower status

已注册读者所享有的借书权利通常是根据读者档案中所显示的读者类型来决定的。每所图书馆都规定了某读者类型及其借阅权限。在公共图书馆里，所有注册的读者都享有同样的权利，但是在大学图书馆里，某些权利如外借期限的长短，教职工和学生可能会有区别。在一些专门图书馆里，其权利是根据读者在图书馆挂靠机构的级别来决定的。

读者借阅文档
borrower account

图书馆不断处理读者的各种事务，包括新借图书、图书过期、未支付的罚款和扣押证件等。图书馆员可通过查阅读者的借阅档案来了解读者的借阅情况。借阅文档包括有读者类型、读者姓名、地址、电话、电子邮箱、发证日期、借阅期限和各种流通违规记录等。大多数自动化的流通系统都已设计有一旦图书资料归还或已支付罚款就会自动删除借书历史记录的保密功能。

读者来信
letters to the editor

通常按出版者的意见登载在报刊的编辑栏目中，读者可以就该报刊所发表的文章或社论表达自己的观点；也有的来信从总体上对出版物的编辑政策发表看法，有时也附编者的简单答复。

读者类型
patron type

在图书馆流通系统中，设有一种表示读者特定类型、与其可借阅的图书资料类型和数量有关的代码。高校图书馆读者类型分教职员工、学生、校友和职员几种。专业图书馆的读者类型可以反映出上级机构里的等级和安全保密级别等。多数公共图书馆将读者区分为成人和青少年，服务区域内的住户和非住户。

读者论坛
reader's forum

特指在图书馆举行的一种主要由读者参与的小规模群众集会。会上由读者与图书馆员围绕一个专题、一种或多种书刊相互交流和讨论，或对大家共同关心的社会、文化和科学等问题进行研究和探讨。会上还可以征求读者对图书馆服务的意见和建议，并就图书馆服务利用等问题进行宣传辅导。读者论坛一般由业务水平较高的馆员或具备相当素质的读者主持。座谈的选题和重点发言均由图书馆员事先组织读者做好准备，座谈会结束后还应做好小结，或提出问题供进一步研究。读者论坛是推动读者进行自我教育的一种常见形式，有利于加深读者对文献的理解和提高其阅读素养。

读者满意度
user satisfaction

读者在接受图书馆服务后的感知结果与其对图书馆的期望服务值相比较后的内心感受和主观评价，主要由资源满意度、服务满意度和环境满意度三部分构成。读者满意度是评价、衡量一所图书馆的管理水平、服务质量的重要标准。

读者目录
reader's catalog

图书馆制作的专供读者检索文献时使用的一种目录类型。所反映的馆藏文献一般是经过选择的。读者目录一般存放在借书处、阅览室、图书馆大厅或专门的目录室内。

读者培训
reader training

为培养学生的信息意识和信息能力，帮助读者有效使用图书馆及文献信息资源，图书馆开设信息素质系列课程和各种形式的读者培训讲座。培训项目的设立有特定的课程计划，主要目的是让读者获得利用图书馆及其服务的特定学习成果。读者培训可以是一次图书馆参观、图书馆教学或者是一次基于网络的用户服务，课时长短无关紧要。

读者区
reader area

图书馆内专门设立的供读者利用的相对独立的功能区域，如目录厅、外借出纳厅、开架书库、各种阅览室、报告厅和展览厅等。读者区的多少可以反映一所图书馆的服务规模和服务能力。

《读者权益与图书馆服务研究》
Reader's Rights and the Library Service Research

该书为“《公共图书馆法》立法支撑研究丛书”之一，主要内容包括国内外读者权益和公共图书馆服务历史与现状、国内外有关读者权益与图书馆服务法律法规研究、读者权益若干问题研究、公共图书馆服务若干问题研究。李东来主编，由国家图书馆出版社于 2012 年 10 月出版。

读者群
reader groups

一是指图书馆依据读者的某种特征和阅读需求特点划分出来的同类型用户。二是概指某一图书馆的所有服务对象或其他确实正在利用该馆有关服务的个人和团体的总称。一般情况下，每所图书馆都有自己特定的读者群和读者范围。

读者守则，借阅制度
rules and regulations for readers

为满足读者需要、使文献借阅工作顺利进行而制定的规章制度的统称。大致可分为个人借阅、团体借阅和馆际互借三种规则。内容一般包括借阅登记要点、借阅册数和期限、使用限制、预约和续借手续、损坏和丢失赔偿规定等。

读者题名目录
readers' title catalog

专供读者使用、按文献名称的字顺组织起来的一种目录类型。由题名款目、题名附加款目、题名分析款目和题名综合款目组成。其职能是从文献名称特征来检索所需文献，用于回答图书馆有无关于某一特定文献名称的文献。由于有些文献不止有一个名称，因此，图书馆有时还需要用别名、副名等其他名称来编制附加款目以实现对文献的进一步揭示。

读者统计
reader statistics

依据一定的标准和指标，对图书馆读者状况所作的各个方面的统计。统计内容一般包括：来馆读者总人数、外借人数、阅览人数、各类读者的职业、性别、年龄、文化程度、民族、注册时间、借阅权限和阅读目的、利用图书馆的时间、各种人员的比例结构和利用文献类型及频率等。读者统计可分为综合统计、分类统计和动态统计三种形式。统计数据可作为图书馆改进文献资源建设和读者服务工作质量的重要依据。

《读者文摘》（美国）
Reader's Digest

1922 年由德温特·华莱士（Dewenter Wallace）夫妇创刊于美国的一份综合性文摘杂志。该刊创办伊始，华莱士就制定了面向大众的编辑方针。他的这一编辑政策非常适合普通读者的口味，再加上该刊独特的版式（32 开袖珍版）和鲜明的印刷风格，所以深受公众欢迎，是世界上发行量最大的月刊（月发行量为 2 000 多万册）。用英、法、德、西、意、日、中、阿等 19 种文字在全世界 160 多个国家和地区出版发行 48 个版本，读者人数最多时曾经高达 1 亿。《读者文摘》国际中文版于 1965 年 3 月创刊，首位总编辑由文坛大师林语堂先生的女儿林太乙女士出任，繁体字版在香港及台湾销售。

读者文摘协会公司（美国）
The Reader's Digest Association, Inc.

创立于 1922 年，总部设在美国纽约。在出版和直销市场是著名的全球领导商，提供杂志、书籍、音乐集和家庭录像等。读者文摘协会公司由全球图书和家庭娱乐公司、美国杂志和国际杂志公司组成，其中，以全球图书和家庭娱乐公司业务比重最大。其主要产品是《读者文摘》杂志（*Reader's Digest*），是全世界广为阅读的著名杂志，该公司年收入超过 25 亿美元。

读者心理学
Reader Psychology

图书馆学下属分支学科，包括狭义读者心理学和广义读者心理学两种。狭义读者心理学是指研究各类读者在利用图书馆各种服务过程中的心理现象及其规律的一门科学，其主要研究内容为读者在利用图书馆的文献过程中的阅读心理和检索心理。广义读者心理学是指研究社会各类型读者利用社会文献的心理现象及其规律的科学，其研究对象包括图书馆情报界、出版发行界、宣传教育界、科学技术界以及其他知识界的各类读者。广义读者心理学在一定意义上已超出了图书馆学的研究范畴。

读者行为
user behavior

读者在其特定需求和动机的支配下，利用图书馆及进行与图书馆相关的活动时所表现出来的各种行为，主要包括读者的信息检索行为、阅读行为、咨询行为以及评价行为等，这些行为既可以发生在图书馆内，也可以是发生在图书馆以外的其他区域，如家庭、课堂和网络等。

读者需求
reader requirement

读者对图书馆提供的各种服务的需求的统称。

通常包括对馆藏文献以及与利用文献有关的参考咨询、文献检索和文献复制等各种服务项目的需求。读者的文献需求大致可分为研究型、学习型、应用型和娱乐型四类。根据所需文献的加工层次，读者的文献需求又可分为一次文献需求、二次文献需求和三次文献需求。读者需求是图书馆制定文献资源建设原则和读者工作计划的重要依据。读者需求研究是读者学的重要研究内容，也是图书馆读者工作的重要组成部分。

读者需求调查表
request form

在读者需求调查过程中，为了更有效地做好调查工作，将读者的各种需求进行量化设计而形成的答卷或表格式调查书。设计和发放读者需求调查表的目的是：以调查结果为依据，同时根据本单位的性质、任务、馆藏文献和人力物力条件，找出更适合于读者需要的服务工作方法，设计或改进文献信息服务系统，制定有效的读者服务计划，提高服务的针对性和有效性。

读者学
Reader Study

诞生于20世纪80年代初的一门关于读者工作理论的新科学。多数人认为是图书馆学的分支，与社会学、心理学、教育学、阅读学和大众传播学有紧密的联系。主要研究图书馆读者的特征、构成、活动规律以及读者服务理论。具体内容包括图书馆读者的类型结构、阅读行为、阅读心理、阅读需求和读者教育等。也有人认为，读者学有广义和狭义之分，狭义读者学的主要研究对象是图书馆读者，而广义读者学的研究对象不仅包括图书馆读者，同时还包括出版业、书刊发行业等各行各业的读者，即有阅读能力并从事各种阅读活动的一切社会成员。广义读者学在一定意义上已超出了图书馆学的研究范畴。

读者研究
reader research

对读者特点、读者类型、读者构成及其在利用文献过程中所反映出来的阅读心理、阅读需求和阅读行为等规律的全方位研究。读者研究是图书馆学研究的一个重要方面，其目的是为了提高图书馆的服务质量、服务效率、服务水平和服务针对性。主要内容包括读者结构研究、读者阅读心理研究、读者阅读需求研究、读者阅读过程研究和读者阅读行为研究。

读者阅览证（卡）
reader's card

发给已注册读者的一种专用证件，凭该证件读者可进馆就室阅览。读者阅览证一般与借书证同时办理，有一定的使用期限。有的阅览证还要收取一定数量的押金。

读者证件
patron ID（user ID）

图书馆用于识别某一读者或处理不同类型用户的由一系列字母和数字组成的标识。如借书卡号码或地方图书馆证号。

读者指南
user guide

图书馆信息机构根据自身实际情况为其读者编写的旨在让读者了解本机构的基本情况、规章制度、服务项目等内容的指引性材料，以帮助读者有效文明地利用图书馆信息资源。

读者至上
user comes first（user first）

图书馆的一种服务理念。是图书馆职业的基本思想和基本精神，读者是图书馆工作的起点和终点。要求图书馆员要从“等人借书”转为主动为读者服务，处处为读者考虑，急读者所急，想读者所想，为读者提供便利服务。注重读者、重视服务、追求服务效益是图书馆服务工作的目标，也是图书馆的立身之本和竞争之道。读者的存在和需求，体现图书馆存在的社会价值。图书馆应该贯彻“以人为本”、“以用户为中心”的理念，读者和读者的需求放在第一位，以丰富的资源、优秀的服务和最佳的环境吸引读者，最大限度满足读者的需求。

读者注册
registration of readers

图书馆对读者申请外借进行审核登记，然后再发给其借书证。通常情况下，只有经过专门登记注册的读者才可以获得图书馆提供的各种文献资料和信息服务。

读者著者目录
reader's author catalog

按著者名称的字顺组织起来、专门供读者使用的一种目录。读者著者目录通常由著者款目、著者附加款目、著者分析款目和著者综合款目组成。著者目录提供的检索点是著者名称，即从个人著者的姓名或机关团体的名称出发检索特定的文献。著者目录的优点是能够集中馆藏中同一个著者的全部著作以及相关的评论性著作。

读者咨询
readers' advisory

图书馆宣传文献和指导阅读的服务工作。一般由经验丰富、多年从事读者服务工作、在满足读者阅读需求方面有专长的参考咨询馆员担任。参考咨询馆员一般会根据对某位读者过去阅读倾向的了解，向其推荐具体的图书、期刊或其他文献线索。同时也可以编制推荐读物目录供读者使用。读者咨询工作是图书馆开发利用文献资源，教育、影响和吸引读者的有效方法。其具体内容包括：指导读者利用图书馆、馆藏文献、图书馆目录和参考检索工具等。

读者咨询服务
reader's advisory service

围绕读者在课题研究及学习过程中遇到的疑难问题，利用参考工具和有关文献，帮助读者查询或直接为读者提供相关文献、文献线索或文献检索途径的一种信息服务方式。读者咨询服务的过程大致可分为受理咨询、调查了解、查找文献、答复咨询和建立咨询档案等五个阶段。读者咨询服务是发挥图书馆信息传递职能、开发文献信息资源、提高文献利用率的重要手段。许多图书馆设有专门的参考咨询部门，集中各类参考工具书和检索工具书，建立专门的参考馆藏，配备具有一定专业知识和熟悉检索工具的专业馆员开展此项工作。

读者总数
readership

图书馆统计内容之一。包括在图书馆登记的当地和外地的所有读者。也指某一刊物所有的读者或读者群。

犊皮
calf

一种取材于出生几个星期的小牛犊的皮。由于犊皮其表面光滑无暇，已成为当时英格兰岛封面装订买卖中备受青睐的材料。而在欧洲大陆则有所不同，书籍通常根据购书者的喜好用纸质封面装订。犊皮不仅可以染成各种颜色，而且也可以修饰上各种图案（如大理石花纹、斑点的、条纹的、染色的和压花的，等等）。

犊皮纸
vellum

亦称牛皮纸。在中世纪欧洲，纸张出现之前，作为一种书写材料。一般用小牛皮制成，有时也用山羊或羔羊皮。这类纸经久耐用，因此，许多重要文稿都写在上面。

杜定友（1898—1967）
Du Dingyou

中国图书馆学家。1918 年毕业于上海工业专门学校，1921 年毕业于菲律宾大学，获图书馆学学士学位。历任上海复旦大学图书馆、交通大学图书馆、广东中山大学图书馆、广东省图书馆和广州市图书馆馆长。1925 年在上海国民大学创建中国图书馆学教育史上第一个图书馆学系，并任系主任兼教授。此外，还在广州市民大学、南京东南大学与中华图书馆协会合办的暑期讲习班讲授图书馆学课程。一生共撰写著作 86 种（其中正式出版或刊行 55 种），撰写论文 512 篇（其中正式发表 320 篇），共约 600 余万字。杜定友的学术成就主要体现在图书馆学理论、图书分类学、汉字排检法、地方文献研究、图书馆建筑和设备等几个方面。1988 年在广东省中山图书馆内专门设立了杜定友纪念室。书目文献出版社（现北京图书馆出版社）出版了《杜定友图书馆学论文选集》。

杜克（1938—2003）
Du Ke

中国图书馆事业家，研究馆员。1961 年毕业于北京大学图书馆学系，后到北京图书馆工作，1965 年 11 月调至文化部图书馆、博物馆和文物局图书馆处工作。历任文化部图书馆事业管理局公共图书馆处处长、文化部图书馆事业管理局局长、办公厅主任和图书馆司司长，兼任北京图书馆常务副馆长。曾任中国科学技术协会第四届全国委员会委员，中国图书馆学会理事、副理事长，中国信息协会理事、中国国际友好联络会理事、《中国古籍善本书目》编辑委员会副主任、《当代中国的图书馆事业》主编和《中国大百科全书》（图书馆学）编委会副主任。1996 年，代表中国图书馆学会与美国韦棣华基金会签署了在中国内地实施韦棣华奖学金项目的《谅解备忘录》，并担任 1997—2003 年中国内地韦棣华奖学金评委会主任委员。主编有《图书馆事业建设》、《当代中国的图书馆事业》等专著数部，发表论文数十篇，其中包括《我国图书馆网建设初探》、《中国图书馆事业的过去、现在和将来》等。

杜氏图书分类法
Du's Library Classification

原名为1922年由著名图书馆学家杜定友先生编制出版的《世界图书分类法》。共设十大类目：总论、哲理科学、教育科学、社会科学、艺术、自然科学、应用科学、语言学、文学和史地学。1925年改名为《图书分类法》，1935年更名为《杜氏图书分类法》，由中国图书服务社出版。该分类法参照《杜威十进分类法》的分类体系，同时考虑中国古籍的特点编列类表，提出中外文统一分类编制，取消十进法的宗教类，也分十大类目。

杜威十进分类法
Dewey Decimal Classification（DDC）

简称杜威法。用于类分图书馆图书资料的等级列举式分类系统，对世界图书馆分类学具有相当大的影响。该分类法已成为世界上应用最广泛的分类系统，为全球超过135个国家和地区的20万多所图书馆的用户提供服务。《杜威十进分类法》由美国图书馆学家梅尔维尔·杜威（Melvil Dewey）编著。1876年出版时名为《图书馆编目排架用分类法及主题索引》，附有使用分类表的相关主题索引。1885年第二版改名为《十进图书分类法及相关索引》，增加了类的级数，并编制了通用形式区分表。以此奠定“杜威法”体系结构。1951年第15版正式命名为《杜威十进分类法》，第17版增加了地区复分表。在过去的100余年间，《杜威十进分类法》持续修改和更新，近10位国际编辑政策委员会成员组成修订委员会。杜威将人类知识分为10个大类，每个类又进一步细分为10个子类，子类又依此类推加以细分。用阿拉伯数字代表类目，以小数制（即十进制）作为层累标记。美国的公共和学校图书馆多采用杜威十进分类法，但大多数大学和研究图书馆则采用美国国会图书馆分类法。OCLC于2011年6月出版第23版，共四册：第23版新增功能，杜威分类法简介及如何使用，术语表等、杜威分类法概述，目录000～599、目录600～999和相关索引。

杜威十进分类法（精简版）
Dewey Decimal Classification（Abridged Edition）

凡馆藏在2万册以下的图书馆都可以使用杜威十进分类法（简略版）进行分类。2012年初公布的第15版比2004年出版的第14版内容有很大的变化。

《杜威十进分类法》网络版
WebDewey

由OCLC开发的WebDewey可用于网络或其他电子资源的分类和组织。最新网络版来自《杜威分类法》第23版的所有内容，具有包括定期更新（新开发内容、新建编号和额外的电子索引术语）、易于浏览、更简便的用户界面，适合新手和高级用户等优点。最新精简网络版包括精简《杜威分类法》第15版印刷本的所有内容，只要《杜威分类法》有所更新，每季度都会将电子更新置入其网络版和精简网络版中。

杜撰著者名
fictitious author

书上所署的著者姓名并非真实的著者姓名，而是假托他人之名。

蠹鱼，（银灰色的）蛀书虫
silverfish

缨尾目多种小的无翅银色昆虫之一，尤指以铜版纸的涂面层（含有淀粉）、纸板、浆糊等为食的小昆虫。

端口
port

指计算机或网络设备上用于数据输入/输出的接口。这种接口既可以是物理上的，如计算机上的并行端口（用于连接打印机）、串行端口（用于连接调制解调器、鼠标等）、显示绘图阵列（Video Graphic Array）端口（用于连接显示器）等，也可以是逻辑上的，如80端口常用于超文本协议通信、21端口常用于ftp协议通信等。为了便于计算机程序处理，每个端口都会赋予一个特定的号码，称为端口号，端口号取值范围一般为：1～65535。

短令，工厂纸令
mill ream

印刷纸张术语。指手抄纸或拟手抄纸，每480张纸为一短令。

D

短篇小说
short story

比较简短的小说，人物不多，结构紧凑。作者将叙事限定于某一个人（或某一群人），限定于某一个特定的背景、某一个时间点、某一个结局。短篇小说常见于文学杂志和文集中。编者和文学评论家会把业已出版的优秀短篇小说结集出版。在文学史上，短篇小说往往先于中、长篇小说出现。中国著名的短篇小说如鲁迅的《狂人日记》和巴金的《月夜》。19 世纪美国小说家赫尔曼·梅尔维尔（Herman Melville）发表的《比利·巴德》(*Billy Budd*)，是叙事性文学作品中格式最为灵活的一种。

短篇作品
sketch

指简短的散文、小说及戏剧等，在同类的文学形式基础上删除了许多细节所形成简短的作品。这种简短的文字作品，略似短篇故事及论文，有意轻描淡写，风格散漫，语气通俗。

短时效文献
ephemera

具有较短时间性文献的总称。小型印刷品，主要有剪报、活页文选、小册子及其他一些过时无用的资料，如招贴画以及贺卡、明信片、菜单和各种票证。在图书馆信息机构一般不予以长期留存。但对某些具有保存意义的短时效文献，如具有较高历史价值的资料，则需要保存和珍藏。大型图书馆特藏部则专门收集这一类印刷品。

短首行
widow

一页或一栏第一行的文字未排满，特别是仅有一个字或不到一行的三分之一情况。这是由于把一段文字的最末一行排在一页或一栏之首造成的。出版社一般都尽量避免这样不雅观的现象在书中出现。

短文
vignette

指描写人物性格、文字简洁优美的短小精悍的文章。

短线连字符
en rule（en dash，en score）

相对于全身破折号，即长破折号“——”而言，指一种短破折号，也就是短线连字符“—”。这里指铸在半身字体上的短线连字符，一般作划分日期和表示幅度时用。

短信服务
Short Message Service（SMS）

用户通过手机或其他电信终端直接发送或接收的文字或数字信息，属于一种非实时的、非语音的数据通信业务。用户每次能接收和发送短信的字符数，为160 个英文或数字字符，或者 70 个中文字符。短信可以由移动通信终端（手机）始发，也可由移动网络运营商的短信平台服务器始发，还可由与移动运营商短信平台互联的网络业务提供商 SP（包括 ICP、ISP 等）始发。图书馆广泛使用短信进行通知、催还和查询等服务。

短印页
short page

文字、图像未印满的页面，或指只印有几行字的页面。

短语标题
phrase subject heading

主题检索语言系统中的一种类型，是从自然语言中选取并经过规范化处理，表示事物概念的词组或短语。

短语，词组
phrase

指两个词或更多词的组合，形成一个词义单位，表达一种思想。可以是没有完整论断的短语，也可以作为一个句子的要素，不包括论断，但具有单个词类的含义。短语分形容词短语和介词短语。

段落标题
shoulder head

指用与正文不同字体，单独印成一行的小标题，其上级标题是章节标题，其下级标题则是段内标题。

段落符号
paragraph mark

指在手稿或校样中用以指示另起新一段的标识符号。

段落格式
typed form for spacing indention

指以名称（个人著者姓名、团体名称和地点）为主要款目标目时所采取的一种著录格式。标目独占一行，每一著录段落单独另起一行。

段落，节
paragraph

文字著作的基本单元之一，是指章以下的一个划分单元。当一章内容较多或较复杂时，将章再分成几个内容相对独立完整的部分，即为段。

段落式索引
paragraphed index

一种按排版格式命名的索引。即索引中每个主标目都另起一行，同一标目下的副标目和说明语则连续排列，每一条款目成为一个段落。

段落缩行
paragraph indention

指印刷排版、打字的每段第一行开始的缩格。

段明莲（1950—）
Duan Minglian

北京大学信息管理系教授。1974 年毕业于北京大学图书馆系，同年留系从事教学工作至今。1994—1995 年作为高级访问学者赴韩国延世大学研修。先后兼任全国信息与文献标准化技术委员会第六分会委员、中国图书馆学会学术研究委员会分类、主题与编目研究组成员、中国图书馆学会文献资源建设研究组成员、中国图书馆学会第八届学术委员会图书馆学教育专业委员会副主任、中国佛教学院客座教授、北京大学信息管理系党委副书记以及北京大学信息管理系图书馆学教研室主任等职务。长期致力于图书馆学研究，重点研究文献信息资源编目、文献著录标准化、元数据以及图书馆评价。主持了“视音频信息的元数据与检索的创新研究”国家社科基金项目；参与了“图书馆人才培养模式综合改革研究与实践”教育部社科基金项目；主持起草了《文后参考文献著录规则》国家标准。此外，还主持或参与了 4 项其他研究课题。先后开设了“西文文献编目”、“文献管理”、“文献编目”、“元数据研究”、“图书馆评价”以及“外国出版业”等课程。出版著作多部，参与编辑国家标准多部，发表学术论文 59 篇，多次获奖。

段内标题
side head

也称页边标题。指将标题排在一个段落的最前面，后面空几格，然后再排正文。

段尾短行
club line

在排版过程中，当把段落的末行排在一页的首行时，熟练的排版人员认为是笨拙的，应避免之。

缎带书签
ribbon bookmark

在图书出版的装帧过程中，一端镶嵌在书脊，一端可自由地夹放于书页间，可用作书签的一种细长缎带。据说在罗马天主教教堂的宗教仪式中使用的图书有时粘贴了多种不同颜色的缎带以便标记书中不同的地方。在 16 世纪的法国，也有人在缎带书签上装饰精美的宝石。

队列，排队
queue

计算机临时存放数据的地方，是只允许在一端进行插入，而在另一端进行删除的运算受限的线性表，有时亦称先进先出（First In, First Out）线性表，简称 FIFO 表。队列有三种类型：顺序队列、循环队列和链队列。也指为等候服务而形成的群众行列或一系列等待执行的任务，它们通常按到达或接收的先后顺序排列。

对比，匹配
matching

将两个数据项进行比较，检测其是否相同，或者查找与某个关键字匹配的数据项的过程。

对等计算
peer-to-peer-computing（P2P）

也称对等联网、对等网络、对等连接，是一种新的通信模式，仅包含与其控制和运行能力等效的节点的计算机网络，也是小型局域网常用的组网方式。每个参与者具有同等的能力，可以发起一个通信会话，网上各台计算机有相同的功能，无主从之分，任一台计算机都是即可作为服务器，设定共享资源供网络中其他计算机所使用，又可以作为工作站，没有专用的服务器，也没有专用的工作站。

对等文件传送/网络
peer-to-peer file transfer/network

局域网中的一种文件共享技术。采用这种方式时，每个工作站上的用户都可以存取其他工作站上的公开文件。

D

对话框
dialog box

图形用户界面的矩形方框，用以回应用户提问和选择。通常在对话框中向用户提供附加信息、列表或可操作环境。在固定窗口中对话框各有不同。有些应用软件可以自动打开对话框，在不需要时，对话框可以关闭。

对话体作品
colloquy

指以交谈或对话方式撰写的文学作品。

对话，（小说中的）对白
dialog

两人或更多人之间的实际或想象中的对话，尤指观点不尽相同的人彼此交换思想和意见。又指通过两个或更多人的对话形式写就的文字或文学作品，如小说、短篇故事和戏剧作品中的角色对话等，与叙述或描写段落形成对比。

对开
folio

在印刷上指相当于整张纸的二分之一。

对开版
Folio Edition

一张全张纸的一半大小的版面，相当于 16 个杂志封面大小，787 mm × 545 mm。

对开本地图
atlas folio

特大开本地图，通常为 16 英寸 × 25 英寸（40. 64 厘米 × 63. 5 厘米）。

对开空铅
en quad

又称半身空铅。相对于全身空铅而言，指全身空铅的一半。

对联
couplets（antithetical couplet）

又称楹联、对偶、门对、春贴、春联、对子和桃符等，是写在纸、布上或刻在竹子、木头、柱子上的对偶语句。对联言简意深，对仗工整，平仄协调，是一字一音的中文语言独特的艺术形式，是中华民族的文化瑰宝。对联一般不需要押韵，种类约分为春联、喜联、寿联、挽联、装饰联、行业联、交际联和杂联（包括谐趣联）等。

对象
object

面向对象的程序设计语言中的最基本的概念。对象既是信息存储的单元，又是信息处理的独立单位，具有一定的内部结构和处理能力。一个软件系统可包括很多对象，它们之间的相互作用通过消息来传递。

对象类型
Object Type

电子资源中，表达地理空间信息的点、栅格或矢量对象的特定类型。如点、线和像素等。属舆图内容数字表达（digital representation of cartographic content）之一。

对象数量
Number of Objects

特指地理空间资源中点或矢量对象的数量。属舆图内容数字表达（digital representation of cartographic content）之一。

对译
parallel translation

译文与原文并列对照的翻译形式。在研究翻译作品时常采用这种方式，便于读者对照原文阅读，更准确地理解原文的含义。

对应款目
coextensive entry

标引的原则是确定一本书的主题词或叙词应包括该主题项中包含的所有概念。例如，有关画家和诗人的一本书需要用“画家和诗人”这个款目词，而并非将该款目词分为“画家”和“诗人”两个款目词。采用对应款目之目的是在保留上下文索引（PRECIS）中的一种尝试。

对照版
parallel texts

将同一著作的不同文本（原文与其他语文的译文）并行地印在同一页或迎面的两页上的版本，如圣经的两个版本，或某作品的原文和译文。这样的著作以对照版形式出版，方便对照阅读。

敦煌学
Dunhuang Studies

以敦煌文书、敦煌石窟和敦煌史迹为主要研究对象，包括上述研究对象所涉及的宗教、艺术、历史、考古、语言、文学、民族地理、哲学、思想、科技、建筑、古籍校勘和中西交通等多科性学科。用以揭示敦煌、河西及中国古代社会、中亚古代社会和中西交通等历史的本来面貌和规律；探求主要研究对象之间内在的必然的联系，发扬中华民族优秀文化，以促进现代文化艺术的繁荣发展。

敦煌遗书
Dunhuang Surviving Writing

1900 年，在甘肃省敦煌莫高窟藏经洞内发现了近 5 万件书卷。大多为写本，有唐、五代早期刻印本，以汉文居多，藏文次之，还有梵文、回纥、龟兹、和阗和康居等文本。内容以佛教经文为主，还有道教、摩尼教的经典、经、史、子、集、诗、词、曲、赋、图经、医方、历法和通俗文字的抄件以及寺院和民间的文契、账簿、户籍、信札等，涉及范围相当广泛。敦煌遗书发现之后，就被俄、英、日、法和美等国的文化窃贼大肆盗劫，流失海外约占 4/5，余下部分主要收藏在中国国家图书馆。

多部分文献
multipart item

指已经或即将要按既定的物理载体数量（卷、册、件）出版的文献。当文献是图书时，成为多卷书。

多才多艺的人，文理兼通的人
renaissance man

指对各种艺术和科学有异常广博知识的人。在西方国家，常用于对图书馆员的尊称。

多产作家类
voluminous author

分类目录中，有时把出版过许多著作的某一作者单独列为一类。

多地区图书馆员工程（美国）
Multi-Regional Librarian Project

由美国政府发起组建，并且由匹兹堡大学和信息科学大学的图书馆管理。是为外国专业人员创建的工程之一，是美国政府普通文化交流项目的一部分，大约有 15 个国家参与。"多地区图书馆员工程"为国际交流提供了机会，也为美国图书馆做了很好的宣传。

（多卷本著作的）册，卷
tome

构成多卷本出版大型著作的任意一卷、分册。

多卷出版物
multivolume monograph

分为有限的若干卷册并以编号形式出版的图书。其特点是拥有一个总题名，各卷可有不同的著者和具体题名，而且在内容上是紧密联系的一个完整的有机整体，一般不能独立成书。在出版时，有的一次出齐，有的则分卷逐次陆续出版。

多卷书
multipart volume

在一个总题名下，一种著作分作两卷或两卷以上并以编号形式出版的图书。虽然分成若干卷，但各卷一般没有分卷题名，仅少数多卷书有分卷题名。多卷书的内容是一个完整的有机整体，各卷不能独立存在，各分卷的版式、书型、字体和装帧完全一致。卷有时也用册、集、辑和篇等命名。

多库检索，跨库检索
multi-database searching（cross-database searching）

针对网络环境下信息分布式存储而产生的一种信息检索方式，指借助单一的检索入口，利用统一的检索方法和检索条件，将用户的检索要求转化为不同数据源的检索表达式，并发地在多个数据库中进行检索，并以统一的格式返回检索结果。

多款目著录
multiple entry

在文献编目系统中采用多个分类、主题或责任者标目，揭示一个文献的内容，以便于读者从不同角度检索文献的方法。

多林·金德斯利公司（英国）
Dorling Kindersley

创建于1974年，总部设在英国伦敦。是国际著名高档绘画本工具书、交互软件和广播电视节目的创造者和出版者。该公司出版高质量工具书，其风格是图书多插图，因此，很快就被公众认可，而且出版的不少书都是世界范围的经典畅销书。2000年5月10日，培生（皮尔森）出版集团（Pearson Plc.）收购了该公司，从此，多林·金德斯利公司成为皮尔森集团下属的企鹅出版公司的子公司，并在美国、英国、澳大利亚、南非、印度和俄罗斯都设有分公司。

多路存取
multiple access

指系统可以从一个以上位置接收或发送输入/输出信息的一种方法。系统不但可接受若干用户同时查找或访问而互不干扰存取数据记录，而且对一个有多个检索点（如人名、题名和主题等）的书目记录文档所提供的数据的存取方式。

多伦多大学情报学学院（加拿大）
Faculty of Information Studies of University of Toronto

多伦多大学研究生院的社会科学部设有情报学学院，成立于1928年，由图书馆学和情报学、档案和文书管理、信息系统三部分组成。教授信息组织管理、研究方法、信息技术应用、目录控制、在线信息检索、档案管理、信息系统分析、信息系统设计、信息系统导论、书目控制导论和数据库设计等课程。可授予情报学与图书馆学硕士学位、情报学博士学位。该学院获得美国图书馆协会资格认证。

多伦多大学图书馆（加拿大）
University of Toronto Libraries

位于加拿大多伦多市，是北美第三大研究型图书馆，仅次于哈佛大学和耶鲁大学图书馆。整个图书馆系统包括三大校园（圣乔治、米西沙加和士嘉堡）的44所图书馆。馆藏总量拥有128种语言超过1 200万册（件），其中在线全文电子期刊66万种，电子图书85万册，各种文摘及目录索引1 100多种，在线新闻报纸5 000多种。为该校的168个研究生课程、600多个本科生课程的教学和科研提供服务。该馆为国际图联机构会员。

多伦多公共图书馆（加拿大）
Toronto Public Library

位于加拿大多伦多市，是加拿大最大的公共图书馆。1830年由约克机械学院建立，1834年随着约克镇改名为多伦多市，图书馆也更名为多伦多机械学院图书馆，1884年成为多伦多公共图书馆。该馆包括98个分馆，总藏量超过100种语言的1 100万册，包括100多种文字的文献。除了各类图书文献外，还在线提供各种百科全书、全文电子杂志以及各类新闻数据库。该馆是世界上利用率最高的图书馆之一，年图书流通量为3 200万册，年到馆访问人次1 850万。

多媒体
multimedia

在计算机系统中，组合两种或两种以上媒体的一种人机交互信息交流和传播媒体。使用的媒体包括文学、声音、图片、照片、动画和影片等形式。它使用方便，不但可以用键盘和鼠标操作，也可以用笔、语言和触摸屏与之对话。自从1990年多媒体问世以来，这项新兴科学技术立刻引起了世界各国的极大重视，现在多媒体技术已在各个行业广泛应用，已成为人们学习、生活和娱乐必不可少的工具。

多媒体地图
multimedia map

用多媒体技术制作的地图，也称为电子地图。除图表图像和正文之外，还包括声音、视频和动画效果等。

多媒体脚本
multimedia script

电子出版物或网络出版物编导案头工作的框架性编辑文件，是将电子出版物或网络出版物的文字描述的内容分切成一系列可以用多种媒体形式表述并可编程处理的稿本。

多媒体数据库
multimedia database

把文本、图像、音频、视频等多种类型的信息一起储存，并提供管理、应用和检索的一种非结构化的数据库。主要有扩充关系型多媒体数据库、超文本或超媒体数据库和面向对象多媒体数据库。

多媒体通信
multimedia communication

将多种媒体的信息纳入统一的网络中传输，实现声音、数据和图像传输一体化的通信。主要应用在远程教学、远程医疗、电视会议、视频点播和居家办公等。

多媒体系统
multimedia system

指能够处理、存储及传送图形、文字、视频、音频和动画等多种形态信息的计算机系统。特别适用于教育及娱乐。

多米尼加大学图书馆学与情报学学院（美国）
GSLIS of Dominican University

多米尼加大学位于美国的芝加哥市，建于1901年，其图书馆学与情报学学院前身是建于1930年的图书馆学系。从1949年起，开设图书馆学研究生课程，授予文学硕士学位。1981年该系更名为图书馆学情报学研究所。1993年开始授予图书馆学情报学硕士学位，并提供联合学位课程。现可授予图书馆学情报学、管理信息系统和知识管理硕士学位、图书馆学与其他领域双硕士学位。该学院获得美国图书馆协会资格认证，开设硕士课程主要有：图书馆学情报学导论、参考咨询与在线服务、印本图书史、编目与分类、标引与文摘、人类记录与社会、早期图书与手稿、课程与学校图书馆、电子数据库搜索、图书馆媒体项目管理和因特网资源与元数据等。

多米尼加共和国国家图书馆
National Library of Dominican Republic/*Biblioteca Nacional Pedro Henríquez Ureña*

成立于1927年，由于1948年颁布的版权法将接受缴送本的权利授予圣多明各大学图书馆，使该馆丧失许多职能造成较大损失。直到1969年才正式得到缴送本授权，成为该国唯一接受多米尼加出版物缴送本的图书馆，编辑出版国家书目。1971年重新开馆，并向多米尼加共和国总统提交年度报告。

多面/立体首字母
faceted initial

在一个有图案装饰的手稿里，词首字母的突出表现形式，就如同一个宝石的表面被切割成许多几何平面。

多面书架
multi-faced bookstack

一种呈多面体，可在多面存放或展示文献的书架。一般用来陈列新书、新刊，放于公共开架阅览区。

多明戈·福斯蒂诺·萨米恩托（1811—1888）
（西）*Domingo Faustino Sarmiento*

阿根廷政治家、文学家和图书馆学家，1868—1874年曾任共和国总统。1870年就大众图书馆保护委员会立法的产生与实施，专门签署了有关法律，以保证公共图书馆事业和公共教育事业的平衡发展。萨米恩托认为社会对图书馆的需求是普遍的，学校图书馆系统的建立可以促进学校教育事业的发展，图书馆将立足于公共教育系统并成为社会机构中不可缺少的环节。

多任务
multitasking

在操作系统控制下，一台计算机同时执行两个以上的任务的功能。多道程序设计中，将一个用户程序分成一个主任务和几个子任务，使程序员具有有效地应用系统的多道程序设计的能力。

多途径检索的原则
principle of multiple approach

编目员在编目时要从著者、题名、主体（分类）和丛书几个方面提供有关信息。使读者从多条途径都能检索到同一篇或同一主题文献。

多姓氏
multipart surname

姓氏中包含多项内容。如前缀、带有连字符的名字，或者名字带有冠词或前置词的名字。

多样化文本格式
rich text format（RTF）

字处理软件的一种标准格式。这种格式其实是由微软公司提出的一种格式化文本与图形编码标准，用于在应用程序之间传送格式化文档，其中可以混合包含类型丰富的信息，但不使用特殊的隐含代码。

多用户访问
multiple access（multiple user access）

指一个计算机系统可以同时接受多个用户的访问，并可独立地、不相干扰地执行各用户程序。

D

多用户检索
multiple user access

指多个用户同时在一个计算机检索系统中独立地、互不干扰地实现检索过程。

多用户系统
multi-user system

可以由多个用户共享的一种计算机系统或其他系统资源。

多用途因特网邮件扩展
multipurpose internet mail extensions (MIME)

能通过因特网电子邮件来传递非文本文件的方法。由很多电子邮件客户支持，MIME 能使图表、声频和视频文件、非美国信息交换标准码（ASCII）的字符系统的信息被转换。

多余印数
overs

考虑到正常损耗及用于呈缴本、评论和推广用的赠阅本的部分副本，一种出版物印刷的数量超过出版商预定的数量。

多语词典
polyglot dictionary

指采用三种或三种以上文字对同一个单词进行翻译和解释的一类词典。如孙世青、吴新民和郑莉莉编撰的《汉英俄图书馆学情报学词典》（*Chinese-English-Russian Dictionary for Library and Information Science*）。

多语言版
polyglot edition

用几种语言出版的书，不同语言的正文通常采用分栏式排列。

多语种图书
multilingual works

指一种使用两种或两种以上文字的图书，又称多种语言对照本。

多语种主题词
multilingual thesaurus

采用两种或两种以上的语言文字编制的主题词表，还提供不同语种的主题词之间的对应关系。

多元词
polyterms

指由词组构成的检索词。

多元检索
multi-aspect retrieval

从分类、主题、题名和责任者等多种途径检索出同一文献的检索方式。又称“多维检索”、“多途径检索”和“多面检索”。

《多元文化社区：图书馆服务指南》第三版
***Multicultural Communities*: *Guidelines for Library Services*, 3rd edition**

该指南（第三版）是国际图联多元文化人群图书馆服务专业组常务委员会诸多委员数年努力的结果。该指南分多元文化图书馆、法律和财务框架、满足用户需求、馆藏发展、人力资源、多元文化图书馆服务的营销、宣传和推广以及国际上的优秀实践进行叙述。此外有两个附件，一是国际图联多元文化图书馆宣言，二是多元文化图书馆服务存在的理由。

多种文字对照本
polyglot

采用多种文字对照编排的图书，即同一原文有数种文字对照的书，几种文字通常排列在平行栏内，16 世纪欧洲出版的多种文字对照本的基督教《圣经》是这种类型图书的鼻祖。

多主题，并列主题
multiple subject

指某文献或检索课题所含有的几个相互并列独立的主题。多主题可分解成几个单主题，分析主题时可一一分开。

多著者著作
polonym

指由多个著者联合编写的作品。

多字段检索
multiple field search

让用户方便地使用某一领域多个词语同步检索的检索方式。检索问题可以输进每一个输入框，通过使用下拉式菜单分配给一个特别领域或者所有领域，选择菜单中的布尔算式，结合使用“与”、“或”、“非”算子进行检索。

E

俄亥俄大学图书馆中心（美国）

Ohio College Library Center（OCLC）

于1967年成立，美国俄亥俄州政府特许其作为一个教育性的非营利团体。旨在建立计算机系统，供俄亥俄州各学术机构的图书馆共享资源和降低成本。该中心就是从俄亥俄州立大学（OSU）的校区进行管理，将一个仅仅是俄亥俄州54所大学的地区性计算机系统发展成为国际性的网络。俄亥俄大学图书馆中心是在线计算机图书馆网络的前身，使图书馆在资源共享的基础上实现合作成为一种可能，为其后众多图书馆网络的研究和实践树立了榜样。

俄亥俄图书馆和信息网络（美国）

OhioLink

始于1987年的OhioLink是俄亥俄图书馆和信息网络（The Ohio Library and Information Network）的简称。是美国俄亥俄州高校图书馆和州立图书馆的一个联盟，也是美国最著名的地区电子文献资源共享网络。由俄亥俄州的高校图书馆和俄亥俄董事会共同投资和管理。1992年，该州的6所大学安装了OhioLink系统并由此开始了持续不断的中央目录建设过程。1996年2月，OhioLink开始通过环球网提供服务。其成员包括16家公立大学、23家社区或技术学院、49家私立学院以及俄亥俄州立图书馆。服务对象包括这88家单位的60万师生、员工，其提供的电子化服务主要包括6个方面：中央目录、电子期刊中心、数字媒介中心、电子博士和硕士学位论文中心各一个，还有数量不断增长的电子图书收藏以及众多的研究型数据库。

俄亥俄州立大学图书馆（美国）

Ohio State University Libraries（OSUL）

于1804年创立，全球知名图书馆，由50所各自独立的图书馆组成。藏有各种资料630万册（件），包括报刊9万多种，电子图书35万多册，350多个数据库等。该馆为俄亥俄州图书馆与信息合作网（OhioLINK）的主要成员馆，在资源建设、读者服务和新技术的应用等方面居领先地位。

俄克拉荷马大学图书馆学与情报学学院（美国）

School of Library and Information Studies of University of Oklahoma

俄克拉荷马大学位于俄克拉荷马的诺曼（Norman），1929年在其研究生院的艺术与科学学院设立图书馆学学院，1990年更为现名。主要研究虚拟组织、网络行为、设计与管理、远程教育和图书馆与信息服务等方面。该学院获得美国图书馆协会资格认证，可授予情报学研究学士学位、图书馆学与情报学研究、知识管理硕士学位以及图书馆学情报学与教育、图书馆学情报学研究与科学史双硕士学位。

俄罗斯布拉戈维申斯克国立师范大学图书馆

Russian Blagoveshchensk State Teachers University Library

建于1930年，是俄罗斯远东地区最大的科教中心之一，也是全地区最大的图书馆之一，拥有藏书60多万册，主要包括有关教育学、心理学等专业以及人文科学、社会科学和自然科学的图书以及教学参考书。馆内设有5个阅览室，阅览座位400多席，为全校师生提供各种类型的服务。

俄罗斯大全数据库

East View Universal Database

由美国东方观察信息服务公司推出，是全球最大的、收录俄罗斯学术资源的数据库。涉及范围广泛，是学习俄罗斯语言文学、研究俄罗斯与独联体国家的政治、经济、文化、法律、历史、军事、安全、外交、科学和医学等方面的重要资源。该数据库共收录资源600多种，文章超过1 200万篇，以俄语为主，部分资源还同时提供英语与德语。该数据库使用方便，可对其中任意部分进行全文检索。目前该数据库主要内容包括人文社科期刊与参考书目、俄罗斯政府、法律与军事信息、历史与文化期刊以及中央与地方报纸。

俄罗斯公共电视台

Russian Public Television

俄罗斯的第一家公共电视机构，总部设在莫斯科。1995年4月1日成立，其前身是奥斯坦基电视台第一套全国性节目，是覆盖俄罗斯总人口95%的综合性节目台。其中80%的节目依靠外部，自制的节目主要是新闻报道。每天播出20小时，观众收视率最多的节目有竞猜节目《奇妙的草原》、报道节目《观点》和晚上9点的新闻节目。《奇妙的草原》的主持人雅库勃维奇是全俄罗斯著名的主持人之一，老少皆知。

俄罗斯国家出版、印刷与图书发行委员会
Russian State Committee for Publishing, Printing and Book Distribution

1963年成立于莫斯科，负责管理和协调全国出版活动的机构，原名为苏联部长会议出版委员会。其主要职责是领导图书出版、印刷和发行，制定出版方针和政策，编制书刊出版的综合规划，负责检查出版物的内容及重复现象，协调各部门图书发行机构和统计出版物的工作。该委员会下设社会政治书籍编辑部、文学书籍编辑部、科学技术书籍编辑部，共和国级、州级出版社综合选题规划协调总局、印刷业总局、计划经济局、财务局、技术局和物资技术局等职能部门。

俄罗斯国家农业图书馆
The Russian National Agricultural Library

1930年在莫斯科建馆（列宁格勒设有分馆），是全俄罗斯农业图书馆的工作研究中心。拥有藏书300多万册（件），期刊3 300种，收藏有16世纪以来农业方面的珍本书。与76个国家建有书刊交换关系。主要出版：《俄罗斯农业文献》（月刊）、《农业》、《通报》和《新书通报》（周刊）。

俄罗斯国家图书馆
The National Library of Russia/*Российская национальная библиотека*

世界最大的图书馆之一，也是俄国历史最悠久的图书馆，原名为萨尔蒂科夫-谢德林国立公共图书馆。1814年建于圣彼得堡，名为帝国公共图书馆，1932年以俄国作家萨尔蒂科夫-谢德林的名字命名。1992年3月更为现名，成为俄罗斯两个国家图书馆之一，隶属于俄罗斯文化部。该馆是俄罗斯图书馆学、目录学以及图书学研究领域的中心。藏有丰富的版画、手稿、档案和摇篮本。馆藏总量为3 580万册（件），其中620万为外文文献，拥有图书与小册子、期刊和连续性出版物、报纸、手稿、舆图资料、图片、缩微胶片、乐谱、录音制品、技术标准与技术文献和招贴画等。此外，该馆中文文献丰富，10多万册中文图书中包括大量珍贵的14—19世纪木刻版书。此外，还拥有7万多本中文杂志。该馆是国际图联机构会员。

俄罗斯国立电影资料馆图书馆
Russian State Film Archive Library

1948年建于莫斯科。拥有近10万部完整影片，其中包括国内外故事片、动画片、科教片、科普片和历史文献片等。该馆负责收集整理有关专业的国内外书刊、影片镜头记录本、剧照、评论、电影文学剧本和海报等并提供对外借阅服务。

俄罗斯国立公共科技图书馆
Russian National Public Library for Science & Technology

1958年10月在莫斯科建立。藏书1 000多万册（件），其中有800万册是关于自然科学、技术、农业和医药方面的书籍、期刊及其他文献，并藏有限量发行的国内文学作品特辑。是俄罗斯技术图书馆中第一大馆、最大的科技书籍和文件库、全国科技图书馆的工作研究中心，并协调全俄罗斯2万所科技图书馆的目录工作。收藏有科学技术方面的孤本书，特藏主要包括工业公司的目录和20万种技术文献译本。作为一个具有多功能的、国家级的科技图书馆，同世界近50个国家建有书刊交换关系。该馆是国际图联机构会员。

俄罗斯国立公共历史图书馆
Russian State Public Historical Library

1938年建于莫斯科，俄罗斯国家级的历史文献保存本图书馆。该馆在十月革命前的馆藏基础是俄罗斯历史博物馆的藏书，其中大部分珍藏系历史学家、考古学家和目录学家的私人藏书。特藏部约有100册古版书和俄国早期印本书，罕见史籍3万册，16—17世纪的手稿以及西欧书籍。关于近代斯拉夫历史方面的文献非常丰富，藏有俄国史学家的珍本书籍以及俄罗斯手稿和古版书籍、初版书、古代书籍和法国大革命时期的出版物等。拥有藏书350万册，其中，珍稀书刊部藏书7.5万册，此外还有1万余册非官方出版物。该馆与世界40个国家的图书馆建有书刊交换关系。

俄罗斯国立哈尔科夫航空学院图书馆
Russian State Aviation Institute Library of Kharkov

建于1930年，其历史发展与俄罗斯航空事业的进步息息相关。该院图书馆拥有专业藏书约150万册（件），220种期刊。1998年起，开始为全院师生提供计算机目录服务，创建了有关航天航空技术方面的书刊数据库。

俄罗斯国立体育学院图书馆

Russian State Academy of physical Library

俄罗斯国立体育学院于 1918 年 5 月 29 日在莫斯科成立。原名国立列宁中央体育学院，是俄罗斯重点体育高等学院，1993 年改名为俄罗斯国立体育学院。该院图书馆是世界上最大的体育运动图书馆之一，其体育专业的藏书超过 70 万册，为该院师生的学习和研究提供了保障。该馆也是《运动俄罗斯》信息网的成员之一，因而全院师生都能共享全俄罗斯的体育信息。

俄罗斯国立图书馆

The Russian State Library/*Российская госуда рственная библиотека*

被称为世界第二大图书馆（仅次于美国国会图书馆），欧洲最大的图书馆。前身是 1862 年在莫斯科建立的鲁勉采夫免费公共图书馆。1924 年改名为苏联国立列宁图书馆。根据俄联邦总统 1992 年 38 号令，俄罗斯国立图书馆在苏联国立列宁图书馆的基础上建立，并成为法定缴送本保存馆，归俄罗斯文化部管辖，馆长由政府根据文化部的提议任命。馆藏中有 6 世纪拜占庭写本图书，11 世纪以来俄罗斯的编年史，12 世纪以来西欧、拉丁和希腊文字写本图书以及 15—18 世纪斯拉夫印刷术出现后出版的基里尔字母出版物和谷登堡出版的《圣经》。该馆馆藏有 247 种语言（包括亚非国家语言 115 种）的 4 300 万册（件），其中包括 1 700 万册图书和小册子、1 300 种期刊、15 万幅地图、35 万部印刷型乐谱以及手稿、珍善本和艺术出版物等，外文文献藏量占总藏量的 29%。该馆是国际图联机构会员。

俄罗斯国立外国文学图书馆

All-Russia State Library for Foreign Literature

1922 年在莫斯科建馆，也称国立鲁多米诺外国文学图书馆。该馆既是公共图书馆，又是入藏外国文献和各种俄文译本的中央保存本图书馆。藏有 140 多种语言的 500 万册书籍，与 92 个国家的1 300 所图书馆、出版社及大学等建有业务交流关系。该馆特藏包括西班牙反法西斯者在 1938 年捐献的西班牙历史和文化藏书，6 000 多种莎士比亚文献，5 万多册世界各种艺术藏书以及有关反法西斯战争和欧洲各国抵抗运动的文献资料。该馆是国际图联机构会员。

俄罗斯国立戏剧图书馆

The Russian State Theatre Library

1756 年成立，附设于俄罗斯亚历山大剧院，1889 年迁至列宁格勒。该馆藏有 90 多万册图书，其中法国部藏有高乃依、拉辛和莫里哀作品的初版本，手稿和书信部藏有契诃夫、奥斯特罗夫斯基、屠格涅夫和涅克拉索夫的手稿与书信，舞台设计部藏有巴克斯特、贝奴阿等的作品。

俄罗斯国立中央盲人图书馆

Russian National Central Library of the Blind

1954 年在莫斯科建立。拥有藏书 90 多万册（件），其中俄文和俄罗斯联邦各民族语言的盲文书籍 30 多万册（件），平版印刷的书籍 10 多万册，录音唱片约 12 万件。该馆专藏供盲人使用的图书，是全俄专业图书馆出借盲人读物中心。

俄罗斯国立中央戏剧图书馆

Russian State Central Drama Library

1922 年在莫斯科成立。该馆是国家中央戏剧图书馆，藏有 180 多万册图书、期刊和其他各种出版物以及 50 多万份插图和剪报资料，特藏有 18—19 世纪俄国戏剧珍本。

俄罗斯国立综合技术图书馆

Russian State Comprehensive Technical Library

1864 年在莫斯科建馆。拥有藏书 320 多万册（件），主要是 16—20 世纪国内和国外的出版物，涉及科学技术、自然科学书籍等方面，每年大约接待 20 万读者。

俄罗斯教育科学图书馆

Russian Education Science Library

1925 年在莫斯科创建，属俄罗斯教育科学院领导，是俄罗斯大型科学教育图书馆。1932 年改为国民教育中心图书馆，1969 年以乌申斯基的名字命名为科学教育图书馆。该馆拥有藏书 250 多万册和各种教育科学专业信息库，为各界利用者提供服务。

俄罗斯科学院东方学研究所圣彼得堡分所图书馆

St Petersburg Library of Orientalism Iustitute, Russia Academy of Sciences

前身是于 1818 年设立的敦煌文献收藏单位。1930 年在原亚洲博物馆的基础上建立于圣彼得堡。1950 年迁到莫斯科。1991 年改为现名。该馆藏书 60 多万册，藏有丰富的中国文化珍品，如著名古典小说《石头记》的清代抄本、敦煌和西夏文献资料等，奥登堡考察队在中国敦煌所获的文献资料，克莱门茨、科兹洛夫和洛夫等人从吐鲁番、黑水城以及和田等地收集的文献资料。现出版有《俄藏敦煌文献》和《俄藏黑水城文献》等。

俄罗斯科学院社会科学情报研究所图书馆
The Library of Institute of Social Information Sciences of RAS

1969 年在莫斯科成立。拥有藏书 1 000 万册（件），专业范围涉及哲学、历史、经济、科学共产主义理论、法律、科学学、语言和文学理论等，每年借阅图书超过 140 万人次。为俄罗斯科学院莫斯科 19 个研究所、俄罗斯档案馆、外语教研基础图书馆及其分馆的科研人员提供服务。此外，该馆同 840 多个外国机构建立了图书交换业务，其中包括：联合国纽约图书馆和日内瓦图书馆，联合国教育、科学及文化组织图书馆，世界卫生组织图书馆，国际海洋组织图书馆，国际原子能机构图书馆，国际民航组织图书馆，联合国粮食及农业组织图书馆和国际货币基金组织图书馆等。

俄罗斯科学院图书馆
Russian Academy of Sciences Library

1714 年建馆，设在圣彼得堡，1725 年成为科学院图书馆。该馆是一个集中化的图书馆体系，包括所有在列宁格勒的科学院研究所的图书馆。是俄罗斯联邦最重要的科研机构和中心，也是全国书史研究中心。主要为俄罗斯科学院列宁格勒科学中心开展情报书目服务和图书馆服务。该馆拥有非常完整的俄文印刷出版物，丰富的国外科学文献，大量成套的珍贵文献。馆藏图书拥有 2 000 多万册（件），收藏有自 1728 年以来科学院所有的出版物，地图出版物 12 万册（件），18—20 世纪国外科学期刊和连续出版物 1 万种以上，古代俄罗斯珍贵的手稿 1 万余件，还有在 18 世纪用中文写的第一批书（木刻书）刊和该院的出版物。每年接待读者约为 60 万人次，同 101 个国家和地区的 3 200 多个机构有文献交换关系。该馆是国际图联机构会员。

俄罗斯科学院新西伯利亚分院国立公共图书馆
National Public Library of Novosibirsk of RAS

建于 1958 年，设在新西伯利亚城。该馆是西伯利亚和远东科学图书馆的协调中心。采集世界 20 多个国家专利部门的官方出版物。同时，收藏近百年外国出版的科技文献。根据科研机构研究的基本方向，为各研究机构的图书馆进行集中采购，包括图书、期刊和其他印刷出版物。该馆藏有参考工具书约 10 万部，还有 1 万余件手稿，欧洲 1501 年前的初期印版书以及 15—18 世纪俄国最初的印版书。与世界上近 50 个国家的机构建立书刊交换关系，每年接待读者 4 万人次。每年约完成 7 万个书面和口头的参考咨询，翻译 700 篇科技文献和编辑 200 个未公开发表文献的书目索引。

俄罗斯南方国立综合技术大学图书馆
South Russia State Polytechnic University Library

建于 1907 年，位于俄罗斯南方，顿河之畔，是俄罗斯南部地区最古老的教育、研究中心之一。该校图书馆拥有大量的教育、科研和培训书刊资料，拥有图书约 340 万册，包括 12 种语言，能满足师生的教学、科研的需要。

俄罗斯牛皮
Russia leather

过去指直接用牛犊皮制造而成的一种俄罗斯特制产品。现在多指用柳树、桦树或橡树皮进行鞣制而得到的不同的生皮所制成的皮革，用于图书封面装帧。

俄罗斯全国地质图书馆
All Russia Geological Library

1882 年建于圣彼得堡。现藏有图书 110 多万册，包括专著、期刊和特殊地图，主要收藏有关地质学方面的书刊、地图、学位论文、电子出版物和地质数据库。同时还编辑出版《俄罗斯地质图书》（年刊）。

俄罗斯人民友谊大学图书馆
Russian Library of the People Friendship University

创建于 1960 年。作为著名的国际教育和科学中心，以研究国际关系和世界文化为主的著名学府。该校有来自世界 119 个国家的近 2 万名大学生、研究生和进修生。图书馆藏书 250 多万册，收藏国内外近 400 种杂志和报纸，日平均接待读者 1.2 万人次。为全校师生提供各种免费服务。

俄罗斯圣彼得堡国立大学图书馆
Russian Saint Petersburg State University Library

又称高尔基学术图书馆，1724 年创立，是俄国历史最悠久的大学图书馆。搜集了许多极为珍贵的史料和实物，藏品中最为丰富并最有价值的是关于门捷列夫文献、矿物学、史地学、古生物、脊椎和无脊椎动物学等书刊资料。就藏书量及图书资料的价值来说，该图书馆居全俄罗斯前列。目前，全校图书馆系统的藏书已超过 780 万册（件），其中包括近 6 000 册稀有图书和手稿。

俄罗斯圣彼得堡国立文化艺术大学
Russian St Petersburg State University of Culture and Arts

其前身为 1918 年创建的图书馆学院，后改名为国立文化学院，是苏联时期最重要的文化艺术研究和教学基地，现属俄罗斯联邦文化部直接领导。该校拥有一支具有丰富经验的教学和研究队伍，5 000多名教员，为国家培养了大批文化艺术人才。1976 年对原有的课程设置进行了调整，增加了文献学、情报学、数学和科技知识等内容，将图书馆的专门化教育改为按学科文献工作专门教育。其科系设置为：世界文化史系、信息技术及多媒体设计系、音乐演出及文艺交流系和导演及制片系。

俄罗斯苏达克中心图书馆
Russian Sudak Central Library

又叫谢德林图书馆，是由当地富商谢德林于 1893 年开办的，位于苏达克市中心。由于苏达克较小，所以该馆是一所典型的社区图书馆，面积只有 200 多平方米，藏书 30 万册，克里米亚地区的历史文献是他们的特色馆藏。

俄罗斯图书爱好者协会
Russian Book Amateur Association

1974 年成立，全俄罗斯群众读书组织。该协会的中央理事会设在莫斯科，下设有 1. 3 万多个图书爱好者俱乐部，还在工矿企业、工地、农村、学校建立了 10 万多个基层组织，会员达 1 000 多万人。主要活动形式有：举办各种书展、举行读者讨论会、读书演讲会、巡回报告会、学术讨论会、文学讲座、专题晚会、在广播电台开辟专题节目和在电视台开辟读书知识测验等。

俄罗斯图书馆协会
Russian Library Association

成立于 1994 年，1995 年成为国际图联协会会员，与美国图书馆协会、英国图书馆协会等保持着友好密切的关系。其会员分别来自全俄罗斯 200 多所院校和 4 个协会。该协会旨在巩固、协调各图书馆之间的联系，提高图书馆行业的社会地位和声望，同时也最大程度地维护图书馆读者的权益。俄罗斯图书馆协会的工作内容还包括协助会员图书馆调整相关规定、获取图书馆行业信息以及培训图书馆工作人员等。此外还积极参加国际标准化组织和其他有关国际组织的活动。

《俄罗斯图书馆协会信息通报》
RLA Information Bulletin

俄罗斯图书馆协会的出版物，于 1994 年创刊，由俄罗斯国家图书馆出版社出版。报导各地图书馆及图书馆协会活动，尤其是国际和全俄图书馆界的重大事件以及有关政府颁布的规章、图书馆法的信息，并报道国际图书馆协会的活动。

《俄罗斯图书评论报》
Russian the Book Review

创办于 1966 年。20 世纪 60 年代由于图书出版种类多、数量，常常出现同一部古典作品的不同学者注释版本，读者需要引导，当然也不能否认当时苏联意识形态部门为更便捷地管理图书出版发行、了解国民思想倾向而创办该报。尽管该报主要是在意识形态导向上引导读者选择图书、促使他们认同某种阅读倾向，但在普及经典、培养图书市场方面还是做出了相当的贡献，并且随着时间的推移，该报也逐步改变了原来注重意识形态导向的办报性质，走向务实，直接为读者和出版书店提供服务。体现行业特点——介绍俄罗斯图书出版史、19 世纪 30、40 年代大众文化（包括杂志和图书）情形。通过该报，读者还能目睹普希金、别林斯基和果戈理等大师某些作品首次问世的版本情况（还附有原来的插图、美术字体和字号）以及新经济政策时期自由出版的情景和苏联时期地下文学风貌。

《俄罗斯信息资源》
Russian Information Resources

创办于 1991 年，双月刊，由俄罗斯信息资源联合会出版，阐述信息政策及科学信息活动的科学实践性杂志。所刊载的文章包括科技信息数据库的描述及其特征、存取方式，新信息技术开发的分析、描述和实践结果以及信息市场问题和登载信息及信息服务性公司的广告。该杂志还以电子形式出版。

《俄罗斯自动化图书馆情报体系》
Automated Library-Information Systems of Russia

由诗帕依别尔克、伏洛依斯基编著，由莫斯科利别列亚出版社于1996年出版。该书阐述俄罗斯图书馆体系自动化的现状和发展的基本方针，介绍自动化图书馆情报体系在选择和利用上存在的问题，并且分别介绍了各大型的国立情报中心和图书馆，包括：俄罗斯科学院自然科学图书馆、俄罗斯文化部主要的计算机情报中心、俄罗斯国立公共科学技术图书馆、莫斯科国立包曼技术大学图书馆、莫斯科大学图书馆的发展状况，同时也论述了俄罗斯图书馆情报资源电子通讯设施的现状及其发展前景。

E

俄罗斯自然科学图书馆
Russian Library for Natural Science

1967年成立。拥有140万固定藏书的中央图书馆和大约200个设在科学院学术机构内的图书馆。该馆藏书有1 380多万册（件），与许多国家的图书馆保持合作关系。在国际科学文献和图书交换方面，该馆的重大合作伙伴是西欧、美国、日本的一些科研机构。

《俄英情报学词典》
Russian-English Dictionary of Information Science

T. C. 日丹诺娃等编辑，由莫斯科科学出版社于1971年出版。该词典收录情报学理论与实践及其相关领域的术语3 035条，分别归入48类，内容主要有：情报学、图书馆学、目录学、符号学、逻辑学、计算机技术、程序设计、信息传递、编辑、出版、印刷、复制技术、缩微技术、翻译和科学与研究等。该书已翻译成中文《汉俄英情报学词典》（王熹等译，由科学技术出版社于1982年出版，1985年出第2版）。

厄里特特性字符
（法）*élite*

又称“厄里特”，一种打字机和打印机的字符密度标准，水平方向上每英寸打印有12个字符。

颚化符号
tilde

符号“~”，在西班牙文和葡萄牙文中某些字母之上的变音符号，如西班牙文印在n上，葡萄牙文印在a，o上。

《儿童读物评论》（美国）
***Children Literature Review*（*CLR*）**

盖尔（Gale）集团自1976年开始出版的系列年度参考书，提供对儿童图书和青少年图书的述评、评论和注释的摘录，按作者姓名字顺排列，在每卷的末尾附有累积作者索引和累积题名索引。

儿童读物书箱
kinder-box

指西方国家公共图书馆或少年儿童图书馆用于存放大开本的儿童读物以便翻阅的一种书箱，通常为2英尺见方，8英寸深，内分四格，下面装有短腿。

《儿童读物杂志》（美国）
Horn Book Magazine

1924年由儿童读物有限公司在波士顿出版。上面有作家访谈、社论、专栏以及大篇幅的对儿童图书的评论，每逢双月出刊。其刊名由15—18世纪一种叫做角书的儿童教育玩具引申而来。

儿童启蒙读本
battledore

从18世纪后期西方国家开始使用的一种学校初级读本，通常里面有2~3页用装饰漂亮的彩色折叠硬纸板做成，上面印有一些字母、阿拉伯数字等最基础的知识，像一本打开的喇叭书。

儿童图书
Children's book

专为儿童（不超过12~13岁）写的附有插图的书籍。包括幼儿小说和散文、食谱、儿歌、字母表、计算书、图画书、休闲书、初学者读物、图画故事书和故事书。在多数公共图书馆里，儿童图书放在幼儿读物架上，在多数学校图书馆放在自习室里。

儿童图书馆服务
children's services

针对12~13岁以下儿童提供的图书馆服务，这些服务包括幼儿藏书的开发、看护服务、讲故事、家庭作业指导和夏季读书计划等，通常由在公共图书馆的儿童阅览室工作的受过专业训练的儿童图书馆员提供。儿童图书馆服务主要是要培养儿童阅读兴趣，利用图书馆习惯以及培育儿童独立思考和研究的能力。

儿童图书馆服务协会（美国）
Association for Library Service to Children（ALSC）

美国图书馆协会的一个部门，原名为儿童图书馆协会，成立于1900年，1958年改称美国图书馆协会儿童服务部，1977年改为现名。该协会下设儿童权利倡导、资料评估、专业发展、计划与研究、少儿读物奖、儿童读物书商和奖学金等委员会。其宗旨在于提高各类图书馆向儿童提供服务的质量。儿童图书馆服务协会还负责颁发儿童读物奖：纽伯里奖（Newbery Medal）、考尔德科特奖（Caldecott Award）和怀尔德奖（Wilder Award）。出版季刊《图书馆儿童服务杂志》（*Journal of Youth Services in Library*, *JOYS*）和《儿童图书馆服务协会业务通讯》（*ALSC Newsletter*）。

儿童图书馆员
children librarian

专门为12~13岁以下的儿童服务和提供儿童读物的图书馆员。其服务对象是学龄前儿童和学龄儿童。多数儿童图书馆员除了受过图书馆学和儿童图书馆的正式专业教育外，还应有广泛的儿童文学知识、受过讲故事的培训及具有较丰富的讲故事经验。

儿童图书奖
children's book award

授予专门为儿童出版儿童图书的作者和插图画家的一种文学奖项。中国设有蒲公英少儿图书奖和冰心儿童图书奖，在美国，两项最著名的奖是考尔德利特奖（Caldecott Medal）和纽伯里奖（the Newbery Medal），还有马萨诸塞儿童图书奖（The Massachusetts Children Book Award），英国设有儿童图书奖（Federation of Children Book Groups Award）和斯马尔蒂斯儿童读物奖（Smarties Book Prize）。

儿童图书委员会（美国）
Children's Book Council（CBC）

由美国60多个出版社组成的一个非营利性的协会，建立于1945年。该委员会致力于鼓励文学创作和儿童图书的利用和欣赏。其会员包括儿童图书的出版商和包装商以及与儿童图书相关的多媒体生产者。该委员会主要是促进出版社、编辑和图书馆员合作，向儿童宣传、推广优秀儿童读物。从1945年起，儿童图书委员会每年主办全国儿童图书周，每年11月在全美国的学校、图书馆和书店举行，青少年诗歌周在每年的4月与全国诗歌月一起举行。

儿童图书周（美国）
Children's Book Week

美国在每年11月举行的地区和全国性的庆祝活动，由儿童图书委员会自1919年开始主办，其间图书馆员、书商、出版商和教育工作者安排书展、朗读、故事会、交易会、辩论会、图书彩票和其他活动以促进青少年的阅读习惯和对图书的兴趣。

儿童文学
children's literature

为儿童创作的文学作品，始于童谣、歌曲、诗歌、童话故事和故事的口头传播。17世纪初期，带有透明角片的儿童识字书在英国和美国殖民地广泛流传，但直到17世纪末，随着查尔斯·佩劳尔特（Charles Perrault，1628—1703）的畅销书《鹅妈妈的故事》（*Tales of Mother Goose*）的出版，才开始有书面的儿童文学作品。到18世纪中期，英国作家、印刷业者、出版商约翰·纽伯里（John Newbery，1713—1767）意识到儿童图书市场的存在，并开始出版带插图的作品，如旨在进行儿童道德教育《小姥姥，两只鞋》（*Little Goody Two-Shoes*）。直到19世纪，儿童文学作品才打破教导型的局限，首次出版了汉斯·克里斯汀·安得森（Hans Christian Anderson，1805—1875）的《格林兄弟》（*Brothers Grimm*）以及后来爱德华·利尔（Edward Lear）创作的《爱丽丝漫游奇境》（*Alice Adventures in Wonderland*，1865）等童话故事。早期儿童图书的插图都是黑白印刷，1860年，英国印刷商伊德默得·伊文斯（Edmund Evans，1826—1905）开始印刷彩色儿童图画书，由华尔特·克兰（Walter Crane，1845—1915）、凯特·格里纳布（Kate Greenaway，1846—1901）和伦道夫·考尔德科特（Randolph Caldecott，1846—1886）等艺术家作插图。路易莎·梅·奥尔科特（Louisa May Alcott）于1868创作的《小妇人》（*Little Women*）以及马克·吐温（Mark Twain）1876年创作的《汤姆索耶历险记》（*The Adventures of Tom Sawyer*）的出版，标志着儿童小说写实主义的开始。近几年，英国出版了一套令全球孩子痴迷的童话书——《哈里·波特》（*Harry Potter*）现在被译成了27种语言，风行130多个国家。中国也出版了许多优秀的儿童读物，如《神笔马良》、《三毛流浪记》、《一只想飞的猫》、《大头儿子和小头爸爸》和《黑猫警长》等。今天，儿童文学作品已在数百万读者的心中赢得了一席之地，各个年龄段的儿童图书和期刊都有了世界范围的市场。

儿童文学奖
Children's Book Award

指专门颁发给优秀儿童文学作品的奖金。如1956年设立的“安徒生奖”、1921年设立的“纽伯里奖”、1935年设立的“卡内基奖”以及1952年设立的“小学馆文学奖、绘画奖”等。

儿童与青少年图书馆专业组
Libraries for Children and Young Adults Section

隶属国际图联专业委员会图书馆服务部（Division of Libraries Service）。该专业组建于1955年，其主要宗旨是在世界范围内支持为儿童与青少年提供的图书馆服务和促进读书活动。其主要目标是在该领域各个方面开展教育、培训和研究的经验交流。该专业组的工作涉及到与适当的机构合作为不同文化和传统背景的所有儿童与青少年提供图书馆服务以及对儿童与青少年有影响的成人图书馆服务。出版该专业组的业务通讯（电子版），刊登有关儿童与青少年图书馆的新闻与会议动态和论文，出版会议录和年报以及《儿童文献文摘》(*Children Literature Abstracts*)。

儿童阅览部
children's room

公共图书馆或其分馆内的一个区域，向12～13岁以下的儿童提供专门的服务和读物，通常配备至少一名图书馆员以及适合儿童特点的桌椅和装饰。某些儿童阅览室还包括一个为小组故事会或木偶戏表演而设计的舒适的角落或凹室等。

儿童阅览室
reading room for the children

公共图书馆专门为儿童开设的阅览室，通常备有适合儿童阅读的书刊，有的还会针对儿童读者的特点开展一些益智活动，如讲故事、绘画展览和诗歌朗诵等。

《尔雅》
Er Ya

中国最早的一部解释词义的书，是中国古代的词典。该书也是儒家的经典之一，列入十三经之中，是后代考证古代词语的一部著作。该书被认为是中国训诂学的开山之作，是中国第一部按义类编排的综合性辞书，是疏通包括五经在内的上古文献中词语古文的重要工具书。

二次出版物
secondary publication

指文摘、索引和最新资料通报杂志等，是基于现有的一次出版物编制而成的出版物。

二次检索
secondary access

在前次检索结果集合的范围内，通过追加限定条件，进一步缩小检索结果的范围。如果第一次检索时结果太多，可以使用二次检索功能来精确前次检索结果。

二次书目
secondary bibliography

在源书目的基础上，根据需要选出的有关资料编成的专题书目。

二次文献
secondary document

对一次文献进行收集、分析、整理并将其外部特征或内部特征（篇名、作者、作者地址、刊名、年、卷、期、页、分类号和内容摘要等）按一定的规则加以编排而形成的文献。二次文献是信息工作的主体，是查找一次文献的线索，是检索文献时必不可缺少的工具。二次文献包括：目录、索引和文摘等。

二次信息源
secondary source

源于一次信息源或描述一次信息源出版或未出版的书籍。也指用于编撰著作而使用的非第一信息源的素材。二次信息源虽然具有一定价值，但因经多次转述，对人物、主题和事件描述往往会掺杂个人主观意见，所以，可信度比一次（原始）信息源差。

二级类目
division

在杜威十进分类法中，10个主要类目的第一级下位类，通常代表一个学科或分支学科。由分类标识的前两个数字标明。在该分类法中有100个二级类目（10×10），对下位类进一步细分，由第三位数字（0除外）代表，成为一个类目（944代表关于法国历史的作品）。

二级类目，小类
subclass

在分类表中的一个类目，按某种属性分出若干更细的类目。经过一次划分所构成的一系列概念称为下位类或子类（种概念），被划分的类称为上位类或母类（属概念）。

二级题名，副题名
secondary title

对正题名作解释性的题名，一般采用某一专用字符，如句号、冒号或连字符号来区分。也指每套连续出版物中的每一册单独题名。

二进制
binary

计算机处理数据的一种进位制，指以 2 为基数的记数系统。由阿拉伯数字 0 和 1 组成，每一个 0 或 1 称为比特（bit），满 2 向前进一位。这两位数字能表示数字，也能表示逻辑值“真”与“假”，还可以用电子设备里的开与关（即两种电平）两种状态来表示。

二取一规则
first-of-two

杜威十进分类法的分类规则之一，适用于同一学科两个主题的文献。当文献的两个主题是相互对等关系（彼此不是解释、补充等的关系）时，通常分类号使用分类表中首先出现的号码，即使该类号与文献主题的关系并非最贴切。

《二十四史》
Twenty-four Dynastic History

中国古代各朝撰写的二十四部史书的总称，又称“正史”。计 3 249 卷，约 4 000 万字。是一部规模巨大、卷帙浩繁的史学丛书，从第一部《史记》至最后一部《明史》，共耗时 1 800 余年，是世界图书史上的巨著。所记叙的时间，上起传说中的黄帝（前 2550 年），止于明朝崇祯十七年（1644 年），前后历时 4 000 多年，用统一的有本纪、列传的纪传体编写。记载了历代经济、政治、文化和科技等各方面的事迹。

《二十一世纪图书馆学丛书》
Series of Library Science in the 21 Century

由丘东江主编。该丛书旨在顺应时代潮流，把握知识经济和网络时代图书馆学情报学发展的脉络，强调精品意识和求实创新的学术风格，全力推出理论和实践相结合的最新研究著述。该丛书由国内外图书馆专家学者合力而成，并特邀 19 位著名人士担任顾问，国家图书馆馆长任继愈先生为该丛书题写书名，北京大学资深教授吴慰慈作了总序，国际图联执委、OCLC 总裁和副总裁以及吴建中博士分别为部分著作题词。该丛书以探讨图书馆学情报学最新理论与实践为主要内容，已出版 3 辑，共 29 种 32 册，分别于 2001 年、2007 年、2010 年由华艺出版社和海洋出版社出版。

二手发行量
pass-along circulation

指读者在不购买的情况下借阅的期刊数量。例如，在医院等候就诊阅读放在走廊里的杂志，在公共图书馆借阅等。一本杂志的总发行量包括有偿发行量、赠阅发行量和二手发行量。

二维移动图像
Two-dimensional Moving Image

以图像表达、感知为二维移动的内容。包括非三维的电影（实景或动画）、表演或事件等的胶片或录像、视频游戏等。属“资源描述与检索”（RDA）定义的内容类型（content type）之一。

E

F

发表权
right of publication

指作者对其尚未发表的作品享有决定是否公之于众的权利。这是著作权人享有的一种著作人身权利。

发表社论，写社论
editorialize

就当前重大事件或有争议的问题发表意见，阐明立场、观点和看法，以组织、说服和争取读者接受或采纳提出的观点。也指在事实报道中插入编辑的评论。

发票，发货凭单
invoice

送交买方的文件或表格，上面由卖方注明订单号、品名、数量、价格、销售期、交货方式、运费以及货物销售或提供服务的总金额。大多数图书馆在确认付费之前均要求开具发票。以下是一些出版商发票中常用的英文附注符号和缩写：BO：待执行订单；NEP 或 NE：准备出版的新版本；NOP：非本出版商出版物；NR：未返还；NYP：尚未出版；OC：订单取消；OP：绝版；OPP：目前绝版；OS：无库存，（图书）售缺，缺货；OSC：无库存，取消；OSI：不确定无库存；TOP：暂时停印；TOS：暂无库存，临时缺货；XR：未返还。

发券借书法
token charging

由英国威斯敏斯特公共图书馆（Westminster Public Library）于 1954 年创造的一种借书法，指图书馆借书处在读者进入图书馆借书时发给的一张书券，读者凭券取书。这种方法简单便利，但图书馆员无法知道馆内图书的去向。

发送
send

从计算机网络上的一个节点将数据传送到另外一个节点（电子邮件的发送），也指计算机程序中发出传送数据的指令。

《发现》（美国）
Discover

1980 年创刊，周刊。主要报道科学领域的重大问题和最新成就，内容涉及物理学、化学、能源、计算机、医学、天文学、动物学和材料等多方面，是一种图文并重的普及性科学新闻杂志。由纽约发现出版物公司出版。

发信方
originator

建立、转换可传送数据的人、设备或程序；也指在数据保密系统中，负责创立信息权限的单位和个人。

发行的权利
distribution right

根据法律协议，由出版社转给其他公司或个人在指定地区向市场推销某出版物的专有权利。对图书而言，发行权通常在题名页背面的发行说明中标出。

发行，发布
release

指首次将某一音像制品的拷贝向公众展示或出售，也指允许将电影和磁带录像资料的拷贝放映给公众观看。在特殊情况下，一部电影可经重大改编后重新发行。在编目过程中，此类资料的发行日期可视为出版日期。又指文稿的发布，著名人士、政府机构或各级机关供报纸杂志发表的文稿。

发行机构
issuing body

指负责书刊和音像制品、软件等发行工作的任何机构或团体。

发行拷贝，电影正片
release print

指上映用的电影正片。发行拷贝长度往往比导演预计的要短。在某些情况下，如发现已发行的电影正片太长，可经剪辑后再重新发行。

发行模式
Mode of Issuance

反映资源为单行或多部分发行，其更新及预期终止方式。“资源描述与检索”（RDA）定义有4种发行模式的资源，即单行资源、多部分专著、连续出版物和集成性资源。

发行权
right of distribution

指作者或其他著作权人享有的发行其作品复制品的权利。作者或其他著作权人可因转让或授权他人使用其发行权而获得报酬，并有权限制对其作品发行的地区或方式。2001年修正的《中华人民共和国著作权法》规定：发行权即以出售或者赠与方式向公众提供作品的原件或者复制件的权利。这是著作权人享有的一种著作财产权利。

发行人
book distributor

出版物的主办人，又称发行者。一些国家的出版法规定，出版书刊必须要用发行人的名义向政府当局登记注册，发行人必须对出版物的出版、发行及其债权、债务承担法律责任。

发行日期
date of distribution

指出版资源的发行日期。

发行日期
release date（issue date）

将一部电影或磁带录像资料正式发行给影剧院供公众观看、或给批发商和零售商进行销售的日期。也指书刊杂志的发行时间。在编目过程中，应将发行年著录在出版发行项中。

发言（讲）稿
transcript

广播和会议上的讲话、发言或演讲的文本内容，也可以是录音记录。

发音符
diacritical mark

加在字母上方或下方，用以表示特殊音值或重音位置的标记，如法文中的“*cedilla*”一词的ç下面加一个发音符号表示读音特征：读［ts］或［s］，不读［k］。在字顺目录中，排编目录、索引及工具书词条时，常略去发音符号不计。

罚款，罚金
fines

多数图书馆对逾期未还书的读者按天收取少量过期费，以促使他们尽快归还。罚金数量根据所借的图书资料类型的不同而不同。逾期未还的罚金也可以按小时收取。读者在所借的图书资料到期之前或到期之日可办理续借手续以避免罚款。当未付的罚金积累到一定数量时，读者的账户会被查封。

法定呈缴本
legal deposit

根据法律规定，凡正式出版或发行的一种新出版物均应向国家或地方政府指定的图书馆缴送一定数量的样本，这种法定缴送的样本书称缴送本。指定接受缴送本的机构一般是国家图书馆或国家书目登记机构，某些国家另外规定地方或部门级的缴送机构。

法定呈缴本图书馆
legal deposit library

又称“版本图书馆”。按法律规定，被指定为专门收藏本国新出版书、刊的一所复本的储藏图书馆。

法定尺寸
legal size

在美国用于法律文献的纸张尺寸，即宽8.5英寸，长14英寸。

法戈公共图书馆（美国）
Fargo Public Library

位于美国北达科他州的法戈市，现包括1所中心馆和1所流动图书馆，为全市居民提供服务，其馆藏图书和期刊合订本有近20万册，激光唱片、磁带和其他音频资料共10 000多件，数字视盘和家用录像机制式的视频材料共4 200件。年到馆访问有63万人次，年图书流通量为86万册次。

法规制定，条例编制
codification

制定用以规范特定活动（如书目资料编目）的系统性规则的过程。美国图书馆协会、英国图书馆协会和加拿大图书馆协会联合编制的《英美编目条例》(*Anglo-American Cataloging Rules, AACR*)，已成为世界多个国家图书馆对图书、手册、制图资料、乐谱、录音带、电影片和录像带、图像资料、计算机文档、立体型资料（如模型、雕塑等）、缩微平片和连续出版物等不同类型的图书馆资料进行编目时所遵循的规则。

法国标准化协会

（法）*Association Française de Normalisation* （*AFNOR*）

于1926年成立。是一个公益性的民间团体，也是一个被政府承认，为国家服务的组织。1941年5月24日颁布的一项法令确认该协会接受法国政府的标准化管理机构即标准化专署领导，按政府指导开展工作，并定期向标准化专员汇报工作。该协会负责标准的制订、修订工作以及宣传、出版和发行。

法国电视二台

Television France 2（France 2）

属于法国广播公司的国营电视台，全法国公共电视台，是法国的第二家电视台。原名“第二天线电视台”（*Antenne* 2），1992年9月改为现名。1963年开播，1967年首次在法国播出彩色电视节目。根据民意测验，法国人最喜欢天线电视二台，被公认是较高雅、较富知识性的电视台。

法国电视一台

Television France（TF1）

法国私营中最重要的电视台，是法国甚至欧洲最大的电视台。1945年10月1日起从埃菲尔塔发射台正式播放节目。该台原为国有独资电视台，1986年法国议会通过传播与自由法后，法国电视一台于1987年4月正式作为私营商业电视台播出。该台覆盖全国，是法国收视率最高的电视台。

法国电台

Radio France

法国国营广播电台中最重要的电台，1922年2月成立。面向国内采编发节目，播出4套不同类型的全国性节目和1套区域性节目。

法国龚古尔文学奖

（法）*Prix Goncourt*

于1903年在法国设立。早在1874年，法国作家埃德蒙·德·龚古尔（1822—1896）为了纪念他早逝的弟弟于勒·德·龚古尔（1830—1870），在遗嘱中规定用他们的遗产作为基金，成立龚古尔学院，由10位著名作家担任院士，每年评选出一本当年出版的最佳小说，颁发龚古尔文学奖，该项文学奖在法国文学界影响很大。

法国国际广播电台

（法）*Radio France Internationale*（*RFI*）

法国另一重要的国营广播电台，为法国对外广播电台。成立于1975年，曾附属于法国广播公司，1983年起根据头一年颁布实施的广播法成为独立的国营广播公司。该台主要任务是向全世界介绍法国的政治、经济、语言、科学和文化，并让居住在国外的法国人了解法国的情况。该台经费主要来自政府拨款和视听税。目前以18种语言播音，每周播音330小时，海外听众达3 000万。

法国国家图书馆

（法）*Bibliothèque nationale de France*（*BNF*）

世界最大的图书馆之一，位于法国巴黎。其历史可以追溯到600多年前的皇家图书馆。1368年，作为礼物，国王查理斯五世（*Charles V*）建造了其私人图书馆，路易斯十一（*Louis XI*，1461—1483）执政后，开始连续性的收藏。1537年，弗兰西斯一世（*France I*）设立了法定的保存处，1670年，尼古拉斯·克莱曼（*Nicolas Clément*）首次为馆藏图书分类。这所皇家图书馆于1720年（法国革命时期）被宣布为国家图书馆。1799年拿破仑上台后，又成了皇家图书馆，直到1870年共和国重新建立。1874年，中古历史学家里昂博德·德莱尔（*Léopold Delisle*）担任了该图书馆的馆长，他首创了印刷型图书目录。1994年，国家图书馆（*BN*）与新建的法兰西图书馆（*BDF*）合并为法国国家图书馆（*BNF*），成为世界上名列前茅的图书馆之一。1996年底，图书馆新馆竣工，新馆坐落于巴黎东区塞纳河畔。旧馆则以保存古书为主继续为读者服务，其保留的资料有：88万多幅地图，11万件版画与照片，23万件手稿，20多万册珍善本，52万件钱币纪念章与古董，170万件音乐资料和300万件的戏剧艺术资料。新馆馆藏内容有开架式图书85万册，闭架库藏1 000多万册，期刊35万种（其中3万余种法文现刊和8 500种外刊），此外还有近8万个缩微胶卷、95万张缩微平片、10万件数字化馆藏以及动画视像、幻灯片和有声资料等。1997年建立的数字图书馆总量为160万册（本），其中有32万册电子图书，3万多幅地图，19 462件手稿，83万种报刊杂志以及7 000份乐谱。该馆是国际图联的机构会员。

法国国立文献学院

(法) *Ecole Nationle des Chartes*

1807年创办，1821年正式成立，设在法国巴黎。是法国培养档案工作者和部分图书馆员的高等院校，也是世界上最早的一所正规档案教育机构，被称为欧美国家第一代档案学院。该学院从中学毕业会考及格并报考该学院的中学生中择优录取新生。所讲授的课程主要有：目录学、考古学、现代档案学、数学、拉丁文、古文字学、古文书学以及计算机学等。根据法国政府1846年12月颁布的条例规定，只有从该学院毕业的学生，才有资格担任法国各档案部门的档案管理职务。

法国式折页

French fold

折页方式之一。将单面印刷的印张折成四页（张）或更多的页，页面与页面连接处不予裁切，使正面的页码能连续阅读，这种折页法常用作婚礼邀请函。

法国图书馆员协会

(法) *Association des bibliothécaires de France (ABF)*

成立于1966年，是法国最大和历史最悠久的图书馆员协会，大约有4 500名会员，出版季刊《信息通报》(*Bulletin d'informations*)。

《法兰克福汇报》(德国)

(德) *Frankfurter Allgemeine Zeitung*

全德国发行的享有世界性声誉的综合性日报，创办于1949年11月1日，日发行量约40万份左右。该报的主要读者对象是中产阶级以上的知识分子，包括政府及企业的领导人，因此，号称是一份为"智者"创办的报纸。其最大长处在于其深刻的国际形势报道和睿智的经济形势分析，主要得益于有一支第一流的编辑记者队伍，还有一个遍布于国内15个大中城市以及全世界24个国家和地区的记者网络，这使得该报能够对国内外发生的重大事件作出远远超过一般通讯社消息内容的独家报道，因而深得读者的青睐。

法兰克福市立图书馆（德国）

Stadtbücherei Frankfurt am Main

法兰克福市读者到访量最高的公共机构，拥有16.6万名注册读者（莱茵－美茵区），每天到馆人数约7 000名，活跃读者中约34%为儿童和青少年。该馆特别鼓励这部分读者群使用图书馆，因此针对他们设计并推出了各类活动。该馆服务的另一个重心放在发展多元文化图书馆服务、读书写字和教育活动以及各分馆举办的社区活动。总馆藏近70万册（件），为读者提供丰富的馆藏，包括纪实作品、各类专著、小说、儿童和青少年文学、报纸、期刊、乐谱和音像制品，涵盖20种语言，以满足该市居民的多元化需求。该馆于2008年11月设立"上海之窗"。

F

法兰克福图书博览会

Frankfurt Book Fair

世界上最大的和时间最久的图书博览会之一，1949年由德国书业协会创办，现在每年10月在德国法兰克福举办一次（为期6天）。法兰克福图书博览会实际上在中世纪后期就已经存在了，最初，是商人们买卖书稿的地方，常常有国际因素，受到欧洲各国交易者的赞助。该博览会容许世界上任何出版公司展出任何图书、漫画、电子媒体、地图、杂志和报纸，为出版商提供一次展示他们出版物的机会，磋商国际销售权，安排合作出版等事项。在展览会上每年颁发一次"德国书业和平奖"。有来自100多个国家和地区近8 000多个参展商出席，大约30多万专业工作者和来宾相聚该图书博览会。

法兰绒板，毡板

flannel board (feltboard, cloth board)

在一大块方形或长方形的木板上，覆盖毡布；在讲故事和教学中，将裁剪好的丝织品或者其他网纹布料粘在毡布的表面上，毡板竖直放置时，可以用来显示所涉及的字母、符号等。

法律颁布日期

date of promulgation of a law

指法律颁布或生效的年份。

法律档案

legal file

与法律案例相关的资料汇集，包括案件概要、审判决定或案例史等。

法律全文数据库（美国）

Hein Online

美国著名的法律全文数据库，涵盖全球最具权威性的近1 300种法律研究期刊，同时还包含675

卷国际法领域权威巨著，10 万多个案例，1 000 多部精品法学学术专著和美国联邦政府报告全文等。该数据库所收录的期刊是从创刊开始，大多数资源已更新到前一年，是许多学术期刊回溯查询的重要资源，曾获得国际法律图书馆协会、美国法律图书馆协会等颁发的奖项。

法律书装帧材料
law calf

指用平铺而未着色的小牛皮或绵羊皮来装帧的一种材料，主要用于法律书籍的装帧，但现在大量使用硬麻布来代替。

法律图书馆
law library

专门图书馆之一，其藏书主要由案例法、国际法律协议、条约和参考工具书在内的法律研究与学习材料，法律期刊和电子检索工具所组成。法律图书馆通常由法院、法学院或法律相关团体所设立，由法律图书馆员进行管理，在一些国家里，法律图书馆员需有法学博士学位和图书馆学硕士或图书馆学情报学硕士学位。美国法律图书馆协会（American Association of Law Libraries）曾制定有关法律图书馆标准（Standard of Law Libraries）和编辑法律图书馆手册（Manual of Law Librarianship），对法律图书馆的目标、服务对象、服务内容、业务标准和设备配置等作出明确规定。

法律图书馆专业组
Law Libraries Section

隶属国际图联专业委员会图书馆类型部（Division of Library Types）。该专业组于 2005 年 12 月设立。其宗旨在于将不同类型的法律图书馆：立法机关图书馆、企业法律图书馆和法学院图书馆等的图书馆员聚集在一起，共同探究如何开展法律图书馆专业组的工作。出版《年报》（*Law Libraries Section Annual Report*）和《传单》（*Flyers*）。

法律文件集
legal records

指保存起来用于参考的法律记录的汇集。

法律文献
legal literature

指有关法律方面的各种文献的统称。

《法律文献信息与研究》
Law Document Information & Research

1995 年创刊，由中国政法院校图书馆协作委员会和中国政法大学图书馆主办并出版发行，季刊。所开设的栏目有：“法学与法学文献”、“国外图书馆”、“图书馆工作研究”、“档案工作”、“研究生学位论文目录”和“信息动态”等。

法明顿方案
Farmington Plan

指美国 60 多所大学图书馆和研究图书馆对外国出版图书的联合采购方案，目的是保证有价值的各国现行专题著作至少要购入一套，并及时登入国会图书馆的联合目录，以供馆际互借与照相复制。1942 年 10 月，该方案起草于康涅狄格州的法明顿市，1948 年开始实行。该美国地区性藏书补充协调计划由于种种原因，于 1972 年终止。

法明顿公共图书馆（美国）
Farmington Public Library

位于美国的墨西哥州的法明顿市，于 1800 年建立，现拥有 1 所中心馆和 1 所分馆，为该市居民提供服务，其馆藏图书和期刊合订本有 31 万册，激光唱片、磁带和其他音频资料共 1 万多件，数字视盘和家用录像机制式的视频材料共 400 多件。年到馆访问有 51 万人次，年图书流通量为 49 万册次，流通的 54% 馆藏是儿童资料。在线出版《法明顿公共图书馆新闻》（*Farmington Public Library News*）。

法人作品
works of legal entity

指由法人组织主持，代表法人意志创作，并由法人承担责任，以法人名义出版的作品。

法式书脊槽
French joint

一种法国式图书装订法，即在装订中，将书脊与前后封的纸板分开，使之保持较小的间隔，再用皮革或布黏合，形成较大的折缝，这样，使得比上书壳后的压槽更能使书籍开合自如。

法新社（法国）
（法）*Agence France Presse*（*AFP*）

世界四大通讯社之一。前身是哈瓦斯通讯社，于 1835 年在法国巴黎创建。1944 年，在戴高乐临时政府指导下组成法新社，是法国官方通讯社。该社业务机构分为三大部分：新闻部、总务部和技术部。其电讯稿每日以英、法、西、葡、德和阿拉伯语播发，该社除发送一般的新闻稿件外，还提供时尚流行、工商行情等其他特稿。在全世界 160 多个国家和地区有新闻稿订户约有 3 500 多家。

法院审判令状
judicial writ

指法院在判决后所颁发的有关逮捕、拘留、释放某一嫌疑人的令状或票证以及一般性的批示或命令等的总称。

法院图书馆
court library

隶属于不同国家的各级法院，这些法院图书馆有的只为法官、法院的工作人员服务，不提供对外服务。例如，德国卡尔斯鲁厄市（Karlsruhe）的联邦宪法法院图书馆。有的法院图书馆也为外部读者提供服务。例如德国卡尔斯鲁厄市和莱比锡市（Leipzig）的联邦最高法院图书馆。

番薯网
www. Fanshu. com

由方正集团与拥有先进因特网技术的中搜联手打造的电子商务平台，致力于为用户打造集书的搜索、多平台阅读、互动分享、购买为一体的全方位服务。2010 年 3 月，推出针对数字图书专业领域的云阅读平台，提供了以全文搜索引擎、电子商务平台以及全媒体发布系统为组成的综合性云服务。

翻刻本
reprint edition

又称覆刻本，根据原版重新翻刻印刷的书。用宋版翻刻的，称为“覆宋本”，用元版翻刻的，称为“覆元本”。明代由各地藩府所刻书称为“藩刻本”。藩刻本多由当时一些著名学者负责具体的校刻工作，加之资金充足，刻工和纸墨都比较精细。

翻页图表
flip chart

钉在一起的大张纸片，固定在图表架上，其中每一页都可以从上面翻过去以便相继显示下一页的图表或表格数据，不同于幻灯片和演示软件。幻灯片对于大多数观众来说看起来更为清楚，但需要投影设备。flip chart 也可以拼写为：flipchart。

翻译
translation

将部分或完整的讲话或作品，由一种文字转译成另一种文字（如将英文译成西班牙文），或者将同一种语言由古语译成现代语的工作（如将中古英语译成现代英语）。

翻译强制许可证
compulsory licences for translation

指国家著作权行政管理机关依照国际著作权公约的有关规定，颁发的强制作品权利人许可他人翻译作品使用的证书。颁发翻译强制许可证之目的，是防止权利人滥用自己的专有权而妨碍科学文化知识的传播。

翻译权
right of translation

著作权人的财产权利之一。即著作权人享有将作品从一种语言文字转换成另一种语言文字的权利。作者或其他著作权人对作品享有自行翻译、许可或不许可他人翻译成其他语言文字、符号作品的权利。一部著作，在由某种文字翻译成另一种文字前，须征得著作权所有者或著作权代理人的同意，通常还要支付一定的报酬。

翻译权所有
right of translation reserved

指译者根据有关法律或规章条例的规定对已征得原作者或其版权所有人同意翻译的作品所享有的各项权利。

翻译索引
Index Translationum

联合国教科文组织的关于图书翻译的数据库，于 1932 年由国际联盟（League of Nations）建立了第一个系统翻译记录体系。1946 年，联合国教科文组织接管了这个系统。1979 年被电脑化，这个真正的累积数据库开始成形。该数据库收录有 170 万条翻译作品的文献资料涉及 25 万多位作家的作品。数据库每 4 个月更新一次，每年增加 10 万条左右的新条目。

翻译作品
translated works

以原始作品为蓝本，用原著语言文字以外的语言文字或符号表达原著内容的作品。

F

翻印版，违权版
unauthorized edition

一种未经过作者、作者法律代表或原作品出版人许可而印刷的版本，通常包括盗版书籍、盗版软件和盗版音像作品。在很多国家和地区，这种行为被定义为侵犯知识产权的违法行为，甚至犯罪行为，会受到所在国的处罚。

翻阅，浏览
browse

无明确意图从头到尾随意地在图书馆的藏书、目录、书目、索引、书目数据库或其他检索工具中搜索所感兴趣的资料。为了便于浏览，图书馆会将同一主题的资料配以相似的索书号，并在书架上集中置放这些资料。在信息检索中，读者可以是以随机的方式进行直接检索。一个表达清楚的咨询问题可以是决定进入索引或数据库款目的初始点，但开始时的系统化检索常让位于一种探测性方法，特别是在检索结果引出新的术语时。印刷型的索引要比电子版数据库更容易浏览，因为让用户很容易地扫描初始检索点前后的标目和款目。也可指以随意的方式，快速在因特网上阅读检索到的信息资源，或指在计算机上使用一个对话框查找一个文档或目录。此外，通过提供对相关文献和电子资源（如电子辞典）的嵌入链接，可实现对超文本的在线浏览。

F

凡立水，清漆
varnish

人造漆的一种，用树脂、亚麻油或松节油等制成。印刷物纸质封面或新书护封上涂上凡立水光滑涂层，可以增加视觉效果，起到装饰保护作用。

凡例
elucidated

又称“例言”、“叙例”、“例话”和“发凡”等。书籍前关于编纂体例的说明，多用于文库、丛书、套书与作品合集以及词典、手册等工具书，由书籍编撰者或编辑部撰写。根据书籍的性质、规模、用途和读者对象等不同情况，有选择地说明选文标准、收词原则、归类方式、编排顺序、年代划分、释义范围、释文要求、行文规格、检索方法以及有关注释、插图、表格、公式、符号、附录和索引等各种辅文的安排，帮助读者了解书籍编撰体例，便于阅读和检索。由于各类图书的情况不一，凡例的篇幅可长可短，但均要求文字简明扼要，以能说明问题、指点读者如何迅速而有效地检索查阅为原则。凡例在书籍中的编排位置，一般位于目录前后，并用不同于正文的字体排印，字号可相等或略大于正文，并与正文分开编码。

繁体中文
Traditional Chinese

又称国字、传统中文、正体中文，指传统上的中华文化中所使用的中文书写体系，目前已有两千年以上的历史，直到 21 世纪一直是各地华人中通用的中文书写标准。繁体中文的名字由来，来自于 1956 年中国推行简化字时，把简化前的传统汉字称作繁体字，因此形成了对传统的中文冠以繁体中文的称呼。目前，繁体中文主要在中国台湾、香港与澳门地区以及北美等部分海外华人社区中使用。

反差，对比度
contrast

指印刷品、照片或动画胶片、录像或电视上的高色调与低色调之间差别的程度。最大的反差是没有中间灰色调的黑色和白色。在计算机图形中，是指显示图像与显示背景区域之间在亮度上的差别。

反复查找，迭代检索
iterative search

一种检索方式，是指研究人员或检索人员就某些问题反复进行检索或查询，直至找到问题的答案或解决方案。在这种过程中，其检索方式是由浅入深、逐层深入的。

反规避技术措施
anti-circumvention of technological measures

对作品的数字化使用，特别是在因特网上的使用，保护版权的技术措施已成为权利人保护权利的常用手段。为此，需要适当的法律规定来制止规避技术措施的行为。《世界知识产权组织版权条约》第 11 条规定，缔约方必须提供充分的法律保护和有效的法律救济，来制止规避技术措施的行为，这些技术措施是指作者为行使《世界知识产权组织版权条约》规定的权利，为了约束未经作者许可或未被法律允许而使用数字作品的行为的有效技术措施。

反馈
feedback

将系统输出量的一部分，经过转换后又返送到输入端，以调节系统再输出的过程。在图书馆工作中，则是指读者对于一种资源或服务质量或有效性所提出的意见（或要求），无论是肯定的还是否定的。图书馆依靠读者调查和意见簿获得他们的反馈，以便改进服务工作。

反射复印纸
reflex paper

一种用于反射光复印的专用印相纸。

反射式放映机（投影机）
opaque projector

通过反射不透明物体的图像（地图、照片和书页等）的光线或反射不透明支架上的画片或图形的光线来达到投影目的的一种投影机。于19世纪末取代了有些类似的一种叫做明箱的设备，而在明箱之前还有一种叫做暗箱的设备。现在使用的放映机还有各种不同的其他类型。

反射式复制
reflex coping

一种专门用于复制不透明原件的接触式复印方法。该方法是根据被复印原件表面所反射出的光线使感光层感光这一原理实现的。反射式复制有稳定法、转印扩散法和凝胶染色转印法等几种方法。其主要优点是：能用除黄色外的任何颜色以及半色调原件复印高反差复制件。缺点是：复制件会随着时间的推移而变黑，复制图文会逐渐消失，而且这种复制方式价格比较昂贵。

反射式图像资料
reflection media

一种用化学或物理方式将可视图像记录下来，并能根据需要放大或重现的特种文献资料。

反射式照相机
reflex camera

一种可以将镜头所成之像通过反光镜反射到毛玻璃屏上，以便调焦和取景的照相机。这种照相机的取景系统是透过主镜头得到的，其工作原理是：将透过照相机主镜头射入的光反射到取景器内成像。这样就可以使摄影师在任何时刻，包括照相机移动过程中都能清楚地看到被摄景物的影像。

反向印刷
reverse left to right（reverse L to R）

指把印刷画面反转180°印出。其效果如同在镜中看物。

反义词
antonym

意义相反的词或短语，大型图书馆的参考部都备有反义词词典。在一些标引语言中，从一对反义词中选取一个来表现两者，并对另一个作交叉参照。

反转法
reversal process

一种胶片冲洗方法，即将负像转换为正像的显影法。其基本原理是，底片显影后仍是负片，但不予定影，而是用溶剂把显影液还原了的银盐溶解掉，只留下溴化银，再把片子曝光、显影，从而得到正片。

返回
bounced

一封未发送成功的电子邮件被退回到发送者的信箱账户内，其原因可能是由于收件人的电子邮件地址被打印错了、电子邮件信箱满了、用户不熟悉邮件服务器等原因。

犯罪小说
whodunit

以凶杀等犯罪及侦查推理为题材的小说、剧本和影片等。

泛非通讯社
Pan-African News Agency（PANA）

非洲统一组织的通讯社。根据1979年7月第16届非洲统一组织首脑会议决定成立，宗旨是便利成员国之间交换新闻，并为发展和建立非洲各国的通讯社作出贡献。1983年5月25日开始发布新闻。总部设在塞内加尔首都达喀尔，工作人员100多人，分属28个不同的国籍。该社在非洲7个国家设有分社，消息除一小部分由总社记者采写外，主要由各成员国的通讯社提供。每天用英、法两种文字发稿约2.5万字。

泛在图书馆
ubiquitous library

1995年由美国马里兰大学图书馆馆长查尔斯·布洛里（Charless B. Lowry）博士提出，其基本特点为：基于网络，泛在图书馆利用因特网传递信息资源和服务、全天候连续提供服务、开放存取、多种形式、多语种和全球化。

范并思（1953—）
Fan Bingsi

华东师范大学教授、中国教育部高等学校图书馆学学科指导委员会委员。兼任中国图书馆学会第八届理事会理事和图书馆学理论专业委员会副主任。上海市图书馆学会常务理事、学术委员会主任，中国社会科学信息学会常务理事和中国索引学会常务理事。《图书馆杂志》副主编、《中国图书馆学报》、《大学图书馆学报》、《情报资料工作》、《图书情报知识》等刊物编委。1982 年毕业于湖南大学图书馆学系，获文学士学位，1988 年毕业于华东师范大学图书馆学情报学系，获硕士学位。主要研究成果在社会科学情报和图书馆学基础领域，主持国家、教育部科学研究课题多项，出版专著多部，发表论文几十篇。曾任华东师范大学信息学系主任。

范畴
category

指在分类法中具有高度概括性和广泛适用性的基本概念。

范内瓦尔·布什（1890—1974）
Vannevar Bush

美国著名工程师，科学家管理者。有人尊称为“资讯科学之父”、“现代电脑之父”、“超文件之父”、“NSF 之父”等，其一生的成就对信息社会影响与贡献之巨大，堪称为一代“资讯巨人”、“信息时代的教父”。这位具有 6 个不同学位的科学家、教育家与 20 世纪许多著名事件都有着千丝万缕的联系，其中包括“曼哈顿计划”、硅谷和国际因特网等。

范式
paradigm

20 世纪美国哲学家托马斯·库恩（Thomas Kuhn）的经典著作《科学革命的结构》(1962 年）提出的核心概念。在《科学革命的结构》中，库恩提到，许多著名的科学经典，如亚里士多德的《物理学》、牛顿的《原理》和《光学》等具有两个特征：一是它们的成就空前地吸引了一批坚定的拥护者，使他们脱离科学活动的其他竞争模式；二是这些成就又足以无限制地为重新组成的一批实践者留下有待解决的种种问题。凡是共有这两个特征的成就，库恩称之为“范式”。所以，范式是指引起某一学科的标准研究方法或者某一专业研究领域的常规思维方式产生变革的一种体例，在图书馆学情报学中，技术革新使学科范式不断转变。paradigm 源自希腊词 *paradeigma*，意指“模范”或“模型”。

范式转变
paradigm transformation

最早由科学哲学家托马斯·库恩在《科学革命的结构》(*The Construction of the Science Revolution*) 一书中提出来。库恩发现，随着科学的发展而产生许多新事物、新现象，而原来的一些理论却无法解释——过去的理论框架与现实之间出现了“方枘圆凿”的尴尬，必须有一种全新的和更加完善的理论框架来解释新事物、新现象，这就必然导致理论范式的转变。而今天，数字化、信息化带来的剧变，正在使社会、经济、文化经历着一场范式的转变。图书馆发展的范式转变主要表现在主体、馆藏、服务和管理等方面。

范围，幅度
range

指在某一特定的数据库中最大值和最小值之间的差值。

范围检索
scope domain searching

常见的、通过约束或缩小检索范围来提高查准率的限制检索方法。有时间范围限定检索、空间范围的限制检索、从学科范围进行限制检索、特定数值范围的限制检索以及查找信息类型、语种、存储和描述格式等之分。

范希增（1901—1930）
Fan Xizeng

字耒研，号樨露。著名目录学家。1923 年毕业于南京高等师范学校文史地部，曾师从著名历史学家柳诒徵。曾先后撰著了《南献遗征笺》、《评〈清史稿·艺文志〉》、《天问校语》和《书目答问补正》等。

《梵蒂冈编目规则》
Vatican Code

为 1920 年重组后的梵蒂冈图书馆所设计的编目规则，1931 年出版，用于印本图书目录。该规则中所列举的例子，均受美国影响，被认为是具有美国偏见的规则。

梵蒂冈图书馆
Vatican Library/*Bibliotheca Apostolica Vaticana*

西方世界最著名的图书馆之一，罗马教皇设立的图书馆，其历史可以追溯到中世纪教皇的藏书库。以图书收藏闻名的教皇尼古拉五世（Pope Nicholas V）为其身边的神职人员和学者建立了梵蒂冈图书馆。著名学者、教皇西克斯图斯四世（Pope Sixtus IV）即位不久即为图书馆确定了大量经费，用以购买图书设备，并任命了巴托勒莫·帕拉梯纳（Bartolomeo Platina）为第一位梵蒂冈图书馆正式馆员。1589 年由杰出建筑家和艺术家精心设计、装修的新馆舍落成，壮丽的大厅和多彩的壁画是这个建筑的一大特色。文艺复兴时期，梵蒂冈图书馆成为欧洲古典文化中心。1927—1939 年在卡内基国际和平基金会（*The Carnegie Endowment for International Peace*）和美国国会图书馆（*The Library of Congress*）的支持下改进了目录体系。1931 年制订著录条例，在书库装置了当时最先进的设备。1934 年建立一所图书馆学校以培训图书馆员。该馆共收藏印本书刊 110 多万册，其中包括 16 世纪以前印刷的古版书 8 500 部，公元 2 世纪以来拉丁文、希腊文、阿拉伯文、希伯来文、波斯文、埃塞俄比亚文、叙利亚文和其他文种的手稿 7.5 万册，档案全宗 23 个、案卷 6.5 万个，地图、版画、素描和图片 10 万件，其中有中国明末清初的古籍 200 多种。藏书以基督教、古希腊哲学、神学、古典文学、历史和文献学等独具特色。图书馆借阅证可兼作进入梵蒂冈的入境证。

梵文，梵语
Sanskrit

梵文亦称“梵字”、“梵书”。印度古文字，相传为大梵天王所造。古代印度所通行的文字有很多种，凡由梵书（Brahmi 或 Brahmilipi，布拉夫米文）字母衍生而成的文字，如悉昙等，皆可称为梵字。书体右行。梵语是印欧语系的印度——伊朗语族的印度·雅利安（约公元前 1000 年）语支的一种语言，是印欧语系最古老的语言之一，也是古代印度的标准书面语。和拉丁语一样，梵语已经成为一种属于学术和宗教的专门用语。印度教经典《吠陀经》即用梵语写成。其语法和发音均视作一种宗教仪规而得以丝毫不差地保存下来。用梵语书写的吠陀经典之一《梨俱吠陀》，是印欧语系中最古老的文献。19 世纪时梵语成为重构印欧诸语言的关键语种。梵语不仅是印度的古典语言，也是佛教的经典语言。随着佛经的翻译，很多梵语词汇进入了汉语。

方括号
square bracket

在文本中可将单词、词组或数字置于方括号中，通常以表明其中内容为插入项。在图书馆编目中，方括号代表编目者之补充说明。如编目员认为资料模糊不清而需加以注解者，则在编目者的补充说明文字前后加上方括号，以代表该文字内容为编目者自定。例如，在文献特殊细节项中，方括号紧跟在正题名后，以表明资料的物质状态。

方略知识管理系统
Firstlight

由北京雷速科技有限公司于 2004 年 3 月 18 日开发的集数据库、知识门户和知识博客于一体的新一代知识管理平台，以各学科灰色文献、网络文献为主要收录内容，注重对知识的挖掘和整理，是教学、科研和管理工作的知识导航和学术指南。方略知识管理系统采取了纵横相结合的双重分类法，从广度和深度两个方面深入地揭示出了知识之间的关联关系。囊括了经典理论、哲学宗教、社会科学总论、政治、法律、军事、经济、文化教育、语言文字、文学、艺术、历史、地理、自然科学总论、数学、力学、物理学、化学、晶体学、天文地球、生物科学、医药卫生、农业、工业、交通运输、航空航天、环境科学和安全科学等各个学科的内容。方略知识管理系统的推出，将对中国数据库建设、门户网站发展和博客技术应用产生深远的影响。

方卿（1965—）
Fang Qing

管理学博士、博士生导师、武汉大学信息管理学院教授、院长、武汉大学出版发行研究所所长，武汉大学信息资源研究中心研究员，武汉大学信息媒介发展研究中心研究员。兼任新闻出版总署武汉大学高级出版人才培养基地主任，中国图书馆学会编译出版委员会图书馆学著作编辑出版专业委员会副主任、中国编辑学会理事，湖北省编辑学会副会长，台湾南华大学出版管理研究所顾问、客座教授，《出版科学》杂志主编，《中国编辑》、《出版与管理研究》（台湾）杂志编委。先后获教育部新世纪人才、全国新闻出版行业领军人才称号。多次应邀赴美国、德国、法国、荷兰、比利时、澳大利亚等国大学访问讲学。研究方向为出版营销管理、数字出版和科学信息交流。先后主持国家社科基金、国家自科基金及省部级科研项目十余项，出版著作和教材十多部，发表论文100多篇。

方小容（1951—）

Fang Xiaorong

陕西科技大学（原西北轻工业学院）图书馆研究馆员。1977年毕业于西北轻工业学院硅酸盐工程系。现兼任陕西省社会科学信息学会学术委员，咸阳市社科联常务理事，咸阳市图书馆学会理事、学术委员会副主任、陕西省高校图工委读者服务工作组副组长等。1999年10月至2001年1月，应邀赴美与纽约州州立大学德海学院图书馆、哈特维克学院图书馆进行合作研究及任教。从事科技查新工作，并为本科生及研究生主授《科技信息检索》、《现代科技信息检索与利用》及《科技论文写作》等课程。研究方向：情报检索语言、文献分类与主题标引、信息组织与信息检索和网络信息管理。主编或参编出版著作7部，在国内外公开发表论文40余篇，且有论文被美国信息学会《社会科学引文索引（*SSCI*）》收录。承担国家社会科学基金项目《中国图书馆分类法》第三版（轻工部分）及国家社会科学基金项目“数字信息资源组织工具的研发与应用——《中国分类主题词表》（轻工部分）”的修订。获省部级社会科学优秀成果一等奖1项、三等奖1项，其他奖数十项。科研项目5项，其中国家级3项，厅局级2项。

方型大写字母

square capital

3—5世纪期间欧洲手抄书所用的字体，源自古代宝石商刻在纪念碑上所用的字体。形式简单优美竖直的方型字母中笔画的粗细对比非常明显，是用芦苇或翎毛来完成的。

方型书

square

指封面的宽度小于长度但超出了长度的四分之三的书。方型书常见于艺术类图书以及儿童的图画书。

方言

vernacular

指一种与官方语言有区别的，只在一个地区使用的语言。在语音、词汇和语法上有其特点，如汉语的粤方言、吴方言等。方言在一定条件下还可能发展成为独立的语言。在民族语言中，随着共同语影响的扩大，方言的作用在逐渐缩小。vernacular源于拉丁文 *vernaculus*，意思是“本地的，本国的”。

方正电子书，阿帕比电子书

Apabi e-book

由北京方正阿帕比技术有限公司于2000年12月开发创建的，是方正阿帕比数字内容资源的核心部分，已与超过500家的出版社建立全面合作关系，图书类别涵盖了文学、历史、经济、医学、工业技术等中图法中的各个分类。购买了方正电子书的图书馆、情报机构，其用户可以在线阅读或下载电子书全文，阅读时需要先下载安装方正Apabi Reader浏览器。

方志

local records（local chronicles）

地方志的简称。是以地域为单位，按一定体例，综合记载某一时期政治、经济、军事、文化、教育、民情、风俗、名胜、故迹、宗教、遗闻和轶事及自然环境等方面情况的书籍，如省志、通志、县志、府志、州志、道志和乡志等。中国地方志有两千多年的历史，经历了漫长的发展演变过程，由于在不同的发展阶段其记述内容及形式有所不同，因此地方志的名称在不同的历史时期也有所不同。

方志学

Study of Gazetteers

研究方志现象及其规律的一门学科，其主要研究内容包括：方志的产生和发展、性质和类别、特征和功能、编纂理论、整理和利用、批评与评论以及方志与相邻学科的关系等。方志学最早由梁启超明确提出，民国以后其相关研究取得了长足进展。

防病毒软件

anti-virus software

用以检查计算机硬盘（或所有连接到某网络上的计算机）中是否存在计算机病毒的程序，如果发现病毒活动时就发出警报，并清除它们。防病毒软件一般都具有更新特性，能自动下载新的病毒库。国内外各种防毒软件主要有：Norton AntiVirus、McAfee VirusScan、卡巴斯基（Kaspersky）、360安全卫士、金山毒霸和瑞星杀毒软件等。

(防蹭脏的) 薄衬纸

slip sheet

主要是指加在印页之间以防互相蹭脏、起保护作用的薄纸。

防盗磁条

security strip (security tape, magnetic strip)

一种用特殊材料制成的防盗材料，主要用于图书馆、自选商场等场所的物品防盗，使用这种磁条并结合其他防盗装置和电子技术手段可赋予图书、商品一种防盗自卫能力，一旦有人企图私自将加有磁条的物品带出，该磁条便会通知防盗系统，发出警报。

防火墙

firewall

在计算机领域中，把一种能使一个网络及其资源不受网络“墙”外“火灾”影响的设备。作为安全保护功能的专用设备，控制网络中某一部分到另一部分之间的数据流量，这些数据通常是从一个较大的网络到本地区域网。防火墙安装后，通过屏蔽入局通信量和拒绝非授权用户的访问来限制对私有计算机网络和所属文件的访问。也可以用来防止内部信息的泄露。

防灾

disaster preparedness

灾害发生前，图书馆采取积极的防治措施，以消除或减轻灾害对馆藏资源和读者生命的危害。包括直接防灾和间接防灾。

防灾计划

disaster plan

图书馆员事先准备的应付突发事件（如水灾、火灾和地震等）的书面计划。这些事件可能导致人员、藏书和设备的损害，形成服务的临时中断。在档案记录管理中，遇到灾害时首先要保证重要记录的安全。

仿分

subdivision by analogy

在图书分类表中利用临近的某类子目作为进一步细分标准。被仿分的类目性质与专类复分表相同。仿分可避免重复出现相同或相似的子目，缩小分类法篇目，增强细分能力。

仿分注释

divide-like note

在文献分类表中，利用某一类的子目作为进一步细分的依据的方法。即某些类目下并不列出下位类的名称，而仅指明仿效或按照另一类的细分方式进行分类。仿分可以避免在分类表中重复出现相同或相似的子目系列，以便压缩类表篇幅，增强类目细分能力。其性质与专用复分表基本相同，只是不另行编表。仿分一般是仿效本类或邻近类目细分。

仿古加工

antique finish

指当代一种仿古装订的小牛皮装订方法。

仿古印刷术

period printing

按照适合于初版时期的风格用现代印刷技术印制的图书或其他印刷型出版物，其外部装饰也是模仿古旧珍本的原样。

仿古装饰

imitation binding

一种当代装饰风格，以某种特定的装饰风格进行装饰以达到使被装饰体具有与早期风格类似的特征，展现出一种古风，体现出一种古体特质或特征。仿古装饰在现代社会正在越来越多地被应用到生产和生活的各个方面，从建筑到服装，从电子产品到书籍，仿古装饰往往能够体现出高贵和典雅的气息。

仿摩洛哥皮

smyrna morocco

用普通羊皮仿制摩洛哥皮的花纹，来装帧图书封面。

仿宋体

Typeface Imitating the “Song” Style

也叫仿宋字，是一种印刷活字字体。1916 年前后由钱塘丁辅之、丁善之等集宋代刻本字样仿制而成。字形有长形和方形等。特点是拥有楷体的笔型，横画向上斜，折笔明显。笔画较直而均。各笔划等粗。字体较为瘦长。仿宋体是一种采用宋体结构、楷书笔画的一种较为清秀挺拔的字体，笔画横竖粗细均匀，常用于排印副标题、诗词短文、批注、引文等，在一些读物中也用来排印正文部分。

仿真

emulation

用另一个数据处理系统，这里主要是用硬件来全部或部分地模仿某一数据处理系统，使模仿的系统能像被模仿的系统一样接受同样的数据，执行同样的程序，获得同样的结果。

仿真器

emulator

一种硬件或软件，可使原为某计算机系统设计的程序或硬件应用于另一个不同的计算机系统。通过仿真器，计算机能运行为另一种计算机编写的软件。在网络上，微机会仿真主机或终端以实现两台机器的通信。

访谈节目

chat show

指由电台或电视台出面组织的一种轻松随意的谈话节目，通常是邀请名人接受访谈，解答一些有关他们本人及其工作的问题。谈话内容一般比较“琐细”，实际上就是聊聊天，期间也有观众（听众）提出问题以及进行评论。

访问权限

access privilege

根据在各种预定义的组中用户的身份标识及其成员身份来限制访问某些信息项或某些控制的机制。访问控制通常由系统管理员用来控制用户访问网络资源（如服务器、目录和文件）的访问，并且通常通过向用户和组授予访问特定对象的权限来实现。

访问限制

restrictions on access

对资源访问的限制，包括限制的性质与期限，也可说明无限制。

《纺织汉语叙词表》

Textiles Chinese Subject Thesaurus

用于储存和检索纺织科技情报资料的专门主题词表，由原中国原纺织部科技情报所编制，人民交通出版社于 1989 年出版。共有两个分册：第一分册为主表，第二分册为范畴索引、英汉对照索引表和附表。收录正式主题词 8 103 条，非正式主题词 1 646 条，共计 9 749 条。选词范围以纤维、纺织、染整、服装、纺织机械、纺织器材和染化料为主，适当选择测试、电子技术、环境保护、公用工程、管理以及与纺织有关的物理、化工、数学和社会科学方面的主题词。

放大

blow up

在摄影中，放大通常就是取出小照片的底片进行复制。在文献复制中，任何拷贝都可使原件按比例扩大。在图书贸易中，为了销售图书，大量的放大图像用在书籍的封面套纸、插图或样本上。

放大比例

magnification ratio

放大倍数（指缩微复制品阅读器的放大规格）。

（放大的）复制品或照片

enlargement

以大于原件比例制作的复制品或拷贝。有些影印机具有放大原件的功能。在摄影术语中，还指放大的相片，通过镜头将底片上的影像投射到像纸上晒取的比底片大的像片。

放射照片

radiograph

指放射线在摄影胶片上形成的图像，即利用 X 光把物体内部结构拍摄在射线胶片上而形成的一种特殊照片，即用辐射光源透射不透明物体所得到的照片。射线照片主要由医学图书馆收藏并按图像资料进行分类编目。

放映权

right of showing

著作权人允许或不允许通过放映机、幻灯机等技术设备公开再现其美术、摄影、电影和以类似摄制电影的方法创作的作品等作品的权利。这是著作权人享有的一种财产权利。

放映式图书

projected books

指可用一种放映机投射图书资料的缩微复制品，供读者观看。

放映速度

projection speed

为产生预定的移动图像，要求放映载体运行的速度。属电影放映特征之一。

飞击式打印机
on-the-fly printer

指采用飞击式打印方式的打印机。使用这种连续旋转打印轮与快动作链的高速打印机，使一行上的字母符号同时打印。

飞客
Flickr

由考尔·韩德森（Cal Henderson）开发，是一种分享图片的社会性软件，让用户可以储存、标记、检索，并且线上分享图片的服务。其特点为：对个人用户来说，使用非常方便，所有注册用户之间的共享和交流非常方便，具有几种社会交往软件中的特有功能。

飞信服务
Fetion

中国移动推出的“综合通信服务”，也就是融合语音（IVR）、通用分组无线服务（GPRS）以及短信（SMS）等多种通信方式。该服务不但可以免费给中国移动手机用户发短信，而且可以不受任何限制，随时随地与好友聊天，只需花费较低聊天费用。

飞资得信息股份有限公司
FlySheet Information Services Co., Ltd.

成立于1987年，经过二十多年的努力，已成为大中华地区最重要之数字学术性研究资源的引进者、供应者，与推动者。该公司不仅引进当前全球最知名专业之各领域的数字学术资源，亦开发建置符合当地需求的各类型知识库系统与硬设备，以整合国内外资源。2002年，成功地成长为全面E资源数字内容企业集团，其事业群包括：飞资得信息股份有限公司、飞资得信息技术（上海）有限公司、文华图书馆管理信息股份有限公司、文岗信息股份有限公司、国际信息整合联盟，服务范围从数字内容、系统、硬件，到专业图书出版，多元整合性的服务创造最符合客户需求的解决方案。除了在台湾的台北、台中、高雄成立服务办公室，于2004年于上海设立飞资得信息技术（上海）有限公司。

非本社出版
not our publication (NOP)

国外出版商发票上使用的术语，表示所订图书无法提供，因为图书馆或书商错误地从其他出版商订购了这种图书。

非常规文献
non-conventional literature

泛指除以纸张为载体的其他各种视听资料和缩微复制文献等。

非传统学生
nontraditional student

指中断多年或极少与教育部门有过来往后而注册一所高等学校学习的学生。非传统学生通常比那些从未中断正规教育的传统学生年龄稍大一些，与较年轻的同班同学所掌握的图书馆情报技能相比，他们缺乏这方面的知识，需要在比较基础的水平上给予指导和帮助。然而，一旦他们获得自信，他们通常具有较明确的学习动机。

非等级关系
non-hierarchical relationship

又称顺序关系，用来只表示类目相对排列位置的一种关系。一般按类目在分类体系中的次序配以类号，号码只能反映类目的先后次序，不能显示类目的等级及其他关系。采用非等级关系时，可以根据类目数量均衡地分配号码，类号比较简短，小数顺序制和字母顺序制具有充分的容纳性，但其表达性、助记性较差。

非定期出版物
occasional

主要指不定期地出版发行的出版物，但有时也刊有连续编号。

非对称数字用户环路
asymmetric digital subscriber line (ADSL)

一种能够通过普通电话线提供宽带数据业务的技术。素有“网络快车”之美誉，因其下行速率高、频带宽、性能优、安装方便等特点而深受广大用户的喜爱，成为继调制解调器（Modem）、综合业务数字网（ISDN）之后的又一种全新的、更快捷、更高效的接入方式。

非法入侵
crack

指计算机黑客对其不经授权访问和入侵某个计算机系统的行为。

F

非供应者

non-supplier

指联机计算机图书馆中心（OCLC）馆际互借网络中对其他图书馆借用可退还资料的要求不予理睬的成员图书馆或其他参与者。联机计算机图书馆中心 *WorldCat* 数据库中，在每件收藏物书目记录的馆藏信息中，非供应者标记有三个小写字母的计算机联网图书馆中心的代码。相反，对于供应者而言，在馆藏信息中出现有三个大写字母的代码。

非馆藏资源，外部信息源

outside source

指外馆提供的信息（资料）来源。这是专业图书馆员常用语，指对某些读者咨询，本馆资源不足无法答复时，通过向其他图书馆或研究机构索取有关资料线索而解决问题，这些资料的来源常注明在目录卡上，或注在“来源索引”（source index）中。

非互借日

Non-referral Days

OCLC WorldCat 资源共享服务中，“天”不包括周六、周日、OCLC 观察日或其他不能馆际互借的日子称为“非互借日”。

非会员（定价）

non-member price

指某些书、刊仅对该学术团体、组织的成员给予优惠价格；而供应非会员往往收取较高的费用。

非击打式打印机

non-impact printer

以非机械冲击方式进行印字的打印机。非击打式打印机的特点是噪声低，能以较高的速度印字，可输出任意大小的字符甚至图形。但一般不能复写，常常需要特殊的打印纸。常见的非击打式打印机有喷墨、热敏和激光打印机几种。其共同特点是对纸面都没有直接的击打。

非检索环节

false link

链式标引中，某一级只是符号的延长并无相应的类名，没有实际检索意义。

非结构化描述、非结构化著录

unstructured description

以语句或段落形式对资源做完整或部分描述/著录，区别于指定格式的描述/著录方式。

非拉丁文字

Non-Latin Scripts

非基于拉丁文字字符集的字符集。在 OCLC 编目系统 Connexion 客户端，编目可支持以下MARC－8 格式非拉丁文字：阿拉伯文、中文、西里尔文、希腊文、希伯来文、日文和韩文。使用 UTF－8 统一格式字符集也可支持以下文字：孟加拉文、梵文、泰米尔文和泰文。

非流通的图书

out of circulation

不能外借或用于参考的图书，还有处于修补、重新装订和重新编目等过程中的图书馆资料。

非卖品

not for sale

指只用于展览、赠送等而不直接单独出卖的物品，包含赠送的东西，仅供观看。

非贸易非官方出版物

non-trade non-governmental publication

指由民间学术团体出版的、仅供交换或内部传阅使用的出版物。

非牟（赢）利性机构

non-profit making institution（non-profit organization）

一般指学术研究团体，纯学术性研究的事业单位；又指慈善团体、大学出版社等。

非期刊类连续出版物

non-periodicals

出版频率通常较期刊少的连续出版物。如年刊、学会记录、学会汇刊、会议录和年鉴等。

非实价书

non net

出版商允许书商以自定的折扣向学校大量销售的教育类图书（通常为教科书）复本，此类书籍不受实价书协议（Net Book Agreement）所规定的限制，如果书商想把此类图书在书店里卖给公众，可以标高价格出售。

非书资料

non- book material（NBM）

指除图书、期刊等常规出版物以外的所有资料，又称“非印刷型资料”，至少包括有地图和其他制图资料（地图册除外）、照片、图片、幻灯片、电影胶卷、录像资料、录音资料、标本、挂图、软件包、唱片、光碟、模型和教具等，具有直观、生动、形象、传递迅速、检索方便、易于保存等特点。

非涂料胶版纸

uncoated offset

这种纸的等级很多，分别用于书刊、通讯、目录、说明书和直接邮件等。非涂料型胶版纸经常是不含木浆的非机械纸浆。一般适合书写的纸本就是这种类型。使用木浆或不含木浆都可以生产非涂料胶版纸，基重在25～60磅之间变化。

非物质文化遗产

Intangible Cultural Heritage

根据联合国教科文组织通过的《保护非物质文化遗产公约》中的定义：指被各群体、团体、有时为个人所视为其文化遗产的各种实践、表演、表现形式、知识体系和技能及其有关的工具、实物、工艺品和文化场所。各个群体和团体随着其所处环境、与自然界的相互关系和历史条件的变化不断使这种代代相传的非物质文化遗产得到创新，同时使他们自己具有一种认同感和历史感，从而促进了文化多样性和激发人类的创造力。

非小说类图书

nonfiction

描述真实发生的事件、实际存在的或过去存在的人物或现象的散文体文学作品。广义而言，任何散文体作品的内容均不得虚构、杜撰而成。

非叙词

non-descriptor

也称非正式主题词。是主题词表中用以指引、查找正式主题词的一种未经规范的同义词或近义词。因此，在标引和受控检索过程中不能作为主题词使用。

非学位论文版

non-thesis edition

指国外某大学的学位论文经由商业出版社出版并公开发行的出版物。这种出版物的目录款目上往往要注明“issued also as thesis”后加注大学名称，表示这本书原是该大学的学位论文。

非议会出版物

non-parliamentary publications

指英国政府出版、发行机构——皇家出版（HMSO）所出版的英国政府内阁各部的出版物。

非议会文件

non-parliamentary paper

指国外由政府的各个部门独立地、不受议会直接领导发行、出版的出版物。

非易失性存储器

nonvolatile memory

断电或计算机丧失电源情况下所保存的信息不丢失的存储器。例如只读存储器、磁盘存储器和磁带存储器等。非易失性存储器在电源恢复后，原来所存储的信息可继续使用。

非印刷媒体

non-print media

除书刊等常规出版物外所有文献（胶卷、电影胶片、幻灯片、录像带、录音带、只读光盘、机读数据文档和计算机软件等），又指不按传统的印刷方式而用现代化技术将知识记录、存储在纸张以外的物质载体上的一切文献，通常需要特殊的设备方能阅读，需要特殊管理、存储等。

非印刷品

non-print

不是书写或印刷在纸上出版的资料，包括缩微平片、缩微胶卷、幻灯片、电影胶卷、电影、录像资料、录音资料以及数字化的信息，如机读数据文件。多数非印刷品资料需要通过特殊设备利用。

非营利性出版物

non-commercial publication

协会、基金会、商业机构、社会团体、大学、政府部门以及博物馆和委员会等机构为了扩大自己的影响，及时报道本单位的信息而作为非营利性的附加活动而发行的出版物，主要被国家图书馆、大型公共图书馆与各专门图书馆收藏。

F

F

非语义码
non-semantic code

编码所用的符号，不包含语义信息，而只是根据自然语言的拼音而制定出的相应符号。

非照相复制品
non-photographic reproduction

除了采用照相技术外所得的各种复制品文献，包括抄写、临摹、打字复写和油印等文件。

非正式主题词
non-preferred term

主题词表中用以指引、查找正式主题词的一种未经规范的同义词或近义词，在标引和受控检索过程中不能作为主题词使用。

非重复的（字段）
non-repeatable（NR）

在同一条 MARC 21 书目数据记录中仅出现一次的字段，例如供填写版本事项和与版本有关的其他信息使用的 250 字段便是非重复字段。非重复子字段只能在字段中出现一次。其反义词为重复字段（R）。

非洲图书馆峰会
African Library Summit

为讨论非洲图书馆的未来发展提供了一个交流平台，是非洲大陆图书馆之间合作讨论非洲图书馆未来发展战略与机制的专业峰会，是非洲大陆首次举办这种类型的会议。2011 年 5 月的峰会由南非大学图书馆与国际图联非洲区域办公室及非洲小组联合举办，讨论非洲图书馆的未来发展及重大问题，促进非洲图书馆之间的合作。2013 年 7 月的峰会将在南非大学图书馆召开。

非洲专业组
Africa Section

隶属国际图联专业委员会区域部（Division of Regions）。该专业组的目标是人才资源的开发、培训、能力的培养以及所有项目中的信息技术的引进。出版该专业组的业务通讯（电子版），刊登有关非洲地区的新闻与会议动态和论文，并且出版年报。

非主题标引
non-subject indexing

以文献中涉及的非主题要素为对象的一种标引工作，是编制非主题索引的基础工作。文献中需要标引的非主题要素主要有：著者、机构、文献号码和会议等，这些要素也是读者查阅文献的重要有效途径。

非主题限定法
non-subject limitation search

一种提高检索系统信息检索查准率的方法。在信息检索输出时，通过对命中文献的某些非主题要素进行限定，如限定文献类型、语种、年代和地域等，排除部分与主题内容相关但不符合这些规定要求的文献，以便提高命中文献的相关性和实用性。

非专有使用权
non-exclusive nature of the right

专有使用权的对称。非专有使用权不能以独占、排他的方式使用作品，也不能排除著作权人在内的一切他人以同样的方式使用作品。

菲德里克·格里德利·基尔戈（1914—2006）
Frederick Gridley Kilgour

美国图书馆自动化专家、图书馆学教育家。联机计算机图书馆中心的创始人，首任总裁和首席执行官。了解到美国和世界的图书馆都在花费相当数量的金钱反复做着同样的文献编目工作，基尔戈先生认为，解决这个问题的关键是共享编目信息，操作简便与快捷的计算机信息存储和检索系统为编目共享提供了方便；每种资源应该只需要编目一次，所创建的编目数据就能够被全世界的图书馆共享。1967 年 7 月 15 日以实验性质成立了俄亥俄大学图书馆组织联盟——俄亥俄大学图书馆中心。打算规划创建一个俄亥俄州 54 所高校共享的计算机系统的图书馆共享的数据库。这就是联机计算机图书馆中心在世界上率先开始的一场计算机应用方面的革命。由于他的努力和所做出的贡献，使得联机计算机图书馆中心有了巨大的发展——如今成为全球图书馆界的“联合国”。基戈尔先生多次受到美国图书馆协会和信息科学与技术学会的嘉奖，并获得 5 个荣誉博士学位。

菲律宾国家图书馆
National Library of Philippines/*Pambansang Aklatan ng Pilipinas*

隶属于国家文化与艺术委员会。根据菲律宾 1918 年的法令，开始筹建国家图书馆，第二次世界大战幸存下来的图书被转交给由国家图书馆变成的公共图书馆局，1964 年的法令使公共图书馆局又重新成为国家图书馆。该馆获得缴送本的权利并编辑出版《菲律宾国家书目》。著作权法保护局、菲律宾的国际标准书号办事处和国际连续出版物数据系统中心也设在该馆内。馆藏中收集有菲律宾民族英雄约瑟·黎刹的藏书和手稿、美西战争史原始记录以及早期总统文件。该馆拥有图书 20 多万册、88 万件手稿、17 万种报纸、6.6 万篇学位论文、10 多万件政府出版物、4 000 多幅地图和近 6 万张照片，读者可在线查询目录。

扉页
title page（flyleaf）

指书刊封面之内印有书名、著者和出版者等项内容的一页，其作用首先是起保护正文的作用，其次是装饰图书增加美感。中国古书一般前后都有扉页，加在前面的叫“前扉”，加在后面的叫“后扉”。

肥皂剧
soap opera

指一种广播或电视剧，主要是言情的故事，而且这类节目往往情节复杂、故事冗长。在电视机未发明之前，人们只能从收音机里收听广播连续剧。当时，这类节目多由销售肥皂的厂商赞助播出，肥皂剧即由此得名。

诽谤性文字或图画
libel

为使某人或某个团体遭受公共讥讽或蔑视而以丑化的或试图以其他形式损害主体名誉的书面表述形式（文字或图画），也指发表这类声明的行为。

《吠陀》
veda

指印度最古的宗教文献和文学作品的总称，特指《吠陀本集》、《梨俱吠陀》、《娑摩吠陀》、《耶柔吠陀》或《阿闼婆吠陀》中的任何一部。

废旧书，无价值的书
junk

指陈旧、残破而不能再使用的图书，也指内容不正确或过时无用的图书。

费城自由图书馆（美国）
Free Library of Philadelphia

于 1864 年 3 月正式开放。该馆馆藏逾 600 万册（件），包括纸本书籍、期刊、杂志及多媒体资料。该馆一直秉承让公众最大限度自由地使用图书馆资源的理念，为各个年龄段的读者提供各类资料和信息，并开展多种项目以促进读者对图书馆资源的认识和使用。

《费加罗报》（法国）
（法）*Le Figaro*

法国现存历史最悠久的报纸。其报名源于法国大作家加隆·德·博马舍（*Caron de Beaumarchais*，1732—1799）的剧本，由亨利·德·威尔梅森（*Henry de Willmeson*）于 1854 年创办，初为周报，1866 年改为日报。《费加罗报》每天大约出版 100 版，附加一份粉红色的经济专页和一份黄色的体育专页。该报内容广泛详尽，评论严肃而有深度，其社会版和体育版尤为出色；版面合理，被认为是最能体现法兰西“贵族风格”的报纸。头版为要闻版，一般约刊载 8 ~ 9 篇国内外重要新闻，新闻大多只登标题和导语。该报在政治上反映右派乃至右翼保守派的观点，读者以文化水平较高的商界人士和高级职员为主。

费利西娅·艾德托恩·奥根谢（1926—）
Felicia Adetowun Ogunsheye

尼日利亚教育家和图书馆学家。拉各斯女皇学院毕业后，获得剑桥大学硕士学位。起初担任教师，1958 年担任伊巴丹大学图书馆副馆长，负责非洲资料及地图收藏。1962 年获得美国西蒙斯学院图书馆学硕士学位，成为尼日利亚图书馆学院教务长，后任教授、系主任。在伊巴丹大学内建立阿巴丁儿童图书馆，并担任尼日利亚学校图书馆协会主席。即使在尼日利亚内战期间，她仍坚持图书馆协会的领导工作。奥根谢是非洲图书馆学院联合会主席，并在多个妇女组织中任职。美国西蒙斯学院授予她名誉博士学位，1979 年，获国际女校友奖。

费用
fee

为某项服务所付的货币数。根据服务类型，所需费用的数量可能是固定的，或者根据完成服务需要的时间不同而不同。在某些图书馆中，文献传送服务是一项收费服务，使用租赁收藏品可能也会收费，世界许多图书馆承诺对其委托用户免费提供基础服务。对于公共图书馆服务区域之外的人，或者不是某所大学图书馆资源和服务的注册教员或学生的人，可能要为获得一定的借阅权而付费。

分辨率
resolution

显示技术中的一项重要指标，反映出显示器件、光学器件等的精细程度和分辨能力，其高低取决于组成图形的像点的大小，可用来衡量屏幕、图像和激光打印内容输出的清晰程度。一般激光打印机输出的清晰度是300dpi（每英寸300点）。高质量的激光打印机的清晰度可达600～2 400dpi。

分布式计算
distributed computing

又称分布式运算，是研究如何把一个需要非常巨大的计算能力才能解决的问题分成许多小的部分，然后把这些部分分配给许多计算机进行处理，最后把这些计算结果综合起来得到最终的结果。分布式计算与其他算法相比具有的优点是：稀有资源可以共享；通过分布式计算可以在多台计算机上平衡计算负载；可以把程序放在最适合运行其计算机上。共享稀有资源和平衡负载是计算机分布式计算的核心思想之一。

分步查询
querying step by step

用户查找数据库时，系统向用户提出一个问题，用户对该问题予以简单回答（如“是”或者“不是”），系统再据此提出下一个问题，让用户回答，直到查出用户所需的信息为止。又指DIALOG等在线检索系统中的一种查询方法。对于含有两个或两个以上检索单元的检索式，如果使用分步查询指令，系统在数据库索引中查找后，会给每个检索单元赋予集号和命中数，并给整个检索式赋予集号和命中数。用户修改检索策略时可随时调用这些集号而不必重新输入检索词。

分部图书馆，系图书馆（室）
division library

在大学中附属于某个系或部门，并由其加以管理的图书馆（室）。这类图书馆（室）通常与大学图书馆有着某种形式的合作关系，或者作为大学图书馆体系中的一部分存在。

（分册出版的）丛书（文集）
partwork

图书系列化出版的一种做法。将多种单独出版的著作配合在一起，成为一套冠以总题名的出版物。有综合性丛书和专门性丛书之分。丛书有分辑出版的，一辑包括若干种单本，每个单本都有独立的题名，单本间内容通常是有联系的，或是属于同一学科领域的；也有不分辑而分册出版（单本）的。

分册，分卷
part

指图书出版分成多册，不论单册或若干册出全的，还是定期或不定期的，都应该有封面题名、副题名或小标题。又指连续出版物中单独出版的一部分。还指单独、分期出售并计划最终将装订成册的文学作品的连续章节。

分层叠架式书库
tier-layer shelving bookstack

书库结构之一，书库中每隔2～3层设一承重混凝土板，供书架承重。可以节约空间，便于防火。

分担编目
Shared Cataloging

又称全国采集和编目计划，美国一项全国性的文献合作采集和编目计划。该计划是根据美国1965年《高等教育法》第2部分C款，即授权给美国国会图书馆，使其“尽可能地收集全世界新近出版的对学术界有价值的所有图书资料”，并在收到后迅速为高等学校和研究图书馆提供编目数据。该计划于1966年中期开始实施，参加的图书馆有90多所，采集范围达24个国家，分布在欧洲、亚洲、非洲和拉丁美洲。为了避免不必要的重复其他国家已完成的编目工作，美国国会图书馆与各国国家书目编制者（通常都是国家图书馆）进行合作，实行分担编目的办法。在奥地利、法国、德国、英国、意大利、日本、荷兰、挪威与西班牙的分担编目中心和在巴西、南非、南亚的地区采购办公室工作的人员主要都是当地人。这些单位的编目者将该国出版的所有著作按《英美编目条例》编制的目录款目寄给美国国会图书馆。该馆的分担编目部则负责改编收到的目录数据，并确定新书的主要款目和附加款目。这样美国国会图书馆和其他图书馆可迅速、经济地利用国外的出版物及其编目数据。该计划的出现取代了法明顿计划、拉丁美洲合作采集计划和其他类似的采集协作，持续了约20年，直到20世纪80年代中期在用于购置文献资料的外币用尽和国会削减联邦预算的双重压力下，才开始进入困境。

分担责任者
shared responsibility

共同参与一本著作内容编辑的两个或两个以上的人或团体，每个人或团体进行的是同一类的活动，每个责任者的贡献大小不同，是可以分的，也可以是不分的。

分隔符
marker

当同一文献标有一个以上独立叙词时，用一个符号来分隔开各个叙词，以防被误组。

分隔式小单间
carrel

最初是指中世纪修道院里的小隔间，内有书桌可供阅读、写作和学习使用。书桌的正前方和左右两侧安装有隔离板，阻隔噪音和视线，使研究人员能专心致志研究，不受干扰。在现代图书馆中，是指在书库中为个人学习使用的小房间或者凹室。

分馆
branch library（affiliated library）

图书馆系统中根据读者需要或藏书特点分设的、与中心馆分离的辅助服务场所，且有独立方便的馆舍，至少收藏有基本的馆藏资料、正常的工作人员以及固定的开放时间。在一个公共图书馆系统里，新分馆的建立可能要依据整个城、镇、县、乡村及所提供的系统服务的图书馆区域的综合规划。在高等院校里，分馆可按学科分设如文科分馆、理科分馆，或按系及综合性大学里的学院来设立，分馆一般由一位分馆的馆长来管理，在管理模式上通常有三种：一是基本独立于总馆，自行处理行政、人事和经费等事务，仅在业务上接受总馆的监督和指导；二是作为总馆的分支机构，行政、人事、财务经费和业务等均由总馆集中领导；三是在行政上归属总馆，但是在经费上是相对独立的。

分馆馆长
branch manager

负责管理大型图书馆的分支机构或分馆的部门负责人。

分级阅读
graded reading

按照少年儿童不同年龄段的智力和心理发育程度为其制定科学的阅读计划，提供科学性和有针对性的阅读图书。分级阅读最早出现在英美国家，在中国的香港和澳门地区也已经有十几年的发展历史。目前，在大陆地区针对分级阅读的实践刚刚开始实施，但已经引起了少儿出版界、文学界、教育界和图书馆界的广泛关注。

分集式连续出版物
split

指把一种连续出版物永久性分成两个或多个部分。

（分辑出版的）丛刊
partwork

汇集主题相近的文章，在同一丛刊刊名下分辑出版，而且大多为不定期出版。也有的丛刊收入多位作者的若干篇文章，内容主题不限，并以单独的刊名出版。

分接
drop

图书馆或其他设施中的电信出口，通常由声音或数据插孔组成，以便用户连接计算机网络。图书馆通常为用户提供分接出口分布图，并以不同的醒目颜色标识出口位置，数据出口通常为红、白两色。在图书馆连接主机需要注册登记。

分科图书馆
departmentalized library

指通常为规模较大的图书馆，其收藏的文献资源，无论是可以外借的还是仅供馆内参考的，都可以根据较广泛的学科主题范畴进行分类，并分别设立专室提供服务。

分类
classification

根据分类对象的一般属性、特征或概念和用以区分其特点并将其分入大类、小类和子类的过程。通过分类能够揭示学科之间或一门学科内在的相互关系。分类是图书馆组织文献信息的主要手段。

F

分类
classify

有两种含义，一是按照一个分类体系管理一个馆藏集；二是给一部著作指定一个分类号码。

分类标准
standard of classification

也称划分标准。区别、划分事物时所依据的某类属性或特征。文献的内容特征为主要特征，文献的类型特征则称为辅助标准。

分类表
classification schedule

按照某个分类系统中众多类目的相互关系，用标记符号代表各级类目及其次序编排而成的文献信息类分工具，是一部分类法的主要组成部分。在等级分类系统中，等级分类表的排列表明特定的级别。

（分类表的）可扩展、伸缩性
hospitality

分类表的一种特性，即其能适应类目体系的变化、增补和细分需要，在必要时可以添加新的类目而不用改变原先建立的体系。

分类表类目缩减
schedule reduction

在先前版本分类表的基础上删减一些类目，导致某些类目的不连续。通常是由于该主题的文献大大缩减，或某类已不复存在的缘故。

（分类表中）各入其类的注释
scatter note

在分类表中的一种注释，用来进一步指明一类图书的内容范围和指出类目之间的关系，规定如何进一步细分或用什么方法细分，其目的在于帮助分类人员把书归入最恰当的门类中去。

分类参考工具
classified reference tools

表示按照某个分类系统组织起来的一种参考工具（目录、索引、词典和百科全书等），通常按主题或基于内容的其他方式进行编排，不同于严格按字母顺序或数字编排的类表。

分类法
classification

将图书分门别类地组成体系的方法。世界较著名的图书分类法有：“国会图书馆分类法”（Library of Congress Classification，LC）、“杜威十进分类法”（Dewey Decimal Classification，DC，DDC）、“国际十进分类法”（Universal Classification，UDC）、“冒号分类法”（Colon Classification，CC）和“中国图书馆分类法”（Chinese Library Classification，CLC）等。

分类法
taxonomy

指将类或组按照相互间的关系，组成系统化的结构，并体现为许多类目按照一定的原则和关系组织起来的有层次关系的体系表，作为分类工作的依据和工具。

分类法主表，基本类目表
main schedule

分类系统中类目和符号的列表，编目员和标引员可以藉此单独或加以组合来标引文献，从而可以从分类途径对文献进行检索。

分类广告
classified advertising

指以产品和服务为标志的广告，一般出现在印刷物的某一个特定位置上。这种广告的收费是取决于广告的大小尺寸，也可以行数或字数来计算。

分类号
classification number

简称类号。根据一定的分类检索语言及其规则，为特定文献单元的内容主题赋予的文献分类标识号，规定了特定文献单元的内容主题在一个分类系统中的位置。分类号通常由数字或数字和字母组成，其作用体现于两方面：一是建立文献检索系统，便于人们通过检索系统获取文献线索；二是用于文献分类排架，将分类号作为文献排架号的主要组成部分。

分类检索语言
classification retrieval languages

以科学分类为基础建立起来的各种分类系统的总称，简称分类语言，是情报检索语言的主要类型之一，与主题检索语言相对。具体体现为分类法或分类表。其主要特征是以“类”作为描述信息特点的标识，指示信息内容所属的学科或领域。

分类目录
classified catalog

一种主题目录，由分类主要款目、分类附加款目、分类分析款目、分类综合款目和分类参照款目等组成。是根据预先按学科体系组织制定的分类系统将文献记录归入适用于每个条目内容的主题之下。为了便于分类目录的使用，需按字母顺序编排主题索引。编制这种目录通常还需要编制著者目录和题名目录，所提供的检索点是分类号。

分类输出
ranked output

在计算机文献检索系统中，按规定的级位将检索结果按分类显示在计算机屏幕上或在线打印出来的一种检索结果输出形式。

分类索引
classified index

主要是指款目按某个分类体系编排的索引。利用这种索引，可以随时缩小检索范围或进行扩检，能使读者方便地找到所需要的文献。其缺点是不适合于查找内容比较狭窄或跨学科的文献。

分类文献依据
literary warrant

撰写某一特定主题或专题的著作的数量。在编目工作中，根据文献内容而定的分类系统部分的发展需要分类表。在编制索引工作中，主题标目的附加或用某种索引语言进行的内容描述，是建立在某种概念的出现频率的基础上的，这种概念反映在被编索引的文献的题名和内容中。

分类系统
classification system

按照预先制定的原则将类目按一定的顺序排列的分类体系，其目的是根据分类对象的相似点和不同点，将其分组编入索引、书目或目录中，以便于检索。分类系统可以是列举的或等级的，可以粗分或简略。

分类学
Taxonomy

对事物和现象进行分类和标引，并对其科学化、系统化和理论化的一门学科。

分类与标引专业组
Classification and Indexing Section

隶属国际图联专业委员会图书馆服务部（Division of Library Services）。该专业组的业务重点集中在通过目录和书目对馆藏进行主题检索的方法和各种文献的标引，包括电子文献的标引。该专业组是分类与主题标引工具编纂者和使用者交流的一个论坛，致力于促进有关主题检索方法的国际间的信息交流。通过文献书目记录的生成或有关机构对书目记录的使用，促进分类与标引工具的标准化和统一应用。出版该专业组的业务通讯（电子版），刊登有关分类与标引的新闻与会议动态和论文，并出版会议录和年报。

分类原则
principles of classification

由逻辑专家、分类学家制定的在图书分类时必须遵循的原则。

分类账式借书登记法
ledger charging system

旧式的借书登记法，使用活页和记账本式，只登记书号来代替借者姓名或借书证号码。

分立式目录
divided catalog（split catalog）

20 世纪 30 年代，字典式目录已变得繁冗，一些大型图书馆开始将其目录划分为两部分。一部分为主题目录；另一部分为主题以外的主要和附加目录（著者、题名和丛书等）。有些图书馆为了使排检工作简化单一，将目录分为三部分（著者、题名和主题），分别排成三套字顺目录，称分立式目录。其不便之处在于要求读者事先了解所需款目的类型，例如，由特定著者所写著作与研究该著者的著作被置于不同位置。

分面标记
faceted notation

一种能够通过组配方式充分满足分面分类法的排序要求的标记系统。将一个分类体系中的各个组面用符号标记出来，如阮岗纳赞的冒号分类法中的冒号。分面标记具有充分的容纳性和较大的表达性等优点。

分面分类法，组配式分类法
faceted classification

一种通过分析一个概念或主题的基本特征，并根据这些特征对概念或主题进行细分而形成的分类体系。印度著名图书馆学家阮岗纳赞在其创建的冒号分类法中明确了五个基本范畴，即时间、空间、动力、物质和本体。一部完整的组配式分类法由分面和子分面的概念表、引用次序、排列次序、标记符号和类目索引组成。

分面分析
facet analysis

研究一个概念或主题的不同方面，以明确其基本特征，并根据这些特征对其进行细分的过程，是组成分面分类体系的首要步骤。主要方法有归组法、分析法和转借法。

分面序列原则
principle for facet sequence

确定分面叙词表分面中不同组面概念排列先后的逻辑次序原则，即概念序列连续性准则；概念序列稳定性准则和概念序列中突出重要概念惯例。

《分面叙词表》
Thesaurus of Facets

由英国简·艾奇逊（Jean Aitchison）于 1968 年编制。是指叙词表经过分面化改造形成分面叙词表。分面叙词表有一个分面分类表，相当于一般叙词表的范畴表或词族表，但词间关系的显示具有高度的科学性。

分面元数据
faceted metadata（FM）

是基于分面分类理论、采用元数据进行描述的一种网络信息组织方法。对分面元数据的较完整的理解可以分为三个层面：一是分面元数据是基于语义的，揭示的是概念而不是语词；二是分面元数据的分类思想是分面的而不是体系的；三是分面元数据的组织表达方式是多元的、非单一的。三个层面的统一才能反映分面元数据的特征。

分面，组面
facet

在一个分类体系中，依据某一分类特征对代表某一概念或主题的类进行细分时产生的一组细目，这就称为一个组面。所采用的分类特征决定了细目的数量。印度著名图书馆学家阮岗纳赞（S. R. Ranganathan）在他所创建的冒号分类法中，认为任何一个类都可看成是五个基本范畴，即时间、空间、动力、物质和本体的表现形式。这五个范畴代表一个概念或主题几个截然不同的几个方面的任何一面。

分配
allocation

一个组织为实现特定目的而对组织拥有的时间、金钱、资料及其他资源的配置，例如，大部分图书馆和图书馆系统的资金是根据年度预算或双年度预算来配置的。

分谱，声部
part

单独记录每种乐器或每个声部的乐谱，以供演奏者或演唱者使用。

分期付款购书法
installment sale

销售者按照分期付款购买法的方式将商品出售给购买者。在出版行业，一般被用来指价格昂贵的多卷书的付款形式。

分切图
map drawn in sections

受纸张大小限定，要求印制者化整为零分若干张印制的地图资料。文献著录时，要在载体形态项注明分切张数，如 1 幅分切 4 张。

分区，分段
partition

指为特定任务而将存储器划分成几个独立的区域，各种不同类别的作业分别在其对应的分区中运行。在 DOS 系统中，可以划分一个磁盘，每个分区就像一个独立的驱动器。

分散律
Law of Scattering

指有关某一特定主题的文章分布在大量期刊上的情况描述的规律，基于 1933 年英格兰科学博物馆的兰开斯特·琼斯（Lancaster Jones）所做的一项调查。最初由塞缪尔·克莱门特·布拉德福（Samuel Clement Bradford）发表在 1934 年的《工程》(*Engineering*）杂志上，并于 1948 年由其本人所出版的名为《文献工作》(*Documentation*）的图书而得名，是定量描述文献序性结构的经验定律。该定律发表后，不少学者从理论和实践上作了广泛的探索，并不断修正完善，使其在图书馆领域应用范围进一步扩大。目前主要用于确定核心期刊与核心出版社，用于改进文献收集，分析图书馆藏书，开展信息检索等。

分散，散布
scatter

在目录或索引中对同一主题整套文献给予多个标引词的现象。通常是在以下情况下使用分散标引：标目出现单复数形式；人名和题名有不同的书写形式；书中的标目在这本书中比较抽象，而在另一本书中却很具体。当同义词缺乏控制或标引的主题词和叙词不够准确的情况下也会出现这种情况。通过规范词控制可以减少标引词分散的问题。

分散作者
diffuse authorship

由四个或更多作者或团体作者创作的作品，参与者负有同等责任。在图书馆编目时，以题名作为主要款目，为第一作者或团体作者设置附加款目。在《英美编目条例第二版》(*AACR*2）中，如果三个或更少的个人或团体对某部作品负主要责任，则在第一作者名下设主要款目，为其他主要作者设附加款目。

分析编目
analytical cataloging

为使读者了解文献包含的各部分内容，除了将该文献的整体编目外，还要对文献各个部分的内容进行单独编目。

分析标引
analytical indexing

指在对文献进行整体标引的同时，为文献中比较重要的部分所作的标引，作为整体标引的补充。

分析附注
analytical note

分析款目中表明作品内部或外部关系的陈述性文字，如对短篇小说选集或剧本选集的标题的陈述。

分析款目
analytical entry

图书目录中用以描述作品某一部分（专著中的一章）或整个作品（文选中的故事或剧本）的款目，是综合性款目的一部分。分析款目位于作者、标题和主题款目之下，包括所描述作品之标题的参照说明。由于分析款目的制作非常费时，所以图书目录中书目描述的层次依图书馆的管理政策和预计需求而定。分析款目一般分著者分析款目、分类分析款目、题名分析款目和主题分析款目四种类型，其特点为明显表述析出部分的来源。

分析描述、分析著录
analytical description

对较大资源的一个部分的描述或著录，如三卷本传记中的一个单卷，一套地图丛编中的单张地图。

分析书目学
Analytical Bibliography（Critical Bibliography）

将书籍作为物理实体而进行的比较研究和历史研究包括书籍印制的方法和技术研究以及著者身世、成书年代和版本插图等的考订。分析书目学有三个分支领域，包括历史书目学：书籍历史及其印制方法研究；文本书目学：作者构思中的文字和已出版文字之间的关系；描述书目学：书籍物理特征的精确描述。

分析著录
analytical cataloging

将包含在整套或整本文献里的一部分材料分析出来，单独作为一个著录单位所进行的著录。

分页符
page break

计算机文字处理专业用语。专指位于文本中一页结尾和另一页开始处用于表示分页位置的符号，在大多数文字处理软件中常用一条水平线来表示。

分页器，分纸器
burster

指采用脱机形式或专用设备形式来把打印机连续输出的打印结果分成页的一种设备。

分支机构
affiliate

通过正式协定从一个系统或主体组织中分出来的部分，与主体组织保持紧密联系但又独立管理的组织。如各国的图书馆（学）协会联合会都拥有众多分支机构。

分子式索引
formula index

从化学物质的分子式角度查找文献内容的一种索引。该索引的编排是：无机物按分子式英文字顺和原子数多寡排列；有机物依照先碳后氢，然后再按其他元素符号的字母顺序排列，元素符号相同者再按原子数多寡排列。在每一种分子式下，著录有该分子式的所有同分异构体的化学名称、结构名称、CAS 登记号，最后列出文摘号，可以直接查找文献内容。

分子序列
molecular sequence

包含为分子序列由资料库指派的入藏号的数据。此分子序列由研究人员储存。已有 11 个资料库注册分子序列。通常，一篇文章参照资料库入藏号，而不是序列本身的图形表示，这些数字显示的格式为：资料库/数字，例如：GENBANK/M96979。

分字
word break

一行文字到行末最后一个单词写不下时，常将该单词分出一个或几个音节放在第二行并用一定的符号表示连接。编制目录卡片常常须分字。

分组丛书
section

分批出版的丛书，通常是在同一个主题目录下，其出版次序通常是按字母表或数字的顺序或兼其两者。

分组交换
packet switching

又称包交换、封包交换，是一种网络传输技术。该技术将所要传输的数据分割成不大于 128 个字符的若干数据段，这些数据段就称为分组。在每个分组前面加上一个分组头，用以指明该分组发往何处，这些经过编码的分组称为数据包。系统根据每个分组里的地址标志，将它们沿着最佳的路由发往目的地，这一过程就称为分组交换或包交换。数据包到达目的地后，系统按照一定的规则对数据包进行解码，提取其中的数据部分然后重新拼接成原先的完整数据提供给用户。分组交换技术使得网络线路的利用率大大提高，并且传输延时小，可靠性高。

分组交换系统
packet switched system (PSS)

指使用分组（包）交换程序进行数据传输的系统。

芬克与瓦格纳百科全书及世界年鉴数据库
World Almanac-Fuck & Wagnalls New Encyclopedia

该数据库包括传记、百科全书款目、事实与统计资料，为学生、图书馆用户、图书馆参考部门的馆员，同样也为学者，提供最根本的参考资料来源，是十分重要的参考工具。涉及的范畴有：艺术、娱乐、新闻人物、计算机、科学和技术、经济学、体育运动、环境、税收、周年纪念日、美国的城市和州、国防、人口统计等涵盖了自 1998 年以来的资料，共有 32 000 多条，内容每年更新一次。

芬兰国家图书馆
The National Library of Finland/*Kansalliskirjasto*

该馆隶属于赫尔辛基大学，是历史最悠久、规模最大的学术研究图书馆，向所有普通公众和研究人员开放。直到 2006 年 8 月 1 日，被称为赫尔辛基大学图书馆。该馆由三座图书馆组成：主图书馆、斯拉夫图书馆和研究生图书馆。作为国家图书馆，赫尔辛基大学图书馆承担与国家信息体系有关与协调的各种责任，并负责收集和保存芬兰的文化遗产。特藏有公元前 3 世纪纸莎草和 1100 年左右羔皮纸的经书。拥有书刊近 400 万册（卷），电子期刊 1.6 万种，电子图书 26 万册以及手稿、地图、印刷乐谱、招贴画和临时性出版物等。

芬兰赫尔辛基大学图书馆—芬兰国家图书馆
Helsinki University Library—the National Library of Finland

根据赫尔辛基大学法及与大学相关法令，赫尔辛基大学图书馆是芬兰的国家图书馆。芬兰国家图书馆隶属于赫尔辛基大学图书馆，赫尔辛基大学图书馆是研究图书馆，向普通公众和进行人文科学专门研究的人员开放。由三座图书馆组成：主图书馆、斯拉夫图书馆和研究生图书馆。作为国家馆，赫尔辛基大学图书馆承担与国家信息体系有关与协调的各种责任。图书馆网络服务是图书馆的一个部门，负责开发和维护国家联合目录、芬兰大学图书馆联合目录、芬兰图书馆联合目录、音乐资料联合目录。该部门还协调国家研究图书馆网络 LINNEA。

作为版本图书馆，负责将保存本纳入国家总书库，并确保芬兰出版物的保存、利用和书目记录的完整。赫尔辛基大学图书馆有350万书刊及差不多同等数量的特殊资料，如手稿、地图、印刷乐谱、招贴画和临时性出版物等。该馆为国际图联机构会员。

芬兰图书馆协会
Finnish Library Association（FLA）

成立于1910年，专业非营利组织，是国际图联的国家会员之一。其使命是促进图书馆事业的发展、向公众传播图书馆的社会与科技责任及文化意义、提高图书馆领域人员的专业技能。目前拥有2 200个会员，大多来自公共图书馆。每两年举行一次全国会议。每年组织开展4～6个继续教育项目及一些主题日活动。每月出版《图书馆杂志》（*Kirjastolehti*），该协会还与不同的伙伴合作承担不同的项目，如与教育部合作实施“知识之屋”（House of Knowledge）项目。

焚书，禁书
book burning

用火故意烧毁被视为敌对或有危害的书籍，是一种围剿文化的野蛮历史现象。中国自秦始皇开始焚书、禁书，西晋、明代、清朝都曾大量禁毁某些图书，其中有很多珍贵史料。而在有些国家里，此类书通常是禁毁宗教信仰或长期信奉崇拜方面的书籍。第二次世界大战前被德国的纳粹或暴徒（通常是政治革命前的一些狂躁分子）集中烧毁了许多所谓政治上违碍悖逆的书籍。

风俗画
genre

通常是描绘现实主义在日常生活中的镜头或事件的绘画。

风雅颂文化传播公司
Feng Ya Song Cultural Dissemination Co.，Ltd

1991年创立，主营书刊、电子出版物，零售、批发、超市配送和图书馆服务为一体的专业图书销售实体。以“传播学术经典、关注大众阅读”为理念，致力文化传播事业，引导更多公众追求精神文化生活，推动与实现文化传播为理想，坚持诚信经营，致力于成为专业连锁书店管理公司。

封底
reversal cover（back cover）

又称封四、后封面和底封。与封面相对应的书的底面页，一般印有条形码、国际标准书号或刊号和定价，有时也印内容提要、版权内容。期刊封底有时还印有广告和图片等。

封底纸板
back board

用麻丝板或草纸板制成的浅棕色、高品质纸板，十分结实、坚硬，表面良好，可作书籍的封底之用。

封里衬页
paste-down

粘贴在书的封面内或封底内的衬页。paste-down也可写作：pastedown。

封面
cover

指包在手稿、图书或其他出版物外面的保护性纸张，由与书脊连接在一起的前页和后页组成。采用硬纸、布或皮革作硬封面装订出版的图书称为精装书。采用一般纸张作为封面的图书称为平装本。期刊几乎都是软封面。机器装订的图书封面被称为书壳。

封面包边
turn-in

在装订书时，指书籍封面沿硬纸板边折入的部分（书籍封面包皮的部分）。

封面标题
cover title

指出版机构印在出版物封面上的标题（在图书中常印于书脊上），可以是正题名的简写形式。

封面朝外
face out

在新书、稀有书籍陈列或展览时、或是图书馆方便于读者浏览，或是在零售书摊上，为了吸引购买者，通常将图书或期刊的封面朝外放置。对于现刊，图书馆将其倾斜地放在专用的书架上，个别一些期刊的封面也朝外放置。

F

封面覆膜
plasticizing

以透明塑料薄膜通过热压覆贴到印刷品表面，起保护印刷表面和增加光泽作用的工艺过程。

封面和封底
recto and verso

封面即书面，是一本书或一本期刊的表面，通常印有题名、责任者和出版者等。封面兼有保护书页和装饰作用。封底是与封面相对应的一个概念，即书的背部页面。封底通常印有条形码、国际标准书号和定价，有时也印内容提要、版权内容。期刊封底有时还印有图画、照片和各种广告。

封面护边
shoe

大型精装本的书角处加嵌的4个定制的金属鞘状包扎物，用来保护皮质封面。常用铜或银制成，加以装饰。

封面加工
tooling

对图书封面进行加工，将设计的文字、图案、花饰或其他装帧通过冲压、热压等技术方法印在封面上，如浮凸印刷、烫金等，封面材料可以是皮革或其他材料。

（封面加固的）装订物
magazine case

用塑料圈、粗线、小杆条或金属丝等材料将封面和杂志正文穿连起来，以加固其装帧。

封面价格
cover price

通常作为出版商建议的书的零售价，印在精装版本的封皮或平装版的封底上。在大多数情况下，封面价格是和标价相同的。

封面上压纹的（图书）
edge-rolled

指皮面精装图书。这种书的封面宽边用模具压印出带有封面装饰线或花纹的图案，通常有素压印和烫金装饰两种。

封面文章
cover story

用作期刊封面的图解文章，一般比该刊物中其他的特写篇幅较长，插图较多。一些期刊索引和书目数据库能指出一篇文章是否是封面文章。

封面镶框
panel

在图书装订时，在封面上镶嵌的一个正方形或矩形框，通常印有题名或显示一幅图案设计。

封面与书芯切齐
cut flush

指装订后将书切齐，使封面不伸出书边，一般称为光边。大部分平装本图书封面与书芯齐边。

封面纸
cover paper

又称“书皮纸”或“书面纸”，为保护书本内页纸张而充当封皮用的一种印刷纸。用作一般书籍、课本、杂志、学生练习簿等的封面用纸。书皮纸分为A、B、C三个等级。可以生产多种颜色的封面纸。

封面纸板
binder's board（millboard）

一种比较厚实挺硬的纸板，由绳索、木材或者回收纸张的纸浆纤维为原材料制作而成。从18世纪早期起用于制作书籍封面，是手工装订的首选材料。封面纸板有许多层纸，是用重滚子压制成所需要的厚度和光滑度。

封面装饰线
fillet

在书本装订时，将一条精致的边或线压在书面的边缘或书脊上，起装饰效果。也指加热时用于压这种线的辊压工具。法式装饰线包含三条不等的镶金线。

封装
encapsulation

将印刷文献装在薄塑料封套内，并对封套边缘进行密封的过程。这是保存大张易碎文献，如地图、图表、招贴等常用的一种方法。与热塑层压法不同的是，这种方法不改变文献的原状。

封装软件
canned software

由软件销售商编制、检验和组装好的软件产

品，这种软件主要考虑使用的方便程度和通用性。

峰值
peak

在电子学和通信技术中，指最大的正或负的瞬间最大信号幅值。

冯秉文（1927—）
Feng Bingwen

中国首都图书馆研究馆员。1951 年北京大学图书馆学专业毕业，1952 年分配到北京市图书馆（后改称首都图书馆）工作。历任分编、古籍、北京文献等组长、参考部主任、副馆长和馆长等职。同时兼任中国图书馆学会第二、三届常务理事、科普及教育委员会主任、顾问，北京市图书馆学会第一届理事会副理事长、第二、三届理事会理事长以及北京市哲学社会科学规划小组成员、北京市社会科学界联合会第一、二届委员和北京市民族古籍整理出版规划小组成员，同时被武汉大学图书情报学院、北京大学研究生院聘为图书馆学情报学专业研究生毕业论文评委、北京广播电视大学首届图书馆学专业论文指导委员会主任、北京市图书资料专业职务系列高级职务评审委员会副主任委员、中级评委会主任和北京市新闻、出版、播音、图书、文博和档案职务系列正高级评委会委员。出版专著多部，发表论文数百篇。

冯承柏（1933—2007）
Feng Chengbai

南开大学教授。1961 年在《历史教学》杂志社任资料员，1963 年到南开大学工作后，历任历史系资料员、讲师、副教授、教授、南开大学副教务长和图书馆长。后任天津市高校数字化图书馆建设管理中心主任。发表论著多部（篇）。

逢甲大学图书馆
Feng Chia University Library

位于中国台湾省台中市，1961 年学校成立时建立，初期只有两名管理人员，藏书不过千册。随着学生人数增加及馆藏资料的快速增长，1971 年建成了新馆，图书馆也得以迅速发展。现包括一所总馆及建都分馆和资电、土水及商图等分馆。逢甲大学图书馆收藏了种类多样的中西文资源（图书期刊、多媒体、缩微资料、地图、学位论文和电子资料等），其中中文资料用中国图书分类法分类组织，西文资料则用杜威分类法分类组织。该馆下设参考服务组、典藏流通组、综合业务室、技术服务组以及资讯加值组。

讽刺诗
epigram

一种用讽刺的词句针对一种思想或事件而写的简短锋利的常以俏皮话或思想的巧妙转变收尾的短诗。

讽刺文学，讽刺作品
satire

运用讥讽、反语及诙谐等手法进行揭露、嘲弄个人、组织和机构短处的一种文学作品。也指一般讽刺时弊的文章，用奚落、嘲笑、滑稽、讽刺或其他手法谴责个别人的恶行、蠢事、弊病或缺点，有的时候含有促其改正的动机。这种作品之写作目的通常为了引起公众对道德过失的注意，甚至为了降低公众对嘲讽对象的信任，或者纯粹是为了娱乐。

讽刺作品
lampoon

以散文体或诗体书写的讽刺文字体裁，通常直接针对公众生活中的个人或公众监视的机构对象。英国著名作家兼宫廷御医约翰·阿布斯诺特（John Arbuthnot）于 1712 年写了一本讽刺小说，名叫《约翰牛的生平》（*The History of John Bull*），该书的主人公约翰牛就是英国的人格化、形象化。诗体的讽刺作品流行于 18 世纪的英格兰，在 20 世纪的出版物如 2004 年度的诺贝尔文学奖获得者奥地利女作家艾尔弗雷德·耶利内克（*Elfriede Jelinek*）所著的《女情人》（*Die Liebhaberinnen*）、《我们是骗子，宝贝！》（*wirsindlockvochgelbaby!*）及《情欲》（*Lust*）等小说中，这种形式被赋予了新的活力。由于这种幽默形式能辛辣地揭示公众嘲讽的对象，因此，有关诽谤罪的法律条款对此均有限制性规定。

讽喻
allegory

小说、诗歌等文学体裁中所使用的讽喻修辞格的扩展形式，其中的事件、思想、事物以及人物在代表其自身的同时还代表其他东西。隐喻含蓄精练，发人深思。

凤凰卫视中文台
Phoenix TV

为凤凰卫视旗下品牌。1996 年 3 月 31 日开播，以“拉近全球华人距离”为宗旨，不断创新，超越自己是凤凰卫视中文台节目制作的目标，全力为全世界华人提供高质素的华语电视节目。通过卫星24小时以普通话向中国内地、香港、台湾地区、日本、东南亚地区、澳洲、新西兰和中东地区播放节目，覆盖面积可达53个国家和地区。其节目包括中外电视的代表作，并集新闻信息、体育、音乐和电视剧于一身，主要代表亚洲华人地区内各种社会文化动态及观众的生活方式和口味。

佛教文献
Buddhist Literature

18世纪以来，以西洋学术方法对佛典所作的系统性研究。内容包含对各种语文佛典的解读、校勘、编目、翻译、注释及内容研究等。

佛罗里达州立大学图书馆学与情报学学院（美国）
School of Library & Information Studies, Florida State University

佛罗里达州立大学建于1851年，其通讯与信息学院建于1947年。隶属于该学院的图书馆学情报学院注重传统与现代相结合，多年来其教育水平一直名列前茅，获得美国图书馆协会资格认证。该学院可以授予情报学博士学位、法律与信息学研究学位（理学硕士、博士和专家认证）、情报学硕士学位以及情报学学士学位。所提供的研究生课程主要为情报学、情报学研究、理论发展问题、信息需求评估、网络管理、法律资源导论、信息系统管理、信息资料保存、档案学、媒体资源的设计与制作、信息政策导论、高级网站应用、主题分析、可行性分析和数据库管理系统等。

佛罗里达州立图书馆（美国）
State Library of Florida

位于美国佛罗里达州首府塔拉哈西市，是州政府的一个部门。馆藏图书、期刊及各种其他资料100多万册（件），其中图书约32万册，主要集中在政府公共管理、社会科学、教育及图书馆学等领域，同时专门开辟了法律图书馆为州政府和地方政府服务。特色收藏包括佛罗里达文库，收集了大量有关佛罗里达州历史、现状以及发展的文献、地图、手稿及大事记等资料。还设有一所旗帜收藏馆，收藏了世界各国以及美国各州的旗帜。

佛赛斯县公共图书馆（美国）
Forsyth County Public Library

位于美国北卡罗莱纳州的温斯顿塞伦市。拥有1所中心馆、12所分馆和1所流动图书馆，为该市居民提供全方位服务，其馆藏图书和期刊合订本有100万册，年到馆访问有250万人次，年图书流通量为300万册次。

佛山图书馆
Fushan Library

中国市（地）级公共图书馆，成立于1957年9月15日，馆址设在中山公园精武会社，后曾数次搬迁。1981年5月4日旧馆舍建立，地点在祖庙路19号，建筑面积1 500平方米。其新馆于1993年1月8日在原址落成开放，新馆楼高7层，建筑总面积为1.8万平方米，拥有馆藏120万册（件），中外文期刊3 000多种，此外还有相当数量的非书刊资料，包括视听资料、缩微资料和机读资料，可供读者选借。该馆是珠江三角洲最具规模的文献信息中心之一。馆内所藏4万册古籍图书，不少是珍贵的善本，在省内以至全国，都占有独到的位置。馆内还设置了近400平方米的展览厅、380席的报告厅、大小会议室、培训中心及速印中心等，每年举办各类展览40多场次、讲座及报告会80多场次和各种类型培训班，也可提供各种艺术欣赏如音乐、电影和美术等文化艺术活动。

否定符号
tilde

符号“~”，用在逻辑学和数学中作为修饰的n，通常读做“not”，并用来表明否定词或否定，或偶尔用作双条件联结的符号。

弗吉尼亚大学图书馆（美国）
University of Virginia Library

该图书馆系统由15所图书馆构成，共有500万册书籍，逾5万种期刊和报纸，1 600万份手稿和档案文件，7万种光盘和唱片以及多种缩微文件和教学影像。其中，Alderman图书馆在人文和社会科学方面馆藏丰富，还收录有政府信息资源和多个国家的政府出版物；Brow科学与工程图书馆收藏有天文学、生物学、化学、环境科学、数学、物理学、心理学等方面的资料；Clemons图书馆藏有丰富的视听材料，并配有充足的自习教室，供学生们24小时使用；Fiske

Kimball 艺术图书馆内收藏有建筑学、建筑历史、景观建筑、城市规划、画室艺术、戏剧历史等方面的资料。

弗吉尼亚·莱西·琼斯（1912—1984）
Virginia Lacy Jones

美国图书馆学家和图书馆管理者。1933 年和 1936 年分别获得图书馆学和教育学学士学位。在路易斯维勒市立学院图书馆工作期间，结识了该学院院长克莱门特，对她的图书馆生涯起到了重要作用。靠奖学金在伊利诺伊大学获得硕士学位和芝加哥大学的博士学位。后来克莱门特在亚特兰大大学当校长，聘请琼斯做该校图书馆编目员，同时在克莱门特创办的图书馆学院任教。琼斯还与拉克尔办起了肯塔基黑人教育协会的图书馆，并呼吁为黑人儿童出版图书。在卡内基基金会支持下，建立地区服务计划，为东南部各州的黑人图书馆提供参考咨询服务。作为在美国第二个获得图书馆学领域哲学博士的黑人，1973 年和 1977 年分别获得美国图书馆协会的杜威（Dewey）奖和利平克特（Lippincott）奖。

弗兰克·冯·赫尔曼（1960—）
Frank van Harmelen

计算机科学家，荷兰阿姆斯特丹自由大学人工智能教授，LarKC 项目（旨在研究大规模语义 Web 推理平台）的科学主任，是 Web 本体语言（OWL）和本体推理层的设计者之一，研究方向为元级推理、基于知识的系统、语义 Web 等。

弗兰克·弗朗西斯（1901—1988）
Frank Francis

英国图书馆学家。剑桥大学毕业，1926 年到大英博物馆工作，1948 年任印本书部主任兼高级馆员，主要从事书目和编辑工作，曾任《图书馆》（*The Library*）和《文献学刊》（*Journal of Documentation*）的编辑。1959 年接任图书馆馆长，并在伦敦大学图书馆学院讲授目录学。出版《印本书总目录》（*General Catalogue of Printed Books*）第 3 版，并参与创办《英国国家书目》（*British National Bibliography*）。历任英国图书馆协会、博物馆协会、专业图书馆与情报机构协会、书目协会和国际图联等机构的主席。在他的努力下，英国国立中央图书馆、大英博物馆和其他一些图书馆合并成英国国家图书馆（The British Library）。由于业绩卓著，获得英国女皇封赠的爵士。

弗朗兹·李斯特音乐学院图书馆（匈牙利）
Ferenc Liszt Academy of Music

位于匈牙利首都布达佩斯，是匈牙利最大的音乐图书馆，由中心图书馆和研究图书馆组成。中心图书馆馆藏音乐乐谱 50 万件，图书 8 万册，期刊 100 多种以及各种录音资料近 2.5 万件，主要服务于教学、研究和艺术活动。研究图书馆包括匈牙利音乐历史图书馆和李斯特研究中心，由李斯特本人创建，其遗产也由该中心管理。该馆使用 ALEPH 信息系统管理目录，有三分之一的文献资源可通过电子目录查询。

弗雷德里克·保尔·凯佩尔（1875—1943）
Frederick Paul Keppel

美国图书馆史上的杰出管理人才，哥伦比亚大学毕业。1923—1941 年任卡内基基金会第 4 届总裁。凯佩尔继承卡内基的遗志，对图书馆大力捐助，20 年中向图书馆捐赠 8 600 万美元，其中 3 000 万用于图书馆规划，300 多万用于美国图书馆协会举办的各类图书馆活动。此外基金会还提供 100 万美元在芝加哥大学建立了第一所图书馆学研究生院，在凯佩尔帮助下美国图书馆协会与各图书馆学院及各种机构紧密配合，做了许多工作。

弗雷德里克·威尔弗雷德·兰开斯特（1933—）
Frederick Wilfred Lancaster

美国图书馆学、情报学理论家，对情报系统及图书馆服务评价的研究卓有建树。生于英国，在美国受教育，曾任纽卡斯尔公共图书馆高级助理，华盛顿荷纳公司系统评价组组长，美国医学图书馆副馆长特别助理及韦斯泰特研究公司情报检索部主任。1970 年后在伊利诺伊大学图书馆学研究生院任教授，并且是伦敦分类法研究小组成员。其贡献主要是教学和写作，撰有：《走向无纸情报社会》（*Towards a Paperless Information Society*）、《图书馆服务的衡量与评价》（*The Measurement and Evaluation of Library Services*）、《在线情报检索》（*Information Retrieval Online*）、《情报检索中的词汇控制》（*Vocabulary Control for Information Retrieval*）和《情报检索系统：特征、试验与评价》（*Information Retrieval: Characteristics, Testing and Evaluation*）等。

F

弗里杰大学图书馆（荷兰）

Library of the Vrije University

位于荷兰首都阿姆斯特丹市，是一所基督教图书馆。最初于1880年由基督教建立。现馆藏各种图书期刊超过100万册（件），侧重领域为医学和精密科学，文献的年代最早可追溯到15世纪。同时，该图书馆是荷兰国内第一个将书目计算机化的图书馆。

弗里克鲁汶根特管理学院图书馆（比利时）

Vlerick Leuven Gent Management School Library

位于比利时鲁汶镇和根特镇，与鲁汶根特大学一同于1953年建立。该馆收集了大量关于管理、策略、人力资源管理、工业管理和生产管理的文献资源，同时提供在线数据库和在线查阅服务。

服务点

service point

在图书馆内外设置的固定服务地点，专门配备有工作人员为读者提供服务，如读者需要借阅特定的书刊资料。

服务合同

service contract

指图书馆设备用品供应商同意在保修期过后定期修理或维护一件或多件设备，作为回报，须向供应商支付年度或月度费用。图书馆与这些供应商签订这种合同，通常是为了确保馆内为读者服务的复印机、缩微阅读机、打印机和安全装置等设备的运行和维修。

服务器

server

指一种专用的网络设备，通常安装专用的网络应用程序，配有大容量电源、不间断电源，并采用了容错技术，为用户提供文件和资源的共享服务，服务器按功能划分为访问服务器、文件服务器、应用服务器、数据库服务器和电子邮件服务器等。

服务区域

service area

又称服务范围，指公共图书馆或图书馆系统提供服务的地理区域。这些区域首先要考虑读者利用的方便。

服务上门

homebound

公共图书馆为特定的服务对象有选择地主动送文献上门，以提供其利用的一种外借服务形式。通常包括为重点读者或重点科研项目开展定题的送书服务，向残疾人士或卧病不起者按其要求选送书刊，此外还包括预约上门服务、流动图书馆等。

服务时间

on-duty

图书馆员工作的时间，特别是在公共服务窗口预定轮班的时间，如流通台或参考咨询处等。

服务台

counter

也称帮助台（help desk）。用户可以在服务台寻求相关的服务。在大多数图书馆里，流通台就是位于图书馆入口附近的一个服务工作台。而在儿童阅览部里，工作台与其他的家具一样，其高度一般低于正常高度，便于儿童使用。

服务质量

quality of service

一般指商业、服务业和其他公用事业等为顾客服务的好坏程度。图书馆服务质量指图书馆或图书馆系统提供的服务满足其读者的程度以及符合专业标准的程度。包括服务态度、服务项目、服务时间、服务方法、网点设置和手续制度等方面。服务质量的好坏受预算约束、管理政策、设备设施条件、人员、决策和雇员道德水准等多方面因素的影响。对服务质量的评估通常以统计数据和用户调查、意见箱等质量反馈为基础。quality of service 可缩写为：QoS。

浮雕

relief

一种雕塑式样，其形象常以软材料塑成、薄展延性材料敲成或用硬材料浮凸雕刻而成。

浮雕图案
embossing

印刷装订中，在书籍封面或背脊上压印的浮雕图案或印刷在原纸上面浮突起的字或图案，如常见的贺年卡上的图案和贺词。

浮雕装饰品
relievo binding

一种用皮革制造的装饰品。具体制作方法是首先对皮革进行软化处理，然后放入模子里，再经过压制形成浮雕图案。是19世纪英国用来介绍反映维多利亚时代复兴哥特式风格图样的一种技术。这种技术有时也用于出版业，通常是为了装饰图书，在封面上压印出模仿古代宝饰或胸章的浮雕型图案。

浮凸压印
cameo

在书籍的封面压印出突出的图案，装订工作中用于书籍装饰。

浮凸印模
cameo stamp

一种雕刻有图案（通常是图画）的椭圆形金属模具。使用于11—16世纪，在用皮面装订的书上压印出凸起形状，像珠宝的浮雕图案。

浮凸印刷
embossing

又称“凹凸版印刷”。一种不着墨色的印刷方法。利用压力在已经印好的印刷品或空白的纸上压出不同的凹凸图形和花纹，使制品生动美观，具有较强的立体感。印版两块成为一组，一块是浮雕的凹型金属版，一块是用电镀法翻制的凸型金属版，印数少的亦可用照相凸版翻制。用以印刷信纸、信封、商标和贺卡等。除了压印图形和花纹以外，亦可用来压印文字，现代盲人图书就是采用压凸印刷法印制的。

浮凸装帧
cameo binding

一种图书的装订方式，在1500—1560年间流行于意大利。为了装饰，在图书封面的中央形成一个类似硬币或奖章一样的突起图案，有时用墨水、银色或者金叶修饰。

浮凸字体图书
embossed book

指印成凸起文字供盲人摸读的书籍。又称“点字本”或“点字书”，由法国盲人布莱叶（*Braille*）创造的点字法发展而来。早期的盲人书是指聚点字刺成语文的点字书。盲人读书以指代目，虽盲亦能识字。现代盲人书采用压凸印刷法印制。即先用一种特制的打字机在双层铣皮上压出凹进的点子，制成凹凸版模，然后在双层铣皮间插入一张特制的厚牛皮纸，加压使圆点符号隆起，不带任何油墨和色彩，还可压制简单的线条图画。但此书厚，不经压。现发展为用发泡油墨透过孔版漏印成隆起的圆点而制成的书，经久耐用。

符号
symbol

对数量、进程、数据项、指令和事物关系等的表示方法，可以是一个或一组字符、数字或其他记号。

符号替换
Symbol Flip

代码转换为符号。OCLC编目系统中一次性成批将馆藏图书馆代码转换成OCLC符号。

符号语言
symbolic language

用符号来表示指令的操作码或数据项目码的程序语言。

符号语言学
Semiotics

对自然语言及人工语言中语义及非语义符号进行系统研究。符号语言学的三个分支是：语用论（研究如何运用那些符号）、语义学（研究符号及所指实物之间意义的关系）和句法学（研究符号之间如何组合）。

辐射式排列书架法
radiating stack

图书馆、资料室常用的一种书架排列方法。其具体做法是，以咨询工作台和个人阅览桌为中心，将书架由中心向四周直线延伸排列，在书架间隔处摆设小型阅览桌椅，使书架、藏书与阅览桌椅融为一体，从而形成一种扇状结构。辐射式书架之间呈不等距状态，越靠近中心区域，书架之间的距离越小，越远离中心区域，书架之间的距离越大。采用这种书架排列方式，可以使书库和阅览空间融为一体，兼顾到书库和阅览室两者的优点。其缺点是在长方形阅览室里这种排架方法会浪费较多的可利用空间。

《福布斯》（美国）
Forbes

1917 年由苏格兰记者 B. C. 福布斯（B. C. Forbes）创办，总部设在纽约。该刊属于福布斯公司（Forbes Inc.）所有，主要报道美国和其他国家的经济与商业问题的评论、经济、商业动态新闻。该刊几乎每年刊登一次世界首富排名榜，而且附有详细的材料和统计数字。几十年来，《福布斯》杂志一直以“关注实践和实践者”为口号，倡导企业家精神和创新意识。正是由于其明确的定位和独特的深度报道，使《福布斯》成为今天美国主要商业杂志中唯一保持 10 年连续增长的刊物，其受众群在商业杂志中占据魁首，发行量目前达到 500 万册。2003 年，福布斯集团发布了《福布斯》中文版和韩文版，与《福布斯》全球版和日文版一起，在亚洲的发行量达到 30 万册。

福尔杰·莎士比亚图书馆（美国）
Folger Shakespeare Library

于 1932 年 4 月 23 日莎士比亚诞生 368 周年时创建并对外开放，位于美国华盛顿特区（Washington D. C.），是专家学者的独立研究中心、世界上关于莎士比亚资料及其作品收集最多的图书馆，其中包括 17 世纪莎士比亚戏剧作品的对开本以及 17 世纪四开本的 14 行诗，尤其是 1623 年莎士比亚戏剧第一次印行的 79 种不同版本。与此同时，该馆也收集文艺复兴时期有关英国文明和文化的研究资料，包括一些非常罕见的书籍和原稿。如原是亨利（Henry）和埃米莉·福尔杰（Emily Folger）私立图书馆的藏书，其中包括 1931 年福尔杰先生首次捐赠的 2 100 册有关莎士比亚作品。该图书馆还修建了一个小剧院专门上演一些莎士比亚戏剧。

福建省图书馆
Fujian Provincial Library

中国省级综合性公共图书馆之一。成立于 1911 年，其历史可追溯到 1906 年鳌峰课士馆附设的图书馆。现馆舍总建筑面积 3.35 万平方米，设有少儿分馆和芳草书社。阅览座位 900 多席。馆藏文献 330 万册，其中中文期刊 1.5 万多种，外文期刊约 4 000 种，中文古籍和地方文献近 40 万册。重点收藏与福建省政治、经济、科学研究、文化和教育等有关的国内出版物，台湾研究、福建研究、周易研究和中国近代史研究等方面的文献为该馆的特色收藏，并藏有 2 万多种港澳台等地的出版物及英、日等 21 个语种的国外出版物。建有闽版图书、闽台资料、福建省公共图书馆族谱联合目录等 10 多个特色数据库。

福建省图书馆学会
Fujian Society for Library Science

1979 年 11 月成立，1999 年 10 月转为法人社团。该学会成立以来，多次组织全省性的专题学术研讨会与综合性学术年会，会后编辑出版论文集。编辑出版学术刊物《福建图书馆学刊》（*Journal of the Fujian Society of Library Science*）（季刊），不定期编印《福建省图书馆学会简报》（*The Newsletter of FSLS*）。

福建师范大学社会历史学院图书馆学专业
Department of Library Science in College of Social History of Fujian Normal University

创办于 1981 年。该专业的办学目标在于为中国图书馆事业的发展培养合格的专业人才。其办学特色为：首先是创办时间早，本科教育创办于 1983 年，是国内改革开放以来最早创办图书馆学专业之一；其次是具有地域优势，是福建省唯一的全日制本科图书馆学专业，同时也是全省唯一的“图书馆学情报学与档案管理一级学科”硕士授予点；所开设的课程为：图书馆学基础、目录学、信息组织、信息描述、信息检索、数字图书馆原理及实践、信息资源建设、信息管理基础、知识产权法、FOX-PRO、C++语言、数据结构、计算机网络、信息系统分析与设计。其中“数字图书馆原理及实践”为省级和校级精品课程。

福建师范大学图书馆
Fujian Normal University Library

成立于 1907 年。拥有藏书 200 多万册（件），其中古籍近 2 万种 20 多万册，包括明、清的善本、稿本和精抄本 900 多种近万册。福建的地方志基本完备，还有 500 多幅历代名人字画和近万张碑刻拓片等。馆舍面积为 5.6 万平方米，阅览座位为 3 890 席。除了总馆外，另设生物分馆和音乐系美术系分馆。

《福建图书馆学刊》

Journal of the Fujian Society of Library Science

1980 年创刊，原名为《福建图书馆学会通讯》，1988 年改为现名。由中国福建图书馆学会编辑出版。主要栏目有：“研究与争鸣”、“工作研究”、“社区图书馆”、“中学图书馆”、“图书馆员”、“文献信息资源建设”和“读者工作”等。该刊为季刊，自办发行。

福克斯广播公司（美国）

Fox Broadcasting Company（FOX）

1986 年 10 月由澳大利亚媒体巨子鲁珀特·默多克（Rupert Murdoch）在美国创办的商业电视网。当时，默多克先生在美国购买了 20 世纪福克斯公司和 6 座电视台，并且联合 105 家独立电视台，形成了全国性广播网。

福特基金会国际奖学金项目

Ford Foundation International Fellowships Program（IFP）

旨在为有志之士提供深造机会，使他们通过学习在其所从事的相关领域或在其国家发展以及在促进世界范围内经济发展和社会公正等方面成为各地方各部门的领头人。为了确保能从不同背景中选拔出合格的人才，国际奖学金项目将在有志于服务社会和社区工作的缺乏深造机会的社会群体中积极挑选候选人。该项目始于 2001 年，在全球的总投资约为 3 亿美元，是福特基金会资助的最大的一个项目。福特基金会希望通过该项目深化其在过去半个世纪中对高等教育的投入。福特基金会教育项目一直保持着很高的水准。许多获得该基金会资助的人士已经并正在成为世界各地各部门的带头人，他们将为建立全球性知识体系，其中包括自然科学、社会科学以及人文科学和艺术做出贡献。

福音书

Gospels

以记述耶稣生平与复活事迹为主的书籍。在基督教传统中，通常意指《新约》圣经中的第一部分内容，狭义上指四福音书，即《马太福音》、《马可福音》、《路加福音》和《约翰福音》，是四卷记载关于救主耶稣降生这好消息的书。四位作者马太、马可、路加和约翰也因此被称为四福音使徒。其中马太、马可和路加所写的福音书内容大同小异，每位作者都想表达耶稣基督不同的一面。其主要内容是关于耶稣降生、成人以及其他言行的故事。

福州大学图书馆

Fuzhou University Library

建于 1958 年。馆舍由建于 20 世纪 60 年代、80 年代、90 年代以及 2006 年落成的几部分建筑物连接合并而成，建筑面积 4.95 万平方米。拥有馆藏文献 220 万余册（其中中外文图书 197 万册，中外文期刊 7 000 多种，期刊合订本 21 万册）。中外文数据库 36 种，该校博硕士论文近 10 万篇，光盘 6 200 张，多媒体光盘 32 000 多张，自建特色数据库 5 个，电子数字资源51 200 GB。馆内大型检索工具收集比较齐全，其中《化学文摘》、《工程索引》等收集齐全，重点收藏物理化学、电机电器与控制、材料科学与工程、信息与通讯工程、机械电子工程、结构工程、石油化工和生物工程等学科门类及其相关的基础理论和应用技术方面的文献。该馆于 2003 年获情报学硕士学位授予权，成为福建首家、中国大学图书馆第二家情报学硕士点。

辅导阅读

remedial reading

图书馆帮助读者克服因缺乏教育机会、身体残障或智力迟钝而造成的阅读困难，以使他们能更有效地进行阅读的一种服务方式。

辅仁大学图书馆

FuJen Catholic University Library

位于中国台湾台北县新庄市，1961 年复校后，陆续建立人文科学图书馆（文图）、社会科学图书馆（社图）、自然科学暨外语民生图书馆（理图）、医学图书室（医图）。现设有济时楼图书总馆、公博楼图书分馆和国玺楼图书分馆以及舒德楼罕用书库。各馆依学科领域不同，馆藏特色亦大不相同。该馆馆藏图书总量为 93 万册，电子图书 113 万册，电子期刊 2.6 万种，数据库 705 个，视听资料 1.6 万件。馆舍总面积达 2.2 万平方米，阅览座位1 756 席。

辅仁大学图书资讯学系

Department of Library and Information Science, FuJen Catholic University

成立于 1970 年 8 月，原名为图书馆学系，1992 年改名为图书资讯学系。该系于 1994 年 8 月成立

F

硕士班，修满毕业学分 32 学分（含论文 4 学分）可授予图书资讯学硕士学位。该系教学主要目标在于提升学生图书资讯学理论与实务之知识与能力、提升学生相关电脑科技理论与实务之知识与能力。主要研究方向为：知识与资讯的获取、处理、传播与利用，即对知识与资讯的基本认识与了解、处理知识与资讯储存媒体的相关知识和促进知识与资讯传递与整理的相关知识与技术。该系宗旨主要是培养从事图书馆事业的文化工作者，同时为现代社会渐觉不可或缺的资讯服务，培养软硬件工程师之外的服务人才。该系成立硕士班之目的，是希望图书资讯学相关科系毕业人才能接受更深广的教育，培养研究素养及能力，并期望能吸收各种不同学科背景的人才，为图书资讯界培育具有多元化知识与技能的人才。

辅助存储器
secondary memory

指计算机系统中除主存储器之外的存储器，通常是大容量，但存取时间长。典型的辅助存储器有磁盘和磁带。

辅助分类表
auxiliary schedule

图书馆分类法中将主表类目所具有的相同子类抽取出来单独编成的一览表，一般用此表对主表中列举的类目进行细分。例如，杜威十进分类法表 1 中的标准细分表。又称附表、复分表，是分类表的组成部分。

辅助符号
auxiliary symbol

图书分类法中标记制度的重要组成部分，为增加分类标记功能而采用的起辅助作用的符号。辅助符号具有加强标记的表达性、容纳性等各种功能，但使用过多也会造成号码冗长、复杂、排序性差，影响标记使用效果。

辅助区分号
auxiliary number（number for books kind）

又称同种书区分号，指位于分类号之后的著者号、年代顺序号等，是分类索书号的组成部分。

辅助人员
support staff

没有经过图书馆专业系统学习的非专业馆员。他们了解图书馆的实践和程序工作，参与图书馆的事务性工作，但是不参加制订政策或其他专业性很强的活动。

辅助人员圆桌会议（美国）
Library Support Staff Interests Round Table（LSSIRT）

美国图书馆协会的圆桌会议之一，进行关于图书馆辅助人员的论题讨论，比如辅助人员的培训、继续教育、职业发展和工作职责等。以 PDF 格式出版《业务通讯》(*Newsletter*) 季刊。

辅助书库
auxiliary stack room

直接向不同读者提供文献的各种书库，具有规模小，现实性、参考性、针对性强以及藏书利用率高、流通量大的特点。此类书库的书刊资料必须不断调整充实，剔旧补新，以保持其实用性。

辅助索引
auxiliary index

指书目、文摘等检索工具正文之后所附的辅助资料中的最重要部分。向读者提供多种有效的检索途径，使他们能从不同的角度迅速查到自己所需要的文献。辅助索引由于受技术、知识发展的原因，变化较多，通常有轮排索引、期索引、年度索引、卷索引和累积索引。

辅助（外围）计算机
satellite computer

与另外一台计算机连接的并可通过通信链路与其进行交互作用的计算机，比主机能力差些，主机可以控制该计算机或在其上面执行任务。

讣告
obituary

关于某人的死亡通知，常登在报纸或杂志上，可能会包括死者生前的简历。众所周知的公众人物的讣告可能在其生前就会写出来，以便印在简短的通告上。在传记中，讣告按死者的姓来做索引。obituary 可简写为 obit。

付款日期
payment date

图书或服务的未清账款的最后支付日期，通常印在其发票上。

付印日期，出版年代
imprint date

在书籍版权页或题名页上以及目录款目的出版项内标出出版年代，通常只印年份，不印具体日期。

负片
negative

冲洗负片时，软片上就会产生图像，产生的影像明晰度正好与原始物体相反，但能印出与原始物体完全相同的图像。原始物体深黑的地方在负片上是透明的，原来浅淡的地方在负片上为深黑色。彩色负片不仅影像明晰度正好相反，且物体的颜色也相反，使软片上的颜色为物体颜色的互补色（红色为绿色，蓝色为黄色等）。

妇女工作组（美国）
Feminist Task Force（FTF）

创建于1970年，作为美国图书馆协会的社会责任圆桌会议（SRRT）的一个特别工作组。该组致力于处理妇女问题，包括图书馆和图书馆长职位上的性别歧视。该组还负责整理电子邮件列表，并出版季度《业务通讯》(*Newsletter*）和《图书馆的妇女们》(*Women in Libraries*)。

附笔，附言
Postscript（post scriptum）

在信件末尾签名后的附加语言。简写成 P. S.、PS 或 p. s.、ps。

附充注释
add note

指杜威十进分类法中的简短注释，用来指导编目员在指定的基础号之后添加一个或多个分类法中其他地方出现的数字，以建立一个分类号码（类号）。例如：从表2中选取标记符号1~9添加至基础号027.1上（私人图书馆和家庭图书馆），从而得出027.141（英国家庭图书馆）的结果。

附加标记
additional designation

在用作标目的著者名称之后加注其生卒年份、出生地或尊称等，以区分于其他同名著者。

附加标识
trailer

在图书馆编目中书目记录的正题名后用［ ］作为附加标识，指出文献的类型。

附加材料
accompanying material

与图书出版的同时所提供的相关材料，如软盘、光盘、幻灯片、习题集答案、教师参考手册、地图、缩微胶片和勘误表等。这些材料通常放置于封面内的专用小袋里。对这些含有附件的图书进行编目时，要在书目记录中相关的载体形态项里说明附件的特征和存放位置。

附加的福利
Benefits（fringes benefit）

图书馆员除了获得工资或薪金以外，有权享受其他的补偿，比如健康和医疗保险，养老金或退休保障和免费培训等。通常在合同或者劳资双方就工资等的谈判协议中有对于这些约束的详细条款。

附加款目
added entry

图书馆编目中不同于主要款目的其他款目。通常包括合作著者、插图作者、翻译者、丛书项和主题等著录项，提供除主要款目之外的其他检索途径。例如，对某一合作著者图书进行编目时，以第一著者为标目编制主要款目，在主要款目的基础上附加第二著者、题名和主题等其他标目制成附加款目。

附加说明
credit line

对文章或图书中的插图、照片或引文的有关作者、艺术家、代理机构或出版物的简要说明，通常印在插图、引文的正下方或图片解说词的最后。有时汇集成独立部分，印于书籍正文之前或之后的页面中，在杂志里也可集中成段印于某一页上。

附加题名页，副题名页
added title page

位于图书正式题名页之前或之后的题名页，是编目员制作书目款目时的主要信息源。一般记载了从书题名或另一种语言文字对应的题名，前者称为“总题名页”，后者称为“对照题名页”。

附件
accompanying material

文献主体之外所附带的有关资料，如教师手

册、习题答案以及唱片、光盘、幻灯片或简略地图等。

附件
attachment

贴附于电子邮件正文之后的任何类型的计算机文件，两者同时传送到目的地址。非文本性的附件，如图形文件和数据库文件需要特定的编码解码软件来查看。在打开附件时要特别小心，因为可能携带有病毒。也称随同文件发出的有关文件或物品。

附录
appendix

补录缺漏，指正疏忽。在图书或文章后面附印的与正文有关的文字、表格和图片，包括与正文有关的文章、文件、年谱、年表、图表、索引、大事记、译名对照表以及其他有关资料。附录的作用是便于读者查考有关作者的情况、有关内容的背景、有关问题的资料，从而更全面地、更深刻地、更准确地理解书籍或文章的正文。附录一般多附印于书籍之后，或文章之后，带全局性的附录，大都采用这一方式；有的附印于书中某篇或某章节之后，限于局部性的附录，可以采用这一方式；有的附印于书籍当页地脚，近似于“脚注”，或附印于正文之中近似于“夹注”，属于个别问题的附录，有时采用这种方式，实际上可以把这种附录视为注解的一项内容。

附贴插页
tipped in

包括单页、勘误表和单独插入的图表等，在图书等出版物正文已经印出并装订后，沿装订的边缘线按图书书页大小粘入书中，贴附在下一页上，使出版物内容更完整。

附文
rider

指手稿、印刷校样或其他文件的补充或修正部分，常附于单独纸张上。

附有，内附
laid in

图书及其他印刷型出版物中另附的单页，而不装订在一起。在卡片款目的注释项上，著录该文献中所附的活页或小册子等相关信息。

附有作者传记书目
biobibliography

列举作者本人所著作品的清单，同时也包含作者生平、作品的传记信息。

附属版权
subsidiary rights

由原始版权中派生出来的各项权利，即为依附于原始版权的分项权利。附属版权可以分为两大类。第一大类为演绎权，即在原有作品上进行再创作或改编所产生的权利，或将作品翻译成各种语言文字的权利。演绎权具体包括：将原作品改编成录像带和录音带等音像制品的权利；将原作品改编成其他文学作品、电影、电视剧、广播剧、戏剧、音乐剧以及其他舞台剧的权利；把图书印刷版改编成各类光盘版、网络版以及改编成某种适合于销售的形式的权利。翻译权是许可另一出版社将某一种书翻译成别的文字出版，在某一特定的语言区内或一定地区范围内发行的权利。第二大类为对已有作品的再次利用权，即文字作品出版后在报刊上连载权，照片、美术作品的再次使用和进行展览的权利。再次利用权包括翻印复制权、合作出版的版权、重印权、连载权、缩写或节录权、选集、语录权和图书俱乐部版权。

附属丛书，子丛书
subseries

一套丛书内的另一套丛书，附属于另一种综合性的丛书，其题名可能依附于主丛书题名，也可能是独立的丛书题名。

附属馆员
Affiliate Librarian

美国图书馆员职称中的最低等级，但其职位要求包括从美国图书馆协会认可的图书馆学院毕业获得图书馆学情报学硕士学位或获相当图书馆学情报学硕士学位水平的职业资格证书。附属馆员的任期一般为一年，可无限制的多次聘任。图书馆馆长通常依据职称晋升系统的要求，认为附属馆员能够成功胜任其他等级工作，附属馆员才得以晋升。

附注项
note area

书目记录中紧随载体形态项之后的一项，用来说明在其他著录事项中不便或不能反映的书目信息的著录项目，其范围涉及题名与责任者、版次、出版发行和物质形态等。在 MARC 21 书目数据记录中，每条附注作为独立的一段，以 5××字段标记。

附注注释
reference

在脚注和参考书目中用拉丁词组来指导读者去阅读所引用或引证作品的一种方式。例如："*ibid*"、"*op.*"和"*cit.*"。

复本
added copy（duplicate）

图书馆入藏的同一种文献（或资源）多于一册（个）时，除第一册（个）外的其余各册（个）称为××复本，第一册（个）称为正本。复本必须在内容、版次和版式等与正本完全相同，一般是基于正当需求而增加馆藏，复本不是图书馆采访的必需要求。公共图书馆对需求量大的书刊往往收集多份，停止流通时剔除。狭义复本对内容、形式都有严格规定，同样内容的纸张印刷型与缩微型、机读型文献不能互称复本，内容相同的纸质信息媒体，其影印本、特殊装帧本、译本和评注本应视为不同品种，而非复本。在实际工作中，为便于管理和利用，将外部形式不同，但内容相同的信息媒体都称为复本。对相同内容书刊的采集数量称为复本量。在编目记录中从第二个复本开始标出复本号，位于索书号的最后。在很有限的一些版本中，印刷的复本数量和每个复本的编号一般记录在题名页前一页背面的出版说明中。

复本号，书本编号
copy number

当把同一版本作品的多个复本加入图书馆馆藏时，从第二本开始，编目员按照顺序给号。在该版本的编目记录中，每个复本在馆藏资料项中单独列出，复本号标在索书号后面的缩写"cop"之后。在图书上，复本号标在书脊标签的最后一行的索书号后面。

复本交换
duplicate exchange

按图书馆界传统的观点，当同一种版本的书刊收藏不止一部时，将第一部以外的称为复本。对于那些复本量大而流通率不高的图书，图书馆往往会采取剔除的办法。为减少复本，增加品种，一些图书馆开展了复本交换业务，以此为突破点，进而推动馆际之间的全方位协作。

复辟时期的风格
Restoration style

指英国查理二世复辟时期出现并流行的一种书籍装帧形式。

复查文档
review file

为读者创建馆际互借请求担当"馆藏储存器"的文档。这些请求为进一步要考虑的计划通过外部系统转发或设置。

复旦大学图书馆
Fudan University Library

前身为戊午阅览室，1922 年正式建馆。现由文科馆、理科馆、医科馆、张江馆和江湾馆组成，馆舍面积 55 933 平方米。现拥有馆藏文献 500 余万册（含纸本图书和期刊合订本），其中线装古籍近 40 万册（包括善本 6 万册），民国时期图书 10 万册。该馆设有阅览座位 3 000 多席。周开馆时间 112 小时，日均接待读者 6 000 多人次。设置的业务部门有：采编部、文科流通部、理科流通部、医科流通部、报刊部、古籍部、数字化部、参考咨询部、科技查新工作站、文献检索教研室、办公室、综合业务部、国际交换部和学刊编辑部。该馆是中国高校图书情报工作指导委员会副主任委员馆，是 CASHL（中国高校人文社会科学文献中心）的两个中国中心馆之一。设有教育部面向全中国和华东地区的外国教材中心、教育部文科外文图书引进中心书库、欧盟图书专架、教育部科技查新工作站（综合类）、上海市科委科技查新站（计算机与生物）、全中国医学文献检索教学研究会理事长馆兼秘书处、图书馆学硕士培养点、中国索引学会秘书处，并承担了《中国索引》和《上海高校图书情报工作研究》两种杂志的编辑出版工作。

复旦大学信息与传播研究中心
Research Center for Information and Communication, Fudan University

原名文化与传播研究中心，是教育部人文社会科学重点研究基地，成立于1984 年，重组于2000 年2 月。该中心不断加强国内合作和国际交流，聘请了一批学有专长的专职和兼职研究人员，产生了一大批成果力作，培养了一批优秀人才，为推进中国的传播研究，提高整个研究水平，进行了卓有成效的工作。在全国新闻传播学领域起到了较强的引领作用，在海外也有了一定的知名度。该中心于2001 年开始创立并主办中国高校传播学界唯一的全国性学术研讨会——中国传播学论坛（Chinese Communication Conference，CCC），在全国乃至海外均有重大影响，已成为每年一度华人传播学研究者的盛会。

复旦大学医科图书馆
Fudan University Medical Library

成立于1927年，原名“国立上海医学院图书馆”，1959年改名为“上海第一医学院图书馆”，1985年更名为“上海医科大学图书馆”，2000年改为现名。该馆重点收藏基础医学、临床医学、药学、预防医学、法医学和护理学等领域的中英文书刊及部分人文科学书刊，提供馆藏联机书目、新书通报、读者培训、实时在线咨询和常见问题解答等服务。

复分表
subdivisions

体系分类法的辅助表，用以对主表中列举的类目进行细分，常通过附加的符号或者主题标目下加“-”或其他符号表示，使用复分表，可以大大压缩分类表的篇幅，又可使分类表具有较强的伸缩性和一定的助记性。复分表可分为通用复分表和专用复分表两种。

复合题名
compound title

指由共同题名和附属题名所构成的正题名。

复合主题标目
compound subject heading

为了表达一个主题概念，将两个或两个以上的词按特定规则组配起来构成的主题标目，如 library education（图书馆教育）。也可用复合主题标目来表达两个紧密联系的概念，如 libraries and community culture（图书馆与社区文化）。

复刊
republication

休刊或停刊的报刊重新出版。通常继续使用原来的报名或刊名，并续用原来的卷期号接着往后出版。有时候也重新设立新的卷期号。

复审
reexamination

指专利局根据申请人的申诉，按规定程序对申请案再次进行审查。

复试，补考
reexamination

指参加考试的人员在初试合格后进行的第二次考试或因故未参加初试而进行的补充考试。

复数
plurals（+）

信息第一站（FirstSearch）中检索复数时需在单数上添加加号（+）。添加加号后可检索到任意带有“s”或“es”的复数形式。

复听键
review button

放音设备中的一种常用功能键。在放音状态下持续按下此键，可以使磁带快速倒回已放过的有关内容，手指离开后，录音机便可重放该段内容。

复位键
reset button

一是指在计算机上可以用来重新启动计算机而不关闭电源的一种按钮设备。二是指计算机控制台上用于使检错系统回到原来状态和在错误排除之后使程序重新开始运行的一个按键或开关，即清除所有程序并使计算机返回到初始状态的一个功能键。

复写本
press copy

指用复印机复印的手抄件的副本。

复姓
compound surname

由两个或多个姓氏或类似姓氏的名称共同构成的个人姓氏，在英语中各词间常以连字符、连词或介词相连，有的不用任何连接标识。

复印服务
copy service

特指通过复印机利用某些光敏导体的静电特性和光敏特性，将文字、图片等重印在纸上，不需光学和化学处理，是提高工作效率的一种十分有用的手段。

复印机
Xerox machine（copier）

由书写、绘制或印刷的原件复制出副本（复印件）的装置。与铅字印刷、蜡纸油印、胶版印刷等装置的主要区别是：不需要专门制作中间印刷版（母版）而直接得到原件复印件。复印份数较少时，尤为经济。复印迅速，操作简便，可提高办公效率。复印机按产品类型分为普通办公用、工程图纸、阅读、彩色及微型和传真等；按工作原理分为光化学、热敏和静电复印机三种类型。

复印技术
reprography

以原件为基础，复制与复印文件、图纸的各种技术手段的总称。常见的复印与复制术有：重氮复制、静电复制、照相影印复制、缩微复制和数码复制等。

复制
duplicate（reproduction）

指通过各种技术手段获取所需信息的方法。包括抄写、扫描、静电复印、录音录像、计算机磁盘和光盘拷贝等。复制可获得原始文献的单一或多种复本。在复制时，原始文献的准确复制，无论正片还是反片，均可视为原始文献本身。

复制比例
reproduction ratio

特指原有图像与复制图像的线性尺寸比例。

复制编目员
copy cataloger

复制编目是对已编目条目进行复制。复制编目员则是利用联机计算机图书馆中心、英美编目规则Ⅱ、机读目录、杜威十进分类法和当地联盟标准对印刷及非印刷资料进行复制编目，对已编目的文献资料进行编辑整理，并为其他图书馆提供编目工作规则和实践的相关资源。

复制编目，转录编目
copy cataloging（derived cataloging）

指利用其他单位已经完成的编目数据进行编目。复制编目通常是在获得已有编目记录的基础上，根据本检索系统的需要进行必要的调整和修改，即予采用。复制编目的操作要求文献工作者有较高的专业素养，能对已有的数据进行专业判断，并合理地进行相应处理，包括：首先，确认该相应的记录；其次，确定该记录是否已经进行了充分编目；其三，根据系统的需要，对已有款目进行必要的改变、增加、删略，使其适合本机构的需要。

复制，抄本
copy

指通过手工方法对一篇文献或其他作品制作的复制品。许多早期的图书只有一本复本。在中世纪的欧洲，宗教作品和古典名著是由修道士和抄写员手工抄写的。现代的方法是依靠印刷和复印。也指精确地再现原事物的过程。

复制代金卡
copy card

一种塑料方卡，用于向自动售货机购买物品或图书馆流通台支付费用，也可以用于支付复印和通过缩微阅读复印机阅读或复印的费用，而不用支付现金。

复制件
facsimile

指与先前的产品或作品在物理外观上接近相同的拷贝或复制品。一个手写或印刷文本的复制品是指原始文本的原样复制，没有放大，也没有缩小。一个影印本不论是从外观上，还是内容上都与原始版本尽可能一致。facsimile 可缩写为：facsim。

复制件目录
facsimile catalog

指目录中的每一个款目包含了所代表的图片、幻灯片、图纸或其他项目的小复制件。该目录通常粘贴或印刷在比标准尺寸大一些的卡片上，或是一些厚纸上，再以活页或合订形式归档。

复制品
reproduction

一是指一件艺术作品的翻印、雕版、拓模、蚀刻版、木刻版和模铸等：通过机器制造或手工制作的方式将艺术品进行原样比照制作而成的附本、摹本或替代品。大型作品的复制品一般比原作品要小，价格一般根据复制的质量及其与原作品相比较的逼真程度而定。二是指在数据处理中，对原有载体信息进行原样复制而形成的数据产品。

复制品装订
facsimile binding

指尽可能精确地复制早先出版的作品，并装订成册，或者是指作品在最初出版时的装订形式。

F

复制权

right of reproduction

著作权人允许或不允许以印刷、复印、拓印、录音、录像、翻录、翻拍等方式将其作品制作一份或者多份的权利。这是著作权人享有的主要财产权利之一。

复制印刷品

near print

指以印刷、复印、临摹、拓印和翻拍等方式将作品制作成一份或多份，使作品得以充分利用或广泛传播。

复制用缩微本

distribution copy

在复制中，缩微形式的副本。与原来版本具有相同特点，可用于重复生产。

复制用重质相纸

Ledger weight paper

一种重质复印纸。复制时用特殊化学剂涂在两面用来复印图书，所用的纸张可能有木质、纤维或亚麻碎布成分。

副本，誊抄件

transcript

通常特指法律或官方正式文件的副本，一般是手写或打印。

副标目

subheading

指一个主题标目下一级的标目，对主题标目加以修饰或限定，使其更为专指的词、词组或短语，常通过附加的符号或者主题标目下加"—"或其他符号表示。副标目还能进一步细分。在印刷型的索引中，副标目以及其下级副标目常以缩进的形式表明其分层关系。副标目可以是自然语言，也可以是受控语言。

副标题表

list of subheadings

又称副主题词表，是标题表中的一种重要辅助表，其中含有所有经过规范处理的副标题词，使用户能够较准确地选择、使用标题词。

副标引词

minor

指已被选定为特定文献的标识、与主标引词有直接限定关系、表示次要概念的标引词。它由标引人员（或系统）从某种标引语言或文献中选出，一般是规范化的词语。表示主标引词所指事物或概念的某一方面或部分，是对主标引词的补充说明。一般而言，凡对主标引词有直接限定关系、表示次要概念的标引词，均可选作副标引词。必要时，副标引词下面还可再设立副标引词。在索引中设立副标引词，可以提高文献标引的专指度。

副题名

subtitle

书刊正标题后的那部分题名，通常是带说明性或限制性的词组，用来解释、限制正题名的其他题名，是其他题名信息中的一种。在书刊的题名页，副标题常常用比正标题更小的字号。也指电影或电视屏幕底部的一排字幕。

赋词标引

assigned indexing

从某种形式的受控词表中选取词语来表达主题事物的标引方法，是自然语言标引的一种形式。一般采用机助标引系统进行自动赋词标引。

傅振湘（1872—1950）

Fu Zhenxiang

中国藏书家。1888 年参加乡试，得中举人。1898 年会试，中二甲第六名进士，选翰林院庶吉士。1905 年在天津创设"女子公学"及"高等女学"等女子学校，开中国女子学校教育的先河。从1893 年起，经他手勘的校本达 790 种，凡 16 301 卷。傅振湘嗜好藏书，一生勤于访求，收藏闳富，为近代国内藏书大家之一。综计生平所得善本书及宋金刊本，约 150 多种，4 600 多卷。元刊本数十种，3 700 多卷，明刊本及各名家抄校本 3 万卷以上，最后均献给了四川大学图书馆和北京图书馆。傅先生为传播古籍作了不少努力，还给后人留下了大量记录他整理古籍的著述。

富布赖特奖学金（美国）

Fulbright Fellowship

1946 年，美国国会通过参议员詹姆斯·威廉·富布赖特（James William Fulbright）的提案，利用出售美国剩余物资的所得款项，派遣美国学生和学者到海外进修，或接受外国学生和学者到美国学习。富布赖特项目（Fulbright Program）是美国政府的国际教育交换项目中最大的一项，由美国信息局（United States Information Agency, USIA）负责执行。该项目旨在促进美国人民与其他国家人民之间的相互交流。每年全球约有 4 700 人获得此奖学金。

富兰克林大众图书馆（阿根廷）
Franklin Society Popular Library

在多明戈·福斯蒂诺·萨米恩托·阿尔巴拉辛先生（1868—1874 年担任阿根廷共和国总统）的倡导下，于 1866 年成立。是南美洲最古老的公共图书馆。馆藏约为 6 万册（件），涵盖各个知识领域，其中“圣胡安专藏”收录了有关圣胡安的作品达 3 000 余册，同时还收藏有多明戈·福斯蒂诺·萨米恩托·阿尔巴拉辛先生的个人文学著作以及他人对他的研究作品。

富兰克林·罗斯福图书馆与博物馆（美国）
Franklin D. Roosevelt Presidential Library and Museum

1939 年由美国国会共同决议在罗斯福总统的家乡纽约州的海德公园（罗斯福家族所拥有的一块约 16 英亩土地），建立第一所单独成立的总统图书馆，开创了美国总统建立自己图书馆的先河，自此以后，其他独立的总统图书馆也都依据 1955 年美国国会所通过的总统图书馆法成立。该馆于 1940 年竣工，1941 年正式全部对外开放，耗资 2 000 万美元，收藏罗斯福总统在白宫时的各种文件约 200 万件、共 500 万页以及若干实物。

富平（1953—）
Fu Ping

中国国家图书馆研究馆员，1975 年毕业于北京大学图书馆学系，长期从事国家图书馆业务管理，曾在国家图书馆业务处、采编部、报刊部、典阅部以及数字图书馆管理处担任副主任、主任或处长，在全国文化信息资源共享工程任常务副主任。在中文文献编目理论与实践、中文文献和数字图书馆标准研究方面有较大的研究成果。曾兼任中国图书馆学会第七届学术研究委员会委员、数字图书馆研究与建设专业委员会副主任、中国文献标准化委员会第八分会副主任委员。论文、论著颇丰，主要有：《中国文献编目规则（第二版）》主编之一、《文献馆藏信息机读格式》主要撰稿人、《中文连续出版物采访手册》主编和《中国机读目录格式使用手册》参加撰写人之一。主要研究项目有：中国国家书目（1949—1987）课题、网上连续出版物研究课题（文化部课题）、中国数字资源现状研究（中国数字图书馆公司课题）和转型期图书馆研究（国家图书馆课题）。多次获文化部、国家图书馆等科技进步奖。

富文本格式
Rich Text Format（RTF）

又称多文本格式，是由微软公司开发的跨平台文档格式。大多数的文字处理软件都能读取和保存富文本格式文档。

富因特网应用
Rich Internet Application（RIA）

一种具有近似于传统桌面应用功能和特性的因特网应用。包含“丰富的数据模型”和“丰富的界面元素”两种功能。通过这些功能的实施，可处理客户端复杂的数据操作，将那些应该在后台程序进行的数据处理转移到客户端，实现快速响应、应答次数较少的用户体验。

覆盖范围
Coverage

都柏林核心元素集的元素之一。指资源知识内容的时空特征。包括空间位置描述（一个地名或者地理坐标）、时间段描述（一个时间标识、日期或者一个日期范围）或者管辖范围（比如已命名的行政实体）。覆盖范围应该使用受控词表。

覆写模式，盖写模式
overwrite mode

文本文件编辑时的一种操作模式。在屏幕上某个位置显示新写入的文字或符号时，原在此位置上的字符或图形将被覆盖。在键盘上按下 Insert 键，可以在覆写模式和插入模式之间进行转换。

G

改编本，修订本
adaptation

特指著作经过改编修订后形成新的作品形式。在《英美编目条例第二版》（*AACR*2）中，改编本按照改编者的姓名编目；如果未知改编者姓名，则按标题编目。以上两种情况都要加上原作的作者-题名附加款目。

改编，改写
adaptation

指在原有作品的基础上，通过改变作品的表现形式或者用途，创作出具有独创性的新作品的行为。基于新的用途或特定目的而将著作进行局部或整体编辑或者改写。也指出于不同或相关的目的，将著作改编为另外的文学形式或艺术形式，例如将小说改写为剧本，将剧本搬上荧幕，依绘画做成雕塑等。改写、改编时要注意尽可能多地保留原作的情节、文字、语言和用词等特色。

改编乐曲
arrangement

为演出或市场的需要而重新编写的、与原乐曲不同的音乐作品的一部分或整个作品。也指同一乐曲同一演奏形式的缩写或扩写版本。

改编乐曲者
arranger

为了演奏形式的需要而将乐曲的全部或主要部分改编或翻译成新作品的人，也指对乐曲进行缩写或扩写（保留原乐曲结构）的人。图书馆入藏的音乐作品是根据作品内容按作曲者或改编者的姓名进行编目。

改编权
right of adaptation

著作权人的财产权利之一。即作者或者其他著作权人享有的改编自己的作品、许可或不许可他人对其作品进行改编、创作出具有独创性的新作品的权利。

改编者
adapter

指将某一著作改为缩写本、普及本或改变作品体裁的人。

改编作品
adapted works

改编已有作品而产生的作品，其著作权由改编人享有，但行使著作权时不得侵犯原作品的著作权。

改写本
version

根据原著改写而产生的本子，如由成人作品改编的儿童作品或由戏剧作品改编的小说。

改装本
rebinding (rebound)

根据特定的要求重新加以装订的图书杂志。图书馆为便于保存和利用，常把一部分书刊的原封面或书芯的原装订进行拆除，然后根据需要加上新的封面，重新切齐三边，各边被切掉的宽度通常为1~2毫米，或按新的方式订合。在修复某些破损严重的书刊时，有时需要改变原有的装订形式。改装本大多会改变书刊出版时原有的装帧形式。

盖尔人物传记资料中心数据库
Gale Biography in Context

原名为人物传记资源中心（Biography Resource Center，BRC），以精确、权威的参考信息帮助用户了解全球各个领域内著名人士的相关传记资料。综合性的古今人物传记资料数据库，包括50多万个人物；涵盖文学、科学、政府、时事、历史、多文化研究、政治、商业、娱乐、体育和艺术等领域的知名人物和重要事件。这些人物的信息来自于盖尔集团出版的上百个传记出版物、300多种报纸杂志、原始资料和网站等，除文字资料外，还包含有图片和音视频。

盖尔商务与公司资料中心
Gale Business & Company Resources Center

以精确、权威的参考信息帮助用户以全球的视野来观察和研究经济、商业和公司，为用户提供一个集综合性和时效性于一体的全球性的金融、商业和公司的信息资源平台，适用于研究经济和工商管理的研究者。收录全球50万家公司及8 000个行业协会的详细信息，包括公司的介绍性资料、产品和商标、价格、企业排名、投资报告、公司的历史记录和大事记等信息。同时整合了“市场与技术展望数据库”（Predicast），还包括 4 400 多份期刊（3 400 多份为全文期刊）。

盖尔文学资源中心
Literature Resource Center

被公认为全球最权威的供专业研究的文学数据库，也是盖尔集团 100 多个在线数据库中的旗舰产品。囊括了盖尔集团 50 年来最引以为荣的著名文学纸本系列（文学评论、文学传记等），涵盖了数百卷文学评论及文学传记中的精华。并与著名的 MLA International Bibliography（现代语言协会的国际书目）强强联手，提供丰富的语言及语言学专业信息。还包含 400 种文学专业学术期刊的 85 万篇全文文章的丰富信息，包括文学、语言学和作家介绍等期刊，全球 14 万作家的传记信息，每年增加超过 4 000 名作家信息，5 000 多种当代作者的访谈音视频资料，3 000 多张重要作者的照片，超过 5 000 篇文学作品概述、情节介绍和评论，接近 28 000 篇当代诗歌、短篇小说和戏剧文章等。

盖洛伊图书馆设备公司（美国）
Gaylord

图书馆设备供应商，成立于 1896 年 9 月 1 日，主要提供办公设备和用品、图书馆、档案馆设备和用品、安全系统以及自动化软件等近 45 000 种产品，可满足各类图书馆、档案馆和博物馆的需要。

《盖墨林无机化学手册》（德国）
（德）*Gmelin's Handbuch der Anorganischen Chemie*

德国著名的无机化学手册，是无机化学领域的权威工具书。1817 年在德国出版第一版。由利奥波德·盖墨林（*Leopold Gmelin*，1788—1853）创编。由德国化学学会和盖墨林无机化学研究所共同编辑。其宗旨是对 18 世纪中叶以来的无机化学研究成果做系统的概括与汇总。它除了提供各种无机物质数据外，还包括这些物质的化学史、宇宙化学、地球化学、地质学、矿物学、冶金学、金相学、化学工艺、晶体化学、合金的物理性质、电化学、毒理学和公害、经济和统计数字等资料。该手册大部分卷次编有索引，方便查找。

盖威安全有限公司（瑞典）
Gateway Security AB

成立于 1984 年，原名为 Modeva AB，1993 年更为现名。公司主要生产图书电子防盗系统（Electronic Book Surveillance System，EBS）。该系统是国际领先的专业图书馆和书店电子防盗系统，采用先进的数字信号处理（DSP）技术，设有隐藏于图书、音像制品和文具等商品内的条形报警标签，具有最小的检测死角、最高的检测率的特点，另外，由高强度树脂玻璃制成的检测天线，造型富于现代感。该系统也可用于其他零售商店，如音像店、药店、化妆品店、首饰店和礼品店等。

概况数据库
Profiling Database

来自 OCLC WorldCat 编目合作伙伴订单经搜集、输入和存储的信息储存到 OCLC 的数据库。WorldCat 编目合作伙伴概况数据库包含了编目合作伙伴机构的概况。

概括性
summarization

在图书馆编目时，对于文献主题内容进行简要描述，在此基础上提取一到多个主题词以作为书目记录的主题检索的检索点。

概略分类体系
Broad System of Ordering（BSO）

国际文献联合会（FID）主持编制的一种作为国际交换语言的分类法。主要目的在于把不同索引语言，不同语种的情报检索系统联系起来，以使用户将一种索引语言转换成另一种索引语言。1978 年 3 月正式出版。1979 年出版《概略分类体系手册》。1986 年发行了机读版。

概念
notion

反映对象特有属性的思维形式。人们在实践活动中，通过对对象诸多属性的认识，抽出其特有属性概括而成。在概念的形成过程中，人们的认识从感性认识升华到理性认识。表达概念的语言形式是词或词组。一个概念都有其内涵和外延成分，且内涵和外延是互相联系、互相制约的。概念不是永恒不变的，而是随着社会历史的发展和人类认识的深化而发展、变化。只有不断地明确概念的内涵和外延，才能逐渐正确地运用概念。对文献进行主题标引时，首要的是对文献的主题概念进行分析。

概念标引法
concept indexing

又称赋词标引或受控标引，主要是指采用规范化的标引语言作为描述和表达文献主题的检索标识的标引。

概念检索
concept-based searching

指根据用户需求的概念内涵来识别用户所需要的信息，在此基础上控制匹配过程的一种检索方式。其核心内容为知识体系以及概念控制的结构与使用。

概念模型
conceptual modeling

也称信息模型，是按用户的观点来对数据和信息建模。在管理信息系统中，概念模型是设计者对现实世界的认识结果的体现，是对软件系统的整体概括描述。概念模型设计的常用方法是实体关系方法（E-R 方法）。用实体关系方法对具体数据进行抽象加工，将实体集合抽象成实体类型，用实体间的关系反映现实世界事物间的内在关系。

概念图
concept map

20 世纪 70 年代，美国康奈尔大学教授约瑟夫·D·诺瓦克教授提出的一种教学技术。诺瓦克教授认为，概念图是某个主题的概念及其关系的图形化表示。概念图是用来组织和表征知识的工具。通常将某一主题的有关概念置于圆圈或方框之中，然后用连线将相关的概念和命题连接，连线上标明两个概念之间的意义关系。概念图又可称为概念构图（concept mapping）或概念地图（concept maps）。前者注重概念图制作的具体过程，后者注重概念图制作的最后结果。现在一般把概念构图和概念地图统称为概念图而不加于严格的区别。概念（concepts）、命题（propositions）、交叉连接（cross-links）和层级结构（hierarchical frameworks）是概念图的四个要素。

概念组配规则
rules for concept coordination

标引人员在进行组配标引时应遵循的基本规定。包括通用组配规则和专用组配规则。主要用于指导标引人员怎样选择以及选择什么主题词来进行组配，通过词与词的组配关系来表示一个复杂概念。使用组配规则，能确保不同标引人员对同一概念进行分析著录时使用一致的组配形式。

概述
conspectus

对一个主题或一部文学作品的概括性评述。

概述编辑查看
Outline Editing View (Pathfinder)

在 OCLC Connexion 编目系统中为方便起见将路径寻找器编辑屏分为两部分。一部分包含概述；另一部分包含在概述区域内已选中的元素（用星号标注）的编辑模板。

概要
Essentials (compendium)

概述某一知识领域或某一内容范畴重要特征的作品。如《外国文学史概要》(*Essentials of History of Foreign Literature*)。

甘肃省图书馆
Gansu Provincial Library

中国省级综合性公共图书馆之一，1916 年创立，初名为甘肃公立图书馆，1944 年改名为国立西北图书馆，后更名为西北人民图书馆，从 1953 年起改为现名。现馆舍于 1986 年建成，面积为 2.9 万平方米。设有下列业务部门：包括文溯阁《四库全书》藏书馆、甘肃省古籍保护中心、文化共享工程甘肃省分中心以及综合业务处、行政办公室、计财处、采编部、典阅部、报刊部、研究辅导部、现代技术应用部、信息咨询部、历史文献部、继续教育中心和会议展览中心等。该馆拥有藏书 320 万册。古旧籍藏书 38 万册，其中有善本 1 260 种，66 445 册。除了享誉海内外的文溯阁《四库全书》，还有国内收藏最完整的大型明版木刻丛书《永乐南藏》以及国内罕见的《汉隽》、《三国志·蜀志·诸葛亮传》等宋元刻本 30 多部。此外，还收藏有敦煌写经、宋元明清至近现代的珍贵字画 2 000 多轴，其中不少是载于画史的名家之作，具有很高的艺术价值和文献史料价值。西北地方文献是该馆特色，目前已收藏 14 265 种，5 万多册。其中《甘肃通志稿》和《重修敦煌县志》均为未刊稿本，还有甘肃省最早的杂志《新陇日报》（1928 年）等。与甘肃省图书馆学会、甘肃省科技情报研究所联合编辑出版专业刊物《图书与情报》（双月刊）。

甘肃省图书馆学会
Gansu Society for Library Science

成立于1976年6月，是甘肃省社会科学联合会的组成部分。该学会成立以来，通过举办各种形式的学术讨论会和各类培训班，探讨图书馆学的重大理论问题，重视与国内外图书馆界的交流与合作，邀请国内外图书馆著名专家赴兰州授课与座谈。与甘肃省图书馆联合编辑出版学术刊物《图书与情报》(*Book and Information*)(双月刊)，公开发行。

感光纸
light-sensitive paper

指表面涂有感光药膜的纸，如放大纸、印相纸和晒图纸等。

感伤小说
sentimental novel

流行于18世纪的英国及19世纪的美国的一种严肃小说。在此类小说中，作者描述一个或多个纯洁善良的男、女主人翁的烦恼，赞颂美德。其中最有名的伤感小说是劳伦斯·斯特恩（*Laurence Steme*）的《青涩之旅》(*Sentimental Journey*）和亨利·麦肯齐（*Henry Mackenzie*）的《人的感觉》(*The Man of Feeling*)。

冈比亚国家图书馆
National Library of Gambia

成立于1976年，其馆藏基础是英国文化协会图书馆的5.46万册图书。冈比亚国家图书馆既是研究图书馆，又是外借图书馆和公共图书馆。根据议会法案，成为缴送本库和书目中心。1990年在布里卡玛设置分馆。该馆在全国范围内有效提供图书馆与信息服务以支持终生学习，并创建受教育的信息化社会，成为国家发展的基本元素。下设国家典藏部、成人外借部、学校图书馆服务部、儿童外借部和流动与邮寄外借部。该馆为联邦图书馆协会、国际图联协会成员。

刚出版（发行）物
just issued (just published)

出版商用于出版目录和广告的用语，表示所注明的图书刚刚出版或发行。

刚果民主共和国国家图书馆
National Library of Congo, Democratic Republic

原名为刚果中央图书馆，成立于1949年，1960年独立后更名为刚果国家图书馆，该馆既是国家图书馆也是公共图书馆。根据法律，在刚果印刷和与刚果有关的出版物均要缴送给该馆，此外从20世纪50年代起政府出版物也要缴送每种两册。国家档案馆作为国家图书馆的一部分，一直在收集有关刚果行政和历史的档案。该馆编辑出版《刚果国家书目》，并发行回溯性藏书目录。拥有馆藏120万册（卷），现刊175种。

岗位描述，岗位职责
position description

对某个岗位的职责、任职条件以及图书馆馆长拟提供给应聘人员的级别、业务补贴和福利的书面描述。

纲要，概略
compendium

提纲挈领的要点，亦即一本书、一个规划、一个宣言和一个文本的等结构性的核心的和实质性内容的总结、概述和介绍。也可指针对一个较大的主题或学术领域所进行的简明叙述，有时以提纲形式表达。

钢琴谱
piano score

一种在演唱曲、器乐曲和管弦乐曲中使用的写在双排五线谱上的钢琴曲。

高保真度
high fidelity (Hi-Fi)

与原来的声音高度相似的重放声音。音响界的专业人士借助各类仪器，通过各种手段，检测出各种指标来决定器材高保真的程度。

高波（1961—）
Gao Bo

教授、博士。华南师范大学经济与管理学院信息管理系主任，图书馆专业硕士点导师组组长。先后毕业于黑龙江省克山师范专科学校汉语言文学专业、哈尔滨师范大学汉语言文学专业、北京大学信息管理系图书馆学专业（博士研究生学历、管理学博士学位）。兼任中国图书馆学会学术委员会图书馆统计与评价委员会委员，教育部高等学校图书馆学专业本科教学指导委员会委员和广东省图书馆学会学术研究委员会副主任。主要研究领域为信息资源建设、图书馆管理、图书馆学理论。出版专著

《网络时代的资源共享》1部，在《中国图书馆学报》、《大学图书馆学报》等核心刊物发表论文30多篇。主持了2006年国家哲学社会科学基金课题《网络时代我国图书馆信息资源共享模式研究》1项、省级课题4项。开设《图书馆管理》、《图书馆学情报学理论与方法》课程。

高等教育出版社
Higher Education Press

中国教育出版传媒集团有限公司核心成员之一，成立于1954年，出版从中国普通高等学校的教学用书到研究生教育、职业教育、成人教育、社会教育和网络教育等各种教育层次和教育形式的教学用书，从科学和工程类图书发展到人文科学、社会科学以及经济管理等各种学科的图书，同时还出版了相当数量的音像制品和电子出版物。50多年来，该出版社已出版图书5万多种，每年出版近万种。所出版的图书有600多次获得国家级图书奖和优秀教材奖，出版的电子出版物、音像制品也有近百次获奖，是入围全球50强的中国出版机构。

G

高等教育图书馆标准（美国）
Standards for Libraries in Higher Education

用来规范美国高等教育所有层级学校的图书馆一个单独的综合性标准。在2004年以前，美国高等教育不同层级的学校，其图书馆标准也各不相同，例如有学院图书馆标准（Standards for College Libraries，CLS），两年制大学图书馆标准（Community and Junior College Libraries Standard，CJCLS）和大学图书馆标准（University Library Standard，ULS）。2002年美国大学及研究图书馆协会（Association of College and Research Libraries）成立一个大学和研究图书馆标准任务组（The College and Research Libraries Standards Task Force），综合开发新的标准，作为一个单独的综合性标准能为所有学术和技术图书馆利用。该标准任务组整合了以上3个层级的标准于一体，制定了统一的《高等教育图书馆标准》，并于2004年6月，获得了研究图书馆协会标准和认证委员会以及其理事会的一致通过，后来又获得美国研究图书馆学会、美国图书馆协会、美国联邦高等教育委员会的认可，最终成为规范所有技术、学术及研究图书馆界的标准文件，原先的3个标准被废除。目前，已修订了2004年版的《高等教育图书馆标准》，并于2011年3月发布了新修订版的草案。

高等学校中心图书馆
extension center library

指设在高校附属学校或学习班所在地的图书馆分馆。

高等院校图书馆
academic library

学院、大学以及其他高等教育机构的内部图书馆，是其不可分割的组成部分，用来满足学生、教员以及工作人员的信息需求和科研需求，兼有服务性和学术性。其特点是：藏书与学校专业设置或研究方向相适应，在各院、系、所大都设有资料室，形成统一的藏书网络。一般都设有采编、流通、典藏以及技术服务、电子资源部门。欧洲于12世纪开始建有大学图书馆，18世纪后美英等国大学图书馆普遍兴起；19世纪末20世纪初中国也出现了现近代大学图书馆。

高度研光纸
supercal paper

一种基重较轻的纸张。通常称为SC纸，这种纸基是由机械纸浆、牛皮纸浆、添加剂和象黏土/高岭土、滑石粉以及碳酸钙等矿物质构成的。当纸张通过研光机后，在热和压力的作用下，表面的纤维束较少，吃墨较少，具有比普通研光纸更高的光泽度。

高凡（1968—）
Gao Fan

研究馆员、博士。西南交通大学图书馆馆长。2002年和2004年两次到美国西弗吉尼亚大学理工学院图书馆访学。兼任中国图书馆学会编译出版委员会图书馆学文献编译出版专业委员会委员。近年来主研国家自然科学基金项目《制度创新与图书馆可持续发展》、国家社会科学基金项目《近10年国外图书馆学情报学研究进展》、国家科技图书文献中心项目《国家科技图书文献情报中心长期发展规划》等，主持并参与了多项省部级科研课题，主编《大学图书馆发展与创新》等图书情报丛书4册，参编图书3册，公开发表论文40多篇。专著《网络环境下的资源共享——图书馆联盟实现机制与策略研究》荣获四川省第十三次哲学社会科学优秀成果二等奖。主持的《信息检索》课程2007年被评为四川省精品课程。研究方向为图书馆联盟、图书情报事业管理、信息资源建设、信息服务。

高风险藏书
high-risk collection

档案馆或图书馆中有可能遭偷窃或被破坏的藏书，具有极高的保存价值（珍善本）或是其内容与众不同（特殊馆藏），对这些书籍必须采取严密的安全防范措施。

高红（1964—）
Gao Hong

研究馆员，中国国家图书馆业务管理处处长。兼任中国图书馆学会学术委员会目录学专业委员会委员。发表学术论文多篇，专著数部。

高级检索
advanced search

又称复合检索，相对于基本检索而言，是信息检索入口的三种检索途径之一。高级检索可让用户使用多于基本检索的标准以便精炼用户的检索。高级检索功能包括字段检索，布尔逻辑检索等，利用这些功能搜索引擎可以检索某一 Web 站点被搜索引擎收录的页面数量，站点被链接的次数，比较各站点的声望高低。另外高级检索最多被应用到一些数据库中，实现精确查找数据的功能。

高级数字网络
advanced digital network

指一种具有高可靠性的传输数据、电视和其他数字信号的专线网络。

高丽纸
Korean White Paper

又名韩纸，高丽贡纸。书画用纸。产于朝鲜，高丽为其古称，故名。质地坚韧、光洁，受墨微渗有韵，宜书宜画，且有镜面及发笺等多类品种。《纸墨笔砚笺》称："高丽纸以绵茧造成，色白如绫，坚韧如帛，用以书写，发墨可爱。"

高密度书库
High Density Library Storage

最早是由哈佛大学图书馆于 1984 年建立的，主要是为了解决不断增长的馆藏的长期藏书问题。高密度书库可存贮的资料是普通书架的 15 ~ 20 倍，其有以下特点：1. 设计用于存储大量的图书馆馆藏资料（至少数十万册），且不允许读者开架取阅；2. 通过与传统的图书馆书库分开；3. 为让存储量最大化，大多采用尺寸相近而并非按索书号进行资料的整理存放；4. 大多提供恒温（10℃）及恒湿（35%）环境，确保资料保存的品质。

高频词
high-frequency word

指在文献中出现次数很高或在标引和检索过程中使用频繁的词。因为其既不能表达具体的概念和事物，又不能起到区分不同文献的作用，所以高频词通常是一些语法功能词或通用词，一般不适于作标引词。

高山 正也（1941—）
Masaya Takayama

日本图书馆学家、文学硕士、庆应义塾大学研究生院文学研究科图书情报专业教授。讲授庆应义塾大学研究生院文学研究科图书馆情报专业博士课程。研究领域有：情报管理、图书馆运营学、图书馆计划论、图书馆政策论以及图书馆学情报学教育。

高树榆（1937—）
Gao Shuyu

宁夏回族自治区图书馆研究馆员。1958 年毕业于北京大学图书馆学专修科，同年到宁夏回族自治区图书馆工作至今，历任馆员、副馆长、馆长和名誉馆长，兼任《图书馆理论与实践》主编、政协宁夏回族自治区第四、五届委员会委员、文史资料研究委员会委员、中国图书馆学会第二、三、四届理事、学术委员会委员、编译出版委员会委员、民族委员会委员、宁夏回族自治区图书馆学会理事、常务理事和副理事长。长期从事图书馆的实际工作和图书馆学、目录学、西夏学及宁夏史志的教学与研究。发表论著多部（篇），获得国家和宁夏地方有关部门的奖励。

高速
high-speed

事物发展速度的最高等级。指计算机中具有较高运算速度功能的设备，其价格是非常昂贵的。也指快速的网络连接。

高速缓冲存储器
cache

一种微型计算机专用存储器，用于存储临时性数据和指令以提高系统的运算能力。可以改进存储器的有效传输率，也可以提高计算机的运算速度。

G

一般说来，存储器容量越大，计算机运行速度就越快。

《高校图书馆工作》

Library Workin Colleges and Universities

1981年创刊，由湖南省高等学校图书情报工作委员会主办。主要设有："学科前沿"、"目击学术精英"、"馆长访谈"、"博士主题论坛"、"理论研究"、"信息资源建设"、"现代信息技术"、"专题探讨"、"专业教育"、"馆员札记"等栏目，该刊为中国人文社会科学核心期刊、中国学术期刊综合评价数据库来源期刊、中国人文社会科学引文数据库来源期刊，"中国期刊网"、《中国学术期刊（光盘版）》全文收录期刊及e线图情全文数据库收录期刊。双月刊，有英文主要目次，国内外公开发行。

高校图书馆数字资源采购联盟

Digital Resource Acquisition Alliance of Chinese Academic Libraries（DRAA）

由中国部分高等学校图书馆共同发起成立，由成员馆、理事会和秘书处组成。其宗旨是为团结合作开展引进数字资源的采购工作，规范引进资源集团采购行为，通过联盟的努力为成员馆引进数字学术资源，谋求最优价格和最佳服务。高校图书馆、其他图书馆情报机构自愿参加联盟，自主决定是否参加联盟组织的数字资源集团采购。

《高校图书馆现代化建设之探索》

Exploring Modern Development of Academic Libraries

《当代中国图书馆学研究文库》之一，朱强著。该文集为作者在长期从事高校图书馆管理的实践中，就事业现代化建设进行学习和思考所取得的一些心得体会，反映了作者在图书馆事业整体化建设、资源共建共享及其实现途径等方面的观点和认识，客观上对高校图书馆现代化发展起到了积极的作用。由国家图书馆出版社于2007年出版。

《高校图书馆员认证与许可声明》（美国）

Statement on the Certification & Licensing of Academic Librarians

美国高校图书馆员的聘任和晋升是以受聘者所获得的学位为基础。1989年7月，美国图书馆协会高校与研究图书馆协会董事会通过《高校图书馆员认证与许可声明》，并分别于2001年6月和2007年6月进行了重申，其中指出，"大学与研究图书馆协会确认从美国图书馆协会认可的院系获得的硕士学位是大学图书馆员适宜的最后专业学位"。

《高校文献信息研究》

Journal of Academic Library and Information

1994年创刊，由广东省高等学校图书馆工作委员会主办，中山大学图书馆承办。主要栏目有："探索与争鸣"、"队伍建设"、"数字图书馆"、"数据库建设"、"文献资源建设与利用"、"文献标引与编目"、"信息服务"和"用户研究与教育"等。该刊为季刊，有英文主要目次，自办发行。

高雄大学图书馆资讯馆

Library and Information Center of National Library of kaohsiung

该馆是图书馆与计算机/网络中心的结合馆。位于学校校园中心，空间规划为地上六层、地下二层，总面积为32 534.14平方米，阅览座位约为1 000席。2003年8月正式启用。除提供全校师生传统的图书借阅、参考等服务之外，也向电子化、数字化、网络化及多媒体化的发展。结合图书馆、电算中心及多媒体视听中心的资源，提供全方位、整合性的信息服务。以期更贴切各项教学和研究活动，满足学生学习的需求。同时也对校外读者开放，共同创造终身学习的书香社会。该馆下设典藏阅览组、采购编目组、行政服务组、网络通讯组、应用系统组、多媒体制作与视听组和资料作业组。

高雄师范大学图书馆

National kaohsiung University Library

创立于1967年，刚开始以三间教室为馆舍，首任馆长为张教授寿山博士。馆藏范围虽兼及各学科领域，但以教育资料为主。目前馆藏数量已逾200万件（册）。馆藏朝多媒体资料发展，除一般图书资料外，还收集缩微资料、录音带、录像带、影音光盘、数字视听光盘和乐谱等非书媒体。该馆下设馆长室、采编组、期刊组、典阅组、系统资讯组和推广服务组。

高雄市立图书馆

Kaohsiung Municipal Library

位于中国台湾省高雄市，原名为高雄州立民众教育馆，第二次世界大战中被毁大半。1945年仅存日文书籍400多册，1949年改名为高雄市立中山图书馆，1954年新馆落成，正式命名为高雄市立图书馆。包括1所总馆和65所分馆，各馆收藏有：文学、海洋、电子、加工业、国学、观光旅游、政府出版物、西文图书、大陆出版物、美术、工业、漫画、法律咨询和地方文献等。1994 年开始采用 URICA 图书馆自动化系统，1997 年开通全球资讯网站提供民众在线查阅。

羔羊皮纸
lambskin

图书装订用的一种皮革，类似于小牛皮，表面光滑，但耐磨性较差。

稿本
autograph（manuscript）

已经写定尚未刊印的书稿，指诗文的原始文字记录。其中，由作者亲笔书写的为手稿本，由书手抄写又经著者修改校定的为清稿本。稿本因其多未付梓，故受人重视，尤其是名家手稿及史料价值较高的稿本，一向为藏书家珍爱。稿本分为初稿本、修改稿本和定稿本三种类型。

稿酬
remuneration

作品使用者依照国家的有关规定，向作者或其他著作权人支付的经济报酬。即以稿酬方式支付的作品使用费。

哥本哈根大学图书馆（丹麦）
Library of University of Copenhagen

位于丹麦首都哥本哈根，始建于 1482 年，是北欧最早的图书馆之一。19 世纪初时就拥有藏书约 10 万册，1861 年以前为丹麦的国家图书馆。1938 年，医学和自然科学馆分离出去，成立了独立的图书馆。1978 年，剩下的部分又分为两部分：总馆和人文图书馆。这些图书馆分别位于三个不同的地方，其中医学和自然科学馆以及人文图书馆主要为大学服务，而总馆改为国家图书馆。

哥德堡大学图书馆（瑞典）
The Library of Gteborg University/*Gteborgs universitetsbibliotek*

瑞典最大的图书馆之一，位于瑞典哥德堡市，前身为哥德堡博物院图书馆，始建于 1861 年。1891 年哥德堡大学成立后成为其图书馆，现主要专注于科学领域，是欧洲主要的研究型图书馆之一。图书馆分为 1 个总馆和 7 个分馆，分别是中心图书馆、学习资源中心、生物医学图书馆、植物和环境图书馆、经济图书馆、教育图书馆、地球科学图书馆以及大学生和报纸图书馆等。馆藏图书 300 多万册，期刊 1 万多种，电子期刊 1.4 万多种，电子图书 2.1 万多册，数据库 300 多个，年到馆访问 160 万人次。该馆为国际图联机构会员。

《哥伦比亚百科全书》（美国）
Columbia Encyclopedia

最著名的单双卷本百科全书，初版于 1935 年在哥伦比亚大学赞助下出版。以浓缩形式提供准确和可靠的资料，仅介绍要点，而不展开讨论。收有 5 万多个条目，以小条目为主，但介绍主要国家、“诺贝尔奖”等条目篇幅较长。传记和地理内容丰富，占 75%，侧重收录有影响、有意义的历史文献和名胜，涉及世界各国地理的条目占 30%。人物条目约占全书 45%，包括美、英国家和世界上重要政治领导人以及作家、艺术家、科学家、哲学家和运动员等杰出人物，还收有许多在其他标准多卷本百科全书中没有收录或者只是顺便提及的人物简历。以美国为重点，但国际性有所加强。条目按字母排序，释文不分段，用随文参见代替书后索引。网络版在线简明的哥伦比亚百科全书（http://www.encyclopedia.com/）有 5.7 万篇经常更新的来自于 2000 年 6 月出版的第 6 版《哥伦比亚百科全书》的文章，每篇文章都链接有电子图书馆提供的大量来自杂志、报纸的文章和图片、地图。网络版的内容检索是全免费的，也是西方网络版百科全书中使用最为广泛的工具书网站。

《哥伦比亚北美地名词典》（美国）
The Columbia Gazetteer of North America

由美国哥伦比亚大学出版社于 2000 年 6 月出版的综合性地名词典，主编是纽约市立大学亨特学院名誉教授索尔·B·科恩（Saul B. Cohen）。该词典共收录 5 万个条目，内容覆盖了美国、加拿大、墨西哥以及加勒比海等北美地区的地名信息，并有按英文字母顺序排列的地名索引以便查询使用。这是一部有关北美自然人文地名概况的珍贵的综合性百科全书，为用户提供了精确珍贵的数据资料。正如该书序言中所提到，“该词典从各种意义上来说，对于了解近半个世纪以来北美以及加勒比海地区所发生的地理变化是一部珍贵的综合性指南”。

《哥伦比亚标准美语指南》（美国）
The Columbia Guide to Standard American English

由美国哥伦比亚大学出版社于 1993 年出版的

一本实用工具书，主编是肯尼思·G·威尔逊（Kenneth G. Wilson）。该指南重点在于介绍美式英语，共收词6 500多个条目，依字母顺序排列。鉴于许多词语在不同的语言环境里会有不同的含义，该指南以图表形式列出了5种形式的语音和3种形式的写法，包括正式的和非正式的。而且还清晰地解释了可用作交替使用的单词的细微差别。该部工具书是针对当代美国人有效写作的最可靠、易用的指南，在数千条清晰、简明的条目里回答了涉及美语的含义、语法、发音、标点和拼写等方面的问题。该指南的独特之处在于向读者展示了基于语境的系统的、全面的语言特色景象，特别推荐给作家、演说家、编辑及所有英语爱好者使用。该指南也有相配套的网络电子版。

哥伦比亚广播公司（美国）
Columbia Broadcasting System（CBS）

美国三大全国性商业广播公司之一，世界十大广播公司之一。创办于1927年2月18日，总部设在纽约。最初是由16家广播电台联合组建的独立广播电台联营公司，后由哥伦比亚唱片公司接管，改名哥伦比亚唱片广播公司，其后又改为现名。1954年成为当时世界最大的广告媒介。该公司是一个多元化的信息传播企业，除了拥有电视台、电台外，还经营音乐唱片、乐器、玩具、戏剧影片、家用计算机软件和图书杂志出版等业务。其电视新闻节目颇具特色，如“晚间新闻”、“60分钟”和“人物介绍”等都是美国名牌电视节目。

哥伦比亚国家图书馆
National Library of Colombia/*Biblioteca Nacional de Colombia*

美洲最古老的图书馆，1777年由总督曼努埃尔·德·奎里尔（Manuel De Guirior）在首都波哥大成立。1834年颁布了第一部法定呈缴法令，要求所有的印刷资料的复本一律上缴该馆保存。1982年该馆进行了重组，引进了自动化、缩微化设备并扩大了服务空间和范围。附属于国家图书馆的国家档案馆，收藏有殖民地时期文献。哥伦比亚国家图书馆馆藏总量已达200多万册（卷）。

《哥伦比亚世界引语书》（美国）
Columbia World of Quotations

由美国罗伯特·安德鲁斯（Robert Andrews）、玛丽·比格斯（Mary Biggs）和米歇尔·赛德（Michael Seidel）主编，为保证权威性，全书收集的引语由专家确定。最新版本于1996年出版，总计收录全世界范围5 000多个作家和演说家的6.5万条引语，由154个专家选取，并被分为6 500个主题。由哥伦比亚大学出版社出版（纸质版和网络版）。

哥伦布市图书馆（美国）
Columbus Metropolitan Library（CML）

位于美国的俄亥俄州首府，1873年开馆，拥有1所中心馆、22所分馆和2所流动图书馆，为全市居民提供服务，其馆藏图书和期刊合订本有250万册，激光唱片、磁带和其他音频资料共26万多件，数字视盘和家用录像机制式的视频材料18万件。年到馆访问有820万人次，年图书流通量为1 600万册次。

哥斯达黎加国家图书馆
National Library of Costa Rica/*Biblioteca Nacional de Costa Rica*

创立于1887年，最初是位于首都圣何瑟（San Jose）的圣托马斯大学（University of Saint Thomas）图书馆，后来成为国家图书馆。根据1910年的一项法律，该馆成为国家图书的保存本库，要求出版商缴送其出版物。1980年以来，该馆按计划成为全国集中分类编目中心、著作权登记和国际标准书号管理机构并开展资料交换、出版《报纸周刊索引》（*Index of Newspapers and Weeklies*）和《国家期刊分析索引》（*National Analytic Index of Periodicals*）。该馆是国际图联机构会员和伊比利亚美洲国家图书馆协会成员。

哥特式小说
gothic novel

最初是指一些以中世纪城堡为故事发生地的恐怖神怪小说，1764年，霍勒斯·沃波尔（*Horace Walpole*）的《奥特兰多城堡——一个哥特式的故事》（*Castle of Otranto, A Gothic Story*）开创了这类小说的先河。在英国刚一出版，立即产生了轰动效应。小说之所以吸引读者，主要是因为它写的是一个中世纪的恐怖故事，十分合乎18世纪后期英国人的崇古思想和对恐怖文学的需求；另外作品的匿名出版和“序言”中的介绍也颇能勾起人性中普遍存在的好奇心理。这种小说在18世纪晚期非常流行。暴力、恐怖、超自然力是它的主要元素。因为通常描写人性中黑暗和非理性的那一面，所以能够给读者带来强烈的震撼。现在，哥特式小说是指浪漫小说的一个分支。

哥特体黑体字
textura（text）

一种印刷字体，常用在早期版本的圣经和礼拜用书上。

哥特体黑体字，粗体字
Gothic

意大利人（更喜欢选用罗马体和斜体字）于15和16世纪在德国用粗的钢笔尖和黑墨水书写出来的带角粗体字。中世纪后期北欧地区很流行这种字体，一些早期出版的书籍如《圣经》(*Bible*）和其他祷告经文多用这种字体印刷。哥特体黑体字的主要特点是主笔画粗，次笔画细，直线规则，凹角统一，曲线很少。有名的《谷登堡圣经》(*Gutenberg Bible*）就是第一部用这种粗黑体字印刷的书籍。

哥廷根州立暨大学图书馆（德国）
Niedersächsische Staats-und Universitätsbibliothek Göttingen

德国最大的图书馆之一。该馆与大学同时于1734年建成。其馆藏达580万册（件），特藏有手稿与善本，例如，约1454年写在羊皮纸上的古登堡圣经；德国以及其他国家的地图、航海图；来自俄罗斯皇家军队赠送的礼物等。该馆新馆舍于1993年建成，每天接待4 000多位读者，约有130万的书是直接开放给读者阅览。除此之外，还有16万卷书藏于历史图书馆、化学、林业学、医学以及物理学分馆，方便读者查阅。每年约在当地外借100万书籍，另有2万件用于馆际互借。该馆于2004年10月建立“上海之窗”。

歌本拉特出版社（德国）
（德）*Coppenrath Verlag*

于1768年创建。该社出版重点是儿童书和礼品书，以版式设计质量上乘为优势，以设计精美、内容独具匠心而驰名德国出版界。第二个出版重点是自1992年开始策划出版的游戏城堡（*Die Spiegelburg*）系列，力图通过这个丰富多彩的图书系列实现将图书与游戏结合起来出版，由此把书中的各种可爱形象做成孩子们喜爱的绒毛物品、礼品纸、巧克力、瓷器、书包和小箱子等。该出版社的出版范围包括：塑料浴盆玩具书、木质图画书、布质图画书和纸板图画书、故事集、知识书、训练动作感官协调的游戏书、小游戏书和娱乐书、相册、纪念册、圣诞日历、礼品书和烹饪书。歌本拉特出版社在德国的出版社排行榜中名列前十名。

（歌剧的）歌词
libretto

大合唱、清唱剧、歌剧、小歌剧或其他音乐舞台艺术作品的歌词，通常以小册子的形式出版，以便于歌剧热衷者们在演出或录音过程中吟唱歌词。写歌剧剧本的人被称作脚本作者。

歌谱
vocal score

歌剧、清唱剧和大合唱等声乐作品的乐谱，也包括所有人声声部的总谱。所有声部分开，都写在五线谱上，同时还有键盘乐器的伴奏部分。

歌曲式广告
jingle

指一种音乐广告，一般是电视广告或广播广告的组成部分。

革新界面公司（美国）
Innovative Interfaces Inc.（III）

由杰里·克兰（Jerry Kline）和史蒂文·西尔伯斯坦（Steve Silberstein）于1978年建立的公司，目前已经成为全球在线目录软件开发商和图书馆自动化的领头企业之一。该公司主要开发图书馆自动化集成管理系统——INNOPAC系统，目前世界上有50个国家和地区上千所各类图书馆安装了这个具有管理方法先进、自动化程度高、功能强大和汉化充分等特点的图书馆集成系统。该公司是国际图联铜级企业团体会员。

格但斯克市约瑟夫·康拉德－科则尼沃斯基伏伊伏德图书馆和城市公共图书馆（波兰）
The Joseph Conrad-Korzeniowski Voivodeship and City Public Library in Gdansk

包括总馆、30所分馆及多所专业馆，如残疾人阅读中心、图书馆信息中心、法律和经济信息中心和地区工作室等。该馆总藏书量100万册（件）。

格蒂在线地理学名称辞典
Getty Thesaurus of Geographic Names Online

由美国格蒂研究所（Getty Research Institute）建立的在线地名索引辞典。共含有约110多万条记录，其中包括政区地名（国家、城市、乡镇）及地形地名（山、河）等，重点收录了对于艺术学和建筑学研究有重要意义的地理名称。该网站可供查找地名，浏览和检索某地的记录，包括本国的和历史上的名称、交叉索引、地名类型和其他相关信息。只要将地名输入，系统便会列出地名之经纬度、所在位置及其在地理（行政和地形）上的阶层关系，同时还用少量篇幅描述该地区在一定时期内的历史、文化、政治或经济贸易状况。从这一层面来说，格蒂在线地理学名称辞典不仅仅是一个地名辞典，更是一部百科全书。对于地名的详细性历史研究，它是一个相当出色的检索工具。

《格拉玛报》（古巴）
（西）*Granma*

古巴共产党机关报，也是古巴最大的综合性日报，1965 年创办，在哈瓦那出版。该报由前人民社会党主办的《今日报》和前“六·二六运动”主办的《革命报》合并而成。每周出版 5 次（星期日和星期一无报）。发行量为 40 多万份。该报还用西班牙文、英文、法文和葡萄牙文出版《格拉玛国际》(周刊)，向 119 个国家的订户发行。每期 16 个版。该报在全古巴各省设有记者站。总部设有国内消息采访部、国内消息编辑部、国际消息编辑部和体育部等部门。

格里纳韦计划（美国）
Greenaway Plan

大型图书馆或图书馆系统同意接受出版商以指导价格购买其出版销售的所有图书的建议，用这样一种总括采访形式，可以促使图书馆的采访馆员在新书出版前就可进行图书的选购，而出版商则依此决定图书的印刷数量。这个计划是由美国费城公共图书馆馆长埃默森·格里纳韦（Emerson Greenaway）首创，因此就用他的名字来命名。

格林斯博罗公共图书馆（美国）
Greensboro Public Library（GPL）

位于美国北卡罗莱纳州的格林斯博罗市。现有 1 所中心馆、8 所分馆和 1 所流动图书馆，为格林斯博罗市居民提供全方位的服务。年到馆访问有 250 万人次，年图书流通量为 200 万册次。

格陵兰公共与国家图书馆
Public & National Library of Greenland/*Nunatta Atuagaateqarfia*

建立在世界最大岛屿上的公共与国家图书馆是格林兰最大的参考图书馆，位于格陵兰首都努克（*Nuuk*），1956 年有了公共图书馆立法，格陵兰人韦斯特曼开始拓展公共图书馆服务。到 1979 年格陵兰承担起本土化职责后，又担当起重建图书馆服务的责任。该馆既是格陵兰的公共图书馆、国家图书馆也是研究图书馆，享有法定保存本权，负责收集、登记保存所有在格陵兰出版的资料、历史文献和民族文化遗产。该馆的藏书具有格陵兰古老出版物的博物馆色彩，拥有 8.3 万种数据库，可提供在线目录查询和数据库检索服务。

格罗利尔公司（美国）
Grolier Incorporated

创建于 1895 年，是一家出版参考书籍和多媒体参考产品领先的公司。该公司以精致图书的代名词——格罗利尔来命名。最初，格罗利尔公司专门出版皮革面的精致图书，后来，主要出版百科全书、儿童图书和中小学教学用书以及电子产品，是法国拉格达尔集团公司（*Lagardère Groupe*）的子公司。该出版公司还是世界上第一个提供电子产品的出版商，1982 年公司通过在线服务向读者提供美国学院百科全书内容。该公司最知名的作品是《大美百科全书》(*Encyclopedia Americana*)、《新知识书籍》(*New Book of Knowledge*) 以及《儿童百科全书》(*Children's Encyclopedia*)。

格式
Format

都柏林核心元素集的元素之一。指资源的数据格式，用于注明需要何种软件或硬件来显示和执行这一资源，一般来说，可以包括资源的媒体形式或尺寸。

格式标准汇编
style sheet

期刊出版社对于论文格式、拼写、标点符号和参考文献等书写格式的规定，也是出版社希望投稿作者所遵循的格式。在图书出版之前，有编辑专门进行格式检查和修改，以使书稿格式符合出版社的要求。规定格式标准之目的是使所有作品风格统一，对于期刊杂志来说，投稿人将收到风格模式页，使他们知道怎样按要求交稿。格式标准的内容包括版式内容、标题、页码位置、字体拼写和标点、日期写法和缩写符号等。

格式，表格
form

一定的规格式样，还指按项目画成格子，分别填上文字或数据的书面材料。

格式化
formatting

将磁盘进行磁化处理的过程。磁盘格式化前，其磁表面是完整的一块。格式化后，混沌变为秩序，建立了磁道，划分了扇区，并写上了相应的格式信息和地址信息。磁盘不经过格式化是不能使用的。

格式识别
format recognition

指把信息转换为机读目录记录的计算机操作过程。格式识别处理程序是在利用计算机对机读目录中各种项目的出现频率、各种字段的长度以及各种字段所使用的标识符号等进行统计分析的基础上设计的。这种识别方式减少了人工编辑时间，提高了数据转换效率。

格式整合
format integration

机器可读图书馆目录所使用的概念，指用同一字段、子字段以及内容指示符（标签、指示符以及子字段代码）描述著录正文，而不是对每一类型的文献使用不同的代码集，有时也可能不依赖于此种格式。比如，在 MARC 21 书目数据格式记录中，无论著录对象是图书、乐谱、还是盒式录像带等，245 字段都包含作品的题名。

格斯特·韦斯梅尔读书奖
Guust Van Wesemael Literacy Prize

由国际图联执行委员会于 1991 年 11 月为纪念去世不久的格斯特·韦斯梅尔（*Guust Van Wesemael*）而设立。1979—1990 年，格斯特先生曾是国际图联专业活动的协调人；1979—1991 年，他还担任国际图联副秘书长。此项奖两年发放一次，主要用来资助某发展中国家的一所公共图书馆或学校图书馆购买促进读书活动的图书。中国云南省图书馆曾荣获 2005 年度奖。

格言，警句
aphorism

直截了当地表达出某个众所周知的事实或原理的一个非常简短的句子。含有劝诫和教育意义，含义深刻动人，言语一般比较精练。结集出版的格言集通常在图书馆的参考书部可以找到。

个人
person

个体或由个体（独自或与他人协作）建立的身份，如多人合用笔名表现为个人。也包括虚构人物。

个人档案馆
personal archives

指专门收集和保存名人资料，如值得纪念的大事或者名门家族资料档案的机构。在美国，总统图书馆起着保存总统个人文件的档案馆的作用。

个人计算机
personal computer（PC）

为个人使用而设计的任何类型的微型计算机。但一般指 IBM 兼容机，其硬件是由英特尔（Intel）公司生产、操作系统由微软（Microsoft）公司生产。个人计算机由法国工程师佛朗索瓦·格梅勒（*Francois Gernelle*）和安德列·特鲁（*André Truong*）于 1973 年在法国国家农业研究院推动之下发明的，因为这所研究院当时没有足够资金来购买大型计算机。现在，个人计算机已不仅限于个人或家庭使用，而是向着工作站、网络服务器组成局域网方向发展，而且大量笔记本个人计算机、膝上个人计算机等出现使人们工作、生活感到十分方便。

个人简历，履历（谋职所写的）
（法）*résumé*

一种为求职而撰写、内容指向比较明确的有关个人专业资格和阅历情况的概述。在大多数公共图书馆和大学图书馆的参考部中均可查到按专业或姓名编排好的个人履历手册。

个人身份识别号
personal identification number（PIN）

计算机自动化系统中用于识别合法用户身份的一种编码。这种编码一般由计算机系统根据有关规则自动生成并提供给用户，而用户在访问这些计算机系统时则需要提交个人身份识别号码，系统据此来识别用户的身份、访问权限等参数，并由此向用户开放相关的系统功能。这种号码最初起源于银行业，目前已被广泛应用于各行各业，如移动通信、在线商务和金融证券等需要进行网络认证的领域。个人身份识别号码在图书馆也有广泛应用，如自动化管理系统中读者身份的鉴别，数字资源利用中的许可证管理，等等。

G

个人身份识别装置

personal identification device（PID）

一种可以插入或接入系统的设备（如识别卡、身份卡等），用来识别用户的身份，从而确定是否授权用户使用该系统。

个人书目

personal bibliography

又称“个人著述书目”或“个人著述考”。收录包括某一作者全部著作的目录。

个人书目（管理）软件

personal bibliographic software（PBS）

一种允许个人用户将从多个不同的资源中得到的参考文献重新编排成统一书目格式的软件。

个人数字助理

personal digital assistant（PDA）

一种手掌型或袖珍型计算机。可以用特制小键盘或笔输入数据或命令，能识别、理解很多手写体并用自然语言表达命令。这种手持设备集中了计算、电话、传真和网络等多种功能。不仅可用来管理个人信息（如通讯录、计划等），而且可以上网浏览，收发电子邮件，可以发传真，甚至还可以当作手机来用。尤为重要的是，这些功能都可以通过无线方式实现。个人数字助理发展的趋势和潮流就是计算、通信、网络、存储、娱乐和电子商务等多功能的融合。

个人头衔

title of the person

指示王室、贵族或教会等级的词或词组，或者神职人员的称呼。

个人网页

personal web page

由个人创作和维护的网页，目的是向其他网络用户介绍本人简历、观点、活动或署有其姓名的作品。同时还设有荣誉记录、在校学习成绩、能力特长和个人出版物等栏目。个人网页常安装在商业网络服务提供商的服务器上，作者需付费。个人网页的内容必须健康，不涉及淫秽、不宣扬暴力、邪教、赌博和反某国政府等内容。

个人文件

personal file

依照数据保护法的规定，受到一定的措施保护、包含个人信息的文件。

个人信息管理

personal information management（PIM）

一种帮助用户组织随机信息的计算机应用软件。多数个人信息管理包含日历、日程安排表、地址、备忘录和计算程序。

个人姓名目录

personal catalog

以著者姓名或书中所描写的个人姓名作为标目的目录。

个人姓名主题

personal subject

以某一知识领域的知名人士的姓名作主题标目的目录。

个人知识

personal knowledge

存在于人的大脑中，并为个人所占有的认识、经验、思想和创造性想象等。这是与社会知识相对的一种知识概念。

个人著者

personal author

相对集体著者而言，对文章、乐谱、艺术表演或其他知识内容作品创作负主要责任的人。编目时将其全名著录在责任者项内。

个人著作

personal authorship

作品中的概念、论点全是著者本人的看法，不代表其他任何人的观点，对作品内容的创作，由著者个人负责。

个性化服务

personalized service（individual service）

对图书馆来说，就是在共性服务的基础上开展具有针对性、满足用户特定主题需求的个性服务。在网络环境下，个性化服务是一种网络信息服务的方式，根据用户的设定，借助计算机及网络技术，对信息资源进行收集、整理和分类，向用户提供和推荐相关信息，以满足用户对信息的需求。个性化服务打破了传统的以馆藏资源为主的被动文献服务模式，能够充分利用网络资源的优势和各种软件支持，是以满足用户个性化需求为目的的全方位服务。

个性化信息服务
customized information services

一种因人而异的信息服务，把用户信息需求组成过滤条件对资源进行过滤，来实现把资源流中符合需求的内容提取出来，通过用户定制、系统推荐和推送功能向用户提供的主动服务，通俗地说就是“人找信息”，其实质就是一种以用户需求为中心的服务。

各处如此
（拉）*sic passim*

指书中的某个词在全书各处相同。

各国宏观经济指标宝典
BvD-EIU Country Data

是全面获取全球各国宏观经济指标历史、当前及未来预测值的经济分析库，在全球宏观经济研究领域享有很高的权威性。该数据库数据涵盖150个国家及40个地区，宏观指标分为7大类，总计317项变量系列（Series），含年度、季度、月份数值。数值时间跨度自1980年到2030年（提供20年以上预测值）。同时，基于对各国近期政治发展、经济走势及外部环境等因素的综合判断，每月随数据库发布全球181个国家与地区的月度经济展望报告。

（各类业余爱好者）杂志
zine

指出自对某类主题内容的兴趣和爱好，很多业余出版的癖好者常用桌面出版软件和高质量的照相复印机自行出版的报纸或杂志，仅在小范围内流通。这种出版没有规律性，有时只有1～2期。如学校高年级中的地下报纸、文学小报、政治激进报等，有的杂志文章也在网上刊登。Zine源于“*fanzine*（fan + magazine）”，产生于20世纪80年代。

根岸 正光（1945—）
Masamitsu Negishi

日本图书馆学家、经济学硕士、日本国立情报学研究所教授。研究的重点学科是情报学和计量目录学。主要从事与学术情报基础有关的系统、数据库、服务方式和制度等各个方面的调查分析及日本国立情报研究所有关系统的开发研究；作为学术情报数据库的应用，进行基于目录学的研究水准、研究动态的调查分析。获奖的情况是：1977年第12届“丹羽学术奖”（现科学技术振兴事业团“科学技术情报振兴奖”）和1977年第9届新技术开发财团“市村贡献奖”。

根本 彰（1954—）
Akira Nemoto

日本图书馆学家、东京大学教育学硕士、东京大学研究生院教育研究科图书情报学研究室教授。其研究方向有基于“图书馆是情报基磐”观点的公共图书馆论、以解说图书馆学情报学为主的图书馆学情报学论、包括公共图书馆运营原理的比较图书馆制度论、日本图书馆学情报学近代史、图书馆学情报学教育及其一般教育文化制度和情报制度等问题。

根查
tracing

指图书馆目录中有关标目的记录，根查通常只包括主要款目标目之外的主题款目及其他附加、分析款目标目的记录。

根记录
root record

在分层数据库或网状数据库中，位于最高层的第一层内的记录。

根目录
root directory

泛指计算机硬盘和软盘上分层树结构目录的顶端最高层目录，既包括程序和数据文档，又包括子目文档。在根目录下可以建立多个甚至多层子目录。根目录通常由DOS操作系统在格式化磁盘时建立。

G

跟踪服务
tail services

信息机构对用户研究课题的需要，进行最新信息的定向跟踪，定期或不定期地向用户提供所需信息，直至课题结束的持续性信息服务。

跟踪球，轨迹球
tracker ball

一个替代鼠标的输入设备，通过滚动一个嵌入键盘的球，或是与键盘相连的盒中的球，在屏幕上移动鼠标指针，轨迹球不需要提供操作用的洁净平板，因此它常用于便携式笔记本式计算机。

更改的书刊名
changed title（title change）

从原有的出版物名称改为另一书刊名。书刊名的改变最常发生于期刊，这会增加图书馆期刊工作人员的工作量和读者查找该刊的复杂性。在图书馆编目中，在新刊名的编目记录中给一个注释（继承×××），类似的注释（由×××继承）被加在以前出版的刊名的书目记录中。

更换新证（验证）
renewal

又称“读者重新登记”。是指图书馆对原发放的借书证、阅览证等证件，经过一段时间的使用后所进行的重审核实工作。其目的是审查读者的单位、身份、联系方法有无变化，以保持读者登记信息的准确可靠，同时对读者已借阅图书资料进行集中催还。验证后一般应加盖审验印章，以便读者继续使用。

更名再版
reissue under a new title

指将一本已出版图书进行更名后重新出版。

更新
updated

由最新的信息替代陈旧的信息或添加新信息，出版物可以出增刊更新内容；也指数据库管理中涉及增加、修改和删除记录，以确保数据为最新。

更新馆藏
Update Holdings

OCLC Connexion 编目系统中“操作”菜单中的一个命令。此命令用于将原记录添加到 WorldCat 并将图书馆的 OCLC 符号添加到记录中（原记录或现有记录）。

更新活页
updating loose-leaf

一种单卷或多卷形式的集成性资源，以散页方式更新，用新页面取代相应位置的原有散页。

更新记录
Update a Record

通过“更新”命令用最近的或正确的信息更新已有的信息。“更新”命令在 OCLC 许多服务中都有此命令。

更新请求
updating requests

在馆际互借周期中，由借入方或出借方在每一个环节请求状态的操作记录。

更新散页
Updating Loose-leaf

OCLC 编目输入标准中，包含一个或多个基础卷的集成资源由插入、移除或替代的单页更新。

耿骞（1965—）
Geng Qian

教授，博士生导师，北京师范大学管理学院副院长。兼任中国图书馆学会专业委员会图书馆学教育委员会副主任。研究方向为信息检索、网络信息管理、管理信息系统。发表学术论文数十篇，出版专著与教材多部，主持和参与科研项目多项。

梗概、摘要
digest（epitome）

主要指一批资料的简短总结或简练的提要。按一定规则对作品整体所作的节选或对文字作品（法律、科学、历史或文学）所作的压缩，范围比大纲宽，通常由他人而不是原创作者完成。为便于查询多加以标题和副标题。又指将各种文献源中的著作加以摘选或压缩组成的连续出版物。通常按类编排，定期出版。

工程控制论
Engineering Cybernetics

运用控制论的原理和方法研究工程技术系统的

控制过程的科学，是工程科学与控制论相互渗透而形成的学科。其主要研究内容包括：控制系统分析的基本方法、线性系统参数设计、协调控制、最优控制理论、离散控制系统、分布参数控制系统、随机输入作用下的控制系统、自寻最优点的控制系统和逻辑控制与有限自动机等。

《工程索引》（美国）
***Engineering Index* (*EI*)**

世界著名的工程技术领域中具有权威的、历史悠久的大型文摘性检索工具之一。创刊于1884年，由美国工程信息公司编辑出版，1934年起由美国工程索引公司编辑出版。该索引全面报道美国工程协会图书馆收藏的工程技术文献，以报道电气、电子、控制工程方面的文献为主，也报道生物工程、环境、石油、核能、宇宙航天工程、金属材料和仪表与计测方面的文献。这些文献来自世界50多个国家，25种文字，其中英文的文献占90%，摘用3 500多种出版物，其中主要是期刊，会议录次之，年报道文献13万条。该索引名为索引，实际上是一种文摘刊物。《工程索引》具有收录报道专业范围广泛、报道文献数量大、覆盖面广和文摘质量高的特点；其辅助索引有著者索引和主题索引。

工程索引数据库网络版
Ei Compendex Web

内容包括原来的光盘版（Ei Compendex）和以后的扩展部分（Ei PageOne）。该数据库包括1970年以来的超过700万条的工程类期刊、会议论文和技术报告，其中新增25万条工程类文献，数据来自175个学科的5 100多种工程类期刊、会议论文和技术报告，其中2 600多种有文摘。数据每周更新。该网络版收录的文献涵盖了所有的工程领域，侧重提供应用科学和工程领域的文摘索引信息。其中化工和工艺类的期刊文献最多，计算机、数据处理类、电子通信类和应用物理类比较多，土木工程类与机械工程类较少。

工具菜单
Tools Menu

OCLC Connexion 客户端编目系统中系列工具命令。用于操作“文本字符串”、键盘快捷键、“宏功能”、用户工具和客户端工具条，可设置选项、创建用户概况、检查拼写或中日韩文字以及运行其他 Connexion 编目系统网页服务。

工具书，参考书
reference book

一种在学习中和工作中可以作为工具使用的特定类型的书籍，专供查考资料，以解决工作或学习过程中所遇到的某些疑难问题。这些书籍经过汇集、编著或译述的资料，把相关领域的问题与其有关的知识资料按特定的编排方法汇集在一起，有特定的编排和检索方式，可以让读者于短时间内查出答案，以供参考。因为这些书籍是解决问题的好工具，因此称为“参考书”或“工具书”。

工具书台
reference book stand

阅览室内用于陈列大型辞典等工具书供读者就地查阅的专用书台。工具书台的台面倾斜成一定的角度，前沿有防滑条。台面一般离地约1 100毫米，下部分成若干格，可以存放其他工具书，既利用了空间也增加了一定的稳定性。

工具书阅览室，参考文献室
ready reference collection

图书馆设立的、专门陈列各类工具书以供读者集中使用和开展参考咨询工作使用的一种阅览室。由于工具书是一种典型的查阅性图书，因而将其集中在阅览室统一使用，既方便了读者，又提高了工具书的利用率。

《工具书指南》（美国）
Guide to Reference Books

历史悠久的综合性工具书指南，原名《工具书学习和使用指南》(*Guide to the Study and Use of Reference Books: A Manual for Librarians, Teachers and Students*)，1902年首次由美国图书馆协会出版。1996年出版了第11版，收录了1.6万多种工具书。收录内容主要是美国、英国、加拿大及欧洲各国英语出版物，编排方式是兼顾工具书的类型和学科属性，分五大类：综合性工具书、人文类工具书、社会科学和行为科学类工具书、历史和地区研究类工具书和科学技术医学类工具书。每一类下再按工具书类型、学科或国别复分。通过不定期出版补编的方式进行更新。每本书的介绍简明扼要，但重要工具书十分详尽，特别是百科全书、书目、传记资料、图书馆学、政府出版物以及重要科技工具书。书后有书名、著者、主题混合编排的字典式索引。该书收录内容经过精心选择，著录规范，内容准确、客观，被称为是参考工作的“圣经”。2000 年罗伯特·基夫特（Robert Kieft）成为第 12 版的主编，由于增加了电子型和网络型工具书，第 12 版更名为《参考源指南》(*Guide to Reference Sources*)。

工具条编辑器
Toolbar Editor

OCLC Connexion 客户端编目系统中“工具”菜单中的命令。其通过添加或删除按钮来自定义工具条。“编辑器”包含了所有 Connexion 客户端命令按钮。

G

工具条（栏）
toolbar

一个完善的 Windows 应用在计算机的用户界面中，在窗口结构的一侧或上下部，划分出一个狭长区，设有一系列的按钮或图标（分别代表不同的操作），通过点击对计算机进行操作。

工具箱
toolkit

一种印刷型或在线的指南，将有关的实用信息汇集在一起，包括个案研究、执行计划、策略、学习模型、资源清单、有价值术语和重要的联系方式等。

《工人日报》
Worker's Daily

中华全国总工会机关报，1949 年 7 月 15 日创办于北京。该报是综合性日报，读者对象为全中国工业、交通、基建以及农业、财贸、文教等各条战线的广大工人和工会工作者。其宗旨是维护广大职工的正当权益，提高职工的思想觉悟和劳动的积极性，并加强对工业经济的宣传，指导工业建设。该报周一至周五出对开 8 版，1 ~ 4 版为新闻，5 ~ 8 版为各种周刊：分别是《工会周刊》、《财经报道》、《北斗星》、《读者周刊》、《文化周刊》和《新闻周刊》等。

《工商时报》
Commercial Times

中国台湾具有影响力的经济性专业报纸，1978 年 12 月 1 日创办于台北。其前身是《大众日报》，现为台湾时报文化事业集团三大报纸之一。每日出版 11 大张以上，除报道台湾及世界重要经济事务、国际贸易、国际财经趋向、两岸财经、投资理财以及股市分析外，特别重视对这些领域重大问题的分析和评论，注重新思潮、新观念、新技术和新方法的报道。2008 年 12 月 10 日，刊行电子版“工商 *e* 报”。该报拥有国内外 200 多位记者，并与《中华工商时报》、《经济参考报》、《亚洲华尔街日报》和《金融时报》建立了合作关系。

工资支付期
pay period

指国外图书馆支付受雇馆员工资的时间间隔，常根据工资表按周、两周或月发放工资。

工作单
work form（worksheet）

在整个图书馆编目过程中，夹在所编目的图书中的一张卡片或纸条，供分类、编目人员参考，包括编制目录条款的必要数据、注意事项和相互参照条目等。然后按此制成卡片目录或输入计算机。

工作记录
log book

记录各项工作速度或进度或性能的连续数据的一种日志。

工作间，工作室
workroom

图书馆内单独辟出用来处理日常工作，如进行文献加工或整理的场地，一般不对读者开放。

工作量
workload

在规定时间内要求完成的工作总量。完成与否取决于速度、技巧、动机和工作条件等。

工作流程
workflow

企业、组织或科研机构为完成某项工作任务而进行的一整套工作规则与过程的描述。目的在于帮助人们把作业环境规范化，理顺不同部门、不同岗位之间的业务配合关系，减少失误和重复劳动，缩短工作周期，提供过程优化，达到提高效率和科学管理的目的。图书馆业务工作流程一般为采购、编目、典藏、流通和参考咨询等。随着管理工作的现代化、文献资源的电子化，工作流程也随之不断地发生重组和变革。

工作流程状态
workflow status

编目流程中标明记录的位置。可从系统提供的列表中选择方法查看，工作流程状态显示在已显示的记录中的状态条中。

工作手册
workbook

概要地列出某些科目或某些领域拟定要研习的课程的书或本子，是指导和方便人们日常工作用的参考小册子。

工作条件
working condition

指伴随图书馆工作的外部环境条件、设施及待遇，其中包括影响馆员人身健康和安全的基本状况（如光线、卫生、冷暖、噪声和空气质量等）以及如休假、幼儿园和其他配套待遇等。

工作文稿
working paper

未正式公开发表的论文或研究报告，一般用于内部学术交流；或准备在期刊上或向学术会议提交的论文或研究报告的初稿。

工作站
workstation

在一个工作场所中的某一区域安装了用于完成工作任务的个人计算机，以便利用数字化的信息；同时装备了桌椅和用于个人计算机的特殊设备以及外围设备。如果是网络化微机，还需要特殊的网线连接。也指具有较强的综合数据处理、图形处理、输入输出处理及网络通讯能力、性能价格较高的计算机系统。

公报
gazette

公开发表的关于重大会议的决议、国际谈判的进展、国际协议的签订以及军事行动的进行等文件。Gazette 该词最初由意大利的钱币名称派生出来，特指定期出版的单张报纸。

公牍纸
Public Document Paper

古代地方官吏从事政务活动时，行文移书的专用纸张，包括：公文册、公私笺启、户口簿、账簿、收粮案牍和诉讼状纸等。公牍纸一般较普通纸厚实，纸面光滑，纸色亦纯正，适合抄写和印书之用。因此使用这种纸印刷的书不少。这种抄写或印刷在公牍纸背上的书是今天版本学和出版印刷史研究不可缺少的内容。

公告
bulletin

政府或机关团体等向公众发出的通告。bulletin 的缩略语为：bull。

公共保存系统（美国）
Common Depository System（CDS）

该系统由美国康奈尔大学数字保存办公室和图书馆共同发起的项目，目标是创建一个集中的控制中心对康奈尔大学的数字信息进行保存，提供一个综合有效的解决框架对数字信息进行管理，并且开发系统模块以实现对当前分散存在的数字信息的集成。该项目的初期主要建设一个集中的数字图像保存仓储。

公共部门
public sector

在社会部门的分类中，公共部门通常指各级政府部门和所有主要受公共基金资助和控制的部门，公共图书馆也是属于公共部门。

公共传输权
Right of Communication to the Public

在世界知识产权组织条约（WCT）和世界知识产权组织表演和录音制品条约（WPPT）两个条约中，公共传输权专门针对因特网上的作品传输作出规定。世界知识产权组织条约第 8 条规定：“在不损害伯尔尼公约第 11 条（1）(ii)、第 11 条之二(2)(i)、第 11 条之三（3）(ii)、第 14 条（1）(ii)和第（14）条之二（2）的规定的情况下，文学和艺术作品的作者应享有专有权，以授权将其作品以有线或无线方式向公众传播，包括将其作品向公众提供，使公众中的成员在其个人选定的地点和时间可获得这些作品。”

公共电视
public television

由基金会、政府津贴、观众捐款、商业公司和其他组织资助的电视广播台，为成人和儿童提供文化、教育和娱乐节目（如美国的 PBS、英国的

BBC、加拿大的 CBC 等）。这种大众文化教育电视的节目不受收视率的支配。

公共电子阅览室
public e-reading room

为了满足人民群众基本的网络文化需求，各级文化部门以公益性、基本性、均等性和便利性为原则，依托文化共享工程各级服务点、图书馆、文化馆，以及具备条件的工人文化宫、少年宫、妇女儿童活动中心、乡镇（街道）文化站、社区文化中心（村文化室）、学校、工业（产业）园区等，提供集因特网信息查询、文化共享工程信息资源服务、数字图书馆服务、培训、网络通信、休闲娱乐为一体的公共文化服务场所。

公共订购集团
Public Subscription Group

OCLC 虚拟参考系统（QuestionPoint）以集团形式订购后，使用服务时打开集团成员名单即可在线参加咨询活动。

公共对象请求代理体系结构
Common Object Request Broker Architecture (CORBA)

指在网络中创建、分发和管理分布式程序对象的一个架构和规格。允许在不同的位置和由不同供应商发展的程序通过一个“平台体系”来通信，是对象管理组织（OMG）为解决分布式处理环境（DCE）中硬件和软件系统的互连而提出的一种解决方案。

公共服务
public services

也称读者服务。图书馆工作人员直接或间接与读者接触的工作，包括：文献流通、参考咨询、书刊阅览、在线服务、读者教育、馆际互借和文献传递等。

公共关系，公关工作
public relations

实质上是做图书馆宣传工作。是为营造良好的公众声誉、推广图书馆的服务和资源、提升图书馆在社会中的地位而作的宣传工作。大型公共图书馆专门设立公关部门或设专岗从事这项工作。在“全国图书馆服务周”期间，各图书馆通过各种方法，大力宣传图书馆。

公共广播服务网（美国）
Public Broadcasting Service (PBS)

美国的一家非商业性电视网，包括了美国近四分之一的电视台。该服务网主要是播放教育节目，其资金来源于观众的捐款而非广告。

公共广播系统
public address system

指在大型公共服务场所安装的声音放大系统，扩音器常安装在流通借阅台后面，广播员通过扩音器可以呼叫工作人员、寻找读者、通知读者闭馆时间以及发生紧急事件时指挥安全疏散等。也可用来播放轻音乐。

公共借阅权
Public Lending Right (PLR)

以前，各国著作权的内容并不包括著作权人对其作品享有专属的出借权利。20 世纪 40 年代起，根据英国、丹麦、芬兰、冰岛、挪威和瑞典政府资助的计划，在公共图书馆流通的作品的作者可以按照该作品被借的次数收到相应的补助金。在英国，只要是居住在英国、题名页上有其姓名的在世作者和插图画家都可以登记以接受补偿。期刊、参考工具书、会议录、不超过 32 页的作品以及不超过 24 页的诗歌和戏剧不包括在内。

公共流通软件
public domain software

一种不受版权保护的程序（未申请版权），允许任何人自由使用、交换、修改和复制，主要是一些计算机爱好者出于不同目的而自愿捐献给同行使用的软件。

公共密钥基础结构
public-key infrastructure (PKI)

为解决在信息化、网络化环境下的安全问题，由世界各国科学家经过多年研究而初步形成的一套完整的解决方案。是基于公开密钥理论和技术建立起来的安全体系，是提供信息安全服务的具有普适性的安全基础设施。该体系通过标准的接口为电子商务和电子政务提供必需的认证、保密和不可否认服务。作为一种技术体系，该基础结构为网络提供可靠的安全保障。

公共事务信息数据库
PAIS International

全球最重要的公共政策数据库，是以编年体的体例记录全球的公共事务、公共和社会政策、国际关系和全球政治局势。数据库收录的信息是与“公共政策”领域相关的，包括来自司法、农业、林业和渔业、银行及金融、教育、文化和宗教、政府、人权、商业和服务业、能源资源和政策、政治学、公共管理、国际法和国际关系、环境、人口学、公共卫生和科技等社会科学学术刊物的政策信息，也包括重要学术会议上关于公共事务的报告。该数据库拥有来自世界各地120多个国家和地区的出版物，包括近70万条记录的期刊文章、图书、政府文件、统计目录、灰色文献、研究报告、会议报告、国际机构、缩微胶片以及因特网资料等。

《公共图书馆》
Public Library Journal

2003创刊，原名《深图通讯》，经广东省新闻出版局批准登记、国家新闻出版总署备案，由深圳图书馆、深圳图书情报学会、公共图书馆研究院主办的图书馆情报专业刊物，旨在为广大图书馆情报工作者特别是关注公共图书馆事业、从事公共图书馆职业以及科研人员提供一个理论问题探研、学术思想碰撞、实践经验交流与分享的园地。该刊设有专题报道、专家论坛、名家视野、理论探讨、图书馆管理、数字图书馆、资源建设、读者服务、社区图书馆、图书馆之城、创新历程、人物春秋、他山之石、文献与阅读和业界动态等栏目。该刊为季刊。

公共图书馆
public library

由政府或私人所设立、部分或全部由公共基金资助、无限制免费向某个社区或地域的所有居民开放利用的图书馆或图书馆系统。公元前560年，在希腊、罗马就有公共图书馆的存在。直到19世纪后期，在欧美地区普遍发展。1850年英国首推公共图书馆法案，1849年起美国也相继立法授权各城镇拨款设立公共图书馆。中国公共图书馆的创设始于清末维新派的创导，1902年徐树兰在浙江兴建古越藏书楼。公共图书馆宗旨是为市民提供更多的服务，其收藏学科广泛，读者类型多样。

《公共图书馆标准》（美国）
Standards for Public Libraries

为推动公共图书馆标准的发展，1933年由美国图书馆协会颁布。该标准作为一个简单的文本，对公共图书馆的理论基础进行了简短介绍，1943年、1956年和1966年，美国图书馆协会又分别对该标准进行了修订。此后，美国图书馆协会开始认识到《公共图书馆标准》不能满足所有公共图书馆服务人群的需求，决定从强调标准制定转变为重视规划和评估，鼓励公共图书馆制定符合当地状况的发展目标。目前，美国各州基本都有依据当地状况制定的各种名目的公共图书馆标准，有些州的标准是由图书馆机构为主体制定的，有些州的标准则由地方图书馆专业协会为主制定的，还有一些州的标准则是由州图书馆机构和专业组织共同策划完成的，另有一些州的标准则包含在州法律或州行政法规中。

公共图书馆创新项目
Public Library Innovation Program（PLIP）

2009年11月16日在eIFL. net网站上正式启动该项创新项目，由比尔·盖茨和梅琳达基金会资助成立，力图为公共图书馆提供机会发展各类创新服务项目。鼓励公共图书馆深入社区，与当地政府、企业和其他组织合作，了解当地需求及开发新服务。任何在发展中国家的公共图书馆或者其他组织都可以提交关于发展创新服务的方案。

《公共图书馆发展战略思考》
Strategic Thinking on Public Library Management

《当代中国图书馆学研究文库》之一，吴建中著。该文集选录作者从20世纪80年代以来正式发表的各类文章27篇，内容主要涉及图书馆和情报事业及出国考察两大部分，反映了在过去20多年里，著者在专业研究和工作实践中形成的独到思考和心路历程。对于了解过去20年中国图书馆事业演变的历史有很大的帮助。由国家图书馆出版社于2007年出版。

公共图书馆服务规范
Public Library Standards

2011年正式颁布，是中国文化部提出并归口组织编制的国家标准，其框架结构由前言以及范围、规范性引用文件、术语和定义、总则、服务资源、服务效能、服务宣传、服务监督与反馈八个部分组成。

《公共图书馆服务规范应用指南》
The Application Guidelines of the Public Library Service Standard

标准规范作为数字图书馆建设的基础，是开发利用与共建共享资源的基本保障，是保证数字图书馆的资源和服务在整个数字信息环境中可利用、可互操作和可持续发展的基础。该书介绍了公共图书馆服务规范编制的背景、过程，规范的意义，公共图书馆服务规范的三大特色与文化内涵，规范具体条款的逐条解读等。由全国图书馆标准化技术委员会秘书处策划，王世伟、张涛编著，2013 年 2 月由国家图书馆出版社出版。

《公共图书馆概论》
Introduction to Public Library

该书以公共图书馆核心业务工作的实际需求为导向，在对公共图书馆的职能定位、类型特点等问题进行充分阐释的基础上，分别对图书馆的制度体系建设、馆藏发展与资源组织、公众服务与用户研究、组织管理与战略规划等主要工作中涉及的相关理论成果和技术方法进行详细介绍和说明，并对公共文化服务体系建设框架下的公共图书馆未来发展趋势和前景进行了科学的预测和展望。汪东坡主编，由国家图书馆出版社于 2012 年 5 月出版。

公共图书馆管理者认证项目（美国）
Certified Public Library Administrator Program (CPLA)

美国图书馆协会职业联合协会推出的认证项目之一，于 2002 年制定，该项目的认证对象为获得图书馆学硕士学位、且拥有三年及其以上监管经验、自愿申请认证的公共图书馆员。该项目旨在：促进公共图书馆员的职业教育和发展，提高实际工作水平，通过专业知识技能获得提升职业发展机会，向同行、馆长董事会、用户及信息社群等证明，经过认证者在公共图书馆管理方面有较高的知识和实践能力，通过提供图书馆成功管理的关键技能和知识，提升图书馆服务质量。申请认证者必须参加该项目认证的课程学习，这些课程遍布全美国，且有许多在线课程，课程完成后由美国图书馆协会进行评估，参评者需要交纳一定的评估和课程费用。

公共图书馆国际高峰论坛
International Summit on Public Libraries

2009 年 11 月 17—20 日在深圳图书馆召开。论坛的主题为“发展：挑战与机遇”。与会代表就数字时代带来的技术变革，国内外业界共同面临的体制障碍，以及如何更好地迎接机遇等进行了专题研讨。作为第十届深圳读书月期间一场重要活动，该论坛设定的议题包括：公共图书馆的国际交流与合作、公共图书馆在数字时代的拓展、高新技术与公共图书馆、图书馆与全民阅读等。国际图联主席艾伦·泰塞、美国图书馆协会主席罗伯特·史蒂文斯、美国公共图书馆协会主席萨理·费德曼、OCLC 副总裁王行仁、中国图书馆学会副理事长陈力、中国阅读学研究会会长徐雁、香港康乐及文化事务署助理署长李玉文及有关专家 100 余人出席论坛。

《公共图书馆社区信息与参考服务指南》（美国）
Guidelines for Establishing Community Information and Referral Services in Public Libraries

由美国公共图书馆协会社区信息部制定，第一版于 1980 年 1 月 22 日被公共图书馆协会董事会采纳。公共图书馆社区信息部后又分别于 1985 年 1 月、1989 年 12 月、1997 年 6 月对该指南进行了修订再版，反映了过去若干年间社区信息与参考咨询领域名词术语的变化情况。

《公共图书馆是什么》
What is Public Libraries

该书主要阐述了公共图书馆是什么、未来的图书馆、案例实证研究方法在馆藏质量控制中的应用、探究 Web 2.0 在公共图书馆的实践、图书馆让城市生活更美好、近年来中国内地公共图书馆服务创新述略、关于《公共图书馆服务标准》的定位、思路与方法、图书馆人才建设的三个切入点、《中国图书馆分类法》（第四版）G8 体育类修订介绍、中国公共图书馆“十二五”发展战略重点之我见、公共图书馆制定“十二五”规划的思路与方法、现时中国公共图书馆事业发展的喜与忧、应注重提高公共图书馆发展的质量与品位等内容。王世伟编著，由上海社会科学院出版社于 2010 年 9 月出版。

公共图书馆协会（美国）
Public Library Association (PLA)

1944 年起成为美国图书馆协会的一个部。美国公共图书馆协会的成员有图书馆员、图书馆理事和对全面改进和扩展公共图书馆服务感兴趣的人士。拥有 11 000 多个会员，每隔一年召开年会。出版一种双月刊《公共图书馆》(*Public Libraries*)。设有下列奖项和助学金：1977 年设立的爱莉贝丝·马丁奖（Allie Beth Martin Award）、贝克与泰勒娱乐影音音乐/视频产品奖（Baker & Taylor Entertainment Audio Music/Video Product Award）、查理·罗宾逊奖（Charlie Robinson）、戈登·科纳布尔奖（Gordon M. Conabe Award）、美国图书馆格兰特浪漫作家奖（Romance Writers of America Library Grant）以及公共图书馆的功能特征文章竞赛（Public Libraries Feature Article Contest）等。

公共图书馆研究院
The Institute of Public Libraries

中国第一家以公共图书馆为研究对象的专业机构于2009年11月在深圳成立。该研究院是由文化部社会文化司、中国图书馆学会、深圳市文体局任指导单位，深圳图书馆、深圳图书情报学会主办的非营利性学术机构。该研究院广泛联络中国内地、港澳台及国际图书馆界及相关领域专家，围绕公共图书馆及相关议题，以“前沿、创新、分享”为研究方针，努力打造学术研究和交流平台，提升学术水平，促进公共图书馆事业的发展。经过10个月的努力，《中国公共图书馆发展蓝皮书》(2010）已正式发布。

公共图书馆专业组
Public Libraries Section

隶属国际图联专业委员会图书馆类型部（Division of Library Typies）。公共图书馆服务于信息社会环境中的整个社区，并保证自由、平等地获取本地信息。公共图书馆专业组为公共图书馆的发展和进步提供一个活跃的国际论坛。出版该专业组的业务通讯（电子版），刊登有关公共图书馆的新闻与会议动态和论文，出版会议录和年报，并出版《国际图联/联合国教科文组织公共图书馆宣言》、《公共图书馆服务：国际图联/联合国教科文组织发展方针》（*The Public Library Services: IFLA/UNESCO Guidelines for Development*）(英文、阿拉伯文、法文、德文、捷克文、匈牙利文、意大利文、挪威文、俄文、西班牙文和中文）、《手机图书馆方针》(*Mobile Library Guideline*）、《国际图联公共图书馆服务方针》(*IFLA Public Library Service Guidelines*)《公共图书馆条例》(*Public Library Acts*）等。

公共网关接口
Common Gateway Interface（CGI）

网络服务器的一个程序界面，可帮助实现网页与数据库或其他程序的连接。通过该接口，经由网页输入的信号和指令可被传送到数据库操作系统进行检索。检索结果再被该数据库操作系统返回，并以超文本标记语言格式展现给用户。

公共信息资源
public information resource

政府机构和社会公益性组织在行使公共权力过程中生产、整理以及维护的所有信息。属于社会公众的信息，在法律上允许的范围内为公众所享用。可分为世界性的公共信息资源、国家范围的公共信息资源、地区和行业的公共信息资源。其内容领域可分为政策法规信息、经济信息、政府信息、科技教育信息、公共健康信息、社会生活信息以及新闻信息等。

公函
missive

文书的一种。用于与同级单位、部门或不相隶属的单位、部门之间的一般公务联系和商办事宜等。

公开文献
open literature

泛指公开出版发行的文献资料，又称公开资料。

公认文本，标准本
（拉）*textus receptus*

拉丁文中所说的标准文本，指一种著作的各种版本中，被学者认为最能代表作者的写作意图和最有保存价值的那一个版本。

公式翻译程序语言
formula translator（FORTRAN）

意为“公式翻译”，是20世纪50年代早期IBM公司开发出来的一种高级计算机编程语言，主要用于科学计算，经济和工程技术中的数据分析。是为科学、工程问题中能够用数学公式表达的问题而设计的高级程序设计语言，应用于数值计算，是第一个使得普通操作者能与计算机系统进行有效交流的程序。

（公司或企业的）内部刊物
house organ

公司或企业自行编辑、非公开出版的刊物，分为面向员工发行和面向客户发行两种，前者除简要报道其产品外，主要刊登单位行政事务、新闻、人事任免情况和贸易消息等；后者主要报道公司或企业的经营情况、产品结构性能和人事情况等，有的还包括研究人员的技术报告，生产研制方面的新成果和新动向等，在工程技术方面具有一定参考价值，对员工或客户起着联络、宣传和产品推销作用。

公司（企业）档案

company file（corporation file）

有关某些公司（企业）状况的资料档案，通常保存在商业图书馆或公司图书馆中。这种档案通常按公司名称的字顺排序，内容包括各公司（企业）的年度报告、证券交易档案、商品目录册、企业刊物、企业新闻剪报及照片等。

G

公司（企业）图书馆

corporation library（company library）

由公司或机构建立并管理的一种专门图书馆，用来满足其工作人员的信息需求和研究需要，也可以作为一种档案室使用。公司（企业）图书馆一般不对公众服务，但须在优化藏书结构、开展多种形式的读书服务等方面下工夫。

公文

missive

政府机关的相互往来联系事务的文件，有时也包括法令文书在内。公文要写得平易简明，依规定，公文采用从左至右的书写模式。

公文包式计算机

briefcase computer

其尺寸和形状就像公文包一样的特征，用的是扁平的液晶显示器而不是阴极射线管显示器。公文包式计算机具有结构紧凑、体积较小的特点，可以满足一般商务处理需要。

公文书

record

在公文处理过程中日积月累形成的内部文件的总称，被冠以一个总的标记并被保存在一起，供事后查询。

公文体

officialese

兼有议论文、说明文和记叙文等多种文体之一般特点的一种特殊应用文体。与学术论文和文学作品不同的是，公文体要求以简练的文字说明情况和问题，讲清道理和意见，不作过多的议论和描述。公文体兼用说明、叙述和议论三种基本表达方式，形成了庄重严谨、质朴平直、简明得体的文风和标准规范的格式。

公务目录

official catalog

由图书馆建立的主要用于本馆工作人员在开展内部工作中使用的目录。该目录全面地反映图书馆馆藏文献，是图书馆制定采购计划、订购、补购、分编查重、添加业务注记、参考咨询以及进行各种业务统计的重要检索工具。也称为工作目录或勤务目录。在20世纪80年代后，随着机读目录的日渐普及，公务目录与读者目录的界限已趋于模糊。尤其是采用了计算机管理的图书馆，完整的书目数据库已可替代原有公务目录和读者目录发挥作用。

公用电话，投币电话

payphone

最初出现在20世纪30年代的美国，是一种位于图书馆公共服务区需投入硬币或插入电话磁卡后才可使用的电话。多数向公众开放的图书馆要为读者安装多部公用电话。

公用区，服务区

public（service）area

指在图书馆中供读者使用的场所，如阅览室、陈列室和休息区等。

公用数据网

public data network（PDN）

由通信网发展而来、能实现数据资源共享的公用网络，可以向客户提供因特网接入服务。

公有领域

publicly-owned field

一部作品超过了法定的著作权保护期，或该作品所在国家、地区未对作品提供著作权保护，也未参加国际版权保护公约，该作品就进入了“公有领域”。对于“公有领域”的作品，使用者可不征得作者或著作权人同意，也不需支付报酬。

公钥加密

public-key encryption

数据传输的一种安全处理程序。在计算机密码体系中的密钥，一个是公共密钥，另一个是私人密钥。公共密钥可以随意给其他人，而私人密钥则要自己保留，被公共密钥加密过的信息要用对应的私人密钥才能解密。

公制开本
metric book sizes

英美开本原以英寸计算，近 30 年来改为以毫米为图书开本的计量单位。

公众图书馆
popular library

图书馆类型之一，是为一个团体或区域的公众服务而免费或只收少量费用的图书馆。公众图书馆的经费全部或部分为政府资助。

功能键
function key

标准个人计算机键盘的最上面一排标为 F1 ~ F12 的 12 个键，允许计算机用户通过按相应的键执行某一特定任务或程序。相应的键所具有的特定程序功能会在软件手册上说明。

供参考
for your information（FYI）

仅供参考的意思，其缩写形式常用于邮件中。

（供排字印刷用的）稿件
copy

在出版过程中，指准备印刷即将排版的文字原稿或转换成为超文本文件的文件。

供应订书率
fill rate

在采购时，订购的图书资料的百分比实际是在一个固定时期由出版商、批发商和其他卖方来确定的。

供应商
supplier

指向图书馆及有关机构出售设备、家具等的公司，他们通常在提供设备的同时也提供技术支持服务。在馆际互借中也指根据其他图书馆的需求提供文献出借服务的图书馆或其他机构。

供桌式书架
credenza

原指西方贵族用来测试食物是否有毒的餐具柜。在图书馆，模仿文艺复兴时期的供桌做的书架，尤指可兼做书架和学习桌子的一种器具。宽宽的平面下面有两排或三排架子，其高度适合一个人站着或坐在一个高凳或椅子上。

宫澤 彰（1949—）
Akira Miyazawa

日本图书馆学家、理学硕士、日本国立情报学研究所教授。所从事的研究领域是图书馆情报系统论、文字编码论和数据处理应用程序。图书馆情报系统论：以图书馆为中心的情报系统的使用研究，特别是今后的学术研究中图书馆的作用和情报系统的机能；文字编码论：从数据库做成的基础文字编码有关的语言学文字论和情报处理的编码间的关系角度进行考察研究；数据处理应用程序：基于简单实用的数据模式定义文件运算，通过它的实现，开发普及数据处理用程序。

龚义台（1941—）
Gong Yitai

中国科学院上海文献情报中心研究员。1968 年毕业于中国人民解放军技术工程学院英语系，1986 年毕业于英国伦敦城市大学情报系，获硕士学位。历任中国科学院上海图书馆馆长助理、中国科学院上海图书馆副馆长、中国科学院上海文献情报中心主任以及中国科学院上海文献情报中心学术委员会主任。曾兼任第二届上海图书馆学会副会长（兼任教育工作委员会主任）、中国图书馆学会理事、第四届、第五届上海市社联委员、第二届中国科学院科技情报研究会副会长。并曾被聘为华东师范大学图书馆学情报学系、中国科技大学信息管理系和南京大学信息管理系访问教授。长期从事文献情报管理和研究工作，对文献分布、引文分析等均有较深入的研究，并培养了多名研究生；组织领导建设“中国生物学文摘”和“中国生物学数据库”，多次获奖。在国内外学术杂志上发表论文 40 余篇，并出版了《中国图书馆情报服务》一书，宣传、介绍中国的图书馆情报事业。

共词分析
co-word analysis

通过对反映文献主题内容的关键词进行统计分析，研究文献内在联系和科学结构。该分析法于 20 世纪 70 年代中后期提出并对其详细描述，到了 20 世纪 90 年代中后期被广泛应用于分析各个学科领域的研究结构。

共立出版株式会社（日本）
Kyoritsu Shuppan Co., Ltd.

创立于1926年6月22日，经营的内容有：理、工、医和经营学等有关书籍、杂志的出版及销售，主要是出版理工教学参考书，出版上述方面的书籍数量达7 000种以上。

共同利用
joint use

图书馆与其他机构之间的一种合作安排，比如学校、社区学院或大学，合作双方共享同样的设备和藏书。美国加州圣何塞市的小马丁·路德·金（Martin Luther King, Jr）博士图书馆，就是一个圣何塞市和圣何塞州立大学的合作机构，其建筑物和藏书由圣何塞公共图书馆和该大学图书馆共同使用。2001年9月，中国聊城师范学院与聊城市政府共同投资建设的新馆落成，并随即投入使用，其名称为聊城师范学院、聊城市图书馆。新图书馆集高校图书馆和市公共图书馆双重任务于一身，为学校和地方用户提供文献信息服务，这种校地共建的模式在中国国内尚属首例。

G

共同题名
common title

指一组相关出版物以分卷的形式共同使用的出版物题名。共同题名表示这些出版物之间的关系，并与分辑题名一起共同标识某种出版物。当补编或分丛编有从属题名时，主编和补编、丛编以及分丛编往往会有共同题名。

共同通讯社（日本）
Kyodo News Agency

简称共同社，日本最大的通讯社，成立于1945年11月1日，其前身为1936年成立的同盟通信社。该社是由日本全国的报社、广播电台和电视台采取合作组织形式来运营的非营利组织，由加盟的报社和广播公司提供资金维持经营。该社除向地方报纸、广播电台和电视台供稿外，还向日本总理府、内阁调查室、外务省、通产社、防卫厅和警视厅等政府部门以及日本驻外使领馆提供新闻和信息资料，每天发稿60万字，传真照片80张。共同社总部设在东京，在国内有5个总分社，46个分社，国外在纽约、伦敦、巴黎和北京等设有41个分社。共同社参加了亚洲通讯社组织的亚洲新闻交流网，通过这个交流网每天向亚洲各国的通讯社提供新闻稿件。

共享本地目录
Shared Local Catalog

包含来自若干图书馆的记录的目录。由于全球很多所图书馆同时使用OCLC编目系统将记录上传到WorldCat，所以可以检索到来自不同图书馆的书目记录的目录。通过这个目录可以找到需要下载的书目记录。

共享打印机
shared printer

指接收多台计算机输出指令的打印机。

共享软件
shared software (shareware)

一种不开放原始程式码、采用先试后买的模式的电脑软件，为软件使用者提供有限期的免费试用，用以评测是否符合自己的使用需求，继而决定是否购买授权而继续使用该软件。和商业软件一样，共享软件受版权法保护。该词首见于20世纪80年代，由鲍勃·华莱士（Bob Wallace）所创。

贡献者
contributor

对作品及内容表达实现有所贡献的个人、家族或团体，不同与对作品创作负责的创作者（creator）。贡献者包括编辑、翻译、音乐编曲和演员等。

购买指南
buying guide (consumer guide)

一种专供采访馆员使用的出版物。可在采访馆员订购专门类型资料时提供权威性帮助，例如：1996年由美国图书馆协会出版的《订购百科全书：12点建议》（*Purchasing an Encyclopedia: Twelve Points to Consider*）。购买指南的开头通常是一些评价方法方面的讨论，然后根据资源的种类提供可以选择的详细分析，并用易于对比的列表方式来介绍作品的相关优点与不足。

购书代价券
book token

一种可以替代现金购书的代价券，凭此券购书，享有一定的优惠。

购新换旧
replacement

又指书刊补缺。图书馆为了替换丢失或破损的书刊而购买同名书刊。如果原书已经绝版，也可以用相似版本代替。

估计，评价
appraisal

对档案馆、图书馆和博物馆的受赠品所做的货币价值评估，一般由对赠品市场熟悉的专业估价人员来完成的。

估价
estimated price

图书的估计价格。图书馆如果通过出版商、图书批发商、图书预购代理人或征订书目订购图书，可以按其预先估计的书价付款，该价格可能高于或低于实际书价。

估价发票
proforma invoice

指不作为正式的付款凭证，仅作为书、刊预报价格的单据。待正式定价确定、发去订单待用户收到所订购的图书后，再开具正式发票通知用户付款。

孤本
only existing copy (unique surviving edition)

指在世间仅有一份流传的某书的某一刻本，也包括仅存一份的某书的某种碑刻的旧拓本和未刊刻的手稿等。现存世界最早的印刷品——中国唐代（公元868年）印刷的《金刚经》卷子，就是孤本。又如春风文艺出版社出版的明末清初小说《后水浒传》，就是以大连图书馆藏孤本整理刊印的珍中之珍，因其极其稀有而价高百倍。

孤儿著作
orphan works

指仍受著作权法保护的著作，但是找不到著作权人给以授权利用。

古巴约瑟·马丁国家图书馆
Jose Marti National Library of Cuba/*Biblioteca Nacional de Cuba-José Marti*

1901年在首都哈瓦那成立，但没有固定馆舍，屡次搬迁。1949年决定将新馆命名为约瑟·马丁（1853—1895）图书馆，以纪念这位古巴民族英雄、诗人、思想家和战士。1959年古巴革命后，政府将没收的巴蒂斯塔及其追随者的图书均移交给此图书馆。该馆初步实现了自动化，用户通过图书馆网站可以查询该馆有关的资料。

古版本，摇篮刊本
incunabula (cradle books)

在欧洲，指公元1500年以前，活字印刷之后这一段时间内印刷的书籍、小册子、日历和特许书等，这段时期是印刷史上最早的时期（摇篮期）。摇篮版在初期很像手稿，没有页码，多为对开本和四开本，不用斜体字，每章的标题和每章第一个字母多用手工彩绘。目前世界上存有摇篮本约4万多册，其中有1456年之前在德国美因茨（*Mainz*）由约翰·谷腾堡（*Johann Gutenberg*）印刷的《谷腾堡圣经》（*Gutenberg Bible*）。incunabula 来自拉丁文 *cunae*，意思为“摇篮”，尤指活字印刷术处在婴儿时期。

古抄本
Codex

古代希腊、罗马的经典手稿本，以区别于卷轴型抄本。用表面涂蜡的金属板、木板、象牙板、纸草纸、羊皮纸和纤维纸制作。著名的有：《玛雅古抄本》、《梵蒂冈城国古抄本》、《特洛亚诺古抄本》、《亚历山大古抄本》、《西奈古抄本》、《大西洋古抄本》、《八喜楼古抄本》和《红楼梦古抄本》。

古代埃及手稿卷轴
papyrus scroll

古埃及人将若干单片纸草纸粘连成长轴，卷在木杆上。18世纪末19世纪初在埃及发现了许多纸莎草纸卷轴，其中包括埃及新王国时期（公元前1587至公元前1085年）的重要文件。

古代的文书，文牍
librarill

指古代对政府或官方公文、书信和契约的总称。

古代法典，经典
codex

在古罗马，此种版本用于法典，在中世纪，此版本也用于祈祷用书与经典作品等。公元前18世纪古巴比伦王国的《汉穆拉比法典》（*The Law Code of Hammurabi*）是最系统、最完整地保存下来的世界第一部法典；中国历史上第一部较完整的法典是公元前407年编纂的《法经》。根据《哈罗德图书馆员词汇》(*Harrod Librarians' Glossary*) 中的记载，《西奈法典》(*The Codex Sinaiticus*) 是现存最古老的希腊犊皮纸抄本，自1933年起藏于英国国家图书馆。

古代经典手稿本
codex

用尖笔刻在经连接的加蜡涂层的金属、木材或象牙板上的古代手稿。之后，指书写在羊皮纸、犊皮纸或纸莎草纸上并在一侧固定的手稿。这种手稿像现代的图书一样能打开阅览。

《古代文献学的文化阐释》
Cultural Explanation of Ancient Philology

《当代中国图书馆学研究文库》之一，王国强著。该文集收录的论文主要包括古代目录学、历史藏书学和汉代文献学方法。古代目录学是关于知识的分类，历史藏书学是关于典籍的传承，而汉代文献整理的方法是中国文献学的实际源头，三者构成了古代文献学的基本内容。论文从文化的角度对古代文献学的文化意蕴进行了细致的揭示和阐释，并站在当代学术的高度对中国古代文献学的成就和局限进行了分析和评价，以期通过创造性转化，使传统文献学和现实之间达到辩证的衔接，具有重要的学术价值。由国家图书馆出版社于2008年出版。

《古典时期的图书世界》
The World of Books in Classical Antiquity

作者用简练明快的语言，提纲挈领地概括了古希腊罗马世界里图书的产生、发展与变化的过程以及读者范围和阅读习惯的演变，经典文献的传播过程，对了解西方文明史和图书史有重要的参考价值。该书配有五十幅精美人物和图书插图，并有详尽的注释。荷兰皮纳（H. L. Pinner'）著，由浙江大学出版社于2011年8月出版。

（古典文学的）批注，附注
scholium

指古典文学中印在页边的关于文章的解释、说明或评论。尤其是在希腊或拉丁作家的作品中往往会有一篇由经典语法家所作的注解。scholium的复数为：scholia。

古公文字体
court hand

公元1100年到16世纪末，西方抄写员抄写特许状、法律诉状和其他公文所使用的一种草写字体。与抄写手稿形式的文学作品和祈祷文献的写书字体（book hand）不同。

古汉语
Classical Chinese

与现代汉语相对而言，它是古代汉族的群众语言。广义的古汉语指“五四”运动前汉族人民使用的语言。古汉语分为书面语和口头语两种形式。由于古代人民的口头语言，现在已经无法听到，我们常说的古汉语仅指书面语。古汉语的书面语有两个系统：一个是先秦口语为基础而形成的上古汉语书面语及其后人用这种书面语写成的作品，也就是我们所说的文言；另一个是六朝以后在北方方言的基础上形成的古代白话。狭义的古汉语书面语就是指文言。古汉语可以细分为远古汉语、上古汉语、中古汉语及近古汉语。

古籍
ancient books

广义的古籍包括甲骨文拓本、青铜器铭文、简牍帛书、敦煌吐鲁番文书和唐宋以来雕版印刷品，即1911年以前产生的内容为反映和研究中国传统文化、具有中国古典装帧形式（如包背装、线装、蝴蝶装等）、并且用中国传统著作方式进行著作的文献资料和典籍。1911年以后至1919年“五四”运动以前或稍后一个时期编撰出版的图书，凡内容属于传统学术文化，采用传统著述方式，并具有古典装帧形式（一般为线装）的图书，亦视为古籍。狭义的古籍不包括甲骨、金文拓本、简牍帛书和魏晋南北朝、隋唐写本，而是专指唐代自有雕版印刷以来的1911年以前产生的印本和写本。

古籍版本
ancient book edition

有狭义与广义两种解释，狭义的版本是指用木板雕版印刷的书，而广义的版本则指古籍图书的各种印刷、抄写的本子，包括：稿本、写本、抄本、雕印本、活字本、排印本、拓印本和影印本等。

古籍版本学
Ancient Book Edition Studies

以中国古代图书（古籍）的版本问题为研究对象，以版本鉴别为核心，揭示图书的刊刻（或传写）者、印刷（或制作）时地、版本优劣、版本异同和版本源流等，为研究中国古代社会的各个学科服务的一门辅助性学科。

古籍保护与利用

preservation and utilization of ancient books

一是原生性保护；二是再生性保护。原生性保护是指对原本古籍进行保护，包括修复残破古籍、改善保护环境，对现存原本古籍进行定级、分级保护等。再生性保护是指对古籍进行影印或整理出版，对古籍的形式和内容进行转移保存和再揭示，如启动的“中华再造善本工程”。古籍利用指通过建立完善的古籍目录体系，对古籍进行加工整理和开发，编制有关专题、索引、综述、评述等或选购有关工具书为研究提供便利。

古籍数字化建设

digital development of ancient books

是数字图书馆建设重要的有机组成部分。不仅要建设包含古籍内容的数据库，还应该使该数据库与包括现代不同类型、不同内容的数字化信息相互关联，甚至没有数字化的各种载体形式的文献也将通过某种形式（如书目的联结）与数字化的古籍信息融为一体，从而构成一个完成的知识体系。古籍数字化建设不仅要把古籍的相关信息转换成数字信息存储在计算机中，而且还要按数字图书馆的模式去组织、加工和发布。

《古今图书集成》

Integration of Ancient and modern Books

中国现存最大的类书。清代陈梦雷、蔡廷锡等编。原名《文献汇编》或称《古今图书汇编》，康熙皇帝钦赐书名，雍正皇帝写序，《古今图书集成》为此冠名“钦定”。全书一万卷，目录四十卷共计五千零二十册，五百二十函，四十二万余筒子页，一亿六千万字，内容分为六汇编，有历象汇编，包括乾象、岁功、历法、庶证四典；方舆汇编，包括坤舆、职方、山川、边裔四典；明伦汇编，包括皇极、宫闱、官常、家范、交谊、氏族、人事、闺媛八典；博物汇编，包括艺术、神异、禽虫、草木四典；理学汇编，包括经籍、学行、文学、字学四典；经济汇编，包括选举、诠衡、食货、礼仪、乐律、戎政、祥刑和考工典。全书按天、地、人、物、事次序展开，规模宏大、纵横交错、举凡天文地理、人伦规范、文史哲学、自然艺术、政治经济、教育科举、农林牧渔、医药良方和百家考工等无所不包，是查找古代资料文献的十分重要的百科全书。

古旧书

antiquarian book

已绝版的旧图书。由于其稀缺性而比一般的二手图书要珍贵得多，通常由古旧书商来出售，非常稀有的古旧书则在拍卖会上拍卖，可以通过价格指导来评估其价值。

古旧书商

antiquarian bookseller

指经营旧书、稀有书籍、绝版书籍以及二手书的书商。

古兰经，可兰经

Koran

伊斯兰教的根本经典，也是第一部用阿拉伯文记载的典籍，是阿拉伯语文和文学的开山之作。《古兰经》是从阿拉伯文“*Qur'an*”音译的，意思为“念诵”。《古兰经》最初以背诵的方式口传，后来在汇集了许多经文的基础上形成完整的章节而成书。《古兰经》共 30 卷，114 章，6 236 节，77 934 个词。在伊斯兰教看来，《古兰经》是先知穆罕默德从真主获得的启示，是用来教化世人，作为生活指南的。《古兰经》语言优美，哲学思想丰厚，是研究阿拉伯 - 伊斯兰历史、文化的经典文献，是人类宝贵的精神财富。

（古罗马或古希腊的）经典著作，名著

classics

公元前 600 年用希腊文和拉丁文撰写的所有非基督教著作，例如柏拉图著的《理想国》（*The Republic of Plato*）等。从更广泛的意义上来讲，指为成年人或儿童撰写的任何主题的名著，如小说、传记和随笔等。

（古书的）前言或引文部分

（拉）*incipit*

“从这里开始”的意思。*incipit* 常用于中世纪的手稿本以及古版本的书籍中，以指明正文的开始，通常以手写或印刷体的大写文字或与正文不同颜色的文字表示，一般会包括作者的名字以及作品的名称。

古腾堡工程

Project Gutenberg，PG

1971 年，美国伊利诺大学学生迈克尔·哈特（Michael Hart）利用大型计算机，将《美国独立宣言》进行电子化，成为其第一本电子书。由此开始了全球最早的数字图书馆工程，取名为“古腾堡工程”。2000 年在密西西比州获准并成立了非营利组织——“古腾堡计划文献档案基金会”（The Project Gutenberg Literary Archive Foundation Inc），由该基金会来进行有序的管理，以处理相关的法律事务。向古腾堡工程捐款可以得到减税的优惠。该工程目前由美国北卡罗纳大学的 ibiblio 主办。该工程已经收录图书近 4 万种，平均每周新增 50 种。收录范围主要是版权过期的西方文化传统的文学作品，比如：小说、诗歌、故事、戏剧，也收录食谱、书目期刊及乐谱等。语言主要以英文为主，但也有相当数量的德文、法文、意大利文、西班牙文、荷兰文、芬兰文以及中文等不同语言的著作。迈克尔·哈特于 2004 年谈起该工程的使命很简单，就是“鼓励电子书的创建与发布”。因此其运作方式是分布式的，所以，参与的志愿者只对他们感兴趣的主题著作内容进行数字化。该工程曾被指责在学术上不够严格，但目前有所改进。

古体字
old style（old style face）

由古罗马字母发展而来的具有明显衬线的字体。目前某些古体字还在广泛地使用，比如 *garamond* 体，尤其用于报纸和杂志印刷。

古文手稿
old manuscript

指印刷术发明之前的古代手稿。

古文书学，古字体
Paleography

对早期手写体文字、古代写作方式进行研究和描述的学科，研究内容包括古代铭文和中世纪抄本，比较研究各国、各种语言的抄写员所用的文字和字体以及对古代作品的辨认和鉴定等。paleography 源于希腊文 *palaios*（古代的）和 *graphien*（文字）。在英式英文中，paleography 也可拼写为 palaeography。

古文字学
Paleography

研究古代与中世纪抄本及其字体的学科。在中国，对古文字的研究开始很早，按照所研究的范围，古文字学已经形成了甲骨文（以研究殷墟甲骨卜辞为主）、殷周铜器铭文研究、战国文字研究、秦汉简牍帛书研究等分支。国外一般研究对象为希腊文和拉丁文手稿。

古英语
old English（O. E.）

指从公元 5 世纪中叶开始起到 12 世纪初的英语，也叫做盎格鲁·撒克逊（Anglo-Saxon）语。是 1000 多年前就存在于英格兰的一种英语的早期形式，是一种西日耳曼语，与古斯堪的那维亚语（old Norse）非常相似。与现代英语不同，古英语在语形学上存在极大的多样性，并且发音是基于拼写的，保持了很多独特的情况：主格语、格语、宾格、属格和工具格等。古英语主要被在诺曼征服之前居住在英格兰的日耳曼部落使用。

古越藏书楼
Gu Yue Books Storage Building

中国第一所公共图书馆。由乡绅徐树兰于 1900—1902 年独家捐资“银 32 960 两”，捐献私人藏书 7 万多卷，在自己家乡绍兴府城古贡院创办，1904 年正式向读者开放。该藏书楼的开办宗旨，一是存古，二是开新，因此，该藏书楼藏书甚广，既有传统的古籍，也有各种东西学新书，兼收各种图画和各科学报日报等，并制定《古越藏书楼章程》和《古越藏书楼书目》。古越藏书楼的诞生，是中国图书馆史上一次重大文化创新，不仅对中国近代图书馆事业具有开创意义，而且对中国近代教育，特别是社会教育事业也产生了积极的影响。

谷歌（Google）公司（美国）
Google Inc.

创建于 1998 年 9 月，创始人为拉里·佩奇（Larry Page）和谢尔盖·布林（Sergey Brin），诞生于斯坦福大学的学生宿舍里，然后迅速传播到全球的信息搜索者。他们开发的 Google 搜索引擎屡获殊荣，是一个用来在因特网上搜索信息的简单快捷的工具。谷歌被公认全球最大的搜索引擎，使用户能够访问包含超过 80 亿个网址的索引。谷歌坚持不懈地对其搜索功能进行革新，始终保持着自己在搜索领域的领先地位。该公司的使命是整合全球范围的信息，使人人皆可访问并从中受益。该公司总部设在加利福尼亚州，并在英国、法国、印度、意大利、荷兰、西班牙、加拿大、澳大利亚和瑞士等国设有销售办事处。该公司提供丰富的线上软件服务，如 Gmail 电子邮件，包括 Orkut、Google Buzz 以及 Google + 在内的社交网络服务。Google 的产品同时也以应用软件的形式进入用户桌面，例如 Google Chrome 浏览器、Picasa 图片整理与编辑软件、Google Talk 即时通讯工具等。另外，谷歌还进行了移动设备的 Android 操作系统以及上网本的 Google Chrome OS 操作系统的开发。

谷歌地球
Google Earth（GE）

由谷歌公司在 2005 年推出的虚拟地球仪软件，把航天航空照片和地理信息系统布置在一个地球的三维模型上，用户可通过客户端软件免费获取全球地理地貌信息与图片。

谷歌图书馆
Google Library

于 2004 年 12 月推出，主要侧重于将一些大型图书馆的馆藏进行数字化后纳入其检索引擎中方便读者通过因特网使用。该项目的一期计划主要和哈佛大学图书馆、牛津大学图书馆、密西根大学图书馆、斯坦福大学图书馆以及纽约公共图书馆合作并签订协议，由这五所顶级研究图书馆提供其丰富馆藏，而谷歌则负责提供经费和技术，将这些馆藏扫描成电子版并链接到其检索引擎中。

谷歌图书搜寻
Google Books Search（GBS）

由谷歌研发的图书搜寻计划，其来源包括对象为出版社和作者的“谷歌图书搜寻计划”以及针对图书馆的“谷歌图书馆计划”。该项计划于 2004 年 10 月于法兰克福国际书展期间推出，希望出版社和作者能够把他们的图书提交给谷歌，然后利用谷歌搜索引擎检索其图书，用户可以查看该图书书目资料和浏览部分内容，若对此书有兴趣，则可链接至出版社或图书网站直接买书，或到附近书店采购或到图书馆借阅。目前，全球已有上万家出版社加入这一合作项目。美国最大的出版社基本上都是谷歌的合作商。在中国，已有超过 50 家出版社向谷歌提供了 6 万册图书的授权，全球用户都能方便地定位、找到更多中文图书。

谷歌文档
Google Docs

包括在线文档、电子表格和演示文稿。用户可以轻易地执行所有的基本操作，包括编制项目列表、按列排序、添加表格/图像/注释/公式、更改字体，还有更多操作，是完全免费的。谷歌文档接受最常见的文件格式包括 DOC、XLS、RTF 和 PPT 等。

谷歌学术搜索
Google Scholar（GS）

由谷歌公司于 2004 年推出的学术搜索引擎。这是一个可以免费搜索学术文章的网络搜索引擎，能够帮助用户查找包括期刊论文、学位论文、书籍、预印本、文摘和技术报告在内的学术文献，内容涵盖自然科学、人文科学、社会科学等多种学科。该搜索引擎不仅在于其广泛搜索开放存取学术资源，更在于其可提供引文信息，被认为是数字科研时代传统引文工具的有效补充。

《谷腾堡圣经》（德国）
Gutenberg Bible

迄今为止已知最早用铅字印刷的书籍，大约在 1450—1455 年期间，由约翰·谷腾堡（*Johann Gutenberg*）及其同事彼得·舍弗尔（*Peter Schöffer*）在商人约翰·富斯（*Johann Fust*）的资助下在德国美因茨印刷出版，采用黑白印墨，字体为哥特风格。原名为 *Biblia Sacra*，也就是 *Holy Bible*。这本拉丁文圣经经典每页两栏，每栏 42 行。总印数大约 180 本，现仅存 49 本（其中 12 本用的是上等牛皮纸，37 本用的是普通纸张）。所以《谷腾堡圣经》成为善本而非常珍贵。

诂
Exegesis

诂字属于古字族。在古字族里，古字都是声符兼义符。古字族汉字都与“过去的”“旧时的”之义有关。诂的本义是“根据古义说话”，“以通行语转述古语”。“言”与“古”联合起来表示“根据古义说话”、“以今语转述古语”。本义：用现今语言解释古代语言文字。引申义：用通行语解释方言字义。

股份制图书馆
proprietary library

一种早期的图书馆形式。其资产以联合股份的形式、作为共同基金监管。股票持有者能独立销售或转让股份。资产所有者需每年为其股份缴纳财产评估费。非所有者在缴纳年费后才可以使用图书馆。

G

骨制折页尺
bone folder

又称折页棒，是手工折页的工具。折页时用来压平折缝的扁平骨片，边角均为圆形，且具有光洁、轻便的特点。

固定搁板
fixed shelving

书架上的一组搁板被永久地固定在一定范围内或书架的两边，与那种可根据图书资料高度大小可以上下调节的书架截然不同。

固定排架法
absolute location

按照图书入藏先后次序依次把书排列于书架上，并以室号、架号和书在架上的位置号作为排架号与检索号。此法与分类排架法的不同之处在于可以避免倒架的麻烦，取书归书也比较方便，缺点在于同一类书甚至丛书因到馆次序不同而不能集中在一起。

固定专栏
regular feature

报刊上专门用于发表事实评论短文的一种专门栏目。其所载文章要求言简意赅，观察敏锐，语言生动，能引起读者兴趣。固定专栏在设计上一般有固定的栏目名称和撰稿人。专栏的撰稿人常被称为“专栏作家”。

固定资产支付
capital expenditure

在预算中，资金划拨一次性完成，主要用于建造新的设施、购买新的设备、更新或扩大现有设施或者用于现存设备或系统的升级。年度业务开支的分配必须满足图书馆或图书馆系统的运作需要。

固封折页，订口
hinge

细条纱布或纸张，粘贴在用来固定连接内页与封面的衬页上。如果没有这层保护，那么用来连接封面与书籍的折页的材料应选用皮革、布和纸等。也指插在书页间的细布条或纸条，以保证书中的插图或插页能够在图书翻开时摊平。

故事，传说
tale

一种文学体裁。对于一件或者是真实的或者是虚构、传说的事件进行叙述，叙述的方式通常是随意的，叙述中较为注重情节的设置，主要是通过对人物、情节和环境的描写，广泛多方面地反映社会生活。一般是指一些短小精悍的小说，但有时也指长篇小说，如查尔斯·狄更斯（Charles Dickens）的《雾都孤儿》(*Oliver Twist*)。有些小说为了取得喜剧效果，情节安排得非常夸张或者出人意料，如美国著名短篇小说家欧·亨利（O'Henry）的小说：《白菜与国王》(*Cabbages and Kings*)、《四百万》(*The Four Million*)、《麦琪的礼物》(*The Gift of MAGI*) 和《最后一片藤叶》(*The Last Leaf*) 等。

故事口袋
storysacks

最初是由英国人尼尔·格里菲斯（Neil Griffith）设计，在一个大的口袋内，装上儿童图书以及相关的阅读活动辅助材料，包括以书中主人公为造型的玩具、故事的录音磁带、数字视频光盘、小游戏以及文字识别等其他围绕图书内容的相关资源。有时图书馆为了节约成本，会鼓励家长一起制作故事口袋，在里面放上手工制作的布偶。很多图书馆中的故事盒子、故事箱子都是受了故事口袋的启迪，将同一主题的各种图书集中在一起，以更好地满足孩子的需求，只不过采取了不同的包装形式。

故事片，正片
feature film

电影的一种，其情节可能来源于真实故事，但人物和对白大部分是虚构的。故事片长短不同，大多数时间长度至少为 90 分钟。又指出借故事片的图书馆通常将其转录到盒式录像带或数字化视频光盘（DVD）里。

故事情节
plot

文学作品（如小说、短篇故事、诗、戏剧或电影等）中的事件或主要故事的计划或设计，包括由按照因果关系联系起来的一系列有动因的事件的逐步展开。一些特意安排的与作品主体相关的材料，通过对事物的特性和事件的发展的描述，来引导读者或观众提升阅读和观看兴趣。为提高戏剧效果和可看性，作者往往在作品中安排复杂多变、富有悬念的情节，而这些引人入胜的情节则引导故事一步一步走向结局，从而使悬念最终水落石出。

故事情节编排
storyline format

指一种广告样式，是以一个故事开始并介绍产品，或者以某种形式把该产品的来历与当今某种有用的活动联系起来。

故事情节概要
plot summary

指对长篇叙述性作品（如小说、戏剧、长篇叙事诗等）主要内容的一个简明概述。为鼓励学生读者阅读文学原著，不少高校图书馆的采购政策规定不收藏那些专门描述作品故事情节和提要大纲之类的图书资料。

故事诗
fabliau

中世纪出现的一种简短的韵文故事，主要由一些吟游诗人通常用老式法语，以现实主义的手法，以八音节韵律的句式，幽默诙谐地描述了普通人的生活，其中内含了一定的道理和寓意。故事诗经常以讽刺的手法描写了牧师的毛病或女人的怪癖，有时可能语调上比较淫秽，因此常是露骨地鄙俗，且往往是讥诮的，特别对待妇女时更是如此。

（故意破坏藏书、设备的）行为
vandalism

指对图书馆藏书或设备设施等故意破坏的行为，大多发生在图书馆没有工作人员的区域。这种行为不但侵害了广大读者的权利，也损害了图书馆的利益，修补和重新购置成为一项较大的预算开支，为此，图书馆有时只好在这些区域配置保安人员，尽量防止这种破坏行为的发生。

顾犇（1961—）
Gu Ben

理学硕士、管理学博士、研究馆员。中国国家图书馆学术委员会委员、外文图书采选编目部主任、中国图书馆学会第八届学术委员会资源建设与共享专业委员会副主任；曾兼任国际图联编目专业常设委员会委员、中国图书馆学会第七届学术研究委员会委员、资源建设与共享专业委员会副主任；第八届中华全国青年联合会委员、第一和第二届中央国家机关青年联合会委员、第一届文化部青年联合会委员；中国翻译协会第五届全国理事会理事；“国家社科基金项目同行评议专家”，《新华书目报·图书馆专刊》顾问委员会委员；获国务院政府特殊津贴。代表著作有《简明牛津音乐史》（译著）、《西文文献著录条例（修订扩大版）》（主编）和《外文文献采访工作手册》（主编）。多次获得文化部、国家图书馆的奖励。

顾家杰（1913—1979）
Gu Jiajie

中国图书馆学家。早年留学美国，在丹佛大学图书馆学系、芝加哥大学研究院图书馆学系和耶鲁大学图书馆学习，获硕士学位。1950 年归国，曾任中国科学院图书馆副馆长，兼任中国人民政治协商会议全国委员会委员。

顾廷龙（1904—1998）
Gu Tinglong

中国著名的版本目录学家、图书馆事业家。1931 年毕业于持志大学国文系。1933 年毕业于燕京大学研究院国文系，获文学硕士学位。后任燕京大学图书馆中文采访主任。1939 年与张元济、叶景葵等在上海共同创办合众图书馆。后兼任暨南大学、光华大学教授。1949 年后，历任上海市历史文献图书馆馆长、上海图书馆馆长、《辞海》编委、分科主编，文化部国家文物鉴定委员会委员、国务院古籍整理出版规划小组顾问、中国图书馆学会第一、第二和第三届副理事长、华东师范大学和复旦大学兼职教授，上海市第三至第五届人民代表大会代表，上海市政治协商会议第四至第六届常务委员和中国书法家协会名誉理事。1985 年起任上海图书馆名誉馆长。长期致力于古典文献学、版本学和目录学的研究，曾主编《中国丛书综录》、《中国古籍善本书目》，编著有《吴斋先生年谱》、《古文录》、《章氏四当斋书目》、《明代版本图录初编》，发表有关金石文字、目录版本学论文多篇。

顾玉青（1956—）
Gu Yuqing

河北省图书馆副馆长、研究馆员。兼任河北省图书馆学会副理事长、秘书长、中国图书馆学会第八届理事会理事、经典阅读推广委员会主任、学术研究委员会地方文献研究专业委员会委员、河北省科技情报学会常务理事、政协河北省第八届和第九届委员会委员以及河北省政协文史委员。1982 年 7 月毕业于北京大学图书馆学系（现信息管理系），同年到河北省图书馆工作至今。多年从事图书馆文献资源建设、文献整序、数据库建设等基础业务工作和图书馆管理工作，并致力于图书馆学、文献学、信息学和图书馆管理学术研究，发表论文30多篇，参编专著4部。

关家麟（1940—）
Guan Jialin

中国科学技术信息研究所研究员、博士生导师。1963年毕业于北京大学图书馆学情报学系。参加工作后，一直在中国科学技术信息研究所从事业务、学术工作，也兼做研究生的教学与培训工作。曾先后担任过该所文献馆馆长、所长助理、副所长、学术委员会副主任和主任等职。1995年被北京大学信息管理系聘为兼职教授，1999年被聘为北京大学博士研究生导师。曾兼任国家工程技术图书馆馆长特别助理、中国科技情报学会副理事长和中国图书馆学会常务理事。主要研究成果有：《中国图书馆分类法》和《中国图书资料分类法》及其索引、《中国标准文献分类法》、《井冈山区经济技术发展战略研究》、《现代科学发展与文献分类展望》、《关于文献资源共享问题的探讨》、《科学情报工作经济学》、《图书情报部门的市场经营》、《发展中的我国信息市场》、《信息服务效果跟踪研究》和《知识经济与信息经济》等。其中获奖成果、专著、译著和学术论文等有50多篇（部）。

关键词标题
catchword title (catch title)

用容易记忆的单词或者短语组成的部分标题，在检索图书馆目录时被用作标题或者关键词，有时等同于副标题或交替标题。

关键词，关键字
keyword (s)

文献检索中，指题名、主题标目（叙词）、内容说明、文摘、在线目录或书目数据库中一条记录的内容中有实际意义的一个词或词组，在自由文本检索中能用作检索词以检出所有包含有这个词的记录。关键词搜索是网络搜索索引主要方法之一。但其不足在于它不考虑所输入的检索词的含义，因此，如果一个关键词有一种以上的含义，就会检索出不相关的记录（误检）。在关键词和上下文、题内关键词和题外关键词索引中，关键词被用作检索点。

关键词和上下文
keyword and context, keyword alongside context (KWAC)

一种用算法生成的索引。该索引中，取自一个文献题名（有时是正文）的关键词被像标题一样印在一页的左边空白处，跟在每个关键词后面的题名或正文部分在标题下缩排，后面跟着在该词前面的题名或正文的一部分。与题外关键词索引不同，这种方法保留了在有字母和数字顺序的标题中的多字词和短语。

关键词款目
catchword entry

指用文献题名中的简短、易记的词或句子，主要反映文献资料内容的款目。

关键词索引
keyword index

一种将有实际意义的语词（通常是从被索引的著作的标题中抽出）用作索引款目的标目。以文献篇名的其余部分为说明语，后面附有文献出处，并按关键词字顺轮排而成的索引。一组关键词串轮换排列时，这种索引就叫做轮排索引。

关键码，关键字
key

在数据处理中，用来标识数据和控制数据的一个或多个字符。

关键题名
key title

由国际标准连续出版物编号网络（ISSN Network）分配给连续出版物的具有唯一性名称。与国际连续出版物数据系统（ISDS）下的国际标准连续出版物编号（ISSN）相联系。一般与正题名一致，但并非总是如此。在图书馆编目中，在书目记录中关键题名紧跟在国际标准连续出版物编号后面。如果没有国际标准连续出版物编号，就不用加关键题名。key title 也可拼作：key-title。

关键字段
key field

记录中的一种字段，其内容用于将文件内的记录按某种特殊的顺序进行排列。又指在某些数据访问方法中，位于文件或数据集中每个记录的同一位置的字段，其内容作为该记录的关键字。

关联
Relation

都柏林核心元素集的元素之一。指该资源与其他资源之间的关联。该元素为表达一些资源与另外一些资源之间有正式关联，但彼此又互相分离的资源之间的关系提供了一种联系。比如文献中的图像、书中的章节、藏品中的品种等。

关联关系
associative relation

索引词之间的一种语义关系，指两个词或短语在概念上相关但并非等级相关。例如事物之间的交叉关系、应用关系、矛盾关系和因果关系等，一般用“参”、“参照”（叙词法中）和“参见”、“参见自”（标题法中）来显示具有关联关系的其他主题词。

关联数据
linked data

由国际因特网协会（W3C）推荐的一种规范，用来发布和联接各类数据、信息和知识，希望在现有的万维网基础上，建立一个映射所有自然、社会和精神世界的数据网络，通过对大千世界万事万物及其相互之间关系进行机器可读的描述，使因特网进化为一个富含语义的、互联互通的知识海洋，从而使任何人都能够借助整个因特网的计算设施和运算能力，在更大范围内，准确、高效、可靠地查找、分享、利用这些相互关联的信息和知识。关联数据是语义万维网第一种可行的表达形式，实用且可操作，适用于各种形式的数据，是一组最佳实践的集合，采用资源描述框架（RDF）数据模型，利用统一资源标识符（URI）命名数据实体，来发布和部署实例数据和类数据，从而可以通过超文本传送协议（HTTP）协议揭示并获取这些数据，同时强调数据的相互关联、相互联系以及有益于人机理解的语境信息。2012 年 6 月 OCLC 宣布已将关联数据添加至 WorldCat. org 中。

关系
relationship

一是指事物与事物之间普遍存在的内在联系的状态与性质。二是指在汇编程序中，两个表达式之间相互关联的状态与属性。通过对两个表达式的比较，可以看出它们之间的“值”是否相等，也可以看出一个表达式大于或小于另一个表达式的实际状况。

关系符号
relation marks

在文献标引过程中，用于表示两个叙词或两个索引词之间相互关系的一种职能符号。如在“国际十进分类法”中，每个分类号由几个部分组成，这几个部分之间通常要用一些职能符号加以分隔，以表示它们的意思及相互间的关系，这些职能符号就是一种典型的关系符号。

关系数据库
relational database

一种根据数据项之间的关系进行数据组织和存取访问的数据库。在这种数据库中，数据间的关系是用表格来表示的。表中的行表示数据元组，列表示属性。这种数据库可以大大提高数据的独立性和安全性。

关系数据库管理系统
relational database management system（RDBMS）

指一种以关系式数据库为基础而构建的信息管理系统。

关系运算符，关系算子
relational operator

一是指符号程序语言中的一个操作符。其作用是在算术比较或字符比较时，用以指明两个项目之间的关联关系。二是指 COBOL 语言中的一个或一组保留字和关系操作符。

关系指示词
relationship designator

指明实体之间关系性质的指示词，实体以规范检索点、描述/著录或标识符表示。关系指示词类型包括：资源与相关个人、家族和团体间关系（如作品创作者：建筑师、雕塑者等）；作品、内容表达、载体表现和单件间关系（如衍生作品：节选、文摘等）；个人、家族和团体间关系（如家族成员、祖先等）；概念、实物、事件和地点间关系。

关懿娴（1918—）
Guan Yixian

北京大学信息管理系教授。1943 年毕业于西南联合大学外文系，1948—1949 年在美国密执安大学研究生院攻读英国文学，1952—1954 年就读英国伦敦西北理工学院图书馆学系，1954 年获英国图书馆协会副会士学位。1954—1956 年任香港大学图书馆、北京卫生研究院图书馆员。从1956年起，任北京大学讲师、副教授、教授和系副主任，曾兼任中国图书馆学会常务理事、学术委员会副主任和国际图联教育与培训组常委会通讯委员。发表学术论文数十篇，其中一篇曾获美国国家人文科学基金奖。

（关于出书的）建议
book proposal

预期图书出版的计划，有时在出版商邀请下，由著者（或著者的文学代理人）出于为出版商的考虑而提出的。出书的建议通常包括暂定题名、有关书的框架和宗旨的简要介绍、意向中的读者和市场、图书的提纲或内容摘要、预计的章节表或标题、可能情况下加一个文稿的样本、对作品竞争力的分析、书的大概长度、插图的形式和进程安排等以及封面用字。

G

《关于创办图书馆的建议书》（法国）
Advice on Establishing a Library/Advis pour dresser une bibliothèque

该书于1627年出版，由法国学者诺德（*Gabriel Naudé*，1600—1653）著。该书被誉为第一部具有理论意义的图书馆学著作，作者被认为是对图书馆作出深刻理解和系统论述的第一人，由此被誉为是“图书馆学的开山鼻祖”。书中体现了作者的图书馆学思想的核心是：图书馆不应该专为特权阶级服务，必须向一切研究人员开放。他设想了一个完美的科学研究图书馆的雏形，其中的某些论点，至今仍富有启迪意义。全书分13章，分别是：“致赞助人红衣主教麦士姆”、“为何要建立图书馆”、“准备工作”、“书的数量”、“书的选择”、“书的采访”、“图书馆建筑与地点”、“书的排列”、“装潢与装饰品”、“创办图书馆之目的”、“注释”、“参考文献”和“人物索引”。

关注程度
coverage

指媒体对某一专题给予关注的程度（时间、空间和评论员的数量等）。

《观察家报》（英国）
The Observer

创办于1791年，是一种星期日发行的英国著名大报。该报在政治上比较独立，并因刊登质量高的文章和视角比较新颖而闻名于报界。1993年4月，被《卫报》吞并。吞并后的《观察家报》仍独立出版，并保持其特色。

官方出版物，政府出版物
official publication

由政府部门这样的官方团体用其正式名称发行的文献，内容涉及广泛，如：国会和议会记录、方针政策、规章制度、司法资料决议、研究报告和调查统计资料等，常为图书馆保存，用于参考工作。

官方记录，正式记录
official records

指公司、政府、团体和公共机构反映正在进行活动的正式书面文献。因其在证据、法律、信息或历史的价值而常与相应部署的时间表一起用档案的形式保存下来。

官方简讯
official newsletter

政府或具有行政性的部门（如会议、比赛等活动的组织机构）发布正式新闻消息的一种方式，通常内容较为简单，但发布非常快速、及时。

官刻本
Official Edition，Printed by Government Offices

一种版本类型，指中国清代及清代以前历代由某种国家机构、单位主持雕印的书本。中国雕版印书始自唐代。自五代起，始由国子监校刻经书，开官刻本之先河。以后凡由中央和地方各级政府出资或主持刻印的书，都可称为官刻本。历代官刻本书籍，由于财力雄厚，一般书品都比较考究。

官僚程序，官样文章
red tape

指烦琐和拖沓的官僚程序，又指看上去没有任何价值的陈词滥调式官方文件和规章制度。

冠词
article

指英语语法中的冠词，如英语中的“a”、“an”、“the”，用在名词之前，“the”为定冠词，“a”、“an”为不定冠词。在目录排列中，标题前的冠词往往略去不排。

冠注，眉批
headnote

前言，印在章节、短篇小说、诗歌或其他作品前的简短的说明性文字。在开头（如一页的或一章的）所做的评注或解释。

馆藏
book collection（holdings）

指图书馆所收藏各种文献的总称，是根据本馆的方针、任务和读者的信息需求经过系统的选择、收集和加工整序、组织和长期积累而形成的具有不同学科内容、不同水平及多种信息载体形态的便于读者检索利用的综合体系，是图书馆开展读者服务的基础。通过采购、接受赠送、交换、复制、接受呈缴本和征集等方式获得。传统图书馆的馆藏主要以印刷型如图书、期刊、报纸、年鉴、手册、政府出版物、科技报告、专利文献和学位论文等文献资料为主，现代图书馆的馆藏除印刷型文献资料外，非印刷型的文献资料如缩微、声像、电子书刊和全文光盘数据库或网上资源越来越多，如用单纯有形的数量概念来确认一个馆的馆藏总量显然是无法全部界定。因此，现代图书馆的馆藏应该包括采用各种形式、各种渠道和各种方法为读者搜集和提供的各种载体文献信息资源。

馆藏发展/管理工作
collection development/management

美国图书馆协会职业联合协会认定的馆藏发展/管理工作包括分析数据，确定需要更新的馆藏范围；选择需要更新的馆藏；并完成其所需要的相关工作。美国图书馆协会则认为完整的馆藏发展及馆藏管理工作的定义包括：作为图书馆规划一部分的馆藏政策及预算；馆藏发展（甄选并建设馆藏）；馆藏管理（对已有馆藏进行评价并作出图书销毁、转让或保存的判断）；馆藏分析；宣传、交流及市场营销；未来馆藏发展与管理的趋势及建议。

馆藏发展政策
collection development policy

该政策指形之于文字的明确叙述，说明馆藏之目的、馆藏选择与淘汰的原则，列举馆藏的范围与深度，确定选书工作的职责等。馆藏发展政策是馆员建立馆藏的工作指引，也是规划馆藏以及进行馆内和馆际沟通时的工具。

馆藏分析
collection analysis

图书馆工作的一项重要内容，指图书馆对其馆藏图书的数量、构成、种类、分布、入藏时间、利用情况、老化程度等情况进行统计和分析，其目的是在此分析基础上不断改进藏书工作，以建立一个合理、有序与读者需求相契合的富有特色的藏书体系，最大限度地发挥藏书的功效。OCLC WorldCat 馆藏分析服务是一项基于网络的服务，依据世界上最为丰富的馆藏数据库 WorldCat 中（18 亿多条馆藏记录）的信息提供对图书馆馆藏分析。

馆藏建设
collection development

根据对图书馆读者信息需求进行的评估，利用统计分析和人口统计学进行预测，经过数年的计划与建设，使馆藏文献达到实用和相对平衡的过程。通常馆藏建设受新资料预算方案的限制。馆藏建设不仅包括书刊的选购、停订和有关补充和替换丢失或损坏书刊等的决定，还包括选购标准的制定和资源共享计划等。大型图书馆和图书馆系统一般按照经批准的计划和总括订单计划进行馆藏建设。而中小型图书馆的馆藏建设一般是由全体图书馆员按照其专业和专业分工而进行的，通常是在书面的馆藏建设方针指导下实施。

馆藏建设方针
collection development policy

指导图书馆选购新书和其他资料，包括选购和停订（学科覆盖范围、专业程度、语言和版本等）的许可和标准以及有关赠送和交换的原则等在内的正式文书。叙述馆藏建设方针的文字应简洁、严谨，严格执行既定的馆藏建设方针有助于馆藏建设的发展。

《馆藏建设》（英国）
Collection Building

由美国罗格斯大学通讯、信息和图书馆学系助理教授凯·安·卡塞尔担任主编，刊登从实践到理论阐述图书馆馆藏建设和维护各个方面的文章，读者对象为在大学、公共和专业图书馆工作的高级馆员以及图书馆顾问等。该刊以纸本和电子版的形式同时出版，季刊。由爱墨瑞得出版集团出版。

馆藏空间扩展
expansion

通过对图书馆现有空间的开发，增加其有效利用面积。通常包括减少非图书馆功能占地和对现有设施改造等，如在原馆舍基础上增加新的侧翼或层面，或在设计时留有未来扩展余地等。

G

馆藏率
holdings rate

读者需求的藏书占图书馆馆藏总量的百分比。多数图书馆可通过馆际互借（ILL）或文献传递服务（DDS）借阅、获得该馆未收藏的出版物。

馆藏评估，藏书评估
collection evaluation (collection assessment)

图书馆针对其馆藏的数量、品质做出诊断，为其读者做出有用性的评估以了解馆藏的强弱与效益。其结果可用于修正馆藏发展的方向与目的。该项工作使图书馆能够有系统的评估馆藏，提供图书馆正确描述馆藏的机会，获得有关馆藏大小、深度、范围的可靠资讯，确认馆藏强弱，明确未来馆藏发展的策略。

馆藏期刊记录
serial record

图书馆期刊的馆藏书目记录。馆藏期刊记录描述的项目包括题名、出版地、出版者、版次说明、物理描述、出版周期、主题词和国际标准连续出版物编号（ISSN）等。

（馆藏）收录范围
coverage

指图书馆馆藏（或馆藏的一部分）的覆盖范围，或者指一个目录、索引、文摘、数据库、书目或其他索引工具的覆盖范围，一般通过所收录出版物的数量和类型以及时间范围来说明其收录范围。所收录出版物的主题范畴决定这种资源的覆盖范围。

馆藏文献复选
re-selection of library collection

指图书馆文献补充一段时间后对入藏文献资料的再次筛选。其目的是剔除无用文献，保留有用文献，对文献初选结果进行检验、充实、修正和进一步发展。文献复选既是提高藏书质量、完善藏书体系、发挥藏书利用效益的重要工作环节，又可以为下一过程的初选工作提供良好的信息反馈。

馆藏信息
holdings information

一种特定机构收藏的一种特定出版物，须有唯一的书目记录，含有的馆藏位置、出借状态和复本数量等信息。

馆藏信息规范
Schema for Holdings Information

一种传递资源库、图书馆及相关机构的馆藏信息的规范，也可用于文化机构如博物馆，现为国际标准（ISO 20775：2009）。该规范所含信息包括馆藏、可获得性、获取政策与条件及访问权限，也可选择记录使用历史信息。覆盖各类实体与电子资源，包括各种资源格式如印刷文本、视觉图片、录音、视频、电子媒体与资源，无论一次性出版发布如专著，还是连续或按部分出版。

馆藏中的缺藏
lacuna

通常是指馆藏中缺少特定主题或特殊作者的藏书。补充藏书尤其是补充缺藏，是图书馆的一项基本工作，以适应读者不断变化的信息需求。lacuna 的复数形式是：lacunae。

馆藏注释
holdings note

馆藏目录中附加的注释，表示该图书馆或图书馆系统拥有的馆藏复本数、卷、期或分册以及关于其保存地点和条件的信息。对连续出版物而言，图书馆目录可能会为其印刷本和缩微胶卷分别提供注释。

馆长
curator

负责博物馆、图书馆、美术馆或展览馆发展、建设和管理的人。同时也指负责特藏和帮助用户查找馆藏的人。

馆长助理
assistant to the director

这是一个比较特殊的职位，是馆长视觉、触觉和嗅觉的延伸。其主要职责有：1. 协助馆长履行管理职能，应在馆长做出科学决策之前提出合理化建议和可行性方案；在管理活动中分析存在的问题，并对管理活动进行科学评估。2. 文秘职能，要为馆长起草文件、指示和报告，对下级呈报的文件进行分析并提出建议以供馆长决策；对上级文件进行分析，提供馆长参考。3. 行使馆长授予的权力。

馆际合作
interlibrary cooperation

图书馆之间为了多方的利益而制订合作协议，以保证参加协议的成员馆之间在网络接入、文献采集与保存、编目数据、馆藏和管理等方面做到资源共享。

馆际互借
interlibrary loan（ILL）

图书馆的文献流通方式之一。如果某图书馆的读者需要借阅一本书或其他文献，而由于某些原因该馆无法提供，或所需要的文献不属于该馆，读者可能会请求通过馆际互借的方式从其他图书馆借阅。馆际互借是图书馆之间根据有关协定，相互利用对方馆藏以满足本馆读者需求的文献外借方式。它是一种馆际合作形式，是资源共享的一种形式，可以将其他图书馆的馆藏作为本馆藏书的延伸，从而弥补各自藏书的不足。互借所需费用一般由图书馆双方分担，有时也由读者分担一部分。完备的馆际互借制度可以促进某个国家或地区实现文献资源的合理布局，使其发挥最大的效益。近年来，读者需求的不断增长、图书馆经费的减少、书刊价格上涨，以及互借条件的改善等，使得馆际互借成为图书馆文献流通的一种必然趋势，并在世界上得到了广泛的开展。国际上最大的馆际互借网络是由全球联机计算机图书馆中心（OCLC）维护的。全球每年通过该馆际互借系统服务的互借的文献达一千多万种。中国近代的馆际互借制度最早出现于上海图书馆协会 1926 年的章程之中。

《馆际互借与提供》（英国）
Interlending & Document Supply

由英国国家图书馆前市场部主任麦克·麦格拉斯先生任主编。读者对象为负责文献提供的专业人员及高级馆员。该刊以纸本和电子版的形式同时出版，季刊。由爱墨瑞得出版集团出版。

馆际互借周期
ILL cycle

指一笔馆际互借处理中出借馆和借入馆之间的交互过程。

馆际协议
reciprocal agreement

指图书馆之间的业务协议，通常是关于资源共享权利和义务的约定。

馆内书刊传阅
routing

图书馆根据全馆工作人员的个人阅读兴趣和工作需要，将新到馆的书刊资料（如图书馆杂志）有选择地首先在馆内人员之间进行传阅式流通，以促进工作人员对新知识的了解和掌握。具体做法是，可先依个人的兴趣和爱好进行登记，形成一个流通顺序名单并附在要传阅的新书刊上，然后按名单顺序往下传阅这些书刊资料，每个人阅读完后将自己的名字从名单上划掉，再将其转给顺序表上的下一个人。当所有名字被划掉之后，这些书刊被归还到书刊服务台或负责采购的馆员处，准备投入一般性流通。

馆外储藏
off-site storage

临时或永久保存在图书馆之外的某一地点的档案或图书资料，对空间有限的图书馆而言这样做是必要的。选择馆外储藏的最常用标准是图书资料使用率的高低，最大限度地增加储藏容量的方法是采用密集排架方式。

馆外服务点
extension agencies

指图书馆为提供信息服务在其服务区域之外，包括各分馆、社区等，特别是在信息服务设施差的地区设立的服务站点。

馆外服务工作
extension work

指图书馆为其服务区域以外的个人或组织提供的信息和其他服务。是图书馆主动扩大其服务覆盖面，提高信息工作效率的重要措施。

馆外流动服务工作
extension service

又称“馆外流动借书服务”、“馆外流通服务”。是图书馆信息部门通过流通站、流动车和送书上门等形式为其服务区域以外的个人或组织提供的文献外借服务。这种服务方式不仅扩大了文献流通范围，充分发挥了藏书作用，而且密切了图书馆与读者的联系，方便了不能直接到馆利用文献的读者。馆外流动服务工作是扩大图书馆服务覆盖面，提高图书馆工作社会效益和经济效益的重要措施。

馆员继续教育
post-professional education

为提高馆员业务素质，一种以个体学习为主并且不需要图书馆提供资金的教育方式，常采用讨论、座谈和进一步深造等方式进行。

馆员手册

procedure manual (work manual)

指系统地阐述有关图书馆某一特定工作所涉及的全部任务的手册。其中包括对图书馆馆员的言行举止、工作细节的具体要求。一些刚到馆工作不熟悉图书馆工作的人只要阅读了该手册，就能完成基本操作任务。

馆员休息室

staff room (a staff lounge)

指图书馆中专为馆员安排设计的房间，通常配备有一定的家具甚至一些厨房用具，馆员可以在其中休息、进餐或者进行非正式的聚会。

管理信息系统

management information system (MIS)

利用计算机及一整套软件对企业机构进行计算机化管理的系统。可以为企业利用信息控制产品质量和处理分析数据提供有效决策。

管理学

Management Science

研究管理活动及其基本规律和一般方法的科学。其原理是对管理工作内容进行分析总结而形成的基本规律。管理方法是在管理活动中为体现管理原理、实现管理目标所采取的工作方式。

管理与市场营销专业组

Management and Marketing Section

隶属国际图联专业委员会专业支持部（Division of Support of the Profession）。其前身是“管理圆桌会议”。该专业组研究图书馆服务和系统的管理以及市场营销问题。在对世界范围内特殊类型服务及运作实施管理和市场营销的理论与实践过程中同国际图联其他专业组合作。出版该专业组的业务通讯（电子版），刊登有关管理与市场营销的新闻与动态和论文、出版年报，并与爱墨瑞得（Emerald）公司联合颁发“国际图联国际市场营销奖”（International Marketing Award）。

管庭芬（1797—1880）

Guan Tingfen

原名怀许，一作廷芬，字培兰，又字子佩，号芷湘，晚号笠翁、芝翁、甚翁，亦号渟溪老渔、渟溪钓鱼师、渟溪病叟，浙江海宁人。清代学者、画家、目录学家。著有《芷湘吟稿》四卷、《芷湘笔乘》一卷、《芷湘笔乘》一卷、《卯兮笔记》附《破铁网》二卷、《履霜杂志》、《漷阴志略》、《兰絮话腴》四卷、《南屏逸志》、《南屏禅寄集》、《南唐杂剧》一卷、《海昌经籍著录考》二十二卷、《一瓻笔存》十册、《增订续读书敏求记》、《增订读书敏求记》以及《读书杂录》等。

管弦乐谱

orchestral score

为管弦乐队所作的音乐作品的总谱。著名的婚礼庆典主题曲《龙凤呈祥》就是采用管弦乐谱谱写出中国人自己的婚庆曲，法国杰出的作曲家路易·埃克多·柏辽兹（*Loius-Hector Berlioz*，1803—1869）谱写了为众人所熟知的管弦乐谱《拉科奇进行曲》（*Rakoczy March*）。

惯用名称

conventional name

指某个团体、地方或事物的为人所熟悉的名称，不同于其真正的或官方正式的名称。

惯用作品集题名

conventional collective title

包含个人、家族或团体的两部或以上作品或者同一作品两个或以上部分的汇编作品的首选题名，如“作品”、“诗歌”以及“选集”。

光笔

light-pen (bar code wand)

一种在图书流通柜台上用于扫描条形码的、带有光感器的金属尖笔。也指由光敏指示笔连接到计算机监视器上的一种输入装置，用户把指示笔指向屏幕，经过按光笔侧面上的开关或将光笔对着屏幕表面来选取选项。光笔投射的光束落点可以随意控制，原本是公司行号或是会议时做演示文稿的工具，有时也是教师的教具。

光笔条码扫描器

wand reader

一种似笔形的手动接触式、轻便的条形码读入装置。在光笔内部设有扫描光束发生器及反射光接收器。使用时，操作者需将光笔接触到条码表面，通过光笔的镜头发出一个很小的光点。当光点从左到右划过条码时，将一组印制在物品（商品、图书）上的高度相同、宽窄不等的黑白条纹表示的信息读出并识别其内容，此装置与计算机直接相连。

光导纤维，光纤
optical fiber

由一束非常纤细、高透明度的、由纯二氧化硅制成的管状玻璃纤维组成的细小而柔软的光缆。光纤的内层为芯径从几微米到100微米的纤芯，外层为约有125微米的包层，内层的折射率高于外层，设计用于通过内部反射的方式来传输用速度极高的（每秒达数十亿比特）光束来编码的信息。光纤的优点是频带宽，传输衰减低，抗干扰性能强和重量轻，使其能够以极高的速度将数字形式的数据通过如因特网这样的网络从一台计算机传输到另一台计算机。

光缆
optical cable

由若干光纤集合而成的大容量光信号传输线路。采取适当的结构形式，使其能符合光波传输要求，也能满足环境和机械的要求。根据使用环境的不同，可以分有陆地光缆和海底光缆。

《光明日报》
Guangming Daily

由中共中央主管的面向广大知识分子和干部的大型综合日报，创办于1949年6月16日。最初是由中国民主同盟中央创办，1953年1月，改组为由中国各民主党派、中华全国工商联和无党派民主人士联合主办的报纸。首任社长章伯钧，总编辑胡愈之。1998年1月1日《光明日报》电子版开始发行。同年6月8日，光明日报报业集团成立，下属有《文摘报》、《中华读书报》、《生活时报》、《书摘》、《博览群书》和《考试》三报三刊系列，并办有光明日报出版社，在国内外建有56个记者站。

光盘
optical disk

指一种有特殊涂层（丙烯树脂或聚碳酸酯树脂板）的磁盘。用于计算机的大容量数据存储。光盘用细小凹陷的方式以极高的密度存储信息主要由基片、存储介质和密封层三部分组成，大致分为只读式（read only）、只写一次式（write-one）和可擦式（erasable）。

光盘库
Jukebox（optical jukebox）

由多台光盘机和大量光盘片组成的大容量存储系统，光盘片可在光盘库内自动更换。能作为图形/图像工作站、网络服务器等的大容量在线存储系统，使大量用户通过网络共享高质量的数据资源，便于实现图形/图像和文本数据库的混合应用。

光驱，光盘机
optical disk drive

一种大容量的存储装置。主要由光学读/写头（即光头）、移动光头的接连机构、光盘、光盘旋转机构、读写电路、误差检验与校正电路、控制所有运动机构的服务电路及传送数据的通道电路等功能部件组成。光驱是由光学、电气、电子、机械部件组合成的一个有机整体，能够完成与写入/读出数据有关的基本功能并能在读写过程中实现自检操作。

光通信
optical communication

指声音、数据和图像等信息经过交换后以激光为载体进行传输的通信方式。具有通信容量大、保密性能好和抗电磁干扰强等优点。

光纤通信
optical fiber communications

主要依靠用超纯度石英玻璃棒拉制成的光纤来传送光信息。可传输语言、文字、数据和图像等信息。与其他通信方式相比，光纤通信具有传输容量大、速度快、距离远、质量高、抗干扰性强和无电磁辐射等优点，但机械性能不如金属导线，接续比较困难。

光学复制
optical copying

利用照相材料复制文献，可按原尺寸复制或进行放大、缩小复制。

光学复制品
optical copy

指根据光学原理利用照相材料复制的文献。

光学扫描
optical scanning

指利用光学原理对印刷文本或图片进行扫描，

将目标分解为点阵，依次将各点上的光信号转换为电信号，成为图像软件能够识别和处理的数字信息以供计算机使用的过程。

光学扫描仪
optical scanner

一种输入装置。使用光敏设备扫描纸张上的文字、图形、图像和符号等，将由黑白点或彩色点组成的图案转换成能被光电字符识别软件或图形软件处理的数字信号。光学扫描仪可分手持式、送纸式、平板式和高架式。

G

光学条码阅读器
optical bar-code reader

一种以光学扫描方式阅读条码信息的装置。该装置可以和数据站一起使用，以每秒数百字符的速率读取文件，如读者证件、账单和发票等。

光学字符识别
optical character recognition（OCR）

利用光学扫描的方法来阅读印刷或打印在纸上的字符，并利用数字或模拟方法进行识别的过程，可识别印刷种类有限的数字、文字和符号。光学字符识别提高了印刷物信息再录入的效率，但如果用来扫描的原件有瑕疵或包含有不能识别的字符，其效率与结果就会受到影响。

光学字符阅读器
optical character reader（OCR）

一种利用光学扫描的方法阅读纸上或卡片上的数据，而且能把这些数据输入计算机的装置。

光栅扫描
raster scan

在计算机绘图技术中，通过整个显示空间逐行扫描来产生或记录图像的一种技术。这种扫描可用程序来驱动，其主要优点是：图像明亮、逼真、位置准确，能局部写入或擦除、可产生无限种颜色、动态性能好和无闪烁等。

广播标准
broadcast standard

电视广播视频资源的标准，如 NTSC 制式和 PAL 制式等。属“资源描述与检索”（RDA）载体描述之视频特征。

广播、电视节目
broadcast, TV program

指广播电台、电视台通过载有声音、图像的信号传播作品的节目。

广播权
right of broadcasting

著作权人的财产权利之一。即作者或其他著作权人许可或不许可电台、电视台向公众传播其作品的权利。亦称“播放权”。2001 年修正的《中华人民共和国著作权法》规定，“广播权，即以无线方式公开广播或者传播作品，以有线传播或者转播的方式向公众传播广播的作品以及通过扩音器或者其他传送符号、声音、图像的类似工具向公众传播广播作品的权利”。

广东工业大学图书馆
The Library of Guangdong University of Technology

于 1995 年 6 月，由广东工学院图书馆、广东机械学院图书馆和华南建设学院东院图书馆合并组建而成，目前分为大学城、东风路和龙洞三个校区馆，馆舍总面积约为 7.4 万平方米，阅览座位近 6 000 席。该馆是一所以工为主，工、理、文和经管相结合的多学科、多层次的综合性图书馆，拥有馆藏文献总量达 500 多万册。下设采访编目部、信息技术服务部、流通阅览部、信息检索与利用课教研室、办公室。

广东省科技图书馆
The Science and Technology Library of Guangdong Province

中国省级公共科技图书馆。建于 1958 年，其前身是中国科学院广州分院图书馆，1963 年改名为中南科学图书馆，1978 年更为现名。建筑面积 2 万平方米的新馆于 2001 年竣工、投入使用，阅览座位 500 席。馆藏图书 115 万册，其中中外文藏书达 40 万册，中外文期刊近 8 000 种 75 万册。自然科学的综合性学科、边缘交叉学科和应用技术等文献为该馆的收藏重点，系统收藏中外文科技期刊、参考工具书及检索性文献，出版《科图动态》季刊。

广东省立中山图书馆
SunYat-Sen Library of Guang Dong Province

中国省级综合性公共图书馆。建于 1912 年，前身是清朝两广总督张之洞创办的广雅书局，1933 年建成开放的孙中山文献馆是其分馆。馆舍总建筑面积近10万平方米。馆藏文献700万册（件），其中平装新旧图书、孙中山文献、南海诸岛和东南亚史料、华侨资料等为其特色馆藏。该馆的海外中文报刊信息中心对150多种报刊进行专题信息开发，编印《决策内参》、《警界参考》、《文化内参》、《馆情通报》和《海外经济参考》等内部刊物，并与广东省图书馆学会共同编辑出版《图书馆论坛》(双月刊)。广东省文献编目中心设在该馆内。

广东省图书馆学会
Guangdong Library Society

成立于1963年，是中国广东省社科联最早组成的学会之一。该学会成立以来，多次举办大型学术报告会、学术论文交流会和各类型培训班。与广东省立中山图书馆联合编辑出版学术刊物《图书馆论坛》(*Library Tribune*)(双月刊)，并编辑出版《广东省图书馆学会工作通讯》(*GDLS Newsletter*)。

广告
advertisement (ad)

在某个公共区域或媒体上公开发表的说明或销售条件，可以是其他视觉方式，还可以采用口头形式。主要刊登在报纸、期刊和杂志上，也可以出现在公告牌、标志、广播和电视中。广告是有偿的，其收费标准是根据用户的需求所占印刷物面积大小或广播电视所播放的时间长短决定。

(广告) 传单
flier

一种价钱便宜、广泛发放的传单，或者是尺寸很小的通知（通常是8.5英寸×11英寸)，用于公告和广告（登载政治或商业广告)。flier也可拼写为：flyer。

广告纪录片
plugumentary

指电影或电视中看似纪录片其实是宣传某个公司或产品的节目。

广告媒介参考资料
media file

为广告客户打算在报刊上刊登广告而提供的有关信息，包括报刊的发行量、栏目、广告型号、尺寸及广告收费率等。

广告术语
promotion terminology

指书刊广告上所用的专业词汇。

广告宣传
advertising

指一种非人员的促销形式，通过报纸、广播、电视和行业出版物等媒介向公众传播供求信息。

广告学
Advertising

以广告的产生、发展和应用为研究领域，以广告和社会经济发展的互相关系与变化规律为研究对象，研究广告理论、方法以及应用的科学。广告学的研究主要是揭示广告为经济和社会发展服务的功能，探讨最有效地利用各种广告媒介，以最少的广告费用获得最大的社会经济效益的途径。广告学是一门综合性学科，所涉及的范围广泛，并且具有很强的实践性。

广（公）告，通知（告，报）
circular

广告、通知或公告，通常以印刷信件或传单形式，在同一时间内发送给大范围的人群。

广西大学图书馆
Guangxi University Library

又名广西大学文献信息中心，1928年建于广西梧州市，1940年在桂林校本部建立君武图书馆，1958年随校在南宁市重建，1997年与原广西农业大学图书馆合并。现有西校园、东校园和林学院三个馆舍，总建筑面积3.2万平方米，阅览座位达3 634席，馆藏文献550万册，其中印刷型图书332万册，电子图书212万册，涵盖理工、农业、文学、经济、管理和法律等各学科。

广西壮族自治区桂林图书馆
Guilin Library of Guangxi Zhuang Autonomous Region

中国省级公共图书馆，创建于1909年（清宣统元年)，是广西第一所图书馆，也是中国建馆最早的10所省级公共图书馆之一。原称“广西图书馆”、“广西壮族自治区第一图书馆”，1980年改为现名。该馆馆舍建筑面积为1.7万平方米，分为安新北路新馆本部和榕湖北路老馆分部两个部分。目前收藏中外文书刊文献200万余册，其中广西少数民族旧文献和地方历史文献居广西首位，抗战时期桂林出版物也是该馆馆藏的一大特色。馆内设有书刊、电子文献、少儿等16个阅览室，1 000多个阅览座位，有6个书刊外借处，配备有计算机、复印机、缩微阅读器和视听等现代化设备。为读者提供书刊外借、馆内阅览、信息查询、文献检索、决策参考、科技查新、文献复制、阅读辅导和教育培训等服务。

广西壮族自治区图书馆
Library of Guangxi Zhang Autonomous Region

中国省级综合性公共图书馆之一。建于1931年，其前身为广西省立第二图书馆，1980年定为现名。馆舍建筑面积3.33万平方米，因部分馆舍建于水上，有水上图书馆之称。馆藏文献250万册，包括政治、经济、法律及其他各门类学科的图书、中外文期刊等。太平天国革命、桂系军阀史料及广西地方志等文献为特色馆藏。建有科技小报等专题数据库。与广西壮族自治区图书馆学会联合主办季刊《图书馆界》。

广西壮族自治区图书馆学会
Guangxi Society for Library Science

成立于1979年10月，中国广西壮族自治区科学技术协会的组成部分。该学会成立以来，每年召开科学讨论会、专题学术研讨会和报告会；选派会员参加全国性或跨省区的学术活动，推荐优秀成果参加有关部门和该学会组织的评奖活动，同时与广西壮族自治区图书馆合作，长期举办各类型的图书馆专业教育培训班。该学会下设学术工作委员会、科普与教育工作委员会、编辑出版工作委员会、采访工作委员会和现代化技术工作委员会。与广西壮族自治区图书馆联合编辑出版的学术刊物《图书馆界》(*Library World*) 季刊。

广雅书局
Guang Ya Press

清末著名官书局之一。光绪十三年（1887年）六月，出身翰林的张之洞创办广雅书院后，在当年十月创立广雅书局。开局之后，雕刻成书有一千多种，雕片过十万。所刻著名的有《广雅丛书》、《全唐文》、《武英殿聚珍版丛书》等。辛亥革命之后该书局附设于广东图书馆。

广义词
broader term（BT or B）

又称“类属词”或“上位词”。在等级制分类体系主题词中的含义较为广泛。例如：“图书馆”是“学校图书馆”的上位词。

《广域书目系统学：图书馆事业与知识管理的基础》
Bibliography Complex: Fundamentals of Librarianship and Knowledge Management

该书由图书馆学家顾敏组织11位学者撰写、国际图联前主席席埃伦·泰斯、新加坡国家图书馆馆长严立初、伊利诺大学香槟校区图书馆总馆长劳勒·考夫曼和作者自己写的序。该书于2011年由新加坡圣智学习亚洲私人有限公司台湾分公司出版。该书主要内容为：导论——书目学的源起与理论、古代书目与知识管理、近代编目发微与图书馆成长、书目性工具与参考服务、机读目录与书目国际化、自动化索引系统与学术传播、书目计量与知识行为研究、数位化知识组织与内容管理、网域化书目资讯与知识支援服务、和展望——未来的书目管理与书目学。

《广域图书馆：数位图书馆时代的知识文明》
The Metalibrary: New Library Civilization in the Digital Age

全书涵盖8章，就广域图书馆论述、网络数字图书馆的注解、图书馆变换化管理、图书馆知识管理、现代化知识领航、图书馆馆际合作等方面提出可行的方案及建言。作者是拥有丰富的国际视野、丰富的信息管理经验的著名图书馆学家顾敏先生。2009年由文华图书馆管理咨讯股份有限公司出版。

广域网
wide area network（WAN）

一种用专用电话线或卫星链路把多个局域网互联以形成一个跨度很大的广阔的地理区域的通信网络，如某一国家、地区或州等的网络，因特网是全球广域网。广域网不仅有覆盖物理范围大小的含义，而且采用新的交换和多路复用技术，速率高，可提供语音、数据和活动图像服务。

广域信息服务器
Wide Area Information Server（WAIS）

可供用户查询分布在因特网上各类数据库的一个分布式信息检索系统。它使得因特网上巨大的数据资源变得易于检索，并且可以获得远程数据库的信息。

广政石经

Guang Zheng Carved Stone

又称“蜀石经”。为儒家经典九经三传，五代广政元年（938年）镌刻于四川，以唐代大和本为底本，刻成后为后蜀的官方版本，所以是中国著名的儒家石经。该石经有《孝经》、《论语》、《尔雅》、《易》、《诗》、《书》、《仪礼》、《礼记》、《周礼》和《左传》。由于战乱，南宋晚期石经已亡佚，即使流传拓本也极为罕见。

广州大学图书馆

Guangzhou University Library

其前身为1927年的私立广州大学。由广州师范学院、原广州大学、华南建设学院（西院）、广州教育学院和广州高等师范专科学校等5所院校的图书馆于2000年合并组建而成。现有馆舍由大学城总馆桂花岗校区分馆构成，总面积近6万平方米，其中大学城图书馆建筑面积5.6万平方米，使用面积49 361平方米，桂花岗校区分馆3 000多平方米。拥有纸质图书275万册，中文报刊3 364种4 058份，外文、港台报刊223种。在注重收藏纸质文献资源的同时，该馆着力推进数字化资源的建设，购进了大量网络数据库、电子图书、电子报刊等电子资源，现有光盘2.5万张，声像资料6 000多盘，中文数据库23个，外文数据库36个，电子图书60万种，中文电子期刊1万种，外文电子期刊2万多种。

广州市立中山图书馆奖章

Sun Yat Sen Memorial Library Canton China

1930年，当时的广州市政府对几位爱国华侨为原广州市中山图书馆（现为广东省立中山图书馆文德分馆）的兴建捐助，特授予奖章，以资鼓励。奖章长近20厘米，宽16厘米，分金、银奖章两种。

广州图书馆

Guangzhou Library

于1982年1月2日开馆，原馆舍建筑面积1.8万平方米，阅览座位1 758席。每周开放72小时，节假日照常开放。设有13个阅览室、6个外借处和联合图书馆、分馆、流通站和汽车图书馆等55个馆外社区服务点，还建有盲人电子阅览室。拥有藏书449万册（件），其中四分之三对外开放。形成了广州地方文献、港台文献、艺术设计资料和音像资料等资源特色。2011年接待读者326万人次，文献流通1 119万册次。在广州珠江新城轴线区建设广州图书馆新馆。新馆占地2.1万平方米，建筑面积达到9.5万平方米。该馆积极开展对外文化交流，发挥文化窗口作用，与法国里昂、德国法兰克福等友好城市和对外友协、驻穗领事馆等相关机构合作举办展览、讲座、开展图书交换、馆员交流等活动。通过香港歌德学院定期与德国图书馆界开展业务、学术交流。

归并

merge

将两个或多个简单有序集合中的项目按同样的顺序联结成一个有序集合的过程。在期刊出版中指两种或两种以上的连续出版物合为一种新的连续出版物出版。编目时，合并而成的新刊在其款目的附注中应注明由什么连续出版物合并而成。同时，旧刊应在其款目的附注中注明，与什么连续出版物合并，改成什么连续出版物。

归档

on file

指把处理好的文件移交到档案部门或由专管人员保存。归档的范围是机关在工作活动中直接形成的，具有一定查考利用价值的不同门类和载体的文件材料。归档的文件要求完整系统，按照文件之间的历史联系分类，组成案卷或相应的保管单位。

圭亚那国家图书馆

National Library of Guyana

其前身是成立于1909年9月的乔治敦免费公共图书馆。该馆自1940年开始使用杜威十进分类法，并陆续开展为青少年服务和设立分馆。1960年起放宽借阅限制，开始为监狱图书馆提供服务，1968年成为联合国出版物保存馆。1972年的法律修正案使之成为国家图书馆，因此，该馆既是国家图书馆，又是公共图书馆，接收该国印刷出版的出版物每种1册，并于1973年编辑出版季刊《圭亚那国家书目》。

规定标识符

prescribed punctuation

由书目机构提供的标识符，置于每个著录单元（除第一项第一单元外）或著录项的前面或后面。

规定的信息源

prescribed sources of information

指文献各款项著录时的信息来源或数据库信息

采集的范围。

规范标目
authorized heading

依据一定的准则对名称（个人著者、个人责任者姓名、团体名称、地名、题名、统一题名和丛编名）进行规范。规范标目是图书馆编目工作的一项核心工作。

规范，标准
standard

对某事进行比较、衡量或判断所公认的依据和准则，或者是依据习俗惯例所建立的模式。

规范词表
controlled vocabulary（controlled terms）

一种首选词汇表。当编目人员或标引人员进行编目或编制索引的书目记录时，从该词表中选择能反映一本书内容的主题词或叙词。同义词都包含在非叙词-叙词对照表，用法说明见规范主题词。规范词表记录在主题词列表或标引词词表中。创建和维护首选标引词词表的过程被称为词表控制。

规范格式
authority format

指包含确认、控制内容、内容标示及书目记录中的主题和权威控制。

规范工作
authority work

决定何种形式的姓名、题名、丛书题名和主题可用作图书馆编目或书目记录中所使用的规范化标目的过程，包括标目参考项的设置和规范化文档中标目词之间关系的建立，是为了建立、维护、使用和评估规范记录全过程，确保目录质量，集中同一责任者的不同著作，汇集同一著作的不同版本或译本，提高文献检索率而采取的一项有效措施。规范工作包括建立规范记录、形成规范文档、建立规范系统、维护和评估规范文档和规范系统。

规范记录
authority record

规范工作的基础工作。规范文档中所列出的姓名（个人作者或团体作者）、统一题名、丛编题名和主题等规范化标目的使用记录，可以是印刷版或机读版。记录中还可包含“See from（见……）”，“See also from（参见……）”的使用记录以及规范化标目形式的使用注释。规范记录全面记录了目录中标目的各种形式，深入地揭示标目之间的各种关系。按照国际图联《规范款目和参照准则》的规定，规范文档应该设立规范款目、参照款目和一般说明款目这三类规范记录。

规范检索点
authorized access point

表示实体的标准化检索点。包括个人、家族或团体的规范检索点和首选题名等。

规范控制
authority control

图书馆编目或书目记录中所使用的保持标目（姓名、统一题名、丛编题名和主题）一致性的程序。该程序将规范文档应用于新增文献并将其加入馆藏。

规范款目
authority entry

使文献著录的结果、组成图书馆目录最小单位符合所规定的标准。

规范文档
authority file

图书馆编目或书目记录中所使用的规范化标目形式列表，用以保证新文献加入馆藏时标目的一致性。独立的规范文档包括姓名、统一题名、丛编题名、主题以及每个标目所设置的参考项。通常将每一选用的标目及其相关信息记录在一张或多张卡片上形成规范卡片，然后按标目字顺排列。建立规范文档之目的就是对标目的选择实施控制，保证不同的编目员，或同一编目员在不同时期都能选择正确的标目。

规范学派
prescriptive school

词典编撰中主张规范主义的学派，认为词典的主要任务是建立词的权威，即规范词的拼写、释义和用法等。

规划程序
planner

一种用于约定以及排列重要会议记录的有效的软件程序。

规划用的地图
land use map

指土地规划人员所用的特种地图，显示在既定区域内所用土地的方式。

规则，条例
rule

就某一或某些事项所制定的规范性文件，是一种用于规范本单位成员或用户行为的书面法则。大部分图书馆都制定有各种各样的规则和条例，将其张贴在流通台和参考台附近或者在图书馆网站上发布。

规章制度
rules and regulations

指由有关主管部门制定、以书面形式表达、并以一定的方式公布、针对非个别事务、处理的规范总称。作为一种法律术语，专指特定国家行政机关依法制定的有关行政管理的规范性文件。规章制度不得与宪法、法律、行政法规和地方性法规的内容和精神相抵触。规章制度是低于行政法规和地方性法规效力等级的规范性文件，在司法审判工作中仅具有参考意义。在图书馆界，通常是指由当地行政管理机构向公众颁布的、便于图书馆进行服务管理和公众安全有效地利用图书馆服务的规范性文件。这些规范性文件的出台通常还要受到图书馆所属主管部门和业务指导部门的认可。

硅谷（美国）
Silicon Valley

美国旧金山东南圣克拉谷的别称，位于加利福尼亚州旧金山海湾以南的区域，是电子器材和计算机的研制、开发以及制作中心，著名的加州斯坦福大学和伯克利大学都是在硅谷北部。美国硅谷是全球科技园中最早的、也是最有成效的园区，硅谷的成功带动了世界各地的科技园纷纷建立。

《贵图学刊》
Journal of Guizhou Society for Library Science

1979 年创刊，原名《贵州图书馆》，1981 年改为现名。由中国贵州省图书馆学会和贵州省图书馆主办。主要栏目有：“理论与探索”、“图书馆事业建设”、“文献资源建设与利用”、“读者研究及服务”、“图书馆现代技术应用”、“古籍与民族地方文献”、“本省各地区图书馆学会专栏”和“图苑杂谈及动态简讯”。

贵州大学图书馆
Guizhou University Library

综合性大学图书馆，建于 1942 年。1998 年并校后由城区、南区和北区图书馆组成，馆舍总建筑面积为 4.6 万平方米，藏书 400 多万册。北区馆的收藏重点为文史哲、法经管和理工等学科文献，南区馆的收藏重点是生物、农学等学科文献，城区馆则以艺术职业技术教育文献为馆藏重点，初步形成覆盖多学科的馆藏文献体系。电子资源有国家法律法规全文数据库、科研学术会议论文全文数据库等，下设：采编部、流通部、阅览部、期刊部、信息咨询部、特藏部及办公室。

贵州省图书馆
Guizhou Provincial Library

中国省级综合性公共图书馆之一，成立于 1937 年，藏书 151 万册（件），在馆藏 20 多万册（件）古籍文献中，其中善本有 72 部 1 033 册，珍善本图书以兵书为主，有 27 种明、清版兵书。如《删定武库益智录》、《八阵合变图说》、《兵镜》等明代和清初刻印古典军事著作属全国孤本。作为全省地方文献收藏中心，较完整地收藏了自清代以来的各种地方文献，为全省最具研究价值、收录范围和品种最多的地方文献收藏地。拥有馆藏书目数据库、工具书数据库、西文图书数据库、连续出版物数据库和馆藏技术标准数据库。该馆新馆舍面积达 2.44 万平方米，共有 19 个阅览室，于 2004 年底落成开放，接待读者。与贵州省图书馆学会联合编辑出版季刊《贵图学刊》。

贵州省图书馆学会
Guizhou Society for Library Science

成立于 1979 年，下设有 35 个分会。该学会成立以来，多次召开学术年会，举办各类型培训班和专题报告会，探讨国内外图书馆界的共性问题，注重地方特色的研究，并邀请国内外图书馆专家学者讲学授课。该学会根据实际工作的需要，还设立学术委员会、宣传与教育委员会、协作协调委员会、现代应用技术委员会、编辑委员会，拥有会员近 1 000 人。与贵州图书馆联合编辑出版学术刊物《贵图学刊》(*Journal of Guizhou Society for Library Science*)（季刊）。

桂冠诗人，荣誉诗人
poet laureate

一种荣誉性头衔，指一国一地区认为是该国或

G

该地区最优秀的或最有代表性的诗人。一般由政府授予在诗歌创作上有杰出造诣的诗人。英国从1638年起开始有享受王室俸禄的桂冠诗人，而美国一直没有。但是美国国会图书馆历来有聘请诗歌顾问的做法，从1986年开始，顾问名称被正式改称为桂冠诗人，这是美国国会确认的。美国的第一任桂冠诗人是声望很高的罗伯特·佩恩·沃伦（Robert Penn Warren，1905—1989）。2002年，加拿大也有了第一位国会桂冠诗人乔治·鲍林斯（George Bowerings）。以前荣获此称号的有德莱顿（Dryden）、华兹华斯（Wordsworth）、丁尼生（Tennyson）等，现代“桂冠诗人”包括布里其斯（Bridges）、梅斯菲尔德（Masefield）、戴·刘易斯（Day Lewis）和约翰·贝杰曼（John Betjeman）等。poet laureate 源于拉丁文“*laurea*”，取意诗歌和音乐之神阿波罗头上的月桂之冠。

桂质柏（1900—1979）
Gui Zhibai

中国图书馆学家。曾名竹安。1922年毕业于武昌文华大学图书科，为其第一届学子。1928年毕业于美国哥伦比亚大学图书馆学研究院，获图书馆学硕士学位。1931年毕业于美国芝加哥大学图书馆学研究院，获博士学位。也是中国第一位图书馆学博士。先后任武昌文华图书馆学专科学校教务主任，东北大学、中央大学、四川大学、武汉大学教授兼图书馆主任、馆长。兼任湖北省图书馆学会第一届理事会理事、湖北省政协第三届委员会委员。在图书分类、编目和参考咨询领域的学术研究与实践方面有很深的造诣。著（编）有《杜威书目十类法》（1925年）、《中国图书经营法》（1932年）、《中文图书编目规则》（1933年）、《国立中央大学图书馆分类大全》（1935年）、《图书馆学大纲》（1936年）等。

滚动
scroll

通过敲击鼠标等设备，使计算机屏幕上的文字或图像水平移动或垂直移动。

（滚轮式图书）传送设备
wheeled conveyor equipment

图书馆内水平距离传送图书的工具，主要用以解决书库与出纳台之间的水平运输问题，有电动机牵引运输小车和光电控制运输小车两种。

滚筒式油印机
mimeograph

可以通过油墨滚筒上的模板复制手写、绘制或打印材料的机器。

滚压书边
rolled edges

指用滚筒压印出来的书刊封面的花饰边线。一般情况下，压于书刊封面边部的花饰是用一个滚筒印出来的，故名“滚压书边”。

郭斌（1949—）
Guo Bin

副研究馆员，全国中小型公共图书馆联合会会长、北京市图书馆管理协会社区与基层工作委员会主任、北京市大众读书会理事、北京市西城区图书管理协会会长和《新华书目报》图书馆专刊顾问等。1998年毕业于中共北京市委党校行政管理系（本科）。曾任中国北京市西城区图书馆馆长、中国图书馆学会交流与合作委员会委员。先后从事过图书采访、图书分类、图书流通、参考咨询以及图书馆管理等项工作。曾发表论文数篇，并参与国家课题、北京市课题、《北京市图书馆条例》的研究与制订。曾被评为全国图书馆先进工作者，中国图书馆学会优秀会员等。

《国防科学技术叙词表》
Defense Scientific and Technical Thesaurus

第一版于1985年出版。由中国国防科技信息中心在《国防科学技术主题词典》、《航空科技资料主题表》、《电子技术汉语主题表》、《常规武器专业主题词表》基础上编制而成。该叙词表由字顺表、叙词首字笔画索引和英汉索引组成。字顺表入选正式叙词29 744个，非正式叙词4 743个。1991年进行修订，入选正式叙词31 816个，非正式叙词2 829个。1997年12月出版第三版《国防科学技术电子叙词表》。该部电子叙词表由词表计算机辅助编制系统、词表应用和管理系统组成，总收词量为79 104个。

国际安徒生文学奖
Hans Christian Andersen Award

由国际少年儿童读物联盟（International Board on Books for Young People，IBBY）于1956年设立，由丹麦女王玛格丽特二世赞助，每两年一次授予童书作家和插图画家，表彰他们以其作品为儿童文学做出的持久贡献，获奖者会获得金色奖章和证书。此殊荣被视为对儿童文学作家之国际性最高肯定，因此，获此殊荣作家的作品具有很高的文学艺术价值，是世界儿童图书创作者的最高荣誉，被称为“小诺贝尔奖”。该奖项由国际少年儿童读物联盟提名，再经由儿童文学专家组成国际评委会选出。中国安徒生奖从2003年开始颁发，获奖者自动成为国际安徒生奖的候选人，首届获奖者是曹文轩（文学奖）和王晓明（插图奖）。

国际版权
international copyright

根据国际版权法和国际公约规定，特别是《伯尔尼公约》(*Berne Convention*) 和《万国版权公约》(*Universal Copyright Convention*)，签署国不但要保护本国著者的版权，而且也要保护其他签署国的著者版权在其国内不受侵犯。

国际版权信息中心（联合国教科文组织）
International Copyright Information Center

经联合国教科文组织的第16次会议批准于1971年成立，总部设在法国巴黎，其主要目的是协助发展中国家的出版商安全获得受其他国家知识产权保护的图书或其他资料的使用权。该中心出版《信息通报》(*Information Bulletin*)。

国际笔会
International Association of Poets, Playwrights, Editors, Essayists and Novelists

世界最大的作家组织，也是联合国教科文组织所承认的唯一的国际作家组织。成立于1921年，总部设在英国伦敦。该笔会自称是爱好和平和自由的作家组织，主张创作自由，反对沙文主义和极端主义。依照其章程规定，只要“在文学创作的某一特殊方面具有代表性、有一定成就”的作家，人数在20名以上，只要承认国际笔会的章程里所规定的精神并承担所规定的义务，就可以成立一个中心，即分会。1980年，在北京成立中国笔会中心，巴金任会长，1980年末，又先后成立了上海和广州笔会中心。台北笔会中心也参加国际笔会的活动。

国际编目原则会议
International Conference on Cataloguing Principles (ICCP)

又称巴黎会议，这是在编目和文献著录标准化发展史上占有重要地位的一次国际会议。根据国际图联建议，于1961年10月9日至18日在法国巴黎召开。50多个国家和地区的代表参加会议。主要讨论有关编目方面的一些基本原则：著者与题名目录中标目的选取以及款目词的确定和格式问题，会议最后发表了“原则声明”(Paris Principles)。

《国际编目原则声明》
Statement of International Cataloguing Principles (ICP)

国际图联国际编目条例专家会议（IME-ICC）拟订的原则声明，意在具有真正的国际性，取代1961年以欧美编目经验为基础、针对印刷图书和卡片目录的“巴黎原则”。草案由在德国法兰克福举行的第一次会议提出，经过其后历次会议修订，又经世界范围内公开征求意见，于2009年正式出版，现有数十种语言文本。声明包括7个部分：范围，总原则，实体、属性和关系，目录的目录和功能，书目著录，检索点，查找功能的基础。声明受到广泛关注，《资源描述与检索》（RDA）将其作为规则编制的基础。

国际编目专家会议
International Meeting of Cataloguing Experts (IMCE)

国际图联于1969年8月在丹麦哥本哈根召开的会议。会议进一步确认了1961年国际编目原则会议通过的原则声明的注释和书目著录的标准化问题，并提出了修改意见，并由国际图联和联合国教科文组织决定编制《国际标准书目著录》(*ISBD*)。

国际标准
international standard

由国际标准化组织批准的标准，包括国际标准化组织（ISO）和国际电工委员会（IEC）标准以及国际标准化组织所公布的22个国际组织制定的标准。国际标准适用于国际之间的贸易活动和技术交流，通常必须经过国际标准化组织全体成员国协商表决通过后方能生效。凡是1972年之后发布的国际标准，均以ISO作为标准代号。

国际标准号
standard number

国际标准化组织（ISO）批准或在国际间得到公认、用于能唯一识别文献的各种编号。在一种出版物的第一版出版时给予其独一无二的识别号。包

G

括国际标准书号（ISBN）、国际标准连续出版物编号（ISSN）等。国际标准号通常印在出版物上。例如：硬皮书籍的国际标准书号常印在题名页的左页和护封的折叠边上。软皮书籍的国际标准书号则常印在题名页的左页和封底的右下角。期刊的国际标准连续出版物编号通常印在报刊头或者目次页上。在图书馆编目时，标准书号放在书目著录项中的标准号与获得方式项内。

国际标准化组织
International Organization for Standardization (ISO)

于1947年2月23日在英国伦敦成立，总部设在日内瓦，是世界100多个国家的标准化组织、非政府的联盟，中国是始创成员国和最初5个常任理事国之一。其宗旨为在全世界促进标准化和有关工作的发展，以利于国际物资交流和输出劳务，并发展在知识、科学、技术和经济活动中的合作。其主要任务是：制定国际标准，协调世界范围内的标准化工作，与其他国际性组织合作研究有关标准化问题。每个成员都是"最能代表本国标准化工作"的全国性团体，在西方国家通常属非政府组织，如美国国家标准学会、英国标准学会等，但在其他国家则属政府组织。国际标准化组织通过其2 856个技术机构开展技术活动，其中技术委员会（TC）185个，分技术委员会（SC）611个，工作组（WG）2 022个，特别工作组38个。负责向其成员推介标准和标准化政策。该组织已经制订出版了10 300多项国际标准，主要涉及到各行各业各种产品（包括服务产品和知识产品）的技术规范，并已经把大部分国际标准化组织成员的信息中心和国际标准化组织/国际电子技术委员会的信息中心联成一个互联的信息系统，每年举行一次大会。关于标准化的具体问题，该组织组成国际"技术委员会"进行调查和处理，结果在其出版物《国际标准化组织国际标准》(*ISO International Standards*)上公布。出版的刊物主要有：《国际标准化组织通报》(*ISO Bulletin*)、《国际标准化组织年度报告》(*ISO Annual Report*)和《国际标准化组织目录》(*ISO Catalogue*)等。ISO来源于希腊文"*isos*"，意为"平等"。

《国际标准化组织标准目录》
ISO Catalog

国际标准化组织出版的英、法文分类目录，每年2月出版一期，设有主题索引和顺序号索引，有中译本。其内容包括国际标准专业分类表、国际标准目录（主体部分，按技术委员会排列）、号码索引（标准号与技术委员会代号对照索引）。由于该目录的分类依据来自技术委员会（TC），故应在使用前查找有关的技术委员会的序号。该目录对从事科研、教学、设计制造、贸易、技术管理，特别是标准化工作人员是很好的参考工具。

国际标准化组织技术委员会
International Organization for Standardization Technical Committee (ISO/TC)

国际标准化组织（International Organization for Standardization, ISO）是制定和发布国际标准的专门机构，而国际标准的实际起草、制定和修订，是由该组织下属的技术委员会（Technical Committee, TC）来执行的。国际标准化组织下属的技术委员会，除2个综合性的信息技术委员会和联合项目委员会外，还拥有250个分技术委员会，不同行业的新标准由相应的分技术委员会组织专家进行标准的起草与制定。其中技术委员会的第46分会：信息与文献技术委员会（ISO/TC 46 Information and Documentation）负责有关图书馆、文献与信息中心、出版业、档案、记录管理、博物馆文献、索引与文摘服务，以及信息科学领域的标准起草与制定。目前，国际标准化组织每年组织大约3万名来自世界各地的专家进行标准的制定与开发，截至目前，该组织共制定了18 500余个国际标准，每年发布或修订的标准1 100余个。

国际标准化组织文献工作技术委员会
ISO/TC46

国际标准化组织中专门从事文献工作标准化的机构，简称ISO/TC-46，成立于1947年，秘书处设在德国。其宗旨是在国际范围内开展与图书馆、情报、档案和出版业务有关的文献工作的标准化，主要职责是规划、制定、修订、审查并通过与图书馆、信息中心和其他文献信息服务机构以及索引、文摘、档案、出版和信息工作有关的标准。该组织拥有56个成员国，其中正式成员国（P成员）29个，观察员国（O成员）27个，召开过23次国际会议，颁布国际标准56项。中国于1978年恢复了成员国的资格，现为该组织的P成员国。

国际标准化组织信息网
ISO Information Network (ISONET)

由国际标准化信息中心和各成员团体的信息机构组成的网络，建立于1975年。主要职责是促进成员国之间的信息交流、开展合作，为技术转让提供帮助，减少贸易中的技术壁垒，鼓励加强合作。所开展的工作包括编辑出版标准化信息工具书、建立并管理标准化信息数据库和检索系统、举办各类专题国际研讨会、介绍该网制定的文件的使用方法以及各国标准的状况等。该信息网成员有国家成员、协作成员和国际成员三种。共拥有105个成员，其中包括98个国家成员和协作成员，7个国际成员，中国是该网络的成员国。

国际标准连续出版物编号

International Standard Serial Number（ISSN）

国际标准连续出版物编号，是唯一的、由8位阿拉伯数字组成的国际通行的代码，由国际连续出版物数据系统（ISDS）分配，用以识别特定的连续性出版物。ISSN一般印在出版物的封面、封底、题名页或版权页上。期刊的国际标准连续出版物编号一般印在封面的右上角。当一个联续性出版物的题名更改后，通常要给出一个新的国际标准连续出版物编号。国际标准连续出版物编号的8位数字分为两部分，前4位和后4位之间用连字符分隔，最后1位数字为校验码。当校验码为10时，用罗马数字“X”表示。国际标准连续出版物编号只用于识别某一特定题名的连续性出版物，并不表示出版国别或语种，也不反映学科类别。

国际标准名称标识符

International Standard Name Identifier（ISNI）

一种给自然人、法人、虚构人物或其组合分配标识符的国际标准（ISO 27729）。旨在标识公开身份，即给在创建、生产、管理及内容分发链中、在整个媒体内容业中公开使用的身份以一个唯一的标识，提供避免公开身份出现歧义的工具。

国际标准书号

International Standard Book Number（ISBN）

国际通行的出版物代码，唯一代表某种出版物的某一版本，用来识别图书中的题名、版别、卷次和出版社等，具有专指性。一般印在图书等出版物题名页的背面、版权页或封底的下部，或出版物的外部。通过它可以鉴定以前出版的图书的版本。1966年11月，在西柏林第3届国际图书市场研究和图书贸易合理化会议上，当时的联邦德国的克莱特（*Klett*）出版公司的艾勒（*H. J. Ehlers*）提出了标准号码的倡议，被公认为是国际标准书号的历史起点。当时，欧洲的许多出版社和图书发行商正在考虑把计算机用于图书订购和书目控制。1967年英国在惠特克（Whitaker）公司成立了标准书号（Standard Book Number，SBN）中心。1969年4月国际标准组织第46技术委员会（International Standard Organization/Technique Committee 46，ISO/TC46），在斯德哥尔摩起草了ISBN方案。1971年国际标准组织批准了国际标准书号在世界范围内实施，前后历时5年。国际标准书号由10位阿拉伯数字组成，分为4部分，即：组号、出版者号、题名号和校验号。组号与出版者号合称为“出版者前缀”，是一个出版者在国际上的标准代号，取2~8位数字。上述各部分数字间用连字符或空格隔开，书号前均有“ISBN”字样。采用国际标准书号的出版物有：印刷品、缩微制品、教育电视或电影、地图和地图集、微机软件、混合媒体出版物、盲文出版物和电子出版物。1982年，中国参加国际标准书号系统，并成立中国中心，从1987年1月1日开始实施。2004年，国际标准书号中心（International ISBN Agency）出版了《13位国际标准书号指南》(*Guide Lines for the Implementation of 13-Digit ISBNs*)，描述了将于2007年启用的国际标准书号的概况。

国际标准书号条码

ISBN bar code

指由一组规则排列的条、空及其对应字所组成的标记，以表示图书的国际标准书号。

国际标准书目著录

International Standard Bibliographic Description（ISBD）

由国际图联主持制订的一套关于文献著录的国际标准，对各类型文献目录款目的著录项目及其顺序、特定符号等都作出了统一的规定。旨在实现世界范围的书目控制，促进国际书目信息交流。1974年3月，出版了第一个标准版——《国际标准书目著录（专著）》即ISBD（M）。随后陆续出版了《国际标准书目著录（连续出版物）》即ISBD（S）、《国际标准书目著录（测绘资料）》即ISBD（CM）、《国际标准书目著录（非书资料）》即ISBD（NBM）、《国际标准书目著录（印本乐谱）》即ISBD（PM）、国际标准书目著录（古籍）即ISBD（A）、《国际标准书目著录（文献组成部分）》即ISBD（CP）、《国际标准书目著录（计算机文件）》即ISBD（CF）、《国际标准书目著录（总则）》即ISBD（G）以及《国际标准书目著录（电子资源)》即 ISBD（ER)。这些国际著录标准出版后，受到了世界各国图书馆界的普遍欢迎，被译成多种文字出版。许多国家直接采用或是参照它来编纂自己本国的国家书目。中国于 1979 年 12 月成立的全国文献工作标准化委员会参照 ISBD 主持制订了《文献著录总则》及各分则以及《检索期刊条目著录规则》等国家标准。

国际标准书目著录（2011 年统一版)
International Standard Bibliographic Description (ISBD)（Consolidated Edition)

该书由国际标准书目著录评估组推荐，国际图联编目常设委员会通过，由德国慕尼黑德·古意特·绍尔（De Gruyter Saur）出版社于 2011 年用英语出版。其中文版由顾犇翻译，于 2012 年 4 月在国家图书馆出版社出版。该书由引言、概述、著录单元说明、版本项、资料或资源类型特殊项、出版、制作、发行等项、载体形态项、丛编和多部分单行资源项、附注项、资源标识号和获得方式项以及附录等部分组成。

《国际标准书目著录（总则)》
General International Standard Bibliographical Description, ISBD（G)

1975 年 8 月，修订英美编目条例的联合指导委员会向国际图联编目委员会提议，应制定一个适合各种类型图书馆资料的国际标准书目著录总则，于是在 1977 年出版了第一版的国际标准书目著录（总则)，并于 1992 年由国际图联编目委员会建立的国际标准书目著录修订委员会工作组进行修订出版。国际标准书目著录（总则）罗列了所有著录与识别图书馆馆藏的各种类型文献时所需要的所有元素，规定著录元素的顺序，并规定著录的标识符系统。

国际标准文本码
International Standard Text Code（ISTC)

一种给文本作品分配唯一标识的编号系统，现为国际标准（ISO 21047：2009)。国际标准文本码意在汇聚同一作品的不同载体表现，“文本作品”包括散文、诗歌、歌词，以及银幕、音频、舞台及其他脚本（包括布道、演讲等)。

国际标准音乐号码
International Standard Music Number（ISMN)

由国际标准化组织开发的标识音乐的 13 个字符的字母数字标识符（ISO 10957)。是世界上所有印刷版乐谱的唯一标识。该号码为出版社出版、图书馆收藏提供统一标识。

国际博物馆理事会
International Council of Museums（ICOM)

成立于 1946 年，成员由全球 2 000 家博物馆及 28 000 多名博物馆领域的专业人士组成，在 137 个国家及地区设置了 31 个国际委员会、117 个国家委员会、5 个地区联盟及 18 个附属机构。该理事会制定博物馆设计、管理及馆藏组织相关标准，如制定《国际博物馆理事会的博物馆行为道德准则》(ICOM Code of Ethics for Museums)，该准则 1986 年被批准通过，2004 年进行修订。该理事会与联合国教科文组织合作采取打击文化遗产物品的非法交易措施，并通过录制或抄写等方式对濒危文化遗产进行保护。自 1948 年开始，每三年举行一次大会。自 1977 年开始，承办每年 5 月 18 日的国际博物馆日。在 2010 年中国上海的世博会上，该理事会设置了“博物馆——城市的心脏”临时展览馆，给参观者带来博物馆相关的体验。

国际博物馆日
International Museum Day

1977 年 5 月 18 日是第一个国际博物馆日，由国际博物馆协会为促进全球博物馆事业的健康发展，吸引整个社会公众对博物馆事业的了解、关注和参与发起并创立。每年确定不同的活动主题。

国际博物馆协会
International Council of Museum

成立于 1946 年 11 月，世界上唯一一个关于博物馆学及博物馆管理和运作等方面的国际性非政府组织。该协会与联合国教科文组织有着正式的业务联系，并在联合国内享有经济和社会理事会咨商地位。其主要机构由国际博物馆理事会总部秘书处和联合国教科文组织国际博物馆协会两部分组成。该协会目前共有 2.6 万个成员，分布在 151 个国家和地区，全年不间断地在世界各地组织研讨会和培训，出版刊物。该协会主要致力于以下 6 个方面的主题工作：国际博物馆界的合作与科学交流、关于博物馆的知识传播和公众意识、组织进行专门培训、研发制定专业标准、开发和推广职业道德和保护文化遗产和打击非法贩运文化财产的斗争。其官方语言为英语、法语和西班牙语。

国际藏书票联合会
International Federation of Ex-libris Societies (FISAE)

1966年7月28日成立，是一个非营利、非政治、非宗教性的团体。只有各国的藏书票协会才可以成为其会员，不能以个人名义加入。该联合会致力促进书票收藏家与艺术家之间的交流，鼓励举办书票展览和举行有关会议，并帮助各国书票协会建立相互联系。

国际吃书节
International Edible Book Festival

于每年4月1日举行。全世界的图书馆、书店、画廊和家庭都要庆祝这一节日。这个节日缘起于一位美国的作家、收藏家兼评论家朱迪思·霍夫伯格（Judith A. Hoffberg）女士。1999年感恩节时，她与三位书籍艺术家相聚，在吃火鸡时，突然想起，如果书可以吃的话，不知这些艺术家们都会制作出什么样的书来？接下来由于她的努力，大力宣传得到很多人的支持。于是就选定千禧年的愚人节作为首届“国际吃书节”。这天当然带有幽默色彩，历届吃书节的成品运用了糖、巧克力、饼干、鸡蛋、果冻、鱼子酱、奶油、通心面、各种水果和蔬菜。现在已有澳大利亚、比利时、巴西、加拿大、中国、英格兰、法国、德国、香港、印度、冰岛、新西兰、美国、罗马尼亚、俄国、新加坡和瑞典等国家和地区举办这一节日。2012年由美国威斯康辛大学麦迪逊分校纪念图书馆举办。

《国际出版商名录》（德国）
Publishers' International Directory

由德国柏林的国际标准书号机构（International ISBN Agency）编纂的出版商名录，由德国K. G. 绍尔（*K. G. Saur*）公司出版。该名录比较全面地收录了200多个国家和地区的60多万家出版商，包括许多新成立的出版少量书刊的小出版商，内容有出版商名称、地址、电话传真、电子邮件和网址、出版范围以及它们的国际标准书号等。全名录分为两个部分（共3卷）：一是地理部分，即按各国家地区的英文字母顺序排列；二是国际标准书号部分，即按出版商的国际标准书号排列。这种清晰的列表形式和易于使用的编排方式为用户检索查询提供了便利。自1996年起该名录的电子版逐年发行，和印刷版相比，增加了历史上的出版商（已停止出版的）、知名的作家出版商以及美国2万多个没有国际标准书号的出版商等内容。

国际出版商协会
International Publishers Association（IPA）

1896年在法国巴黎成立，是图书和杂志出版业的国际性行业联盟组织，是被联合国认可的非政府组织。会员由各国家或地区的出版商协会及一些专业出版商协会组成。该协会促进出版自由和阅读自由，并致力于全球范围的版权保护。每年颁发“国际出版商自由奖”（IPA Freedom Prize）。每两年举办一届国际出版商大会或者国际版权论坛。出版商大会的宗旨是为来自全世界的出版商建立一个开放的平台，讨论行业面临的问题和挑战。为了纪念伯尔尼版权公约颁布100周年，第一届版权论坛于1986年在德国海德堡召开。此外，该协会和联合国教科文组织合作策划和开展世界图书和版权日（World Book and Copyright Day）的相关活动，并协助其评选每年的世界图书之都。该协会出版关于版权、自由出版、行业政策和世界图书之都相关的文献。

国际出版物交换
international exchange of publication

两个或两个以上图书馆或其他文献收藏单位之间相互跨国交换出版物以互通有无、调剂余缺、丰富和补充馆藏的活动。交换出版物不仅具有经济意义，而且还可使交换单位获得从其他途径无法获得的文献。国际出版物交换按交换伙伴之间关系又可分为双边式、多边式和集中式等几种形式。1958年，在巴黎召开的联合国教育、科学和文化组织大会第10次会议通过了两个公约：一是《国际出版物交换公约》；二是《各国间交换官方出版物和政府文件公约》。两个公约于1961年生效，为双边和多边的国际交换工作提供了依据。

国际档案理事会
International Council on Archives

成立于1950年8月，总部设在法国巴黎。是具有广泛代表性的非政府国际专业组织。该档案理事会旨在通过促进档案的发展，保护和加强世界记忆，致力于发展全球的档案事业。拥有来自195个国家和地区的大约1 500多个会员。其主要刊物有《电讯》（*Flash*）、《国际档案理事会标准》（*ICA Standards*）和《国际档案理事会研究》（*ICA Studies*）等。中国于1980年正式提出申请，并被接纳为该理事会的甲类会员国，1996年9月第13届国际档案大会在中国北京举办。

G

《国际地理百科全书与地图集》（美国）

The International Geographic Encyclopedia and Atlas

含有百科内容的该书是由美国波士顿的霍顿·米福林（Houghton Mifflin）出版集团于1979年出版，资料比较新颖。共收2.5万条目和64幅四色套印的地图，包括少量地理术语。该书分词典和地图集两部分，分别渊源于《哥伦比亚百科全书》（*Columbia Encyclopedia*）和《古德世界地图集》（*Goode's World Atlas*，15*th ed*，1978）。前者是常用的单卷本百科全书，后者是为供学生使用的中小型地图集。该书是将上述两书的内容经选择、修订合编而成，首次将地名词典与地图集合为一体的地名工具书的体例。该书立足于“新”字，故较适用于查找现代地名资料。

G

国际电工技术委员会

International Electrotechnical Commission（IEC）

为所有电子技术服务的国际电工技术组织，1906年成立，总部设在瑞士的日内瓦。是世界上成立最早的国际性电工标准化机构，负责有关电气工程和电子工程领域中的国际标准化工作。其宗旨是促进电气电子工程领域的标准化及国际合作，增进国际间的相互了解，工作领域包括电子技术的各个方面，如电子、电力和电讯等。中国是该委员会理事局、执委会和合格评定局的成员、常任理事国之一。

国际电信联盟

International Telecommunication Union（ITU）

联合国中的专门机构，总部设在瑞士日内瓦，负责推荐和建立管理公用和专用电信组织制定有关电话和数据通信系统标准的建议和标准。于1865年在法国巴黎成立，当时名称为国际电报联盟。1934年更名为国际电信联盟，1947年成为联合国的一个机构。1992年，国际电信联盟重组为3个管理实体：国际无线电通信部、国际电信标准化部和国际电信发展部。1920年，中国加入该联盟，一直积极参与该联盟的各项活动。

国际电影资料馆联合会

International Federation of Film Archives（FIAF）

国际性电影艺术团体。1938年在巴黎成立，旨在促进电影片的保存，并把致力于此项工作的所有组织集中起来，收集电影及电影摄影的历史和艺术文献，在国际范围内进行交换，促进会员之间的合作以及电影艺术和文化事业的发展，其成员包括世界一流的博物馆和电影档案馆。主要活动有：对电影技术和历史进行研究和举办国际展览，每年召开一次大会。主办的刊物有：《电影保护杂志》（*Journal of Film Preservation*）（半年刊）。

国际敦煌项目

International Dunhuang Project（IDP）

该项目首倡国际合作，促使敦煌及丝绸之路其他遗址出土的10万件写卷、绘画、艺术品可以从因特网上免费获得高清晰度的数码图像，与之关联的有书目、地图、照片、遗址图及其他历史、现状信息，使学者、学生和寻常百姓能由此深入了解公元1000年丝绸之路上的社会生活状况。1993年，中国国家图书馆、英国国家图书馆、法国国家图书馆、俄罗斯圣彼得堡东方研究院和德国柏林国家图书馆等几大收藏机构管理者和修复者汇聚一堂，一致提议通过国际合作促进敦煌学研究，1994年国际敦煌项目（IDP）正式成立。发起单位一致同意将来的秘书处设在英国国家图书馆，其目标是促进敦煌与丝绸之路其他遗址出土的11世纪以前文书与艺术品的研究与保护。该项目的资金来源于各种机构和基金会或赞助者捐助。2001年3月7日，中英双方签订合作谅解备忘录，正式开始了中国国家图书馆与英国国家图书馆为期5年的项目合作。

国际儿童读物联盟

International Board on Books for Young People（IBBY）

致力于在世界范围内推广少年儿童图书的公益性组织，被国际出版界公认为世界儿童读物出版的“小联合国”。成立于1953年，总部设在瑞士的苏黎世，创始人是德国的杰拉·莱普曼夫人（*Jella Lepman*）。该联盟每两年举行一次联盟大会，研究讨论国际儿童读物的现状和发展，选举领导机构，评选颁发安徒生儿童文学奖和插图奖。中国于1986年正式加入该联盟，并成立中国分会。第30届国际儿童联盟大会于2006年9月20—24日在中国北京举行。国际少年儿童读物联盟最著名的活动之一是每两年给一名儿童图书的作家和一名插图画家授奖，以奖励并感谢他们写出了好书，画出了好的插图。这个奖叫做国际安徒生文学奖，也叫“汉斯·克里斯蒂安·安徒生奖”，是给予儿童图书创作者的最高奖。

国际儿童数字图书馆

International Children's Digital Library (ICDL)

专门展示适合3~13岁儿童阅读的图书网站向因特网用户开放。在这里，浏览者可以看到来自27个国家、超过15种语言的儿童电子读物。而等该网站完全建成后，图书容量将增至10 000本。这家网站由国际儿童数字图书馆基金会支持，其使命是让全球社会来支持世界儿童阅读。这个数字图书馆由美国马里兰大学和一家位于旧金山的非赢利组织"因特网档案"共同设计完成。此举之目的是在向儿童灌输其他文化的同时，增强他们的阅读和学习能力。而且通过网页上设计的彩色图标，即使那些不识字的小孩子也能顺畅地进行浏览。

国际儿童图书日

International Children's Book day

每年4月2日是丹麦儿童文学大师安徒生的生日，1967年4月2日，国际儿童读物联盟把安徒生诞生的日子确定为"国际儿童图书日"，以唤起人们对于读书的热爱和对儿童图书的关注。40多年来，国际儿童读物联盟每年图书日都确定一个主题，在世界儿童中开展读书活动。图书日促进了不同国家、不同民族、不同肤色的儿童阅读，影响了一代代儿童成长。国际儿童读物联盟中国分会——中国儿童读物促进会在教育部和团中央的共同支持下，将国际儿童图书节引进中国，设定每年4月2日为"中国儿童阅读日"，并为此开展一系列活动，旨在共同架起儿童与图书的桥梁，让中国的儿童与世界儿童一样同处一个阅读起跑线上，以此促进中国儿童阅读，引领中国儿童成长。

国际法律图书馆协会

International Association of Law Libraries (IALL)

成立于1959年，世界性的非营利组织。该协会在五大洲50多个国家和地区拥有600多个成员。其成员包括法学院图书馆、企业图书馆、国家议会图书馆、行政机构及法院图书馆等各种类型及规模的收藏法律文献的机构。该协会旨在不断提升法律图书馆的职业发展和法律信息获取。《国际法律信息杂志》（*International Journal of Legal Information*）是协会出版的官方期刊，每年出版3次。该协会每年提供国际法律图书馆学方面的课程，并提供奖学金及实习补助金，还为世界范围内的法律信息专业人士提供网络交流和信息共享的国际论坛。

国际分类学会联合会

International Federation of Classification Societies (IFCS)

成立于1985年，是一个以国家、地区和语言为基础的分类协会的联盟，其宗旨是促进对分类学的研究。该协会出版有《国际分类学会联合会通讯》(*IFCS Newsletter*)，并支持由北美分类学会出版的《分类学杂志》(*Journal of Classification*)。

国际复制权组织联合会

International Federation of Reproduction Rights Organizations (IFRRO)

成立于1980年，总部设在比利时首都布鲁塞尔。是各国复制权集体管理组织的国际联盟，目前世界上版权集体管理方面最具影响力的国际组织之一。该联合会创建的目的在于通过与各国的复制权组织合作，在国际范围内促进复制权及版权作品相关权利的集体管理。该联合会致力于促进著作权作品在法律框架内的合理使用，通过复制权组织的复制权集体管理阻止未授权的复制行为。该委员会出版通讯、年度报告和指导性报告等多种类型的出版物。

国际工科大学图书馆协会

International Association of Technological University Libraries (IATUL)

1955年9月在德国成立，其宗旨是为工科大学的图书馆员提供思想交流的论坛，发挥会员图书馆之间的国际合作机构的作用，鼓励和发展具有国际和地区重要性的图书馆项目。目前有45个国家和地区的相关图书馆加入该协会，其中包括中国香港（香港理工大学和香港科技大学图书馆），会员馆由馆长或高级管理人员作为代表。主要活动包括：召开国际会议、专题研讨会、提供研究赠款和每年召开一次大会。该协会于1999年归属联合国教科文组织，同年成为国际科技信息理事会成员。出版的刊物有《国际工科大学图书馆协会业务通讯》(*Newsletter IATUL*)(季刊)。该协会于1955年加入国际图联，成为其国际协会会员。

国际古旧书商联合会

International League of Antiquarian Booksellers (ILAB)

1948年在荷兰阿姆斯特丹成立，包括代表30个国家的古旧书商的20个国家协会。致力于协调发展古旧书的交易，在全世界范围内，在积极从事买卖古旧书的奇本、真迹以及旧书的个人、协会和公司之间建立友好关系，并促进更广泛范围内对图书艺术和历史的正确评价，旨在支持和提高古旧图书贸易的专业标准，促进贸易的规范化，为扩大图书艺术和历史价值做贡献。其主要活动包括建立关于世界古旧书的索引卡片、研究立法和财政问题、每年举行一次关于古旧书的交易会。主办的刊物有《国际古旧书商名录》(*International Directory of Antiquarian Booksellers*)。

国际关系圆桌会议（美国）
International Relations Round Table（IRRT）

由美国图书馆协会于1949年创立的圆桌会议，其宗旨是要提高图书馆工作人员的工作兴趣，通过向国外图书馆界提供到美国参观的机会来解决与国际图书馆之间相互关系的问题，并促进国际关系委员会与美国图书馆协会各会员之间的联系。

国际馆际互借
international interlibrary loan

不同国家的图书馆之间相互利用对方馆藏来满足本国读者需求的活动，馆际互借的延伸。国际互借出现于19世纪末，当时一些欧洲国家已经订立了互相利用馆藏文献的双边协议。1926年在美国图书馆协会50周年纪念会上，参加会议的21个国家的代表讨论了国际互借制度。1936年国际图书馆协会联合会正式制定了国际互借规则，1954年又重新制定了《国际图书馆借书章程》。国际图书馆协会和机构联合会在不列颠图书馆文献供应中心设有国际互借处。其主要任务是：1. 解决国际互借中的疑难问题。2. 促进国际互借方法的标准化，印制统一的国际互借借书单。3. 进行国际互借的统计工作。北欧四国的国际互借工作因订有斯堪的纳维亚计划而开展得较好。20世纪50年代起中国的图书馆也按国际惯例开展了国际互借这项服务。

国际广告协会
International Advertising Association（IAA）

创建于1938年，原称出口广告协会，1954年改为现名。其宗旨在于将广告、公共关系、销售促进、广播和市场调查等有关的从业者和有兴趣的人们联合起来，交流经验和信息、探讨学术理论、提高世界广告和行销技术水平、组织国际会议和专题展览。

《国际航空文摘》(美国)
***International Aerospace Abstracts*（*IAA*）**

由美国航空航天学会（American Institute of Aeronautics and Astronautics，AIAA）技术信息服务部出版的月刊，1961年创刊，主要摘录期刊和会议发表的航空航天科学技术领域的文献。正文部分包括航空、航天、化学与材料、工程、地球科学、生命科学、数学与计算机科学、物理学、社会学、宇宙空间科学和综合类11大类目，76小类，按类目顺序编排。编有主题、个人作者、合同号、会议论文和报告号、入藏号等索引，从1998年起编有年度索引。

国际基督高级研究学院图书馆（菲律宾）
Adventist International Institute of Advanced Studies Library

主要为支持国际基督高级研究学院的研究生教育。其馆藏文献大多集中于商业、教育、健康及宗教等领域，同时收藏了大量菲律宾出版和菲律宾作家的作品，还藏有大量的非印刷类文献，如激光唱片、磁带、录像带以及幻灯片等，这些文献均采用美国国会分类法和杜威分类法分类。

《国际基金会指南》(英国)
The International Foundation Directory

介绍世界各国基金会的重要工具书。由英国伦敦的欧罗巴公司出版，初版于1974年。该指南的最新版提供了150多个国家中2 300多个基金会最新的详细信息，但偏重于欧美及日本的资料，不收录政府和宗教的类似机构。所有条目先依国别排列（按字母顺序），国别之下，再以基金会的名称为款目，每一款目下介绍该基金会名称、历史、活动、财务状况、行政主管、出版物、地址、电话传真、电子邮件和网址等资料，书后并附基金会名称和主要活动两种索引。此外，还介绍与基金会有关的机构，如基金理事会（Council on Foundation）等。

国际计算机安全协会
International Computer Security Association（ICSA）

关注因特网安全问题的教育和信息机构，1987年成立，现位于美国弗吉尼亚州的雷斯顿，原名是国家计算机安全协会（NCSA），1997年更为现名。该机构主要提供安全保证系统及产品认证，发布计算机安全信息和组织相关的社会活动等。

《国际教育百科全书》（荷兰）

The International Encyclopedia of Education

一部国际性教育百科全书，全面反映当代教育现状和最新研究成果的大型教育辞书。编者为瑞典斯德哥尔摩大学国际教育研究所前所长 T. 胡森（*T. Husen*）和德国汉堡大学比较教育学教授 T. N. 波斯尔斯韦特（*T. N. Postlethwaite*）。由 96 个国家的 1 200 多名专家、学者撰稿，反映了世界各国的教育情况、各类教育的发展和教育学研究的水平。全书有 4.5 万词条，其中有 1 500 篇概述性论文，分 25 个主题领域，内容涉及人类发展、教育政策制度和规划、教育经济学、教育活动（包括教学、课程、管理、师范教育、职业技术教育和特殊教育）、成人和继续教育、比较教育以及与教育相关的学科。该百科全书由荷兰爱思维尔科学出版社出版，全书共 12 卷 7 740 页。

《国际金融统计》

International Financial Statistics

由国际货币基金组织（IMF）编辑出版的月刊，1948 年创刊。从 1961 年起每年增加一期年刊。主要提供国际货币基金组织各成员在汇率、基金、国际清偿能力、储备金、货币和银行账户、利率、商品价格、产品、政府财政、劳力、国民核算和人口等方面的统计数据。可按照统计项目或各成员国或地区名称的字母顺序查阅各国的数据。每期正文前附有各成员国或地区代码表和商品代码表。正文后附有各成员情况的补充说明。年刊可查阅近 30 年的统计数据。

国际科技大学图书馆协会

International Association of Science and Technology University Library（IATUL）

原名为国工科大学图书馆协会（The International Association of Technological University Libraries，IATUL），由瑞典查尔姆斯理工大学（Chalmers University of Technology）的赫姆林（Hemlin）博士于 1955 年 5 月在德国杜塞尔多夫（Düsseldorf）创立。该协会是世界各地的理工大学图书馆事业交流的国际性论坛，是由图书馆馆长或负责信息服务与资源管理的高级管理者自愿成立的非政府国际性组织。2009 年改为现名。该协会的主要目标是为图书馆馆长及高级管理者提供一个论坛，讨论与交流当今有意义的问题，并为其提供一个以协作方式解决问题的机会。成立初期，其成员主要来自欧洲及美国的理工大学与机构，随后世界各地的成员开始加入，并逐步发展成为一个国际性组织。该协会每年举行一次会议，截至 2011 年，已成功举办 32 届。

国际科技信息委员会

The International Council for Scientific and Technical Information（ICSTI）

涉及科技信息公益性非政府国际科学协会组织。目前拥有全球 40 多个会员单位。该委员会每年 6 月在不同的国家和地区召开夏季会议，有近百名专家学者出席。2011 年夏季年会在中国北京举行，大会由中国科学技术信息研究所承办，会议主题为："迈向知识服务"。2012 年年会在南非开普敦召开。

国际科技医学出版社协会

International Association of Scientific, Technical & Medical Publishers（STM）

领先的学术和专业出版商的全球贸易协会。旨在帮助出版商与作者宣传、传播在科学、技术和医学方面的研究成果，还为有关推进传播、存储和检索科学、技术和医学信息的国际、国家学术组织提供帮助。该协会经常举办各种研讨会和训练班，并每年在法兰克福书展前一天召开年会，其总部设在荷兰海牙。会员来自世界 21 个国家 110 多个大学出版社、民营企业等。

国际科学、技术与医学史书目数据库

HistSciTechMed

收录自 1975 年以来期刊中国际性的资料，整合四种书目数据以建立科学、技术和医学史方面最完整的国际数据库，反映了这些领域从史前时代至今在社会文化方面的影响，并具有跨学科研究的价值，共有包括期刊文章、会议录、图书、论文、连续出版物、地图和其他资料的 9 500 种，近 30 万条记录。

国际连续出版物数据系统

International Serials Data System（ISDS）

负责登记世界上连续出版物的国际网络，是一个各国政府间的合作组织。根据联合国教科文组织的"世界科学信息系统计划"安排于 1972 年设立，国际中心设在法国巴黎。其主要职能是：建立和维护有关连续出版物的公共规则、标准、政策和与国家、地区中心协作的规程；向国家中心和其他用户传送国际文档的数据；直接负责对国际组织的连续出版物识别题名和国际连续性出版物标准编号的登录；促进各国中心的建立，并协助各中心实现操作过程的自动化；确保国际连续出版物数据系统与国际图联、国际标准化组织等组织之间的协调，并参与连续出版物国际标准的修订等。国际连续出版物数据系统各国中心的职能是负责各自国家出版的连续出版物的登录、分配国际连续性出版物标准编号和一个唯一性的标识题名并向国际连续出版物数据系统国际中心提交、负责在出版者和用户之间建立通讯联系，防止国际连续性出版物标准编号的重用或误用、建立和维护国际连续出版物数据系统记录国家文档等。国际连续出版物数据系统中国国家中心设在中国国家图书馆内，于1985年11月成立。

《国际名人录》（英国）
The International Who's Who

国际性的履历体名人录，1935年在英国首次出版，年度更新。收录当代世界各国的著名人士近2万多人，每一个条目提供国别、出生日期和地点、教育背景、职业生涯、职务、所获荣誉和奖励、出版物、联系地址和电话、个人兴趣等信息。人物来自政治、经济、宗教、外交、技术、电影、音乐、娱乐、体育、文学和行为艺术等领域。对已故人物提供讣告名单。同时还发行光盘版和网络版。该名人录信息密集，收录范围广，修订及时，内容准确，是查找人物传记信息的重要参考工具。

国际期刊联盟
The International Federation of the Periodical Press/ *Fédération Internationale de la Presse Périodique* (*FIPP*)

1925年在法国巴黎成立，出版业非政府国际组织。其宗旨是支持出版自由，反映和保护各成员机构的利益，交流出版信息，提高连续出版物的广告媒介作用，鼓励制定和使用连续出版物的统一标准，与联合国教科文组织、国际商会和万国邮政联盟等保持联系。现有来自70多个国家的成员机构250多个。出版网络版的《新杂志世界》(*Magazine World Update*)（半月刊）和印刷版的《杂志世界》(*Magazine World*) 以及《国际期刊联盟全球研究最新报道》(*FIPP's Global Research Update*)（季刊）。

国际青少年图书馆（德国）
（德）*Internationale Jugendbibliothek*

全球规模最大的一所国际少儿文学图书馆，1949年由杰拉·莱帕曼（*Jella Lepman*）女士创办，目前已是全球著名的一个少儿文学中心。第二次世界大战结束后，莱帕曼女士在慕尼黑举办了一次国际少儿图书展览。1983年，国际青少年图书馆迁进了位于慕尼黑市建于15世纪的繁花堡。1966年，国际青少年图书馆改由“国际青少年图书馆基金会”主办。图书馆的经费由德意志联邦妇女及青年部、巴伐利亚文化教育部、慕尼黑市及国际青少年图书馆基金会共同提供。不少个别人士、组织和出版社也提供资助。国际青少年图书馆的任务是收集和介绍德国和各国的少儿文学，从事青少年文化方面的教育工作及促进文化之间的了解。

《国际情报学和图书馆学百科全书》（美国）
International Encyclopedia of Information and Library Science

于1996年首次出版，是情报学和图书馆学领域主要的参考工具书。2003年出版的第2版根据前一版发行后发生的很多技术的重要变化进行了大幅度的修改。来自150个情报学和图书馆学领域的专家参与了第2版的编纂，近600个大条目。第2版仍然保持了原来的结构，全书按照首字母排序，在相关词条间作了参照，词条覆盖了情报学和图书馆学的所有重要问题、理论和活动。关于信息系统方面和信息职业方面条目的增加是这个版本新增的特征；主题涉及更多特殊的主题，例如资源管理和对少数民族的信息服务。信息法方面的条目和关于因特网方面的条目是新设的或者经过了彻底修改。

国际权威数据库合作建设计划
Linking and Exploring Authority Files (LEAF)

该计划于2001年3月在欧洲委员会的支持下启动，参与单位包括欧洲的图书馆、档案馆和文献中心等10个国家15个机构。其目标为发展一个能将分散各地的人名权威记录，以系统自动比对收集的方式建立整合型数据库，并能与原馆藏连接，同时提供资料下载与统计分析功能。

国际扫盲日
International Literacy Day

由联合国教科文组织于1965年11月17日在其所召开的第14届代表大会上所设立的。日期定为每年的9月8日，目的在于动员世界各国以及相关国际机构重视文盲现象，与文盲现象作斗争，并促进世界各国普及初等教育，提高初等教育的水平，使适龄儿童都能上学，使能够识字。最终达到增进人际沟通，消除歧视，促进文化传播和社会发展的目标。

国际商用机器公司

International Business Machine Corporation（IBM）

世界上最大的信息工业跨国公司，又称“蓝色巨人”（Big Blue）。1911 年创立于美国。该公司以生产各种大型主机而著称。自从 1981 年推出 IBM PC 机后，个人计算机发生了许多变化，在世界范围内的许多公司生产或销售 IBM 兼容的个人计算机。该公司在计算机网络方面不仅推出多种网络设备，在通信协议的研究和开发方面有很大的贡献。20 世纪 80 年代中期，该公司先后在北京、上海设立了办事处，1992 年以后在北京正式成立国际商用机器中国有限公司，并在广州、上海、深圳、沈阳、南京、成都、西安和武汉建立了分公司以及在福州和重庆设立办事处。该公司以电子商务为新动力，和中国经济一起发展，为中国的信息产业进步作新贡献。

国际上多语种、多学科的人文和社会科学数据库

FRANCIS

收录自 1984 年至今的 4 300 多种期刊的共 260 多万条记录，主题主要涉及考古学、社会学、艺术史、语言学、心理学、史前学、地理、管理、哲学、信息科学、科学和技术史、动物行为学、法国文学和宗教等。该数据库每月更新一次。

国际神学图书馆协会

International Association of Theological Libraries（IATL）

国际性图书馆组织，1955 年由世界基督教会联合会（WCC）成立于比利时的布鲁塞尔，曾在联合国教科文组织的基金资助下，出版过一份有关宗教书目的国际性杂志，1961 年起不复存在。

国际十进分类法

Universal Decimal Classification（UDC）

又称“布鲁塞尔分类法”。这是由杜威十进的分类法（DDC）发展起来的国际性分类法，除了阿拉伯数字使用了许多符号为主题分类来创建更长的符号，要比杜威十进分类法更灵活机动。《国际十进分类法》最初发表于 1905 年，由比利时目录学家保罗・奥特勒（*Paul Otlet*）和亨利・拉封丹（*Henri La Fontaine*）编制。首版是法语版本，一直由国际文献联合会负责修订，其重点放在科学与技术各类，有目的地按类扩充细目，独立分编成册，以供专门图书馆和科技情报部门使用。该分类法已有法文、英文、德文、日文、波兰文、葡萄牙文和西班牙文等多种文字的版本。

国际书商联盟

International Booksellers Federation（IBF）

1956 年 9 月 18 日在德国法兰克福成立，由各国书商协会和独立书商构成的国际性非政府组织。原称“国际书商协会共同体”，1979 年改为现名。国际书商联盟旨在通过交流信息、经验、创意，促进各国书商协会、书商之间的联系、交流与合作。其成员包括会员和准会员，会员为每个国家的书商协会，准会员为国家内独立的专业书商（隶属于该国的书商协会）。国际书商联盟的决策机构是包括主席等在内的执委会，共有 8 位执委，由会员国代表经选举产生，每 4 年选举一次。执委会确定国际书商联盟的工作目标和工作任务。中国于 1995 年加入该联盟，在 2002 年国际书商联盟俄罗斯大会上，中国书刊发行业协会杨牧之会长当选为执委。国际书商联盟在比利时首都布鲁塞尔设有秘书处，处理日常工作。

国际数据集团公司（美国）

International Data Group（IDG）

创建于 1964 年，总部设在美国波士顿。是全球最大的信息技术出版、市场调研及展览服务公司。目前，在全世界 85 个国家和地区设有子公司和分公司，拥有 11 500 名高级研究专家和编辑人员，采用电子邮件、数据库、电传及在线服务等现代化信息处理和传递手段，建立了快速而全面的世界性信息网络。该公司业务有：印刷出版、网上出版、展览和会议、市场研究、教育和培训以及全球市场服务。该公司每月在全球 85 个国家拥有 300 余种出版物，每月读者达 1 亿 2 千万人。公司每年发表 9 万多篇市场研究报告和技术发展预测报告，用 25 种语言出版 300 种有关杂志；每年举办近 600 场各种国际性和地区性的学术报告会、市场分析会和产品展示展览会；提供各种命题和定向的信息服务。该公司是第一家进入中国的美国技术信息服务公司，自 1980 年在北京创办了中美合资《计算机世界》周刊以来，该公司在中国合资与合作出版的与计算机、电子、通讯有关的报纸与杂志达 20 余种。

国际数字对象标识符基金会

International DOI Foundation（IDF）

1998 年在美国成立的非营利组织，是数字对象标识符系统的行政主体，旨在推广数字对象标识符的运用，并确保数字对象标识系统的一切改进（创造、维护、注册、解析相关决策）能为全体注册者使用。

国际图联版权和其他法律事务委员会
Committee on Copyright and Other Legal Matters (CLM)

1997 年 9 月 5 日，在丹麦哥本哈根国际图联理事会上作出决议，建立委员会，其主要目的在于确保在决定版权立法的国际机构能够听到专业、读者的意见。该委员会下设版权工作组、教育工作组、佛罗伦萨协定工作组、合并工作组、世界贸易组织和秘密工作组。该委员会的活动是国际图联核心活动之一。

国际图联保存保护中心中国中心
The IFLA-PAC China Center

根据国际图联保存保护中心的建议，2003 年国家图书馆开始着手“中国中心”的调研和筹备工作。2004 年经文化部批准，“中国中心”正式在中国国家图书馆成立。国家图书馆副馆长陈力担任中心主任。“中国中心”的主要任务是：提高公众对图书保存保护的认知度，建立通讯网络，翻译国际图联保存保护中心的专业文献，参加国际图联保存保护中心会议，并在条件成熟的情况下准备举办一些保存保护领域的国际会议以及倡导和推动标准的使用（主要是永久用纸、数字化、缩微等）。由该馆的业务处、国际交流处和善本特藏部负责具体工作的实施。

国际图联出版物
IFLA Publications

所有国际图联专业部组的研究项目、活动的结果都在国际图联的出版物中反映，由德国绍尔（*Saur Verlag*）公司和英国塞奇出版公司（Sage Publication Ltd.）负责出版。主要有：《国际图联年报》（*IFLA Annual*）、《国际图联名录》（*IFLA Directory*）、《国际图联理事会报告》（*IFLA Council Report*）、《国际图联专业报告》（*IFLA Professional Report*）和《国际图联杂志》（*IFLA Journal*）等。

《国际图联多元文化图书馆宣言》
The IFLA Multicultural Library Manifesto

于 2009 年 10 月公布。该宣言将有助于图书馆员处理工作中的文化和语言多样性问题，并指导馆员为不同兴趣和团体提供的图书馆服务以及在服务中尊重文化认同和价值观念。主要包括宣言的原则、多元文化图书馆服务的使命、管理与操作、核心活动、图书馆员、资金、立法和网络以及宣言的执行。国际图联以联合国教科文组织对该宣言的支持为基础，采取与《国际图联/联合国教科文组织学校图书馆宣言》、《国际图联/联合国教科文组织公共图书馆宣言》以及《国际图联因特网宣言》相似的方式，帮助世界各地的图书馆员实现该宣言的价值。

《国际图联儿童图书馆服务发展指南》
Guidelines for Children's Library Services

由国际图联青少年和儿童图书馆专业组常务委员会委员撰写，可作为世界各地不同规模和不同经济状况的图书馆开展工作的一部指南。分“使命”、“满足儿童需要”、“贡献你的力量”三个部分进行叙述。

国际图联各类型图书馆专业部
IFLA Division Library of Types

国际图联专业委员会下设的第一专业部，该部下设 13 个专业组（大学和研究图书馆组、艺术图书馆组、政府图书馆组、健康与生物科学图书馆组、法学图书馆组、为阅读障碍读者服务的图书馆组、议会图书馆和研究服务组、大都市图书馆组、国家图书馆组、公共图书馆组、学校图书馆与资源中心、科学技术图书馆组和社会科学图书馆组）和 2 个特别兴趣小组（农业图书馆和国际组织与国际关系）。

《国际图联关于 WTO 对图书馆影响的声明》
The IFLA Position on the World Trade Organization

在国际图联管理委员会 2001 年 8 月 25 日会议上通过，于同年 9 月正式公布。声明指出，世界贸易组织（WTO）的成员正在增加，已逾 140 个。越来越多的证据表明 WTO 的决议不论是直接地还是间接地都可能对图书馆服务，尤其是非营利性机构图书馆服务的日常运作和未来发展带来不利影响。声明强调了国际图联的战略立场：“在 WTO 辩论中，国际图联代表图书馆和信息服务部门积极争辩，并使其成员了解信息，能在各自国家作有效的宣传和辩论。”声明还强调要进一步提高成员对国际贸易条约对公共部门影响的认识。

《国际图联关于数字化环境下的版权立场》

IFLA Position on Copyright in the Digital Environment

由国际图联版权和其他法律事务委员会制订，于2000年8月经国际图联执行委员会批准。文件指出，在国际版权问题的争论中，国际图联代表全世界图书馆及其用户的权益，并在“平衡的版权适用于每个人”、“在数字环境下”、“数字环境没有不同”、“信息资源共享”、“外借、保护与保存”、“契约与复制保护系统”、“侵权的责任”和“原则”等论述了协调和处理在数字化环境下与图书馆有关的版权问题。

《国际图联关于图书馆与知识自由宣言》

IFLA Statement on Libraries and Intellectual Freedom

由国际图联理事会于1999年3月25日在荷兰海牙通过。国际图联宣告，表达知识、创造性思维和智力活动条件，以及公开表达意见的条件，乃是人类的基本权利。国际图联坚信，知情权和言论自由是同一原则不可分割的两个方面。知情权是思想自由和良心的要求。而思想自由和言论自由则是自由接受信息的必要条件。国际图联向图书馆及其工作人员呼吁：坚持思想自由，坚持不受限制地检索信息的自由和言论自由的原则，充分承认和尊重图书馆使用者的隐私权。

国际图联官方语言

IFLA Languages

国际图联目前拥有7种官方语言：阿拉伯语、汉语、英语、法语、德语、俄语和西班牙语。在年会召开时，为代表提供有限的同声翻译服务（如主办国所使用的语言，非上述官方语言，也可使用）。一般说国际图联大会的论文以及8期通讯也要翻译成这7种语言，数量要视具体情况定。根据安排，在大会期间召开的专业会议和研讨会，代表们也应获得翻译服务。

国际图联管理委员会

IFLA Governing Board（GB）

根据国际图联章程规定，管理委员会在理事会批准的准则里对联合会的管理和专业方向负责。管理委员会由主席、当选主席等21名委员组成，他（她）们都是由会员以邮寄或电子投票方式选举产生，第一任任期为两年，可连任第二任期两年。

国际图联国际编目条例专家会议

IFLA Meetings of Experts on an International Cataloguing Code（IME-ICC）

国际图联为构建一部国际编目条例做准备，于2003—2007年在德国、阿根廷、埃及、韩国和南非分别召开五次专家会议，了解欧美地区、拉丁美洲和加勒比地区、中东阿拉伯地区、亚洲国家以及撒哈拉以南非洲国家的编目实践。会议目的是提出新的国际编目原则，取代1961年的“巴黎原则”，其成果为2009年正式出版的《国际编目原则声明》（ICP）。

国际图联国际市场营销奖

IFLA International Marketing Award

由国际图联市场营销专业委员会和爱墨瑞得公司联合举办。奖励那些开展了创造性的、以业绩为导向的市场营销项目或活动的机构。目的为了鼓励各图书馆的营销活动，为各图书馆提供共享营销经验的机会。全世界任何营销图书馆产品或服务的图书馆均有资格获得此项奖。

国际图联-国家图书馆馆长会议数字战略联盟

IFLA-CDNL Alliance for Digital Strategies（ICADS）

该联盟于2008年8月成立，其重点要使各国的国家图书馆在数字图书馆方面有战略性和前瞻性的发展，并提供国际图书馆界的最新信息。该联盟着重在三方面开展工作：创建和建设数字馆藏、进行管理数字馆藏和访问以及存取数字馆藏。

国际图联合作会员

IFLA Corporate Partnerships

作为国际图联的合作会员，国际图联为他们提供展示宣传其产品和服务的平台。该会员分金、银和铜级。联机计算机图书馆中心（OCLC）是国际图联的白金级会员。

国际图联核心活动

IFLA Core Activities

作为国际图联整个专业活动的基本组成之一，是国际图联的一个重要部分。核心活动联结了世界所有地区、所有类型图书馆及其用户共同关注的一些主题的活动，而成为一种“核心”。因此，核心活动的工作与按图书馆类型、图书馆业务活动和地区划分的国际图联各专业部组密切相融。核心活动由“通过图书馆项目，促进发展行动”（ALP）、“版权和其他法律事物委员会”（CLM）、“信息存取和言论自由委员会”（FAIFE）、“国际图联和国家图书馆馆长会议的著录标准联合项目”（ICABS）、“出版物的保护与保存”（PAC）和“国际图联通用机读目录”（IFLA UNIMARC）组成。

国际图联会员
IFLA Members

由国家协会会员（National Association Members）、国际协会会员（International Association Members）、机构会员（Institutional Members）、名誉会员（Honorary Members）、企业团体会员（Corporate Partners）、个人准会员（Personal Affiliates）和学生准会员（Student Affiliates）组成。根据国际图联章程规定，会员的权利是参加国际图联的各项活动，并从中受益。国际图联会员要遵守国际图联章程的各项规定，交纳会费和其他费用，积极促进国际图联宗旨的实现。

国际图联奖学金和研究基金
IFLA Fellowships, Funds, Grants and Awards

国际图联所管理的奖学金和研究基金使有抱负的全世界图书馆学情报学专业人员得到进一步的训练，为图书馆学新的研究项目提供资助。这些奖学金和研究基金主要有：Jay Jordan 国际图联/联机计算机图书馆中心早期职业发展研究奖学金计划（Jay Jordan IFLA/OCLC Early Career Development Fellowship Program）、国际图联国际营销奖（IFLA International Marketing Award）、国际图联研究论文奖（IFLA Research Paper Award）、国际图联通讯员年度奖（IFLA Communicator of the Year Award）、Credo 信息素养参考数字奖（The Credo Reference Digital Award for Information Literacy）、比尔·梅琳达·盖茨基金会的求知新途奖（Bill & Melinda Gates Foundation Access to Learning Award）和肖基·萨拉姆博士会议基金（Dr Shawky Salem Conference Grant）等。

国际图联理事会
IFLA Council

根据国际图联章程规定，国际图联理事会是国际图联的最高权力机构，由具有选举权利的正式会员组成。理事会在大会期间，会员以邮寄或电子投票方式行使其职权。理事会每年召开一次会议，一般在国际图联年会期间举行。理事会会议主席由国际图联主席担任，所有会员或会员代表都有权在理事会会议上发言。

《国际图联/联合国教科文组织：公共图书馆服务发展指南》
The Public Library Service: IFLA/UNESCO Guidelines for Development

在 2001 年 8 月举行的第 67 届国际图联波士顿大会上正式出版。全书分 6 个部分：公共图书馆的作用与目标、法律与经费制度、适应用户的需求、馆藏建设、人力资源和公共图书馆的管理与宣传。2002 年 2 月，经国际图联有关部门批准，该书的中文版由上海科学技术文献出版社出版发行。

《国际图联/联合国教科文组织公共图书馆宣言（1994 年）》
IFLA/UNESCO Public Library Manifesto, 1994

由国际图联公共图书馆组主持起草，于 1994 年 11 月 29 日在法国巴黎举行的信息管理会议上获准通过。宣言认为，公共图书馆是通向知识之门，为个人和社会群体的终生学习、独立决策和文化发展提供了基本条件。宣言表明了联合国教科文组织深信公共图书馆是开展教育、传播文化和提供信息的有力工具，也是在人民的思想中树立和平观念和丰富大众的精神生活的重要工具。宣言指出公共图书馆应不分年龄、种族、性别、宗教、国籍、语言或社会地位，向所有人提供平等服务。宣言提出了公共图书馆的任务、资助、法规和网络管理的要求。宣言还强调了宣言的实施：要求世界各国及各地的决策者和全体图书馆工作者实施宣言中的各项原则。宣言已有阿姆哈拉文、阿拉伯文、加泰罗尼亚文、中文、克罗地亚文、捷克文、丹麦文、荷兰文、英文、法文、德文、意大利文、格鲁吉亚文、希伯来文、立陶宛文和匈牙利文版本。

《国际图联/联合国教科文组织学校图书馆宣言（1999 年）》
IFLA/UNESCO School Library Manifesto, 1999

由国际图联学校图书馆和资源中心专业组起草、制订，在联合国教科文组织 1999 年 11 月全体会议上获准通过。宣言认为学校图书馆必须向学校辖区所有成员提供平等的服务，不论他们在年龄、种族、性别、宗教、国别、语言、专业和社会地位的差异；必须向那些不能获得图书馆正常服务和资料的用户提供特殊服务。宣言强调了学校图书馆是教育过程中不可缺少的组成部分，并规定了学校图书馆工作目标和学校图书馆员的职责。宣言指出，政府通过负责教育的机构，敦促落实贯彻实施的战略方针和计划。目前宣言有阿姆哈拉文、英文、法文、德文、希伯来文、立陶宛文和匈牙利文、挪威文、葡萄牙文、波兰文、俄文、斯洛文尼亚文、西班牙文、瑞典文、土耳其文和越南文的版本。国际图联/联合国教科文组织学校图书馆宣言第一版于1980年在菲律宾马尼拉学校图书馆会议上通过，同年12月正式公布。

《国际图联/联合国教科文组织因特网宣言指导方针》

The IFLA/UNESCO Internet Manifesto Guidelines

于2006年9月公布。该方针以国际图联在2002年发布的《因特网宣言》为基础，在突出强调图书馆用户对因特网资源的访问权问题的同时，特别为图书馆有关因特网资源获取项目以及相关的日常服务工作提供了指导性的政策手段及实现方式，主要包括公共获取原则、公共获取场所、公共获取的用户保障（包括残障人士和青少年儿童等、公共获取的信息内容保障、电子信息服务对民主政治的保障、技术手段的选择、需要考虑的问题、相关用户培训以及有关政策及规章制度的制定与实施）。

国际图联年度通讯奖

IFLA Communicator of the Year Award

国际图联跟随现代通信发展趋势，需要采用新型新闻传播形式，从传统的印刷和便携文件格式，到积极使用和维护社会媒体（博客、推特、脸谱、LinkedIn和其他有关专业组的平台）和国际图联专业组的网页。为推动国际图联这一发展进程，特设此项年度奖。常务委员会委员、专业组成员、特别兴趣小组成员、核心活动积极分子以及管理委员会委员均有机会获奖。

《国际图联85年》：会议历史年表（1927—2012）

85 years IFLA: A history and Chronology of Sessions

这是国际图联第155种出版物，由美国俄克拉荷马大学图书馆杰弗里·M·威尔海特编辑。该书为纪念国际图联诞辰85周年而作，展示了国际图联自1927年成立至今的完整历史，由国际图联前主席亚历克斯·拜恩（Alex Byrne）作序。该书还有参考书目、附录和索引，由绍尔出版公司于2012年出版。

国际图联区域办公室

IFLA Regional Office

国际图联分别在非洲（南非）、亚洲和太平洋地区（新加坡）和拉丁美洲与加勒比海地区（巴西）设立了区域办公室以协助对国际图联的宣传、发展国际图联会员以及加强区域内会员与国际图联进一步沟通，促进国际图联的各项活动顺利开展。

国际图联区域活动部

IFLA Division of Regions

国际图联专业委员会下设的第五专业部，该部下设1个核心项目（图书馆进步发展行动委员会）、3个专业组（非洲地区、亚洲与太平洋洲和拉丁美洲与加勒比海地区）和2个特别兴趣小组（非洲信息网络存取和发展中国家图书馆学情报学教育）。

国际图联三大支柱

IFLA's Three Pillars

从2004年12月起，国际图联推出了以“社会支柱、专业支柱和会员支柱”为重心的三足鼎立的工作模式，国际图联的全部工作在此模式下展开。社会支柱集中在社会中的图书馆和信息服务所产生的作用与影响，主要通过信息存取和言论自由委员会（FAIFE）、版权和其他法律事务委员会（CLM）、国际蓝盾委员会（ICBS）以及国际图联提倡的信息社会世界高峰会议来体现。专业支柱主要由国际图联的核心活动来实现：“国际图联的发展图书馆项目，促进发展行动”（ALP）、“出版物的保护与保存”（PAC）、“国际图联和国家图书馆馆长会议的著录标准联合项目”（ICABS）和“国际图联通用机读目录”（IFLA UNIMARC）等项目以及国际图联各专业部和专业组举办的活动。会员支柱乃是国际图联的重心，包括为全世界会员所提供的服务、会议和出版物。

国际图联使命

IFLA Mission

国际图联是独立的非营利性非政府国际组织，由图书馆、图书馆馆员和信息服务协会以及图书馆和信息服务机构组成。国际图联的宗旨是：促进提高标准图书馆和信息服务；鼓励私有、公共和民营机构广泛了解优质图书馆和信息服务的价值和重要性；代表全世界会员的利益。为实现上述宗旨，国际图联开展有关活动和计划，并建立相应的组织机构。

《国际图联数字参考指南》

IFLA Digital Reference Guidelines

该指南旨在各国多元服务传统中建立起共同的

标准，以便全世界图书馆同仁对参考咨询进行自由的探索，促进世界数字参考服务的最佳实践。该指南共分两个部分，第 1 部分为数字参考服务管理，规定了项目管理者的职责；第 2 部分为数字参考服务实践，为参考馆员提供了具体指引、范例。《国际图联数字参考指南》由国际图联参考与信息服务常务委员会于 2003 年 11 月在国际图联网站上公布。

《国际图联数字图书馆宣言》

IFLA Manifesto for Digital Libraries

2011 年 10 月 6 日，在法国巴黎举行的联合国教科文组织第 36 届会议审议批准了该宣言。该宣言为协助图书馆开展可持续和可互操作的数字化活动提供指导原则，鼓励图书馆员主动参与全国性数字化战略的制定可实施工作。

国际图联图书馆服务部

IFLA Division of Library Services

国际图联专业委员会下设的第三专业部，该部下设 2 个核心项目（国际图联通用机读编目格式和国际图联国家图书馆馆长会议数字战略联盟）、11 个专业组（书目组、编目组、分类与标引组、信息素养组、信息技术组、知识管理组、儿童与青少年图书馆组、多元文化人群图书馆服务组、面向特殊需求人群的图书馆服务组、识字与阅读组和参考与信息服务组）以及 2 个特别兴趣小组（本土事务与图书馆和 Web 2.0）。

国际图联图书馆馆藏专业部

IFLA Division of Library Collections

国际图联专业委员会下设的第二专业部，该部下设 1 个核心项目（保存与保护）、10 个专业组（采访与馆藏发展组、视听与多媒体组、文献传递与资源共享组、家谱与地方志组、地理与地图组、政府信息与官方出版物组、报纸组、保存与保护组、珍善本与手稿组和期刊与其他连续性资源组）以及 1 个特别兴趣小组（环境可持续发展与图书馆）。

《国际图联图书馆统计宣言》

IFLA Library Statistics Manifesto

2008 年 8 月时任国际图联主席克劳迪娅・卢克斯（Claudia Lux）在国际图联统计与评估专业组（Statistics and Evaluation Section）加拿大蒙特利尔会议上提出：制定一个被认可的、有关图书馆统计重要性的文件，该文件能够证明图书馆对其用户和社会的价值。这就是图书馆统计宣言产生的初衷。该宣言由国际图联统计与评估专业组负责起草，2010 年 4 月 9 日获得国际图联管理委员会通过，并发布于该专业组网页上。该宣言认为：统计数据不仅对于图书馆内部管理是不可缺少的，而且它们有很多的作用。当统计数据呈递给政策制定者、出资机构或者公众时，将影响战略计划，并能够建立和保持对图书馆的信心。宣言的内容包括一个序言和六大条款。序言引用了前国际图联主席亚历克斯・伯恩（2005）有关图书馆本质特性的精辟表述，核心内容为六大条款，简明阐述了：统计的作用、统计的内容、统计的质量保障原则与要求、标准统计表、统计的支撑、资金、立法和网络体系以及宣言的实施。宣言用英文、法文、丹麦文、俄文、西班牙文和中文等各种语言进行了发布，其中中文版由海南大学图书馆张红霞研究馆员翻译。

国际图联图书馆学情报学学生论文奖

IFLA LIS Student Paper Award

国际图联提供该奖项，具体协调实施由国际图联教育与培训专业组常务委员会负责。该奖项旨在鼓励图书馆学情报学专业学生就国际图联年会主题撰写并提交论文，奖励每年在国际图联年会上提交的最佳学生论文，为图书馆学情报学专业学生提供出席国际图联年会的机会，使之更多地了解国际图联活动状况，参与国际图联举办的活动。申请对象为全世界以图书馆学情报学为第一专业的学生（专科生、本科生和硕士研究生）。

《国际图联图书馆员道德准则》（草案）

***IFLA Code of Ethics for Librarians*（*Drift*）**

于 2011 年 12 月 6 日公布，共分前言、获取信息、对个人和社会的责任、隐私、保密和透明度、开放获取和知识产权、中立性、个人操守及专业技能和同事关系和雇主/雇员关系。这一道德与职业行为规范为指导图书馆员和其他信息工作者、也为各个图书馆与信息协会创建或修改自己的和相关规范提供了一系列的道德建议。

国际图联信息存取和言论自由委员会

Committee on Free Access to Information and Freedom of Expression（FAIFE）

为制订一项旨在有效地宣传和保护世界言论和获取信息的战略计划，国际图联发起了由英国人托尼・埃文斯任主席、来自世界各地的 30 名委派成员组成的“国际图联获取信息和言论自由”特设委员会。该委员会受权收集国际图联会员的意见，评估专家的见解，并相应地向范围更为广泛的国际图联各界提供建议。该委员会于1999年3月发布关于《图书馆和知识自由的声明》(*IFLA Statement on Libraries and Intellectual Freedem*)。该委员会的活动属于国际图联核心活动之一。

《国际图联因特网宣言》
The IFLA Internet Manifesto

由国际图联信息存取和言论自由委员会起草、制订，于2002年3月22日经国际图联管理委员会批准，同年8月23日在第68届国际图联大会第2次理事会上正式通过。宣言旨在突出帮助团体和个人自由获取信息、取得事业成功和发展的重要性。宣言还强调了图书馆和信息服务机构在提供较为方便地利用因特网基本方法的作用，尤其是国家图书馆，在促进建设合适信息基础设施、帮助图书馆制订和执行计划并通过利用因特网方便地获取信息方面起到重要的作用。宣言指出，国际图联鼓励国际社会支持因特网在全球范围、尤其在发展中国家的进一步发展，使人们都能从因特网信息中获益。宣言现有英文、法文、德文、意大利文、俄文、西班牙文和捷克文的版本。

国际图联优惠卡
IFLA Voucher Scheme

这是一种国际图联馆际互借的付款方式，目的在于使用户比较方便地进行国际图书馆之间的馆际互借的支付费用，只需使用优惠卡，无须以现金支付。优惠卡有两种面值：全价为8欧元，半价则为4欧元。

国际图联战略计划
IFLA Strategic Plan

通常国际图联每5年制定其战略计划，列出其发展的战略方向和目标，指导国际图联全部活动与管理，让世界各图书馆有权使其用户群公平地获取信息，确立国际图联及其成员的战略地位，改变和提升图书馆在社会上的状况和地位。

国际图联章程
Statutes of IFLA

第一部章程于1929年在意大利罗马、佛罗伦萨和威尼斯召开的第2届国际图联大会上正式通过。章程共有12条。第二、三、四和五部章程经修改分别于1952年、1964年、1979年、2000年在第18届、第30届、第45届和第66届国际图联大会上正式通过。第六部章程于2008年8月14日在加拿大魁北克召开的第74届国际图联理事会上通过。有20条，主要内容有：联合会名称和办公场所、目标、财政年、会员、终止、从属与协商、会费与经费、会员大会、大会的召开、出席大会、大会的进行、大会的选举、管理委员会、管理委员会的权力、专业与其他机构、修正法案、解散与结算、程序规则和最后条款。

国际图联执行委员会
IFLA Executive Committee

根据国际图联章程规定，执行委员会按照管理委员会制定的方针，在管理委员会召开的大会之前，有责任监督指导国际图联发展方向。执行委员会由主席、当选主席、司库、专业委员会主席和两名管理委员会成员组成。

国际图联专业委员会
IFLA Professional Committee (PC)

根据国际图联章程规定，其专业委员会要确保国际图联内各部门工作的协调，并对专业活动、方针和规划负责。专业委员会经选举产生主席和各专业部主席。专业委员会下设5个专业部和48个专业组。

国际图联专业支持部
IFLA Division of Support of Profession

国际图联专业委员会下设的第四专业部，该部下设2个核心项目（版权与其他法律事务委员会和信息自由获取与言论自由委员会)、7个专业组（继续职业发展与职场学习组、教育与培训组、图书馆建筑与设备组、图书馆理论与研究组、管理与营销组，图书馆协会管理组以及统计与评估组）和4个特别兴趣小组（电子学习、图书馆史、新职业和妇女、信息与图书馆讨论)。

《国际图书出版业》(美国)
International Literary Market Place

每年由R. R. 鲍克（R. R. Bowker）公司出版的国际图书出版业名录，包括180多个国家的出版社、著作代理商、图书制造业、图书俱乐部和经销商、主要的图书馆和图书馆协会以及文献协会、期刊、著作奖励基金等方面的信息，其中包括工业黄页。

《国际图书馆历史词典》
International Dictionary of Library Histories

由菲茨罗伊·迪尔拜恩出版社于2001年出版，描述图书馆历史总概况、各地区和各类图书馆起源，以及世界224个重要图书馆的历史概况和现状。全书共分为两部分，第一部分是图书馆史总概论由34篇文章组成，按文章讨论主题的字顺排列，每篇文章较为详细地探讨相关图书馆在各地的发展历史，提供参考书目。第二部分为图书馆概况，共224个图书馆条目，按图书馆名称排列，条目内容包括简单数据（地址、成立时间、馆藏量和特殊馆藏等）、机构设置、馆址变迁、现状以及参考文献等。

G

国际图书馆协会联合会
International Federation of Library Association and Institutions（IFLA）

1927年9月30日，英国图书馆协会在爱丁堡纪念其50岁生日活动，来自英国、美国、法国、奥地利、比利时、挪威、瑞典、瑞士、意大利、德国、荷兰、加拿大、丹麦、捷克和中国15个国家图书馆协会的代表联合倡议并签署协定正式成立。经过近90年的发展，国际图联实现了其宗旨：“促进提供高标准图书馆和信息服务，鼓励私有、公立和民营机构广泛了解优质图书馆和信息服务的价值和重要性，代表全世界会员的利益。”现拥有近150个国家和地区1 700余个会员。该协会是一个独立的、非政府的、非赢利性国际性组织，代表全世界图书馆协会、信息协会、图书馆和信息服务机构的利益。国际图联与联合国教科文组织正式建有协作关系，是联合国的观察员，国际科学联合会理事会（ICSU）准会员，世界知识产权组织（WIPO）和国际标准化组织（ISO）观察员以及世界贸易组织（WTO）观察员。同时还是国际出版者协会（IPA）的顾问，国际档案理事会（ICA）、国际博物馆理事会（ICOM）、国际纪念馆和遗址理事会（ICOMOS）以及国际蓝盾委员会（ICBS）委员。该协会每年在不同的国家召开年会，已举办过78次。该协会主要出版物为1975年创刊的《国际图联杂志》（*IFLA Journal*）（季刊）。

《国际图书馆协会联合会杂志》
IFLA Journal

原名为《国际图书馆协会联合会快讯》，1975年创刊。是国际图书馆协会联合会的正式出版物，在该杂志编辑委员会领导下由国际图联总部J. 史梯芬·帕特（J. Stephen Parter）先生编辑，英国塞奇出版公司（Sage Publication Ltd.）负责出版发行。该刊主要报道国际图联大会详细情况和国际图联管理委员会以及国际图联的核心活动、各专业委员会、专业部组新闻动态，还包括国际图联管理委员会会议录、各专业组工作通讯和国际图联出版物的评介等。该刊为季刊（3月、6月、10月和12月出版），文章主要用英文刊登，有时用法、德、西和俄文。从1993年起开始提供网络版。凡国际图联会员都可免费阅读，是全球图书馆员了解国际图书馆协会联合会活动甚至世界图书馆界状况的重要窗口。

国际图书馆学情报学研究荣誉学会（美国）
Beta Phi Mu

1948年成立于美国伊利诺伊州州立大学，这是一个常设的国际图书馆学和情报学荣誉团体，经常表彰图书馆学界杰出的学者和专业项目或学术项目的发起人。*Beta Phi Mu* 是希腊文简称，原意为“图书馆是知识的保护人”。会员资格要求：美国图书馆协会认可的图书馆学院的毕业生，要求具有5年的专业学习或更高的学历（图书馆学硕士或国际图书馆学硕士）并且它们的课程在学校教育的平均分中至少占3.75%，最高为25%。该学会是美国图书馆协会的一个分委员会，出版有半年刊的全国性的业务通讯。

国际图书援助委员会
Book Aid International

非政府组织，主要是用援助图书来帮助和改善贫困、文盲多、经济落后的偏远地区。该组织是1954年由兰佛利（Ranfurly）图书馆服务部和兰佛利伯爵夫人共同倡议创建的。当时兰佛利女士的丈夫是巴哈马群岛的行政长官，她亲身感受到当地的孩子们非常缺乏图书，便开始筹划捐赠图书并向她的朋友们联系从英国收集多余的图书，然后重新分配寄给需要的学校和图书馆。1994年1月1日更名为现名。该组织已先后向世界各地70多个国家捐赠寄送了1 500多万册图书。30多年来，作为长期担任该组织会长的兰佛利女士将自己全部的精力都投入到实际工作之中，直到2001年2月11日病逝之前她才离开了每天工作的地方。该组织每年为世界上30个最贫困国家的图书馆、医院、学校和避难所提供50余万册图书。

国际文献工作联合会
（法）*Fédération Internationale de la Documentation*

英文名称为International Federation for Documentation，简称 FID。1895 年成立于比利时布鲁塞尔，1938 年改为国际文献工作联合会。该组织的宗旨是：在世界范围联合科学、技术、艺术和人文科学等方面的文献工作有关团体和个人开展学术交流，开展对文献工作的研究。其主要工作是发展“国际十进分类法”（Universal Decimal Classification，UDC），并设有若干与图书馆管理工作有关的专门委员会和工作组。该组织是国际上历史悠久、有较大影响的学术组织之一，与国际图联保持很好的关系。由于多种原因，不能维持下去，于2002 年宣布解散。

国际协会联合会

Union of International Association

作为国际协会的中心办事处于 1907 年在比利时布鲁塞尔由 1913 年诺贝尔和平奖获得者亨利·拉封丹（*Henri La Fontaine*）和目录学家、国际文献联合会的前身——国际目录学会秘书长保罗·奥特勒（*Paul Otlet*）组织成立，并于 1910 年在第一届国际组织世界大会上改为现名。该联合会是非赢利的信息交换所，为 4 万多个国际组织提供信息。其工作语言为英文和法文。主要出版物有：双月刊《跨国协会》（*Transnational Associations/Associations Transnationales*）、季刊《国际会议一览表》（*International Congress Calendar*）、年刊《国际组织年鉴》（*Yearbook of International Organizations*）和《国际组织人名录》（*Who's Who in International Organizations*）等。

国际信息处理联合会

International Federation of Information Processing (IFIP)

在信息处理领域内进行合作的国际性组织，隶属于联合国教科文组织，是信息技术界唯一的国际学术组织。1960 年 1 月成立，总部设在卢森堡。拥有 100 多个学会成员。该联合会的宗旨和任务是：强调成员国信息处理组织之间的联系和相互谅解，推动信息处理在科学和人类活动方面的科研、发展和应用；定期举办各类会议和展览，交换和传递信息，促进信息科学技术发展。主要出版物有《国际信息处理联合会业务通讯》（*IFIP Newsletter*）和《T3-教育和信息技术》（*T3-Education and Information Technologies*）和《信息公报》（*Information Bulletin*）。

《国际信息管理杂志》（英国）

***International Journal of Information Management* (*IJIM*)**

创刊于 1986 年，双月刊，由爱思维尔（Elsevier）公司出版。研究信息系统的组织、管理、计划和决策等问题，内容有研究记述、实例研究和评论。主要刊载信息管理科学与技术方面的研究文章，涉及信息资料系统、管理制度、信息处理技术及发展趋势。该刊的文章大部分被收入《图书馆学情报学文摘》（*LISA*）和《社会科学引文索引》（*SSCI*）等。

《国际信息与文献论坛》（俄罗斯）

International Forum of Information and Documentation

创刊于 1975 年，季刊，由俄罗斯科学院全俄科学与技术信息研究所出版社出版，是研究信息管理、信息服务和文献学等问题的科学与教学杂志。该杂志主要刊载各种会议论文、报告、评论和人名索引，所发表的专家文章包括信息战略、科学交流、提供与传播信息的先进方法，预测、计划和利用信息服务以及用户教育、图书计量学、信息价值和信息检索系统等。用英俄两种文字编辑出版。

国际学术图书馆会议

International Conference on Academic Libraries (ICAL)

旨在为制定下一代学术图书馆的愿景提供行动计划，为讨论学术图书馆的重要性问题提供国际交流平台，帮助实现 2020 年学术图书馆的愿景及提升和发挥学术图书馆在高等教育体系中的地位与作用。首届会议于 2009 年 10 月在印度德里大学（The University of Delhi）举行。会议研讨的内容包括学术图书馆的愿景、角色与未来、技术、政策与创新、变革管理、图书馆销售商及出版商、图书馆服务的管理模式及框架和图书馆宣传等。

《国际学位论文文摘》（美国）

***Dissertation Abstracts International* (*DAI*)**

由 Proquest 学术信息公司编辑出版。创刊于 1938 年，月刊。主要收录美国和加拿大 550 多所大学的博士论文，100 多所欧洲大学及少量其他国家的相关论文。

国际学校图书馆协会

International Association of School Librarianship (IASL)

附属于世界教育工作联合组织（World Confederation of Organizations of the Teaching Professions，WCOTP）的一个国际性协会，于 1971 年在牙买加首都金斯敦成立。成员包括图书馆工作者、媒介专家、教育工作者、出版工作者和一些对学校图书馆事业关心的职业家。协会的任务是：1. 促进各国学校图书馆和图书馆计划的发展；2. 加强学校图书馆的职业培训；3. 加强各国学校图书馆的包括文献互借、互换在内的合作；4. 促进学校图书馆设备的完善；5. 在学校图书馆领域开展诸如研讨会之类的活动，协调科研项目。

《国际研究中心名录》
International Research Centers Directory

由盖尔（Gale）出版集团编辑出版的工具书，每年更新，主要收集世界170个国家和地区的由政府、大学、独立科研机构等部门支持或下属的研究所、实验站、考试中心和基金组织等机构基本信息和联系方式。正文分为5大类17小类。条目内容包括联系方式、成立时间、年预算经费、主要负责人、职员人数、研究领域、出版物和会议等。索引包括主题索引、国家名索引、人名索引和总索引。

G

《国际药学文摘》（美国）
***International Pharmaceutical Abstracts*（*IPA*）**

提供了所有关于药物的发展状况、使用情况，以及专科药物实验方面的信息。收录范围涉及一些国家的药学期刊，这些期刊都具有统筹规划、稳定的资金和人力、固定的方针以及法律作保障等。收摘内容包括药学领域的临床实践、理论、经济和科学等方面，有关临床研究的文摘包括研究设计、病人数量、剂量、剂型和剂量表等。其主题范围包括：药物副作用、生物药理学、药物分析、药物评估、药物相互作用、药物代谢和体内分布、药物稳定性、历史、信息进展和文献；公共药物实验、调查研究的药物、立法、法律和法规；方法学和药物测试、药物化学、制药学、药物经济学、生物学、制药试验、药理学、社会学、经济学、伦理学和毒理学。该文摘收录了1970年以来全世界出版的750多种药学、医学及卫生保健相关期刊的药学文献题录和文摘。文献量以每年2万篇的速度递增，70%以上的文献有英文摘要。涉及的主要学科领域有：药物信息、药学、药物化学、制药、微生物学、药理学、药物副作用、毒理学等。收录范围也包括临床药物信息、技术药物信息、药房实践、药学教育、制药工业政策与法规等信息。

国际伊斯兰大学图书馆（马来西亚）
Library of International Islamic University Malaysia

成立于1983年5月，拥有5所分馆，馆藏200万册（件），涉及该校所有开设的学科，包括伊斯兰教、法律、经济管理、英语、阿拉伯语、医学、建筑学和工程学。该馆设有73个阅览室、10个研究室、8个讨论室、4个视听室和1个多功能室。

国际医学情报协会
International Medical Informatics Association（IMIA）

成立于1989年。该协会的主要宗旨是促进信息科技在医疗保健、医学、健康与生物信息学研究领域的应用，推进和鼓励国际间合作；促进医学信息研究与应用以及促进医学信息教育发展；在国际卫生组织（WHO）和其他专业国际组织中代表医疗和健康信息组织的利益。该协会负责组织每3年一次的世界医学情报大会（World Congress on Medical and Health Informatics），还于2001年设置“医学信息杰出奖”，每3年评选一次，表彰医学及卫生保健研究及教育中作出突出贡献的人士。该协会每年出版医学情报学年鉴，报道过去一年医学及生物医学信息领域的杰出研究、调查及综合评论情况。《应用临床情报学》（*Applied Clinical Informatics*）、《国际医学情报期刊》（*International Journal of Medical Informatics*）、《医学情报方法》（*Methods of Information in Medicine*）是该协会出版的3种学术期刊。

国际医学信息中心
International Medical Information Center（IMIC）

成立于1942年，主要进行有关医学和医疗信息的收集、整理和提供，进行与此有关的信息方法的研究与开发，促进医学和医疗事业的发展。服务对象是医学和医疗领域的研究人员、团体和企业等。

国际因特网保存联盟
International Internet Preservation Consortium（IIPC）

该联盟于2003年7月24日在法国巴黎创立，最初仅包括12个成员机构，目前正式成员有近40个。其使命是全面收集和保存全球因特网的内容，促进通用工具、技术和标准的研发和应用，以建立一个全球因特网档案馆，鼓励和支持各国国家图书馆解决因特网信息的采集和保存。其目标是通过国际间的合作交流，建立起因特网信息资源的获取和保存机构，并且使这些资源能够在未来足够长的一段时间之后仍然能够被人利用。该联盟组织架构包括执行委员会、技术委员会和专门工作组，执行委员会设执行总长、成员协调官员、组织沟通官员和联盟财务官员各一名，技术委员会下设技术总监一名，专门工作组包括采集、保存、服务和标准等四个工作组。

《国际音乐名人录》（英国）

International Who's Who in Music

由英国尼古拉斯·劳（Nicholas S. Law）出版社出版的《国际传记中心》(*International Biographical Center*）丛书中的一种。20 世纪 30 年代开始出版，原为一卷本，自 1996 年开始增加第二卷，收录英国、美国、香港等几十个国家和地区的音乐名人的简历以及他们的代表作品。第一卷包括 8 000 多个条目，涵盖古典音乐和古典轻音乐领域。第二卷 5 000 多个条目，涵盖流行音乐领域，包括乡村、爵士、摇滚乐、现代舞和电影电视音乐等，正文条目按姓氏字母顺序排列。

国际音乐图书馆协会

International Association of Music Library（IAML）

1951 年 7 月在法国巴黎成立，旨在促进音乐图书馆、档案与文献中心的发展，促进音乐书目、音乐文献的编制和收集、音乐图书馆及信息科学领域研究项目的执行。其会员来自 45 个国家的 2 000 多个的音乐收藏机构、音乐与视听图书馆的馆员、音乐档案员及文献专家，主要来自欧洲及北美，一部分来自澳大利亚、新西兰及日本等国。该协会在 22 个国家设有分支机构，其中有 5 个专业分支机构（档案与音乐文献中心、广播与管弦乐图书馆、音乐教育机构图书馆、公共图书馆和研究图书馆）、4 个主题委员会（目录、视听资料、服务与培训和编目）及各种工作小组。该协会与国际图联（IFLA）合作修订《国际标准书目 ISBD》中的非书资料及印本音乐资料的内容，还与国际标准组织（ISO）合作促进国际标准乐谱号（International Standard Music Number，ISMN）的修订和发展。每年在不同的国家召开一次年度国际会议。该协会拥有多种出版物：《国际音乐图书馆协会杂志》（*Fontes Artis Musicae*）是其主办的季刊，是该协会宣传其日常工作的主要媒介，季刊所刊登的文章主要与该协会的发展目标相关，特别关注音乐图书馆、文献学、目录学及音乐学等领域。该协会每年还出版一次国际性的《近期音乐出版物目录》(*Recent Publications in Music*)，重点收录印本或其他媒介的音乐参考资料及研究著作。不定期出版电子通讯（*IAML Electronic Newsletter*）。与此同时还出版 4 种对音乐学者及图书馆员有重要参考价值的系列目录：《国际音乐信息源的目录》(*Répertoire international des sources musicales*, *RISM*)、《国际音乐文献的目录》(*Répertoire international de littérature musicale*, *RILM*)、《国际音乐插图的目录》(*Répertoire international d'iconographie musicale*, *RIdIM*)、《国际音乐期刊的回溯目录》(*Répertoire international de la presse musicale*, *RIPM*)，此外，该协会还编制关于音乐专业英语、德语、意大利语、荷兰语和波兰语等多种语言的小册子。

国际音像制品标准号码

International Standard Recording Code（ISRC）

音像制品的国际性唯一标识编码。目前采用国际音像制品标准号码编码的出版物包括唱片、录音带、录像带、激光视盘、激光唱片等。由国家码、出版者码、录制年码、记录码和记录项码 5 个数据段 12 个字符组成，各段之间以一个连字符“-”相隔，是一种不带校验位的定长编码结构，在联机目录中也可以作为用户的一个检索入口。国际音像制品标准号码的实施对音像制品的出版发行、版权保护、信息交换和市场管理产生积极的影响。

国际有声和视听资料协会

International Association of Sound and Audiovisual Archives（IASA）

致力于研究保留录音和音像资料档案的国际性组织，1969 年成立于荷兰的阿姆斯特丹。成员来自 60 多个国家音像档案界的代表，所属的特定学科和重点研究领域有音乐录音、历史、文学、民俗和人种声音文件，戏剧档案和口述历史访谈，生物声学，环境和医疗声音，语言和方言录音以及法医录音，等等。该协会每三年选举产生的执行局负责监管全会的业务。

国际阅读协会

International Reading Association（IRA）

成立于 1956 年 1 月 1 日，总部设在美国特拉华州的纽瓦克市，是全球阅读教育从业人员和各年龄段的阅读爱好者的非营利性的专业组织。该协会的宗旨和目标是藉由研究阅读过程及教学方法提升全民阅读质量，使每个人都拥有一定的阅读能力，并鼓励终身阅读。其成员由教师、阅读专家、顾问、行政人员、研究员、心理学家、图书馆员、媒体专家、学生及家长组成，成员超过 10 万人，遍布全球 99 个国家和地区，并在世界各地建有 1 250 个分会。协会每年定期举办年会，每两年举行一次世界阅读大会，同时还召开区域性年会。每年出版一定量的新书及电子读物，还出版 4 本专业期刊：《阅读教师》（*The Reading Teacher*）、《青少年及成年人扫盲期刊》《*Journal of Adolescent & Adult Literacy*》、《阅读研究季刊》（*Reading Research Quarterly*）以及《在线阅读》（*Reading Online*）（免费的电子期刊，适合各级阅读启蒙教育者）。另有一份双月刊《今日阅读》（*Reading Today*），报导阅读界的最新信息、出版品及会议信息。该协会还设立了 40 多个奖项表彰在推进阅读方面做出突出贡献的个人和组织。

《国际在版书目》
International Books in Print（*IBIP*）

指供查阅、订购图书用的工具书，在西文图书的采访工作中，该在版书目是必不可少的工具书。其提供了绝大部分当前在版（出版社有库存）的图书的详细信息，可供图书馆和书商使用。由德国绍尔出版社（*K. G. Saur Verlag & Co. KG*）出版。

国际知识组织学会
International Society for Knowledge Organization（ISKO）

成立于 1989 年，国际研究知识组织理论与实践的主要学术组织之一。该学会旨在促进开展各种形式的知识组织工作，促进知识组织系统的研究、开发与应用，采用哲学、心理及语义的方法对知识进行排序，为成员提供知识组织沟通和联系的方式，联合各类机构及协会共同解决概念组织和知识处理相关的问题。该学会由执行董事会（7 个成员）及科技咨询委员会（22 个成员）进行管理。目前，该学会拥有来自信息科学、哲学、语言学、计算机和医学等领域的 400 多名成员。该学会每两年举行一次会员大会和一次国际会议，并就专门主题举行全国及地区会议。创刊于 1973 年的《知识组织》（*Knowledge Organization*）是其顶级的科技期刊，每年出版 4 次。该协会还与联合国教科文组织、欧洲委员会及国际标准组织、国际图联的分类与索引小组、美国信息科学与技术协会的分类法研究兴趣小组、网络信息组织系统和国际术语信息中心就共同关心的主题进行合作实施一定的研究项目。

国际中华传播学会
Chinese Communication Association（CCA）

1990 年成立于美国。现拥有 200 多名生活在北美、亚洲和其他地方的会员。这些会员不仅有学者，也有学生和传播从业者；不仅有以中文为母语的，也有对传播有兴趣的非华裔。该学会是国际传播学会（ICA）、全美传播学会（NCA）和新闻和大众传播教育学会（AEJMC）等国际学会的集体会员，从而为研究中华传播的学者与国际学术界提供了一个交流的窗口。通过这些渠道，展示有关中华传播的研究成果。该学会是各个不同区域说中文人群的集合。从一开始该学会就热烈欢迎来自中国内地、台湾地区、香港和澳门特别行政区、新加坡和其他地方的成员。该学会将继续为针对中文社会传播研究的国际化提供便利。

《国际专利分类表》
International Patent Classification（*IPC*）

用于专利文献分类的等级列举式分类法。是一种国际统一化、标准化的专利分类法。由于其具有完整性、科学性和适用性的特点，目前几乎被世界上所有建立专利制度的国家采用。中国自 1985 年 4 月 1 日实行专利制度以来就采用了这种分类方法。该分类表的编制依据是“关于国际专利分类斯特拉斯堡协定”，现有德文、法文、俄文、西班牙文、葡萄牙文和中文等译本。国际专利分类表以发明的基本功能及技术领域为立类原则，分为 8 个部，129 类，639 子类，约 61 397 个细目。分类号以拉丁字母和阿拉伯数字混合组成。该分类表每 5 年进行修订，目前使用的是第 8 版，2010 年 9 月世界知识产权组织推出该分类表的网络版。

国际专利文献中心
International Patent Documentation Center（INPADOC）

1972 年 5 月 2 日在奥地利维也纳成立。其主要任务是向各国或地区专利局和工业部门提供有关专利文献书目资源。国际专利文献中心与欧洲专利署（EPO）、专利协约成员及 56 国专利事务所合作处理其专利资料，搜罗所有技术领域内的专利，每一笔书目资料包括名称、发明者及受托人，可供在线检索。该中心系统有复本淘汰的过滤功能，可迅速辨识不同国家相同发明的相关专利，保持重复专利的记录，不需人工维护研究档案。国际专利文献中心的服务提供了相关专利群的第一手信息，且能在一群相关专利中辨认所属语文并加上最早的注册日期。1991 年初与欧洲专利署合作开发了法律现况数据库（Legal Status Database）。国际专利文献中心与各国的合作计划表明：国际合作在知识产权领域内得到了持续扩展。

《国际组织年鉴》(德国)

Yearbook of International Organizations

收录关于国际组织和机构的重要名录。初版于1948年，由布鲁塞尔的国际联合协会（Union of International Associations）负责编纂，用英、法文交替出版。90年代起逐年发行，由K·G·绍尔（*K. G. Saur*）公司出版。该年鉴名称及出版的方式经过多次更改，内容也不断的扩充。全书分成四大册，第一册又分成A、B两册，所以实为五卷。第一册为母本，名为“机构概况及参见”；第二册为“参加国索引”；第三册为“主题和地区索引”；第四册为“国际组织书目和资源”。索引的详细和多样化以及收录的国际组织范围广泛是该年鉴的突出优点，使用方便并具参考价值，但内容有点繁琐。目前已有网络版，收录了近300个国家和地区的65 398个国际组织和机构，内容及时更新，和印刷版相比信息更多更新，具有强大的网络导航和页面显示系统。

国家标准

national standard

由国家标准化主管机构批准、发布，在全国范围内统一使用的标准。是对全国经济、技术发展有重大意义的产品、工程建设和各种计量单位所作的技术规定，被作为从事生产、建设的共同依据。

国家博物馆

National Museum of China

一座系统展示中华民族文化历史的综合性博物馆，也是世界上最大的博物馆之一。其前身为1912年7月9日成立的“国立历史博物馆筹备处”。1949年10月1日，更名为“国立北京历史博物馆”，1959年改名为“中国历史博物馆”。中国革命博物馆的前身为1950年3月成立的“国立革命博物馆筹备处”。1960年正式命名为“中国革命博物馆”。1959年8月，位于北京天安门广场东侧的两馆大楼竣工，为建国十周年十大建筑之一。同年10月1日，在国庆十周年之际，开始对外开放。2011年3月1日国家博物馆新馆竣工，建筑面积为19.19万平方米。该馆集收藏、研究、展览于一身，藏品数量为100余万件。

国家测绘局

national survey

负责测量、绘制和提供一个国家的地形、地貌和自然资源信息的政府部门。在中国，负责国土资源测量、绘制并为社会提供信息服务的部门是国家测绘总局。在美国，同类的机构有美国地质勘探局和国家测量局。

国家传记词典

national biographical dictionary

19世纪出现于欧洲的一种大型传记词典。目的在于收录本国有史以来的著名历史人物。国家传记词典的条目一般由专家撰写，具有较高的权威性。如《英国传记大词典》(*Dictionary of National Biography*)。

国家代码

country code

因特网地址或电子邮件地址的最后一部分，由表明主机所在国家的两个字母缩写组成。例如：.ca是Canada（加拿大）、.uk是United Kindom（英国）和.cn是China（中国）等。一些网络搜索引擎允许用户用指定国家代码进行查询。

国家档案馆

national archives

由国家各级政府设立并领导、负责接收和管理一定范围的具有社会和历史价值的各种档案，并提供社会利用的文化事业机构。世界上第一个具有近代意义的国家档案馆是1790年建立的法国档案馆。加拿大、美国、马来西亚、印度尼西亚、印度、阿尔及利亚等国在中央只设一个国家档案馆，地方各级政府也只设一个档案馆；欧洲一些国家如意大利、西班牙、丹麦和瑞典等国设有中央级综合国家档案馆，还设有专业国家档案馆，地方各级政府只设一个综合档案馆。中国以综合档案馆为主，在中央一级也设有专门档案馆，地方各级政府也设有综合档案馆。

国家科技图书文献中心

National Science and Technology Library (NSTL)

2000年6月，由中国科学院文献情报中心、工程技术图书馆（中国科学技术信息研究所、机械工业信息研究院、冶金工业信息标准研究院和中国化工信息中心）、中国农业科学院图书馆和中国医学科学院图书馆组成。该中心设办公室，负责科技文献信息资源共建共享工作的组织、协调与管理。该中心根据国家科技发展需要，按照“统一采购、规范加工、联合上网、资源共享”的原则，采集、收藏和开发理、工、农、医各学科领域的科技文献资源，面向全国开展科技文献信息服务。该中心目前收藏有中外文期刊、图书、会议文献、科技报告、学位论文等各种类型、各种载体的科技文献信息资源，其主要任务是面向全国提供馆藏文献的阅览、复印、查询、检索、网络文献全文提供和各项电子信息服务。

国家科技图书文献中心
National Science and Technology (NSTL)

2000 年 6 月 12 日成立，是一个基于网络环境的科技信息资源服务机构。该中心由中国科学院文献情报中心、国家工程技术图书馆、中国科学技术信息研究所、机械工业信息研究院、冶金工业信息标准研究院和中国化工信息中心、中国农业科学院农业信息研究所、中国医学科学院医学信息研究所、中国标准化研究院标准馆和中国计量科学研究院文献馆组成。其建设宗旨是：根据国家科技发展需要，按照“统一采购、规范加工、联合上网、资源共享”的原则，采集、收藏和开发理、工、农、医各学科领域的科技文献信息资源，面向全国开展科技文献信息服务。其发展目标是建设成为国内权威的科技文献信息资源收藏和服务中心；现代信息技术应用的示范区；与世界各国著名科技信息机构交流的窗口；与国内其他科技图书文献系统联合的枢纽；全国科技文献资源服务体系的龙头；信息资源管理研究、人才培养和科普教育的基地。

国家科学基金会（美国）
National Science Foundation (NSF)

1950 年成立。旨在促进科学进步，提高国民健康水平，使国家繁荣昌盛，保证国家安全。该基金会以基金项目、合同和合作协议等形式，对美国 2 000 多所大学、中小学和非正规科学教育机构等进行资助。其经费来自政府拨款，每年需向国会提交预算建议，由国会批准。该基金会也对图书馆学情报学研究项目进行资助。

国家名人传记
national biography

指包括某一国家的一些具有卓越成就的人的传记资料出版物，通常按姓名字顺排列。国家名人传记多为多卷本的参考工具书。

国家农业图书馆（美国）
National Agricultural Library (NAL)

美国三大全国性图书馆之一。是美国农业信息的主要信息源，也是世界上最大的农业图书馆，位于马里兰州贝兹维尔和华盛顿特区。经林肯总统签署立法，国家农业图书馆作为一个联邦政府图书馆于 1862 年建立。该馆初名为农业部图书馆，1962 年才改为现名，拥有藏书 350 多万册。涵盖所有农业包括园艺、昆虫、家禽、种子等方面资料，特藏有善本、手稿、照片以及 16 世纪到现在的海报。该馆自行开发的农业在线查询系统（AGRICOLA）内容包括选自近万种与农学及生命科学相关的期刊论文、博士论文、标准、软件、视听资料及技术报告等。国家农业图书馆与各州立大学图书馆紧密合作，为美国农业部的研究人员、政策制订者、教育人员、农民、农产品消费者和普通大众检索、利用农业信息提供良好的服务。该馆为国际图联机构会员。

国家书目
national bibliography

一个国家出版或发行的文献总目录（某一年度的或多年累积的）。国家书目一般由国家图书馆等机构依靠呈缴本制度、国家出版法的版权登记、出版商赠书等全面充分地反映一个国家的各类出版物，是一个国家各项书目工作及国际书目控制的基础。国家书目一般分为两种，一种是揭示和报道一个国家最近出版的图书资料的现行国家书目，另外一种则是反映一定历史时期全国出版的图书资料的回溯性国家书目。中国的国家书目是由中国国家图书馆负责编制的《中国国家书目》（*Chinese National Bibliography*）。

国家书目代理控制号
National Bibliographic Agency Control Number

批处理中由国家书目代理而非国会图书馆分配给记录的唯一号码。这些号码是记录控制号码，用于国家书目代理系统，使用在 016 字段和 $ a 子字段，是用在批处理匹配的唯一关键。

国家书目中心
national bibliographic center

受国家中央政府委托或法律规定，在全国范围内开展出版物目录控制的工作机构。一般由国家图书馆承担。国家书目中心的主要任务是：凭借国家呈缴本制度、版权登记制度等法律保障，接受本国出版机构和个人按法律规定呈缴的样本书刊；及时了解和掌握全国的出版情况，并定期编制出版全国性的新书目录、回溯性书目、联合目录和机读书目。中国国家图书馆、美国国会图书馆既是国家图书馆又是国家书目中心。

国家图书馆
national library

由一个国家的政府指定和提供资金的图书馆，收集该国所有出版的和未出版的文化产品，包括政府本身的出版物。它代表一个国家图书馆事业的发展水平，是一个国家规模最大、藏书最丰富的图书馆。世界上第一所国家图书馆是 1468 年在意大利成立的西那国家图书馆。目前，世界各国已有国家图书馆 140 多所。中国国家图书馆原名为北京图书馆，其服务对象主要是中央党政军领导机关、科学研究部门和重点生产建设单位，同时也为一般读者提供一定范围的阅览服务。美国的国家图书馆是位于华盛顿特区的国会图书馆、国家农业图书馆、全国教育图书馆和国家医学图书馆，这些图书馆分别拥有其特定学科领域的丰富馆藏。

国家图书馆出版社
National Library of China Publishing House

原名书目文献出版社，1979 年成立，1996 年改为北京图书馆出版社，2008 年 5 月更为现名。由中华人民共和国文化部主管、中国国家图书馆主办。该出版社依托中国国家图书馆的丰厚馆藏，并与其他各类图书馆密切合作，主要致力于出版图书馆学、情报学、信息管理科学著作和译作；出版各种书目、索引；整理、影印古代典籍和各类罕见图书文献；编辑出版各种文史著作和中文工具书。目前已出版图书 2 500 余种，是中国图书馆界唯一一家中央级出版机构，同时也是以整理影印出版古籍图书为主要特色的一家专业出版社。该出版社下设有图书馆学情报学、古籍整理影印、文史、综合和中华再造善本等 5 个编辑室以及社长总编办公室、财务部、发行部和储运部等管理服务机构。

国家图书馆联合编目中心
Online Cataloging Center, National Library of China

成立于 1997 年 10 月，宗旨为在全中国范围内组织和管理图书馆联机联合编目工作，运用现代图书馆的理念和技术手段将各级各类图书馆丰富的书目数据资源和人力资源整合起来，以国家图书馆为中心，实现书目数据资源共建共享，降低成员馆及用户的编目成本，提高编目工作质量，避免书目数据资源的重复建设。该中心为全国中文书目数据资源的共建共享做了大量的工作。尤其注重联合编目工作的基础建设、组织建设、业务建设和宣传工作，注重市场开发以及发展用户。联合编目中心的数据用户近千家，遍及全国各省市、自治区、直辖市和特别行政区，形成了一支相对稳定的书目数据共建共享队伍。

国家图书馆企业信息服务中心
NLC Enterprise Information Service Center

面向国内外企业、政府机构、事业单位、大专院校和科研机构开展图书馆参考咨询服务的专门信息咨询部门。提供电子平台服务、电视媒体监测服务和礼品样式展示等。

国家图书馆文津图书奖
Wenjin Book Awards of NLC

设立于 2004 年，由国家图书馆主办的公益性图书评奖活动，每年举办一次，全国有近 200 家出版社推荐了很多优秀图书，更有广大的专家、读者和作者积极参与到评选活动中，先后有 11 所图书馆成为评选活动的联合评选单位。历届参评图书总数达 3 200 种，到 2010 年，共评出 59 种获奖图书和 195 种推荐图书。

《国家图书馆学刊》
Journal of The National Library of China

原名为《北京图书馆馆刊》，是由中华人民共和国文化部主管、中国国家图书馆主办的面向国内外图书馆界的综合性学术期刊。重点刊登图书馆界的重大科研项目的论述、文献的组织与研究。旨在促进图书馆学研究、推动图书馆事业发展，积极关注国内外图书馆事业及相关学术动态，贴近工作实践和理论前沿，突出重点和热点问题的研讨。同时，适应信息时代特点，捕捉相关领域高新科技信息，推介新型管理模式，展示最新学术成果和发展动态。该刊设有“国家图书馆论坛”、“前沿论坛”，“公共文化服务”、“信息组织”、“数字图书馆”、“研究与实践”、“交流与借鉴”、“实证研究”、“图书馆史研究”和“书林史话”等栏目。该刊面向国内外图书馆界、各大专院校及科研单位和从事图书馆学情报学专业的工作者。每年 2 月、

4月、6月、8月、10月和12月出版，国内外公开发行，有英文目录。

国家图书馆专业组
IFLA National Libraries Section

隶属国际图联专业委员会图书馆类型部（Division of Library Types）。该专业组的业务涉及国家图书馆的各种职能，与国家图书馆馆长会议（CDNL）密切合作，拓展对国家图书馆的研究范围。出版国家图书馆专业组的业务通讯（电子版），刊登各国国家图书馆有关的新闻与会议动态和论文，出版会议录和年报。

国家图书节（美国）
National Book Festival

自从2001年以来，每年9月在美国华盛顿特区国家广场由国会图书馆主办。数以万计的图书爱好者聚集在一起分享图书和阅读带来的乐趣，有机会与他们所喜爱的获奖作家、插图画家和诗人见面，并请他们在书上签名。在图书节上来访者有机会了解有关阅读计划以及全美国各地图书馆所拥有的资源。国家图书节对所有公众免费开放。

国家新闻社（古巴）
（西）*Agencia de Información Nacional*（*AIN*）

古巴官方通讯社，负责国内新闻报道。1974年4月12日根据古巴共产党中央书记处决议而成立，1974年5月21日正式发稿。该新闻社由古巴共产党中央直接领导，总部设在哈瓦那，在全国各省设有分社或记者站。总社设有编辑部、采访部、摄影部、专稿部和电台消息部。全社每天播发约100条消息，均是国内新闻。主要用户为全古巴的报刊、电台、电视台以及外国驻古巴的一些外交机构和新闻单位。

国家信息标准组织（美国）
National Information Standards Organization (NISO)

其前身为1939年成立的美国国家标准协会，是美国国家标准研究所（ANSI）认可的非营利性协会组织，1983年合并为非营利的教育协会，1984年改为现名。旨在自发地制订图书馆学、情报学、出版和其他信息服务领域使用的标准。该组织的活动范围是作为标准制定者，制定与信息系统、产品（包括硬件、软件）、出版商、图书馆、书目和信息服务业务有关的标准。该组织的标准可应用于与信息有关的所有范围，包括检索、存储、元数据和保存等。国家信息标准组织每年召开一次年会，出版《信息标准季刊》（*Information Standards Quarterly*）和《国家信息标准组织业务通讯》（*NISO newsletter*）。

国家信息基础设施（美国）
National Information Infrastructure（NII）

又称信息高速公路（Information Superhighway）。1993年9月15日，美国政府发表了一份长达46页的报告，阐述了“国家信息基础设施”规划，简称“NII”计划，即国家信息基础结构是一个由通信网、计算机、数据库以及日用电子产品组成的完备网络。通信网、信息源、终端设备和人是其四大要素。国家信息基础结构中的通信网平台必须做到无缝连接，即统一标准、互相开放、互联互通和互操作。在这一报告中，还提出了建设国家信息基础设施的九大原则。随后社会传媒就用美国副总统戈尔的说法，将这一规划形象而亲切地称为“信息高速公路”，从而引发了全球“信息高速公路”的浪潮。

国家信息政策
national information policy

指国家用于调控信息业的发展和信息活动行为规范的准则，涉及信息业的发展规划、组织和管理等工作以及信息产品的生产、分配、交换和消费等各个环节的综合性问题。国家信息政策的目标是促进信息资源的充分开发和有效利用，促进经济和社会的发展。值得强调的是，国家信息政策的制定离不开国情，与国家的总体发展目标、体制、经济、社会状况、文化背景及信息化水平等有关，不同的国家根据自己的国情制定不同目标的信息政策，研究内容的多寡及侧重点也有所不同。此外，信息事业的发展战略和目标不断变化，信息业的外延也不断延伸，从而造成了信息政策概念的变化发展。信息政策内容应包含信息资源保障政策、信息产业发展政策、信息交流与合作政策、通讯、广播政策和信息安全、保密政策。

国家研究
country study

提供关于一个特定国家事实性信息的连续出版物，包括历史、地理、人口、社会文化、经济、政府机构和政治等，有时在附录里还包括统计性信息以及国家地图。

国家研究与教育网（美国）
National Research and Education Network (NREN)

20 世纪 80 年代后期，伴随计算机资源的开发和网络技术的发展，美国国会为了在激烈的国际竞争中保持这一领域的优势，通过了一项“高性能计算法令”（HPCA），决定再次资助因特网，并建议美国能源部的能源科学网络（ESNet）、国家航空与航天局的 NSI 网和国家科学基金会的 NSF 网三者联合，建立一个跨部门的、互相连接的庞大计算机网络。这项新的高速骨干网的试验项目被称作“国家研究与教育网”（NREN），是美国用来连接政府部门、研究机构和学校的网络系统，也是当今因特网的主要骨干与基础。

国家医学图书馆（美国）
National Library of Medicine（NLM）

美国最大的医学图书馆，位于马里兰州贝塞斯达，由国家卫生署管理。1836 年创立，原名为陆军军医署图书馆，1956 年改为现名。国家医学图书馆的医学文献在线检索系统（MEDLINE）的文献数据库在因特网上以 PubMed 名字供广大用户免费使用。该馆拥有 1914 年以前印刷的图书和 1871 年以前出版的期刊；1600 年以前的西方语言手稿 90 份，欧洲图书馆收藏的手稿 600 份（缩微胶卷），阿拉伯和波斯医学手稿 130 份，汉朝之前重要中文医学著作 1 300 部（复印件）。该馆有国家医学图书馆出版目录、《医学主题词表》、业务通讯、馆技术报告和年报等。该馆是国际图联的机构会员。

国家知识服务框架（英国）
National Knowledge Infrastructure（NKI）

英国国家医疗服务体系国家知识服务的技术框架，由一系列的标准、协议和服务组成，支持服务的构建，使得英国国家医疗服务体系的员工、患者和公众可以使用信息与知识资源为健康和医疗服务。

国家知识服务（英国）
National Knowledge Service

英国国家医疗服务体系覆盖了临床医学、医疗保健、社会保障和公共健康等领域，用户包括患者、医生、管理者和公共健康职业人员。国家知识服务试图促进所有公共基金行为的合作，促进产生、处理、组织、定位或使用知识。该服务主要管理 3 类知识：源于医学研究的知识、源于日常统计和审核数据的知识、源于患者和医生的经验知识。其中包括两种特殊类型的知识：关于个人患者的知识、关于健康和社会服务的知识。国家知识服务主要目标是确定患者疾病、状况和治疗信息的质量，使大多数人可以访问健康保障过程的所有信息，通过国家医疗服务体系公共访问技术（因特网、数字电视盒和呼叫中心）广泛访问信息。建立国家知识服务的目的主要是保证英国国家医疗服务体系的合作者产生的知识资源具有稳定的质量、内容，促进通过标准的工具访问相关知识。其国家知识服务项目大多数由其合作者完成。

国家总书目
national catalog

揭示与报道一个国家在一定时期内出版的所有图书及其他出版物的目录，包括报道最近出版物的现行国家书目和反映一定时期内出版物的回溯性国家书目。现代国家书目通常由国家图书馆或专门建立的书目机构负责编辑，其资源来源大体包括：呈缴本、通过版本登记征得的出版物、图书馆馆藏或书商和出版商赠送的图书。在收录文献类型方面，国家总书目一般应包括：政府出版物、报纸、期刊、地图、乐谱、少数民族语言文字出版物、本国出版的外文书刊、音像文献、缩微文献和电子出版物等。

《国库年报》（英国）
pipe roll

一种记录在羊皮纸上的关于古代英王国财政收支情况的年度报告，是目前英国历史上保存最完整持续年代最久的一份公开的财政记录。其记录年代自 1156—1832 年，中间几乎没有中断过。

国立罗斯福图书馆
National Roosevelt Library

重庆图书馆的前身，成立于 1947 年。旨在纪念美国罗斯福总统为世界反法西斯战争及促进世界和平进步所作出的卓越贡献，表达了中国人民对他关心、支持、帮助中国抗日战争的感谢、缅怀之情。该馆在当时得到了世界各国爱好和平的人们的积极响应和广泛支持，所收集保存的各类文献成了重庆乃至中国的文化财富。该馆原址位于重庆市渝中区。该馆以收藏抗战版图书、古善本书以及联合国寄存资料为主的馆藏特色，为日后的重庆图书馆成为大型综合性图书馆打下了坚实的基础。

G

国立莫斯科柴可夫斯基音乐学院图书馆（俄罗斯）
Moscow P. I. Tchaikovsky State Conservatory Library

1860年建于莫斯科。该学院是俄罗斯最大的高等音乐学府。彼得·柴科夫斯基（Peter Tchaikovsky, 1840—1893）是俄罗斯历史上最伟大的作曲家，俄罗斯民族音乐与西欧古典音乐的集大成者。该院图书馆藏有他所作的原始乐谱以及其他音乐、音乐著作和期刊80余万册（本），唱片2.3万张，录音磁带8 000多盘。

国立情报学研究所（日本）
National Institute of Informatics（NII）

前身为1976年5月成立的东京大学情报图书馆学研究中心，1983年4月改名为东京大学文献情报中心，1986年4月改名为学术情报中心，2000年4月改为现名，从2004年4月起，国立情报学研究所以大学共同利用机关法人、情报系统研究机构的名义出现。为促进学术情报交流进行基础开发，涵盖网络、软件和多媒体等从基础到应用情报相关领域，同时，重视与大学、国立研究所和民间研究所的合作，以实现情报学研究的协调发展。该研究所的主要工作有：建构学术情报网、联合目录数据库和馆际互借系统，进行知识产权、学术内容检索入口的研究，提供教育培训、情报检索、电子图书馆和在线学术用语集的服务以及举办国际专业活动。

国立庆北大学中央图书馆（韩国）
Kyungpook National University Central Library

位于韩国大邱，1953年由大邱师范学院、大邱医学院和大邱农学院的图书馆合并而成，包括1所中心图书馆和1所医学分馆。拥馆藏总量达到200多万册，其中图书160万册，期刊合订本25万册，博士硕士论文22万篇，韩国古籍文献65万册，以及各种视听资源等非书文献2.9万件。图书馆使用面积达29 316平方米，拥有阅览席位4 780席。

国立社会教育学院图书馆学博物馆学系
Department of Library and Museum Science of the National Society Education College

1941年在重庆创办的国立社会教育学院图书博物馆学系是中国第一所国立本科制图书馆学系，在创建办学的十年中，培养了100多名图书馆专业人才，在中国现代图书馆学教育史上应该占有重要地位。该系宗旨是培养“造就图书馆博物馆高级人员”。系主任由著名图书馆学家、教育家汪长炳先生担任，先后聘有徐家麟、严文郁、岳良木、杨家骆、顾颉刚、黄元福和钱亚新7名教授担任教学工作。除了完成教学计划与任务外，还积极开展学术研究工作，出版一期《图书馆学博物馆学专号》发表当时图书馆界一流专家的论文。

国立首尔大学图书馆（韩国）
Seoul National University Library

位于韩国首都首尔，建于1946年，当时各个院系都有自己的图书馆，彼此独立。1968年制定了中心图书馆发展计划，图书馆大楼于1975年落成，除了农业和医学图书馆外，集中了所有院系图书馆的文献资料。楼高六层，拥有4 000多个阅览席位。馆藏各类文献总量290万册，注册学生读者3.6万人。该馆是国际图联机构会员。

国立西南联合大学图书馆
The Library of National Southwestern Associated University

该馆是西南联大的一个重要组成部分。1937年9月16日，西南联大校常委会第一次会议决定成立图书馆委员会，由各系教授参加，负责图书购置。1939年该馆馆舍落成，建筑面积500平方米，新建大阅览室，可容600人；书库可藏图书5万册。该馆接受了大量捐赠的图书，上至民国元老、社会名流、国内外各机构团体，下至普通大学生都积极捐赠图书，为图书馆解了燃眉之急。“国立西南联合大学图书特藏室”由云南师范大学图书馆于2005年建成，主要收藏来自长沙临时大学、国立西南联合大学、国立昆明师范学院、昆明师范学院以及云南师范大学各个时期的图书。

《国外科技文献资料的检索》
Retrieval of Foreign Scientific and Technical Documents

由白光武、林尧泽、刘明起和周智佑编写，1977年由科学技术文献出版社出版。主要内容有文献检索的意义、作用以及沿革和发展；检索工具的概念和种类；检索方法种类；科技文献类型及其一般检索方法；机械检索以及主要检索工具书等。

《国外科技新书评介》
Scientific and Technology Book Review

中国科学院图书馆于1987年出版发行的介绍推荐国外最新科技类图书的刊物。该刊向读者展示国外科技新动态，介绍物理、化学、生物、微积分以及电子计算机方面的最新学术理论作品。科技动态，一目了然。

国学网
www. guoxue. com

自2000年创办以来，受到专家和众多国学爱好者的关注，在学术界产生了较大的影响，已经成为国学爱好者和研究者的精神家园，总访问量达千万人次。“国学论坛”是国学网为大家提供的一个自由言说的公共空间，旨在捕捉、传播每个人对“国学”的感悟与品评，正式注册会员逾2万，是目前因特网上最有影响的学术论坛之一。

国研网
DRCNET

创建于1998年3月，由中国国务院发展研究中心主管、国务院发展研究中心信息中心主办，北京国研网信息有限公司承办。该网已建成大型经济信息数据库集群：《国研视点》、《宏观经济》、《区域经济》、《行业经济》、《金融中国》、《世经评论》、《企业胜经》、《高校参考》、《职业教育》和《基础教育》等十几个数据库，同时针对政府、高校、金融机构和企业用户的需求特点开发了党政版、教育版、金融版、企业版以及世经版的产品。

过度标引
excess indexing

指标引深度过大。即使用过多的标引词标引某一文献，过度揭示了该文献主题范围之外的无价值信息，导致标引误差增大，人力物力浪费，查准率降低。

过渡字体
transitional

指由约翰·巴斯克维尔（John Baskerville）设计的一种西文字体，是哥特体和罗马体之间的过渡形式。

过刊公司
periodicals corporation

指某些专门经营过期刊物业务的公司，一般不接受代订现刊业务。

过滤器
filter

指一种专门设计的计算机程序，只允许指定的数据能被用户接收。例如，一个可以帮助接收者筛选进来信息的电子邮件系统，或者用以阻塞访问包含某类内容的网站的软件，如不适合少年儿童的暴力或色情内容。过滤已经成为关于知识自由和审查制度争议的焦点。

过滤信息服务
filtered information service

以电子方式过滤或筛选信息，留下有用的信息并传输给所需用户。

过期的（用户）
lapsed

指过期用户，即：曾经是但现已不再是图书馆的服务对象。

过期刊物
back file（back number，back issue）

指早于当前期号的期刊。通常为了节省存放空间，一般将这些已过期的刊物（过一年后）装订成每年期的合订本，或者转制成缩微胶卷或单片缩微胶片，并进行登记分编上架，以便保存与流通。过期刊物的范围要在馆藏注释中作简要说明。

过期未还的（书刊）
overdue

指读者外借的书刊资料未在规定期限内归还的行为。绝大多数图书馆一般用书面、电话或电子邮件形式催还，并对过期者要收取一定的罚金。在借期未到之前办理续借手续即可避免过期受罚。

过时的（图书）
outdated

随着现代科学技术的发展，许多旧版本的技术类图书已不能满足读者的需要。图书馆应考虑购买其修订版新书。

过时的（图书资料）
non-current

图书馆和档案馆中常常保存有一些具有史料价值的信息、记录或资料，虽然不是最新的资料（例如：前几年的年报或一种参考连续出版物的早期版本），但会不时地被读者使用。过时的印刷型期刊馆藏通常叫做过期合订本，通常会转换成缩微胶卷、缩微平片，或进行数字化处理，以便节省保存空间。

H

哈尔滨工业大学图书馆
Harbin Institute of Technology Library

建于1920年。2000年与原哈尔滨建筑大学图书馆合并，拥有1区、2区两个馆舍，总建筑面积达4.1万平方米。阅览座位2 700席。馆藏文献330万册（件），电子图书132万种，引进国内外文献数据库63种，推荐免费电子资源31种，包括各种知名的大型综合性数据库、各类权威的专业学会出版物全文数据库。该馆自建了2003年以来的本校学位论文全文特色库，并开始筹建国防工程文献特色库。形成与学校院系设置相适应的、多学科、多文种和多载体的综合性文献体系。重点收藏机、电、仪、管理、航天技术和建筑科学等学科的文献。NTIS及PB、AD、NASA和DOE等报告收藏齐全。网上提供EI、SCI咨询、科技查新、学术期刊投稿指南及常用信息查询等特色服务。

哈尔科夫国立大学科学中心图书馆（乌克兰）
Central Scientific Library of Kharkov National University

位于乌克兰哈尔科夫市，始建于1804年，是乌克兰最大的图书馆。拥有馆藏各种文献资料360万册（件），其中珍稀古版本6万多册，14世纪以前的古版本17件，还有大量彼得大帝时期的作品以及16—18世纪的学者如伽利略、哥白尼、普希金及牛顿等人的作品，缩微胶片5万件，现刊600多种。该馆设有阅览座位800席，注册读者10万人，年借阅量达20万人次。

《哈佛朝鲜研究书目》
The Harvard Korean Studies Bibliography

由弗兰克·霍夫曼（Frank Hofmannn）、马修J. 克里但森（Matthew J. Christensen）和柯克W. 拉尔森（Kirk W. Larsen）编译。由哈佛燕京社于2000年出版的关于朝鲜研究的CD文件，收录了17 000多种图书、7 000篇论文、4 000多个章节、从16世纪晚期到1997年的4 000多余篇评论等的西文出版物。CD中包含的EndNote软件允许按作者、标题、主题或出版日期搜索，该书目可以按照多种参考格式标准导出、印刷。

哈佛大学图书馆（美国）
Harvard University Libraries

位于美国马萨诸塞州，是美国最古老的图书馆，也是目前世界上最大的大学图书馆之一。该馆始建于1638年，以该校第一位捐赠人约翰·哈佛（John Harvard）所捐赠的图书为基础，逐渐发展而成。现包括70多所分馆，藏书达1 700多万册，另有大量的手稿、缩微胶片、地图、幻灯片、照片、光盘数据库和其他收藏品。其中著名的分馆包括专门收藏东亚及中国图书的哈佛－燕京（Harvard Yenching Library）图书馆，收藏世界人文和社会科学图书最丰富的韦德纳（Widener Library）图书馆等，该馆定期出版年报和通讯。

哈佛-燕京图书馆（美国）
Harvard-Yenching Library

哈佛大学图书馆的组成部分，隶属于哈佛文理学院图书馆。自1928年成立至今，藏书130万。该馆一贯坚持学术乃天下公器的基本原则，典籍的借阅频率很高，影响遍及全球各地。该馆以丰富的东亚文献收藏闻名于世，规模仅次于美国国会图书馆东亚文献的馆藏，包含中（中文图书为75万册）、日（日文图书32.5万册）、韩（韩文图书15.5万册）、越（越南文图书1.9万册）、蒙（蒙古文图书500册）、满（满文图书3 500册）、藏（藏文图书4 300册）和纳西等文和西文东方学研究资料（5万册），还订阅报刊8 700种，缩微胶卷、胶片（11.3万件）和二十五史多种资料库等。这所研究图书馆收藏很重视要点，特别是当代第一手史料，如中国文革史料等文件、大字报、传单、记载长征史实最早的文献《红军长征记》朱德签名本、胡汉民、蒋廷黻、鲁迅和胡适手稿等数十种，20世纪政党珍贵图书文物稀有物件，还有当代文学文化方面的收藏，如纪刚、鹿桥（吴纳孙）、赵淑侠、陈若曦和廖辉英等人的手稿，最有特色的是中国各地的方志、丛书及珍藏宋元明清善本、钞本、拓本、法帖等不少孤本，为西方大学图书馆之冠。

哈佛燕京学社（美国）
The Harvard-Yenching Institute

非盈利性的机构，致力于在东亚和东南亚推进人文学科和社会科学的高等教育。以美国铝业公司创办人查尔斯·马丁·霍尔（Charles Martin Hall）

的遗赠为基础，在美国建立较早的正规的汉学研究机构。自1928年1月成立始，将建立图书馆以及长期持续发展的策略纳入基本议程。多年来，哈佛燕京学社始终在经费上支持哈佛-燕京图书馆的发展，并通过各种方式不断充实该馆的收藏，目前每年资助的经费已高达百万美元。1930—1950年间，燕京大学洪业教授为便利学者从浩如烟海的古籍中获得重要资料，在燕京大学内创设引得编纂处，洪先生任主任，其后由聂崇岐接办，工作人员前后逾20人。共出41种正刊、23种特刊，合计64种84册，包括春秋左传、大藏经、水经注等引得，经费由该学社提供。2008年至今，由伊丽莎白·J·佩里（Elizabeth J. Perry）教授担任第7任社长。

哈考特通用公司（美国）
Harcourt General

创立于1919年，总部设在美国加利福尼亚州。为全世界教育、科技和医学出版的巨头。创建初期，只出版大众性图书，由于兼并了一些著名的专业出版公司：哈考特·布雷斯·乔万诺维奇公司（Harcourt Brace Jovanovich Publishers）、国家教育公司（National Education Company）、莫斯比出版公司（Mosby，Inc.）等，此后，该公司成为美国三大教育出版公司之一，也是世界上主要的医学出版社之一。该公司拥有四大集团，分别出版初等、中等、高等教育、企业和职业培训、科技和医学等方面的图书，在国内外拥有数十个子公司。

哈里·杜鲁门总统图书馆和博物馆（美国）
Harry S. Truman Presidential Library and Museum

成立于1957年，位于美国中部密苏里州独立城，占地约10万平方英尺。在该馆展览厅里，展示了有关美国总统的六大职责以及数以百万页计的官方文件和两卷杜鲁门总统亲自撰写的回忆录《决策的年代》、《困难与希望的年代》。馆藏除杜鲁门本人及其亲密同事的文件外，还有美国国会图书馆所藏历届总统文件的缩微副本。最重要的是在第二次世界大战结束时日本代表在“密苏里”号战舰上签署的一张投降书。该馆从其他图书馆复制了大量与杜鲁门有关的档案手稿，如与罗斯福总统夫人的全部通信。杜鲁门总统图书馆还作了很多口述史工作，采访当时的政府官员和他的亲朋好友，详细记录了他们对杜鲁门的印象。至今该馆总共做了500多个口述历史访谈，每个访谈抄本的容量在20～200页之间，而且个别访谈抄本都全文上网。

哈里斯科州州立图书馆（墨西哥）
Biblioteca Pública del Estado de Jalisco'Juan José Arreola

建于1861年7月24日，1925年并入瓜达拉哈拉大学，作为“大学的一部分，扮演着文化支撑与推广的角色”。为纪念1991—2001期间在任的图书馆馆长，于2001年更名为“胡安·何塞·阿雷奥”公共图书馆。该馆新馆正在建设当中，预计可以收藏200万件馆藏，可容纳3 600名读者。所拥有的馆藏珍品之中最重要的一部分当属16—20世纪用于福音传道的128种土著语文献。对于一些土著语来说（如欧帕塔语），这批文献是世界上仅存的相关文字记录，因而被联合国科教文卫组织收录进世界记忆工程。其他重要的历史文献包括墨西哥最早的印刷本、16世纪欧洲早期印刷本、圣芳济会手抄本、律文摹本以及18—20世纪舆图。该馆于2011年建立“上海之窗”。

哈罗德·拉斯韦尔（1902—1977）
Harold Lasswell

社会学家和传播学家，于1922年在美国芝加哥大学获哲学学士学位，1926年获哲学博士学位。1939年在纽约社会研究新学院执教。1952年任耶鲁大学政治学教授。1955年当选美国政治学会会长。1946年，拉斯韦尔和史密斯合著了《宣传、传播和舆论》一书，认为宣传只是信息传播的一种特殊形态，而大众传播研究的范围要广得多，包括报刊、广播、书籍、电影、告示以及歌曲、戏剧、演讲等。该书第一次明确使用了“大众传播学”的概念，并用4篇文章分别阐述了传播过程中的“渠道”、“传播者”、“内容”和“效果”等要素，从而显示出著者由宣传研究转向传播研究的思维轨迹和理论倾向。1979年，在拉斯韦尔逝世两周年的时候，他与勒纳、史皮尔合写的《宣传与传播世界史》3册巨著正式出版发行，从而将宣传与传播研究又推向了一个新的高度。拉斯韦尔一生勤勉耕耘，著述甚丰，共发表了600万字以上的学术著作，内容涉及政治学、社会学、宣传学和传播学等许多领域。

《哈罗德图书馆员词汇与参考手册》
Harrod's Librarians' Glossary and Reference Book

1938年首次出版，收400多个名词。前5版都由哈罗德编撰，从第6版（1987年）开始，因原编撰者去世，改由雷·普里特里奇（Ray Prytherch）编辑至今。为了纪念原编者，在书名前加入了他的名字。第10版于2005年问世，共收10 200多个关于信息管理与技术、图书馆学、文献学、大众传媒、参考工作、图书贸易、档案管理、图书装帧、印刷和出版等专业名词。该书由阿什盖特公司(Ashgate Pubishing Ltd)出版。

哈珀·柯林斯出版集团(美国)
Harper Collins Publishers

全球最大的英文出版集团之一，创建于1817年，总部设在纽约。1990年，隶属于世界著名媒介集团——新闻公司(News Corporation)，并与英国的威廉·柯林斯出版社(William Collins & Sons)合并，从而形成世界性出版巨头，在美国、加拿大、英国和澳大利亚都有出版业务。该出版集团曾是马克·吐温(Mark Twain)、勃朗特姐妹(the Bronte sisters)、狄更斯(Dickens)、马丁·路德·金(Martin Luther King)、玛格丽特·怀斯·布朗(Margaret Wise Brown)等大名人的出版商。哈珀·柯林斯出版集团目前主要在文学经济、儿童读物、烹调和宗教等类图书出版方面有较大影响。

哈萨克斯坦国家图书馆
National Library of the Republic of Kazakhstan (NLRK)

前身为建于1913年的维尔内(阿拉木图旧称)市图书馆，根据1931年哈萨克斯坦共和国决议该馆被命名为普希金图书馆，1991年哈萨克斯坦取得独立后才成为国家图书馆。馆藏主要来自原苏联主要图书馆以及突厥语学者和哈萨克文学经典作家的捐赠，藏有关于哈萨克和中亚的地方志、哈萨克启蒙思想家的手稿等。特藏有14—19世纪东方和欧洲各国文字的古籍与哈萨克文、俄文善本，如鹿特丹的伊拉斯谟的《愚人颂》，还有用波斯文、阿拉伯文、查塔泰文、哈萨克文、古斯拉夫文和朝文写成的手稿以及原藏在土耳其苏丹陵墓中的古阿拉伯文的古兰经手稿圣书。该馆共有100多种语言文字写成的书刊550万册，其中俄文资料占88%。该馆是国际图联机构会员。

哈斯利·威廉·威尔逊(1868—1954)
Hasley William Wilson

美国著名书商和出版商，威尔逊公司(H. W. Wilson)创始人。毕业于明尼苏达大学，21岁即开设书店，后经营出版公司。1898年出版图书馆与公众之间的纽带《累积图书索引》(*Cumulative Book Index*)，随后出版《期刊文献读者指南》(*Reader's Guide to Periodical Literature*)。1905年出版《书评文摘》(*Book Review Digest*)及近10种期刊索引。后迁居纽约进一步扩展事业，陆续出版《艺术索引》(*Art Index*)、《教育索引》(*Education Index*)和《图书馆文献》(*Library Literature*)等，以满足图书馆需要，拓宽图书馆服务的领域。威尔逊在美国图书馆协会和专业图书馆协会享有殊荣，去世后将财产捐献给威尔逊基金会，补贴退休职工和资助图书馆学院学生完成学业。

哈特福德公共图书馆(美国)
Hartford Public Library (HPL)

位于美国康涅狄格州首府哈特福德市，始建于1774年。包括1所中心馆、9所分馆和1所流动图书馆。该馆使命是提供免费资源、激发阅读、指导学习以及鼓励个人探索。馆舍面积为1.3万平方米。馆藏图书及期刊合订本50多万册，年图书流通量达100多万册次。特色收藏包括哈特福德文库和专利及商标文库等，其中哈特福德文库收集了该市所有作者的作品，该市出版的作品以及有关该市的作品。

海报、招贴
poster

古老的商业大众传播形式之一，非商业组织及公共机构也有用此宣传方式。其优点是：传播信息及时，成本费用低，制作简便。海报是人们极为常见的一种招贴形式，多用于电影、戏剧、比赛和文艺演出等活动。海报中通常要写清楚活动的性质，活动的主办单位、时间和地点等内容。海报的语言要求简明扼要，形式要做到新颖美观。1895年12月28日，法国卢米埃兄弟在巴黎的一间餐厅里向35位观众放映了《火车到站》等短片，当时那张题为《卢米埃电影》的海报可能是世界上第一张电影海报。国际图联世界图书馆和信息大会上几乎每年举办海报(招贴)会议(Poster Sessions)，经过批准的图书馆可以在专门指定的场所用国际图联工作语言(阿拉伯文、中文、英文、法文、德文、俄文和西班牙文)张贴有关图书馆感兴趣的项目或活动信息。

海达利市公共图书馆(希腊)
The Public Library of Haidari

于1971年成立。该馆通过向大众提供免费服务以开拓知识、促进信息交流，旨在实现珍稀馆藏的数字化。为读者提供的服务多种多样，如新书推介、电影欣赏、舞蹈培训、语言学习（涉及9种语言）、文学作品欣赏以及为有心理或精神疾病的患者准备的视听服务。此外，该馆还专门为老年人、失业居民、家庭主妇、问题青年等开设培训项目，帮助他们学会熟练地使用电脑。

海德堡大学图书馆（德国）
Heidelberg University Library/*Universittsbibliothek Heidelberg*

位于德国海德堡市，海德堡大学是德国最古老的大学，建于1388年，该校的图书馆也是德国最古老的图书馆。馆藏图书320万册，其中98万册图书是1900年以前出版的。科技期刊10 732种，电子期刊2 700种以及近300个数据库。同时还藏有丰富的珍品，如手稿约6 600件，古版本1 800册以及12万件作者亲笔签名题赠本等。该馆注册读者3.4万多人，每年借阅书刊达140万册次。该馆为国际图联机构会员。

海德堡滚筒印刷机
Heidelberg

德国海德堡施奈尔印刷工厂制造的一种自动印刷机的商标名，是世界印刷业最大的印刷设备。第一架印刷机是在1914年生产的，1936年初次投放市场的“海德堡滚筒印刷机”是一种单转机，滚筒以固定的速度运转，每转动一次印一版。海德堡SM102、CD102及SM74是全球用量最大的单张纸胶印机。

海地国家图书馆
National Library of Haiti（NLH）

成立于1940年，隶属于信息、文化和合作部。1984年开始接收海地出版物的缴送本，并编辑出版回溯性书目《海地书目》(1804—1949）及《续编》(1950—1970)。在20世纪90年代早期没有常规预算，主要靠接受捐赠。2010年1月，该馆遭受了前所未有的地震破坏，在世界图书馆同仁的协助和支持下，很快地从灾难中复苏。该馆为加勒比大学与研究图书馆协会（ACURIL）成员。

海口经济学院图书馆
The Library of Haikou College of Economics

1974年建立，馆舍面积4万多平方米，一至七层依次设置信息共享空间、网络服务与教育培训区、报刊阅览区、普通图书阅览区、RFID体验区、中式/欧式大书房、工具书、教学参考书、过刊等阅览区，阅览座位4 000多个。设有专业音像资料视听演播室、讨论室、研习室以及多功能报告厅等现代化设施，全馆中央空调，无线网全覆盖，配备冷热饮水机及残障人设施等。拥有藏书170多万册，中外文纸质报刊2 000多种，电子期刊9 000多种，还有丰富的视听资料和网络数据库及电子资源等。

海量存储
mass storage

指在计算机的运作中，用持续和机器可读的方式存储大量的数据。

海伦·伊丽莎白·海恩斯（1872—1951）
Helen Elizabeth Haines

美国图书馆教育家、书评家和活动家。因为家穷，没有上过正规的公立学校。起初，在《出版者周刊》(*Publishers'Weekly*）和《图书馆杂志》(*Library Journal*）担任助理编辑，由于勤奋努力，4年后便成了《图书馆杂志》的主编。她的能力和工作绩效赢得了包括杜威（M. Dewey）和卡特（C. A. Cutter）在内的同行的高度赞誉。1906年海恩斯被选为美国图书馆协会副会长。由于过度劳累使她不得不歇息疗养。在休息期间，海恩斯读了大量书，做了许多笔记，并开始了书评研究，为帕市《新闻》(*News*）开辟书评专栏并坚持了40年。海恩斯撰写的《以书为生》(*Living with Books*)、《小说纵横谈》(*What is in a Novel*）深受大众欢迎，另外她还撰写了80多篇学术论文和800篇书评。为了表彰她为图书馆事业所作的贡献，1951年，美国图书馆协会给她颁发了“利品科特奖”(Lippincott Award)。

海南大学图书馆
Hainan University Library

属海南省建省十周年的重点文化教育项目，由总馆及19所二级馆组成，馆舍面积共计43 632平方米。其中海甸馆33 106平方米，儋州分馆6 500平方米，城西校区分馆面积2 300平方米，19个二级馆面积共计1 726平方米，全校图书馆共有阅览座位4 587席。共有纸质文献（书、刊合订本）327.65万册（件），其中纸质图书约208.52万册，电子图书约119.13万册。另外，还有丰富的中外文电子数据库，可查询检索国内外重要的哲学、社会科学和自然科学期刊题录与全文资料。该馆以海南大学师生为主要服务对象，面向全省社会各界开展文献交流与情报信息咨询服务，既是为海南大学教学和科研服务的图书情报中心和学术活动中心、学生的第二课堂，又是海南省的文献情报中心和信息服务中心。该馆突破了藏借阅分立的传统布局，实现了文献收藏、流通和阅览全开架的现代化的局域网管理模式，读者可直接进入面向读者开放的厅室，任意选用文献资料。

海南省图书馆
Hainan Provincial Library

于2005年12月7日落成，是海南省最大的文献信息收藏中心、数字化文献信息存储和检索中心、文献信息提供保障中心、书目数据中心及图书馆业务辅导中心、大众文化教育中心。总建筑约2.8万平方米，投资近1.4亿元，分为北楼、主楼和南楼三部分，馆内设有一般纸质图书阅览室5 800平方米，座位1 730席；多媒体阅览室900平方米、座位580席；培训教室600平方米、座位500席以及大、中、小研究室560平方米。该馆馆舍全部建成后，把参与建设的600多位民工的名字都刻在图书馆墙上，让所有读者都珍惜来之不易的图书馆。

海南师范大学图书馆
Hainan Normal University Library

创建于1949年。馆舍面积为22 790平方米，馆藏图书260万册，其中古籍5.37万册，电子图书112.02万册，中外文纸质报刊4 661种，中文电子期刊8 000多种，外文电子期刊774种；拥有中国知网、重庆维普中文期刊数据库和SpringerLink等一批全文数据库。该馆注重海南地方文献的收集，现有地方文献12 000册、地方报纸41种、地方期刊104种；古籍书库藏书53 700册，其中古籍善本42种1 071册，是研究海南历史文化的重要资源，具有重要的学术价值和文物价值。为加强海南地方文献的开发与利用，图书馆自建海南地方特色文献数据库，与海南省作家协会共建海南现代文学馆，现有藏书1 700多册，为海南文化增添了一笔亮丽的色彩。在地方文献中心还收藏有本校教师的科研成果，创立教师科研成果文库，拥有藏书700多册，为教师科研人员服务。

海南医学院图书馆
Hainan Medical University Library

前身为1951年3月成立的广东省海南医学专门学校图书馆。1995年经海南省编制委员会批准成立了"海南省医学信息研究所"（其前身为海南省医学情报所），与海南医学院图书馆"两块牌子、一套人员"合署办公，实行馆（所）长领导下的文献、信息一体化管理体制。2009年建成的新图书馆馆舍面积3.4万平方米，拥有2 000多个阅览座位。馆藏文献总量788 429册，其中纸质文献49万多册，电子图书26万多册，可直接阅读的超星电子图书100万册，中外文纸本期刊4 012种，中外文现刊1 842种（含电子期刊），各类数据库14个，自建数据库5个，其中正在建设的海南热带医药文献数字资源库将为中国乃至国际医学界研究热带医学、热带病、热带药用资源等提供重要参考。

海史密斯公司（美国）
Highsmith Inc.

成立于1956年，是一家为图书馆和学校提供设施、器材和家具的主要供应商。该公司提供大量促进阅读材料：招贴画、书包、手提袋、书签、纪念品和小礼物，并出版期刊《图书馆火花》(*Library Sparks*)；与美国公共图书馆协会、学校图书馆员协会联合颁发创新奖以鼓励在创新研究方面取得成就的图书馆员。

海图，航线图
chart

指为满足航海的需要或显示气象学现象或天体星象而设计的图。海图显示水位、水流、水道、礁石位置、沙洲、停泊处、水的深度、海岸线以及其他重要的航线参数。

海外图书采选系统
Promotion, Selection, Ordering, Platform (PSOP)

由中国图书进出口总公司推出的为图书馆员和广大专家读者共享的选书工作平台。运用该系统选书在很大程度上可改变传统的纸版目录加手工传递与处理的模式，在扩大信息传递覆盖面的同时，又大幅度提高传递信息的质量。专家学者通过该系统可以浏览、推荐国外图书文献，发表书评意见，向图书馆员提出建议。图书馆员可以安排选书专家浏览推荐图书、选择订购图书、完成电子订单等工作。海外图书采选系统简化了图书馆选书的工作流程，提高了自动化水平和采访工作的效率，降低了差错率，更好地建立了图书馆采访部门与读者以及关心图书馆资源建设的专家学者之间的沟通平台。这样，图书馆将充分发挥其服务的功能，保证图书馆采购图书经费的合理使用。

H

海外中国学研究中心

Chinese Studies Center of National Library of China

于2008年成立。该中心隶属中国国家图书馆，是集文献阅览、咨询、研究服务于一体的研究机构，致力于发扬中国国家图书馆海外中国学文献收藏传统，促进馆藏建设和中国学文献的研究利用，使中国国家图书馆成为海外中国学文献典藏、研究与服务中心。其宗旨主要是关注中国学的历史、现状与发展，关注海外当代中国问题研究的热点和成果，为中国国家立法与决策机构提供文献参考和信息咨询。该中心下设阅览室为到馆读者提供文献阅览和咨询服务。每季度出版通讯，并不定期开设“中国研究专题系列讲座”。

《海湾圣诗集》(美国)

Bay Psalm Book

以民歌形式写成的圣诗，于1640年在美国麻省坎布里奇第一次印刷。《海湾圣诗集》是一本在历史上具有非常重要意义的书，是第一本在北美殖民地上出版的书，也是第一本把北美殖民地写入书的书。在最早的版本中曲调并没有被印刷，但使用了一些特殊的标记来提示曲调，在后来的版本中都加入了曲调。

海峡两岸图书交易会

Cross-Strait Book Fair

2005—2012年已成功举办八届。该交易会的宗旨是扩大两岸文化交流、增强中华民族文化凝聚力，着力打造海峡两岸出版业交流与合作的重要平台，努力促进和谐文化的积极构建和业界的发展繁荣，为推动海峡两岸文化产业的合作、交流与发展而不懈努力。

《海峡时报》(新加坡)

The Straits Times

新加坡历史最悠久、发行量最大的英文日报，最初为周报，名为《海峡时报及新加坡商业杂志》，1985年改为现名，并改为日报。该报与政府关系密切。通常采用国际上大通讯社的消息，对国内外大事发表评论，开辟专栏或专版刊登专题报道，每天出40版左右，有采编人员300多人，日发行量34.4万份。1975年成立海峡时报出版有限公司，是新加坡报业控股公司集团成员之一。

海牙公共图书馆（荷兰）

***Dienst Openbare Bibliotheek Den Haag*（*DOB*）**

1906年1月，该馆于王子运河63号首次以公共阅览室的形式对外开放，当时所有的书籍、报刊必须馆内阅览，不得外借。该馆拥有1所中心图书馆、1所分馆，馆内设有因特网、可供歌舞演出的咖啡吧和艺术展览馆，提供多项服务。同时承办各类活动，如辩论会和国际讲座。中心馆新馆于1995年9月8日开放，由女王贝娅特丽克丝亲自揭牌。馆舍总建筑面积为12 500平方米，共有8层。全部馆藏和馆内设施都可供自由存取和使用。这座宏伟的白色建筑是美国著名建筑师理查德·迈耶的杰作，他曾设计过美国洛杉矶的保罗·盖蒂博物馆（Paul Getty Museum）。馆舍犹如缠绕在洁白光亮的市政厅的主体建筑上，两者合二为一，构成一个有机整体。中心馆每年接待读者约250万人，该馆网站每年的访问量为75万人次，拥有外借证读者约10万人，每年的外借量达100万次。全部馆藏包括28万册成人读物、6万册儿童读物、6万份乐谱、5.1万张光盘、2 200张只读光盘、1 000卷录影带、1.6万张数字多功能光盘和600份幻灯片和磁带。该馆的乐谱收藏、有关荷属安的列斯群岛的馆藏以及有关海牙城市历史的文学作品数量繁多，尤为出名。该馆于2005年2月建立“上海之窗”。

海洋与大气图像数字图书馆（美国）

NOAA Photo Library

美国国家海洋和大气管理局拥有遍及全国的30所实体图书馆以及数字图书馆，这些图书馆的馆藏资源包括了所有与该管理局的工作和研究有关的内容。其中海洋与大气图像数字图书馆的建立旨在收集和展现该管理局的科学家、工程师等在工程和研究中的各项发现以帮助用户通过视觉图像更好地认识和了解海洋和大气，进而更好地管理环境。其主要目的是为海洋与大气研究领域提供信息基础设施，方便科研与教育并促进两者之间的联合。

海伊怀尔出版社

HighWire Press

全球最大的提供免费全文的学术文献出版商，于1995年由美国斯坦福大学图书馆创立。最初仅出版著名的周刊《生物化学期刊》，已收录电子期刊710多种，文章总数已达230多万篇，其中超过77万篇文章可免费获得全文；这些数据仍在不断增加。通过该界面还可以检索Medline收录的4 500种期刊中的1 200多万篇文章，可看到文摘题录。这些电子期刊涵盖生命科学、医学、物理学和社会科学等学科。

含混题名
ambiguous title

对题名词义不明确、易产生误解的图书进行编目时，用方括号加补充说明置于题名之后。

H

函件，书信集
correspondence

两人或多人之间的来往信函，一般由通信者之一作为个人的档案文件保存。书信集可以单独出版或与其他文献一起出版，经常被书目性和历史著作引用。在《英美编目条例第二版》(*AACR*2)中，书信集的编目取题名页首先出现的姓名作为主要标目，并对其他每个通信者和编辑或汇编者分别作附加款目。

函套
wrap-case

中国传统的书籍护装形式之一，又称书帙。用硬纸板衬里，外裱糊蓝布或丝织物而成。讲究的还用锦把书的四边包起，用两枚骨签插紧，只露出书根和书头；有的连书根和书头也包起来，所以分四合套和六合套两种。现也泛指书籍的各种护装形式，包括现代书刊用的纸盒等。函套最好以碱性纸板为材料，这对书刊的避光保存，防止纸张变黄会有一定的效果。

函套装
case binding

一种文献的装订形式。函套常用厚纸板裱用蓝色的布或绫锦，按照书的尺寸制作。其形式有半包式和全包式两种。除厚纸布面函套外，还有夹板和木匣两种外包装。

涵芬楼
Han Fen Building

商务印书馆上海时期的藏书楼，1904年由戊戌维新人物、翰林出身的张元济创设，取含善本书香、知识芬芳之意。1909年，正式命名。涵芬楼是商务印书馆专储珍贵图书的藏书楼，从清光绪末年即收集南北藏书家散出的孤本秘籍多种，曾选取部分古书编印为《涵芬楼秘笈》等。1924年改向社会开放，名东方图书馆，并在馆内另辟专室，将涵芬楼迁至其中。1932年，在日本帝国主义发动的“一二·八”侵略战争中被焚毁，但珍贵书籍574种，因先移藏别处得以保存，张元济曾编《涵芬楼烬余书录》。涵芬楼藏书现藏于国家图书馆。

涵盒
box file

亦称“函套”。用来保护线装书的外套。源于“帙”。一般以硬纸板为主要材料，里面裱衬纸张，外粘以布或丝绸作套面，用来放置图书。书套的形式多种多样，有“四合套”、“云头套”和“月牙套”等。现在许多图书馆用其来盛装报刊、通讯资料等薄本小册子，以使它们能直排在架上，方便读者使用和工作人员的管理。

韩承铎（1909—1996）
Han Chengduo

1933年毕业于国立北平大学俄文法政学院。1934年任中国营造学社图书室管理员。1945年到国立北平图书馆工作，先后任采访馆员、编辑、舆图组组长、馆长秘书、学术秘书兼保管部主任。1952年调文化部文物局图书馆处任秘书、副处长。1976年到北京图书馆任研究员，专门研究《中国图书馆图书分类法》修订问题。1980年任书目文献出版社副总编辑，兼任《中国图书馆图书分类法》编委会副主任、主任。发表论文50多篇。

韩继章（1947—）
Han Jizhang

研究馆员。1982年毕业于湖南大学图书馆学系。曾任《图书馆》杂志常务副主编、湖南省图书馆学会秘书长、湖南图书馆研究辅导部主任、馆学术委员会副主任，兼任中国图书馆学会第七届学术委员会图书馆学理论专业委员会委员。主要研究方向为图书馆学基础理论、目录学等，曾主持编辑出版《湖南省公共图书馆事业五十年》、《湖南图书馆百年志略》等，发表图书馆学论文50多篇。

韩国广播公司

Korean Broadcasting System (KBS)

韩国最大的广播电视台。创立于1926年10月30日，1973年3月3日改为现名。总部在首尔(汉城)。广播和电视覆盖全国，并用12种语言向世界进行广播。办有全国性的7套广播节目和2套电视节目，在北京等10多个国家的城市设有记者站。

韩国国会图书馆

National Assembly Library of Korea (NALK)

创建于1952年的朝鲜战争期间，当时只有一个阅览室、3 600册藏书。如今已拥有460万册图书，2.4万种期刊，997种报纸，25万个缩微胶卷(片)、非书资料368 517册（件）和44 622件视听资料，主要收集韩国与世界各国有关立法或法律相关的信息且提供国会代表所需要的加值分析报告。出版《韩国国会图书馆评论》（*National Assembly library review*)。该馆是国际图联机构会员。

韩国国立中央图书馆

National Library of Korea (NLK)/국립중앙도서관

1945年10月15日成立，初名为“国立图书馆”。其前身是1923年11月由日本侵略者建立的朝鲜总督府图书馆。1963年10月，根据韩国图书馆法，该馆改为现名，同时全面接受缴送本，具有国家图书馆和公共图书馆的双重功能。从1991年起，该馆归属韩国文化部领导，并陆续开发馆内使用的采购、编目、检索、连续出版物管理和非书资料管理等业务处理系统，并研制成功KORMARC，得到广泛的使用。该馆拥有藏书为650万册（件)，为读者提供在线目录查询服务。该馆是国际图联机构会员。

《韩国日报》

Hankook Ilbo/한국일보

于1950年11月1日创办，总部位于韩国首尔。是以韩语和英语发行的日报。与《韩国时报》为姐妹报，每日发行量超过100万份。

韩国图书馆法

Korean Library Law

指韩国现行的2006年修订的“图书馆法”，于2006年10月4日颁布，并以2007年3月27日制定的“图书馆法实施令”和2007年4月4日制定的“图书馆法实施规则”指导实施。韩国现行的“图书馆法”共9章48条。其大纲为：第一章总则；第二章图书馆政策的制定及推进体制建立；第三章国立中央图书馆；第四章公共图书馆；第五章大学图书馆；第六章学校图书馆；第七章专业图书馆；第八章消除知识信息的差距；第九章补充规则等。该“图书馆法”采用了美国图书馆和信息科学委员会做法，规定在总统属下设置图书馆信息政策委员会，作为总统咨询机构部设图书馆信息政策规划团，制定和实施图书馆综合发展规划。

《韩国图书馆法规总览》

Korean Library Laws

韩国延世大学名誉教授李炳穆先生编纂，（韩国）九美贸易出版部于2005年在首尔（汉城）出版，全书共2卷，由序文、序篇、正篇和后记四部分组成。“序篇”为《韩国图书馆法40年》，全面地阐述了韩国图书馆法的产生与发展，总结了图书馆法在制定与实施过程中的经验教训。“正篇”包括7章内容：图书馆基本法和基础法、各类图书馆、图书馆职员、图书馆建设与设备、图书馆财政、政府管辖的图书馆和图书馆参考法规。该书还有3个附录：《图书馆法沿革》、《图书馆法有关纪实年表，1945—2005》和《图书馆法有关文献目录，1945—2005》。

韩国信息处理学会

Korea Information Processing Society (KIPS)

成立于1993年，原名为韩国信息处理应用学会（Korea Information Processing Application Society)，1995年更改为现名。该学会是一个公司性质的会员组织，通过提高自身在信息处理技术方面的能力来促进学会的发展。与产学研究组织合作促进技术创新，推动先进信息处理产业的发展。其主要任务有：组织多样化的讨论会、座谈会及展览；开展支持信息处理技术及知识传播的相关研究活动；提供一个交流信息处理技术、想法及发现的论坛；促进信息处理技术的标准化；支持产学研究组织的国际合作与知识交流；收集及整理信息处理领域的出版物，提供一站式检索；支持其他任何可以促进学会发展的活动。该学会成立了16个特别兴趣小组研究信息处理技术的相关主题。

韩锡铎（1941—）

Han Xiduo

辽宁省图书馆研究馆员。1964年毕业于北京大学中文系古典文学专业。同年到辽宁省图书馆工作，长期从事中国古籍的版本学、目录学、文献学和图书馆古籍整理的研究，并从事出版部门的古籍整理工作。出版专著 3 部，发表论文 20 多篇。

汉堡公共图书馆（德国）

Bücherhallen Hamburg

该馆系统由 1 所中心馆、33 所分馆、1 所青少年馆和 2 个汽车图书馆组成。中心馆下设文学、音乐、电影、信息服务及儿童图书等 8 个部门，是该系统内规模最大的图书馆。33 所分馆分布在汉堡市各处。2 个汽车图书馆主要服务于远郊区。该馆为读者提供专业的信息服务，每年有 430 多万次访问，馆藏借阅量达 1 100 多万件次。该馆拥有各类纸质文献与电子资源，涉及 27 种语言，其中包括 160 万册图书、7.2 万部乐谱、4 400 本剧本、6.8 万种录像带和数字多功能光盘、14.8 万盒盒式磁带和光盘以及 3 100 多种国内外报刊杂志。该馆于 2006 年 9 月建立"上海之窗"。

《汉俄英情报学词典》

Chinese-Russian-English Dictionary of Information Science

日丹诺娃等编著、王喜等译，由北京科学技术文献出版社于 1982 年出版。该词典共收词汇 3 035 条，其中基本词汇 2 640 条，每条均有汉译名、英文原名、定义或解释，包括情报学、图书馆学、目录学等方面内容。书后附有汉、俄和英词条索引和俄英常用简称 1 193 条。

汉简

Han Dynasty Bambooslips (Han Dynasty Wooden Slips)

中国两汉时期保留下来的竹木简。早在北周时代就有人在居延地区发现过汉竹简书，北宋人也曾在今甘肃等地获得过东汉简。1906 年，匈牙利人 M. A. 斯坦因在新疆民丰县北部的尼雅遗址发现了少量汉简。次年，他又在甘肃敦煌一带的一些汉代边塞遗址里发现了七百多枚汉简。这是近代初次发现的汉简。此后陆续有新的汉简出土，至今共发现四万余枚。从西汉简上可看到汉字字体从古隶逐渐演变以及草书形成的过程，从东汉中后期简上又可以看到隶书开始向楷书演变的情况，所以汉简也是研究汉字发展史的重要资料。

汉肯瑞典经济与商业管理学院图书馆（芬兰）

Hanken Swedish School of Economics and Business Administration Library

该学院是欧洲著名的商业管理学院，成立于 1909 年，2000 年荣获享有盛誉的 EQUIS 认证。由于历史原因，汉肯瑞典经济与商业管理学院图书馆设在芬兰首都赫尔辛基。馆藏包括课程及研究文献约 20 万册，期刊 350 多种，电子期刊 3 000 多种。所有馆藏都可通过数据库 HANNA 查询，而 HANNA 同时也是国家目录 LINDA 的一部分。读者可以通过图书馆网站查询全国大学图书馆的资料。

汉诺威技术情报图书馆（德国）

Die Technische Informations Bibliothek

成立于 1959 年，德国中央专业图书馆。该馆全面收藏世界上技术类和自然科学类的文献资料。包括会议报告、研究报告、专利文献和标准、学位论文以及东欧和东亚的专业文献资料。

汉斯·H·韦林斯奇（1920—）

Hans H. Wellisch

美国马里兰大学教授。1975 年毕业于马里兰大学图书馆学学院，获博士学位。20 世纪 50—60 年代在以色列的图书馆工作，1969 年被聘为马里兰大学图书馆学情报学学院教授，1987 年被聘为终身荣誉教授。发表、出版大量学术著作，其中包括文献标引方面的权威著作：如《标引与文摘：国际书目》(*Indexing and Abstracting: An International Bibliography*) 和 1992 年出版的《标引手册》(*Indexing from A to Z*)。韦林斯奇教授曾任美国标引者协会 (American Indexer Association) 主席，在所获多种奖励中包括威尔逊（H. W. Wilson）奖，这是美国标引者协会专门对在标引研究和工作中作出杰出贡献者的最高奖励。

汉斯·彼得·卢恩（1896—1964）

Hans Peter Luhn

生于德国的美国情报学家，是使用机械手段和电子手段处理文献资料的先驱。起初在瑞士从事印刷业，后到美国任德国纺织公司代理人。熟悉工程技术，继而改行从事情报科学工作。因帮助美国国际商用机器公司查找化合物名称而设计了卢恩扫描装置。从计算机诞生就着手研究文献检索和情报传递的自动化以及机械化编制目录索引。1958 年向世界推出自动编写文摘的方法，并发表专著《商用知识系统》(*A Business Intelligence System*)，提出定题服务的观点，还在检索化学文献中创编了题内关键词（KWIC）索引。

汉王科技股份有限公司
Hanvon

成立于1998年，以核心技术为基础，面向市场需求，已形成了以识别技术为核心的、针对不同细分市场的软硬件产品系列，既有通用产品，如汉王电纸书、汉王笔、文本王、名片通、绘图板等，也有针对教育、金融等行业应用的文表识别解决方案、交通管理的识别监控系统；既有手写手机、OCR等多种技术授权方案，也有辅助方案实施的硬件产品，如证照识别等。基于手写识别技术及电子纸显示技术，汉王电纸书销量进入全球三甲行列，在中国国内电子阅读器市场名列前茅。

汉学
Sinology

又称中国学（China Studies）。指国外研究中国的政治、经济、社会历史、哲学宗教、语言文字、文学艺术、天文地理和工艺科技等各种学问的综合性学科。汉学萌芽于16—17世纪来华传教的教士著述中。400多年里，汉学经历了发轫期、确立期、发展期和繁荣期。汉学可以分为古代汉学和现代汉学。

《汉学通览经典》数据库
***Chinese Studies e-Classics* Database**

该数据库介绍台湾图书馆早期善本工具书，拥有《善本题跋真跡》、《标点善本题跋集录》、《台湾图书馆善本书志初稿》和《“国立中央图书馆”善本序跋集录》等。

《汉学研究》通讯电子报
The E-Newsletter for Research in Chinese Studies

作为汉学界沟通的桥梁，即时性的报导海内外汉学研究现况，内容包括研讨会、学术活动、人事动态以及出版信息等，月刊。

汉学研究中心
Center for Chinese Studies

初为1981年成立的“汉学研究资料及服务中心”，1987年更为现名。其宗旨为倡导汉学研究风气、策划并推动汉学整体之研究与发展、协调海内外汉学研究之合作与交流以及提供学术性之服务。主要有：调查搜集汉学资料、提供参考研究服务、报道汉学研究动态、编印各种书目索引、推动专题研究计划、出版汉学研究论著、协助学人来台研究和举办各项学术活动。编辑出版《汉学研究》（半年刊）、《汉学研究通讯》（季刊）以及《第二届中国社会经济史研讨会论文集》、《第二届敦煌学国际研讨会论文集》等。

《汉英俄图书馆学信息学词典》
Chinese-English-Russian Dictionary of Library & Information Science

孙世菁、吴新民和郑莉莉编，由印刷工业出版社于1993年出版。共收词3 362条，以书刊采购、图书分类、编目、加工、典藏、流通、参考咨询、信息收集、整理、研究报道、存储、检索和传播等文献的词汇为主，也收录了语言学、计算机和印刷等方面的词汇。正文后附有英俄文索引，分别按各语种字母顺序排列。

《汉英图书馆词汇》
Chinese-English Glossary of Library Science

汇文忠、陆忠民编，由上海外语教育出版社于1993年出版。内容包括与图书馆工作密切相关的文献、情报、档案和印刷等科技术语，同时也收入了最新的专业词汇。共10 000多条，并附有汉字笔画索引、汉语拼音索引和英文字母索引。

《汉英图书馆学情报学辞典》
Chinese-English Dictionary of Library and Information Science

由方小容、郑勇主编，丘东江主审。主要收录图书馆学、情报学以及与其密切相关的编辑、出版、印刷、装订和发行等方面的名词术语1万多条，40万字。该辞典还附有词目笔画索引和英文索引便于查找。由三秦出版社于1995年出版。

汉语词法分析系统
Institute of Computing Technology, Chinese Lexical Analysis System (ICTCLAS)

该系统主要功能包括中文分词、词性标注、命名实体识别、新词识别；同时支持用户词典、支持繁体中文、支持GB2312、GBK和UTF8等多种编码格式。主要特点为得到许多权威机构的公开评测和用户的认可、综合性能较优、具有统一的语言计算理论框架、支持Linux、FreeBSD及Windows系列操作系统和支持C/C++/C#/Delphi/Java等主流的开发语言以及具有GB2312和BIG5版本，可分别处理繁体中文；支持当前广泛承认的分词和词类标准。该系统由中国科学院计算技术研究所研发。

《汉语大词典》
The Great Chinese Dictionary

中国最大的一部汉语词典。共12卷，收词目约37.5万条，5 000多万字，另有检索表和附录1卷。该词典只收汉语的一般语词，排除兼容并蓄、无所不包的最初设想，着重从语词的历史演变过程加以全面阐述。所收条目力求义项完备，释义确切，层次清楚，文字简练，符合辞书科学性、知识性和稳定性的要求。《汉语大词典》是1975年邓小平同志主持中央工作时确定、周恩来总理在病床上批准的国家级重点项目。编纂历时18年，专家学者千余人。众多著名学者和文化界、教育界、出版界的前辈参与总体设计。吕叔湘先生亲任首席学术顾问。1997年，汉语大词典出版社出版了该词典的缩印本。共3卷。1998年出版了《汉语大词典》简编本。2004年，由上海数字世纪网络有限公司与汉语大词典出版社合力研制开发了《汉语大词典》2.0网络版。2010年出版了《汉语大词典订补》，2012年已启动"大修"工程，并将于2015年出版第一期，预计2020年完成全书25册、约6 000万字的编辑出版工作。

汉语拼音
Pinyin（PY）

汉语普通话的标准注音方案，在中国历史上，自清末开始对汉字有过多种注音方案，1957年11月1日国务院全体会议第60次会议通过《关于公布〈汉语拼音方案草案〉的决议》，次年2月11日第一届全国人民代表大会第5次会议通过《全国人民代表大会关于汉语拼音方案的决议》，至此汉语拼音开始在国内国际推广和使用。汉语拼音继承和更新了"国语罗马字"的注音方式，采用26个拉丁字母，组合成21个声母和35个韵母，结合声调符号和隔音符号，实现了对所有汉字的注音。1982年1月国际标准化组织经过投票，通过了以拼音为书写汉语的国际标准（ISO 7098—1982）。目前，中国对外书报文件和出国护照中的汉语人名、地名一律采用汉语拼音书写。汉语拼音对规范汉字读音、推广普通话和实现国际交流都具有重要意义。

《汉语主题词表》
Chinese Subject Thesaurus

显示主题词与词间语义关系的规范化动态性的检索语言词表。1980年，由中国科学技术信息研究所与北京图书馆主编、科学技术文献出版社出版。作为一部大型综合性科技检索工具，收词范围包括自然科学、医学、农业和工程技术等各学科领域的主要名词术语，共收录正式叙词91 158条，非叙词17 410条，范畴类目分三级。1991年其自然科学部分出版增补本，增补新词8 221条，删除不适用词5 434条。《汉语主题词表》收词量大、编制体例规范，是主题标引、检索和组织目录、索引的主要工具。1985年获国家科学进步二等奖。

汉语著者号
Chinese Author Number

以著者（包括个人著者和团体著者）名称为依据而编制的书次号码。可以在同一类图书中集中同一著者的著作，并按照一定的次序排列不同著者的著作。与分类号一起组成索书号，是组织分类排架和分类目录所不可缺少的、并用以确定各类图书在书架上的位置。汉语著者号的标记符号采用由一个字母（责任者汉语拼音首字母）和三位阿拉伯数字组成的混合号码。

旱滩坡纸
Hantanpo Paper

中国古纸的一种。1974年1月在甘肃省武威县旱滩坡东汉墓中发现的公元2世纪下半叶用麻纤维造的纸，考古学家将之定名为旱滩坡纸。该纸呈淡褐色，上面留有文字墨迹，大部分字形较长，笔画粗壮。经化验该纸属于单面涂布加工纸，涂层细而平，非常均匀。旱滩坡纸的质量上乘，说明中国东汉时期的造纸技术在世界上居领先地位。

翰林出版事业股份有限公司
Han Lin Publishing Co.，Ltd.

1959年在台湾台南市成立。简称翰林出版，原名为翰林出版社。原本以出版国小、国中、高中各类参考书及测验卷为主。自1991年台湾教育部开放艺能科（体育、音乐、美劳、工艺和家政）教科书审定本之后，开始跨入教科书出版领域，并进一步于1996年进入国小教科书市场，1999年进入高中教科书市场。目前与南一书局、康轩文教事业一样为台湾主要教科书版本民间出版商。

杭州时代图书馆建设咨询有限公司
Hangzhou Times Library Development Consulting Co.，Ltd

专门为图书馆提供建筑与设备咨询服务的公司

之一，由中国国内一流的图书馆建筑设备专家及国家一级注册建筑师、结构工程师组成。该公司宗旨是通过咨询服务，使新建、扩建、改建图书馆建筑更科学、实用与经济，力争达到功能完善、技术先进、方便读者、便于管理、调整灵活、节省人力和运作费用，符合信息时代要求和可持续发展。公司经理、图书馆学家李明华先生将几十年积累的经验、现代图书馆管理与图书馆建筑的先进理念、方法和技术应用于规划设计，为用户当好参谋，减少失误和造就精品。

杭州图书馆
Hangzhou Library

始建于1958年7月。2008年10月新馆在钱江新城落成，建筑面积达5万平方米（其中新馆4.38万平方米），阅览座位2 200席。馆藏文献达280多万册（件），载体有图书、报纸、杂志、特藏专藏、视听文献、数据库资源，内容涉及各门学科，已逐步形成了以文史哲、艺术、法律、旅游、经济、教育、音乐为特色的馆藏体系。其中馆藏古籍、民国图书达4万多册，包括善本古籍634种，5 058册；碑刻拓片1 400余种。2007年，该馆藏品种有29种善本古籍进入首批《国家珍贵古籍名录》，2010年，被国务院确定为第二批“全国古籍重点保护单位”。此外，拥有杭州地方文献，近万册/件，载体形式有图书、古籍、期刊、报纸、拓片、光盘，内容涉及杭州发展的各个方面，已逐步形成杭州地方文献专藏，同时建有“杭州文化”数据库、编辑出版杭州文化期刊《文澜》(季刊)，为杭州经济、文化发展提供文献参考服务。该馆于2003年加入国际图联，成为其机构会员。

航海出版物
nautical publication

海图、海历和导航指南等工具参考资料的总称。

航海（空）日志
log book

指船速或进程的每天记载，或航行中发生的全部记载。其中包括各个时间段的船位以及气候与航行中发生的重大事件，也指飞机的飞行记录。

航海历书
nautical almanac

供航海人员观测天地以决定船只地理坐标的专门历书，是航海时导航的重要参考书，内容有根据观测天体进行导航所需的天文数据。1767年，格林尼治天文台首次编印出版航海历书。

航海图
nautical chart (nautical map)

一种航海专用地图，是根据航海需要通过测绘或运用各种航海资料编制而成，着重用来表示航海要素、海岸性质、海洋水文和海底地脉等特征，通常包括有海岸图、港湾图、航海图和专用图等。

航空摄影镶嵌图
photomosaic

一种将几张航空照片或几部分组合起来的航空地图，以便完整地反映一个特定地区的连续空中摄影图。

航摄图
aerial map

由一张或多张从其地表之上角度拍摄而成的照片所构成的地球或其他星体的地图。拍摄工作通常由飞机、卫星和航天器等完成。

航图
chart

设计主要用于水域、天空或空间导航的地图。

毫微
nano

一种前缀，或用其简写成前缀“n”，表示指定单位的十亿分之一（10^{-9}）。

毫微秒
nanosecond

一种时间单位，等于10^{-9}秒，符号为“ns”。计算机的机器周期时间常用毫微秒表示，时间越短表明主时钟频率越高，机器速度越快。

豪华版
deluxe edition (fine edition)

用纸比标准贸易版更为精良的版本，有时使用特殊的铸字，用牛皮或其他质量上乘的材料装订，还可以是大型开本，插图丰富，但售价较高，发行有限。deluxe edition 也可以拼写成：de luxe edition。

H

豪华装订

de luxe binding

一种昂贵的手工皮革装订方法，通常使用优质皮或其他上好材料作封面并烫金刻印。这种装订方式比平装本精美耐用，一般适合需要长期保存的经典著作、精印图书和供经常翻阅的工具书的装订。

《号角报》(阿根廷)

(西) *Clarin*

阿根廷影响最大的全国性报纸。1945 年 8 月 28 日在首都布宜诺斯艾利斯创办，创办人是阿根廷著名律师兼记者罗伯托·诺夫莱。该报为综合性日报，星期一至星期六出 4 开 90 版，发行量约 80 万份，逢星期日加出至 120 版，发行量超过 100 万份。该报在内容上分为三个部分：第一部分以国内外政治和社会新闻、评论等为主，第二部分是文化和体育新闻，第三部分为广告专刊。该报属历史悠久、实力强大的“阿赫亚一号报”报业集团所有。

号码索引

numerical index

以文献中特有的数字号码（如专利号、报告号和合同号等）作为标目，在其下面列出文献的出处等事项，再按号码顺序排序而组成的索引。号码索引又称数字索引，如专利号索引、标准号索引、报告号索引、合同号索引和化合物登记号索引等。如果检索者已知文献的编号，利用号码索引进行检索最为方便。

合编者

joint editor

两个或两个以上的著者合作编辑一种或一套图书，通常见于教材、会议录和各种论文集等学术著作。

合编著作，集体著作

composite work

由两个或多个作者或作曲家合作编写，而且每人各自完成独立的一部分，最终经整理组合形成的一个有序的整体著作。

合并

consolidation

出于提高效率、节约经费、改善服务质量等方面考虑，把原本在管理上各自独立的两所或多所图书馆或部门机构合并成一个单位，并将其置于统一管理之下的做法。

合并整序

collate

将两组或更多的文件、记录、页面或数据合并，并按一种顺序排列起来。

合唱歌曲集

choir book

放置在合唱队前支架上的大开本音乐图书。每部分独立标注，通常当书翻开时，男女高音部分在左页，中低音在相对的右页。

合唱乐谱

chorus score

供合唱用的歌谱，有简谱和五线谱之分。

合成描述、合成著录

composite description

在载体表现的描述/著录中，为表达实体间关系，合并表达该载体表现中作品或内容表达的一个或多个元素。不同于仅提供标识符或规范检索点的表达实体间关系的方式。

合订本

bound volume

指将许多分期出版且已经印订成册的单本书、丛书和连续出版物等，按照一定份数或期数，成套地合订在一起出版发行的一种版本，如杂志合订本、活页文选合订本等，便于读者查阅和检索。

合订本期刊（杂志）

bound journal

指分期出版流通到一定时候并按日期的次序集中汇集起来装订成册的期刊合订本。合订本期刊按装帧形式有精装、平装和简装三种。

合法用户

legitimate user

依照某系统的所有者或管理员的指令，凭用户名和密码可以进入该系统的用户。

合肥工业大学图书馆

The Library of Hefei University of Technology

创建于 1945 年。前身是安徽省立工业专科学校图书组，1950 年更名为淮南煤矿工业专科学校图书馆，1955 年改名为合肥矿业学院图书馆，并迁址合肥，1958 年正式更名为现名。馆舍面积达 5.04

万平方米，阅览座位5 000多席，实行全开架借阅。拥有馆藏图书225.56万册，电子图书75.2万种，135.1万册，中文电子期刊1.2万种，外文电子期刊2.1万种，各类中外文数据库约200个，订阅中外文现刊2 900多种。文献采集的重点是机械、电子、化工、计算机、土木建筑、地质环境、管理科学、法学和经济学等学科门类及其相关的基础理论和应用技术方面的书刊文献。

合格收件人
qualified recipient

指经过一定级别审批的某些保密资料和内部文献的发行对象。

合伙，合股
partnership

指两个或两个以上的人或组织按照协议，各自提供资金、实物和技术等，共同经营、劳动或完成某个协作项目的民事法律行为。

合理利用
fair use

一项法律规定，允许在不侵犯作者本人利益的情况下，有限地引用他人的作品。出于批评、评论、新闻报导、教学和研究等目的，复制、引用一个作品的全部或一部分，这不属于侵犯著作权的行为，称作合理利用。合理使用是对著作权利的一种限制。认定合理使用的基本条件包括：应当指明作者姓名、作品名称和出处，并且不得侵犯著作权人依照本法享有的其他权利。2001年修正的《中华人民共和国著作权法》规定了12种情况为合理使用的范围。

合同编目
Contract Cataloging

OCLC为各种规模图书馆提供的合同编目解决方案，由OCLC专家团队按照图书馆提出的所有编目需求编目其新购资料、特殊馆藏以及其他馆藏。目前，OCLC提供所有格式及30种语言的编目服务。

合同，契约
contract

当事人之间设立、变更、终止民事关系的协议。在图书馆里指在馆长和一名或多名图书馆员和工作人员之间就一定时期内有关聘用的条款（工资、责任、提升和任期、假期和病假的工资以及福利等）进行谈判而签署的具有法律效益的协议。

合页版
double spread（double page spread）

题名及其他相关事项分别记录在左右相对的两页上的题名页。文本和插图相向印刷，如同单一页面，通常会获得较好的视觉效果。例如，画面、地图等。著录时把左右两页当作一个题名页看待。对图书来讲，这两页又称为“展开题名页”。

合用线，合用线路
party line

由若干个用户共用，每次只能发送一个信号，而不能进行多路传输的一种通信信道，如电话分用线。

合众国际社（美国）
United Press International（UPI）

美国第二大通讯社，世界四大通讯社之一。1958年5月由合众社和国际社合并而成，总部设在华盛顿特区，图片传输网络中心在纽约。使用英语、西班牙语和阿拉伯语向世界各地发布新闻和评论。合众社原由斯克里普斯报业集团于1907年创办，第二次世界大战后，发展为国际性通讯社。近几十年来，该通讯社面临财政危机，进行了大幅度的裁员，导致其在国内外媒体界的影响力大幅减退。

合著，集体作品
joint work

指两个或两个以上的著者合作编著的图书。从版权角度来看，两个或两个以上著者对单一著作的贡献是结合在一起的。每一位合著者都有平等的权利注册和行使版权，无论其参与撰写著作的多寡。

合著者附加款目
added entry under joint author

指由合著者组成的主要款目以外的其他辅助款目。

合著者，集体编著者
joint author（coauthor）

根据《英美编目条例第二版》(*AACR*2) 中的规定，在与一个或多个人合作撰写的一部著作中，每个合作者都发挥了同样的作用，而其所做的贡献不

H

必专指或区分出来。在对这类著作编目时，要以主要信息源上提供的排名第一的著者（主要著者）来做主要款目，其他著者则做附加款目——除非主要责任明显地依靠某位著者。

合作编目计划（美国）
Program for Cooperation Cataloging（PCC）

由美国国会图书馆与来自北美洲、南美洲、欧洲、非洲、亚洲和欧洲共约400个编目机构共同合作的一项国际性的编目计划。期望能应用一套全球图书馆界公认接受的规范标准，来提供多、快、好、省的编目，使文献资源能更广泛地被分享与检索。

H

合作参考服务
cooperative reference service

经过某一所图书馆和其他图书馆或者信息机构的合作而开展的图书信息延伸服务。根据双方认可的协议，通过某一系统回答读者问题，向读者提供所需信息，以提升双方的服务水平。

合作联机连续出版物项目
Cooperative Online Serials Program（CONSER）

合作编目项目（PCC）所属项目。始于19世纪70年代早期由连续出版物手工编目转换到机读记录，现已演变为创建与维护高质量连续性资源书目记录的项目，其主要成果体现在对OCLC数据库中连续性资源记录的创建、编辑与认证。

合作虚拟参考咨询
collaborative virtual reference service

网络时代图书馆参考咨询发展的必然趋势，为在现代信息技术条件下实现和共享，图书馆员作为信息咨询专家的价值提供了新的舞台。是基于因特网的问答服务机制，通过实时问答、问题库、电子邮件的形式向用户提供咨询服务。

合作者
collaborator

与一名或多名同事合作编写书的人。对于该书，所有参编者都做出了相同的贡献（共同分担责任者）或不同的贡献（混合责任者）。例如，分写一本书不同章节的数个作者，或为儿童读物编写正文的著者而不是插图画家。

合作作品
works of joint authorship

指两人以上合作创作的作品。合作作品的著作权由合作作者共同享有。没有参加创作的人，不能成为合作作者。合作作品可以分割使用，作者对各自创作的部分可以单独享有著作权，但行使著作权时不得侵犯合作作品整体的著作权。

何焯（1661—1722）
He Zhuo

字润千，因早年丧母，更字屺瞻，晚号茶仙，苏州长洲人，寄籍崇明，后迁居苏州。先世曾以“义门”旌，学者称义门先生。清初校勘家、藏书家。藏书达数万卷，多见宋元旧本。何焯工书法，尤善小楷，得晋唐人法度，笔力如明朝书画家董其禺，曾为皇帝写《四书集注》，被称为康熙四大书法家之一。著有《义门读书记》。

何鼎富（1941—）
He Dingfu

福建省图书馆研究员。1964年毕业于北京大学图书馆学系，先后在福建省图书馆报刊、采编部门工作，1984—1989年任业务副馆长。曾兼任福建省图书馆学会副理事长、秘书长，《福建图书馆学刊》主编和中国图书馆学会理事。发表论文40多篇，并多次获奖。

何飞鹏（1952—）
Ho Feipeng

台北市人，台湾著名出版家、企业家。曾领导过出版团队，包括商周、墨刻、积木文化、原水文化、性林文化、新手父母、易博士、奇幻基地、启示、霹雳、春光、蓝鲸等十几家出版社以及《城邦国际名表》、《高尔夫》、《城邦音响》、《新电子》、《新通讯》、《经理人月刊》、《数位时代》和《漂亮家居》等杂志刊物。与其他单位共同创办《商业周刊》杂志、电脑家庭出版集团和城邦出版集团。2010年还担任台湾数位出版联盟理事长，与出版界推动“百年千书经典必读”数位阅读计划。其著作有：《自慢：社长成长学习笔记》、《自慢2：主管私房学》和《自慢3：以身相殉》。

何光国（1935—）
He Guangguo

教授，1956年毕业于台湾大学经济系，1960

年获政治大学新闻研究所新闻学硕士学位，1962 年获美国南伊利诺大学科学硕士学位，1966 年获美国奥克拉荷马大学图书馆学硕士学位、1975 年获霍华大学经济学硕士学位。1987 年修完霍华大学经济学博士班课程。先后任美国堪萨斯大学工程建筑学院和霍华大学图书馆馆长、台湾大学图书馆学系客座副教授，并兼任该系及硕士班研究所主任。出版专著多部，发表论文 10 多篇。

何塞·玛蒂国家图书馆（古巴）

Biblioteca Nacional de Cuba José Marti

成立于 1901 年 10 月 18 日，1949 年以古巴民族英雄、诗人和思想家何塞·玛蒂之名命名。1957 年 6 月 12 日迁入新址。1959 年古巴爆发革命后，该馆也发生很大变化。馆长安达尔女士孜孜不倦地为发展古巴图书馆事业而奋斗，除了实现现代化目标，还要让人人能够利用图书馆。政府决定凡属于独裁者巴蒂斯塔及其追随者的图书均移交给国家馆，由古巴人民享用，这既丰富了馆藏，也推动了全国各地的图书馆工作。1999 年 5 月 14 日，古巴政府通过法令，宣布该馆为古巴唯一接受呈缴本的图书馆。这一法令确保了古巴国家图书馆对古巴境内的出版物开展全面和系统的归档与编纂的权威地位。该馆是联合国的托存图书馆之一，收藏了联合国属下的国际原子能组织（IAEA）、国际粮农组织（FAO）、联合国科教文组织（UNESCO）、国际卫生组织（WHO）、国际劳工组织（ILO）等机构的出版物。该馆于 2004 年 9 月设立“上海之窗”。

何善祥（1933—）

He Shanxiang

广西壮族自治区图书馆研究馆员。1956 年毕业于武汉大学图书馆学专修科。1980 年任广西壮族自治区桂林图书馆副馆长，1984 年到广西壮族自治区图书馆任副馆长、馆长。兼任中国图书馆学会理事、广西壮族自治区图书馆学会理事长和《图书馆界》主编。发表关于图书馆学论著、译著数十篇。

何绍华（1951—）

He Shaohua

武汉大学信息管理学院教授、博士生导师。兼任全国文献工作标准委员会统计与绩效评估分委会委员、中国标准化学会资深会员、武汉大学中国电子商务研究与发展中心常务副主任、武汉大学中国科学评价研究中心研究员。1976 年武汉大学图书馆学专业毕业留校任教。已主持和参与国家级、省部级和校级科研课题 10 多项，出版著作 14 部，发表学术论文 60 多篇，其中获国家级、省部级学会颁发的论文一、二、三等奖有 15 篇；多篇被人大复印资料全文转载。近些年来，参与编著的《科技文献检索》教材，多次获奖。

河北大学管理学院图书馆学系

Department of Library Science in Management College of Hebei University

成立于 1984 年，同年开始招收图书馆学专科生，1985 年开始招收图书馆学本科生。1988 年更名为图书情报学系，1994 年改名为信息管理系，同年开始招收信息学本科生。1995 年档案学专业归并信息管理系，1999 年信息学专业改为信息管理与信息系统专业，2000 年 10 月工商管理学院和信息管理系合并为河北大学管理学院，下设图书馆学系。在图书馆学本科专业建设的基础上，2002 年开始招收图书馆学硕士研究生。该系拥有图书馆学和公共事业管理 2 个本科专业，图书馆学及情报学 2 个硕士研究生专业，2010 年，图书馆学专业被评为河北大学重点建设学科。

河北大学图书馆

Hebei University Library

建于 1921 年，是法国天主教会在天津创办的工商学院图书馆、津沽大学图书馆。1952 年院系调整，易名为天津师范学院图书馆、天津师范大学图书馆。1960 年定名为河北大学图书馆。1970 年随学校迁至保定。馆舍总面积达 1.5 万平方米，馆藏 306 万册（件）。该馆为全校师生提供参考咨询、阅览、外借、信息检索、馆际互借、文献复印、复制和装订等多种服务。

《河北科技图苑》

Hebei Sci-Tech Library Journal

由河北省高等学校图书情报工作委员会主办的理论研究与实际应用相结合的图书情报专业方面的刊物，1998 年创刊。主要栏目有：“图书情报事业”、“现代技术”、“图苑寄语”、“研究与探索”、“现代技术”、“图书馆建筑”、“科技百科”、“图苑述评”和“图苑论坛”。双月刊，国内外公开发行，有英文主要目次。

河北省图书馆

Hebei Provincial Library

中国省级综合性公共图书馆，建于 1908 年，其前身是天津直隶图书馆和保定直隶图书馆，为中国长江以北地区最早建立的公共图书馆。馆舍建筑面积为4.8万平方米，阅览座位3 070席。馆藏文献330万册（件），重点收藏河北省地方文献、大型工具书和重要检索文献。收有中国专利、中国科学文献、中文社科报刊篇名数据库及中国科技期刊等专题数据库，与河北省图书馆学会联合编辑出版图书馆学专业刊物《图书情报通讯》（季刊）。

河北省图书馆学会

Library Society of Hebei Province

成立于1979年8月25日。该学会成立以来，多次举办学术研讨会、各类学术报告会、各类培训班与研修班。会员近1 000名，遍及全省60个市县、近200个单位。该学会会刊《图书情报通讯》（*Library and Information Newsletter*）（季刊）于1989年创刊。该学会定期编发的《地方文献工作信息》在地方文献的征集、保管、利用和地方文献的宣传等方面发挥了积极作用。该学会编发的《河北省图书馆学会工作通讯》2006年已由季刊改为双月刊，加大了信息量，已成为广大会员交流图书馆工作与经验、了解行业最新动态的重要桥梁。

河北师范大学图书馆

Hebei Normal University Library

由原河北师范大学图书馆、河北师范学院图书馆、河北教育学院图书馆和河北职业技术师范学院图书馆合并而成。拥有馆舍总建筑面积为2.2万平方米，阅览座位近3 000席。馆藏文献总量为280万多册，馆藏中拥有线装古籍文献17万多册，古籍善本2 200多种12 600多册，拥有《四库全书》、《中华大藏经》、《申报》、《晨报》、《民国日报》及解放前的《新华日报》、《解放日报》的影印本等特种文献，电子图书近185万册，中外文数据库近20个。馆藏文献以师范教育和职业技术教育为主，覆盖哲学、社会科学、自然科学和工程技术各学科门类。并在一馆四区实现了统一的自动化、网络化管理，是一所以服务于师范教育为主的综合性大学图书馆。

河海大学图书馆

Library of Hehai University

创建于1952年。拥有馆舍面积4.1万多平方米，其中江宁新校区面积3.1万平方米。另外常州校区馆舍为0.9万平方米。该馆目前印刷型图书收藏190万册，其中中、外文图书180多万册，中、外文期刊合订本12.7万册，现刊2 000多种以及电子图书70多万册，电子期刊8万种（其中全文电子期刊3万多种）。重点收藏有水利水电工程、岩土工程、海洋工程、港口航道工程、海岸工程、水文水资源及环境工程、工程力学等方面的印刷型及电子类书刊资料，形成了以水资源综合开发、利用、保护、发展为特色的藏书体系。

河南大学图书馆

Henan University Library

于1912年创办，时为河南留学欧美预备学校图书室。2000年7月与河南开封医学高等专科学校图书馆和河南开封师范高等专科学校图书馆合并为新的河南大学图书馆，总建筑面积近7.4万平方米。拥有馆藏500万册（件）。该馆设有社科、科技、文学艺术、外文书刊、报纸、现刊、过刊、古籍、音响资料和电子文献等各种阅览室12个，拥有阅览座位6 647席，除接待本校教职工和学生外，还接待校外读者，并与部分图书馆开展馆际互借业务。同时为读者提供参考咨询、光盘检索和网上查询等服务，还开设《文献检索与利用》课程、开展复印、摄影、缩微和书刊装订等多种技术服务项目。编辑发行《图书馆通讯》。

《河南省公共图书馆管理办法》

The Management Method for Public libraries in Henan Province

由河南省政府常务会议审议通过，自2002年9月1日起施行。该管理办法共有28条，详细叙述了制定该管理办法的目的、公共图书馆的定义、布局、数量与规模、主管部门以及馆长负责制、工作人员的资格、经费专用、文献的购置、馆藏结构、开放时间、读者服务、呈缴制度和奖励与惩罚等。

河南省图书馆

Henan Provincial Library

中国省级综合性公共图书馆之一。建于1908年，原馆址在开封市龙亭湖畔的许公祠，1909年2月正式开馆。1952年迁至省会郑州市。现馆舍于1989年正式投入使用，建筑面积2.95万平方米，阅览座位1 500席。馆藏文献为310多万册，其中古籍50万多册，普通图书220万多册，报刊26万多册，木刻板30 000多片，缩微视听资料2万多件（套），数字图书50万种。珍藏有元明清历代流传下来的古籍珍本，如明刊《李卓吾先生批评西游记》、明嘉靖刊《广舆图》、清康熙刊《遵化志略》和《嵩阳书院志》等。建有“中原文化数据库”，与河南省图书馆学会联合编辑出版双月刊《河南图书馆学刊》。

河南省图书馆学会
Library Society for Henan Province

成立于1979年11月，是河南省科学技术协会和河南省社会科学联合会的团体会员。该学会成立以来，多次举办学术研讨会、大型学术报告会和大规模优秀学术成果评奖活动。承担国家级、省部级科研课题29个，出版学术专著343部，其中出版专著和教材235部，整理古籍108部。与河南图书馆联合编辑出版学术刊物《河南图书馆学刊》(双月刊)。

《河南图书馆学刊》
The Library Journal of Henan

1982年创刊，双月刊，由河南省图书馆学会、河南省图书馆主办，内容主要包括图书馆学理论研究，图书馆工作经验交流以及普及图书馆知识。所开设的栏目有:“理论研究”、“博士论坛”、“事业建设”、“工作探索”、“目录学研究”、“图书馆员”、“数字信息资源建设”、“文献保护工作研究”、“地方文献”、“人物”、“书评”、“公共图书馆”、“高校图书馆”、“高职院校图书馆”、“少儿图书馆”、“基层图书馆”、“文献之窗”“国外图书馆”和“创新服务研究”，国内外公开发行，有英文主要目次。

荷兰国家图书馆
National Library of Netherlands/*Koninklijke Bibliotheek*

1798年由流亡的荷兰省长威廉五世王子的私人图书馆改成的国家图书馆。1982年在该馆新馆舍落成典礼上，宣布荷兰国家图书馆正式成立，隶属于荷兰教育文化科学部。该馆旨在保护全荷兰印刷和书写文化遗产，作为存储图书馆，收集和保护由正式注册的荷兰出版商出版的所有出版物和大量的荷兰灰色文献；作为学术图书馆，为学术界和学者提供有效服务。拥有藏书总量达380多万册（卷），特藏中包括许多摇篮本、中世纪和现代手稿以及早期印刷型图书。此外，该馆还拥有一些重要馆藏：乐谱、儿童文学、体育与游戏、私人出版社出版的书刊以及世界最多的在荷兰或从前荷兰殖民地出版的荷兰文报纸。该馆是国际图联机构会员。

荷兰联合出版集团
(荷) *Verenigde Nederlandse Uitgeversbedrijven* (*VNU*)

成立于1964年，是世界上著名的出版、信息公司，是欧洲最大的出版公司之一。荷兰联合出版集团现有4部分，即：杂志出版分公司（Consumer Magazines)、电话簿和信息公司（Telephone Guides and Information)、商业信息公司（Business Information）和教育出版公司（Educational Publishing)。主要从事杂志和电话簿出版、信息服务、商业信息以及教材出版。业务范围涉及欧洲18个国家以及美国、加拿大、波多黎各、印度和南非等国。

荷兰生物医学及药学文献书目数据库
EMBASE

由国际著名的爱思唯尔出版公司建立的大型生物医学及药学文献书目数据库，与MEDLINE一样，该数据库也是目前世界上最常用的生物医学文献库之一。与其相对应的纸本检索工具是*Excerpta Medica*（荷兰《医学文摘》）的41种系列检索工具刊。该数据库收录了1980年以来世界70多个国家和地区（以欧美为主）出版的3 800多种期刊的医药文献题录和文摘，其中，药物信息的比重较大。超过900万条的生物医学记录（1974年至今)，每年新增记录超过60万条。该数据库报道文献的速度较快，与纸本原始期刊的时差小于20天。涉及的主要学科领域有：基础生物医学、生物工艺学、生物学、药学、毒物学、法医学、牙科医学、护理学、精神病学、兽医学、人体医学及心理学等。数据库更新周期为月更新。是获取权威、高质量以及最新生物医学和药理学信息的专业检索引擎。

核对
collation

在图书的印刷过程中，一部书印刷完成后是否完整和次序无误，通常要严格检查书帖、书页、插图和其他特征予以确定。或者与样书中的各项进行对照，确定是否一致。

核对问号
query

校稿人在校样上某一部分标出的记号“?”。这种记号可以写在校样上，对校样某一点的正确性提

H

出疑问，意思是提请作者再审阅一遍。

核对，校勘
collation

亦称校订，即对同一本图书的不同版本逐页、逐行地进行对照，以确定它们是否为相同的版本或是同一本图书的不同版本；或者与有关书籍或翻译书籍的原文相互校对，鉴别其文字篇章的异同，更正其错误。

核心馆藏
core collection

满足图书馆主要读者群最基本信息需求的馆藏。在公共图书馆，根据大众的需求和基本使用率来选择核心馆藏。在高等院校图书馆，根据教学和科研需要来选择核心馆藏，也指新建立的图书馆根据标准目录和其他辅助性选择工具书建立的馆藏。不同类型的图书馆，对核心馆藏满足读者需求的百分比的要求亦不同。有专家认为，核心馆藏应能满足现有馆藏95%的需求。

核心级编目
Core Level Cataloging

OCLC 编目等级之一。至少符合 AACR2 一级著录要求，个别字段在编目时需要符合二级著录级次要求。核心级编目记录在编制后的完整程度低于完全级，高于最简级，对于这一级别应在适当时候选用。

核心级编目
core level cataloging

用于合作编目计划（Program for Cooperative Cataloging，PCC）中的一种编目级别，按照此级别编制的书目数据少于完全级别编目的书目数据，但又多于最低级别编目的书目数据。固定长度字段需要完全级别编目，但是不包括某些变长字段。

核心期刊
core journal

此概念由英国图书馆学家布拉德福（Bradford）于 1934 年提出，对学生和研究人员具有重要的意义。也即指某学科或其分支学科领域水平较高的学术期刊，并作为高等院校图书馆馆藏，以满足该领域的教学和研究需要。主要体现在对科研工作者学术水平的衡量方面，如教学科研单位和图书馆的工作人员申请高级职称、申报科研项目、学术水平评估等，都需要在核心期刊上发表论文。

盒目
box list（consignment list，container list）

档案盒目录的词首字母目录，通常用于盒内资料装满后准备迁移的时候。盒目的主要用途是在着手建立更完整的目录之前，用以确认目次。

盒式磁带
tapecassette

一种安装在盒子里，可以放入摄像机、放映机和阅读机等设备中播放的磁带。

盒式录像带
videocassette

永久置放在硬塑料壳内的录像带，两端接在两个卷带盘上。第一个获得商业成功的制式是 1975 年日本索尼公司的 Betamax，而其竞争对手——日本 JVC 公司同年推出的 VHS 现为标准制式。尽管两种制式的录像带都是 0.5 英寸（13 毫米）宽，但互不兼容。第三种制式是 1984 年推出的 0.3 英寸（8 毫米）宽录像带，主要用于便携式摄像机。1994 年，有关厂家在数字式 VCR 国际标准问题上达成了协议。图书馆在处理盒式录像带时，可另辟专室单独上架，或按索书号并入流通书库中。为了满足需要，鼓励及时归还，盒式录像带与普通图书相比，借期可以短些，超期罚款可以高些。

盒式录像机
video cassette recorder（VCR）

就功能上而言，是使用空白录像带并加载录像机进行影像的录制及存储的监控系统设备。是一种装有活动录像带盒的录像机，带有的磁带用来录制电视广播节目的声音及视频留作以后播放。

盒式录音带
audiocassette

将录音磁带密封于硬质塑料盒中，盒内有两个卷轴用来实现磁带的卷绕和回放。盒式录音带分为普通盒式带、大盒式带和微型盒式带。普通盒带尺寸为 102 毫米 × 64 毫米 × 12.5 毫米，所有的盒式磁带均以 4.75 厘米/秒的标准速度进行录音和播放。图书馆内的盒式录音带藏于声像部并可以流通，按照作曲者、表演者和资料类型等进行归类。

盒装图书
boxed

存储在盒式箱内的成套图书或其他文献，通常是将其进行集中保管，但有时则为了起装饰的作用。

贺德方（1963—）
He Defang

研究员、高级经济师，清华大学经济学院管理学硕士。中国科学技术信息研究所所长、万方数据股份有限公司董事长，武汉大学兼职教授。兼任中国图书馆学会第八届理事会常务理事。

赫伯特·胡佛总统图书馆及博物馆（美国）
Herbert Hoover Presidential Library & Museum

赫伯特·胡佛总统离开白宫后于1962年在伊阿华州西布兰奇建立了自己的图书馆。该馆除收藏总统任职期间的各种文件外，还收藏了很多胡佛的著作，其中包括他的3卷回忆录、私人信件和实物，还有很多来自世界各地的纪念品。在该馆馆藏中官方文件占有相当的比重，其中有胡佛在援助比利时委员会（1914—1917年）、美国粮食署（1917—1919年）和美国救济署（1919—1924年）等战争时期的文件，有在斯坦福大学和平时期的文件，有援助第一次世界大战的重要手稿。该馆还全力收集胡佛同僚们的文献及口述历史记录。

赫尔曼·豪·富斯勒（1914—1997）
Herman Howe Fussler

美国图书馆管理者、学者和教育家。芝加哥大学图书馆学院硕士、哲学博士。最初在纽约公共图书馆科技部工作，1936年到芝加哥大学图书馆建立和领导其新建的照相复制部，1942—1945年以情报处处长助理和冶金实验室馆员身份服务于曼哈顿计划。1948—1971年任芝加哥大学图书馆馆长，放弃了在芝加哥大学研究生院的科研和教学工作。曾担任过美国图书馆协会理事会理事和国家图书馆咨询委员会委员，并任《文献复制杂志》(*Journal of Documentary Reproduction*）和《图书馆季刊》(*Library Quarterly*）副主编。主要著作：《图书馆照相复制：管理问题研究》(*Photographic Reproduction for Libraries*: *A Study of Administrative Problems*）和《美国化学家和物理学家使用的研究文献的特点》（*Characteristics of the Research Literature Used by Chemists and Physicists*）等。

赫尔曼·利布尔斯（1919—2010）
Herman Liebaers

比利时图书馆学家。第二次世界大战中成为纳粹俘虏，战后在皇家图书馆工作，坚持学习并于1955年获得根特大学博士学位。1954年到欧洲核子研究会图书馆任职，1956年到比利时皇家图书馆任馆长。在其领导下，该馆在西欧图书馆中成就突出：兴建新馆舍，建立现代科技文献中心，为馆藏珍品编制完备目录，通过呈缴出版物的法律，促成国家书目现代化。热心国际图联工作，曾任国际图联第8届主席，设立海牙常设秘书处，实施世界书目控制并推进国际出版物利用计划，被国王任命为宫廷典礼官后被推举为国际图联名誉主席。

赫尔辛基大学图书馆系统（芬兰）
University of Helsinki Libraries

赫尔辛基大学图书馆的信息服务由4所不同的校园图书馆提供。该网络系统由校园图书馆、系图书馆、教师图书馆和大学生图书馆组成。该系统向年满15岁以上的芬兰公民开放，但是，某些图书馆对借阅书刊上有所限制。馆内资料的搜寻可以通过HELA数据库，还包括在线大量文献。大学图书馆员和学生通过校园网上的任何一台计算机检索到图书馆的网上资源，他们同样可以通过远程连接服务在家中查寻。读者可以在馆内任何一台计算机上检索该馆在线资源。系统内的活动由校园图书馆委员会来协调，负责协调图书馆之间的合作、活动和战略发展以及规划集中资源的有效利用。

赫斯特公司（美国）
The Hearst Corporation

于1887年3月4日创立，总部设于美国纽约，是世界最大综合传媒公司之一。主营报纸、期刊、图书、商业出版、广播、电视、有线网和新闻特刊等。公司主要由赫斯特杂志出版公司、赫斯特报纸出版公司、赫斯特广电公司、赫斯特娱乐集团、赫斯特商业媒体公司和赫斯特交互媒体公司组成。

黑标题
black headings

指在字典式目录中除主题标目以外的标目。由于许多图书馆都习惯于将主题标目标成红色，其余如著者、题名等标目均用黑色。

黑客
hacker

起源于20世纪60年代，最初的黑客被看作是一个热爱科技与自由、喜欢用智力通过创造性方法来解决问题、挑战脑力极限的人。现指利用网络安全的脆弱性，把网上任何漏洞和缺陷当作“靶子”，在网上进行诸如修改网页、非法进入主机破坏程序、串入银行网络转移金额、窃取网上信息兴风作浪、进行电子邮件骚扰以及阻塞用户和窃取密码等行为的人。

黑龙江大学信息管理学院
Institute of Information Management of Heilongjiang University

筹建于1984年，原名图书情报系。从1985年起正式招收本科生，1993年11月改名为信息管理系，2001年5月更改为现名。该学院设有信息管理与信息系统、图书馆学、档案学、编辑出版学、电子商务5个本科专业，其中图书馆学、档案学、编辑出版学3个专业为黑龙江省唯一的全日制本科专业。设有省内唯一的图书馆学、情报学、档案学3个二级学科硕士授权点，拥有省内唯一的图书馆、情报与档案管理一级学科硕士学位授予权，拥有图书情报硕士专业学位授予权，拥有管理科学与工程一级学科硕士学位授予权。图书馆学专业、档案学专业为省级重点专业，情报学学科为校级重点学科。

黑龙江省图书馆
Heilongjiang Provincial Library

中国省级综合性公共图书馆。建于1906年（清光绪三十二年），其前身为黑龙江将军署学务处在齐齐哈尔市创办的图书馆，1954年黑龙江省与松江省合并后在省会哈尔滨市筹建新馆舍。新建筑由主体和裙房组成，造型呈船型，寓意“乘文化方舟、游信息海洋”的主题，建筑面积为3.3万平方米。阅览座位1 700多席。馆藏文献280万册，报刊5 000多种，其中馆藏善本书约6 602册，唐写本《大磐若波罗蜜多经》、元刻本《韵府群玉》和元刻本《新编事文类聚翰墨大全》等均为馆藏珍品。该馆还存有文化部、财政部赠送的《中华再造善本》（第一期工程：唐宋编、金元编）共787种，9 213册。此外该馆还收藏有丰富的东北地方文献和有关满族、清代以及伪满时期的文献资料，3万多种旧日文书、3 000种日伪时期的满铁资料为特色收藏，与黑龙江省图书馆学会共同编辑出版专业刊物《图书馆建设》（双月刊）。

黑龙江省图书馆学会
Library Society of Heilongjiang

成立于1979年5月25日。多次召开学术研讨会、举办学术报多告会，并先后举办15次评奖活动。从1981年起，该学会与吉林、辽宁两省学会联合举办10多次学术研讨会，参加会议近2 000人次。该学会与黑龙江省图书馆合办双月刊《图书馆建设》(*Library Development*)。

黑体字，粗体字
Boldface（bold-faced type）

在同一号铅字中用加粗和加黑且未增加铅字平均重量的字体。主要指排版、印刷上的笔画特别粗，撇捺等不尖的字体。又可称为平体、等线体和方头体。这种字体笔画粗实、结构紧密、四角崭方，给人以端庄醒目之感。在正文中主要用于各级标题等之间的对比和强调。该字体的变化包括半黑体、超黑体或极黑体。

黑线框
mourning border

在报纸上刊载讣告、报丧信息以及逝者照片周围所用的黑边框，以示哀悼。

亨丽埃特·艾弗拉姆（1919—2006）
Henriette Avram

美国19世纪50年代第一代计算机程序员，图书馆自动化先驱，MARC格式的开发者。1965年进入美国国会图书馆，开始用计算机处理编目数据的工作，将书目记录制作为一套字段，具有名称（3位数字的标签）、处理方式（指示符）及部分（子字段），MARC由此诞生。其后致力于MARC的推广，使之成为国际标准（ISO 2709）。她积极参与国际图联的《国际标准书目著录》及《国际机读目录格式》（UNIMARC）的编制。曾获得美国图书馆界众多奖项，还是1974年联邦妇女奖获得者。在她辞世后，《纽约时报》发表纪念文章称她为“促进图书馆现代化的专家”。

亨廷顿图书馆（美国）
Huntington Library

建于1920年，位于美国加利福尼亚州的圣马力诺市，是世界最大的收藏英美文学、史料和美术品的图书馆之一，仅次于英国国家图书馆和牛津大学博德利图书馆。其收藏包括关于英裔美国人的历史、文化和艺术、科学史和海事史的500多万册手稿、珍本图书、参考工具书及其他资料。该图书馆包括一个保存中心、展览大厅和艺术品收藏处，还有一个植物园。

横长形开本
landscape format

这种开本不是标准的图书开本，通常用于有许多横长形插图的艺术图书。这种开本的图书，特别是大型艺术图书，很重而且在书脊处往往容易被撕开，所以会损坏书页。横长形开本的图书不易放置在书架上。

横幅标语
Streamer（slogan）

主要指城市街道橱窗广告用的大张横幅标语。

横通道
cross aisle

在图书馆书库中，与一排排的书架相交叉为直角的走廊或通道，可以让图书馆工作人员和读者从一排书架走到另一排，而不用走到一排书架的尽头。

横印图表页
landscape page（broad side page）

将图形、表格和图解说明印刷在书页上，以便其底部与该书页的前边相平行。

弘益大学图书馆（韩国）
Hong-Ik University Central Library

位于韩国首都首尔，始建于1948年，起初只是一间图书室。1979年图书馆大楼建成，共有阅览座位4 759席，开始发挥其图书馆的各项功能。拥有馆藏图书180万册，期刊合订本10 000册，电子期刊3.4万种，电子图书1.4万册。另有许多学术数据库。1995年多媒体中心建立，方便师生使用各种电子资源，如全文期刊、电子图书以及各类数据库。

红皮书
red book

有两种含义，一是指一种收有国家公务人员或其他重要人物姓名简历的官方名册，如19世纪英国贵族名册或士绅录；二是指对外公开的政府报告，如奥地利、西班牙的正式文件和美国的外交文书，因其封面多为红色而得名。

红色语言
red language

美国Intermetrics公司于20世纪70年代设计的一种高级程序语言，因其语言版本的文书数据采用红色封面而得名。

红字标题
rubric

一部作品中用红色或蓝色标识出来的首字母、章节标题和题名，这样做是为了使之与用黑色书写或印刷出来的文献正文形成比较鲜明的对比。是一种用于装饰中世纪抄本手稿和早期印刷本图书的常用技术。用这种红字标题方法装饰出来的图书被称为加红字标题图书。

宏病毒
macro-virus

一种寄存在文档或模板的宏中的计算机病毒。一旦打开这样的文档，其中的宏就会被执行，于是宏病毒就会被激活，转移到计算机上，并驻留在Normal模板上。从此以后，所有自动保存的文档都会“感染”上这种宏病毒，如果其他计算机用户打开了感染病毒的文档，宏病毒又会转移到该计算机上。

宏功能、宏指令
macro

指已存储的一组按键值或指令。能自动完成复杂或重复的应用命令序列。很多电子制表软件、字处理软件和数据库程序都允许用户创建和编辑宏以加快操作速度。

宏观图
macrograph

又称肉眼可见图。把某种物体照相后放大其直径的10倍左右，以使肉眼可以看清的图。

宏观文献
macro-document

指内容广博，含有宏大观念、思想的图书、论文或文件。

H

洪都拉斯国家图书馆

National Library of Honduras/*Biblioteca National de Honduras*

成立于1880年8月27日，隶属于文化、艺术和体育部，接收该国出版物的法定缴送本每种5本。1997年在该馆内成立了洪都拉斯国际标准书号办事处，负责管理该国的出版资料。该馆藏有各种类型的出版物，并开通了内部网络，有助于国内外用户查询。总计藏书有近10多万册（卷）。该馆是国际图联机构会员。

洪水

flooding

图书馆或档案馆可能经历的最大的灾害之一。因为图书和大多数的印刷型文献都是由纸张做的，因此洪水会造成不可估量的损失。洪水往往是由于管道泄漏、空调设备故障、自动喷水装置的不正常使用和排水不当等原因引起的。如果可能的话，书籍和其他印刷品印刷应保持在远离所有的水源的地方。图书一旦受潮，48小时之内就可能长霉，但是保持真空干燥是一个昂贵的过程，因此对于大多数已经受潮的图书来说，需要经常清理。

洪有丰（1892—1963）

Hong Youfeng

字范五，中国图书馆学家，近代图书馆事业的奠基人。1916年毕业于南京金陵大学文学院，1921年获美国纽约州立图书馆学院学士学位。历任国立南京高等师范学校图书馆、清华大学图书馆、南京高等师范学校图书馆、国立东南大学图书馆、国立中央大学图书馆、国立南京大学图书馆和上海华东师范大学图书馆馆长，并任图书馆学教授。在美国求学时曾在美国国会图书馆中文编目部工作，是在美国从事图书馆工作的第一个中国人。1926年所著《图书馆组织与管理》曾多次出版，发表论文多篇。

侯汉清（1943—）

Hou Hanqing

南京农业大学信息管理系教授、博士生导师。1967年毕业于北京大学图书馆学系（研究生）。主要研究方向为信息检索和情报检索语言，参加主持国内主要分类法和主题词表的研制工作以及主持、完成多项国家社会科学基金项目。曾兼任中国索引学会副理事长、中国图书馆学会第七届学术研究委员会标引与编目专业委员会委员、国际知识组织学会会员和教育部文献检索课教学指导小组成员。出版专著多部，发表论文数百篇，先后获国家、省部级多项奖励。

后测试

post-test

完成图书馆学某项教学或辅导实践之后为测定学生成绩和教学实践效果而举行的测验，作为比较，后测试一般和预测试（pretest）结合在一起使用。

后记

explicit

书末有关编写情况的简短说明，包括著者、书名以及出版社等，又称“正文尾署”、“跋文”，是书的组成部分，置于书籍正文之后。分由作者撰写的自跋和由他人撰写的跋。前者是对本书的说明或内容的补充，后者是对本书的评价或感言。

后组词

post coordinated term

指在一些词表或检索系统中所采用的索引词，一般已不可再切分，组配能力较强。

后组式标引

post coordinate indexing

在使用组配型检索语言标引文献时，不将标引结果组配成标识串，而是用户在检索时可以自由组配的方式。

后组式标引法

post coordinate indexing system

用以表达文献主题的一组检索标识在检索文献时才临时按检索课题进行主题分析，将有关索引词组配起来。

后组式索引语言

post coordinate index languages

指表达文献主题概念的标识（类号、标题词、叙词、关键词、人名和地名等），在编制检索语言词表和标引文献时，都不预先固定组配，而是在检索时根据实际需要组配起来的一种情报检索语言。由于临时组配检索，极易发生误检。

厚纸板

paper board

指一种根据其使用目的而有不同厚度与硬度的

复合纸板，这种由植物纤维制成的纸板，又称草板纸、黄版纸。制作方法与纸张相同，但厚度在0.3毫米或以上，一般用来制作精装本的封面材料。

候选人
candidate

某人的求职申请被接受，而且用人单位正式确认他（她）担当某个职位。也指在选举前被预先提名作为选举对象的人，或参加考试或正被考虑获得奖赏、授予学位的人。

胡昌平（1946—）
Hu Changping

武汉大学信息管理学院教授、博士生导师。先后任武汉大学原图书情报学院副院长、原传播与信息学院副院长，信息管理学院副院长、学术委员会主任、武汉大学学术委员会委员；现任教育部人文社会科学重点研究基地武汉大学信息资源研究中心副主任，国家“985二期工程”哲学社会科学创新基地——武汉大学信息资源研究创新基地项目负责人，兼任中国信息协会经贸专业委员会常务理事、国家社会科学基金“图书馆、情报与文献学”学科评审组成员，《情报科学》、《情报杂志》等学术期刊编委，湘潭大学、上海大学、华南师范大学等校兼职教授，为国务院颁发的政府特殊津贴享受者，1999年被评为湖北省有突出贡献中青年专家。在情报学专业和相关领域出版专著、教材和译著20多部，发表学术论文200多篇；主持完成多项国家自然科学基金项目、社会科学基金项目和省部（委）项目并多次获奖。

胡均平（1961—）
Hu Junping

中国国防科技信息中心副主任、研究员。1982年毕业于西安交通大学反应堆控制专业，长期从事图书馆自动化研究和图书馆现代管理工作。1995年赴英国兰开斯特（Lancaster）大学图书馆高级访问学者。兼任中国图书馆学会第八届理事会常务理事。发表学术论文多篇，撰写专著多部。先后获国家科技进步奖、部委级科技进步奖多项。

胡欧兰（1935—）
Nancy Ou-lan Hu

中国图书馆学家，台湾师范大学、政治大学兼职教授。毕业于台湾师范大学社会教育系、美国多米尼坚大学，先后获学士学位和硕士学位。历任淡江大学文学院教育资料科学系教授兼图书馆馆长、“中央图书馆”采访组、编目组主任兼自动化小组召集人、政治大学图书信息学研究所教授兼图书馆馆长及社会科学资料中心主任。其专长学科：图书馆经营与管理、图书馆系统自动化、资讯组织和图书馆学。出版专著数部，多次获奖。

胡述兆（1928—）
Hu Shuzhao

中国图书馆学家、教授、博士生导师。台湾大学法学士、台湾政治大学政治学硕士、美国哥伦比亚大学美国政府硕士、维拉诺瓦大学理学硕士、匹兹堡大学图书资讯学超硕士、佛州州立大学图书资讯学高级硕士和佛罗里达州立大学哲学博士。1967年在美国宾州圣弗朗西斯哥大学任教，1990年后任台湾大学图书馆学研究所客座教授、系主任暨所长、《图书馆学与资讯学大词典》总编辑，兼任中华图书资讯学教育学会首任理事长、上海华东师范大学客座教授。出版专著16本，发表论文130多篇；主编图书100多种，计2 500多万字。

胡应麟（1551—1602）
Hu Yinglin

字元瑞，号少室山人，别号石羊生，浙江金华人，明万历间著名学者、文学家、藏书家。在文献学、诗学、史学、小说及戏剧学方面有突出成就。喜欢藏书，在山中建造书室，名为“二酉山房”。藏有图书四万二千三百八十四卷。著有《少室山房类稿》、《少室山房笔丛》等。

胡越（1958—）
Hu Yue

研究馆员，首都师范大学出版社社长。1982年毕业于北京师范学院，同年到图书馆工作，先后担任过首都师范大学图书馆的部主任、馆长业务秘书、副馆长、常务副馆长和馆长，北京高校图工委副秘书长、副主任、学会理事长以及北京市社会科学信息学会、北京市图书馆协会副理事长和北京市中小学教育文献信息研究会副理事长、北京高校图工委副主任、北京高校网络图书馆管理中心主任。主持起草了“北京高校图书馆评估方案”、“北京高校图书馆采访工作评估指标体系”、“北京高校图书馆自动化网络化工作评估指标体系”等一系列重要文件。20世纪90年代主持“北京市社会科学文献情报中心工程研究”课题组，参与北京地区高校图书馆文献资源共享项目（BALIS），主持“北京

H

高校网络图书馆”发展规划的制订及实施。主要兼职有：中国图书馆学会第八届理事会副理事长、编译出版委员会主任、中国图书馆学会高等学校图书馆分会常务副主任。

胡正言（1580—1671）
Hu Zhengyan

字曰从，号十竹，安徽休宁人。明末清初刻书家、出版家。主持雕版印刷的《十竹斋书画谱》和《十竹斋笺谱》成为印刷史上划时代的作品，首创“拱花”印刷，占有重要地位。胡氏还擅长篆刻有《十竹斋印存》和《胡氏篆草》。

H

胡志明市科学图书馆（越南）
General Science Library of Ho Chi Minh City

成立于1868年，是1975年4月越南统一前的南越国家图书馆。该馆是越南全国第二大图书馆，仅次于首都河内的越南国家图书馆。主要服务于胡志明市的市民，对辖区内的24个区图书馆进行统一管理并为越南南部的21个省级图书馆提供专业培训支持。馆藏总计190万件，包括50万册图书、7 453种期刊报纸（其中650种为现刊）、3 778份微缩胶卷以及其他录影带、光盘、图片、音乐和地图等资源，也开发了适合视力障碍者使用的馆藏、服务和相关培训项目。该馆还为全国64家省级图书馆制作并发行有声读物，近60万读者因此受益。该馆于2007年8月开设“上海之窗”。

湖北大学图书馆
Hubei University Library

建于1931年，前身为湖北省立教育学院图书馆，后随校几经变迁、更名，1984年定为现名。馆舍总建筑面积为4.6万平方米，阅览座位5 184席，拥有馆藏文献210万册，报刊4 000多种；拥有各类数据库32个（包括购买、共建和自建数据库），中外文电子全文期刊3万种，本地镜像电子图书135.1万册，远程访问电子图书103万册，藏书覆盖各学科专业，以综合性为主，以基础理论参考书和工具书为重点，哲学社会科学和古籍收藏颇丰。提供咨询、馆际互借与文献传递、辅导答题与用户培训、情报调研与课题跟踪等服务。

《湖北省公共图书馆条例》
The Rule for Public Libraries in Hubei Province

该条例由湖北省第九届人民代表大会常务委员会第26次会议于2001年7月27日通过，自2001年10月1日起施行。条例共23条，详细叙述了公共图书馆性质、设置、业务发展要求、服务功能、担任馆长具备的条件、馆员应有的素质和培训以及读者享有的权利和应履行的义务。

湖北省图书馆
Hubei Provincial Library

成立于1904年，是中国最早建立的省级公共图书馆之一。原馆舍建筑2.5万平方米，新馆建筑面积达10万平方米，阅览座位近6 300席。馆藏图书510万册（件），其中古籍善本45万多册。该馆现设置19个业务部门，全年为读者提供借阅、咨询、课题服务、代查代译和网上查询等服务。与湖北省图书馆学会联合编辑出版《图书情报论坛》（季刊）。

湖北省图书馆学会
Library Society of Hubei Province

1978年8月11日成立，是湖北省社会科学联合会最早成立的专业学会之一。该学会成立以来，多次召开学术讨论会、编辑出版和发行图书馆学专业书刊，组织会员参加中国图书馆学会及有关学术团体的学术活动，开展对会员和图书馆工作者的继续教育和培训工作。下设秘书处、学术委员会、文献信息资源建设委员会、图书馆现代化委员会、编辑翻译委员会、阅读工作委员会、文献标引委员会、古籍整理委员会、高校图书馆工作委员会、公共图书馆工作委员会、科研图书馆工作委员会、未成年人图书馆工作委员会、医院图书馆工作委员会、职教院校图书馆工作委员会、独立院校图书馆工作委员会、企业图书馆工作委员会、中小学图书馆工作委员会。拥有会员2 284人。编辑出版《湖北省图书馆学会工作通讯》，与湖北省图书馆联合编辑出版学术刊物《图书情报论坛》（*Library & Information Science Tribune*）（季刊）。

湖南大学图书馆
Library of Hunan University

源溯岳麓书院御书楼，馆史已逾千年。现有南北校区两座馆舍，建筑面积3.5万平方米，20个不同服务功能的阅览室，提供读者阅览座位3 800多席。该馆现有藏书近600万册，订有中外文报刊7 000多种。该馆设有“友好文库”和“海内外湘籍名人作品收藏中心”，引进国外优秀学术专著，开展国际资料交换业务，接受团体、个人赠书和捐款，已与美、加、日、德、英、新加坡和韩国等

600多家国内外大学、学术团体和图书馆建立了稳定的资料交换关系，先后接受了2 000多个海内外团体、机构和个人捐赠的出版物上万种，陈列展示并提供阅览研究。该馆设有资源建设部、系统建设部、信息咨询部、文献借阅部、办公室、特藏分馆和北校区分馆7个部室与分馆，并设有一个信息研究所。

湖南省图书馆学会

Library Society of Hunan Province

成立于1979年4月2日，挂靠湖南图书馆。该学会成立以来，每年均举办学术研讨会，每两年进行一次学术成果评奖；采取学历教育与短期培训相结合的方式，开展继续教育工作。拥有会员1 300人，理事单位64个。与湖南图书馆合作编辑出版学术刊物《图书馆》(*Library*)。

湖南师范大学图书馆

Hunan Normal University Library

前身是国立师范学院图书馆，始建于1938年。1991年，由香港知名爱国人士邵逸夫先生捐巨资、湖南省人民政府拨巨款兴建的1.8万平方米的新馆舍在二里半校区中心落成使用。2000年到2002年，原湖南师范大学图书馆与湖南教育学院图书馆、湖南政法管理干部学院图书馆以及湖南医学高等专科学校图书馆合并组成新的湖南师范大学图书馆，馆舍总面积达4.6万平方米，拥有馆藏数量达到380万册（含资料室），形成了以二里半校区图书馆为主体，同时在桃花坪、张公岭、南院和咸嘉湖校区设立分馆，各专业学院的图书资料构成了全校图书资料馆藏与利用格局。该馆在古籍收藏方面很有特色。收藏有宋代以来至民国初期的线装古籍达20多万册，其中宋元珍本、明清稿本善本及孤本620多部，共1.7万多册，均被国家善本书目所收录。

湖南图书馆

Hunan Provincial Library

中国省级综合性公共图书馆之一。建于1904年，初名湖南图书馆兼教育博物馆，1905年定为现名，是中国近代最早用“图书馆”命名的省级公共图书馆。现馆舍于1984年建成，建筑面积2.4万平方米。阅览座位1 200余席。革命历史文献、湖南地方文献和湖南名人文献为其特色馆藏，设有毛泽东著作版本藏阅室、徐特立同志藏书阅览室及湖南名人资料中心。馆藏文献350万册（件），其中中文普通图书170多万册，中文报刊近40万册，古旧文献80多万册，外文文献36万多册。古籍善本书4 900余部近5万册，字画碑帖约万余件（册、卷、轴），普通古籍线装书79万多册，旧平（精）装书10多万册，1949年前出版的中文报纸506种8 000多册（份）。与湖南省图书馆学会联合编辑出版专业刊物《图书馆》(双月刊)。

蝴蝶装

butterfly-binding (folding)

在中国宋代流行的一种线装书的装订方法。书叶反折，有字的纸面相对，将中缝的背口粘连，再以厚纸作封面封底。因打开书页时其左右页面对称展开，好像蝴蝶展翅。这种装订方法是中国册叶制度时期的装帧形式之一。

互操作性

interoperability

指的是不同系统和组织的协同工作能力，强调分布系统设备通过相关信息的数据与信息交换，能够协调工作，从而达到一个共同的目标。传统意义上的互操作性指的是不同系统平台或编程语言之间交换和共享数据的能力，涉及硬件、网络、操作系统、数据库系统、应用软件、数据格式以及数据语义等不同层次的互操作。

互动百科

www.hudong.com

由互动在线（北京）科技有限公司创建于2005年7月18日，致力于为数亿中文用户免费提供海量、全面、及时的百科信息，并通过全新的维基（wiki）平台不断改善用户对信息的创作、获取和共享方式。百科分类有：人物、历史、文化、艺术、自然、地理、科学、经济、生活、社会、体育和技术。

《互联网著作权行政保护办法》

Measures for the Administrative Protection of Copyright on Internet

由中国国家版权局、信息产业部于2005年4月30日颁布，并自2005年5月30日起施行的一项部门规章。该办法是为了加强互联网信息服务活动中信息网络传播权的行政保护，规范行政执法行为，根据《中华人民共和国著作权法》及有关法律、行政法规而制定的。该办法适用于在互联网信息服务活动中，根据互联网内容提供者的指令，通过互联网自动提供作品、录音录像制品等内容的上

H

载、存储、链接或搜索等功能，且对存储或传输的内容不进行任何编辑、修改或选择的行为。而在互联网信息服务活动中，直接提供互联网内容的行为，则适用著作权法。

互逆相关性
reversible relevance

在文献检索过程中，查全率与查准率之间相互矛盾、相互影响的一种特性。大量的检索实践表明，在特定检索系统中，检索某一项课题，其“查全率”与“查准率”之间总是呈现出一种互逆关系，即任何旨在提高检索查全率的措施，均会导致查准率的下降。找出查全率与查准率之间互逆相关性的规律，有利于提高检索效率。

户外广告
outdoor advertising

不将广告信息通过入户媒体提供给民众的广告。户外广告放在经过仔细挑选的合适地点，使处于动态中的民众能够看得见。这种广告图像清晰，文字简短、易读，使人一目了然。

护边封面
lapped covers（yapp edges）

套加在图书封面外的包封纸，通常印有题名、作者名或图案，起保护封面与美化装饰作用，多用于精装本，偶尔也用于平装书。

护封箍带
jacket band

指两端打折套于图书护封上的纸条带，通常上面会印上新书销售册数等宣传推广的内容。

护封纸
wrapper

套在书籍封皮外面印有题名和装饰性图案较厚的一层纸，前后有勒口将封面包裹住。常用于精装书，也可以单独取下来，作展览陈列用。

护士图书馆
nursing libraries

收集、整理、传递护士学科领域的文献资料（印刷型和非印刷型），为护士服务的图书馆。起初，护士图书馆大多由护士学校举办，例如美国波士顿大学护士学院的图书馆就是新英格兰地区的主要护士学科的文献资源收藏馆。伴随护士学科的发展，医院、专业机构也相继建立有独立的护士图书馆，例如，美国护士杂志公司的索菲娅·帕默图书馆（Sophia Palmer Library）就拥有丰富的护士科学馆藏，为杂志的编辑部门和护士学科机构提供了良好的服务。

护贴
guard

将一种坚韧的亚麻布条或纸条，贴在书帖脊部，其目的是为了防止装订穿线时撕裂书页。护帖是修补图书的常用材料。

护页纸
guard sheet

附在书内插图上面的半透明薄纸。一般印有简单文字，用来说明或保护该图。

花边（齿状）图案
dentelle

在书籍封面的四个边沿附近烫压成齿状样的花边装饰图案。

花边装饰
lacework

指印刷品装饰用的花纹、小图案等，用以美化或填充空白部分，装帧时通过在封面上压印图案来代表花边。还指19世纪法国图书的整页边框说明，花边装饰由穿孔形式构成，在由花纹组成的边框中间印上题名。

花面涂布纸
cameo paper

一种用陶土涂布的纸张，具有象牙的颜色与粗糙的表面，用于铅笔画纸。

花饰
printer ornament

装饰印刷品用的图案，包括蔓藤花纹、花边、页首花饰和嵌线等，一般印在段首、章尾和页边上，用以美化或填补空白。

花饰活字
fancy type

在印刷过程中，对于任何尺寸的装饰铅字的通用称谓，例如装饰书籍的题目、章节的标题等。主要用于海报、招贴和广告等用以加强显示效果。

花饰首字母

versal

常指在诗行、段落和章节内的第一个装饰性大写字母。配合正文内容，有着不同的图案装饰。中世纪的手稿中，页边或者延伸到正文中的装饰性大写字母表明一个段落、诗和重要细节的开始。早期的花饰首字母以点勾勒，用手写花体字装饰，或用色彩对比强烈的墨水书写。至15世纪，花饰首字母发展成为用金色、银色和图画等精美装饰的首字母。较大的花饰首字母要占几行位置，但它的上部通常与该部分的小写字母持平。

花饰书边

tooled edges

印有装饰性花纹的图书切口边。也有一些出版物利用原书的切口边加印广告文字。

花饰字

swash letter

笔尾带有花饰的西文斜体字，尤指花饰斜体大写字母，只能用在词首或词尾。

花体字

bastarda

哥特体书写体，在14—15世纪用于法国和德国。字体呈圆形兼有草体和正体，以及花饰和向上细钩的特色，首次用于1455年谷腾堡的印刷品。

华东理工大学图书馆

East China University of Science and Technology Library

建于1952年10月，是以化学化工为特色、理工商文相结合多学科性大学的研究型图书馆，由校本部与金山校区两所图书馆组成。馆舍面积23 932万平方米。馆藏文献300多万册。其中期刊合订本约30万多册，各类文献数据库68个，包含电子期刊24 000多种，电子图书达100多万种。上海市研究生电子文献检索中心、上海高校外国教材中心设于该馆，藏有国外著名大学的系列教材并建立了世界著名大学教学信息数据库。网络学习中心建有教学课件网站，提供国内外的教学课件和电子教材供学习与利用。

华东师范大学海外中国学研究中心

Center for China Studies Abroad, East China Normal University

1996年3月成立。中国最早从事海外中国问题综合研究的科研机构之一。王元化、季羡林、张仲礼、张岱年、章开沅等学术界前辈应邀担任顾问。该中心的研究方向是“海外中国学史研究”，以历史系和史学理论与史学博士点的师资力量为基础，开展海外中国学史研究方向的硕士和博士研究生的培养工作。2004年又成立海外中国学研究创新团队。海外中国学研究中心和创新团队办有机构网站以及配套的学术网站“史学研究网史学理论、史学史、海外中国学史研究”。此外还出版《华东师范大学海外中国学研究中心简报》、《华东师范大学海外中国学研究创新团队通讯》，不定期出版专业学术集刊《海外中国学评论》（*China Studies Review International*）。

华东师范大学商学院信息学系

Department of Informatics in School of Business, East China Normal University

成立于1979年2月，同年开始招生，当时为图书馆学系。1984年改名为图书馆学情报学系；1992年改名为情报学系；1993年归属华东师范大学商学院，并改名为信息学系。该系设有信息管理教研室、信息技术教研室、现代技术室和资料室。该系从1980年开始招收研究生，1984年获得图书馆学和古典文献两个专业的硕士学位授予权。1993年古典文献专业被取消。1996年在图书馆学专业下设经济信息、计算机信息管理和图书馆学3个研究方向。本科专业为信息管理与信息系统。现有情报学硕士点1个，下设经济信息、计算机信息系统、图书馆学3个研究方向。本科专业为信息管理与信息系统，该专业依托商学院的经济管理类学科背景，侧重培养通用型信息管理专门人才。该系各类学生毕业后分赴国内外教学、科研和信息管理部门，成为众多行业中的信息管理骨干。该系有良好的教学条件，建有学生计算机机房和教师与研究生专用机房，并拥有现代化技术室等其他教学与科研设备。

华东师范大学图书馆

East China Normal University Library

建于1951年。1998年，原上海教育学院图书馆、上海第二教育学院图书馆并入该馆，加上闵行新校区图书馆，馆舍建筑面积约为5.55万平方米。馆藏文献415万册，其中期刊合订本近35.3万册，线装古籍约32.4万册。此外，网络数据库109个（含289个子库），其中电子期刊近3.5万种，电子图书近132.8万种，学位论文213.4万多篇。具有师范院校研究型馆藏特色和服务特色，重点收藏与学校各专业有关的学术著作、教学参考书和工具书，其中教育科学、心理学、地理学、经济学、古典哲学、史学、文学、参考工具书和地方志图书较为完备。国家教育部华东师范大学文科文献信息中心设在该馆。从1991年起成为国际图书馆协会联合会的机构会员，1999年12月成立的华东师范大学情报研究所就设立在该馆，编辑出版《图书馆情报信息》（年刊。）

华东政法学院图书馆
Library of East China College of Politics and Law

建于1952年。现馆舍总面积25 091平方米，长宁校区由主楼和红楼组成，主楼建于1984年，红楼为原圣约翰大学图书馆，松江校区图文信息大楼为16 477平方米。馆藏文献170万册，中外文报刊1 564种（外文90多种），电子书46万多册。其中社科、经贸和外语等各学科文献收藏较为系统，法学文献为该馆的特色收藏。古今中外法学类图书品种齐全、数量颇丰，尤其是国际经济法、法学基础理论、刑法以及工具书品种丰富，英、德、日语种法律书刊较为完整，港台法律图书相对集中，收集有较丰富的国内外报刊法学信息资料。还有51种196个数据库。

《华尔街日报》（美国）
Wall Street Journal

1889年7月8日由道·琼斯（Dow Jones）出版公司在纽约创办号称“富贵虎”，美国出版的英文日报，是一家以财经报道为特色的综合性报纸，侧重金融、商业领域的报导，在国际上具有广泛的影响力。日发行量达200万份。该报同时出版了亚洲版、欧洲版以及网络版，每天的读者大概有2 000多万人。该报纸的理念是“全国的报纸”（The Nation's Newspaper），以简洁明快的形式摘编每日国内外要闻，并刊登分析企业界动向的综合消息，与此同时每日发布道·琼斯公司汇编的主要工业企业股票平均价格，是经济界衡量美国政治与经济形势的重要依据之一。该报是美国首先利用卫星传送版面的报纸。2007年6月被新闻集团收购。

华凤卜（1894—1983）
Hua Fengbu

研究员，图书馆学家。1930—1938年任河北省立第一图书馆编目部主任。1945年任河北省立天津图书馆编目部主任。1949年后曾任天津市第二图书馆编目部主任。从事编目工作数十年，经验丰富，多次组织大型书目编制，如1948年主编《河北省立天津图书馆书目》30多册、《馆藏方志目录》等。晚年致力于编目研究指导和参考咨询工作。著有《明集杂识》。

华伦·霍顿（1938—2003）
Warren Horton

澳大利亚图书馆学家。1938年生于悉尼赖德，1971年毕业于悉尼大学艺术系。1984年任澳大利亚图书馆协会主席，1985—1999年任澳大利亚国家图书馆馆长，1991—1997年任国际图联执行委员会委员，1993—1996年任国际图联司库。1997年国际图联授予他国际图联名誉会员称号以及金质奖章。霍顿先生为图书馆事业服务了42年，工作出色，为国际图联和世界图书馆事业作出了很大的贡献。在他最后的图书馆生涯里，他还担任国际图联章程修改工作小组组长，为国际图联的改革不知疲倦地做了大量工作。

华南理工大学图书馆
South China University of Technology Library

1936年11月奠基，由著名图书馆学家杜定友先生负责筹建。1952年落成，1988年更为现名。建筑总面积6.7万平方米。馆藏文献580万册，其中，纸质文献350万册，电子文献230万册。重点收藏电力、交通、建筑、机械、化工、材料、电子与信息、轻工食品、造纸与环境、工业装备与控制和工商管理等学科文献。建有博硕士学位论文数据库、读者信息数据库以及广州地区高校联合建设的中外文期刊数据库、馆藏光盘、网络数据库联合目录等专题数据库。设于该馆的教育部外国教材中心重点引进化工、工程图学的外国优秀教材及教学参考书，每年出版《外国教材新书目录》、《外国教材研究评介》和《华南理工大学图书馆通讯》。

华南农业大学图书馆
South China Agricultural University Library

成立于1953年，由原中山大学、岭南大学农学院图书馆合并而成，并接纳了广西大学农学院畜牧兽医系的藏书和设备。拥有馆舍面积3.6万平方米，由总馆、泰山区分馆、启林区分馆和学院资料室构成。文献总量达到686.76万册，其中：纸本文献224.69万册，电子文献折合馆藏462.01万册。文献资源覆盖农、工、文、理、法、经、管、生物、艺术等多学科，已初步形成了多学科、多载体、以热带、南亚热带农业科学、生物科学文献为特色和优势的文献保障体系。设有办公室、流通部、期刊部、信息咨询部、系统部、采编部，拥有13个集藏、借、阅、检索、复印等服务功能为一体的书刊阅览室，可提供阅览座位1 800多个，电子阅览机位260个。该馆与国际水稻研究所、菲律宾大学等多个国家和地区的科研机构及国内近千个对口单位，包括农业院校、农业科研单位及相关专业研究机构和各省市科技信息所建立科技信息资料交换关系，互相交换自编的科技信息资料。该馆还是联合国粮农组织出版物在中国的存放点之一。

华南师范大学经济与管理学院信息管理系
Department of Information Management, College of Economics and Management, South China Normal University

成立于1983年，前身为图书馆学专科。1990年改名为图书情报学专科，1993年更名为信息管理学系，1994年开始招收信息学专业本科生，1999年9月，原信息学专业改为信息管理与信息系统专业，2000年6月由原经济学系、信息学系和经济研究所3个系所组建华南师范大学经济与管理学院，下设信息管理系。该系还于1999年设立图书馆学情报学研究所，2000年建立图书馆学硕士点。

华南师范大学图书馆
South China Normal University Library

建于1933年，前身是勷勤大学师范学院图书馆，1951年改名为华南师范学院图书馆，1982年更为现名。馆舍建筑面积为8.2万平方米，阅览座位4 162席，馆藏文献500万册（件），购置有中外文期刊、图书、多媒体资源等各类数据库77个，该馆还自行建设了“馆藏中外文图书、期刊目录数据库”、“本校博硕士论文全文数据库”、“教学参考书数据库”、“本校专家学者数据库”、“教育信息数据库”、“教育与发展心理学数据库”、“多媒体系列资源库”等20个特色数字资源库，逐渐形成了综合性、师范性、地方性，并具有古籍丰富、纸质文献与电子文献等兼备、文字类资源与多媒体类资源互补的资源特点。

《华侨报》
（葡）*Jornal Va Kio*

1937年11月20日由赵斑斓创办。该报原为香港《华侨日报》澳门版，1967年起独立经营，改称现名。该报以报道经济新闻和商业新闻为主。每天出版对开24版，主要内容有：当地新闻、中国新闻、国际新闻、财经新闻，还有各种专刊和副刊。与中国内地新闻界有业务来往，长期订购新华社和中新社的新闻稿和新闻图片。

《华人周报》
Chinese Weekly

由到日本留学的中国人杜笑岩于2000年6月22日在日本创刊，每周出版68页，发行量3万份左右。其主要宗旨是为在日本的华人服务，报纸中关于中国的内容大多是摘编中国国内报纸的，但报道的主体是日本的情况和有关当地华人政策的变更。该报经营方式为：自主经营、商报互动和资助办报。

华沙大学东方学院图书馆（波兰）
The Library of the Oriental Institute of Warsaw University

波兰最大的东方图书馆，每年该馆都会购入3 000册新图书。读者可在阅览室内浏览所有藏书，并可以查阅波兰科学院不同图书馆的卷宗以及手稿等珍贵文献。该馆于2006年设立“上海之窗”。

华沙大学图书馆（波兰）
Warsaw University Library/*Biblioteka Universyteckaw Warszawie*

位于波兰首都华沙，始建于1816年，是波兰三大高校图书馆之一。馆藏各类文献资料约300万册（件），其中图书260万册，期刊合订本6万册。另外还收藏有各种古版本、手稿及音乐乐谱等计32万多件。图书馆同时面向社会公众开放，注册读者约2万人，年到馆访问达50万人次。该馆是国际图联机构会员。

华盛顿大学情报学学院（美国）
The Information School of University of Washington

华盛顿大学位于美国的西雅图，其研究生院的情报学学院主要研究元数据、网络信息影响、信息与通讯技术中人的因素、网络环境中信息资源的传递、信息政策、研究设计和信息检索与系统等方面。可授予情报学学士学位、法律图书馆学、信息管理硕士学位以及图书馆学与情报学博士学位。该学院获得美国图书馆协会资格认证。

华盛顿大学图书馆（美国）
University of Washington Libraries

位于美国华盛顿州西雅图市，是北美地区最

大的学术研究型图书馆之一，曾于2004年荣获美国大学与研究图书馆协会（ACRL）评选的“优秀学术图书馆奖”。该馆馆藏逾700万册（件），其中微缩形式的资料达600万件，5万种连续出版物以及数百万册其他形式的文献。该馆由30所分馆组成，为多个领域的研究和教学提供支持，如建筑学与城市规划图书馆、艺术图书馆、化学图书馆、戏剧图书馆、东亚图书馆和自然科学图书馆等。

《华盛顿邮报》（美国）
Washington Post

号称“犀利虎”。是美国仅次于《纽约时报》的最有影响报纸，美国首都第一大日报，创办于1877年。因揭露“水门事件”而闻名报业，该报的最大特色是对国内外重大事件进行分析性报道，同时注重调查性报道。该报由华盛顿邮报公司出版，并出版《新闻周刊》、《特伦多时报》，经营6家广播电台和一个通讯社，在美国500家大公司中占有一席。1998年3月2日，该报正式改版：使用更容易阅读的字体，电视栏扩大到整版，加入了有线频道的内容，连环漫画栏从3页增加到4页。

华威大学图书馆（英国）
University of Warwick Library

位于英国中部城市考文垂市，馆藏各种图书文献120多万册，电子图书5.6万册，现刊5 000多种，电子期刊30 000多种。拥有阅览座位1 600席，注册读者超过2.5万人。年到馆访问达100万人次。在特色馆藏中，包括英国最丰富的1945年以前的德文文献，以及英国最全面的关于商业机构、企业组织以及政治团体的资料，最早的可以追溯到1786年贝尔法斯特橱柜制造商业俱乐部。

华夏出版社
Huaxia Publishing House

成立于1986年，隶属中国残疾人联合会。该出版社以专业出版为特色，兼顾大众出版与教育出版，在经济、管理、西方哲学、传播学、社会学、人类学和医学等专业形成主题系列，出版了一批名家名作。与此同时，该出版社重视国际出版资源的开发与海外合作出版，已引进经济学、管理学大师的核心著作，组织了名家名著系列以及传播学、社会学和政治学经典译丛。经过多年的精心编译，推出了世界三大品牌辞书之一的《法国拉鲁斯百科全书》(中文版)。

华中科技大学图书馆
Huazhong University of Science and Technology Library

建于1955年。由原中国华中理工大学图书馆、同济医科大学图书馆和武汉城市建设学院图书馆合并而成。总面积5.3万平方米。全馆设有各种阅览室40多个，共有4 200多个阅览座位，馆藏文献600万册（件），其中普通文献472万多册，电子图书102万多册，声像资料4万多盘，网络数据库308个，全文电子期刊2万多种，覆盖理、工、文、管、医等九大学科门类。检索文献、德文医学文献和城市建设科学文献为该馆的重点收藏。高等学校科技项目咨询及成果查新中心工作站、国家发明奖国防专用项目查新站、医药卫生科技项目查新咨询单位设于该馆。编辑出版《信息与开发》、《图书馆与读者》和《国际学术动态》等刊物。

华中农业大学图书馆
Library of Huazhong Agricultural University

创建于1940年，最初称为“湖北农学院图书室”，1949年改称为“米丘林图书馆”，1952年院系调整后更名为“华中农学院图书馆”，1985年定为现名。馆舍面积为3.1万平方米，阅览座位3 500多席。藏书达260多万册，其中纸质图书120多万册，纸质期刊10多万册，电子图书90万册，数据库（含电子期刊）71个，自建特色数据库5个，文献资源涵盖农、生、理、工、文、法、经、管等学科，为湖北省研究级文献收藏馆，形成以农业与生命科学文献为特色，传统资源与电子资源互为补充，多学科文献协调发展的多元化文献信息保障体系。

华中师范大学图书馆
Library of Central China Normal University

前身是创建于1903年的文华公书林。1951年，由原华中大学、中华大学和中原大学教育学院3校的图书馆合并成为华中师范学院图书馆，1985年更为现名。该馆现有新、老两座馆舍，总面积达3.9万平方米。经过几十年的积累，该馆已形成与学校专业设置、办学规模相匹配以及具有师范教育特点的藏书体系。现有馆藏250万件，其中中文书刊168万册、外文书刊20万册，电子图书104万册，中文数据库37个，外文数据库43个，自建6个特色数据库——“华大文库”、“桂子文库”、“中国农村问题研究文献数据库”、“博硕士论文全文数据库”、“辛亥革命研究文献数据库”和“中国基础教育人物库”。馆藏古籍图书 9 105 种、111 779 册，其中有善本书 455 种、3 511 册，含明版 105 种、1 777 册。所藏（明）何楷撰《古周易订诂》、（清）浦龙渊《周易辨》二十四首四卷为全国孤本。2010 年，被国务院批准为“全国古籍重点保护单位”，为图书馆的发展开创了新的平台。

华中师范大学信息管理学院
School of Information Management, Central China Normal University

成立于1984 年，原名图书情报学系，2012 年5 月改为现名。该系具有“管理科学与工程”博士学位授权一级学科、“情报学”博士学位授权二级学科；同时具有“管理科学与工程”、“图书馆学情报学与档案管理”两个一级学科硕士点，并与经济管理学院联合拥有“产业经济学”、“企业管理”两个二级学科硕士点；面向全国招收管理科学与工程、情报学、图书馆学、电子商务、电子政务、信息经济、企业信息管理、人力资源管理等多个专业（方向）的博士和硕士研究生。该系还具有“农业信息化”（农业推广硕士）、“物流工程”、“项目管理”（工程硕士）三个专业学位授权点，每年面向在职人员和应届本科毕业生招生，进行专业硕士学位教育，培养应用型高级专门人才。此外，信息管理系还与学校经济管理学院联合培养工商管理硕士（MBA）。

滑动板书架
sliding shelves

指搁板可以滑动的书架。其上平放大开本书，取书时只须抽动搁板即可。

滑动书架
roller shelves

书架板下装有滚筒或滚珠轴承，可以通过书架板的滑动来取书的一种特制书架。利用这种滑动书架，取用大开本或厚度大的图书时可以从滚筒上滑出，而不必将其从书架上拖出，从而避免图书磨损。

滑稽讽刺作品
burlesque

一种讽刺的低级形式作品。采用这种形式的作品或流派，以喜剧或怪诞的模拟或夸张效果为特色，其目的在于嘲弄或使之滑稽可笑。burlesque 源于意大利文“*burla*”一词，意思是“嘲笑讽刺”。

滑铁卢公共图书馆（加拿大）
Waterloo Public Library（WPL）

位于加拿大滑铁卢市，1876 年成立。1902 年得到苏格兰裔美籍慈善家安德鲁·卡内基（Andrew Carnegie）的大力捐赠，成立了新馆。由于图书馆读者的迅速增加，很快开展了儿童服务项目，并于 1966 年 6 月建立了新的图书馆大楼，面积为 1.7 万平方英尺。馆藏图书文献总计 31 万册（件），注册读者 5 万多人，年图书流通量为 100 万册次。

《化工汉语主题词表》
Chemical Industry Chinese Subject Thesaurus

用于储存和检索化学工业情报资料的专门叙词表。由原中国化学工业部情报所编制，1984 年出版。收录化学工业叙词 30 000 个。由主表、范畴表和英汉索引三部分组成。主表全部按汉语拼音字顺排列，范畴表的范畴设置主要依据使用对象和应用范围，英汉对照索引则是由主表中配有对应英译名的全部主题词组成的辅助索引。

《化合物索引》（美国）
***Index Chemicus*（*IC*）**

该索引是由美国科学情报所（The Institute of Scientific Information）出版，其前身是《最新化学文摘和化学索引》（*Current Abstracts of Chemistry and Index Chemicus*），创刊于 1960 年，周刊提供文摘和索引方面的信息，从 100 多种最重要的有机化学杂志摘引报道新的有机化合物和合成方面的信息，每年报道的新化合物达 200 000 个（包括中间体）。该索引将选自原始期刊上的内容以图形（结构史、反应式）和记叙文摘的形式进行快速及时的报道，而有关内容的更详细的报道，将出现在 ISI 的另一出版物《化学反应》（*Current Chemical Reactions*）上。每期《化合物索引》有作者索引、关键词索引和生物活性等方面的索引，并有来源期刊的名称。每年还有累积索引。目前的出版形式有印刷版、光盘版和数据库等，其网络版可从 Web of Science 获取。

《化学文摘》
***Chemical Abstracts*（*CA*）**

创刊于 1907 年，由美国化学文摘社（CAS）编辑出版。世界上最大的化学文摘库。涉及学科领域最广、收集文献类型最全、提供检索途径最多、部卷也最为庞大的一部著名的世界性检索工具。报道了世界上 200 多个国家、60 种文字出版的 9 000

H

多种科技期刊、科技报告、会议论文、学位论文、资料汇编、技术报告、新书及视听资料，还报道47个国家和3个国际组织的专利说明书、评论、技术报告、专题论文、会议录和讨论会文集等。该文摘收录的文献占世界化学化工文献总量的98%，文献量50万篇/年，以收录化学化工文献为主，还收录生物学、医学、药学、轻工、冶金、环境化学、毒物学和物理学等内容，具有收录范围广、报道文献量大、文献类型多、检索途径多以及回溯检索能力强（有10年或5年的累积索引）等特点。

化学文摘社（美国）
Chemical Abstracts services (CAS)

美国化学学会的一个科学部门，致力于为科学研究和发现提供最全面和有效的数据环境，成立于1956年。该化学文摘社提供一种途径去获得世界范围内发表在杂志和专利文献上跟化学和生命科学以及其他的一些科学学科有关的大量的研究信息，提供若干化学相关信息数据库，其中两个最基本的数据库是CAplus和Registry：CAplus包含世界范围内的化学期刊和其他科学期刊上的化学相关文章的文献目录检索信息以及摘要，超过2 700百万条文献和1.7亿引用记录。Registry包含3 400万种无机及有机化学物质的15亿余条属性数据、1 400万条反应以及5 900万DNA序列。该化学文摘社的数据库可以通过STN或SciFinder来检索：STN（The Scientific & Technical Information Network）检索系统由美国化学会化学文摘社、德国莱布尼茨学会卡尔斯鲁厄专业信息中心等共同经营，提供化学文摘等各学科数据库检索服务，包含STN on Web、STN Express网络检索服务和STN Ana Vista、STN Viewer软件工具。SciFinder是化学文摘社自己开发的检索软件，定位于服务商业客户，同时也有服务科学研究的SciFinder Scholar版。除了使用检索工具外，还可以通过Science IP直接向化学文摘社提出检索请求，Science IP的专业团队会根据客户需要提供定制的检索报告。亚太资讯集团公司（iGroup）中国办事处经营和代理美国化学文摘社的产品。

化学资料数据库
Beilstein/Gmelin CrossFire

当今世界上最庞大和享有盛誉的化合物数值与事实数据库，编辑工作分别由贝尔斯坦和盖墨林研究所负责，前者收集有机化合物的资料，后者收集有机金属与无机化合物的资料。对应印刷本《贝尔斯坦有机化学手册》（*Beilstein Handbuch der Organische Chemie*）及《盖墨林无机与有机金属化学手册》（*Gmelin Handbook of Inorganic and Organometallic Chemistry*），这两部工具书有一百多年的出版历史，是化学、化工领域的最重要的参考工具。最早的文献可回溯到1771年。该数据库提供多途径检索的方式，可用化合物的全结构或部分结构进行检索，也可以文字或数值进行分子性质检索。

（化纸浆前除去的）异物
contraries

在用于制作纸张的破布、废纸或其他纤维物中包含的杂质，一般是羊毛、羽毛、麻线或者是金属品、骨和塑料制品等硬材料，还有破布上的纽扣和别针或在废纸上的蜡迹和沥青。为了保证纸张的质量，在制作纸张过程中必须去除这些杂质，以免有时在成品纸张上出现污点。

划分订线位置
marking-up

在书刊装订过程中，将书脊分成等距离段落，并注明标记以便穿线装订。

画报，图画杂志
pictorial

指用图画作插图或用图画装饰的刊物，如《图画周刊》（*Pictorial Weekly*），还指有很高比例图画内容的期刊。

画红线
rubrication

在书刊排版印制过程中，对文章标题或重要内容套红或加红线印刷的一种方法。

画面剪辑
montage

将若干个分开的电影、电视画面剪辑，重新组合产生的合成画面。

画面，镜头
frame

在幻灯片、动画片和录像带放映时，指构成故事情节或创作出运动幻觉效果的一组静态图片之一。图书馆员用第一帧（或一组帧）显示作品的标题；在编目中，作为款目的主要信息源。也指一张缩微胶片网格的单个复分。

画像研究
iconography

对物体或人的绘画作品如肖像、绘画、照片、雕塑或铸造等的研究。此类研究的结果，通常采用详细的作品列表的形式。

话筒，麦克风
microphone

一种将声波转换成模拟电信号的设备。按不同的构造和工作原理可分为压电式、电动式和电容式，广泛应用于广播、录音和扩音设备中。

欢迎屏幕
welcome screen

用户登录到某个数据库、应用程序或者网站时所打开的第一个屏幕。一个设计完备的欢迎屏幕应包括系统主题和范围、拥有者的姓名和作者/生产商、一些基本操作功能、使用该系统的介绍以及必要时到详细帮助屏幕的链接。一个设计友好的系统可直接链接到相应的欢迎屏幕。

欢迎页面
welcome page

也称为主页面或起始页面，在任何超文本系统中，一个作为进入 Web 相关文件的起始文件。

还书日期
returned date

图书馆要求读者归还其所借书刊的最终日期。

还书箱
book drop

供读者在闭馆时归还从图书馆借出的图书和其他藏品的一个有窄孔、下滑槽的箱子或盒子。还书箱（通常在图书馆的墙外面）可单独设置、或设在出纳台、或外墙旁。有的还书箱装有自动控制装置，当还书量达到一定数量时，自动开启与其相连的传送带，将图书送至出纳台。设计公开的还书箱要考虑安全这一重要的因素，因为有一些蓄意搞破坏的人会向还书箱内投扔燃烧物而使图书馆蒙受损失。

还书注销登记
discharge

指读者归还图书馆藏书时取消外借记录，或在交完过期罚款后取消外借记录。

环境保护数据库（美国）
Green FILE

由美国 EBSCO 公司推出。用户可检索人类对环境影响方面的文摘记录约 384 000 条，内容涵盖全球变暖、绿色建筑、污染、可持续性农业、可再生能源以及回收等多个方面，其中 4 700 多条记录可以检索到全文。

环境控制
environmental control

为了延缓图书、档案材料的老化程度，延长其保存寿命，通过一定的控制系统对其保存环境的温度、相对湿度、光线和空气质量等进行的调节。

环路
loop

两个用户之间的专用通信线路，或一个用户和本地交换中心之间的通讯线路。

环球电视网（巴西）
（葡）*A Rede Globo*

南美最大的电视机构，巴西最大的商业电视网，号称世界上第四大商业电视网，隶属于巴西环球广播公司，总部设在里约热内卢。在巴西全国拥有 9 座直属台和 68 座附属台，有 50 多个发射台和数百个转播站，几乎覆盖全国。1965 年 4 月 26 日开播，其电视新闻以反映快捷、报道准确著称，同时重视现场报道。

环球通讯社（智利）
（西）*Servicio Global de Nocticias*

智利唯一的通讯社，为私人所有。创办于 1954 年 1 月 7 日，初期仅向首都电台供稿，后逐步发展到向全国各报和电视台提供新闻稿件。环球通讯社每周一至周五从早 7 点至晚 24 点对外播发新闻，平均每天发稿 170 条左右，大部分为国内新闻。除文字稿外，该通讯社还提供黑白照片及摄像服务，主要向外地报刊和电视台供稿，还与中国新华社圣地亚哥分社开展了新闻交换业务，每月采用新华社提供的新闻 500 条左右。

《环球邮报》（加拿大）
The Globe and Mail

加拿大最有影响的英文日报，总部设在多伦多，由创办于 1844 年的《环球报》和创刊于 1872 年的《邮报》于 1936 年合并而成。该报自诞生以来，一直以加拿大的全国性报纸自诩，在其每期的报头上都鲜明地印有一行小字——“Canada's National Newspaper”。该报目前平均每期有60版左右，除了国际、国内新闻外，还有各种专版和专刊，报道内容严肃、严谨，对加拿大上层社会有很大的影响力。

环太平洋数字图书馆联盟

The Pacific Rim Digital Library Alliance（PRDLA）

成立于1997年，是由中国内地、台湾地区、香港特别行政区、新加坡、澳大利亚和美国等大学、科学和公共图书馆组成的一个非官方组织，实施跨国开展数字图书馆合作研究计划。该联盟的主要任务是合作研究开发中文数据库、合作提供文献传递、资源共享等服务。目前，拥有来自10多个国家和地区的29个成员馆。该联盟设置指导委员会、秘书处和工作小组。指导委员会主要负责批准联盟的战略规划和财政预算。指导委员会下设秘书处和工作小组。秘书处主要负责联盟的日常事务，目前设在美国加州大学内。工作小组下设全体会员组、元数据及开放档案倡议标准组和馆际互借组，小组工作人员由每个联盟成员单位派人参加。该联盟每年召开一次会议，交替在亚洲和北美洲之间选择会议地点。环太平洋数字图书馆（Pacific Rim Digital Library）是联盟在因特网上创立的一个虚拟的图书馆，直接为联盟的学生和教职员服务。这个虚拟的图书馆包括编目、信息平台、信息资源导航及展示等服务内容。太平洋探索档案（Pacific Explorations Archive）是联盟的第一个大规模的数字化工程。大洋洲数字图书馆（Oceania Digital Library）是奥克兰大学、夏威夷大学和加州大学圣地亚哥分校合作建立的关于大洋洲历史及文化的信息门户。馆际互借试验项目，源于2005年联盟年会，由时任清华大学图书馆馆长薛芳喻负责，于2007年正式完成。中文数字档案项目（1966—1976）是由澳大利亚国立大学负责建立的关于中国文化大革命期间独有的且易损坏文献的门户。

环状活页装订

ring binding

一种可以随时加入或撤出书页的装订形式，通常由固定在一个金属（或塑料）杆上的若干金属（或塑料）环（通常为3个左右）组成的活页夹来实现书页的装订。这种装订方式一般用于需要定期更新的资料的集中与整理。

缓冲（存储）器

buffer

计算机执行运算功能时，用于临时存储数据的一个特殊部件，又称随机存取存储器，常被作为一个有特殊处理功能的存储器的一个部件，或是普通存储器根据需要配置和减配置的一个部件。

幻灯卷片，幻灯条片

filmstrip

一种长为35毫米或16毫米的黑白或彩色胶片，由一系列带有或不带有文本标题的相关静态图像（上面有照片、图表或其他印刷的和绘制的资料）组成，用幻灯片放映机慢速一次放映一个图像。幻灯条片长度不同，通常不长于50帧（画面格）。有些幻灯条片中包含一个使放映机与录制好的叙述自动同步前进的信号。

幻灯片

slide

印在玻璃或胶片上的小型透明的、彩色或黑白色的标准图像（2英寸×2英寸），一般安在不易弯曲的卡纸板里或塑料框中，通常用投影仪来放映，还伴有事先录好的声音。大多数放映机有一自动的操作系统，通过遥控进行放映。

幻灯片夹框

slide mount

硬厚纸板或塑料框架，常规标准为2英寸×2英寸，用于夹单张幻灯片，使之免于损坏，且易于贴标签、存储和放映。

幻灯片图书馆

slide library

指专门收藏摄影幻灯片的图书馆，无论是大型图书馆、大专院校和博物馆的一个部分，还是独立存在的一个机构，主要收藏关于艺术史、建筑史以及视觉文化文献。其藏品内容包括各类艺术品、建筑和文物等各种静态和动态的物理和虚拟格式的图像（35 mm电影片、幻灯片、已安装的研究照片、数码影像以及电影和视频）。

幻想作品

fantasy

通过幻想和想象虚构出来的长篇故事、超短篇小说、诗歌或者剧本。在这些作品中，故事情节都是发生在非现实的虚拟时空里，例如英国作家乔·

韦尔斯（H. G. Wells）的著名小说《时间机器》（*The Time Machine*）。此外，也指一种虚幻小说的流派，小说的作者不受传统惯例的限制。

换码字符，转义字符
escape character

在 ASCII 字符集中定义的 32 个控制字符之一，在国际标准化组织的字符编码中，该字符编码为 1B（十六进制）。要求根据不同的代码或不同的编码字符集解释转义字符或一组字符。

换证登记
re-registration

指图书馆对已到规定使用期限的读者阅览证、借书证集中回收进行校验并重新进行登记和读者身份再确认，然后为其换发新证的工作。

皇冠文化集团
Crown Culture Corporation

1954 年创立于中国台湾省台北市，早期主要以《皇冠》文艺杂志为主，随后逐渐发展为拥有文学出版、有声出版、电视、电影、剧场、画廊和现代舞团的文化集团。当前旗下文艺事业有：鑫涛出版（皇冠杂志）、皇冠文化出版（文艺书籍、杂志）、平安文化（非文学类书籍）、平装本出版（漫画、轻小说）、平安有声出版物（有声书）、皇冠舞蹈工作室、皇冠小剧场、舞蹈空间舞团和皇冠艺文中心画廊。1990 年起，该集团逐渐向中国内地、新加坡和马来西亚等地发展出版事业。1997 年，将原有企业细分为：皇冠杂志社、皇冠文化出版有限公司、平安有声出版物有限公司和平装本出版有限公司。

皇后大学图书馆（加拿大）
Queen's University Library

成立于 1841 年，由 8 所分馆和中心馆组成，是研究图书馆协会（ARL）和加拿大研究图书馆协会（CARL）的成员。该馆拥有 220 万册纸本书籍，包括近 170 万册专著、5.2 万份期刊和 35 万种微缩材料，并拥有 32 万册电子图书、8 万种电子期刊和 630 种数据库。

皇家大学学院西蒙·玛斯肯特图书馆（加拿大）
King's University College Simon Maaskant Library

位于加拿大埃得蒙顿市，为纪念西蒙·玛斯肯特而命名。西蒙·玛斯肯特于 1981—1998 年服务于该图书馆，为图书馆的发展作出了很大贡献。该馆是阿尔贝托省图书馆联盟成员之一，因此它的读者可以借阅阿尔贝托省内各大学、政府机构、医院及其他图书馆的图书资料。

皇家历史手稿委员会（英国）
Royal Commission on Historical Manuscripts

英国最大的档案目录和档案信息咨询服务机构，成立于 1869 年，现已发展成为一个独立的具有很大权威性的政府机构。该委员会一般有 16 名委员，全部是著名学者，由首相提名，女王任命。另有 20 名工作人员，也大都是历史学家和高级档案专门人才。该委员会每年由英国政府拨款 50 万英镑用作业务经费，每年召开 2～3 次会议。到 20 世纪 80 年代末，该委员会的一切文献目录均实现了计算机检索，每年接待查询者约 2 000 多名，答复查询信函 1 000 多件。委员会以其工作效率高、组成人员造诣深、咨询服务到位而享誉世界。

皇家图书馆学与情报学学院（丹麦）
Royal School of Library and Information Science

位于丹麦的哥本哈根，隶属于丹麦的教育文化事业部，旨在进行图书馆学情报学的研究和发展。设有图书馆学和情报学管理系、情报学研究系、文化和媒体研究系及文化政策研究中心。所开设的课程包括情报检索、知识组织、文化和媒体、图书馆学情报学史和知识管理等。可授予图书馆学和情报学学士、硕士和博士学位。

皇史宬
Imperial Archives

又名表章库。中国明清两代的皇家档案库，位于北京东城区南池子。始建于明朝嘉靖十三年（1534 年）7 月，建成于明嘉靖十五年（1536 年）7 月。占地 8 460 平方米，建筑面积 3 400 平方米。明隆庆二年（1568 年）和清嘉庆十一年（1806 年）以及解放后均有修缮，是中国现存最完整的皇家档案库。皇史宬的建筑为砖石结构，成为“石室”，内有 152 个镏金铜皮樟木柜，即“金柜”，皇家大量重要档案珍藏在内。

黄纯元（1956—1999）
Huang Chunyuan

曾任华东师范大学信息学系信息管理教研室主任、副教授，日本东京大学教育学博士。著有：《图书馆与网络信息资源——知识交流与交流的科学》、《论芝加哥学派》、《寻求与社会科学的接点》、《新时期十年的图书馆学——观念与思潮》、《我国图书馆事业发展战略的若干思考》和《追问图书馆的本质——对知识交流论的再思考》。

黄俊贵（1936—）
Huang Jungui

中国图书馆学家，广东中山图书馆研究馆员。1961年毕业于武汉大学图书馆学系，同年到北京图书馆工作，历任编目部主任、阅览部主任、中文采编部主任和《中国国家书目》主编，1990年7月调任广东省中山图书馆馆长。曾任中国图书馆学会常务理事、中国图书馆学会秘书长和《中国图书馆学报》主编。北京师范大学、湘潭大学和中山大学兼职教授。在文献编目、图书馆学和目录学理论与方法等领域均有专深研究，出版专著数部，发表论文数百篇。

黄麻纸板
jute board

指用黄麻纤维制成的纸板，具有重量轻而坚固的特点，常用于装订图书。

黄丕烈（1763—1825）
Huang Pilie

字绍武，号荛圃、荛夫，又号复翁，江苏吴县人。清嘉庆、道光间著名藏书家、版本学家。喜好藏书，尤其是宋本。由于得宋刻本《陶诗》两种，所以称自己的藏书室为“陶陶室”，得宋刻《仪礼》两种，命名其藏书室为“士礼居”，所得宋本书百余种，又名其藏书室为“百宋一廛”。黄丕烈亲手编订的藏书目录《求古居宋本书目》、《百宋一廛赋注》和《百宋一廛书录》等。

黄皮（廉价）小说
yellowback

一种廉价通俗但往往引起轰动的小说书，纸张粗糙，因用黄色纸板做封面而得名。这种出版形式源于19世纪50年代的英国和法国，流行至20世纪初。

黄皮书
yellow book

政府、议会等公开发表的有关政治、外交和财政等重大问题的文件，因其封面黄色而得名。也指国际预防接种证书（International Certificate of Vaccination），是世界卫生组织为了保障出入国境人员的人身健康，防止危害严重的传染病通过出入国境的人员、交通工具、货物和行李等传染和扩散而要求提供的一项预防接种证明，其作用是通过卫生检疫措施而避免传染。如果出入国境者没有携带黄皮书，国境卫生检疫人员则有权拒绝其出入境，甚至采取强制检疫措施。

黄奇（1961—）
Huang Qi

教授，中国国家信息资源管理南京研究基地主任，南京大学学科建设办公室副主任，兼任中国社会科学信息学会常务理事、中国图书馆学会教育与培训分委员会副主任委员、中国国防科技信息学会情报学术专业委员会委员、江苏省哲学社会科学“十五”规划项目专家库成员、《中国图书馆学报》以及《现代图书情报技术》编委。研究方向为网络信息资源管理、电子商务。发表论文40多篇，主编或参与出版著作多部，主持国家、省部级科研项目、江苏省教育厅科研项目多项，多次获奖。

黄如花（1967—）
Huang Ruhua

教授、博士生导师，武汉大学信息管理学副院长。兼任中国图书馆学会学术委员会图书馆学教育委员会副主任、编译出版委员会图书馆学文献编译出版专业委员会副主任、《中国图书馆分类法》编委会委员、湖北省图书馆学会学术委员会委员，武汉大学数字图书馆研究所副所长、兼任武汉大学信息资源研究中心研究员和武汉大学中国科学评价研究中心研究员，国际期刊（The International Information and Library Review，IILR）的同行评审专家，国际知识组织协会（International Society of Knowledge Organization，ISKO）会员。出版专著多部，在国内外学术刊物和国际会议发表论文80余篇，主持和参与科研项目多个，并多次获奖。

黄色报刊
gutter press（yellow press）

原指英国庸俗小报和期刊，常登载一些社会阴暗面或他人隐私绯闻，以热衷于挖掘名人特别是流行音乐人及影视明星的私生活为特色，很少有严肃认真的新闻报道和时事评论。现泛指刊登腐化堕落、下流和色情淫秽内容的报刊。

《黄色新闻》

yellow journalism

指美国人约瑟夫·普利策（Joseph Pulitzer）于1883年买下了《纽约世界报》(*New York World*)，开始以多姿多彩的内容及夸大渲染的手法报导桃色、内幕、暴力及犯罪新闻，迎合大众的低级趣味，以致读者大增，发行量急剧地上升，终于独霸纽约新闻界。《纽约世界报》是采用彩色版面的先驱（1893年），也是刊载漫画的第一家报纸（1896年）。当时，《纽约世界报》采用略带黄色的版面刊登的连环漫画《黄色小子》(*Yellow Kid*）深受大众读者欢迎。

黄世雄（1937—）

Huang Shixiong

1961年毕业于中国台湾淡江大学外文系，1974年获美国南密西西比州立大学图书馆学研究生院硕士，1979年获美国芝加哥大学图书馆学研究生院高级硕士。曾任台湾淡江大学教育资料科学系暨研究所教授、图书馆馆长、台湾"中国文化大学史学研究所"图书博物组兼职教授、《教育资料与图书馆季刊》（*Journal of Education Media and Library Science*）主编等。出版专著与论文80多部（篇）。

黄晓斌（1965—）

Huang Xiaobin

教授，管理学博士（硕士）生导师。中山大学信息经济与政策研究中心研究员、中国科学评价中心兼职研究员、中国科学技术情报学会专业委员、中国竞争情报学会会员、广东省社会科学情报学会理事。研究方向：竞争情报研究、投资信息分析、商情分析与商业智能、知识管理、网络信息开发与利用、数字化信息资源管理。先后发表论文100多篇，出版著作（含参加编写）8部。

黄秀文（1947—）

Huang Xiuwen

华东师范大学图书馆研究馆员。曾任华东师范大学图书馆馆长兼情报所所长、教育部高等学校图书情报工作指导委员会委员、上海高校图工委副主任、上海图书馆学会常务理事和中国索引学会副理事长等职。自1999年担任馆长以来，曾先后主持制定了华东师范大学图书馆2001—2003年发展规划和华东师范大学图书馆2004—2006年发展规划，主持华东师范大学"211工程"子项目：图书馆自动化信息系统（一期建设）和图书馆文献保障系统（二期建设）的项目建设。在从事图书馆管理的同时，长期致力于图书馆学、哲学方面的研究，已发表论文50多篇，主编、参编著作18部。

黄页

yellow pages

电话号簿或商务指南中在白页后的分类查号部分。采用分类编排，即将提供相同商品（服务）的公司作为同类编排，在每个分类标题下再按西文字母顺序列出公司的名称、地址、电话号码和其他信息。因为用特制的黄色纸印刷，显得新颖、别致而得名。黄色也成了电话号簿的象征和标志。许多出版商即使采用白纸印刷电话号簿，也要在白纸上加印黄的底色，以显示电话号簿的特征和色彩效果。黄页有工商指南、购物指南等多种形式，人称黄页及黄页电话号簿是与报纸、广播、电视和因特网并驾齐驱的"第五媒体"或"黄页媒体"，在美国、日本、澳大利亚等一些国家已形成产业。国际通行的黄页发行模式是全部赠送发行，电话号簿收入来自大量的黄页广告费。中国第一册黄页于1987年在上海问世，随着电话用户的持续快速增长、市场经济的发展，黄页将越来越显示出巨大的发展潜力，是现代人常备乃至必备的工具书。黄页可上网查询（SuperPages. com），也有专业黄页如：《图书馆员黄页》(*Librarian's Yellow Pages*)。

黄虞稷（1629—1691）

Huang Yuji

字俞邰，号楮园，明末清初晋江安海人。清康熙间目录学家、藏书家。黄虞稷喜好藏书，不仅通过购买、抄录等办法来藏书，还主张藏书应该外借，藏书家应该互通有无，相互交流。编撰《千顷堂书目》三十二卷，还编著有《明史艺文志稿》、《宋史艺文志补》、《增刻唐宋秘本书目》及《楮国杂志》。

黄钰生（1898—1990）

Huang Yusheng

1919年毕业于清华学校，后到美国学习获硕士学位，回国后历任南开大学大学部主任、西南联合大学师范学院院长、南开大学校务委员会委员兼秘书长、天津图书馆馆长、名誉馆长、天津市科委副主任、全国政协第五、六届委员和天津市政协第八届副主席等，发表论著数篇（部）。

H

黄宗羲（1610—1695）
Huang Zongxi

字太冲，一字德冰，号南雷，别号梨洲老人、梨洲山人、蓝水渔人、鱼澄洞主、双瀑院长、古藏室史臣，浙江余姚人。明末清初著名学者、藏书家。青年时期苦读家藏之书，后抄书于祁氏澹生堂、黄氏千顷堂等，晚年喜欢收集图书，常抄书于范氏天一阁、郑氏丛桂堂以及徐氏传是楼等。著有《明儒学案》、《宋元学案》、《孟子师说》、《今水经》、《易学象数论》和《行朝录》等。

黄宗忠（1931—2011）
Huang Zongzhong

中国图书馆教育家，武汉大学信息管理学院教授。1958 年 7 月毕业于武汉大学图书馆学系，留校历任助教、讲师、副教授、教授和华中师范大学兼职教授以及武汉大学图书馆学系主任、武汉大学图书情报学院副院长、武汉大学校务委员、武汉大学学位评定委员会第一届委员和《图书情报知识》主编。从 1959 年起就承担图书馆学基础理论、图书馆管理学教学，主要从事图书馆学基础理论、图书馆管理学、文献信息学、文献采访学和中国图书馆事业等方向的研究。发表论文 170 余篇，其中多篇获中国图书馆学会、省、市优秀论文奖。出版著作和教材（含合著）20 多部。主要社会兼职有：中国图书馆学会第一、二届常务理事，第三、四届理事，中国社会科学情报学会第一届理事，湖北省社会科学联合会第二届至第六届委员，从 1978—2001 年任湖北省图书馆学会会长，湖北省档案学会副理事长、名誉理事长，湖北省档案专业高级职称评审委员会副主任、主任，武汉信息咨询研究会副会长、会长，《中国大百科全书》(图书馆学卷）编委。1982 年以来，还担任美国图书馆协会国家教育资源委员会常务委员会成员、美国传记协会（ABI）研究顾问委员会成员。

灰客
grey hacker

指某些对计算机和网络安全感兴趣，了解基本网络安全知识，能够利用黑客软件或初级手法从事一些黑客行为的人。

灰色级谱
gray scale

从白到黑均匀间隔着的一系列灰色色调，在黑白和彩色摄影中用作对比参考尺度，这种尺度常用于印刷和胶片冲印。

灰色文献
gray literature

不能通过正常的市场渠道获得的没有标价的非商业性印刷出版物，诸如报告、内部材料、硕士或博士论文和会议记录等。图书馆为了保存这类文献，并向读者提供使用，要探索比较好的收集方法和编目机制。gray literature 可写作：grey literature。

诙谐读物
Jestbook（facetiae）

指收集简短笑话、诙谐轶事、警句、说教故事和玩笑故事的集子，常以说教结尾。这类文学作品在 8 世纪时由穆斯林世界传入欧洲，在 16 世纪和 17 世纪得以广为流行。由于其天生短命，早期的例子很少能够留存下来。

恢复，复原
Recovery（restoration）

一是指一个系统发生故障后，从检测故障到恢复系统正常工作所发生的一系列操作行为。可以是完全恢复、降级恢复或安全停机。二是指在数据库系统中，当数据库由于人为错误或硬、软件故障而遭受破坏时，对数据进行修复以使数据库恢复正常状态。三是指某一特定数据系统解决数据传送期间发生的冲突状态或出错状态的行为。

恢复原状
resized

指将一页或多页因某种原因被污损的书刊页面通过一定的方式进行处理，使其尽可能重显原样的作业。通常的做法是：先用少量的水将页面轻轻弄湿，再利用一定的工具细心地除去纸上的笔迹、斑点、墨水或酸等污渍，然后涂上一层胶质混合物以增加其硬度，最后再喷上一种保护性的腊膜或保护剂。

回车符
carriage return

指使显示的光标或打印机的打印头返回到一行的起始位置之控制字符。

回车键
return key

计算机键盘上使用频率很高的一个重要功能

键。当输入数据时，用于表示一行的结束。在文字处理中，文本后面加入回车号，表示一段的结束。

回读校验
read back check

计算机信息处理系统检查信息传输准确度的一种常用方法。其目的是精确地检查信息发送过程是否有误。在回读检验过程中，发送给输出部件的信息将被读回信息源，并与原始信息进行比较，以保证信息输出正确无误。

回送检验
echo check

在通信技术中，一种检验传输数据正确性的方法。接收方将收到的数据再发回给发送方，以便和原始数据进行比较，这样就可以检验所传输数据的正确性。

回溯
retrospective

概指有关过去而非现在发生的任何事件和活动，如将以前用某种形式进行编目的书目记录回溯转换成另一种不同的格式。在图书馆界，通常称只列出过去已发表或出版的著作，而不包括目前或刚刚出版的文献资料的书目为回溯书目。

回溯标记制
retrospective notation

分面标记制的一种类型。其基本原则是：在表达复合主题的类号组配时，标引人员直接将类表中排列在前面的分面中类目的号码加在排列在后面的分面中类目的号码之后。回溯标记一般采用单纯字母标记的方法，它要求类表中各分面的排列次序与组配时的引用次序相反，同时各分面中类目的标记不得使用小于该分面的标记。用回溯标记法组配标引时，不必增添辅助符号，以确保号码的单纯性，但随着分面数量的增加，排列在后的分面中可利用的号码基数也会随之减少，从而会影响类目的展示，这时，就需要采用其他变通办法来加以解决。

回溯检索
retrospective searching

指对某一主题的早期文献资料进行检索。在数据库中，回溯检索的操作过程是：用户首先设计一个完整的检索式对数据库进行检索提问，检索式通常需要指定自某一特定日期以来关于某一课题的主题范围。检索系统接受用户的检索提问信息后，自动把用户提交的检索式转变为数据库约定的检索词，然后再翻译成机器可读语言。接着，数据库中所有以这些检索词标引的记录都将在此次检索作业中被检索出来。检索可以采用对话方式，也可以采用成批处理方式。对用户来说，回溯批处理检索比普通在线检索更便宜，但灵活性相对不够。

回溯检索系统
retrospective retrieval system

按逆时针方向对某一主题领域或专题进行检索的系统。通过这种系统，用户可查找到某一时间之前或一定时间范围内的信息资料。

回溯性书目
retrospective bibliography

揭示与报道过去一定时期出版的文献资料的目录。其职能是汇总过去一定历史时期内的特定文献，便于对已积累的历史文献进行回溯检索。

回溯性缩微出版
retrospective micro-publishing

指对过去已出版的纸型资料进行缩微复制出版的过程。

回溯转换
retrospective conversion

计算机书目处理专业术语。指在建立计算机检索系统后，将过去的手工目录整理加工并按规定的格式输入到计算机，然后再转换成机读目录的业务过程。在操作过程中，通常需要将旧记录与权威数据库中的机读记录进行比较，一旦匹配，编目员便可根据本馆的需要对该机读目录进行下载。读者使用机读目录时一般需交纳少量费用。联机计算机图书馆中心（OCLC）能大量提供回溯转换中各馆所需的 MARC 记录。retrospective conversion 的缩写形式为：recon。

回纹缘饰
fret

用于装潢书籍封面或页面边上交织图案的装饰。

回应因子
echo factor

也称回应因数。是一种关于期刊获得引证程度

H

的测度。1989 年由兹梅埃克（Zmaic）等学者在讨论“科学引文索引”与期刊明显性关系的文章中首次提出，其计算公式为：Ne =（Nind，a）p/（Cp × Sa）。式中：Ne 是期刊的回应因子，（Nind，a）p 是 p 年引证 a 年该期刊发表的独立论文数，Cp 是 p 年内可能实施引证的论文数，Sa 是本期刊在a 年刊载的论文数。例如，某刊在 1995 年载文 50 篇，其中有 22 篇于 1997 年被 15 种刊所引证。这 15 种刊 1997 年共载文 340 篇。因此：（Nind，a）p =（Nind，1995）1997 = 22；C1997 = 340；S1995 = 50。该刊的回应因子是：Ne = 22/（340 × 50）= 0.00129。

汇报
report

以口头或书面材料形式向上级领导或主管部门报告有关情况的行为，也指反映各种事实情况的材料本身，如工作总结、调查报告、会议录和备忘录等。report 的缩写形式为：rept。

汇编
edited

又称“编辑出版物”。按照一定的要求把某一专题或某一知识部门的作品或文件资料选编汇集而成的图书。负责编排出版书刊工作的人叫编者或编辑。在书目记录中，编辑的名字被置于题名与责任说明项内（MARC 21 书目数据格式中的 245 字段），跟在“edited by”后面；如果是多位编辑，在他们的名字后面加上“editors”。

汇编权
right of compilation

指著作权人允许或不允许将其作品或者作品的片段通过选择或者编排，汇集成新作品的权利。这是著作权人享有的一种财产权利。

汇编作品
works of compilation

指汇编若干作品、作品片段、不构成作品的数据或者其他材料，并且对其内容的选择或者编排体现了独创性的作品。汇编作品的著作权由汇编人享有，但行使著作权时，不得侵犯原作品的著作权。

汇订本
composite volume

包含两部或多部已独立出版的作品的合订本，如乐谱的合订本等。

汇付
remittance

特指图书资料采购过程中通过银行结算货款的一种付款方式。

汇集，文集
collection

在图书馆编目中，指由同一作者所著的三部以上独立的作品或著作的节录，或由不同作者所著的两部以上独立的作品或节录以单本或多卷汇编而成的文献，例如一名或多名随笔作家所写的随笔集。通常由编辑选择并编辑出版，选编的作品按在书中的顺序依次编排目录。

《会典》
Collected Institutes of the Empire

专门记载一个朝代官署职掌制度的政书。源出于《周官》(《周礼》)，唐代有《唐六典》，明清时期改称《会典》，意为“典章会要”。一般为官方修撰，以职官为纲，记录中央与地方官职制度沿革，是研究古代政治、经济、军事、文化等制度的重要参考资料。现存的会典有《唐六典》、《元典章》、《明会典》和《清会典》。

会费
dues

专业组织成员按组织章程应缴纳的年度费用。会员只有交纳会费，才能保留会员身份。有些组织按照成员服务时间长短或参与程度收取会费，学生或刚参加工作的毕业生交纳最低会费。

会刊
convention issue

专门为即将召开的会议服务的一种刊物，提供会议日程、注册程序、有关旅游和住宿的建议以及联系人等简要信息。会刊上一般刊载有介绍会议情况的跟踪报道。也指会议文件汇编（proceedings of a conference)，又指学（协）会编辑出版的学术刊物（the journal of a society or association)。

会前出版物
premeeting publication

包括学术会议在内的大会议程、程序表和专题报告预印本等，其中以预印本较有参考价值。

H

《会要》

Matters of State

专详一代典章制度的一种政书。其所保存的原始历史资料较为丰富，可以弥补二十四史的志、表之不足。自从宋王溥编成《唐会要》后，历代学者效法。有《续唐会要》、《新编唐会要》、《国朝会要总类》、《宋会要辑稿》、《春秋会要》、《秦会要》、《三国会要》、《晋会要》、《南朝会要》和《明会要》等。内容分门别类排列，是研究古代政治、经济、军事、文化等制度的重要参考资料。

会议打折

convention discount

在会议召开期间的展览会上，出版商在展台上所给予的订购折扣，一般在10%～20%之间，平均为15%。有时图书馆员在参加重要的图书馆会议前事先要准备好一个新书目录，这样就可以利用参会时的这种折扣购买图书。在会议结束时，用来展示的图书也许会以更大的折扣出售，特别是参展图书封面受污损时更是如此。

会议，大会

conference

由同一组织的若干成员或不同团体的代表参加，旨在就相互感兴趣的议题进行讨论或协商的正式会议。会议文献和发言常被整理成会议录出版。也可指某些行业的从业人员或公司代表参加的正式会议，目的在于讨论业内的重要问题。

会议纪要，议事要录

minutes

扼要反映会议成果和议决事项的一种文件。通常由通过了正式决议的会议形成，便于向上级汇报和有关单位贯彻执行。内容一般包括会议情况简述和内容纪要两部分。

会议录

proceedings

指载有会议名称、届次、开会地址和开会日期的会议记录。往往载有会议上宣读的论文，或者是向大会提交的论文，或者是论文摘要。会议录能反映一个学科领域内的新成果、新成就和新动向。具有论题集中、信息新颖和传递及时的特点，是科研人员必不可少的参考文献源。

会议论文

meeting paper

在学术会议上发表（宣读）的研究报告、论文，这些文章必须在会议规定的时间内提交以便评选、出版。

《会议论文索引》（美国）

Conference Papers Index

由美国剑桥科学文摘公司（Cambridge Scientific Abstracts，Inc）于1973年创刊，初为月刊，1987年起改为双月刊。主要报道科技、工程、医学和生物学等方面的会议论文，用于查找刚召开不久或即将召开的学术会议论文。每期由正文和索引组成。正文分为水科学、生物科学、环境科学、地球科学和综合性科学五大类，每一类目下列出各种会议的名称、召开时间、地点、主办单位和资料订购消息等项。在会议项下，按题名字顺列出该会议所有提交论文的题目、著者及单位等。每期索引分为主题索引和著者索引。此外，有年度累积索引。与每期索引相比，年度累积索引增加了会议日期索引和会议议题分类索引。网络版的《会议论文索引》收录了自1982年至今的数据，两个月更新一次。

会议名称

conference name

指会议、大会、专题讨论会、座谈会、展览会、博览会、运动会和科学考察团预备会议等的正式名称。在图书馆目录中以正式会议名称作团体名称标目。

会议一览表

meeting calendar

一种按年月顺序编排、报导国际、国内学术会议动态的简易目录，是查找会议文献资料信息线索的工具之一。

会员图书馆

Subscription Libraries (Membership Libraries)

这种图书馆通常由私人资助，并通过会费或会员捐赠的形式运作，服务对象仅限于会员。1731年，本杰明·富兰克林创设了“会员图书馆”，最初仅对其文学社团成员开放，1742年，该会员图书馆与费城图书馆公司合并，用户可以通过购买公司股权利用其图书馆。18世纪，许多小型、私人图书俱乐部逐步演变成了会员图书馆，并在社会上流行开来，成为公共图书馆的早期形式之一。

绘图机（仪）
plotter

与计算机相连接、能进行绘制图形或图表等工作的输出设备。这种绘图机用于图表绘制，可以用许多短直线绘制曲线。plotter 也指在地图或显示板上专作标记的标图员。

绘图软件
paint program

一种供绘图用的专用软件，设计软件用矢量图进行操作。常用的绘图软件有：Photoshop、Adobe image 和 AutoCAD 等。

绘图文献
graphic document

以绘画表述为主要特征的印刷型文献。这种文献是绘画形式的，而不是文字的、音乐的或者地图的形式，包括艺术印刷、艺术原创、艺术再现、照片、海报、研究印刷品、技巧绘画等。抄本形式、微缩形式以及视听和电子形式的图片图形不包括在内。

绘图小说
graphic novel

1978 年，美国一代漫画大师兼绘图小说之父威尔·埃斯纳（Will Eisner）推出《与上帝签合约》(*A Contract with God*)，首创绘图小说（Graphic Novel）。这种漫画加文学的创作体裁，启发了新一代漫画家。评论家认为他肯定是第一个认真把漫画视作艺术的人。漫画界的奥斯卡埃斯纳奖就是以他的名字命名。

绘图仪
graphics tablet

一种扁平的设备，在其上面绘画的图形信息可输入电脑。

（绘制）地图社
mapping agency

生产、出版地图和其他制图信息的机构，通常会有国家政府的赞助。在英美编目条例中，书目记录的责任说明项里反映绘制地图的名称。

惠栋（1697—1758）
Hui Dong

字定宇，号松崖，学者称小红豆先生。江苏元和（今江苏吴县）人，清代汉学家、藏书家，汉学中吴派的代表人物。著有《古书尚文考》、《后汉书补注》、《九经古义》和《明堂大道录》等。

惠灵顿维多利亚大学图书馆（新西兰）
Victoria University of Wellington Library

位于新西兰惠灵顿市，始建于 1899 年，最初只有借来的几个书柜的图书。1965 年图书馆迁至兰金·布朗（Lankine Brown）楼，随着馆藏的不断增加，1992 年该大楼已基本归图书馆使用。1994 年成立了建筑分馆，随后法律分馆和商业管理分馆也相继建立。拥有馆藏图书资料 130 万册，纸质和电子期刊 70 000 多种，20 万种电子图书。该馆同时是新西兰政府文献托管馆之一，建立了官方文献收藏室。

惠灵顿维多利亚大学信息管理学院（新西兰）
School of Information Management of Victoria University of Wellington

位于新西兰的惠灵顿市。其研究领域包括商业、政府、图书馆和学术组织中信息的存储、组织、检索和发布、通信、电子商务、信息系统、图书馆和信息管理。所开设的课程主要有：信息管理和通信、信息系统基础、信息系统发展、交互通信、系统分析、数据库管理、信息系统编程、目录组织和知识管理等。可授予信息技术、电子商务、电子商务和多媒体/信息系统、信息系统、电子商务和多媒体/营销、信息系统/管理、信息系统/营销、国际商务/电子商务和多媒体学士学位、通讯和图书馆学情报学硕士学位以及情报学博士学位。

惠世荣（1944—）
Hui Shirong

天津商学院教授、文学硕士。曾任天津商学院图书馆副馆长、中国索引学会理事、索引学会天津分会负责人，中国图书馆学会、科学技术学会会员。主编高校教材《经济文献检索与利用》、《如何掌握经济及商业文献信息》，参编著作 7 部，发表论文、译文近百篇。

《惠特克年鉴》（英国）
Whitaker's Almanac

历史悠久的著名工具书。1868 年由英国伦敦出版商约瑟夫·惠特克（Joseph Whitaker）编辑发行以来，至2004 年已达135 版，目前仍由乔纳森·惠特克父子有限公司（Jonathan Whitaker & Sons Ltd）

每年定期出版。内容涉及英国皇族、政府内阁、外交、经济、天文、地理、教育、卫生、宗教、商业和军事等方面以及世界各国的统计和简介信息等。

毁书者
biblioclast

无论何种原因而毁坏图书者（图书的破坏者或撕毁者）。幸运的是，对于爱书的人来说，这种异常的行为很少发生。

慧科报纸搜索库
WiseSearch

该数据库覆盖了 1 600 多家大中华主流媒体（综合大报、党委机关报、都市报、行业报以及其他媒体），其中港澳台地区主流媒体超过95%覆盖率以及欧美、新加坡和泰国等核心媒体，可提供超过 8 800 万储存的文章篇数。用户可以查询 10 年珍贵新闻资讯。每天 24 小时，每周 7 天，媒体新闻即时上传更新。

混搭
mashup

又称混聚。是以特定的用户与业务需要为目标，将来自不同站点的数据源和万维网服务加以混合与集成，以此构建一个新型应用的因特网应用，原理类似于两种不同风格的音乐混成后产生的奇妙音效。通常用户可以调用一组开放的应用接口程序，或是借助服务供应商提供的源代码来实现混搭，如用户可调用“谷歌地图服务”的应用接口，在自己的个人主页上搭建某些感兴趣的页面内容，显示机构、社区等地理信息。

混合标记
mixed notation

图书分类法中标记符号的一种类型，又称混合号码。它是采用两组或两组以上有固定的自然次序的符号系统组成的分类法标记。通常采用拉丁字母和阿拉伯数字这两种标记符号，因而兼有两者的优点。如《中国图书馆分类法》和《美国国会图书馆图书分类法》就采用拉丁字母表示大类，用阿拉伯数字表示其他类目。即是拉丁字母和阿拉伯数字相结合的混合号码。

混合批次
Mixed Batch

OCLC 批处理服务中为做批处理的成员馆提供的离线服务，传送 OCLC 衍生或非 OCLC 衍生的记录。

混合式分类法
mixed classification system

分面组配和体系分类相结合的分类法。该分类法既保持和顾及到分类法的学科体系性质和完整性，又提高了表达类目的专指性，加强了每个类目的扩展能力；还可采用轮排的方式，实现多途径检索。

混合式期刊
hybrid journal

一种吸收了普及性和学术性期刊两者的特点、兼具两者功能的期刊。例如《分析化学》(*Analytical Chemistry*)，由美国化学学会出版，其每一期的前面一部分类似杂志，而后面更长的篇幅用来登载研究性论文，后者还有自己的目次表和单独的页码。

混合型图书馆
hybrid library

1996 年美国图书馆学家萨顿（Sutton）在研究图书馆服务模式时提出这个概念。他将图书馆划分为 4 种类型，即传统型、自动化型、混合型和数字型。他认为混合图书馆是“印刷型信息和数字化信息之间的平衡并逐渐向数字化方向倾斜”。现阶段建设的数字图书馆是数字图书馆与传统图书馆、虚拟图书馆与实体图书馆、网上图书馆与物理图书馆的结合。集传统图书馆与数字图书馆之优点，两种形态共存互补，构建出一种当代图书馆生存与发展的基本形态。它不是去追求图书馆资源的全面数字化，总的原则是一切为读者。

混合责任
mixed responsibility

又称不同著作方式的责任者。指两个或两个以上责任者在创作同一作品时，以不同的责任方式进行活动，对同一文献的知识内容或艺术内容做出了不同的贡献，各自对自己所做出贡献的那一部分负责。例如，一本儿童画书，作者写有文字，而画家则为其配画插图。

混合资料格式
Mixed Materials Format

用于编目资料的 OCLC MARC 格式，由个人或机构积累的两个或更多的形式，不包括已有编码类型为“O”的教学资料，但包括档案和混合手稿资料，如文字、照片和录音资料。

混录
rerecord

电影录音中的一道重要工序。通过混录可以使各条声带上的音乐、音响效果和对白等声音信号融合成一条完整的、与画面同步的声音录音带。混录是达到声画完美统一的重要环节，是磁性录音的最后工序。混录时，各种录音机、放映机需同步工作。

活版印刷
typography

又称凸版印刷，用活字排组版面为主的凸版印刷方法。

活动卡片、游戏卡
activity card

一种印有词语、数字或图片的卡片，用于一个人或一群人做某种特定的活动（如游戏）。通常整套发行。

活动率
activity ratio

文件或数据库记录中，被查阅、使用或更新的记录占总记录的比率。可用公式表示为：活动率 =（被查阅、使用、更新的记录数/文件、数据库中总记录数）×100%。

活动书架板
movable shelf

书架中的搁板所处的位置可根据图书的高度选择适当间距、上下调节。这种活动书架适于存放不同尺寸的图书，使用灵活方便。

活动图像档案管理员协会（美国）
Association of Moving Image Archivists（AMIA）

世界最大活动图像资源非营利性专业协会，原名为电影、电视档案咨询协会，1991 年改为现称。该协会主要通过鼓励个人和组织之间在活动图像资源的收集、保存、展览和使用等方面开展广泛的合作来促进活动图像档案的发展。出版季刊《活动图像档案管理员协会业务通讯》(*AMIA Newsletter*)。

（活动、业务）范围
scope

任何活动发生的周围界限，使动作、活动、意向、思想或视野能不受阻碍地自由发展的空间和机会。在图书馆的业务范围指的是采访、分类与编目、流通借阅、编制索引、提供摘要服务、书目数据库服务和参考咨询服务。

活扉页
free endpaper

又称活衬页。粘在书内第一页或最后一页的订口部分衬页的里页，形成书籍的扉页。

活封皮
chemise

用松软的皮革或布做成类似口袋样的封面，用于保护手装的木板书的封面，有时用牛犊皮保护起来，这种方法常用于 12—15 世纪的欧洲，作为全皮装订的替代方法。

活页补充资料
loose-leaf service

用活页形式发行，可以随时插入原本的更新补充资料，一般用于修订、补充政治、法律、社会及科技方面的重要资料。

活页封面
binder

一种临时的可更换的封面，用于把松散的复印资料、小册子以及期刊归档和保存。为了便于浏览，图书馆通常用透明的封皮制成活页封面，用于保护现有期刊。

活页，散页
loose-leaf

硬软装订机的一种机械装订形式，使用者打开或关闭它，就可以按页码顺序在任意位置取走或置入一张或多张活页。最常见的品种有：铁环活页装订和螺柱装订。活页装订被用于图书馆的参考性连续出版物、政府文献、法律出版物和指导手册等按常规必定要更新的出版物。

活页式出版物
looseleaf publication

活页形式发行的出版物，常用环行装订法保存，便于更新资料，剔除过时内容。

活页式目录
looseleaf catalog

可以添加补充新的目录页并除去陈旧页面的书本式目录。

活页装订
loose-leaf binding

指用金属、塑料或其他坚硬材料制成可活动的装订器具来装订预先打好孔的散页资料的一种装订方式。采用活页装订方式，零星的页面可以很容易地加入或移除，适用于内容需要经常更新和变动的资料。一般常见的活页装订有螺旋活页装、弹簧夹式装和穿孔结带活页装。

活页装订本，小册子装订本
pamphlet binding

用订书针或铁丝圈、塑料圈装订的小册子，第一页作封面或有专门纸质封面。

活字
movable type

端面上刻有字符的长方块，用金属或其他材料制成，可根据原稿排组成印版，是活版印刷的基础。活字印刷最早出现于中国，西方于15世纪末开始采用活字印刷，代替早先的雕版印刷，从而推动了印刷技术的飞速发展。中国宋代首先发明用胶泥刻字烧制的泥活字，元代创制了木活字，明弘治时又创铜活字。德国人谷腾堡（*Johann Gutenberg*）于15世纪发明的金属活字用铅、锡和锑配制的合金铸成，统称“铅字”。铅活字具有容易上墨加工的优点。活字的大小用号数或点数表示。汉字活字通用号数，五号字相当于10.5点。

活字版，装版
forme

把事先准备好的单个活字，随时拼版，大大加快了创版的时间，印完之后，可以拆版，活字可重复使用。比雕版占有的空间小，容易存储与保管。活字印刷术的发展是印刷史上的一次伟大革命，是中国古代四大发明之一。也指过去的装版，已经卡紧固定准备上印刷机的活印版（由活字、空铅和字架构成）。

活字分格盘
case

手工排字用的分格木盘。用来盛装铅字，大小铅字体、数字和空格都分别排在不同的格盘里，以便排字工人在排字时拣取。

活字印刷
movable type printing

采用活字排版的印刷，是在11世纪中期，中国北宋庆历年间（1041—1048年）毕昇发明的，活字以泥为原料制成。这是世界上最早的活字，比谷腾堡应用的活字早400多年。活字印刷的发明，是印刷史上伟大的里程碑。既继承了雕版印刷的某些传统，又开创了新的印刷技术。特别是这种技术传播到西方后，立即受到使用拼音文字国家的印刷工作者的欢迎，并不断改进这种技术，逐渐成为世界范围内占统治地位的印刷方式。

获得条件
terms of availability

图书著录中记载的如何在市场上获得该图书的信息，通常是图书定价，在MARC 21书目数据格式中用020或者022字段表示。

获得资助的本领
grantsmanship

能成功地申请得到研究经费津贴或资助款是一门艺术，主要体现在思维创新、对基金源的底细了解、掌握有利于申请成功所必须具有的信息、制订切合实际的时间表、撰写一份很有说服力的申请材料以及申请成功后能妥善管理使用好基金等方面。在一些国家大专院校通常聘请很有经验的人给教职员工和图书馆员授课，培训其获得捐款资助的本领。

获奖者
laureate

因在艺术或科学上的卓越成就而获得荣誉或奖赏的人，尤指桂冠诗人（Poet Laureate）。

获取权
access rights

获取或使用图书馆馆藏的权利。尤其对于电子馆藏而言，即意味着图书馆需要依据法律、许可授权或者其他契约或合作协议，为其用户提供或永久或即时的安全使用权利。

霍顿·米夫林出版公司（美国）
Houghton Mifflin Co.

创建于1832年，总部设在美国波士顿市。该

H

公司是美国著名的教科书出版公司，其主要出版物以中、小学及大学教科书为主，随之出版范围扩大到工具书、参考书和计算机软件等方面。该出版公司是美国文学出版的中心，也是世界上著名的文学和教育出版社。在其出版物中，有许多著名作品出自于知名作家笔下，如拉尔夫·沃尔多·爱墨生（Ralph Waldo Emerson）、沃兹沃思·朗费罗（Wadsworth Longfellow）、马克·吐温（Mark Twain）和亨利·大卫·梭罗（Henry David Thoreau），该出版公司也出版过一些世界上有影响的大人物的作品：英国首相温斯顿·伦纳德·斯宾塞·丘吉尔（Winston Leonard Spencer Churchill）、阿道夫·希特勒（Adolf Hitler）、乔治·史密斯·巴顿（George Smith Patton）和蒙哥马利（Montgomery）等。该公司下设 7 个分公司并在加拿大也设有分公司。

霍尔茨布林克出版集团（德国）

（德）*Verlagsgruppe Georg von Holtzbrinck GmbH*

1948 年建于德国斯图加特，由一家庭图书室逐步发展成一大型图书俱乐部——德意志图书联盟。20 世纪 60 年代，图书俱乐部相继购入几个大型出版公司，从而于 1971 年正式成立霍尔茨布林克出版集团。80 年代，该出版集团向英语国家发展，首先进入美国。然后，通过购入英国麦克米伦（Macmillan）。出版集团，进入英联邦国家。随后，进入亚洲、非洲和拉丁美洲国家。以至发展为德国最大媒介集团之一。其出版业务为：小说与非小说出版、教育与科技出版、商业信息服务和全国性报纸、地方性报纸和印刷。共有 80 多个出版子公司，遍布全球。集团下辖著名出版公司，主要有：英国麦克米伦出版集团和在德国的三家出版公司，即菲舍尔出版公司（*S. Fischer*）、德勒默尔出版公司（*Droemer*）和罗沃尔特出版公司（*Rowohlt*）。

霍国庆（1965—）

Huo Guoqing

中国科学院研究生院管理学院教授、管理学博士、博士生导师、战略管理研究中心主任。曾任山西大学讲师、副教授、山西大学信息管理系副主任、中国科学院研究生院管理学院副教授、《中外管理导报》编辑部主任。主要研究方向为图书馆学基础理论、信息资源管理、信息主管（CIO）和企业战略信息管理。先后主持中国科学院研究生院项目“科技领导力研究”、国家社会科学基金重点项目“企业信息资源管理战略研究”、航天部二院委托项目“导引头变批量柔性制造管理模式研究”、国家自然科学基金面上项目“企业信息资源的集成管理”、中国铁通公司委托项日“铁通公司业务流程优化和规范”；参加国家计委组织的重大课题“中国资源利用战略研究”、国家自然科学基金课题“信息资源管理思想与管理思想史”、国家社科基金重大课题“面向 21 世纪的中国图书情报工作网络化研究”等。

行长

measure

排版时的版心行或分栏行的长度，每一西文活字宽度以 12 点的“M”为单位，称为一个全身（em）。

行高

line height

打印行的高度，用每英寸的行数来表示。

行话，俚语

argot

某一特定组织或群体，社会集团或阶层，某一特定行业或职业的惯用语、词汇或习语，如网络用语。大型图书馆都有收藏俚语辞典。

行间间隔

leading

手工排版时，在行间插入矮于字高的铅条后形成印刷品行间的空隙，这个术语在计算机排版中仍然沿用。

行式打印机

line printer

计算机打印数据资料的装置，可以一次打印一整行而不是打印一个字符；也指一种以字符形式成行地快速打印的数据通信接收的终端设备。

行业教育机构和协会图书馆

library of professional and learned institutions and associations

由贸易协会、教育学会、贸易联盟和其他类似机构主办的图书馆，其主要目的是为从事某一特定贸易或行业的成员和从业者提供服务。

J

击打式打印机
impact printer

用机械冲击的方式，通过色带在纸上打印出字符或图形的打印机，其打印速度有限。

机编文摘
machine abstract

又称“自动文摘”。利用计算机自动地对原始文献进行加工而成的文摘。其技术主要有机械文摘和理解文摘两种。

机读编目
Machine-Readable Cataloging（MARC）

又称“计算机编目”、“机器可读编目”，英文简称 MARC。以电子计算机能够处理的形式编制文献目录的过程。即把组成目录项目的文字、符号等转换成计算机能识别的代码，并以磁带、磁盘等作为存储介质，由计算机代替人工对转变成代码形式的目录信息进行控制、处理和编辑输出。因计算机尚不能完全取代人工，故计算机编目有时也称“计算机辅助编目”。

机读记录
machine-readable records

通过计算机或其他机器读取、生成和存储在一定载体（缩微平片、唱片、影碟、磁带、磁碟和光盘等）上的文档和记录。

机读目录
Machine Readable Catalog（MARC）

也称机器可读目录，计算机编目的产品。是以代码形式和特定格式结构记录在计算机存储载体上，能够被计算机识别并编辑输出书目信息的目录形式。1964 年，美国国会图书馆开始研究机读目录系统，1965 年提出 MARC Ⅰ，1967 年经修改后又提出 MARC Ⅱ，1969 年 3 月开始正式向各图书馆发行 MARC Ⅱ 磁带。为了统一各国机读目录的格式，国际图联主持制订了通用机读目录格式（UNIMARC），并在 1977 年出版了该格式第 1 版，1980 年又出版了修订第 2 版。通用机读目录格式是国家书目机构之间机读目录数据的国际交换格式，对以后各国机读目录格式的制订或修订产生了重大的影响。机读目录可以一次输入多次使用，能把传统的卡片目录的内容全都记录到磁带上，既充分发挥了计算机能大量存储及快速检索的优越性，又保持了图书馆的传统目录体系。利用机读目录磁带，人们可以通过编目应用软件来编辑书本目录、卡片目录、各种专题目录和联合目录等。机读目录的出现是图书馆目录史上的一次划时代的变革，带动了各国机读目录的发展。既提高了文献的可检性，又促进了传统的手工编目向自动化编目的转变。机读目录的广泛使用帮助各图书馆避免重复劳动，使它们得到统一格式的标准编目数据以及实现书目数据资源共享，同时也推动了图书馆自动化系统的应用，确保了一个自动化系统被另一个替换时书目数据的一致性。

机读目录记录
MARC record

机读形式的书目记录。是对机读目录中一条文献款目的称谓。它以代码的形式把某一文献的目录信息记录在磁带、磁盘和磁鼓等介质上，并只能用计算机检索。一条完整的机读目录记录，就是一种图书资料的详细记载。

机读书目信息委员会（美国）
Machine-Readable Bibliographic Information Committee（MRBIC）

隶属于美国图书馆协会，负责开发书目信息机读格式的正式标准，成员包括 9 名来自图书馆馆藏和技术服务协会（Association for Library Collections & Technical Services）、图书馆与信息技术协会（Library & Information Technology Association）和参考与用户服务协会（Reference and User Services Association）的有投票权的会员和 3 个见习期会员。

机读数据文档
machine-readable data file（MRDF）

广义指以编码形式记录各种信息，输入给专用机器译读的载体，包括磁带、磁盘、磁鼓、穿孔带和穿孔卡等。狭义指通过编码和程序设计，以计算机可识别的机器语言形式存储有信息的磁性载体，这些载体包括计算机使用的磁带、磁盘和磁鼓等，通常用其狭义。阅读时，计算机按一定指令自动取出信息，显示在终端屏幕上或由打字机打印出来。能高密度存储大量信息，按各种体系加以组织，并能高速度地通过多种途径（如文献的名称、著者姓名、主题和分类等）进行检索。当计算机与通信技术相结合时，还能远距离传输信息。主要用以存储书目、索引和文摘等二次文献。

机读叙词表
machine-readable thesaurus

能由计算机自动进行词的转换和更换工作，在标引、查找和词汇管理方面提供有用的统计资料的叙词表。计算机用一定程序对叙词表进行加工、编辑、组织和输出，自动编制参照项，检查遗漏参照并确保格式的一致性。

J

机构
agency

出于档案记录之目的而负责制作、管理本单位的商业活动及其他事务记录的任何公司、协会、研究所和其他团体。在大型组织机构中，一些下级单位（部、处、科室等）独立行使分支机构的职责。也泛指任何有权履行特定职责的组织。

机构知识库，机构典藏库
Institutional Repository（IR）

研究机构实施知识管理的工具，机构有效管理其知识资产的工具，也是机构知识能力建设的重要机制。一般以发展机构知识能力和知识管理能力为目标，快速实现对本机构知识资产的收集、长期保存和合理传播利用，积极建设对知识内容进行捕获、转化、传播、利用和审计的能力，逐步建设包括知识内容分析、关系分析和能力审计在内的知识服务能力，开展综合知识管理。

机构组织图
organization chart

指组织机构详细的行政系统和人员构成的正式结构图表。显示了该组织机构的行政运作体系。

机关报，机关刊物
organ

由机关或特定团体所出版的报纸或期刊。反映的是该机关团体的宗旨和追求的目标以及为此而开展的各种相关活动。

机关团体
corporate body

以集体名称开展各项社会活动的政党组织、公司、政府机构、协会、宗教团体、非营利性组织、研究机构、企事业单位或个体组织。另外，运动会、博览会、探险队等也被视为团体。这样的机关团体可以是一个独立的实体。在图书馆编目过程中，一般将这种机关团体名称作为出版物的正式团体著者进行著录。

机密档
closed file

在档案管理中，指一批限制或禁止使用的档案（内容需要保密并限制查阅的档案）。

机器
machine

一般指由具有独立功能、互相有关的部件构成，用以完成某种类型的工作设备。在信息技术中通常作为“计算机”的同义词使用，如“机器代码”、“机器语言”和“机器可读的”等。

机器词典
automatic dictionary

语言翻译机器的一个组成部分。先将编成程序的词典输入计算机，当机器进行翻译时，即可根据已经存储的词典和程序逐词转译。

机器打样
machine revise（machine proof）

印版已上了印刷机而打出的校样，准备最后校对付印。

机器代码，机器码
machine code

用于表示系统指令的代码。计算机可以直接识别并执行这些指令代码。其作用是用于将文本和程序指令输入记录到媒体上或存储器中，并进行处理和打印输出。

机器翻译
machine translation

利用计算机自动进行文献的翻译工作。由于自然语言的全自动化，机器翻译仍处于研究阶段，目前可行的是机器辅助翻译和人助机器翻译。

机器翻译

machine translation

也称自动翻译。用计算机将一种自然语言转变成另外一种自然语言的过程，一般指自然语言之间句子和全文的翻译。机器翻译属于人工智能的范畴，是利用计算机模拟人脑进行不同语言转换处理。

机器辅助翻译

machine-aided translation（MAT）

利用计算机存储的词语数据库等帮助进行一种语言对另一种语言的翻译工作，以减轻翻译工作人员诸如查词典、文本处理等日常工作，是人和机器共同完成的半自动翻译。

机器检索

machine information retrieval

又称“计算机信息检索”、“自动化信息检索”。利用计算机存储和检索信息的过程。大量的数据以一定格式输入到计算机中，加工处理成可供检索的数据库。检索时，用户的提问按一定的要求输入计算机内，经计算机处理后，与已存储在计算机外部存储介质（磁带、磁盘和光盘等）上供检索用的数据库进行匹配运算，然后将检出的数据按要求的格式输出。机器检索按提供信息的种类，可分为数据检索、事实检索和文献检索；按存储信息内容的时间，可分为现刊检索和回溯检索；按检索系统的功能，可分为脱机检索和在线检索；按服务方式，可分为定题信息服务（SDI）和问答服务（Q-A）。

机器检索系统

machine retrieval system

指通过计算机来进行信息检索工作的整套设备或系统。

机器可读数据

machine-readable data

计算机通过输入设备可以直接读取，并转换成机器可用形式的数据。

机器可读（信息）

machine-readable

一种机器（计算机或者其他数据处理设备）可识别、可接收和可编译的特定格式的信息。该信息可能是依该格式产生而来，也可能是由机器不可读的格式转换而来的。通常指以数字格式存储在硬盘、软盘或者磁带中的数据。可通过计算机或其他机械装备对其进行信息检索。

机器人

robot

用来模拟人的行为的自动化、智能化装置，能模拟人的触觉、视觉、听觉以及行走，其实质是一种具有推理和判断能力的智能系统。

机器上胶

engine-sizing

造纸工艺流程之一。指用胶料粒子充塞纤维间的毛细管，以提高纸张的抗水能力。根据纸张的具体用途，可分为高施胶（如钞票纸、证券纸）、重施胶（如书写纸）、轻施胶（如印刷纸）和不施胶（如吸墨纸、卫生纸）等。在施胶方法上，机器上胶属于内部施胶。即在造纸的过程中，向纸浆中加入胶料，使纸张具有抗水性。常用松香酸胶为施胶剂，松香酸胶是带负电荷的粒子，纤维素在水中呈负电性，互相排斥，用硫酸铝（造纸矾土的主要成分）作为沉淀剂，才能达到施胶目的。

机器学习

machine learning

人工智能研究的一个分支。从研究人类学习行为出发，研究认识客观世界，获取知识与技能的一些基本方法。

机器语言

machine language（ML）

机器直接使用的语言，不经过翻译即可被机器识别并执行。提供中央处理机可以接受的直接用二进制格式表示的程序。所有其他语言，如汇编语言或高级语言，在由中央处理机执行之前必须翻译成二进制机器代码。在文字处理中，这种语言用于将文本或程序指令输入到记录媒体或存储器中，并且以后可以处理和打印。

机器指令

machine instruction（computer instruction）

用适合某台机器或某个系列机器的机器语言或机器码编码，并且可以被机器直接识别并执行的指令。

机械标引

mechanized indexing

用机械手段进行文献标引的过程。包括索引的准备与编辑以及索引卡片的分类、汇总、复制与排检等工作。机械标引实际上就是自动标引，但自动标引一般专指电子计算机根据文献内容选取索引款目的过程。

《机械工程主题词表》

Mechanical Engineering Subject Thesaurus

用于储存和检索机械工程情报资料的专门叙词表，由原中国第一机械工业部情报所编制，1979 年出版。收录正式主题词 9 667 个，非正式主题词 1 533 个，共计 11 200 个。其结构体系由字顺表、范畴索引和词族索引组成。

机械工业信息研究院文献资源中心

The Library of China Machinery Industry Information Institute

又名机械工业信息研究院情报研究所，是中国装备制造业科技文献收藏、研究、服务中心。该中心积累 40 余年的馆藏积累和服务经验，被国家科学技术部确认为国家科技文献资源保障体系八家重点支持单位之一，是国家科技图书文献中心和国家工程技术图书馆的组成单位之一。该中心拥有国家定点收藏的机械工程、仪器仪表工程、汽车工程、动力工程、电工技术、工业自动化及相关经济和管理类中外期刊近 3 000 种，20 多万册；图书 10 万多种，10 万多册；中外样本 5 万多册；由 400 多个国外权威学术机构所组织的 7 500 个学术会议的会议论文；报纸 150 多种；相关领域的国家标准和行业标准；品种齐全的政府出版物以及大量电子与网络信息出版物。编辑出版《工业参考》和《中国反倾销反补贴保障措施信息择要》（半月刊）。

机械装订

mechanical binding

针对手工装订而言，指用机械设备把书籍装订成册的过程。

机样，印厂取样

machine proof（press revise）

指在开机印刷前最后一次的校样。

机制木浆

mechanical wood

利用机械手段将劣质木料研磨成纸浆，以生产新闻纸。用这种加工方法生产的纸张，其印刷质量尚好，但质地不太纯，且不耐用。

机制涂布纸

machine coated paper

在造纸过程中，在纸面上涂上一层涂料，以使纸面平滑。

机制有光纸

machine glazed paper

又称机器上釉纸。这种纸张只有正面有光，反面仍粗糙，如信封纸、牛皮纸、包装纸和纸袋纸等都属于这种纸，是可以用于包装和宣传画的一种纸。

机助标引

machine-aided indexing

由编好程序的计算机对作品的标题和正文中的词和短语进行分析，然后从叙词表中选取可能的叙词，每个叙词须经过标引人员进行评估来加以取舍（标引员也可以再选取其他的叙词进行标引），这样的标引方法称机助标引。

奇偶校验

parity check（odd even check）

指根据一组二进制数位中的 1 或 0 的个数是奇数或偶数而进行的一种检验方法。

奇偶校验位

parity bit

在计算机运算时，为了检测数据传输是否发生错误，在每个数据单元的后面附加一个位，并根据事先约定的校验格式和数字式数据单元中本来含有的一个二进位的个数，决定这个附加位的取值，以保持所有数据单元奇偶性的一致。

奇数页，单数页

odd page

指纸质文献中编号为奇数的页码。通常，双面印刷并装订成册的书籍的正文从书籍的右面开始编号，而且正文中新的章节题目也一般习惯排在奇数页，如果前一章节结束在奇数页，其后的一页偶数页将会留为空白页。传统竖排的中文古籍等从左开始的文献，奇数页则在左边。

（积压未编目的）图书
backlog

因为工作流程中的瓶颈或其他原因，而堆积下来的待编目的图书。造成这种情况的原因，可能是由于编目人员缺乏，或是因为现有的编目人员不能满足新的技能需要，或是因为此岗位不能得到丰厚的待遇等。

基本大类
main class

分类法中第一级类目，各级类目由此层层展开。基本大类一般由具有独立性的学科或几个性质相近而又能组成统一体的学科组合而成。是类目表的纲目。在基本部类的基础上扩展而来，经细分后形成体系分类表中的其他各级类目；在组配分类法中，是构成基本类的主要成分。基本大类一般用一个字母或一位数字表示。“中国图书馆图书分类法”用字母将学科分成了22个基本大类，“杜威十进分类法”则用数字将学科分为10个基本大类，“国会图书馆分类法”有20个基本大类。其他大部分分类法也均在10~20类左右。

基本范畴
fundamental categories

在分类体系中，将一个主题的各个分面及一个分面的各个类目用5种基本特征范畴表示，即本体、物质、力能、空间、时间。印度著名图书馆学家阮冈纳赞在其创建的冒号分类法中就用此作为基本组配公式。

基本级编目
Minimal-level Cataloging

也称最简级编目，是OCLC最主要的编目等级之一。按照AACR2一级著录要求进行编目，在不可能采用更高等级进行编目时，可采用此级别编目。

基本书库
main collection（main stock）

又称“总书库”、“存储书库”或“大库”，图书馆的主要书库，是全部馆藏的基础。特点是藏书量大、知识门类广，既包括推荐性的常用文献、供学习研究用的参考文献，又包括利用率低的旧资料及各种特藏文献等。

基本序列
basic sequence

指图书分类表中基本部类之间的排列次序。

基本著录
basic description

对所编图书资料基本项目的描述。一般用来指以单册普通图书为著录对象编制通用款目的过程。在西文编目领域，指为专著编制主要款目的过程。

基本专利
basic patent

指设备兼容某一技术标准所必须使用到的那些技术专刊。一个企业拥有的基本专利越多，竞争力也就越强。因此，在科研、开发完成后，企业应尽快将核心技术申报基本专利。但是，基本专利的认定是缺乏统一标准的，大多数基本专利的新颖性、创造性是存在瑕疵的。

基层图书馆
grass-roots libraries

主要是指地（市）级以下的公共图书馆，其特征或任务是注重知识的“普及”。在中国图书馆界，把县级以下的图书馆称为基层图书馆，包括县（市）、区图书馆与乡镇、社区图书馆，是图书馆事业的基础。

《基层图书馆参考服务概论》
Introduction to the Reference Service of Grass-roots Library

该书对基层图书馆的内涵外延予以界定，分析了基层图书馆参考服务的现状以及参考服务模式的重构，对参考服务的重点内容——阅读导引、公共信息服务、咨询服务、业务辅导进行了具体论述并给出了具体可操作的方案，最后明确了基层图书馆参考服务基本储备。桌连营编著由国家图书馆出版社于2012年8月出版。

《基层图书馆的农村服务工作》
Grass-roots Library Services for Readers in the Countryside

《基层图书馆实务丛书》之一，王效良著。该书首先对农村的图书馆服务发展历程进行简要回顾，然后对市地级和县市级公共图书馆的农村服务进行介绍，对乡镇图书馆、村级图书馆和流动图书馆的建设和服务进行探讨，并对农村的图书馆服务需求进行分析，对农村读者人群进行初探，最后对基层图书馆农村服务工作的发展趋势进行讨论。由国家图书馆出版社于 2010 年 11 月出版。

《基层图书馆自动化网络化建设》
Grass-roots Library Automation and Network Development

《基层图书馆实务丛书》之一，甘琳著。该书首先对图书馆自动化网络化建设进行概述，然后从基层图书馆自动化网络化的构成、规划与引进、实施与管理，基层图书馆自动化网络化系统的日常管理展开讨论，最后对基层图书馆自动化网络化的未来发展进行展望。由国家图书馆出版社于 2010 年 11 月出版。

基础号
base number

指在一系列分类号中，每个类号的相同部分。基础号可以按照复分表进行复分，或仿照其他类组复分。

基础结构
infrastructure

从军事术语中借鉴来的一个集合性名词。包括所有支持特殊活动的组成部分，特别是其基础的长远设施。在现代信息技术中，还包括那些用来发展和保持交流系统平稳运行的硬件和软件设施。一个国家的基础设施现状代表了其投资前景。

基础理论
basic theory

指研究社会经济运动的一般规律或主要规律并为应用研究提供有指导意义的共同理论基础的学科。是在这门科学理论体系中起基础性作用并具有稳定性、根本性、普遍性特点的理论原理。图书馆学基础理论包括图书馆学的研究对象、体系结构、研究内容、学科性质、相关学科、研究方法、发展历程以及其学科体系的变革趋向。

基础设施即服务
Infrastructure as a Service（IaaS）

基础设施主要是指信息技术设施，包括计算机、存储、网络以及其他相关设施。基础设施即服务，是指用户通过网络，按照实际需求所获得的 IaaS 云服务提供商所提供的上述信息技术设施资源服务，用户可将自己的应用部署到上面开展业务。简言之，基础设施即服务就是将信息技术设施以服务的形式交付给用户，使用户可以在这个平台上安装部署各自的应用系统。该服务通常包括：网络和通信系统提供的通信服务、服务器设备提供的计算服务、数据存储空间提供的存储服务、操作系统、通用中间件和数据库等软件服务。

《基础叙词表》（英国）
Root Thesaurus

英国标准学会为国际标准化组织（ISO）编制的用于标引标准文献的一种综合性叙词表，又译为《标准文献主题词表》。1981 年分别用英文、法文出版，后陆续出版了日文、德文、葡萄牙文和中文版，1985 年出版了英文第二版。后来还出版了机读版。使用国家有英国、日本、印度、加拿大、葡萄牙、巴西、沙特阿拉伯和中国等。

基底材料
Base Material

资源的基础物理材料。属“资源描述与检索”（RDA）的载体描述元素之一。

《基督教科学箴言报》（美国）
The Christian Science Monitor

有较大影响的英文日报。1908 年 11 月由美国基督教科学协会创始人 M · B · 埃迪（M. B. Edie）夫人在波士顿创办。1975 年，该报由原来的对开版改为 4 开版，由基督教科学出版社出版。该报注重国际报道，以分析和评述国际、国内重大问题见长，较早倡导并采用“解释性报道”。70 年代以来，该报增辟文化、艺术和生活等特稿专栏，每星期一至星期五出版。1975 年，该报在伦敦出版国际周刊，以刊载国际新闻和评论为主。其主要读者是美国中上层知识分子和国际问题研究人员。该报曾多次获得普利策奖。

基督教小说
Christian fiction

在情节、主题和角色的发展中，以基督教教义为主要（有时是占优势的）要素的小说和故事。近年来美国的基督教小说市场得到了很大的扩展。新书在《图书目录》(*Booklist*) 和《图书馆杂志》(*Library Journal*) 上定期进行评论。

基督遗产学院图书馆（澳大利亚）
Christian Heritage College Library（CHCL）

位于澳大利亚布里斯班市，是一所专业图书馆，1986 年建立。馆藏各类文献资源 20 万册，订阅期刊 370 多种。其中主要是印刷资源，但多媒体和电子资源迅速增长。馆藏大多分布在教育、社会科学、人类学、商业和基督教学等方面，还拥有澳大利亚最丰富的基督教教育资源。该馆不仅为校内师生服务，还面向外校学生开放。

基金，基金项
fund

为兴办、维持或发展某种事业而储备的资金或专门拨款。又指文献数据库的检索项之一，是揭示文献与基金关系的唯一途径。内容包括对某一项目提供资助的基金名称及资助说明。通过基金项检索，至少可获得以下几方面信息：特定基金资助了哪些项目；特定项目接受了哪些基金的资助；学科文献中接受基金资助的范围数量。

基斯·德威特·梅特卡夫（1899—1983）
Keys Dewitt Metcalf

美国图书馆学家和图书馆管理者。纽约公共图书馆学院 1913 年首届毕业生。在纽约公共图书馆从典藏组和采购组组长到参考部主任供职 20 余年，1939 年起任哈佛大学图书馆馆长。针对藏书空间紧张，制订图书馆设施长期规划，建造专门收藏善本和手稿的大楼和供在校生使用的图书馆以及入藏新书和提供新服务项目的大楼。还开展对员工的训练，制订选书计划，为其他高校图书馆提供了可资借鉴的经验。退休后充当顾问，热衷建筑规划，完成《高校图书馆及研究图书馆建筑的规划》（*Planning Academic and Research Library Buildings*）。曾任美国图书馆协会主席和执行秘书、美国文献学会主席，著述甚丰。

基线，底线
base line

在排版中，在需要下伸的小写字母下划的水平虚线，用来衡量从一条基线到另一条基线之间的间隙。

基于计算机的培训
computer-based training（CBT）

以计算机为主要工具的教学和训练。一般提供交互式的训练课程，用计算机系统提出问题、解释课文、演示和用声音来帮助学生提高学习兴趣、开发智力并掌握一定的技能。

基于内容的检索
content-based retrieval

在媒体对象层对多媒体信息的查询任务。基于内容检索技术是一种信息检索技术，主要应用于数字图书馆、遥感卫星和医学图片等图片的储存与检索。

基于位置服务
location-based services（LBS）

基于位置服务又称适地性服务、移动定位服务，是通过移动运营商的无线电通讯网络（如 GSM 网、CDMA 网）或外部定位方式（如 GPS）获取移动终端用户的位置消息（地理坐标），在地理咨询系统（GIS）平台的支持下，为用户提供相应服务的一种增值业务。基于位置服务可以被应用于不同的领域，如健康、工作和个人生活。

基于问题式学习
problem-based learning

一种新颖的学习方式，强调把学习置于复杂的、有意义的问题情境中，通过让学习者合作解决真实性问题，来学习隐含于问题背后的科学知识，形成解决问题的技能。

基于知识的系统
knowledge-based system

人工智能系统的一种，提供推理能力并得到解决方案。也指将某一专业领域的知识从其他知识中分离出来，使之明确化、系统化，并在此基础上建立起来的专家系统。

基于纸张的信息系统
paper-based information system

指一种主要依赖纸质资料的信息系统。

基准，基准尺度
benchmark

借用测量中的一个术语，表示某种具有较高质量的产品或服务被公认为一种标准或是参考点，其他产品用来和它比较或作为其他生产者提高质量的榜样。

《绩效考核：国际图书馆信息服务杂志》(英国)
Performance Measurements and Metrics

2000 创刊，由英国人史蒂夫·汤姆藤（Steve Thomson）任主编。该刊涵盖了图书馆信息服务绩效考核中的所有的定性、定量方法，既有权威性的文章，也有来自各地的新动向、各大重要网站热论话题的信息文摘，还有来自相关书刊的评论等。由爱墨瑞得（Emerald）出版集团出版，每年出版发行 3 期。读者可以在线阅读自 2000 年至今的期刊论文。

绩效评估
performance evaluation (performance assessment)

评估图书馆所提供的服务和所开展活动的质量和效果，并评估图书馆为开展这些服务和活动所配置资源的效率。早在 20 世纪 70 年代，图书馆界的一些著名学者就开始从理论和实践上论述图书馆质量评估的重要意义。从 20 世纪 80 年代起，欧美发达国家的图书馆界就已经开始研究如何开发绩效指标来评估图书馆的工作，至 90 年代中期，陆续发布了许多绩效指标体系的规定。尽管有不少国家图书馆界开发了各自的绩效指标体系的规定，但是他们之间在术语和定义、测量方法上都不统一，因而不具有可比性。为了评估和促进图书馆服务质量，图书馆绩效指标国际标准的开发得到了国际图书馆学界的一致认可。1995 年，欧盟委员会以英国中央兰开夏大学为基地建立了“图书馆与信息管理研究中心”（The Centre for Research in Library and Information Management，CERLIM），开始进行“欧洲图书馆绩效评估与质量系统”（Evaluation and Quality in Library Performance：System for Europe，EQLIPSE）的项目研究。从此，欧洲图书馆界拉开了其后长达十余年的图书馆质量评估——绩效指标国际标准开发热潮的序幕。从 1998 年至今，国际标准化组织（ISO）以国际图书馆界的研究成果为基础，制定、发布了有关图书馆绩效评估的系列国际标准，用于规范图书馆的绩效评估。目前，相关的核心国际标准包括：ISO 11620：2008 信息与文献——图书馆绩效指标（Information and Documentation—Library Performance Indicators）(第 2 版，2008 年 8 月)、ISO/TR 28118：2009 信息与文献——国家图书馆绩效指标（Information and Documentation—Performance Indicators for National Libraries）(第 1 版，2009 年 4 月）以及 ISO 2789：2006 信息与文献——国际图书馆统计（Information and Documentation—International Library Statistics）（第 4 版，2006 年 9 月）。

绩效评估表
performance measurement

一种权威的评估纲要，用来评估和比较图书馆或信息服务机构实际完成预定目标的情况。

绩效-期望评价法
P-E approach

一种管理技术，通过衡量预期和业绩之间的差距来评估服务质量，可用来评估图书馆的工作绩效。

稽核项
collation (collation area)

从文献的物质形态方面进行稽查核对的传统著录项目。包括文献的页数或册卷数、图表、开本、装订形式和定价等。collation 原来译为稽核项，现在已改称“载体形态项”。

激光唱盘，光盘
compact disc (CD)

指 1982 年出现的一种可实现录音重放，用透明聚碳酸酯模压而成的唱片，其上的槽纹是由数字录音器控制的激光刻制而成的，厚度约为 1.2 毫米，播放时间可达 74 分钟。与旧式唱片和录音磁带相比，光盘不仅容量更大，声音更清晰，可录制的音域也更广，但须借助专门的光盘播放机方可播放。在图书馆里，光盘通常单独收藏，摆放在专用的展示橱内，并就近提供播放设备。

激光打印机
laser printer

利用激光束在纸上成像的打印机。其原理是：应用电子摄像技术，使用聚集激光束和旋转镜面将页面的图像画到感光磁鼓上，此时图像转换成静电电荷，以吸附色粉。当打印纸沿磁鼓滚动时，色粉脱离磁鼓粘在纸上，通过加热将色粉和纸粘牢。打印质量优于点阵打印机和喷墨打印机，且能实现双面打印。激光打印机最早由国际商用机器公司（IBM）于 1975 年研发出来的。惠普公司（Hewlitt-Packard）是个人激光打印机的主要制造商，产品呈系列化，包括从每分钟打印 4 ~ 8 页的低端桌面类型，到供大型办公单位所用的每分钟打印 32 页的产品。

激光扫描仪
laser scanner

指利用激光技术将书刊资料复制和转换成数字图像的设备。

激光指示笔
laser pointer

一种自来水笔大小的小型金属棒，由电池驱动。在日光下或昏暗房间里，能将一束狭窄而密集的红色激光束发射到墙面或其他显示屏上，保证观众在距离显示面100码以上都能看到，由讲演人在演讲中为强调某些内容时所使用，与之配套的还包括袖珍钢夹与便携盒等。

吉布提国家图书馆档案馆
National Library and Archives of Kiribati

成立于1976年，后根据1981年公共档案法，与1979年初成立的国家档案馆合并，遂成为吉布提国家图书馆档案馆，归属教育、培训与技术部下属的图书馆与档案部领导。捐赠一直是该馆藏书的主要来源，计划扩建单独的缴送本库，但具体实施要视发展基金情况而定。馆舍建筑是英国赠送的吉布提独立礼物，于1979年落成。

吉林大学管理学院档案学专业
Archival Administration Program，School of Management of Jilin University

设有本科档案学专业和硕士学位授予点。本科专业强调现代管理学、经济学和人文理论知识的有机结合，培养学生系统掌握档案管理专业知识，突出了文理结合的特点，强调了运用现代信息技术在档案管理中的应用，同时，注重学生外语能力的培养与训练。硕士点于2000年底批准成立，自2001年开始招生。主要研究方向是：档案学理论，档案管理现代化，主要研究特色是电子和网络环境下的档案管理代化。

吉林大学图书馆
Jilin University Library

其前身是1946年建于哈尔滨市的东北行政学院图书馆，后随校几经变迁。2000年与原吉林工业大学、白求恩医科大学、长春科技大学和长春邮电学院图书馆合并。现由前卫校区、南岭校区、新民校区、朝阳校区和南湖校区图书馆组成。馆舍建筑总面积9.8万平方米。藏有各类纸质书刊500多万册，其中古籍40万册，古籍中6 000多部为善本。地方志与谱牒、金石拓片与古文字文献的收藏十分丰富。这些珍贵文献与亚细亚文库、满铁资料一起成为该馆的特色收藏。订阅外文期刊1 268种，中文报刊4 914种。该馆注重数字化文献资源的建设，购买了包括Web of science和EI在内的48种西文文献数据库，中国知网等14种中文数据库，超星、书生等电子图书120万册，自建了东北亚研究、地学、汽车、满铁资料等12个数据库。形成了具有学科、专业优势的综合性藏书体系。沙俄时期东清铁路局收藏的“亚细亚文库”和著名历史学家吕振羽、文学家蒋善国、考古学家于省吾和经济学家关梦觉的私人藏书等为特色收藏。该馆是联合国教科文组织、联合国工业发展组织和世界银行的委托藏书馆。

吉林省图书馆
Jilin Provincial Library

省级综合性公共图书馆，建于1909年，初设于当时的省会吉林市，1954年省会迁至长春市，1957年在长春市筹建新馆，1958年建成，建筑面积1.3万平方米。馆藏书刊300万册，其中有80多种海内外孤本。古籍线装书41万册，唐人写经、宋元明刻本、稿抄本及名家批校题跋本堪称稀世珍品；民国书刊12万册，伪满资料5万册，颇具史料价值。吉林省地方特色的图书、杂志、吉林省籍作家作品和吉林省省情文献约数千种为特色馆藏。建有休闲时光话读书、吉林省两院院士、省管优秀专家及馆藏地方文献提要等专题数据库。与吉林省图书馆学会联合编辑出版专业刊物《图书馆学研究》(月刊)。

吉林省图书馆联盟
The Consortium of Libraries in Jilin (CLJ)

由吉林省图书馆、吉林大学图书馆、东北师范大学图书馆、吉林理工大学图书馆、吉林农业大学图书馆、长春中医药大学图书馆、长春税务学院图书馆、长春工程学院图书馆、长春师范学院图书馆、长春空军航空大学图书馆、长春图书馆、吉林省农业科学院图书馆、吉林省科学技术信息研究所等在长春的13家公共系统、高校系统、科研系统图书馆共同发起成立。其宗旨为：整体规划、统一标准、共建共享、共同发展。其目标是：建立吉林省文献保障系统，成为全国文献保障体系中的重要一环，为吉林腾飞提供文献资源和信息保障，成为具有影响力的联盟。联盟在资源建设、馆际互借、联合参考咨询、成员馆之间通阅、联合采购等方面进行合作。已有成员馆50家。

吉林省图书馆学会
Library Society of Jilin Province

成立于1979年6月14日。该学会成立以来，举办学术研讨会和学术报告会共60多次。从1981年起，与黑龙江、辽宁两省学会联合举办10余次学术研讨会，参加会议近2 000人次。全省共有8个地（市）级图书馆学会，与吉林省图书馆联合编辑出版月刊《图书馆学研究》(*Researches in Library Science*)。

吉米·卡特总统图书馆及博物馆（美国）
Jimmy Carter Library and Museum

位于美国亚特兰大乔治亚州，69 750平方英尺(6 480平方米)，耗资2 000万美元，馆舍69 750平方英尺，于1986年10月1日正式对外开放，隶属美国国家档案与文件管理局。该馆拥有卡特及其夫人和卡特在位时的主要档案材料及亲密朋友的资料，约2 700万页，50万张照片，4万件物品。有卡特写给他妻子的情书、卡特本人在海军服役时的照片和自传《为什么不是最好的?》(*Why Not the Best?*)、私人日记《白宫日记》(*White House Diary*)等。到目前为止，约有三分之一的馆藏资料对外开放。该馆藏有许多卡特在重要场所时的谈话录音，他们不仅录下了谈话背景，一些录音经过处理还加进了有关背景材料的注释。

吉米·威尔士（1966—）
Jimmy Wales

维基百科（Wikipedia）创始人之一，现为维基媒体基金会理事会荣誉主席，同时拥有一家名为Wikia的营利公司（和Wikipedia没有直接关系）。2006年5月，吉米·威尔士被《时代周刊》选为100个最具影响力人物之一。1989年毕业于欧本大学金融系，后又取得印第安纳大学的经济学硕士学位，研究方向是期权定价。2002年1月，与当时俄亥俄州立大学哲学博士拉里·桑格合作开发了英文版的维基百科全书。

吉姆·亨德勒（1957—）
Jim Hendler

美国马里兰大学教授，语义Web的创始人之一，也是《美国电气和电子工程师协会智能系统》(*IEEE Intelligent Systems*)的首席名誉主编，是第一个担任《科学》(*Science*)编辑审查委员会的计算机科学家。2001年与伯纳斯·李等人在《科学美国人》(*Scientific American*)杂志上发表了著名的“语义Web”一文，系统阐述了语义万维网的应用价值与发展未来。

《吉尼斯世界记录大全》（英国）
Guinness Book of World Records

1955年8月27日出版第1版，这部仅有198页的小册子，当年圣诞节前即荣登英国畅销书榜首，因为还没有哪家公司能收集、认证并提供如此丰富、权威的有关世界纪录的信息。没想到这本《吉尼斯世界纪录大全》不胫而走，名声远远超出了吉尼斯黑啤酒。次年，出版了第一个美语版，不久又出版了法文版、德文版和日文版。以后逐年不断地修订、更新再版。《吉尼斯世界记录大全》以猎奇取胜，十分迎合西方读者的口味。该大全主要分科技类、财富类、体育类、勇气类、知识类、成就类、名气类、流行文化类、危险灾难类和人体类，收录各类事物的世界之最：最好、最坏、最美、最怪、最惨和最伟大，引起人们广泛兴趣。以37种文字在100多个国家出版，累计销量已达1亿册，成为世界畅销书之一。

极限类目
ultimate class

又称末级类目。是指把一篇文献的类目分到分类表中所能表达的最细小的一级类目，不能再予以细分。

极性
Polarity

图像的色彩、色调与被复制对象的色彩、色调之间的关系，如正片、负片。用于照片、电影胶片或缩微片。属“资源描述与检索”（RDA）的载体描述元素之一。

即将出版的（书）
forthcoming

指不久要出版的图书，通常指包含在出版社下一个季度新书目录中的所有新书。美国鲍克(R. R. Bowker)公司每隔两个月出版一次《即将出版图书》(*Forthcoming Books*)的作者和标题索引。

即，就是说
（拉）*videlicet*

意为“即”、“就是说”或“就是”。用于正文和脚注，引出对某个词、短语或表述的更为详尽的解释。*videlicet*的简写形式为：*viz.*。

即年指标
immediacy index

又称即时索引率。这是一种测量期刊当年被引用情况的指标，一般是指在某一年度内，期刊发表的论文在当年被引用的平均次数。其公式为：即年指标=（某一特定年度内该期刊当年发表论文的引用次数/该期刊当年发表论文的总数）×100%。

即时参考资料
ready reference material

又称便捷参考资料。特指各种能方便快捷地提供有关信息线索或信息内容的参考工具。图书馆通常会在咨询台旁边备有这样一些参考工具，这样既便于参考咨询馆员能准确有效地当场解答读者提出的各种事实性咨询问题，同时还可方便读者进行自助式信息查阅。

即时聊天软件
Camfrog Video Chat

由Camshare LLC公司开发的一款软件，采用了先进的多媒体数字流技术，可以提供流畅的语音和视频聊天服务，也可作为网络电视电话会议的一种工具来使用。

即时通讯软件
Windows Live Messenger（MSN Messenger）

由微软公司开发，能够即时发送和接收因特网消息等的业务软件。是使用广泛的即时通讯软件之一，现时的版本除了有基本的文字通讯之外还支援视讯会议、语音交谈、多人会议、连线游戏等伸延功能，并且容许使用者在对话中插入它提供的图示，也容许使用者自己添加更多图示。例如自定表情符号、对话视窗的背景和主题、显示图片等。除此，还有一群软件设计师为它制作第三方的附加软件。

集
set

指具有某些共同特性的对象的汇集，如数据集等。也指在打印和显示中，一组相关字符的集合，如字符集。

集成编目服务
Connexion

OCLC的旗舰编目服务产品，作为全球最大的接连图书馆、机构用户与WorldCat书目数据库的联合编目系统。提供访问WorldCat、OCLC规范文档和其他在线数据库的集成编目服务。根据不同的语言种类，编目服务提供浏览器端和客户端两种界面。浏览器界面通过Internet Explorer或其他浏览器访问；客户端通过基于微软视窗安装在用户终端的软件访问。两者提供相同的编目功能，同时各自也提供唯一功能。浏览器端提供“简单的转录编目服务”、“杜威分类法”、“本地馆藏维护服务”和“OCLC集成自动化资料挑选服务”，支持创建“导航系统”和其他电子资源。客户端提供支持“宏功能”、“本地文档”、“脱机编目”、“集成标签处理”、“使用非拉丁文字编目”、“批处理检索”和记录操作。该项服务的功能有：联机查询WorldCat数据库、编辑和建立书目数据，包括常用工作单数据、使用规范记录和在书目记录中实现主题规范控制、查询美国国会图书馆的主题规范档、完成名称主题合作计划（NACO）的活动、实行数据的同行评审制、获取本馆OCLC的使用统计信息、开启一个单独的杜威分类法网络版的进程，访问其数据库以及通过World-Cat.org来查找文献在其他图书馆的隐藏情况等。

集成电路卡
integrated circuit card

又称“IC”卡。将集成电路芯片嵌入塑料基片中封装而成的卡片，其外部形状与磁卡很像，可以写入数据和存储数据，也可以有条件供外部读取。集成电路卡具有信息存储量大、保密性能好、不易复制和伪造等优点，因此，多用于制作电话卡、信用卡和电子身份证等。

集成曲
medley

由风格或形式不相配的章节组合起来的音乐作品。也指由一系列歌曲或其他音乐小品组成的演出。

集成软件
integrated software

由不同的应用程序组合而成的软件包，或者可以使用户方便地在各种应用程序之间进行交换的计算机软件。

集成数据处理系统
integrated data processing system

指从数据采集到数据处理的任何一个阶段都整合在一个自动化的数据处理系统中。

集成系统
integrated system

将硬件、设备、各个数据库及其他子系统互连而形成的整个系统。

集成性资源
integrating resource

出版物以发行补充资料来增加或更新内容，其内容一直在更新或变化。集成性资源的书目资源出版类型可适用于任何一种文献类型，尤其活页文献和电子资源。该种资源主要有：更新的活页出版物、更新的网站和更新的数据库等类型。该种资源与其他连续性资源在著录上有很多相似之处。该种资源因其本身载体形态的特殊性，在著录时与其他资源比较也有很多不同之处。集成资源是通过更新的方法改变部分内容，以形成新的整体的书目资源。该种资源可以是有限的，也可以是连续性的。

集成照片，照相拼版
photomontage

使用多幅照片或照片的几个部分集中在一起而制成的一张复合作品（蒙太奇）。可以在同一底片上进行多次曝光，投映几种底片以印制合成照片或复制由剪贴几部分图像组成的画面。

集合题名，总题名
collective title

在图书馆编目中，汇集由一名或多名作者撰写的多部图书的总括性正题名，这些图书以单册或同一版本和装帧的多卷形式出版，每一部都有自己的题名。也指编目人员对分别出版的一组图书进行集合编目时所确定的统一题名。

集团采购，联盟采购
group purchase（consortium purchase）

组织多个信息服务机构联合购买某种资源，以最少的经费，获取最优惠的价格。其组织模式主要有：地区团、行业团和全国团模式。其共享模式主要是指共同购买一定的数据库并发用户数，共享并发用户个数。

集团访问能力
Group Access Capability（GAC）

多所使用 OCLC 资源共享和馆际互借系统的图书馆组成的一个小组，由完全成员馆和选择性成员馆组成。选择性成员馆只能访问简编级书目记录，且只能访问本组成员馆的记录。多个小组中至少有一个完全成员馆，而选择性成员馆可以只使用 WorldCat 资源共享服务。

集中编目，统一编目
centralized cataloging

由中心编目机构对图书和图书馆的其他馆藏资料按照统一的分类法和编目规则进行集中编目，再以印刷或机读的形式传递给所有参与集中编目的成员馆，通常是要收一定的费用。也指在一个单位，通常是中心图书馆为整个图书馆系统进行的统一图书编目，以求著录格式一致和节约成本。centralized cataloging 也可拼写为：centralized cataloguing。

集注本，注释本
variorum edition

指一作者的古典文学作品有许多学者或编辑作注的版本，或者指包含各种不同版本正文内容的版本。集注本提供对图书不同版本内容进行的学术比较和阐释，不仅包括编者确定的正文，或者编者本人的注释，而且还有早期评论家的注释。variorum edition 源于拉丁文词组：*cum notis variorum*。

辑佚
reconstruct lost works

对以引用的形式保存在其他存世文献中的已经失传的文献材料加以搜集整理，使已经佚失的书籍文献，得以恢复或部分恢复的行为。辑佚的产生，与中国古代文献、典籍频繁而大量的佚失这一客观情况密不可分。由于中国古代书籍有摘引、抄辑其他文献的习惯，所以一些佚失的书籍中的只言片语，得以通过被引用的形式，保存在其他文献之中。辑佚的工作就是把这些只言片语加以搜集、整理，让这些佚失的书籍得以重见天日。辑佚工作需要运用目录学、版本学、校勘学、训诂学、考据学和注释学等多方面知识。通过辑佚得到的文献，称为辑本或辑佚本，而研究辑佚的历史、方法、原则和其他相关的学科，称为辑佚学。

辑佚书
lost works reconstructed

把各类传世古书中所征引的原佚书的某些章节、语句搜集起来，掇拾补录，以存原书的残篇及概貌，被辑出的佚书，就是辑佚书，如鲁迅先生的

《古小说钩沉》、《会稽故书杂集》均为辑佚书。通过辑佚，可以“存旧学之梗概，窥古人之崖略”。一则可以使佚书复见于世，丰富古代文化典籍；二则可以为学术研究提供宝贵的资料。

计（规）划预算系统
planning programming budgeting system（PPBS）

一种将计划和预算结合的管理和财务系统，该系统的编制需分计划、规划和预算三个过程。

计划评审技术
program evaluation and review technique（PERT）

一种规划和完成复杂任务的系统方法，主要用于不确定时间的评估。按照计划评审技术流程图，可以完成准确计划、资源定位和程序监控等任务。

计量学
Metrology

有关测量知识的科学，亦简称为计量，主要研究测量包括保证测量的准确和量值的统一，涉及到有关测量的整个知识领域。计量学研究包括可测的量、计量单位、计量基准、标准的建立、复现、保存及量值传递、测量原理、测量方法及其准确度、物理常数、常量和标准物质的准确确定、观测者进行测量的能力以及计量的法制和管理等。

计数符号
enumerative notation

指分类号中的分隔符号“.”。常规的做法是在分类号码的三位数字后隔以计数符号。计数符号的使用可以使号码清楚醒目，易于辨认，分隔符的前后数字表示不同的意思。

计数器
counter

指统计并显示网站访问总人数自动记数的可执行程序。

计算机
Computer

资源描述中指存储电子文件、设计用于电子计算机器的媒体。包括通过文件服务器远程访问的媒体，也包括直接访问的媒体如计算机磁带与光盘。“资源描述与检索”（RDA）定义的8种媒体类型（media type）之一。

计算机安全
computer security

指为防止未被授权的人访问或使用，使计算机系统数据免遭破坏、更改和泄露而采取的相应安全保护措施。

（计算机）标志
flag

计算机在处理或解释信息时使用的某些类型的一种标记，显示特定条件的存在或状态的一种信号。

计算机病毒
virus

一种隐藏在计算机系统资源中，能利用系统信息资源生存并自我繁殖，影响计算机系统正常运行，通过系统信息共享的途径进行传染的可执行的编码集合。多为蓄意设计的一种破坏性程序。为了预防病毒破坏，局域网或个人计算机使用防毒软件随时自动查毒杀毒。

计算机程序
computer program

为解决某一问题而设计的适于计算机处理的指令系列，通常用机器指令或专门的编程语言编写。依照该指令系列，计算机具有可执行相关的数据处理、系统运作和逻辑分析等功能。

计算机动画
computer animation

利用计算机制作动画图像，特别是卡通或其他特殊用途的动画等。

计算机犯罪
computer crime

以某种形式利用计算机直接或间接参与社会犯罪活动的行为，包括盗窃、诈骗、贿赂和滥用计算机资源、窃取数据与信息、破坏和篡改数据、程序或其他犯罪活动。

计算机辅助翻译
computer-aided translation（CAT）

人工智能系统的应用领域之一，是指利用计算机功能将一种语言文字翻译为另一种语言文字的过程。

J

计算机辅助教学
computer-aided instruction（CAI）

利用计算机系统帮助教授学生的一种教学方法。该方法通过学生与计算机程序之间的对话，指出学生在学习过程中的错误，并给出相应的建议，按照学生的回答来选择下一个学习阶段的内容。

计算机辅助排版字
computer-aided typesetting

在书刊等出版物的印刷出版过程中，在排字的任何阶段应用计算机帮助排字的一种技术，包括行的两边对齐，西文单词转行时自动用连字符连接，输入照相排版和进行页面编排等。

J

计算机辅助设计
computer-aided design（CAD）

利用计算机帮助设计人员进行设计，设计人员只是专门从事构思，只需把相关尺寸、容限和安全因素等数据输入并使用基于公认的设计标准编制的程序，由计算机负责进行计算、画图、数据的存储和处理等工作，设计人员可用制图工具对设计图进行修改，确定最后方案后自动制图并打印出有关设计文件。

计算机辅助学习
computer-assisted learning（CAL）

计算机用来辅助讲解教材中某些比较抽象的难点，以帮助学生更好地学习、掌握这些知识。

计算机辅助照相排版
computer-aided phototypesetting

一种新型照相排版系统，即利用计算机和光学系统将图像、文字等照排在照相介质上（如胶片等），以备印刷之用。

计算机辅助制造
computer aided manufacture（CAM）

使用计算机进行生产设备的管理、控制机器的运行、处理有关数据及材料的流动、检测产品等。这种技术具有能够提高产品质量、降低成本和缩短生产周期并改善工作条件的优点。

计算机科学
Computer Science

研究计算机及其结构、操作和应用以及用算法解决问题的一门科学。

计算机连续出版物代码
CODEN

美国试验材料学会（ASTM）开发的字母数字混编代码系统，长期用来专门标识科技连续出版物和专题出版物。1975 年该学会将管理该系统的责任移交给化学文摘服务社（CAS）。因为计算机连续出版物代码比标题全称更简洁且比缩写名称更明确，所以它用于电子信息系统中书目数据的加工处理。这种代码原来是为处理科技及医学期刊设计的，代码结构由 6 位大写的英文字母或数字组成。现在的应用已扩大到人文和社会科学的连续出版物上，同时也应用在图书和专利文献上。

计算机伦理学
Computer Ethics

当代研究计算机信息与网络技术伦理道德问题的新兴学科。涉及计算机高新技术的开发和应用，信息的生产、存储、交换和传播中的广泛伦理道德问题。随着当代信息与网络技术的飞速发展，计算机信息伦理学已引起全球性的关注。

计算机迷
hacker

指那些对计算机技术十分感兴趣并入迷的人，他们往往在计算机知识和应用方面具有丰富的经验，并对计算机的发展特别感兴趣，乐于解决具有挑战性的问题，喜欢探索计算机系统中，包括硬件和软件方面的难题，以充分挖掘这些系统的潜力的人。

《计算机软件保护条例》
Regulations for the Protection of Computer Software

由中国国务院于 2001 年 12 月 20 日公布，2002 年 1 月 1 日起实施。而 1991 年 6 月 4 日国务院发布的《计算机软件保护条例》同时废止。该条例是为了保护计算机软件著作权人的权益，调整计算机软件在开发、传播和使用中发生的利益关系，鼓励计算机软件的开发与应用，促进软件产业和国民经济信息化的发展，根据《中华人民共和国著作权法》而制定。该条例主要对软件著作权、软件著作权的许可使用和转让以及相关法律责任等方面的问题做了规定。

计算机输出缩微品
computer output microform（COM）

借助专用输出设备，将计算机系统输出的代码信息转化成数字信息，并以照相技术摄录在缩微胶片或缩微胶卷等载体上制成的缩微品。

计算机输出缩微品目录
computer output microform catalog

将图书馆文献目录的机读文件直接摄录在缩微胶片或缩微胶卷上而形成的缩微目录。这种目录比卡片目录容量大且紧凑，但对显微阅读器的要求较高。这种技术应用于图书馆目录，曾在图书馆界广为流行，首次大规模的应用于 1966 年美国洛克希德公司技术资料中心。

计算机输入缩微胶卷
computer input microfilm（CIM）

利用光学识别技术扫描，判断缩微胶卷上的信息，并转换成计算机可读数据，输入计算机系统中。这种缩微胶卷具有既可人读又可机读的特点。

计算机数据集
Computer Dataset

以数字编码数据集表达，由计算机处理的内容。包括数字数据、环境数据等，使用应用软件以计算均值、相关性等，或制作模型等，通常不以原始形式显示。“资源描述与检索”（RDA）定义的内容类型（content type）之一。

计算机素养，计算机文化
computer literacy

利用计算机的软、硬件系统，高效地获取信息和方便地进行交流的一种技能，指个人所掌握的计算机知识与操作的能力，其中包括认识计算机在社会发展和经济建设中的影响力以及个人操作计算机、编制程序和使用软件能力。是以用户对计算机技术的了解、利用计算机解决特定任务的能力以及对计算机技术局限性的认识为基础的。由于计算机技术的不断更新和升级，用户须不断地学习方可保持较好的计算机素养。

（计算机所占的）桌面面积
footprint

计算机的表面积的大小，或者是放置计算机和外围设备所需要的桌面表面积大小，膝上型计算机比传统计算机所需要的面积会小一些，在设计和装备图书馆时，该参数是一个重要的考虑因素。

计算机外围设备
computer peripheral

指连接到计算机并受中央处理器控制的任何辅助设备，如在计算机控制下操作的打印机、扫描仪、键盘和绘图仪等。

计算机文件
computer file（machine-readable data file）

经编码处理成为机器可识别的形式，进而得以在计算机中运行的数据或程序。计算机文件通常保存在目录和子目录里。

（计算机文件或程序的）目录
directory

存储在计算机硬盘或其他存储设备上的文档目录，以等级树顺序排列，便于用户存取和管理，最高级目录为根目录。

计算机系统崩溃
crash

又称“死机”。计算机行业里的一个俚语，指一般由硬件故障、严重的软件缺陷或网络错误引起的系统突然崩溃。死机时计算机显示屏上的图像凝滞不动，无法继续操作，必须重新启动计算机才能恢复操作。

计算机应用
computer application

应用计算机解决各种专门的问题，如科学问题的计算、数据的自动处理和各种对象的自动控制。

《计算机在图书馆的应用》（美国）
Computers in Libraries

1988 年创刊，月刊（除 7—8 月、11—12 月合刊外），全年共 10 期。由美国今日信息公司（Information Today，Inc）负责出版。该刊主要研究图书馆管理的计算机化，研讨计算机在图书馆的应用、图书馆使用计算机产品市场服务开发的信息。对从事图书馆自动化的图书馆员来说，该刊是一本很好的参考资料。

计算机诈骗
computer fraud

指以非法之目的侵入或滥用计算机系统骗取他人金钱或物品的行为。

计算网格
computational grid

一种将海量数据分散到大量个人数据处理终端处理的方法。其关键技术之一是对网格中的资源进行管理，目标是利用网络中现有的软硬件资源，实现高性能计算的有效聚合，支持广域分布的高性能协同计算，解决大规模的科学计算问题。

计算语言学
Computational Linguistics

用计算机研究人类语言以及如何使计算机理解人类语言所表达信息的一门科学。由于社会的需求和技术的进步推动历史悠久的语言学和新兴的计算机科学相结合，产生了这样一门交叉学科。计算语言学为利用计算机处理语言信息（包括语言中信息成分的发现和提取，语言数据的存储、加工和传输，语言的翻译和理解）提供理论模型、计算方法和实现技术，因此考虑问题都是站在计算机的立场上的，这同过去以人为对象的语言研究有着明显的不同。

记号，符号
character

通常指手写或印刷的任何记号或符号，包括字母、数字、标点和参考符号。在标引中，用于标题排列的最小单位。

记号形式、标记形式
Form of Notation

表示资源内容的字符/符号集，包括乐谱（音乐内容）、舞谱（动作内容）和触觉记号的字符/符号集。属“资源描述与检索”（RDA）的内容描述元素之一。

记录
record

一是指一个委员会或团体活动的正式记录、政府机构的会议录或一个机构正式发表或保密的调查记录。二是计算机用语，指一组相互关联的数据库资料，是构成文件基本要素的一个单位或一组数据。通常，每一份记录都包含一组相关的信息并可作为一个单独的实体进行存取。三是文献编目用语，是指目录中的一个著录款目，由若干项有关该款目的著录事项构成。

记录保存系统
record keeping system

指用于建立、整理和维护机构或个人全部活动记录的一整套系统方法和程序。

记录标记
record mark

在机读资料档的每条记录起始或终止处加注的一种标识符号。

记录标准
record standard

机读格式中显示数据和交换数据的标准。

记录长度
record length

指计算机中一条记录的物理尺寸。一般用一条记录中所包含的字符或字节的总数来表示，包括记录头标和记录分隔符。可由存储设备或程序确定其长度，记录的长度可分为定长或变长。

记录单位
record unit

图书馆进行馆藏统计和登记时所采用的登记单位。1969 年，联合国教科文组织（UNESCO）第 15 次大会曾建议用出版物实占架长度，即“架米数”作单位；国际标准化组织（ISO）则建议书、刊、小册子和手稿等以“册”作单位，磁带资料以“盘”作单位，缩微胶片以“块”作单位等。常用的记录单位有“种”、“册”、“盒”、“片”、“夹”、“卷”、“套”、“份”、“张”、“期”、“份”和“幅”等。

记录档案资料
records

由某一机构或个人建立和保存的各类文件。这些文件是在单位的日常业务活动和事务处理过程中不断积累的，它是单位各类业务活动的历史见证，一般要依靠一种层次清晰的记录维护系统来进行排序和管理。

记录分配标准
Record Distribution Criteria

OCLC 集成自动化资料挑选服务中由管理员为

每一个馆藏领域定义的识别相关注意记录的选项。系统使用这些标准向有关人员自动分配相关记录，管理员可以使用索书号范围、关键词或固定字段元素定义标准。

记录格式
record format

规定了数据事项的可变长或固定长位置，约定了一条记录中数据事项的组织安排方法及结构内容。根据记录载体的不同，记录格式有磁带格式和磁盘格式之分。记录格式主要由格式结构、记录符号和各字段表示的文献信息内容三部分构成。格式结构分为固定格式固定长字段、固定格式可变长字段和可变格式可变长字段三种。

记录结构
record structure

在图书馆书目数据库建设过程中，预先建立起的字段和子字段序列。通常，每个字段（子字段）又包含一个或多个著录元素。例如，在连续出版物数据库中描述一篇期刊论文记录的源字段一般包含有刊名、卷期号、出版日期和页数等字段。大多数书目数据库在记录显示中会包含有文本字段标识以帮助用户区别不同性质的款目。

记录类型
Record Type

识别编目和检索记录特定类型的格式、风格或文档介质的术语。在信息第一站（FirstSearch）或资源共享（Resource Sharing）检索中，使用高级检索或专家检索从下拉菜单中选择有效的文档。在Connexion 编目系统“搜索 WorldCat”中的命令行中输入一完整检索，或者从指示的检索区域中的下拉列表中选择命令。

记录类型
Type of Record (Type)

OCLC Connexion 编目系统中固定字段中的元素，以区别为各种机读信息类型和资料特定类型创建的记录。已用在记录类型中的代码，也用在字段006 中。

记录匹配
Record Matching

OCLC Connexion 编目系统中，根据检索标准比较一个记录与另一个记录从而决定如何匹配。

记录首标
record header

存放在机读目录各项著录事项最前面，用以标识各个项目的字节和位置等内容的一种记录说明。

记录文本
record text

指在文字处理中用于记录媒体或存储器中记录的文本，包括各种程序指令。

记录系列
record series

在档案集中，一组出处、功能或其他方面相同或相关的记录。通常把它们作为一个单位编成文件来使用和调度。一个记录系列一般由一个唯一的系列号来标识，但在某些情况下也可能由一个单独的记录款目构成。

记录项
record item

在档案集中，记录资料最小的独立单元。随着记录项的不断积累，就会形成一个记录系列。

记录选择
Record Selection

OCLC WorldCat 编目合作伙伴项目中的处理决定了给机构提供 WorldCat 记录。

记录选择规则
Record Selection Rules

OCLC WorldCat 编目合作伙伴项目中，基于可接受的编码级别、编目源和记录类型，由用户自定义的包括或排除已发送到机构的记录的规则。

记录影片
documentary

记录真实事件或描述社会环境的电影。通常没有虚构，采用历史背景和静态照片真实再现当时的生活场景，并伴有戏剧性的结构化描述，突出参与行动的重要个人。该词是由苏格兰电影制片人约翰·格里尔森（John Grierson）于 20 世纪 20 年代首先采用，用于描述罗伯特·弗莱厄蒂（Robert Flaherty）的电影作品。罗伯特是第一个采用电影方式描述真实生活中的真人并给予社会评价的人。

J

记录（运行）结束
end of record（EOR）

表示磁带或磁盘上所记录的数据结束的一种符号。

记录状态
Record Statuses

OCLC Connexion 编目系统中已保存的记录的信息。已保存的记录显示已做过的操作、操作成功与否、记录源、用户自定的“我的状态”、编目工作流程中的位置以及记录是否能被编辑等。

记录组
record group

在档案系统中，一组由某一特定机构或个人所有记录构成的同类资料的集合，或者是一批出处相关的记录的集合。一个子记录组由在某些形式上（功能、年代和地域等）相关的同一个记录组内的记录构成，或者由负责建立、接收或收集该记录组的机构的下级单位建立。

记事簿
notepad

Windows 等窗口式软件中的一个应用程序窗口，当数据或图形从一个文件或一个地方移动到另一文件或地方时，记事簿是计算机用来进行存储的地方，便于计算机进行简单的文字处理，常用于书写便条或简便的备忘录。

记叙文
narrative

一个或多个讲解员所讲述的系列性、片段的或断断续续的书面或口头故事或报道（真实的或杜撰的），通常以第一人称或第三人称进行。也可泛指记人、叙事、描写景物的文章，可以如同简短的轶事一样很短，也可以如同长篇小说一样很长。叙事诗则是以叙述历史或当代的事件为内容的诗篇，通常与故事（民谣、传说等）的内容有关。

纪传体
biography style

中国古代史书中以为人物立传记的方式记叙史实。是中国第一部纪传体通史。主要体例是以“纪”记帝王，以“表谱”列史事。中国的官方正史《二十四史》及其他史书，都是按照《史记》的体例，以纪传体编纂而成。

纪念簿
birthday book

流行于英国维多利亚女王时（1837—1901）的一种书型。该书对一年中的每天都引用了著名作家（通常是诗人）著作中的词句，且书页的空白处附有作家亲笔签名。现指有纪念性质的本子，多请人在上面题写文字。

纪念刊，纪念性出版物
jubilee edition（jubilee publication，jubilee book）

为纪念某一人物、某一组织或某一大事而专门编印的由多人撰稿的出版物。

纪念文集
（德）*festschrift*

指的是一种纪念性出版物，通常以名人的散文或演讲文集的形式出版，表示对某位学者或团体的敬意，有时是值周年纪念、生日或退休庆祝会的场合进行。文集的主题通常与所纪念的人物（或组织）获得荣誉的领域有关，一般是围绕他所从事研究的学科，由多人撰写的论文集。*festschrift* 来自于德文 *fest*（纪念活动）和 *schrift*（文学作品）。

纪念赠书，纪念本
keepsake

机构、团体为某一特殊纪念日所印发的一种作为赠品的纪念性出版物。特指 19 世纪上半叶，西方出版界每年精印一批作为礼品发行的诗集。还指 18 世纪前，英国一些印刷所为来访客人赠送精印的纪念本，并在纪念本上用花饰字体印上参观者姓名及来访时间以资纪念。

纪伊国屋书店公司（日本）
Kinokuniya Company Ltd.

日本的大型书店，于 1927 年 1 月 22 日创业。纪伊国屋书店公司除了书店以外，还经营教育和图书馆设备，出版各类图书，出售视听软件和书目数据库以及举办艺术表演活动，管理音乐厅、剧场，提供电子信息服务等。该书店是日本最大的连锁书店，目前在日本全国拥有 65 家分店。已在国外开设 24 家分店，现有员工 4 000 多人。

纪昀（1724—1805）
Ji Yun

字晓岚，一字春帆，晚号石云，道号观弈道人。直隶河间府献县人。清代经学家、文学家、目录学家，《四库全书》总纂官。乾隆四十七年（1782年），《四库全书总目》二百卷初稿完成，同时编出《四库全书简明目录》二十卷。著有笔记小说《阅微草堂笔记》五种和诗文总集《纪文达公遗集》。

技工（艺徒）图书馆
mechanics library（apprentices library）

流行于19世纪中叶，主要为年轻的工人和学徒使用的图书馆。

技客
Geek

又称奇客、极客，在美国俚语中原指智力超群、善于钻研但又不善与人交往的学者，现指对计算机和网络技术有狂热兴趣并投入大量时间钻研的人。

技能、业务培训
training

针对个人或群体的培养和训练，通过一定的方法和过程使受训者掌握一定的技巧技能，增强其业务能力。在职培训是图书馆培养专业人才的重要方式，目的是为了提高广大图书馆员的业务水平、更新知识以适应图书馆工作发展的需要。

技术报告，科技报告
technical report

又称研究报告，通常发表在科技期刊上，记载着一个研究计划或实验的内容、过程及成果。以政府机构名义发表的技术报告会限定其获取途径，设有保密级别，通常只有特定组织或特定用户才能看到。

技术标准
technical standard

针对标准化领域中需要协调统一的技术事项所制定的标准。是从事生产、建设及商品流通的一种共同遵守的技术依据。技术标准的分类方法很多，按其标准化对象特征和作用，可分为基础标准、产品标准、方法标准、安全卫生和环境保护标准等；按其标准化对象在生产流程中的作用，可为零部件标准、原材料与毛坯标准、工装标准、设备维修保养标准和检查标准等；按标准的强制程度，可分为强制性和推荐性标准；按标准在企业中的适用范围，又可分为公司标准、工厂标准和科室标准等。

技术档案
technical archives

科技部门或生产建设部门在其技术活动中形成的技术文件、图纸、图表、照片及其他反映技术活动过程的原始记录的原本及复制本。

技术服务部
technology department

图书馆的一个部门，专门负责收集、借阅以技术为主题的图书及其他资料，以方便读者的参考、学习和阅读。technology department 有时也称：technology division。

技术服务工作
technical services

在图书馆业务流程中，技术服务工作是指：收集、整理、组织、管理和维护等一系列工作的总称。与咨询和借阅等公共服务相比，以上所列均是图书馆的后台工作，通常由技术服务部门（采访、编目部）完成。

技术诀窍，专有技术
know-how

指企业在设计、制造、设备操作和维护、工艺或流程以及经营管理等方面独到而行之有效的经验、窍门和知识。这些诀窍是公开发表的文献中所见不到的，属于所有者的私人财产，具有保密性。

技术评价
technical evaluation

信息研究工作的内容之一。评价通常包括两个方面：一是对技术活动的经济价值评价；二是对技术活动的社会价值评价。

技术手册，技术指南
technical manual

一般泛指为指导和帮助企业实施生产领域所涉及的某些特定活动或工作，就其目的和原则、概念和内容、程序和步骤、方法和要求等共性问题，由政府有关行政管理部门或权威机构编制发布的规范性技术文件的总称。现代企业对其产品都备有详细的操作说明的技术手册，供用户参考。

J

技术图书馆
technical library

为从事应用科学研究的人员提供服务的图书馆，如工程学图书馆和计算机科学图书馆。技术图书馆可以是一所独立的图书馆，也可以是大学图书馆或公共图书馆的一部分，通常由政府部门或企业来维持其发展。

技术文献
technical literature

包含许多不同类型的出版物，如技术报告、标准、说明书、专利和公司出版物（包括公司企业内部刊物）及价目表等。

技术信息
technical information

从狭义上说，是指有关应用技术的信息资料，侧重于生产工艺与技术。从广义上讲，则包括了自然科学和技术科学的全部学科以及社会科学中的某些学科和类目。

技术信息中心
technical information center

指从事技术信息的搜集、整理和传播的机构。是科学技术交流和传递信息的重要渠道，是学术性的服务单位。

技术员
technician

使用和维护高技术仪器，尤其是在计算机设备方面具有专长的人。拥有图书馆自动化系统的图书馆需要技术员来维护图书馆的软、硬件安全，使之能够顺利地运行。

技术杂志，科技期刊
technical journal

为工程或技术领域的研究人员或工作人员提供工程或技术信息的刊物。如《电工技术杂志》或《应用声学》，又指专门刊载具有较高学术水平的科技论文或科技信息的专业期刊，如《数学学报》或《大学物理》。

技术支持
technical support

指计算机硬、软件生产商及经销商对用户提供的一种服务，包括用户培训、产品维护、技术咨询和产品升级等。

技术转让
technical transfer

指转让者将其拥有的专利和非专利技术的所有权或使用权有偿转让他人的行为。

技术准备
mechanical preparation

图书馆对入藏的图书资料在出借前的一系列准备工作，包括分类编目、加盖藏书章及其他印记、粘贴书标和书袋等。

技术咨询
technical advice

对用户提出的关于生产、科研中的技术问题进行解答，并提供信息线索、技术资料以促成技术协作和信息交流的一种咨询服务。

继受著作权人
successor in title of author

指通过继承、受让、受赠等法律许可的形式取得著作财产权的公民、法人或者非法人单位。继受著作权人享有的只是著作权的财产权，而对著作权的人身权则只有保护的义务。

（继续出版中的）著作
work in progress

内容需要进一步充实，有待继续编辑出版的书刊或艺术图书，大型参考工具书一般需要多年的艰辛的努力。如《美国地方语言词典》（*Dictionary of American Regional English*，*DARE*），1985 年出版了第一卷（字母 A ~ C），1991 年出版了第二卷（字母 D ~ H），1996 年出版了第三卷（字母 I ~ O），2002 年出版了第四卷（字母 P ~ SK），2012 年出版了第五卷（SL ~ Z）。

继续教育
continuing education

对完成学位教育后进入工作岗位的人所进行的正规教育，目的是更新理念和知识使之能够跟得上其专业领域的发展和变革。图书馆员的继续教育包括图书馆院校提供的传统课程或网上课程、商业机构提供的培训、由书目服务中心和图书馆协会主办的专题研讨会和自学等。

寄存
deposit

指把藏书资料暂时存放在收藏地点或图书馆，

寄存者仍保留图书的所有权。

寄存器
register

用来暂时存放数字数据的存储装置，通常由一定数量的触发器组成，或指存储一个或多个计算机字或字符的硬件。累加器、变址寄存器和指令寄存器等都是典型的寄存器例子。寄存器的多少往往是衡量微处理机性能的主要标准。

寄存图书目录
depository catalog

指国家图书馆的全套目录卡片，免费寄存在其他一些重点图书馆中供人查找。

寄售，托售
on consignment

指一种委托代销图书的方式，即出版商承诺书商只有在图书销售出后才付款、卖不出去的可以退回。

暨南大学图书馆
Jinan University Library

暨南大学是综合性的华侨大学，其前身为暨南学堂，1906 年创建于南京。1927 年迁徙上海，更名为国立暨南大学，当年秋天开始建暨南大学图书馆，创建之初称"洪年图书馆"，由当时的校长郑洪年先生捐资兴建，第一任馆长是留法学者张天方博士。1949 年 9 月，暨南大学合并入上海复旦大学和交通大学，个别系并入南京大学和浙江大学，图书馆藏书也被分拨到上述学校。1958 年，在广州重建暨南大学，图书馆也随之重新建立。1978 年，再次复办暨南大学，图书馆也得以迅速发展。该馆拥有建筑面积 3. 8 万平方米，阅览座位 1 500 席。藏书 220 多万册，中、外文电子图书 126 万多种，中外文数据库 164 个，电子期刊 37 000 多种。线装古籍约 1 万种，12 万多册。其中，善本古籍近 500 种 5 000 册；现代国学大师章太炎先生藏书 300 多种，近 4 000 册，内有章太炎手批或手校本为国内罕见，极具文物价值；原版解放前期刊约 500 种 2 000 多册。华侨华人的史料、档案、资料为特色馆藏。建有华侨华人文献信息专题系列数据库。编辑出版《图书馆简报》。

暨南国际大学图书馆
National Chi Nan University Library

于 1995 年成立，1996 年迁入学校综合大楼。2006 年 9 月新馆舍落成正式全面开放。总面积为 23 980 平方米，阅览座位 1 236 席。该馆下设采编组、电子资源组、系统资讯组、阅览服务组以及行政组。另设图书馆咨询委员会，审议图书馆事业及中长期计划。

冀淑英（1920—2001）
Ji Shuying

中国国家图书馆研究馆员。1942 年毕业于北京辅仁大学中文系，1945 年 12 月至 1948 年 8 月在北京大学图书馆工作，主要整编馆藏李本斋氏藏书。1948 年 9 月到北京图书馆工作至去世。曾任编辑、善本组副组长、《中国古籍善本书目》副主编、《中国大百科全书 · 文物博物馆卷》文物编辑委员会委员和《中国大百科全书 · 图书馆学情报学档案学卷》图书馆学编辑委员会委员（1993），兼任第七、八届全国政协委员、国家文物局文物鉴定委员会常务委员和国家文物局文物咨询委员会委员。主要从事中国古籍善本书的整理编目以及中国古籍目录学、版本学方面的研究工作，编辑出版专著数部。

加布里埃尔 · 诺德（1600—1653）
Gabriel Naudé

法国近代图书馆学理论创始人之一，法兰西研究所图书馆——原法国红衣主教马萨林图书馆的组建者。1643 年担任马萨林图书馆馆长，搜集图书 4 万多卷。1627 年写出一部近代图书馆学重要著作《关于创办图书馆的意见书》，主张图书馆要向学者开放、馆藏建设应兼收并蓄、建筑要自然采光、防潮无噪音以及应用分类科学管理图书等。该书是有关图书馆管理组织的最早著作之一，作为走在时代前面的图书馆的先驱，诺德在 300 多年前提出的自由利用公共图书馆的思想至今仍具有重大意义。

加插图，加插页
grangerized（privately illustrated）

某些著作在出版后又增加的插图、文字或其他方面内容的书页。1769 年詹姆斯 · 格兰杰（James Granger）出版的《英国书目史》(*A Biographical History of England*)，书里附有空白页以备外加插图之用，自此便有了加插图的做法。

加衬书籍
lined

给书脊加衬里，以加固装订。

J

加大字母间隔，字间隔空
letter spacing

在单词的字母之间加入空隙以增大长度，提高排字的美观度，或在特殊例子中强调某个词或句。

加底线
underlining

读者为了参考而用铅笔或钢笔在书写或印刷的字行下面划线。图书馆通常不收藏这种划过线的赠书。也指手稿或校样上所加注的符号。在西文稿里，有关文字下划一根线，说明是“用斜体字打印”，划第二根线意为“用小号大写字体”，划第三根线是“用大写字体”。出版社使用的下划线命令表达不同的字体形式，单线指用斜体，双线指字母小大写，三线则指字母大写，波浪线是指用黑体字。

J

加放纸，超印纸
overplus

指加放超过原来计划印数的印张，准备补充某些印坏的印张。

加固布衬
cloth joint

在一些较大、较厚或较重的书籍的装订过程中，为了使封面和封底与书心连接牢固，分别在其封里用布条加固。在正常大小和厚度书刊的装订中，将衬页纸折叠形成了书脊与封面和封底的接合，无须用加固布衬。

加固衬页
made ends（made endpapers）

图书衬页用两层纸裱在一起而加固，一面白色，一面有色。

加固信封
jiffy bag

指用以保护邮寄物品（尤其是图书）、有柔软衬垫的大信封。

加固装订
reinforced binding

为了延长图书的使用寿命，图书馆在原出版社装订的基础之上对所入藏书刊进行二次装订，使其更加牢固耐用以更好地保护书刊。加固装订一般不能损坏原书的外观，通常为了美观起见，会在新的封面上印制和原封面相似的图案和文字。加固装订在公共图书馆少儿部的应用较为广泛。

加急订单
rush order

为了满足教师备课以及批量或个别用户的当前需要，向出版社、图书批发商或零售书商提出要求尽快提供某些特定书刊的订购请求，这是一种特殊订单。

加记号
marking

指（给书刊资料）加索书号、贴书标和盖馆藏章等工作。

加框
frame

在装订中，指加印在图书封面上的具有装饰作用的长方形，离切口有点距离。

加利福尼亚大学伯克利分校信息学院（美国）
UC Berkely School of Information

加州大学伯克利分校位于美国的加利福尼亚州的伯克利市，成立于 1849 年。原名为信息管理与系统学院（SIMS），成立于 1994 年，2006 年更为现名。其主要研究方向有信息检索、设计与信息系统评估、信息系统基于实践的工作设计、信息经济和知识产权法。课程包括信息组织与检索、数据库管理、信息认知方法、信息产品营销与服务、信息经济学、图书馆自动化系统设计、信息系统导论、软件设计基础、信息用户与社会、信息法律与政策、分布计算机应用与基础设施、信息系统分析和信息组织分析等。可授予信息管理与系统硕士学位及博士学位。

加利福尼亚大学洛杉矶分校图书馆（美国）
UCLA Library

该馆是美国十大研究型图书馆之一，共收藏有 800 多万册图书以及各类档案、视听资料、公司报告、政府出版物、手稿、地图、微缩胶片、口述历史纪录、照片、技术报告和其他学术资源。该馆由艺术图书馆、生物医学图书馆、威廉·安德鲁斯·克拉克纪念图书馆、大学部图书馆（收藏有本科教辅资料）、法学图书馆、管理学图书馆、音乐图书馆、理工科图书馆、加利福尼亚大学南区图书馆、查尔斯·E·扬研究图书馆和理查德·C·鲁道夫东亚图书馆组成。

加利福尼亚州立图书馆（美国）
California State Library（CSL）

位于美国加利福尼亚州首府萨克拉门托市(Sacra mento)，由州立法会始建于1850年。拥有两所分馆。除了面向公众的服务外，加州州立图书馆的主要服务对象是州政府、各地方政府及州内各图书馆。该馆收藏了大量的政府法律法规信息，加州和美国西部发展的丰富的历史资料以及盲人和聋哑人的专门读物等。该馆还编辑出版《加州图书馆名录》(*CA Library Directory*) 和《加州图书馆法》(*CA Library Laws*)。

加亮，增亮
highlighting

为了便于研究，用宽头的彩色画笔在书中的词、短语或段落上做标记。这些书籍再次售卖的价值会因书中的标记而大打折扣，这一点对于收藏者来说尤为重要。一般说来，只有在极特殊的情况下，带有标记的捐赠资料才会收入到图书馆的馆藏中来。在计算机的文本编辑中也会用到“增亮”，通常是把光标放在词、短语或整个段落的开始，按住鼠标左键，将光标拖至所选文本的结尾即可。

加零规则
rule of zero

在《杜威十进分类法》中，当发现有两个或两个以上的类号都适用于一部作品时，如果在注释的相同点有0到1～9之间的选择的话，那么将指引编目员在前面加“0”，以防止子目重号。如果其可选类号是在00至0之间，就应在前面加“00”，以防止子目重号。

加密密钥
encryption key

指用来对其他数据加密的一个数据序列。在对称密匙体制中，还要用来对数据进行解密；在非对称密匙体制中，解密时则使用另一组数据。

加拿大出版商委员会
Canadian Publishers Council（CPC）

成立于1910年，总部位于多伦多。不仅代表加拿大英文书籍出版商的利益，也是各类学校、专业和参考图书市场、零售商和图书馆购书的媒介。加拿大出版商委员会是国际出版商协会成员，也是国际复印权联合会成员，并与美国、英国出版商协会保持密切的关系。

加拿大儿童图书中心
Canadian Children's Book Centre

全加拿大非营利机构，成立于1976年。致力于鼓励、促进和支持加拿大青少年读者阅读和写作，出版适合他们的图书。并且帮助教师、图书馆员、书商和家长为他们选择最佳读物。

加拿大儿童图书中心奖
Canadian Children's Book Centre Awards

包括杰弗里·比尔森青年历史小说奖（每年颁发，5 000加元）、约翰·斯普雷神秘奖（2011年建立，每年颁发，5 000加元）、玛丽莲·贝利画书奖（2006年设立，每年颁发，20 000加元）、诺马·弗莱克加拿大儿童非小说奖（1999年建立）、加拿大儿童文学奖（2004年设立，每年颁发）和加拿大儿童和青年文学奖（2004年设立，每年颁发）。

加拿大广播公司
Canadian Broadcasting Corporation（CBC）

加拿大最大的公共广播电视公司，成立于1936年。该公司拥有4个全国性无线电广播网（英语和法语各两个）、两个电视网（英语和法语各一个），以及4个地方教育电视网和面向土著居民的加拿大北方网。该公司联合国营和民营的975座广播转播台和1 296座电视转播台，使公司的广播、电视对全国的覆盖率达到99%。

加拿大国家图书馆和档案馆
Library and Archives Cadana/*Bibliothèque et Archives Canada*

根据《加拿大图书馆与档案馆产生法》(*Legislation Creating Library and Archives Canada Proclaimed*)，由加拿大国家图书馆和国家档案馆于2004年5月合并成立。其主要职责为：为今世后代着想，保存加拿大文化遗产、提供持续性知识来源，并方便所有公民查阅，为促进加拿大的文化、社会和经济发展作出贡献、促进建立加拿大有关社群在知识收集、保存和传播过程中的合作关系，担当起加拿大政府与组织永久性记忆的角色。该馆成立了包括组织管理、咨询技术服务、政府咨询管理、文献资产馆藏、计划方案及服务以及策略计划与公共关系等部门，以提供知识管理与多元化服务：制定书刊资料（包括数字出版物）呈缴制度、编制加拿大国家书目、建立联合目录及发展整体性的书目咨询检索服务系统、开展参考咨询服务、书刊交换、多语种书目服务等。该馆聚合了原先加拿大国家图书馆和档案馆的资源、服务和人员，成为加拿大最大的知识宝库。该馆为加拿大当代民众和后代保存历史文献遗产；成为加拿大人民获取知识的平台，并致力于推动加拿大文化、社会、经济等方面的进步；促进加拿大各种社会团体、机构的知识获取与交流；成为保存加拿大政府和其他机构的社会记忆的宝库。该馆拥有丰富的资源，拥有 2 000 万种（包括图书、期刊、报纸、缩微、文学作品、政府出版物）书刊资料、线性长度达 16.7 万米的政府及私人记录、300 万幅建筑图纸、平面图及地图、2 400 万幅图片、35 万小时电影、42.5 万艺术作品（包括油画、水彩画、海报、版画等）、54.7 万音乐作品及亿兆字节的数字资源。

J

加拿大国家图书馆索书号
Natl Lib of Canada Call Number

用于检索加拿大国家图书馆资源的识别号码。

加拿大建筑中央图书馆
Canadian Centre for Architecture Library

位于加拿大蒙特利尔市，是一所专注于建筑历史和建设环境的享有盛誉的专业图书馆。馆藏世界各类有关建筑史及建筑实践的珍稀文献及特色收藏近 20 万册，依照国家和地区进行分类，欧洲的建筑类文献约占 50%，其中 7 000 多册为 1840 年以前的版本，而 1500 年以前的只有 10 本。加拿大国内的文献共 1.2 万册，侧重于加拿大建筑的发展历史以及加拿大建筑家和建筑类影片。另外还有丰富的美国和其他国家的建筑文献。除了专业书籍文献外，馆藏现刊有 1 200 多种。

加拿大科技信息研究所
Canada Institute for Scientific and Technical Information（CISTI）

作为加拿大国家研究委员会图书馆创立于 1924 年，1967 年正式成为加拿大国家科学图书馆，1974 年更为现名。总部设在渥太华，温哥华、维多利亚和温尼伯建有分部。收藏在科学、技术、工程和医学学科范围的出版物较为全面。

加拿大农业图书馆
Canadian Agriculture Library（CAL）/*Bibliothèque canadienne de l'agriculture*

位于加拿大首都渥太华市，是加拿大最大的农业和食品文献资源中心，隶属加拿大农业和食品部（AAFC），1910 年成立，主要服务于各政府部门、各食品检测机构、各研究学术机构以及加拿大农业单位。馆藏图书文献近 100 万册，现刊 4 000 多种。馆藏文献侧重于制酵业、昆虫学、园艺、农药、植物疾病、土壤科学以及兽医学等方面。

《加拿大情报学和图书馆学学刊》
The Canadian Journal of Information and Library Science

1976 年创刊。加拿大情报学协会负责编辑，加拿大多伦多大学出版社出版，季刊。该刊用英文刊载全文，同时附法文和英文摘要。主要内容涉及情报学、图书馆学研究各个方面，具有较高的参考价值。

加拿大书商协会
Canadian Booksellers Association（CBA）

成立于 1952 年，是一个非营利性的全加拿大的图书贸易协会，旨在代表现有和未来的售书业的利益，满足书商的需求。它的会员包括加拿大各地 1 200 多个书店和 350 家出版公司。该协会主办商业杂志《加拿大书商杂志》（*Canadian Bookseller*），每年发行 6 期。

加拿大数字图书馆先导项目
Canadian Initiative on Digital Libraries（CIDL）

该项目主要任务是促进、协调和帮助加拿大数字化收藏及其服务发展，以优化对加拿大数字图书馆资源的互操作性和长期存取。其发展目标是关于数字图书馆事务的交流、理解和教育，阐明并推行有关战略方针，确认并颁布数字图书馆标准和最佳实践方案，明确能更好地平衡团体内数字图书馆活动的方法，避免数字资源开发和建设中的重复，为应用现有的版权法规，准备有关指南，并提出有关数字环境下知识产权的原则性观点，研究许可合同的问题，建立与信息系统内其他各方面的有力联系，提升加拿大数字图书馆活动在国内外的形象。

加拿大通讯社
Canadian Press（CP）

加拿大最有影响的通讯社，成立于 1917 年，是由各报联合建立的非营利性新闻采集合作社。该通讯社总部设在多伦多，在国内设有 13 个分社，用英、法两种文字向各新闻单位提供国内新闻，国外设有伦敦、纽约和华盛顿3个分社，国际新闻主要转发美联社、路透社和法新社的稿件。该通讯社还设有广播新闻公司，专门向各广播电台和电视台提供文字稿件，另有一个新闻图片社，负责提供图片新闻。

加拿大图书馆协会
Canadian Library Association (CLA)/*Association canadienne des bibliothèques*

成立于1946年，1947年11月正式注册。其会员包括图书馆员以及那些专注于或对图书馆事业和情报学感兴趣的人士，拥有4 200多名会员。该协会由会员选举产生的执行委员会管理，下设5个部门：加拿大大学学院（包括社区和技术学院）图书馆协会（CACUL）、加拿大公共（包括儿童图书馆）图书馆协会（CAPL）、加拿大专业图书馆和信息服务协会（CASLIS）、加拿大图书馆理事会成员协会和加拿大学校（包括学校管理者）图书馆协会（SLAS）。在美国图书馆协会大力协助下，加拿大图书馆协会每年都在加拿大各地举办一次全国性会议。该协会曾和美英两国图书馆协会合作出版了《英美编目规则》(*Anglo-American Cataloging Rules*)。该协会于1946年加入国际图联，成为其国家协会会员。

加拿大图书馆协会儿童图书年奖
CLA Book of the Year for Children Award

于1947年设立的文学奖，由加拿大图书馆协会主办和赞助，每年颁发一次，奖励前一年在加拿大出版最杰出、有创新的儿童图书（小说、诗歌和传统文学的改写本等）的作者。作者必须是加拿大公民或加拿大的永久居民。

《加拿大图书馆与情报实践和研究杂志》
Canadian Journal of Library and Information Practice and Research

2006年创刊，由萨斯喀彻温大学名誉馆长大卫·福克斯任主编，主要发表理论与研究及在实践中创新的文章（1 000～5 000词），同时还刊登有关观点、会议报告、新闻通告和职业发展与评论的报道，半年刊。

加拿大图书馆月
Canadian Library Month

由加拿大图书馆协会主办。每年10月，全加拿大的图书馆和档案馆同时举办各种各样的欢庆活动。在全国民众的大力支持下，加拿大的图书馆和信息服务得以蓬勃发展，图书馆在国民经济和生活中起到巨大作用，提高了加拿大人的生活品质。

加拿大研究图书馆协会
Canadian Association of Research Libraries (CARL)

成立于1976年，由29所大学图书馆以及加拿大国家图书馆与档案馆、加拿大科学技术信息研究所及加拿大议会图书馆组成。按照规定只有在加拿大具有博士授予资格的大学图书馆才能成为其会员。该协会的主要目标是：提供策略和计划，保持和提高学术交流循环发展；努力建立国家研究图书馆的资源共享网络。该协会每年评选一次“研究图书馆杰出服务奖”表彰会员机构中对研究图书馆事业有突出贡献的人士。每周出版业务新闻通报，免费提供在线电子版，每年发布年度报告，还出版研究图书馆统计及战略发展相关的出版物。

加拿大专业图书馆和情报服务协会
Canadian Association of Special Libraries and Information Services (CASLIS)

成立于1969年，是加拿大图书馆协会（The Canadian Library Association，CLA）的一个分支机构。该协会致力于支持并促进实现加拿大图书馆协会的目标，联合专门图书馆的人士、专业信息人士及其他相关人士共同促进及提升加拿大专门图书馆的服务水平，促进成员间的交流与合作，并为其成员提供继续教育服务，通过不定期出版的报纸、专刊及其他出版物，向成员传达信息管理及图书馆领域的信息。每年召开一次年度会议，并于1979年设置了专业图书馆奖，每年评选一次，奖励及表彰那些在专业性活动或部门性活动中对加拿大专门图书馆事业有突出贡献的人士。

加拿大专业图书馆和情报服务协会专业图书馆奖
CASLIS Award for Special Librarianship in Canada

设立于1979年，每年评选一次，奖励及表彰那些在专业性活动或部门性活动中对加拿大专门图书馆事业有突出贡献的人士。专业性活动主要包括研究、出版、教学或参与其他相关专业协会的重要活动。部门性活动主要包括参与有利于加拿大专业图书馆和情报服务协会或加拿大图书馆协会的活动、参与评奖的候选人需在加拿大图书馆协会中具有良好的信誉，并积极参与该协会及其分支机构的

J

活动。评审时，提名人需提供一份关于候选人的工作业绩及突出成绩的证明，还必须保证有至少两个加拿大图书馆协会成员的签名。该奖项一般在每年的加拿大专业图书馆和情报服务协会年度大会上颁发。截至2010年，已有28人获此奖项。

加权检索法
weighting

通过对检索式中不同权值标识的加权计算，当每个记录的总权数达到预定阈值，该记录就算命中，并按相关性排序输出检索结果。即相关度高的信息资源排在前，相关度低的信息资源排在后。加权检索是对布尔检索的改进，而不同检索系统对权的定义、加权方式、权值计算和检索结果会有所不同。

加特纳公司
Gartner Company

成立于1979年，总部设在美国康涅狄格的斯坦福。该公司是一家信息技术研究和咨询公司，提供科技相关的见解。其服务对象为首席信息官和高级资讯科技行业的领导者，包括政府机构、高科技和电信企业。其客户包括大型企业、政府机构、技术公司和投资界。该公司下设研究、执行程序、咨询和事件部门。

加印
run on

指在一台印刷机上印完某一印刷件的原定印数后再继续对这一印刷件进行印刷。

加州大学洛杉矶分校情报学系（美国）
Department of Information Studies of University of California-Los Angeles

加州大学洛杉矶分校位于美国加利福尼亚州的洛杉矶，其情报学系之责任是理解并改进教育实践、信息政策与信息系统。所开设的课程主要有：信息技术导论、法律资源与图书馆、数字图书馆、档案与电子记录、图书馆学与信息服务业的设计、界面设计、信息技术、档案和保存管理、信息获取、信息组织、信息政策与管理和信息系统等。具有授予图书馆学与情报学硕士学位和情报学博士学位，以及移动图像档案研究课程班证书、图书馆学与情报学专家证书班资格。该系获得美国图书馆协会资格认证。

夹紧压平
nipping

图书装订过程中，将正文部分与书的外壳（或封面）压紧，以便排除页面间的空气，使一册书获得所需的外形。在缝合之后和装上封面之前夹紧压平时，这一过程便叫做“压平”。

夹注，文间注释
cut-in note

印在一段正文的旁边而不是页边的空白处的注释或批语（与边注、脚注和眉批不同），通常采用与正文不同的小字体或黑体加以标注。

家刻本
family-printed edition

也叫家塾本、书塾本，私人在自己家里刊印的书籍，是中国的一种版本类型。历代自家出资或主持刻印的书本。与私宅刻本性质不同，凡私家出资主持刻印的古圣先贤、同时师友的著作，都可称为私宅刻本，范围很广。家刻本则专指自家出资主持刻印自家先辈父兄的著作。方式有两种：一种是出资委托书坊，按自家满意的行款版式刻印；另一种是自备书版，召雇刻印工匠上门，按自家的意愿，设计行款版式刻印。这两种方式雕刻的书版，都归自家所有和收藏，因此古书藏版处未必与雕版处相一致。如南宋岳飞的孙子岳珂所刻的九经、三传，叫做相台岳氏家整本。近人王先谦刻印的《汉书补注》也是家刻本。

家谱
Family Tree

又称族谱、家乘、祖谱、宗谱等。一种以表谱形式，记载一个以血缘关系为主体的家族世系繁衍和重要人物事迹的特殊图书体裁。以记载父系家族世系、人物为中心，是由记载古代帝王诸侯世系、事迹而逐渐演变来的。是一种特殊的文献，就其内容而言，是中国五千年文明史中最具有平民特色的文献，记载的是同宗共祖血缘集团世系人物和事迹等方面情况的历史图籍。

家谱和地方史专业组
Genealogy and Local History Section

隶属国际图联专业委员会图书馆藏书部（Division of Library Collections）。该专业组旨在提供家谱和地方史图书馆馆员在国际信息交流中表达意见的机会，以便形成家谱和地方史学者与为之服务的图书馆、档案馆、博物馆以及有关学会、机构之间的全球网络，并鼓励家谱和地方史的藏书和服务有更好的发展。出版该专业组的业务通讯（电子版），刊登有关家谱和地方史的新闻与会议动态和论文，并出版会议录和年报。

家谱图书馆

genealogy library

专门收藏家谱的阅览室或图书馆。上海图书馆所收藏1949年前的家谱计17 000种，近11万余册。是国内外收藏中国家谱（原件）数量最多的单位，设有专门的阅览室。美国犹他州家谱图书馆于1845年创立。百余年来该馆广泛收集世界各地的有关资料，已收藏近28万册图书、200多万卷缩微复制件，涉及3亿多姓氏，成为一所专门收集各国死亡者档案资料的图书馆。

家世小说

roman-fleuve

亦称长河小说或江河小说。一种独特的法国小说，其形式常常表现为关于一个人、一个家庭、一个社团的长篇和多卷编年史。

家庭读写活动

Family Literacy Program

也被称为家庭学习活动，是英美等国家公共图书馆近些年新出现的一种服务方式，该项活动的出现是与人们对早期教育重要性的认识分不开的，公共图书馆被看作是与同学校的正规学习一样重要的非正式学习场所，在儿童的早期教育中发挥着重要的作用。为了让孩子们能够处在同一起跑线上，作为对全体公民平等获取信息进行保障的公共图书馆，开始积极采取行动鼓励家长带领孩子来图书馆。通过馆员的指导，借助图书馆内丰富的资源，由家长和孩子共同学习。

家庭作业服务中心

homework center

在公共图书馆中专门辟出的一处场所，通常在固定的时间，会有被指定的、有经验的馆员，为那些完成家庭作业时需要帮助的学生服务。

家用录像系统

Video Home System（VHS）

日本JVC公司于1976年推出的0.5英寸（13毫米）盒式录像带的视频录像和回放制式，1980年成为家用与商用工业标准，并普遍成为一般学校和图书馆所采用的规格。该系统所采用标准录像带编号为T－120，以标准速度使用时可录放120分钟（2小时）的节目。1987年JVC公司推出超级家用录像系统（SVHS），是一个经过改进的模拟标准。由于信号处理方式与普通VHS不一样，所以它只能向下兼容VHS，即SVHS录像机可播放VHS录像带，而VHS录像机不能播放SVHS录像带。最新的数字家用录像系统（DVHS）则可在VHS制式的带子上录制数字视频。

家族

family

由出生、婚姻、收养和民事结合或类似法律状态以及其他视自身为一个家庭而相关联的两个及以上个人。

家族类型

type of family

家族类型的分类或通用描述词，如家族、部落、王室和王朝等。

嘉尔顿大学马克斯韦尔·麦克欧德鲁姆图书馆（加拿大）

Maxwell MacOdrum Library of Carleton University

位于加拿大首都渥太华市，始建于1942年。藏有各类图书、杂志、政府文件、地图、音乐乐谱、报纸以及缩微资料共计300多万册（件）。近年来在数字资源的馆藏方面投入较大。设有875个阅览席位，每周开放100个小时。其特色馆藏包括1991年以来的CBC的新闻广播资料，各种美国和加拿大的小型诗集，以及各个级别的政府文件和国际机构的文件。

嘉业堂藏书楼

Jia Ye Tang Books Storage Building

中国近代著名的私家藏书楼，亦称“嘉业藏书楼”。1924年建成于浙江省南浔镇（今湖州市）。整座建筑总体设计为园林式布局，砖木结构两层楼房，四周清水环绕，庭院内林木森森，曲径通幽，园林与书楼浑然一体。1981年4月，被列为浙江省重点文物保护单位。据有关资料记载，在藏书楼全盛时期，即1925—1932年之间，珍本善本有宋元刊本200种，清刻本5 000种，地方志1 200多种，丛书220多种，抄本2 000种，其他1 200多种，大量的是清人文集和各种史书。此外还有碑帖数千

J

种。嘉业堂藏书以宋刊《史记》、《汉书》、《后汉书》和《三国志》最为珍贵，号称镇库之宝。还有眉山刊本《宋书》残帙，近人张元济先生印《百衲本二十四史》，至于宋开庆（1295年）110卷本《鹤山先生大全集》、米淳熙戊戌（1178年）本《窦民联珠集》也均是海内孤本、珍本。嘉业堂收藏的两大特点：一是不专重于宋元刊本，更着眼于明清两代。二是不惜重金广收地方志1 200多种33 380卷。其中可称“海内秘藏”的珍本，就有62种。1951年11月，由该藏书楼创始人刘承干（1882—1963）将藏书楼、藏书及雕印书版设备，全部捐献给浙江图书馆。

嘉义大学图书馆
National Chiayi University Library

2000年合并嘉义师范学院和嘉义技术学院成立，拥有蘭潭、民雄、林森及新民4个校区，并在每个校区设有图书馆，提供师生教学、研究资讯、人文素养等需求资源。该馆纸质图书与电子资源并重，拥有图书、期刊、视听资料、电子资源等。师生可不受时空限制，全年通过因特网或校园网络使用各种数据库。为充分满足师生教学所需，该馆参加海内外的馆际合作，以达资源互惠共享。

甲骨文
oracle bone inscriptions

中国古代，主要是商代（公元前1765年—前1123年），占卜用的龟甲和兽骨。把欲卜之事刻于甲骨之上，灼之以火，甲骨之裂纹即为判断吉凶之依据。刻于甲骨上的文字，现通称为甲骨文。

甲骨文公司（美国）
ORACLE Co.

由拉里·埃利森（Larry Ellison）及其两个伙伴于1977年在美国硅谷创办的一家软件公司，1986年公司上市。总部位于美国加州红木城的红木岸。该公司是仅次于微软的全球第二大独立软件公司，主要生产数据库产品，也是主要的网络计算机的倡导者，所推出的关系数据库管理系统适用于各种规模和各主要计算机厂家提供的计算机。

甲骨文数据库
ORACLE

指美国甲骨文公司于1977年开发的一个适用于各种规模和各主要计算机厂家提供的计算机的关系数据库管理系统。该数据库包括基于扩展结构化查询语言（SQL）执行模块的关系数据库管理系统核心、应用程序开发支持工具、决策支持工具和预编译程序等部分，采用了开放式体系结构，可实现多种操作系统环境、多种通信协议和多种数据库管理系统之间的互连。

贾达普大学图书馆（印度）
Jadavpur University Library

位于印度的加尔各答市（Calcutta），1955年创立。该馆拥有50万册藏书，8万册期刊合订本和5 200篇学术论文，还有3.8万件非纸质资料，如报告、标准、小册子、地图和一些缩微品。

贾斯廷·温泽（1831—1897）
Justin Winsor

美国历史学家和图书馆事业家，哈佛大学肄业。1868年担任波士顿公共图书馆馆长，关心管理，注重流通，重视藏书，倡导馆际互借，扩建分馆，并建议周日开馆和降低读者年龄限制。1877年赴哈佛大学任图书馆馆长，提供大型阅览室，发展读者预约图书制度，进行一定的开架阅览，并对流通进行统计分析。设计借书条，开展图书馆学教育，与其他图书馆互换馆藏目录。历史研究不辍，撰写大量论文。主张图书馆是知识保存者、创造者和提供者。曾参与创建美国图书馆协会，并两度出任该协会主席，还协助创办《美国图书馆杂志》（*American Library Journal*）。

贾斯廷·温泽奖
Justin Winsor Prize

该奖项于1978年设立，由美国图书馆协会图书馆史圆桌会议为最佳图书馆史论文颁发。贾斯廷·温泽（1831—1896）是著名的作家、历史学家，曾在哈佛大学图书馆任馆长。

价格指南
price guide

提供有关珍版图书、手稿，以及因不再印刷而变得相对稀罕图书的最新价格信息的出版物。其信息常以图书拍卖价格为基本参考。

架上无书
not on shelf（NOS）

图书馆工作人员用来表示在目录中可以查到，但依据正确的索书号在书架上找不到的出版物。一旦出现这种情况时，读者可以要求图书馆工作人员查找该出版物的下落。如果仍旧找不到的话，该出版物记录的流通状态则要改变为“遗失”。经过一段时间后，图书馆要么再订购一本替代复本，要么就需从目录中清除该出版物的书目记录。

假第一版
“false first” edition

指不是真正初版，即在此以前已有其他出版社出版了此书。

假名
Kana

日语的字母，始于公元8世纪或9世纪，一般仅用于不由汉字拼写的外来语、语法、变格及虚词，或写于汉字旁用作标音。分为片假名和平假名两种，每种有48个字母，加上浊音、半浊音符号共计73个字母。

假名，笔名
pseudonym

作者为发表作品掩盖其真实身份而编造的名字。19世纪中期之前，女作家常采用男性笔名以获得作品的出版机会和吸引读者。联合笔名是由作品的两个或两个以上合作者共同使用的笔名。

假期借书卡
vacation card

指专门在假期发放的读者卡，给予读者更多的借书机会。

假期阅读计划
vacation reading program

由公共图书馆在暑期组织的阅读活动，旨在培养少年儿童对阅读产生兴趣，活动形式丰富多彩，有讲故事、做游戏、朗诵比赛、艺术创作、摄影绘画展览和举办夏令营等。

假羊皮纸
vellum paper

一种手工制造的、强韧的奶油色的高级纸张，外观像由犊皮制成的羊皮纸，十分坚实，不易损伤。

尖端出版股份有限公司
Sharp Point Press

1982年成立，主要以军事、模型相关书籍出版。1987年出版台湾第一本电玩杂志《电视游乐杂志》，1990年动画、漫画、模型情报杂志《神奇地带》（*Magic Zone*）创刊，正式投入漫画出版业。现为台湾出版事业城邦文化旗下的一个出版部门，主要以年轻族群的书籍及相关产品为发行重点。

间断的链路
broken link

一个不能运行的超文本标记语言文档中的链路，通常由于链接的地址出错、地址不再使用或Web网站已迁移到不同的服务器上而未留下转送地址所造成。当间断的链路被选在Web文档时，错误的信息就会出现在屏幕上。在超文本文档中的链路倾向变成非功能性超时就俗称为链路坏死。

间隔符
blank character

一个特殊的图形字符，它的图形是空白。常用来作为把图形字符分开来的符号，使之形成间隔，故也称间隔符。操作人员一般通过按下空格键来产生一个间隔符。

间隔，字（行）距
spacing

在印刷、打字过程中使用一个或多个空格符号隔字词。也指活字排版前留出一行或多行空白，或在打字过程中留出的行间距，例如：在目录卡片的顶端空留出三行，在第一个字符前空出两格。在图书馆编目中，字距间隔、标点符号都有严格的规定。

间接标引
indirect indexing

与直接标引相对的一种标引方法，包括靠词标引、上位词标引和组配标引等。主要采用近义主题词、上位主题词和主题词组配等与文献主题概念有间接对应关系的主题词作为文献的标引词。

间接副标目
indirect subheading

当团体责任者拥有三级以上的从属关系时，省略了中间的层次的团体责任者标目，称为直接副标目。相反，保留了一个或者几个中间层次团体的团体责任者标目，成为间接副标目。

J

间接检索
indirect search

是一种最常用的检索方法，与直接检索相对，即通过检索工具或检索系统进行查找从而获得所需的信息。间接检索一般包括顺查法、倒查法和抽查法。

间接交流
indirect communication

人类最重要的一种知识交流方式，主要是通过文献进行交流活动。无论是古代知识对后代的流传还是现代人之间知识的交流，一般都是通过文献来进行的。所以，又被称为“正式交流”。

J

间接静电法
indirect xerography

一种静电复印方法，包括硒感光板照相法和潜像转印法。其方法是：以感光材料作为媒介体，把感光材料的图像转印在静电复印纸或普通纸上。

间缘，列间空白
gutter

书籍左右两页之间内侧一边的空白处。这个空白处的宽度通常被用来衡量这本书是否可以重新装订。也指一个印版上的两个拼版页间的空白。

肩注
shoulder note

写在或印于某页切口边上端空白处的注解，其字体常不同于正文字体。

监视器，监控器
monitor

也称视频显示器。监视和检验数据处理系统的运行状况并指明偏离正常状态的一种装置，有时指操作系统。通常用来记录、调节或控制和监视并检查计算系统、过程控制系统和信息发送系统等的工作情况。在某些系统中，当所监视的系统发生较大的偏差时，监视器可以发出信号并加以纠正。现在许多图书馆使用这种装置作为图书馆监控管理的手段，既节省了人力，又取得了非常好的管理效果。

监狱图书馆
correctional library (prison library)

监狱或劳改机构为犯人和工作人员建立的一种专门图书馆，一般由犯人担任图书馆员进行管理。馆藏一般包括娱乐性、教育性和职业性的文献和法律文献。这类图书馆主要为犯人提供多种形式服务（感悟人生、重新做人的教化服务，修身养性、陶冶情操的艺术服务和技能培训以及终身学习的知识服务），从而使图书馆成为沟通犯人和文化世界的纽带。

兼课图书馆员
tutor librarian

指在大学图书馆中向学生讲授如何利用图书馆和文献检索知识的图书馆员。

兼容机
compatible computer

国际商用机器公司（IBM）于20世纪80年代初推出系列个人计算机后，许多计算机厂家都放弃自己原来的产品，转而生产与IBM兼容的计算机。由于兼容机的配置比较灵活，升级相对方便，价格比较便宜。

兼容性，相容性
compatibility

计算机硬件或软件，在没有改动或少许改动的情况下，可以适用于多种计算机系统的性能。在同一计算机系列中，为较低档计算机编制的程序若可在较高档计算机上运行，则称其具有向上兼容性（upward compatibility）；而为较高档计算机编制的程序若可在较低档计算机上运行，则称其具有向下兼容性（downward compatibility）。

兼职图书馆员协会（美国）
Association of Part-Time Librarians (APTL)

1988年，作为美国兼职图书馆员的玛丽安·艾默（Marianne Eimer）认为需要与西纽约地区的其他图书馆兼职工作者进行沟通和交流，于是就创建了该协会。鉴于兼职图书馆员的工作时间是在夜晚和周末，该协会将其定位于虚拟团体，并主要针对西纽约区的兼职图书馆工作者，为其提供专门的团队帮助邮箱咨询。该协会希望通过各方面的努力，提升图书馆界兼职工作者的能力、满足其需求以及对图书馆员期望的关注。

笺
interpretation

有以下三个含义：1. 供写信、题词等用的纸张：信笺、便笺。2. 书信：手笺。3. 注释；注解：笺注、笺释。又指供题诗、写信用的精美的或小幅的纸张、一种文体，写给尊贵者的书信。

茧纸

Silk-like Paper

中国的一种传统的原始古纸，亦称棉纸、絮纸。主要用于书画。起源于魏晋之间，是在继承和发展了东汉蔡伦所创的“树肤造纸法”的基础上制成的。其原料主要是采用麻或布履。以棉布制者，软而可卷；以麻制者，则纸质挺硬，不易卷折。因其表面纤维交织如蚕丝，被人称为“茧纸”；又因其纤维极亮、光滑细白，似含茧丝而误以为蚕茧织就。成品的纸张表面细白滑泽、质地柔韧厚重、纹理纵横交织，遇水滴则作深窠臼状且不易渗化，一般用来包裹或制作伞帐；但另有一种薄而清莹，见水即四外渗开、不成窠臼状者乃更可贵，在当时多被取作书简之用。著名书法家王羲之书写《兰亭序》用的就是这种纸。

柬埔寨国家图书馆

National Library of Cambodia

于1924年12月24日在金边正式开馆。当时只有2 879本图书。早期馆长为法国人，第一位高棉人图书馆馆长是1951年任命的巴真。虽然1918年曾规定公共部门定期向该馆缴送文献，1956年的法令又要求出版商缴送在国内出版的出版物，但效果很不理想。1975—1979年波尔布特统治时期，该馆关闭成为兵营，许多图书被毁坏，1980年重新向公众开放。该馆藏有各种语文书刊（包括高棉语、法语、英语、俄语、越南语、日语和泰语）10余万册（卷），贝叶手稿710页。编辑有所收藏的图书、小册子、官方出版物、大学学位论文、地图和标准的目录。

检索

search（retrieval）

指从文献资料、网络信息等信息集合中查找到自己需要的信息或资料的过程。为了进行检索，通常需要对资料进行查检。传统文献资料需要提取题名、作者、出版年、主题词等作为索引，而在网络时代，计算机可以对全文进行索引，即文中每一个词都能成为检索点。在因特网上进行检索主要有两种方式：目录浏览和使用搜索引擎。搜索引擎是目前最为常用的一种网络检索工具。用户只需要提交自己的需求，搜索引擎就能返回大量结果。这些结果通常按照与检索提问的相关性高低进行排序。

检索URL/检索Web服务

SRU/SRW（Search and Retrieve URL/Web Service）

一种基于Z39.50语义的标准可扩展标记语言（XML）检索协议（SRU），用于因特网查询提问，采用CQL查询语言，以标准句法表达提问，提供Web服务（SRW）。

检索策略

search strategy

又称查找策略，指为实现检索目标而制订的全盘计划或方案，指导整个检索过程。具体内容包括：确定要利用的检索系统或工具和重点，确定回溯年限和查找范围，选择检索方法与检索词，建构检索式以及编制查找程序等。在大多数情况下，检索策略的第一步是明确检索的主题概念，接下来确定表达该主题的检索词，包括近义词和相关词等。正确的检索策略可以优化检索过程，节约检索时间和费用以提高检索效率。

检索词

search term

代表所研究主题的主要概念的词或词组，可与其他词组配起来形成查找语句。可以用来查询在线目录或书目数据库，检索有关信息。检索词可以是用户使用的关键词或是从主题词表中选中的规范化的叙词或主题词。

检索词扩展

expansion of search term

系统为检索词所提供的基于概念关系词典、采用相关语义场运算技术所建立的词扩展系统。系统根据检索项类型，提供相应的语义扩展词进行检索。提供的语义关系词类为：上下义关系、部分-整体关系、反义关系、同义关系以及近义关系。目前应用于中国知识基础实施工程网格资源共享平台之上。用户在平台上选中一个检索项，输入一个检索词，点击其上的“扩展”按钮，则可查看相应的语义关系词列表，并可从中选择相关词进行直接检索或组合检索。

检索点

access point（AP）

书目记录中排列和存取文献记录的信息单元，

用户可以通过它们从图书馆目录或书目数据库中查找以及确认检索目标。传统的检索点包括主要款目、附加款目、主题标目、分类号、索书号和标准书号等类型，但在计算机编目工作中，条目（如出版者名称、文献类型等）任何部分都可以作为检索点。在 MARC 21 书目数据格式中，大多数检索点存在于以下字段中：1××——主要款目，4××——丛书项，6××——主题标目，7××——非主题及丛书的附加款目，8××——丛书附加款目。

检索范围
search field limits

拟检索（或已检出）的文献在学科或专业以及地理、时间、文献类型和语种等方面的界限。数据库检索界面中通常提供检索范围的限定，以便用户检索到最需要的文献。

检索方法
retrieval method

指查找文献信息的方法。根据查找途径可分为：利用检索工具的常用法、利用原始文献所附参考资料追踪查找的追溯法、综合利用常用法和追溯法的分段法。常用法一般又可分为分类检索方法和字顺检索方法。

检索费用
search cost

完成某项检索所需要的总费用。数据库的检索计费各不相同。目前大多数数据库都采用包库方式，一次性交清，则不限制检索时间和检索次数。也有的数据库按照检索时间、检索次数以及浏览文献的类型和数量而进行计费，如 Dialog 在线检索中的检索费用包括：通讯线路费用、数据库使用费用、文献浏览和打印费用等。

检索服务
retrieval service

按照用户的要求由专门人员帮助或代替其查找文献资料并将结果提供给用户的一种信息服务工作。检索服务按照检索手段可分为手工检索服务、计算机检索服务和在线检索服务三种类型。检索服务方式主要有回溯检索（RS）服务、定题信息检索（SDI）服务、数值型或事实型数据检索服务、全文检索服务和用户辅导服务等。

检索工具
finding aids

对指南、各种目录、索引、题录、文摘、搜索引擎、数据库、分类表、叙词表以及各种目录和索引的统称。

检索功能
retrieval function

指的是如何在众多信息中尽快找到用户所要找的内容的能力。

检索记录
search record

也称咨询记录。图书馆就解答读者的咨询问题、利用的文献资料和提供信息的参考源所作的记录，常包括咨询者姓名、咨询问题名称、咨询过程、咨询结果以及解答咨询的馆员姓名等。

检索技术
search techniques

直接影响检索效率的因素，是指情报检索过程中使用的策略、方法、程序、经验以及其他辅助性技术的总称。其中检索策略和检索方法是检索技术的核心部分。

检索键符
access key

查找文献所需的关键性符号，形象称之为“钥匙”，如记录控制号、国际标准书号、国家书目号、关键词、分类号、著者姓名和题名代码等。

检索可视化
retrieval visualization

将形象直观的图像来显示多维的非空间数据，方便用户加深对数据含义的理解，并且指引检索过程的一种技术。

检索逻辑
search logie

也称提问逻辑，是对检索需求的逻辑表达。检索逻辑是检索策略的核心部分。在计算机检索中，常见的检索逻辑有布尔逻辑、加权检索逻辑、截词检索和限定检索等逻辑模式。

检索码

access code（authorization code）

用户在使用计算机系统或网络进行检索时必须正确输入的识别码，如用户名、密码以及个人识别码等，大部分系统都严格控制检索码以排除非授权用户。

检索命中率

Hit Rate（Hit Ratio）

又称查全率、检全率，是指用户利用检索系统进行某一课题检索时检索出的相关信息量与该系统信息库中存储的相关信息总量的比率。可以用公式表示为：R =（查检出的相关文献总数/全部相关文献总数）×100%。

检索年限

search year interval

指检索所覆盖的年代范围。大多数数据库中都提供检索年限的选择功能，用户可以方便地选择自己需要的年代进行检索。

检索前的面谈

presearch interview

在执行检索前，用户与信息咨询人员之间所进行的讨论，以此来确定检索策略。

检索软件

search software

用户查找信息时所用的计算机程序。界面友好的检索软件不仅为新手提供有菜单式的界面，同时也有为熟练使用者提供的命令式界面。

检索设备，检索工具

retrieval device

图书馆用于报道、存储和查找文献线索的工具和设备的总称。为了更好地组织和方便查找文献，通常会在原始文献基础上，以目录、题录和文摘等方式，有计划地编制各种二次文献，建立本馆的检索体系，提高服务工作层次和服务质量。

检索申请单

profile

根据用户的信息需求而详细填写的检索申请单。根据用户提出的专业主题，在叙词表上找出相应的索引词编成词汇表存储在计算机内，如有新的资料到来，可以立即进行标引，编制文摘，通知用户。

检索时间

search time

又称查找时间，指完成一次检索所花费的时间。手工检索的检索时间通常与检索工具的编制效率和检索者的检索技能有关。网络检索的检索时间还受到网络状况、检索服务器的速度等影响。

检索系统

retrieval system

可以满足用户按照一定的程序，利用相应的检索设备，从整理好的存储在某种载体上的文献集合中选择并找到自己所需文献或文献信息的一种专用系统。建立文献信息检索系统是图书馆的一项基本任务。

检索效果评价

search effectiveness evaluation

又称检索系统评价。指对利用检索系统进行检索所获得的有效结果的评价。评价之目的是为了准确掌握检索系统的各种性能水平，分析影响检索效果的因素，调节检索策略，改进检索系统的性能，提高检索效果。检索效果评价一般包括检全率、检准率、漏检率和误检率这4项指标。

检索效果评价试验

evaluation and testing of search effectiveness

对某些信息检索系统的检索效果和性能进行的各种评价试验，英美等国于20世纪50年代初着手研究。著名的评价试验有：MEDLARS试验、CRANFIELD试验、ISPEC试验和SMART试验等。

检索效率

retrieval effectiveness

衡量检索结果的一种指标，主要内容包括查全率、查准率、漏检率和误检率。检索效率研究的对象是计算机信息检索系统，目的是评价计算机信息检索系统的效能以及提出改进系统服务效能的措施。影响检索效率的因素很多，如系统功能、用户与系统的接口、词表的设计与标引的质量以及用户检索水平等。

检索新手

novice searcher

对文献、数据检索缺少实际经验，需要别人提供帮助方能完成检索任务的人员。

检索性刊物
retrieval periodicals

对大量原始文献进行分析、综合和分类加工，建立各种形式的索引，并将其基本内容用简明扼要的文字进行表达，形成各种文摘或报道，然后定期或不定期地将这些索引和文摘结集出版而成的刊物。编制和出版检索性刊物之主要目的是为读者提供查找文献的线索。检索性刊物的常见类型有：书目、题录、文摘和索引等。

检索性能
retrieval performance

从用户和系统两个方面对信息检索系统功能所作出的总评价。其中主要包括查全率、查准率、检索速度、费用与方便性等指标。

J

检索要求
search demands

指用户对于进行检索之目的和所需信息的各项要求。通常涉及文献类型、时间范围、语种、检中文献数量和检索费用等。通常在明确检索要求后才能进行针对性的检索。

检索语法
grammar of search expression

又称检索规则、检索算符。指构造资源检索表达式（检索语句）的各种规则。常用的检索规则及联系符号是：逻辑算符表示检索标识间的关系，优先算符表示运算的优先级，位置算符表示标识间的相邻位置，词频算符表示检索标识的出现频次，值算符表示检索标识大于小于等于关系，截词符则表示检索标识的截断位置（前、中、后）及截断字词数。

检索员
searcher

专指在图书馆待查待检服务中，为读者提供检索服务的工作人员。也指具有检索要求并自己进行手工检索或操作计算机的人。

检索指令
search commands

进行计算机检索时向检索系统发出的命令，要求系统执行某项操作或达到某种状态。各个计算机检索系统都有自己的一套指令语言。

检准评估
relevance judgment

指评估所检文献与用户信息需求之间关系的一种信息检索评价行为。这种检准评估是评价信息检索过程及效果的一种重要方法。

剪报
newspaper clipping（press cutting）

通过裁剪、粘贴和编辑等方式将某一特定主题的文章、信息从各种报纸、杂志上收集在一起，并随时间推移不断地更新，供个人、团体或公众使用的一种信息收集方法。剪报可以是个人保存的文档，也可以整理出版，供广大用户使用。

剪报服务
clipping service（clipping bureau）

通常指在图书馆中开展的一种服务，这种服务一般是按照事先确定的与服务对象有关的一系列主题，将从现期期刊和报纸等新闻刊物上剪下的新闻公告、文章、图片和其他资料汇集成册提交有关人员。

剪报服务社
press clipping service

指专门收集关于作家、名人、新闻事件或其他感兴趣的评论、期刊文章和专栏文章等，进行剪辑、整理，并提供有偿服务的组织或商业机构。

剪辑
editing

电影声像素材的分解重组过程。即将一部影片拍摄的大量素材，经过选择、取舍和组接，最终编成一个连贯流畅、含义明确和有艺术感染力的作品。是电影艺术创作的主要组成部分，电影制片不可缺少的一道重要工序，一部影片从拍摄到完成的一次再创作。

剪贴
cut-and-paste

大部分图形用户界面软件提供的一种功能，允许用户移动计算机屏幕上的一部分，例如把一段文本的一部分从同一文件中的一个位置移动到另一个位置，从一个文件移动到另一个文件，或者从一个应用软件移动到另一个应用软件。通常要选定被移动的部分，在工具栏“edit”选项下选择“cut”或“copy”，然后把光标放在要移到的目标处后选择“paste”。被剪切或复制的部分将临时存储在剪贴板中，直到下一次开始进行“cut”和“paste”的操作。大部分软件包括“undo”选项，允许用户在犯错的情况下返回前一个操作部分。

剪贴板
clipboard

在数据交换中用作临时存储器的计算机小型存储器。在文字处理中，通常是通过对一个文件选择“剪切”或“复制”选项并“粘贴”到另一个文件上来完成的。当另一项剪切/复制操作开始的时候，上一次转移到剪贴板上的数据即丢失，除非该数据用单独的文档保存。

剪贴本
scrapbook

粘贴或夹入从报纸杂志上剪下来的文章或画片的空白本子，可用于粘贴图片、照片、剪报、信件及其他大事记等。

减感作用
desensitization

图书或其他资料被外借时，用专门机器对其消磁，以免报警装置发出警告，所用机器为减感器。对不同介质的藏书需采用不同的减感器，如图书、录音带、光盘和录像带等文献需要不同的消磁机器。

简本，缩写本
abridged edition

原著经过删节或摘要，并不失原著大意与表现手法而出版的图书。

简编目录
finding list

图书馆收藏的文献目录项列表，文献款目比较简单，通常只有作者名称、标题和分类号。

简便装订
economy binding

书刊装订的类型，相对于书刊标准装订的一种简便装订方法，通常用于较少流通的资料。一般不对装订材料进行修补和切边处理。

简策制度
Bamboo Slips System

又叫简牍制度，也有称方策制度。中国古代早期的一种书籍制度。起源商朝时代，到周朝就很通行，自春秋至东汉末年造纸技术发明以来，简策一直是书籍的主要形式。早期的书籍是写在竹片的，叫做“简策”，写在木板上的叫做“版牍”。是中国较早期的书写材料，取材比较方便，廉价实惠，便于文化普及和学术发展，在中国传统文化中有着很重要的意义和影响。

简单对象访问协议
Simple Object Access Protocol（SOAP）

一种标准化的通讯规范，轻量的、简单的、基于可扩展标记语言（XML）的协议，可结合现有多种因特网协议使用，包括超文本传输协议（HTTP）、简单邮件传输协议（SMTP）、多用途网际邮件扩充协议（MIME）等，并支持远程过程调用（RPC）应用。此标准由 IBM、Microsoft、UserLand 和 DevelopMentor 在 1998 年共同提出，并得到 IBM、Lotus、Compaq 等公司的支持，于 2000 年提交给全球因特网联盟（W3C）备案。其优点是可扩展、简单，完全与厂商无关、与编程语言无关以及与平台无关。

简单检索
simple search

也称初级检索、自由词检索、基本检索。指每次只能选择一种“检索途径”，即限定了“查询内容”的类型，包括题名、著者、主题词、国际标准书号和分类号等。是直接输入检索词进行单条件检索，而不进行检索条件之间的逻辑匹配，所得到的检索结果数量比较多，但相对高级检索而言不够精确。这是最基本的检索方式。

简单邮件传输协议
Simple Mail Transport Protocol（SMTP）

因特网上的标准电子邮件协议，最初设计仅用于美国信息交换标准代码（ASCII）文本，但是后来升级允许其他的类型文件作为附件。其目标是可靠高效地传送邮件，独立于传送子系统而且仅要求一条可以保证传送数据单元顺序的通道。其重要特点是能够在传送中传送邮件。

简短说明
brief

辩论的提纲和辩论方所持的论据。从更为普遍意义上来讲，指各种简洁的书面陈述。从法律上来讲，则指在法庭上口头或书面辩论的主要观点的概述；或准备供辩护律师在诉讼审讯时引用的委托人案情的要点摘录或简短说明。

简化编目
simplified cataloging

由于人力、物力或其他条件限制，省去款目中的若干著录事项的一种编目方法。

简历
（拉）*curriculum vitae*（*c. v.*）（*résumé*）

对一个人的职业经历的简短概述，包括基本信息、学位和研究生教育、奖励、工作经历、著述和头衔等，主要用于求职、任期考核、提升和出版著述等。

J

简略标题，副标题
partial title

又称部分题名。主要指题名的次要部分，出现在题名页上构成题名一部分的排检题名。包括二级标题（副题名、交替题名或关键词题名）和带有可以省略的不太重要的词的标题。

简名引用法
short title system

在出版物的参考文献中列出的引文，即题名或篇名等，第一次注明它的完整题名，第二次均用简略题名或缩写，以节省篇幅。

简明版
concise edition

一种以尽可能精练的文字对篇幅较长的原著内容加以表述的一种版本。有时是专为初学者编写的，如《简明版英美编目条例第二版》(*The Concise AACR2*)。在词典的简明版中，原版本中所包含的不太常用的词和短语被去除，较长的释义被简化。而在简明版的百科全书中，篇幅变短，一些不重要的词条也被省略。

简明题名
short title

指较长的或带标点符号的正题名的前面部分，不包括交替题名。

《简明图书学词典》
A Concise Dictionary of Bibliology

由黄方正编辑。是中国第一部具有普及性质的图书学专业词典，收录了图书的定义、历史、分类、印纸、开本、版式、版本、印刷、装帧、装订、出版和发行等专业性词汇 4 086 个。该词典词目按笔画排列，正文后附图书（文献）类型表 12 种资料及分类索引。著名科学家周培源教授为该词典题词——“书海指航”。由知识出版社于 1990 年出版。

《简明英汉百科辞典》
A Concise English-Chinese Dictionary

收入自然科学和社会科学共 41 个学科的常用词汇和专业术语，共计 153 000 余条。按学科分类，正文按学科的英文字母顺序编排，各学科内的条目也均按英文字母顺序编排，便于读者查阅。该辞典注重学术性、普及性和实用性，力求做到选词精当、释义准确。编者对各学科的词汇进行了精心的筛选，选入使用频率较高的基本词汇和专业术语，尤其注意收入近年来出现且应用较多的新词语。词条释义以“信”为本，力求忠实于原意，注意与汉语中流行的术语、俗语相对应，并尽可能提供广泛的释义。由胡家峦主编，由安徽教育出版社于 2002 年 8 月出版。

简氏信息集团（英国）
Jane’s Information Group

由一个姓“简”的英国绅士（Fred T. Jane）创建于 1898 年，总部设在伦敦。100 多年前，简推出了著名的《简氏全球军舰》（*All The World’s Fighting Ships*）。如今的简氏是一家由加拿大公司控股的跨国军事战略信息分析公司，旗下有一系列著名的军事信息杂志如《简氏防务周刊》等，其信息分析在西方媒体和政府中一直被视为权威，其数据库广泛被各国政府和情报机构购买。该集团有着很强的市场品牌和较好的客户基础，已成为全球政府和公司安全最全面、最权威的电子信息供应商，其诸多的出版物已经成为现今人们了解国防、航空和交通知识最有效、最佳的途径之一。从其 100 多年的发展史看，简氏信息集团得益于各种有利的宏观条件，得益于独一无二的内容，得益于正确的决策和策略，使其成为世界军事出版领域的旗舰。

简体中文
Simplified Chinese

又称简化中文，是现代中文的一种标准化写法，与繁体中文（又称正体中文）相对。简体中文主要由传承字以及1950年以后中华人民共和国政府开始在中国内地推行的简化字所组成，目前主要在中国、马来西亚和新加坡以及东南亚的一些华人社区中使用，也是联合国各种文件中所使用的中文字体。

简写本
simplified edition

为增加作品的易读性而改写的版本。通常是面向一个特定年龄段或是特定类型的读者，将内容、文字比较深奥的著作改写成比较通俗易懂的著作。改编的常用方式是使用更加通俗的词语，缩短长句和短幅，以及附加词汇表等。

简要编目
brief cataloging

又称“简化编目”、“选择性编目”。在编目过程中，只记录识别文献所必需的基本著录项目和必要的检索点的著录方法，适当省去如附加款目、分析款目等若干款目或款目中的若干著录事项。这对于手工编目来讲，尤其是中小型图书馆，既可节省人力、物力，也可避免因款目数量众多而引起的目录体系过于庞大的弊端，而一些大型图书馆有时为了加快编目速度，对某些出版物（如小册子、儿童读物等）也会采用这种编目方法。

简要模块
Profile Module

OCLC虚拟参考系统（QuestionPoint）中输入、提交、核准和更新简要信息的区域。

简要书目记录
brief record

与提供所有款目描述的全部书目记录相比，是指一种在线目录或数据库中简略的书目记录，这种记录省去了包含较少的基本字段和子字段的著录单元。在大多数书目数据库中，检索的结果可能有两种显示形式。

简约知识组织系统
Simple Knowledge Organization System（SKOS）

在各类知识组织系统——“受控结构化词表”基础上进行概括、抽象，从而形成的具有能够反映各类知识组织系统共性特征的、简约的知识组织系统（数据模型）。其本身不是一个具体的知识组织系统，只是一种编码。建立该系统之目的是为了在网络环境下能够跨平台共享知识组织系统，实现基于语义网的信息与知识管理奠定基础。

“见自”参照
“refer from” reference

在主题词表、标识词表和规范档中对那些已在另一标题下作了“见”或“参见”参照的标题的一种指引标注。是指引读者从一个标目去查阅另一个标目的基本方法。其作用在于指引读者从多种途径检索某一具体的文献，以达到沟通和联系标目各个部分的目的。

建立日期
date of establishment

指团体建立或创建的日期。

《建中读书博客日志（人生感悟）》
Selected Blogs of Wu Jianzhong

该书收录吴建中近3年来的网络博文约200篇，20万字左右。该书尝试创新一种简约便捷的博文版图书形式，以适应网络时代的轻阅读需求。在编排方式上，将博文分成两大板块，即人生感悟和文选杂记两大类；在时间顺序上，按照人们网络阅读的习惯，先浏览最新的，然后向前追溯。2009年由上海大学出版社出版。

建筑、城市设计、历史保存和城市规划史数据库
Avery Index（Avery Index to Architectural Periodicals）

为世界各国在建筑设计、考古学、城市规划、室内设计和历史保存等领域中出版的期刊文章所提供的全面索引，为1741年至今的国际上2 800种期刊的67.5多万条记录提供检索，为国际上的学术和流行期刊文献、专业协会的出版资料、美国各州及地区的期刊以及欧洲、亚洲、拉丁美洲和澳大利亚在建筑和设计方面的主要连续出版物所作的索引。该数据库每周更新一次。

建筑示意图
architectural rendering

指楼房或其他建筑物的图形化展示，通常是由建筑师或建筑公司置于图书馆的前部或主要入口处用以展示该图书馆建筑落成后的确切形象。有时用于基建工程的资金筹备工作，如新图书馆的建造或旧馆的翻新工程。

建筑式（封面）装帧
architectural binding

16 世纪盛行的一种装饰性书本装订形式，封面的装帧方式为：两侧各一根建筑学柱形物，支撑起顶部的拱门或横梁，底部在窗格内置放标题。这种装帧风格与书本内容毫无关联。

建筑图书馆
architecture library

为建筑学院或大型建筑公司提供服务的图书馆，其馆藏主要是与建筑学和建筑工程相关的图书、期刊、建房标准、建筑图纸和建筑物示意图等，并提供建筑学及相关领域的索引和摘要服务以及数据库和其他参考资源的检索服务。

建筑作品
works of architecture

指以建筑物或者构筑物形式表现的有审美意义的作品。

剑号
dagger（obelus）

印刷文本中使用的十字形符号（十），用于脚注中的附注。在同一页面中的第一个脚注用星号（＊）。第二个脚注用剑号。在英语人名前，或在德语人名后出现剑号，表示该人已故。剑号也叫做方尖碑号或长十字号。

剑桥大学出版社电子期刊
Cambridge Journals Online（CUP）

成立于 1534 年的剑桥大学出版社每年出版约 2 500 种新书及 240 多种学术期刊，内容涉及自然科学、人文社会科学、医学和工程等各个学科，大部分期刊网络版回溯到 1997 年。这些期刊学科跨度广，关注各领域最新的研究动向，品质可靠，社会认可度高，在全球范围都有广泛的影响，成为科研和教学的必备参考资料，大量期刊被 ISI 收录。

剑桥大学出版社（英国）
Cambridge University Press

由英王亨利八世批准成立于 1534 年，是世界上最悠久及规模最大的大学出版社之一。该出版社创立之目的是：为配合该大学发展目标，搜集、保存及广泛地传播知识。出版的重点放在学术论著及专门学科著作的出版上。其出版范围以文学（包括拉丁美洲、中国、日本、英国文学和美国文学等）、戏剧、哲学、音乐、心理学、法律、历史、宗教、经济、企业管理、数学和生物等方面的学术书刊为主，同时还出版教科书、工具书等，现每年出版的图书销往全世界 200 多个国家。该出版社还是世界上最古老的圣经印刷出版商，曾受皇家委托出版基督教《圣经》钦定英译本的 3 个英国出版社之一。多年来出版过许多著名学者的著作，如弥尔顿、哈维、牛顿、马克斯韦、波尔、卢瑟福、爱因斯坦、罗素、费因曼、利维斯和穆尔等。其销售机构分布于世界 30 多个国家，并在美国、澳大利亚、西班牙、新加坡设有分支机构，在世界 116 个国家有 2. 5 万名作者以及剑桥大学 81 位诺贝尔奖得主。在纽约、斯坦福、墨尔本、开普敦、马德里、新加坡和东京等地设有编辑部。

剑桥大学图书馆（英国）
Cambridge University Library

世界上最大的图书馆之一。成立于 15 世纪初期（1416 年前），最早设立于剑桥大学旧学院（The Old Schools）中，后由于馆藏量逐渐增加，旧馆不敷使用，于 1934 年迁入现在的馆舍。当时只有 76 卷捐赠的图书。16 世纪宗教改革运动之前一直由大学的牧师会兼管，到 1577 年才专门聘任了图书馆员和馆长。早期的馆藏几乎完全靠捐赠或遗赠。1617 年开始采购，1662 年开始收藏出版商呈缴的样本。1709 年英国颁布版权法，正式规定凡本国出版的图书都要免费缴送该馆，从而使馆藏迅速增加。1715 年英王乔治一世将多年搜集的 3 万卷书全部赠送该馆。由于馆藏日益丰富，该馆在 18—19 世纪曾起到国家文献贮存中心的作用。鉴于学校教学和研究的需要，该馆除注重资料收集的平衡发展外，重点收藏人文科学，其次是法律、科学与技术方面的文献。该馆（包括 4 所独立分馆）拥有文献资料 800 万册（件）。著名特藏有以历史书为主的“艾克顿文库”（约有 6 万卷）、英王乔治一世赠予的皇家图书馆文库（约有 3 万卷）、查理 · 达尔文收藏的图书及其笔记等手稿、英国著名学者如鲍德温、克鲁、哈定等人的论著、手稿以及该大学的学位论文。该馆中文部所藏包括商代甲骨、宋元明及清代各类版刻书籍、各种抄本、绘画、拓本以及其他文物，其中多为珍品。

《剑桥科学文摘》数据库
Cambridge Science Abstract

位于美国马里兰州的剑桥科学文摘公司（Cambri-dge Scientific Abstracts Inc.）出版发行的综合性网络数据库。该公司创建于1965年前后，主要编辑出版科学技术研究文献的文摘及索引，产品有印刷型期刊和各种远程在线和光盘检索电子版数据库，1998年又推出基于因特网的数据库。数据库中的记录不仅包括题录，还有原始文献的摘要，使用户容易识别文献的可用性，目前共拥有70多个数据库，按学科分为航空、农业、水产、生物和医学、计算机科学、工程、环境、材料、市场研究和社会科学等10类，选择某一类可以同时检索某一学科的多个数据库。每日更新。

健华图书馆中心
Jianhua Library Center

1989年11月，在美国加利福尼亚州大学北岭分校华裔教授为主体的华人公益社团——加州圣峪中华文化协会健华社（San Fernando Valley Chinese Cultural Association，Cultural Exchange Committee）的倡议下，由南加利福尼亚州美籍华人捐资在中国较贫困的农村建立的乡镇公共图书馆。这种乡镇图书馆可以弥补这些地区由于政府缺少必要的资金建立文化设施的空缺，以便给当地民众提供一个可以免费学习知识、培养阅读习惯、提高科学文化水平的场所，主要发起人有左四臧、林同坡和周广南等教授。他们与曾在该校工作过的访问学者，曾任浙江大学图书馆常务副馆长的夏勇研究馆员协商并制定出建立乡镇公共图书馆的四项基本条件，即：图书馆应建立在经济相对比较贫困，迫切需要在资金上给以资助的乡镇；当地政府对建设图书馆有较高的积极性，愿意无偿提供独立馆舍（60平方米以上），必要的设备和至少一名专职管理员；当地民众有一定的文化素养，从而对书刊资料有一定的需求；交通相对比较便利。创立健华图书馆的工作于1990年正式启动。为了更好推行健华社在中国内地老少边穷农村地区文化教育，科学普及的扶贫项目——健华图书馆建设，美国加州圣峪中华文化协会健华社与中国致公党浙江省委员会于2009年双方经过友好协商，达成共识，决定建立“健华图书馆中心”，由马景娣研究馆员任中心主任。

鉴别
identify

为了便于识别、检索，对某些资料进行标注，编订一个专用的代码或代码词。

鉴定状态
status of identification

表示识别实体的数据（即规范检索点）的认证级别，包括3种状态：1. 完全确定（fully established），表明数据足以完全确定代表实体的规范检索点；2. 临时（provisional），表明数据不足以圆满确定代表实体的规范检索点；3. 初步（preliminary），表明数据依据的是非手头资源的描述。

键缓冲区
key buffer

在计算机主存储器上所设置的一小段区域，用于调节较慢的键盘输入速度与较快的处理器工作速度之间的差距。当键盘输入时，输入的内容不是直接由处理器接收，而是先存储在缓冲区内，在处理器有空时才从中提取并处理。

键盘
keyboard

装备有字母、数字和特殊字符按键的一种计算机外围设备，主要用于输入数据或指令。计算机键盘可以是固定在计算机上的，如膝上型计算机，也可以是单独的一件设备，如大多数桌上型个人计算机。

键盘操作，键盘输入
keyboarding

指利用键盘向计算机输入数据、指令等信息的过程。与打字不同的是，键盘输入不必立即打印输出。keyboarding也可拼作：key boarding。

键盘功能键
keyboard function key

计算机键盘上不能产生字母、数字或其他符号的代码但可以产生控制计算机完成某种特定操作的代码的一组键，如F1～F12键、Esc键和Ctrl键等。功能键的功能可固定设置，也可通过软件设置。

键盘密码锁
keypad

由一小组数字键锁组成的一种安全设备，常安装于靠近门旁边的墙上，当输入有效的授权密码时门能自动开启。

键盘输入

key in

指通过计算机键盘将信息直接输入计算机内。

键锁，键锁定

key lock

计算机系统中，防止非法用户使用计算机的一种加锁装置或加密软件。如果没有钥匙或密码，在键盘上无论怎样操作，都不会使计算机接受。也指键盘打印机上的一种阻止按键动作的装置，若打印机键盘被锁定，键就按不下去。

键友

key pal

指在因特网上互通电子邮件的人，双方彼此通过使用键盘输入的方式，而不是以说话或笔写的方式进行交流。当双方经常以这种形式进行通信，则可以称之为“键友”。

键种类

key class

指计算机键盘上按键的分类，按功能可划分字母数字键、编辑键以及特殊功能键、专用符号键；按操作方式则可分为单次操作键和组合键。

江乃武（1929—）

Jiang Naiwu

研究员。1954 年起任黑龙江农业专科学校图书馆馆长。曾任吉林省科技情报学会副理事长、吉林省图书馆学会常务理事、吉林省高校图书情报工作委员会副主任、中国农业图书馆协会常务理事和全国高校图书情报工作委员会期刊工作专业委员会主任。发表论文近 150 篇、译文 15 篇，编著 7 种。

江南图书馆

Jiangnan Library

中国近代创办最早的公共图书馆之一。1907 年由两江总督端方决定在惜阴书院校址创办江南图书馆，由缪荃孙任总办。1910 年 11 月正式对外开放，1913 年改称江苏省立图书馆；1929 年又改称为江苏省立国学图书馆，柳诒征任馆长。1952 年，江苏省省立国学图书馆和原中央图书馆合并为现南京图书馆。

江苏大学图书馆

Jiangsu University Library

2001 年 8 月由原江苏理工大学、镇江医学院和镇江师范专科学校合并组建江苏大学，原三校图书馆合并组建江苏大学图书馆。新组建的馆设有校本部图书馆、医学图书馆和梦溪图书馆，馆藏文献资源丰富、涵盖面广。拥有馆舍面积 43 969 多平方米，阅览座位 4 000 席。馆藏中外文图书 260 多万册，电子图书近 100 万册，中外文纸质报刊 3 600 多种，电子报刊 37 000 多种，全文数据库 34 个，二次文献数据库 15 个，包括各种知名的大型综合性数据库、各类权威的专业学会出版物全文数据库，同时自建了“古籍数据库”、“车辆工程特色文献数据库”、“江大文库”等数据库，丰富了特色馆藏。并与全国多家高校图书馆建立了馆际互借和资源共建共享关系，为学校的教学、科研提供了强有力的文献信息资源保障。

江苏汇文软件有限公司

Jiangsu Huiwen Software Co. , Ltd.

于 1999 年 9 月成立，专门致力于图书馆行业的信息管理系统的开发和研究，其主产品“汇文文献信息服务系统”是“江苏省高校文献保障服务系统（Jails）”重点科技项目之一。该公司还拥有手机图书馆系统、区域通借通还服务系统、区域联合馆藏书目检索系统、图书外采系统、电子阅览室计费系统、电话自助服务系统、非书资料管理系统和虚拟联合目录查询系统等系列产品。

江苏省图书馆学会

Library Society of Jiangsu Province

成立于 1979 年 9 月，挂靠南京图书馆，是江苏省科学技术学会和省哲学社会科学界联合会的团体会员。该学会成立以来，多次举办全省科学讨论会，每年分别召开中小型学术研讨会、全省少儿图书馆建设理论研讨会和县（市）、区级图书馆馆长理论研讨会以及各种培训班，与南京图书馆联合编辑出版月刊《新世纪图书馆》和《江苏图书馆之窗》。

《江苏图书馆之窗》

Window of Jiangsu Library

由南京图书馆、江苏省图书馆学会主办，2005 年创办。主要栏目有：“动态·精粹”、“业务·研究”、“学会·协作”、“学术·前沿”四大板块。其中，“业务·研究”板块以刊载全省各系统图书馆工作实践与经验交流为主的原创性文章为主，“学术·前沿”栏目以刊载国内外图书情报前沿动态、技术进步与服务创新的综述与编译文章为重点，以此引导基于实践的图书馆业务研究的深入开展，双月刊，每期60页。

江西省图书馆

Jiangxi Provincial Library

省级综合性公共图书馆之一。建于1920年。现馆舍于1993年建成，建筑面积2.6万平方米。馆藏文献260万册，以珍贵的古籍珍善本和丰富的地方文献著称。中文线装书60万册，中文线装书中已整理的珍善本有2 089种，地方文献3 500多部，地方志1 200部。古籍中，南宋吉州周必大刻《欧阳文忠公集》装帧考究、刻印精良，堪为宋代江西刻书的代表作；明崇祯间宋应星自刻《宋应星(谈天·论气·野议·思怜诗）四种》系海内外孤本，极具科学价值；明嘉靖刻《江西通志》为现存江西通志最早最完善的版本之一，极具史料价值；明代经折装瓷青纸金粉写本《太上洞玄灵宝无量度人上品妙经》则是集装帧、书法、绘画艺术为一体的绝妙珍品。地方文献中的《江西民国日报》、《江西省政府公报》、《江西地方教育》等则以其收藏完整、独具史料价值而为学人瞩目。与江西省图书馆学会联合编辑出版专业刊物《江西图书馆学刊》(双月刊)。

江西省图书馆学会

Library Society of Jiangxi Province

1980年9月1日成立，是江西省科学技术协会的组成部分、江西省社会科学联合会的团体会员。该学会成立以来，每年确定不同选题召开学术研讨会和举办不同类型的培训班，并多次与福建省和湖南省图书馆学会联合召开学术研讨会。编辑出版学术刊物《江西图书馆学刊》(*The Journal of the Library Science in Jiangxi*)(双月刊)。

《江西图书馆学刊》

The Journal of the Library Science in Jiangxi

由江西省图书馆学会和江西省图书馆主办，双月刊。创刊于1971年，原名为《图书工作情况交流》，1978年改名为《图书馆工作》，1985年更名为《赣图通讯》，并开始公开发行，从1988年起，改为现名，国内外公开发行。现为双月刊，大16开，128页。该刊封面和版式等进行了重新设计、装帧。每篇文章都配有摘要、关键词，增设了作者信息，部分文章增设了英文摘要。主要栏目有：“学术探讨”、“事业建设”、“图书馆管理”、“图书馆学”、“信息学”、“目录”、“资源建设”、“文献标引”、“文献编目”、“读者工作”、“期刊工作”、“信息服务”、“文献检索”、“参考咨询”、“现代技术”、“书史馆志”、“古籍整理”、“国外图书馆”和“图苑动态”等。

姜继（1935—）

Jiang Ji

福建省图书馆研究馆员。1958年毕业于上海外国语学院俄语系。先后任中央二机部设计院翻译、福建师范大学助教、福建省图书馆部主任、馆长、研究馆员和福建师范大学兼职教授等职。同时还兼任福建省图书馆学会名誉理事、中国文标会术语分委会委员、中国管理科学研究院特约研究员、香港世界文化艺术研究中心研究员、亚洲人文社会科学院特聘学部委员和美国传记研究所荣誉顾问。熟练掌握俄、英语并通晓日语，长期以来主要从事图书馆学情报学术语和外国语言文学的翻译与研究，在国内外和国际会议上发表论文40篇，著译10部，多次受到表彰和奖励。

（将出新版书的）订购标志

new edition pending（NE or NEP）

国外出版商发票上使用的代码，用来表示订购品种的新版正在出版过程之中，尚未发行。

将英语作为第二语言

English as a Second Language（ESL）

所指母语不是英语的人，在生活或工作中使用英语，又指英语教学的一门学科。

浆状油墨

paste ink

颜料、树脂和粘合剂、干料以及其他添加剂的浆状混合物，用于印刷（纸、织物）和制造圆珠笔。

讲吧

jabber

一种网上交友聊天、即时通讯的工具。是电子邮件原理的延伸，在发信息时能看见对方是否在线，双方能即时互发信息。由于讲吧通讯协议的开放性和通用性，其用户数量增长迅速，美国媒体将讲吧通讯协议列为2004年度10大关注协议之一。

讲故事
storytelling

公共图书馆开展比较普遍的一种服务方式，尤其在针对低幼儿童的活动中占有重要的地位，所指的是在特定的时间和环境内，由图书馆员面对面对地向孩子口头讲述诸如童话、寓言等民间文学的一种即时交流和分享的过程。伴随科技的发展，讲故事已经由壁炉旁走入了因特网。据文字记载早在公元前 2000—1300 年讲故事活动就已经存在，1907 年理查德·斯蒂尔（Richard Steele）首先提出了“讲故事”（story telling）这个专业术语，后来被人们广泛使用。1837 年幼儿教育创办者弗里德里克·弗罗贝尔（Friedrich Froebel）在德国开展的幼儿园运动（Kindergarten Movement）中，将讲故事引入到幼儿园的日常活动中，并使德国幼儿园开始普遍认知讲故事是其开展教育活动的不可分割的一部分，在此观念的影响下，1873 年第一所幼儿园在美国开办的时候，人们将讲故事活动引进。讲故事必备的三个基本要素就是：故事本身内容、讲故事的人和故事的听众。讲故事不是读故事，要求讲故事的人具备各种讲授技巧，同时需要选择适合听众阅读水平和有兴趣的故事。

讲故事时间
story hour（storytime）

指专门为来图书馆的儿童读者安排讲故事的时间。在一些公共图书馆中设有固定的讲故事时间（一般为 30 分钟）。

讲谈社（日本）
Kodansha Ltd.

创建于 1909 年 11 月，主要出版文艺、文化、漫画、连环画和科学读物。该社设立各种奖项和表彰制度，以奖励上述领域有才之士。同时以亚洲、非洲为中心，开展面向世界出版奖励活动，支持读书识字，并向学校及图书馆进行赠书等文化事业活动，为社会的发展多做贡献。

奖项
Award

由授奖机构给予的对资源内容出色的正式承认。属“资源描述与检索”（RDA）的内容描述元素之一。

奖学金
fellowship

大学、研究所或图书馆为优秀的学者在一段时间内（通常是 1~2 年）进行研究或学习提供职位和津贴。该术语也指在某些情况下基金会提供的津贴。高级奖学金颁发给在本领域里信誉良好的学者，青年奖学金则资助学者早期的研究生涯。获得教学奖学金的学者还需要承担一些课程教学的责任。

蒋复璁（1898—1992）
Jiang Fucong

字美如，号慰堂，浙江海宁人。江南著名藏书家蒋光煦曾孙。1932 年留学回国，任中央图书馆筹备处主任，四处奔走，影印《四库全书》珍本，以筹措经费，与世界各国建立书刊交换关系，使得外文书刊大量增加。1940 年中央图书馆正式成立，任首届馆长。1941 年初冒险前往上海，抢救沦陷区的珍贵古籍。1945 年奉命教育部京沪区特派员，负责江南地区文教单位接受事宜。曾从特务头子戴笠手中收回举世闻名的珍贵文物毛公鼎，同时经过中国驻日本军事代表团收回日军从香港掠夺的珍贵古籍。1948 年起，内地善本图书被运往台湾，蒋复璁奉命参与此事。1954 年出任台湾“中央图书馆”馆长，1965 年任台湾故宫博物院院长、“中央研究院”院士。著有《珍帚斋文集》、《图书馆管理法》和《图书与图书馆》，主编有《徐志摩全集》和《蒋百里先生全集》。

蒋光煦（1813—1860）
Jiang Guangxu

字日甫，一字爱荀，号生沐，又号放庵。浙江海宁人。清代藏书家。专意收藏古籍名刻和金石书画。遇到善本，不惜千金购买。取宋王应麟“因而学之，别于下民”，建造“别下斋”储藏其书，计古籍 10 万余卷，其中名刻善本为多。曾校刊《别下斋丛书》九十二卷，又辑《涉闻梓旧》一百一十四卷。著有《东湖丛记》、《斠补隅录》、《花树草堂诗稿》、《别下斋书画录》等。所藏之书于咸丰末年毁于兵火。

蒋颖（1967—）
Jiang Ying

研究馆员、中国社会科学院图书馆（文献信息中心）副馆长。1992 年 4 月毕业于北京大学图书馆学情报学系，理学硕士。1992—1997 年在中国科学院文献情报中心工作，1997 年至今在中国社会科学院先后任馆长助理兼网络系统部主任。2006 年任现职。兼任中国图书馆学会资源建设与共享专业委员会委员；中国社会科学情报学会理事；中国图书馆学会专业图书馆分会常务理事、副秘书长、教育与培训委员会副主任。出版专著《资源数字化标准问题研究》，发表学术论文20余篇。主持中国社会科学院重大课题《人文社会科学领域文献计量学的理论与应用》。

蒋永福（1961—）
Jiang Yongfu

黑龙江大学信息资源管理中心研究员、主任、硕士研究生导师，兼任中国图书馆学会第八届学术研究委员会图书馆学理论专业委员会委员、黑龙江省图书馆学会第九届学术研究委员会委员和编辑出版委员会主任。1982年毕业于黑龙江农业经济学校经济管理专业，后改修图书馆学情报学专业，函授本科毕业。具有多年图书馆实践工作经历，曾多年担任基层图书馆的副馆长、馆长之职，主要研究方向：知识组织、图书馆哲学和人文图书馆学等。发表论文100余篇，并多次获奖。

降边箱
drop side box

用于保存书的书盒，当打开的时候至少有一方铰链落于外，使封闭式文件集在不损坏的情况下轻易移动。因为降边箱比下拉脊柱箱更方便取和放，减少了书籍封面的磨损风险。

交叉关系
intersection relations

又称“部分重合关系”，是指部分外延相重合的两个概念之间的关系，因此，这两个概念就互称为交叉概念。它们外延重合部分形成了一个新概念，等于两个交叉概念内涵之和。

交叉类列
cross-classification

由纵列的类目和横列的类目交叉所形成的平面式分类系统。也指表格式分类法。

交叉索引
cross-index

指一个款目有多个标目的索引。

交叉小说
crossover fiction

现今西方小说创作的突出特征。这类书籍被不同的、跨年龄段的读者（儿童，青少年和成人等）所喜爱。最为人所知的当属J·K·罗琳（J. K. Rowling）所著的哈利·波特（Harry Potter）系列，表面上是为儿童或青年人而著，实际上也同时吸引着成年人。

交叉校验
cross-check

通过使用另外的方法来校验调查结果。在图书馆学研究中，通过咨询另一个（独立的）来源证实事实是否成立。当出现相反的证据或意见时，需要第三个或第四个来源来解决这种矛盾。

交叉学科
cross discipline

学科交叉逐渐形成一批交叉学科，如化学与物理学的交叉形成了物理化学和化学物理学，化学与生物学的交叉形成了生物化学和化学生物学，物理学与生物学交叉形成了生物物理学等。这些交叉学科的不断发展大大地推动了科学进步。

交互地图
interactive map

数字形式的地图，通常允许用户使用像鼠标这样的点击设备在地图的表面选择一个点，以另外一种尺度来观察它表面部分或者获取附加的信息。

交互技术
interactive technology

指通过计算机输入、输出设备，以有效的方式实现人与计算机对话的技术。包括机器通过输出或显示设备给人提供大量有关信息及提示请示等，人通过输入设备给机器输入有关信息，回答问题及提示请示等。人机交互技术是计算机用户界面设计中的重要内容之一。与认知学、人机工程学、心理学等学科领域有密切的联系。

交互式电视
interactive television

也称“互动电视”。指一种可以由观众自己选择或控制电视节目播放的电视系统，让电视台把观众自己想看的节目通过有线电视网送到电视屏幕上，并可通过电视进行购物、学习、直接与老师对话。应用于电视节目的视频点播、远程教学、电子购物和交互式游戏等方面。1994年，美国时代华纳公司宣布交互式电视正式问世。

交互式小说
interactive fiction

一种高科技类型的小说，即将各种故事和小说均存储在计算机内，并提供几套可供替换的情节和故事线索。读者可以在计算机程序允许的范围内自由选择，自己编撰故事。

交互系统
interactive system

允许人和数据库之间进行直接通信的计算机系统。用户可以通过计算机的程序语言与系统直接对话。

交换出版物
exchange

图书馆藏书补充的非购入方式之一。指两所图书馆之间或图书馆与其他文献情报机构之间，为互通有无、调剂余缺、丰富馆藏，直接或间接地交换图书资料。通常情况下，图书馆将自己的馆藏复本或者流通率不高、但是对它馆有收藏价值的文献送交给其他图书馆；反过来，也接收其他图书馆交送来的馆藏复本或对本馆有收藏价值的文献。

交换格式
exchange format

又称“通信格式”。是机读目录由一种格式转换成另一种格式的中介形式。其主要用途为：便于图书馆与信息部门之间交换书目记录；便于书目机构用单独的一套计算机程序处理从图书馆和信息部门收到的书目记录；作为书目机构本身的书目数据库的格式基础。交换格式具有极大的灵活性和较大的兼容性，可变换成许多不同类型的输出格式和排列方式，也可直接用于编制机读目录。

交换中心
exchange center

调剂图书馆藏书余缺，管理馆际图书交换业务的机构。

交替出版社
alternative press

不受那些控制全球出版业的大型跨国公司支配的小型的、政治先进的出版社。这些出版社的出版物往往阐明一些重要的社会问题，反映那些被主流出版社所忽视或仅仅肤浅带过的实验性、创新性工作。在过去的 30 年里，交替出版中心（APC）是美国图书馆协会社会责任圆桌会议（Social Responsibilities Round Table）的分支机构，出版物有《交替出版社索引》(*Alternative Press Index*）等，在许多大型高校图书馆和公共图书馆的参考部都可以查阅。

交替类目
alternative location

有些学科分属于两个门类，在编制分类法时将其归入一个门类，同时在另一门类设置交替类目，以适应学科的交叉关系，满足不同专业图书馆的需求。

交替题名
alternative title

一本书有两个题名，在编目时取其中之一作题名，另外一个题名以“或”（or）作连接著录；后面这个题名称为交替题名。也指一本书其题名的其他语言文字形式，分别在目录中反映。

交通大学浩然图书馆
National Chiao Tung University Library

位于中国台湾省新竹市，建于 1958 年，1967 年改名为交通大学工学院图书馆，1979 年更名为交通大学图书馆，1998 年为纪念杰出校友殷之浩而将新馆改为现名。馆藏图书为 80 万册，电子图书 57 万册，中西文期刊 16 万多册（合订），现订期刊 2 982 种，全文电子期刊 52 959 种，数据库 310 种以及视听资料 63 854 件，缩微平片 100 万片。

《交通专业汉语主题词表》
Traffic Chinese Subject Thesaurus

用于储存和检索交通专业情报资料的专门叙词表。由中国交通部情报所编制，1983 年出版。由主表和范畴表两部分组成，共收录叙词 2 050 个。主表是主要部分，是组织文献和进行文献检索的依据，其主题词按汉语拼音字顺排列。范畴表则是把主表中的全部主题词按学科性质的范畴编排，帮助用户从分类角度查找与某一范畴内容有关的主题。

胶版复印法
hectograph process

一种类似于油印技术的复印手段。多采用薄金属板（或特殊纸板）为版基，涂上感光胶后通过光化学原理曝光制版。将制作好的原件印版置于机械辊筒上，以油墨、水同时涂抹纸版，使得有文图的部分涂上油墨，空白处只有水，然后将印版上的文图先印在有弹性的胶版上，再从胶版上转印到普通纸上。

胶版印刷，平版印刷
offset

将油墨用于卷绕在胶辊上的薄金属板面上的一种旋转印刷过程。这个旋转胶辊将图像和文字传输到另一个涂有橡胶层的滚筒上，再从这里转印到印纸上。胶版印刷速度快、费用低，图像线条清晰，画面逼真，与凸版印刷相比，印刷质量较高。

胶版纸
offset paper

主要供平版（胶印）印刷机或其他印刷机印制较高级彩色印刷品用纸，如彩色画报、画册、宣传画、彩印商标及一些高级书籍以及书籍封面和插图等。胶版纸具有伸缩性小、对油墨的吸收性均匀、平滑度好、质地紧密不透明、白度纯、抗水性能强以及较为耐磨等特点。

胶订
adhesive binding

用胶质物将印品的各页固定在书脊上的一种装订方式，也称无线胶订，适用于较厚的书本，产品庄重华贵，成本低，效率高，出书快，读者翻书也容易。胶订是目前广泛使用的装订工艺。

胶结装订
lumbecking

将分散的书页用胶粘剂粘在一起而不用线缝的一种装订方式。

胶卷盒（片盘）
reel

可绕上加工过的缩微胶卷，供插入阅读器、阅读复印机和检索装置用的有凸缘的夹片工具，即用于卷绕存放电影胶片的开盘片盒。

胶卷，影片
film

薄而长的胶条或一片柔软、透明或半透明的材料，涂上一层感光乳胶，曝光时可以用来照相。1950 年以前硝酸纤维素是胶卷的主要成分，对其不稳定性和易燃性必须采取措施进行保护。为了防止变质，必须将老式影片复制到一个更为持久的载体上；另外，也指一些宽度为 8 毫米、16 毫米、35 毫米或 70 毫米的商业和教育电影，包括纪录片、故事片和电影短片。

胶料
size

由凝胶、明矾和甲醛等配成，是合成树脂与硫酸铝的混合物，加入纸浆中提高硬度，降低吸收性，表面胶料现是绝大多数纸张和纸板的标准涂料，可提高纸张的光洁度、增大表面张力、拒水能力和纸张尺寸的稳定性，适于印刷。

胶片记录器
film recorder

从计算机接收信息并以照相底片上透明和不透明区域的形式把信息记录起来的一种装置。胶片记录器能产生 35 毫米的很高分辨率的幻灯片。

胶片卷盘，片轴
spool

通常置于照相机或其他机器中的一种装置。带有突出齿轮的轴，可将未使用过的胶卷卡在齿轮上，以带动胶卷转动。

胶印法印刷
offset printing

印刷部分吸收脂肪性油墨，而非印刷部分则由水湿润而排斥油墨。印刷时，图像从印版转印至橡皮滚筒上，再转印到纸上。

胶印机
offset printing press

按照间接印刷原理，印版通过橡皮布转印滚筒将图文转印在承印物上进行印刷的平版印刷机。

胶印印版
offset plate

指在进行胶印时所使用的印版，其表面经过涂布处理，可以在其上产生转移油墨的区域和不转移油墨的区域面，且两种区域处于同一平面的平板工件。

胶印用纸
offset paper

表面强度高、具有良好的防水性和一定程度的

J

多孔性、适用于胶版印刷的纸张。胶印加工以油脂的厌水性为基础，因而用于胶印的纸张必须能免于过多的水溶性物质，特别是表面活性物质的侵蚀。这种纸是用漂白的布浆、化学木浆和竹浆等制成，纸质洁白平滑，伸缩性小，不易卷曲。常用来印刷画报、书刊插画、封面、地图、商标和各种宣传广告品等。

椒纸

Pepper Paper

指一种宋朝印书用纸。用花椒制成的浸液刷在纸面上而成，以增加纸张的防蠹效能。因为椒纸有一定的防蛀能力比一般的纸保存时间要长，这就是“天下账籍惟峡纸不朽损”的原因。

J

焦深

depth of focus

指摄影技术上景物的影像在呈影屏上可允许的偏离范围。焦深长时，允许底片偏离焦点的平面范围大；焦深短时，允许底片偏离焦点的平面范围小。

焦玉英（1942—）

Jiao Yuying

武汉大学信息管理学院教授，博士生导师。曾任情报学系主任，湖北省信息学会常务理事兼普及委员会副主任、主任委员。被聘北京万方资料公司咨询服务事业部竞争情报资深专家。曾被国家教委派往乌克兰基辅文化学院科技情报学系访问、研究。主要从事情报学理论与实践方面的教学与科研工作。主要研究方向：网络信息组织与检索系统建设；企业竞争情报与信息服务保障；企业管理咨询理论与实践等。主讲本科生课程：《科技文献检索》、《信息检索》和《管理咨询》。其中，《信息检索》被评为湖北省优质课程。主讲研究生课程：《信息组织与检索进展》、《信息服务及其系统建设》、《企业管理咨询理论与实践》和《企业竞争情报理论与实践》等。主持过国家教委博士点基金项目、国家社会科学基金项目、国家自然科学基金项目和武汉大学面向21世纪信息管理课程体系与方法改革项目等。出版专著多部，发表论文多篇，多次获奖。

角饰

cornerpiece

在16世纪晚期和17世纪早期的图书装订中，蔓藤花纹等装饰性设计印在图书封面的角上，封面中央有相应的装饰。也指图书装订时附加的装饰性金属角。现代一般指由金属或其他硬质材料制品，是加在图书书角的一种临时性保护措施，以防在运输过程中受损。也指在图书正文角上印刷的或描绘的一种装饰。

角书

horn book

15—18世纪英国和美国的一种早期儿童读物，包括一张羊皮纸或普通纸张，上面有字母表中的字母，通常还有10个开头的数字、基本的拼写规则、祈祷用语，有时还有一张手工上色的插图。外面用一片薄薄的、透明的牛角保护着，固定在一块椭圆形的木板或皮板上，并有一个凸出的手柄，使其可以系在儿童的腰上，以便携带并防散失。这种桨拍状的外形表明它可能曾被用于羽毛球比赛中。18世纪中叶，角书还被称作读书板或球拍书。“horn book”还被《儿童读物杂志》(*Horn Book Magazine*)的标题所采用，那是一本关于儿童文学的评论性出版物。

脚踏车式图书手推车

Bicycle Book Carts

图书馆员针对地势艰险地区用户借阅需求发明的又一种巧妙的服务方式。这种手推车是将书箱或书架与脚踏车相连，以较低的成本行驶在地形复杂地域，并将图书文献带给所需要的人们。

脚注

footnote（bottom note）

亦称边注、页末注。印在页面底部的一些简短注释，用于说明和补充正文中的某项内容，或者向其他人指出作者提出的词语和概念的来源。通常用略小于正文的字号排印。在一些学术期刊上，一般将脚注印在章节的结尾处，以使主要内容的排版更简单。在刊有不同文章的杂志中，每篇文章都有自己的脚注原则。

脚注，附注

removes

出版业术语，指在文本页的底脚处用小号字体标注的注释或引语出处。也指在对文献资料编目时，款目上用以说明图书的形式、内容、著者情况与其他出版物关系等的文字。

缴送本制度
legal deposit

国家指定的机构无偿获得国内每种新的出版物样本的法定制度，是国家保存出版物版本、进行国家书目登记的前提。此项制度始于 1537 年法国国王佛兰西斯一世颁布的“蒙彼利埃敕令”。目前，世界上各国的国家图书馆和主要地方公共图书馆都接受呈缴本。

较粗糙的纸
eggshell

一种书皮纸。对未经涂刷的纸张或纸板进行轻微的凹痕处理，使其无光泽的表面像鸡蛋壳一样。绝大多数仿古文献的封面都采用这种加工整饰。

校雠学
Study of Emendations

研究中国古代整理文献的方法的学科。起源于春秋孔子，奠基于两汉刘向父子，鼎盛于清代。自北宋以后多改称为“校勘”及“校勘学”，现将其称为狭义的校雠学，而将包含各项程序的工作及知识称为广义的校雠学。宋郑樵《通志·校雠略》、清章学诚《校雠通义》为论述此学之代表著作。

校订本，校订版
recension

指对照可靠资料，全面修订学术著作并再出版的新版本。对于一些有影响的学术著作通常要在学术上达成共识后才能进行校订工作。

校订，编辑
editing

出版发行中，对作者提交出版的手稿或打印稿改错并整理、加工的过程，是定稿付印前的重要环节。

校订者
emendator

对照可靠的材料改正书籍、文件中错误的人员。在编著的作品方面，校订者通常要对作品内容进行订正，对引用文献进行核对。在翻译作品方面，要依据原文对译文疏漏不确定的地方加以订正和润饰，使之达到出版的标准。

校对符号
reader mark

在校对工作中代替文字说明据以改正各类文字及编排错误的一系列专用符号。

校对，校勘印稿
proofreading

指校对者严格读校印刷校样，仔细同原始手稿或打字稿比较，找出中间的错误，然后将予以改正的意见记录在校样上再送回给印刷厂。

校对页
specimen page

在图书正式印刷之前，印刷商提供给出版社展示印刷效果的纸张，以供审验字体或排样；通常有四页，包括某一章的第一页以及小标题，能看出排字、印刷的效果。

校对员
printer reader（proofreader）

专门在印刷厂或出版社从事根据书籍或定本核对校样工作的专业人员。其主要职责是对原稿负责。校对员要求具有高度的责任感和较高的文化素养。

校对者
reader

在出版发行界，被邀请来阅读和评估由作者或其中介机构提交的、有待出版的手稿的人员。在印刷界，指负责阅读校样并将其与原稿相对照以便发现印刷错误的人员。

校勘，评注
textual criticism

对文学的批判研究，重点在于仔细研读和分析原文。

校勘学
Biblio-textual Criticism

又称校雠学，以确定文学著作的原始文本为目的之学科。中国汉代刘向给校勘学下的定义是“勘正文句著其异词，删定重复厘定篇第”，简言之，就是仔细地研究比较各种不同的文本，校订出最忠实于作者原著的版本。对于古老的、原作散佚或缺失的经典来说，校勘工作尤其重要。

校验
verification

在计算机系统中，程序自动判断输入信息的语法、格式和用词的准确性。

校验数位
check digit

加在数字序列中的一个数字，与序列有算术上的关联，当数字被输入计算机后，数字的输入错误可以被自动检测出来。例如：国际标准书号（ISBN）的最后一个数字为校验位数。

校验字符
check character

指被增加到一块传送数据末端的一种字符，常用于检查数据输送的准确性。

校样
proof

在不同排版阶段，从打印机、金属板、照相胶卷或磁带、磁盘上印制的供检查和校正用的纸样。校样分为毛校样、初校样、二校样、三校样和付印样。

校阅
read and revise

指在书刊编校过程中对作者交付的作品或未最后定稿的稿子进行修订、加工和润色的一种专业工作。

教皇诏书
bull

狭义上指教皇发布文件、书信、诏书或教规，上面盖有教皇自己的正式印章（印玺）。也指任何基督教教会或非教会的有关信仰或教条的陈述。

教会图书馆
Church Library

由教会（僧院或者修道院）主办的图书馆，一般收藏和宗教有关的出版物。

教科书的练习册
workbook

配合教科书单独出版发行的学习资料，包括练习题、问答题和填空题等。作为教科书的辅导材料，练习册通常是软面装订，有时是螺旋装订或梳式装订。

教名
given name

按照英语民族的习俗，一般在婴儿接受洗礼的时候，由牧师或父母亲朋为其取名，称为教名。以后本人可以再取用第二个名字，排在教名之后。通常采用圣经、希腊罗马神话、古代名人或文学名著中的人名或祖先的籍贯、山川河流、鸟兽鱼虫、花卉树木等的名作为教名。例如，比尔·克林顿（Bill Clinton）和约翰·史密斯（John Smith）。

教区图书馆
parish library

由教区堂区创办的图书馆，其馆藏以宗教类书刊为主，为堂区的全体居民、全体教徒提供服务，运行经费来自募捐。

教师互惠借阅计划
Reciprocal Faculty Borrowing Program

由 OCLC 研究型图书馆咨询委员会建立的一项计划，旨在给参与这一计划的机构的教师向其他的学术研究型图书馆拥有借阅特权和现场访问馆藏的权利。此计划仅面向满足具体衡量标准的学术研究型机构。

教师兼职的图书馆长（员）
teacher-librarian

在国外中小学（尤其在英国）中通行的一种办法，由学校的教师兼任本校图书馆长（员）。

教师图书馆
teacher library

所收藏的资源主要是满足教师准备课程学习、研究及在职学习所需。一般包括：图书、小册子、期刊和非书资料等，文献覆盖教育及各个学科。最理想的模式是，文献收藏在各个学校和学区的中心馆，通过联合目录指明文献的收录处，以方便文献的保存与借阅。

教师用参考书
teacher guide book

专供教师使用的参考书。主体内容与学生使用的教科书相同，但是附有一些教师需要的背景知识、思考题及习题答案等。在编目中，教师参考书被归入教科书的书目著录的载体形态里的附属资料类。

教室藏书
classroom collection

学校或大学图书馆为新学期某一班级的课程选择的一小部分常用书籍送至教室，以供老师和学生使用。

教堂式装订法
cathedral binding

在1815—1840年，哥特艺术复兴时期，流行于法国和英国的一种装订方法。用布面或皮面料装订的书，用哥特时期的建筑基本图案有时甚至包括圆花窗的花纹来装饰图书。

教学参考书
course-related reference works

教育读物中的一种，主要供教师教学时的参考，如各种教案选编、教材教法书等。

教学大纲
syllabus

课程讲义提要，通常按照讲课的先后顺序列出要讲授的内容，并列出参考书目和作业。一些学校的老师将他们的教学大纲放在网上，或者放在图书馆的参考阅览室中供学生使用。

教学辅导材料室
curriculum room（curriculum lab）

在大专院校图书馆里所设立的一个房间或一个区域，存放与课程相关的工具书、教科书、手册、教学软件以及小说和非小说类的青少年读物等文献资料，以便于学生查阅与课程有关的资料。

教学技术
educational technology

指根据实践经验和科学原理而发展起来的各种教学方法与技能。如规划、评价教与学的方法和教学法、应用并开发正规教育和非正规教育中交流技能的手段及现有知识的系统方法。

教学媒体中心
Instructional Media Center（IMC）

由于视听媒体发展很快，成为世界许多学校教学上广泛利用的辅助工具，因此，各学校都建立了教学媒体中心以支援教学为主要功能的单位，负责收集、管理教学媒体及场所、设施，并协助教师设计、开发和制作各种教学媒体。

教学资料
resource materials

图书馆收藏的与教学有关的各类文献资料，如教材、教学参考书和多媒体课件等。

教学资料中心，学习资源中心
instructional materials center

美国中小学内的一种文献信息机构，以教学计划为中心，收集、制作及整理教学相关的资料，用以辅助教学，协助学生学习和推进学校的教学计划进程。备有各种书刊、剪报、视听教材（如幻灯片、科教电影、唱片、磁带、模型和美术复制品），同时还配备有各种相关设施，学校师生可以在这里借阅、利用这些资料。

教育部高等学校图书情报工作指导委员会
Steering Committee for Academic Libraries of China

在中国教育部领导下对全国高等学校图书情报事业进行咨询、研究、协调和业务指导的专家组织，成立于1999年。原称全国高等学校图书馆工作委员会，成立于1981年，1987年改名为全国高等学校图书情报工作委员会。该指导委员会的主要任务是调查研究高等学校图书情报工作的状况，提出加强图书情报建设的意见和建议；进行高等学校图书馆改革发展和建设的研究，提供业务咨询，接受教育部的委托，促进高等学校图书情报事业整体化建设，推进文献信息资源的共建、共知和共享，组织高等学校图书情报专业人员和管理干部的继续教育和培训；组织图书情报工作的经验交流和学术研讨活动；对高等学校图书情报工作进行检查评估和成果评奖；参加全国图书情报工作的协作、协调，编辑出版有关高等学校图书情报工作的书刊，宣传高等学校图书馆的职能和作用；调研国外图书情报工作的情况和发展趋势，开展对外交流和指导各地区、各部委高等学校图书情报工作委员会的工作。该指导委员会秘书处设在北京大学。

教育出版社（俄罗斯）
The Education Press

1931年成立于首都莫斯科，原称教学教育出版社，1964年改为现称。该出版社在过去70多年里共出版教学图书8万多种130亿册，其中1 000多种是学校教科书。目前每年出版教学图书500多种

4 000 多万册，其中新书 170 多种。由于对年轻一代的教育进行了积极和富有成效的工作，该出版社于 1974 年获得了劳动红旗勋章，其工作人员还曾多次获得国家嘉奖。

教育出版社（美国）
Scholastic Press

创立于 1920 年，总部设在美国匹兹堡。是世界上最大的英语儿童图书出版社之一，以出版儿童教育、娱乐出版物风靡全世界。该出版社有着美国最大的学校图书俱乐部，会员由学龄前的儿童到高中生组成，遍布世界各地。自 1920 年起，所出版的刊物无论是高中英语和历史课用的文学和社会评论杂志都获全国最大的、最有影响的奖项，而且获奖的大部分著者都是有名望的大作家和大艺术家。除了创办小学系列杂志外，从 20 世纪 70 年代起，该出版社还逐步向电视、故事片、录像片、计算机软件和网上服务发展。现在经久不衰、风靡世界的畅销书《哈里·波特》（*Harry Potter*）就是该社出版的。

教育电视
educational television

指提供教育或教学节目的电视频道或电视设施。

教育公司（美国）
Scholastic Inc.

全球儿童出版、媒体公司，提供儿童读物、期刊杂志、技术产品、教师参考、电视节目、影片、录像带和玩具等服务。每年还颁发各种奖项和奖学金。该公司还在阿根廷、澳大利亚、加拿大、印度、印度尼西亚、爱尔兰、马来西亚、墨西哥、新西兰、菲律宾、新加坡、泰国、中国台湾和香港地区设有分支机构。

教育录像磁带
educational videotape

一种教学工具。用于磁带录像机上，作为收录和再生声音、图像的记录媒体的磁带。面向学校和图书馆等用户，有时与特定的教材配套使用。

教育频道
educational channel

指在电视系统中为教学而专门设置的频道。

教育型娱乐
edutainment

由教育（education）和娱乐（entertainment）两个单词组合而成，指利用交互式视频手段获取教育和娱乐资料。这种获取知识的方式利用了多媒体技术，深受用户喜爱。这种技术常用于光盘技术中。

教育学全文数据库
Education Research Complete

教育学的在线数据库。这个庞大的数据库提供了全世界最多最完整的教育学全文资料。该数据库还提供了索引和文摘资料和全文资料，内容除了教育学相关学术资料外，还囊括了其他与教育有关的各个领域。其内容主题包括了教育学各阶段：从幼儿教育到高等教育，也包括了各教育学的特殊主题：双语教学、健康教育和测验等。该数据库也收录了管理、政策、基金俄相关社会学的教育课程。该数据库有近 2 100 种的期刊资料，其中 1 200 种提供全文此外也收录有超过 500 种的书籍和专文，以及其他为数众多的和教育学相关的会议报告。

教育学研究全文期刊数据库（美国）
Education Research Complete（ERC）

由美国 EBSCO 公司出版。用于教育学研究的权威在线电子资源，是世界上最大和最完善的全文教育期刊数据库之一。涵盖了高等教育、中等教育、职业教育和幼儿教育的研究内容以及一些专业的领域，比如多语教育、健康教育和特殊教育等领域的文献信息。同时也包括了课程指导、教育行政管理及一些相关的内容。

教育与培训专业组
Education and Training Section

隶属国际图联专业委员会专业支持部（Division of Support of Profession）。成立于 1973 年。其主要重点是集中研究图书馆学与情报学专业人员的教育与培训。肩负培训的职责，服务于图书馆学与情报学教育工作者、从业者和管理人员。图书馆信息服务的教育和培训涉及国际图联所有的专业部，要求与这些专业部和具有相关使命的其他国际与地区间的协会合作。该专业组对发展中国家的图书馆学与情报学教育和培训的状况特别感兴趣。出版该专业组的业务通讯（电子版），刊登有关教育与培训的新闻与会议动态和论文，并出版会议录和年报。

《教育主题词表》
Education Subject Thesaurus

用于检索储存教育专业文献的专业叙词表，由中国教育出版社于1993年12月出版。该词表共收词3 702个，其中正式主题词3 011个，非正式主题词691个，内容涉及教育科学的各个领域及其若干学科。全表分为分面分类表及字顺叙词表两部分，设有辅表、英汉对照索引和轮排索引。

《教育资料与图书馆学》
Journal of Educational Media and Library Science

1970年3月创刊，初名为《教育资料科学月刊》。1980年9月更名为《教育资料科学》季刊。自1982年9月起，改为现名，仍为季刊，每年3月、6月、9月和12月各出刊一期，合一卷。由邱炯友教授任主编、中国台湾淡江大学出版中心出版，资讯与图书馆学系和觉生图书馆合作策划编辑，有英文目录。

教育资源信息中心（美国）
Educational Resources Information Center（ERIC）

由美国教育部、美国教育图书馆等共同建设的教育资源信息机构。该中心于1965年成立，原名为教育研究信息中心，是全球最大的教育资源站点。其数据库收录教育和与教育相关的文献资料，也包括教育文献资料的题录和文摘。主要出版物有《教育资源》(*Resources in Education*)、《教育信息中心资源服务提供者名录》(*Directory of ERIC Information Service Providers*)。

教育资源信息中心文献资料
ERIC document

由美国教育资源信息中心负责交换、以缩微胶片或在线方式发行的有关教育以及和教育相关的研究报告。各大学图书馆均有收藏，主要为教育学科提供文献资源保障。

教育资源信息中心数据库（美国）
ERIC Database

美国教育部资助的网站系列和世界上最大的教育资源数据库，其中包括各种文档以及教育研究与实践方面的论文摘要，这些摘要超过了100万篇，收录1 000多种教育及和教育相关的期刊文献的题录和文摘。部分资源可查找到全文。主题有成人、职业与职业教育、评估、残疾与天才教育、小学与幼儿教育、高等教育、城市教育、教育管理、信息与技术、语言学与语音学、阅读与交流、教师与教师教育及其他有关教育的主题。

接待员
receptionist

指图书馆专门从事接待工作和帮助解答来访读者一般性咨询问题的办事人员。

接口，界面
interface

指两个不同系统的交接部分。例如，两种硬设备的接口装置，两个程序块的接口程序，两个或多个程序共同访问的存储区等。

接排
run on

指在廉价版图书的排印过程中，不分段、不分行的一种排版方法。

接排式索引
run-on style

后续索引的标题直接接排在前一索引标题之后的一种索引类型。接排式索引通常是文献之后所附的索引。具体做法是：在文献索引的编制过程中，后续索引标题并不另起一行，而是直接接排在前一个标题的后面，直至索引结束。

接收力
reception

一是指无线电或电视广播接收信号的质量；二是指在信息交换网络中数据交换机在单位时间内可接收信息的能力。

接收器
sink

指从其他设备接收信息的一种设备或设备中的一部分。

接受赠书
receive gift

图书馆获取馆藏文献的一种方式之一。某些图书馆因书库限制或收藏复本过多等原因，定期或不定期地将全部或部分书刊免费向其他馆赠送；另外社会上还有很多个人和团体经常向图书馆捐赠图书。接受赠书不仅可以节省图书馆的购书经费，而且还有利于对缺期或未订到的期刊进行补缺。

J

节本、简本

abridgement

对原文献文字、篇幅简化、压缩后所形成的新版本的文献。常见于文学作品。

节点

node

指某种类型的交叉点。在现代通讯中，代表网络中的连接点或任何设备，例如连接到局域网上的个人计算机或连接到主机上的终端。每个节点有其唯一的网络地址，具有发送、接收和存储信息的能力。node 来自拉丁文“*nodus*”，意即“（绳等的）结或（树的）节”，或“按钮，调节器”。

节假日导游手册

holiday guide

一种详细介绍某旅游景点诸如风景名胜、游览活动场所、交通和住宿等各种情况的出版物，专供节假日度假者阅览。

节录

epitome

从整篇文字里摘取重要的部分，但对原文不做修改的选录。

节略本

abridgment（condensation）

作品的简略版本或简略译本，保留了原作的整体思想和表现形式，删略了次要部分，如插图、注解和附录等。节略本通常是由原作者或编辑者之外的他人来完成的，是专为那些由于原作的价格、长度和复杂性等原因而不愿意购买原作的读者考虑的，如《新版简明牛津英语词典》（*The New Shorter Oxford English Dictionary*）。

节略，缩编

condensed

指与同类型的普通版本相比，成一定比例缩小的铅字面。其作用是可在一个报刊栏或一张页面上印刷更多的文字。

节目收听或收视率

Q-rating

在对听众或观众所做的调查研究中，人们对广播或电视节目的了解程度，是评价多少电视观众或广播听众熟悉某个节目以及他们是否把它看作是他们最喜欢的节目的尺度。电视收视率是指在同一时段内，收看某个电视节目的收视家庭和人数的比率。最常使用的收视率调查，是在节目播映时间内，利用电话询问对方收看那一台的电视节目。通常，这都是由专门的收视率调查公司来做这项工作。目前一般都采用答卷形式，此形式所收集的数据人为因素太多，说服力不高。电视收视率调查工作，在欧洲等国及中国香港、澳门、台湾地区于20世纪80年代已经采用电视收视率调查仪，近几年中国经济发达的部分城市也开始采用微机自动调查，采用微机调查取代人工答卷调查已是大势所趋、时代需要。

《节日和假日》（美国）

Anniversaries and Holidays

由美国图书馆协会（ALA）出版的一本收录全世界节假日的参考工具书。最初于1928年由玛丽·埃默吉恩·黑兹尔坦（Mary Emogene Hazeltine）主编创办，从1975年第三版起开始改由鲁思·W·格雷戈里（Ruth W. Gregory）主编。已出版第5版再版（2009年），主编者是伯纳德·特拉维克（Bernard Trawichy）。该书共收录了3 000多个国际性节日、假日以及宗教节日等。“固定的节日”按时间顺序排列；“不固定的节日”按基督教、伊斯兰教、犹太教细分。还有关于节日和假日的书目共1 000多种。该书为查检背景资料提供方便。

杰克逊维尔公共图书馆（美国）

Jacksonville Public Library

位于美国佛罗里达州杰克逊维尔市，始建于1878年。馆舍面积为28 000平方米，包括1所中心馆，20所分馆和1所流动图书馆。馆藏各类文献包括图书及期刊合订本320多万册，年到馆访问250万人次，年图书流通量920万册次。特色收藏包括作曲家弗雷德里克·德利厄斯（Frederick Delius）的相关文献，佛罗里达文献库以及各种地图图表文献库。美国图书馆协会佛罗里达分会设在该馆。

杰拉尔德·福特总统图书馆与博物馆（美国）

Gerald R. Ford Presidential Library and Museum

福特图书馆与博物馆分别位于美国密歇根州的两个城市，相距280公里。图书馆于1981年4月正式开放，耗资430万美元，建筑面积为5万平方英尺。其外部造型独具魅力，内部功能完备齐全。馆内拥有一个165个座位的多功能视听室、会议室、文献研究室及音像研究室，一间专为福特提供的办公室，可控温度和湿度的书库及先进的报警系统以及收藏和拷贝实验室。馆藏拥有2 500 万份文献资料、45 万张照片，3 500 小时的录像带，80 万英尺的电影胶卷和 3 000 小时的录音带。除福特本人的资料外，还有福特在位时智囊团 100 名成员和助手的文献及部分联邦政府的卷宗。

杰勒德·萨尔顿（1927—1995）
Gerard Salton

美国情报学家、计算机科学家。曾任哈佛大学应用数学系讲师、助理教授，康纳尔大学计算机系教授和系主任，《美国计算机协会通讯》和《美国计算机协会杂志》主编，美国计算机协会情报检索专门小组主席。发表学术论文约 150 篇，有关情报检索专著 5 部。

杰西·豪克·谢拉（1903—1982）
Jesse Hauk Shera

美国教育家、哲学家和图书馆学家。耶鲁大学硕士、芝加哥大学博士。曾在多所图书馆中供职，并从事图书馆学教育，教授图书馆学、图书馆管理学、编目学和美国图书馆史等课程。20 世纪 50 年代起，从事图书馆学、目录学研究，组织“目录组织会议”，并参与重新组织美国文献学会。分别在《图书馆季刊》(*Library Quarterly*)、《美国文献》(*American Documentation*) 和《编目与分类杂志》(*Journal of Cataloging and Classification*) 等杂志编辑部当过编辑。在西部预备大学期间，建立文献工作及交流中心。在他的 457 件作品中有《公共图书馆的基础》(*Foundation of the Public Library*) 和《图书馆学导论》(*Introduction to Library Science*) 等，至今仍是西方图书馆界常用的教科书，并被翻译成多种文字。谢拉认为图书馆事业是一个整体，由各方面互相联系、互相依赖的要素组成的一个整体，他所提出的图书馆学“社会认识论”主张从社会学认识论的角度建立新的图书馆学体系。由于学术上的成就卓著，多次获得奖章。

杰作，名著
masterpiece

为世人所公认、代表某人或某些人最高水平的艺术、工艺或文学作品。一位艺术家、作曲家或作家一生也许会有多部杰作。

洁本
expurgated edition

删除原著中黄色、淫秽词语或段落的版本。

结办档
closed file

在档案管理中，指一批已经处理完毕、不再增加新内容或不再变化的档案。

结构化查询语言
structured query language（SQL）

一种数据库查询和程序设计语言，用于存取数据以及查询、更新和管理关系数据库系统。其主要功能就是同各种数据库建立联系，进行沟通。

结构化描述，结构化著录
structured description

使用相同的结构（即相同的元素顺序）对资源做完整或部分描述/著录，区别于自由行文的描述/著录方式。

结构化语言
structured language

将自然语言加上程序设计语言的控制结构，专门用来描述加工逻辑。既有自然语言灵活性强、表达丰富的特点，又有结构化程序的清晰易读和逻辑严密的特点。结构化语言比非结构化语言更易于程序设计，用结构化语言编写的程序的清晰性使得其更易于维护。

结构性元数据
structural metadata

用于定义一个复杂的资源对象的物理结构，以利于导航、信息检索和显示。比如描述各个组成部分是怎样组织到一起的元素。

结束段
coda

加在音乐或文学作品结尾处的独立一（节）段，通过归纳前述主旋律或主题使该作品得出令人满意的结论。一些作者有时将传记的最后一章、散文集的最后一篇或短篇小说集的最后一篇作为对前述主题进行归纳的结束段来写。coda 源于拉丁文 *cauda*，意思是“末尾部分”。

结束符
end mark

又称“结束标记”。指明一组信息结束的符号。

结束键
end key

用来实现结束操作的按键。如按下该键，可使主机从更换显示方式进入停机状态，在输入输出控制中按下结束键时，会产生中断。

结尾标记
tailpiece

印在图书某一章节结尾部分空白处的装饰画，通常在印刷过程中进行，有时也有一些是由专业绘图者所绘的小插图。

J

捷克国家图书馆
National Library of the Czech Republic/*Národní knihovna České republiky*

成立于1777年。1807年地方性法令强制要求捷克全境的出版商呈缴其出版物，第一次世界大战后，新独立的捷克斯洛伐克政府接收了该馆，由于捐赠和大量采购使藏书迅速增加。第二次世界大战后，捷克政府将所有的布拉格图书馆都并入国家图书馆。1998年对国家图书馆进行了重组，并将1997年以来所有的新资料均进行在线编目，并对过去的目录进行回溯，对善本进行数字化处理。馆藏总量已达650万册（卷）。该馆为国际图联机构会员。

捷克科学院图书馆
Library of the Academy of Sciences of the Czech Republic

位于捷克首都布拉格，其前身为1952年建立的捷克斯洛伐克科学院中心图书馆。其最早的馆藏综合了1784年建立的捷克皇家社会科学图书馆、1890年建立的捷克科学和艺术学院以及1920年建立的马萨克劳工协会的藏书。该馆是捷克最早的科学图书馆之一，也是布拉格地区最大的科学图书馆。馆藏各种文献资料110万册（件），其中包括各种手稿及早期版本约2.4万件。

捷拉出版社（俄罗斯）
The Terra Press

位于俄罗斯首都莫斯科，属私有出版社，创建于1990年。主要出版文艺类图书、参考工具书、科普与儿童图书、回忆录、政论作品和翻印出版文化古籍。年出版图书400多种400多万册。

截词检索法
truncate searching

也称词干检索或字符屏蔽检索。是指用给定的词干作检索词，查找含有该词干的全部检索词的记录。可以起到扩大检索范围，提高查全率，减少检索词的输入量，节省检索时间和降低检索费用等作用。检索时，若遇到名词的单复数形式，词的不同拼写法，词的前缀或后缀变化时，均可采用此方法。

截词，截断
truncation

将文本中的词截去部分，将不同词形的关键词进行归并，再进行检索，以提高检索率。大多数在线书目数据库的截词符号均采用“＊”，但也有一些例外。用户在使用一个不熟悉的数据库前，应该仔细阅读帮助文件。截词有多种用途。词尾截断可找到所有可能的单词（单数或复数）。对于不规则复数形式，或这个词根所有的变化形式，用“＊”可代表多个字符，词间截断可找到单词的拼写变化。截词的方式有多种，按截断部位可分为右截断、左截断、中间截断和复合截断等；按截断长度可以分为有限截断和无限截断。

截断列表
Truncated List

OCLC Connexion 编目系统中，搜索 WorldCat 时检索出6～100个记录时的默认显示。之所以被称为“截断”，是由于显示的信息被限制到每一项内容为一行。

截面图
map section

指按比例描画的垂直表面图，显示被描画的外形。

解备份
deduping

处理 MARC 数据库记录的基本步骤之一。由于 OCLC“注销藏书”命令不删除来自图书馆 OCLC 磁带上的记录，有时会出现重复记录。将机读文档中重复出现的书目记录通过批处理的形式统一删除，只保留其中的一个。这种批处理可以避免在读者心目中的混淆，节省计算机存储空间，保证统计数据的可靠性。

解除记录锁定
Release Record Lock

OCLC Connexion 编目系统客户端中，“操作”菜单用于解除主记录的锁定的命令。

《解放军报》
Liberation Army Daily

中国共产党和中华人民共和国中央军事委员会机关报，全国武装力量的喉舌，1956 年 1 月 1 日正式创办，1987 年 1 月 1 日起在国内外公开发行。该报除宣传中国共产党的基本路线、方针、政策和国家的法律、法规外，主要宣传中央军委有关国防和军队建设方面的指示，报道军队革命化、现代化和正规化建设的成果，人民军队的优良传统和新时期涌现出来的英雄模范人物。该报还编辑出版大型画刊《解放军画报》、《中国国防报》和《新闻与成才》等。

解放军医学图书馆
Medical Library of PLA

中国目前规模最大的生物医学图书馆之一，1990 年由原军事医学科学院图书馆（始建于 1951 年）和解放军总医院图书馆（始建于 1953 年）合并扩建而成。该馆拥有馆舍 1.24 万平方米，内设 20 个阅览室，阅览座位 800 席；馆藏书刊 100 多万册，每年订购外文期刊近 6 000 种（其中印本刊 800 多种，电子期刊 5 000 多种），中文期刊 10 000 多种（其中印本刊 1 500 多种，电子期刊近 10 000 种），中文图书 3 000 多种，外文图书 200 种，零次文献 3 000 多册，文献数据库 67 多种。全馆实现了书刊采购、登录、分类、编目、流通和办公自动化管理。可向读者提供馆藏数据库查询、文献检索、多媒体、因特网浏览等信息服务。编辑出版、在国内外公开发行的《中华医学图书情报杂志》(*Chinese Journal of Medical Library and Information Science*)，是目前中国国内唯一的医学图书馆学术期刊。该馆是国际图书馆联合会机构会员、全军卫生信息学医学图书情报分委会主任委员单位、中国图书馆学会医院图书馆委员会主任委员单位、中国高等院校医药图书馆协会常务副主任委员单位。多次派人参加国际图书馆联合大会等国际性学术会议，并多次接待美国、俄罗斯、英国、日本等国家的学术参观访问团。

解密
declassified

出于信息保密之目的，在信息传输或存储中，采用密码技术对需要保密的信息进行处理，使得处理后的信息不能被非受权者（含非法者）读懂或解读，这一过程称为加密。一般认为解密是加密的一种逆向活动。

解释题名
expressive title

解释或说明文献题名页上的正题名的题名，也指编目馆员根据一本书的实际内容确定的题名。

解说者
Narrator

以叙述或旁白展现作品的个人、家族或团体。属“资源描述与检索”（RDA）的内容描述元素之一。

解题目录，注释目录
annotated catalog

指所著录的图书带有内容简介、评价等说明文字的目录。

解题书目，提要书目，注释书目
annotated bibliography

主要有总录和举要两大类。总录是指在一定范围内（如时间、学科、文献类型等），以相关图书文献为著录原则的解题书目，以专题性居多，著录对象亦多限于古籍；举要性解题书目是指书目所著录解题的图书一般属于各学科门类体系中的名著、代表作，导读功用较强。

芥子园出版有限公司
Bayard Presse Asia

法国著名巴亚儿童出版社 *Bayard Jeunesse* 的香港分社，于 1977 年创办。该出版公司本着为香港儿童提供最新、最优质读物的理念，先后出版了四种中文杂志和一种专供儿童学习的英语杂志《我喜爱英语》（*I Love English*）以及三种在英国分公司出版的英语儿童杂志，与此同时还独立或和其他合作伙伴先后合作出版数十种不同系列的中英文儿童图画书、故事书、手工册、科普读物和笑话集。

借词

loan character

一个文字体系里的字词用于书写另一种语言，例如：日本人用汉字书写他们自己的语言（日本汉字）。

借书记录

charge

读者从图书馆借书的记录。在现代图书馆中，这一工作涉及计算机的利用。也指类似业务的图书馆记录，包括借书人的确认、题名和书刊调用号及其出借期限。

借书期限，借阅期限

circulation period（loan period）

指图书馆流通的书刊可以借阅给读者的具体时间。

借书权利

borrowing privileges

图书馆读者享有借书的权利，通常是根据注册获得借书证来确认的。这些权利通常包括从流通藏书中借出图书资料并在规定的期限内使用，馆际互借和特藏书的使用等，读者如果罚款未付则被暂停借书。在大多数公共图书馆里，所有注册读者享有同样的权利，但在大学图书馆里，某些权利如外借期限的长短，教师和学生可能会有区别。在一些专门图书馆里，其权利是根据读者在图书馆挂靠原机构的级别来决定的。

借书图书馆

borrowing library

向其他图书馆提出要求并接受图书资料的图书馆或机构，其获取的图书通常经过馆际互借的渠道。

借书站

delivery station

图书馆的一种分支机构。其本身没有固定的馆藏，而是根据读者的需求将所属图书馆中的书刊资料等调入该站，方便读者利用并按时归还给图书馆。

借书证

library card（borrower card，reader's card）

图书馆为已注册读者办理的、用于馆内借阅书刊资料和利用馆内提供的其他相关服务的一种专用证件。它是读者借书的凭证，是图书馆与读者交流联系的媒介。具体而言，即由图书馆向注册的读者发放的小纸卡或塑料卡，读者在办理借还书手续时必须向出纳台的图书馆员出示。通常图书馆会要求对借书证的申请人身份进行确认。大多数图书馆的借书证上均贴有电子流通的条形码。周期性的续借可能要求确认读者的现住址与电话号码。有的借书证在办理时还要收取一定数量的工本费和押金。

借阅法

loan methods

采用借阅记录方法的图书馆经济管理办法。采用这种办法的图书馆，利用借阅记录来控制处理过期记录、预约和查对藏书的设施，以调整图书采访工作。每条记录对图书的采选、装订和下架都有参考价值。

借阅率

lending rate

指在一定的时间（学期或学年），平均每位读者所借阅的书刊资料数量。计算公式 =（时间段内读者借阅总册数/有效借阅总人数）×100%。

借阅统计

loan statistics

又称外借统计。对读者借阅书刊情况进行统计，以了解掌握藏书在外借过程中被利用的情况，方便及时调整藏书结构，提高服务质量。

借阅者，读者

borrower

广义指具有阅读能力并从事阅读活动的社会大众，包括需要利用图书馆书刊的个人或团体。狭义指需要利用图书馆服务的所有公民，包括借阅图书馆藏书，利用图书馆环境来阅读自备文献及利用图书馆所提供的各种服务项目的人。这里是指狭义上的读者，即从图书馆将图书或其他资料登记借出者。大多数图书馆要求读者注册办理借书证方可获得借书权。新的申请者通常需要有一些身份证件。在大多数公共图书馆或公益机构资助的大学图书馆里并不是所有的读者都是已注册的，未注册的人也可使用不外借的流通藏书中的参考资料。图书馆给予读者享有的权利是根据读者身份来决定的。

借阅政策
lending policy (circulation policy)

由各所图书馆自行制定的借阅规定。

巾箱本
Small-box Edition

指古时开本极小可以装在巾箱里的书本。巾箱是古人装头巾用的小箧。无论是手写本书，还是刻印本，只要是开本较小，于随身携带的巾箱小箧中能够装下，就都可以称为巾箱本。在实践上，与袖珍本概念极难区分。

《今日美国》(美国)
USA Today

美国最大报纸（以发行量论）、美国唯一综合性全国性大型日报、美国各大报中最年轻的报纸，也是美国第一家全国性彩色英文日报。1982 年 9 月 15 日由 A·H·纽豪斯（A. H. Newhouse）创办，属美国最大的甘尼特（Gannett）报业集团所有，总部设在弗吉尼亚州罗斯林，但其广告经营部设在纽约。该报信息量大，重点突出，新闻短而精，重视体育和气象报道，善用彩色版面和图表，印刷和发行速度快捷。通过卫星传送版面在国外多地印刷。有国内版和国际版。国内版每天 56 版，国际版每天 16 版，向 50 多个国家和地区发行。

《今日信息》(美国)
Information Today

1984 年创刊，月刊（除 7—8 月合刊外），由美国今日信息公司（Information Today, Inc）出版。该刊是信息产业中发行最多的一种研究性期刊，为满足信息专业的需求，该刊设计为报纸形式。主要刊登有关信息产业、信息产品等方面的文章、最新爆炸性新闻和信息产业发展趋势的预测。主要栏目有："数据库"、"在线服务"、"多媒体技术"、"CD-ROM 产品"和"法律问题"等。

金箔、金页
gold leaf

用手工或机械方式将黄金压成纸样的薄片，厚度通常在百万分之四至百万分之五英寸之间，用于图书装帧，例如在印刷字体、封面图案和书页边上烫金，有时也使用银箔。

金恩辉 (1938—)
Jin Enhui

图书馆学家、吉林省图书馆研究馆员。1961 年毕业于北京大学图书馆学系，同年到吉林省图书馆工作，历任采编部、参考部和研究辅导部馆员、主任、副馆长和馆长。曾兼任北京大学信息管理系和吉林大学中文系教授、中国图书馆学会常务理事、中国作家协会会员和吉林省地方志编纂委员会委员。著有《金恩辉图书馆学文选》、《寻根集》等，主编或参编丛书、著作 30 余种，发表文章 300 余篇，其学术研究涉及图书馆学、文献学、地方志及文艺评论等领域。

金刻本
Jin Edition

在金代统治的中国北方地区刻印的图书。其中以平阳府（今山西临汾）刻书最为发达，官方设有经籍所，主持刻书。金刻本流传下来的不多，较著名的有《刘知远诸宫调》和《赵城金藏》。

金陵图书馆
Jinling Library

创立于 1927 年（民国十六年）6 月 9 日，南京特别市创办市立（第一）通俗图书馆，借原平江府布道所为馆址。1928 年 7 月改称为南京市立第一图书馆。1930 年 4 月易名为南京特别市立民众图书馆，馆址迁入泮宫。1932 年 6 月，与民众科学馆合并。1933 年 9 月，改称南京市立图书馆。1937 年（民国二十六年）12 月 13 日，日军占领南京后，放火（一说遭炮火）将泮宫连同市立图书馆烧毁，图书大多焚毁殆尽，其中包括搜购齐全自原始至晚清革命的所有缙绅录，这类书对于考证历代官制的变迁、人物经历等很有参考价值。目前仍珍藏有南京市立图书馆的藏书，极有宝贵的历史意义，也对今后开展南京市公立图书馆史研究提供了有价值的实证。1980 年 10 月，位于长江路 262 号的馆舍建成开放，馆舍面积 7 300 平方米。初名南京市人民图书馆，1984 年 10 月改为现名。位于建邺区乐山路 158 号的新馆 2005 年开工建设，2009 年交付使用，2010 年 10 月 18 日举行开放仪式，馆址占地面积 38 641 平方米，总建筑面积 25 125 平方米，内设阅览座位 1 375 个，并有报告厅、多功能厅、展览厅、视听室、培训、餐厅、茶室、停车场等配套服务设施。拥有馆藏总量 200 万册（件）。2009 年，作为副省级城市图书馆，被文化部授予一级图书馆称号。"金图讲坛"2010 年荣获文化部颁发的"群星奖"。2010 年 6 月，被国务院授予第三批"全国古籍重点保护单位"。

金沛霖（1938—）
Jin Peilin

首都图书馆研究馆员。1960 年毕业于北京大学图书馆学系，同年 9 月分配到首都图书馆工作，先后任采编部主任、副馆长和馆长，曾兼任中国图书馆学会常务理事、北京市图书馆学会理事长、北京市图书馆系列职称评定委员会主任和文化部高级职称评委会委员，现任中国国际书画研究会副会长、中国老教授协会图书情报分会文献咨询开发小组副组长等职。编著图书馆学专著 16 种 200 多万字，在古籍整理出版方面著述颇丰。

《金融时报》（英国）
The Financial Times

世界上最有影响的经济报纸之一。1988 年在伦敦创办，创始人是国会议员、金融家 H·博顿。现由皮尔逊·朗曼公司的子公司金融时报公司出版。该报主要报道金融、财政、工商业消息和与经济有关的国内外政治动向。政治上倾向保守，是伦敦金融界的喉舌。该报每天出 30 多版，分为两个部分：第一部分刊登国内重要新闻和评论、专栏文章、读者来信等；第二部分报道经济新闻和金融消息。该报所公布的股票价格指数，是了解世界主要股市发展趋势的重要依据之一。该报采用黄粉红色新闻纸印刷，独具特色。为配合中国对世界一流的商业资讯的全球经济及如何面对飞速增长的需求，《金融时报》全球经济报道中文网页版，于 2003 年 6 月正式启动。

金胜勇（1971—）
Jin Shengyong

教授、博士。河北大学管理学院图书馆学系主任。兼任教育部图书馆学科教学指导委员会委员，中国图书馆学会学术委员，河北省图书馆学会学术工作委员会主任。参编著作多部，发表论文 30 多篇，主持和参加厅局级以上科研课题 15 项。讲授图书馆学基础、信息资源建设、社会调查研究等课程。

金石文献
Bronze and Stone Inscription

以金石为载体的文献称金石文献，也就是铸刻在金石上的铭文。金指青铜器、石指石科，包括石片、玉片、石鼓、石碑和摩崖等。金石的共同特点是坚固耐久，用作记事的物质材料，能保持永远。青铜器上的铭文又称金文或钟鼎文，石科的铭文上又称石文。石文有毛笔写的，而更多的则是携刻而成，因又统称石刻。

金石学
Epigraphy

中国考古学的前身。是学者们在尚未掌握科学发掘方法的情况下以零星出土的石刻和石器物为主要对象的学术研究。偏重于著录和考证文字资料，用以证经补史。"金石"一词最早见于曾巩的《金石录》。欧阳修的《集古录》是第一部金石学专著。考古学家马衡通过《中国金石学概要》对金石学作出了较为全面的概况和总结。

金天边
top edges gilt

涂有金色的天边，即在书的顶端涂金，一为美观，二为防止弄脏。

金天游（1898—1966）
Jin Tianyou

又名金步瀛，图书馆学家。字仙裁，号孤鸿子，浙江兰溪市芝堰乡桐山后金村人。曾在浙江图书馆任掌书、编纂、编目主任和采编部主任。金天游性沉静，寡交游，毕生从事图书馆工作，擘划精勤，颇多贡献。今浙江图书馆古籍部仍然沿用他创制的图书分类法。擅长做诗填词，金石、古琴、摄影亦有相当造诣。

金文
Bronze Inscription

铸刻在青铜器的钟或鼎上的一种文字，又称钟鼎文。金文起于商代，盛行于周代，是在甲骨文的基础上发展起来的。据容庚《金文编》记载，金文共计 3 722 个字，其中可以识别的字有 2 420 个，较甲骨文略多。金文记录的内容与当时社会，尤其是王公贵族的活动息息相关，多为祀典、赐命、征伐、围猎及契约之事。代表作品毛公鼎有 497 个字，记事涉及面很宽，反映了当时的社会生活。金文上承甲骨文，下启秦代小篆，流传书迹多刻于钟鼎之上，所以大体较甲骨文更能保存书写原迹，具有古朴之风格，为书法的进一步发展做出了贡献。金文是研究西周、春秋、战国文字的主要资料，也是研究先秦历史的最珍贵的资料。

（金银色丝装饰的）首字母
filigree letter

在手稿或印刷图书中的一个大号首字母，带有用金银色丝线条装饰性轮廓，或者类似于花边的精美背景。

金云铭（1904—1987）
Jin Yunming

福建师范大学教授。1928 年毕业于福建私立协和大学社会学系，后留学美国哥伦比亚大学，获图书馆学硕士学位。历任福建私立协和大学、福州大学图书馆主任、副教授，福建师范学院历史系教授，福建师范学院图书馆、福建师范大学图书馆采编科科长、副馆长和馆长。兼任福建省政协委员，中国图书馆学会名誉理事，福建省图书馆学会第一、二届理事长、第三届名誉理事长，福建省科技情报学会第一届理事长等职，著述甚丰。

金属平版印刷
metallograghy

用金属版而不用石印版进行的平版印刷术。

金属氧化物
metal oxide

指涂在磁带表面上的磁性材料。

金属印刷墨
metallic ink

一种印刷墨，其中加入了精细的金属粉末，通常为金粉、银粉或铜粉，这样使油墨具有金属光泽，以产生装饰性的印刷效果。

金字书写法
chrysography

指用黄金书写的艺术和技巧，如同中世纪的熟练誊写者所抄的金字手稿，也指以金字写成的作品。chrysography 是由希腊文单词 *chrys*（“金子”）和 *graphia*（“书写”）构成。

《金字塔报》（埃及）
al-Ahram

1875 年创办于亚历山大，当时为周刊。该报反映官方观点，阐述政府内外政策，被认为是半官方喉舌。目前，每天分 3 次印刷出版，是埃及发行量最大的阿拉伯文对开日报，在中东地区影响较大。

津巴布韦国家图书馆
National Library of Zimbabwe

1935 年成立于索尔兹伯里（现在的哈拉雷），当时是中非档案馆的一部分，现在原则上是缴送本图书馆，同时又是研究中南部非洲及其历史的中心和书目服务中心。该馆出版《津巴布韦国家书目》、《津巴布韦图书馆名录》，负责管理该国国际标准书号。既是联合国教科文组织在津巴布韦的保存馆，同时又是世界银行的保存本库。从 1987 年起，该馆收集所有津巴布韦的出版物、津巴布韦著者的作品以及有关用津巴布韦语言出版的作品。拥有馆藏专著近 10 万册（卷），现刊 6 000 多种。

《津图学刊》
Tianjin Library Journal

1983 年创刊，1994 年正式公开出版，1995 年被中国图书馆学会列为中国图书馆学核心期刊。由天津市教育委员会和天津高校图书情报工作委员会主办。所开设的栏目有：“专题研究论文”、“馆长论坛”、“理论研究”、“探索争鸣”、“自动化与网络化”、“专业技术与实践”、“读者工作”、“文献学”和“大视野”等，自办公开发行，2005 年该刊因故停刊。

（仅供成员的）出版物
membership only

一些学会、协会或国际组织、学术团体的出版物不通过书商公开发行而直接分发、寄送给会员。

“仅在馆内使用”
library use only

一种写在或附在图书馆藏品上反映流通状况的代码，被输入在代表该藏品的目录记录中，用以表明藏品可以在图书馆内得到并被使用，除非有特殊的安排，一般不能拿出馆外。如对参考工具书、期刊索引，某些情况下的装订本和非装订本期刊的使用；特藏中的藏品，如珍善本图书和手稿，限在馆内专门安排的区域或阅览室内使用。

紧急计划
emergency plan

预先制定的一套指导方针或行动步骤。旨在帮助图书馆员应对各种突发情况，如火灾、袭击、轰炸、地震、停电、传染病流行和侵犯安全等事件。

紧排
keep in

指缩小两个相邻字符之间空隙的排版方法。

紧书背
tight back（tight spine）

又称硬书背，一种装订方法，图书的封面被紧紧地粘在书背上。这种装订方法的不足是：当图书打开时书脊处没有伸缩余地，并且长期使用时书脊上印刷的文字容易皱裂。因此，硬封面的图书版本常用穹背的装订方法。

J

紧压缩
pack

一种利用数据和存储介质特点，在不改变数据特性的前提下以紧缩形式存储数据的技术。该技术通常采用消除冗余数据的方式，例如：消除空位，使多个数据压缩成一个字节、一个字、一个字段或一条记录，以提高数据有效存储密度，高效地利用存储器。

进化序列法
evolutionary order

根据事物演进顺序排列同位类类目次序的方法。基本上显示事物由低级到高级，由简到繁的发展规律。例如，参照自然界的进化进程，按古生物学、微生物学、植物学、动物学和人类学的顺序排列各门生物学的类目。

进口出版物
import

从外国运进来的出版物。进口出版物的题名页上一般有可能附加印上进口商的名称，或以进口商的名义替换掉原出版商的名称，也可能在印刷后在题名页贴上商标。

进料板
feed board

指印刷机或折叠机上托住进料的板。

近期发货
near delivery

出版社通知某些新书即将出版，收到订单后，不久即可发货。

近期期刊目录，现刊目次
current contents

汇集近期某个学科或专题领域的学术期刊的目次表的一种期刊，可帮助研究人员及时掌握近来出版的文献情况。大部分现刊目次是周刊或月刊。因此时效性是这类出版物生存的根本。

《近期生物技术文摘》（英国）
Current Biotechnology Abstracts

内容相当于英国皇家化学会提供的印刷本《近期生物技术》，收藏年限从 1983 年至今，每月更新，书目型数据库，包括最新生物文摘的遗传控制单细胞抗体，稳定的细胞和酶，单细胞蛋白质和发酵技术等，文摘包括技术商品化新闻、科学与技术条目（包含专利），一般性信息（包含即将发生的事件及新书预告等）。

近期文献报道服务
current awareness service（selective dissemination of information）

面向学者、研究人员、读者和用户介绍最近出版文献的服务或者出版物。专业图书馆一般为公司、组织和机构提供所需最新信息。这种服务可根据某个人或团体的需求而定。一些在线目录有一种首选检索（preferred searches）功能，允许图书馆读者重复同样的检索。

晋江图书馆
Jinjiang Library

创建于 1953 年，前身为“陈延奎图书馆”，由菲律宾华侨陈延奎、蔡琼霞伉俪捐建，1994 年开馆。新馆舍于 2007 年 12 月正式开放，建筑面积为 1.8 万平方米（新旧馆舍共 2.2 万平方米），设计藏书 100 万册，阅览座位 1 000 多席，是晋江市文化标志性建筑设施之一，为福建省目前规模最大、最现代化的县市级公共图书馆，居全国县市级公共图书馆前列，又是文化部评定的“一级图书馆”，先后荣获“全国文明图书馆”、“省先进图书馆”和“省十佳图书馆”等称号，并连续五届获省委、省政府颁发的“省级文明单位”称号。

《晋图学刊》
Shanxi Library Journal

1985 年创刊，由山西省高等学校图书情报工作委员会和山西省图书馆主办。主要栏目有：“理论研究”、“文献信息数字化”、“实践研究”、“综述·评介”和“知识·简讯”等。该刊着重探讨图书，资料，情报工作中提出的各种理论、方法技术等问题，以及改进工作的建议。还刊载国外大学图书馆有参考价值的文章。该刊为中国学术期刊综合评价数据库来源期刊、中国人文科学引文数据库来源期刊，又是《中国期刊网》和《中国学术期刊（光盘版）》全文收录期刊。该刊为双月刊，有英文主要目次，国内外公开发行。

禁书
banned book

被教会、当局或非官方的团体组织禁止出版或者不准销售的图书，因为它的内容被认为具有反对性或者威胁性，例如政治原因或者社会原因。从1981年起，美国每年都要举办禁书周。禁书的目录在大多数大型图书馆的参考区都可以得到。

《禁书目录》
Index Librorum Prohibitorum

由罗马天主教教廷于1558年编制的图书清单，并规定非天主教徒禁止拥有或阅读清单上的所有书籍，因为这些人被教会权威认为是对信仰和道德的有害人群。《禁书目录》又被称为《禁书索引》(*Index Expurgatorius*)。这份清单直到1966年才被梵蒂冈的罗马教廷废除。

禁书目录
List of Prohibited Books

1517年，罗马设立禁书审定院审查所有教会刊物。1543年，罗马教廷宣布，未经教会许可，任何书籍不得印刷或出售。1559年，《禁书目录》第一次发表。起初是禁书内容，后来是禁作者。如果作者被视为异端分子，其所有著作都均被列入禁书。该目录定期更新，共有32版，超过4 000多册图书被禁，遭禁作者有数十人。直到1966年第二次梵蒂冈大公会议后，《禁书目录》被取消。中国《宋史·艺文志》中就有禁书目录，光绪初编有《国朝禁毁书目》，民国后改称《清代禁毁书目》。

禁书周（美国）
Banned Books Week（BBW）

在美国，从1981年起，每年9月的最后一周被定为禁书周，发起者有美国书商协会（American Booksellers Association）、美国书商自由出版基金会（American Booksellers Foundation for Free Expression）、美国图书馆协会（American Library Association）、美国出版商协会（Association of American Publishers）、美国记者作家学会（American Society of Journalists and Authors）和全国大学书店协会（National Association of College Stores）。禁书周被国会图书馆图书中心所认可，所有的图书馆和书店在全美各地通过展现近期被禁的图书和历史中曾被禁的图书来体现读书的自由。

禁止发行
suppressed

指整部作品或作品的一部分被禁止发行或者流通。禁止发行的决定通常由作者、出版社或者政府有关部门作出。

缙绅全书
Directory of Officials

规模较大、内容具体而翔实的清代职官志，包括清代职官制度的基本情况及其诸多方面信息，是研究清代历史很珍贵而重要的资料。

《京报》
Jing Bao

也称《邸报》，最初是清朝在北京出版的民办性质的中文期刊。由官方特许经营的报房投递。由于《京报》只是从政府专设机构中誊抄官方拟向公众传递的资讯，只能起到公告板的作用，故不能算作现代意义上真正的报纸。1918年10月5日创刊的影响巨大的《京报》则由邵飘萍任主编。1926年4月，《京报》揭露事件真相惹怒了当权军阀，招致邵飘萍被杀害而停刊。1929年，在邵飘萍夫人汤修慧女士的主持下，《京报》得以复刊，并一直坚持到“七七事变”后而正式停刊。

京师图书馆
Metropolitan Library of Peking

1909年9月9日，清政府批准筹建京师图书馆，调内阁大库、翰林院、国子监南学书以及文津阁《四库全书》、敦煌劫余遗书作为基本馆藏，以什刹海广化寺为馆址，委派缪荃孙、徐士方为正副监督。1912年8月正式对外开放。1915年迁至方家胡同前国子监南学为馆舍，几经更名。1929年1月，与北平北海图书馆合并。

经部
Confucian Classics

中国古籍四部分类法中第一大类的名称。一些大型的古籍丛书往往囊括四部，并用以命名，经部即其中一部。经部分为易、书、诗、礼、春秋、孝经、五经总义、四书、乐、小学和谶纬十一类。

经厂本

Jing Chang Edition

指版本类型，中国明代经厂所刻印的书本。主要有《四书》、《五经》、《性理大全》等。这种本子特点是开本大、印纸精、行格疏、字体大、粗黑口、铺陈考究。但由于出自内宦之手，往往校勘不精，不为世人重视。

经典著作，名著

classic

某领域读者广泛阅读的著作被认为是该领域的一部最重要的、有指导作用的权威著作。这样的著作在其首次出版很长时间之后仍然继续被翻译、改编和印刷，并且以多种版本发行；仍是批评、评论、研究和分析的主题。例如，中国著名作家曹雪芹所著的《红楼梦》，吴承恩所著的《西游记》；美国著名作家马克·吐温（Mark Twin）的《哈克贝里·芬恩历险记》（*The Adventures of Huckleberry Finn*）；故事影片卓别林（Chaplin）的《淘金记》（*The Gold Push*）或纪录片罗伯特·弗莱厄蒂（Robert Flaherty）的《北方的南努克》（*Nanook of North*）等都是经得起时间检验的经典作品或名著。

经费预算

estimate

一定时期（通常为一年）图书馆各项开支的总体规划。包括收支规模、支出用途、资金来源及筹措方式等。图书馆预算的主要内容是支出预算，包括人员经费、资源购置费、业务费、设备费、行政费及其他费用。

经籍文献

Canonical Literature

专指儒家经书，后来延伸为泛指古代图书。

经籍志，艺文志

Bibliographic Treatise in a Dynastic History

中国古史书中记载的图书目录。指中国历史学家为反映特定朝代的文化史而编制的综合性统计登记性书目。由东汉史学家班固开创：依照《七略》编成的《汉书·艺文志》。

经济计量学

Econometrics

又称“计量经济学”。把经济理论、数学和统计学结合起来，以经济现象的可计量的变化作为研究对象的当代经济学的一个分支。是由挪威经济学家费瑞希（R. A. K. Frisch）于19世纪末以数理统计方法进行研究的生物计量学（Biometrics）的基础上创立的。经济计量学的具体计量分析方法一般包括建立模型、估计参数、验证理论、预测未来和规划政策等。

《经济日报》

Economic Daily

1983年1月1日在北京创办。隶属国务院系统，是党中央、国务院指导经济工作的重要传播媒介，以报道党中央、国务院有关经济工作的方针、政策和经济改革、经济建设新成就、新经验为主要任务，是国内外具有较大影响的以经济报道为主的综合性报纸。自1999年起日出12版。该报与中央国家机关、国务院各部委以及各省市政府之间有着密切的联系，是中国共产党和中国政府发布经济政策的主要媒介，是企业界获取经济政策和信息的主要途径。1998年6月8日，经济日报报业集团正式宣告成立。

《经济学家》（英国）

The Economist

英国最具权威、最有影响的大型综合周刊，于1843年2月创刊。原先是一份纯经济性质的刊物，20世纪50—60年代后，根据读者需要的变化，该刊在内容上作了相应的调整，从而成为一份同时刊登国内外政治、经济和评论的杂志。该刊每期约100页，编辑颇具匠心，栏目精心设计，常有独家报道，颇受各国政界重视，目前该刊已发行到全世界160多个国家和地区。

经济学全文数据库（美国）

EconLit with Full Text

由美国经济学会建立，收录自1969年至今逾550种国际性经济学领域之期刊文章、书籍、研究报告、会议论文及博硕士论文等相关文献。主题包括经济理论、历史、货币理论、财政制度、劳工经济、国际性经济、区域性经济及都市经济等相关领域。

经济学文摘数据库（美国）
EconLit

美国银盘出版公司的经济学全文数据库。信息取自美国经济学会创办的《经济文献杂志》（*Journal of Economic Literature*）和《经济文章索引》（*Index of Economic Articles*）以及1969年以来国际经济学文献的题录及摘要。收录文献包括400多种主要期刊以及学位论文、专著和会议录中的部分章节及文章，收录学科有管理、工农业经济、商业金融与投资、会计学、消费经济学、国际经济学、劳工、市场、人口和福利等。涵盖论题有经济（学）理论、经济（学）史、货币理论、金融机构、劳动经济、国际/地区及城市经济，以及其他相关论题。

经理，馆长
manager

全面管理事务或某些企业的负责人。在图书馆指的是全面负责图书馆工作的馆长和副馆长。

经销商
vendor

指任何向图书馆和图书馆系统收费提供其（印刷型或非印刷型）产品或服务的供应商。

（经修饰的）特大的大写首字母
figure initial

说明性手稿中的特大号首字母，通常用动物、人物或虚构生物的彩图精心装饰。

经学
Study of Classics

原本是泛指各家学说要义的学问，但在中国汉代独尊儒术后为特指研究儒家经典，解释其字面意义、阐明其蕴涵义理的学问。经学是中国古代学术的主体，仅《四库全书》经部就收录了经学著作1 773部、20 427卷。经学中蕴藏了丰富而深刻的思想，保存了大量珍贵的史料，是儒家学说的核心组成部分。

经验法研究
empirical study

指通过实验、观察或实际体验获得数据或信息并在此基础上进行的研究活动。

（经增删，窜改的）文本
corrupted text

指错误百出、与原文有出入的文本。有时是指由偶然的抄写错误造成的，但现在一般是某个人或某个组织出于宣传或公共关系等目的而进行的窜改文本。

经折装
Sutra Binding

又称“梵夹装”。这是中国古代折叠成册的图书装订方法。把长幅卷子一正一反折叠成长方形书本形式，前后粘以封面。佛家经典多采用这种形式。因为奏折也用这种形式，所以后人称折子本。

（经专家评审过的）文章
peer-reviewed

在学术期刊上发表的每篇论文都需要事先提交给相应学科的一位或几位专家进行评审，以确定文章是否值得发表。为了维护学术的严肃性，许多国家在评估确定高校图书馆员的任职期限和晋升资格时，只有经专家评审过的期刊上发表论文才能作为发表学术论文的证明。

经准有权出版
（拉）*cum privilegio*

意为“得到允许”（with permission）。这个短语常印在古书中，告诉读者该著作的出版得到了主要教会权威人士的正式许可或批准。现在罗马天主教会对宣扬其正式教义的书籍仍要求具备来自主教管区审查员的“无异议标记”（*nihil obstat*）和来自主教的“出版许可”（*imprimatur*）。

惊险小说（或电影等）
thriller

指描写犯罪、间谍等情节曲折、悬念迭起的事件，给读者或观众以强烈刺激感的小说、戏剧或电影等。如美国著名作家R. L. 史坦恩（R. L. Stine）的《陌生的约会》（*Blind Date*）和《鸡皮疙瘩系列》（*Goosebumps Series*），2005年俄罗斯顿涅茨克的斯塔尔克出版社出版了一部惊险小说，名叫《总统》（*The President*），小说的主人公正是现任俄罗斯总统弗拉基米尔·普京。

精彩片段，小品
cameo

指简短文学或戏剧小品里面对人物的地位、性格或结局进行精彩刻画的部分。

精简杜威分类法
Dewey Decimal Classification (Abridged Edition)

凡馆藏在2万册以下的图书馆都可以使用该分类法进行分类。2012年初公布的第15版比2004年出版的第14版内容有很大的变化，尤其体现了对人类知识体系的多处变更。

精刻本
Fine Blockprinting

指校勘严审、字体工整、纸墨优良的刻本。其中请名人书写上版的刻本（多在书版上留有姓名）称为写刻本。

J

精美版图书
fine book

在设计、印刷、说明和装订等方面质量优异的一类图书，通常只有一册。非常精美的图书通常由古籍商在图书拍卖会上出售，图书馆将其作为特殊收藏品保存。

精美织物装订
textile binding

12—15世纪开始在欧洲流行的一种用高级锦缎、丝绒或刺绣织物来做图书封面的装订形式，常常配有金或银的书夹。16—17世纪时，丝绒刺绣织物做封面非常盛行。但用精美织物装订的图书并不容易长期留存。

精平装本
total publication

由作者和出版者协商约定，发行作品的精装本，同时也发行平装本，这是为了维护作者的权利，该协议一般不应用于仅发行精装或平装的单种作品。

精确匹配
match accurately

检索结果要求检索项的内容与所输入检索词完全相同。是数据库检索中对检索结果的精确度进行控制的方式之一，其主要作用是控制检索结果的唯一性。精确匹配适用于对人名、篇名、书刊名、团体名称以及会议名称等各种事物名称的查准性控制。

精选目录
selective bibliography

仅仅包括部分相关文献的目录。是按照预先确定的标准（如某一特定读者群的需求、质量评价）从大量文献中选出编制而成的（剔除一些不适用或质量差的文献），通常具有较明确的目的、用途和读者对象。

精致犊皮纸
vellum

在欧洲，纸张广泛使用之前，人们用明矾把小山羊皮、小绵羊皮或牛犊皮磨制成精美的薄羊皮纸，用作书写和图书装订的材料。近些年来，用来装订一些豪华版图书。

精致书箱
cumdach

指用青铜、黄铜或木材制作的直角书箱，通常用金银、宝石装饰，用来存储和保护中世纪手稿。cumdach源于爱尔兰文。

精装
rich binding

书刊装订的一种形式。通常将书背用锁线订起、压圆，封面用厚纸板做成硬壳。根据封面和书背用料的不同，精装可分为：皮面精装、全织精装、纸面布背精装和全纸面精装等。还有的书用硬卡纸作封面，外面包一层护书纸，介于精装与平装之间，习称假精装。

精装本
hardcover (hard bound)

用优质材料精制装订的书籍，比平装本精美耐用。源于欧洲中世纪羊皮书抄本的传统样式。一般多用于需要长期保存的经典性著作和经常翻阅的工具书等。精装本封面称书壳，分为硬面精装和软面精装。书脊有圆脊和平脊（方脊）之分。根据书壳表面材料，又有全皮面精装（包括仿皮复合材料）、全布面精装（包括丝、棉和亚麻等纺织物）、纸面精装和纸面布脊精装、布面皮脊精装等品种。精装本封面厚重坚挺，略大于书芯，能很好地保护书页，适用于有长期保存价值和使用频率高的图书。讲究的精装本可以再加护封，书口可以烫金、刷色，或印上彩色大理石纹样等花纹。较厚的精装本还可在顶端缀一条作书签用的丝带。有些大型字典和辞书，在翻口一侧刻镂出半圆型小缺口，印上或贴上检索字符标记——拇指索引。大型精装本还常特制书盒装套。精装书的工艺和装帧材料可以精益求精，故又有特精装和豪华本。在现代出版业中，出版物大都以精装本的形式出版发行，当精装本的销量开始下降，再以平装本出版。

井号（#）
hashmark

用来表示列表和街道地址中的“号”字（如#32 等于 32 号），也指网址中创建同一文件的其他地址链接，或是语音识别电话系统中示意呼叫者键盘输入等的符号。

景色封面装帧
landscape binding

将风景画印在封面上的一种图书装帧形式。风景画用印度墨或酸手工绘制，然后用一些方式着色和印制。这种装帧本大多出现在中世纪（1777—1821 年间）。

景深（视野深度）
depth of field

摄影用语，指在摄影机镜头或其他成像器前，沿着能够取得清晰图像的成像器轴线所测定的物体距离范围。

景泰蓝书封
（法）*cloisonné*

11 世纪意大利和希腊的工匠生产的一种精致的图书封皮。这种封皮是将装饰性的金属条焊接到金属板上，然后灌满彩色珐琅，以形成封皮的外表面。用这种封皮装订的书籍往往非常贵重，尤其是很美观。

警句、隽语
epigram

语意新颖，寓意深刻，警策动人，词语精练的句子。亦指为引人注意而精心锤炼的宣传词句，这类警句的词语、句子并不一定要求达意全面，也不要求语法严谨，但求能够引人注意其表达的内容。

竞争情报
competitive intelligence（CI）

指竞争主体为保持其市场竞争优势而开展的一切有关竞争环境、竞争对手、竞争态势和竞争策略的信息研究，通过合法手段收集和分析商业竞争中有关商业行为的优势、弱势和目的之信息，并为最高领导层战略决策提供依据。竞争情报是适应现代社会信息量剧增和市场竞争激化而产生的。

《竞争情报理论与方法》
Theory and Method of Competitive Intelligence

关于竞争情报基础知识和方法的教材和专著，提出了一个全新的竞争情报学科体系。全书共计 8 章：第 1 章概述介绍竞争情报、竞争情报工作的基本概念及其产生与发展；第 2 章为竞争情报的搜集，介绍竞争情报搜集意识和搜集程序、要求、方法；第 3 章是竞争情报工作的内容，阐述分析竞争环境、研究竞争对手和竞争战略管理三方面内容；第 4 章和第 5 章涉及竞争情报分析方法，介绍 6 大类竞争情报方法；第 6 章为反竞争情报，阐述反竞争情报的概念、竞争情报的法律道德规范以及竞争情报的保护；第 7 章是竞争情报系统的开发与管理，介绍竞争情报系统的结构、开发和管理等内容；第 8 章涉及情报管理者的自我提高，论证竞争情报人员的素质、修养和能力的构成以及自我提高的方法。司有和编著，由清华大学出版社于 2009 年 6 月出版。

竞争信息系统
competitive information system（CIS）

为了使一个公司在金融和商业等方面获得成功，通过分析市场、竞争对手及其相关活动的形势，并将分析出的竞争信息提供给该公司并能提供相应的战略性、决策性信息的软件系统。

靖继鹏（1941—）
Jing Jipeng

吉林大学工商管理学院教授、博士生导师、《情报科学》杂志社社长。1965 年毕业于吉林工业大学，曾任吉林工业大学情报工程系主任、情报研究所所长、吉林工业大学经济管理学院院长兼吉林工业大学高等技术学院院长、吉林工业大学软科学开发研究院院长，和吉林大学工商管理学院院长兼吉林大学信息资源研究中心主任。主持的科研课题有多项获部、省级科技成果奖；撰写专著、译著、教材多部。部科技成果二、三等奖多项，发表论著数部、文章近百篇。

静电复印法
xerography

利用具有光电效应的特殊材料——光导体（如

硒、硫化镉、氧化锌）的静电性和光敏特征，采用类似照相（需要曝光）和印刷（需要转印）的方法，将文献上的文字、图像转移到纸上的复制过程。

静电复印机
xerox

一种利用静电吸附的原理，把与原始文件黑白程度相当的墨粉热熔到复印纸上的机械装置。

静电复制本
electrostatic copy

指通过静电复印方式翻印制作的书籍作品。复印方式有间接复印式和直接复印式两种。前者的特点是使用普通纸，复印件更接近于原件，使用方便。后者的特点是省去了转印及光导体的清洁等程序，但涂层纸成本较高，纸面书写性差。使用不如间接复印方式广泛。静电复制本和普通印刷品一样能长期保存。

静态图像
Still Image

以线条、形状和阴影等表达，由视觉感知为二维的内容。包括绘画、图解和照相图像（静态）等，不包括舆图图像与触觉图像。属“资源描述与检索”（RDA）定义的内容类型（content type）之一。

静态网页
static web page

相对于动态网页而言，是指没有后台数据库、不含程序和不可交互的网页。编的是什么显示的就是什么、不会有任何改变。静态网页相对更新比较麻烦，适用于一般更新较少的展示型网站。

镜像
mirror

计算机网络通信用语，指在网上内容完全相同而且同步更新的两个或多个服务器，除主服务器外，其余的都被称为镜像服务器，其目的是为了在主服务器不能服务的时候不中断服务。近几年，随着网络技术的飞速发展，镜像已广泛用于文献资料的传递，为读者检索文献资料提供了极大方便。它的工作原理是将环球网上资料的原样拷贝后，安装在提供资料的主机外的一个服务器上，通常使用者在服务器上操作可以检索世界上另外一个国家或地区的文献资料，当主机脱机时，环球网仍然可以接受一个或更多的镜像站点查询。

镜像站点
mirror site

一种文件服务器，就是把一因特网上的网站数据镜像复制在本地服务器，其上面存储的文件与某个网站的服务器上的文件完全相同。

《九十一条规则》(英国)
Ninety-one Rules

因安东尼·盘尼兹爵士（Sir Anthony Panizzi）领导的编目委员会所编制的编目条例包含 91 条规则，故而得名。条例规定了大英博物馆印刷型图书目录款目编制、题名选择、使用的附加款目和参照的规则。《九十一条规则》首次提出了在逻辑上依据作者的情况决定图书主要款目、附加款目和参照的目录格式，确保图书款目的连续性。这种规则至今还广泛地应用于编目实践。因此，该规则在历史上起到了重要的作用。该条例诞生后，立即得到了大英博物馆的赞同，并于 1841 年正式出版，并用来编制其 1881—1900 年收藏图书的馆藏目录及后来的补编。其最新的修订版于 1936 年问世，仅包含 41 条规则，但包容了所有原来 91 条的全部内容。目前，人们对条例中的分类款目规则也提出了一些异议，譬如期刊出版物中期刊的款目，以及对匿名著作的处理问题等。因此，大英博物馆据此也取消了原来的某些规则。

九通
Nine Songs

指清代乾隆年间，以官修的《续通典》、《清通典》、《续通志》、《清通志》、《续文献通考》、《文献通考》六书与前代所撰之“三通”（《文献通考》、《通典》和《通志》）合称。

九章出版社
Jiu Zhang Publishing House

1978 年创立于中国台湾，以出版数学和数学教育丛书为宗旨，定位于适合国中、高中学生和教师阅读的课外读物为主，书稿来源大都翻译西文图书和少数本土作者的著作为主。1988 年以后密切与内地数学家交往，出版了许多数学史、数学教育、数学科普和数学竞赛等方面的优秀作品。1992 年开始在北京开设九章书店，专营数学书籍和期刊，并将中国的优秀数学图书销往台湾、香港和世界各地。

旧抄本

Old Manuscript of Unknown Date

指不详的年代，又无详加辨别之必要的手抄本。现存最早的抄本书是西晋元康六年写的佛经残卷，因为当时尚无印刷术；明《永乐大典》、清《四库全书》，卷帙浩繁，因校订认真，一时难以刊刻，故动员大量人力抄写。

旧金山公共图书馆（美国）

San Francisco Public Library

位于美国加利福尼亚州旧金山市，始建于1878年，第二年正式对外开放。包括1所中心馆，27所分馆和3所流动图书馆。中心馆馆舍面积达376 000平方英尺。馆内设立美国黑人中心、艺术、音乐及娱乐中心、中国中心、儿童中心、聋人服务中心、国际中心、就业机会和职业发展中心、青少年中心、杂志及报纸中心、视听中心、环境中心、政府资讯中心、专利与商标中心、音乐中心等。馆藏图书及期刊合订本722多万册，年到馆访问达660万人次，年图书流通量达960多万册次。

旧刻本，旧刊本

Old Block Edition of Unknown Date

指雕印年代不详的年代，又无详加辨别之必要的刊本。

旧书店

used bookstore（second hand bookstore）

专门出售二手书的书店，某些时候仅局限于某些特定风格的图书，如科学幻想类书籍。旧书店通常根据图书的使用状况来定价，很珍稀或已绝版的情况除外。某些旧书店也出售新书。

旧书目录

second hand catalog

某旧书店或各个旧书店联合发行以供销售的旧书目录。

旧书市场，绝版书市场

O. P. market

指以旧书为经销对象的专门市场。通常书商代客搜购已绝版或市面上缺货的古旧书，要价比原价高出许多。

旧拓

Old Rubbing of Unknown Date

指年代不详的拓本。

《旧约全书》

Old Testament

本为犹太教的正式经典，后来被基督教承认为圣经，但是基督教认为，是上帝通过摩西与以色列人所订。因此，《旧约全书》是《圣经》中记载上帝和希伯来人之间所立契约的部分。按照希伯来的传统，《旧约全书》分为经律、先知和圣著三大部分。经律部分即所谓“摩西五经”，主要叙述希伯来传说中世界与人类的起源以及以色列民族的形成、发展的历史，共5卷；先知部分记载了以色列历史上重要人物的事迹以及众先知的言行，共21卷；圣著部分即圣文集或杂集，共13卷。至于《旧约全书》的卷数和次序，基督教各派略有不同。

居延汉简

Bamboo Slips found at JuYan

20世纪，中外学者在内蒙古自治区的额纳旗和甘肃省金塔县发现居延峰燧遗址有大量汉代简牍。据考证大部分属西汉武帝末年至东汉中叶，总数近2万枚。对研究汉代的文书档案制度、政治制度具有很高的价值。史誉为20世纪中国档案界的“四大发现”之一。是中国书史上的重要课题。

局本

Bureau Edition

版本类型。中国清代各省官书局所刻印的书本，以曾国藩所创立的江南书局为开头，先后有淮南书局、苏州书局、浙江书局、崇文书局、思贤书局、江西书局、存古书局、皇华书局、山西书局、福州书局、广雅书局和云南书局等相继设立。所刊印的书籍，经、史居多，诗文次之。有很多校勘精审。

局域网

local area network（LAN）

限制在相对小的地理区域内的通信网络，通过在一幢建筑物或临近的建筑群内，如一所学院、大学或校园，至少包括一个高速服务器、客户工作站、一个网络操作系统和一条通信线路。局域网用光纤作为传输介质在因特网上进行通信。

橘子小说奖（英国）
Orange Prize for Fiction

设立于 1995 年，该奖的评选对象是世界范围内用英语写作的女性，创立者希望该奖项为女性作家开辟更广泛的交流空间，并立志成为女性的“布克奖”。是英国文学界和出版界唯一为用英文写作女作家设立的年度重要奖项。由于橘子小说奖突出了性别界限，一些著名女作家明确表示拒绝参加橘子奖评选。10 多年来，吃到“橘子”的女性呈现多元化的趋势，除了专业作家，还包括家庭主妇、单身母亲甚至还有前摩托党的成员。如今，“橘子小说奖”的规模和影响力不断扩大，还拥有了自己固定的出版部门和基金管理机构。

矩阵（点阵）打印机
matrix printer

阵列式打印机，其打印头为若干根针组成的打印机。在计算机系统中，用点阵表示字符的一种打印机，通常用作微型计算机的外部设备，具有价格低和灵活性大的优点。

《举要书目》
Selected Bibliography

中国一部书目制书目。由周贞亮、李之鼎合编，1920 年发行。该书目收录至清书目 273 种，分 11 类。每条款目著录书目名称、卷数、编撰者和辑者，而且考证叙述版本的历史，指明出处。

巨著，杰作，力作
（拉）***magnum opus***

“巨著”（great work）的意思，得到权威评论家首肯的、有重要价值的文学或艺术作品，通常指作家、作曲家或创作者最杰出的作品。

句点
full stop（full point）

指用于文本中表示句子结束的标点符号，用于书目记录中将著录单元分开。当用于划分因特网地址的各组成部分时，被称为点。

句法关系
syntactic relations

指检索词在标引文献的标引语句中的组配关系或语法关系。

句法，语法
syntax

指构造语言的正确的表达式或句子拼写所需的各种规则。针对特定的计算机语言，对源程序中使用的语句、命令、操作数以及表达式的结构规则所做的规定。

拒借
refuse

指图书馆在文献借阅过程中由于某种原因而不能满足读者借阅需求的现象。产生拒借现象的原因通常有以下几种：1. 当前读者所需文献已被其他读者借走；2. 当前读者所需文献正在装订或整理中；3. 因乱架、藏匿和丢失等原因，当前读者所需文献不能从藏书中提取出来；4. 当前读者所需文献尚在编目加工过程中；5. 本馆尚未入藏当前读者所需文献。拒借通常可分为合理拒借与不合理拒借两种。由于不属于本馆收藏范围或因短期内借阅量过于集中而产生的拒借称为合理拒借。合理拒借可采取通过馆际互借和预约借书的办法来减少或解决。由于采购不当、库内错架乱架和目录混乱等原因产生的拒借称为不合理拒借。不合理拒借应通过改进内部管理和提高工作质量减少或消除。

具体资料标识
specific material designation

属于具体资料类型名称的款目，在书目记录载体形态项中，记录在文献数量之后用以反映具体文献类型的标识。

俱乐部书价
book club price

图书俱乐部是指通过邮寄方式来销售新书和再版图书的商业公司，该公司对它的成员购书实行特别的价格，常为零售价的 75% 或更少。

剧本
play

一种文学形式，即用像散文和诗歌一样优美的语言写成，是戏剧艺术创作的文本基础，编导与演员根据剧本进行演出。剧本主要由人物对话（或唱词）和舞台提示组成。舞台提示一般指出人物说话的语气、说话时的动作，或人物上下场、指出场景或其他效果变换等。一部较长的剧本，往往会由许多不同的段落所组成，而在不同种类的戏剧中，会使用不同的单位区分段落。按照应用范围，可分为：

话剧剧本、电影剧本和电视剧剧本等。按剧本题材，又可分为喜剧、悲剧、历史剧、家庭伦理剧和惊悚剧等。

剧本，脚本
script

表演戏剧、电影、录像制品、电视或广播节目所依据的本子，也是舞台剧本、电影剧本或广播电视剧本的打字稿或油印的或出版的文本，包括每个角色的台词和舞台说明。

剧情描绘板
storyboard

一块或一系列镶板，用以嵌钉成套的小型草图，连续系统地展示电影中或电视剧中的重要变化情节的场面表演或角色的伴演动作等，也指商业广告的情节串联图版。

剧情说明
scenario

戏剧作品（话剧、歌剧和芭蕾等）情节的内容概述。简要地说明情节中的场景、人物的出场顺序。

剧作家
playwright

撰写剧本供舞台演出，或者由于某种原因剧本只能阅读但无法实际上演，这些剧本的作者通常称作剧作家。莎士比亚是最著名的一位剧作家，尽管过去数百年，但他的作品仍在世界各地演出，经久不衰。在文献著录中，剧作家的姓名一般出现在责任者项。

聚合
mashup

网络聚合应用，一种新型的Web应用程序，具有第二代Web应用程序的特点，一个或多个信息源整合起来的网站或者网络应用。

聚类分析
cluster analysis method

将物理或抽象对象的集合分组成为由类似的对象组成的多个类的分析过程。其目的是把性质相近的个体归一类，使同一类中的个体都具有高度的同质性，不同类之间的个体具有高度的异质性。

聚氯乙烯
polyvinyl chloride（PVC）

一种热塑性共聚物，无色固体，具有良好的防水耐浓酸和碱性能，与增塑剂结合后能得到老化性能比橡胶优异的材料，一般用于电缆和电线包皮层及防护衣服。在用于包装图书或塑封时，可以使图书防水或更耐用。

聚友网
MySpace

一个社交网络网站，以短信服务为基础的娱乐平台。提供微博、个人主页、个人空间、电子相册、博客空间、音乐和视频上传空间等服务。该网站的总部位于美国加利福尼亚的圣塔莫尼卡，成立于2003年7月。

聚珍本
Wuyingdian Edition

版本类型。清乾隆年间选刻《四库全书》珍本，武英殿采用活字印刷，共刻木活字25万余个，乾隆定名为“聚珍版”，所印图书遂称武英殿聚珍本。据陶湘统计，武英殿用这套木活字前后排印134种书，后又续印单行书7种。这些书因为行款版式完全相同，又都由武英殿用聚珍版排印，故统称为《武英殿聚珍版丛书》。后来各地官书局也仿聚珍版印书，被称为“外聚珍”，而武英殿活字本被称为“内聚珍”。

捐赠
donation

由个人或组织志愿捐赠的图书资料，所捐资料的法定权利和实际监管已从捐赠者转移到接受捐赠的图书馆或个人。

（捐赠的）基金或财物
endowment

由公共机构长期积累的一种固定基金，包括赠品和遗赠。通过投资方式获得利息或收益，将其中的全部或部分捐助受赠者，图书馆经常会接收一些捐赠。

捐赠图书
book donation（gift，grant）

指个人或单位将图书作为赠品自愿捐赠给图书馆或文献情报机构。是图书馆与文献情报机构获得珍贵书刊、丰富馆藏的重要来源之一。赠送书籍者

J

大致有：政治家、学者、作家、知名人士及藏书家，在他们晚年或去世后，将其著述和稀世珍藏赠送给图书馆等机构；一些友好知名人士和社会团体，向有关图书馆赠送大批珍贵的图书资料；书刊文献出版者主动将其出版物捐赠给图书馆，以扩大和推广该出版物的宣传流通；图书的编著者在著书过程中，得到图书馆的帮助，主动捐赠给图书馆自己编著出版的图书，以表谢意；一些大型图书馆、许多科研所、情报研究所、高等院校和其他机构，向有业务联系的图书馆自愿赠送本单位刚出版的书刊资料。捐赠图书虽然不失为图书馆或文献情报机构作为藏书补充来源的一个很好途径，但其所捐赠的书刊文献缺乏系统性、计划性和稳定性的缺点也是显而易见的。所以，图书馆对受赠图书应注意挑选。

J

捐助者协议
donor agreement

在捐赠图书或档案资料给图书馆的个人、组织或其他机构和接受图书馆之间签订的一个正式的书面协议。

镌刻文字
legend

指硬币或奖牌上的镌刻文字；还指器物、碑碣等上面的文字（大多铸成或刻成）。

卷边装订
yapp binding

一种用皮质材料作为封面以保护书芯的卷边装订方法。具体是对以皮质材料为封面的出边边缘用辊子进行压印或压制成花饰的装订形式。这是因为19世纪英国伦敦有一个名叫威廉·雅普（William Yapp）的书商出售用此种方法装订的袖珍本《圣经》（*Bible*）而得名。杰弗里·格莱斯特（Geoffrey A. Glaister）在1996年出版的《图书百科全书》（*Encyclopedia of the Book*）中提及在16世纪就已经有了此种加工卷边封面的方法。

卷（册），合订本
volume

从书目角度看，指一部作品的一个主要部分，与该作品其他部分的区别在于有其自身的主信息源，多数情况下，有独立的页码和签名等。多卷书的各卷常用数字表示，最后一卷附有索引。对于期刊，不管是否装订成册，指一个出版期（多为一个历年）内出版的各期。卷数通常印于每期封面及目次页上作为其组成部分。从物理角度看，载有书写或印刷内容的材料的一个独立装订单位。作为一个物质实体，并不与书目中的卷必然吻合。

卷（册）记录
item record

指在编目过程中，一条附在书目记录后面的记录，用以表示该图书馆已购买和已经加工的单卷书的复本数量，或者分卷出版的多卷书的某一卷书的单项复本数。该记录通常标明了文献种类、卷数、复本数、条码、位置、价值、状况和适用的借阅规则以及有关的借阅信息。如读者的身份、还书日期等。当这些记录被用于连续性的编目中时，每条记录通常给予单独的连续性题名，并通过分别的校验记录来查找个别的卷册。

卷册权
volume rights

作者或其代理人所拥有的一种权利，即通过谈判，给予出版商以卷册形式（包括精装本、平装本、图书俱乐部版和教材版）出版作品的许可，或者是重印以及谈判译本出版的许可。它还包括整部作品以期刊的单独一期出版，或者全部或部分收录在选集中的许可。

卷次标记
volume signature

指印在折标处的卷次符号，便于以后装订。

卷次号，卷数
volume number

用于指定在既定出版期限内（通常是一个历年）期刊各期的号码，从数字1开始计算该年度的第1期。一期装订成一册或多册时，卷次号印在书脊上；百科全书等多卷本参考工具书的卷次号出现在书脊和题名页上。

卷（盘）号
reel number

又称卷顺序号（reel sequence number）。是指按顺序出版的连续或多卷出版物每一卷上所标的序列号，也指电影胶片、磁带卷盘上的编号。

卷首插图
frontispiece

印于图书题名页或第一页前的整幅插图，未作编号也未标页数。亦称扉页插图。

卷索引
volume index

为某检索刊物、普通刊物或者多卷书的某一卷编制的各种辅助索引的总称。有主题索引、分类索引和著者索引等多种形式，指引读者从文献的内容特征和外部特征出发查找本卷内的相关内容。许多检索刊物的卷索引都单独出版。

卷轴，筒状物
roll

一种书写在羊皮纸上的手抄稿，不能折叠但可以卷起来放在书架上、盒子里或专门装卷轴用的圆筒中保存。又指装胶卷、磁带、电影片和纸张等用的容器。

卷轴制度
Scroll System

初期的纸写书的形式，完全是模仿帛书的。纸被大量应用后，从抄写到制卷，不断改进、发展，形成一套完整的卷轴制度。古代的纸张有一定的规格。人们在抄写时，首页起先空二行，写书名，另起一行写正文。一部用多张纸写完的书，按顺序接成一张张长纸。长纸可先写后接，也可先接后写。为了保护纸卷不折皱和毁坏，在最后一张纸上粘接一根木条，称为轴。从左到右卷成一束，称为一卷。卷轴制度的书，有帛书和纸卷书两种。

卷轴装
Scroll-style Binding

这种装订形式应用时间最久，始于周，盛行于纸本书初期的隋唐，一直沿用至今。现今书籍虽均用册页装式，但装裱字画仍沿用卷轴装。卷轴装始于帛书，是由卷、轴、飘和带四部分组成的，类似于简策卷成一束的装订形式。卷轴装型制，在其一长卷文章的末端设一较幅面宽度长出少许的轴（一般为木轴，但也有考究者），以轴为轴心，将书卷卷在轴上。

绢本
Silk Scroll

指绘在绢、绫、丝织物上的字画。

决议（案）
resolution

指议会、组织或官方团体就某一问题经一定会议讨论通过、正式发布的意见或意向声明书。

绝版
exhausted edition（out of print）

出版商不再出版、重印、增印或原版已销毁的图书，或出版商不再拥有现货、市场上无法购到的书刊。图书馆可以通过复印、交换等方式补充、收藏绝版本。

绝版（书）
out of print（OP）

指出版商已没有存货而且也没有再印刷的打算、又不能从正规的市场渠道购得的出版物。绝版书有时可从旧书店里找到。提供查询服务的专家、古旧书商和图书搜购者对追踪绝版书很在行。绝版书一般情况是不会出版，但也有可能在晚些时候再版。

绝密
top secret

保密文件中最高的一个密级，指极端机密的，必须绝对保密的文件、消息等。

掘客
Digg

又称顶格。该网站于 2004 年 10 月由美国人凯文·罗斯（Kevin Rose）创办。该网站是一个文章投票评论站点，结合了书签、博客、简易信息聚合以及无等级的评论控制。其特点在于未设职业网站编辑，编辑完全取决于用户，用户可以随意提交文章，由读者来判断该文章是否有用。收藏文章的用户越多，说明该文章越有知名度。当“挖掘”到一定程度时，该文章就会出现在网站的首页上。

军事图书馆，部队图书馆
military library

为军人服务的图书馆。旨在利用书刊提高部队政治和军事科学素养，为培养军事干部，发展军事科学事业做出贡献。早在 18、19 世纪，丹麦陆军团就建有图书馆，19 世纪初期拿破仑也设有“军中图书馆”，1836 年美国成立了陆军军医局图书馆，1931 年中国在红军机关和红军学校建立了图书馆。其主要类型有军事机关图书馆、军事科学研究图书馆、军事院校图书馆、医院图书馆和连队图书室等；每种类型图书馆所承担的任务、藏书的重点、服务的对象和方式有所不同。军队图书馆与地方图书馆之间在业务活动上有一定的联系，对于提高军队官兵的素质和战斗力，活跃军队的文化生活有不可忽视的作用。

军用镶嵌地图

mosaic map

将若干航空摄影相片相互衔接拼排成的地图，用于显示地形、建筑物等。

郡斋本

Local Government Edition

在古籍版本学上称州、县政府所刻印的书。由于这种版本所涉及的地区较多，总的印书量也很大，其中也有质量较好的版本。如桐川郡斋刻本《史记集解索隐》、池阳郡斋刻本《文选》等，都达到了刻印精良的要求。

K

卡尔格公司（瑞士）

S. Karger AG

创建于1890年，是瑞士一家著名医学和科技家族出版公司，总部最初设在德国柏林，1937年迁到瑞士巴塞尔（*Basel*）市。该公司所出版的图书，以医学图书为主，另外也出版一些科技图书，出版物以英语为主要语言，也有的图书与期刊用拉丁文、法文和意大利文出版。公司发展飞速，因出版诺贝尔奖金获得者的专著在国际上享有盛名，并在新加坡、澳大利亚、爱沙尼亚、法国、德国、印度、日本、英国和美国建有分公司和配书中心。

卡尔·马克思纪念图书馆（英国）

Karl Marx Memorial Library

位于伦敦市中心的克拉肯韦尔格林大街，有一座18世纪建筑风格的白色两层小楼，最初用于开办韦尔士慈善学校，随后成为公共活动场所。革命导师列宁1902—1903年在伦敦流亡期间，曾在附近居住，并在这座小楼的一个房间里编辑出版他创办的《火星报》。该图书馆于1933年开始筹建，英国共产党、进步左翼运动、工会以及受纳粹迫害的难民开始纷纷捐助、捐书建馆。英共领导人将所收藏的马克思、恩格斯的著作捐献给了该馆，成为馆内的第一批藏书。该馆的第一位馆长将自己从莫斯科带回的俄文版的列宁著作、十月革命时期出版的杂志、书籍以及记载列宁葬礼的小册子也捐给了该图书馆。

卡尔森出版社（德国）

（德）*CARLSEN Verlag GmbH*

1953年作为丹麦卡儿尔森出版集团的子公司在德国建立。该出版社出版的第一套佩奇（*PETZI*）系列图书就非常成功，至今全球印数已达1 200万册。之后从1954年开始出版的皮西（*PIXI*）系列图书，至今已出版1 300余种，总印数超过2.5亿万册。1967年由该社推出的第一册提姆和史度皮（*Tim und Struppi*）集的问世，标志着卡儿尔森漫画出版的开始。该出版社少儿类图书的出版范围包括了纸板书、手工书、图画书和讲故事书。其中图画书除了佩奇和皮西系列之外，读书鼠（*Lesemaus*）、小女孩康妮（*Conni*）和爱米（*Emild*）系列都是3～8岁孩子们最喜爱的读物。

卡罗尔·阿丹密基经济大学图书馆（波兰）

Library of the Karol Adamiecki University of Economics

位于波兰卡托维森市，始建于1939年，是西里西亚地区最大的经济学图书馆。服务于该地区高校的教学和科研人员，同时也面向社会公众开放。包括1所总馆和8所系图书馆。总馆馆藏图书近30万册，期刊约2.5万期，现刊340多种，其中外文期刊100多种。另有各种硕、博士论文4万多篇。所有系图书馆的馆藏量约为2.8万册。

卡罗林·玛丽亚·休因斯（1846—1926）

Caroline Maria Hewins

美国儿童图书馆工作的先驱者，哈特福德公共图书馆（Hartford Public Library）馆长，美国康涅狄格州图书馆协会会长。曾在波士顿图书馆的普尔麾下工作两年，后在私立学校执教和波士顿大学进修。1875年到哈特福德青年会图书馆工作，注重为儿童服务，1882年出版《青年读物》(*Books for the Young*)，1888年出版《儿童书史》(*History of Children Books*)。1900年帮助成立美国图书馆协会儿童部，1904年在哈特福德首次成立儿童图书馆，并成为全美国儿童图书馆服务的典范。休因斯还从事图书馆学院和图书馆培训班的教学工作，为哈特福德市教师与图书馆工作者讲授儿童文学课。1897年作为美国图协会员，成为第一个在美国图书馆协会大会上发言的妇女。

（卡罗林王朝的）小书写体

Carolingian minuscule

出现于公元8世纪末期，是第一种小写字母。为了实现沙勒曼国王的愿望（在他的王国内，所有的天主教堂里的书籍都能够用标准的字母抄写）而发展起来的。这种小书写体虽然字体宽，也不能连写，但在11世纪，很快成为欧洲主要的书写体。诺曼底人征服英格兰时，也被英格兰所采用。卡罗林风格规定了句子的开头用一个大写字母，结束用小写字母。活字发明后小写字母在卡罗林小写字母的基础上有了进一步的发展。

卡内基图书馆

Carnegie Library

由美国卡内基基金会提供的全部或部分基金修

建。钢铁大王、慈善家安德鲁·卡内基（Andrew Carnegie，1835—1919）在晚年期间把相当数量的财产投入到图书馆和世界和平事业中。他于1881年向家乡捐赠了第一所图书馆，此后，陆续捐款5 615万美元，在世界各地建立起2 509所卡内基图书馆，其中大部分位于美国、英国和加拿大，还有在非洲、加勒比海地区和大洋洲。有1 689所分布在美国各社区，有660所公共图书馆在英国。1919年卡内基逝世后，他的慈善事业仍通过卡内基基金会继续为图书馆事业作贡献，由卡内基基金会投资购置的设备至今仍在很多美国小城镇的图书馆中使用。几乎所有图书馆建设都要按“卡内基公式”（Carnegie Formula）进行：充分陈述其公共图书馆建设的必要性、提供网站建设、承诺每年必须投入税收的10%以支持图书馆的运作以及必须向所有人免费开放。

K

卡内基文学奖（英国）
Carnegie Medal in Literature

或称卡内基奖章（Carnegie Medal），也称卡内基儿童文学奖。英国图书馆协会从1936年开始颁发的一个文学奖项，每年一次，颁发给在英国发行的最优秀的英语儿童图书的作家。是世界儿童文学界的最高奖项之一，主要是颁发给英国的儿童小说或是青少年小说家。这个奖以美国钢铁大亨、慈善家安德鲁·卡内基（Andrew Carnegie，1835—1919）命名。卡内基晚年致力于图书馆的建设和世界和平事业。

卡尼尔经典数字出版社（法国）
Classiques Garnier Numérique

该出版社致力于向各高校、研究机构、公共及非公共图书馆提供文学与社会科学领域的专业法语电子资源数据库。并与法国教育部国家远程教育中心合作，提供相应资源与服务。CGN系列数据库整合了众多资源，为图书馆提供精心编辑的资料收藏，并实时对资源进行同步更新。可根据用户需要通过检索功能对所有数据库实现实时检索。

卡农铅字
canon

一种大小约48磅具有专门名称的西文旧体活铅字。

卡片标签
card label

一般粘贴在一张卡片上，代表图书馆的一个馆藏，卡片标签上一般列有题名、作者和索书号。

卡片目录
card catalog

印刷或打印在目录卡片上的图书馆馆藏目录，卡片标准尺寸为7.5厘米×12.5厘米。卡片目录分为：分类目录、著者目录、题名目录、主题目录或者简单的字母顺序目录（字典目录），按照一定的顺序排列集中存放在目录柜的目录盒中，以便查检，比书本式目录（book catalog）灵活方便。目前许多大中型图书馆已经将卡片式目录转化成机读目录格式。

卡萨布兰卡市立图书馆（摩洛哥）
Bibliothèque Municipale de Casablanca

该馆隶属于卡萨布兰卡市议会文化部，成立于法国殖民时期（1918年），由“图书之友”协会负责管理。为了和殖民者的利益需求和意识形态保持一致，当时的收藏重心放在地图和摩洛哥各地区数据收集上。摩洛哥独立后，该馆成了历史遗留下来的文化宝藏，并在不断改革，为适应新时代的需求发展多媒体馆藏、发挥图书馆的多重职能。2009年5月设立“上海之窗”。

卡塔尔国家图书馆
Qatar National Library（QNL）

由1956年成立的多哈公共图书馆和1954年建成的教育图书馆于1962年合并而成。该馆隶属卡塔尔文化、艺术和遗产部图书馆司，拥有5个公共图书馆（分馆）。1970年起该馆发行年刊《卡塔尔国家书目》（*Qatar National Bibliography*），1982年成为法定缴送本中心，同时也是与阿拉伯国家及大学图书馆、美洲、欧洲及亚洲其他地区图书馆进行出版物交换的中心，前几年，该馆又成为联合国阿拉伯文和英文文献保存馆。拥有馆藏书刊28万（卷），其中阿拉伯文图书25万册（卷），英文图书有3万册（卷），阿拉伯文与波斯文手稿2 000部，4 000多份数字化手稿。该馆出版学术著作的年度索引。

《卡特号码表》
Cutter Number

由美国图书馆学家查尔斯A·卡特（Charles A. Cutter）编写的一种字母与数字混合的著者号码系统，通过著者的姓氏区分同一类目的款目。卡特著者号由姓氏的1～3个字母和来自《卡特-桑伯恩号码表》（*Cutter-Sanborn Table*）的一个或多个阿拉伯数字组合而成，编目人员可以把卡特著者号加到索书号后面。

《卡特-桑伯恩号码表》
Cutter-Sanborn Table

1880 年，查尔斯 A · 卡特（Charles A. Cutter）首先编写一个两个字母的号码表，帮助编目人员在索书号后面加上作者号码以区分相同类目。这个两位数的卡特号码表存在着使用不便、区分同类书的功能较弱等问题。1896 年，凯特 A. 桑伯恩（Kate A. Sanborn）女士对卡特号码表进行了扩展，允许在作者的姓后加上三个阿拉伯数字。

卡通，动画片
cartoon

也指动画电影。先把一系列动作用独立的画面绘制出来，然后以持续快速放映的方式，制造出连续动作的视觉效果。在美术中，也指照原物尺寸绘制在纸上的画稿，然后将画稿全部或部分转绘到更大的画布、挂毯或着色的玻璃上。

喀麦隆国家图书馆
National Library of Cameroon/*Bibliotheque Nationale du Cameroun*

成立于 1966 年，隶属喀麦隆文化部。除文化部外，外国政府和非政府组织也参与喀麦隆图书馆的管理。该馆馆藏的增加很大部分是靠法国政府于 20 世纪 80 年代的捐赠，最新颁布的法律要求该国的出版物在发行之日必须向喀麦隆国家图书馆缴送 6 册。拥有图书近 10 万册（卷）。

开本
format

指印刷型出版物印张面积的表示方法，一般以一个印张折叠的次数来计算，如 32 开、16 开等。

开本尺寸
elephant

指书刊本子大小尺寸。关于图书和杂志开本及其幅面尺寸，中国制定有国家标准 GB/T788—1999，国际标准是根据德国工业标准（LN 476）国际标准化组织推荐使用。

开槽装订
notched binding

用胶水装订时，人们在垂直于书脊的装订一边上开启多条较浅的平行小槽，以便增大胶水粘贴的面积，这种方法叫做开槽装订。虽说开槽能加固书籍的装订，但它有时却会妨碍书籍完全地打开，对复制文献不方便。

开场白，序幕
prologue

戏剧、小说、诗歌或其他文学作品正文开始部分的介绍。或指由一名或数名演员在戏剧开始时向观众朗诵的通常以诗句形式出现的台词，或指在话剧表演时，第一幕之前由所演角色说的介绍性的话。

开成石经
Kaicheng Carved Stone

又称“唐石经”，唐文宗太和四年（公元 830 年），由艾居晦、陈玠等人用楷书分写，用了 7 年时间刻成一部石经。原碑立于唐长安城务本坊的国子监内，宋代移至府学北墉，即今西安碑林。计有《周易》、《尚书》、《毛诗》、《周礼》、《仪礼》、《礼记》、《春秋左氏传》、《公羊传》、《穀梁传》、《孝经》、《论语》和《尔雅》等 12 种，共 114 块碑石，每石两面刻，共刻 650 252 字。中国清代之前所刻石经很多，只有开城石经保存最为完好，是研究中国经书历史的重要资料。

开放存档案倡议计划（美国）
Open Archives Initiative（OAI）

致力于开发、推广促进数字格式信息内容交换的互用性标准，并希望通过改进对数字档案的存取来促进学术交流。该计划由数字图书馆联合会（Digital Library Federation）、网络信息联盟（Coalition for Networked Information）所支持，并得到国家科学基金会（National Science Foundation）的拨款，并于 1999 年 10 月在美国新墨西哥州召开首届会议，会议讨论了计划的宗旨、使命以及所有技术问题。

开放存取
open access

通过开架借阅、开放资源等手段向读者提供获取信息的便利。保证信息资源的开放自由，向所有人开放，不能人为地设置障碍，造成信息贫富不均。任何以限定信息使用对象、使用方法和使用时间等方式阻碍信息流通的行为都是逆潮流而动的愚蠢行为。

K

《开放存取期刊目录》
***The Directory of Open Access Journals*（*DOAJ*）**

由瑞典隆德大学图书馆主办，匈牙利布达佩斯开放社会研究所投资，学术出版与学术资源联邦协办于2003年建立起来的免费全文电子期刊目录。该目录旨在建立一个具有学术性或研究性、采用Open Access模式并采用了一定质量控制系统的期刊综合目录。开放获取期刊目录中收录的期刊主要遵循主题范围、资源类型、目标对象、期刊内容、访问权限和质量等标准。该目录对收录的期刊提供了比较详细的信息内容：刊名、可选刊名、国际连续出版物编号、创刊日期、停刊日期、出版者、语种、主题、关键词、旧名和继任刊名。

开放档案
open archives

指档案管理部门将保管到一定年限的档案按规定解除保密控制，以供公众查询、利用。这样从根本上改变了档案馆的封闭性质，有利于发挥档案馆的社会服务功能。

开放获取政策机构联盟（美国）
Coalition of Open Access Policy Institutions（COAPI）

由美国堪萨斯大学、哈佛大学、斯坦福大学、杜克大学和康卡迪亚大学等共同建立的一个新型开放获取政策联盟。该联盟共同协作、分享具体的实施策略，并从国家角度对机构的开放获取政策进行宣传倡导。

开放内容联盟
Open Content Alliance（OCA）

在全球范围内的一些文化组织、技术组织、非赢利组织和政府组织共同开展的一种协作，其目的在于创建包含多种语言的数字文本和多媒体内容的永久档案库。由雅虎公司于2005年10月宣布组成，当时被当作广泛、公开地存取全世界文化信息的一种方法。参与单位有100多家，主要有：英国国家图书馆、波士顿图书馆联盟、加利福尼亚州立大学、多伦多大学以及Adobe、European Archive、HP、MSN、O'Reilly和Xerox等。收录范围包括：图书、影像、语音以及音乐等资源。语种以英文为主，档案格式多样，以PDF为主。用户可以通过www.archive.org和Yahoo等搜索引擎来查询该联盟所收录的资料，也可以利用数据类型进行浏览查询，也可免费下载电子文件，并有RSS服务。

开放时间
opening hours

常规的一周中图书馆给读者提供主要服务（例如参考和借阅服务、阅读室）的小时数。

开放式词表
open ended thesaurus

指词表的容量没有限制，能够按一定规则增添新的主题词（叙词）或关键词而不会改变词表原有性质和使用方式的词表。

开放式数字图书馆
Open Digital Library（ODL）

其目标是实现数字图书馆中资源和服务的使用的最大化，既可以为用户提供资源和服务，也可以为其他开放性的服务系统提供资源。

开放统一资源定位器
Open Uniform Resource Locator（Open URL）

基于Web的学术信息环境下实现开放互连机制，是一种统一协议，开放的、动态的链接标准，也是一种解决不同资源的数字资源系统互操作，进行资源整合的方法。是在统一资源定位器（URL）基础之上发展起来的。其标准是提供传输书目元数据的语法和信息服务的对象识别符。

开放文档元数据互操作协议
Open Archives Initiative Protocol for Metadata Harvesting（OAI-PMH）

于2001年1月发布，目的在于为网络上元数据的互操作提供一种网络通讯协议。该协议的实施必须支持都柏林核心集中的代表性元数据。借助OAI元数据获取协议，网络上的学术资料不再受限于系统平台、应用程序、学科领域、国界及语言，可实现广泛流通，其2.0标准版于2002年6月发布。

开放系统
open system

一种符合开放标准的系统，应提供这样一些功能：使正确执行的应用程序能在多个厂商提供的不同的平台上运行，和其他应用程序互操作，并且为用户相互作用提供一个风格统一的界面。

开放系统互连
Open System Interconnection（OSI）

为开放式系统互连参考模型。在其出现之前，计算机网络中存在众多的体系结构，其中以 IBM 公司的系统网络体系结构（System Network Architecture，SNA）和 DEC 公司的数字网络架构（Digital Network Architecture，DNA）数字网络体系结构最为著名。为了解决不同体系结构的网络的互连问题，国际标准化组织于 1981 年制定了开放系统互连参考模型（Open System Interconnection Reference Model，OSI/RM），这个模型把网络通信的工作分为 7 层。由低到高分别是物理层（Physical Layer）、数据链路层（Data Link Layer）、网络层（Network Layer）、传输层（Transport Layer）、会话层（Session Layer）、表示层（Presentation Layer）和应用层（Application Layer）。

开放系统体系结构
open system architecture（OSA）

由国际标准化组织（ISO）定义的一种开放互连结构。开放系统体系结构本身分为七层。每一层都具有一组能被上一层访问和使用的功能，而层与层之间是互相独立的。

开放源代码
open source

描述了一种在产品的产出和开发中提供最终源材料的做法。一般的软件仅可取得已经过编译的二进制可执行档，通常只有软件的作者或著作权所有者等拥有程序的源代码。有些软件的作者只将源代码公开，却不符合“开放源代码”的定义及条件，因为作者可能会设置公开源代码的条件限制，例如限制可阅读源代码的对象、限制派生产生品等。

开放源代码促进会
Open Source Initiative（OSI）

一个旨在推动开源软件发展的非盈利组织。该组织创建于 1998 年 2 月，由布鲁斯·斐伦斯（Bruce Perence）和埃里克·斯蒂芬·雷蒙（Eric S. Raymond）等人创立，负责管理开放源码定义以及审核条款。

开放源代码软件
open source software（OSS）

简称开源软件，是一种源代码可以任意获取的计算机软件，这种软件的版权持有人在软件协议的规定之下保留部分权利，并允许用户学习、修改、增进提高这款软件的质量，像火狐浏览器、linux 操作系统都是开源软件。

开馆的准备工作
opening

指图书馆在每天开馆前所要做的准备工作，如开启灯光和各种设备，检查打印机和复印机的纸张，检查还书箱中前一天闭馆后归还的图书资料并及时上架，解除安全警报系统和打开入口处大门，清洁阅览桌面座椅和查看前一天的服务记录等。

开馆天数
days of opening

常规的一个年度里图书馆实体馆舍为读者开放服务的天数。

开会记录
minutes

指为会议或事务提供一系列记录笔记的行为，也指由这样一些笔记编写的正式记录。

开架保存本
open reserve

指一些图书馆专门开辟一个阅览室将闭架图书或保存本提供给读者阅读。

开架出纳台
open counter

采用开架式借阅的书库所设置的工作柜台，图书馆工作人员在此查验读者证件、办理读者借、还书的手续以及解答读者的有关咨询。

开架借阅
open access

指读者可进入书库直接从书架上选取自己所需书刊的借阅方式。与闭架借阅方式是相对的。实行开架借阅可以使读者直接接触图书，广泛浏览，自由挑选。能有效地降低拒借率，方便读者利用图书馆藏书。开架借阅现已成为全球图书馆的主要服务方式。

开架（式）
open shelves（open stack）

图书馆允许读者自行在书架上选择所需图书的一种服务方式。也指书店采用开架售书，顾客可随意在书架上挑选要购买的图书。开架始于 19 世纪的西欧、北美。

K

开架阅览室

open accessreading room

藏书和阅览在同一空间中，允许读者自行取阅图书资料的阅览室。以矩形平面为佳，藏书量以120～160册/m² 计之。一般都采用四周高、中央低的开放式书架配置，室内净高需为书架高的两倍以上，书架必须做有效率的分配使用。

开口边

open edge

指书籍上下边及右边（向右翻阅的书则为左边）裁切以便翻阅的书边。

开罗国际图书博览会

Cairo Book Fair

创始于1969年，由埃及文化部图书总局负责组织主办，每年1月底至2月初在开罗举行。展期为14天。该图书博览会已成为促进埃及出版界与世界各国交流、宣传埃及政治、经济和文化等方面的一个重要窗口，也是世界上展示阿拉伯文图书的重要活动场所。来自非洲各国的书商可以选购图书，也对一般公众销售。展出面积3.7万平方米。

开盘式的（胶卷，磁带）

reel to reel

电影摄影机、放映机或圆盘式录音磁带机和录像机中通过独立的送片轴和收片轴进行录放操作的一种方法。通常，电影放映机或圆盘式录放机都有两个卷轴，可以一边对胶卷或磁带进行放送，一边将胶卷或磁带收入盒内。

开普敦大学图书馆（南非）

University of Cape Town Libraries

位于南非开普敦市，始建于1905年，1920年任命了南非国内的第一位图书馆员任馆长。1929年发展至建有一所医学分馆，5位馆员和4万多册藏书。该馆现由1所总馆和若干所分馆组成，工作人员达170多人。馆藏图书120万册，期刊1.6万种，电子期刊63 000种，177个数据库。

开普勒手稿图书馆（美国）

Karpeles Manuscript Library

该馆成立于1983年，有11所分馆，拥有世界上最丰富的原始手稿和文献的私人馆藏。内容涉及文学、自然科学、宗教、历史和艺术。该馆收藏的原稿种类多样，有书籍、乐谱、辞典等，如美国《人权法案》、《婚礼进行曲》乐谱、爱因斯坦对其专著《相对论》所写的说明等。

开销，支出

pay-out

指书刊营销时的开支。

开源内容管理系统

Drupal

诞生于2000年，是用PHP语言写成的开源内容管理框架（CMF），由内容管理系统（CMS）和PHP开发框架共同构成。主要用于构造提供多种功能和服务的动态网站，这些功能包括用户管理（User Administration）、发布工作流（Publishing Workflow）、讨论、新闻聚合（News Aggregation）、元数据（Metadata）操作和用于内容共享的XML发布。该系统有一个优秀的模块化结构，提供了许多模块，包括短消息、个性化书签、网站管理、Blog、日记、电子商务、电子出版、留言簿、网上电影院、论坛和投票等模块，并且该系统模块的下载、安装和定制非常方便。

凯尔姆斯科特出版社（英国）

Kelmscott Press

由威廉·莫里斯（William Morris, 1834—1896）于1891年建立的私人出版社。莫里斯是一个苏格兰建筑师、设计师、作家、书法家和印刷商。他在现代图书生产中探索复兴中世纪和早期印刷中的美学观。虽然该出版社仅存至1894年，但它所出版的53种书却建立了图书高质量的精美和工艺标准。

《凯尔斯书》

book of Kells

为爱尔兰——萨克森风格手抄本。成书于公元8世纪末或9世纪初，据说出自一位修道士或僧侣之手。《凯尔斯书》是爱尔兰写本中装帧最为富丽的图书，这部古老的书稿曾命途多舛，几经遭窃又失而复得。从1661年起藏于都柏林三一学院图书馆中。此书不仅是欧洲文明的重要象征，而且也是爱尔兰文明的重要文化亘基。

凯瑟琳·露辛达·夏普（1865—1914）

Katharine Lucinda Sharp

美国图书馆学家，美国西北大学哲学和纽约州立奥尔巴尼图书馆学院硕士。是杜威的得意门生，并为挚友。1893年任阿穆尔学院图书馆馆长和图书馆管理学系主任。1897 年到伊利诺伊大学工作，创立州立大学图书馆学院、组建伊利诺伊大学参考图书馆、发展了该州的图书馆组织与情报网络。夏普将图书馆流通工作渗透到各社会组织和政治团体，她认为这些组织和团体将为改进图书馆服务、扩大读者群作出贡献。除了在伊利诺伊州，她在美国图书馆协会中也很活跃，曾两度担任该协会副主席。

凯特·格林威奖章（英国）

Kate Greenaway Medal

由英国图书馆协会于 1955 年创立的奖项，主要是为了纪念 19 世纪伟大的童书插画家凯特·格林威女士（Kate. Greenaway）。此奖的评审标准十分严格，着重创作精神与出版形式，并强调插图主题必须能让儿童理解、有所共鸣，讲究图文间的和谐性，就连版面设计也不得马虎。目前格林威奖章设有“年度最杰出儿童插画家”、“最佳推荐奖”及“荣誉奖”，每年由主办的英国图书馆协会，与受邀的青少年图书馆协会及其他 11 个图书馆协会成员所组成的选举委员会评选出来。2002 年开始，凯特·格林威奖章开始转由英国图书馆与信息注册协会（CILIP）颁发。

楷书

Model Script（Regular Writing Style）

又称正楷、楷体、正书或真书。为纠正草书的漫无标准和减省汉隶的波磔而形成，是汉字书法中常见的一种字体。其字形较为正方，不像隶书写成扁形，笔画平直，可作楷模，故名。楷书仍是现代汉字手写体的参考标准，也发展出另一种手写体——钢笔字。楷书在字体结构方面，与隶书差不多，但楷书将隶书笔划的写法改变了，且由扁形的隶书改为基本上呈现方形的楷书，即所谓的“方块字”。最早的楷书书法家是东汉末年的钟繇，从其流传下来的作品中，还多少残留着隶书的笔意。

刊本

Block Print Edition

又称刻本、椠本、镌本，刊印的版本。有四种：以朝代分（宋本、元本、明本），以刻本处所分（殿本、监本、官署本、书院本和坊刻本），以形式分（大字本、小字本、巾箱本）和以内容分（选本、节本、足本）等。又指刻版印刷的书籍版本。

刊名缩写规则

bishop's rules

刊名的缩写词，是指为书写简便将刊名的原词语压缩拼接或由首字母所组成的词。如果期刊名称为一个单词，取这个词的前四个字母；两个单词，取每个词前各两个字母；三个单词，取前两个词的第一个字母和第三个词的前两个字母；四个单词以上，则取前四个词的第一个字母。

勘误表

errata（corrigenda）

图书出版后发现差错时所另印的更正表，用以纠正书刊中的内容错误。一般印成单页插在书中，有时附印在书后，以引起读者注意。

堪萨斯市堪萨斯公共图书馆（美国）

Kansas City，Kansas Public Library（KCKPL）

位于美国堪萨斯州堪萨斯市，始建于 19 世纪 70 年代，包括 1 所中心馆、3 所分馆和 1 所流动图书馆，其愿景是努力为本地居民提供服务，力图成为堪萨斯州最先进的图书馆系统之一。馆藏图书及期刊合订本 45 万多册，着重收藏当地历史资源、政府文献和家谱资料。特色收藏包括有关怀安多特印第安人的手稿、杂志、地图及照片等资料，西班牙文的书籍杂志等文献资料以及成人学习的相关资源等。

坎特伯雷大学图书馆（新西兰）

University of Canterbury Library

位于新西兰坎特伯雷市，始建于 1879 年。建馆初期，馆藏增长缓慢，直至 19 世纪 50 年代，藏书量仅为 10 万册。而后，随着读者的增加和投入的加大，藏书量在 12 年后达到 20 万册，仅 7 年后馆藏又翻了一番。现包括 1 所中心图书馆和 4 所分馆：工程图书馆、法律图书馆、物理学图书馆和麦克米兰·布朗（Macmillan Brown）图书馆（该馆主要收藏新西兰和太平洋群岛地区文献）。馆藏各类图书资料 190 多万册（件），其中电子期刊 6 万多种，电子图书 1 万册，缩微资料 40 万件，近 5 000 件艺术藏品。

康金锐（1938—）

Kang Jinrui

河北省图书馆研究馆员。1960 年毕业于北京大学图书馆学系，留校任教。1971 年到河北石家庄市图书馆任副馆长、馆长。1983 年调至河北省图书馆筹备处任副主任，1987 年 10 月任河北省图书馆副馆长，兼任中国图书馆学会理事、河北省图书馆学会副理事长、学术委员会主任和《图书情报通讯》副主编等。发表论著、论文 10 多部（篇）。

康拉德·盖士纳（1516—1565）

Conrad Gessner

德裔瑞士人，人文主义者，博物学家、目录学家兼医生。生于瑞士苏黎世，1541 年获巴塞尔大学博士学位。曾游历欧洲各国，考察西欧著名图书馆并考订藏书，奠定目录学研究基础。编纂《世界书目：拉丁文、希腊文和希伯来文全部书籍的目录》，旨在保护人类思想及文明发展的宝贵记录。所完成的 72 部著作，均附有书目或书后索引，故而被誉为“西欧目录学之父”和“现代目录学创始人”。《世界书目》收录 3 000 名学者的 1.2 万种图书。此外，还总结发展了目录学的理论和方法，设计了包括 21 大类 250 多个细目的盖士纳分类法，为读者提供了系统检索途径。

K

康乃尔大学图书馆（美国）

Cornell University Library

位于美国纽约州的伊萨卡，始建于 1868 年，是北美十六大学术研究图书馆之一，由 17 所分馆组成。馆藏各类图书 800 多万册，缩微资料 850 万件，期刊报纸 6 万种，手稿 7.1 万立方英尺以及其他资料 50 万件。此外还拥有 5 000 多个网络数据库和其他各类电子资源。该馆是国际图联机构会员。

康乃馨出版社（德国）

（德）*Cornelsen Verlag GmbH & Co. OHG*

德国最优秀的教科类出版社之一，出版各类教科书、教辅、职业教育及成人教育图书共 15 000 多种。由康乃馨出版社研发的教学软件极富创新性，为学习者们在学校或是在家里创建了一个交互式的多媒体学习世界。该出版社所出版的教师专业资源图书、学生自学和辅助材料、参考书和教学用书在教科图书市场中有极高的声誉。

康涅狄格州立图书馆（美国）

Connecticut State Library（CSL）

位于美国康涅狄格州首府哈特福德市，始建于 1854 年。主要服务对象为州政府及下属各区政府，州内各图书馆以及公众。根据服务对象需求不同，分为政府信息部门、法律法规信息部门、州历史博物馆以及盲人图书馆等。专门设有研究机构为政府部门提供咨询服务，同时为州内各图书馆提供咨询、合作交流等服务。

《康普顿多媒体百科全书》（美国）

Compton's Multimedia Encyclopedia

于 1989 年推出交互式多媒体版，以一张光盘容纳了 26 卷印刷版书的内容，另外增加了大量幻灯片集、动画和声音项目。《康普顿多媒体百科全书》包括 5 200 多篇特辑、2.8 万篇短文、约 7 000 张图片、长达 50 分钟的音效和叙述以及几十部视频节目等。共设 9 个查询入口，例如通过 IDEA SEARCH（智慧查找）中可以输入想知道的任何东西，不管是否能检索到确切匹配的信息，该光盘会把相关内容列在屏幕上，供用户选择；在地图中，用户可以转动地球，找到相应地点的相关知识；“时间线”（Time Line）按照时间顺序列出重大事件，点击获取详细介绍。

康斯坦斯·梅布尔·温切尔（1896—1983）

Constance Mabel Winchell

美国哥伦比亚大学图书馆专业历史参考咨询专家，密歇根大学文学学士，图书馆学院硕士。在马奇（Mudge）指导下完成的硕士论文《馆际互借图书的排架》（*Locating Books for Interlibrary Loan*），由威尔逊公司出版。此前她曾任编目员，并有在法国巴黎工作之经验。因为她在建设哥伦比亚大学图书馆参考咨询藏书的贡献以及《馆际互借图书的排架》书中对馆际互借准则的归纳并成功地编著《参考工具书指南》（*Guide to Reference Books*）第 7～8 版，发挥了前任业绩的效益，1960 年获得美国图书馆协会授予的马奇奖。

《康熙字典》

Kangxi Dictionary

由张玉书、陈廷敬等人于清康熙四十九年（1710 年）、清康熙五十五年（1716 年）编成，共 42 卷。其内容引古代诗文以溯其字源，又注各代用法以佐证其变迁。书末附《补遗》，尽收冷僻字；再附《备考》，收有音无义或音义全无之字，总收 47 035 字。《康熙字典》总汇汉字之大成，所有疑难字、繁体字、异体字均可查到。对每个字头释义的最大特点就是引证其最早的出处，为今人研究字的起源和本意提供了最早的依据，是中国第一部收字最多、规模最大的汉语字典，从出版到现在将近 300 年的时间里，一直被广泛地使用着。但也有一些不足之处，如没有标点符号、汉字使用不规范等，因此现代人使用甚有不便。现代版《康熙字典》于1998年由九州图书出版社出版。既保持了原书的风貌，又为现代人的查阅提供了方便。北京书同文数字化技术有限公司还出版《康熙字典》电子版。

考尔德科特奖（美国）
Caldecott Medal

著名的美国最佳儿童读物插图奖。这是为了纪念19世纪杰出的英国儿童读物插图家兰道尔夫·考尔德科特（Randolph Caldecott，1846—1886），由美国出版巨子弗雷德里克·梅尔切（Frederic G. Melcher）于1938年捐助设立。该奖项颁发每年举行一次，由美国图书馆协会主办、美国图书馆协会儿童图书馆专业委员会提名，授予在过去的一年中在美国出版的最优秀的儿童图画书的插图作者。该奖项对美国出版社出版优秀儿童图画书、鼓励更多的插画家从事优秀儿童画创作起到了积极的作用。

考古学
Archaeology

通过发掘和调查古代人类的遗迹遗物和文献来研究古代社会的一门人文科学。传统上，考古学是文化人类学的一门分支学科，但是现在已成为一门独立的学科。考古学研究人类历史，从距今250万年前东非最早的石器的发展，直到近代，是最重要的史前史研究学科。考古学在19世纪由欧洲的古物搜藏发展出来，从那时开始就成为遍布世界的学科。考古学在中国是历史科学的重要组成部分，北宋以来的金石学是中国考古学的前身。

考证，考据
textual criticism（historical study）

研究历史语言等的一种方法。根据事实的考核和例证的归纳，提供可信的材料，作出一定的结论。方法主要是训诂、校勘和资料蒐辑整理。清代乾隆、嘉庆两朝考据之学最盛，后世成为考据学派或乾嘉学派。

拷贝保护，复制保护
copy protection

软件制造商为防止其软件被非法拷贝而采取的措施。典型方法是进行特殊处理，如采用软件加密或激光打孔处理、格式化特殊磁道等。

靠词标引
proximate indexing

又称“近义标引”。当文献的内容主题，在既不能进行专指标引，又不能进行组配标引，同时，也没有恰当的上位主题词进行上位标引时，则可采用靠词标引的方法。也就是将文献的主题归入在概念上与之相关、交叉、较相近或有着某种关系的主题词。

珂罗版
collotype

又称玻璃版，由德国约瑟夫·阿尔伯特（*Joseph Albert*）于1869年发明。真正传入中国是清朝末年的光绪年间，第一件印刷品是在上海徐汇区土山湾的宗教印刷所印的圣母像，这是最早的印品。其印刷原理是以玻璃为板基，然后在玻璃上涂上明胶印刷质，在上面通过照相制版，把图像反映到胶质上，再通过采用水墨相斥的着墨原理用无网点印刷的方式，把印品印出来。珂罗版印刷是一种传统的印刷技术，印刷特点是逼真传神，而且能够保留产生笔墨的神韵。其印刷范围主要是复制绘画，再一个就是墨迹、碑帖、古籍善本和古籍图录等。

柯达阅读机
Kodagraph

一种由柯达公司（Eastman Kodak）生产的缩微复制品放大阅读机的商标名。该机可将不透明的缩微卡片放大至14英寸×8.5英寸大小，在阅读屏幕的表面装有绿色滤光器，以防反射。

柯平（1962—）
Ke Ping

博士、教授、南开大学信息资源管理系主任。1994年开始任郑州大学信息管理系主任，1998—2001年兼任该校图书馆馆长。先后兼河南省图书馆学会学术委员会主任、河南省科技情报学会副秘书长、河南省高校图书情报工作委员会副主任、中国图书馆学会第七、八届理事会理事、学术研究委员会副主任、目录学专业委员会主任、编译出版委员会《中国图书馆年鉴》编辑出版专业委员会委员、教育部高校图书情报工作指导委员会委员、武汉大学信息资源研究中心兼职教授和南开大学图书馆副馆长。主要研究方向是图书馆学和目录学，主持完成教育部和国家社会科学重点项目，出版专著多部，发表论文100余篇。

科技查新

novelty search

指拥有查新资质的查新机构根据查新委托人提供的有关科研资料，查证其研究的内容是否具有新颖性，并根据查新结果做出结论提供给用户。查新是文献检索和情报调研相结合的情报研究工作，以文献为基础，以文献检索和情报调研为手段，以检出结果为依据。通过查新能为科研立项、专利申请及科技成果的鉴定、评估、验收奖励等提供客观依据；也能为科技人员进行研究开发提供快捷、可靠、丰富的信息。

科技档案

science technology archives

人们在科技、生产活动中形成的、由纯业务性的科技文件材料转化而成的档案。分为工业生产技术档案、农业科技档案、基本建设档案、设备档案、自然科学研究档案、医药卫生档案、自然现象观测档案、地质档案、测绘档案和环境保护档案。科技档案的特点为：专业性、种类和类型的多样性、成套性和现实性。

《科技会议录索引》（美国）

***Index to Scientific and Technical Proceedings* (ISTP)**

由美国科学信息研究所（Institute for Science Information，ISI）编辑出版，1978年1月创刊，月刊，世界著名的综合性的科技会议文献检索工具，主要报道会议录的出版情况，介绍会议论文的题录。收录的会议录出版形式主要为图书、期刊两大类，学科范围包括：生命科学、物理与化学、农业、生物和环境科学、临床医学、工程技术和应用科学等。每年报道会议录约1万多种，论文近17万篇，约占重要会议论文的75%～90%，每期包括正文和索引，正文为会议录内容，包括会议编号、会议名称、召开地点时间、会议主办者、会议出版物（图书或期刊）名称以及该出版物中各篇论文的题名、著者及第一著者的地址所在页数，正文按会议编号顺序排列。索引包括：类目索引、著者索引、会议主办者索引、会议地点索引、轮排主题索引和团体著者索引。美国科技信息所出版的会议录索引数据库，被列入“四大文献索引”之一。

科技期刊

technology journal

具有固定刊名、刊期、年卷或年月顺序编号、印刷成册，以报道科学技术为主要内容的连续出版物。

科技文献

scientific and technical literature

根据出版类型的不同，一般可分为：科技图书、科技期刊、科技报告、会议文献、专利文献、技术文献、政府出版物、学位论文、产品样本和技术档案。根据文献的加工程度的不同，可划分为三个等级结构，即：一次文献，也称一级文献或原始文献；二次文献，也称二级文献或检索性文献；三次文献，又称三级文献或参考性文献。根据文献载体形式的不同，又可将科技文献分为印刷型、缩微型、声像型和电子型这四个种类。随着科学技术的进步，现代科技文献的发展具有以下明显的特点：1. 数量急剧增长；2. 内容交叉重复；3. 文献出版分散；4. 文献失效加快；5. 文献语种增多；6. 文献载体电子化、文献传播网络化。

《科技文献信息管理》

Documentation & Information Management for Science and Technology

1986年创刊，由西安石油学院、中国石油高校图书馆协会和陕西高校图书馆工作委员会主办。该刊以繁荣高校图书情报专业理论研究、报道专业发展动态、提高专业队伍素质、促进图书情报事业发展为宗旨，以图书馆管理、情报工作研究为重点，是图书馆界进行学术交流的学术园地。该刊致力于将刊物办成立足西北地区、面向全国石油系统和图书馆情报界、集图书情报理论与实验研究于一体、具有石油行业特色的综合性学术刊物。主要栏目有：“图书馆管理”、“研究与探讨”、“读者工作”、“信息资源开发与利用”、“文献建设”、“管理与实践”、“队伍建设”、“自动化·网络化·数字化”和“图苑杂谈”等。该刊为季刊，有英文主要目次。

科技信息资源

scientific and technical information resource

各种各类型科学技术文献信息的统称。其性质有：文献型、数值型和事实型信息资源。其中文献信息资源由科技书刊、会议录、科技报告、政府出版物、专利文献、学位论文和计量文献等组成。其载体形式有印刷型、缩微型、视听型以及机读型（磁带版、光盘版和网络版）文献。

K

科技政策文献资料库
Database of Sci-Tech Policy Document

以收集各国科技政策的研究、规划和成效等相关资料为主的资料库，收集范围涵盖科技政策总论、农业、环保、能源、卫生、教育和通讯等，资料类型有政府文件、白皮书、法案、研究报告以及会议论文。每篇文献包括题名、作者、出版机构、政策研讨国别、领域分类和网址链接等。

科技政策研究与信息中心
Science & Technology Policy Research and Information Center（STPI）

应台湾当局推动整体科技发展之需要，由“科学技术资料中心”转型为现名，以期运用积累30年丰厚的信息收集、处理、服务、加值与科技政策知识建构经验，肩负台湾科技智库的角色，同时配合当局决策体系需要，结合学者专家整合建立科技政策研究体系，建构科技研究方法与知识库，提供科技政策形成机制与沟通平台，以促进台湾科技决策体系专业化与健全化的发展，并朝台湾科技产业发展根基与提升国际竞争力的总目标而努力。

科技政策智库
S&T Think Tank

关于科技政策的中英文双语网站，于2007年正式开通。中文网站主要在于提供世界各国国家科技总体发展与重点领域的最新科技发展动态、议题观点分析、专题研究探讨、期刊论文选粹、政府政策与计划动态、科技立法追踪、重要政策与资源参考以及全球政策机构、国际组织与研讨活动信息等；英文网站则着重报道台湾科技发展与政策动态，以期在国际间成为宣扬台湾科技发展的重要传播桥梁、促进国际合作机会的窗口。

科技专用搜索引擎
Scirus

因特网科技专用搜索引擎，为科研人员、学生等用户提供精确查找科技信息、确定大学等网址、简单快速查找所需文献或报告等服务。该引擎的信息源主要是两部分：网页和期刊。这种搜索引擎网站的出现为科学家们在网络上和专有数据库中快速查找所需的信息打开了一道便捷之门，此外，还可以对网络中所搜索到的结果进行过滤，然后只列出包含有科学信息的成分。其覆盖1.7亿多个科技类网页，包括9 000万个网页以及1 700万个来自其他信息源的记录。该引擎覆盖的学科范围包括：农业与生物学，天文学，生物科学，化学与化工，计算机科学，地球与行星科学，经济、金融与管理科学，工程、能源与技术，环境科学，语言学，法学，生命科学，材料科学，数学，医学，神经系统科学，药理学，物理学，心理学，社会与行为科学和社会学等。

科克市立图书馆（爱尔兰）
Corks City Libraries

1892年开始为市民提供图书馆服务。1905年在安德鲁·卡内基的资助下独立馆舍落成，15年后毁于战火，1924年之后相继建起多座馆舍。该图书馆系统由1所中心图书馆、6所分馆和1个流动图书馆组成。拥有馆藏40多万册（件），为市民提供广泛的图书馆与信息资源服务。该馆制定有一项名为“Access All Areas”的馆藏发展方针，对各类载体馆藏（包括电子资源）的选择、采购和管理等方面做出了相关规定，旨在确保公共图书馆网络的所有读者能在任何时间和地点找到想要的内容。该馆于2005年5月设立“上海之窗”。

科雷塔·斯科特·金图书奖
The Coretta Scott King Award

由美国图书馆协会于1969年设立，颁发给那些在儿童文学领域做出杰出贡献的黑人作者，1979年增设插图和图画图书奖。

《科利尔百科全书》（美国）
***Collier's Encyclopedia*（EC）**

20世纪中叶才出版的多卷集百科全书，内容配合美国大学和中学的全部课程，是一部适合非专业人员、青年学生阅读的百科全书。全书共24册，第24册为索引，共2 100万字，插图约1.7万幅。资料的深度和广度均不如《美国百科全书》和《不列颠百科全书》，注重事实，理论性阐述较少。在2.5万个条目中，社会科学、人文科学各占20%，科技占15%，地理和地区研究占35%，并着眼于普通人日常感兴趣的主题以及实用的现代题材，虽属国际性百科全书，但东方的资料很少。文字通俗简洁、注重可读性，大中小条目结合，以中小条目为主。为便于普通读者自学和图书馆采购，最后一卷有1.25万种参考书的列表，按31个主题排列，有的书目之后有简单介绍。采用连续修订制，更新速度较快，每年出版《科利尔年鉴》（*Collier's Yearbook*），现出版者为美国纽约麦克米伦教育公司。

科隆市公共图书馆（德国）
Cologne Public Library/*Stadtbibliothek Köln*

始建于1890年，位于德国科隆市。由1所中心馆、11所分馆、1所流动图书馆以及若干特殊服务单位构成，为市区100万居民服务。馆藏总量100多万册（件），年到馆访问达200万人次。中心馆拥有馆藏图书50万册（件）、1 000种杂志、2 000种光碟、1.3万个资料库，负责为科隆的全体市民以及来自比利时、荷兰和卢森堡的公民提供所需的文献资料；分馆大小不一，分布在科隆不同的地区，最小的分馆馆藏资料有2万册，最大的有4.6万册。该馆共有4辆流动图书车停靠70个地点，为科隆另外18个街区的居民服务，每辆车约有5 000册图书资料。

科特·马希拉奖
Kurt Maschler Award（1982—1999）

1982年由科特·马希拉设立，以纪念德国著名作家和儿童文学家埃里奇·凯斯特纳（*Erich Kastner*, 1899—1974）和插画家华尔特·特里尔（*Walter Tellier*）。该项年度奖由英国书界联合会主办，授予那些能丰富、增加儿童知识的优秀儿童文学作品（包括插图）。参赛者必须拥有英国国籍或侨居联合王国10年以上的人。在出版社送交候选名单后，由3人组成的评委会进行最后的评选。获奖的作家或插图画家除得到奖金外，还获得一尊埃米尔（《埃米尔擒贼记》中的主人公）的铜像。

科学出版社
Science Press

科学出版集团的核心企业。1954年8月由中国科学院编译局与20世纪30年代创建的龙门联合书局合并而成。1993年8月，恢复使用“龙门书局”副牌。该出版社在精选具有国际水平的专著、基础理论图书和期刊的同时，着重出版实用技术、高新技术、信息技术、管理科学等书刊和电子出版物，逐步形成多层次、高水平的教材体系和教学辅助读物系列；重点形成科普读物、工具书和辞书的出版规模。该出版社每年出书2 000余种（其中外文版图书30余种），期刊150余种（其中外文期刊29种）。

科学出版社（俄罗斯）
The Science Press

位于俄罗斯首都莫斯科，俄罗斯科学院下属出版社，是集图书生产、印刷和出版发行于一体的大型图书中心。科学院在俄罗斯出版图书的历史可追溯到1727年。该图书中心在莫斯科、圣彼得堡、新西伯利亚、叶卡捷琳堡等设有6个出版社、4个印刷企业和《科学院图书》图书贸易公司。该出版社主要出版科学院各科研机构的著作，每年出版约600种图书和190多种杂志。

《科学和技术图书馆》（俄罗斯）
Science and Technology Library

俄罗斯图书馆学专业刊物（月刊），原名为《苏联科学和技术图书馆》，由俄罗斯国立公共科学技术图书馆出版。该刊的前身是1961年创刊的《苏联技术图书馆的工作经验》论文集。该刊以科学技术、农业、医学、科学院图书馆、自然和技术科学图书馆、高等学校和中等专业学校图书馆解决理论和实践中的问题为主旨，反映这些图书馆各方面的工作。阐述图书馆和情报咨询服务，图书馆藏书的建立、组织和保管，图书馆目录和情报检索体系的建立，新的情报技术在图书馆的运用等问题。

科学和人文科学领域中的拉丁美洲期刊索引
ClasePeriodica

由*Clase*和*Periodica*两部分组成，其中*Clase*对专门登载社会科学与人文科学的拉丁美洲期刊中的文献所作的索引；*Periodica*则涵盖专门登载科学与技术文献的期刊。该数据库对2 800多种以西班牙文、葡萄牙文、法文和英文发表的学术期刊中的40多万条书目引文提供检索。主题有：农业科学、历史、人类学、法律、艺术、图书馆学与信息科学、生物学、语言学与文学、化学、管理与会计、通讯科学、医药、人口统计学、哲学、经济学、物理学、教育学、政治学、工程学、心理学、精密科学、宗教、外交事务、社会学和地球科学。

科学幻想小说
science fiction

基于科学推测、极富想象力的小说与影片形式。该类小说描绘了未来世界或其他世界中的生活，并非完全与现实无关。有时科学幻想小说具有先知性或者是对当代形势的评论。科学幻想小说受到大众的喜爱。science fiction的缩写形式为：sci fi。

科学计量学
Scientometrics

应用数理统计和计算技术等数学方法对科学活动的产出进行定量分析，从中找出科学活动规律性的一门科学学分支学科。苏联时期学者多勃罗夫和纳利莫夫于1969年提出这一术语。按照国际科学计量学与信息计量学会（ISSI）的宗旨，其定量研究的领域有：科学技术和其他重要学术信息的定量研究；科学学、技术学、社会科学、艺术学和人文科学的定量研究；信息的产生、传播和使用的定量研究；图书馆、档案和数据库等定量研究以及信息方面的数学模型研究。

《科学技术情报》（俄罗斯）

Scientific-Technical Information

俄罗斯情报学刊物，1961年创刊，月刊，包括两个文集：第1集，情报工作的组织和方法。登载有关俄罗斯国内外各种情报组织实践活动的资料，介绍俄罗斯的情报化问题，情报市场和市场营销，数据处理的分析、综合，人员培训及有关各种技术的利用问题，还有会议的通知和书评等。第2集，情报过程和体系。刊登有关情报术语、情报检索和情报语言的资料，介绍各种文献和图像情报检索体系的理论与实践，情报过程的机械化、自动化问题，及会议的通知和书评等。

科学技术文献出版社

Scientific and Technical Documents Publishing House

自1973年成立以来，本着"我们所有的努力都是为了使您增长知识和才干"的信条，精心打造了医药卫生、农业科学、电子技术、实用技术、文化教育、科技政策与管理、信息科学等各方面的精品图书8 000余种，并且不断开辟旅游、建筑、经济和生活等新的选题领域，成为出版图书种类最全的中央级出版机构之一。其中《中国图书资料分类法》、《汉语主题词表》、《中国科学技术白皮书》和《中国科学技术蓝皮书》等几十部图书先后获得中宣部"五个一"工程奖、国家科技进步一等奖、中国图书奖、科技史优秀图书奖等各种奖励，创造了良好的社会效益和经济效益。30多年来，该出版社还创造并形成了具有一定品牌并为社会发展起到过一定影响作用的科技期刊——《中国科技资源导刊》、《高技术通讯》、《国外科技动态》、《海峡科技与产业》、《管理科学文摘》和《网谜》，还有具有一定社会知名度、广受读者欢迎的《科学美国人》(*Scientific American*)的中文版等刊物。

《科学技术文献速报》（日本）

***Current Bulletin on Science Technology*, CBST**

日本科学技术情报中心（JICST）编辑出版，世界三大综合性文摘杂志之一。1958年创刊。最初只有5个分册，1985年起出齐全部12个分册，即土木与建筑工程编；化学与化学工业编（外国编）；电气工程编；金属工程、矿山工程与地球科学编；机械工程编；物理与应用物理编；原子能工程编；管理与系统技术编；化学与化学工业编（国内编）；环境公害编；能源编；生命科学编。每年摘录世界科技期刊约1.3万多种，还有研究报告和会议文献等，报道文摘65万多篇。同时以印刷本、卡片、缩微胶片和计算机磁带、电子版等形式出版。各分册文摘按分类编排，配有每期关键词索引和年度性的主题索引、著者索引和收录资料一览表。

科学交流

scientific exchange

科学家或科研人员之间借助共同使用的符号系统，提供、传递或获取各种科学信息的过程。科学交流是指通过面对面谈话、电话交谈、演讲、通信和论文预印稿的交换等形式所进行的信息传递。习惯上分为科学家个人直接接触的非正式交流过程和借助于文献的正式交流过程。

科学情报研究所（美国）

Institute for Scientific Information（ISI）

于1960年成立，位于美国费城。主要提供自然科学、社会科学、艺术和人文科学等方面的引文索引服务、最新书目和信息处理工具，是世界上提供世界专业期刊检索服务最大的机构。主要出版有：《科学引文索引》(*Science Citation Index*, *SCI*)、《社会科学引文索引》(*Social Science Citation Index*, *SSCI*)、《艺术和人文科学引文索引》(*Arts & Humanities Citation*, *A&HCI*)、《科学评论索引》(*Index to Scientific Reviews*, *ISR*)、《现时目次》(*Current Contents*)、《社会科学和人文科学会议录索引》(*Index to Social Science & Humanities Proceedings*)、《科学图书目录索引》(*Index to Scientific Book Contents*, *ISBC*)和《科学技术会议录索引》(*Index to Scientific & Technical Proceedings*)。

科学图书馆

scientific library

旨在为学者、科学工作者和专业人员服务的图书馆，其基本任务是根据他们在科研、教学等方面的需求，向他们提供特定范围的书目信息和文献资料。

科学图书馆（越南）
The General Sciences Library

成立于1868年，是越南第二大图书馆，仅次于首都河内的越南国家图书馆。该馆主要为胡志明市的市民提供服务，对辖区内的24个地区图书馆进行统一的管理，并为越南南部的21个省级图书馆提供专业的支持和培训。该馆馆藏总计190多万件（册），种类包括图书、期刊、微缩胶卷以及其他录影带、光盘、图片、音乐和地图等。另外，该馆还开设了供视力障碍者使用的馆藏、服务和相关培训项目，同时还为越南的64所省级图书馆制作并发行有声读物，共有近60万读者受益。

科学网络会议录数据库
Web of Science Proceedings（WOSP）

美国科学情报研究所（ISI）基于Web of Science的检索平台，将两个数据库合集：《科学技术会议录索引》（*ISTP*）和《社会科学及人文科学会议录索引》（*ISSHP*）两大会议录索引。该网络数据库汇集了世界上最新出版的会议录资料，包括专著、丛书、预印本以及来源于期刊的会议论文，提供了综合全面、多学科的会议论文资料。《科学技术会议录索引》专门收录世界各种重要的自然科学及技术方面的会议包括一般性会议、座谈会、研究会、讨论会和发表会等的会议文献，涉及学科基本和《科学引文索引》相同。《社会科学及人文科学会议录索引》则专门收录世界各种重要的社会科学及人文科学的会议资料。

科学文献老化
obsolescence of scientific literature

随着时间的流逝，科学文献的知识内容变旧，作为信息源的价值不断减少并最终丧失利用价值的变化过程。影响科学文献老化的因素通常包括文献的增长、文献的类型和性质、学科性质及其发展阶段、用户需求的特点和信息环境质量等。文献老化的测量工作目前还只能通过统计文献被利用次数的减少来表示。

《科学文摘》数据库
INSPEC

由美国OVID信息公司提供，是基于Web方式检索的文摘索引数据库，其内容由英国电气工程师协会（IEE）编辑，是理工学科最重要的、使用最频繁的数据库之一。该数据库涉及物理学、电气与电子工程、信息技术、计算机与控制工程等领域，收录了1969年以来出版的4 200多种科技期刊、2 000多种会议论文集以及有关科学技术报告、图书和学位论文的文摘信息。该数据库共有800多万条数据，每周更新数据，每年大约增加40万条数据。文献来源于80多个国家和地区、29种语言。每条记录包含英文标题、摘要及文献的详细信息，例如：期刊名、作者名、作者单位和原文献语种等。清华大学、北京大学与美国OVID信息公司合作，分别在清华大学图书馆与北京大学图书馆设立了镜像服务器，提供基于Web方式的科学文摘数据库（INSPEC）的检索服务。

《科学文摘》（英国）
***Science Abstracts*（*SA*）**

由英国电气工程师学会（IEE）主编发行的科学技术方面的综合性检索工具。创刊于1898年1月。收录全球尖端科技信息资料，包括物理、电子工程、电子学、通讯、控制工程、计算机科学以及信息技术等领域的国际性期刊文章、会议论文、技术报告、学位论文及图书资料。从1966年起分A辑：《物理文摘》（*Physics Abstracts*，*PA*）半月刊，B辑：《电气与电子学文摘》（*Electrical & Electronics Abstracts*，*EEA*）月刊和C辑：《计算机与控制文摘》（*Computer & Control Abstracts*，*CCA*）月刊。该文摘各分册还出版有《引用文献目录索引》（*Citation Bibliography Index*）、《图书索引》（*Book Index*）、《会议著者索引》（*Conference Author Index*）和《团体著者索引》（*Corporate Author Index*）的半年度累积索引。《科学文摘》不仅出版印刷型杂志，也出版光盘和网络数据库可供利用。

《科学引文索引》扩展版
***SCI Expanded*（*SCIE*）**

由美国科技情报研究所出版。是权威的科学技术文献检索工具。该版针对科学期刊文献的多学科索引，为跨150个自然科学学科的8 700多种主要期刊编制了全面索引，并包括从索引文章中收录的所有被引参考文献。不仅可用于查找最新的研究成果（文摘和所引用的参考文献），还提供文献被引用情况的检索，即可以“越查越旧”，也可以“越查越新”，全面了解有关某一学科、某一课题的研究信息。独特的引文检索体系，使其成为普遍使用的学术评价工具。数据每周更新一次。

《科学引文索引》(美国)
***Science Citation Index* (*SCI*)**

世界著名的检索工具之一，创刊于1960年，由美国科学情报研究所编辑出版。是一种国际性的、多学科的综合性索引，涉及数学、物理、化学、农学、林学、医学和生物学等170多个学科领域，收录了自然科学和工程领域内的8 000多种高质量学术期刊近百年的数据内容，在国际学术界占有重要地位，是国际学术界公认的最具权威的多学科大型科技论文检索工具。使用该索引，能够轻松破解最新、最重要的科技文献在期刊与期刊之间、数据库与数据库之间以及出版社与出版社之间的壁垒，帮助科研人员能够轻松地找到世界范围内，自己研究领域最新、最相关、最前沿的科技文献，激发科研人员的研究思想，获取更多的研究思路。其出版形式包括印刷版期刊、光盘版以及联机数据库还有因特网上的Web版数据库。

《科学引文索引》网络版
Web of Science

美国汤姆森科技信息集团（Thomson Scientific）基于Web开发的产品，是大型综合性、多学科、核心期刊引文索引数据库，包括三大引文数据库《科学引文索引》(*Science Citation Index*, *SCI*)、《社会科学引文索引》(*Social Sciences Citation Index*, *SSCI*)和《艺术与人文科学引文索引》(Arts & Humanities Citation Index, A&HCI）和《两个化学信息事实型数据库》(*Current Chemical Reactions*, *CCR* 和 *Index Chemicus*, *IC*）以及《科学引文检索扩展版》(*Science Citation Index Expanded*, *SCIE*)、《科技会议文献引文索引》(*Conference Proceedings Citation Index-Science*, *CPCI-S*）和《社会科学以及人文科学会议文献引文索引》(*Conference Proceedings Citation index-Social Science & Humanities*, *CPCI-SSH*）三个引文数据库，以ISI Web of Knowledge作为检索平台。

科学与技术图书馆专业组
Science and Technology Libraries Section

隶属国际图联专业委员会图书馆类型部（Division of Library Types）。该专业组接纳所有向国家图书馆、大学图书馆及理工大学图书馆、公共图书馆、企业和政府研究图书馆的科技部门的用户提供信息的专业图书馆。其重点在用于专业和学术交流的计算机网络和数字化信息方面。出版该专业组的业务通讯（电子版），刊登有关科学与技术图书馆的新闻与会议动态和论文，并出版会议录和年报。

科学指标
scientific index

衡量科学实力的量化规定项目。始于生命科学等自然科学领域内，后来出现在许多国家，并经增删形成正式的指标体系，常用来评价科学成果及科学生产能力。各国有关科学事业的统计指标不尽相同。通常科学指标包括：科学出版物数量和类型、出版物施引和受引的数量、授予各级学位的人员数量、政府科学基金的力度与金额、科学出版物使用语种数量、申请与批准的专利数量、聘任工作的科学家数量等。

科研要素
research elements

科学研究活动最基本的组成部分，如研究对象、目的、方法和设备等。

可变长
variable length

指字段的长度可根据实际需要而定，不是固定不变的。

可变符号
flexional symbol

一个类号中的每个字符所代表的意义，这要取决于其前位的字符，其本身没有固定的含义。

可变控制字段
variable control field

MARC 21书目数据记录的一种可变字段（字段标识符00×，×的范围为1~9），包含控制号以及用于MARC 21书目数据记录处理的其他类型的控制和编码信息（由字符相关位置标识的单个数据元素或定长数据元素列），其中不包括字段指示符和子字段代码。比如，008字段包括40个字符的记录的整体编码信息，如入库时间、出版物的出版周期等。

可变数据字段
variable data field

MARC 21书目数据记录的一种长度可变的字段（字段标识符1××~9××，××的范围为00~99），按照标识符的第一个字符分别组成不同的块，除了少数例外，一般来说，其标识符反映了记录中数据的功能。可变数据字段包括跟在字段标识符后面的两个字段指示符位置，通常包含文

K

本信息而不是编码信息，这些文本信息描述单个书目款目或者其他类型的记录，每个都记录在相互分割的子字段中，前面冠以两个字符的子字段代码。可变数据字段除了地址目次区的字段标识符标示外，使用两类内容名称，即两个字段标识符位置（存储在每个字段之首）和一个位于每个数据元素之前的两字符子字段代码。

可变字段
variable field

可变指字段的长度和内容根据字段和 MARC 格式变化。MARC 21 书目数据记录中的数据组织成可变字段，可变字段包含编码数据或文本。这些编码数据或文本细分成逻辑元素，记录在不同的子字段中。除了 24 个字符的空段和 005、007 以及 008 字段为定长外，MARC 21 数目数据记录中所有字段都是可变的。每个字段用 3 个字符的数字标识符表示，它存储在地址目次区中，每个字段以字段终止符结束。记录中的最后一个可变字段以字段终止符和记录终止符结束。可变字段有两类：可变控制字段（字段标识符 00×字段），其中不包括字段指示符和子字段代码；可变数据字段（字段标识符 1××~9××字段，××范围为 00~99），其中包括跟在字段标识符之后的两个指示符位置和每个数据元素之首的子字段代码。

可变字段代码
variable field coding

在机读目录的存储媒体上，著者姓名、题名、出版项以及附加款目标目和主题标目等都分属一个字段。因字段长度随不同记录而异，故称可变字段。可变字段前面用以标识各项目的符号称为可变字段代码。

可变字体打字机
varityper

一种主要用于打排照相制版底稿的电动打字机，可打印多种字体和字符。各种字体的字符和特殊符号成组刻在滚轮或字块上，滚轮或字块能按需要迅速加以调换，以便在打印过程中随时变换字体。

可擦存储器
erasable storage

可重复使用的存储器媒体，用户可以擦除先前存储的任何数据。多数磁存储器都是可擦除的，如磁带、磁盘。

（可陈列图书的）书架
book cradle

由木料、金属或塑料做成的矮书架或搁架，用来陈列图书，通常作为展览会的展架。

（可出借的）馆藏资料
loan collection

图书馆馆藏中的某些图书、绘画或其他印刷品可出借给读者带回家阅读，而不一定要留在馆内阅读。

可读性
readability

一是泛指一篇文章易读的程度。广义的可读性指所有映入眼帘的文字的可读性；狭义的可读性是指以图书、杂志为中心的整篇文章的可读性。无论广义还是狭义，都要求阅读对象具有便于快读、易于理解、感觉美观和不致疲劳等基本要素。二是指程序语言设计中衡量阅读程序的方便程度。一个程序是否易于阅读和理解，是由语言本身的内在因素决定的。现代程序语言设计的一个重要发展趋向是可读性的考虑要重于可写性。

可访问性
accessibility

一个系统允许被其他系统访问，或者允许访问其他系统的能力，是计算机系统适应信息交流需要的重要特点。

可接近性
accessibility

指用户可以进入图书馆，访问该馆的在线系统，使用该馆的资源，获取所需信息的便易性。也就是指图书馆资源易被任何用户查找和使用的特性。

可扩展标记语言
Extensible Markup Language（XML）

标准通用标记语言（SGML）的子集，是机能扩展性较高的标记语言。用于标记电子文件使其具有结构性的标记语言，可以用来标记数据、定义数据类型，是一种允许用户对自己的标记语言进行定义的源语言。自从 1998 年 2 月，万维网联盟 W3C 首次推出可扩展标记语言标准以来，就引起世界注意，可扩展标记语言的应用扩展到网络的各个领域，如数字图书馆、电子商务等。

可扩展的空间
standing room

杜威分类法术语。指出没有充足文献的一个题名但有其自己的号码，并且是在比包括其在内的分类号较窄的范围。标准细分不能在可扩展空间填加一个题名，也不允许添加其他类号组配技术。杜威分类法中列表内包括注释在内的题名在分类号上有其可扩展的空间，逻辑上放在同一位置的次级未命名的题名也是如此。

可扩展（增补性）分类法
flexible classification

可以随时加入新的类目而不牵动原表序列与逻辑性分类法。

可录光盘
CD-R（CD-Recorder）

指可以录入数字音频的光盘，为一次录入的光盘，录入后便无法抹掉。可录光盘作为信息存储的实用载体，其容量是普通软盘的500倍。如今，可录光盘正在成为信息存储材料领域的主流产品。

可录可抹的光盘
CD-RW（CD-Rewritable）

一种可录入可抹掉而反复重录的光盘。但是目前大多数的CD唱机是无法用于播放CD-RW的。

可食用书
edible book

指用可食用的食品材料，以图书的形式制作而成。一般有书名、书的样式或结构。

可使用的规定
acceptable use policy

图书馆或图书馆系统所制定的关于计算机及仪器、设备可使用的规定。如大部分公共图书馆禁止使用公共设备从事商业活动或非法活动。通常情况下，图书馆张贴或向读者发放印刷版的可使用规定，也有一些图书馆在其网站上发布。

“可视地球”
Visible Earth（VE）

由美国宇航局资助的数字图书馆，建立于2000年，旨在免费向公众提供有关地球科学的图像、动画以及其他可视化信息。同时也可给新闻工作者、科学家以及教育工作者提供最大限度的帮助。

可视电话
video phone

采用降低画面扫描频度或视频压缩技术，使通话双方能连续或不连续地观察到对方影像的一种电话终端设备。

可视化
visualization

利用计算机图形学和图像处理技术，将数据转换成图形或图像在屏幕上显示出来，而且进行处理的理论、方法和技术。涉及到计算机图形学、图像处理、计算机视觉以及计算机辅助设计等多个方面。

《可视化实验期刊》
***Journal of Visualized Experiments*（*JoVE*）**

2006年10月创刊，致力于以视频方式展现生物学研究的期刊，也是经过同行评审，被PubMed收录的生物医学视频数据库，其主要包括医学实验的相关视频，并致力于向用户提供生物学、医学、化学和物理学研究方面的视频类资源。

可视数据
view data

用户使用电话线或调制解调器接通所需信息页，从数据库传输并在计算机屏幕上显示的文字、图像和数值等内容。

可视图文系统，视频数据系统
PRESTEL

1979年，英国电信公司首推全世界第一套可视图文系统，这是利用电缆传输存储于计算机的文字、图像等信息，用电视进行接收的信息传视系统。在系统中，每条信息均有编号，信息按页存取，根据编号检索所需信息，并通过信息电缆（一般为电话线）传送到终端的电视接收机屏幕上。

可收集的（图书）
collectable（collectible）

用以描述收藏家认为可收集的物品，例如前版图书、古版书、古艺术品或古工艺品等。

可行性研究
feasibility study

对某种政策、方案、计划或欲购买一种新产品的实用和价值的初步调研报告，以确定其是否能够成功执行。

可修订的目录
open catalog

一种图书馆目录，对新增书目记录不加限制，但对已有记录可根据需要修改和校正。

可选号码
optional number

杜威分类法中，一是指时间表或表格中标准符号的替代列在括号中的数字；二是构建了选项的数字。

可选项
option

在使用计算机时，指用户可用的一种选择，可以菜单选择形式出现，也可以是用户图形界面上的窗口或工具栏中出现的一个按钮或图标，或在网页中的嵌入式页面链接。

可选用
Optional（O）

MARC 记录中的字段和子字段有必备字段和可选用字段，“optional”即为可选用字段。依据英美编目规则，书目著录中由编目员附加的、而依据规则不需著录的数据元素视为可选用项。如出版、发行项的制作者，标准号与获得方式项的获得方式等。

（可移植的）文档格式
Portable Document Format（PDF）

世界上安全可靠地分发和交换电子文档及电子表单的实际标准。是一种通用文件格式，不管创建源文档时使用的是哪些应用程序和平台，均可以保留任何源文档的字体、图像、图形和版面设置。这种文本格式尺寸小，下载速度快，需要用 Acrobat Reader 等软件来阅读打印。

可移植性
portability

指软件不依赖硬件平台、操作系统、编程语言和其他应用程序，能够独立运行的一种能力。为使软件具有这种可移植性，往往采用为不同的平台编写不同版本的软件或在软件中加入一种能自动识别平台和机器类型的工作机制来实现。随着网络的普及，可移植性已成为评价一种软件的指标之一。

（可重复的）字段
Repeatable（R）

指一个 MARC 字段可能多次出现在同一条书目记录中，如 600 字段，专门用作主题附加款目的人名备用。一条重复子字段也可能多次出现在同一字段中。

可重写的
rewritable

指一种能写、能抹、可反复重写的数字存储载体的一个特性。如可重录磁带或可重写光盘。与它相对应的是只读磁带、磁盘或光盘。

可重写光盘
rewritable optical disc

可以将所载内容进行擦除并重新写入新信息的一种光盘类型。这种光盘具有可写、可抹、可反复重写的特性，与它相对应的是只读光盘（ROM）。

克劳德·艾尔伍德·香农（1916—2001）
Claude Elwood Shannon

数学家、信息论的创始人。于 1916 年 4 月 30 日出生于美国密歇根州的加洛德（Petoskey），1936 年毕业于密歇根大学并获得数学和电子工程学士学位，1940 年获得麻省理工学院（MIT）数学博士学位和电子工程硕士学位。1941 年加入贝尔实验室数学部，1956 年任麻省理工学院（MIT）客座教授，并于 1958 年成为终生教授，1978 年成为名誉教授。

克里奥奖
Clio Award

一种用来奖励杰出创意的国际性电视广告大奖。该奖创立于 1959 年，是世界上规模最大的世界性广告大奖，汇集了来自全球各地的广告公司和专业制作工作室提交的一流创意作品。该奖评委会是由在广告领域内享有盛名的国际专家组成。评委们独立地评选出最佳获奖作品。每年 5 月，克里奥广告奖颁奖典礼在世界商业和金融中心，也是号称世界广告之都的美国纽约市举行。会后，获奖作品将由每个国家和地区的克里奥奖代表组织赴世界 38 个国家和地区作巡回展览，其目的在于展示世界一流广告天才新颖奇特的广告作品，有机会和创意界同行相互沟通、共同来为广告艺术这一矗立于现代工业文明中的奇葩添姿添彩。

克利夫兰公共图书馆（美国）
Cleveland Public Library

位于美国俄亥俄州的克利夫兰市。创建于1869年，当时称公共学校图书馆，1883年改名为克利夫兰市学校区公共图书馆，1923年更为现名。该馆拥有1所总馆和28所分馆，为全市居民服务。其馆藏图书和期刊合订本有372万册，政府出版物75万件（册）、地图18万幅、缩微胶片460万张、激光唱片、磁带和其他音频资料共19万多件，数字视盘和家用录像机制式的视频材料共18万件。年到馆访问有390万人次，年图书流通量为678万册次。该馆为国际图联机构会员。

克鲁格奖（美国）
Kluge Prize

2003年设立，国际奖项。是为了奖励诺贝尔不覆盖的项目，包括历史、哲学、政治、人类学、社会学、宗教、艺术和人文批评，要求获奖者具有跨学科领域的广泛高质量研究成果。中国史学者余英时先生于2006年与非裔的美国非洲史学家约翰·霍普·富兰克林共获此项奖。

克罗地亚国家与大学图书馆
The National and University Library of Croatia

该馆的历史最早可以上溯到1608年成立的萨格勒布大学图书馆，后曾成为科学院图书馆，并逐渐获得接受缴送本的特权。1874年又被命名为大学图书馆。1918年成为南斯拉夫王国三所皇家图书馆之一，接受南斯拉夫境内所有印刷型资料的法定缴送。1997年颁布的图书馆法明确规定其为国家与大学图书馆，也是中央研究图书馆。馆舍面积为36 478平方米，阅览座位1 100席，馆藏书刊总量达300万（卷），特藏有11 430册（件）。

克罗地亚科学和艺术学院图书馆
Croatian Academy of Sciences and Arts Library

位于克罗地亚首都萨格勒布市，始建于1867年，并于第二年买下了一所私人图书馆。19世纪后期，收到了许多私人收藏家的馈赠，使其得以迅速发展起来，现已成为克罗地亚收藏书刊资料最大的研究图书馆。该馆主要侧重收集人文学科和社会科学方面的文献，目前藏书有40万册（件），同时拥有丰富的国内国外期刊出版物。该馆很早就开始和国外学术机构开展交换图书活动，已与五大洲45个国家和地区701个国内国外机构建立了正式关系。

克米特协议
Kermit

由美国哥伦比亚大学克米特（Kermit）计划所开发和维护的一种异步通讯协议。以能使文件在计算机系统之间传递时在受扰线路上保持较高的安全性而著称。克米特协议以精确、灵活以及能为用户定制而闻名，主要用于小型机和大型机，也能在7位ASCⅡ码系统上处理面向字节的数据传送。包括了终端仿真，可以安装在几乎任何一个操作系统上。SuperKermit是其扩充版本，全双工，带有滑动窗口。哥伦比亚大学允许用作共享软件，不过，更鼓励用户购买该产品以支持该计划。

克兹威尔阅读机
Kurzweil reading machine

一种专供盲人使用的阅读机。采用光学字符识别器（OCR）使印刷的文字转换成计算机数据，再将这些数据通过语言的合成转换为声音。

刻版
engraved edition

印刷用的雕刻底板，利用在木板或金属上雕刻文字或图像，使成为印刷用的底板。

刻版印刷
block printing

在木板或金属板上镌刻画面或图案的印刷。具体就是将勾描好的雁皮纸色板稿分别粘贴在木板或金属板上，待干枯之后进行雕刻。雕刻木板多选用梨木或枣木，表面要刨得平整光滑；金属板则为镀锌板。雕刻工人将勾描的画稿分别刻成各色木版，雕刻时应注意原画的起笔、落笔，并全盘领会原画的特点和风格，以便使原画的精神充分地表达出来。雕刻时要将同一种色调的印版分放在一起。为节省板材，一块书板常两面镌刻。刻好后再对书板作进一步修治，然后印出校样，校正书板文字刊刻错误，修改无误后，即可正式印刷并装订成册。

刻本
Block-print Editiou

版本类型。指古时用刻版印刷的书籍版本，又称刊本、椠本、镌本，均为雕版印刷而成的书本。中国雕版印刷术发明很早。唐代开始有雕版印刷的

K

书籍流行，前后盛行 1 000 余年。在发展过程中，因时代不同，有各个时期刻本的不同称谓。因地域不同，有各地区刻本的不同称谓；因出资和主刻性质不同，有官刻本、私刻本和坊刻本等不同称谓；因版刻形态不同，有大字本、小字本、书帕本、巾箱本和袖珍本等不同称谓。因版印技术不同，有墨印本、朱印本、蓝印本和套印本等不同称谓。因版刻印的早晚不同，有初刻本、覆刻本、影刻本、初印本、后印本、重修本和递修本等不同称谓。刻本书的流通，对于保存、传播、弘扬中国文化遗产，有很大的作用。

刻录机
CD Recordable (CD-R)

容量一般为650MB。其上面所记载资料的方式与一般 CD 光盘片是一样的，也是利用激光束的反射来读取资料，所以刻录机盘片可以放在光盘只读存储器上读取，不同的是刻录机盘可以写一次。刻录机可以分两种：一种是 CD 刻录，另一种是 DVD 刻录。使用刻录机可以刻录音像光盘、数据光盘和启动盘等。方便储存数据和携带。

客观分类
objective classification

指根据事物的属性进行的分类，是图书分类的基础，也称为自然分类。

客户
client

指利用经专业培训的人员、专门组织或机构提供的服务的人，这种服务通常是付费的。工厂企业或经纪人称来往的主顾为“客户”。因此，客户可以是网络上的用户、应用和系统或资源。大学或公共图书馆员通常将他们所服务的人称作用户或读者，这是因为从传统意义上图书馆提供的大多数服务是免费的。

客户机
client

可使用由服务器提供服务的设备或应用程序。一台客户机通常为一个客户所用，而一台服务器是被许多不同的用户共享。

客户机-服务器
client-server

将网络中的计算机分为两类：提供服务的一方称为服务器，获得服务的一方称为客户机。为了能够提供服务，服务器一方必须具有一定的硬件和相应的程序软件（服务器端）；同样客户机一方也必须具有一定的硬件和相应的客户机程序软件（客户端）。

课本，教科书
textbook

按教学大纲的要求编写的教学用书，是为学生一个学期中学习某一学科系统的知识之用，通常包括一种系统科目的各项原理和词汇的系统阐述的书。有些教科书配备有练习集、实验室手册和教师手册。对某种特殊培训所用的资料，不论是否出版，也可称作课本。在某些国家里，教科书通常由大学书店根据注册入学的学生人数订购。使用过的教科书常可被书店重新购回，以低价卖给学生再使用。

课程
curriculum

学校或高等教育研究机构所教授所有的科目和进程，或是为各种主修专业所开设的一套科目和进程。每年的课程目录一般按照系别或课程号码来列举，所有学生需要学习的课程构成核心课程。

课程目录
course catalog

指一所院校在一个学年里所有课程的一种综合目录，一般每年出版一次，通常按照系别和课程号码来排列，在目录后附有课程简要说明和教师列表。既从事本科生又从事研究生教育的机构常会将这两部分的目录分开出版。

课程指南
curriculum guide

一种包括课程和指导说明（目标、教学策略、学习安排、特定资源和评估方法）等方面内容的计划，用于小到一个教室或大到一个学区这样的教学单位。

课件
courseware

为计算机辅助教学和计算机辅助训练而开发的软件，是用计算机应用软件制作的、采用文字、声音、图像和视频剪辑等多媒体手段、用幻灯投影方式辅助教学的程序性教具。制作课件需要一定的计算机知识。

K

肯尼亚国家图书馆服务处
Kenya National Library Service

根据肯尼亚国会法案规定于1965年建立，隶属于社会服务部，被授权开发肯尼亚公共图书馆服务："提供良好和谐有效的图书馆与信息服务，旨在促进和维系阅读文化和信息驱动的社会。"现在肯尼亚图书馆服务处享有缴送本的权利，负责编辑出版《肯尼亚国家书目》，并代表国家参与国际组织的活动。

肯普西图书馆（澳大利亚）
Kempsey Library

位于澳大利亚肯普西，有47%的居民为注册读者。馆藏图书超过10万册，年图书流通量超过30万册次。肯普西图书馆收藏了丰富的澳大利亚土著居民的文献资源，包括各种文字与视听资料形式的反映土著居民生活、经历及历史的资料。其特色收藏还包括肯普西本地的文献资源和家族族谱类文献。

肯塔基大学图书馆（美国）
University of Kentucky Libraries

该图书馆系统由12所图书馆构成，拥有约380万册书籍、近9万种电子期刊和图书，以及多种缩微文件、地图、数字视听光盘等。该馆馆藏种类丰富，为多个领域的研究和教学提供支持，如农业科学、生命科学、化学、地质科学、数学、物理学、人文科学、经济学、信息研究、护理学、计算机科学、兽医学（特别是马类）和法学等。该馆是研究图书馆协会（ARL）、研究图书馆中心（CRL）的成员，并与多所大学图书馆建立合作关系，如田纳西大学图书馆、范德堡大学图书馆等。

肯塔基大学图书馆学与情报学学院（美国）
School of Library & Information Science of University of Kentucky

肯塔基大学位于美国的列克星敦，成立于1865年。其研究生院的图书馆学与情报学学院提供图书馆学与情报学课程，包括信息资源与服务、信息存储与检索、图书馆管理与信息科学、信息政策与技术规则、社会科学信息和科技信息等。主要研究信息检索系统、信息搜索行为、组织行为、计算机编目、图书资源共享，还包括信息资源与服务、信息存储与检索、图书馆管理与情报科学、信息政策与技术规则、社会科学信息和科技信息等方面。可授予图书馆学硕士学位、图书馆学与情报学文学硕士学位和与信息传播相关的跨学科问题的博士学位。该学院获得美国图书馆协会资格认证。

肯塔基州立图书馆档案馆（美国）
Kentucky Department for Libraries & Archives

位于美国肯塔基州首府法兰克福市，始建于1898年。作为州政府的一个下属部门，其服务侧重于为政府提供服务，馆藏的图书多是关于商业管理、计算机、图书馆学和州历史传记等，同时还收藏了州政府和地方政府所有公文记录，以及政府出版物。在为公众提供的服务方面，特别体现在收藏了大量残疾人读物。特色收藏还包括肯塔基州地方历史和军队历史文献等。

肯特·格里纳韦奖（英国）
Kent Green Away Medal

设立于1955年，为纪念19世纪著名的儿童插画家凯特·格里纳韦女士（Kate Green-Away）。英国图书馆协会从1956年开始颁发的年度奖，授予在上一年度里英国国内出版的少儿读物中的优秀插图作品。此奖的评分标准十分严格，着重创作精神与出版形式，并强调插图主题必须能让儿童理解、有所共鸣，讲究图文间的和谐性，就连版面设计也不得马虎。目前该奖设有《年度最杰出儿童插画家》、《最佳推荐奖》及《荣誉奖》，每年由主办的英国图书馆协会，与受邀的青少年图书馆协会及其他11个图书馆协会成员所组成的选举委员会评选出来。2002年开始，该大奖转由英国图书馆及信息专业工作者特许协会（Chartered Institute of Library and Information Professionals，CILIP）颁发，因而也称为"英国图书馆及信息专业工作者特许协会肯特·格里纳韦奖"（CILIP Kate Green Away Medal）。

肯特州立大学图书馆学情报学学院（美国）
School of Library and Information Science of Kent State University

该学院设在两个地方：肯特和哥伦布，其开设的课程是州内唯一公认的图书馆学情报学课程，在全美国同类研究生课程中排名第二。从1946年起，图书馆学情报学的本科生课程作为合办课程开设。从1949年起，开设文学硕士的研究生课程，主要有图书馆学基础、学校图书馆媒体中心、科技与社会科学信息源和服务等，可授予图书馆学硕士学位、图书馆学情报学硕士学位和图书馆学与情报学证书等，近几年来开设了博士学位课程，主要有人际沟通、大众传播、用户体验设计、知识管理、图书馆学与情报学和博物馆研究等。可授予通讯和信息学博士。该学院获得美国图书馆协会资格认证。

空白版面
run-around

印刷行业术语。指在正文的左右旁留出来供插入图片、文字说明或表格用的预留版面。

空白本
blank book

仅仅是由空白页装订成册的工作簿，常用于记笔记、做会议记录和记账册等。

空白插页
interleaving

在精装版中，粘贴或插入某一版面或页面之间的一张薄纸或空白页，主要是起到保护作用，防止精印插图被蹭脏、免受磨损。有时也指一本书中在已经印刷完成的页面之间所装订的空白页，用于增加注释。

空白处
white space

排版印刷时，印刷页面的未排字或未印插图（不是页边空白处）任何部分，如一首诗句的末行未填写文字的部分。

空白封面
blank cover

指所装订图书的封面既无文字又无其他装饰物的封面。

空白样本书
dummy book

由出版单位制作，用于摆在书架上做装饰品的“书”，或作在出版前预先展示的样书。这种书只有空外壳，里面空无一页。

空白页
blank

指书中按照版心同样大小，有意未排印内容的空白页，通常出现在书的封面后，扉页题名前或书后所附的参考资料之后。也可指任何一页或一张没有书写或印刷内容的空白纸张。另外，在图书的排版过程中，空白页还有两种情况：一种是由于分篇文章的开始都要另页起排，也就是要从单页的页码开始；如果前一篇文章最后的页码是单数，这时则要补排一个空白页占双数页码的位置。另一种书是全书最后一面版是单数页码时，也同样补排一个空白页，构成双数页码。

空白页，衬页
flyleaf

位于书封之后的空白页。也称书籍的第二道“门户”，起保护正文的作用。空白页指未经印字的空白页面，通常指插入书籍封面或封底里面的衬页。flyleaf 也可以拼为：fly leaf。

空参照
blind reference

目录或索引中的一种参照法，将读者指向一个标目，而这个标目在同一索引或目录中并不存在。

空脊装订
hollow back（loose-back，open back）

图书的一种装订样式，即书壳脊背与书芯脊背不相黏合，而用布、皮革或其他材料在接缝处连接起来，从而形成中间的空隙，这样书就可以随意地打开，便于翻阅，而不致使书脊发裂。大多数精装本都采用这种装订样式。

空铅
Quad（quadrat）

又称空心铅块。与活字具有同样自身大小，但低于活字高度的，宽度为全身空铅的二分之一、一倍、二倍或更大的金属空铅。是活版中填充空间的材料。

空心字母
outline letter

一种只有轮廓线的广告字体，里面的部分被挖除。

空印
blind print

又称无色印刷。在图书印刷过程中，采用不加油墨的凸版印刷方式，即用强力在湿度较大的纸上压印，使凸版上的文字或图案的印迹留在纸上。

孔夫子旧书网

www. Kongfz. com

创建于2002年，是全球最大的中文旧书网上交易平台，是传统的旧书行业结合因特网而搭建的C2C平台，是C2C的精准细分市场。该网站目前以古旧书为最大特色 。该网站特点是“珍本云集”、“书全价廉”和“不可替代性”。其主要板块为：“旧书店联盟”、“在线拍卖”、“旧书广场”、“特色广场”和“拍卖联盟”。主要社区版块包括“夫子资讯”、“夫子社区”、“古旧书院”、“专栏作者”和“夫子博客”等。

《孔子百科辞典》

Encyclopedia Dictionary of Confucius

上海辞书出版社于2010年出版，张岱年主编。收词3 600余条，120余万字。分类编排，全书分为生平事迹、思想体系、典籍文献、弟子后学、历史背景、孔学在先秦乃至近代以来流传、孔学在海外流传等类，每类下又各有许多栏目，如生平事迹中包括称谓封号、祖先亲属、事迹传说、文物遗迹等内容；孔子思想中包括政治法律、哲学宗教、教育伦理、史学、逻辑、美学、经济管理、军事、养生等思想；典籍文献中包括六经典籍、论语注本、四书注疏和出土文献等内容。

《孔子辞典》

Dictionary of Confucius

上海辞书出版社于2008年出版，夏乃儒著，共约120余词条，分类编排，分生平事迹、背景知识、思想体系、典籍文献、弟子后学和孔学影响六大类，二十余个小类。并有孔子年谱，孔子周游列国示意图，孔子进系表等附录。该辞典既可查阅，又可阅读，实为一本以条目形式组成的孔子传记，是一本孔子知识的实用小百科，也是每个热爱中国传统文化读者的必备案头书。

控制键

control key

位于标准计算机键盘左下角的一个键，通常简称作Ctrl，可以同时与一个或多个其他键一起使用表示一个具体的命令使计算机执行某些规定的操作，例如，CTRL + ALT + DEL为重新启动操作系统。

控制论

Cybernetics

由诺伯特·威纳（Norbert Wiener）在20世纪40年代创立的一门学科，主要利用反馈的概念比较人和机械的过程，特别是智力过程，理解它们的异同之处，最终目的是创造可以模仿人类行为和智力的机器。“Cybernetics”来自“*kybernetes*”（意为“舵手”）。

控制字段

control field

MARC记录中一组用00X（X的标记范围为1~9）标记的，由原始字段数据的字符串组成的固定长度的字段。例如008字段，是一个固定字段，指定包含40个字符的编码信息作为一个整体的记录，可以用来记录进入数据库的日期、出版频率等信息。

口袋标签

pocket label

附在图书馆藏书内的口袋中的标签，标有题名、著者和索书号等信息。

口袋图书馆

Library in Your Pocket（LiYP）

一种“移动阅读”的全新服务方式在图书馆行业中推出。之前读者只能通过网络和电脑选择和阅读图书，现在推出的数字移动阅读器采用印刷图书式的人性化界面，具有内码识别、智能分段、自动翻页、自动刷新和加书签等功能。读者可以借助小小的数字移动阅读器，通过网络下载，随时随地享受电子书的阅读乐趣。

口令，通行字

password

为控制存取，用户在登录计算机系统访问所需资源时所必须输入的经系统认可的字或字符串。可用来鉴别身份。这些字符串规定了操作人员的合法性，也包括了他们的访问数据范围。因此口令必须保密，出于安全考虑，口令需要定期更改。

口述历史

oral history

指会见某个人谈话的录音或抄本。此人对历史事件的回忆和理解被认为值得有系统地保存下来作为一种听觉记录。也指基于收集的口传数据所作的历史著作，常保存在档案馆和特藏部门。

口述作品
oral works

指即兴的演说、授课和法庭辩论等以口头语言形式表现的作品。

口头报道，口头汇报
oral report

指通过讲座、座谈和会议等传播报道科学技术、企业生产和经营管理等方面的最新信息的口头传播形式。这种报道方式具有迅速及时、现场多向交流、针对性强和直接得到反馈等优点。

口语
Spoken Word

资源描述中，指以可听形式语言表达的内容，区别于书面语（文本）。包括录制的朗读、朗诵、演讲、访谈以及口述历史等，以及计算机生成语音等。属“资源描述与检索”（RDA）定义的内容类型（content type）之一。

库奥皮奥大学图书馆（芬兰）
Kuopio University Library

位于芬兰库奥皮奥地区，建立于1972年，除了为大学服务外，还为各商业机构、社会团体和个人提供各类服务。图书馆系统由斯内曼尼亚图书馆（总馆）、坎斯尼亚图书馆和库奥皮奥医学图书馆组成。馆藏收集主要在健康科学、药物学、生物科学、环境科学、信息技术、商业和社会科学等方面。图书约20万册（卷），期刊600种，电子图书3.3万册，电子期刊1.9万多种，数据库100多种。1974年开始提供在线查询。年到馆访问约80万人次。

库存本
reserved copy

指图书馆从全部馆藏中挑选出来作为永久存放于样本书库内的图书。库存本多为比较有价值的图书，一般不用于流通外借，仅供特殊需要者在馆内查阅。

库存过剩
overstock

指出版商书库中库存的某种图书或其他资料数量较大。这通常是高估某种图书的销售潜力或者是图书销售商为了拿到一个更优惠的折扣所造成的。要解决处理库存积压的问题，出版商只能通过特价书出售的方式。也指供应过剩，供货过多，具体是指馆藏图书数量超出了为满足读者信息需求而提供服务的需要。

库存缺货
short shipment

指在装运时发现书刊有部分缺失，通常是由于交付订货时库存书刊不足造成。一旦有货往往会马上补发。

库存照片
stock photograph

以前拍摄并存档的而非在需要时拍摄的照片，这种照片常保存下来以备将来使用。例如报社中常常保存有这种照片，比如著名人物的肖像、旧建筑物和很多值得纪念的老照片等。

库客数字音乐图书馆
www. kuke. com

2006年9月正式建成，是中国国内唯一的非流行音乐发展的数字音乐图书馆。该数字图书馆拥有Naxos、Marco Polo、Countdown、AVC等国际著名唱片公司的授权，同时整合了中国唱片总公司等国内唱片公司的资源。收集了世界上98%的古典音乐，以及美国、日本、南非、瑞士、西班牙、伊朗和中国等国家独具特色的民族风情音乐，还包括爵士音乐、电影音乐和新世纪音乐等多种音乐类型，并且汇聚了从中世纪到现代9000多位艺术家，100多种乐器的音乐作品，总计50万首曲目。

夸大的广告（推广词）
puff

指过分夸张的广告或促销活动。17世纪开始使用的带贬义的词，指出版商、作者或副本作者为推销而对著作的吹捧。吹嘘的文字常印在出版物的护封或广告上，通常会使用这样的字眼：“最好的”、“最了不起的”、“本世纪最吸引人的”等。

跨平台
cross-platform

软件开发中一个重要的概念，指编程语言、软件或硬件设备可以在多种操作系统或不同硬件架构的电脑上运作。泛指可在不同硬件环境下，或是在多操作系统上运行的编程语言、软硬件所具备的功能。在软件开发过程中，软件跨平台强调了软件不依赖于操作系统与硬件环境的运行能力，如基于

java、delphi 开发的软件均具有跨平台功能，它们在某一操作系统下开发完成后，可以在别的操作系统下正常运行。

跨数据库检索
cross-database searching

指构建一个可适用于若干不同数据库的检索策略，并在每个数据库中分别进行检索或进行自动检索。跨数据库统一检索平台，指通过统一检索入口，对图书馆大多数网上数据库进行统一检索，并对检索结果进行排序处理；具有学科分类检索、用途分类检索和高级检索等功能。

跨学科性
interdisciplinary

两门或两门以上的学科或研究领域参与或合作为特征的范围，举例来说，一个关于研究某一个国家的课题，涵盖了该国的历史、政治科学、文学、艺术、音乐和流行的文化等领域。

跨页插图
double plate

延伸到对面页的插图。一般印在双页上，在中心处折叠并装订。说明文字可以印在前一页或下一页上。

跨页广告
double-page spread（DPS）

指在一个出版物上占据两个对页的广告。如果安排在期刊或报纸的中心部分，则被称作中心跨页广告。这种广告收费昂贵，一般用于宣传最新产品。

快捷方式
keyboard shortcut

提供了快速访问程序的功能，通常是一种组合键（称为快捷键）或位于桌面上的图标（称为快捷图标），只要按下这一组合键或双击图标后就可直接运行一个软件或进入一个对话框，从而简化了操作步骤。例如，在 Windows 环境中，显示于桌面上的图标就是快捷图标，双击后可立即执行。用户通常为一些经常需要运行的程序设置快捷方式。

快捷键
accelerator key

在电脑上指通过某些特定的按键、按键顺序或按键组合完成某个操作，许多快捷键和 Ctrl 键、Shift 键、Alt 键、Fn 键以及 Windows 平台下的 Windows 键和 Mac 机上的 Meta 键等配合使用。使用快捷键能够代替鼠标做些工作，如：打开、关闭和导航“开始”菜单、桌面、菜单、对话框以及网页。

《快乐的软图书馆学》
Happy Soft Library Science

《21 世纪图书馆学丛书》（第三辑）之一，王波著。该书是一部别开生面的图书馆学随笔集，以生动有趣的文笔，分别放谈图书馆学理论、图书馆人、图书馆界专业会议、图书馆学新书，说理严谨，幽默诙谐，堪称图书馆界的《世说新语》。由海洋出版社于 2010 年出版。

快速存取存储器
rapid access memory

指在装备有多个不同存取时间的存储器中，存取时间相对较短的存储器。

快速复制
rapid copying

相对快捷的一种静电复制方式，主要用于办公室文件或资料的复印。

快速阅读
rapid reading

一种需要进行专门训练才能掌握的速读技能。要求在不影响理解的前提下尽量提高阅读速度。

快速咨询
ready reference

指参考馆员在短时间内通过查阅资料，为读者提供事实性信息或信息线索，解答读者咨询问题的一种服务方式，一般以口头方式答复。

宽带
broadband

在数字通信中一般是指传输速率超过 1 兆比特/秒的带宽。可以实现 24 小时连接的非拨号接入，为用户提供视频点播、电子商务、远程教学以及电视会议等服务，而且使上网速度加快。

宽（频）带综合业务数字网
Broadband ISDN（BISDN）

由国际电信联盟建立的一种国际标准。它为

早期开发的综合业务数字网（ISDN）提供了一个蓝本。为了克服窄带综合业务数字网（N-ISDN）的局限性，人们从20世纪80年代初期就在寻求一种更新的网络。这个网络是灵活的、高效的、经济的，能够适应新技术和新业务的需要，使资源得到充分、有效地利用。和提供同样业务的其他网络相比，其生产、安装、运行和维护费用都比较低廉，人们可以通过光纤链路将诸如声音、影像、图形和数据等信息传送到家庭、学校和办公室。

宽限日期
grace period

读者所借的图书已超出规定期限的1～2天之内，读者可以办理续借手续，也可以还书而不受到罚款处理。为了督促读者归还已超期借阅的图书资料，有些图书馆都要专门留出一天或几天作为宽限日期，但不是每所图书馆都这样做。

K

宽页
wide

在一本图书中，夹有一些比图书开本更宽的书页（如地图、图表）等。

款目
entry

文献著录的结果。即按一定的方法和规则对文献的内容和物质形态所作出的记录。是组成图书馆目录的最小单位。其种类根据标目的不同性质可分：题名款目、责任者款目、分类款目和主题款目；根据不同作用可分为主要款目、附加款目、分析款目和综合款目；根据编制程序上可分通用款目和排检用款目。

款目词
entry word（filing word）

在组织目录时，作为一个著录款目的第一个词，就是第一个关键词（冠词、不定冠词不计在内）；又指检索词，一般是指主题词表或主题索引中款目的标目用以排检的第一个词。

款目附加说明
justification

编制附加款目和参照款目或主题标目时，在款目上用附注的形式对增设该款目理由的说明。

款目正文
body of the entry

关于文献外表特征和物质形态的记载，是款目的主体。具体包括题名与责任说明项、版本项、文献（或出版物类型）特殊细节项、出版发行项、载体形态项、丛编项、附注项和标准号与获得方式项等，也是读者了解和确认馆藏文献的依据。

昆明理工大学图书馆
Library of Kunming University of Science and Technology

创建于1954年。1999年9月，昆明理工大学与云南工业大学合并为昆明理工大学，两校合并后的图书馆由莲华校区、呈贡校区2个教学区的图书馆合并而成。共有馆舍面积5.5万平方米，阅览座位3 000余席。拥有藏书总量达270多万册，中外文报刊5 500多种。学科范围涵盖社会科学、人文艺术、自然科学、工程技术各个方面，载体类型包括纸质文献、电子文献和其他载体文献，形成以理工为特色的多学科、多层次、多类型的专业文献资源体系，能满足专科、本科、硕士、博士等各种层次的教学和科研需要，为全国研究级文献收藏单位之一，被国家有关部门确定为“西南地区有色金属专业文献信息中心”。该馆为全校师生提供图书馆相关问题解答、图书分类法简表、书证遗失处理、文献检索服务、科技成果查新、原文获取、网上信息咨询台、电子阅览和书目查询等多种服务。

昆士兰理工大学图书馆（澳大利亚）
Queensland University of Technology Library

位于澳大利亚昆士兰州，始建于19世纪中叶，由4个分馆组成，分布在不同校区。馆藏图书105万册，现刊7 000多种，全文电子期刊3.4万多种，在线数据库500多个。该馆同时向外界商业机构和社会团体开放，并和许多国内图书馆建立了书刊交换关系。

昆士兰州立图书馆（澳大利亚）
State Library of Queensland

澳大利亚昆士兰州最重要的参考和研究图书馆。1896年成立，1898年更名为昆士兰公共图书馆，1902年正式对公众开放，1971年改为现名。馆舍面积为2.8万平方米，拥有馆藏350多万册（件），其中有图书、期刊图片、手稿、舆图以及音像视听资料。该馆不断致力于馆藏资源数字化，并同时增加电子馆藏资源。2006 年 10 月设立“上海之窗”。

扩充（类目）
extrapolation

指在图书分类法已有的类列中添加新的类目。

扩检
expansion search

检索方法之一。即通过不同的方法扩大文献的检索范围，以便检出更多相关文献的过程或方法。通常包括：同位扩展法、截词法和上位扩展法等。

扩散，渗透
bleeding

指印刷时油墨和颜色被渗透到四周的边上；或指字符拷贝时，由于纸纤维吸收墨汁不均时出现的墨汁扩散到原定区域之外。

扩展匹配算法
Extended Matching Algorithm

OCLC 批量处理服务中的一个程序，即从输入的记录中创建派生搜索关键字，并对数据进行比较，以发现匹配记录。OCLC 对所有文献类型的书目数据都有相应的程序，除了计算机文档和档案手稿资料两种文献类型。OCLC 通常在一批数据的评估基础上，对该算法自行进行适度调整。

L

垃圾箱

recycling bin

计算机系统内置的专门用于存储各种无用或拟放弃文档的专用文件夹，也称“回收站”。在个人计算机的视窗窗口上，常用一个回收桶图标表示，用户可以把废弃的各种文档拖进垃圾箱。通常，被拖进垃圾桶的文件并没有真正在物理上被删除。文件的物理删除一般要通过直接点击清空垃圾桶命令或进入垃圾桶内选中目标文件再按删除命令来执行。

垃圾邮件

junk mail

指那些通过邮局或电子邮箱发送给用户的公开的信息或广告资料。这些邮件通常毫无价值，其结果就是立即被弃之垃圾箱或被删除，垃圾邮件因此得名。

拉丁美洲和加勒比海地区专业组

Latin America and the Caribbean Section

隶属国际图联专业委员会区域部（Division of Regions）。该专业组的宗旨是鼓励开展获取信息和知识的相关活动。将提倡扫盲运动、读书促进活动、新信息技术应用和地区图书馆与信息中心服务作为首选项目。该专业组与国际图联所有专业组，特别与发展国际图联核心计划保持着相互支持与交流的密切关系。当那些专业组拓展地区活动和计划时，该专业组发挥中介作用。出版该专业组的业务通讯（电子版），刊登有关拉丁美洲和加勒比海地区的新闻与会议动态和论文，并出版会议录和年报。

拉丁美洲通讯社（古巴）

（西）*Agencia Informativa Latinoamericana*（*Prensa Latina*，*PL*）

简称拉美社，拉丁美洲地区最大的通讯社之一，1959年6月16日成立，总部设在古巴哈瓦那。该通讯社的主要任务是：向世界各国传播拉美地区的新闻，报道古巴社会主义建设取得的成就，反映拉美国家和第三世界国家维护民族独立、发展民族经济的斗争，向古巴各新闻机构提供国际新闻。该通讯社设有24个主要分布在拉美地区的驻外分社，每天24小时以西班牙语和英语对外广播。

拉丁美洲之声（墨西哥）

（西）*La Voz de America Latin*（*XEW*）

墨西哥历史最久、收听效果最好和收听率最高的商业电台。1930年建立，台址设在墨西哥城。有30座直属台和附属台，形成全国性广播网。使用中波、短波、调频每天24小时连续广播。

拉丁文《圣经》

Vulgate

原文为希腊文。公元4世纪，《圣经》由圣·介姆（*St. Jerome*）译成拉丁文。成为若干世纪内罗马天主教教会的钦定译本。1546年，罗马天主教天特会议（The Council of Trent）在研究了所有尚存的拉丁文译本后，重新确定*Vulgate*为正式译本。《圣经》在欧洲的首个印刷本——《谷腾堡圣经》（*The Gutenberg Bible*），就是*Vulgate*本。公元16世纪宗教改革运动前后，《圣经》在欧洲逐渐译成各国文字，对各国民族语文的形成与统一起了一定作用。西方文学作品，尤其在中世纪很多取材于圣经故事。Vulgate源于拉丁文“*vulgata*”，意为“大众的”、“普及的”基督教经典。

拉丁语，拉丁字母表

latin

原本是意大利东南方拉提姆地方（*Latium*）的方言，后来则因为发源于此地的罗马帝国势力扩张而将拉丁语广泛流传于帝国境内，并决定拉丁语为官方语言。而基督教普遍流传于欧洲后，拉丁语更加深其影响力，从欧洲中古世纪至20世纪初叶的罗马天主教为公用语，学术论文也大多数由拉丁语写成。现在虽然只有梵第冈尚在使用拉丁语，但是一些学术的词汇或文章例如生物分类法命名规则等尚使用拉丁语。

拉丁字母表

latin alphabet

也称罗马字母表（Roman Alphabet），目前成为世界上最广泛使用的一种字母表。从伊特拉斯坎字母的早期形式改编而来的一种字母表，用以书写拉丁语，它原先有20个或21个字母，在古典拉丁语时代有23个，从中古拉丁语时代起就有26个。

拉夫堡大学信息科学系（英国）
Department of Information Science, Loughborough University

前身为1909年建立的拉夫堡学院，1966年升格为拉夫堡大学。目前下设工程学院、科学院和社会科学院三个学院，该系隶属科学院，在全英排名第一；2008年在全校学科排名中，信息科学排名第二。该系现有教师21名，其中有5名教授，1名副教授以及名誉退休教授3名。隶属于该系的图书馆和信息统计机构（The Library and Information Statistics Units, LISU）是全英最权威的关于图书馆领域的统计机构，负责对全英各类图书馆的数据进行收集、比较、分析、汇总并出版。本科开设的学科有：信息管理和商务管理、信息管理和计算机、英语出版和网络发展及设计；硕士学位开设的课程为信息管理和业务技术、信息和知识管理、信息和图书馆管理。

《拉鲁斯大百科全书》（法国）
（法）*La Grande Encyclopédie Larousse*

法国著名的综合性百科全书，以其创编人皮埃尔·阿塔纳斯·拉鲁斯（*Pierre Athanase Larousse*）命名，由法国拉鲁斯出版社出版。1865年由拉鲁斯主持，开始出版兼具词典和百科全书双重性质的《19世纪万有大词典》(*Grand Dictionnaire Universel du XIXe Siècle*)，1876年出齐，一共15卷，是日后各种拉鲁斯百科全书的基础。1971—1976年《拉鲁斯大百科全书》出版了20卷，1981年又出版1卷补编，总共约收条目8 000个，按字母顺序排列，是一部条目整齐、知识系统、教育作用强的百科全书。该百科全书知识性与资料性较强，重点介绍20世纪社会科学、自然科学和技术的最新成就以及法国历史、地理和人物。资料丰富，文字流畅，插图精美，版面活泼，深受读者欢迎。该百科全书的精美插图多，版面生动活泼，几乎每页都有彩图，这是其一大特色。经法国拉鲁斯出版公司独家授权，华夏出版社根据中法文化签约项目协定，编辑出版2002年最新出版的拉鲁斯简明百科全书的中文译本，全书共10卷，8 000多幅彩图，400余幅地图，文字有400多万字。前法国总统希拉克亲为此书致信华夏出版社表示祝贺。

拉毛小牛皮
rough calf

对小牛皮进行反复拉毛，使其起绒而成的一种精制小牛皮，其细腻度可与小山羊皮媲美。17世纪西方各国常用这种拉毛小牛皮装帧珍贵图书。

拉普兰大学图书馆（芬兰）
University of Lapland Library/*Lapin Yliopiston kirjasto*

位于芬兰拉普兰地区，芬兰最北部地区高校的信息资源中心，面向社会所有公众开放。同时，该图书馆也是欧洲文献中心之一，收藏有欧盟的官方出版物。该馆有两个服务点，校内图书馆收藏侧重于各种教育和研究领域的文献，还有一所主要收藏艺术与设计文献的图书馆，设在艺术与设计系。在对外合作方面，和北极信息中心合作密切。该馆的文献资料开始逐渐走向电子化，可提供电子杂志、参考数据库以及多媒体资源，馆内所有资源都可以通过在线JUOLUKKA数据库查询。

拉脱维亚大学图书馆
Library of the University of Latvia

拉脱维亚最大的高校图书馆，位于拉脱维亚共和国首都里加，前身是里加工艺学校图书馆，始建于1862年。1911年时就拥有图书近6万册，第一次世界大战期间该馆迁往俄罗斯，战后仅有一小部分藏书归还。1919年随着拉脱维亚大学的建立，该馆又重新成为大学图书馆，包括1所中心馆和10所专业分馆（生物学图书馆、经济图书馆、物理与数学图书馆、人文图书馆、教育与心理研究图书馆、计算机科学、法律和神学图书馆、化学图书馆、地理图书馆、社会科学图书馆、医学图书馆以及历史和哲学图书馆）。拥有图书超过500万册（件），期刊合订本180万册，善本书籍32 700册，手稿21 125份，注册读者近3万人。该馆从20世纪80年代末开始采用自动化系统进行管理，1991年成为拉脱维亚法定的出版物托管馆。

拉脱维亚大学学术图书馆
Academic Library of the University of Latvia

位于拉脱维亚共和国首都里加，是欧洲最古老的图书馆之一，历史长达450多年。最初为里加城图书馆，由里加市政厅拿出5本宗教书供市民借阅，其中4本保存至今。当时该馆的藏书多为宗教类书籍，基本上来源于各界捐赠。18世纪在同外界的图书交换活动中，得到俄罗斯圣彼得堡科学院出版的所有出版物，由此开始逐步收集大量科学文献。拥有馆藏有130万册（件），期刊180万册（合订本），珍稀古本3.2万册，以及各种手稿2.1万件。

拉脱维亚国家图书馆
National Library of Latvia/*Latvijas Nacionālā bibliotēka*

共和国成立伊始即颁布命令于1919年在首都里加（Riga）建立拉脱维亚国家图书馆，同年12月授权该馆保存拉脱维亚所有出版物的缴送本，1921年制订了国家图书馆法。第二次世界大战后，拉脱维亚国家图书馆被纳入苏联图书馆系统，藏书深受损失。20世纪80年代末拉脱维亚重新独立后，加强与外国接触，努力搜求拉脱维亚移民出版物，并于1991年改名为拉脱维亚国家图书馆。拥有馆藏书刊有550万册（件），藏有珍本书（初期刊本、俄罗斯与拉脱维亚手稿和古版书籍）、拉脱维亚科学和文化界人士的手稿、地方志。21世纪以来该馆启动海量数字化项目，以保护独特的文化和历史遗产。该馆是国际图联机构会员。

邋遢本
Sloppy Edition

古代书版流传日久或多次印刷，残坏磨损，模糊不清。如宋绍兴间四川所刻的南北朝“七史”到明代还在使用，印出书字迷漫，被称为“九行邋遢本”。

蜡版书
waxed tables

公元前8世纪，西亚的亚述人发明的一种书版型古文献形式，他们开始用它来记载事件，用来取代纸莎草纸和羊皮纸，并可反复使用。具体做法是：即在薄木版的两面或一面挖出长方形的凹槽，在里面融入蜡，并将木版一边的上下两角各挖一小孔，将许多这样的小木版用绳子穿连而成。书写工具是一头尖、一头圆的石质或金属质的尖笔，尖头用来刻写楔形文字，圆头用来修改涂沫。一块蜡版可以反复使用。古罗马时，蜡版书曾试图用来制成永久性文献。随着古希腊人在约1世纪时发明了称为手抄本（codex）的书本型书籍，蜡版书和泥版书很快遭到了淘汰。

蜡光纸
brush coated

一种对纸表面按特殊要求经过涂刷进行加工后成型的纸。其加工方法是用各种不同的颜料和胶黏黏剂调制成涂料，涂布于原纸的表面，再经摩擦压光或燧石磨光而成为适于印刷的纸。所加工出来的纸张表面，色彩看上去非常鲜艳光亮。

来新夏（1923—）
Lai Xinxia

南开大学图书馆学系教授。1946年毕业于辅仁大学历史系。曾任南开大学教授、校务委员、图书馆馆长、出版社社长兼总编辑和图书馆学系主任。同时还兼任南开大学地方文献研究室主任、《津图学刊》名誉主编、中国近现代史史料学会名誉会长、中国地方志协会学术委员、天津市地方志编修委员会顾问。出版学术著作30余部，并多次获奖。

来源
Source

都柏林核心元素集的元素之一。指二次资源的出处信息，当前资源可能源自来源资源的一部分或全部。最好是通过利用一个正式标记体系的字符串或数字指向参考资源。

来源期刊
source journal

指编制某种检索工具（数据库）时提供来源文献的那些期刊。

来源索引
source index

根据被选用的出版物上刊登的论文著者的姓名字顺而排列的一种索引。可以用于由已知著者（引用著者）的姓名查找他们发表的文献（来源文献）的篇名、出处以及著者的单位地址，其作用相当于其他检索刊物的著者索引。以来源著者姓名或以来源著者所在的国家、城市、单位为标目，按来源著者姓名或所在国家、城市和单位的字顺排列，用以查找著者撰写论文题目、出处等详细文献信息的一种索引。

莱昂内尔·麦考文（1896—1976）
Lionel R. McColvin

英国卓越的图书馆学家。最初在塞耶斯手下当参考咨询馆员，后担任英国公共图书馆界最重要职务之一的威斯敏斯特市（Westminster）图书馆馆长。1936年曾受英国图书馆协会委派到美国学习图书馆管理，后对英国图书馆进行考察，撰写《英国公共图书馆系统》（*The Public Library System of Great Britain*）报告。他主张重新划分行政区，减少地方政府数量，扩大行政权力，图书馆可随之减少，提高服务能力。第二次世界大战后对世界各地图书馆的访问，有助于为国际图联起草公共图书馆服务标准，1953 年当选国际图联公共图书馆委员会主席，并在多种图书馆机构中兼职，积极推动公共图书馆免费服务原则的宣传。

莱比锡国际图书博览会

（德）*Leipziger Buchmesse*

1948 年德国莱比锡成功举办书展，成为工业展览的一部分。但在 1949 年，德国分裂为二，前民主德国继续举办莱比锡书展；联邦德国则举办法兰克福图书博览会并后来居上，逐渐由德国国内书展扩大为欧洲地区书展，再进一步成为国际性的书展重镇。该书展的主办单位是德国莱比锡展览公司（*Leipziger Messe GmbH*），于每年的 3—4 月份在德国莱比锡展览中心举行，是德语地区书业界在春季最重要的事件。书展为广大公众提供新书目的交易平台，在这里书商、读者与媒体可以直接进行交流，展出面积为 37 000 多平方米。

莱顿大学图书馆（荷兰）

Leiden University Library/*Bibliotheken Universiteit Leiden*

位于荷兰莱顿市，始建于 1575 年。莱顿大学图书馆 430 年的历史见证了欧洲文化的发展，收藏了大量西欧以及其他地区的手稿、印刷品、地图及地图集，其范围之广泛世界闻名。包括 1 所中心馆和若干所专业馆。拥有书刊达 350 万册（件），100 万册电子图书，3 万种电子期刊，2 万种纸质现刊，6 万份东西方手稿，45 万份书信，7 万幅地图，2.4 万张照片和图片以及 400 个数据库。中心馆和专业馆均有各自的阅览室，配有计算机、视听等设施供读者使用。同时，该馆和莱顿市内的许多博物馆图书馆建立馆际互借关系，方便读者借阅相应文献。

莱纳（律商联讯）学术大全数据库

LexisNexis Academic

由美国图书馆界专家委员会设计、并由专业图书馆员做资源收录评估和筛选、专为学术图书馆提供服务的专业信息资源系统。该数据库提供世界领先的法律、新闻、商业和医学资讯。美国有 1 600 多所高校选择使用 LexisNexis Academic 学术大全。尤其是其中的法律信息资源包括了全球法律原始文献信息如美国联邦和各州的判例法、立法和法律法规、英美立法和政治制度材料、包括 28 个国家的法律信息和多个国际组织的条约及相关判例；全球性法律二次文献信息如法律专业书籍、期刊、杂志和报告；美国法律考试相关资料；Mealey 法律报告和会议资料；Martindale-Hubbell 全球律所和律师黄页；全球法律新闻及法律百科。

莱索托国家图书馆服务处

Lesotho National Library Service

成立于 1976 年，1978 年正式向公众开放。隶属莱索托教育、体育与文化部，当年英国文化委员会通过海外开发部为其提供了 247 500 英镑作为启动经费。莱索托没有国家信息政策，也没有关于图书馆的法律。虽然该国有 10 个区，但只有 3 个地区的公共图书馆还勉强维持着。作为服务中心的莱索托国家图书馆服务处向一些没有藏书的中学分发图书，但缺乏受过专业教育的图书馆员。

赖伯年（1946—）

Lai Bonian

中共陕西省委党校图书馆研究馆员，1967 年北京大学图书馆学系毕业。曾兼任陕西省社会科学规划学科评审组副组长，陕西省社科信息学会副会长、秘书长和陕西省图书馆学会第四届学术工作委员会副主任，享受国务院特殊津贴。共出版著作 6 部，发表论文 80 余篇，获省部级社科优秀成果二等奖、三等奖多项。主持国家社会科学基金资助项目以及合作承担国家社会科学基金和国家自然科学基金资助项目多项。

赖鼎铭（1956—）

Ting-Ming Lai

中国台湾世新大学信息传播学系教授，兼世新大学校长。1978 年获辅仁大学图书馆学系学士学位，1986 年获文化大学史学硕士学位，1990 年获美国威斯康辛大学迈迪逊校区图书馆学与信息科学博士学位。同年在淡江大学任教育资料科学系副教授，几年后到世新大学协助开设图书信息学系，首任系主任之职，并创办《信息传播与图书馆学》学刊，后转任图书馆馆长 4 年，2003 年起转任世新大学教务长，2008 年 8 月开始担任校长。多年来从事图书馆学的研究，着重于图书馆学哲学及使用者研究两个方向。近年来关注的焦点转向信息社会学，试图从哲学、传播及社会学的角度思索信息传播的各种议题。发表论文数十篇，出版《图书馆学的哲学》、《信息科学的思考》、《图书资讯学概论》等专著多部。

赖茂生（1946—）
Lai Maosheng

北京大学信息管理系教授、博士生导师。1969年毕业于北京大学图书馆学系，1971年在北京大学图书馆工作，1972年回系任教。1989—1990年赴日本庆应大学进修。历任助教、讲师、情报学教研室副主任、情报技术教研室主任、副教授、咨询学教研室主任、教授、情报学博士生导师、系副主任、北京大学社会科学学部学术委员会委员和国家信息资源管理北京研究基地主任。社会兼职有：中国科技情报学会理事、常务理事、情报学理论方法与情报教育专业委员会主任、中国信息协会常务理事、《现代图书情报技术》和《情报科学》杂志编委、河北大学、安徽大学兼职教授。长期从事科技文献检索、情报检索语言、信息政策与法律等方面的教学和研究工作。发表论文70余篇，出版著作20余部。

L

兰德公司（美国）
Rand Corporation

致力于科学、教育和慈善目标的独立非营利法人的准政府研究机构，是美国最重要的综合性战略研究机构之一，也是世界著名的信息咨询公司（其英文名中的“Rand”是 Research and Development 的缩写）。该公司于1948年在美国成立，总部设在加利福尼亚的圣莫尼卡。其最高决策机构为公司理事会，下属研究组织分为两大系统，其一是“学科系统”，下设经济学、工程与应用科学、信息科学、管理科学、社会科学和电子计算机6个部门，专管各类研究人员。其二是“计划系统”，专管各种研究项目，下设国内研究计划和国家安全两大部门。公司的最初研究范围仅限于美国空军的战略战术，20世纪50年代后开始转向美国社会的一些紧迫问题，并逐步扩大，至今其研究范围已覆盖应用科技、能源、通信、教育、刑事犯罪、卫生保健、环境与自然资源、交通、市政、国家关系和军事武器等各个方面。出版物主要有《兰德研究述评》(*RAND Review*) 和《兰德经济期刊》(*The RAND Journal of Economics*) 等各种期刊、研究报告和非保密性出版物的文摘索引。作为世界著名的智囊团，该公司的研究成果已对美国的尖端科技发展以及战略思想和国内外政策产生了重大影响。该公司还设有专门的研究生院，负责人才培养工作。

兰开斯特大学图书馆（英国）
Library of Lancaster University

位于英国兰开斯特市，始建于1967年。1997年1月馆舍经扩建，容量扩大了一倍，拥有阅览席位900多个，增加了信息技术文献部门和珍稀文献馆藏室。馆藏图书及各种文献100多万册，期刊2 600多种，电子期刊1万多种，每周开放77.5小时。近几年来该馆加强了在信息技术文献方面的收藏，除了馆藏目录外，还为读者提供相当数量的在线数据库以及在线检索其他图书馆馆藏目录的服务。

兰台
Lan Tai

汉代皇宫内藏书之处，收藏国家重要书籍和部分档案。西汉时由御史中丞负责，后世因称御史台为“兰台”。东汉时设兰台令史，掌图书秘书。经过两千多年的演变，目前“兰台”一词已成为用来泛指档案保管机构和档案工作的代名词。

兰州大学图书馆
Lanzhou University Library

建于1909年，1913年以清代贡院遗留的观成堂为书库、至公堂为阅览室。1946年以后修建二层独立馆舍一座，名曰“积石堂”，面积1 616平方米，1962年建成7 800平方米图书馆楼。1998年5月，香港邵逸夫先生捐助部分款项，国家教育部批准立项扩建盘旋路校区图书馆，面积达22 000平方米（简称中心馆），2005年9月建成面积39 000平方米的榆中校区图书馆（简称校区馆），使该馆总建筑面积达61 000平方米。设有阅览室（书库）24个，读者阅览座位4 600多席，馆藏文献300多万册（件），音像资料2 000多种，年订购中外文印本报刊3 000多种，中外文电子数据库76个。涵盖理、工、农、文、史、经、哲、法、教育、管、医等11个学科门类。馆藏文献在文史古籍、自然科学、医学、外文权威检索期刊收藏上系统完整，具有特色。有影印文渊阁四库全书、四库全书存目丛书、丛书集成、中华文史论丛、中国边疆丛书和方志丛书，还有较多考古图籍和金石甲骨文字著述；善本书有《皇明经世文编》等200多种。建有敦煌学数据库以及研究生学位论文、教学参考书全文、中亚研究文献、地理科学导航和西北少数民族研究等专题数据库。

栏码
numbered column

有些图书，如工具书每页上分成双栏或多栏印刷，每栏上标有栏码（阿拉伯数字），用以补充或代替“页码”。

栏外脚注
running foot

印在图书或期刊正文页底部的一种标识性横线，其作用与页头标题相同。

栏外，页边的空白
margin

印刷品或手写资料每页四边的空白区域，包括天头（上边）、前边（右边）、地脚（下边）或脊边（左边）。四边宽度的关系是页面易读、美观的重要因素，印刷、装帧均十分重视版心与页边的比例协调。标准比例是：天头（上边）2，前边（右边）3，地脚（下边）4，脊边（左边）1.5。

栏英寸
column inch

在报纸杂志的出版过程中，用来度量文章长度或收费广告篇幅的计量单位。一个栏英寸等于一个报刊栏的宽度乘以一英寸的长度，也就是说，横占一栏，纵占一英寸。

蓝登书屋（美国）
Random House, Inc.

创建于1925年。是德国媒体集团贝塔斯曼（Bertelsmann Book Group of Bertelsmann AG）的子公司、全球杰出的英语商业国际出版社，有10个分公司或集团。其业务范围之广，销售额之大，在世界图书出版市场上雄居榜首。蓝登书屋的品牌象征着优秀品质和最广泛的阅读体验。蓝登书屋还代表着来自13个国家100多家出版社的各类文学作品，所出版的图书曾多次获文学奖，其中包括诺贝尔奖（Nobel Prize）和普利策奖（Pulitzer Prize）。

《蓝登书屋英语词典》
Random House Dictionary of the English Language

美国出版的足本词典之一。初版于1966年，1987年出第二版。收词31.5万个，内容包括人名、地名、事件以及著名文学艺术作品，各国地图和国旗，其他有关地理、自然科学、数学和医学等方面的术语，属百科型词典。该词典选词慎重、释义简明、取材新颖、注音简约，例证大多由编者自撰，对英美英语中读音和拼写不同的词都予以详细注明。该词典最大特点是知识性强，单附录就长达500余页。

《蓝登书屋足本词典》
The Random House Unabridged Dictionary

于1993年由蓝登书屋（Random House）出版社出版。由于采用了计算机数据库资料，是当时在版的足本词典中最新的一部，也是规模最小的一部。收词31.5万条，包括人名、地名、事件和作品名称，2 400幅插图，7.5万条例句，32页地图卷末有占300页的附录。该词典收录某些有争议的词，同时又广泛使用标识说明。地图资料刷新，版面吸引人。例证大多由编者自撰，有时不够贴切。英美读音和拼写不同的都予以注明。该词典还有机读版。

蓝格抄本
Manuscript with Blue Lines

抄本从纸格的颜色，人们往往称红格抄本、蓝格抄本、黑格抄本，或称朱丝栏、乌丝栏。一般说，明人多蓝格，清人多红格、黑格。

蓝皮书
blue book

英美等国就某一专题所作的详尽的政府（或某一部委）报告或外交文书。也指政府公布关于任何主题情况的介绍（常作为官员手册或人名、机关名备考录），如列出政府官员们的姓名，并提供政府结构、办事机构、选区和选举等方面的情况。还指西方国家大学用作笔试考卷用的蓝皮小本子。中国社会科学院在十多年前推出了经济“蓝皮书”，当时用蓝色作封面，是因为出版社有一种蓝色纸，感觉蓝颜色能代表学术的严谨慎重，就一直用来作经济社会类书籍的封面。

蓝铅笔
blue pencil

编辑在编辑过程中使用蓝色铅笔对手稿或打印稿进行校对、删改和编辑；学校教学监督也是用蓝铅笔来对所审查教材进行编辑。

蓝乾章（1915—1991）
Lan Qianzhang

1938年毕业于武昌文华图书馆专科学校，1956—1957年间赴美国哥伦比亚大学图书馆学研究生院进修。曾先后在武汉大学图书馆、西北大学图书馆、浙江大学图书馆、国立社会教育学院图书馆、国立罗斯福图书馆以及国立中央图书馆工作。1949年起任台湾大学图书馆编目股长、采编组主任、中央研究院历史语言研究所傅斯年图书馆主任、辅仁大学教授兼图书馆学系主任和图书馆总馆馆长。并在各图书馆学院主讲图书馆学导论、图书分类编目、图书馆行政和参考资料等主要课程。出版专著有《图书馆行政》、《图书馆经营法》和《简易西书编目法》，发表学术论文130多篇。

蓝思阅读分级
Lexile

全美最具公信力的阅读难度分级系统，是由美国教育科研机构为了提高美国学生的阅读能力而研究出的一套衡量学生阅读水平和标识文章难易程度的标准，是衡量阅读能力（Reader Ability）与文章难易度（Text Readability）的科学方法。简言之，使用这一标准一方面可以方便学生测试自己的阅读水平；另一方面给出版物标识蓝思难度分级后，学生可以找出符合自己阅读难度的图书去阅读，以便循序渐进，步步提高。一个蓝思（Lexile）是一个难度单位，读懂一本初级低幼读物与读懂一本百科全书之间差距的千分之一被定义为一个蓝思。蓝思的最高分值为1 700 L。蓝思拥有一套阅读水准测评系统，包括词汇、阅读理解、熟练程度及写作几个部分的考核，共有两套，分别针对2～5年级、6～12年级。读者可以先对自己阅读水平进行测试，得到一个分值，然后选择相同分值的书籍。目前，蓝思分级在欧美国家广泛使用。来自全球450家以上的出版社、数千种期刊及12万本图书采用了蓝思难度分值。

蓝图
blueprint

港澳地区又称“蓝纸”，是工程制图的原图经过描图、晒图和薰图后生成的复制品，因为图纸是蓝色的，所以被称为“蓝图”。蓝图类似照相用的底片，可以反复复制新图，而且具有稳定、易于保存，不会模糊，不会掉色和不易玷污的特点。蓝图主要运用在建筑制图上。该词一般引申为一种对未来的构想或计划。

蓝图复制法
blue print process

复制图纸文献的一种方法，即把一张经过化学处理的纸与图纸母本文献叠落起来，放在强弧光灯下照射，然后用自来水进行冲洗显影，即成为蓝图的底版，用以翻印正式蓝图。

蓝图，设计图
blueprint

将最初印在蓝底白纸上的建筑物结构或其他构造物的详细设计图，采用照相拷贝的方法印在蓝色的图纸上。蓝图通常是按套制作，每一套即反映每段结构的各层（管道的铺设、电器、供暖与通风等）。蓝图可由建筑图书馆、档案馆和收藏有纪念意义建筑项目资料的部门收藏。也可用于图书馆的设计和改造、扩建或新设备构造的施工监理。

蓝牙技术
blue tooth technology

指一种短距离的无线通信技术。可以在10～100米的距离内支持便携式计算机、移动电话机、无线耳机以及各种家用电器设备之间的相互通信，可进行数据和语音传输。“蓝牙”是10世纪丹麦国王瓦伊金（*Viking*）的绰号，相传这个国王非常喜欢吃蓝莓，牙齿被染成了蓝色，因此得名。1998年，世界著名的爱立信、东芝、诺基亚、国际商用机器公司和英特尔等公司正式把该技术的理念推向社会。

蓝印本
printing in blue ink

也称靛印本，和红印本一样，都是一部书籍在正式刷印之前的印样本，所以数量也少，自成一门收藏系列。

《朗文当代英语大辞典》
Longman Dictionary of English Language Culture (English-Chinese)

朗文辞典家族中的新品牌，是世界唯一与百科全书相结合的英语学习辞典，也是世界最具有权威性的英语文化教学辞典。该辞典为英汉双解，共收词条95 000条。其中语文词条80 000条，百科词条15 000条。英文释义采用2 000个最常用的单词。释义浅显易懂，例证典型丰富，同时还附有大量“文化注释”和“用法说明”，从语法、语用、词语的社会文化意义等方面揭示词语的具体用法和文化含义。于2004年由商务印书馆引进出版。

劳格（1819—1864）
Lao Ge

字季言，仁和（今杭州余杭区）人，清代校勘学家。自幼热爱读书、藏书，家中藏书丰富，自题其藏书室名为“丹铅精舍”，是清代著名藏书楼。毕生以校勘金石文字为事，尤致力唐代人物史实。著有《读书杂识》、《唐折冲府考》、《唐御史台精题名考》和《唐郎官石柱题名考》。所校勘的有《北堂书钞》、《文苑英华》和《元和姓纂》等。

劳拉·布什21世纪图书馆员项目
Laura Bush 21st Century Librarian Program

由美国博物馆与图书馆服务协会资助，其目的在于发展教师与图书馆领导者，招聘与教育下一代图书馆员，开展图书馆员职业研究，通过跟踪任期轨迹进行早期职业研究，支持担任图书馆学与情报学研究生学院终身教师工作等。该计划同时还用于吸引优秀高校毕业生到图书馆就业，提升图书馆学与情报学研究生学院的教学水平，帮助图书馆从业者的职业发展。该项目拨款包括博士生计划、硕士水平计划、研究计划、职前计划、建立机构能力计划以及继续教育计划，提供的资金使用期限为三期，任何符合资质的图书馆、与图书馆学教育有关的机构都可以申请该项资金，且要求申请者提供50%的配套资金，但学生资助和研究计划对此不作要求。

劳伦斯利弗莫尔国家实验室（美国）
Lawrence Livermore National Laboratory (LLNL)

应用科学实验室，主要致力于国家安全、能源与环境、生命科学与医疗等领域。这些领域包括诸多在学科和技术上相互关联的子领域。这些行为和商业过程依赖于信息的共享和交换，每年该实验室花费大量经费用于计算机通讯和信息管理。

老挝国家图书馆
National Library of Laos

原系成立于1957年的版本图书馆和政府文献收藏馆，隶属于信息文化部，其经费来源主要是私人基金会和西方学者及外交使领馆的资助。计算机编目刚刚起步，联合国教科文组织在该国开展了一些援助项目，如委托澳大利亚国家图书馆帮助该馆应用WIN-ISIS软件进行馆藏编目。由于旧书是在西贡、河内或法国刊印，新书由外国捐赠，所以所藏图书以英文或法文为主，还有老挝文、泰文、俄文、中文、日文和越南文，馆藏总计近10万册（卷）。该馆是国际图联机构会员。

雷吉纳大学约翰·阿切尔博士图书馆（加拿大）
Dr. John Archer Library of Regina University

该馆的历史可以追溯到20世纪初期，起初是卫理公会教堂于1911年开办的寄宿制中学雷吉纳学院的一个藏书部，规模较小而且没有很好的进行组织。从1921年开始，藏书根据杜威十进制体系进行分类，以后又在卡内基集团的资助下于1935年转而实行国会图书馆分类法。在1921—1959年期间，馆藏都收藏在学院大道上的教学大楼内。在20世纪60年代雷吉纳学院成为萨斯喀彻温大学的雷吉纳校区，该馆也因此发展迅速，在短短5年内藏书量增加了一倍。1974年雷吉纳大学作为独立机构正式成立，该馆在此之前就迁入了现址，并以雷吉纳大学第一任校长约翰·阿切尔博士的名字命名，但是直到2004年，这幢建筑才全部用于服务。该馆现在是雷吉纳大学的主要图书馆，拥有约250万册（件）各类馆藏。除了传统的获取与保存知识和信息的功能，该馆还把自己的服务拓展到了参考咨询、图书馆指导、远程教育支持、数据服务、版权教育、信息共享中心、电子书、期刊收藏和数据库建设等。该馆于2006年10月设立“上海之窗”。

雷克拉姆出版社（德国）
Reclam

创建于1829年10月1日，是德国久负盛名的平装书出版社。今天在德国，几乎每个家庭都有几本“小黄皮书”——雷克拉姆的《万有文库》（*Universal Bibliothek*），这套享誉德国的丛书早已突破万册，包含文、史、哲和艺术等多个门类。歌德的不朽之作《浮士德》（*Faust*）是该出版社的头块王牌。而销售冠军无疑当数席勒的名剧《威廉·退尔》（*Wilhelm Tell*），迄今销量已过千万。

雷切尔·戴维斯·哈里斯（1869—1969）
Rachel Davis Harris

教师和图书馆员，美国图书馆协会及妇女传教协会的会员。于1869年出生于肯塔基州的路易斯维尔，1885年毕业于中央高等中学后在向黑人女性开放的高等中学任教，后成为路易斯维尔免费公共图书馆西部有色人种分馆的儿童图书馆员，接着成为东部有色人种分馆的管理者，并协助乔治城有色人种图书馆和林肯学院图书馆的发展，致力于发展图书馆中的美国黑人儿童馆藏，是美国历史上第一位以图书馆工作为职业的黑人女性。作为托马斯·方丹·布卢的同事，与之共同努力促使图书馆成为社区中心和重要的黑人年轻人聚集地。1935年，哈里斯接替布卢的职位，成为路易斯维尔公共图书馆有色人种部的主任，也是肯塔基州图书馆历史上第一位黑人女性主任。

雷斯卡书架
Reska shelving

由丹麦人设计创制的一种活动书架。它可以把托架插在墙壁上，供陈列书刊用。

雷娅·菲德尔（1945—）
Raya Fidel

1970 年毕业于以色列特拉维夫大学数学系，1972 年获希伯来大学图书馆学硕士学位，1982 年在美国马里兰大学图书馆学情报学学院获博士学位，并在美国华盛顿大学图书馆学情报学学院任教。主要教育和研究领域为情报检索语言、主题标引。她所提出的关于情报组织、标引和检索的未来研究课题提案被选入美国教育部下属的图书馆学研究提案集中。两度获美国情报学会会刊最佳论文奖以及其他多种奖励。

类对
pair of clusters

指在采用聚类技术的信息检索中，内容相近的两组类目。

类号，分类号
class number（class notation）

在图书分类法中代表类目的符号。通常由具有固定次序的符号，如阿拉伯字、字母以及其他辅助符号组成。具有固定类目位置、表示类目次序的作用，有些还可以揭示类目之间的关系。分类符号一般应简单明了，易记易排列，并具有一定的容纳性和表达性。

类号改用
re-use of number

指在新版分类法中改变旧版分类法中某一个或某一部分的分类号所代表的类目。即在新旧两种分类法中相同的类号可以代表不同的概念。

类号缩减
reduction of numbers

指分类人员把某书分类号尾部的数字去掉一个或几个，从而使该书的分类等级提高。

类号组配
number building

使用杜威十进分类法时，当正表中没有现存的类号能确切地表示作品主题时，编目员必须确立一个分类号，使之更加完整具体。这时编目员可依据建立的规则将从总论复分表（或其他附表）的附表中，或从正表其他类目中查到的标记符号加入到基础号中，例如将小数“.5”加入到基础号 020 后构成分类号 020.5，表示该作品为图书馆学情报学科中的一种期刊。

类，类目
class

具有一个或多个特征、属性、性能和质量等的一组物体或概念，按照已经建立起来的系统对其分类。在等级分类系统中，一类（如图书）中的各部分被分成更多的特异性的下位类（儿童图书）和下下位类（图画书）等。

类目导标
topical guide

固定在书架侧面护板上的标牌，牌上显示该书架所陈列图书的主题或类目的类名及分类号。

类目细分，复分
ramification

指将比较粗略的类划分成比较细密类的文献分类过程。在分类表中，为了节省篇幅，同时也为了增加分类表的伸缩性和助记性，通常需要把各个类目中具有相同属性的较小的类目抽出来独立设置复分表，从而实现用复分表来对主表类目进行进一步的复分。

类书
Chinese Encyclopedia（categorized reference book）

中国古代一种大型的资料性参考书籍，是从多种古籍中辑录成语典故、诗、赋、文章以至整部著作，按门类、字韵等进行编排以备查检，例如：《皇览》、《太平御览》、《册府元龟》、《永乐大典》和《古今图书集成》。

类系
chain

在分类法中，由一个下位类和各级上位类构成的系列具有从属关系的类目。

类型

Type

都柏林核心元素集的元素之一。指有关资源内容的特征和类型。包括描述资源内容的分类范畴、功能、特征或集合层次的术语。其值应该从资源类型列表中选取。

类属词典，同类词汇编

thesaurus

一种反映类属关系或将同类词汇编在一起的词典。

累积数据库

accumulative database

指将连续出版的数据库以一定的方式组织汇集而成的一个整体数据库。

《累积图书索引》（美国）

***Cumulative Book Index*（*CBI*）**

由美国图书馆学家、著名出版商哈尔西·威廉·威尔逊（Halsey William Wilson，1868—1954）于1898年创办，前身是《美国再版图书目录》（*United States catalog*：*Book in Print*）。收录美国和其他地区现期出版的英文图书，是现期国际英语图书书目。该索引收录内容广泛，报道及时，出版历史较长，几乎收录了19世纪末以来世界各国全部重要的英语图书，所以又是回溯性书目。目前除8月外每月出版，有季度和年度累计本。每年收录约5.4万种图书（其中1/3是纸皮书），不收录政府出版物、单页地图、活页乐谱、小册子和宣传品等。该索引按照著者、题名和主题混排成字典式目录，采用《英美编目条例第二版》（*AACR*2）著录格式。1984年成立“威尔逊在线”（Wilson-line）将该索引等20多种书目索引全部输入数据库，每周至少更新两次。另有磁带版和CD-ROM版。

累计索引

cumulative index

为节省读者时间，把以前出版的两个或两个以上的索引中的款目定期汇总排成一个单独的顺序，组成一个阶段性总括索引。例如，《当代传记年鉴》（*Current Biography Yearbook*）的10年索引。大部分期刊索引刊登在每月或每季度的增刊中，再出版年末汇集成一年或多年的索引。

累加器

accumulator

运算器的主要部分，专门用来存放算术或逻辑运算的操作数和运算结果的寄存器。能够进行加、减、读出、移位、循环移位以及求补等操作。

冷伏海（1963—）

Leng Fuhai

中国科学院国家科学图书馆教授、博士生导师、学位委员会主席和情报研究部主任。1985年7月毕业于北京大学信息管理系，2002年7月于中国科学院文献情报中心获管理学博士学位。1985—1987年在黑龙江省委党校工作，曾任黑龙江信息管理学院院长。兼任国际信息与文献联合会个人会员、国家教育部图书馆学科教学指导委员会委员、中国图书馆学会第八届学术研究委员会图书馆学理论专业委员会副主任、《中国图书馆学报》、《情报资料工作》和《情报科学》编委。2000年获教育部霍英东基金优秀青年教师三等奖。曾主持完成国家、省部级和其他项目15项。发表论文60多篇、出版专著教材12部。

冷引导，冷启动

cold boot

在关掉电源后再打开，重新启动计算机，引导其操作系统中的文档重新运行。如果计算机在操作过程中意外锁定并重新启动无效，这一过程有时可使计算机“解锁”。但操作者应该知道，关闭电源会导致未保存的数据丢失。

离合诗

acrostic

一种特定形式的诗体，将其每一行诗句的第一个词的首字母或中间一个词的字母或最后一个词的末字母按字面顺序连接起来就形成一个词或一组连贯的词（如一句话）。作为一项规定，报纸和杂志的编辑在刊物出版前都要例行检查诗歌是否为离合体诗，以避免出现尴尬局面。

离职谈话

exit interview

由图书馆人事主管或指定人选为处理某人离职问题而进行的谈话。一般在谈话前确定此人离职理由以避免不必要的麻烦。对离职者来说，这是最后一次与图书馆就补助金、医疗保险等问题进行谈判的机会。

梨花女子大学图书馆（韩国）

Ewha Womans University Central Library/
이화여자대학교도서관

位于韩国首都首尔。私立梨花女子大学成立于1886年，是韩国最具威望的几所大学之一。该校图书馆建立于1923年，当时藏书仅1.6万册。经过近一个世纪的发展，馆藏图书已达200万册，期刊9 100多种，拥有阅览席位4 000多席。除了总馆外，还包括许多专业图书馆，如音乐、医学、法律及工程等。该馆是韩国国内设施最先进的图书馆之一，很早实现了图书馆自动化，而且和国内国际的很多大学及研究机构开展学术交流活动。该馆是国际图联机构会员。

黎巴嫩国家图书馆

National Library of Lebanon/*Bibliothèque Nationale du Liban*

成立于1921年。1941年颁布的缴送法于1959年进行了修订，但黎巴嫩国家图书馆并未能很好地执行该法。长年不断的内战使馆藏遭到严重破坏，近100万册图书和2 000本善本，被焚烧火被偷窃，20世纪90年代早期该馆几乎名存实亡，由于战乱，现在黎巴嫩国家图书馆的设备、空间严重不足，无法进行日常业务工作，热切希望得到技术和财物上的援助。

黎巴嫩图书馆协会

Lebanese Library Association（LLA）

成立于1960年，其使命是制定图书馆标准及提高图书馆员的工作能力、在信息服务及图书馆事业的发展与提高中发挥引领作用、为促进信息的自由获取、鼓励阅读、致力于各级各类图书馆的建设等。该协会自成立以来，组织各种工作会议、研讨会、讲座，促进图书馆及馆员之间的信息及经验的交流。

《礼记》

Book of Rites

战国至秦汉年间儒家学者解释说明经书《仪礼》的文章选集，是一部儒家思想的资料汇编。《礼记》的内容主要是记载和论述先秦的礼制、礼仪，解释仪礼，记述修身做人的准则。实际上，这部九万字左右的著作内容广博，门类杂多，涉及政治、法律、道德、哲学、历史、祭祀、文艺、日常生活、历法和地理等诸多方面，几乎包罗万象，集中体现了先秦儒家的政治、哲学和伦理思想，是研究古代社会情况、儒家学说和文物制度的重要资料。

李炳穆（1938—）

Li Bingmu（Byung Bock Rhee）

韩国图书馆学家，延世大学文献情报学系教授。1961年毕业于韩国延世大学文学院，获图书馆学专业文学学士学位，1964年毕业于延世大学研究生院，获硕士学位，1970年在美国纽约州立大学进修，1983年获延世大学图书馆学专业文学博士学位。历任韩国中央大学图书馆馆员、韩国（汉城）美国情报服务图书馆馆长以及延世大学文献学讲师、专任讲师、助教授、副教授和教授。曾任美国纽约州立大学情报学与政策学院、北京大学高访学者、日本庆应大学访问教授以及中国科学院文献情报中心、北京大学客座教授和中国科学院文献情报中心名誉教授，兼任韩国文献情报学会会长、联合国教科文组织韩国委员会世界科学情报系统特别委员会委员、韩国文献情报学会平生会员、美国图书馆协会会员、中国图书馆学会和日本图书馆协会会员。出版专著、译著5部，发表学术论文数十篇。

李超平（1960—）

Li Chaoping

浙江大学信息资源管理系副主任、副教授。大学主修化学，毕业后在贵州大学农学院教了6年基础化学。后调入西南师大图书馆，任情报部主任，担任科技查新、刊物编辑的工作。此时介入图书馆学专业的教学工作，担任“情报学概论”、“知识产权”和“信息分析”等课程的教学。1997年调入杭州大学历史系，担任图书馆学专业教师。刚入图书馆学领域，专攻情报学的教学与研究，后兴趣转向图书馆学，一方面担任图书馆学课程的教学，同时也进行图书馆学研究。主要代表作有：《国家图书馆：定位与制度选择》、《建立什么样的图书馆职业精神》和《图书馆学研究：方法的互补》等。2004年建“超平的博客”。

李充（约323—388）

Li Chong

字弘度，江夏（今湖北安陆）人。东晋文学家、目录学家。任大著作郎时，奉命整理国家藏书。在修《晋元帝四部书目》时将西晋荀勖创立的“甲、乙、丙、丁”四部分类正式命名为“经、子、史、集”。其著作据《隋书·经籍志》载有《论语注》10卷、《翰林论》54卷、集22卷等。其诗以《玉台新咏》所录《嘲友人》为最有名。

李大钊（1889—1927）
Li Dazhao

中国现代图书馆事业奠基人之一，中国最早的马克思主义者、中国共产党创始人之一。1913 年毕业于北洋法政学校后赴日本留学。1918—1922 年，在北京大学任图书馆主任兼教授。曾于 1918 年 12 月参加北京地区图书馆协会，被推为协会的中文书记。1920 年 8 月在北京举办的暑期图书馆学讲习会主讲课程。1922 年为在北京大学组织的马克思学说研究会建立了一个小型图书室，专门搜集马克思主义图书。为避免当时政府的查封，用英文“共产主义”的译音，取名为“亢幕义斋”。此外，还在北京女子高等师范学校讲授过图书馆学课程。李大钊不仅利用图书馆作为研究和传播马克思主义、领导革命活动的重要阵地，而且对图书馆事业也有很多建树。对图书馆学也有深入研究，《在北京高等师范图书馆二周年纪念会的演说辞》集中体现了他的图书馆学思想，在当时堪称为一篇图书馆学重要文献，即使在今天也具有借鉴的意义。

李德竹（1935—2011）
Lucy Te-Chu Lee

中国图书馆学家，台湾大学文学院图书馆学系教授，台北市法自然文教基金会董事长。1959 年毕业于山慈学院化学系，获学士学位，1964 年毕业于台湾师范大学、美国匹兹堡大学图书馆学与信息科学系，获硕士学位；1965 年，获超硕士学位，1988 年毕业于美国匹兹堡大学图书馆学与信息科学系，获博士学位。历任美国卡乃基・米伦大学（CMU）冶金工程师、美国卡乃基米伦大学（CMU）韩特图书馆科技馆员、美国麻省理工学院（MIT）电机系电子系统实验室项目研究员、国科会科学技术中心第三组副研究员兼组长、淡江大学文学院教育资料科学系副教授、台湾大学文学院图书馆学系主任、研究所所长。其专长学科为：资讯科学、图书馆系统自动化、科技文献及信息服务、图书馆学和图书馆标准。出版专著数部，多次获奖。

李芳馥（1902—1997）
Li Fangfu

中国图书馆学家。1927 年毕业于武昌文华图书馆学专科学校，获学士学位，同年到北平图书馆任秘书及文书组长、采访组长。后赴美国留学，1935 年获美国哥伦比亚大学图书馆学硕士学位，并在芝加哥大学图书馆学研究院进修博士课程，曾在哥伦比亚大学图书馆工作。1941 年回国后历任北平图书馆上海办事处主任、上海沪江书院图书馆处主任、苏州国立社会教育学院图博系教授，上海市文物保管委员会图书整理处主任、上海图书馆副馆长、馆长、华东师范大学图书馆学情报学系兼职教授、全国第二中心图书馆委员会副主任、中国图书馆学会第一届理事和上海图书馆学会第一届副会长等职。

李纲（1966—）
Li Gang

博士，武汉大学信息管理学院教授，兼任中国电子商务研究与发展中心（武汉）主任、国家信息资源管理武汉研究基地主任、武汉大学媒体发展研究中心研究员、武汉大学复杂科学研究中心副主任以及教育部管理科学与工程专业教学指导委员会委员、中国竞争情报学会理事、湖北省信息学会常务理事和武汉市系统工程学会理事。主要研究领域为：信息经济、信息资源管理和网络营销。先后主讲“微机数据库”、“市场信息学”、“信息组织”、“知识管理”和“网络营销”等课程。参与或主持国家自然科学基金项目、教育部人文社会科学重点项目、教育部“十五”规划项目、湖北省哲学社会科学研究重点课题和湖北省软科学课题以及武汉大学社会科学青年项目等省部级以上科研项目。发表学术论文 30 多篇，并出版专著数部，并多次获奖。

李高远（1943—）
Li Gaoyuan

云南省图书馆研究馆员。1967 年毕业于武汉大学图书馆学系，同年到云南省图书馆工作。历任云南省图书馆副馆长、馆长和《云南图书馆》主编，主要研究范围是图书分类、图书馆服务和图书馆事业发展与管理，发表文章 30 多篇，约 20 万字。

李广德（1943—）
Li Guangde

中国第四军医大学图书馆研究员、硕士生导师。1968 年毕业于北京大学图书馆学系，1987 年任第四军医大学图书馆副馆长，1989 年任该馆馆长。兼任陕西省图书馆学会第四届理事会常务理事和学术工作委员会主任、《当代图书馆》杂志副主编、《文献工作研究》和《医学图书馆通讯》编委、西北地区军校协作中心图书馆学情报学专业组组长、全军医学情报专业组副组长和全军院校图书馆学情报学专业组长联席会副召集人。出版专著多部，发表论文 80 多篇。

L

李广建（1963—）
Li Guangjian

博士，北京大学信息管理系教授，兼任中国科学院研究生院教授，中国科学院国家科学图书馆博士生导师。中国科技情报学会理事、信息技术专业委员会委员、情报理论方法与教育培训专业委员会委员。1984年、1986年毕业于北京大学信息管理系，获学士、硕士学位。同年到北京师范大学任教。2002年获博士学位。还兼任中国图书馆学会学术研究委员会数字图书馆研究与建设专业委员会副主任、编译出版委员会图书馆学著作编辑出版专业委员会委员、中国科技情报学会竞争情报分会理事、《图书情报工作》和《情报科学》编委。主要从事信息资源管理与信息系统、数字图书馆和竞争情报方面的研究和教学，具有大型数据库、网络信息系统的设计与开发经验。对网络信息资源开发与利用、网络开发技术、信息检索以及决策支持系统等有深入的研究。主持和参加"中国高等教育教学信息管理系统"、"基于元搜索的网络数据库集成检索系统"等十多项国家、省部级科研项目。发表论文40多篇，出版教材专著10多部。

李广生（1949—）
Li Guangsheng

研究馆员，1974年毕业于上海复旦大学中文系。先后担任南开大学图书馆常务副馆长。中国图书馆学会第七届学术研究委员会图书馆建筑与设备专业委员会委员、天津高等教育文献信息中心副主任、天津图书馆学会副秘书长、天津高校图书情报工作委员会常务秘书长等职。近年来主要从事清代与民国史料的编撰工作，整理出版了《乾隆英使觐见记》、《康熙帝传》、《张诚日记》等历史资料；主编的著作有《中国历史之谜》、《中国历史人物之谜》和《趣谈中国书院》等，发表图书馆学论文20多篇，并多次受到奖励。

李国新（1957—）
Li Guoxin

教授，北京大学信息传播研究所所长。兼任文化部国家公共文化服务体系建设专家委员会常务副主任、国家图书馆首席专家、中国图书馆学会第八届理事会理事、学术委员会常务副主任、编译出版委员会《中国图书馆年鉴》编辑出版专业委员会副主任、中国出版工作者协会年鉴研究会特邀学术委员、中国索引学会常务理事、《情报资料工作》杂志编委。主要研究方向：图书馆法、文献信息资源检索与利用、文献目录学和古籍资源数字化等。主持国家社科基金项目1项，教育部项目1项，北京大学项目1项。已出版专著2种，教材3种，参著参编多种，发表论文50多篇，并多次获奖。

李华伟（1933—）
Li Huawei（Hua-Wei Lee）

著名图书馆学家、教授。1954年毕业于台湾省立师范学院教育系。先后获美国匹兹堡大学教育学硕士、哲学博士。历任美国爱丁堡州学院图书馆副馆长、馆长，图书馆学系主任、泰国亚洲理工学院图书馆及信息中心主任、美国科罗拉州立大学图书馆、俄亥俄大学图书馆副馆长和馆长以及美国国会图书馆亚洲部主任。多次担任联合国教科文组织、联合国发展计划、世界粮农组织、加拿大国际发展及研究中心等机构有关图书馆发展项目的顾问。出版著作多部（著有《图书馆学的世界观》、《现代化图书馆管理》、《九十年代的募捐与挑战：图书馆募捐学指南》等），发表论文数百篇。先后受聘于北京大学、清华大学、北京师范大学、北京邮电大学、西安交通大学、南开大学、武汉大学、四川联合大学、东北师范大学、天津理工学院等客座教授，同时，担任中国科学院武汉文献信息中心、兰州文献信息中心以及中国国家图书馆顾问、浙江图书馆名誉顾问。

《李华伟文集》
Collected Works of Hwa-Wei Lee

由公共图书馆研究院、中山大学图书馆、深圳图书馆、广东省立中山图书馆共同策划、组织，中山大学出版社于2011年11月出版。作为《图书馆学家文库》丛书之一，荣获"美国华美图书馆员协会2011年最佳图书奖"。全文集共两册，包括著名图书馆学家李华伟博士近50年来的著述和研究李华伟博士的著述两大部分。

李景峰（1965—）
Li Jingfeng

教授、硕士生导师、山西大学管理学院院长。兼任山西大学工商管理研究所所长、山西大学管理与决策研究中心（山西省人文社会科学重点研究基地）常务副主任，主要社会兼职有管理科学与工程学会理事、中国物流学会理事、山西省图书馆学会副理事长、山西省科技情报学会常务理事、《科技情报开发应用与经济》、《科技与管理》

L

编委等。主要研究方向为网络学术信息的挖掘与利用、信息经济和信息传播。出版发表专著、学术论文多部（篇），主持科研项目多个，并多次获奖。

李景正（1942—）
Li Jingzheng

硕士、教授。1967 年毕业于黑龙江大学俄语系。先后在黑龙江省五常市图书馆、黑龙江大学图书馆系工作，曾任黑龙江大学图书馆学情报学系主任，主要从事文献标引、主题标引以及专业俄语等课程的教学与研究工作。发表学术论文数十篇，多次获奖。

李静霞（1963—）
Li Jingxia

研究馆员、武汉图书馆馆长。历任武汉图书馆部门主任、馆长助理、副馆长等职。先后从事图书馆分编、读者服务和图书馆自动化等业务工作。2000 年在香港岭南大学研修班学习，2004 年以访问学者身份赴美学习。发表学术论文 20 多篇，其中 1 篇入选第 68 届国际图书馆协会联合会大会论文集并获国际图联亚太区域发言人资助金，同时获中国图书馆学会第二届图书馆学情报学学术成果二等奖。参与多项科研课题，合编著作 9 部，其中《武汉市社会文化工作实用手册》等 2 部图书获武汉市社会科学优秀成果奖。翻译并出版了《因特网宣言》和《婴幼儿图书馆服务指南》等多篇国际图联的指导性文件。

李明华（1936—）
Li Minghua

杭州图书馆研究馆员。1960 年 7 月毕业于北京大学图书馆学系。曾在中央编译局图书馆、浙江大学图书馆和杭州图书馆工作，任杭州图书馆副馆长，并兼任湖南省高校图书馆工作委员会主办的《高校图书馆工作》杂志编委、中国图书馆学会学术委员会委员、图书馆建筑与设备研究分委员会副主任、中国图书馆学会图书馆建筑与设备研究组副组长、顾问、浙江省图书馆学会第三届理事会理事，第四届理事会常务理事、学术委员会副主任及杭州市科协委员、常委。1989 年起任国际图联（IFLA）图书馆建筑与设备组常务委员会委员。现任杭州时代图书馆建设咨询有限公司总经理。出版专著数部，发表论文数百篇。

李培（1964—）
Li Pei

南开大学管理学博士、教授、天津图书馆馆长。先后在南开大学信息资源管理系任教、兼任南开大学图书馆副馆长。研究方向为 Web 信息处理与数字图书馆，主持国家社科基金项目、天津社科基金项目和南开大学青年项目多项，发表论文数十篇，专著多部。

李万健（1944—）
Li Wanjian

中国国家图书馆研究馆员，曾任中国图书馆学会第七届编译出版委员会副主任、《中国图书馆学报》常务副主编。1969 年毕业于北京大学图书馆学系，1980 年到书目文献出版社工作，历任编辑、副编审和编审，1988 年起担任副总编辑、常务副总编辑，主持关于图书馆学、情报学图书的选题策划、规划和编辑出版工作。兼任中国图书馆学会编译委员会副主任、河北大学兼职教授以及《现代图书情报技术》、《情报科学》、《四川图书馆学报》和《津图学刊》等专业刊物的编委。出版著作 10 余种，发表论文数十篇。

李文藻（1730—1778）
Li Wenzao

字素伯，号南涧，山东益都（今青州）人，清代藏书家。生平非常注重藏书、刻书。其藏书室称为“竹西书屋”，据称曾藏书数万卷，皆手雠校。撰有文集，如《恩平集》、《潮阳集》和《桂林集》以及诗集、金石、古文等很多相关著作。

李希泌（1918—2006）
Li Xibi

1942 年毕业于西南联大历史系。1951 年 9 月到北京图书馆工作。历任副研究员、研究员。曾任昆明私立玉华中学校长，国民党立法院委员。解放后到北京。任北京图书馆《图书馆工作》与联合目录组编辑，《文献》杂志副主编等职。兼任第六、七、八届全国政协委员、文史资料委员会委员、中国孔子基金会理事、宋庆龄基金会理事、中国辛亥革命研究会副理事长、《中国当代图书馆》副主编以及文化部图书资料系列高级职称评委会委员。主要从事中国图书馆事业发展史、隋唐史、近代史、亚洲史和文献学的研究工作。其代表作有《詹天佑与中国铁路》（1979）、《我国古代藏书及近代图书馆史料》（春秋至五四前后）

L

(1981)以及《健行斋文录》等。译著有《缅甸》(1956)和《伊朗简史》(1979)。

李小强(1951—)
Li Xiaoqiang

山西省图书馆研究馆员，曾任该馆馆长。1978年开始从事图书馆业务工作，先后担任山西省图书馆社科咨询部主任、办公室主任和副馆长等职，1995年任山西省图书馆馆长至今。兼任山西省政协第八届文史资料委员会委员、中国图书馆学会第八届理事会常务理事、山西省图书馆学会理事长、山西省科技情报学会理事和山西石刻研究会副秘书长。主持完成了文化部科研项目——“计算机文献标引对照系统”，获得文化部科技进步二等奖，编撰出版了《太原竹枝词注释》、《山西省图书馆普通线装书目录》、《张瑞玑诗文选》、《〈西厢记〉方言俗语校释本》等著作多部，发表了《山西省地县公共图书馆的现状与发展》、《论我国图书馆数据库的集约化生产》和《信息高速公路建设中的公共图书馆发展战略》等多篇专业学术论文。

L

李小缘(1897—1959)
Li Xiaoyuan

图书馆学家、历史学家。1920年金陵大学毕业，留校图书馆工作。1921年夏，自费赴美国深造，并在美国国会图书馆工作，以工读方式维持求学。1923年获纽约州立图书馆学校学士学位，1924年获哥伦比亚大学社会教育学硕士学位。1925年春归国就任金陵大学教授、图书馆西文编目部主任，后兼任图书馆学系主任。1928年接任图书馆馆长。1929年5月赴沈阳，就任东北大学图书馆馆长。1930年重返金陵大学就任新成立的中国文化研究所专任研究员、教授。1939年春，任金陵大学中国文化研究所所长，其间兼任文科研究所史学部主任。1948年正式兼任金陵大学图书馆馆长。1949年后兼任金陵大学古物陈列委员会主任。1952年任南京大学图书馆副馆长。曾担任《金陵学报》编辑委员会主席，主编、主持或参与编辑的还有《金陵大学中国文化研究所丛刊》、《中国文化研究汇刊》和《边疆论丛》等。

李性忠(1944—)
Li Xingzhong

浙江图书馆研究馆员。1967年毕业于北京大学图书馆学系。1968年到浙江图书馆工作至今，曾任浙江图书馆副馆长、常务副馆长，并兼任浙江图书馆学会常务理事、《图书馆研究与工作》常务副主编和浙江哲学社会科学“十五”规划学科组成员。出版专著2部，主编、参编著作5部，发表专业论文及史料整理文章50多篇，参与科研课题5项。

李修宇(1933—)
Li Xiuyu

黑龙江省图书馆研究馆员。1963年毕业于北京大学图书馆学系，同年分配至黑龙江省图书馆，先后从事咨询、期刊、采访、辅导和编辑等工作，历任馆员、副主任、副馆长等职。1984—1989年间，调任到黑龙江大学，主持筹建图书馆学情报学系，并任系主任。先后兼任中国图书馆学会学术委员会委员、学术工作委员会委员兼藏书建设组组长、文献资源建设委员会副主任学术委员会委员兼文献资源建设组组长等；在黑龙江省图书馆学会中曾任学术委员会委员、副主任、主任以及学会理事、副理事长等职。出版专著多部，发表学术论文数百篇。

李昭淳(1949—)
Li Zhaochun

研究馆员。曾任广东省立中山图书馆馆长。先后兼任中国图书馆学会第七届理事会常务理事、学术研究委员会图书馆建筑与设备专业委员会副主任、广东省图书馆学会常务副理事长、《图书馆论坛》主编。对图书馆建筑颇有研究，出版论著多部、发表论文几十篇。代表作有与李明华、赵雷共同主编的《中国图书馆建筑研究跨世纪文集》以及主编的《广东省数字图书馆》(获中国图书馆学会第二届图书馆学情报学学术成果奖)。

李政道数字图书馆
Li Zhengdao Digital Library

受著名物理学家、诺贝尔奖金获得者李政道先生委托，中国高等科学技术中心将其经典著述进行数字化加工并授权北京大学图书馆进行公开发布使用。北京大学图书馆拥有先进齐全的数字加工设备以及专业的加工队伍，尤其拥有丰富的相关资源。为了更好地展现李政道先生的著作成果和学术地位，在为其提供的19部经典著作量身定做电子书之外，还全面搜集李政道先生的传记资料、新闻资料、研究文献、照片图片和相关视频等，并将上述内容精心整合设计后以“李政道数字图书馆”之名发布，以飨喜欢、研究李政道先生之读者。

李志钟（1927—）
Li Zhizhong

美国罗莎里图书馆学和情报学研究生院教授。1948年毕业于东吴大学法律系，1956年赴美国留学，先后获比较法硕士、哈佛大学法学硕士、社会科学院政治学博士和哥伦比亚大学图书馆学硕士学位。1965年起任伊利诺伊州立大学助理教授、罗莎里学院副教授、台湾大学客座教授、台湾"中央图书馆"馆长、罗莎里学院教授、多美尼克大学图书馆学与情报科学研究生院院长。曾兼任中美教育基金会理事长、美国华人图书馆员协会会长等，著有《中文参考用书指南》和《美国图书馆业务》等，发表文章、书评100多篇。

李致忠（1938—）
Li Zhizhong

中国国家图书馆版本目录专家、研究馆员。1965年毕业于北京大学中文系古典文献专业。同年供职于国家图书馆。曾任国家图书馆善本特藏部主任、业务处处长、研究院院长、中华再造善本工程主任之职，并兼任中国人民政治协商会议全国委员会委员。长期从事古籍整理、版本考订、目录编制、书史研究和业务管理工作，先后发表论文170多篇，出版《中国古代书籍史》、《历代刻书考述》、《中国古代书籍史话》、《古书版本学概论》、《宋版书叙录》、《古籍版本鉴定》、《典籍志》、《古代版印通论》、《古籍版本知识500问》和《肩朴集》等专著。

里昂市图书馆（法国）
Lyon Public Library/*bibliothèque municipale de Lyon*

位于法国里昂市，包括1所中心馆、15所分馆和3所汽车图书馆。馆藏图书200万册，每年接待读者约350万人次。馆藏地方文献极其丰富，其中关于罗纳省历史、文化以及社会发展的书籍1.4万多册，图片、摄影作品及明信片等4.3万多件。该馆同时是法国收藏中文文献最丰富的图书馆，主要得益于20世纪初里昂设立的中法学校吸引了大量中国留学生。1998年枫丹尚帝利教会图书馆搬迁时，又将一批中文藏书转到里昂图书馆。该馆中文部收集近6万册中文书刊，成为法国最丰富的汉学资料中心之一，也是法国市立图书馆内罕见的中文藏书。

里昂式装帧
lyonnaise style

16世纪末曾在法国里昂市流行的一种图书装帧形式，封面角上有大的菱形角饰。

里德·爱思维尔集团（英/荷）
Reed Elsevier Group Plc

创立于1993年1月1日，由英国里德公司（Reed Elsevier PLC）和荷兰爱思维尔公司（Reed Elsevier NV）合并而成。该集团是世界著名的专业出版商和信息提供商，在科学、法律、教育和商务信息方面以强大的优势立于出版界之最。该集团之目标是通过在科学、法律、教育和商业领域的不断努力，增强国际扩张力，确保向客户、科学家、律师和专业及商务人员提供信息服务。

《里利萨学报》（印度）
Rilisar Bulletin

印度阮冈纳赞学院编辑出版的一种图书馆学情报学应用研究方面的季刊。1983年1月在马德拉斯首次出版发行。主要刊载印度及其以外地区图书馆学情报学领域方面的应用研究和调研成果。该刊设有编者按语栏，文章类型包括预测性文章、书评、随笔和业内消息。

里奇兰县公共图书馆（美国）
Richland County Public Library

1924年成立，位于美国南卡罗莱纳州的首府哥伦比亚市，设有1所中心馆（其馆舍面积有2.2万平方米）、11所分馆和1所流动图书馆，为该市的居民提供服务，其馆藏图书和期刊合订本有120万册，激光唱片、磁带和其他音频资料共4.6万多件，数字视盘和家用录像机制式的视频材料共3.1万件。年到馆访问有190万人次，年图书流通量为370万册次。

里奇蒙-厄帕·克拉伦斯地区图书馆（澳大利亚）
Richmond-Upper Clarence Regional Library

位于澳大利亚新南威尔士州，为里奇蒙和厄帕·克拉伦斯地区的居民提供服务，辖区面积为9 824平方公里。该馆包括3所分馆和6个借阅点，其中卡西诺（Casino）图书馆为中心图书馆，该馆主要由里奇蒙议会、基格议会提供财政支持，同时州政府每年会有一定的财政补贴。

里书标
book label

一种比藏书签小的标记，贴在书的里面，表示书的拥有者。而在图书馆里则将其用来标注图书索取号或馆藏名称、地点等。书标有各种颜色，还可用来区别不同类型的图书，通常，图书馆员将印有入藏图书排架号的书标贴在该书的书脊或题名页上。

俚语
slang

一种不标准的词汇，主要由涵义极不正式、常不局限在某一个区域流通的词和意思所组成，如新造的词语，随意改变了的词，省略或缩写的形式，过分牵强和滑稽的修辞手段或新奇的言语。它们往往很快流行，也较快地不再使用。俚语表达受制于语言学的发展。大多数撰写严肃作品的作家仅在对话或进行非正式描写中运用俚语。在图书馆里也收藏俚语词典，在参考书架上陈列供查阅。

理查德·C·鲁道夫东亚图书馆（美国）
Richard C. Rudolph East Asian Library

L

成立于1948年，以当时的东方语言系主任的名字命名，是加利福尼亚大学洛杉矶分校图书馆的一所分馆。该馆为学校东亚教研项目采购、引进中文、日文和韩语资源，并为用户提供参考咨询服务。该馆馆藏总量约为57万册（件），其中包括中文图书30多万册、日文图书近19万册、韩文图书馆5万多册、缩微胶卷2万多份、多媒体光盘8 300多张以及其他非印刷类资源。该馆每年购买期刊3 000多种，并订购了40种中、日、韩文的电子数据库。该馆极具特色的馆藏类别有：中国考古学、宗教（特别是佛教）、民间传说、中国和日本的近代史、中日古典文学和中日美术作品。

理查德·罗杰斯·鲍克（1848—1933）
Richard Rogers Bowker

1848年9月4日出生于美国麻省塞勒姆，1868年毕业于纽约市立学院，1870年任《纽约邮报》（*New York Post*）文学版主编。1876年与弗雷德里克·莱波尔特（Frederick Leypoldt）和梅尔维尔·杜威（Melvil Dewey）一起创办了《图书馆杂志》（*Library Journal*）。同年，还帮助创建了美国图书馆协会，对提高美国图书馆专业标准起过重要作用；1879年，收购了莱波尔特于1873年创办的《出版商周刊》（*Publishers Weekly*）；1884年莱波尔特逝世后，鲍克掌管了经营杂志的主编权。1880年，前往英国并创办了英国版的《哈珀》（*Harper's Magazine*）杂志。鲍克对国际版权法的兴趣和他作为一名商人所获得的成功同样也是众所周知的。因为他曾担任过美国版权联盟执行主席，1911年，将商业与出版业务整合到鲍克公司，继续成为图书馆参考工具书和出版业主要的出版商。鲍克还是美国图书馆协会的终身会员，并担任理事20年，但他三次拒绝了担任该会理事长职位，因为他觉得自己不是图书馆员，所以，这个职务应该由一名图书馆馆长来担纲，直到他70大寿时，才同意出任美国图书馆协会荣誉理事长。尽管他最后双目失明，但晚年还是出版了论文集《生命的艺术》（*The Arts of Life*）和两卷诗集。

理论情报学
Theoretical Informatics

主要研究情报学基本理论，是情报学的重要分支，研究内容不同的专著有不同的重点，如情报现象、情报流和情报用户等，某些专著如“情报学概论”一类的专著主体上属于理论情报学。

理论图书馆学
Theoretical Library Science

图书馆学的基础学科，连接图书馆各分支学科以及图书馆学与其他学科的纽带。研究图书馆学的基本理论，包括图书馆学的对象、任务、内容和方法等一系列基本的环节。关于图书馆学概论、基础等一类的专著主体上属于理论图书馆学。

理论知识
theoretical knowledge

对一般经验、现象和事物等感性认识经过科学的综合与概括，形成对客观世界的系统认识，表现为知识系统。正确的理论（真理）是对客观世界本质和规律性的认识，形成的是科学的知识体系。

理事（委员、董事）会
board

指一群有突出才能的人，他们被选举或指定为理事，且负责某机构或协会政策和主要管理决策的监督工作，例如对图书馆或图书馆系统。

理想本
ideal copy

某版的图书第一次印刷后，目录提要编著者对其尽可能多地进行仔细检查，并挑选出最完美的一本，写出详细记述，以此与首次印刷以及之后印刷的图书进行比较，检查图书规格以及在出版发行上的差异。

力能
energy

又称“动能”。冒号分类法五种基本范畴之一，其他四种范畴是：特性（personality）、物质（matter）、空间（space）和时间（time）。

历表、历日对照表
Calendrical Concordance

以一定的时间间隔列出的天体位置表。

历年
calendar year

指1月1日开始到12月31日结束的一个年的时间周期。

历史地图集
historical atlas

记录在一定时期内地理区域的变化或某一现象发展变化的地图集，是反映各个历史时期的地域、政区、政治、战争、地理环境、文化和经济发展概况的工具书。如复旦大学谭其骧教授主编的8巨册《中国历史地图集》，以历史文献资料为主要依据，上起原始社会，下迄清末，包括20个图组、304幅地图和约7万个地名，全部采用古今对照。其内容完备、考订精慎、绘制准确赢得了国内外学术界的高度评价。

历史剧
chronicle play

本质特征应该是对其历史真实性的反映和追求。历史剧允许一定程度的虚构，但是这种虚构并不能违背历史事实。历史剧的娱乐功能主要是建立在历史史实基础上的，并通过其艺术魅力来感染人，以深刻的思想性来教育人。历史剧应该尊重历史，也必须尊重历史。

《历史文摘》（美国）
***Historical Abstracts*（*HA*）**

由美国ABC-CLIO公司出版的著名英文历史学文献文摘检索刊物。1955年创刊，每年出一卷，实际上是一种“世界近现代史文摘”。目前收录除美国、加拿大以外世界各国50多种文字出版的主要历史刊物2 100多种，包括文集、年鉴、会报、会议录和杂集中的期刊文章和学位论文的引文和文摘。所收文献内容包括政治史、外交史、战争史和军事史、经济史、文化史、宗教和教会史、科学与技术发展史。自17卷起，每卷分A、B两册，A册是近代史文摘（1450—1914），B册是20世纪文摘（1914—2000）。文摘多由专家学者摘出并署名，按国家编排，另有主题索引、作者索引。美国、加拿大历史的文献未收录在内，而是编入另一种文摘季刊《美国：历史与生活》（*America*：*History and Life*）。ABC-CLIO公司还在网上提供完整的数据库，每年更新3次，约增加数据2万条。

历史小说
historical fiction

叙述体小说形式，描写特定的历史时期或历史上的真实事件。无论主人公是虚构的或是真正存在的，他们的感受、语言和行为都经过作者的重新构架，在某种程度上，也可以说由作者想象的。从历史作品中的对话中通常可以找出历史事件被小说化的痕迹。

历史学会
historical society

非营利组织，致力于保护国家具有历史意义的遗迹或地区、地方、公共机构、人种、行为或物品等。历史学会的良性运转经常可以向公众展示历史文物，维护档案馆或图书馆的正常使用，也可以出版图书或有关的资料。

历书
almanac

最初由非洲摩尔人传到西班牙的一种工具书，用以列举一年中的月、日、星期以及节日假期、纪念日和天文现象等信息。中国的历书已有1 000多年的历史，古时称“通书”或“时宪书”，又称“皇书”或“皇历”。现代历书则包括了实用日期、事件说明和追溯统计等年度概要，并常设计表格形式便于比较使用。历书可以为农业、航海业等多个领域提供服务。

历元
Epoch

指代测定天体位置或轨道方位的任意时间点（确切日期）。在记录天文舆图内容时，如果测定时间与昼夜平分点（equinox）年份不同时，需记录确切日期。属“资源描述与检索”（RDA）的内容描述元素之一。

立法参考服务
Legislative Reference Service

图书馆情报单位所提供的一种参考咨询服务。大都是指由议会图书馆尤其是国会图书馆所提供的各种参考咨询服务。根据国际图联的分类，议会图书馆属于研究性图书馆。其所提供的参考资咨询服务，除了因为立法参考服务的项目较一般图书馆的参考服务更加多元化之外，更由于立法参考服务的影响范围往往是全域性的，立法参考服务所涉及的资源也是全社会的。因此，立法参考服务很自然地会受到图书馆情报界各种进步因素的带动而飞跃发展。中国国家图书馆立法参考服务是为中央和国家领导机关立法与决策提供文献信息支持、保障的工作，开展已有60多年的历史。

立法程序记录
legislative history

法案变成法律的过程中所需的操作步骤，包括产生最初草案的事件，委员会听证、游说的努力、议员辩论、折衷方案、最终表决、法令法规和任何随后的历史记录，例如总统的否决或法庭查验。

立方书位
cu book

指每本书在书架上所占的空间，用来测量图书馆藏书量的计算单位，在假定每个书架空出10%长度的情况下，相当于一个标准书架藏书量的百分之一，其大小可以放一本平均高度和厚度的书。一般3英尺（0.91米）宽、7.5英尺（2.29米）高的七层书架可容100个立方书位。

立人乡村图书馆
China rural Library

民间教育公益组织，成立于2007年9月，总部设在北京。其工作方式是：在中国选择一些县级地区，在当地各界的努力和配合下，逐步建立覆盖全县的公益图书馆网络，并以此为基础开展系列教育、文化活动，从而实现拓宽本地文化视野，更新本地精神生活的长期追求。

立式文件
vertical file

指图书馆收集的零散剪报、图片、插图、小册子或其他有效期较短的资料，供快速查考之用。此类资料通常按主题或分类系统归入不同的文件夹中。由于尺寸和形式不一，一般竖放在抽屉或盒子中。

立陶宛马蒂纳斯·马齐达斯国立图书馆
Martynas Mažvydas National Library of Lithuania/ *Lietuvos nacionalinè Martyno Mažvydo biblioteka*

原为立陶宛中央图书馆，1919年在首都维尔纽斯（*Vilnius*）成立。几经更名后以16世纪第一位立陶宛图书作者马蒂纳斯·马齐达斯命名，1989年该馆才正式被冠以“国家”字样。1936年正式颁布缴送法，成为缴送本库并一直起着国家图书馆的作用。根据1991的法案，该馆除了是国家缴送本书库还兼作议会图书馆，承担研究与公共图书馆双重职能。该馆收藏有15—18世纪的拉丁文、俄文和其他外文珍本书，17—19世纪立陶宛作家手稿和音乐文献以及地方志等。馆藏总计670万册（件），书刊合订本495万册，手稿7.4件，缩微胶卷8.1万卷，地图1.2万幅，乐谱11.5万件，视听资料8.3万件。可提供立陶宛文、英文的因特网和在线公共目录查询服务。该馆是国际图联机构会员。

立体
Stereographic

资源描述中，指存储成对的静态图像、设计供立体眼镜类设备使用以产生三维效果的媒体。属“资源描述与检索”（RDA）定义的8种媒体类型（media type）之一。

立体布景，透视图
diorama

博物馆将各种尺寸的实物或人物模型置于布景前，这些布景以透视的方法画在平面或曲面上，造成更有纵深感的效果。陈列的模型可小于实物，也可与实物同样大小。有的透视图能够独立操纵。有时还可以加入声音以增强真实感。小型布景有时可以移动。

立体插图
pop-up book

主要用于儿童图书，但也用于某些成年人或更加严肃的教育材料。尤其指一种面向儿童的卡通图书，当打开书本时，夹在书页中的三维刻纸插图就会跳出来，而当翻页或合上书本时，插图又会重新折叠起来夹入书页之间。

立体电视
stereoscopie televison

又称为三维电视（3D-TV）。与现行电视的主要区别是，现行电视只传送一个平面的信息，而立体电视传送的是物体的浓度信息。因为现行电视摄像机只有一个镜头，所以只能代替人的一只眼睛摄取图像信息。而人们在观看物体时用两只眼睛同时摄取一个物体的图像，两只眼睛摄取的图像有一定视差。不同深度的物体在左右两眼中形成图像的视差不同，大脑可根据这种视差的区别反映出特体的深度和距离。立体摄像机具有两个镜头和两个摄像器件，用来代替人的两只眼睛摄取图像。两个镜头之间的距离及其光轴之间的夹角和距离必须模仿人的两个眼球动作，随着拍摄物体的距离变化不断进行调整，以使拍摄的两个图像的视差与人眼直接观看的视差相同。

立体画法
stereography

在平面上描绘立体图形的艺术、方法或技术，是描述有规则形状的各种物体作图法的立体几何学的一个分支。

立体图，地形图
relief map

一种地形地图，使用标准的图像技术，如直线、轮廓线、状线、明暗法或颜色的浓淡来展示地球表面某一地区的立视图。立体地图能形象地反映出原地貌的模拟情况。

立体照片
stereograph

一张由两个重叠的影像组成的照片，当用立视镜观看时就会呈现出三维立体图像。在《英美编目条例（第二版）》(*AACR*2）中，立体照片作为图像资料进行编目。

利物浦市立图书馆（英国）
Liverpool City Libraries

于1860年成立，坐落于利物浦世界遗产之一的威廉·布朗街。1879年在馆内开辟了皮克顿(Picton）图书馆，模仿大英博物馆的圆形大厅建造了一个直径长100英尺、高56英尺的阅览室；1906年霍恩比（Hornby）图书馆竣工，成为了中心图书馆又一组成部分，整个图书馆再现了爱德华盛世期的繁荣奢华。橡树阅览室（The Oak Room）于1914年建造完毕，作为皮克顿图书馆内的善本图书馆，收藏有4 000多件馆藏，其中镇馆之宝当数被誉为世界最伟大的自然史书——约翰·詹姆斯·奥杜邦的《美洲鸟类》。该作品分为四卷，共435幅实物大小的全彩雕版图。其中一卷作为常设展品展示于皮克顿图书馆。除此之外，中心图书馆还收藏有精美的中古时期手稿、早期印刷书、精致的装订本、漂亮的儿童图书和私家出版社出版的精美出版物。近些年来，该馆也邀请了许多杰出的艺术家们为馆藏装帧跨刀，使利物浦这一“欧洲文化首都”更为名副其实。除了中心图书馆外，该馆还有数十家社区图书馆和一个流动图书馆，为读者提供良好的环境与优质的服务（可提供送书上门服务）。2010年3月，该馆开设“上海之窗”。

利用资源教学点
point-of-use instruction

由资深图书馆员或专家向读者提供的如何利用图书馆资源和检索工具的一种介绍或帮助，这种介绍可以是口头的，也可以是在线的或书面的，如咨询台、触摸屏和资料自助取阅点等。

例如
（拉）*exempli gratia*

举例用语，放在所举的例子前面，表示下面就是例子。*exempli gratia* 的缩写为：*e. g.* 。

（例行）程序
routine

按适当顺序排列、能使计算机执行某种任务的一组指令，即供程序调用的指令序列。具有一定的通用性，调用比较频繁。

隶书
official script

中国汉字字体，由秦代的篆体演变而成。汉朝的隶书笔画比较简单，是当时的通行字体。隶书是晋代以后楷书的基础。

连环画
picture storybook

按照故事情节连续排列的许多幅画，每页插图下配有简短文字叙述的小尺寸图书。

连环漫画册
comic book（comic strip）

通常为彩色印刷的小册子，包含一个或多个具有故事情节的图画系列。书中的人物对白或独白通常被放在气球形的圆圈内。漫画书是在报纸连环漫画的基础上演变来的，可根据其风格分为冒险类、幻想类、传奇类、严肃类和科幻类等多种类型。许多对流行文化进行特定收藏的图书馆大都购买漫画书，也出现了不少漫画书的私人收藏家。

连接
join

关系数据库中，在保留原有信息的情况下，将两个或多个具有公共栏的数据库按一定逻辑关系建立关联的操作。

连接时间
connect time

指远方的终端机用户与分时系统接通的时间总量。是上机与离机之间的度量时间。一些网络服务公司把连接时间的长短作为收费的衡量标准。

连史纸
Lian Shi Paper

又称“连四纸”、“连泗纸”。原产福建、江西等省。是一种用毛笔书写和印刷古籍的纸。采用嫩竹作为原料，碱法蒸煮，漂白制浆等 72 道工艺。该纸质料细腻，洁白匀净，防虫耐热，着墨鲜明。所印刷的书，清晰明目，用于书写作画，着墨即晕。清乾隆之后凡贵重书籍、碑帖、契文、书画和扇面多采用这种纸。

连锁书店
bookstore chain

现代图书销售业的一种组织形式和经营管理体制。借助这种形式和体制，同一所有者的图书经营资本通过企业内部扩张，或不同所有者的图书经营者通过外部横向联合，组成图书经营联系体制，在职能科学分工的基础上，按照企业形象标准化、经营活动专业化、管理活动规范化和管理手段现代化的要求，对成功的单店进行复制，有效地扩大经营规模，实现规模效益。

连续出版物
serial

任何类型的连续出版物都编有连续的编号，定期或非定期地出版，并且将无限制地出版下去。连续出版物包括期刊（报纸、时事通讯、杂志）和以上这些出版物相对应的电子期刊，同时还包括非期刊（年报、年鉴、学报、会议录、论文集及单独编目的专题论文丛刊）。国际标准连续出版物编号（ISSN）是国际公认的用来识别连续出版物的代号；而连续出版物的关键题名是国际连续出版物数据系统（ISDS）指定给连续出版物的唯一名称。

连续出版物的合作转换
Cooperative ONline of SERials (CONSER)

20 世纪 70 年代初，由美国和加拿大的一些图书馆发起的、旨在将连续出版物的手工编目转换成机读目录形式的一项合作计划，当时名为 CONSER（CONversion of SERials）计划。现在，该计划的目标已转向建立高质量的连续出版物机读目录并加以保持，制定连续出版物的有关标准等方面。其名称也于 1986 年改为 CONSER（Cooperative ONline SERials）Program。该计划的成员包括美国和加拿大的国家图书馆、部分其他类型的图书馆或图书馆组织、一些专门提供订刊服务或编目服务的机构等。先以明尼苏达连续出版物数据库的联合目录作为资料源输入 OCLC 的计算机系统，每个参加机构都负责按字母表中指定的字头向数据库输入连续出版物的编目记录。之后，由美国国会图书馆和加拿大国家图书馆对每一记录加以鉴定和处理，使其达到质量标准，再通过机读目录发行处将其分发出去供用户使用。1997 年 10 月，该计划加入了“联合编目计划”（Program for Cooperative Cataloging），成为其中的一个组成部分。

《连续出版物指南》（美国）
The Serials Directory

一种出版物目录，创办于 1986 年，收录全球 10 800 个出版社的各种不定期出版物共计 12 万种，是收录最全面的一种连续出版物目录，著录事项详尽。由 EBSCO 公司出版。

连续性出版物索引
serial index

为连续出版物编制的索引，通常为作者索引或题名索引，刊载在该年最后一期的末尾。也有些杂志不提供年度索引。

连续性资源
continuing resource

一种无限期延续出版的书目资源，包括连续出版物（Serial）和集成性资源（Integrating Resource）。连续出版物是一种由各自分立的部分组成，刊载有编号（年月、卷册或数字），没有预定结束日期的出版物，包括报刊杂志、年鉴（或年刊、指南）、系列报告（或系列会议录）、科学进展、团体会刊以及有编号的专著丛编等。集成性资源则是一种通过增补或更新方式来改变文献部分内容，与文献结合为一个整体，而且不保留分离部分的书目资源，集成性资源拥有限期和无限期两种，包括更新的活页出版物和网站。

连续音节标记法
ramisyllabic notation

用连续发音音节作标记符号的一种标记方法。

连续有效订单
continuation order (standing order)

图书馆与代理商或出版商签订的一个订单，由代理商或出版商长期提供某种或多种连续出版物的后续卷期等，而不用事先考虑价格。经常采用这种方式购买年鉴，例如：参考工具书和经常修订以及再版的专著。对这类文献需要建立和维护专门的订购记录。

连页
bolt

一本未切或未裁开的书内每一单页在上、下或前边都有折叠的边，各自被称为上连页、下连页、前连页和后连页，这些书边是不能翻阅的。

连载版权
serial rights

根据一些国家的版权法规定，作者或出版商利用附属权力控制作品在报刊杂志上分期发表出版的权利。连载版权拥有者有权出卖或转让这种版权。

连珍（1914—2010）
Lian Zhen

1922 年参加革命，1942 年中山大学毕业，留校任教。1958 年起任中大图书馆副馆长、馆长，直到 1988 年离休。在离任前的最后八年中，兼任过图书馆学大专班、专修科主任以及图书馆学系筹备组组长等职。长期担任中山大学图书馆馆长期间，历任中国图书馆学会第一、二届理事，广东省图书馆学会第二、三届副会长兼秘书长、第四届会长，广东省中心图书馆委员会第二、三届副主任，广东省高等学校图书馆工作委员会第一、二届副主任等职。

连字符
hyphen

印刷业中的一种规则，作为标点符号使用。也用于连接一个英文复合名词，如 Jean-Pierre，或合成词，如 dog-eared，或是在一行英文手写或印刷文本的结尾处拆分一个较长的单词，以使排版时每行保持相同的长度。

联邦存储图书馆计划（美国）
Federal Depository Library Program (FDLP)

由美国国会制定，作为 1895 年颁发的《印刷法》的一部分，以确保美国公众有机会了解联邦政府信息。该计划免费为指定的美国存储图书馆提供联邦政府文档的副本，并同意免费为用户自由访问提供专业帮助。大约有 1 350 所存储图书馆，但有些图书馆收藏的出版物不全。该计划还投资建立了对政府信息的免费在线公共访问。1972 年成立的存储图书馆协会（DLC）就关于该计划的文件公共打印和管理政策问题提出建议。

联邦和军队图书馆圆桌会议（美国）
Federal and Armed Forces Libraries Round Table (FAFLRT)

美国图书馆协会的一个圆桌会议，共有近 500 个会员。该会议致力于促进美国联邦政府/军队团体的图书馆和信息服务的图书馆专业的发展，鼓励合理利用联邦和军队图书馆以及信息设施和资源，促进研究和开发有关联邦和军队图书馆的规划、发展及运作。该会议每 3 个月出版一期《联邦和军队图书馆》(*Federal and Armed Forces Libraries*) 和《联邦图书馆员》(*The Federal Librarians*)。

联邦检索
federated search

也可称作“整合检索”或“跨库检索”，其原理是联邦检索工具（比如 MetaLib）与各个数据库相链接，当用户在联邦检索的界面输入关键词并进行检索时，联邦检索工具会把这一请求发送给与其链接的各个数据库并在数据库内部进行实时的检索。然后各个数据库将在本库内检索到的结果分批返回给联邦检索工具，联邦检索工具再将各个库返回来的结果做排序、整合、去重等一系列工作，最后将检索结果呈现给用户。联邦检索满足了用户同时检索多个数据库的需求，方便了用户的信息获取，在一定程度上提高了数据库的利用率。但也不可避免的存在一些这种工具本身无法克服的困难。

联邦数据库
federated database

一个彼此协作却又互相独立的单元数据库的集

L

合。将单元数据库系统按不同程度进行集合，对该系统整体提供控制和协同操作的软件。其特点是一个单元数据库系统在继续本地操作的同时可以参加联邦系统的活动。

联邦图书馆和信息中心委员会（美国）
Federal Library and Information Center Committee (FLICC)

1965 年创立，原名为联邦图书馆委员会。该委员会由 4 所国家图书馆（国会图书馆、国家医学图书馆、国家教育图书馆和国家农业图书馆）的馆长、总统顾问团代表和主要图书馆计划的联邦机构组成，由国会图书馆馆长任主席。该委员会的任务是通过专业发展、公开和协调，加强对联邦图书馆和信息中心资源设施的利用。与此同时，该委员会也负责向联邦机构提供有关图书馆和信息资源政策、计划和规程的建议，负责为联邦图书馆与信息网络（FEDLINK）、联邦图书馆和信息中心的采购、训练和资源共享组织提供帮助和指导。

L

联邦图书馆（美国）
Federal Library

由美国联邦政府管理的图书馆，通常收藏与授权托管相关领域的政府文件。最大的有国会图书馆、国家医学图书馆、国家教育图书馆和国家农业图书馆。国会图书馆的联邦图书馆和信息中心委员会（FLICC）自 1965 年以来为联邦图书馆建立了联邦图书馆与信息网络（FEDLINK），联邦图书馆员在美国图书馆协会的联邦和军队图书馆圆桌会议（FAFLRT）中开展活动。

联邦图书馆员协会（美国）
Federal Librarians Association

成立于 1972 年，通过会议与出版物为会员提供交流渠道，成立辅导专业组织，增强图书馆专业的作用与发展。联邦一级的图书馆在职与退休人员均可成为该协会会员。

联合编目条例
joint code

由来自不同地区或国家所制订的文献著录规则，统一规定著录的有关原则、内容、格式以及标目选取的问题，从而使采用这一编目条例的文献收藏单位对不同文种、不同载体和不同类型文献的著录具有一致性，并趋于标准化，进而为书目信息交流和文献资源的共享创造条件。如著名的《英美编目条例》(*AACR*) 就是由英、美两国的图书馆协会等组织制订的联合编目条例。

联合参考咨询
collaborative reference

由两个或更多所图书馆团队联合提供虚拟参考咨询的服务，改变原单一咨询台的虚拟参考咨询模式为基于小组、集团或联盟的运作模式，各成员间采用分布式多咨询台的合作咨询服务模式。整个系统由系统管理员或主管咨询员进行管理和调度，有的也预先设定一些算法，由系统自动完成咨询作业的调度。

联合参考咨询与文献传递网
Unite Collaborate Digital Reference Service (UCDRS)

中国文化信息资源共享工程的一个子项目，融合实时和非实时的交互技术为一体，通过异构跨库检索平台与参考咨询平台实现无缝链接，咨询人员与读者都可以使用该系统进行网上数据库检索、索取原文，这是一个具有实际的联合参考服务能力的可持续发展的分布式联合虚拟参考咨询服务平台。

联合藏书目录
union finding list

由若干所图书馆按一定的主题或专题排列的所有藏书的完整目录，通常以资源共享为目的而编制，与联合目录的含义不同。联合藏书目录通常是印刷版，有些已被转换成在线数据库。

联合出版
co-publishing

当国内市场不足以保证获得满意的利润时，为获得更大的经济效益，一个版本通常由不同国家的两个或多个出版商同时出版。在通常情况下，一部作品由首家出版商所在的国家出版后，提供给另一个国家的出版商出版，并在题名页注明第二个出版商（或者同时注明两家）。后续的印刷可以是单独进行或者合作进行。在期刊出版中，每个国家可以分别出版或者在两个国家同时销售一个双语版本。

联合出版（集团）有限公司
Sino United Publishing (Holdings) Ltd

于 1988 年 9 月在中国香港正式成立，总部设在香港北角。主要业务包括出版、发行、零售与印刷。子公司与附属机构遍布港澳地区、中国内地、新加坡、马来西亚、日本、美国、加拿大、英国、法国和澳大利亚等。属下机构有：香港三联书店、香港中华书局、香港商务印书馆、万里机构、新雅文化事业公司、集古齋及中华商务联合印刷（香港）有限公司。近年来该公司着重发展网上业务和电子出版。

联合出版物
joint publication

在事先协商、意见达成一致的情况下，由两个不同的出版商同时出版同一著作的不同版本，通常的情况是由一家大学出版社出版精装本，而数月后则由一家商业出版社出版简装本。

联合大学国鼎图书馆
Kwoh Ting Library of National Untied University

位于中国台湾苗栗市，建于 1986 年。馆藏总量达 30 万册（件），包括中西日文图书 18 万余册，中西文纸本期刊 500 多种，全文电子期刊 1.1 万多种，电子图书 1 万多册以及视听多媒体资料 7 000 多件。该馆设读者服务、技术服务、系统资讯、视听服务组及校史馆五组，馆内设有多媒体服务区、网络检索区、阅览室、期刊室、参考书室、讨论室及中西文书库等，为全校师生提供参考咨询服务。

联合国出版物
United Nations Publications

指由联合国及其专门机构提供已发行的、即将发行的或不发行的出版物。这些出版物以联合国 6 种官方语言：英语、西班牙语、汉语、俄语、法语及阿拉伯语出版，由受联合国及其常设机构管辖的几个城市出版。这些出版物主要涉及官方记录、政治学及国际事务、经济及国际商业、国际法和法律事务、妇女研究及可持续发展、人口及都市研究和参考等范畴。

联合国大学图书馆（日本）
United Nations University Library

该馆宗旨是为协助和加强大学的各项活动提供可靠的高质量的信息服务。注重为研究生提供支持服务，同时为日本和全世界的普通大众提供服务。该馆收藏的资料与联合国大学的如下主题有关：多边化和联合国系统；和平、安全、人权；经济和社会变化与发展；环境和可持续发展、科学和技术在发展中的应用。

联合国教科文组织代价（优待）券
UNESCO coupon

一种国际货币流通形式，国际性的代价券，票面有 1、3、10、30、100、1 000 美元等多种，主要用于购买图书、期刊和科技资料，同时用以教育、科学和文化方面的外汇支付。

《联合国教科文组织公共图书馆宣言（1972）》
***UNESCO Public Library Manifesto*, 1972**

首次于 1949 年发布。为纪念国际图书年，于 1972 年在匈牙利首都布达佩斯举行的第 38 届国际图联大会上进行修订。修订后的宣言考虑到过去近 25 年内图书馆事业发生的变化与进展，增加了有关图书馆协作、为老弱病残者服务等内容。共分“联合国教科文组织与公共图书馆”、“资源与服务”、“儿童的使用”、“学生的使用”、“老弱病残的读者”和“社区的图书馆”6 个部分。

《联合国教科文组织公共图书馆宣言（1994）》
***UNESCO Public Library Manifesto*, 1994**

由国际图联公共图书馆组主持起草，新的公共图书馆宣言于 1994 年 10 月 29 日在法国巴黎举行的信息管理会议上获准通过。该宣言宣告，联合国教科文组织坚信公共图书馆是传播教育、文化和信息的一支有生力量，是促使人们寻找和平和精神幸福的基本资源。联合国教科文组织因此建议各国和各地政府支持并积极参与公共图书馆的建设。宣言内容分“公共图书馆”、“公共图书馆的使命”、“拨款、立法和网络”、“运作与管理”和“宣言的贯彻和落实”部分。

《联合国教科文组织叙词表》
UNESCO Thesaurus

一部以社会科学为主的分类、主题一体化叙词表，由英国女情报学家 J. 艾奇逊（Jean Aitchison）主编，联合国教科文组织出版社于 1977 年出版。该叙词表分上、下两卷，收词约 8 500 个，是专为联合国教科文组织计算机文献处理系统设计的，可以用于标引和检索该系统处理的各种文献，也可供入藏联合国教科文组织文献或收藏范围相近的信息机构使用。该叙词表由分类叙词表、字顺叙词表、轮排索引和族系表四部分组成。分类叙词表是一个详细的分面分类表，基本大类涉及各学科领域，但重点在文化、教育、科学、通讯及图书馆学情报学档案学方面。该叙词表出版后被译成法文和西班牙文，在许多国家产生较大影响。

联合国教育、科学和文化组织

United Nations Educational, Scientific and Cultural Organization (UNESCO)

1945年11月16日在伦敦通过《联合国教育、科学及文化组织法》，1946年11月4日在巴黎宣告正式成立，简称“教科文组织”，总部设在巴黎。该组织旨在促进各民族之间教育科学和文化之间的合作，以推进对于正义法制以及人权与基本自由的普遍尊重。主要任务是通过各种大众传媒促进世界人民之间的相互了解，推动教育的普及和文化的传播，继承、增加和传播知识等。该组织最高机构为全体大会，每两年召开一次。该组织有195个成员国。主要刊物有：《教科文组织信使》(月刊)，中、英、法、西、阿、俄等27种文本；《教育展望》季刊，中、英、西、俄等文本；《国际教育杂志》英、法文本；季刊《世界遗产》(*World Heritage*)；1948年创刊、以阿拉伯文、英文、法文、俄文和西班牙文同时出版发行的《国际博物馆》(*MUSEUM International*) 等。

《联合国年鉴》

Yearbook of the United Nations

由联合国新闻出版部 (Department of Public Information) 编写，是比较著名的专科年鉴，记录每届联合国的活动。内容大致分为两部分：联合国自身的主要活动，如政治和安全问题、法律问题、行政和预算问题等；与联合国有关的国际组织活动。附录收有联合国名录、联合国宪章和国际法规、联合国组织机构、联合国主要机构讨论的问题、出席联大及各委员会的代表、联合国驻各国的新闻处等。卷末附有联合国成员名册，包括入会年月、联合国宪章及国际法庭法规、联合国组织机构、主要机构当年会议议程和世界各地联合国新闻部通讯地址，还有主题索引和人名索引等。

联合国书目信息系统

United Nations Bibliographic Information System (UNBIS)

专供用户检索联合国出版的文件以及联合国纽约总部图书馆和日内瓦图书馆的非联合国出版物。数据始于1979年，也有少量早于1979年。虽然出版物以各种语言出版，但是该数据库以英文录入。该系统主要包括：书目文档、发言索引文档和表决记录。联合国书目信息系统文档包括该系统叙词表以及其他内部支持文档，如人名规范文档、联合国文件序列号文档。与此同时，也以UNBIS Plus光盘的形式出版。

《联合国书目信息系统叙词表》

UNBIS Thesaurus

创始于1981年。该叙词表的第四版是网络版，首次包含联合国所有正式语文：阿拉伯文、中文、英文、法文、俄文和西班牙文。是由联合国新闻部下属的达格·哈马舍尔德图书馆（Dag Hammarskj ld Library）编制，包括对联合国文件进行主题分析时使用的术语以及与联合国各方案和活动有关的其他文件中出现的术语。是联合国书目信息系统（UNBIS）的规范主题词，并在联合国正式文件系统（ODS）中用做主题词词汇表。该叙词表涉及多个学科领域，反映了联合国系统各组织对国际社会的广泛关心。其中所收的术语旨在能够准确、清晰、简洁并具高专指度地反映当今联合国的重要事务和兴趣所在。该词表还在不断地增加和更新。根据需要产生的新叙词应反映联合国所关心的各种事务；新叙词先被试用，再经过讨论和评估，最终被正式采用并被翻译成六种正式语文。

《联合国条约集》

***U. N. Treaty Series* (*UNTS*)**

1947年开始出版（1946/1947年卷）。已出版2 200多卷。共收条约2万多个，除收载条约原文外，还有英、法文本。由于条约数量激增，达到所谓的“混乱状态”，成为“错综复杂的难题”。又由于该条约集要在条约登记和生效后出版，不但时差大（为7~9年），而且每年出版的卷数也增至60卷左右。为此，第28届联合国大会通过决议，使条约的出版计算机化，但仍难以使《联合国条约集》新颖及时。另外，也不能说明所收录的条约是否修正或废止，缔约国是否增加或减少。《联合国条约集》另有主题索引和各种专题条约集。

《联合国统计年鉴》

United Nations Statistical Yearbook

一部最权威的国际性统计资料工具书，从1949年开始，由联合国经济和社会事务部（Department of Economic and Social Affairs）出版，英法文对照。该年鉴是当前编制水平最高的综合性国际统计资料，广为世界各国引用。其内容包括280个国家和地区的人口、工矿业、农业、制造业、财政、贸易、社会和文教等各方面的情况，按类分成28章。

书中所涉及的统计数字一般回溯几年甚至几十年，每项统计还都注明了资料来源。年鉴中的资料过去分中央计划经济国家、发达和发展中市场经济国家、欧共体和欧洲自由贸易联盟几个类型。多数统计表按洲、地区和国别排列，不再细分到比国家单位更小的地区。该年鉴自第31卷（1979/1980年）起，用照相排版代替传统的手工排版。该年鉴自第38版起发行CD-ROM版。2011年11月修订出版的第54版可以在网上浏览阅读。

联合国托存图书馆系统
United Nations Depository Library Systems

1946年以来，联合国总部图书馆达格·哈马舍尔德图书馆（Dag Hammarskjold Library）通过托存图书馆系统向世界各地的读者分发联合国的文件和出版物。目前在146个国家共有408所联合国托存图书馆。联合国会员国及非会员国均有权建立一个免费托存图书馆，一般由国家图书馆担任。其他的托存图书馆每年为收到的联合国资料缴付象征性的费用，通常发达国家每所托存图书馆缴付1.4万美元，而发展中国家则只需300美元左右。中国共有21个联合国托存图书馆。

联合国文件
United Nations Documents

联合国文件具有文件编号（document symbol），是提交联合国某个主要机构或附属机构审议的文本，通常只是工作文件，为联合国各机构大会讨论或机构本身工作而用。有些文件如果不属机密范畴，而且有很多的读者感兴趣，后来可以正式成为出版物。文件通常包括：报告、备忘录、会议记录、大会决议、调查报告和往来信件等。文件编号由数字和英文字母组成，编号第一部分通常反映该文件的联合国主要机构，例如：A/－大会，S/－安全理事会，E/－经社理事会等。

联合国文件托存图书馆
United Nations Document Depository

联合国托存图书馆建立于1946年。托存，顾名思义，即委托存贮。所谓的联合国托存图书馆，是指联合国图书馆，即达格·哈马舍尔德图书馆（Dag Hammarsjold Library，DHL）通过分布在各国的托存图书馆成员馆向世界各地分发联合国的有关重要文件和普通出版物，该图书馆及其各成员图书馆共同构成了联合国托存图书馆系统。

联合国政府出版物
United Nations publication

通常泛指联合国及其下属专门机构的出版物。联合国的前身国际联盟自1926年起就拥有自己的出版物。

联合举办
joint sponsorship

指作为共同发起人参与某一活动、项目运作或召开大型重要会议的机构或团体。

联合利用图书馆
joint use libraries（dual use libraries）

一种满足社区里所有人需求的图书馆的整合模式，这种模式的关键之处是交流和规划。这种整合模式有三种不同的形式：最底层面的整合，基本上是由两个保持其个体及服务的图书馆简单托管组成，那种渴望得到名誉或传统认同的大型的、固定下来的图书馆主要选择这种整合方式；选择层面的整合能够采取不同的形式，最常见的方式就是不同的图书馆之间进行优势整合；而完全整合方式则在联合使用图书馆工作中最具创新性，这意味着公共图书馆与高校图书馆为了一个统一的目标对其早期的任务进行修订而形成图书馆联合，这种形式相对较少。

联合目录
union catalog（joint catalog）

指包括两所或两所以上图书馆收藏文献记录的目录。每条款目均注有收藏图书馆的名称，用代码表示，对每一条款目的描述要尽量简化。联合目录通常根据作者或标题按照字母顺序排列。联合目录可以是综合性的，也可以是某一学科或专题的，还可以是某一特定载体类型的；根据反映馆藏图书馆的范围，又有国际、国家、地区和系统的联合目录之分。联合目录是开展馆际互借和文献补充的重要参考工具。《全国中文期刊联合目录，1833—1949》是重要的期刊联合目录，报道中国50所图书馆收藏的中文期刊，美国的《全国联合目录》（*National Union Catalog*）则是美国国会图书馆编辑出版的书本式联合目录。

联合权威档模式
union authority files（UAF）

由一个集中机构负责协调各个参与单位，共同建立一个实体“联合权威档”。此模式对于参与机构没有太多标准规范一致性的要求，采用开放系统模式，他们之间的关系比较松散，名称权威合作计划就是采取这一模式。

联合搜索
federated search

运用信息检索软件，通过单一的界面检索复杂多样的网络信息资源。20 世纪 90 年代的后半期开发了整合搜索引擎，但只能检索公开的网站。然而，21 世纪通过统一的标准如 Z39.50，新一代的联合搜索引擎可搜索本地和远程图书馆目录、索引数据库和全文数据库。一些联合搜索系统提供排名结果分类关联或其他标准的检索，但是目前由于缺乏统一的认证标准，使得联合搜索还不能覆盖所有的数据库。

联合图像专家组标准
Joint Photographic Experts Group（JPEG）

由 ISO/CCITT 提出的一种图像压缩标准，于 1992 年最后确定。这种标准使用了离散余弦变换方法，能实现各种比例的有损压缩。它能用 100∶1 乃至更高的比率将静止图像压缩成数字化格式。数据压缩的完成是通过将图像分为小的像素块，并将其不停地二等分下去，直到得到所希望的比率。压缩比每增加一次，数据都会产生丢失。联合图像专家组标准既可用软件实现，也可用硬件实现。

联合信息系统委员会（英国）
Joint Information Systems Committee（JISC）

成立于 1993 年 4 月 1 日，英国非政府的公共机构。旨在为中学后教育、高等教育的研究，提供信息和通讯技术的学习、教学、研究和管理，由英国中学后教育与高等教育基金会提供经费支持。

联合学术网（英国）
Joint Academic Network（JANET）

一项英国科研网络服务。建立于 1984 年的全英国通讯系统，主要是将学术机构如大学的用户连接起来，主要方式是采用电子邮件和其他系统，现已为 Super JANET 所取代。

联合研究报告
joint research report

指两个或两个以上的研究机构或团体就某一合作研究课题或项目按计划进程在完成阶段性研究或结束整个研究项目后，双方同意以共同的名义所发布的有关该课题研究的进展情况或相关研究结论的报告。

联合在线资源目录
Cooperative Online Resource Catalog（CORC）

便于利用电子资源的一个基于 Web 的元数据系统。联合在线资源目（CORC）供一个电子资源书目数据的目录、一个标准文档、一个路径查询数据库和一个称为杜威网络版（WebDewey）的“杜威十进制分类法”（Dewey Decimal Classification）增强版。基于 OCLC 的技术，CORC 工具包可以支持书目记录的自动创建、标准控制、统一资源名（URL）维护和主题词确定和路径查询等功能。

《联合早报》（新加坡）
Lianhe Zaobao

目前在新加坡地区销量最大的华文日报，1983 年 3 月 16 日，新加坡历史悠久的两大华文日报：《南洋商报》与《星洲日报》合并后，共同创办了《南洋、星洲联合早报》，简称《联合早报》，该报属于新加坡报业控股华文报集团，该报的读者除新加坡华人外，还在东南亚、中国内地、香港和台湾地区等地拥有订户。该报的办报方针是：“维护国家利益，提供迅速、客观、确实的新闻信息，并在多元种族的社会架构上，保持与发扬华人传统文化和价值观。”1995 年，《联合早报》开始上网。早报电子版跨越了地理的障碍，克服了海外发行的困难，通过因特网将《联合早报》的内容迅速传送到全球各角落，受到世界各地华文读者的欢迎。

联机编目
online cataloging

一种应用计算机技术、现代通讯技术和多媒体技术开展的远程信息处理及资源共享活动，使不同地点或地区的图书馆之间联合起来，以减少重复劳动，共同分担日常任务的编目工作方式。OCLC 的联机合作编目服务是编目工作最为成功的典范。全球各馆在 Connexion 编目系统编目时，利用全球联机联合目录数据库 WorldCat 中的全部或部分数据来完成自己的作业，同时向其上传提供各自馆藏信息，共同建造与维护这个联机联合目录数据库，为世界范围内馆际互借、文献传递打好基础。

L

联机测试
online testing

指在线系统中，用户程序运行的同时，对远程终端机或站点进行的测试。这种测试，一般对用户正常工作影响不大。

联机测验，在线考试
online testing

计算机辅助教学的一种方式。参加考试人员直接操作终端机，对计算机提出的问题，直接输入答案，计算机则根据答案进行评分。

联机公共检索目录
Online Public Access Catalog（OPAC）

图书馆藏书和其他资料的计算机目录。在大多数图书馆，在线公共检索目录终端或工作站最集中的地方是在参考服务台附近，以便读者向参考馆员寻求帮助。该目录具有报道及时和检索点、检索方法多样的优点。

联机计算机图书馆中心
Online Computer Library Center（OCLC）

全球最大的面向图书馆、非营利性质以及成员间合作关系的组织，其目的在于以推动更多的人检索世界范围内的信息，实现资源共享并减少信息的费用，主要提供以计算机为基础的联合编目、参考咨询、资源共享和保存服务。其使命为通过图书馆合作将人们的知识连接在一起。该中心在 1967 年成立时其名称为“俄亥俄学院图书馆中心”（Ohio College Library Center），1971 年，引进被世界各地图书馆广泛使用的在线图书馆编目共享系统，使图书馆编目成本大大降低。1981 年改为现名，并于 1992 年推出信息第一站（FirstSearch）服务，此后，发展迅速，深受图书馆界欢迎。1999 年 8 月，新版 FirstSearch 问世。在其 WorldCat 数据库中已拥有 480 多种语言、19 亿条书目记录，使用 OCLC 产品和服务的用户已达 171 个国家和地区 27 036 所图书馆。

联机计算机图书馆中心的馆际互借
OCLC Interlibrary Loan（ILL）

该项服务提供一些解决方案以节约服务成本，扩大图书馆的服务范围，因此，世界上许多图书馆、信息中心和文献提供单位都依赖 OCLC 开展地区性的和国际性的馆际互借服务。在线计算机图书馆中心的馆际互借是一个馆际互借的网络系统，它提供各种界面、馆际互借的国际标准以及各种选项和功能，所有这些可以让用户方便快速地实现资源共享。

联机计算机图书馆中心控制号
OCLC control number

当在在线计算机图书馆目录系统中创建新记录时，由系统自动生成的具有唯一性标识的书目控制号。该号码记录在 OCLC 系统中 MARC 记录的 001 字段。

联机检索
online retrieval

指在联网的计算机终端上通过网络按一定途径查询有关数据库信息的过程。

联机检索服务
online search service

利用终端设备（包括终端机、调制解调器和打印机），通过相应的通信线路或通讯网络直接与设在任何地方的检索中心的机读数据系统连接，通过输入提问、进行人机对话和修正检索策略，快速高效地检索出用户所需要的情报。

联机检索系统
online retrieval system

通过网络为联网计算机用户提供远距离检索服务的系统。通过该系统，用户可按不同的检索途径查询向其开放的数据库以获取所需要的文献或信息。

联机联合编目
online union cataloging

指若干个图书馆（或其他文献机构）通过联机合作编目，共同建立一个能够储存每一个成员馆馆藏信息的联机联合目录数据库。

联机联合目录
online union catalog

指一种由多所图书馆关于某一专题或学科藏书的机读格式的书目记录所组成的目录。该目录保存在一台专用的计算机或存储设备上，能通过终端或工作站与中央计算机的直接而连续的通信来提供不间断的交互存取，绝大多数的在线联合目录都能提供著者、题名、主题标目和关键词等检索途径，但这类目录所使用的软件目前都不具备通用性和标准性。

L

联机卖主
vendor

通过签订许可协议，以在线或光盘方式提供数据库存取服务的公司，如 EBSCO 公司、盖尔集团（Gale Group）等。有的公司数据库存取的服务费用是以检索词的多少来计算的，如 OCLC 的 First-Search 和 DIALOG。

联机目录
online catalog

也称在线公共检索目录（online public access catalog)。以机读形式存储书目信息，并通过终端或工作站直接提供不间断的交互存取，而且与中央主机的不间断的联系，目前各图书馆在线目录所使用的软件没有统一的标准。该目录具有方便、快捷、多途径检索的特点。

联机设备
online equipment

在中央处理器（CPU）直接控制下，随时可与之进行信息交换的外围设备。

联机时代华纳（美国）
AOL Time Warner Inc.

由美国在线和时代华纳这两家传媒巨头于 2001 年 1 月 11 日合并而成，是世界最大的传媒与信息公司，号称世界第七大公司。其业务包括交互式服务、电缆系统、电影娱乐业、电视网络、音乐和出版。主要由两大部分组成，一是传媒沟通部分；二是娱乐和网络部分。其名下的品牌包括原来时代华纳名下的《时代》周刊（*Time*）、有线新闻网（CNN)、华纳兄弟影业公司（Warner Bros.)、《人物》周刊（*People Weekly*）、家庭电影台（HBO)、《体育画刊》(*Sports Illustrated*)、卡通电视（Cartoon Network)、华纳音乐集团（Warner Music Group)、《财富》杂志（*Fortune*）、《娱乐周刊》(*Entertainment Weekly*) 以及原属于美国在线的有美国在线网站（AOL)、网景公司（Netscape)、ICQ 即时通（ICQ instant messaging)、网上虚拟社区数字城市（Digital City）及美国在线服务（Moviefone）等。

联机世界年鉴儿童版
World Almanac for Kids Online

2001 年 12 月首次由《世界年鉴儿童版》的编者创办，该网站成为与印刷版《世界年鉴儿童版》相匹配的重要网络资源，其内容与该书印刷版紧密相连，并增加了特色性的内容，以友好的用户界面和丰富多彩的内容版式深受广大儿童的喜爱。网站主页提供了三个版块的检索入口：一是探索（Explore)，包括动物、环境、历史性节日、国家、人口、宗教、宇宙、运动、总统和美国历史年表等内容；二是娱乐与游戏（Fun and Games)，包括一些小测验、知识竞赛和游戏等；三是内部信息（Insider Info.)，主要提供一些服务，如联系方式、向编者提问、相关链接和订阅等。每个版块内在左侧均列出所包含主题的索引，清晰易用。其内容也在随着每年印刷版的改版而不断更新，如 2005 年最新版又增设了“中小学生家庭作业辅导”等内容。该网络版作为印刷版的相配资源，集教育和娱乐为一体，为儿童们提供了一个了解周围世界、丰富知识、扩展视野的窗口，并获得一致认可。自从创办以来，网站每天点击率达到 4 000 次以上。

联机数据库
online database

数据和资源共享的方式结合在一起即成为今天广泛使用的联机数据库。以后台（远程）数据库为基础，加上一定的前台（本地计算机）程序，通过浏览器完成数据存储、查询等操作的系统。

联机数据库检索系统（美国）
EBSCOhost

由美国 EBSCO 出版公司于 1994 年推出，为其三大系统之一。收录近 3 000 种期刊，涵盖多种学术研究领域，包括通讯传播、文学、语言学、艺术、工程、商业管理、财政金融、生物医学、妇女研究、人文历史和法律等领域期刊的全文数据库及部分索引摘要数据库。主要有：学术资源数据库（Academic Search Premier)、美国人文索引数据库（American Humanities Index)、商业资源数据库（Business Source Premier）和通讯与大众传媒数据库（Communication & Mass Media Complete）等。

联机系统
online system

指一种数据处理系统，输入数据可直接从数据源输入计算机中去，而数据输出时可直接传送到要使用该数据的地方。

联机信息服务
online information service

指图书馆向读者提供的有关选择、使用电子资源如在线目录和书目数据库的服务，包括协调检索。无论身在何处，读者均可通过远程通信或网络来存取这些存储在远程计算机上的数据库。这类服务通常由在线服务图书馆员来提供。也指某些赢利公司向用户提供新闻、股市、物价及其他有偿信息服务。

联机信息检索系统
DIALOG

由美国洛克希德导弹与空间公司建立的第一个国际在线情报检索系统。1965 年设于加利福尼亚州的帕洛阿尔托市（Palo Alto），原属该公司的情报科学研究所，1981 年独立。1972 年该系统开始提供美国政府数据库：NYIS 和 ERIC。1985 年，发展到 233 个数据库，包括《科学文摘》、《工程索引》、《金属文摘》和《化学文摘》等文献，分为 278 个文档。数据库范围涉及所有科学技术领域，采用 40 多种语言，拥有 6 万余种期刊，还有专著、学位论文、会议文献、科技报告、政府报告、专利、标准、厂商名录和统计数据等文献。该系统还提供公众服务性数据库，如广告索引数据库、美国大学生求职及美国企事业机构索引数据库等。其服务方式有回溯性检索、定题检索和全文复制委托。该检索系统通过卫星与 70 多个国家和地区 200 多个城市的 2 万多台终端联系，为他们提供信息检索服务。目前已接入因特网。该检索系统现由美国汤姆森公司运作。为 2 000 万个用户提供在法律、税收、会计、财政、高等教育、参考咨询、合作培训和科研与健康等方面提供增值信息和软件工具。

联机信息交换
ONline Information eXchange（ONIX）

一种通行世界的书刊出版信息系列标准，有图书、连续出版物和许可条款等标准。以表达可扩展标记语言（XML），支持实体或数字出版物的创建、发行及许可各方间的计算机数据交换。出版物信息可依此经电子方式，由出版者传送至数据集成者、批发商、零售商及出版物销售中其他各方。

联机，在线
online

指与因特网或内部网相连，又指计算机辅助设备直接与中央处理器（CPU）实时连接并在其控制之下。在图书馆范围内，有时在使用上与自动化的、计算机处理的和电子的概念同义。

联机主题检索
online subject access

通过网络，读者在计算机终端上利用分类号、主题或关键词查询网上相关数据库以获取所需文章或信息的一种检索方式。

联机资源
online resource

通过软硬件连接到通信网进行访问的数字资源。

联络（馆员）
liaison

也可称学科馆员。在大学图书馆中，图书馆员常常被分派到一两个系科，作为相应系科的教员与图书馆之间的联络人、中介人。其职责包括书目介绍、藏书建设（参考和电子资源）、最新通报和教员培训。大多数联络馆员在其服务的学科中都具有学术背景或至少某种程度的专业知识。

联系信息
contact information

与资源中包含组织有关的信息。对于出版资源，联系信息一般为资源出版发行者的名称、地址等；对于档案资源，联系信息一般为拥有该资源的档案库的名称、地址等。

联线操作，联机处理
online processing

指与中央处理器（CPU）或中央控制设备相连的终端、外存储器或其他辅助设备在中央处理器的直接控制下进行的数据处理，也指直接与实时通信控制系统或主程序相连并在其控制下的数据处理。在线处理无须人工干预。

联线服务，联机服务
online services

图书馆为用户提供的有关电子资源选择和存取的公共服务。这些资源如在线目录和书目数据库，包括通常由在线服务图书馆员处理的协调查询。所提供的功能包括用户分时共享计算机的处理能力，存取存储的信息文件，使用现成软件包和外围输出设备等。

联线辅导
online tutorial

指一种电子格式的辅导工具，通常可通过因特网获得。其设计意图为通过逐步的方式，有时是交互的方式，来教授读者如何利用特定的资源，如在线目录或书目数据库，或者是研究某一特定学科和主题所需的全部服务和资源。对参加远程教育的学生特别有帮助，因为他们或许不能到图书馆接受书目辅导。在线辅导经常是模块化设计的，在每一部分的结尾都有一个自测栏目，以便让读者评估自己对内容的掌握程度。

《联线格罗里尔多媒体百科全书》（美国）
Grolier Multimedia Encyclopedia

集成了多种印刷版和电子版数据库，为学生的研究服务。这个在线站点包括 8 个数据库，《在线格罗里尔多媒体百科全书》是其中最基本和最有名的三个百科全书之一。该数据库为中学生提供了对《格罗里尔多媒体百科全书》的快速的跨媒体的检索，也为与学生共同使用该数据库的老师和图书馆员的活动提供了方便。可以输入关键词查找或者按主题浏览，检索结果包括多媒体资料。该在线百科全书的 4 万篇文献都由专家撰写，保证了资料的权威性。多媒体库的7 500余幅照片和插图（附 190 个标注）都是可以打印的，百科全书的词条会链接到 2.4 万种最相关的和适合中学生阅读的期刊。数据库更新速度较快，每周更新 5 篇主要的在线服务小文章，并有小测验式的问题和指向百科全书词条和相关站点的链接。为便于初涉研究者使用，还提供了 150 篇关于课程主题、研究建议和词汇的介绍。

《联线》（美国）
Online

1977 年创刊，初为季刊，1982 年后成双月刊。由美国今日信息公司编辑出版。是研究在线检索服务和在线信息技术的学术性重要刊物。该刊的文章由信息专业人员撰写，主要刊载有关论文、信息检索技术革新新闻、产品评论、实例研究以及关于选择使用、管理电子信息产品的建议。还有在线数据库系统及 CD-ROM 专业信息等。

联线书店
online bookstore

使用电子手段，通常是通过因特网来进行买卖图书和相关产品的商店。在线书商可能有零售市场，也可能通过不对公众开放的仓储方式来进行专卖的运作，如全球网上最大的亚马逊书店（Amazon. com）和最大的中文网上书店当当网（dangdang. com）。

廉价版，重印版
reprint edition

指在一种书刊的标准本或流行本基础上再出版的廉价版本，廉价版的出版通常要与原出版社达成某种协议之后才可以推出。

廉价处理书
job lot

出版社向图书批发商按低于书目报价的价格提供的图书或其他出版物，通常是为了清仓或抛售某一特定的出版物。

廉价惊险小说
penny dreadful（penny blood）

描写神秘事物、犯罪或冒险行为、内容恐怖怪诞、情节引人入胜的廉价平装本小说，特别指维多利亚时代后期英国流行的原价为一便士一本的这类小说。

廉价书记号
remainder mark

出版商在所出版图书的底脚空白处做的一种记号。通常使用印章、永久性记号笔或喷漆标记，表示该书可以廉价出售，使之区别于按价目表出售或正常打折的图书。

廉价书装订本
remainder binding

指出版社出售的不加装订的剩页次品本。

廉价小说
dime novel

以冒险、浪漫和动作描写吸引读者，并以廉价纸皮本出版的文学体裁，是一种情节离奇平装本冒险小说，盛行于美国 1860 年至第一次世界大战期间，主要在报摊出售，约 10 ~ 25 美分一本。纽约贝德尔（Beadle）和阿德姆（Adams）出版社以《戴恩小说文库》（*The Dime Novel Library*）的形式，出版了数万种廉价小说，从此廉价小说以该词命名。20 世纪初消失。廉价小说对通俗文化的影响成为文化史家的研究范畴。

廉价纸皮书
mass-market paperback

特价平装书的别称，成批处理的廉价书。在国外，这些书不按正规的销售途径，而是在报摊、超级市场和连锁商店里销售。这些书的尺寸为 4 英寸×7 英寸，用质量较差的纸张印刷，用热融化粘贴剂进行装订，定价低廉。以此为业的书店称廉价书店。

脸谱网站
Facebook

全球最大的社交网站之一，由马克·伊里奥特·扎克伯格（Mark Elliot Zuckerberg）等人于 2004 年 2 月创办成立。网站最初功能定位仅限定于哈佛大学生校内交友之用。据有关方面统计该网站拥有超过 8 亿活跃用户。网站推行免费注册，用户通过注册，可以创建个人专页，添加其他用户作为朋友并交换信息，包括自动更新及实时通知对方。

链接
link

在电子计算机程序的各模块之间传递参数和控制命令，并把它们组成一个可执行的整体的过程。链接也称超级链接，是指从一个网页指向一个目标的连接关系，所指向的目标可以是另一个网页，也可以是相同网页上的不同位置，还可以是图片、电子邮件地址、文件、甚至是应用程序。

《链接分析：信息科学的研究方法》（英国）
Link Analysis: An Information Science Approach

《现代信息科学译丛》之一。作为英国信息科学专家迈克·塞沃尔（Mike Thelwall）教授的最新著作，从情报学的视角系统阐述了链接分析的理论、方法与应用。从结构上看，该书逻辑严谨，条分缕析；从内容上看，该书资料翔实，通过大量的方法、工具、技术介绍及案例分析，向读者展示了整个链接分析分析研究的全貌；从表达上看，该书文字深入浅出，用较简洁的语言捕述了较复杂的理论与技术。孙建军、张煦和李江翻译，由东南大学出版社于 2009 年 1 月出版。

链接解析器
link resolver

可以实现对开放链接（OpenURL）所包含元数据的分析，依据第三方（图书馆或者用户）配置的链接对象参数，动态生成实用合理的链接地址。

链接器
linker

指一个程序，将一个或多个由编译器或汇编器生成的目标文件外加库链接为一个可执行文件。大多数现代操作系统都提供静态链接和动态链接两种形式。

链接校验
link checking

检查网页中的链接是否正常运作的校验过程。已开发出自动校验链接的软件，没有常规的校验和更新，统一资源定位器会发生变化，会使网站里的死链接常常越积越多。

链路，链接
link

一种在超文本文献的因特网网址（URL）和其他文献网址之间的直接链接，一般为嵌入文本中的一个单词或短语，或者以一种符号、图标或其他图表元素形式出现，通过点击鼠标或其他一些指向标记能被激活。文本链接在计算机显示屏上一般以下划线或蓝色形式表示。如果点击后不能将读者指向需要链接的内容，即为链路中断。因网址改变和网址消亡而致链路中断的倾向被称之为链路失败，这种情形可以通过常规的链路检查而减少发生。

梁启超（1873—1929）
Liang Qichao

中国近代资产阶级改良派的著名政治活动家、思想家、文学家和目录学家。他的后半生与图书馆事业结下了不解之缘。1916 年，梁启超上书大总统黎元洪，促使 1923 年松坡图书馆成立，为此，梁启超作《松坡图书馆记》及《松坡图书馆劝捐启》，号召社会各界关心该馆藏书建设及资金筹备，短短时间内，松坡图书馆已经办得颇有起色。1925 年 5 月，中华图书馆协会在北京成立，梁启超出席并在会上作《演说辞》，论述“建设中国图书馆学”和“养成管理图书馆人才”的重要性，提出了中华图书馆协会的具体任务。在这次会议上，梁启超被选为董事长。1925—1927 年兼任国立京师图书馆（馆址在方家胡同）馆长和北京图书馆（馆址在北海庆霄楼）馆长。梁启超为中国图书馆事业做了大量实际工作，其中重点还在于“建设中国图书馆学”和“养成管理图书馆人才”两件事项上。在争取图书馆办公和购书经费方面，更让梁启超费尽精力。将自己 10 余年来在永年保险公司所买保险单向北京通易信托公司押款，用以支撑经费周转，半年之间，共垫出 9 750 元。1929 年 1 月病逝于北京协和医院。按照他的遗嘱，后人梁思成、梁思永和梁思忠等人将天津梁启超饮冰室所藏书籍，共2 831 种约41 474 册，包括新书 109 种 145 册，日文书 433 册，石刻碑帖 500 多种 1 400 多件以及一批墨迹、未刊稿及私人信札都捐献给国立北平图书馆。新中国成立之后，梁氏亲属又将他的手稿全部捐献给北京图书馆。主要著述有《西学书目表》、《西书提要》、《东籍月旦》、《国学入门书要目及其读法》、《要籍解题及其读法》、《佛家经录在中国目录学之位置》等。

梁思庄（1908—1986）
Liang Sizhuang

中国图书馆学家，研究馆员。1930 年获加拿大麦基尔大学文学学士学位。次年，获美国哥伦比亚大学图书馆学学士学位。1931 年回国，历任北平图书馆编纂委员、燕京大学图书馆西文编目工作组组长、主任，成都燕京大学图书馆主任和北京大学图书馆副馆长。从事图书馆工作整整 50 年，业务经验丰富，精通英、法、德和俄等语言，对于各种西文的工具书和其他书刊资料十分熟悉；擅长西文图书的分类编目，奠定了燕京大学图书馆和北京大学图书馆西文图书编目的基础，并且在目录学领域有独创。1979 年在中国图书馆学会成立大会上，被选为第一届副理事长，自第二届理事会起，被聘为名誉理事。1980 年以古稀高龄和北京图书馆副馆长丁志刚一起代表中国图书馆学界，参加在菲律宾马尼拉举办的第 46 届国际图联大会会议，为中国图书馆学会恢复在国际图联的合法地位作了很大的努力。出版论著数部（篇）。

梁战平（1943—）
Liang Zhanping

中国科学技术信息研究所研究员、博士生导师。1966 年毕业于浙江大学化学系高分子专业，毕业后进入中国科学院物理研究所，从事低温超导计算机方面的研究。1970 年 5 月调至中国科学技术信息研究所，1980—1989 年被派往中国驻澳大利亚大使馆做科技交流与合作工作。回国后长期从事信息分析研究工作，先后任中国科学技术信息研究所所长、国家科技图书文献中心理事会理事、国家工程技术图书馆馆长、北京大学信息管理系兼职教授、中国科学技术情报学会常务副理事长、中国软科学研究会常务理事、副秘书长、中国管理科学学会常务理事、副秘书长、中国信息经济学会副理事长、全国文献信息标准化委员会主任、国务院学位委员会图书、情报、档案评审组成员、全国科学技术名词审定委员会委员。国际文献信息联合会副主席和亚太地区委员会主席、国际标准化组织文献信息委员会顾问、东方术语论坛主任委员和联合国教科文组织综合情报计划理事会副主席。出版论著数十部，发表论文 50 多篇。

（两本书）合装一个封面的
dos-a-dos

用于描述两本书背对背装订、共享后封面、前封面、与另一书的书脊对齐、使其可以对开的术语，这是 17 世纪流行的装订方式。当时主要用于装订单卷本、《诗篇》(*Psalter*) 和《新约全书》(*New Testament*) 以及附有圣经诗歌的祈祷书。

两年出版的，双年刊
biennial

每两年出版一次的出版方式，隔年出版一次的连续出版物。

两用阅读复印机
reader-printer

一种既能阅读缩微胶卷或缩微胶片，又能将其内容直接进行复制的机器，即附有复印装置的缩微胶卷阅读机，在阅读时，可以把需要的页面放大复印下来。

亮斑
shiner

因纸张表面残留有某些矿物质，书刊印张上出现的发亮斑痕、缺陷。

亮光油墨
gloss ink

含有高比例光油的印刷用油墨，即使干了之后仍有很好的光泽，不易透过纸张，常用来印刷、陈列图书文献。

量化管理
quantitative management

又称管理的数量统计法是指以数字为基础，用数学的方法来考察和研究事物的运动状态和性能，对关键的决策点及操作流程，以求对事物存在和发展的规模、程度等做出精确的数字描述和科学控制，实行标准化操作的管理模式。是一种基于系统管理和项目管理的组织问题解决方案，量化管理源起于美国，改革开放后被引入中国。

量具，量度单位
measure

计量用的刻度尺、比例尺、卷尺、杆和器皿等工具。

晾干的纸
loft-dried

把手工制造的纸张挂在干燥通风的房间里，以便慢慢地晾干纸张。

辽宁省图书馆
Liaoning Provincial Library

中国省级综合性公共图书馆。前身是东北图书馆，1947 年筹建，1948 年开馆，1955 年更为现名。现馆舍于 1997 年建成，建筑面积 3.3 万平方米。藏书 500 万册（件），其中，56 万册古籍藏书中有善本约 12 万册，宋元版书近百部。还收藏东北地方文献和有关满族、清代以及伪满时期的文献资料为其特色收藏，与辽宁省图书馆学会合作编辑出版《图书馆学刊》（双月刊）。

辽宁省图书馆学会
Library Society for Liaoning Province

成立于 1979 年 3 月 16 日，辽宁省科学技术协会和辽宁省社科联合会的组成部分。该学会成立以来，组织各种学术会议、讲座、报告会和培训班等活动 500 多次，参加人员达 10 万人次。从 1981 年起，与吉林、黑龙江两省学会联合举办 10 多次学术研讨会，参加会议近 2 000 人次。该学会拥有会员 2 400 多人，团体会员 78 个。曾编辑出版《图书情报业务丛书》和《图书情报业务译丛》并与辽宁省图书馆联合编辑出版双月刊《图书馆学刊》（*Journal of Library Science*）。

辽宁师范大学管理学院信息管理系
Department of Information Management，Management School，Liaoning Normal University

成立于 1985 年，原名为图书情报学系，1993 年更改为现名，1994 年开始函授本科教育。该系先后成立了图书资料室、学生专业实习室和计算机检索实验室，促进了教学质量的提高。先后增设了经济信息专业与公共事业管理专业，并由单一专业开始向多学科综合方向发展。该系注重学科建设和发展，重视科研工作，建立了现代图书馆学情报学研究所，陆续完成省级科研项目、编写专著和发表论文。该系可授予图书馆学、情报学和档案学专业硕士学位。

聊天室
chat room

一个在因特网上通过文本、语言、视频等信息实时聊天的地方。随着因特网技术的发展，聊天室的形式也发生了很大变化。从最早 UNIX 机上的 TACK，到 Web 方式的聊天室，甚至有了专门用于聊天的软件和服务器。如 IRC，但人们最常用的还是基于浏览器的聊天室。

聊天咨询服务
chat reference

一种参考咨询服务方式，属于实时参考咨询（real-time reference）服务的一种。通过利用计算机和同步交流软件，应用一定的技术形成一个虚拟的聊天空间，在这个虚拟空间里用户和咨询馆员之间可以实现咨询解答过程虚拟的面对面（屏幕对屏幕）交流，并可实现文本、图像、语音和视屏等多载体资料的及时传输。

廖莹中（？—1275）
Liao Yingzhong

字群玉，号药州，南宋末福建邵武人。热衷于刻书、藏书之业。家建有“悦生堂”为藏书之所，又建“世彩堂”专门用以刻书。其刻书甚多，有《左传节》、《诸史要略》、《九经》、《三礼节》等。曾雇工翻刻《淳化阁帖》、《绛帖》，皆逼真。著有《世彩堂集》。

列
column

指缩微平片或缩微卡片上影像的纵向排列。

列表标题
heading on a list

数据库返回的符合检索条件的书目记录列表的第一行，通常显示的是搜索策略和命中的结果数量。根据检索的具体情况，可能包含数据库名称、索引标签、标题短语、关键词、数字派生搜索、限定符标签以及符合的记录等信息。

列表，列清单
listing

作为一个程序或操作的附属产品的打印表，或专指由语言翻译程序准备的一种输出，将源语言语

L

句和程序的内容列成表。

列传

Grouped Biographies (Collected Biographies)

中国纪传体史书的体裁之一。司马迁撰《史记》时首创，为以后历代纪传体史书所沿用。一般用以记述帝皇以外的人物事迹（凡侯王而能世袭的，《史记》原列入“世家”，后代的纪传体史书则取消“世家”一类，统称为“列传”）。也有记载少数民族和其他国家历史的，前者如《明史》中的《四川土司列传》，后者如《明史》的《外国·日本列传》。简而言之，是各方面代表人物的传记，是记载历史上重要人物的一种题材。

列举式标引语言

Enumerative Indexing Language

先组式标引语言的一种。指在编制词汇表时一一列出表达不同概念的标引词，并事先对需要组配使用的标引词予以组配，如果增补新词，就需要重新制表。

L

列举式分类法

Enumerative Classification

即“等级列举式分类法”，又称“体系分类法”、“谱系分类法”和“枚举分类法”，图书分类法的一种类型，要求详尽无遗地列出所有的类目；这种分类法以传统的学科体系为依据，强调按知识的系统性去组织文献，便于读者按学科、专业系统检索文献，也便于图书馆按学科系统组织藏书。缺点是类目缺乏专指性、容纳性和广泛的适应性。这种类型有《中国图书馆分类法》、《杜威十进分类法》和《美国国会图书馆分类法》等。

列举式书目

Enumerative Bibliography

又称“描述性书目”。对文献内容进行的简要说明，并按一定体系排列的文献目录。读者可通过目录了解文献，决定取舍。国家书目、个人书目和专题书目等都属于列举式书目。

列举原则

enumerative principle

图书分类表的一种编制原则。即尽量列出所有具体类目并为每个类目配备特定的类号。

列宁格勒国立音乐学院图书馆（俄）

Leningrad N. A. Rimsky-Korsakov State Conservatory Library

1862年创立，全名为列宁格勒N. A. 里姆斯基-科萨科夫国立音乐学院图书馆。拥有音乐藏书6万余册，17—20世纪作曲家总谱30万种15.5万册（件），其中包括罕见的古版出版物、珍贵的乐谱手稿。还有1万多张唱片及大量录音磁带。

列支敦士登国家图书馆

Liechtenstein National Library/*Liechtensteinische Landesbibliothek*

根据公共图书馆法规定于1965年10月5日设立。作为小国的国家图书馆具有三重含义，既是国家图书馆，又是科学图书馆，也是公共图书馆。作为国家图书馆，尽量收集和保存列支敦士登的文献，并最大限度地提供使用。法定保存缴送本的地位使境内出版商呈缴每本出版物，这就构成了该馆的基本馆藏。每年通过刊行《列支敦士登书目》，使国家文献得到充分利用。拥有馆藏图书30万册（件），现刊450种。该馆为国际图联机构会员。

猎书者

book hunter

指在二手货市场上专门从事搜寻特别古老的旧图书或价格较昂贵（鉴定）图书的人。

裂开

sprung

指在给书籍重新装订或粘贴的过程中，书的主体部分从封皮上脱落。这种情况下需要修补新的衬页。

邻接权

Neighbouring Rights/Copyright-related Rights

亦称作品传播者权，是邻接权人通过传播他人的作品而产生的专有权利。指作品的传播者在传播作品的过程中，对其付出的创造性劳动成果依法享有特定的专有权利的统称。邻接权是与著作权有关的权利，包括出版者的权利、表演者的权利、录音录像制作者的权利以及电台、电视台的权利等。

邻接权人

Owner of the Neighboring Rights

中国现行著作权法规定的邻接权人包括出版者、表演者、录音录像制作者和电台、电视台4种类型。

邻近词

proximity

检索某些书目数据库时，规定一个语句内特定检索词的相邻词之间关系的方式；布尔检索表达式中使用的限定算符，限定一个语句内各检索词之间相邻的关系。

林呈潢（1951—）

Lin Chenghuang（Cheng-huang Lin）

1975年毕业于淡江大学教育资料科学系，获学士学位，1983年毕业于文化大学史学研究所，获硕士学位，2003年毕业于台湾大学图书资讯学系，获博士学位。历任淡江大学图书馆组员、荣民总医院图书馆组员、中央图书馆六等干事、中央图书馆采访组编辑兼股长、政治大学图书馆阅览组主任、政治大学系统信息组组长和政治大学图书馆馆长。曾在淡江大学教育资料科学系、台湾大学图书信息学系、辅仁大学图书信息学系、世新大学图书信息学系和台湾师范大学兼任讲师、助理教授，讲授中文参考资料、西文参考资料、大学图书馆、社会科学文献、图书馆资讯系统、读者服务、图书馆管理以及图书资讯机构管理等科目。研究领域：国家资讯政策、图书馆管理、图书馆读者服务和馆藏发展管理。

林登·贝恩斯·约翰逊总统图书馆与博物馆（美国）

Lyndon Baines Johnson Presidential Library and Museum

坐落在美国南部奥斯汀市的得克萨斯大学校内。1971年5月开放。图书馆面积5.7万平方米，楼高8层，其中5层为图书馆，另外3层为博物馆。约翰逊图书馆拥有4 400万件历史文献，1 000件谈话录音资料。有约翰逊任国会议长（1937—1949年）、参议员（1949—1961年）、副总统（1961—1963年）和总统（1963—1969年）期间的全部文献。该馆收藏最有价值的东西是一部《圣经》，那就是当年肯尼迪总统遇刺后，约翰逊宣誓就职时的那部《圣经》，他曾把手放在该书上面长达120余分钟。该馆规定，研究者若造访图书馆须事先向馆内管理人员提交研究题目及预约来馆时间，以便管理人员作出准确的安排。只要不妨碍他人，允许研究者自带电脑和打字机。室内还配有缩微胶卷阅读机。为方便读者，图书馆设立了文献副本外借服务，凡整理出来的文献一律对外开放。但依照美国联邦政府条例和捐赠人的要求，保护个人隐私权和国家机密的文献不予公开。研究者到馆研究必须注意这方面的规定。

林祖藻（1941—）

Lin Zuzao

浙江图书馆研究馆员。1965年毕业于厦门大学英国语言文学系，1983年毕业于美国南伊利诺伊大学教育学院教育媒体系，获硕士学位。历任浙江图书馆副馆长、正处级调研员。兼任国际图联善本与手稿专业组常务委员、中国社会科学情报学会常务理事、浙江省社会科学信息学会副理事长、常务理事、学术委员会主任、浙江省图书馆学会常务理事、政协浙江省第七、八、九届委员、文史委员会委员和中国民主同盟浙江委员会第七、八届常务委员。发表著作多部、论文数十篇，并多次获奖。

（临时分期连载的）作品

provisional serial

通常由于出版周期太长或发行编号复杂，一些作品在出版过程中被当作连续性出版物，而全部出版完成后又被当作非连续性出版物。

临时复制

temporary copy

世界知识产权组织条约（WCT）和世界知识产权组织表演和录音制品条约（WPPT）两个条约都包含了一个内容一样的议定声明（而非条约的正式条款），对有关临时复制的问题做出非条约义务性的规定。按照议定声明的规定，伯尔尼公约所规定的复制权及其所允许的例外，完全适用于数字环境，尤其是以数字形式使用作品的情况。不言而喻，在电子媒体中以数字形式存储受保护的作品，构成复制。然而，网络环境下在电子媒体中以数字形式短暂的或临时存储受保护的作品，即“临时复制”是否属于权利人复制权控制的范围，条约没有做出明确的规定。

临时缺货

temporarily out of stock（TOS）

在图书出版商给售书商的报告中，说明某书现在缺货，则说明出版商的库存目前已经告磬，但是很快会有新的图书补充进来。

临时术语

provisional term

通常在为某些发展领域中出现的新概念标引时，临时加在标引语言中的描述语或主题标目用语，有待于将来进行评价。

临时停印
temporarily out of print (TOP)

在图书出版商的订单上，如果注有“临时脱销”，则说明图书订单暂时无法执行，但下一次印刷已经开始或准备开始，可以满足订单需求。

临时性新书目录卡
new book card

暂编的新书目录卡，供图书馆工作人员和读者临时使用，并临时归档。一旦永久性的（正式的）目录卡片印制以后，即行更换。

临时用的文件，档案
temporary records

仅仅是为了在较短期内使用，临时创建的文件。这些临时文件不具备档案保存价值，一旦没有可使用的价值，即可进行销毁，并且不会对个人或组织带来损失。

L

鳞状装饰，叠盖式书饰
imbrication

鳞状体是指具有规则安排的或具有叠盖边缘的物体，如瓦片或鱼鳞等。在书籍艺术中，鳞状装饰是指一种由某些图案或式样组成，意在达到层叠效果的装饰风格，这种装饰风格常用于书籍的封面和书页以及建筑物的屋顶和招牌等处。

麟台故事
Lintai Story

记载中国北宋政府藏书制度的著作。由南宋初年程俱撰写。程俱北宋时在政府的修史与藏书机构崇文院曾任《国朝会要》编修检阅官、著作佐郎等职。根据自己过去在任职时的所见所闻和当时所存在的文献资料，编撰《麟台故事》5 卷，分为 12 篇（官联、选任、书籍、校雠、修纂、国史、沿革、省舍、储藏、职掌、恩荣和禄廪）。全面系统地叙述了北宋秘书省三馆和秘阁的历史沿革、职能、官员的设置、任用、升迁和日常活动情况。该书是追述北宋秘书省的故实，也反映了作者对国家藏书事业作用的认识。该书对于完整了解北宋政府中央文献机构的状况具有重要价值。

灵活标记法
flexible notation

指可以加入新的类目标记而会不牵动全局的分类标记法。

凌刻本
Ling Family Imprints

明朝万历年间凌濛初及其家人所刻印的图书。凌濛初为代表的凌家为江南刻书名家，技艺精湛，有双色、多色套印，与湖州闵家齐名于世。刻书重于各种体裁的文学作品，有《孟浩然诗集》、《孟东野集》、《西厢记》、《琵琶记》、《红拂记》、《虬髯客传》和《东坡书传》等，多达 20 余种。

凌濛初（1580—1644）
Lin Mengchu

字玄房，号初成，一字遐厈，亦名凌波，别号即空观主人，浙江乌程（今浙江湖州吴兴织里镇晟舍）人，明代文学家、小说家和雕版印书家。以凌濛初为代表的凌家为江南刻书名家，技艺精湛，刻书偏重各种体裁的文学作品，如《西厢记》、《东坡书传》、《琵琶记》、《孟浩然诗集》、《红拂记》等。其一生著述极丰。影响最大的是他的拟活本小说集《拍案惊奇》初刻与二刻，即《初刻拍案惊奇》和《二刻拍案惊奇》各 40 卷，后人称为“二拍”。其刻印的戏曲小说每朱墨套印并有插图，字迹笔画工致，绘图人物神态秀逸。其著作有：《虬髯客传》、《吕氏春秋》、《古诗归》、《韩非子》、《唐诗归》等。

凌速姐妹（集团）公司
In Express-Sisters Group Limited

成立于 2001 年，总部设在中国香港北角。共拥有 9 所分公司，从事广告媒介销售代理，包括“宣扬易”电视广告套装，出版杂志及书籍有《姐妹》(*Sisters*)、《摩登家庭》(*Modern Home*) 等，并与地铁公司合作出版《去街 Guide》。凌速姐妹（集团）有限公司还筹办大型展览会，包括“香港漫画节”及“摩登家庭家居展”，专为客户提供广告设计及制作等。

菱形花饰
lozenge

菱形装饰或花纹贴于封面的一角上，以美化图书的装帧。

零本，散册
odd copy

指成套书或刊因各种原因不能凑齐的各册。

零次文献

gray literature

又称灰色文献。指未公开出版发行的或未进入正规文献交流系统的文献。如原始试验数据记录、手稿、工程草图、未正式公开的书信、笔记、日记以及内部文件等。这类文献大多未经加工，内容比较零散，不易被他人获取和利用；但具有内容新颖、资料可靠、原始信息量大的优点。

零基预算

zero-base budget（ZBB）

在编制预算时，不以先前的支出状况作为参考基准，而是逐项从零开始计算预算期内各项业务的预算支出数，零基预算指图书馆在编制预算时，应该以零为基准，对所有的业务作详尽的考查和分析，这样可使有限的财力、人力资源作更有效的调配。

零散文件

oddment

指单独印刷的不够一帖张数的零头部分。

零售价格

retail price

图书非批量销售的价格，通常也是出版社对图书的实际定价。

零售价格指数

retail price index

不同时期或不同地区内有关零售价格差异程度的一种比数。

零售书店

retail bookstore

专门经营书刊零售业务的书店，也称“门市书店”。

零售书业

retail book trade

专门经营零售业务的图书贸易。

零星期次，零星本

odd issues

指非整套、整卷或整年的现刊或过刊。也指整套书中的零册、零本。

零增长理论

zero growth theory

即藏书发展稳定状态理论，这是1975年英国的阿金森（Akinsen）提出的。其中心思想是：图书馆不要无限制地增加图书的数量，应当在发展到一定规模时控制其增长速度，在入藏新书的同时相应地处理相当的旧书，从而使藏书的增长接近于零，使藏书发展保持相对平衡和稳定，故亦称“零增长理论”。该理论对馆藏的精选、剔除和资源共享起到了积极的推动作用。

领域，范围

domain

在标引中，所规定的范围或内容，从中可以收集在书目、索引或目录中的文献或条目。当范围限制在单一馆藏时，标引结果是图书馆目录。在标引和文摘服务中，通常指某个学术领域或一组相互关联的学术领域已出版的全部文献。在国家书目中，指全国所有出版物的总和。

令

ream

纸张计量单位之一。对一般的书写纸及手工制纸来说，一令为480张纸，或20刀（每刀24张）；对办公用纸或印刷用纸来说，500张纸为一令，或20刀（每刀25张）。近年来，欧洲造纸商已开始采用1 000张纸作为标准的计量单位。

令，令状

writ

首先指正式书写文件：自盎格鲁·撒克逊时代盖有英王印玺颁发的给予恩准，表示愿望和发布命令的教书。其次是指书面命令、令状：当局盖上君主、法院或法官的印章发布的书面命令或令状，命令接受令状的人做还是不做令状中所提及的行为。在英美法治中最核心的、比大宪章还要历史悠久的特权令状是“人身保护令”（The Writ of Habeas Corpus）。*Habeas Corpus* 是拉丁文，意为“拥有（犯罪嫌疑犯的）身体”。在形式上，是法院向拘留机关发出的一种命令，要其将所拘留者带到法院，由法官审查拘留的理由是否充分。如果理由不充分，法官有权命令释放疑犯。“人身保护令”旨在保证公民的自由权，阻止政府的政策性过失，特别是不经过正常审判就拘留嫌疑犯。

刘承干（1881—1963）
Liu Chenggan

字翰怡，号贞一，浙江吴兴（今湖州）人，现代著名藏书家。喜好藏书，到处全力所藏购买藏之。所藏珍本，如宋刻《史记》、《汉书》、《后汉书》、《唐书》、《宋会要辑稿》、《永乐大典》残本和《明实录》抄本。1924年圈地20亩在南浔镇西南郊的小莲庄鹧鸪溪畔建成藏书楼："嘉业藏书楼"以存储其书。所藏至60万册。重金聘请知名学者缪荃孙、叶昌炽、王国维、董授经等考订校勘。所刻丛书，前后有《嘉业堂丛书》、《影宋四史》、《旧五代史注》、《吴兴丛书》和《求恕斋丛书》，皆人所著称。编有《善本藏书志》。1951年刘承干致信浙江图书馆："愿将藏书楼与四周并藏书、书版连同各项设备等悉以捐献与贵馆永久保存。"之后，嘉业藏书楼归属浙江图书馆管理。

刘国均（1899—1980）
Liu Guojun

中国图书馆学家，教授。1920年毕业于南京金陵大学哲学系，后留校在图书馆工作，1922年赴美国威斯康辛大学留学，1925年获哲学博士学位。历任金陵大学教授兼图书馆主任、北平图书馆编纂部主任、《图书馆学季刊》主编、金陵大学教授兼图书馆馆长、文学院院长、西北图书馆筹备主任和馆长、顾问、北京大学图书馆学系教授兼图书馆学教研室主任和北京大学图书馆学系主任，同时还兼任北京图书馆顾问、中国图书馆学会名誉理事、北京大学学术委员会委员和中国图书馆学会编译委员会顾问。刘国钧教授一生从事图书馆实践与研究，共发表论著、译著130余种，同时还致力于图书馆学教育，培育了大批图书馆学人才，在文献编目、文献分类学、图书馆学基础理论和书史研究等方面成绩卓著。

刘洪辉（1964—）
Liu Honghui

研究馆员，广东省立中山图书馆馆长。兼任中国图书馆学会第八届理事会常务理事、学术研究委员会委员、广东省图书馆学会副理事长、阅读指导委员会主任，广州市图书馆学会常务副理事长。先后任广州少儿图书馆馆长、广州图书馆馆长。研究方向为图书馆管理，数字图书馆服务，图书馆教育和阅读指导。主持及参与科研项目多项，出版发表专著、学术论文多部（篇）。

刘家真（1947—）
Liu Jiazhen

武汉大学信息管理学院、政治与行政管理学院博士生导师，教授，武汉大学电子政务研究所所长，国家精品课《电子文件管理》课程负责人，中国人民大学电子文件管理研究所研究员。出版专著多部，发表论文几十篇，并多次获省部级奖。主持科研项目：国家自然科学基金："我国电子公文文档一体化协同与管理策略研究"，社会委托项目："政府信息资源安全管理战略研究"、"中国电子政务中的政府CIO制度研究"和"企业信息化管理战略研究"，参加的国家重要项目："我国信息化政策环境研究"（国家"十一·五"信息化研究项目），国家科技攻关项目："中文新闻信息技术标准编制"。

刘锦山（1968—）
Liu Jinshan

武汉大学理学学士、北京大学哲学硕士以及武汉大学哲学博士。先后曾在中央党校、清华同方光盘股份有限公司、北京书生数字技术有限公司工作，分别担任教师、总经理助理和总经理等职务。现任北京雷速科技有限公司董事长。参与开发建设中国期刊网，主持创办了书生之家数字图书馆。2002年9月，创办了e线图情（http://www.chinalibs.net），2004年5月，创办了知识门户——方略知识管理系统（http://www.firstlight.cn）。研究方向：数字图书馆、虚拟参考咨询、图书馆运营机制、比较图书馆学。发表论文20多篇。代表作有《迎接数字图书馆产业发展新高潮》、《图书馆馆长年度报告》和《百年大势——历久弥新》（专著，与他人合著）。

刘可静（1956—）
Liu Kejing

华中师范大学知识产权与创新研究中心主任，硕士生导师。曾为英国学术院、伦敦大学、加拿大不列颠哥伦比亚大学等国外知名学术机构的访问学者或研究员，国际图联HOFMANN项目获得者，国际图联版权与其他法律事物委员会中国观察员，2001年被选为英国法学会高级会员，武汉大学信息管理学院1988年硕士毕业。自1993年以来，主要从事图书馆、信息管理与知识产权交叉领域的研究与教学工作。发表的论文多篇获奖，或被《社会科学引文索引》（*SSCI*）等10家国际知名文摘刊物、数据库收录。曾主持或参与中欧高等教育合作项目、中欧知识产权保护项目等多项有关知识产权的研究项目。

刘炜（1966—）
Liu Wei

情报学硕士，计算机科学博士，研究员，上海图书馆科技情报所副馆长、副所长。现兼任中国图书馆学会第七届理事会理事、中国图书馆学会第八届学术研究委员会数字图书馆研究与建设专业委员会副主任、上海市情报学会信息技术专业委员会副主任、国际图联信息技术专业组常务委员、都柏林核心元数据组织（DCMI）咨询委员会委员、上海《图书馆杂志》编委以及上海长江研究院数字图书馆研究所副所长等。曾先后从事图书馆学情报学理论研究、图书馆自动化系统的开发维护、数字图书馆研究和建设等工作，多次赴国外参加学术会议并宣读论文，作为程序委员会主任具体组织了DC2004国际会议。参与创办国内最早的从事多媒体和光盘技术开发的公司，并研制出版了国内第一张CD-ROM光盘。曾获得上海市劳动模范荣誉称号，参与的课题项目曾获文化部创新奖、上海市科技进步一等奖、二等奖、上海市新产品奖等奖项。著有专著1部（合著为第一作者），参与著作1部，发表论文数十篇。

刘细文（1965—）
Liu Xiwen

研究馆员。中国科学院国家科学图书馆副馆长兼任中国科学院研究生院教授。长期从事科技战略情报研究工作，有丰富的网络信息研究和宏观决策信息服务经验。主要研究领域包括：高技术情报调研、科技政策与发展战略情报调研、科技规划与战略调研、战略决策信息研究与服务、科技评估研究，曾参加国家重要领域科技战略与规划研究，曾经承担中国科学院、国家自然科学基金委员会等部门多项部级科技政策、科研管理相关的情报研究课题，发表论文10多篇，撰写研究报告10多篇。现兼任中国图书馆学会第八届理事会理事、学术委员会图书馆教育专业委员会委员、中国图书馆学会专业图书馆分会秘书长、中国标准化工作委员会文献信息标准分会副秘书长，2005年起担任国际图联科学技术图书馆专业组常务委员。

刘湘生（1939—）
Liu Xiangsheng

中国国家图书馆研究馆员。曾任国家图书馆的图书馆学研究部主任、《中国图书馆分类法》编委会常务副主任兼主编、《中国图书馆学报》主编、全国情报文献标准化技术委员会第五分会主任和中国图书馆学会秘书长。主要从事分类法、主题词表的研究、编制、修订、管理与应用工作。出版著作多部。

刘晓清（1963—）
Liu Xiaoqing

浙江图书馆副馆长，研究馆员。1983年浙江工业大学（原浙江工学院）毕业，留校到图书馆工作。1988年南京大学图书馆学专业毕业，获第二学位（双学位）。1991年任浙江工业大学图书馆馆长助理，1993年任图书馆副馆长，1997年主持图书馆工作，1999年任浙江工业大学图书馆常务副馆长。2000年8月调浙江图书馆工作，任副馆长。现兼任中国图书馆学会学术研究委员会数字图书馆研究与建设专业委员会委员、编译出版委员会图书馆数字出版与推广委员会委员、浙江省科技情报学会常务理事、浙江省图书馆学会常务理事，浙江省图书馆学会学术委员会副主任。兼任《图书馆研究与工作》、《浙江高校图书情报工作》杂志副主编，浙江大学信息资源管理研究所兼职研究员。长期从事图书馆工作实践和业务管理，致力于图书馆信息化、自动化和数字图书馆的建设和研究，完成多项科研项目，出版发表论著、论文近30部（篇）。

刘兹恒（1955—）
Liu Ziheng

北京大学信息管理系教授，博士生导师。近30年来，一直致力于图书馆学基础理论、文献资源建设和图书馆管理等方面的教学与研究。主持或参与多项国家社会科学基金、教育部社会科学基金、科技部软科学项目和国际合作项目的研究工作。出版编著4部，发表论文80多篇。现兼任中国图书馆学会第八届理事会理事、学术委员会图书馆基础理论专业委员会主任、编译出版委员会副主任、图书馆数字出版与推广专业委员会主任、教育部高等学校图书馆学科教学指导委员会委员、北京市高校图书馆学会理事和重庆图书馆顾问等。

浏览
read scanning（browse）

通过快速目视（大略地看）依次了解某一对象内容的过程。例如，浏览文献的标题、摘要、目次和文献卡片档等。

浏览器，浏览程序
browser

指用户阅读数据的一种程序，就是提供人们在因特网上查找和访问文件的一种程序。

浏览阅览室
browsing room

在图书馆内，专供读者消遣阅览（而非从事研究）的阅览室，室内一般陈列的都是休闲方面的图书、报纸和杂志等。

浏览者
browser

指用随机的、非系统的方式查找图书馆的馆藏、目录、索引、书目、书目数据库或其他资源目录的人。

流程图，示意图
flowchart（flow diagram）

一种图表，用来表示一个处理的完整步骤顺序，比如一个计算机程序，或者系统功能组件方式，通常是以符号的形式表示，这些符号是一些表示特定类型的操作或者组件，之间相连的直线表示顺序，是原材料加工过程中各个步骤的一种图解说明。在图书馆工作中常用来说明文献的收集、整理和利用过程。

流动参考馆员
roving librarian

指在参考服务过程中，通过采取在参考服务区域内来回走动的方式，以发现读者需求并为其提供相应帮助的专门图书馆员。与之相对应，一直坐在参考台后，等待读者来提出咨询问题的馆员叫守台参考馆员。在读者遇到困难时，流动参考馆员要学会根据其肢体语言和其他非语言暗示来作出准确的判断。读者在查找所需信息过程中可随时提出与参考馆员进行面对面交流。在大型图书馆中，同一时间段内一般会安排两位参考馆员在参考台值班，其中一位为流动参考馆员，另一位则为守台参考馆员。

流动手推书车
book barrow

指在街道上可移动的或在商店内或超级市场内出售图书的手推车。这种手推车是非常适用的，可从图书的仓储库运到不同的销售地点以满足各种用户的需求。

流动书车
book van

又称“汽车图书馆”。一般是指用装有书架和书桌等设备的汽车，将图书馆的部分书刊资料定时定点地送到偏离图书馆较远的地方，供读者阅览，并办理外借手续。有时还开展诸如图书展览、读书报告会、诗歌朗诵会和读者座谈会等宣传辅导活动。一些流动书车除提供印刷型文献的借阅服务外，还携带录音录像磁带、电影和放映设备到流动点播放。

（流动）图书船（艇）
book boat

指用船（艇）来为居住在岛屿和海岸地区居民提供图书馆的服务，这种服务主要是在北欧挪威、瑞典、芬兰和丹麦等国家开展。

流动图书馆
mobile libraries

这种图书馆开始往往设在书店或打印店内，并出租图书，提供流行读物。1762 年，第一所流动图书馆由美国马里兰州的威廉·林德（William Rind）建立，尽管仅持续了两年，但这种做法一直延续到现在。

流媒体
streaming media

采用流式传输的方式在因特网上播放的媒体格式，如音频、视频或多媒体文件。采用这种传输方式时，将多媒体文件经过特殊的压缩方式分成一个个压缩包，由视频服务器向用户计算机连续、实时传送。流媒体技术可广泛用于网上新闻发布、在线直播、网络广告、远程教育和实时视频会议等。

流水号
running number

指图书馆对所有入藏文献资料按照到馆的先后顺序所给予的一种连续的登录号。

流通
circulation

图书馆借、还书和其他资料等的整个服务过程，也指在规定的时期内读者借还各种资料的总量。在公共图书馆，低流通量是馆藏剔旧的重要标准。预期流通率高的图书可能会订购多个复本，以满足需求，或对其进行耐用的装订以经得起大量使用。一些在线流通系统提供按分类和图书资料类型的流通量统计，供馆藏发展参考使用。流通是图书馆各种服务的基础。

流通的馆藏
circulating collection

指供已注册的读者在图书馆内阅读或借出图书馆的图书和其他资料。在大多数院校和公共图书馆里，流通的图书资料都在开放的书架上。

流通分析
circulation analysis

根据流通分析记录，可以具体了解图书被读者利用的情况。具体做法是：在图书馆流通资料（通常分解为分类、资料类型、读者类别和时间等）搜集的基础上进行精确的统计学计算，以决定使用模型，是图书馆预算、馆藏发展和人员配备等的重要工具。

流通服务指标
measure of circulation services

评价图书馆流通服务状况的各类指标。主要包括：藏书利用率、读者登记率、人均外借册数和藏书保障率等。流通工作是图书馆的主要服务活动之一，因此流通服务指标是衡量图书馆服务水平的重要数值标准。

流通量
circulation

指图书馆在一段时间里借还图书资料的数量。

流通统计
circulation statistics

对图书馆流通状况的统计。具体指在一定时期内（通常是一年），图书资料流通的总数量、总册次，不同类别、不同类型藏书的流通数量和比例，或某一特定资料在指定时间内的流通数量。流通统计的目的是为了掌握馆藏图书在整个流通过程中的利用情况，为评价图书馆服务水平和服务质量提供可靠依据。流通统计原来用手工进行，目前都采取计算机管理，大多数在线流通系统可按天、星期、月和年提供详细的统计报告。

流通图书
circulating book

可以借给读者在图书馆内阅读或图书馆外利用的图书，不同于仅限于在图书馆内阅读的图书。

流通系统
circulation system

指图书馆的借书登记工作及管理出纳制度的体系，把读者登记数据与每一借出的图书资料记录联系起来。流通系统提供识别某一特定读者所借图书资料的方法，包括那些过期的资料，使流通工作人员能够找到所需要的馆藏资料，召回尚未到期但急需的图书资料，通知借书人借出的图书资料过期等。近几年来，绝大多数图书馆都利用计算机流通子系统来管理流通工作。

流通自动化系统
automated circulation system

又称计算机化文献流通系统，从 20 世纪 90 年代初，各类型图书馆开始运用电子计算机处理图书馆文献借还业务数据的系统。该系统比手工系统有着扩展和提高，大大缩短处理时间，提高处理的准确性，避免繁杂的手工劳动，受到读者和图书馆员的欢迎。

硫代亚硫酸钠
hyposulphite（hypo）

俗称“海波”，以前名为硫代硫酸钠（俗称“大苏打”），一种无色斜菱柱形晶体，极易溶于水，具有溶解卤化银的特性，是照相复制术中常用的一种定影剂。为迅速使定影后残留于感光材料上的大苏打转变为对银影无害的物质，可使用由高锰酸钾、过氧化氢等强氧化剂配置的大苏打消除液。

《柳别茨基编目条例》（美国）
Lubetzky code

美国图书馆学家、俄国人西默·柳别茨基（Seymour Lubetzky）于 1960 年在美国国会图书馆编写的《编目规则条例，著作与书名款目》（*Code of Cataloguing Rules*，*Author and Title Entry*）的一个草案。简称 CCR，被视为《英美编目条例》（*AACR*）的蓝本。

柳诒徵（1880—1956）
Liu Yizheng

现代史学家、古典文学家、书法家和图书馆学家。1902年随缪荃孙至日本考察教育。1916—1925年任南京高等师范学校和东南大学文史教授。1927—1948年任江苏省国学图书馆馆长。抗战期间，先后任教于浙江大学、贵州大学和中央大学，兼任国史馆纂修。1948年任前中央研究院院士。柳诒徵一生的大部分时间都在南京度过，大部分著作在南京完成。早在1903年编写的《历代史略》，用流畅的文笔，系统叙述了历代史事沿革，是中国最早的一部新式教科书。他编著的《国史要义》是继刘知几的《史通》、章学诚的《文史通义》之后，论述中国史学文法的重要著作。巨著《中国文化史》是他的主要代表作，1924年他在“拟编全史目录议”一文中，把历史分为“分代史、分类史、分地史和分国史”四大类，反映了以他为代表的史学观，也反映了史学研究的趋向。其他专著还有《东亚各国史》、《国学图书馆小史》、《中国版本概论》等；先后发表在《学衡》、《史地学报》、《史学杂志》、《国风半月刊》等刊物的论文共达130余篇，现已汇编为《柳诒徵史学论文集》。

L

《六经》

Six Confucian Classics

六部儒家经典。始见于《庄子—天运篇》。指经过孔子整理而传授的六部先秦古籍：《诗经》、《尚书》、《仪礼》、《乐经》、《周易》和《春秋》。

六体

Six Calligraphic Scripts

指六种字体（古文、奇字、篆书、隶书、缪篆和虫书），也指大篆、小篆、八分、隶书、行书和草书。又指六书（古人分析汉字而归纳出来的六种条例：指事、象形、形声、会意、转注和假借）。

龙源期刊网

www. qikan. com. cn

1998年试运营，1999年创立。汇聚中国主流杂志的优质内容，成为国内具有大规模的专业化数字发行平台和阅读平台，开创面向机构、个人、运营商以及北美、亚洲和澳洲主流社会的立体营销市场。该网站开发了公共图书馆、高校、党政、军队以及中小学电子期刊阅览室。人文名刊荟萃，网络同步出版。具有完备的网上结算功能与简繁体转换功能。与近3 000种知名人文期刊独家签约或合作形式销售全文电子版，读者可以在网上阅读期刊的原貌版以及电子文本版。

楼面布置图

floor plan

图书馆建筑的布局设计图，主要说明每层的图书资料收集、服务和设备的位置，这对于第一次来图书馆的读者是很有帮助的，有时读者在图书馆的网页面上点击菜单上有关选项就可以找到图书馆布局图。

漏检率

omission factor

在信息检索中，未检出的有关文献与全部有关文献总数之比，是衡量系统效率的一个尺度。

漏印

blind print

由于印刷上的不经心造成书刊中出现一面或两面未印上图文的书页的责任事故。多半是由于在印刷时两张纸一起进入压印状态，以至一面未印上字迹，且在装订过程中又未被发现所致。现装有双张防止检测器的印刷机则可以避免此种事故的发生。

漏印，省略

Omission

印刷时，由于排版失误造成漏印从而形成书内空白页或缺行、缺字现象。

卢布尔雅那大都会图书馆（斯洛文尼亚）

Ljubljana Metropolitan Library

斯洛文尼亚中部地区的区域性公共图书馆系统由5所市立图书馆和1所专业图书馆构成。该系统由36所分馆和1个流动图书馆组成，为卢布尔雅那市及周边地区提供整套的图书馆和信息服务。卢布尔雅那大都会图书馆是卢布尔雅那市图书馆系统中最大的一所图书馆，其中心馆楼位于卢布尔雅那市市中心，翻新后的占地面积达6 000平方米，下设3所分馆。该馆于2010年7月设立“上海之窗”。

卢布尔雅那大学中央经济图书馆（斯洛文尼亚）

Central Economic Library at the University of Ljubla

位于斯洛文尼亚首都卢布尔雅那，隶属于卢布尔雅那大学经济系，建于1946年，是斯洛文尼亚最大的经济和商业科学图书馆。馆藏图书有30万册，其中外文书籍比例高达60%，期刊2.8万册

（合订本），现刊576种，其中外文期刊400种，国内期刊226种。注册读者10 400多人，年到馆访问近5万人次。

卢荷生（1931—2011）
Lu Hesheng

中国图书馆学家、图书馆教育家和历史学家，教授。1955年毕业于台湾大学文学院历史系，1957—1960年在台湾师范大学国文研究所目录学组进修，专攻图书馆学，获硕士学位。曾在台湾“中央图书馆”任干事、编辑和主任，台北市第一女中图书馆主任，辅仁大学图书馆系讲师、副教授、教授和系主任，辅仁大学图书馆总馆长和文学院院长。出版《中学图书馆的理论与实务》、《图书馆行政》、《中国图书馆事业发展史》和《图书馆管理》。

卢瑟·埃文斯（1902—1981）
Luther Evans

美国国会图书馆第10任馆长和联合国教科文组织总干事。得克萨斯大学硕士，斯坦福大学哲学博士。曾在纽约大学和普林斯顿大学任教，1935年被任命为公共事业振兴署华盛顿办事处历史资料调查室主任。1939年任国会图书馆法律咨询服务处主任，后为第一副馆长，1945年正式任馆长。出版《国会图书馆印刷卡片累积目录》(*Cumulative Catalog of Library Congress Printed Cards*)和《新刊目录》(*New Serial Title*)。1953年当选为联合国教科文组织总干事，参与制订文化资产保护协定、世界版权公约以及和平利用原子能等。1958年任得克萨斯大学国际研究顾问，指导布鲁金斯协会与全国教育协会的工作。

卢森堡国家图书馆
National Library of Luxembourg/*Bibliothèque nationale de Luxembourg*

卢森堡最早的图书馆是17世纪耶稣会建立的学院图书馆，1798年法国政府在卢森堡设立了附有公共图书馆的学校，首批藏书来自1773年解散的耶稣会学院和其他修道院图书馆。1899年由上述馆改称为卢森堡国家图书馆，从1972年起才开始在政治、经济、科学文化教育事业中起到了重要作用。该馆编辑《卢森堡国家书目》并提供在线目录查询服务。馆藏图书80万册（卷），现刊5 500种。

卢西恩·布莱格中央大学图书馆（罗马尼亚）
The Lucian Blaga Central University Library

位于罗马尼亚克鲁日—纳波卡市，是特兰西瓦尼亚地区最大的图书馆，于1872年成立，包括1所中心馆和36所分馆。最早的馆藏来源于法律研究院图书馆、医学研究院、克鲁日档案馆以及一些私人的馈赠。1923年在农场主乔治·辛（*Gheorghe Sion*）捐赠的基础上成立了特色收藏馆，最早的文献可追溯到1475年。目前，馆藏文献资料350万册（件），其中期刊75万册（合订本）。

卢震京（1906—1968）
Lu Zhenjing

中华图书馆协会会员，毕业于金陵大学，获文学硕士学位。历任国立中央大学农学院图书馆主任、立法院统计处编目主任、国民政府文官处图书馆主任、行政院图书馆专员等，1949年后曾在中国科学院图书馆工作。一生致力于图书馆事业，著述颇丰，主要有：《图书学大辞典》、《图书馆学辞典》、《小学图书馆概论》、《图书馆建筑学》和《实用图书分类法》等。

卢子博（1936—）
Lu Zibo

南京图书馆研究馆员。1960年毕业于北京大学图书馆学系。毕业后在北京文化学院、武汉大学图书馆系任教。先后担任金陵图书馆馆长、南京图书馆业务馆长兼业务研究室主任，兼任江苏省图书馆学会理事长、中国图书馆学会常务理事、学术委员会委员、文献资源建设专业委员会主任、江苏省哲学、社会科学联合会理事、《江苏图书馆学报》主编和江苏文化艺术科技协会副理事长。出版专著10多种，发表论文80多篇。

鲁文斯·博尔瓦·德莫赖斯（1899—1986）
（葡）*Rubens Borba De Moraes*

巴西作家，国家图书馆馆长。毕业于瑞士日内瓦大学，1934年获得洛克菲勒基金会助学金，在美国学习图书馆学。后任圣保罗市公共图书馆馆长，并创办图书馆专业教育机构。1945—1947年任国家图书馆馆长，介绍字典式目录、杜威十进分类法和工具书开架借阅等做了大量工作。1947年赴巴黎任联合国情报服务部主任，后任纽约联合国图书馆馆长到1959年。1963—1970年任巴西利亚大学教授，1979年发表《殖民时期的巴西书目文献》(*Livros e bibliotecas no Brasil Colonial*)。

L

陆心源（1834—1894）

Lu Xinyuan

字刚甫，号存斋，晚号潜园老人，浙江湖州人，晚清四大藏书家之一。平喜好藏书，锐意搜求，建造“皕宋楼”、“十万卷楼”、“守先阁”藏书，多达15万多卷。其藏书以富宋元刊本而著称，基本上都是很名贵的海内孤本。曾将自己的900余卷撰著汇刻成《潜园总集》，又将藏书中的部分珍贵湖州地方文献，刊刻为《湖州丛书》。

陆行素（1947—）

Lu Xingsu

研究馆员。1968年毕业于北京第二外国语学院德语专业，1970年到天津图书馆工作，先后担任天津图书馆馆长、中国图书馆学会第七、八届理事会常务理事、天津市图书馆学会理事长、天津市科协委员和天津市图书资料系列高级职称评委会主任。出版译著1部，发表论文40多篇，并多次主持国家、天津科技项目。

陆宗城（1922—）

Lu Zongcheng

研究馆员。1940年开始图书馆生涯，先后在贵州遵义浙江大学图书馆、浙江师范专科学校、浙江师范学院（现浙江师范大学）和杭州大学（现浙江大学西溪校区）图书馆从事业务工作。1984年起在杭州大学图书馆学专修科任教。与他人合作编辑《英汉图书情报文献学词汇》等著作10多部，发表论文多篇。

录像

videorecording

录有视觉影像和同步伴音的电子媒体的总称。录制的节目通过电视接收器和监视器回放，包括录像带和录像盘。录像按名称列表，并有主题、摄制人员、奖项和特殊制式等索引。也指用光学、电磁学等方法把图像和伴音信号记录下来。

录像带

videotape

由多元酯材料做成的磁带，可记录影像和声音并可通过电视机放映。常见的形式是盒式录像带。VHS制式的录像带宽0.5英寸（1.3厘米）。

录像机

video recorder

用来记录图像和声音，并能重新放出的机器。有不同类型，如磁带录像机、影视光碟录像机和数字视盘录像机等。

录像盘，激光视盘

Videodisc（optical digital disk）

一种光亮、盘状的银色塑料片，上面涂有金属反射层，多以聚氯乙烯（polyvinyl chloride）合成。录像盘用模拟信号记录视觉影像和同步伴音信号。薄膜光盘采用恒等线速度格式，像留声唱片那样把信号记录在连续螺旋状旋转的轨道上；交互式光盘采用恒等角速度格式，像磁盘那样，轨道在同心圆上，每条轨道代表一格影像。

录像制品

video recording

指电影、电视、录像作品以外的任何有伴音或无伴音的连续相关形象的原始录制品。

录音

record

将各种声音（如音乐、语言等）录制在某一物理载体上的过程。其目的是为了以后能够借助一定的设备反复再现这些声音。

录音磁带

audiotape（tape recording）

以磁性记录方法录下声音信息。磁性录音是1898年由丹麦工程师颇尔森发明的。录音磁带是一段连续的薄磁带，声音以电子信号的形式存储于磁带上，并通过某种回放设备转回声音播出。图书馆中最常见的磁带尺寸是1/4英寸宽，置于盒式录音带中。录音磁带必须存放于温度、湿度较为恒定的环境中，存储处应远离电场和磁场；录音前应检查磁带是否卷绕平整，有无松弛现象，定期倒带重绕有助于避免绞带。

录音机

recorder

一种可以把声音记录下来并实现重放的电磁装置。常用的是磁带录音机，其原理是：使声音变成相应的电信号后，再把电信号所产生的磁场变化记录在磁带上。重放时先把磁带上的磁场变化还原成电信号，然后经过放大使扬声器发出声音。

录音类型
Type of Recording

编码音频播放内容的方法，如模拟或数字。属音频特征（sound characteristic）之一。

录音媒介
Recording Medium

在音频载体上录制声音所用的媒体类型，如磁或光。属音频特征（sound characteristic）之一。

录音外借法
audio charging

图书外借时通过录音设备将有关读者及所借图书的主要事项记录在磁带或磁盘上，同时将一张记有相同内容和还书日期的出纳卡附于书内借出。还书时，取出出纳卡按编号次序排好，其中缺号者代表该书逾期未还，图书馆员即播放相应录音，查出逾期读者信息，以便填发催书通知。

录音资料
audio recording

使声音得以记录并可机械回放或电子回放的声像型文献，包括塑料唱片、录音磁带和光盘等。

录音资料馆协会（美国）
Association for Recorded Sound Collections (ARSC)

成立于1966年，总部设于美国马里兰州安那波里斯，成员包括播音、录音业内人士、图书馆员、档案管理员、大学理事和私人收藏家以及来自各个行业的相关人员。出版半年刊《录音资料馆协会杂志》(*ARSC Journal*）和季刊《录音资料馆协会业务通讯》(*ARSC Newsletter*)。

录音资料图书馆
record library

专门从事录音资料收藏并提供利用服务的专业性图书馆。

鹿特丹公共图书馆（荷兰）
Rotterdam Library/*Bibliotheek Rotterdam*

荷兰最大的公共图书馆，拥有馆舍面积24 000平方米。该馆由1所中心馆、24所分馆以及1个流动图书馆构成，每年到馆读者达340万人次，是鹿特丹市最受欢迎的公共文化机构。馆藏文献达100多万册（件）。馆内的图书、全国性/国际性的（电子）报纸、杂志、期刊、光盘、数字多功能光盘、乐谱等资源可有效地满足读者的信息及娱乐需求。馆藏中不乏如伊拉斯谟（Erasmus）专藏一类的国家文物遗产。同时，该馆还为儿童、学生以及学校等特殊读者群设立了如鹿特丹历史等专架。除了传统的图书馆借阅服务外，馆楼内还设有图书馆剧院（以文学作品改编的演出居多)、餐厅和中央音乐图书馆（收藏光盘25万多张）。为了更好地服务于鹿特丹居民，该馆坚持优化图书馆服务，尤其注重在教育领域发挥的作用，开发了一系列针对小学以及高等院校师生的图书馆活动，并在中心馆和社区馆中长期开展种类繁多的讲座、辩论会和展览。该馆于2008年10月建立“上海之窗”。

路径，通路
path

网络中节点之间的通路，在发送者和接收者之间电子邮件传输所经过的路线。

路透社（英国）
Reuters Ltd, Reuter

英国最早的通讯社，世界四大通讯社之一，由保罗·朱利叶斯·路透（Paul Julius Reuter）于1851年在伦敦创办。该通讯社全球雇员超过1万人，分布于80多个国家；路透社采用最新技术手段每天向世界各地传媒提供大量、详尽的新闻、图片、图表及电视报道，并发展了世界上最大的国际私有卫星和电缆通讯网络，通过计算机终端和电传打字电报机向用户传递信息。此外，还拥有当今最大的国际电视新闻通讯社“路透电视（Reuters Television)”。

路脱兰皮革
Rutland leather

一种用漆叶鞣制的高级羊皮革，常用于制作书皮。

路易斯安那州图书馆（美国）
State Library of Louisiana

位于美国路易斯安那州首府巴吞鲁日市，1920年由立法会建立。作为州政府的一个下属部门，侧重于为政府提供服务。馆藏各类文献数量高达1 100万册（件)，包括各种图书、杂志、报纸和政府出版物、有关路易斯安那州历史记录、各种图片资料以及大量音频资料和视频资料，还有一些专门为残疾人服务的图书资料。

路易斯·斯坦利·贾斯特（1868—1944）
Louis Stanley Jast

英国公共图书馆事业的先驱，流亡波兰人后裔。1887年在哈利法克斯（halifax）公共图书馆开始其图书馆职业生涯。1892年接触到杜威的《十进分类法》，深受影响。结识英国公共图书馆开架借阅的倡导人布朗，并为其办的《图书馆界》(*The Library World*) 撰写文章。后担任克洛顿图书馆馆长，建立图书馆员资格登记制度，1908年与美国图书馆协会合作编写出版了著名的《编目条例：著者与题名款目》(*Cataloging Rules：Author and Title entries*)。后任曼彻斯特图书馆馆长，分别创办了曼彻斯特商业图书馆和技术图书馆，并提出流动书车的设想并予以实施。

路由器
router

一种用于连接多个网段或网络的常用网络设备，能将不同网络或网段之间的数据信息进行"翻译"，以使其能够相互"读"懂对方的数据，从而构成一个更大的网络。路由器有两大典型功能：数据通道功能和控制功能。数据通道功能包括转发决定、背叛转发以及输出链路调度等，一般由特定的硬件来完成；控制功能则一般用软件来实现，包括与相邻路由器之间的信息交换、系统配置和系统管理等。

路由选择
routing

指在网络通信中对通信途径的选择与指定，即为信息到达目的地而指定的通信路径选择。

滤波，过滤
filtering

在计算机系统中，使用专门设计的软件通过阻塞访问来防止某个特定计算机、网络或系统的用户查看某一类内容。滤波器最初是用来防止儿童观看暴力或色情资料以及雇主用来防止雇员在工作时观看娱乐片或玩游戏的活动。在美国图书馆里，国会批准通过的《儿童因特网保护法案》(*Children Internet Protection Act*) 已经用来过滤一些争议性问题。也指根据一定规则，改变或抑制信号的某些频谱成分或数据的过程。滤波的目的主要是为了消除干扰和噪声，或者从信号中提取某种特殊信息，常用于图像信号和增强处理。还指自动操作屏幕数据的实用程序，在电子邮件中可选用一筛选程序自动删除垃圾信息。

驴车流动图书馆
Donkey-drawn Mobile Libraries

由南非乡村图书馆与资源发展委员会帮助建成，这种方式作为一种节能环保的推广阅读方式，多数致力于提升儿童的文学素养。这种流动车由轻巧且结实的钢材制成，很容易被两头或四头驴拉动。南非的每所学校都配有相应的驴车流动图书馆，其图书馆员的使命除了满足儿童的文学需求外，还在于满足沿途人群的阅读需求。

吕绍虞（1907—1979）
Lu Shaoyu

中国著名的图书馆学家、目录学家。1929年毕业于大厦大学教育系。1933年毕业于武昌文华图书馆学专科学校。曾任大夏大学图书馆主任兼讲师、教授、上海鸿英图书馆主任、中央图书馆编纂兼编目组主任。1949年后，历任武昌文华图书馆学专科学校、武汉大学教授。著有《中文标题总录》、《大学图书馆建筑》、《图书馆学论丛》、《中国目录学史稿》，合编《册府元龟索引》。

旅行指南
Guidebook（tour guide，travel guide）

为了方便人们旅游，而对某一国家或地区的特色进行介绍的手册，目的在于向人们介绍各地的名胜古迹、旅游景点、风土人情、饮食文化和交通情况等，一般包括地图、指南、餐饮、住宿以及当地汇率兑换、疾病免疫和通讯等内容。有些还推出一些特殊类型的旅游，如自行车旅游或生态游等。在公共图书馆，通常将旅游指南放在非小说类的书架上，专业图书馆通常将最新版的旅游指南放在参考咨询部。

律商联讯法律数据库
Lexis. com

美国LEXIS-NEXIS公司创始于1973年，其数据库内容涉及新闻、法律、政府出版物、商业信息以及社会信息等，其中法规法律方面的数据库是LEXIS-NEXIS的特色信息源，具有非常大的影响力，尤其在法律业界具有很高知名度。该数据库是面向大学法学院、律师、法律专业人员设计的数据库产品，包含了LEXIS-NEXIS产品中的全部出版物。内容非常全面。

律商联讯集团
LexisNexis

世界领先的法律、法规、税务和商业资讯服务商。全球最大专业出版集团里德·爱思维尔（Reed Elsevier）全资子公司；总部在美国，全球员工超过13 000人，在全球200多个城市设有分支机构。该集团为法律机构、企业、政府与学术单位提供全面、权威的信息服务，并且定期提供世界范围内的报纸、杂志、商业期刊、行业新闻、税务和财会信息、金融数据、公共记录、立法档案、企业及其管理者的信息。

绿川 信之（1953—）
Nobuyuki Midorikawa

日本图书馆学家，工学和文学双硕士，筑波大学研究生院图书馆情报媒体研究科教授。从事的研究领域为分类论（理论研究、网络信息资源的分类），主要是在以往图书馆分类结构的基础上，研究如何对电子资料进行分类。

绿皮书
green book

绿色封面的政府事务报告，一般指意大利、墨西哥、英国和1947年以前印度发表的绿色封皮官方报告。利比亚曾于1976年以绿皮书的形式出版过卡扎菲提出的《世界第三种理论》的专题著作。

绿色计算机
green computer

指具有环保功能的计算机。这种计算机是计算机厂家采取制造节能型硬件系统的措施，从保护环境和使用者身体健康的最佳角度进行设计和生产的。

乱码
confusion code

指电子文本中内容、顺序等混乱的编码或不能识别的字符。造成乱码的主要原因是由于编码方式不同，中文电子文本的发送方和接受方所使用的编码方式不同，用户在阅读时就会出现乱码。

略图
thumbnail

复杂图形的简略形式，在网页上常用来做链接。因为略图不需要费时下载，为浏览网页的人节约了很多时间。

略图，软廓图
outline map

简略的图形，简单的图画。图纸的初稿一般称作略图。

伦巴第草写字体
Lombardic handwriting

中世纪流行于意大利的一种字体，从古罗马草写体演变而来。

《伦敦报》（英国）
The London Gazette

1665年创办，原名为《牛津公报》（*The Oxford Gazette*）。是英国政府的宣传报纸，主要发表官方通告，新年或国王寿辰时所颁布的荣誉称号、命令、奖章以及法律和武装部队官兵晋级的告示。

伦敦大学东方与非洲研究学院图书馆（英国）
The Library of School of Oriental and African Studies

位于英国伦敦，始建于1916年。伦敦大学东方与非洲研究学院在世界上同类学院中规模最大，主要从事非洲、亚洲及中东地区研究，丰富的馆藏吸引了世界各国的学者来学习研究。目前馆藏各种图书资料达130多万册，另有大量的特色馆藏和档案资料，电子文献资源的数量近年来也在迅速增长。

伦敦经济政治学院图书馆（英国）
Library of London School of Economics and Political Science

位于英国首都伦敦，始建于1896年。是世界上最大的专门收集经济和社会科学领域文献资料的图书馆之一，馆藏各种图书资料450万册（其中包括欧洲各国语言文字的文献），各种期刊合订本3.7万册，电子期刊4 000多种。除向本校师生开放以外，该图书馆还拥有社会注册读者1.1万人。1946年成为英国法定的政府出版物托管馆之一，后来相继获得许多组织机构如经济合作与发展组织（OECD）、国际劳工组织（ILO）和世界贸易组织（WTO）等的出版物托管资格。作为欧洲文献中心，该馆从1964年起收到欧共体赠送的出版物。

伦敦书展
London Book Fair（LBF）

1971年由英国工业与贸易博览会公司创办，仅次于法兰克福书展的世界第二大国际图书版权交易会，也是每年欧洲春季最重要的出版界盛会。自1971年开始举办以来，每年3月举办一届，为期3天，展出面积约3 000多平方米，图书品种繁多，各种与图书贸易有关的服务应有尽有。在此期间约有 100 个国家和地区的 2 万多名出版界精英汇集于伦敦著名的奥林匹亚展览中心进行商业与学术交流。同时，书展也吸引着 500 多家媒体的注意，他们大多涉及贸易及消费领域，共同关注着博览会的主题、产品以及由此引发的相关服务。如今该书展已成为 70% 国际大型出版社每年必然参加的展览盛会，是名副其实的世界图书博览会。

伦理学
Ethics

又称“道德哲学”。是以道德为对象，研究道德起源和发展、道德本质和社会作用、道德品质的培养和道德规范体系等问题的理论。其体系形态形成于奴隶制社会形成时期。也指荷兰哲学家斯宾诺莎（*Benedictus de Spinoza*）著于 1663—1675 年、出版于 1677 年的《伦理学》一书。

轮班
rotation

指在安排好图书馆各服务点轮班工作时间基础上，所有参与编组的图书馆员或图书馆其他工作人员以预先确定的顺序依次轮流上班的工作方法。图书馆咨询台每日晚上和周末的工作经常按此方法排班，从而可以更好地合理分担工作量。

轮换上班
shift

大多数图书馆员每天工作时间不超过 8 小时，各服务点（如参考工具书服务台、各阅览室）每天开放时间为 12 ~ 14 个小时，那里的馆员可轮换上班，尤其在夜间和周末。

轮廓版
key plate

指套色印刷及其他印刷中用来使其他印版定位、对齐和套准的标准版。

轮排
permute

当一个复合主题或词串用作索引标目时，为了增加其存取点，使组成复合主题或词串的每一个主题因子轮流在排检位置上出现一次，对其他主题因子做相应的编辑，这种处理方法就叫轮排。轮排可分简单轮排、循环轮排、词对轮排和结构式轮排等。

轮排标引法
rotational indexing

将索引中每个标引词轮流置于固定划分的索引位置上用作索引词的一种标引方法。采用这种轮排标引法，一般要设计由关键词和叙词等组成的索引款目表。这样，索引中所收录的同一文献的各个索引词就可以在每个词下轮流重复排列。

轮排表
permuted display of terms

又称“叙词轮排索引”。把叙词表字顺表中的复合叙词按某种轮排形式组成的辅助索引。

轮排法，轮检法
rotation

指让一种索引数据中的全部索引键均参加一次轮排，并且在每个当前索引键的前部和后部各保留一定数量的自然数据作为修饰语，并尽量维护索引键与其余数据之间的句法关系。索引键的前后方保留多少数据，通常由索引系统的设计要求来决定。当索引键一端的数据量超过规定保留量，而另一端又小于规定保留量时，为避免丢失一定的数据，一般采用移头接尾或移尾接头的填补方法。另外，为了提高索引的易读性，可对其基本模式作各种不同的改动，来生产出各种不同的轮排变异形式。

轮排分类款目
rotated entry

在利用组配分类法编制分类款目的过程中，除了将组配类号用作标目外，还同时将各组成部分的部分类号依次用作标目而形成的一种款目。编制这种款目之目的是为了给读者提供更多的检索文献的线索。

轮排（分类）目录
rotated catalog

将分类目录中的每个类号（如组配类号）分别用作款目并单独制卡而形成的一种目录类型。制作轮排目录之目的是为了给读者提供更为广泛的文献查找途径。在分类目录中，如果用的是组配分类法，则除组配类号以外，每个组成部分（部分分类号）也要设一个款目，而且每个款目都是著录齐全可供读者查阅的卡片。

轮排索引
rotation index

组配分类目录的一种索引。这种索引往往有几个索引款目，每个索引款目的标题都代表一个组配类号中的部分类号，以供读者从多种途径检索一篇文献。

轮排题名索引
permuted title index

一种用机器标引的关键词索引，即把题名中的关键词轮流作为检索词分编成几条款目。

轮排显示
rotated display

指主题词表中叙词所使用的所有词语按字母顺序来显示，使每个词语被看作为一个编排单元，每个叙词根据所包含重要词语情况在显示中多处出现，但标引词中的词序保持不变。

轮转印刷机
rotary press

又称滚筒机，纸张通过印版滚筒和压印滚筒之间进行印刷的一种印刷机。这种印刷机的印版和压纸通常被装在印版圆筒的表面上。主要用于由卷筒纸高速给纸的印刷中，如报纸印刷。有些大型转轮印刷机不但一次能印出四种颜色，而且采用自动化流水作业方式，能同时进行裁切、折叠、装订和上封面。印刷速度每小时可印卷筒纸30千克，大型印刷机能印128面标准开本的书籍6万册以上。

轮转油印机，誊写版印刷机
rotary stencil duplicator

也称“油印机”，是一种用誊写或打字蜡纸方式制作印版的复印机。

论集，文选
analects

文字摘录或言语片断的集合，也称作“拾零”。例如：孔子的《论语》(*The Teachings of Confucius*)，还指把某人的作品或诗文汇集起来编成的书。

论说文
essay

运用议论、说理、描述和评论等表达方式，对客观事物、思想、现象或问题进行分析、鉴赏、研究或探讨，提出见解并说明理由的文章。

论文
paper

讨论或研究某个问题的文章，特别是为专业性会议而准备的署名文章。会议论文可能作为会议论文集或会议录出版。

论文，毕业（或学位）论文
thesis

一般指学术论文，又指大学生完成学习课程，为获取学位而选择的命题，通过答辩会宣读、辩论，然后才有可能被批准通过，授予学士学位。也指为获取硕士学位或博士学位而做的毕业论文。

论文答辩人
respondent

指必须在正式答辩会上对学术委员会答辩主席所提出的与论文有关的问题进行答辩来申请学位或职称的候选人。

论文评审
paper review

根据一定的目的和评价指标，对论文的合格性进行审查的过程。对于研究者而言，论文评审是进行科学研究的必备环节。因科学研究是一种知识积累的过程，每一项具体的科学研究都是对科学知识系统的检验和补充。这样就必须对以往的文献进行分析评价，并在此基础上开展自己的研究。对于科技编辑而言，论文评审结果是判别文章能否发表的主要依据。而对于论文评选活动而言，评审的目标是找出文章间的差距。尽管研究者、编辑以及优秀论文评选委员会各自的目标不同，但他们都运用同一手段，进行论文评审。

《论语》
Analects

儒家学派的经典著作之一。西汉时有今文本的《鲁论》和《齐论》及古文本的《古论》三种，今本《论语》系东汉郑玄混合各本而成，共二十篇。以语录体和对话文体为主，记录了孔子及其弟子言行，集中体现了孔子的政治主张、论理思想、道德观念及教育原则等。与《大学》、《中庸》、《孟子》、《诗经》、《尚书》、《礼记》、《易经》和《春秋》并称“四书五经”。全书记录孔子谈话、答弟

L

子问及弟子间相互谈论，多方面表现了孔子的思想和学说，包括孔子的政治主张、教育原则、伦理观念、品德修养和文学理论等。是研究孔子思想的主要资料。

罗伯特·韦奇沃思（1937—）
Robert Wedgeworth

美国当代图书馆学家，毕业于伊利诺伊大学，后在华盛顿大学和拉格斯大学继续深造。先后在堪萨斯市公共图书馆、派克学院图书馆、梅拉梅克社区学院图书馆和布朗大学图书馆工作。曾由福特总统任命为新技术利用版权著作全国委员会主席以及国会图书馆顾问组主席。1985 年任哥伦比亚大学图书馆服务研究院院长。1991 年任国际图联主席。主编《美国图书馆协会世界图书馆和情报服务大全》和《美国图书馆协会年鉴》。

L

罗春荣（1963—）
Luo Chunrong

研究馆员、硕士生导师、中山大学图书馆副馆长。研究方向：电子馆藏发展与管理、数字图书馆建设、政府信息资源管理、政府信息公开。主持科研项目 4 项，参与科研项目 6 项。发表著作、论文多部（篇）。

罗得岛大学图书馆学与情报学研究生院（美国）
GSLIS of University of Rhode Island

罗得岛大学位于美国金斯敦（Kingston），成立于 1909 年，其研究生院设有图书馆学情报学研究生院，教授的课程有图书馆情报服务管理、馆藏发展、参考和信息服务、图书馆文献组织、技术服务、图书馆自动化计算机系统、图书馆学情报学研究和评估等。可授予学校图书馆媒体专家硕士学位、图书馆学与公共管理和图书馆学与历史双硕士学位。该研究生院获得美国图书馆协会资格认证。

罗建国（1949—）
Luo Jianguo

研究馆员，湖南省少年儿童图书馆馆长，1977 年毕业于武汉大学图书馆学系。现兼任中国图书馆学会第八届理事会理事、中国图书馆学会学术研究委员会未成年人图书馆专业委员会主任、湖南省图书馆学会常务理事以及《少儿图书馆·中小学图书馆》杂志主编。曾担任湖南图书馆研究辅导部副主任、湖南省少年儿童图书馆副馆长和湖南省攸县常务副县长等职。先后从事图书分类、图书编目、业务研究和辅导、参考咨询、图书馆建筑、图书馆自动化和图书馆管理等业务工作。主持编写了《中国图书馆图书分类法（儿童图书馆·中小学图书馆版）》、《中国少年儿童文献分类主题词表》以及《湖南省少年儿童图书馆建馆 20 周年文集》等，发表学术论文几十篇，并多次受到奖励。

罗健雄（1939—）
Luo Jianxiong

华南师范大学信息管理系教授。1963 年毕业于武汉大学图书馆学系，先后在天津工学院图书馆、华南师范大学信息管理系工作，曾任天津图书馆学会理事、学术委员会副主任、华南师范大学信息管理系副系主任、广东图书馆学会编辑出版委员会主任、《图书馆论坛》杂志主编等。发表论文数十篇，并多次获奖。

罗克福德公共图书馆（美国）
Rockford Public Library（RPL）

位于美国伊利诺伊州北部罗克福德市，始建于 1872 年，包括 1 所中心馆和 5 所分馆，为辖区居民提供服务。馆藏图书及期刊合订本 70 多万册，激光唱片、磁带及其他音频资料 5 万多件以及数字视盘和家用录像机制式的视频资料 2.5 万多件。年到馆访问 58 万人次，年图书流通量 130 多万册次。特色收藏包括有关教师的文献和有关求职的简历及职业选择等文献资源。

罗克斯伯格装订法
Roxburghe Binding

根据苏格兰著名图书收藏者罗克斯伯格三世公爵（The 3rd Duke of Roxburghe）的名字命名的一种图书装订法。该方法首先被罗克斯伯格三世公爵用于其私家藏书的装订，其特点是封面用纯黑色，没有凸起的字迹，在书脊边缘、布或纸边的顶端附近使用金色印刷书名并为书烫制金边。

罗马化
romanization

又称“拉丁化”。指将非拉丁文字系统用拉丁字母拼写的转写方式，根据被转系统的性质可分别采用字符转写、语音转写或两种方式相结合的混合转写形式。转写时，须遵循一定的规则。

罗马历

Roman Republican Calendar

公元前由罗马制定的一种历法。当今流行的历法就源于罗马历。罗马历的第一个月相当于现在的3月，按规定，罗马历的3，5，7，9，11和1月为大月，有31日；4，6，8，10，12和2月为小月，有30日。2月是罗马历的最后一个月，是用来调整日数的，所以预定在闰年时定为30日，平年定为29日。

罗马尼亚国家图书馆

The National Library of Romania/*Biblioteca Națională a României*

其前身是瓦拉吉亚一所古老图书馆——圣萨瓦学院图书馆。1832年该馆获得法定缴送本权，1864年的关键性法令《公共图书馆规章》，使其成为既是国家图书馆又是研究图书馆的公共“中央图书馆”。1901年该馆并入科学院图书馆。1955年重新成立的国立中央图书馆由一系列机构和私人图书馆合并而成，隶属于文化部。享有缴送本的权利，负责编辑出版国家书目和全国联合目录。拥有文献1 300万册（件），其中有1.1万本善本、162种摇篮本、4.7万种期刊、视听资料2.9万件和7万幅老照片。该馆免费提供在线目录查询服务。

罗马数字

Roman numeral（Roman figure）

由古罗马人发明、在11世纪阿拉伯数字传入欧洲之前一直被欧洲各国广泛使用的一种数字体系。罗马字母的大写字母常用来表示数字，使用时既可单个使用，如I=1，V=5，X=10，L=50，C=100，D=500，M=1 000；又可按照相应的规则组合使用，如IV=4，VI=6，IX=9，XI=11等。在印刷业中，大写的罗马数字经常被用来排列图书的章节、书刊的分部和附录的次序，而小写形式常用于表示正文前资料的页数次序。

罗马体铅字，正体字

Roman letter

印刷工业中使用的一种铅字，据历史记载是由法国国王下令铸造的。1692年法国国王路易十四下令不惜工本铸造一套专供皇家印书局使用的铅字，全部成品共有21种不同大小的正体和斜体字母，全套铅字共82副，于1745年铸成。

罗马音标

Romanization

明末西洋传教士利玛窦来华传教，为了学习中国的文字，尝试采用罗马字作为拼注汉字声韵的符号，这是中文以罗马字来拼注的开端。罗马音就是日语50音图的读法，基本跟拼音的读法差不多，有少许不同。

罗马语

Romance language

一种从拉丁语发展起来的语言，构成了印欧语系中意大利语族的一个分支。“罗马”一词源自拉丁语*Romanicus*，中世纪曾用以指称通俗类型的拉丁语。罗马语族诸语言主要根据词汇和形态结构相似特征而被划入同一语族，在其内部则很难再细分，多数分类是按照明显的或隐含的历史和地理因素划分的。现代以罗马语族诸语言作为母语者约有4亿人。

罗马字母

Roman alphabet

阿拉伯字母传入之前由希腊文发展起来并在欧洲大陆得到普遍使用的一种字母体系。最初只有21个字母，后来逐步发展为26个字母。罗马字母是目前世界上最通行的字母。大部分西欧国家语言都使用这种字母，如意大利文、法文、英文和德文等。中国的汉语拼音方案也采用了这种字母。

罗马字体

Roman

由小写字母（小写字体）和大写字母（大写字体）组成的正式拉丁字母，与哥特体（斜体）和黑体有很大的区别。小写字母源自中世纪欧洲使用的非草书体抄本，而大写字母源自古代罗马人的墓碑刻本或其他纪念物上的碑铭。

罗马字体，白体字

white letter

早期所用的印刷罗马字体，又称普通字体，不同于歌特体或西文黑体字。

罗萨里奥市立“胡安·阿尔瓦雷斯”图书馆（阿根廷）

Biblioteca Dr. Juan Álvarez

阿根廷罗萨里奥市乃至圣达菲省地区最重要的

图书馆。在1909年通过17号法案获准建立，最初的馆址是该市的木材交易市场。1912年7月24日该馆独立馆舍落成并正式揭幕开放。其使命是一视同仁地满足本地民众的信息需求，支持市民继续教育和自发学习，丰富居民休闲娱乐生活，收集并保存罗萨里奥及其附近的信息资源；其目标是成为致力于为社会提供知识的楷模，从而令市民受益；该馆的价值观包括：读者的认可是图书馆“创新求变”体系的主要特点；以提升自身专业素养为动力。2007年4月开设“上海之窗”。

罗斯门出版社（俄罗斯）
The Rosman Press

属私人出版社，成立于1992年。该出版社至今已出版图书1 000多种，成为俄罗斯最大的儿童图书出版社。主要出版儿童阅读、儿童教育类图书以及学生百科知识、儿童图书玩具和礼品图书及画册等。罗斯们出版社已成为俄罗斯经典“家庭”出版社，每年出版图书约200多种。

罗纹纸
White Paper with Silk Stripes

这种纸在宋代已有制作。制法是在编纸帘时，将丝线或马尾纹间距缩小，捞纸时丝线纹与竹条纹纵横交错，在纸上印成罗纹。亦可在硬木板上刻成罗纹图案，再研在纸上。

逻辑差异
logical difference

布尔逻辑中，用“非”或“—”命令将某一实体的成员从其他实体成员中区分开来的结果。这是用于确定书目数据率中的记录含有词语A而不是词语B的检索策略，也就是表示必须满足条件A，但不是条件B的单元的集合。

逻辑单元
logical unit

无形资源（如数字文件）的组成部分。

逻辑和
logical sum

又称“逻辑或”。布尔逻辑中，用“或”命令查找两个或更多实体的所有成员的结果。这是用于确定书目数据库中的记录含有词语A或词语B的检索策略，表示满足A或B两个条件之一即可的单元的集合。

逻辑和运算
Join（logical sum）

一种逻辑关系描述，表示逻辑“和”的运算。

逻辑记录
logical record

在机读目录中每条记录有几个字符或字节代表有逻辑的信息项的集合，这是根据记录的内容、功能和方便使用来构成的逻辑记录，而不是根据记录的物理属性。

逻辑结果
logical product

又称“逻辑与”。布尔逻辑中，用“和”命令查找同属于两个或更多实体的所有成员的结果。这是用于确定书目数据库中的记录既含有词语A又含有词语B的检索策略，也就是表示同时要满足A和B两个条件的单元的集合。

逻辑排列法
logical arrangement

在编目工作中按字母顺序排列方法发展起来的一种方法，其著录款目是按主题内容或款目类型次序排列。

逻辑炸弹
logic bomb

一种计算机病毒，能在计算机内存里引进一组指令，将于未来某天启动，届时计算机系统全部被破坏。

螺旋式装订
spiral binding

指在封面和书页的装订边打孔，用螺旋型塑料圈或金属丝作螺纹式连续穿过一排小孔的装订方法。主要用于报告、手册、小册子、产品目录、作业本和笔记本等有空白处或者页面规则的书本。

洛杉矶公共图书馆（美国）
Los Angeles Public Library（LAPL）

成立于1872年，隶属于美国洛杉矶市政府部门。包括1所中心馆和72所分馆以及4所流动图书馆。其藏书量居全国第3位，馆藏图书及期刊合订本650多万册，300多万幅老照片、激光唱片、磁带及其他音频资料32万多件，以及数字视盘和家用录像机制式的视频资料 23 万多件。年到馆访问达 200 万人次，年图书流通量 1 800 多万册次。总馆的电子资源训练中心提供使用电子资源的辅导服务，提供的电子资源包括在线目录、数据库和网站链接等，并提供青少年和儿童网站页面。各分馆经常举办各种各样的社会活动，吸引公众利用图书馆。该馆是国际图联机构会员。

《洛杉矶时报》（美国）
Los Angeles Times

其影响与地位仅次于《纽约时报》和《华盛顿邮报》，被称为美国的第三大报。1881 年创刊于美国加利福尼亚州的洛杉矶市。原来是一家持保守观点、支持共和党的报纸。1960 年开始走中间道路，同时该报扩大了国内外报道，并同《华盛顿邮报》(*Washington Post*) 联合成立了“洛杉矶时报—华盛顿邮报通讯社”。该报还注意扩大社论的篇幅，并加强社论的独立性，从而大大增强了其影响力。该报在美国国内建有 10 个分社，还在包括中国在内的 20 多个国家建有分社。

洛杉矶县公共图书馆（美国）
County of Los Angeles Public Library

美国第四大公共图书馆系统，位于美国加利福尼亚州洛杉矶县，建立于 1912 年。服务于其下属 88 个城市中的 51 个城市，辖区居民 350 万名，包括 85 所地区及社区分馆和 4 所流动图书馆。馆藏图书及期刊合订本 800 多万册，激光唱片、磁带及其他音频资料 47 万件以及数字视盘和家用录像机制式的视频资料 150 万件。注册读者达 220 多万名，年图书流通量达 1 600 多万册次。

洛特卡定律
Lotka's Law

情报学中最重要的三大定律之一，其余两大定律分别是布拉德福定律（Bradford's Law）和齐夫定律(Zip's Law)。于 1926 年问世，由美国人艾尔弗雷泽·洛特卡（Alfred J. Lotka）在题为《科学生产率的频率分布》一文中提出，文章揭示的是科学家科技生产率频率分布的定量规律，可用公式 $f(x) = c/x^{-2}$ 表示。式中，$f(x)$ 表示在一定时间内，某一特定学科或主题领域中，撰写了 x 篇论文的作者数（或作者频率），c 是常数。该定律阐述了科技论文作者数量与论文数量之间关系，也称“平方反比律”，在科学学、图书馆学和情报学中占有重要位置。

骆驼图书馆服务
Camel Library Service

1996 年 10 月，位于肯尼亚东北部省的加里萨城开始提供这项特殊的图书馆服务。由肯尼亚政府出资，主要在靠近索马里边界的以游牧民为主的城镇开展，所提供书籍的语言多为日常使用的英语、索马里语和斯瓦希里语。

L

M

M

麻沙本
Masha Edition

福建建阳县西麻镇书坊所刻的书。建阳及建瓯两地刻的书又称建本。建阳县属下的两个市镇麻沙和崇化，在宋元时代均以刻书著名，当地人世代以刻书为业，有图书之府的美称。麻沙书坊由于刻书量大，大量刊印之余，难免有校勘不精之弊。麻沙本的字体，有其特别的风格，印书多用竹纸，日久容易折裂，要慎重保存。麻纱本的字体，有其特殊风格，字画起笔、转笔和止笔，都带有棱角。

麻沙纸
Masha Paper

产于福建建阳麻沙镇。颜色稍黄，纸纹不明显，厚薄、韧性也与麻纸相仿。

麻纸
Hemp Paper

中国古代图书典籍的用纸之一，是一种大部分以黄麻为原料生产的强韧纸张。麻纸的特点是纤维较粗，纸质坚韧；外观有粗细厚薄之分，又有“白麻纸”、“黄麻纸”之别；其帘纹一般较皮纸、竹纸为宽。隋唐五代时的图书多用麻纸，宋元时已不占主要地位，明清时麻纸的使用更为稀少。

马达加斯加国家图书馆
National Library of Madagascar/*Bibliothèque Nationale de Madagascar*

建于 1961 年，藏书来源可上溯到殖民政府 1920 年在塔那那利佛成立的图书馆。根据缴送法规定，该馆作为首都的公共图书馆和研究文献中心可获得大量书刊，这不但保存了祖先的遗产，还使其为该国的公共图书馆和研究图书馆服务中起到重要作用。1961—1973 年马达加斯加国家图书馆还开展了图书阅读活动，促使该馆设立国家图书馆服务处来做普及文化、推动写作、保护著者权益和出版权等工作。该馆是国际图联机构会员。

马尔代夫国家图书馆
National Library of Maldives

于 1945 年建立。1948 年为纪念该馆创始人更名为马吉德图书馆，图书馆业务由具有英文、乌尔都文和阿拉伯文知识的人来处理。该馆藏书主要来自英国、美国的捐赠，而且是联合国教科文组织和粮农组织出版物的保存馆。1982 年马尔代夫总统将其定名为马尔代夫国家图书馆，以确定其国家图书馆的地位。此后由一些世界发达国家负责对该馆的图书馆员进行培训，帮助重组馆藏和建设新馆舍。拥有藏书 4 万多册（卷）。

马尔特诺马亥县图书馆（美国）
Multnomah County Library

位于美国俄勒冈州的塔尔萨市，设有 1 所中心馆和 18 所分馆，注册读者为 43 万人，其馆藏图书和期刊合订本有 199 万册，激光唱片、磁带和其他音频资料共 8.8 万件，数字视盘和家用录像机制式的视频材料共 9 万件。年到馆访问 660 万人次，年图书流通量为 2 200 万册次。

马耳他国家图书馆
National Library of Malta

最早的历史可以上溯到 1555 年圣约翰骑士团有关捐书的律令、1649 年瓦莱塔方济各教堂中的图书馆和 1766 年的唐森公共图书馆。在拿破仑战争中曾遭蹂躏、摧残，1925 年成为保存本图书馆。1976 年由皇家马耳他图书馆更名为马耳他国家图书馆，属研究参考图书馆。该馆设有图书修复实验室，特藏有皇帝查理五世及其母后乔安娜名义签发的文献、15 世纪含 196 幅袖珍绘画的著名抄本和圣约翰骑士团的档案等。该馆是国际图联机构会员。

马费成（1947—）
Ma Feicheng

武汉大学信息管理学院教授、博士生导师。主要从事情报学和信息管理专业的教学和科研工作。曾担任武汉大学信息管理学院院长、中国图书馆学会副理事长。兼任教育部人文科学重点研究基地武汉大学信息资源研究中心主任、中国科技情报学会第六届理事会常务理事、中国社会科学信息学会常务理事、中国信息经济学会常务理事、德国信息中心高级研究员、国家社会科学基金专家组成员、国家自然科学基金通讯评审专家、教育部人文、社会科学基金专家组成员以及《信息科学学报》（*Journal of Information Science*）编委。出版著作 10 多部，发表论文 100 多篇。主要研究方向为信息经济、信息资源管理与规划、情报学理论方法。承担各级各类科研项目20多项，获得各类奖励20多项。

马粪纸
strawboard

用草浆制作的供装订或裱糊用的价格低廉、粗糙的纸板。

马海群（1964—）
Ma Haiqun

博士、教授、博士生导师，黑龙江大学信息管理学院院长。1989年毕业于华东师范大学图书馆学系，获硕士学位；2002年毕业于武汉大学信息管理学院，获博士学位。主要从事信息管理专业的教学和研究工作，特别在知识产权与信息管理、信息政策与法律和信息咨询等方面有较专深研究，并指导与培养信息政策与法律方向的硕士生。担任的社会兼职有：中国图书馆学会第八届理事会理事、学术研究委员会图书馆法律与知识产权研究专业委员会委员、中国科技情报学会理事、中国科技情报学会学术委员会委员、中国社科情报学会理事、中国索引学会理事和黑龙江省高校图工委副主任；《中国图书馆学报》、《情报资料工作》、《情报科学》和《现代图书情报技术》等期刊编委。已出版著作12部（含合著），发表论文180多篇。曾获黑龙江省社科优秀科研成果奖一、二、三等奖若干项。主持并完成国家社科基金项目1项，主持教育部人文社科基金项目1项，主持并完成黑龙江省科技厅重大科技攻关软科学课题1项，主持并完成黑龙江省教育厅项目若干项。

马恒通（1943—）
Ma Hengtong

河北师范大学图书馆研究馆员。1965年毕业于山西太原机械学院（今华北工业学院）化工制造系，1984年毕业于北京大学图书馆学系（函授）。主要研究方向为图书馆学基础理论、文献分类学、信息资源建设和情报学，发表100多篇学术论文，多次获奖。

马衡（1881—1955）
Ma Heng

现代金石学家、考古学家。字叔平，浙江鄞县人。曾任西冷社社长、北京大学研究所国学门考古学研究室主任、故宫博物院院长以及北京文物整理委员会主任。主持过燕下都遗址的发掘。主要著作有《汉石经集存》、《凡将斋金石丛稿》等。

《马克斯·普朗克国际公法百科全书》（在线版）
Max Planck Encyclopedia of Public International Law

在国际法领域中全面且具有深度分析的电子参考书，包括很多国际法中最新的条款、国际组织和国际间的合作以及覆盖面广的热点问题。该数据库提供快速检索和高级检索方法，还可按题名、作者以及主题字母列表浏览。

（马拉松式的）阅读活动
reading marathon

指学校或图书馆开展的一种长期、持久的读书活动。通过这种活动可以鼓励青少年读者在某一指定的时间内阅读一定数量的专栏文章或图书。这种活动一般与资金筹措联系在一起。一旦达到规定的阅读目标，主办者就要保证为这种活动提供一定数量的资金。

马拉维国家图书馆服务处
Malawi National Library Service

根据1967年议会通过法案，在1947年成立的马拉维国家档案馆下设国家图书馆服务处。一些英国文化委员会马拉维办事处的分支图书馆归并进来，继续在中小学和社区中心开展图书馆服务，支持全马拉维2 000多所社区图书馆的运作。隶属于马拉维文化部的国家档案馆是唯一的法定缴送本图书馆，负责收集官方文献和历史手稿。该馆作为马拉维最大的资料文献中心，出版年度累积本的《马拉维国家书目》。

马来西亚北方大学苏尔塔纳·巴西亚图书馆
Sultanah Bahiyah Library, University Utara Malaysia

位于马来西亚北部，馆藏图书有30多万册，现刊800多种，电子期刊2 700多种。该馆拥有阅览席位1 000个，并设有专门的讨论室和研究室。使用LINTAS计算机系统，也是马来西亚第一所使用光盘检索的图书馆。

马来西亚国家图书馆
National Library of Malaysia/*Perpustakaan Negara Malaysia*

经过10年的酝酿，1966年马来西亚政府任命了国家图书馆委员会，1971年成立国家图书馆，1972年通过“国家图书馆法”，同年向公众正式开放。1977年国家图书馆与国家档案馆分离，成为政府的一个独立部门，隶属于教育部，并逐渐实现自动化。拥有图书 315 万册（卷），期刊 3.5 万种，手稿 2 469 部，视听资料 9.5 万件，数字资料 3.5 万件以及非书资料近 8 万件。该馆是国际图联机构会员。

马来西亚国民大学藤·塞里·拉纳图书馆
Tun Seri Lanang Library，University Kebangsaan Malaysia

位于马来西亚班吉（Bangi）市，始建于 1970 年，20 世纪 80 年代为纪念柔佛州著名人士帕普斯塔卡·藤·塞里·拉纳（erpustakaan Tun Seri Lanang）贡献而更为现名，现包括 1 所中心馆和 4 个分馆。馆藏印刷类图书和政府文献 70 册，期刊 3 000 多种以及大量缩微和视听资料，特色馆藏包括阿拉伯伊斯兰文明文献资料等。

马来亚大学图书馆（马来西亚）
University of Malaya Library

成立于 1959 年，由总馆和 13 所分馆组成，总馆占地面积为 17 372 平方米，拥有阅览座位 1 608 席。馆藏达 100 多万册，种类有图书、期刊、会议录、视听和缩微资料和学位论文。该馆专门为弱视学生开放 53 个小自习室（共有 583 个座位）。

马里奥·安德拉德图书馆（巴西）
Biblioteca Mário de Andrade

建于 1925 年，1926 年 1 月起正式对外开放。该馆是巴西第二大公共图书馆，位于圣保罗市。主要服务圣保罗市居民。该馆拥有一个专门的文化办事处，协助该馆举办系列文化活动，包括课程、演讲、音乐会和研讨会。2011 年 10 月，该馆开设“上海之窗”，提供一系列的中文读物阅览和借阅服务。

马里兰大学情报科学学院（美国）
College of Information Studies of University of Maryland

位于美国马里兰州，自 1965 年建立以来一直在培养信息专家方面居于领先地位。该情报科学学院的课程集中在图书馆学和情报科学的研究与实践，为信息服务提供综合的专业基础。可授予信息管理、档案、文件和信息管理和学校图书馆媒体的硕士学位、历史与图书馆学、地理和图书馆学双硕士学位以及图书馆学与情报学的博士学位。所开设的主要课程有：图书馆系统分析、电子环境下的信息检索、西方文化中的档案与图书馆、弱势群体图书馆服务、信息服务计划与评价和社会发展中的图书馆与信息服务业等。

马尼拉纸
manila

原指以马尼拉大麻为原料制造的淡黄色纸，近来转指以化学纸浆为原料制成的淡黄色的强力纸，用作货签和包装用纸等。manila 也可拼为 manilla。

马其顿国家与大学图书馆
National and University Library of Macedonia

成立于 1944 年，其传统植根于泛斯拉夫教育者圣·西里尔兄弟，他们是斯拉夫国家图书馆的奠基人和图书馆活动的开创者。该馆藏书主要来自 1920 年成立于斯科普里的哲学院中心图书馆。1945 年 2 月马其顿国家与大学图书馆成为南斯拉夫出版物的 8 所保存本图书馆之一。自从 1991 年马其顿共和国独立以来，该馆只接收马其顿出版物的保存本，并免费提供在线公共目录查询服务。

马萨诸塞州立图书馆（美国）
State Library of Massachusetts

位于美国马萨诸塞州首府波士顿市，始建于 1826 年，1893 年成为州政府的一个部门。该馆收藏了州政府全部出版物以及相应的法律及司法文献。同时收藏了丰富的联邦政府文献，主要集中在国会文件、统计文件、司法文件以及联邦条例。1990 年以后收藏的文献都可以通过在线查询。

马塞尔·德克尔公司（美国）
Marcel Dekker，Inc

创立于 1963 年 2 月，总部设在美国纽约，是一家美国私营国际出版公司，至今公司仍然保持家族管理的模式。另在瑞士巴塞尔（*Basel*）市设有子公司（*Marcel Dekker AG*）。面向大学师生、科研工作者和各种专业的实习医生等，主要出版科技图书和医学图书（STM），有工具书、教科书、百科全书、期刊和新闻札记等，出版涉及专业：农业、生物、化学、工程、环境科学、食品工程、图书馆学情报学、数学统计、医学、行政管理、色层分离学、光谱学和电解化学等。

马什传记奖
Marsh Biography Award

该奖项授予那些由英国作家创作、并在英国出版的传记作品。在奖项公布之前两年内出版的作品才有资格参加作品评选，每年 9 月公布获奖作品提名，10 月公布最终获奖作品，获奖者奖金为 3 500 英镑。

马泰来（1945—）
Ma Tailai

博士、教授，美国普林斯顿大学东亚图书馆馆长。先后任芝加哥大学东亚图书馆馆长、香港大学图书馆副馆长及冯平山图书馆主任，兼任东亚图书馆理事会主席及中文善本国际联合目录顾问委员会委员，《续修四库全书 . 集部》特约编纂。主要研究范围：中国小说史、明代文学、明代社会制度史、版本目录学。著述颇丰。

马歇尔 · 麦克卢汉（1911—1980）
Marshall McLuhan

加拿大多伦多大学的文学和文化学教授。因他的交流方法——如何影响社会的创新理论，如“地球村”（Global Village）和“媒体即是讯息”（Medium is the Message）而闻名，被称之为“媒体先知”。1943 年获得英国剑桥大学英语文学博士学位。1963 年，他对 15 世纪欧洲文化的影响的分析文章《谷腾堡星云》（*The Gutenberg Galaxy*：*The Making of Typographic Man*）赢得为评价性作品而设的政府一等奖。1964 年因《理解媒体：论人类的延伸》（*Understanding Media*：*The Extensions of Man*）一书的畅销而引起世人的关注。在该书中，他强调人类的交流媒体是物理感觉的自然延伸，介绍了它们传达的内容之外在社会功能和人类意识方面的变化。

马自卫（1937—）
Ma Ziwei

北京邮电大学教授。1964 年毕业于北京邮电大学有线电通信工程系，1989—1990 年在美国俄亥俄大学研究计算机网络和计算机信息管理系统，曾任北京邮电大学图书馆馆长。其研究方向是计算机网络和数字图书馆，除承担科研、教学任务外，还是北京邮电大学图书馆“211 二期工程”的首席专家，长期致力于计算机网络与信息管理系统方面的研究与开发工作，曾先后聘为中国科学院国家科学数字图书馆项目专家组成员、中国高等教育文献服务保障服务体系（CALIS）专家核心组成员、中国图书馆学会自动化分会副主任、教育部高等学校图书情报工作指导委员会专家组成员和北京地区高校数字图书馆建设研究会理事长等职。主持完成了 10 多项包括北京市、省部级和国家“九五”攻关项目在内的重大科研项目，获得省部级以上奖励 9 项，先后在《英国电子图书馆学报》、《大学图书馆学报》等国内外著名杂志和出版社发表论文、专著 100 多篇。

马宗荣（1896—1944）
Ma Zongrong

中国近代著名教育家、图书馆学家。1918 年公费留日，先学工科，后学教育，1929 年毕业于日本东京帝国大学。回国后曾任教育部主任秘书、社会教育司司长、贵阳文通书局编译所所长和大夏大学图书馆馆长。曾为中华学艺社社员、上海图书馆协会会员、日本图书馆协会会员和上海市特别教育局督学。利用留学日本的资料，系统研究图书馆学基础理论，从 1923 年起就开始编撰图书馆系列著作，著有《现代图书馆序说》、《大学图书馆经营之实际：大夏大学图书馆组织与管理》、《现代图书馆经营论》、《现代图书馆事务论》、《现代图书馆教育论》和《现代图书馆发展论》。

玛格丽特 · 曼恩（1875—1960）
Margaret Mann

美国目录学教师和图书馆学家，芝加哥阿穆尔学院图书馆管理系毕业。曼恩在阿穆尔学院并入伊利诺伊大学后任讲师，并负责大学图书馆编目工作。1903 年任匹兹堡卡内基图书馆编目部主任，后任美国图书馆协会编目组主任，1917—1932 年在美国图书馆协会十进分类法顾问委员会和编目条例委员会任职。1923 年任教于巴黎的一所图书馆学院，1926 年在美国密歇根大学图书馆学院任教授。出版过专著《青少年目录用主题词表》（*List of Subject Headings for a Juvenile Catalog*）、《图书分类编目导论》（*Introduction to Cataloging and Classification of Books*），后者作为经典著作，至今仍有影响。

玛格丽特 · 维津斯特罗姆地区图书馆发展基金
Margret Wijntroom Fund

此项基金由国际图联名誉会员（1987 年）、前秘书长（1971—1987 年）玛格丽特 · 维津斯特罗姆（Margret Wijntroom）女士发起，靠捐赠筹措。主要支持国际图联区域办事处包括在国际图联专业组织工作的发展中国家的图书馆员以及支持在发展中国家施行的专业项目。

M

玛丽·E·戴克斯特拉（1939—）
Mary E. Dykstra

加拿大图书馆学教授、情报学家。1970 年毕业于加拿大达尔豪斯大学，获图书馆学硕士，1986 年获英国谢菲尔德大学颁发的图书馆学博士学位。1980 年起在达尔豪斯大学图书馆学情报学学院任教，1986 年担任该学院院长。戴克斯特拉的博士论文是对英国标引系统——“保留上下文索引系统”（PRECIS）作为自动文本分析模型的可能性的调查，她于 1985 年出版的《保留上下文索引系统（PRECIS）入门》(*PRECIS*：*A Primer*)，因深入浅出，适用易懂而被广泛采用。

玛丽·伊丽莎白·伍德（韦棣华）(1862—1931)
Mary Elizabeth Wood

美国圣公会女传教士、图书馆学教育家。1899 年来中国探望其弟，留居武昌，任文华大学英语教授，积极为学校筹办图书室。1907 年为文华大学募集图书馆资金而返回美国，并进入西蒙斯学院进修图书馆学。1910 年春文华大学图书馆建成开馆，命名为文华公书林，由韦棣华任图书馆负责人，该馆除为该大学及其中学服务外，也为当地其他学校、机关及个人服务。是中国早期的一所带有公共图书馆性质的学校图书馆。为培养图书馆专业人才，于 1914 年和 1917 年先后派出沈祖荣、胡庆生去美国学习图书馆学。1920 年在文华大学内创办图书科，任主任兼教授。1929 年该科成为武昌文华图书馆学专科学校，是中国的第一所独立的图书馆学校。1925 年韦棣华加入中华图书馆协会，并任图书馆教育委员会书记。1927 年代表该协会出席英国图书馆协会成立 50 周年大会和其他 14 国一起签署关于成立国际图联的协议。编写有《庚子赔款与中国图书馆运动》（1924）一书。

玛丽·伊琳·阿亨（1860—1938）
Mary Eileen Ahern

美国图书馆学家，1889 年任印第安纳州州立图书馆馆长。从 1896—1931 年担任《公共图书馆》(*Public Libraries*) 杂志主编，主张进行民众教育，提高民众知识，倡导公共图书馆是民众的真正大学。在芝加哥阿穆尔技术学院进一步深造后，阿亨曾三度担任伊利诺伊图书馆学会主席，参与美国图书馆协会工作，始终关注学校和公共图书馆的关系以及图书馆员的培训等。

玛利亚·路易莎·蒙蒂罗·库尼亚（1908—1980）（葡）*Maria Luisa Monteiro da Cunha*

巴西图书馆学家。医学和图书馆学硕士，曾在哥伦比亚图书馆学院进修。早期从事编目工作，1949—1970 年担任圣保罗大学图书馆总馆馆长；1970—1978 年担任圣保罗大学文献工作及图书馆部主任。作为专门委员会成员，参与促进宣传媒介的交流和艺术学院的建立，并从 1967—1972 年在此任教，讲授图书馆事业及编目课程。担任 1961 年国际图联编目原则协调工作组成员，参加各种国际编目专家会议，获得巴西文献工作及图书馆工作大会授予的金质奖章。

码分多址
Code Division Multiple Access（CDMA）

在数字扩频通信基础上发展起来的一种崭新而成熟的无线通信技术。1995 年，第一个码分多址商用系统运行之后，其诸多优势在实践中得到了检验，从而在北美、南美和亚洲等地得到了迅速推广和应用。在澳大利亚主办的 2000 年第 28 届奥运会中，码分多址技术更是发挥了作用。与其他系统（FDMA 和 TCDMA）相比，具有系统容量大、通话质量更佳、建网成本低和数据传输速率高等独特优势。因此，全球码分多址的用户迅速增长。

买版权的特权
option

指为了某种特殊之目的从版权持有人手中购买一部书或手稿的优先权，如将长、短篇小说改编为供演出或拍摄用的剧本权。

迈阿密-登德公共图书馆系统（美国）
Miami-Dade Public Library System（MDPLS）

位于美国佛罗里达州迈阿密登德县，始建于 1895 年。为辖区居民 193 万人提供各种服务。包括 1 所中心馆，48 所分馆和 1 所流动图书馆。馆藏图书及期刊合订本 400 多万册，激光唱片、磁带及其他音频资料 11 万多件，数字视盘和家用录像机制式的视频资料 1.2 万多件。年到馆访问 560 万人次，年图书流通量 940 多册次，注册读者 65 万人。

麦格劳·希尔教育集团（美国）
McGraw-Hill Education

成立于 1888 年，总部设在美国纽约，业务遍及全球 30 多个国家和地区。其业务范围主要包括：专业期刊与新闻服务业、金融服务与数据出版业和图书出版与教育服务业。在教育领域，该公司致力于全美国从小学、中学到大学，以至于终生专业学习的教育服务及教材的提供；在学术专著与大众畅销书出版方面，麦格劳·希尔教育公司在贸易、企业管理、金融证券、医疗、建筑、工程和计算机等学科都名列前茅。另外，专业工具书是该公司出版的一大优势与特色。麦格劳·希尔教育出版公司在特别注重出版物的权威性、时代性的同时，尤其注重对教师的教学服务，以遍布全球的营销服务与出版机构，积极服务于当地教育事业的发展，共享全人类共同的知识财富。

《麦格劳·希尔科技年鉴》(美国)
McGraw-Hill Yearbook of Science and Technology

作为《麦格劳·希尔科技百科全书》(*McGraw-Hill Encyclopedia of Science and Technology*) 的补编出版的一种专科年鉴。初版于1962年，由美国纽约的麦格劳·希尔 (McGraw-Hill) 公司出版。该年鉴由190名专家执笔，概述前一年各个学科领域中的进展情况，提供最新的科技资料以及科研领域中的前沿课题（生物医学、计算机科学、环境科学、遗传学、材料科学与工程学、神经系统科学、高分子化学以及理论物理学)，以弥补百科全书不可能及时修订之不足。该年鉴按学科A（天文学）~Z（动物学）统一字顺编排中小条目。插图和书目丰富，有引向百科全书和年鉴的参见，有电子版。

麦格劳·希尔图书出版公司(美国)
McGraw-Hill Companies, Inc.

创建于1888年，总部设在美国纽约。麦格劳·希尔公司的经营范围涉及图书出版、信息服务和金融服务。就其出版而言，麦格劳·希尔公司的初衷是出版科技图书，特别是机械、交通工业方面的工程技术图书。事实上，今天的麦格劳·希尔公司的图书出版主要范围仍然是教学、职业、建筑、信息和金融。该公司主要出版教材（大、中和小学)、科技图书（著名的科学技术百科全书、科学技术术语等）和经济类图书。

麦吉尔大学图书馆（加拿大)
McGill University Libraries

自1823年以来，该馆就同麦吉尔大学一起致力于知识的传播和推广。拥有藏书逾600万，规模为魁北克省之首，同时也是整个加拿大最大的学术图书馆之一，保存着重要的古籍文物以及现代化的电子期刊和电子图书。该馆拥有1所总馆和13所分馆。每年接待读者访问达330多万人次，网站点击率则是实际访问量的两倍多。该馆使命是致力于为读者提供优质的馆藏、获取广泛知识的途径、卓越的服务以及适宜的图书馆环境，以推进教、学、研与社区服务。一切以用户为本，关注麦吉尔社区的需求。该馆于2006年10月设立“上海之窗”。

麦吉尔大学图书馆学与情报学研究生院（加拿大)
GSLIS of University of McGill

麦吉尔大学位于加拿大的蒙特利尔，研究生部的图书馆学情报学研究生院是加拿大图书馆学情报学教育协会和加拿大图书馆学院委员会的成员。可授予图书馆学与情报学博士学位、图书馆学与情报学硕士学位。该研究生院获得美国图书馆协会资格认证，所开设的研究生课程主要有：在线信息检索、档案研究、定量方法与文献计量学、描述目录学、多媒体系统、信息用户与服务和文摘与标引。

麦考利图书馆
Macaulay Library

该馆于1929年由康奈尔大学鸟类学实验室建立。在2013年1月完成所有模拟录音的数字化转换，并正式在其网站上线，成为世界上最大的拥有生物物种录音及视频的图书馆。目前共收录有15万条录音及视频记录，全部时长达7 513个小时，涵盖了9 000种物种，馆藏大部分是鸟类，但也有鲸鱼、大象等物种。

《麦克莱恩斯》(加拿大)
Maclean's

加拿大最著名的新闻周刊，创刊于1905年。该刊风格类似美国的《新闻周刊》(*News Week*)，拥有一大批著名的专栏作家，以对国内外新闻事件和时事的深入分析为特色，同时也提供有关经济、文化、教育和健康等方面的专题报道，在读者中有较大的影响。从1991年开始，该刊每年作一次全加拿大的大学排名，将大学分成医学/博士级大学、综合大学和基础学士级大学3类进行分类排名。

麦克罗列柯斯
Microlex

一种不透明缩微卡片名。由美国纽约麦克罗列柯斯公司（Microlex Corporation）生产，包括阅读器和不透明6.5英寸×8.5英寸缩微卡片，每张卡片可排列200页文献。

麦克玛斯特大学图书馆（加拿大）
McMaster University Libraries

位于加拿大安大略省的汉密尔顿，由4所图书馆组成：人文科学图书馆、商业图书馆、科学工程图书馆和卫生科学图书馆。馆藏总量超过200万册、期刊1.5万多种、全文电子期刊4 000多种、1.3万种缩微资料以及3 000多幅地图。馆藏侧重于商业、经济、英语文学、地理学、地质学及卫生科学等。年到馆访问200万人次，解答咨询6万多次。

麦克米兰出版公司（美国）
Macmillan USA

美国历史较悠久的商业出版集团，创立于1846年，总部设在美国。美国麦克米兰出版公司原是美国西蒙·舒斯特（Simon Shuster）出版公司的子公司，现为国际媒介巨头皮尔森集团（Pearson PLC）的子公司。其下还有：Sams，Que，Complete Idiots Guides，BradyGAMES和Macmillan Software等出版公司。在全世界年售书量为1 000多万册。其中所出版的计算机类图书、电子出版物和数字产品及软件，均建立了其他出版社不可比拟的品牌，是世界上最大的、最成功的计算机图书出版商之一。该公司还在世界许多国家和地区设分公司和办事处，如澳大利亚、新西兰、日本、马来西亚和香港等。

麦群忠（1938—）
Mai Qunzhong

广西壮族自治区图书馆研究馆员。1960年毕业于武汉大学图书馆系，先后在山西省图书馆、山西省棉花研究所图书资料室工作。1984—1990年任广西壮族自治区图书馆副馆长，1990年起任第一副馆长、馆长。曾兼任中国图书馆学会理事、学术委员，广西壮族自治区图书馆学会常务副理事长、理事长，广西科普作协常务副理事长，广西科技史研究会理事和广西档案学会理事等。先后发表图书馆学专业论文40多篇，科普文章300多篇，专著20多部。

卖不出去的图书
rums

18世纪伦敦书商们经常使用的一种俚语表达法，意思是指一批各种各样的混杂在一起无法出售的图书。

满期，截止期
expiration date（expiry date）

指按征订通知，在规定日期前未收到付款而终止期刊订阅的日期，亦指图书借书证、用户在线密码口令、成员资格、软件以及文件下载许可等不再有效的日期。

满意度
satisfying

指图书馆员或读者认为图书馆所提供的服务满足了其需求的程度。

曼彻斯特大学理工学院图书馆（英国）
Library & Information Service of UMIST

位于英国曼彻斯特市，包括两部分：一部分是朱尔（Joule）图书馆，以收藏科学、工程及技术类文献为主；另一部分是普雷辛科特（Precinct）图书馆，侧重于收藏管理、商业、会计及经济等方面的文献。各类文献馆藏总计45万册（件），图书33万册，期刊合订本8.1万册，现刊1 100多种。

曼彻斯特大学约翰·赖兰兹图书馆（英国）
John Rylands University Library of Manchester

该馆位于英国曼彻斯特市，是除法定的出版物托管馆外英国最大的高校图书馆。始建于1890年，由赖兰兹（Rylands）夫人为纪念其丈夫建立的，最初想建成一个神学图书馆，后因收集了许多斯宾塞哲学书籍及大量西方及远东手稿而逐渐演变成学术图书馆。1972年约翰·赖兰兹图书馆和建于1851年的曼彻斯特大学图书馆合并，成为仅次于牛津和剑桥大学图书馆的学术图书馆。

曼彻斯特市图书馆（美国）
Manchester City Library

位于美国新罕布什尔州，创建于1895年，拥有1所中心馆和1所分馆，为地区市民提供各种服务。馆藏图书及期刊为45万册，激光唱片、磁带和其他音频资料8 800件，数字视盘和家用录像机制式的视频材料6 300件。年到馆人数为47万人次，书刊流通量为55万册次。

曼谷大学图书馆（泰国）
Library of Bangkok University

位于泰国首都曼谷，始建于1962年，当时面积仅仅有3个教室大，藏书3 803册。经过40多年的发展，曼谷大学图书馆已发展成为一所现代化的综合图书馆，并拥有两所图书馆，占地达5 000多平方米，馆员80多人。馆藏各类图书文献40多万册，期刊合订本4万多册，视频音频资料1.5万多件。该馆为国际图联机构会员。

曼尼托巴大学图书馆（加拿大）
University of Manitoba Libraries

创建于1877年，拥有20个分馆。拥有曼尼托巴机构库、电子学位论文、电子图书和期刊，以及特色馆藏和数字档案等200多万册（件）、130万张（卷、份）微缩和视听材料以及超过3.7万册（件）珍本书籍。馆藏所涉及学科：农业和食品科学、艺术史、建筑、教育、工程、环境、地球资源、推广教育、美术、健康科学、人类生态学、人文、运动学及康乐管理法、管理、音乐、科学、社会科学和社会工作等。

蔓叶花饰
vignette

出现在题名页或题名页前，章首或章尾的小插图或装饰，如葡萄叶、蔓叶或葡萄等，也指安排在这些地方的装饰图案或图画；又指邮票上的图画和邮票的花框与文字有区别的绘画部分。

慢转密纹唱片
long-playing record（LP）

一种可供录制音乐或讲话的录音媒介，是将声音记录在扁平的乙烯基塑料盘表面不间断螺纹里，可用带有唱针、针头和扩音器以每分钟33圈的转速播放。慢转密纹唱片已先后被盒式录音带和激光唱盘所代替，被保存在图书馆当作档案资料。

漫画
cartoon

一种具有象征性和代表性的包括一幅或多幅的图画。以机智和富于想像力的手法讽刺个人或机构、一种行为或时下人们感兴趣的事物。漫画通常发表在报纸或杂志上，并用对话框表达（漫画思想的）独语和对白。政治讽刺漫画常出现在报纸的社论版面上。这里集中了最成功的漫画家。

漫画，讽刺作品
caricature

故意把人、事物的某种特征以极为夸张的、滑稽的描绘手法进行讽刺、挖苦的描述，是一种具有鲜明强烈的讽刺性和幽默性的艺术形式。“漫画”一词始于日本，指随意画的意思，用寥寥数笔展现一种画面，引人遐想，或寓有哲理，耐人寻味。西方人称这种画为讽刺画、幽默画和滑稽画等。

（漫画中圈出人物讲话的）讲话引线
balloon

漫画、滑稽故事以及绘画小说中，由故事的一个角色围绕一个中心口述的线索，包括对话和角色谈话中暗含的思想。

漫游，导航
navigation

在计算机科学中，指用户在因特网上运用网页提供的超文本、链接、图标、菜单和选项等移动到其他可利用的资源的活动。如果用户在操作过程中没有特定的目的而不经意地在网上浏览时，这种活动称作“冲浪”；当用户带着特定目的漫游时，这一举动叫做“检索”。

漫游栏
navigation bar

通常为排列在屏幕顶部或底部，左边或右边的一排点击按钮、图标或文字连接，组成一系列选项，表示下一网页的信息是按这些主要类别进行组织的。设计较好的网站在每点击一次出现的网页上均重复漫游栏，使用户不用返回到打开的页面而能从主要的选项中选择所需的功能。

漫游者，导航器
navigator

在因特网上运用可使用的资源从一个选项到另一个选项的操作。如利用数据库或电子网络获取所需信息的用户。也指CompuServe公司的图形软件，用于浏览其在线服务。

盲键盘
braille keyboard

专为盲人或有视觉障碍的用户而设计的计算机键盘，使用该键盘就相当于使用盲文代码。

盲人图书
book for the blind

用盲文点字符号（布莱叶凸点符号）拼写的语言文字、表述各类知识，专供盲人或视障人士摸读的书籍、刊物。所谓盲文点字符号就是书页上隆起有规则排列的圆点，是将凿有盲字点的铁皮版或活字版在厚纸片上压成的，也有用孔版印刷的。

盲人图书馆
blind library

以盲人为主要服务对象的一种特殊图书馆。所收藏的馆藏文献是以隆起圆点的盲文书刊和“会说话的图书”为主，专供盲人用手指摸读或收听朗读。对图书的分类、编目和排架也用点字进行标识或编制音响目录。馆内备有盲文图书和供盲人收听的有声资料及相应设备；有的还备有弱视阅读器和大字体图书，供弱视者使用。馆内一切设施均考虑到盲人的便利，如不易伤人的特制瓷砖墙、入口处设置的音调和谐的编钟等。图书馆员能识读盲文，而且熟悉阅读设备以及与盲人服务有关的教育心理学及图书疗法等知识。另外，还可利用流动图书馆到馆外为盲人读者开展送书上门等的服务工作。

盲人用浮凸字体
moon type

一种比一般盲人用凸点字体更容易学会的字体，便于成年人后期失明者掌握。这是由一位名叫威廉·穆恩（William Moon）的盲人传教士所发明，因而得此名。

盲人阅览室
reading room for the blind

公共图书馆专门为盲人开设的阅览室。阅览室备有盲文图书和供盲人收听的有声资料及相应设备，有的还备有弱视阅读器和大字体图书，供弱视者使用。

毛本切边
book-edge trimming

将书籍毛本三面切齐成为光本，这是印刷装订最后的一道工序。

毛笔
Chinese Brush

系中国文房四宝之一，笔头用羊毛、鼬毛制成，点下墨汁就写到字，是一种源于中国的传统书写工具，是汉族在生产实践中发明的。毛笔的起源可追溯到新石器时代。商代甲骨文中已出现笔的象形文字，形似手握笔的样子。在湖南长沙左家公山和河南信阳长台关两处战国楚墓里分别出土一支竹管毛笔，是目前发现最早的毛笔实物。毛笔是汉民族对世界艺术宝库提供的一件珍宝。

毛边
deckle edge

也称“羽毛边”（feather edge）。在手工制纸中，纸浆在制作过程中在制模框内流动造成的纸边不平或毛糙。机制纸中，将纸置于气流或水流中也可以造成同样的效果。在装帧考究的图书中，毛边被视为品质高雅，但在敞开的书架上，毛边书容易沾灰，不易清扫，因此并不实用。也指装订后未切齐的书边。

毛边本
untrimmed copy (rough-edge copy)

平装本的一种形式，又称毛装本。书芯经过折页、订书和包本等工序后，三面不加裁切，使书边不齐，保留其自然朴素之美，让读者在阅读时自己裁开，更能增加读者对书籍的亲切之感。这种装订形式常见于国外出版的页数不多的文艺书籍，可以节省装订工作中的最后一道工序——切书，有利于书籍的迅速出版。

毛病，故障
bug

计算机系统软件或硬件的错误或故障，能导致程序或计算机系统运行失常，产生错误结果或彻底瘫痪。一旦错误被找出，就可用更改程序来纠正软件的毛病，这一过程就被称为排除故障。为了排除硬件故障，电路通常一定要重新配置。

毛抄本
Handwritten Edition by Mao Family

指明末清初毛氏汲古阁抄本。汲古阁从主人毛晋起，子侄童仆都善抄书。汲古阁抄的书底本多是难得的宋元刻本，加上抄写得字画挺秀，认真不苟，特别是影抄之书，形神酷似，几可乱真，故历来为藏书家和版本家所珍重。

毛金边
rough gilt edges

指把一本图书切成毛边并用铜粉或其他混合金属粉烫成金边，或者在装订以前将其切好并烫成金边的图书装饰工艺。毛金边装饰曾被广泛应用于英国的图书装订中。

毛晋（1599—1659）
Mao Jin

字子晋，号潜在，原名凤苞，字子久。江苏常熟人。明代刻书家。30 岁时开始从事校勘刻书事业，建造“汲古阁”、“目耕楼”。以高价收购宋、元刻本，藏书 8.4 万余册。苦心校勘，先后刻书 600 多种，有《十三经注流》、《津逮秘书》、《十七史》、《汉魏六朝百三名家集》和《文选李注》等。雕印精审，原版初印者，每刻有“汲古阁”“毛氏正本”字样，世称毛刻本或汲古阁刻本。由于缮写精良，后人称为“毛钞”，极受珍视。著有《隐湖题跋》，并辑《毛诗陆疏广要》。

毛坤（1900—1960）

Mao Kun

中国图书馆学家和目录学家。1924 年考入北京大学哲学系，中途曾转学于武昌文华大学专攻图书馆学专业。后再转回北京大学哲学系，毕业时获文学学士学位，旋即赴文华图书馆学专科学校执教，教授中国目录学和中文图书编目法等。历任武昌文华图书馆学专科学校助教、讲师、副教授、教授和教务长。抗日战争结束后，受聘于四川大学，任教授兼图书馆馆长。著有《中国目录学》、《中外目录学与目录学家》、《图书馆趋势》和《大学图书馆问题》等。

毛里求斯国家图书馆

National Library of Mauritius

根据《1996 年国家图书馆法案》设立的法人，隶属国家艺术与文化部，于 2000 年 1 月正式开馆使用。该馆以“争创一流图书馆”为目标、以“为国家发展提供信息服务”为己任，通过打造向全民开放的信息渠道以抵消教育机会的不平等性，从而推进民主化进程。该馆的毛里求斯专藏载体丰富，包括：文字或图示记录、打字稿、书籍、报纸、期刊、乐谱、照片、舆图、图画以及非印刷类资源（如电影、幻灯片）、影音制品（如磁带、光碟）和毛里求斯境内生产的任意主题的复制本或境外生产但与毛里求斯相关的复制本。就馆藏主题而言主要涉及：农业、建筑、生物、电脑科学、经济、地理、手工艺、历史、语言、文学、政治、纯科学理论和应用科学以及宗教等。该馆也不乏诸如蓝皮书、年鉴、政府报告、国民议会记录、手稿、论文、自 1777 年以来的政府公报和报纸以及国际货币基金组织和联合国等国际组织的相关文献等善本资源。2010 年 11 月，该馆建立“上海之窗”。

毛里塔尼亚国家图书馆

National Library of Mauritania/*Bibliothèque Nationale de Mauritania*

位于首都努瓦克肖特的毛里塔尼亚国家图书馆根据法令成立于 1965 年 1 月 27 日。该馆既是保存本库，又是文献中心及研究图书馆。虽然国家资源贫乏，但国家图书馆还是开办了图书馆学校，培养图书馆专业人才，推行公众读书计划，同时还负责为国家制定图书馆和文献发展政策。现有馆藏书刊近 10 万册（卷），手稿 4 000 部。

毛坯纸，未上光的粗纸

rough

一种用作小册子封皮或墙上挂帘的质地比较粗糙的染色纸张。从 17 世纪开始就被应用于图书的装订。

毛书，书芯

book block

指未加封面之前已用线或胶粘贴在一起的图书，虽然可能已装订成册，但还没有切光四边，书页也未裁开。

毛样

rough proof

印刷术语。指印刷内容排定后不再做任何修改，不用打样纸，不定位或垫板的、手工快速、可直接印刷打印样。

毛重，皮重

tare

出版商、书商向图书馆（或图书馆馆际互借）寄发图书或图书馆设备等物品时，必须按图书或图书馆设备加上包装容器（木箱、纸箱等）的总重量计算，并在发货单或提货单上标明。

茅草

esparto

一种生长在地中海地区的粗糙而短纤维的杂草，与木浆混合可以生产出质量上乘的纸张。

冒号图书分类法

Colon Classification（CC）

由印度著名图书馆学家阮冈纳赞（S. R. Ranganathan）于 20 世纪 30 年代创建的一种组配分类法，是世界上现已出版的最有影响的综合分类法之一。该分类法先列出基本大类，在大类下按照不同标准同时列出多组单独概念，形成若干分面，然后将各分面按一定顺序排列，且分面之间用冒号隔开。该分类法共有108大类（原先为33类）和10个概括性类目，其类号由阿拉伯数字、拉丁字母和希腊字母的混合标记组成，广泛用于印度的各类图书馆及世界上许多研究图书馆。

冒险故事
romance

指故事情节充满冒险精神和行为的故事。

贸易书店
trade bookstore

仅售普通版图书的连锁书店，这些图书面向广大读者，质量优良，不局限于某一个领域，如出售报纸、杂志、录音录像带、数字视盘、音乐光碟、交通地图、挂历和贺卡等。贸易书店一般不备有价格昂贵的参考工具书、学术性和技术性图书以及教材。

眉批
head notes

又称“冠注”，在文献正文上端的空白处所作的批注。包括词语的注释、订误、校文和音注以及阅读的心得和评语等。在直排本书刊中，位于相应字行的上端。横排本一般不用。

眉题，导词
catch letters

有一定顺序的字母（通常是3个）印在词典、公报等类似的出版物内页的上面，通常是该页开头或者是结尾的几个字母。印在左上侧的表示该页的第一个词的第一个字母；印在右上侧的表示该页最后一个单词的第一个字母。在其他的一些出版物中，这些字母中间用一条横线隔开，表示该页开头和结尾的单词。

梅尔维尔·杜威（1851—1931）
Melvil Dewey

美国图书馆事业家，图书馆学教育家。1851年生于纽约州亚当斯中心，1874年毕业于阿默斯特学院。毕业后留校任图书馆员。先后任院长助理、代理馆长等职。在图书馆工作中，杜威对固定排架法进行改革，于1876年编纂出版用以组织分类目录和分类排架的十进分类法，即《杜威十进分类法》（DDC）。同年，杜威与C. A. 卡特等人筹备召开美国图书馆员大会并成立美国图书馆协会，担任该协会秘书长达14年之久，并于1890年及1892—1893年间被选为该协会主席。1876年杜威与鲍克、李伯德共同创办了美国第一种图书馆学杂志《图书馆杂志》（*Library Journal*），从1876—1891年间担任主编；1876年杜威还创办了图书馆用品公司。1883年杜威被任命为哥伦比亚大学图书馆馆长，在图书馆加强读者工作，扩大图书馆规模方面下了很大功夫。1887年他创办第一所图书馆管理学院，以馆长和教授的双重身份对图书馆员进行正规教育和培训。哥伦比亚大学图书馆管理学院毕业生多成为美国图书馆界的骨干力量。1889年杜威被任命为奥尔巴尼纽约州立大学图书馆馆长，后兼任纽约州立大学图书馆理事会秘书，司库和纽约州立大学图书馆馆长。在州立图书馆杜威成立了盲文部、图片部、参考咨询中心和收藏中心，并附设妇女图书馆、儿童图书馆，还建立流动图书馆制度，用流动车为偏僻地方的居民，尤其是为农民服务。1906年杜威辞去各项职务，退居普拉希德湖，继续为《公共图书馆》（*Public Libraries*）杂志撰稿。1931年12月26日在普拉西德湖去世。

梅里尔字顺号
Merrill alphabeting numbers

由美国图书馆学家威廉·斯特森·梅里尔（W. S. Merrill）设计的一种排列图书的粗略字顺表。

《梅里亚姆·韦氏人名词典》（美国）
Merriam-Webster's Biographical Dictionary

该词典是1988年版《韦氏新人名词典》（*Webster's New Biographical Dictionary*）的改版。《韦氏新人名词典》于1943年首次出版，是一种综合性的、回溯性的传记词典。该词典出版于1995年，收录了3.4万多人，增加了287个新条目，专收世界各国、各个历史时期的已故人物，非英语国家的人物也收录，人名标注发音，提供生卒日期、主要成就、历史地位和影响。被传人分布于各个领域，包括政治、经济、文学和科学技术等，即使是小国人物也被收录。该词典专门提供条目说明、缩略语说明和人名读音指南。

媒介类型
Media Type

反映查看、播放、运行资源内容所需中介设备的通用类型。“资源描述与检索”（RDA）定义了8种媒体类型，包括音频、视频、计算机、缩微、显微、放映、立体和非中介。

媒体馆员（专家）
media specialist

图书馆员或其他教学人员，经过在各种媒体的制作、选择、组织、维护和检索细则等方面的特殊训练，精于教学资料的选择、加工和利用，具备教育学和包括视听资料在内的文献工作的专门知识，通常是学校图书馆和教学资料中心的工作人员。他们可以负责媒体中心或者图书馆媒体部门包括视听设备和设施的管理。此概念起源于美国，自从20世纪50年代中期实施中小学教育改革，并随着遍地开花的视听资料在中小学图书馆的大量应用，美国的学校图书馆相继易名为教学资料中心，其管理人员也相应成为教学资料专家。

媒体检索
mediated search

受过专业训练的中介人，如在线服务的图书馆员或者信息服务员进行在线目录和数据库检索以及使用其他书目检索工具进行检索，帮助用户查找需要的信息。

媒体，媒介
medium

通指所有的信息播送的管道，包括收音机、电视机、光缆和因特网。在信息存储和检索中，指记载数据（纸、胶卷、磁带或磁盘和光盘等）或通过它传输（光纤、同轴电缆和双绞线等）的物理材料。古代文献载体的各种类型有泥版、金石、甲骨、简策、缣帛、纸张和羊皮等。现代文献载体的各种类型主要有纸张、磁性材料和感光材料等。随着科学技术的发展，文献载体的信息容量逐步扩大，保存性能日益改善，使信息交流的效能不断提高。Medium 源自希腊文，是“居于两者之中”的意思。其复数形式为：media。

媒体素养
media literacy

指人们对于视听媒体的理解与运用的能力，也就是对视听媒体所运用的视觉语言、节目形式与架构以及所呈现的信息内容的理解程度。

媒体图书馆
media library

指专门为包括报社、出版社、广播、电影和电视等行业和组织机构的从业人员提供服务的图书馆。

每版印数
run

在印刷业中，某一制铅版或一排字版一次印刷的数量。

每次检索
per search

使用数据库的一种计费方式，按访问次数计费而不是一次性结算。另外还有按连接数据库的时间计费的方式。

每分钟（打印）页数
pages per minute（PPM）

一种表示打印机，特别是激光和喷墨打印机输出速率的指标，以每分钟打印的页面数计量。

（每六年出版一次的）连续出版物
sexennial

间隔六年出版一次。也指每隔六年发行的连续出版物。

每秒百万指令
million instructions per second（mips）

指计算机运算速度和运算能力的量度单位。

每秒字符数
character per second（CPS）

在数据通信中，计算机与终端设备之间数据传输速度的一种度量单位。

（每七年出版一次的）连续出版物
septennial

间隔七年出版一次，也指每隔七年发行的连续出版物。

《每日电讯报》（英国）
The Daily Telegraph

原名《每日电讯邮报》，由亚瑟·巴勒斯·斯莱（Arthur Balers Sleigh）上校于1855年6月29日创办。不久转入约瑟夫·利维之手，改称现名。在国际报道上，《每日电讯报》讲究时效，往往刊发一些独家新闻。1976年10月，该报驻北京记者沃德是各国驻华记者中第一个向全世界报道中国人民粉碎“四人帮”的消息的。该报严肃性和人情味新闻兼顾，内容广泛，文字简洁，国际新闻比重较大。1994 年 11 月 15 日，每日电讯报推出电子报纸，成为欧洲第一家网上报纸。2005 年 11 月成为英国第一批定期提供博客服务的报纸网站。

《每日快报》（英国）
The Daily Express

一种英国通俗报纸，属联合报业公司，创办于 1900 年。该报的立场偏于保守，但不一定反映保守党的观点。该报的文章短小精干，浅显易懂，读者多为中下层阶级。

每日祈祷书
Breviary

在每天举行的祈祷仪式上，罗马天主教和东正教的牧师所念的含有每日 7 次祈祷的祈祷书。中世纪的手抄本祈祷书多插有精美的图画，例如：15 世纪的《阿拉贡的马丁祈祷书》(*Breviary of Martin of Aragon*) 现收藏在巴黎法国国家图书馆内。

M

《每日新闻》（日本）
The Mainichi Newspapers

日本的大报之一。1872 年 2 月 21 日在东京创刊，原名《东京日日新闻》，1943 年改为现名。为日本历史最悠久、最具传统的报纸。过去在农村和小城镇拥有大量读者，在第二次世界大战前和战时曾是日本第一大报，战后，随着日本经济发展，农村人口大量涌入城市而变成《朝日新闻》和《读卖新闻》的读者，该报的读者逐渐减少，再加上管理不善，报纸的发行量有很大的下降。该报自 2000 年起连续获得新闻协会独家新闻奖，所有这些新闻都是该社记者以独自的视野查究、记述社会问题。该报的口号为“争论之下，真理显现”。

每日预告书讯服务
Daily New Publications Service

2010 年由台湾图书馆推出。依据读者所挑选的阅读主题或某家出版社出版的图书，系统自动定期定时用电子邮件的方式分送订阅本项服务的个别读者，预告即将出版的新书信息。

（每五年出版一次的）连续出版物，五年刊
quinquennial

每五年出版发行一次的连续出版物。如《中国审计年鉴（1994—1998 年）》是全国性的、综合性的和史料性的大型审计五年刊。

每行排齐
flush

将打字件以左边排齐或者右边排齐的方式排成一行，不用首行空格。

每英寸行数
lines per inch（LPI）

在打印机上，沿着打印纸面垂直方向每英寸打印行数的一种计量单位。

《美国百科全书》
***Encyclopedia Americana*（*EA*）**

美国出版的第一部大型综合性百科全书，于 1829—1833 年问世，经多次修订、增补扩充到目前的 30 卷，以资料翔实著称，在英语百科中权威性仅次于《不列颠百科》(*Encyclopedia Britannica*)。从 1923 年起每年出版《美国百科年鉴》(*Americana Annual*) 一卷，作为全书的补编。该百科全书文笔清新流畅，通俗易懂，适合各类读者甚至是无专业基础的读者的需求，并且强调客观性。采用中小条目编纂法，对美国、加拿大的历史、地理知识介绍得尤为广泛和深入。每一大国和大的条目之前均有内容提要。传记内容占全书的 40%，收有许多在其他百科中找不到的美国古今人物。还有许多文学名著、著名歌剧的梗概。该书特色之一在于对每一世纪专设条目，从国际范围和学科发展叙述具有历史意义的文献。该书为保持内容的更新，对动态性资料连续修订，对一般资料在一定时期内“逐卷全面修订”，增删和修改条目。该书由美国四大百科出版商之一的格罗里尔（Grolier）公司出版，1995 年版有 CD-ROM，网络版网址为 http：//ea. grolier. com/。该百科全书的简体中文版已由台湾光复书局和外文出版社联合出版，中文译名为《大美百科全书》。

美国版权局
U. S. Copyright Office

尽管第一部联邦版权法在 1790 年就已通过，版权职能直到 1870 年才集中到国会图书馆的手中，到 1897 年版权局才成为一个独立部门。除了执行联邦法律关于保护公民的知识产权外，版权局还向国会提供关于知识产权的专门知识，建议国会遵守国际版权协议并协助国会起草修改美国版权法，担当在美国版权法下注册作品的存储图书馆之职责，在遵守版权法的前提下，向公众提供有关版权法和作品注册的信息。

美国标引工作者学会
American Society of Indexers（ASI）

成立于1968年，是一个非营利组织，是美国图书馆协会的分支机构；学会旨在促进标引、文摘工作和数据库建设的发展，发表、出版有关索引学书刊、论文集，支持并保护标引工作者的专业权益。其会员包括专业标引人员、图书馆员、编辑、出版商和一些聘用标引人员工作的组织。学会出版半年刊《标引者》(*The Indexer*)、双月刊《关键词》(*Key Words*）和《业务通讯》(*Newsletter*)。

美国博物馆和图书馆服务研究所
The Institute of Museum and Library Services (IMLS)

1996年根据《美国博物馆与图书馆服务法案》在美国首府华盛顿成立，为美国123 000所图书馆和17 500家博物馆提供支持服务，旨在为美国的博物馆和图书馆制定21世纪技能标准，以帮助其更好地为用户服务。为提高公众对文化遗产的重视，该研究所发起“馆藏连接”项目（Connecting Collections)。为促进美国博物馆与图书馆与其国际同行的跨文化合作，该研究所实施“国际战略伙伴计划”(International Strategic Partnership Initiative)。与此同时还设置“美国博物馆与图书馆服务奖章”，用以表彰对城市、教育、经济、环境和社会做出特殊贡献的博物馆及图书馆。自2000年开始，每年召开会议，讨论数字技术的最新研究及进展及其对图书馆与博物馆的影响。

美国博物馆与图书馆服务奖章
National Medal for Museum and Library Service

由美国博物馆和图书馆服务研究所设置，旨在表彰对城市、教育、经济、环境和社会做出特殊贡献的博物馆及图书馆，获奖机构可获得1万美元奖金。该奖项从1994年开始评选。每年评选3~10个机构。

美国出版商协会
Association of American Publishers（AAP)

美国图书出版业首要行业协会，于1970年由美国图书出版商理事会（American Book Publishers Council，ABPC）和美国教育出版商协会（American Educational Publishers Institute，AEPI）合并而成，其宗旨是致力促进图书和期刊的出版以及软件开发国内外市场。该协会下设若干部和核心委员会，目前主要处理以下事务：知识产权、新技术和电信学、首次修改权、审查制度和文字诽谤、国际出版自由化、教育和图书馆基金、发行率和发行制度、税收和行业政策等。

《美国传统英语用法辞典》
The American Heritage Book of English Usage

有关当代英语用法的实用性、权威性指南。由著名的美国传统辞书社（The American Heritage Dictionaries）的编辑主编，于1996年由波士顿的霍顿·米夫林（Houghton Mifflin）出版集团出版。该辞典针对当代英语的用法，从语法、字体、措辞、单词构成、词性、发音、科学术语、主题及单词索引等方面进行详细阐述，对于广大学生、作家、学者及相关人士来说是一本塑造良好写作风格的理想工具书。该词典于2000年出版了网络电子版。

美国大学出版社协会
Association of American University Presses (AAUP)

成立于1937年，美国和加拿大120多所大学出版社的行业协会，覆盖了两国大部分高校。该协会成员出版的图书涉及众多领域：艺术、人文、社会科学、自然科学、工程技术、小说和诗歌等。该协会希望通过立法来规范各大学出版社的活动，促进学术出版业的发展，为成员筹募基金，帮助成员进行市场化运作等。主要出版物有：《美国大学出版社协会名录》(*AAUP Directory*)、《出版物订购信息》(*Publication Ordering Information*）等。

美国大学教授协会
American Association of University Professors (AAUP)

1915年成立的代表高校教师的专业协会，同时也对管理者、研究生和一般大众开放。该协会致力于维护学术自由和实施学术保护，提倡学术管理，并制定相关政策以确保工作顺利开展，提供学校雇员的数量变化趋势统计分析。该协会一般以部门集体协定的方式接纳美国各高校图书馆的工作人员为会员。

美国档案工作者学会
Society of American Archivists（SAA)

建于1934年，该学会在北美是成立最早的档

M

案工作者的专业组织，致力于具有历史价值记录的确认、保存和使用。该组织还出版发行业务通讯——《档案观察》(*Archival Outlook*) 及半年刊《美国档案》(*American Archivist*)。

(美国的) 州立图书馆

state library

在美国由州政府提供经费支持并为所在州的读者服务的图书馆。州立图书馆通常设在州首府所在地，全面收藏有该州政府文件、该州居民的著作以及该州出版的报纸、杂志等。美国的第一个州立图书馆于1816年在宾夕法尼亚州建立。

美国地名信息系统

U. S. Geographic Names Information System

1994年由美国国家地名委员会 (U. S. Board on Geographic Names, BGN) 与美国地质调查局 (U. S. Geological Survey, USGS) 合作建立起来的地名信息系统 (Geographic Names Information System, http: //geonames. usgs. gov/gnishome. html)。该系统将美国境内近200万个地名纳入该系统，保证了美国境内地名的一致性和规范性，为用户提供了详细的地理资料，可用州名、郡名、人口数范围及地方特色等方式查询。该系统经地名委员会批准同时还收录了南极洲的有关地名信息以供联邦政府使用。该系统共包括三个数据库：一是国家地名数据库 (National Geographic Names Data Base)，这是系统中最大的数据库，是提供地名信息查询的主要渠道，二是美国地质调查局地形图名数据库 (USGS Topographic Map Names Data Base)，三是参考资料库 (Reference Data Base)。该系统除通过网络将其成果与社会大众分享外，同时也开发出各种的查询机制与应用案例，来推广标准化地名的使用。

美国地球物理学联合会出版物

American Geophysical Union (AGU)

该联合会于1919年成立，是独立的非营利学术组织。根据联合会的宗旨，其出版物涉及大气科学、海洋学、空间科学、地球科学和地区行星研究等领域的最新会议消息、历届会议描述、专著、期刊介绍等，信息来源于世界上117个国家的38 000余个科学家的研究进展和研究成果。

美国法律图书馆协会

American Association of Law Libraries (AALL)

成立于1906年，拥有会员5 000多人，包括在法律图书馆和法院、法律学校、法律协会、私人律师事务所、公司以及政府各部门工作的相关法律信息专业人员。协会积极促使法律图书馆在法律团体和一般大众之中发挥应有作用，培养法律图书馆专业馆员，提供权威的法律信息。作为美国图书馆协会的分支机构，下设版权、外国法律期刊索引、教育、政府关系、少数民族、统计、颁奖等委员会和法律图书馆亚裔图书馆员会议。该协会每年召开一次年会，研讨法律图书馆事业发展问题。协会自1908年起出版季刊《法律图书馆杂志》(*Law Library Journal*)、《外国法律期刊索引》(*Index to Foreign Legal Periodicals*) 和《法律图书馆协会年报》(*AASL Annual Report*) 等。该协会于1985年加入国际图联，成为其国家协会会员。

美国工程信息公司

Engineering Information Inc. (Ei)

始建于1884年，作为世界领先的应用科学和工程学在线信息服务提供者，一直致力于为科学研究者和工程技术人员提供专业化、实用化的在线数据、知识等信息服务。是世界上著名的面向工程技术人员的科技信息服务公司，该公司的主要产品是《工程索引》 (*The Engineering Index*)。该公司在清华大学图书馆设立了镜像服务器，向中国国内高校提供基于Web方式的Ei Village信息服务。

《美国工具书年报》

***American Reference Books Annual* (*ARBA*)**

由美国图书馆无限公司 (Libraries Unlimited) 按年度出版的工具书丛书，范围包括过去的一年里在美国和加拿大境内出版的所有英文工具书和光盘。内容覆盖综合性工具书、历史、人文、教育、经济和科学技术等多个学科，共500多个主题领域。2004年出版的第35卷收录1 800多种工具书。每隔5年出版《美国工具书年鉴索引》，分别设作者索引、主题索引和题名索引。《美国工具书年报》对所收录的资料予以分类、评论，并按作者/标题和主题进行标引。自1970年创刊以来，共提供近5万篇书评，并推出了多册汇编索引，每篇书评文字约100~300字，是由学者、图书馆员以及图书馆教育人员应邀而编写，用以审核入选资料并做出关键性评价（肯定的和否定的)，所有的评语均被标引。其网络版于2002年5月发布，与印刷版相比增加了有关光盘、数据库等电子型工具书的条目。在一些大型的高校图书馆和公共图书馆中，该年报放置参考工具书部，供读者查阅。

美国古旧书商协会
Antiquarian Booksellers Association of America (ABAA)

成立于1949年，其宗旨是为了提高对于古旧书的兴趣，促进古旧书公平交易以及发扬协作精神，增进会员之间的学术交流。该协会致力于古旧书以及其他珍稀、珍贵印刷材料和手稿收藏事业的发展，促进古旧书贸易的行业标准和职业特征的形成，鼓励古旧书的收集和维护，为其贸易提供有用的技术性和常识性知识，主办古旧书展览会，加强古旧书商、图书馆员、学者和收藏家之间的学术交流。

美国广播公司
American Broadcasting Company (ABC)

美国三大全国性商业广播公司之一，总部设在纽约。1943年2月由原美国广播公司的"蓝色广播网"分立而成。1945年6月15日正式用现名。1995年7月31日，沃尔特·迪斯尼公司（Walt Disney Company）宣布，出资190亿美元兼并该公司。目前作为最大股东是华特迪士尼公司，为迪士尼-ABC电视集团的成员。该公司的经费来自广告广播。

美国国防高级设计研究计划署代理置标语言
DARPA Agent Markup Language (DAML)

美国国防高级研究计划署（DARPA）使用的一种标记语言，是基于扩展标记语言（XML）的。这种置标语言的设计目标是在描述对象和对象之间关系上面具有比扩展标记语言更强的能力，可以表达语义。这种置标语言结合本体推理层（Ontology Inference Layer, OIL）模型生成了本体描述语言（OWL），使词汇表中术语含义以及术语关系更加明确。

美国国会图书馆
Library of Congress (LC)

美国国家图书馆，世界最大的图书馆之一。1800年经美国总统约翰·亚当斯（John Adams）批准，由美国国会在华盛顿建立。当时作为美国联邦政府立法部门的一所研究图书馆，设立于国会大厦内，仅限于为国会议员服务，最终发展成为非官方的美国国家图书馆。1814年其藏书被英军付之一炬。1815年从美国第三届总统托马斯·杰弗逊（Thomas Jefferson）的私人藏书中购得约6 000册，开始重建。在1825年和1851年又遭火灾，但此后不断获得国会拨款与接受捐赠，扩大了馆藏。1897年迁至现在位于国会大厦附近的独立的馆舍。随着藏书的不断增加，1939年建成杰弗逊大厦，1980年建成詹姆斯·麦迪逊（James Madison）纪念大厦。由这三大建筑群组成的图书馆总面积为40万平方米。馆藏达1亿5千多万件，包括470多种语言文字。中文馆藏居中国以外的藏书机构之首，共有图书近50万册，其中善本2 000种、手抄《永乐大典》41卷、《古今图书集成》5 000卷等。馆藏日增长7 000多件。全馆拥有工作人员近6 000人，半数以上为博士和硕士。馆长由总统任命，参议院批准。下设馆长办公室、管理部、国会研究服务部、全国规划部、图书加工服务部、版权局、参考部和法律图书馆。该馆于1901年开始向全美国发行编目卡片，20世纪20年代编制国会图书馆分类法，1927年编出全美图书馆联合目录，1969年开始正式发行机读目录，1971年开始实行在版编目，向出版商提供编目资料。该馆主要出版物有：《国会图书馆信息通报》（*Library of Congress Information Bulletin*）、《电子版编目委员会业务通讯》（*Online Newsletter of Cataloging Directorate, LC*）、《美国国会图书馆编目规则说明》（*Library of Congress Rule Interpretations, LCRI*）和《MARC 文件》（*MARC Documentation*）等几十种。该馆为国际图联机构会员。

《美国国会图书馆编目规则说明》
***Library of Congress Rule Interpretations* (*LCRI*)**

一种提供有关美国会图书馆近期决议的当前信息的活页式文件，这些决议内容涉及英美编目条例（*AACR2*）最新修订本的解释。该规则说明曾以印刷形式出版，并作为在线版《编目员桌面》（*Cataloger's Desktop*）的内容之一。

美国国会图书馆长
Librarian of Congress

该职位设立于1802年，即美国国会图书馆建成两年后，当时还未规定相应资格，该职位由总统不定期任命。1897年，参议院获得权力批准总统的提名，国会图书馆长有权聘用该馆的职员，并制定相应规则与条例。20世纪，建立了任命国会图书馆长及其任期的制度。该馆第13任馆长是詹姆斯·哈代·比林顿（James Hadley Billington）博士。

美国国会图书馆分类法

Library of Congress Classification（LCC）

由位于华盛顿特区的美国国会图书馆，在过去100多年中编制的一套用于类分图书和其他图书馆资料的体系，是世界上最大型的列举式分类法。在美国国会图书馆分类法中，人类知识被分为20大类，用拉丁字母的单字母表示，例如：A：总论；B：哲学、心理学、宗教；C：历史科学；D：历史：世界史及世界古代史；E-F：历史：美洲史；G：地理、地图、人类学、民俗学、运动与游戏；H：社会科学、经济学、社会学；J：政治学；K：法律学；L：教育学；M：音乐；N：美术；P：语言与文学；Q：（自然）科学；R：医学；S：农业、植物与畜牧业、渔业等；T：工业技术；U：军事科学；V：海军科学；Z：目录学与图书馆学。进一步细分的类用第二个字母表示，更小的细类用十进制记数法。除美国国会图书馆外，美国多数研究图书馆、大学图书馆和一些美国之外国家的图书馆使用国会图书馆分类法，而西方多数学校图书馆和公共图书馆则使用杜威十进制分类法。

M

美国国会图书馆寄存书目

Library of Congress Depository Catalog

指存放在一些重点图书馆里的美国国会图书馆馆藏卡片目录。

美国国会图书馆控制编号

Library of Congress Control Number（LCCN）

美国国会图书馆于1898年开始印刷目录卡片并于1901起对外发行，当时这套独一无二的国会图书馆卡片号码，是用来识别和控制每件馆藏藏品的。随着20世纪60年代末机读目录的开发，这套号码便成了国会图书馆的控制编号。它被用于书目记录，也被用于规范档和分类记录。每个出版物的呈缴本送交美国版权局后，该出版物便可分配到国会图书馆的控制编号；如果该出版商请求在版编目，则可在出版日期以前分到该控制编号。

美国国会图书馆图书中心

Center for the Book

美国国会图书馆为激发公众对书籍、阅读及图书馆的兴趣和认识，鼓励对书籍和印刷品的研究，于1977年建立的教育扩展项目。从1984年起，在美国50个州设立分支机构中心，以促进读书、识字和图书馆的进一步发展。

美国国会图书馆主题词表

Library of Congress subject heading（LCSH）

由美国国会图书馆的主题专家从国会图书馆主题词表目录中选出的描述性词语，分配给首次出版的图书或其他出版品以表明其主题。必要时或为了取得理想效果，可配给多个主题词。国会图书馆主题词目录每年以多卷集形式出全集，也就是图书馆员们所熟悉的那套“大红图书”。

《美国国会图书馆著录条例》

Rules for Descriptive Cataloging in the Library of Congress

由美国国会图书馆编目部主持编制的一部影响深远的西文图书著录条例。初版于1947年6月，再版于1949年。该条例对各类款目的著录项目作了详细的规定。与《美国图书馆协会著者和题名款目编目规则》（*ALA Cataloging Rules for Author and Title Entries*，1949）是姊妹篇，两者共同构成了一部完整的美国图书馆协会条例。美国国会图书馆依据这两部条例著录西文文献，编制各类款目。

美国国会研究服务部

Congressional Research Service（CRS）

美国国会图书馆重要的部门之一，直接服务于国会议员、国会各委员会以及国会工作人员。主要职责是在国会的立法决策过程中，提供全面可信的分析、研究和服务，这些服务及时、客观并具有保密性。

美国国家标准学会

American National Standards Institute（ANSI）

1918年10月成立的全国性的非营利性组织，总部设在华盛顿。基于自愿、一致的原则来协调、管理不同类型的标准，从而促成美国的统一标准。学会成员包括1 400多家公司、团体、政府机构和其他研究机构。是美国在国际标准化组织（ISO）、国际资格鉴定论坛（International Accreditation Forum，IAF）以及太平洋地区标准会议（Pacific Area Standards Congress，PASC）的代表。美国图书馆学情报学的行业标准由美国国家信息标准组织（NISO）——美国国家标准学会授权的非营利性协会来制定。该学会主要出版物有：《美国国家标准学会报告人》季刊（*ANSI Reporter*）、《信息快递》双周刊（*What's New*）和《标准实施情况》周刊（*standards Action*）。

《美国国家传记大词典》

***American National Biography* (*ANB*)**

原名为《美国传记大词典》(*Dictionary of American Biography*),美国第一部国家传记词典,由美国学术团体理事会主编。散文体,1927—1936年出版10卷,1985年又相继出版补编10卷,共20卷,收录1980年以前的去世人物19 173人,包括政治家、外交家、商界名人、科学家、艺术家、发明家、探险家和罪犯分子等。1999年由牛津大学出版社出版新版,共24卷,并更为现名,新版收录1995年以前已故人物1.74万多人,新增近7 000人,条目由专家署名撰写,条目内容质量较高,获美国图书馆协会2000年度最佳参考工具书奖达茅斯(Dartmouth)奖章。编制了人名索引、撰稿人索引、出生地索引、职业索引和主题索引。2002年出版补编,同时发行光盘版和网络版。网络版收有2 700张图片,8万多个相关参照,季度更新,并提供人名、主题、职业、性别、出生地、出卒年、撰稿人和全文等多种检索途径。

美国国家档案馆

National Archives of the United States (NARA)

美国政府独立机构,负责收存所有美国官方历史纪录。1934年6月19日,由时任美国总统罗斯福签署法令建立,直属联邦政府,馆长由总统任命。1949年改属美国国家档案与文件局。馆址在华盛顿宪法路。美国历史上的重要文献包括:《独立宣言》、《美国宪法》和《人权法案》的原件都收藏于该馆。此外还收藏有各种形式的档案,如:影片、地图、影像以及大量的纸张档案。此外,还管理着近代12位总统的私人图书馆。国家档案馆及其分馆均向社会开放,凡持有身份证明的、年满16周岁的公民均可来馆查阅档案、亦可函购或电购缩微副本。每年接待查档者约20万人次。

美国国家档案与文件管理局

National Archives and Records Administration (NARA)

美国联邦政府的档案业务指导机关。1949年由美国国家档案馆改组而成。其主要职责是负责监管联邦政府(包括总统、联邦政府各机关、国会和联邦法院等)所有档案的管理,包括公众根据信息自由法令查阅未特别解冻的文件和档案的权利。该管理局的33个单位收藏有行政、立法和司法三大部门近2 150万立方英尺的原始文本资料,其收藏物还包括非印刷型资料,如电影、视听资料、地图和图表、空中照相、建筑图样,计算机数据集以及招贴画等。主要机构有总统管理处、联邦登记处、文件管理处、公共计划和展览处和行政管理处、标引组、鉴定组、审计组以及全美国历史出版物和文件出版委员会。

美国国家科学数字图书馆

National Science Digital Library (NSDL)

由美国国家自然科学基金会(NSF)于2000年建立,目的是作为一个免费的在线图书馆,引导用户获得科学、技术、工程和数学(STEM)的教育和研究专业资源。该数字图书馆提供的科学、技术、工程和数学内容汇集了其他各种数字图书馆、国家自然科学基金会资助项目和该数字图书馆评论站点的内容,同时也提供对这些内容后续拓展使用的存取服务和工具。该数字图书馆主要是为K-16级的教育者设计,但任何人都可访问其网站和免费搜索该数字图书馆的资源。除了一些内容提供者要求收取一些象征性费用或者预定检索一些特定的资源之处,该数字图书馆大部分内容免费。

美国国家录音保存委员会

National Recording Preservation Board (NRPB)

2000年根据《美国国家录音保存法案》成立,隶属美国国会图书馆。该委员会是美国录音遗产保存与公共利用的三大项目之一。该委员会的主要责任是:制定全国录音登记标准,帮助图书馆员评估及推荐可登记的录音名单,制定一个全国录音保存研究和行动计划。

美国国家医学图书馆分类法

National Library of Medicine Classification

一种图书馆检索系统,涵盖医学和临床基础科学领域。该分类法是参照美国国会图书馆分类法而编制的,学科门类的广泛英文字母分别表示进一步细分的数字。主要类目有:QS人体解剖学、QT生理学、QU生化学、QV药理学、QW微生物学与免疫学、QX寄生虫学、QY临床病理学、QZ病理学、W卫生专业、WA公共卫生、WB医学实践、WC传染疾病、WD新陈代谢相关疾病、WE肌肉骨骼系统、WF呼吸系统、WG心血管系统、WH血液与淋巴系统、WI消化系统、WJ泌尿生殖系统、WK内分泌系统、WL神经系统、WM精神病学、WN放射学、WO外科学、WP妇科学、WQ产科学、WR皮肤科学、WS儿科学、WT老年病学,慢性病、WU牙科学,口腔学、WV耳鼻喉科学、WW

眼科学、WX 医院及其他卫生设施、WY 护理学和 WZ 医学史。

美国华人图书馆员协会
Chinese American Librarians Association (CALA)

建立于 1983 年，致力于促进美国图书馆的华裔图书馆员间的更好交流，是探讨其成员所遇到的问题的论坛。目前该协会拥有：东北、中西、大西洋、西南、加利福尼亚州和佛罗里达州 6 个分会。作为美国图书馆协会的分支机构，美国华人图书馆员协会每半年以英文和中文出版《图书馆学情报学期刊》(*Journal of Library and Information Science*)，《美国华人图书馆员协会业务通讯》(*The CALA Newsletter*) 每年 3 期以及半年刊的《美国华人图书馆员协会电子期刊》(*CALA E-Journal*)。

美国华盛顿大学信息学院
Information School, University of Washington

坐落于华盛顿大学的玛丽盖茨厅，是国际拔尖图书馆学情报学院联盟（iSchools）的成员之一。原名为图书馆学情报学研究生院（Graduate School of Library and Information Sciences, GSLIS），20 世纪 90 年代末，更改为现名。其使命是培育信息领导者、研究信息领域的重要社会及技术问题、探索信息变革的解决方案、使信息更加能为人类服务。学院授予信息学学士，图书馆学情报学硕士及信息管理硕士，情报学博士学位。信息学学士学制为 2 年，主要研究人机交互、信息构建、网络与信息安全保障和协同计算等课题，主要培育学生在信息系统、用户界面、移动技术及社交媒介方面的设计、创造与分析的能力。图书馆学情报学硕士学制为 2 年，分全日制及远程教育两种教学形式，是学院招生最多的专业，主要培养学生在信息领域获取理论知识，更好的理解信息及其用户，成为信息领域的领导者。图书馆学情报学硕士项目在 2007 年的《美国新闻与世界报道》中排名第四。信息管理硕士学制为 2 年，分全日制及夜大两种教学形式，培养学生在信息组织及开发符合用户需求的信息系统的能力，主要研究战略规划、系统设计、业务领导、信息构建与管理、信息安全、网络与信息技术等科目。攻读情报学博士学位的人员主要研究人机交互与设计、信息管理、信息政策以及图书馆学情报学等科目，这是以研究为基础的交叉学科。此外，该学院还授予图书馆学情报学法律硕士学位，学制为 1 年，目标主要培养法律图书馆员。这个项目在 2006 年的《美国新闻与世界报道》中排名第一。另外，该学院还开设职业发展与继续教育项目，这类项目不能授予学员学位。严谨的科学研究及创新工作是该学院的基石，其主要研究的领域有：信息获取、道德规范与信息、人机交互、信息安全、日常生活中的信息、信息素养、信息管理、信息系统与设计、知识组织以及个人信息管理等。同时，该学院还建立了多个研究中心及实验室。

美国化学文摘数据库
SciFinder

由美国化学文摘社（Chemical Abstract Service, CAS）于 1994 年研究开发的科技文献检索和研究工具软件。该数据库收录了包括期刊、专利、评论、会议录、论文、技术报告和图书中的各种化学研究成果，用户可以从世界各地的数百万项专利和科研文章中获取最新的技术和信息。拥有数据库有：CAplus（1907—）、CAS REGISTRY（1957—）、CHEMLIST（1979—）、CASREACT（1840—）、CHEMCATS（1995—）、MELINE（1947—）。美国《化学文摘》网络数据库学术版（SciFinder Scholar）为其专供学术研究使用之姐妹版本。美国化学文摘社于 2009 年推出最新操作界面网络版，使用浏览器的方式进行，不再需要下载软件，名称上统一为 SciFinder。

美国《化学文摘》网络数据库学术版
SciFinder Scholar

由美国化学学会（American Chemical Societg, ACS）下属的化学文摘社出版的《化学文摘》的在线版数据库学术版，除可查询每日更新的《化学文摘》数据回溯至 1907 年外，更提供读者自行以图形结构式检索。是全世界最大、最全面的化学和科学信息数据库。网络版《化学文摘》，整合了 Medline 医学数据库、欧洲和美国等多家专利机构的全文专利资料以及《化学文摘》1907 年至今的所有内容，所涵盖的学科包括应用化学、化学工程、普通化学、物理、生物学、生命科学、医学、材料学、地质学、食品科学和农学等诸多领域。通过网络可以直接看《化学文摘》1907 年以来的所有期刊文献和专利摘要以及 4 000 多万条化学物质记录和美国化学学会注册号。

美国机读目录
USMARC

于 1983 年诞生，成为美国国家标准的机读目录格式，英法等国家接着根据各自情况创建了自己的机读目录。为了进一步协调、促进国际交流，统一各国机读目录格式，1999 年秋，加拿大国家图书馆与美国国会图书馆一起完成了对两国 MARC 格式的修改，并颁布一个共同的 MARC 格式版本，取名为 MARC21，现为世界许多国家应用。

美国计算机协会
Association for Computing Machinery

创立于 1947 年，是一个世界性的计算机从业人员专业组织。该学会提供计算机领域最前沿的数据资源，以提供计算机领域领先优势的出版物、会议和职业资源向计算机界提供专业服务。

美国计算机协会电子期刊、会议录
ACM Digital Library

由美国计算机协会建立，资料分为：周期出版物，包括期刊、杂志、时事通讯以及会刊；会议录和图书包括完整的书、技术报告、硕士论文、博士论文以及书目等。总共收录 39 种电子期刊 15 年的全文、美国计算机协会 9 年的会议记录以及超过 25 万页的全文资料，并在《计算机文献指南》中提供 700 种出版物的书目信息。

美国记忆
American Memory

美国国会图书馆主持的一个关于美国文化和历史的数字图书馆项目。该项目始于 1989 年，主要目标是将美国主要的历史档案资料（包括图书、小册子、手稿、单面印刷品、音乐、声音记录、照片、艺术图片和活动的画面等）经过尽量少的编辑，将其转换为数字化格式，提供给研究者、学者或一般读者。

美国教育传播与技术协会
Association for Educational Communications and Technology（AECT）

前身为 1923 年成立的全美教育协会视觉教学部（DVI），以后逐步演变而成为视听教育部（DAVI），并于 1971 年正式改名为教育传播与技术协会，意即融视听传播和教育技术于一体的学术性组织，并从美国教育协会中分离出来，成为一个独立的学术组织。出版的专业学术刊物有：《教育技术动向》、《教育技术研究与发展》、《国际教育媒体》、《教育技术》、《电影、无线电和电视的发展史》等。其学术年会已经成为教育技术领域内的一件盛事。每次年会期间，来自全美乃至世界各地的学者济济一堂，共同讨论教育技术研究与实践中的热点问题，引领着教育技术发展的潮流优化调整组织结构，颁行专业伦理道德规范等种种措施。

美国科学基金会 Datanet 计划
NSF Datanet

2007 年 9 月 8 日，美国科学基金会宣布可持续发展的数字保存和访问网络合作伙伴计划开始实施。希望在以后数十年里能够整合图书馆学、档案学、网络信息基础架构建设与计算机科学与信息科学以及科学领域知识，旨在为科学与工程领域提供一个可信赖的数字保存、检索、整合与分析能力等功能的平台。

《美国科学院院报》
***Proceedings of the National Academy of Science*（*PNAS*）**

世界领先、涉及多个学科的综合性科技期刊之一。该刊具有高影响及原创研究的权威资源，涵盖生物、物理和社会科学。

美国莱纳出版公司
LexisNexis Academic & Library Solutions

著名的莱纳（LexisNexis）公司的一家下属公司，主要经营缩微和网络数据库，所提供的数据库内容广泛，涉及新闻、媒体、公司、商业、统计、社会、人口、经济、法律、医学、环境、政府、历史和当代事务等多个领域，具有较高的使用价值。另外还是美国国会信息服务公司（Congressional Information Service，Inc.），同时也是美国大学出版公司（University of American Publications）。该公司专门为高等学校、科研单位、政府机构与公司企业等提供各类专业文献信息。

美国冷泉港实验室电子数据库
Cold Spring Harbor Laboratory Press Database

该数据库汇集来自世界生命科学的圣地与分子生物学的摇篮——美国冷泉实验室的主要出版社和教育机构长达 60 多年实验室技术，并以最新的网络工具和技术作为支持。

《美国俚语新词典》
New Dictionary of American Slang

根据《美国俚语词典》（*Dictionary of American* Slang）修订而成，由罗伯特 · L · 查普曼（Robert

M

L. Chapman）主编，并于1986年10月由纽约哈帕与罗（Harper & Row）公司出版。该书内容适时，非常注意对新俚语的收录，具有很高的权威性。收录了各行业、各社会阶层使用的俚语，包括部分地区性方言和口语约2.2万条，反映了美国历史上各个时期，特别是当代的俚语。该词典还对所收俚语给出的每一个定义都附以资料来源和若干例证作为说明。在可能情况下，还有俚语的历史以及俚语进入书面后的大致时间。

美国历史文档系列数据库
Archive of Americana

由美国 Readex 公司出版，是研究美国历史深入、全面和权威的大型数据库。该数据库包括：美国国会文献集和美国历史报纸。

美国麻省理工学院数字空间图书馆
MIT DSpace Library

由美国麻省理工学院图书馆和美国惠普公司实验室共同组建，收录了麻省理工学院教学科研人员和研究生提交的会议论文、学位论文、研究与学术报告、工作论文和演示稿全文等，随时更新。读者可按院系、题名、作者等方式进行浏览，也可以对任意字段、作者、题名、关键词、文摘和标识符等进行检索，并可在线看到全文，资源丰富且搜索十分方便。

美国民族生活研究中心
American Folklife Center

由美国国会于1976年创立，是美国国会图书馆的代理机构。该中心兼并了1928年成立的国会图书馆民族文化档案中心，致力于继承和展现美国的民族传统，主要收藏美国的民族音乐。

《美国名人录》
Who's who in America

收录当代美国人物传记信息的履历体、综合性的名人录。1899年首次出版，由著名出版商马奎斯（A. N. Marquis）创办，初版仅收录8 602人。该名人录收录有一定地位和成就的当代人物，已故人物在新版时剔除。人物来自各行各业。1994年以来每年更新，2011年出版第65版，收录人物数量9.6万人，每一个条目提供被传人的姓名、职业、生卒年、父母、子女、教育背景、婚姻、政治活动、从军经历、所获奖励、会员信息、政治党派、宗教信仰、著作、家庭住址和办公室地址等信息。该名人录出版历史悠久，收录人物范围广泛，更新及时，是查询美国人物传记信息的重要参考工具。

《美国男女科学家》
American Men & Women of Science

1906年首次出版，收录美国、加拿大在物理学、生物科学、医学、工程、数学、统计学、计算机科学、农业、林业、环境科学、化学、航天、科学史、教育管理、科学研究管理、科技政策和科学传播等领域的科学家。2002年改由盖尔（Gale）公司出版。收录人物数量达近20万人。2012年出版第30版，提供出生日期、出生地、专业领域、教育背景、学位、现任职务、所获举例、加入的学术团体、研究方向、著作、联系地址和电子邮件等信息。

《美国情报学会会刊》
Journal of American Society for Information Science (JASIS)

于1970年创刊，为不定期，1996年以后成月刊，由约翰·威廉父子（John Wiley & Sons）公司出版。该刊是美国情报学会主办的学术性刊物，设有："专题论述"、"简要新闻"和"读者来信"等栏目，主要刊载学术论文和研究报告。该刊撰稿人均为美国情报学界的具有权威及学术地位的专家，是从事情报学、图书馆学研究人员必备的期刊。该刊的文章被收入《化学文摘》(*Chemical Abstracts*)、《现期期刊目次》(*Current Contents*)、《现期教育期刊索引》(*Current Index to Journals in Education*)、《情报学摘要》(*Information Science Abstracts*)、《工程索引》(*Engineering Index*)、《图书馆学情报学摘要》(LISA)、《社会科学引用文献索引》(*SSCI*）和《图书馆文献》(*Library Literature*）等。

美国人文学科基金会
National Endowment for the Humanities (NEH)

由美国艺术和人文科学基金会提供专门拨款的一个独立机构，组建于1965年，总部办公室设在华盛顿特区。该基金会支持人文学科的研究、教育和公共项目，关心美国的各类遗产、传统和历史，特别是人文科学与影响美国社会的当前状况之间的关系。美国各州均建立有人文学科委员会，负责制订各自的方针准则和应用范围，州委员会资助多种项目，包括图书馆阅览项目、讲座、会议、研讨会、多媒体播放以及博物馆和图书馆流动展览等。

《美国社团大全》

Encyclopedia of Associations

美国全国性官方机构和行业性社团的基本名录。初版于1956年，由盖尔集团（Gale Group）出版，双年刊，后改为年刊，已出版第50版（2012年）。全书共3卷，对每个组织分别著录其名称、地址、宗旨、主要官员、成立日期、电话传真、电子邮件和网址、预算、活动情况、成员、计算机服务和出版物等事项。按商业、贸易团体、法律、政府、公共管理、军事机构和教育机构等类细分。该大全内容丰富，每版修改量较大。通过每年再版，能迅速反映新社团的产生和原有机构的变化并及时修订。读者可通过主题（关键词）、机构名称和有关人员的姓名获得资料，是查找美国社团、学协会最重要的工具书。

美国神学图书馆协会

American Theological Library Association（ATLA）

于1947年成立的非营利组织，是美国图书馆协会的分支机构，为支持神学和宗教研究图书馆和馆员提供项目、产品和服务。其会员包括神学图书馆员，对神学图书馆工作感兴趣的人员以及一些神学研究机构，这些机构为神学和宗教研究项目提供程序、产品和服务等。该协会为各神学院图书馆制订认可政策的统一标准，致力于神学院图书馆的分类编目、期刊交换和读者服务工作等；与美国神学院学会合作出版《神学院图书馆的援助》（*Aids to Theological School Library*），同时还出版《宗教期刊文献索引》（*The Index to Religious Periodical Literature*）和季刊《美国神学图书馆协会业务通讯》（*ATLA Newsletter*）。该协会与国际图联和联机计算机图书馆中心联合举办“Jay Jordan IFLA/OCLC早期职业发展奖学金计划”，为发展中国家的图书馆学情报科学专业人员早期的职业培训和继续教育提供资助。

美国书目学会

Bibliographical Society of America（BSA）

成立于1904年，致力于促进书目研究和书目出版物的发行、对书目问题和研究项目有兴趣的任何个人或组织，包括图书馆和图书馆员，都有资格成为其会员。该学会于每年1月召开年会，并向公众开放，其出版物为季刊《美国书目协会论文集》（*Papers of the Bibliographical Society of America*）。

美国书商协会

American Booksellers Association（ABA）

成立于1900年，是美国历史最悠久、独立的书商行业协会，会员遍及教育、科研和信息传播各个领域，其宗旨在于满足会员的各种需求。该协会积极支持付费演讲、文学艺术和鼓励儿童阅读项目等活动。该协会出版有年度购书手册，并维护BookWeb. org网站。

美国书展

Book Exposition of American（BEA）

全美国最大的年度书展，是美国图书界最为盛大的一项活动，也是全球版权贸易盛会之一，每年来自世界80多个国家和地区的出版界业内人士云集于此。其前身是1947年创办的美国书商协会会议与贸易展销会，1996年更为现名。每年于5—6月间召开，地点不定，展期为4天。该书展为各国参展商提供进入新闻出版市场的机会，书展期间，除书刊展示外，还安排各种专题会议、论文发表会、座谈会、同业聚会、文艺沙龙以及颁奖典礼等活动。

美国数学学会

American Mathematics Society

成立于1888年，拥有2.8万名会员。该学会提供覆盖了自1940年以来世界范围数学文献的MathSciNet数据库；由该学会出版的8种电子期刊以及一百年来一直出版先进的数学领域的书籍，包括1940年以来的《数学评论》的信息等。

美国天主教大学图书馆学与情报学学院

SLIS of the Catholic University of America

成立于1939年，该学院可授予图书馆学理学硕士学位和图书馆学与其他领域硕士学位。从1948年起该学院被美国图书馆协会认定资格。提供硕士学位主要课程，包括高级编目与分类、档案管理、商业信息、馆藏发展、计算机网络、数据库管理、图书史、法律文献、图书馆学与情报学研究、信息组织、科技信息、标引、文摘与词表结构和学校图书馆媒体中心等。

《美国统计摘要》

Statistical Abstract of the United States

一部标准的美国官方综合性统计资料汇编，1878年首次出版。内容涉及美国经济和社会各个领域，也是研究美国国情的重要工具书。初期很简略，大多是关于对外贸易、船舶的统计，仅100多页。到第二次世界大战后才具有综合性的规模。卷首为“最新社会和经济趋势”（Recent Social and Economic Trends），简述最近20年的社会经济情况。全书主体一般分34大类，1 500张图表，关于人口、卫生、教育、法律、领土、财政、社会保险、国防、收支与财富、矿业和外贸等方面50万个统计数字。每一大类前有概括性的导言、名词术语解释。图表下有详细的脚注和资料来源。卷末有“资料来源指南”（Guide to Sources of Statistics），对图书馆员和读者了解统计资料很有帮助。统计资料一般回溯15或20年，个别回溯到新中国成立初期。《美国统计摘要》内容广泛庞杂，反映美国社会的各个侧面，并有相应的各种具体数字。该书的商业版为《美国事实汇要》（*U. S. Fact Book：the American Almanac*），此外还有多种副产品。

《美国图书出版记录》
***American Books Publishing Record*（ABPR）**

具有美国国家书目性质。源于美国书业联合会机关刊物、著名图书贸易杂志《出版商周刊》（*Publishers Weekly*）中定期报道4～5周内新书的“每周记录”（Weekly Record），从1974年9月起该栏目作为单独的书目刊物发行。1960年起按月累计收录其登载的新书，根据杜威分类法重新组排，附著者和题名索引。1965年起出版年度累计本，亦按杜威分类法排列，有著者、题名索引和主题指南。以后还出版了5年累计本，并提供缩微胶片、在线检索和CD-ROM版。

《美国图书馆》
American Libraries

美国图书馆协会会刊。自1907年起出版的专业图书馆杂志，月刊，每年11期（6月，7月合刊），每期发行64 000份左右，所有会员均可免费赠阅。该刊主要刊登协会召开的会议、专业论述、短评、意见交流、参考资料选介、专题论文、新闻、各种活动和会议录以及与图书馆业务相关的新闻、通告、趋势分析、特色文章、工作任命和广告等内容。读者也可以上网浏览该刊的各个栏目和重要信息。该刊被收录于多种索引、摘要中，如《现行教育期刊索引》（*Current Index to Journals in Education*）、《图书馆学文献》（*Library Literature*）和《图书馆学情报学摘要》（*Library and Information Science Abstract*），是了解美国各类图书馆现况和发展的重要期刊。

《美国图书馆复制权问题研究》
A Study on Reproduction Rights in American Libraries

该书从立法项目——公共图书馆法研究的角度出发，着重研究了美国版权法的立法史、版权法中对图书馆复制权的例外规定、合理使用与图书馆复制之间的关系，同时立足于信息网络时代，对传统版权中复制权在馆际复制、电子出版、因特网络中遭遇的来自技术进步的冲击，以及传统图书馆在信息时代所面对的挑战进行了详细的分析。翟建雄著，由知识产权出版社于2010年6月出版。

美国图书馆领导与管理协会
The Library Leadership and Management Association（LLAMA）

成立于1957年，是美国图书馆协会的一个分支机构。其使命是鼓励及培养当今及未来的图书馆领导，提供培养杰出的领导及管理实践服务。该协会设立了图书馆建筑与设备、筹款与财务、系统与服务、人力资源、公共关系与营销、图书馆组织与管理以及测量与评估等兴趣小组为有共同兴趣的人士提供交流与合作的平台。《图书馆领导与管理》（*Library Leadership & Management*）是该协会的在线季刊，登载高质量的实践性文章以帮助当今的管理者应对管理的挑战性问题。该协会还设置了多种奖项、补助金及奖学金，如与美国图书馆协会、国际室内设计协会合作设立“图书馆室内设计奖”，每两年评选一次，奖励在图书馆室内设计方面有突出贡献的人士；与美国图书馆协会合作设置的“图书馆建筑奖”表彰图书馆建筑设计及规划有突出贡献的人士。

《美国图书馆名录》
American Library Directory

由美国鲍克（R. R. Bowker）出版社按年度出版的丛书，提供美国、加拿大和墨西哥3万多所高校图书馆、公共图书馆、科研图书馆、地区图书馆、医学图书馆、法律图书馆和其他专门图书馆的名录信息，包括名称、位置、电话号码、传真号码、馆内部门领导、预算、馆藏规模、专门馆藏、电子资源和网络共享等。另有专章介绍图书馆网络、图书馆联盟、图书馆系统、特别需求图书馆和州及联邦图书馆机构等信息。此外，还包括个人索引，并按照姓氏字顺排列介绍各图书馆、图书馆系统和图书馆联盟中的所有工作人员及其联系方式。

美国图书馆协会
American Library Association（ALA）

美国图书馆界的专业组织，世界上最大的图书馆协会之一，1876 年成立于美国宾夕法尼亚州。会员约有 62 000 多个，来自美国、加拿大等 115 个国家的 12 万多所大学、公共、学校、政府和专门图书馆。国际会员为 3.5%，会员中大部分是个人会员，其他为单位和公司会员。总部在美国芝加哥，华盛顿特区有其办公室。其使命是为所有公民获取信息、促进图书馆和信息服务以及图书馆专业的发展，起着领导作用。由会员直接选举的 182 位理事组成的理事会；由会员选举 12 位会员组成的执委会监督管理美国图书馆协会；共有 250 位工作人员，设有 11 个专业部，20 个圆桌会议开展各种学术研究活动。每年召开两次年会（冬、季），并颁发各种学术奖金。该协会还拥有自己的出版社，每年销售所出版的专业书超过 10 万册。该协会于 1929 年加入国际图联，成为其国家协会会员。

美国图书馆协会出版社
ALA Editions

成立于 1886 年，是美国图书馆协会的出版部门，初名为 ALA Books and Pamphlets，1993 年改为现名。图书年销售量超过 10 万册，收入用于支持美国图书馆协会的其他项目和活动。该出版社的主要出版物有：《图书馆参考工具书指南》(*Guide to Reference Books for Libraries*, 1902)，《学校图书馆计划标准》(*Standards for School Library Programs*, 1960)，《学院图书馆用书，第一版》(*Books for College Libraries*, 1967)，《英美编目条例，第一版》(*Anglo-American Cataloging Rules*, 1967)，《知识自由手册，第一版》(*Intellectual Freedom Manual*, 1974)，《信息的力量》(*Information Power*, 1988)，《世界图书馆和信息服务百科全书，第三版》(*World Encyclopedia of library and Information Services*, 1993) 和《保护图书馆数字资源：规划和维护的基本指南》(*Protecting Your Library's Digital Sources: The Essential Guide to Planning and Preservation*, 2004) 等。美国图书馆协会出版社出版的图书列在其在版书目中。

美国图书馆协会绘画、印刷艺术部
ALA Graphics

指美国图书馆协会的营销部，专门销售海报、书签、藏书签、T 恤衫以及其他作品的市场部门，目的是促进图书馆、阅览终身学习和读者素养的发展。ALA Graphics 又指该部门销售的绘画、印刷等艺术品。这些商品可以通过印刷版的商品目录订购，也可以通过美国图书馆协会在线商城网上购买。

（美国图书馆协会）录像圆桌会议
Video Round Table（VRT）

美国图书馆协会（ALA）内解决有关各类型图书馆录像资料收集和服务问题的一个组织。专门研究关于录像涉及制式、模拟、数字、多媒体和数字视频的网络传递以及版权、定价、审查和保存等多方面问题。其成员包括图书馆员、档案馆员、各类机构或组织的教育工作者。为了便于讨论问题和寻找解决办法，积极吸纳录像产品的生产商、销售商、编辑出版商和设备制造商入会。录像圆桌会议在美国图书馆协会起着强有力的倡导作用，与其他全国性电影录像组织建立了联盟。

《美国图书馆协会伦理守则》
ALA Code of Ethics

于 1995 年 6 月 28 日公布，在《美国图书馆》(*American Libraries*) 1995 年 7/8 月第 26 期上发表，是对美国图书馆事业制定道德标准的一种尝试。该守则共有 8 条，对图书馆员为读者所提供的服务提出严格的要求。守则强调图书馆员所肩负的使命和责任，尤其应为读者提供最佳服务、维护知识自由、保护读者的隐私权和尊重知识产权等，同时还指出图书馆员要不断地充实个人专业知识，鼓励同事在专业上的发展，激发他们的专业精神，为专业发展而努力。守则还指出图书馆员作为专业的一员，毫无疑问要担负起维护知识自由与信息自由检索的责任。图书馆员具有特殊的使命，确保今日以至子孙后代，信息与思想自由的流通。

《美国图书馆协会排卡规则》
ALA Filing Rules

指定图书编目中各款目排列方式的规则集合。最早由美国图书馆协会于 1942 年出版，标题为《美国图书馆协会编目卡片排定规则》(*A. L. A. Rules for Filing Catalog Cards*)，并于 1967 年按照英美编目条例进行了修订，1980 年对排卡规则进行了扩充并以现在的题名出版；范围覆盖了所有图书形式（印刷型、缩微型和数字型等）和编目规则。

《美国图书馆协会世界图书馆和情报服务大全》
ALA World Encyclopedia of Library and Information Services

为配合 1976 年出版的《美国图书馆协会年

鉴》(*ALA Yearbook*)，由第12任国际图联主席、美国哥伦比亚大学图书馆研究院院长罗伯特·维奇沃思（Robert Wedgeworth）担任主编出版的单卷本图书馆专业百科全书。其宗旨是为图书馆工作人员、学生和对此感兴趣的公众提供资料，其内容大致有6个方面：各国图书馆概况及统计资料、提供图书馆情报服务的主要机构、图书馆情报管理、情报处理、情报服务的原则与事件、图书馆学情报学教育与研究、国际组织的活动及人物传记。全书按条目字顺编排，每条目长度从几百字到上万字不等，并附有多张统计图表与图片资料。虽然内容不如大百科详细，但由于其撰稿人多为某一领域的专家，故而其条目质量较高。该百科全书初版于1980年，1986年出版第2版，第3版于1993年问世。

（美国图书馆协会）政府文献圆桌会议
Government Documents Round Table（GODORT）

美国图书馆协会的一个永久性圆桌会议组织，由政府文献图书馆员和对搜集、采访政府文献工作感兴趣并有志于投身到这项工作中的人组成。该圆桌会议出版季刊《人民文献》(*DTTP*：*Documents to the people*)，发表文章反映美国各地以及国际上关于政府信息、文献以及专业活动。

美国图书馆协会职业联合协会
American Library Association-Allied Professional Association（ALA-APA）

美国图书馆协会的联盟职业协会，作为一个非营利性组织，2001年7月被授权成为促进图书馆员和图书馆其他工作者共同利益、提高图书馆员整体水平的美国图书馆协会的伙伴组织，具有独立的法人地位。该协会为图书馆员和其他图书馆工作者主要提供两方面的服务：非学位的专业认证和图书馆从业者工资及地位的提升。

美国图书馆协会主席国际创新奖
Presidential Citation for International Innovation

美国图书馆协会在一年一度的年会期间向国内外在图书馆推广、保护文化遗产以及建立网络为当地社区服务确保其可持续发展等方面作出卓越贡献的国内外图书馆颁奖。2008年、2009年和2010年中国的东莞图书馆、上海同济大学图书馆和中国图书馆学会均获得由美国图书馆协会主席颁发的奖状。

美国图书馆协会字符集
ALA Character set

美国图书馆协会所定义的在MARC 21书目数据格式中所使用的字符集，包括所有拉丁字母、特殊字符、发音符号、14个上标字符、14个下标字符和3个希腊字母。

美国图书馆之友
Friends of Libraries USA（FOLUSA）

创建于1979年，总部设在费城。该组织是美国图书馆协会的会员，是图书馆之友团体会员之一。美国图书馆之友成员主要包括对提高图书馆服务质量感兴趣的图书馆、俱乐部、协会、公司及个人。

《美国图书贸易指南》
American Book Trade Directory

由美国鲍克（R. R. Bowker）出版社从1915年开始按年度出版，以省/州的地理位置为序提供有关美国和加拿大各书商、批发商、零售商和文物研究收藏者的信息，并按照名称和商店类型进行标引。此外，还包括一些文化资产拍卖者信息、图书馆藏书鉴定者信息、图书出口和进口信息以及全国性和地区性协会的信息。

美国图形艺术研究所
American Institute of Graphic Arts（AIGA）

1914年于美国纽约成立的非营利性组织，目的在于鼓励学术课题、传播媒体、商业工具和文化艺术等领域的优秀图形设计。一般以召开专家讨论会的形式开展活动，各设计人士可以在讨论会上交流创意和信息，参与研究和分析评论，共享研究成果，共同提出意见促进教育和理论实践活动。该研究所每年出版三期刊物《探索：美国图形艺术研究所设计杂志》(*Trace*：*AIGA Journal of Design*)。

美国文物工作者学会
American Antiquarian Society（AAS）

实际上是1812年于马萨诸塞州乌斯特（Worcester，Massachusetts）成立的一所独立的国家科研机构，主要研究自殖民地时期至美国内战及战后重建以来的美国历史。该学会收藏自1876年以来有关美国历史和文化的图书、小册子、报纸、期刊、手稿、评论、少年文学、音乐、图形艺术、宗谱和地方志等。

美国物理联合会出版社
American Institute of Physics（AIP）

创立于1931年。是一家出版研究性期刊、杂志、光盘、会议论文集及名录（包括印刷品和电子版）的专业出版社。其数据库主要收录物理学和相关学科的文献内容，包括一般物理学、应用物理学、化学物理学、地球物理学、医疗物理学、核物理学、天文学、电子学、工程学、设备科学、材料科学、数学、光学、真空科学以及声学等。

美国西部文学作品
western

指美国西部故事、小说、电影或电视，作品内容取材于19世纪下半叶的美国西部生活，描写人物中包括牛仔、边塞居民、流放者或土著印第安人。有时也指具有美国西部风格特征的作品。

美国心理学会出版手册之格式
American Psychological Association（APA）Format

一种为广泛接受的研究论文撰写格式，特别针对社会科学领域的研究，规范学术文献的引用和参考文献的撰写方法以及表格、图表、注脚和附录的编排方式。该格式因采用哈佛大学文章引用的格式而广为人知，其“作者和日期”的引用方式和“括号内应用法”相当著名。APA格式指的就是美国心理学会（American Psychological Association）出版的《美国心理协会刊物准则》，目前已出版至第五版，总页数超过400页，而此协会是目前在美国具有权威性的心理学学者组织。该格式起源于1929年，当时只有7页，刊登在《心理学期刊》（*Psychological Bulletin*）。

《美国新闻与世界报道》
U.S. News & World Report

1948年由《美国周刊》（*U. S. Weekly*）、《世界报道》（*World Report*）和《美国新闻》（*The United States News*）3种刊物合并而成，是美国第三大新闻周刊。该刊着重登载美国政治、经济、国防和军事等问题的综合报道与评论，其特色是专门报道美国国内问题和对官方人物的访问。

美国信息交换标准码
American Standard Code for Information Interchange（ASCII）

大多数微型机和所有个人计算机用来表示大写字母、小写字母、数字和特殊字符的二进制编码。用于数据处理系统、数据通讯系统和相关设备中信息交换的标准代码，共有128种字符码其中包括32个功能字符码和96个图形字符码以及字母、数字标点符号和控制符等。每个ASCII字符由7位信息字节和一位错误校验字节组成。ACCII码有利于非标准数据处理设备之间的信息交换，为美国国家标准委员会（ANSI）所认可。也指转化为ASCII码的文本，可以被大多数应用程序直接读入和输出而不必转换，也不需专门软件来显示和打印。ASCII文本又称为普通文本（vanilla text）。

美国信息科学技术学会
American Society for Information Science and Technology（ASIST）

于1937年创立，是一个非营利性组织，其前身为美国文献研究所和美国科学服务处，1968年改为现名。该学会是美国图书馆协会的分支机构，为信息科学领域的专家学者提供一个图书馆学、计算机科学、语言学、数学和物理学等跨学科领域的交流空间。该学会成员来自各个领域，包括工程、语言学、图书、教育、化学、计算机科学和医学专业人士。学会的主要出版物有：《信息科学与技术之年度述评》（*ARIST*：*Annual Review of Information Science and Technology*），《美国信息科学技术学会会刊》（*Bulletin of the American Society of Information Science and Technology*）和《美国信息科学技术学会杂志》（*Journal of the American Society for Information Science and Technology*）。

美国学校图书馆员协会
American Association of School Librarians（AASL）

美国图书馆协会下设的一个部，成立于1951年，前身是美国图书馆协会儿童及青少年图书馆员部。会员达1万余人，其中包括全美初级学校和中级学校的图书馆员以及其他一些有志于儿童和青少年图书馆服务的人员。出版季刊《学校图书馆媒体研究》（*School Library Media Research*）、双月刊《知识探索》（*Knowledge Quest*）和月刊《美国学校图书馆员热线》（*AASL Hotline*）。所设立奖学金有：协同学校图书馆奖、杰出学校管理员奖、杰出服务奖、弗朗西丝·亨尼奖、信息技术开拓者奖、知识自由奖和全美学校图书馆计划年度奖。所设立的资助有：学校图书馆员协会研究资助、普通学校图书馆赈灾基金、创新阅读等。该协会每年召开学术年会暨展览会。

M

美国研究馆藏与保存联盟

Research Collections and Preservation Consortium (ReCAP)

始于1999年，是一个高密度集中存储印本资源的设施，由哥伦比亚大学、纽约公共图书馆、普林斯顿大学联合运作。主要针对低利用率资源、纸本及易碎媒介资源的集中存储。目的达到在最小的空间储存最多的资源。

《美国医学信息协会杂志》

***Journal of the American Medical Informatics Association* (*JAMIA*)**

创刊于1994年，美国医学信息协会生物医学及健康信息的同行评议期刊，影响因子为3.078，两月出版一次，涉及临床护理、临床研究、实施科学、成像、教育、消费者健康和公共卫生与政策等主题。该杂志的创新信息研究及系统版块有利于促进生物医学及人类健康专业的发展，病例报告、观点及评论有助于了解生物医学及健康的实践、政策和教育的发展。

M

美国印第安图书馆协会

American Indian Library Association (AILA)

成立于1979年，是美国图书馆协会下设的一个部，目的在于促进美国本土文化和信息资源的收集、保留和开发等图书馆信息服务以及美国本土团体和阿拉斯加本土团体的文化发展。协会出版季刊《美国印第安图书馆协会业务通讯》(*AILA Newsletter*)。

美国印刷史协会

American Printing History Association (APHA)

成立于1974年，旨在鼓励印刷史、尤其是美国印刷史方面的研究。具体从事印刷史及与印刷有关的艺术和技术等历史的研究，包括书法、造纸、装订、插图和出版等，其总部设于纽约。出版有《美国印刷史协会业务通讯》(*The APHA Newsletter*)和半年刊《印刷史》(*Printing History*)。会员可享受优惠价购买该协会所有的出版物，和被邀请参加该协会召开的各种会议。

美国影片保护委员会

National Film Preservation Board (NFPB)

根据1988年美国影片保护法令组建，是一个咨询委员会。授权帮助国会图书馆从全国影片登记表中每年挑选的25部在文化、历史和艺术上具有重要价值的影片作为档案资料予以保护。

美国犹他州家谱图书馆

Family History Library of Utah

世界上最大最完整的家谱资料检索中心，于1894年成立，位于美国犹他州首府盐湖城。馆舍由5层组成，建筑面积约为1.54万平方米。全馆共收藏30万册图书，200多万卷的缩微复制件，涉及3亿多姓氏。该馆在60多个国家和地区设立查阅家谱资料的分支机构，由该馆提供缩微复制件，供各国读者在当地查阅。该馆每天接待读者2 000余人，其中98%是来寻根问祖查找先人资料，2%是为所从事研究工作而到馆的。

美国原住民图书馆

Native American Libraries

美国原住民图书馆事业史其实就是部落图书馆的历史。部落图书馆起源较晚，20世纪60年代晚期至70年代早期，在“高等教育法”的指导下，美国教育部开始向少数民族学生颁发奖学金，并开展了一些调查和示范项目，推动了部落图书馆的建立和发展，也使得原住地居民进入图书馆学校，并将图书馆视为一种职业。20世纪70年代，旨在使原住民享有基本、平等获取文献信息服务与资源机会的教育机构由印第安事务局建立。20世纪80年代，在新联邦法的推动下，部落图书馆事业迅猛发展。20世纪90年代以来，大多数西部地区的原住民图书馆作为公共图书馆直接获得了美国议会的资金支持，并开始关注职业认证，其中一些工作人员还获得了美国图书馆协会认证的图书馆学硕士学位，部落图书馆发展已初具成效。

美国早期印刷品

Early American Imprints (EAI)

由美国Readex公司出版。该数据库收录现存的1639—1819年期间在美国出版的图书74 000种，是17—18世纪美国非连续出版物最完整的资源，分为Evans与Show-Shoemaker两个系列，包括：图书、年鉴、小说、剧本、诗歌、圣经、教科书、契约证书、法规、烹调书、地图、乐谱、小册子、初级读物、布道书、演讲词、传单、条约、大活页文章与旅行记录等。还包括印刷报告，如总统信函，涉及国会、国家与领土的决议以及许多欧洲作家的作品在美国的印本。并按以下主题提供：经济与贸易、政府、健康、历史、劳动、语言、法律与犯罪、文学、军事、人物、哲学、政治、宗教、科学、社会、生活方式与民俗以及神学等。

美国政府出版书目数据库
GPO Monthly Catalog

该数据库由美国政府出版局创建，覆盖从1976年以来各种各样的美国政府文件，包括美国国会的报告、公听、辩论、记录、司法资料以及由行政部门（国防部、国务院、总统办公室等）所颁布的文件，每条记录包含一条书目引文，共50多万条记录。该数据库每月更新一次，可以通过联机计算机图书馆中心（OCLC）馆际互借方式获取。

美国政府出版局服务网站
GPO Access

由美国政府出版局设立的服务网站，在网上免费提供服务，可检索阅览1 500个以上的政府信息数据库，例如：《联邦登记注册数据库》（*Federal Register*）、《联邦法规编码数据库》（*Code of Federal Regulations*）和《国会记录数据库》（*Congressional Record*）等。该服务网站根据1993年颁布的“政府印刷电子信息加强令”的规定，由“联邦托管图书馆课题计划”资助。

《美国政府出版物每月目录》
GPO Monthly Catalog

自1895年开始出版，每月一期。其历史悠久，名称和内容屡有变化。每期收录2 000多种文献，尚不收录议案、专利、地图以及大量并非由政府出版局出版的保密性文献，故仍不是美国政府出版物的全部（只涉及GPO出版的20% ~30%），目前的款式是1976年确定的，由计算机编制。目录每一条目有顺序号、文件总管理处的分类号、国会图书馆和杜威分类号、国会图书馆主题词、OCLC标识号、库存号和国会图书馆卡片号等，通过DIALOG（文档号66）提供在线检索。另有编制很好的索引，每半年和一年累积一次。很多图书馆以《每月目录》代替馆藏目录。此外还有多种补充性目录和检索工具。1999年，《每月目录》同时推出了简本、CD-ROM以及网络版。

美国政府解密档案
Declassified Documents Reference System（DDRS）

由盖尔公司出版，在线提供50多万页美国政府以前的解密档案。内容包括从冷战到越南战争以及更早时期的国际事件。该数据库可帮助读者获得研究美国国际关系、外交、国内政策以及新闻报刊杂志等的资料。共包含78 000份档案资料，超过50万页，是研究者、政治科学家及政策制定者很有用的工具。内容涉及军事、政治、历史、外交、新闻业和美国对外和本土政策，等等。

美国之音
Voice of America（VOA）

美国官方对外广播电台，隶属于美国新闻署，总部设在华盛顿，创建于1942年2月24日。是美国政府对外设立的宣传机构，其下拥有广播电台与电视台。第二次世界大战中，开始用普通话、上海话和广东话对中国广播。目前，共使用53种语言，每星期超过1 300个小时对世界各地广播。内容包括新闻时事、专题节目、美国流行音乐，与反映美国政府立场的评论。其中包括一个很受听众欢迎的特别英语节目，因为该节目使用简单的发音和语法。美国之音注意宣传手法，最突出的特点是将美国政府的观点和倾向巧妙地融入新闻报道中。

《美国知识产权法》
Intellectual Property Law of the U. S.

该书精选了美国法院审结的46个典型案例，并通过对这些案例的分析，介绍了美国版权法、美国专利法和美国商标法等有关美国知识产权的内容。该书内容所涉及专利法、商业秘密法、版权法、商标法、反不正当竞争法和形象权法以及对外观设计的专利权保护、版权保护、商标权保护和反不正当竞争的保护等；并在相关章节讨论了美国知识产权保护中联邦法与州法的关系及这种关系对知识产权保护的影响。该书为英文版。陈剑玲编著，由对外经济贸易大学出版社于2007年10月出版。

美国专利和商标局全文专利数据库
USPTO Patents

收录起始年限为1790年，其中1790—1975年间的专利只能通过专利号或目前的美国专利分类码检索得到，数据库的内容每周更新一次。通过因特网免费提供1976年以来到最近一周发布的美国专利全文集，以及1790—1975年的专利全文扫描图像，该数据库由文献著录信息库（Bibliographic Database）、文本全文库（Full-Text Database）组成。专利全文扫描图像为300 dpi TIFF（Tagged Image File Format）格式的文件。

美国专利全文数据库
US Patent Fulltext Database

该数据库目前以光盘和网络两种形式出版。光盘数据库收录了1975年以来的美国专利，数据库包含了题录各项内容、文摘和主要权利要求。可检索字段包括：专利号、公布日期、申请号及申请日期、发明人、受让人、美国专利分类号、国家专利分类号、美国参考文献、外国参考文献、其他参考文献、优先权、代理人以及关键词等。

美国专著合作编目项目
Bibliographic Cooperative Program (BIBCO)

美国国会图书馆合作编目计划的组成部分之一，旨在促进专著的合作编目和编目数据的共建共享。美国专著合作编目项目始于1995年，美国专著合作编目成员馆向国家数据库提交核心级或完整级的文献记录，这些文献记录的标目必须经过规范控制，达到美国国会图书馆文献记录的质量标准并具有同等权威性。该项目以重视培训而著称，并以此作为进行规范控制、提高数据质量的重要途径。所有参加者首先要参加名称规范合作项目（Name Authority Cooperative Program，NACO）的培训，而后再接受其全面培训。2010年，美国专著合作编目项目开始扩展到手稿、善本和其他6种非印刷型文献领域。

美联社（美国）
Associated Press (AP)

美国联合通讯社的简称。美国最大的通讯社，世界四大通讯社之一。1846年5月由《纽约先驱报》、《纽约太阳报》、《纽约论坛报》、《纽约商业日报》、《快报》和《纽约信使及问询报》联合组建。成立于伊利诺伊州，1892年改组后使用现名，1900年总部迁至纽约。该通讯社是非营利组织，在美国本土实行会员制。使用5种语言，每天24小时、每周7天发稿，供121个国家和地区的1万多家新闻机构采用，是美国国内报纸的主要消息来源。1972年，美联社在北京建立了分社，与新华社签有新闻合作协议。1993年2月16日，与新华社正式开始传真照片交换业务。

美国图书馆协会黑人图书馆员会议
Black Caucus of the American Library Association (BCALA)

成立于1970年，由黑人图书馆员和黑人的会员组成，致力于促进图书馆事业的发展，鼓励非洲美国人积极参加图书馆协会的各种层次的专业活动。该组织下设16个委员会，举行过5次全国大会。美国图书馆协会黑人图书馆员会议的出版物为双月刊《BCALA业务简讯》（*BCALA Newsletter*）和会议录。

美术
fine arts

绘画、雕塑、工艺美术和建筑艺术等造型艺术的通称。在西方源于古罗马拉丁文 *art*，原意是指相对于自然造化的人工技艺，泛指以手工制作的艺术品以及文学、戏剧和音乐等，广义的还包括拳术、魔术和医学等。

美术图书
art book

包含高质量视觉艺术作品（绘画、油画和版画等）、雕塑、建筑图片以及其他三维艺术作品的图书，通常尺寸比较大。由于美术图书的制作价很高，基于经济利益的考虑有时采取联合出版的方式。专指为了视觉或触觉艺术表现而创作的一类图书，为展览会而制作的图书即属此类，书中的文字数量相当少。

美术作品
works of fine art

指绘画、书法、雕塑、建筑等以线条、色彩或者其他方式构成的有审美意义的平面或者立体的造型艺术作品。

美（艺）术图书馆
art library

致力于视觉艺术资源和信息如绘画、油画、图形设计、雕塑和建筑艺术等的收集、组织、保存和综合服务的图书馆，可作为大型高校图书馆或公共图书馆的一个部门单元，也可以作为由艺术陈列馆、博物馆、艺术协会和出版社等主体组织管理的专业图书馆。

美洲地区文献
Americana

收藏家在图书贸易中所使用的术语，用来指描写美洲地区（北美、南美及中美洲）的图书和其他材料。并非所有的美洲文献都在美洲出版或是由美洲作者完成。收藏大量的或有珍贵价值的美洲文献的图书馆通常将其作为特殊馆藏来管理。

《美洲华报》(巴西)
Journal Chinese American

1983年10月4日由旅巴华侨以个人名义投资合办的一家中文报纸。总部设在圣保罗市，在各州市以及巴拉圭首都亚松森设有办事处。报纸的发行除首都地区外，还遍及南美各国及欧洲，甚至还到中国香港、台湾等地。《美洲华报》创办初期为半周刊，1985年10月改为双日刊，1989年10月又改为每周二、四出一大张半，周六出两大张，新闻也随之增加到5个版，余下的为副刊及时事专栏。

门户网站
portal

最初是指提供多种资源和服务的大众性网站，如美国在线（AOL），这类网站能够提供诸如新闻、气象、名录、网络检索、免费发送和接收电子邮件、聊天、邮件列表、在线购物以及网站链接等众多资源和服务，用户打开该类网站，就像打开了通向因特网之门一样，所以被称之为门户网站。然而，随着因特网的发展，门户网站一词被应用在越来越多的地方，现在连一些仅局限在企业、社团等某领域内部的网站，只要提供类似上面提到的那些服务，就可以被称为门户网站。

蒙哥马利县公共图书馆（美国）
Montgomery County Public Libraries（MCPL）

位于美国马里兰州洛克维尔市，现设有21所分馆和3所流动图书馆，为辖区居民提供全方位服务。馆藏图书及期刊合订本300多万册，激光唱片、磁带及其他音频资料20多万件，数字视盘和家用录像机制式的视频资料15多万件。年到馆访问80万人次，年图书流通量近2 000多万册次。馆藏图书按类目分为商业信息、儿童资源、健康信息以及法律文献等。

蒙古国家中央图书馆
State Central Library of Mongolia

于1921年11月成立，起初隶属于蒙古科学院，现在则归科学、教育、文化与技术部领导。作为国家图书馆，是全蒙古图书馆专业管理中心，进行馆员培训，同时编辑出版国家书目，并提供技术与计算机服务。该馆从1968年起成为联合国教科文组织文献保存馆，并且是国际图联机构成员。拥有书刊总计400万册（卷），其特藏为《大藏经》、善本《甘珠尔》、《丹珠尔》及大量蒙文、藏文、梵文和满文的佛教箴言手稿等。该馆开设了由世界银行资助的流动图书馆，名为“人民的使者”为全国游牧和农村、监狱和医院、失学儿童和弱势青年、退休和残障人士提供服务。该馆为国际图联机构会员。

蒙古理工大学图书馆
Mongolian University of Technology and Science Library

蒙古最负盛名的理工大学之一，建于1969年，为国家培养了一批又一批杰出的工程技术专业人才。该校图书馆的前身为蒙古国立大学的一个侧重于经济领域的分馆，1967年就拥有200多个阅览席位。1980年成为蒙古理工大学图书馆后，收藏大量有关科学、社会科学、土木工程以及地质学等方面的图书文献。

蒙太奇
montage

这是一种组合几个不同画面的技巧或摄影方法，即把分开拍摄的几张照片构成一个画面，从而表现出各张单独的照片所无法表现的新形象。1915年德国的达达牌摄影家约翰·哈特·费尔（John Heart field）将这种方式试用于宣传画作品，被称为“蒙太奇照片”（Photo-montage），而成为人们议论的话题。此后，在法国、苏联等国，作为电影制作方面的重要理论术语而广泛应用。montage源于法文“*montage*”，原意为建筑学上的构成、装配，后转引为电影艺术术语，意为剪辑、组合。也可译作“合成照片”。

蒙特利尔大学图书馆学与情报学学院（加拿大）
（法）*Ecole de Bibiotheconomie et des Sciences de l'information, Université de Montréal*

蒙特利尔大学位于加拿大魁北克地区，建于1878年，是加拿大第二大高等教育和研究机构。在艺术与科学部设有图书馆学与情报学学院，建立于1961年。1969获得美国图书馆协会资格认证。可授予情报学博士学位，图书馆学、情报学硕士学位以及档案学和数字信息化管理学士学位。所开设主要课程有：定量研究方法、信息管理、通信技术、档案管理策略、信息资源、文献学和档案学等。

蒙特利尔市图书公共馆（加拿大）

Bibliothèque dt Montreal

北美最大的法语公共图书馆系统，由遍及在蒙特利尔市的55所公共图书馆组成。并与魁北克图书与公共档案馆（*Bibliothèque et Archives nationales du Québec*）共同协作，作为中心图书馆，为整个魁北克地区的居民提供知识、信息和休闲阅读的场所。其馆藏内容多样、题材广泛、语种繁多，包括各类印刷和电子格式的文献，总计超过50万册（件）。该图书馆系统还提供各种特色服务，如阅读建议、上网培训、“讲故事时间”、功课辅助、语言课程、向某些机构提供大宗借阅服务以及举办各类图书俱乐部，同时也组织各种类型的展览、讲座和会议，以激发市民们对书的爱好与兴趣。近40%的蒙特利尔市居民是这些图书馆的用户，注册读者人数70多万，每年访问量达700多万次。通过网络的共享与整合功能，这55所图书馆能够为市民们提供更多更优质的服务，同时还提供大量具有特色的馆藏文献，包括族谱和地方史、艺术和建筑史、装饰、航空、漫画、航海图、传记、明信片、马戏、16毫米电影胶片、各种档案、年表、古籍善本、互动图画书本、世界音乐、伦理研究以及宣传画等。这些图书馆服务上乘，能令读者享受到学习的乐趣，而且每所图书馆都拥有其独特的馆藏和魅力。该馆于2005年4月设立“上海之窗”。

孟广均（1934—）

Meng Guangjun

中国图书馆学家、情报学家、研究员和博士生导师。1954年毕业于军委外国语学院，1960年毕业于中国科技大学情报系。1958年到中国科学院图书馆（后改为文献情报中心）工作，曾任中国科学院文献情报中心《图书情报工作》主编、《中国图书馆学报》副主编，兼任国务院学位委员会学科评议组成员、中国哲学社会科学规划领导小组学科规划和评审小组成员、中国科学院研究生院、南京大学、武汉大学和中山大学等10余所院校教授。在国内外专业杂志上发表论文100余篇，出版专著多部，并多次获奖。

孟加拉国家图书馆与档案馆

Bangladesh National Library & Archives

1975年孟加拉政府将1968年巴基斯坦在达卡设立的巴基斯坦国家图书馆图书发行分馆更名为孟加拉国家图书馆，1985年建成的新馆舍毗邻国家议会大厦和国家广播中心。1974年颁布的孟加拉版权法指定该馆要保存孟加拉国所出版的全部图书，包括孟加拉文、乌尔都文和英文的作品，同时也要收集所有在孟加拉出版的报刊。1973年起，编辑出版英文和孟加拉文的《孟加拉国家书目》，并为公众提供各式各样的服务，包括参考、研究以及普通读者服务。该馆拥有藏书120万册（卷），现刊3 000种。

孟连生（1951—）

Meng Liansheng

中国科学院国家科学图书馆研究馆员，中心学术委员会主任。兼任国家科技图书文献中心研究馆员、中国科学院研究生院教授、中国科学院科学数据库专家委员会委员、中国图书馆学会第八届学术研究委员会资源建设与共享专业委员会委员、欧美同学会理事、留法分会理事、副秘书长，《图书情报工作》和《图书情报工作动态》编委会委员等职。1982年毕业于中国科大研究生院，获文学硕士学位，1988年毕业于法国国立高等图书馆学院，1984—1985年在美国希登霍尔大学进修。多年从事文献计量学、信息资源管理和数字图书馆等领域的研究与实践，科技情报处理与检索的研究与教学以及中国科学院和国家科技图书文献中心文献数据库建设的管理工作。参加或主持过多项课题研究、专业教材和文献数据库光盘的编辑出版工作，参加或组织过多次国内外的学术考察和学术会议。发表论文近百篇，参与编纂论译著数部。内容涉及文献计量学、图书馆情报事业管理、图书馆自动化、文献数据库建设和数字图书馆发展等领域。曾多次获奖。

孟买大学图书馆（印度）

The Library of University of Mumbai

1880年2月正式向读者开放。该馆大楼是最能吸引孟买游客、提升孟买作为印度第一大城市形象的特色建筑。拥有图书80万册、期刊2万册（合订本）以及手稿1.5万份。所有校内研究生——无论是在大学注册还是通过各自院系注册，都可以享用阅览服务。教职工和研究人员也可外借馆藏。他校师生同样可以申请注册成为会员。文人、记者以及游客可办理普通读者证。2007 年 12 月开设“上海之窗”。

《孟子》
Book of Mencius

孟子的言论汇编，由孟子及其弟子万章等共同编写而成，记录了孟子的语言、政治观点和政治行动的儒家经典著作，属语录体散文集。以答问方式展开，主要论证方法为驳论。

弥散书，祈祷书
missal

天主教教徒在规定的祈祷时间使用的记载，有向神默告自己愿望的祈祷文和应答短诗的书。

迷你计算机
minicomputer

20 世纪 70 年代发展起来的一种比微型计算机内存容量大且运行速度高的小型计算机。其特征是字长较短，存储容量一般不超过 32K ~ 64K，速度较快，价格低廉，对使用环境要求不高，指令系统比微型计算机功能较强，可接连各种外围设备，广泛用于工程控制、数据管理、数字通信、科学计算和计算机辅助设计等方面。在图书馆中可用于文字处理、刊物出版、目录和索引编辑、流通和采购管理、信息检索、制表、数值计算和电子邮递等。经过多年的发展，上述一些指标早已突破，其指令功能、存储容量和输入输出能力等都能与大型计算机相匹配。

谜语
Riddle（conundrum）

一种受人喜爱的语言文字游戏。通常以容易让人误解的陈述形式表达某一事物或某一诗句、成语、俗语或文字；先设定谜底，然后再用隐喻、形似、暗示或描写其特征的方法作出谜面，供人猜测。谜语的猜测一般需要开动脑筋，经过苦思冥想后才有可能找出正确答案。从更广的意义上讲，谜语还可指任何令人困惑、莫测高深的人、现象或格言。有关谜语的书在公共图书馆的少儿部中一般都有收藏，很受少儿读者的欢迎。谜语在中国古代又称为“廋辞”或“隐语”。在现代，人们又常把猜测事物的谜语称为“事物谜”，把猜测文义的谜语称为“文义谜”。

米尔梅伦市议会图书馆（澳大利亚）
Millmerran Municipal Library

位于澳大利亚米尔梅伦郡，包括两所图书馆。馆内大部分资源来源于昆士兰州立图书馆的公共图书馆，每季度更新一次。1998 年建成了新的图书馆大楼，开始提供计算机和网络查询服务。该馆面向郡内所有公民开放，借阅周期为 2 周，并提供专门的还书架以方便在非工作时间读者还书。

米兰市中心图书馆和资料中心（意大利）
Biblioteche e Centridi documentazione di Milano

建于 17 世纪，坐落米兰老城区的市中心。该馆是米兰中心图书馆网络的总部所在地。拥有 25 所分馆，遍及米兰全市，在采购、流通、资源建设与共享以及员工培训等方面相互协助，是市民获取知识、信息和休闲阅读的场所。这些分馆会组织各类展览、学习班、作家或画家见面会、读书会、艺术展以及展示社区历史与信息等的展览，各种社会、文化和儿童活动。所有成员馆都提供阅览服务，收藏涵盖小说、非小说、辞典、百科全书、儿童插画书、漫画书、语言学习工具书、杂志和报纸、有声书籍 、计算机和因特网服务、只读光盘和大字号书。其中 Dergano 图书馆藏有中文书籍。各成员图书馆之间可以实现馆际互借服务，所有的公共图书馆服务都是免费的。该馆于 2003 年 8 月设立“上海之窗”。

米诺公共图书馆（美国）
Minot Public Library（MPL）

位于美国的北达科他州的米诺市。为全市居民提供各种服务，其馆藏图书和期刊合订本有 30 万册，激光唱片、磁带和其他音频资料共 5 400 多件，数字视盘和家用录像机制式的视频材料共 3 000 件。数据库品种繁多，主要有汽车维修参考、期刊全文库、区域商业新闻、投资信息库、电子图书馆、盖尔虚拟参考库、EBSCO 电子图书、儿童电子动画书、图书馆学情报学与技术文摘、家庭作业辅导、教师参考资料、绿色环境、家谱研究、地图在线、美国概况、世界文化、基金会信息、保健与健康、家装与维修、百科全书在线版、小学杂志等。

宓浩（1932—1988）
Mi Hao

1956 年毕业于华东师范大学历史系，1957 年起在华东师范大学图书馆工作。1980—1988 年在该

M

校图书馆学情报学系任教。历任教研室主任、系副主任和系主任。曾兼任中国社会科学情报学会理事、上海市图书馆学会理事兼学术委员会副主任、《当代中国丛书·中国图书馆事业卷》和《中国大百科全书·图书馆学情报学档案学卷》撰稿人。从1981年起，致力于教学改革，将《图书馆学基础》与《情报学概论》综合为《图书情报引论》，在首届教师节获得学校优秀教学奖。所撰《知识交流和交流知识的科学》，被评为上海市首届哲学社会科学优秀论文奖。出版著作有《图书馆学原理》，发展论文数十篇。

秘密姓名

cryptonym

一个隐秘的名字。例如，用密码写的名字或者采用颠倒字母顺序而构成的名字。

密本，秘籍

concealed rare imprints

珍贵罕见的，非一般大众能够接触到或耳熟能详的，或非一般人能理解、记忆、实现的技艺或经验等。也指特别珍贵的书籍。

密匙

key

计算机安全系统中用于加过密的数据进行解密以重新构造出原始信息的一种代码。

密度

density

指每单位体积物质的质量。在摄影技术中，用于显影胶片停止曝光特性的定量测量。一个透明平面的光密度是入射光和透射光两量之比的对数。

密封盖章信件

letters close

通常指由君主或国家元首签发并盖有密封图章的致某人或某个团体的信件。

密阁

Imperial Library

对藏古代图书秘籍之场所的称呼，指的是内府的图书馆档案机构，由指定官员执掌管理，也有官员兼任。

密级

security classification

是指文件保密程度的等级。不同部门、不同时期的文件的密级设定不同。比如在档案部门按照国家标准将档案保密程度从低到高的顺序分为：公开级、国内级、内部级、秘密级、机密级和绝密级。

密集储藏

compact storage

指利用密集书库对图书进行储藏。利用密集书库对图书存放具有下列特点：密集、容量大，适合存放利用率相对较低，但仍有一定保存和利用价值，或具有资料价值的图书。一个1 000平方米的中型密集书库，能存放普通图书40～50万册左右，而同样的藏、借、阅合一的开架书库只能存放组成不到10万册图书。

密集排架

compact shelving

为了最大限度提高书库的利用空间而设计的一种紧密排架方式，其特点是将可移动的专用书架（常置于轨道上）密集摆放，书架与书架之间往往不留通路。由于这种排架在装满书刊后的重量远远超过普通排架，因此需要书库具有更加合理的支撑结构设计。

密集式书库

compact storage

一种用于存储利用率较低的馆藏资源的书库，往往采用密集排架的方式。其内部过道狭窄，书架较高，查书取书时，将需要的书架拉出或将其他书架推开，主要有手动和电动两种方式。这种书库的建筑设计必须使其能够承受额外的重压。同时，这种存储方式也较易出现电力或机械故障。

密码术

cryptography

通常为保密起见，采用密码的一种写法，也指对这种写法的研究和解码，这是一种防止外人读出的技术和业务。设计这种方法和手段的科学称密码学。

密码学

Cryptography

研究编制密码和破译密码的技术科学。研究密码变化的客观规律，应用于编制密码以保守通信秘密的，称为编码学；应用于破译密码以获取通信情报的，称为破译学，总称密码学。

密苏里大学哥伦比亚分校信息学与学习技术学院（美国）
School of Information Science and Learning Technologies of University of MO-Columbia

位于美国的密苏里州，成立于1839年。其信息学与学习技术学院成立于1996年，是由图书馆学与情报学学院和教育学院合并而成。主要进行信息政策、信息组织和检索、人类行为等方面的研究。可授予图书馆学、教育技术学士学位、图书馆学硕士学位以及信息科学和学习技术的博士学位。

密歇根大学情报学学院（美国）
School of Information of University of Michigan

密歇根大学位于美国密歇根的安纳波。该校以良好的高等教育和40万校友而国际闻名。1996年成立的情报学院一直在图书馆学情报学和档案管理硕士教育方面居全美国排名前三位。可授予图书馆与信息服务业、信息经济学、管理与政策、人机交互和档案与文件管理的硕士学位以及情报学博士学位。所开设的课程主要有：数字图书馆、专业化信息服务的管理、复杂网站设计、信息保存、程序设计、系统评价与服务、自然语言处理、电子商务和图书馆与信息中心的专业实践等。

密行页
long page

排印的书页行数比通常书页行数要密得多。

绵纸
Cotton Paper

亦作“緜纸”。一种用树木的韧皮纤维制成的纸。色白柔韧，纤维细长如绵。

免费采集
free acquisition

通过交换、调拨、捐赠和呈缴的方式，而不是以购买的方式获取图书。

免费检索化学结构式的网站
ChemSpider

为化学相关学者与从业人员提供化学结构式相关信息的免费在线搜索服务网站。所提供多达数百万种的化学结构式的检索并整合多项在线服务。建立之目的是在将化学结构式与其相关信息整合在一起并将其编入索引在一个单一并可供搜索的数据库中，且所有的使用者都可以免费使用。

免费软件
free ware

于20世纪80年代开始出现，指不需花钱就可使用的软件，通常由持有版权的开发者通过因特网发布。使用者必须保证免费再传播，不能将免费软件的新版本转为收费软件。

（免费散发的会议）印刷品
handout

为参会者提供的印刷资料，内容涉及会议概况、摘要和演示文稿（幻灯片）打印稿等，或者是有关的补充信息，包括数据来源、参考文献、有关建议和联系方式等，这些资料通常会分类摆放在会场的角落。

免费网络
free net

免费上网，往往由公共图书馆提供这种服务，但有一定的时间限制；某些社区为居民提供免费网络服务，任何人都可以上网，获取各种信息服务。

免费网络资源
free Internet resources

指没有限制、无需付费就可获取的网络资源。图书馆在网络环境下的信息社会中，已经突破了重在拥有的传统观念，而越来越注重为用户提供获取，因此网络上丰厚的免费资源也成为图书馆信息获取与组织整序的对象。鉴于网络资源内容庞大与时效性强、易于过期消失的特点，目前图书馆对免费网络资源的组织，多是根据自身馆藏建设的特色与用户需求，围绕某些专题来收集网络信息，如数字文档、数据库，或开放获取的电子期刊等，为用户提供或专题数据库、或直接的网络导航或链接。

免费资料
free lore

指供网络用户免费使用的各种电子信息资料，用户可以免费使用、分发。但不可随意修改或利用其进行营利性商业活动。

免费资源
free resource

不需要付费便能得到的可靠信息资源（如电话号码簿）。政府、商业机构和非营利性组织向图书馆员和图书馆用户提供大部分可利用的免费资源。目前，相当广泛的免费信息由因特网就可获得，但用户必须具有辨别其精确性和权威性的能力。

缅甸国家图书馆
National Library of Myanmar

成立于1952年，其前身为伯纳德免费图书馆，隶属于文化部。该馆积极开展各种活动：鼓励公民养成阅读习惯以促进对图书馆资料的使用，发布国内图书馆资源和服务信息，并向其他图书馆、大学、政府部门和研究机构提供参考、书目和馆际互借服务。该馆收集全缅甸所有的出版物以及国外出版的有关缅甸的图书、各种有关历史、文化、文学和社会科学的资料，还收集稀有、作为缅甸文化遗产的贝叶和卷轴等有价值的古代手稿。该馆现有书刊超过22万册（卷），手稿1万多份。并且免费提供在线目录查询服务。新馆舍面积为14万平方米，于2010年6月3日动工。该馆为国际图联机构会员、东南亚图书馆联盟成员。

面向对象的数据库，面向目标的数据库
object-oriented database（OODB）

指一种把面向对象的程序设计方法与数据库技术相结合而产生的、用以支持非常规应用领域的数据库系统。它能保存抽象数据类型，能存储直接来自面向对象程序设计语言的对象。信息处理时所涉及的各种信息实体如多媒体数据、空间数据、复杂对象、超文本、知识数据和时态数据等均可视为对象在数据库中保存。面向对象的数据库能对数据和知识进行统一表示和管理，是软件工程的重要开发方向。

面向服务架构
service oriented architecture（SOA）

一种以互操作形式设计和开发的软件原则和方法，要求软件产品在开发过程中，按照相关的标准或协议，进行分层开发。通过这种分层设计或架构体系可以使软件产品变得更加弹性和灵活，且尽可能的与第三方软件产品互补兼容，以达到快速扩展，满足或响应市场或客户需求的多样化。面向服务架构的设计原则一般应用于系统开发和集成阶段。

面向机器的语言
machine-oriented language（computer-oriented language）

一种编程语言，又称符号机器语言。其词法和句法的设计适用于特定类别的计算机。面向机器的语言不需过多的再处理就可为计算机所理解，但不易为使用者所理解。

描述
description

记录或识别实体的数据集。

描述符组
descriptor group

在一些索引系统里，要找的术语涉及广泛的学科分类，这些术语组成控制性词汇的“目录”。指定一个特殊描述符组，通过条目里的一个代码来表示进入索引词典的一个术语。

描述，论述
treatment

对欲拍电影、电视片或广播剧剧本的描述性文字，包括剧中人物性格、场景、道具及摄影要求等描述，但不包含对话。从更广的意义来讲，指将主题进行文字或艺术上的加工。

描述逻辑
description logic

面向对象的形式化的知识表示语言，也称为概念表示语言或者是术语逻辑，是一阶谓词逻辑的一个可判定子集，目的是实现知识表示系统完成特定种类的推理。一个完整知识表示系统下的描述逻辑体系由四部分组成：概念和关系构造集、概念的断言集、个体的断言集以及基于词汇表（Terminolgy box）和词汇表命名个体声明（Assertional box）推理机制。

描述性编目
descriptive cataloging

图书馆编目程序的一部分，提供描述性数据和非主题检索点，是对图书或资料的物理特征和书目特征进行确认和描述，决定目录中的责任者或题名检索点，但不提供主题和形式标目。在美国、英国和加拿大施行的《英美编目条例第二版》（*AACR2*）、中国的《中国文献编目规则》和《西文文献编目规则》都对描述性编目作出了具体规定。

描述性记录

descriptive record

表明出处或描述文献在任何物理形式或是某一内容单元中，记录包括的元素有：题名、作者、主题、摘要和原始日期等。

描述性书目

descriptive bibliography（analytical bibliography）

对图书和其他资料的物理特征仔细研究，进行详细描述。包括责任者、题名、出版日期、出版地、书型、页码、插图、印刷、装订和其他特殊特征的详细信息。也指这种研究、描述的成果。

描述性元数据

descriptive metadata

指用来描述或识别信息资源的元数据，例如MARC编目记录、检索工具或者类似的模式、框架。描述性元数据通常用文本表示，但它能描述的信息不限于文本形式，还可以描述图像、声音、视频等多媒体信息。

描图纸

tracing paper

绘制图纸底稿用的透明、半透明纸张，耐磨而又不易撕裂，用以晒印工程图纸。其底稿则由图书馆或专业资料部门保存。

妙句，妙语

punch line

在戏剧、音乐喜剧、漫画、演说、幽默故事或广告中使人顿时领悟要点的句子、陈述或短语。

民分类法，社会分类法

Folksonomy

也叫分众分类法、大众分类法，是一种自由开放的网络信息组织方法。由网络信息用户自发为某类信息定义一组标签，并最终根据标签被使用的频次选用高频标签作为该类信息类名的一种网络信息分类方法。该分类法摆脱了传统分类法的固化现象，跟大众的认知程度密切结合起来，在群体用户和信息之间建立了一个联系的桥梁。这种分类是平面化的，没有等级层次的划分。这种平面延伸的分类方法形成了沟通的渠道和网络，而且方便、灵活，不受条件限制，所以这种以自定义标签形式的分类在社会性网络服务中得到了广泛的应用。

民歌

folk song

最初，一种口头相传的叙述歌曲，在公众场合以固定的风格表演，常常以传统的曲调歌唱，与之相关联的舞蹈。民歌讲述一个浪漫或是悲伤的故事，通常运用对话的形式，使用重叠句构成各个小节，通过扩展节拍的循环来产生变化。民歌具有鲜明的民族风格和地方色彩，在欧美国家，民歌包括作曲家模仿民歌风格进行创作或根据民歌曲调改编的歌曲，而在中国，民歌则由劳动号子、山歌和小调组成。

（民歌或音乐喜剧中的）词句

lyrics

指歌词或音乐剧，而不是指其音乐。图书馆对歌曲和音乐作品是根据作曲家的名字进行编目的，如果歌词不是由该作曲家而是由另一人所创作，则依抒情诗人的名字配上附加款目。

《民国时期总书目》

General Bibliography for Minguo Period

由北京图书馆于1978年着手编辑，1992年全部定稿，书目文献出版社于1986年开始陆续出版，1995年全部付梓。这一大型文化工程告竣。以北京图书馆、上海图书馆、重庆图书馆的馆藏为基础编撰，收录了1911年至1949年9月间中国出版的中文图书124 000余种，基本反映了民国时期出版的图书全貌。该总书目按学科分20卷出版：《哲学心理学》，收书3 450种；《宗教》，收书4 617种；《社会科学总类》，收书3 526种；《政治》，收书14 697种；《法律》，收书4 368种；《军事》，收书5 563种；《经济》，收书16 034种；《文化科学》，收书1 585种；《艺术》，收书2 825种；《教育 体育》，收书10 269种；《中小学教材》，收书4 055种；《语言文字》，收书3 861种；《中国文学》，收书16 619种；《世界文学》，收书4 404种；《历史地理》，收书11 029种；《自然科学》，收书3 865种；《医药卫生》，收书3 863种；《农业科学》，收书2 455种；《工业技术 交通运输》，收书3 480种；《综合性图书》，收书3 479种。

民间传说

folklore

一种民间的口头叙述文学，一般由与历史事件、历史人物及地方风物有关的故事组成。从19世纪中叶开始，应用于习惯、信仰和叙述等的集体术语，在人类社会中通过口头叙述一代又一代流传下来，而不是通过笔录的形式。民间传说包括传记、民间故事、歌曲、儿童歌谣、谜语、传奇、箴言篇、民俗、舞蹈和传统庆典中的戏剧表演。由于活跃在社团中的民间传说文化水准不高，因此它在世界大多数国家濒于灭绝。多数大型图书馆的参考部都备有民间传说词典。

民间故事，民间传说
folktale

一篇简短的叙述，源于口头描述这种特殊的传统文化，一般包含神话因素。它的范围包罗万象，从神话故事到传奇人物。有些来源于历史背景，有些则纯粹是虚构的，一般没有作者姓名、时间和具体地点。民间故事通常以选集的形式出版。在图书馆，按照读者的阅读水平和类型，分别放在成年人的阅览区，或者是青少年读物的书架上。

民间文学
folk literature

M

指由群众口头创作、口头流传，在世代流传的过程中不断修改、加工、保存和发展的具有某一民族、地区或社会群体特征的文学作品。其起源及发展与人类生产实践的内容和方式密切相关，体现了劳动者的情感和思想活动。包括民歌、民谣、神话、传说、故事、童话、谜语、说唱和戏曲等形式，是国家的民族文化遗产。

民间文学艺术作品
expressions of folklore

指由群众口头创作、口头流传，在世代流传的过程中不断修改、加工、保存和发展的具有某一民族、地区或社会群体特征的文学艺术作品，是国家的民族文化遗产。

民意测验
poll

指由专门的机构对一组人群就某个观点或某事件进行调查并由此得出民众普遍性意见或倾向的一种统计学方法。在这里，取样方法，即被调查对象的选择，将影响民意调查结果。盖洛普（Gallup Poll）公司是一家全球闻名的民意测验和商业调查/咨询公司，由美国著名的社会科学家乔治·盖洛普（George Gallup Poll）博士于1935年创立。该公司致力于测量和分析人的态度、意见和行为。盖洛普的民意测验大致分为政治、经济、社会、管理和生活方式五大类，其中每大类又分得很细，如政治类中又分为：选举、国会、最高法院、政府、总统、利益集团、政党与意识形态等。

民营图书馆
non-state-run library

又被称为私人图书馆、民办图书馆、私营图书馆，不由政府出资建立、运行与维护，开放式地向社会公众提供有序化信息资源的图书馆。

闵刻本
Min-family Printed Edition

明代吴兴乌程人闵氏刻印的套色本，其中尤以闵齐汲所刻最著称。闵齐汲总结前人套版印书的经验，继承并发展了多色套印技术，刊刻善本秘籍。与族人闵齐华、闵象泰等三十余人历时20余年，刊刻印刷书籍计117部145种，所刻以群经、诸子、史抄、文抄、总集、别集为主。所刻之书字体方正，行疏幅广，雕印精良，且多源出善本，与同时同邑凌濛初家族亦以套印著称的凌刻本齐名。闵刻本数百年流传人间，又称为“闵版”。

名册，目录
roll

一是指团体或政府机构名录，是一种工具性出版物。二是指专用的临时性人员花名册，多用于唱名式表决中“点名”活动。

名称
name

用来识别一个人、一个地方或一个物体的字或词。例如：商标名称（brand name），即一组特制产品的名称；社团名称（corporate name），即一个较大规模社团的名称；名称目录（name catalog），即按照人名或地名的笔顺笔画（西文则按字母顺序）排列的目录；名称款目（name entry），即以文献著者姓名（或机关团体的名称）为标目的款目；名牌（name plate），即位于门上或门旁边，指示在该室或楼内工作的人或单位名称的一种小标识，又指印在报头或封面上的报名、刊名。

名称的扩展形式
fuller form of name

首选名称形式中部分名称未包含或缩写时，提供的部分名称的完整形式。

名称的受控形式
controlled form of name

指实体所确定名称的规范化形式和变异形式。根据一套规则设立并记录在规范记录中，以提供对书目记录和规范记录的检索。

名称服务器
name server

又称域名服务器。一种提供域名服务的应用服务器。在传输控制协议/网际协议（TCP/IP）环境下，根据协议提供名称到 IP 地址转换。

名称附加款目
name add entry

一种附加款目。当所编目的文献涉及两个或两个以上的个人或团体时，为每一个人或团体作的附加款目。除了主要款目中所使用的个人或团体标目外，将另外的个人或团体分别作为标目的附加款目。

名称规范档
name authority file

指书目数据文档中对名称标目所确定的唯一标准形式的文档。在具体编目工作中为用作标目的名称（个人姓名、机构名称和地理名称）建立的一种推荐的标准款目形式以及其他非标准形式的参见款目，这样可以使著录上的一致。

名称规范合作计划（美国）
Name Authority Cooperative Program（NACO）

美国国会图书馆自 1976 年开始实施的一个建立和维护共享规范数据库的合作模式。是合作编目计划（Program for Cooperation Cataloging，PCC）的一部分。参加该计划的图书馆按照一系列的标准和规则新增或修改规范记录，从而建立一个国际性的规范数据库，该数据库已包含 625 万多条规范记录。已有 400 多所图书馆参与该项计划，遍布美国、英国、拉丁美洲、新西兰、南非和亚洲。

名称规范记录
name authority record（NAR）

显示个人、团体、地名等标目的已确定形式的记录。记录中会说明做如此选择的依据，并往往会指明交替用名。

名称款目
name entry

在《英美编目条例》中，称为责任者款目。在通用款目的基础上以责任者名称为著录标目的款目。在书目索引或图书馆目录中以著者、机关团体名称包括会议名称、展览会名称等作标目的款目。

名称款目词
name entry element

在编目时，一般是根据人名录记载的或其他参考书中列入的名称首字作为款目词。

名称目录
name catalog

在《英美编目条例》中，称为责任者目录。是按文献责任者名称字顺组织起来的目录，是从责任者的角度报道和检索文献的工具。所提供的检索点是责任者名称，即用个人著者姓名、机关团体名称、会议名称或展览会名称来检索特定文献，并将馆藏中同一责任者在不同学科领域的所有文献集中于一处，由责任者款目、责任者附加款目、责任者分析款目、责任者综合款目、责任者参见片及指导卡等组成。

名称/题名参照
name-title reference

一种参照，参照项与被参照项分别或只有其中一项由个人姓名或团体名称以及文献的题名所组成。

名称/题名附加款目
name-title added entry

以文献的责任者名称或机关团体名称和文献题名一起组成的一种附加款目，用来查找：属于该编目文献的一部分或与该编目文献同一主题的文献或该编目文献所隶属的大套文献以及与该编目文献相关的其他文献。

名称/题名款目
name-title entry

以个人姓名或机关团体名称与题名一起作标目的款目。这样可将与主要款目标目有关的文献在目录内集中反映，使读者了解文献的总体信息。它包括名称/题名附加款目、名称/题名分析款目和名称/题名参照。

M

名称/题名索引

name-title index

由个人姓名或机关团体的名称和文献的题名（全体或一部分）组成的索引。

名称主题款目

name subject entry

以个人姓名或机关团体名称作标目的主题款目。以文献内容中所论及的人名或机关团体作为检索点。

名词顺序

noun order

根据某种主题表或叙词表确定复合主题中名词的排列顺序，例如以“实物”为主标题，以“操作”为副标题就是一种顺序形式。

名录

directory

人、公司、机构或组织的名单，或便览。按字母顺序或分类顺序排列，提供联系信息（姓名、地址、电话/传真和电子邮件地址等）及相关细节（附录、会议、出版物和成员统计等）。格式简洁，连续出版。名录多放置在图书馆的参考咨询处，或陈列于参考咨询书架上，以便读者查询使用。

名人录

who's who

提供当代杰出人物主要传记资料的参考性工具书或期刊。传记资料包括姓名、性别、出生年、国籍、学历、经历、职务、职称、专业、著作、获奖、行政管理、研究方向、未来研究课题、社会活动和通讯地址等。名人录一般是一年出版一卷的连续性出版物，所收人物，仍属当代人物，而不属回溯性的历史人物。对已故的名人传记资料一般收集在“who was who”中。当代著名的世界名人录有：美国马奎斯名人录公司（Marquis Who's Who）编辑出版的《世界名人录》（*who's who in the world*）·和英国欧罗巴出版公司（European Publications Ltd）编辑的《国际名人录》（*International Who's Who*）。此外，还有各行各界的名人录，如《美国名人录》（*Who's Who in America*）和英国剑桥国际传记中心编辑的名人录《世界企业家名人录》（*International Businessmen's Who's Who*）、《世界医学界名人录》（*International Who's Who in Medicine*）以及《世界名人录》（中文版）等。

名字款目

forename entry

目录、索引或书目数据库中按人的名字排列的款目，而不是按人的姓排列。这个规则主要是为教皇、圣徒、君主、具有统治权的王子以及其他通常以知名的人保留使用的。

名字转换

name resolution

由因特网域名系统提供一种命名计算机的机制，使用网络上的远程名字服务器可将机器名转换为相应的 IP 地址。

名祖

eponym

其名字被一个社会集团（如一个部落）作名称的神话式的祖先或图腾动物或物体。

《明报》

Ming Pao Daily News

日报，1959 年 5 月 20 日在中国香港创办，是以知识界为主要读者对象的报纸。创办人是查良镛（金庸）和沈宝新。该报每日出对开 50 版左右。该报还出版《明报周刊》和《明报月刊》。1991 年明报集团成立并招股上市。1995 年 10 月，马来西亚富商张晓卿购入该报大量股权，成为最大股东，从而控制了明报集团。该报除了在港澳地区发行外，还在美国、加拿大等国发行。几十年来，无论是在内地、台湾地区、还是在海外，无论是在政界还是在文化界，《明报》都保持着较大影响。

明抄本

Ming Handwritten Edition

即明代抄本，分明代官府写本和名人自抄。明代官府写本，纸张墨色与刻本相同，流传下来的多为卷帙浩繁的大部头书，除了举世闻名的《永乐大典》外，还有如《新刊监本册府元龟》、《文苑英华》和《喻汇》等。藏书家名人自抄，则字体、印格和版心标志都各有风格，著名的有文抄本、毛抄本、王抄本、沈抄本、吴抄本、祁抄本、姚抄本，范钦天一阁抄本和赵琦美脉望馆抄本等，其中尤以文抄本、毛抄本最为著名。

明德图书馆基金会（美国）
Apple Tree Library Foundation

2002 年成立于美国加利福尼亚州，是非营利的民间公益组织。其主要工作是向中国内地捐赠建立少儿英文图书馆，希望通过这些英文图书馆，国内学英文的学生能了解美国最新的儿童文学，并且能以视听及多媒体的方法提高学习英文的兴趣和效果，进而充实儿童的文化生活，该基金会希望协助中国的少儿图书馆走向现代化、国际化的领域。从 2004 年起，明德图书馆基金会已经在中国内地捐赠建立的少儿英文图书馆有：金陵图书馆、厦门少儿图书馆、杭州少儿图书馆、桂林少儿图书馆、荆州少儿图书馆、杭州少儿图书馆、湖南桃江兰秀图书馆、上海民立中学图书馆、合肥市少儿图书馆以及福建省第一中学图书馆等。

《明镜》（德国）
（德）*Der Spiegel*

德国最有影响的新闻周刊，创刊于 1947 年，总部设在汉堡，每周一出版。《明镜》的办刊宗旨是，提供独家消息，力求把每条消息都加工成史料性的故事。因此，《明镜》的文章融报道与议论、事实与评价于一体，形成了自己特有的风格。除了报道内容不同一般以外，该刊的经营方式在德国报刊业也独树一帜，建立起一套被称之为“共同参与”的经营模式。

明刻本
Ming Woodblock Edition

明代刻印之特点：1. 字体：明初多用软体字，有些仍沿用元末字体刀法；明中叶大兴翻刻宋本之风，字画横平竖直，如方块字；明晚期字体变长方形。2. 纸张：明初本虽还有用黄、白麻纸的，但以棉纸、竹纸、罗纹纸为主，官刻、家刻多用棉纸，坊刻多用竹纸。大体上明初、中期棉纸为主，晚期竹纸为主。3. 版式：明初刻书，沿袭元代风格，黑口居多。从正德起渐起变化，由于仿宋，黑口变白口。4. 装帧：嘉靖以前多用包背装，万历时逐步改为线装。总的来说，正德、嘉靖、万历三朝，刻书最盛。万历以后，在版画艺术上有很大成就。由于印刷技术的发展，明代还创制了铜活字版和彩色套印。明中期以后刻本有两个显著变化，一是出现了适应于印刷的仿宋字，二是线装取代了包背装。

明尼·厄尔·西尔斯（1873—1933）
Minnie Earl Sears

美国目录学家、图书馆参考咨询专家、书目工作者和参考工具书编辑。普渡大学理学硕士，伊利诺伊大学图书馆学学士。1903 年担任编目员，与同事合编的《撒克莱词典》（*Thackeray Dictionary*）表现出她对目录学与文献研究的执着。1932 年到威尔逊公司任编辑。其所制作的《小型图书馆主题词表》（*List of Subject Headings for Small Libraries*）于 1923 年面世后，广为美国小型公共图书馆和学校图书馆使用。从 1932 年到她逝世，一直担任《美国图书馆协会编目条例》（*Cataloging Rules for ALA*）修订委员会顾问。

明文
plain text

在传输数据的过程中以及发送、接收终端装置上都不加密，可以被任何人接收并理解的报文。相对于明文而言，称相应的加了密码的报文为密文。

明信片
postcard

一种不用信封而通过邮递的载有信息的卡片。普通明信片大多是 3.5 英寸（8.89 厘米）×5.5 英寸（13.97 厘米）大小，而一些印有全景式风景图片的明信片尺寸可能会大一些。在图书馆，明信片是作为图形资料来编目的。虽然明信片存在的周期很短，但却往往见证了一些历史大事，因此，一些年代较久或特别稀有的明信片，或者那些记录了历史大事的明信片，都非常具有收藏价值。

铭文
inscription

刻写或题写于纪念碑、匾额、柱子或墙壁上，以纪念某个重要的事件或人物，或者表示敬意。还指在器物、碑碣等上面的文字。

命令
command

在计算机启动、停止或操作过程中使连续执行程序中的某一操作或自动处理的指令。

命令驱动
command-driven

描述计算机软件系统受用户键入的特定命令控制的一种特性。与菜单驱动（用户根据菜单上显示的项目来选择软件执行的任务）相比，其运行速度较快，但界面不够友好，初学者须花费时间和精力来学习系统命令语言。

命令式
Mandatory（M）

指 MARC 21 书目数据格式中的字段或子字段的数据录入必须符合联机计算机图书馆中心（OCLC）的编码规则的录入标准。

命令行搜索
Command Line Search

OCLC Connexion WorldCat 搜索的一种类型，允许输入：1. 一个单独字符串的任何完整的关键词、数字或派生搜索，包括索引标签、限定符和布尔运算符；或 2. 一个浏览字符串，包括 sca xx 格式的扫描（sca）指令和索引标签。

命名空间
namespace

提供一种隐藏区域标识符的机制，通过将逻辑上相关的标识符组织成相应的命名区域，使标识符在语境（context）下明确其定义内容，以区别其在其余命名定义区域下任何标识符，不会与任何已有的标识符发生冲突。在编程语言中，命名空间是一种特殊的作用域，包含了处于该作用域内的标识符，且本身也用一个标识符来表示，这样便将一系列在逻辑上相关的标识符用一个标识符组织了起来。

命中数
hits

信息检索中，从数据库里检索到的与检索提问式相关的记录的数量。在有些数据库中，命中数可能会显示在检出的结果记录之前，以使用户在查看检索结果前可以根据命中数的多少来修正检索提问式。

命中，找到
hit

在信息检索中，从数据库里检索到一条与检索提问式相匹配的记录即称为命中。有时也泛指那些满足了提问式的语法要求，但不一定满足了语义要求的检出记录。命中率（hit rate）意为检出的相关记录占检出的全部记录的百分比。

缪其浩（1947—）
Miao Qihao

研究馆员，硕士生导师，曾任上海图书馆副馆长和上海科技情报研究所副所长。科研成果多次获上海市及部级科技进步奖。主编中英文专著各一本，发表论文 90 多篇（其中 11 篇在国外英文期刊和会议录上发表），曾在 10 个国家的会议或大学做报告或讲演，其中《全球知识革命与公共图书馆》（*To be or not to be: public libraries and the Global Knowledge Revolution*）一文于 1998 年被国际图联大会收入论文集，同时收入国际图联《信息社会中的图书馆》（*Libraries in the Information Society*）一书，于 2002 年出版；并被译成法文、德文和韩文发表。1998—2004 年担任国际图联“信息存取自由与言论自由委员会”委员，2003 年起担任国际图联“图书馆营销和管理”委员会常务理事。兼任中国科学技术情报学会第六届理事会常务理事、中国图书馆学会第七届理事会图书馆交流与合作委员会副主任、上海市人民政府信息化专家委员会委员、上海科学技术情报学会理事长、上海市咨询行业协会副会长、上海市信息化发展研究协会副会长和《图书馆杂志》、《竞争情报》主编。

缪荃孙（1844—1919）
Miao Quansun

清末民初著名的史学家、版本目录学家、教育家和藏书家，中国近代图书馆事业的开拓者和奠基者。缪荃孙早年为功名奔走，在京师作学官；进入中年后，思想有所觉悟，致力于经世致用之学。掌教书院多年，培养国家有用之才，东渡日本考察先进的教育制度，回国后创办学堂，主持编译馆，出版新式教科书和翻译国外著作；同时为推动文化，“启迪民智”，参与创办了中国南北两大图书馆：江南图书馆（今日的南京图书馆）和京师图书馆（今日的中国国家图书馆），成为中国近代图书馆的奠基人之一。除了在史馆、书院、学堂和图书馆等部门任职外，公务之余，广搜图书、辑轶点校、研究版本、刊刻秘籍、著书立说。

摹本

replica

利用一定的技术手段和方法对一部艺术品，特别是由原作者本人或在其授意下对原创艺术作品进行复制而形成的复制件。一般来讲，一件近似原作的复制品或摹本一般都比原作品尺寸稍小一些。

摹真复制品

facsimile reproduction

指一种与原作品内容、外表形状完全相同的复制品。

模仿作品

parody

一种带讽刺的模仿形式。这是为了喜剧效果或嘲弄、讽刺，常常以大大突出或夸张其特点的方法来仔细模仿某一作家或作品的语言和风格的作品。

模糊检索

fuzzy search

与“精准搜索”相对应的一个概念，基于模糊匹配的检索方式。检索结果要求检索项内容的任意位置中包含检索词，或包含以分词技术对检索词进行词切分后所获得的分词（词素）。模糊检索的主要作用是控制检索结果的全面和相关性。也称匹配条件不严格的文献检索。模糊检索也就是同义词检索，这里的同义词是用户通过“检索管理”中的“同义词典”来配置的。用户在检索页面中输入同义词中任何一个词检索时，只要选中“模糊检索”复选框，则该关键词的所有同义词信息也都被检索出来。使用模糊搜索可以自动搜索关键字的同义词，提高搜索的精确性。

模糊逻辑

fuzzy logic

一种推理的办法，使计算机模拟人的直觉，依据不确定信息作出决定。是逻辑方法的一个分支，其值存在于逻辑真和逻辑假两个端值之间的中间范围，类似于人脑在评估复杂情况时的能力。因为模糊逻辑可用于在知识表达中表示不确定度和不精确度，在人工智能和专家系统设计中已证明模糊逻辑是适用的。在应用软件的设计中，模糊逻辑理念已加入到拼写检验器的设计中，提示用户用最合适的词来代替拼写错误的单词。

模糊匹配

fuzzy match

指数据库检索前对检索结果的网罗度进行控制的方式之一。检索结果要求检索项内容的任意位置中包含检索词，或包含以分词技术对检索词进行词切分后所获得的分词（词素）。模糊匹配可包括以下类型：全部包含、局部包含、前方一致、后方一致和中间一致等。主要作用是控制检索结果的全面和相关性，适用于对各种检索的查准性控制。

模块

module

计算机程序的一个逻辑组成部分。是专为完成一个特定的功能而预先设计的一段程序，程序的其他组成部分既有一定的独立性，又有一定的联系。例如，图书馆自动化管理系统，可以分解成采访管理模块（包括图书订购、采访统计和图书验收等）、图书编目模块、典藏管理模块、流通管理模块（包括读者服务、借书统计、预约借书、流通查询和读者检索等）、连续出版物管理模块（包括订购、现刊记到、现刊分编和过刊分编等）、信息开发模块（包括课题管理、信息开发等）。在软件研制工作中，模块一般是指大型软件系统中的一个部分，有以下两种含义：逻辑模块主要用于分析设计阶段，强调的是它所执行的功能；物理模块主要用于实现阶段，强调的是具体的程序段，两者不一定一致。

模块式文摘

modular abstract

美国情报学家兰开斯特（Lancaster）和赫纳尔（Saul Herner）于1964年设计的一种文摘。文摘员阅读并分析原文之后，做出一种文摘，包括注释、报道性文摘、指示性文摘和评论性文摘各一篇，然后供各种文摘杂志选用其中一篇。这种文摘实际很少见。

模拟

analog

与本源极为相似的物体、物理状态或过程。在工艺学中，模拟设备监测声音、位移和温度等变量并将测量值转化为电子信号或机械信号以表示真实现象之波动。在计算机科学中，对模拟数据编码以形成某个范围或区间内持续的模拟信号，例如，沿电话线传输的模拟信号；而这种信号必须经由调制解调器转化为数字信号才能由计算机处理。

M

模式
pattern

某种事物的标准形式或使人可以照着做的标准样式。一般指可以作为范本、模本和普通本的式样。不同的学科有不同的涵义，比如，在社会学中，模式指研究自然现象或社会现象的理论图式和解释方案，也可以指一种思想体系和思维方式。

模式识别
pattern recognition（PR）

利用计算机或其他装置对文字、图像、语音和字符等信息模式所进行的自动识别。

模数式图书馆
modular library

美国的安格斯·麦克唐纳（Angus S. Macdonald）于20世纪30年代初提出的图书馆建筑设想。模数式图书馆设计思想采取统一柱网、统一荷载和统一层高的原则，创造灵活可变的空间，实现藏、借、阅一体化的功能布局。模数式图书馆建筑设计形状一般都较方整，大多是封闭式，依靠空调系统和人工照明系统的图书馆。这一设想给图书馆建筑设计思想带来了革命性的变革，为图书馆的现在与未来提供了一个良好的基本框架。美国的依阿华州立大学图书馆在设计自己的新馆舍时接受了麦克唐纳的观点，并于1952年建成了世界上第一所模数式图书馆。

模型
model

与实物大小相同或有一定比例的表示实物的立体摹制品。包括一般模型、立体布景模型、天体仪和地球仪等。多用木材、石膏、混凝土、塑料和金属等材料制成。可供展览、教学、实验和观测等用。其次，为了研究一个过程或事物，可以通过模型来描述或表示。模型可以是所研究对象的实物模型，也可以是它的数学模型。模型可被运用于不同领域。按其性质可分为：实体模型、图形模型和数学模型。

摩洛哥皮革
Rutland morocco

一种用漆树叶鞣制的山羊皮做成的柔软的优质皮革。质薄软坚实，颜色各有不同，有光泽，甚为美观，用于做书籍的封面和鞋面。原产于非洲西北部的摩洛哥，因此而取其名。现今盛产于欧美，并用绵羊皮等为材料加工成皮革，与以山羊皮为原料的摩洛哥皮相仿。种类甚多，装帧用皮革有高档品莱万特革（Levant morocco）、还有尼日尔皮革（Niger morocco）、法国革（French morocco）和波斯革（Persian morocco）等。

摩纳哥路易斯·诺塔里图书馆
（法）*Bibliothèque Louis Notari, Monaco*

成立于1909年，是摩纳哥的国家图书馆，隶属于摩纳哥市政府。根据1925年的法律，该馆享有缴送本的权利，并开展馆际互借，免费服务。该馆拥有藏书40万册（卷），磁盘及声像资料5 500件。

磨光
pouncing

用浮石粉将一张新羊皮纸的表面磨光以便于在上面进行书写，或者用同样的方法磨去一张旧羊皮纸表面的字迹以便重新利用。

末行留空
end a break

又称“断行结尾”。提示排字工人在全稿末行或一段末行要在最后一词的后面留空，用空铅填充。

末行排齐
end even

提示排字工人，对末行的排字要和版口齐平，不要留空。

莫蒂默·陶伯（1910—1965）
Mortimer Taube

美国情报科学家和图书馆咨询专家。加利福尼亚大学哲学博士，并于1936年毕业于伯克莱加州大学图书馆学研究生院。在米尔学院、罗格斯大学和杜克大学图书馆工作后进入国会图书馆，任普通参考咨询与书目处副主任。1952年建立第一个情报科学公司——文献公司，并任董事长直至其逝世。著名美国图书馆学家谢拉称他为“20世纪中叶美国图书馆界的杜威”。其主要著作有：《组配标引研究》（*Studies in Coordinate Indexing*）、《情报存储与检索：理论·系统和工具》（*Information Storage and Retrieval: Theory, Systems, and Devices*）和《计算机与各种意识：会思考的机器之谜》（*Computers and common Sense: The Myth of the Thinking Machines*）。

M

莫尔斯码

Morse code

电报发明人、美国科学家塞缪尔 F. B. 莫尔斯（Samuel F. B. Morse）于1838年创造的电报码，也是一种国际通用的电报码。通过点、短划和间隔的不同排列来表示字母、数字和标点符号。

莫纳西大学图书馆（澳大利亚）

Monash University Library

位于澳大利亚维多利亚州墨尔本市，始建于1960年，澳大利亚主要的研究型图书馆之一，在技术发明领域享有盛誉。维多利亚地区共有8个分馆，另外在马来西亚和南非还设有联合分馆。馆藏各类图书文献共320多万册，其中图书280万册，期刊7 000种，电子图书和电子期刊15万册，网络数据库600种。特色馆藏包括亚洲研究文献和太平洋地区法律文献等。该馆为国际图联机构会员。

莫诺（单字）铸排机

Monotype

与莱偌整行铸排机（linotype）有别的一种单字自动铸排机，是自动铸造字的机械。此机由美国人托尔伯特·兰斯顿（Tolbert Ianston）于1884年研制成功，10年后投入市场使用，一分钟能排铸144个字，排铸颇为迅速。因是一字一字铸造，所以对误排的字可单独更换。该机由英国的莫诺铸排机公司经销，由该公司及美国的兰斯顿工业公司生产。

莫桑比克国家图书馆

National Library of Mozambique/*Biblioteca Nacional de Mocambique*

成立于1961年，位于首都马普托。该馆不出版国家书目，有关莫桑比克的参考书目则刊登在葡萄牙出版的《葡萄牙语书目通报》上。根据版权法规定，每4个月要在1935年创刊的一种杂志上刊登一次前4个月应缴送的出版物名单。

莫斯科大学图书馆（俄罗斯）

Moscow University Library

1755年建于莫斯科，俄罗斯最大的大学图书馆，全称国立莫斯科罗蒙诺索夫大学高尔基科学图书馆。该馆由基础部图书馆和各系的专业图书馆（16个校区20个分馆）组成，是俄罗斯高等学校图书馆的工作研究中心。藏书1 000余万册，其中包括外语文理类图书250万册、70种国内民族文字和古斯拉夫文手稿与最早的印刷物、欧洲与东方古籍珍本、著名学者的手稿和档案等，还有包括俄国18—20世纪发行量较小的书籍以及中世纪希腊文、拉丁文、法文和德文等在内的藏书20余万册。每年接待读者约有200万人次，该馆共有16个借书点，63个阅览室和阅览座位3 300席，为全校各教学、科研机构的师生和研究人员提供服务，同时还与55个国家和地区352个机构建立馆际互借关系。

莫斯科国际图书博览会

Moscow International Book Fair（MIBF）

该博览会每年9月举行。是欧洲乃至全世界出版界的重要交流活动，来自70多个国家的出版商除了进行版权贸易外，还可以在展场销售图书。博览会期间，还举办系列谈判、演讲、专题学术研讨会和文化交流等活动。目前该书展已成为推广中国图书的良机。1999年书展期间，时任俄罗斯联邦总理的普京和俄罗斯议长曾先后莅临中国展台。反映当代中国经济改革开放和经济建设的社会科学理论以及有关经济发展形势的图书、中国古典和现当代文学作品、语言文字工具书、古典和现代艺术图书、少儿图书、医学和体育类图书等均受到了当地读者的欢迎。

莫斯科国立技术大学图书馆（俄罗斯）

Moscow State Technical University Library

成立于1830年。用著名的科学家鲍曼命名，该学校的历史也是俄罗斯科学技术发展及培养高水平科技人员的编年史。从建校开始该大学培养的就是高水平的技术专业人员，在这里工作过的教师有著名的化学家门捷列夫教授，“俄罗斯航空之父”茹科夫斯基教授等闻名世界的科学家。该校图书馆的馆藏书籍总数量超过260万册。其中拥有非常珍贵的文献包括：门捷列夫的学位论文，茹可夫斯基教授、列别捷夫教授、拉扎列夫教授和瓦维洛夫教授等的学术著作。

莫斯科国立苏里克夫美术学院图书馆

Library of Moscow State V. I. Surikov Academy of Fine Arts

成立于1843年。藏有100余万册图书，其中有许多是珍贵的孤本。这些书籍不仅涉及美术，也是西欧和俄罗斯精美印刷艺术的记录。该馆与国外的美术图书馆保持着良好的图书资料交换关系，并参加国际艺术图书的展示。

M

莫斯科国立文化和艺术大学（俄罗斯）
Moscow State University of Culture and Arts

俄罗斯培养文化教育和图书馆学-目录学高等专业人才的高等学府。其前身是1930年10月建立的莫斯科图书馆学院，随后设立夜校部、函授部和研究生部。1964年改名为莫斯科国立文化大学，1999年改为现名。有来自世界24个国家的10 000多名留学生在校学习。全校有4个学院77个专业和17个系，主要是：社会文化活动、民间文化艺术和博物馆事业、生产管理和社会情报技术、广告、图书馆学、目录学和情报学等系。该校师资力量雄厚，600名教师中，12名俄罗斯科学院院士，70名科学院候补院士，85名教授和科学博士，275名副博士和硕士，60多名教师拥有科学、文化、艺术领域的名誉称号。

莫斯科涅克拉索夫中心科学图书馆（俄罗斯）
Moscow Central Universal Scientific Library after N. A. Nekrasov

1919年1月成立。建馆之初主要馆藏来自私人捐赠。现今该馆已经成为莫斯科最主要的图书馆。拥有馆藏100多种语言的200多万册书籍，每年接待读者逾7.5万人次，其中大约97%是中学生。每年图书流通量超过150万。在联合国和联合国教科文组织于1994年所建立的“世界文化”项目的框架中，该馆参与了名为“世界文化在俄罗斯—2000”和“莫斯科举步向世界文化挺进”的活动。该馆于2006年7月建立“上海之窗”。

墨斑
black

又称污迹。在印刷过程中，由于空铅隆起或油墨不匀而造成的版面污痕，或者是不该印在版面上的多余的墨迹。

墨粉
toner

静电复印或打印时所使用的显影粉剂，主要成分是碳。复印机或打印机硒鼓中的墨粉颗粒很细小，化学稳定性高，具有很高的成像质量。但是复印或打印运行时会释放出大量细微颗粒、重金属以及有害气体，严重损害操作人员的身体健康，要注意环境通风。

墨洛温宫廷字体
Merovingian Handwriting

指一种从公元6—8世纪在法国使用的草书字体。是在罗马帝国衰落后，从拉丁草书发展而来的。

墨球棒槌
ink ball

用棉花或羊毛填充起来的大而圆的羊皮或鹿皮制成的垫子，扎在一个短小的木把上。在手工印刷时，印刷工人用它蘸油墨在木制印版上进行操作。大多数印刷工人要用两手工作，每只手都拿着一个墨球棒槌。

墨水，油墨
ink

一种有颜色的液体，通常可以在一张或者一卷纸制的平面上来书写或印刷某种印记。直到19世纪末期，印刷油墨还是由纯碳混合一些亚麻子油而做成的。自从彩墨发明后，纯碳被其他的物质取代，例如能产生红色的朱砂。印刷油墨的质量取决于制造它的油的质量，而油的质量通常参差不齐；追溯到19世纪中叶，大多数的印刷工都是靠当学徒时从师傅那里学到的印刷油墨技术来进行制造印刷油墨的。尽管纯碳仍然是黑色印刷油墨的基本成分，但今天有关的化学工业主要用复杂的混合原料。当印刷商决定一项印刷任务的时候，必须仔细地选择什么样的油墨来匹配要用来印刷的纸张。

墨西哥电视台
（西）*Instituto Mexicana de Television*

墨西哥国营电视台，该台是由1972年5月根据总统公告而设立的墨西哥文化电视台（*Television Cultural de Mexico*），在1979年8月由原墨西哥地方电视台和半国营性质的墨西哥广播电视公司商业电视台改组而成。共开办3套节目，可覆盖全国人口的90%以上。节目主要部分由墨西哥政府广播电视电影局制作，并选择播出商业台制作的电视节目，通过设在全国各地的130个转播台播出。

墨西哥国家图书馆
National Library of Mexico/*Biblioteca Nacional de México*

成立于1833年10月26日，和墨西哥国家期刊图书馆均隶属于墨西哥大学书目研究中心。作为墨西哥所有出版物的缴送本库，向各种类型的用户提供服务。其中有极为丰富的古旧书和善本书，拥有大量珍贵历史资料和第一手档案材料。该馆还不定期出版《书目年鉴》，涵盖墨西哥1958—1964年出版的全部出版物。该馆拥有藏书125万册（卷），现刊3万种，手稿6万件和摇篮本170部；其他还有学位论文、政府文献、乐谱、地图、缩微品、电影胶片、视听资料、绘画和招贴画。此外，该馆免费提供在线书目查询服务。

墨西哥通讯社
(西) *Agencia Mexicana de Noticias* (*NOTIMEX*)

简称墨通社，墨西哥官方通讯社。成立于1968年，总部在墨西哥城，隶属于墨西哥内政部。该通讯社主要为墨西哥国内各新闻机构提供新闻，同时也通过卫星向美洲内地500多家新闻机构提供新闻稿件。该通讯社在美洲、欧洲和亚洲等地的主要城市驻有记者，并同其他大型通讯社签有新闻交换协定。1984年墨通社同中国新华社签署新闻交换协议。

默汗莫德·埃尔塞义德·埃尔申尼蒂（1920—）
Mahmound El Sayed El Sheniti

埃及图书馆教育家和图书馆学家。开罗大学学士，亚历山大大学硕士和芝加哥大学博士。曾任亚历山大大学图书馆、美国开罗图书馆馆长，并曾任联合国教科文组织国际文献工作、图书馆与档案馆顾问委员会主席，后任埃及国家图书馆与档案馆副秘书长，20世纪70年代就职埃及文化部，担任过文化部副部长和全国书业主席。积极参与国际活动，促进国际图书馆文献工作。撰写著作主要有：《阿拉伯图书编目条例》（*Book Cataloging Rules for Arabic Materials*）、《阿拉伯著者姓名典据表》（*Authority List of Arabic Names*）、《杜威十进分类法阿拉伯文改编本》（*Arabic Adaptation of Dewey Decimal Classification*）。

默克索引在线版
The Merck Index Online

一种世界著名的有关化学物质、药品及生物制品的百科全书。该数据库是印刷本《默克索引》（*The Merck Index*）美国版第14版的在线版。数据库中的每一条记录（即百科全书的每一条目）评述一种单一存在的化学物质或一组非常密切相关的化合物。记录的内容包括：分子式和分子量、标准化学名称（包括化学成分摘要编号采用的名称）、普通名称和俗名、商标及其拥有者、公司代码、物理和毒理数据、治疗应用、商业应用等。文献类型包括化学文献、生物医学文献和专利文献。主题范围包括：农业化学（包括农药和除莠剂）、生物制品、具有环境意义的化合物、人类药物、天然产品、商业和研究用的有机物与无机物。

默认馆藏图书馆代码
Default holding Library Code

当用户在OCLC Connexion客户端或者浏览编目界面查看一条书目记录时，一般自动出现在049书目字段。每个授权号和密码组合都配有一个默认馆藏图书馆代码。

默认，缺省
default

不需用户给予特殊的指令，由硬件或软件系统自动选择或设置。缺省设置有可能在数据输入时即予以显示，以便用户观察到没有输入指令会有什么反应。

默页
silent page

指正文前的说明，如凡例、目录和序言等页面。

某某的藏书
(拉) *ex libris*

一种印在藏书签上的拉丁短语，位于藏书人名前，如约翰·托马斯藏书（*ex libris John Thomas*）。*ex libris* 的缩略形式为：*ex lib*。

(某某) 画，(某某) 作
(拉) *fecit*

用在图画、雕刻等的作者署名后。

某作家的真作
canon

在文学中，指某作家被公认的真实作品，比如：威廉·莎士比亚（William Shakespeare）的37部戏剧。

母本，原件
master copy

指复制用的图版、模版和文献等原件，照相复制用的负片。由于长期使用母本容易破损，其质量直接影响复印的次数及效果。

母亲阅览室
mother's room

公共图书馆内专辟的一个阅览室，便于母亲借阅各种儿童读物，带回家给孩子们讲解；同时又备有各种有关儿童心理学、幼儿保育以及儿童教育方面的参考书籍。

木牍
inscribed wooden tablet

古代写字用的木片。“牍”多和“简”连用，合称“简牍”，指的是竹简、木简、竹牍和木牍，其中简以竹简，牍以木牍为多。把字写在狭长的竹片或木条上叫做竹简或木简；写在较宽的竹片或木板上叫竹牍或木牍。

木简
inscribed wooden slip

战国到魏晋时代的书写材料。“简”多和“牍”连用，合称“简牍”，指的是竹简、木简、竹牍和木牍，其中简以竹简，牍以木牍为多。把字写在狭长的竹片或木条上叫做竹简或木简；写在较宽的竹片或木板上叫竹牍或木牍。

木刻本
block book

指仅单面有正文或正文连图画的一种图书形式，是用淡褐色油墨作单面印刷。木刻本在欧洲起源于15世纪（荷兰与日耳曼，1460—1480年），同时也是活字印刷本，适于印刷价格低廉可取代用印刷机印刷的图书。最著名的例子就是15世纪下半叶大量印刷的《穷人的圣经》(*Biblia Pauperum*）一书，现留存在世的已不足20本。中国现存的木刻本有成书于春秋战国时期，距今已有2 000多年，是现存最早的医学经典的《黄帝内经》、清代同治十三年的阿拉伯文《古兰经》和清道光八年的《幼幼集成》等。

木刻，木版画
woodcut

在质地细密、松脆适当的木板版面上，经刀刻制成凹凸造型，再用纸拓印出来的一种图画，是中外版画的最早形式。一般经绘、刻、印三道工序，而刻与印是它的主要特征。使用的木板材料有梨木、樱木、桂木、苹果木、黄杨木或椴木面胶合板等。木刻作为一个世界性的画种，其最早功能是作为印刷技术出现的，即复制绘画作品及文字、书籍插图等，称为复制木刻。中国隋唐时（6—7世纪初）就有了木刻印刷作品，即木版雕刻印本，以传统风俗神祇为主；欧洲在文艺复兴之后（14—16世纪）发展了从中国传来的印刷术，15世纪也出现了木刻印刷作品，多为雕刻圣经故事插画。

木偶
puppetry

图书馆馆员在为小读者讲故事时所用的牵线木偶、仗头木偶或套在手上操纵的布袋木偶，一些公共图书馆的青少年部收藏木偶，有的可外借。

木质素
lignin

一种含在木（纸）浆中的有机物，因其所含酸性物质能减少植物纤维中的纤维素，使纸张、木柴和布变黄，时间长久还会使它们变脆，因而除了在最低档的纸类中，其他所有物品不可含有此物。所以在化学纸浆的生产过程中要除去木质素，但在为制造便宜纸张如新闻纸而生产木浆时被保留。

目标程序
object program

指由程序人员编制的源程序经过汇编或编译所形成的计算机可以执行的机器语言程序。也叫结果程序或目标代码。

目标管理
management by objective（MBO）

一种管理体系。是以确定一个组织、它的各个部门和每个成员的目标及有关工作标准为基础的管理形式。目标及有关的工作标准是定量的，可以用时限来衡量，以便个人和组织进行自我监督。目标管理的内容包括：设计目标体系，制定实现目标的控制方法以及达到目标的测定和评价方法。可分为目标制定、目标执行和目标成果评价三个阶段。这种管理形式把选定个人及组织的目标和作出决策的过程结合起来，使每个人都参与管理过程，有利于发挥全体成员的积极性和提高组织的素质与工作效率。

目标语言，译出语言
target language

在机器翻译中，一种语言被译成另外一种语

言，后者则被称作目标语言。

目次
contents

将书刊的各章、节和篇按照页码顺序排列在正文前的目次版面上形成的目录。

目次表，内容目次
table of contents（TOC）

指正文以外栏目与正文章节标题的一览表，将正文内容按其顺序排列成表，通常以页码作为定位。一般的出版物目次表会列有前页、正文章（节）、正文后索引、参考书目和附录。诗选和合集类的出版物的目次表则会列有每一篇作品的名称；书籍的目次表印于献辞或题名页之后，从第一个单页开始；期刊目次表出现于每一期的前面或是封底上，列有该期每一篇文章的名称，有的按页次顺序排列，有的则把重要的文章放在前面。有些国家的图书目次一般放在正文后面。有些图书把其统计图表、照片和插图等另列单独的目录。

目次区
directory

图书馆机读目录中位于头标区之后的信息区。编目软件在目录生成时创建，以隐藏方式存在，编目员和用户无法看到。目次区列出一个记录中的数据字段及其在记录中的位置。由若干固定长度目次项和置于区末的字段分隔符组成，每一个目次项对应一个数据字段。目次区指出标识符、长度和不同字段的起始位置等。书目记录变化后，目录可自动重新建立。

目次项
contents note

又称“内容说明”或“内容注记”，是书目记录中描述书籍等出版物（尤其是著作汇编、综合著录的从编和多卷文献）中的作品构成、内容概要和卷章节状况的说明。也就是说在目录款目上记入有关出版物中各个部分的题名事项。

目次页
contents page

在书刊正文前面按照页码顺序排列各章、节和篇的版面。直接提示书刊的内容，具有索引、摘录的用途，一般不编入正文的连续页码。

目录盒通条
rod

装置在卡片目录柜每一卡片抽屉盒内底部的一种特制金属棍。其作用是将卡片穿起来，以防卡片散落。

目录检索
category search

或称分类检索。指目录按类名分类，每类又分若干子类目，层层逐级展开，最后点击末级类名，显示网页名链接和简短内容摘要，点击链接，显示相关网页内容，或显示该类的文献记录。有些检索工具，如雅虎、万方，提供分类目录检索。

目录卡排列法
catalog card filling arrangement

将所有单张目录卡按照一定规则进行排列的方法，常见的有：分类排序法、字顺排序法（包括著者、题名的主题字顺）、年代排序法、地域排序法和文献号排序法。一般目录采用以一种排序法为主，再辅以其他排序法的方式。

目录卡片
catalog card

在手工编目体系中，将款目手写、打印或者印刷在白纸卡片上，卡片标准尺寸是 7.5 厘米高，12.5 厘米宽。在卡片下面正中距底边 0.5 厘米处，有个直径为 0.8 厘米的圆孔，是用来穿入固定目录卡片的目录盒通条圆轴的。随着机读目录和网络目录的出现，目录卡片逐渐被废弃。catalog card 的英国拼写是：catalogue card。

（目录卡片上）第一横线
leading line

标准化目录卡片上的起始水平线，在该线上著录作者标目。

目录体系
bibliographic system

图书馆根据需要与可能编制各种目录，并通过它们之间的相互关系或联系构成一个目录有机整体。一个图书馆的目录体系必须具备科学性和稳定性。确定一个科学而稳定的目录体系的依据是图书馆的类型、任务及服务对象，读者的检索习惯和馆藏规模。

M

目录学

Bibliography

研究目录工作形成和发展的一般规律的科学，是目录工作实践经验的概括和总结，是研究文献信息记录、利用以及它们之间关系的一门学科。其主要内容包括：目录学史、目录学基础理论、文献信息揭示与记录方法，如书目、索引、文摘、提要、书评和综述等类型文献的特点以及编制方法等、书目事业的组织与管理、书目信息服务以及书目工作现代化等。现代目录学吸收西方目录学研究的成果，如比较目录学、计量目录学等，推动了目录学进一步深入发展。

《目录学辞典》

The Dictionary for Bibliography

张治江、王元军主编。由机械工业出版社于1990年出版。该辞典收录有关目录学的论著、文章、人物、事件、组织、文摘和索引等辞目。

《目录学》(俄罗斯)

Bibliography

俄罗斯目录学专业期刊，一年出版6期，原名为《苏联目录学》，由俄罗斯书库和国际书库有限责任公司出版。该刊于1929年创刊，刊登有关目录学的历史、理论及书目工作的组织和方法的文章与资料，着重关注书目的理论与实践的现实问题。经常发表有关图书馆与其他机构的书目活动及编制书目参考资料方法的文章，总结图书馆书目工作的经验，目录学家的活动，现代目录学理论的研究成果和书目工作人员的培养问题也占有重要的位置。

《目录学概论》

An Introduction to Bibliography

由武汉大学彭斐章教授与北京大学图书馆学系同仁合作，编写了这本教材，由中华书局于1982年出版，成为1949年以来第一部正式出版的目录学教材，并在1988年获国家教委高等学校优秀教材一等奖。该教材主要包括目录学基础理论、中国目录学的产生与发展、西方目录学的产生与发展、文献揭示与组织、书目文献编纂法、书目情报需求与服务、书目工作组织与管理和书目文献资源的利用。

《目录学教程》

A Course in Bibliography

武汉大学信息管理学院彭斐章教授、陈传夫教授分别任主编、副主编，由高等教育出版社于2004年出版。内容主要有目录学基础理论、中国目录学的产生与发展、西方目录学的产生和发展、文献揭示与组织、书目文献编纂法、书目控制、书目情报需求与服务、书目工作组织与管理和书目文献的利用。

目录组织

bibliographic organization

依据其标目的不同性质，将众多款目依照一定的规则与方法排列，组成各种不同性质、不同类型的款目集合体即目录的过程。

目录组织规则

filing rules

将书目整理归档到图书馆目录中的规则，主要包括目录的设置、目录之间的相互关系、目录组织的基本要求和基本方法等。1942年出版了《美国图书馆协会目录卡片排列规则》(*A. L. A. Rules for Filing Catalog Cards*) 第一版，1967年进行修订，与《英美编目规则》(*Anglo-American Cataloging Rules*) 相适应。1980年出版的新《美国图书馆协会排片规则》(*ALA Filing Rules*) 适用于所有文献格式（印刷品、缩微品和数字文献等）。在新的原则下，书目归档按逐个字母到每个词末，并逐词到每个归档元素末排列，数字先于字母，英文字母先于非罗马字母。北京图书馆出版社（原书目文献出版社）于1984年出版了由北京图书馆编目部编辑的《北京图书馆目录组织规则》（图书部分），其中包括中文、西文、俄文和日文图书目录组织规则，适用于该馆和其他类型图书馆组织中、外文图书分类目录和字顺目录。

目前无货

out of print at present（OPP）

用于出版商发票上的词汇，表示一种出版物因为已无存货而不能提供，但在未来某个不特定的时间有可能重印。

牧歌，田园诗

eclogue

又称牧童诗，用牧童对话形式写成。是一种表现牧人田园生活情趣的文学体裁。这种体裁发源于古希腊，在文艺复兴时期，牧歌成为受人喜爱的体裁。不仅有古典式的牧歌，而且出现利用牧歌主题的田园小说和田园戏剧。浪漫主义诗歌中许多牧歌体的作品也往往借这种形式表现诗人对自然与社会的态度。田园诗情调在近代音乐中也成了一种重要的主题。

墓志铭，墓志
Tomb Tablet (Tomb Epitaph)

一种悼念性的文体，更是人类历史悠久的文化表现形式。一般由志和铭两部分组成。志是序文，多用散文撰写，叙述逝者的世系、姓名、爵位、籍贯和生平事略；铭则用韵文概括全篇，主要是对逝者一生的评价。但也有只有志或只有铭的。可以是自己生前写的，也可以是别人写的。

慕尼黑大学图书馆（德国）
University of Munich Library

位于德国慕尼黑市，始建于1573年。除了位于校本部的中心图书馆外，还有各研究所和各学院的分馆共165个，分布于76座大楼内。馆藏图书660万册（件），其中中心馆馆藏图书230万册（件），拥有阅览席位6 000余席。中心馆的藏书多为基础书、教科书和专业书，而各研究所和学院的藏书侧重于各类专业的参考书。

N

那就是，即
（拉）*id est*

意为：那就是，即也就是。*id est* 的缩写形式为：*i. e.*。

纳米比亚国家图书馆
National Libraries of Namibia

其前身是1926年成立的立法机构图书馆，1957年该馆成为西南非洲图书馆服务处，1984年更名为埃斯托弗图书馆后开馆。该馆向各民族提供参考和馆际互借服务，编辑《纳米比亚图书馆期刊联合目录》，并通过缴送法建立馆藏。纳米比亚国家图书馆是联合国资料的收藏单位，目前拥有藏书近10万册（卷），现刊128种。为广大读者免费提供在线目录查询服务，并可与南非、英国和美国的数据库在线检索。该馆是国际图联机构会员。

纳米技术
nanotechnology

以纳米为单位的生产技术，是以控制单个原子或分子生产出只有普通计算机芯片千万分之一的大小为目标的一个科学领域。纳米技术是一门交叉性很强的综合学科，研究的内容涉及现代科技的广阔领域。1993年，国际纳米科技指导委员会将纳米技术划分为纳米电子学、纳米物理学、纳米化学、纳米生物学、纳米加工学和纳米计量学等6个分支学科。其中，纳米物理学和纳米化学是纳米技术的理论基础，而纳米电子学则是纳米技术最重要的内容。

耐存档案质量
archival quality（archival standard）

适合存档备查和长期保存的媒体记录（如纸张、缩微胶片、磁带和光学磁盘等）的质量。例如，纸张必须具备pH值等于或大于7，并且隔绝其他化学污染的条件。

男孩读书计划
Boys into Books

英国于2007年专门针对男孩不喜欢读书这个现实而启动的读书计划，由教育与技术部（Department for Education and Skills）提供资金支持，试图搭建起图书馆服务和中小学之间的一座桥梁，在学校中利用图书馆的设备和教师、馆员的专业技能开展读者阅读活动，主要面向两个年龄段的5～11岁和11～14岁的男孩子，依据他们的阅读喜好和性格特点，分别开列出书单。该项目从2008年9月到2009年3月开始实施。

南北大学图书馆（孟加拉国）
North-South University Library

位于孟加拉国首都达卡，是孟加拉国内第一所实现自动化的图书馆。馆藏领域颇为广泛，涉及艺术、科学、社会科学、商业、计算机科学、工程、管理学、经济学、环境研究、语言文学、历史学及心理学等方面。馆藏图书有2.5万册，电子期刊140多种，现刊146种，另外还有大量的视听资料。

南昌大学图书馆
Library of Nanchang University

1993年5月由原江西大学图书馆和原江西工业大学图书馆合并而成。该馆拥有馆舍面积6万平方米，根据学校学生及学科分布情况设有东湖校区、青山湖校区和前湖校区3个馆址。东湖校区和青山湖两个校区分别重点收藏工程技术类学科文献信息资料和文、理科类学科文献信息资料，前湖校区则依据以新生为主要读者群的情况侧重基础学科文献信息资料。该馆设有流通部、阅览部、信息检索与教研部、信息咨询部、文献资源建设部；信息技术部、文献检索教研室和综合办公室。馆藏中外文图书累计约280万余册，其中包括古籍资料6万册，电子图书110多万册。年均订购中外文期刊（印刷型）近2 000多种。引进外文数据库56种，自建特色数据库6种，基本形成了以重点学科文献建设为中心，理、工、医、农、文、史、哲、经、管、法和教育等多学科文献并存的文献资源保障体系。

南方科技大学图书馆
The Library of South University of Science and Technology of China

2011年2月28日正式开馆，位于该校启动校区的教学楼。该馆与深圳大学城图书馆合作共建，成为深圳大学城图书馆的分馆。学生可以到大学城图书馆借阅图书，在南方科技大学图书馆归还。在南方科技大学图书馆内的网络还可以直接连接到大学城图书馆，大学城图书馆内所有资源、服务也会延伸至南方科技大学图书馆。

南方医科大学图书馆
South Medical University Library

前身为1951年成立的东北军区军医学校图书室。1975年改称第一军医大学图书馆，2004年8月学校整体转制，移交广东省办学，改为现名南方医科大学图书馆。南方医科大学图书馆秉承“资源、服务、管理”三位一体的发展模式，是广东省的医学数字化教育教学资源中心和广东省高校图工委医学专业分会主任委员单位。该馆由校本部和顺德两个馆区组成，总建筑面积44 661平方米，下设流通阅览部、文献采编部、信息技术部、参考咨询部、综合业务部和医学情报学教研室。图书馆文献总量接近205万册（含电子图书99万多种），拥有各类文献数据库52个，中外文全文电子期刊2万多种，自建有南方医科大学学位论文数据库、随书光盘数据库和南医院士文库，形成了以生物医学文献为重点，外语、文学、计算机、军事、史地文献为特色，涵盖文、史、哲、政、经、法、教育以及管理等学科的综合馆藏体系。该馆和读书之友每季联合出版《图书馆展示》(Library Show)。

南非大学图书馆
University of South Africa Library

位于南非首都比勒陀利亚市，是非洲最大的学术图书馆之一，也是非洲拥有信息最丰富、信息技术最先进和专业人才最多的图书馆之一。虽然南非大学早在1873年就成立，图书馆直到1946年才建立起来，但其发展十分迅速。馆藏图书总量达300万册，期刊7 000多种，另有其他各类视听资料30多万件。

南非广播公司
South Africa Broadcasting Corporation

根据1936年南非议会通过的广播法案于同年建立并开始广播，总部设在约翰内斯堡。该公司前身是由约翰内斯堡、开普敦和德班3座广播电台合并组成的非洲广播公司。1992年进行了体制改革。有近20个广播电台，分为商业社区电台、都市电台、地区性电台和国际电台四大类。以公共电台为主，面向全国多种族、多语言和多种文化的不同听众。

南非国家图书馆
National Library of South Africa

由于历史的原因，南非国家图书馆由两个部分组成：南非图书馆（The South African Library）在首都开普敦始建于1818年；国立图书馆（State Library of South Africa）则在普利托利，建于1887年。这两所馆都成了国家的版本图书馆，凡南非国内出版的每种图书、小册子、报纸杂志和政府出版物均要有样本保存。作为国家研究型的参考咨询图书馆，既是藏书及法定保存本资料中心，也是善本和孤本资料中心，还是编辑回溯性书目和南非资料索引的国家中心，编辑出版《南非国家书目》和《图书馆公报季刊》等。1990年还设立出版商、书商和图书馆论坛中心。总藏图书近300万册（卷），近7万种现刊和报纸。该馆是国际图联机构会员。

南非图书馆与信息协会
Library and Information Association of South Africa (LIASA)

成立于1997年7月，专业非营利组织，致力于团结并引领图书馆情报服务领域人士共同促进南非图书馆情报服务的发展。会员有个人会员及机构会员两种，共设10个兴趣小组和10个分支机构。该协会设置了艾伦·泰塞领袖资助金（Ellen Tise Leadership Grant)，以现任国际图联主席的名字命名，旨在表彰为南非图书馆与信息事业作出贡献的人们。该协会每年召开一次年度会议，讨论南非图书馆与信息事业的相关问题，并提出解决对策，还定期出版各种学术报告和通讯。

南佛罗里达州立大学图书馆学与情报学学院（美国）
School of Library and Information Science of University of South Florida

位于美国佛罗里达州，成立于1956年。南佛罗里达州立大学研究生院的艺术与科学学院下设有图书馆学与情报学学院，教授的课程包括微机在图书馆和信息中心的应用、数字图书馆、高级图书馆管理、非文本资料的分类编目、目录和文摘等。该学院获得美国图书馆协会资格认证，可授予图书馆学和情报科学硕士学位。

《南华早报》
South China Morning Post

英文日报，1903年11月创办，是中国香港现存英文报纸中历史最悠久的一种。创办人是华人谢瓒泰和英国人肯明罕。1987年，澳大利亚报业大王默多克购入该报大部分股权。该报主要读者对象为港府官员、外商社团及高层人士。每日出版对开60

N

版以上，周日出版《星期日南华早报》。全球 iPad 用户可以下载《南华早报》的日报版，并且在一定期限内是免费的。

南监本
Southern Imperial Academy Imprint

指明代南京国子监刊行的版本。

南京大学图书馆
Nanjing University Library

前身为三江师范学堂德书楼，建于清光绪二十八年（1902 年）。1949 年更为现名。著名图书馆学家刘国钧、李小缘、施廷镛和国学大师胡小石等先后主持过馆务。20 世纪 80 年代初期，建有 1.95 万平方米的新馆落成，2001 年 6 月，为迎接南京大学百年校庆，进行了扩建改造，馆舍建筑面积增至 2.21 万平方米。2007 年 12 月，拥有馆舍面积约 5 万平方米，20 个阅览室，阅览座位 3 000 席。2009 年 9 月，仙林校区杜厦图书馆落成，面积为 5.3 万平方米。馆藏文献 600 多万册，其中包括古籍线装书近 40 万册，古籍善本 3 000 多种 3 万多册，古代目录学文献以及丛书的收藏已形成特色。古代地方志共收藏有4 000多种，近 4 万册。1911—1949 年间的期刊 1 600 种，该馆设有中国高校的地科（地质、地理、气象、天文和环境科学）教材中心、文科文献中心。该馆于 1981 年加入国际图联，成为其机构会员。

N

南京大学信息管理学院
School of Information Management, Nanjing University

该学院历史悠久，其前身可追溯至 1927 年金陵大学图书馆学系和 1940 年增设的图书馆学专科，是全国最早兴办图书馆学情报学被的教学机构之一。从 1978 年开始，陆续重建了图书馆学、情报学教育，逐渐拥有了图书馆学、情报学和档案学的本科、硕士和博士等各级学位授予权，建有信息管理与信息系统、图书馆学、档案学和编辑出版学 4 个本科专业，图书馆学、情报学、档案学、编辑出版学和信息资源管理 5 个硕士点和博士点，并且是国内最早拥有情报学博士点教育的 5 所高校之一，建立了体系完备的图书馆学情报学教育模式。2003 年，获得图书馆学博士学位授予权，情报学被评为国家重点学科；2005 年，获得图书馆学情报学与档案管理的一级学科博士学位授予权；2006 年，信息管理与信息系统专业获评为江苏省品牌专业；2007 年，设立图书馆学情报学与档案管理一级学科博士后流动站，图书馆学情报学与档案管理评为江苏省重点一级学科；2010 年，新增图书馆学情报学和出版学两个专业硕士学位授予点，并成为出版学秘书处设立单位；2011 年，成立了国内第 4 家综合性信息管理学院，并被国际 iSchools 组织吸纳为亚太地区第三家图书馆学情报学学院。该学院通过 iSchools 组织与国际上 31 所顶尖图书馆学情报学学院建立了广泛学术合作，并与 10 多所港澳台和海外知名高校签订了战略合作协议，鼓励学术互访、学生交流和资料交换。该学院还建有“国家信息资源管理南京研究基地”、“南京大学中国人文社会科学评价创新基地”、“新闻出版总署南京大学出版人才培养基地”、“国家保密培训基地南京分基地” 4 个国家级基地；“南京大学信息产业研究所”、“南京大学信息技术开发研究所”和“南京大学出版科学研究所”三个校级研究机构。建有“信息数字化集成实验室”、“情报分析综合实验室”、“多媒体技术研究实验室”等研究型实验室和信息技术教学实验室。

南京工业大学图书馆
Library of Nanjing University of Technology

在原南京化工大学图书馆和原南京建筑工程学院图书馆基础上，于 2002 年合并而成。现有丁家桥分馆、虹桥分馆、江浦分馆和浦江分馆 4 个分馆，拥有馆舍面积共计 5 万多平方米，共设阅览座位 2 100 席。下设办公室、信息系统部、信息咨询部、数字图书馆服务部、文献资源建设部、读者服务部等部门。该馆重点收藏化学工程、材料工程、化工机械和土木工程等文献，入藏各种文献 200 万册，其中期刊合订本近 10 万册，中外文现刊 1 800 种，中外文电子图书 170 万册，拥有中外文数据库 40 多个。

南京航空航天大学图书馆
Library of Nanjing University of Aeronautics and Astronautics

成立于 1952 年，拥有馆舍面积 2.9 万余平方米，馆藏 220 万余件（册），电子书刊 383.36 万余册，初步形成以航空、航天、民航为特色，以计算机科学、电子科学、自动控制、机械制造和材料科学等为重点，工、理、管、经、哲和法等多学科相结合的，纸质、缩微平片、磁带、录像带、磁盘、光盘和网络数据库等多种载体形态的文献信息资源保障体系。该馆于 2003 年设立了“情报学”硕士点，并承担了多项省、部级科研课题研究。

南京理工大学图书馆
Nanjing University of Science & Technology Library

创建于1953年，馆舍面积（本部和2004年落成于四教楼的图书馆分部两部分组成）1.7万平方米。该馆拥有纸质文献191万册，中外文电子文献375万册。已形成了以自然科学及工程技术科学文献为主，兼有人文、社会科学及管理科学文献的多种类型、多种载体的综合性馆藏体系。下设一室六部，即办公室、文献资源建设部、系统与数字化部、读者服务部、数字图书馆部、信息咨询与培训部和军工科技文献部。

南京师范大学图书馆
Nanjing Normal University Library

于1952年在原金陵女子文理学院图书馆的馆舍及图书、设备的基础上，调集前南京大学师范学院、金陵大学等单位所藏书刊资料组建起来的。全馆形成了三区七馆的分布格局：随园校区随园图书馆和华夏图书馆；紫金校区紫金图书馆；仙林校区敬文图书馆、社科图书馆、数理化图书馆和生地图书馆，总建筑面积约4万平方米。馆藏总量274万册，馆藏文献种类覆盖哲学、社会科学、自然科学和工程技术等门类，其中古籍藏书12万余册，线装书11万余册，被收入《中国古籍善本书目》的有190种、3 000余册，其中孤本明末刊孚中道人的《且居批评息宰河传奇》、明天顺间刻本《宋学士文集》等，弥足珍贵；另有《四库全书》、民国时期教育学文献收藏、《方志丛书》等古籍影印精装本1万余册。2008年，被国务院列入首批“全国古籍重点保护单位”，并有13部古籍入选首批《国家珍贵古籍名录》，先后引进各类大型光盘数据库和网络数据库70余种，内容覆盖文、史、哲、社科、心理学、理工和艺术等学科，读者可通过校园网进行检索、查阅。该馆于2002年加入国际图联，成为其机构会员。

南京图书馆
Nanjing Library

省级综合性公共图书馆之一，其前身为清两江总督瑞方于1907年创办的江南图书馆和1933年国民政府时期筹建的中央图书馆。曾多次变更馆名，1954年定为现名。建筑面积为7.87万平方米的新馆舍于2006年落成。阅览座位3 000席。馆内设有盲人图书馆，为患视力障碍的读者提供服务。馆藏文献为1 000万册（件），其中古籍160万册，包括善本14万册；民国文献70万册。馆藏中不乏唐代写本，辽代写经，宋、元、明、清历代写印珍本，已有363种入选国家珍贵古籍名录。建有纺织品图像、江苏文化博览等特色数据库。与江苏省图书馆学会联合编辑出版专业学术性刊物月刊《新世纪图书馆》(*New Century Library*)、《江苏图书馆之窗》（双月刊）以及信息参考服务刊物《信息传真》(半月刊)。

南京政治学院上海分院军事信息管理系
Department of Military Information Management, Nanjing Political College, Shanghai

创建于1986年，原称空军政治学院图书档案系，招收图书馆学本科、档案学本科和专科学生。1994年3月改称为信息管理系，1999年5月，随着军队院校调整、学院转隶，全称改为现名。1988年图书馆学招收首批硕士研究生，1990年国务院批准该系为图书馆学专业硕士学位授权点，1995年上海市批准为档案学专业硕士学位授权点，并从1995年起两个专业可从应届生中免试推荐硕士研究生。1997年图书馆学通过了国务院学位办组织的硕士点合格评估。2001年获准招收课程研究生班，并有权受理同等学历申请硕士学位。图书馆学硕士点已建有情报语言学、计算机信息管理、信息资源编目、现代图书馆管理和信息资源管理5个研究方向，档案学硕士点已建有档案管理学、档案检索和文献信息保护技术学3个研究生方向。2003年经国务院学位委员会批准，获得了图书馆学博士点和情报学硕士点，从2004年开始招生。

南开大学商学院信息资源管理系
Department of Information Resources Management of Business School, Nankai University

成立于1983年，当时为图书馆学系；1987年改名为图书馆学情报学系，1994年4月更名为信息资源管理系，1999年1月，该系并入南开大学国际商学院，改为图书馆学系，2005年5月改为现名。该系于1984年开设图书馆学专业，1990年开设信息学专业。设有图书馆学教研室、信息学教研室、地方文献研究室、现代技术实验室、文献保护实验室和计算机房。该系先后获得图书馆学、情报学和档案学专业硕士学位授权点，授予管理学硕士学位。研究方向为信息咨询、信息交流与传播、图书与出版管理和战略信息管理与信息系统与竞争情报以及档案学基础理论和档案管理现代化、电子政务等。本科生教育设有图书馆学和档案学两个专业，授予管理学学士学位。以信息资源管理和电子文件管理为主要方向。该系于 2003 年获得图书馆学博士学位授权点，研究方向为知识管理、图书馆管理与服务、图书馆学基础理论、文献与出版等。2005 年获得情报学博士学位授权点，研究方向为竞争情报与竞争战略、信息管理与信息系统、竞争情报系统和企业信息工程等。目前设有图书馆学、情报学与档案管理一级学科博士后流动站。

南开大学图书馆
Library of Nankai University

建于 1919 年。中国最早的私立大学图书馆。1927 年卢木斋先生捐资兴建了著名的“木斋图书馆”，在 1937 年毁于日军炮火。抗战期间，南开大学与北京大学、清华大学在昆明组建西南联合大学，成立了联大图书馆。1946 年复校时重建图书馆。现由建于 1958 年馆舍、建于 1990 年新馆——逸夫楼、迎水道校区分馆、经济管理学分馆及著名数学家陈省身教授创建的南开数学图书馆组成。建筑面积 3.3 万平方米，阅览座位 4 000 余席，馆内设有教育部文科信息中心和理科外国教材中心。现有藏书 350 余万册，其中中文图书 240 万册，外文图书 20 多个语种计 60 万册，古籍线装书 30 万册，中外文现刊 3 000 余种，馆藏文献以经济、历史、数学和化学等学科最为丰富。该馆下设办公室、资源建设部、流通借阅部、期刊文献服务部、信息咨询部、古籍特藏部、技术部、数字资源部以及经济学分馆、迎水道校区分馆，共 9 个部门及 2 个分馆。

南康涅狄格州立大学情报学与图书馆学系（美国）
DILS of Southern Connecticut State University

位于美国康涅狄格州。开设的课程包括信息科技导论、图书馆学基础、参考信息资源与服务、信息分析与组织、信息网络、学校媒体专家实践、图书馆与信息资源的采购与开发、以用户为中心的数据库设计、标引与文摘、信息系统分析与设计、索引与摘要和图书馆自动化等。图书馆学硕士教育从 1972 年起获得美国图书馆协会资格认证。可授予教育技术硕士学位、图书馆学硕士学位和图书馆信息服务学士学位，并提供图书馆学情报学联合学位班文凭。

南密西西比大学图书馆学与情报学学院（美国）
School of Library and Information Science of University of Southern Mississippi

南密西西比大学位于美国密西西比州，其研究生院的自由艺术学院下设有图书馆学情报学学院，主要研究出版、图书馆历史、儿童文学、电讯和管理等方面。其主要课程包括参考资源和服务、分类编目、图书馆馆藏发展、图书馆管理、情报概论和图书馆学情报学研究方法等。该学院获得美国图书馆协会资格认证。可授予图书馆学与情报学学士学位、学校图书馆媒体学专家硕士学位以及图书馆学情报学与历史学、图书馆学情报学与人类学的双硕士学位。

南通大学图书馆
Nantong University Library

于 2004 年 6 月由原南通医学院、南通工学院和南通师范学院图书馆合并组建而成，现由启秀校区图书馆、文峰校区图书馆、钟秀校区图书馆和新校区图书馆 4 部分组成，设有文献采访部、编目部、流通部、参考咨询部、信息技术部、信息检索教研室和科技情报研究所等机构。馆舍总面积 47 300 平方米，阅览座位 2 900 多席，校内读者 3 万余人。各校区间使用统一的集成管理系统——汇文图书馆管理系统。该馆馆藏资源丰富，覆盖面广，涵盖哲学、社会科学、自然科学、生命科学、医学和工程技术等门类，学科体系完整、结构合理，适应综合性大学的办学需要。该馆藏书 220 余万册，中外文期刊 8 553 种。拥有各种大型综合性数据库 43 个，自建数据库 3 个，购电子图书 140 万册，硕博士学位论文 370.2 万篇。馆内设有办公室、文献建设部、书刊流通部、文献阅览部、信息咨询部、信息技术部、信息检索教研室、启秀分馆、钟秀分馆等部门和科技情报研究所。

南图亚信文化发展有限责任公司
Nanya Cultural Development Co., Ltd.

由南京图书馆和外资公司在国内依法设立。具有多年为“211 工程”高校图书馆提供中文期刊购销服务的良好业绩。自成立以来，以“专业化、个性化和人性化服务”为经营宗旨，为各类型图书馆提供不同的专业服务。

南洋理工大学图书馆（新加坡）
Nanyang Technological University（NTU）Library

始建于 1981 年，包括 7 所图书馆，建筑面积达 1.5 万平方米。阅览座位约 1 700 多个，纸本图书收藏量约 77.5 万册，每年增加 2.2 万册。电子图书收藏量约 25 万册，数据库为 209 个。大部分文

N

献侧重于会计、商业、经济、管理、通讯、科学及工程领域。其中媒体资源图书馆收藏了大量录像、磁带以及影视光碟等音频视频资料。1988 年，引进 DRA 图书馆自动化系统。在线公共馆藏目录可通过联网的任何一台计算机上查询。该馆共有馆员 103 人，其中具有硕士以上学历的专业馆员约为 30 人。定期编辑出版《南洋理工大学图书馆通报》（*NTU Library Bulletin*）。

南洋理工学院图书馆（新加坡）
Nanyang Polytechnic Library（NPL）

位于新加坡，始建于 1992 年。1998 年通过合并 4 个校区的图书馆，成为一所现代化的综合图书馆。馆舍面积有 7 000 平方米。除了馆藏大量的图书文献资料外，图书馆还设有展示中心、电视播映中心、研究中心、小组讨论室、数据库检索室以及读者教育室等辅助设施。

难排的稿件
lean matter

比通常排印更费时的文稿，如学术文章或专题论文（其中有大量的数学符号或没有多少白页）的排版。

闹剧，笑剧
farce

一种具有讽刺或幽默倾向的轻喜剧，其中人物造型夸张，还允许情节的可信性与人物的真实性有很大的自由。尽管故事情节并不滑稽可笑，但演员的表演不论从台词上还是形象上都十分幽默。

内部出版物
not for publication（house journal）

即内部资料性出版物，是指在本系统、本行业、本单位内部，用于指导学习、工作、交流信息的单本成册或连续性（刊型、报型、半月期、三印张以上）非卖印刷品，不包括机关公文性简报等信息资料。

内部档案
in-house archives

公司、代理机构、组织或研究机构的保存档案，这些档案记录上述机构的内部事务，是不对外公布的；有时也是另外一些法人团体和个人的记录，互相之间是紧密联系的。

内部发行，限制发行
restricted distribution

只允许在本系统特定范围内传播的一种文献发行方式。

内部刊物
house journal

主要指党派、机关、军队、企业和团体所办的具有机密性质的业务指导刊物。有一定的阅读范围，或为了业务指导、参考而只限于在本部门内部发行。而内容为介绍有关商行、公司的社会活动综合性报道的，则称为“house organ”。

内部使用
in-house use

在一个规定的时间段（通常是一个月或一年内）一种图书在图书馆范围内被使用的次数，内部使用由图书馆员通过对一本被放在图书馆公共场所的桌子、存储架上的图书进行跟踪记录，以统计被使用的次数。尽管这种方法从来都不是完全准确的（一些读者自己放回了资料），但是对内部使用的统计有助于发展期刊和参考图书的馆藏。

内部数据库
in-house database

组织机构内部开发的数据库。除了不对外开放外，组织机构内部的个人亦可能受到严格的使用限制，确保企业内部数据处理的安全性。

内部文件，公务文件
internal document

仅限于机构内部使用而非用于出版的文件，如备忘录、报告等。其中的某些机密文件可能仅限于某些授权的个人使用。

内部资料，保密资料
restricted data

指政府部门或学术团体发表的、只限于内部发行和使用、具有保密性质的文献资料。一般分为绝密、机密、秘密和内部四个不同等级。保密资料一般具有一定的保密期限，逾期可以解密或公开发行。

内存储器
internal memory（internal storage）

计算机的主存储器。是微处理器可以直接存取的主要通用存储区，计算机中的其他存储设备被称为辅助存储器或后援存储器。

内府本

Palace Publication in Qing Dynasty

指清代由皇宫内廷刊行的书籍，包括写、抄、刻本。

内联映射元数据

Inter-mapping Metadata

实现技术元数据与业务元数据的层间映射，使得信息系统的概念模型与物理模型相互独立，使企业的概念、业务模型重组以及物理模型的变化相互透明。

内蒙古图书馆

Library of Inner Mongolia Autonomous Region

综合性省级公共图书馆之一。其发展历史可追溯到清光绪三十四年（1908 年）的归化城图书馆。1925 年，改名为“绥远省立图书馆”。1949 年 8 月，省立图书馆迁入原省立民立教育馆旧址，成为绥远省社会教育推行委员管辖下的图书馆。1954 年绥远省建制撤销，该馆划归内蒙古自治区改为现名。现馆舍于 1997 年建成，建筑面积 2.9 万平方米，7 个外借室和 20 余个阅览室，阅览座位近 2 000 席。2010 年 5 月，该馆馆舍改扩建工程完成，面积近 3 万平方米。馆藏文献突出民族特色和地域性特征，形成了具有一定规模的民族地方文献藏书体系。蒙文文献收藏丰富，自成体系。收藏的汉文内蒙古地方文献有 4.5 万册，珍藏的古籍三次被收入《国家珍贵古籍名录》。与内蒙古图书馆学会共同编辑出版季刊《内蒙古图书馆工作》。

《内蒙古图书馆工作》

Neimenggu Library Work

由内蒙古自治区图书馆、内蒙古自治区图书馆学会主办，是学术性和知识性兼容的专业刊物（季刊）。其前身是由内蒙古图书馆于 1959 年 8 月创办的《内蒙古图书馆通讯》（不定期），1972 年后更名为《图书工作通讯》，期间屡次停刊。1983 年 6 月复刊改为现名，主要栏目有：“学术研究”、“图书馆工作探索”和“图书馆自动化”等，季刊，自办发行。与此同时，该刊还创办了蒙文版，是蒙古文图书馆工作者进行业务工作磋商和经验交流的阵地。

《内蒙古自治区公共图书馆条例》

The Rule for Public Libraries in Inner Mongolia Autonomous Region

该条例于 2000 年 8 月 6 日由内蒙古自治区第九届人民代表大会常务委员会第 17 次会议通过，共 6 章 34 条，详细叙述了制定该条例的目的、适用范围以及公共图书馆的性质、业务指导和管理，公共图书馆的建设、公共图书馆的服务、公共图书馆工作人员和奖励与处罚等。附则还解释了其他类型图书馆的管理、文献资源的内容以及该条例施行时间。

内蒙古自治区图书馆学会

Inner Mongolia Society for Library Science

成立于 1979 年 12 月，拥有团体会员 30 个、个人会员 500 余名。该学会下设学术研究委员会、民族文献工作委员会、编译出版委员会和教育协调委员会。下属有 9 个盟（市）级图书馆学会和 2 个旗（县）级图书馆学会，与内蒙古自治区图书馆联合编辑出版季刊《内蒙古图书馆工作》（*Neimenggu Library Work*）。

内容标示

Content Designation

为 MARC 建立一定的规则用于识别和描述一条记录内的数据元素，并支持数据处理。例如，OCLC 按照 OCLC 书目格式和标准、权威用户指南和联合用户指南为 OCLC MARC 记录定义的内容标示。

内容表达

Expression

作品的智力或艺术实现，采用字母数字、音乐或舞蹈符号、声音、图像、物件和运动等及其组合形式，体现在载体表现中。内容表达是“资源描述与检索”（RDA）根据《书目记录的功能需求》（FRBR）所定义的 4 个实体之一。

内容表达的载体表现

manifestation of expression

内容表达的物理体现。通过内容表达的标识符、规范检索点或合成描述，记录作品的内容表达与嵌有该内容表达的载体表现间关系。

内容表达的作品

work expressed

通过内容表达实现的作品。通过作品的标识

符、规范检索点或合成描述，记录内容表达与作品间的关系。

内容的性质
Nature of the Content

资源主要内容的特定性质（如法律文章、中期报告）。属“资源描述与检索”（RDA）的内容描述元素之一。

内容分析
content analysis

对一部作品或一组信息所传递的所有明确或隐含的意思的一种详尽分析，往往通过对内容中的重要概念、符号和主题等进行分类和评价来完成。通过这种分析可确定作品和资料的含义及其对读者可能产生的影响。

内容管理
content management（CM）

协助组织和个人，借助信息技术，实现内容的创建、存储、分享、应用和更新，并在企业个人、组织和业务战略等诸方面产生价值的过程。相应的内容管理系统则是能够支撑内容管理的一种工具或一套工具的组合。从逻辑上讲，内容管理是由“内容”和“管理”两大部分组成的。“内容”是指任何类型的数字信息的结合体，包括文本、图形图像、业务文档、数据库表单、Web页面、视频以及音频文件等。“管理”则是施加在“内容”对象上的一系列处理过程，包括收集、确认、批准、整理、定位、转换、分发、更新和存档等，目的是为了使“内容”能够在正确的时间、以正确的形式传递到正确的地点和人。

内容涵盖范围
Coverage of the Content

资源内容涵盖的时间或地理范围。属“资源描述与检索”（RDA）的内容描述元素之一。

内容类型
Content Type

反映内容的表达以及人类意识意图被感知的基本沟通形式的一种分类。“资源描述与检索”（RDA）定义了如下内容类型：文本，静态图像、二维动画，三维形体、三维动画，演奏音乐、声音、口语、舞谱、乐谱，计算机数据集、计算机程序、触觉文字、触觉图像、触觉三维形体、触觉舞谱、触觉乐谱、舆图数据集、舆图图像、舆图动画、舆图触觉图像、三维形体舆图以及三维形体触觉舆图等。

内容下载
content downloaded

成功获得对某一数据库、电子连续出版物或是数字文献的请求，而得到所需的内容单元。

内容协商机制
content negotiation

在超文本传送协议（HTTP）上规范定义了一种机制，通常由超文本传送协议的文件定义相关信息，目的是使用户代理（Agent），如万维网浏览器，在有多个可得的资源实体表现形式的时候，对特定的响应选择最好的表现形式的处理过程，使最终都能统一显示用户请求的资源实体。如浏览器不能显示图像文件存储格式（PNG），通过内容协商的浏览器可以显示图像互换格式（GIF）。内容协商机制包括服务器驱动协商和代理驱动协商两种。服务器驱动协商是通过服务器上的算法来实现，代理驱动协商由用户代理执行。

内页样张
sample page

印刷厂在印刷书稿之前打印出来与原书相同的样张，供出版社或作者审阅之用。也指出版社印发的目录或推广品中附印的原书内的样页，作宣传、推广图书之用。

内在含义
subtext

在文学作品或剧本中，与其字面意义相对的隐含或隐喻意义。

能源引文数据库
Energy Citations Database（ECD）

提供美国能源部（DOE）1948年以来关于能源及石油、天然气等领域的科技信息、书目记录，包括摘要和部分全文。

尼泊尔国家图书馆
Nepal National Library（NNL）

成立于1957年1月，当时王室刚购买了王室宗教导师的私人收藏，后来还兼并了中央秘书处图书馆的藏书与期刊。1994—1999年联合国教科文组

N

织从财政上支持该馆实施“尼泊尔国家图书馆重组以支持扫盲计划”，促进边远地区图书馆事业和普及教育的发展。尼泊尔国家图书馆目前隶属于教育部领导。馆藏主要为尼泊尔文、英文、印地文和梵文等文种的著作。拥有各种文献资料 10 万册（卷），善本及手稿 1 000 件、报刊 40 种、非书资料 400 件以及硕博论文 1 200 多篇。定期编辑出版该馆业务通讯。

尼加拉瓜鲁文·达里奥国家图书馆

The Ruben Dario National Library of Nicaragua/*Biblioteca Nacional Rubén Darío*

正式成立并开馆于 1882 年，由于中美洲著名诗人和现代主义者鲁文·达里奥早期曾在图书馆供职，因此该馆以他的名字命名，隶属于尼加拉瓜文化部领导。1931 年和 1971 年该馆馆舍和馆藏曾两度遭地震破坏。1986 年出版了《尼加拉瓜国家书目，1800—1978》，并在瑞典等国的帮助下实施了自动化。拥有馆藏近 20 万册（卷），其中包括各种参考书、教科书和消遣读物以及联合国教科文组织及其他组织的文献。

尼日利亚国家图书馆

National Library of Nigeria

位于尼日利亚的拉哥斯，根据尼日利亚“国家图书馆法”（National Library Act），于 1964 年 11 月 6 日正式成立并开馆。最初由福特基金会的顾问担任馆长，1971 年任命尼日利亚人为馆长，隶属于尼日利亚联邦教育部领导。该馆现正在为履行自己的使命——为构建国家的历史、知识和学术数据库而努力。馆藏包括图书、殖民地时期珍贵资料以及早期尼日利亚报纸档案和政府出版物。该馆为联合国的法定寄存图书馆，编辑出版《尼日利亚国家书目》和《国家联合目录》。

泥版书

tablets

古代两河流域的苏美尔人（Sumerians）的一种文字记录，大约发明于公元前3 000年左右。泥版书是世界古代书籍史上一种重要的文献载体形式。在古代尼尼微城的废墟里，曾出土了古代亚述王所建的图书馆里的两万多块泥版，每部泥版书都由几十块甚至几百块泥版构成，并有编号和书名，有的甚至还有图章的印痕。苏美尔人发明了泥版书，把它当作书写材料。这种书写材料比起纸草、羊皮纸、木材等，具有两大优点：一是及时取用、造价低廉；二是坚固耐用、保存持久。

倪波（1936—）

Ni Bo

南京大学信息管理系教授、博士生导师。1960 年毕业于北京大学图书馆学系。1963 年到南京大学图书馆工作，1978 年开始从事图书馆学专业教学工作，先后任南京大学文献情报学系副教授、教授，图书馆学科组负责人、文献情报研究室主任、出版管理和图书馆管理硕士研究生导师，还兼任中国图书馆学会文献检索委员会副主任、江苏省图书馆学会常务理事和江苏省图书馆资料高级职称评审委员会委员。1980 年被聘为农业出版社特约编审顾问，后被聘为北京大学、武汉大学、中国科学院、湘潭大学、山西大学、郑州大学、华中师范大学、中山大学和苏州大学等名誉教授。著有《图书馆学纲要》、《科技工具书及其检索简介》等，发表论文 100 多篇。

倪晓健（1952—）

Ni Xiaojian

教授、首都图书馆馆长。先后毕业于北京大学图书馆学系和武汉大学图书馆学系，1982 年获硕士学位。先后任北京师范大学信息技术与管理系教授、系主任，兼任中国图书馆学会第七、八届理事会副理事长、中国社科情报学会副理事长，北京图书馆协会常务副理事长，北京大学信息管理系兼职教授，北京师范大学信息技术与管理学系兼职教授，华南师范大学信息管理系客座教授，国家社会科学基金学科评审组成员，担任《中国图书馆学报》等多家核心学术期刊编委。长期从事图书馆学教学与研究工作，出版专著多部，发表论文 100 多篇。获国家级、省部级教学与科研成果奖近 10 项，被北京市授予优秀教师和先进工作者称号，享受国务院政府特殊津贴。

你的网上字典

YourDictionary. com

诞生于 1995 年，创始人为巴克内尔（Bucknell）大学的罗伯特·比尔德（Robert Beard）教授，旨在为全世界语言团体提供一种研究工具，后逐渐演变为商业门户网站，提供广泛可靠的网上语言及其相关产品与服务。月访问人次达 150 万以上。该网站目前已成为语言（全球所有语言）方面的权威、全面的专业网络门户，并获得全球许多新闻媒体、组织机构的认可。该网站保存了世界语言学遗产，创建了濒危语言库（ELR）以供相关学者及感兴趣的人们使用。覆盖了250多个语种的1 800多部字典，可以提供词汇的详尽解释，此外还提供多种可以扩大词汇、学习语法、练习口语和写作的服务。内容包括科学的语言材料及各种可以增进语言能力的游戏。同时还可以根据用户的需求增加相关内容。

逆纪年排列的
reverse chronological

文献信息组织方式之一。即当按年代顺序组织目录、索引或文献时，把较新的款目或文献排在前面，以突出对新文献的推介和方便读者利用。通常，新出版的文献利用率较高，采用逆纪年排列的方法有利于首先向读者推荐最新文献，从而提高文献的利用率。

逆向打印机，双向打印机
reverse printout typewriter

打印机的一种特殊类型。这种打印机的基本特点是，在从左向右打印完一行之后可再从右向左打印下一行，因而消除了常规打印机托架返回的时间，提高了打印速度。

匿名
anonym

某作品的著者名字不出现，也不可能在目录、书目和其他信息源中检索到，即未知作者身份。

匿名经典
anonymous classic

著者不详的文献称为“匿名文献”，而匿名文献中广为流传的古典名著称之为“匿名经典”。一般有多种版本传世，如注释本、校本和译本等，著录时须以统一题名作标目，以便集中不同版本。

匿名来源索引
source index：anonymous

来源索引的一个附属部分。收录著者不详的来源文献，按来源出版物缩写名称的字顺排列。通常放在来源索引的前面。

匿名评论
anonymous comment

不署名或隐藏姓名的批评或议论。

匿名作品
anonymous work

指著者不详以及未知真实著者的出版物，著录时以题名作主要标目。

年表
chronology

指将重大历史事件按年、月、日编排的表格。

年代复分
chronological subdivision

又称时代复分。指按主题或体裁归类后，再按有关年代进行细分。

年代学
Chronology

以规则的间隔或时期来测定或计算时间，并确定事件的本来年代的科学。

年度报告
annual report

指一种不超过百页的印刷物，每年由企事业单位或上市公司的经理提交给管理委员会或上级领导部门，以阐明该单位或公司上一财政年度的业务运作情况和目前的财政状况，主要栏目有：单位章程与规则、业务分析、专家点评、财务运作管理和管理委员会决议等，通常以纸面装订出版，分发给所有管理者和上级领导部门。也有一些公司将其年度报告做成在线形式（电子版）。也指机关团体或其他组织就上一年度的业务、计划和活动提出的书面报告文件，其内容包括前一年工作的全面陈述和总结。1916年，浙江图书馆创立了《浙江公立图书馆年报》是中国图书馆学专业刊物的滥觞。很多图书馆都编制年报，充分反映了各图书馆和图书馆事业的发展。

年度评论出版社（美国）
Annual Reviews

该出版社成立于1932年，是一家致力于向全球科学家提供高度概括、实用信息的非营利性科技组织，专注于出版综述期刊，回顾本学科最前沿的进展，为科学研究提供方向性指导；期刊内容涵盖生物学、医学、自然科学、农学和社会科学等多个学科领域。

《年度评论》(美国)
Annual Reviews

该刊编辑部是国际图联铜级企业团体会员，成立于1931年，是非营利机构。其任务是为全世界的科学团体服务，提供由世界著名科学家撰写的年度评论，共出版29种期刊，涵盖生物、物理、天文学、生物医学工程、生物物理学、核与粒子科学、材料科学、能源环境、物理化学、药物学及毒理学和社会科学等学科。

年度述评
annual review

回顾了某一年份里最重要的新型研究工作以及某一特定课题或子课题中提出的创造性设想的连续出版物。例如：《生物化学年度述评》(*Annual Review of Biochemistry*)，《信息科学年度述评》(*Annual Review of Information Science*) 和《心理学年度述评》(*Annual Review of Psychology*)。也指工作中每年所做的工作调查或个人评估。

年画
Chinese New Year Paintings

中国画的一种，始于古代的“门神画”，清光绪年间，正式称为现名。大都用于春节时张贴，是中华民族祈福迎新的一种工艺品，含有祝福新年吉祥喜庆的意思。历史上对年画有不同的称呼：宋朝叫“纸画”、明朝叫“画贴”、清朝叫“画片”。各地对年画也有不同称谓：北京叫“画片”、“卫画”，福建叫“神符”，四川叫“斗方”，苏州叫“画张”，浙江叫“花纸”。

年会
annual conference (annual meeting)

社会团体一年举行一次的集会，会上进行年终总结制定下一年规划或研讨某几个热门话题。

年鉴
Yearbook (almanac)

按年度连续出版的汇辑了上年度各行业或某一行业发展成就和事实的资料性工具书。年鉴按内容范围的宽窄可分为综合性年鉴和专业性年鉴；按所收资料性质可分为百科性年鉴、新闻性年鉴、统计性年鉴和学术性年鉴；按所收资料地域可分为世界性年鉴、国家性年鉴和地方性年鉴。年鉴具有权威性和史料性的优点。通过年鉴不仅可以了解国内外大事要事、各行业最新发展成果和发展趋势，还可以查找当代人物生平和书刊论文线索等，被称为“集万卷为一册，缩一年为一刻”，是“浓缩图书馆”和“社会变化资料源”。世界上有不少年鉴已连续出版了100多年，如创刊于1868年美国的《世界年鉴》(*The World Almanac and Book of Facts*) 和英国《惠特克年鉴》(*Whitaker's Almanac*)。年鉴作为工具书起源于欧洲，由历书发展而来。欧洲第一部印刷本年鉴是1457年由德国学者雷焦蒙塔努斯编撰的《方位表》，是历书向年鉴转变过程中的分水岭。以后，英法等各国陆续有各类年鉴问世。在中国，年鉴一词最早见于《宋史·艺文志》一书，该书著录《年鉴》一卷，但原书早佚，无法考证其内容。中国第一部具有现代意识的年鉴是1913年上海神州编译社编译的《世界年鉴》，最早由中国人编纂的年鉴则是1924年由商务印书馆出版的《中国年鉴》。

年刊、年报
annual

每年出版一次的刊物，大多涉及过去一年中有兴趣的问题。也指19世纪盛行的一种文学选集形式，通常都以版画作插图，根据杰弗里·格利斯特 (Geoffrey Glister) 的《书之百科全书》(*Encyclopedia of the Book*) 所述，这种作品形式主要是为女读者而作的。现在是指每年出版一次的连续性出版物。

年历画
calendar art

指普遍受欢迎的挂历上的图画，尤其指一些广告画。

年谱
chronological life

又称年略、年录、编年、纪年录等。用编年体裁记载某个人生平事迹的著作，内容包括谱主的籍贯、家族、家庭、学历、经历、专业、著述、学术思想以及生平活动。中国的年谱始于宋代，发展于元明，盛行于清代。许多年谱还涉及了与谱主关系密切的其他人或其他方面的史料，是研究人物生平事迹和有关史事的重要参考资料。

黏土书板，砖书
clay tablet

已知最早的书是用刻写笔将美索不达米亚楔形文字刻在很薄的小湿黏土坯上，完成后将其晒干或装窑烘干，然后再套上刻有书名或内容摘要的经晒干或烘干的保护性外壳。虽然黏土书板太重而无法大量携带，并且也因太小而无法有效地记录长篇文章，但与替代它的古埃及纸莎草纸卷轴相比，更经久耐用。

宁波邦达实业有限公司

Ningbo Bangda Industrial Corp. , Ltd.

创建于1996年，为图书馆提供服务的专业公司，主要产品有：移动式密集书架以及各种图书架、期刊架、期刊柜、报架、不锈钢登高梯、折叠梯、平板书车、图书目录柜和图书营业柜等系列产品。该公司还生产银行、宾馆组合式系列保管箱。

宁夏回族自治区图书馆学会

Library Society of Ningxia Hui Autonomous Region

成立于1979年6月，经宁夏回族自治区民政厅批准，1997年为独立法人社团。该学会成立以来，多次组织会员参加自治区内外大中型学术会议与学术交流活动，先后有10多名会员在中国科协、中国图书馆学会、宁夏社科联和宁夏科协举办的学术成果评选中获奖。拥有会员800多人，与宁夏回族自治区图书馆联合编辑出版学术刊物《图书馆理论与实践》(*Library Theory and Practice*)(月刊)，该刊连续多年获“全国图书馆学优秀期刊”称号。

宁夏图书馆

Ningxia Library

省级综合性公共图书馆之一，1958年10月成立。2008年新馆落成，馆舍面积为3.3万平方米，阅览座位2 000席。馆藏160万册（件），其中包括宁夏回族自治区地方文献资料3 312种，7 323册；古籍善本近12万册；明清珍本、善本1万册。形成了突出地域及民族特色的、由西夏文献、回族及伊斯兰教文献、宁夏回族自治区地方文献及近代来华教会藏书等构成的“特藏”体系。该馆编印《馆藏宁夏地方文献目录》、《馆藏宁夏版本目录》和《台港书刊资料辑录》，与宁夏图书馆学会联合编辑出版月刊《图书馆理论与实践》。

牛耕式书写法

boustrophedon writing

起源于希腊文中的“牛耕式”书写方法。是指古希腊书写的方式就像牛在田野里耕地一样第一行从左到右，第二行从右到左。

牛津大学博德利图书馆

Bodleian Library

英国第二大图书馆，是欧洲最古老的图书馆之一。1320年，伍斯特城主教托马斯·科巴姆·毕晓普（Thomas Cobham, Bishop, 1545—1613）在牛津捐赠一批手稿、图书。1488年在捐赠图书的基础上成立了汉弗莱公爵图书馆（Duke Humfrey Library）。该馆在1542年因遭皇室抄收和火灾，馆舍和藏书损失殆尽。1598年，由英国外交官、手稿收藏家、该校毕业生托马斯·博德利爵士于1598年进行重建，并于1602年建成开放，藏书2 000多册。不久他利用捐赠款设立基金会，使该馆在经费上得以保证。英王曾于1605年、1610年两次参观该馆并命名为博德利图书馆。后来，博德利先生还多方奔走，使该馆从1662年起成为英国5个接受出版物缴送本之一的版本图书馆。20世纪20年代，拉德克利夫科学图书馆（Radcliffe Science Library）、印度研究所图书馆（Indian Institute Library）和罗兹·豪斯图书馆（Rhodes House Library）共同并入该馆。1939年，在洛克菲勒基金会资助下，新改造的馆舍顺利竣工。该馆是一群建筑物的联合体，直到20世纪50年代末，该馆一直是英国藏书最多的图书馆，到60年代才让位于英国国家图书馆。该馆现由9所图书馆组成，总面积为47 859平方米；拥有馆藏图书1 100多万册、手稿18万多册、古籍6 500多册，地图121万件、缩微胶卷96万卷、现刊近5万种，尤其在东方手稿、英国文学、历史及印刷术方面的藏书特别丰富，使其成为世界上最大的独具特色的图书馆之一。

牛津大学出版社期刊回溯数据库

Oxford Journals Digitized Archive (OJDA)

英国牛津大学出版社出版的在线电子期刊，于2006年4月推出，近150年的研究著作（1849—1995年），涵盖74种（陆续增加）跨领域的期刊：内容主要包括医学、化学、物理学、数学、生物学、哲学、政治学、社会科学以及法律、语言、文学、音乐、艺术和经济等学科。读者可以看到从第一卷第一期至今的所有内容。

牛津大学出版社期刊现刊数据库

The Oxford Journals Collection

共收录228种全文期刊，1996年至今的全文文献。有6个大专题：医学（68种）、生命科学（34种）、数学和物理学（25种）、法律（28种）、社会科学（44种）、人文科学（61种）。有诸多

N

全球引用率高的学术期刊和文章，其中被 Thomson Reuters 期刊清单收录 171 种：SCI 收录有 92 种；SSCI 收录 60 种，AHCI 收录有 40 种，重复收录有 21 种。

牛津大学出版社（英国）
Oxford University Press

成立于1478 年，是英国最大、最古老的出版社之一，同样也是世界上最早的、最大的大学出版社。该出版社自创立之初即提出：书籍所代表的意义是人类智慧的产物，而不是牟利的商品。更主张牛津大学出版社所出版的图书应以学者研究的兴趣和方便为前提，成为印刷最好、为学者出版最好书籍的场所。牛津大学出版社在世界各地都设有出版分部：如澳大利亚、加拿大、中国、印度、肯尼亚、马来西亚、巴基斯坦、新加坡、南非和西班牙等国。其出版范围以词典、传记、文学作品、学术专著、教科书、英语教材及《圣经》为主，同时也出版一些可以赢利的教科书、乐谱和英语教材等。

牛津大学出版社在线全文期刊数据库
Oxford Journals Online（OJO）

该数据库收录牛津大学出版社旗下 212 种期刊，收录年代从 1996 年至今。其中涵盖心理学、数学、化学、物理学、生物学、医学、经济学、哲学、政治学、社会科学以及工程、法律、语言、文学、音乐、艺术和大众传播等学科。该数据库所收录的212 种期刊中，被 SCI/SSCI 收录的期刊有 94 种，其中 SCI 收录有 66 种。

《牛津当代百科大辞典》
The New Oxford Illustrated English-Chinese Dictionary

由著名的牛津字典家族成员根据《牛津英语辞典》原典编纂而成，是牛津大学出版社为了庆祝建校 500 周年，而特别打造的一部语言大辞典兼百科大辞典。该辞典保留了《牛津英语辞典》的全部精华，又融进了多达 200 多个学科的知识，兼具语言辞典与百科全书的双重功能。全书为全彩色印刷，共收录约 12 万辞条，并针对相关辞条遴选近 4 000 幅精美彩图。采用极具革命性的编辑，融英文语词、百科知识及彩色图片为一体，充分发挥视觉理解效果，是读图时代的新式百科大辞典。该辞典已被翻译成多种语言，在世界范围内发行，享有极高声誉。

牛津国际法数据库
Oxford Reports on International Law

该数据库汇集国际公法领域的案例分析与报告，将国际判例法首次进行充分收录与分析，并提供法学专家深入分析与指导，其中有 171 个国家和地区超过 3 000 个国际法案例。

《牛津简明英语词源词典》（英国）
The Concise Oxford Dictionary of English Etymology

同类词源词典中最好的一部，追溯词的渊源，解释词的原始意义、形式、用法及其演变的词典。该词典是在原《牛津英语词源词典》的基础上进行删选而成的。原词典于 1966 年出版，收词 2. 4 万个，包括一些美国通用的语词和专用名词。1986 年开始由 T · F · 哈德（T. F. Hoad）任主编，于 1993 年由纽约的牛津大学出版社出版了该词典，在原来的基础上删去一些废旧词和专业性很强的词。该部工具书是最权威最全面的英语词源词典，共收录词条 1. 7 万余条，每个词条均注明其原始拼写形式以及每个词条的分属类别，包括：由英语本身发展而来、从其他语言借用而来、根据构词法规则派生而来；包含了英语语言及其历史的大量信息，适用于英语学习者，尤其适用于英语教师及英语语言研究人员。该词典于 1996 年出版了网络电子版。

《牛津美国法律百科辞典》
The Oxford Companion to American Law

克密特 · L. 霍尔（Kermit L. Hall）主编，有关美国法律史的全面性、权威性及易读性工具书，其中 400 多个词条按字母顺序进行排列，上百位享有盛望的法律界学者对各词条进行了广泛的探讨。其中包括美国著名律师、法官和法律教育者个人及其职业生涯的传记，从本杰明到丹尼尔 · 韦伯斯特等；讨论的范围包括合同法、侵权法、财产法、衡平法等核心概念。该书最大特点是超越了法学专业与法律行业的范围，通过在美国法律历史上较出名的法学人物、名案以及相当多的权威学者的论文来侧重剖析美国法律的发展过程，包括美国法律所形成的时代背景，美国社会与文化对法律的影响等，是一部内容翔实、实用性较强的参考资料用书。由牛津出版社出版。该辞典中文版由林晓云翻译，法律出版于 2008 年社出版。

《牛津美国文学百科全书》
The Oxford Encyclopedia of American Literature

由上海外语教育出版社于2010年引进出版。对美国文学从殖民地时期直至当下的文学实践进行了简洁而全面的讨论，深入介绍了美国文学史上的主要作家、重要作品、文体、流派和文学运动等，涉及的文学体裁十分广泛，有诗歌、小说、戏剧、书信、传记和文学评论等，集中体现了美国文学研究领域的最新研究成果。该辞典根据时间顺序全面而详尽地描绘了自1607年早期欧洲移民的遗留文字开始共4个时期的文学发展全貌，反映了每一时期的社会风貌、政治背景和文化环境，串联和勾勒了美国历史百年发展的文脉语境。

《牛津引语辞典》（英国）
Oxford Dictionary of Quotations

初版于1953年，主要从莎士比亚、马克·吐温、格劳乔·马克斯和数以百计的作家、哲学家、政界要人、职业歌手、专业演员以及经典中收录著名引语，收录标准以该引语是否为普通读者所熟悉而定。1999年11月出版的第5版共收录3000名作家2万条引语，统一按字顺排入正文。辞典按照读者对作者态度的变化调整收录的条目，增加了著名人物的许多新语句，如毛泽东、叶利钦、克林顿和盖茨的名句或作品片断。索引的篇幅占全书三分之一。该引语书出版两种简本：《简明牛津引语词典》（*The Concise Oxford Dictionary Quotations*）（1995年1月，第3版）和《牛津现代引语词典》（*The Oxford Dictionary of Modern Quotations*）（1993年3月，再版）。前者收录2000名作家的9000条常见引语，后者汇集20世纪名人（列宁、戴高乐、丘吉尔和弗洛伊德等）的名言6000条。

牛津印度纸，字典纸
Oxford India paper

一种平滑、薄而坚韧、无光泽的不透明纸张，通常用于印刷字典和《圣经》。

《牛津英国传记大词典》
Oxford Dictionary of National Biography

散文体传记词典的典范之作，被誉为是最权威的英国历史名人词典。原名为《英国传记大词典》（*Dictionary of National Biography*），1885年首次出版，1917年由原史密斯·埃尔德（Smith Elder）公司转交给牛津大学出版社出版。该词典共收录5.5万名对英国社会有重大影响的人物。新版于2004年9月完成，并更为现名。新版保留了原词典所收人物，其中对原词典70%的条目进行了重写。被传人信息由1万名署名专家撰写，极具权威性，并提供学术价值很高的参考书目。共60卷，字数达6200多万字，1万张图像。收录公元前4世纪到公元2000年期间的政治家、宗教领导人、艺术家、科学家、作家、企业家、医生、律师、运动员、军人、探险家、水手和罪犯等历史人物，数量近5.5万人。有网络版，提供在线订阅，具有人名检索、图像检索、参考书目检索、撰稿人检索和全文检索功能，网络版定期更新。

《牛津英文词典》（英国）
***Oxford English Dictionary*（*OED*）**

收录英语词汇及其定义最全的词典。在英语词汇的起源和过去一千多年来英语的演变方面，是一部权威的历史性英语语文词典。第一任主编詹姆斯·默雷（James A. H. Murray）是著名的语言学家，所以又称“默雷词典”（*Murray's Dictionary*）。该词典的第一版出版于1884—1928年之间，共计15487页，收入414825个单词或词组和近200万个引语，分125个分册陆续出版。最早完整的10卷本出版于1928年。该词典最新版本为20卷本第二版（1989年出版），收词超过50万条，引证例句250万条，全部发音使用国际音标标注，词条及例句涵盖了所有英语国家的地方英语，包括北美、南非、澳大利亚、新西兰和加勒比等，并且给出了词源分析以及不同地方英语的拼写差异。该词典的主要特点是：卷帙浩繁，编写原则严谨，是一部追溯词源，查考历史词汇，具有极高学术价值和实用价值的语文词典，几乎囊括了1150年以来见于文献的所有语词。如杰弗里·乔叟（Geoffrey Chaucer）和威廉·莎士比亚（William Shakespeare）等著名作家只是用过一次的罕见词，该词典也如数照收。该词典也有CD-ROM版，使用界面友好，具有强大的搜索功能，可用简单及高级两种模式进行搜索。

牛皮纸
kraft paper

用硫酸盐木浆所制成的棕色包装纸，具有抗撕扯、不易破裂的特点，应用极其广泛，常用于制作纸袋和包装纸，在印刷、装订等行业中也应用较多。有时，在这种纸的一面还会加上一层粗麻布或焦油，使之成为更坚韧、耐用的防水包装纸。

纽伯里奖（美国）
Newbery Medal

美国图书馆协会儿童服务部主办的一种儿童著作奖，从1922年开始每年一次对前一年在美国出版的最优秀儿童图书的著者颁发的奖项。其目的在于唤起社会大众对儿童图书的重视，开辟儿童文学写作的空间，鼓励精品创作，促进儿童读物的发展和推广。纽伯里奖由弗雷德里克·G·梅尔彻（Frederic G·Melcher）家族资助，以首次出版儿童读物的英国出版商约翰·纽伯里（John Newbery，1713—1767）命名。参选该奖必须具备一些条件，最主要的是，作者是美国公民或居住在美国的作者且作品适合于14岁以下的儿童阅读。

纽伯里图书馆（美国）
Newberry Library

位于美国伊利诺伊州芝加哥市，是一家私人资助的、独立的研究图书馆，馆藏特色为历史及人文科学资料。图书馆免费向公众开放，收藏有丰富的、仅供馆内阅读的珍本图书、地图、手稿和其他有关从欧洲中世纪晚期至拿破仑时代，从拉丁美洲开荒时期到现在美国文明的资料。该图书馆建于1887年，基于芝加哥富商和慈善家沃尔特·卢米斯·纽伯里（Walter Loomis Newberry）遗赠而建立，1892年，雇用首名图书馆员，并在芝加哥北部建造了现今的图书馆。

纽卡斯尔大学图书馆（英国）
Newcastle University Library

1963年建立，位于英国纽卡斯尔市，由三所图书馆组成，罗宾逊（Robinson）图书馆位于主校区，收藏除医学和法律之外的所有学科的文献，另外两所图书馆是沃尔顿（Walton）医学图书馆和法律图书馆。馆藏图书文献超过100万册，期刊1万多种。另外还有许多电子资源：电子图书、电子期刊和数据库等。

纽瓦克公共图书馆（美国）
Newark Public Library

位于美国新泽西州的纽瓦克市，拥有1所中心馆和10所分馆，提供各种服务于该市居民，其馆藏图书和期刊合订本有150万册，激光唱片、磁带和其他音频资料共12万多件，数字视盘和家用录像机制式的视频材料共14万件。年到馆访问为84万人次，年图书流通量为72万册次。著名的图书馆家约翰·科顿·达纳（John Cotton Dana）于1902年曾任该馆馆长。他为移民建立外文馆藏，为企业界创办文献特藏。在图书馆服务方面积极提倡将图书馆视为第二课堂，承担继续教育和促进阅读的重要作用。

纽瓦克借书登记法
Newark charging system

1900年，美国纽瓦克公共图书馆系统首先使用的外借记录组织方法，取代了英国的布朗借书系统，这是一种单轨制的外借图书记录组织系统。读者借书时，图书馆员将读者的登记号写在所借图书随附的书卡上，然后在书卡和读者借书卡的还书日期项上分别盖上还书日期，将借书卡和书一并交给读者，再将书卡按应还日期排列，在同一日期下则按所借图书的索书号排列。读者还书时，将借书卡出示给图书馆员，后者根据还书日期找到相应书卡，将其放回所还之书中，并在借书卡上注明“已还”字样，至此整个借书、还书登记过程结束。这种系统能使读者知道自己总共借了几本图书，应在什么时候归还图书；并能使图书馆员了解每天应有多少图书到期，当天哪些图书逾期未还等。缺点是借还书手续时间长，不能立即知道某一种书被谁借走。

纽约公共图书馆（美国）
New York Public Library（NYPL）

1895年由阿斯特图书馆和伦诺克斯图书馆合并而成。美国最大的公共图书馆系统，由以民间资金为主的研究图书馆（人文和社会科学图书馆、表演艺术研究中心、萧伯格黑人文化研究中心和科学、工业和企业图书馆）和纽约市、纽约州政府资金作为经费的87个分馆组成，为曼哈顿各区、布朗克斯和斯塔岛区公众服务。该馆总藏量为5 000余万册（卷），持证读者近2亿。每年到馆访问有2 800万人次（来自200个国家和地区）。该馆出版业务通讯和一些书刊杂志，同时每年还颁发海伦·伯斯坦（Helen Bersten）图书奖。该馆为国际图联机构会员。

纽约皇后区公共图书馆（美国）
Queens Library

一所独立的非营利性机构，不附属于任何其他的图书馆。该馆坐落于堪称美国民族最为多元化的地区，服务受众多达220万。现由61所社区图书馆和1所中心图书馆组成。该馆所在的纽约皇后区以其文化、种族、语言多样性而著称。中心图书馆的专题馆藏能支持社区学术、职业和科技研究工作的开展，而这62所图书馆都藏有综合性或专题性的流通或参考馆藏，照顾到了儿童、青少年、大学生、成人和老年人等各个年龄层次的需要，也考虑到了各区域内不同母语居民的需求，收藏有多种语种的馆藏资料。

《纽约客》（美国）

New Yorker

1925年2月创刊，由美国纽豪斯家族属下的康德·纳斯特（Conde Nast）出版公司主办。该刊为综合文艺类刊物、周刊，是获美国国家期刊奖奖项最多的期刊，共获得34个奖项。内容主要涉及政治观察、人物介绍、社会动态、电影、音乐戏剧、书评、小说、幽默散文、艺术和诗歌等方面。该刊强调精品意识，注重刊物质量，编辑方针严肃认真，其文章文笔雅致，情趣横溢。随着计算机和因特网的普及，20世纪90年代末以来《纽约客》也开始采用这些新的媒体。部分的杂志内容可以在《纽约客》杂志的网站上免费获得。

《纽约时报》（美国）

The New York Times

美国最有权威、最受尊重的报纸，1851年9月16日创刊。原名《纽约每日时报》(*The New York Daily Times*)，1859年9月14日改用现名。该报是一家资产雄厚的大企业，跻身于美国500家最大公司之列。拥有30多家子公司和20多家地方报纸、数家出版社和广播电台。自1918年以来，该报因全面而准确报道世界重大事件，几十次获得普利策金质奖章。一般人都把《纽约时报》看作是反映政府观点的报纸。同时，该报本身在努力争取位于高层的而又富有的读者，以便吸引高级广告主。

《纽约时报书评》（美国）

***New York Times Book Review*（*NYTBR*）**

美国最有影响的书评出版物之一，1896年10月创刊。作为纽约时报星期天版面的一部分，一周出版一次，亦可作为一种独立的品种单独订购。其书评较长，学术水平也很高，一般都是由著名的作家和学者为受过良好教育的读者撰写而成。书评每期的内容不一，有长篇文章评论，学术性著作，也有短评叙述平装本小说。许多出版商均将其视为刊登新书广告的最主要媒体。

《纽约时报索引》（美国）

New York Times index

由美国纽约时报出版公司（New York Times Company）编辑出版，半月刊。用于检索刊登在《纽约时报》上的文章及其副刊《书评》(*Book Review*)、《纽约时报杂志》(*The New York Times Magazine*) 上的文章。该索引同时适用于报纸缩微版。该索引创始于1913年，按季度出版，无累积本；1930—1947年为月刊，有季度累积本；1948年起改为半月刊，有年度累积本；1978年开始增加季刊。光盘版有主题索引，包括主题词（地理名称、题名、戏剧、广播录音和电视节目等）、人名、组织名称和公司名称等。在线检索版提供24小时和一周更新一次的服务。

纽约图书馆旅馆

Library Hotel

2000年8月开张，位于美国纽约的文化聚集区——麦迪逊大道。该旅馆以图书馆为名的原因有两个：一是与世界著名的大型公共图书馆纽约公共图书馆和皮尔庞特·摩根博物馆只有数百米距离；二是旅馆建筑已有90多年的历史，外部装饰古朴典雅，与周围学术气氛相当吻合。“图书馆旅馆”内部大厅被桃花心木的典雅书架所围绕，书架上自然有琳琅满目的书籍。住房登记柜台后面的墙上，从地板到天花板，都仿照图书馆卡片目录柜橱的样式装饰、布置，让爱书人，甚至作家们，身心都有宾至如归的感觉。“图书馆酒店”楼层及房间的命名，也与众不同。它是以一般图书馆最常使用的《杜威十进分类法》的类目名称来取名的。

《纽约图书评论》（美国）

***New York Review of Books*（*NYRB*）**

由罗伯特·西尔弗斯（Robert Silver）和巴巴拉·爱泼斯坦（Barbara Epstein）于1963年2月创刊，每年发行20期。发表著名作家和学者撰写的、以富有见地的书评形式评论文学、文化、政治和科学领域的评论性文章。同时也发表书商和大学出版社的新书预告。

纽约州立大学布法罗学院图书馆学与情报学系（美国）

DLIS of University at Buffalo, State University of New York

纽约州立大学布法罗学院位于美国纽约布法罗市，成立于1846年。其研究生院下设信息学院，其中有图书馆学与情报学系，获得美国图书馆协会资格认证，所开设的主要课程有：图书馆学情报学导论、信息存储与检索、参考咨询来源与服务、信息构建与管理、科学信息源与服务、人文科学信息源与服务和信息设计等。可授予通信学博士学位、图书馆学与其他领域双硕士学位、图书馆学与情报学、通信学硕士学位以及通信学学士学位。

农村图书馆，乡村图书馆

rural library

一般由乡村农民群众自发创办、得到本地政府支持的基层图书馆，是直接为农民服务的文化设施之一，往往成为乡村的文化中心。其工作特点是根据当地群众的文化水平和经济特点采购图书，以普及性读物为主，借阅手续简便易行，服务方式灵活多样。

《农家书屋实用手册》

The Practical Manual of Rural Library

方允璋著。该书是由具有多年工作经验的基层图书馆辅导人员编写，具有较强针对性和一定的理论性，具有很强可操作性，既照顾了当前基层图书馆的现实，又针对基层图书馆未来的发展趋势，提出了有针对性的未来发展方向。由国家图书馆出版社于2010年出版。

N

农林水产研究情报中心（日本）

Agriculture, Forestry and Fisheries Research Information Center（AFFRIC）

成立于1978年，是日本农林水产省实验研究机关的文献情报服务共用设施、国立国会图书馆的分部和农林水产省图书馆的分馆。作为农林水产研究情报的中心，收集并提供国内外农林水产领域的学术杂志及农林水产省的刊物、图书资料服务是其主要职责，同时还进行情报加工处理、研究规划支援系统的运营、农学情报系统的运营和国际交流合作等。

农书

Treatise on Agriculture

指中国古代编著的多种类的农业书籍。据《中国农学书录》记载，中国古代农书共有500多种，流传至今的有300多种。在这300多种农书中，《齐民要术》、《农桑辑要》、《王祯农书》、《农政全书》和《授时通考》内容最丰，影响最大，称为“五大农书”。

《农书》

Treatise on Agriculture

中国元代综合性农书。作者王祯。总结中国农业生产经验的一部农学著作，是一部从全国范围内对整个农业进行系统研究的巨著。《农书》37集本成书于元仁宗皇庆二年，明代初期被编入《永乐大典》。明清以后，有很多刊本。1981年出版了经过整理、校注的王毓瑚校本。全书约13万余字。内容包括3个部分：《农桑通诀》6集，作为农业总论，体现了作者的农学思想体系；《百谷谱》11集，为作物栽培各论，分述粮食作物、蔬菜、水果等的栽种技术；《农器图谱》20集，占全书80%的篇幅，附有306幅插图。几乎包括了传统的所有农具和主要设施，堪称中国最早的图文并茂的农具史料，后代农书中所述农具大多以此书为范本。

《农业图书情报学刊》

Journal of Library and Information Science in Agriculture

1984年创刊，原名《农业图书馆》，1989年改为现名。由中国科学技术协会主管，中国农业科学院科技文献信息中心、中国农学会主办。主要栏目有：“专家论坛”、“信息化与网络化建设”、“科学管理与服务”、“图书馆建设”、“信息教育”、“文献研究与加工”、“课题项目研究报告”、“编辑出版与经营”和“毕业论文摘要”等。该刊为月刊，有英文主要目次，国内外公开发行。

《农业主题词表》

Agriculture Subject Thesaurus

用于储存和检索农业科技情报资料的专门叙词表。由中国农业科学院图书馆编制，1984年出版。该词表收录主题词30 000个，由主表、范畴表和英汉索引三部分组成。主表是该表的主体，范畴表适用于手工和计算机标引，检索农业方面的文献资料，英汉对照索引可供标引和检索英文文献。

怒火，煽动的言论

flame

通过电子邮件的方式使用的一个俚语，传递表示愤怒、讽刺和抨击的言论。新闻组中和邮件传送列表中进行的持久争论称为“烽火战争”。这样的争论通常经过其他的参与者或调和者进行调停。

挪伐斯科提农业学院图书馆（加拿大）

Library of Nova Scotia Agricultural College

始建于1905年，是加拿大亚特兰大地区最大的农业科学资源图书馆。1983年5月图书馆大楼正式启用，1990年5月，该馆重新被命名为麦克雷（MacRae）图书馆。馆藏文献5万册，缩微资料2万多件，现刊600多种，期刊合订本2.2万册，还有大量的电子资源，包括2.4万多种全文电子期刊和各种农业科学数据库等。

挪威国家图书馆

National Library of Norway/*Nasjonalbiblioteket*

该馆是挪威文化中心，又是挪威全国图书收藏、存储和提供检索服务的中心，并且是关于挪威和挪威事务的重要信息源，隶属挪威文化部。该馆由两部分组成：奥斯陆馆和莫伊拉那馆。该馆历史源于1815年成立的奥斯陆大学图书馆，当时该馆还享有法定保存本权。由于成立国家图书馆的呼声日高，1992年议会决定在奥斯陆成立独立的挪威国家图书馆及办公室，经过多年交涉，国家图书馆与大学图书馆终于在1999年被彻底分开。2005年国家图书馆正式开始运行。该馆的主要目的是保护国家文献遗产，提供文献存取。依据《图书缴送法案》，该馆的主要任务包括对藏书的保护、保存、开发等几个方面，收集各种材质的各种信息资料。藏书包括挪威发行的全部图书和期刊以及国外发行的有关挪威的图书和期刊。该馆也是收集、存储和检索数字资源的中心，数字档案的建立是国家文化遗产长期存储全国战略的重要部分。在因特网上建立挪威全国数字图书馆是战略计划的另外一个部分。该馆为国际图联机构会员。

诺贝尔文学奖

Nobel Prize in Literature

阿尔佛雷德·B·诺贝尔（Alfred Nobel）于1900年设立的文学奖，是他的遗嘱中提到的五大奖励领域之一，由位于斯德哥尔摩的瑞典科学院每年颁发给“在文学领域生产出最优秀的、具有理想主义倾向作品的人”。首届文学奖于1901年颁发，得主是法国诗人苏利·普律多姆（*Sully Prudhomme*）。历史上罗曼-罗兰、萧伯纳和海明威等著名作家都获得此奖。2000年，华裔作家高行健（Gao Xingjian）获得这项100万美元的大奖，2012年10月，中国作家莫言获得2012年度诺贝尔文学奖。

诺森比亚图书馆与信息服务绩效评估国际会议

Northumbria International Conference on Performance Measurement in Libraries and Information Services

1995年，首届会议在英国的诺森比亚大学召开，此后每两年举行一次，现已成功举办8届。主要关注图书馆与信息服务绩效评估的实践经验及理论方法的发展与应用。该会议有时作为国际图联大会的会前会议，由国际图联统计与评估组（IFLA Statistics and Evaluation Section）提供一定的支持。

O

《欧罗巴世界年鉴》（英国）
The Europa World Yearbook

世界范围的政治性年鉴，由英国以出版工具书著称的欧罗巴（Europa Publications）公司编辑出版。初版于1926年，最初书名为《欧罗巴年鉴》（*The Europa Yearbook*），此后书名和内容屡经变动。1989年改为现名。2011年出版的第52版，其主体分为两大部分：第1部分主要为“国际组织”，包括成立经过、发展情况、宗旨、成员国、机构、负责人和统计图表等；第2部分为“世界各国”（250多个国家和地区），按字母顺序编排，内容涉及基本概况（面积、人口、历史等）、各种经济和社会统计、宪法、政府、议会、政党、外交使节、司法、宗教、报刊、出版社、金融、贸易和工业等。书前有各国人口、面积、国民生产总值等的比较表，书后附有国际组织、各国及地区的索引。该年鉴特点是条目简明清晰、出版及时、信息量大，尤以新闻媒介内容丰富，且资料来源较为权威，经过反复核实和修正。该书已有网络版 Europa World Online（www.europaworld.com），为用户提供了更新更及时的信息和更多的检索入口。该年鉴资料丰富，是社会科学研究人员、外事工作者和图书馆工作人员需要经常参阅的工具书。

欧内斯特·爱伯特·萨维奇（1877—1966）
Ernest Albert Savage

英国公共图书馆服务事业的中坚人物。13岁就在克罗伊登（Croydon）公共图书馆工作，后被提拔为副馆长。1915年任考文垂（onventry）图书馆馆长时，鉴于考文垂的工业性质，设立提供工业技术情报服务的资料服务中心。1922年担任爱丁堡市中心图书馆馆长，除了整顿所属各图书馆，实行开架阅览，采用美国国会图书馆分类法外，还力图创造各种专题——历史和方志、经济学和商业学、音乐、美术图书馆。1929—1931年任苏格兰图书馆协会主席。1936年任英国图书馆协会主席。曾创办卡内基图书馆，利用与卡内基基金会的关系推动英国图书馆协会的发展，并任英国图书馆协会终身荣誉主席。

欧内斯特·库欣·理查森（1860—1939）
Ernest Cushing Richardson

美国著名图书馆学家，为美国图书馆事业发展作出重要贡献。毕业于杜威大学，后又曾在阿默斯特学院和哈特福德神学院深造。1876年开始在阿默斯特学院图书馆工作，曾去欧洲考察，进行学术研究。1890年担任普林斯顿大学图书馆馆长，20世纪30年代编制了图书分类法，发展了该馆藏书，改善了图书馆设施，扩大了服务，施行了书目工作的协作并撰写大量论文和专著。主要作品有《分类的理论和实践》（*Classification, Theoretical and Practical*），曾对英国著名分类学家贝里克·塞耶斯（Berwick Sayers）产生较大影响。

欧洲大学学院图书馆（意大利）
European University Institute Library（EUIL）

位于意大利佛罗伦萨市，由欧共体成员机构共同建立于1972年，1976年正式开放。该馆旨在为博士生和博士后提供高级学术研究，以推动学术研究工作的进展，主要研究领域涉及欧洲历史、法律、经济、政治以及社会科学。图书馆藏书10万多册，期刊4 000多种，可提供约2 000种期刊的在线阅读。该馆是国际图联机构会员。

欧洲汉学图书馆员协会
European Association of Sinological Librarians（EASL）

荷兰莱顿汉学研究院的馆员约翰·马（John T. Ma）于1981年在莱顿召集的一个汉学图书馆的工作会议，在来自欧洲各国的汉学图书馆员一致支持下发起成立了欧洲汉学图书馆员协会（EASL）。成立之初，该协会附属于欧洲中国研究协会（European Association of Chinese Studies, EACS）。成员有来自18个欧洲国家的汉学图书馆员。该协会每年举行一次年度会议，截至2010年，已成功举办30届，主要讨论中文资源建设面临的问题及对策。出版《欧洲汉学图书馆员协会通报》（*Bulletin of the European Association of Sinological Librarians*, *BEASL*）在1998年以前，每年出版一次纸质版，1998年之后停止印刷出版，只发行电子版。该协会已有近 100 名会员（分布在奥地利、比利时、捷克、丹麦、法国、德国、英国、匈牙利、意大利、荷兰、挪威、波兰、葡萄牙、西班牙、俄国、瑞典、瑞士和梵蒂冈等国）。

欧洲科研与教育信息服务的发展项目

Development of an European Service for Information on Research and Education（DESIRE）

大型国际性研究计划，目标是为专门的研究机构建立大规模的信息网络。该项目基于主题的信息网关的开发建设，提供一种解决办法并发布建设和应用主题网关的开发手册。

欧洲商业数据库

ProQuest European Business

由美国 ProQuest 公司推出，提供了关于欧洲地区，极为翔实及深入的信息，有超过 110 种以上顶尖的期刊，以全文的方式呈现，包括《经济学家》、《财富》以及《欧洲商业杂志》。读者通过该数据库，可深入了解欧洲各大企业、企业负责人及生产之相关产品，另外查询各个国家或地区之市场概况，该数据库也提供比较丰富的资源。

欧洲数字图书馆

European Digital Library（EDL）

2007 年 7 月开始运作，2008 年 11 月正式启用。由欧洲数字内容计划委员会负责运行该项目，德国国家图书馆任协调员，以推动科学、文化和学术范围内容的数字化。目前收录的资源，为欧洲的图书馆、博物馆和档案馆可以提供达 20 多种语言的 1 000 万种。收录范围包括：电影、照片、绘画、声音、地图、手稿、图书、期刊以及档案文件。目前法文文献约占 50%，英文和荷兰文占 10%。

欧洲数字图书馆会议

European Conference on Digital Libraries（ECDL）

这是专注于数字图书馆的研究及相关技术的欧洲会议，首次于 1997 年在意大利的比萨召开，主要目的为跟踪数字图书馆领域的研究、发展和服务，每年召开一次。

欧洲图书馆和信息科学教育研究协会

European Association for Library & Information Education and Research（EUCLID）

成立于 1991 年，独立的、非政府的非营利组织，其宗旨是促进欧洲图书馆与信息科学教育研究机构的合作，代表欧洲图书馆与信息科学教育研究机构的利益。该协会倡导成员之间的学生交换及工作人员交流，促进成员之间课程及研究信息的共享及相互认可，鼓励成员之间以及协会与其他国际组织之间开展合作研究项目。该协会每年召开学术研讨会，由东欧、中欧及西欧图书馆学情报学院校的学生承办，每年有 300 多名欧洲的师生参与讨论。与此同时该协会还定期出版协会简报。

欧洲图书馆绩效评估与质量系统

Evaluation and Quality in Library Performance: System for Europe（EQLIPSE）

1993 年欧盟委员会以英国中央兰开夏大学（University of Central Lancashire）为基地建立了"图书馆与信息管理研究中心"（The Centre for Research in Library and Information Management，CERLIM），从 1995 年初开始，该中心联合爱尔兰丹尼克斯（Dynix）公司、爱尔兰国家微电子学应用中心（National Microelectronics Application Centre Ltd.，Ireland，MAC）、爱尔兰都柏林城市大学（Dublin City University Library，DCU）、德国明斯特大学（Universitäts und Landesbibliothek Münster）、西班牙奥伯塔·加泰罗尼亚（Oberta de Catalunya）大学以及瑞典斯多哥尔摩（Stockholm）大学图书馆，另外还有丹麦、瑞典、意大利、德国和希腊的其他一些大学参与，主持了欧盟委员会资助的研究和开发项目——"欧洲图书馆绩效评估与质量系统"（Evaluation and Quality in Library Performance：System for Europe，EQLIPSE）。该项目为期 2 年（1995 年 2 月—1997 年 11 月），整体目标是规范、开发和确定一个基于信息技术的开放系统，来支持所有类型图书馆的质量管理和绩效评估。

欧洲信息技术战略计划

European Strategic Program for Information Technology（ESPRIT）

指由欧洲委员会资助的一项旨在图书馆和信息中心开展信息技术研究的计划。

欧洲学术和研究网
European Academic and Research Network (EARN)

为欧洲的大学和研究机构提供文件传输和电子邮件服务的欧洲网络，成立于 1988 年。该网络由 600 余个机构组成，连接了近 30 个国家，广泛地应用于科学、教育、学术以及研究领域，不允许存在任何商业意图。

偶数版
even working

排满一整块印张的页面，版数成双数的印版。

偶数页
even page

又称“左页”，指书刊中以双数编码的书页。横排本的偶数页常在书刊展开时的左页，直排本多在书刊展开时的右页。

偶数页，背面
verso

指一本打开的书刊的左手页，其页码通常为偶数。出版商的印次、出版时间、版权声明、国际标准书号和在版编目通常出现在题名页的背面，即版权页。也指单张印刷品的背面。verso 来自拉丁文短语“*verso folio*”，意为“翻过一页的”。

偶校验
even check

数据传输中的一种简单的检错方法。在每个编码的信息段之后加上一个奇偶性位，使整个码字中含有 1 的个数为偶数。

O

P

啪啪书

flicker book

从19世纪开始出版的一种玩具类图书，书中印有一系列相关的卡通图片；当书被一页页翻动时，就犹如电影胶片快速放映一样栩栩如生，并发出轻微的啪啪声，给人留下活泼生动的印象。

“爬行者”

Crawler（spider）

智能检索万维网上信息的一种软件程序。例如，“爬行者”可以通过超文本链接从一个服务器到另一个服务器查询新的文件和网站，并把所发现的文件根据事先建立的规则建立索引。

帕斯卡语言

PASCAL

一种普遍应用的计算机编程语言，以数学家布莱斯·帕斯卡（Blaise Pascal，1623—1662）的名字命名，由苏黎世联邦理工学院的尼克劳斯·沃斯（*Niklaus Wirth*）于1970年设计。该语言清晰、高效以及完善的编码系统，已成为世界上计算机科学系使用的标准教学语言。

帕特森市免费公共图书馆（美国）

Paterson Free Public Library

位于美国新泽西州帕特森市，创建于1885年，是州内最古老的图书馆。拥有1所中心馆和3所分馆，服务于全市居民，其馆藏图书和期刊合订本有50万册，激光唱片、磁带和其他音频资料共2 000多件，数字视盘和家用录像机制式的视频材料共2 100件。年到馆访问为20万人次，年图书流通量为30万册次。

拍纸簿，便笺

table book

供写便条、便函用的纸，纸的一边用胶粘住，便于一页一页撕下来的本子。

排版

setting

按照稿本将文字、图片等排在一起，拼成版面，准备印刷。

排版标注

mark up

在原稿上标注排印要求：对待印版本中的字体、字形、大小和版式等的注解，符号大致上以校对符号为准。

排版错误

press errors

指由排版时造成的错误，而在出版前又未修正，又称误植。

排版艺术

typography

指印刷工艺。要设计突出排印的艺术特点和工艺，从而给人留下很深的印象。包括：整体风格、排版和印刷的效果等。同时还要选择合适的油墨和纸张，挑选合适的字体和字号并决定版面设计等。

排版与文本对象分析

analyzed layout and text object（aLTO）

一种光学字符识别（OCR）技术元数据的可扩展标记语言（XML）规范，描述实体文本资源的排版与内容，如报纸或图书的页码等。最常用作元数据编码与传输规范（METS）管理元数据部分的扩展规范，也可用于独立于METS的单个文件。

排队论

Queuing Theory

运筹学的一个分支理论，亦称随机服务系统理论。研究在出现排队现象时，如何最大限度地减少排队现象，同时又不发生空置浪费。实际上就是如何使等待的队列与提供的服务之间保持平衡，达到某种最优指标的问题。比如，一个港口应该有多少个码头，一个工厂应该有多少维修人员等。在图书馆工作中，解决流通服务系统的读者等候时间、图书加工积压等问题，需要利用排队原理和方法。排队论还可应用于多种情形，如社团服务、机场、零售店和医院。排队论起源于20世纪初的电话通话。1909—1920年丹麦数学家、电气工程师爱尔兰（A. K. Erlaug）用概率论方法研究电话通话问题，从而开创这门应用数学学科，并为这门学科建立了许多基本原则。

排架分类法
shelf classification

一种按照图书的排架来进行分类，不以图书的类目来分的分类方法。

排架分类号
shelf class number

用于图书排架的分类号。既可以用于组织藏书，也用来组织目录。

排架号
shelf number

又称索书号，指的是图书在书库中的排架位置的编号，通常由分类号和著者号或分类号与种次号组成，是提取和归架的依据。

排架目录
shelf list

图书馆馆藏的非公共目录，按每本书在书架上的顺序进行排列。因其含有关于版本和册数的最新信息，常用作清点之用。有些图书馆已把其公共目录转换为机读目录，卡片式排架目录正逐渐淡出使用。

排架位置
location

主要是指在图书馆书架上排放图书资料的具体位置，通常在目录款目上用索引号或称位置标号来标识。

排检法
arranging and indexing scheme

指对一定数量的文献或其他信息记录或文献实体按某一标识及规则进行排序，并按同一标识及规则进行查检的组织方法。排检法应用十分广泛，如检索工具的编制和检索系统的建立，工具书的编制，文献的排架，电话簿、电码本和字符集的编制以及各种名单的编排等。常用的排检法有分类排检法、字顺排检法、号码排检法、时序排检法和地序排检法等。

排卡规则
rules for filing catalog cards

指根据规定的顺序将每张经过分类著录制成的卡片排成目录的一种规则。

排列
array（ranking）

在索引和叙词表中，指标题、款目等的顺序排列。在标引工作中，将标题按既定类目顺序系统化、有序化，可以是按字母顺序、数字顺序或其他分类顺序。array 源自拉丁文的“*arredare*”，意为按顺序排列。

排列词
filing word

指目录卡片上的第一个用以组织目录的词。在西文编目当中，标题前面的定冠词（the），不定冠词（a，an）均不作为排列词。

排列顺序
filing order

按著者姓名、题名和主题词的字顺，分类号的数序或出版社所编辑的书号或研究所作的科技报告号的顺序，作为图书资料的目录款目的排列顺序。

排列条例
filing code

卡片目录、书本式目录、活页式目录、缩微目录、机读目录以及其他图书资料排列规则的统称。

排行榜
charts

对某一相关同类事物的客观实力的反映，带有相互之间的比较性质。最初指定期发行的最畅销唱片排名表，后来逐渐延伸到其他方面，如高校排行榜、流行歌曲排行榜、球队实力排行榜、国家经济实力排行榜以及图书销量榜或电视收视率等。

排序
sorting

指依据某些特征，如年代、大小、价值或一些其他标准排列的次序。在线目录或文献数据库的检索中，一般检索结果会以作者或题名的字母排序或按出版日期的倒序显示。然而，在一些在线目录和数据库中，用户可以选择一种顺序，结果会在检索前或后（通常从一连串的选项）显示。

排印错误
typographical error（misprint）

指由于印刷工人的疏忽在印刷中出现的错误。也指在键盘输入时出现的类似错误。大多数文字处理软件都含有自动拼写检查功能，以提醒使用者及时改正。typographical error 的缩写形式为：typo。

排重
deduplication

也称为数据排重。是指依据一定的判断标准，对特定的数据资源进行去除重复记录的操作。是在一定资源平台上保证数据库记录唯一性的数据控制方式。分为库内排重和库间排重。库内排重是指去除同一个数据库中的重复记录；库间排重则是指在所选择的若干数据库之间去除重复记录。数据排重条件由数据库管理系统提供，可以为一项或多项，如题名、作者和出版者等。

排字
typesetting

在印刷前，根据要求将原稿上的文字、表格和图表等排成需要的版面。

排字（稿、版）
composition

指印刷中排字、拼版和打样的过程。

排字工人
compositor

从事手工排字、拼版和打样工作的人，尤指制作印刷活字和铅版的工人。

排字夹框，活板架
chase

凸版印刷中，一种装有已排活字的便携式长方形金属框，将排好的页，牢牢地固定其中，并形成组版转到印刷机的铅版上。

排字盘
stick

用木头或金属做成的供排字机使用的三面有边的平盘，用于盛放单个铅字以便排版。

派德罗装帧风格
Padeloup style

一种图书装帧风格，始于 17—18 世纪法国的派德罗家族。用简洁几何形状的彩色皮革作其镶嵌品是该种图书装帧的主要特点。

派卡，西文 12 点活字
pica

活版印刷中的计量单位，用来计算行宽和行距，也是老式打字机最常用的计量单位（每英寸字行 10 个字体，每英寸高 6 行），12 点活字的字行长度约为 1/6 英寸。

派克峰地区图书馆（美国）
Pikes Peak Library District（PPLD）

位于美国科罗拉多州科罗拉多斯普林斯市，建于 1903 年。包括 1 所中心馆，13 所分馆和 2 所流动图书馆。馆藏图书及期刊合订本 100 多万册，电子书刊、激光唱片、磁带及其他音频资料 6 万多件，数字视盘和家用录像机制式的视频资料 3.9 万多件。年到馆访问达 360 万人次，年图书流通量达 650 多万册次。特色收藏为派克峰地区 100 多年历史的丰富资料以及有关美国和加拿大地区家族历史的文献资料 1 万多册。

派生标引
derivative indexing

标引的一种方式。由人工或计算机从文献的标题或文本中，提取代表该部文献主题的一个或多个单词、短语作为标目，在此标目下生成索引的款目。

派生搜索
Derived Search

OCLC WorldCat 联机联合目录数据库搜索类型之一，非常快捷。使用名称或题名中的单词的首字母对 WorldCat 书目数据库进行搜索，这些单词的派生部分用逗号隔开。系统根据字母和逗号的数量和模式判断搜索哪个索引。细分成 4 种类型：题名（3,2,2,1）、个人姓名（4,3,1）、企业/会议名称（=4,3,1）和名称/题名（4,4）。

派生新记录
Derive New Record

用 OCLC Connexion 系统编目时，当没有完全符合要求的现成记录提供使用，但有一个相关或类似的现成记录的时候，可以利用派生新纪录功能。这样可以重复使用一个现成记录中适用的部分，并根据需求做修改，创建好一个新纪录后添加到系统中。

P

派生作品

derivative work

以原著内容为基础，转换成另一种形式的著作，如简本、改写、改编、修订和翻译等。根据美国版权法，版权拥有者保留生产派生作品的权利。

潘寅生（1939—）

Pan Yinsheng

研究馆员，1963 年毕业于北京大学图书馆学系。同年到甘肃省图书馆工作，历任部主任、副馆长和馆长兼党委书记，先后兼任甘肃省图书馆顾问、《图书情报》主编、甘肃省图书馆学会会长、中国图书馆学会常务理事、中国图书馆学会地方文献工作研究委员会主任、甘肃省中心图书馆委员会副主任和甘肃省政协八届委员会委员等职，先后被聘为兰州大学兼职教授、敦煌研究院兼职研究员、兰州大学数字图书馆研究所顾问、万方数据“数字图书馆”顾问、甘肃新闻出版编辑专家顾问委员会委员和中华善本再造工程规划指导委员会委员等。主持或参与《西北地方文献资源数据库》、《中国古籍善本书目》等重点科研项目，多次出席国内外学术研讨会，发表论文 60 余篇，主编、合著著作 9 部。

P

潘燕桃（1967—）

Pan Yantao

博士，中山大学资讯管理学院教授、硕士生导师、图书馆与资讯科学研究所副所长。兼任教育部高等学校图书馆学学科教学指导委员会委员、中国图书馆学会学术研究委员会资源建设与共享专业委员会成员、广东图书馆学会理事会理事与学术委员会副主任委员等。1997 年 11 月至 1998 年 11 月美国威斯康辛大学麦迪逊校区图书馆学信息学研究院访问学者，2005 年 4 月至 2006 年 4 月美国加州大学伯克利校区信息系统与信息管理学院访问学者。近年来主要致力于图书馆学教育、公共图书馆思想史、图书馆权利、信息资源共享、信息素质教育、信息资源管理等领域的研究，并取得多项学术成果，共出版 8 部学术著作与专业教材，发表学术论文 30 余篇，主持和参加国家级、省市级科研项目 10 余项，获得各级教学和科研奖励 10 余项。

盘点

inventory-counting

特指对图书馆图书、期刊或其他财产进行的盘点。盘点是指定期或临时对图书馆馆藏书刊等的实际数量进行清查、清点的作业，即为了掌握书刊等的流动情况，包括入藏、在库、剔旧等，对书库现有书刊的实际数量与财产账上记录的数量相核对，以便准确地掌握图书馆实际书刊数量。

盘点设备

inventory-counting device

用于盘点工作的设备。从携带方式上分成手持式和书车式，根据工作原理则分为条码扫描方式和和无线射频识别方式两种。包括条码读取器或者无线射频识别天线和读取器，并连接到一个掌上终端或者工控计算机上。读取器所读到的数据储存在终端内，可以两种方式传送到应用服务器：通过无线网络的实时方式和清点之后的批处理方式。盘点设备可以用来完成下列功能：书刊盘点、书籍查找、书刊使用情况清查和错架查找等。

盘片

platter

一种圆盘形、扁平盒式磁盘片，在硬盘驱动器中的数据存储盘，类似软盘，由硬性材料（铝）制成，一个硬盘可包括多个硬盘片。

《旁观者报》（哥伦比亚）

（西）*El Espectador*

哥伦比亚历史上最悠久的综合性日报，也是全国第二大报。1887 年 3 月 22 日在麦德林创办，1915 年迁到首都圣菲波哥大。该报面向全国发行，日发行量 20 万份。该报每天分为 A、B、C 三部分出版，总计约 40 页。A 版通常占 16 页，刊登社论、评论及专栏文章；B 版以体育、文化、经济和社会消息为主；C 版则刊登本城消息及广告。《旁观者报》最大的特点是每天都有专刊，如星期日的《文化和艺术》专刊、星期四的《家庭》专刊和星期一的地理知识《这是哥伦比亚》以及电视介绍、动物和旅游知识等，很受各阶层读者的欢迎。

旁遮普大学图书馆（印度）

Panjab University Library

位于印度的昌迪加尔（Chandigarh），又名乔西（A. C. Joshi）图书馆，是因这个大学杰出的副校长而得名。该馆建立于 1947 年，新图书馆建筑是在印度的副总统主持下于 1958 年奠基，1963 年由印度的首相举行了落成典礼。图书馆拥有大量的印刷物，包括图书、装订成册的期刊、论文/专题报告、珍藏本、报告、政府文献和报纸等。

旁注
apostil

指记在图书或手稿中页边的注释或评注。

旁注，栏外注释
marginal note

在文献页边空白处所作的注释。与所需注释的内容处于同一页面，横排本通常在沿翻口的外白边上。直排本的边注相当于横排本的脚注。

培生（皮尔森）集团（英国）
Pearson Plc

国际媒介巨头之一，在教育出版、商业出版、电视和商业信息等方面，处于国际领先地位。以拥有最丰富的知识产权和高品质出版物而享誉世界。年销售额为70多亿美元。1844年，由S·皮尔松和其子在英国约克郡开办了一家小建筑父子公司，1882年迁至伦敦，成为世界上最大的承包建筑工程公司之一。后来，逐步转入出版业。此后50年，该公司收购了许多出版公司，如朗文出版公司（Longman）、金融时报集团（Financial Times）、企鹅出版公司（Penguin）等。培生集团是全球最大的教育出版商，共分4个子集团：培生教育出版集团（Pearson Education）、企鹅出版集团（Penguin Group）、培生电视集团（Pearson Television）和金融时报集团（FT Group）。

裴成发（1959—）
Pei Chengfa

山西大学管理学院副院长、教授、硕士生导师。兼任教育部高等学校图书馆学学科教学指导委员会委员、中国图书馆学会第八届学术研究委员会图书馆学教育专业委员会委员、《晋图学刊》主编。1985年毕业于山西大学图书馆学情报学系。主要研究方向为文献信息与社会信息化。出版发表专著、学术论文多部（篇），主持科研项目多个，并多次获奖。

（配好待装订的）书页
make-up copy

已经编排、折叠好的一套书页，由出版社送至装订厂，准备装订成书。

配套集
made-up set

由不同版本汇集成的一套多卷书。

配套文库，成套资料
package library

一些学术研究组织经常收集各种图书资料，并将其汇编成一套书。也指由许多文种的资料构成的同一门类的文献。

配套直感教材
kit

使用不止一种媒介的一套有关联的教学材料，以幻灯片、唱片、录音带和光碟为主，和书存放在一起。这是一种随图书出版附带光（磁）盘的形式，绝大多数随书附盘。若离开图书，就失去了价值。因此，在公共图书馆，配套直感材料一般与藏书一起上架，在大学图书馆，可在教材室里找到。又指能组装成一个系统或设备的成套的硬件和软件。

配页，配帖
gathering

图书装订过程中先将已经折好和贴好的零页、插页的书帖按照页码顺序叠成完整的书心的一项作业。

配置
computer configuration

对组成计算机系统的各种部件所进行的物理上和功能上的组配与安排，可具体分为硬件配置和软件配置。通常依据使用者的需要和偏好而定。有时特指计算机系统依照用户不断变化的需求而进行调整的容易程度。

喷墨打印机
inkjet printer

把墨水直接喷到纸上的一种打印机。利用喷墨嘴和附近的带电荷电极，使墨水以适当频率的振动方式喷出而形成带电荷的墨滴，在静电场内产生偏转而改变喷射方向，从而可以在打印纸上形成印件的打印设备。这种打印机可以使用普通纸，几乎听不见击打噪声，并能进行彩色打印，但很费墨水且价格贵。

烹饪书籍
cookbook（recipe book）

一种教授如何烹饪食物的图书，包括某道菜的制作方法、烹饪工具和佐料的用法说明、重量和数量，有时也包括厨房用具厂商的产品信息。大多数烹饪书籍是专门集中介绍某一特殊烹饪风格、某一类型菜系或某种食物的。面向初学者的烹饪书籍经常包括彩色插图，而面向普通公众的烹饪书籍一般则很少有插图。大多数公共图书馆在收藏非小说类的书库中会收藏有一些不同类型的烹饪书籍。

彭斐章（1930—）
Peng Feizhang

图书馆学教育家、目录学家，武汉大学信息管理学院教授、博士生导师，中国图书馆学会第七、八届理事会顾问。1953 年毕业于武昌文华图书馆学专科学校。1955 年在武汉大学图书馆学专修科任教。1961 年毕业于苏联莫斯科国立图书馆学院研究生部，获教育学副博士学位。回国后执教于武汉大学图书情报学院，任院长。兼任国务院学位委员会第二届科学评议组成员、武汉大学学术委员会委员和湖北省自然科学研究系列高级职务评审委员会副主任委员等职。著有《目录学概论》、《中文工具书使用法》等，发表论文数百篇。

P

批点本
Punctuated and Annotated Edition

也称为评本，凡图书经过批评标点的本子。若是把批点人的姓名一并记在书上的，则称为某某人批点本或某某人评本。凡传抄某人批语在书中的，则称为过录批点本或过录评本。

批发书商
wholesaler

出版社与零售书店、报刊店或图书馆之间从事书刊批发业者。

批发图书
wholesale

从出版社成批地购买图书期刊，再销售给零售书店或图书馆。

批量处理
Batchloading

图书馆馆藏数据被收集成多个批次进行处理。在一个批次的数据会一次全部被载入 OCLC WorldCat 联合目录数据库中。

批量处理状态报告
Batchload Status Report

当一个 OCLC 批量处理服务项目开始后，OCLC 会提供一份对最初磁带或文件的评估结果或其数据方面所存在问题的报告。

批注，旁注
marginalia

手写或打印在书籍正文栏外注释的总称。通常字体和大小明显区别于正文。排在天头的称头注，横排在地脚的称肩注，靠近翻口的是旁注。

披露
disclose

信息的所有者自愿为信息使用者和社会公众公开提供财务状况和个人利益等内容的行为。信息披露主要是指公众公司以招股说明书、上市公告书以及定期报告和临时报告等形式，把公司及与公司相关的信息，向投资者和社会公众公开披露的行为。

皮（布）脊硬面装，四分之一精装
quarter binding

介于硬装订和软装订之间的一种装订形式。书脊和封面极小部分用比较结实的材料装订，如封面靠近书脊的部分（约为封面宽度的八分之一）以及书脊用一种材料，封面其余部分则用另外一种材料装订。所用材料包括皮和纸、皮和布、布和纸、精制羔皮和纸等。比较高级的四分之一精装最常用的材料是皮和纸以及精制羔皮和纸。

皮尔金顿图书馆（英国）
The Pilkington Library

英国拉夫堡大学主图书馆，坐落于学校的西园校区，初名为劳德·皮尔金顿（Lord Pilkington），为纪念拉夫堡大学的第一任校长而命名，该馆于 1980 年开放，面积共为 7 777 平方米，大楼共 3 层，拥有 900 个学习座位，140 个自修室（含馆员工作室）。馆内拥有 60 多万册图书，9 万种期刊，1.9 万种电子期刊。全馆目前拥有 87 名工作人员，55 名全职馆员，32 名兼职馆员和技术人员。

皮尔庞特·摩根图书馆（美国）
Pierpont Morgan Library

位于美国纽约市第 36 大街 29 号东，是银行家皮尔庞特·摩根的私人研究性图书馆。1924年，他的儿子J·P·摩根（J.P. Morgan）指定了6名理事来管理图书馆日常事务。不久后，图书馆被纽约州政府合并，从而成为一家为全州所有读者服务的机构。作为一所研究性图书馆，收藏了大约55 000册（件）珍稀图书、手稿、陶制锲形文字、绘画作品、硬币和奖章，内容涵盖从中世纪到20世纪有关西方文明的历史、艺术和文学等范畴。除了独特的馆藏以外，皮尔庞特·摩根图书馆建筑本身也是一个精美的艺术品，图书馆建于1902—1906年间，由著名建筑师查尔斯·麦金（Charles McKim）设计，并被称为麦金（McKim）楼。这是一座典型的具有意大利文艺复兴时期风格的建筑，其外形充分体现了古典简约主义的设计手法：用粉红色的田纳西大理石装饰的外墙，呈矩形的建筑结构以及凹陷的有圆柱的门廊等。图书馆建成后，于1928年和1991年几经扩充，已占据半个街区。

皮尔斯·巴特勒（1886—1953）
Pierce Butler

美国图书馆学理论家、图书馆教育家和学者。获得过文学、神学、哲学和历史学学士、硕士和博士学位。作为历史学家和人文主义者，热心于研究图书馆哲学，撰有《图书馆学导论》(*Introduction to Library Science*)，探讨图书馆事业的社会学、心理学和历史学问题，提出了“只有用行之有效的思想理论指导实践，才有利于事业的发展，使图书馆员工胜任自己的工作”的观点。1928年任芝加哥图书馆学研究生院讲师，教授图书和印刷史。还著有《欧洲印刷的起源》(*The Origin of Printing in Europe*)。

皮高品（1900—1998）
Pi Gaopin

图书馆学家，教授。1925年毕业于武昌文华图书馆专科学校，获文学士学位。历任齐鲁大学图书馆主任、燕京大学图书馆编目部主任、青岛大学和武汉大学图书馆主任、重庆文华图书馆学专科学校教授、浙江大学图书馆馆长兼教授、英士大学教授、武昌文华图书馆学专科学校和武汉大学图书馆学系教授。1979年起被聘为中国图书馆学会名誉理事和《中国图书馆图书分类法》编辑委员会顾问。大部分时间从事图书分类学的教学与研究工作。主要论著有1934年出版的中英对照《中国十进分类法及索引》，还发表对中外重要图书分类法的评述论文40多篇，其中12篇于1983年汇编为《图书分类法评论选集》，此外还著有《中国历代名著名家评介》。

皮革
leather

广泛用于图书装订的经过加工处理和染色的山羊皮、绵羊皮、猪皮或牛皮等。

皮革折合线
leather joints

皮革内里的连接线（通常是粘贴的，但有时也是缝制的），附着在大型手工装订图书的末页衬纸上以增强牢度，主要见于欧洲17世纪图书的装订。在1750—1800年间，这是最好的英文、摩洛哥文和俄罗斯文图书装订本的基本特征，通常用片状、卷状等小型工具来装订。

皮脊本
quarter leather

封面靠近书脊的部分（约为封面宽度的八分之一）以及书脊用皮料，封面其余部分则用布或纸等其他材料装订而成的图书。

皮里亚公共图书馆（美国）
Peoria Public Library

位于美国伊利诺伊州皮利亚市，始建于1881年。包括1所中心馆和5所分馆为辖区居民服务。馆藏纸质图书及期刊合订本105万册，数字书刊1万册（件），激光唱片、磁带及其他音频资料6万多件以及数字视盘和家用录像机制式的视频资料1万多件。年到馆访问200万人次，年图书流通量100多万册次。

皮面装订，全革本
leather binding（leather-bound）

指全部用动物皮革制成的图书封面装帧。

皮纸
Bark Paper

中国古代图书典籍的用纸之一，用桑皮、山桠皮等韧皮纤维为原料制成。隋唐五代时的图书已有使用皮纸的，宋以后的图书典籍中，皮纸是使用最多的纸类之一。皮纸的种类很多，主要有棉纸、宣纸和桑皮纸等。

皮制包皮书
three-quarter binding

为更好地保护图书，封面的较大部分、四角和书脊等用坚实的皮革或布来装订，称之为四分之三精装。

匹兹堡大学图书馆学与情报学系（美国）
Department of Library & Information Science of University of Pittsburgh

在匹兹堡大学信息科学学院内设有图书馆学情报学系，成立于1901年。所开设的博士课程有专业问题研讨会、图书艺术、保存和档案研讨会、信息组织研讨会、个人研究、学位论文和全日制学位论文研究等。所开设硕士课程有信息理解、信息组织、信息检索、信息伦理学、保存管理和信息构建等。可授予数字图书馆、档案研究、保存研究、医学图书馆学/情报学和青少年研究硕士学位以及图书馆学与情报学博士学位，获得美国图书馆协会资格认证。

片边
margin

缩微胶片的边缘到画幅边缘的部分。片边的一部分可供记录检索代码、剪辑符号以及各种定位标记。

P

片盒
magazine

便于在摄影机、冲洗机、拷贝机和阅读器等缩微设备上装卸胶片的容器。同时具有保护和存储缩微胶片的作用。封装未冲洗胶片的片盒须不透光，故又称“暗盒”。还指放置磁带、影片和幻灯片等视听资料的放映盒。

片假名
Katakana

日语假名的一套书写符号，用于日语字母的楷书，其字体比一般平假名带有更多的矩形和角形。由于片假名是楷体演变过来的，采用汉字楷书的偏旁盖冠，用于记载外来语和一些象声词等特殊词汇。

片路切口
rabbet

为便于装订而在图书的一端切出的一个位于散页上的切口。

片尾
trailer

指电影或缩微胶卷的尾部有一段没有画面（空白无影像）部分。

片型缩微品
sheet microform

指卡片状的缩微型文献。在缩微制品中，一片缩微胶片（缩微平片和超缩微胶片），规格通常是4英寸（10.16厘米）×6英寸（15.24厘米）的大小。

篇幅
extent

指一篇文章的长度，又指书刊页面的总数量。也指某种事物（包含或应用）的范围，又指数据在存储器中所占用的位置和空间。

篇名关键词索引
title keyword index

按照一定规则，将文献篇名中能够反映文献主要内容的关键词抽出来并编制成的索引。

篇章
sections and chapters

作品的篇幅与章节。“篇”字有两种解释，一是指首尾完整的诗文，二是指成部著作中的一部分。第二种解释与“章”的含义相近，故常常并称“篇章”。

骈文
Rhyming Prose

古代中国一种特有的文言文文体，也称“骈体文”、“骈俪文”或“骈偶文”。全篇以双句（俪句、偶句）为主，因其常用四字、六字句，故也称“四六文”或“骈四俪六”。骈文讲究对仗的工整和声律的铿锵，注重在形式上下工夫，语言运用上的特点包括：讲求对偶，四六句式、大量用典、崇尚文采。骈文起源于汉、魏，形成于南北朝。骈文的代表作品有庾信的《哀江南赋序》、王勃的《滕王阁序》、范仲淹的《岳阳楼记》等。

剽窃，剽窃物
plagiary

由复制、抄袭他人作品而产生的作品称为剽窃物。

剽窃者

plagiarist

抄袭他人的文学著作或艺术作品的人。剽窃者必须承担版权人由此而蒙受损失的一切后果。

漂白

bleach

使本色或带颜色的纤维变成白色，是除去纸浆中所含色素的方法，一般使用的漂白剂为氧化剂，如漂白粉、二氧化硫、次氯酸钠、亚氯酸钠和过氧化氢等溶液来对纸浆进行漂白处理。

拼版

paste-up

又称装版、组版。按照规定格式将正文、插图、标题、章节标题和其他出版细节正确地排列在版面上拼成完整的活字版的工序。

拼写检查程序

spell checker

文字处理软件中提供的一项功能模块，或者是一个专门程序。通过内置式词典自动检查文本中的拼写是否正确，提醒用户拼写错误。如果用户不需要这项功能，可以通过“选项”关闭该功能。

频道

channel

在通讯传媒业，广播或电视节目的传送中，需要以载波方式传送，每一个电台或电视台要用所指定的频率范围作为其信号传送，这个固定的频率范围称频道。

品相

exterior quality

纸制收藏品的外观质量。旧连环画的品相以全品相和残品相为界点，封面、封底、书脊和内页中的扉页、内容提要页、画页、版权页（指版权不在封底，而单印的一页）“七全”的为全品相；残缺的即凡不具备“七全”的均为残品相。全品相者分五成，即 10～6 成；残品相的也分五成，即 5～1 成。

平板

flat panel

使用液晶或等离子技术的计算机硬件设备，由薄而平的显示屏组成，这样的显示输出要比阴极光线显示器好得多。对于便携式计算机，它的显示屏可以向下折叠到键盘上。

平板电脑

Table Personal Computer (Table PC)

小型、便于携带的个人电脑，以触摸屏作为基本输入设备，用户可以通过触控笔或数字笔在触摸屏上操作（不用传统的鼠标），也就是说平板电脑具有无须翻盖、没有键盘、体积很小和功能完整的特点。

平版印刷

planographic printing

简称“平印”。是一种照相制版与平面压印相结合的印刷技术。由于压印时接触面积大，需要很大的印刷压力，故限制了印刷幅面和印刷速度。

平版印刷法

planographic process

对所有将待印的图文转写到经化学处理的平版表面上，并以此为印版进行印刷的方法（如平版印刷术、柯罗版制版术等）的统称。

平版印刷面磨盘

levigator

印刷制版用的一种重型钢制圆盘。用沙子和水作为磨料，将该圆盘置于一块平版石块上方，用手转动来制版。

平版印刷术，石版印刷术

lithography

通过在锌版上绘制而制作图画或印刷字体的过程，也可在涂有防水油墨的纹理细密的石灰石表面绘制，1798 年德国画家发明了这种技术。起初在石头上用油墨画好图案后，再从上面印下来。现在改用金属平板，但其原理是一样的。

平版纸

litho paper

为平版印刷而专门生产的纸张。

平放排架

flat shelving

把藏书平铺在书架上，一本接一本地重叠地往上放，下端部朝外，主要用于放置大部套书或丛书，像法律类书籍。它们的卷册数一般用大字印刷体写在这些书的下边缘以便于检索取出。通过这种方法的排架可以使排架的容量扩大28%。

平脊装订
flat back (square back)

一种装订类型，在黏合以后书籍的背面不能转动，以至于图书的前、后封面在书脊处交合时形成一个直角。

平均查全率
recall level average

将宽范围检索所获得的查全率与窄范围检索所获得的查全率平均计算所获得的查全率就是平均查全率。通常，对于一组检索提问，在不同等级上进行检索，达到的查全率是不同的。例如，在范围广泛的等级上进行检索，达到的查全率高，查准率低；而在范围狭窄的等级上进行检索，可以达到较高的查准率，但查全率却较低。检索范围处于两者之间时，查全率和查准率就会相接近。

平均价格
average price

某个指定类目所有文献的价格总量除以文献总数（包括流通中的文献）。在图书馆采访工作中，平均价格用于计算各种图书资料的年通货膨胀率，是制定财政预算的要素。

平均信息量
entropy

在信息论中，此概念用以衡量某一事物不定性的大小。

平面图
planimetric map

指在平面上所示的图形，不同于地形图（relief map）。还指构成物体形状的所有线段垂直投影于平面上所示的图形。

平台，基座
platform

计算机硬件、软件的技术层次。硬件平台是指体系机构、处理机类型等方面的技术要求；软件平台则与硬件平台有关，主要体现在操作系统的选择上。随着计算机技术的发展，后来又出现了跨平台、平台无关性等概念，这是指计算机辅助设备、应用程序或数据格式可以在多种计算机平台上使用，而不再像传统的那样必须在特定的平台上运行。

平台即服务
Platform-as-a-Service (PaaS)

云计算服务类型之一，面向广大因特网应用开发者，把端到端的分布式软件开发、测试、部署、运行环境以及复杂的应用程序托管当作服务，通过因特网提供给用户。该服务为开发者提供了包括统一开发环境（IDE）在内的一站式软件开发服务，使开发者可以从复杂低效的环境搭建、配置和维护工作中解放出来，将精力集中在软件编写工作，从而大大提高软件开发的效率。

平台式印刷机
flat-bed press

带有滚筒和卧式平台印版、所使用的图和文字版是平面的一种印刷机。

平台照相机
planetary camera

又称“平台式缩微摄影机”。基本由摄影机头、主柱、光源、复制台和操作机组成，分为缩微卷片摄影机和缩微平片摄影机。

平压印刷机
platen press

一种只用来印刷小型印刷品而没有滚筒的印刷机，是由版面和压面的平面组成的印刷机。工作时，印版与压印平板全面接触，机器一次所承受的总压力比较大，相对压印时间较长。这种印刷机要求印版和压印平板平整，印刷幅面不大。

平阳本
Pingyang Edition

又称平水本，金元时期山西平阳（又叫平水，今山西临汾）地区刻印的图书。金灭北宋以后，将北宋开封的刻工掠至这里，又设立刻书机构，从此平阳成为北方刻书中心。版式多左右双边，上下单边，行格较密，字近柳体，用纸以白麻纸、黄麻纸为主。

平装
bind in paper cover

近现代装订书籍最常用的一种形式。用整个书皮从封面经书脊到封底将书芯整体包裹，最后经三面裁切而成。书芯的装订工艺视书籍的厚薄程度而不同，一般比较薄的小册子多用骑马订或缝纫线装订，厚一点的书用锁线订。平装的主要工艺包括折页、配页、订本、包封面和切光书边。一般采用纸质封面。工艺简单，成本较低，适用于机械化生产，各类书籍都能适用。

平装本
paperback

用普通封面纸制成软封面出版的书。同种图书有时分别出版平装本和精装本，平装本图书的价格要低于精装本，而且装订简单、成本低廉。现代平装本首次出现在20世纪30年代。

平装（纸皮）书，纸封面
softcover（paperback）

用纸封面装订而成的出版物。该术语也指软装订，大多数期刊都是以平装书的形式发行。在普通版的图书中，平装本与精装本分开发行。通常，平装书的发行期要迟于精装本，出售价格也低于精装本。

评传
critical biography

指带有评论的人物传记。

评估
appraisal

对馆藏的评估过程以决定它们是需要永久收藏，短期保存，还是以其他方式处理（出卖、捐赠和销毁等）。

评估标准
appraisal criteria

评估图书馆的尺度和开展图书馆评估时的参照依据与考评规则。在中国主要有两个系统的图书馆评估标准。一是公共图书馆评估标准。1998年，文化部制定了《省级图书馆评估标准》和《县级图书馆评估标准》，在全国范围内实施。标准分为七大部分，即办馆条件、基础业务建设、读者服务工作、业务研究、辅导、协作协调、文化共享工程建设、管理、表彰和奖励。另一个是高校图书馆评估标准。2003年，教育部出台了《普通高等学校图书馆评估标准（征求意见稿）》，共分办馆条件、文献资源建设、自动化、网络化、数字化建设、读者服务和科学管理五个方面。

（评估馆藏的）工具
test collection

一种对馆藏的评估工具，为教育、心理和咨询等领域的研究和从业人员所用。美国大学和研究图书馆协会（The Association of College & Research Libraries）出版的《大学、专业和研究图书馆的评估图书馆馆藏工具名录》（*Directory of Test Collections in Academic, Professional, and Research Libraries*）中可提供有关评估图书馆馆藏的工具的信息。

评价
evaluation

对人或事物的价值进行评定而作出的结论。图书馆评价是通过对图书馆事业总体、个体或某些部分的分析和评定后所作出的价值结论，具有很强的政策性、学术性和实践性。

评价指标
performance indicator

评价雇员或者部门、组织和机构完成其工作目标情况的一种衡量标准，包括数量和质量标准、效果标准以及工作态度标准等。图书馆的馆际互借部在特定时间段里完成的借阅请求的比例，也是评价馆际互借服务的评价指标。

评论
review（critique）

一是指关于最新艺术表演形式、展览、文学作品和学术性著作的批评或议论。通常可分为描述性评论、报道性评论和比较性评论等。二是指信息研究的一种方式。即专业人员围绕某一问题收集大量信息，在系统分析和充分调研的基础上，对研究对象的水准、特点和发展方向等作出综合的评估与论述。

评论，文学书评
criticism

指对文学作品或艺术作品的深入分析和评价，主要包括该作品的本质、艺术家或作者的意图、效果、与类似风格或内容的作品之间的联系、对以后作品的影响和对评论理论的价值等。文学书评根据评论家所采用的方法按照学派或类型进行分类。criticism源于希腊文*kritikos*，意为“判断”。

评论文章
review article

指批评或议论的文章。

评论性刊物，书评刊物
reviewing periodical

指刊登评论性或综述性文章的刊物。这种刊物或讨论世界战略形势，或研究一国现行政策，或概述一定时期内某学科的研究成果与进展，有助于研究人员对某一学科或某一领域的概况、动态和发展趋势有一个比较清楚的了解。有的书评刊物还专门对图书和报刊文章进行评论，使人们了解书刊的有关情况，扩大知识面。书评刊物对专业人员来说具有特殊的参考价值。

评论性书目
critical bibliography

也称“分析书目”，是指能帮助研究人员确定某一著作的产生地点、时间、质量及其形成方式、构成材料和辨别版本真伪以供研究的书目。

评论性思考
critical thinking

在学术研究中，建立有效的查询策略所需要的技能，用来评论信息检索的准确性和相关性，评价出版物的责任者（人或组织）的权威性，分析相关资源中的证据、设想和逻辑论点等。在网络出版中精审制度还没有真正发展起来，因此评论性思考在评价网上信息是非常必要的。近年来，图书馆中从事教学的馆员很注重讲授评论性思维技巧。

P

评论性文摘
evaluative abstract

文摘类型之一。特点是文摘中加入了文摘员个人对所摘文献内容的观点或分析。由于该类文摘的价值在很大程度上依赖文摘员的知识水平和专业水平，有违于文摘的客观性标准，因而现在极少采用。

评论性杂志
journal of commentary

指西方专门发表新闻分析并常常从代表某一政治派别的编辑部的立场出发来讨论政治、社会和文化问题的杂志，比如《国家评论》(*The National Review*) 代表右派，而《进步》(*The Progressive*) 则代表左派。评论性杂志通常每月出版，可以在报摊或书店里买到，也可订阅。

评论摘要
critical abstract

一般由学科专家撰写的、对某个作品的内容及其表达风格的简要评价和摘录下来的要点。

评述版
critical edition

在对早期手稿、教材、文件和信件等进行学术研究、评述和认真考订的基础上出版的一种版本，有时包括一个或多个学者的分析或注释。

评述性书目
pure bibliography

带有编者评述的书目，有的从内容上对图书进行分析、评论，有的从图书形式上进行考订、比较，以指导读者阅读和帮助选阅有关图书。

评注
critical annotation

指在书目或参考文献目录中的有关注释，包括对引用文献的简要评价，而不是对文献内容的描述、说明或摘录。

苹果计算机公司
Apple Inc.

1976 年成立，2007 年 1 月宣布改为现名。总部在美国加利福尼亚的库比提诺市，核心业务是电子科技产品，最知名的产品是其出品的 Apple Ⅱ、Macintosh 电脑、iPod 数码音乐播放器、iTunes 音乐商店和 iPhone 手机。在高科技企业中以创新闻名。

屏幕保护程序
screen saver

有助于防止屏幕一直保持静态的画面太长时间的一个小程序。是一种延长监视器使用寿命的实用程序。如果同一个图像长时间显示在屏幕上，就可能变换成一幅不断变化的图像。屏幕保护程序分为两种：屏幕抹除程序和屏幕动画程序。

屏幕转储
screen dump

将计算机屏幕上的图像及其他内容通过某种方式（如键盘或剪贴板）传送到磁盘文件或图形硬拷贝设备上去，将其进行复制和保存，或按原样在打印机上打印。

破坏者
cracker

又称“快客”、“酷客”。指未经许可利用通讯软件、通过网络非法进入一个计算机系统、获取或篡改数据、危害信息安全的入侵者，一般怀有恶意或犯法的目的。

破损本
broken binding

图书因长期使用后所出现的封面破损、脱页和装订散失等。一般指书脊从上至下全部裂散脱落开的书籍。

破损缺页（指书刊）
damaged with pages missing

指书刊由于频繁翻动或装订质量不佳而致破损、页码不全。

破损图书
damaged book

被频繁翻动而致破损的图书。图书馆里磨损最严重的书籍通常是深受喜爱的少儿图书、各种常用参考工具书，如词典、年鉴、大学入学指南和百科全书等。这些图书经过再装订、修补可延长其使用寿命。

破折号
dash

用作标点符号的短线，起到文字分隔和装饰的效果，表示对上文的词语的解释或表示语意某种变化。在印刷中，破折号的长度不同，从最长的行长单位到最短的连字符长度。在打字中，一个破折号由连续敲击两次连字符键完成。在著录中，破折号的两边空一格。但如果用于主题标目表示进一步细分时，破折号前后则不用空格。

破折号款目
dashed-on entry

依据《英美编目条例》第二版（1988 年），指主要著作和从属合并著录的款目。方式为："在主要著作的稽核项下面空出一行，然后用破折号'——'接着著录从属著作的书名、著者、出版项、稽核项等。"

噗浪
Plurk

一种类似推特的服务、提供基于时间轴的可视化微博服务的多种语言支持的社交网站。该网站创设于 2008 年 5 月。

葡萄牙国家图书馆
National Library of Portugal/*Biblioteca Nacional de Portugal*

其前身为 1796 年葡萄牙宫廷皇家公共图书馆（Royal Public Library of the Court），并于 1797 年对外开放。1969 年葡萄牙国家图书馆搬进专门设计的建筑物中，享有缴送本权，强化了国家馆的功能。按照 1997 年通过的新机构组织法，该馆隶属于文化部领导。该馆实施了自动化编目并提供在线公共目录查询服务，出版 CD-ROM 版的国家书目以及开展与欧洲国家图书馆的合作。1998 年以来还实施了网络电子版的数字图书馆项目。拥有馆藏图书总量约为 300 万册（件），现刊 1.5 万种。该馆为国际图联机构会员。

《普尔氏期刊文献索引》（美国）
Poole's Index to Periodical Literature

由美国著名图书馆学家威廉·费雷德里克·普尔（William Frederick Poole）与威廉·艾瑟可·费莱彻（William. Isaac. Fletcher）合作编制，能提供大量 19 世纪期刊资料的线索。这部著名的回溯性索引由 1882 年的基本卷和 5 卷补编组成。反映 1802—1906 年美国和英国的综合性期刊论文。索引除了提供篇名关键词检索途径外，另有《普尔氏期刊文献索引著者累积索引》（*Cumulative Author Index for Poole's Index to Periodical Literature*）作为基本卷的作者辅助检索工具。其最新版由纳布出版社（Nabu Press）于 2010 年 1 月出版。

普及版，廉价版
popular edition

指用质量较差的纸张印刷、装帧简单、与普通版本相比往往省略了插图等内容并且用较低的价格来销售的图书。俱乐部版图书往往就属于这一类。

普拉特大学情报学与图书馆学学院（美国）
School of Information and Library Science of Pratt Institute

普拉特大学于 1890 年由工业家和慈善家查尔斯·普拉特（Charles Pratt）创建，位于美国布鲁可林的克林顿山区，是一所私立的、非教派主义的高等教育机构。其情报学与图书馆学学院是美国同类院校中最古老的院校之一。提供情报学与图书馆学课程，包括传统的核心课程，如信息资源、信息组织、图书馆和信息中心管理、信息技术、各种记录信息的存储和检索，也包括最近开设的专业课程，如信息获取和信息处理技术，并为不同的学术领域提供重要的资源支持。该学院可授予图书馆学情报学理学硕士学位、图书馆学情报学研究与艺术史和法律图书馆学及相关领域双硕士学位，并获得美国图书馆协会资格认证。

普赖斯定律
Price's law

由美国科学学家、情报学家 D·普赖斯（Derek J. de Solla Price）创建的科学论文作者频率与所写论文篇数间数量关系的定律。根据这一定律，可以推断出某一学科领域中高产作者的数量。

普赖斯指数
Price's indicator

美国科学学专家、情报学家 D·普赖斯于 1971 年提出的一个衡量各个知识领域文献老化的数量指标，即后人所称的"普赖斯指数"，就是在某一知识领域内，把对年限不超过 5 年的文献的引文数量与引文总量之比当作指数，用以测量文献的老化速度和程度。其计算公式如下：P（普赖斯指数）＝文献引文数量（小于或等于 5 年）/引文总量×100%。

普利策奖（美国）
Pulitzer Prize

始于 1917 年的普利策奖是以创始人匈牙利裔美国新闻记者和慈善家约瑟夫·普利策（Joseph Pulitzer）命名的。每年由哥伦比亚大学授予美国新闻界、文学界、戏剧界和音乐界有杰出成就的人士。近 90 年来，普利策奖象征了美国最负责任的写作和最优美的文字，特别是新闻奖，更是美国报界的最高荣誉。每一个希望有所作为的美国记者无不以获得普利策新闻奖作为奋斗的目标。首届普利策摄影奖是在 1942 年颁发的。此后，除 1946 年外，每年颁发一次。包括新闻奖和艺术奖两大类，其中新闻奖主要有：公共服务奖、报道奖、社论奖、漫画奖、批评评论奖、通讯奖、特写奖、新闻摄影奖等；文学艺术奖有小说奖、戏剧奖、诗歌奖、美国历史作品奖、自传或传记奖和非小说作品奖；音乐作曲奖 1 项。另外，还颁发 2 项特别奖。从 1968 年开始，摄影类增设了专题新闻摄影奖，获奖作品通常由一组照片组成。

普鲁士文化遗产图书馆（德国）
（德）*Staatsbibliothek Preussischer Kulturbesitz*

该馆是一座跨地区的州立图书馆，也是一所综合性的学术图书馆。欧洲历史最为悠久、馆藏资源最为丰富的图书馆之一。其前身是 1661 年建立的普鲁士皇家图书馆。1699 年开始接收呈缴本图书，1701 年改名为国王图书馆，第一次世界大战后，曾改名为普鲁士国家图书馆。该馆归属于普鲁士文化遗产基金会并承担收集普鲁士、勃兰登堡历史文献及德国和外国政府出版物的任务，是德国政府出版物国际交流中心，并且是 70 个国际组织出版物的存储馆。该馆注重收藏法学、东方研究、中国研究、日本研究、朝鲜和东南亚研究的文献资料以及德国和外国政府出版物、地图、外国报纸等。

普通版
trade edition

与豪华版、平装版等版本不同，向普通读者提供的图书版本。这种版本多用纸面装订，由于用料较省，装帧简单，价格要比同样内容的精装本和平装本低廉，便于普及推广。

普通版图书
trade book

书摊或连锁店出售的、面向普通读者出版的纸面装本图书。昂贵的参考工具书、学术性图书、技术性图书和教材等均不属于此类书。

普通参考书
popular reference book

一种专门为广大普通读者编撰的参考工具书。大众参考书的类别包括：词典、辞典、年鉴、医学指南、各类地图册以及指南等。

《普通高等学校图书馆规程（修订）》
The Directive Rule of Regular Academic Library (Revised Edition)

2002 年 2 月，教育部对原国家教委 1987 年颁发的《普通高等学校图书馆规程》进行了修订，并颁布新的《普通高等学校图书馆规程（修订）》。该规程共 8 章 41 条，详细叙述了高等学校图书馆的性质、所履行的职能和主要任务以及其管理体制和组织机构、文献资源建设、读者服务、科学管理、工作人员、经费、馆舍和设备等。附则中还说明该规程的适用范围、对执行规程的检查和评估以及施行时间。

P

普通目录学

General Bibliography Science

目录学的基础性学科。以书目工作的一般性规律、基本通用的方法及综合性书目为重点研究内容，并且研究综合性的、多学科的普通书目的发展状况。

普通图书馆

general library

指非专业性的一般图书馆，其馆藏图书性质多种多样、不限于某个知识领域或生产部门的图书馆。

《普通图书馆法》（美国）

General Library Law

指由美国各州的立法机构所颁布的公共图书馆法。美国各州都有一部或数部关于公共图书馆的普通图书馆法。普通图书馆法一般规定了在县、市、村、镇和区都要设立公共图书馆，所有居民一律永远免费利用图书馆等事项。

《普通图书馆学》（俄罗斯）

General Library Science

于1960年出版，由苏联时期著名图书馆学家丘巴梁著，曾经由苏联文化部教育司批准作苏联文化学院、师范学院和综合性大学图书馆学系通用教科书。该书阐述了图书馆学的基本原理和发展阶段，也介绍了苏联图书馆事业的状况和发展。全书共分6章：图书馆学—社会科学、图书馆与社会、苏联的图书馆事业、苏联图书馆事业的组织原理、图书馆为居民服务以及苏联图书馆事业的管理。

《普通图书馆学教程》（俄罗斯）

General Library Science Textbook

由苏联时期著名图书馆学专家、莫斯科与列宁格勒文化学院的几位教授共同编著，莫斯科中央书库出版社于1988年出版，被苏联文化部学校和科学机关管理局批准为文化学院图书馆学系的通用教材。其主要内容包括：列宁关于图书馆事业的指示是苏联图书馆学的理论基础，克鲁普斯卡娅奠定了苏联图书馆学的科学基础，在科学体系中的图书馆学，苏联图书馆学的方法论，图书馆类型学，作为社会体系的图书馆事业，苏联图书馆事业组织的基本原则，图书馆体系和图书馆网以及苏联图书馆事业的领导。

普通装订

edition binding

又称“出版社装订”。书刊出版中普遍采用的一种装订形式。相对手工装订和图书馆装订而言，指规格统一、成批地大量装订的方法。主要工艺包括：折页、配页、订本、包封面和切光书边。一般采用纸质封面。此种装订形式制作方法比较简单，生产成本比较低廉，适用于篇幅少、印数大的书刊。

谱牒

Genealogical Table

记述氏族或宗族世系的文献。有家谱、宗谱和族谱等名目。起源于原始社会保存、流传氏族成员共同世系的需要；魏、晋、南北朝时期重门第，谱牒之学大盛；五代以后，谱学渐衰。完整的谱牒，记载一定历史时期内和某家族有关的重大历史事件以及相关的地方风俗习惯、名胜古迹和年节来历等。

谱系表

genealogical table

指记载同一祖先血统的氏族、家代和世系的谱表，通常以倒置树状的形式出现。谱系表有时会出现在传记或历史文献的扉页上，对那些出身统治阶层或名门望族的人来说，尤其重视。

Q

《七略》

Compendium of Books in Seven Categories

中国第一部综合性图书分类目录，汉代官府藏书目录。西汉成帝河平三年（前26）刘向等人校勘政府藏书，为每种书编撰叙录一篇，后将各书叙录汇辑成《别录》一书 。刘向之子刘歆在《别录》的基础上编成《七略》。全书分为七大类：辑略、六艺略、诸子略、诗赋略、兵书略、数术略和方技略。辑略是写在六略之前的一篇概括性的学术简史。所以《七略》实际上分为六大类。《七略》又是我国最早的一部图书分类法，成书于公元前6年，对其后的图书分类学的发展影响深远。《别录》和《七略》奠定了中国目录学的基础，也形成了中国目录学"辨章学术，考镜源流"的特点。

期次

issue

指连续性出版物、丛刊、期刊的刊次，如年刊、月刊。

期刊部

periodical department

图书馆内负责期刊的订阅、登记、验收、分类、编目、加工整理、阅览和合订本装订等工作的部门。有些图书馆将报纸合并其内，称为报刊部；也有些图书馆不单独设置此部门，而是把期刊的采编工作归采编部，期刊流通阅览工作则归流通阅览部，实现"一条龙"操作。

期刊陈列架

periodical rack

图书馆使用的一种可以将现刊面朝上平放用于陈列的架子。架板有一定坡度（约15°～30°角），可上下翻动。每层架板下可以存放过刊。

（期刊）出版周期率

periodicity

指不同种类的期刊根据各自的内容、编辑制作能力、发行市场以及资金状况而设计规定的出刊时段（周期）。常见的有季刊、双月刊、月刊、半月刊、旬刊和周刊等。

期刊存储检索系统，学术期刊数据库

JSTOR（Journal Storage）

对过刊进行数字化处理的一个非营利机构，最初是美国安德鲁·梅隆（Andrew W. Mellow）基金会的一个数字化创始项目，创建于1995年8月。提供可查询的书目数据库，包括学科广泛的核心学术期刊的全文的过期文档。该机构有鉴于期刊订费高涨及过期期刊对于图书馆所造成经费及存放空间等问题，有计划地建立核心学术性过期期刊的数字化文档，以节省空间，同时提供资料检索的功能，有效提高使用的便利性。JSTOR主要是以政治、哲学、经济和历史等人文社会学科为中心，兼有一般科学性主题十余个领域的代表性学术期刊的全文库，通过网络提供100多种期刊的100多万篇全文。是一个收集学术期刊的在线系统。有些过刊的回溯年代早至1665年。JSTOR全文库提供17个主题（collection）：人文社会主题（Arts & Sciences Collection）1—8、生命科学主题（Life Sciences）、生物科学主题（Biological Sciences）、商业主题（Business Collection）1—2、生态学与植物学主题（Ecology & Botany Collection）、健康与一般科学性主题（Health & General Sciences Collection）、语言文学与文学作品主题（Language & Literature Collection）、数学与统计学主题（Mathematics & Statistics）、音乐主题（Music）、爱尔兰地区主题（Ireland）、19世纪英国宣传小册子文献集（19th Century British Pamphlets）、非洲文化遗址与景观（Aluka-African Cultural Heritage Sites and Landscapes）、非洲植物（Aluka-African Plants）和南部非洲的自由斗争（Aluka-Struggles for Freedom in Southern Africa）。

期刊封套

magazine cover

包裹在期刊封面外的套子。用软质或硬质塑料做成。常用于封面薄、装订简陋或使用率高的期刊，可防止其破损、脏污。

期刊服务台

serials desk

图书馆中的一个服务点，通常靠近期刊库处，由训练有素的期刊馆员帮助读者查找期刊及使用有关设备（复印机、打印机和缩微平片阅读器等）复制期刊中的文章。

期刊管理

management of magazine

图书馆对期刊进行的订阅、登记、验收、分类、编目、加工整理、提供阅览和合订本装订等一系列工作。期刊管理一般分为两种方式：一是成立期刊部，负责有关期刊管理的所有工作，即“一条龙”操作；二是期刊管理各环节的工作由采编部、流通部、典藏部等部门分别完成。

期刊合订本

merger of serials

将有统一名称、固定版式、连续的卷期、定期或不定期发行的出版物，按月、季或年汇订成册。在书目记录中含有一个注解说明新的合订本（合并于:）各分册的名称，伴随的注解说明各分册（与……合并为:）与之合并的期刊名及合并本的名称。

期刊盒

periodical case

专用于散本期刊存放的盒子，一般用硬纸板制作。面向读者的盒背一般标有期刊名，以方便查找并兼具有将一种期刊集中一处、节约存储空间的作用。

期刊加工助理

serials processing assistant

负责订购、接收并准备图书馆期刊的订阅工作的图书馆员。其主要职责：更新在线系统，编辑反应最新期刊馆藏书目、位置和特征；监控预订状态、发货清单和续订状况，根据需要与供应商共同解决问题。

期刊架

magazine rack（magazine stack）

陈列现期期刊或零散本过刊用的架子。其式样有多种，常用的有斜向式期刊架和挡板式期刊架。

期刊利用统计门户（英国）

Journal Usage Statistics Portal（JUSP）

于2009年开发，提供获取利用统计数据的入口，用户可以轻松快捷地对各个出版社、订阅情况或学年情况和期刊目录等进行利用率比较。

期刊联合目录

periodical union catalog

包括两所或两所以上图书馆所收藏期刊的目录。每条款目均注有收藏图书馆的名称，用代码（馆藏代号）表示，是开展馆际互借、文献传递和进行文献补充的重要参考工具。

期刊浏览

browse

按刊名字顺、分类浏览期刊，可阅读某种期刊所收录的所有卷期。在浏览的同时可进行文献题名、作者、摘要字段的关键词快速查询。

期刊论文

journal articles

指正式出版的期刊上所刊载的论文，也称杂志论文。

期刊论文统计

journal article statistics

运用文献计量学方法，对期刊所刊载的论文从载文、作者、引文和主题等方面进行统计分析，以期对期刊进行客观评价，并为其未来的发展提供参考。

期刊论文选目

title list

指从期刊中选出重要的论文，按类编排的目录。

期刊目录

serial catalog

记录、报道期刊创刊、出版以及收藏情况的目录，包括馆藏期刊目录和期刊联合目录。

期刊目录通报

periodical bibliography bulletin

指图书馆主动提供个性化服务的一种方式。即根据读者的需要或可能的需求，将新到馆期刊的篇目按一定的顺序编排，主动推荐给读者。

期刊评价

journal evaluation

指采用一定的方法和指标体系，对一定学科领域范围内的期刊在科学活动和文献交流中所起作用及其质量进行客观、全面和综合评价的过程。最初采用定性评价，即同行评议，由专家进行定性评选。定量评价始于1963年美国的《科学引文索引》，所依据的理论基础主要有：文献离散定律、引文分析理论、文献指数增长律与文献老化指数等。期刊评价的主要指标有：期刊载文量、期刊引用率、期刊被引率、平均引文率、影响因子、即年指标、期刊自引率以及期刊被引率等。常用的期刊评价工具有：《中国学术期刊综合引证报告》、《期刊引证报告》、《中文核心期刊要目总览》和《中国科技期刊引证报告》。

期刊缺期
gap

图书馆目录或联合目录的记载表明有些连续性出版物有间断、漏缺现象。这种情况发生在漏购、漏订或刊物被损坏、丢失乃至被窃时。如果在网上得不到全文，图书馆宜采用缩微复制品或其他方式尽可能地及时补缺。

期刊式检索工具
journal retrieval device

指具有期刊特点，统一名称的连续出版发行特征的检索工具，比如各种文摘杂志、索引刊物等，是书本式检索工具种类之一。

期刊索引
periodical index

被引的期刊论文分别按主题（或分类）、作者姓氏排列，或者按单一的字顺排列，其后注明出处。按索引内容可分综合性期刊索引和专科性期刊索引，按编制方式，可分期刊论文篇名索引、期刊论文主题索引和期刊论文著者索引。图书馆的期刊索引有印刷本、网络版或光盘型。

期刊他引总引比
ratio of citation numbers by other journals to total citation numbers

又称他引率，指在某一期刊的总被引频次中，被其他期刊引用次数所占的比例。可用于测度某一期刊学术交流的广度、专业面的宽窄以及学科的交叉程度。其计算公式为：他引总引比 = 被其他期刊引用的次数/被引用的总次数。

（期刊、图书等的）分段连载
installment

文学作品的一部分，通常在一个固定的期间被分成几个部分连续出版，也就是分期刊登一部小说的部分。在 19 世纪期间，小说常常以这种形式出版。

期刊文献
periodical literature

指刊登在期刊上的论文、文章等资料。学术期刊刊发的文献以学术论文为主，非学术期刊刊发的文献则以文件、报道、讲话、体会、知识、介绍等，只能作为学术研究资料而不是论文的文章为主。

期刊文章
article

由一个或多个作者针对某一特定主题或论题创作而成的，由专刊或期刊专题发表的一般性质的文章，长度依据发表刊物性质而定。杂志文章一般是 5 页或少于 5 页，学术期刊文章则要多于 5 页。期刊文章通常按作者和主题标引，并收入书目数据库中以供标引和文摘服务。

期刊样本，试刊
sample issue

期刊的一份试刊，一般为一种全新出版物的第一期。由出版社或期刊编辑部无偿赠送给潜在订户，这是为了确保期刊的品质和内容，所作的调查研究以了解读者的需求。通常很多图书馆的期刊部会收到试刊。

期刊页码
journal pagination

大多数期刊的页码是从一卷的第一册的第一页开始并连续计算到该卷的最后一册的最后一页。这意味着除第一册外，每一册页码的开始都是接着上一册页码的结尾，由于大多数期刊按季出版并要按年装订成册，连续的页码标记使读者能够方便地在适当的卷册中通过页码找到特定的文章。

《期刊引证报告》（美国）
***Journal Citation Report*（*JCR*）**

由美国情报学家加菲尔德（Garfield）领导的美国科技情报所创办的期刊评价的重要工具书，分自然科学版和社会科学版。《期刊引证报告》数据来源于美国科技情报所建立的科学引文数据库和社会科学数据库，期刊范围涉及 200 多个专业研究领域，通过文献计量学的方法，对引文数据库的来源、期刊进行引用频率和发表论文数量的统计，提供评价期刊的定量依据，同时对 8 000 余种期刊进行出版信息详细描述，对了解世界某专业的核心期刊很有帮助。该报告是期刊评介的必备参考工具，

Q

具有完整性与独立性，如果想要了解某种学术期刊在某一研究领域中的重要性及影响力，该报告无疑是一个理想的不可缺少的工具。收录范围涵盖全世界8 000多种（其中中国内地100多种）学术期刊。该报告提供的主要期刊统计数据有：影响因子、立即指数、论文数、被引半衰期、施引半衰期、源数据被引期刊表、施引期刊表、影响因子趋势图、总引用次数。

《期刊引证报告》网络版
Journal Citation Reports on the Web **（JCR Web）**

由美国科技情报所出版的网络版期刊引用报告（自然科学和社会科学）是一个综合性、多学科的期刊分析与评价报告，客观地统计 Web of Science 收录期刊所刊载论文的数量、论文参考文献的数量、论文的被引用次数等原始数据，再应用文献计量学的原理，计算出各种期刊的影响因子、立即影响指数、被引半衰期等反映期刊质量和影响的定量指标。该网络版全面综合地评价和分析了国际性学术期刊。图书馆可利用该网络版的信息选择期刊订购；论文作者可根据 JCR Web 的影响因子排名决定投稿方向。

期刊与其他连续出版物专业组
Serials and Other Continuing Resources Section

隶属国际图联专业委员会藏书部（Division of Library Collections）。该专业组涉及印刷型和电子形式连续出版特有的诸多问题，包括书目标准和书目控制、馆藏信息、国内和国际间的图书馆合作、可获取性和可提供性、保护和保存、馆藏管理和开发、价格问题、版权以及与连续出版物的出版商、供应商及其他相关机构的关系。出版该专业组的业务通讯（电子版），刊登有关期刊与其他连续出版物的新闻与会议动态和论文，出版会议录和年报，并出版《连续出版物基础手册》（*Basic Serials Management Handbook*，*BSMH*）。

期刊预订代理商
subscription agency

指为图书馆和其他机构提供集中式的期刊订购服务的公司。有的期刊预订代理商也提供书目数据库和全文数据库的订购服务。

期刊阅览室
magazine room（periodical room）

为读者开设的阅览各种期刊的专门场所。

期刊，杂志
periodical

指有固定的名称，采用统一形式定期或不定期发行的一种连续出版物。期刊类型多种多样，如按内容可分为普及性期刊、学术性或专业性期刊、信息资料性期刊、检索性期刊和时事政治性期刊；按出版周期可分为周刊、半月刊、月刊、双月刊、季刊和半年刊等。期刊的主要特点是出版周期短、内容新，能及时反映最新的知识、研究成果和文学艺术的最新作品。期刊产生于17世纪的法国和英国，最早是1665年1月法国的《学者杂志》（*Le Journal des Savans*），1665年3月英国的《皇家学会哲学汇刊》（*Philosophical transactions of the Royal Society*），第一份中文期刊是英国传教士马礼逊于1815年8月在马六甲创办的《蔡世俗每月统计传》。

期刊杂志广告栏数
checker board

指期刊杂志中可以用于发布广告的版面计量单位。广告版面一般是以一整版为单位计算出售。

期刊载文量
journal productivity

指一定时间范围内期刊刊载论文数量。是进行期刊引证统计分析的基本数据源。根据期刊载文量引证分析研究的不同目的要求，可从多种角度对期刊的载文量进行统计分析。是反映一份期刊信息含量的重要指标，期刊载文量多，在一定程度上表示这种期刊信息丰富，因而也较为重要。相反，载文量少的期刊信息量较少，重要性稍次。依时间或出版周期分：某种（类）期刊在一年内的载文量、某种（类）期刊在一季度内的载文量或某种（类）期刊在一月内的载文量。

期刊主题索引
periodical subject index

将各种期刊归入有关主题，并按字顺排列而编制成的索引。

期刊专藏
periodicals collection

某些图书馆和信息部门将报刊杂志及其他连续出版物定为专门馆藏资料，有的还单设部门来开展管理和阅览工作。

期刊总被引频次
total cited number of journal

指某期刊自创刊以来所登载的全部论文在统计当年被引用的总次数。该指标可以客观地说明该期刊被使用和受重视的程度，以及在学术交流中的作用和地位。

期望影响因子
expectance impact factor

也称为期望被引证率。是一个国际上通行的期刊评价指标。是表征期刊影响大小的一项定量指标，也就是某刊年均每篇论文的被引用数。实际上是某刊在某年被全部源刊物引证该刊前两年发表的论文次数，与该刊前两年所发表的全部源论文数之比。

期限条
date due slip

插在外借书刊资料中的卡片或纸条，或贴在书的内封、衬页中的印刷表，上面盖有限定读者归还日期的印戳。为了避免过期罚款，借阅者有时会撕掉期限条，但自动化流通系统的应用结束了这种状况。

欺骗性广告
deceptive advertising

指给人一种错误感觉、发布虚假或误导性信息的广告。如果某些企业定期发布这种广告，宣传低价格的伪劣产品，造成极坏后果的，他们就犯了虚假广告罪，要受到法律的制裁。

Q

齐面装订
flush binding

当所有的书页装订在一起，包上封面后，将封面与书页裁齐。

齐普夫定律
Zipf' s law

美国语言学家齐普夫（G. K. Zipf）提出的关于自然语言词汇在一定的篇章范围内出现频率的统计规律。其中心内容是：在一篇含有足够量词数的文章中，将其中的词按出现频率的不同由高到低依次排列，并用自然数从小到大顺序对其编号，则词频率 f 与序号 n 相乘是一个常数，即：$f \cdot n = c$ 或 $f = c/n$，常数 c 不是绝对不变的恒量，而是围绕一个中心值上下波动。人们把这个公式称为齐普夫定律。齐普夫定律确定了文献词汇复现频率和词序等级之间的关系，反映了人类语言的一种规律。尽管该定律存在一定的不足，但实践证明它在文献标引、词表编制和情报检索中有较广泛的应用。

齐行调整
justification

排版时，所排一行字中单词和字母间的相等而准确的间距，使正文看起来左、右的页边空白都一致。靠左边空白排字叫做左对齐，向右则叫右对齐。排版还可以两端对齐及中间对齐，比如排标题。

齐行字数
ranging figures

在计算机字处理系统中，用增大或缩小字间距的方法，把排版页面的字行排成指定的长度以便实现左右对齐的齐行操作处理，经过齐行处理后，每行所含的字数叫齐行字数。齐行字数的多少因版面大小的不同而不同。

齐右边
even right-hand margin

对打字件各行长度相等并使右边对齐的要求。

祁延莉（1955—）
Qi Yanli

北京大学信息管理系党委书记、副主任。1982年毕业于北京大学图书馆学情报学系并获硕士学位，同年到北京大学图书馆学情报学系（现北京大学信息管理系）任教。先后任北京大学信息管理系党委书记、副主任，并兼任中国科技情报学会常务理事、中国科技情报学会情报理论方法与教育培训专业委员会主任委员。长期致力于信息存储与检索、知识产权与专利信息、知识管理研究。出版专著2部，合作出版译著5部，在国内外专业期刊发表学术论文50余篇，并多次获奖。

（其他馆转来的）书刊
ex-library copy

指由其他图书馆转赠或交换而来的书刊。从这些书刊的馆藏图章、书标或装订样式可以辨别它的来源。一般来讲，书刊在来源馆的利用率越高，其收藏价值也就越大。

其他题名信息
other title information

正题名、并列题名或丛编题名之外的题名，或者是和正题名一起出现的短语，表明本书的特点、内容或产生和出版的目的及时间。包括副题名、题上信息等，不包括题名的变异形式。

其他舆图细节
Other Details of Cartographic Content

资源的舆图内容中，未记录于比例、投影与坐标说明的数学数据及其他特性。属“资源描述与检索”（RDA）的内容描述元素之一。

其他责任者
Contributor

都柏林核心元素集的元素之一。指在创建者元素中没有被指定为最主要的知识贡献者，但仅次于在创建者中指定的个人或者团体的其他责任者，可以是某个人、某个团体或某项服务系统。一般用责任者的名称来标引这一条目。

奇才
wizard

原指聪明和有知识的人、有非凡天才或能做被认为是不可能做成事的人。这里是指在某些计算机应用中基于对上下文敏感而自动跳出的对话框，对话询问用户在程序的某一特殊方面应用是否需要帮助，这与根据需要用户自己选择帮助菜单是截然不同的。如果用户觉得它是一种打扰，通常可以将其置于关闭状态。也指在用户网络上对某一特定内容有很深的了解和知识广泛的人。

奇迹剧，圣迹剧
miracle play

中世纪根据圣经故事、圣徒或殉教者事迹编写出的戏剧。

奇客
geek

原指那些性格古怪的人，或是在狂欢节上进行表演的小丑。在个人计算机革命初期，“奇客”开始延伸为一般人对计算机黑客的贬称，他们具有很高的技术能力，对计算机与网络的痴迷有时会达到不正常状态，把自己生活的大部分精力和时间都消耗在计算机和网络上。

祈祷书
Book of Hours

指天主教信徒在11世纪从英国和法国引进的每天在7个指定时间里用于做祷告的书，这种书在欧洲一直沿用至16世纪。

骑马钉装订
saddle-stitching

一种将杂志、小册子装订在一起的技术。主要是用于套配书心的装订。通常将套配的书心放在订书机的鞍架上用金属钉固定。与边缝装订不同，这种方式能使纸张平展打开，但是不够结实，如果出版物的页数超过100页，就无法使用这种装订方式。

棋盘格对照标表
spreadsheet

允许按照表格形式显示和计算数值的一种应用软件，广泛地应用于预算和统计领域，尤指用于商务管理。

气动传送管
pneumatic tubes

一种利用压缩空气或负压传送索书条或图书的管道系统，由导管、传送器、动力和控制部件等组成。具有快速、安全、传送距离远的优点，多见于闭架书库中。

气压运书机
pneumatic book carrier

指一种利用撞击作用或转动作用而产生的空气压力的运书机械。

企鹅出版集团（美国）
Penguin Group

创建于1935年，总部设在美国纽约，是皮尔森公司，即培生公司（Pearson Plc）的子公司，也是世界最著名的英语图书出版商。企鹅出版集团主要出版人物传记、文学、参考书、企鹅读物、冒险故事和幽默故事以及哲学、宗教、历史、政治、艺术和体育等书籍，还专门为儿童和年轻人出版图书。企鹅图书为广大读者以及年轻人、老人、妇女和儿童所喜爱。该出版集团在100个国家经营图书出版，其市场占有率在英国、澳大利亚、新西兰和印度等多个国家排名第一，在美国和加拿大排名第二。作为大众读物的首要出版商，在经典文学、儿童读物、非小说类图书和参考书等多项领域中独占鳌头。企鹅出版集团中国公司正式成立于2005年，肩负着在中国这个新兴市场引入并树立企鹅品牌的使命。

企鹅图书有限公司
Chien Publishing Co., Ltd

于1969年在中国台湾省成立，主要是针对儿童学习成长领域的发展，希望通过文字及图片的传递，给所有儿童一个良好的学习知识及幻想的广大空间。多年来，“将最好的图书呈现在读者面前以及让全球儿童都能阅读企鹅出版物”，是该公司的目标和梦想。该公司除了为本地儿童建造优质的阅读环境外，也将出版事业延伸至海外的市场。“童话无国界”这是公司未来的梦想，在1999年及2002年成立了海外公司，分别注册于加拿大、美国。目前该公司的书籍已有中文繁、简体版、英文版、丹麦文版和韩文版，销售至中国香港、中国内地、新加坡、马来西亚、加拿大、美国、韩国和丹麦等国家和地区。

企业、厂商产品目录
trade catalog

指企业厂商出版的促销产品目录，上面有说明插图和售价；如出版发行书目，指的是为书商或图书馆赠送的出版商或发行公司报道已经或即将出版发行的图书目录。

企业内部网
intranet

只为某个组织内部职员或雇员提供服务的内部网站。这种技术起源于1994—1995年，当时，数字设备公司和美国国家半导体公司开始把因特网技术用于企业内部，称为“内部因特网”；同样使用TCP/IP协议和超文本协议，但是通过防火墙来阻断未授权的用户对该网站的访问。

企业数字版权管理
enterprise digital rights management (E-DRM)

指使用数字版权技术（Digital Rights Management）来控制企业内部文档的使用权，如Word、PDF、TIFF、AutoCAD等类的文档，不是消费者使用的可播放媒体。

企业图书馆
enterprise library

指为工厂或其他企业部门读者服务的图书馆。其任务是为提高企业职工的思想、文化素质和技术水平，同时为企业进行改革和技术革新提供参考咨询。其馆藏主要包括通俗的政治、文化、科学技术读物，还收藏一定的专业书刊和科技书刊。在知识经济时代，现代化的企业图书馆已成为为企业创新提供智力支持的重要信息部门。

企业信息化
enterprise informatization

广泛应用计算机、网络信息技术生成新的信息资源，提供给企业用户，以做出有利于生产要素组合优化的决策，加快技术更新，提高管理水平，以使企业能适应瞬息万变的市场经济竞争环境，求得最大的经济效益。

《汽车工程叙词表》
Automotive Engineering Thesaurus

用于储存和检索汽车工程专业情报资料的专门主题词表。由中国汽车技术研究中心编制。该词表适合于手工和机器检索，由字顺表、范畴索引、英汉对照表及附表四部分组成。共收录正式主题词4 949条，非正式主题词441条。可用于标引和检索汽车工程以及相关专业领域的国内外文献。

启动、开启
launch

开始一项新的活动或生产一种新产品，如一部为公众所用的新书，也指使某个软件开始运行。

启发式检索
heuristic searching

指检索过程中在用户每完成一步检索操作后都给出下一步可能用到的命令或其他相关数据，以启发用户将检索进行下去，直至查出所需要的信息。这种检索具有优化策略，提高检索效率的优点。

启蒙读本
abecedarium (abecedary)

包括字母表中所有字母、一些基本拼写规则以及语法的图书，在欧洲作为初级读本使用。早期的读本仅是一大幅图纸，上面印着由大写字母和小写字母组成的字母表以及单独的元音字母表和辅音字母表，其字体为罗马字体和哥特字体两种。到1700年，一些初级读物中添加了儿童韵声。

起源，出处
provenance

关于图书、手稿或其他有价值物品的所有权的起源与历史记录。藏书标签、藏书印、题词、插入资料、特殊装订和注释等都可以提供出处的依据，上述物品在鉴定珍善本图书和手稿的价值时具有非常重要的参考价值。

千波特

kilobaud

衡量通信信道传输速率的单位，1 千波特 = 1 000 波特。

千龙网

www. qianlong. com

由北京日报社、北京人民广播电台、北京电视台、北京青年报社、北京晨报社共同发起和创办的中国国内第一家综合性新闻网站，2000 年 5 月 25 日正式开通。该网站下设新闻中心、咨询中心、社区中心、视频中心、技术中心、增值事业部、市场部、销售部、财务部、人力资源部、研究院和办公室。

千年问题

Year 2000 problem

也叫千年虫。由于计算机设计初期仅仅可以处理 20 世纪的日期，所有由于时间进入 2000 年而产生的计算机应用故障都被称为千年问题。当时各国高度警戒，充分做好准备应付千年虫，以确保平安跨入 2000 年。银行、证券、保险、税务、电力、电信、民航和交通等应用计算机较多的部门被确定为 2000 年问题的重点部门。

千位，千比特

Kilobit（kb，kbit）

表示信息容量或传输量的单位。在通信系统中表示信息传输量时，1 千比特（1kb）表示 1 000 个二进制位，在计算机内表示信息容量时，1 千比特（1kb）表示 1 024 个比特。

千兆字节

Gigabyte（GB）

指一个数据存储单位，数值上大致相当于 10 亿字节。

千字节

Kilobyte（K，KB，byte）

在计算机领域中，等于 1 024 字节。通常用其倍数来衡量存储容量、文件长度及其他与字节相关的量的大小。

迁移

migration

通常因为购买者或承租人相信新系统更高级、更先进，而把原有的硬件平台、操作系统或软件版本转移到另外新的版本。在图书馆，最普遍的例子是把一个目录或数据库软件变换为另一个新的。这样的转换可能需要数据从一种格式变成另一种格式。

铅版

（法）*Cliché*

指用铅版印刷，铸成铅版等。在较大型图书馆的参考部中都收藏有用铅版印刷的字典、辞典等。

铅活字

lead letter

指铅制的印刷活字。据传中国明代中叶，在江苏常州一带出现过铅活字印书，因不易附着水墨而未能流行，晚清后才通行。也指现代的铅合金活字。

铅字大小，字号

type size

某种铅字的尺寸（高和宽），通常用点来表示。大多数图书的字号大小从 5 点到 22 点。更大的字号主要用于演示。老式打字机最常用的字号是 12 点。

铅字，活字字符

type

指浇铸的矩形金属字模，每一个字模的面上都凸雕一个字符。在凸版印刷中，将字模按照需要印刷的内容排好，放在印版里，印版固定在印刷机底部的版框中。然后在其上涂油墨，并通过压力将字模上的字符印在纸等介质的表面。当一个印刷工作完成后，字模可取下以备再用。德国人约翰·谷腾堡（*Johann Gutenberg*，1397—1468）于 15 世纪中叶发明了这种活字印刷，晚于中国的毕昇 400 年。

铅字平均高度线，小写短字母的顶线

mean line（x-line）

又称中基线，指在小写罗马字母铅字上仅次于顶峰线的假想平行线。

铅字身

body

用于印刷图书的铅字是由字头和字身所组成，

字头包括字面（字体凸出部分）、字谷（字体凹进部分）和字肩（字体外的空白处）；字身包括字头、字腹、侧面、缺刻（其作用在于排字时区别铅字腹背面，避免颠倒）、字背、字沟和字脚等。在排字时，用一个长方形的小盒子将一边单面凸出的铅字挤压排在里面，其正面就是人们所知活版印刷的文字。

签名末尾的花笔，花押
paraph

一种签名末尾用的装饰性的花笔或花饰，有时是为了防止官方文件被伪造。

前封面，正面
obverse cover

书籍封面的正面部分，也叫正封面，常简称为封面。与底封面和脊封一起构成完整的书皮，包裹住整个书页。除起到保护、装饰作用外，还是鉴定版本、提供书目著录信息的依据之一。

前切口排架
fore-edge shelving

将书籍的背脊与书架表面平行排列，而不是垂直存放。为防止因重力引起书芯从书壳或书皮中脱离，应将书脊贴着书架而且前切口朝上放置。当空间有限时，这种方法可以保持索书号的顺序，至少能在标准约 230 厘米高的区域增加两个书架，但要浏览和定位某一特定文献比较困难，因为看不见书脊。因此，这种排架方法通常只限于收藏，采用并不多。

前切口题名
fore-edge title

题名写在或印在书籍的前切口上，当前切口题名朝外放置时便于辨认。

前言，序言
preface

指讲话人在开始时说的话，或者作者对作品的引言，通常用以说明下面要说和写的主题和范围。序言位于图书正文前面，序言的最后一段往往都是一系列感谢性和追思性话语。

前页
preliminaries

一本图书的正文前版面，包括副题名页、扉页、版权页、目次、献辞、序言和前言等。preliminaries 的缩略词为：prelims。

前置，前缀
prefix

指西文书写中一个字母或连续几个字母以结合形式出现，连接到一词、词根或短语的开头，用以产生出一派生词或一变化形式。如前缀“dis”附加到单词“connect”前将衍生出一个新的单词“disconnect”。词头“pre”来源于拉丁文，意思是“before”（在……之前）。在计算机科学中，是指位于因特网地址前表示网络协议的那段代码。下面是 6 个常见的前缀：

ftp：//—表示文件传输协议
gopher：//—表示 Gopher 服务器
http：//—表示超文本传输协议
mailto：—表示电子邮件协议
news：—表示专题论坛中的专题小组
telnet：//—表示远程登录协议

钱存训（1909—）
Qian Cunxun

中国图书馆学家、图书史学家、目录学家和图书馆学教育家。南京大学文学学士、美国芝加哥大学图书馆学硕士、博士。历任金陵大学女子学院图书馆馆员、上海交通大学图书馆副馆长、北京图书馆上海分馆馆长、北平图书馆南京分馆工程参考部主任。1947 年赴美，作为北平图书馆交换馆员到芝加哥大学图书馆工作和进修。在美国芝加哥大学远东图书馆任馆长、东亚语文与文化系讲师、副教授、教授、美国芝加哥大学远东图书馆学研究所所长和美国亚洲研究会东亚图书馆委员会主席和李约瑟研究所研究员。曾荣获多项奖励，出版专著 20 余部，发表百余篇论文。2007 年 11 月 1 日，钱存训图书馆在南京大学人文社会科学高级研究院成立，该馆收藏由钱存训个人捐赠 6 000 余册图书。

钱学森图书馆
Qian Xuesen Library

1995 年 5 月，经中共中央宣传部批准，将原西安交通大学图书馆命名为钱学森图书馆。2011 年 11 月，在钱学森百年诞辰之际，另一所钱学森图书馆在上海交通大学正式开放。该馆将成为钱学森各个时期文献实物最完整、最系统、最全面的收藏保管中心。

钱亚新（1903—1990）
Qian Yaxin

中国图书馆学教育家、目录学家、索引学家、研究馆员。1928 年毕业于文华图书科，先后在广州中山大学图书馆和上海交通大学图书馆工作，历任武昌母校社会教育系讲师、上海大夏大学图书馆兼任讲师、天津河北女子师范学院图书馆主任、湖南大学图书馆主任、兰田（现湖南涟源）国立师范学院教授、南京图书馆外文编目部、阅览部、科学方法部主任及代理馆长。兼任江苏省图书馆学会编辑委员会主任和会刊《江苏图书馆工作》主编、中国图书馆学会学术委员会委员、江苏图书馆学会理事、江苏省图书馆学高级职称评委会副主任委员以及安徽大学和南京大学图书馆学系教授。其主要贡献在两方面，一是索引和排检法；二是古典目录学的研究。出版专著多部，发表论文数百篇。

钱曾（1629—1701）
Qian Zeng

字遵王，号也是翁，又号贯花道人、述古主人，江苏常熟人，清顺治、康熙间著名藏书家。受家庭影响，年轻时有志于收藏古籍，访求图书不遗余力。所藏之书，又很多是宋元刻本和精抄本。其藏书室先后命名“述古堂”和“也是园”。编有《述古堂书目》、《也是园书目》和《读书敏求记》3 部藏书目录。

潜伏
lurk

指接收和阅读贴在无需实际参会的网上论坛或聊天室的信息。在用户网络中，潜伏是指只阅读消息，而从不给消息群发任何消息，保持沉默不出声。

潜台词
subtext

在当代戏剧表演中，演员演绎出角色内心情感中隐含在台词下的意义，而不是表面意义。

潜在读者
potential readers

凡可能利用图书馆但因各种原因目前还没有利用图书馆的个人或团体，都是图书馆的潜在读者。其中包括暂时还不具备阅读能力的人和虽有阅读能力但缺乏阅读愿望或条件的人。

潜在需求
potential needs

一种信息需求类型。是指用户还未意识到或未表达出的信息需求。

潜在用户
potential user

指应该利用某信息机构或信息系统的信息服务、而现时还没有利用这种服务的用户。

潜在语义标引
latent semantic indexing（LSI）

一种新的信息检索模型，是经典向量空间模型（Vector Space Model，VSM）的一种改进。潜在语义标引试图发现对象之间的关联模式及其隐藏的对象间的结构关系，实现基于概念的语义检索。最初应用于文本信息检索领域，可以有效解决同义词和多义词的问题，通过识别文本中的同义词，提高检索系统的准确率。随着应用领域的不断拓展，已在信息过滤，信息分类/聚类，交叉语言检索，信息理解、判断和预测，特征抽取（降维）和文本可视化等众多领域中得到广泛的应用。

浅标引
shallow indexing

仅对文献主题作粗浅概略的描述与揭示，而不对文献中的各种主题要素或文献中各部分的主题内容进行深入揭示。标引深度小，赋予文献的主题标识数量也较少。

欠款记录
black list

图书馆关于读者丢失图书欠缴罚款情况的内部记录。在手工操作的图书馆内是采用专用登记册进行登记并由专人负责管理。而在已实行计算机管理的图书馆内，则由计算机自动生成读者相关的信息记录，一旦读者补交了罚款，其记录将自动消除。

椠
Woodblock Imprints

古代用木削成以备书写的版片。引申为刻本，如宋椠、旧椠。椠本即为木刻的书籍版本。

嵌入缝线，肋线
sunk bands

嵌入书脊切口内的装订细线，不隆起，书脊上

Q

就不会出现凸棱。

嵌入式馆藏数据
embedded holdings data

将馆藏信息添加到一个现有的 MARC 21 书目记录中，而不是在单独的链接本地馆藏记录。

嵌入式数据库
embedded database

一种嵌入到应用程序中的轻量级数据库。这种数据库嵌入到了应用程序进程中，消除了与客户机服务器配置相关的开销。其特点是体积小、支持多种嵌入式操作系统、可靠性、可定制性、支持结构化的查询语言、提供了丰富的接口函数、定时限制特性和底层控制能力。

嵌入式桌面信息服务
services embedded desktop information tools

以当前操作的软件系统为现场，以网络资源、本机资源、专题库资源为基础，在不干扰、不中断用户当前工作状态和行为的前提下，将用户想要的信息即时呈现于现场的信息服务模式。嵌入式桌面信息服务能将众多孤立的系统联系起来，并即时嵌入用户的工作流程之中，拉近了信息使用者与提供者之间的距离。为实现这种服务，嵌入式桌面信息服务工具一方面需要感知用户操作现场；另一方面还需要具备强大的信息获取、组织和检索功能。

嵌套
nest

把一个或多个结构嵌入同类型的结构中，如在一个循环中嵌入另一个循环，在一个子程序中嵌入另一个子程序。

嵌套式短语标引系统
nested phrase indexing system

这种计算机辅助的轮排索引自动生成系统由加拿大西安大略大学图书馆学情报学院蒂莫姆 C. 克雷文（Timothy C. Craven）教授研制开发的。该系统使用了 4 种特殊符号，即“<”“>”“?”和“@”，分别代表 4 种不同的轮排指令。标引人员在完成分析文献主题后，用一个类似标题的句子、并根据需要使用上述 4 种字符对文献进行描述。也就是说，这种标引语句被转换成了线性排列的语言符号串，经计算机轮排处理后，生成一组索引款目编辑输出，供制版印刷使用。

嵌套循环
nested loop

在编程过程中泛指用各种语言编写的循环程序中又有循环，亦即在大的处理循环中包含小的处理循环的程序。

嵌线
rule

一种印刷专用的薄金属条，常用来印刷连续的线条、点线或图案线，一般用于题名页中装饰性花边的印刷。装饰过程中嵌线图案花边可以是无色或是烫金的。花边的厚度取决于线的厚度。通常，花边的中间较厚，两端逐渐变细。

嵌线饰框，线框
rule border

泛指广告或其他醒目印刷品周围镶配的嵌线框，也指在一页文字印版四周围起的一种铅线。

强制许可使用
compulsory license of copyright

指在特定的条件下，在著作权人无正当理由拒绝与使用者达成使用作品协议的情况下，使用者经向著作权行政管理部门申请，获授权而使用该作品。使用者一般需经过一定程序获得强制许可证。强制许可与法定许可的区别是，法定许可是一种由法律直接规定允许使用的方式，凡符合条件的均可自行使用，使用人并无特定的范围。强制许可则需使用人事先申请，由主管机关授权后方可使用，并向著作权人支付报酬。未获主管机关授权的不得使用。强制许可的对象限于已经发表的作品。《伯尔尼保护文学艺术作品公约》、《世界版权公约》规定了强制许可，中国版权法目前无强制许可的规定，但作为两大公约的成员国，也应适用强制许可。

墙纸，壁纸
wallpaper

指用于裱糊房间内墙面的装饰性纸张。也指窗口、菜单、图标以及其他视觉元素在一个图形用户界面上显示与使用的背景图案或图像，通常由联合图像专家组标准（JPEC）或者图形交换格式（GIF）的文件构成。一些系统允许用户从一系列不同的设计中选择墙纸，墙纸设计文件可以通过网络由第三方提供。墙纸也可以由用户自行设计来设置一些装饰性元素，如标志、商标或其他公共机构的象征等。

乔迪奖（英国）
Jodi Awards

该奖项是为了评选博物馆、图书馆和档案馆网站的普及性所设立的。自从2003年设立以来，奖励了那些致力于达到简洁易用标准的博物馆、美术陈列馆、图书馆、档案馆或者文化遗产网站。该奖项是由博物馆、图书馆及档案馆委员会（MLA）、全天博物馆和大英博物馆发起并资助的。

乔好勤（1942—）
Qiao Haoqin

华南师范大学教授、硕士生导师。1966年、1981年毕业于武汉大学图书馆学系，分别获学士学位和硕士学位。历任武汉大学图书馆学系教研室副主任、主任、系主任、副院长、《图书情报知识》主编、华南师范大学图书馆馆长兼信息管理系主任、图书馆学情报学研究所所长、广东省高校图工委副主任和广东文献信息中心主任等。曾兼任中国图书馆学会教育与培训研究组副组长、广东省图书馆学会常务理事兼学术委员会主任。先后发表论文译文100余篇，与他人合作出版专著译著工具书15种。

乔晓东（1965—）
Qiao Xiaodong

研究员，中国科学技术信息研究所研究生导师。英国谢菲尔德大学信息管理学硕士、中国科学技术信息研究所管理学硕士。万方数据股份有限公司副总经理，兼任中国图书馆学会第七届理事会理事、中国情报学会计算机应用委员会和软件协会数字内容分会副主任委员。

乔伊斯·利连斯·罗宾逊（1925—）
Joyce Lilieth Robinson

牙买加图书馆事业领导者。曾先后在牙买加和英国上学。1957—1976年担任牙买加图书馆服务处第一任主任，发展了该国的公共图书馆及学校图书馆服务，参与创办牙买加图书馆协会，并任会长。撰写大量文章推动牙买加图书馆事业。1972年作为全国性扫盲计划执行主任，领导12 000名志愿教师、2 000名志愿委员会成员和850名工作人员进行全国扫盲工作。罗宾逊充分发挥公共图书馆继续教育的作用，提高成人获取信息的能力。因在牙买加社会变革中起积极作用，获得美国授予的名誉博士学位。

乔治·布什总统图书馆与博物馆
George Bush Presidential Library and Museum

位于得克萨斯州的农业和机械大学内，是美国建成的第11所总统图书馆，占地36万平方米。其中博物馆为1 600平方米、图书馆为1 900平方米。1997年11月6日在休斯敦举行开馆典礼，中国政府向图书馆赠送了根据布什和邓小平握手的照片制成的绒绣挂毯，钱其琛副总理兼外长发贺电表示祝贺。馆内藏有与布什总统有关的私人和公务文件4 400万份，100万张照片和7万件展品，涉及布什从政生涯中的主要经历和1941年以来美国历史上的重大事件。丰富的第一手资料来源于布什担任国会议员、驻联合国大使、第一任美国驻华联络处主任、共和党主席、中央情报局局长及任总统期间的文件。馆藏还包括长达2 500小时的录像带和7万件外国政要及友好组织赠送的礼物。

乔治·赫伯特·洛克（1870—1937）
George Herbert Locke

加拿大教育家、图书馆学家，曾任美国图书馆协会主席。多伦多大学和芝加哥大学文学和教育学硕士。从教育工作观点出发，认为图书馆有双重意义，既为一般群众提供文化娱乐用的图书资料，也为成人教育发挥重要作用。1908年起担任多伦多公共图书馆馆长，坚持倡导公共图书馆是公共教育事业的观点，经过30年的努力，将这个仅26人的小馆发展为232名员工、16所分馆的大型图书馆。在美国图书馆协会任职期间，进行改革，将主席任期限制为两年，避免长期掌权而被权利腐蚀。

乔治·赫伯特·普特南（1861—1955）
George Herbert Putnam

美国图书馆运动主要人物，曾先后任明尼阿波利斯和波士顿公共图书馆及美国国会图书馆的馆长。普特南出身豪门，就读于哈佛和哥伦比亚大学，曾担任律师。作为1896年国会关于图书馆联合委员会听证人，与杜威建议使国会图书馆起到国家图书馆的作用，并提出服务工作的具体意见。经过复杂运作，1899年普特南成为第8任国会图书馆馆长。在位40年作出较大的贡献：完成出版国会图书馆分类法，出售印刷目录，编制联合目录，促成版权法修订，扩充了馆藏并密切了国会图书馆与美国图书馆协会的关系。

乔治亚州中部地区图书馆系统（美国）
Middle Georgia Regional Library System

位于美国乔治亚州中部梅肯市（Macon），始建于1836年。包括1所中心馆、14所分馆和1所流动图书馆。馆藏图书及期刊合订本90余万册，激光唱片、磁带及其他音频资料3 600多件以及数字视盘和家用录像机制式的视频资料2 150多件。年到馆访问200万人次，年图书流通量360余万册次。该馆的特色收藏包括有关乔治亚州中部大量的文献资料以及收集了大量美国南部历史文献资料及家谱文库。

翘曲，变形
warpage（warping）

图书由于受压不均或受潮等不良因素的影响而发生形状的改变。如纸张在潮湿的环境中吸收水分而膨胀，干燥时又收缩，膨胀与收缩系数不一致时会引起变形；图书封皮的衬纸纹理不均匀或胶粘剂含水量高也易使图书发生扭曲变形。

翘曲书刊
cockle

在装订过程中，如果对过度受潮的书刊进行烘干，就可能会使其封皮和书页翘曲。在书刊装订后存储期间适当控制温度和相对湿度可以避免这种情况的发生。

切边
edges

指书页的三边，即天边、地边和前边。书籍切边的加工方式有多种。

切边过度
shaved

在装订一本书的过程中，切边时切得太多，以至于书本正文与书边之间距离太近。

切尔诺夫策国立大学图书馆（乌克兰）
Chernivtsi National University Library

位于乌克兰切尔诺夫策市，成立于1852年，开始为公共图书馆，1875年成为大学图书馆。馆藏文献260万册，其中120万册为科学文献，17万册教材及手册以及65万册小说。外文书籍包括德文、英文、法文、波兰文、古希腊文、罗马尼亚文、希伯来文和拉丁文等书籍38万册。收藏有各种珍稀文本7万多件，其中最早的文献追溯到13世纪，是写在羊皮纸上的拉丁文文献。

切口
fore-edge margin

指书刊裁切时，一边的空白处。

切口，黑话
slang（argot）

指一个阶层（如贼、乞丐）所使用的特殊而常常是秘密的词汇，往往是粗俗的和下等的。

切口索引，拇指索引
thumb index

在图书切口处挖切出半圆形的拇指大小的小口，上面标有按顺序排列的字母、单词、数字或符号，通常以黑色或深色做背景色，方便人们按字母、主题、数字或其他排列顺序检索正文。常见于精装的字典和手册类图书。

切齐书边
trim

图书行业中的术语，指书页正文第一次印出后，将书籍的天地边与前边切齐的工序。

切纸刀，裁纸刀
paper knife

用来手工切纸的刀，通常在纸的折痕处切开。这种刀的刀片较钝，可由金属、木材、塑料或象牙制成。

切纸机
guillotine

有狭长形锋利刀刃的手工或电动的切书机器，主要用于在书籍的装订过程中整齐划一地切割成叠的纸张，以获得所需的长宽尺寸。

钦定
Imperial Authorization

皇帝自己著述或亲自审定。多用于书名，如《钦定四库全书》、《钦定渊鉴类函》等。

侵犯版权
copyright piracy

对受版权法保护的作品未经授权进行复制或使

Q

用的行为。这样的侵犯行为会受到版权拥有者的起诉。

侵犯（版权或专利）

infringement

在法律对作品的权利加以保护的情况下，未经许可使用受版权或专利权保护的资源的一种行为。根据版权所有者的判断，这种行为可能会受到法律制裁。

亲笔签名

autograph

指文件、书信或图书上作者或负责人自己的签名。

秦恩复（1760—1843）

Qin Enfu

字近光，号敦夫，江苏江都人。清代藏书家和校勘学家。其藏书处名为“石砚斋”，聚书数万卷。校勘陶宏景《鬼谷子注》、卢重元《列子注》和《隶韵》等。著有《享帚词》三卷及《石研斋集》，均《清史列传》并行于世。

秦刻石

Qin Carved Stone

中国古老的碑文。秦始皇统一中国后数次出巡各地，群臣所立的纪功刻石，共有7处，即“秦七刻石”。

秦曾复（1937—2011）

Qin Zengfu

复旦大学教授。1960年毕业于复旦大学数学系，历任助教、讲师、副教授和教授。1992年起，担任复旦大学图书馆馆长，教育部第一届、第二届高等学校图书情报工作指导委员会副主任委员，复旦大学校务委员会委员，上海图书馆学会副理事长和美国数学会《数学评论》（*Mathematical Review*）评论员。发表数学、图书馆学方面的论文近30篇，出版专著、译著6部。

青岛大学图书馆

The Library of Qingdao University

中心校区和东校区两部分馆舍面积共有3.8万余平方米，加上抚顺路校区和北院两部分面积2 000余平方米。现设有14个书库，21个阅览室，有3 000余个阅览座位。现有各类藏书180余万册（不包括医学院和师范学院藏书），中文期刊2 300余种，外文期刊近千种，报纸120余种。电子图书200余万册，电子中文期刊8 000种，电子外文期刊4 500种。经过近十几年的发展，该馆已基本形成了以社会科学、政治、经济、中国文学、语言文学、自然科学和工业技术类为主的藏书体系。其中社科类、文学类、语言文字类、服装和纺织工程类藏书独具特色。

青海大学图书馆

Qinghai University Library

始建于1958年，重建于1971年，前身为青海工农学院图书馆，1988年更为现名。该馆由3个分馆和2个科技信息所组成，即青海大学农牧学院图书馆、青海大学医学院图书馆、青医附院图书馆、青海大学财经学院图书馆、青海大学农科院科技信息所和青海大学畜牧兽医科学院科技信息所。馆舍总面积为1.18万平方米，生均1.5平方米，阅览座位约2 318席。其中校本部馆舍面积为7 153平方米（图书馆面积6 233平方米，科技馆新增阅览室920平方米），藏书面积为1 200平方米。另外，还设有学术报告厅座位160个。拥有馆藏120多万册。馆藏文献以农牧、医学方面的馆藏为特色。

青海民族大学图书馆

Library of Qinghai University for Nationalities

前身为1949年12月成立的青海青年干部训练班图书馆室。1956年更为现名。2002年与青海职业技术学院图书馆合并。馆舍面积为20 661平方米，开设有文学、文学艺术、法律经济、哲学社会科学、民族文献、历史地理、报刊、自然科学、外语、过刊、过报、多媒体电子阅览室等17个阅览室，阅览座位近1 800席。馆藏各类文献120万册。其中有关少数民族研究方面的图书20万册，少数民族文字图书8万余册，藏文大藏经1667函；汉文古籍线装书3 166部（其中善本书380部78 750册）；《南辉西献图二十幅》等13部古籍入选第一批《国家珍贵古籍名录》。

青海省图书馆学会

Library Society for Qinghai Provence

创始于1979年1月9日。该学会自成立以来，多次举办科学讨论会、各类专题报告会和专业培训班，曾两次成功地举办了西北五省（区）图书馆科学讨论会，还组织会员参加中国图书馆学会、甘肃省科学技术协会和青海省社会科学联合会举办的学术活动。曾编辑出版学术刊物《青海图书馆》(*Qinghai Library*)(季刊)，于1998年底停刊。

青海师范大学图书馆

Qinghai Normal University Library

始建于1956年9月，其前身为青海师范专科学校图书馆，随学校的发展，经多次更名，于1984年改为现名。1997年青海教育学院图书馆与其合并，组建成新青海师范大学图书馆。馆舍面积为1.3万平方米，阅览座位1 327席。根据学校学科建设和教学、科研的需要，经过多年的建设和发展，已逐渐形成了多学科、综合性师范大学图书馆馆藏特色。藏书文理兼收，以学术性和研究性书刊、教学参考书和工具书为重点，其中教育科学、心理学、地理学、史学、文学、参考工具书和地方志图书较为完备。形成馆藏资源丰富，各种载体共存的实体资源与虚拟资源相结合的馆藏体系。

青苹果数据中心

Green Apple Data Center

中国较早的电子出版物制作公司，创建于1990年，主要从事电子出版物制作、大型数据加工、软件开发和电子出版物产品销售。

青少年读者服务

young adult services

针对青少年（初中1~3年级）读者提供的专门服务，包括馆藏发展、设计活动计划和读者咨询等。在一些大型公共图书馆内一般都单独设有为青少年服务的部（室），并配备经验丰富的馆员，为他们推荐需要阅读的名著和所喜爱阅读的书籍，而且经常组织有意义的读书学习活动等。

青少年图书

young adult book

指适合12~18岁的青少年阅读的图书。一些书评家和图书馆员认为这些图书也适合于初中1~3年级的学生读者。一些大型公共图书馆一般都单独设有为青少年服务的部（室），建立专门的馆藏，配有经验丰富的馆员为青少年推荐阅读的图书。

青少年图书研究所（德国）

（德）*Institut für Jugendbuchforschung*

成立于1963年，是德国法兰克福大学现代语文学专科下三个日耳曼学系中的一个系。在教学方面，该所的重心是放在教授从古到今专门为少年儿童撰写的文学上，例如诗歌、史诗和戏剧等，着重的是从一般文学的发展、社会与文化的进展以及教学见解的改变等角度上观察少儿文学的变化。该所自成立以来，已完成了一系列相当大型的科研项目。其中最大型的一个项目是《少儿文学辞典》的编纂工作，已分别于1975—1982年出版。

青铜器

bronze ware (bronze vessel)

由青铜（红铜和锡的合金）制成的各种器具，通常也简称铜器，诞生于人类文明的青铜时代，在世界各地均有出现。最早的青铜器出现于约5 000年到6 000年间的西亚两河流域地区。苏美尔文明时期的雕有狮子形象的大型铜刀是早期青铜器的代表。青铜器在2 000多年前逐渐为铁器所取代。在中国考古学上，青铜器主要是指先秦时期用铜锡合金制作的器物，包括工具、用具、礼器、兵器和饰物等中国的青铜器形制纹饰精美，为世界工艺史上所罕见，代表着中国在先秦时期高超的技术与文化。许多青铜器铸有铭文，是珍贵的史料。

轻磅纸，薄纸

lightweight paper

带有极小空隙的航空版用的薄纸，往往指低于60克/平方米的纸。也指极薄的感光照相纸(0.004 4~0.005 9英寸厚薄)。

轻量级目录访问协议

Lightweight Directory Access Protocol (LDAP)

一个运行在传输控制协议和网际协议（TCP/IP）之上的用于查询和修改目录服务的应用协议。由于网络上的大量信息以目录方式组织和管理，并且采用不同的目录服务技术，造成相互协作或关联的目录间无法兼容的问题。轻量级目录访问协议服务器是该协议客户和X.500服务器间的网关，与客户采用传输控制和网际通信协议，与X.500服务器采用开放系统互连通信协议，从而使普通客户机能够访问X.500目录服务。

倾向性，偏见

bias

指受主观意见影响的，非客观事实的，不公正的判断。常指对某一事物或某种观点的这种先入为主的印象，使得头脑不能公正地对待与此一事物或此一观点有关的任何事情。参考书中甚至也有出现偏见的情况，比如《犹太大百科》(*Encyclopedia Judaica*)、《宗教大百科》(*Encyclopedia of Religion*) 和《新天主教大百科》(*New Catholic Encyclopedia*) 中大屠杀（Holocaust）和宗教审判（Inquisition）两个条目。许多国家的法律禁止公共图书馆中对聘用员工习俗的歧视和偏见。

清仓出售
close out

出版商为了使某种图书尽快售完，以非常低的价格零售；或将那些未销售出的书籍以较大的折扣卖给书商。

清抄本
Qing Handwritten Edition (Manuscripts Copied During the Qing Dynasty)

为清代的抄本。清代抄本流传最多，比较珍贵的是清初抄本和乾嘉时期的名家抄本。

清稿，清样
fair copy

在正式印刷前，作者或编辑对原始手稿或机打稿进行详细的校对，查找错误并进行修正，从而形成的最终版本。

清华大学出版社
Tsinghua University Press

成立于1980年6月，由教育部主管、清华大学主办。该出版社把出版高等学校教学用书和科技图书作为主要任务，并为促进学术交流、繁荣出版事业设立了多项出版基金，逐渐形成了以出版高水平的教材和学术专著为主的鲜明特色，在教育出版领域树立了强势品牌。目前，清华版教材已在全国100多所院校得到广泛使用。该出版社每年出版图书、音像、电子出版物2 000余种，其中新书1 800种。全国约有1 200个销售点，每年销售图书2 300余万册。该出版社拥有6个专业分社——信息与计算机、理工、经管与人文、职业教育、外语、音像与电子分社。

清华大学美术学院图书馆
Tsinghua University Art Library

前身为1956年创立的中央工艺美术学院图书馆。1999年更为现名。馆舍建筑面积为3 000平方米，阅览座位200余席。拥有包括艺术设计类的专业图书近20万册，中外文报刊1 500余种，各种藏品3万余件。

清华大学人文社会科学图书馆
Humanities and Social Sciences Library of Tsinghua University

于2011年4月清华大学百年校庆期间正式落成并投入运行，通过丰富的馆藏资源、舒适的阅读环境、灵活的服务形式、便捷的服务设施为全校师生的学习和研究提供服务和支撑。该馆由著名的建筑师马里奥·博塔（Mario Botta）领衔设计，坐落于清华大学教学核心地区，外型像把钥匙，其寓意图书馆是打开知识大门的金钥匙。

清华大学图书馆
Tsinghua University Library

建于1912年，前身是清华学校图书室。馆舍总建筑面积达近7万平方米，阅览座位3 400席。馆藏文献420余万册（件），包括22万多册古籍和一批甲骨、青铜器和名人字画等文物珍品。中、外文学术性全文电子期刊逾6.5万种。该馆共有经管学院分馆、建筑学院分馆、法学院分馆、医学院分馆、金融分馆美术学院分馆以及人文社科分馆。联机计算机图书馆中心（OCLC）在该馆建立了中国服务中心。该馆还设立了反映清华历史与现状的各种特色资料的“清华文库”，积极推介新购资源，提供各种形式的咨询服务。该馆还注重对外学术交流，与海内外百余所图书馆保持学术交流与人员互访关系，该馆于1981年加入国际图书馆协会联合会，成为其机构会员。

清华大学新闻与传播学院
Tsinghua School of Journalism and Communication

2002年4月21日正式成立。其前身是1985年在中文系设立的编辑学方向和1998年10月成立的传播系。多年来，凭借日益增强的新闻学和传播学的学科基础，围绕着国际传播、影视传播、新媒体传播和媒介经营与管理等主要方向，逐渐形成了精干的新闻与传播教学科研师资团队，增强了在学界、业界的影响力，尤其在国际传播、媒体与科技、艺术相结合和影视理论与批评等方面的学术研究中取得一定的优势。清华大学聘请中国新闻与传播界资深人士范敬宜教授担任该学院首任院长，国家新闻出版总署署长柳斌杰任院长。该学院于1995年获新闻学硕士学位授予权；2000年增列传播学硕士学位授予权；2003年获传播学博士学位授予权；2006年获新闻传播学一级学科博士学位授予权；

2007 年被批准设立博士后流动站。编辑出版《全球传媒评论》(印刷版) 和《全球传媒学刊》(网络版)。

清华同方知网技术产业集团

Tsinghua Tongfang Knowledge Network Technology Group (TTKN)

由清华同方知网 (北京) 技术有限公司、中国学术期刊 (光盘版) 电子杂志社与清华同方光盘股份有限公司组成，主要从事知识信息资源的整合传播、互联网出版与相关技术和系统的开发服务。该产业集团以建设中国知识基础设施 (CNKI) 目标，致力于开发建设《中国知识资源总库》和发展基于知识搜索与数字化学习工具的互联网出版产业。其产品和服务以及产业模式对中国数字图书馆的发展和知识资源的社会化共享产生了重要的影响。清华同方知网技术产业集团自主开发的 "CNKI 网格资源共享平台" 和 "中国知网" (www. cnki. net)，应用非线性知识传播技术，将文献资源组织成内容关联的知识网络，支持群体互动的数字化学习与研究，支持各类数据库的出版发布与网格化共享，是新一代数字图书馆和网络出版的必然发展趋势。

清刻本

Qing Woodblock Edition (Imprints Engraved and Printed in Qing Dynasty)

清代刻印的图书。分为官刻本、家刻本和坊刻本。其中官刻本即内府本，校刻精致，纸墨上佳。清初期刻本，字体沿袭明代末期的风格，字形长方，直粗横细。康熙之后，盛行 "写体" 和 "仿宋体"，道光以后，字体变得呆板，世称 "匠体字"。清代刻本的装帧形式，最通用的是包背装和线装，宫廷刻书兼有经折装、蝴蝶装和包背装。现今流传的古籍大部分是清刻本。

清迈大学图书馆 (泰国)

Chiang Mai University Library (CMUL)/
เชียงใหม่ห้องสมุดมหาวิทยาลัยเชียงใหม่

位于泰国清迈市，始建于 1964 年，是泰国北部最现代化的图书馆。馆藏图书 100 万册，其中 35 万册为外文书籍。国内期刊 700 余种，国外期刊 900 余种以及大量的视听资料、各种电子期刊、电子论文的文摘和全文文本。除了中心图书馆外，各院系分别有自己的图书馆。所有的馆藏目录均可通过中心图书馆的在线公共检索目录查询。该馆是国际图联机构会员。

清晰度，分辨率

definition

描述图像清晰、鲜明程度的一般性名词。更为精确的表示方法是图像分辨率，通常以每厘米若干线表示。

清样，机样

press proofs

又称 "付印样"、"付型样"。这是指经过著者、编辑审校定稿后，经过改版打出的作为制纸型参考用的付型样、正式付印前的校样；清样的印刷应墨色浓淡适中，页码必须按顺序。

情报存储与检索

information storage and retrieval (ISAR)

在任何时候，当用户需要查找某一特定主题相关的信息时，利用索引和存储记录文件的硬件和软件进行操作，直接进入这种信息查询系统进行的检索。对于要检索的记录，检索语句必须以计算机可执行的句法来表达。

情报计量学

Informetrics

又称信息计量学。在文献计量学基础上发展起来的学科，是量化处理情报行为与过程的情报学分支学科。这一术语最早是 1979 年由德国学者奥托·纳克教授 (Otto Nacke) 提出的。

《情报加工与管理杂志》(日本)

Journal of Information Processing and Management

由日本东京科学技术振兴事业团科学技术情报事业部编辑出版发行，1966 年创刊，月刊，原名为《情报和文献工作》(*Information and Documentation*)，由日本科学技术情报中心编辑出版。该刊力图成为图书馆、情报服务领域的情报发布、交流的场所，浅显易懂地记载情报领域理论和实践。具体涉及各种讲座、事例报告、最新情报解说、评论和见解、新版图书介绍和活动集会的新闻等。从 2001 年 4 月起，该刊既有印刷版又有网络版。

情报检索语言

information retrieval language

根据情报检索的需要而创制的人工语言，专门用于各种手工的和计算机化的文献情报存储检索系统，表达文献主题概念和检索课题概念。情报检索语言实质上是表达一系列概括文献情报内容的概念及其相互关系的概念标识系统，作为文献情报存储检索系统的一个要素，在其中起着语言保证作用，由词汇和语法组成。按其结构原理，可分为分类检索语言（分类法）、主题检索语言（主题法）和代码检索语言；按其标识的组合使用方法，可分为先组式语言和后组式语言。

《情报科学》
Information Science

1980 年创刊，由教育部主管、中国科技情报学会和吉林大学主办。该刊是《中国期刊网》、《中国学术期刊（光盘版）》全文收录期刊，又是中国学术期刊综合评价数据库来源期刊、中国科学引文数据库来源期刊、全国中文核心期刊和中国社会科学引文索引来源期刊，并于 2001 年被评为吉林省科技类一级期刊。辟有：专论、理论研究、业务研究、图书情报技术、博士论坛和综述等栏目。该刊为月刊，有英文目录，国内外公开发行。

情报科学
Information Science

研究情报传递的理论、方法和原理的学科。其主要任务在于揭示情报的产生、加工处理、传递交流和利用的一般规律。不仅研究和分析情报来源、传递内容、传递方法以及其发展、组织、使用和管理，而且还系统地在情报理论上进行研究和总结。

《情报科学和技术杂志》（日本）
The Journal of Information Science and Technology Association

由日本情报科学技术协会出版发行，1987 年创刊。该刊将情报科学、情报技术与情报管理和日本国内外的最新动态作为每期的特辑话题进行浅显易懂的述评。除了提供情报检索方法及数据库比较检索有关连载讲座之外，还登载投稿论文、海外论文翻译、书评和论坛等，同时也发表情报科学技术及相关领域的理论和应用等原著论文。

情报科学技术协会（日本）
Information Science and Technology Association (INFOSTA)

成立于 1950 年。目的是通过会员的共同努力，在促进情报生成、管理和利用等有关理论及技术的调查、研究及开发的同时，致力于这些工作的普及。主要开展的工作有：情报的生成、管理和利用等有关的理论及技术调查、研究、开发；编辑出版学会杂志及情报生成、管理和利用等有关的理论及技术相关刊物；主办情报生成、管理和利用等有关的理论及技术相关研讨会、讲习会和演讲会等；普及和评价国际十进制分类法以及与日本国内外的诸多专业机构进行学术交流及合作。

《情报科学理论》
Theory of Information Science

《21 世纪信息管理丛书》之一。该书密切结合当前中国情报科学的发展现状，吸纳、整合了近年来情报科学理论方面的研究成果，系统地阐述了情报科学的基本原理、基本理论和基本方法。内容包括绪论、情报科学的基本原理、情报科学的基本定律、情报科学的学科结构与学术流派、情报科学的学科基础、情报科学的方法论、情报科学的情报系统理论、情报科学的信息构建理论、情报科学的知识管理理论、情报科学的竞争情报理论、情报科学的信息生态理论、情报科学理论发展趋势等。该书体系新颖，内容全面，具有科学性、系统性和前瞻性；实用性强，具有广泛的应用价值。靖继鹏、马费成、张向先主编，由科学出版社于 2009 年 2 月出版。

《情报理论与实践》
Information Studies: Theory & Application

1964 年创刊，是中国图书馆学情报学核心期刊，由中国国防科技信息学会和中国兵器工业集团第 210 研究所联合主办，为图书馆学情报学理论与实践工作前沿性指导性学术刊物，中国国防科技信息学会会刊。辟有：论坛、专题、理论与探索、实践研究、信息系统、综述与述评、学会动态和讲座等栏目，涉及情报学研究发展、图书馆数字化、信息检索技术、网络信息资源管理、企业竞争情报和信息管理系统等图书馆情报工作的各个层面。

《情报探索》
Information Research

1987 年创刊，月刊，由福建省科技情报学会和福建省科技信息研究所主办，是科技情报（信息）工作指导性刊物，积极探讨和交流情报学理论和信息工作的实践经验，跟踪国内外信息技术业和信息服务业的最新进展，及时传播信息技术、网络经济等新的理论、观点、技术、信息和动态。开辟的栏目有："理论与探索"、"决策参考"、"竞争情报"、"台湾资讯研究"、"信息资源"、"检索与查新"、"信息化论坛"、"信息技术"、"图书馆论坛" 和

"简讯"等。

《情报学报》

Journal of the China Society for Scientific and Technical Information

1982年创刊，由中国科学技术协会主管、中国科学技术情报学会和中国科学技术信息研究所主办。该刊为情报科学、信息管理、图书馆学领域的核心期刊，中国科技论文统计分析和中国社科论文统计分析的选用期刊。主要报道本学科领域的学术论文、研究报告和综述评论。内容包括：信息收集、加工、存储、检索、分析研究、传递与应用中的理论和方法；信息经济、信息产业、信息市场和用户研究；信息服务，信息工作的组织、管理和政策研究等。月刊，有英文目录，国内外公开发行。

《情报学》（俄罗斯）

Informatics

俄罗斯情报学文摘杂志，月刊，由全俄科学和技术情报研究所出版。该刊于1963年问世。每期包括近400篇涉及各种问题文章的文摘和书评，反映国内外的情报组织与图书馆活动，介绍情报工作和图书馆工作过程中的技术手段及其他问题。

情报学教育

information studies (information science education)

培养情报学教学、科研和从事情报工作高级人员。分为以培养专门人才的高校所提供的本科以上的教育与以更新、拓展知识、提高专业技能和创造能力的在职工作人员继续教育以及具有情报需求的用户教育。

《情报学，情报快报》（俄罗斯）

Informatics Express-Information

俄罗斯情报学刊物，半月刊，1979年创刊，由全俄科学技术情报研究所出版。刊登有关国外期刊最具现实意义的情报趋向方面文章的文摘，包括社会的情报化、情报政策、国际上有效的情报体系和数据库及电子出版物等，其中也反映出半年中所出版文摘的作者和主题索引。

《情报学研究进展》

Progress in Research on Information Science

《数字时代图书馆学情报学研究论丛》（第2辑）。该书收录16篇文章，对近年来情报学领域的新成果、新进展、新动向及发展趋势进行了系统、全面的综述和述评。主要内容涵盖情报学研究的核心领域、科学问题、演变趋势、前沿问题和研究方法，信息政策法规、信息服务、信息检索、信息系统、信息组织、科学交流、本体应用、文本分类、物联网和知识管理等方面的主题。李纲编著，由武汉大学出版社于2010年9月出版。

《情报学研究与情报工作进展》

Progress in Information Science Research & Information Work

主要内容为：数字化时代情报学理论的研究进展、新世纪信息计量学研究进展评述、人类信息行为研究的几个主要问题、情报研究方法发展现状与趋势等。《图书与情报工作》杂志社编辑，由海洋出版社于2011年1月出版。

《情报学杂志》（英国）

***Journal of Information Science* (*JIS*)**

1979年创刊，同行评审的国际期刊。由英国图书馆及信息专业工作者特许协会（Chartered Institute of Library and Information Professionals, CILIP）和塞奇出版公司（Sage Publication Ltd.）联合编辑出版，双月刊。该刊所刊载的文章涉及情报科学，包括知识及其交流、情报来源、情报检索、情报传播和情报管理等，大部分论文被认为具有一定的权威性，故被《社会科学引文索引》（*SSCI*）等5种重要索引刊物收录。

《情报语言学词典》

Indexing Linguistic Dictionary

由张琪玉教授编著。该词典内容包括情报语言总论、分类法、主题法、自然语言检索、索引法、文献标引和情报检索以及其他相关的名词术语，共计2 300余条。该词典还对某些意义上互相有联系的名词术语采取设立并列词条的方式，使词义在相互联系中更易理解，并精简释义，词典正文后设三个附录。由北京图书馆出版社于2000年出版。

情报源

information source

提供情报，满足用户情报需求的来源，主要用于传播情报。可分为自然情报源、社会情报源、经济情报源、科技情报源和控制情报源以及静态情报源和动态情报源。

《情报杂志》

Journal of Intelligence

1985 年创刊，原名为《陕西情报工作》，由陕西省科学技术信息研究所和陕西省科技情报学会主办，月刊。该刊立足情报学领域，兼顾理论研究与应用研究，以鼓励原创和培养新作者为己任；坚持严谨求实的办刊风格，崇尚科学，鼓励创新，倡导学术争鸣，抵制学术造假。该刊刊载论文的重点研究方向：情报研究（情报理论、情报文献、情报规划、情报语言、情报史等）、情报分析（预警、预测、监测等）、情报管理（情报组织、情报政策、情报服务等）、专业情报（战略情报、科技情报、经济情报、竞争情报、商业情报等）、情报机构、数据安全和反情报等。该刊为中文社会科学引文索引（CSSCI）来源期刊及中文图书馆学情报学类核心期刊。

《情报资料工作》

Information and Documentation Services

1980 年创刊，中国社会科学情报学会学报、会刊。由中国社会科学院文献信息中心和中国人民大学书报资料中心联合主办的大型信息管理的期刊，发行覆盖全中国的 31 个省、市、自治区的高等院校、党校、社会科学院、军队院校、政府信息机构及新闻单位五大系统的各类信息机构。主要栏目有："理论探讨"、"信息化与网络化建设"、"数字图书馆论坛"、"信息资源建设与管理"、"信息需求与服务"、"国际信息业"。该刊为南京大学 CSSCI 来源刊、北京大学中文核心期刊、中国社科院中文核心期刊、全国图书馆学情报学核心期刊。有英文主要目次，国内外公开发行，双月刊。

（情节简单的）中篇（或短篇）小说

（意）*novella*

在篇幅上与短篇小说或较长的短篇故事相同，是一种短篇的散文叙述文，记述令人感兴趣的虚构事件，例如：欧内斯特·海明威（Ernest Hemingway）撰写的《老人与海》(*Old Man and the Sea*)。中篇小说一般都有其道德标准，以讽刺、挖苦的文体形式撰写，例如：菲利普·罗斯（Philip Roth）发表的《再见了，哥伦布》(*Goodbye*，*Columbus*)，钱钟书的《围城》。*novella* 为意大利文词语，意即"短篇故事"或"传说"。

请看，参看

（拉）*vide*

拉丁文动词 videre（请看）的祈使式。用于脚注中，意思是"查阅"、"参考"，指引读者参考特定的图书、章节、页码或段落。vide 的简写形式为：v，vid。

请求处理，要求处理

demand processing

有时又称为"即时处理"，是指在计算机系统中的数据一旦存在或就绪便立即处理的方式。这一方式可以避免大量存储未被处理的数据。

庆南大学图书馆（韩国）

Kyungnam University Library

位于韩国马山，于 1946 年 12 月 27 日投入使用。1974 年随着大学的搬迁而迁往新址，1980 年为适应不断增长的馆藏量的需要，建成新的图书馆大楼，设立总阅览室、论文室、参考服务室、网络室、韩国文献室等服务部门，拥有阅览席位 3 400 个。馆藏各类图书和期刊 100 万余册（件）。从 1995 年起，参加韩国地区高校图书馆组织，开展了高校图书馆之间馆际互借活动。

庆应大学图书馆学情报学院（日本）

Keio University of School of Library and Information Science

始于 1951 年的"图书馆学科"，1968 年改成为"图书馆情报学科"。两者均为日本最初设立的学科。2000 年，伴随文学部学科的改组，成为人文社会学科图书馆学情报学系的图书馆学情报学专业。该系目前的专业设置课程为：古代记录用纸到最近新媒体的情报媒体、存储在这些媒体上的情报检索、情报媒体的收集、提供和保存制度等。该学院的教育目标是"从情报角度发现解决问题"，其研究生院目标是：培养高级情报专家、图书馆情报研究者，后者在博士课程上倾注全力。该学院可以授予情报学和情报资源管理专业的硕士和博士学位。

穷举搜索

exhaustive search

一种检索方式。指在数据库或资源库中不加选择地查询所有已知记录，这是一种低效率的检索方法。

《穷人的圣经》
(拉) ***Biblia Pauperum***

公元14世纪，由于印刷术的发展，圣经壁画及版画可以集中编印成图书，这些圣经图书用连环画形式叙述圣经故事，每帧图画附有拉丁韵文解释，对民众影响很大，被称为“穷人的圣经”。12世纪有手抄本流行，1467年刊印成书。根据琼·彼得斯（*Jean Peters*）在1975年由美国鲍克公司出版的《出版术语》（The Bookman Glossary）中记载，这种图书不但没有被随之而来的活字印刷所取代，反而在16世纪早期继续出版。现在已经非常稀少，知道的仅有15种存在，而且成为被用作教育人们信奉基督教的工具。

丘峰（1936—2011）
Qiu Feng

中国国家图书馆研究馆员。1962年毕业于北京大学图书馆学系，先后在国防部第六研究院情报所、航空工业部情报所和国家图书馆工作，曾任《中国图书馆学报》常务副主编，兼任全国文标第五分委员会委员、北京科技情报学会编译出版委员会委员和中国图书馆学会编辑出版委员会副主任。发表学术论文数百篇，著有《情报检索与主题词表》、《文摘工作概论》，参编有《航空科技资料主题表》、《汉语主题词表》、《国防科学技术叙词表》，译有《情报检索词汇规范化》等。

Q

邱均平（1947—）
Qiu Junping

武汉大学信息管理学院教授、博士生导师。1969年毕业于武汉大学化学系，1981年毕业于武汉大学科技情报专业，同年留校任教至今。主要从事图书馆学情报学、信息管理学、文献计量学与科学计量学、信息管理与科学评价、经济信息与竞争情报的教学和研究工作，并指导和培养这些专业方向的硕士生和博士生。主持或参加了19个项目的研究工作，其中国家级有9项。1998年和2000年，作为高级访问学者和高级研究学者应邀访问了美国俄亥俄大学等14个著名图书馆情报机构，并开展国际合作研究。先后兼任美国信息科学与技术学会理事、中国科学评价研究中心主任、图书馆学情报学研究所所长、《图书情报知识》杂志副主编以及中国竞争情报研究会、中国社科信息学会和中国科技情报学会理事、中国图书馆学会编译出版委员会图书馆学期刊编辑出版专业委员会副主任、中国社会科学研究评价中心咨询专家委员会委员以及《情报学报》等多种杂志的编委。出版专著数部，发表文章数百篇，并多次受到学术奖励。

求书八法
Eight Methods of Acquisition

宋代著名目录学家郑樵在《通志·校雠略》中提出“求书八法”：“即类以求”、“旁类以求”、“因地以求”、“因家以求”、“求之公”、“求之私”、“因人以求”、“因代以求”。

求知新途奖
Access to Learning Award

由比尔·盖茨和梅林达基金会（Bill & Melinda Gates Foundation）提供、由美国图书馆与信息资源理事会（Council on Library and Information Resources）负责每年授予美国以外的图书馆、图书馆代理机构或类似组织，表彰他们在利用创新性计划向公众提供免费信息技术方面所做的工作，该项的奖金最高达100万美元。由图书馆员、信息技术专家和基金会工作人员组成的国际咨询委员会负责根据申请者在创新性贡献及对申请资料进行评估。该委员会选出最后合格名单，提请基金会审核，由基金会选出获奖者。

求职信
cover letter

指求职时与简历一起递交的介绍信，一般不超过一页。一封好的求职信一般要表明申请者所具备符合工作要求的条件。在广义上，指一封与文件一起递交的简短说明信。

求助电话
help line

可以帮助人们获得某种帮助的电话号码，如指导或建议如何使用某种软件或硬件。其中有些求助电话是非常有用的。

裘开明（1898—1977）
Qiu Kaiming

中国图书馆学家，1922年1月毕业于武昌文华图书馆专科学校，后任厦门大学图书馆馆长。1925年、1927年分别毕业于纽约公共图书馆学院、哈佛大学，获图书馆学学士学位和经济学硕士学位。期间，在哈佛大学任中文系讲师兼图书馆中文图书编目员。1928年哈佛燕京图书馆成立，出任第一任馆长至1965年。1930年任中央研究院北平科学研究所研究员，1933 年获哈佛大学经济学博士学位。1936—1937 年曾回国任北京大学、清华大学教授。此后任美国波士顿美术博物馆中国文学顾问、美国图书馆协会远东图书馆编目顾问、美国明尼苏达大学东亚图书馆、香港大学图书馆顾问和哈佛燕京图书馆中文善本图书研究顾问。一生从事图书馆实践与研究工作，在图书编目、分类及中文善本书等有深入的研究。曾发表过专著、专论和书目等共 50 余种。

区别性题名，特征题名
distinctive title

某一文献特有的题名。与通用题名相对。例如有些连续出版物除了使用“年报”、“年鉴”和“会议录”等通用性题名外，另有一区别性题名，具体说明出版物论述的内容。这种题名的专指性较强，在检索时有识别文献的作用。在版权登记时区别性题名具有十分重要的意义，它可以使文献款目在图书馆目录或其他查找工具中更易于从题名检索。

区分基础（划分基础）
basis of division

在编写组配分类表时，通过对各类图书资料的分析，确定大类下面具有不同特征的分面，作为区分的基础。

区域
domain

单机系统控制的全部硬件和软件资源。在局域网（LAN）中，所有客户机、服务器和设备，在单独安全数据库控制下，按照共同规则和程序集管理。在因特网上，所有客户机、服务器和设备分享一个共同的 IP 地址部分。最高级的域是主机类型。

区域标准
regional standard

由世界某一区域标准化机构颁布的一种本地标准。主要指世界上按地理、经济或政治划分的区域，如欧洲标准就是欧洲这个区域的标准，是为了欧洲区域的利益建立的标准。

区域集团采购，地区集团采购
regional group purchase

指由同一地区的若干图书馆自愿组成集团，共同推举谈判代表与电子资源提供商谈判价格与使用条款，最终购买合同则由供应商与各成员馆签订，购买费用由各成员馆自行支付给提供商的一种新型的电子资源购买方式。电子资源集团采购可以降低各成员馆的购买风险和购买成本，有利于实现数字资源的共建共享。

区域码
regional encoding

DVD 视盘上标识的世界区域代码，目的在于控制不同区域销售的播放器只能播放特定格式的 DVD。属数字文件特征（digital file characteristic）之一。

区域数字图书馆
regional digital library

某一地区的各种类型图书馆（包括公共图书馆、高校图书馆、科研图书馆、中小学图书馆、情报所、档案馆、信息公司）等单位形成一个联合体，实现资源的共建共享。其功能主要有联合目录、资源建设协调、电子资源集团采购、数字资源保存与服务、馆际互借和文献传递、协同参考咨询、人员培训、异地藏书合作贮存。

区域研究著作
area study

研究世界上某一特定地区（如非洲、亚洲、欧洲、拉丁美洲和中东等）实际状况的出版物，包括该地区的自然地理、人文地理、经济、历史、政府、文化以及一些相关统计资料和目录信息。通常以丛书形式出版。

曲卷，翘曲
cocked

书籍的一种装订缺陷，因书脊扭曲或弯曲使图书不能呈直线合在一起。

曲艺作品
Qu Yi works

指相声、快书、大鼓和评书等以说唱为主要形式表演的作品。

驱动程序
driver

一种允许计算机和设备通信的软件。当增加新硬件时，如打印机、扫描仪和软驱等，必须在中央存储器上安装相应的驱动程序，使操作系统能控制并运行设备。打印机驱动程序是一种将计算机数据转换为目标打印机可以理解的格式的设备驱动程序。

屈万里（1907—1979）
Qu Wanli

字翼鹏。山东鱼台县王鲁乡东华村人。先后任鱼台县图书馆馆长、山东省立图书馆编藏部主任、台湾中央图书馆编纂及特藏组主任、台湾大学副教授兼文书组主任、台湾中央研究院历史语言研究所研究员和代理所长、台湾中央图书馆馆长兼任师范大学国文研究所及东吴大学中国文学研究所教授、台湾中央研究院历史语言研究所所长、美国普林斯顿高深研究所研究员、普林斯顿大学客座教授、加拿大多伦多大学东亚系访问教授、新加坡南洋大学客座教授。一生致力于教学及中国古代经典文献和甲骨文研究工作，成绩卓著。著述有《诗经释义》、《尚书释义》、《古籍导读》、《尚书今注今译》、《〈殷墟文字甲编〉考释》、《汉石经尚书残字集证》、《汉魏石经残字校录》和《图书版本学要略》。有关目录学、版本学、校勘学、辨伪学、经学、史学、文字训诂的专著 20 余种；有关诗、书、易及古文史考订论文编成《书佣论学集》。曾两度去美国，编成《普林斯顿大学葛思德东方图书馆中文善本书》。

瞿绍基（1772—1836）
Qu Shaoji

字厚培，一字荫棠，廪贡生。清嘉庆、道光间江苏常熟著名藏书家。喜好收藏书籍，凡宋元善本，不惜重金购买，积书十万余卷。就版本而言。瞿氏藏书多宋元珍本、孤本及未经见之罕见本，从《铁琴铜剑楼藏书目录》看，收录善本书 1 228 种，经、史、子、集无所不包，著录大多宋元本，手稿孤本，足以证实瞿氏藏书质量之善。1950 年 1 月，瞿氏后代瞿济苍将其家藏宋、元、明善本书 52 种 1 776 册，通过文化部文物局捐赠给北京图书馆。瞿旭初将上海“铁琴铜剑藏书楼”藏书捐献给上海市文物管理委员会。3 月 7 日，常熟“铁琴铜剑藏书楼”又向北京图书馆捐赠宋、元、明善本书籍 20 种。

取消订购连续出版物
serial cancellation

由图书馆通知出版商或期刊预订代理商，表示不再订阅某种期刊。近年来，由于物价变化的原因，期刊价格不断上涨，采购经费的大幅缩减，使得一些图书馆不得不逐年取消连续出版物的订购，以此来维持购买期刊及专著之间的平衡。

去除，删除
kill

指去除文章或书籍中的不当之处（某些章节或某些词句）。也指从磁盘或存储器中清除病毒程序或无用文件的操作。

去污
washing

一种保护图书资料的技术。用平和的化学溶剂除去沾在出版物上的污迹、笔迹、黄斑和酸性物质。水是一种常用的溶剂，具有较强的溶解力。当纸质文献上沾有泥斑、水斑等污斑时，可用水加以清除。此方法可重新建立起纸张中纤维素分子间的一些断裂的氢键，并有助于消除纸内的游离酸，但不适用于水溶性字迹文献。

权
weight

计算机检索中，对被处理的信息单元标识（如关键词、分类号和责任者等）赋予一定的权值，用来表示其与检索者利用要求相关的重要程度，起到提高查准率的作用。权值决定于检索标识在记录中出现的频率和所处的位置（标题、叙词、文摘和正文）。

权威性的
authoritative

来自官方信息资源，或者是经某一领域专家认可其权威性或真实性的作品。

权威性记录
authoritative record

指规范档中关于某一特定标目的记录，这由选定的标目、有关的参照项、标目来源、编目注释等项组成。也指经专门的管理部门审定的符合某一图书馆网络标准的题名记录。统一的著录条例是确立权威性记录的基础。

权限
Rights

都柏林核心元素集的元素之一。指有关资源本身所有的或被赋予的权限信息。可以指一个权限管理的陈述，也可以指一个权限管理陈述的标识，或者提供资源权限管理信息内容的服务器的标识。一

Q

般包括知识产权、版权或其他各种的产权。

权值，适用度
relevance ranking

数据库信息检索的常用术语。指数据库允许检索结果根据其满足查询需求所达到的程度来进行排列，或者将检索结果以相关度的降序形式来显示。权值的大小数通常取决于每个检索术语在数据库记录及存储单元（题名、关键词、摘要和全文本）中出现的次数。

全备份
full backup

为硬盘上的全部文件数据建立备份。对于一些重要的信息处理系统，建立完全备份是十分必要的。

全传
complete biography

指描述被传人一生历史情况的传记作品。

全动式视频
full-motion video

图像以每秒 30 帧的速度进行视频传输。动画以每秒 24 帧的速度运行。存储在计算机上的数字化视频图像能根据计算机的速度以不同的帧频来显示。

全都是初版书籍
all firsts

古旧图书贸易和图书馆编目工作中所使用的词汇，指某批出版物全部是初版书籍。

全革装，全布装
full binding

用整块材料作书脊和封面的一种装订方式，原先用皮革作材料，但目前通常用某种布做装订材料。

全工作日的，专职的
full-time

指按照惯例或标准的工作时间被聘用的全日制（专职）工作人员。专职职员通常拥有全工作日人员所有的利益。如果不支付加班酬金，他们每周工作不超过 40 小时。在学术机构里，专职对兼职（附加的）人员的比例，包括图书馆员，由馆长根据实际情况决定。

《全国报刊索引》
National Index of Newspapers and Periodicals

原名为《全国主要期刊资料索引》，由上海图书馆于 1955 年 3 月创刊。初为双月刊，1956 年起改名为《全国主要报刊资料索引》，同年下半年起改为月刊，1959 年起分哲学社会科学版与自然科学技术版两刊，从 1966 年 9 月文革开始休刊。1973 年复刊时正式改为现名，前期哲社版与科技版合一，1980 年又分成哲学社会科学版与自然科学技术版两刊，出版至今。该索引收录了全国包括港、台地区的期刊 8 000 种左右，涉及所有哲学、社会科学、自然科学以及工程技术领域。其内容包括中国与各省、市、自治区党政军、人大、政协等重大活动、领导讲话、法规法令、方针政策、社会热点问题、各行各业的工作研究、学术研究、文学创作、评论综述以及国际、国内的重大科研成果等。目前两个版本的月报道量均在 1. 8 万条以上，每年的报道量合计在 44 万条左右。《全国报刊索引》正文为分类目录，后附有个人著者索引、团体著者索引、题中人名索引以及收录期刊名录。《全国报刊索引》编辑部自 1993 年起，在《全国报刊索引》“哲社版”的基础上开发了“中文社科报刊篇名数据库”，供检索 1993 年以后的报刊资料出处。该数据库具有关键词、分类号、责任者、文献题名、文献出处、卷期标识、题中人名等多种检索途径，具有检索速度快、检索点多的优势。

《全国地理杂志》（美国）
National Geographic

月刊，由美国全国地理学会（National Geographic Society）于 1888 年 1 月 13 日在华盛顿创办。是首先复制彩色照片的月刊之一，也是刊登海底生物照片的先驱。此杂志还报道美国及世界各地的地理情况、名胜古迹、珍禽异兽、重要建筑和风土人情等内容。文笔优美，行文严谨。该杂志恪守的信条是“只发表对任何国家和人民有善意的文章”。刊物的收益全部用于资助各种科学考察活动。发行量达 1 000 多万份。

全国广播公司（美国）
National Broadcasting Company（NBC）

美国三大全国性商业广播公司之一，世界十大广播公司之一。1926 年 11 月 15 日由美国无线电公司、威斯汀豪斯公司和通用电气公司合股成立，是美国无线电公司的子公司，总部设在纽约。该公司在纽约、华盛顿、芝加哥、旧金山、克里夫兰、洛杉矶、丹佛和迈阿密等大城市设有直属电视台，还有附属的电视台及电台500余座，形成了全国范围的广播网，并在英、法、德、日、印度、墨西哥和以色列等国派有常驻记者。该公司于1939年4月30日开始定时广播，当天就播出了美国总统参加纽约世界博览会实况。1954年最先建立彩色电视节目的电视网。1985年，美国通用电气公司用62亿美元购买了全国广播公司。2002年分别收购了美国排名第二的西班牙语电视网德莱门多（Telemundo）和拥有7 000万观众的布莱乎（Bravo）有线电视网。

全国技术信息服务机构（美国）
National Technical Information Service（NTIS）

位于华盛顿特区市郊，是美国商业部技术管理局的一个部门。提供美国政府和国际上政府机构生产和购买的科学、技术、工程和商业信息的最大集中型信息源，其300余万件馆藏包括有技术报告、统计数据、商业信息、美国的军事出版物、多媒体培训资料、计算机软件和电子型数据库，覆盖350多个学科范围。该机构的使命是为公众提供检索信息，从而激励创新和发现以支持全国的经济增长。50多年来，该机构使许多企业、大学和公众能及时地从馆藏文献中检索到所需要的有用信息。

全国家谱学会（美国）
National Genealogical Society（NGS）

成立于1903年，总部位于美国弗吉尼亚州。该学会是一个服务性机构，致力于收集、保藏和传播家谱信息，激发人们从事家谱研究的兴趣，培养人们认真地记录家谱数据，促进家谱领域的教育和培训工作。该学会的出版物有《全国家谱学会新闻杂志》(*The NGS Newsmagazine*）和《全国家谱学会季刊》(*NGS Quarterly*)。

全国讲故事网（美国）
National Storytelling Network（NSN）

建立于1998年，当时的全国讲故事协会分为国际讲故事基金会和全国讲故事网两部分，后者是一个致力于提高讲故事质量从而为提高生活质量作出贡献的组织。作为美国图书馆协会的一个分支机构，全国讲故事网与其地区和区域性成员合作每年联合举办全国讲故事大会。出版有《讲故事杂志》（*Storytelling Magazine*)，建有StoryNet Web网站。

全国教育图书馆（美国）
National Library of Education（NLE）

世界上唯一致力于收集、保存和有效使用教育领域的研究信息和其他信息的最大图书馆。该馆位于华盛顿特区，由美国联邦政府提供经费，为美国教育部、国会、总统办公室以及广大民众服务，是教育界图书馆、档案馆和其他信息提供商的全国网络中心。总藏书量为60多万册，主要是关于教育类的850种期刊，其中有800余种为英文现刊和45万卷缩微胶卷，97%为研究报告、会议论文和技术指南。馆藏主要集中在教育领域，尤其是1965年以来出版的资源有法律、公共政策、经济学、城市事务、社会学、历史、哲学、心理学以及信息科学。该馆的出版物有：业务通讯、教育研究、系列丛书、年报和小册子等。

全国联合目录（美国）
National Union Catalog（NUC）

美国国会图书馆始于1948年发行的一系列印刷型目录，报导由美国其他图书馆收藏的印刷卡片和图书的著者目录，是数字化信息前试图建立全国性联合目录的一种大胆尝试。每年至少出版4卷，同时还出版几年累积的按著者姓名编排的目录。自从机读记录问世后，由于一些公用事业，如联机计算机图书馆中心（OCLC）所拥有的大型书目数据库可为用户提供馆藏信息，全国联合目录项目基本被废弃。

全国盲人和残疾人的图书馆服务（美国）
National Library Service for the Blind and Physically Handicapped（NLS）

由美国国会图书馆管理的全国性图书馆项目。通过协调区域和地区图书馆的全国性网络为合格的读者免费提供和发行布莱叶盲字和录音的图书馆资料。该项目于1931年由国会图书馆推出，为成年的盲人服务，于1952年扩大到为视力受损害的儿童，1962年又增加了音乐资料，1966年则进一步发展到为其他肢体致残影响到不能阅读标准规格印刷出版物的个人服务。

全国媒体技术中心协会（美国）
National Association of Media & Technology Centers（NAMTC）

通过网络、宣传和资助活动致力于帮助管理媒体技术中心，促进教育界对非印刷型媒体、技术和信息服务的公正使用的非赢利协会。地区、K－12

和高等教育的媒体技术中心以及商业界媒体销售商均有资格成为其会员。该协会每年出版5期工作通讯，刊载有关媒体技术和信息服务的最新信息和广告。

全国入藏手稿资料联合目录（美国）
National Union Catalog of Manuscript Collections（NUCMC）

由美国图书馆资源委员会拨款，美国国会图书馆于1959年发起的一项联合编目项目，旨在向符合准则的美国博物馆免费提供档案和手稿资料的目录。依据合格博物馆提供的编目数据，全国入藏手稿资料联合目录参与馆编目人员生产出研究图书馆信息网络（RLIN）的全国性数据库的机读（MARC）记录。当时将全美国90多所图书馆和档案馆入藏的2万余件手稿以及国会图书馆收藏的2 000余件手稿著录编成目录卡片，汇成联合目录。

全国图书发展委员会（印度）
National Book Development Council

1967年，印度组建了全国图书发展董事会，负责制定图书业的发展规划，行使图书销售、满足全国图书需求的中央协调机构。是在1966年5月联合国教科文组织在东京召开的亚洲图书生产和发行专家会议的建议背景下成立的。为了应对当时的严峻挑战，印度政府又组建了全国图书发展委员会，赋予下列职责：培育阅读习惯和鼓励出版与儿童、农民教育相关的文献；探索向发展中国家出口印度图书的渠道和可能性；为图书从业人员组织培训课程，研讨会和讲座等；鼓励用印度文的创作活动；为保护作者的利益，鼓励印度作者撰写和印度出版商出版高等教育领域各科学技术学科的教科书；承担和开展相应的科研、调查和研究课题，以便实现上述各项目标；制定符合各类读者兴趣的全国图书政策。

全国图书馆文献缩微复制中心
China National Microfilming Center for Library Resources

1995年成立。其主要工作职责是制定全中国公共图书馆文献缩微规划，组织并协调全国公共图书馆开展对馆藏古旧文献和其他需要长期保存文献的抢救工作。下设4个科组：综合管理组、计划与协调组、摄制与技术服务组和编目与典藏组。

全国图书馆信息服务无障碍联盟
National Library Information Service Accessibility Consortium

于2010年7月在全国图书馆信息服务无障碍联盟会议期间成立，会议对图书馆信息服务无障碍工作的现状、建设目标、标准建设、技术实现和服务模式等进行交流和探讨。全国图书馆信息服务无障碍联盟的具体做法是在各级各类图书馆内开辟残障人士服务专区，图书馆资源采购与制作向他们倾斜，加强面向残障人士的新媒体服务建设，推进图书馆声像信息资源加配字幕工作，组织各种专场讲座活动，积极推进残障人士阅读的法制建设，开展残障人士阅读调查以及建立资源与服务的共享列表。

全国图书馆学与情报学委员会（美国）
National Commission on Libraries and Information Science（NCLIS）

美国联邦政府中一个独立的行政机构，组建于1970年，总部设在华盛顿。其职能是为总统和国会制订全国图书馆情报政策提供咨询，开展图书情报需求研究，评估现有资源和服务的充足度，促进图书馆情报研究工作，制订满足全国信息需求的计划以及帮助协调联邦政府、州政府和地区的上述各项活动。该委员会由15名委员组成，其中14名由总统提名，经参议院同意后任命，第15名是国会图书馆馆长。据法律规定，其中5名必须具有图书馆学、情报学的背景，其他委员则对学科有兴趣或特殊能力。该委员会出版《全国图书馆学和情报学委员会年报》（*NCLIS Annual Report*）。

全国图书馆周（美国）
National Library Week

由全国图书委员会和美国图书馆协会于1958年首次发起，全国图书馆周活动在每年春季政府承认的7天时间内着重宣传美国各类型图书馆的活动。许多公共图书馆通过陈列广告画和展品，开展新闻发布会，举办书评和其他推广活动来纪念这一活动。其他国家也在每年的春季或秋季举办类似的全国图书馆周活动。

全国图书奖（美国）
National Book Award

在美国文学界一项很高的奖项。自1950年以来由非营利性组织全国图书基金会——图书出版集团联合会颁发的一种荣誉性奖励，目的是增强公众对美国人撰写的优秀图书的了解。获奖图书分为4类，即小说、非小说类作品、诗歌和儿童文学。获奖图书由一个独立的5人小组进行评定，每类获奖图书可得到奖金1万美元和一尊水晶的雕刻工艺品。进入“决赛”的作家则每人可以获得1 000美元的奖金。

全国图书托拉斯（印度）
National Book Trust

印度政府教育部下属的一个自治机构，正式组建于1957年，目的是在印度民众中掀起一场关心图书的大规模活动。其主要任务是：鼓励和出版有关印度经典文学、印度作者以印度文字出版的著名作品及其著名的翻译作品，为普通读者提供现代知识的著名图书，并以适当的价格向公众销售；编制图书目录和在全国各地组织书展、研讨会；鼓励和促进印度图书出口交易等。为了使印度民众能及时得到所需图书、养成良好的阅读习惯，全国图书托拉斯还出版大量廉价的出版物，选题侧重于印度语言范畴，以弥补图书出版的空白领域。

全国卫生文献中心（印度）
National Documentation of Health

该中心在组建初期，致力于组建丰富的文献基地、采购复制设备、寻找为用户提供服务的专业人才，曾得到了联合国开发计划署的实质援助。中心的另一项重要工作是负责维护《中央索引》(*Central Index*)，该索引收录了大量的期刊论文、会议文献和报告等。目前，已成为印度全国卫生、家庭和福利领域的一流文献中心。

全国文化信息资源共享工程
National Central Resources Sharing Project

由中国文化部、财政部组织并实施的国家级文化工程，此工程于2002年4月正式启动。此项工程是利用先进科技手段传播、建设先进文化的大型的公益性的文化网络工程，旨在整合全国文化信息资源，通过因特网、卫星宽带传输和光盘将数字化文化信息资源传输到群众身边，实现优秀文化信息资源在全国范围内的共建共享，满足广大人民群众日益增长的文化需求，整体提高文化资源的利用率。共享工程开辟了一个不受地域、时空限制的崭新的文化传播渠道，对迅速扭转中国广大中西部地区，特别是贫困地区的信息匮乏和经济、文化落后的状况将起到极大的作用，对继承和发扬中华民族优秀文化，实施“科教兴国”、“以德治国”的战略将产生深远的影响。

全国文摘和信息服务机构联合会（美国）
National Federation of Abstracting and Information Services (NFAIS)

由生物科学情报服务处（BIOSIS）负责人发起，组建于1958年，由55个主要的非营利性、商业性、政府和学术性在线书目数据库生产商和发行商、为研究和专业服务的数字信息服务商以及提供各学科数据库检索服务的机构组成。联合会旨在支持、鼓励、促进并完成全球文献信息的摘要、索引和分析工作等。出版有月刊《全国文摘和信息服务机构联合会业务通讯》(*NFAIS Newsletter*)，刊载关于摘要、信息服务的最新发展消息。

全国医学图书馆（印度）
National Medical Library

1966年，位于新德里的卫生服务总馆被指定为全国医学图书馆，分阶段逐步建设成为医疗卫生事业服务的全国性综合系统。该馆具有较好的业务基础，馆藏包括8.5万册图书、报告，8.2万册期刊合订本以及2.1万份单行本和小册子。其业务活动主要包括：出版《印度医学期刊索引》(*Indian Medical Periodical Index*)；开展卫生领域为期5周的图书馆员定向培训；为全国用户提供复制服务，并通过世界卫生组织为用户提供MEDLINE检索服务；开发图书馆自动化项目，创建文献数据库；出版图书期刊核心论文目录，供各医学图书馆使用。

全国影片保护基金会（美国）
National Film Preservation Foundation (NFPF)

由美国国会组建的非营利组织，旨在支持对美国电影遗产的保护和改善电影用于学习、研究、教育和展览方面的全国性工作。该基金会于1997年开始工作，并得到了电影艺术和科学研究院及电影基金会的资助。该基金会向影片档案部门发放联邦政府匹配的资金，帮助保护濒临毁坏的影片和收藏物。

全国影片登记表（美国）
National Film Registry (NFR)

在美国影片保护委员会帮助下，由国会图书馆每年挑选的、保存在国会图书馆档案馆多达25部电影的清单。筛选的影片必须至少有长达10年的历史，但不一定要求达到正片应有的长度或一定要在影院上映才算有资格入围。1988年颁布的《全国影片保护法》(*The National Film Preservation Act*)

授权全国影片保护委员会在慎重的前提下尽可能最大限度地考虑各类影片登记入馆。

全国优秀馆配商评选
The Selection of Chinese Excellent Library Distributor

从2006年开始，由《图书馆报》推出了这项活动，聘请图书馆馆长、有关负责采访工作的馆员、出版社社长以及发行负责人担任评委，推举出几十家优秀馆配商，促进了馆配行业实现可持续发展。

《全国邮报》（加拿大）
The National Post

加拿大第一份真正意义上的全国性日报，创办于1998年10月28日，是霍林格国际公司（Hollinger International）的"旗舰"，由索瑟姆公司负责经营和管理。该报以《今日美国》为蓝本，以报道内容的广泛性和通俗性为原则，彩色印刷，创刊号因为是免费发送的，发行量达50万份，创造了加拿大报业的一个纪录。

全国政府档案管理者协会（美国）
National Association of Government Archives and Records Administrators（NAGARA）

组建于1984年，是美国各地区、州和联邦政府档案管理者以及由对改善政府档案管理工作感兴趣的个人组成的全国性协会，其成员包括各地区、州和联邦政府档案管理机构，出版有季刊《全国政府档案管理者协会交流中心业务通讯》（*NAGARA Clearinghouse Newsletter*）。

全集
complete collection（complete edition）

指一个作者（有时是两个或几个有关的作者）、一个流派作者的全部著作集合编成的书。全集以收集保存为目的，尽量求全，汇录全文。除了全部已发表过的作品外，还收录作者未发表过的作品及各种零散资料。收集的著作一般按写作年代或发表时间排列，也有的按体裁或性质分类，再按时间先后排列。最后编为若干卷，合为一套出版。全集一般在作者去世后才编辑出版，是研究作者思想演变和成就的最主要依据。

全金边
full-gilt

整个书边（指三面）都涂上金箔并抛光。

全景照片，全景图
panorama

指用全景照相机拍摄的或分镜头照片连接起来的、包括人物和景物的广阔视域的照片；全景图则用倾斜的而不是鸟瞰的视角，形成一个视野区，用来描述城镇、大城市和民众娱乐休闲场所的地图。有时从地图的上部或下部空白区域标记一些重要的地理特征。全景图同时具有地图和照片的特征。

全美亚太裔图书馆员协会
Asian/Pacific American Librarians Association（APALA）

成立于1980年，是美国图书馆协会的分支机构，成员主要是在美国工作的亚太裔图书馆员和信息业人士。该协会组织召开有关亚太裔图书馆员的讨论会议，支持和鼓励向亚太裔团体提供图书馆服务，为亚太裔图书馆学校的学生设立奖学金，招收和辅导亚太裔图书馆学和情报学专业人员，并促进协会与其他组织的合作交流。该协会出版季刊《全美亚太裔图书馆员协会业务通讯》（*APALA Newsletter*）。

全面主题
holotheme

编制主题表的一个原则，把事物或特征的一切概念全部当作主题编入主题词表。

全民读书月
Reading Month for All

2000年，由中共中央宣传部、文化部、科技部、教育部、广电总局、新闻出版总署、全国总工会、共青团中央和全国妇联9个部委组成的全国知识工程领导小组决定把每年的12月定为"全民读书月"。这项以"倡导全民读书，建设阅读社会"为宗旨的读书活动在全中国蓬勃展开。为了更好地营造全民读书、终身学习的良好社会氛围，推动群众性读书活动深入开展，促进学习型社会建设，提高图书馆服务质量，全国各种类型的图书馆开展了各种活动，以进一步激发全民读书的热情，推动学习型社会、学习型组织和学习型家庭的建设。

全名
full name

指一个人未经简化、完整的姓名。

全（皮、布）装
whole binding（whole bound）

一种图书精装形式。其封壳由整张包覆材料制成，主要用料有加涂层的化纤织物、漆布、皮革、人造革、缎、锦和绸等丝织品。这种精装有：全亚麻布面精装、全漆布面精装、人造革面精装、绸缎面精装和牛（羊）皮面精装等。

全球保险公司分析库
BVD-ISIS

全球保险业著名的行业分析数据库，提供世界各国 7 600 多家保险公司的多年全球排名（总资产）、详细财务分析数据、评级以及股权结构等数据。提供各公司的保险业务性质、业务描述、全球及本国排名、历年资产负债、损益表、现金流量表、信用评级、股价系列（上市保险公司）、管理层人员姓名、股东及附属机构、审计情况等综合信息。

全球并购交易分析库
BVD—ZEPHYR

国际并购研究领域知名的并购分析库，每天在线向用户发布全球并购、首发、计划首发、机构投资者收购、管理层收购、股票回购、杠杆收购、反向收购、风险投资以及合资等各类并购交易的最新信息与分析数据。目前，该数据库收录了全球各行业内 50 万笔各类并购记录，每年新增记录约 6 万笔，并涵盖亚太地区包括中国的并购交易记录。

全球参考咨询网络
Global Reference Network

OCLC QuestionPoint 虚拟参考咨询服务系统在全球范围内的合作网络，其成员馆可以将本馆无法回答的问题发送到全球参考咨询网络中去，由系统根据问题的特征将其自动分配给最适合回答此问题的成员馆，从而有效利用各个成员馆的资源。该网络帮助世界各地的图书馆实现协作化数字参考咨询，共享其专家资源来回答来自全球各地的用户所提的问题。在全球参考咨询网络提交的问题及其答案将被保存在 QuestionPoint 全球知识库中。

全球定位系统
Global Positioning System（GPS）

该系统由美国从本世纪 70 年代开始研制，历时 20 年，耗资 200 亿美元，于 1994 年全面建成，具有在海、陆、空进行全方位实时三维导航与定位能力的新一代卫星导航与定位系统。早期仅限于军方使用，由美国国防部所计划发展，其目的针对军事用途，例如战机、船舰、车辆、人员、攻击标的物的精确度定位等。时至今日，该系统早已开放给民间作为定位使用，这项结合太空卫星与通讯技术的科技，在民间市场已正在蓬勃的展开，除了能提供精确的定位之外，对于速度、时间、方向及距离亦能准确的提供讯息，运用的范围相当广泛。

全球金融发展在线数据库
Global Development Financial，GDF Online

为世界银行系列数据库之一。该数据库内容包括：外债总计和流向、全球主要的经济整合、基本的债务比率、新协议的常规条件、长期债务中的货币构成、债务重组和预定的债务保息计划等。数据库包括 136 个国家的外债与金融流程数据资料，收录了从 1970 年以来 217 种参数的统计数据，这些国家定期向世界银行债权人报告系统通报该国国家债券和国家保证债券的情况。此数据库覆盖了外债总计和流向、全球主要的经济整合、基本的债务比率、新协议的常规条件、长期债务中的货币构成、债务重组等。每年一月更新数据。

全球联合机构知识库
OAlster

由世界上 1 100 多所图书馆及信息机构提供的数据资源，是全球最大的开放档案资料数据库，记录数量多达 2 300 多万并有全文链接。资源类型包括：数字化图书与期刊文章、原生数字文献、音频文件、图像、电影资料、数据集、论文、技术报告、摄影图片等。其内容每月更新 2 次。

全球联机联合目录数据库
WorldCat

世界上最大的书目和馆藏信息数据库。包含了 OCLC 的一亿多所成员图书馆的馆藏信息。共拥有 20 多亿条馆藏记录、3 亿多条独一无二的书目记录，涉及 485 种语言，是 OCLC 为世界各国图书馆中的图书及其他文献资料所编纂的目录。文献资料类型有：图书、期刊与杂志、报纸、地图、乐谱、手稿本和网络资源等。

全球上市公司分析库
BVD—OSIRIS

该数据库是研究全球各国证券交易所内 50 000 多家上市公司的大型专业财务分析库，为用户提供深入分析各国上市公司所需的详细财务指标与比率、股权结构、企业评级、股价系列等综合数据（含已下市公司数据）。OSIRIS 库是目前欧美各国针对全球上市公司证券投资分析、企业财务管理、跨国公司转让定价、财务审计等研究领域中广泛使用的著名实证分析数据库。

全球数字图书馆
Universal Digital Library，UDL

2000 年由美国卡内基梅隆大学（Carnegie Mellon University）雷杰·雷迪（Raj Reddy）博士和中国工程院副院长潘云鹤教授等的倡议下，中美两国大学和科研机构开始着手合作筹建“百万图书计划”（Million Book Project），之后有印度、埃及、瑞典和德国加入，最后更为现名。其主要目的在于为收录世界各地的宝贵资源：传统文化资源或现代科学资料。主要类型有：图书、期刊、绘画、影像、音乐和影片等。主题以教育、历史、哲学和文学为多，语言则超过 20 种。全球数字图书馆是由世界很多国家和地区的参与所组成的公益数字图书馆，将其数字化资源在任何时间与地点为世界各地的读者提供免费服务。

全球数字图书馆国际会议
International Conference on Universal Digital Library（ICUDL）

全球数字图书馆计划（Universal Digital Library，UDL）的年度国际会议，其目标是为图书馆、博物馆及信息技术专家提供数字图书馆技术发展方面的交流论坛，促进数字图书馆相关领域的国际合作，倡导信息的全球检索与访问，提高全球数字图书馆计划的全球影响力。从 2005 年起，曾先后在中国浙江大学、埃及亚历山大图书馆、美国卡内基梅隆大学、印度阿拉哈巴德和美国卡内基梅隆大学成功举办了六届全球数字图书馆国际会议。

《全球图书馆界的“联合国”——联机计算机图书馆中心（OCLC）》
OCLC is the “United Nations” of Libraries

《21 世纪图书馆学丛书》（第三辑）之一，由丘东江主编。该书全面介绍全球图书馆界的“联合国”—联机计算机图书馆中心的宗旨、使命和愿景以及其所开展的学术活动和各项服务。作为中国的图书馆员应该深入了解 OCLC，旨在与国际接轨、建设成国际一流的图书馆，更要利用的 OCLC 服务和信息产品，由海洋出版社于 2010 年出版。

全球研究型图书馆 2020 会议
Global Research Library 2020

面向未来数字图书馆发展，旨在建立和形成未来图书馆发展愿景的国际研讨会议，为各图书馆提供一个平台，通过讨论交流，明确图书馆未来发展方向和所要采取的必要计划，该会议每年在世界的一个大洲举行一次。

全球银行与金融机构分析库
BVD—BANKSCOPE

该分析库提供全球各国 22 800 多家银行及金融机构的经营分析数据。每家银行报告中包含最长达 8 年的财务数据、各银行世界与本国排名、银行个体评级（长/短期、外汇、独立性、支持力和商业债券等）及国家主权评级。对于上市银行与各类上市金融机构，则另提供其详细的银行股价数据、阶段走势分析、收益率、市盈率、股息及贝塔系数等重要分析指标。该分析库为用户配置了多项高级统计分析、快速图形转换及数据下载功能，同时也提供了各项银行财务分析比率与评级指标的详细公式与定义。

全球最大视频分享网站
YouTube

2005 年 2 月由乍得·贺利（Chad Hurley）、陈士骏（Steve Chen）和贾德·卡林姆（Jawed Karim）创办。网站的公司总部早期位于美国加利福尼亚州的比萨店和日本餐馆。其目的旨在为方便朋友之间分享录影片段，让他们下载、观看。后逐渐成为网民的回忆储存库和作品的发布场所。2006 年 11 月，被谷歌公司收购，成为其子公司之一。作为行业内最成功、实力强大、影响极广的在线视频服务提供商，该系统天天要处理上千万个视频片段，为全世界的用户提供高水平的视频上传、展示、分发和浏览服务。

全色印刷
full-color printing

指一种采用各种颜色印刷的方法，颜色通过控制添加（红、黄、蓝）三原色进行添印，通过增加黑色产生不同的明暗对比。单词 color 是指用感色机通过有色滤光器或扫描分离形成照片的全部颜色的过程，并且允许底片在特定的区域通过三原色印刷。

全身空铅

em quad

又称阔铅块。在书版中，填充空白地位的材料叫空铅。面积与铅字相等的空铅称全身空铅，宽度小于全身铅字的称分数空铅，宽度大于全身铅字的称倍数空铅。西文全身铅字采用了大写字母 M 的宽度，对于字母 M 的宽度来讲，也叫全身空铅。

全身破折号

em dash（em rule，em score）

又称“长破折号”，即“——”。相对于对开破折号，即短破折号“—”而言，用以表示文句的中断或解释的标点符号。

全天候开放

open 24/7

来源于航空业的一个词语，指所有复杂气象在内的各种天气的总称，后意义延伸至其他领域。“全天候开放”是指餐馆、其他服务场所或是公共图书馆所实行每周七天、每天 24 小时开放。

全文

full-text

指对整部作品提供全部文本的电子资源，如《在线不列颠百科全书》（*Britannica Online*）；或者是指对作品重要部分提供完整文本的书目数据库，这些作品编有索引，同时带有引用资料和文摘（如 JSTOR）。

全文检索

full-text search

指对书目数据库中每条记录或文档文本的每个词进行检索，如果查找到包含在检索语句中的词，款目就被检索到。大部分 Web 搜索引擎被设计为能实现全文检索。当检索词超过一个含义时对用户来说可能会引起困惑，导致不相关的结果（误检）被检出。比如，在医学数据库中，查询“AIDS 病的治疗”可能检索到与听力损伤治疗相关的助听器（hearing-aids）的款目。

全文数据库

full-text database

一种供存储和检索某些文献或信息资料的全文的文献数据库。一般把某些核心期刊中的文章或某些使用频率很高的资料的全文存入数据库中，用户可从中直接查到所需要的文献全文或者其中某些段落或条款。

全文数字化文献

digital full-text literature

一种复合数字文档，包括文献的文字信息、文中图像信息、图形信息、公式信息、表格信息以及格式信息等。各种信息以不同的方式编码，可以分别进行处理。

全息照相

hologram（holography）

利用干涉方法将自物体发出光的振幅和位相信息同时完全地记录在感光材料上，所得的光干涉图样在经光化学处理后就成为全息图，当按照所需要的光照明此全息图，能使原先记录的物体光波的波前重现。这是 20 世纪 60 年代发展起来的一种新的照相技术，是激光的一种重要的应用。

全页，整版

full-page（whole page）

用于印刷行业的术语，指填满图书或其他出版物一整页的插图、图版、地图、空白或说明文字。也指填满报纸一整页所有可用空间的一篇文章。

全已出版

all published

在目录款目中标明的一种分期或分卷刊行的出版物虽未出完，但出版社已不再出版；或者指一种已停刊的杂志。

全译本期刊

cover-to-cover translation

指期刊各期的全文译本。用本国语言文字翻译的外文刊物叫翻译期刊，其中分为全译本刊物和选译本刊物。1978 年以后，中国有关部门曾组织翻译外文书刊。至 1981 年共翻译出版 8 种全译本期刊，包括美国的《科学》、《科学新闻》、《燃烧》和《农业研究》，苏联的《钢杂志》，日本的《农业研究》和《科学与技术》。目前中国出版的翻译期刊主要是选译本。

全印广播电台（印度）

All India Radio（AIR）

印度国家广播电台，创办于 1926 年，原是英属印度的一家私人广播电台，1936 年改名，隶属政

Q

府新闻广播部，总部设在新德里。该台下属一个由104个无线电广播站组成的广播网，全国有124个电台。覆盖全国95.3%的人口和84.2%的国土面积。1939年10月开办国际广播，现用23种语言进行广播。

全张翻印版
half-sheet work

把一定数目的书版拼装成一个印版，用它施印纸的两面，然后对半切开，成为两份相同的印件。

泉州书城
Quanzhou Book Center

由泉州市刺桐花图书城有限公司与香港有关方面合作于2005年成立。主要经营图书、音像、电子数码产品、文化体育用品等，营业面积超过5 000平方米，为全国广大读者服务的大型综合图书中心。

缺本目录，征缺目录
desiderata

图书馆藏书中尚未配备，而又为读者所需的书籍称为缺本。将这些缺本题名组成目录，供对外征书之用。在经费允许或收到捐款时可查询该目录以决定是否购买某种图书。在此，缺本目录与“等待目录”（waiting list）或“需求目录”（want list）同义。

缺乏，不足
lack

指物品或金钱等不充足（多指人或物的数量不够），以至于难以完成和实现既定任务或目标。例如，由于缺乏资金使图书馆很难保证连续出版物订购的连续性。

缺货率
rate of shorts

出版社或书商现存的、可以满足某一图书馆需求的书刊品种数量与图书馆拟订购书刊品种数量之比。缺货率越高，说明满足图书馆书刊订购需求的能力越差。

缺少图书馆服务
underserved

在边远区域内或农村山区的读者，由于多种因素，很少得到图书馆或图书馆系统的服务，包括对可利用资源和服务了解甚少。文盲、身体欠佳和通讯不发达等都需要图书馆制订额外的计划来帮助他们。

缺页（手稿或文章中的），脱漏卷辑（丛集中的）
lacuna

指因破损或磨损所致的缺页。大套丛书集中的个别卷辑，也会由于某些原因造成缺漏。lacuna的复数形式是：lacunae。

缺页，脱页
pages missing

由于装订差错而造成的书刊缺页现象。

群件
groupware

又称为群组软体。是一个网络软件概念，定义了由一组（群）人使用的应用程序。是基于这样一个设想，因为网络连接用户，这些用户应当通过网络互相协作，作为一个整体而提高组的生产率。电子邮件是一个很好的群件例子，能使用户间相互通信和协调活动。

群组软件，群件
groupware

指同一网络上的一组用户能够用来共同处理某个项目的一种软件，通常包含信息系统、文献共享和管理软件、日历和调度系统等，可以协调会议日程、跟踪群组项目的进度等。

R

让-保尔·比昂（1662—1743）
Jean-Paul Bignon

法国图书馆学家、目录学家。1718 年担任皇家图书馆馆长后，就将图书馆向公众开放，使启蒙学派的学者能充分利用图书馆。比昂将图书馆藏品分为 5 大类：印刷品、手稿、图谱、版刻和徽章。他通过外交使团在世界各地搜集书籍和手稿，1739 年指导出版了印刷目录。其中有关东方、希腊及拉丁文手稿的 4 卷目录是 19 世纪末 20 世纪初同类著作的先驱。在担任皇家图书馆馆长期间，编纂了有关阿波罗·多罗斯《希腊编年史》的集注。

绕回，换行
wraparound

指光标或搜索操作从最后位置返回到起始位置的过程，例如显示器的光标从最后一个字符位置移到第一个字符的位置。

热点
hot spot

计算机屏幕上的一个图标或一个较大的图像的一部分，其作用是提供与另一个文件或文档的链接。当用一个指向工具（例如鼠标）点击它时，就会激活一串编码化的指令，进行检索和显示被链接的资料。亦指对选择敏感的一个可点击的图标或图像内的精确像素。

热复制术
heat copying

一种复制技术，通过热加工处理来进行文件副本的复制。

热敏打印机
thermal printer

使用热敏纸进行打印的机器，是一种无压印字机，通过选取的矩阵字模与热敏纸的接触，经加热后印出字母。

热敏纸
thermal paper

一种采用化学方法显示，用于热敏打印机的纸。

热溶性黏合剂
one-shot

在无线装订中，用热溶性黏合剂使装订的图书一次成型。

热熔胶水
hot melt

商业性图书装订中使用的一种柔韧性很强的粘合剂，在 137℃ ~175℃ 时涂敷在图书的装订边缘上。与用普通胶水黏合装订所不同的是，普通胶水要花时间变干，而热熔胶水会在数秒内冷却，开始起黏合作用。热熔胶水被用于平装本和无线装订中，以减少生产成本。

热熔印刷
thermography

一种浮凸印刷法，在印刷时使用一种特制的油墨，油墨未干时即撒上一种特制的粉末，加热烘烤后，字面隆起，有浮凸感。

热塑层压法
lamination

通过加热施压方式将透明塑料薄膜附着在纸张表面，以保护旧纸张和易碎纸张的一种文献保护方法。通过这样处理，能够防尘与防湿，免受环境对纸张的影响。图书馆常用此法强化防尘来保护平装书的封面。手工或机器层压的封塑称为层压式封塑。

热塑装订
thermoplastic binding

无线装订法之一。具体是在书脊处用砂锉等工具挫毛，涂上塑胶，加热后使书页粘连在一起。

热显影法
heat development process

复制技术用语，有时作为热重氮复制术以及泡沫塑料薄膜胶片的复印术名称。是利用某些化合物（如铁盐和赤血盐等）在加热的情况下，能与别的化合物起反映产生色素，并通过显影形成不溶性固定图像的文献复制技术。

热压花纹（烫金）书边
chased edges

用一种称为皱褶电熨斗的加热工具压在一本书的镀金边上，形成波纹或皱褶的重复图案，作为装饰之用。这种装饰花边流行于16世纪或17世纪的欧洲。

热压花纹（涂金）书边，切口边
gauffered edges

17—18世纪在欧洲流行的一种图书装饰方法，具体做法是用热刻工具在涂金书边雕刻形状相同的小缺口，作为装饰之用。

热压纸
hot-pressed

一般制纸要把木材等原材料加入药水蒸煮，再经洗浆、过滤、漂白、上胶加强韧性和强度，再加入药品调成纸浆，之后用筛子抄纸、压光、烘干而成。在压制纸时分冷压和热压等多种方式，经热压而成的纸即为热压纸。热压纸表面压有一层热熔金属涂层，表面较平，不易吸收水分，是一种优质的上光纸。

热字
hot word

指一个或多个具有特殊标记的计算机字符，通过点击这些字符，切换到不同的信息内容或处理程序。

人工标引，手工标引
manual indexing

直接由标引人员赋予文献分类及主题等检索标识的标引。

人工控制
manual control

用人工方法控制计算机的操作。

人工语言
artificial language（synthetic language）

即规范化标引语言，是根据预先建立的规则集编制而成的语言，其词表可作为分类系统中自然语言的子集，也可由符号组成作为计算机程序设计语言。人工语言可分为分类语言和主题语言。一般先要编制成表，而且要有一定的规则，以供标引和检索之用。

人工制品
artifact

由人工创造或修改而成的物体（复制品除外），是人为满足自己的需要而有目的制造出来的。

人工智能
artificial intelligence（AI）

在计算机专业中，指模拟人类行为和智力活动的机械设备和电子设备的设计与应用，包括语音识别技术、自然语言处理、机器翻译和专家系统。人工智能的基础可分为表示法、问题解决法、结构和知识。其研究有原理证明、游戏、视觉、自然语言处理和知识工程等分支。

人机对话的，交互式
interactive

为了方便人们输入而设计的交互式计算机界面，通常是指令、数据的形式。计算机程序与用户之间的一个来回对话称作一次交互式会话。高交互式系统被设计为满足用户的需要，而不是按规定的方式作出响应（如计算机游戏）。一个没有交互的程序一旦启动就不需要人们的输入了。

人机接口
man-machine interface

使人和计算机系统交换信息的命令、显示器、控件和硬件设备的集合。人机接口可分专用接口和通用接口两种。

人口调查，人口普查
census

在某一区域（市、县、州、省和乡村等）、特定的时间点进行的官方人口计数和统计分析。据记载，最早的家庭缴税统计是在公元前3世纪的中国。更完善的统计是在古罗马，是为了军事和税收目的由特定的检察官实施的。现代人口普查的发展始于17世纪的欧洲，普查内容包括：年龄、性别、种族、收入和住房情况等。目的是为了社会的规划、政治区域划分和商业营销。在许多国家，人口普查是强制性的，普查中对所收集的个人家庭情况和经营情况是保密的。

人力资源
human resources

指一个公司、组织或机构内的所有雇员。亦指负责与人员任用有关的事务（聘用、评定、晋升和解聘等）的行政部门。通常较大的、独立的图书馆和图书馆系统有自己的人力资源办公室，而作为一个大机构中的下属部门的图书馆则可能要依靠其上级机构提供的这种服务。

人力资源管理
human resources management（HRM）

预测组织人力资源需求并做出人力需求计划、招聘选择人员并进行有效组织、考核绩效支付报酬并进行有效激励、结合组织与个人需要进行有效开发以便实现最优组织绩效的全过程。人力资源管理分为6个部分：人员招聘与培训管理、岗位设计与培训、薪酬管理、绩效管理、劳动关系管理以及人力资源规划。

人民出版社
The People's Publishing House

始建于1921年9月1日，重建于1950年12月1日。该出版社出版了大量马列主义、毛泽东思想、邓小平理论经典原著、党和国家的重要文件、文献、法律汇编，党和国家领导人的文集、传记，还出版了哲学社会科学、文化艺术、人物传记等高品位的著作以及工具书和教材，近半个世纪以来，该出版社先后出版图书2万多种，发行期刊30余亿册，为中国出版事业的开创与发展作出重大贡献。

《人民日报》
People's Daily

中国共产党中央委员会机关报，1948年6月15日在河北创办。初为当时中共中央华北局机关报，1949年8月迁入北京出版，并改组为中共中央机关报。《人民日报》以宣传中国共产党和中国政府的大政方针、传达党中央的声音为己任，被联合国教科文组织评为世界最具影响力的十大报纸之一。每日除在北京印刷外，还在全中国30个城市同时印刷发行。该报还创办了海外版、华东版、华南版和网络版等，另出版《讽刺与幽默》、《市场报》和《环球时报》等多种报刊。国内设有38个记者站，在香港和澳门特别行政区设有办事处，在台湾地区也派驻了记者。在国外设有32个记者站，报纸发行覆盖全国及100多个国家和地区。

人民网
www. people. com

创办于1997年1月1日，是世界十大报纸之一《人民日报》建设的以新闻为主的大型网上信息交互平台，也是国际互联网上最大的综合性网络媒体之一。作为国家重点新闻网站的排头兵，人民网坚持“权威、实力，源自人民”的理念，以“权威性、大众化、公信力”为宗旨，以“多语种、全媒体、全球化、全覆盖”为目标，以“报道全球、传播中国”为己任。该网拥有中文（简、繁体）、蒙文、藏文、维吾尔文、哈萨克文、朝鲜文、彝文、壮文和英文、日文、法文、西班牙文、俄文、阿拉伯文和韩文15种语言版本。

人民文学出版社
The People's Literature Publishing House

成立于1951年3月。60多年来该出版社出版了大量中国文学古典名著、现当代有代表性的作品和优秀外国文学作品的中译本以及文学理论著作、大学文科教材、人文科学著作、少儿读物，已形成高品位、高质量、包容古今、囊括中外的文学图书体系，为国家建设、繁荣文学事业作出了重要贡献。

人名标目
personal heading

用个人名称作为标目，一般根据文献的主要信息源来决定。

人名参照
name reference

又称名称参照。在编目中，取作标目的个人姓名或机关团体名称如果另外有其他名称形式时，需要为其作参照款目。这样就可以从参见的名称形式去查阅取作标目的名称形式。

人名传记词典
biographical dictionary

按字顺排列的历史人物（真实人物的生平传记，有的只选录已故人物）的传记词典。传记辞典与名人录的区别之一在于人物的出生/生活年代。传记辞典可能收录历史上所有的名人。有些学科人物传记辞典可能比名人录提供更为详细的信息。不定期累积修订。如《韦伯斯特人名词典》（*Webster Biographical Dictionary*）、《科技史人名词典》（*Biographical Dictionary of the History of Technology*）、《澳大利亚传记词典》（*Australian Dictionary of Biography*）、《当代黑人传记》（*Contemporary Black Biography*）、《当代人物传记年鉴》（*Current Biography Yearbook*）和《格罗尔国际传记文库》（*The Grolier Li-*

R

brary of International Biographies）等。

人名、地名一览表
onomasticon

将人名或地名汇编成册或制成的一览表。

人名，教名
first name

给定的一个或多个名字中，或者是基督徒名字中的第一个名字，用来区分相同家庭中的不同的成员，这与姓氏是不同的。在《英美编目条例第二版》(*AACR2*）中，个人名字标目是以大写字母开头的姓，然后是全名的缩写及全名，它们之间用逗号连接起来。

人名索引
name index

图书正文中出现的人名一览表，按照人名的姓氏字母顺序排列，并附有每个人名在正文中所出现的页码。并非所有图书都有人名索引，人名也许包括在总索引或主题索引之中。如果图书附有人名索引，该索引位于著者后面所附参考或补充材料之中，或位于多卷书最后一卷的正文后面。

人肉搜索
Internet mass hunting

一种以因特网为媒介，部分基于人工方式对搜索引擎所提供信息逐个辨别真伪，部分又通过匿名知情人公开数据的方式搜集信息，以查找人物或者事件真相的网络群众运动。网络上新兴的“人肉搜索”体现了部分民意，提升了人们的话语空间，促使了某些社会细节的变动和完善，在某种程度上也可以说是社会民主进步的一个具体表现。但要成为社会民主发展强有力的推进器，“人肉搜索”无论在功能、机制还是实践层面上都不尽如人意。

人文地图
human map

又称社会经济地图，是人文现象的各种地图的总称。反映社会经济及其他领域的事物或现象。是专题地图两大类之一，包括人口、工业、农业、文化教育、历史、交通运输、医药卫生和财经贸易等内容。其编制主要利用各种统计数据、实际调查资料与历史文献资料等，主要采用各种统计制图法，如分区分级统计图法、分区图表统计图法、定位统计图法、点值法以及范围法和运动线法等。人文地图主要是强调人文情况。

《人文科学文献索引》(美国)
***Humanities Index* (*HI*)**

由美国威尔逊公司（H. W. Wilson Company）出版发行，1974 年创刊。其前身为《国际期刊索引》(*International Index to Periodicals*)，1965 年该索引改称为《社会科学与人文科学索引》(*Social Science & Humanities Index*)。除了收集专题文章外还包括书目、小说、剧本与诗歌、歌剧、戏剧舞蹈、音乐、电影、电视和广播等，主要学科涵盖语言文学、考古学、历史学、民俗学、哲学、宗教和神学等。该索引除了以纸本形式出版外，还编制数据库，数据库涵盖了从 1984 年至今所发行的 350 多种人文科学方面，涉及的学科范围有考古学、舞蹈、戏剧、电影、地区研究和民俗学、历史、语言文学、政治评论、音乐、表演艺术、哲学、宗教与神学等文、史、哲方面的文献。

人物传记集，集合传记
collective biography

记载着某一特定时期在相同领域或有其他相同特点的两人以上的著名人士的生活经历的一卷或多卷书，其中的篇幅较传记词典的条目长，人物传记集中的多篇传记通常由一名或多名传记作者撰写，其中包括被传记人的个人简历或作品目录，以供参考。此类文献大体可分为两类：一是以记载史实为主，其内容朴实典雅；二是属于文学范畴。

人物角色
character

指在小说、戏剧、短故事或其他文学作品中的人物。角色研究是探讨一个人物或一组人物内心世界发展的主线。

人造革，仿革纸
leatherette

一种耐用的图书装订材料，是类似皮革的塑料制品，一般用熔化的树脂加配料涂在纺织品上，经过加热处理而成，显示出粒面向外的皮革外观。

人造革装订
imitation leather binding

又称作充牛皮装订，漆布装订。人造革是一种类似于皮革的合成或部分合成制品，比如手感粗糙的织物。通常情况下，人造革比真正的皮革更耐洗涤。以人造革进行装订比普通装订更为耐用，但成本较高。在现代社会，人造革装订一般用于比较厚重的书籍或手稿。

认定作者
attributed author（supposed author）

某人被认定为一件匿名作品或者可疑作品的创作者，如17世纪托马斯·米德尔顿（Thomas Middleton）被认定是《第二个少女悲剧》(*The Second Maiden's Tragedy*）的作者。这种认定是建立在证据支持之上的。当然，如果证据不足或自相矛盾就会出现认定争论。如《两位高贵的男亲属》(*The Two Noble Kinsmen*）被认定为约翰·弗莱切（John Fletcher）所作，但有时错误地被认为是威廉·莎士比亚（William Shakespeare）。书目记录中，认定作者关系在注释区予以声明。

认购计划
approval plan

出版商或批发商根据图书馆收藏计划所制定的出版物出版数量，并按协议返还额定利润。认购计划通常详细地指明了学科领域、专业或难度水准、格式、价格范围和语言等。该计划帮助图书馆选购所需要的图书资料，使图书馆享受到比较优惠的价格，但是不能退书，而且不论质量好坏，必须接受书商所提供的图书资料，这是一个很大的缺点。

认可版本
authorized edition

得到著者或作品著作权持有者明确认可而出版的作品版本，或者是得到传记主人公或主人公家属（如果主人公已经去世）明确同意而出版的传记版本。

认可的传记
authorized biography

得到传记主人公或主人公家属（如果主人公已经去世）明确同意编写甚至是合作编写的传记。由于一些传记作者为了获取第一手资料和机密信息而不惜回避某些“丑事”，所以认可传记都要经评论家详细检查有无偏颇。

认收
acknowledgment

图书馆采访部对收到的来信或图书馆入藏新文献（赠书）所作出的确认通知或答谢。

认证技术
authentication techniques

主要是指身份认证技术，旨在保证信息的完整性和鉴别通信对方的真实身份。身份认证技术主要是信息的验证和用户的鉴别。

任昉（460—508）
Ren Fang

南朝梁文学家、目录学家。字彦升，小字阿堆，山东安乐博昌人。聚书至万卷，大多为珍本。著有《述异记》、《杂传》、《地理书钞》、《地记》、《文集》和《文章缘起》等。

任继愈（1916—2009）
Ren Jiyu

佛教哲学家，北京大学哲学系教授，中国社会科学院研究生院教授，中国国家图书馆名誉馆长。1942年北京大学文科研究所研究生毕业后在昆明西南联大哲学系任教，先后任北京大学哲学系讲师、副教授、教授。1964—1987年任中国社会科学院世界宗教研究所所长。先后兼任中国社会科学院哲学所学术委员会委员、国务院学位委员会第一、二届哲学学科学位评议委员会召集人、中国无神论学会会长、中国西藏佛教研究会会长、中国宗教学会顾问、中国哲学史学会会长以及中国图书馆学会理事长等。1987—2005年任国家图书馆馆长，著述甚丰。著有《汉唐佛教思想论集》、《中国佛学论文集》（合著）、《中国哲学史论》，主编《中国佛教史》、《中国道教史》、《宗教辞典》和《中华大藏经》等。

任选规则，交替规定
optional provision

指分类法或编目条例为了满足某些使用者的特殊需要而在正式规则之外另制订不同的规则供其选用，集中编目部门一般不用任选规则。

《日报》
Acta Diurna

古罗马共和国晚期所出版的一种每日公报，主要报道国家大事如行政事务、公开演讲、法律动向、公共工程建设、主要军事活动等以及诸如诞生、婚礼、逝世之类的声明，同时还有一些突发事件（地震、事故、凶兆）和社会名流的私生活（丑闻、离婚、诉讼案等）。报纸主要张贴在公共建筑物上，同时分送给富裕的城市公民。负责采写新闻的记者（当时称为“*actuarii*”）有时会被某些出于个人私利而意图操纵商品市场和政治事件的人所误导。从古罗马作家佩特罗尼乌斯（*Petronius*）作品中所保留的一些残片来看，《日报》在某种意义上是现代报纸的雏形。

日报，日刊
daily

按日发行的出版物，有时星期日除外。也指每日发行的连续出版物，特别是报纸。报纸产生于文艺复兴时期，当时欧洲商人以手写方式交流信息。15世纪40年代末，德国出版了最早的印刷报纸。在英语世界，第一份连续出版的报纸是1622年出版的《新闻周刊》(*The Weekly News*)，第一份具有现代意义的英语报纸是1666年的《伦敦公报》(*London Gazette*)。美国第一份报纸是1690年在波士顿出版的《公共事件》(*Public Occurrences*)。在中国境内出版的第一份中文报纸是1833年创刊于广州的《东西洋考每月统记传》。日报的出版发行已成为各国传播产业的重要组成部分。

日本版本
Japan edition

指日本刻印的汉文古籍，印工精巧，多采用日本皮纸。日本版本与朝鲜本近似，但字体和装订形式不如朝鲜本美观大方。一些日本版本的行间注有平假名或片假名，版本较易辨识。也称东洋本。

《日本大百科全书》
NIPPONICA

又称日本知识版百科全书，共26卷，约有词条13万，总索引约有50万条。1984年由日本小学馆编辑出版第一版，2004年开始发行网络版，每月更新，使其内容保持一定的新颖性和前瞻性。该百科全书由6 000多位专家所编写。主题涵盖社会科学、自然科学、人文科学以及娱乐和生活品味，尤其强调日本的社会气候和文化，还侧重历史，也解释海外各国、文化、历史和社会的情况，特别是与日本有关系的国家。该百科全书网络版具有多种多样的检索方式，可进行条目和全文检索，相关关键词可作为检索对象，并设有统一资源定位符(URL) 链接。该网络版拥有丰富的多媒体资料，使读者可以享受数字时代百科世界的乐趣。

日本大学图书馆电子联盟
Japan Alliance of University Library Consortia for E-Resources (JUSTICE)

2011年4月，由日本国家情报学研究所推动、日本国立大学图书馆联盟与日本公私立大学图书馆联盟合并组成。其成员约有500所图书馆。该联盟利用授权使用协议、管理、条款及长期保存电子资源以及人力资源发展等方式，以增进日本学术信息基础架构建设。其任务是与出版社商议联盟授权使用协议；促进电子资源管理系统及网络检索服务的共同利用以及以在职训练方式培育人力资源。

日本工业标准调查会
Japanese Industrial Standard (JIS)

成立于1946年2月，隶属于日本通产省工业技术院。由总会、标准会议、部会和专门委员会组成。标准会议下设29个部会，负责审查部会的设置与废除，协调部会间工作，负责管理调查会的全部业务和制定综合计划。各部会负责最后审查在专门委员会会议上通过的该会标准草案。专门委员会负责审查日本工业调查会标准的实质内容。

日本广播协会
Japan Broadcasting Corporation/*Nippon Hōsō Kyōkai* (*NHK*)

又称日本放送协会，日本最大的广播、电视机构，世界十大广播公司之一，创立于1925年3月22日。在日本所有的电视媒体中，该协会的新闻节目以快速、准确著称，特别是在地震等突发性灾害的新闻报道中更是独占鳌头。该协会的电视节目由于内容具有较高品位，其节目在日本广受欢迎，不少栏目长期保持着较高的收视率。日本广播协会共有13套广播电视节目，从放送模式上分为模拟信号、数字信号以及数字高清晰度信号三大类。日本全国共有近2 000万个家庭可以接收数字电视。该协会在世界35个重要城市设立了分支机构，着重报道世界各国发生的重大新闻事件。除了派驻自己的记者在当地进行采访报道之外，还同世界上46个国家和地区缔结了合作协定，通过互相合作，扩大报道面和丰富电视节目内容。

日本国家档案馆（日本）
National Archives of Japan

于1971年7月成立，是独立的行政机构，致力于保存和维护来自各级政府组织的政府文件和历史记录，并通过多种服务手段和设施向公众开放这些资料。在其数字档案系统中，有该馆馆藏的编目数据以及高分辨率的图片。通过该系统，读者可以在任何地方迅速、安全、免费地访问这些珍贵馆藏。

《日本国家书目》

Japanese National Bibliography

由日本国立国会图书馆收集整理、编辑标准的书目情报，向日本国内外迅速报道。该馆将日本国内上缴的样本图书、其他方法收集（赠本、购入）的日本国内出版物以及日本国外刊行的日语出版物进行整理，以全国书目的形式进行提供。从2002年4月起读者也可在网上浏览查询。

日本国立国会图书馆

National Diet Library（NDL）/ *国立国会図書館*

作为日本国会的常设机构，受众参两院议会的运营委员会领导，主要为国会服务。成立于1948年，其历史可上溯到1890年的贵族院众议院图书馆和1872年隶属于文部省的帝国图书馆。因严格执行缴送法，广泛收集国内外资料，所以藏品总量为3 470余万册，期刊18万种以上。位于东京千代田区的主馆和新馆总面积约148 000平方米，可容藏书约1 200万册。另外，2002年10月，日本国立国会图书馆关西馆开馆，该馆具有大容量书库和提供电子图书馆服务功能；2000年5月，旧分部东京上野图书馆改建为国际儿童文学图书馆，建筑面积为6 671.83平方米，可收藏书刊40万册。该馆与全球大部分国家和地区900多所机构进行书刊资料交换，该馆是国际图联机构会员。

R

日本国立国会图书馆法

Law of the National Diet Library of Japan

1948年颁布，是日本战后最早颁布的图书馆专门法，是对日本国家图书馆的专门立法，也是到目前为止日本由国家颁布的三部图书馆专门法之一（另两部分别为《图书馆法》和《学校图书馆法》）。该法正文12章28条，另有"附则"3条。主要规定了国立国会图书馆的概观、体制、任务及国立国会图书馆与呈缴本制度等。该法颁布以后，国立国会图书馆又以"馆内规程"等形式制定了许多配套规章，从而形成了目前日本以《国立国会图书馆法》为核心的国家图书馆法律体系。

《日本经济新闻》

Nihon Keizai Shimbun

原名《中外物价新报》，于1876年12月2日创刊，是日本最有影响的全国性经济报纸。读者对象以企业管理层、公司职员为中心。该报注重准确、快速的经济新闻报道和国内外经济信息与动向的分析，因而在日本经济界很受重视，成为财团、企业和商业公司管理人员必读的报纸。《日本经济新闻》还办有其他专业报纸，包括《日经产业新闻》、《日经金融新闻》、《日经流通新闻》和《日经周刊》等。

日本科学技术振兴机构

Japan Science and Technology Agency（JST）

前身为1957年8月成立的日本科学技术情报中心和1961年成立的新技术事业团，1996年10月至2003年9月，合称科学技术振兴事业团，2003年10月改为现名。作为日本科学技术基本计划的核心机构，其目标是实现科学技术立国，力图振兴日本科学技术。其使命是开发新技术，推进从基础到应用的研究、科技情报交流促进等振兴基础的改善。编辑出版《日本科学技术振兴机构新闻》（*JST News*）月刊。

日本皮纸

Japanese vellum

一种使用桑树茎制作的质地细洁、坚韧、有光泽的高级纸，产自日本，有黄色和白色两种，多用于雕刻版印画、印证书和奖状等。日本刻印的汉文古籍多用此种纸印刷，中国在清末民初也曾以此种纸印过书，但为数不多。

日本情报处理学会

Information Processing Society of Japan（IPSJ）

成立于1960年4月。其目的是为了推动、启蒙、普及以计算机和交流为中心的情报处理有关的学术活动、技术工作，提供会员间的相互联系及相关学（协）会间的联络研修的场所。所开展的活动是为了对不断发展的情报处理领域起指导作用，其活动内容主要有：出版学会杂志《情报处理》（*Information Processing*）和《论文杂志》（*Paper Journal*），组织召开各种研究领域会议、研究论文和报告发表会、研究提高情报处理的教育、发展方针、课程、方法和评价等，举行全国会议和情报科学技术论坛；作为日本代表创立和加盟国际情报处理联合会（IFIP）、东南亚地区计算机联合会（SEARCC）、参与日本工业标准（JIS）、国际标准化组织（ISO）和国际电气标准（IEC）活动，与相关学会合作，从事情报学出版活动以及发布各种情报等。

《日本情报处理学会论文杂志》

Transactions of Information Processing Society of Japan

由日本情报处理学会编辑出版，创刊于1979年。第1卷到第26卷为双月刊，从第27卷第1期开始改为月刊。该刊的宗旨是开创从产业到学术与情报处理有关的最新学术研究方法，其研究内容不仅局限于计算机，也涵盖多媒体、情报环境、人文科学、社会科学、生命科学、医学、艺术和教育等不断渗透情报概念和方法的领域。

日本情报知识学会

Japan Society of Information and Knowledge (JSIK)

成立于1988年4月，目的是为了振兴情报知识学。该学会力图支持会员关于数据、情报、知识和文献等课题的研究，主要涉及基础理论、处理、流通和应用。开展的活动有：编辑出版《情报知识学会杂志》(*Journal of Society of Information and Knowledge*)，举办研究发布会、研究会等，其中始于1999年、历年开展的SGML/XML研修会对普及发展SGML/XML颇有影响。

《日本情报知识学会杂志》

Journal of Japan Society of Information and Knowledge (JSIK)

由日本情报知识学会出版编辑发行，1990年出版第1卷，季刊。主要内容包括与广义情报知识学有关的研究论文、事例/调查报告、述评、论坛、讨论、研究速报、讲座、学会记事和演讲等。

《日本书纪》

Nihon Shoki

日本现存最早的历史典籍之一，于公元7世纪由天武天皇授意编写，8世纪舍人亲王、太安万侣等人奉命修成，成书于公元720年，全书共30卷，记载了日本上古时代至持统天皇间的神话和史实。该书形式上模仿中国史书，采用了编年体和纪传体相结合的体例，全部用汉文写成，语言比较抽象，缺乏生动性。

《日本图书馆法》

Japanese Library Law

于1950年4月30日颁布，后经多次修订。该法正文共分三章二十九条，另有附则13条。第一章为总则，阐明制订该法的目的，第二章为公共图书馆，规定公共图书馆的设置及其人员配备、管理、服务方式及经费来源，第三章则为成立私立图书馆的有关规定。附则是对执行该法有关细则的规定和说明。该法基本内容与主要问题是“图书馆的根本任务——提供图书馆服务；图书馆员的专业职务资格——‘司书’及‘候补司书’和关于公立图书馆的规定与关于私立图书馆的规定”。

《日本图书馆概论》

Introduction to Japanese Libraries

该书从第一手资料出发，较为全面地介绍了日本各类图书馆的发展历程及其特点、日本图书馆法律法规的发展演进及其体系架构、日本图书馆学情报学教育的发展概况及图书馆馆员的培养机制、日本图书馆协会等相关社会团体对图书馆事业发展的作用等，对于了解日本图书馆概貌、学习其先进经验以促进中国的图书馆业务改革和事业发展，具有较为重要的参考价值。全书共分八章，沈丽云著，由上海科学技术文献出版社于2010年7月出版。

日本图书馆协会

Japan Library Association (JLA)

日本目前最大的全国性图书馆专业组织，其前身是日本文库协会，由25名图书馆人士在1892年创立，1908年改现名，1929年加入国际图书馆协会联合会。日本图书馆协会组织架构包括社团法人(董事长)、秘书处、6个分部和25个委员会。主要职责包括：参与制定图书馆相关法令和有关行业标准，评选日本图书馆协会建筑奖。日本图书馆协会通过出版图书馆学专业书籍、促进图书馆学专业教育的发展、扩大图书馆界的影响等方式，为日本图书馆事业的全面发展做出了重要贡献。

日本图书馆学情报学会

Japan Society of Library and Information Science (JSLIS)

成立于1953年6月4日，其宗旨是对图书馆学情报学的进一步发展作出贡献。该学会每年召开一次研究大会，一次春季研究集会，并随时召开特别研究集会。定期出版发行的刊物有：《日本图书馆学情报学会会志》(*Journal of Japan Society of Library and Information Science*)、《日本图书馆学情报学会会报》(*Transaction of Japan Society of Library and Information Science*) 和《日本图书馆学情报学会年报》(*Annual of Japan Society of Library and Information Science*)。

《日本图书馆学情报学会杂志》

Journal of Japan Society of Library and Information Science

由日本图书馆学情报学会编辑出版。1954 年 11 月创刊，原名《图书馆学会年报》(*Annals of the Society of Library Science*)，1999 年 3 月改为现名，季刊。主要刊登图书馆学情报学领域的论文、研究记录、文献展望、书评和文献资料介绍等。

日本图书馆研究会

Nippon Association for Librarianship

1946 年 11 月成立，宗旨是促进会员之间的合作和友谊以及图书馆事业发展。会员主要来自日本的公共图书馆、大学和国家研究机构；每年召开多次年会、各种研讨会和地区会议研讨当前图书馆实践中的热点问题。设立“图书馆学研究鼓励奖”，出版发行学术刊物《图书馆界》(双月刊)。

日本纸

Japanese paper

又称和纸。一种原产于日本的优质纸，宜于印蚀刻版、照相凹版及插图和装帧封面的坚韧纸张，Japanese paper 也可拼作：Japan paper。

日本专业图书馆协会

Japan Special Libraries Association (JSLA)

成立于 1952 年。该协会设置执行委员会及规划委员会来管理协会的各项活动及项目，由会员大会讨论各项活动及项目的实施方案，执行委员会及规划委员会接受主席及副主席的领导。该协会的主要目标是促进专业图书馆之间的合作、实施职业培训计划、促进专业图书馆信息管理技术的发展与研究、宣传推广协会的各项活动、促进协会的发展与国际交流合作。该协会每年在其会员所在的地区召开年度会议，每年秋天举办一个为期两天的研讨会，主要为与会者提供专业知识，帮助他们跟踪信息发展的趋势，为其讨论图书馆服务的进一步发展提供一个交流平台。该协会每两月出版一次会刊，内容包括论文、委员会报告、会议纪要、图书评论和会员信息等。与此同时每三年出版日本专业图书馆名录，记录了日本约 1 747 所专业图书馆的信息。

R

日常文书工作

paperwork

与纸张和文字有关的日常工作，如写报告、信件、调查和备忘录等。

日程表

calendar

给出事先计划的事件的日期或事件表，也指进度表、计划表，计划在特定时期或特定时间内进行的事情或一系列事情表。

日光胶版

heliograph

1813 年，法国的约瑟夫·尼塞福尔·涅普斯 (*Joseph Nicéphore Nièpce*，1765—1833) 着手进行了石版印刷术的研究，他把感光性物质涂在石板上，试着用太阳光照射的方法制作晒相版，但没有获得完全成功。1816 年前后，又试验将涂有卤化银的纸放入暗箱制作图像，结果还是未能获得所希望的正像。此后，涅普斯又发明了一种不用卤化银的沥青照相术。他在 1822 年给其兄的信中，称此方法为“日光胶版术”，也就是用“太阳光来绘图”的意思。日光胶版术其实是一种利用沥青光硬化性能的方法，而显影操作之目的就是溶解那些没有感光硬化的沥青。现存世界最古老的照片，就是 1826 年涅普斯拍摄自己窗外庭院景色的那一张。画面内容是鸽子窝与储藏室。原照片大小为 8 英寸 ×6. 5 英寸 (20 厘米 ×17 厘米)，然而它的曝光时间竟长达 8 小时。世界上公认的第一幅照片是涅普斯于 1827 年拍摄出来的，但是现在世界公认的摄影术的发明者却是法国人路易斯·达盖尔 (*Louis Daguerre*)。

《日汉图书情报学常用词汇》

Japanese-Chinese Major Glossary of Library & Information Science

金凤吉、王进忠编，由书目文献出版社于 1990 年出版。该书词汇综合性较强，专业适应面较宽。收有图书情报的收集、整理、调研、报道、咨询、提供服务以及与图书馆情报工作有密切关系的计算机技术、缩微复制技术、声像技术及出版、印刷以及发行等方面的词汇。书后附有日本汉字读音索引。

日记

diary

每天记录个人思想、感情和经验的一种书面记录，写法没有固定格式，一般以记叙为主，可以抒情、议论或描写。通常由个人保存不打算出版。日记也指以同样体裁记录个人经验的图书。有时在作者去世后出版，有些已成为文学或历史名著，如《亚历克·吉尼斯爵士日记》(*Diary of Alec Guinness*) 和《安妮·法兰克日记》(*Diary of Anne Frank*)。

日经 BP 社（日本）
Nikkei Business Publications, Inc.

成立于1969年4月5日。其最大特点是编辑人员力求成为专业技术人士。主要从事的工作有：出版经济及计算机等技术方面的图书杂志，运营综合新闻和各种经济专题网站，举行各种展览会和教育研讨会，开展调查咨询活动和关心环境问题。

日历，月历
calendar

一年的日期列表，通常以月划分，而每月又以星期划分；有时记述一些重大事件、节气、纪念日，比如国家和宗教的节日等。也指年鉴，把在特定文化背景下具有特殊原因和目的之重要日期排列成册。又指教学日历，学校将每年分成若干学期进行教学的方式，最普通的教学日历有两学期、三学期和四学期三种类型。

《日内瓦公约》
Geneva Convention

全称为《保护录音制作者防止未经许可复制其录音制品公约》(*Convention for the Protection of Producers of Phonograms Against Unauthorized Duplication of Their Phonograms*)。在修订《保护文学艺术作品伯尔尼公约》(*Berne Convention for the Protection of Literary and Artistic Works*) 和《世界版权公约》(*Universal Copyright Convention*) 之后，于1971年10月29日在日内瓦缔结了此公约。该公约共计13条，以英、法、俄和西班牙文签署，由世界知识产权组织负责管理。

日期
Date

都柏林核心元素集的元素之一。指以现有形式出现的资源制作日期。一般来说，日期应该和资源的创建或出版日期相关。

日期标识
chronological designation

连续出版物编号中以日期形式出现的编号（如年、年月、年月日）。

日期线
date line

印在报刊文章开端、标明发行日期和非本地新闻来源地点的线。日期线必须在报道开头指明事件发生的城市或地方。一些报纸严格实行日期线必须能够表明在报道材料被收集时记者在什么地方。通过电话所收集的国外报道可以没有日期线。

（日语中使用的）汉字体系
Kanji

日本人用于日语书写语言中大约有5 000个汉字字符。基于汉语系统的日语书写体系，主要由借用或改编的汉字组成。1946年，日本政府挑选了1 850个汉字用于官方出版物及报纸和杂志的出版。1981年10月1日，日本政府再次公布了《常用汉字表》，共包括了1 945个常用汉字。2010年10月30日，日本政府公布《新常用汉字表》，增加了196个常用汉字。这是日本首次修改《常用汉字表》，也是日本第二次世界大战后第三次实行汉字改革，目的在于提高日语的表达能力，以适应网络时代不会写也能输入的现实。

日志
log

有关计算机系统发生的事务或操作的记录。

日志，观察笔记
journal

指事件、阅历、思想和出于个人目的而定期观察报告的记录。作者一般每日均对以后可能会与其工作配合的想法和材料加以记录。

日志文件
log files

用于记录系统操作事件的记录文件或文件集合。不同的日志文件记载不同的信息。其优点为：可以处理历史数据，不会受防火墙阻隔，可以追踪带宽或下载完成、追踪搜索引擎蜘蛛以及追踪移动用户。其缺点则为：受代理和缓存的影响，不能追踪事件，需要手动升级软件，需要将数据存放在本地以及搜索引擎机器人会增加浏览数据。

冗余标引
redundant indexing

指同时用多个词语或多种方式对某一文献进行标引，但仍不能明确表达文献确切内容或特征的现象。

冗余，冗余度
redundancy

有四种具体含义：一是指在数据系统中可以去掉而不影响数据基本意思的那一部分信息；二是指在计算机系统中的备用设备或系统，当主要设备或系统发生故障时，这一设备或系统可以同步接替工作；三是指在计算机系统中为检查或校正信息中的错误而外加的信息位；四是指在一般的信息交流过程中，使用附加词语来强调一条信息的专指性以防止误解。

容纳的物品
contents

专门设计用来装纳松散物品或资料的盒、匣和活页夹等容器中的内容物品。

容器
container

资源在物理上独立部分的安置处（如光盘或录像带盒、视盘套）。与存储介质（storage medium）共同构成载体（carrier）的两个组成部分。

容书量
volume capacity

图书馆的藏书容纳量，一般以册数和书架长度（米数）来表示。

《如何查找文献》
How to Find Information

该书系统地论述了文献检索的全过程，从研究计划的初步拟定直到最终阶段的文献评估和使用，所涉及的内容包括制定一个研究策略以发现和评估最重要的文献、如何使用在线文献和因特网检索以及参考文献、版权、抄袭、追踪最新的学术进展等各个方面。该书叙述简洁清晰，内容新颖实用，涵盖了众多学科领域的文献检索的技能。所提供的指导，无论对于训练有素的学者，还是刚刚开始研究尝试的大学本科生和研究生都具有重要的作用。（美）萨莉·拉姆奇（Sally Rumsey）著，廖晓玲译，由北京大学出版社于2007年9月出版。

《如何为学术刊物撰稿：写作技能与规范》
Writing for Academic Journals

该书运用最新的研究和理论，提供了适用于各个学科的写作知识和写作策略。详细而艺术地揭示了学术论文的写作过程。告诉读者好的论文是什么样的，并且解释好的论文是如何被写出来的。罗薇娜·莫瑞（Rowena Murray）著，由北京大学出版社于2007年10月出版。

《如何撰写和发表SCI期刊论文》
How to Write and Publish A Scientific Paper in A SCI Journal

该书从实用的角度出发，列举大量案例，并结合一些学者撰写SCI论文时常发生的错误，对SCI论文的构思、投稿以及修改等方面做了详细阐述，特别要重视SCI论文的题目、摘要、图、表和绪论。金坤林著，由科学出版社于2008年6月出版。

如尼字母表，古代北欧字母表
runic alphabet

北欧、英国、斯堪的纳维亚和冰岛各日耳曼民族使用的一种文字体系。其起源不明，通用于公元3世纪至公元16或17世纪。如尼文字在文字发展史中出现较晚，传说由地中海地区诸字母表中的一种派生而来。也有人认为，如尼字母为哥特人所创，由埃特鲁斯坎字母发展而成，并可能在公元前2世纪至公元前1世纪之间受到过拉丁字母的影响。

如尼字母，如尼文（北欧古代字母）
rune

早期的斯堪的纳维亚人和盎格鲁撒克逊人刻在金属、木头或石头上的一种书写符号，属北欧古日耳曼语系。从更广意义上说，它还指一种具有神秘、晦涩含义或魔力的格言、谜语或谚语。

儒家经典
Confucian canon（Confucian classic）

指儒家学派中具有权威性可以作为典范、具有指导意义和深远影响的重要著作。儒家经典包括经籍、经术、经艺、经传和经记等，其种数有“四经”、“五经”、“六经”、“七经”、“九经”以及“十三经”等多种说法，较常见的是“五经”和“十三经”。“五经”是《诗》、《书》、《礼》、《易》和《春秋》五部儒家经典的简称，始称于汉武帝时。“十三经”则指十三部儒家经典。唐代把“三礼”（《周礼》、《仪礼》、《礼记》）、“三传”（《公羊传》、《穀梁传》、《左传》)，连同《易》、《书》和《诗》称为“九经”。至唐文宗刻石经，将《孝经》、《论语》和《尔雅》列入经部，则为“十二经”。宋代又将《孟子》提升为经，故有“十三经”之称。

蠕虫病毒
worm

一种计算机病毒。该病毒通过在硬盘和内存上自我复制，消耗空间与资源导致系统混乱和瘫痪，但不会将自身附着在其他程序上，通常在每台计算机的内存中建立自身的副本。蠕虫有时以分段方式写成，秘密地侵入主机，以开玩笑为目的或有意地破坏或消除信息。对于已知的计算机病毒，杀毒软件可以在其造成危害之前将病毒检测并删除。

入藏登记
accession record (accession register)

图书馆入藏的图书资料按照入藏顺序所制定的清册，是馆藏个别登记的基本记录。登记内容通常包括入藏号、简明代号、来源和定价等项目。入藏登记是图书馆情报机构采集图书资料的具体记录，有利于馆藏的完整保管。

入藏新书
accession

指对新到馆图书资料的接收、管理以及编目等工作，是对这些资源建立物理控制和逻辑控制的重要组成部分。也就是检查和核对订单后，使收到的图书资料进入馆藏的程序，包括登记，如果是赠书，则必须在标题处盖印“赠书”的标记。

入口词表，导引词表
lead-in vocabulary

专门收录非叙词的词表，其作用与叙词表收录的非叙词的作用相同。所谓入口词，即为标引或检索文献而提供的一种引导词，用以指引到正式使用的叙词，本身不能用于标引或检索。在叙词表中与正式叙词混排，并通过用“见”、“用”或“参见”来反映，以便查检，避免标引或检索的不一致。

入口点
entry point

指由用户命令引起进入数据库访问的第一个记录，或程序（包括子程序）执行第一条指令的入口处。

入门读物
how-to publication

提供关于怎样完成一项工作，获得一门技能，或取得期望成果方面的信息和实用建议的图书、手册或录像带，通常会有一步一步的指导，并伴以图解（例如：家庭条件改善和自动修复手册）。入门读物可从公共图书馆获得，是按索书号放在非小说类的书架上。

阮冈纳赞定律
Ranganathan’s Laws (Five Laws of Library Science)

特指由印度著名图书馆学家S·R·阮冈纳赞在20世纪30年代初提出的图书馆学五定律。该定律的基本内容是：一、书是为了用的；二、读者有其书；三、每本书有其读者；四、应节省读者的时间；五、图书馆是一个生长着的有机体。五定律中第二、第四两定律是以“读者”为出发点提出的，体现了“为人找书”的观念；第一、第三定律虽然是以“书”为出发点提出的，但其目的还是为了使图书馆的藏书尽可能被读者利用，归根结底也还是为了读者，它体现了“为书找人”的观念，“一切为了读者”的观念是图书馆精神的精髓。图书馆学五定律是阮冈纳赞图书馆学理论体系的核心，他自称其很多著作都是由此推导、引申或以此为指导思想而研究出来的。该定律的提出从根本上改变了当时图书馆的传统观念，在图书馆界引起了根本性变革。阮冈纳赞本人也因其提出的这一定律及其图书分类分面组配理论而奠定了其作为“印度图书馆事业之父”的地位，为印度和世界图书馆事业的进步与发展做出了重大贡献。

阮元（1764—1849）
Ruan Yuan

字伯元，号云台、雷塘庵主，晚号怡性老人，江苏扬州仪征人。清乾嘉学派学者、藏书家。乾隆五十五年（1790年）授翰林院编修，历任浙江巡抚，湖广、两广、云贵总督，体仁阁大学士。一生致力于文献的整理、汇辑、编撰、刊刻，成绩斐然。其生平所著之书有《考工记车制图解》、《诗书古训》、《仪礼石经校勘记》、《儒林传稿》、《畴人传》、《积古斋钟鼎彝器疑识》、《定香亭笔谈》、《小沧浪笔谈》、《选项印宛委别藏提要》、《揅经室集》、《十三经注疏校勘记》和《三家诗补遗》。此外，阮元还主编过一些大型的志书，如《嘉庆嘉兴府志》、《广东通志》。在阮元刻印之书中，最为人们熟知的，除上述《皇清经解》、《经籍籑诂》以外，当推《十三经注疏》。这是一部大型的经学丛书，收书180余种、1 400余卷。

软磁盘驱动器
zip drive

是由美国艾美加（Iomega）公司研发的一种磁盘驱动器，配套使用3.5英寸的可移动压缩磁盘。该磁盘可以相对以较低的价格存储100兆字节或以上的数据，经常用于存储较大的文件和文件集合。该驱动器经常配有将磁盘内容创建目录的软件，从而提供了文件的安全性。

软磁盘，软盘
floppy disk

一种表面涂有磁性物质、以软性的聚酯材料包在塑胶中的3.5英寸和5.25英寸金属磁盘，在个人计算机中作为数字格式数据的存储媒体。图书馆读者通常从在线目录下载，从书目数据库中检索保存资料，而不是打印。5.25英寸的磁盘已被淘汰，而3.5英寸的软磁盘则有一个坚硬的塑料外壳，保护性较好，且存储容量也大大超过5.25英寸磁盘，已很少有人使用了。

软封面革
limp leather

封面不用硬纸板，而完全用皮革制成，故柔软易曲，通常用来作为圣经的封面。

R

软封面装订
limp binding

用布、皮革或塑料作为图书封面的精装方法。

软脊订线法
flexible sewing

指一种将装订线穿过每一书贴并绕在书籍棱脊上的锁线方法，这样可以使书籍平展地打开而且装订坚固。

软脊装订
flexible binding（flex-cover）

用布料或皮革装订封面的书，很软，比较容易弯曲，这是一种可以使图书能平展地打开的装订法，不同于大多数用硬面装订的精装版本。

软件
software

也称“软设备”。计算机系统运行所需的各种程序，包括系统程序，例如：操作系统（OS），数据库管理系统（DBMS），控制计算机本身操作的实用程序，处理数据及为用户完成特定任务的应用程序，是用户和硬件之间的接口界面。借指人员的素质、管理水平和服务质量等。

软件版本号
release number

用以表示软件生产批次和性能级别的一种生产号。一般情况下，版本号越大，产品越新，功能越强。

软件工程
software engineering

计算机软件的分支学科，一门综合性学科，是研究软件开发整个过程中的各种技术。其目标为生产具有正确性、可用性开发适宜的产品。主要内容包括软件工程开发方法论、软件工程标准化、软件工程工具以及环境、软件工程管理学和软件工程理论等。

软件即服务
Software-as-a-service（SaaS）

一种以因特网为载体，以浏览器为交互方式，把服务器端的程序软件传给远程用户来提供软件服务的应用模式。一般来讲，软件即服务可分为两大类别的服务：一种是面向企业的服务。这种服务通常采用用户预订的销售方式，为各种具有一定规模的企业和组织提供可制定的大型商务解决方案；另一种是面向个人消费者的服务。通常是把软件服务免费提供给用户，只是通过广告来赚取收入。

软件开发工具包
software development kit（SDK）

一些被软件工程师用于为特定的软件包、软件框架、硬件平台以及操作系统等建立应用软件的开发工具的集合。一般的工具包括用于调试和其他用途的实用工具。而软件开发工具包还经常包括示例代码、支持性的技术注解或其他为基本参考资料澄清疑点的支持文档。为了鼓励开发者使用其系统或语言，许多软件开发工具是免费提供的，经常可以直接从因特网下载。

软件许可
software license

指软件产品的生产者和买方之间关于使用许可的正式协议，尤其是关于分享软件及拷贝软件的许可协议。规定了购买者的权利和责任，应向软件出版商作出承诺，表明在将软件产品复制转卖给其他用户前，必须得到他们的许可。

软驱
floppy drive

软盘驱动器的简称，是计算机磁盘存储器的一部分，用来驱动磁盘稳速旋转，并控制磁头在盘面磁层上按一定的记录格式和编码方式记录和读取信息。

软羊皮
roan

一种用作书封面的薄而柔软的绵羊皮，通常用漆树叶粉加以鞣制、染成黑色。从 18 世纪末便开始作为外形美观但价格昂贵的摩洛哥皮的一种替代品用于图书的装订与装帧。

瑞典皇家图书馆
Royal Library of Sweden/*Kungliga Biblioteket*

隶属瑞典文化与研究部的国家机构。从 1661 年的法令到 1993 年修订的缴送法，都保证了瑞典皇家图书馆的国家图书馆地位。1878 年该馆从皇宫迁至胡莫勒公园中的一座建筑，1993 年又兴建新馆舍。皇家图书馆十分注重对瑞典文印刷著作的收集，关注自动化和信息技术的发展，同时与国内外图书馆进行多方面的合作。编辑出版有《瑞典全国总书目》、《瑞典政府出版物目录》和《外文联合目录》。馆藏图书 250 万册（卷），现刊 2.2 万种。手稿 6.5 万部；摇篮刊本 1 500 卷；地图 17 万张；肖像图片 50 万件；藏书票 1.5 万张。特藏中有著名的用了 160 张毛驴皮抄写的拉丁文本《魔鬼圣经》。该馆是国际图联机构会员。

瑞士国家图书馆
（法）*Bibliothèque Nationale Suisse*

成立于 1895 年，直属联邦内政部下属文化事务局管辖。1899 年图书馆向公众开放，1901 年首次出版《瑞士国家书目》(*Swiss National Bibliography*)。该馆负责收集、编目、保存与瑞士有关各领域各学科的各种媒体信息，同时确保这些数据最大范围的可获得性。主要收藏并向公众提供有关瑞士的图书，包括用各种语言撰写的有关瑞士和瑞士居民的古籍、现代作品以及印刷品、瑞士作者撰写的作品和翻译作品以及在瑞士出版的所有图书。馆藏总量达 400 多万册（卷），现刊 1 万种。该馆是国际图联机构会员。

瑞星科技股份有限公司
Rising

中国著名的专业反病毒软件开发与生产厂商，成立于 1998 年 4 月，以研究、开发、生产及销售计算机反病毒产品、网络安全产品和“黑客”防治产品为主，是中国最早、最大的能够提供全系列产品的专业厂商。该公司研制开发的一种优秀国产计算机杀毒软件，提供中文简体、中文繁体、英文和日文等多种版本。

若水堂
Water-like Bookstore

2002 年成立于台湾台中地区。由一批对两岸文化交流深具热忱的喜爱图书的人所创办，筹备之初，有感于文化事业任重道远的社会角色，故而引用老子道德经“上善若水，水善利万物而不争”的意涵，以“若水堂”为名。自从创办以来，该书店以打造一家全新风格的简体字书店为出发点，秉持着稳健踏实的经营脚步，采用现代书店管理制度，持续进行图书品项的调整与服务质量的优化，逐渐开阔了中部简体图书销售通路和用户的认同，成为台湾中部第一家最具有经营规模与人文风格的简体字书店。该书店于 2004 年设立北京代表处。

S

撒金

bronzing

又称作“烫印”，是一种印刷装饰工艺。用胶质油墨印刷图文时，在其字体上的油墨干燥前撒上金属粉末，用以获得金或银的色泽效果，以起装饰作用，但后来多已被印金、印银或烫金等方法取代。电化铝烫印箔主要是采用加热加压的办法，将图案或文字转移到被烫印材料表面。撒金的特点是：图案清晰、美观，色彩鲜艳夺目，耐磨、耐候。

萨尔茨堡市立图书馆（奥地利）

Stadtbibliothek Salzburg

奥地利最大的公共图书馆之一，也是萨尔茨堡人均借阅率最高的图书馆。该馆坐落于萨尔茨堡市最繁华的地区，占地 5 000 平方米，馆藏 18 万册图书及各种多媒体藏品。馆内有多个可供儿童、青少年或成人静心读书的区域，也有可以举办教育课程、研讨会和活动的场所。多媒体设施先进，各类读者可以在阅览桌上网浏览或检索所需要的资料。该馆于 2009 年 9 月设立“上海之窗”。

萨尔瓦多国家图书馆

National Library, El Salvador/*Biblioteca Nacional de El Salvador*

根据 1870 年总统令成立萨尔瓦多国家图书馆，隶属于教育部。1871 年，根据公共条令，该馆被置于萨尔瓦多国立大学之下，但向公众开放，1887 年又被当局从大学分离出来。1959—1963 年政府为国家图书馆和档案馆修建了 9 座建筑物，但在 1965 年中受到很大损坏。20 世纪 90 年代早期，尽管有严重的预算缺口和运作上的问题，但仍编辑回溯国家书目和现行书目，进行藏书保护和期刊补充。在联合国教科文组织的支持下，对 1828—1857 年的萨尔瓦多文献进行了缩微化。据萨尔瓦多版权法，国家图书馆是缴送本保存图书馆，同时还收集国际组织的文献。大部分馆藏来自捐赠和与拉丁美洲国家的交换和美国及欧洲的学术团体。该馆拥有图书 20 万册（卷），现刊近千种。

萨加（中世纪北欧传说）

saga

源于古挪威文中的一个词，意思是“说的事”(thing said)。指写成散文或诗的形式的一则长篇故事，情节多描述历险经历与英雄故事。通常与一个有传奇色彩的挪威家族的历史紧密相连。又指叙述挪威和冰岛英雄时代的杰出人物和重大事件的散文叙事，特别指 12 世纪末期和 13 世纪冰岛手稿中记载的散文叙事。如今，任何跌宕起伏、曲折离奇的故事，特别是描述家族命运的故事都可以用 saga 这个词。

萨克拉门托公共图书馆（美国）

Sacramento Public Library

1879 年成立，位于美国加利福尼亚州萨克拉门托市，辖区居民 127 万人。包括 1 所中心馆，27 所分馆和 3 所流动图书馆。馆藏图书及期刊合订本 200 多万册，年到馆访问达 200 万人次，年图书流通量达 600 多万册次。因地区民族较多，在线图书馆提供英文、西班牙文、中文以及俄文资料等。

萨里学校年度书籍奖（加拿大）

Surrey School Award

1972 年由加拿大英属哥伦比亚的萨里学校地区图书管理员创办。萨里学校地区有众多的小学、中学和大学。该奖一年一度由那里的学生评选，图书管理员组成评委。每个孩子必须读过两本以上由评委会列在选票上的书才能投票，有资格列入选票的书必须是最近出版的中篇小说。评奖在每年 1 月的最后一个星期举行。

萨摩亚国立大学图书馆

Library of National University of Samoa

除总馆外拥有分别设在两个校区的高等教育研究所图书馆和东亚、技术研究所图书馆。作为萨摩亚大学信息资源中心和大学的“心脏”，其目标为满足全校师生学习和研究的需要以实现卓越的萨摩亚的学习和研究以及职业人教育和培训。该馆收藏主要是萨摩亚和太平洋文献。参考工具书方面以收藏百科全书和词典为主，期刊则有澳大利亚的地理以及海外各种杂志；法律方面收藏萨摩亚和澳大利亚出版的法学书籍以及报告为萨摩亚所有的律师和法律从业者提供广泛的服务，报纸有《萨摩亚观察家和时事报》，另外还有关于护理文献和萨摩亚和太平洋为主题的论文、数字光盘和各种小说。收藏语种除英文外还收集日文和中文。

萨姆特县公共图书馆（美国）
Sumter County Library

位于美国南卡罗莱纳州的萨姆特市，设有1所中心馆、2所分馆和1所流动图书馆，为该市居民提供多方位服务，其馆藏图书和期刊合订本有17万册，激光唱片、磁带和其他音频资料共1.3万多件，数字视盘和家用录像机制式的视频材料共2 100多件。年到馆访问量25万人次，年图书流通量为42万册次，儿童读物流通量8.8万册次。

萨姆·休斯顿州立大学图书馆学系（美国）
Department of Library Science of Sam Houston State University

萨姆·休斯顿州立大学位于美国得克萨斯州，在其教育与应用科学学院下设图书馆学系，可授予图书馆学硕士学位。其主要课程有：馆藏发展、学校媒体专家与因特网、图书馆学的计算机科学应用和研究设计与方法学等。该图书馆学系培养学校图书馆专家、鼓励支持学术研究与出版，为学校、图书馆和社区提供教育服务。

萨瑟兰郡图书馆（澳大利亚）
Sutherland Shire Libraries

位于澳大利亚新南威尔士州萨瑟兰郡，始建于1953年。包括1所中心馆和7所分馆，注册读者超过20万人。每月图书借阅量达25万册次，解答读者咨询1.1万人次。为了适应人们获取网络信息资源的要求，该馆建立了一所虚拟的参考图书馆，由专业人员挑选审核各类网络信息资源，将其分类，并提供相应的注释，形成一个网络信息资源门户，主要为图书馆内部人员服务，同时也向外界开放。

萨斯喀彻温大学图书馆（加拿大）
University of Saskatchewan Library

位于加拿大中南部城市萨斯卡通，包括1所总馆和6所分馆。共设有1 800个阅览席位，馆藏各类印刷类图书资料共204万册，缩微资料308万件，政府文件及手册45万件，现刊1.5万多种。年到馆访问达200万人次，年图书流通量约53万册次。

塞尔维亚国家图书馆
National Library of Serbia/*Народна библиотека Србије*

成立于1947年，其前身是南斯拉夫共和国的国立图书馆之一，享有法定缴送本权，同时也采购世界范围的各科优秀文献。该馆负责编辑塞尔维亚的回溯性书目，开展馆际互借服务，并免费提供在线目录查询服务。馆藏书刊560万册（卷），包括现刊、手稿、摇篮刊本、乐谱、地图、缩微品、16/35毫米胶卷、视听资料、录音、照片、图片和古旧手稿。

塞缪尔·克莱门特·布拉德福（1878—1948）
Samuel Clement Bradford

英国科技情报管理和文献工作者，“布拉德福”定律（Bradford's Law）的创立者。1899年任英国科学博物馆图书馆馆长，直至退休。其间致力于将该图书馆发展为国家科学图书馆，后成为当时欧洲最大的科学文献收藏中心。布拉德福主张采用“国际十进分类法”（UDC）进行图书分类，并且是国际目录学会（后为国际文献工作联合会）的支持者，与波拉德教授建立英国国际目录学会（British Society for International Bibliography）。1947年当选为国际文献工作联合会（FID）副主席及国际分类法委员会（International Committee on Classification）主席。根据文献分散状况，总结出“布拉德福文献分散定律”的《文献工作》（*Documentation*）；一生著述35种。

塞奇参考工具书在线（美国）
SAGE Reference Online

参考工具书合集数据库，收集300余本具有权威性、跨学科参考工具书和各个社会科学领域的百科全书。包括深度回溯百科全书数据库、手册数据库、回溯手册数据库以及2007—2011年百科全书数据库等。

塞奇出版公司（英国）
Sage Publications

由萨拉·米勒·麦肯恩（Sara Miller McCune）建于1965年的一家国际出版公司，全球大型、独立学术出版商，出版期刊每年超过650种，近80种图书（尤其是大学教材和参考书）和电子媒介。在社会科学、科学、技术和医学等领域取得了良好的发展，其最大的特色，一方面在于与作者之间良好的沟通和合作，另一方面，其很早以前就开始涉足数字化业务，并在数字期刊方面业绩比较出色。塞奇出版公司总部设在英国伦敦，在美国洛杉矶与华盛顿、英国伦敦、印度新德里和新加坡设有分公司，为国际图联金级企业团体会员。

塞舌尔国家图书馆
Seychelles National Library

原名为卡纳基图书馆，于1910年创立，1970年由塞舌尔教育部接管该馆，将其更名为卡内基公共图书馆。1978年宣布该馆改名为国家图书馆。隶属于青年与文化部。其职责是管理3个分馆、15所乡村图书馆及1所面向国家青年服务的汽车图书馆，主要收藏印度洋地区和联合国教科文组织的资料。拥有馆藏图书15万册（卷），现刊82种。现馆舍于1994年落成并正式开放。其主要职能为教育和休闲，向全体国民提供公共服务，以提高全民族文化。

塞文司马奖金
Sevensma Prize

国际图书馆协会联合会颁发的一项奖金。1948年由第三届国际图联主席马塞尔·戈台特（Marcel Godet）发起为庆祝国际图联前秘书长塞文司马（Sevensma）先生60寿辰而设立的奖励基金，用来鼓励40岁以下的青年专业人员撰写图书馆学论文，每两年评选一次。当时中华图书馆协会和世界200多名会员集资了1万瑞士法郎捐给了塞文司马奖金基金会。

赛璐珞片
cel

一种薄且透明的标准尺寸物体（通常是由醋酸纤维素制成的），与电影胶片有着相同的性质。在每一张片上按运动顺序画上或印上单个图像。原始的赛璐珞片来源于早期的动画电影，可能有独立的艺术作品价值。也指透明的薄片覆盖在不透明的背景上。如人体解剖教科书里用于显示系统的不同层次（循环系统、神经系统和骨骼系统等）。

赛门铁克公司（美国）
Symantec Corporation

成立于1982年4月，总部设在美国加利福尼亚的库帕蒂诺（Cupertino）。是因特网安全技术的全球领导厂商，为企业、个人用户和服务供应商提供广泛的内容和网络安全软件及硬件的解决方案。向全球的企业及服务供应商提供包括：病毒防护、防火墙、VPN、风险管理、入侵检测、互联网内容及电子邮件过滤、远程管理技术及安全服务等。赛门铁克公司旗下的诺顿品牌是个人安全产品全球零售市场的领导者，在行业中屡获奖项。该公司已在40多个国家设有分支机构。

三A革命
Three A Revolution

指企业自动化（factory automation）、办公自动化（office automation）和家庭自动化（house automation）。三A是信息、能源的延伸：工厂自动化主要指在工厂中推行以微电子技术为中心的柔性加工系统。办公室自动化指将文件的起草、定稿、审核、分发和归档等各种繁复手续，由各种电子设备来代替。现今一般人的家务劳动每天至少要花费2～3个小时，随着家庭生活的现代化，将减少这种消耗，三A革命是信息时代重要的社会形态变革。

三C革命
Three C Revolution

指以生产活动和社会活动通信化、计算机化及控制化为重要标志的信息技术的发展与普及将促使生产方式、生活方式和产业结构等发生革命性的变化。三C指计算机（Computer）、通信（Communication）和控制（Control），是信息时代重要变革的三个标志性技术革命。

三"R"学科
three Rs

曾被称作初等教育的三要素，是指三门名称中都含有R的学科：阅读（Reading）、写作（Writing）和算术（Arithmetic）。

三部曲
trilogy

大型的文学作品，由三部戏或三部文学或音乐作品而组成，其中每一部在一定意义上本身是完整的，各部均围绕着一个主题，并互相联系，形成一个主题或发展了的同一基本思想的几个方面。又指三部互相联结的古典希腊戏剧的连续演出（如在酒神的节日庆典上）。

三次文献
tertiary document

又称第三手资料。根据一次文献、二次文献加以分析、综合而编纂的出版物，如教科书、手册、专题述评、综述、进展报告及书目指南等。判断是二次文献还是三次文献首先要看其参考书目，其次，二次文献几乎都是专家撰写，但三次文献可由对某一专题感兴趣的人员来完成，他们的作品缺乏学术可信度。

三联书店（香港）有限公司
Joint Publishing（HK）Co.，Ltd.

香港主要的综合性文化出版机构之一。创建于20世纪30年代，由中国出版界的3个著名书店——生活书店、读书出版社和新知书店，于1948年10月26日在香港合并而成的。三联出版物素以编辑严谨、制作认真和讲求文化质素见称，迄今已出版图书近3 000多种，其中10多种图书分别获得香港和国际书籍印制或书籍设计的奖项。其中包括近百套丛书系列书、百余种不同开本的图册。出版覆盖面广，图书种类齐全，除了哲学社会科学类图书以外，还包括文学、艺术、科学普及、医疗保健、语言学习、青少年读物等图书。最近几年，每年均有百余种新书与读者见面。近年来，致力于优化选题和发展题材，所出版的一系列香港题材的图书和青少年读物，备受广大读者和社会人士的好评。此外，与世界100余家出版社达成版权贸易，数十种图书被翻译成英文、日文、法文、意大利文和德文等，数百种图书向中国内地、台湾及海外地区转让版权。与此同时，亦向中国内地和英美等地购入优质图书的中文版权。

三年刊，三年一次的
triennial

每三年出版的，也指每三年出版一期的连续出版物。

三浦 逸雄（1946—）
Itsuo Miura

日本图书馆学家，教育学硕士，东京大学研究生院教育研究科综合教育科学专业教授。主要研究的课题涉及心理学、社会学、教育学、文化人类学、情报科学和情报系统学等方面。近几年注重大学图书馆系统的日美比较研究及其学术情报交流的社会分析。1985年，获日本“图书馆学会研究”奖励奖。1992年，获得日本“图书馆学会”奖。

三色版印刷
three color process

利用黄、红、蓝三色印刷或复制图像的一种印刷术。三色版即根据色彩三原色原理制成的印版，一般由黄、品红和青三块色版上不同大小网点相互之间的并列和叠加，形成五光十色的色彩。为弥补油墨色相达不到三原色的要求，增加一块黑色版以增加图面的层次。

三省堂
Sanseido

日本的主要从事出版日语和外文字典、辞典、百科全书以及教科书的出版社。1881年，“三省堂书店”开业。该出版社开始以文教为中心主要从事辞典、教科书和地图的出版，此后又开设自己的印刷厂。主要出版物有：《新明解国语辞典》、《大辞林》、《广辞苑》、《三省堂国语辞典》、《现代新国语辞典》、《汉辞海》、《五十音汉和辞典》、《新明解百科辞典》、《简明英和辞典》和《日本百科大辞典》等。

三维形体
Three-dimensional Form

以视觉感知的三维内容。不包括三维形体舆图和触觉三维形体。属“资源描述与检索”（RDA）定义的内容类型（content type）之一。

三维形体触觉舆图
Cartographic Tactile Three-dimensional Form

以形状表达，由触觉感知为三维形体的舆图内容。属“资源描述与检索”（RDA）定义的内容类型（content type）之一。

三维形体舆图
Cartographic Three-dimensional Form

以形状表达，由视觉感知为三维的舆图内容。包括地球仪、地势模型等。属“资源描述与检索”（RDA）定义的内容类型（content type）之一。

三维移动图像
Three-dimensional Moving Image

以图像表达、感知为三维移动的内容。属“资源描述与检索”（RDA）定义的内容类型（content type）之一。

三张对折本

ternion

在书籍装订中，将三张纸、羊皮或小牛皮叠在一起对折成为12页。常用在手抄本和早期印刷品的装订。

三折书写板

triptych

古罗马人日常写字用，用铰链联结，可折合的由三张蜡面书页组成的写字板。

散本书、未装书

unbound book

指无页码且不装订，以散页形式出现的教科书等。

散卷，多卷集中的单卷

odd volume

指多卷集中的一卷。常指图书馆藏书中因各种原因所导致的不成套的零卷。

散文

prose

指用日常使用、说、写的语言，与诗的语言相对应。杂感、短评、随笔、速写、游记、书信、日记、报告、通讯和特写等都属散文范畴。散文大致分为议论性、抒情性和叙事性三种体裁。

《散文和一般文献索引》

Essay and General Literature Index

美国威尔逊公司出版的文集索引。收录了1900—1933年间发表的2 144种文集中的4万篇英文和英译散文及一般文献。有年度本，也有5年累积本。每年大约收录千余种文集、专集和单本书。条目按著者、主题字顺排列。收录内容以人文科学和社会科学为主，作家不限时代和国别。

散文体

essay type

如同散文一样，不受字数、格律限制的文章体裁。亦指传记词典中释文的一种体裁，因整篇释文如同一篇散文，故称散文体。

散页乐谱

sheet music

指手写或印制在单张或多张未装订的纸上的散页乐谱或散页歌片。图书馆通常在处理过程中将它们放入文件夹或活页夹中以起保护作用。

散页，未装订成册的资料

unbound material

指单张或多张未装订成册的资料，未装订的图书、小册子。

散页印刷品，折页印刷品

leaflet

指2～4页的出版物，未黏合和未装订，通常折叠或用书钉订在一起，如演出节目表等。

散页装订

binding from sheets

一种简易的文献装订方法，也叫“散装”或“散页装”。图书的书页以单页状态装在专用纸袋或纸盒内。一般只适用于每页能单独构成一个内容单元的出版物，如摄影图片、美术作品、年画、地图、教学挂图以及统计图表等。散页装订的出版物中的序文、目录、图版说明等文字部分，如篇幅较多，可装订成册，附于袋盒内。

桑皮纸

Mulberry Bark Paper

用桑树皮为原料制作的一种纸。原产于维吾尔族聚居的中国新疆南部和东部地区，有着近千年的历史，被称为人类纸业的“活化石”。古时又称“汉皮纸”，曾经一度是造纸行业的主角，最大特点是柔嫩、防虫、拉力强、不褪色和吸水力强，主要用于书画装裱、包扎纸币、制伞、制鞭炮和文化工艺品。桑皮纸在传统古画修复方面具有重要的科学价值、人文价值和历史研究价值，曾成为故宫大修特选材料。2006年5月20日，桑皮纸制作技艺经中国国务院批准列入第一批国家级非物质文化遗产名录。

扫盲

eliminate illiteracy

对不识字或识字很少的成年人进行识字教育，使他们脱离文盲状态。一个国家或地区的扫盲率通常表达为能读写的成年公民的百分比。世界上许多国家成人扫盲运动已开展多年，公共图书馆在推动扫盲工作方面也有很大的投入。1966年，联合国教科文组织第14次大会决定，把每年的9月8日定为国际扫盲日（International Literacy Day），联合国大会决定将始于2003年1月1日的10年定为联合国扫盲10年。2005年11月9日在伦敦发布的《2006年全民教育全球监测报告——扫盲至关重要》称，扫盲问题在各国和国际政策中受到严重忽视，使得上亿成年人处于社会边缘，实现6项全民教育目标以及全面减贫的进展也因此受到限制。《全民教育全球监测报告》主要关注全球7.71亿不具备最低识字技能的成年人，并指出，尽管扫盲问题主要存在于发展中国家，但是高度发达国家仍有大量青年和成年人的识字技能极低。

扫描
scan

利用一定的装置使电子光束，自上而下、自左而右移动而描绘出画面、物体等图形或文字的过程。

扫描服务
scanning service

随着信息化建设的加速而产生的文献数字化加工服务的一种形式。该服务融合了文献扫描、光学字符识别和文档管理等技术，可以将数以万计的纸介质的文献快速、自动转换成数字化文本、影像，并实现信息高速检索。整个扫描服务包括扫描、图像处理、提取有效信息、管理和利用等环节。

扫描器
scanner

指计算机外部仪器设备，通过获得图像并将之转换成计算机可以显示、编辑、存储和输出的数字化输入设备。对文本页面、照片、图纸、美术图画、照相底片，甚至纺织品、标牌面板、印制板样品等三维对象都可以作为扫描对象，提取和将原始的线条、图形、文字、照片和平面实物转换成可以编辑及加入文件中的装置。

扫描/删除处理
Scan/Delete Processing

一项离线操作，取消WorldCat数据库所有书目记录上一个机构的OCLC代码和删除这个机构的所有本地馆藏记录。这个操作是不可逆的，所删除的记录不被保存或存档。只有当一个机构永久关闭OCLC代码才会使用这项流程。

扫描仪
scanner

一种能检测和解析印刷的或手写的字符，并且将信息转换成机器语言代码的仪器。扫描仪分为平板式、鼓式、薄膜式和手提式等。在图书馆里，通常使用光扫描仪制作成数字式影像用于馆际互借、文献传递和数字化馆藏。在流通部门，还可以用来识别读者借阅证上的条码号和馆藏文献的条码号。一些条形码扫描仪还需要接外部译码器。

色彩内容
color content

资源内容中出现的色彩、色调等。也指资源内容本身的色彩、色调等（如黑白），用于图片、动画和三维形体及视障者专用色彩。属“资源描述与检索”（RDA）的内容描述元素之一。

色带稿
ribbon copy

用针式打字机色带打印而成的文稿。

（色情描写的）作品
pornography

具体指对妓女或卖淫行为的描写，或对色情的描述，为引起性兴奋而作的色情行为描绘的作品。一般用赤裸裸的性描写（hard core）和较隐晦的性描写（soft core）两个术语表示对性描写的等级。图书馆对这类图书一般作为特藏处理，而不是像一般图书那样公开陈列。pornography来源于古希腊文中*porne*（妓女）和*graphos*（作品）两个单词的组合，意指以唤起性欲为目的而没有艺术美感的单纯性描写作品。

色情书籍
curiosa

指主题不正常的、在某种程度上被传统观念认为是低级下流的图书或小册子。

色情文学，淫书
obscene literature

也称色情出版物（obscene publication），指具体描写性行为或者露骨宣扬色情的淫秽性的文学作品。淫书在整体上宣扬淫秽行为，挑动人们的性欲，足以导致普通人腐化堕落，没有艺术价值或者科学价值。有关人体生理、医学知识的科学著作不是淫书；含有情色内容、但具有艺术价值的文学、艺术作品也不能视为淫书。

色情作品
erotica

具体描写性行为或露骨渲染各种色情场面以刺激读者情欲的作品，尤指黄色书籍。但是，用来表现人体美的艺术作品，有关人体生理知识的医学作品等不在其列。对图书馆或个人来讲，后者具有收藏价值。

杀青
Pre-writing Cleaning of Bamboo Slips

古代制竹简程序之一。将竹火炙去汗后，刮去青色表皮，以便书写和防蠹。也指古人著书，初稿书于青竹皮上，改定后再削去青皮，书于竹白。后泛指书籍写定或校刻付印。又指古时造纸方法。

沙特阿拉伯法赫德国王国家图书馆
King Fahd National Library of Saudi Arabia

成立于1989年，承担沙特阿拉伯国家信息中心、全国国际标准书号和国际标准连续出版物编号系统中心、版权登记和编制国家书目与索引的职责，并开展外借业务。拥有藏书近300多万册(卷)，还拥有手稿、古版书、学位论文、政府文献、地图、缩微品、声像资料、CD-ROM、小册子、钱币、邮票、照片及版画、幻灯片、水彩画、剪报和直观教具等。该馆是国际图联机构会员。

筛选率
option ratio

指文献检索中系统检出全部文献的总量与文献库内文献总量的比率。显示系统根据检索提问筛选文献的能力。

山本 顺一（1949—）
Junichi Yamamoto

日本图书馆学家、早稻田大学政治学硕士和图书馆情报大学学术硕士、筑波大学研究生院图书馆情报媒体研究科教授。从事比较图书馆学情报学和情报网络法学的教学和研究，主要是对日美情报媒体制度的研究。具体研究对象是：与美国图书馆历史和制度相关的比较图书馆学情报学的研究以及由于网络和数字内容的流通引起变化了的著作权制度与知识产权制度和情报政策等有关研究。

山本 毅雄（1939—）
Takeo Yamamoto

日本图书馆学家、东京大学理学博士、日本国立情报学研究所教授。主要从事的研究课题是数字档案和情报系统的人机接口。由于研究成绩卓著，多次获奖：日本“分析化学会奖”（1972）、日本科学技术情报中心“丹羽学术奖”（1977）、新技术开发财团“市村奖”（1979）和“情报科学技术协会奖”(2000)。

山东大学管理学院信息管理系
Department of Information Management in School of Management of Shandong University

隶属于山东大学管理学院，在原东校区管理学院信息管理系和原南校区信息管理教研室的基础上组建而成，下设信息管理与信息系统和图书馆学两个研究所。该系设有信息管理与信息系统、图书馆学两个本科专业。其中，信息管理与信息系统专业设立于1994年，是山东省最早的信息管理本科专业。图书馆学专业设立于1985年，是山东省唯一的图书馆学本科专业。该系拥有图书馆学、情报学两个硕士研究生专业，涵盖图书馆、情报与档案管理三个一级学科。

山东大学图书馆
Shandong University Library

中国较早的近代新型图书馆之一。其前身是始建于1901年的山东大学堂藏书楼。在其发展过程中，许多著名学者、图书馆学家，如皮高品、梁实秋、陆侃如、吴富恒、孙昌熙等曾主持过图书馆工作。2000年7月，由原山东大学图书馆、山东医科大学图书馆和山东工业大学图书馆合并成立新的山东大学图书馆。下设文理、政法、医学、工学、南新、软件园6个分馆和文献资源建设、网络信息技术两个中心，图书馆馆藏纸质文献为470万册(件)，其中，期刊56万册，电子期刊4万种，光盘、网络数据库近220个，电子图书157万册，还包括古籍近40万册，其中珍善本数万册，金石拓片尤为丰富，特别是该馆收藏的书目文献在全国有较大影响。易学文献的收藏也颇具特色。馆舍面积为6.5万平方米，阅览座位近3 000席。

山东农业大学图书馆
Library of Shandong Agricultural University

1999年7月，由山东农业大学、山东水利专科学校和山东林业学校合并成立的新山东农业大学。

三校图书馆也随之合并，校本部图书馆为中心馆，原水专馆、林校馆、基地馆分别称为一分馆、二分馆和基地分馆，馆舍总面积3万余平方米，设有资源建设部、流通部、阅览部、系统建设部、信息咨询部和办公室共6个部门，藏书150余万册。馆藏以生物科学、农业科学为优势，经济管理、英语、文法、机械电子、信息技术、土木工程、水利工程等学科以及地方志和工具书等为主。该馆提供的服务主要有：书刊借阅、信息检索、科技查新、信息开发、代查代检代复制、文献检索教育、阅读辅导、参考咨询、声像资料、多媒体电子阅览以及文献复制和装订等。

山东省图书馆
Shandong Library

中国省级综合性公共图书馆之一。建于1909年，1952年定为现名。馆舍建筑面积为5.8万平方米，阅览室35个，阅览座位2 000余席。馆藏文献750万册（件），齐鲁方志海内现存约600种，而该馆馆藏528种，善本58种，《(万历)兖州府志》则为海内孤本。海源阁专藏计2 280种32 000册，约占海源阁现存藏书的三分之二，并有较多名人手迹，如林则徐、翁同书、吴式芬、钱仪吉、许瀚等人的书札。该馆收藏易经文献1 317种，总计2 205个版本，近万册。另外，该馆收藏的唐人写经卷、宋刻蝴蝶装《文选》、宋刻巾箱本《万卷青华》、蒲松龄手稿《聊斋文集》、王士祯批校《昆仑山房集》稿本等均为传世珍品。馆藏期刊覆盖各个学科，形成综合性馆藏报刊体系；外文书刊以轻工、化工、电子技术、环境保护和医药卫生方面的文献为重点；齐鲁方志专藏、海源阁专藏、易经专藏、山东革命文献及名人珍贵手札等为其特色馆藏。与山东省图书馆学会联合编辑出版季刊《山东图书馆季刊》(*Shandong Library Quarterly*)。

山东省图书馆学会
Library Society of Shandong Province

成立于1979年6月19日。该学会成立以来，加强与兄弟省市图书馆学会的合作，多次召开科学研讨会，并出版获奖论文集。该学会下设7个委员会（学术委员会、编译出版委员会、教育委员会、青年图书馆工作者委员会、少年儿童图书馆工作者委员会、医院图书馆委员会和胜利油田委员会)、15个地（市）级图书馆学会。与山东省图书馆联合编辑出版学术刊物《山东图书馆季刊》（*Shandong Library Quarterly*)。

山东师范大学图书馆
Shandong Normal University Library

原名华东大学教育学院图书馆，始建于1950年。拥有馆舍面积2.5万平方米，分为校本部图书馆和北校区分馆，共设8个书库、25个阅览室、阅览座位2 400余席；总藏书量近370万册（件），其中中外、文图书340万册，中、外文期刊9 600余种，近27万册。馆藏线装古籍20万册（善本古籍1 120种15 688册，宋元版图书2种，明版274种，清朝乾隆以前刻印精良、流传稀少者522种，钞本、稿本169种)。购置电子图书120万余册，中、外文数据库135个。以文化教育、文史类文献较为丰富，馆藏古籍线装书和民国时期文献达30余万册，各类丛书、明清人著作、民国时期出版的现代文学类书、刊和外文图书等具有一定特色。如明·袁黄《两行斋集》、清·朱宏祚《清忠堂奏疏》、清·解鉴《益智录》、清·云间子《草木春秋》等皆属海内孤本，具有较高的版本文献价值。

《山东图书馆季刊》
Shandong Library Quarterly

于1981年9月创刊，由山东省图书馆学会与山东省图书馆联合编辑出版，刊载的大部分论文全面反映山东省图书馆学理论研究脉络和图书馆学热点问题，同时注重地方特点，开设“齐鲁文献”、“齐鲁名人”和“齐鲁图书馆”等栏目，发表相关论文。此外，还不定期出版增刊和专集，如《山东省公共图书馆业务辅导工作会议论文集》和《山东省高等学校导读工作研究论文专集》等。

山水志
Topographical Gazetteers of Famous Mountains and Rivers

专记山岳、河川湖泽的地方志。是传统舆地之学的重要组成部分，保存有丰富的环境变迁（特别是河湖变迁)、水利兴废、区域经济开发、民间信仰乃至社会经济形态诸多方面的重要资料，历来为文人学者所重视。山水志记载涉及的范围广泛，资料丰富翔实，在诸多方面可弥补一般地方史志及其他著述不足。对环境变迁、历史地理、水利史、文化史和区域社会经济史的研究具有很高的史料价值，对当地名山与湖泊风景区的开发规划与利用有非常重要的参考依据和借鉴意义。

山西大学管理学院信息管理系

Department of Information Management of School of Management, Shanxi University

前身为山西大学中文系图书馆专业，1978 年开始招收第一届本科生，1985 年正式成立图书馆学系，1991 年 6 月又改名为图书情报学系，1993 年 5 月正式改为现名。1998 年，成为图书馆学专业硕士学位授予点，为具有硕士生教育、本科生教育、自学考试本科与专科等多层次的教学单位。设有一个图书馆、情报与档案管理一级学科硕士点（学术），下设五个研究方向：图书馆学：信息组织和信息组织；情报学：信息政策与法律和计算机信息检索；档案学：档案信息管理研究。图书馆学、情报学、档案学三个二级学科硕士点和一个图书馆学情报学专业硕士点。已经成为具有硕士生教育（学术硕士和专业硕士）、本科生教育，自学考试本科与专科为一体的立体交叉的学科体系。

山西大学图书馆

Library of Shanxi University

创建于 1902 年，原名为山西大学堂图书馆，辛亥革命后改名为山西大学校图书馆，1931 年改为现名。1949 年以后，三迁新址。该馆下设 5 部 1 室 1 中心：流通部、文献资源建设部、技术部、信息咨询部、特藏部，办公室，CALIS 省中心。馆舍面积 3. 5 万平方米，主要阅览室有 20 个，阅览座位 4 000 席，并设有多个报告厅以及电子阅览室等多功能的现代化服务设施。馆藏文献以社会科学、人文科学和自然科学基础理论为主，馆藏文献达 280 万册（件），其中古籍 13 万余册，主要为明、清时期及民国时期的线装书，明代集部藏书为该馆特色，有很多珍稀本。另外还收藏有秦汉以来的碑帖近 4 000 种，其中不乏稀见珍品。

山西省图书馆

Shanxi Library

建于 1919 年，中国省级综合性公共图书馆之一。前身是山西教育图书博物馆，1957 年与博物馆分离。该馆下设采编部、借阅部、报刊部、特藏部、地方文献部、古籍部、少儿部、信息咨询部、数字化工作室、培训辅导部、读者工作部和协作协调部。馆舍建筑面积 3 万平方米。馆藏文献资料 220 万册，包括古籍善本、金石拓片、字画、碑帖、舆图、手稿和契约等特种文献。古籍善本中有唐人写经、北宋刻《福州藏》、北宋雍熙三年绛州刻本《佛说北斗七星经》、北宋元丰七年刻本《大方广华严经合论第四十一》等孤本、珍本。建有《省外看山西》、《山西经济信息》、《优势产业信息港》、《山西日报地方稿题录》及《图书馆学文摘》等全文检索数据库，与山西省高校图工委共同编辑出版《晋图学刊》（季刊）。

山西省图书馆学会

Library Society of Shanxi Province

成立于 1979 年 7 月，1999 年 11 月转为法人社团。该学会成立以来，多次开展学术交流和研究，举办全省、全国专题学术研讨会、学术讲座与业务培训。该学会拥有团体会员 52 个，下设 4 个专业委员会，不定期编印《晋图动态》。

山羊皮鞣革

goatskin

常用于手工装订书籍。其各种不同的名字代表山羊皮的产地，如亚洲的黎凡特（Levant）、非洲的尼日尔（Niger）和非洲的摩洛哥（Morocco）等。用优质山羊皮鞣制的皮革书面（例如名闻遐迩的“摩洛哥皮”）装订的古籍，交易价格昂贵。

杉本 重雄（1953—）

Shigeo Sugimoto

日本图书馆学家、京都大学工学博士、筑波大学研究生院图书馆情报媒体研究科教授，同时也是都柏林核心元数据倡导专家。其主要研究范围是网络时代知识情报共享基础的数字图书馆，特别是元数据的模式和应用软件。具体是对利用 XML 等 Web 基础技术的元数据系统的构成方式、网络上的元数据应用系统的研究。

删除

delete

从一段文本或文件中消除、擦掉或省略一个字符、一个单词或一段句子，后续内容自动向前移，以保持连续。在计算机中，从内存删除一个字符、一个单词或一段句子，或全部文档，一般通过在键盘上敲击退格键或删除键，或从菜单、工具栏选择删除选项完成。有的软件系统允许用户在应用程序打开状态下，选择“取消”来完成删除。

删改

bowdlerize（expurgate）

通过修改或删除一个词、一个句子、一段文字或整个章节来更改文学作品的正文。删改源于一位名叫托马斯·鲍德勒（Thomas Bowdler）的牧师，他在19世纪早期出版莎士比亚的作品时省略了一些考虑到“有女士在场不便由先生阅读”的章节。乔纳森·斯威夫特（Jonathan Swift）的《格利佛游记》(*Gulliver's Travels*) 和乔叟（Chaucer）的《坎特伯雷传记》(*The Canterbury Tales*) 也有同样的情况。

删节版

expurgated edition

又称“删节本”、“节本”。对原著不当之处予以删除，然后再版的书籍。删除部分不影响原著的完整性。

删节，修订

expurgated

为纠正前版文献内容的错误之处，或因某种原因对原著某些地方予以删节，删除的部分不影响原著内容的完整性。

闪存

flash memory

是一种长寿命的非易失性（在断电情况下仍能保持所存储的数据信息）的存储设备。由于断电时仍能保存数据，因此通常被用来保存设置信息。作为一种非挥发性的半导体存储芯片，其数据删除不是以单个的字节为单位而是以固定的区块为单位，且能在字节水平上进行删除和重写而不是整个芯片擦写。

闪盘

flash memory disk

又称“U 盘”。一种便携式移动外存储设备，以闪存芯片为存储介质。其存储容量比软盘大，体积小，重量轻，具有防磁、防潮、防震、不用特设电源、使用方便、传输速度快和可擦除近100万次的特点，还有兼容性好，适合随身携带。

闪视卡

flash card

一小张硬而不透明的卡片，上面有字母、词、短语和符号，有时还有照片。一套卡片的一部分经常被用于快速记忆和识别训练。闪视卡也经常被用在对观众视觉暗示的提示中。图书馆的收藏品中也有闪视卡，它们通常被用于课堂和儿童阅览室。

陕西理工学院图书馆学专业

Section of Library Science of Shaanxi University of Technology

创建于2002年。旨在培养具备系统的图书馆学基础理论知识，有熟练地运用现代化技术手段收集、整理和开发利用文献信息的能力，能在图书馆情报机构和各类企业事业单位的信息部门从事信息服务及管理工作的应用型、复合型图书馆高级专门人才。学生主要学习图书馆学与信息管理的基本理论和基础知识，受到文献学、目录学、信息学、传播学、管理学、经济学等方面的基本训练，掌握文献信息搜集、处理、研究、开发与传递的技能。设有课程：图书馆学基础、图书馆管理、信息管理概论、信息用户研究、文献资源建设、文献分类法与主题法、文献编目、人文社会科学文献检索、科技文献检索、咨询与决策、信息市场学、文献计量学、信息经济学、计算机应用系统设计与分析、计算机信息网络、数据库管理、文献学概论、目录学概论等。

陕西省图书馆

Shaanxi Provincial Library

中国综合性省级公共图书馆之一。建于1909年9月，初名为陕西图书馆，后几经更名，1953年改为现名。现馆舍于2002年建成并投入使用，建筑面积4.2万平方米。阅览座位2 500席，已形成以社会科学、自然科学、新兴科学为主体的藏书体系，且注重陕西地方文献的收集、整理与开发。馆藏文献350万册，其中中文线装古籍近40万册。藏量与品位居全国之首的宋元刻本《碛砂藏》、明代孤本《襄阳郡志》、元代建阳刻本《增刊校正王状元集注分类东坡先生诗》、明万历刻本《海刚峰集》、清雍正铜活字印本《古今图书集成》等属国内稀见的珍本。该馆是联合国教科文组织出版物和美国高等教育资料的收藏单位之一，并与美国国会图书馆、日本奈良县立图书馆、荷兰莱登大学汉学研究院图书馆等建立了国际书刊交换关系。与陕西省图书馆学会和陕西地区图书馆协作委员会联合编辑出版季刊《当代图书馆》。

陕西省图书馆学会

Library Society of Shaanxi Province

1981年7月23日成立，陕西省广大图书馆工作者的学术性群众团体。下设学术研究委员会、编辑出版委员会、协作协调委员会、阅读指导委员会和少年儿童分会。该学会成立以来，多次举办各类型学术研讨会和各种类型的培训班，多次举办西北5省区图书馆学会科学讨论会，多次参加陕西省社科联举办的优秀成果评奖活动。拥有会员近千名，与陕西省图书馆联合编辑出版学术刊物《当代图书馆》(*Contemporary Library*)（季刊）。为全省广大图书馆工作者开展学术研究、交流工作经验的重要园地。

陕西师范大学图书馆
Library of Shaanxi Normal University

前身是1944年创办的陕西省立师范专科学校图书馆，1956年与陕西师范学院合并，改为现名。该馆紧密结合学校专业设置和重点学科建设，积极开展文献信息资源建设。馆藏总量达350万册（件），各类中外文数据库40余种，电子图书109万册，中外文电子期刊1.5余万种。馆藏特色为文理兼收、古今咸备，文史、教育类图书，古籍文献和港台社科图书收藏较为丰富，其中收藏古籍线装图书25万余册，包括古籍善本700余部，9 000余册；地方志除收藏线装本方志1 400余部外，还收藏《中国方志丛书》、《中国地方志集成等》。该馆还收藏大量历代石刻拓片，包括汉碑、造像、墓志等，是西北地区乃至全国高等学校图书馆收藏此类文献较多的单位之一。1980年，在美国北美洲高等教育基督教联合董事会的资助下，该馆成立了西北综合图书资料中心，收藏大量外文图书和港台版图书。该馆馆舍面积为6.2万平方米，各类阅览室27个，阅览座位3 578席。

单行（1926—）
Shan Xing

教授。1947年毕业于东北大学教育学院，曾在东北师范大学图书馆任馆员、秘书、馆长助理、副馆长和馆长。1979年恢复东北师范大学图书馆学系时任系主任。1987年在辽宁师范大学创办图书馆学情报学系，任系主任。兼任中国图书馆学会学术委员会委员、中国图书馆学会第一、二届理事、全国高校图书情报工作委员会常委、辽宁省高校图书情报工作委员会副主任、辽宁省图书馆学会顾问、吉林省图书馆学会第一、二届副理事长、吉林省高校图书情报工作委员会常务副主任兼秘书长。出版专著数部，发表论文40余篇。

扇形饰
fan

仅仅对图书的一小部分进行装饰，通常为书籍的四个角之一，呈扇形。

善本
rare book

一种珍贵难得、复本极少而又极具价值、内容精辟的古书刻本、写本。这些善本图书很少出现在市场上。也指在历史文物性、艺术代表性和学术资料性等方面具有极大价值的古籍。

善本部
rare book department

国家图书馆、大学图书馆、大型公共图书馆和专业图书馆的主要业务部门之一。该部门主要负责古籍特藏的搜集、分类、编目、保管、流通阅览及特藏书目索引的编制。一般拥有专用的采编工作室、书库和阅览室。善本部对温度、湿度和光照等藏书保护条件要求较高，且只对少量的特定读者提供服务。

善本书库
rare-book stack

收藏经鉴定列为国家或地方级珍贵文献、对安全防范和保存条件有特殊要求的库房。主要收藏刻本、写本、稿本、拓本、书画等古籍与珍品，是特藏库的一种。

善本书目
catalog of rare works

专门记载古籍善本的目录。早期的善本书目多为私家目录。清以后始有官修善本书目，如清乾隆时编有《天禄琳琅书目》。民国时期有部分图书馆开始编制馆藏善本书目，如赵万里编的《北平图书馆善本书目》。1949年后，许多公共及高校图书馆大多编制了善本书目。1978开始由全国各图书馆合作编制的《中国古籍善本书目》，是中国目前最全面、最具权威性的古籍善本联合目录。该书目共著录除台湾地区以外中国各省、市、自治区公共图书馆、博物馆、文物保管委员会、大专院校和中等学校图书馆、科学院系统图书馆、名人纪念馆和寺庙等781个单位的藏书约6万多种，13万部。年代下限大致断至清代乾隆，在此之后辛亥革命前有特殊价值的刻本、抄本、稿本和校本，都作为善本在收录之列。

善本与手稿专业组
Rare Books and Manuscripts Section

隶属国际图联专业委员会藏书部（Division of Library Collections）。该专业组为世界各类图书馆善本与手稿图书馆员关心这类资料的收藏、保护、书目控制及使用等方面提供一个探讨、信息交流的论坛。出版该专业组编辑的《善本与手稿组业务通讯》(*Rare Books and Manuscripts Section Newsletter*)(电子版)，刊登有关善本与手稿的新闻与会议动态和论文。

伤残美国人条例
American with Disabilities Act（ADA）

美国国会于1990年通过的法规，其目的在于保障残疾人使用公共图书馆和其他公共资源的权利不受侵犯，并在工作中禁止歧视残疾人。该条例对美国图书馆服务的开展产生了深远影响，范围涉及建筑规划（坡道、电梯、自动开门装置和盲文标记等），物品、器械和书架等的设计和摆放以及计算机用户界面的设计等。

商标
trademark

商品或服务的标志，是指商品生产者或经营者在其生产或销售的商品上所加的标记，目的是区别同类商品的不同生产者或销售者，并表明商品的一定质量。一般由名称、名词、符号、象征、设计或它们的组合所构成。商标用来标识一个产品或服务的独特性，包括文字商标、数字商标、图形商标、记号商标、组合商标、音响商标、气味商标、立体商标、注册商标和未注册商标等多种形式。商标是一种重要的知识产权，不仅自身是创新的成果，而且必须依赖创新保持其生命力。

商标法
trade mark law

作为知识产权的重要组成部分，规定了商标权的申请、审核、注册程序、商标权的授予条件以及商标权许可转让等。目前世界上许多国家都已颁布了商标法，中国于1982年8月也颁布了《中华人民共和国商标法》，共8章，从1983年3月1日开始实施，并分别于1993年2月和2001年10月进行了两次修正。

商标名称，商品名
trade name

指市场上已经通用的代表某种产品或服务的名称。工业或商业企业为使自己设计、生产、加工或销售的商品及某些可读的（文字、词语和数字）专门产品或机构有关的名称及标识的一部分与其他同类产品中的其他品种及销售的竞争公司加以区别和确认，而在商品或包装上以文字、图形和记号等制作专门的标志（例如：百事可乐与可口可乐），其作用是区别商品来源、产品质量和维护商业信誉。这些标志一旦在国家专利局和商标局注册之后，商标名或商标名的一部分就成了众人皆知的商标。

商标权
right of trade mark

工业产权的一种，是指商标所有人对其注册的商标享有的专有使用权。内容包括商标注册的申请、商标注册的审查和核准、注册商标的续展、转让和使用许可、注册商标争议的裁定、商标使用的管理以及注册商标专用权的保护等。

商会图书馆
Chamber of Commerce Library

中国的商会是20世纪在一些商业较为发达城市中的商人们自发组织起来的行会组织。由于当时意识形态、经费等多方原因，有为数不多的商会组建了自己所属的具有专业图书馆性质的机构，而有些就直接称之为商业图书馆。这些商会图书馆的建立使得图书馆与商业至少在名称上有了一定的关联，并使得社会上一些渴求知识的开明之士，尤其是工商界中的有识之士从中受益颇多。

商务化人际关系网
Linkedln

一家面向商业客户的社交网络服务网站，成立于2002年12月，并于2003年启动。总部位于美国加利福尼亚州山景城。网站旨在让用户维护他们在商业交往中认识并信任的联系人，通称“人脉”(connections)。用户可以邀请他认识的人成为“关系”圈里的人。通过该网站，用户可以管理并公开有关专业信息，查找并自荐给潜在的客户，服务提供商或推荐的相关领域的专业人士，创建和进行项目合作，收集数据，共享文件，寻找商机和合作伙伴，志同道合的专业人士可在私下建立讨论组，发现更广阔的人际连接，帮助拓展个人关系网，拓展工作和交易的范围，张贴和分发工作职位信息，用以求职、招募和猎头行为等。

商务印书馆
The Commercial Press

中国出版史上第一家现代出版机构。1897年2

月创办于上海，1954 年迁到北京。该馆最初以编辑出版中小学教科书为主，随后出版逐渐扩大，出版物遍及社会科学、自然科学及应用技术、文学艺术等各个门类，并且发行各科杂志，印行珍本善本古籍。1958 年以后，根据国家出版方针的规定调整了出版范围。现主要编译出版外国哲学、社会科学方面的学术著作，编纂出版中外语文工具书以及研究著作、教材、普及读物等，出版《中国语文》、《方言》和《英语世界》等期刊，在读者中有良好影响和声誉。商务印书馆设有 25 个部门，控股一个合资出版机构——商务印书馆国际有限公司。商务印书馆年均出版图书、音像制品共 700 余种。100 多年来，共出版各类书刊 4 万余种，代表性出版物有《辞源》、《现代汉语词典》、《新华字典》、《新时代汉英大词典》、《牛津高阶英汉双解词典》、《故训汇纂》、《四库全书》（影印文津阁本）、“汉译世界学术名著丛书”（400 种）、“世界名人传记”（40 种）、“中国文化史知识丛书”（100 种）、“商务印书馆文库”（50 种）及《英语世界》、《中国学术》杂志等。有不少品牌书刊相继荣获国家图书奖、国家辞书奖和国家期刊奖。

商务印书馆（香港）有限公司

The Commercial Press（HK）Ltd.

由上海商务印书馆于 1897 年创立。香港商务印书馆于 1914 年设立，最初是门市经营，随后建立印刷厂，又开设编辑部和发行部，逐步发展成为一个建制完整的出版机构，1988 年注册成为商务印书馆（香港）有限公司。已是一家纵向发展架构的文化企业，其业务包括编辑、出版、发行、门市零售书籍和多媒体计算机产品等，近年还积极拓展电子商务。香港商务印书馆秉承商务传统，成立之初已恢复编写并出版教科书。20 世纪 70 年代末期，开始修订辞典、字典。1979 年，成立全资附属机构“香港教育图书公司”，致力于中、小学教科书和参考书的出版，续昌明教育的使命。

S

商业电视

commercial television

以获取利润为最高目的的电视台。其对节目的编排很大程度上取决于收视率的高低，因为广告商希望尽可能多的观众看到相关广告。

商业图书馆

business library

为商业人士提供特殊信息服务的都市公共图书馆系统中的一个分馆，通常位于或靠近商业或金融地区。也指一所与高等院校商业系有联系的独立管理的图书馆，担负着为商学院系开设的课程和参加商业、管理、会计及相关领域课程学习的学生提供信息服务的任务，其馆藏通常包括图书、期刊和商业方面的参考资料以及公司报告、经济与商业统计资料和与商业相关的数据库等。

商业信息全文数据库

ABI/INFORM Global

商业经济类期刊全文数据库，由美国 ProQuest 信息与学习公司（ProQuest Information and Learning）出版，适用于大型公共图书馆、综合性大学、重点商学院和企业图书馆。该数据库内容涵盖企业管理、财会、银行、经济、金融、国际贸易、保险、法律、管理和税务等学科范围，包括公司产品、商情、发展趋势、管理技术及商业企业相关管理学科知识及各个行业的市场、企业文化、企业案例分析、公司新闻、国际贸易与投资、经济状况和预测等。收录期刊 3 730 多种，其中全文期刊 2 670 多种商业管理出版物。可检索自 1971 年以来的期刊文摘和 1986 年以来的期刊全文。

商业性出版社，出版商

commercial publisher

以赢利为目的，从事图书及其他刊物的出版发行的出版社，包括商贸出版社和大众化刊物的出版机构。这些出版社对出版内容的选择在很大程度上取决于销售潜力，有时甚至不顾质量和新颖性。这类出版社与非营利性的大学出版社、学术团体及专业协会等出版机构形成对比。

商业性杂志

commercial journal

指以赢利为目的的杂志，如荷兰的爱思唯尔出版社（Elsevier）所出版的学术或商贸杂志，不同于大学、学术团体及专业协会等出版机构出版的非营利性杂志。其不断上升的价格已成为订购这些杂志的图书馆所面临的难题。

《商业周刊》(美国)
***Business Week*（*BW*）**

1929年创刊，周刊。报道美国和国际商业界重要新闻，分析与评价管理、销售、金融劳工、政策和商业趋势，阐述商业活动中的问题，是美国工商界的重要行业期刊之一。主要栏目有：国际商业、经济分析、分析与评论和新闻。由麦克劳·希尔（Mc Graw-Hill）公司出版。作为一份全球发行的商业期刊，始终对世界经济的风云变幻做出及时报道，对商业和经济领域发生的重大事件进行深入分析，对世界经济发展中的不确定因素和难题提出质疑并展开讨论，对世界经济的总体发展趋势做出具有前瞻性的预测。该刊于20世纪80年代起与中国的经贸部合作出版《商务周刊〈中文版〉》(月刊)。

商业资源电子文献库
Business Source Elite（BSE）

美国EBSCO出版公司的商业性全文数据库。该数据库涵盖金融、银行、国际贸易、商业管理、市场营销、投资报告、商业理论与实务、房地产、产业报道、计算机、经济学、企业经营、财务金融、能源管理、情报管理、知识管理、工业工程管理、保险、法律和税务等学科。收录了1984年以来的1 797种期刊的题录和文摘及1990年以来的1 130种全文期刊。包括《哈佛商业评论》(*Harvard Business Review*)、《管理科学》(*Management Science*)、《运作研究》(*Operation Research*) 等世界著名的商业期刊。

商业资源全文数据库
Business Source Premier（BSP）

美国EBSCO出版公司的全文数据库之一，系Business Source Elite的升级版本，是全球最大的商业相关学科全文数据库之一。包括2 000余种期刊的题录和文摘，其中全文刊为3 794种，约占三分之二，其中3 007种有全文，996种评论性全文期刊，涉及的主题范围有国际商务、经济学、经济管理、金融、会计、劳动人事、银行等，著名的期刊如《每周商务》(*Business Week*)、《福布斯》(*Forbes*)、《哈佛商业评论》(*Harvard Business Review*)、《经济学家预测报告》(*Country Reports from the Economist Intelligence Unit*) 等。全文最早收录时间为1990年，有图像。

商志馥（1925—）
Shang Zhifu

中山大学信息管理系副教授、硕士生导师和广东省文史研究馆馆员。1947年毕业于前国立中央大学中国文学系。1958年到华南工学院图书馆工作，1985年调中山大学图书馆学系任教。发表论著多部，并获广东省图书馆学会授予的“杰出贡献奖”。

熵
entropy

热力学名词。常用来表示对某一种系统中不能做功的热能，其值越大，结构的非平衡程度就越高。

上半版面
above the fold

指报纸中位于水平折叠线之上的那半部分。由于绝大多数的人阅读习惯是自上而下，所以靠顶印刷的文章十分醒目。

上标数字，上角数字
superscript

打印或书写在略高于普通文字上角的字符，比如表示脚注和注释的写在右上角的小数字（如10^5）。

上海财经大学图书馆
Library of Shanghai University of Finance & Economics

其前身是1921年建立的东南大学分设的上海商科大学图书馆。1983年，3 000多平方米的馆舍（现为分馆）在中山北一路校区落成。1988年国定路校区又新建了8 000多平方米的图书馆。2006年在武川路校区改建了3万平方米的馆舍。阅览座位共有2 600多席。该馆共有文献222万册（件）。其中印刷型图书170万册，电子文献总量51.3万册。拥有电子期刊全文数据库22个，电子图书6个，并自建特色数据库4个，其他27个数据库已形成以经济管理类为主，外文比例较高的收藏特色。20世纪80年代中期，该馆被世界银行确定为世行出版物收藏馆。90年代初与会计学院合作建立了会计资料中心，以支撑学校全国重点学科——会计学科的建设。1998年，学校先后与英国鹰星保险公司、苏黎世金融服务集团和瑞士再保险公司合作建立保险精算资料中心。2000年10月，建立了理论经济学资料中心暨国家经济学基础人才培养基地图书资料室。2002 年启用外国 MBA 教材中心。2003 年，与人文学院、法学院等 4 个院系合作，分别成立了 4 个专业资料研究中心，专心致力于专业资源的开发研究与个性化服务探索。2005 年，图书馆又成功获得国际货币基金组织授权，成为世界货币基金组织（IMF）指定收藏馆，免费获得其出版物和其他信息产品。

上海大学图书馆
Shanghai University Libraries

新馆舍落成于2000 年6 月，面积为3.5 万平方米。该馆总面积为5.4 万平方米。收藏哲学、社会科学、历史、文学、美术、数学、物理、化学、生物科学和综合性学科书刊总量约360 多万册（件），中外文现刊 3 000 多种，其中外文期刊 500 余种，中外文电子期刊 1.8 万余种，中文电子图书 30 余万种。该馆共有2 个分馆：文荟馆和联合馆。文荟馆总面积约9 300 平方米，其前身是上海工学院图书馆，主要收藏有材料、机械、自动化、计算机、力学和经济管理等类图书，约 150 万册（件）；联合图书馆位于嘉定校区，总面积 1 万余平方米，前身是上海科技大学图书馆，文献收藏以经济、法律、知识产权、工商管理和文艺等为主，约 100 万册（件）。该馆于 1997 年加入国际图联，成为其机构会员。

上海对外贸易学院图书馆
Shanghai Institute of Foreign Trade Library

拥有松江校区和古北校区两部分，馆舍面积为 15 691 平方米。经过 20 多年的发展，现已基本建立具有外贸特色，包括国际经济、国际贸易、市场营销、企业管理、商务外语、国际经济法律以及国际金融等学科的藏书体系。提供数字资源、书目查询、读者服务和读者导航等服务。

《上海高校图书情报学刊》
Journal of Library & Information Science of Shanghai Colleges & Universities

1991 年创刊，由上海高校图书情报工作委员会主办。主要栏目有：“馆长论坛”、“探索与争鸣”、“数字时代”、“业务研究”、“用户教育”、“信息检索与服务”、“文献研究”、“网络资源利用”、“信息之窗”和“他山之石”等。该刊为季刊，有英文主要目次，自办发行。

上海国际图书馆论坛
Shanghai International Library Forum

始于 2002 年，由上海图书馆主办，每两年举办一次。经过数年积累，现已成为国际图书馆界颇具声誉的大型学术盛会，备受海内外图书馆和公众的关注。到 2012 年，已举办了六届。六次会议均出版了会议论文集。

上海海事大学图书馆
Shanghai Maritime University Library

前身为 1912 年国民政府交通部直辖吴淞商船学校图书室，历经变迁，适逢盛世，于 2007 年迁入上海市临港新城校区。现馆舍总建筑面积 46 425 平方米。内设 17 个主阅览室，3 500 席阅览座位，每周开放 93 小时。拥有馆藏 370 余万册，以海事、物流文献为特色，建有研究图书馆，含“港口、航运、物流”、“海事政策与法律”、“商船、海洋科学与工程”三大海事文献与信息集群。其馆训要旨：谨仰本馆的资源及服务、读者与馆员，“承人类文明美德，载中外先贤善道；厚自然人文真学，济海洋事业普世”；谨“普真善美”。

上海交通大学图书馆
Shanghai Jiaotong University Libraries

建于 1896 年。初为一个图书室，1919 年建成图书馆大楼。1985 年 10 月包兆龙图书馆落成使用。1990 年，为适应学校办学规模的迅速发展，在闵行校区兴建了包玉刚图书馆，于 1992 年 10 月建成。2005 年，学校整体战略开始向闵行校区转移，遂计划在闵行校区兴建新馆。位于闵行校区中心位置的新馆于2006 年3 月11 日奠基，建筑面积约为3.5 万平方米，于2008 年9 月正式启用。馆藏文献331 余万册（件），期刊 5 000 余种，电子期刊4.48 余万种，电子图书 211.6 余万种，学位论文 180.5 余万种，电子数据库 370 个。建有情报科学技术研究所，为中国科技部和上海市指定的学科文献及科技成果查新机构、情报学硕士学位授予点。上海市研究生电子文献检索中心与中国高等教育文献保障体系华东南地区文献信息中心及上海教育网络图书馆管理中心都设在该馆。该馆是国际图联机构会员。

上海交通大学医学院信息资源中心
Library of Jiaotong University School of Medicine

建于 1952 年，以原震旦医学院图书馆、圣约翰医学院图书馆和同德医学院图书馆的医学书刊为基础组建而成。原名上海第二医学院图书馆，1988年改为上海第二医科大学图书馆，2002年与计算机网络信息中心合并，更为现名。馆舍面积为1.01万平方米，设有阅览座位687个，包括4个主要供信息共享的专题阅览室、一个电子阅览室和一个古籍阅览室。馆藏文献60万册（件），拥有医学类电子文献数据库35个，医学及相关学科电子全文期刊4000余种，其中中文期刊约1500种。该馆重点收藏口腔、消化和儿科学外文核心期刊。自2005年起，该馆还建立了法语信息中心，进一步推进了法语及法国医学文献的馆藏建设。

上海科学技术文献出版社有限公司
Shanghai Scientific and Technical Documents Publishing House Co.,Ltd.

成立于1978年5月。出版综合性的科技文献和图书的出版社，又是一家出版电子出版物的出版社。隶属于上海图书馆上海科学技术情报研究所。下设理工图书编辑室、农医图书编辑室、综合图书编辑室和文献图书编辑室、电子出版物研究开发室、期刊室、校对室、出版室、发行科等业务部门。主要出版科技类专著、辞书、手册、年鉴和图册等，有近百种图书获奖。

上海理工大学图书馆
The Library of Shanghai for Science and Technology

1908年成立，原名为上海浸会大学堂。1991年11月为纪念原沪江大学校长刘湛恩烈士改名为“湛恩纪念图书馆”。拥有主馆、营口路校区、永丰路校区、军工路南校区、南汇和复兴校区分馆。馆藏以热能工程、工程热物理、热力叶轮机械、低温工程、光学仪器、系统工程和非线性科学（实验与理论）7个重点学科图书和核心期刊较为完整。

上海浦东新区图书馆
Pu Dong Library

该馆于2007年开工建设，2010年世博会前夕投入使用。用地面积约3公顷，总面积为60885平方米，藏书容量约200万册，阅览座位约3000席。设有公共服务大厅、展览厅、大型演讲厅、中型和小型学术报告厅以及不同规格的读者活动（会议）室、培训教室，还有相对独立的少儿图书馆。建筑格局从传统转变为“全开放”、“大空间”、“无间隔”、“模数式”格局。“书山”、“空中花园”、“栈桥”和“浮云”则是该馆专有的建筑特色。

上海上图书店
The Bookstore of Shanghai Library

上海图书馆下属的国有制综合性书店，主要为各类图书馆和团体单位提供专业化服务，同时面向社会各界读者，是具有图书销售、推广策划、网上收订图书、图书编目加工、藏书票定制等深度服务能力的书店。书店下设业务部、图书馆供应部、文献加工部和国际交换书源基地。

上海社会科学院图书馆
The Library of Shanghai Academy of Social Science

其前身是圣约翰大学罗氏兄弟图书馆。图书馆藏书达100余万册，其中中文图书55万册，古籍线装书11万册，外文书15万册，港台出版物3.4万余种。藏书以哲学、史学、经济学、法学、文学、政治学、社会学学科和地方志类、参考工具书类的书刊为主，已形成中国近代经济史、上海近代史和民国时期法律等方面的馆藏特色，被列为国家研究级学科文献。该馆是世界银行托储图书馆之一，与63个国家共500家图书馆建立了图书馆馆际互借业务，出版《内部资料索引》。

上海师范大学图书馆
Shanghai Normal University Library

前身是1954年8月以中国华东速成实验学校图书馆为基础的上海师范专科学校（简称上海师专）图书馆。1958年7月成立上海师范学院图书馆，1984年10月改名为上海师范大学图书馆。该馆馆舍面积为1.1万多平方米。2002年2月，由于徐汇、奉贤两校区的图书馆合并，奉贤校区新建的新馆大楼于2003年9月落成启用。该馆馆舍总面积为3.5万平方米。馆藏主要特色为文理科专业图书种类齐全，基本能满足学校教学科研需要；上海地方史资料较为完备、中小学教材及教学参考资料较为丰富，其中包括一定数量的国外中小学教材与教学参考资料。

《上海市公共图书馆管理办法》
The Management Method for Public Libraries in Shanghai

《上海市公共图书馆管理办法》于1996年11月28日由上海市人民政府发布，自1997年1月1日起施行。1987年9月26日上海市人民政府批准的《上海市区县图书馆管理办法》同时废止。该管理办法共八章三十九条，详细叙述了该管理办法的目的、定义、适用范围、主管部门、协管部门、设置原则、管理原则以及公共图书馆的设置、书刊资料的收藏、工作人员、设备与经费和读者服务工作等。附件中包括里弄、村图书室的设置、该管理办法的应用解释部门和施行日期。2003年，上海市人民政府决定修改该管理办法的第七条和第三十六条第一款第三十九（一）项。

上海市图书馆学会
Shanghai Society for Library Science

成立于1979年4月。1991年5月10日，由上海市民政局核准登记为社团法人。下设学术委员会、编译出版委员会、科普教育委员会、高级专家咨询委员委员会、高校图书馆委员会、党校图书馆委员会、专业图书馆委员会、区县公共图书馆委员会、医院图书馆委员会、中小学图书馆委员会、工会图书馆委员会和少年儿童图书馆委员会。该学会成立以来，举办大中小型学术研讨会、学术报告会和学术年会共200余次，举办全国性、华东地区和长三角地区学术讨论会10多次，组织各种专题讲座、培训班50多期，现有会员近千名。与上海图书馆合办《图书馆杂志》(*Library Journal*)(月刊)。

上海市文献联合编目中心
Shanghai Information Union Catalog Center

成立于2001年1月，上海市人民政府文献资源共建共享领导小组办公室下属的业务执行部门，是中国大型的文献专业机构，设置于上海图书馆采编中心内，由上海图书馆负责日常业务的管理和协调。该中心下设中文文献联合目录数据库编辑部、外文文献联合目录数据库编辑部、报刊文献联合目录数据库编辑部和技术服务部。至2011年，该中心拥有书目数据250万条，每年递增中外文图书、报刊机读书目数据15万条。

上海市文献资源共建共享协作网
Shanghai Information Resources Network

前身是上海地区文献信息资源协作网。1994年上海地区公共、科研、高校、情报四大系统的19个图书馆情报机构在上海图书馆召开了馆（所）长会议，举行了《上海地区文献信息资源协作网工作条例》等三个文件的签字仪式。该协作网办公室地点设在上海图书馆协调辅导处。

上海市行业图书馆学会
Shanghai Library Association（SLA）

2005年成立，为上海市各级公共图书馆、高等院校图书馆、科研机构图书馆、党校/行政学院图书馆、中小学图书馆、企业/工会图书馆、专门图书馆等各级各类图书馆自愿组成的，跨部门、跨所有制的非营利的行业性社会团体法人。该协会通过法律法规授权、政府委托，承担图书馆行业资格认定、专业技术职务资格评审、业务评估工作实施、行业统计、行业调查、发布行业信息、提供公信证明等职责；通过开展各种行业性活动，为提高全市各系统图书馆业务建设与发展水平提供服务；通过制定全市图书馆的行业规范，促进全市各系统图书馆的读者服务及业务的发展；通过网络化、数字化等现代化的技术手段积极开展各系统图书馆之间的交流与合作，最终形成覆盖全市的图书馆信息网络系统，实现文献信息资源共享，更好地满足知识经济社会的需要，使广大市民方便、快捷地获得全市各系统图书馆的文献信息资源，以发挥图书馆对促进上海在全国乃至世界经济、科技、教育、文化事业的建设的作用和贡献。

上海图书馆
Shanghai Library

研究型公共图书馆，成立于1952年，上海科学技术情报研究所是综合性情报研究和文献服务单位，成立于1958年。1995年上述两单位合并，成为中国国内第一个省（市）图书馆情报机构联合体。该馆建筑面积8万多平方米，拥有设施完善的阅览室、个人研究室、展览厅、学术活动室以及报告厅、多功能厅和音乐欣赏室等。采用现代化文献采访、编目、流通、书目查询等功能的计算机集成管理和服务系统。引入先进的技术和设备，帮助和指导读者的阅读，相继推出外借数字移动阅读器、手机图书馆、电子阅报栏、网上委托借书、e卡通——上图电子资源远程服务以及“我的图书馆”（一卡通行证）读者免费阅读等现代化数字服务新举措。数年来逐步形成了上海市中心图书馆“一卡通”系统、上海公共情报服务平台、“上图讲座”、“上图专递”、“上海之窗”、网上联合知识导航站、《全国报刊索引》数据库、上海年华、馆藏文献精品年展等十多个具有相当影响力的现代服务品牌。该馆以“积淀文化、致力于卓越的知识服务”作为组织使命，以“精致服务、至诚合作、引领学习、激扬智慧”作为核心价值观，向着“世界级城市图书馆”的目标迈进。该馆连续举办召开国际学术会议如：“上海国际图书馆论坛”、“都柏林核心元数据国际会议”、“亚洲数字图书馆国际会议”、“中美图书馆合作会议”以及“中日国际图书馆学研讨会”等。办有学术性专业刊物《图书馆杂志》（月刊）。

上海图书馆家谱数据库
Genealogy Database of Shanghai Library

上海图书馆共收藏有约 17 000 种、11 万余册中国家谱，是国内外收藏中国家谱（原件）数量最多的单位。该馆收藏的中国家谱分为 335 个姓氏，地区涵盖全国 20 余个省市。收藏的家谱多为清代、民国期间木活字本和刊本，但也不乏珍稀版本，最早者为宋内府写本《仙源类谱》（残页），明刊本、明抄本有近三百部，稿本及纂修底本也不少见。此外，还有相当一部分上海开埠后外地来沪发展人士的家谱，对于研究上海近代史有重要的史料价值。

上海图书馆行业协会
Shanghai Library Association

于 2005 年 12 月成立，由上海市各级公共图书馆、高校图书馆和科研机构等各类图书馆自愿组成。协会宗旨为维护会员和行业的合法权益，促进行业规范管理，提高行业整体素质，沟通会员与政府、会员与社会、会员与会员之间的联系和协调，谋求推进上海市图书馆事业的发展。

“上海之窗”
Window of Shanghai

由上海图书馆举办的项目是“中国图书对外推广计划”的一个组成部分，通过向境外图书馆及藏书机构捐赠由国内出版的图书，全方位地向境外读者介绍中国历史和文化，宣传弘扬中国悠久文明与文化以及改革开放以来的新进展。从 2003 年开始，上海图书馆在图书互换业务的基础上，先后与 20 个国家和地区的 150 多所和 30 多家研究所建立了图书交换业务的协作关系。

上海总商会商业图书馆
Shanghai Chamber of Commerce Library

1922 年 5 月 25 日，该馆正式成立。商会下设图书教育委员会。1949 年后，该馆改为工商联图书馆，陆续并入了绸业工会、书业工会等同业组织，原有的工作转向搜集整理上海工商业史料，不再对外开放。

上胶，涂胶
gumming up

在造纸过程中，纸被覆上一层物质（胶料），以减少其表面的孔隙，降低吸潮的能力。在图书装订过程中，把胶涂在书脊上，使书页结合紧密，是装订中的一道工序。也指封面上覆上加固物的图书。

上卷菜单
roll-up menu

指在计算机屏幕显示信息满屏时能自动向上移行的一种功能菜单。在上卷菜单中，屏幕上的信息向上移动一行，最上面一行就会消失，而最下面的一行随即显示出来。

上田 修一（1947—）
Shuichi Ueda

日本图书馆学家、庆应义塾大学文学部文学硕士、庆应义塾大学研究生院文学研究科图书情报专业教授。所从事的研究是学术情报、情报媒体和情报检索。由于研究成绩卓著，1977 年获日本“三田图书馆情报学会”奖，1998 年获日本“通商产业大臣”表彰。

上涂料
sizing

在造纸过程中，在纸张上涂上某些物质，以促进其纤维的结合，或者在纸张中的毛孔形成后涂上涂料来填充毛孔，以提高印刷的质量，使纸的表面不易吸潮。

上位登录
posting up

又称自动上位登录。由计算机通过词表或分类表所显示的等级关系，将原属于下位类目的标引词转录到上位类目中，以扩大检索范围，有利于提高查全率。

上位扩展法
expansion search at generic level

为扩展检索范围，根据分类法中上下位类的等级隶属关系，取上位词作检索词的取词方法。

上下文有关的帮助
context-sensitive help

计算机应用程序中的一种辅助用户方式。这种方式显示了与命令、工作方式和用户正在执行的操作有关的帮助文件。这种帮助节省了获得屏上帮助所需要的时间和击键数。

S

上议院图书馆（英国）
Senate House Library

位于英国伦敦市，伦敦大学研究图书馆的重要组成部分，是伦敦大学在接受赠书后于1838年建立的，是英国主要的学术图书馆之一。19世纪末在接受格罗特古典文学藏书7 000册和德摩根早期数学藏书4 000册后又有了较大发展。馆藏图书超过200万册，现刊5 500多种，主要侧重于文学、经济及社会学、历史地理、哲学和心理学等学科。其馆藏的古文书是欧洲、也是全世界最丰富的教学和研究文献，其中1851年以前印刷的书有12万册，手稿约1 000册，伦敦大学博、硕士论文17万篇。该馆设有阅览座位460席，注册读者有10万人。

上载，向上装入
upload

指将文件由用户计算机传输到中央计算机的传送过程。

尚未出版
not yet published（NYP）

国外出版商发票上使用的术语，表示订购的图书暂时不能提供，因为它还在出版之中，将在未来的某一时间发行。

韶山毛泽东图书馆
Mao Zedong Library in Shao Shan

1993年12月26日毛泽东诞辰百周年之际奠基，1996年12月20日建成开放。建筑面积5 500平方米。该馆旨在建成“毛泽东思想研究资料中心”，现已成为湘潭大学毛泽东思想研究信息中心。计划藏书50万册，已征集收藏图书十万余册、书画作品600余幅、影碟3 000多张。自开放以来，接待了来自20多个国家和地区的60多位海外同行，还有来自美国、英国、日本等22个国家的60多位外宾读者，接待国内读者、研究人员、观众30余万人次。2002年开办韶山毛泽东图书馆网站，至今点击者达600余万人次。

少年儿童版
juvenile edition

指面向少年儿童编辑出版，内容和形式适合其阅读的书刊。这种书刊通常在内容上丰富多彩、浅显易懂，在形式上图文并茂、生动活泼，能激发少年儿童读书的兴趣，从而长知识、增见闻，成为少年儿童健康成长不可或缺的环境因素之一。

少年儿童馆藏
juvenile collection

图书馆专供年龄一般在14岁以下的儿童阅读的藏书和其他资料，与成人和青年人的藏书是分开上架的，有时儿童阅览室设有单独的少年小说和非小说读物部分、初始读者和简易图书部分、图画书部分和幼儿图书部分。少年儿童藏书一般由经过儿童服务部门专门培训的图书馆员来管理。

少年儿童图书馆
juvenile library

通常指以年龄一般在14岁以下的少年儿童为读者对象的图书馆。其收藏以少儿版的书刊为主，兼有少量既适合成人阅读又适合少年儿童阅读的书刊。通常，少年儿童图书馆属于公共图书馆系统，是公共图书馆的一个组成部分，同时也是少年儿童社会教育的基地。

邵文杰（1931—）
Shao Wenjie

中国国家图书馆研究馆员。1952年毕业于清华大学机械工程系。1979年调入北京图书馆，任采访委员会副主任、主任。1988年被任命为北京图书馆副馆长。发表论文多篇，1986年获人事部授予的“有突出贡献的专家”称号。

绍尔出版社（德国）
（德）*K. G. Saur Verlag GmbH & Co. KG*

1948年创立于德国慕尼黑。以出版大型书目类工具书而发家，以出版发行图书馆情报界所必需的文献检索类工具书而享誉全球。这些出版物在常人看来枯燥无味、费时、费力；印数少、定价昂贵、推销困难，而绍尔出版社却做出了杰出的贡献，使其能够跻身于世界上最有成就的出版社之列。该出版社始终把自己的客户定位在世界各国的国家图书馆、公共图书馆和科研机构。在应用新技术方面也敢为天下先。如今与美国的鲍克公司（Bowker）和英国的巴特沃斯（Butterworth）公司联手，垄断了欧美图书馆学情报学类工具书的市场。

设备或系统需求
Equipment or System Requirement

模拟、数字等资源的使用、播放等所需的设备或系统。属“资源描述与检索”（RDA）的载体描述元素之一。

设备、设施
facility

图书馆员在工作时所使用的各种工具，如计算机、打印机和装订机等，或指图书馆的各种建筑物及其他设备。

设计题名
devised title

编目机构为描述本身没有题名、在其他资源（如配套资料、资源的出版说明和参考源）中也未能找到题名的资源而创建的正题名。

设施更新
retrofit

更新图书馆旧的设施以适应信息技术的发展。这种更新不仅包括安装新的设备和家具，而且还包括重新分配使用空间、改变内部布局、重新铺设各种线路以及改善采光、供暖、通风及空调条件，同时还涉及馆内噪声控制、读者流向的疏导等方面的问题。

社会化书签
Social Bookmark

2004 年开始在网络中出现一种新的内容标引方法，可以将网站随时加入自己的网络书签中，用多个关键词标示和整理书签。该书签还让人们和他人一起分享自己喜欢的网站，让他们拓宽了获取新站点、结识朋友和同事分享兴趣爱好的渠道。

《社会科学及人文科学会议录索引》（美国）
***Index to Social Science & Humanities Proceedings* (*ISSHP*)**

由美国科学技术信息研究所（ISI）推出，专门收录世界各种重要的社会科学及人文科学的会议资料，其中包括专著、丛书、预印本以及来源于期刊的会议论文。提供了综合全面、多学科的会议论文资料及会议论文的摘要信息。收录了 1990 年以来每年近 2 800 个国际学术会议的 20 余万篇会议论文的摘要。提供自 1997 年以来的会议录论文的摘要。涵盖了社会科学、艺术和人文科学的所有领域，包括：心理学、社会学、公共卫生、管理、经济、艺术、历史、文学和哲学等。每年大约更新 22 万多条记录，其中 66% 来源于以专著形式发表的会议录文献，34% 来源于发表在期刊上的会议录文献。

社会科学期刊全文数据库
Social Science Plus Fulltext（SSPT）

由美国 ProQuest 信息和学习公司（ProQuest Information and Learning）开发的在线信息服务检索系统，提供检索出版物文章的书目资料、摘要、全文、图表和全文影像。该数据库含 1 000 种期刊论文的索引，其中 600 种期刊有全文资料。学科范围包括：人类学、国际关系、区域研究、社区卫生及医疗、少数民族研究、经济、行政、地理、警务学、心理学、精神病学、社会工作、社会学及公共福利等。收录文献起始年为 1994 年，数据每日更新。

社会科学图书馆专业组
Social Science Libraries Section

隶属国际图联专业委员会专业图书馆部（Division of Special Libraries）。该专业组支持广泛社会科学领域中的研究和实践的专业图书馆。因此社会科学图书馆专业组成员包括大型商业图书馆和语言学、人类学领域的中小型研究所图书馆。出版该专业组的业务通讯（电子版），刊登有关社会科学图书馆的新闻与会议动态和论文。

《社会科学引文索引》
***Social Science Citation Index*（*SSCI*）**

由美国科学技术信息所于 1973 年出版。是综合性社科引文索引，现有印刷版、光盘版、网络和在线等四种出版类型，各种类型所收录的内容基本一致。收录了全世界 2 000 多种主要的社会科学期刊论文，覆盖社会科学及行为科学、人类学、考古学、商业、财政、经济、教育、地理历史、图书馆学与情报学、法律、语言、政治、行销、统计和都市发展等 55 个学科领域，约 350 万条记录。该索引所收录的文献最早回溯年为 1956 年，每年增加约 12.5 万条记录。

社会网络
Social Network

指社会个体成员之间因为互动而形成的相对稳定的关系体系，社会网络关注的是人们之间的互动和联系，社会互动会影响人们的社会行为。社会网络帮助人们通过显示共同兴趣、相关技能、相同的地理位置来发现新朋友和合作伙伴，如 Linkedln。

社会性软件
Social Software（SS）

或称社群性软件，指任何支持群体交流的软

件，是构建于信息技术与因特网络之上的应用软件，让使用者能够在网络上和他人互动并分享资讯。在功能上能够反映和促进真实的社会关系的发展和交往活动的形成，使得人的活动与软件的功能融为一体。

社会性网络软件
Social Network Software（SNS）

一个采用分布式技术基于个人的网络基础软件，可以让使用者能够在网络上和他人互动并分享资讯。这些软件通常开放其应用接口，具有用户数据上传功能。常见的社会性网络软件如 QQ、Skype 等。

社会责任圆桌会议（美国）
Social Responsibilities Round Table（SRRT）

成立于 1975 年，隶属美国图书馆协会一个分部。其宗旨为使美国图书馆协会更民主，为图书馆事业提供优先权。每季出版《社会责任圆桌会议业务通讯》（*SRRT Newsletter*）（网络版）。

社交网络服务
Social Networks Service（SNS）

又称社会性网络服务、社会化网络服务。是网络加社交的意思，通过网络这一载体把人们连接起来，从而形成具有某一特点的团体。其含义包括硬件、软件、服务及应用。该服务起点为电子邮件，解决了远程的邮件传输的问题。接下来是电子公告牌系统（BBS），把“群发”与“转发”常态化，理论上实现了向所有人发布信息并讨论话题的功能；然后就是即时通信（IM）和博客（Blog），再后来的简易信息聚合（RSS）、分享图片的社会交往性软件（flickr）、全球最大视频分享网站（YouTube）、掘客（Digg）、迷你反馈（Mini-Feed）、推特（Twitter）、分享网站（Fexion）以及视像讯息、视讯（Video-Mail）。

社论
editorial（leading article，leader）

又称“评论”，“社评”和“社说”。代表编辑部就当前重大事件、事变或问题发表的具有权威性重要的指导性评论，是影响社会舆论的重要手段。社论通常代表报刊主办者，如政党、组织和财团或编辑部等的观点和主张，体现报刊的导向。社论是政论的一种形式，具有时效性、针对性和政策性的特点，文风一般简明生动、逻辑性强。政党机关报的社论，代表同级党组织表明观点或发表意见。

社论式广告
advertorial

以社论体裁写成的广告。为避免混淆，期刊编辑通常在眉题（running head）前冠以“广告”字样。

社区公共宣传推广活动
Geek the Library

由联机计算机图书馆中心（OCLC）于 2008 年发起、以美国社区为基础的公共宣传活动，旨在突出公共图书馆在当今充满挑战的经济环境下所体现的重要作用，进一步提高社会对当地图书馆的支持力度。比尔和梅林达·盖茨基金会对于这项活动给予了资助。

社区图书馆
community library

建在社区中的公共图书馆。其服务宗旨是丰富社区居民的文化生活，提高社区居民的素质，促进社区文明程度的提高。今日的社区图书馆已成为社区的文化中心、学习中心和信息中心，为社区居民提供教育、信息和文化休闲等服务。它的出现，是社会文化进步的重要标志。其巨大发展潜力一方面来自管理部门对社区建设的高度重视和投入的持续增长；另一方面来自社区图书馆作为“居民身边的图书馆”所具有的地域亲和力和便利、快捷的借阅优势，这是其他类型图书馆所无法替代的。社区图书馆的兴起使城市图书馆建设重心下移，向基层街道、社区有效延伸，逐步构建起市、区、街道和社区图书馆四级网络体系。同时，这一变化还为图书馆的信息网络化建设提供了重要基础，为实现公共图书馆资源的社会共享创造了条件。

社区信息
community information

指与社区有关的信息，包括社区的各种报告会、展览会、娱乐活动和社区组织机构等，社区信息通常由公共图书馆收集。

社区信息部（美国）
Community Information Section（CIS）

美国公共图书馆提供社区信息有着较为长久的历史，公共图书馆协会社区信息部作为一个专门机构，立志促进信息与参考标准的发展。1979 年，在公共图书馆协会社区信息部的推动下，美国图书馆协会的信息与参考及社区信息服务正式付诸行动。数十年来，社区信息部陆续制定了四个版本的《公共图书馆社区信息与参考服务指南》（*Guidelines for Establishing Community Information and Referral Service in Public Libraries*）。

社区信息服务
community information service

公共图书馆、医院图书馆和其他专业图书馆或信息中心根据需求向当地社区提供的相关信息服务。如卫生保健信息、治安信息、防灾信息、培训信息和文化娱乐信息等。

社群媒体
social media

指用户可以自主分享经验和观点的社交平台。在社群媒体内部，用户享有更多的选择权利和编辑能力，自行集结成立社群并相互交流各种资源，如文本、图像、音乐和视频等。常见的 Web 2.0 站点，如脸谱、人人网等都是社群媒体。

摄录日期
Date of Capture

与资源内容的录制、拍摄等有关的日期或日期范围。属“资源描述与检索”（RDA）的内容描述元素之一。

摄影记者
press photographer

运用摄影作品进行新闻报道的记者。

摄影图片报道
photo journalism

指以照片为主的一种新闻报道形式，主要为报纸、期刊所用。摄影图片所表现的那种逼真的形象具有很强的感染力，往往能左右公众舆论。

摄影相片
projection printer

由底片影像投射在感光纸上放大而成的照片。

摄影作品
photographic works

指借助器械，在感光材料或者其他介质上记录客观物体形象的艺术作品。

摄制权
production right

指著作权人允许或不允许以摄制电影或者以类似摄制电影的方法将其作品固定在载体上的权利。这是著作权人享有的一种财产权利。

申请
application

指为谋求某个职位而提出的正式请求，通常以填写申请表格或递送简历的方式确认实现。每所图书馆都制定了其各自的申请程序，某些制定有标准程序的大型图书馆除外。

申请人
applicant

为谋求某个职位而提出正式请求的人，通常以填写申请表格或递送简历的方式实现。

伸展的封面
extended cover

一种装订方式。在装订图书时，为保护书身而采用大于图书尺寸的封面。

《绅士杂志》（英国）
The Gentleman's Magazine

西方早期最著名的期刊之一。1731 年创刊，其出版史达近 200 年之久。由邮政官员兼出版商爱德华·凯夫（Edward Cave，1691—1754）创办。月刊，后来改为季刊。该刊刊载新闻摘要、新书报道和英国下议院辩论选录。撰稿人有包括塞缪尔·约翰逊（Samuel Johnson）博士在内的许多学者名流，成为 18—19 世纪英国最受欢迎的刊物。该刊后期内容增加关于古文物研究的论文。由于该刊刊载当时出版新书的介绍，成为研究英国书史和目录学史的重要资料来源。后来声誉渐衰，1914 年停刊。

深层链接
deep linking

链接一个网站上的一个网页而不是主页，且是一个内部链接。深层链接引发数字版权问题，特别是那些从其主页上获取广告收入的商务企业。按照中国《反不正当竞争法》第 2 条第 1 款的规定，在从其他的网页上深层链接之前应获取许可权。

深层网络
deep web

也叫深网、暗网、不可见网和隐藏网。随着网络向纵深方向发展，大批量高价值、高质量的信息隐藏于网络深处，这些信息没有静态链接，无法利用传统的搜索引擎通过爬虫程序或爬行整个网络表面页面来创建页面索引，需要用户向表单接口提交查询，由站点的后台数据库动态产生链接返回页面。深层网络具有信息量大、价值高、质量优和结构化好等特点。

深度标引，详细标引
depth indexing

一种试图对文献中涉及的所有概念都进行提取的标引系统，对应于仅用一个主题概括文献整体内容的概略标引。图书馆编目员一般只揭示最能反映某部文献内容的单一概念，而商业性服务机构往往则对文献中的各部分进行详细深入的描述与揭示，尽可能全部标引出来，以供多方面检索（如连续出版物中的文章、书中的章节和文集中的论文等）。

深圳大学传媒与文化发展研究中心
The Center for Media & Social Changes（SZU）

该中心是广东省高校人文社会科学重点研究基地，挂靠深圳大学传播学院，学院前身是成立于1985年的深圳大学大众传播系，此后在机构调整中，曾经设置为中国文化与传播系、文学院传播系等。2006年，在整合传播系、广告系、传媒与文化发展研究中心等机构的基础上，成立了传播学院。传播学院目前下设传播系、广告系、传媒研究中心、传播教学实验中心等教学科研机构。培养新闻传播、广播电视、网络与新媒体、广告策略以及广告设计5个专业方向的本科生和传播学专业硕士研究生。

《深圳经济特区公共图书馆条例（试行）》
The Rule for Public Libraries in Shenzhen Special Economic Zone（Proposed）

该条例经深圳市第二届人民代表大会常务委员会第十六次会议于1997年7月15日通过，自1997年10月1日起施行。条例共八章三十八条，除总则和附则外，该条例详细叙述了公共图书馆的管理、公共图书馆的建设、读者服务、文献收藏、工作人员以及奖励与惩罚。

深圳市科技图书馆，深圳大学城图书馆
Shenzhen Library of Science and Technology/University Town Library of Shenzhen

2006年6月，深圳市政府批准成立深圳市科技图书馆，并将原深圳市科技情报研究所整体并入。该馆隶属深圳大学城管理委员会办公室，接受市科技信息局、市文化局的业务指导，与深圳大学城图书馆实行“两块牌子，一套人员”的管理模式。深圳大学城图书馆作为北京大学、清华大学、哈尔滨工业大学深圳研究生院、南方科技大学和中科院深圳先进技术研究院共同拥有的图书馆。该馆于2006年12月31日正式对大学城师生开放。该馆建筑外观设计灵动、飘逸、流畅、现代，形同“如意”，是大学城的标志性建筑。该馆以实体馆藏和虚拟馆藏并重、纸本馆藏和数字化馆藏兼顾为原则进行文献资源建设。突出科技文献、外文文献和电子资源的入藏，努力建成一个以电子信息、化学生物学、材料科学、物流工程与管理、城市与环境为重点的文献资源体系。并充分利用大学城各研究生院校本部图书馆的丰富资源，与国内外大型图书馆建立资源共享、馆际合作关系。

深圳市科图自动化新技术应用公司
Shenzhen Ketu Automation and New Technology Application Company

全民所有制高科技企业，成立于1987年。主要经营范围包括图书馆自动化集成系统及其配套设备、图书信息咨询服务和培训、图书馆自动化设备和相关产品。几年来，公司主要承担文化部ILAS系统的研制、开发、推广和销售服务，并负责对全中国公共图书馆系统自动化技术人员及应用人员的培训工作，承接有关软件的开发工作。

深圳图书馆
Shenzhen Library

中国市级综合性公共图书馆。建于1984年，建筑面积4.9万平方米。馆藏文献340万册，各类电子、网络文献近270万件，年接待读者300余万人次。特区文献和港澳台文献为特色馆藏。建有特区文献等专题数据库。提供网络版电子剪报服务：每日将港澳台报纸中最新的经济消息及论述文章发送至用户指定信箱，使用户及时了解港澳台媒体对大陆地区经济形势的消息报道、经济评论和分析预测。该馆注重与港台地区及海外图书馆的业务合作与交流，并在中国公共图书馆界率先推出图书馆自动化管理，拥有自主知识产权的图书馆自动化集成系统 ILAS，是文化部委托该馆开发的软件产品。

神话故事，虚构故事
myth

关于神仙或神化的古代英雄故事，是古代人民对自然现象和社会生活的一种天真的解释和美好的向往。远古人们不能解释自然现象，无法支配自然力，因此借想象来表达支配自然力的要求和愿望。随着人类支配自然力能力的提高，神化也就逐步消失。它涉及有超自然的生灵、祖先或作为人们世俗眼光中重要而典型的英雄人物。表面上常涉及解释某种习惯、信仰、制度或自然现象及历史事件，如通过解释自然界或描写心理、风俗或社会思想等。神话是现时矛盾在文学作品中的曲折反映，具有丰富的思想、艺术资料，是宝贵的精神财富。也指神话式的人物（或事物），仅存在于想象之中或实际情况无法证明的人或故事，如盲目信仰、凭空想象等。

神经语言程序学
Neurolinguistic Programming

20 世纪 70 年代由美国著名语言学教授约翰·格林德（John Grinder）和数学家约翰·班德勒（John Bandler）共同创立研究人的思维、情绪、行为以及相互关系，涉及心理学、语言学、神经学、行为学和控制论等学科。

神经元网络
neural network

指一类新型计算模型，是模仿人脑神经的结构和某些工作机制而建立的一种计算模型。其特点是，利用大量的简单计算单元（即神经元）连成网络，来实现大规模计算。凡具有上述特点的计算网络就称为神经元网络。由于各计算单元可以采用不同的计算方法，而网络的连接也可以各种各样，所以神经元网络就其具体形式可以细分为很多种类。

神门 典子（1960—）
Noriko Kando

日本图书馆学家、庆应义塾大学图书馆学情报学博士。现任日本国立情报学研究所教授。主要研究领域为：情报检索、跨语言检索、多文献自动摘要、情报检索和情报技术的评价、文本构造和类型的分析、从文本中抽出主观情报、具有多种元数据界面的检索系统等。1984 年 11 月获“三田图书馆情报学会奖”，1994 年 9 月获“情报处理学会山下纪念研究奖”，1995 年 10 月获“日本图书馆学会奖”。

神秘剧，圣史剧
mystery play

欧洲中世纪一种宣传宗教的戏剧，主要以耶稣生活事件为基础而编写的戏剧。

神秘书
occult

指星相、占卜和魔术等有关神秘或超自然的力量、事件或生命现象等方面的书籍。

神秘小说
mystery story

指使人猜不到、摸不透、高深幻测的小说，是根据不寻常的事件或事情编写的虚拟故事小说。故事内容神秘或使人感到莫名其妙，引起读者好奇心及兴趣，使读者急于解开故事中的谜，而作者则在故事最后阶段才做出交代。神秘小说是很受欢迎的小说类型，包括侦探小说和惊险小说。如被称为著名先锋派小说家、清华大学教授格非撰写的《敌人》，美国当代著名神秘小说家芭芭拉·米克尔斯（Barbara Michaels）所著的《幽灵徘徊》（*Here I Stay*）。

沈宝环（1919—2004）
Shen Baohuan

中国图书馆学家、教授。毕业于上海圣约翰大学，1947—1955 年留学美国，先后获图书馆学硕士学位和教育学博士学位，历任美国丹佛市立图书馆专业馆员及读者顾问、台湾东海大学、中山大学教授兼图书馆长、彰化师范大学教授兼科学教育学系主任、语文教育系主任、台湾大学图书资讯学系暨研究所教授和美国文化研究所兼职研究员。创办《图书馆学报》、《资讯传播与图书馆学季刊》。出版专著多部，发表论文多篇，并多次获奖。

沈迪飞（1937—）
Shen Difei

深圳图书馆研究馆员。1962 年毕业于北京大学图书馆学系，同年到中国科学院图书馆，先后担任自然科学部（中关村）秘书、典藏部副主任、计算机应用组组长、中国科学院科学数据库筹备处数据库处处长、中国科学院计算中心数据库研究室主任、兼任文化部图书馆自动化集成系统（ILAS）总

S

工程师、深圳市科图自动化新技术应用公司总经理和深圳图书馆馆长，期间兼任深圳市图书情报学会会长、广东省图书馆学会副理事长、中国图书馆学会图书馆自动化专业委员会副主任、武汉大学图书情报学院和中山大学信息管理学院兼职教授、《中国大百科全书》图书馆学情报学档案学卷图书馆技术分支主编与情报系统分支副主编、全国、广东省图书资料系列高级职称评委会委员以及深圳市图书资料系列中级职称评委会主任等。主编有《情报检索》、《图书馆自动化应用基础》和《图书馆信息技术工作》等图书10余种，发表论文近40篇。负责和参与研制ILAS系统并获国家科技进步三等奖、文化部科技进步一等奖和深圳市科技进步一等奖。1994年获得文化部全国文化先进工作者称号。

沈固朝（1953—）

Shen Guchao

博士、博士生导师，南京大学信息管理系情报学教授、主任。1981年毕业于南京大学图书馆学系，1986年获纽约州立大学图书馆学硕士学位，1997年获南京大学史学博士学位。兼任中国科技情报学会第六届理事会常务理事、中国图书馆学会第八届学术研究委员会图书馆学教育专业委员会主任、江苏省科技情报学会副理事长、江苏省图书馆学会副理事长、《中国大百科全书》第二版情报学编委会主任委员和武汉大学信息资源研究中心兼职教授等职。主要从事信息检索和服务、信息咨询与用户研究、经济信息和竞争情报方面的研究。著、编、译书（包括参著、参编）书20余种，发表文章30余篇，单独承担、主持或主要参加的科研项目近20个。曾获江苏省优秀教学成果奖等三项，指导硕士、博士研究生30余人。

沈继武（1937—）

Shen Jiwu

武汉大学图书馆研究馆员。1960年毕业于武汉大学图书馆学系并留校任教，长期从事高校图书馆学专业教学、研究以及高校图书馆实际工作和管理工作。历任武汉大学襄阳分校图书馆业务负责人、武汉大学图书馆学系讲师、武汉大学图书情报学院副教授并担任武汉大学图书馆学系教研室副主任、武汉大学图书情报研究所副所长和武汉大学图书馆馆长。任职期间，先后兼任全国高校图书情报工作委员会副主任，中国图书馆学会学术研究委员会委员、武汉大学学术委员会委员、湖北省图书资料与群众文化高级职务评委会委员等职。编著、合著出版《图书馆学基础》、《文献资源建设》、《藏书建设与读者工作》和《中国图书馆事业十年》等教材和学术专著，发表专业论文近30篇。

沈祖荣（1883—1976）

Shen Zurong

中国图书馆学家。1914年赴美国留学，1916年获中国历史上第一个留美图书馆学士学位。1920年，文华大学设立图书科，任图书科教授。1929年文华图书馆学专科学校成立任该校校长兼教授。1953年任武汉大学（文华图专并入武汉大学，成为图书馆学专修科，3年后改制为图书馆学系）教授，直至1965年退休。沈祖荣忠诚图书馆教育事业，努力培养图书馆专门人才，热心图书馆事业的发展，倡导建立图书馆协会、研究会，竭力为之工作，为中国近现代图书馆事业和图书馆教育作出了很大的贡献。

沈祖荣沈宝环纪念奖学金

Shen Zurong & Shen Baohuan Memorial Fellowship

为纪念20世纪的中国图书馆学大师沈祖荣、沈宝环父子对中国图书馆事业所做出的卓越贡献，中山大学资讯管理系和武汉大学信息管理学院于2005年共同设立沈祖荣沈宝环纪念奖学金，用来奖励品学兼优的图书馆学、情报学（信息管理与信息系统）和档案学、发行学本科生和研究生。

审定稿

refereed

已经专家审定并可交付出版的期刊论文或图书文稿。

审稿编辑

copy editor

由出版社招聘的、对作者的文稿进行严谨、细致的编辑并标出排版印刷格式的人，一般要在拼写、缩写、标点符号、语法、句法、用法和引用格式等方面与该出版社的文字风格保持一致。一名好的审稿编辑也要核对检查文中事实、引用语和引文的准确性，并提防诽谤和剽窃行为。

审稿程序

referee process

出版社按照行业要求组织专家对作者来稿进行审阅，并做出评估的程式化业务实施方法及过程。出版社必须严格遵守对图书出版之前的三级审稿

(初审、复审和终审)制和终审终校制度。这三个环节非常重要，缺一不可。

审稿，稿件评审
refereeing

泛指出版编辑部门鉴定稿件质量并决定其是否被采用的过程。审稿通常有内审和外审两种形式，具体采用哪种形式要根据出版社或编辑部的人力来决定。审稿者应对稿件的质量提出具体评价。稿件是否采用，稿酬是多少，审稿者也应提出参考意见。如果不采用，审稿者应将稿件退给编辑人员及时处理。

审稿人
referee

在学术出版过程中，由出版社、期刊编辑部或作者本人聘请的对文稿内容协助审查质量的专家。通常，审稿人应该是比较熟悉本专业知识的同行。

(审核合格的)图书馆学院
accredited library school

为了保证图书馆学专业的教育质量，美国和加拿大都采用了图书馆专业教育认可制度。美国的图书馆学院须经美国图书馆协会(是公认的图书馆专业培训机构)定期审查(通常为每隔五年复审一次)认可。此审查制度于1951年实施，其认可标准曾分别于1972年和1992年进行过两次修订。自从美国图书馆协会对图书馆学情报学硕士学位课程实行认可制度以来，对图书馆学情报学教育发展及教育水平的提升有很大的促进。与其相反，政府机构批准的图书馆学院(approved library school)，是指经有关资格部门审查的图书馆学院。这类学院开设(美国)州内认证或教育主管机构认证的培训项目，不一定要经美国图书馆协会审核。当然，其中一些学校也通过了美国图书馆协会审核。

审核新书专架
approval shelf

指置于图书馆采访部的专门用于陈列审核新书的书架。因为这些新书由审核员检查并决定是加入馆藏还是返还给出版商或批发商。

审计，查账
audit

对个人、公司、组织或社会事业机构的账目或工作记录进行正式审核以便于改进工作。也指按照一定的原则对个人或组织的账目、工作等进行正式审核的过程。

审校员
reviser

一是指在图书馆文献资料编目过程中专门从事编目数据检查和核对工作(如审核分类号和主题词等)的人员。二是指在图书馆学情报学系工作的一种专职助理人员，主要负责检查和批改学生的书面作业，尤其是编目和分类课程方面的作业。这种专职助理还经常参与图书馆的参考咨询工作和图书选购工作。

审阅
review

审查阅读。指对某一文章进行仔细的浏览并进行批改。

审阅本
examination copy

一般指教科书、工具书等。

甚高密度软盘
extra-high-density disk

一种能够容纳4兆字节数据的3.5英寸软盘。它需要有两个磁头的特殊磁盘驱动器。

渗透法，一刀切
osmosis method

也称穿插改编分类法，是指图书馆采用新分类法时的处理方式。规定在某一特定日期后入藏的图书一律按新分类法分类，而在此之前的藏书则视情况决定是否重新分类；或者是新书采用新分类法，对旧书进行随还随改的办法。

慎金花(1966—)
Shen Jinhua

博士、研究馆员，同济大学图书馆馆长兼任上海市图书馆学会第八届理事会常务理事。1990年毕业于华东师范大学图书馆学情报学系，获文学硕士学位，2004年毕业于北京大学信息管理系，获管理学博士学位。在图书馆管理、服务以及计算机情报检索等领域主编、参编多本专著，发表数十篇专业学术论文。

升级，更新
upgrade

以新版本软件代替旧版本，或者是用功能较强的硬件部件代替原有部件，使计算机功能更加完善。

生活·读书·新知三联书店
SDX Joint Publishing Company

前身为邹韬奋于1923年7月创办的生活书店、1936年成立的读书出版社和1935年成立的新知书店。1948年，三店合并，正式成立生活·读书·新知三联书店。1951年与人民出版社合并，1986年恢复独立建制。该出版社以出版社会人文科学的著译图书为主，兼及性质相近的实用书、工具书，包括用文学艺术形式表现文化、学术理念的图书，还担负出版海外学者和国际友好人士的著作，体现了“人文精神，思想智慧”的文化精神，形成了特色和品位。

生胶片
raw stock

概指未经曝光的摄影胶片、相纸或其他光介质记录材料。

生命科学图书馆
Life Science Library

该馆隶属台湾中央研究院，由分子生物研究所、生物化学研究所、生物医学研究所、植物暨微生物学研究所以及细胞与个体生物学研究所等图书室于1996年5月整合组成。馆舍面积为900平方米。拥有馆藏40万余册、西文期刊逾2 500种、中文期刊近120种、数据库10余种、视听资料以及电子书等。其服务对象除研究院生命科学组同仁外，也对外开放。

生物技术和生物工程文摘数据库
Biotechnology and Bioengineering Abstracts

该数据库收录了从1982年开始有关生物技术和工程及其交叉学科的研究、应用、开发和专利方面的文摘资料，文献来自667种期刊。该数据库主要涉及生物技术和生物工程的所有领域，包括医学、药学、农业、环境和海洋生物学等。

生物科学期刊数据库
BioOne

始于1999年，是一个由多家著名大学赞助，由各学协会、高校与出版社联合组成的非营利组织，一个在生物科学研究领域具有高影响力的期刊整合联盟。共收录166种由各学协会和非营利出版社出版的高品质生物科学学术期刊，其数据库内容自1995年起至今，共约54万页内容。现刊内容每日更新。所涵盖的学科：农业、奶制品与畜牧学、农业经济学、生物学、生态学、工程学、环境科学、昆虫学、进化生物学、水产学、林学、基因学、遗传学、地理学、地学、湖沼学、海洋与淡水生物学、微生物学、鸟类学、古生物学、寄生虫学、植物学、公共环境与职业卫生学、运动科学、兽医学以及动物学等。

生物科学信息服务社（美国）
Bioscience Information Service（BIOSIS）

非营利组织，由美国实验生物学会联盟、美国生物科学协会和美国国家科学学会生物科学与农业部门/国家研究委员会共同创立于1927年。其宗旨为提供生命科学知识，促进生命科学发展。该服务社现隶属于美国汤姆森科技公司，主要是收集世界各地有关生物方面的文献，纳入生物科学信息预析、生物商业资料和动物学记录，并提供生物科学信息连接数据库的在线检索服务。该服务社生产的生物学文献数据库（BIOSIS Preview，BP）是世界上最大、最完整的关于生命科学的权威文摘索引数据库。该数据库对应的出版物是《生物学文摘》（*Biological Abstracts*，1969年至今），《生物学文摘—综述、报告、会议》（*Biological Abstracts/RRM*，1980年至今）和《生物研究索引》（*BioResearch Index*，1969—1979年）。

生物袭击
biological attack

图书馆保存的书刊，生物会对其造成损害，最严重的是霉菌和昆虫，老鼠、狗、猫和婴儿也可能对其造成损害。

《生物系统索引》（美国）
Biosystematic Index

该索引原名为Systematic Index，1965年起改为生物系统索引，但1998年起该索引被取消，与属种索引合并为生物体索引（Organism Index）。该索引是以较大的生物分类单位为标目，用户可从界、门、纲、目、科入手，检索有关文献，包括古生物方面的文献。1985年以前，在每期索引前都刊有“生物分类范畴简表”（Major Taxonomic Categories)，该表又分字顺表和序列表两部分。自 1985 年起取消字顺表仅保留序列表，并在每卷首期的生物分类简表后面增加“生物系统索引所用的等级标题表”（Hierarchical Headings Used in Biosystematic Index），此表将生物系统索引中所用的大小类目全部列出，生物系统索引中的所有款目，即按照该等级标题表中的类目次序编排。

生物学和医学论文数据库
Faculty of 1000（BioMed Central）

由 BioMed Central 出版的新型在线研究辅助工具，创建于 2002 年。由总共超过 4 000 位专家学者评议，提供目前世界上最重要的生物和医学论文信息及研究趋势。在世界范围内，超过 80% 的顶尖的研究机构已经订购并使用该产品。Faculty of 1000 和一般检索系统不同之处在于，所收录的是 1 000 多位世界最好的生物学家所推荐的文章（推荐标准：具有科学价值的文献，而不考虑这些文献在哪里发表），并附有推荐人的评述。把 Faculty 按研究领域分为 17 类，分别是：生物化学、生物信息学、生物技术、细胞生物学、化学生物学、基因组学与遗传学、进化生物学、发育生物学、生态学、免疫学、微生物学、分子生物学、分子医学、神经生物学、生理学、植物学和结构生物学。

生物学文献数据库（美国）
BIOSIS Preview（BP）

世界上最大最完整的关于生命科学的权威文摘索引数据库。由美国生物科学信息服务社（BIOSIS）生产。该数据库对应的出版物是《生物学文摘》(*Biological Abstracts*，1969 年至今)、《生物学文摘/综述、报告和会议》(*Biological Abstracts/RRM*，1980 年至今）及《生物研究索引》(*BioResearch Index*，1969—1979)，涵盖生物学、生物化学、生物工程学、生态学、植物学、生物医学、分子遗传学、基因工程、医学、临床和实验医学、药理学、动物学、农学和兽医学等生命科学领域。该数据库所收录的世界上 100 多个国家和地区的 5 500 多种生命科学期刊和 1. 65 万条会议文献、2 万多篇综述、2. 8 万条专利、1. 7 万图书或图书章节的记录。每年递增 28 万条记录。涵盖所有生命科学内容，其中包括空间生物学、农业、解剖学、细菌学、行为科学、生物化学、生物工程、生物物理、生物技术、植物学、细胞生物学、临床医学、环境生物学、实验医学、遗传学、免疫学、微生物学、营养学、职业健康、寄生虫学、病理学、药理学、生理学、公共健康、放射生物学、系统生物学、毒理学、兽医学、病毒学和动物学。

《生物学文摘》（美国）
***Biological Abstracts*（*BA*）**

创刊于 1926 年 12 月，1964 年前由美国生物学联合会（UABS）编辑出版，1964 年 10 月改为“生物科学情报服务社”。该文摘收录了世界 113 个国家和地区、20 多种文字的6 000余种期刊、万余种专著和其他类型文献，主要来源于欧美各国，其中美国约占 26%，英国约为 10%。收录有关生物学、医学、农业方面的文献。该文摘由文摘（按 84 个一级主题分类排列文献）和索引（著者索引、生物体索引、属类索引和主题索引）组成。有印刷版（手工检索）、光盘版和网络版（计算机检索）。

生物学医学出版社（英国）
BioMed Central

生物医学领域的一家独立的新型出版社，以出版网络版期刊为主，目前出版近 200 种生物学和医学领域的期刊，少量期刊同时出版印刷版。该出版社基于“开放地获取研究成果可以使科学进程更加快捷有效”的理念，坚持在其网站免费为读者提供信息服务，所出版的网络版期刊可供世界各国的读者免费检索、阅读和下载全文。

生卒年
birth and death dates

指一个人（作者或传记人物）出生或死亡的日期。在图书馆编目中，生卒年是直接列在个人题名标目之后，以便于区别同名的其他作者。如果该作者仍健在，则只列其出生日期，后面加“—”；如果作者的生卒年不详，则在经推断估计的“大约”日期前用缩略词“C.”表示。生卒年大多包括在传记参考工具书条目中。

声迹带
sound track

影片或录像带的声音成分（光学录音或磁性录音的部分)，通常沿着电影胶片或录音带的一边或两边录制成，声音与图像同步。也指电影中的音乐由磁带或光盘播放。

声迹配置
track configuration

有声电影片的声迹配置，如中央声迹、边缘声迹。属音频特征（sound characteristic）之一。

声音
Sounds

资源描述中，除语言或音乐之外，以可听形式表达的内容。包括自然的声音、人工制作的声音等。属“资源描述与检索”（RDA）定义的内容类型（content type）之一。

声音内容
Sound Content

资源描述中，对非主要由录音构成的资源，记录其中有声音出现，比如一套幻灯片配有声音；对于电影或录像等，表明有无声轨，如默片。属“资源描述与检索”（RDA）的内容描述元素之一。

声音识别
voice recognition

一种行为识别技术。声音识别设备不断测量、记录声音的波形和变化，并将其转换成数字信号，然后和计算机登记过的声波代码词典核对，从而判断声音。这项技术使得人们可以通过说话的声音来控制限制性区域的出入，如通过电话拨入银行、数据库服务、购物或声音邮件，以及进入保密的装置。作为一种非接触的识别技术声音识别比较方便，用户易于接受，但由于非人性化的风险、远程控制和低准确度，并不可靠，因为声音变化的范围太大，很难进行精确匹配；声音会随着音量、速度和音质的变化（如感冒时）而影响到采集与比对的结果。

S

声音邮件
voice mail

利用电信网和计算机系统，采用标准电话机，非同步地传送、接受和存储声音信息的系统，是把声音信息转换成数据信号并存储在计算机网络上的通信系统。所提供的功能很多，如家庭作业的讨论、学生和教师的交流以及家长和教师的沟通等。

《圣保罗州报》（巴西）
（葡）*O Estado De S. Paulo*

用葡萄牙文出版的综合性报纸，为巴西第一大报，1875 年 1 月 4 日创办于圣保罗。该报刊登巴西国内外政治新闻、经济新闻、体育新闻和文化新闻等，内容严肃。《圣保罗州报》在巴西国内及拉美地区有一定的影响，美国哥伦比亚大学于 1990 年公布的一项专门调查结果，将该报列为世界上最有影响的 20 家报纸之一。

圣地亚哥公共图书馆（美国）
San Diego Public Library

位于美国加利福尼亚州圣地亚哥市，始建于 1882 年，辖区居民 130 万人。包括 1 所中心馆和 35 所分馆。馆藏图书及期刊合订本 420 多万册，包括 25 种 29 万册非英语图书、160 万册政府文献、3 888 种期刊、激光唱片、磁带量及其他音频资料 8. 2 万多件以及数字视盘和家用录像机制式的视频资料 8. 5 万多件。年到馆访问量达 660 万人次，年图书流通量达 720 多万册次。

圣何塞公共图书馆（美国）
San José Public Library

位于美国加利福尼亚州圣何塞市，始建于 1872 年，包括 1 所中心馆，19 所分馆和 2 所流动图书馆。馆藏图书及期刊合订本 230 万册，激光唱片、磁带及其他音频资料 9. 8 万多件以及数字视盘和家用录像机制式的视频资料 8. 6 万多件。年到馆访问量达 1 050 万人次，年图书流通量达 1 500 多万册次。

圣何塞州立大学图书馆学与情报学学院（美国）
SLIS of San José State University

圣何塞州立大学位于美国加利福尼亚州的圣何塞市，其研究生院下设的图书馆学情报学学院从 1954 年开始授予图书馆学学位。从 1994 年起，改授图书馆学情报学硕士学位和图书馆学与情报学研究学位。该学院获得美国图书馆协会资格认证，主要研究在线信息服务评估、搜索战略、组织行为。开设的课程包括信息与社会、信息检索、信息组织与管理、参考与信息服务、资源与信息服务和政府信息资源等。

圣胡安富兰克林公共图书馆（阿根廷）
Sociedad Franklin Biblioteca Popular

该馆在多明戈·福斯蒂诺·萨米恩托·阿尔巴拉辛先生（1868—1874 年担任阿根廷共和国总统）的倡导下于 1866 年成立。拥有藏书约 6 万册。其中“圣胡安专藏”收集有圣胡安相关主题及圣胡安作家作品 3 000 多册。同时还设有“多明戈·福斯蒂诺·萨米恩托·阿尔巴拉辛专藏”，包括他个人的文学著作以及他人对他的研究作品。该馆位于圣胡安市中心，占地约 3 000 平方米，共四层。2003

年6月，图书馆董事会决议重新设计馆楼内部布局，以改进基础设施、优化藏书及阅览空间。为更好地为图书馆会员及非会员服务，富兰克林公共图书馆特意开辟了一些文化活动场地，例如，增加了一处小型电影放映厅和剧场。2008年2月开设“上海之窗”。

圣加仑大学图书馆（瑞士）

The Library of the University of St. Gallen/*Bibliothek der Universität St. Gallen*

圣加仑大学图书馆位于瑞士圣加仑，始建于1898年。该大学是一所以经济、法律和社会学为主的综合性大学，在欧洲经济学领域享有盛誉。馆藏图书文献侧重于商业、经济、法律和社会学等学科，同时兼顾采购其他诸如政治、哲学、教育、历史以及计算机科学等方面的文献。拥有馆藏纸质图书50万册、9万种电子图书、现刊1 400多种、电子期刊3万多种，另有许多音频视频资料。该馆为国际图联机构会员。

《圣经》

***Holy Bible*（*the Bible*）**

基督教的正式经典，包括《旧约全书》(原为犹太教的经典，叙述世界和人类的起源，以及法典、教义和格言等）和《新约全书》(叙述耶稣言行、基督教的早期发展情况等）。《圣经》是西方文化的重要源泉，也是一部包罗万象的百科全书。

圣经崇拜

bibliolatry

对《圣经》进行文字上的考究和翻译的一种过度的热爱，极端地崇拜或绝对地信赖一批宗教经典是一贯正确的，特指对《圣经》中的字句顶礼膜拜。

《圣经》译本

Version

指基督教《圣经》的特定译本，或者是该译本的一部分。

圣经纸，字典纸

bible paper

一种用新棉花或者亚麻碎片制成的又薄又韧的不透明的印刷纸，通常用来减轻如《圣经》、词典和百科全书等这样大部头书的重量。由于这种纸很耐用，所以也常用来制作使用率非常高的书，如祈祷书。

圣经装订，圆角皮面装订

Bible style

一个普通的词汇，是指用柔韧的皮革作书籍的封皮并把其书角装订成圆角，尤其用的是深色。

圣句集

lectionary

礼拜仪式用书，包含从《圣经》中的选段，反映所谓的因果报应等内容。在全年的礼拜仪式中，由教徒诵读这些句段。

圣克劳得州立大学信息媒体中心（美国）

Center for Information Media of St. Cloud State University

圣克劳得州立大学位于美国的明尼苏达州，是该州第二大的学校。其信息媒体中心本科开设有信息咨询、研究战略、信息媒体、信息技术和信息检索等课程：硕士生开设有信息检索、信息技术、微机应用、多媒体设计和学校图书馆媒体计划等课程。该中心可授予信息媒体文理学士学位、理学硕士学位和学校图书馆媒体专家许可证（School Library Media Specialist Licensure）和教学技术证书（Instructional Technology Certificate）。

圣灵作品

mediumistic writing

通过精神媒介传播的作品，即通过死者或实体的灵魂传播而得来的作品。图书馆在为此类作品编目时，通常以圣灵标目，为传说中的作者做附加款目。

圣三一学院图书馆（爱尔兰）

Trinity College Library

爱尔兰最早的图书馆，是爱尔兰最大的专供学者与专家做深入研究的图书馆。成立于1592年，从法律上规定，该图书馆具有收藏英格兰、爱尔兰出版商所有出版物的特权。该馆拥有藏书为500万册、期刊3万多种以及具有重要价值的地图、乐谱和大量的手稿。其中最著名的是《凯尔斯书》(*The Book of Kells*），记述了当时的宗教、文化、艺术等发展情况，其中包括耶稣、圣母与圣子、圣约翰和圣马休的肖像插图。该手稿大约写于9世纪前后，其历史与文化价值使之成为爱尔兰的国宝，是世界上最精美的手稿之一。该馆编辑出版馆讯，为国际图联机构会员。

圣徒传记
hagiography

传记的一种形式，圣人传、圣人的生活，具有理想化或偶像崇拜化特点的传记。流行于中世纪和文艺复兴时期。是记载圣徒生活的文字，也指记载此类作品的书籍，通常是将两名或多名圣徒的传记集中在一起。撰写有关圣徒生活文章的作者被称为圣徒传记作者。

圣约瑟夫县公共图书馆（美国）
St Joseph County Public Library

位于美国印第安纳州圣约瑟夫县。1896 年 5 月 8 日对公众开放，包括 1 所中心馆，8 所分馆和 1 所流动图书馆。馆藏图书及期刊合订本 60 万多册，激光唱片、磁带及其他音频资料 15 万多件，以及数字视盘和家用录像机制式的视频资料 6 万多件。年到馆访问 376 万人次，年图书流通量 490 多万册次。收藏的文献主要集中在文学、本地历史、传记及商业等方面。

圣智学习出版公司（美国）
CENGAGE Learning

全球最大、为终身学习提供全方位支持的教育出版集团之一。其前身是隶属于汤姆森集团的分支子公司——汤姆森学习出版集团（Thomson Learning），2007 年，汤姆森学习被收购之后，改为现名，并成为独立运营的公司。圣智的主要赢利来源是教育出版和图书馆文献出版两大领域。该公司主要的业务领域有三块：第一是高等教育（higher education）、职业教育（vocational education）和专业教育出版（Academic & Professional Publishing）；第二是图书馆参考书出版（Library & Reference）；第三是英语教学出版（English Language Teaching，ELT）。除教材外，圣智旗下的盖尔公司（Gale Library & Reference）则是全球领先的信息和教育资源提供商，为学生、学者、教师、研究机构的科研人员等众多用户提供精确、权威的参考文献、报刊、杂志内容。

省略号
ellipsis（omission marks）

标点符号的一种。表示引文中省略的部分或话语中没有说完全的部分，或者表示断断续续的话语中的停顿。表示整段省略时，须另起一行。用于正文或目录著录中，表示原文中有些词已被省略或删除。在西文中用 3 个连续的点（……），中文则用 6 个连续的点（……）来表示。

省图书馆
provincial library

由省（自治区、市）人民政府文化行政部门主管的、综合性、向社会开放的公共图书馆，是科学、教育和文化事业的重要组成部分，是所在省（自治区、市）的文献信息、目录、馆际互借、图书馆学研究和业务辅导的中心。代表着本地区图书馆事业发展的水平，担负着为科学研究和社会大众服务的双重任务。中华人民共和国文化部于 1982 年颁布的《省（自治区、市）图书馆工作条例》是指导省（自治区、市）图书馆工作的法规性文件，明确了省（自治区、市）图书馆的性质、方针、任务，阐述了省（自治区、市）图书馆的主要业务工作并对专业技术干部任职资格做出了规定。

诗的破格
poetic license

原意指诗歌不按一般格律，现泛指根据真实的历史事件，用偏离严格的事实所形成的规则和方法进行改编、扩充和再创作，以期使作品更加精彩和引人入胜。比如莎士比亚的经典作品《麦克白》（*Macbeth*）就采用了这种创作方式：莎士比亚根据真实的历史题材，根据自己的理解和需要，进行了改编和文学加工，从而创作出了这部经典巨作。

诗集
collection of poems（poetry）

指将一个人或多个人的撰写的诗编辑整理而成的书。

《诗经》
Book of Songs

中国第一部诗歌总集，收入自西周初年至春秋中叶五百多年的诗歌 305 篇，又称《诗三百》。先秦称为《诗》，或取其整数称《诗三百》。西汉时被尊为儒家经典，始称《诗经》，并沿用至今。在内容上分为风、雅、颂三个部分。其中“风”包括了十五个地方的民歌，包括今天山西、陕西、河南、河北、山东和湖北北部一些地方（齐、楚、韩、赵、魏、秦），叫“十五国风”，有 160 篇，是《诗经》中的核心内容。长期以来，《诗经》一直受到很高的评价。对中国两千多年来的文学发展有深广的影响，而且是很珍贵的古代史料。

诗，诗篇
poem，poetry

按照一定的音节、声调和韵律，用凝练的语言高度集中地表现社会生活和人的精神世界的文学作品。诗是用押韵的语言、象征的手法，通过富有想像力的创作而形成的作品。优秀的诗篇能给人以美的享受，并传递深刻的思想内涵。诗可分为多种：按故事情节分为叙事诗和抒情诗；按语言格律分格律诗、自由诗和歌谣诗；按诗韵律分有韵诗和无韵诗。诗往往采用体裁来分类，如民谣、牧歌、田园诗、挽歌、史诗、打油诗、抒情诗、颂诗以及十四行诗等。中国诗歌有着悠久的历史和丰富的遗产，从《诗经》、《楚辞》到历代诗人的作品。西欧的诗，则从古希腊荷马和古罗马卡图鲁斯等人开始。诗一般分行排列，由于其体裁的特殊性，一般结集出版。

诗选
selected poems

诗的选集。可以有以下形式：1. 从个人诗作中选录的集子；2. 从多人诗作中选录的集子；3. 别集性质的选本。

诗韵词典
rhyming dictionary

一种分韵编排的工具书。其目的是用于审音辨韵，可为诗词韵文写作者检查其作品押韵正误程度提供相关查检之用。诗韵词典一般存放在图书馆的参考部的工具书架上，有时在网上也能查到。

施乐公司（美国）
Xerox

美国一家信息技术公司，成立于 1958 年，主要生产静电复印机、激光打印机和计算机等办公自动化产品。这家公司生产的静电复印机以“XEROX”为商标，在世界范围影响很大。从 20 世纪 60 年代和 70 年代初在世界复印机市场一直保持垄断地位。

施普林格出版集团（德国）
Springer Group

创立于 1842 年 5 月 10 日，总部原设在德国柏林，1946 年移至海德尔堡，另在美国纽约、英国伦敦、日本东京、法国巴黎、西班牙巴塞罗那、意大利米兰、新加坡和中国香港，都设有子公司。在德国、奥地利和瑞士，还拥有许多出版公司、书店和工业实体。是德国第三大出版公司，国际著名科技图书出版集团，其子公司遍及全球。1999 年 1 月，成为贝塔斯曼集团的子公司。出版医学、理学和工学各专业图书，其作者中不乏名人，如诺贝尔奖获得者等，每年出版新书 2 000 多种，期刊 500 多种，其中 400 多种期刊有电子版。该集团出版的图书，按专业分为：化学、计算机技术、经济与管理、工程技术、环境科学、地球科学、法律、生命科学、数学、医学、药学、物理、心理学和统计学等。

施廷镛（1893—1983）
Shi Tingyong

中国图书馆学家。南洋方言学堂毕业后，到南京高等师范学校教务处工作，曾参加“五四”运动。1922 年到东南大学图书馆工作，先后在清华大学、燕京大学、北京大学图书馆、故宫博物院和中央大学任职。1949 年后在南京大学工作，任该校图书馆副馆长，兼任中国图书馆学会理事和江苏省政协委员。20 世纪 60 年代曾主持南京地区高等学校图书馆协作委员会工作，致力于图书馆学、目录学、版本学、校雠学以及地方志、丛书、文史哲工具书和古钱币的研究。主要著作有《丛书子目书名索引》、《文史哲工具书简介》以及《图书分类法》、《著者号码表》和《中国古籍版本概要》等。

湿度计
hygrometer

一种测量大气相对湿度的小型气象仪器，用于监测保存或展览易遭潮气损坏物品（胶卷、珍本图书、手稿和样品等）的仪表。

湿件
wetware

俚语，指与计算机开发与应用相关的所有方面的人力资源。

十八开本
Eighteenmo（18mo）

书刊幅面的一种尺寸规格，一张全开纸切为 18 张的规格。18 开属于中型本。

十八世纪作品在线
Eighteenth Century Collection Online（ECCO）

汤姆逊·盖尔公司的重要在线数据库，收录了

1700—1799 年之间所有在英国出版的图书和所有在美国和英联邦出版的非英文书籍，共约 13.8 万种 15 万卷，内容超过 3 000 万页。该数据库涵盖历史、地理、法律、文学、语言、参考书、宗教哲学、社会科学及艺术、科学技术及医学等多个领域，可进行全文检索。

《十二经》
Twelve Confucian Classics

指因记载春秋鲁国十二公的史事的《春秋》。又指十二部儒家经典。唐文宗时在国子学立石，刻《易》、《诗》、《书》、《周礼》、《仪礼》、《礼记》、《左传》、《公羊传》、《谷梁传》、《论语》、《孝经》和《尔雅》十二经。此石经于唐文宗大和至开成年间刻成，今藏陕西省博物馆。

十二开本
Duodecimo (12mo)

图书类型，大约高 8 英寸（20.32 厘米），将整张纸折叠为 12 双页（24 单页）。

十进分类法
decimal classification

一种使用十进制标记法的图书分类法。即将一切书籍按其内容分为 10 大类，每一大类用一个阿拉伯数字表示；每大类再分为 10 类，每类再分为更小的类，类目的数目一概限于十位。号码根据阿拉伯十进数配给，基本类号为三位数。这种分类法为目前国际图书馆界使用最为广泛的分类体系之一，以“杜威十进分类法”（Dewey Decimal Classification）和“国际十进分类法”（Universal Decimal Classification）为主要代表。

十进位号码
decimal number

分类表中的类目标记是根据十进位原则而配予的号码，“杜威十进分类法”和“国际十进分类法”中都采用这种办法。

十六开本
Sextodecimo (16mo)

一般的书籍在设计幅面大小时，都要考虑一大张纸的尺寸。当一张纸连折四次时，折成为十六张（三十二页），叫做十六开。十六开本属一般开本，适用范围较广。

十年刊
decennial

每十年发行一次的刊物，也指每十年发行一次的连续出版物。

《十三经》
Thirteen Classic Works

指在南宋形成的十三部儒家经典。分别是《诗经》、《尚书》、《周礼》、《仪礼》、《礼记》、《周易》、《左传》、《公羊传》、《谷梁传》、《论语》、《尔雅》、《孝经》和《孟子》。《十三经》是由汉朝的五经逐渐发展而来的，最终形成于南宋。儒家文化在封建时代居于主导地位，《十三经》作为儒家文化的经典，其地位之尊崇，影响之深广，是其他任何典籍所无法比拟的。最高统治者不但从中寻找治国平天下的方针大计，而且对臣民思想的规范、伦理道德的确立、民风民俗的导向，无一不依从儒家经典。儒家经典施于社会的影响无时不在，无处不在。

《十三史》
Thirteen Histories

又称《十三代史》，是唐代对《史记》、《汉书》、《后汉书》、《三国志》、《晋书》、《宋书》、《南齐书》、《梁书》、《陈书》、《魏书》、《北齐书》、《周书》和《隋书》十三种史书的合称，是在历史上《十史》的基础上，加入《史记》、《汉书》、《后汉书》才形成的。

十四行诗
sonnet

又译“商籁体”，欧洲一种格律严谨的抒情诗体。最初流行于意大利，彼特拉克的创作使其臻于完美，又称“彼特拉克体”，后传到欧洲各国。由两节四行诗和两节三行诗组成，每行 11 个音节，韵式为 ABBA，ABBA，后两节六行或两韵变化，或三韵变化。16 世纪，经英国莎士比亚的发展，称为“莎士比亚体”或“伊丽莎白体”，由三节四行诗和两行对句组成，每行 10 个音节，韵式为 ABAB，CDCD，EFEF，GG。《莎士比亚十四行诗》无论在体例还是内容上都给人耳目一新的感觉，热情地讴歌了友谊和爱情，青春和美；感情充沛，思想深邃，节奏鲜明，辞采优美；是世界诗歌史上一笔宝贵的文化遗产。

《十通》

Ten Encyclopedic Histories of Government Institutions

指《通典》、《通志》、《文献通考》、《续通典》、《续通志》、《续文献通考》、《清朝通典》、《清朝通志》、《清朝文献通考》和《清朝续文献通考》这十部政书的总称。

十字规矩线，（套准）十字线

register marks（crossmark）

供描绘黑图、制版及印刷时作为套色用的，在多色印刷时用来对准各色印版的符号。

十字转门计数

turnstile count

在设计图书馆馆舍的时候，通常为读者只开放唯一的出入口，以方便门禁系统的管理。而在欧美等很多发达国家的图书馆，通常在出入口安装十字转门，并配备有电子计数器，通过电子计数器自动计数，便可以统计读者到图书馆访问的次数。如果十字转门没有安装电子计数器的，则可以采用人工计数，按照抽样统计的方法，得出图书馆访问的估算值。在统计读者到馆访问时，具体采用的是十字转门自动计数还是人工计数，应该给予明确说明；必要的时候，统计应该剔除图书馆员工进出图书馆的次数。

石碑

stone tablet（stele）

作为纪念物或标记的竖石。把功绩勒于石土，以传后世的一种石刻。一般以文字为其主要部分，上有螭首，下有龟趺。

石壁画

pictograph

古代或史前时代在石壁（洞穴、悬崖）上的图画或绘画，是人类最早的交流方式之一。

石川 徹也（1943—）

Ishikawa Tetsuya

日本图书馆学家、工学博士，筑波大学研究生院图书馆情报媒体研究科教授。研究方向是自然语言的处理及基于自然语言处理结果应用系统的性能等。具体地说，以流通情报中心文本、数据为对象，进行自然语言处理，并在其结果之上，进行情报检索方面的研究。

石鼓文

Inscriptions on Drum-shaped Stone Blocks

中国最早的石刻文字，世称“石刻之祖”。石鼓文处于承前启后的时期，承秦国书风，为小篆先声。因其刻于十座花岗岩石上，石墩形似鼓，故称为“石鼓文”。现存的石鼓文是宋朝收集的十石鼓，上面刻有文字，当时认为是描述周穆王出猎的场面，后来的考古考证认为是秦穆公时代的作品，有的字已经残缺不全。

石经

Stone Classic

一是指刻在石上的儒家经典。迄今有文字可考的刻有儒家经籍的石经七种，分别是东汉熹平石经、魏正始石经、唐开成石经、后蜀广政石经、北宋嘉祐石经、南宋高宗御书石经和清乾隆石经。其中开成石经和乾隆石经保存完整。在文字、内容上，前四种较为重要。二是指刻在石上的佛教经典。现存石刻佛经有北京市郊房山区云居寺，山东泰山、徂徕山，山西太原风峪，河北北响堂山等处，其中以云居寺石经的规模最大。

石井 啓豊（1946—）

Hirotoyo Ishii

日本图书馆学家、日本图书馆情报学会理事、京都大学农学硕士、筑波大学研究生院图书馆情报媒体研究科教授和筑波大学图书馆情报媒体研究科图书馆情报媒体专业负责人，曾任智能社团研究基础中心负责人。专门从事图书馆学情报学基础理论，特别是情报概念、情报利用、情报服务和知识情报表现方面的研究。

S

石刻

Stone Inscription

刻有文字、图画以纪事的碑碣或石壁。石刻可以考经证史，具有直接史料价值，又可为研究书法艺术提供实物资料。

石室，宫廷藏书

Palace Book Depository（Palace Library）

又称“皇家藏书”，指历代皇室宫廷的内府秘藏之书。宫廷藏书是中国古代藏书的主体，数量多、质量优，多为皇帝阅览、大臣编书与辅政服务，利用率高，利用者多，在国家治理、文化传播等方面起重要作用。宫廷藏书的相关整理活动（包括校勘、刻书与编目等）体现了更多的国家意志，进而影响到整个时代的学术风尚。

石印本
Lithographic Edition

用石印印刷的图书。晚清时传入中国的一种平版印刷方法。德国阿洛伊·逊纳菲尔德（Aloys Senefelder，1771—1834）于1798年发明，根据石材吸墨及油水不相容的原理创制。采用药墨写原稿于特制纸上，覆于石面，揭去药纸，涂上油墨，然后用沾有油墨的石版印书。用石印术印书，既可省去繁琐费时的雕版程序，又可降低成本，而且版面又能根据需要随意缩小放大、差错少，后被铅印术替代。

《石油汉语主题词表》
Oil Chinese Subject Thesaurus

用于标引、储存和检索石油工业科技情报的专门叙词表。由原中国石油部情报所编制，于1985年出版。该词表由主表和范畴表组成。主表为主体，全部叙词按汉语拼音字顺排列，而范畴表是将主表主题词按学科、词义归类，划分若干范畴，供用户从分类角度查找主题词。

石塚 英弘（1946—）
Hidehiro Ishizuka

日本图书馆学家、东京大学理学博士、筑波大学研究生院图书馆情报媒体研究科教授。文献电子化语言SGML/XML在日本普及应用的先驱者，并从事该语言在数字图书馆领域的应用研究。主要研究方向为学术情报的结构化表现、加工处理、检索、流通等有关的Web系统，以及数字图书馆情报资源系统、分散型情报系统。

时长、持续时间
Duration

资源内容的播放时间、运行时间等，也包括含有乐谱或舞谱的资源的表演时间。属“资源描述与检索”（RDA）的内容描述元素之一。

《时代报》（哥伦比亚）
（西）*El Tiempo*

哥伦比亚全国最大的综合性西班牙文报纸，1911年1月30日在首都圣菲波哥大创办。日发行量约30万份，每天分4次出版，居全国各报之首。该报在全国各大城市都设有记者站，形成独立的报道体系。《时代报》出版集团目前已成为该国最大的新闻出版集团，除掌握这家报纸外，还控制着时代出版社、时代印刷厂、蜗牛电视台以及其他一些大众传播媒介的大部分或部分股权。

时代细分
period subdivision

分类法中按有关文献的时代特征对类目的复分。

《时代周刊》（美国）
Time

美国影响最大的新闻周刊，是美国三大时事性周刊之一，被誉为“世界史库”。1923年3月由亨利·R·卢斯（Henry R. Luce）和B·哈登（B. Harden）联合创办，由时代出版公司在纽约出版。该刊的宗旨是使“忙人”能够充分了解天下大事，以报道国际、国内新闻为主，并辟有经济、教育、法律、体育、宗教、医药和艺术等栏目。该刊大量使用图片，是美国第一份用叙述体报道时事的大众性期刊，其编排方法为国内外新闻杂志所仿效。读者主要是中产阶层和知识阶层。该刊内容广泛，对国际问题发表主张和对国际重大事件进行跟踪报道，在美国颇有影响力。该刊有美国国内版、国际版，以及欧洲、亚洲和拉丁美洲版，各版内容基本相同。《时代周刊》也是最早全文上网的杂志之一，从其网站上可以浏览自1994年以来各期的所有内容。

时间间隔
session

在计算机专业术语中，是指一个终端用户与系统进行通信交互的时长，通常指登陆到系统到退出之间所经过的时间。

《时尚》杂志
Vogue

于1892年在美国创刊，是世界上历史悠久、广受尊崇的一本时尚类杂志。是专门刊载女性感兴趣的各种各样文化或其他领域的特写或文章。全世界各个不同版本的《时尚》均聘用了本地最有能力和创造力的编辑、作家以及摄影师来呈现出各个国家不同的文化。该杂志的理念是聘用最专业的编辑人员，结合世界上最优秀的设计师、最具才华的摄影师与模特，以最高的制作水准创造出市场上最高质量的杂志。该杂志被公认为全世界最领先的时尚杂志，已拥有超过一亿两千万读者。经由中国国家新闻出版总署的批准，由康泰纳仕有限公司与人民画报社以合作出版的形式，在 2005 年 9 月正式在中国发行面市。该杂志在进入中国之前，已经拥有 15 个不同国家及地区的版本。美国版诞生于 1892 年，其出版商康泰纳仕公司于 1916 年和 1921 年又分别推出了英国版和法国版。

时事新闻
current events

指通过报纸、杂志、电台和电视台等大众传播媒介报道的单纯事实消息。

时效性
currency

表明事物在进展过程中近来的或者最新的情况。在信息检索中，指一个文件或来源的内容反映该主题知识目前存在的状态。对医学、生物学、物理学和数学等自然学科来说，不到 5 年的文献就过时了，而对艺术和人文科学来说，10 年前的文献可能与近期出版的文献信息一样重要。因为期刊的出版周期快，与图书相比，期刊能提供更多的最新信息，而图书必须在增订本和修订版本中更新内容。一些在线目录和书目数据库允许用户通过指定出版日期限制检索结果，可检索到最近出版的文献。在档案学中，新获得的档案一般在一定时期内仍具有时效性。

识别
recognition

特指在扫描文献的加工处理过程中，将印刷符号由光电模式转换成计算机可读数据。在文献内容的识别过程中，首先要将读到的文字与机器存储的文字图形进行比较，如果机器能识别，则转换为机器代码。

识别标题
identification caption

指在文献或缩微复制胶片上人眼可见的识别代号或标题。

识别逻辑
recognition logic

光学字符识别阅读器采用的一种技术，通过这种技术可将印刷文字转换成数字形式。

识字图书
alphabet book

学龄前儿童用来学习字母和字母表的图画书。通常在每一页或每一展页上显示一个或多个物体或小动物等，而它们的名字正是以所学字母开头，例如用苹果（apple）表示字母 a。

实际操作
hands-on

在图书馆开展的培训或一对一的参考咨询活动中，为学生或读者提供的实践机会，通常是教员或参考馆员用计算机终端向学生或读者演示检索技巧。也指具有计算机实际操作经验的工作人员。

实价，净价
net price

书商对一种图书或其他出版物所报的成本价，通常为出版商价目表所列的价格或出版商建议的价格，比任何折扣价都低。通常实价中附含有运费。

实价书协议
Net Book Agreement（NBA）

1899 年，英国出版商协会、英国书商协会和英国作者学会之间达成的协议，规定销售商不得以低于出版商标示的价格销售图书。该协议于 1900 年 1 月 1 日正式生效并实施。由于该协议承诺了太多理想化的图书促销手段，自问世以来一直遭到许多人的非议。1995 年 12 月经英国出版商与销售商之间达成协议，并通过立法终于取消了该协议，但目前有些国家还在采用。

实例参考书
casebook

一种包含说明一般原则或有典型实例记录的学生教科书或参考书，包括：法学、精神病学、心理学、社会学、社会服务、咨询服务和其他学科。

实例化的载体表现
manifestation exemplified

由单件作为实例的载体表现。通过载体表现的标识符或合成描述，记录载体表现与作为该载体表现示例的单件间关系。

实例研究，案例研究
case study

在社会科学和医学中，经过一段时间的仔细观察对人群中的个体行为或对一系列事件中的单个事件的深入分析，尤其强调与环境有关的发展因素，以得出一定的结论。实例研究有可能以期刊论文、短文集或以书的形式出版。在书目数据库中允许读者按出版类型进行检索。

实录
veritable records

中国历代所修每个皇帝统治时期的编年大事记。最早见于记载的有梁周兴嗣等的《梁皇帝实录》，记武帝事。唐朝以后每一皇帝死后，继嗣之君，必敕史臣撰修，延为定例。实录都由当代人奉旨编撰，虽然有时对于实事多忌讳，后来亦往往有所修改；但资料丰富，常为修史者所依据。

实时
real time

一是指接收方和发送方在网上同步发送和接收信息的一种信息交流方式。网络对话、网上聊天、网络电话和视频会议等都属于这种交流方式。与这种同步信息交流方式相对应的是异步信息交流，即接收信息和发出信息在时间上发生在两个时间段。二是指一个物理过程、事件或现象发生或出现的实际时间。

实时检索系统
real time retrieval system

一种常见的网络检索系统。在这种检索系统中，用户输入提问语句或命令后，系统能以几乎同步的速度进行检索处理并将检索结果显示出来。实时检索系统是实时系统在信息检索领域中的具体应用。其主要特点是检索速度快，工作效率高。

实时流传输协议
Real Time Streaming Protocol（RTSP）

网络影音实时流传输标准，是TCP/IP协议体系中的一个应用层协议，由万维网联盟制定。该协议定义了一对多应用程序如何有效地通过IP网络传送多媒体数据。通过实时流传输协议可以借助于因特网将流媒体文件传送到播放器中播放，并能有效地、最大限度地利用有限的网络带宽。

实时流式传输
real time streaming

在网络上传输音频或视频等多媒体信息时采用的两种流式传输方案之一。流式传输时，声音、影像或动画等连续媒体由音视频服务器向用户计算机的连续、实时传送，用户不必等到整个文件全部下载完毕即可进行观看。实时流式传输是指保证媒体信号带宽与网络连接匹配，使媒体可被实时观看到。实时流式传输需要专门的流媒体服务器，如QuickTime Streaming Server、Real Server与Windows Media Server；实时流式传输还需要专门的网络传输协议，如RTSP（Real time Streaming Protocol）或MMS（Microsoft Media Server）。

实时时钟
real-time clock（RTC）

一是指在计算机中能通过产生周期性信号和可读数字来进行时、分、秒计量的微型电路装置。其作用是用来测定和监视各种事件或程序运行所用时间，在系统中启动定时处理程序进行操作处理等。二是指计算机中用于产生周期性信号的寄存器及有关线路。这种寄存器通常按日常使用的时间单位进行工作。在执行程序和启动某些事件时需要用到它。

实时收听/收看的工具
real player

在因特网上通过流技术实现音频和视频的实时传输的在线收听工具软件，使用它不必下载音频/视频内容，只要线路允许，就能完全实现网络在线播放，极为方便地在网上查找和收听、收看自己感兴趣的广播、电视节目。是网上收听收看实时音频、视频和Flash的最佳工具。

《实时数位参考咨询服务》
Real-time Digital Reference

该书由观念、模式的建立和个案的经验分析，将研究资讯提供给对提供即时数字参考咨询服务有兴趣的图书馆界同行参考，内容谨守与即时、数字紧密相关的参考服务议题。作者为素小凤，由台湾文华图书馆管理资讯股份有限公司于2005年出版。

实时数字参考咨询
real-time digital reference

依托网络，不受时间和地点限制，采用在线交谈、共同浏览等方式，解答读者在利用图书馆过程中产生的各种问题的信息服务方式，目的在于帮助读者更便捷、有效地利用图书馆。

S

实时通讯、即时通讯
Instant Messaging（IM）

一种终端连往即时通信网络的服务。大部分的即时通信服务提供了状态信息的特性——显示联络人名单，联络人是否在联机与能否与联络人交谈。一个实时通信系统允许两人或多人使用网络实时传递文字消息、文件、语音与视频交流。最早的即时通信软件是 ICQ。1998 年，腾讯公司推出的腾讯 QQ 是中国最大的即时通讯软件。除了 ICQ 和 QQ，目前在因特网上受欢迎的实时通讯软件还有 MSN Messenger、百度 Hi、AOL Instant Messenger、Yahoo！等。

实时网上参考咨询
chat reference（real time reference）

参考咨询服务方式之一。也称“在线咨询”、“实时交互式参考咨询”，可以在网上实时地、面对面地解答读者的提问。此种参考咨询方式的最大特点在于其实时性与交互性，利于澄清表达，方便、快捷。当今全球图书馆界网上参考咨询服务的典范为 QuestionPoint 服务。

实体
entity

具有单一与独立特征的某些事物；独立或单独存在的某些事物；一种抽象事物、理想概念、思考对象或先验对象。在功能需求模型中指信息用户感兴趣的关键对象。在《书目记录的功能需求》、《规范数据的功能需求》和《主题规范数据的功能需求》中，实体类型的实例包括：知识或艺术创作的产品（作品、内容表达、载体表现和单件），对知识或艺术内容的创作、对物理形式内容的制作和散发、对产品保管的维护负有责任的代理（即个人、家族、团体），作品的主题（作品、内容表达、载体表现、单件、个人、家族、团体、概念、实物、事件和地点），等等。

实物模型
mock-up

也称为实体模型。准确地按比例制作的（如用胶合板、硬化纸、塑料、帆布或泥土），主要供教学、实验或陈列用的全尺寸结构模型（如一个飞机的模型）。也指商家为了宣传、推销商品而制作的样品。如图书馆需要购置自动化设备，商家送来的样机（计算机、复印机和打印机等）。

实物，物体
object

《英美编目条例第二版》（*AACR2*）中将其定义为三维人造物品、复制品或自然出现的实体。在英国文献类型标识中，这一术语包括了立体模型、游戏程序、显微镜载片、模型及教具。

实习科目，实习课
practicum

指为了让大学生所学的理论能够用于实践并和实践相结合而安排的一种特殊课程，在这种课程中，学生可以像普通工作人员一样工作、劳动，从而加深对以前所学理论的印象，起到巩固所学知识的作用。在图书馆或其他信息服务机构，也提供类似的实习项目，以便刚毕业的实习馆员有机会能将理论和实践工作联系起来。

实习生
entry-level（entrance-level）

某一职务系列中最低职务级别的职位，指刚刚开始职业生涯、缺乏经验的工作人员。还指刚受聘到图书馆工作的图书馆学专业毕业生或办事员、管理员。

实习图书馆员
intern

在欧美国家里，指在图书馆工作的非图书馆学专业毕业的、业余时间在图书馆学专业学院进修的大学生。

实验室藏书
laboratory collection

指属于大学或学院图书馆的专门藏书。一般保存于实验室、教授办公室或系办公室，作为讲授某个学科主题直接的辅助藏书。也指师范院校、图书馆学院或其他类似机构的一批藏书，主要用于示范、实习和设计工作。

实验室手册
lab manual

实习用的书籍，包括要做的实验说明，通常在实验辅导员的指导下进行实验。在理科科目中一般均安排这样的实习操作，由学生自行完成。这类书籍常随教科书配套以平装本形式印行。

实证研究法

positive study (empirical research)

认识客观现象，向人们提供实在、有用、确定、精确的知识研究方法，其重点是研究现象本身“是什么”的问题。该研究法试图超越或排斥价值判断，只揭示客观现象的内在构成因素及因素的普遍联系，归纳概括现象的本质及其运行规律。

蚀刻，蚀刻法

etching

利用酸的腐蚀原理进行刻制印版的方法。具体操作步骤是，在印制的板材上，先涂上抗蚀薄膜，然后用钢尖刻针在膜上刻划图文的点和线条，露出金属表面，浸入腐蚀液片刻即取出，在相应的小点和细线处涂膜再腐蚀。图文中各处点线腐蚀时间的长短和反复涂膜的次数是根据图文粗细深浅的不同要求来决定的。

蚀刻油墨

etching ink

蚀刻前印版版面上涂的一层保护剂。可以保护指定的部分不接触蚀液。

史部

History Branch

中国古代图书四部分类法中第二大类的名称。也称“乙部”。收各种体裁的历史著作，专列诸子百家、艺术、普录等书。

史抄

historical excerpts

或称“史钞”，指摘抄（或改编）一史或合抄众史的书籍。此类史书“博取约存”，对读者有一定的参考价值。

史蒂夫·保罗·乔布斯（1955—2011）

Steve Paul Jobs

苹果公司的前任首席运行官兼创办人之一，同时也是前 Pixar 动画公司的董事长及行政总裁。乔布斯被认为是计算机业界与娱乐界的标志性人物，同时也把他视作麦金塔计算机、iPad、iPod、iTunes、Store 和 iPhone 等知名数字产品的缔造者。由于其卓越的贡献，1985 年获得由里根总统授予的国家级技术勋章，1997 年成为《时代周刊》的封面人物；同年被评为最成功的管理者。2007 年，被《财富》杂志评为年度最伟大商人。2009 年被该杂志评选为这十年美国最佳 CEO，同年当选时代周刊年度风云人物之一。

《史记》

Historical Records

又称“太史公书”、“太史公传”和“太史公记”等。中国西汉著名史学家司马迁撰写的一部纪传体史书，是中国历史上第一部纪传体通史，被列为二十四史之首。该书是中国古代最著名的古典典籍之一，记载了自上古传说中的黄帝时代，下至汉武帝元狩元年间共 3 000 多年的政治、经济、文化和历史。与后来的《汉书》、《后汉书》、《三国志》合称“前四史”。《史记》全书包括十二本纪（记历代帝王政绩）、三十世家（记诸侯国和汉代诸侯、勋贵兴亡）、七十列传（记重要人物的言行事迹，主要叙人臣，其中最后一篇为自序）、十表（大事年表）、八书（记各种典章制度记礼、乐、音律、历法、天文、封禅、水利和财用），共 130 篇，526 500 余字。《史记》对后世史学和文学的发展都产生了深远影响。

史鉴（1931—）

Shi Jian

中国科学院文献情报中心研究馆员。从 1957 年起在中国科学院图书馆工作，曾担任中国科学院图书馆业务处处长、采访编目部和研究辅导部主任、副馆长、代理主任和主任；兼任中国图书馆学会副理事长、中国科学技术情报学会常务理事、中央国家机关和专业图书馆学会理事长、中国科学院科学技术翻译工作者协会副会长、中国科技大学管理与科技情报学兼职教授和《中国科技翻译》杂志主编。发表论文几十篇。

史料学

Historiography

研究史料的源头、价值和利用方法的学科，历史学的辅助学科。该学科以研究文字史料为主，亦注重于资料的整理与鉴别，吸取相关的考古学、古文字学、版本学、金石学和档案学等学科的方法及其成果，通过对史料的搜集考订、校勘和编纂、以辨明史料的真伪、谬误、源流、价值和形成时间。

史永元（1933—2004）
Shi Yongyuan

北京大学信息管理系教授。1957 年毕业于北京大学图书馆学系专修科，同年留校任助教兼班主任、学生党支部书记、函授秘书、讲师兼图书馆学系图书馆学教研室副主任、图书馆学系主任助理和图书馆学系副主任，先后兼任北京大学学术委员会委员、中国图书馆学会学术委员会委员、《中国图书分类法》编委和北京地区高校图书馆工作委员会委员。长期致力于图书馆学教学和研究工作，出版论著数部。

史志目录
Historical Bibliography

中国古代正史、其他史书以及方志中的目录。指中国历代史学家为反映特定朝代的文化史而编制的综合性统计登记书目。东汉班固《汉书·艺文志》开创了在正史中编艺文志的先例。其后有《隋书·经籍志》、《旧唐书·经籍志》、《新唐书·艺文志》、《宋史·艺文志》、《明史·艺文志》以及《清史稿·艺文志》等。史志目录包括后代学者补撰的正史艺文志、地方志中的艺文志以及政书、类书等各种史籍中的书目部分。

（使人误解的）题名
misleading title

易引起误解、难以判断的题名。在编目中遇到这类标题或题名时，必须加注作简短说明，以便识别。

使用对象
Intended Audience

资源内容面向或适合的用户类型，可按年龄组（如儿童、青年和成年人）、教育程度（如小学、中学）、残疾类型或其他分类。属“资源描述与检索”（RDA）的内容描述元素之一。

使用日期
date of usage

指个人使用某一首选名的日期或日期范围。

使用寿命
usable life

指某一事物磨损到不能再使用而必须报废时的使用时间或使用次数。对于书籍来说，其使用寿命取决于其纸张质量、装订牢固程度以及所采取的保护措施。

使用统计
usage statistics

指对一个机构的所有用户访问和使用其订购的某个数据库平台的使用情况的数字统计。图书馆通常依据使用统计报告了解其用户对各个数据库的使用情况（例如登陆次数、检索次数和下载文章篇数等），并对所采访的电子资源的价值进行比较和评价。网络化电子资源使用统计标准（Counting Online Usage Network Electronic Resources，COUNTER），自 2002 年发布以来，是业界使用范围最广、认可度最高的使用统计标准，是由图书馆界、出版界和中间商共同发起的，其目的在于为在线信息服务商和用户提供可靠的、一致的、兼容的使用统计标准和方案。

使用限制
restrictions on use

对复制、出版、展览等使用上的限制，包括限制的性质与期限。

示教实物，直观教具
realia

指教师在课堂讲授时所需要的教学辅助用品，诸如标本和样品等物体。一般由学校图书馆购买或借用。

《世界版权公约》
***Universal Copyright Convention*（*UCC*）**

由联合国教科文组织（UNESO）于 1947 年主持准备，1952 年 9 月 6 日在日内瓦缔结，1955 年生效，1971 年 7 月 24 日修订。其宗旨是：缔约各国，出于保证在所有国家对文学、科学、艺术作品的版权给予保护的愿望，确信适用于世界各国并以世界公约确定下来的、补充而无损于现行各种国际制度的版权保护制度，将保证对个人权利的尊重，并鼓励文学、科学和艺术的发展。这种世界版权保护制度将会促进人类精神产品更加广泛的传播和增进国际了解。该条约共 21 条，其单本原件用英文、法文和西班牙文写成，三种文本具有同样的效力。中国于 1992 年 7 月 30 日递交加入该公约的官方文件，同年 10 月 30 日生效，1995 年加入该公约的政府间委员会。

《世界报》（德国）

（德）*Die Welt*

创办于 1946 年，是德国为数不多的全国性日报之一。以报道国内外政治、经济新闻为主，读者对象主要是德国中上层人士，因此该报对德国的政治和经济生活有着很大的影响力。该报归施普林格出版集团所有，为该集团的“旗舰”。总部设在波恩，同时在柏林、法兰克福和斯图加特等 11 个大城市设有国内分社，在英国、法国、美国和南非等 20 多个国家和地区派有驻外记者。

《世界报》（法国）

（法）*Le Monde*

法国最重要、最有影响的日报，创办于 1944 年 10 月。其前身《时报》（*Le Temp*）曾是第二次世界大战前最著名的上层报纸。但由于在慕尼黑会议期间扮演了不光彩的角色，所以法国光复后由法国著名记者贝尔·伯夫-梅里迅速将其改为现名。《世界报》在内容上侧重政治、外交报道，对国际重大事件反应灵敏，经常围绕当前重大国际问题作详尽的报道，并搜集各方面的反映，材料丰富。该报的政论扎实，较有分量。《世界报》以严肃性报道著称，版面严整、消息可靠，观点独立，内容充实多样，深受以中上层知识分子为主的读者欢迎。

世界出版物的收集利用

Universal Availability of Publications（UAP）

原国际图联核心活动之一。其概念于 1973 年提出，1978 年开始实施。目的在于使全世界的用户都可以最大限度地获得他们所需要的任何出版物。几十年来，其主要研究项目有：“国家馆际互借系统”、“国际出版物提供”“各国出版物共享和国家采访政策与系统比较研究”、“图书的商业性供应与资料永久保存的政策与规划研究”、“全文电子传递中的版权问题”、“计算机辅助培训中的版权保护”、“国际代价券系统”和“国际图联/联合国教科文组织数字化与保存调查”等。

S

《世界大百科事典》（日本）

***World Encyclopedia*/せかいだいひゃっかじてん**

由日本平凡社于 1955 年出版第一版，该事典第三版于 1972 年出版，由林达夫任总编辑，5 000 余名专家负责全部条目的撰写工作。共计 4 000 余万字，共 35 卷，正卷为 33 卷，其余 2 卷为补遗、地图以及索引。收条目 7 万个，以中、小条目为主，按日语五十音顺序排列。随条目释文有大量黑白插图，每卷另附有 50 幅彩图插页。全书装帧精美，版面活泼，印刷上乘。该事典之编辑特点是突出国际化，主张世界各国、各地区内容均衡，增加非洲和亚洲的知识材料，但对日本介绍仍过于偏重；强调形象化，采用较多的黑白图和彩图，印刷讲究，可谓图文并茂；注重索引，仅主题索引约有 30 万个，为正编条目的 4 倍多；重视修订，及时更新材料。从 1999 年起，平凡社不再出版印刷版，只提供数字多功能光盘（DVD）及网络版。

《世界大事年鉴》（英国）

The Annual Register*：*a Record of World Events

历史性年鉴的代表作。首卷始于 1758 年，由英国出版商罗伯特·多德斯莱（Robert Dodsley, 1703—1764）发起，作家和演说家埃德蒙德·伯克（Edmund Burke）建议和担任主编，于 1758 年出版。作为著名的史料性年鉴之一，现由 ProQuest 期刊部出版。该年鉴各卷内容大致分为三部分：英国在一年内大事记，内容涉及政治、经济、外交、商业贸易等方面；世界各地区和各国大事记，体例与英国略同；另有主要国际组织如联合国、欧共体的资料和关于宗教、科学、法律、艺术、体育及社会问题的概述。载有重要文件以及政治性的言论摘录，是该年鉴的特色。索引编制良好，查检方便，堪称为近现代史的宝贵记录。这部年鉴已有网络版，将 250 多年来的印刷卷本转换成为一个巨大的历史资料数据库，为查考和获取历史信息提供了便利。

《世界地名》（美国）

Place-names of the World

综合性地名词典。1974 年由英国大卫与查尔斯出版公司（David & Charles）首次出版，作者是澳大利亚地名学家艾德里安·鲁姆（Adrian Room）。全书共 216 页，列举世界地名 1 300 余个，偏重西方国家地名。条目均按字母顺序排列，释文简明扼要，方便用户快速检索。第二版于 1987 年由澳大利亚奥格斯与罗伯森公司（Augus & Robertson）出版，同时更名为《世界地名：起源与背景》（*Place-names of the World*：*a Dictionary of their Origins and Background*）。1997 年版由麦克法兰出版公司（McFarland Company）出版，书名改为《世界地名：有关 5 000 多个自然地理名称、国家、首都、领土、城市以及历史古迹等名称的起源和意义》（*Place Names of the World*：*Origins and Meanings of the Names for over 5,000 Natural Features*，*Countries*，*Capitals*，*Territories*，*Cities and Historic sites*）。

世界地图集
World Atlas

汇编世界各国及地区地图的参考工具书，内容丰富而完备，一般为彩印大开本，配有文字解释和统计数据，附录有地名索引。如美国时代图书出版社编辑的《世界时代地图集》(*The Times atlas of the world*)。网上世界地图集的网址是：http：//www.atlapedia.com，提供世界各国彩色地图，还有各国的基本地理信息。中国国家测绘局于1974年出版8开本的《世界地图集》，中国地图出版社曾先后出版4种版本的16开的《世界地图集》。

世界电视日
World Television Day

1996年，第51届联大通过第51/205号决议，宣布11月21日为世界电视日，纪念联合国在1996年的这一天召开第一次世界电视论坛，请所有会员国鼓励全球交换电视节目来纪念世界电视日，除其他外，这些节目应把重点放在例如和平、安全、经济和社会发展以及加强文化交流等问题上。

世界电视网（美国）
World Network（WN）

由美国新闻署主办、通过卫星向世界提供电视节目的机构。1984年11月，美国新闻署设立了对国外进行电视广播的“世界电视网”，首次把电视节目推向全球，其节目可传送到128个国家的190个城市。1985年4月开始每日向欧洲传送2小时的新闻和娱乐。后逐步办成了24小时全世界播出节目的电视网。该电视网通过卫星把节目传送给世界各地的无线电视台，各国电视观众通过当地电视网的转播收看美国节目。

世界发展指数数据库（网络版）
World Development Index，WDI Online

为世界银行系列数据库之一。该数据库包含550多种发展指数的统计数据、200多个国家和18个政府间组织的年度经济数据（1960—2001年）。内容涵盖社会、经济、财政、自然资源和环境等领域，是对全球经济发展各方面基本经济数据的汇总，各项统计数据便于检索和比较，可以Excel格式下载。

世界各地会议索引
Proceedings

这是OCLC为在世界各地举办的会议所编纂的索引。涵盖了自1993年以来所有来自于英国图书馆文献提供中心的发表过的研讨会、大会、博览会、研究讲习会和会议的资料，而且每条记录都包含一份在每次大会上所呈交的文件清单，从而提供了各次活动的一个概貌，共有19.2多万条记录，所包含的主题主要有会议记录、会议、讨论会、大会、展览和工作场所。

世界各国报纸全文库（美国）
Access World News

该数据库由美国NewsBank公司开发，提供6300余种世界各地最受欢迎和普遍阅读的报纸（含200余家主要通讯社与100余家主要电视台），地区涵盖亚洲、欧洲、非洲、北美洲、南美洲、大洋洲。该数据库内容全面，涉及政府、政治、国际关系、商业、财经、法律、环境、能源、科技、文化、人口、社会、教育、体育、艺术、健康以及所收录资源涵盖的各个领域，适合各专业广泛使用。主要可以解决图书馆和信息机构订阅纸本报纸存在的到货周期长，利用率不高，不利于收藏和价格昂贵等问题，并且完全可以实现对各家报纸的快速检索，在最大程度上满足读者对报纸的需要，提高读者对报纸的检索速度和准确性，极大地丰富图书馆外文报纸资源，填补在这方面的空白，同时节约大量的经费。

《世界各国图书馆馆藏发展精要》
Pithy Summary of Collection Development of Library in Countries in the World

《21世纪图书馆学丛书》（第三辑）之一，由高红、朱硕峰和张玮主编。该书指出建设一所图书馆，必然始终伴随着对馆藏发展政策的探讨和不断的修正，馆藏发展政策影响着一所图书馆的未来发展和走向。如何加强图书馆的馆藏发展资源建设，完善馆藏资源服务，使馆藏资源建设更趋于合理，成为中国图书馆界的决策者和建设者们时刻思考的命题。由海洋出版社于2010年出版。

世界华人出版社
World Chinese Press

由世界华人交流协会指导、经香港政府登记注册，致力中华文明，致力华人文化、华人业绩成果研究，并在国际社会颇具影响的综合性出版社。该出版社积极参与《世界名人录》、《世界人物辞海》、《世界优秀专家人才名典》和《世界华人专家名典》等大型国际交流系列书刊的编辑、出版、发行工作。

世界科技出版公司（新加坡）
World Scientific Publishing Co.

创立于1981年，总部设在新加坡。该公司是目前亚太地区规模最大的英文科技出版公司，并已跻身世界级出版公司之列，主要出版高科技书籍和刊物，内容涉及科学、技术及医学等各学科领域。所出版的许多图书，被国际知名教育机构采用为教材，如美国麻省理工学院、哈佛大学和普林斯顿大学。该公司最大的成功，是在1991年获得斯德哥尔摩诺贝尔基金会的专有出版权，用英文出版诺贝尔奖获得者的演讲报告集（1971—1990年），并向全世界发行。后来，又获得1901—1995年诺贝尔奖获得者的演讲报告集的英文出版权。1998年12月，推出了诺贝尔奖获得者的公众演讲集。世界科技出版公司还出版了许多世界知名科学家的专著。该出版公司和上海世纪出版股份有限公司合作创办双世出版公司于2010年12月在美国正式注册成立，按照国际编辑出版规范与标准出版英文书刊。

世界科学出版社电子期刊
WorldSciNet

新加坡世界科技出版公司电子期刊发行网站，目前提供107种全文电子期刊，涵盖数学、物理、化学、生物、医学、材料、环境、计算机、工程、经济以及社会科学等领域。

《世界年鉴》（美国）
The World Almanac and Book of Facts

历史悠久的综合性参考工具书。首卷于1868年由纽约世界年鉴（World Almanac）出版公司出版，以后逐年出版，除1876—1885年暂停外，已出版了2012年卷，并由肯·帕克（Ken Park）主编。该年鉴内容广泛，涉及许多学科和主题。简要介绍了世界各国历史、政治、经济概况，对发生重大事件的国家和地区做比较详细的叙述，并附有地图。有大量的地理知识，如气候、山脉、河流、古迹、地震和洪水等报道。此外对世界知名人士、名牌大学、诺贝尔奖获得者、奥运会以及其他体育竞赛也有大量知识性介绍。其内容由专家编写或由政府部门提供，资料可靠，内容更新较快，每一新版更新内容为10%～30%。由于内容庞杂，因此编制了各种索引以方便用户查找。在现代知识经济社会中，该年鉴能够给现代人提供各领域各学科中精确、可靠、权威的信息，普遍适用于一般读者及专业性研究人员，是最有价值的综合性参考工具之一。从1998年开始出版《世界年鉴》（*World Almanac*）数据库，每年更新一次，用户可直接通过网络查询。

世界期刊和图书交换中心（美国）
Universal Serials and Book Exchange（USBE）

位于华盛顿市中心的非营利刊物交换服务组织。该中心主要以提供过期期刊服务而闻名于世，拥有庞大的过期期刊库存。若拟购买其期刊，须经办理必要手续，以每期7美元的代价购买。因为缺期期刊之采购零星、繁琐而困难，该中心采取这种方式为世界各地图书馆带来很大的方便。与此同时，该中心还协助许多经费拮据的发展中国家和地区建立或补充期刊馆藏。

世界奇幻奖
World Fantasy Awards

首创于1975年，是奇幻文学的最高奖项。其奖杯是一尊已故著名超自然恐怖小说家H. P. 洛夫克拉伏特（H. P. Lovecraft）的半身像。该奖项由每年一度的世界奇幻大会组织评选，其评选方式与雨果、星云奖不同，结果并非投票产生，而是由大会指定的评委们裁决。该奖通常在每年10月底的世界奇幻大会上颁发，举办地点每年不同。奖项设置包括最佳长篇小说奖、最佳中篇小说奖、最佳短篇小说奖、最佳文集奖、最佳个人文集奖、最佳奇幻艺术家以及特别贡献奖（职业人士和非职业人士）。

世界书局
The World Book Co. Ltd.

1916年在上海福州路正式成立。后发展迅速，在全国各省均设有分局，并扩展出版品种，在外文翻译、传统文学和休闲读物等方面收获颇丰。该书局迁移台湾后，继续致力于文化建设工作，出版各类教科书、大专职校参考书以及各种文史艺术丛书。同时广泛收集珍贵史料，考证版本，系统整理传统典籍，出版中国学术名著、古典通俗小说等数千种，曾有连续三年多"间日出书一册"的记录。近年来，该书局开始大量引进大陆优质简体字书籍于门市销售，并积极开拓两岸文化交流工作及各类实质合作。

世界书目控制
Universal Bibliographical Control（UBC）

原国际图联核心项目或活动之一，曾负责制

S

定“国际标准书目著录”（ISBD），开发“通用机读目录格式”（UNIMARC），并出版《国际编目与书目控制》季刊。1973 年在布鲁塞尔第 39 届大会上，将“世界书目控制”作为国际图联的第一个核心计划得到与会者同意。这标志着世界书目控制的实践开始成为国际图书馆界的中心任务。1974 年，国际图联成立了世界书目控制国际办公室，设在英国不列颠图书馆参考部内，主要负责书目活动的协调，包括根据各方面的建议，修订并出版各种类型图书资料的国际标准书目著录（ISBDs），建立人名规范文档与统一标目，等等。1987 年，与国际图联的另一核心项目“国际机读目录”（International MARC，IM）合并成“世界书目控制与国际机读目录”（Universal Bibliographical Control and International MARC，UBCIM）。

世界书目控制与国际机读目录
Universal Bibliographic Control and International MARC（UBCIM）

原国际图联核心活动之一。该项活动由 1974 年设立的世界书目控制（UBC）与 1983 年设立的国际机读目录（IM）两项核心计划于 1987 年合并而成。这项工作的开展主要包括国家书目、在版编目、名称规范及统一标目、国际标准书目著录与机读记录等方面；1987 年以后逐渐将工作重点转移到机读记录标准与交换方面，1995 年以后开展了大量规范控制及通用机读目录方面的工作，对电子与网络环境的发展给予特别重视。

世界数字图书馆项目
World Digital Library（WDL）

美国国会图书馆于 2005 年 11 月 22 日设立一个世界数字图书馆项目，计划把各国馆藏的珍贵书籍、手稿、地图、邮票和海报等资料制成数字版，并放在因特网上共享。除了美国国会图书馆的书籍资料外，世界数字图书馆还计划收录欧洲、亚洲、非洲等国国立图书馆的珍贵藏品。国会图书馆馆长詹姆斯·比林顿（James H. Billington）希望世界数字图书馆能成为全球文化交流的桥梁，通过展示各国深邃而独特的文化，让人类相互靠得更近。世界数字图书馆是非商业化项目，承认全世界各种文化的丰富性、多样性以及各种文化为人类文明所做的贡献，旨在推动国际上不同文化之间的理解，为教育家提供资源，并以多语的形式免费提供给用户。

《世界图书百科全书》（美国）
World Book Encyclopedia

最初以《世界图书》（*World Book*）为书名于 1917 年出版，是美国最流行的面向青年或中学生的百科全书，内容与学校课程密切相关，着重收集历史、社会科学、传记和地理方面的内容。全书 1.75 万个条目，由 3 700 名专家、学者撰写，行文深浅依条目性质而定，多数条目分为多个层次，采用由浅入深的方式编写，尽量避免使用难懂的词汇。该书插图、照片丰富，有 2.9 万幅，占全书的三分之一，为所有百科全书之冠。全书以小条目为主，易于快速检索。重要条目末附有精选的书目，并依程度分组，有的还有复习题。第 22 卷的“索引和研究指南”（Index and Research Guide）提供了大量“阅读和学习指导”（Reading and Study Guide）作为主卷中书目的补充。该百科全书发行 CD-ROM 版和网络版。网络版包括 1922 年以来的《世界图书年鉴》（*World Book Year Book*）。

世界图书峰会
World Book Summit

2011 年 3 月 31 日，首次在斯洛文尼亚首都卢布尔雅那举行。来自世界数十个国家的图书出版界人士以及图书爱好者参加了此次峰会。峰会就图书出版业的发展以及所面临的新形势进行分析，主要讨论纸质书与电子书的关系、Google 在图书出版业中的角色、出版业及图书销售市场商业模式的转变及其对图书供应质量的影响、影响图书出版环境变化的国家政策、数字环境下的阅读、图书出版业中翻译及文化交换的重要性、图书对过去、现在及未来文明的影响、信息免费的合理性及不合理性等问题。卢布尔雅那从 2010 年 4 月 23 日起主办“世界图书之都”活动。此次峰会是斯洛文尼亚在轮值主办城市即将结束时举办的一项总结性活动。

《世界图书馆学教育进展》
Advances in Library Science Education in the World

潘燕桃、程焕文主编，由北京图书馆出版社于 2004 年出版。该书按国家（地区）分 8 章，介绍全球 5 大洲 50 个国家 249 所图书馆学教育机构的基本情况，同时又将事实和数据寓于教育理论和课程中，使教育实践与教育思想融为一体。

世界图书馆学专业教学资源
Educational Resources of Library and Information Science

世界图书馆学专业教学资源网站是中国第一个全面反映世界图书馆学教育机构基本情况的网站。该网站提供中国图书馆学教育最新研究成果、中国内地22所图书馆学教育机构、中国台湾省11所图书馆学教育机构和全球五大洲50个国家249所图书馆学教育机构的基本情况，可为各级教育教学领导部门提供决策依据，为各教学单位的教学改革、教学建设、教学管理等方面提供参考借鉴，为莘莘学子进一步了解国内外图书馆学教育提供多种渠道。该网站是“图书馆学专业课程体系创新”项目的重要成果之一，由中山大学图书馆学与资讯科学研究所创建、管理和维护。

世界图书馆与信息大会：国际图联大会
World Library and Information Congress: IFLA General Conference and Assembly

国际图书馆和信息机构旗舰级专业经验交流盛会，是全球图书馆和信息界专业发展的国际论坛。也是主办国展示自己本身图书馆和信息事业发展的状况。大会通常汇集了来自全球120多个国家和地区超过3 000名与会者。大会期间还举办拥有1 000多平方米面积场地、超过80个参展商展位的展览会以展示全球为图书馆和信息机构服务最新动向。国际图联已成功举办过78次大会。

《世界图书馆主页名录大全》(美国)
Libweb

由美国伯克利（Berkeley）数字图书馆网站维护的一种非常全面的世界性的图书馆主页名录大全，共有6 600多页，涉及115个国家和地区。

世界图书日
World Book Day

由联合国教科文组织发起的，号召全世界组织庆祝活动来宣传图书和阅读。该节日已经得到全世界100多个国家和地区的响应。设立该节日的灵感源自西班牙加泰罗尼亚地区的“圣乔治节”，加泰罗尼亚地区的居民有赠送玫瑰和图书给亲友的习俗。英国和爱尔兰将2011年的“世界图书日”安排在3月3日（只有这两个国家把这个节日设立在这一天），而世界上大多数国家把这个节日设在4月23日庆祝。世界图书日聚集了众多的出版商、书店等相关组织和团体，共同推广读书活动，提高个人素质，培养阅读兴趣。

世界图书与版权日
World Book and Copyright Day

最初的创意来自于国际出版商协会（International Publishers Association IPA）。国际出版商协会在巴塞罗那召开第25届全球大会上，会议提出了“世界图书日”的设想，并由西班牙政府将方案提交联合国教科文组织。后来，俄罗斯认为，“世界图书日”还应当增加版权的概念。于是，在1995年10月25日—11月16日召开的联合国教科文组织第28次大会上通过了28C/3.18号决议，正式确定每年4月23日为“世界图书与版权日”。其宗旨是让各国政府与公众更加重视图书这一传播知识、表达观念、交流信息的形式，尽管传播媒体日益发展，但是图书依然是积极教育与批判思考的基础。“世界图书与版权日”还强调，图书与版权在发展一种和平、理解、宽容和对话的文化中发挥着重要作用。

世界图书之都
World Book Capital

受世界图书与版权日启发，该项目于2000年启动。每年4月23日，联合国教科文组织与国际出版商联合会（IPA）、国际书商联合会（IBF）、国际图书馆协会及机构联合会（IFLA）都共同评选出一座城市作为本年度的“世界图书之都”，以扩大图书的影响以及传播人类文明。这项活动开幕于当年4月23日，结束于翌年4月23日。从2001年到2012年分别在西班牙的马德里、埃及的亚历山大、印度的新德里、比利时的安特卫普、加拿大的蒙特利尔、意大利的都灵、哥伦比亚的波哥大、荷兰的阿姆斯特丹、黎巴嫩的贝鲁特、斯洛文尼亚的卢布尔亚那、阿根廷的布宜诺斯艾利斯和亚美尼西埃里温举行。

世界图书之夜
World Book Night

该项活动是由总部设在苏格兰爱丁堡的一家出版公司总经理杰米·拜恩于2011年发起、英国出版商联盟和英国读书会联合举办。其核心活动是免费赠书，由志愿者在英国各地向公众免费发放，总数可达100万本。这些书也不是什么书都可以，而是要根据一份特制的书单，共25本。书单中的书目并非是获得最多奖、名气最大的文学作品，而是包括了从严肃文学到类型小说、从诗歌到传记的多种题材类型。举办该活动之目的是为了推广阅读。2012 年美国选定 4 月 23 日也举办该项活动，生活在儿童收容所、急难救助中心以及军营、监狱的人们，都收到了自己喜爱的书。

世界音像遗产日

World Day for Audiovisual Heritage

为了纪念 1980 年大会第 21 届会议通过的《关于保护与保存活动图像的建议书》，联合国教科文组织大会第 33 届会议通过了宣布 10 月 27 日为“世界音像遗产日”的 33C/53 号决议。“世界音像遗产日”旨在提高公众对音像制品的保护意识，提高音像遗产的文化地位，提醒公众重视濒危音像遗产，特别是发展中国家的这种遗产，吸引传媒对遗产问题的关注和提高公众对档案利用的重视。2009 年 10 月 27 日的“世界音像遗产日”，联合国教科文组织传播与信息计划办公室采用由菲律宾阿基里斯·科罗内尔（Achilleus Coronel）先生设计的图案作为“世界音像遗产日”的新标识。

世界银行在线图书馆

World Bank e-Library

为世界银行系列数据库之一。该数据库包括世界银行资助研究和出版的 4 500 多种图书、报告和各种文件，1 800 多种世界银行的出版物和 2 700 多种政策研究工作报告的全文。内容涉及非洲、东亚、东欧和中亚、拉丁美洲、中东、北非和南亚的农业、教育、环境、金融、全球化、管理、健康和人口、工业、基础设施、国际经济、劳务与就业、宏观经济与发展、贫困、私人部门管理、农村发展、社会发展、过渡经济和城市发展。收录起始年限为 1987 年，可在线阅读或下载，提供索引和全文检索。

世界知识产权日

World Intellectual Property Day

根据中国和阿尔及利亚在 1999 年的提议，世界知识产权组织在 2000 年召开的第 35 届成员大会上通过决议，从 2001 年起，将每年 4 月 26 日定为“世界知识产权日”，4 月 26 日是《建立世界知识产权组织公约》（《世界知识产权组织公约》）生效的世界知识产权日日期。设立世界知识产权日旨在全世界范围内树立尊重知识、崇尚科学和保护知识产权的意识，营造鼓励知识创新和保护知识产权的法律环境。

世界知识产权组织

World Intellectual Property Organization（WIPO）

致力于促进使用和保护人类智力作品的政府间国际组织。由“国际保护工业产权联盟”（巴黎联盟）和“国际保护文学艺术作品联盟”（伯尔尼联盟）于 1967 年 7 月 14 日在瑞典的斯德哥尔摩共同缔约建立，是联合国系统中的第 16 个专门机构之一，总部设在瑞士日内瓦，在美国纽约联合国大厦设有联络处。主要机构有：大会、协调委员会、国际局和仲裁中心（1993 年 10 月决定成立）。该组织的主要职能是负责通过国家之间的合作促进对全世界知识产权的保护，管理建立在多边条约基础上的关于专利、商标和版权方面的 23 个联盟的行政工作，并办理知识产权法律与行政事宜。该组织的很大一部分财力用于同发展中国家进行开发合作，促进发达国家向发展中国家转让技术，推动发展中国家的发明创造和文艺创作活动，以利于其科技文化和经济的发展。该组织的成员国已有 185 个，超过世界国家总数的 90%。中国于 1980 年 6 月 3 日加入世界知识产权组织。1996 年，世界知识产权组织与世界贸易组织（WTO）签订了合作协定，扩大了其在全球化贸易管理中的作用，并进一步证明了知识产权的重要性。自 2001 年起 每年的 4 月 26 日为“世界知识产权日”，这是由中国和阿尔及利亚提案经第 35 届成员国大会决定的。

《世界知识产权组织版权条约》

***WIPO Copyright Treaty*（*WCT*）**

于 1996 年 12 月 20 日由关于版权和邻接权若干问题外交会议在日内瓦通过。是国际上第一个保护作者、其他著作权人以及文化和信息企业在数字环境下创造、传播、交易和控制使用自身作品的条约。该条约针对版权在数字环境下遇到的亟待解决的问题，在版权保护的范围、计算机软件、数据库、发行权、出租权、向公众传播权、摄影作品的保护期限、版权的限制和例外、对技术措施和权利管理信息的义务等方面做了规定。

《世界知识产权组织表演和录音制品条约》

***WIPO Performances and Phonograms Treaty*（*WPPT*）**

于 1996 年 12 月 20 日由关于版权和邻接权若干问题外交会议在日内瓦通过。该条约的实施是国际邻接权法律保护历史上的一个里程碑。该条约共分五章 33 条，内容涉及与其他公约的关系、定义、依本条约受保护的受益人、国民待遇、表演者的权利、表演者的精神权利、表演者对其尚未录制的表演的经济权利、复制权、发行权、出租权、提供已录制表演的权利、录音制品制作者的权利、复制权、发行权、出租权、提供录音制品的权利、共同条款、因广播和向公众传播获得报酬的权利、限制与例外、保护期、关于技术措施的义务、关于权利管理信息的义务、手续、保留、适用的时限、关于权利行使的条款、行政条款和最后条款、大会、国际局、成为本条约缔约方的资格、本条约规定的权利和义务、本条约的签署、本条约的生效、成为本条约缔约方的生效日期、退约、本条约的语文和保存人。

世界知识产权组织图书馆

WIPO Library

设立在瑞士日内瓦。收藏所有有关知识产权法律方面的图书和手稿3.5万册（件），期刊300种。该馆开发一种一站式的检索工具（WIPO Lex）可以用来检索WIPO，WTO和UN成员的国家知识产权（IP）法律和条约。

《世界著名城市图书馆述略》

The World-Class Metropolis Libraries

该书介绍了世界15个著名城市的图书馆及所在城市发展的历史、特色馆藏、管理与服务特色以及未来发展愿景，并对城市发展与图书馆发展的互动作了一些分析。通过此书可以了解世界上最著名的一些城市图书馆的概貌。王世伟主编，由上海科学技术文献出版社于2006年5月出版。

世界追忆计划

Memory of the World Plan

由联合国教科文组织于1999年发起。该计划旨在保护文化遗产，抢救文献资源，尤其是要保护处于危险状态的资源，包括各种手稿、印刷品和音像资料等，通过高科技保障这些资源完好无损地保存下来，而且能方便被利用。该计划要达到四个目标：1. 用最适合的技术手段来保护世界文献遗产；2. 不加限制地帮助用户方便地利用文献遗产；3. 强化全球对遗产的存在与意义的认识；4. 大力推广该计划及成果。

世善堂

Shi Shan Tang

明万历间藏书家陈第的藏书堂名。喜好藏书，其中多善本。编有《世善堂书目》，在目录学、文献学、分类法、版本学等方面都有重要学术价值。其藏书至清乾隆初散佚。

世袭头衔

hereditary title

指与家族相关的贵族称号。

世新大学传播管理系

Department of Communication Management of Shih Hsih University

成立于1964年。该系是中国台湾第一个为整合传播与管理专业教育而成立的科系，其主要特色在于提供跨领域的课程，以培养学生整合传播与管理两种专业知识的能力。可授予资讯传播学学士学位、双学士学位和硕士学位。所开设硕士学位课程主要有：资讯管理专题、网络传播专题、电子计算机概论、资讯计量学、知识管理研究、数位图书馆专题、资讯检索研究、主题分析学和资讯系统评鉴等，所开设学士学位课程有：电子计算机概论、传播与社会、新闻学、参考资源、分类与编目、索引与摘要、馆藏发展、网站规划与设计、智慧财产权概论和资讯源概论等。为满足社会大众对终身学习需求，该系提供在职进修机会。

市立纽约大学皇后学院图书馆学与情报学研究生院（美国）

GSLIS of City University of New York Queens College

位于纽约州，成立于1937年，获得美国图书馆协会资格认证，可以授予图书馆学和学校图书馆媒体硕士学位。主要课程有：信息技术、信息源与服务、馆藏发展、资料组织问题、图书与印刷、图书馆员与因特网、档案与手稿、公共图书馆读者咨询服务与成人学习、非书资料、资源与服务、当代社会信息环境和视觉信息设计与评价等。

市立图书馆

municipal library

由市政府管理、拨款经营，为城市地区广大市民服务的公共图书馆。

市政参考图书馆

municipal reference libraries

为政府各部门服务的专门图书馆。其职能主要是根据政府各部门的工作需要，采集、存储、管理各种有关的文献资料，编纂有关的目录和参考资料，为政府工作人员提供咨询服务。在较高一级的

S

机关部门中，此类图书馆还负责信息的分析、综合处理工作，为领导部门的决策提供信息依据。

（事件发生的）环境，（文章的）上下文
context

广义上指事件、行为、言谈和工作等发生或进行时的形势、背景或环境。从文学意义上讲，指位于某一特定词语或段落的前后，对该词语或段落的确切意思有着重大影响的一些句子或段落。若脱离上下文，则易导致对原文的误解或歪曲。此外，在前后关联索引系统（context related index system）中，也采用上下文相关的原理，通过作为款目词的关键词的轮排，使用户得以从不同的关键词入手进行检索。与普通的关键词检索相比，更适合自动化文献检索。

事实检索
fact retrieval

又称事项检索。指对事实、数据或知识进行组织、存储和处理，并且针对用户的提问直接提供答案的过程和技术。事实检索是一个比较复杂的信息加工过程，只能依靠专家来完成，而且在较小的领域中实现。

事实检索系统
fact retrieval system

指能够提供事实检索服务的情报检索系统。

事实数据库
fact database

存储事实数据的数据库。事实数据不同于数值数据或文本数据，用简要的文字来概括无法用数值表示的定性数据，如生物资源数据，机构数据和人才资源数据等。

（饰有纹章的）装订
armorial binding

在西方某些国家，指一种以皮革为材料并饰以（盾形）纹章的装订方式，以表明书本拥有者的贵族血统。

试点，试验
pilot

在实施一项大规模的研究项目前，预先进行的一种小型实验性研究或测试，以便检验该项目的目标、假设、方案以及研究方法的可行性。

试订，试阅
trial subscription

在正式订阅一种或几种杂志之前，先试订一段时间，以判断其价值或是否适用。

试读样本，推荐样本
reading copy（binding copy）

指出版社为了促销某种图书，在该书正式出版之前有选择地免费提供给各类书商的赠阅本。试读样本的装订质量一般不高，但内容是完整的。试读样本有时也可能作为正式版本印数的一部分、按照正式版本的装订标准进行印刷发行。

试销
on approval

出于出版商或经销商的一种安排，让可能的买主，如图书馆在决定购买前试用新出版的图书。如果不打算购买的话必须在指定的时间内将那些图书还给书商。

试销新书
approvals

由出版商、批发商按其与图书馆事先所签订的协议自动送书上门的图书，而不是图书馆按照收藏计划购买的图书。试销新书在一定时间内没有返还则认为是被图书馆接受。

试行本
trial issue

一些图书或教材在正式出版发行之前所出的样本，用以提供给一部分读者阅读使用，以征集反馈意见。

试验
trial

在有限的时间内试用某人在某工作岗位是否合适，或者对一个新系统、新产品和新设施的质量或可行性的测试。如图书馆在购买数据库时，经销商通常提供一段免费试用时间，图书馆经过试用，才决定是否购买。

试验性提问
test question

在信息检索领域，试验性提问是测试信息系统检索效能的一种方法，在系统验收或正式使用前，进行一系列科学的符合统计学规律的测试，根据测试结果来评定该系统。

试印，打样
proof print

在对印样正式印制前，经印刷者、出版者和作者校对、改错并返回印刷厂的最终印版印制的纸样（通常未加标题和插图说明）。

《试用图书馆学教科书大全》（德国）
Complete Textbook of Library Science/*Komplette Lehrbuch der Bibliothekswissenschaft*

于1808年出版，由德国图书馆学家施莱廷格（*Martin W. Schrettinger*，1772—1851）著。在历史上第一次提出了“图书馆学”（*bibliothekswissenschaft*）这一概念，认为图书馆学是符合图书馆宗旨所必要的一切命题的总和。图书馆的作用是将所收集到的相当数量的图书加以整理，并根据求知者的各种要求将图书提供给他们利用。图书馆工作的核心是图书的配备和目录的编制。该大全提出的图书馆学体系是第一个以图书馆学教育为目标而建立起来的较为严谨的学科体系，是图书馆迈入科学殿堂的第一步。该大全还在西方图书馆学史上第一次全面地阐述了图书馆目录的编制原理。

视窗媒体播放器
Windows Media Player（WMP）

微软公司出品的一款播放器。通常在视窗操作系统中作为一个组件内置，也可以从网络免费下载使用。该软件在音频方面可以播放MP3、WMA、WAV等格式的文件，视频方面可以播放AVI、WMV、MPEG-1、MPEG-2和DVD等格式的文件。

S

视觉科学图书馆员协会（美国）
Association of Vision Science Librarians（AVSL）

在有关视觉科学的教育机构、眼科医疗中心以及私人公司工作的图书馆和信息专业人员的国际性协会，同时也是视力测定学院协会（Association of Colleges of Optometry）和医学图书馆协会（Medical Library Association）的组织成员。成立于1968年，拥有国际个人会员150多名。出版有关视觉科学图书馆的标准和指导方针，与视觉相关的系列丛书以及视听产品核心目录。

视觉中心
optical center

指的是版面设计或线条的视觉中心。在印刷中，指处于一个页面的数学意义上的中心点稍微上面的那个点，人眼会感觉它就是中心点。在版面设计时，排版人员用围绕视觉中心而不是数学中心来设计，令人眼误以为这就是页面的中心点。同样的原则也适用于计算机屏幕上的网页设计。

视觉资源协会核心
VRA Core

一种视觉文化作品与图片描述数据标准的可扩展标记语言（XML）规范。

视觉资源协会（美国）
Visual Resources Association（VRA）

1982年成立，拥有600多名会员。这个涉及多学科的组织致力于促进文化遗产和商业领域内图像管理的研究和教育，并通过出版物和开展教育活动实施计划。该协会通过与其他领域开展合作，为了解人类共有的文化活动提供重要的视觉信息。每年举行年会，并出版《视觉资源公报》（*VRA Bulletin*）（季刊）。

视觉字空，光学字距调节
optical spacing

排版时，为了让一行中的每个字母看起来间隔均匀而调整字母间距的技术，有时要求一些字母间隔要紧凑一些。

视频
Video

资源描述中指存储移动或静态图像、设计供播放设备如录像带播放机、DVD播放机等使用的媒体。包括存储数字编码和模拟图像的媒体。属“资源描述与检索”（RDA）定义的8种媒体类型（media type）之一。

视频博客
Video Blog（Vlog）

在传统意义的博客（blog）上增加了视频展示平台的技术，以视频短片为主要特色的个人博客，提供视频影片上传和在线浏览的平台，并以庞大的流量赢得广告而维持发展。

视频磁带记录器，磁带录像机
video tape recorder（VTR）

这种电子设备以VHS制式将标准电视接收机接收的图像和声音信号变成相应的电信号，然后由录像磁头将磁场的强弱变化记录在录像带上。放映时将磁带上录下的图像信号再现在显示终端上，同时由扬声器再现声音。也可以用于播放电影的预录录像。尽管是模拟式机器，但现在用适配器能够将电子数据存储在录像带上作为计算机备份。

视频格式

Video Format

用于编码资源的模拟视频内容的标准，例如：公开测试版本（Beta）、家用录像机录制和播放标准（VHS）。属“资源描述与检索”（RDA）载体描述之视频特征。

视频化社会

video society

信息社会的一种形象说法。以有线电视为基础，计算机网络与现代通信相结合，把整个城市用网络联结起来，每个家庭可以通过网络了解所需信息。

视频片断，录像片断

video clip

录像作品的一个小片断，用于电视，或者并入其他作品（如网页），通常是为了促销或者是让观众对整部作品有一个大概的印象。

视频特征

Video Characteristic

与资源的视频图像编码有关的技术指标，包括视频格式、广播标准，如分辨率（线数和帧频）和频宽等。属“资源描述与检索”（RDA）的载体描述元素之一。

视频图形阵列

video graphics array（VGA）

来自 IBM 的高分辨率视频标准。产生 640 像素 ×480 像素，提供彩色显示器 256 色或单色显示器 64 个明灰暗度。已被超级视频图形阵列 SVGA 取代，SVGA 分辨率可达 800 像素 ×600 像素。

视频信息传视系统

videotext

指各种基于计算机的交互系统，由电话网、双向有线电视网和计算机网络共同构成，文本、数值和图像数据可以根据需要以电子方式传递给用户。用户经常查询的是天气预报、体育比赛、旅游观光、文化教育、商业与消费、财经和娱乐等方面的信息。

视频邮件

video mail（V-mail）

指一种新型的因特网增值业务，是依靠万维网提供视频邮件，用直观的视频图像和真实的声音来代替文字。视频邮件（V-mail）通过合理地利用压缩视频和音频的技术，对简单邮件传输协议（SMTP）和邮局协议版本 3（POP3）等进行了扩充，使它们能满足视频邮件的网络传输，把视频和音频的压缩技术与现行的电子邮件系统相结合，使个人邮箱更具有个性化。

视听的

audiovisual（AV）

指声音与图像有机结合而成的载体形式，如伴随声音的动画或录像带，与录音磁带同时播出的幻灯片等。

视听教学法

audio-visual aids（AV aids）

利用幻灯、录音带、电影和录像带等视听资料辅助教学的方法，具有形象、生动的优点。

视听与多媒体资料专业组

Audiovisual and Multimedia Section

隶属国际图联专业委员会藏书部（Division of Library Collections）。其工作涉及有关声音、静态与动态图像、多媒体文献和服务，如儿童图书馆、语言中心和图书馆中的因特网（图像和声音传递），馆藏发展、编目、包括因特网在内的检索、保存等所有问题。出版该专业组的业务通讯（电子版），刊登有关视听与多媒体资料的新闻与会议动态和论文，出版会议录和年报，并出版《图书馆的视听与多媒体资料指南》（*Guidelines for Audiovisual and Multimedia Materials*）。

视听资料

audio visual materials（AV materials）

又称“声像资料”。利用声像技术直接记录声音、图像等，然后通过播放手段给人以听觉、视觉感受的文献。一般分为录音资料、录像资料和音像资料三种类型，包括录音带、唱片、幻灯片、电影片、电视片、录像带和光盘等。

视听资料中心

media center (learning resources center)

教育机构的设施，负责提供全面的媒体资源、设备和服务，工作人员辅导学生和教师利用它的资源，通常由一位媒体专家管理。媒体中心可以是一个独立的建筑、图书馆的一个独立管理单元或者是图书馆的一个有机组成部分。美国在20世纪60年代后期开始在一般学校图书馆或学习中心推广，师生均可利用。

视图

view

工程制图中，将物体按正投影法向投影面投射时所得到的投影图。有第一角画法和第三角画法之分。第一角画法中有主视图、俯视图、左视图、右视图、仰视图和后视图。常用两个或更多的视图完整表达一个物体的形状。视图有时也用于喜剧效果。也指在屏幕上显示数据库管理中作为一个查询结果的数据库信息。

视像室

viewing room

图书馆内配备电影、录像或数字视盘等放映设备的专门房间，供个人或团体使用。观看设备包括电影放映机和屏幕、盒式磁带录像机、数字视盘播放机、大屏幕电视机或者液晶显示放映机。视像室内的设备一般只限于注册读者使用。

(视障读者的) 图书馆服务

Library Services for the Blind

S

视障人是社会的弱势群体之一，为了满足他们对政治、经济和科学文化知识的渴求，必须对视障人利用的图书馆进行全方位无障碍改造。从进大门开始，到阅览室及卫生间，安装有语音提示器。馆内外出入口全部用坡道，视障读者可以沿着馆内外铺设的盲道方便地到达视障阅览室、卫生间和搭乘电梯。在残疾人专用卫生间内，有自动化的冲水、洗手和紧急呼叫设备。阅览室内各角落全部采用了圆角处理，避免给视障读者造成二次伤害。在视障人图书馆的建设中，采用国际高科技“盲文点字显示器”，视障读者利用语音系统浏览互联网信息、解决了盲文与明眼之间的互换，实现了读写及电子邮件的收发。轻型“盲文刻印机”可双面同时打印盲文，使写好的文章和网上下载的文件刻印出来。在图书文献的收藏与布局排架上做到科学合理、方便实用。首先阅览室应设在图书馆一楼，使残障读者进出非常方便；其次室内书架全部是特制的两层式，每组书架前都有触摸式的盲文导标，极大地方便了读者。

适当的复本

appropriate copy

图书馆被授权访问的数字信息资源，由于集成商或出版社的不同，可能存在多个格式不同而内容相同的复本，链接解析服务为读者集中提供链接到多个不同信息资源与服务的入口，允许用户以信息内容为入口追踪到图书馆内部或者外部的信息单元，解决一种信息的多个复本问题，使得读者可以选择最适合自己的资源复本。

适当引用

appropriate quotation

依照著作权法所规定的用途和对数量的限定，使用他人享有著作权的作品的行为。适当引用应注明被引用作品作者的姓名、作品的名称和出处。

适度标引

moderate indexing

对所标引的文献深度和范围作适当的控制，既充分又不过分，以便达到既有较高的检全率，又有较高的检准率。

释义学，诠释学

Hermeneutics

研究的是翻译艺术和科学，不同于实践中的解释和注释。这个词最初是用于解释圣经的，后来也应用于对非宗教作品的解释。19世纪，文学理论家发现了一个似非而可能是的论点，即要了解整部作品需要对作品的各个部分都有所了解，但是要了解作品部分内容的前提是必须对作品的整体有所认识。20世纪，人们发现翻译是根植于文化与历史中的，即一段文字的意思要从历史中来考察。hermeneutics还指对《圣经》的一般原则的研究。

释义，意译

paraphrase

一篇文章、一段文字或一本著作用另一种形式表达其意义的复述，通常是为了说明得更清楚、更充分。paraphrase源于希腊文“*para*”(外) 和“*phrasis*”(讲述)。

收藏品
collectable（collectible）

通常指历史悠久的或罕见的但是缺乏内在价值的任何物品。人们作为一项爱好或期望其价值能够攀升而对其进行收藏，如连环画册和留声机唱片等。

收费
charge

指向图书馆读者的收费，通常用于非常规的服务，如馆藏出租和用一些特定方法进行的文献传递。

收费服务
fee-based service

图书馆或信息代理机构所提供的一种信息服务，以货币报酬作为交换。在多数大学和公共图书馆中，收费服务限于文献传递和租赁收藏品，以收回成本为原则。

收费或免费
fee-or-free

关于图书馆提供的信息服务是否应该收费的讨论从来没有间断过，尤其是针对一些有成本的信息服务。在美国，大多数图书馆就文献传递、馆际互借服务等实行收费，因为出借方需要酌收服务费。而对于打印服务同样需要收费，复印以及其他服务在大多数图书馆也是需要付费的。

收费图书馆，会员图书馆
subscription library

17 世纪的伦敦书商设想的一类图书馆形式，图书馆用户通过付年费或者预订费可利用图书馆的文献和服务。也有人每周到馆义务服务数小时以换取阅读图书的权利。这种图书馆的所有权归所有会员集体所有，而不是归单个会员所有。美国第一所会员图书馆是富兰克林于 1731 年在费城创办的费城图书馆公司。1900 年以后，会员图书馆逐渐并入公共图书馆。

（收集有关图书馆的）邮票
bibliophilately

指对与图书馆有关的邮票进行收集和研究。

收件箱
inbox

在电子邮件应用程序中，系统设定的用于存放用户所收到的信息的邮件箱。在某些程序中，信件在阅读后将自动从收件箱中清除，而在另外一些程序中，信件将一直保留在信箱中，直至被删除或转移到其他地方。

收信回执
reception

指电子邮件服务器在收件人的终端机接收到邮件后发给寄件人的一种通知或自动反馈信号。

手册（便览，指南）
handbook（manual，enchiridion）

汇集经常需要查考的基本资料和数据的工具书，往往提供关于某一主题的实用信息，内容的系统组织便于快速检索；广义上指汇集某一方面经常需要查找的基本资料供读者手头随时翻检的工具书。如指南、便览、要览、宝鉴和大全等。其内容通常是简明扼要地概述某一专业或专题的基本知识及一些基本的公式、数据、规章和条例等，特别注重图表、数据，往往以图表为主，只附简要的文字说明，多以分类排列，类例分明，资料具体，叙述简练。手册大体可分为常识性的和专门性的两类，前者如《世界旅游知识手册》、《中老年保健手册》等，后者如《网络营销手册》、《英语姓名译名手册》，统计数据经常采用此种形式出版，如《国际经济统计手册》（*Handbook of International Economic Statistics*）。一些手册的出版也可形成系列，如《盖墨林无机化学手册》（*Gmelin Handbook of Inorganic Chemistry*）等。手册能为学习、工作、生活和生产提供一些简明而实用的知识，是读者经常使用的工具书。

手抄本（书籍手稿）
libri manuscripti

印刷术发明前的手稿本图书。印刷术尚未发明与普及之前，大部分书籍的流通方式都是靠手工传抄的，是根据底本（不论其为写本或刻本）手工抄写而成的副本。其中书法工整、内容舛误较少者，称为"精抄本"；有些不能确定其年月，而抄成年代较早的，则往往称"旧抄本"，习惯上多把中国清朝嘉庆以前的称作"旧抄本"，晚清的称"近抄本"，民国以来的称"新抄本"，或者把明代的称作"明抄"，清代的称作"清抄"。抄本多系辗转抄写而成，容易出错，所以一般以接近原稿的本子为贵。在西方，是指 15 世纪初期木刻版出现以前的手抄图书。手抄本也是族谱最早的传承方式。

S

手动式切书边机
plough

人工操作的切书边机器。过去多为单面切书边机，现多用三面切书边机。

手动印刷机
hand press

一种早期印刷机，涂墨、送纸、压印和收纸等过程全部都用手工操作。

手风琴式广告插页
accordion insert

指折叠成手风琴一样的广告页、传单或其他广告宣传材料，可以将其折压在期刊杂志里。

手风琴式折纸法
concertina（accordion fold）

指将纸折叠成手风琴样平行褶的方法。

手稿本
manuscript book

又称“抄本”、“写本”、“手抄本”和“手写本”。手抄的书本，与印本相对。在西方，通常指由中世纪的僧侣或抄写员抄写于羊皮纸或牛皮纸上，装在皮革封面的木板里的写本。在中国，大凡唐以前称“写本”，唐以后称“抄本”，唐代抄本习称“唐写本”。此外，还有元抄本、明抄本、清初抄本、近抄、新抄、旧抄本、内府抄本和传抄本等多种。抄本书在中国古籍中占有十分重要的地位，图书馆多列为珍藏。

S

手稿寄存
manuscript depositing

图书馆和信息机构寄存未发表的著作手稿并提供读者利用的服务形式。美国情报学会于 1937 年创立全国辅助出版物服务社，经营手稿寄存并收费提供所藏手稿的复印件。1962 年苏联的全苏科学技术情报研究所正式建立手稿寄存制度，从 1966 年起收存科学院各杂志未能发表的论文手稿。

手稿文献
holograph

由某人（或某些人）亲笔书写、属于某人（或某些人）的文献。手稿的重印本指以机械方式对这样一份文献的复制。

手稿学
Study of Manuscripts（Codicology）

通常和古文书学（Paleography）并称，特指对由浸水性书写工具书写在纸张或典籍上的古代文字笔迹进行研究的古文字学科。其研究对象是手写稿，不研究通过刻画等其他书写方式的历史文本资料，基本是在中世纪文书学产生的基础上发展的。除了研究典籍（特别是基督教经典）、名人手稿的文字书体、笔迹以外，还要研究纸张的年代鉴定。

手稿学会（美国）
The Manuscript Society

1948 年创立，原名为“美国手稿收藏家学会”（The National Society of Autograph Collectors）。该学会已经成为各国手稿收藏家联合组成的一个国际性组织。其宗旨是促进在学术研究、教学及编写历史资料方面更广泛地利用原始手稿资料，并交流信息，举办学术会议等。每年在美国某一城市举行一次会议，交流收藏、保存手稿的经验及有关知识。拥有 1 800 名学者、作家、经销商、私人收藏者、图书馆员、档案员和博物馆长成为其成员，成员组织还包括历史学会、博物馆、专业图书馆和收藏手稿的大学图书馆。出版季刊《手稿》(*Manuscripts*）和业务通讯《手稿学会新闻》(*The Newsletter Manuscripts Society News*）。

手稿，原稿
manuscript（MS）

狭义指一作者的著作在付印前的亲笔书写的底稿，通常包括打字的原稿，但不包括印刷技术发明以前的手抄图书。手稿一般保留有作者对其文章的增删、订正之处，有助于了解著作的形成过程。重要著作和历史人物的手稿有着巨大的历史文献价值。广义的手稿又称“手写文献”，指任何形式的手工书写或复写的文献，包括手写的原稿、日记、书信、账簿、公文、学位论文、乐谱、地图、讲稿、法律文件以及古代抄本等。在英美编目条例中，手稿按非书资料进行著录。manuscript 是拉丁短语 *codex manu scriptus* 的缩写。

手稿资料管理员
manuscript librarian

专门负责手稿资料收集、保管并提供服务的图书馆员。

手工编目

manual cataloguing

直接以手工方式进行描述款目的制作，用于编制卡片式目录或书本式检索工具的编目方式。

手工标识

manual tagging

计算机编目时，编目员用规定的符号标识著录项目和其他有关信息的过程。例如在 MARC 21 书目数据格式中，个人责任者名称说明记录在 100 字段，团体责任者名称说明记录在 110 字段，题名与责任说明记录在 245 字段等。标识后的目录信息输入计算机后，计算机就能按标识识别不同的著录项目和有关信息，从而按编目程序作相应的处理。通常把标识符号制成表格形式，由编目员根据具体情况填写。

手工订书

hand sewing

指由手工操作来完成订书心的工作。

手工检索工具

manual retrieval device

以手工操作方式来编排、组织或查找文献线索的工具。主要包括普通卡片式或书本式目录、索引和文摘等。

手工制版

manual plate making

用手工方式将文字、图画的原稿制成印刷底片或印版。

手工装订

hand-binding

不借助于机器，用手工装订图书的技术。中世纪的手稿和早期的印刷书籍都是用皮革包裹的木板手工装订而成。

手绘本

hand-made illustrations

以徒手绘画，在短时间内描绘物体的形状、体积、空间等，手绘需要很强的造型功底和审美能力。手绘本主要指以手绘图画来讲故事的儿童读物，以画为主，文字少而画面丰富，以画展示故事情节。手绘本作为儿童读物，已有上百年的历史。

手机图书馆

mobile library

移动通信技术的高速发展使移动信息服务成为 21 世纪的新潮流。手机图书馆将移动通信网络和数字图书馆系统结合起来，利用手机终端延伸、拓展传统的图书馆服务，随时随地进行信息传输与服务，是图书馆向数字化发展的新方向。2005 年，上海图书馆率先开通了全国首家“手机图书馆”，当时服务项目仅限讲座预订、问答咨询、文献请求和活动互动等，后来该馆又不断扩容手机图书馆的服务功能，新增了到期提醒（读者证到期和借书到期提醒）、续借申请、挂失申请、书到提醒、图书馆信息定制以及阅读等功能，特别是开全国公共图书馆之先，将桌面终端搬到了移动终端，在手机上查询图书馆书目，开辟了图书馆信息传递的新天地。2010 年，国家图书馆手机门户无线应用协议（WAP）网站正式改版上线。作为国家图书馆手机服务——“掌上国图”的重要组成部分，新改版上线的国家图书馆手机门户 WAP 网站极大地提升了国家图书馆手机服务水平。

手机阅读

mobile phone reading

又称移动阅读，基于移动通信网络平台，以手机或专用移动阅读器等为阅读内容承载终端的移动阅读行为。能够满足读者随时、随地、随身的阅读需求，具有随身性和移动性的特点，具备虚拟化、及时性、交互性、便携化、人性化等众多优点。目前最通俗普遍的手机阅读形式是手机报。

手简纸

letter paper

指私人之间往来的信函、书牍。包括笺、简、札、帖、书和函等。用于手简的纸称手简纸。

手提式计算机

handheld computer

便于随身携带的一种计算机，其重量和体积可以满足人们对日常事务处理的需要。

手写稿

handwriting

作者用手书方式写成还未刊印的著作底稿，是书籍的最初形态。

手写卡片
manuscript card

手工编目中以手工书写方式完成的目录卡片。

手写原稿
autograph

指全部由著者亲笔写成的书稿。

手形指示图标
fist (digit, hand)

印刷工使用的俚语，伸出食指，握紧手。用于让人注意打印页中的某个地方，并指出方向。

手压印模
hand stamp

一种手工烫印模具，用来在书籍封面上压印文字或图案。

手语
sign language

资源描述中针对无障碍内容，指资源中的对话在屏幕上显示的手语版本。

守护程序，驻留程序
daemon

指计算机系统辅助程序，一般出现在 UNIX 系统中。其中包括电子邮件程序，后台打印程序，路由器软件及定时启动其他程序的调度器等。在启动时初始化并在后方运行，必要时执行特殊任务。例如，定时启动调度程序运行其他处理程序，核查传递来的地址不详的电子邮件信息或通知发送者信息无法传递。daemon 源自希腊文单词“守护精灵”。

首次出版
first publication

指将作品的复制品第一次向公众出版发行的行为。首次出版，在国际著作权保护中有其重要意义，不论作者国籍如何，只要其作品首次在公约的某个缔约国出版，则所有的缔约国都须对该作品的作者提供与本国国民相同的著作权保护。

首次发表
first publication

作者或其他著作权人以任何一种使用作品的方式，第一次将其作品公之于众的行为。

首次发行版
first published edition

向内部读者发行后再向一般大众销售的版本（指过去没有公开发行过的刊物），比如，一部影片被某些观众观赏之后再向普通观众开放放映。

首都博物馆
Capital Museum of China

1953 开始筹备，1981 年正式对外开放，原馆址设在全国重点保护单位——北京孔庙。该馆新馆于 2005 年 12 月开始试运行，2006 年 5 月 18 日正式开馆。其藏品主要有：青铜器、玉器、陶瓦器、金银器、佛造像、书法、绘画、织绣和文玩。

首都经济贸易大学图书馆
Library of Capital University of Economics Business

由原北京经济学院图书馆（1958 年建）和北京财贸学院图书馆（1978 年建）2003 年正式合并的，拥有三个馆舍，校本部图书馆主楼、阅览楼和东馆。校本部图书馆坐落于校园中心，馆舍建于 1999 年，总建筑面积 13 113 平方米；阅览楼位于校本部 5 号教学楼东部，2006 年建成，阅览面积为 5 000 平方米；东馆馆舍 1988 年落成，实际使用 5 000 平方米；共有阅览座位 3 000 余个。馆藏资源与学校教学和科研紧密配合，数量、种类也日益丰富，其中包括：印刷型资源，中文普通图书 150 万册，外文图书 6 万册，古籍 5 万册；中文报刊 2 400 种；外文报刊 200 余种；电子资源，引进各类数据库 40 多个，其中国外数据库 15 个，包括电子图书近 15 万种，电子报纸 300 余种，中外电子期刊近 2 万余种，中外文博硕士论文约 2 万篇，多媒体资源存储容量 3 T。

首都师范大学图书馆
Capital Normal University Library

首都师范大学图书馆于 1954 年建立。设立学科分馆重点收藏有专业特色的文献，服务对象以研究生和教师为主，可提供学科性、深层次和个性化的服务，如文献借阅、学科参考咨询等。该馆拥有馆藏文献 300 余万册，每年新增纸本文献 7 万余册。图书馆的馆藏建设与学校的学科设置、教学和科研方向紧密联系，文献收藏以本校重点学科（教育学、基础教育理论、心理学及文史等）所涉及的基础理论文献、教学参考文献、科学研究参考文献以及有关工具书为重点。成为具有相当规模的、综合性的市属重点师范大学图书馆。编辑出版《图书馆通讯》。

首都图书馆
Capital Library

北京市属综合性公共图书馆。其前身是1913年鲁迅先生亲自参与筹建的京师通俗图书馆。一期馆舍建筑面积3.7万平方米，阅览座位1 755席。二期馆舍面积近10万平方米。阅览座位4 000余席。馆藏文献600万册，其中尤以古籍善本、地方文献、近代书报、音像资料最富特色。形成了独立、完整的采访与专藏体系。自建数据库有：馆藏文献检索、古籍插图库、视听资料子目数据库、明清北京城垣资源库、北京地方文献报刊索引数据库、中国共产党北京党史资源库、奥林匹克运动会与艺术多媒体资源库和中国人民解放军将帅多媒体资源库等，“北京记忆”大型数字图书馆项目是该馆开发研制的高定位、高质量、高水准的大型历史文献多媒体数据库及网站。每年接待读者300余万人次；外借书刊200余万册次；组织文化活动400余场，参与读者近10万人次。

首都医科大学图书馆
Capital Medical University Library

始建于1960年，藏书以生物、医药卫生类为主。校本部图书馆馆舍面积1.47万平方米，阅览座位2 020席。该馆下设采访编目部、信息咨询部、医学文献检索课教研室、流通阅览部以及系统部和办公室。编辑出版《首医图书馆》。

首尔国际书展（韩国）
Seoul International Book Fair（SIBF）

曾经是韩国国内的图书展览（Seoul Book Fair)，1995年开始试办国际书展，1996年正式更为现名。该书展每年五六月份举办一次。一般有来自世界约20个国家和地区的1 000多家出版单位参展，所展出图书、期刊和电子出版物等上万个品种。该书展具有认识亚洲图书市场实践经验、提供开拓亚洲市场的无限商机、提供优质服务、便利设施和在参展商与参观者之间建立较好的合作环境的特点。书展期间，还举办特色展区、交流会议、研讨会、报告会和各种贸易等活动。

首冠词
initial article

位于题名或团体名称前的第一个词，通常为a，an，the或其他语言中的对应词，这些冠词一般不作为检索入口词。在MARC21书目数据格式中，某些字段第二指示符的值表示，当字段中题名或名称排序时，有多少字符可在检索时忽略。

首席安全官
Chief Security Officer（CSO）

负责整个机构的安全运行状态，既包括物理安全又包括数字信息安全。负责监控、协调公司内部的安全工作，包括信息技术、人力资源、通信、合规性、设备管理以及其他组织，还要负责制订安全措施和安全标准。需要经常举办或参加相关领域的活动，如参与跟业务连续性、损失预防、诈骗预防和保护隐私等相关议题的活动。

首席问题官
Chief Solving Officer（CSO）

是负责挖掘问题、协调缓解问题和解决问题的高级管理人员。其职责是挖掘企业管理中的问题，分析问题的性质和可能造成的影响，搞清问题的轻重缓急，制定解决问题的方案，提请总裁或董事会决策实施。

首席信息安全官
Chief Information security Officer（CISO）

在一个组织内的高层行政负责建立和维护的企业愿景、战略和计划，以确保信息资产得到充分的保护的官员。其职责是指导员工在识别、开发、实施和维护整个组织的流程等方面，提高其掌握信息和信息技术水平，制定相应的标准和控制，并直接建立和实施政策和程序。

首席信息官
Chief Information Officer（CIO）

可以用信息技术提升企业竞争的重要角色，对促进企业信息化具有不可低估的作用，是企业高级决策层成员，具体负责一个公司信息技术和系统所有领域的高级官员。世界各著名公司通常都设有这样的职位。国家机关也要求设立一名全面负责本机关的政务公开工作，专门负责发布老百姓想知道的政务信息的公务员。

首席知识官
Chief Knowledge Officer（CKO）

指在一个单位内部专门负责知识管理的行政官员。

首行索引

first-line index

在诗、歌曲和赞美诗中以第一行按字母顺序列出的索引。首行索引通常放在图书馆的参考部。

首选名称

preferred name

根据规则或标准选择的一个实体名称或名称形式，作为建立该实体规范检索点（authorized access point）的基础。这些实体包括个人、家族、团体、地点和作品题名等。

首选引文样式

preferred citation

创作者、出版者、保管者以及文摘索引机构等首选的资源引文样式。

首要专业期刊

primary journal

指专门发表、叙述其所属领域或学科里具有独创性研究结果的学术期刊。

首字母

initial letter

章节或段落的第一个单词开始时的大写字母。在中世纪的手稿中，首字母通常是花式字母或被加以彩饰。

首字母缩写词

acronym

由短语或复合术语中各主要词的首字母缩写而成的新词。例如：IFLA（International Federation of Library Associations and Institutions）代表国际图书馆协会联合会，NLC（National Library of China）代表中国国家图书馆。

受保护字段（域）

protected field

指用户不能对其做修改的数据库记录中的字段或电子表格中的域。

受控词汇标引

controlled vocabulary indexing

采用规范化的检索语言描述文献主题的一种标引方法。一般选用词表中的主题词，拒绝使用自用词做标引词。

授权读者

authorized user

指经过图书馆许可、授权拥有访问或使用图书馆所购买的数字资源的合法使用者。

授权号

Authorization Number

由 OCLC 分配给每个用户的一个号码，用于授权其使用 OCLC 的各项服务。授权号通常连同密码一同使用。

授权，特许

authorization

计算机专业术语，指给予某一用户特定的用户名、密码和个人识别码等使其能够访问指定的电子资源、应用程序、网络以及计算机系统等。用户必须提交正确的信息才准予登录。授权码（authorization code）通常是定期更新的。一个单独的身份认证可以有多个授权。

售书目录

trade list

出版社提供给客户主要是图书经销商的图书目录。

售完，脱销

out of stock（OS）

出版商发票上的用语，表示所订购的图书已无存货，所以在收到订单时就无法供货。out of stock 也可缩写为：O. S. 。

瘦客户机

thin client

使用专业嵌入式处理器、小型本地闪存、精简版操作系统的基于个人电脑工业标准设计的小型行业专用商用个人电脑。配置包含专业的低功耗、高运算功能的嵌入式处理器，不可移除地用于存储操作系统的本地闪存以及本地系统内存、网络适配器、显卡和其他外设的标配输入/输出选件。瘦客户机可以提供比普通个人电脑更加安全可靠的使用环境以及更低的功耗，更高的安全性。在图书馆广泛用作联机公共目录查询系统查询机、自动化系统终端机等。

书板
tablet

以雕版印刷术印书的底板。也作“书版”。

书报摊（亭）
bookstall

指露天的书报零售小店，通常设在机场、火车站、地铁、展览馆、大商场和居民住宅区内或街道马路旁。在法国，几个世纪以来，码头区书报摊（亭）已成为法国巴黎文化的一个重要组成部分。

书背，书脊
back

指将一本书的各页缝合或粘合起来形成的部分。也指印有题名和作者名折页的装订部分。大多书脊在装订的扒圆过程中会做成凸形曲线，因为有弹性的或中空的书脊可以使一卷厚书平整地打开。

书背折页
back fold

图书在整个印刷过程中，须将折页（印刷好的依页码顺序折成的书页）进行装订和裁切，同时在加工粘贴书背时，在距书背 5 毫米处要轧出折痕，以便翻阅。

（书本）发霉
mildew

微生物的孢子在温度低、气候干燥的条件下处于睡眠状态，但被温暖、潮湿的空气所激活会蚀食图书和其他印刷品。霉菌会产生一种对纸张和装订有害的酸和一种特有的能阻止图书馆中保持良好的空气循环、在相对的低湿度下产生发霉的气味。一旦开始出现霉菌，要根除是困难的，所以图书馆要采取一些有效的防范措施，以免造成藏书的损坏。

书本式活页目录
sheaf catalog

介于卡片式目录与书本式目录之间的一种目录形式，即把记载有各种款目的纸页按照一定顺序装入活页夹而形成的目录。

书本式检索工具
book retrieval device

又称簿册式检索工具。按载体形式划分的印刷型检索工具之一，是指印刷在纸张上、装订成册的目录、索引、文摘和手册等。

书本式目录
book catalog

将图书的各种特征按照一定的规则和格式记录在空白书册上而形成的不管是手写、印刷还是计算机生成的合订本或活页式目录。其优点是便于查阅、复制和携带，缺点是及时性、完整性差，不易补充和删除。书本式目录历史悠久，中国古代的各种藏书目录大都是书本式目录。国外现存最早的图书馆书本式目录是由德国的柏克于 1885 年在波恩编辑出版的。20 世纪后半叶以前，世界各国的图书馆目录均以书本式目录为主。随着机读目录在图书馆的出现，图书馆的管理人员可根据需要既可打印出卡片款目用于组织卡片式目录，也可迅速打印出书本式目录，其目录内容可及时更新或删减，从而克服了印刷型书本式目录的不足。

书边喷色
sprinkled

将图书的边缘用砂纸磨光并喷上不规则的彩色斑点作为装饰的一种技术，主要用于大型辞典和昂贵工具书的装订。

书边切齐
trimming

装订时，用裁纸机裁切，将书的页眉、页脚限制在大约 1/8 英寸的宽度。

书边装饰
edge decoration

书籍装帧中采用的一种装饰方式。主要有烫金、绘画、着色和制成大理石花纹等。方角书一般只在天头一面涂色，也可在三面着色。圆角书则三面同时着色。书边装饰的作用一是美观，二是耐脏。颜色的选择需与封面的色彩、书芯的纸张色调相互协调，形成和谐一致的美感。

书标，标记
label

写（印）有信息的小纸签。粘附在图书的表面，通常用于标识或类分文献。图书馆在技术性加工过程中广泛运用书标。书标可以从图书供应商那里预订，可按各种颜色、形状和尺寸要求制作，可以是空白的，也可以是预印好的，书标背面可以带胶，亦可以不带胶。有专门的机器进行生产，藏书用的书标纸必须是无酸纸。广义上是指附属于物体的用于标识或描述事物及其组成成分等基本信息的标签。又指标识符，可以指一个物理实体，如用以标识磁盘或其他计算机设备的不干胶标签，也可以表示添加在软盘或硬盘上的电子标签，还可以是单词、符号或字符，用以标识文件、存储介质、计算机程序中定义的基本单元或电子表格、图表等文档中的特定项。

书车
book truck

由金属或木制轮子和2~3层书架构成的车子，服务人员或图书馆工作人员用来将图书及其他资料从图书馆的一个区域运送到另一个区域。

书虫
bookworm

指会损坏图书和其他印刷型资料的蠹虫或甲虫的幼虫，这种虫将书页或其他印刷资料蛀成小孔，就形成了虫蛀的现象。

书橱，书箱
bookcase

可用来存放图书、期刊、盒式录像带或其他资料的设备。图书馆的书橱通常是用木材或金属制作的，里面的书格是固定或可调节的。书橱通常放在参考室、工具书室和阅览室等处，用于存放一些贵重的图书、精美画册以及大型工具书。有时，图书采访部门也用来放置未加工或准备加工的新到馆的图书和期刊。

书次号，书号
book number

分类索引号的组成部分，为使同类图书中的某件专藏个别化而编制的号码，并用其来规定同一类中不同图书的排列次序。书次号是馆藏文献检索的一条重要途径，在取号的方法上有著者号、种次号和年代号等几种，通常著者号是根据已编好或自编的著者号码表按图书编著者来取号，以区别按著者名排列的同类图书，和以按题名或版本排列相同著者的书。种次号是按同一类中的不同图书按分编的先后次序所编的顺序号；出版年代号一般取出版年末尾的两位数，再加月份的数字，构成四位数字号码。

书呆子
bookworm

指不懂得联系实际，只知道读书的人。

书袋卡
book card

一种硬卡片材料，标准尺寸为3英寸（7.6厘米）宽、5英寸（12.7厘米）高，在空白卡片的上方印有索书号、著者姓名和题名，印在下面的线条栏可记录借还日期、借书证号或读者的姓名；平时放在书袋内，图书借出时，抽出并按一定规则排列备查，还书时重新插回书袋。书袋卡又称“书卡”，主要是在手工操作的流通系统中用来作为每本图书流通记录的原始凭证。有的图书馆则用彩色码的书袋卡来表明图书资料的类型或相应的借阅规则。

书袋卡出纳法
pocket card charging

指利用书袋卡登记图书流通状况的方法。每张卡片上有文献题名、索取号、登录号、价格和借书记录（读者姓名、借书证号和借还日期）等项。借书时，将此卡片抽出进行填写，并由工作人员按一定规则进行排列。还书时进行登记后仍插回原图书的书袋里。书袋卡曾是进行流通统计和借阅研究的重要依据，随着图书馆自动化系统的应用而被逐渐淘汰。

书袋，书卡袋
book pocket

用于存放书卡的小口袋，附在图书馆的藏书上。书袋可以是不干胶的或背面自贴的。书袋可贴在图书封面或封底的里侧或一些非书资料的其他地方。书袋的正面和所装的书袋卡上方都印有索书号、著者姓名和资料名。

书的各个部分
parts of a book

出版社出版的图书各部分内容一般依次为半题名、丛编题名或卷首插图、题名页、（版权页上的）版本说明和版权通告、献辞、题词、目录、插图、表格、前言或序言、致谢、其他文前事项（论丛作者或捐赠人列表、缩写词表、年表和译注等）、引言、勘误表、简题名、正文、附录、注释、词汇、书目、索引、书尾题署和在版编目（有时在题名页的反面）等。前言和致谢可以刊印在目录前面，论丛作者或捐赠人列表有时不出现在正文前面而放在正文后。

（书的）状况
condition

书籍或其他类型文献在某一特定的时间点上的物理状态。在很多国家的古董书和二手书的交易中，常以特定的编码来说明书的状况。该编码由两部分组成，以斜线隔开，第一部分表示书本身的状况，第二部分表示该书护封的状况。若斜线后标有连字号或破折号，则表明该书没有护封。古董书商常将书况分成以下几类：簇新，指书与护封与出版时一样新且无任何瑕疵；极佳，指几乎全新，但纸质稍差，护封微瑕；很好，指装订和纸张无破损，但显旧且有瑕疵；好，指所有书页均齐全，但明显旧且有较大瑕疵；中等，指书较破旧且有较大瑕疵，但所有书页均齐全，有时或许缺少衬页或标题页不完整，且装订和护封也显破旧；差，指正文虽完整，但遗失了其他较重要的部分，且非常破旧，只能当读本出售。

（书、电影等的）结尾
（法）*finis*

法文词，一般印在一些法文古书的末尾，或者出现在早期电影的结束时，意思是“剧终”或“结束”。

书店
bookstore（bookshop）

用于零售精装本或平装本图书的封闭式商店。有的书店专门销售旧书、善本书和少儿图书或专门学科及特殊类型（科幻小说、连环画等）的图书。大型商业书店还销售杂志和报纸、地图、日历、贺卡、盒式录像带、数字激光视盘、盒式录音带、光盘、光盘只读存储器和其他阅读用品等。在大多数大城市里还有库存相同的连锁书店。大学书店主要销售教科书和学生用书。

《书店的灯光》
The Yellow-Lighted Bookshop

该书作者不仅描绘了书店的氛围，回忆起自己阅读的启蒙，准确的将人与书店的关系比喻成“在人群中独处”。而且大半生与书和书店为伍的作者，还简单叙说了书与书店的历史，细数他所喜欢的位于世界各地的书店，还有许多跟书有关的动人故事。刘易斯·布兹比（Lewis Buzbee）著、陈体仁翻译，由上海三联书店于 2008 年 10 月出版。

书店模式
bookstore model

一种建立在成功连锁书店模式基础上的公共图书馆理念，将读者视为服务的顾客，营造友好、具有吸引力的图书馆氛围。书店模式运作的图书馆，通过有目的的宣传和营销活动，建立图书馆与读者间的服务交换关系，满足社会独特需求。

书蠹
book scorpion

一种很小的（1/8 ~ 1/4 英寸）无螯蜘蛛纲动物（有钳爪的蟹状动物），也会被误认为是蝎子，它食用极小的昆虫如书虱，也蚕食损坏图书。

书耳
book's ear

又称耳子。在版框左栏外上方，有时刻出一个小方格，里面题写篇名，叫做书耳或耳格。主要见于宋代蝴蝶装版面上。其版心折叠向内，所以加刻书耳，以方便翻检图书内容。

书法
calligraphy

一种高雅书写字体的艺术。此词也曾经指书写的字、词和数页文字甚至是完整的符合高水平书法审美要求的文献。在远东的文化中，书法是用毛笔直立书写的。在西方和伊斯兰文化中，书法是用苇杆、翎毛或者钢笔以一定的角度书写。技艺高的书写者，叫书法家。

书法家
calligrapher（calligraphist）

一般以东方文字为基础，对文字进行艺术上的加工，并形成独特美感的人。即以书法为主要创作的艺术家。

书法，刻写
lettering

写字的动作，或指用字母、数字和特别字符来表述的行为，尤指手写、绘写或书法。在装帧过程中，一般指在书脊上刻写的题名。

书封广告
jacket blurb

在书籍的封面上或放置图书的硬质纸盒上印刷刊登广告，尤其是新书广告。

（书封内的）皮裱衬
doublure（ornamental endpaper）

丝、缎、羔皮或其他优质材料制成的衬料，裱于一本书的内封面上，尤其是皮面装订的豪华版图书。在古书中，皮封面的内裱衬多制作精良。

书封皮
binding

一卷书的外部封皮。以软封皮的形式出版的图书称为纸皮书，用布或耐用材料做成的硬纸板为封面的书籍则称为硬皮书。手稿资料和初期刊本，一般用皮革作封皮。现在皮革封皮主要用于手工装订，可以紧密也可以松散。binding 可缩写为：bdg。

书格高度
shelf height

书架两格之间的垂直高度。高度可调的书架可通过调节书架两格之间的垂直距离，以容纳不同高度的书籍。平均书格高度是决定书架容量的因素之一。

书根
root of the book

也称地脚。指线装书靠近装订线、一边印有题名和卷次的区域。由于线装书一般都是平放的，书根可起到方便查找的作用。

书柜
range

一种木制或金属制的图书馆专用设备。其内部纵向装有抽屉，并设开关门或移动门，供存放印刷版著作或印本文献之用。

书盒，书型资料盒
solander

形似书本的一个盒子，可以直立，用于盛装图书、小册子、地图和纸张等。18 世纪瑞典植物学家丹尼尔·苏蓝特（*Daniel C. Solander*）先生发明了这种书盒，样品现存于英国国家博物馆。

（书）护套
jacket

指新书在正式封皮外所加的装饰套纸；还指缩微胶片套，即一种平面透明而富有弹性的胶套，上面是薄层面，下面为护套面，中间有多个夹层，供插入多个拍摄胶片之用。

（书画上的）题词
inscription

为了纪念或勉励而在书或画册扉页上写的话或句子。

书籍爱好者
bibliophile（booklover，bibliophilist）

喜爱和珍藏图书，尤其是指欣赏装帧精美的书本或珍本书的人。他们往往具备较多的知识，能够通过书籍的外部形态特征来鉴定版本。

书籍被咬蚀
gnawed

指书籍被动物啃咬的页角或页边。在图书馆里，这样的书籍往往要考虑淘汰；在旧书市场上，这样的书籍则大为贬值。

书籍的分册，分卷
fascicle（fascicule）

为了出版或印刷方便，有时将一本图书或其他类型的出版物分成连续的几个部分发行，每一部分对于整本图书而言都是不完整的，而且各部分之间并不一定在形式上的完全一致。通常以精装发行时，分册（卷）最后以正确的顺序装订在一起，并最终形成完整的卷册或统一的一套卷册，例如：由密歇根州大学出版社发行的《中古英语词典》（*Middle English Dictionary*），属于不同的部分，但装订在一起。fascicle 的缩写形式为：fasc。

《书籍的历史》
History of Books

该书描述了从刻写在石头和泥板上的人类最早的书籍，到后来出现的纸莎草卷、羊皮纸等书写载体。书籍的发展经历了一个漫长的过程。铅字印刷术的发明成为书籍历史上一个重要的转折点：人类自此摆脱了繁琐复杂的手抄本时代，进入快速发展的书籍出版和印刷时代，一个新的行业就此诞生。与此同时，对书籍出版的审查制度也随之确立起来。随着社会经济的飞速发展，受教育人数的不断增长，书籍很快进入消费品时代。在现代电子技术的冲击下，传统的图书出版和阅读方式正面临着来自各方的挑战和考验。吴简易著，由希望出版社于 2008 年 9 月出版。

（书籍的）前切口
fore-edge

在装订出版物中，书页向外展开的一边（与装订部位相反的一边）。早期装订的书以此边面朝外陈列在书架上，因此得名。

（书籍护封的）耳页
flap

一本精装的图书，其护封要用二分之一封面大小的纸张做成。这种图书护封折在封面内的部分叫耳页。价目表和出版商的宣传广告通常被放在前耳页，作者和图解者的简短介绍，还伴有一小幅肖像照片，登在后耳页上。

（书籍、手稿等的）编张数号
foliation

早期标记纸张页数的方法，使用这种方法时，对手稿，或者是早期印刷的多页书稿用连续数字进行标记，而不是对单页标记，并且只在正面标记，通常是在“Folio”或其缩写（F.，f.，fo. 或 fol.）之后加罗马数字。使用阿拉伯数字的编张数号是在15 世纪末期引入意大利的。而使用阿拉伯数字标记页数则是在用罗马数字大约一百年之后开始的，但直到 18 世纪才开始普及流行。

书籍装订术
art of bookbinding

从印张加工成册工艺的总称。按照装订方法和形式的不同，分为平装、精装和线装三类。平装书刊一般用纸封面，精装书刊多用硬质纸板作书壳，并经装饰加工后做成封面。线装是中国传统的书籍装订形式，在古籍的整理出版中，除采用平、精装形式外，也有部分沿用线装。

书籍装饰；图书装帧
book decoration

指图书的装潢设计包括封面、版面、插图和装订等形式。

书脊
spine

又称封脊、书背。书页装订缝合之处的外侧连接封面和封底的部分，用于遮盖和保护缝合处，当书本放在书架上时书脊部分清楚可见。书脊上一般有书脊题名或缩写题名、作者姓名等。在图书馆藏书的书脊下部常贴有标签，标明其位置和索书号，以便检索和重新上架。书脊厚度一般为 3 ~4 毫米，精装厚本书的书脊，还有一些艺术装饰，如花边饰。

书脊标签
spine label

在处理图书时使用的打印或手写的标签，通常贴在图书或其他出版物的书脊下部，标明其位置和索书号。当读者在图书馆目录中找到某种图书时，利用书脊标签可以方便地在书架上找到它，同时也方便归架。

书脊槽
joint

在书脊上用锯齿锯刻的凹槽，装订用的缝线置于槽内，装上封面后使书脊平直。在某些书籍中，会用布条、皮革或其他材料来加固。

书脊衬里，衬料
Lining（back-lining）

为加固装订一般用薄布条，如麻布条或上浆纱布条以及牛皮纸条衬在书脊里边的材料，又叫衬里，用于上乘装订面的第二层。

书脊绸缎顶带
headband（headpiece，head ornament）

在图书装订中，用带有颜色的棉布或丝绸将书脊的顶部粘贴或缝合起来，以保护书籍。与其相对应的是尾带。在早期的装订中，绣花的条带常常作装饰用。在古书中，印在书页顶部或是章节开始的装饰用条带也被称为“顶带”。

书脊带饰
dummy bands

指一种位于书脊处的、凸纹带状的仿真装饰。

（书脊的）前切口绘饰
fore-edge painting

早期装订的书籍，在前切口印上文字图案的一种习惯做法。在 18 世纪末期和 19 世纪初期的英格兰，不但在书边镀上磨金，而且加印花卉或风景的图片，只有当印刷书籍的页面被稍稍翻开时，图片才能被看到。

书脊顶套
headcap

图书装订中，在图书与封面合成一体后，在书

S

脊末端折进的部分中插入一根粗线，在书脊的顶部形成粗边。书脊尾部的粗边叫做书脊尾套。

书脊滚压机
roller backer

指一种滚压书脊和形成突边的机器。

书脊加工
backing（back-lining）

装订时，先用胶水将圆形书背粘起来，贴上一层薄薄的粗布或纱布，然后在装外壳之前，再贴上棕色牛皮纸或者其他衬垫。书脊加工加强了黏合，并且使缝合部分更加牢固。

书脊空隙
panel

图书或期刊装订后在书脊两道镶边之间留下的空隙。

书脊棱带
raised bands

在书脊上压出几条凸起的横线条，是书脊装饰的一种形式。

书脊题名
spine title（back title）

指在书脊上的题名。书脊题名有时比封面上和题名页上的题名要少几个字，往往只取题名的主要部分，通常从上到下排列，当书平放封面朝上时，书脊印字应正向可读。

S

书脊条
ridge

指精装书的书脊与封面连接处的隆起部分。精装书装订时，书芯的书脊经压圆后，为了使书芯与书壳便于连接，防止书脊回圆变形，还须放入起脊机内，用锤子在书脊两侧砸出脊牙，使折帖向两侧弯曲。这一工序称为“起脊”。经过“起脊”的书芯装上书壳后便在书脊两侧形成与书脊槽平行的脊条，便于书脊和封面的连接以及封面的展开。

书脊图案装订
cottage binding

17世纪英国流行的一种装饰性皮革装订图案，书脊中部的两个装订棱线之间压印交织状或叶状图案，上下两边呈山顶形。

书脊样品
sample back

用皮革、布料或其他材料制成的书脊样品以供鉴定颜色、材料和字体等用。

书脊印字
spine lettering

在书脊上印的作者名或题名，一般自上到下排列，当书平放封面朝上时，书脊印字应正向可读，但无统一标准。

书脊装饰
panel back

指经手工装订的书脊，在其上的两条或多条镶边之间的空隙附上装饰压印图案。

书价数量折扣
quantity discount

图书零售商和图书馆由于购买的图书总量或复本量较大而得到出版商或批发商给予的折扣优惠。所购图书通常须超过起码数额才能给予数量折扣。

（书价）折扣
discount

出版商在书目价格中扣除的比例，作为吸引人们购买出版物的手段。在图书出售中，折扣方式主要有：现金折扣、会议折扣、出版折扣、按量折扣、行业折扣和短期折扣等。

书架
book self（rack）

图书馆内排列、存放藏书的基本设备。仅一面有搁板的叫单面书架，两面都有的叫双面书架。书架多选用较优质的钢、木材单独制成或耐用钢材外镶嵌装饰木板混合制成，也有钢筋混凝土制成的。考虑到大体高度、图书开本及书架外观、承重等因素，书架的格数和高度可分为多种：如格数可分为六、七、八格不等的书架，其每格相对应的高度分别为230毫米、280毫米、330毫米，以适应放大、中、小及微型的各种开本书刊；搁板宽度要同书宽相适应，一般书宽相当于书高的72%，故搁板宽度通常以200～220毫米为宜；书架总高以1 800～2 180毫米为宜，长度约1 000毫米；单面架宽200～220毫米，双面架宽450毫米，架中挡板可调节。一些图书馆使用的现刊陈列架往往还能同时存放当年过刊。对于非书资料的存放，图书馆一般是用专门设计的橱柜或书架；密集书库的密集式书架一般是将书架装在某种轨道上，以便把不常用的藏书密集存储，节省空间。大容量密集库用电动方式移动书架，小型或仅占局部地面的密集架则用手动，较为安全。书架是图书馆和信息机构最常用设备之一，按结构可分为独立式书架、活动式书架、密集式书架和堆架式书架等。

书架侧护板
end panel

图书馆书架侧部起加固作用的单面或双面木板、钢板或其他刚性材料制作的护板，其高度基本上和书架是一致的。在地震多发地区，书架侧护板可以起到很好的支撑防护作用。将书架侧护板涂漆装点一番，还可以起到内部装饰作用。

书架导标
shelf guide（shelf label）

图书馆中书架侧边护板上所附设的符号或标签，常以索书号的形式指明该书架中的藏书门类。

书架的容量
shelf capacity

指一所图书馆的藏书容量，通常是以册数或以书架的长度来表述。

书架的（一）排
tier

指图书馆里的大型多层书架的一层层上下排列着的许多排中的一排。

书架方便区
zone of convenience

指开架阅览室书架中间几层，不高不低，便于读者取书放书的部位。

书架分类法
rigid classification

西方国家的传统分类法之一。具体做法是：完全按照图书在书架上面的排列位置进行分类。在近代图书分类出现以前，西方国家的图书馆常采用这种方法对图书进行分类。

书架搁板
shelf

指水平地固定着来托住书架的、用来放置图书杂志的一种扁薄常是窄长的木质或钢质材料板。

书架号
range number

图书馆印制于藏书架上用以标识书架排列位置的一种顺序号码。

书架看守
shelf-sitter

美国图书馆员使用的俚语，指流通书库中很少被借阅的图书，或很少使用的参考工具书。在书架空间有限的公共图书馆里，流通率很低的图书最终被剔除、淘汰，但在大学图书馆里，则往往会无限期地保留下来。

书架面
face

指单边书橱、书架的正面，或者是双边书橱、书架的正面。

书架容量
stack capacity

指图书馆的书库区可以容纳的图书数量，通常以可用书架的长度或面积计算，或者以书架所能容纳的图书或其他文献的卷册数计，有时也可通过特定公式来计算。

书架上图书歪斜变形
shelf cocked（spine lean）

一些装订成册的图书由于长时间斜靠在书架上而引起变形，只有用结实的书立支撑，变形的现象才可以避免。

书架通道
aisle（stack aisle）

在两列平行的书架之间留出的空间，以使图书馆员和读者能够方便地从书架上拿到所需要的图书。书架空间主要视图书的使用率而定，通常情况下对公众开放的图书馆其最小书架通道距离为 36 英寸（91.44 厘米）。一些排列较密的书架则可以通过地板上铺设的轨道移动活动书架以根据需要改变通道位置。

书简，书札
private letters

指简册载记。又指书信。在古代，纸张尚未发明和应用之前，一般把文字都记录在竹片或木片上，称作“简”或“札”。

书角
corner

图书封面两个边的接合点。书角可以是圆形、正方形或斜接的。有时用皮革或耐磨的厚布等明暗反差分明的材料，包在书角上加以保护。

《书经》
Book of History

即《尚书》。《尚书》古称《书经》，是儒家五经之一，战国时期总称《书》，汉以后才称《尚书》，即“上古之书”。记述的是4000—2600年前唐虞夏商周之事，其内可分为典、训、诰、誓和命等部。《书经》是孔子收集商周以至三代的政治文献，共得3 000多篇，经分门别类，删削选择之后得130篇，定为《书经》。是一部多体裁文献汇编，也是中国现存最早的史书。分为《虞书》、《夏书》、《商书》、《周书》。现存版本中真伪参半。

（书、剧本等的）提要、概要
synopsis

指对小说、戏剧、话剧和史诗等大篇幅的文学作品的简要描述，有助于读者快速了解文学作品的主要内容。

书刊
books and periodicals

书籍和刊物的统称。

书刊发行商
distributor

书刊发行中，代理人或代理机构所拥有的专有或分担权利，通常限定在指定地区内。在国内出版发行中，通常情况下发行人也是出版商，但不一定都是出版商。国外出版物在与原出版商签订协议之后，多由国内出版公司发行。

（书刊付印时）缺少索引和附录
missing copy

指出版单位出版刊物时缺少索引和附录或书刊装订时遗漏了刊物的索引、附录等。书刊常有一些附件，如说明、补遗、刊误表和启示；期刊还有年度累积索引以及副刊、增刊、特刊、专刊等。前面四种附件应随刊装订在一起，而年度累积索引应装订在一年中的一个合订本的最前面，以便读者浏览全年发表文章的全貌。

书刊供应商标签文件
Vendor Label File

OCLC编目伙伴服务中，由OCLC为供应书刊商创建的、只有他们可以访问的标签文件。

书刊供应商附加数据
Vendor-added Data

OCLC编目伙伴服务中由书刊供应商提供在清单中的信息。这些信息添加到书目记录提供给图书馆，例如：条形码、发票号、发票日期和价格。WorldCat记录中书刊提供商所提供的信息亦可支持OCLC编目服务伙伴服务。使用OCLC编目系统（Connexion）、信息第一站（FirstSearch）或资源共享服务（Resource Sharing），用于OCLC WorldCat搜索的书刊提供商索引允许检索特定的书刊商，搜索书刊商应该联合其他搜索一起使用，否则会检索到太多的记录。

书刊供应商合作伙伴
Vendor Partner

通过OCLC编目伙伴服务，书刊供应商与OCLC合作成为伙伴为图书馆的新订购传送记录。OCLC也与书刊供应商合作使用WorldCat资料挑选服务（WorldCat Selection），提供挑选信息。

书刊供应商货物清单
Vendor Manifest

由书刊供应商通知OCLC编目伙伴有关传送给图书馆的题名的电子文档。清单包括图书馆名称、已发送的书刊题名、书刊供应商控制号和其他供应商提供的数据。

书刊供应商控制号
Vendor Control Number

由书刊供应商分配给每一个题名的唯一号码。与OCLC控制号不同，书刊供应商为识别自己经销的书刊资料，会为每一个题名都配置一个单独的号码，没有一个号码是重复的。

书刊供应商库存数据库
Vendor Inventory Database（VID）

包含与书刊供应商控制号与WorldCat记录匹配

记录的 OCLC 控制号链接的库存数据库的文档。OCLC 编目伙伴使用这些文档进行记录挑选。

书刊供应商数据更新
vendor record update

由书刊供应商提供的定期发送的书目记录添加或更新书刊供应商库存数据库的文档。

书刊供应商提供的书目记录
Vendor-provided Bibliographic Records

由书刊供应商发送到 OCLC 编目伙伴的与 WorldCat 记录匹配的记录。每一条记录包含了用于匹配 WorldCat 记录的书刊供应商控制号。

书刊交换
exchange of publications

为解决馆藏余缺问题在两所或两所以上图书馆之间，直接或间接地交换书刊的一种馆藏补充方式。根据书刊交换的范围，可分为国内交换和国际交换；依据交换期限，可分为长期固定交换和短期临时交换；按交换单位间的关系，可分为双边交换、多边交换和服务中心式交换。

书刊流通记录单
routing slip

一种贴在新书或连续出版物封面上的记录清单，上面列有某一部门希望借阅该书刊读者的姓名。书刊流通时，按清单上的姓名顺序进行，每位读者看完该书后，应及时划掉该清单上自己的名字，然后再把该书交给清单上所列的下一位读者。当最后一位读者阅读完该书后，应将该书及时返回给负责对该书进行归档或流通管理的图书馆员。

书刊目录
catalog

图书、期刊、地图及其他特藏资料以一定的顺序，通常是以作者名字的字母顺序、题名和主题进行组织，以便于检索。目录的每一个款目上有作者、题名、分类号、出版者、版次、出版地、出版年、卷册或页数等项记载，形式有：书本式、卡片式、缩微胶片式和机读式，是图书馆向读者揭示馆藏的重要工具和手段。在许多现代图书馆中，卡片式目录已经转换成机读目录并提供网上使用。图书馆编目之目的在查尔斯·C·卡特（Charles C. Cutter）的《字典目录规则》（*Rules for a Dictionary Catalog*，1904）和后来的博丹·S·怀纳（Bohdan S. Wynar）《编目介绍》（*Introduction to Cataloging*）两本书中所陈述的：都为使用者提供获取馆藏信息的各种方法和途径。为图书馆编制的目录款目称为编目，以编目规则作为编目工作的规范，从事编目工作的人员称编目员。在已知著者、题名和主题的条件下，目录能帮助使用者找到那些出版的或者未出版物。catalog 的英国拼写是：catalogue。

书刊审查（制度）
censorship

防止书刊在印刷、发行、流通以及在书刊的展览过程中出现政府当局不容许的和危险的内容。有权决定哪些是被禁止的书刊的人叫审查员。通常处理的方法包括：没收、法律制裁、强制征税和限制和（或）允许其出版。不同的社会制度的国家，书刊的审查、禁止的对象、范围和内容均不同。

书刊小贩
colporteur

指古时穿梭于欧洲国家的乡村地区，把廉价的报纸和书籍（如年历、识字课本和《圣经》等）置于篮子或盒子中，并用带子挂于脖颈上，沿街叫卖或上门推销的小贩。在英国，书刊小贩也曾被宗教团体雇佣售卖或分发宗教小册子。这种书刊售卖方式兴盛于 15 世纪后期直至 18 世纪末，尽管法国政府以其帮助传播社会改革和政治革命的新思想为由对其进行过镇压，但并未成功。colporteur 源于法文 *col*（脖颈）和 *porter*（携带）。

书壳
case

在机器装订过程中，书籍封面是由两块板及布料或其他材料粘成，在粘到书芯上之前已将书壳事先做好，将书壳套装到书芯上的过程叫上壳。

书口
opening of book

指书页的正中折缝处，其宽度较界行窄，又称为版心、版口或中折行。书口上下两端的界格称为象鼻，象鼻中有一墨线的称为黑口，没有墨线的则为白口。墨线粗的称大黑口，细窄的称细黑口、小黑口。为了便于检阅，书口中间部分多刻有书名、卷次、页数、每卷小题、字数、刻工姓名等，称作花口。

书扣，扣钉
clasp

14—17世纪早期，为保证书页坚固地压在一起，防止封面脱落而使用的，附在一种硬书皮的页边，由装饰性的金属、象牙或骨制成的绞扣。今天，书扣主要用于私人日记和相册，有时还带锁，以防止被拥有者以外的其他人打开。

书库
bookstack

图书馆馆舍建筑内专用来存储图书、过刊合订本或其他类型文献而专门设计的库房。它的设计要求一般是根据图书馆藏书现有量和增长率来确定面积和荷载；根据书架和人体活动范围来确定柱网比例和层高；根据与其他功能空间之间的关系来确定在图书馆建筑整体空间中的位置及其沟通方式。此外，对书库空间环境在设计上还特别要求要能够防火、防水、防潮、防尘、防蛀、防高温和避强光照射，还要防震防空气污染等。所以，书库的温度和湿度应根据外界自然变化情况控制在一定范围内，如温度要尽可能控制在20℃～27℃，湿度以50%～60%为宜。

书立，书挡
bookend

一种用木头、金属、硬塑料或其他硬物质制成的L型或倒T型可移动的片材，其高度与宽度略小于一般书型，被置排在图书、期刊和盒式录像带等的末尾，以便让这些书刊资料竖立在书架上。另外现在还有一种用于钢书架上的书立，其材料是用钢丝做的，表面喷塑涂漆或镀铬，钢丝两端装有两个小滑轮或略小于书架搁板卷曲槽的橡皮脚，嵌入书架搁板的槽内，挡头与书架搁板呈垂直，起挡板作用，依靠滑轮或橡皮脚来对排列书刊的距离进行调节。此外，作为赠品的手工制造的书立可用皮革护套，用木雕或优质石刻或金属浇铸并配以装饰而成。

书眉，栏外标题
running headline (running head)

指印制在文献正文每一页顶端的标题。通常用于说明这篇文献的标题或基本内容，如给出作者、文章题目和章节等。在实际排印过程中，一般把题名安排在左侧页面（奇数页），把章节名安排在右侧页面（偶数页），期刊页头标题一般会标出期刊名、发行日期和页码，也可能包括卷次和期号。

书迷，图书癖
bibliolatry

过分地喜爱或关心图书，并且有一种感情上的依赖。如果一个人是惯常性的书呆子或者书虫，就很有可能会变成图书崇拜者。

书面布
cloth (clothbound)

对自19世纪初期以来用作装订图书封面的所有机织物的总称，不同于较早期用于图书装订的皮革、羊皮纸或犊皮纸或目前所用的纸封皮等。精装图书所用的书面布多数都是采用经染色、定型、抛光或用其他方法处理的棉布或亚麻布。布面装订本图书的封面并不是为了耐用而设计的，出版商为保护布封面和行销，往往加上设计精美的纸护封。使用频繁的图书往往要用硬麻布等材料做封面。

书面信息
recorded information

用文字符号记录下来的一种信息类型。包括各种印刷型书刊、手稿原件。

书末注释，尾注
endnote (footnotes)

排在书籍正文的篇、章、节和段落等末尾或放在卷末的注释。像脚注那样，尾注通常在正文后以一定的顺序出现。一般图书多用脚注替代。

书目
bibliography

最早出现在公元前5世纪的古希腊，原意是图书和抄写的意思，后演变为图书著录或图书描述。从严格意义上讲，是有关一个主题或一个作者的书目。指一个特定作者、一个既定主题，或者在语言、形态、周期和出版地等要素中有一个（或是多个）相同的作品的系统性列表或清单。书目既可以是综合性的也可以是精选性的。长期的书目可以作为连续出版物或者以图书的形式出版。编纂书目的人称为目录学家（bibliographer）。

书目编纂者，目录学家
bibliographer

通过仔细鉴别图书的作者、出版日期、版本和版式等特点，对图书和其他各种出版物进行揭示和报道的人，他们的劳动成果叫书目。将编纂目录作为专业、职业的人，称书目编纂者，或称专题目录学家。

书目服务中心
bibliographic service center

在图书馆中，通常设置在特定的区域，并且与在线书目网络连通（如 Nelinet，为美国东北地区的图书馆提供 OCLC 和其他书目数据库的访问和支持），广泛及时地为读者服务。书目服务中心的主要工作是：编制联合目录、编制过刊资料以及实现全国或地区性书目、研究书目工作及文献资料的自动化等。

书目格式
bibliographic format

在具体的编目或标引体系中，对一个款目进行完整描述所用数据元素制订的标准顺序和方式。机读（MARC）格式已经成为全球许多国家图书馆的编目标准。

书目格式和标准
Bibliographic Formats and Standards

OCLC WorldCat 联机联合目录数据库的机读编目记录指南。该指南提供标签协议、输入到 World-Cat 的信息的输入标准和准则。

《书目工作概论》
An Introduction to Bibliography

中国国家教育部高等学校文科教材选编计划中的一种。该书首先注意了教材的实用性，详细地论述了提要、文摘、书评和综述的编写方法和书目、索引和文摘等检索工具的编制方法，并对各自的内容或结构组成、编写或编制程序等作了具体的叙述。其次注意到教材的系统性，根据课程的内容特点，安排了文献的收集报导、文献著录及书目情报服务的内容，对书目工作的组织管理和书目工作现代化等也作了概括的介绍。该书作者是原北京师范大学图书馆学情报学系主任倪晓建教授，由北京师范大学出版社于 1991 年出版。

书目工作管理
management of bibliographical services

指对书目工作加以指导、组织、规划和协调的管理工作。明确书目工作与社会政治、经济、科学、文化及其他社会事业的关系，并决定书目工作的方针、政策、组织结构和人员构成，组织和协调书目工作的各个环节，使整个书目工作体系科学化和合理化。

《书目记录的功能需求》
***Functional Requirement of Bibliographic Records* (*FRBR*)**

国际图联（IFLA）开发的书目信息的实体——关系概念模型。1998 年初版，2009 年修订出版。FRBR 提出书目记录有查找、识别、选择和获取四项用户任务；将用户关心的书目数据关键对象分成产品、责任和主题三组实体；分析实体的属性及相互关系；通过用户任务对各实体的属性予以评价；最后提出国家书目记录的基本需求。FRBR 是功能需求（FR）系列的第一部，也是《资源描述与检索》（RDA）的基础之一。

书目检索
bibliographic retrieval

利用图书馆或书目数据库，一般通过著者、篇名、主题、关键词等字段进行检索，运用布尔逻辑、截词等检索技术获得满足检索条件的文献线索的列表，不直接提供全文。

书目控制，书目管理
bibliographic control

一个意义宽泛的词语，包括所有的书目记录文档的制作、组织、管理与维护。这些书目文档有的记录了图书馆的资料和文档收集量，有的是记录索引和数据库中的原始资料，通过这些文档可以方便地检索到所需要的信息。书目控制包括书目描述的标准，目录的制作与维护以及其他一些辅助工具，还包括编辑联合目录和专题文献目录。

《书目》（美国）
Booklist

由美国图书馆协会于 1905 年创刊，专为图书馆工作人员出版的商业杂志，主要是为中小型公共图书馆和学校图书馆采购图书的必备的工具。该刊以评论工具书为主，每期刊载 3 ~ 4 篇长的书评和 15 篇左右的短书评，所有的评论均由图书馆员和教师组成的书评委员会的成员撰写，评论的水平都较高。书评有时分“推荐”和“不推荐”两类。自 1961 年起，这一专栏汇编成册，单独发行。现在《书目》每年 22 期中介绍成人书有近 4 000 种，儿童和青年的书有 2 500 种，非印刷型资料 1 000 种，并在每一期的末尾单独附有《参考书通报》，以便报道近500种参考工具书和电子资源。《书目》还包括特色论文、著者访谈和书目固定栏目。

书目评论
bibliographic essay

目录学家撰写的分析评论文章，用来鉴定和评估某分支学科或某个研究领域的核心文献，为学生、研究人员和馆藏发展馆员提供指导。美国杂志《选目》（*CHOICE*）每期都刊登这种书目评论文章。

书目人名（书目中揭示的人名）
bibliographee

编制好书目中所揭示的人名，例如，传记文章或像书一样长的传记后面的参考书目中所提及的人名。

书目数据库
bibliographic database

由一系列被称为记录的电子款目组成的计算机文件，每一条记录代表一种文献或者一个著录项目，通常可以通过作者名、题名、主题词和关键词就能检索到这条记录。尽管一些书目数据库只是涉及一般的范围和领域，但是大部分数据库提供索引和摘要的服务，通过特定的条件或者组合条件可以找到相应的文献。越来越多的书目数据库提供全文的（至少是部分的原始资料）索引。大部分的书目数据库都具有所有权，需要购买使用。

S

书目提供中心
bibliographic utility（BU）

又称书目信息利用的共同体，指直接或间接通过地区书目服务中心的网络，通常提供一个专用的界面，为成员馆提供机读书目数据库访问和支持的机构。OCLC是美国最大的书目提供中心，也是书目提供中心的发源地。

书目信息
bibliographic information

关于某个项目的详细信息，足以将其与其他项目区别开，以实现检索之目的。书目信息以一个特定格式保存，用于描述一个集合中的一个项目。例如：作者、书名、出版者、出版地点、版本、丛书题名和注释。

《书目学世界》（俄罗斯）
Bibliography World

主要是进行书目学问题研究的杂志，双月刊，由俄罗斯的利别列亚—书目信息出版社出版。该刊向读者介绍专家对现代书目学问题及其主要表现形式的见解，介绍进行传统及电子书目工作的经验，提供包括干部培训、畅销文献加工方面的方法咨询，介绍国外出版图书的目录以及新书。

书目著录、书目描述
bibliographic description

一般指为了最后识别某种特定文献，而用某种记录格式描述的所有必要数据要素。在图书馆编目中，详细描述一种文献特定版本的副本，用以标识和区别同一作者、同一题目、或者同一主题的不同作品。在《英美编目条例第二版》（*AACR*2）体系中，书目著录的一个款目，包含下列标准著录事项的描述：题名、责任者（作者、编者、作曲者等）、版本项、物理特征项、出版发行项、丛编项、注释项、标准号、国际标准书号、国际连续出版物编号和价格等。

书目专业组
Bibliography Section

隶属国际图联专业委员会图书馆服务部（Division of Library Services）。该专业组主要涉及书目信息的内容、整理、编制、传递和保护，特别是有关国家书目服务的信息。同时，该专业组业务也涉及强调书目原则对所有类型图书馆的专业人员、出版社、发行商、零售商和最终用户的重要性。该专业组特别关注数字时代国家书目机构的工作，并且向图书馆、出版业和零售供应链的信息从业人员宣传国家书目数据的重要性。同样也关注国家书目的开放存取和可持续业务模式的创建。出版该专业组的业务通讯（电子版），刊登有关书目的新闻与会议动态和论文，出版会议录和年报，并出版《书目信息和资源之共享——国际图联书目标准》（*Sharing of Bibliographic Information and Resources-IFLA Bibliographic Standards and* Interoperability）和《电子时代的国家书目指南》（*Guidelines for National Bibliographies in the Elctronic Age*）。

书目资源
bibliographical resource

这是著作和文献的表现形式，是组成书目著录的基础。该资源是可触摸的实体，也有可能是触摸不到的非实体。

书目资源供应处（美国）
Cataloging Distribution Service（CDS）

美国国会图书馆的一个机构，通过开发和销售（以成本价）专门为美国的图书馆、公众和国际信息团体设计的书目产品和提供其资源服务的组织。该处雇佣了一批图书馆工作人员、产品开发者、系统分析家、程序员、操作员、销售人员、运输人员、售后服务代表、会计和生产人员。

书囊
book bag

古时指盛公文、书籍、信件的袋子。

书脑
back margin nearest the stitching

线装书书叶左右边栏打眼穿线部分，也指精装书串线订口处，是装订时的关键位置和书册形式固定的枢纽。

书帕本
Uncritical Edition

明代特有的版刻图书类型。指明代官吏刻印的书本。刻工拙劣，校勘粗疏。按照当时习俗，奉使出差回京，必刻一书，例以一书一帕为馈赠的礼品，多数注重表面装饰，不注重文字内容。向来不为人所重视。

书棚本
Bookstore Edition

指南宋陈起、陈思父子的书坊（位于浙江临安府棚北大街睦亲坊南）所刻的书。这些书籍很受欢迎。

书皮面装帧
leather-bound

一种图书装订形式，书皮全部或部分用皮革做成。中世纪手稿和早期印刷本用皮革或羊皮纸来装帧。在现代图书生产中，皮革主要用于高质量的手工装帧书。

书皮压印装饰
countersunk

指压印在书籍封面上的一种标记性或装饰性的印记。

书皮纸
book cover paper

为保护书本内页纸张而充当封皮用的一种印刷纸，也叫书面纸或封面纸。书皮纸用作一般的书籍、课本、杂志和学生练习簿等的封面用纸。分为A、B、C三个等级，定量有80g/m^2、100g/m^{2}和120g/m^{2}三个档次。通常为平板纸，根据需要，也可以生产压纹书皮纸。

书评
review

一种关于书刊的批评或评论性文章，一般发表在相应的报刊杂志上。书评一般有专门性书评、新闻性书评和批评性书评。美国的《书评摘要》(*Book Review Digest*)、《书评索引》(*Book Review Index*)、《中国图书评论》和《中国图书商报》都刊登许多水平较高的评论性文章。通过书评还可以了解书刊出版后的反映、社会效果、各学科的发展动向以及出版国当前在政治、社会、文学、艺术和科技方面的现状。

书评索引
book review index

书评往往刊载在专门的书评刊物、图书馆类杂志、各专业杂志专栏和报纸的副刊上。把分散在各处的书评收集起来并指引出处，即为书评索引。一些索引工具书往往附有书评索引，如Readers' Guide to Periodical Literature。《书评索引》(*Book Review Index, BRI*）由美国盖尔研究公司（Gale Research Co.）编辑出版，该刊既是查找书评资料最常用的检索工具，也是图书馆选购、宣传图书和指导阅读的重要参考工具。

书评信函
review slip

出版商随书评用赠阅本寄给书评家或书评出版商、邀请其为该书撰写书评文章的笺言或信函，说明此书是专供书评使用的赠阅本。

书评用赠阅本
review copy（press copy）

指一本新书或刚完稿的其他作品的赠阅本。通常由出版商或作者免费寄送给专业评论员、专业评论期刊杂志社或书评出版商，请他们在审读后撰写书评文章。书中通常需要夹寄一封邀请对方撰写评论的信函。

《书评摘要》(美国)
Book Review Digest (*BRD*)

1905年创刊，月刊(每年出版10次)。该摘要选择100种美国、加拿大和英国出版的有关人文科学、社会科学和一般自然科学的期刊作为摘录书评的资料来源。每年收录美国出版或在美国发行的综合性英文图书约6 500种，不收录政府出版物、教科书和纸皮书，但收录一般读者感兴趣的科学著作和科普读物的书评。所征引的期刊是由美国图书馆协会(ALA)“参考服务部”任命的“威尔逊索引委员会”(Committee on Wilson Indexes)定期投票决定。收录书评数量严格控制，小说类每种不超过3篇，非小说类每种不超过4篇，如影响广泛或内容有争议则不受上述数量限制。该摘要主体按原书著者排列，某特定图书的书评按其被刊载的刊物名称字顺排列，每种图书在简短内容提要后除给出书评的原始出处和原文字数之外均附有摘要，读者无需查阅原文。从1983年起可通过 Wilson line 在线检索。

书评者
reviewer

对出版社所出版图书的内容加以批评或评论的人。书评者既有专职人员，又有业余人员。对图书进行书评，有利于引导读者的阅读，提高对图书内容和质量的认识，促进图书出版工作的竞争与繁荣，是全社会书业工作的重要组成部分。

书评者名单
review list

出版社根据寄赠新书的人员名单，请他们对新出版图书进行评价并提出建设性意见。

书签
bookmark

用纸张、皮革、缎带或其他薄的柔软材料做成的细长条。置于书页之间用来标识阅读终止的书页。手工制作的装饰性书签有时还可作为礼品。在一些老版或豪华版图书中，有一根比书页长的细长丝缎带被粘在书脊顶端作书签。这样使用的缎带就叫缎带书签。又指在使用计算机时，用于标识某篇文献或文献中的一个特殊位置。大多数 Web 浏览器软件都有一个可让因特网地址归档，并使用户无须重新输入网址或重新全面检索的“书签”。

书签带，夹书丝带
bookmark strip

比较厚的精装书在装订时会在顶端缀一条有色丝带，用作书签，即为书签带，粘贴书签带的程序一般在贴堵头布之前。

书穹，书腔(书背与书脊之间的空隙)
hollow

书的封面与书脊之间，由于书页没有粘在书壳上而形成的中空部分。书穹可使书打开时保持平整，而不损坏书脊。

书泉出版社
Shu-Chuan Publishing House

1978年在台北市成立。该出版社深信一本书的出版就如一泓活水，源源不绝的供应每一颗渴求知识滋润的心灵，无论家庭、保健、知识、理财、休闲，只要是读者的需求都是该出版社的出版方向。

书商
bookseller

在欧洲是指最早以赢利为目的非僧侣的手抄本图书生产者和租赁者。中世纪时期大学许可并监督出版商对官方许可的文书进行复制、装订、分发和修补。该词是指以出版的纯利润价格从事图书资料零售贸易的人和企业，尤指自己拥有书店的人。还指进行任何旧书销售的人。

《书商杂志》
bookseller

由英国乔纳森·惠特克父子有限公司(Jonathan Whitaker & Sons Ltd)出版、1858年创刊的一种英国最通行书业刊物，专门报道英国商业出版社每周内出版或再版的新书。该杂志设有与众不同的两个栏目，即畅销书排行榜分析和每周英国图书索引。英国很多报刊都设有畅销书排行榜，他们所用的数据，全部都由惠特克图书追踪纪录公司(Whitaker Book Track)提供。该杂志的排行榜是独一无二的，每年都会列出英国排行前50名的出版商，由于《书商杂志》每期都按惠特克公司的统计，系统分类刊登全英每一周新书目录，很多图书馆已经将该刊定为首位专业参考期刊。

书商(中间商、代理商)
dealer

从事新旧书或珍本书交易，转卖给图书馆、收藏者和其他个人或公司。

书生公司
Sursen

自1996年创立以来，一直致力于以数字技术取代传统纸张应用，提供相关产品技术和服务。基于该公司的SEP数字纸张技术，可以搭建符合传统纸张特性的技术平台，将传统基于纸张的应用全面电子化。书生技术已在电子政务和数字图书领域得到了成功应用，书生用户遍布全中国每个省（除台湾外）、每个城市、大约90%的县和海外20多个国家，平均每秒钟就要收发10份采用书生技术的电子公文，每天新增不计其数的采用书生技术制作的数字图书。除SEP技术外，书生公司还在电子印章、信息安全、DRM、打印防伪、电子表单、数据采集与交换等方面拥有独特技术，并在电子公文、数字图书馆、文档服务器、数字出版、申报审批、文档数字化、办公套件、数字书市、影像存储、电子图书交换和档案管理等领域拥有领先的解决方案。

书虱，潮虫
book lice

一种遍布于世界各地的，很微小的（1/16英寸）软体、无翅昆虫，对用胶和浆糊进行装订的旧书很有破坏性。书虱吃霉、谷类食物和昆虫的死尸，对博物馆里植物和动物的标本形成威胁。所以，图书馆和展览场所保持低湿度有助于控制书虱。书虱是蝎捕食的对象。

书史
book history

对文字图书起源和发展的研究，时间范围从巴比伦古代楔形文字泥板书和古埃及莎草纸书卷，到欧洲中世纪的手稿和摇篮本；中国先后经历了从甲骨、青铜器、石头、竹简、木牍、缣帛和造纸等，至现代图书的印刷和出版。

书市，图书订购会
book fair

在一定时间内，集中丰富的图书，以销售为主而举办的集市。这是不少国家通常采用的一种宣传和推销图书的方式。具体做法是：举办单位（书店、出版社等）准备充足的图书，选择大型的公共场所，确定举办日期，事前进行宣传，以吸引读者选购图书。书市一般比图书展销的规模和声势都要大，举办时间也较长。最早的书市，是1564年由当时的图书业组织在德国的法兰克福和莱比锡举办的书市。

书肆
bookstore

又称书坊。古代的书店，最早出现于东西汉交替之际的图书摊。之后各朝代有书林、书屋、书铺、书堂、书籍铺和书经籍铺等名称，它们既刻书又卖书。中国近代叫书局，著名的有开明书局和中华书局。

书套，函套
slipcase

保护书籍的套盒，可安放一卷或多卷集、用优质材料精致装帧的书籍。一般以纸、布和皮革做成，套盒面开有孔口，使封面露出。slipcase也可拼作：slip-case。

书套护封
dust cover（book jacket，dust wrapper）

硬皮书外部可移动护封纸，彩色印刷，抛光装饰，以增加作品对零售顾客的吸引力，同时保护图书免遭磨损。护封前页多印有题名、著者全名和插图；书脊处印有题名、作者姓氏和出版商名称或标志；内折页印有宣传性广告；后折页有作者简要传记，包括作者近照。护封后页印有正面评价作品的简短引文，右下角有国际标准书号（ISBN）。世界上第一个护封由英国的一名出版商于1833年发明，以后护封设计越来越精美。

书套，书帙
covering case（protective case）

一侧开口的硬质纸盒，规格略大于需要放置的图书。放置图书时，将图书从书套的开口处推入，并使书脊向外，以方便用户看清书名。

书帖
section

一本书印好后依页码次序已折成一叠但未装订的书页。也指一本书印好后的正文部分，不包括一本书的正文前的版面和正文后的索引、附录、参考书目以及任何单独印刷的部分，如彩色插页等。

书帖序码
signature

指一本书印好以后，用来标记书帖顺序的数字或字母。

书尾提署，版权页标记

colophon

对印刷出版的细节所做的说明。在古代手抄本中，往往由抄写员在正文结束之后加上书尾提署，内容包含题名、抄写员姓名和抄写地点等，有时还包括对有关人员的感谢以及对未经授权的复制行为的警告。早期印刷本中的末尾提署与手抄本类似，包含印刷者的姓名和印章、印刷日期和印数，有时还包括对印刷错误的致歉等。在现代印刷本中，书尾提署一般位于正文结尾处或小扉页的背面，常包括印刷商名称、铅字面和纸张等级、装订材料以及编辑人员的姓名以及图案设计者姓名以及出版年月等进行单项或多项说明的文字等。colophon 源于希腊文，意为结束之笔，常刊载于书籍或手稿的末尾。

书写字体

book hand

印刷术发明以前，古籍图书都是靠抄写流传。这种字体是用来正式抄写手稿以便保存的正规手写体。印刷术发明之后，甚至在雕版印刷普及以后，抄写本在中国传世的古籍图书中仍占有很大比重。而现在，抄本只是指由作家准备交给出版社印刷之前所用的一种正式手写稿，不同于书信和其他非正式文件的草书稿。

S

书芯

inner book

又称毛书。指折帖配订成本还没有装上封面的印刷物。经过包装程序，粘贴上纸质封面后成为平装本，而装上硬书皮的封面叫做精装本。

书信备查簿

letter book

保存信件或信件抄件的本子，特别是作为企事业提供流水账的备查簿。

书信代写人

letter writer

专门为不识字者（文盲）代写书信的人。

书信，函件

letters

书写、打印的个人或商务信息，通常用信封装并邮寄到所投地址。根据《英美编目条例第二版》（*AACR2*）规定，个人书信集是在作者姓名下编目的，为编辑或编者做一附加款目。假如书信寄给同一人，也需在收信人名下做一附加款目。几个作者的书信集则在编者名下编目。

书信集

collected letters

一人或多人来往书信的汇编。能反映出写信人的思想情感、个人品质和写作风格，并从侧面反映当时的政治、经济和社会风貌。

（书信体的）散文或诗歌

epistle

指内含诗歌或散文的意境，风格雅致、优美，且采用书信方式撰写的、具有一定价值的文学作品。也指基督教《圣经·新约》中的使徒书信。

书信体小说

epistolary novel

法国启蒙思想家、文学家查理·孟德斯鸠（*Charles de Secondat Montesquieu*）创立的一种小说形式。流行于18世纪，其特征是以书信的形式展开情节，表现作品的主题。书信体小说的出现使记叙文得到了进一步的发展。同时，也为18世纪西方哲理小说的问世打下了基础。

书信作家

letter writer

因写作并发表书信体作品而出名的作家。

书型排架法

grouping by size

一种按书型进行排架的方法：具体做法是先按书型，即开本的大小来排列，然后在同一书型中再按种次号顺序排列。这种排架方法优点是可以节省书库空间，藏书排列整齐美观；缺点是缺乏内容上的逻辑体系，查找很不方便。

书型，图书开本

book size

以往印刷图书的开本是由一整张印刷纸（大约19英寸×25英寸，48厘米×64厘米）被折叠的次数来决定的。一旦对折成两帖（4 页）称为对开本；2 次对折成四帖（8 页）就称为四开本；3 次对折成八帖（16 页）就为八开本；对折成十二帖（24 页）就为十二开本；对折成十六帖（32 页）就为十六开本；等等。在现代图书的生产中，图书开本的大小取决于印刷所用的纸张的尺寸大小。在对善本的书目描述中，以往所规定的开本尺寸仍在使用，但在现代图书的生产中，开本是根据装订本高度用英寸或厘米来计算的。美国和英国两国之间在图书开本的标准应用方面所存在的差别是很微小的。中国关于“图书和杂志开本及幅面尺寸”于 1999 年 11 月 11 日由国家质量技术监督局发布（GB/T 788 - 1999），自 2000 年 5 月 1 日起实施。

书业
book trade

泛指书刊出版、印刷、发行和销售的企业单位和出版教育、研究部门的出版事业单位以及出版行政管理机关；通常专指的是出版社、书店等图书出版发行部门。书刊的出版发行，反映人类文明的成就，传播社会思想文化和科学技术。

书业目录
trade bibliography

又称为书业书目或出版发行书目。在出版发行工作及图书贸易活动中由出版社或书商编制的书目。书业目录多为预告性的征订目录，也有的是报导可供货、存货的目录。

书业通讯
book trade journal

一种由出版商、图书销售商及其他与图书贸易部门已签约的人，为通报和促销最近刚出版的新书而出版发行的期刊。是图书贸易的工具，通常连续出版，内容广泛、书业信息及时，多具有预告和广告性质。其具体内容包括行业新闻、畅销书目、作家访谈、图书评论、名人专文、出版发行趋势和预测的专栏以及有关图书生产与发行、书展和签名售书等方面的信息。

书业研究集团（美国）
Book Industry Study Group（BISG）

美国一个不以营利为目的的图书贸易组织，其使命为创造更明智、有力和有效的图书行业，并致力制定有效的行业标准，付诸最佳实践，研究和开发有关物理和数码产品，密切贸易伙伴之间的关系。

书页版心
type page

页面上印刷文字或图表的部分（指章节标题、正文以及图表、公式），不包括：页边空白、大字标题、空白末行和页码。

书页卷角的
dog-eared

指书页角因翻阅不注意或翻阅太久而卷起，尤其是书页角因做记号留下的痕迹或卷起。

书页散脱
shaken

被频繁翻动的书页开始散脱，但是仍然连在装订线上，这是由于装订线的松动或订口的磨损而造成的。

书衣，书皮
reading jacket（jacket）

套加在图书封面外的一种包封纸，一般印有题名或图案，有保护图书封面和装饰的作用。多用于精装图书，平装图书有时也有采用。

书艺
book arts

在制作优秀书籍和手稿的过程中，要用到的造纸、字体、照明、排版、插图、印刷和装订等技能和技巧。

书院
academy

中国古代的一种学校类型，专指历史上设立的供人读书或讲学的处所。创始于唐代，开元六年（公元 718 年）唐玄宗设丽正修书院，十三年改称集贤殿书院。宋代由于官府奖励，书院大兴。江西庐山的白鹿洞书院、湖南长沙的岳麓书院、湖南衡阳的石鼓书院、河南商丘的应天府书院等都是其中较为著名的书院。宋代书院创办者或为私人，或为官府，多选山林名胜之地为院址。不少知名学者在此聚徒讲学，形成不同学派的争鸣。元代增至 200 余所，渐流为科举的预习场所。在明代，书院屡遭禁毁。至清代，发展至数千所，且多以应举为目的。清末废科举后，改为学堂。抗日战争时期，梁漱溟在重庆创办勉仁书院，马一浮在乐山创办复性书院，这些新式书院以研习国学为宗旨。

《书院志》
Academy Gazetteer

以记载书院发展的历史、讲学情况及其管理办法等为主的历史典籍，是一种专志，与山水祠庙志等同属于广义的方志。其雏形为书院记，定型于明，大行于清。具有贴近时代、内容丰富、真实反映书院历史状况等特点，是研究书院史、哲学史的重要史料。

书中的（单页插图）
（法）*hors texte*

法文短语，意为“正文之外”，指和正文分开印刷的插页，如彩图插页。这些插页通常用罗马数字来标明顺序，以与随正文一起印刷的插图区分开来，后者是用阿拉伯数字或页码来标明顺序。

（书中相对的）页
opening

任何一本打开的书或其他出版物的面向阅读者的两页。右边的一页叫正面页（右页，奇数页），左边的一页叫反面页（左页，偶数页）。

抒情诗，抒情作品
lyric

在古希腊，在像竖琴一样的弦乐伴奏下演唱的歌或诗即为抒情诗。在现代，则指由个人为表达自己的情感和思想，吟诵的相对短的诗歌，而不是那种叙述事情经过的诗歌。形式包括：十四行诗、挽歌、颂歌和圣歌。

梳齿式装订
comb binding

一种用于日历、实验手册、操作便览及工作记事簿等资料的装订方法。主要是将一段具有可塑性的锯齿条沿装订缝插入资料页中，并将其固定在一起。若该锯齿条足够宽，还可将资料名称印于其上。装订后的资料可完全平放打开，使用起来非常方便。

疏行排版
keep out（open matter）

指字与字之间加衬铅隔空的旧式排版方法。常用于儿童读物或特殊出版物，也有为增加篇幅而采用的。

输出
output

经过计算机处理的结果，将数据或信息从计算机系统传送到其他计算机或设备。也指将数据从数据处理装置中取出的过程。通常所指的是从内存储器到外存储器或到输出设备。

输出格式
output format

从计算机输出的预先规定的数据格式。

输出文件
export file

指以标准格式存储在计算机内且可以为不同计算机上运行的其他程序访问的文件。

输出装置
output device

从计算机中取出数据的设备，如打印机、绘图仪等。

输入
input

数据传送或者输入到计算机系统进行处理称为输入，与之相对的过程得到的结果称为输出。最普遍的用来输入的设备是个人计算机上的键盘和鼠标。

熟纸
prepared paper

经研光、加蜡和施胶等加工，可以使书写时不至走墨晕染的精细纸张。唐代用于拓摹或写经的硬黄，皆为熟纸，唐门下省弘文馆、尚书省皆有熟纸装潢匠。今宣纸仍有生熟之分。

暑期读书计划
summer reading program

许多公共图书馆开展的让少年儿童在暑假期间保持阅读的一种活动。通常围绕某个特定主题来组织，包括阅读比赛等活动以鼓励他们在学校之外继续锻炼其阅读技巧。

署名版
autographed edition

指某一版本的作品全部由著者亲笔署上姓名。这种做法一般仅限于数量相当少的版本。

S

署名的

signed

指在一本参考书或一篇期刊论文中标出了文章的作者。作者名字通常在出现正文前或正文末尾处。

署名的版画样张

lettered proof

版画的样张，在空白处刻有此画创作者、雕刻师和印刷者的头衔与名字。

署名权

right of authorship

著作权人表明其作者身份，在作品上署名的权利。这是著作权人享有的一种人身权利。

署（签）名

signature

亲手写的名字，以证明前面所写的事项是其愿望及意图。通常出现在信件、法律文件等原稿的末尾处，笔迹分析可用于查证签名的真伪。在电子邮件中，签名常常在邮件结尾处，并包括发件人的全名、单位、职务和联系方式，有时会引用一句喜欢的话语。

署作者名的

onymous

指文件或书信上有撰写人或负责人的亲笔签名。

属性

attribute

实体的特征，可以是实体内在的，也可以是外部输入的。在知识表示系统中，属性反映的是实体的描述性特征，具有数据类型、值域、默认值3种性质，相当于关系数据库中数据表的字段。

蜀本

Sichuan Edition

指四川成都、眉山刻印的书籍，始于唐代。北宋四年在蜀雕《大藏经》5 000余卷，南宋初在眉山刻印了《宋书》、《梁书》、《陈书》、《魏书》、《北齐书》和《周书》等书，全以国子监本为底本，也称《眉山七史》。其特点是字体多用颜体，字画肥劲朴厚，版式疏朗。

鼠标

mouse

一种光标定位器，1968年在美国诞生。用户控制计算机操作时经常使用的一种工具，外型似老鼠。当其在平台上滑动时可以相应地移动计算机屏幕上的指示箭头，使得操作者可以随意控制指示箭头，由此来选择项目、控制内容，对屏幕上的数据进行修改编辑，或进行软件允许的其他作业。这是一种能确定相对位置的输入装置，具有结构简单、成本低廉和操作方便的优点。

术语标准

terminology standard

针对名词术语的标准化工作，即对术语进行标准化的解释，包括定义、说明、举例和对应的外文等。

术语词典

terminology dictionary

不同于普通词典，仅收录由该词典指定范畴或学科内的名词术语并加以诠释，诠释的概念必须精确且具有单义性，不能产生歧义。一般不收录人名、地名和学派等条目。

术语汇编

glossary

根据某种需要所收集特定范围的词语并在书末按字母顺序排列的不加解释或略有释义的汇编。如《统计词汇》(*Statistics Glossary*)、《英汉—汉英文献信息词汇》(*An English-Chinese and Chinese-English Glossary of Library and Information Science*)和《美国图书馆协会图书馆学与情报科学词汇表》(*The ALA Glossary of Library and Information Science*)。

术语集

glossary

限于某特殊知识领域的专门术语集成，如术语汇编或惯用法汇编。

术语，名词

term

指某一种学科、艺术、职业或商业中专用的、有确切含义的词，表示严格固定的科学概念的词、词组或符号，具有专业性、科学性和系统性等特点。术语是传播知识、技能，进行社会文化、经济交流所不可缺少的重要工具。随着社会的发展进步，新概念大量涌现，必须用科学的方法定义、描述这些概念。术语和文化，如影随形，须臾不离。不同的文化要用不同的术语来说明，吸收外来文化，同时必须吸收外来术语。

术语数据库
terminological database

储存于计算机中、记录概念和术语信息的数据库。其特点为大量储存术语数据、快速查询、及时更新以及利用计算机进行术语研究和处理加工等。

术语，行话
jargon

从事同一活动或同类工作的一个群体所使用的特殊词汇和习惯用语，它能为同行业从业人员普遍接受。比如，在图书馆编目中使用的 MARC 用语。从更广义的意义上来讲，指难懂的或不连贯的讲话。

术语学
Terminology

指研究概念、概念定义和概念命名基本规律的边缘学科。在 20 世纪 30 年代初期正式创立。从那时起，术语学的理论、原则和方法开始广泛应用于各个专业领域的术语规范工作。一般认为，术语学作为一门学科，是奥地利术语学博士欧根·于斯特（*Eugen Wuster*，1898—1977）教授提出来的，他也是术语学中维也纳学派的创始人。术语学是指导术语标准化的重要工具。在科学技术高度发展的今天，术语标准化具有更加明显的现实意义。

术语注册服务
terminology registries and terminology services

术语注册，将不同格式的受控词表按照语义网规定的要求存放，完成对数字或纸质资源的统一描述，使之成为语义网中的数据资源。术语服务，将术语注册中建立的资源提供给用户使用，简单地说就是在单一界面提供对多个受控词表的检索。术语注册服务，通过在多个受控词表之间有选择地建立映射，帮助图书馆、档案馆、博物馆等创建与馆藏相互兼容的元数据，通过任何基于网络的元数据编辑器获取术语资源，实现对术语资源的一站式获取。

树形结构
tree structure

主题词表的分类显示，揭示了词表中主题词的纵向隶属关系。从树形结构中可以看到具有广泛意义的主题词，也可以看到列于其下的狭义词。根据层次关系中显示的位置，每一个词都有一个树形结构号，并按照字母顺序在词表中专门列出。

数据安全
data security

有两方面的含义：一是数据本身的安全，主要是指采用现代密码算法对数据进行主动保护，如数据保密、数据完整性和双向强身份认证等；二是数据防护的安全，主要是采用现代信息存储手段对数据进行主动防护，如通过磁盘阵列、数据备份和异地容灾等手段保证数据的安全。数据安全是一种主动的包含措施，数据本身的安全必须基于可靠的加密算法与安全体系，主要是有对称算法与公开密钥密码体系两种。数据安全具有机密性、完整性和可用性等基本特点。

数据包
information packet

网络通讯协议（TCP/IP）通信传输中的数据单位。在局域网中，“包”是包含在“帧”里的。主要由“目的网络之间互连的协议地址”、“源网络之间互连的协议地址”、“净载数据”等几部分构成。

数据保存
data preservation

对具体数据对象进行持续维护，以确保其在硬件技术变革后仍能被读取和理解的活动，从技术层面确保数据的可持续性。

数据仓储
data storage

包含大量信息的数据库。这些信息是经过组织的，可用于帮助机构决策。数据仓储接收批量更新，能通过快速联机询问产生简明的数据摘要。

数据仓库
Data Warehouse（DW，DWH）

一个面向主题的、集成的、相对稳定的以及反映历史变化的数据集合，用于支持管理决策，是决策支持系统和联机分析应用数据源的结构化数据环境。其特征在于面向主题、集成性、稳定性和时变性，数据仓库是一个过程，而不是一个项目。

数据处理
data processing

计算机应用的一个重要方面。由一个或多个计

S

算机处理器，对转换成机读格式的数据进行单一或连续处理的系统运行，以获取由计算机已编程序处理后的结果。也就是说对数字、图形符号和文字等信息进行加工处理，包括转换、存储、检索和分类等工作以获得可供某种目的使用的新信息。数据处理不应改变原始数据的语义内容，它的特点是存储数据所需要的存储空间远大于操纵数据的程序所需要的空间。

数据传输
data transmission

信息传输的一种形式，也称数据通信。指依照适当的规程，经过一条或多条链路，在数据源和数据库之间传送数据的过程。数据源和数据库在同一机内，即计算机外部设备与处理部件之间的数据交换，称为机内传输。常用的方法有 4 种：程序传送、程序中断传送、直接内存传送和脱机传送。数据传输也表示借助信道上的信号将数据从一处送往另一处的操作。

数据存档
data archiving

合理对数据进行选择及储存，以确保其物理上及概念上的完整性以及具备可获取性、安全性和可靠性的活动，从内容层面确保数据的可用性。

数据带
data strip

可以用来记载字母、字符及数字信息。通过黏合或热合与塑料或纸牢固地整合在一起形成。数据带也被用在一些类型的图书借阅证上，记录读者身份证号码或卡号。

（数据）复制
copy

在数据处理过程中，从一个文件、存储单元或存储介质不加改变地进行数据复制。

数据共享
data sharing

不同系统与用户使用非已有数据并进行各种操作运算与分析。即让在不同地方使用不同计算机、不同软件的用户能够读取他人数据并进行各种操作运算和分析。实现数据共享，可以使更多的人更充分地使用已有数据资源，减少资料收集、数据采集等重复劳动和相应费用。

数据集
data set（dataset）

又称为资料集、数据集合或资料集合，是指一种由数据所组成的集合。通常以表格形式出现。每一列代表一个特定变量。每一行都对应于某一成员的数据集的问题。所列出的价值观为每一个变量，如身高和体重的一个物体或价值的随机数。每个数值被称为数据资料。对应于行数，该数据集的数据可能包括一个或多个成员。

数据记录仪
data logger

一种从传感器获取测量结果，并将这些结果存储起来备用的电子仪器。一些常用的测量包括温度、压力、电流、速度、张力、位移和其他一些物理量。数据记录仪主要分为有纸记录仪和无纸记录仪（智能数据记录仪）。图书馆和档案馆利用它们来监视影响藏品条件的环境变量。

数据监护
data curation

为了确保数据当前使用之目的，并能用于未来再发现以及再利用，从数据产生开始就对其进行管理和完善的活动。

数据接口
data interface

进行数据传输时向数据连接线输出数据的接口。一般具有数据传送、数据缓冲、信号变换和中断等功能。

数据可视化
data visualization

对大批量数据的可视化，将数据库中每一个数据项作为单个图元元素表示，大量的数据集组成数据图像，同时将数据的各个属性值以多维数据的形式表示，可以从不同的维度观察数据，从而对数据进行更深入的观察和分析。使人们不再局限于通过关系数据表来观察和分析数据信息，还能以更直观的方式看到数据及其结构关系。

数据库超市
database supermarket

“中国知网”创办的一个完全开放的知识传播共享与知识获取平台，通过超市化的商业机制和电子商务平台，将各类异构数据库整合发布或远程接入，并提供一站式统一检索，可实现类似于“超市”的漫游选购和自由订置，解决了大量商品化和非商品化的数据库的传播、出版与社会化应用问题，为全社会提供了丰富的数字化知识信息资源。

数据库服务系统
Internet Database Service（IDS）

由美国剑桥科学文摘公司（Cambridge Scientific Abstracts，Inc.）出版，基于网络服务的文献信息检索系统，覆盖航空航天科学、农业科学、水生生物科学、生物学及医学、计算机技术、工程科学、环境科学、材料科学、市场研究及社会科学。该系统可同时检索多个数据库及相关的网络资源，帮助用户了解最新的研究成果。数据每日更新。

数据库更新周期
renew period of database

指对数据库的记录数据进行补充和追加的时间间隔。数据更新是计算机检索系统和数据库管理与维护的一项重要工作，其目的是为了把新的信息及时地补充到数据库中去，确保数据库的生命力和应用价值。通常，数据库的更新周期应与印刷本检索工具的出版周期保持一致。数据更新一般是在数据库的顺排文档和倒排文档中同时进行的。

数据库管理系统
database management system（DBMS）

处理与创建、访问以及维护数据库记录有关复杂任务的系统软件包。数据库在建立、运用和维护时由数据库管理系统统一管理、统一控制，使用户能够方便地定义数据和操纵数据库，包括跟踪文件物理位置、格式和索引方法等。数据库管理系统能够保证数据的安全性、完整性和多用户对数据的使用及发生故障后的系统恢复。数据库管理系统软件可以是用于个人计算机的简单系统，也可以是运行在主干网上的复杂系统。数据库管理系统可以管理任何形式的数据，包括文字、图像、声音和电视数据。

数据库技术
database technology

计算机科学的分支，由文件管理系统发展起来的数据管理技术，产生于20世纪60年代。该技术是研究科学正确组织、储存数据，高效地获取和处理数据。

数据库，资料库
data bank（database）

就是按照研究目的或者根据研究对象的性质将材料或者数据组织起来的集合体。内容涉及专门主题或特定领域，数据量大并定期更新，例如书目参考、文摘、全文文献、指南入门、图像和统计数字等。数据组织遵循便于查询和检索的原则，统一输入格式。一般由数据生产者出版印刷本，再将数据内容租赁给数据库中间商，由中间商将数据转换成机读格式，以光盘或利用专门的检索软件，通过因特网在线提供电子检索。大部分图书馆的数据库都经过授权，按年付费，包括期刊索引、文摘服务和全文参考源等文献形式。数据库仅对注册用户提供检索服务，具有结构化、关系化、集成、稳定等特点。一般来说，数据库最基本的功能包括：数据定义和数据处理。database 的缩写词为：db。

数据类型
data type

表达电子资源中地理空间信息的直接参照方式（即对象的体系），如栅格、矢量和点。属舆图内容数字表达（digital representation of cartographic content）之一。

数据模型
data model

数据库系统的核心和基础，是定义数据如何输入与输出的一种模型，其主要作用是为信息系统提供数据的定义和格式，现有的数据库系统都是基于某种数据模型而建立起来的。

数据冗余
data redundancy

指数据之间的重复，也可以说是同一数据存储在不同数据文件中的现象。

数据收集
import

在计算机科学中，表示数据收集、数据输入和输入实用程序。也就是从另一个不同的应用程序或计算机系统中读取或接受数据，在数据收集期间可能会需要将对方的数据转化为本方计算机系统或应用程序的兼容格式。现今，大多数的计算机系统和应用程序均能够进行多种数据兼容格式的转化。

数据通信

data communication

指传输和交换数字化的字符、文字、图像和声音等信息的通信方式，即利用通信线路把若干台计算机和数据终端设备连接成信息处理网络，进行数据的收集、分发及其检索。

数据图表

profile

指一组资料用数量对图书馆或图书馆系统服务地区的人口或对图书馆用户群进行统计研究方法。通常由测绘或评定等级而确定，一般用曲线的形式表示，或者通过民意调查或资料汇编对因馆藏发展、服务和采购计划、设施建设而引起各个方面的变化进行测量。

数据挖掘

data mining

从存放在数据库或其他信息库中的大量数据中获取有效的、新颖的、潜在有用的和最终可理解的模式及过程，习惯上又称为数据库中的知识发现（Knowledge Discovery in Database，KDD），由以下三个阶段组成：数据准备、数据挖掘、结果表达和解释。数据挖掘可以与用户或知识库交互。并非所有的信息发现任务都被视为数据挖掘，有别于信息检索（information retrieval）领域的任务。

《数据挖掘导论》

Introduction to Data Mining

《图灵计算机科学丛书》之一。该书全面介绍了数据挖掘的理论和方法，将重点放在如何用数据挖掘知识解决各种实际问题，涉及学科领域众多，适用面广。该书内容包含大量的图表、综合示例和丰富的习题，并且有使用示例，关键算法的简洁描述和习题，尽可能直接聚焦于数据挖掘的主要概念。该书主要涵盖五个主题：数据、分类、关联分析、聚类和异常检测。由谭庞宁（Pang-Ning Tan）、迈克尔·施泰因巴赫（Michael Steinbach）、维品·库么（Vipin Kumar）著，范明、范宏建等译，由人民邮电出版社于2006年5月出版。

数据（信息，资料）

data

泛指以某种形式表现的，可以被人理解、解释、交流，或被计算机处理的事实、数字或指令，如图像、声音、符号、文字、字符和数字等。data是拉丁文单词 *datum* 的复数，意为“给定的”，常作为独立的集合名词。

数据压缩

data compression

根据信号特点，在不丢失信息的前提下，缩减数据量以减少存储空间，提高其传输、存储和处理效率的一种技术方法。或按照一定的算法对数据进行重新组织，减少数据的冗余和存储的空间。通信时间、传输带宽、存储空间甚至发射能量，都可能成为数据压缩的对象。数据压缩包括有损压缩和无损压缩。无损压缩是指使用压缩后的数据进行重构（或者叫做还原，解压缩），重构后的数据与原来的数据完全相同；有损压缩是指使用压缩后的数据进行重构，重构后的数据与原来的数据有所不同，但不影响人对原始资料表达的信息造成误解。

数据转化

data conversion

将数据从一种形式转换成另一种形式的过程，一般从人工认读格式转换成机读格式，或从机读格式转换成人工认读格式。也可以是从一种记录载体转换成另一种记录载体（例如：从胶片转换成录像带或光盘）。许多数字图书馆项目采取扫描方法将纸质文献进行数字化转换，以便在广泛传播信息的同时保护原有文献。早期试验以黑白点阵形式记录信息（通常每英寸300点），多采用高分辨率、彩色扫描仪。为节省空间并便于数据的网络传输，各类数据图像压缩技术也随之发展起来。

数据字典

data dictionary

数据库中所有对象及其关系的信息集合。是一种用户可以访问的记录数据库和应用程序源数据的目录。数据字典由数据项、数据结构、数据流、数据存储和处理过程组成。

数码录音

digital recording

在数码磁带或光盘上录制声音的方法。在录制过程中，音乐信号以每秒3万次的速率取样，并且以数字代表信号特征。这些数码被传输或录制并在接收器或放音机重新还原成声音。这种处理过程还可以除去全部的干扰和失真。

数码录音磁带

digital audio tape (DAT)

指一种在磁带上录制数字编码声音系统。其录音格式与普通盒式磁带类似，但却能进行高音质数码声音的录制和复制，目前这种技术广泛运用于专业录音工作室。

数目，数字

number

表示数目的文字，阿拉伯数字，如“1，2，3，4，5，6，7，8，9，10”，汉字的数字有一、二、三、四、五、六、七、八、九和十（小写），壹、贰、叁、肆、伍、陆、柒、捌、玖和拾（大写）；序数则用来表示序列中的位置（第1，第2，第3，第4，第5）。

数数画书

counting book

教学龄前儿童数数（从1到10）的图画书，每一页（或插页）插图上显示的物体的数目都与印在上面的数字相对应。

数序标记

ordinal notation

指分类法采用的标记制度是单纯按数字顺序排列的，数字的大小和长短与类目的等级无关。

数学模型

mathematical model

在计算机模拟中，一种系统、概念、模型或作业的显式数学表示法。

数学数据

mathematical data

书目记录中文献特殊细节项中的字段，测绘制图的书目著录的数学元素（比例、放大倍数和配置比例等）在该字段进行著录。

数学算符

mathematical operator

表示数学过程的符号，如“+”、“-”、“×”、“÷”等。这些数学过程描述系统的一些输入变量和一些输出变量之间的关系和限制。

数学文献数据库（美国）

MathSci

美国数学学会（American Mathematical Society），研制的一种索引及摘要型数据库。包括网络版、光盘版等类型，对应的印刷版为《数学评论》(*Mathematical Reviews*) 及《数学评论》中未收录的《最新数学出版物》(*Current Mathematical Publications*)。拥有100多万条评论和书目信息，60万条期刊论文、专著、会议录和会议论文评论、综述等，该数据库涵盖国际数学领域的研究文献及计算机、统计、统计计量、系统论、控制论及天文学和天体物理学、生物学和行为科学、经典热力学和热传导、经济学、流体力学、信息和传播学、量子力学和系统科学、固体力学、运筹学、光学及电磁学理论、相对论、统计物理和物质结构等学科文献。数据收录起始年限为1940年。

数学文献数据库网络版

MathSciNet

由美国数学学会出版，全面收录了自1940年以来国际数学领域的研究文献。可以提供数学评论数据库的网络查询。该数据库所包括的主要专题是数学以及在下属领域的应用：天文学和天体物理学，生物学和行为科学，经典热力学和热传导，计算机科学，经济学，流体力学，信息和转播学，量子力学和系统科学，固体力学，运筹学，光学及电磁学理论，相对论，统计物理、物质结构，统计学，系统论及控制论。

数值数据库

numeric database

由存储的数据和某些特殊符号组成的代码形成的数据库。主要收录原始调查报告、总结报告、统计报告、观测报告和实验报告等资料中摘录出的数值数据和表格，运用数据库理论和方法赋予检索标识后所形成的、可供人们利用的资料库。数值数据库可细分为科学数据库、统计数据库和管理数据库等。

数字

numeral

在写作与印刷中，可以单独或与其他数字一起用来表示数的字符（罗马数字和阿拉伯数字）。《英美编目条例第二版》(*AACR2*) 附录C中规定了图书馆编目工作中有关数字使用的一般规则。

数字版权

digital rights

数字版权也就是各类出版物、信息资料的网络出版权，可以通过新兴的数字媒体传播内容的权利。需要通过技术手段来保护文档、影音、电子资源等不被盗版。

数字版权管理

Digital Rights Management（DRM）

针对网络环境下的数字媒体版权保护而提出的一系列软硬件技术。其目的在于保证数字内容在整个生命周期内的合法使用，平衡数字内容价值链中各个角色的利益和需求，促进整个数字化市场的发展和信息的传播。保护数字媒体的版权，从技术上防止数字媒体的非法复制，或在一定程度上使复制变得困难，最终用户必须得到授权才能使用数字媒体。数字版权管理一般具有六大功能，包括：数字媒体加密、阻止非法内容注册、用户环境检测、用户行为监控、认证机制、付费机制和存储管理。采用的技术主要有数字水印、版权保护、数字签名和数据加密等。

数字保存

digital preservation

在便于使用的前提下，对数字化信息的维护过程。由于计算机设备、软件和存储介质的生存周期较短，数字信息保存比印刷资料面临着更多困难。因此，数字保存是数字图书馆研究的重要课题。又指对非数字资料的数字化转换过程。非数字资料，如印刷本、电影等，容易因物理介质的损坏而形成永久性损失，因此采用数字档案形式加以数字化保存，是很有效的。

数字保护中心（英国）

Digital Curation Centre（DDC）

由英国联合信息系统委员会（Joint Information System Committee）建立。其任务是帮助英国的研究机构保存、管理和存储数据以保证其稳定性和长期使用。数字保存包括数据存档的保存，学术和科学主题数据的评估等。

数字笔

digital pen

能把用户手写的模拟信息转换成数字信息一种输入设备。与手写笔相比，数字笔灵敏度高，并具有擦写功能和数据传输功能。数字笔通常包含内部的电子功能，如触摸灵敏度、输入按钮、内存、写入数据传输能力和电子橡皮擦。

数字参考

digital reference

基于因特网的参考咨询服务，主要形式有FAQ服务、电子邮件参考服务、BBS讨论区、实时数字参考服务以及合作数字参考服务等。

数字参考协作服务（美国）

Collaborative Digital Reference Service（CDRS）

为国际性项目，旨在通过国际图书馆数字网络和相关机构向研究人员及时提供专业的参考服务。是由美国国会图书馆、联机计算机图书馆中心（OCLC）、美国图书馆协会（ALA）下属的参考与用户服务协会（RUSA）等80多个机构参加的国际合作组织项目。这是个世界性数字参考协作服务组织，利用其成员机构的数据库将咨询问题提交给最适合解答该问题的成员机构。另外，把收到的咨询问题和提供的答案存储到一个档案数据库中，以备将来使用。

数字出版

digital publishing

使用二进制技术手段对出版的整个环节进行操作，都属于数字出版的范畴，其中包括原创作品的数字化、编辑加工的数字化、印刷复制的数字化、发行销售数字化和阅读消费数字化等。也就是说，数字出版涉及到版权、发行、支付平台和最后具体的服务模式，不仅仅指直接在网上编辑出版内容，也不仅仅指把传统印刷版的东西数字化，或者把传统的东西扫描到网上就叫做数字出版，真正的数字出版是依托传统的资源，用数字化这样一个工具进行立体化传播的方式。

《数字出版手册》（美国）

The Handbook of Digital Publishing

由美国罗彻斯特理工大学（Rochester Institute of Technology）印刷管理与科学学院图像与出版系著名教授迈克尔·L·克莱珀（Michael L. Kleper）著。全书共2卷，9大部分44章。该书涵盖了当今大多数重要的数字出版问题，其问世使出版领域终于有了一部独特的与时俱进并囊括数字出版的方方面面的权威著作。该书以前所未有的广度和深度，对数字出版领域中的各个层面提出了新的见解。

数字出版在线

Epuber：Digital Publishing Online

汇集中国国内数字出版领域相关媒体工作者、

专家、学者和一线从业人员的行业交流平台。该网站在独立评论、客观分析和深入解读的基础上对数字出版产业进行引导，普及数字出版概念，倡导新技术及模式发展。采用最新的技术手段让业界体验数字出版，从技术、趋势以及运营等各方面指导数字出版实践，并在行业分析、市场调查和运营诊断方面提供专家组支持。

数字档案
digital archives

转换为机读格式的档案资料，目的在于保存资料或吸引更多用户。最典型的例子是“美国记忆”（American Memory）。这是美国国会图书馆的数字图书馆项目，将美国历史和文化的原始资料转换为数字形式并通过因特网提供服务。美国国家档案与记录管理系统要求档案记录与国家共存。数字档案对图书馆资料的保存至少要长于任何计算机系统或任何载体形式。数字档案的相应技术是恢复和移动，前者旨在准确保留比特顺序，后者在语义层面保留内容，而不是准确的比特顺序。两种方法均需要持续进行。在数字档案中，信息移动从一种格式转换为另一种格式，从一种计算机系统转换到另一种系统，在数字档案建设中具有最突出的位置。

数字捣弄
number crunching

由大型计算机对大量数据进行重复而烦琐的运算过程。其特征是完成运算的计算机为大型计算机，否则一般计算机没有能力对这样大量的数据进行运算；其次是数字在计算机的运算器和存储器中来回反复地进行传送。

S

数字的
digital

用二进制数码，如1和0所代表的离散式间断性电压脉冲，称为比特。在数字化文本中，每个字母都由专门的8位比特数列代表，称为字节。

数字地球
digital earth

1998年1月，美国副总统戈尔在加利福尼亚州科学中心演讲时提出的这个概念。是指利用遥感、数据收集系统、全球定位系统、地理信息系统、网络与多媒体技术和现代通信等高科技手段，将地球上每一地点的所有信息用数字形式表示，以空间位置为主线有机地组织起来，并加以存储而构成的一个虚拟的三维信息模型和完整的信息系统。数字地球中包含有高分辨率的卫星图像、数字化地图以及社会、经济和人口方面的信息，因而具有极高的应用价值。

数字典藏
digital archives

可以区分成两种形式，一种将实体的博物馆或图书馆资源数字化，在因特网或有线电视网上展示给公众，例如，美国国会图书馆的“美国记忆”项目；另一种是没有实体的数字博物馆或数字图书馆，将其所收集的资料数字化后，通过多媒体形式呈现在使用者面前，例如“美国数字图书馆倡议计划”。

数字电视
digital television

指把电视模拟信号转变为数字信号并进行处理、记录、存储、传输和接收的技术。数字电视系统与模拟电视系统相比，其优点是信号经多次转接切换和远距离传输而没有失真的积累，抗干扰性能强，图像清晰。

数字电视机顶盒
set-top box（STB）

随着数字电视业务的不断发展，机顶盒作为接收数字电视的新兴家电正悄悄进入千家万户。与一般电视机接收信号的过程不同，机顶盒接收特定网络运营商发出的数字电视和各类数据信息后，通过解调、解复用、信道解码，最后视音频解码，使用户可以欣赏到高品质的视音频节目。数字电视机顶盒是扩展电视机功能的一种新型家用电器。把卫星直播数字电视信号、地面数字电视信号、有线电视网数字信号甚至因特网的数字信号转换成模拟电视机可以接收的信号，使观众可以在现存模拟电视机上观看数字电视节目，进行交互式数字化娱乐、教育和商业化活动等。数字电视机顶盒是模拟电视向数字电视过渡期间的产品，通过数字电视机顶盒，不仅可以提供丰富的节目内容，而且改变了收看电视的传统方式。

数字对象
digital object

存储于数字图书馆中的一个条目，通常由数据、元数据和标识符组成。

数字对象标识

Digital Object Identifier (DOI)

对包括因特网信息在内的数字信息进行标识的一种工具。给数字信息加上数字对象标识，如同传统出版物贴上了条形码一样，具有了唯一性标识。1998 年美国出版协会创立非盈利性组织国际数字对象标识基金会（IDF），制定了数字对象标识标准和相应的解析系统（Handle System）。目前已有上千万个已经分配并解析的数字对象标识号码和几百个使用单位，应用领域也不断扩大。2007 年初，中国科学技术信息研究所和万方数据公司联合向国际数字对象标识基金会申请取得了它的中文注册权，并在此基础上成立了中文数字对象标识注册中心，负责运作中文数字对象标识的推广与应用。数字对象标识的编码方案（即美国标准 ANSI/NISO Z39. 84 - 2000）规定，一个数字对象标识有两部分组成：前缀和后缀，中间用“/”分割。前缀也由两部分组成，一个是目录代码，所有数字对象标识的目录都是“10”，即所有数字对象标识代码都以“10”开头。另一个是登记机构代码，任何想登记数字对象标识的组织或单位都可以向国际数字对象标识基金会申请登记机构代码。后缀是一个在特定前缀下唯一的后缀，由登记机构分配并确保其唯一性。

数字对象标识符

Digital Object Identifier (DOI)

一种因特网上的数字信息资源进行标识的工具。该号码在全球的唯一性使其能够对数字信息资源进行准确识别与定位。一般分为四个部分：编码规则、解析系统、元数据方案和分配与管理机制。该系统能够实现图书馆、出版商和数据集成商所提供数字信息资源之间的链接，达到各方共赢。利用该系统的技术优势有利于实现图书馆数字信息资源的建设和共享。

数字馆藏

digital collection

为了保存或为了向用户提供电子存取服务，被图书馆或档案馆转换为机读格式的馆藏资料，如托马斯·杰佛逊（Thomas Jefferson）数字档案，是弗吉尼亚大学图书馆电子文本中心项目。美国数字图书馆联合会（The Digital Library Federation）正在制定数字馆藏与网络存取标准，确定最佳运行模式。数字馆藏可以是传统载体的数字转换形式，如文本、图形、音乐、录音和说明与设计，也可以完全为数字形式，如来自科学实验的数据、计算机程序、声像资料和数据库等。

数字国家框架（英国）

Digital National Framework (DNF)

由英国军械测量局（Ordnance Survey）于 2000 年初提出的一个空间数据基础设施建设计划。其主要目的是，向全英国各行业提供权威的、一致的和可维护的数据框架，便于用户选取所需的地图信息，并将军械测量局的地理框架数据与自己的数据融合起来。该数字国家框架由国家格网和国家地形数据库构成，通过赋予每个要素一个唯一的可维护的标识码，来定义现实世界中存在的每个地理要素。

数字鸿沟

digital divide (information gap)

指对现代信息技术的掌握和使用的差距现象。数字鸿沟就是一个存在于那些拥有信息时代的工具的人以及那些未曾拥有者之间的鸿沟，其实质就是一种因信息落差引起的知识分隔和贫富分化。从这种意义上说，数字鸿沟的含义至少可以分为两个层次：一是一种差距，一种不平等；二是这种差距难以跨越。数字鸿沟现象存在于国家与国家、地区与地区、产业与产业、社会阶层与社会阶层之间，已经渗透到人们的经济、政治和社会生活当中，成为在信息时代突现出来的社会问题。

数字化

digitization

将数据转换为数字形式的过程。在信息系统中，数字化通常指将印刷文本或图像（相片、插图和地图等）转换为数字信号，采用某种扫描设备，使结果可以显示在屏幕上。在电信领域，数字化是指将持续的模拟信息转换为脉冲数字信号。

《数字化信息服务》

Digital Information Service

该书为《数字时代图书馆学情报学研究论丛》（第 2 辑）之一，立足于国际社会信息化环境，在信息用户及其数字化信息需求分析的基础上，研究面向用户的数字信息资源组织，数字信息服务业务系统构建、数字信息资源共享、信息资源整合，揭示了基于用户体系的信息服务交互机制，阐述了数字化信息服务的组织原理与方法，在面向知识创新的社会发展中，提出了社会化、集成化和个性化信息服务的推进策略。胡昌平、邓胜利著，由武汉大学出版社于2012年2月出版。

数字论文
digital thesis

以电子版的形式提交的硕士论文或博士论文，近10多年来，世界各国充分利用因特网和其他信息技术发展的成果，开发学位论文数据库及检索平台，为学位论文的检索，尤其是学位论文全文的获取提供了便利条件。例如，美国网络学位论文数字图书馆（NDLTD）和澳大利亚数字论文项目（ADT）。

数字漫画
digital manga

作为一种新的漫画制作、发行、传播和阅读方式，具有传统漫画不可比拟的优势，作为一个新名词最先出现在日本动漫界，是动漫及多媒体领域的一个新的发展动向。数字漫画具有图文一体化处理、色彩处理丰富细腻、多层次的发布传播、保存查阅方便和制作成本低的优点。

数字内容管理
Digital Content Management（DCM）

既是一种对资源的管理，又是一种生产方式。具体指出版单位突破传统的纸介质和磁带介质，引入网络、移动设备和大容量存储介质，把非结构化的信息，进行数字化加工，制作成图书、报刊、光盘和网页等，以各种媒体形式提供给用户进行阅读、检索、查询、分析和共享。在这个过程中，出版单位成为内容提供商。

S

数字排序
numeration

根据数字的数值大小，通过比较按递增或递减的次序排列的方法。数字排序是人们生活中最常见的一种排列方法。又指在著录标目中出现罗马数字或阿拉伯数字，可以按数字排序，分开排在字母顺序目录最前面或最后。

数字朋克
cyberpunk

最早出现在布鲁斯·贝斯克（Bruce Bethke）1983年11月发表于科幻杂志《惊奇》（*Amazing*）上的短篇小说“cyberpunk”。直到1984年12月30日，《阿西莫夫科幻小说杂志》（*The Magazine of Asimov's Science Fiction*）的编辑加德纳·多佐伊斯（Gardner Dozois）在《华盛顿邮报》（*Washington Post*）上发表了回顾性的文章“新的热点作家”，才将这一类作品称为“cyberpunk”。一般认为，数字朋克（cyberpunk）一词由表示“控制论”（cybernetics）的cyber与表示摇滚乐流派的punk组合而成。数字朋克最初是指科学幻想小说作家的一个流派，后来又指某些计算机迷，现在则把音乐、舞蹈和美术等同尖端技术巧妙地融为一体的一代高新技术执迷者。

数字签名
digital signature

以电子形式存在于数据信息之中的，或作为其附件的或逻辑上与之有联系的数据，可用于辨别数据签署人的身份，并表明签署人对数据信息中所包含信息的认可。数字签名是一种类似写在纸上的普通的物理签名，依靠加密技术来实现对数字信息的鉴别。一套数字签名通常定义两种互补的运算，一个用于签名，另一个用于验证。

《数字时代参考工作引论》（美国）
Introduction to Reference Work in the Digital Age

美国华盛顿大学信息学院副院长约瑟夫·詹姆斯（Joseph James）著。该书全面论述了数字时代图书馆所经历的数字参考革命的重要意义。2003年由美国尼尔·舒曼出版社出版。主要内容分五章论述：第一章为参考、数字及其他，第二章是了解用户、社区及他们的需求，后三章为用户对信息需求的反响、科学技术和实践变化与馆员的未来。

《数字时代图书馆危机管理》
Crisis Management of Library in the Digital Era

该书全面分析了数字时代图书馆各方面环境因素，对国内图书馆面临的宏观（政治、经济、文化、自然）环境与微观（行业内外、技术等）环境变化而可能引发的各类潜伏性和突发性危机类型。周金龙等编著，由海洋出版社于2012年1月出版。

《数字时代图书馆信息资源组织》
Information Resource Organization of Library in Digital Era

该书阐述了信息资源概念、特征、类型，信息组织的内容、工具和原则、信息资源编目的基本原理、MARC元数据与信息资源组织、DC元数据与网络资源组织、视音频信息资源组织、信息资源的分类标引、信息资源的主题标引、网络环境下主题检索语言的发展趋势、规范工作以及信息资源整合等内容。北京大学信息管理系段明莲教授、北京大学图书馆沈正华研究馆员编著，由北京图书馆出版社于2006年出版。

数字视频光盘
digital video disc（DVD）

光学软盘的一种，意即用途广泛的数字化存储光碟媒体。1995年9月，形成了统一的数字视频光盘标准：盘直径120毫米，由两片0.6毫米盘片黏合而成，单向容量4.7千兆字节，可播放133分钟电视信号；数字视频光盘与压缩软盘大小相同，但存储能力远远超过后者，部分原因在于它为双面记录。数字视频光盘有可能代替光盘、激光软盘和录像带，成为更好的家用电影媒介。数字视频光盘阅读机可以阅读大多数光盘媒体。

数字通信
digital communication

以数字信号作为载体传送信息，或以数字信号对载波进行数字调制后再传输的通信方式。其优点是抗干扰能力强、保密性能好、便于采用大规模集成电路，便于把各种业务综合在一个网内传输。

数字图书馆
digital library

以数字化、网络化环境为基本特征，以海量、经过组织和序化的数字信息资源为基础，以智能化、个性化的用户服务为中心的数字资源信息库、信息资源管理系统。是一些可以通过计算机进行访问的大型数字化信息集散地，不仅可以像传统图书馆那样作为跨多学科的知识仓库，也可以提供最新信息，还可提供各种发生事件声音和图像报道。图书馆数字化过程从机读目录开始，经过期刊索引、文摘服务的自动化检索，到期刊和大型参考工具书的数字化，目前已进入图书出版领域。数字图书馆的关键性技术包括数字化技术、信息存储技术、数据库技术、网络通讯技术、多媒体、超文本和超媒体技术等，目前各项技术都处于发展过程中，其研究和普及程度直接关系到数字图书馆的生存和发展。digital library缩写为：d-lib。

数字图书馆5S框架
5S Framework for Digital Libraries

5S理论起源于美国弗吉尼亚理工学院计算机系的数字图书馆通用定义。该定义将数字图书馆系统解析为5个要素：数据流（streams）、结构（structures）、空间（spaces）、脚本（scenarios）和社会（societies）。

《数字图书馆的知识组织系统：从理论到实践》
The Knowledge Organization System In Digital Libraries

该书深入地研究了如何利用传统的知识组织资源来实现“构造机器可以理解的、可自动应用的知识组织系统”这一数字图书馆的核心课题。该书由三篇构成：上篇介绍了网络知识组织系统的发展，重点是如何基于传统的知识组织资源（包括分类法、主题词表和元数据）来构造数字图书馆的知识组织系统，以支持概念检索和知识管理等服务；中篇探讨了词表的自动丰富机制；下篇以国际上使用最广泛的杜威十进制分类法为例，深入研究了如何改造图书分类法来实现自动分类。王军著，由北京大学出版社于2009年1月出版。

《数字图书馆的组织》（美国）
The Organization of Digital Libraries

由美国国家科学基金会（National Science Foundation）信息和智能系统部主任迈克尔·E·莱斯克（Michael E. Lesk）博士撰写。通过与目前一般图书馆现状的比照，该书全面论述了数字图书馆组织中所涉及的技术、法律、经济学、集中与合作、组织机构以及人员、预算与合作等方面。

《数字图书馆概论》（美国）
An Introduction to Digital Libraries

威廉·W·阿姆斯（William W. Arms）著，由美国麻省理工学院出版社出版。全书共分14章，基本涵盖了整个数字图书馆领域。该书的特点是力图避免凭空的推测，而把注意力放在介绍当前活动、趋势的研究方面；该书的插页都是介绍数字图书馆研究和应用的具体事例，代表当前数字图书馆研究水平；书后附有的术语表，该书对当今数字图书馆领域中使用的各种术语作出简要说明，有利于研究数字图书馆的人们对术语、缩略语有一个正确判断和认识。该书的中文版由施伯乐等翻译，电子工业出版社于2001年出版。

数字图书馆个性服务系统（模式）
MyLibrary

以用户为中心、用户可操作的、个性化地收集组织数字资源的一个门户，即用户从图书馆网站所提供的全部数字资源中，选择自己需要的信息组织在其中，之后访问数字图书馆个性服务系统（模式），用户将获取与此相关的具体内容。此系统之目的是通过允许用户选择定制自己所需的信息资源并进行资源的组织以减少信息超载。其设计原理是允许用户根据个人需要定制图书馆的资源与服务，同时以用户注册信息、用户访问行为跟踪等方式构建用户模型，并根据模型进行信息推送。最终建立属于用户的个人图书馆信息环境。

数字图书馆理论与实践国际会议
International Conference on Theory and Practice of Digital Libraries（ICTPDL）

始于1997年，每年举行一次，原名为欧洲数字图书馆研究与先进技术欧洲会议（European Conference on Research and Advanced Technology for Digital Libraries，ECDL），是关于数字图书馆的欧洲科学论坛。2011年更改为现名。该会议已成为数字图书馆领域的研究者、开发者、内容提供商及用户交流与讨论数字图书馆主题的平台。

《数字图书馆理论与实务》
Theory and Practice of Digital Library

该书开创性地将数字图书馆系统理论研究和实务操作指南融合起来，并深入剖析有代表性的数字图书馆建设案例，从而为实践提供直观生动的参考借鉴。全书分为理论篇和实务篇两大部分，理论篇对国内外数字图书馆的发展历程进行了全面回顾，并展望了其未来发展趋势，围绕信息资源建设、用户服务、技术发展与应用以及组织管理等数字图书馆建设基本要素，对数字图书馆相关理论、技术和方法进行系统梳理和细致介绍，力求帮助读者从宏观上整体把握数字图书馆基本理论；实务篇则强调结合中国数字图书馆发展的现实需求和具体实践，对数字图书馆建设规划、数字资源建设、知识产权管理、技术平台搭建等问题做了深入阐述，力求为数字图书馆业务建设提供有针对性的实践指导。魏大威主编，由国家图书馆出版社于2012年11月出版。

数字图书馆联盟（美国）
Digital Library Federation（DLF）

由美国一些重要图书馆及相关机构联合成立的数字图书馆学术组织。1995年网络信息联盟（Coalition for Networked Information）会议在华盛顿召开，美国16个主要的研究图书馆在会上宣布成立国家数字图书馆联盟，其目的是在因特网上建设分布式的开放图书馆，开创性地探索利用信息技术来拓展馆藏和服务，用数字化与动态的方式保存美国的文化遗产，并与全球因特网用户共同分享。主要出版物有：网络版的《数字图书馆联合会业务通讯》（*DLF Newsletter*）、《电子资源管理》（*Electronic Resource Management*）、《数字图书馆目录和课程管理系统：合作问题》（*Digital Library Content and Course Management Systems：Issues of Interoperation*）。

数字图书馆联席会议
Joint Conference on Digital Libraries（JCDL）

始于2001年，每年举行一次，由美国计算机协会（ACM）与国际电子电气工程师协会计算机学会（The IEEE Computer Society，IEEE - CS）联合举办的关于数字图书馆及相关技术、数字图书馆实践与社会问题的国际论坛。议题非常广泛，涉及数字图书馆领域的各个方面，包括数字图书馆基础设施、元数据、服务、数字保存、系统设计、实施、界面设计、人机交互、资源发展和知识产权等。

《数字图书馆论坛》
Digital Library Forum

由中国科学技术信息研究所、科学技术部科技人才交流开发中心和北京万方数据股份公司主办，是中国唯一正式发行的以数字图书馆命名的专业性科学普及杂志。关注国内外数字图书馆发展过程中的理论、技术、资源、方法、组织、管理、版权、产业等问题，其主要栏目有："本期话题"、"特别关注"、"资源建设"、"技术与应用"、"用户与服务"、"搜索世界"、"开放存取"、"版权杂谈"、"案例课堂"、"探索与交流"、"好书推荐"、"业界动态"和"会议动向"等。该刊为月刊，国内公开发行。

《数字图书馆》（美国）
Digital Libraries

第一部提供了对数字图书馆领域的历史回顾和当前研究进展的全面观点的著作。该书共分14章，并附有200多个专业术语的词汇表。该书论

S

及了信息管理基础、因特网、网络安全、数字档案、传统图书馆系统与一般的临时性信息结构之间的检索桥梁等各方面问题，从技术、经济、社会和组织管理等角度阐述了数字图书馆与传统图书馆的不同，并重点介绍和分析了数字图书馆实际运作中的各种因素。美国学者威廉·阿姆斯（William Y. Arms）著，麻省理工学院出版社于2000年出版。

数字图书馆门户
digital library portal

进入数字图书馆唯一的大门和通道，外界通过该门户才能享用数字图书馆丰富的资源和服务，数字图书馆门户是数字图书馆信息传播的门径，是数字图书馆的重要组成部分。其核心特征是信息与应用的整合、跨系统检索、简单的统一界面、一次性认证和可定制和个性化。主要技术有：门户构建技术、跨系统检索技术、元数据获取、信息通报和其他数字图书馆技术。

《数字图书馆》（日本）
Digital Libraries

由日本筑波大学数字图书馆编辑委员会编辑出版，1994年8月创刊，季刊。主要收录日本国内有关数字图书馆的专论，大部分文章涉及有关数字图书馆的自由讨论、信息交换、研究、讨论及研究成果的出版和提供方式的研究。该刊除了印刷版外，也有网络版。

数字图书馆首倡计划（美国）
Digital Libraries Initiatives（DLI）

1994年6月3日，美国国家科学基金会（NSF）、美国国防部高级研究项目局（ARPA）和国家航空航天局（NASA）共同资助2 400万美元实施该项计划。研究内容集中在文本、图像和声音等信息形式的数字化转换并混合，从而可以通过因特网高速传输和远程存取信息。项目研究重点在于改善信息收集、存储和组织的技术和方法，使网络信息检索和信息处理成为可能。项目历时4年，以6所美国大学为中心，其他各类机构也积极参与了项目研究，包括图书馆、博物馆、出版社、国立实验室、行政机关、中学以及大量的计算机与通信公司等。数字图书馆初始计划的意义不仅在于数字图书馆建设本身，更重要的是使各国政府和研究机构都开始关注数字图书馆，使数字图书馆成为最富挑战性并值得投入的新兴领域。

《数字图书馆与版权保护》
Digital Library and Copyright Protection

该书从版权保护和信息资源共享的合理性为切入点，以数字图书馆资源建设与服务体系构建为对象，探讨版权保护与信息资源共享间的利益冲突及平衡机制。内容涉及：版权平衡理论的思想溯源、版权视野中的数字图书馆、数字图书馆资源建设与版权利益平衡、数字图书馆用户服务与版权平衡、技术防范措施与利益平衡、数字图书馆侵权案管辖权的困境、数字环境下版权利益平衡机制的构建等。王小会著，由国家图书馆出版社于2008年7月出版。

数字图像
digital imaging

计算机科学的分支领域，研究范围涉及所有以数字形式获取、存储、处理、传递和显示图像信息的技术和方法，如数字照片、数字扫描和数字位图等。数字图像技术应用于图书馆，主要通过扫描方法将文本文献转换为数字图像，以全文书目数据库形式存储，以便馆藏的保存和使用。

数字挖掘
data mining

一种新的商业信息处理技术，其主要特点是对商业数据库中的大量业务数据进行抽取、转换、分析和其模型化处理，从中提取辅助商业决策的关键性数据，是通过收集、加工和处理涉及消费者消费行为的大量信息，确定特定消费群体或个体的兴趣、消费习惯、消费倾向和消费需求，进而推断出相应消费群体或个体下一步的消费行为，然后以此为基础，对所识别出来的消费群体进行特定内容的定向营销，这样可以节省营销成本，提高营销效果，从而为企业带来更多的利润。

数字文档
digital document

将传统的纸张文档通过纸张扫描、图像优化、压缩归档等数字化技术加工成电子化的信息数据。将数字文档进行高质量保存和管理，实施知识增值，并提供在广域网上高速横向跨库连接的电子存取服务。数字文档的特点是：收藏数字化、操作电脑化、传递网络化、信息存储自由化、资源共享化和结构连接化。

数字文件特征

digital file characteristic

与资源中数字编码的文本、图像、音频、视频及其他类型数据相关的技术格式，包括文件类型、编码格式、文件大小、图像分辨率、DVD 地域编码、流媒体传输速度等。属“资源描述与检索”（RDA）的载体描述元素之一。

数字文献倡议计划

Data Documentation Initiative（DDI）

1994 年由美国校际联盟政治和社会研究组织（ICPSR）发起的社会科学界的一个国际性项目，用来描述社会科学数据集的主要元数据。其元数据规范用可扩展标记语言（XML）标记。

《数字信息组织》

Organization of Digital Information

《现代信息资源管理丛书》之一。该书立足于数字信息特点，全面深入地阐述了数字信息组织的理论、方法、技术及应用，内容涉及数字信息及数字信息组织基本内容与方法、分类法与主题法、语义网信息组织与本体、数字信息组织描述规范、数字信息组织技术标准、数字信息自动组织技术、数字图书馆信息组织、网站信息构建、电子商务网站信息组织和电子政务信息组织等。该书侧重于网络环境中数字信息组织内容、方法、技术的系统论述，具有系统性、新颖性、较高的学术性和较广泛的应用价值。甘利人、薛春香和刘磊等编著，由科学出版社于 2010 年 1 月出版。

S

数字有声书

digital talking book（DTB）

美国有声读物协会对有声读物的定义是：“其中包含不低于 51% 的文字内容。复制和包装成盒式磁带、高密度光盘或者单纯数字文件等形式进行销售的录音产品。”与传统的有声读物不同的是，数字有声书依据按 ANSI NISO Z39. 86—2005 数字语音书籍规范，是一些电子文件的集合，把传统的印刷版本信息用多媒体形式表现出来。这些读物需要特别的播放设备播放。

《数字阅读：你不可不知的资讯与技巧》

What is Digital Reading

《阅读推广丛书》之一，李东来主编。数字阅读就在我们身边，如果善于利用新技术带来的便利，就能通过数字阅读为生活和工作添上翅膀。这是一本送给所有对数字阅读心怀好奇、但不甚精通的人的阅读指南，主要内容有：数字阅读是什么，数字阅读读什么，怎样提高你的数字阅读技巧，数字阅读达人访谈等。多位数字英雄在书中分享自己的数字阅读技巧，畅谈数字阅读的未来。书后附各类有用的数字资源列表。由国家图书馆出版社于 2010 年出版。

数字资源

digital resource

为计算机设备操作而编码的资源（数据或程序）。资源可能需要使用直接连接到计算机设备的外部设备（如 CD-ROM 驱动器）、应用程序（如媒体播放器、图片浏览器）或连接到计算机网络（如因特网）。

数字资源保存国际会议

The International Conference on Preservation of Digital Objects

2004 年开始，每年举办的关注数字资源长期保存的国际会议，涵盖了数字资源长期保存领域的各个话题：从战略计划到战略实施，从国际、区域性项目计划到具体组织、机构项目等。

数字/字母标识

numeric and/or alphabetic designation

以数字/字母形式表示的连续出版物编号。

数字、字母顺序和按年代或其他标记

numeric and/or alphabetic，chronological，or other designation

在编目工作中，在书目记录的文献特殊细节项中应注明连续出版物的出版历史，通常以封闭的或半开的括号表示，用来区别表示某一图书馆或图书馆系统收藏期次的馆藏附注。

刷新

refresh

计算机用语，指不断重新激活和恢复已衰减或消失了的信息的过程。也指在计算机绘图操作时，反复地重复显示屏面图形的过程。

双版制

two-edition system

同一种图书或期刊推出两种版本，以适合不同读者的不同需要。

双编号

double numeration

主要用于课本、法律图书和技术出版物的编号系统。书中有两套号码，以句号、破折号或其他符号分开。第一个号码表示章节或著作的主要内容，第二个表明文本的一部分或插图、地图、图表和表格。编号依据书中出现顺序给出，例如：第6.4图即表示该图为第六章第四图。这个方法多用于插图，文图不在同一页面的情况。

双程页码法

two-way paging

又称双向编页，这是一种特殊的图书编页。在一些双语种的图书中，一种语种的页码编排由前至后，另一种则由后向前编排。例如，前者从封面扉面开始编页码，后者则从封底开始编页码。

双工

duplex

在通信中，能同时双向传递（发送和接收）信号的频道。在计算机网络中，通常用双绞线或划分带宽的方式形成两个频率，使信息发送者和接收者能够同时进行通信。半双口连接能够在任一方向传递信号，但不能同时双向传递（如两用收音机）。

双剑号

double dagger（double obelisk，diesis）

在印刷图书中，经中点纵笔交叉两次的符号，作为第三顺序参考标识，跟在星号和剑号之后。

双绞线

twisted pair

一种常用的传输介质，因带宽相对较低，所以常用于老式电话网和低成本的局域网。双绞线由两根相互绝缘的铜导线按照一定的规格互相缠绕在一起而成的网络传输介质。它的原理是：如果外界电磁信号在两条导线上产生的干扰大小相等而相位相反，那么这个干扰信号就会相互抵消。目前许多国家的电话公司正将其基础设施由双绞线改为同轴电缆，大多数计算机网络则使用同轴电缆或者光导纤维。

双栏

double column

在图书中正文分为两栏，各栏分别占页宽的二分之一，两栏之间用空白或标尺分开。双栏格式多用于词典、百科全书和其他大型参考工具书。

双连书写板

diptych

可移动折叠书板，包括两片里层有蜡覆盖的木质、象牙或金属板。古希腊和罗马人用铁笔在上面书写。有时，在折叠书板里面有绘画或雕刻。中古时期欧洲也采用三块板绘画和雕刻，称为三连画，折叠时将旁边两张板盖在中间板上。

双面

duplex

连接在计算机或计算机网络上的打印机，能够在一张纸上双面打印，可节省纸张，用户可以在公共工作站打印资料。

双面色纸

two sides colored

造纸时把纸张的正反两面都印成有颜色的。

双面手稿

opisthograph

指正反两面都刻印或书写有文字的古代手稿，多为羊皮纸。

双面书架

double-faced shelf（range）

两面均可放书的书架。只有在图书馆空间极为有限的情况才采用的上架方法。书架宽度至少需25厘米。能够将图书上架能力扩大一倍，但降低浏览能力，使查找和上架更为困难。可采用图标或限制连续出版物使用率将各种不便降低到最小。

双面印刷

perfecting

在一页纸的正反两面都印刷有文字或图表的技术和方法。双面印刷机能同时在纸的两面印刷。

双面印刷机

perfecting press

纸一次过机便能双面被印刷上文字、图表等信息的印刷机。

双色套印法

duotone

双色印刷图像的插图，可以是任意两种颜色，通常为黑色，或深蓝或深绿色。双色套印结果因用户打印机不同，需要用颜色校正系统维护设计效果。双色套印是在灰度图像中添加其他颜色，至多可以添加四种颜色，使打印出的效果比单纯灰度图像更好。双色套印价格低于全色印刷。

双世出版公司
World Century Publishing Corporation

2010 年 12 月在美国注册成立，由新加坡世界科技出版公司和上海世纪出版股份公司携手创办。该公司严格按照国际编辑出版规范与标准出版英文书刊。这也是中国内地出版社首次走出国门，与海外出版机构合作。在组稿方面重点是世界一流顶尖学者的著作。初始阶段定位在“亚洲研究”，以“中国研究”为主。出版题材还有中医药、管理学等方面。

双线笔
railroad pen

一种能同时画出双线的特种鸭嘴笔。常用于制图和图书馆里各种标记的制作。

双行式
duplex

卷式缩微品影像的排列方式。用依次曝光同时摄制原件正反两面，使缩微影像在胶卷上对称排列为两行，各占 16 毫米胶卷的一半宽度。摄制双行式缩微胶卷的摄影装置是一种装有反射镜的摄影机。

双页
double leaf

图书中双倍于普通页面的书页。在前边缘或上边缘折为两页而不裁开。折页内多不印刷。在图书馆目录中，如果页面不标号，每页都作为两页处理。也称双折叶，是指中国古装图书的书页，每两个页面由一叶对折而成，另两个页面为空白，采用包背装、旋风装时，折缝在翻口，翻阅时空白页通常看不到。

双页码
duplicate paging

页码数字重复（书的单页面与双页面为相同页码），通常出现在相对页面上，主要包括并列文本的图书中，如翻译著作的原文与译文。

双语版
bilingual edition

用两种语言形式出版的图书或者期刊。通常是因为该出版物发行的国家两种语言均通用（如加拿大的英语与法语），或者该出版物由两种不同语言的国家合作出版。

双语词典
bilingual dictionary

即“本族语——外族语”对照词典，与单语词典、多语词典相对而言，指一部词典中使用两种语言词汇相互对照。这种词典的本质特征是对译，即两种符号系统的对应。双语词典种类多，数量大，通常分为三大类：双语语文词典、双语专科词典和双语百科词典。其主要内容是在一种语言的词汇单位中，找出另一种语言的词汇单位中意义相等（或相近）的对应词再做解释。

双语对照版
parallel translation

两种文字对照的、平行排版的文章或书，便于读者对照原文（著）阅读，更准确地理解原文（著）的含义。

双月出版的，双月刊
bimonthly

每两个月出版一次的出版方式（每年六期），或指隔月出版一次的连续出版物。

双周出版一次的，双周刊
Biweekly（semimonthly）

每月出版两期，也指一个月出版两期的连续出版物。

霜状边
frost edges

指喷雾作散点状，染印于书边成霜状。

水上图书馆
floating library

指一种流动送书船。船载着图书送给船民或居住在岛上的居民阅读。

水文地图
hydrologic map

一种地图，用于显示一个地理区域内的地表水

S

(溪流、江河等)系统,以及该地区的其他水文学(湖泊、水库、冰川、地下水、泉水、湿地和水质等)特征。

水洗
washing

摄影术中,用清水冲洗的方法彻底洗净在显影和定影时残留于感光材料上可溶性盐类和其他化学药品的过程,以免底片或照片受残留物质的侵蚀而发生变色变质。

水印(数字)
watermark

将数字、序列号、文字和图像标志等版权信息嵌入到数字产品中(如电子出版物、电子绘画和音视频产品等),起到版权保护、保密通信和数据文件的真伪鉴别以及产品标识等作用。数字水印通常情况下是看不见的,只有通过专用的检测器或阅读器才能提取此信息。数字水印有隐藏性、隐藏位置的安全性和鲁棒性等特征。

水印(造纸)
watermark(papermark)

造纸过程中形成"夹"在纸中而不是在纸的表面、迎光透视时可以清晰地看到有明暗纹理的图形或文字。它是用改变纸浆纤维密度的方法制成的高精度工艺品。水印有两种形式:一种为满版水印,即水印图案在纸面中不固定,散布在纸面各个部位;另一种为固定水印,即水印图案固定在纸面的一定位置,常以人头像为画面题材。最早的水印出现于13世纪的意大利。形状为十字架,中心有一大圆圈,横臂两端有一小圆圈,是早期希腊教会某秘密派别的标记。此后,水印在很长一段时间内都严格地代表着宗教的标记。钞票水印最早于1666年被瑞典的斯德哥尔摩银行所采用。此外,西方早期水印往往还标明造纸的日期、地点和造纸者姓名。因此,水印可以帮助识别图书出版的大致时间及各种版本之间的关系。

《水资源文摘》
Aqualine Abstracts

由ProQuest CSA期刊部与英国水务研究中心联合出版。摘录400多种期刊与报告中发表的关于水质、水与废物的监测与分析、水处理、地下设施、污水与工业废水以及水污染的影响等方面的文献,是公共水务管理机构的参考工具。

《水资源文摘》(美国)
Water Resources Abstracts

由美国剑桥科学文摘社编制。该数据库涵盖了与水相关的科学和技术主题,涉及水的特点、保存、控制、污染、处理、应用及水资源管理。文献类型包括期刊论文、图书、会议录和技术报告等。覆盖的主题:地下水、湖泊、江河、侵蚀和沉积、水的供给与保存、脱盐、水田改良、水量管理与控制、流域保护、水质量管理、水法和工程与水力学。

水渍斑的,因水而褪色的
water-stained

图书资料受到水的侵蚀,留下污斑或使耐水性差(如纯蓝墨水、红墨水)的字迹发生褪色。

水渍的、被水污损的
water-damaged

由于雨淋、水灾等不良因素的影响而造成对图书的受湿侵蚀,如膨胀、扭曲、污点甚至发霉等。被水渍污损的书本一般很难复原。

顺查法
search in chronological order

指按照时间的顺序,由远及近地利用检索系统进行文献信息检索的方法。顺查法能收集到某一课题的系统文献,适用于较大课题的文献检索。

顺序标记制
non-hierarchical notation

图书分类表中所采用的一种编号方法,又称非结构型标记制。从类目表中的第一个类目开始,直到最后一个类目,按其在分类体系中的顺序,不分等级,不显示结构而依次配以相应的号码,所以简称顺序制。其优点是可以根据类目数量均衡分配号码,类号简短,具有充分的容纳性。其缺点是不能显示类目的等级及相互关系,表达性、助记性较差。

顺序查阅法
scanning search

也称扫描检索,是对所需要的数据按一定的顺序从头到尾逐个单元地检索。这种检索方式查全率较高,但检索速度较慢。

顺序的,序列的
sequential

将一系列款目按照预先制定出来的特定顺序排

列。在计算机运行过程中，顺序存取指的是数据按一定的方式进行存储，这种存储方式只能按照一个接一个的次序存取。

顺序检索
sequential search

该检索的一般过程是：给定一个长度为 m 的检索模式 P 和长度为 n 的文本 T，在该文本 T 中寻找所有出现模式 P 的位置。用得较多的顺序匹配算法是简单顺序检索法。顺序检索的缺点是查找时间长。

说明
Description

都柏林核心元素集的元素之一。资源内容的文本描述，包括类文件的文摘或可视资源的内容描述。说明元素可以包括但不限于：文摘、目录、对以图形来表示内容的一个参照，或者一个有关内容的自由文本描述、版本说明和注释等。

说明，解释
explication

对分类表的编制目的、结构原理和使用方法等进行说明，对分类表中的绪论说明、大类说明和类目注释等进行解释。

说明性文件，帮助文件
readme

一种指导如何使用计算机程序、应用软件及软件系统使用注意事项的小型文本说明文件，常随应用软件一块发行。软件制作公司在应用软件中附带该文件的目的是为了让用户在安装使用软件前先阅读，以便更好地使用，并遵守相应的应用规则。在打开一个以电子邮件附件形式发送的说明性文件时应特别小心，因为这种文件常常是黑客传播计算机病毒最通用的一种方式。

《说文解字》
Origin of Chinese Characters

简称《说文》。作者是东汉的经学家、文字学家许慎。《说文解字》成书于东汉和帝永元十二年（100 年）到安帝建光元年（121 年）。是中国第一部按部首编排的字典，也是世界最古的字书之一。许慎根据文字的形体，创立 540 个部首，将 9 353 字分别归入 540 部，540 部又据形系联归并为 14 大类。另有“重文”（即异体字）1 163 个，说解 133 441 字，字典正文就按这 14 大类分为 14 篇，卷末叙目别为一篇，全书共有 15 篇。原书现已失落，但其中大量内容被汉朝以后的其他书籍引用，并有北宋徐铉于雍熙三年（986 年）校订完成的版本（称为“大徐本”）流传至今。

硕士论文
master’s thesis

攻读硕士学位研究生所撰写的学术论文，具有一定的理论深度和较高的学术水平，强调作者思想观点的独创性，其研究成果应具备较强的实用价值和较高的科学价值，对本专业学术水平的提高具有积极的作用。

司礼监本
Ming Place Edition

司礼监刻印的书本。司礼监为官署名，明代内廷十二监之一，主管与宫内需索有关的业务，同时也是明代官方主要的出版机构之一，下设“经厂”，置经厂提督太监一名，总绾印刷业务，主要是印行皇帝指示刊发的书籍，相当数量的前代经史文献，在明代为司礼监重新排印保存。

丝网印刷
silk screen（screen printing）

一种印刷方法，又称过滤印刷。丝网印刷中不需要印刷的部分被织物、塑料等制成的网所遮挡。在没有遮盖的部分，油墨或颜料可渗入印刷品表面。每种颜色必须使用不同的油印蜡纸。丝网印刷法通常用于标语、广告画以及玻璃、金属、塑料和木料等表面的印刷。这种印刷方法具有可以使用多种油墨、版面柔软、压印力小、墨层厚实、覆盖力强和不受承印物表面形状和面积大小的限制等特点。

丝质纸
silk paper

表面渗有短蚕丝彩条的纸张。早期指伊拉克巴格达的麻制纸，现指印钞票的特制纸。

私刻本
Privately Printed Edition

指私人出资刻印的图书，其中不以营利为目的之私家刻书称为家塾本或家刻本。始于五代毋昭裔。从宋代以来，家塾刻书甚多，有的以室名相称，如宋余仁仲的《万卷堂本》、明范钦《天一阁本》、毛晋的《汲古阁本》、清鲍廷博的《知不足斋本》、黄丕烈的《士礼居本》。也有以人名相称，如宋《黄善夫本》和明《吴勉学本》。因为私人刻书家比较看重名誉，有一定的学问，注意校雠，所以质量比较高。

私人藏书
private collection

与官府藏书、书院藏书并举的三大藏书形式之一。从春秋战国时期开始到清末被近代图书馆取代为止，有两千多年的历史。从收藏者的身份看，主要是皇室成员、达官显贵、学者名流及士绅百姓；从藏书的类别看，则主要为经典政书、善本孤本、禁书杂书等。政书齐备、版本精良、善本孤本多、禁书奇书多、实用性与趣味性并存，是私家藏书的最大特色。所藏图书一般不对外人开放，只供后世子孙享用，以达到诗书传家的目的。

私人密钥加密
private key encryption

数据传输的一种安全处理程序，信息的传输者和接收者使用相同的密钥，分别用在信息传输时的加密以及在信息接收时的解密。

私人图书馆，私立图书馆
private library

不依靠公共基金资助的任何规模的图书馆。尤指出于个人的兴趣，由个人、家庭或私人公司、基金会或民间学术组织筹设的图书馆，主要是指私立公共图书馆，也有私立专门图书馆及各级私立学校图书馆等，如美国纽约皮尔庞特·摩根（Pierpont Morgan）图书馆和亨廷顿图书馆（Huntington Library）。私立图书馆的馆藏主要来自私人藏书或捐赠，多以收藏珍本、善本等历史文献为主，同时也收藏人文科学、社会科学和自然科学等方面的书刊。

私人文献
personal papers

档案馆（室）所收藏由个人收集的有关其一生的个人文献和其他资料。私人文书由其所有者使用处理，而官方文书则由政府保管管理。

私营印刷社，私人出版社
private press

一种由个人经营的小型印刷公司，根据公司老板个人的兴趣制版。通常，其印制精美的印刷品不通过正规的市场渠道销售。从1998年起，新加坡教育部开放90%的编印教材市场给私人出版商、有意编写课本的私人出版社，他们必须先到财政部注册，并持有良好的准时出版等记录。在编写母语等具敏感性的课程内容时，保证遵从新加坡教育部的指示。

私有化
privatization

泛指改变工业或商业的地位由公营到私营或由公有到私有。国外某些图书馆，通过立约将有关图书馆馆藏和服务的控制和管理决策权转包给馆外以赢利为目的之机构，使得图书馆的公共服务私有化。

思维地图
thinking maps

利用图示的方法来表达人们头脑中的概念、思想和理论等，是把人们头脑中隐型知识显性化、可视化，便于思考、交流和表达。是一种表达知识网络图形化技术，知识图由概念网络构成，网络包括节点和连线，节点代表概念，连线代表概念之间的联系。

斯巴坦堡县公共图书馆（美国）
Spartanburg County Public Libraries

位于美国南卡罗莱纳州的斯巴坦堡县，设有1所中心馆、9所分馆和1所流动图书馆，为全县居民提供全方位的服务，其馆藏图书和期刊合订本有120万册，激光唱片、磁带和其他音频资料共5.7万多件，数字视盘和家用录像机制式的视频材料共3.6万件。年到馆访问有200万人次，年图书流通量为250万册次。

斯达克县地区图书馆（美国）
Stark County District Library

位于美国俄亥俄州的凯涛恩市。拥有1所中心馆、9所分馆和3所流动图书馆，为全市居民提供多种服务，其馆藏图书和期刊合订本有150万册，激光唱片、磁带和其他音频资料共5.8万多件，数字视盘和家用录像机制式的视频材料共6.2万件。年到馆访问有100万人次，年图书流通量为460万册次。

斯德哥尔摩大学图书馆（瑞典）
Stockholm University Library/*Stockholms universitetsbibliotek*

该馆是瑞典最大的研究图书馆之一、欧洲文献

S

中心，也是斯德哥尔摩人来往最频繁的文化机构、大学校园的会议中心和信息中心。每年有200万来访者。拥有1所总馆和13所系图书馆以及1个服务网络系统（2所人文科学图书馆、6所科学图书馆和5所社会科学图书馆）。馆舍于1983年开始启用，设有阅览座位1 700席。该馆拥有图书和期刊（合订本）500多万册（卷）。电子资源的数量，如参考和全文数据库在不断地增长。大多数图书馆的藏书涉及：人文科学、法律、数学/自然科学和社会科学。该馆创建于1878年，大批的藏书是来自几所著名的图书馆，如瑞典科学院和哥本哈根的皇家图书馆。20世纪初期，社会科学、法律和斯拉夫语图书馆相继建立，并于1971年并入斯德哥尔摩大学图书馆。1978年由1739年建立的瑞典科学院图书馆也并入斯德哥尔摩大学图书馆。该馆馆藏已涉及所有理论和应用科学方面，尤其是植物学和动物学方面的文献，还有斯拉夫语和关于书业的历史文献的亚当·海伦（Adam Helms）的藏书。该馆为学校教师和学生免费提供信息检索基本、高级课程，教会他们如何从图书馆的印刷、电子资源中找到所需要的资料。该馆根据校外的机构和公司的需要也提供特殊信息检索课程。

斯德哥尔摩公共图书馆（瑞典）
Stockholm Public Library

1928年成立，位于瑞典首都斯德哥尔摩市，是瑞典最大的公共图书馆，为全市居民服务。该馆拥有40所分馆和4所汽车图书馆，馆藏图书220万册，音频、视频资料（包括有声读物，激光唱片等）240万多种。另外，期刊图书馆收集了1 500多种杂志和150多种报纸，国际图书馆收藏了120多种文字的图书20多万册，其中包括1.7万册俄文图书、1.6万册阿拉伯文图书以及1.5万册西班牙文图书以及中文、泰文、日文、波兰文和波斯文图书。

《斯堪的纳维亚公共图书馆季刊》
***Scandinavian Public Library Quarterly*（*SPLQ*）**

由北欧公共图书馆管理委员会于1968年创刊发行，其编辑部工作由北欧四国：芬兰、挪威、瑞典和丹麦每5年轮流主持，编辑部原设在哥本哈根，由丹麦国家图书馆管理委员会主办，乔娜·霍尔姆加德·拉森（*Jonna Holmgaard Larsen*）任主编。2012年1月起，该刊办公室迁至瑞典国家图书馆。由理查德·卡尔松（*Rickard Carlsson*）担任主编，克里斯蒂娜·乔森·安得鲁（*Christina Jönsson Adrial*）负责发行。该刊主要反映世界上人口稀少的图书馆状况、网络化以及在因特网上建立虚拟和有形图书馆之间的联系、介绍著名图书馆建筑以及世界一些国家的信息政策。该刊图文并茂，呈现北欧图书馆的文化风貌。除了印刷版外，还有电子版发行。

斯堪的纳维亚计划
Scandia Plan

由北欧斯堪的纳亚半岛的丹麦、芬兰、挪威和瑞典四国从1957年起实行的一项关于图书馆在采购和流通上的合作计划，这是为了协调藏书补充而规定的跨国合作计划。这项计划的实施有助于建立统一的地区文献资源保障体系，实现资源共享。联合国教科文组织原计划将它扩大到馆藏在战争中受毁的所有的欧洲国家，但由于没有建立拥有一个协调中心和其他一些原因，许多具体问题得不到解决，这个计划最终没能成功。

斯克兰顿公共图书馆（美国）
Scranton Public Library

位于美国宾夕法尼亚州的斯克兰顿市，设有1所中心馆、3所分馆和1所流动图书馆，为斯克兰顿市居民提供多种服务，其馆藏图书和期刊合订本有110万册，激光唱片、磁带和其他音频资料共5.4万多件，数字视盘和家用录像机制式的视频材料共6.5万件。年到馆访问有80万人次，年图书流通量为120万册次。

斯里兰卡国家图书馆和文献服务委员会
National Library and Documentations Services Board of Sri Lanka（NLDSB）

成立于1998年，隶属于斯里兰卡教育部。该委员会的主要任务是管理整个国家的图书馆，促进图书馆及文献服务的发展；尤其是管理斯里兰卡国家图书馆与文献中心的事务；为相关当局制定图书馆与文献服务的政策并提供建议；促进斯里兰卡图书馆与信息服务机构之间的合作；提供专业的咨询服务及培训；提高斯里兰卡图书馆与文献服务的专业性；启动并促进图书馆与文献服务相关的研究及调查；制定并颁布图书馆与文献服务的国家标准；开展促进培养全民阅读习惯的活动；组织相关的工作会议、研究和确定培训课程、举行展览及其他活动；发起并资助与该委员会相关的活动。

斯洛伐克国家图书馆

Slovak National Library/*Slovenská národná knižnica*

成立于1863年的马蒂卡·斯洛文斯卡图书馆承担有国家图书馆的任务及职能，作为斯洛伐克民族生活联盟旨在弘扬民族文学艺术。由于斯洛伐克人与匈牙利政府的冲突，导致该馆于1875年被关闭。1954年马蒂卡·斯洛文斯卡图书馆并入国家图书馆。1996年以来，隶属于文化部的国家图书馆开始着手编制书目数据，并实施在线检索。2000年7月1日通过的《斯洛伐克图书馆法》彻底清除了斯洛伐克图书馆事业发展历史中的种种障碍。目前该馆不仅是收集、加工和保存全国藏书的中心，还是现代图书馆的典范。馆藏专著和期刊总量达400万册（件），其中包括120万册手稿、连续出版物甚至1830年以前出版的老印刷品、9 000种16世纪的文献以及500种摇篮本等。该馆是国际图联机构会员。

斯洛伐克科学院中心图书馆

The Central Library of the Slovak Academy of Sciences

位于斯洛伐克首都布拉迪斯拉发市，是斯洛伐克最大的专门图书馆，主要服务于斯洛伐克国内各科研机构。收藏斯洛伐克国内完整的科学出版物，同时也拥有捷克出版的许多科学出版物。馆藏图书70万册（件），期刊11.8万册（合订本），现刊900多种。馆内还设有一所历史图书馆——利塞姆图书馆，该馆由传教士朱拉杰·格雷其格劳斯（*Juraj Gleichgross*）于1724年建立，收藏了16世纪的古版本2 600件，最老的版本可追溯到1478年。

斯洛文尼亚国家与大学图书馆

National and University Library of Slovenia/*Narodna in univerzitetna knjiznica Slovvenia*

斯洛文尼亚最重要的国家教育和文化机构之一。其前身是1774年建立的里苏姆图书馆，当时藏书只有637册。从1807年起享有卡尼奥拉省的呈缴本并曾一度享有全国缴送本权利。奥匈帝国解体后更名为国家参考图书馆，各行政区的缴送本源源不断地进入该馆。1919年成为卢布尔雅那大学图书馆，1944年，该馆的阅览室、馆舍建筑以及公共目录和6万卷图书毁于德国飞机的战火。1945年被法定为斯洛文尼亚国家与大学图书馆。1991年斯洛文尼亚独立后，该馆有了长足发展，建立了新馆舍，并对部分珍稀文献资料进行了数字化，实现了在线检索。拥有藏书130万册、8 700种手稿、8 000种期刊以及大量可视化和多媒体资源。该馆为国际图联机构会员。

斯马尔蒂斯儿童读物奖（英国）

Smarties Book Prize

1985年由朗特里雨衣制造公司设立，借以鼓励和提高人们对儿童文学的兴趣。任何由英国公民或侨民用英语撰写的儿童读物均可参评。该奖由英国书界联合公司主办。

斯拍功大学中央图书馆（泰国）

Silpakorn University Central Library

位于泰国曼谷，始建于1964年，最初为Wang Tha Phra校区校长办公室公共事务部的一个分部，1967年在Sanam Chandra Palace校区建立了另一所图书馆。1989年7月，两所图书馆合并到该馆。馆藏图书有80余万册，期刊460种以及为数不多的网络数据库，另外，该馆建立了一个网站专门收藏泰国艺术类的资料。

撕去封面

pulling

图书在重新装订前需要拆除封面、书壳、卷首及卷尾空白页、带子和衬套，剥去装订贴边，切断缝纫线，刮尽书脊处的旧胶。

死亡通知

necrology

死者治丧委员会或死者亲属撰写的报丧书面通知，内容一般包括死者的生、卒时间，一生的简历及丧葬事项等。

四倍纸

quad

传统纸张尺寸单位，相当于全张纸张尺寸的四倍大，即长宽都相当于全张纸张长宽的两倍。

四川大学公共管理学院信息资源管理系

Department of Information Resource Management in School of Public Administration，Sichuan University

1983 年设立图书馆学专业，1984 年成立图书馆学及情报科学系，1988 年更名为图书馆学情报学系，1994 年改名为信息管理系，1998 年 12 月，与秘书档案系合并成信息与档案管理系，2000 年 7 月又与行政管理、公共事业管理、社会与劳动保障和土地资源管理等专业合并成公共管理学院，下设资源管理系。该系下设信息管理与信息系统教研室、图书馆学教研室、档案学教研室、文秘与行政管理教研室、电子商务研究室、数字图书馆研究室、信息政策法规研究室、书业信息研究室、政务档案信息管理研究室和企业知识管理研究室。该系于 1997 年获得授予图书馆学硕士点；1999 年起开始招收现代信息技术、信息资源管理、信息分析与检索方向的研究生，可授予管理学硕士学位。

四川大学图书馆

Sichuan University Library

建于 1896 年。设有文理图书馆、工学图书馆、医学图书馆和江安分馆，馆舍总面积 6.3 万平方米，馆藏纸质文献 600 万册，覆盖文理、工程技术和生物医学等学科领域。根据历史积累和学科分工，文理图书馆、工学图书馆和医学图书馆的文献收藏各有侧重、各具特色：文理图书馆的中国古代史、中国古代文学、中国古文字学、汉语史、宗教学、四川地方文献、南亚研究、数学、生物学和经济学等学科领域的文献收藏具有特色；工学图书馆的能源、材料、化学、化工和水资源等学科文献为重点收藏，高分子材料科学、皮革工程的文献为特色收藏；医学图书馆形成符合“生物—心理—社会医学”模式的馆藏体系，口腔医学文献为特色收藏。

四川省图书馆

Library of Sichuan Province

中国省级综合性公共图书馆之一。建于 1912 年，1952 年正式命为现名。馆舍建筑面积 1.5 万平方米。馆藏文献 480 万册，最具特色的典藏有：隋唐时代手写经卷；宋、元、明、清著名文人诗词集；历代四川方志；古医书、古农书；近代文化名人手稿；民国暨抗战文献等 70 余万册。与四川省图书馆学会联合编辑出版《四川省图书馆学报》(双月刊)。该馆于 1993 年加入国际图联，成为其机构会员。

S

四川省图书馆学会

Sichuan Society for Library Science

成立于 1979 年 2 月，是四川省科学技术协会和四川省社会科学联合会的团体会员，由 9 个学术工作委员会、9 个系统工作委员会和 15 个地(市)、州级图书馆学会组成。该学会成立以来，在开展学术活动、培养人才和编辑出版等方面都取得了显著的成绩。与四川省图书馆联合编辑出版的学术刊物有《四川省图书馆学报》(*Journal of Library Science of Sichuan*)(双月刊)。

《四川图书馆学报》

Journal of the Library Science Society of Sichuan

1979 年创刊，由四川图书馆学会主办。主要栏目有：“现代技术”、“信息安全”、“理论研究与事业发展”、“读者服务”、“图书馆建设”、“文献资源建设”、“分编与标引”、“高校图书馆”、“图情史苑”和“图书馆建筑”等。该刊是四川省社会科学质量一级期刊、曾获中国图书馆学会、四川省科协优秀期刊奖。被载入《中国人文社会科学核心期刊要览》，被收入《中文社会科学引文索引》来源期刊。该刊原为季刊，1986 年改为双月刊，国内外发行，有英文主要目次。

四大报告

Four Major Technical Reports

美国政府部门出版的 4 种科技报告：1. 国防部的 AD 报告，产生于 1951 年，原由美国军事技术情报处（现为国防技术情报中心）收集整理出版，称为 ASTIA Documents，简称 AD 报告。2. 商业部的 PB 报告，20 世纪 60 年代后主要为各科研机构的非军事文献。3. 国家航空及宇航局的 NASA 报告。4. 能源部的 DOE 报告。四大报告文献量大，内容广泛，涉及数、理、化、生物、天文、地理、农业、医学、工程、宇航、军工、能源、交通运输、环境保护和社会科学等领域。

四角号码检字法

Four-Corner System

中文号码检字法之一，由王云五先生发明。他从电报号码中受到启发：“既然每个汉字都由笔划组成，要是每种笔划用一个数字代表，再算一算它的各种笔划的数目，不就成了一个代码了?”于是创造性地对笔划进行分类，发明了“四角号码检字法”。为了完成这一创举，他前后共花了两年时间。四角号码检字法完全抛开了汉字的字音、字义，对汉字的构形上的解释也与传统分析汉字的方式大相径庭，是一种全新的检字法。从理论上看，四角号码排列汉字从0000开始，至9999结束，可以排列一万个汉字而不重复，所以用四角号码排列汉字，同码的汉字比较少，查检有一定方便之处，比较适用于大型的字词典。如果使用熟练，查检速度相当快捷。当然，四角号码检字法也有规则繁琐、易学难精的缺点。

四开版

quarto edition

指用四开本出版的版本。

四开本

Quarto（4to）

将全张纸对折两次，变成四叶（8页）就是四开。四开本高约33厘米（13英寸），其尺寸的精确大小依原全张的大小确定。莎士比亚戏剧从1594年开始印行，最早的版本就是一种四开本簿册，售价只有6个便士，在演出结束后向观众发售，发行数量不多，而且数百年来没有再版过。莎士比亚于1616年去世后不久，就只有专家学者有机会一睹这些四开本莎士比亚戏剧的庐山真面目。英国国家图书馆共收藏了93册21种四开本莎士比亚戏剧剧本，其中包括“李尔王”（King Lear）、“哈姆雷特”（Hamlet）和“无事生非”（Much ado about nothing）等著名剧目。

四开本书架

quarto shelving

用于直放四开本图书的书架，因两块搁板之间的高度较大，故亦称大格书架。

四开裁

demy

传统的英国纸张尺寸。对印刷用纸而言，指其大小为17.5英寸×22.5英寸（44.45厘米×57.15厘米）；对书写用纸和绘画用纸而言，则指其大小为15.5英寸×20英寸（39.37厘米×50.8厘米）。

四库分类法、四部分类法

Four-fold Bibliographical Classification System

中国古代书目分类体系。晋旨勖据魏郑默的《魏中经簿》和《中经新簿》（又称《晋中经簿》），将图书分为甲、乙、丙、丁四部，是为首创。东晋李充编《晋元帝四部书目》，沿用四部分类法，确定了经、史、子、集的顺序。唐魏征等人撰《隋书·经籍志》，继承并发扬了四部分类法，明确以经、史、子、集标识四部之名。唐朝初年设立的集贤书院，按经、史、子、集分四库贮藏图书，名为“四库书”。此为“四库”名称的由来。后来历代的公私藏书目录均采用这种四部分类法。到清代修《四库全书》，仍沿用经、史、子、集的名称和顺序。经部收录儒家经典及其传、释和文字学方面的著作；史部主要收录历史以及地理、时令、政书和目录等方面的著作；子部主要收录哲学、军事、天文、算法、医学、农业、艺术和工商等方面的著作；集部主要收录总集、别集及其他方面的著作。由于纂修《四库全书》出自“钦定”，《四库全书总目》成书后，四部分类法便占据了分类界的统治地位。

《四库禁毁书丛刊》

The Series of Si Ku Banned and Burned Books

著名清史学家、中央民族大学终身教授王钟翰先生任主编，著名清史学家、中国社会科学院历史研究所何龄修研究员、陈祖武研究员任副主编，并且聘请德高望重、资深教授季羡林、任继愈、杨向奎、何兹全、张岱年、阴法鲁、顾廷龙、付振伦和周一良等任顾问。由北京出版社于1999年影印出版。丛刊共311册，是对清朝禁毁图书运动劫后余存的约1 500种禁毁图书的收集和整理。与清修《四库全书》及近年相继编撰、出版的《四库全书存目丛书》、《续修四库全书》共同构成了一个完整的体系，比较清晰地揭示了中国古代文化典籍的面貌，具有抢救文化遗产的学术意义和文献保存价值。

四库七阁

Si Ku Seven Imperial Library

中国清代收藏《四库全书》的7座藏书楼的总称。《四库全书》全书共有7部，分别藏于南、北共7个地方，“北四阁”有：北京大内文渊阁、沈阳故宫文溯阁、北京圆明园文源阁和承德避暑山庄文津阁；“南三阁”有：扬州文汇阁、镇江文宗阁和杭州文澜阁。

《四库全书》

Si Ku Quan Shu

中国历史上卷帙最大的一部丛书。创修于清朝乾隆年间（1773年），耗时15年，动用4 000余人。据北京图书馆所藏原文津阁本统计，共收书3 503种、79 337卷、36 304册。分为经、史、子、

S

集四部，每大部又分若干类，类下细别为属。全书共抄录7部，分别存储在北京内廷文渊阁、京郊圆明园文源阁、奉天故宫文溯阁和承德避暑山庄文津阁，合称北四阁；又在镇江金山寺建文宗阁、扬州大观堂建文汇阁以及杭州西湖行宫建文澜阁，即江浙三阁。这7部全书中，京郊圆明园文源阁、镇江文宗阁与扬州文汇阁的全书毁于兵火，荡然无存。现存4部中，文渊阁本于1949年被运到台湾。文津阁、文溯阁、文澜阁本留存于内地，分别保存在国家图书馆、甘肃省图书馆和浙江省图书馆，得到了妥善保护。《四库全书》汇集保存了18世纪前绝大多数历代典籍，其中包括许多珍贵的古籍善本，为中华文明的薪火相传和发扬光大作出了不可磨灭的贡献。但是《四库全书》的修纂，也使中国古代的文化典籍遭到了一场前所未有的浩劫。在修书过程中，对有碍清朝统治的大量书籍被查禁、删改和销毁。据不完全统计，全部销毁的书籍有2 400余种，部分销毁的有400多种，总数在10万部以上。毁书的同时，乾隆还屡兴文字狱，使知识分子噤若寒蝉，极大地禁锢了人们的思想，阻碍了学术文化的正常发展。

《四库全书存目丛书》
The Series of Si Ku Quan Shu Cun Mu

季羡林任总编纂，胡绳、任继愈、周一良、张岱年、杨向奎、胡道静、程千帆和饶宗颐等任顾问，由齐鲁书社于1997年出版，收录散藏于国内外116所图书馆、博物馆以及少数私人藏书家手中的四库存目书4 508种，有三成以上为孤本或稀见本。按经史子集四部分类，经部收734种，史部收1 086种，子部收1 253种，集部收1 435种，另有目录索引1册，合为1 200册。《四库全书存目丛书》堪称《四库全书》编成200余年以来规模最大的学术文化工程，这一学术文化工程的顺利竣工，不但了却了200年来无数学人抢救保存古代文献的宿愿，而且为21世纪的中国文化复兴提供了必要的资料准备。另外，《四库全书存目丛书补编》由季羡林主编，齐鲁书社出版，共100册。该丛书为《四库全书存目丛书》的续集，共收录《四库全书存目丛书》限于各种条件未及收录的历代典籍219种，大多属稀见的珍本秘笈，其中近三成是海外藏品。

四联剧，四部曲
tetralogy

指古希腊在酒与戏剧之神狄奥尼索斯（Dionysos）的祭日时上演的四联剧，由三部悲剧和一部讽刺剧（或滑稽剧）或有时是四出悲剧组成，后来泛指任何四部联演的戏剧或歌剧。而四部曲则是四部一系列的作品（戏剧、歌剧或小说等）。

四年出版一次的
quadrennial

指每四年出版发行一次的连续出版物。

四声道（立体声）的
quadraphonic

声音通过音响设备的四个放大器各自独立的声道同时发出，以模仿现场的音响效果。四声道分隔产生的音响效果比单声道或双声道的更具有临场感；将扩音器放置在不同的四个角落，声音从四个声道分别发出，形成使人感到声源分布在空间的现场声响效果。

四史
Four Histories

又称前四史，即《史记》、《汉书》、《后汉书》和《三国志》的总称，属于二十四正史中的前四部，是中国历史上的史学巨著。

四书
Four Books

儒家经典著作《大学》、《中庸》、《论语》和《孟子》的合称。《四书》分别出于早期儒家的四位代表性人物孔子、孟子、子思和曾参，所以称为《四子书》，简称《四书》。南宋著名理学家朱熹将《礼记》中《大学》、《中庸》两篇拿出来单独成书，和《论语》《孟子》合为四书，并汇集起作为一套经书刊刻问世。朱熹著《四书章句集注》后，“四书”之名始立。此后，长期成为封建社会科举取士的初级标准书。《四书》蕴涵了儒家思想的核心内容，也是儒学认识论和方法论的集中体现，在中国思想史上产生过深远影响。

四位字节，半字节
nibble

由四位二进制数位组成的信息单位，或由八位二进制数位组成的信息单位的一半，故称半字节。

寺田 光孝（1943—）
Mitsutaka Terada

日本图书馆学家、现任筑波大学研究生院图书馆情报媒体研究科教授。主要研究西欧图书馆文化史，除了图书馆的历史外，还对图书、书目、百科全书及阅读史进行研究。对法国图书馆史，特别以法国革命后的近代图书馆人物史作为研究课题，从18世纪起进行追溯研究。

寺院图书馆
monastic library

为僧侣、修士和修女提供书刊服务的僧院藏经楼，修道院图书馆。

松坡图书馆
Song Pong Library

1922年12月，在北京北海公园内的快雪堂（第一图书馆，专门收藏中文图书）及西单石虎胡同7号（第二图书馆，专门收藏外文图书）成立筹备处，1923年11月召开成立大会，由创办人梁启超任首位馆长（也是唯一的馆长）。1928年两馆合并，保留快雪堂开放。1949年北京解放后，该馆就合并到北京图书馆。第二所松坡图书馆是由获有“再造共和”功勋的蔡锷将军的父老乡亲捐助合力于1946年创办，位于湖南邵阳市，该馆现称为邵阳市松坡图书馆。

松线脱页
start

由于装订线松动使书页散脱，也指装订边的部分脱落发出的破裂声。出现这种情况，必须把书重新进行装订。

宋刻本
Song Woodblock Edition

宋代刻印的图书。因刻印精良且多保存古书原貌而为后世刻本所依据，也为历代藏书家所珍视。宋代刻书地区广泛，其中以浙本、蜀本和建本最为有名。其特点为：1. 版式：前期多白口单边，后期多左右双边，少数四周双边，南宋晚期出现细黑口。2. 字体：早期多用欧体，后来逐渐流行颜体，南宋以后用柳体为多。3. 纸张：多用竹纸、皮纸、黄麻纸和白麻纸。4. 讳字：宋代刻本多有讳字，尤其是官刻本，避讳极严，皇帝的名字及其同音字必须缺笔或改为意义相仿的字。5. 装帧。主要为蝴蝶装，少数是旋风装和经折装外，北宋早期还有卷轴装的，南宋也出现了包背装。

宋敏求（1019—1079）
Song Minqiu

字次道，赵州平棘（今河北赵县）人。北宋文学家、史地学家、藏书家。举进士，官至史馆修撰、累迁龙图阁直学士。以藏唐人诗集闻名，藏书有三万卷。曾参与编《唐大诏令集》，撰有《长安志》以及笔记《春明退朝录》。

宋体字
Song-style Typeface

中国宋朝发明的一种汉字印刷字体。因在明朝传入日本，而又称为明体、明朝体（港台地区一般称明体）。笔画有粗细变化，而且一般是横细竖粗，末端有装饰部分，点、撇、捺、钩等笔画有尖端，属于白体，常用于书籍、杂志、报纸印刷的正文排版。特点是横平竖直，横细竖粗，起落笔有棱有角，字形方正，笔画硬挺。中国书法和雕版印刷的结合产生了宋体字，因此，宋体字不但有中国书法的魅力，还具有雕版印刷及木版刀刻的韵味。

送纸装置
paper feed

能使纸张通过打印机的一种机械装置。在激光打印机或页式打印机中，送纸装置是一组滚筒，在点阵打印机中，送纸装置是拖拉式的。另外还有是摩擦传送式，纸张在压轮和滚筒之间被压紧，通过压轮的旋转传送。

颂词，悼词
eulogy

对某人、特别是对逝者的品质和贡献称颂功德或祝福的文章或讲话，又指赞颂性的词句。

颂诗，颂歌
ode

一种抒情诗体，通常以情调的特别激扬、风格的精练、诗行的长短不一和诗节形式的复杂为特点，起源于古希腊戏剧表演时合唱队所演唱的歌曲，这些歌曲都是用来歌颂如奥林匹亚运动员这样的英雄的。在英国文学中，颂扬的对象可以是一人或多人，如艾伦塔特（Allen Tate）的《同盟国死者颂》（*Ode to the Confederate Dead*），也可以是抽象物，如拉尔夫·沃尔多·爱默生（*Ralph Waldo Emerson*）的《美人颂》（*Ode to Beauty*）。中国有《延安颂》、《毛主席颂歌》、《北京颂歌》、《先锋颂歌》和《长征颂歌》。

搜狐网

www. sohu. com

1998 成立，作为中文世界最大的网络资产，搜狐矩阵所提供的互联网服务从媒体资讯、无线增值、互动沟通扩展到产业服务、搜索引擎、网络游戏和生活服务等多个领域。

搜索引擎

search engine

一种为用户检索数据库以查找特定字符串的硬件设备。也指帮助用户在因特网上查找信息的软件。用户提出检索要求，搜索引擎代替用户在数据库中进行检索，并将结果反馈给用户。网上搜索引擎可通过分类的类目中浏览或是关键词检索得到需要的信息。目前著名的搜索引擎主要有：Google，Baidu，Yahoo，Hotbot，Goyoyo 等。

搜索引擎垃圾

search engine spam

指为了“搜索引擎优化”而有意设计的为搜索引擎蜘蛛所便于发现的信息，如大量重复的关键词、用户不可看到的文字等。不同搜索引擎对垃圾邮件的定义有一定差别。搜索引擎垃圾技术是利用不道德的技巧去提高自己搜索引擎上的排名，包括：隐藏文本、重复关键词、使用无关关键词、隐藏标签、相同或相似页面、页面交换技术搜索、链接搜索引擎垃圾技术、无内容以及过度提交等。

搜索语言，检索词

search term

S

表达信息需求和检索课题内容的基本单元，也是与系统中有关数据库进行匹配运算的基本单元，检索词选择恰当与否，直接影响检索效果。检索词分为两类：受控词和非受控词。受控词是事先规范化的检索语言，取自主题词表、叙词表、分类表等，非受控词是指非规范化的自然语言词汇，又称自由词。受控词和非受控词的作用是互补的。检索词有表示主题的，如标题词、单元词、叙词和关键词；有表示作者的，如作者姓名、机构名；有表示分类的，如分类号；有表示特殊意义的，如国际标准书号、国际标准期刊号和引文标引词等。

搜寻

tracing

指查找善本书、稀有文献的收集和出版地、出版年代不清楚的出版物。

苏尔坎普出版社（德国）

（德）*Suhrkamp Verlag*

1950 年，彼得·苏尔坎普（*Peter Suhrkamp*）在作家黑赛（*Hesse*）的提议下创立了苏尔坎普出版社（*Suhrkamp Verlag*），是目前德国影响最大的出版人文科学书籍的出版社，坐落在法兰克福市，全出版社共有职员 136 人，总共出书近 13 000 种，近几年每年平均出版新书 600 余种。苏尔坎普出版社自创立以来始终坚持两个出版重点：20 世纪的德语文学和外国文学，代表“人文精髓”的社会科学。同时还很注重发现和培养年轻一代的作家，许多作家都是在苏尔坎普出版社出版了处女作之后，奠定了其在文学界的一席之地。该出版社已经和我国多家出版社建立了很好的合作关系。

苏格兰国家图书馆（苏格兰）

National Library of Scotland

于 1925 年成立，坐落在爱丁堡市，是苏格兰最大的图书馆，欧洲主要的研究型图书馆之一。收录有多种类型的资料，涵盖了各个学科，既有稀有的历史文件，也有在线期刊，文献资料形式也有多样，有图书、手稿、地图、乐谱、照片、海报、明信片、报纸、杂志和光盘等。其收藏的纸本书籍和资料达 1 400 万册。

苏格兰图书馆暨信息委员会

Scottish Library & Information Council（SLIC）

成立于 1991 年，苏格兰政府和苏格兰图书馆与信息事务部的独立咨询机构。该委员会的主要任务是：领导苏格兰的图书馆及信息部门开展各项业务活动并促进国家层面的合作；督促人们了解图书馆及信息服务对国民生活的贡献；监管和执行图书馆及信息服务的标准，倡导服务的可持续发展；为苏格兰政府及各级领导人提供图书馆及信息服务相关的建议；承担研究促进创新，为成员提供信息、教育及建议等服务；与相关的组织及机构合作促进实现该委员会的战略目标及成员的发展；奖励并资助苏格兰图书馆与信息服务的创新发展项目。其成员包括所有本地的权威机构、高等教育及继续教育机构、英国国民健康保险服务体系的图书馆及其他专门图书馆与信息机构。该委员会得到苏格兰政府的部分资助，苏格兰国家图书馆也给予其相应的财务支持。

苏黎世联邦理工学院图书馆（瑞士）
Swiss Federal Institute of Technology Library

位于瑞士苏黎世，1855 年建立，是瑞士最大的图书馆，也是瑞士科技信息中心、最主要的技术类图书馆。拥有多所分馆，馆藏各类图书资料约 900 万册（件）。中心图书馆负责维护瑞士图书馆与信息中心网络（NEBIS），读者可以通过此网络借阅全瑞士 80 多所高校或研究机构图书馆的资料。

苏州大学图书馆
Soochow University Library

前身为东吴大学堂藏书楼，据 1935 年许晚成编《全国图书馆调查录》记载，东吴大学图书馆创办于清宣统三年，时有藏书 4 万册，平均到馆阅览量为 700 人次。1952 年由东吴大学、江苏省立文化教育学院和江南大学三校图书馆合并组成江苏师范学院图书馆，1982 年更为现名。1995—2000 年苏州蚕桑专科学校、苏州丝绸工学院和苏州医学院图书馆先后并入该馆。现该馆由校本部、东、南、北、西校区及文正学院 6 座馆舍组成。总建筑面积 6.4 万平方米，馆藏文献 350 万件，其中外文图书 30 万册、线装古籍 15 万册，1949 年前报刊 2 943 种，中外文期刊纸本 3 385 种。电子图书 110 多万种，外文电子期刊 1.7 万种，中外文数据库 69 个。高性能服务器 53 台，存储容量达 54 T，用户可全天 24 小时通过网络实现在线访问。各专业学科所需文献收藏较为系统完整，均自建馆续订至今，古籍线装书中有具古代江南特色的刻书，地方文献资料等为该馆的特色收藏。

苏州独墅湖图书馆
Suzhou Dushu Lake Library

2005 年 6 月 8 日正式开馆，该馆坚持“智慧分享 价值创造”的理念，不仅成为了苏州高教区内学校师生、科教创新区内企业、公众的公共“书房”，同时秉承着服务理念的团队让一个服务型、管理型、研究型的园区智慧之窗初现了雏形。面向区域经济社会发展和提升科技自主创新能力的需求，积极开展针对企业及重点产业的信息服务。

苏州图书馆
Suzhou Library

始建于 1914 年，是在清末正谊书院学古堂基础上建立的，曾为“江苏省立第二图书馆”，是中国创办较早的公共图书馆之一。1929 年改名为“江苏省立苏州图书馆”。1956 年更名为“苏州市图书馆”，隶属于苏州市文化局。1958 年迁至公园路，1972 年与 1982 年两次扩建，1990 年在相王弄建造古籍馆，两地总建筑面积为 6 350 平方米。有藏书 110 万册，其中古籍 30 万册，尤以 2 万余册善本书及地方文献而闻名。新馆总建筑面积约 2.5 万平方米，1 000 多个阅览座位。该馆拥有 1 个总馆、36 个分馆和 2 个流动图书馆。年接待到馆读者 600 多万人次，借出图书 200 多万册次，

俗语辞典，俚语辞典
slang dictionary

汇集流行于民间的通俗词语、惯用语及口头常用语，按某种次序排列，加以解释，供查阅参考的工具书。

素材本
research book

电影制片厂、电视台的图书馆为拍摄某部电影或电视剧而广泛收集有关图片、资料（如建筑、服装景色和风俗等）并进行归纳整理所做成的资料剪贴本。

素封面
mute cover（plain cover）

指仅有刊印题名、作者名，而没有花纹和图案等美术装帧的封面。

素描
sketch

指（一个人物的）概略提纲，文学上借指文句简洁、不加渲染的朴素描写；又指单纯用线条描写、不加彩色的画，如铅笔、木炭画等。

素色牛皮革装订本
law binding（fair calf）

用浅淡色的牛皮或绵羊皮对书皮进行装帧的版本，在国外，主要用于较重要的法律书籍的装订。现在大量采用麻布或仿皮革材料来替代真皮，一般在书脊上配有两根对比度大的深色带子，这种带子通常是红色、绿色或蓝色的。

素压印，拱花
blinding（blinding in）

压印在书籍封面上的不烫金、不着色的浮雕图案或字形，是一种不用油墨的印刷工艺，亦称浮雕压印。它利用纸张在一定范围内受压力和温度的作

用发生形变的特性，采用特殊的板材（经腐蚀或雕刻的单面凹形金属版和复制的石膏板），将纸张置于凹形版和凸形版之间，不用油墨，压制成型，使印刷品上的某些图像、文字和花纹等略高于纸的平面，形成浮雕，以增强印刷品的立体感和表现能力。

素压印金边装订
antique binding

按照早期装订风格而形成的一种当代装订方式，主要目的是为了美观和保存的需要，而并非为了使用户误解图书的实际出版年代。

素羊皮纸
vegetable parchment

一种半透明的、对油脂及水有高度耐抗性的包装纸，类似羊皮纸。制作时将木质纤维放入硫酸中，然后迅速冲洗并中和酸度，在外层形成连续性纤维，覆盖其他纤维并充满两者之间的空隙。处理后纸张表面硬度增强，防油防水。常用于食品包装，如包裹黄油、鱼肉等湿的食品，但不易回收利用。

塑料环（圈）装订本
plastic binding

用塑料环而非装订线将装订孔贯穿起来，装订成册的小册子、商品目录等类型的出版物。

酸性纸
acid paper

pH 值低于 7 的纸。酸度大的纸经过一段时间之后会变得黄而脆，因此，酸度是影响印刷材料保存的一个重要因素。为了避免出现上述情况，出版商通常使用无酸纸来印刷书籍。

算法
algorithm

为解决一个复杂问题或完成一项特定任务并至少得出一个输出而设计的明确步骤或程序的有限序列，例如数据加密规则。算法可以用不同的语言表述：自然语言，如烹饪食谱或分散运输物体的组合说明；符号语言，如数学逻辑中所用的语言；计算机程序语言，如 C 语言，BASIC 语言。衡量程序先进与否的标准之一就是算法的优劣性，即能否以最简洁的步骤得出所需结果。算法常用于提高计算机性能。

随笔
essay

一种散文的体裁。是篇幅简短，内容广泛，形式多样而随手笔录的一种文体，可以抒情、叙事或评论。中国宋代以来，凡杂记见闻也用此名，在西方这种文体也十分流行。

《随笔》
Random Notes

于 1979 年创刊。旨在继承和发扬中国“五四”以后散文的优良传统，繁荣散文创作。内容着重于探索生活，讲求哲理，注重抒情、叙事的真情实感与文章风格的多样清新，引导读者活跃思想，增益才智，陶冶情操，提高文艺素养，丰富精神生活。

随笔杂志
essay periodical

指 15 世纪在西方流行的一种专门刊载随笔一类文章的定期印行的出版物。

随机标引法
probabilistic indexing

通过给定每个标引词或任意字段一个相关号，根据文献与某一主题的相关度来排列文献，以提高计算机检索系统的查全率的一种标引方法。1960 年，由梅隆（M. E. Maron）和孔恩斯（J. C. Kuhns）将加权标引法（Weighed Indexing）称为随机标引法。

随机处理
random processing

在计算机信息处理过程中，信息和数据记录不是按存储器中的位置而是按任意输入顺序进行处理的一种技术。

随机存取
random access

一是指计算机系统中数据存取时间与数据存储位置无关的一种存取方法。在这种方法中，没有任何规律可以用来确定下一次待存取的数据的地址。二是指在书目、索引检索过程中，检索内容不受排列顺序的约束，检索者可从任何一个位置上直接检出所需的结果。

S

随机（存取）存储器
random access memory（RAM）

常称作读/写存储器，是计算机的主要工作存储器，用来存放程序和数据。是一种不必按照存储单元的地址顺序、可直接存取其中任何单元的存储器。当计算机关机后，随机存取存储器中的信息会全部丢失。

随机故障
random failure（fault）

计算机系统运行过程中不定期出现的无规律性故障，这是由于不可预测的随机因素引起的故障。也称偶然故障。

随机检索
random searching

通常可细分为直接检索和间接检索。直接检索是将检索词转换成文献库所需的地址后直接进行查找，而间接检索通常需要用某种方法将检索词转换成地址，然后再查出所需要的信息。

随机取样
random sampling

生产管理、质量检验、市场研究和图书馆读者调查中常用的一种统计方法。在进行随机取样过程中，指按随机的原则从总体中抽取部分单位，构成样本的过程。

随机文件
random file（random access file）

在计算机系统中可以等速地存取任意记录的一种文件，通常建立在磁盘上，其特点是记录的存取时间与其记录顺序无关，它建立在直接存取设备上。

随书光盘
accompanying CD-ROM

图书所附带的光盘，集文字、图像、声音于一体，是对图书内容进行补充说明的一种非书资源。随书光盘是图书的附属品，具有容量大、内容丰富、易损坏、不易流通以及内容时效性强等特点。

碎纸机
burster

能够将连续送进的纸（通常是废弃而又不能随便抛弃的含有机密或企业、公司等商业秘密的文件、报告、计划书、业务公文和统计报表等文字资料）切碎的一种设备。

孙蓓欣（1944—）
Sun Beixin

中国国家图书馆研究馆员。1966 年毕业于上海复旦大学数学系。曾担任国家图书馆副馆长、中国图书馆学会副理事长、《中国图书馆分类法》编委会主任、中国文献工作标准化委员会副主任委员和国际图联执行委员会委员。出版专著多部，发表论文数百篇，并多次主持图书馆自动化方面的国家级课题，其中“中国国家书目回溯数据库”获文化部科技进步一等奖。

孙承鉴（1939—）
Sun Chengjian

中国国家图书馆研究员，中国数字图书馆工程建设联席会议专家顾问委员会成员、专家工作组组长。1965 年清华大学自动控制系毕业。曾任北京图书馆副馆长，文化部科技委员会委员。兼任全国缩微摄影技术标准化技术委员会主任委员、中国缩微技术协会理事长和中国科技成果管理研究会文化专业分会副理事长。历任清华大学计算机系副教授、北京图书馆机电设备处处长兼主任工程师并兼任国家科委、中央电视台、中国通讯学会联合主办的电视讲座“办公与管理自动化技术”的讲课教师。长期从事汉字自动识别技术和计算机应用技术研究，并担任文化部研究课题“通用标准标记语言（SGML）在图书馆的应用”项目组长和国家课题“中国实验型数字式图书馆”项目组长。获国家科技进步三等奖 1 项，国家发明四等奖 1 项，文化部科技进步二等奖 1 项、科技管理奖 1 项，北京市科研成果二等奖、三等奖各 1 项。获国家发明专利 3 项。正式发表的与文化科技有关的论文 16 篇。

孙从添（1692—1767）
Sun Congtian

清初的著名藏书家和校勘学家。性嗜典籍，家虽贫困，但藏书逾万卷，不肯典卖于人。自称“数年以来，或持稿以载所见，或携筐以志所闻”，自奉为“蠹鱼”。藏书楼名“上善堂”，并编撰有《上善堂书目》，著录较为完备。所藏书均印有名字

S

朱记。别用一印为“得其实之”。他对中国古典图书馆研究有贡献。所著《藏书纪要》，是中国清代图书馆学的重要著作之一，亦为中国全面论述藏书技术的第一本专著。该书详细地介绍了古人藏书的购求、鉴别、抄录、校仇、装订、编目、收藏、曝书等，认为图书的质量对图书馆（藏书楼）的藏书建设有决定性的作用。全面总结了中国封建社会私人藏书的技术经验，对后世的古籍整理有一定参考价值。另著有《石芝遗话》、《春秋经传类求》等。

孙殿起（1894—1958）
Sun Dianqi

中国书业经营家和目录学家。1918 年起在北京通学斋书店工作，直至 1949 年。主要从事书业和版本研究，进行学术著述，曾被聘为《古旧书刊介绍》编辑委员。在与古籍打交道的几十年的实践中，他积累了丰富的图书收集、鉴别和交流等方面的版本学知识和经验，积累了大量书目资料。先后编撰了《通学斋书目》、《通学斋新书目》、《丛书目录拾遗》、《贩书偶记》、《贩书偶记续编》和《清代禁书知见录》等。

孙公望（1927—）
Sun Gongwang

华中师范大学教授。1951 年武昌华中大学外文系肄业，1967 年北京大学图书馆学系函授毕业。曾在华中高师、华中师院图书馆任组长、科长和副馆长，1985—1989 年任华中师范大学图书馆学情报学系主任，兼任中国图书馆学会第二、三届理事、湖北省图书馆学会第一、二、三届常务理事、副秘书长和湖北省知识工程学会理事等。出版论著多部，发表学术文章多篇。

孙继林（1953—）
Sun Jilin

中国科学院上海生命科学图书馆馆长。1981 年毕业于上海师范学院历史系图书馆学专业。兼任中国图书馆学会第八届学术研究委员会资源建设与共享专业委员会委员，中国社会科学情报学会第五届理事会理事，上海市图书馆学会第六届理事会常务理事和科普教育委员会主任。曾任上海图书馆特藏部副主任、图书馆学情报学研究所副所长。从事图书馆文献资源建设与信息服务研究，主持和参与完成国家社会科学基金、文化部、中国科学院国家数字图书馆和上海市哲学社会科学资助项目 6 项。参与编著《参考咨询工作》、《国际图书馆建筑大观》、《DC 元数据》、《数字图书馆引论》和《战略思考——图书馆发展十大热点话题》等著作，发表论文 40 余篇。

孙坦（1970—）
Sun Tan

中国科学院国家科学图书馆研究馆员，副馆长，图书馆学博士研究生导师。兼任中国科学院国家科学数字图书馆项目管理中心副主任，中国科技情报学会信息资源委员会主任，中国图书馆学会第八届理事会理事、学术研究委员会资源建设与共享专业委员会副主任、中国图书馆学会专业图书馆分会常务理事，国际图联采访与馆藏发展专业组（Acquisition and Collection Development）常设委员会委员。2000 年毕业于中国科学院文献情报中心，获管理学博士学位，2004 年在英国里丁大学进行学术访问。近年来的研究方向是数字图书馆理论与实践，研究重点包括数字图书馆信息资源建设、信息揭示与组织、集成信息服务技术与机制、e-Science 环境下的数字图书馆发展等。发表论文 30 余篇，承担国家及省部级研究项目 10 余项。

孙星衍（1753—1818）
Sun Xingyan

清代著名学者、藏书家。字伯渊，一字季逑，号渊如，江苏阳湖人。深究经史文字音训之学，精研金石碑版、工篆和刻印。校刻古书最精。编有《孙氏祠堂书目》内编四卷、《廉石居藏书记》内编一卷、外编一卷。所辑刻之书有《平津馆丛书》、《岱南阁丛书》。一生辑佚和著书，为中国古文化的发展和流传起到重要的作用。

孙诒让（1848—1908）
Sun Yirang

又名德涵，字仲颂（一作冲容），别号籀庼，浙江瑞安人。清光绪间经学家、文学家、版本校勘学家。光绪二十年（1894 年）于家乡金带桥北宅建造“玉海楼”藏书近十万卷。著有：《周礼正义》、《契文举例》、《温州经籍志》等。

孙毓修（1871—1939）
Sun Yuxiu

版本目录学家。字星如，号留庵，无锡城郊孙巷人。幼得庭训，檀作骈体文，后就读于江阴南菁书院，曾随师缪荃孙学习版本目录学。光绪三十三年（1897 年）进上海商务印书馆编译所，任高级

S

编辑，编辑中小学教科书。宣统元年（1909 年），在国文部主编《童话》丛书。同年三月，他写了长达 2 万余字的《图书馆》一文，倡导图书馆应“注重平民教育，进行图书普及工作，以启迪民智，唤起民众”连载于商务印书馆出版的《教育杂志》上，是一篇较早而系统地研究公共图书馆的文章。后来他陆续主编童话达 102 种，其中由他自己编写的有 77 种，从而使儿童文学成为独立的图书类目。孙毓修还先后主编出版《少年杂志》、《少年丛书》。孙毓修好版本目录学，著有《永乐大典考》4 卷、《事略》2 卷，翻译美国汉学家卡特所著《中国雕版源流考》等。民国 4 年起，在商务印书馆涵芬楼从事善本古籍的搜集和鉴定。民国 8 年主持影印《四部丛刊》，先后出版了《四部丛刊初编》、《四部丛刊续编》和《四部丛刊三编》。

孙云畴（1917—）
Sun Yunchou

华东师范大学信息学系教授。1939 年毕业于西南联大。先后在云南昭通中学、昭通女子中学任教。1942 年在成都金陵大学图书馆任编目组长，并在该校图书馆学专修科任教。1947 年赴美国哥伦比亚大学图书馆学院研究院深造，并在该校图书馆东亚图书馆任高级编目员。1949 年获图书馆学硕士学位。1950 年应聘回国在北京大学图书馆学专修科任讲师，1952 年在哈尔滨工业大学图书馆任馆长。1956 年任郑州大学图书馆副馆长、馆长。1981 年调任华东师范大学图书馆学情报学系任副教授、教授。社会兼职有：中国图书馆学会第一届学术委员会委员、教育组长、教育委员会主任、河南省图书馆学会副会长兼学术委员会主任和河南省科技情报学会第一届副理事长。发表论文多篇。

损坏书刊，破损书刊
damaged

指书、刊借出后因损坏而无法上架继续流通。例如，被水浸泡或被动物、昆虫噬咬过的书。图书馆需要对此类书刊进行修补，借阅者因此要支付图书馆用于修补或更新的额外支出。

缩编本
condensed book

通常以低廉的硬书皮装订的单行本，包含若干出版物（通常为小说）的节略或摘录。因为缩编本经济实惠，深受读者欢迎，如《中国少儿科普五十年精品文库》和《现代汉语小词典》，但大多数图书馆则购买未做过节略的版本。

缩编乐谱
condensed score

将管弦乐团使用的音乐总谱（常按不同乐器：木管乐器、铜管乐器、弦乐器和打击乐器等类型分成多个乐部）压缩成只保留主要乐部的精练乐谱。

缩格排印
run out and indented

词典、百科全书等工具书的排印方法之一。具体做法是：当第一行排满后，第二行以下各行均缩进几格排印。

缩格，缩行
indent

在段落的第一行从左页边空白缩进一格或几格进行书写，使之与前面以及后面的数行区别开来，比如说文章开始新的一段时，行首缩进或行首缩格常用来指出文章逻辑上的或语义上的层次，也经常用在目录卡片的打字或印刷之中。

缩检
narrowing search

在检索过程中通过选择更专指的检索词，或在检索提问式中增加各种限制条件，如年代、国别、语种和文献类型等，以缩小检索范围，增强查准率的过程或方法。

缩略乐谱，简乐谱
short score（compressed score）

指作曲家开始着手构思将合奏（合唱）乐谱的主要内容写在几行谱表上形成简单的乐谱纲要，准备日后进一步加工和完善。也指次要声部被删掉的简化的管弦乐总谱。

缩略题名
abbreviated title

指为索引或识别之目的而缩写的题名。

缩略图，略图
thumbnail

网页上或计算机中图片经压缩方式处理后的小图，其中一般包含指向完整大小的图片的超链接，用于 Web 浏览器中更加迅速地装入图形或图片较多的网页。由于其小巧，加载速度非常快，所以用

S

于快速浏览，相当于图片文件预览及目录的作用。

缩摄比例
reduction ratio

指缩微复制品与原件的比例关系，例如，30×表示该影像是原件尺寸的三十分之一。一般以直线的缩微率来计算缩小倍数。缩摄比例可分成以下几类：低缩摄率达到15×，高缩摄率30×～60×，超高缩摄率90×以上。

缩摄，缩印
reduction

指以较小尺寸进行复制的行为。文献复制时，按照一定的比值对原件内容进行压缩印刷的一种专业操作方法。

缩微不透明卡片
microopaque

将文献缩微在不透明介质上而形成的缩微型文献。按长宽平面排列，标准规格为75毫米×125毫米，分为卡片式和卷式两大类。前者又分为缩微照片和缩微印刷片两种；该卡片阅读时须用专用的反射式显微阅读器，显示的图像不及透明缩微品明亮。

缩微词表
microthesaurus

以综合叙词表为基础编制的涉及某一学科或专业领域的小型叙词表。选词比较专深，可与综合叙词表完全兼容。

缩微反转片
reversal microfilm

复制用语。指由正片直接反拍而得到的一种新的正片，通常是缩微胶卷或电影胶片。

缩微复制品
microcopy（microrecord）

比原件大大地缩小了的文献复本，必须用缩微阅读器方能阅读，肉眼直接无法阅读。

缩微复制品出版（公司）
micropublishing

指以缩微品形式出版文献和销售的赢利部门机构。

缩微技术
micrographics

利用缩微摄影系统，把大量的文献拍摄记录下来，通过收集、检索和保存，使之便于组织和利用，从而促进文献信息管理合理化的手段。

缩微检索工具
microform retrieval device

以缩微胶片为存储载体，通过显微阅读器来查找的检索工具。一般分为缩微胶卷型、缩微平片型和缩微照片型三种。特点是存储密度高，体积小，便于长期保存积累，但使用不很方便。

缩微胶卷
microfilm

将图文缩摄在感光胶卷上制成的缩微型文献。以直线排列的卷型为标准，每卷胶卷的长度因存储文献的数量与篇幅长短而定，长度不限，胶卷每卷标准长度通常约为30米（约合100英尺）。最长的可达600米（约合2 000英尺），最短的为10米。短于0.3米（约1英尺）的称为“缩微胶卷条片或片段”。宽度有16毫米及35毫米两种（标准型），也有70毫米宽的（较罕见，70毫米宽的专门用来复印大张报纸、工程图像或翻印成缩微胶片）。通常卷装在片盘或片盒内，形成开盘缩微卷片和盒式缩微卷片。盒式缩微卷片根据轴芯的数目，又分成单轴与双轴两种。卷片可以根据需要分切成片条，供制作缩微平片、封套卡等。卷式缩微品是缩微品中最基本的品种，多用于复制成套的文献资料，如过期的丛书、多卷书、期刊、报纸及其他连续出版物，以便长期保存和提供复印件。具有成本低、存储容量大的优点；但检索、使用不便。其中盒式缩微卷片装片方便，查找迅速，又可使胶片免受污损，是一种比较理想的卷式缩微品。

缩微胶卷阅读器
microfilm reader（microfilm viewer）

一种能把缩微胶卷上的画面放大到使肉眼能阅读的投影设备。

缩微胶片纸套封
microfiche envelope

一种小型纸套封，顶端和右端或只在顶端开口，内装一张或多张缩微平片，仅露出第一张的标题条。用于存档缩微平片，高质量的纸套封是用无酸性和木质素的纸做成。

S

缩微卡片
microcard

一种二进制编码数据卡片，其记录密度大于穿孔卡片，可用光学或磁学方法由机器读出所记录的数据。还指明卡片，上面印有缩微摄影图像，与其他缩微复制品有所不同，其中的图像是一种白底黑字正片，不能再行复制。

缩微目录
micro bibliography

指用照相的方法把主题书目或索引的内容缩摄在缩微平片或缩微胶卷上，用阅读器方能阅读的目录。

（缩微品阅读器上）放大的影像，放大的缩微片
blowback

利用光学凸透镜原理，将图像缩微品硬拷贝的图像进行放大，大多数图书馆会提供以便放大和制作存储于缩微胶卷或缩微平片的文件复本阅读复印机。

缩微平片
microfiche

又称“缩微胶片”。一种小型卡片状图像胶片，连续地以两维栅格存储小型文本或缩微图像。其规格为105毫米×148毫米（4英寸×6英寸）和75毫米×125毫米（3英寸×5英寸）；每片上平面排列着若干画面格（frame）缩微影像，一般为横排14格，纵排7格，共包括98格。每一画面格的标准尺寸为11.25毫米×16毫米（单格）和23毫米×16毫米（双格）。microfiche可缩写为：fiche。

缩微印刷片
microprint

用油墨印制的不透明缩微品，是将缩微画幅用照相制版印刷法印在纸质卡片上的印刷品。外表和幅面与缩微照片相仿。一般规格为150毫米×230毫米，每片可印100页文献。

缩微印刷品阅读/印刷机
microform reader printer (microform reader-copier)

带有附加印刷装置的缩微制品阅读器，具有将选定的缩微图像或资料放大阅读并印刷成硬拷贝制品等功能的设备。

缩微照相胶卷
camera microfilm

装在照相机里用来拍摄原文献的高质量胶片，通常是为了归档或提供更多的拷贝。

缩微照相，缩微摄影
photomicrograph

采用专门的设备、材料和工艺，把文献资料以缩小影像的形式摄影记录在胶片上，经加工制作成缩微品保存和使用。

缩微纸带
microtape

把缩微文献复制在刷涂有背胶的专制纸卷上，这样就产生以纸为片基的缩微资料。

缩微资料
microform

又称微型文献。以缩微照相为记录手段生产出来的高缩小比率复制文献，包括缩微胶卷（microfilm）、缩微平片（microfiche）、缩微卡片（microcard）和缩微印刷品（microprint）等。缩小比率通常为几十至几百倍。随着全息照相术的应用，又出现了超缩微胶片，其缩小比率可达上万倍。一张全息胶片可存储20万页文献。其优点是存储密度高，体积小，分量轻，传递方便，大大节省储藏空间，制作迅速，价格便宜，规格统一，存储方式标准，便于实现保管、检索和传递的自动化，保存期长和不易变质损坏。其缺点主要是必须借助显微阅读器才能阅读。缩微型文献的寿命在很大程度上决定于存储环境的温度、湿度和净化程度以及管理方法。

缩写本
compendium

指将文学作品（多为长篇小说）改写，使其篇幅减少的本子。

缩写词，略词
abbreviation

单词或词组的简写形式，目的在于信息交流更准确、迅速。通常是由首字母或前几个字母来表示全体，其后以句点（圆点）结束。主要的缩写形式有：用开头几个字母表示一个单词，如assoc. 代表association（协会，社团）；或用最主要的几个字母表示一个单词，如ltd. 表示limited（有限的）；或以首尾两个字母表示一个单词，如Rd. 表示road

（道路）。词组的缩写形式最常见为取每个词的第一音节或首字母加以组合，如 P. O. 代表 post office（邮局）。有一些词语拥有多个缩写词，如 v. 或 vol. 都代表 volume（卷）。汉语的缩写形式一般称为“简称”。缩写词首次出现在文字中必须在其后列出原词或词组或予以解释。

缩印版
compact edition

通常对原著的内容不做改动，仅通过调整版式来缩小著作篇幅的一种版本形式。例如《缩印版牛津英语字典第二版》(*The Compact Oxford English Dictionary, Second Edition*) 以微小字体印刷出版，并在封套内提供显微阅读器；中国有缩印版《四库全书》、缩印版的《中国百科大词典》和缩印版《辞海》等大型工具书。

所见即所得
What You See Is What You Get（WYSIWYG）

一种计算机方面的技术，使得人们在屏幕上直接正确地得到即将打印到纸张上的效果。也称可视化操作。具体指允许用户看到的文档就如在最终产品中所要看到的文档一样，而且还可直接编辑视图内的文本、图形或者其他文档。

所罗门群岛国立图书馆
Solomon Islands National Library

隶属于所罗门群岛教育与人力资源开发部。根据该部制订的 10 年教育计划（1999—2010）草案，该馆服务的重点在于向中小学、职业培训中心、省馆及公共图书馆提供服务以及帮助建立新图书馆或对原有图书馆进行改造，同时制订图书馆家具和设备的标准、提供有关检索信息资源的课程及教科书以及对图书馆员和教师，包括国家图书馆、省级图书馆及公共图书馆的员工进行培训。主要读者为成人研究者和学生，主要来自霍尼埃拉附近的中小学和社区高校。

所引用的作品
（拉）*opus citatum*

“所引用的作品”的意思。*opus citatum* 的缩写形式为：*op. cit.*。

所有权者
proprietary

通常指对某件物品拥有专有权者，比如，版权和专利受法律保护。在计算机领域，通常需要得到所有者或作者许可，才能使用系统、界面、软件程序或文档。

所有者
owner

法定拥有某单件（如资源的特定复制件或实例）的个人、家族或团体。

所属单位
affiliation

个人经由受雇、作为会员和文化认同等所附属的组织。这里的“单位”不是物理量方面计量用的国际单位，而是指某一工作部门，往往工薪阶层上班的地方就被称为单位。所属单位指下属单位的意思。

索传军（1964—）
Suo Chuanjun

博士、硕士生导师，中国人民大学信息资源管理系教授。先后任郑州工业大学图书馆副馆长、郑州大学图书馆副馆长、馆长、郑州大学信息管理系主任和国家图书馆研究院院长。兼任中国图书馆学会学术研究委员会图书馆学基础理论专业委员会委员。主要研究方向是数字资源研究。出版发表专著、学术论文多部（篇），主持科研项目多个，并多次获奖。

索非亚大学图书馆（保加利亚）
Sofia University Library

位于保加利亚首都索非亚，始建于 1888 年。索非亚大学是保加利亚最早的大学，也是影响力最大的大学之一。索非亚大学图书馆则是保加利亚出版物的法定托管馆之一，也是全保加利亚各大学和高中图书馆联络中心，由 1 所中心馆和 25 所分馆组成。馆藏各种图书文献超过 200 万册，每年到馆读者达 1.5 万人次。1992 年以后出版的文献都可以通过电子目录查询。

索非亚市立图书馆（保加利亚）
Sofia City Library

1928 年在庆祝保加利亚摆脱土耳其统治 50 年之际，索非亚市政府决定设立市立图书馆。1941 年建立了图书馆大楼，1944 年毁于战火，1990 年新图书馆大楼开始启用。该馆拥有馆藏 95 万册（件），其中保加利亚文 75 万册（件），其他语种

25 万册（件）。该馆于 2011 年 6 月设立“上海之窗”。

索取文献的地点
pick-up location

指递送和存放馆际互借、校际互借和校园内互借所需文献的地点。通常为流通借阅台或馆际互借办公室，借阅者可凭通知去该处领取。带电子请求选项的机读目录允许借阅者在借阅请求提交之前指定索取资料的地点。

索瑟姆通讯社（加拿大）
Southam News

加拿大最大的私营通讯社，归索瑟姆公司（Southam Inc.）所有。成立于 1923 年，总部设在首都渥太华。该通讯社主要为索瑟姆报业集团所属的报社提供加拿大国内新闻以及综述性通稿，同时也向一些独立的报社提供稿件。该通讯社供稿的最大特点是注重深度和专题报道，虽在国外不设分社，但国际述评却写得相当出色。1996 年索瑟姆集团被霍林格国际公司收购后，该通讯社也就成为霍林格国际公司的通讯社。

索书号
call number

又可称为排架号，是馆藏图书的唯一代码（打印在书标上），代表各种图书在图书馆整个藏书体系中的特有位置以便提取和归架的一套编号（印有索书号的书标贴在书脊或磁带的下部），包括分类号、作者代码、出版日期、卷号、拷贝数和在馆藏中的位置。索书号是图书馆藏书组织、流通出纳和清点工作的重要依据之一。在美国的大学和研究图书馆中使用《国会图书馆分类法》（LCC），其索书号是从英文字母开始（如 PN 2035. H336 1991）。在公共图书馆和学校图书馆中使用《杜威十进分类法》（DDC），其索书号是从阿拉伯数字开始（如 480. 0924 W3）。在中国一般使用《中国图书馆分类法》，其索书号是从汉语拼音字母开始的（如 G259. 1）。

索书条
call slip

索书条是图书馆闭架借阅时要求借阅者填写的简明需求单，上面印有索书号、借书证号、题名、著者和读者姓名等填写项。索书条多适用于采用闭架式借阅的图书馆，其作用是了解读者需要，提供馆藏补充根据以及计算图书流通率、进行流通统计等。

索线平订
side-stitching（side-sewing）

将书籍各页用书钉订在一起，装订在书的边缝处，与书的折叠处平行。这比用骑马订装订方式装订的书要坚固，但用这种方法，翻开书页后容易自行合拢，阅读不太方便。

索引本
register volume

指独立出版的、与大型图书配套使用的一种检索工具书。

索引编制法
indexing

经过专业训练的标引员首先阅读或浏览每一篇文献以确定其主要内容，接着选取适当的标题（姓名、地点和主题）以方便读者的检索。选出的标题将会以某种系统方式进行排列（字母顺序、数字顺序和分类顺序等）。标引方式分整体标引、全面标引和补充标引等，标引方法泛指分析水平、标引深度、分析角度、分析方法、标引方式和标引基本方法以及分析标引质量和评价标准等。

索引词
index term

可作为检索词或索引标目使用的语汇或符号的总称，包括主题词、分类号、著者名、文献名、地名和文献代号等，是索引语言的基本成分和文献存储与检索的主要依据。

索引地图
index map

一张显示一套或一系列较为详细的地图，所覆盖全部的地理区域范围；地图可能进行分割，也可能不进行分割。索引地图将各详细的地图汇总，并以某种方式进行标注，以方便读者对其中的有用信息进行检索。

索引款目
index entry

又称索引条目，是组成索引的基本单位。索引中描述所指示的主题或事物及其出处的一条记录，一般由标目、说明语和地址出版三项内容构成。它是索引中最小的逻辑单位，众多索引款目按一定顺序排列起来就是索引。

索引数据库
index database

将文献中包括人名、地名、词语、概念及其他具有检索意义的事项，按照一定方式有序编排起来，以供检索的数据库。

索引，引得
index

按字母顺序、时间、年代等排列的人名、地名和印刷品内容名称，并在每个名称后面注上页码，用以指引、指示读者或方便读者寻找资料。也指文件或资料的一种目录表，其中包括查找这些内容的关键词和引用标志。或是表示用来查找索引顺序数据集或索引文件中的记录的一种表。在单卷参考书或非小说性的散文中，索引通常出现在书后的附属资料的结尾处。在多卷书中，索引一般会出现在最后一卷的末尾。在那些大型的多卷参考书中，可能整个最后一卷会全部用作索引。小说作品很少会用到索引。对于期刊和杂志，出版商可能会在每一个出版年的末尾出版一份全年期刊或杂志的年度系列索引。编制索引的工作应该由专业的索引编纂人员负责完成。索引的优点是：方便查检，节约检索文献的时间，同时可以提高所需资料的查全或查到率等。索引可分按索引对象性质分的索引、按所含索引对象多少分的索引、按索引款目编排方法分的索引、按所用情报检索语言分的索引、按检索方式分的索引、按标目和篇名是否重复分的索引、按索引载体分的索引、按索引发表方式分的索引、按索引编制技术分的索引、按检索过程分的索引、按索引源类型分的索引和按索引原理的其他应用分的索引类型。

索引语言
index language

又称检索语言，在标引和情报检索过程中用于描述文献主题内容、外表特征和用户提问内容的一种专用语言。

锁，逻辑锁
lock

指一种在可擦写存储介质上的机械装置（如软盘上的写保护口），以防止存储内容被修改。又指一种软件安全特性，需要使用密钥才能正确运行应用软件。

锁线打结装订，穿线骑马订
kettle stitch（catch stitch）

指装订线在各书帖系结后在其脊背上打结的一种锁线方式，是一种密缝的、非常坚固的装订图书的手工方法。

锁线装订
sewing

一种装订方法。将出版物的各部分用线穿起来。通常在各部分粘到支撑材料之前，用机器将折层缝合起来。锁线装订的优点在于装订的书容易平展地打开，而不会将装订线拉松。

S

T

塔尔萨市县图书馆系统（美国）
Tulsa City-County Library System

位于美国俄克拉荷马州的塔尔萨市，拥有1所中心馆、22所分馆和1所流动图书馆，为塔尔萨市居民提供多种服务，其馆藏图书和期刊合订本有250万册、53万件政府出版物、6.8万幅地图、19万件缩微胶卷、激光唱片、磁带和其他音频资料共5.8万多件，数字视盘和家用录像机制式的视频材料共2.8万件。年到馆访问量390万人次，年图书流通量为570万册次。

塔尔图大学图书馆（爱沙尼亚）
Tartu University Library

位于爱沙尼亚塔尔图市，始建于1802年，是爱沙尼亚最古老、最大的图书馆，收藏完整的爱沙尼亚出版物，编撰全国图书目录。馆藏各种文献资料约370万册（件），其中图书200万册，期刊70万册（合订本）。收藏大量的珍稀古本，其中14世纪以前的古版本48册，16世纪的西欧图书90册。所藏资料中12%为爱沙尼亚文，35%为俄文，30%为德文，英文占10%。

塔林理工大学图书馆（爱沙尼亚）
Tallinn Technical University Library（TTUL）

位于爱沙尼亚首都塔林，始建于1919年。馆藏资料侧重于自然科学、技术以及各类工程类文献，主要为学校的教学科研服务，同时也向商业和工业界提供必要的支持。目前馆藏纸质文献73万册，其中535万册图书、技术文档6.5万件、手稿2.5万件和现刊560多种。还有2.7万种电子全文期刊、2万种电子图书。该馆是法定的国内出版物托管馆之一，同时和30个国家的129个团体开展了图书交换活动。年到馆访问量25万人次，年图书流通量为14万册次。

塔式书库
tower book stacks

在大型图书馆建筑中，为了减少水平传送设备和改善自然通风条件，书库向垂直方向发展。这种书库采用叠架式书库结构。近几年，很多图书馆采用仓储书库，运用现代化的数据管理系统提高利用效率。

塔斯社（俄罗斯）
Information Telegraphic Agency of Russia-TASS（ITAR-TASS）

俄罗斯国家通讯社。在世界五大通讯社中地位较特别，不但直接隶属于政府，同时也具有一般通讯社的特色，有派驻国外各地的记者、有处理电讯稿的总社以及对外发布新闻的设备。该通讯社成立于1925年7月10日，其前身是1917年11月18日成立的彼得格勒通讯社。在苏联时期，塔斯社和各加盟共和国通讯社在苏联国内外组成了一个统一的新闻通讯系统，并在100多个国家设有分社，在苏联国内有记者500多名。该通讯社昼夜以电传方式向国内外播放国际国内新闻、体育消息，并印发新闻电讯稿和活页新闻。同时还向苏联各加盟共和国的33 700多家报纸、50家电台和80家电视台以及115个国家和地区的新闻机构或商务代表处用俄、英、西、法、德、意、阿拉伯和葡萄牙8种语言播发消息。苏联解体后，俄罗斯总统叶利钦于1992年1月22日签署命令，在塔斯社与俄新社的基础上成立俄罗斯新闻通讯社，简称俄通社。同时，在俄通社中建立独立的塔斯社机关，负责协调独联体各国新闻事宜。自1992年1月30日零点起，塔斯社播发的新闻稿已正式采用俄通社—塔斯社电头。

拓本
rubbing edition

复制刻在金石文物上的文字或图形的一种方法。拓印时，需要在金石文物刻面上涂以浆糊，取湿纸紧覆其上，外面覆以毡布，然后用木槌和刷子轻轻捶打，待纸干后，用丝绵团或棉絮在纸面上拓墨，即显出所需的文字或图形。拓本在图书馆和其他文献收藏机构通常按非书资料处理，编目时需在版本项注明“拓印版”。

拓片
stone rubbings

从碑刻、铜器等文物上拓印下其形状、文字或图画的纸片。拓片是中国一项古老的传统技艺，是使用宣纸和墨汁，将碑文、器皿上的文字或图案，清晰地拷贝出来的一种技能。拓片界分南派和北派，各派之中又分很多支，拓片是从原物直接打印下来的，大小和形状与原物相同，是一种科学记录的好办法。除了有凹凸纹饰的器物外，甲骨文字、铜器铭文、碑刻、墓志铭、古钱币、画像砖、画像石等，都广泛使用这种办法记录。拓片是记录中华民族文献的重要载体之一。其数量之多可谓富甲天下，其内容之丰富可谓包罗万象，历史、地理、政治、经济、军事、民族、民俗、文学、艺术、科技和建筑等方面的研究者都可以从中找到有益的材料。

拓印
rub

利用湿润墨迹或化学方法将各种手迹或其他文献的图文精确压印到石板或锌版上，再利用此印版进行批量印刷的一种方法。

台北大学图书馆
Library of National Taipei University

位于中国台北市，建于1951年，其前身是台湾省立地方行政学校图书室，2000年改为现名。该馆包括台北校区的总馆和三峡校区的人文图书馆及商学图书中心。馆藏各种图书资料共计35多万册（件），中日文纸本期刊1 101种，西文纸本期刊1 863种，中文电子期刊5 489种，西文电子期刊45 656种，中日文数据库69种，西文数据库172个。多涉及法律、商业管理和社会科学领域。总馆收藏美国、德国和日本的大量与法律相关的文献，而且还有很大一部分文献来自美国联邦法院。

台北科技大学图书馆
National Taipei University of Technology Library

位于中国台北市，始建于1911年，是台湾地区最早的工科学校图书馆。馆藏图书以工程技术类为主，人文艺术类为辅。现有馆藏中、日文图书约200万册，西文图书7.8万册，中文电子图书250种，中西文现刊2 200多种，期刊合订本3.5万册，西文电子期刊1.4万种，光盘和数据库20多种，视听资料3万多件。

台北市立图书馆
Taipei Public Library

1930—1947年间由地方士绅与热心社会人士先后捐资成立松山、城北、古亭和城西四所图书馆，成为台北市立图书馆的前身。1952年10月25日，四馆依“台湾省各县市立图书馆组织规程”合并，正式成立台北市立图书馆。总馆坐落于台北市大安森林公园旁，总面积达19 800平方米。目前，除了总馆外、尚有41所分馆及11所民众阅览室。另外还有2所智慧图书馆及1所分馆正在建设中，2所以上分馆正在规划筹备中。

台北艺术大学图书馆
Taipei National University of the Arts Library

该馆以收藏艺术及人文相关资料为主。其馆藏有许多经典、珍罕的书刊，或征集不易或价格昂贵，甚至包括许多绝版。共拥有纸质图书、电子图书、幻灯片、唱片、录影带、录音带、缩微片、海报及图片、光碟等44万册（件）。该馆除一般大学提供阅览、流通、复印、参考咨询、咨询检索、教师指定参考书等项目外，为协同教学，每年开设“图书馆之旅”新生导览以及数据库讲习、研究方法讲习等各种利用教学活动。

台灯，阅读灯
reading lamp

指一种人造光源设备，专门用来为阅读提供充足的照明。这种灯一般配有灯罩，让光线柔和地照射到下方的书页上，而使人感到不刺眼。市场上也可以买到能夹在图书封面上的小型台灯，用于躺在床上看书。

《台湾大百科全书》
Encyclopedia of Taiwan

2007年5月，由智慧藏学习科技公司成立该百科全书的监修编审委员会，请诺贝尔化学奖获得者李远哲先生出任总监修。该百科全书不同于《中国大百科全书》先有纸本出版之后才建立网络数据库的模式，则是一开始就是以建立线上资料库的模式呈现，之后才从网络版选出词条303个，编为《台湾大百科全书网路精选版》一书出版。该大百科全书网站，总规划工艺、建筑、美术、民俗、考古、历史、民族人类、文学、音乐、戏剧、舞蹈、动物、植物和地质15个大类，15 036词目，8 929张图片以及部分影音资料。改版的台湾大百科全书网站整合“专业版”的线上服务及“大众版”网络参与的平台。“专业版”的线上服务提供专业版的词条、图表，仅供查询，让民众参与讨论或提供资料等。“大众版”系参考维基百科运营操作模式，以网络参与为主，除查询功能外，另提供民众上网撰写词条，相互沟通，讨论及展示的意见交流平台。

台湾大学博物馆群
National Taiwan University Museums

该馆累积数以万计独特珍贵文献史料、标本与文物藏品，并由各系所单位设置多处不同属性、规模的博物馆室进行典藏展示，以支持教学科研所需，同时见证台大发展历程点滴，其中包括校史馆、人类学博物馆、地质标本馆、物理文物馆、昆虫标本室、农业陈列馆、植物标本馆、动物标本馆、档案展示室和医学人文博物馆。于 2007 年 11 月正式启动，由图书馆负责规划整合。

台湾大学法律暨社会科学院图书馆分馆
Law & Social Sciences Library of NTU

位于中国台北市台湾大学徐州路校区，面积约为 3 000 平方米。其馆藏特色为日本帝国主义侵略时期旧藏、官书资料以及各级法院裁判书汇编等。

台湾大学图书馆
National Taiwan University Library

位于中国台北市，始建于 1928 年 3 月，是台湾地区馆藏量最大的大学图书馆。馆藏各类文献总量超过 350 万册（件），期刊近 3 万余种。另外，馆藏中外文古籍善本超过 5 万件，为台湾各大学之最，如淡新档案、明版线装书和西洋摇篮期刊本等都十分珍贵。另外，台湾史文献、东南亚研究等资料以及日本侵略时代的日文文献都相当丰富。该馆由总馆、法社分馆和医学院分馆组成，是台湾法定的政府出版物托管馆之一。馆藏书刊资料以配合学校师生教学研究学习的需要为主：文、理、法、医、工、农、管理、公共卫生、电机和社会各方面的图书、期刊、小册子、视听资料等均予收藏。

《台湾大学图书馆馆讯》
The NTU Library Newsletter

由台湾大学图书馆出版，馆长陈雪华担任发行人。该刊报道图书馆动态，促进图书馆利用。主要栏目有：活动情况、博物馆群、特别报道、活动花絮、校史故事和捐赠名单。

台湾大学图书资讯学系及研究所
NTU Department and Graduate Institute of Library & Information Science

成立于 1961 年 6 月，原名图书馆学系，当年开始招收新生；1980 年该系设立研究所硕士班；1989 年成立博士班；1998 年更名为图书资讯学系。该系所拥有丰富的图书资源与现代化的教学视听设备，同时为便于教师教学研究与学生学习，设有信息室、编目室、视听室和专业实习图书馆等，为目前岛内最完整的图书信息教育和学习机构。该系的原则是：培养专业人才，服务社会人群。该系的目标是培育理论与实务并重的图书馆学与资讯科学专业人才，使之能从事信息的产生、组织、存储、检索和利用与传播的研究及服务，积极推动图书馆学研究与图书馆事业的发展，改善图书馆的服务品质。该系于 2003 年招收研究所硕士在职专班学员。所开设的课程主要有：图书馆哲学、图书馆建筑、图书馆管理、智慧财产专题研究、视听教育理论、资讯政策、中国目录学专题研究、书目计量学、古籍版本鉴别研究、资讯资源与服务、图书资讯学、视听资料研究、图书馆行销、索引及摘要、资讯行为寻求、当代图书馆问题、媒体中心管理、讯息设计、目录学和图书馆自动化等。出版研究性期刊《图书资讯学刊》。

台湾大学学术资源网
NTU Scholars Gateway

2006 年 1 月，台湾大学图书馆开始着手收集网络上的开放存取的免费学术资源，并与 Yahoo！奇摩进行技术合作，建立学术资源网，供各学科领域教学与研究之用，查找世界免费电子资源。主要类别有人文学、社会科学（管理学、社会学）、自然科学、工程与科技、农学、生命科学、医学以及综合性学科。

台湾大学医学院图书分馆
Medical Library of NTU

创立于 1899 年 4 月，1936 年改名为台北帝国大学附属图书馆医学部分室，1945 年更为现名。该馆旨在支援与配合台大医学中心的教学与研究，其馆藏以健康科学相关资料为主，以心理学、生物学、人类学、社会学、环境科技和教育等学科与健康科学相关的主题为辅。收藏资料类型分为图书、期刊以及视听资料。

台湾电视公司
Taiwan Television Enterprise Ltd（TTV）

简称“台视”，是台湾第一家民营电视公司，台湾三大电视台之一。1962 年 4 月 28 日创立，同年 10 月 10 日正式开播。该公司以弘扬中华文化、开展空中教学、扩大社会教育及提升生活品质为宗旨，为广大观众提供各种知识性、教育性和娱乐性的信息。该台节目可传至台湾全省，与世界许多电视公司交换新闻信息。

台湾逢甲大学图书馆

Feng Chia University Library

于1961年成立，1964年在校行政大楼4楼设馆办公室和书库，另一大楼部分区域设置期刊和阅报区。1971年6月馆舍大楼落成，占地近8 000平方米，后又进行扩建增加面积近5 000平方米。该馆下设技术服务组、参考服务组、典藏流通组和资讯加值组，全馆分为自修阅览、图书资料和视听资料等区域开放提供服务。

台湾佛教文献数据库

Taiwanese Buddhist Digital Database

由台湾大学哲学系杨惠南教授多年研究与执行的各项台湾佛教相关计划内容以及利用“中华典子佛典协会”、“佛教数字图书馆暨博物馆”和其他佛教数据库多年积累的经验及技术，将有关文献数字化并构建成数据库，希望借助网络提供各项方便的功能供读者利用。

台湾故宫博物院图书文献馆

Library of National Palace Museum

该馆位于台北市士林区故宫博物院内，系博物院行政大楼右侧独幢建筑。该馆以中国历朝善本古籍、清代档案文献闻名于世。为发挥藏品功能，该馆于1996年4月对外正式开放。该馆收藏善本古籍以文渊阁《四库全书》、武英殿刻本、内阁大库等藏书最有名，约有18万册。清代档案，包括硃批三摺、内阁大库档案、军机处档案等，40多万件。丰富的缩微家谱文献是该馆收藏的重要特色之一。台湾《联合报》于1996年3月捐献给该馆的缩微家谱资料，共3 132卷，分中国族谱与韩国、琉球族谱两部分，前者计9 970种，后者192种，共10 162种。中国族谱以汉族为主，也包括少量满族及其他少数民族的族谱。这些缩微家谱的原件，除收藏在大陆各图书馆档案部门和台湾本土外，主要收藏在日本示洋文库、日本国立会图书馆、美国哥伦比亚大学东亚图书馆、美国国会图书馆和香港大学冯平山图书馆等单位。该馆是世界上收藏缩微中国族谱数量仅次于犹他州家谱图书馆的单位。

台湾海洋大学图书暨资讯处

Office of Library and Information Technology of NTOU

位于中国台湾基隆市，2007年8月成立，由学校电子计算机中心与图书馆合并而成，下设图书艺文服务和资讯服务。图书馆起初设在大学几个教室内，1962年在海事大楼专辟了房间供图书馆使用，1991年建立了新的现代化的图书馆大楼，建筑面积为6 500平方米。馆藏文献资料以海事工程、船机工程、航运管理、水产养殖、食品科学和航海技术等为主。馆藏图书30万册。图书馆二馆于1997年7月落成，2001年9月正式启用。

台湾记忆

Taiwan Memory

台湾图书馆典藏丰富文献数据，近年来通过各种渠道，搜集了相当丰富各种台湾史料，如日据时期台湾明信片、各地老照片、旧籍、地方志、古书契、家谱、碑碣拓片、视听数据带以及1962年台湾电视新闻开播以来的每日晚间新闻的数字影音档案等数据。为了妥善保存台湾历史记忆，配合新时代数字化发展，乃以数字化的技术典藏这些台湾历史文献与影音纪录，希望通过“台湾记忆”系统的建立，是将有关台湾的历史文献，进行数字化典藏之外，并藉由数字对象元数据的建立，达到数据共享与再利用的目的；此外，通过因特网绵密宽广的触角，更可将台湾的史料阅读与研究，扩展到台湾各地及海外。

台湾交通大学图书馆

National Chiao Tung University Library

1958年建立，1967年改名为工学院图书馆，1998年命名为交通浩然图书资讯中心。馆舍面积为32 000平方米，阅览座位1 200席。馆藏总量235万册（件）。下设：行政组、采编组、期刊组、参考咨询组、典阅组、数字图书馆资讯组、视听中心和勤务组。

台湾科技大学图书馆

Taiwan University Library of Science and Technology

于1974年成立，1985年视听教学中心并入该馆。馆舍于1976年竣工，1990年扩建，使用面积为5 627平方米，阅览座位630席。拥有各种文献资料188万册（件）。

台湾客家数字图书馆

Taiwan Hakka Digital Library

该系统里包括丰富的客家专题图书文献、论文、期刊以及客籍文学家人物资料，涉及文字、影像等各种形式的珍贵史料文献（图书和期刊文献、学位论文和活动讯息登陆站），在经过详细的研究分析以及数字化处理后，呈现台湾客家文化的特色。

台湾历史博物馆

Museum of Taiwan History

1955年创立，位于台湾台北市。收藏、展示中原文物为主的公立博物馆。馆藏文物约5万件，主要是接收自河南省博物馆迁台文物以及日本战后归还的古物为主，少部分有台湾早期文物。时间为上至殷商下至民国，先后3 000多年。藏品有铜器、玉器、宗教文物、民俗文物、陶器、书画、中国文字史料、工艺品和古钱币等。

台湾培生教育出版公司

Pearson Education Taiwan

全球最大的皮尔森教育集团在台湾的分公司，为向广大的教师和学生提供服务而设立。该公司本着“知识无疆界”的理念翻译或改编英文经典作品中的文化来满足不同层次学习群的需求，使无价知识更加本土化与深入化。

台湾期刊论文索引系统

PerioPath Index to Taiwan Periodical Literature System

创立于1970年元月，自从开发自动化系统后，在原基础上提供期刊论文索引检索服务，并开放网络连线查询。1998年图书服务系统建设后，开始提供远端读者期刊文献传递服务。2005年更名为“中文期刊篇目索引系统”，2010年改为现名，旨在能提供更具开放性的多功能服务。

台湾清华大学图书馆

National Tsinghua University Library

位于中国台湾省新竹市，面积为10 771.2平方米，包括1所总馆和4所分馆：人社分馆、数学分馆、物理分馆和视听中心组成。馆藏主题包括基础科学、应用科学、人文社会及生物医学等。文献类型有：图书、期刊、视听资料（录像带、影视光碟、数字视盘、激光视盘、激光唱片、幻灯片和光盘等）、缩微资料、电子期刊、电子图书以及各种主题的数据库。馆藏量总计约355万册（件），包括中日文图书52万册，西文图书33万册，期刊合订本30万册。视听资料7.8万件，缩微资料74万件，地图841幅，现刊3 470多种。电子全文期刊8.2万种，光盘及数据库419种，电子图书149万种。该馆除提供多元化服务外，还有参考馆员实时解答各种问题，协助校内师生使用馆内资源。读者可通过面对面、书面、电话、电子邮件、网络讨论区及网页上的读者意见箱与图书馆沟通。每周发送电子报，不定期发送各项服务信息以报道各项服务与最新发展。

台湾师范大学图书馆

National Taiwan Normal University Library

其前身是中国台湾省立师范学院图书馆，创立于1946年6月。设计新颖的现代化总图书馆的建筑面积为1.1万平方米，拥有800个阅览座位、36间研究室。其地下室为国际会议厅和普通阅览室，设有200个阅览座位。理学院分馆位于分部校区，面积有6 800平方米，阅览座位600席。该馆馆藏中日文图书已达99万册，西文图书47万册，中日文期刊1 796种，西文期刊4 621种，期刊合订本12万册，数据库380种，电子期刊3.7万种，电子图书72万种，缩微胶片99万种，视听资料15万件以及地图资料3.6万幅。

台湾师范大学图书资讯研究所

Graduate Institute of Library & Information Studies, NTNU

1955年成立社会教育学系图书资讯学组，是台湾最早成立的图书资讯学相关科系。为培养知识经济社会所需之高阶层图书资讯服务人才，台湾师范大学于2002年成立该研究所。其宗旨为反映数字社会、数字资讯传播服务和研究的需要，延续台湾师范大学社会教育系图书资讯组培育图书资讯服务专业人才的需求。同时为配合知识经济时代的来临，该研究所于2005年成立图书资讯学硕士学位在职进修专班，培育科技技能的图书资讯服务人才，落实终身学习政策，以提供在职图书资讯人员的进修渠道。所开设的课程主要有：图书资讯学研究、文献学研究、图书馆哲学、知识社会学、媒体印刷发展史研究、社会科学研究法、高级统计学、质化研究、资讯心理学研究、多媒体设计制作与评估、数位学习研究、线上参考服务研究、资讯服务机构管理研究、网络资源与技术研究、文献计量学、档案学研究、数位出版研究、知识管理研究、资讯政策研究、智慧财产权研究和图书资讯管理研究等。该研究所还设有“资讯素养与数位学习”、“数位出版与数位典藏”两个实验室以及“阅读室”、“师生讨论室”、“研讨室”和“教师研究室”等。

台湾文献传递服务系统

Nationwide Document Delivery Service (NDDS)

全台湾图书馆申请全文资料之馆际合作系统，

结合台湾期刊联合目录与馆际合作功能为提供读者和馆员查询台湾400余所图书馆之馆藏服务。该系统在线上可提供申请期刊、图书和学位论文等资料的复印及借阅服务，并可随时查询申请状态。经所属图书馆核准系统账号后，用户可以向台湾各地区政府机构图书馆、公共图书馆、公私立大专院校图书馆以及文化中心提出馆际互借申请，也可委托所属图书馆申请借阅中国内地、中国香港及国外图书馆的资料。

台湾学生书局
Taiwan Student Publishing House

于1959年在台北市成立，出版中国文学、史学、哲学等专业学术图书如《中国史学丛书》、《新修方志丛刊》、《中国民间信仰资料汇编》等。哲学方面偏重于中国近代新儒学思想体系，有很多大家之著作、全集。另有关图书馆学、语言学、台湾研究和文献学等系列丛刊近30种。

台湾学术电子书联盟
Taiwan Academic Electronic Books Consortium (TAEBC)

于2008年成立，计划3年内通过联合采购外文电子书3万册以上，以改善各大学的研究条件。该联盟运营模式改变了大学图书馆馆藏管理工作，还可通过该联盟要求厂商提供适用的书目记录以利成员馆转入各馆自动化系统，有效节省成员馆重复编目的人力。电子书阅读形态不仅节省图书上架人力及空间，更精简了流通人力及操作流程，而且在永久保存方面由联盟负责取得裸数据并妥善保存，省却各馆相关典藏工作。该联盟收录SpringerLink、Oxford Scholarship Online、Cambridge Collections Online、Greenwood等15 000余种电子书，学科范围涵盖各个领域，并陆续新增中。

台湾学术知识库
Taiwan Ebook Academia

秉持“研发学习科技，创造知识价值”的理念邀请台湾45家重要出版社和829位专家学者提供研究素材与成果，开发“台湾学术知识库”平台，除了收纳各类精选优质内容，也提供各种直觉化、人性化的检索功能与加值服务，不仅使各种优质学术研究内容能更容易获得，也可帮助用户更有效地进行学习与研究工作。该数据库收录标准为具有知识含量及经典价值的学术著作，以繁体中文著作为主。该数据库涉及748本学术专书，12个研究专题。

台湾中央大学图书馆
National Central University Library

于1969年5月成立，初为临时图书室。1971年中正图书馆馆舍正式启用，1994年新大楼落成，面积为13 200平方米。2000年10月设置国鼎分馆，典藏校友李国鼎先生捐赠的图书文物。该馆下设行政室、采编组、典阅组、推广服务组和资讯系统组。出版发送馆内最新消息公告，如开闭馆公告、影展、图书馆利用指导活动以及各种教育训练课程资讯。

台湾中央研究院图书馆
Libraries Academia Sinica

位于台湾的中研院图书馆包括：人文组：史语所傅斯年图书馆、民族所图书馆、人文中心图书馆、经济所图书馆、欧美所图书馆、近史所图书馆、文哲所图书馆、人文社会科学联合图书馆、亚太区域研究专题中心图书室；数理组：数学所图书馆、物理所图书馆、化学所图书馆、原分所图书馆、地球所图书馆、资讯所图书馆、统计所图书馆、天文所图书馆、计算中心图书室；生命组：生命科学图书馆组成。

台中图书馆
Taichung Library

于1923年成立。历经迁址、设分馆及多次改制，1999年，改隶台湾行政院文化建设委员会，更名为现名。2008年再改隶教育部。其职责为辅导全台湾公共图书馆。服务对象为台湾地区民众，以协助民众终身学习，并促成公共图书馆事业之发展为目的。其服务内容包括：搜集、整理、典藏适合民众所需之各种图书信息，建立信息查询及数字化资源，提供阅览、参考及信息服务，办理社教活动，加强与国内外各级公共图书馆、学校图书馆之交流与合作。该馆拥有近100万册（件）文献，主要出版物有：《书香远传》、《活动手册季刊》、《研习手册》、《公共图书馆空间及营运改善计划手册》和《阅读环境与设备升级辅助专案计划作业手册》。

《太平广记》
Tai Ping Encyclopedia

宋代李昉等编纂，共500卷，目录10卷。全书汇集汉代至宋初的小说，按其体裁或内容分为92大类，并附150余小类。该书资料丰富，所收之书又大多失传，有“小说家之渊海”。

《太阳报》(英国)
The Sun

英国当代通俗小报的典型；目前发行量在400万份左右，是英国销量最大的日报。《太阳报》于1969年由鲁伯特·默多克（Rupert Murdoch）买下《每日先驱报》(*Daily Herald*) 后改造而成。面向下层社会读者，以刺激性、揭丑性独家新闻为卖点，利用特大图片、特大醒目标题制造视觉冲击效果，并最先开始每天在第三版上推出整版的单幅女模特彩色照片，推动销量直线上升。

太原理工大学图书馆
Taiyuan University of Science & Technology Library

前身为国立山西大学堂西学专斋，成立于1902年。1997年由太原工业大学图书馆、山西矿业学院图书馆和太原工业大学材料学院图书馆合并组成中心馆、中区分馆和南区分馆。拥有馆藏文献190万册（件），中文现刊5 218种，外文现刊4 018种，数据库18种。馆藏特色是藏书时间跨度大，学科覆盖面广，出版类型齐全，载体形式多样。馆舍面积为2.3万平方米，阅览座位2 200席。

泰达图书馆档案馆
Taida Library & Archives

位于天津泰达开发区投资服务中心东侧，毗邻南开大学泰达学院，占地1.67万平方米，建筑面积6.67万平方米。其中图书馆主体面积2.25万平方米，分为地上五层，地下一层。设有阅览座位2 700席，藏书量110万册，其中：纸质中文图书70万册，纸质外文图书7 157册，纸质期刊合订本2万册，纸质报纸合订本2万册，电子图书36万册，视听资料1.08万件。电子期刊4 000余万篇，电子报纸千余万篇，学位论文80余万篇，会议文献近70万篇，国内外专利信息千余万件，法律法规文件14余万篇，多媒体视频5 000余件以及实时更新的分析报告、统计数据等。该馆于2003年12月5日正式开馆。

泰国国家图书馆
National Library of Thailand

根据1905年10月12日国王令，由3所老皇室图书馆合并成瓦吉那纳图书馆，1932年更名为泰国国家图书馆，隶属于教育部属下的珍贵艺术品部。按照1941年颁布的法律，该馆接受2册泰国出版物的缴送本，以维持国家典籍的完整馆藏。泰国国家图书馆通过曼谷的7个专藏和外省的14个分馆向全国提供服务，不仅是泰国国际标准连续出版物编号和国际标准书号中心，还是东南亚国际连续出版物编号地区中心，也是泰国图书情报协调委员会及人文信息网络的中心，并且是国际图联机构成员。专藏为书写在贝叶和卷轴上的佛教经文及其他佛教文献。拥有馆藏图书250万册（卷），连续出版物2 500种。

《泰晤士报时代文学副刊》(英国)
***Times Literary Supplement* (*TLS*)**

《泰晤士报》的副刊之一，创刊于1902年，是英国最有影响的文学周刊之一，刊载的文章和书评具有权威性。每周以报纸的形式出版，对新近的作品进行深度的评论，涉及广泛的主题；也对当代的戏剧、歌剧和电影进行评论，同美国的《纽约书评》(*The New York Review of Books*) 一样，该刊着重文学小说评论，同时还刊登学术性和大学出版社出版的新书广告，也以由世界一流学者所撰写的时事文章、书目报道和读者致编者的热情信件而闻名。

《泰晤士报》(英国)
The Times

英国历史最悠久的日报，也是世界上最有影响的报纸之一。创建于1785年元旦，1981年被美籍澳大利亚人鲁伯特·默多克（Rupert Murdoch）收购。从此，该报在内容上有所变化，图片增多、增大，软性新闻、煽情新闻取代了部分严肃的新闻报道。该报目前每天约40版左右，分国内外新闻、评论、文化、艺术、书评、商业、金融、体育、广播、电视和娱乐。广告约占全部版面的1/3。主要读者对象是政界、工商金融和知识界。该报政治观点因相当保守而倾向保守党，支持政府的政策和观点，所以一直是英国统治集团的喉舌。

《泰晤士世界地图集》(英国)
The Times Atlas of the World

该书由英国伦敦泰晤士图书公司出版，在国外出版的地图集中属上乘之作，自1895年起开始出版，过去版本称“世纪中叶版”(Mid Century ed.)，1967年起改为“综合版”(Comprehensive ed.)，该地图集的第13版于2011年出版。该地图集注意采用新的制图资料和统计资料，编排在图集前面的为有关地球科学和天文学的文字说明及彩色插图。地名索引有20余万条，每条索引除了说明该地的地理位置外，还注明经纬度。

泰晤士与赫德森有限公司（英国）
Thames & Hudson

创建于1949年。该公司出版的图书能把艺术世界展现给普通大众，建造了一个“没有围墙的博物馆”，使之能被众多非专业的读者接触到，并且能承受其价格。为了抓住这个国际概念的精髓，公司的名字将穿过伦敦和纽约的两条河结合起来，就成了泰晤士与赫德森（Thames & Hudson）。该公司一直为其出版的高水准图书感到自豪，图书优异的内容和生产质量吸引了很多著名的专职作家、艺术家、设计家、画家和摄像师。泰晤士与赫德森有限公司专长于出版艺术类、考古学和历史类、建筑类、设计类、摄影类和旅游类图书，但也出版许多其他领域，特别是那些有文化影响的领域的专业书籍。

弹回消息
bounce message

给发送人的信息，以解释所发送的电子邮件返回的原因，可能是由于邮件地址输入错误或由于网络出现故障等。

弹性工作时间
flextime

允许雇员在每天、每周、每月的有效时数内，自行安排开始和结束工作的时间。

谭祥金（1939—）
Tan Xiangjin

中国图书馆学家、教授。1963年毕业于武汉大学图书馆学系，先后在北京图书馆和中山大学工作，曾任北京图书馆副馆长、中山大学信息管理系主任和中山大学信息科学技术学院副院长、中国图书馆学会副理事长以及广东省图书馆学会第五、六、七、八、九、十和十一届理事会名誉理事长。出版专著数十部，发表论文数百篇。

谭祥金赵燕群奖学金
Tan Xiangjin & Zhao Yanqun Fellowship

为表彰谭祥金教授和赵燕群研究馆员对中国图书馆事业和图书馆学教育做出的突出贡献，鼓励品学兼优且经济困难之学生勤奋学习图书馆学、情报学（信息管理与信息系统）和档案学，以期将来服务于图书馆及相关资讯事业，中山大学资讯管理系决定自2006年秋季起发起并设立谭祥金赵燕群奖学金。该奖学金旨在奖励中山大学资讯管理系品学兼优在册全日制图书馆学专业、信息管理与信息系统专业和档案学专业本科生；在册全日制图书馆学专业、情报学专业和档案学专业硕士生以及博士生。

谭卓垣（1900—1956）
Tan Zhuoyuan

中国图书馆学家。毕业于岭南大学，后留学于美国芝加哥大学，攻读哲学博士学位和哥伦比亚图书馆学学士学位。是中国图书馆学史上第二位获得博士学位的人，是岭南大学图书馆历史上第一位华人馆长，也是任职最久的馆长。主编有《中文杂志索引》、《清代图书馆发展史》等。

探索的，启发式的
heuristic

指寻求解决问题的途径和方法的过程，在这个过程中，对解决方案的评价是在不断的试验和失误中进行的。“发现”过程中的正确与错误的结果都将成为决定下一步方案的依据。图书馆的研究工作就是一个探索的过程。heuristic 源于希腊文 *heuriskein*，意思是“发现”。

探索，研究
research

用科学的方法探求事物的本质和规律的研究过程，是一种常见的科学研究行为。

探险蠕虫病毒
Explore Zip

一种计算机病毒。以附件的形式藏匿在回复邮件中，一旦打开这个名为Zip-files. exe的附件，“探险蠕虫”就成功地钻进了用户的计算机，并跟随计算机的应用程序在后台疯狂地自我复制，一方面将自身的副本作为附件向收件箱中所有未读邮件发送一封回信，另一方面删除硬盘上微软Office文档和各种程序语言源文件。这些文件在被此病毒删除后几乎没有恢复的可能。后来出现的“迷你蠕虫”是“探险蠕虫”的压缩版本。

汤姆森公司（美国）
The Thomson Corporation

全球专业信息服务和出版领域最大、最领先的跨国企业，为全球130多个国家的2 000多万用户提供法律、税务、金融、高等教育、企业培训、科学研究与发展和医疗卫生等领域的服务，协助他们

T

更好、更快地决策和发展。汤姆森公司由汤姆森法律与条例信息集团、汤姆森金融信息集团、汤姆森学习出版集团以及汤姆森科技与医疗卫生信息集团组成，在全球拥有4万名雇员，在46个国家和地区设有分支机构与办事处。

汤姆森科技信息集团（美国）
Thomson Scientific

隶属于汤姆森公司，旗下包括ISI，Derwent，BIOSIS，Delphion，Wila-Derwent，ISI ResearchSoft，Current Drugs，MicroPatent，MDC，NewPort Strategic和Techstreet等许多著名的信息服务品牌，所提供的信息资源与服务包括学术期刊、学术会议录、发明专利、技术标准等。该集团致力于为全球的科研人员、图书馆员、信息分析专家以及各行各业从事研究与发展的专业人士提供整合的科技信息解决方案。通过高质量的信息内容与尖端的信息技术完美的结合，为学术界和企业界提供高附加值的信息资源，协助他们更准确地、更迅速地制定决策，加速科学发现与应用开发的进程。更为重要的是，汤姆森科技信息集团的数据库和软件为科学研究和应用开发的每一步骤都提供了相应的工具，从知识的发现、管理、分析与发表，直到产品的开发与应用，不断推陈出新。

汤旭岩（1956—）
Tang Xuyan

研究馆员、湖北省图书馆馆长。1982年毕业于武汉大学图书馆学系，曾任湖北省文化厅社文处处长、湖北省图书馆党委书记。长期从事图书馆管理工作，致力于图书馆法制建设、特色图书馆建设、文献资源建设、读者服务等方面的研究，已出版编著、主编的专业论著、工具书20余部，发表图书馆学、法学研究译著论文70余篇，获全国和省级论著、论文、征文奖20多次。代表作品有《特色图书馆论》、《文献信息服务》、《走向新岸书作舟》、《成功者与图书馆》和《书与社会》等。

唐承秀（1965—）
Tang Chengxiu

研究馆员、美国印第安纳大学计算机专业理学硕士、北京大学信息管理系管理学博士、天津财经大学图书馆馆长。兼任中国图书馆学会学术研究委员会“图书馆统计与评价”专业学术委员会委员、“阅读推广委员会”阅读文化委员会委员和天津市中文信息研究会理事。曾作为美国印第安纳大学访问学者。主持天津社科规划项目、中国高等教育文献保障体系项目、北京大学“985”人文社会科学研究项目、2009年国家重点项目以及天津空港经济区管委会项目。出版专著、合著多部，发表学术论文30余篇。

唐刻本
Tang Woodblock Edition

中国版本的类型。雕版印成的书本称为刻本，唐代时出现，有书商、私人和官府刻书。

《唐类函》
Collection of Tang Encyclopedia

唐代类书的汇编，以《艺文类聚》为主，兼采《北唐书钞》、《初学记》和《白孔六帖》等书，又以《岁华纪丽》、《通典》等书补其缺略，编为天地岁时、帝王后妃等43部。可供查检唐代历史资料。

唐纳德·戈达德·温（1904—1972）
Donald Goddard Wing

美国目录学家、耶鲁大学图书馆副馆长。哈佛文学硕士，耶鲁哲学博士。从20世纪30年代起即在耶鲁大学图书馆供职，初任采访部主任，后任副馆长，主管特藏。编辑《1641—1700年英格兰、苏格兰、爱尔兰、威尔士和英属北美洲印刷图书和其他国家印刷英文图书简明目录》(*Short-Title Catalog of Books Printed in England, Scotland, Ireland, Wales and British America and of English Books Printed in Other Countries*, 1641—1700)，由美国索引学会出版，分类层次精确，出版说明详尽，成为图书馆不可缺少的工具书。

唐纳德·罗纳德·斯旺森（1924—）
Donald Ronald Swanson

美国情报学家。曾担任芝加哥大学人文学院教授、芝加哥大学图书馆学研究生院院长，专门教授信息检索、联机检索策略、科学文献结构、生物学数据库组织与检索以及计算机编程等课程。发表有关学术论文近百篇。

唐纳德·约翰·厄克特（1909—1994）
Donald John Urquhart

英国图书馆员、情报学专家。在谢菲尔德大学毕业后在英国钢铁公司研究部工作。1938年成为科学博物馆图书馆职员，在布拉德福魔下工作。第二次世界大战期间，厄克特曾在与科技工业情报息息相关的政府部门工作，认识到情报控制和情报服务的重要性。1952 年进入英国科学和工业研究局，提出加强图书馆情报工作的措施、设想，并建议编辑情报资源指南的出版物以及建立科学图书馆系统。他所领导的有关部门建立的外借机构后来发展成为英国国立科技外借图书馆。

唐写本
Tang Handwritten Manuscript

中国版本的类型。唐代时期出现的靠手写传抄而成的书籍。内容涉及宗教，抄写者往往是出于还愿或做功德，对宗教的崇信和虔诚。

烫金
gold stamping

用烫金机将以合金铜或合金铝制成金箔或银箔，在书封面或书脊上，烫压上字形或花纹。其法是先将要烫金的活字、符号或花纹等经排版烘炽，然后铺金箔或银箔于板上，加以压紧，字及花纹便显出金色和银色。这种方法于 15 世纪末在意大利北部开始使用，后传至法国和英国，再传到亚洲。

烫金机，压印机
blocking press

一种采用对印模进行加热后，将文字、印记或图案等压印在书籍封面上的专用印刷机械设备。

烫金书边
gilt edges

有些精装本书籍为了追求豪华效果，将书页的天头、地脚和页边裁切整齐烫上金箔并且抛光。英文 ge 是 gilt edges 的缩写；aeg 是 all edges gilt 的缩写，意为所有的书边都烫金；gt 是 gilt top 的缩写，意为顶部烫金；teg 是 top edge gilt 缩写，意为顶边烫金。

烫印
lettering

装帧工艺名称。在装订时，用加热的铜印章（戳）印在图书的布封皮上，从而使文字或图案印在一个光滑的印面上，以形成凸饰。这种方法于 15 世纪末在意大利北部开始使用，后传至法国和英国。

陶文
Characters on Pottery

从新石器时代一直到商代晚期，古人在陶器上刻画的文字符号。现在已出土的陶文以半坡陶文为最早，大约自公元前 4800—4300 年之间。此外，大汶口文化、龙山文化、良渚文化时期，也都有陶文。不像甲骨文那样有成文的篇幅，只有单个的符号。较有名的如半坡陶文、丁公陶文和高邮陶文等。陶文有两种：第一种是新石器时代陶器上的“原始文字”，虽然目前还不能确认这些文字具体是什么含义，但已具有一种“标记”和“表号”的性质，被认为是汉字的最早雏形；第二种是战国时代陶器上的文字，一般只有几个字，大多是印文，内容为人名、官名、地名、督造者名、吉祥语和年月等。

陶湘（1871—1949）
Tao Xiang

字兰泉，号涉园。江苏武进人。近代藏书家、刻书家。不到 30 岁开始收藏图书，几十年得书 30 万卷，以明本及清初精刊为搜求之目标。尤其喜爱毛氏汲古阁刊本，闵氏、凌士套印本，武英殿刻本及花纸本，并有专门研究藏书数十万卷。曾致力于刻书，刻有《儒学语》、《百川学海》、《程雪楼集》、《喜咏轩丛书》、《涉园所见宋版书影》等计 250 种左右。目录学著作除《明毛氏汲古阁刻书目录》外，尚有《涉园鉴藏明版目录》、《清代殿版书目》、《武英殿聚珍版书目》、《内府写本书目》和《故宫殿本书库现存目》等。

淘汰废书
negative selection

从藏书中淘汰掉认为对将来无用的收藏物的过程。通常图书馆专业人员称“淘汰废书”为“剔旧”（weeding）。

套红印刷
red printing

正文印刷完毕后，大标题用红色印刷的一种印刷方式。通常的做法是在正文印完后用第二台印刷机再进行套红印刷。

套加印，添印
overprint

在已经印刷的印件上加印额外的材料。也指超过预定或需求数量印刷某一著作，卖不出去的就只好廉价出售。

套录
download

自动化编目的一种方式。指地区性或全国性的编目中心对正式出版的图书编制机读格式的书目数据，各图书馆按照与编目中心的协议，将本馆所购图书按一定检索途径在编目中心的书目数据库中进行查询，并下载所查到的书目数据。套录不仅可以提高书目数据质量，而且使编目工作效率大大提高。

套录编目，模仿编目
derived cataloging

图书馆现代编目工作中普遍使用的一种工作方式。指编目人员在对图书进行编目之前，先对所获得的馆外编目数据进行仔细核对，并做必要的编辑加工，再转换为本馆数据记录的工程。能极大提高编目质量和工作效率，促进编目数据的标准化与规范化。

套录数据
copy cataloging data

各图书馆通过网上套录联合编目中心书目数据库的标准 MARC 格式书目数据，并利用书目数据来完成本馆新书著录及回溯建库工作。

套，全套
set

统一式样、统一编目，作为一个整体出版或发行的两本或两本以上的图书，如多册的百科全书，或同一作者的全集，属同种载体形态，也有属不同的载体形态，如图书与随书配置的光盘。也指一种期刊数期的合订本。

套色不准，对版不准
out of register

指采用多色或彩色印刷时，在印刷品上一种或多种颜色与其他颜色没有对准的情况。

套印
Chromatographed Edition（Multi-color Wood-block Printing）

用套色木版分次印刷书籍图画的方法。早期为一版分色套印，即在一块雕好的版片上，刷不同的颜色进行印刷，称为敷彩印法。元代以后发展成为两版或多版分色套印。16 世纪世纪末到 17 世纪中叶，浙江凌、闵两家继承并发展了多色套印技术，刊刻了大量善本秘籍。从精美的三色、四色套印，直到乾隆内府的五色套印、道光年间涿州卢坤的六色套印，套印技术把印刷水准和印刷效果提高到了新的阶段。

（套在新书外的）广告纸带
book band

一种印刷长条纸带（通常为彩色的）。其特点是包在图书的封皮外，以便引起人们的关注，除了印有图书简介外，一般还印有降价的价格、获奖或特定的外借情况（预约或馆际互借）等信息。

特别的（地），专门的（地）
（拉）*ad hoc*

用以指明某物或某事此时此刻为了特殊目的而存在。又指某个组织因特定需求而成立，如选举或任命一个特别委员会来负责一期特刊或处理一场突发事件。这种组织通常随需求的满足而解散。

特别订单
special order

求购一单本出版物而需要特别处理的订单，通常由于该出版物已脱销。特别订单通常不打折或打折很少，而且出版商或书商还会因为额外劳动要求付一小部分的服务费。

特别精装
extra binding

精装的一种。精装图书的工艺和装帧材料可以精益求精，故有特精装和豪华本之说。特精装主要用于具有历史价值、学术价值、欣赏价值和收藏价值的重要著作、大型丛书和艺术画册等。

特别（专门）工作组
task force

为了实现某个特定的目的，从同一系统或团体中的不同单位召集一些人组成专门工作组致力于某一特定目标。待目标实现后，工作组随之解散，其成员则返回原单位工作。出于需要，国际图联经常组织一些特别工作组有效地开展活动。

特藏
special collection

需要特殊收藏保管和供专门参考而组织的某些珍贵藏书，如珍本、善本、名人手稿、特种文献和地方文献等。为了方便管理、集中组织，图书馆一般都设有特藏阅览室和特藏书库。

特藏本

special edition

又称特装本。指作者出于纪念、馈赠或其他特别需要而印制的、比较考究的版本，一般不出售，其装帧设计和纸张质地都要比普通本讲究得多。也指在某些图书馆中，将具有特殊价值的版本书称特藏本。这种书通常为了保存，读者只能在馆内申请阅读。

特藏符号

special collection symbol

又称地位符号、类型符号和冠号，指索书号上的一种特殊标记，一般标在索书号上方，用以表示文献的特殊类型或特殊收藏地点。例如用“G”或“△”表示工具书，用“T”或“#”表示地图。

特藏目录

special collection catalog

反映图书馆馆藏中具有特殊价值而单独保存的文献的目录，如善本书目录、地方志目录、名人赠书目录和手稿本目录等。

特大本

atlas size

指对开本的图书或地图，一般为 25 英寸 ×16 英寸（40.64 厘米 ×63.5 厘米）。

特大号大写首字母

cocked-up initial (raised initial letter)

在目前书刊的编辑出版过程中，编辑经常将一篇文章第一段的首字母以特大号的字体占两行或更多行进行编排，主要起美化排版和提示章节起始的作用。

特大号资料

jumbo file

指收集特大号的印刷品、图片和文件，并把它们放在文件夹、纸夹或其他大到能容纳这些物品的容器中，以便于查找。

特大型（大开本）

oversize

又称特大本，指图书或其他资料的开本大于一般的尺寸，不像正常开本图书那样按标准的索书号在书架上排列，如大型的艺术类图书、图集、画册和地图集。图书馆通常将特大型的图书资料另架陈列，不和其他图书放在一起，并在目录记录上和书脊的标签上用一个特别的代码或地址符加以标示。

特大型花体大写首字母

factotum

一种木质的或金属的印刷专用品，在其中心可嵌入任何一个字母的铅字，主要用于图书每一章的开头，能印刷出一个特大的大写字母。在早期的印刷术中，特大型花体大写首字母通常起到装饰的作用。

特定单件的载体特征

Item-specific Carrier Characteristic

同一载体表现的其他样例不具备的载体特征。对于早期印刷资料，这些载体特征包括：红字印刷、画饰及其他手工着色、手稿增补及装订等。属“资源描述与检索”（RDA）的载体描述元素之一。

特定放置

fixed location

特定的物理场所，一般是图书馆馆藏长期安排放置的地方，例如，词典台便于利用大部头词典，地图集架则用于放置大型地图集以便于存取。在中世纪的图书馆内，手稿图书资料有时被锁在书架、桌子上或单独的研究室内，以防被人拿走。

特定款目

specific entry

指将与文献主题完全符合的主题词作标目的款目。用特定款目来检索文献，可获得比较高的查准率。

特定时期目录

period bibliography

指收录某一特定时期的书目，如民国时期关于中国历史著作的目录。

特价

special offer (special price)

由供应商或厂商出售商品或服务开出的较低价格。通常有时间限制，另外还会有其他方面的限制，如限制最少的购买数量。也指出版社对图书馆所给予的优惠价格或举办书市期间对顾客所提供的特别价格。

特刊
special supplement

指报刊每逢纪念日或因某种需要而增加的篇幅和版面，或另行印发的一期或另出的小册子。

特拉维夫大学内曼精确科学与工程图书馆（以色列）
Tel Aviv University-Neiman Library of Exact Sciences and Engineering

位于以色列特拉维夫市，馆藏各类文献 30 余万册（件），现刊 1 000 多种以及大量的电子期刊、电子数据库等资源。馆藏侧重于数学、计算机科学、物理学、地球物理学、天文学、化学以及工程等学科。特色馆藏包括美国电气及电子工程师学会（IEEE）的会议报告、能源研究（包括太阳能等）、电子元器件目录以及计算机科学研究等。

特伦顿免费公共图书馆（美国）
Trenton Free Public Library

位于美国新泽西州首府青藤市，设有 1 所中心馆和 4 所分馆，服务于全州居民，其馆藏图书和期刊合订本 60 万册，激光唱片、磁带和其他音频资料共 3 800 多件，数字视盘和家用录像机制式的视频材料共 1960 件。年到馆访问量 60 万人次，年图书流通量为 50 万册次，流通书刊的一半是儿童书刊。

特洛伊木马
trojan horse

一种具有隐藏性破坏作用的计算机病毒。看似增加了一个有效的功能，但是其代码中却隐含着对运行系统能造成破坏的因素。不同于一般的计算机病毒，特洛伊木马不能复制。

特色馆藏
special collection

图书馆经过长时间的建设，在某一方面形成的有一定规模、结构比较完整、有较高的学术品位和情报价值的馆藏文献资源，其特色可以体现为地方特色、学科特色、历史特色或民族特色等。

特色数据库
featured database

图书馆在充分利用自己的馆藏特色基础上建立起来的一种具有本馆特色的可供共享的文献信息资源库。特色数据库的特色往往体现在地方特色和学科特色两个方面。

特森诺夫经济学院图书馆（保加利亚）
Tsenov Academy of Economics

位于保加利亚斯维西图伍市，建于 1936 年，最早的馆藏来自狄米塔·特森诺夫（*Dimitar Tsenov*）私人图书馆捐赠的 400 多册科学文献。后来在尼库拉·米霍夫（*Nikola Mihov*）教授的努力下，收藏了许多各种语言的经济学文献，慢慢转变为专业图书馆。馆藏图书约 40 万册，各种保加利亚文和外文期刊约 4.2 万册（合订本）。1992 年开始使用计算机目录，提供在线查询服务。

特殊播放特征
Special Playback Characteristic

录音时所用均衡系统、降噪系统等，如国际无线电咨询委员会（CCIR）标准、全美广播电视（NAB）标准和杜比（Dolby）等。属音频特征（sound characteristic）之一。

特殊出版物，特种出版物
special publication

指图书、期刊以外的各种出版物，如学位论文、工业标准、专利说明书和研究报告等。

特殊记号（书写姓名所作）
cipher

又称拼合文字、花押字。指西方国家人名的开头部分，加以修饰性的书写或编排，形成一个专用的记号或象征，以增加其复杂性和艺术性，使名字更具有个性和象征性。

特殊字符
special character

在字符集中，除了字母和数字外，标点符号、运算符号和分隔符号等都称为特殊字符。

特小型版，袖珍版
miniature edition

指版面设计、纸张规格和开本尺寸极小的小号版式。一般设计的书籍版面高不超过 4 英寸（约 10 厘米），有的不足 3 英寸，18 世纪盛行于欧洲。《圣经》、诗文集、年历和儿童读物等大多为特小型版。

特写，特辑
feature

指杂志或报纸上一篇较长的文章，编辑或出版者给予专门强调或表示，不同于短文、专栏或社论。在杂志封面上的最主要图文特写叫作封面文章或封面报道，同一期的其他特写文章的题目也会在封面上标示。

特许，版权转让
permission

获文献或数据库产品的版权持有者的同意，可摘录、转载和翻印其原著中的章节或插图等，或在一定的权限范围内使用数据库。

特许书
charter

指由政府权威机构如立法机关或当局，授予公民、机关团体或商业公司某种特权的法律文件，特许其组织和给予享有的权利。重要的特许书复本通常在大型图书馆的政府出版物部或参考咨询部可以找到。原件则通常以档案的形式由持有它们的机构保存。

特许证，专利证书
letters patent

由政府或君主签发的书面文件，以公开审查的方式，授予个人或团体相应的权利、特权、头衔、公职或资产。

特约装订
custom binding

根据收藏者、经销商或出版商的特殊要求对图书进行装订，不同于同版本的普通装订要求。

特征，特性
characteristic

指将某一类型明显地分为不同的下位类的属性、性质或特性等，例如特征词“时期”将“欧洲文学”分为“古典的”、“中世纪的”、“文艺复兴”、“现代的”和“当代的”。与其相对的特征词“类型”将同样的类细分为“戏剧”、“短文”、“小说”、“诗歌”和“短篇小说”。

特征注释
closed caption（CC）

在编目中，特征注释的短语在著录的附注项中解释，用以说明该著录项所包含的特征。

特制版本，专号
special edition

形式上不同于以前版本的一个版本或一期期刊，可能冠以一醒目的题名、新的简介、增加插图、照片及附注或例子，用特殊的纸张印刷等。同样，一期特别的报纸，通常整版的篇幅都是报道一个特别的主题。

特制皮箱，书箱
polaire

一种专门供中世纪教士、文人用来保存、运输手稿和资料的皮箱。这些箱子通常没有花纹和图案，但有钱人或知名人士所用的箱子则会有比较漂亮、醒目的设计和装饰。

特种文献资料室
room for special materials

指专门陈列特种科技文献的一种资料室。所收藏的文献通常有科技报告、政府出版物、会议文献、专利文献、技术标准、学位论文和产品样本等。

誊写，手抄本
scribal copy

由抄写员誊写的手稿，是在印刷术不发达年代的古书手抄本，又指某些地下出版物的传抄本，不同于出自作者亲手撰写的手稿。

滕纸
Rattan Paper

浙江传统名纸。产于剡溪 、余杭等地。始于西晋，东晋有进一步得发展，唐、宋时，越中多以古藤制纸，故名。剡溪地区出产的滕纸亦称“剡藤”、“剡纸”、“溪藤”。纸质匀细光滑，洁白如玉，不留墨。但到晚唐时期，由于野藤大量被砍伐，又无人管理栽培，原料供不应求，藤纸一蹶不振，到明代即告终。

藤原 譲（1933—）
Yuzuru Fujiwara

日本图书馆学家、东京大学理学博士、日本专利情报馆理事长。其研究从计算机本身过渡到计算机处理对象——情报自身。特别是情报特性及构造解析、概念的模式化。主要研究方向是对情报基本特性进行分析进而特性化、情报媒体的依存性及含义记述和表现、表示方法及界定理论。

剔除词，禁用词

stop word

指在计算机检索中不用于检索的词，通常是使用频率非常高而又没有实际意义的词，如冠词、连词、介词等，每个数据库都有其禁用词表。如果检索词中包含了禁用词，计算机检索时会自动剔除这些词。

剔除，剔旧

weeding

图书馆将所藏文献中利用率极低或无法再利用的部分剔除出正式馆藏之外的工作。藏书剔除的直接原因和客观原因是存书空间的危机，但本质原因是藏书信息的老化。剔除文献的方法有直接挑选法、借阅率统计法、文献计量法和专家咨询法。剔除工作是图书馆藏书建设的重要组成部分。图书馆应将剔除工作制度化，不断地“吐故”、“纳新”，保持一种可持续发展和高效的藏书体系。对剔除工作有影响的理论是“藏书发展稳定状态”理论。

梯形索引

step index（cut-in index）

在书的前面边缘上切刻出锯齿形部分，呈现出梯级递进的形式，把字母或标题标识在其上作为索引。

梯子

ladder

用以登高的物理工具，如指图书馆书库常用的书梯，是用来取高架上摆放的图书的可折叠梯子。

提词者所用剧本，台词本

promptbook

剧院提词员所用的表演提示的剧本，也包括简要说明台词、动作、暗示、小道具、服装和灯光等。

（提供教育资源数据库的）服务

AskERIC

美国教育资源信息中心（ERIC）信息交换所于1996年启动的一项信息技术工程，这是一个基于电子邮件系统、通过因特网向中小学教育工作者提供问题解答、帮助和指导服务的参考指示系统。同时，系统还提供教育工作者感兴趣的新闻和基于因特网站点的不断增长的虚拟全文资源图书馆服务，包括教学计划、教育资源信息中心全文摘要和主题检索、资源向导、常见问题解答和教育相关电子邮件列表等。

提供优惠价

introductory offer

指国外一些出版商或书刊代理商用来吸引新订户的促销措施，允许客户以一种非常低的价格挑选一定数量的图书，有时甚至是免费的，这些图书通常是较畅销的。这些措施之目的通常是为了使客户在特定时期内（通常为一年）购买一小部分其他的图书。在杂志出版业中，也有类似的奖励措施，给予新订户以很大的折扣，通常是享受1～2年的优惠，然后订户支付正常的定价。

提密索拉理工大学中心图书馆（罗马尼亚）

Central Library of Politehnica University of Timisoara

位于罗马尼亚提密索拉市，始建于1920年，该馆是中东欧地区最大的技术大学图书馆，由1所中心馆和4所专业分馆组成：化学工程、土木工程、电气工程和机械工程图书馆。馆藏文献多是技术类图书和论文，藏有多种期刊，同时，收藏丰富的国际国内标准文献和专利文献。

提升，晋级

promotion

提升地位或等级的行动或行为。在图书馆里指专业图书馆员或其他工作人员在同一个图书馆或图书馆系统中的升职和加薪。

提示符

prompt

计算机屏幕上闪动的光标，指示用户输入数据或执行新任务。

提问

query

指查询在线目录或数据库时输入的用户要求，用以检索与用户信息需求相关的记录或文献。有些信息存储检索系统允许用自然语言提问，但有些系统则必须用人工标引语言提问。因而用户需懂得检索策略，能够用正确的句法来构建检索表达式。

提问文档

profile

指存储在计算机内，用以表达用户检索要求的一种文档。其内容包括用户名称、课题名称、检索词、检索逻辑项等。

提要目录，解题目录，注释目录
annotated catalog

为深入揭示文献内容而撰写有提要的目录。提要即内容提要，在中国古代又称叙录、解题。是用简明扼要的文字介绍作者生平，叙述文献的中心内容，评论著作得失、版本优劣，有时还指出阅读方法。提要目录有助于读者确认某一文献，了解文献内容，也是文献情报工作者推荐和宣传文献、指导阅读的工具。古代的提要目录还可供古籍版本考订、古籍辨伪时参考。中国古代提要目录有3种类型：叙录体提要目录，全面地揭示图书的内容和形式的目录；传录体提要目录，只着重介绍作者生平事迹的目录；辑录体提要目录，广泛辑录与某书有关的序、跋、评论等资料而成的目录，基本引用成文，有时加有按语。

提要性杂志
synoptic journal

对研究发现和文章摘要作简要报道的期刊，在需要时，可提供文章全文。

题词
epigraph

指为留作纪念而题写的文字。题词的对象可分为物、事和人。格式自由，内容精深，语言洗练。题词完毕，要标明落款，注有日期。也称“题辞”或“题言”。尤指刻在耐久材料（如在建筑物或纪念碑）上的铭文。

T

题录
reference

指一组著录项目形成的反映某一文献形式特征的一条记录，主要包括题名项、责任者项和出处项等。是以刊登在期刊、报纸、会议录、文集上的各种论文中的每一篇为单位描述其形式特征。

题录索引
title list

检索工具之一。是以题录形式为主要摘录和报道方式的检索工具。著录项目不揭示文献的内容，只包含文献的外部特征，是文摘性检索工具的补充。该种检索工具具有加工容易、出版迅速的特点。

题名
Title

都柏林核心元素集的元素之一。指由创建者或出版者赋予资源的名称。一般来说，这一名称指的是资源对象的正式公开名称。

题名标签
lettering piece

附着在书脊上的一块皮革，上面印有图书的题名。

题名倒置法
inversion of title

将题名中的主题词放在最前面进行排列的一种方法，常见于字典式目录中。

题名附加款目
added title entry

在文献著录中，以正题名以外的题名为标目的附加款目。即以副题名、交替题名和别名等为标目的款目。

题名号
title mark

书次号的一种。在同类书中按题名字顺排列时所取的号码。取号依据一般是根据所在馆使用的字顺检字表。

题名，刊名
title

一个单字（词）、短语、句子、字符或字符集出现在某一项目中，通常出现在图书的题名页中，或在文章或作品的起始处，为作品或作品集命名，以达到界定作品或提供参考信息之目的。题名的选择通常都反映了作品的内容，并能将作品与其他类似的作品主题区别开来。翻译作品可以有一个原文并列题名。在首页给定的题名可以与书脊或封皮的题名有所区别。

题名款目
title entry

组织题名目录与字典式目录的基础。一般编制的是以题名为标目的款目，目的是方便读者从题名的角度查找图书资料。

题名目录

title catalog

将题名按照一定的规则排列组织起来的目录。其目的是可以从题名途径检索到需要的文献，并集中同一种文献的不同版本。

题名目录卡

title card

指为方便检索，以题名作标目并按照一定的规则排列的目录卡片。

题名屏（电子资源）

title screen（electronic resources）

对于机读数据文献如书目数据库或网页，在文本演示屏幕的起始段会出现作品的正题名，通常包括作者、编者和出版信息的相关数据等，这些信息均可作为编目的主要信息源。

题名前页

label title-page（label title）

图书开头的空白页或护页，上端印有题名和作者名，通常称为“标识题名”。早期（1470—1550）印刷本上，名称放在题名页的第一位置。现存最早印本是1463年在德国的美因茨印刷的、可能由富斯（*Fust*）和舍弗尔（*Schffer*）编辑的《德皇普鲁士二世训令》。偶尔也有将题名与作者名印在图书末页上的，多见于古本书。

题名区分号

title mark

指同类书、同著者所著不同著作的区分符号。

题名索引，篇名索引

title index

以图书、报刊所刊载的文章题目为标目并按字顺排列的索引。为方便读者查找有关内容，期刊、报纸、文集和丛书都需要编制这种索引。题名（篇名）索引与作者索引有时会组合在一起。

题名项

title statement（title area）

文献的正题名、一般资料标识（选用）及其他题名信息著录在题名与责任者说明项。依据《英美编目条例第二版》（*AACR2*），正题名所包含的语句、顺序和拼写均依文献所载著录，但标点符号和大小写，编目人员可根据需要作些改动。

题名页

title page（title leaf）

又称扉页。题名页设在手稿、图书或其他印刷出版物的起始处，题名页的题名为正式题名，书脊上的题名仅作参考。通常在图书正面的书页上可以有副题名、作者、编者、译者和出版者等。题名页还可印有出版日期和地点。其反面通常有出版者的信息、版权信息、出版日期、在版编目及国际标准书号（ISBN）等，有时也有承印商信息。据说第一次出现完整的题名页的时间为1500年左右，或16世纪末期，装饰完整的题名页已经很通用。题名页提供了一些主要的著录事项，成为著录的主要信息源。如果出现在封面、书脊的题名不一致时，应以题名页的为准。title page 可缩写成：t. p. 。

题名页边框

title page border

有些图书的题名页印有边框花饰，称之为题名页边框。

题名页题名

title page title

具体指在图书题名页上载有的完整题名，是图书编目时著录的主要信息源。

题名印张

title sheet

图书中的第一个印张，该印张除包括题名页外，还包括目录页、序言等非正文性的印刷页。

题名与责任者说明项

title and statement of responsibility

著作的正题名和有关责任者的说明著录在MARC 21书目数据记录中的245字段，在中文机读目录中的200字段。

题名帧，字幕画面

title frame

由一个或多个字幕组成的作品名，通常出现在影视作品的片头或片尾，字幕可以是手写体或印刷体，用以揭示作品的题名与责任者、出版制作者等非作品本身内容的信息，是此类作品编目时的主要著录信息源。

题目，专题
topic

指提纲或文章的标题、论文或其章节的标题。这里指关于图书馆某项研究或讨论的主题。图书馆学研究计划的第一步是明确表达可操作的主题陈述，随着文献检索的进展，题目可以根据情况进行调整，使之变得更加专指或泛指。

题内关键词，上下文内关键词
keyword in context（KWIC）

从文献的题名（有时是正文）中抽取的关键词用来阐释被用作标目款目的含义。关键词可用手工标引，也可用算法从文献中抽取。关键词在固定长度的一行中的一个固定位置（一般是中间）按字顺印出来，以便看起来成一列（有时在版面上是非常醒目的）。每个关键词的前、后可以容纳尽量多的上下文。关键词和题名通常会进行编码以区分被索引的文献。

题内关键词索引
keyword-in-context index

又称"上下文关键词索引"。其特点是在索引中列出关键词的同时，还保留了非关键词，这样就形成一条短语，即一条上下文，从而避免了一般关键词索引中关键词含义不清的缺点，减少误检率。

题上信息
avant-title

在主要信息源上，位于正题名的上方，用来修饰、补充正题名的信息。

T

题署珍藏本，手迹珍本
association copy

与作者或书中描写人物或某一名人有特殊关系的书。也指被某一特别的图书馆收藏的书。表现为亲笔签名、书签、献辞、题字、旁注和特殊装订等物理特征。

题外关键词
keyword out of context（KWOC）

是题内关键词、上下文内关键词（KWIC）的一种变种，其中的关键词用算法从文献题名（有时从正文）中抽取，顺着一页的左边空白处印为标题，而包含有每个关键词的题名或正文的一部分就缩排在相应的标题下面。在正文中，可能会用一个符号来代替关键词。与关键词和上下文索引法不同，这种方法不保留在有字母数字顺序的标题中的多字词和短语。

题外关键词索引
keyword-out-context index

题内关键词索引的一种改进形式。其特点是把关键词从索引行的中间移到行的左端，或者是提行至左上方，上下文紧接排在索引词的右边或下边，也可以将索引词提至左上角。这种索引检索标识醒目突出，保持篇名的原貌，易读性好。

题赠
inscription（dedication）

纪念性的题词或赠言的总称。没有特定的格式，其内容根据赠送的对象来确定，有时可用格言。题词可以自编，也可以摘录前人或别人的名句、佳句，只要恰到好处，就可使人产生更多的联想，给人以力量、启示。题词后应有落款，写明为谁而题词，写出题词者的名字和题写的时间。

题赠本
dedication copy

由著者、编者或插图作者署名，献给某些人的图书或其他作品。在古籍善本交易中，有题赠的版本比没有题赠的版本更有价值。

替代，取代
superseded

指用更新的东西代替过时的残旧的东西。在图书馆，被替代的馆藏如果还有历史价值将继续保留，如较旧版本的年鉴和统计出版物。

替换本
replacement

又称更换本，指图书馆为替换已破损或遗失的图书而重新采集到的同一种图书。

替换页
cancel

在印刷完成后尚未装订的情况下，因为图书的某些部分有严重错误，需要用新的印刷页代替需要更换的书页或者其他部分中的文字或者插图。这种情况在17—18 世纪多见。原来有错误的一页叫注销页，换贴上去的一页称替换页。

天津大学图书馆
Tianjin University Library

建于清光绪二十一年（1895 年），其前身为中国北洋大学图书馆，1951 年与河北工学院图书馆合并定为现名。现由南馆、北馆及建筑分馆组成。总建筑面积 2.6 万平方米，21 个阅览室和 2 个培训教室，阅览座位 1 500 席，馆藏纸质文献 240 多万册，其中中文文献占 65%。收藏比较丰富的数理科学及化学和工程技术图书，社会科学类图书以马列主义哲学、技术经济、工业管理、语言和文学艺术图书收藏较多，形成以工为主、学科广泛的藏书体系。《化学文摘》(*Chemical Abstracts*) 和《ASME 会议录》(*Proceeding of ASME*) 等一些世界著名期刊自创刊起即行入藏，还拥有电子图书 112 万册，中外文期刊 8 251 种。引进中外文数据库 46 种，涵盖中文全文电子期刊近万种，西文全文电子期刊 8 000 余种；建成了教学参考书数据库、中国古建筑图片数据库等 49 个特色文献数据库。

天津高等教育文献信息中心
Tianjin Academic Library & Information System (TALIS)

2004 年 11 月，由原天津市高校数字化图书馆建设管理中心改为现名，经中国高等学校文献保障系统批准为其天津省中心，具体负责组织天津市的文献信息建设和服务工作，包括：联合图书馆系统运行及管理、电子文献资源建设和管理、中文版本图书馆的建设与管理、组织开展文献信息服务、组织文献信息的应用培训、开展数字化图书馆建设研究、组织开展与国内外其他文献信息单位的合作与交流以及承担市教委交付的其他各项工作任务。

天津市图书馆学会
Tianjin Society for Library Science

成立于 1979 年 3 月 21 日，是天津市科学技术协会和天津市哲学社会科学联合会的组成部分。下设学术工作委员会、继续教育工作委员会和文献资源建设与共享工作委员会。该学会自成立以来，多次召开科学讨论会、专题学术讨论会和学术报告会，涌现出一批有价值的学术论文与学术专著。拥有会员 1 500 人，其中中国图书馆学会会员 310 人，与天津图书馆合办月刊《图书馆工作与研究》(*Library Work and Research*)。

天津图书馆
Tianjin Library

天津市属综合性公共图书馆。建于清光绪三十四年（1908 年），其前身为直隶图书馆，几经迁移、更名、合并，1982 年改为现名。馆舍于 1991 年建成，建筑面积 3 万多平方米。拥有藏书 340 万册，其中中外文报刊合订本 30 万册，中文普通图书 210 万册，外文图书 40 万册，古籍线装图书 40 万册，善本 8 000 余种，地方志资料 3 600 余种，馆藏明嘉靖年间的《辽东志》、万历年间的《徐州志》为孤本。下设外借部、报刊部、采编部、采编中心、典阅部、历史文献部、新技术应用部、信息服务部、宣传辅导部、学会培训部以及数字资源建设部。与天津市图书馆学会共同编辑出版图书馆学综合性学术刊物《图书馆工作与研究》（双月刊）。

天禄阁
Tian Lu Building

汉宫中藏书阁名，位于陕西西安未央区内。在汉高祖时建于未央宫内。汉初各地所献秘书藏于此。西汉末年，著名学者刘向、刘歆和杨雄等曾在阁内校雠图籍，编撰成《别录》、《七录》。该阁是中国也是世界上最早的国家图书馆和档案馆。

天禄琳琅
Tianlu Linlang Building

皇家藏书楼。汉代时，天禄阁、石驱阁是朝廷的宫廷档案馆，清乾隆九年（1744 年）命检内府所藏善本书籍于乾清宫东之昭仁殿列架皮藏，赐名“天禄琳琅”，并亲书匾额及对联。嘉庆二年（1797 年），乾清宫失火，昭和殿藏书遭焚毁。

天体图，星座图
astronomical map

用以表示行星、恒星、银河或者其他星体及其位置的图形，通常印于黑色背景之上。

天头
head (head margin)

又称天边、眉头。指书的顶边，也指一页顶部的空白，与底部空白相对。

天头和地脚
head and tail

天头亦称“上白边”，指版心上方白边。地脚亦称“下白边”，指版心下方白边。中国古代书籍

T

天头甚宽，大于地脚，以备读者作眉批之用。有些评注本的评语、批注就刻在天头上印行。现代直排本仍继承这一传统，横排本天头略小于地脚，使版心在版面上处于视觉中心，起到版式稳定、美观的效果。

天一阁藏书楼
Tian Yi Ge Books Storage Building

中国现存历史最久的私家藏书楼，也是世界上现存最早的三个私家藏书楼之一，阁址在浙江省宁波市。该藏书楼建于公元 1561—1566 年，原为明兵部右侍郎范钦的藏书处。于 1982 年被国务院公布为全国重点文物保护单位。藏各类古籍近 30 万卷，其中珍椠善本 8 万卷，尤以明代地方志和科举录最为珍贵。

天主教图书馆协会（美国）
Catholic Library Association（CLA）

1921 年于美国创建，旨在促进天主教文献和图书馆事业的发展。成员是由那些致力于天主教图书馆事业和创作、出版与发行天主教文学作品的图书馆员、教师和图书经销商组成的。该协会出版《天主教图书馆界》(*Catholic Library World*)，季刊。

添文，加长文章
padding

指用废话拉长、铺张句子和文章等。

田纳西大学情报学学院（美国）
School of Information Science of University of Tennessee

田纳西大学位于美国田纳西州的诺克斯维尔，其情报学学院成立于 1972 年，位于校园中心，距离图书馆、计算中心、学生中心都很近。目前研究主要集中在信息技术、基于知识系统和用户行为等交叉领域。强调在多样性环境中对信息资源进行有效管理，培养图书馆或其他信息管理人才。该学院获得美国图书馆协会资格认证，可授予情报学硕士学位和通信学博士学位。

田畑 孝一（1941—）
Koichi Tabata

日本图书馆学家、工学博士、筑波大学研究生院图书馆情报媒体研究科教授、日本数字图书馆领域的先驱者。其研究不只是介于网络提供图书资料的数字技术，而且涉及出版、收集、存储、提供、参考业务和研讨等图书馆专业的各个方面，其重点研究课题是数字图书馆构筑技术。

田园诗，叙事诗
idyl

描绘田园风光、歌咏田园生活为主要内容的诗歌。该词来自希腊文“小图画”——描述简单天真的田园、牧歌或家庭生活的短诗。这种文学形式的起源最早可追溯至公元前 3 世纪，忒阿克里托斯(*Theocritus*)将自己在西西里的田园生活写给亚历山大的读者。在封建社会里，一些诗人对现实不满，退居乡野，便通过对农村自然景物和田园生活的歌咏，寄托诗人高蹈遗世，超然物外的悠闲自得的情趣，田园诗由此应运而生。牧歌也属于田园诗中的一类。

填充符
fill character

将一组长度不等的字符串或数据写入表格中的某个栏目，或者记入定长记录的某个字段时，需按照一定的格式（例如向右对齐或者向左对齐）排列，字段内的空位置通常要用一种规定的字符填补，而此种用来填充的字符就称为填充符，如星号、空格等，没有含义，只起间隔和填充的作用。

条码标签
barcode label

指打印或印刷了条形码的标签。大多数的应用情况是要求每个条形码的号码都是唯一的。条码标签易于制作，对设备和材料没有特殊要求。

条码自动识别技术
barcode recognition technology

将按照一定规则编译出来的条形码自动转换成有意义的信息的技术，是以计算机技术和通信技术的发展为基础的综合性科学技术。条码识别需要经历扫描和译码两个过程。条码扫描器利用自身光源照射条形码，再利用光电转换器接受反射的光线，将反射光线的明暗转换成数字信号。然后由译码器将条形符号换成相应的数字、字符信息。再由计算机系统进行数据处理与管理，文献的详细信息最终被识别。

条形码
bar code

指由计算机或其他设备直接识别的打印标签。条形码是由宽窄相同、粗细不一的黑白竖条条纹编码组成，可通过光学扫描仪（条形码扫描仪）读入计算机，然后根据计算机内存储的有关信息进行工作。白色条纹带有信息的称为“连续码号”，不带有信息的称为“离散码号”。常见的条形码格式有2~5码、39码、欧洲商品码（EAN）和通用产品码（UPC）等。在图书馆中条形码用于识别图书和其他流通环节中，并且与读者的借书证和自动化流通系统中数据相对应，便于登记和检查。

条约
treaty

指两个或两个以上国家间关于和平、军事联盟、贸易往来和经济援助等方面签署的正式协议，一般条约是经过慎重谈判和商议产生的。如果要查阅此类署名官方文件的文本，需要到大型图书馆的政府出版物部或参考咨询部查找。而文件的原件则通常保存在国家档案馆或国家图书馆的特藏库。

条约签署日期
date of signing of a treaty

指条约或条约议定书等正式签署的日期。

调架
stack maintenance

指为保持图书馆书架上的图书和其他资料摆放有序而进行的活动。包括重新上架、查架、调整书架标记以及部分书架上的图书因过度拥挤或塞得太满所进行的书架调整等。

调色剂，碳粉
toner

用于拷贝机和激光打印机的一种特别类型的墨粉。调色剂由干燥的粉状物质组成，充满电后能粘附到带相反极性电荷的鼓上、电极板上或纸张上。在大多数激光打印机中，调色剂是装在色剂盒中，再插入打印机。

调制解调器
modulator-demodulator（modem）

数据通信的一种设备。在数据通信中，在数据站上调制发送信号并对接收信号进行解调的一种设备。它的主要功能是使数字数据能通过模拟传输设施进行传送，能把发送出去的数字信号（如计算机产生的二进制信号）转换成适于在电话网上传输的模拟信号，并能把经传送的模拟信号转换成数字信号。在通常的电话网上通信速率为1 200~9 600波特。

贴标签，加标记
labeling

考虑到图书馆有些图书资料不适合少年儿童阅读，或其中部分文字与图像可能引起某些读者或观众反感，而对这些资料贴上警示标签，此方法也往往引起争议。在某些国家里，这种做法是从某些公共电视台对所播放的节目加注标记借鉴而来的，特别是针对有关性和暴力方面的成人语言或图像内容可能被儿童看到而采用的警示方法。

贴插画
mounted

指用在出版物的正文或扉页的小插图或照片。一般专指填补版面空白，为装饰而添加的与本文内容并无关系的插图，但有时也指与内容有密切关系的说明性小插图。用照片作插图时，叫“插图照片”；用在空白地方的插图，叫“扉页插图”。也可以将插画粘贴在书页的破损处，起到加固和修补图书的作用。

贴头，邮寄地址签
mailing label

指寄发书、刊邮件上所用的订户（读者）名称、地址签。

铁笔，描画针
stylus

现在所知的最早书写工具，由木头、骨头、金属或芦苇制成的笔杆、笔尖以及用于抹去错误的抹刀所组成。在古代美索不达米亚用于在泥板表面刻下或写下象形文字，古代希腊人和罗马人用它在蜡板上写字。后来被笔所取代，而用于记载文字的泥板也被纸莎草纸、羊皮纸和纸所取代。stylus也指唱机上的唱针或灌录唱片的录音针。

《铁路汉语主题词表》
Railway Chinese Subject Thesaurus

用于储存和检索铁路专业情报资料的专门叙词表，由中国铁道部情报所编制，1979年出版。共收录铁道专业叙词12 000个。该词表由主表和范畴表两部分组成。主表基本单位是款目叙词，按其款目叙词的汉语拼音字顺排列。范畴表则将主表中的全部叙词按其概念所属学科或词义范畴划分为若干类，每类下的叙词按字顺排列，提供以学科或词义角度选择主题词标引文献。

铁琴铜剑楼
Tieqin Tongjian Building

清代四大私家藏书楼之一，位于江苏常熟以东古里镇。建造于清乾隆年间，建筑面积有 285 平方米。初名“恬裕斋”，创始人为著名的藏书家瞿绍基。瞿氏五代藏书楼主均淡泊名利，以藏书、读书为乐。所藏以宋元旧刻为著称。在所收藏的金古物中，瞿氏特别喜爱一台铁琴和一把铜剑，该藏书楼由此得名。瞿氏藏书历时既久，屡经散佚，所剩部分，归北京图书馆。瞿氏数代藏书长达 200 多年，给后人留下丰富的文化遗产。1991 年，铁琴铜剑楼纪念馆对外开放。

铁丝螺旋装订
wire coil

图书或笔记本的活页装订形式。在各散页的订口边缘均匀打孔，然后穿以螺旋形的金属丝，使书页订合在一起。目前铁丝一般被轻便、韧性好的塑料代替。

铁丝装订
wire binding

用铁丝订书机将铁丝订合折帖的装订方法。有在折缝上订钉的骑马订和分订以及沿订口订钉的平订三种形式，具有工艺简单的特点。但铁丝易锈蚀，多用于装订期刊、小册子等。

T

帖码
signature

指印在书帖下部指示装订顺序的标记，方便装订。

听音室
listening room

图书馆内配有播放设备（播音器、扩音器和耳机等），以供听取音频资料（激光唱片、录音磁带和密纹唱片等）的专室或专门区域。持证读者、有时也包括一般社会成员，一般允许在有限的时间内，单独或集体使用这类设备。

停版
ceased publication

指一种连续出版的多卷著作，尚未出版完全而停止。馆藏记录应在结束款目中表示。

停机时间
down time

指计算机或相关硬件不起作用的时间。通常由于硬件或软件失误而停机，也可以是一个预定事件，如当需要维护系统、改变硬件或存档文件时，网络就应停止运转。图书馆或其他公共信息检索点因停机会影响服务质量，尤其在使用高峰期间。

停刊
discontinued

图书馆征订或续订的连续出版物停止出版。在题名编目记录中，馆藏以终止款目标出。

停止编号
Discontinued Number

在杜威十进制图书分类法（DDC），来自于早期版本不再使用的一类编号，在目录里适当的位置通过给一个类注解一个常规数字表示。停止编号放在方括号之间表示。

停止出版
ceased publication

指一种期刊停止出版，以后有可能以同名出版，也可能换名恢复出版。

通草纸，宣纸
rice paper

一种薄而柔软的高级毛笔书画用纸。原产于中国的安徽泾县，在宣城集散，故而得名。

通道，信道
channel

从一台计算机终端或设备将数据进行电子化传递的通路。也指载有信号（光学纤维、同轴电缆等）的物理媒体或在性质上有别于其他通道的一个特殊通道。在数据存储中，某一特定存储介质（磁带、磁盘、光盘和数字化光盘等）记录电信号的磁道。也指数据通信中一种单向传送数据的信息道。

《通典》

Encyclopedic History of Institutions

中国历史上第一部体例完备的政书，《十通》之一。唐德宗贞元十七年（801 年）编成，历时三十余年。记述唐天宝以前历代经济、政治、礼法和兵刑等典章制度及地志、民族的专书，其中以唐代叙述尤详。唐杜佑撰，全书共二百卷，内分食货、选举、职官、礼、乐、兵、刑法、州郡和边防九门，每门之下又分若干子目，约 1 500 余条，190 万字。

通告栏

kiosk

小型的通告栏，一般设在图书馆门口旁，用于陈列通知、新书的封套、阅读目录、读者的评论和建议（有时还有图书馆管理部门的答复）以及其他与图书馆服务项目和活动有关的信息。

通告，通知

notice

将某种规定、情况和事项等告诉对方（单位或个人）或普遍告诉有关单位与个人的文件。

通过

pass

指计算机中由编译程序或汇编程序对源代码进行的一个读、写或数据处理的完整查找过程。有时还包括该数据的输出和输入过程，还指读处理和写处理的一个完整的周期。

通过图书馆项目，促进发展行动

Action for Development through Libraries Program (ALP)

国际图联 6 个核心活动委员会之一，原名为发展第三世界图书馆事业核心计划，于 1983 年提出，1984 年在肯尼亚内罗毕国际图联大会上正式实施，是国际图联 1987—1989 年重点讨论的主题，1990—1991 年作为一个专门项目进一步开发并予以定义，1992 年 1 月工作全面展开。1997 年改为“发展图书馆事业”，2004 年改为现名。该项活动主要是支持发展中国家与地区各级图书馆组织的活动，包括每年设奖资助年轻的专业人员出席国际图联大会。

通借通还

free interlibrary loan

读者凭借书证可以在分布于不同地区的任一分馆利用以下服务内容：1. 查找整个图书馆系统的全部馆藏信息和借阅信息；2. 在任何一家分馆外借所有图书馆的藏书，包括可以预约在某一分馆取书；3. 可以在任何一家分馆还书；4. 上述服务均可通过现场、网络、电话方式实现。作为通借通还服务的延伸，还包括了借还书的上门服务。

通栏标题，报头大字标题

banner heading

指报纸（头版）标题（大字号）的一行或者两行足以扩展到整个页面的绝大部分，甚至整个页面。在报纸通栏标题下，刊登社论或重要新闻报道。

通栏排版

full measure

版面正文文字通行排版的方法（行长与版心相等），比如一般图书（非词典、诗集类）。

通配卡，通配符

wildcard

在某些书目数据库中进行关键词检索时，常用一个特殊的符号插入到检索词某一位置来检索在这个指定位置含有任何字符或者不含有字符的词或词组，在检索词的不规则复数和词的不同拼写时非常有效。在不同的检索系统中，通配符的选择往往不同。通配符的使用通常在帮助屏幕中标出。在计算机运算过程中，大多数操作系统和应用程序中都是用一个符号（通常是星号）来帮助用户标识多个文件和目录。绝大多数文字处理程序允许用户在文本检索中使用通配符。

通史

general history (survey history)

通贯地记叙一个国家、地区，或世界各时代史实的史书，与断代体史正好相反，是跨时代式研究，不间断地记叙自古及今的历史事件。

通俗报纸，小报

popular paper

指一种日报或星期日报，其格式及内容都是为要求普通读者设计的。报纸的重点在于人物轶事，尤其是轰动性人物或公众关心的人物和突发事件。这种报纸的英语口语化，并使用很多俚语，标题十分醒目，常使用大号黑体字。主要通俗报纸有：《星期日邮报》(*Mail on Sunday*)、《世界新闻》

(*News of the World*)、《每日邮报》(*Daily Mail*) 和《太阳报》(*The Sun*)。

通俗廉价书，小册子
chapbook

指一种廉价的包含民间传说、故事、诗歌、歌谣、散文或诗集的简装书或小册子，在 16 世纪到 18 世纪，被称作书贩的流动小贩在英国伦敦街头沿街叫卖。内容一般是耸人听闻的（如绑架、凶杀或妖术等），也有教育性的或道德方面的。这种小书体积很小（6 英寸×4 英寸），最多只有 24 页，带有木刻插图以及经过修饰的封面标题。也指同样类型的现代小册子。

通俗名称，简称
popular name

指对公司、政府机关以及其他社团实体的正式名称的一个简称或缩写。如北大，就是指北京大学；中图公司，是指中国图书进出口（集团）总公司。

通俗小说
popular fiction

指在一段时间内流行广泛、读者众多、文字浅显易懂、适合大众阅读、质量上乘但与经典文学作品相比又没有那么持久的小说作品。

通俗艺术
pop art

一种以通俗文化和日常物件中的主题为题材，运用广告、电影、电视、漫画和杂志中的形象进行创作的艺术。

通俗杂志
popular magazine

指非学术性的刊物，如热门畅销的大众期刊。

《通晓引语》(美国)
Familiar Quotations

编者为哈佛大学书店店员约翰·巴特利特 (John Bartlett，1820—1905)，于 1855 年出版该书第一版，其收选引语的原则是以“家喻户晓，人人皆知”为标准。生前共出版过 9 版。每次修订删去陈旧被淘汰的引语，补充新条目。1980 年出版的第 15 版侧重反映大众文化，收录了印第安人的赞美诗、水手号子、牛仔歌曲和抒情歌曲等，也反映当代科技发展、社会问题，如环境、宗教、战争等。1992 年出版的第 16 版收录了从古埃及到新版修订时 2 550 条世界著名作家和匿名著作中的名句和格言，也收录了大量非文学方面的引语，包括电视、摇滚乐、体育、政治和公共事务，还包括历史事件、哲学、科学方面的引语，达 2.3 万条。正文按著者卒年排列，同一著者再按著作年代先后排序。有著者和详细的关键词索引。引语后常有知识性注释，说明引语的背景或相似的引语。该书有 CD-ROM 版和网络版。

通信
communication

通过某种介质或传输线，将数据和信息在不同的空间地点之间传递的过程。目前，主要的通信方式有远程通信（telecommunication）和数据通信（data communication）。远程通信指利用有线电、无线电和光束等任何电磁手段，远距离传送或接收信号、图像和声音等信息。数据通信则指利用计算机在线系统，对二进制编码的符号、文字、声音和图像等信息进行传输、交换和处理。

通信系统
communication system

由发送和接收信息所必须连接起来的所有设备和传输媒体组成的系统。

通信协议，通信规程
protocol

指在开放系统互连体系结构中，确定同一层中所完成通信功能实体特性的一组语义和语法规则。

通讯格式
communications format

以机读形式进行数据代表和交换的标准。在美国，这是一个 ANSI 标准的实施。MARC21 书目数据格式（前称 USMARC）是 ANSI 标准 Z39.2 的实施。OCLC-MARC 是一个符合 ANSI 标准的 MARC21 的实施。

通讯，快报
newsletter

指机关团体、学会组织等自办小型、能及时反映情况的一种连续出版物，通常由刊载通知、新闻和最新信息的几页纸构成，主要供某一特定读者群，或某个学会、协会会员或组织的成员阅读。

通讯社

news agency

采集、编写和播发全球新闻，供报纸、刊物、广播电台和电视台以及政府机关采用的机构。世界上最早、有影响的通讯社是1835年在法国巴黎创办的哈瓦斯通讯社。中国第一家通讯社是1904年由骆侠挺在广州创立的中兴通讯社。1931年建立于中央苏区瑞金的红色中华通讯社，简称红中社，是由中国共产党主办。1937年1月，该通讯社改名为新华通讯社。大型通讯社在世界上各重要国家设立有分社，雇有数以百计的记者、编辑和其他人员。世界上的主要通讯社有：中国的新华社（Xinhua）、美国的美联社（AP）和合众国际社（UPI）、法国的法新社（AFP）、英国的路透社（Reuters）、意大利的安莎社（ANSA）、德国的德新社（DPA）和俄罗斯的俄通社—塔斯社（ITAR-TASS）。

通用程序语言，通用语言

general purpose language

指不受某一台或某一类型计算机限制的程序设计语言。

通用分类法

general classification

即适合类分各个学科领域而非某一专科文献的分类法，其类目涉及全部知识领域。

通用分面

common facet

指在分类法中适合用于复分或细分各种类目的分面，如时间、地点等。

通用复分表

common subdivision

又称通用辅助表或共同区分表。是在整个分类体系中适用于所有类目根据需要进一步复分类目使用的附表，通常都附在图书分类表后面。

通用机读目录格式

Universal Machine-Readable Cataloging (UNIMARC)

一种用来编撰目录的应用最广泛的机读目录格式，不同于美国国会图书馆机读目录（LCMARC）格式。在国际图联的倡议下于1977年第一次出版，其目的是便于世界各国国家书目机构机读目录数据的交换和转换，使著录项目及其识别方法实现国际标准，以促进各国文献资源的国际交流。

通用级电影

U certificate

这一级别的电影适合任何人观看，包括儿童。这是由英国电影审查局规定的电影级别。

通用计算机

general purpose computer

一种程序存储计算机，其程序可根据需要改变或修改，可用于各种不同领域使用的数字电子计算机。

通用商业语言，COBOL 语言

Common Business Oriented Language (OBOL)

20世纪50年代，由美国海军中校格雷斯·霍佩尔（race Hopper）发明的一种计算机语言，主要供商业管理人员使用。使用这种语言可使商业数据处理的过程用标准的形式加以精确地表达。

通志

provincial gazetteer

历代称省一级行政区域的地方志书。如《广西通志》即指广西壮族自治区的志书。

同级类

same level classes

指图书分类法类目表中的等级位置相同类目。

同级评价

peer evaluation

指由在同一所图书馆工作的同事对一名馆员或其他工作人员的工作表现进行评估，并提出有关合同续签或晋升建议的过程。在给予图书馆员以教员职位的高校图书馆，可以根据同事评价的结果决定其任职期限。在馆员受聘用双方协议约束的图书馆，可以在协议中确定同级评价的方法。

同级群体

peer group

指在某一特定领域中由具有相同知识水平的个人所组成的群体。

同济大学图书馆

Tongji University Library

同济大学建于1907年，1934年正式开馆。

1999年和2000年与原上海建材学院图书馆、城建学院图书馆及上海铁道大学图书馆合并。设有总馆、沪西分馆沪北读者服务部、嘉定校区图书馆。总建筑面积6.8万平方米。馆藏文献400多万册，电子图书约180万种，纸质中外文现刊3 000多种，全文电子期刊近4万种。科学技术及工程学科的文献为该馆的收藏重点，以土木建筑、环境工程及德语书刊等文献资料见长。科技项目咨询与成果查新中心工作站设于该馆。1992年初正式加入国际图书馆协会联合会（IFLA），成为其机构会员。

（同时出版不同版本的）出版物
simultaneous publication

出版的一本新书，同时具有精装本及简装本两个版本。通常，简装本在精装本上市数月甚至数年后才发行。

同时检索的用户
simultaneous user

指同时使用数据库或网上其他资源的用户。数据库许可证协议通常规定同时使用数据库的用户数，大多数数据库提供商通过专用的软件来确保用户不超过允许的最大数。

同时提交
simultaneous submission

指作者或作者的代理商同时向多个出版社提交一份完成的手稿。期刊杂志社通常在撰稿人的注意事项中说明关于同时提交稿件的政策。

同位穿孔检索系统
peek-a-boo system

由英国科学家W.E.巴顿（W.E.Batten）于1939年发明的一种同位穿孔卡片情报检索系统，又称重叠比孔检索系统。检索时，从单元词目录中抽出代表相应主题的打孔单元词卡片，重叠对齐后，向光源观察，各张卡片上透光的孔位编号，即为所需文献的编号，是一种重要的手工和机械化情报检索系统。

同位扩展法
parallel expansion search

确定检索词时，按分类表中的等级关系选取同位词或相关词，以扩大检索范围的方法。

同位叙词
sibling

指在同一标引语言中拥有共同的上位词的多个叙词关系。同位叙词之间的意义可能相互重叠。例如：儿童图书馆和学校图书馆，他们的共同上位词为“图书馆”。

同行评估，同级评价，专家评审
peer evaluation，peer review，expert review

由有关专家学者组成的同行评议小组对工程项目或学术成果所进行的评议和审定，如复杂的工程项目计划一般需经过专家评审方可付诸实施。理论上的科学性、技术上的可行性是专家评审的两个重要方面。

同形同音异义词
homonym

指在英文中，形状、发音相同，但意义及来源不同（且通常是在拼写上）的两个或两个以上的单词。例如，plate（说明）与plait（编织或褶），pale（苍白）与pail（水桶）。同形同音异义词容易混淆。

同形异义词
homograph

指在英文中，拼写相同，但意义与来源不同的两个或两个以上的单词。例如，plaster（橡皮膏、膏药）与plaster（涂墙用的灰浆），game（运动、游戏）与game（猎物、野味），hash mark（表示号码“#”）与hash mark（美军的军龄袖条）。在编制主题词表和索引时应尽量避免使用同形异义词，以免引起误解。如确有必要使用，可在该词前插入限定词。

同型版，统一规格版
uniform edition

印刷、装订和护套都是以同一样式出版的同一作者的各部著作。

同业杂志
trade journal

针对某个行业出版的杂志，与图书馆收藏的专业期刊有所区别，一般提供该行业的相关信息，通常由同业协会出版，有些杂志以电子版的形式出版。

T

同业折扣

trade discount

书商从出版社批发图书时享有很大的同业折扣，而图书馆或其他读者直接向出版社买书就得不到这种折扣待遇。

同音异义词

homophone

指在英文中，读音相同，而拼写、意义、引申含义不同的两个或两个以上的单词。如 toad（癞蛤蟆），toed（有趾的）和 towed（被拖的东西）。这种现象往往是由于多义词的分化、偶尔的同音、语言的演变和外来语汇的借用而造成。

同址文摘

homotopic abstract

又称“篇首文摘”。和文章在同一期杂志上一起发表的文摘，这有助于读者在阅读文章前，根据文摘决定取舍或加强对文章内容的主要论点的理解。

同种书区分号

number for books kind

图书索书号的组成部分，亦称辅助区分号。该号是为了进一步区分同种书的不同版本、不同卷册、不同复本而增设的号码。

同轴电缆

coaxial cable

由实心或多股线外加绝缘层和网状保护层与塑胶管构成的大容量电缆。最常见的同轴电缆由绝缘材料隔离的铜线导体组成，在里层绝缘材料的外部是另一层环形导体及其绝缘体，然后整个电缆由聚氯乙烯或特氟纶材料的护套包住。因为同轴电缆的设计是用来传输更多的数据，并比用于传统电话系统的双股线的抗干扰性能好，所以它广泛用于有线电视传输和计算机网络。

同族专利

patent family

具有共同优先权、由不同国家公布或颁发的内容相同或基本相同的一组专利申请或专利。在专利文献检索系统中，同族专利的概念外延很广，通常有以下几种类型：简单同族专利、复杂同族专利、扩展同族专利、国内同族专利和仿同族专利等。

佟曾功（1924—2003）

Tong Zenggong

中国科学院文献情报中心研究员、硕士生导师。1948 年、1950 年分别毕业于北京大学哲学系和图书馆学专修科，1959 年毕业于苏联国立莫斯科图书馆学院研究生部，获教育学副博士学位，同年回国。历任中国科学院图书馆阅览部副主任、业务处主任、副馆长和馆长，并兼任中国图书馆学会副理事长、理事长、中国科学技术协会全国委员会委员和《图书情报工作》、《计算机与图书馆》主编。在国内和苏联发表文章 30 余篇。

铜版印刷

copperplate printing

一种印刷方法。其过程是先用针或其他尖锐的工具将图画或文字刻于一块铜板上，再利用酸的腐蚀性将所刻线条加深，之后将制好的铜版用于印刷。

铜版纸

half-tone paper

又称凸版印刷涂料纸、胶版印刷涂料纸。这种纸是在原纸上涂布一层白色浆料，经过压光而制成的。涂料由微细的白色矿物粉末（有瓷土、碳酸钙、钛白粉和硫酸钡等）、连接料及助剂组成。纸张表面光滑，白度较高，纸质纤维分布均匀，厚薄一致，伸缩性小，有较好的弹性和较强的抗水性能和抗张性能，对油墨的吸收性与接收状态良好。铜版纸主要用于印刷画册、封面、明信片、精美的产品样本以及彩色商标等。铜版纸在印刷时压力不宜过大，要选用胶印树脂型油墨以及亮光油墨，同时要防止背面粘脏，可采用加防脏剂、喷粉等方法。铜版纸有单、双面、凸版和平版之分。

铜活字

Copper Letter（Engraved Movable Copper Type）

铜制的印刷活字。1403 年，朝鲜已开始大量铸造铜活字印书。中国明代弘治正德年间（1488—1521 年），在无锡、常州、苏州、南京一带曾广泛应用铜活字印书。清雍正四年（1726 年），武英殿曾用铜活字印行《古今图书集成》一万卷。亦省称“铜字”。铜活字制法是先制木刻字，再翻成砂模，然后注入铜液制成。

童话，神话

fairy tale

通过幻想、想像和夸张来编写或讲述适于儿童欣赏的故事。这类故事通常至少包括一个超自然的元素（如魔法、龙、侏儒、鬼、妖怪和巫婆等），令人感动的大人和小孩、动物或无生命的物体。大部分童话是在民间传说的基础上加工而成的。一些童话还讲述了许多道理，具有一定的教育意义。童话通常成集出版，一般放在公共图书馆的著名的童话有《格林童话》(*Grimm Fairy Tales*) 和《中国名家经典童话》。

童谣
nursery rhyme

源于口头流传的一种特殊文化，为简短的押韵诗句或小调，用来教育年幼的儿童，帮助他们学会说话和计数，例如中国民间流传的《摇啊摇，摇到外婆桥》。某些童谣来自成人的谚语，这时在创作的文化背景中则具有双重含义。童谣出版后通常由公共图书馆的青少年读物部或学术图书馆青少年部的课程阅览室收藏。

统计大全数据库
LexisNexis™ Statistical

全球领先的原始统计资料数据库，融合全球主要的国际组织、美国政府各部门、出版社和大学的原始统计资料，提供一站式多个学科的全球性的权威的原始统计数据，是科学研究者不可或缺的原始统计数据来源。

统计图表
histogram (bar graph)

用一系列的垂直或水平的条柱或线条表示数据的图表。每一个条柱（线条）在基点上的位置代表一个变量的级或值，条柱（线条）的长度则代表相应的第二个变量的值。第三个变量可以通过带有颜色或阴影的条柱来表示。

统计与评估专业组
Statistics and Evaluation Section

隶属国际图联专业委员会专业支持组（Division of Support of the Profession）。该专业组旨在促进图书馆业务统计的汇编及使用，其中包括图书馆的有效管理、运作及外部对图书馆评估的论证两个方面。其业务范围是定义、标准化、收集、分析、说明、出版并使用各类图书馆和信息服务活动的统计数据，也包括技术创新服务的统计。出版该专业组的业务通讯（电子版），刊登有关统计与评估的新闻与会议动态和论文，出版会议录和年报，并出版《统计与评估专业组小册子》(*Section Brochure*)。

统一版本
collected edition

同一作者以相同版式和装帧出版的单卷或多卷著作的版本，但不一定是其全部著作。

统一标目
uniform heading

著者（个人或集体）姓名及题名等常有详简、结构以及拼法上的不同，为了避免款目分散，在取标目时一般需要采用一个标准形式，这种作为标目的名称形式称作“统一标目”。

统一检索
unified searching

采用统一的检索界面，统一的检索方式对分布式、多类型、跨平台的资源实现一站式检索，将符合检索要求的记录一次性返回给读者。即使用多种协议，经单点入口对不同数据库以及不同元数据格式的异构电子信息资源进行检索，从而方便读者，提高读者的检索效率。

统一建模语言
Unified Modeling Language (UML)

面向对象软件工程领域一种标准通用建模语言。包含了一个图形符号技术可以创建面向对象软件密集型系统的可视化模型。统一建模语言于1997年被对象管理组织（OMG）采纳并成为界内行业标准。统一建模语言最适于数据建模、业务建模、对象建模和组件建模。

统一描述、发现与集成服务
Universal Description (Discovery and Integration) (UDDI)

一个基于可扩展标记语言的跨平台的描述规范，可以使世界范围内的企业在因特网上发布自己所提供的服务。是结构化信息标准促进组织（OASIS）发起的一个开放项目，可使企业在因特网上互相发现并且定义业务之间的交互。也是一个分布式的互联网服务注册机制，集统一描述、检索与集成为一体，其核心是注册机制。

统一式样
uniform style

以相同的印刷排字风格，同样大小的纸张并且以同样型号与设计印刷的出版物。系列或成套出版的卷册都以这种样式生产。

统一题名
uniform title

将具有不同题名的同一著作的各种形式在目录中集中在一起，在编目时选定一个特定的（用以区别不同作品的标目）题名。是否采用统一题名，应依据作品的知名度、作品的版本、译本或出版形式的多少以及某馆是否收藏一种著作的不同版本，所著录的文献是否是宗教经书或佚名古典作品等来定。还指一种习惯用的总题名，当个人著者、作曲家的作品或团体出版物中包含若干作品时，比如文集、选集、全集和作品集，用来集中同类出版物而选加的题名。

统一资源定位符
Uniform Resource Locator（URL）

用来识别因特网上资源的唯一地址。例如：http://www. lib. chicago. edu/e/index. html，统一资源定位符的第一部分是 TCP/IP 协议的前缀，用来定义所要查找资源的类型，其后面跟着"："，在大多数网络浏览器中，在打开一个新址时，http：//是默认的，所以不需打出来这个前缀；统一资源定位符的第二部分（www）表明地址所用的交流语言；其第三部分（lib. Chicago）主机的名称，edu 则是高级域名表明主机的种类。最后一部分（/e/index. html）给出需要检索的文件名或目录，文件用超文本标记语言脚本写出。统一资源定位符是区分大小写并且各部分必须用一个点或一条斜杠分开。一个完整的统一资源定位符应由资源类型 + 主机名 + 子目录（可选） + 文件名（可选）组成。6 种统一资源定位符主要前缀：ftp：// —可下载文件的文件传输协议地址；gopher：//—Gopher 服务器；http：//—万维网网页；mailto：—电子邮件（e-mail）；news：—用户网络新闻组；telnet：//—在远程主机上运行的应用程序。

统一资源名称
Uniform Resource Name（URN）

指一种万维网资源描述机制，与统一资源定位器（URL）一起构成了资源的统一资源标识符（URI），统一资源名称用于资源标识和名称，无须强调资源位置和获得方式，而统一资源标识符强调的是资源获取和访问的方式。

统一字符编码，单一码
unicode

用来表示世界上所有不同语言的字符。国际标准化组织于 1984 年 4 月成立 ISO/IEC JTC1/SC2/WG2 工作组，针对各国文字、符号进行统一性编码。1991 年美国跨国公司成立统一编码联合会（Unicode Consortium），并于 1991 年 10 月与 WG2 专家组达成协议，采用同一编码字集。目前该字符码采用 16 位编码体，有 65 536 个字符。

偷窃，盗窃罪
theft

指未经许可从图书馆带走图书的行为。图书馆员通过在图书里加放磁条、在图书馆阅览室门口设置装有自动报警器的安全门等措施来防范偷窃行为。但不幸的是，窃书者常常知道怎样取出书中的磁条，从而躲过监测。在许多国家的图书馆里，偷窃和破坏图书、艺术品的行为都可被定罪。

偷书者
biblioklept

专门盗窃书籍的小偷，是受到偷书强制性冲动支配的一类人。

头标
leader

位于机读记录的开端，包含 24 个字符位置，其数据元素由一系列代码组成，提供对记录进行处理的参数，大多数信息为编目员所用，如记录状态（新建、修改或修订、删除等）、著录依据（《英美著录条例第二版》和《国际标准书目著录》）或字符编码系统代码及数据基地址代码等。通常，编目软件可提供某种提示或视窗，帮助编目人员著录头标的信息。

头条新闻，重要报道
lead story

报纸、新闻杂志或电视新闻所报道的消息中最重要的内容，通常刊登在第一页上、封面突出部位或节目开始部分。

头衔
title

在图书馆编目中，依据《英美编目条例第二版》（*AACR2*），当贵族头衔涉及个人时，记录在个人名称标目中，较高的头衔等级使用英语著录。标目中的称谓词（如 Miss，Mr.，Mrs. 等）可以省略，宗教头衔、军衔及官衔同样可以省略。

投币复印机
coin-operated copter

指用户按要求投入一定的钱币后，由本人操作进行复印的机器，主要安放在图书馆和公共办事大厅里。

投影
Projected

存储移动或静态图像、设计供投影设备如电影放映机、幻灯片放映机或投影机使用的媒体。包括设计供投影二维及三维图像的媒体。“资源描述与检索”（RDA）定义的 8 种媒体类型（media type）之一。

投影幻灯片
transparency（overhead transparency）

又称投射图片。一种透明胶片，通常规格为 8.5 英寸×11 英寸，上面可以制成黑白或彩色的文字及图片，通过投影仪在大屏幕上放映。目前一些计算机演示软件已经取代了投影幻灯片，但是一般仍建议将演示内容制成投影幻灯片作为备份文件保留。

投影（图）
projection

用投影操作的方法绘制的地图。横截平面上坐标线的系统图像，在此平面上可以把地球或天体弯曲表面上的特征绘制成地图。莫卡托（Mercator）投影是绘制地图或其他天体图的最常用方法。

投影仪
overhead projector

放在桌子上用于将清晰的幻灯片投射到壁挂式屏幕或浅色墙面的一种讲台用设备，有助于陈述和解题式说明。目前，在装备优良的图书馆教室和实验室，数码投影机已代替了这种投影仪。

投影印相机
projection printer

指一种用于放大照片的投影光学装置。

透明玻璃纸
glassine

薄而结实的透明玻璃纸，用来包书，使新书不受潮气、水或油污的损害。这种包书纸也可以用来做开窗信封。

透明覆盖物，透明印刷物
overlay

指保护文本、美术品或照片图像的透明覆盖物，比如，一些医学教科书和百科全书中用于图示人体解剖的不同部分（骨骼、内脏和循环系统等）的透明纸。也指带有绘画（如地图资料）的透明印刷物，用以罩在别的印刷品（如地图或照片）上。

凸版
relief block

印刷图案的一种专用印版，印版上着墨的部分比其他部分高，印刷时把高起部分的墨迹印在纸上。

凸版印刷
letterpress（letterpress printing，relief printing）

为四大印刷方式之一。指采用从最早的木刻版到近代的铜锌版、铅字所组成印版印刷的一种工艺，包括木刻水印在内，统称为“凸版印刷”。印刷出来的文字或图饰在纸面上隆起，呈浮凸状，各种活字版、铅版、锌版、铜版和木刻雕版、塑料复制版、感光树脂版及各种高分子聚合物印版等均可凸版印刷。其特点为：印版上着墨的部分比其他部分高，印刷时把高起部分的墨迹直接压印在纸面上，形成的印刷品墨色饱满而有光泽。其对应术语是凹版印刷。

凸版印刷机
letterpress machine

专用于凸版印刷的印刷机。凸版印刷机工作时，当涂有油墨层的墨辊滚过印版表面时，凸起的图文部分被沾上油墨。这时，纸张通过压印机械，在压力作用下，着墨部分的图文就被转印上去。

凸字版图书
raised-type book

一种专供盲人学习使用的图书，是专为盲人设计、靠触觉感知的文字图书。

突急加工
rush processing

对通过加急订单订购到或读者等着急用的图书采取优先处理的原则，由采购部门先将其移交到编目部门进行分类编目的一种非常规图书处理方式。

突尼斯高等文献研究所

Higher Institute of Documentation of Tunisia (ISD)

专门培养文献学、图书馆学及档案学专业人才的教育机构。学制一般为两年，为培养文献学、图书馆及档案学的高级管理人才，该研究所开设了四年制的大学课程，在基本知识训练后教授各学科的专门技能。该研究所还开展很多科学研究项目，主要研究网络时代图书馆技术的转变及网络信息的生产、管理与使用，重点研究多语种环境下文献的交流及新信息技术在阿拉伯语中的应用。

突尼斯国家图书馆

National Library of Tunisia/*Bibliothèque Nationale de Tunisie*

1885 年由法国殖民地政府建立的法文图书馆，后来成为突尼斯公共图书馆，而真正的国家图书馆是在前者的基础上于 1956 年突尼斯独立后建立的。作为突尼斯缴送本库，该馆从 1970 年开始编辑出版现行和回溯《突尼斯国家书目》，同时还编辑突尼斯专题和阿拉伯专题书目。

图案，图形

pattern

广义指对某种器物的造型、色彩和纹饰进行工艺加工处理时预先设计图样的通称。狭义指器物上的装饰纹样和色彩。

图标，图符

icon (ikon, eikon)

在计算机屏幕上显示的一个小型图形或符号。当一个定点设备如鼠标移至其上时，可显示选项菜单、下级菜单、访问数据文件或者开始另外一个使用图形用户界面的应用程序等。也指东正教会的教堂和家庭所崇拜的描绘基督、圣母玛利亚、圣徒或其他任何宗教性主题的圣像，均用传统的拜占庭艺术形式并典型地画在一小块木板上，常带有凸文饰的金属护盖，但也用搪瓷涂在金属上或用镶嵌制成。

图表

chart

数据以图或表形式的二维表达。

图表，插图

figure

与文本印在一起的插图部分，而不是单独作为插页，所以与整版插图不同。插图通常是很简单的线条图，按照出现的顺序以阿拉伯数字连续编号，以便于引用。没有单独标题的插图可能会在一个单独的页上进行标题列表，通常是在前页上。figure 的缩略形式为 fig。

图表式地图

cartogram

图表式地图是一种简化的地图。地理外观的大小、轮廓或方位以图表的形式展示出来，解释其主要的概念或统计数据。通常用色彩的浓淡、曲线或圆点表明各种地理统计表的地图。

图画书，画册

picture book

全部或大部分由图画组成的、没有文字或有很少文字的图书。读者对象为学龄前儿童。图画书常被儿童图书馆员用来给儿童讲故事。

图画，图片

picture

在纸、布或其他表面上用素描、油画、版画或照相来表现人物、风景和建筑等，尤其是指美术作品。其中包括油画、图画、美术印刷品、照片、画的复制品、插图和剪报画等。

图画小人书

easy book

又称“连环画”，“儿童画册”。以图画为主，并附有极少量文字的书籍，易于读懂的图书，儿童绘本就属于这一类。适于学龄前儿童到三年级的读者，内容涉及文学、教育和科普等。儿童图书馆和公共图书馆儿童阅览室都拥有这类适合儿童阅读图书。

图解地图

pictorial map

包含用来说明地理分布、自然地貌特征、经济资源和人口特点等的地图。在图例注释中说明各种参数符号的含义。

图解视图

schematic

在技术类的图书里，仅用一根线勾出或用图表来说明运行的原理或结构（或其一部分）。

图解，图表
diagram

图形、表格或图形设计，用以解释或说明一个原则、概念或一组统计数据。又指绘图、草图、计划实施步骤，或部分与整体的联系，通常简明扼要，附有一行或两行文字解释，或在文献中加以说明。

图例
legend

对地图或图表上所用标记符号的说明。为表达简洁与形象，常在图上用标记符号代表具体事物或概念，而在图旁用图例说明所用符号的含义。

《图片报》（德国）
（德）*Bild*

创办于1952年，是全德国发行的通俗性日报，也被人称之为“马路报纸”。该报以追踪和披露轰动性的政治丑闻和报道社会新闻为宗旨，发行量极大，是德国乃至欧洲发行量最大的报纸，在德国报业占有特殊地位。该报归德国报业“沙皇”施普林格出版集团所有，总部设在汉堡，在全德各大城市设有分部和分印点，其中在汉堡、柏林、慕尼黑、法兰克福、汉诺威和斯图加特等大城市出版的《图片报》分别附有较大篇幅的当地新闻，与总部出版的报纸在内容上有较大差异。

图片博客
photoblog

以图片为主的博客。将自主制作的或搜集到的图片按时间、类型或其他特定的顺序放置在博客里，并作为博客的主要内容。

图片护封
picture jacket

指印有图画、照片的美术包封。

图片文库
picture library

指装裱好或未装裱过的（照片、美术印刷品、插图、海报、明信片和剪贴画等）图片文库，属于一种特藏，最大的图片文库是由国家图书馆和博物馆收集而成的。目前采用数字化技术使得图片收藏更易实现。

图片资料档
picture file

指装裱或未装裱的照片、插图、美术印刷品、剪贴画等图片资料。图书馆将这些资料按其所属学科、主题和艺术家的名字或其他特征分类排列存放。

图谱，图录
illustrative plates collection

按照一定的学科或专题辑录有关的图像资料的工具书。在文史哲方面，主要有文物图录（以收录文物的图像为主）和历史图录（主要收录在历史发展进程中有代表性的历史文物、人物图像、历史事件遗存实物、场景照片和其他图画）。

图森-比马公共图书馆（美国）
Tucson-Pima Public Library

1883年成立，位于美国亚利桑那州图森市，是图森市和比马县的联合图书馆，包括1所中心馆、25所分馆以及3所流动图书馆，为辖区居民提供各种服务。馆藏图书及期刊合订本130万多册，激光唱片、磁带及其他音频资料6.8万多件，数字视盘和家用录像机制式的视频资料5万多件。年到馆访问达量100万人次，年图书流通量达90多万册次。因辖区西班牙后裔较多，在线图书馆为读者提供英语及西班牙语服务。

图饰
device

印刷中使用的装饰或标识，如地图上标识北方的指针。

图书
book

用文字、图画或其他符号手写或印刷在空白的纸莎草纸、羊皮纸、牛皮纸、布帛或其他载体材料上，并用一定的方法固定在一起，且有或无外壳或封皮的一种成熟定型的出版物。还指文学作品或多卷书中的一套。最初，古代的图书是指地图、法令和户籍等文献典籍；近代指书刊、报纸和图片等印刷品；现代图书则泛指包括书刊资料的印刷品、手稿、缩微复制品、视听资料及计算机磁带、磁盘、电子型和数字型文献的各种知识载体。为了限定专用邮寄包裹的邮寄率，如众所周知的美国图书优惠邮寄条件：图书须有24页以上，主要的阅读材料或学术性书目不少于22

页，广告页则限于新书通报。联合国教科文组织对图书的定义是不含封面49页或49页以上的非刊出版物。美国国家标准委员会的标准是不少于49页的所有硬封面出版物。

图书保藏和保存专业组
Preservation and Conservation Section

隶属国际图联专业委员会图书馆藏书部（Division of Library Collections）。该专业组的业务涉及世界文献遗产的保护。为各种类型的图书馆提供国际论坛，进行交流、发展和传播有关任何存储媒体形式的所有记录知识的保护理论、政策和实践方面的知识和经验。该专业组与“国际图联保存与保护（PAC）”核心计划保持密切的工作关系。出版该专业组的业务通讯（电子版），刊登有关图书保存和保护的新闻与会议动态和论文，出版会议录、年报和一些专著等。

图书报告会
book talk

以宣传、推荐书刊为目的之报告会通常会被安排在图书馆、书店或教育机构内举行，让作者、图书馆员或其他感兴趣的人共同对某一本书展开阅读、讨论并作简要摘录，以鼓励和促进读者的阅读活动。

图书博览会
book fair

一种通常每年举行一次的图书贸易展销会，还可指非贸易图书和图书艺术展览会。会上，图书的出版商和发行商租用摊位来展示他们的出版物。还有著者、插图者、出版发行商和装订人员等所作的各种宣传演讲。第一届国际图书博览会于中世纪后期在法国里昂举办。著名的法兰克福图书博览会开始于15世纪90年代，现仍然成为希望出售版权、翻译权和其他特权给海外客商的出版发行商的主要市场。国际性的图书展还有：英国伦敦书展、法国巴黎沙龙图书博览会、美国图书馆协会年会国际书展、北京国际图书博览会、俄罗斯莫斯科图书博览会和比利时布鲁塞尔国际书展等，日本东京、瑞士日内瓦、新加坡和中国香港、台湾地区都举办过一定规模的国际图书展。

图书插图
book illustration

在著书时用于对图书的正文进行说明或解释而绘制的一些图画。

图书出版合同
book contract（publisher's agreement）

作为著者与出版商之间签订的带有法律约束力的书面协议。协议上写明著者授予出版商某部著作的出版发行权，著者应得到一定的稿酬（通常以图书纯销售额的一个百分比作为版税费），并在某一限定时期内以特定的形式委托出版发行该部著作。

《图书出版业》（美国）
***Literary Market Place*（*LMP*）**

由美国R·R·鲍克公司逐年出版，是一本美国和加拿大图书出版业的名录，包括美国图书出版商的字顺目录和主题索引、出版物类型索引和以州为单位的地理索引。该名录还列出了加拿大的出版商、小型出版社、编辑部、文学机构、图书贸易协会、作家会议和研讨会、文学奖金、补助金和一个图书贸易及促销活动的日历。其广告、营销和宣传部分列有书评出版物、新闻事务、图书俱乐部和图书展览等。《图书出版业》还包括业界黄页，内含公司和关键人物等。鲍克公司还出版其姊妹版《国际图书出版业》（*International Literary Market Place*）。

图书出版中介公司
packager

委托作者写作文字样本，设计者制作标题页、封面、版式，然后就制作成装帧样本，并把它拿给出版社考虑出版的公司。在这种情况下，版权归属图书出版中介公司。假如出版社要买下此书，会以一定价格从图书出版中介公司那里定购一定数量的书。如果一本插图图书具有世界范围的市场，图书馆出版中介公司则要考虑同时以几种语言出版。

图书出口
book export

指将本国出版发行的书刊文献等印刷物运往国外市场销售的活动。图书出口扩大了进口国书刊文献的文化消费需求，为出口国的书刊文献发行扩大了市场，从而增加了出口国的收入，推动了出口国出版发行事业的发展和国家经济收入的增长。

图书传送装置
book conveyor

指在大型图书馆的不同楼层的各个地方来进行水平或垂直运送图书、信件和报纸的装置。

图书促销

boost

采取各种行之有效的措施和活动来向读者销售图书等。

图书的厚度

bulk

指不含封面的图书上下两面之间的距离，正常情况下装订之后要比未装订之前薄，同样一张千分之一英寸厚度的纸张其厚度与其重量有关。出版商有时通过用厚的低密度纸张印刷，来加厚正文文字较少的图书。薄叶纸和字典纸常被用来减少大部头图书的厚度。

图书登记

book register

又称图书登录。指图书馆对新到馆的图书以及图书收藏的变化情况（如遗失、剔除和寄存等）进行准确记录的工作。图书登记一般是按入藏或注销的先后次序进行，通常可登记在空白本册上、卡片上或计算机数据库中。图书登记按登记内容可分为入藏登记和注销登记；入藏登记又可按登记方法分为总括登记和个别登记。其基本要求是完整、准确、及时和一致，力争做到：登记制度完善，各项记录准确无误和登记表格简明实用。

图书发行

book distribution

指对图书销售、调拨等项业务进行计划、组织、指挥、协调和监督的工作。图书发行部门的主要工作就是将图书作为商品流通发行，实现出版之目的。发行销售的方式主要有批发和零售，批发是图书发行过程中的开始和中间阶段，零售则是图书发行的最终阶段。

图书分类法

book classification

用以类分和组织图书、编制各种分类检索工具、开展分类排列藏书和进行藏书分类统计的重要依据。图书分类法是依照图书内容、性质及其他标准分门别类揭示和组织图书的一种方法。一部完整的图书分类法通常由类目体系、标记符号、说明与注释和类目索引四部分组成。

图书封面上的金属凸印

boss

一种牢固地粘贴在图书封面上的朴素的或装饰性的金属圆形凸出物或凸出的犁型加固角，通常位于封面的中央或角上。图书封面上的金属凸印始于中世纪的图书装订，用于突出装饰的效果和避免图书外表受磨损。

图书封面中央装饰

centerpiece

16 世纪末期和 17 世纪初期装订业应用的一种装饰性的设计，如阿拉伯式的、盖在封面中央、通常伴有匹配的图书包角的装饰。也指附加在图书封面中央的一件饰以浮雕花纹的或雕刻的金属装饰。

图书格式

Book Format

折叠印刷纸以形成页面的结果（如折叠一次为对开，二次为四开，三次为八开，以此类推），用于记录早期印刷图书格式。属“资源描述与检索”（RDA）的载体描述元素之一。

《图书馆 FRID 研究》

A Research into FRID in Library

蔡孟欣编著。该书讨论了 RFID 在图书馆中的应用，重点对于 RFID 的基本功能与扩展功能进行了研究，对于 RFID 标准和安全隐私问题进行了充分探讨，并对于是否引进 RFID 给出了建议。由国家图书馆出版社于 2010 年出版。

《图书馆》

Library

1973 年创刊，原名为《湘图通讯》。1983 年改为现名，由湖南图书馆、湖南省图书馆学会和湖南省中心图书馆委员会主办。该刊展示图书馆学研究成果，刊登图书馆学、情报学、目录学、分类学理论及业务工作研究的文章，普及图书馆学知识。辟有“学术论坛”、“综述”、“专题研究”、“工作研究”、“基础图书馆工作谈”、“书刊评介”和“书刊博览”等栏目。该刊为双月刊，有英文目次和摘要，国内外公开发行，多次获全国中文核心期刊和中国图书馆学优秀期刊称号。

图书馆

library

通过文献收集、整理、存储与利用，为一定社

T

会读者服务的文化科学教育机构。图书馆的历史可追溯到公元3 000多年以前的美索不达米亚泥板图书馆，另外，古代埃及、中国和希腊等人类文明的发源地都出现了图书馆。古希腊、罗马时期也有一些具有相当规模的图书馆，如亚历山大图书馆。随着印刷和科学技术的发展，各类图书馆的数量不断增多，向社会开放的范围不断扩大，提供的服务越来越趋于多样化。library 来自拉丁文 *liber*，意即“图书”。

图书馆 2.0
Library 2.0

一种图书馆服务理念，目的是满足图书馆用户需求而不断调整图书馆服务，确保图书馆在任何时候、任何地点都能够向用户提供其所需信息。图书馆2.0也鼓励用户提供使用图书馆服务之经验回馈，并主动参与图书馆服务设计与执行，使用户成为图书馆资源服务的贡献者。其关键原则不单指对图书或信息的取用，而是关于创新、关于人群、关于社群的建立，尤其是社群或图书馆运用社会性软件与彼此互动沟通的模式。

图书馆搬运公司
moving company

指专门从事图书设备、图书资料以及图书馆自动化管理设备搬运的公司，为图书馆搬迁提供服务。

图书馆版本
library edition

装订牢固、纸张优良，适于图书馆收藏利用的文献版本。一种比一般出版商的装订更为牢固耐用的专门针对图书馆销售的图书版本。这种版本大多精装，经久耐用，其书价通常高于同题名的普本书，有时也称作“特别版”。

图书馆版权联盟（美国）
Library Copyright Alliance（LCA）

由美国图书馆协会（ALA）、美国大学与研究图书馆协会（ACRL）和美国研究图书馆协会（ARL）三个图书馆领域的主要协会组成。这三个协会合作研究影响图书馆及用户的版权问题。早期，该联盟的成员还包括美国法律图书馆协会（AALL），美国医学图书馆协会（MLA）及美国专业图书馆协会（SLA）。该联盟的主要目标是为图书馆在应对和修订数字环境下国际国内版权法及政策的建议上达成共识及共同采取的策略。其任务是促进创新、研究及教育领域信息的全球检索及合理使用。

图书馆办事员
library clerk

指具有与普通文职人员和秘书资格水平相当或相近的图书馆工作人员，通常承担严格按照既定规则和程序来操作的图书馆相关任务，尤指在图书馆从事日常事务的非专业人员。

图书馆保安
library security

维护图书馆治安的一个群体，主要负责图书馆财产、工作人员和读者的安全保卫并参与图书馆的防灾与危机管理。

《图书馆报》
China Library Weekly

原名《图书馆专刊》，是《新华书目报》的子刊，创刊于2003年9月。专刊一直受到中国图书馆界、出版界的关注和瞩目。2005年5月更为现名，并于2010年初开始正式公开发行（邮发代号为1—88），刊期为周报。主要栏目有：《馆界动态》、《精英访谈》、《名家阅读》、《对话高端》、《图林漫步》、《精品推荐》、《海外馆情》以及《借阅排行》等。主管单位为中国出版集团公司，主办单位是新华书店总店，由新华书目报社出版。

图书馆编目技术助理
library technical assistant-cataloging

通常需要准备图书馆编目记录，包括：书目描述、主题分析和分类。除向用户提供专业图书馆员助理的基本帮助外，还为用户锁定资料与信息的来源，有时也可从事日常的复制编目工作，并协助特殊的编程工作。

《图书馆：不落幕的智慧盛宴》（美国）
The Library：An Illustrated History

从古老的美索不达米亚泥板到埃及几层楼高的亚历山大图书馆，从古罗马的修道院图书馆到中国古代图书馆，从中国秦始皇焚书到欧洲中世纪的大学图书馆，从巴格达伟大的中古世纪图书馆到文艺复兴时代华丽的宫廷图书馆，从大英博物馆的圆形阅览室到美国史密森学会旗下庞大的图书馆系统……图书馆的发展轨迹，是一趟精彩的知识与智慧的探密之旅。美国知名作家斯图亚特·A. P. 默里（Stuart A. P. Murray）依照大多数图书馆史学家的划分方式，按年代的先后顺序对世界各地图书馆的历史进行叙述，生动记录了无数的图书馆人以及他们为保存人类文化遗产所付出的努力，并详细介绍了世界上最著名的50所图书馆。该书中文版由胡炜翻译，南方日报出版社于2012年7月出版。

图书馆财产清点，藏书检查
inventory

指依据财产清单对书架上的图书进行核对的过程，其目的是要替换或淘汰那些缺失或未清点的藏书。在清点图书馆的其他财产比如家具和设备时，也可以采用相类似的程序，根据确定的清单来清点那些丢失的物品也指清单本身。其中可能包括类别、数量和价格等。

图书馆采购技术助理
library technical assistant-acquisitions

通常负责订购并接收新的文献资料的图书馆员。其主要职责：与馆藏采访工作人员确定最合适的资料来源；检查货物，确保数量、材质及质量的正确性。其日常要求适应多样的工作形式，并为用户提供基本援助，履行相应的管理和行政职责。

图书馆采购指南
library buying guides

用于购置图书馆设备、材料和用品时决策参考的多种指南，一般指对图书馆设备和材料进行评估的定期出版物。刊登分类采购指南的刊物有：美国的《图书馆杂志》(*Library Journal*) 和《鲍克公司图书馆和图书贸易信息年鉴》(*Bowker Annual of Library Book Trade formation*)。《美国图书馆》(*American Libraries*)、《美国档案馆员》(*American Archivist*) 和《专门图书馆》(*Special Libraries*) 等刊物，也刊载有关图书馆新设备和材料的介绍文章。

图书馆参考/信息服务技术助理
library technical assistant-reference/information services

负责帮助用户解答疑难、指导用户选择并利用合适的技能和工具查询信息、进行资料检索以及为参考咨询及相关馆藏发展做出贡献的图书馆员。其主要职责：向用户提供专题研究和资料来源检索的帮助，协助用户利用馆藏资源和设备，按照已有的规定剔除陈旧馆藏和未使用资料，并履行相应的管理和行政职能。

图书馆藏书，馆藏
library collection (library holdings)

图书馆拥有的图书和其他资料的总称。经过收集、编目整理与排架，便于读者取用，通常会按若干更小规模的藏书（如参考书、流通书、连续出版物、政府文献、善本书和特藏书等）类型进行组织。图书馆藏书是图书馆资源体系中的一种主要资源，是图书馆基本构成要素之一，是开展各项工作的基础条件，是满足读者需求的保证条件。收藏（library collection）的长期过程就是所谓的藏书建设（collection development）。

图书馆藏书和技术服务协会（美国）
Association for Library Collections and Technical Services (ALCTS)

美国图书馆协会的一个部门，成立于1957年，成员包括对图书馆资料的采访、认证、编目、分类、复制和保存等工作感兴趣的图书馆员。该协会拥有美国和全球42个国家与地区的4 000余名会员。出版有：《图书馆藏书和技术服务协会网络新闻》(*ALCTS Network News*, *AN2*)，《图书馆藏书和技术服务协会在线会务通讯》(*ALCTS Online Newsletter*) 和《图书馆资源与技术服务》(*Library Resources & Technical Services*)。

图书馆查检工具
library keys

图书馆尤其是指大学图书馆中将有关卡片目录、期刊参考书目和索引等汇集一起供读者查用的工具。

图书馆长
librarian (library director)

图书馆的最高负责人，对图书馆实施行政和业务领导。具体对图书馆或图书馆系统的运行管理包括规划、预算、决策、人事管理和任务评估负全面责任的个人。许多国家公共图书馆的馆长通常由董事会任命并接受其监督。在大学图书馆中，馆长称University Librarian，一般则由分管学术事务的系主任或院长（教务长）来任命。

图书馆成人服务技术助理
library technical assistant-adult services

通常为满足公共图书馆成人用户的需求，为其提供文献资源、程序及相关服务的图书馆员。其主要职责：除向用户提供专业图书馆员助理的基本帮助外，还为用户锁定资料与信息的来源，有时也可从事日常的复制编目工作，并协助特殊的编程工作。

《图书馆成人权利：行动宣言》（美国）
Library Rights of Adults：A Call for Action

1970 年，美国图书馆协会的成人服务部与参考服务部共同采纳了“图书馆成人权利：行动宣言”，该宣言以小册子的形式出版，并规定：图书馆应提供广泛的资源、技能熟练的员工以及有效的服务，以实现图书馆满足每个成年人需求的权利。由于这一共同的目标，促成了 1972 年成人服务部和参考服务部合并成为参考和成人服务部，并延续至今。

图书馆存取服务技术助理
library technical assistant-access services

在流通、馆际互借或储备部履行其的职责图书馆员。其工作内容包括：检查图书馆进出资料情况；审查资料损毁程度，核查借阅馆藏截止日期及罚金费用；通过与用户接触，协助完成用户馆内外的基本信息问题；资料分类及重新排架准备；依据既定程序分发并换发新借阅证等，并履行相应的管理和行政职责。

图书馆存取系统
Library Access System

由美国的国际商用机器公司为大型中心图书馆和系统而设计的用于专门控制整体图书馆的管理系统。用在线计算机来改进有关采购、机读编目、流通和帮助用户书目检索等技术性处理服务。

图书馆代理机构
library agency

一种中介代理机构，通过图书收集、发行和使用来开展图书馆服务。可以是一所图书馆，也可以是一个图书馆理事会，或一所图书馆分馆。

图书馆档案和特藏技术助理
library technical assistant-archives and special collection

负责管理和维护档案和特藏的图书馆员。其职责：识别并评价特藏记录，鉴定特藏，描述与说明特藏，方便存取与利用以及维护与保存特藏和特藏陈列等。同时向用户提供专题研究和资料来源检索的帮助，协助用户利用特藏资源和设备，按照已有的规定剔除陈旧特藏和未使用资料，并履行相应的管理和行政职能。

图书馆导览
library guide

通过图片、文字资料等传统方式，或三维图像、数字动画等现代方式对图书馆的环境布局、设施设备、使用须知、服务及资源等进行说明、介绍和指导。

图书馆的不法行为
bibliocaper

指乔治·恩伯哈特（George Eberhart）于 2000 年在芝加哥美国图书馆协会出版的《图书馆大全》（*The Whole Library Handbook*）中杜撰的术语，用来指那些对待图书馆、图书馆员、图书馆读者或书籍中的古怪的、怪癖的行为以及恶作剧、怪异的态度和打扮等。

图书馆的一个部门
section

在图书馆内设置的业务和行政部门，是按照图书馆职能和任务所设置的部门，每个部门都有各自的职责和业务范围。

图书馆调查
library survey

为获得图书馆读者的反馈意见而设计的书面或口头问答方法。图书馆调查由图书馆工作人员或一个馆外机构实施，以此测定图书馆的服务、规划和藏书满足读者需求的程度以及根据图书馆行政和主管部门确定的目标而完成工作任务的情况。这种调查的数据被用于图书馆研究之中，对撰写研究报告也有参考作用。

图书馆董事
library trustee

对图书馆或图书馆系统的发展负有监督责任的、被任命或被选举产生的董事会成员，他（她）监督的内容有图书馆的长期计划和决策、公共关系和经费的增加。董事一般由热心图书馆事业的社会名流或有识之士出任，有时也由指定的政治家担任。

图书馆董事会
board of library trustees

在一些国家里，公共图书馆系统的最高权力机构。由若干名董事组成，这些董事都是热心图书馆事业的社会名流或有识之士，须经选举产生；图书馆董事会具有决策的权力，但图书馆的所有具体事务则由董事会委派的图书馆馆长来执行。图书馆董事会一般下设法规、财务和公关等委员会，负责处理这些方面的事宜。

图书馆读者

library patron（library reader，library user）

指利用图书馆服务的个人或团体。

《图书馆》（俄罗斯）

Library

有关图书馆工作方面的理论和实践问题的专业刊物，月刊，莫斯科利別列亚出版社出版。1923年在莫斯科创刊，1941年以前刊名为《红色图书馆员》。1941—1946年期间停刊，1946年后复刊。该刊是提供给各种类型图书馆馆员阅读的综合性专业刊物，刊登重要的正式文件，报道图书馆界的各种事件，研究与读者兴趣有关的问题，总结图书馆在现代社会条件下开展工作的经验。该刊系统地阐述图书馆的工作技术、实现机械化、自动化及干部的培养问题，同时还登载与各国图书馆联系和协作的资料。

图书馆儿童服务/年轻人服务技术助理

library technical assistant-children's services/young adult

为儿童和年轻人提供最佳服务的图书馆员。其职责：针对用户群需求发展馆藏，为其提供家庭作业和读者咨询服务，开展适当的活动项目等。同时向用户提供专题研究和资料来源检索的帮助，协助用户利用馆藏资源和设备，按照已有的规定剔除陈旧馆藏和未使用资料，并履行相应的管理和行政职能。

《图书馆发展十大热门话题——策略思考》

Ten Topics on Library Development*：*Strategic Thinking

由上海图书馆馆长吴建中博士编著，原名为《战略思考：图书馆管理的10个热门话题》，于2002年由上海科技文献出版社出版。由于近年来图书馆事业快速发展，新观念、新技术、新方法层出不穷，因此，作者对原书进行修改，而且将其改编成繁体字由文华图书馆管理资讯股份有限公司于2004年在台北出版。该书主要探讨了当前图书馆发展中的10个话题，配以17篇文章作为深化论述，另附相关资料以及案例作为旁证。该书被列为“台湾出版Top1-2004代表性图书”目录。

图书馆法规

library legislation

国家制定或认可的关于保障图书馆事业发展的法律法规。在美国，由联邦或州立法机构制定图书馆及相关机构的法律，例如：《1998年的数字千年版权法案》（*Digital Millennium Copyright Act of* 1998），通过专业协会、图书馆员和图书馆拥护者的行动，来间接影响图书馆的立法决策。就内容而言，一般包括图书馆职能、性质、任务、方针、藏书、经费、管理系统、服务形式、人员编制、专业职称和工资待遇等。图书馆立法，已成为各国各地区图书馆事业发展的重要手段。

图书馆分馆

branch library

为了充分发挥图书馆的服务功能，把更多的读者吸引到图书馆来，各级公共图书馆在所在的城市里建立多所分馆（或社区图书馆），统一使用了集成电路卡（IC）管理，开通图书馆通借通还功能。为使社区居民能够经常看到好书新书，还定期给分馆更换图书。高等学校设置分馆主要有人文科学、理科分馆，也有法学院图书馆、商学院图书馆等，为对口专业的师生服务。

图书馆分类法

library classification

将各类图书分门别类地组成体系的方法，是用于分编图书、排架和查找的图书馆信息分类体系，主要包括图书编类、辨类和归类三个方面。

图书馆服务

library service

指图书馆为履行其职能，围绕文献与读者而开展的一系列工作，是图书馆活动的组成部分。特指组织读者利用图书馆资源的各种活动，包括读者服务、读者培训、读者研究及相关政策制度与组织管理等。

《图书馆服务导论》（英国）

Introduction to Library Services

1992年由美国无限公司出版，作者为英国学者芭芭拉·E·切尼克(Barbara E. Chernik)教授。该书是作者1982年出版的《图书馆技术人员服务导论》一书的修订版。该书出版后,《公共图书馆季刊》(*Public Library Quarterly*)对其给予较高评价,认为书中内容涵盖了图书馆学的所有基础问题。该书结合20世纪80年代到90年代出现的新的图书馆服务和标准、计算机和自动化带来的新问题以及图书馆网络发展等问题展开论述,充分体现了作者有关"图书馆处于激烈的动态变化中、需要探索图书馆的变化和引导这些变化的观念"的观点。

《图书馆服务的测量与评价》(美国)
The Measurement and Evaluation of Library Services

1977年由美国信息资源公司出版第一版,由美国学者沙龙·L·贝克(Sharon L. Baker)和费得里克·华费瑞得·兰开斯特(Frederick Wilfrid Lancaster)著。该书填补了图书馆学研究的空白,从而获得了1978年美国图书馆协会的拉尔夫·肖(Ralph Shaw)奖。该书从图书馆参考服务、文献检索、文献传递、馆藏发展以及图书馆技术服务的评测等方面,全面提出了图书馆服务的评测理论和准则。作者认为评价的方法和标准必须经过长期的实践之后,才能作为得出结论的依据;图书馆服务评价的提高必将促进图书馆职业的快速变化和发展。

《图书馆服务法案》(美国)
***Library Services Act*(*LSA*)**

一部指导美国公共图书馆事业的重要法规,于1956年通过,其目的是在全国城乡普及图书馆服务。该项法案于1964年修订,更名为《图书馆服务与建设法案》(*Library Service and Construction Act*, *LSCA*),以期进一步适用于乡村和城市的各类图书馆。内容分为服务、建设、馆际合作和为老弱病残读者服务4部分。该法案要求各州缺少图书馆服务的地区改进图书馆服务,更好地为弱势群体服务,建立健全州立图书馆的管理机构,强化各种馆际合作。该法案于1996年6月中止。

《图书馆服务和技术法案》(美国)
***Library Services and Technology Act*(*LSTA*)**

1996年通过的《博物馆和图书馆服务法案》(*Museum and Library Services Act*)中的一部分,旨在促进求知和利用各类图书馆信息资源,并通过向美国各州立图书馆分配联邦基金来实现这一目标,而基金的分配又是以人口基数为依据来进行的。州立图书馆可利用拨款资助州内始创项目和服务或通过竞标与合作协议,将经费分配给州内的公共图书馆、大学图书馆、研究图书馆、学校图书馆和专门图书馆。

《图书馆服务和建设法案》(美国)
***Library Services and Construction Act*(*LSCA*)**

该法案允许联邦政府向所有缺少公共图书馆服务的地区,包括城市社区,为图书馆基础建设和扩大提供资助。如与在20世纪初的卡内基慈善事业一样,该法案对公共图书馆建设产生的影响达30年之久。在法案的最后部分,有关基金方面的内容扩展至成人扫盲项目,并涉及为贫困家庭青少年、无家可归人群和残疾人服务的范围。1996年,根据由美国州立图书馆馆长协会(COSLA)、美国图书馆协会(ALA)和城市图书馆理事会(ULC)成员组成的专门工作小组提出的建议,国会通过了在《博物馆和图书馆服务法案》(*Museum and Library Services Act*)之下的《图书馆服务和技术法案》(*LSTA*),其中的2个新条款取代了《图书馆服务和建设法案》(*LSCA*)中的8个条款,同时还合并了博物馆和图书馆服务学会(IMLS)条款下联邦图书馆项目管理的内容。

图书馆服务评估
library service evaluation

用定性和定量的方法对图书馆实现其服务目标和满足读者需求程度所进行的评价和测度。其目的在于改进图书馆工作,开展优质服务,以最小的成本消耗获取最大的服务效果。图书馆服务评估一般包括:效能评估(即评估图书馆服务的效率与功能的实现情况)和成本-效益评估(即评估图书馆服务的收益与其成本间的关系)。

图书馆服务区
library district

在一些国家,指一个人口地理区域,由公民投票决定是否为拟设立的公共图书馆或图书馆系统提供拨款支持。还指划分的地理区域之一,以便保持所划区域内图书馆事业发展的相对平衡与协调一致。

图书馆服务质量指数
performance index

指评估、衡量图书馆服务质量高低所采用的一种方法。

图书馆辅助人员认证项目（美国）
Library Support Staff Certification Program (LSSC)

2003 年召开的美国专业教育大会第三次会议，提出了对图书馆辅助工作人员进行认证。目前，美国图书馆协会职业联合协会已推出“图书馆辅助人员认证项目”，该项目是一个展示图书馆辅助人员能力、有美国图书馆协会授权证明的国家认证项目，得到博物馆和图书馆服务协会的 3 年拨款，并于 2010 年 1 月开始接受认证申请。申请认证者也需要在指定地点接受课程的学习，其中必修课有：图书馆服务基础、沟通与团队协作和技术；选修课有：存取服务、成人读者咨询服务、分类与编目、馆藏管理、参考咨询与信息服务、监督与管理和青少年服务。

图书馆辅助专业人员
paraprofessional

在很多国家的小型公共图书馆，图书馆辅助专业人员通常至少拥有一个学士学位，经过培训能按照图书馆的具体工作程序开展工作，并将培训中所学到的知识应用到工作中。图书馆辅助专业人员常担任高水平的技术助理职务。

图书馆副馆长
deputy librarian (deputy director)

协助图书馆馆长工作，分管一部分业务，在馆长空缺或不在位时可行使馆长之职责。

《图书馆高新技术报道》（美国）
Library Hi Tech News

1984 年创刊，由美国新泽西州州立大学马丁 A. 凯塞尔曼（Martin A. Kesselman）先生担任主编。该刊使读者能够获知在图书馆自动化、新产品、网络信息、新的硬件与软件以及技术人才方面的最新发展。其内容综合了特写、会议报告、定期专栏、新闻快递以及世界范围内的近期及未来的大事记，是了解图书馆学与情报学领域内的重要问题与活动，尤其是图书馆信息技术的一个理想方式。由爱墨瑞得（Emerald）出版集团出版，每年出版发行 10 期。读者可以在线阅读自 1999 年至今的期刊论文。

《图书馆高新技术》（英国）
Library Hi Tech

1983 年创刊。由德国迈克尔·西德尔（Michael Seadle）教授任主编。该刊能使读者能够探究当今图书馆领域的新兴技术以便更好地利用最新资源。由爱墨瑞得（Emerald）出版集团出版，季刊。读者可以在线阅读自 1983 年至今的期刊论文。

图书馆各部（室）藏书目录
departmental catalog

专门收录图书馆某一个部（室）的藏书情况的目录，如分馆目录、各种阅览室目录以及大学各系资料室目录等。

图书馆工会
Library Unions

在西方国家的图书馆工会是阐明工作准则、工作及工资状况，并通过一个雇员间的协作模式，帮助图书馆更好地发展的组织。工会领导者由基层领导者组成，便于民主制度的执行。工会组织有权要求当地政府增加资金投入，通过图书馆工会，图书馆工作者可以获取公平及更好的工资待遇，是保护图书馆工作者的权益众多方法之一。

《图书馆工作》
Library Work

原名为《图书工作》，创刊于 1974 年，1978 年改为现名。由安徽省图书馆、安徽省图书馆学会和安徽省中心图书馆委员会主办，主要栏目有：“学术论坛”、“图书馆管理”、“图书馆自动化”、“文献资源建设”、“分类编目”、“图书馆员”、“读者工作”、“期刊工作”、“参考咨询工作”、“知识产权”、“公共图书馆”、“乡镇、社区、少儿图书馆”、“高校图书馆”、“中小学图书馆”、“图书馆法、图书馆史”、“地方文献与史料”、“目录学研究”、“作家与作品”、“国际图联”和“信息与动态”等。该刊为季刊，自办发行。

图书馆工作人员，图书馆职员
library staff

负责图书馆或图书馆系统的运行和管理的全体受雇人员，包括馆长、馆员、辅助专职人员、技术助理人员、事务员、见习或学生助理。在图书馆员享受教职员资格的大学图书馆中，教职员和非教职员成员之间一般是有区别的。在其他类型的图书馆中，经过专业训练（具有专业背景）的图书馆员和一般工作人员之间也是有区别的。志愿者因没有工资而不被视为图书馆工作人员的组成部分。

《图书馆工作现实问题，理论与实践》(俄罗斯)
Current Problem on Library Work, Theory and Practice

俄罗斯图书馆学刊物。该刊是由两个独立的论文集《大众图书馆辅导》和《儿童与学校图书馆辅导》合并而成的。1982年开始出版，每年出版1期。刊登阅读指导、藏书补充、图书宣传、图书馆工作的组织和管理方法等方面的文章。

《图书馆工作与研究》
Library Work and Research

1979年创刊。图书馆学综合性的学术刊物，由天津图书馆学会、天津图书馆和天津市少年儿童图书馆主办、天津市高等学校图书情报工作委员会协办。该刊开展图书馆学情报学理论与实践研究。注重理论联系实际为其鲜明特色，旨在推动图书馆学研究，促进图书馆事业发展。设置有“理论研究”、“藏书建设”、“分类编目”、“图书馆现代化”、“儿童图书馆”、“文献工作与研究”、“两岸文荟”、“研究生之页”、“藏书文化”和“四库学研究”等栏目。该刊为月刊，国内外公开发行，多次被评为“全国优秀图书馆学期刊”、“中国图书馆学核心期刊”，并被《乌利希国际期刊指南》(*Ulrich International Periodicals Directory*)收录。

《图书馆公报》(印度)
Library Bulletin

由印度图书馆协会(Indian Library Association)于1949年11月创办。主要用于检索有关图书馆和图书馆事业的研究文章以及协会的会议录。S. R. 阮冈纳赞博士曾是该刊的一名多产作者，并曾在该刊编辑部任职。该刊的年刊和公报部分使用英文，年刊用于检索文章，公报用于刊载书评、评注、新闻和普通文章。文集部分则使用印地语，用于刊载通俗文章、书评、评论和新闻。1953年，该刊停止出版。1955—1964年，改以《印度图书馆协会学报》的名称出版。1965年改为现名并正常出版至今。

图书馆购书折扣
library discount

图书馆在采购图书时，出版商提供优惠书价的一种制度。具体而言，即出版商和批发商针对图书馆购书对图书等其他出版物所给予的折扣价格。一般来说，大多数出版商提供统一售价，折扣率为5%～10%。批发商可能会把折扣率与订购规模或购买数量相挂钩。作为通用规则，专业书没有折扣或折扣比普及版的低。这种制度，既是出版物的促销手段，又是扶持图书馆的重要措施。

图书馆顾问
library consultant

由图书馆聘任的外单位专家，他们就图书馆的规划、管理、运行、物质设施或其他相关内容提供专业性或技术性的参考意见和建议，以帮助改进图书馆工作。

图书馆雇员
library employee

为图书馆工作而获取报酬的人。包括全职与兼职人员。

图书馆关闭、歇业
library closure

图书馆或图书馆分馆临时或永久关闭。通常因服务区域的预算紧缺或人口变化而引起图书馆闭馆。“图书馆闭馆”现象，在美国图书馆协会月刊《美国图书馆》(*American Libraries*)的新闻报道栏目中曾经做过讨论。

图书馆官员
library officer

一般指为了履行公共图书馆的职能，由行政机关单独任命的地方行政官员（公务员）来管理图书馆事务。

《图书馆馆藏、采访与技术服务》(英国)
Library Collections, Acquisitions, and Technical Services

创刊于1977年，原名为《图书采访：实践与理论》(*Library Acquisitions: Practice and Theory*)，季刊，由英国的爱思维尔(Elsevier)有限公司出版。该刊是图书馆采访人员和全世界书业人员交流信息，表达思想的平台。主要涉及图书馆采访、藏书发展等，理论与实践并重。该刊刊登图书馆协会一些会议涉及到的采访报告、经验介绍和具有特色的书评，很受图书馆采访人员的欢迎。

图书馆馆际互借助理
inter-library loan (ILL) assistant

针对用户需求协助完成馆际互借的一系列工作

者，其具体工作内容包括：通过馆际互借系统协调用户、其他图书馆和机构资源；利用 ISBN，ISSN 及欲获取文献的其他标识号对数据库和因特网进行检索、确定最佳资料来源提供给用户等。

《图书馆管理》
Library Management

1979 年创刊，由香港理工大学史蒂夫·奥康纳（Steve O'Connor）先生任主编。该刊反映当代最新思想的文章以及探索其在教学与实践中的实际应用，为解决图书馆管理所面临的重大问题提供了一个国际视角与平台，在最大程度上对这些问题进行了前瞻性的思考与展望。通过刊登国际著名学者、专家的来稿，为图书馆管理以及信息情报服务领域的所有方面提供相关知识与实践方法。由爱墨瑞得（Emerald）出版集团出版，每年至少出版发行英文版 4 期、中文版 1 期。读者可以在线阅读自 1979 年至今的期刊论文。

《图书馆管理词典》
The Dictionary of Library Management

黄方正、王可权主编，由知识出版社于 1993 年出版。共收词目 2 000 余条。内容包括图书馆管理基本理论、现代图书馆建构、图书馆文献资源开发管理、藏书补充管理、读者工作与信息咨询工作管理、图书馆现代技术应用管理、图书馆岗位职责与考核及图书馆计量管理等。

图书馆管理当局
library authority

指负责履行图书馆法的政府所属委员会。每个图书馆管理当局都有责任“为所在区域的全体居民和非居民就业者及学生提供综合而充分的图书馆服务”，并为此提供和维护图书馆建筑与设备、图书及其他资料，并开展相应的工作。

图书馆管理系统
library management system（LMS）

可以控制图书馆主要功能，包括订购、编目、连续出版物管理、流通和检索等传统工序的综合性计算机集成系统。选择图书馆管理系统应注意其体系结构是否先进、是否符合相关的标准、其开发工具及所采用的数据存放格式是否先进、是否具有足够大的辅助编目库、功能是否强大、是否简单易用以及是否有足够的安全性等。

图书馆规章制度
library rules & regulations

图书馆行政管理、业务操作和服务内容、人事管理等方面所制定的制度、章程、规则和条例的总称，是图书馆科学管理的依据与准则，是图书馆工作实践经验的总和与概括，是图书馆工作正常进行的根本保证。

《图书馆：国际图书馆学与情报科学杂志》（德国）
Libri*：*International Journal of Libraries and Information Service

国际图书馆学和情报科学杂志，原由丹麦哥本哈根蒙克斯佳得（*Munksgaard*）公司于 1950 年创刊，旨在推动国际图书馆界高水平的学术研讨及研究，报道国际图书馆界的活动和进展。每期刊登 5～6 篇专论，主要反映国际多元化发展特点。文章用英、法和德文三种语言撰写，由美国南希·R. 约翰（Nancy R. John）、丹麦斯温德·拉森（*Svend Larsen*）和英国伊恩·M. 约翰逊（Ian M. Johnson）任编辑，23 名专家任顾问编辑（其中包括中国的吴建中和蒋伟明）。该刊是了解国际图书馆事业和图书馆学情报学研究、发展的重要学术性刊物，由著名的绍尔（*K. G. Saur Verlag GmbH*）公司出版，季刊。

图书馆合作
library cooperation

又称“馆际合作”，是一种为保证相互利益，由图书馆之间通过协作，共同开展若干业务工作的方法，如集中加工、合作编目、书目信息、国际交换、资源共享、联合目录、人员交流和业务培训等，从而提高图书馆的服务效能与水平。

图书馆和情报工作白宫会议（美国）
White House Conference on Library and Information Services（WHCLIS）

由美国全国图书馆学和情报科学委员会于 1979 年 11 月 15—19 日举行的图书馆和情报工作白宫会议，会议的主题为“将信息带给民众”（Bring Information to People），卡特总统到会并作了“照亮道路”的书面发言，之后卡特总统向美国国会提出了关于图书馆的咨文。白宫会议的目的主要是使公众重视图书馆和情报中心对社会的贡献，研究目前资源和服务的不公正问题和设计未来的发展方向。其主要功能是对联邦政府提出改善全美国图书馆与信息服务的建议案。1991 年 7 月举行了包括美国白宫会议顾问委员会30名委员在内的2 000余名代表参加的第二次白宫会议，主题为“书写阅读素养、生产力与民主化”（Literacy, Productivity, and Democracy）。此次会议共收到95项提案，分9大类：信息的获取、国家信息政策、信息网络、组织与管理、多元化的信息服务、读者培训、人力发展、信息保存和信息服务营销。

《图书馆和知识自由声明》
Statement on Libraries and Intellectual Freedom

由国际图联信息存取和言论自由委员会于1999年3月24日发布。声明指出，国际图联支持、捍卫和促进联合国世界人权宣言中论及的知识自由的定义；国际图联宣称人类拥有表达知识、创造思想和智力活动以及公开阐明观点的基本权利，并号召图书馆和图书馆员遵守知识自由、无条件获取信息、言论自由和尊重读者隐私权的原则。国际图联敦促其会员围绕了解认识这些原则，并积极开展活动。

图书馆核心价值
library core value

图书馆和图书馆员在为社会提供服务时所应该具有并坚持的一系列价值观，主要包括：保存人类精神文化遗产，文献信息资源的开发利用，传递和生产多元信息，承担社会公益性职责，保障公民基本阅读权利，坚持公共服务普遍均等原则，平等获取文献信息知识，倡导全社会终身学习，提供优质的文化娱乐，满足读者的知识与信息需求，提供普遍均等的图书馆服务和开展多样化文献信息服务。

图书馆会议
library conference

为促成同行相聚、讨论业务问题和情况、获悉专业新产品、服务、技术和最新进展信息，由图书馆员、图书馆长及其相关人士举行的正式聚会。大多数图书馆学（协会）都举办一些例行会议，定期选举大会负责人，组成委员会和工作组，制定政策、公布奖项和举办展览等。

图书馆绩效
library performance

指图书馆所提供服务的效果和提供服务过程中资源配置及利用的效率。20世纪80年代后期至90年代初，欧美图书馆界开始引入全面质量管理的思想和方法体系。图书馆质量管理革命所带来的全新理念——“质量第一”、“以人为本，读者至上”等观点，使得图书馆认识到：图书馆存在的价值，不是为了在图书馆工作的员工，而是为了他们所服务的人群——读者。因此，服务才是图书馆的本质属性，图书馆评估应该以质量评估为核心，必须把焦点放在图书馆的服务质量上，而且质量评价应该从自我感知转变到读者感知来衡量，并要以事实为依据、用数据来说话。图书馆的质量评估，已经从过去只注重投入与产出，变成了更为重视效果与效率，亦即图书馆绩效。

图书馆绩效评估与质量管理体系
Library Performance Measurement and Quality Management System（EQUINOX）

1998年11月，英国“图书馆与信息管理研究中心”（The Centre for Research in Library and Information Management, CERLIM）以曼彻斯特大都市大学牵头，主要联合了来自于爱尔兰都柏林城市大学、德国明斯特大学、西班牙奥伯塔·加泰罗尼亚大学以及瑞典斯多哥尔摩大学图书馆的世界前沿有关图书馆绩效测评与质量管理的专家以及来自爱尔兰国家微电子学应用中心、英国弗雷特韦尔·唐宁信息公司在图书馆自动化和信息管理系统领域的技术专家，开展了“图书馆绩效评估与质量管理体系”的项目研究。该项目为期2年（1998年11月—2000年11月），也是欧洲委员会图书馆信息通讯（Telematics for Libraries）计划下的一个项目，旨在为所有图书馆开发和利用各种方法来评估新的网络与数字环境下的图书馆绩效以及传统绩效评估，并把这些方法放在质量管理的框架下来运作。

图书馆集成管理系统
integrated library management system

针对图书馆的业务范围及特点，设计包含采购子系统、编目子系统、打印子系统、检索统计子系统、流通信息子系统以及系统维护子系统的图书馆管理系统。这几个子系统包括了图书馆的主要业务工作，可以全面实现对图书馆的采购、编目、检索、统计和流通等业务的计算机管理。系统采用智能导航式界面设计，在业务规则实现方面更加注重智能化、规范化、流程化，极大地有助于全面提高图书馆的管理效率及服务质量。同时该系统和下面的电子阅览室管理子系统、通道验证管理子系统、证卡打印子系统、连续出版物系统和OA办公子系统构成图书馆局部一卡通。每个图书馆集成管理系统都包含一个相关的数据库及其交互软件，两个分别供读者和馆员使用的图式用户界面。

图书馆集群
cluster of libraries

一定区域内的具有分工合作关系的不同规模等级的图书馆（包括公共图书馆、学校图书馆、科研图书馆等）通过网络紧密联系在一起，形成图书馆资源共享与服务体系，代表着介于部门所有和条块分割之间的一种新的图书馆组织形式，是实现区域图书馆资源共享和互利互惠的最佳形式。

《图书馆纪要》（英国）
Memories of Libraries

于1859年出版，由英国著名图书馆学家爱德华·爱德华兹（Edward Edwards，1812—1886）著。爱德华兹是图书馆学管理学派的主要代表之一，他的图书馆学思想集中体现在这本《图书馆纪要》之中。该书分图书馆史和图书馆经营两大部分，以管理为主线，即使在对图书馆史的论述中也是如此。图书馆史论述了图书馆业务工作、行政、财政、法律、建筑和图书馆运动的历史，尤以公共图书馆基本原则的论述最为引人注目。图书馆经营又分4篇：藏书、图书馆建筑、分类与目录、内部组织与公共服务。该书被誉为19世纪的"图书馆管理学"理论大全。

图书馆技术服务技术助理
library technical assistant-technical services

负责获取、组织（书目控制）、处理并保存图书馆馆藏的图书馆员。其职责：向用户提供专题研究和资料来源检索的帮助，协助用户利用馆藏资源和设备，按照已有的规定剔除陈旧馆藏和未使用资料，并履行相应的管理和行政职能。

图书馆技术助理
library technical assistant（LTA）

直接在馆长领导下工作，协助馆长处理图书馆业务问题，同时指导并监督办事员的工作。

《图书馆季刊》（美国）
The Library Quarterly

1931年创刊，由美国芝加哥大学出版社出版的图书馆学专业杂志，是美国最著名的图书馆学刊物之一，在世界上享有盛誉，著名的图书馆学家谢拉（Jesse Hauk Shera）等曾担任主编。该刊自出版以来，发表了许多重要的专业文章，其研究范围为整个图书馆学领域，将传统的调查方式与最新的跨学科方法相结合。努力为图书馆员、教育工作者、行政管理人员和其他与藏书及书史相关人士寻求诠释专业问题、研究方法和观点。从2004年起，该刊开始提供电子版。该刊最初由芝加哥大学研究生院负责编辑，20世纪90年代后改由洛杉矶加州大学图书馆学信息学院承担编辑工作，2003年10月，正式转由佛罗里达州立大学图书馆学院负责。新一届编委会由来自美国、英国、加拿大和中国的著名图书馆学家组成，中国中山大学图书馆馆长程焕文教授是其编委之一。该刊的现任共同主编是约翰·卡罗·伯托特（John Carlo Bertot）和保罗·雅格（Paul Jaeger），另设有书评编辑，现由马塞拉·根茨（Marcella Genz）担任。

《图书馆建设》
Library Development

1978年创刊，原名为《黑龙江图书馆》，1992年改为现名。由黑龙江省图书馆学会和黑龙江省图书馆主办，以促进图书馆情报界的学术交流，普及图书馆学知识，传播图书馆情报工作的先进经验为宗旨。主要栏目有："专稿"、"探索与争鸣"、"事业建设"、"文献资源建设"、"标引与编目"、"读者工作"、"网络纵横"、"检索与咨询"、"域外采风"、"卷海钩沉"和"各抒已见"等。该刊为双月刊，国内外公开发行，有英文主要目次，是中国优秀图书馆期刊、中文核心期刊和黑龙江省一级期刊，月刊。

图书馆建筑、图书馆馆舍
library architecture（library building）

为图书馆搜集、整理、保藏、传播和利用文献资料而专门设计的公共建筑。

图书馆建筑与设备专业组
Library Buildings and Equipment Section

隶属国际图联专业委员会专业支持部（Division of Support of the Profession）。该专业组讨论世界范围内各种类型图书馆的设计和建筑及其设备的所有问题，其目的在于收集和传播有关建筑和设备的知识，促进图书馆员和建筑师间的经验交流、彼此理解建立更好的联系。出版该专业组的业务通讯（电子版），刊登有关图书馆建筑与设备的新闻与会议动态和论文，出版会议录、年报和一些专著等。

图书馆奖
library award

为图书馆事业做出杰出成就或优异的专业服务而被授予的个人特别荣誉和表彰。如果奖励包含奖金，通常由个人或团体赠与者提供，或由图书馆协会颁发。世界很多地方均设图书馆奖，表彰对当地图书馆的发展有贡献人士及有卓越表现的图书馆馆长和馆员以及优秀的读者。

图书馆教育
library education

以传授图书馆学理论与实践技能为主的教学活动，是培养图书馆事业人才的重要途径。图书馆教育一般分为中等专科、大学专科、大学本科（学士学位）和研究生（硕士和博士学位），在许多国家里，主要指为攻读图书馆学硕士（MLS）或图书馆学与情报科学硕士（MLIS）研究生学位的学生所设的专业教育，通常由大学的院系即图书馆学情报科学学院来实施。现代图书馆教育始于1887年，由美国图书馆学家M·杜威（Melvil Dewey）在哥伦比亚大学建立了第一所学校，培训专业图书馆员。英国于1919年在伦敦大学设立图书馆学院。1920年3月，中国武昌文华大学设立图书科，开始了正规的图书馆学专业教育。

图书馆教育学
Library Pedagogy

研究图书馆在发挥社会教育职能方面基本规律的学科，是普通教育学原理在图书馆领域具体应用的一门分支学科。主要探讨图书馆作为文化教育机构在社会教育体系中的定位、本质、目的、制度、任务、内容、过程、方法和管理方面的规律与发展模式等。

图书馆教员
library faculty

经过专业培训的受聘于学术机构的图书馆员，享有与教职员同等的地位和待遇。他们所开设的课程是读者教育、文献检索、计算机操作以及如何利用各种数据库和工具书等。

《图书馆界》
Library World

1980年创刊，由广西壮族自治区图书馆学会和广西壮族自治区图书馆主办。主要栏目有："探索·争鸣"、"标引·编目"、"研究谈片"、"图书馆学研究班学员论文"、"图书馆现代化"、"观察·思考"、"名人与图书馆"、"工作经验"和"学会工作"等。该刊为季刊，国内公开发行，有英文主要目次。

《图书馆界》（日本）
The Library World

日本图书馆研究会的官方杂志，双月刊。刊登学术论文、书评以及理事会报告等。每期70页左右，在日本图书馆界出版发行约2 000份（其中1 100名个人会员和600个团体会员）。

图书馆经费
library finance (library funds)

维持图书馆正常运转所需的费用，可分为购书经费、业务经费、设备经费和行政经费等。其中购书经费是最基本的经费。图书馆经费一般以人口总数的社会事业投资或国内总收入的固定百分率为依据，参照具体情况来确定。

图书馆经营管理法
library economy

指将图书馆学理论应用到图书馆建设、组织和管理等实践过程，特指图书馆运营与管理的一系列方法。

《图书馆精神》
The Library Sprite

《当代中国图书馆学研究文库》之一，程焕文著。该文集是迄今为止中国第一部专门研究图书馆精神的著述。近20年来，作者一直致力于图书馆精神的研究、实践、承传和弘扬，在国内外图书馆学界产生了积极而广泛的影响。该书共分实在的精神、宗师之精神、大师之精神、事业之精神和精神的实在等五个部分，系统地论述了图书馆精神的发展演变、基本内容、体系结构等基本理论，重点总结了一批成就卓著的图书馆学大师和图书馆专家爱国、爱馆、爱书、爱人和智慧与服务的图书馆精神，并通过作者积极而富有成效的实践，证明了图书馆精神在当今图书馆事业发展中的重要作用。由国家图书馆出版社于2007年出版。

图书馆俱乐部
library club

指一种松散性、非正式的小团体，旨在发挥图书馆的知识性、休闲性等多元化功能，进一步促进图书馆事业发展。在学校图书馆中是指一种帮助图书馆工作的小组，执行、推广某项阅读计划；也指为便于专业讨论和活动而成立的地方性（如地区的或省级的）图书馆员组织以及当地社区居民组织来管理某个图书馆的合作体。

（图书馆）开放时间
opening hours

指图书馆对外接待读者、提供文献服务或信息服务的时间。通常，学校图书馆的开放时间按学校的作息时间来安排，而公共图书馆的开放时间则相对较长，每周的开放时间一般不低于 56 个小时，更长者在 64 个小时以上，且周末及节假日都不闭馆。正常情况在图书馆门口展示。如有特殊原因，会在闭馆前，在靠近入口处、流通台上或大门前张贴公告，提请读者注意，读者也可以通过电话或上图书馆网来获悉图书馆的开放时间。大多数图书馆在闭馆时，为便于读者还书一般均配备有自动还书箱。

图书馆类型
type of library

为便于图书馆统计和图书馆界的交流，国际标准化组织、国际图书馆协会和机构联合会于 1966 年开始制订，并于 1974 年由国际标准化组织颁布了《国际图书馆统计标准》（ISO 2789—1974），将图书馆分为国家图书馆、高等学校图书馆、其他主要的非专门图书馆、中小学校图书馆、专门图书馆和公共图书馆等六种类型。在中国，一般按行政隶属关系并结合其他标准将图书馆分为国家图书馆、公共图书馆、高等学校图书馆、科学和专业图书馆、中小学校图书馆、工会图书馆、军事系统图书馆、党政机关图书馆和儿童图书馆等类型。另外，还可按其他标准划分，例如，按馆藏文献的类型可分为报刊图书馆、专利文献馆、影片图书馆（或电影资料馆）、唱片资料馆和地图图书馆等；按读者对象可分为儿童图书馆、少数民族图书馆和残疾人图书馆（包括盲人图书馆）等；按馆藏文献的学科专业可分为综合性图书馆和专业图书馆两类。

《图书馆理论与实践》
Library and Practice

1979 年创刊，原名为《宁夏图书馆通讯》。由宁夏回族自治区图书馆学会和宁夏回族自治区图书馆主办。该刊立足宁夏，面向国内外，坚持理论与实践并重的原则，积极鼓励理论探索与学术争鸣，注重业界丰富实践的概括、总结与经验交流，在刊发名人名作的同时热忱扶持新人新作。常设栏目有："业界学术探讨与工作研究"、"信息学·文献学"、"图书馆数字化技术平台"、"图书馆·信息服务业与西部大开发"、"经验交流"、"基层图书馆"、"动态·资料"，临设栏目有"当代图书馆人（名家访谈）"、"综合评述"、"争鸣"、"业务知识讲座"、"地方文献研究与开发"、"专业史苑"等。该刊始终注意把握与反映业界的理论与实践的最新进展，以求实、创新、严谨、质朴塑起形象，连续 5 届蝉联全国图书馆学优秀期刊，多次多项入选全国社会科学信息科学类核心期刊和若干大型学术期刊数据库来源期刊。该刊为双月刊，国内公开发行，有英文目次。

图书馆理论与研究专业组
Library Theory and Research

隶属国际图联专业委员会专业支持部（Division of Support of the Profession）。该专业组通过图书馆学与情报学各方面的理论与应用研究继续发展该专业。该研究专业组强调国际图联计划内部的调查与研究活动的重要性，鼓励研究与发展活动的有机结合，支持世界范围内图书馆情报界内部的研究项目的规划和调查以及研究成果的公布和发表。出版该专业组的业务通讯（电子版），刊登有关图书馆理论与研究的新闻与会议动态和论文，出版会议录、年报和一些专著等。

《图书馆理念与实践》（美国）
Library Philosophy and Practice

采用同行评审的电子杂志，1998 年创刊。发表探讨图书馆实践与理念、理论之间的联系的文章。由美国内布拉斯加大学林肯图书馆出版，半年刊。

图书馆理事和拥护者协会（美国）
Association for Library Trustees and Advocates (ALTA)

美国图书馆协会的一个部门，其成员包括各图书馆理事和一些热心图书馆事业并致力于提高图书馆信息服务质量的人士。

图书馆利用指南
library instruction (library orientation)

图书馆为介绍其服务系统指导读者利用图书馆

T

而发行的宣传资料。是加强读者与图书馆及其藏书的联系，加深人们对图书馆了解的工具。其内容一般包括：本馆的历史沿革；服务方针、藏书特点和读者对象；服务工作的种类和利用方法；开馆日期与时间；馆址、电话；开架阅读的藏书分布图；有关本馆服务工作的各类统计数字，还可以附以馆内组织图、图书馆机构设置及规章制度等。所收录的材料须经常更新，篇幅适当，印刷成一般的小册子。

《图书馆连接通讯》(荷兰)
Library Connect Newsletter

该通讯从2003年开始免费发行，文章由图书馆业内专家、馆员、科研人员以及爱思唯尔公司员工撰写，旨在为图书馆界提供及时、丰富、实用的信息；《图书馆连接实用手册》由业内专家或爱思唯尔公司编写，根据图书馆工作的方方面面需求提供最具体实用的指南，从有效培训、资源推广到作者服务和网站设计，季刊。

图书馆联盟
library consortium

通常以资源共享为主要目的，由若干独立的图书馆或图书馆系统正式签约组成的团体组织。一般根据地理位置、图书馆类型（公共、大学和专业图书馆）、馆藏资源的特色等对会员馆资格加以限定。最典型的例子是美国的OhioLINK。

图书馆联盟国际联合体
International Coalition of Library Consortia (ICOLC)

成立于1996年，是由来自美国和其他国家的多个机构和联盟形成的国际性民间非官方组织。最初称为“联盟联合体”(Consortium of Consortia, COC)。1997年正式改为现名。目前，已经发展到由世界各地超过200个图书馆联盟组成的联合体。该联合体主要面向高等教育机构提供服务，旨在促进联盟之间就共同关心的利益问题进行有效的讨论、提出解决问题的方案等，针对电子资源建设，数据库出版商、代理商的定价状况，或对图书馆馆长、联盟管理者认为重要的议题举办会议。一年召开两次正式会议。

图书馆联盟许可证
library consortium license

亦称集团许可证，是指出版商与图书馆联盟之间通过签订协议，允许联盟成员在一定范围内使用信息产品或服务，让联盟成员享受到联盟争取到的该产品的联盟优惠价格。

图书馆楼层示意图
floor plan (floor map)

在图书馆内显著位置用平面示意图的方式展示馆内各楼层的服务咨询台、书刊阅览室等布局情况，方便读者利用。

图书馆伦理学
Library Ethics

专门研究图书馆领域的伦理道德现象、本质及其发展规律的一门学科，是伦理学原理在图书馆领域的具体应用。主要探讨图书馆从业人员的职业道德，如何正确处理图书馆工作中的特殊道德关系和利益矛盾，以更好地促进图书馆员工与读者之间、图书馆员工之间、图书馆职业与社会其他行业之间的协调与共存。

《图书馆论坛》
Library Tribune

1982年2月创刊，原名为《广东图书馆学刊》，1991年改为现名。旨在发表图书馆学、情报学研究成果，交流工作经验和有关信息，促进图书馆事业的发展。该刊集学术性和实践性于一体的综合性图书馆学情报学期刊，一方面注重基础理论研究，反映中国图书情报学研究最新成果；另一方面重视实践研究，报道、交流和推广业界新成果、新技术、新经验，展示中国图书馆建设的最新成就。辟有“学者论坛”、“争鸣·探索”、“公共服务平台建设”、“广东图书馆研究”、“网络化·电子化·自动化”、“信息资源建设·信息管理”、“信息服务·信息开发与利用”、“图书情报教育·素质教育”、“图书馆建筑”、“从业抒怀”、“一事一议”、“文献之窗”等专栏。该刊由广东省文化厅主管、广东省立中山图书馆、广东省图书馆学会、广东省高校图工委和广东省中心图书馆委员会等单位联合主办，双月刊，有英文主要目次；是中国优秀图书馆学期刊、中国图书馆学情报学核心期刊和广东省第二届优秀社科期刊。

图书馆媒体中心服务技术助理
library technical assistant-media services

其职责在于发展并管理图书馆非印刷馆藏，包括：电子文档、音视频资料、光盘和计算机软件等。同时向用户提供专题研究和资料来源检索的帮助，协助用户利用馆藏资源和设备，按照已有的规定剔除陈旧馆藏和未使用资料，并履行相应的管理和行政职能。

图书馆美学
Library Aesthetics

研究人们对图书馆这一社会存在的审美关系和审美意识的学科，是美学原理在图书馆领域应用的一门新的分支。由于人们对现实的审美关系和审美意识主要表现在艺术当中，故其研究的主要对象是图书馆的建筑造型艺术、环境布置艺术、服务硬件设施的人性化设计、服务软件的友好性和图书馆社会形象等。

图书馆门户
library portal

便于计算机用户定制在线检索图书馆藏书和其他信息资源途径的软件，一般通过创建个人用街道门牌和电话/传真号码簿，如：My Library 那样的因特网链接点目录来完成定制工作，目的在于通过用户选择他们想在个人界面上显示的唯一资源，减少信息过载量。

图书馆目录卡片
library catalog cards

图书馆用以记载目录款目的白卡片或有线格的卡片。1820 年出现在伦敦电讯工程师协会图书馆的目录卡片，是最早提供给公众使用的卡片式目录的一种。许多国家图书馆或相应机构都编印和发行图书馆目录卡片。美国于 1969 年 5 月就对图书馆目录卡片的尺寸、穿孔位置和厚度等 12 项指标颁布了国家标准，后被许多国家所采纳。联合国教科文组织认为：印刷型的目录卡片有以下功能：基本用于图书馆的集中编目、提供有关图书馆采购的新出版书刊的信息与一些国家图书生产的信息和有助于编印供参考工作使用的联合目录及书目卡片索引。

图书馆排架法
library shelving

适合图书馆需要的图书上架排列法。根据文献特征标志，排架的具体方法可分为两大类：以文献内容体系为标志的内容排架法和以文献形式序列为标志的形式排架法。图书多按分类或专题排列，期刊则多按分类或刊名字顺排列，特种文献多按专题或文献序号排列，缩微视听资料多按分类、专题或资料盒顺序号排列。辅助书库适用分类排架，闭架基本书库、密集书库则适用固定排架或分类排架。

图书馆评估
assessment

根据用户需求满足程度对图书馆馆藏、服务和工作项目的数量和质量进行考察，其目的在于改进图书馆工作。评估方式多种多样，如直接观察、分析采访反馈、用户调查和测试等。如果评估工作由图书馆自身完成而非外部机构，则称之为自我评估（self-assessment）。

《图书馆评论》（英国）
Library Review

1979 年创刊，由英国斯特拉斯克莱德大学大卫·麦克迈内密（David McMenemy）先生任主编。该刊致力于为研究人员、教育人员和图书馆学家提供一个交流的平台，将来自于世界各地图书馆的经验、观点和报告汇集在一起。由爱墨瑞得（Emerald）出版集团出版，每年出版发行 4～9 期。读者可以在线阅读自 1979 年至今的期刊论文。

《图书馆期刊》（美国）
Magazines for Libraries

由美国鲍克（R. R. Bowker）公司于 1969 年创刊。该刊从 17 万多种期刊中择选出普通公共图书馆、学术图书馆、政府图书馆、学校图书馆和专业图书馆所常用的 8 000 余种英文期刊，对每种刊物做一描述性款目，每条款目包含基本的刊名、出版社等书目信息，并注解其目的、范围和读者群并加以评介，按主题进行排列。该刊还含刊名索引。

图书馆青少年服务协会（美国）
Young Adult Library Services Association（YALSA）

美国图书馆协会（ALA）的一个委员会，成立于 1957 年，原名为图书馆青少年服务分部（YASD），1992 年更改为现名。总部设在芝加哥，拥有成员近 4 000 名。该协会的宗旨是：倡导、促进和加强图书馆对 12～18 岁青少年的服务，将之纳入到国家整个图书馆服务系统之内，并支持其他与青少年相关的活动。每年的 10 月 15—21 日是青少年读书周，由图书馆青少年服务协会和美国图书馆协会联合发起。该协会编辑出版季刊《图书馆青少年服务杂志》（*Young Adult Library Services*）。

《图书馆趋向》（美国）

Library Trends

1952 年创刊，由美国伊利诺依大学图书馆学情报学研究生院出版，著名图书馆学家 F. W. 兰开斯特（F. W. Lancaster）教授任编辑。主要研究图书馆学和情报学领域的理论问题，以及交流图书馆工作中的实践经验。每一期都有一个中心主题展开研究讨论。由于所探讨的问题着重图书馆学界各个层面的最新发展趋势，特别是对图书馆员、情报科学家，以及图书馆学专业师生具有较高的参考学术价值。凡首次在该刊发表的文章，其款目或摘要均收入《社会科学引用文献索引》(*Social Science Citation Index*)、《现期教育期刊索引》(*Current Index to Journals in Education*)、《图书馆文献》(*Library Literature*)、《图书馆学与情报学摘要》(*LISA*)、《现期期刊目次》(*Current Contents*) 和《情报科学摘要》(*Information Abstracts*) 等重要索引或摘要刊物中。

《图书馆权利法案》（美国）

Library Bill of Rights

由美国图书馆协会于 1948 年通过的一项关于图书馆服务基本方针的正式声明，并于 1961 年、1990 年和 1996 年修订，确立美国图书馆向所有社会成员提供服务的义务，即提供关于当前与历史问题各类观点的资料及其利用不受审查的权利。该法案由美国图书馆协会的知识自由办公室来实施。

《图书馆权利与道德》（上、下）

Rights and Professional Ethics of Library

程焕文、张靖编译。全书分国际图联/自由利用信息与表达自由委员会政策文件、知识自由声明、职业道德规范、美国图书馆协会《图书馆权利法案》及其阐释、美国图书馆协会知识自由相关声明、政策及指南和美国图书馆协会知识自由相关决议六个部分。由广西师范大学出版社于 2007 年出版。

图书馆日常工作

library practice

指图书馆的日常业务工作，包括采购、分类、编目、排架和服务等工作和图书馆学研究活动。

图书馆日常业务管理

housekeeping

图书馆为维护其（手工的或计算机）文档系统（包括图书采购、新书登记、编目和资料流通等）的正常运行而进行的一项日常工作。通常由一名训练有素的馆长助理来完成。

图书馆设备

library equipment

广义上指图书馆为开展业务工作和各项活动所提供的建筑与设施的总和；狭义上指图书馆为业务工作需要而购置的用具和设备，包括书库、读者服务设备、内部业务工作设备、普通办公设备、计算机及网络通信设备等。例如：复印机、缩微阅读打印机、录像和光碟播放机、放映设备、计算机和外围设备以及安全保卫设备等。

图书馆设计奖（美国）

Library Building Awards

每两年一次的奖项由美国建筑师协会和美国图书馆协会共同颁发，由其组织的评审委员会审定和评出最好的图书馆设计，在美国图书馆协会年会上颁发。获奖者包括公共图书馆和大学图书馆。由 P & T 建筑师和工程师有限公司设计的中国佛山市顺德区图书馆、帕金斯·伊斯门建筑事务所设计的重庆图书馆分别于 2007 年和 2009 年获奖。

图书馆社会学

Library Sociology

运用社会学的理论和方法研究图书馆管理实践活动的一门学科。注重从综合的角度出发，以整体、系统和辨证的社会观点，研究图书馆管理活动中出现的问题，包括：图书馆员工之间的相互关系及员工与社会上的人与人和人与群体的关系；图书馆管理组织结构、服务效益、变动机制及图书馆的变化发展趋势；图书馆推广或图书馆营销，读者研究与读者教育和对影响进行有效管理的各种人的因素、社会性因素的研究。

《图书馆社会学》（德国）

（德）*Studien Zur Soziologie der Bibliothek*

1954 出版，德国图书馆学家卡尔斯泰特（P. Karstedt）著。卡尔斯泰特是图书馆社会学学派的代表人物，该书体现了作者的主要社会学派观点：用社会学方法，从历史社会学、组织社会学和知识社会学三个方面来研究图书馆。该书认为图书馆是维持和继承社会精神的不可缺少的社会机构，它担负着把这种社会精神移入作为社会形象载体的社会成员的职能。图书馆是在社会形象中使世代结合的纽带，图书是客观精神的载体，图书馆是客观精神得以传递分析的场所，因此客观精神是图书馆与社会相互作用、相互联系的中介。

《图书馆实用信息技术》

Practical Information Technology of Library

《21 世纪图书馆学丛书》（第三辑）之一，由俞传正等 4 位南开大学信息管理系的博士编辑。该书主要考察了近年来信息技术的发展及其对图书馆工作的影响，也探讨了信息技术发展趋势以及图书馆未来的技术应用。同时对不断进步的新信息技术在图书馆中的利用作了详细的论述，主要包括虚拟参考系统、视频点播系统和开源图书馆集成系统等。该书还详细介绍了条码技术、无线射频技术、缩微技术、磁盘阵列以及触摸屏技术，讨论了 Web 2.0 技术在图书馆的应用等。由海洋出版社于 2010 年出版。

《图书馆实用英语会话》（公共服务篇）英汉对照

Talk the Library Talk · Public Services

《图书馆职业英语系列》之一，潘俊林、李国庆著。这是旅美图书馆员自编教材，内容兼顾文化背景和专业用语，形式上重在情景会话，通过实际运作来具体介绍图书馆服务的各个环节，包括“咨询服务”、“流通服务”、“特教服务”、“信息素质教育”和“安保工作”等，选词用句兼顾难易，既有简明浅显的对话，又有较长段落的解说，具有实用、科学、规范的特点。会话不仅是图书馆员交流的语言，也是读者生活的一部分，为出国留学的各类学人了解图书馆的使用技巧、提高信息素养大有裨益。由国家图书馆出版社于 2009 年出版。

图书馆史

library history

研究图书馆事业、图书馆理论学说产生、发展过程的学科。按照不同国家的不同历史时期或机构，图书馆史又可以区分为各种断代图书馆史或专门图书馆史，如中国近代图书馆史、北京图书馆史等。

《图书馆史百科全书》（美国）

Encyclopedia of Library History

韦恩 · A · 威格兰登（Wayne A. Wiegand）和唐纳德 · G · 戴维斯（Donald G. Jr. Davis）编辑，于 1994 年由美国纽约加兰（Garland）出版公司出版，主要关注作为研究场所的图书馆的发展历史。该百科全书由博学的专家撰写，但行文力图做到深入浅出，使没有专业理论基础和哲学基础的人也能了解撰写者的各种思想和争论，因为该书的编者认为图书馆作为一个研究场所并不是只反映一种简单的理论或者哲学，图书馆的价值在于为社会中的个体服务。该百科全书适合对图书馆史有兴趣的本科生和研究生阅读。工具书条目分地域和主题两部分，主题分为三大块内容：图书馆、图书馆学和图书馆藏书，每个大块下面又分别按照各自体系设条目介绍，共收录 300 余个条目，每个条目字数在 200 ~ 6 000 之间，大多数条目附有主要参考文献，条目间设参照。

图书馆史编辑者

library historian

撰写图书馆及图书馆事业历史的研究者。国际图联设有图书馆史专业组，旨在为这些研究人员提供一个很好的交流机会，该专业组集中了图书馆历史方面的广泛论题，以及区域性、国际性和地方性的丰富经验。

图书馆史特别兴趣组

Library History Special Interest Group

隶属国际图联专业委员会专业支持部（Division of Support of the Profession）。原为图书馆史圆桌会议、图书馆史专业组，2009 年更为现名。该组旨在作为图书馆事业各领域专门从事研究的专业人员交流的一种方式，通过这种交流，可以使人们认识到：了解过去、了解图书馆专业的理论基础对现在和未来的图书馆服务都是非常重要的。

图书馆史圆桌会议（美国）

Library History Round Table（LHRT）

由美国图书馆协会设立的一个圆桌会议，成立于 1948 年，旨在为图书馆史的研究者与学生提供交流机会、支持图书馆史研究、探讨图书馆史编辑者关心最新问题，诸如保存和保护等。该圆桌会议出版半年刊《图书馆史圆桌会议业务通讯》（*LHRT Newsletter*）。

图书馆使命

library mission

图书馆所肩负的重大责任，主要是以科学的管理、优质的资源和信息服务满足社会教学和科研的需求，促进人才培养与知识创新。

《图书馆使者》（印度）
Library Herald

印度新德里图书馆协会出版的季刊。该刊于1958年7月问世，首期就刊登了由著名图书馆学家阮冈纳赞撰写的题为《文献、文献工作和标准化》的文章。

图书馆市场
library market

通过向图书馆、图书馆系统和诸如博物馆、档案馆及研究机构的相关部门销售图书等出版物而形成的市场类型与份额。图书馆市场按图书馆类型来划分（公共图书馆、大学图书馆和专业图书馆等）。出版商和经销商通过在图书馆会议上展览书刊，在图书馆专业刊物上和出版物上刊登广告，向图书馆提供特别折扣和预订价以及直接邮寄广告（商业目录和小册子）等形式向图书馆推销其产品。

图书馆事业
librarianship

指按照一定的原则和组织形式把各类图书馆组成一个群体，是图书馆发展到一定程度时所形成的一种社会活动，也是参与这一社会活动的各种成分所构成的有机整体。也指关于创建、组织、管理、保护、传播和利用各类图书馆馆藏的理论与技术应用的行业。

《图书馆事业基础》（英国）
The Basics of Librarianship

英国科林·托马斯·哈里森（Colin T Harrison）和罗斯玛丽·奥茨（Rosemary Oates）编著。由克莱夫·彬格莱（Clive Bingley）图书公司于1990年出版第三版。全书分为12章：不同类型图书馆的功能，组织、管理和员工培训、图书馆资料的获取，分类、编目和标引，图书馆日常工作，图书馆资料的排架和存贮，信息来源，图书馆读者服务，图书馆的合作，图书馆出版的宗旨、利用、生产以及版权和公共外借，图书馆资源的主要技术装备。

图书馆事业史
History of Librarianship

图书馆学的一个分支学科（图书馆史的一部分），其研究内容包括在不同历史时期、不同社会经济结构条件下图书馆事业的内容、形式、方法与组织等。研究图书馆事业史的意义是在籍考据史实，以前瞻未来。

图书馆手册
library handbook（library manual）

为帮助首次使用图书馆的读者，在最短时间里了解图书馆、图书馆的规章制度，以便更好地利用图书馆，由专业人员专门编写的手册，其内容包括：图书馆所拥有的资源情况、各种信息服务（外借、阅览、参考咨询、宣传辅导、文献复印和专题服务）、文献和文献利用（基本知识、文献整序）以及读者守则等。

图书馆书写体
library hand

在打字机广泛应用之前，图书馆员为手稿目录编制款目时，传统上使用的字迹清晰而规范的手书体。随着卡片目录转变为机读记录文档，目录卡片已经逐步淘汰，手写款目更为罕见。

《图书馆数字资源统计标准和应用指南》
The Statistical Standard and Applied Instruction of Digital Resources of Library

吕淑萍、罗云川主编。该标准构建了图书馆数字资源统计指标体系，对数字资源相关术语、数字资源体系、统计指标和方法做了明确界定，适用于图书馆的各项统计。由国家图书馆出版社于2010年出版。

图书馆税
library rate

由美国邮政部门对邮寄图书和其他教育资料，为图书馆和相关非营利机构实行的一种很有意义的低额邮政税。1976年修订了这个法规，允许出版商和其他出版商装运图书及其他资料使用这种低税制。这种低税制使得公共图书馆可以用较少的费用开展向居家读者邮寄借书的服务项目。

图书馆通讯
library newsletter

为报道图书馆的发展动态，介绍图书馆的文献与服务，促进图书馆与读者之间的沟通，增进图书馆员工交流，加强与其他图书馆的联系和交流，由图书馆筹划、编辑的期刊。一般设置特稿、图书馆工作、文献利用、馆员心声、读者沙龙和简讯等栏目，全方位报道图书馆发展动态，详细介绍图书馆的各种资源和服务，使读者更全面地熟知图书馆，利用图书馆资源和服务。是展示图书馆工作和文献信息利用的窗口、沟通读者与图书馆的桥梁纽带。

图书馆统计
library statistics

对图书馆管理中各种数量现象进行记录分析和推论的工作。是统计理论及方法在图书馆管理中的具体应用，也是图书馆计量化管理的重要内容。包括馆藏统计、读者统计、借阅统计、拒借统计、分编统计、专门统计、工作人员统计、财务统计及各类辅助统计。其中馆藏统计、读者统计和借阅统计是图书馆的3种基本统计。统计工作过程包括统计调查、统计整理和统计分析3个环节。图书馆统计的种类有：综合统计、专项统计和辅助统计。

《图书馆统计标准》(美国)
Library Statistics standard

1968年，由美国国家标准局发布。1974年，该标准得到认可。1983年、1995年以及2004年，被进行多次修订，名称也发生了变化，即目前执行的《信息服务与利用：图书馆和信息提供者的度量标准与统计数据——数据字典》（*Information Services and Use：Metrics and Statistics for Libraries and Information Providers——Data Dictionary*）（Z39.7）。

《图书馆统计宣言》
Library Statistics Manifesto

2010年4月9日，国际图联正式发布。该宣言旨在为各国各类型各层次图书馆统计工作提供指导。该宣言主要内容有：背景、图书馆统计、数据使其与众不同、图书馆统计之昭示、图书馆统计之质量、标准调查问卷表、资金、立法与网络体系以及宣言的贯彻实施等。

图书馆推广工作，馆外流通
library extension

将图书馆或图书馆系统的服务延伸扩展到其建筑设施以外的项目与活动，包括流动书车、邮递图书、直接送书上门、举办学术讲座、报告会和图书展览等。也指大学图书馆把服务于师生和科研人员的文献信息拓展到校园之外的活动，通常是为了支持所在大学的校外辅导项目。

图书馆网络
library network

指为开展资源共享而建立起来的图书馆合作组织。由若干成员馆组成，在专门机构协调管理下按照一致的技术标准工作程序，通过一定的信息传递结构执行一项或多项馆际合作功能。

图书馆网站
library website

由域名、网站源程序和网站空间三部分构成，主要为读者提供对图书馆服务和资源的获取。图书馆网站的网页通常利用超文本链接而相互连接。主要功能有：信息发布，包括图书馆介绍、新闻和通知等。信息服务功能，通过网站上的网上图书馆直接向读者提供服务，如馆藏书目检索、借阅信息查询、新书通报等。资源导航功能，提供本馆的各种数据库以及网络公共资源的入口。

《图书馆危机管理手册》
The Manual of Crisis Management of Library

刘兹恒主编。该书论述了图书馆危机管理的内容、原则与策略，对图书馆危机预防、控制与处理，危机恢复，图书馆各类型危机及其管理、危机管理制度等进行了分析，并以案例具体解析了中外图书馆的危机管理。由国家图书馆出版社于2010年出版。

图书馆委员会
library commission

在欧美的一些国家里，指图书馆的决策或咨询机构，又称图书馆理事会。也指根据美国一项法案而成立的组织，规定在各州内开展活动，与州图书馆是相互独立的。其宗旨是通过建立、组织和管理公共图书馆，有时还包括学校图书馆和学术图书馆，以及向没有图书馆的社区提供借书等服务来促进图书馆事业的发展。

《图书馆文献和情报科学》(美国)
***Library Literature & Information Science* (*LLIS*)**

由H.W.威尔逊（H.W.Wilson）公司自1934年起出版，是一本图书馆学情报学英文文献的著者与主题索引刊物，收录有关图书、期刊文章、小册子和图书馆学校的论文等资料，并在每卷卷末单独刊登有书评。1934—1998年是以《图书馆学》（*Library Science*）为刊名，该刊物的印刷版为双月刊，有增刊和年度累积索引，也可以直接从威尔逊公司网站在线查找，或通过OCLC的FirstSearch来检索。

图书馆问卷调查
library survey

向读者发出调查表，要求读者按表上项目填写，通过回收调查表以取得有关资料的一种调查方法。又可细分为问题列举式的读者自由回答和答案选择式的读者选择调查表上已有的答案进行回答两种方法。问题列举式，即回答式的调查，是将调查的问题一个个地列举在调查表上，由读者根据自己的情况或理解自由地予以回答。答案选择式，是将所要调查的问题的几种可能的答案一一列举出来，读者只要选择其中的一种答案，画上表示肯定的符号（○或√）即可。

图书馆无限公司（美国）
Libraries Unlimited（LU）

美国著名的图书馆专业图书出版公司，位于美国科罗拉多州，由博丹·S·怀纳（Bohdan S. Wynar）于1964年创立，服务于图书馆行业。该公司通过出版书目与参考工具书、图书馆学教科书、信息科学资料，实习手册、工具指南等为图书馆教育者、图书馆从业人员、媒体专家学者和教师提供服务。2001年7月，加入绿木（Greenwood）出版集团有限公司，成为爱思维尔（Elsevier）公司的一个部门。主要出版有《美国参考书年鉴》(*American*)、《图书馆员教育》(*Library Instruction for Librarians*)、《图书馆管理问题》(*Problems in Library Management*)、《图书馆技术人员读者服务导论》(*Introduction to Public Services for Library Technicians*)、《编目与分类导论》(*Introduction to Cataloging and Classification*)、《图书馆与信息中心馆藏发展》(*Developing Library and Information Center Collection*)、《学校图书馆媒体中心》(*The School Library Media Center*)、《图书馆自动化导论》(*Introduction to Library Automation*）和《图书馆学情报学词典》(*Dictionary for Library and Information Science*）等。

图书馆系统
library system

由一所中心图书馆和若干分馆或辅助机构组成。也指根据正式或非正式协议，为达到共同目标由各自独立管理的图书馆组成的图书馆群。在这种安排下，每所图书馆都被视为一个隶属机构。

图书馆协会
library association

由图书馆专业工作者组成的协作组织，旨在推进图书馆工作和图书馆学的发展，组织协调图书馆之间的合作与交流，指定和推广相关业务标准与规范，为图书馆事业中长期发展提出建议，维护图书馆从业人员的利益等。图书馆协会通过选举各级负责人、主办大会和选择委员会来处理专门事务、出版通讯和专业杂志和交纳会费以支持该协会的活动。美国图书馆协会是世界最大的图书馆协会之一，成立于1876年，英国图书馆协会成立于1877年，中华图书馆协会则成立于1925年。

图书馆协会管理专业组
Management of Library Associations Section

隶属国际图联专业委员会专业支持部（Division of Support of the Profession），原为图书馆协会管理圆桌会议。该专业组重视代表国际图联会员的图书馆协会所关心、关注和致力解决的各方面问题，并重视各种类型和规模的图书馆协会的需要和利益。出版该专业组的业务通讯（电子版），刊登有关图书馆协会管理的新闻与会议动态和论文，出版会议录、年报和一些专著等。

图书馆心理学
Library Psychology

研究读者对图书馆资源与服务利用的心理规律的一门学科，是应用心理学的一个分支。主要探讨读者在利用图书馆时其认识、情感、意志等心理过程和能力、性格等心理特征的规律，从而既丰富对人的本质的全面理解，又可为提高图书馆服务水平与工作效率提供科学合理的依据。

《图书馆、信息服务和知识自由的格拉斯哥宣言》
The Glasgow Declaration on Libraries, Information Services and Intellectual Freedom

由国际图联信息存取和言论自由委员会起草、制订，并于2002年3月27日经国际图联管理委员会批准，2002年8月18日在第68届国际图联大会第一次理事会上通过。国际图联在宣言中宣布不受限制的获取、传递信息是人类的基本权利，国际图联及其全体会员要遵循《联合国世界人权宣言》，支持和捍卫并促进获取知识自由的权利。国际图联还强调维护获取知识自由权利是全世界图书馆和信息服务机构的主要职责，要用道德规范明确实践加以证明。国际图联号召图书馆和信息服务机构及其工作人员支持并促进获取知识自由原则的落实，并提供无障碍的信息检索服务。

《图书馆信息共享空间建设》
The Development of Library Information Commons

《21世纪图书馆学丛书》（第三辑）之一，由阳国华编著。该书论述了：图书馆信息共享空间的产生及内涵、国外图书馆信息共享空间的实践与发展、图书馆信息共享空间理论分析、信息共享空间建设规划、信息共享空间服务的构建与整合、信息共享空间的空间布局与功能整合、信息共享空间的资源建设与整合、信息共享空间组织与管理、国内信息共享空间案例分析和图书馆信息共享空间发展构想。由海洋出版社于2010年出版。

图书馆信息资源委员会（美国）
Council on Library and Information Resources (CLIR)

原名为图书馆资源委员会（Council on Library Resources），该委员会是一个独立的基金会，支持图书馆学和情报科学领域的资源保护、数字图书馆、信息经济学、学术资源和国际性发展等方面的活动。编辑出版双月刊《图书馆信息资源委员会业务通讯》(*CLIR Issues*)。

图书馆行政管理
library administration

负责监督、规划和协调图书馆各项业务工作的管理过程，内容包括规划、预算、决策、人事管理、公共关系和方案评估等。也指负责图书馆管理的个人，通常是董事会或系主任、图书馆馆长等。

图书馆行政和管理协会（美国）
Library Administration and Management Association (LAMA)

由美国图书馆协会于1957年建立的一个部门，其成员是图书馆负责人和那些对改善各类图书馆行政与管理有兴趣的个人或团体。该协会出版季刊《图书馆行政与管理》(*Library Administration & Management*)。

图书馆宣传
publicity

广义指图书馆通过各种手段向社会各界广泛宣传图书馆的办馆目标、规划和服务内容的活动，是图书馆扩大服务对象和服务内容的有效手段。狭义仅指对广大读者进行业务宣传及阅读指导活动。在全国图书馆周期间，由图书馆主办的一些特别活动来宣传它们的服务和项目。

图书馆宣传日
Library Advocacy Day (LAD)

宣传推广图书馆及其资源和服务的活动日，目前全球图书馆宣传日还没有统一的时间，但大多图书馆每年都会定期或不定期地在某天或某个时间段开展图书馆宣传活动，其目的是为了加强图书馆与读者的联系与沟通，推广图书馆资源与服务，吸引更多读者利用图书馆。

图书馆学
Library Science (Librarianship)

研究图书馆的发生发展、组织管理以及图书馆工作规律的科学。其目的是总结图书馆工作和图书馆事业的实践经验，建立科学的图书馆学的理论体系，以推动图书馆事业的发展，提高图书馆在人类社会进步中的地位和作用。作为一门发展中的学科，现代图书馆学融入了多种属性的科学内容。随着社会和科学技术的进步，特别是人类对信息、文献交流的需要日益增强，图书馆学的研究和应用的前景更加广阔。同时也是一门实践性、应用性很强的科学，根植于图书馆工作和图书馆事业建设中；探讨其学术渊源，离不开对图书馆活动演变的考察。

图书馆学本科生教育
library education, undergraduate

现代图书馆学高等专业教育的一种类型，教学以传授图书馆学基础理论与实践技能为主，以培养图书馆情报事业的通用人才为目标。学生一般须具有高中毕业的水平，通过3~4年的全日制系统学习或4年以上的业余学习，在完成规定的课程学习和毕业设计后，获得学士学位。

《图书馆学辞典》
English-Chinese Dictionary of Library Science

由台湾杨若云主编，1984年由台湾五洲出版社出版。该词典收录词条有1万余条，除了附中文词义的英汉对译之外，还有简明的注释。选词范围比较广泛，除了图书的分类、编目和管理之外，举凡与图书馆学有关的，如图书的制作、装潢、印刷、摄影、世界著名图书馆、出版社、情报收集机构、图书馆学（协）会和世界著名刊物名称等。

《图书馆学辞典》
The Dictionary of Library Science

吴雪珍、张念红编，1989年由海天出版社出版。主要内容包括图书馆学、图书馆藏书建设、图书馆读者工作、图书馆目录、图书分类学、目录学、中文工具书、文献学、情报学、中国藏书家与目录学家、中国书史与中国图书馆史共11部分的名词术语 1 600 余条。正文后附有汉语拼音索引。

《图书馆学辞典》
The Dictionary of Library Science

由卢震京编，北京商务印书馆于 1958 年出版。内容包括图书馆学原理、图书馆方法、图书采购、藏书组织、图书分类、图书编目、图书阅览与参考、图书装订、图书馆建筑与设备以及图书馆群众工作等项的专门名词 1 978 条。该辞典在编排体系上，仿照国外的大辞典体例，重在专门词条的诠释，凡图书馆所用的专门术语，大都详尽罗列。每一词条也尽可能地使之成为一有组织的专篇。一般名词则仅注释义不再详述。所以各个词条的注释，少则数十字，多则几千字及至万余字。同时各词条所引用的材料多半注明来源或参考书，以便读者追本溯源。

《图书馆学导论》
An Introduction to Library Science

南开大学信息资源管理系教授于良芝博士著。是关于图书馆职业和图书馆学的概述性著作。将知识与信息的组织、整理和交流确定为图书馆职业的基本社会分工，将知识与信息组织整理的技术、理论，以及通过图书馆实现知识、信息传递的原理确定为图书馆学的核心内容；以此为出发点，以复合图书馆和数字图书馆的现实为背景，概述了图书馆进行知识与信息组织整理的基本理论和方法、各类型图书馆进行知识与信息传递的基本途径、图书馆的知识创新体系和图书馆职业的哲学基础。该书是 21 世纪高等院校——信息管理系列教材中的一种，于 2004 年由科学出版社出版。

《图书馆学导论》
An Introduction to Library Science

图书馆与资讯科学基本丛书之一，由台湾大学胡述兆教授和吴祖善教授合著，全书共 7 章，分述图书馆的意义、起源与功能，图书馆学的解说，图书馆的组织，资料的选购、交换与赠送，编目分类与排片以及读者服务及馆际合作。由台湾汉美图书有限公司于 1989 年出版。

《图书馆学导论》
An Introduction to Library Science

由武汉大学信息管理学院黄宗忠教授撰写，2002 年武汉大学出版社出版。该书共有 16 章 66 节，分别阐述了图书文献与信息、知识、科学及图书馆的关系，图书馆学的研究对象和定义，图书馆学的体系结构，图书馆学的学科性质与相关学科，图书馆学研究方法论，图书馆学思想的发展，图书馆和图书馆的性质、职能，图书馆系统与内部结构，图书馆与社会，中国图书馆事业的建设与发展，图书馆类型，图书馆网络，图书馆学教育，图书馆管理以及图书馆现代化及其未来。

《图书馆学导论》（美国）
An Introduction to Library Science

于 1933 年出版，由美国图书馆学理论家巴特勒（Pierce Butler，1886—1953）著。巴特勒是芝加哥学派的重要代表，因此该书也被誉为“引导着芝加哥 GLS 新的课程与教学规范”的经典著作。著名图书馆学家谢拉认为该书是图书馆思想发展的真正里程碑。对图书馆的社会学分析是巴特勒图书馆学思想的核心。在该书中，巴特勒从科学、社会学、心理学、历史和实践等多个角度对图书馆进行了系统的分析和论述，并强调把图书馆学从单纯实用的、技术的阶段再推进一步，提高到科学的阶段。此外，他还对图书馆的本质做了深入的分析。

《图书馆学的社会学基础》（美国）
Sociological Foundations of Librarianship

于 1971 年出版，由美国图书馆学家谢拉（Jesse Hauk Shera，1903—1982）著。该书体现了谢拉图书馆社会学的研究兴趣和成果，系统地阐述了作者的“社会认识论”观点，并声称这一理论可以作为图书馆工作和图书馆学的科学依据。书中认为，图书的集合并不等于图书馆，图书馆也不仅仅是一个保存图书的地方，而且还是一个组织，是一个保存和便于利用的文字记载系统。

《图书馆学》（俄罗斯）
Library Science

俄罗斯图书馆学专业刊物（月刊），原名为《苏联图书馆学》。俄罗斯国家图书馆帕什可夫出版社出版。该刊于 1952 年创办，刊登阐述图书馆学、目录学和图书学的历史与现实问题的文章，总结图书馆事业理论和实践方面的成就，阐述图书馆的社会作用、图书和阅读在形成个性的和谐发展中的地位、积极利用图书馆藏书的方法等问题，发表图书馆科学与实践方面的文章，经常登载教科书、教学参考书和有关图书馆事业的出版物书评。

《图书馆学概论》（修订本）
***An Introduction to Library Science* (*Revision*)**

图书馆学专业的基础理论教材。吴慰慈、董焱编著，于2005年由北京图书馆出版社出版。该书在担负专业启蒙教育任务的同时，对现代图书馆学理论与图书馆实践各种综合性问题进行了总体把握。《图书馆学概论》（修订本）内容包括：图书馆学研究对象、体系与内容、性质方法与趋势、图书馆及其社会职能、图书馆类型、图书馆事业、图书馆微观工作体系、图书馆管理原理与实务、信息高速公路与数字图书馆建设、文献数字化工作与电子版权以及网络环境下图书馆的发展方向等。

图书馆学高等教育认可（美国）
Librarianship Higher Education Accreditation

也就是专业学位计划的认可，是由美国图书馆协会所属机构对图书馆学和情报学硕士学位的教育机构进行的认可。美国图书馆协会的图书馆学与情报学认证计划始于1925年，现执行的是由美国图书馆协会认可委员会制订的《图书馆学与情报学硕士学位计划认可标准》，并由美国图书馆协会理事会于2008年1月15日颁布。美国图书馆协会只认可具有硕士学位授予权的院系，且每年进行一次。美国图书馆协会对图书馆学与情报学专业认可的硕士课程覆盖了全美、加拿大及波多黎各的高等学校，学完这些课程即可获得图书馆学硕士、文学硕士、图书馆管理硕士、图书馆学与情报学硕士以及理学硕士学位。

《图书馆学和情报学文摘》（英国）
***Library and Information Science Abstracts* (*LISA*)**

为图书馆学和情报学专业领域设计的国际性文摘和索引工具，由英国图书馆协会出版。1950—1968年间刊名为《图书馆学文摘》（Library Science Abstract），季刊。从1969年起，改为双月刊。可以从美国鲍克（*R. R. Bowker*）公司网站上在线检索到。目前，该文摘提供了全世界68个国家出版的20多种语言550种以上期刊所登文章的摘要，每两周更新一次，每次更新增加500多条记录。其网络版文摘数据库提供了比较完善的检索功能，有快速检索和高级检索两种方式。其中快速检索包括关键词、标题、著者、刊名和任意字段5个检索途径。

《图书馆学基础》
The Foundation of Library Science

“面向21世纪课程教材”之一。吴慰慈、刘兹恒教授分别担任主编、副主编。由高等教育出版社于2004年出版。全书论述了信息、知识与文献、图书馆学的研究对象、图书馆学的体系结构、图书馆学体系的变革、图书馆事业组织、图书馆转型、网络信息资源开发与利用、信息资源网络建设、信息资源管理、知识管理、图书馆馆藏文献数字化与电子版权问题以及信息社会中的图书馆。

（图书馆学及情报学硕士研究生）实习期
internship

在图书馆或其他信息机构接受指导和培训的有限期限。目的是在攻读图书馆学或情报学硕士学位的学生完成所规定的正式课程之后，促进其理论在实践中的应用。

《图书馆学季刊》
Library Science Quarterly

1926年3月创刊，由中华图书馆协会主编。中国图书馆界创办的第一种全国性的图书馆学学术刊物。该刊通过传播西方先进图书馆学思想，帮助国民树立现代图书馆理念、促进中国新图书分类法的诞生、完善中国图书馆学学科体系；通过对中西方图书馆学思想批判性的吸收与继承、结合中国图书馆事业发展的实际，推进图书馆学的本土化的实现，作为思想交流的平台，在图书馆学人才培养方面做出了突出贡献。该刊于1937年因“七七事变”而被迫停刊，共出版11卷42期。

《图书馆学暨资讯科学词汇》（第二版）
***English-Chinese Terminology of Library & Information Science* (2nd Edition)**

由台湾大学李德竹教授编著，台湾文华图书馆管理资讯股份有限公司出版发行。编者曾于1981年、1985年和1993年分别出版《图书馆学暨资讯科学常用字汇》、《图书馆学暨资讯科学字汇》和《图书馆学与资讯科学词汇》。1997年出版《图书馆学暨资讯科学词汇》第二版。其内容还以图书馆学与资讯科学的词汇为主，词汇比第一版的9 021个增加1 963个，其中有70%左右为资讯科学及网络方面的新词汇，还有多媒体和图书馆学的新词汇。正文后设12个附录。

图书馆学教育
education for librarianship

培养图书馆专业人才的教育。研究探讨图书馆学教育长期面临的各种重要问题：1. 普通教育与专业教育或职业教育的关系；2. 专业教育的目标；3. 达到专业教育目标的手段；4. 图书馆学教育的实际成果及回报。值得提出的是，世界上所有重视图书馆学教育的国家都将图书馆学教育设在研究生培养阶段。

《图书馆学刊》

Journal of Library Science

1979 年创刊，由辽宁省文化厅主管、辽宁省图书馆和辽宁省图书馆学会主办。该刊主要登载图书馆学、目录学、文献学和情报学等方面的论文，并着重选登有关“数字图书馆”、“地方文献工作”和“数据库建设”等专题研究性文章。主要栏目有：“专家视点”、“理论园地”、“管理纵横”、“信息组织”、“服务经纬”、“数字网络”、“文献考略”、“研究综述”、“域外采风”、“书人书事”和“动态荟萃”等。该刊为月刊，国内外公开发行，有英文目次。

《图书馆学情报学词典》

Dictionary for Library & Information Science

由北京大学图书馆学情报学系原主任周文骏教授主编，书目文献出版社（北京图书馆出版社）于 1991 年出版。该词典词目释文主要由北京大学图书馆学情报学系的教师撰写，收录图书馆学、情报学、目录学、文献学以及编辑、出版、发行、计算机技术等方面的名词术语、机构、人物和书刊等词目共 3 500 多条，80 万字，并附有《词目笔画索引》和《词目西文名称索引》。

《图书馆学情报学档案学简明辞典》

A Concise Dictionary of Library, Information and Archival Science

由南开大学来新夏先生主编，南开大学出版社于 1991 年出版。该词典内容包括图书馆学、情报学及档案学三个学科，共 23 个专题。共收条目 4 222 个，89 万字。除正文外设有附图 34 幅，附录 6 个。

图书馆学情报学技术协会（美国）

Library and Information Science Technology Association（LITA）

美国图书馆协会于 1960 年设立的一个部门，成员是来自电子信息采编、组织、存储、检索和传递等领域的图书馆员和其他信息专业人员，如数字图书馆、元数据、规范与认证、电子杂志与电子出版、远程通信、网络、计算机安全和知识产权、技术标准、在线目录和书目数据库、光信息系统桌面应用和软件工程等。图书馆学情报学技术协会出版季刊《信息技术与图书馆》(*Information Technology and Libraries*) 和《图书馆学情报学技术协会业务通讯》(*LITA Newsletter*)。

图书馆学情报学教育协会（美国）

Association for Library and Information Science Education（ALISE）

美国图书馆协会的分支机构。原名为图书馆院校协会，属美国图书馆协会图书馆教育圆桌会议，1915 年经过决议成立该协会，有 10 所院校参加，1983 年改为现名。协会旨在促进图书馆学情报学教育研究、教学和服务的发展。下设继续教育、国际、政府关系、研究和统计等委员会。其成员为有权授予图书馆学情报学硕士学位的高等院校及其教职员工。该协会设立服务和专业贡献奖，奖励有成就的会员。出版季刊《图书馆学和情报学教育杂志》(*Journal of Education for Library and Information Science*, *JELIS*)、《统计报告》(*Statistical Report*) 和《会员名录》(*Membership Directory*) 等。

《图书馆学情报学经典著作选读》

Selected Readings in Literature of Library and Information Science

《21 世纪图书馆学丛书》（第三辑）之一，由祁延莉、夏汇川主编。该书内容选自世界图书馆学情报学发展过程中有较大影响且至今仍有一定研究和实践价值的 5 部英文经典著作的重要篇章，辅以简要中文注释。内容涉及图书馆学基本理论、情报学基础知识、信息组织、自动标引和图书馆评介等方面。由海洋出版社于 2010 年出版。

图书馆学情报学硕士

Master of Library and Information Science (M. L. I. S.)

指取得学士学位的学生在图书馆学情报学学院里完成所规定的研究生课程学习，经过学位论文答辩，获得的图书馆学情报学学位。在一些国家里，多数公共图书馆和大学图书馆里的图书馆员必须拥有图书馆学情报学硕士学位或图书馆学硕士学位。

图书馆学情报学网络资源导航

Library and Information Science Navigator

由北京大学图书馆提供。内容包括基础资源、组织、出版物、教育机构、沙龙、图苑传真、数字图书馆、学术会议、同人主页和相关导航几大版块。

图书馆学情报学文摘数据库（美国）

Library, Information Science & Technology Abstracts (LISTA)

该文摘数据库由美国 EBSCO 公司推出，可检索 20 世纪 60 年代以来的图书馆学情报学方面的期刊、图书以及研究报告。

图书馆学情报学信息门户

Library Information Gateway (LIG)

这是全球图书馆情报机构系统资源门户网站，是中国国家科学数字图书馆项目管理中心资助建设的项目之一。其目标为通过合理的分类组织与浏览体系，对因特网上可以直接查询到的国内外各学科领域、各类型重要的图书馆情报机构系统及其馆藏资源进行搜集、评价、分类、组织和有序化整理、揭示。其最终目标是与其他学科门户网站密切合作，切实为科研人员提供查询各学科领域、各类型信息资源的捷径和方法。该信息门户网站由中国科学院成都文献情报中心负责创设和维护。

《图书馆学情报学研究》（美国）

Library and Information Science Research

1979 年创刊，原名为《图书馆研究》，1983 年改为现名。由爱思维尔（Elsevier）出版公司出版，主要内容有：图书馆学、情报学研究的专论、书评以及编者按语、读者来信、作者介绍和编委会会议纪要等，论题涉及图书馆学、情报学各个方面的理论与实践。《图书馆学情报学研究》所刊载的论文均收入《最新资料摘要》(*Current Awareness*)、《现期教育期刊索引》(*Current Index to Journals in Education*)、《情报学摘要》(*Information Science Abstracts*)、《图书馆学情报学摘要》(*LISA*) 和《图书馆文献》(*Literature*) 等多种摘要或索引。

《图书馆学生杂志》（美国）

Library Student Journal

由美国法布罗大学图书馆学情报学系硕士研究生于 2006 年 10 月创办。该杂志的作者、读者、编委会成员均来自世界各地的图书馆学情报学系的学生。主要分 4 个部分：文章——同行评审的研究和文献评论，随笔——个人和信息方面的非正式的文章，社论——不限制篇幅的四种意见以及评论——近期发表或常用图书馆学情报学的图书评论。该刊是采用同行评审的开放存取刊物。

《图书馆学是什么》

What is Library Science

该书主要介绍了图书馆学是研究什么的、图书馆学的基本内容有哪些、学了图书馆学有什么用途、图书馆学是如何产生与发展起来的、图书馆学大家及其贡献有哪些、图书馆学专门方法有哪些、书籍的发展及未来命运是怎样的、图书馆职业有怎样的发展前景、图书馆学研究的趋势和重点是什么等内容。王子舟著，由北京大学出版社于 2008 年 3 月出版。

《图书馆学术语词典》（俄罗斯）

Librarianship Terminological Dictionary

苏斯洛娃、乌兰诺娃编辑，莫斯科图书出版社于 1986 年出版。该词典是《图书馆学术语词典》（1976 年）的修订与详细补充本。收录约 1 300 条术语，内容涉及图书馆事业的理论、图书馆类型、图书馆事业的组织和管理、图书馆藏书和目录、图书馆服务和阅读指导。《图书馆学术语词典》还收录了有关目录学、图书学和情报学、教育学、心理学以及社会学等学科的术语，同时还包括科学情报活动以及出版事业的有关术语。

图书馆学硕士

Master of Library Science (M. L. S.)

指取得学士学位的学生在图书馆学学院里完成所规定的研究生课程学习，经过学位论文答辩，获得的图书馆学学位。在一些国家里，多数公共图书馆和大学图书馆里的图书馆员必须拥有图书馆学硕士学位或图书馆学情报学硕士学位。在美国，获得美国图书馆协会认证的图书馆学硕士学位是进入美国图书馆工作的前提和必要条件。美国的很多高等院校均设置有图书馆学硕士学位教学计划，大部分图书馆学硕士学位的招生对象是具有学士学位的文科专业毕业生。许多硕士研究生课程需要用一年时间完成，有的需要两年。一般研究生主干课程包括《图书馆学和情报学基础》、《图书与印刷史》、《知识自由与审查制度》、《图书馆与信息在社会中的作用》等，其他基础课程包括《资料采集与处理》、《信息结构》、《参考工具与策略》以及《用户服务》等方面的内容，而与计算机相关的课程在图书馆学硕士课程中所占的比重也比较大。

图书馆学习室

instruction lab

在图书馆学习室里，配有多台学生使用的计算机，讲台上的示范计算机和可以演示在线检索方法的液晶放映机连接在一起。

图书馆学新五定律

Five New Laws of Librarianship

美国加利福尼亚州立大学图书馆服务部主任迈克尔·戈尔曼（Michael Gorman）和他的同事沃尔特·克劳福特（Walt Crawford）在他们的著作《未来的图书馆：梦想、疯狂与现实》(*Future Libraries: Dreams, Madness and Reality*）中对图书馆学新五定律的阐述全面体现了图书馆为读者服务、为人类文化服务的人本主义思想。图书馆学新五定律是：1. 图书馆为整个人类服务（Libraries Serve Humanity)；2. 尊重知识交流的所有形式（Respect All Forms by which Knowledge is Communicated)；3. 善用技术加强服务（Use Technology Intelligently to Enhance Service)；4. 保护对知识的自由存取（Protect Free Access to Knowledge)；5. 景仰过去，创造未来(Honor the Past and Create the Future)。此书于1997年荣获美国图书馆馆藏与技术服务/布莱克威尔奖(ALCTS/Blackwell Scholarship Award)。

《图书馆学、信息科学、资料工作》

Library Science, Information and Data Collection

2000年创刊，月刊，由中国人民大学主办，中国人民大学书报资料中心编辑出版。主要栏目有："理论纵横"、"专题探讨"、"实践研究"、"信息资源管理"、"信息服务"、"信息法学"、"国际信息"、"比较研究"、"图书情报工作论坛"和"论点摘编"，公开出版发行。

图书馆学信息门户

Library Information Portal

由中国国家图书馆数字资源部负责于2008年开设。主要栏目有：热点专题（残疾人服务、图书馆2.0、Google版权、数字图书馆和少儿阅读)、分类导航（图情事业、基础理论、图书馆管理、图书馆自动化、图书馆建筑、图书馆设备、数字图书馆)、类型分类（博客/博文、论坛/社区、会议资料、会议/课件、期刊/论文、网站/导航、科研项目、学术报告、联合目录、政策法规、标准规范和词典百科）以及图书馆情报机构等。

《图书馆学研究》

Researches in Library Science

1979年创刊，原名为《吉林省图书馆学会会刊》，1982年改为现名，由吉林省图书馆和吉林省图书馆学会主办。以开展图书馆学研究，交流学术成果，促进图书馆事业发展为宗旨，主要栏目有："基础理论研究"、"参考咨询"、"图书馆管理"、"图书馆事业"、"信息服务"、"分编与检索"、"信息服务"、"数字化"、"网络化"和"信息资源建设"等。该刊为半月刊，有英文主要目次，国内外公开发行。

《图书馆学研究的科学基础》(俄罗斯)

Scientific Foundation of Library Science Research

克列伊里科著，于1983年出版，经原苏联文化部科研机关和学校管理局审定为师范学院、文化学院图书馆学系的教学参考书。全书分10章：概论、图书馆学研究方法论、图书馆学研究的术语分析法和概念推理法、图书馆学研究中的文献研究法、观察与实验、图书馆学研究中的调查法、专家鉴定方法包括对图书馆学研究对象的质量评价及其方法、图书馆学研究的专门方法以及图书馆学研究过程和研究成果在图书馆工作实践中的应用。

图书馆学研究生教育

postgraduate library education

现代图书馆学高等专业教育的一种类型，分为硕士研究生教育和博士研究生教育两个层次，以图书馆学理论、方法与技术研究为主要内容，以培养图书馆情报事业高级人才为目标。硕士研究生教育一般需要1~3年的全日制或业余研修学习，博士研究生教育则一般需要3年以上的全日制或业余研修学习，完成规定的学分和毕业论文的学生一般是具有本科学历的大学毕业生或同等学历人士，通过答辩后可获得相应的学位。

《图书馆学要旨》

The Main Idea of Library Science

由中国图书馆学家刘国均教授著。初版于1934年，1949年由中华书局再版，共8章。该书将图书馆活动分解成若干要素以研究图书馆整体，提出图书馆学要研究图书、人员、设备和方法，形成中国较早的图书馆学体系之一，并系统地介绍了现代图书馆学的内容，提出了图书馆学研究对象的"要素说"，在中国现代图书馆学史上占有一定的地位。

《图书馆学引论》(美国)
Introduction to Library Science*: *Basic Elements of Library Service

1976年由美国科罗拉多里特尔顿图书馆无限公司出版，由美国图书馆学理论家谢拉著。作者的社会认识论萌发于20世纪50年代而完善于该书之中。全书8章，分别从图书馆事业发展史、图书馆与社会的关系、如何了解读者与图书、图书馆自动化技术的发展、图书馆的职能、图书馆的组织与管理、图书馆学教育和图书馆与情报服务等方面阐述了图书馆学基本理论，力图把图书馆学作为一门深入、广泛和全面的科学来研究。作者在书中提出交流是图书馆学研究的中心内容，图书馆不仅是一种社会文化现象，或者是社会工具，而且是交流传播网络中的重要组成部分。该书堪称美国图书馆学理论的经典著作，出版后曾被列为世界图书馆学基础课程的主要教科书。

《图书馆学与情报科学词典》(英汉/汉英对照)
***Dictionary of Library and Information Sciences* (*English-Chinese/Chinese-English*)**

英汉对照的专业性词典，附有按汉语拼音顺序排列的索引以供读者查阅。是一部内容更新、切合实用的工具书。共收1 800个术语条目，详加解说或叙述。该词典编有按汉语拼音顺序排列的索引，并和汉字及英译词语并列对照，因此也是一部汉英词典。作者是在美国伊里诺伊大学图书馆工作的李蘅先生，由德国卡格·绍尔出版社（*K. G. Saur Verlag GmbH*）于1984年出版。

图书馆学与情报科学文摘（光盘数据库）(美国)
LISA Database

由美国剑桥科学文摘社（Cambridge Scientific Abstracts）出版。生产的文摘和索引光盘，包括印刷版的《图书馆学与情报科学文摘》(*LISA*）和《图书馆学和情报科学研究动态》(*Current Research in Library and Information Science*, *CRLIS*）的内容，涉及图书馆学与情报科学的各个方面。该数据库收录了世界68个国家用20多种语言出版的550种以上期刊、会议录及电子会议、影像文本、电子出版物等35万条数据。数据收录起始年限为1969年。主题范围包括人工智能、书评、计算机应用、信息中心、信息管理、信息科学、信息技术、信息储存、因特网技术、知识管理、图书馆学、图书馆与档案、图书馆技术、图书馆利用与用户、医学信息、联机信息检索、出版与图书销售、记录管理、远程通信、技术服务和万维网等。

《图书馆学与情报学百科全书》(美国)
Encyclopedia of Library and Information Science

第一版于1968年出版，由美国图书馆学家肯特（Allen Kent, 1921—）主编，第三版由马西娅·J·贝茨（Marcia J. Bates）和玛丽·奈尔斯·迈克（Mary Niles Maack）编辑，美国CRC出版社于2009年出版。该百科全书紧跟学科领域的最新发展，比较详尽地介绍最新的发展趋势、最新的技术成果和对本领域做出突出贡献的人物及其成就。来自全世界的1 300多名杰出专家参加了该书有关图书馆学情报学理论、技术和方法等方面词条的编写工作，为包括图书馆员、信息/计算机专家、书目专家、文献资料工作者、系统分析员和学生在内的各类人员提供了认识和研究图书馆学和情报学的便利工具。

《图书馆学与情报学基础》(美国)
Foundations of Library and Information Science

于1998年出版，由美国学者理查德·E·鲁宾（Richard E. Rubin）著。全书共分10章：信息组织、情报科学、对图书馆的重新定义、信息政策、图书馆政策、情报机构、图书馆的使命和价值、图书馆学情报学的职业规范、图书馆协会和图书馆员。作者通过对图书馆学和情报学的多年研究，详细论述了学科的重要构成基础。书中论述的不少问题都比一般的专业著作更加生动和贴近现实，如不同类型图书馆的异同，图书馆员职业发展问题、Z39.50标准等。此外，书中提供了大量的印刷版和电子版专业参考书的目录，为图书馆情报领域的师生提供了丰富的参考资源。因此，该书适于作为图书馆学情报学院的教学参考资料。

《图书馆学与情报学硕士学位计划认可标准》(美国)
Standards for Accreditation of Master's Programs in Library & Information Studies

2008年1月15日，美国图书馆协会理事会颁布了此前由认可委员会制定的《图书馆学与情报学硕士学位计划认可标准》。该认可标准与2009年修订的《认可过程、政策与步骤》配套使用。认可委员会根据每个申请院系是否符合标准中所规定的使命、目标和任务、课程设置、师资、学生、管理和经费以及物质资源和设施等对每个院系进行评价，是美国图书馆学高等教育认可的依据。

《图书馆学与信息学技术百科词典》（印度）

Encyclopedic Dictionary of Library Science and Information Technology

由印度克里斯特（Crest）出版社于2002年出版。该百科词典收集了有关图书馆学、情报学、档案学、信息学、计算机科学、通讯、大众传媒、编辑出版和装订发行等方面的专业词汇、术语，尤其是汇集了随着图书馆事业及网络化的发展而出现的图书馆学情报学等的新词汇、新术语。对于大学图书馆系、大学图书馆、公共图书馆和参考图书馆的学生、教师和图书馆员来说，是十分有用的参考工具书。

《图书馆学与资讯科学》

Journal of Library and Information Science

1975年4月创刊，是中国台湾地区最早被《资讯科学文摘》(*Information Science Abstracts*)、《图书馆学与资讯科学文摘》(*Library and Information Science Abstracts*, *LISA*）和《图书馆文献》(*Library Literature*）等收录并索引的图书馆学与资讯科学专业期刊。每年4月及10月各出版一期，由台湾师范大学图书资讯研究所和美国华人图书馆协会合作编印。该刊旨在研讨图书馆学与资讯科学相关的问题，介绍有关的新知科技，报道图书馆学与资讯科学界的重要活动，联系世界图书馆学与资讯科学从业人员及专家学者，以谋求图书馆学与资讯科学的发展。

《图书馆学与资讯科学大辞典》

Encyclopedic Dictionary of Library and Information Science

由台湾大学胡述兆教授任总编辑。该辞典涉及的范围包括图书馆学、资讯科学、目录学和档案学。凡与这些学科有关的理论、实务、历史、人物、组织、机构、名著、刊物、出版社、资讯公司、资讯系统和资讯网络等，均择要立目介绍。共4 482个条目，计400万字，由台湾汉美图书有限公司于1995年在中国台北和美国纽约、洛杉矶等地同时出版。

图书馆学院

library school

指以培养图书馆与信息机构专业人才为宗旨的、符合授予图书馆学硕士或图书馆学情报学硕士学位条件的专业院校或系科，由高等教育机构资助和管理。第一所现代图书馆学院于1887年由麦维尔·杜威（Melvil Dewey）在美国哥伦比亚大学建立。中国的图书馆学教育事业起始于1920年由韦棣华女士在武昌文华大学创办的图书科。

图书馆延伸服务/流动图书馆技术助理

library technical assistant-outreach/bookmobile

通常为病人、残障人士、寄居收容所者或其他得不到充分服务的用户提供多种服务和帮助的图书馆员。其职责：向用户提供专题研究和资料来源检索的帮助，协助用户利用馆藏资源和设备，按照已有的规定剔除陈旧馆藏和未使用资料，并履行相应的管理和行政职能。

图书馆研究

library research

图书馆学和情报学系统研究的一个方面，主要研究图书馆的业务问题，其结论建立在对所收集数据的统计分析基础之上，而这些数据又是按照一定的研究设计和方法学收集的。研究结果通常发表在专业的图书馆杂志上或在图书馆会议上宣读后发表在会议录上。图书馆研究有助于扩大图书馆学和情报学的理论基础，并为行政决策和实际问题的解决奠定基础。

《图书馆研究与工作》

Library Science Research and Work

由浙江省图书馆学会和浙江图书馆联合主办的综合性图书馆学情报学专业期刊，创刊于1980年。该刊立足浙江，面向全国，融学术性和知识性为一体，坚持理论研究与实际工作相结合。自1999年以来，进行了较全面的改版，目前设有"图书馆理论与事业建设"、"数字图书馆"、"现代化技术"、"信息服务"、"文献信息资源建设"、"用户研究与服务"、"分类编目"和"地方文献"等栏目，是图书馆情报工作者进行学术交流、业务探讨的园地。该刊为季刊，有英文主要目次，自办发行。

图书馆研究圆桌会议（美国）

Library Research Round Table（LRRT）

美国图书馆协会的永久性圆桌会议始于1968年，致力于扶持图书馆研究，方法有：为研究人员论述和普及他们的工作提供项目机会，为协会会员在研究技术和研究重点方面提供信息和教育，并以此作为有效行政决策和实际问题解决的基础。该圆桌会议还为优秀的研究成果和博士研究论文颁发年度奖。

图书馆研究中心（美国）

Library Research Center（LRC）

1961年在伊利诺依州立大学成立的从事公共图

书馆领域应用研究的机构，目前该中心的研究范围扩大到学校和学术图书馆领域，并出版年度报告。以合同形式向各个图书馆、国家基金会、研究机构提供服务。

图书馆已有卷期记录卡，馆藏卡
library has' card (holdings card)

指列出本馆收藏的某一连续出版物或多卷丛书的卷期的目录卡片，即含有馆藏项的卡片。对采用主要款目的著录方法而言，多为主卡。

图书馆已有卷期说明，馆藏项说明
library has' statement

在款目的附注项中，对所著录的连续出版物或多卷丛书的实际卷期（册）进行详细记录与说明。

图书馆印章，图书馆藏书章
library stamp

书刊所有者盖在书刊上表明所有权的印章。图文设计多样，形状不一。图书馆常以单位名称的印章作为藏书章，加盖于题名页、暗记页等处，以防书刊丢失。常与刻有登录号或入藏书日期的登记章合为一体使用。

图书馆拥护者
library advocate

了解图书馆及其社会作用，通过公开演讲等多种形式表达其支持态度，特别是当经费减少或阅读自由发生危机时，给予图书馆物质与精神支持并引起社会关注的个人和社会团体。

图书馆用品
library supplies

可消耗材料，如标签、图书卡片和书卡袋、橡皮印章、修订用胶带、磁条、塑料包封护套和涂层纸等。为了准备新的流通书刊，维护馆藏以及开展所有的服务，每所图书馆必须从图书馆供应商那里订购上述物品。

《图书馆用语集》（日本）
JLA Librarian's Glossary

由日本图书馆协会用语委员会编辑。该书于1988年初版，1996年经修订出版第二版，2003年再次修订出版第三版，由日本横滨市立大学图书馆的朝比奈大作先生任用语委员会委员长。该词典共收词目731条，并设有日文、英文索引和5个附录。

图书馆幽默
library humor

与图书馆和图书馆事业有关联的笑话、卡通（漫画）、趣闻轶事、不常见的咨询问题、妙语警句、讽刺和职业习俗等。

《图书馆与可持续发展声明》
Statement on Libraries and Sustainable Development

于2002年8月24日，国际图联管理委员会在英国格拉斯哥召开的会议上批准。国际图联声明全人类都应有健康、幸福的生活环境，这是人类的基本权利。国际图书馆和信息界应形成一个连接发展中国家和发达国家的网络。这个网络使图书馆和信息服务机构在世界范围合理分布，确保这些服务平衡发展，使所有人都有正常的生活环境。图书馆和信息界认识到受各种形式的教育，对所有人都是十分重要的，因此要支持所有人坚持终身学习。图书馆和信息服务机构要维护获取知识自由的权利，并促进其发展。国际图联号召图书馆和信息服务机构要维护并促进可持续发展的原则。

图书馆与信息技术协会（美国）
Library & Information Technology Association (LITA)

成立于1966年，是美国图书馆协会（ALA）的分支机构，原名为信息科学与自动化部（Information Science & Automation Division, ISAD），1978年正式更为现名。该协会的主要目标是关注图书馆与信息领域的技术规划、发展与应用及新技术对图书馆服务的影响；研究及推进新技术标准、带动新技术在图书馆中的应用、为图书馆系统及网络提供发展模式、关注自动化给人们带来的影响；发布专业最新信息，并提供一个交流与讨论的平台。该协会主要出版物是1982年创刊的《信息技术与图书馆》(*Information Technology and Libraries, ITAL*)（季刊），1995年创刊的、不定期出版的《电子技术评论》(*Technology Electronic Reviews, TER*)，此外，该协会还出版有关图书馆与信息技术协会指南、专著及业务通讯等。

《图书馆与信息研究：信息和图书馆服务的研究转化为实践》（英国）
Library & Information Research: Research into Practice for Information & Library Services

英国图书馆和信息注册协会图书馆与信息研究组负责出版，2007年创刊。该刊主要是鼓励从业人

T

员撰写研究报告（包括非正式或内部研究报告），鼓励经过深思熟虑及以事实为证据的图书馆实践，发表获图书馆与信息研究组颁发年度奖和奖金的优秀论文。

图书馆员
librarian

负责管理图书馆及其藏书与服务的受过专业培训教育的人（如编目馆员、采访馆员、指导馆员和参考馆员等）。许多国家要求图书馆员必须拥有图书馆学情报学硕士学位。

图书馆员备注
librarian's note

指专门编辑的用来帮助图书馆员选书和向读者推荐图书的评论性参考备注类资料。

《图书馆员的教育》（德国）
（德）*Die Bildung des Bibliothekars*

于1820年出版，由德国图书馆学家艾伯特（*F. A. Ebert*，1791—1834）著。作者在书中阐述了图书馆员所需要的知识和经验。作者认为，图书馆员所需要的是综合性的知识、外语和不可缺少的历史知识，同时，文学史、目录学和古籍知识也很重要。图书馆员还必须了解百科辞典，以增加知识的广度。作者还在书中提出了图书馆员必备的重要素质，包括条理性、秩序感、辨别细节的能力以及献身精神。该书被后代视作德国图书馆学、目录学的名著，施莱廷格认为该书为图书馆员必读之书。艾伯特也被称为德国图书馆员教育倡导人。

图书馆员配备过多
overstaffed

所配备的图书馆员比完成必要工作所需要的人员多。通常，图书馆馆长会安排他们做些其他辅助工作，极端情况下才解雇人员。

《图书馆员手册》（俄罗斯）
Librarian Handbook

瓦涅也夫、米恩金娜编辑，由俄罗斯职业出版社于2001年出版。该手册是提供给公共图书馆馆员阅读的参考书，内容涉及图书馆各方面的工作，主要包括：现代社会文化背景下的公共图书馆、俄罗斯图书馆体系、图书馆藏书、图书馆目录、图书馆书目参考机构、图书馆书目服务、图书馆业务经费、图书馆技术和工作人员的管理、图书馆营销学以及图书馆业务的方法保障等。

《图书馆员手册》（俄罗斯）
Librarian Manual

由国立列宁图书馆编辑，由莫斯科图书出版社于1985年出版。该手册系统介绍了图书馆员应掌握的图书馆专业知识和现代化技术。内容包括：苏联共产党和苏联政府关于图书馆事业的文件、苏联统一的图书馆体系和图书馆藏书、目录和卡片目录、图书馆的读者服务、图书馆的书目索引工作、图书馆干部的培养、图书馆建筑以及馆内装饰和设备、图书馆工作的技术手段、国际图书馆组织机构、专业期刊和连续出版物以及主题索引。

《图书馆员因特网索引》（美国）
Librarians' Index to the Internet

由美国加利福尼亚州立图书馆主办，该索引汇集了1万多种网络资源，链接了3万多个网站，有100多名图书馆员参与网络资源的收集工作，每周更新。其服务宗旨是提供"你可信任的信息"（Information You Can Trust），是按内容对大量网络信息资源进行分类组织，采用了目录式结构组织信息资源。每一个类目下有很多小类，形成一个有序的分类体系，还可以按主题、题名、内容描述、站点作者、出版商、网址、分类和资助方等作为检索入口，并且具有AND/OR/NOT逻辑检索功能。为了采选到高质量的信息资源，该索引有严格而明确的收集标准——《网络资源筛选标准》，要求每一个链接的网站至少被审阅两次，有的甚至审阅3~4遍以确保信息内容的质量，同时定期维护，及时反映网址的变化，删除死链接。

《图书馆员英语选读》（Ⅰ）（Ⅱ）
***Selected English Readings for Librarians*（Ⅰ）（Ⅱ）**

《21世纪图书馆学丛书》（第二辑、第三辑）之一，由丘东江主编。该书旨在提高图书馆员的专业英语阅读能力和理解力。所选部分内容新颖、适用性强、难度较小，侧重图书馆的背景知识和图书馆具体工作。由海洋出版社于2007年、2010年出版。

图书馆愿景
library vision

图书馆更高层次的追求，概括了未来目标、使命及核心价值。图书馆要做教学、研究和学习的领航者，做好文献资源的保障使之成为信息资料的中心、读者与知识的桥梁和公共服务的支柱。

《图书馆杂集》(印度)
Library Miscellany

创办于印度的第一份图书馆学期刊，于 1912 年 8 月在印度西部城市巴洛达问世，季刊。

图书馆杂志
library journal

刊载关于图书馆学情报学、图书馆事业及相关主题文章的专业杂志。大多数图书馆杂志也发表新出版物评论，包括图书馆员专业兴趣的书评等。世界各国都编辑出版本国的图书馆专业杂志，有的甚至发行数万份，中国内地现有 60 余种图书馆学情报学专业杂志。

《图书馆杂志》
Library Journal

由上海市图书馆学会与上海图书馆合办，1982 年 1 月创刊，原为季刊，1987 年起改为双月刊。1997 年起每年增发 30 万字的《理论学术年刊》，1999 年起改为月刊，国内外公开发行，有英文目次。该刊封面由著名艺术家钱君匋设计，刊名由著名图书馆事业家、古籍版本目录学家、书法家顾廷龙先生题写。该刊站在学科发展的前沿，坚持理论联系实践的办刊宗旨，形成了前瞻性与现实性并重，理论研究与实践操作共举的特色，发行量一直高居同类期刊首位，多次列入“社会科学核心期刊”、被中国图书馆学会评为“全国优秀图书馆学期刊”，并列入中国国家新闻出版总署颁发的“中国期刊方阵，双效期刊”。该刊还与国外及中国台湾省的一些图书馆学期刊建立了交换关系。

图书馆杂志（LJ）教学奖（美国）
Library Journal（LJ）Teaching Award

一年一度的奖项，由 ProQuest 主办，旨在表扬教育下一代优秀的图书馆员。该奖项始于 2009 年，奖金为 5 000 美金，通常在美国图书馆协会冬季会议举行的鸡尾招待酒会上颁发。

《图书馆杂志》(美国)
Library Journal

原名为《美国图书馆杂志》（*American Library Journal*），是美国图书馆协会会刊，于 1876 年创刊，创办人主要有著名学者弗雷德里克·赖波特（Frederick Leypodt）、麦维尔·杜威（Melvil Dewey）和 R·R·鲍克（R. R. Bowker）等。1877 年改为现名。其主要内容包括特刊、专栏、新闻、评论和其他部分。该刊发表与图书馆员感兴趣的新闻与通报、特写文章、趋势分析等，并提供每年新书刊、数据库和 CD-ROM、录像带和录音图书约 7 500 篇综述与评论。该刊反映内容及时，书评内容丰富，范围涉及整个图书馆界。从 1997 年起，在因特网上发行电子版，内容增加了研讨电子信息服务的文章，并着重介绍新技术在图书馆应用的经验。该刊 1 月、7 月、8 月和 12 月为月刊，其他月为半月刊，同时每年还出版数期专刊，内容有：图书馆建筑、年度科技图书介绍、即将出版和再版的图书介绍。

《图书馆杂志》(日本)
The Library Journal

日本图书馆协会会刊，1907 年创刊。内容主要有图书馆学理论、图书馆管理、图书馆员培训和国内外学术活动等。所刊载的论文涉及国会图书馆、大学图书馆、公共图书馆、专门图书馆和图书馆协会的工作和研究。该刊由日本图书馆协会图书馆杂志编委员会负责编辑，月刊。

图书馆债券
library bond

在一些国家里，由图书馆管理部门或政府机构为所管辖的图书馆或图书馆系统的建设而发行的一种承担利息或折扣的债券。通常用以设施建设或更新、为某些大型投资项目筹措资金等。债券规定：图书馆管理部门负有向债券持有人（投资人）支付特别利息的责任，通常每隔一定时间支付一次，并在约定的时间内偿还贷款本金。此债券的发行需经所在辖区内大多数选民投票同意、担保并以略高的比率纳税，通过增加足够税收来支付贷款利息与本金。债券在经济景气时比经济萧条时更容易发行。

图书馆战略规划：理论、模型与实证
Library Strategic Plan：Theory，Model and Positive

该书围绕这一涉及图书馆事业发展的核心问题，首次从战略规划的理论、模型与实践等方面进行了全方位的和系统的研究，在此基础上构建了适用于我国各级各类图书馆的战略规划模型、指南和相关辅助等。柯平著，由国家图书馆出版社于 2013 年 2 月出版。

T

图书馆整合性自动化系统公司（美国）
VTLS Inc.

总部位于美国弗吉尼亚州的VTLS（Visionary Technology in Library Solution）公司，在图书馆自动化系统产业有着25年以上的经验，该公司秉持其优异的专业知识与视野，不断将尖端的科技与创新的观念引进图书馆，并开发了最顶尖的图书馆自动化整合性系统（Virtua ILS）。此系统具有弹性灵活的系统环境、量身定做的用户接口、简易强大的参数权限设定、完全支持Unicode、标准化、与时俱进的技术等特点。该公司已在西班牙、瑞士、法国、巴西、加拿大、马来西亚和印度设有分公司，其系统用户遍布全球超过35个国家，千余家图书馆（包括大学图书馆、专门图书馆和公共图书馆等），是国际图联银级企业团体会员。

图书馆政府文档技术助理
library technical assistant-government documents

负责提供美国联邦政府出版物的存取服务的图书馆员。其职责：听证会副本和议案、决议、章程、判例汇编、宪章、条约、期刊和统计资料等的文本。同时向用户提供专题研究和资料来源检索的帮助，协助用户利用馆藏资源和设备，按照已有的规定剔除陈旧馆藏和未使用资料，并履行相应的管理和行政职能。

《图书馆之城建设指标体系研究》
A Research into Index System Development in Library City

介绍了深圳图书馆之城建设指标体系的具体情况，并对国内外部分城市和国家公共图书馆体系建设进行了分析，书末附有佛罗里达、安大略和新南威尔士公共图书馆的标准和指南。由国家图书馆出版社于2010年出版。

图书馆之友
Friends of the Library（FOL）

指其成员通过提供资金和宣传活动在资助个别图书馆或图书馆系统中共享利益的组织。图书馆之友在一些图书馆中开办小礼品店或书店，用其收益来资助图书馆计划和服务。图书馆之友成员常常作为志愿者为图书馆服务，完成从修补维护图书到讲故事等多样任务。

图书馆支持者，图书馆支持群体
constituency

当图书馆或图书馆系统为日常运作、开发新项目或优化资本等筹集资金时，或者当争取对其有利的立法或政策倾斜时，为其呼吁或提供支持的人群。包括内部支持群体（internal constituency），通常由图书馆的工作人员组成和外部支持群体（external constituency），指图书馆通过高质量的服务，良好的公共关系及对社区居民的上门服务等赢得的长久支持者，如选民、图书馆读者等。

图书馆职业研究
library profession study

将图书馆作为一种社会职业来考察与研究的一门学问，主要包括对图书馆的社会角色、基本定位、职业特征、与相关行业的联系和职业道德与素质等方面的研究。

《图书馆职业英语阅读》
Professional English Readings for Librarians

《图书馆职业英语系列》之一，肖燕编著。针对图书馆职业培训和高等学校专业教育的需求，以经典权威、凝练、与时俱进和兼容并蓄为指导思想，纵横挖掘百年以来中外图书馆专业英语文献和网络资源，精选并摘录权威工具书、经典著作片断、专业机构网站发布的信息以及有影响的图书馆学家、管理者和其他相关领域重要人物的论述，辅以编者的评介与分析，内容囊括图书馆的概念、功能、发展演变、职业理念、职业评价、就业前景、任职要求、馆藏建设、知识组织、读者服务、数字图书馆建设与发展以及学术交流等方面的实用知识。由国家图书馆出版社于2009年出版。

图书馆指导
library instruction

即图书馆利用教育，图书馆为了帮助读者利用图书馆所提供的各种服务以及各种不同类型的馆藏资料所特有的推广活动。通过图书馆自行制定一套完整的规则与计划，包括了对馆藏资料的性质及存放种类的初步认识、参考工具书的利用以及信息素养的能力培养，帮助读者认识各种不同资源，提高馆藏的使用率，并塑造图书馆员的知识提供者专业形象。图书馆指导有以下几种方式：参观及导览服务、播放相关主题的视听媒体、研习（讲习、专题演讲、展览）、图书馆手册或指标说明和信息检索的利用指导等。

图书馆指导服务/读写能力技术助理
library technical assistant-instructional services/literacy

其职责在于提升高等教育信息素养方面的学习、教学与研究，帮助用户提高读写能力。同时向用户提供专题研究和资料来源检索的帮助，协助用户利用馆藏资源和设备，按照已有的规定剔除陈旧馆藏和未使用资料，并履行相应的管理和行政职能。

图书馆指导圆桌会议（美国）
Library Instruction Round Table（LIRT）

美国图书馆协会于 1997 年设立的一个圆桌会议，旨在推动各类图书馆的正规与非正规业务活动，作为帮助用户为终身学习而获取信息基础技能的手段。该圆桌会议出版《图书馆指导圆桌会议新闻》（*Library Instruction Round Table News*），季刊。

《图书馆中的代际团结》
Intergenerational Solidarity in Libraries/La solidarité intergénérationnelle dans les bibliothèques

这是国际图联第 156 种出版物，由克罗地亚扎达尔大学伊万卡·斯特里切维奇（Ivanka Stričević）和突尼斯高等教育文献研究所艾哈迈德·克西比（Ahmed Ksibi）编辑。该书指出信息领域迅速而剧烈的变化，导致社会关系的变化以及由此产生的代际关系的变化。从其社会角色出发，图书馆应该积极努力，以减少年龄隔离和孤立，并通过跨代际的服务和活动，建立有凝聚力的社会。该书两位作者谈论了图书馆中的代际对话——理论、研究与实践——以及阅读作为代际的链接，从而提出以图书馆建立社会凝聚力的战略。该书由突尼斯图书馆之友与图书协会和国际图联素养与阅读专业组组织编著，绍尔出版社于2012 年出版。

（图书馆）助理馆员，初级图书馆员
junior assistant

指担任图书馆初级专业技术职务的工作人员，其职责是承担图书馆各种业务工作如采访、分类编目、书库管理和书刊借阅等辅助性工作。

图书馆助理员
page

指负责传递信件或寻找、分类、上架和修复书籍以及从闭架书库中提取图书资料和对书架进行维护（如倒架、理架等）的图书馆助理员。

图书馆专门词汇、图书馆术语
library glossary（library terms）

图书馆学科领域用来表示一般概念的称谓的集合和词语指称，可以是词，也可以是词组，用来正确标记图书馆领域中的事物、现象、特性、关系和过程。

图书馆装订
library binding

这种形式包括对破损合订本与新平装出版物进行重新装订，以期在流通时能保持较长的使用周期。这种装订形式多样，并且特别坚固耐用。图书馆装订标准应由图书馆协会和图书馆装订协会共同制定，其要求是：图书用麻布装帧且有牢固的衬页、圆角，用平信细布来加强帖码，用法兰绒反面排齐，并用四股线缝好等。图书馆装订通常比出版社的标准装订更为昂贵，大型图书馆都拥有自己的装订部门。

图书馆装订公司（厂）
library binder

专门为图书馆服务的商业装订公司。大多数图书馆定期将过刊送交图书馆装订公司，由其装订成年度卷合订本。文献和商业性平装书常常也作特殊装订。

图书馆装订学会（美国）
Library Binding Institute（LBI）

美国图书馆装订商（公司）于 1935 年创建的非营利性贸易学会。旨在培养图书装订及其相关企业间的互助合作精神，为图书馆二次装订和预装订制定和修订标准、改进装帧方法方便图书馆装订商（公司）和加强与客户之间的合作等。成员资格也向图书馆装订商（公司）的供货商和对书刊保护有兴趣的组织开放，主要有一般会员和机构会员。该学会汇同美国图书馆协会制订了图书馆装订的美国国家标准。该学会出版《新图书馆景象》（*The New Library Scene*）和装订领域的技术文件，每年召开一次研讨会。该学会与英国、加拿大等国有业务关系。

图书馆资料
library materials

指为满足读者的信息需求由图书馆或图书馆系统购买的所有文献资料，包括图书、期刊、参考资料、乐谱、地图、缩微制品和非印刷型资料，但不包括设备和其他用品。它们可以是正式出版物，也可以是非公开出版的文献。有些图书馆将电子资源的订购包括在购书费中。除了赠送本和专门捐赠品以外，图书馆资料的采购费用一般从图书馆经费中支出。近10年来期刊杂志的价格快速增长，迫使许多大学图书馆停订一些期刊，以保持购书和订刊之间的平衡。

图书馆资源

library resources

广义上指图书馆的人力、物力和财力及文献资源。狭义上指图书馆馆藏。

图书馆资源共享

resource sharing in library

图书馆信息资源不受其拥有单位的限制而可以在更大范围内被利用的一种业务运转方式。传统意义上的图书馆资源共享，仅仅局限于馆际之间印刷型文献的互补互惠、馆际互借和协调采购等有限的资源互补分享。而网络环境下的信息资源共享，主要借助计算机网络信息技术，超越了时间和空间的约束，并打破了地域和组织机构的局限，用户不管在什么地方，只要与网络连接就能够随意访问全球的图书馆及信息资料中心的电子信息资源。

图书馆自动化

library automation

图书馆利用计算机处理各项业务工作（其中包括人事、财务和文秘等），代替人工操作，以改善其系统、提高服务水平的过程和措施。主要涉及文献采访、编目、流通、馆际互借、参考服务及连续出版物管理工作、索引编制和信息检索等方面。实现图书馆自动化既节约人力、经费，又避免馆内各项业务工作的重复。

图书馆自动化管理系统

library automation management system

以计算机为手段，协助处理图书馆的各项业务工作，各子系统既能独立运行，又能相互联系，并由在逻辑上同属一个公共数据库所支持的，能充分共享数据资源，向用户提供具有内在联系的信息，以满足图书馆管理和广大用户需求的系统。

《图书馆自动化杂志》（美国）

***Journal of Library Automation*（*JOLA*）**

美国图书馆和情报技术协会的官方刊物。从1968—1981年，由美国图书馆和信息技术协会和美国图书馆协会信息科学和自动化分会，出版了第1期到第14期。从1982年起被《信息技术和图书馆杂志》（*Information Technology and Libraries*）取代。该杂志的内容和摘要在其网站（http：//www.lita.org/ital）上也可获得，内容包括投稿论文文摘以及出版工作通讯等。

《图书馆自由宣言》（日本）

Free Library Declaration

1954年5月，首次由日本图书馆协会公布，宣布图书馆“确认并实践如下事项”：1. 图书馆具有收集资料的自由；2. 图书馆具有提供资料的自由；3. 图书馆反对一切不正当的检查。1979年日本图书馆协会对1954年的《图书馆自由宣言》作了重大修改，在“确认并实践”的事项中，新增了“图书馆为利用者保守秘密”的条款，同时将1954年宣言中“图书馆反对一切不正当的检查”修改为“图书馆反对一切检查”。这就形成了当今日本图书馆界“确认并实践”的“图书馆自由权利”的核心内容。就宪法学上保护人权的意义而言，应是值得特别重视的有关图书馆自由的文件。

图书馆总馆，中心图书馆

main library

在一个图书馆系统中占中心地位的图书馆。一般指藏书最多或地处中心。通常设有关于各馆际事务的管理部门，是该图书馆系统中的文献收藏和管理中心。除完成图书馆的一般任务外，还担负着制定该系统图书馆的发展规划，指导并协助其他各馆开展业务工作，帮助培训业务骨干等任务。在一个中心图书馆及其分馆组成的系统中，该中心图书馆通常又称“总馆”。

图书馆组织

library organization

指制定图书馆各项规章制度，以保证图书馆的方针、政策和计划得到实施以便有效地完成图书馆各项任务的领导机构、行政机构和业务机构等。图书馆组织工作是先决性的，是行政管理工作的基础。如对图书馆建筑扩建计划、人事任免、实际业务的例行工作均需有完备的组织工作来保障，组织工作如同制造机器，行政管理相当于运转机器。

图书护套，光盘封套

sleeve

透明的塑料封套，用于封套硬皮书，由图书馆员负责加工。与其他类型的图书馆相比，公共图书馆使用塑料封套来保护图书的情况较多，同时使用图书护套还能提高视觉吸引力。

图书集中加工制
centralized processing

在一所大型图书馆或一个服务中心中集中完成图书资料采访、分类、编目和加工的全部工作。集中加工可使加工方法标准化，避免重复劳动，节约大量人力、时间和经费。

《图书季刊》
Book Quarterly

1934 年 3 月创刊，由国立北平图书馆主编。该刊重在阐述学术，介绍书刊。内容包括论著、书评、图书介绍、学术界消息、书录和专载等门类。因战乱频繁，该杂志只出了四卷，第 16 期后停刊。至 1939 年 3 月在昆明复刊，先后在香港、重庆和上海等地出版。但仅出版到第三卷又因经费问题而停刊，直到 1943 年 3 月再度复刊。至第九卷第 4 期后永远停刊。

图书加工，整理
book processing

为了科学管理和有效地利用图书，图书馆对到馆图书进行的一系列加工。具体包括图书的验收、登记、盖馆藏章和财产登记号、分类、编目、装订、加固、贴书标、磁条和书袋卡、入库上架和修复等。由于目前计算机已在图书馆工作中广泛应用，故传统的以手工操作为主的图书加工现已逐步被计算机处理所代替。

T

图书交换
book exchange

图书馆补充藏书的非购入方式之一。两所以上图书馆之间或图书馆与其他文献情报单位之间，根据事先相互订立的协议，开展直接或间接的交换书刊资料工作，从而达到互通有无、调剂余缺、丰富馆藏的目的，是采集内部书刊、难得资料的主要方法。按照交换工作的组织形式，书刊交换的种类有：根据书刊交换的范围分为国内交换和国际交换；根据交换期限，分为长期交换和短期临时交换；根据单位间的关系，分为两馆间平等的、互惠式的双边交换，或通过书目中心获得有关信息，有目的地选择交换对象，间接进行书刊交换的多边式交换；以及各图书馆把可供交换的书刊统一送到交换中心，同时告知所需书刊，由交换中心统一进行的集中式交换，而交换中心一般是非营利机构，仅对交换的资料依件收取少许手续费。图书馆之间开展书刊资料的交换工作，不仅具有经济意义，而且还可使交换单位获得从其他途径无法获得的书刊资料。

图书交易条件
trade terms

出版社的书目上往往附有图书交易条件，除同业折扣、付款期限等条款外，有些图书对图书馆或其他特殊对象也有一些优惠条件。

图书节
Book Festival

被历史学家视为一个国家文化和政治文学的发展记录。最早是指由出版商发起，教会组织的在宫廷或者其他宗教场所举行的正式庆祝活动。关于图书节最早的记录（1550—1725 年间）如今保留在英国和欧洲的法院里。后来，图书节的内容与形式都有了很大的改变，图书节的图书可以是全文本的，也可有插图的，也有刻板形式的，包括庆祝诗歌、家谱、剧本、歌剧或芭蕾舞剧的剧本，往往是理想主义的，而不是现实主义的。图书节期间会向参加者发送些纪念品。

图书进口税率
tariff on books

世界上绝大多数国家对进口图书是免税的，但也有少数国家收取不同税率的进口税。

图书经费
book fund

指图书馆购置书刊资料及开展服务的费用。这是图书馆藏书赖以不断发展的基础，是开展各项工作的基本条件。图书购置经费的来源主要是依靠政府税收，由国家有关行政主管部门每年按一定的计划直接下拨，其次还有个人或相关企业、公司等机构不定期的捐赠以及图书馆通过服务等有效手段所筹集的款项。

图书经销商，代理人
broker

图书销售交易的中间商，在买主和卖主间起媒介作用，并按交易额的比例提取报酬。在实际的图书销售中经销商总是倾向于追求自身利益的最大化。

图书精装的统称
jewelled binding

指一种用纸板作为封面的装订方式，封面上饰以金、银，嵌上象牙和宝石，并常有一个装饰性的书夹将书内的犊皮纸书页紧合在一起。从大约6世纪开始用于由天主教堂和贵族委托制作的祷告书。这种使用昂贵材料装饰图书的慷慨、奢华行为被认为是一种宗教的虔诚而不是摆阔，而且宝石的颜色常常有某种象征意义。这类书中特别有价值而又流传下来的孤本或珍本，一般由世界上最有声望的拍卖行所售出。

图书拒借率
refused rates of books

指读者在图书馆未借到所需文献的数量与其所想要借阅文献总数的比值。其计算方法可用下列算式表示：图书拒借率＝(读者未借到的文献数量/读者想要借阅文献总数)×100%。图书拒借率是反映图书馆对读者文献需求满足程度的统计指标之一，也是衡量其馆藏质量和服务水平的重要标准。统计图书拒借率通常采取以下几种方法：1. 随机抽样，推断总体；2. 根据读者预约登记记录进行统计；3. 分别统计专类图书拒借率。图书馆通常可采用复制、馆际互借、预约借书、适当增加复本以及提高工作质量等方法来降低图书拒借率。

图书俱乐部
book club

指国外的一些通过邮寄方式来销售新书和再版图书的商业公司。其订户承诺每年以折扣价购买一定数量的书，这些书主要选自每月提供的主选书单、备选书单或专门的选书单。这些公司常用广告介绍免税或大额优惠的图书来吸引新的订户。有些图书俱乐部提供大众化的图书，有的则专营某类图书（如侦探小说），或是专题书（如园艺书），或是专门领域、专门学科的书，如历史书。

图书俱乐部（特别）版
book club edition

图书俱乐部提供的图书通常为折扣价，是由俱乐部从出版商库存的图书，或专为俱乐部发行的重版书，或仅打算为俱乐部预订者出版的初版书中选购的。专供图书俱乐部（特别）版图书在纸张质量和装订（帧）上比同名的公开发行版图书要差一些，且书的封皮上是不标价的。book club edition 的缩略词为：bc 或 bce。

图书联谊会
Book Social

19世纪末美国图书馆组织最为钟爱的一种图书俱乐部活动形式。这种联谊会要求入会者缴纳利用图书的赞助费，一旦入会，便可以免费参与会员活动，并享用联谊会自制的点心等。这些联谊会还接纳女性对图书进行管理，为以后女性参与图书馆工作做出了较大的贡献。

图书零售价
published price

印在平装书封底或精装书护封前覆页顶部的价格。出版商和书商在一定条件下可以打折销售，这种价格是由出版商决定的，与批发价不同。

图书流动车，流动（汽车）图书馆
Bookmobile（mobile library）

一种安装有书架和工作台的大型汽车，车上可容纳小型图书馆藏书和一名图书馆员或辅助人员。因为一些社区地处偏远地带，距离最近的公共图书馆也很难以为之提供服务。因此，作为社区里的流动分馆，图书流动车通常要按照预定的路线，根据一定的要求配备图书，并定时、定点、轮流为社区的读者借阅图书。有些图书流动车除出借图书外，还开展参考咨询、图书的预约登记和图书巡回展览等服务。图书流动车源于苏格兰，开始是用马拉，后发展到汽车运输。2002年8月在苏格兰召开的第68届国际图联大会上举行了由39个国家参加的汽车图书馆展览，展示了运用计算机技术的汽车图书馆是如何为公众服务的。

图书流通
book circulation

图书馆服务中最常使用的最基本方式。与旧时藏书家仅限将其收藏的藏书公开，提供他人阅读，或允许别人传抄或出版的做法，显然不可同日而语。现在的“图书流通”服务通常是指图书馆根据其任务和读者阅读需求，直接把馆藏文献提供给读者利用的服务活动。图书流通主要包括外借、阅览、文献复制、馆际互借、邮寄图书和巡回借书等方式。图书流通已不再局限于文献载体的传递，现在所采用的闭路电视、网络服务等现代信息传递技术，已逐步发展为可直接向读者传播馆藏文献流通服务的重要形式。

图书流通率
book circulation rate

又称“藏书周转率”、“藏书流通率”，是反映图书馆藏书被利用程度的统计指标之一。指单位时间内被读者借阅的图书数量与藏书总数量的比率，也就是在一定时期内馆藏中被利用的册次数与馆藏总数的比值，即：图书流通率 =（流通总册次数/馆藏总册数）×100%。图书流通率反映图书馆馆藏文献的利用情况和读者的阅读需求程度，是衡量馆藏文献质量和读者服务工作水平的重要尺度，也是研究读者的重要素材。与采购工作、开放时间、借阅服务方式以及现代化服务手段等因素有关。

图书流通站，图书存放站
deposit station

设在商店、学校、工厂、俱乐部及其他组织机构中的一些图书馆服务点。通常其收藏的书刊较少，且更新较频繁，并只在规定的时间开放；图书馆经常为其送书，并对其管理人员进行培训以顺利地开展服务工作。

图书贸易
book trade

指出版、印刷、发行和销售等，即图书从生产到销售的整个活动过程。也指出版商、协会、零售商及其贸易协会、批发商和代理商的经营和安排以及普遍开展的业务和活动。

图书目录
book list

通常是关于专门主题或特殊类别的图书选目，按一定的次序（著者、题名、主题等）排列，主要按读者的需求附有简要的描述性注释。

T

图书募捐
book drive

向个人、机关团体和其他图书馆募捐所需要的书刊资料，也是图书馆补充馆藏的途径之一。图书馆尤其要主动向一些藏书家、学者、作家及社会知名人士征求其珍藏的文献资料或本人的著述、手稿等，因为他们常在晚年（或逝世后由其亲属）将他们的著作或藏书捐赠给图书馆。一些小型图书馆或新建图书馆也可向其他图书馆募捐或调拨馆藏多余品种或书刊资料的复本。

图书拍卖
book auction

珍稀图书和旧书出售时出价最高获得图书的一种买卖。而专门从事此类销售的公司则称为图书拍卖行。图书拍卖起源于阿拉伯国家，经西班牙传入欧洲。据史料记载，最早出现于 11 世纪（但还处于争议之中）。至 14 世纪，西班牙盛行“蜡烛”拍卖，即在一点燃的蜡烛熄灭之前出价最高者为定。16 世纪中叶传入意大利北部。16 世纪末，荷兰书商专门编制了图书拍卖目录，并改用敲击木槌来确定拍卖成交。据称现代形式的图书拍卖始于 1604 年荷兰的埃尔塞维尔出版社。在英国则始于 1676 年。至 18 世纪中叶，图书拍卖更是成了上流社会的时髦之事。建于 1744 年的索思比拍卖行，当年开张做的第一笔生意，就是拍卖数百本贵族的藏书。20 世纪以来，书刊拍卖则被公认位居字画、邮品和钱币之后，号称世界拍卖业的“四大支柱”。迄今，极为珍贵的图书与手稿通常由国际级拍卖行如克利斯蒂（Christie）拍卖行和苏士伯（Sotheby）拍卖行进行拍卖。

图书批发商
jobber

在一些国家，指库存有不同出版社出版的大量新书并根据订单将其提供给零售书商和图书馆，通常这种图书是有实质性折扣的。出版社的绝版书仍有可能从图书批发商处有限量地获得。

图书漂流
book crossing

源于 20 世纪 60 年代的欧洲，所指的是读书人把自己读完的书籍贴上特定的标签后随意放在公共场所，如公园长凳上、咖啡馆桌子、博物馆走廊、图书馆楼梯等处，无偿地提供给他人阅读，拾取者读完后再将其以相同方式放回公共场所去。图书漂流不需要办理借书证，不需要付押金，也没有借阅期限。这种图书传播与共享方式至今已经扩展到网络世界，全球图书漂流网站（www. bookcrossing. com）相当于设立一所开放、虚拟图书馆，拥有读者成千上万。

图书评论出版物
review publication（review journal）

指专门发表关于新书出版动态和其他最新出版物评论性文章的一类报刊杂志，这类刊物常设有专题文章（特写）、专栏和作者专访等栏目，如《中国图书评论》与《美国参考年鉴》(*American Reference Books Annual*, *ARBA*)、《书单》(*Booklist*)、《选目》(*Choice*) 和《纽约时代文学副刊》(*New York Times Book Review*, *NYTBR*) 等。

图书评论摘要加强版（美国）
Book Review Digest Plus

该数据库选取威尔逊公司所有 78 个数据库涉及图书评论的 8 000 余种期刊内容辑录而成，评论书籍形式包括小说及非小说类文学作品。该数据库最早回溯到 1983 年，提供 22 余万篇评论全文，涉及近 80 万册图书。

《图书情报词典》
Dictionary of Library and Information Science

由王绍平、陈兆山、陈钟鸣、陈必武和袁国竞编辑，陈誉先生作校订，顾廷龙先生为该词典题写书名。该词典收录图书情报工作以及与之关系密切的档案工作、文献出版发行等方面的名词术语，共计 5 200 条，142 万字，除正文外，还有附录、分类词目表和外文索引。由汉语大词典出版社于 1990 年出版。

《图书情报工作》
Library & Information Service

1956 年创刊，原名为《中国科学院图书馆通讯》，1975 年改为《图书馆工作》，1980 年改为现名。该刊由中国科学院主管、文献情报中心主办，主要栏目有："专家视点"、"专题"、"图书馆学理论研究"、"图书馆工作研究"、"电子政务"、"情报研究"、"信息技术"、"竞争情报"、"知识组织"、"电子商务"、"专稿"、"评论·论坛"、"档案·期刊编辑"、"古文献研究" 及 "简讯" 等栏目。该刊多次荣获 "全国图书馆学优秀期刊"、"全国优秀科技期刊评比一等奖"、"中国科学院优秀期刊一等奖" 等奖项。特别是在 2001 年，入选 "中国期刊方阵"，被授予 "双奖" 期刊的称号，2005 年获得国家期刊奖提名奖（二等奖），成为业内唯一获得此殊荣的期刊。在权威期刊评价工具《中文核心期刊要目总览》的最新版本中，位居图书馆学情报学专业期刊第二。该刊是国务院学位委评定的图书馆学情报学学科研究生教育重要指导性刊物之一，并被《乌利希国际期刊指南》(*Ulrich International Periodicals Directory*) 和《图书馆学情报学文摘》(*LISA*) 和国际著名期刊检索系统收录。半月刊，国内外公开发行。

《图书情报工作动态》
Newsletter of Library and Information Service

1979 年创刊，是中国科学院主管、国家科学图书馆主办的图书馆情报领域国内唯一的动态类刊物。该刊以报道动态和学科进展为主要特色，内容涉及市场经济条件下图书馆情报工作的新观念、新思想、新方法，图书情报工作深化改革的成效与经验，运用新技术开展信息服务的理论和实践，国内外图书馆学、情报学及相关学科领域的研究进展与发展趋势，图书馆情报网络建设的理论与实践和其他有关信息报道。该刊现设有：改革论坛、政策导向、经验交流、业务探讨、课题与项目追踪、学位教育、名人访谈、港澳台之页、国外图书馆、学会活动、院内简讯、国内信息、国际信息、国际图联信息、学术会议、新书评介和征文通知等灵活多样的栏目。月刊，自办发行。

《图书情报工作网刊》
Library & Information Service Online

由《图书情报工作》杂志社于 2007 年 12 月创办的一份基于网络的纯数字化期刊，和《图书情报工作》(纸本) 一脉相承但有所区别，主要栏目有："研究论文"、"学科热点"、"学位论文" 和 "业界动态"。公开出版，有国际刊号。

《图书情报论坛》
Library & Information Science Tribune

创刊于 1989 年，由湖北省文化厅主管，湖北省图书馆学会和湖北省图书馆主办，是湖北图书馆学、情报学学术研究的园地。主要栏目有："理论探讨"、"工作研究"、"特色图书馆"、"基层工作"、"人物介绍"、"学术专访" 和"古籍研究" 等，该刊坚持 "适应学科发展潮流，关注公众知识状况"，体现 "以理论为先导，以理论指导实践" 的宗旨。季刊，自办发行。

《图书情报通讯》
Library and Information Newsletter

1989 年创刊，由河北省图书馆、河北省图书馆学会和方佳图书馆用品服务中心联合主办。以促进图书馆学、情报学研究，指导图书情报工作，繁荣河北省省图书馆情报事业为宗旨。刊物主要刊登图书馆学、情报学、目录学、文献学方面理论探讨论文和图书馆情报工作实践研究，体会、总结、国外图书情报活动消息，全国和河北省各级各类图书馆工作简讯及动态。主要栏目有："冀图要闻"、"图情论坛"、"业务研究"、"读者超市"等，该刊为季刊，自办发行。

《图书情报知识》

Document, Information & Knowledge

1980 年 6 月试刊，1984 年 3 月正式创刊，由中国教育部主管、武汉大学主办，武汉大学信息管理学院和武汉大学信息资源研究中心承办。该刊是图书馆学、情报学和档案学及出版发行学方面的综合性学术刊物，面向全国各级各类图书馆、情报资料单位、档案馆、新华书店、出版社及高校有关专业的师生；坚持学术性与知识性并重，理论与实际相结合。其栏目设置颇具特色，内容丰富，信息量较大。设置的栏目主要有："图书馆学与情报学研究"、"图书情报档案工作"和"出版发行理论与实践"等。该刊多次被评为中国图书馆学优秀期刊，专业核心期刊；1989 年被湖北省新闻出版局评定为省优秀期刊，还被国务院学位委员会办公室和原国家教委（现教育部）研究生工作办公室列入《学位与研究生教育中文重要期刊目录》，成为图书馆学、情报学的重要期刊之一。该刊被著名的《乌利希国际期刊指南》(*Ulrich International Periodicals Directory*) 收录。该刊为双月刊，有英文目次。

图书上架

shelving

指在藏书流通工作中将新入库的图书和读者归还的图书经过整理后放回书架相应位置的过程。图书上架是图书馆读者工作部门的一项基本工作。

(图书上架前的) 整理工作

technical processing

对图书在上架前所进行的一系列整理工作，包括采购、验收、登记、分类、编目、外在加工等系列作业。

图书升降机

book lift

图书馆里将图书从一层楼或书库运到另一层楼或书库，或从书库运到出纳台的一种不用楼梯或大号电梯的机械装置。

图书史

history of the book

有关图书的产生、发展、印刷、装订、出版、造纸以及对人类社会的进步和文化、科学技术等方面发展所起作用的历史和技术。

图书收集

book collecting

根据图书的内容、历史、考证、稀有程度、外观、价值及其他特征用购买、交换、受赠、接管和复制等方式进行收集图书的过程。作为一种投资，因喜爱藏书而系统购买图书，或打算遗赠给图书馆或其他公共机构的人就是图书收藏家。

图书搜购者

book scout

指为图书馆员、私人藏书家和古玩书店老板从偏僻或遥远的书店、二手货商店和图书拍卖市场中，搜购他们所期望的图书或有关的版本。

图书外借预约制度

reservation system

指图书馆为读者预约借阅书刊所制定的有关规章制度。

图书文化

book culture

指人们的生活中有关图书的方方面面——如图书的制作（出版发行、印刷和装订）、销售与促销、出售与收集、图书俱乐部与读书小组、书目与保管、图书馆与档案馆的活动、写作、插图、评论与阅读图书等。在发达国家，图书文化经久不衰：在一些大型书店专为读者准备的小咖啡屋，在为读者生产和销售礼品、装饰品和衣饰配件的公司的成功即是有力的例证。

《图书宪章》

Charter of the Book

1972 年，国际图书年联合国科教文组织发布了的一个重要文献。1972 年的"国际图书年"是 1970 年联合国教科文组织第 16 届大会决定的，目的在于倡导人们养成阅读的良好习惯，朝着"阅读社会"（Reading Society）的方向迈进，指导人们从国家和国际的角度看待书籍。宪章共分十个条款。

图书消毒

disinfection of books

图书馆对长期贮存的图书文献以及经过多人使

用过的图书，因其隐藏流感、链球菌、大肠杆菌、乙型肝炎病毒以及结核杆菌等病菌而进行消毒的工作。在众多的消毒方法中，有物理消毒法（例如：微波消毒、臭氧消毒和紫外线消毒）、化学消毒法（化学消毒剂熏蒸消毒）以及消仪器消毒法。做好图书消毒工作，能够预防疾病、降低隐患，对读者、馆员、图书馆乃至全社会都有着非常重要的意义，图书馆的公共卫生问题已纳入了卫生部门的监管范围。

图书小型展览
book display

图书馆内部按不同目的举行的有关专题的小型书展，是图书馆利用陈列展览书刊实物形式直接向读者宣传推荐书刊服务的一种方式，也是馆藏报道的一种形式。其特点是：宣传范围广泛，报道内容具体，利用方式简便，发挥作用迅速及时；既能充分开发利用文献资源，又能便利读者在短时间内浏览、选择、参考和搜集资料，是开架借阅的一种延伸和发展。

图书修复
rehabilitation of books

以线装、粘胶或刷浆等方式把破损的图书修复到原有的完好状态。

图书修复者
Book Repairer

美国图书馆协会职业联合协会认定的图书修复者之任务是促使陈旧文献资料得到较好的保管。其职责范围包括检查文献资料的状况，确定修复的最佳方式，并对文献资料进行重新封装、分类和粘贴条形码。

图书宣传
book promotion

图书馆读者工作的重要内容之一，也是图书馆开发利用馆藏文献资源，教育、影响和吸引读者的有效方法之一。宣传图书的常用方式包括实物宣传、口头宣传和利用视听资料宣传及现代通信网络宣传等，实物宣传有书刊展览会、书刊陈列、图书宣传画、书目通报和报刊资料剪辑等；口头宣传有报告会、系列讲座、书刊朗诵、故事会、作家和读者见面会及各种书刊评论活动等；利用视听资料宣传有放幻灯、科技电影、录音和录像等；利用因特网络上的主页、搜索引擎和电子公告栏等。

图书学
Bibliology (Science of Book, Book Art)

以图书为物质对象进行历史、科学的研究和阐述的科学，包括从古代到现代所有制作图书的工艺过程和材料。研究内容包括图书产生和发展的历史、图书的结构和功能、图书鉴别、编辑方法、出版、发行、装帧和装订、保护与修缮、版刻的鉴别、流传的过程和考订、校勘，尤其是著作权、出版权以及有关法律规则等方面的问题；还包括图书发展史、印刷术、出版事业、图书传播、图书馆学和目录学等。是一门研究图书的生产、传播和利用诸过程在历史、当代及未来社会发展中的地位与作用的关于图书事业的综合性社会科学。

《图书学百科词典》(俄罗斯)
Encyclopedia of Book Science

由希科尔斯基等编辑，苏维埃百科词典出版社于1982年出版。该百科词典以图书学、书史、出版史、目录学史和图书馆学的条目为特色。

图书学史
Historical Bibliography

书目学的分支，主要研究与图书生产相关的历史和方法，包括手抄、插图、出版、印刷、造纸、装订和保存。图书学史已经融入了书史领域。

《图书学术语词典》(俄罗斯)
Dictionary of Book Science Terms

由苏联时期的图书馆学家沙穆林编辑，莫斯科俄罗斯出版社于1958年出版。该词典收录图书学、书业和目录学词汇近4 500条。条目有语词性或百科性术语，还有不少同义或近音异义的概念和术语，并通过例证加以对比。

图书厌恶者
bibliophobia

指对图书超出常理的强烈厌恶和恐惧，以致产生巨大的排斥和憎恶，这种人往往被称作厌书者（bibliophobe），与爱书癖（bibliophily）意思正相反。

图书验收
receipt and invoice-checking

对新到图书进行拆包、核对、记到和加盖本馆印章标记的一项业务工作，是图书馆文献资源建设流程中的一项重要工作，是保证到馆图书的质量和数量的重要环节。图书馆对出版商、批发商或零售商发来的书刊进行初步处理，具体内容包括核实所提供的书刊清单与所发送书刊的内容、数量是否一致；将发票交给财务部门来支付书刊款以及更新订购记录等，通常包括接收日期、接收书刊的数量以及该批书刊下一步送往何处处理等信息。

图书艺术中心（美国）
Center for Book Arts（CBA）

成立于1974年，是一个非营利性组织，总部设在纽约。该中心致力于保护传统的制书工艺并通过展览、讲座、出版和为艺术家提供服务等方式来鼓励对当代艺术主题图书的阐评，同时提供有关图书艺术所有方面的课程和各种研讨会信息。

《图书与情报》
Library and Information

1981年创刊，由甘肃省图书馆、甘肃省科技情报研究所、甘肃省图书馆学会和甘肃省科技情报学会联合主办。该刊注重文章的学术底蕴和思想深度，着眼于理论与实践的统一。旨在开展学术研究，研究和探讨图书馆情报工作理论，交流工作经验，普及专业知识，提高专业工作水平。主要栏目有："实践平台"、"文献工作"、"文献学"、"图苑时空"、"人物与书林"和"珍藏撷英"等。该刊连续被评为中国图书馆学情报学优秀期刊，是中文图书馆学情报学核心期刊之一，获甘肃省科技信息成果一等奖。国内外公开发行，双月刊，有英文主要目次。

T

《图书与资讯学刊》
Journal of Librarianship and Information Studies

于1992年创刊，中国台湾政治大学图书馆主办，原名为《政大图资通讯》，1994年改为现名。该刊封面设计别具一格："籍著延伸不停的面，表达空间立体的透视感，呈现资讯世界成长的无远弗届与生生不息。直线与曲线的融合，更展现了图书与资讯的知性与感性。"所刊载的文章涉及现代图书馆学的方方面面。从第80期起，由季刊改为半年刊，并且采取纸本与电子版同步方式发行。有英文目录，由台湾学生书局总经销。

图书预约单
book token

读者申请预约借书的一种凭证。当读者所需图书已借出或因在修理、装订等其他原因暂时不能借到时，可将其所需图书的索书号、题名、著者及读者姓名、借书证号、住址、电话等登记在预约单上，待图书还回、修回或图书馆已有了该书新的复本之后，立即按预约单通知该读者来馆办理外借手续。预约借书可减少拒借，是个人外借的一种补充手段，一般不用于集体借书和馆际借书。

图书征订代码（升位码）
Book Order Number Plus

为中国行业标准，于2011年7月1日发布，于2011年9月1日实施。该代码由定长的14位数字分三部分组成：征订目录号—征订书序号—校验码。

图书征集
requisition

指非购入补充藏书方式之一。即图书馆对各种需要入藏的非正式出版发行的资料、地方文献、古籍善本、历史资料、作家手稿、自编教材和个人藏书等，以通知、通告、发函或上门访求等方式，请有关单位或个人向图书馆提供。图书征集大多数情况下是无偿的，有时是有偿或变相有偿的。

图书周转率
turnover

指图书馆藏书在一定时间内出借数与馆藏总数之比，这样可显示出该馆藏书的利用情况。

图书装订
bookbinding

将已印刷完毕的图书散页，经过折页、粘页、配页、锁线、压平、浆背、裁切、扒圆、起脊、上光、做书壳、上书壳和烫金等工艺步骤（平装本图书其工艺相对较简单），将书固定在一起，并附上保护性封面的过程。这项工作以前都用手工操作，而现在大多数已实现机械化。

（图书装订的）切缝，截口
kerf

在书籍装订一侧所截出的一条浅槽，与书脊靠近正文的头、脚部位垂直，其用途是为了便于缝合书页的线条嵌入。kerfs也可拼作：cerfs。

图书装订工
binder

图书馆里专门负责图书装订的工人，主要负责过期期刊、报纸的装订。也包括制作活页封面和破损页面的修补等。

图书装订术
bibliopegy

对图书进行整理装订的技术。装订技术质量的好坏直接影响到所装图书的阅读、保存和装帧艺术效果。

图书装帧
decorative art of book

又称“图书艺术”，是指图书在生产过程中的装潢设计工作，通常包括选择纸张、封面材料、确定开本、字体和字号、设计版式、决定装订方法以及印刷和制作方法等。图书装帧是在图书的生产过程中把材料和工艺、思想和艺术、外观和内容、整体和局部等组成美观、和谐的整体艺术。

《图书资讯学刊》
Journal of Library and Information Studies

创刊于1967年，台湾大学图书资讯学系出版的研究期刊，刊载图书馆学、资讯科学、目录学、档案学和教学科技等相关领域的中英文学术论文，提供高品质的研究发表空间交流渠道。该刊于1967年创立，原名为《图书馆学刊》，为台湾第一本图书馆学研究性期刊。为充分反映数字时代图书资讯研究领域的变迁，该刊于1999年改为现名，并采用严谨双匿名同行评阅制度，以提升刊物内容品质。该刊于1997年将内容全文上线和纸本同步出版。所有刊出的文章，都可以通过该刊网站及台湾大学机构典藏免费获取。

图书租借计划
book lease plan (rental plan)

由批发商提供的采购计划，该计划允许某一图书馆或图书馆系统租借一定数量的通俗小说或非小说性散文等文学读物，通常按月固定收取租金。超过期限或需要量下降时则将书还回，以便从批发商提供的月选书单中挑选新书。图书租借计划还用于图书馆因空间较小或无空间长期收藏的通俗作品和需求量相对较低的休闲读物。

图，图表
graph

通常用来反映表示数理关系的图式，如相对于整体的数量（例如饼形图）；相对于另一个变量的可分值分配（例如散射图）；相对于另一个变量的值变化，如期刊订购平均价格相对于时间的变化（例如坐标图、直方图和饼形图等）。graph 源于希腊字 *graphos*，意为“写”，在英文拼写中被用作后缀，如 cryptograph，holograph and monograph。

图文电视
teletext

又称“电视文字广播”。利用电视广播传送图像的间隙，采用数字编码的方法插播天气预报、新闻、科技动态和商业行情等简要的文字或图形信息，为用户提供信息服务。

图像处理
image processing

利用计算机对数字图像信息进行分析、增强、解释或数字化编码等处理，所处理的范围很广泛。其目的在于使图像更加清晰，便于进行数字存储和检索利用等。

图像格式全文数据库
full-text database as image

一种全部或主要以保存图像格式全文文献，通过数据库或文摘数据库检索提供全文图像的数据库。

图像格式全（原）文文献
full-text literature as images

原文文献通过图像数字化处理方式得到的文献原文数字图像。图像格式原文文献是一种数字化图像，以图像格式编码，在计算机中，只能作为图像来处理，不能直接进行文本处理。

图像检索
image retrieval

从20世纪70年代，有关图像检索的研究就已开始，当时主要是基于文本的图像检索技术（Text-based Image Retrieval，TBIR），利用文本描述的方式描述图像的特征，如绘画作品的作者、年代、流派和尺寸等。到90年代以后，出现了对图像的内容语义，如图像的颜色、纹理和布局等进行分析和检索的图像检索技术，即基于内容的图像检索（Content-based Image Retrieval，CBIR）技术。CBIR 属于基于内容检索（Content-based Retrieval，CBR）的一种，CBR 中还包括对动态视频、音频等其他形式多媒体信息的检索技术。

图像描述
image description

资源描述中特指附于或补充触觉图像、地图或图表的描述性音频或触觉语言文本。属于无障碍内容的一部分。

图像数据库
image database

指包含数字图像和相关的文本数据的数据库。图像是通过简单的协议来获得，并可以生成为数字文档，进行打印或制作幻灯片。此类数据库一般用于存储医学记录、美术作品等。图像数据库是信息科学领域的一个新兴学科分支，其理论和技术的发展，需要模式识别、现代数据库技术、图示语言等前沿学科的相互交叉与渗透，这方面的创新与突破，具有重要科学意义与应用价值。

图像缩放，图形变化
zoom

在摄影中，用变焦镜头拉远或推近来改变图像的尺寸大小。在文字处理软件中，一种允许用户放大或者缩小屏幕上页面显示大小尺寸的功能，通常按照固定的比例或者微量变化。该术语也用于影印设备，表示放大或者缩小图像的功能。

图像文献
iconic document

一种主要内容为图解或图片形式的出版物或其他形式的文献，例如地图、儿童图画书、展览目录、图解字典、海报或明信片等。其主要特点为直观、形象、生动和易于理解。

图像抓取工具
image grabber

用来从照相机或录影带上获取图像或画面，并将其输入计算机的设备。

图形的
graphic

任何二维的非文本表达形式，可以是不透明的插图、图表、照片、地图和闪光卡等，或借助光学设备而可视的图形，如动画、电影胶片等。杂志和艺术类书籍里通常含有大量的图形资料。图形设计对于上市新书的封面来说相当重要，至于计算机绘图则要借助图形设计软件来完成。

图形记号
graphic notation

一种乐谱形式，用各种线条、符号和色彩等来提示或指导演员。用于音高、持续时间、音律等不确定的音乐，也用于描述不涉及演员的电子音乐。

图形交换格式
Graphics Interchange Format（GIF）

万维网（World Wide Web）图像存储的两种通用文件格式之中的一种；另一种文件格式是联合摄影专家组（JPEG）。由 Unisys 公司开发，受专利保护，但实际上该公司并不要求用户非有许可证不可。图形交换格式的新版本支持彩色、动画和数据压缩。

图形用户接口
graphical user interface（GUI）

用户利用计算机图形能力的优势，借助键盘或鼠标通过操作选项栏、图标和一些可调整大小的活动窗口，进行输入和输出的交互。图形用户接口用于 Web 浏览器，常用于文字处理、电子表格和图形中。其质量由其功能和可用性来衡量。

《图苑名家访谈录》
Record of Interview Discussion of Famous Experts in Library Community

《21 世纪图书馆学丛书》（第三辑）之一，由赖雪梅、姜火明主编。该书的 29 位图书馆界知名馆长、专家、教授的访谈文章是从《新华书目报·图书馆报》“精英访谈”栏目刊登的众多文章中遴选出来的，重新采访、加工整理而成。该书系统阐述了图书馆与人、人类社会和人类文明之间的价值关系，并展望了图书馆未来的发展前景。由海洋出版社于 2010 年出版。

涂层
coated

在造纸过程中的烘干和后处理之前，或在出成品后用涂层机将矿物质、蜡、树脂、塑料或乳胶等涂在纸的光滑表面，以形成薄涂层（一些纸采用这两种方法进行双重涂层）。经压光，纸面色泽鲜明，经过涂层处理的纸可用作海报、挂历、书刊封面护封、杂志和目录等的封面，以及突出视觉效果的其他印刷材料（艺术图书、展览品目录、节目单、菜单和其他目录等）。

涂胶
gluing off

指书籍装订过程中用胶水胶合衬页和封面书页的工序。

涂金云纹书边
marbling under gilt

在大理石花纹书边上再镀上一层金色，这种装帧形式首先盛行于17世纪的法国，至18世纪中叶，英国也采用这种形式。

涂料
size

合成树脂与硫酸铝的混合物，将其加入纸浆中提高硬度、降低吸收性。目前绝大多数纸张和纸板的标准涂料是表面涂料，具有增大表面张力、提高抗拒水能力以及增强纸张尺寸的稳定性，并使纸张表面光滑易于印刷等优点。

塗布纸
coated paper

又称铜版纸，是以原纸涂布白色涂料制成的高级印刷纸。具体是将优质的白色颜料（如高岭土、硫酸钡等）、胶粘剂（如聚乙烯醇、干酪素等）及辅助添加剂等组成的流动性大且固体物含量高的涂料，通过涂布机薄而均匀地涂刷在原纸上，然后进行干燥，在卷纸机上卷成卷筒状，再送到超级压光机上进行压光整饰，最后分切、选纸和打包。目的使纸张具有很好的光学性质和印刷功能，主要用途有：印刷期刊、图书等出版用纸以及商标、包装和商品目录等印刷用纸。

土尔库大学图书馆（芬兰）
Turku University Library/*Turun Yliopiston Kirjasto*

位于芬兰西南部港口城市土尔库，是芬兰第二大高校图书馆，始建于土尔库大学成立的第三年——1922年。该馆也是芬兰法定收藏图书馆之一，可免费获得芬兰国内出版的各种出版物，包括1所总馆和若干所系馆。图书馆同时面向社会开放，许多服务都是免费的。总馆是闭架图书馆，而各系图书馆都是开架借阅。该馆为国际图联机构会员。

土耳其国家图书馆
National Library of Turkey/*Türkiye Milli Kütüphane*

建于1946年4月15日，有关国家图书馆预算、人员和组织的法律于1950年3月29日生效。为了适应其活动范围的扩大，1955年5月18日又通过了法律附件，批准成立书目机构，作为国家图书馆下属的一个部门。1983年该馆新馆舍落成，面积3.9万平方米。该馆是西亚地区为数不多的联机计算机图书馆中心（*OCLC*）成员之一，可以提供机读书目资料服务。拥有馆藏为300多万册（件）。该馆还是国际图联机构会员、欧洲国家图书馆会议成员。

土库曼斯坦国立图书馆
National Library of Turkmenistan

该馆直属土库曼斯坦文化部，作为国家总书库和目录信息工作中心，对国内各系统图书馆实施指导。1895年建于首都阿什哈巴德（Ashgabat），以马克思的名字命名，当时为里海地区社会科学图书馆，1926年开始接受呈缴本，为公众提供免费服务。馆藏总量为550万卷，现刊2 891种。收藏有18—19世纪土库曼孤本诗篇和地方志。

吐鲁番学
Turfan Studies

20世纪初起，东西方许多国家的一些所谓探险家在中国新疆吐鲁番地区发掘出大量的文献和文物，许多国家的学者从事这方面的研究，取得了显著的研究成果。其研究范围，包括整个新疆以及中亚出土的文献。

团体
corporate body

具有特定的名称、有共同目的、志趣的人组成的集体，如政党组织、政府机关、宗教团体、学术团体和企业等。也包括临时特设性组织，比如各类会议、展览会以及运动会等。

团体名称
corporate name（collective name）

一个协会、企业、政府机构、研究机构或组织等社会团体的正式名称。图书馆对使用该机构名称作为团体著者的出版物进行编目时选用该名称作为著录款目。

团体，学会
society

由一群定期聚在一起分享共同利益的人们组成的一个团体，特别是某个学术或专业的团体。这类组织的最全的综合性指南是《协会百科全书》（*Encyclopedia of Associations*），在大多数图书馆参考部都备有这种工具书。

团体著者
corporate author

出版物在出版中以诸如协会、公司、政府机构、研究机构或非营利性组织等机关团体的名称作为著者名称。在图书馆编目过程中，将这种以机关团体名称作为出版物的正式团体著者进行著录。

团体组织
body

指具有一定官方职能的群体。图书馆的编目员将其区分为以下3种类型：法人团体、相关团体和附属团体。

推定作者
supposed author

原书的作者不详，但根据推测或其他参考资料查实某人是作者，在编目时，将作者姓名置于括号内。

推断，预测
projection

根据目前状况对未来可能性的估计。如已知某馆的年均馆藏增长量，预测其未来书库的扩展空间。

推广小册子
sales brochure

指为宣传推广某项产品或服务而制作的小册子。通常印制精美，以吸引大众的注意力。例如，许多数据库提供商为推广其数据库会印制这种小册子介绍数据库的内容及其特点。

推荐读物
recommended reading

在经过调研和向专家咨询的基础上，图书馆针对特定的读者对象，围绕某一专门问题，对文献进行选择性推荐。推荐读物一般需要通过编制推荐目录向读者提供。

推荐号
anteriorizing digit

又称"先行号"，图书分类法中加在正式类号后面的符号，用以构成优先排列的类号。《中国图书馆分类法》用"a"作推荐号；《冒号分类法》则用小写罗马字母或箭号"←"作推荐号。

推荐书目
recommended bibliography

指图书馆信息服务工作中经常涉及到的一种目的性很强的基本目录类型，又称"导读书目"、"选读书目"。通常是针对特定的读者和目的，选择收录有关文献编辑而成。其主要特点是文献收录有明确的选择性，编排有明显的引导性，同时大多数情况下还编有文献的内容提要。

推荐专题书目
reading list

指为某个专题专门推荐的有关图书、期刊论文和网站等资源而编制的一种专题书目。其特点是具有鲜明的针对性，所收录的图书或期刊论文一般要经过严格的挑选，在编排格式上要求突出引导性，同时要求尽可能提供摘要以提高书目质量。通常由对该专题感兴趣或有专长的教师或图书馆馆员来编辑，然后再提供给注册学习该课程的学生，或陈列在图书馆展览架、书亭或公告栏中供读者使用。

推送技术
push technology

美国PointCast公司于1996年提出的获得信息的一种新技术，是指通过一定的技术或协议，根据用户的需求，提供推送信息的专门化服务：有目的地利用电子邮件或网络传播等方式，定期将用户感兴趣的信息主动发送给用户。

推特
Twitter

国外的一个社交网络及微博客服务的网站。利用无线网络、有线网络、通信技术，进行即时通讯，是微博客的典型应用。允许用户将自己的最新动态和想法以短信形式发送给手机和个性化网站群，而不仅仅是发送给个人。2006年，博客技术先驱blogger. com创始人埃文·威廉姆斯（Evan Williams）创建的新兴公司Obvious推出了推特服务。在最初阶段，这项服务只是用于向好友的手机发送文本信息。2006年底，Obvious公司对服务进行了升级，用户无须输入自己的手机号码，而可以通过即时信息服务和个性化 Twitter 网站接收和发送信息。推特（twitter）本来是一种鸟叫声，创始人认为鸟叫是短、频、快的，符合该网站的内涵，因此选择了这个名称。

推销广告

plug

一种商业广告，指对一种商品、一个企业或一场表演进行公开褒扬性的称赞、宣传。这种宣传方式在形式上可以有多种多样，尤其在广播、电视节目中最为多见，但其核心往往就是大力宣扬被宣传对象的优点，回避其缺点，因此具有相当浓厚的商业气息。图书业中，指新书在销售前通过大力的宣传措施来提高其销售量和知名度的一种做法。

退出，注销

log off

用户关闭或中止与远程计算机系统通信的程序。

退订

reclamation

图书馆向书商发出的关于取消某种文献订购的业务行为。

退稿单

rejection slip

出版社或期刊编辑部在退回作者来稿的同时随信寄出的一张通知单，用来通知该作者的作品不能被录用或发表。

退回未售出的书刊

return of unsold copies

特指图书零售商将未售出的书刊退回出版社。

退货

returns

买主或经销单位将货物退还原发货方的过程。指图书经销商根据退货协议退还给出版商的各种滞架书刊。主要指书店将销剩余的出版物退回出版社或图书馆因文献质量或其他问题向出版发行部门退还其所供应文献的过程。

退货率，图书回收率

rate of returns

指图书销售商从出版部门提取的图书数量与退回的未售出图书数量之比。例如售书商从出版部门取书 100 册，然后将未售出的 30 册退回。对图书销售商而言，退货率为 30%；而对出版商而言，图书回收率为 30%。

退货（书）政策

return policy

通常指由出版商制定的用于约定供求双方书刊退还条件和操作方法的文件。根据这些文件的规定，图书馆或书刊经销商都有权向出版商退还刚刚订购的或者是已经装运，甚至是已经运到的各类书刊。如图书馆所收到的书刊已经损坏而且损坏并非是图书馆的过错，图书馆便可直接退货。对没有损坏书刊的退货政策通常是在出版商的供货清单上用代码 NR 或 XR 加以标明。NR 指不能退货（no returns），XR 指非退品（non-returnable）。对于已进入图书馆书刊加工环节的书刊，如果该书刊已留下明显的加工痕迹，如已盖上藏书章、贴上书标等，一般不能再退货，除非图书馆在书刊加工过程中发现该书在质量上存在严重问题。接受退货后，大多数出版公司会采取寄送同样的版本来替换原书的做法。

退书权利

right of return（return privilege）

指书商拥有将滞销书刊退还给出版社的权利。

退休

retirement

图书馆员由于年龄或其他原因离开现职位或工作岗位，并依法享有本单位有关待遇和相应的社会待遇（如依法领取养老金、退休金和社会保险费等）。

托尔斯塔公司（加拿大）

Torstar Corporation

总部设在加拿大多伦多市，是加拿大一家著名的媒体公司，主要从事报纸、图书、印刷、中小学教育和网络等行业，由托尔斯塔日报集团（Torstar Daily Group）、哈莱奎因出版公司（Harlequin Enterprises）、儿童教育出版集团（Children Supplementary Educational Publishing Division）、汤姆·斯奈德出版公司（Tom Snyder Productions）、德尔塔出版公司（Delta Education）、学习投资公司（Learning Adventures）和网络公司（Interactive Media Division）组成。在美国、德国、法国、英国、意大利、西班

T

牙、日本、澳大利亚、荷兰、瑞典、希腊、瑞士、匈牙利、波兰和捷克等国设有分公司。

托架书橱

bracket shelf

指一种有附加搁板或橱架用铰链装在书橱上用来陈列图书的书橱。

托马斯·泊拉尼根纪念图书馆（美国）

Thomas Branigan Memorial Library

位于美国墨西哥州的拉斯克鲁西斯市。设有1所中心馆和1所流动图书馆，为拉斯克鲁西斯市的居民提供多种服务，其馆藏图书和期刊合订本有75万册，激光唱片、磁带和其他音频资料共4 700多件，数字视盘和家用录像机制式的视频材料共3 900件。年到馆访问量70万人次，年图书流通量为100万册次。

托马斯·博德利（1545—1613）

Thomas Bodley

英国外交官，牛津大学博德利图书馆的创始人。从外交界引退后，1598年向牛津大学校长提出修复前公共图书馆供大学使用。主要精力放在从各地贵族和收藏家手中搜求图书资料，以充实馆藏。1602年11月8日，原图书馆经过他的刻意经营正式开放，为牛津大学师生服务。1613年逝世后将财产捐赠给图书馆，用以建造他所建议的书库。博德利先生认为建成图书馆需要渊博的知识、雄厚的财力、公众的支持和充裕的时间，正是在此基础上，建成了仅次于英国国家图书馆的英国第二大图书馆——牛津大学博德利图书馆。

托马斯·方丹·布卢（1866—1935）

Thomas Fountain Blue

图书馆员，牧师，美国第一个引领公共图书馆事业发展的非裔美国人，路易斯维尔黑人社区中受人尊敬的领袖。1866年出生于弗吉尼亚州的农奴家庭，1888年毕业于汉普顿农业师范学校，1898年从里士满神学院获得神学士学位，1905年成为路易斯维尔西部图书馆分馆的领导人，并成为美国历史上第一个为黑人提供公共图书馆服务的仅有的黑人工作者，他为该地区公共图书馆事业的推向前进做出了杰出的贡献，是美国公共图书馆服务领域的先驱。

托马斯·卡莱尔（1795—1881）

Thomas Carlyle

苏格兰历史学家兼散文作家，曾任爱丁堡大学校长，是英国伦敦图书馆的奠基人。由于大英博物院图书馆使用方面限制较多，以研究和写作为生的卡莱尔深感不便，所以就渴望广泛建立公共图书馆，这比1850年通过的英国公共图书馆法案还要早20年。《法国革命》（*French Revolution*）1837年脱稿后，他说服有影响力的朋友和熟人，建立了伦敦图书馆，当时有500名赞助者和3 000本藏书。卡莱尔十分关注图书馆管理人选，并在图书馆委员会中任职到去世。

托马斯立法信息数据库（美国）

THOMAS

1995年由美国国会图书馆开发的一个数据库，为纪念托马斯·杰斐逊（Thomas Jefferson）而命名，其目的是为了让公众可以更方便地检索到各种立法信息。公众在因特网上可全天免费检索THOMAS中的各种数据、历史文献的全文、咨询各种法律问题以及最新法案的片段。

托名

allonym

指某部著作是由一个作家假托他人的姓名出版的。

托名著作

spurious work

指伪造的著作，书上所署的著者姓名是假托他人之名，尤指古旧图书、珍本图书和著名著者亲笔签赠书等的伪造本。

托皮卡·肖尼县公共图书馆（美国）

Topeka & Shawnee County Public Library

位于美国堪萨斯州托皮卡市，始建于1870年，最初由妇女图书馆联合会建立，包括1所中心馆和3所流动图书馆，为辖区居民提供服务。馆藏图书及期刊合订本150万多册，激光唱片、磁带及其他音频资料4 000多件，以及数字视盘和家用录像机制式的视频资料8.6万多件。年到馆访问75万人次，年图书流通量268万多册次，其中37%的外借图书为儿童读物。

拖延
procrastination

拖拖拉拉，有意地而且是习惯性地不抓紧时间完成任务、办事迟缓；还指图书馆员将当天应解答读者咨询的问题推迟到次日。

脱机操作，离线操作
offline operation

指在不直接与主机相连接的外部设备上进行的数据处理。通常是指由不在中央处理器控制下的外围设备所执行的操作。

脱机，脱线
offline

未与网络相连的主设备，如一台单独的、用于运行 CD-ROM 上的书目数据库的个人计算机，或者是未与因特网连接的内部网。也指未与中央处理器（CPU）连接或未装在中央处理器上的计算机辅助设备，或物理上已连接但未打开或未处于“可用”状态，如处于关闭状态的打印机、扫描仪等。

脱机系统
offline system

指在远程信息处理中，数据不能直接输入到中央处理器进行处理，而且处理的结果也不能直接传递给用户，因此在原始的数据录入和最终的数据输出都需要人工操作的信息系统。

脱机装置
offline equipment

指不与中央处理器直接通信或不在中央处理器直接控制之下的电子设备。

脱模
demolding

为防止虫蛀的蔓延（凡是大量滋生虫蛀的物品应尽可能丢弃），采取有效措施将图书馆的藏书中去除霉菌和霉菌孢子的过程。

脱酸作用
deacidification

对印本文献中酸度（pH 值）高于 7.0 的纸张减少其酸性物质的过程，一般成本较高，用于防止文献纸张的变质。美国国会图书馆于 1993—1994 年间曾进行 12 次图书脱酸试验，以掌握脱酸后图书质量及经脱酸处理后能够接受的气味指标。实验证明在脱酸过程中较低的温度能够有效减少脱酸处理的气味。

脱线
disbound

指图书或其他印刷出版物的原有装订线已断开，通常需要重新装订。

脱印部分
bite

在印刷中，由于印刷机的故障而造成的所印文献版面中一页或数页漏印。

W

瓦书
Letter of Investiture

指一种将文字刻写在瓦块上的书。

歪曲作品
distorted works

指有意破坏作品的真实含义或表现形式的行为。这是侵犯作者人身权的行为。

外包服务
outsourcing service

图书馆根据自身的需要将服务工作中的某一项或几项业务外包出去，由专业的机构进行作业，以解决图书馆由于人力、物力、技术或资金不足等相关事项带来的难题，实现工作效率的最大化。

外包图书
packaged book

一种由自由撰稿人、代理商或者公司编著并准备提交给出版商用于出版的图书。其完备程度由各方当事人共同协商决定，比如文字写作、编辑、美工设计、插图、印刷甚至包括装订成最终成品，其中部分环节可能会外包给其他专家完成。随着字处理软件和桌面照排系统的发展，使得个人或者非出版发行单位有能力制作出非常精美的外包图书。理论上，这种外包图书可以直接送到印刷厂进行照排发行而无须再经过其他加工环节，因为其与正式图书在外观上可以做到一模一样，唯一的区别仅在于前者尚未由出版商正式出版发行而已。

W

外部存储器
external storage

简称外存。与计算机主机分开、但以计算机可接受的方式存储信息的载体，如磁带、磁鼓、磁盘、闪盘和光盘等。外存容量较大，存储成本通常低于内存储器，但存取信息的速度较慢。

外部读者
external reader

指被允许使用某一内部专用文献的外部读者。

外部服务点
external service point

为用户经常提供某一服务的远离图书馆的服务场地。图书馆服务所覆盖的地域内，某些特定的用户群由于自身或客观的原因而不能直接访问图书馆并利用其资源，那么图书馆在馆舍之外选定便利的场地作为外部服务点，为这些受到限制的用户群提供非正式的流通服务，但是不提供其他的图书馆服务。例如：在老人之家、社区中心以及为医院病人、监狱服刑人员提供的馆藏资料阅览室等。需要特别注意的是，流动图书馆以及流动图书馆停留的地方不能够算作外部服务点。另外，图书馆以外的、由一台简单的电脑连接的场所（比如在一个学生或教师的家里），也不能够当作外部服务点。

外部设备
external device

一般指外存储器和输入、输出设备，如磁带、磁盘、磁鼓及光电输入机、电传打字机和字符显示器等。

外部译码机
external decoder

一种电子装置。能够通过电缆将一个或多个条形码扫描器连接到计算机或计算机系统，并能将扫描输入数据译成可以被计算机处理的数字信号。

外地读者借书证
non-resident's card

指发给居住在图书馆或图书馆系统法定服务区域之外读者的借书证。这种借书证通常要收取适当的费用，读者所借的资料通常要在指定时限内续借。

《外国图书馆学和目录学》（俄罗斯）
Library Science and Bibliography in Foreign Countries

国立列宁图书馆出版的论文集。从 1958 年起开始出版，每年 5 期。其内容包括图书馆工作、目录及文献等方面的论文、译文及外国书籍和文章的文摘，国内外作者论述图书馆学、比较图书馆学、目录学方面的研究文章。在“国际图书馆活动”部分，登载有关国际间协作的资料。还发表简述和评论外国图书馆学、目录学方面的文章。1992 年停刊。

外加插页
extra-illustrated

书籍印刷、装订或出版后又加入其他内容的插页或插图。

外借
lending

将馆藏文献在一定期限内出借给读者在馆外利用的一种服务形式，是图书馆读者工作的重要内容与形式之一。主要可分为个人外借、集体外借、预约借书、邮寄借书、馆外流动借书、馆际互借和国际互借等，一般先由读者本人与图书馆建立一定的契约关系（如读者注册办理借书证）后来进行。

外借部
lending department（lending library，circulation department）

又称流通部。负责办理读者外借文献、开展外借工作的图书馆服务部门，服务内容包括馆际互借、预约登记、协助读者选择和利用文献等。

外借图书馆
lending library

以文献外借为主的图书馆，根据读者需求，提供文献原件或复印件。也指按需要向其他图书馆发送资料的图书馆或其他机构，通常通过馆际互借来进行。英国国家图书馆的外借部（British Library Lending Division）是世界著名的外借图书馆之一。

外来词
exotics

又称“外来语”。指在翻译过程中一种语言采用译音、译音加表意，或直接借用等方法，从另一种语言中吸收过来的词语。

外来语词典
loanword dictionary

专收外来词语的一种专门语文词典。

外联网，外部网
extranet

使用因特网技术建立的可支持企事业之间进行业务往来和信息交流的综合网络信息系统。

外史
informal history（unofficial history）

指稗史，即正史以外专记遗闻琐事的史书，以及某些以描写人物为主的旧小说。人物多是虚构或是民间传说，与历史人物没有关联，如清吴敬梓的《儒林外史》。

外围期刊
peripheral journal

只有少部分文章涉及某一特定学科领域的期刊，被称为该学科的外围期刊。对于某一特定学科来说，外围期刊的重要性不及该学科的核心期刊。

外围设备，外部设备
peripheral

在计算机系统中，用来执行辅助操作而非运算处理任务、与计算机连接但不属于计算机主机的一种设备。外围设备与计算机组合为一个完整系统，只是为计算机执行运算任务提供支持的装置，尤其是提供数据输入输出的装置。

外文图书
foreign（language）book

主要指在本国以外出版或在国内用外国的语言文字出版的图书。供应商专门用在特定国家出版的图书向图书馆和书店供货。

外形加工
physical processing

指图书馆或由书商对所购进的图书资料进行加工以便读者使用，通常图书要加盖馆藏章、贴书标、套护封和贴条码。为防失窃还可以贴上磁条。设有内部装订厂的图书馆其文献外形加工还包括修补和改装。

外形著录
physical description

在图书馆编目时记录文献外形特征的一项书目著录项（MARC 21 书目数据格式中字段为 300）。图书的外形著录包括：卷数、页数、栏数、图版数以及插图、地图和另附资料。另外还记录文献的尺寸和版式。

外语教学与研究出版社
Foreign Language and Research Press

成立于 1979 年，中国规模最大的专业外语出版机构。2010 年完成企业改制，更名为“外语教学与研究出版社有限责任公司”（简称“外研社”）。围绕“面向全民外语教育，提供全面解决方案”这一发展宗旨，该出版社的产品结构形成了以幼儿、小学、中学、大学、研究生、成人教育和终身教育教材为主，辅以语言学与辞书、文学与读物、教辅与测试以及德、日、俄、法、西等 30 多个语种和对外汉语图书出版的布局。每年出版 5 000 多种出版物以及《外语教学与研究》、《当代语言学》、《英语学习》等十几种外语期刊，其中新书 1 200 多种、4 000 多种重印书。

外语文学全文数据库（美国）
Literary Reference Center

由美国 EBSCO 公司于 2007 年正式推出的欧美文学全文数据库，该数据库能提供读者在不同的文学主题下，或是特定的时代背景里，相关的文学流派信息。其亲合的检索平台，简明的检索设计以满足不同需求的文学类读者，同时包含了许多重要的研究评论、文章以及专业的文学期刊、书籍。

外折帖
outsert

一般是在书帖外面套另一书帖。

丸善有限公司（日本）
Maruzen Co.，Ltd.

创业于 1869 年，主要从事的业务有：日本国内外图书/杂志的编辑出版、文具用品、图书馆设备、计算机/办公/教育器材、进出口业务、提供学术情报服务、举办通讯教育/学术教育等事业经营咨询服务、图书馆业务的承包及图书馆教育设施的代理运行等。

完全分类号
full class number

指图书的主要分类号、附加分类号和分析分类号的总和。

完全级编目
Full Level cataloging

OCLC 编目等级之一。体现完整或完全的编目，最符合 AACR2 中的三级著录的描述，同时选取主要款目作为标目，分类、主题标引完整。在有可能的情况时尽量首先考虑采用这种级别的编目。

完全著录，完结款目
closed entry

对系列或连续出版物书目记录的注释，指在有关目录款目上对已出版的多卷书或期刊的所有各册或各卷，或在馆藏注释中提供完整的信息，表明某图书馆收藏的册数或卷数（例如：v. 1—10，1923—1943），不同于对正在连续订购的待续款目（例如：v. 1—，1923—）。在期刊目录中，完全著录通常表明某刊已停订或停刊。

完整的，未删节的
unabridged

即完整的未经删节的版本。要证明一个版本是未经删节，有时在以平装本形式发行的著作的题名页上加以说明。

完整书目记录
full bibliographic record

一条完整的书目记录，包含了所有的字段和子字段。

玩具馆藏
toy collection

指图书馆对玩具、玩偶和游戏等的收藏，小读者可以外借，在家里玩，通常由公共图书馆的儿童部负责办理外借手续，这种做法对低收入群体很有好处。

玩具书
toy book

将图书内容与玩具的特点相结合，让图书不再是平平常常、规规矩矩的文化承载品，而是符合孩子爱动、爱摸、爱听、爱体验特征的文化启蒙教育的载体。玩具书包括立体书、翻翻书、布书、洗澡书、触摸书、滑板书和洞洞书等。起源于 18 世纪约翰·纽伯里的礼品书——里面带有儿童玩具的《小漂亮的袖珍书》。早期的玩具书手工着色，到 19 世纪中叶彩色印刷变得比较普遍。

玩具图书馆
toy library

一种基于资源分享、环保和教育理念，为儿童（包括残疾儿童）提供从游戏学习的渠道而专门收集儿童玩具的图书馆。英国佩内洛普·利奇（Penelope Leach）博士从 1973 年起试办的一项服务。这是一个提供玩具租贷服务的场所，一个受欢迎的、友好的、家长和儿童可以一起游戏的场所。玩具图书馆的作用是：给儿童提供很多玩具进行游戏的机会，图书馆内所举办的游戏活动给儿童提供了高质量的学习经验，家长可以了解与各年龄相适宜的游戏设备和材料以及学会通过游戏进行亲子活动。

挽歌，哀歌
elegy

抒情诗的一种。古典文学中，以六音部诗行和五音部诗行交替对句的诗体创作的抒情诗，如“挽诗音步”。17 世纪英国文学中，一种表现悲哀或忧郁的歌或诗。现代体裁中，一种哀悼特殊人物逝去或一般死亡现象的诗。

晚期草体
later cursive

指介于安色尔字体和半安色尔字体之间的拉丁手稿书写体，这是一种在公元 4—8 世纪常用的希腊文与拉丁文手稿的大字体形式。其主要特征是带有连字弧线和字母高度不规则，有些会超出正常字母限度的升或降，而这在以前是没有过的。高度与小字母间的差别，标志着小写字母（小书写体）形成与发展第一阶段的开始。

晚于实际的出版期
postdated

在出版物上刊载的出版日期，但这个出版日期要比实际出版日期晚一些。根据《英美编目条例》（*AACR*）中规定，如果出版日期有误，应照录并补充正确的日期，注释在方括号“［ ］”中。postdated 也可拼作：post-dated。

万方数据股份有限公司
WAN FANG DATA CO.，LTD.

由中国科技信息研究所以万方数据（集团）公司为基础，联合山西漳泽电力股份有限公司、北京知金科技投资有限公司、四川省科技信息研究所和科技文献出版社发起组建的高新技术股份有限公司。该公司是中国第一家以信息服务为核心的股份制高新技术企业，是在因特网领域，集信息资源产品、信息增值服务和信息处理方案为一体的综合信息服务商。主要产品有：中国企业、公司及产品数据库（CECDB）、中国科技成果数据库（CSTAD）、中国科技论文统计与引文分析数据库（CSTPC）、中国学术会议论文数据库（CACP）和中国学术会议论文集全文数据库（ACC）。

万方数据通信技术信息系统
Communication Technical Information System

依托中国科技部、中国科技信息研究所的资源支撑，共开辟通信期刊、学位论文、通信会议、科技文献、通信标准、政策法规、成果专利、企业机构、产业研究和技术方案 10 个栏目，构筑出一个全面、高质量的通信技术信息检索系统，是通信行业权威的信息资源库。

万方数据学术搜索系统
WANFANG Academic Search System

该数据库整合了用户拥有的中外文主流数据库资源厂商的元数据，构成了覆盖全面、类型丰富、来源权威和更新及时的海量元数据仓储，并以学科、主题、人物、机构和基金等知识获取五要素进行数据抽取和深度标引，形成元数据仓储知识库。

万方数据医药信息系统
Wanfang Medical Information System

由北京万方数据股份有限公司联合国内医药类权威机构共同推出的旨在面向广大医院、医学院及药厂提供全面的信息解决方案，涵盖了国内外医药、生物等学科的资源，面向全国医院、医药院校、医药和保健品生产企业、经销企业，提供丰富、准确和及时的生物医药信息。

万方数据知识服务平台
WANFANG Data Knowledge Service Platform

收录了 1998 年以来中国内地出版的近 7 000 种期刊，总量达 1 400 余万篇；1980 年以来中国内地高校的学位论文，总量超过百万篇；1985 年至今世界主要学协会主办的会议论文，总计 120 余万篇；国内外的发明、实用新型计外观设计等专利 2 500 余万项；中国内地标准和国际标准以及各国标准等 25 万多条；中国内地的科技成果和国家级科技计划项目总计 60 万项；1949 年以来中国内地各种法律法规约 30 万条；中国内地和国外企业信息近 20 万条；1995 年以来世界各国出版的 1 万余种重要学术期刊的论文，总数超过 1 400 万余篇；1985 年以来世界各主要学协会、出版机构出版的学术会议论文，总计 500 万篇以及科技动态、方志、OA 期刊论文、专家博文等。

万方数字图书馆解决方案
WANFANG Digital Library Solution

主要面向高校图书馆和公共图书馆，用于构建数字图书馆资源整合服务的技术支撑平台，实现对于各种本地自建数据库资源、文档多媒体资源、拥有使用权的本地镜像系统或网络数据库资源的整合与统一检索、统一身份认证、数字图书馆门户、用户权限认证、原文传递服务、参考咨询服务以及自建库管理与发布等业务功能和服务支持。

万方医学网
Wanfang Med Online

根据万方数据秉承开放联合、专业精深的理念，联合中国国内医学权威机构、医学期刊编辑部、医学专家，采用先进的信息技术对各类信息进行专业有效整合，推出的医学知识链接全开放平台，旨在关注医学发展、关注全民健康，推动医学信息资源的共建、共享和互通。该网为其收录的中文期刊申请注册的加工数量已达到30多万条，通过加工实现了400多万中外文资源基于引证的互链互通，使该网真正成为医学知识链接全开放平台。

《万花筒》（哥伦比亚）
（西）*Cromos*

周刊，1916年在哥伦比亚首都圣菲波哥大创刊，创始人是路易斯·塔马约。《万花筒》是一家历史悠久、在西半球富有名望的综合性杂志，侧重于文化、生活、旅游和社会等领域的报道，对时事政治关注较少。杂志图文并茂，印刷精美，每期发行量约12万份。

万里机构出版有限公司
Wan Li Book Co., Ltd.

前身为万里书店，于1959年在香港成立，现为联合出版（集团）有限公司成员之一。该公司出版各类科技及生活资讯图书，在香港中文图书市场占有一定的比例，主要出版实用型的繁体中文书籍。近几年出版的大型高水平的实用图册获香港及国际奖项。该公司主要集中在谋生技能、自我进修及生活资讯、科普知识等方面，其中电脑应用、企业管理、语言学习、服务行业培训、饮食专业及食谱、保健养生、美术摄影等类别是近几年主力开拓的品种。平均每2.5天便有一本新书出版。该公司除了以“万里机构”的名称出版书籍外，还使用了“明华出版公司”、“得利书局”、“饮食天地出版社”的名义出版图书。

万群华（1954—）
Wan Qunhua

法学硕士、研究馆员、湖北省图书馆学会会长。历任湖北省黄石市图书馆馆长、黄石市文化局调研员、湖北省图书馆常务副馆长、馆长。兼任中国图书馆学会第八届理事会常务理事、湖北省图书馆学会编辑翻译委员会（学刊编辑委员会）主任。先后发表学术论文20余篇，参加编著专著6部，主持省级重点课题3项。

万斯年（1908—1987）
Wan Sinian

历史学家、图书馆学家。别名稼轩，笔名弃疾，江西九江人。曾在国立北平图书馆工作，协助向达编辑《北平图书馆刊》。在抗日战争时期与马学良先生为保护彝文典籍到云南武定县慕连乡那安和卿土司家以及武定禄劝一带彝区收集古彝文典籍，500多册，现珍藏于国家图书馆。1949年后任社会文化事业管理局图书馆处副处长、中国社会科学院历史研究所隋唐史副研究员。著有《西南各省方志目录》、《中国历史纪年表》等书以及关于版本学、目录学和文史方面的论文多篇。

万维网
World Wide Web（WWW）

由现任总部在美国的万维网联盟（W3C）领导人蒂姆·伯纳斯·李（Tim Berners - Lee）于1989年3月在欧洲粒子物理实验室开发出来的一个以超文本为基本构造的信息检索系统。通过将全世界因特网上不同地点的相关数据信息有机地结合在一起，由万维网提供一种友好的信息检索接口，用户只需提出检索要求，万维网能自动帮助完成，因此，世界各地的人们都可以经由这个系统接收浏览自己所需要的信息。

万维网服务描述语言
Web Services Description Language（WSDL）

万维网服务（Web Service）技术重要组成部分，是一种基于可扩展标记语言（XML）的语言，描述了分布在万维网环境中服务操作的抽象定义接口和服务的具体实现端口，诸如提供的服务、参数、返回的数据结构，在相关的协议定义下完成数据与资源共享。万维网服务描述语言目的是实现万维网服务体系结构的松散耦合，同时实现服务的请求者或者是提供者均可使用编程语言和服务应用平台。

万维网联盟
World Wide Web Consortium（W3C）

创建于1994年9月。这是一个国际性的工业联盟，由美国麻省理工学院计算机科学与人工智能实验室（MIT CSAIL）、法国欧洲资讯与数学研究论坛（ERCIM）和日本庆应大学共同管理。万维网联盟的成立是以开发共同协议来促进万维网的演进及确保其相容与互动性，让万维网的潜能尽展。该联盟提供的服务包括：为开发者和使用者存储有关万维网的信息，以不同原型和样本应用程序来展示新技术。目前有400多个组织成为该联盟的成员。

万维网浏览器
Web Browsers

一种应用软件，是万维网服务的客户端浏览程序。通过万维网浏览器，本地计算机可向远程服务器发送各种请求，并对从服务器发来的超文本信息和各种多媒体数据格式进行解析、显示和播放。目前主流的浏览器主要包括Firefox、Google Chrome、Internet Explorer、Opera和Safari等。

万维网在线公共检索目录
WebPac

一种通过万维网获取的应用图形用户界面的在线目录，而不是通过远程登录（telnet）方式获取的基于文本的在线目录。

万字通字典世界
Word Sniffer

由美国万字通字典世界（Word Sniffer）公司创建的网络词典工具。提供世界多种著名的语言类及科技类字典/词典的网上应用，包括汉语与欧洲语词典类、日语与欧洲语词典类、英语与欧洲语词典类、英语拉丁语发音辞典。用户可将要查的字键入"字词"栏，然后从"语言组合"那一栏选择想要的语言组合（英语、汉语、日语、法语、德语、西班牙语、意大利语和拉丁语），按"查寻"键即可。可以通过点选或不点选个别字典，来选择查寻范围是否包含该字典。对用户来说，这是一个非常方便的、功能强大的网络词典工具。

汪辟疆（1887—1966）
Wang Pijiang

中国现代文学史家、目录学家。1908年毕业于湖南客籍高等学堂，1912年毕业于北京京师大学堂。1918年在南昌任省立二中国文教员，1922年任心远大学文科主任兼教授。1927年在南京第四中山大学中文系任副教授，教授目录学、诗歌史、各体文习作和读书指导等，此后在该校执教38年，1939—1944年兼任中央大学中文系主任，1946—1948年兼任监察院监察委员、国史馆纂修。所著《目录学研究》，收录论著《目录与目录学》、《唐以前之目录》、《论唐宋元明四朝之目录》、《七略四部之开合异同》、《丛书之源流类别及其编索引法》和《汉魏六朝目录考略》6篇。

汪长炳（1904—1988）
Wang Changbing

中国图书馆学家、教育家、研究馆员。1926年毕业于文华大学图书馆专业，获文学学士学位，同年到北京图书馆工作，专任外文编目和参考部主任等职。1934年获得美国哥伦比亚学院图书馆学硕士学位，同年7月到美国国会图书馆东方部做中文图书编目工作；1935年5月，代表中华图书馆协会出席在西班牙马德里举行的国际图书馆协会联合会大会，会后参观了瑞士、法国、比利时和英国等国家的大型图书馆。回国后先后任武昌文华图书馆专科学校图书馆学教授兼教务主任、国立社会教育学院教授兼图书馆博物馆学系主任、无锡文教学院图书馆主任、苏州市图书馆副馆长、南京图书馆副馆长、馆长和名誉馆长等职。曾先后当选为中国图书馆学会第一届理事会副理事长、江苏省社联第一届常委和第二届副主席、江苏省科协第二届委员、江苏省图书馆学会第一届理事会理事长和南京历史学会副会长等。并被南京市人民政府任命为南京市文物保管委员会委员，出版专著数部，发表文章数百篇。

汪东波（1962—）
Wang Dongbo

研究馆员、中国国家图书馆馆长助理。1986年毕业于武汉大学图书情报学院，获文学硕士学位。同年，分配到北京图书馆工作。先后任国家图书馆图书馆学研究部副主任、《中国图书馆分类法》编委会副主任、国家图书馆业务处处长并兼任中国图书馆学会第七、八届学术研究委员会副主任、标引与编目专业委员会主任。主持科研项目多项，发表论文、出版专著数十篇（部）。

王裁（纸张规格）
royal

指一种起源于英国、标准长宽为 20 英寸×25 英寸或 19 英寸×24 英寸的印刷专用纸。

王崇德（1938—1998）
Wang Chongde

天津师范大学教授。1961 年毕业于大连工学院化学工程系，先后在核工业部第二设计院、吉林白城化工厂、白城市科学研究所、桂林市科技情报研究所、南开大学分校和天津师范大学工作。曾任天津师范大学信息产业学系主任、硕士生导师。论著 10 余部(篇)，承担并完成各级科研项目 10 余项。

王府本
Imperial Princely Edition

《红楼梦》版本之一。或称蒙府本，系蒙古王府本的简称。

王惠君（1964—）
Wang Huijun

研究馆员，广东省立中山图书馆副馆长。1992 年 7 月毕业于武汉大学图书情报学院，获文学硕士学位。兼任中国图书馆学会学术研究委员会目录学专业委员会委员、广东省图书馆学会第 11 届理事会常务副理事长。曾任广东省佛山市图书馆馆长。发表专业论文十多篇，与他人合作撰写专业著作 2 部:《图书馆管理理论与实践》和《图书馆文化论》。参与和主持的 2 个科技项目获得文化部科学技术进步奖、广东省文化厅科学技术进步奖。

王俭（452—489）
Wang Jian

南朝齐文学家、目录学家。字仲宝，琅琊临沂人。在目录学上很有贡献，曾校勘古籍，依刘歆《七略》，撰《七志》，突破刘歆收书不收图的旧例，新增《图谱志》；又特立“文翰”一目，以诗赋文集属之，即后世“集部”雏形。《七志》为魏徵《隋书·经籍志》仅次于阮孝绪《七录》的主要参考文献之一。王俭另有《宋元徽元年四部书目录》。今皆失传。

王金祥（1936—2002）
Wang Jinxiang

西北政法学院图书馆研究馆员。1963 年毕业于北京大学图书馆学系。先后在西安市夜大图书馆学专业、西安师范专科学校图书馆和西北政法学院图书馆工作，兼任陕西省图书馆学会常务理事、学术委员会主任、陕西省社会科学情报学会常务理事、学术委员会主任和《情报杂志》编委等，先后撰写、主编专业著作 20 余种，发表文章 60 余篇。

王锦贵（1946—）
Wang Jingui

北京大学信息管理系教授、博士生导师。1969 年毕业于北京大学图书馆学系，1990—1991 年莫斯科大学交流学者，期间被莫斯科大学邀请讲学半年。现兼任中国社会科学情报学会副理事长兼学术委员会主任、北京市社会科学情报学会副会长和常务理事、中国图书馆学会第七届学术研究委员会委员、目录学委员会副主任、中国历史文献研究会理事、中国国际教育出版社特约顾问编委、中国社会科学情报学会学报《情报资料工作》杂志编辑委员会委员和河北大学兼职教授等。出版专著多部，发表论文近 80 篇。

王丽丽（1952—）
Wang Lili

硕士、上海市委党校副校长、上海行政学院副院长、上海市干部教育信息中心主任、业余学校校长、上海大学情报学硕士研究生导师；先后兼任中国图书馆学会第四、五、六、七和八届理事、中国社会科学信息学会常务理事、全国党校文献信息学会副理事长和上海分会理事长、中国图书馆学会学术研究委员会用户研究与服务专业委员会委员、上海市图书馆学会副理事长、上海市图书馆协会副会长、上海市信息化发展研究协会副会长等社会学术职务。长期从事图书馆、信息学的研究和实践，曾担任上海市黄浦区图书馆、上海图书馆、上海市委党校、上海行政学院图书馆领导，对图书馆事业的科研、业务、队伍和管理的改革与发展，对图书馆的现代化作出了贡献。先后主持完成十几项重要科研项目，还承担国家哲学、社会科学基金项目——《现代图书馆架构研究》和上海市数字化项目以及《长江三角洲新兴城市圈信息资源共建与共享》的科研课题。多次获得多项荣誉称号和奖励。

王明亮（1956—）
Wang Mingliang

硕士，清华大学理论物理专业毕业。中国学术期刊（光盘版）电子杂志社执行社长、清华同方知网技术有限公司总经理、清华同方光盘股份有限公司董事兼常务副总经理。《中国学术期刊（光盘版）》、“中国期刊网”、“中国知网”的创办者和领导者，创造性地提出和制定了建设中国知识基础设施（CNKI）与《中国知识资源总库》的战略目标，领导创办了《中国期刊全文数据库》、《中国博硕士论文数据库》等22种以大型数据库电子期刊方式出版的“CNKI系列数据库”；主持制定了在数据库、网络出版、信息服务和数字图书馆产业发展史上具有重要意义的“CNKI系列数据库产品标准”；提出了“全文检索与电子出版技术整合”、“非线性知识增值性整合传播出版与获取模式”、“知识网络”、“知网节”、“数字化学习与研究工具”、“基于网格数字图书馆和网格资源共享的互联网出版模式”等一系列揭示知识传播应用本质与规律的理论和概念；建立了全面实现知识资源共享的市场机制和产业机制，并成功地领导和实现了CNKI知识信息服务与网络出版产业的不断发展，为知识资源社会化共享与应用水平的提高，为全社会知识获取与知识创新能力的提高做出了重要贡献。

王荣国（1947—）
Wang Rongguo

研究馆员。1971年起从事图书馆工作，曾任辽宁省图书馆馆长。兼任辽宁省图书馆学会理事长、中国图书馆学会第七届理事会常务理事、辽宁省科学技术协会理事和政协辽宁省委员会委员。主持编撰著作10余部，发表论文30余篇，并多次受到奖励。

王省吾（1920—）
Wang Xingwu

1944年毕业于浙江大学史地系。1955年任台湾省立台北图书馆馆长，兼任台湾师范大学社会学系图书馆学教授。1964年，至澳大利亚国家图书馆东方部任高级专门馆员。1973年起任澳大利亚国家图书馆东方部主任，其间曾两度任澳大利亚东亚图书馆学会主席。

王世伟（1954—）
Wang Shiwei

教授，上海社会科学院信息研究所所长。毕业于华东师范大学，获硕士学位。曾任华东师范大学信息学讲师、副教授、教授和副系主任、上海图书馆、上海科技情报研究所党委副书记、历史文献研究所副所长、上海科技文献出版社社长、图书馆专业和中国古典文献专业硕士研究生导师，兼任中国图书馆学会第七、八届理事会理事、学术研究委员会副主任和上海市图书馆学会第七届理事会理事长。从2005年起，担任国际图联国际都市图书馆专业组常委。出版专著多部，发表学术论文近100篇。

王万宗（1933—2001）
Wang Wanzong

北京大学信息管理系教授。1957年毕业于北京大学图书馆学系，1979年6月调至北京大学图书馆学系执教，历任讲师、情报学教研室主任、副教授、教授和系主任，兼任北京科技情报学会理事、《情报学报》编委和《中国大百科全书·图书馆学情报学档案学》卷情报理论分支副主编。出版专著3部，发表学术论文30余篇。

王新才（1965—）
Wang Xincai

武汉大学信息管理学院教授、副院长，哲学博士。兼任中国图书馆学会第八届学术研究委员会目录学专业委员会副主任和中国档案学会档案学基础理论委员会委员。主要著作有：《梁启超读书生涯》、《兵学圣典——〈孙子兵法〉》等。主要论文有：《从古典目录学到现代目录学——中国目录学产生发展演变的轨迹》、《从会通到辨章学术考镜源流到书目控制论》等。

王选（1937—2006）
Wang Xuan

被誉为“当代毕昇”、“激光照排之父”。中国工程院院士、中国科学院院士、北京大学教授、计算机研究所所长、文字信息处理技术国家重点实验室主任。1975年以前，从事计算机逻辑设计、体系结构和高级语言编译系统等方面的研究。1975年开始主持华光和方正型计算机激光汉字编排系统的研制，用于书刊、报纸等正式出版物的编排。针对汉字字数多，印刷用汉字字体多、精密照排要求分辨率很高所带来的技术困难，发明了高分辨率字型的高倍率信息压缩和高速复原方法，并在华光Ⅳ型和方正91型、93型上设计了专用超大规模集成电路实现复原算法，显著改善系统的性能价格比。领导研制的华光和方正系统在中国报社和出版社、印刷厂逐渐普及，为新闻出版全过程的计算机化奠定了基础。获2001年度国家最高科学技术奖。

王学熙（1940—）
Wang Xuexi

南京图书馆研究馆员。1960年毕业于扬州师范

W

学院历史系。同年在江苏戏曲学院任教，1963年调入南京图书馆工作，先后在古籍部、宣传组、采编部、馆长办公室和研究辅导部工作。曾任宣传组组长、业务秘书、研究辅导部主任、江苏省图书馆学会秘书长、《江苏图书馆学报》常务副主编、江苏省第六、七届哲学社会科学成果评奖委员会委员和文化部省级公共图书馆评估组成员、中国图书馆学会编译出版委员会委员和中国图书馆学会社区乡镇图书馆专业委员会委员。长期负责江苏省公共图书馆业务辅导工作，全心倾注江苏省公共图书馆事业建设，在江苏培育了一批市、县图书馆先进典型，撰写了大量有关加强公共图书馆建设的论文。由于在学会工作方面所取得的成绩和经验，2001年5月被中国科学技术协会授予“学会先进工作者”称号。

王益明（1964—）
Wang Yiming

副教授，中国图书馆学会会员，北京大学信息管理系副主任。1984年兰州大学物理系本科毕业，1986年北京大学图书馆学系研究生班毕业，同年赴杭州大学从教，1995年北京大学信息管理系博士研究生毕业，并留校任教至今。多年从事图书馆学情报学教学和科研，主要领域为文献计量学、信息技术应用，发表文章20余篇，参编教材和专著4部。

王懿荣（1845—1900）
Wang Yirong

清代金石学家、藏书家。字正儒，又字廉生，福山古现村人。生平好收集旧刻本书、古彝器碑版图画等。因见药店所售“龙骨”上的刻纹，发现甲骨文，为收藏殷墟甲骨的第一人。

W

王余光（1959—）
Wang Yuguang

教授、博士生导师、北京大学信息管理系主任。1983年毕业于北京大学图书馆学系，后师从华中师范大学历史文献学研究所张舜徽先生，1993年获历史学博士学位。1983—1999年期间在武汉大学图书情报学院任教，1993年被聘为教授，1995年兼任副院长，1996年担任博士生导师。1999年调北京大学信息管理系任教至今，另兼任教育部高等学校图书馆学学科教学指导委员会副主任委员、中国图书馆学会第七届理事会副理事长、中国图书馆学会科普与阅读指导委员会主任和《中国图书馆学报》副主编。专业研究领域为文献学、阅读文化与现代出版业研究。曾主持或正在主持国家社科基金与教育部人文社会科学基金等项目。目前，在主持中国阅读史理论研究与《中国阅读通史》的编纂工作，出版个人著作多部，其中《中国读书大辞典》获“中国图书奖”，发表论文数百篇。

王毓瑚（1907—1980）
Wang Yuhu

字连伯，河北高阳县人。著名农史学家、中国古农书文献学家、农书目录专家。早年从事经济思想史和中国经济史的研究、注译，后期致力于整理、校注古农书，推进农业经济史和农业技术史的研究。曾任北京农业大学图书馆馆长。著有：《中国农学书录》和《中国畜牧史资料》。校理的古农书有：《秦晋农言》、《区种十种》、《农桑衣食撮要》和《农圃便览》。

王云五（1888—1979）
Wang Yunwu

“四角号码检字法”的创造者，杰出的出版家。1921年9月，经胡适推荐进入商务印书馆。1922年就任编译所所长。在编辑出版方面，许多出版规划均由他来主管。首先出版了百科小丛书，其后又出版了国学、师范、自然科学、医学、体育、农学、商学和史地等小丛书。《万有文库》是他策划和主持出版的一套由多种丛书组成的综合性大丛书，开创了中国图书出版平民化的新纪元，在当时影响很大。在任编译所长后，又兼任东方图书馆馆长。他在高梦旦等人多年探索的基础上，研究出了“四角号码检字法”，1928年商务印书馆据此出版了《四角号码学生字典》。与此同时，还运用杜威的十进分类法，创立了中外图书统一分类法，东方图书馆的几十万册图书就是按此分类法进行分类的，为中国现代目录学的分类奠定了基础。以后又陆续出版多套丛书，其中“大学丛书”和“丛书集成”影响尤大。1963年，王云五先生出任台湾商务印书馆董事长，并在政治大学任教。1972年捐出个人全部积蓄和藏书，成立云五图书馆。

王振鹄（1924—）
Wang Zhengu

中国图书馆学家，台湾大学教授。1948年毕业于中国大学中文系，1959年获美国范德比大学毕保德教育学院图书馆学硕士学位。历任台湾师范大学讲师、副教授、教授、台湾师范大学图书馆馆长和社会教育系主任；先后被聘为台湾大学图书馆学研究所、辅仁大学图书馆系、文化大学史学研究所兼任教授和“中央图书馆”馆长，为台湾地区图书馆事业的发展作出贡献。主编、出版专著多部，发表论文百余篇。

王振鸣（1928—）
Wang Zhenming

天津师范大学教授。1951年毕业于天津津沽大学会计财政系，历任该系马克思主义教研室副主任、校图书馆馆长、南开大学分校副校长兼图书馆馆长、图书馆学研究室主任。主要兼职有：中国图书馆学会第二、三、四、五届理事、常务理事、图书馆交流与合作委员会副主任、第六届理事会名誉理事和中国老教授协会图书馆情报专业委员会委员。发表论著多部（篇），为海峡两岸的文化交流做了大量工作。

王知津（1947—）
Wang Zhijin

南开大学信息资源管理系教授、博士生导师。1974年毕业于武汉大学图书馆学系，1982年毕业于北京大学图书馆学系，获硕士学位。历任南开大学信息资源管理系副主任、南开大学图书馆学系主任和南开大学情报科学研究所所长。兼任中国图书馆学会学术研究委员会图书馆学教育专业委员会委员。研究方向为企业竞争情报和信息战略管理。出版专著数部，发表论文140余篇。

王重民（1903—1975）
Wang Zhongmin

中国古文献学家、目录学家、版本学家、图书馆学教育家。1928年毕业于北京高等师范学校国文系，历任保定河北大学国文系主任、北京辅仁大学讲师、北平图书馆索引组长，兼任北京大学中文系教授，主持该系图书馆学组的教学。1947年从美国回国后在北京大学中国文学系创办图书馆学专科（后改本科）任系主任，并兼任北京图书馆副馆长、北京图书馆代理馆长。一生从事文史方面许多学科的研究，著述颇丰，共有专著、论文160余部（篇）。

王子舟（1957—）
Wang Zizhou

教授、博士、北京大学信息管理系副系主任。研究领域为图书馆学基础理论、中国藏书史和文献学。发表论文60余篇，专著7种。兼任教育部图书馆学专业指导委员会委员。

王宗义（1953—）
Wang Zongyi

研究馆员、上海图书馆《图书馆杂志》社副社长、常务副主编。1983年毕业于复旦大学分校图书馆学专修科。现兼任中国图书馆学会第七届学术研究委员会图书馆学理论专业委员会委员、上海市图书馆学会编辑出版委员会副主任。在上海图书馆工作27年，1979—1988年曾主编或参编《（1833—1949）全国中文期刊联合目录》等多种大型馆藏文献书目。1989—1995年参编《上海图书馆事业志》，1996年起在《图书馆杂志》社工作。20世纪90年代中期开始关注图书馆事业发展等领域的基础研究，在各种专业核心期刊发表学术论文近20篇。此外，参与了多项文化史工程，如《上海文化通史》的撰稿，《上海百年文化史》的编撰；在地方各级政协的文化类课题调研中获得多项成果，曾获得上海市政协颁发的“金钥匙”奖等。

网版
half-tone screen

又称“网屏”、“网目版”或“网线版”。照相制版时使印版的图像呈现网点的光学工具。通常用两块刻有等宽黑白平行线的光学玻璃彼此交叉为90°密合而成，或在玻璃、胶片上刻画白色细方格制成。照相时装在底片前，分割入射光线，使底片感光后的图像呈大小不同的网点，借此表现画面的浓淡层次。网线越密，网点越精细。采用多少线的网屏与印刷用的纸张质地有关。

网格
grid

指在机械定位或光学字符识别中，由两组相互垂直的平行等距离线所形成的网格，可以用来确定或量度机械位置或字符图像。

网格服务
grid service

在网络服务的基础上提出的概念，定义了一组接口，这些接口的定义明确并遵守特定的惯例，用于解决服务器发现、动态服务创建、服务生命周期管理和通知等与服务生命周期有关的问题。

网关
gateway

也称协议转换器。指计算机网络中的一种设备，用来连接具有不同网络协议的网络，可以使信息通过转换，从一个网络传送到另一个网络，常作为网络互联设备的统称。

网际实时聊天系统
Internet relay chat（IRC）

一种计算机会议系统，发明于1988年，使因特网用户能在网上实时地与其他用户交谈。

网际搜索
netsearch

美国Timeplex公司研发的一种网上检索系统。是一种信息检索工具、一种网上职业介绍服务系统，又是一种因特网搜索软件，能有效地对网站、软件、新闻、音乐、图书和股票等进行搜索，不用烦琐地登录到各大网站，而是直接在该软件内部输入关键字进行检索，大大节省了时间。

网间地址，网际地址
Internet address

指分配给某一与因特网相接的特定计算机的唯一代码，以识别在数据或程序文档传输过程中是发送者还是接收者。通常使用的有两类地址：特定个人的电子邮件地址和网站的统一资源定位符、文件传送协议（FTP）站点和远程登录站点。该地址受到域名系统（DNS）的支配。

网卡
network interface card

网络接口卡（网络适配卡）的简称，安装在个人计算机上，用来连接计算机和网线的一种硬件设备。网卡主要用于个人计算机之间通过局域网的通信。

网罗性，完整性
completeness

评价一所图书馆对某个连续性出版物的收藏完整与否的指标。通常用“完整”（拥有95%～100%），“不完整”（拥有50%～94%）及“零散”（拥有不到50%）来表示。

网络
network

一组互相连接的计算机，通常采用客户机/服务器体系结构，能够将数据从一台计算机传输到另一台计算机的系统。网络通常由向用户提供帮助的操作中心管理。世界上最大的网络是因特网。另外，两个或多个组织为了实现共享目的而通过共同的通信渠道从事信息交换时也构成了网络。当这些组织为图书馆时，这种联系便构成了图书馆网络。计算机网络根据范围可分为局域网（LAN）、校园网（CAN）、部门网（DAN）、广域网（WAN）、城市网（MAN）和全球网（GAN）。

网络安全
network security

网络系统的硬件、软件及其中数据受到保护，不受偶然的或者恶意的破坏、更改、泄露，保证系统连续可靠地运行，网络服务不中断的措施，包含网络设备安全、网络信息安全、网络软件安全。网络安全从其本质上来讲就是网络上的信息安全。从广义来说，凡是涉及到网络上信息的保密性、完整性、可用性、真实性和可控性的相关技术和理论都是网络安全的研究领域。网络安全是一门涉及计算机科学、网络技术、通信技术、密码技术、信息安全技术、应用数学、数论以及信息论等多种学科的综合性学科。网络安全的具体含义会随着“角度”的变化而变化。比如：从用户（个人、企业等）的角度来说，他们希望涉及个人隐私或商业利益的信息在网络上传输时受到机密性、完整性和真实性的保护，避免其他人或对手利用窃听、冒充、篡改和抵赖等手段侵犯用户的利益和隐私。

网络百科全书
About. com

创始于1997年，在“人是网络最好的向导”理念的指导下成功运行了7年的网络百科全书，提供的信息甚至覆盖了房屋修理和装修点子、处方、电影下载和买车技巧等实际生活需要的小知识。1999年更名为About. com，体现了信息宽度的大大拓展，2000年被美国的媒体公司巨头普里姆蒂亚（Primedia）收购。网站实时更新，让用户看到最新的实用信息。用户流量巨大，平均每月有超过2 000万人次访问该网站。网站的编辑队伍由475个各领域的向导构成，他们都是有专业知识和热情、受信任、对于网络的使用有敏锐洞察的人，为使用者提供权威的信息。首页提供关键词查找入口，也可以通过网站提供的文学艺术（Art & Literature）、汽车（Automobile）和商业（Business）等24个类别查找信息，也可以点击主题相应首字母浏览查找。

网络本体语言
Web Ontology Language（OWL）

由万维网联盟认可的，旨在提供一种可用于描述网络文档和应用之中所固有的类及其之间逻辑关系的语言，从而使得基于此技术的网络应用更加人性化和智能化，节省用户自身资源搜索时间并将这些处理交给计算机系统内部处理。分别于 2004 年和 2009 年推出 OWL 和 OWL2。

网络采购

cyberpurchasing (network acquisition, online purchasing)

以网络媒体和网络技术为载体，将网上信息处理和网下采购操作过程相结合，通过网络这种成熟、便利的工具寻找资源的一种新的采购模式。这种采购模式是网络时代增强企业竞争力，降低成本，提高经济效益的最佳模式。网络采购的先进性主要体现在：大大减少了的采购需要的书面文档材料，减少了对电话传真等传统通讯工具的依赖，提高了采购效率，降低了采购成本；利用网络开放性的特点，使采购项目形成了最有效的竞争，有效地保证了采购质量。

网络操作系统

network operating system (NOS)

该系统由两部分组成，即运行在文件服务器上的系统软件和工作站软件，该系统建立并维护工作站与文件服务器之间的连接。

网络层

network layer

指国际标准化组织关于“开放（型）系统互连”7 层参考模式的第 3 层。该层为传输层（第 4 层）实体提供传送数据块的手段。

网络冲浪者

cybersurfer

指利用各种工具或手段通过因特网发掘和收集网络信息资源的人。

网络出版

publishing on Internet

指以因特网为载体和流通渠道，把数字化出版物存储在网络服务器中出版销售的行为。这是电子出版和信息网络传播相结合的产物。网络出版大约有 5 种类型：1. 目前国外较为流行的自行出版，个人就是在线出版商；2. 以网络公司为主体，谋求各种出版商服务或者代理权，然后出版电子图书并进行销售，最后给出版商提成版税；3. 出版商自行出版发行电子图书；4. POD 这种比较成熟的模式，在美国进行绝版书和小批量书的出版；5. 微软开发的 Ebook 软件。

网络出版物

network publication

即因特网出版物，是指因特网信息服务提供者将自己创作或他人创作的作品经过选择和编辑加工，以数字形式存储在光、磁等存储介质上，通过计算机网络登载在因特网上或者通过因特网发送到用户端，供公众浏览、阅读、使用或者下载的在线传播的产品。如：电子杂志、个人主页、电子公告板、博客和维基等。网络出版物的制作技术主要涉及多媒体技术、网络传输技术、超文本技术、中文信息处理技术、图像动画处理技术、HTML 及 Java 语言等。网络出版物的制作过程不是一成不变的，常常随着出版作品的主题、领域、规模而变化。

网络电话，因特网电话客户软件

Internet phone

指一种因特网电话客户程序，容许在因特网上通话，或通过因特网电话服务提供商与标准的电话机进行通话，这样可大大减少长途电话特别是国际长途电话的费用。

网络电视

WebTV

由微软公司注册，最初是用于用户使用电视机代替个人计算机在网上搜索信息的技术，该设施必须安装一个顶置盒，内含调制解调器，可以将电话线连接到因特网并把数据转化成可以通过电视显示器显示的格式。用户通过操纵手持远程控制装置或者使用操纵键盘来实现网络漫游。用户必须与因特网服务商联系，建立账号后才可以获得相应的服务。网络电视在以电视为基础的因特网应用中处于先导地位，不同于个人计算机，是价格低廉、使用方便的家电产品，是普及因特网的重要工具。

网络发行

network distribution

将出版物存储在网络服务器上，供用户在联网的计算机或者类似功能的设备上调阅或下载。

网络犯罪

cybercrime

指以计算机或计算机网络为犯罪工具或攻击对

象，故意实施的危害计算机网络安全、触犯有关法律规范的行为。

网络服务
network service

一种多用户计算机服务，典型的网络服务包括高度系统化的程序和数据库。

网络服务质量
quality of service（QOS）

网络提供更高优先服务的一种能力，包括带宽、抖动控制和延迟、丢包率的改进以及不同WAN、LAN和MAN技术下的指定网络流量等，同时确保为每种流量提供的优先权不会阻碍其他流量的进程。现代图书馆服务质量高低很大程度上依赖网络服务质量。

网络管理
network management

指用于管理网络的技术，其中包括配置管理、性能管理、计费管理、安全管理和故障管理。

网络管理员
network administrator

指管理计算机网络的工作人员。其主要任务是安装新的工作站和设备、维护授权用户列表、保管文件、监督口令保护、管理共享资源的使用以及处理设备故障等。

网络广告
advertisement online

指在因特网页面上所作的宣传和促销商品的广告。

网络化，联网
networking

在专业范围内开展彼此联系并利用这种联系推进工作和事业的艺术。图书馆员通过图书馆会议会见同行，参加座谈会或圆桌会议，志愿为社区服务以及运作选举办公室等开展网络化工作。又指根据所选的网络拓扑结构和通信协议，将分散的计算机设备连接起来，组成网络。

网络环境
network environment

将分布在不同地点的多个多媒体计算机物理上互联，依据某种协议互相通信，实现软、硬件及其网络文化共享的系统。从小的角度看，网络环境可以理解为"学习者在追求学习目标和问题解决的活动中可以使用多样的工具和信息资源并相互合作和支持的场所"；从大的方面去理解，网络环境可以包括整个虚拟的现实的世界，即赛伯空间（cyberspace）。也就是说，网络环境不仅仅是指网络资源与网络工具发生作用的地点，还可以包括学习氛围、学习者的动机状态、人际关系、教学策略等非物理形态。从教学设计的角度看，网络环境更多的是指网络资源与网络工具的组合。

网络黄页
online yellow page

指汇集企事业单位和个人的域名或网址，供用户查询的信息网页。

网络即时通讯工具
I seek you（ICQ）

源自1996年7月成立的以色列特拉维夫的*Mirabils*公司。*Mirabils*这个单词是拉丁文中神奇的意思。英文"I seek you"的简称是ICQ，中文意思是：我找你。这是一款网络即时讯息传呼软件，支持在因特网上面聊天、发送消息、网址及文件等功能。网络即时通讯工具ICQ，其最大的特点是具有网上信息实时交流的功能。它改变了整个因特网的交流，使之变得更加及时和方便。

《网络计量学》
Webometrics

《现代信息资源管理丛书》之一。该书在网络计量学进行系统、深入研究的基础上，首次将理论、方法、应用相结合，全面构建了网络计量学的内容体系，包括网络计量学的基本问题研究、网络信息的分布规律与变化规律、网络数据的搜集方法与工具、链接分析法、域名分析法、网络内容分析法、社会网络分析法及网络计量学在科学交流、科学评价、信息资源评价与管理、科技管理、社会科学研究与管理中的应用及案例分析。邱均平等著，由科学出版社于2010年7月出版。

网络计量学
Webometrics

由T. C. 阿曼德（Almind）1997年首次提出，是指在电子网络环境中，运用文献计量学、科学计量学、信息计量学的方法，对网上各种信息的组织、存储、分布、传递、相互引证及其功能和开发利用等做出定量描述并进行统计分析和研究，以揭示其数量特征和内在规律的一门新兴分支学科。

网络计算机
network computer（NC）

指专用于高速网络环境下的一种计算机终端，一般不需要硬盘、软盘及光驱等外部存储器，而是通过网络获取大部分资源；其所需要的应用程序和数据都存储在服务器里，具有比个人计算机安全、不易受病毒、黑客侵袭和成本较低之特点，并且具有支持上网浏览、收发邮件和文字处理等功能。

网络接入点
network access point（NAP）

因特网服务商（network access provider）相互连接的一种连接点，把所有因特网的访问提供者连接在一起。

网络节点
network node

指一台电脑或其他设备与一个有独立地址和具有传送或接收数据功能的网络相连。节点可以是工作站、网络传真机、网络用户或个人计算机，还可以是服务器、打印机和其他网络连接的设备。每一台连上网络的计算机都是一个网络节点，整个网络就是由这许许多多的网络节点组成的。

网络咖啡屋，网吧
cybercafé（Internet café，netcafe）

可为用户提供计算机服务的咖啡屋。最初于1990年产生于美国纽约，并迅速风靡全世界。一些图书馆，特别是大型高等院校图书馆安排这样一个地方给读者休息，还可以查看他们的电子邮件。网络咖啡屋突破了时间地域的限制，满足了人们在繁忙的工作与生活当中，随时与亲戚、朋友、同学以及有共同兴趣爱好者进行沟通交流的需要。网络咖啡屋采用国际流行的俱乐部制度，其严格的会员制度及保密性使会员在交流信息时不受干扰。用户可以轻松地组建企业内部讨论区、VIP会员区、同学录和兴趣小组。网络咖啡屋具有成员讨论、即时通讯、权限设置、多讨论区、发布公告、短信中心、论坛制定、通讯录、上传文件、客户端和群发邮件等功能。

《网络科学：原理与应用》
Network Science*：*Theory and Application

《计算机科学丛书》之一。该书很好地将理论和应用相结合，首先系统地介绍了网络科学的发展历程，然后进一步阐述了大量网络分析与规划的实例，内容覆盖了社会关系网、生物网络、电力网络、病毒传播网、因特网等内容，试图为读者描述一种广义的网络模型。特德·G. 刘易斯（Ted G. Lewis）著，陈向阳、巨修练翻译，由机械工业出版社于2011年10月出版。

网络空间旅行者
cybernaut

指在网络空间中的漫游者，通常是通过因特网连接，探索网络空间的最远、最大范围的人。

网络空间，虚拟空间
cyberspace

作家威廉姆·吉布森（William Gibson）在其科学幻想小说中创造的一个新词，指人们通过计算机网络相互联系的数字通信虚拟世界。

网络论坛页面
user network（USENET）

因特网上提供的一种服务。有时被称为世界上最大的电子布告栏，用户可在其上发布或阅读各种消息。始于1979年，由美国杜克大学以及北卡莱罗纳大学研究生发明。该页面的每个讨论组都围绕一个特定的主题，如数学、哲学、生物学、计算机、文学、艺术、音乐以及笑话、游戏等。通过网络论坛页面，成千上万的计算机用户在世界各地共享信息、讨论所感兴趣的问题。

网络爬虫
Web crawler

自动提取网页的程序，为搜索引擎从万维网上下载网页，是搜索引擎的重要组成。

网络剽窃，网络抄袭
cyberplagiarism

单位或者个人剽窃使用网络及其他媒体上已经发表的文字、图片、影音等资源用于非公益目的，即大段抄袭或者剽窃著作权人的作品，在网络上以自己的名义发表、传播，这种行为既侵犯了著作权人的人身权——署名权，也侵犯了著作权人的财产权——信息网络传播权和获得报酬权。网络抄袭与剽窃，还包括网站之间的非法使用，情节严重的网络抄袭与剽窃行为应当给予刑事处罚。

网络千年虫

Millennium bug

由于早期的编程人员为了节省存储空间，用年代的后两位数字代替四位计年而造成的问题。例如，1967 年 5 月 19 日用 05—19—67 表示而不是用 05—19—1967 表示，因此当从 1999 年进入 2000 年时，2000 年 1 月 1 日就变成 01—01—00，计算机系统就会认为是 1900 年 1 月 1 日而不是 2000 年 1 月 1 日。这样就不能正确处理日期的许多财政事务处理软件，就可能会出现许多问题，某些索引数据、存货数目等类似数据就可能会意外地减小，或以零开关，或被删除。解决这个问题需要更改硬件，需要把涉及两位数字表示年份的所有软件、文件和数据库转换成用四位数字表示年份。这需要大量的人力和物力，而且更改之后还要进行严格测试，这些就是千年虫的问题之所在。

网络色情

cyberporn

指因特网上的色情资料。凡是在网络上以性或人体裸露为主要诉求的信息，其目的在于挑逗引发使用者的性欲，表现方式可以是通过文字、声音、影像、图片和漫画等。cyberporn 是由“cyberspace”和“pornography”合成的新词。

网络使用规则

netiquette

英文短语“网络规则”的两个英文单词“网络（net-work）和“规则”（etiquette）合并后缩写而成的新词。原意是“人们在社交活动、工作中已经形成习惯的，为大多数人所遵守的形式、方法和礼节”。适用于因特网通信的礼仪和良好举止的规则。通过使用这些规则，人们很少出现面对面通信时看到的排队和语言通信时所意识到的听觉上滞后的现象。

网络收割器

Web Harvester

一项 OCLC 服务，用于获取、管理和提供对原生数字网络内容的访问。通过 OCLC Connexion 编目系统客户端，编目员从网络上收割内容、进行审查，并通过 Connexion 编目流程将被收割的项目添加到其 CONTENTdm 馆藏集。

网络素养

network literacy

网络受众利用网络接受和传播信息以及在网络生活过程中应具备的了解网络功能、应用网络资源、检索、处理、利用和评估网络资源的能力，具备网络素质及道德规范，包括网络信息辨别能力、网络规范及道德修养等内涵。

网络体系结构

network architecture

网络组建结构说明。指计算机网络的基础结构，包括硬件、功能层、接口以及用来建立通信链路和保证信息可靠传输的协议。由于计算机网络是硬件和软件的混合体，所以网络体系结构要提供合理而实用的标准，使计算机和其他设备能处理和建立通信链路，传输信息不冲突。

网络条约

Internet Treaty

主要指《世界知识产权组织版权条约》（WCT）和《世界知识产权组织表演和录音制品条约》（WPPT）这两个条约。1996 年 12 月 2—20 日，世界知识产权组织（WIPO）关于版权和邻接权若干问题的外交会议在日内瓦召开，并通过了这两个条约。其中《世界知识产权组织版权条约》主要是关于对图书、计算机程序、电影、音乐以及美术作品等文学和艺术作品的作者提供保护的条约；《世界知识产权组织表演和录音制品条约》则保护一些“相关”的权利，主要是表演者和录音制品制作者的权利。《世界知识产权组织版权条约》和《世界知识产权组织表演和录音制品条约》两个条约之目的是对世界知识产权组织现有的关于版权和邻接权的主要条约《伯尔尼公约》和《罗马公约》进行更新和补充，以适应新的技术和市场发展所带来的变化。针对各种涉及版权的新事物，《世界知识产权组织表演和录音制品条约》着重强调了当今的数字技术所带来的挑战，尤其是在数字网络上受保护的材料的传播问题。因此，这两个条约经常被一起称为“网络条约”。

网络图书馆员

cybrarian

对从事因特网信息查询和发布的图书馆员的一种新称谓。这种称呼还没有被图书馆行业广泛应用。cybrarian 是由“cyberspace”和“librarian”合成的新词。

网络拓扑（结构）
network topology

网络接点和线路间的物理和逻辑连接模式。网络的拓扑结构一般分为集中式和非集中式（或分布式）两大类。集中式拓扑结构（如星型网络）由一个中央计算机控制网络访问，确保数据的安全性和对网络操作的集中管理；而在非集中式拓扑结构（如总线型网络、环型网络）中，每一个工作站都能对网络进行独立的访问，并建立起与其他工作站的连接。

网络维护
network maintenance

为确保网络传输的正常，通过多种手段解决网络运行过程中遇到的各类问题，排除各种障碍。实施程序主要包括：掌握网/光纤网络布线机柜布局，设备的配置及配置参数变更情况，备份各个设备的配置文件，负责网络布线配线架的管理，确保配线的合理有序；掌握内部网络连接情况，以便发现问题迅速定位；掌握与外部网络的连接配置，监督网络通信情况，发现问题后与有关机构及时联系；实时监控网络运转和通信流量情况。

网络文学
net literature

新型文学的一种形式。指在计算机上进行文学创作，通过因特网进行传播，供网民阅读欣赏。

网络协议
network protocol

一种用于控制网络通信的规定，确保一个工作站在网上传输数据时不会与其他的数据传输发生冲突。在制定网络协议时，常采用分层结构的方法，即将网络分成几层，并对每一层网络均订立协议。

网络新成员，新网民
newbie

俚语，泛指不太熟悉电子邮件、电子邮件目录、新闻组、万维网、因特网或计算机应用及系统的人。因此，他们必须了解网络使用规则，使用关于网络资源开发工具书等。

网络信息计量学
Cybermetrics（webometrics）

采用数学、统计学等各种定量方法，对网上信息的组织、存储、分布、传递、相互引证和开发利用等进行定量描述和统计分析，以便揭示其数量特征和内在规律的一门新兴分支学科。主要是由网络技术、网络管理、信息资源管理与信息计量学等相互结合、交叉渗透而形成的一门交叉性边缘学科。网络信息计量学的产生突破了文献计量学、信息计量学仅以科学文献为研究对象的局限，把研究对象拓展到网络化的数字信息资源，使情报学的定量研究进入到一个新的阶段。

网络信息联盟（美国）
Coalition for Networked Information（CNI）

成立于1990年，总部设在美国华盛顿特区，是一个非营利性组织；致力于支持网络化信息技术的未来发展，以加强学术交流和提高知识生产力，该联盟由研究图书馆协会（ARL）和高等院校信息技术协会（EDUCAUSE）主办。美国网络信息联盟的全体会员包括代表高等教育、出版、电信、信息技术、图书馆和图书馆相关团体的200多个机构。

网络信息系统
network information system（NIS）

为用户提供网络信息资源服务的网络技术的管理机构，通常是指因特网的网络信息中心。

网络学位论文数据库
Networked Digital Library of Theses and Dissertations（NDLTD）

由美国弗吉尼亚理工大学于1997年发起、美国国家自然科学基金支持的一个网上学位论文共建共享项目，为用户提供免费的学位论文文摘，还有部分可获取的免费学位论文全文。全球有170多所图书馆、7个图书馆联盟以及20余个研究机构加入。

网络营销
online marketing

通过因特网或销售网点进行营销活动，其优点为速度快、范围广和成本低。如亚马逊网上书店、当当网上书店等。

网络照相机
web camera

一种可以直接连入网络的小型照相机，可以在网络的任何角落传输清晰高品质图像，在用于召开视频会议时可以让通讯双方看见对方的影像。

网络知识普及，网络知识扫盲
network literacy

在信息时代，人们若要有效地生活和工作，消除信息贫穷与富有的鸿沟，网络知识普及是一项至关重要的工作。网络知识普及主要包含两方面的内容，即通过教育和学习使人们了解网上的信息资源以及掌握发现、选择、获取、使用和评价网上信息资源的技能。只有这样，人们才能充分享有人类的劳动成果和共同的信息财富，运用自如地利用这些知识解决工作和生活中的问题，提高生活质量。因此，网络知识普及既是社会决策者、教育部门和网络机构必须高度重视的一个问题，也是社会上的全体成员必须关注的问题。

网络资源
Internet resources

利用计算机系统通过通信设备传播和网络软件管理的信息资源。网络信息资源所涵盖的范围是否广泛，是否针对相关领域或专业；网页制作的目的是什么，有何针对性，是否面对特定方向的用户；所提供的信息的广度、深度如何；包括哪些网络资源类型，是书目、索引、文摘，还是网络期刊或者网上图书等。这些都可作为用户评价和选择网络信息资源的标准。

网民
netizen

指因特网上的用户或利用网上资源的人，也指通过因特网或其他网络与他人交流的人。

W

网目（铜）版
half-tone

通过交叉线式玻璃网目屏或胶片网目屏照相进行印刷的一种技术。指通过曝光、腐蚀等工序制成的印版，专门用于复制照片及带有浓淡色调的图画。原始图像被分解成许多尺寸很小的网点，这些网点通过光学幻影来体现原始图像色调的深浅。网屏的线数为 50～200。

网上冲浪
surf

没有明确的目的，使用搜索引擎、超链接等从一个网页到另一个网页在因特网中四处浏览。网上冲浪的人称为冲浪者。

网上垃圾邮件
spam

指与内容无关，而且收件人并没有明确要求接受该邮件的、发送给多个收件人的信件或张贴物。从事此类活动的人员叫做垃圾邮件制造者（spammer）。垃圾邮件的常见内容包括赚钱信息、成人广告、商业或个人网站广告、电子杂志和连环信等。垃圾邮件可以分为良性和恶性的。良性垃圾邮件是各种宣传广告等对收件人影响不大的信息邮件，恶性垃圾邮件是指垃圾邮件炸弹或附带有病毒的具有破坏性的电子邮件。

网上聊天
online chat

一种网上的交流方式。来源于文字对情感的渗透，大家相互所感受到的，是通过文字，通过思想情感的交流，循序渐进地去挖掘、去了解对方。

网上目录
webliography

一种在网络上提供基于某一特定主题的印刷型和数字型资源的列表。特别是，在资源列表中每个网页的超文本标记语言文件都被嵌入了统一资源定位符地址，这样用户通过点击超文本链接就可以连接到网页上。OCLC 的 CORC 在创建一个电子导航以帮助图书馆员集成和组织他们的印刷型和数字型主题分类资源指南。

网上统计资源（美国）
Statistical Resources on the Web

由美国密歇根大学图书馆文献中心于 1996 年建立。这是一个内容广泛、编排细致的关于统计网站和个人统计出版物的资源指南。按主题分成 24 个大类，包括农业、商业和工业、消费者、生活支出、人口统计、经济学、教育、能源、环境、金融和货币、外国经济、外国政府、对外贸易、美国政府财政、健康、住房、劳动、军事、政治、科学、社会学、旅游、交通和气候等。网站还提供字顺主题索引和检索功能。目前有试用统计数据库，还有“最新资源”（What's new）介绍最近的统计资源。

网上图书馆
online library (network library)

又名网络图书馆、电子图书馆或数字图书馆，是现实图书馆被信息技术化的产物。实现网络图书馆的4个要素是：通信线路和通信终端设备、有独立功能的计算机资源储备、网络图书馆软件支持以及实现数据通信与资源共享的行为。

网上学校
network school

指通过计算机网络和多媒体教室向学生实施远程教育的学校。在这种学校里，教师通过多媒体教学系统对学生进行实时授课，也通过因特网查询教学课件、批改学生作业；而学生可以通过语音应答系统或电子邮件回答教师的问题，完成作业并向教师提问、质疑。

网页
Web page

构成网站的基本元素，是承载各种网站应用的平台。一般网页上都会有文本、图片等信息，而复杂一些的网页上还会有声音、视频和动画等多媒体内容，为网页增添了丰富的色彩和动感。几乎所有的网页都含有链接，可以轻而易举地进入同一网站的其他网页或是相关的网站。

网页设计师
Web designers

为网站页面进行设计制作的工作人员。其职责是负责对网站整体表现风格的定位，对用户视觉感受的整体把握；进行网页的具体设计制作；产品目录的平面设计；各类活动的广告设计以及协助开发人员页面设计等工作。

网页推送
Web page pushing

指将经过整理的信息资源以网页的形式迅速转发至用户的界面，实现用户的多层次需求，使用户能够自己设定所需要的信息频道，并直接在用户端接收定制信息的实现方式。

网易网
www. 163. com

中国主要门户网站，和新浪网、搜狐网和腾讯网并成为“中国四大门户”。网易在开发因特网应用、服务及其他技术方面始终保持中国内业界的领先地位。为因特网用户提供了以内容、社区和电子商务服务为核心的中文在线服务。自1997年6月创立以来，凭借先进的技术和优质的服务，网易深受广大网民的欢迎，曾两次被中国互联网络信息中心评选为中国十佳网站之首。目前提供网络游戏、电子邮件、新闻、博客、搜索引擎、论坛、虚拟社区和电子商务等服务。

网站点击率
hits

在因特网中，某一特定站点在指定时间内被用户访问（点击）的次数，可通过站点内运行的自动计数器软件来记录。

网站管理员
Webmaster

负责管理和维护网站的人员，有时也是网站的设计人员。通常负责回答电子邮件，确保一个站点的正常运行，建立并更新万维网网页，维护站点的整体结构，并设计站点。网站管理员的名字通常出现在网站主页面或欢迎页面的下方，通常还提供联系方式的链接。网站管理员不仅要精通超文本标记语言的编辑技巧，而且要熟悉许多服务器操作系统以及新的协议和标准。在图书馆界，网站管理员通常是系统图书馆员。

网站架构
website architecture

根据客户需求分析的结果，准确定位网站目标群体，设定网站整体架构，规划、设计网站栏目及其内容，制定网站开发流程及顺序，最大限度地进行高效资源分配与管理的设计。网站架构有程序架构、呈现架构和信息架构三种表现形式。

网站日志
weblog (blog)

指网络上的一种流水记录形式。一种包含一系列有关某一特定主题的链接和注释的网页。主题范围可宽可窄，按照时间倒排，以使最新增加的信息条目最早出现。网站日志是个人或群体以时间顺序所作的一种记录，并且不断更新。网站日志之间的交流主要是通过回溯引用和回响/留言/评论的方式来进行的。网站日志的操作管理用语，也借鉴了大量档案管理用语。一个网站日志亦可被视为一个档案（archives）或是卷宗（fonds）。与传统档案不同的是，网站日志的作者（blogger），既是这份档案的创作人（creator），也是其档案管理人（archivist）。在图书馆学和情报学领域最广为人知的网站日志 LISNews. com 是由美国人布莱克·卡弗（Blake Carver）于1999年11月建立。该网站日志接受读者传送的信息。另一个图书馆网站日志是由彼得·斯科特（Peter Scott）维护的 LibDex，该网站实际可以被认为是一个关于图书馆的网关，提供大量图书馆主页、在线目录等链接，并提供检索查询功能，同时管理网站日志《图书馆每日新闻》（*Library News Daily*）。

网站，站点
Web site

一组安装在 Web 服务器上的相关并且互链的网页，通过浏览软件向因特网用户提供24小时不间断的服务。绝大多数网站的建立是为了通过在线方式展示一个单位、组织或者机构的情况，或者一个团体或个人的工作。在站点的首页或者欢迎页，也就是通常所说的主页，经常显示站点的标题、负责创建和维护该站点的个人姓名。

网址
network address

指在因特网上建立的可供网络用户访问网站的地址，而且是唯一的。

危地马拉国家图书馆
National Library of Guatemala/*La Biblioteca Nacional de Guatemala*

按照法令隶属于文化体育部的危地马拉国家图书馆，成立于1879年10月，早期的收藏包括已关闭的宗教机构的藏书。该馆是危地马拉政府规定的出版物缴送本保存库，为此设立了专门的部门，收缴现行出版物，收集有关数据，编辑国家书目。该馆既是研究图书馆也是公共图书馆，并在几个城市设有分馆。馆藏图书50万册（卷）。特藏有珍贵著作以及危地马拉著者的手稿和殖民地年代的文献。

W

威尔伯·L·施拉姆（1907—1987）
Wilbur L. Schramm

世界闻名的传播学大师。1907年8月5日生于美国俄亥俄州。1928年以最优等的成绩获文学学士学位。大学毕业后，曾获得吹长笛的奖学金到新英格兰音乐学院学习，并成为波士顿民用交响乐团中的长笛吹奏者。攻读硕士期间在哈佛大学学习美国文学，于1930年在该校获文学硕士学位。随后，在衣阿华大学攻读美国文学专业的博士，于1932年在该校获哲学博士学位。施拉姆的重要著作《大众传播媒介与社会发展》已被翻译成中文。

威尔明顿公共图书馆（美国）
Wilmington Library

位于美国特拉华州威尔明顿市，始建于1788年。馆藏图书及期刊（合订本）50万多册，激光唱片、磁带及其他音频资料1 900多件以及数字视盘和家用录像机制式的视频资料7 800多件。年到馆访问达100万人次，年图书流通量达75万多册次。特色收藏包括特拉华州历史文献资源和美国非洲移民的相关文献。

威尔逊出版公司（美国）
Wilson Company

1889年由哈尔西·威廉·威尔逊（Halsey William Wilson）创建。作为印刷出版公司，同行业内的杰出品牌之一。威尔逊公司致力于提供最高品质的网络资源和打印资源，其产品作为标准工具规则，应用在高校、大众和全世界的专业图书馆里。该公司也是一家著名索引出版商。1901年，威尔逊开始着手编辑期刊文章索引《期刊文章读者指南》（*Readers' Guide to Periodical Literature*），这是一个成功的创举，以至于后来成为一家著名索引出版商，对国际上2 218种不同专业的期刊制作索引和采编文摘，甚至全文采编，为图书馆和科研工作者服务。威尔逊在出版索引时，总是听取图书馆或用户的建议，因此，到1903年，威尔逊公司已在全球享有盛名。其中有《图书评论摘要》（*Book Review Digest*）、《工具书陈列架》（*Reference Shelf*）等。1980年起，威尔逊公司出版电子格式的索引和CD－ROM等，最后，在网上提供索引搜索服务。

威廉·C·卡克斯顿（1422—1491）
William. C. Caxton

英国第一位印刷家，早年在德国科隆和布鲁日学习经商。1471年在科隆学习印刷术。1474年去布鲁日创建了印刷业务；1476年返回英国，买回了英国第一台印刷机，并安装在威斯敏斯特教堂的牧师会礼堂里。1477年印刷出来英国第一本书。他一生共印刷了100多部著作。其中包括乔叟（Chaucer）的《坎特伯雷故事集》（*Canterbury Tales*）。

威廉·贝里克·塞耶斯（1881—1960）
William Charles Sayers

英国图书馆学家、文学家和诗人。23 岁任克罗伊登（Croydon）图书馆副馆长，在馆长、图书馆学者路易斯·斯坦利·贾斯特（Louis Stanley Jast）指教下提高专业素质拓宽知识面。创立助理图书馆员协会，后担任主席。1915 年接替贾斯特任克罗伊登图书馆馆长，保持了克罗伊登图书馆“英国图书馆学发源地”的名声。编辑出版 12 部专著及上百篇论文，如《儿童的图书馆》(*Children's Libraries*)、《分类规则》(*Canons of Classification*)、《图书馆分类引论》(*An Introduction to Library Classification*) 和《分类手册》(*Manual of classification*) 等。塞耶斯先生在伦敦大学图书馆学院执教 32 年，专门教授分类，并获得英国图书馆协会荣誉会员称号。

威廉·弗雷德里克·普尔（1821—1894）
William Frederik Poole

美国图书馆学家，毕业于耶鲁大学，曾任波士顿图书馆、辛辛那提公共图书馆、纽伯里图书馆、芝加哥公共图书馆馆长和美国图书馆协会主席。在耶鲁大学学习期间，编辑出版《普尔期刊文献索引》(*Poole Index to Periodical Literature*)。在任波士顿图书馆和波士顿商业协会图书馆馆长期间，改革建筑设施，扩充藏书，编制分类法，培训青年馆员，对书本式目录编辑进行改革，并兼任哈佛大学图书馆监察委员。1869 年辞职开办充当图书馆顾问的办事处，指导图书馆兴建，使辛辛那提公共图书馆很快名列前茅；主张图书馆归属市政府下设的图书馆委员会，摆脱党派纷争，重视图书馆的教育作用，对图书馆组织及服务影响深远。

威廉·沃纳·毕晓普（1871—1955）
William Warner Bishop

美国图书馆学家。在密歇根大学获得硕士学位后，短期执教，随后即从事图书馆工作。曾分别在普林斯顿大学图书馆和国会图书馆做编目、参考和阅览工作，1915—1941 年任密歇根大学图书馆馆长。并且还兼任该校图书馆学系主任，从事图书馆教育。曾任美国图书馆协会主席，并一直在做该图书馆协会与国际图书馆界的联络工作，并担任该协会驻国际图联代表，1931—1936 年出任第二届国际图联主席。在国际图书馆界合作方面做了大量工作，并有突出贡献，曾担任重建梵蒂冈图书馆工作首席顾问，并指导编制该馆馆藏目录。

威廉·詹姆斯·巴罗（1904—1967）
William James Barrow

美国图书资料保护专家。1932 年开始研究书籍装订和保存技术，其技术在美国国会图书馆得到应用。他在弗吉尼亚州立图书馆的工作室进行文件修复工作，制造了滚筒式层合机，采用了醋酸纤维薄膜。研究了纸张损毁原因，发明了利用氢氧化钙和碳酸钙或碳酸镁中和纸张的去酸技术。经过检验发现，生产中如果采用中等碱性材料代替明矾和松香上浆并佐以碳酸钙，可使纸张保持多年碱性。1961 年建巴罗实验室，研究聚酯酸乙烯作为装订黏合剂，为美国图书馆协会制定了图书装订标准，主张有价值资料应当低温保存。

威斯康辛大学麦迪逊分校图书馆学与情报学学院（美国）
School of Library and Information Studies of University of Wisconsin-Madison

威斯康辛大学麦迪逊分校位于美国威斯康辛州的麦迪逊，其研究生院的文学与科学学院下设有图书馆学与情报学学院，创立于 1895 年。教授目录学、分类编目、综合专业信息服务、图书馆学与情报学研究专业实践和政策、网络参考服务、信息源、信息服务和信息组织等课程等。该学院获得美国图书馆协会资格认证。可授予学校图书馆媒体中心、图书馆学与情报学研究硕士学位，图书馆学与情报学研究与其他研究方向双硕士学位以及图书馆学与情报学研究博士学位。

威斯康辛大学密尔沃基分校情报学学院（美国）
School of Information Studies of University of Wisconsin-Milwaukee

威斯康辛大学位于美国威斯康辛州密尔沃基，其研究生院下设有情报学学院，可授予信息资源学士学位，图书馆学与情报学硕士学位、音乐/情报学研究、英语/情报学研究、人类学/情报学研究、外国语言与文学/情报学研究、城市研究/情报学研究、历史/情报学研究和地理/情报学研究双硕士学位以及情报学研究博士学位。获得美国图书馆协会资格认证。

微博客
Micro-Blogging (Microblog)

又称微型博客、微网志，是基于用户关系的信息分享、传播及获取的网络平台，允许用户通过简短的文字来更新和发布（通常少于 200 个字符），并且也可以通过限制组群来限制查看权限。这些更新信息可以通过多种途径，包括文字信息，即时通讯工具、电子邮件和手机等方式来完成。用户可在该平台上组建个人社区，发布更新小篇幅文字或者媒体信息，指定或者不指定阅读范围，实现即时信息分享。流行的微博应用有推特、新浪微博等。

微处理机
microprocessor

用一个或几个集成电路芯片来实现中央处理器（CPU）功能的微处理机。是微型计算机的主要部件，对于计算机来说，微处理机还需要一个电源、时钟和存储器。微处理机诞生于1971年，是计算机发展史上的里程碑。

微格式
microformat

指建立在已有的因特网标准基础之上的一组简单的、开放的数据格式。通常采用微格式的超文本标记语言（HTML）或者可扩展超文本置标语言（XHTML）文档会增加一些语义标签和属性注解。

微件
Web Widget（Widget）

一种小型的应用程序，一种 Web 2.0 的衍生物，其表现形式可以是用户桌面上的一个时钟，一个记事簿等，从而增加了桌面的可用性。用户可直接使用已获取的微件代码，嵌入到其需要的应用环境中，并以此实现信息的聚合。

微秒
microsecond

计算机运转速度的计量单位，等于百万分之一秒。

微软磁盘操作系统
Microsoft Disk Operating System（MS-DOS）

由美国微软公司于1981年推出的计算机磁盘操作系统，是一个单任务、单用户和具有命令行形式的用户界面的操作系统，用于国际商用机器公司出产的个人计算机机及其兼容机。像其他操作系统一样，MS-DOS 监督各种操作，如磁盘输入和输出、图像显示、键盘控制以及许多与程序执行和文件维护有关的内部功能。

微软公司
Microsoft

全球最大的计算机软件提供商，总部设在美国华盛顿州的雷德蒙市（Redmond）（大西雅图的市郊）。1975年由威廉·H·盖茨三世（William H. Gates III）和保罗·艾伦（Paul Allen）成立，最初以“Micro-soft”的名称（意思为“微型软件”）发展和销售 BASIC 解释器。微软公司是目前世界上最优秀的计算机软件公司之一，其中 MS-DOS 和 Windows 是其最著名、用途最广泛的软件。该公司在世界近百个国家和地区设立了分公司。1992年，中国代表处在北京成立，现在北京设有微软（中国）有限公司，在上海和广州设有分公司。

微软视窗操作系统
Windows

由美国微软公司于1985年为 DOS 操作系统驱动的个人计算机开发的一个界面友好的操作系统。窗口管理软件效仿了苹果公司开发的图形用户界面，已经成为台式微型计算机的工业标准。随着计算机硬件和软件系统的不断升级，微软的 Windows 操作系统也在不断升级，拥有多个版本。

微软授权视窗应用中心
Microsoft Authorized Windows Learning Center（MLC）

该中心向广大的直接用户提供应用软件的普及性教育和实际操作技能的培训，讲述如何有效地使用微软产品，最大限度地发挥软件工具来提高自己的工作效率，解决在软件使用时遇到的各种技术问题。通过短期训练，使学员能够掌握和应用所购置的微软产品，并在各自不同的岗位上发挥作用。

《微软在线百科全书》（简明百科全书）
***Encarta Online*（*Concise Encyclopedia*）**

微软公司的一个每年更新的知识系列产品的名称，Encarta 站点将百科全书的科学文化知识和社会现实相联系，做到经常更新。Encarta 是微软出品的数字多媒体百科全书，在线版本（http://encarta.msn.com）只包含有限内容。完整版本是必须购买获得。与其他电子百科相比，Encarta 的优势在于大量的多媒体资料，缺点是其中部分内容不甚客观。Encarta 网站包括8类内容：Encarta 查询用来检索所有 Encarta 材料、Encarta 参考用来访问 Encarta 品牌的百科全书，包括 Encarta 百科全书、在线豪华版、地图和世界英语词典等内容、Encarta How To

与 eHow. com 合作推出，1.4 万个对“How To（如何）”问题的回答，此外还有 Encarta 家庭作业、课程、语言学习，Encarta 商店和 Encarta 课程连接等板块。微软公司于 2009 年关闭其在线百科全书的业务，并停止销售该百科全书的软件产品。

微写术
micrography

通过显微镜可见的小型字符的书写艺术和实践。

微型绘画术
miniature

指绘制微型图画的艺术。（在象牙上或金属上）绘制的微型画像或其他刻画入微的绘画，绘制微型画像的艺术发源于英国。

微型计算机
microcomputer

简称“微型机”、“微机”。处理相对小的操作可编程计算机的统称，通常指台式机，是大型计算机系统的一部分，或连接到网络终端。由微处理机、程序存储器、数据存储器和输入输出接口构成，一般由一片或数片大规模集成电路组成，具有数字计算机内中央处理机的功能。特点是价格低，体积小，功耗省，可靠性高，操作和维修简便。但运算速度较慢，内存储容量较小。可用于小型数值计算、工业自动化控制和小规模的事务管理，也可作为计算机网络中主机的辅助设备或终端。在图书馆中可用于规模标引编辑、流通和采购管理、信息检索、造表、数值计算和电子邮递等。

微型软（磁）盘
microfloppy disk

一种 3.5 英寸软盘。微型软盘是一个涂有一层铁氧化物的聚酯圆片，被封装在一个坚固的塑料外壳内，并带有一个滑动金属盖。在 IBM 及其兼容机上，一张微型软磁盘可存储 720 KB 或 1.44 MB 的信息。

微型书
（法）*bibelot*

在文献中，如果一本书非常小，设计精美，材料考究，工艺精致，就被称为微型书。也可叫做拇指书。*bibelot* 来自法文，是指特别美丽的或是稀有的、奇异的小装饰物。

韦棣华（玛丽·伊丽莎白·伍德）奖学金
Mary Elizabeth Wood Fellowship

为了纪念韦棣华女士对中国近代图书馆事业所作出的贡献，美国韦棣华基金会从 1997 年开始向中国图书馆学会提供奖学金用于中国内地大学（学院）受全日制教育、就读于图书馆学情报学专业的本科生和研究生。中国图书馆学会成立“韦棣华奖学金评审委员会”，申报院校及名额由中国图书馆学会韦棣华奖学金评委会审定。1930 年，韦棣华女士为资助中国图书馆事业的发展积极募捐，并以捐款为基础成立了韦棣华基金会。

《韦氏新编同义词词典》（美国）
Webster's New Dictionary of Synonyms

初版于 1942 年，1968 年进行全面修订，由美国梅里亚姆·韦伯斯特公司（Merriam Webster Inc.）出版。收词 7 500 个，按字顺排列，设有许多相关参照，区分各同义词之间的细微不同。对有星号标记的词有专文辨义，并力求详尽。1984 年出版的新版中这种专文有所增加，所引作家的人数增加一倍，更能代表 80 年代的用法。例证选自《韦氏新国际英语词典第三版》（*Webster's Third New International Dictionary*）的资料档。词典中有一篇内容精髓的关于英语同义词的论文。

《韦氏新地名辞典》（美国）
Webster's New Geographical Dictionary

由美国梅里亚姆·韦伯斯特公司（Merriam-Webster, Inc.）出版的地名标准化参考工具书。是反映世界上包括大陆、国家、地区、城市以及自然名胜古迹等地名的基本信息，并提供迅捷查询的重要来源。初版于 1949 年，原名为《韦氏地名辞典》（*Webster's Geographical Dictionary*）。1972 年作较大修订，书名改为现名。2001 年出版了第 3 版，同时更名为《梅里亚姆·韦伯斯特地名辞典》（*Merriam-Webster's Geographical Dictionary*）。该辞典共收录 5.4 万条目，另有参见 1.5 万条，并附地图 252 幅。由于主要对象是美国读者，故美国地名占很大比重，所有条目均以字母顺序排列。以简洁、易用的形式为用户提供了世界各类型地名的重要信息和资料。在附录中还列出了 450 多个来自于其他语言文字的基本地理术语以及相应的英文对照。在英美两国是供办公室和家庭使用的中小型参考书，也是美国国会图书馆编目部地名规范化的标准参考书。

《韦氏新国际英语词典第三版》(美国)
Webster's Third New International Dictionary, Unabridged

美国出版的最负盛名的大型足本英语词典。1961年由梅里亚姆(G. &C. Merriam)公司出版,主编戈夫(P. B. Gove)。第三版是在第二版的基础上进行了增删,实收1755—1960年仍使用的词45万多个。2000年再版时收入补编14 000词,计收词47.6万多条,3 000幅插图。该词典所收之词都是经过严格筛选,使用纯粹解析式的单一短语释义法,释义准确、清晰、全面和例证丰富。该词典博大精深,是世界公认的最有权威的词典之一,纸本和电子版同时发行。

为多元文化人们提供图书馆服务专业组
Library Services to Multicultural Populations Section

隶属国际图联专业委员会为图书馆服务部(Division of Library Services)。为满足不同文化和语言背景的少数民族需求而开发和提供的图书馆服务得到了图书馆和机构的关注,该专业组联合了所有对开发和提供这类图书馆服务感兴趣的图书馆和机构。为确保全球社会中的每个成员能够获取最大范围的图书馆与信息服务,该专业组力求共享其多元文化人们的图书馆服务的经验。出版该专业组的业务通讯(电子版),刊登有关多元文化人们的图书馆服务的新闻与会议动态和论文,出版会议录和年报。

为视障读者服务
library services for visually impaired people

失明(全盲)或视力欠佳或称弱视,还有剩余视力者,均无法完全以视觉器官接受任何信息,必须借助其他觉器官如听觉、味觉或触觉或人工辅助器材加以学习。图书馆为他们提供的阅读媒体有:点字图书、有声图书、大字图书、双视图书(文字与点字对照)以及触摸图书等。

为有特殊需求的人们提供图书馆服务专业组
Library Services to People with Special Needs Section

隶属国际图联专业委员会图书馆服务部(Division of Library Services)。成立于1931年,原称为残障读者服务的图书馆专业组(Library for Serving Disadvantaged Persons Section)。该专业组的业务涉及为社区不能使用传统图书馆服务的群体提供图书馆和信息服务。这些群体包括住院的病人、犯人、护理院和疗养所的老人、闭居家中的人、聋哑人和肢体残缺以及畸形人。该专业组提供一个讨论思想、经验共享和项目开发的国际论坛,其目的是为了促进和提高为这类群体提供的图书馆和信息服务的效率以及所有的国内与国际合作。出版该专业组的业务通讯(电子版),刊登有关为残障读者服务的图书馆的新闻与会议动态和论文,出版会议录、年报和一些专著等。

为有阅读障碍人们服务的图书馆专业组
Libraries Serving Persons with Print Disabilities Section

隶属国际图联专业委员会图书馆类型部(Division of Library Types)。该专业组的业务涉及阅读障碍读者的图书馆服务。其宗旨是促进该领域中国家和国际合作,鼓励该领域内各方面的研究和发展,以改进阅读障碍读者信息的获取方式。出版该专业组的业务通讯(电子版),刊登有关的新闻与会议动态和论文,并出版会议录和年报。

违禁图画,违禁图片
objectionable picture

指禁止印刷、发行和传阅的图画和图片。

违禁文献
objectionable literature

指禁止印刷、发行和传阅的图书。禁止的原因包括政治原因、民族或宗教禁忌以及内容淫秽等。也称禁本。

违章分享
sharing violation

一个计算机用户试图再一次打开数据或程序文件时,显示屏上出现一个信息提示,文件必须先关闭,才能打开另一个应用程序。

唯一馆员
solo librarian

在一些国家,指无须借助其他图书馆员的帮助单独管理一所小型图书馆的馆员。公共图书馆唯一馆员常常依靠所服务之社区志愿者的协助,唯一馆员由专业图书馆协会唯一馆员部来进行管理,并接受其指导。

维阿康姆通讯公司（美国）
Viacom Inc.

总部设在美国纽约，主要从事新闻出版、广播、电视、户外广告和网上服务的通讯公司。目前所拥有的知名品牌有美国哥伦比亚广播公司（CBS）、音乐电视网络（MTV NETWORKS）和西蒙舒斯特出版集团（Simon & Schuster Publishing Group）等。其业务主要由电影、广播电视、有线电视、广播和户外广告、零售业和娱乐业以及出版和网上服务方面组成。

维多利亚大学E·J·普拉特图书馆（加拿大）
E. J. Pratt Library of Victoria University

该馆位于加拿大多伦多市，馆藏各类图书、杂志、文件、多媒体资源和电子资源等共计30余万件。馆藏侧重于加拿大本土研究、历史、古籍、英语文学、法语文学、德语文学、哲学、宗教学及政治学方面。特色收藏包括E·J·普拉特（E. J. Pratt）、诺斯罗普·弗赖伊（Northrop Frye）和塞缪尔·泰勒·卡内基（Samuel Taylor Coleridge）等作家的作品专辑。该馆以美国国会分类法编目。每件馆藏，除有一个分类号以外，还有一个地址编码指示其馆藏地理位置和流通状态。

维尔纽斯大学图书馆（立陶宛）
Vilnius University Library

该馆位于立陶宛首都维尔纽斯，建于1570年，最初为教会建立，9年后随着维尔纽斯大学的建立成为大学图书馆。包括1所中心馆和27所分馆，注册读者16万人，年借阅量达150万册次。由于历史悠久，收藏有丰富的珍稀古本、手稿及艺术绘画。其中，15世纪以前的古版本332件，16世纪的版本5 337件，17世纪的版本1.8万册（件），18世纪的版本5.5万件，手稿24万件。最具有特色的收藏是世界上最丰富的立陶宛古籍文献1.2万册。

维尔纽斯·格迪米纳斯理工大学图书馆（立陶宛）
Library of Vilnius Gediminas Technical University

位于立陶宛首都维尔纽斯，建于1962年，前身为考那斯工学院图书馆。馆藏各类图书文献资料共82万册（件），注册读者7 500多人，年到馆访问27万人次，年图书借阅量近70万册次。2000年初开始使用ALEPH500自动化系统管理书目，同年10月读者可以通过网络查询馆藏书目。

维护（修）合同
maintenance contract

指图书馆服务公司严格按程序检查和维修指定的设备或对其进行大修，保证其正常运转，按月或按年收取维护费的正式协议。也指和这些公司签订清洗和维护图书馆设备（一般包括复印机、复录机和计算机等），按月或按年支付其维护费的协议。一些大型图书馆和图书馆系统拥有自己的维护人员或由其所属机构提供这方面的服务。

维基百科，自由的百科全书
Wikipedia（WP）

指一个国际性的内容开放的百科全书协作计划，由维基媒体基金会组织运作。参与者来自世界各地，任何人都可以编辑维基百科中的任何文章及条目。维基百科开始于2001年1月15日，创始人是吉米·威尔士（Jimmy Wales）和拉里·桑格（Larry Sanger）以及几个热情、母语为英语的参与者。截至2011年11月，已有超过3 172万注册用户以及为数众多的未注册用户贡献了282种语言超过2 024万篇条目，其编辑次数已超过12亿3 192万次。每天都有来自世界各地的许多参与者进行数千次的编辑和创建新条目。中文维基百科正式开始于2002年10月，包括大陆简体，港澳繁体，截至2011年11月，已有超过38.5万篇中文条目。

维基词典
Wiktionary

自由的多语言的字典与词典网站，是维基百科的姊妹计划。该站点使用了维基（Wiki）技术，这种方式可以让读者自由地体会编书的乐趣。这就是说，任何读者随时都可以点击每个条目上的编辑本页链接对任何条目进行编辑。也可以通过点击登录来创建一个自己的账号。英文维基词典始于2002年12月，至2010年10月底已有超过200万条词条。中文维基词典开始于2004年5月，现已有100多万条词条。

维基儿童教科书
Wikijunior

又称维基儿童，是维基教科书的一个分支工程。旨在为0岁到12岁的孩子们提供适龄的非虚构读物。这些读物有照片、图表、素描和原画等丰富的插图。维基儿童的读物是一个由作家、教师、学生和年轻人组成的世界性组织所编写的。这些读物呈现已验证的真实信息。他们被邀请来编写、编辑和重写每篇文章和每个读物以改善其内容。目前维基儿童教科书有8种语言（包括中文和英文）。

维基孵育场

Wikimedia Incubator

维基媒体基金会下面的维基计划，用于测试新的维基媒体计划或新语言的已存在计划的可能性。于2006年6月正式成立，在这之前维基媒体的新维基测试大多是在元维基进行。

维基共享资源

Wikimedia Commons

维基媒体基金会的计划之一。是存放自由开放的图片、声音以及其他多媒体档案的地方。上传的档案可以在其他维基计划中使用，包括维基百科、维基教科书以及维基新闻等。维基共享资源于2004年3月开始推广，当年9月7日启用。10月维基百科能够在文章里使用维基资源，其主要语言是英语。

维基教科书

Wikibooks

维基媒体中的一个工程和维基百科的姐妹计划，于2003年7月10日开放。此计划收集自由的教科书、目录或其他用户自己编辑的书，是一个国际性的内容开放的教科书协作计划，这些书在GNU自由文档协议证书下发布，其目标是为这个星球上的每一个人提供他们自由选择由特定语言所书写的关于全世界各类知识的书籍。所有的内容由维基媒体基金会负责。在维基教科书以下共有两个分支工程：维基儿童教科书（Wikijunior）和维基学院（Wikiversity）。其中维基儿童教科书是一套在线青少年刊物工程，而维基学院则是一个开放地学习和研究社区，维基教科书旨在提供完整的，从幼儿园到大学的课本课程，这些教科书均为免费，而且能够按照开源发展的模式自由地进行交流。

维基媒体基金会

Wikimedia Foundation Inc.

简称为维基媒体（Wikimedia），是负责维基百科、维基词典、维基语录、维基教科书、维基文库、维基物种、维基新闻和维基共享资源计划的非营利组织，在美国佛罗里达州注册。由Bomis公司的首席执行官吉米·威尔士在2003年6月20日正式宣布成立的。该基金会的目标是鼓励并协助内容开放、基于维基计划的发展，并在不刊登任何商业广告的情况下向公众免费提供这些计划的全部资源。共设德国、法国、意大利和波兰四个分会。

维基文库

Wikisource

维基媒体基金会下的维基百科的姐妹计划，目的是创建一个自由的、基于维基的知识仓库，包括每一个语言版本的完整原始文献，并且把这些文献翻译成多种语文。维基文库于2003年11月4日开始启动。起初被叫做Sourceberg，后来经过投票后确定为Wikisource。站点图标是一座冰山。当前，维基文库已经有10篇文档，并且每天都在增加。

维基物种

Wikispecies

2004年9月14日启用，是维基媒体基金会建立的一个具有很大潜力开放、自由的物种目录。主要涵盖了动物、植物、真菌、细菌、古细菌、原生生物、生物病毒以及所有地球上的各种生命。其口号是："维基物种是自由的，因为生命是公有的！"

维基新闻

Wikinews

该维基计划属于维基基金会，是一个自由内容的新闻媒体。其使命为"提供一个新闻工作者能独立报道新闻的环境"。2004年11月，维基媒体基金会实验以Wiki共笔协作的方式建立新闻网站的可行性。最终计划得到基金理事会允许建立。先后建立了德语、法语、荷兰语、西班牙语、瑞典语、保加利亚语、葡萄牙语、波兰语、罗马尼亚语和乌克兰语等语言版本。

维基学院

Wikiversity

一个自由、开放的学习环境和研究社区。在线课程以合作和知识交换的形式建立。原本是维基教科书下的子计划，2005年正式启动独立的Wikiversity项目的提议经过投票表决，并在同年11月维基媒体理事会上进行了讨论。2006年8月，Wikiversity正式从维基教科书计划分离，成为维基媒体基金会的一项新计划，并公开测试。至2008年5月为止，有英语、德语、西班牙语、法语、意大利语、希腊语、日语、葡萄牙语和捷克语9个独立的版本。

维基语录
Wikiquote

维基百科的一个姐妹计划。使用相同的 Media Wiki 软件。是维基媒体基金会下属的一个维基计划。维基语录旨在创建一个各种语言的名人名言以及谚语等内容的自由的在线语录。这些名人名言从原始语言翻译成汉语，并为维基百科提供补充材料。大多数的维基语录集中在编写使用该语言的作者，但也有很多优秀的翻译。一些语言版本的维基语录，包括英文和日文版，显示出一个强烈的倾向于参考原文，而且许多的引言都伴随有原文。

维普全文电子期刊
VIP full-text electronic journals

由科技部西南信息中心重庆维普资讯有限公司于2000 年推出的全文数据库，源自 1989 年创建的《中文科技期刊篇名数据库》，是中国国内最大的综合性文献数据库。数据库包含 1989 年以来的自然科学、工程技术、农业、医药卫生、经济、教育和图书馆学情报学等学科 8 000 余种期刊刊载的 500 余万篇文献，并以每年 100 万篇的速度递增。每篇文献严格遵循《中国图书馆分类法》、检索期刊条目著录规则和文献主题标引规则进行分类、标引。所有文献被划分为自然科学、工程技术、农业科学、医药卫生、经济管理、教育科学和图书馆学情报学 7 个专辑，各专辑又进一步细分为 27 个专题。

维其塔公共图书馆（美国）
Wichita Public Library

位于美国堪萨斯州维其塔市，包括 1 所中心馆和 11 所分馆，为辖区居民提供各种服务。馆藏图书及期刊合订本 116 万多册，激光唱片、磁带及其他音频资料 6.2 万多件以及数字视盘和家用录像机制式的视频资料 3.5 万多件。年到馆访问 50 万人次，年图书流通量 330 多万册次。特色收藏包括维其塔以及堪萨斯州地区历史文献资料，堪萨斯州参考文献及家族渊源文献等。

维斯特市公共图书馆（美国）
Westerville Public Library

创建于 1930 年，是一所学区图书馆，拥有 33 万册（件）馆藏。该馆尤其注重服务质量，以满足用户对教育、专业和个人的需求。同时也开展系列活动有助于激发和提高儿童对阅读的兴趣。该馆设有基金会募捐资金以支持图书馆进一步发展。

维也纳理工大学图书馆（奥地利）
Library of the Vienna University of Technology/ *Universittsbibliothek der TU Wien*

位于奥地利首都维也纳，包括 1 所总馆、90 所系馆以及两所专业图书馆：化学图书馆和数学物理图书馆。馆藏图书资料约 130 万册，科技期刊 3 100 种，大量维也纳理工大学博士硕士论文，同时拥有许多在线数据库。馆藏文献侧重于自然科学和技术领域，同时也兼顾环境科学等相关领域。该馆还收藏了有关奥地利和德国的丰富的标准文献。

《卫报》（英国）
The Guardian

英国的一家严肃报纸，体现自由党派的观点。原名《曼彻斯特卫报》(*Manchester Guardian*)，1821 年创办于曼彻斯特市，创办人为一热心议会改革的自由主义人士约翰·爱德华·泰勒（John Edward Taylor)，1959 年 8 月改为现名。当该报发展为全国性的大报后，于 1964 年将总部迁往伦敦，分别在伦敦和曼彻斯特同时出版，彩色印刷。该报继承了重视言论的传统，同时也很重视国际新闻。读者主要是来自政界、知识界和中产阶级。

卫生部图书馆信息中心（新西兰）
Ministry of Health Library and Information Center

位于新西兰惠灵顿市。其馆藏主要侧重于卫生计划及政策、心理健康服务、公共和个人卫生以及国际健康服务趋势等方面，是新西兰国内收藏卫生类文献最为丰富的图书馆。主要为卫生部职员提供图书借阅服务，同时也为其他从事卫生行业的研究人员提供服务。

卫生与生物科学图书馆专业组
Health and Biosciences Libraries Section

隶属国际图联专业委员会图书馆类型部（Division of Library Types)。该专业组代表有关卫生与生物科学信息传播和服务所有方面。其宗旨是促进卫生与生物科学图书馆之间的合作，有助于这类图书馆新技术的开发与应用，探讨为保健者更好地提供卫生保健信息的方法，促进国内与国际卫生与生物科学图书馆协会之间的合作活动，促进与世界卫生组织（WHO）和其他有关国际机构的合作。出版该专业组的业务通讯（电子版)，刊登有关卫生与生物科学图书馆的新闻与会议动态和论文，出版会议录、年报和一些专著等。

卫星电视
satellite television

运用通信卫星从地面站点接收电视信号，然后再传送到收看者家中的卫星天线上，每个卫星覆盖地球表面一定区域，可传送不同语言的电视频道节目。世界上第一个英国卫星电视公司是由鲁帕特·默多克（Rupert Murdoch）的天空电视（Sky Television）公司于1989年开始运行。

卫星通信
satellite communications

1965年4月，世界上第一颗商用通信卫星“晨鸟”号发射成功，标志卫星通信时代的开始。这是以通信卫星作为中继站的一种远距离无线通信方式，是当前国际通信的主要方式之一。

（未被授权的）传记
unauthorized biography

指未经主人公或主人公家人同意撰写的传记作品。如果传记主人公已故，有时这种作品比授权的传记更客观真实一些，因为传记作者不必作出让步来获得撰写隐秘资料的特权。同样由于这个原因，这种传记可能会不详细或不完整。

未编目资料
arrears

图书馆中累积成堆的需要进行编目的图书资料。造成这种状况的原因是由于大宗订购、大额馈赠或者是做编目工作的人手不足。

未标定价
price clipped

描述硬皮书或精装书价格情况的一种术语。有的出版商在处理滞销书时会除去印在精装书护封前覆页上的价格。

未标页数
unpaged

指未标明页码的书页，通常出现在正文前的版面。编目时应在载体形态项注明“未标页数”并置于方括号内（如［24］p.）。

未裁本，未开书边
unopened

指装订时有些书页未被完全裁开，一旦用纸刀或锋利工具将其裁开了，就称为开了书边。

（未充分利用的）资源，服务
underutilized

指图书馆的服务、各种资源等未得到充分利用，通常因为它的可利用性没有被广泛重视、理解。除努力做好各项服务工作外，要充分利用一切机会和场合大力宣传图书馆。

未出版资源的制作者
producer of an unpublished resource

负责刻写、装配、制造未出版资源的个人、家族或团体。在“资源描述与检索”（RDA）中，制作者（producer）专用于未出版资源，制造者（manufacturer）用于出版资源。

未定稿版
preprint

大套著作在出版前预先印刷一部分以征询有关方面的意见，修正后再出版。

未对齐的
unjustified

指文中左对齐或右对齐，结果使得另外一书边空白未对齐。又称左边不齐行或右边不齐行。

未格式化软盘
unformatted diskette

指不含数据以及道和扇等格式信息的软磁盘。

（未经编辑、校订出版的）作品
inedited

一部作品未经过任何的编辑改动，按照作者递交作品时的原样进行出版。这样的作品中的某些段落可能会遭到一些读者的反对和不满，或包括一些事实性的错误，如果经过正常的编辑修改，这些错误是可以被修正的。

（未经出版的）稿件
unpublished

指出版过程中的著作，或未出版的手稿或打字原稿，尤其指已故作家尚未出版的论文集或书信集。也包括未打算出版或作者未找到出版商的稿件。

未经出版的书
（拉）*ineditum*

意思为“未被知道的”，此处意为未出版的文学作品。这种类型的文学作品通常出现在图书馆的特藏部分，图书馆一般会通过特别的渠道购买这些未经出版的书籍，或者是收到某些名人的赠书，或是作家的个人书稿等。*ineditum* 的复数形式是 *inedita*。

未经删改版，全文版
unexpurgated edition

指著作内容完整无缺的版本，未经审改，又未加删节。

《未来图书馆：梦想、疯狂与现实》（美国）
Future Libraries: Dreams, Madness & Reality

美国资深的图书馆自动化专家克劳福特（Walt Crawford）和戈曼（Michael German）著，美国图书馆协会出版社于 1995 年出版。该书共分 12 章：信条、印刷物的生命、技术迷的狂热、电子出版与分布、与电子信息竞争、破除全电子未来的梦想、图书馆的敌人、图书馆的多样化、馆藏和存取的经济学、连续出版物危机的生存指南、未来的图书馆：无墙图书馆、好运属于成功的图书馆。该书核心探讨了当时图书馆和图书馆员普遍关心的一些重大问题，并提出了以一个新的图书馆五原则作为当前和未来图书馆的使命：图书馆是为人类服务的，尊重各种知识交流形式、明智地利用信息技术以改进服务、保护对知识的自由存取、珍视过去和创造未来。

未来用户
expectant user

指现阶段没有信息需求，但在今后将会提出信息要求且需要信息机构提供帮助的用户。

未漂色的纸
unbleached paper

指原色牛皮纸。是用未漂白的材料制成的一种特殊类型的纸，具有最早白色粗布的颜色，因为这类纸纤维的强度高，所以比较结实。

（未签名的，未题署的）著作
unsigned

未标明作者名字的著作，如一本参考书的一个条目或一本杂志的某篇文章未署作者名。通常表明这些是由雇用作者撰写的。

未切书边，毛边
uncut

指印刷后页边未裁切的图书或期刊，读者看书时要用刀子将书边相连的书页裁开。

未清订单
open order

指在采访中，由图书馆制定的购买新书的订单。在订单上有一部分出版的新书要分期分批陆续到货，所以，这份订单需要长期开放待执行。

未区别名称指示词
undifferentiated name indicator

用于在记录个人属性时，说明所记录的核心元素不足以区别两个或多个同名的个人。

（未完成的）著作
unfinished

指作家、作曲家或发明家逝世后留下来的未完成的著作。这些未完成的著作有时会由其同行或助手接班继续完成撰写、出版工作。

未装订印张
sheet stock

指印刷厂印完一本图书还未装订之前，平摊堆放的印页。

《伟大的图书馆思想家》
The Great Men of Library Thought

韩国延世大学名誉教授李炳穆先生主编，高仁哲等著，于 2005 年由韩国首尔出版社出版。书末附有李炳穆教授撰写的后记、思想家的年谱与论著目录、参考文献以及索引。在调研了世界主要图书馆思想家的生涯、思想、影响以及业绩的基础上选录了来自韩国、中国、日本、印度、美国和英国 6 个国家的 12 名众所周知的图书馆学者。该书由两部分组成：第一部分收录了 9 名近现代早期的图书馆思想家，即：韩国的朴奉石、中国的刘国均和杜定友、日本的和田万吉、印度的阮冈纳赞（Shiyali Ramamrita Ranganathan）、美国的麦维尔·杜威（Melvil Dewey）、皮尔斯·巴特勒（Pierce Butler）、杰西·豪克·谢拉（Jesse Hauk Shera）以及英国的莱昂内尔·罗伊·麦科尔文（Lionel Roi McColvin）。第二部分收录了当代 3 名图书馆思想家，即：美国的弗雷德里克·威尔弗里德·兰卡斯特（Frederick Wilfrid Lancaster）和米歇尔·戈尔曼（Michael Gorman）、英国的莫里斯·伯纳德·莱恩（Maurice Bernard Line）。

W

伪经
pseudepigrapha

声称来自《圣经》特征的虚假、模仿作品，一些经文的作者被错误地归属于旧约圣经中的人物，后来查明是在公元前 300 年至公元 200 年由犹太教无名氏假托《圣经》人物名义所写的不属《圣经》原本的经文，如《所罗门诗篇》。

伪书
apocryphal book

指未知著者身份、成书年代不明或来历不可信的图书。

伪造文件赝品
forgery

故意伪造或模仿签名，或者对一篇文献或其他作品进行伪造或更改，目的是欺骗或侵害他人利益。伪造珍本和有价值的图书被认为是赝品。在大多数国家里，伪造行为或出售带有欺骗性的伪造作品被认为是犯罪。同样也指假冒的东西。

位图，数字映像
bitmap

是用数字表示法来表示排列在每一行和每一列上所组成的点，即由表示数据的每单个比特来确定计算机屏幕上单色图像像素值的大小。在黑灰标度和色彩图像上，由一组比特构成的每个圆点将决定在组合创作特定的图案或色彩的视觉印象时一组像素单值的大小。每个圆点的比特越大，图案或色彩范围可能就越宽。每平方英寸（密度）圆点数值决定了位图图像的分辨率。分辨率也可由地图中所列的数值乘以行的数值来表示。当文件须扫描进入计算机时，页面上的图像就被自动地转换到可浏览一个位图图像上的监视器上。

W

位置的设定
setting

指控制机器操作的指示器的位置，举例来说，影印机上扩大或缩小原始文件大小的选项。

位置优先
position preceding

在一个检索表达式中，当运算符不止一种时，既有布尔逻辑算符又有位置算符以及系统规定的其他连接组配符号，系统是按照位置算符优先的次序进行运算的。

位置运算符
proximity operators

又称“原文检索运算符”。在检索表达式中用来指明检索项在记录中的位置关系的符号，是计算机情报检索中经常使用的运算符之一。

尾页封底
self end

在装订图书的过程中，不能与正文内容相脱离的尾页。属于首章节或尾章节的一部分。因此使用与正文相同的纸张，也指利用书本的最后一页作为封底。

委内瑞拉国家图书馆
National Library of Venezuela/*Biblioteca Nacional de Venezuela*

委内瑞拉独立伊始就于 1833 年颁布法令成立国家图书馆，20 世纪初委内瑞拉国家图书馆才有了自己的馆舍。1942 年开始编辑出版连续出版物国家书目。1977 年根据总统令，该馆作为自治机构隶属于教育部，同时扩大了职责范围，负责管理全国公共图书馆系统并向国内外提供信息服务。1982 年颁布的缴送本法涉及到视听资料，使该馆馆藏的品种增加得到保证。出版《委内瑞拉书目》和《图书馆通报》。馆舍面积为 8 万平方米、11 个阅览室 1 700 个阅览座位，拥有馆藏图书 700 万册（卷）。

委托作品
commissioned works

指受托人接受委托人的委托，依照委托合同的约定而完成的作品。委托作品的著作权归属由合同约定。合同未作明确约定或者没有订立合同的，著作权属于受托人。

蔚蓝网
www. wl. cn

2000 年 3 月成立。网站创立伊始，秉持源于校园，服务于校园的经营理念，从考试、计算机、教材教辅等学生、教师们重点关注的图书做起，以快捷的图书资讯，优质的配送服务，实惠的购书价格在高校中树立了良好的品牌。并成为中国校园网内较大的电子商务网站。2009 年 11 月，该网与中国最大馆配图书服务提供商之一的人天书店完成并购，成为人天书店旗下的控股公司。

魏海生（1960—）
Wei Haisheng

研究馆员、中共中央编译局副局长。1982 年毕业于武汉大学图书情报学院。先后在中央编译局文献信息中心任副处长、处长、副主任、常务副主任和主任。同时是中央编译局学术委员会委员、局高级职称评审委员会委员、局信息化工作领导小组组长，先后担任中央直属机关青年联合会委员、中国索引学会副理事长、中国近现代史史料学学会副会长、全国专业标准化技术委员会委员、中国图书馆学会理事、中国图书馆学会专业图书馆分会常务理事兼副秘书长等职。长期从事中央编译局图书文献和信息化建设的组织、领导工作，专于国内外社会科学文献信息的收集、整理、分析与研究。独立或参与撰写、编译了论著 20 余种，主编重要文献索引有 7 种。近年来主持或参与国家社科基金重点项目、国家社科基金重大项目、中央编译局重大委托项目、中央编译局与深圳市委宣传部合作课题、中央编译局与上海浦东新区合作课题和福特基金会项目等。

温哥华公共图书馆（加拿大）
Vancouver Public Library（VPL）

创建于 1869 年，其前身为新伦敦机械学院图书馆，是加拿大第三大公共图书馆系统，包括 22 所分馆，馆舍面积为 37 000 平方米（398 000 平方英尺），馆藏为 150 万册（种），包括图书、报刊、音像制品和数据库等。拥有阅览座位 1 200 席。该馆内设有特别需求区，如盲人识字系统、双胞胎视觉和大印刷字体的材料，在为残障人士提供的服务和资源上，做得非常的完善。该馆的多元文化部还举办各种类型的活动为温哥华主要多元化社团提供各种服务。

文本
text

指各种书写的、印刷的或以电子书形式出现的，用文字或符号表达作者思想观点的著作。

文本技术元数据
technical metadata for text（TEXTMD）

一种文本数字对象技术元数据的可扩展标记语言（XML）规范。最常用作元数据编码与传输规范（METS）管理元数据部分的扩展规范，可用于保存元数据（PREMIS）作为特定格式元数据扩展，也可用于独立于 METS 的单个文件。

文本检索会议
The Text Retrieval Conference（TREC）

由美国国家标准局和美国国防部联合主办，创立于 1992 年。其主要目的在于通过提供评价大型文本检索方法所必需的基础设施来支持对信息检索的研究，其目标范围包括：鼓励基于大型测试集的信息检索研究；建立一个研究思想交流的开放式平台，加强企业、学术机构和政府之间的联系；通过展示检索方法在解决实际问题中的有效性，加快实验室的技术商业化产品转化的速度以及增加提供给企业和学术机构使用的评价技术的有效性，也包括发展新的对于现有系统更加合适的评价技术。

文本结束（符）
end-of-text（ETX）

在数据传输中，用于标志文本文件结尾的字符。这个标志不一定是表示传输的结束，因为文件尾部后面可能还有其他信息。

文档对象模型
Document Object Model（DOM）

万维网联盟（W3C）推荐的一种可扩展置标语言（XML）文档的对象模型，也可以看作是处理可扩展置标语言的标准应用接口。在文档对象模型内，文档组成呈现树状结构，可扩展置标语言每个元素、属性都是树上的一个节点，可通过 JavaScript 来访问文档对象模型树，浏览树上各个节点，动态添加或删除节点，设置或修改节点样式，修改某个节点中保存的数值等。文档对象模型有两种常见形式，即超文本标记语言（HTML DOM）和可扩展置标语言（XML DOM）。

文岗资讯公司
Apex Information

成立于 2002 年 3 月，其宗旨是以提供符合学术和发展需要所使用的最新科技研究电子资源及研究文献资讯。成立之初，以公司研发的专利分析系统，建立公司的专业形象及知名度。随着资讯科学科技的发展，并陆续为学术性用户引进国际最新的电子平台、电子资源与内地知名的期刊全文资料，及从临床医学用户引进临床使用的电子资源。

文稿组稿者
literary scout

文稿收集者，为出版社到处寻找有关作家，组织所需要的稿件者。

文华图书馆发展公司
Wen Hua Library Development Corporation

于1994年6月建立，该公司的服务对象为中国各类图书馆，主要经营：IC卡图书馆管理、视听资料、书目产品、缩微复制产品、办公自动化设备、图书馆业务规划和新馆布局设计等。

文华图书馆管理资讯股份有限公司
Mandarin Library & Information Services Co., Ltd.

1991年10月成立于中国台湾省台北市。该公司是为图书馆提供多元化服务的专业公司，主要经营项目有：图书馆自动化系统、图书编目与采购、图书馆学与资讯科学专业书籍出版、图书馆家具设备代理、图书馆（室）规划以及其他图书资讯相关服务。

文华图书馆专科学校
Boone Library School

建于1920年。最初由美国友好人士韦棣华女士与中国图书馆学家、“中国图书馆学教育之父”沈祖荣和胡庆生创办的中国第一所独立的图书馆学高等学府。现代图书馆教育由此而引入中国。并开创了中国近现代档案学教育的先河。学校原址位于武昌崇复山街二号。所开设的课程和所使用的教材基本上是仿照美国纽约州立图书馆学校加以变通而成的。至1949年时，共培养学生近300人。1952年院系调整中并入武汉大学，改名为武汉大学图书馆学系。

《文华图书馆专科学校季刊》
Boone Library School Quarterly

原名为《文华图书科季刊》，民国三大图书馆学期刊之一，由中国第一所图书馆专科学校创办。该刊从1929年至1937年，共出版发行了9卷36期，讨论、介绍和研究中外图书馆学状况，登载了很多重要的图书馆学、文献目录学文章。

文化部公共文化司
Department of Public Culture of Ministry of Culture

中华人民共和国文化部的一个司局级机构，其前身是文化部图书馆事业管理局、文化部图书馆司和文化部社会文化司。主要职责是管理社会文化事业，研究拟定群众文化、少数民族文化、少年儿童文化、各类图书馆等社会文化事业发展规划并组织实施；指导文化艺术普及工作；指导图书文献资源的建设、开发和利用；推进图书馆间协作和标准化、现代化建设，指导图书文献古籍保护工作；协调全国性重大社会文化活动。该司下设综合处、群众文化处、未成年人文化处、图书馆处和少数民族文化处。

文化财产
cultural property

1970年联合国教科文组织《关于采取措施禁止和防止非法进出口文化财产和非法转让其所有权的公约》中的第1条将文化财产界定为：“每个国家，根据宗教的或世俗的理由，明确指定为具有重要考古、史前史、历史、文学、艺术或科学价值的财产。”

文化程度
education level

表示一个国家、一个民族人口素质的重要指标，标志着一个国家的文化教育普及和发展程度。文化程度可分为研究生、本科、大专、中专和中技、高中、初中、小学以及文盲与半文盲。

文化对象编目
Cataloging Cultural Objects（CCO）

一种描述、记录和编目文化作品及其图像的内容标准，对数据的选择、排序及格式化提供指导。规定了一套来自艺术作品描述类别（CDWA）元数据的核心元素，包括对创建作品和图片记录所必需的最重要描述信息。其主要重点是艺术和建筑，包括但不限于绘画、雕塑、版画、手稿、照片、建筑作品、装置和其他视觉媒体，还涵盖许多其他各类文化作品，包括考古遗址、遗物以及来自物质文化领域的功能性物体。

文化馆、文化中心
cultural center

中国县（区）、市一级的群众文化事业单位，有的地方也叫文化活动中心，主要作用是开展群众文化活动，并给群众文娱活动提供场所，通过举办讲座、展览、阅览和演出等活动，向群众进行宣传教育，并组织和辅导群众业余艺术表演和文艺创作等。在国外，正在兴建的很多孔子学院也类似于宣传中国传统文化的文化馆。文化馆作为基础性的公共文化机构，提供基本的公共文化服务，满足基本的公共文化需求；承担一定的社会教育功能，组织和引导反映主流文化精神的公共文化活动；整理和保护民间文化遗产。

文化广播公司（韩国）
Munhwa Broadcasting Corporation（MBC）

韩国商业性股份有限广播电视公司。1961 年 2 月 21 日成立，总部设在首尔（汉城）。拥有覆盖全国的 2 套广播节目和 1 套电视节目，在全韩国设有 20 余家分支机构，在中国、日本和美国等设有记者站。1969 年 8 月，文化广播公司建立了韩国第三家电视台——文化广播公司电视台（MBC－TV）。2001 年下半年，该公司与韩国广播公司、教育电视台等电视网络在首尔地区开通了数字广播业务。

文化遗产
culture heritage

历史遗留下来的一切物质财富和精神财富。概念上分为有形文化遗产、无形文化遗产。文化遗产包括物质文化遗产和非物质文化遗产。物质文化遗产是具有历史、艺术和科学价值的文物；非物质文化遗产是指各种以非物质形态存在的与群众生活密切相关、世代相承的传统文化表现形式。

《文汇报》
Wenhui Bao

1938 年在上海创办，中共上海市委领导下的以知识分子为主要对象的综合性大报。该报坚持“把握舆论导向，发扬文汇特色”的办报方针，日出对开 12 版。主要版面有：要闻版、经济科技社会新闻版、国际新闻版、文化新闻娱乐版、国内新闻版、教卫新闻版和体育新闻版等。主要专栏有：笔会、科技文摘、海外瞭望、新闻视窗、文汇财经、论苑、文汇特刊和文艺百家等。该报在北京、济南等 11 个城市设有卫星传版印点，并且还在美国、法国、日本、墨西哥、印度、菲律宾、尼泊尔、乌克兰及联合国等地派有常驻记者。

文集
papers

文献的汇集，又称编辑出版物。按统一格式、体例和开本，将某个人的部分或全部作品，或若干人属于同一题材的作品汇集出版的图书。也指一组文章，特别是在学术研讨会上发表的署名文章，通常这些文章由举办会议的学会、协会和联合会等机构组织专家进行评审并以会议录或会议论文集的形式出版。档案和特藏的文集可能包括个人或家庭的文件，如私人通信等。个人文集通常由作者或家庭成员捐赠给图书馆。美国总统的个人文集则收藏于专门的总统图书馆。

文件安全
file security

为了保证数据文件的安全，只允许经授权的用户访问某些文件的一种措施，以防止意外损坏和非授权用户的访问。

文件尺寸
File Size

数字文件的字节数。属数字文件特征（digital file characteristic）之一。

文件处理程序表
disposition schedule（retention schedule）

档案员采用的文献分类表，用以作出对那些反复出现的机构或个人记录予以保留、保留时间、（文件作为存档或暂存的）存放地点和与文件处置相关的任何其他决策。按照记录对机构的可用性和价值作为判断依据。

文件处置
disposition

机构或个人的非常用记录在对其可用性作出评估后予以处理的方式，大多数情况下，其处置方式有：以原始形式临时或永久地存储在仓库中，用缩微、数字化方式重新生产或存储，出售、捐献或销毁。

文件传输协议
File Transfer Protocol（FTP）

不管是何种平台，允许数据文件通过因特网直接从一台计算机复制到另一台计算机的传输控制/网际协议（TCP/IP）协议，不需附加在电子邮件文件中。作为文件服务器运行的计算机，存储其他计算机可用的文件，被称为文件传输协议站点。如果访问时不需要用户名或密码，这样的计算机就是一个匿名文件传输协议站点：它的文件可以被任何可以访问因特网的人下载。虽然被普遍使用，匿名文件传输协议已经被最流行的数字信息传播方式的网页所替代。

文件传送
file transfer

指在计算机网络中，使文件从一部计算机传输到另一部计算机的活动。

（文件的）压缩
zip

利用压缩软件将数据文件或者一些其他有效的数据压缩成特定格式的文件。当这样的文件被恢复成为未压缩的格式时，被称为解压缩。

文件格式
file format

一种文件的结构，用以确定文件存储方式和文件在屏幕上或打印时的表示方式，不同的程序和操作系统使用不同的文件格式。

文件共享
file sharing

能够使多个用户同时访问同一文件的技术。其先决条件是程序必须兼容，有文件移动和数据移动的基本方式。

《文件管理杂志》（英国）
Record Management Journal

1989年创刊，由英国大学教授主编。该刊为档案专业人员、教育工作者以及正在寻求更好的理解文件、信息与档案、文件管理原则的学生刊载众多的研究结果、案例分析和重要评论。由爱墨瑞得（Emerald）出版集团出版，每年出版发行3期。读者可以在线阅读自1989年至今的期刊论文。

文件夹
folder

指用厚纸，比如吕宋纸，折叠一次，有时从页尾折叠并压平，或者添加标记标识，以便归档一些松散的文件。在软件应用程序中，用户创建的文件夹，可以用来整理归档或者存储数据文件：电子邮件信息、Web书签以及其他数字格式的信息等，以便日后检索。执行文件操作时，点击需要的文件夹选取相应的操作目标。

文件结束符
end of file character（EOF）

放在文件最后的一个字节后面的特殊字符，向操作系统说明后面不再有文件内容。在计算机通信中用于指明文本文件结束的字符。

文件扩展名
file extension name

附加在文件名后面的一组字符，用以说明文件的含义或标明该文件的类型。扩展名可以由用户或程序制定。

文件类型
file type（file format）

指在电子数据处理过程中，写入一个数据文件中的代码类型，由文件名末尾的3个或4个字母的扩展名表示。常用文件类型及其扩展名如下：

文件类型	扩展名
纯ASCII文本文件	.Txt
超文本标记语言文件	.htm 或 .html
标准通用标记语言文件	.sgml
扩展标记语言文件	.xml
GIF图像	.gif
JPEG图像	.jpg 或 .jpeg
TIFF图像	.tif 或 .tiff
Bitmap位图	.bmp
PostScript文件	.ps
AIFF声音文件	.aif 或 .aiff
AU声音文件	.au
WAV声音文件	.wav
QuickTime电影	.mov
MPEG电影	.mpg 或 .mpeg

文件类型
File Type

计算机文件中数据内容编码的一般类型，如文本文件、数据文件、图像文件、音频文件、视频文件以及程序文件等。属数字文件特征（digital file characteristic）之一。

文件名
file name

由程序员或计算机用户赋予数据文件的一个简洁名称，以备将来检索时能够识别。通常文件名会提示文件的内容。在文件名末尾添加一个由3个或4个字母组成的扩展名来说明文件类型，例如：.html表示超文本标记语言文件，.txt表示美国信息交换标准码（ASCII）文件。

文件说明
file specification

又称文件描述说明表。这是用报表程序产生程序（RPG）语言编写源程序时所用的一种说明表。说明程序中所涉及文件的名称、文件所在的外部设备、文件类型、结构、处理方式以及处理顺序等。

文件锁定
file locking

在多用户系统中进行数据管理时所采取的一项措施。当一记录被一用户访问时，它就锁住占用，其他用户就不能访问。这是一种确保数据完整性的并行控制的方法。

文件，文档
file

一种完整的、带有名称的信息集合，通常是与某些方面有关、保存在一起并按某种顺序排列。在计算机系统中，指的是作为单个实体存储的结构数据集合，或者存储在一个磁介质（软盘、硬盘等）上的来源或作用相关的记录集合。文件把指令集、数字、文字和图像存放在一个连续的单元中，用户可以读取、修改、删除、保存或把它发送到输出设备上。在人工数据存储时，指的是用于组织文档的文件夹或其他物理存储器中的内容，通常是位于文件橱柜的抽屉中或书架上等方便使用的地方。另外，也可指针对某特定主题或人物的信息集，比如图书馆保存的图书馆员文件（个人档案）。

文件压缩
file compression

指用于在某种存储媒体上比一般方法存储更多数字的方法。文件压缩后，可减少存储空间，但在使用前必须解压缩，以恢复到原来的形式。

文件照相机
document camera

用于书目指导和其他演示的桌面设备，用液晶显示器（LCD）放映机，通过遮光表面或半透明体，将文字或图像反射到大屏幕上。在设备较好的图书馆，文件照相机开始取代了悬空幻灯。

文件中心
records center

一种介于文件形成单位和档案馆之间的过渡性文件保管机构。其主要职责是负责保管文件形成单位不经常使用但还不能进行销毁、剔除或用其他方式处理掉的文件。文件中心所保管的文件属原形成单位所有，并需保持其原来的顺序和标记，只供原形成单位使用，其他单位未经原形成单位同意不得使用。文件中心起源于第二次世界大战期间的美国。战后，为了解决各政府机关档案资料大量增加而本身无法容纳的矛盾，美国联邦政府于 1952 年在全国建立了 14 个联邦文件中心。此后，欧洲一些国家也成立了类似的机构，但名称各不相同。如英国的海斯中间档案馆、法国的枫丹白露现代档案城、苏联的联合机关档案馆和跨机关档案馆等都是典型的文件中心。建立文件中心的主要目的是为了使各级政府机关办公室摆脱整理、保管与维护大量非现行文件的沉重负担，降低文件保管费用，保证有永久保存价值的文件得到妥善保护和最终移交档案馆加以更有效的保护。

文件转换
file conversion

将文件从某一存储媒体转换到另一媒体，或者从一种格式变换到另一格式而不改变其内容的过程。

文津阁
Wenjingge Building

清代专门储存《四库全书》的藏书楼之一，乾隆九年（1774 年）在河北承德避暑山庄仿照明代建筑浙江的“天一阁”建成。藏书于 1915 年运至北京，现藏国家图书馆。

文卷结束
end-of-volume（EOV）

指所用的一件存储媒体（如一盘磁带）已用完。

文库，藏书目录
bibliotheca

指图书馆或者是图书馆馆藏，也可以指图书的目录或清单，尤其是指经过书目编纂者精心编著的。Bibliotheca 是由希腊文中的书（*biblion*）和放置（*theke*）合成而来。

文库，丛书
library

按一定编辑计划，汇集各类名著而成的普及性丛书。是出版机构常用的集合名词，特别指在维多利亚时代，针对性出版的特定系列丛书，例如：《儿童文库》(*Children's Library*)。

文莱国家图书馆
The National Library of Brunei

原为建于1963年的德万·巴哈萨·普塔卡图书馆，1970年开放后成为公众和研究人员信息的主要来源。该馆承担国家图书馆的职责，陆续在国内设立了区域图书馆和分馆，开展读书活动，对学校与公共图书馆提供咨询，帮助解决服务和资源开发、图书馆管理、编目和人员培训等问题，并且编辑出版全国图书馆和图书馆员名录、报纸文章索引和期刊索引等。拥有馆藏图书56万册（卷）。

文澜阁
Wenlange Building

位于浙江杭州西湖孤山南麓。初建于乾隆四十七年（1782年），是清代专门储存《四库全书》的藏书楼之一，也是江南三阁中唯一幸存的一阁。光绪六年（1880年）将杭州圣因寺后的玉兰堂改建。现由浙江博物馆管理。

文盲
illiteracy

指不识字的性质或状态，尤指不能读和写，主要是因经济或家庭等各种原因而缺少适当教育从而造成不具备读写能力的人。新中国成立初期政府就开始扫盲工作，扫盲的标准是识字1 500个，能阅读简单浅显的报刊，记简单的生活账目。经过多年努力，中国扫盲工作取得了世界公认的历史性成就，成人文盲率由10年前的22.23%下降到8.72%，但文盲绝对数仍高达8 500多万。联合国重新定义的新世纪文盲标准分为三类：第一类，不能读书识字的人，这是传统意义上的老文盲；第二类，不能识别现代社会符号（即地图、曲线图等）的人；第三类，不能使用计算机进行学习、交流和管理的人。后两类被认为是“功能型文盲”，他们虽然受过教育，但在现代科技常识方面，却往往如文盲般贫乏，在现代信息社会生活存在相当困难。

文泉书局
WQBook

清华大学出版社数字出版门户网站，于2010年6月开通。负责该社及相关合作出版社的出版物和电子书在线销售。西安交通大学出版社、北京航空航天大学出版社等大学出版社已率先加盟。该网站的电子书采用专利的FlipBook电子书技术，可下载至电脑使用专门阅读器阅读和管理，也可以直接在网上阅读和管理。阅读界面美观，字符及图形显示清晰，翻页效果直观，并可配有背景音乐，甚至可以电子书内加入音频和视频等多媒体元素，让阅读体验更为充分。

文人，学者
bookman

指会做诗文的读书人和学术上有一定成就又熟悉图书的人。

文人，作家
（法）*littérateur*

指文学人士，尤指倾心于文学研究与创作的文学爱好者。

文氏图，维恩图
Venn diagram

用圆表示数据集之间逻辑关系的图：互不相交的圆表示集合间无共同元素；圆部分相重表示有某些共同的元素，但另一些元素分属不同的集合，两个集合既不相等，也并非不相交，且每一集合也不是另一个集合的子集；大圆套小圆，小圆代表的是大圆的真子集。文氏图是以其发明者——英国逻辑学家、数学家约翰·文（或维恩）（John Venn，1834—1923）的名字命名的。检索策略中，常用文氏图来表示检索概念之间的“与”、“或”、“非”等布尔逻辑关系。

文首大写，下沉首字母
drop initial（drop cap）

手稿或印刷作品中每章正文开始所用的大型装饰或非装饰字母。横向与同行后续字母顶部对齐，延伸到下面一行或几行缩进的空间，其高度约跨两行或三行。

文首题名，简题名
drop-down title

图书题名的缩写形式。印于正文首页。与每页连续出现的缩写题名相同。

文书
records（document official）

国家机关、社会组织、企事业单位或个人在社会活动中为处理事务、交流信息而使用的各种载体的文字、图表和声像等记录材料。亦称文件。文书是文献的下属概念之一，也是与图书、档案等并列的概念，就其形成者和使用范围，可分为公务文书和私人文书两大类。也指从事公文、书信工作的人员。

文书学

Records Science

专门研究文书及文书工作历史发展规律，阐明文书工作理论、原则和技术方法的一门学科。其目的在于提高人们对文书和文书工作的认识。

文溯阁

Wensuge Building

乾隆四十七年（1782 年）建在辽宁沈阳故宫院内。珍藏闻名于世的《四库全书》。1966 年 10 月，基于战备的需要，为确保《四库全书》安全，经中央有关部门协调，辽宁省将总计 3 474 种、36 315 册的文溯阁《四库全书》以及 5 020 册清雍正年间所印铜活字本《古今图书集成》，经过长途跋涉，被秘密运至兰州，拨交甘肃省保存在距兰州市 75 公里的山中。

文体

writing style

独立成篇的文本体裁（或样式、体制），是文本构成的规格和模式，一种独特的文化现象，是某种历史内容长期积淀的产物。反映文本从内容到形式的整体特点，属于形式范畴。文体的构成包括表层的文本因素，如表达手法、题材性质、结构类型、语言体式、形态格式以及深层的社会因素，如时代精神、民族传统、阶级印记、作家风格、交际境域和读者经验等。文体的特征及其划分，往往取决于其层面结构中某些因素的强化、突出或变异。文体也指文章的风格。

文尾饰图

end piece

又称“章尾装饰”。指文章结尾之后，如果有较大的空隙，常常结合内文绘制的一种装饰图案，以进行补白。文尾饰图即可填补过大的空白，使版面对称平衡，又起到装饰作用，使书刊显得美观活泼。

文物

cultural relics

旧为礼乐、典章制度的统称。现指人类在历史发展过程中遗存在社会上或埋藏在地下的人类文化遗物、遗迹。一般包括：与重大历史事件、革命运动和重要人物有关的、具有纪念意义和历史价值的建筑物、遗址、纪念物等；具有历史、艺术、科学价值的古文化遗址、古墓群、古建筑、石窟寺、石刻等；各时代有价值的艺术品、工艺美术品；革命文献资料以及具有历史、艺术和科学价值的古旧图书资料；反映各时代社会制度、社会生产、社会生活的代表性实物。具有历史、艺术、科学价值，是人类宝贵的历史文化遗产。

《文献》

Documentation

由中国国家图书馆主办、文化部主管的国家一级学术性刊物。主要披露国家图书馆和其他公私典藏具有重要参考价值的各种古、近代文献（包括珍本秘籍、罕见抄本、异本、名人佚稿、序跋、信札、墨迹、稀见方志、舆图、谱牒、档案、文告、甲骨金石、彝器铭文、汉简、敦煌遗卷、佛道藏经和少数民族文献等），并发表研究论文（着重发表古典文学、史学、古文献学及训诂学）。该刊从文献学的角度，为促进和繁荣中国传统文化及其研究事业服务。重要栏目有“国图珍本古籍介绍”、“方志谱牒研究”、“中国刻书藏书史”、“古代科技文献研究”、“中国文化史知识”、“少数民族文献研究”、“中外文化交流史”、“20 世纪文献学”、“国际汉学研究”、“中国当代社会科学家传略”和“博士论文提要”等。

文献

literature（document）

根据某专门主题，在一定的调查领域，或在特殊的语言范围、国家和时期等撰写和生产的著作本体，具有一定的历史价值或参考价值。

文献保护

document conservation and preservation

指为了避免馆藏文献遭受损坏，延长其保存期限和使用寿命，尽可能地保持其原来的形态的技术和措施。其方法主要有：防火、防水、防鼠、防霉、防光、防虫、防酸和防破损等。

文献保证原则

principles of literary warrant

编制文献分类法的基本原则之一。即编制类目时要根据文献的实际情况，要有足够的文献做保障。文献多，类目就分得细；文献少，类目就分得粗略。

文献被引半衰期
literature cited half-life

指被引用的全部文献中较新的一半，是在最近多长一段时间内发表的，即被引用的全部文献中较新的一半的出版或发表的时间跨度。是衡量文献老化速度的一个指标，为文献半衰期之一类。根据文献主体范围的不同，文献被引半衰期可以分为：学科文献被引半衰期、期刊被引半衰期、作者文献被引半衰期、部门文献被引半衰期、国家（或地区）文献被引半衰期等。

文献标识码
document designation code

用于标识文献正文内容类型的代码。按照《中国学术期刊（光盘版）检索与评价数据规范》规定，每篇文章或资料均应标识一个文献标识码。其基本内容是理论与应用研究学术论文（包括综述报告）、实用性技术成果报告（科学技术）、理论学习与社会实践总结（社会科学）、业务指导与技术管理性文章（包括领导讲话、特约评论等）、一般动态性信息（通讯、报道、会议活动和专访等）以及文件、资料（包括历史资料、统计资料、机构、人物、书刊和知识介绍等）。

文献尺寸
dimension

文献载体形态项记载的最后一个著录单元，具体反映文献实体的大小。

文献传递服务
document delivery service（DDS）

图书馆或其他文献收藏机构根据读者要求，直接向他们提供所需文献的服务方式。常见的有邮寄借书、送书上门等方式。通过馆际互借方式提供的文献传递服务一般由图书馆馆际互借办公室负责，向读者收取一定费用作为支出补偿。外馆提供的文献传递服务到本馆后，要求读者自己到馆取回印刷型资料，电子文本资料可以通过电子邮件提供。又指图书馆根据读者请求，将馆藏文献以实体或电子形式送到他们居住地或工作地点。

文献传递服务员
courier

指为读者提供文献传递服务的馆员。他们一般按照来自馆外机构或个人的请求帮助检索文献资料，或者在一个图书馆系统或资源共享联合体内部进行馆际间的文献传递。

文献传递（量）
pass-along

一期杂志有可能除了订阅的人或在杂志摊上购买的人阅读之外，还被更多的人阅读。某些出版商据此认为应该有差额定价（即向图书馆收取远远高于个人订户的费用），而是正当的，因为到图书馆阅览该刊的读者人数是数以千计的。

文献传递与资源共享专业组
Document Delivery and Resource Sharing Section

隶属国际图联专业委员会图书馆藏书部（Division of Library Collections），原名为文献传递和馆际互借专业组（Document Delivery and Interlending Section）。该专业组是国际图联的图书馆和图书馆协会通过各种资源共享、文献提供技术在世界范围内获得各种形式信息的一个专业论坛。其主要目的是通过采用新技术推广和完善全国性、国际性的文献传递和共享，增强图书馆与文献提供机构的合作。出版该专业组的业务通讯（电子版），刊登有关文献传递与共享的新闻与会议动态和论文，出版会议录、年报和一些专著等。

文献代替品
surrogate

替代原始文献的物品，例如珍本的仿制品或照相复制品、概括文献内容的文摘和概要等。图书馆的每一条书目记录实际上也是原始文献的代替品。

文献单元
literary unit

在编目工作中指以一种著作（work）为一个文献单元。一种著作可以印成许多不同版本的出版物。对这些不同版本和译本的出版物采取统一题名（uniform title）的做法就是按“文献单元”著录。

文献的集中与离散规律
principle of concentration and scattering

由英国文献学家 S. C. 布拉德福（Samuel Clement Bradford）于 1934 年首先提出的定量描述某一学科论文在相关期刊中分布的规律。其文字表述为：如果将科技期刊按其刊载某专业论文数量多寡，以递减顺序排列，则可分出一个核心区和相继的几个领域，每区刊载的论文量相等，此时核心期刊和相继区域期刊数量成 1：n：n2……的关系。目前主要用于确定核心期刊和出版社，用于改进文献收集、分析图书馆藏书和进行文献检索等工作。

文献地址
document address

指某一文献资料的分类号码或标明其在收藏中位置出处的其他符号。

文献对
pair of document

指在采用聚类技术的信息检索中，内容相近的两组文献。

文献分析
content analysis

又称主题分析。这是指对文献主题进行分析的工作，旨在选择文献内容中一切重要特征，予以标引，以便能够检索出该文献来。

文献复制
documentary reproduction

指使用摄影或非摄影的方法（不包括使用打字机或排字的方法）复制文献书籍，并要求复制品保持原件的面貌不变。其优点在于高密度地存储图书资料，节约存储空间，代替珍贵书刊、手稿使用；既满足了读者的需要，又避免了珍本的可能受损；复印件可较长期保存，不易损坏变质，节约读者摘抄誊写时间，加快文献传递速度，从而提高其利用率。

文献格式
format

指文献特定物理存在形式，如尺寸、版式和装帧用纸等。又指数据的排列方式，还指广播或电视节目所采用的风格或内容。

文献工作
documentation

持续系统地获取、组织、存储、检索和流通特定文献或记录于文献之上的信息的活动与过程。尤其是与法律、技术或科学性文献相关的工作。文献工作一词首先出现于法语中，比利时目录学家保罗-玛丽-吉斯兰-奥特勒（*Paul-Marie-Ghislain-Otlet*）常用该词表示为需求信息的用户提供文献或参考资料的过程。1920年荷兰文献著录工作学会创始人之一弗里茨·多克·杜依维（*Frits Donker Duyvis*）把文献工作定义为收集、整理和传播各种信息的工作。这一定义对后世产生了深远的影响。随着情报学的建立和发展，文献工作作为收集、整理、传递和利用情报的实践活动，成为情报学研究和情报工作的重要组成部分。

文献工作标准
standards on documentation

文献搜集、加工、报道、存储、检索和传递过程中的规范，即图书馆、文献与情报中心、索引与文摘服务机构、档案馆、信息和出版单位等实践工作标准。

文献计量学，计量书目学
Bibliometrics

英国著名文献学家阿伦·普里查德（Alan Pritchard）根据同事的建议，于1969年提出来的。是图书馆学情报学中特别研究方法，通过数学和统计的方法来研究图书馆的馆藏使用和读者服务情况，或者分析特定著作的历史发展，尤其是对于作者、出版状态和利用情况的分析。20世纪中叶前，对书目数据和其使用的定量研究被称为统计书目学。

文献检索
literature search（document retrieval）

通过对大量的、分散无序的文献信息进行搜集、加工、组织、存储，建立各种各样的检索系统，并通过一定的方法和手段使存储与检索两个过程所采用的特征标识达到一致，以便有效地获得和利用信息源。文献检索是所有重大科研项目的第一重要步骤。文献检索的概念有狭义和广义之分。按照不同的加工深度，文献检索可分为题录检索、文摘检索和全文检索。文献检索的方法有：追溯法、常用法和分段法；文献检索的过程有分析研究课题、选定检索工具、确定检索途径与标识以及处理检索结果。根据文献检索要求，一般可归纳为特定文献检索、特定主题检索和特定课题检索3类。检索途径主要有内容（分类和主题）、责任者、号码（专利号、标准号、科技报告等）以及分子式索引、地名索引和物名索引等。确定检索途径后，查找资料的具体方法有依文献发表时间顺序查寻的顺查法，依文献发表顺序倒查的逆查法和顺查与逆查交替使用的循环法。检索方式分为传统的手工检索和计算机检索。文献检索是科学研究的前期工作。使文献资料组织有序化和存取科学化，有利于用户使用文献资源，节省查找时间，及时掌握国内外发展动态，借鉴已有的研究成果，提高工作效率。

文献检索教育
bibliographic instruction（BI）

又称书目指导、图书馆指导和读者指导。起源于

19 世纪中叶，当时图书馆员以教师的身份教导读者如何利用图书馆。文献检索教育是图书馆针对读者的要求，所提供的一种信息服务。为了教会读者如何快速有效地查找到所需要的信息，促使他们了解获得图书资料的途径，更好地运用各种资源而设计的指导性计划。文献检索教育内容通常包括了解图书馆馆藏的组织体系和某一领域文献的结构、掌握某学科恰当研究方法、特殊资源和检索工具（如：目录、标引与摘要服务和书目数据库等）的使用。大学图书馆的文献检索教育通常是与课程相关的，或是与课程结合的。由于越来越多的图书馆配有计算机设备，因此在线目录、电子数据库和网络资源的使用也成为教育的一部分。这些内容通常由经过专门训练并有丰富教学经验的馆员来教授。

文献交流
literature communication

人类交流活动中的重要活动。在文献交流中，文献本身就是交流对象，同时又是交流的工具；作为一个系统，它的基础结构是由基本要素和一般要素组成。文献交流有两种向度。一种是定向文献交流，如单向文献交流，双向文献交流。另一种是多向文献交流，指一个文献传播者可以有多个接受者，一个接受者也可以有多个文献传播者。文献交流有 3 种主要传播形式：人际传播及部分公共组织传播、公共传播和市场传播或大众传播。

《文献交流引论》
An Introduction to Document Exchange

研究文献交流学的理论著作，是对文献交流的一些基本问题作了理论上的探讨和阐述。主要内容有：关于文献交流的性质、交流的系统结构、交流渠道和交流层次的阐述；关于文献交流中的专业人员、机构、读者需求以及整个文献交流工作的分析研究；关于文献交流标准化和文献交流障碍的产生及疏通的分析阐述。作者是原北京大学图书馆学情报学系主任周文骏教授，由书目文献出版社于 1986 年出版。

文献库
document depository

为方便保管和利用文献，图书馆和其他文献情报机构将所收集的文献，根据其内容性质、特点、形式、读者需要以及馆舍条件等进行系统的划分和组织而形成的专用库房。较大的图书馆一般将馆藏文献划分成若干个不同的部分，如图书和期刊，普通书和线装书，常用书和非常用书，综合性图书和专科性图书，纸质文献与音像文献和缩微文献等。在划分馆藏文献的基础上，分别组成不同用途的文献库。通常可以划分为基本文献库、辅助文献库和特藏文献库 3 部分。

文献来源
document sources

指检索工具中所提供的文献出处，即文献来源的著录如篇名、著者、来源、年代、卷、期、页码和文种等著录款目。如果是书的话，包括著者、书名、出版社、出版年和所用观点的页码等。

文献类型
item type

一种图书馆馆藏书目项目记录的代码。当读者对文献进行检索时，与读者类型一起来确定所适用的借阅标准。文献类型具有独特性，每所图书馆或图书馆系统都依据其馆藏特点，开发并保持了具有自己特色的一套文献类型。

文献利用率
document utilization ratio

文献流通数（借阅、复制等，单位：册次）与馆藏文献总数（册）的比率，即馆藏中被利用过的数量占全部馆藏的百分比。其公式为：文献利用率 = ［文献流通数（册数）/馆藏文献总数（册）］ ×100%。文献利用率是衡量图书馆工作效果的主要尺度，从中不但可看出读者工作服务质量的高低，也可看出馆藏质量的高低。不注意文献利用率往往会助长单纯追求藏书数量，不重视藏书质量和服务质量的倾向。文献利用率低的主要原因是：馆藏质量低，内容不适合读者需要；目录不完善，读者不易全面了解馆藏；馆藏复本率高；未经常开展剔旧工作；对读者借阅文献限制过严等。

文献目录记录
bibliographic record

在图书馆目录或者书目数据库中表示特定著录对象的记录，是文献著录的结果。即按照一定的方法和规则对文献的内容和物质形态进行描述所作的记录，包括对文献的完整描述和一些必需的数据元素。一条完整的记录一般由作者、题名、出版者、出版地和出版年等项资料组成。在现代编目中，这种格式是机读（MARC）目录。文献目录记录可以有卡片、缩微或机读形式。

文献数据库
document database

一种经过编辑、组织，以机读形式存储在一定载体上以供计算机检索处理的相关的文献信息的集合。这种数据库主要用于在线信息检索和定题信息检索，以满足用户关于某一机构、某一作者、某一主题或课题的有关文献信息或某一论文出处情况的需求。

文献数量
extent of item

即文献的篇幅。是书目记录中文献载体形态项的第一著录单元。记录编目文献的数量和单位，如页码、卷期、磁带盒数和播放时间等内容。必要时，具体的页码和播放时间等细节记录在圆括号里，紧跟在标识文献篇幅的单位之后。

文献特殊细节项
material specific details（MSD）

又称资料专用项（或出版物类型专用项）。国际标准书目著录体系中的文献著录项目之一。用于著录某些文献类型的特殊说明的著录项目。例如，记载连续出版物的起讫年卷期，地图的比例尺、投影法、图廓坐标、二分点和历元、乐谱的类型和计算机文件特征等。在连续出版物的著录规则中称为“卷、期、年、月或其他标识项”；在地图资料的著录规则中称为“数学基础项”，位于版本之后，它使著录规则能兼容各种类型的文献。

文献提供协作网
Document Supply Services Collaboration Network

由中国国家图书馆发起，于2007年成立。其宗旨为通过该协作网搭建信息沟通与交流的平台，建立馆际互借与文献传递业务交流的长效机制，加强技术交流与协作，促进人员联合培训，进一步推进资源的共知共建共享，形成优势互补，实现联合服务，积极发展馆际间的协作与联盟，达到文献信息资源共建共享的目的。

文献，文档
document

记录有知识与其他信息的所有载体。记录信息的方式包括文字、符号、图形、声频和视频等不同手段，目的在于信息交流。文献的存在方式从印刷（图书、书稿、小册子、期刊、报告、地图和图表）到缩微和非印刷媒体资料。文献载体形式的演变体现着人类科学技术的发展过程。记录信息所用的材料经历了甲骨、金石、简册、纸张书写和印刷、视听资料、电子计算机阅读资料等几个发展阶段。文献作为人类脑力劳动成果的表现形式，在人类历史发展过程中起着记录、存储和传播知识与其他信息的作用，是全人类的共同财富。文献还可以指任何被填写的印刷表格。尤其是具有法律特定性的文献或由政府机构提供的文献，如版权保护申请表。在计算机科学中文献指文本或其他形式的文档。document的缩写形式为doc。

《文献信息论坛》
Document Information Tribune

1987年创刊，福建省高等学校图书情报工作委员会主办，编辑部现设在福建师范大学图书馆内。主要栏目有：“馆长论坛”、“大视野”、“业务工作探讨”、“文献资源建设”、“文献信息服务”、“互联网上”、“管理与教育”、“学界名录”、“书苑杂谈”、“文检课教学”、“基层图书馆论坛”和“港台之窗”等。该刊为季刊，自办发行。

《文献信息资源编目》
Cataloguing for Information Resource

北京大学“九五”重点教材建设项目，由北京大学信息管理系段明莲教授编著，北京大学出版社于2000年出版。该书系统地阐述了文献信息资源编目的基本原理和编目方法、国内外文献信息资源编目工作的发展概况、中西文普通图书、连续出版物、舆图资料、非书资料、计算机文件等信息资源的描述与揭示、中西文文献信息资源检索点的选取、CNMARC格式的结构与使用、USMARC格式与UNIMARC格式的分析比较、规范档的建立与维护以及文献信息资源编目的发展趋势。全书共分为14章，书末有3个附录：图书馆目录组织、CNMARC机读记录实例和参考文献。

文献修复
document repair

运用科学方法，清除文献载体上后天附着物，进而修补残缺部分，恢复原有形态，加固文献载体的工艺过程。这是一个比较细致复杂的工作程序，其中包括除污、脱酸、加固、字迹的显示与恢复以及修补托裱等。其目的就是清除有害因素，预防和减缓藏品的自然损坏、中止机械性损伤和物理、化学、生物等有害因素的侵蚀，避免破坏的加剧，维护其健康载体，保持固有面貌，恢复文献的完整性。使之整体更加坚固、更富有弹性，以利于收藏、保管与使用。

文献学
Documentation

主要研究文献的收集、文献的鉴别、文献形成发展的历史、各类文献的特点与用途、文献的整理方法、分类和编目、文献的传播和文献的检索的学科，是文献工作的理论基础。文献学研究之目的在于全面认识文献，能够在浩如烟海的文献中用较少的时间，尽可能全面地找到所需的资料，并有能力对这些资料进行鉴别，确定可靠的版本，并能够对原始文献进行整理加工，形成二次文献，供更多的人使用。

《文献学概论》
An Introduction to Philology

倪波主编，由江苏教育出版社于1990年出版，是高等学校文科教材。用了较多的篇幅从定义、社会功能、框架结构、文献信息、文献载体、文献族系和文献类型等多种角度，对文献的内容、形式和特征，做了全面的论述和较深的剖析；同时对文献工作的描述和理论的探讨，包括文献的生产、文献的交流、文献流的规律、文献工作标准化和文献工作现代化等基本问题。

《文献学与文献学家》
Philology & Philologist

《当代中国图书馆学研究文库》之一。该书选收作者1984年以来发表的论文近20篇，内容涉及文献学与目录学方面，详细总结了近百年来中国文献学的发端、发展及所取得的成绩，论证了现代文献学的建立、内容与学科体系，对一些重要文献学家、文献学史及史志书目等专题也作了较为深入的研究。王余光著，由国家图书馆出版社于2008年出版。

《文献研究与文献保护》
Research in Literature & Protection of Literature

上篇收录的数十篇文章，从文献研究和保护的层面，反映了15年来作者所走过的路。这些文章大体可以描出这样一条轨迹：1999年以前重点关注的是文献内容，撰写的主要是文献研究方面的文章；2001年开始涉足文献保护，主要是文献保护方面的文章，尤其是自2006年“中华古籍保护计划”进入实质操作阶段后，几乎所有文章都是有关文献保护的，而且关注点由国内扩展到国外。这些文章也在一定程度上折射了中国文献保护工作近年所走过的历程。下篇是作者2005年完成的文献修复师培训教材的基础知识部分。苏品红著，由国家图书馆出版社于2009年出版。

文献引用的动机
incentive of literature citation

作者在撰写科学论文时，引用或参考他人文献，汲取前人经验和成果的思想，分正常动机和非正常动机。正常引用动机主要有：尊重、评价、依据、参考、核实、说明、向导、通报、索引、批判、否定、认可、质疑和异议等。此动机下的引用行为构成正式科学过程和知识过程的一部分，其引证和被引关系也必然会从各角度、层次反映科学发展的客观现状的规律。非正常的引用动机主要有：阿谀、吹捧、自诩、维护某种利益和迫于权威压力。此动机下的引用行为则会混淆和污染科学发展、交流的实际过程，影响引文分析评价的客观性和准确性定题服务。

《文献与情报工作词典》
The Dictionary of Document & Information work

周智佑编译，由北京科学技术文献出版社于1982年出版。该词典根据联合国教科文组织1976年出版的版本编辑，共收词1 200条，加上同义词共约1 600个。

文献原大复制品
macroform

缩微复制品（microform）的反义词，指任何不需放大、肉眼可直接阅读的由文献原本复制而成的副本。其图文尺寸可以比原始文献大或略小，也可以与原始文献相同，可以是不透明的（如照相版）或者透明的（如幻灯片）。

文献载体
content carrier

记录信息、知识的物质载体，是构成文献的要素之一。古代的文献载体有：甲骨、金属、石、竹木、帛和纸。现代的文献载体有：纸质材料、缩微材料、感光材料、磁性材料、电子文献和网络载体等。

文献中心
documentation center

专门负责接收、处理、保存、摘录和标引文献的组织或机构。通常限制在某个研究、学习的学科或学术领域内，如美国教育资源信息中心（ERIC）。文献中心也向感兴趣的用户通报研究进展情况，提供特定主题书目，制作复本或翻译和从事书目研究。

（文献）注销
retirement

图书馆将遗失、污损、调出和剔除的文献从总括登录簿、个别登录簿及目录上进行撤销的一项业务工作。

文献著录
bibliographical description

编制文献目录时对文献的形式特征和内容特征进行分析、选择和记录的过程。又称目录著录、书目著录，简称著录。其结果是产生款目，进而组成目录。是文献编目的基础工作，也是决定其质量的关键。

文献著录法
cataloging rule

又称“著录条例”。根据文献自身的特性，结合读者从多种途径检索文献的需要而制定的一整套系统地记录文献内容和物质形态的方法，是著录文献的依据。内容涉及文献著录项目、著录格式、各个著录项目的著录细则、检索点的选择以及标目形式等。

文献资料保管
custody

在档案学中，不论是否有合法的权利或资格，对图书、手稿、论文、唱片或其他资料的正式保管。对从事该项工作的人称为监管人。

文献资料代查业务
literature searching service

图书馆、信息中心专为读者服务而建立的一项专门查找文献资料工作。

《文献资料工作杂志》（英国）
Journal of Documentation

创刊于1945年6月，由英国伦敦城市大学大卫·鲍登（David Bawden）教授任主编。爱墨瑞得集团出版有限公司（Emerald Group Publishing Limited）出版，双月刊。该刊内容理论与实践并重，涉及范围广泛、详尽。主要栏目有：“学术论文”、“文献注释”、“研究评论”和“书评”，是图书馆学和情报学的优秀学术期刊，被誉为60年来在情报研究中的最佳杂志。读者可以在线阅读自1945年至今的期刊论文。

文献资料类型
material type

文献按著录方式或文献特征划分时所属的类别。一般可分为连续出版物、专著、会议文献、标准或规范、研究报告、专利文献、学位论文、工具书、档案、手稿、乐谱、地图和视听资料等。

文献资料邮寄税
media mail（book post and book rate）

在美国，邮政局给商业机构和公众邮递至少8页的图书、胶卷（16毫米或更窄）、印刷型的音乐作品、印刷型的考试资料、录音带、剧本手稿、印刷型的教育图表、活页本和由医学信息、机读媒体的装订本的一种特殊税率。该税率低于不含上述范围的同重量的包裹。广告业不享受这种特殊税率优惠。

文献资料预算
materials budget

图书馆运行预算中购买图书、多媒体、连续出版物和其用户所使用的其他信息资源所占的部分，不包括发工资、购置设备、必需品和维修的开支。一些图书馆文献资料预算还包括电子资源，但有些图书馆的电子资源则另行计算。

文献资源交换中心
clearinghouse（clearing house）

指专门从事收集、组织、存储、传递和交换文献的中心部门或单位，主要是在各图书馆之间负责交换文献资源的机构。

文献自引
literature cited itself

指在引用文献时，限于主体范围内的文献引用。这是一种重要、常见、必然的引文形式，科学文献交流的基本属性之一。作者若希望将目前的工作与先前的工作相联系，使研究成果不断深入、完善，那么通过对自引的分析研究，就可揭示出各国、各学科、各专业、各团体、各语种和各期刊之间的关系，反映科学研究的进展水平和动态，并表明科学社会中的一些规律和趋势。文献自引包括：学科自引、期刊自引、国家自引、著者自引以及同语种自引等类型。

文献综述，文献述评
literature review（review of the literature）

对某一研究领域或相关的特别研究范围出版物的综合评述，通常表现为一个参考文献目录或一份对关键著作有深度的评述。年度评述是一种完全用于文献评述类出版物的连续出版物。在刊载自然科学和社会科学原始研究成果的学术期刊中，每篇文章的第一部分通常都是用来评述先前出版的某主题的文献，对应文中参考文献的被引用著作目录列在文后。

《文选》
Selected Works

又称《昭明文选》，是中国现存的最早一部诗文总集，由南朝梁武帝的长子萧统组织文人共同编选。萧统死后谥“昭明”，所以他主编的这部文选称作《昭明文选》。共60卷，分为赋、诗、骚、七、诏、册、令、教、文、表、上书、启、弹事、笺、奏记、书、檄、对问、设论、辞、序、颂、赞、符命、史论、史述赞、论、连珠、箴、铭、诔、哀、碑文、墓志、行状、吊文、祭文。收录相当丰富，选材上等，是研究梁以前文学的重要参考资料。

文学奖
literary award

因作家或画家创作出特别的作品或为了认可其杰出的艺术生涯，通常根据适当的评审委员会的决定授予作家或画家的一种特殊荣誉或者奖赏。大多数年度文学奖金由个人或私人基金会出资。奖赏可以包括奖章、补助金或者现金奖金。这种认可一般促进获奖作品的销售，并可带来从出版商那里获得的大额版税。最有威信的文学奖是诺贝尔文学奖（Nobel Prize for Literature）和美国的普利策奖（Pulitzer prize），中国设有鲁迅文学奖和茅盾文学奖。

W

文学批评
literary criticism

文艺学的组成部分。指按照一定的标准对作家作品和文学现象（包括文学运动、文学思潮和文学流派等）所作的研究、分析、认识和评价。文学批评以文学鉴赏为基础，同时又是文学鉴赏的深化和提高。在文艺学的诸种研究形态中，文学批评是最活跃、最经常、最普遍的一种。

文学手稿
literature manuscript

亦作“手藁”，指文学家、文学工作者亲手写的原稿。

文学体裁
literary form

指文学作品的具体样式，是文学形式的因素之一。简称“文体”。一切文学作品的思想内容都要通过这样或那样的体裁来表现，没有体裁的文学作品是不存在的。文学体裁是多种多样的，由于分类的标准不同，对文学作品体裁的分类也就不同。诗歌与散文是中国古代最早出现的两种文学体裁，因此将文学分为韵文和散文两大类是中国古代传统的体裁分类法。而新文化运动后，一般采用“三分法”或“四分法”分类。“三分法”是根据人物塑造与结构形式的不同，将作品的体裁分为叙事类、抒情类、戏剧类三种类型。“四分法”是根据文学作品在塑造形象、体制结构、语言运用、表现手法等方面的不同，将文学分为诗歌、小说、散文、戏剧四大类。在“四分法”的基础之上，各种体裁又可进一步再分。这也是现在中国文学理论界较多采用的分类方法。

文学小品，音乐小品
opuscule

小型的书籍或专题论文。也指无关紧要的音乐作品或文学作品。

文学增刊
literary supplement

文学类报刊逢纪念日或有某种需要时，由新闻出版管理部门批准后于正常刊期外增版的期刊、增加的篇幅或另出的册子。

文学作品
literary work

以语言文字为工具形象化地反映客观现实的艺术形式（诗歌、戏剧、小说和故事）撰写的普通著作，因其优良的风格和经久不衰的主题而受到文学爱好者的认可和欣赏。

（文学作品等的）类型
genre

文学、音乐等艺术作品的类型。例如在散文和小说中，形式有小说和短篇故事等类型，主题有基督教义、科幻、恐怖、神灵、浪漫和西部开发等，格式有绘图小说等。

（文学作品中的）一段情节，片断
episodic

文学作品的组成部分。各个部分相对独立，经过作者的组合可以形成完整的作品。

文言
Classic Language

中国传统上使用的经过省略和美化的书面语言。产生于先秦时期，一直通用到近代。与此相对应的口头上使用的语言称为白话。在白话文运动之前，文言文是中国书面文章、记载、传记和文学的主要形式，现存的文献绝大多数均使用文言。现在，文言作为一种简洁精炼、含蓄磅礴、具有特殊的文学性、艺术性的文体，仍深受喜爱。

（文艺作品的）流派或风格
genre

指作家和艺术家在艺术创作中所表现出来的个性和艺术特色。

文摘编制
abstracting

提供关于作品主要内容的客观、简短的描述。其目的是帮助研究者迅速确定该文章能否满足特定的信息需求。文摘编制工作通常限定为特定学科或一组相关学科的文献，由个人或商业机构来完成，如标引及文摘服务机构，他们定期为订购用户提供文摘。编写文摘的原则是必须保持原作的基本要素和格调，并有适当的概括度和报道深度。此外，还要求结构严谨，逻辑性强，文字简洁明了，重点突出和长短适度，以较短的篇幅传递较多的信息。从编制文摘技术上可分手工编制和计算机编制两种，从载体上分有印刷型、缩微型、视听型和机读型。

文摘服务
abstracting service

商业化标引服务机构针对各篇已标引文献提供的引文服务和文摘服务。如信息中心、情报所等部门承担文摘服务的工作。如由美国 ABC－CLIO 公司出版的《历史文摘》（*Historical Abstracts*）；由中国科学院文献情报中心、中国科学院上海生命科学研究院和中国科学院生物文献情报网主办，中国科学院上海生命科学研究院出版的《中国生物学文摘》（*Chinese Biological Abstracts*）。文摘杂志以月刊或季刊的形式出版发行，或者以定期更新的书目数据库的形式发行以供用户使用。文摘服务可以是综合性的，也可以是针对性的，通常限定在特定的学术课题内。

文摘和标引数据库
abstracting and indexing（A&I）database

一种提供一门学科或学科领域信息来源不同的文献书目引文和摘要的数据库，不同于全文检索服务。

文摘员
abstractor

分析科学技术文献并编制文摘的专业人员，他们具备特定学科领域的专业知识，并掌握图书馆工作的专业理论和文摘编制方法。也指一般的图书馆信息机构或专门的文摘服务机构的工作人员。

文摘员文摘
abstractor's abstract

由一次文献作者以外的专职或兼职文摘员编写的文摘。

文摘杂志
abstracting journal

专门刊登某一特定学科或研究领域中学术文章以及其他类型文献的文摘杂志。报道文献面广泛系统，揭示文献的内容较深。最早的文摘杂志是德国1769 年创办的《各学院优秀外科论著摘要汇编》，现在世界上约有 5 000 种文摘杂志，差不多平均每 10 种原始期刊就有一种文摘杂志。著名的文摘杂志有：美国《化学文摘》、《数学文摘》和《剑桥科学文摘》，俄罗斯《文摘杂志》、英国《科学文摘》、日本《科学技术文献速报》、法国《文献通报》、德国《数学文摘》和荷兰《医学文摘》等；中国最早的文摘杂志是 1897 年在上海创刊的《集成报旬刊》，目前中国约有 200 多种文摘杂志，其中具有代表性的有：《新华文摘》、《青年文摘》、《读者》、《海外文摘》、《英语文摘》和《中国学术期刊文摘》等。

《文摘杂志》(俄罗斯)
Abstract Journal

俄罗斯编辑出版的文摘杂志，供查阅自然科学、技术科学和工业经济等方面文献资料的综合性信息检索刊物，被称为世界3大综合性文摘刊物之一。1953年创刊，除《化学文摘》和《生物学文摘》这两个分册为半月刊外，其余各分册都为月刊，由全俄科学技术情报所编辑发行。该刊收录的文献，包括除了医学、农业、建筑以外的自然科学、技术科学和工业经济等。文献内容来源于世界各国，用几十种文字出版的期刊、图书、发明证书和专利以及会议录、科技报告、标准等。

文摘，摘要
abstract

起源于古希腊，指学者们对图书馆藏书进行的摘要节录工作。该词的中文习惯译法有两种：一种是独立存在的译成“文摘”，另一种是和原作在一起的译作“摘要”。书籍、文章、演讲、会议报告、学术论文以及其他著作基本内容的简要、客观的描述，表达了原作的主要观点且表述顺序与原作相同，但不具有独立的文学或学术价值。摘要可以是陈述性的、说明性的和评论性的甚至是以独特的视角来编写。在学术期刊的论文中，摘要位于标题和作者名之后，正文之前；在书目数据库的款目中，如果未收录全文，摘要就位于引文以后，正文之前。

文摘质量评价
evaluation of abstract

依据一定标准，采用定性、定量或两者结合的方法对文摘内容进行的测评。定性评价是测评文摘是否完整、准确地揭示了原文主题，定量评价是测评文摘中原文信息的占有率，定性与定量评价相结合的评价方法主要指B. A. 马西斯创立的“文摘两步评价法”。

文字报道
written report

通过文字形式进行的信息报道方式。为使读者能够直接、快速、准确地检索到特定需要的信息，文献信息部门对大量的信息资料进行了加工、整序，最后进行报道。包括针对某一学科或专业进行的定向报道和根据某个专题开展的定题报道两种类型。

文字处理
word processing（WP）

指一种将信息转换成可读文本的方法。利用计算机系统对主要由文字、表格、图形和图像组成的信息的处理，可通过配有键盘的微型计算机、监视器、扫描仪、激光打印机等高效能的文本输入和编辑文本来实现。

文字记录
textual records

用手写或打字记录下来的档案或其他类型的文献，不同于图片或视听等其他形式。

文字作品
written works

指小说、诗词、散文和论文等以文字形式表现的作品，是著作权法保护的客体之一。

文宗阁
Wenzongge Building

乾隆四十四年（1779年）建在江苏镇江金山寺。清代储存《四库全书》藏书楼之一。咸丰三年(1853年）太平军攻入镇江，将文宗阁及其所藏的《四库全书》一起烧毁。

纹道特征
Groove Characteristic

模拟唱片的纹道宽度或滚筒音乐盒的纹道间距，如粗纹（唱片）、密纹（唱片）。属音频特征(sound characteristic）之一。

纹理
grain

对于机器制造的纸张来说，纹理就是大多数纤维的分布形状与方向，这种走向取决于在造纸过程中造纸机器的向前运动。由于纸张顺着纹理方向较易弯曲，因此印刷时往往取平行于纹理的方向。测定纸张纹理的最简单易行的方法是撕一下纸看看，顺着纹理去撕往往比横着纹理去撕干净利落，有些手工制造的纸张是没有什么纹理的。

问答法
question & answer method

一种信息调研方法。调查者将设计好的、采用统一格式并具有明确内容与要求的问卷以书面或口头方式请用户回答，从而获得有关数据。

问答系统
question-answering systems

一种直接回答用户提出具体问题的高级信息检索系统，属专家系统范畴。问答系统由知识库和推理机制组成。知识库中存储知识、事实或规则。用户可用自然语言查询原先存入的事实或规则，系统在人机交互过程能采集或推理运算出新知识。

问号
question mark

标点符号“?”，表示疑问句末尾的停顿。询问、责问、反问、设问、商量和猜测的句子都用问号。

问题管理
management，question

在虚拟参考系统中，无论怎样提问还是在何地提问，都使用数字参考服务接收、存储、答复、说明、分派、参考、寻找、监测、计数和删除问题，并维护、提供和使用相关信息状态。

问题清单（调查表，征求意见表）
questionnaire

指调查研究用的表格，上面列有很多问题，复印多份，按事先准备好的名录或者随机发给被调查者填写，以期得到想要知道的情况。这是研究市场，收集信息常用的方法。图书馆读者有时会被邀请填写调查表，以评估图书馆服务和资源的质量和有效性。

问询台
information desk

在大型公共图书馆或大学图书馆设立的专为解答读者问题的服务台，一般位于图书馆的主要入口附近。问询台所提供的服务内容因馆情不同而有所不同，一般向读者提供图书馆服务和馆藏的基本信息；解答读者关于书目、文献检索和使用方面的疑难问题；当读者需要另外的帮助时，可引导读者前往其他合适的公共服务部门。较高层次的服务则是提供全方位的信息咨询服务。问询台的出现减少了其他图书馆员接受直接来自于读者的问题，使他们能够将更多的注意力集中在那些需要专业服务的专业人士、团体或资助人身上。问询台的工作一般由相当讲师（中级）以上业务职称的图书馆员担任。

我的图书馆
My Library

基于网络技术的图书馆个性化信息服务的一种方式。具有以用户为中心、可操作性强、个性化收集信息的特征。在“我的图书馆”里，用户可以依据不同的兴趣偏好和专业领域等进行定制个性化服务。系统根据用户需求提供不同的服务项目和服务结果，帮助用户获得与其特征描述相一致的数字化资源。用户可通过提供个性化的信息编辑工具来创建、组织、加工和维护的个性化信息。

《沃尔夫德参考资料指南》（英国）
Walford's Guide to Reference Material

英国出版的综合性参考工具指南。1959 年首次出版，主编是英国工具书专家 A. J. 沃尔夫德（A. J. Walford），该工具书共三卷，分别是科学技术卷、社会历史科学哲学宗教卷和科学语言文学艺术卷。前两卷分别于 1999 年和 2000 年出版第 8 版，第三卷于 1998 年出版第 7 版。按国际十进分类法编排，有作者索引、题名索引和主题索引。该书收录工具书达 2 万多种。新版增加了有关光盘和在线数据库的内容。系列出版物包括《沃尔夫德参考资料指南简本》(*Walford's Concise Guide to Reference Material*)，收录了 3 000 多种工具书。该指南是了解英国工具书出版情况的重要参考资料。

沃尔特斯·克鲁维尔集团（荷兰）
Wolters kluwer Group

创立于 1987 年，由克鲁维尔公司（Kluwer）和沃尔特斯－萨姆森公司（Wolters Samsom）合并而成。该集团是一个跨国信息服务集团，是荷兰的一个活跃在法律、税收、商业和教育等出版领域的国际性大型专业出版集团。沃尔特斯·克鲁维尔集团是一个提供全方位信息的集团组织，其业务主要包括三部分：法律、税收和商业、健康和科学以及教育，在全球有着不俗的市场表现。值得称道的是，该集团不仅规模巨大，而且其业务非常精悍。其之所以能保持高速的发展，其中最重要的就是创新，年年都有很多新产品和服务投放市场。

沃弗雷德·威廉·波拉德（1859—1944）
Alfred William Pollard

英国图书馆学家，毕业于牛津大学。1883 年开始在大英博物院图书馆印本书部工作，1919 年成为该部主任，并担任伦敦大学目录学名誉教授。担任书目杂志《图书馆》(*The Library*)编委46年，并曾担任主编。对书目工作研究甚深，颇有造诣，成绩卓著，因而成为伦敦国王学院评议会会员，达勒姆大学名誉文学博士，英国科学院院士，还获得乔治五世授予的勋位。与人合编了《1475—1640年英格兰、苏格兰、爱尔兰印制的图书及在国外印制的英文图书简目》(*A short-Title Catalog of Printed Books in England, Scotland, and Ireland and of English Books printed Abroad*, 1475—1640)。

沃维克框架
Warwick Frame

1996年4月在英国沃维克(Warwick)召开的第二届元数据研讨会上提出了"沃维克框架"的元数据结构的概念。沃维克是一种用于不同元数据包的集成和互换结构，为集成和评价元数据集提供了更大的可能性，从而能够实现现有的和将来的数据描述模型。沃维克框架具有两方面的重要性：提出了一个定义和使用各类元数据的结构框架，其次把沃维克框架作为一个环境，能容许有特定目的之元数据集开发者对自己的工作进行限制和集中，使其他对元数据感兴趣的团体能独立地在满足自己特定需要上取得进展。所以，沃维克框架是较早地提出解决都柏林核心(DC)与其他元数据互操作性问题的概念方案。

渥太华大学图书馆(加拿大)
University of Ottawa Library

位于加拿大首都渥太华，由3所图书馆组成：布赖恩·狄克森(Brian Dickson)法律图书馆、卫生科学图书馆和莫里斯特(Morisset)艺术与科学图书馆。馆藏纸质图书200万册，电子图书37万册，电子期刊4.3万种，纸质期刊9 000多种，缩微资料130万件以及大量丰富的音乐乐谱、视听资料、地图、政府出版物及大量电子资源。

乌克兰国家图书馆
National Library of Ukraine/*Національна бібліотека України імені*

1918年4月建于首都基辅(Kiev)。隶属于乌克兰政府，享受政府财政拨款，另外还有总统基金。行政领导实行总馆长负责制，该馆下设图书计算机中心、图书古籍修复中心、出版中心、文化教育中心图书馆研究所、图书研究分析研究所、手稿研究所、档案研究所和传记研究所等，拥有图书1 500万卷(册)，期刊2 700种。专门收藏乌克兰出版的书籍、乌克兰文学奠基人的作品集等，读者可在线进行公共目录查询，该馆是国际图联的机构会员。

乌拉圭国家图书馆
National Library of Uruguay/*Biblioteca Nacional de Uruguay*

其前身为蒙得维的亚的第一所公共图书馆，成立于1815年。开馆8个月即被葡萄牙入侵者破坏，1838年才重新开放。乌拉圭国家图书馆具有国家图书馆、研究图书馆和公共图书馆职能，馆内还设有乌拉圭科学、技术、经济文献中心。根据1970年制定的版权法要求，该馆接收乌拉圭出版商上缴的每种出版物两册，并编辑出版《乌拉圭书目年报》。该馆开展外借服务，一年能接待读者15万人次。馆藏图书1 220万册(卷)，期刊2万种。

《乌利希国际期刊指南》(美国)
Ulrich's International Periodicals Directory

全球范围内的期刊名录指南，于1932年创刊，每年由鲍克(R. R. Bowker)公司出版。原称《乌利希期刊指南》(*Ulrich's Periodicals Directory*)，1992年改为《乌利希季刊》(*lrich's Quarterly*)。该指南共列出世界各国出版的33万种连续性出版物。另外，指南中同时提供了200多种语言的15多万个出版商的订购与联系方式的资料，覆盖950个学科。内容除了基本书目资料(名、刊期、编辑者和出版商等)，还包括美国国会图书馆分类号及期刊缩写代码(ODEN)。该指南不仅以印刷形式出版，同时发行网络版数据库(Ulrichsweb)。

乌林西拉(1936—)
WuLinxila

内蒙古大学图书馆研究馆员。1958年毕业于北京大学图书馆学系，同年到内蒙古大学图书馆工作，历任部主任、副馆长和馆长。兼任中国图书馆学会第三、四届常务理事、第五届名誉理事、学术研究委员会第二、三届委员、民族图书馆委员会副主任、国家教委民族学科蒙古学文献信息中心副主任、内蒙古图书馆学会第二、三、四届副理事长、内蒙古高校图书情报工作委员会副秘书长和副主任等职，发表论著40余部(篇)。

乌普萨拉大学图书馆（瑞典）
Uppsala University Library/*Uppsala universitetsbibliotek*

位于瑞典东南部城市乌普萨拉，始建于1620年，是瑞典最早的研究型图书馆，也是瑞典最大的大学图书馆。馆藏图书及期刊525万册（件），电子期刊7 000多种，各种手稿约6.2万多种以及各种地图类出版物34.6万多册。为4.7万多名读者提供各种服务，阅览席位达2 100多席。每天到馆阅览达5 000多人次。该馆是国际图联的机构会员。

乌丝栏
Black Silk Columns

版本学习用语，指刻本古籍版面中的黑色界格。

乌兹别克斯坦国立阿利舍尔·纳沃伊图书馆
Alisher Navoi State Library of Uzbekistan

直属乌兹别克文化部的阿利舍尔·纳沃伊图书馆是该国图书的总书库，图书馆学、目录学和共和国图书馆事业史的方法论、科学研究和协调中心，也是中亚地区最大和最古老的图书馆之一。其前身为突厥总督建于1870年的塔什干（*Tashkent*）公共图书馆。根据政府法令，该馆经费来自财政拨款并接受国内出版物的呈缴本，从1956年起该馆就进行国际交换。拥有75种语言的藏品共550万册（件），现刊450种。可提供国内外新书电子目录检索。

无版权（的作品）
public domain

指不受版权法或专利权保护或者版权期满的作品，印刷、摘录、引用、复制和在线使用这些作品都不算侵权。在计算机软件中，被称为共享软件。

无保护的
unprotected

保存在文件或磁盘中的数据，由于访问不受保护所以用户可以直接从键盘输入、修改或擦去。

无衬线字体
lineale

指没有衬线的西文铅字体，这类字体又可分为哥特体、新哥特体字和几何体字等。

无出版地
no place

根据英美编目条例的规定，当从一种出版物的各种信息来源中无法查到出版地点时，应在载体形态项中注明该出版物“无出版地”，用［s.l.］(缺地点）表示。

无法获得，无现货
not available

出版社或书商在无法供应图书馆所订购的书刊资料时，在订单上的注明。

无缝接口
seamless interface

两个计算机程序结合，使用一个用户接口，看起来像一个程序。在计算机程序开发中，常常希望隐藏缝隙，使得完成的工作看起来像一个对象，而不是两个的结合。在编程中，无缝用户界面通常涉及后端程序的开发，隐藏了界面之后的多个不同程序使用不同语言编写，有时候，由不同程序员开发的事实。在分散于网络不同计算机的编程中，为用户屏蔽用户界面之后的逻辑和数据的地点变得比较重要，无缝用户界面是应用集成和系统集成的任何方法的共同目标。

无缝链接
seamless connection

在充分掌握系统的底层协议和接口规范的基础上，开发出与之完全兼容的产品。该项技术可以使链接区域的“缝隙”非常小，已经刻录的数据可以没有任何问题的被读出。

无光乳胶
emulsion

又称“感光乳剂”或“照相乳剂”。是卤化银微晶分散在明胶水溶液中的悬浮体。其中除卤化银作感光物质外，还含有起坚膜、防腐与稳定作用的补助剂以及能扩展感光范围的增感剂等。在彩色片的感光乳剂中，还含有能生成有色物质的成色剂。

无规则资料档
random file

指未按任何规则或顺序排列、只是混合堆放在一起的资料、卡片或其他记录档案。

无间隙中断
nongap break

图书馆目录或联合目录中表示某种连续出版物发行的连续编号虽有中断，但事实上这种连续出版物所出版的所有各期、各辑均有收藏的标识。某一连续出版物停止一段时间发行后又以同样的名称或不同的名称恢复继续出版时，当其连续编号发生变化时会发生这种现象。

无鉴别性刊名
non-distinctive title

指各种期刊通用的刊名，如公报、通报（Bulletin）、杂志（Journal）、学术会议录（Proceedings）、学报（Transactions）等类刊名。

无日期
no date

用于出版者的报告中，表示不知一本书什么时候将有现货；又指用于书目之中，特指出版日期不详的出版物。no date 的缩写词为 n. d. 。

无声电影
silent film

指任何没有声音的电影。无声电影产生的年代在“有声电影”之前，大约是 1894 年，法国人路易斯·卢米艾（*Louis Lumiai*）和其兄共同努力，研制成可以拍片、洗印底片和放映影片的三用活动电影机，并用这部机器拍摄了世界上第一部影片《工厂的大门》。美国无声电影的经典代表作品是喜剧演员查理·卓别林（Charlie Chaplin）、勃斯特·基顿（Buster Keaton）及 D. W. 格里夫斯（D. W. Griffith）的电影作品。1913 年，中国第一部无声电影故事片《难夫难妻》在亚细亚影片公司诞生。这部影片的诞生，开中国电影片种、样式、创作方法之先，属中国现代进步电影的开山之作。早期的无声电影放映时，电影院通常雇用管弦乐队或为其伴奏。

无绳鼠标
cordless mouse

与计算机主机之间不直接通过线路相连的鼠标，通常经由一个专用接收器将信息传递给计算机。这种遥控鼠标可以在距计算机半径为 10 米的范围内使用，方便了计算机在大型投影屏幕和教学演示等方面的使用。

W

无时限的索引
open-end index

一种按固定的时间编制或不断更新的索引，包括：单一出版物的索引，如《人民日报报索引》（*People's Daily Index*），特定形式的著作索引，如《传记索引》（*Biography Index*），学科出版文献的索引，如《现期教育期刊索引》（*Current Index to Journal in Education*）和相关学科的群组索引，如《医学文献在线检索系统》（*MEDLINE*）。

无酸纸
permanent paper

纸张的主要成分是纤维素，在造纸的过程中会使用一些酸、碱物质以去除纸浆中的所有的木素和大部分半纤维素，其结果是纤维素含量的提高，增强了纸张的耐久性，但是由于生产工艺的原因，纸张中也会残留的一些酸。这些酸一般不会影响纸张的使用，但是要做长期保存就会对纸张的耐久性产生影响。因为酸会使纸张中的纤维素水解，造成纸张变脆、粉碎，对纸张的耐久性产生不利影响。为了去掉这些酸，在造纸过程中会增加脱酸处理，提高了造纸的成本，一般的纸缺少这道程序，只有专用纸才有这道程序。科学家经长期的研究发现，pH 约为 7（即中性脱酸纸，也就是专用纸）的纸张对长久保存的珍贵的图书资料、档案最为有利。

无碳复写纸
NCR paper

一种经过加工的复写用纸，是在纸背上涂有化学制剂的一种特别复写纸，表面与普通纸一样，但在缮写复本时，不用再下衬复写纸。

无限截断检索
unlimited truncation

截词检索法的一种，又称不定位截断。指在检索式中不具体说明某个检索词截去的字符数量，即对检索词中允许变化的字符数不作任何限定。使用无限截断检索时，必须要注意的是，所用的词干不能太短，否则会引起误检，达不到检索目的。

无限制词表
free term list

又称可扩展叙词表，即对词表中的叙词不加限制，可以随时增添新词的词表。

无线
wireless

一种通过无线电波而不用电线或电缆连接因特网的方法。该方式不需要支付远程通讯费，但仍需要因特网服务提供商来提供登录因特网的服务。无线技术使得因特网服务提供商无须支付因增加电缆而提供更大的带宽的费用。无论如何，这种技术还需要眼睛看得见的线存在，因为安装在图书馆的无线天线需要与因特网服务商维护的天线进行无障碍的联结。每根天线可以 T1 的速度为 50～100 个站点提供服务。无线技术还可以直接链接因特网的方式在图书馆内部提供服务，例如在装备了个人计算机或者膝上计算机的培训教室进行网络连接。该技术通过无线电、红外光信号或其他技术发送与接收数据，不需要在各节点和集线器之间进行物理连接的局域网。

无线计算机
radio computer

由日本电气公司研制出来的一种便携式个人计算机。这种机器内部装有无线电调制解调器，可不经电话网便可与数据库联通，因而可在移动中接收、处理和传送信息。

无线宽带
wireless broadband

通过无线局域网络（WLAN）或广域网（WWAN）发送的高速因特网和数据服务。和其他无线服务一样，无线宽带可以是固定的，也可以是移动的。固定无线服务为相对固定的地点（如家和办公室）设备提供无线上网。固定无线宽带技术包括本地多点分布系统（LMDS）和多信道多点分配服务（MMDS）系统，用于宽带微波无线传输，直接从本地天线传输到家庭和企业。该服务类似于通过数字用户线或电缆调制解调器提供的服务，但是用无线方法传输。

无线上网
wireless Internet access

指使用无线连接的因特网登陆方式。使用无线电波作为数据传送的媒介。速度和传送距离虽然没有有线线路上网优秀，但以移动便捷为杀手锏，深受广大商务人士喜爱。无线上网现在已经广泛的应用在商务区、大学、机场及其他各类公共区域，其网络信号覆盖区域正在进一步扩大。

无线射频识别
radio frequency identification（RFID）

常称为感应式电子晶片或近接卡、感应卡、非接触卡、电子标签和电子条码等。无线射频识别是一种非接触式的自动识别技术，通过射频信号自动识别目标对象并获取相关数据，识别工作无须人工干预，可工作于各种恶劣环境。无线射频识别技术可识别高速运动物体并可同时识别多个标签，操作快捷方便。短距离射频产品不怕油渍、灰尘污染等恶劣的环境，可在这样的环境中替代条码，例如用在工厂的流水线上跟踪物体。长距射频产品多用于交通上，识别距离可达几十米，如自动收费或识别车辆身份等。无线射频识别技术应用非常广泛，目前开始应用于图书馆管理。

无线射频识别标签
RFID tag

由耦合元件及芯片组成，每个无线射频识别标签具有唯一的电子编码，附着在物体上标识目标对象。标签按是否带电源分为有源标签和无源标签，工作频率有低频、高频、超高频和微波。无线射频识别标签工作原理：标签进入电磁场后，接收读写器发出的射频信号，凭借感应电流所获得的能量发送出存储在芯片中的产品信息（Passive Tag，无源标签或被动标签）；或者主动发送某一频率的信号（Active Tag，有源标签或主动标签）。读写器读取信息并解码后，送至中央信息系统进行有关数据处理。图书馆一般使用无源标签，工作频率为高频和超高频，用于读者、书刊、书架等的识别。

无线射频识别读写器
RFID reader

实现对无线射频识别标签识别码和芯片数据的读出或写入操作的设备。典型的读写器包含有高频模块（发送器和接收器）、控制单元以及天线，通过天线与无线射频识别读写器标签进行无线通信。一般根据工作频率分为低频阅读器、高频读写器、超高频读写器、双频读写器和 433 MHz 有源读写器。

无线网络
wireless network

任何型式的电脑网络，普遍和电信网络结合在一起，不需电缆即可在节点之间相互连接。既包括允许用户建立远距离无线连接的全球语音和数据网络，也包括为近距离无线连接进行优化的红外线技术及射频技术，与有线网络的用途十分类似，最大的不同在于传输媒介的不同，利用无线电技术取代网线，可以和有线网络互为备份。无线网络的发展方向之一就是“万有无线网络技术”，也就是将各种不同的无线网络统一在单一的设备下。

无线应用协议
Wireless Application Protocol（WAP）

一种适用于在移动电话、个人数字助理（PDA）等移动通信设备与因特网或其他业务之间进行通信的开放性、全球性的标准。利用该协议可以把网络上的信息传送到移动电话或其他无线通讯终端上。该协议是由爱立信（Ericsson）、诺基亚（Nokia）、摩托罗拉（Motorola）等通信业巨头在1997年6月成立的无线应用协议论坛（WAP Forum）中所制定，于1998年初公布的。该协议的目标就是将因特网的丰富信息及先进的业务引入到移动电话等无线终端之中。该协议使用无线标记语言（Wireless Markup Language，WML）进行数据交互，并可通过该协议网关获取网页内容，实现无线上网。

无线装订
perfect binding（rubbed binding）

一种不需要订线和铁丝的书刊装订方法，是用专用胶水进行的图书装订。操作时，先按顺序排列折帖并将背脊锯口或铣背打毛，再在订口涂上黏着力强的胶水，将折帖黏合，再在订口覆盖以纸、细布等。虽然这是一种快捷而相对便宜的图书装订方法，但不如线装法牢固。

无用输入/无用输出
garbage in，garbage out（GIGO）

数据处理技术中的术语，意为计算机输入不可靠的无意义或不完整的数据，所得出的资料结果也会是一堆无用的垃圾。

无用数据
junk

在数据处理中，由于各种原因所形成的无法使用的数据或遭破坏因不能代表任何有意义信息的数据。

无用信息，错误信息
garbage

指不精确、无用的数据；无聊的读物，无意义的或多余的与输入、输出无关的数据、文字、数字或符号，可能是信息在传输过程中受干扰所致。

无增长，稳态
steady state（zero growth or no growth）

指在一段时间内图书馆馆藏文献剔除数量等于文献增长数量的状态。拥有固定书架空间而没有扩大空间希望的图书馆必须保持稳定的馆藏数量。这是英美等国图书馆界在20世纪80年代提出的一种控制藏书增长的理论，又称馆藏“零增长”理论。

无障碍标签
accessible labels

附加于触觉图像、地图或图表的无障碍触觉文字。属于无障碍内容的一部分。

无障碍内容
Accessibility Content

一种内容，帮助听障或视障者更好地理解由于其听觉或视力障碍导致不能完全看到或听到的内容。包括无障碍标签、音频描述、图像描述、手语和字幕等。属“资源描述与检索”（RDA）的内容描述元素之一。

无纸出版
paperless publishing

指由于计算机技术和文献数据库的快速发展，信息以电子格式存储、发行的一种出版方式。

无纸传输信息（或数据）的
paperless

用电子媒介而非纸张传输信息和存储记录的自动化办公系统。

无纸化办公（室）
paperless office

完全采用计算机技术处理办公业务。通过配备计算机、打印机、扫描仪和光笔等设备，利用动态签名控件、全文批注控件、笔迹控件和识别器控件等技术，使分散在各地域的工作人员通过网络实现信息共享、交流和协同工作，不像传统办公室，需要使用大量的纸张。无纸化办公大大节省了人力、费用及时间，提高了工作效率，也节省许多纸张资源，达到环保目的。

无中介

Unmediated

资源描述中特指存储内容无须经由中介设备辅助、可直接通过人体感官使用的媒体。包括经由打印、雕刻、印刷等，以凹凸、纹理等，或以手写、绘画等方式产生的视觉、触觉内容，也包括三维形体如雕刻、模型等的媒体。为属“资源描述与检索”（RDA）定义的8种媒体类型（media type）之一。

无字的

unlettered

在书脊上既没有标出题名也没有标出作者的名字，这种书与其他图书并排放在书架上时，难以识别。

无字（书）

wordless

没有文字的图书或杂志。也称图画书，俗称“画书”、“小人书”，在日文中叫“绘本”。其故事情节由一系列整体、连续和动态的绘图来传达和表述。适读年龄：0～12岁的少年儿童。如英国知名的儿童桂冠作家昆丁·布莱克（Quentin Blake）的代表作《小丑》(*Clown*)，流畅的线条，丰富的创意和诙谐的气氛，光用图画就足以说出一个生动的故事，使读者沉浸在甜美与幽默中。

吴建中（1956—）

Wu Jianzhong

研究馆员、英国威尔士大学哲学博士、上海图书馆馆长和上海科技情报研究所所长。先后兼任中国图书馆学会第八届理事会副理事长、上海市图书馆行业协会会长、上海市图书馆学会第八届理事会名誉理事长、国际图联管理委员会委员(2001—2005年)、国际图联出版委员会和专业委员会（2001—2005年）委员、比尔·盖茨基金会“求知新途奖”评审委员、全国社科基金评审组成员、2010年中国上海世博会主题演绎顾问、《图书馆》（*Libri*）和《图书馆管理》(*Library Management*）编委、日本《终身教育与图书馆》杂志编委、上海交通大学、华东师范大学和南京政治学院兼职教授等。出版和发表有《21世纪图书馆展望》、《21世纪图书馆新论》(包括日文版、英文版和中文繁体字版)、《国际图书馆建筑大观》(第一版和第二版)、《DC元数据》、《OCLC—全球在线计算机图书馆中心》、《战略思考：图书馆发展十大热门话题》、《建中读书博客日志——人生感悟》和《转型与超越：无所不在的图书馆》等专著和论文百余篇。

吴克刚（1903—1999）

Wu Kegang

毕业于巴黎大学，曾任台湾大学教授、台湾省公署图书馆馆长、中兴大学商学院合作经济学系主任、逢甲合作学系主任。除主编发行《现代周刊》外，还筹办东方出版社，翻印国内图书，同时也翻译外文图书。

吴宽（1435—1504）

Wu Kuan

明代藏书家，字原博，号匏庵，世称匏庵先生。直隶长洲人。成化八年进士第一，状元，会试、廷试皆第一，授修撰。以藏书丰富而著名，其诗深厚浓郁自成一家，著有《匏庵集》。

吴骞（1733—1813）

Wu Qian

字槎客，又字葵里，号兔床，海宁新仓人，清代藏书家。喜好藏书，每遇善本，不惜重金购买，或借读手抄校勘。积有名刻善本5万余卷，建造“拜经楼”以庋藏。曾得宋版乾道、咸淳、淳祐三朝《临安志》近百卷，乃刻一印：“临安志百卷人家”。时吴县黄丕烈拥有宋版珍本书百种，自题其藏书室为“百宋一廛”。自称有元版书千部，便自题其居曰“千元十驾”，以相匹敌，学林传为佳话。吴骞以自己所收集的书目所辑《拜经楼丛书》（初名为《愚谷丛书》），校勘精审，著称于世。在收藏古书的同时，也收藏了不少文物古董。

吴慰慈（1937—）

Wu Weici

中国图书馆学家、北京大学资深教授、博士生导师。1961年毕业于北京大学图书馆学系。曾任北京大学信息管理系主任、信息传播研究所所长和中国图书馆学会副理事长。兼任中国图书馆学会第七、八届理事会顾问、学术研究委员会主任、教育部高等院校图书馆学学科教学指导委员会主任委员、国务院学位委员会图书馆、情报与档案管理学学科评议组召集人。主要研究领域为图书馆学基础理论和文献资源建设。出版专著10余部，发表学术论文近300篇。

吴文津（1922—）
Engene W. Wu

第二任哈佛燕京图书馆（Harvard-Yenching Library）馆长。1946年肄业于重庆中央大学外文系。1951年毕业于西雅图华盛顿大学，并获图书馆学院硕士，在斯坦福大学修完中国近代史博士课程后，出任斯坦福大学胡佛研究所图书馆馆长。1965年接掌燕京后，大力采购中国现代图书，强调近现代史料的收集，直至1997年12月退休。70年中，由于该馆两任馆长的努力，馆中的中、日、韩文献享誉欧美地区，尤其是中国古籍善本的收藏，更可与美国国会图书馆媲美，同时也保证了全馆的总体发展策略。为了进一步推动中国图书馆事业的发展，奖励优秀图书馆学、情报学专业的学生，吴先生代表美国韦棣华基金会委托中国图书馆学会成立了“韦棣华基金会奖学金评审委员会”。从1997年起一批品学兼优、生活贫困的图书馆专业博士生、硕士生和本科生获得此项奖学金。

吴晞（1955—）
Wu Xi

深圳图书馆研究馆员。1982年毕业于北京大学图书馆学系。历任北京大学图书馆馆员、副研究馆员、研究馆员、《大学图书馆学报》常务副主编、文化部图书馆司文献资源处处长和深圳图书馆馆长。主要社会兼职有：中国图书馆学会第八届理事会常务理事、阅读推广委员会主任、《中国图书馆学报》副主编、广东省图书馆学会第十一届理事会副理事长、深圳市图书情报学会理事长和深圳市政协委员。主要研究范围是文献资源建设、近代图书馆史和现代图书馆管理，出版专著、译著多部，发表论文百余篇。

吴仲强（1954—）
Wu Zhongqiang

先后就读华中师范大学图书馆学情报学系、武汉大学图书情报学院，四川党校和中央党校函授学院。曾任重庆市委党校图书馆采编部主任、图书馆馆员、主任科员，重庆行政学院图书馆信息资料部主任，兼任华中师范大学信息管理系副教授，重庆师范学院中西文化研究中心研究员。出版专著10余部，主要有《中国图书馆学史》、《中国图书馆学情报学档案学人物大辞典》，发表论文数十篇。

《五彩书廊节目》（美国）
Reading Rainbow

美国著名的儿童读书节目，是专门为喜欢阅读优秀少儿图书的4～8岁儿童开办的一个系列广播电视读书栏目，其主要目的在于向不同年龄的小读者推荐好书，帮助他们读好书，尤其是图画书。该栏目在美国每星期从周一至周五由95%的公共电视台（公共广播社）播放一个半小时。该节目自1983年7月开播以来，以其快节奏和杂志风格而深受小读者的喜爱，先后荣获150多个奖项，其中包括13项美国电视界年度大奖。

五代监本《九经》
Nine Classics of Five Dynasties Supervised Edition

中国最早的儒家经典政府雕印本，历朝国子监监刻印的书籍。后唐长兴三年（932年）始校刻《九经》，历时20余年，至后局广顺三年（953年）方刻毕，有《五代监本九经》之世称。今亡佚。宋代国子监仍是朝廷主要刻书机构。以后国子监刻印图书，以经、史为主。明代分别于南、北两京设立国子监，均有刻书，所以有南监本和北监本之分。

五代刻本
Five Dynasties Carving Copy

后唐明宗长兴三年（公元932年）。政府开始雕版印刷佛经、日历、阴阳占卜、字书以及诗文等读物。主要有《金刚经》、《十二经》、《唐韻》、《初韻》、《高丽藏》和《成唯识论》等。五代时不但有官刻，还出现了私家刻书，非常流行。

五点半细铅字
ruby

指旧英文印刷字号，约有5.5点。

《五经》
Five Classics

指《诗经》、《尚书》、《礼记》、《周易》和《春秋》，简称为“诗、书、礼、易、春秋”，是中国儒家的经典书籍，其中保存有中国古代丰富的历史资料。其实本来应该有六经。《庄子》一书首先称诗经、尚书、礼记、周易、乐经和春秋为六经。班固在《汉书·艺文志》中称之为“六艺”。其中《乐经》散失，只留存下来《乐记》一篇，并入《礼记》中。从汉武帝时开始，《诗经》、《尚书》、《礼记》、《周易》和《春秋》五本著作被合称为《五经》。

五南图书出版股份有限公司

Wu-Nan Book Inc.

前身为五南出版社，创立于1968年，因为设址于创办人杨荣川先生的家乡——台湾省苗栗县通宵镇“五南里”而得名。1975年因业务之扩展而迁往台北市铜山街，并改为现名。该公司以学术著作、大专教材为出版重点，涉及社会科学、人文科学和应用科学等领域。

五线谱（本）

stave

又称正谱。是一种在五条平行横线上标记（抄写或印刷）音符的音乐作品。由意大利音乐理论家归多·达赖左（*Guido d'Arezzo*）于公元2世纪发明的，开始流行于欧洲，后来逐渐被世界各国广泛采用，成为国际上通用的音乐文字。随着欧洲的宗教传入中国。

五行打油诗

limerick

五行抑扬格轻快的诗，按a/a/b/b/a押韵的、具有幽默讽刺风格的五行诗，由于这种诗很有独特性，常常无礼、不恭而达到了不能付印的程度。这通俗优美的短诗，由五行组成，其中一、二五诗行为三音步，押一韵，三、四诗行为二音步押一韵。

武德运（1938—）

Wu Deyun

1961年毕业于北京大学图书馆学系函授班，1987年被任命为西北大学图书馆副馆长，1988年又兼任图书馆学情报学系副主任。出版专著、论文多部（篇）。

武复兴（1934—）

Wu Fuxing

陕西省图书馆研究员。1960年毕业于西北大学中文系，1984年调任陕西省图书馆馆长。兼任中国图书馆学会理事、陕西省社会科学联合会理事、陕西省图书馆学会副会长和陕西省情报学会常务理事等，出版专著、论文多部（篇）。

武汉大学媒体发展研究中心

Research Center for Media Development, Wuhan University

在武汉大学新闻研究所、武汉大学台港澳新闻研究中心和武汉大学海德传播研究院的基础上，经过改制重组，于2002年7月正式成立。2004年12月被批准为教育部重点人文社科研究基地。该研究中心下设三个研究室：媒介理论、媒介战略、媒介经济。

武汉大学数字人文研究中心

Research Center of Digital Humanities

该研究中心定位于一个虚拟的研究中心，依托教育部重点研究基地——武汉大学信息资源研究中心建设和运行。作为武汉大学“985”工程文科战略平台，数字人文研究中心，致力于服务全校的人文社科研究与教学的数字化转型发展。在学校内部致力于推动跨学科研究与教学产生实效；在学校外部致力于提升该校在国际人文研究领域的知名度和学术地位。

武汉大学图书馆

Wuhan University Library

前身为1893年的湖广总督张之洞创办的湖北自强学堂图书室，1917年正式建馆。2000年8月，与原武汉测绘科技大学图书馆、武汉水利电力大学图书馆和湖北医科大学图书馆合并，馆舍总面积达到8.5万平方米。馆藏文献1 300多万册，其中印刷型文献近676.7万册，中外文电子书刊659万余册；线装古籍20万余册，有300多种收入《中国古籍善本书目》，61种入选《国家珍贵古籍名录》。各类文献数据库442个，其中中外文电子书刊659万册（全文电子图书444万种，567万册；全文电子期刊3.6万种，92万册）。学科覆盖面广，遍及文、理、工、农、医等各个领域，其中特色收藏包括国际法、经济学、化学、植物学、水利电力和测绘学等22个学科文献。建有地方志、地图、检索工具书和长江资源等数据库。中国高等教育文献保障系统（CALIS）华中地区中心、生命科学外国教材中心、文科文献信息中心和引进文科图书中心书库、加拿大政府出版物收藏中心以及欧共体资料中心和世界银行资料中心均设在该馆。法学院资料室被联合国教科文组织确定为联合国资料保存图书馆。

武汉大学图书馆学情报学研究所

Research Institute of Library & Information Science, Wuhan University

成立于1984年，主要从事图书馆学情报学和信息管理学的理论、方法、管理与技术应用方面的研究工作。重点研究方向有：计算机信息检索与电子出版物、文献计量学与科学计量学、信息管理与知识产权、图书馆自动化网络化、经济信息管理、科学评价与预测等，为博士生、硕士生和本科生开设并主讲课程16门。先后承担并完成国家级或省部级科研课题40余项，多次获奖。1999年该研究所更名为武汉大学信息资源研究中心。

武汉大学信息管理学院
School of Information Management, Wuhan University

创建于1920年，前身为美国韦棣华（Marry E. Wood）女士创办的武昌文华大学图书馆学专修科，1929年独立为文华图书馆学专科学校。1952年专科学校并入武汉大学，开办本科专业，更名为武汉大学图书馆学系。1978年以来，先后创办了科技情报专业（现为信息管理与信息系统）和图书发行专业（现为编辑出版学）。1984年改名为武汉大学图书情报学院，在图书馆学、情报学硕士学科点建设的基础上，获得中国情报学第一个博士学位授予权。2001年1月，在武汉大学图书情报学院的基础上成立武汉大学信息管理学院。该院下设信息管理科学系、图书馆学系、档案学系和出版科学系，并设有国家信息资源管理武汉研究基地、知识产权高级研究中心、中国科学评价研究中心、中国电子商务研究与发展中心、图书馆学情报学研究所、数字图书馆与电子档案研究所、联合国教科文组织信息软件推广培训中心、出版学研究所、文献学研究所和《图书情报知识》编辑部。该学院设有7个硕士和博士点（图书馆学、情报学、档案学、信息资源管理、出版发行学、管理科学与工程、电子商务），两个一级学科博士学位授权点（图书馆、情报与档案管理，管理科学与工程。其中管理科学与工程是与经济管理学院等合作建设的），一个博士后流动站（图书馆、情报与档案管理）。图书馆学、情报学两个学科分别被批准为国家重点学科。

武汉大学信息管理学院资料室
Library of School of Information Management of Wuhan University

前身为文华图书专科学校实验图书馆，1956年改名为武汉大学图书馆系资料室，2001年更现名至今。该资料室以图书馆学、信息管理科学、信息系统与电子商务、档案与电子商务、出版科学为依托的综合性资料室，学院资料室总面积为1 200平方米，地处武汉大学校门左侧。三楼设中外文参考咨询室、中文期刊阅览室、外文书刊阅览室，为学生提供三间阅览室，总计120个阅览座位，三楼还设有5个中外文流通书库、西文编目室；四楼设中外文采购室和中文编目室。收藏中文图书8万多册，外文图书8千多册、报纸18种、中外文工具书6 000多册，目前，订购的中文期刊200多种，外文原版期刊40多种，收藏文献总量近10万册，并与美国、日本、俄罗斯等国建立了书刊交换关系。

武汉大学信息资源研究中心
Center for Studies of Institute Resources, Wuhan University

在原武汉大学图书馆学情报学研究所的基础上，于1999年改制后重新组建而成的新型研究机构，是国家普通高等学校人文社会科学重点研究基地，也是专业领域内唯一入选的重点研究机构。该中心是集研究、教学、培训和咨询为一体的非营利机构，其宗旨是聚集国内外社会资源，创新学术研究机制，通过承担重大科研课题，产生重大科研成果。该中心以信息资源的组织、管理、开发和利用为核心，始终瞄准社会经济信息化中的重大理论问题和实际问题开展研究、咨询和培训工作，取得了突出成果。

武汉大学中国科学评价研究中心
Research Center for Chinese Science Evaluation (RCCSE)

中国高等院校第一个综合性的科学评价研究中心，是集科学研究、人才培养和评价咨询服务为一体的多功能的中介性实体机构。该研究中心以“创新研究，开放服务”为宗旨，凝聚国内外社会资源，创新学术研究机制，加强评价人才培养，改善评价咨询工作，努力为科教兴国战略和现代化建设服务。

武汉理工大学图书馆
The Library of Wuhan University of Technology

于2000年5月由原武汉工业大学图书馆、武汉交通科技大学图书馆和武汉汽车工业大学图书馆合并。该馆实行总馆、分馆（马房山西院、马房山东院、余家头和南湖）的管理模式。总馆下设办公室、采编部、技术部、数字化部和参考咨询部。分馆包括四大实体分馆、两个专业分馆、两个阅览分馆和各院（系、部）分馆（资料室）。该馆现在馆舍面积为8.36万平方米，阅览座位4 690席。拥有馆藏印本文献达370多万册，电子图书160余万册、各类中外文数据库160余个，中外文电子期刊

3 万余种。已形成了材料学、船舶与海洋结构物设计制造、轮机工程等国家重点学科为特色的藏书体系，并有 15 个学科馆藏文献达到了研究级收藏水平。

武汉图书馆

Wuhan Library

前身是汉口市立图书馆，始建于 1946 年 10 月。1949 年 5 月，改名为武汉市立图书馆。1951 年 3 月又改名为武汉市人民图书馆，1953 年元月更为现名。1958 年 2 月，迁至南京路 86 号，另设外借处于中山大道 1030 号一楼。2000 年 12 月 30 日，武汉图书馆新馆建成开放，馆舍面积为 3.3 万平方米，阅览座位 1 587 席。经过多年的积累，该馆拥有各类馆藏文献 240 万册（件），其中古籍 22 万册，地方文献 4 万余册，电子文献及视听文献 1 万余件，电影 2 800 余部、多媒体教学软件 80 多部。拥有清华同方、人大复印资料等大型商业数据库 7 种以及“武汉图书馆馆藏古籍善本数据库”、“湖北地区历代名人数据库”、“武汉地区抗日战争史研究文献资料库”和“武汉图典”等多个特色数据库。已基本建成集印刷文献、电子文献、缩微文献、视听文献、网络文献为一体，学科门类齐全、虚拟与实体馆藏相结合的文献资源保障格局，形成了以中国哲学、法律、经济、碑帖等学科为重点，以地方文献为特色的馆藏体系。该馆于 2000 年加入国际图联，成为其机构会员。

武进商会图书馆

Wujin Chamber of Commerce Library

该馆伴随着常州商业资本主义经济的发达和新文化运动的发展应运而生。1904 年，武进商会租赁铁市巷内的岳宅创设“阅书讲报社”。时任商会会长的邑绅恽心耘（祖祁）用银 4 900 余元就双桂坊季子祠后院建造了商会图书馆，共两层十间，于 1906 年 12 月落成。1924 年改名为“常州图书馆”，由民国政府管理。1932 年 1 月，县教育局与县商会集议，将商会图书馆改建为县立图书馆，于翌年 12 月改名为武进县立图书馆，并于 1936 年 1 月 1 日正式开馆。1949 年 10 月，改称常州市图书馆。

舞蹈作品

choreographic works

指通过连续的动作、姿势和表情等表现思想情感的作品，是著作权法保护的客体之一。

舞谱、动作记号

Notated Movement

以动作记号形式表达，由视觉感知的内容。包括除由触觉感知外的所有动作记号形式。“资源描述与检索”（RDA）定义的内容类型（content type）之一。

物理单位、物理单元

physical unit

有形资源的构成要素，如卷册、录音带和电影胶卷。

物理形式

physical format

指记录一种作品的内容表达的容器或媒介、录像带、地图、球仪、乐谱、数字化视频光盘、缩微胶卷以及数字化文档等。

《物理学汉语主题词表》

Physics Chinese Subject Thesaurus

用于储存和检索物理学文献资料的专门叙词表，由中国科学院文献情报中心与中国科学院物理情报网编制，1994 年出版。该表收录主题词 9 181 条，正式主题词为 5 795 条，非正式主题词 3 386 条，涉及物理学各专业及相关的交叉学科。由字顺表、等级索引、范畴索引和英汉对照索引四部分组成。

物理载体

physical carrier

用来存储数据、音像和图像等的物理介质。如以数字格式存储的磁带或磁盘。这种载体可以永久性地封装在保护套（金属、塑料）里构成文献的一部分，如盒式录音带、录像带和软盘。

物联网

The Internet of Things

指通过射频识别（RFID）、红外感应器、全球定位系统、激光扫描器等信息传感设备，按约定的协议，把任何物品与因特网相连接，进行信息交换和通信，以实现对物品的智能化识别、定位、跟踪、监控和管理的一种网络。是新一代信息技术的重要组成部分，具有普通对象设备化、自治终端互联化和普适服务智能化三个重要特征。物联网概念由阿什顿（Ashton）教授在研究 RFID 时最早提出。物联网用途广泛，遍及运输和物流、健康医疗、智能环境、敌情侦查和情报搜集等多个领域，具有十分广阔的市场和应用前景。

误发，寄
misdelivery

书刊的邮寄发生差错、误投、发货错误以致读者、订户收不到。

误检
false drop（false combination，noise）

在信息检索过程中，通过关键词检索获得了与查询主题完全无关的书目记录，这种情况称为误检。出现误检的原因通常是被检出的记录仅仅符合了查询的句法要求，而不符合语义要求。一般而言，当检索的意图是由检索词的秩序而决定的（如 library + school 将会检索到“library school”和“school library”）或者是检索语句中所用的词是多义词时，将可能出现误检。例如，要检索关于人类免疫缺陷病毒传染的关键词“aids”时，由于“aids”这个词是一个多义词，既有艾滋病的意思，也有工具的意思，故当用“aids”作为关键词检索时，可能会检到关于艾滋病的记录，也可能会检到有关助听器、教学工具的记录。为了避免这类问题，必须将“disease”加到检索语句中，以确保检索的精确性。在一定范围内，正确检索数与误检数之比称为误检率，是信息检索系统的一种评价指标。

误检率
noise ratio

计算机系统检出的非相关文献量与检出的文献总量的比率，可用下式表示：误检率（N）= 检出的非相关文献量/检出的文献总量 ×100%。误检率与查准率（P）互为补数，即 $P+N=1$。

误排标示板
shelf dummy

形如书本状的木头、硬纸板或塑料的标示板，置于书架上，上有标签，以指明该处某书的排架次序不准确。

误引的文字、语句
misquote

指在写作或讲演时常常误引用的文字或语句等，如人们常常错误的引用英文诗歌中一些最有名的诗句。

W

X

西安大略大学情报学媒体学学院（加拿大）

Faculty of Information and Media Studies of the University of Western Ontario

西安大略大学位于加拿大安大略的伦敦（London），建于1878年。该校研究生院的社会科学部下设有情报学媒体学学院，成立于1967年，主要研究信息、媒体、通信、信息技术、信息系统、信息政策、计量情报学导论、标引与分类系统、数字图书馆和个体与社会等方面。该学院可授予媒体、信息与技术文化的学士学位、新闻学、媒体研究和图书馆学与情报学硕士学位、图书馆学与情报学研究博士学位。获得美国图书馆协会资格认证，该学院在北美排名前10位。西方新闻界将其排为加拿大第一。

西安电子科技大学图书馆

Xidian University Library

创建于1949年8月1日。该馆在电子与信息科学方面具有馆藏特色，拥有馆藏文献为575万册，其中纸质文献约225万册，电子文献350万册；中外文现刊1 500种；拥有音、像磁带、磁盘、随书光盘、软件光盘等4万余盘（张）；拥有44种平台的中外文电子资源，数据库共计约120个，内容覆盖了学校各个学科或专业。同时，该馆还进行了自建库的工作，如馆藏特色库、学校重点学科导航库等。该馆由北校区二线书库、北校区逸夫图书馆和南校区图书馆组成，建筑面积总计约61 200平方米，阅览座位5 300多个，下设文献建设部、流通部、阅览部、系统部、信息咨询部、馆办公室、数字化部和南校区图书馆等8个机构。该馆为全校师生提供课题查新和检索、文献传递和信息检索培训等信息服务。

西安交通大学图书馆

Xi'an Jiaotong University Library

建于1896年，其前身为上海的南洋公学藏书楼。1921年更名为交通大学图书馆。1957年图书馆随校分设西安、上海两地。1959年交通大学西安部分和上海部分独立建校，图书馆相应定为现名。北楼建于1961年7月，建筑面积为11 200平方米，南楼1991年3月投入使用，建筑面积为18 000平方米。1995年5月将原西安交大图书馆命名为钱学森图书馆。2000年该馆与原西安医科大学图书馆、陕西财经学院图书馆合并，设立总馆和医学、财经两个分馆，总建筑面积近4万平方米，阅览座位3 518席，拥有藏书447万册（件），报刊10 053种，现刊4 089种。国内外电子资源252种；拥有中外文全文电子期刊近28 639种，电子图书107万册。图书馆还重视收藏反映世界先进科技水平的原版书刊，有15种百年以上历史的世界著名期刊，从创刊号迄今连续收藏。同时还收藏有大量的科技报告、学位论文、会议文献、技术标准、专利文献和视听、缩微资料等。形成了理、工、医、经、管、文、法相结合，以机械、能源、动力、电气、电子、信息、控制与医学和财经为重点的多学科藏书体系。

西班牙国际图书博览会

Spain International Book Fair

1983年由西班牙出版商联合会创办。每年6月底至7月初在巴塞罗那市举行，展期为6天。该图书博览会是世界上展示西班牙文图书重要的活动场所，各国参展的出版商在那里洽谈版权交易，各国书商也可以选购图书。展期安排上午专业交流，下午与周末对公众开放。

西班牙国家图书馆

National Library of Spain/*Biblioteca Nacional de Espaa*

其前身是建于1712年宫廷图书馆。1715年，皇室下令责成西班牙印刷商缴送在西班牙出版的图书每种1册。1836年该馆从王室手中移交给政府部门，首次更名为国家图书馆。国家图书馆是西班牙图书馆机构和图书馆系统中最重要的图书馆，作为隶属于教育文化部的自治团体，有其自己的法人地位和法律效力以实现其目标。拥有馆藏总量为2 600万册（件），其中图书和其他印刷资料1 500万册、手稿3万件、报刊14万种、450万件图表资料以及51万件乐谱。该馆是国际图联的机构会员。

西班牙小牛皮

Spanish calf

指装帧书籍封面所用的一种浅色牛皮。

西北大学公共管理学院公共信息资源管理系

Department of Public Information Management, School of Public Management, Northwest University

由原西北大学图书馆学情报学系和原西北大学

文博学院档案学专业于 2000 年 7 月合并成立的。现包括两个专业：图书馆学专业和档案学专业。图书馆学专业创办于1983 年，始称图书馆学专修科，1988 年成立图书馆学情报学系，自 1993 年起招收本科生。该专业的目标是培养具备系统的图书馆学基础理论知识，能熟练地运用现代化技术手段收集、整理和开发利用文献信息的能力，能在图书馆信息机构和各类企事业单位的信息部门从事信息服务及管理工作的应用型、复合型高级管理人才。档案学专业由原西北大学历史系创建于 1984 年，主要培养拥有档案信息管理的理论知识、掌握现代档案信息管理技术、从事档案管理、文献编辑与研究、现代文秘工作和行政管理工作的高级专门人才。

西北大学图书馆
Northwest University Library

创建于 1902 年，是一所文、理、工、管和法学科门类齐全的中国重点综合性大学图书馆。经过一个多世纪的不断发展，已形成以周秦汉唐历史、经济、地质、物理、化学和生命科学为主的多学科藏书体系，累计纸质文献 300 余万册，其中线装古籍万余种 18 万册、中外文数据库 28 个、自建馆藏古籍书目、化学系期刊、地质学系教师成果 3 个数据库、电子图书 20 万册，电子期刊 15 万种。拥有馆舍面积 2.5 万平方米，阅览室 20 个，阅览座位 2 330 席，设有电子阅览室、视听阅览室和学术报告厅等为读者提供全方位的服务。

西北工业大学图书馆
Northwestern Polytechnic University Library

始建于 1957 年，由原西北工学院图书馆和西安航空学院图书馆随校合并而成。现馆舍由东馆和西馆两部分组成，总面积约 2.4 万平方米。馆藏文献总量达 300 万册（件），包括图书、期刊、检索工具、科技报告、专利、标准、学位论文和会议录等（中外文电子图书 40 余万册，中外文电子期刊 2 万余种，中外文电子学位论文 130 余万篇、专利、报告等电子文献 74 万篇（件））。近年来收集较多的国内外光盘与网络数据库，并自建馆藏文献书目数据库、该校硕博士论文全文数据库、国防科技报告全文数据库、CAD/CAM 专题数据库和重点学科导航库等（数据库 43 种，含子库 190 余个）。馆藏及引进文献内容与学校学科专业紧密结合，基本形成了以航空、航天、航海和国防为特色，以计算机、电子电讯、自动控制、机械和材料等高新技术学科为重点并兼顾基础学科的工、理、管、文相结合的多学科藏书体系。

西北农林科技大学图书馆
Library of Northwest Sci-Tech University of Agriculture and Forestry

前身为 1935 年成立的国立西北农林专科学校图书室。这是由高校系统与科研系统合并组建的新型图书馆，由西农馆、林学院馆、农科院馆、水保所馆和水科所馆组成。是中国西北地区最大的农业科技文献信息中心，联合国粮农组织出版物储备库之一。该馆现有建筑总面积 3.2 万平方米，阅览座位 2 000 多席。拥有馆藏纸质文献 200 多万册，其中收藏外文图书 20 余万册，中文报刊 3 000 余种，外文期刊 2 500 余种，线装古籍 5 万余册，善本 240 册，光盘及网络数据库 26 种，中外文全文电子期刊 2 万余种，其中外文电子期刊 5 500 种，形成了以农业与生物科学为主，兼容古今中外文献的典藏特色。图书馆现开展图书流通、书刊阅览、科技查新、光盘检索、多媒体阅览、专题文献跟踪、农业科技成果中介、音像、书刊装订和文献传递、文献复制等多种服务，年接待读者 60 余万人次，同时承担学校本科生和研究生文献检索课教学任务。

西贝柳斯音乐学院图书馆（芬兰）
Sibelius Music Academy library

位于芬兰首都赫尔辛基市，始建于 1885 年，是所专业的音乐图书馆。最初为赫尔辛基音乐学院图书馆，1939 年改为现名。馆藏文献包括约 20 万件活页乐谱，4.2 万件录音及磁带，5.6 万册图书，950 盒录像带以及大量的作品及文选。2001 年夏季起该馆成为沃亚格尔（Voyager）大学图书馆网络的一部分。图书馆除为学校的教学、科研提供服务外，面向社会开放。

西藏大学图书馆
Library of Tibet University

前身为藏文干部训练班图书室，始建于 1951 年。历经西藏军区干部学校图书室、西藏地方干部学校图书室、西藏行政干部学校图书室、西藏师范学校资料室和西藏师范学院图书馆。1985 年更为现名。拥有馆藏纸质文献超过 100 万册，其中包括汉文图书 85 余万册、藏文图书 2.5 万册、藏文木刻本 3 800 函、汉文古籍 1.6 万册、西文图书 0.5 万册、报刊合订本 1.5 万本以及 10 个数据库。各学院资料室各类图书 35 万册。馆舍面积为 4 725 平方米。

西藏自治区图书馆

Library of Tibet Autonomous Region

1996 年 7 月开馆，占地 31 700 平方米。馆内设有少儿阅览室、报刊阅览室、藏文古籍阅览室、港台外文阅览室、外借阅览室及电子阅览室等。拥有馆藏新书 40 万册、期刊收藏种类从最初的 260 到 1 050 余种（包括赠送）、报纸种类也从 100 余种增加到了 242 余种、少儿杂志 130 种、报纸 25 种。确保了重要刊物和特色刊物的完整性和连续性。馆藏藏文古籍达 1. 8 万余函、12 万余册，其中善本有 1. 5 万余册。内容涉及宗教、历史地理、语言文学、医学、天文历算、哲学等诸多领域；版本多为刻本，时间上迄元代，下讫近年影印本；装帧多为梵夹装，藏纸所著，还有一批桦树皮经卷；部分古籍用金、银、玛瑙等各种珍贵材料用手写而成，具文献、文物、艺术价值，元刻本《因明正解藏论》、明本《苯教经咒集要》等多部珍品，收录于第一批、第三批国家珍贵古籍名录中。

西藏自治区图书馆学会

Tibet Library Society for Library Science

2002 年 5 月 22 日在西藏拉萨召开的西藏自治区图书馆举行成立大会上，通过了第一届理事会组成人员名单和《西藏自治区图书馆学会章程》，选举德吉措姆为理事长，桑学为秘书长，学会秘书处挂靠西藏图书馆。

《西尔斯主题词表》（美国）

Sears Subject Headings

由美国图书馆学家米尼·厄尔·西尔斯（Minnic Earl Sears）编撰的主题词表，原名为《小型图书馆主题词表》；第一版于 1923 年出版发行，用于学校图书馆及小型公共图书馆。虽然该主题词表基于美国国会图书馆主题词表而编撰，但相比之下威尔逊（H. W. Wilson）公司出版的《西尔斯主题词表》所涉及的范围较小，主题词更普遍。该词表涉及社会科学和自然科学的各个学科门类，标题简单、概括，但专指性比较差。在美国很多小型图书馆根据需要将它作为美国国会图书馆主题词表的补充而使用。该词表的标题排列，先排单纯名词，再排各种复合名词。该词中的名词修饰语有：正装式、倒装式和括号式。2007 年出版的是第 19 版。

西方出版集团（美国）

West Group

1996 年由 1872 年建立的西方出版公司（West）和汤姆森法律法规出版公司（Thomson Legal & Regulatory）合并而成，总部设在美国明尼苏达州。美国最有影响的法律图书出版商，是汤姆森集团（Thomson Corporation）的子公司。该出版商以出版各种法律图书和电子读物而闻名于美国。

西里尔·W·克莱弗登（1914—）

Cyril W. Cleverdon

英国图书馆员和情报学家。先后在布里托尔公共图书馆和飞机公司图书馆工作，1946 年担任克兰菲尔飞行学院图书馆馆长，1978 年任欧洲情报机构协会常务秘书长。1957 年在国家科学基金会的资助下，主持领导世界上首次大规模的、以测试标引语言在检索中的效益以及对情报检索系统的影响因素为目的的试验（后称克莱弗登试验）。在克莱弗登的许多关于情报检索的报告和期刊论文中，最重要的是有关两个克兰弗登试验的报告。在试验中首次采用的“检全率”、“检准率”、词汇的“专指性”、标引的“详尽程度”等概念以及试验的研究方法后被情报界广泛采用。由于所作出的贡献，他受到了美国专门图书馆协会和美国情报学会授予的象征最高荣誉的奖励。

西里尔字母表

Cyrillic alphabet

指公元 9 世纪时，传教士西里尔发明的字母表，是现代俄语字母的本源。西里尔字母来自希腊安色尔字母表，形成于 9 世纪或 10 世纪，包括了拉丁字母表中未曾包含的字母，有斯拉夫语独有的口音。在 18 世纪，基于 1710 年彼得大帝建立的国民字体，确定了43 个西里尔字母的字体。1918 年，由于苏联革命后的变革，该字母表减少到 32 个字母。

西蒙斯大学图书馆学与情报学研究生院（美国）

Graduate School of Library and Information Science of Simmons College

西蒙斯大学位于美国马萨诸塞州的波士顿市，该校的图书馆学情报学研究生院建于 1902 年，是西蒙斯大学最早的院系之一，在世界同类院校中名列前茅，获得美国图书馆协会资格认证。该研究生院从 1973 年开始授予文学博士学位，同时授予图书馆学与情报学研究、学校媒体专家、竞争情报、档案管理和保存管理硕士学位，图书馆学情报学和教育学、档案学双硕士学位和学校图书馆媒体博士学位。专业课程包括档案管理、图书馆与档案馆保存管理、馆藏发展与管理、在线信息服务、公共图书馆的组织与管理、应用信息系统设计、现代出版学与图书馆事业、国家信息政策、非印刷资料的组织、高级编目与分类、图书馆建筑与设计、儿童文学与媒体馆藏、业务记录管理和保存管理等。

西蒙与舒斯特公司（美国）
Simon & Schuster Inc.

由两位年轻的美国人理查德·西蒙（Richard Simon）和林肯·舒斯特（Lincoln Schuster）于1924年在纽约创立的，当年他们独具匠心，选用“播种者”作为公司的徽标，表示要将种子撒播全世界。西蒙与舒斯特是美国最大的现代图书出版公司，人们又称他为“双S”公司（S&S）。起初，该公司以出版通俗读物著称，后业务不断扩大，成了“阿伦和培根”公司的母公司，现在已成为世界最大的图书出版社之一，出版教育、消费和专业方面的图书以及各种适合大学、中学和小学学生使用的教材及录音带、计算机用软盘、光盘和网上的教育产品。该公司每年出版2 000余种图书，几十次获普利策奖和全美图书奖。

西米翁·巴巴萨尼亚·阿杰（1927—）
Simeon Babasanya Aje

尼日利亚图书馆学家。早年担任中小学教师，1957年到英国拉夫巴勒学院学习，通过英国图书馆协会资格考试，在英国国家书目社任编目员。1962年获得芝加哥大学图书馆学研究生院硕士学位，并在大学图书馆供职。1964年回国从事图书馆工作，促进学校图书馆服务，训练学校图书馆助理员。后到尼日利亚国家馆任高级馆员，最后任国家图书馆馆长。在各州建立分馆，扩展国家图书馆服务范围，推动图书馆法的确立，出版使用了著录标准的《尼日利亚国家书目》(*National Bibliography of Nigeria*)。积极参与国际图联活动，并担任尼日利亚图书馆协会主席。

西摩·柳别茨基（1898—2003）
Saymour Lubetzky

生于俄国，1927年移居美国的图书馆编目专家。毕业于加利福尼亚州立大学，并学完图书馆学课程。初任洛杉矶加利福尼亚州大学图书馆编目员，对当时的编目方式提出质疑，受到国会图书馆青睐，被聘用做研究通行的目录工作。第二次世界大战后任国会图书馆目录维护部主任，负责组织国家联合目录。1949年发表《国会图书馆著录条例》(*Descriptive Rules for LC*)，被美国图书馆协会接受。1953年又出版《编目条例与原理》(*Cataloging Rule and Principal*)，对以前所采用的个人著者和合著者款目形式提出了不同的意见。后担任洛杉矶加州大学图书馆学院教授，其有关编目的看法被巴黎编目原则（The Paris Principles）国际会议采纳，对《英美编目条例》(*AACR*）产生影响，1977年被授予美国图书馆协会杜威奖。

西南大学计算机与信息科学学院信息管理系
Department of Information Management, College of Computer and Information Science, Southwest University

前身为20世纪50年代初西南师范学院下设的图书博物馆专修科，1951年9月至1954年6月，西南军政委员会文教部在西南师范学院设立图书、博物专修科，分设图书馆组与博物馆组。1983—1984年，学校图书馆开始招收两年制图书馆管理干部专修科学生。1987年6月经国家教委正式批准，成立图书情报学系，设立图书馆学专业，开始招收四年制本科生。1993年4月，学校图书馆和图书情报系行政分离。1999年1月，该系与计算机科学系、电化教育系合并成立计算机与信息科学学院，下设信息管理系。该系设有信息管理理论和信息管理应用两个教研室。该系设有情报学和图书馆硕士授予点两个。

西南大学图书馆
Southwest University Library

建于1950年，由原国立女子师范学院、四川教育学院图书馆合并而成。原称西南师范大学图书馆，2005年，因与西南农业大学图书馆合并，改为现名。馆舍面积为6.6万平方米，由“逸夫楼”新馆（北楼）、旧馆（南楼）和庭院三大部分组成。馆藏纸质文献270万册，电子文献750万册（件），涵盖社会科学和自然科学多学科、多专业领域，其中尤以善本古籍、抗战文献资料及教育、心理学、农业经济管理学等类藏书为该馆的特色收藏。

西南交通大学图书馆
Library of Southwest Jiaotong University

创建于1896年，由成都九里校区馆、犀浦校区馆、峨眉校区馆和各分馆及院系资料室组成。图书馆总面积为 62 065 平方米，阅览座位数 5 254 个，纸质藏书总量为 253.3 万册。该馆历史悠久，收藏最早的如《禹贡锥止》系康熙四十四年（公元1705 年）的图书，还有《钦定古今图书集成》、《周礼述注》、《四部丛书》等珍贵经、史、子、集文献，以及建馆以来的期刊合订本和 1937 年抗战以来的部分报纸合订本。图书馆注意配合学校学科专业的发展，增加新办专业文献资料入藏量，入藏应用科学类图书占 44.8%，自然科学类图书占 17%，社会科学类图书占 27.7%，文化艺术类图书占 9%，综合类图书占 1.5%。在保证纸质文献增长的同时，图书馆逐步调整馆藏资源结构，大幅度增加电子文献，购进了多种数据库；同时还自建了西南交通大学文库、研究生学位论文电子版全文库、CALIS 重点学科导航数据库、精品课程及重点学科专业课程教参全文数据库、峨眉山世界自然与文化遗产特色数据库、随书光盘镜像数据库 6 个特色数据库。

西欧克斯兰图书馆（美国）
Siouxland Libraries

位于美国南达科塔州的西欧克斯福尔斯市，设有 1 所中心馆、10 所分馆和 2 所流动图书馆，为该市居民提供多种服务，其馆藏图书和期刊合订本有 100 多万册，激光唱片、磁带和其他音频资料 3.2 万多件，数字视盘和家用录像机制式的视频材料共 6 万件。年到馆访问有121 万人次，年图书流通量为 250 万册次。

西太平洋地区医学索引
Western Pacific Region Index Medicus（WPRIM）

2005 年 5 月 23—25 日，世界卫生组织西太平洋地区办公室（WHO Western Pacific Regional Office，WPRO）在马来西亚吉隆坡召开的区域研讨会上，确定编制西太平洋地区医学索引这一项目。该项目是世界卫生组织在西太平洋地区办公室与其成员国的一个联合项目，是全球卫生图书馆（Global Health Library，GHL）所建立的全球医学索引（Global Index Medicus，GIM）的组成部分，托管在全球卫生图书馆的平台上。其主要目的是要建立西太平洋地区成员国出版的医学与健康期刊的在线索引，使这些期刊能够在线检索，促进该地区的医学与健康研究成果在全球的可获取性。

西文编目
western language materials cataloging

图书馆情报部门在处理外文文献过程中的一项关键业务。指把各种无序的西文书刊等文献资料加工成有序的馆藏资源，供读者检索和利用的文献加工过程，其工作水平的高低是直接影响相关部门服务质量的关键因素。

西文 14 点活字
English

一种旧式英文字体活版铅字字体。铅活字发明之初，其大小、高低因铸造厂及铸造年不同而参差不齐，相当混乱。后来被冠以各种名称，渐趋统一。如 gem“宝石”、diamond“钻石”、pearl“珍珠”、ruby“红宝石”和 emerald“翡翠”，分别指 4 点、4.5 点、5 点、5.5 点和 6.5 点的小型活字；在印刷术中 English 是 14 点西文活字，这种活字现已停止使用。

西文铅字对开，西文铅字半身
en

相对于西文铅字全身而言，指西文铅字半身，又称“西文铅字对开”，即 em 全身的一半。半身空铅的排版尺寸，尤其指在英国作为计算机排字工人排版成品的单位。

西文铅字全身
em

指西文铅字宽度。西文全身铅字采用了大写字母 M 的宽度，这个宽度是随活字点尺寸的变化而变化的。在计算排字、排版大小的时候，需要用相当于全身的或全身的 1/2 字号计算。em 在欧美是以 12 点为基准的。皮卡（pica）西文铅字的标准宽度尺寸为 4.23 毫米，相当于 12 个点。对于大写字母 M 的宽度来讲，也叫全身空铅。

《西文文献著录条例》
Descriptive Cataloging Rule for Western Language Materials

1985 年 8 月，由中国图书馆学会组织编写的《西文文献著录条例》主要根据《英美编目条例第二版》及相关的国际标准，并结合中国西文文献编目的实际需要，“试图既能满足手工记录的需要，又能照顾到自动化的发展”。由于《英美编目条例第二版》不断修订，以适应编目的需要，1999 年，中国图书馆学会委托国家图书馆图书采选编目部负责组织北京大学图书馆、清华大学图书馆和中国科学院文献情报中心等单位的专家对《西文文献著录条例》进行修订。除了对原有的内容进行修订外，同时增加了“连续性资源”、“测绘制图资料”、“电子资源”、“非书资料”和“乐谱”等章节。该条例由科学技术文献出版社于2002年出版。

西文无衬线字体
sans-serif

指没有衬线的西文铅字体字体，有哥特体（gothic）、陶立克体（doric）和粗黑体（grotesque）几种，这种字体通常用于路面标志和其他公众通告，在欧洲使用十分普遍。

吸墨粉
pounce

用于未施胶的纸上，以防墨水扩散的细粉末（指含有浮石或墨鱼骨鸡冠石粉末），同时也可用于羊皮纸，准备供书写用。

吸墨水纸
blotting paper

指一种软海绵状没有上胶的纸，用来在新写的手稿上吸取墨水。

吸墨性能，吸收性能
absorbency

纸张吸收及留存水分的能力，依据纸张的类别不同而变化。吸墨性能是液态油墨在印刷过程中尤为重要的一个参数。

希尔斯主题词表
Sears List of Subject Headings（Sears）

原名《小型图书馆主题词表》，1923年出版。适合中小型图书馆使用。其首任编者是美国著名图书馆学家M·E·希尔斯（1873—1933年），依照《美国国会主题表》形式，参考了九个小型图书馆当时使用的主题词，编成了该词表第一版。1950年第6版出版时，为了纪念她所作的开拓性贡献，将词表改为现名。近90年间，差不多每4～5年更新、修订一次，最新版2010年6月第20版。

希腊国家图书馆
National Library of Greece/*Εθνική Βιβλιοθήκη της Ελλάδος*

希腊独立后于1832年颁布命令设立的藏书中心，当时立法命名其为公共图书馆。1867年根据法律正式更名为国家图书馆。现在的国家图书馆是按照1943年制定目前仍然生效的法律组建，隶属于希腊教育与宗教事务部。1998年通过了新缴送法，使该馆的藏书量有很大的增加。该馆特藏是纸莎草拜占庭手稿以及欧洲和亚洲语言文字的手稿，拥有的藏品有100万种300万册（卷），期刊2 000种，4 500部手稿。该馆是国际图联机构会员。

希亚利·拉玛姆去塔·阮冈纳赞（1892—1972）
Shiyali Ramamrita Ranganathan

著名印度图书馆学家。1909—1916年在马德拉斯基督教学院专攻数学，1917年获赛达佩特师范学院教师资格。1925年在英国伦敦大学获得图书馆学荣誉证书，随后回国任马德拉斯大学图书馆首任馆长直至1944年。后来又被派往英国伦敦大学图书馆学院进修图书馆学。在此期间考察了英国近100所图书馆。1930年当选为英国图书馆协会会员。曾任印度大学图书馆馆长、德里大学教授、印度图书馆协会主席和国际文献工作联合会副主席等职。1933年协助建立了印度图书馆协会。1944—1953年担任该协会主席。创立了“冒号分类法”（1933年），并提出了著名的图书馆学五原则。创立了图书分类分面组配理论，该分类体系被广泛应用于全世界的研究图书馆中，奠定了其作为“印度图书馆事业之父”的地位。此外在图书馆管理、教育、藏书建设和参考咨询与书目工作等研究领域都有突出贡献。1948—1958年服务于印度国家委员会并与联合国教科文组织（UNESCO）协作开展工作，把其主要精力全部放在解决图书馆面临的问题方面。1956年把全部积蓄捐赠给马德拉斯大学图书馆。1962年捐赠出自己的版税，建立了一个捐赠基金会，以奖励世界范围内那些每年到印度来讲学并对图书馆学研究有重大贡献者。

悉尼大学图书馆（澳大利亚）
University of Sydney Library

位于澳大利亚悉尼市，始建于1851年。该馆第一本书为一本希腊拉丁字典，1852年有了专门的图书馆管理员。悉尼大学图书馆包括20所分馆，分布在9个校园。馆藏图书600多万册，期刊1.8万多种，电子期刊4.8万多种。拥有阅览席位3 700多个。

悉尼市图书馆（澳大利亚）
City of Sydney Libraries

位于澳大利亚悉尼市，始建于1826年，最初是新南威尔士州图书馆的一部分，1909 年移交悉尼市政府管理。2004 年悉尼市和南悉尼政府合并，图书馆扩展为 8 所分馆。馆藏图书 25 万册，视听资料 2.5 万件，期刊 350 多种。注册读者约 2.5 万多人，年到馆访问 150 万人次。

《悉尼先驱晨报》(澳大利亚)
The Sydney Morning Herald

创办于 1831 年，是澳大利亚历史最为悠久的报纸之一。该报的金融、商业版较有分量，为中产阶级商人所瞩目，同时也颇注意对联邦政府内外政策的报道和评论。《悉尼先驱晨报》还较注重资料工作，报社的资料库里存储了 5 万件左右的参考材料，分类排列，备有索引，检索简便。该社的报纸缩微胶卷的内容十分齐全，人们可以从中找到该报 1831 年的创刊号报纸。

稀有，罕见（珍善本书籍）
rarity

指一本图书或其他出版物珍贵或罕见的程度。其出版年代、目前被保护的状况和艺术质量等综合情况决定了其在市场上的价值。

稀有文献资料
rare material

具有历史、艺术和科学价值的珍稀罕见的书本或资料。常指古籍中刻印较早、流传较少或文物价值较高的珍贵图书。在范围上比善本广泛，不仅包括有价值的古旧图书，还包括难得的革命文献。确定稀有文献资料目前尚无明确统一的标准，常常是因人因馆而异。图书馆对于自己所收藏的稀有文献资料一般都作重点保存，只供特定范围的读者使用。

锡拉丘兹库斯大学信息学院（美国）
School of Information Studies of Syracuse University

锡拉丘兹大学位于美国纽约州中部的锡拉丘兹，建于 1870 年。该校研究生院的信息学院前身是成立于 1896 年的图书馆学院，1974 年更名为现名，开设信息学与图书馆学、数据挖掘、人机交互、信息用户行为、电子商务、电信与网络管理理论、网络环境安全、信息管理的研究方法、因特网服务的信息构建和信息管理与技术等课程。可授予信息管理与技术理学士学位、信息管理技术与其他领域的双学士学位、图书馆学情报学、电信与网络管理硕士学位和信息科学与技术博士学位。该学院所授予的图书馆学硕士学位获得美国图书馆协会资格认证。

膝上服务
lapsit services

在欧洲一些国家里，与成年看护人员合作，为 12 ~ 24 个月大的小孩所设计的图书馆服务和教程，一般包括（托儿所）童谣、歌曲、手指游戏和讲故事活动等，通常借助于法兰绒板或木偶类教学用具来实施。

膝上计算机，便携式计算机
laptop (notebook)

一种为便于携带而设计的小型手提式计算机，可用电池或交流电源供电，通常配有键盘和鼠标，一个平面液晶显示屏或等离子显示屏，可以朝键盘方向折叠形成合盖。这类计算机可运行台式机上使用的软件，并可与台式机一样连接声卡、内置或外置调制解调器、软驱和 CD-ROM 等外围设备。现代图书馆正在改进研究区，为使用膝上计算机的用户提供网络连接。

《熹平石经》
Xi Ping Carved Stone

也称“石经”，又称“一字石经”。中国刻于石碑上最早的官定儒家经本。由东汉文学家、书法家蔡邕等在太学建立正定的六经标准文字，以免贻误后学为此而立。共镌刻碑石 46 块。有《鲁诗》、《尚书》、《周易》、《春秋》、《公羊传》、《仪礼》和《论语》七经。北宋以来屡有残石出土。近人马衡汇为《汉石经集存》，存 8 000 余字。

檄文
Official Call to Arms

战斗性强的批判、声讨文章、文告，特指声讨敌人或叛逆的文书。古代用于征召、晓谕的政府公告或声讨、揭发罪行等的文书。

喜剧
comedy

以逗乐的言语和动作、错综复杂的逆转情节以及皆大欢喜的结局取悦于观众的一种戏剧形式。通过讽刺、幽默和夸张等艺术手法，揭露、批判社会丑恶现象，肯定美好和进步现实或理想。与悲剧形成对比，与闹剧、滑稽剧等幽默娱乐有所类似，可分成高雅喜剧、滑稽喜剧、浪漫喜剧和黑色喜剧等多种类型。

戏剧图书馆协会（美国）
Theatre Library Association（TLA）

于1937年成立，位于纽约。协会成员遍及世界各地，包括图书馆馆长、图书馆员、档案管理员、作家、历史学家、舞台设计人员、演员、书商、收藏家和其他对表演艺术研究及表演艺术资料的收藏、保存和使用有兴趣的人士。该协会是美国图书馆协会的一个分支机构，出版年刊《表演艺术资源》(*Performing Arts Resources*) 和业务通讯季刊《传单》(*Broadside*)。

戏剧作品
dramatic works

指话剧、歌剧、地方戏曲等供舞台演出的作品，是著作权法保护的客体之一。

系列杂志
magazine group

指同一个出版社为了迎合不同兴趣的读者而出版的系列杂志，如美国时代出版公司（Time Inc.）出版的《人物》(*People Weekly*)、《财富》(*Fortune*)、《时代》(*Time*) 和《你们》(*All You*) 等。

系谱学
Genealogy

研究（人类的）家系、（动物的、语言的）系谱的专门学科。

系统
systems

指图书馆或图书馆系统根据本身之目标、任务经过周密的设计规划由系统馆员、所有的计算机硬件、软件和电子资源，包括在线目录系统和流通系统、书目数据库、联网的和独立的计算机、Web服务器和应用程序等组成的一个能完成特定功能的有机整体。在图书馆中系统馆员负责所有系统顺利运行以及与外部网络的连接通畅。

系统分析
systems analysis

为了达到某种最佳结果，运用系统理论和方法，以系统总体优化为目标，对系统的要素和各个方面进行的定性与定量分析。是系统思想与分析方法的结合应用，是从系统整体出发去分析系统细节的科学方法。

系统更新
retrofit

一是指对图书馆现有计算机应用系统或程序进行调整，使之适应新任务的要求；二是指将现有普通设备改装为新式设备的业务过程。

系统集成
system integration

将组成计算机信息系统的各个子系统、分系统、部件以及来自不同的产品、技术和服务，采取系统工程的科学方法进行综合集中、合成，由此组成满足最佳性能要求的系统。

系统内馆际互借
interlibrary loan

在同一个图书馆系统内，一所图书馆根据请求向另一所图书馆借出文献资料。如果该系统拥有自己的递送机构，那么这种互借的速度常常会快于馆际互借。

系统图书馆员
systems librarian

其首要职责是负责图书馆硬、软件系统的维护和发展、尤其是在书目数据库、在线目录和其他电子资源中检索有关信息的图书馆员。有的图书馆中系统图书馆员也是网络设计管理员，并负责图书馆系统使用人员培训。

细薄防水布
jaconet

指一种用于加固图书边衬的白色薄棉布，布的一面一般均会轧光。

细长体
lightface

指西文字体中一个或一套笔画较细的字母。

细分
close classification

在分类时完全按照分类表的细目，分至最小的细目里。反之，粗分则是将图书资料只分至主要大类一级、取主要之细类，不按照分类表所详列之细目来分。

细分类

exact classification（depth classification）

为满足检索专门问题的需要，按照文献的主题精确具体地、尽可能细致、全面地划分类别归入相应类目的分类方式。其类目必须反映文献主题。细分类可以提高文献检索系统的查准率，是分类目录等检索工具应当采用的分类方法。但在流通部门为方便检索，文献排架常采用粗分类的方式。

细分类体系

depth classification system

指为了满足特定用户群的需求而编制的分类细致的类表体系。

细目

detailed outline（table of sub-divisions）

把文献分入分类法中最具体的、专指性强的类目内，以满足检索专门问题的需要。这种类目称细目。

细嵌条

half band

位于书脊上下两端，通常表示其为手工缝订处的棱线。

细软衬布

mull

一种粘贴在书脊上的细软棉布，用来加固图书。

细网屏

fine screen

在图像和照相感光片之间通过由细网构成的屏面所拍摄图像而制成的网点印版，这种细网屏大约每英寸 120 条格线。

細野 公男（1940—）

Kimio Hosono

日本图书馆学家、工学和文学硕士、庆应义塾大学研究生院文学研究科图书情报专业教授。主要研究对象为情报检索及情报检索系统有关理论和技术，特别是情报检索系统中源于认识识别的检索理论与手法等。同时也关注数字图书馆、情报系统学和专业用语等方面的发展动态。

狭长扁平棉布带

tapes

装订图书时使用的狭长扁平棉布带（或纱布），粘在锁线书贴的背面，起加固的作用。

狭型书

narrow

又称“狭开本”（narrow book），指封面的宽度不到长度的 2/3 的图书，旅游指南、野外手册和部分辞典大多呈这种外形。

狭义（限定）词

narrower term（NT）

在图书文献标引中，一个词表达的概念比广义词要窄小；在等级分类体系中代表下位类的主题标目或叙词（例如，“图书馆事业”一词的下位类狭义词“中国图书馆事业”）。一个叙词或一个主题标目可以有多个狭义词（例如，“图书馆”还有狭义词“儿童图书馆”）。

下标，脚注

subscript

印刷或书写在基本符号右下角的符号，如（X_1，X_2 中的 1，2），通常是化学分子式中的数字（CO_2，NH_3 中的 2，3）。也指印刷或写在文件底部的签名。

下拉菜单

pull-down menu

一种屏幕上的命令选项菜单，当用户在菜单条选择命令名后便出现菜单。

下落不明的图书

missing

指读者未借出图书，但又不知什么原因而找不到图书。

下萨克森州与哥廷根大学图书馆（德国）

（德）*Niedersächsische Staats-und Universitätsbibliothek Göttingen*

于 1734 年建成，正式开放时间是 1737 年。是德国最大的图书馆之一。其馆藏超过 60 万册（件）。该馆还为读者提供不同的研究和学习设备，以更大程度满足他们的需求。每天接待 4 000 多位读者，约有 130 万藏书是直接开放给读者阅览。除此之外，还拥有 16 万卷书藏于历史、化学、林木学、医学以及物理学等分馆，方便读者查阅。每年约在当地外借 100 万册图书，另有 2 万册用于馆际互借。

下伸字母的下伸部分，下伸字母
descender

在活字印刷和书法中，小写字体中笔画低于 x 等高线（如 a、c、e、m 等）的字母。在拉丁字母中，有下伸部分的字母是：g、j、p、q、y，下伸线是想像中连接下伸字母底部的一条水平线，不应与基线混淆。

下一代因特网
Next-Generation Internet (NGI)

比现行的因特网具有更快的传输速率，更强的功能，更安全和更多的网址，能基本达到信息高速公路计划目标的新一代因特网。1996 年由美国提出，其主要目标是开发先进网络技术，建立高性能网络和开发新的应用。

下载记录
record downloaded

成功获得对数据库或者在线目录的请求而得到的描述性记录。

下载，下传
download

从主机到终端，从网络服务器到客户机，从任何计算机硬盘到另外存储介质复制一个或多个文档。在图书馆，将书目数据下载到磁盘，比打印在线检索结果成本低，因此多鼓励用户下载检索结果。

夏国栋（1942—）
Xia Guodong

黑龙江省图书馆研究馆员。1970 年在黑龙江省大兴安岭地区筹建图书馆，并任副馆长。1986 年调入黑龙江省图书馆，任辅导部副主任、《黑龙江图书馆》编辑部主任、学会工作部主任和副馆长。曾兼任黑龙江省图书馆学会理事、常务理事。发表论著、论文多部（篇）。

夏洛特公共图书馆（美国）
Public Library of Charlotte

1901 年，由安德鲁·卡内基投资兴建，该馆是一个由梅克伦堡县 20 个场馆和夏洛特城 19 个场馆组成的图书馆系统，成立之初仅向白人开放。1903 年，夏洛特公共图书馆为黑人创建了一个单独的图书馆，并拥有独立管理董事会的图书馆，成为美国历史上最早的独立黑人图书馆，从此公共图书馆向黑人开始提供服务。

夏威夷州公共图书馆系统（美国）
Hawaii State Public Library System

位于美国夏威夷州首府檀香山市，辖区居民 120 万人。包括 1 所中心馆，49 所分馆和 4 所流动图书馆。馆藏图书及期刊合订本 340 万册，激光唱片、磁带及其他音频资料 29 万多件，以及数字视盘和家用录像机制式的视频资料 16 万多件。年到馆访问量 760 万人次，年图书流通量 880 多万册次。该馆编辑出版《业务通讯月刊》(*Holo I Mua*)。

夏勇（1940—）
Xia Yong

研究馆员。1961 年毕业于浙江大学，同年到浙江大学图书馆工作。1984—1985 年到美国加利福尼亚州州立大学北岭分校图书馆进修，主要从事在线编目工作和大学图书馆管理。曾任浙江大学图书馆常务副馆长、浙江大学宁波理工学院图书馆馆长，并兼任浙江省图书馆学会副理事长和学术委员会主任，1989 年起担任美国圣峪中华文化协会健华社中国总代表，为中国贫困地区建立了 60 余所“健华图书馆”。论著、学术论文颇丰。

厦门大学图书馆
Xiamen University Library

建于 1921 年。由法学分馆、经济分馆、文史分馆和理工资料中心组成。建筑总面积 6.5 万平方米，阅览座位 2 500 席。馆藏文献 650 余万册，其中纸质图书 400 万册、数据库 100 多个。文献收藏涉及各学科领域，尤以哲学、管理学、政治学、法学、经济学、语言学、历史学、数学、物理学、化学、生物学、海洋学、机械与电子工程、计算机科学等学科领域的文献更为系统，在东南亚研究和台湾研究的资料建设方面具有特色优势。馆内还拥有大量的古籍线装书、光盘、录音（像）带、缩微平片等资源，是国家重点古籍保护单位。

厦门图书馆
Xiamen Library

1919 年建馆，馆址几经变迁。1990 年，由该馆30年代的老读者——香港杨贻瑶先生捐资450万元在公园南路2号兴建图书馆总馆综合楼，1991年12月落成开馆。2007年3月1日迁入厦门文化艺术中心新馆。新馆建筑面积25 732平方米（不含共享使用面积5 250.83平方米），拥有上、下两层各6 000平方米的“藏、借、阅一体化”的开放式阅览空间。设有阅览坐席2 215个，网络节点1 450个；拥有藏书182万册，电子图书41.3万种，电子资源数据库以闽南地方文献为收藏特色。

先锋图书馆系统（美国）
Pioneer Library System

位于美国俄克拉荷马州的塔尔萨市。现设有1所中心馆和9所分馆，为全市居民服务，其馆藏图书和期刊合订本有175万册，激光唱片、磁带和其他音频资料共8 600多件，数字视盘和家用录像机制式的视频材料共4.4万件；年到馆访问有240万人次，年图书流通量为150万册次。

《先驱报》（澳大利亚）
The Herald

澳大利亚全国性的英文对开晚报。1840年创刊，原为《菲利普港先驱报》，1849年改为《墨尔本先驱晨报》，1869年改为现名。该报内容广泛，有澳大利亚各大城市的讯息以及国际政治、经济新闻。每周出版5期，每期30～40版。

先行篇，前篇
prequel

从一部已出版文艺作品（通常是小说）的开始时间起，往回倒续故事的情节。虽然故事发生的背景不同，但至少保留一些相同的人物。文艺作品的先行篇可以不由原著的作者撰写。

先组词
pre-coordinated term

指直接以复合概念的语词形式收入叙词表或主题词表的词。其特点专指性好，但灵活度差。

先组式
pre-coordination

文献标引的一种方法，把事先规定好的组配方式列入表中，不必再行组配，一般主题表多为先组式。

先组式标引
pre-coordinate indexing

一种文献标引方法，就是使用先组式语言的文献标引，即由标引人员根据文献内容预先合成复杂的主题词或叙词并作标引，从而降低对复杂主题的检索难度。

先组式索引语言
pre-coordinate index language

又称列举式语言。指在实施文献检索前，索引词已被（标引者）预先组配好了的一种语言。检索时，检索人员只能直接利用预先给定的索引词去检索文献。这种语言具有标识含义比较明确、系统性比较好和检索人员比较习惯的优点。

先组式字顺主题索引
pre-coordinate subject index in alphabetical order

指表达文献内容的在检索前预先组配好的主题词和主题词串按字顺排列的索引体系，其特点是专指性强，检索灵活性差。

纤维光学
fiber optics

研究光在光纤中的传输理论和应用技术的一门学科。通过光纤构建的电缆进行高速数据传输，这是20世纪末期变革电信业的一种技术，使得世界范围的网络中大大小小的计算机相互连接成为可能，具体是指利用可弯曲的弹性玻璃或透明的塑料纤维沿着曲线传递光线（或红外辐射、紫外辐射）。纤维光学可被用来检查其他方式无法到达的区域，如在医学上的应用。

纤维素
cellulose

用于造纸，主要来源于木浆，早先来源于棉花和亚麻的废旧制品，是存在于植物中的长碳链葡萄糖聚合物。纤维素分子凝结在一起，构成坚韧的结构。

纤维纸
fabriano paper

指一种印制精美图书的意大利纸。

纤维装，布装
fabric binding

用棉（亚麻、丝、毛）等织品代替皮革装订

图书。

闲书，消遣读物
escapist literature

供读者消遣或随意阅读且缺乏学术价值的图书。此类图书可以使读者思想放松、精神娱乐，古今传奇、科学幻想和惊险小说等均属此类图书。

闲谈，聊天
chat

通过计算机与其他用户进行实时对话的过程。在因特网上，经常使用的在线交谈系统是“因特网实时聊天”（Internet Relay Chat），这是网上聊天的一种方式，用它聊天的优点是速度快，聊天范围广，可以同时与多个人聊天，是全球网友聊天的最佳选择。

显示常数
display constant

为使书目记录里的数据更方便使用者阅读，系统生成的术语、短语、分隔符或标点符号等指示符。

显示器，监视器
display（monitor）

指一种输出设备，能将计算机存储器中的数据显示为文本、图形和图像等可视信息，并在屏幕上显示。显示器的屏幕有10.1英寸（25厘米）、12.2英寸（31厘米）、13.3英寸（34厘米）、14.1英寸（36厘米）、15.4英寸（39厘米）、17英寸（43厘米）19英寸（48厘米）和21英寸（53厘米）等。

显微
Microscopic

存储微小物体、设计供显微镜类设备使用以揭示裸眼看不到的细节的媒体。“资源描述与检索”（RDA）定义的8种媒体类型（media type）之一。

显微载物片
microscope slide

需借助显微镜或显微投影仪观看的、载有微小物体的透明载物片（通常由玻璃制成）。依据英美编目条例第二版规定，应按照立体人工制品和实物教具文献类型的编目规则为显微载物片进行编目。

显微照相术
photomicrography

指用显微镜结合照相术拍摄物体的显微图像的摄影方法。

显性知识
explicit knowledge

1958年英国科学家、哲学家波兰尼（Polanyi）最早提出了隐性知识和显性知识的分类。显性知识又称为“明确知识”、“明言知识”或“言名知识”等，指记录在各种介质上的知识，如图书、档案、数据库、各种计划、总结和报表等。所有采集的信息、管理的知识内容，都是显性知识，信息社会充满了显性知识。当前人们最需要关注的是如何促进和提升显性知识向隐性知识转化的强度和效度。只有不断积聚更新显性知识，才有提升知识转化强度的可能，只有掌握知识转化的方法技巧，才有提高知识转化效度的可能。

显影密度计，软片密度检测仪
densitometer

用测光法检测照相胶片的透明度，以确定其显影密度的仪器。也可用来测量印刷用油墨薄膜的光学密度。

县图书馆
county library

由行政县或区创办的综合性公共图书馆，具有十分广泛的业务活动范围，积极开展书目、索引工作，是本地区信息资源中心；担负着收集和保存地方文献的任务，是地方文献的重要收藏中心。对县区以下的各级图书馆（室）基层图书馆进行业务辅导，努力促使图书馆业务水平的提高和基层图书馆事业的发展。

县斋本，县学本
County Government School Imprint

官刻本之一种。元、明、清时期各县所设学校刻印的书籍。

县志
County Gazetteer

专门记载一个县的历史、地理、风俗、人物、文教和物产等的志书。现存最早的全国地方志，是公元813年唐代李吉甫编的《元和郡县图志》。1949年后，各县普遍修编了一次县志。

现场工作，实地调查
fieldwork

通过观察、采访和其他直接调研方法收集有关某课题的信息或科学数据，通常在与主题密切相关的领域内进行。这不同于通过书本和其他出版物调研课题，那些调查是根据实验室试验、管理性审查等进行的。

现场借阅
on-site loan

多数情况下是在闭架不外借的阅读区内以利用为前提的文献传递。现场借阅与普通外借的区别是，其借阅行为被限制在馆内特定的区域内，阅后即还，不能由读者带离图书馆之外。比如图书馆的参考工具书、特色馆藏，或者多媒体视听资料，多数都采用现场借阅的文献利用形式。

现存参考资料
ready reference

指图书馆员在解答咨询问题时最常用到的一些参考工具。如《在版书目》（*Books in Print*）、《中国大百科全书》(*Encyclopedia of China*)、《不列颠百科全书》(*Encyclopedia of Britannican*)、《联合国年鉴》(*Yearbook of the United Nations*)、《格罗利尔国际传记文库》(*The Grolier Library of International Biographies*)、《世界各国历史年表》(*Worldmark Chronology of The Nations*）和《乌利希期刊指南》(*Ulrich's Periodicals Directory*）等。为了使用方便，这些参考工具往往被摆放在靠近咨询台的书架上。

《现代公共图书馆制度研究》
Research on Modern Public Libraries System

该书较全面地论述了公共图书馆在保障公民的文化权利、维护社会的信息公平、促进民主政治、增进社会包容与和谐方面所具有的独特价值；论述了政府为了发展公共图书馆而应采取的责任内容；基于统治与治理的区别，并借鉴国外公共图书馆治理的经验，阐述了公共图书馆治理的若干基本问题和优化中国公共图书馆治理的基本思路。蒋永福著，由知识产权出版社于2010年9月出版。

《现代汉语词典》
The Contemporary Chinese Dictionary

以记录普通话语汇为主的中型词典，供中等以上文化程度的读者使用。词典中所收条目，包括字、词、词组、熟语和成语等。该词典于20世纪50年代后期开始编写，1978年由商务印书馆正式出版。此后经多次修订，2012年6月1日已由商务印书馆出版第6版。新版《现代汉语词典》，增收词语3 000余条，增补新义400多项，共收条目6.9万多条。收录的新词新义具有普遍性和稳定性的特点。另外，中国社会科学院语言研究所编写的《现代汉语词典》(2002年增补本）的汉英双语版，由外语教学与研究出版社出版，为中国学生提供宝贵的双语语境，使学生在学习汉语的同时，潜移默化受到英语的影响，达到事半功倍的效果。

《现代情报》
Modern Intelligence

1980年创刊，原名《情报知识》，由吉林省科技情报所和吉林省科技情报学会主办。1992年改为现名，由中国科技情报学会和现代情报杂志社联合主办，主要栏目有："理论探索"、"信息化与网络建设"、"数字化图书馆技术论坛"、"图书馆管理与资源建设"、"工作研究"、"企业情报工作"、"情报教学"和"情报纵横"等。该刊是中国学术期刊综合评介数据库来源期刊、中国人文社会科学引文数据库来源期刊和中国期刊上网期刊。该刊为月刊，国内外公开发行。

《现代图书馆评论》（印度）
Modern Library Review

印度出版的研究图书馆现代化的学术性刊物。栏目主要包括图书馆现代化、新闻、书评和摘要。

《现代图书情报技术》
New Technology of Library and Information Service

1980年创刊，原名为《计算机与图书馆》，1985年更为现名。中国科学院文献情报中心主办的信息管理技术类业务指导性刊物。月刊，有英文主要目次。该刊主要介绍图书馆界、情报界各种现代化技术的理论和应用，由于技术导向强、信息量大，被评为中国图书馆学优秀期刊，并被中国科学院授予优秀期刊。主要栏目有："理论探讨"、"数字图书馆"、"图书馆自动化"、"信息检索技术"、"多媒体管理技术"、"网络资源与建设"、"工作交流"、"会议消息"、"技术沙龙"和"网站传真"等。

现代信息
CINFO

成立于1993年。其业务为国外出版公司在中国的代理。该公司致力向中国国内读者和学术界推荐更多、更好的国外学术资源，并尽力提供最佳的服务。

现代语言学会（美国）
Modern Language Association（MLA）

创建于1883年，是美国主要专业学会，其目标为"强化语言教学和文学教学"，以开展年度会议及其他会议、进行相关组织工作、出版优秀人文出版物、服务语言及文学学者。

现货
off-the-shelf

指可从当前的存货中得到而不需要经特殊设计或定做的产品，也指现成的计算机外围设备。

现期刊物
current issue

连续出版物最新出版的一期。在一些图书馆里，现期刊物封面向上放在有坡度的架子上或期刊架上，以便于读者浏览。过刊一般存放在另一个书架或书库里，有时采用缩微胶片或缩微平片保存。

限定表
qualified list

指在将分类号转换为相应索引标题的链式索引的编制过程中，去掉复合主题中的虚词和非检索用的连接词，加上限定词而形成的标引表。

限定词
qualifier

在名词词组中对名词中心词起特指、类指以及表示确定数量和非确定数量等限定作用的词类。限定词与名词词组中心词之间有着某种固定的搭配关系；如果名词之前带有两个或两个以上的限定词，则限定词与限定词之间也有某种固定的搭配关系。

限定符
qualifier

指将WorldCat搜索限定在特定的记录类别的方法，例如文献类型（索引标签为mt:）、出版年（索引标签为yr:）、缩微/非缩微（索引标签为mf:）、编目来源（索引标签为cs =）。限定符是来自书目记录的元素，与一个搜索词组合运用，以缩小搜索范围。

限定检索
refined search

将限定检索词放在数据库记录中的一个或几个字段范围内进行查找的一种检索方法。实际是将年代、文献类型、研究对象和性别等在基本检索窗口可实现的常用限定条件整合到一个表单中供选择的检索方法。此方法可以减少二次检索操作，提高检索效率。

限定组配
qualified coordination

指方面组配，即将一个表示事物的主题词，与另外一个或几个表示事物某个属性或某个方面问题的主题词组配，以形成新的概念，表示该事物的某一方面。

限量出版物，限制性出版物
restricted publication

指限制出版发行数量的出版物，如内部文献、保密文献等。

限三规则
rule of three

在大部分图书馆还使用卡片目录的时期，为了防止目录容量增长过快，作为一条总的规则，编目员给每个款目指定的标目数量一般不能超过三个。但当图书馆开始使用机读目录后，每个款目检索点的数量就不再成为问题，因此，限三规则就自然失去了它存在的意义。

限时销毁
time-expired records

指档案馆对暂时性档案作出有关保存期限的规定，失去保存价值的档案会被限期销毁。

限数本，特定版
limited edition

有预定复本印数（一般在200～500本之间，很少能超过1 500本）的版本，出版商不想完全按照相同形式重印的版本。如果单个复本被连续编号，每本书题名页前面的一页反面上通常印有印数证明，以表明这本书的开本大小和复本号。单个复本还可由作者亲笔写成。当同一著作同时出版普通版时，特定版一般用更好的纸张印刷，以更高质量来装订，并以高价出售。在文物级图书的贸易中，特定版图书因其稀少而价格被抬得很高。

限制查阅，有限开架
restricted access

图书馆设定的、有一定限制条件的书刊查阅与外借服务形式。在档案馆和特藏馆中，查阅珍善本、手稿和其他珍贵资料，可能会限制在一个特定的房间，通过采取特定的方式如提前预约来使用。某些私立大学图书馆，对本校所注册的学生、教师和工作人员使用其馆藏资料往往采取有限开架服务的方式。对外来研究人员使用其馆藏，则必须经过特批。

限制出借
restricted loan

指图书馆将属于外借范围的文献资料作一定规定的外借限制，如限定借书期限、限定借阅册数等。

限制利用
blocked

指读者在图书馆出纳台办理借书手续时，通常出现因其账户里有逾期罚款未付清而被限制再借图书的情况。根据图书馆的规定，大多数在线流通系统都已设计了可自动限制读者借书的功能。

限制流通
restricted circulation

指有关限制馆藏文献的外借期限、册数及使用人员限制的规定。

限制使用
controlled access

仅限于图书馆读者群中的注册读者或者经专门认证的其他用户使用图书馆馆藏。私立大学图书馆可能会限制注册学生、教师和工作人员使用其全部或部分馆藏。特藏的使用限制在图书馆正式工作人员范围内，不包括聘任的工作人员。

限制使用档案
restricted archives

指只限于某一范围读者使用的档案资料，尤指带有秘级的档案资料。

限制条款
restricted conditions

特指专利权人在专利许可证中为约束被许可人使用而设立的一些条款。

线路交换
line switching（circuit switching）

一种通信交换系统，在信号传输期间将电路从发送端接到接收器上。

线路速度，数据信号传输率
line speed

在通信频道上传输数据的速率，通常以每秒多少比特（bit/s）或波特率表示。

线上工具
online tools

所有能通过浏览器直接执行而无须下载或安装软体的工具，包括产生器、线上转档服务、图片编辑后制、图示制作、网路书签、线上问卷与网站缩图服务等。

线索
thread

在用户网络中所发表的消息，常常会产生一些答复文章，此条消息和它所答复的文章按照一定顺序进行组织，这个顺序叫线索。在文学作品中，贯穿各章节的一个中心主题也称为线索。

线条画
line drawing

完全用线条而不用阴影或影线勾勒人物所作的画。卡通、漫画和简笔画等常用这种风格创作。

线条式项目预算
line-item budget

一些图书馆和图书馆系统采用的经费预算方法，即把各项预算经费分成犹如“线条”那样非常专门的类目（薪水和工资、资料以及设备等），以便跟踪经费的使用和系统地使用经费。

线装
thread binding

中国古籍中的基本装订形式，指用线装订图书的方法，主要有折页、分书、齐栏、添付页、草订、加书面、裁齐、锉平、包书角、锥眼、订线和贴书签等多道工序。线装书在明代出现后，一直沿用至今。

线装书

thread-bound book

公元14世纪的明朝中叶，是中国装订技术史上第一次将零散页张集中起来，用订线方式穿联成册的装订方法。这表明了中国的装订技术进入了一个新的阶段。线装书在装订时，纸叶折好后须先用纸捻订书身，上下裁切整齐后再打眼装封面。一般只打四孔，称为“四眼装”。较大的书，在上下两角各多打一眼，就成为六眼装了。讲究的线装，除封面用绫绢外，还用绫绢包起上下两角，以资保护。线装书装订完成后，多在封面上另贴书笺，显得雅致不凡，格调很高。由于这种装订形式适应了当时书籍出版的客观需求，很快得到普及、推广，成为书籍的主要装订形式，在以后的三四百年间，基本上是线装书一统天下。现在全国各地的图书馆和私人收藏的古籍，绝大部分是线装书。

线装书局

Thread-binding Books Publishing House

于1993年6月13日成立，是中国唯一的以弘扬中华民族优秀文化传统，以富于民族特色的典雅线装书形式出版古今典籍为己任的线装书专业出版社。按照出书宗旨，该书局陆续出版了一批具有较高学术价值、艺术价值和版本价值、收藏价值的古籍书和当代著作，在国内外受到读者的欢迎。

献词

inscription

指祝贺的话或文字，如“新年献词”、“国庆献词”、“教师节献词”和“生日献词”等。

献辞，题献

dedication

由著者在书中向一个人或更多人发表的简短致词，一般是向同事、师长或家人表示敬意或感谢，如“谨以此书献给……”。通常出现在卷首，印在紧随题名页的单页上。

乡土手册

regional book

出版业用语。指专门介绍某一地域的历史、地理、人物传记、风土人情、家谱、菜谱和旅游等情况的专门出版物。乡土手册往往受到居住在该地区或对该地区感兴趣的读者的喜爱和欢迎。乡土手册一般由小型出版社出版并只在当地书店或通过邮寄发行。

乡镇志

Village and Town Gazetteer

记述一乡一镇自然、社会诸方面的历史和现状的综合性著述，属于地方志诸多种类中的一种。始于宋代，明清时期编修开始盛行。

相对排列法

flexible location（movable location，relative location）

图书的排列按类号或者按字母顺序排，对新增图书的插入无须改变书的排架号。

相对湿度

relative humidity

一是指某一特定体积的空气中水气的含量与同温度下饱和水气含量之比，用百分比来表示。相对湿度随温度的变化而变化，热空气中要比冷空气中含有更多的水汽。如需要较大的湿度，就使用一种叫做加湿器的设备来往空气里释放湿气以防止纸质文献的破碎。反之则使用除湿器来降低空气中的湿气以防止纸质文献发霉、变形扭曲等。书库和档案库必须有严格的湿度控制。二是指水气压力与同样温度下饱和水气压力之比。

相关标引，多维标引

relative indexing（multi-dimensional indexing）

用多个主题词或分类号同时按照几个不同特征、从不同角度对文献进行的标引。

相关参照

see also reference（reciprocal reference）

又称“相互参照”、“兼顾参照”，简称“互见”。旨在帮助分类人员明确相互关联、性质相近的类目，指明两者之间的关系和差异。也可指引读者从目录中所用的一条标目去参考另一条标目，或者从目录中的部分款目去参考另一部分款目，可引导读者从多方面查找所需要的文献。从而使两个或几个相互有关的标目相互联系、相互补充，进一步扩大读者检索文献的范围。相关参照有两种基本类型。一种是用以说明目录和索引中两个或两个以上标目之间的相关关系的参照。可以指引文献使用者从多方面查找所需的文献、分类号、主题词或其他条目，扩大检索范围。参照指引的两个标目常用“参见”（see also）连接，而且一般都需要有反参照，即既有“A参见B”，又有“B参见A”。相关的两个标目下都必须有文献的著录信息或出处注释说明。记载相关参照的目录卡片或索引卡片称为“相关参照片”，俗称“参见片”。另一种是标题表中对两个具有等级关系或相关关系而又都是正式使用的标题之间的参照。参照之间常用“参见”（see also，简称 s. a.）建立关联。当需要指引反映相关关系时一般应作反参照。

相关（查准）率
relevance ratio

信息检索系统在进行某一具体的信息检索实践时，已检出的相关文献量占系统数据库中实有相关文献量的比率。又指表达一个特定的查询中所检索出的切题文献数与按这一查询标准所检索出的全部文献数之比。查准率是评价计算机信息检索系统文献检索效果的主要指标之一。

相关词，相关项
related term（RT or R）

在等级体系分类法中，“叙词表”或“主表”中的一种互见词，用于指出两个“叙词”在意义上有某些相关性。

相关度
degree of relevance

也称相关性，以提高检索系统的性能以及用户的满意度为研究目的。分为系统相关性和用户相关性。系统相关性是指用户信息需求的检索语言描述与系统中文档的检索语言描述之间的匹配关系。包含以下相关性概念：基于词汇选择相似性的相关性、基于语法结构相似性的相关性、基于词频的相关性、基于概率的相关性。用户相关性是基于主观的相关性，包括：信息观的相关性和情境观的相关性。相关性兴起于20世纪30年代，分为系统中心学派和用户中心学派。前者以检索系统的内部机制为研究重点，包括系统的分析、设计、检索算法和性能评估等。后者以用户及用户或检索中介与系统的交互为研究重点，包括检索过程中的认知、交互以及情境等。

相关分类法
relative classification

以知识单元之间的逻辑关系为中心来组织类目结构，以达到直观地说明各个类目之间相互关系的一种分类法。

相关符
relator

在文献标引过程中，用于表示叙词与叙词之间或索引词与索引词相互关系的一种职能符号。

相关排架法
relative location（movable location）

按照图书之间的相互关系，能随时把新入藏的图书加插到已在架上的有关图书旁边的一种排架方法，又称“活动排架法”。采用这种排架法后，由于归还后的图书需依主题内容或字顺插入相应的位置，所以书架上应预留一定的空间。随着新购买的图书增加，架上图书须不断地移动位置。相关排架法的主要优点是能揭示藏书之间的一定关系，能集中相关主题的图书，方便藏书的检索利用，同时，不受书架或房间的限制，便于随时把新到图书插到已在架上的有关图书旁边。缺点是必须经常倒架，而且不能充分利用书库的有效空间。

相关题名
related title

与另一著作有一定关联关系的著作题名。例如，某书评论集的题名是该题名的相关题名。在对文献进行编目时，揭示某一著作的相关题名，可以扩大文献的检索范围，使读者可以更充分地了解与该著作有关的其他著作。

相关同系（法）
homology

编制分类法中所采用的一种原则，是指以主要特征相类似点作为分类的基础而进行分类。

相（关系），相标记法
phase

在分类法中由一个基本类派生出来的组成复合类目的部分，揭示基本类之间的相互关系，有倾向相（bias phase）、比较相（comparison phase）和影响相（influencing phase）等之分，分别表示大体上全面广泛的关系、应用关系、比较关系和影响关系。

相关著作
related work

与某书有关的著作，如该书的续篇、补充本、索引和摘要等。

相关字段标识

parallel content

在 MARC 21 书目数据格式中，某些字段标识符的第二和第三个数字相同，则表示这些字段含有相同的数据信息。例如，“10 字段”表示团体名称，“110 字段”表示主要款目的团体名称，“410 字段”表示丛编说明的团体名称，“610 字段”表示主题标目的团体名称，“710 字段”表示附加款目的团体名称，等等。相关字段标识归类如下（×的取值范围是 1 ~9）：

×00— 个人名称
×10— 团体名称
×11— 会议名称
×30— 统一题名
×40— 文献题名
×50— 论题性词语
×51— 地理名称

相互参照

cross-reference

在同一目录、索引或参考文献中从一个标题到另一个标题的参照。最常见的是“see”（见）参照指引用户去寻找首选的主题词。“see also”（参见或互见）参照指引用户参考相关的主题词，以便发现附加的涵义。在主题词表或标引术语叙词表中，缩写词 B 或 BT、N 或 NT 用来指出主题词之间的等级关系。包含相互参照的文献被称为有合成结构的文献。

相互借阅优惠

reciprocal borrowing privileges

参与协作的协议图书馆之间分别为对方或对方读者提供互惠借阅的一种约定。这种相互间的许可借阅有时也要收取一些费用。

相邻检索

proximity search

一种计算机检索技术，是规定一个语句内特定检索词的相邻词之间关系的方式，一般用于标题或文摘字段。

相片图，影像地图

photomap

由飞机垂直拍摄的一张相片或镶嵌而成的若干相片，其上印有和地图有关的资料（地名和比例尺）。

相似检索

similarity search

又称相似性检索。是基于对被检索事物共性特征值进行相似度计算之上的检索。相似检索具有三方面的特征：结构相似性、语义相似性和目标相似性，是布尔检索的扩充，具有布尔检索和向量检索的共同优点。

相同专利

equivalent patent

又称“等同专利”。指发明创造的首创者向若干国家申请的同一内容的专利。即在申请基本专利后，同一专利申请人又在他国申请的其他专利，该专利与基本专利内容相同或相似。

香港城市大学邵逸夫图书馆

Run Run Shaw Library of Hong Kong City University

位于中国香港特别行政区，建于 1984 年，1989 年迁往九龙塘，1990 年命名为邵逸夫图书馆，以纪念邵爵士的慷慨捐赠。图书馆位于教学楼三楼全层，地处教学活动之中心，方便学生和教职工，共设阅览席位 2 700 个。馆藏图书 80 万册，期刊合订本 20 万册，纸质现刊 2 690 种。另外，电子图书 200 多万册，其他电子资源和多媒体资源也在不断地增加，成为馆藏不可缺少的一部分。

香港大学出版社

Hong Kong University Press

成立于 1956 年。每年出版近 50 种新书（中文和英文），作者大都来自香港大学、中国内地、澳门和台湾地区、新加坡，也来自英国、美国、澳大利亚、加拿大和其他国家。该出版社针对国际读者着重出版文化研究、电影与媒体研究、中国历史和文化方面的书籍。对于香港和其他地区的读者，该出版社出版历史、法律、政治、经济、社会和文学以及教育、社会工作、医药、房地产和建筑等学科的图书。

香港大学图书馆

The University of Hong Kong Libraries

位于中国香港特别行政区，始建于 1912 年，是香港最早的学术图书馆，现已发展成为大学教学科研与知识开发的资源中心。香港大学图书馆包括总馆和先后建立的 8 个专科图书馆，即由冯平山图书馆、教育图书馆、牙科图书馆、法律、音乐和医科图书馆等组成。纸质藏书有 110 万册，

2.5 万种期刊。馆藏善本 700 多种、1.1 万多册，有宋、元、明、清版本及明、清抄本。西文珍本书籍类，该馆在香港图书馆中规模最大，包括《马礼逊图书馆》、《汉口特藏》、《遮打特藏》等，约1.17 万册，16—20 世纪初的汉学著作颇丰。历史档案类港大图书馆馆藏大量从美国和英国购入，内容与内地和香港有关的历史档案缩微胶卷（近年也有电子版）和香港远东交易所的文件档案。地图文献类，港大地理系地图图书馆，约 6.2 万项，内容以香港、东亚和东南亚为主。照片类，馆藏不少历史图片，在编制一个名为《香港地》的电子图片库，希望透过图片介绍香港的地理变迁，该数据库约有 3 000 幅历史图片。该馆为国际图联机构会员。

香港电视广播有限公司
Television Broadcasts Limited

简称无线电视台，是全香港首家商营无线电视台，中国香港影响最大、收视率最高的电视台。1967 年 11 月 19 日开始播出，设有中文台（翡翠台）和英文台（明珠台，Pearl）。该电视台每年播放约 1.65 万小时的节目，为香港 216 万个家庭免费提供电视娱乐节目，而且将部分节目配上多种不同语言，发行海外超过 30 多个国家，供全球近 3 000 万观众收看，是全球制作华语节目最多的电视台。该电视台制作的节目至今共获得国际重要奖项逾 310 项，其中包括美国国家广播协会颁发的“2001 年国际广播卓越大奖”，成绩斐然。

香港公共图书馆
Hong Kong Public Libraries

最早的公共图书馆成立于 1869 年。目前的图书馆系统是由 1 所总馆、63 所固定图书馆、10 所流动图书馆组成，各馆之间通过图书馆自动化系统连接起来，为不同年龄及不同类型的读者提供多元化的服务。整个图书馆系统拥有文献共 1 200 多万册（件），包括图书、视听材料、报刊、期刊、光盘数据库、缩微资料及地图等，涵盖各个学科的广阔知识领域。该馆的图书馆自动化系统，是世界最大的双语兼容图书馆自动化系统之一。通过在线公共查询目录、只读记忆光盘网络、因特网设施及多媒体终端机，以多媒体形式传播的电子资讯已成为图书馆资源不可或缺的组成部分。该馆是国际图联机构会员。

香港公共图书馆目标
The Goal of Hong Kong Public Libraries

作为资讯中心的公共图书馆为公众人士提供免费设施，才能轻易获取有关各学科及其最新发展的资料；作为继续教育的工具，让市民利用图书馆资源进行自学；作为推广香港文学活动和文学研究的中心，促进市民对文学创作和研究的兴趣，鼓励和推广文学写作，发展和保存香港文学，以及促进文化交流；作为消闲去处，让市民外借馆藏回家享用，善用余暇；作为社区文化中心，举办以图书馆资源为本的活动，为不同年龄的读者提供资讯、娱乐和消遣及为日常生活增添姿彩。

香港浸会大学图书馆
Hong Kong Baptist Library

成立于 1956 年，致力提供优质资源和服务，以支援大学的教学与科研活动，让学生可以在课堂以外做学问，提高课堂学习的成效。总馆提供多项电子资源和网上服务。目前，该馆馆藏已超过 100 万册书籍，纸本现刊有 3 091 种，多媒体资料有 15 万件以上。其中李棕博士中医药图书馆是全港首个中医药专科图书馆，馆藏主要为中医药及相关学科的文献。欧洲文献中心则是一所专门收集欧盟体系定期官方刊物的图书馆，馆藏包括欧盟各部门提供的立法文件、宣传刊物、报告、政策声明、统计资料和辩论纪录等。

香港科技大学图书馆
The Hong Kong University of Science and Technology Library

位于中国香港特别行政区，建于 1991 年，馆舍面积 1.23 万平方米，拥有 2 400 多个阅览座位。该馆根据学校的教学、研究工作安排馆藏和提供必要的服务，以服务为宗旨，务求有效地满足全校师生对资讯的需求，在读者服务方面，除了传统的参考咨询、外借之外，还提供读者指导、在线检索和馆际互借等各项服务。该馆馆藏纸质文献总量达 70 多万册，纸质和电子期刊 3.1 万种。

香港理工大学包玉刚图书馆
Pao Yue-kong Library of Hong Kong Polytechnic University

位于中国香港特别行政区，建于 1972 年 8 月 1 日，1977 年图书馆大楼落成，建筑面积为 16 662 平方米，阅览座位 3 623 席。1995 年为纪念包玉刚先生的慷慨捐赠而改为现名。该馆是馆藏科技、工程及商业图书最多的东亚图书馆之一。馆藏各种图书约200万册，全文电子期刊3万多种，电子图书3.1万册，数据库500多个。该馆还编辑出版《图书馆业务通讯》(*Library Newsletter*)。该馆为国际图联机构会员。

香港历史博物馆
Hong Kong Museum of History

前身为1962年成立的香港博物美术馆。1975年，该馆拆分为香港艺术馆和香港博物馆。1998年4月1日起改为现名。该馆总面积为17 500平方米，除了位于漆咸道南的主馆外，该馆还拥有5个分馆。

香港书展
Hong Kong Book Fair

中国香港出版界每年推介最新出版书刊的推广平台，也是书商、作者和读者相互进行交流的理想场所。香港书展每年举办一届，于每年9月举行。从1997年的第6届开始，同时还举行国际版权交易会和印刷服务展览会。书展期间，举办多种文化活动："新书推荐会"、"书展直播"、"名作家演讲会"、"读书写作比赛"、"导赏舞台"和"名家推介"。香港书展最大的特点是全球唯一能同时采购两岸三地中文书籍的书展，是其他同类书展不可比拟的，大大吸引来访者。其主要特点为：每年都有不同的主题、拥有丰富多彩的展品、专设儿童天地和现场特设计算机查询图书站。

香港图书馆协会
Hong Kong Library Association

成立于1958年，每年多次举办研讨会、讲座和教育培训班，组织会员访问香港地区和海外图书馆，加强图书馆界的学术及专业交流，在教育和培训方面作了大量的工作。会员类型有：资深荣誉会员、资深会员、专业会员、副专业会员、通讯会员、学生会员和团体会员。编辑出版的学术刊物《香港图书馆协会会讯》(*HKLA Newsletter*) 和《香港图书馆年鉴》(*HKLA Yearbook*)。管理并颁发两项奖金："Heleni Linton 助学金"、"香港图书馆协会 Swets 奖学金"和"香港图书馆协会双年奖（Hong Kong Library Association Biennial Award）"，以鼓励会员进修和研究。该协会于1961年加入国际图联，成为其协会会员。

香港图书馆协会双年奖
Hong Kong Library Association Biennial Award

为配合在香港图书馆及资讯业界担任辅助专业至中层专业工作的专业会员的专业发展。通过此项奖项资助，获奖者可以参加一些较难获得其雇主或香港图书馆协会其他奖项资助的项目，例如出席会议、海外考察、出版学术著作以及任何其他的专业活动。该奖项金额为1万港币，每两年颁发一次。

《香港文汇报》
Wen Wei Pao

1948年9月在中国香港开始出版，由当时从上海《文汇报》到香港工作的严宝礼、徐铸成和在香港的文人柯灵、马季良等创办。该报是以青年读者为主要对象的综合性日报。每日出对开40版左右。主要版面有：重要新闻、国际新闻、中国新闻、香港新闻、经济新闻、国际金融、中国经济、证券金融、教育、体育和娱乐等。每周日出版以消遣娱乐为主要内容的增刊《百花周刊》，随报赠阅。该报以爱国爱港为办报宗旨，一贯以落实"一国两制""港人治港"为己任。

香港文汇出版社
Wen Wei Publishing Co., LTD

香港《文汇报》的全资附属机构。该出版社依托《文汇报》，把出版社作为报社业务的延伸。充分发挥社内各部门与香港各界、中资机构及各社团联系密切的优势，充分发挥报社与内地广泛联系的优势。主要业务是介绍香港及内地政治、经济、社会和文化状况，出版海内外优秀文学作品及专题画册，以出版为主业，同时开拓音像、影视制作、广告、公关、印务和文化传播等业务。

香港中文大学出版社
The Chinese University Press

前身为香港中文大学出版部，1977成立，非牟利学术机构，以"弘扬中西文化，传播古今知识"为宗旨。出版范围涉及管理、教育、社会以及自然科学和医学，专门出版有关中国文化以及中、港研究的学术论著。1988年开始出版普及图书，而后设立视听制作部，出版各类视听教材和电子图书，著名的《文渊阁四库全书》电子版就是该出版社的杰作。该出版社与国际出版社、学术机构和大学合作，并通过各发行网络，将其出版物发行至美国、日本、新加坡、马来西亚、英国、荷兰、德国、澳洲和台湾地区。

香港中文大学传播研究中心
Center for Communication Research

由香港中文大学于2004年成立，为学术、政府、非营利、非商业机构。作为新闻与传播学院中的一部分，该中心拥有很多传播学的专家。其目标是：进行跨学科，系统化及革新的社会及媒介研究；理解新闻工作、媒介、文化、市民、传播科技及民主之间的相互影响；作为一个独立的民意研究组织，探讨人们对新闻、政治及社会问题的态度；以及作为一个论坛，通过民意研究，提供意见及重要的信息给政策制定者、新闻工作者、学者、媒介机构及公共团体。

香港中文大学图书馆
Library of the Chinese University of Hong Kong

香港中文大学是一所国际高等学府，其图书馆由1965年建立的大学图书馆、1951年建立的崇基学院图书馆、1949年建立的新亚书院图书馆、1980年建立的李炳医学院图书馆和1994年成立的建筑学图书馆等构成。共收藏书刊200多万册（件），馆藏最有特色的是香港特别行政区政府出版物和典籍，均全面收藏，该馆自行开发的特色资源有香港文学资料库、香港中文期刊论文索引和香港新闻博览资料库等，珍善古籍收藏有从元朝（1260—1368年）到清末乾隆时期（1795年）的850种1.4万册。

香港中文大学图书馆系统
University Library Systems of Chinese University of Hong Kong

于1963年创校时成立，负责统筹大学图书馆及各分馆的馆藏及服务。其成员包括总馆（1965成立）、崇基学院牟路思怡图书馆（1951年成立）、新亚书院钱穆图书馆（1949年成立）、联合书院胡忠多媒体图书馆（1956年成立）、位于沙田之教习医院的李炳医学图书馆（1980年成立）、建筑学图书馆（1994年成立）以及利国伟法律图书馆（2004年成立）。各馆之行政均由大学图书馆馆长统筹。其使命为致力保存及传播知识，让知识得以交流、增长；配合大学课程，为师生提供教学、研究及发展所需的资源及服务，让大学达到卓越水平以及支援大学内外的学术研究，让学术知识得到发展与提升。该系统拥有9 600多种电子学报期刊、110多万种电子图书和500多种数据库、各类学报期刊1.4万种以及政府出版物和各种参考资料等资源。

（香港中文大学）中国文化研究所
Institute of Chinese Studies

成立于1967年，隶属香港中文大学。其宗旨为促进综合及比较性之研究，协助本地及海外学者提高中国文化研究与教学水平，还通过出版书刊和举办学术会议，促进研究发展和知识交流及中国的文化建设。该研究所下设文物馆、翻译研究中心、中国考古艺术研究中心、吴多泰中国语文研究中心及当代中国文化研究中心。编辑出版《中国文化研究所学报》、《译丛》、《中国语文通讯》和《二十一世纪》，同时还负责编辑《世纪中国》文化网页，属下各单位也分别出版专刊、丛书及其他学术专书。所内设有参考图书室，藏书有3万余册、期刊300余种。

香港中央图书馆
Hong Kong Central Library

中国香港特别行政区公共图书馆的中枢系统及资讯中心。2001年5月17日，位于香港铜锣湾摩顿台的香港中央图书馆落成启用。这是香港最大规模的公共图书馆，馆藏容量230万册（件），占地约9 400平方米，平面面积为33 800平方米。该馆一方面为市民提供较大规模的图书馆设施，并提供更全面的参考及资讯服务。其他主要设施包括自助借书机、24小时服务的还书箱、资讯终端机及多媒体资讯系统。香港中央图书馆拥有最先进的资讯科技和数字图书馆的设施，因此成为香港公共图书馆系统的行政总部、主要图书馆以及香港的主要资讯中心。目前，香港中央图书馆已获指定为9个国际组织的收藏图书馆，包括亚洲开发银行、欧洲联盟、国际海事组织、联合国、联合国教科文组织、世界银行、世界贸易组织及世界粮食计划署。

湘潭大学公共管理学院知识资源管理系
Department of Knowledge Resource, Public Management School, Xiangtan University

成立于1984年，原名为图书情报系，1993年改名为信息管理系，1998年10月，湘潭大学成立管理学院，原信息管理系并入管理学院。知识资源管理系是管理学院下设的一个系。可授予图书馆学、情报学学士学位，该系于1998年获得图书馆学硕士学位授予权，所设方向为数字图书馆、图书馆管理、信息管理与信息系统和档案学等。该系附设的机构有：湖南图书资料技术人员继续教育培训基地和信息资源管理研究所。

湘潭大学图书馆
The Library of Xiantan University

湘潭大学是 1974 年开始恢复的一所文、理、工综合性全国重点大学。图书馆也是随着学校的筹建而开始筹备。拥有馆舍 3 万平方米。馆藏纸质文献为283 万册，纸质现刊 4 516 种，电子图书 118.4 万余种，硕博论文 220 万篇，中外电子期刊近 5 万余种，数据库 75 个，其中自建数据库 7 个，共建共享 22 个。建有毛泽东研究文献特藏室、湘大人文库等特色书厅；自建毛泽东数字图书馆、湘潭大学学术仓储、红色旅游资源数据库等特色数据库；有极具研究价值和收藏价值的雍正铜活字版《钦定古今图书集成》522 函 6 117 册，是国内少见的珍本。

（镶嵌在封面里的）图画或装饰
inlay

通常是用加工或没有加工的皮革而做成的镶嵌到书籍封面里的一幅图画或者装饰画。图解也可以镶嵌到边框上或纸的框架里，边上相互重叠的地方已经被修薄，使之与纸张的厚度一样。

详表
main table

“详细类目表”的简称，又称“正表”、“主表”。有时也称“类目表”，是图书分类表的主体，由各级类目编排成的按层次逐渐展开的排列表。分类标引以及按分类组织藏书和检索文献时，都是以此为依据。表中各类目彼此构成并列或隶属关系。类目的隶属关系通常用缩格或大小不同的字体来体现。

详尽分类
exhaustive division

按文献的学科内容类分图书资料，分类至最小的类目。

详细记录
full record

在书目记录中包含最完整的数据项，包括所有字段和子字段，与只有简单著录项的记录相反。大部分书目数据库提供这两种格式。

响应时间，回答时间
response time

一是指计算机从接收指令到输出结果所经历的全部时间。二是指在数据通信中，从终端发出询问到该终端收到回答所花费的时间，由向计算机发送数据的时间、计算机处理数据时间和计算机送回反馈信息的时间三部分组成。在因特网上，响应时间取决于系统运行信息量的多少，每时每刻都有所不同。当服务器脱机时，响应时间会明显延迟。

向公共提供权
right to authorize the making available to the public of a work

与公共传输权相对应，《世界知识产权组织表演和录音制品条约》（*WPPT*）第 10 条和第 14 条规定，表演者和录音制品制作者分别享有授权向公众提供录音制品中已录制的表演和录音制品的专有权，通过“有线或无线方式，使公众中的成员在其个人选定的地点和时间获得”。但是，考虑到缔约方对条约规定的某些权利所管辖的行为有权选择不同的法律定性，缔约方在执行有关规定时，不仅可适用上述具体权利，也可以适用其他权利，如发行权或向公众传播权。

向日葵出版社
Himawari Publishing Company

1998 年在香港成立，主要出版有关日语学习的书籍。针对日语学习人士及教师所需，于 2000 年在铜锣湾增设书店，提供日语教育专门书店服务。书店除了日语学习的相关书籍外，也常备多种日本兴趣书籍及日文电子辞典。

项目管理
project management

项目的管理者在有限的资源约束下，运用系统的观点、方法和理论，对项目涉及的全部工作进行有效地管理，在规定的时间、预算和质量目标范围内完成项目的各项工作。即从项目的投资决策开始到项目结束的全过程进行计划、组织、指挥、协调、控制和评价，以实现项目的目标。

项目计划
proposal

通常由项目策划和负责人撰写。其内容包括：简短摘要、详细说明、项目目标、进程表、资源列表（人力和物资）、详细预算、评估标准、汇报程序和项目意义。多数图书馆都收藏有关如何撰写项目计划的资料。

项目指示符号

content designator

在机读文献目录资料中用来标明项目的属性或提供额外信息的符号，如标签符、指令符和子域编码等。

象裁

elephant

英美制纸的规格，一般的尺寸从 20 英寸×27 英寸（50.8 厘米×68.58 厘米）至 23 英寸×30 英寸（50.8 厘米×76.2 厘米）不等。

象裁对开本

elephant folio

书刊幅面的大小。在非专业出版中，大于通常开本的、约 14 英寸×23 英寸（35.56 厘米×58.42 厘米）的书籍尺寸。至于 27 英寸×40 英寸（68.58 厘米×101.6 厘米）的纸张叫双象裁（double elephant）是指一种书写纸和图画纸。

象形（表意）文字

ideograph

用于书面语言的一种符号或图形，如汉字，其主题或思想不需要通过发音来表示。

象形图，图形符号

pictogram

通常在公共场所使用。鱼的小图片标明可以允许钓鱼，浴池小图片表明旅馆房间里是否有浴池，点燃的香烟上打叉说明禁止吸烟，而刀叉则表明餐馆。

象形文字

hieroglyphics

文字体系的一种，描摹实物形状的文字，每个文字都有固定的读法；常用图画或符号，而不是由字母来表示词语、音节和发音。直到 1799 年罗塞塔石碑的发现，古代埃及人撰写的象形文字才得以解读。也指很难理解和掌握的书写方式。hieroglyphics 源于希腊文的 *hiero*，意为“神圣的”或“强大的”，*glyphiko*，意为“雕刻”。

像素，像元

pixel（picture element）

在计算机图形显示、电视和打印图中，显示硬件或打印硬件和软件可操纵的用来产生字母、数字或图像的最小单元，也是构成数字影像的最小运算单位。像素可以只是二值也可以是多值。二值图像是指黑色和白色图像；多值图像是指彩色图像或灰度图像。在彩色图像中，每一个像素点都由红、绿和蓝三色组合而成。组成一幅图像的像素点越多，图像就越清晰精细。

橡胶书脊装帧

rubber back binding

将书脊用橡胶溶液浸泡粘连后再加装封面的一种装帧方法。具体做法是：在图书装订过程中，首先把书的毛边切掉，然后将书脊在橡胶溶液中浸泡，最后再加装封面。

橡皮布

blanket

指胶印印刷机上用的橡皮布。是由不同组织物质构成的一个薄片，表面覆盖着细密的橡胶层，每次印刷前都必须认真清理。

橡皮布滚筒

blanket cylinder（offset cylinder，transfer cylinder）

在印刷中，指在胶印平版印刷机上将铜版套筒带有油墨图案印到附有橡胶层的纸张或其他材料上的滚筒。

橡皮图章

rubber stamp

在一小块木块或金属块上面粘上一层橡胶皮，然后再把文字、数字或图案雕刻在橡胶皮上面而做成的图章。将橡皮图章蘸上印泥并用力在一光滑、干净的表面按压一下，就会盖出一个标记。在图书馆中，橡皮图章根据实际用途可分为藏书章、还书章和注销章等。现在，一些原子橡皮图章能渗吸印油，使用起来更加方便。

橡树山图书和出版公司（美国）

Oak Knoll

由罗伯特·弗莱克（Robert D. Fleck）建于 1976 年，位于美国特拉华州纽卡斯尔的一家图书出版公司。其特色在于经营有关图书及图书贸易史和图书艺术的绝版和在版图书，出版、发行及销售的图书范围涵盖了书目、图书收集、书史、藏书票、图书贸易、出版、装订、图书设计、图书插图、造纸、印刷史、排印、精印、伪造品及审查制度等领域。

消磁
demagnetization

当磁化后的材料，受到了外来的能量的影响，比如加热、冲击，其中的各磁畴的磁矩方向会变得不一致，磁性就会减弱或消失，此过程称为消磁。

消费者指南
consumer guide

为潜在的购买者提供有关产品的质量和服务实用信息的一种出版物。有些消费者指南还是系列出版物。在图书馆内，热门的消费者指南会放在参考部的书架上。

消遣文学
escapist literature

主要是指以娱乐性和消遣性为主，追求市场化并迎合大众口味的文学。通俗性、娱乐性和机械性是其主要特点。如武侠、言情、骑士、侦探、警匪作品及以消遣、娱乐、休闲为目的的图书、专刊、杂志、节目等。

消息性期刊
newsy journal

以刊载各类新闻消息为主的期刊。多指学术机构或厂商企业出版的期刊，刊载有关的新闻消息，作为与社会（或机构成员）之间保持联系的纽带。

萧东发（1949—）
Xiao Dongfa

北京大学新闻与传播学院教授、北京大学现代出版研究所所长、博士生导师，中国年鉴学奠基人之一。1974 年毕业于北京大学图书馆学系，1983 年获硕士学位，1989 年评为副教授，1990 年被聘为中国年鉴研究会特约研究员，1991 年任北京大学信息管理系副主任，1992 年聘为教授。先后兼任中国图书馆学会编译委员会委员、年鉴编辑研究委员会主任，新闻出版总署出版专业教材评审委员会委员和中国版协年鉴研究会学术委员会副主任。出版专著多部，发表论文数百篇。

硝酸胶片
nitrate film

由硝酸纤维素构成的一种柔软的底片，在 1890—1950 年期间当作负片和电影胶片使用。由于这种底片不稳定且易燃，诸如美国全国影片保护基金会等组织为影片档案部门提供经费资助，将硝酸胶片上的图像拷贝到质量较好的底片，如在醋酸纤维素底片上。

销毁
destruction

在档案馆中，对那些失去保留价值，但又过于敏感而无法作为垃圾简单丢弃的记录予以实体销毁的过程。最常见的方法是将印刷文本切碎化为纸浆。对所有介质的档案均可采用焚烧的方式销毁。

小版面
junior page

指杂志和期刊广告的一种固定版面，为小型出版物一个标准版面的大小。

小报
tabloid (popular paper)

指的是大众报纸，或称通俗报纸。版面只有普通报纸版面的一半大（尺寸规格一般为 300 毫米 × 400 毫米），是为迎合一部分读者的兴趣而进行的新闻报道，常刊载一些敏感性、趣味性和轰动性的短新闻和某些缺乏信度的事件，并配有大量（常是照片）图片。小报通常在报摊和超市销售。“小报”的英文名是 tabloid，此词是“药片”的拷贝，最早流行于英国伦敦，指在有轨电车上方便阅读的微型报纸。

小报插页
tabloid inserts

指一般见于周末版报纸内预印广告的增刊。

小标题，副标题
subhead

指文献中的下一级标题。用以将文献标题下的内容进一步细分，通常使用比主标题较小的字号。副标题可以进一步细分为更小的标题，以更小的字号表示。

小册子
brochure (pamphlet)

一种由少数几页订在一起的印刷资料所构成独立的不定期、非连续性出版物，但没有合订本。小册子起源于欧洲印刷术普及以前，16 世纪西欧宗教改革时期出版了不少论战性的小册子。在英国、法国及美国等国家历次重大政治活动中，小册子一直是政治论战和宣传的有力工具。后来，还常被用作传递信息的工具。现在主要用来印刷使用期较短或文字较少的材料，篇幅一般为500～10 000字。对于小册子，各国在篇幅上的规定有所不同，如比利时规定为不满40页，加拿大为不满49页，美国、日本为不满100页等。1964年，联合国教科文组织则规定除封面与封底外至少5页，至多48页的非定期出版物为“小册子”，超出48页的就视为“图书”。小册子用订书针或铁丝圈、塑料圈装订，纸质封面，具有出版及时、时效性强、篇幅较小和装帧简单的特点。brochure源于法文词“*brocher*”。

小册子盒

pamphlet box

用硬纸板做成的小盒子，并且在纸板表面覆盖布或装有金属薄板，保护装于其中的小册子。另外还可方便保存未装订散页的资料。

小册子护夹

pamphlet binder

用质地较硬的纸板做成的书夹，保护装于其中的小册子的合订本。

小传

brief biography

传记文的一种。是一种简略记载人物生平事迹的文章。小传一般有两类：一类是记述自己的生平；另一类是记述他人的生平。

小分格书架

pigeonhole

又称“鸽笼式书架”。垂直装有若干搁板，而且搁板间距很小的书架，主要用于临时存放杂志、报纸等。此类小分格书架一般有20格，以便重叠平放，充分利用空间。

小故事，短篇小说

（法）*conte*

原意为中世纪的小故事、短篇小说，尤指冒险故事。现指篇幅仅为几页的短篇故事或小说，还指比小说短又比小故事较长的叙述文。

小故障

glitch（glitch）

临时性或随机出现的计算机硬件系统小技术问题。这种问题有时很难与软件程序错误区别开来，有时不曾预料到的小故障会使系统工作过程中止。

小规模印刷

small press（little press）

相对比较小的独立、资源有限的出版者。大多数小规模印刷只雇用十来个人而且每年只印刷出版30～40种新书。

小号大写字母

small capital（small cap）

比常规字母小，只有小写的“x”高，大小为相同类型的大写字母的2/3，small capital的缩写形式为s. c.。

小号字体部分

fine print

用小号字或脚注印刷的合同（如保险单）或所有权证（如股票）的一部分，包括使合同协议中不太有利的条件、限制或例外等。

小画像

miniature

搜罗在一本书或一部手稿中非常鲜艳的、富于想像力的素描或绘画。如彩饰的小人像、图画或装饰性字母，尤指中世纪的插图。

小金圈花饰

round let

图书装订或修补完工后在其封面或侧面印制或粘贴的一种金色圆形小饰物。是图书装饰工作的一部分。

小开本书，袖珍本

pocket book

开本较小（50开、64开以上），可藏入衣袖、衣袋中，便于携带的图书，多为词典、手册等工具书或文库版丛书。也指袖珍便笺或小型平装本。

小客户机

thin client

又称瘦客户机、精简型计算机，一种简单的客户程序或设备、与网络客户端相连接的计算机，依赖服务器上的系统功能，进行网络数据的处理，而不能独立地处理网络信息。

小类，细类
focus

也称为“焦点”，指基本类目以及每一组面内的任何单一类目的通称。

小品文
essay

散文的一种。通常指篇幅短小、内容涉及广泛且形式多种多样的杂记。融议论、抒情和叙事于一体，篇幅短小、风格简洁、生动活泼、内容多样化。现代小品文按内容一般分为讽刺小品、时事小品、历史小品和科学小品等。小品文可作长篇作品的一部分。

小品专题文献
micro document

指报纸杂志上的专题单篇文章，短篇报告、新闻简报和小册子等。

小书写体
minuscule

古代和中世纪流行的小写草书体之一。起始于8世纪晚期，从澳大利亚东北部的约克角地区阿尔昆草书字体发展而来的小写草书体，用于中世纪时的书写。同大写字母相比，形体上有已加简化和较小的不同。

小数标记制
decimal notation

又称十进制标记法。一种将全部标记数字当作小数的编号方法，是由纯阿拉伯数字组成的层累制分类标记的结构。一般采用0～9十个数字作为标记，每次可分列十个类目。这种标记制易懂易用，层次清楚，容纳性强，使用较为普遍。

小数点
decimal point

在以阿拉伯数字作为分类法的标记符号时，为使数字清晰易读，在数字之间加的标点。例如：国会图书分类法中用于数字部分的标点（如DK265.9），在杜威十进制分类法中分类号的第三位数字后的圆点（如947.084）表明相连的数字作为十进制的一段，在中国图书分类法中，采用读作“点”的间隔符号置于字母段后，自左向右每三位数字之后加一圆点。

小说
fiction

文学的基本体裁之一，是一种通过语言来记述生活感受、传达生活理想的艺术手法。散文体文学著作，描写作者虚构的人物和事件，目的是娱乐读者和扩大读者的生活阅历，广泛地多方面地反映社会生活。在历史小说中，人物和事件通常会与实际发生的事情有关，但某些对白是经过作者修改或虚构的。所有小说都是创作虚构的，但优秀的小说仍然保持着“真实的生活”。现代小说的起源也可追溯到16世纪西班牙以歹徒为题材的记叙文，其中塞万提斯的《堂吉诃德》（*Don Quixote*）是其代表作。作为一种文学形式，小说问世于1719年，当时丹尼尔·笛福（Daniel Defoe）发表了《鲁滨逊漂流记》（*Robinson Crusoe*），随后是莫尔·弗兰德斯（Moll Flanders）的作品。描写人物的小说起源于1740年塞缪尔·理查森（Samuel Richardson）发表的《帕梅拉》（*Pamela*）。此后，这种文学形式发展成多种文体和流派。中国的小说历史悠久，《庄子·外物篇》、《汉书·艺文志》均有记录，唐传奇、宋元话本及明清章回小说都是中国近现代小说发展的先河。五四新文化运动后，小说成为现代文学最有代表性的文体，例如巴金的《家》、《春》和《秋》等。小说的传统形式包括长篇小说、中篇小说和短篇小说，按类型可分推理小说、科幻小说、书信体小说、奇幻小说、幽默小说、恐怖小说、打工族小说、武侠小说、校园小说和官场小说等。fiction来自于拉丁文*fictio*，意思是“制造”或“伪造”。

小说改编本
novelization

从其他形式转换为小说的文学作品，运用《英美编目条例第二版》（*AACR2*）编目时，小说改编本以小说家的名字分类编目，其附加款目则用原作品的作者和题名分类编目。

（小说，故事）改编为剧本
dramatization

将虚构或非虚构的非戏剧作品改编为戏剧，以供在舞台或屏幕上演出。改编通常由原作者之外的人进行。在图书馆编目中，改编戏剧以剧本作者姓名为主要款目，在原作者和原作品名下，设附加款目。

小说书，（儿童）故事书
storybook

儿童的故事书，通常是指配以插图的著名寓言故事、神话故事、儿歌和诗歌等。有些围绕特定的主题，比如，大熊猫的故事。

“小甜饼”
cookie

由网络服务器创建的一小串数据，可以传输给与因特网相连接的计算机，存储在硬盘上网络浏览器的“小甜饼”文件中。“小甜饼”最初是试图通过查找到用户硬盘驱动器上一次访问中的输入信息，以减少网站注册的时间，也可以用来测定用户以前浏览的内容。由于“小甜饼”可能会引起潜在黑客侵入，因此引起有关隐私权的争论。可以设置网络浏览器软件，允许用户在某一时间接受或拒绝接受一个“小甜饼”，或者设置为自动拒绝全部“小甜饼”。“小甜饼”管理者（cookie manager）软件可以提供更广泛的选择。

小凸起
ear

又称“小凸肩”。某些字体中，如小写字母“g”的右上角的突出部分。

小写字母盘
lowercase

指在活版印刷时期，用来装相对于大写字母的小写字母铅字体的盘子。小写字母盘是由木制或金属盒中间隔的相对位置派生而来的，一般放在印刷机工作台上。

小写字母上伸部分
ascender

印刷术和书法中，小写拉丁字母（b，d，f，h，k，l 和 t）拥有上伸部分，上伸线（ascender line）是指与上伸字母的顶端相连的一条虚构的水平线。

小型笔记本
diary

以日历形式为会议、约会、最后期限等留有记事空白的笔记本。

小型创作，小型演出
miniature

指（文学作品或音乐作品的）长度较短或范围较小、范围局限的制作、创作或演出。

小型键盘
keypad

指整个计算机键盘的一个部分，通常由在键盘右端排成五排的数字、回车和运算符号等 17 个键组成，其中数字键和小数点排成一个四行三列的矩阵。除了表示数字以外，这些键还具有光标控制、翻页、插入及删除等功能。

小型软盘
minifloppy

直径为 5.25 英寸软盘，区别于 3.5 英寸软盘和已经过时的 8 英寸软盘。

小型印刷机，零件印刷机
job press

指供印名片、信封、信笺和标签等的小型印刷设备。

小型杂志
little magazine（literary magazine）

致力于试验性或先锋派诗歌、小说、小品文、幽默、摄影和美术以及有限发行的期刊。尽管这类杂志在 20 世纪 20 年代的美国、英国和法国有过繁荣的时期，但大多数在第二次世界大战初期就销声匿迹了。然而，桌面出版系统给予这类出版形式新的生命。

小学馆（日本）
Shogakukan Inc.

创业于 1922 年，综合性出版社，主要出版儿童杂志及连环画、图画书、辞典、百科全书等书籍，读者对象是幼儿和不同年级的小学生。目前从幼儿杂志到普通杂志扩大到所有的杂志领域、书籍部门发行鉴赏词典、百科词典、小人书和艺术图书等。

小野寺 夏生（1943—）
Natsuo Onodera

日本图书馆学家、理学硕士、筑波大学研究生院图书馆情报媒体研究科教授。主要从事计量情报学研究，具体研究方向为在文献集合中所出现的分布（用语的出现频度、著者发表的论文数以及论文的被引用数等）有关的概率模式研究和特定主题领域的计量文献学的分析。

小印刷商，零件印刷商
job printer

指专门承印标签、传单、信笺、名片、表格和书刊封面等零件印刷品的商店或工厂。

小应用程序
applet

指利用 Sun Microsystems 公司所开发的 Java 语言编写的很小的计算机应用程序，并在因特网上广为传播。这种程序可独立于系统平台（Windows、Macintosh 和 UNIX 等）而在任何支持 Java 的网页浏览器上运行。

小圆点
en point

指铸在对开铅字的铅字线中部的小圆点，如小数点。

小折扣
short discount items

指图书贸易中，出版社批发给书店或直销商的图书的一种特别折扣，这种折扣小于平常，尤其指教育类的图书。

《孝经》
Classic of Filial Piety

中国古代儒家的伦理学著作。清代纪昀在《四库全书总目》中指出，该书是孔子“七十子之徒之遗言”，成书于秦汉之际。自西汉至魏晋南北朝，注解者及百家。现在流行的版本是唐玄宗李隆基注，宋代邢昺疏。清皮锡瑞另有《孝经郑（玄）注疏》二卷。全书共分 18 章。《孝经》是儒家讲授孝道的书，全书 1 800 多字，篇幅虽小但依然为一独立的经书，汉代列为七经之一。

肖基·萨拉姆博士出席会议基金
Dr. Shawky Salem Conference Grant

此项基金由国际图联颁发，是由国际图联管理委员会委员埃及的肖基·萨拉姆（Shawky Salem）博士提供。这项常设基金每年支持一位阿拉伯国家图书馆的图书馆学家出席国际图联大会。

肖珑（1964—）
Xiao Long

研究馆员、北京大学图书馆副馆长。1986 年毕业于北京大学图书馆学与情报学系，1997—1998 年曾获美国政府富布莱特高级奖学金赴美研修。现兼任中国高等教育文献保障系统（CALIS）文理中心副主任，中国高等教育文献保障系统专家组成员、中国数字图书馆工程标准规范指导委员会委员、中国图书馆学会第七届学术研究委员会数字图书馆研究与建设专业委员会委员和全国信息与文献工作标准化技术委员会委员。先后在北京大学图书馆采访、编目、办公室行政、信息咨询等不同部门任职，参加或负责中国高校人文社会科学文献中心（CASHL）、中国高等教育文献保障系统、全国高等教育图书专款采购办公室等项目/机构的部分全国性工作。主要专业特长：数字图书馆资源建设，数字图书馆标准规范，信息咨询与用户服务，曾负责若干国家自然科学基金委员会和国家科技部相关重要研究课题，在多次国际会议上发表演讲，已出版《数字信息资源的检索与利用》等专著多部，发表《中文元数据标准框架及其应用》、《电子资源评价指标体系的建立》、《转型中的大学图书馆》和《分布式合作虚拟咨询服务模式研究》等相关论文数十篇。

肖希明（1955—）
Xiao Ximing

博士、武汉大学信息管理学院图书馆学系副主任、教授、博士生导师。兼任教育部图书馆情报工作指导委员会委员、中国图书馆学会第七届理事会理事、学术研究委员会委员、图书馆学教育与培训专业委员会副主任。研究领域为文献资源建设、图书馆学基础理论和目录学等，主持完成国家社会科学基金项目和湖北省、广东省科研项目，著有《文献资源共享理论与实践研究》、《中国图书馆藏书发展政策研究》等近 10 部，发表论文 70 余篇。

肖像，画像，照片
portrait

指以某人为主体的画像或相片，尤其是对脸部具有代表性的特写和刻画，通常采用绘画、雕刻、素描或其他绘画手法、照相等方法获取。

校园图书馆用户教育
Campus Library User Education（CLUE）

大学图书馆的一项传统服务项目，旨在帮助大学图书馆用户从分散的信息源中有效地获取信息，培养他们的信息获取和信息辨别能力。随着数字时代的到来，增强和学习数字化信息检索技能成为图书馆用户的迫切需要，为此，各国大学图书馆在用户教育政策与管理、教育内容与形式方面都作了深入研究，建立了多元模式。20 世纪 90 年代以后，美国许多大学图书馆都设立了相应的机构，制定并实施用户信息素质教育计划。2000 年 1 月，美国大学和研究图书馆协会通过了《高等教育信息素质能力标准》，除在本土推广外，此标准还在墨西哥、西班牙、澳大利亚、欧洲和南非等国家和地区得到广泛地应用。目前美国大学图书馆用户教育主要分为四种类型：1. 普通的图书馆教育；2. 针对某一专业开设的文献检索课；3. 网络教育；4. 图书馆开设的专门指导训练课。

校园网
campus network

指在学校区域内为学校教育提供资源共享、信息交流和协同工作的计算机网络信息系统，有时也称校园网信息系统。校园网是为学校师生提供教学、科研和综合信息服务的宽带多媒体网络，因此应为学校教学、科研提供先进的信息化教学环境：远程教育、电子教育、图书资源共享、多媒体课件共享以及高清晰度电视等多项服务。

楔形文字
cuneiform

也称"钉头字"或"箭头字"。指从公元前 4000 年到公元前 100 年古代阿卡得人、亚述人、巴比伦人、波斯人和闪族人的碑铭上使用的象形文字。每个文字呈楔子形状，是用一个被称为铁笔的锐利工具刻在泥板上。如果一段较长的文本需要多个泥板，每个泥板的底部都被刻上一个标字用来连接下一页，最后一张泥板通常以末尾题署结束。cuneiform 源于拉丁文 *cuneus*（楔）和 *forma*（形状）。

"蝎子计划"研究项目
Scorpion Project

该项计划始于 1996 年由基思·谢弗（Keith E. Shafer）发起并主持，是 OCLC 在自动分类领域内探索网络资源的分类和索引的研究计划。该计划试图通过编制一种软件，把分类标引和主题标引融合在一起，重点在于建立电子资源的自动主题识别的工具。

协会
association

拥有共同兴趣或致力于共同目标的人员组成的正式组织。专业协会如日本图书馆协会、美国图书馆协会，其目的在于激发其成员的特定专业兴趣，以促进图书馆事业发展。在许多国家图书馆的参考部都藏有关于协会的最完备的指南《协会百科全书》(*Encyclopedia of Associations*)。association 的缩写形式为：ass.，assn. 和 assoc.。

协商
negotiation

在数据通信网中，通信双方协商通信阶段中必须一致遵守的一组通信规则的过程。例如，当一个连接在不同系统的虚终端之间建立通信时，需要一个初始对话来建立事物处理阶段中使用的参数。

协作编目
cooperative cataloging

图书馆或图书馆系统共同遵循的编目规则，以便于在该系统或机构中创建和共享书目标准数据。开展协作编目不但节约人力和经费，而且有助于加快编目速度，避免重复劳动，方便编制联合目录。

协作参考咨询服务
cooperative reference service

由多个图书馆或咨询机构建立起协作关系，充分利用各自的信息资源特色和人才优势，并协调服务时间，每周 7 天每天 24 小时为用户提供咨询服务的一种新型服务形式。目前在国外，协作参考咨询服务系统正在蓬勃发展，被视为协作参考咨询典范的由美国国会图书馆、OCLC 及全球多家图书馆情报机构联合推出的 QuestionPoint 服务项目。

斜面读书台
lectern

泛指任何有一倾斜桌面的书台，通过一根支架支撑，桌上放着一本打开的书或一迭资料，读者不用手持即可诵读或查阅。也指欧洲中世纪图书馆中倾斜的木制壁架，图书平放并用链条栓在上面，供读者诵读之用。

斜面书架
tiltd shelves

书架某几层或全部层具有一定坡度，便于读者和图书馆员看清书刊名。

斜面书桌
bookrest

一种类似于钢琴谱架的便携式装置，安装在课桌或工作台上，把图书放在一个合适的角度（通常分别有35°和45°两种）以便阅读。该书桌常用于阅览报纸、画报和图册等大开本书刊，以及查阅大型词典和百科全书，但不便书写。斜面书桌还有金属制作的，用作室内练习用具的附件，或放置膝上型计算机或用作躺在床上时的阅读架。

斜面小台桌（架）
lectern

指演讲人放讲稿的斜面讲桌（或立架），也指教堂中的读经台。

（斜切纸板的）封面
bevelled boards（bevelled edges）

书籍装订中的一种技术，将书籍的厚纸板封皮边缘切成斜角，而不是直角。

斜体字
italic

一种草书类型，最早出现在古罗马诗人维吉尔（*Virgil*）的意大利文版中。这种字体在很大程度上向右倾斜，与罗马字体一起用来强调或显示文本中的外国字词或段落。斜体字也可以出现在黑体字中。按照沃伦·查普尔（Warren Chappell）在《印刷字简史》（*A Short History of the Print Word*）（1970年版）中所叙说，斜体字起源自16世纪“大法官法庭”的各种手迹，后来逐渐传播开来。italic的缩写形式为：ital或it。

斜线
slash

一个字符，一条倾斜的线，右高左低。用于表示区分分数和比率（如公里/小时）；用于组合日期（如10/05）；表明替代（如和/或）；分隔因特网网址中的某些部分（如http：//www. bnu. edu/library）。

X

写
write

利用钢笔、铅笔、打字机或者电子设备在纸上显示出字母、数字和标记以便让其他人能够阅读的操作过程，也指将数据记录到存储器或其他记录媒体上的过程。

写保护
write protect

为了避免由于操作错误等原因使磁盘上的重要数据被清洗掉，所采取的保护方法。

写保护贴片
write protect tab

也称为写保护缺口。这是用来封贴软磁盘写入保护缺口的不透明胶膜贴片。

写本
handwritten copy（hand-copied book）

也称抄本、抄写本，中国版本类型。唐代以前，由于印刷术尚未盛行，图书生产主要以手写传抄，所以写本专指唐代以前的古籍。

（写成卷轴的）古书
scroll

用于书写文件的长条片（纸莎草纸的、皮革的或羊皮纸的），常在一端或两端带有柄的棍子以便卷起或保存，并在一头贴上一个标签以便识别。在古代，文字分栏写在纸莎草纸上，这些纸张粘起来形成一长卷，罗马人称之为“卷”。羊皮（羔羊皮）被广泛用于文字书写后，书的抄本形式取代了卷轴。

写经体
Sutra-copying Script

字体名。魏晋时战乱频繁，百姓颠沛流离，写经祈福的活动开始兴盛起来，到唐代达到顶峰，创造了中国书法史上独特的“写经体”。唐人写经在继承前朝写经的基础上，逐渐摆脱了陈腐僵硬的书写习气，大多是字字珠玑、篇篇玉章，如无名氏书《大乘入楞伽经》，使经体的观赏性更趋于大众化。敦煌藏经洞发现的写经卷为我们了解唐代经生及其书法提供了不可多得的实物资料。

写刊本
Printed Edition Imitating Handwriting of Famous Calligraphers

亦称“写刻本”，指字体精美的刻本，多由名家手写上版，如清郑燮手写上版的《板桥集》。

写刻本
Self-written and Engraved Imprint

明代中叶以后采用手写字体上版刻印的一种刻本类型，多由擅长书法的人或作者自己书写上版并由良工镌刻，和精刻本的意义相近。写刻本克服了当时流行的宋体字字形呆板、缺乏生气的缺点。宋苏轼写刻的《陶诗》、杨次山写刻的《历代故事》、清代郑板桥自书的《板桥集》等都是著名的例子。明代中叶以前的刻本由于无一例外都是采用手写字体，反而并不以“写刻本”相称。

写作、阅读和出版史学会（美国）
Society for the History of Authorship, Reading and Publishing（SHARP）

创立于1991年，其会员有1 000余名，遍及20多个国家和地区，包括文学教授、史学家、图书馆员、出版家、社会学家、目录学家、艺术史家、阅读指导教师和书商等；该学会为书史学家提供一个全球的网络，管理在线论坛及每季出版发行业务通讯《*SHARP News*》，该学会每年召开年会并颁发书史奖。

卸载，脱载
offload

指为了减轻主计算机处理任务的负担，将处理任务从一台计算机上卸下，使之在另一台计算机上执行。

谢林（1954—）
Xie Lin

陕西省图书馆馆长、副研究馆员，北京大学行政管理研究生班毕业。曾在解放军空军航空兵46师、陕西省图书馆和陕西省文化厅社会文化处任职。担任过陕西省文化厅社会文化处副处长、处长。现兼任中国图书馆学会第八届理事会常务理事、学术研究委员会社区和乡镇图书馆专业委员会副主任委员、陕西省图书馆学会第七届理事会理事长、陕西省群众文化学会副会长、陕西省艺术摄影学会会长和陕西省民俗摄影协会会长。发表学术论文10余篇，合作出版、参编图书9部，并多次获奖。

谢新洲（1964—）
Xie Xinzhou

北京大学新闻与传播学院教授、副院长兼新闻媒体与网络传播系主任，北京大学市场与媒介研究中心主任。1987年获武汉大学理学学士学位，1990年获武汉大学理学硕士学位，2003年获北京大学管理学博士学位。1990年以来一直在北京大学任教，主要从事电子出版与网络传播、媒介经营管理、企业竞争分析领域的研究与教学工作。出版《网络传播理论与实践》、《数字出版技术》、《网络出版及其经营管理》、《竞争对手分析》、《企业竞争情报系统》等多部著作和教材；出版《情报组织与利用》、《企业竞争情报应用案例》、《娱乐营销革命》、《电子媒体经营管理》、《无线/有线/网络节目策划与营运》等译著；在《北京大学学报》、《情报学报》、《国际新闻界》等国家一级刊物或核心刊物上发表学术论文数十篇。承担国家自然科学基金会、教育部、科技部多项国家级或部委级科研项目。曾获国家教育部优秀教材奖、部级科技进步奖等多个奖项。

谢灼华（1935—）
Xie Zhuohua

武汉大学信息管理学院教授、博士生导师。1958年毕业于武汉大学图书馆学系，同年留校任教。历任讲师、副教授、教授、图书馆学系主任以及中国图书馆学会学术委员会副主任、目录学分委员会主任委员，现兼任武汉大学学术委员。在教学之余，对中国古典文献、中国历史上的著名文献学家、目录学家、版本学家及经典书目、重要著述进行研究，此外，还从文献社会学、文献传播学的角度对中国文献观念、文献类型和文献作用等方面作了一些新的探讨。出版专著多部，部分著述曾获得湖北省社会科学优秀著作奖、中国图书馆学会优秀著作奖和中国图书奖。合作项目曾获得教育部优秀教材一等奖、国家级优秀教学成果奖。

心理小说
psychological novel

作者主要探究人物心理动机而将情节和背景置于其次的一种小说类型。心理学家一般是从理论和实验事实来阐述心理现象的奥秘，而小说家则把心理学生活化了，英国劳伦斯（Lawrence）所著的《查太莱夫人的情人》（*Lady Chatterley's Lover*）就是著名的例子。

心理学文献数据库（美国）
Psyc INFO

由美国心理协会（American Psychological Association, APA）建立的索引摘要型数据库，提供国际性的心理学及相关领域的文献信息，内容涉及心理学、社会学、人类学、教育学、药理学、生理学、语言学和法医心理学等学科。收录了1 980多种有关心理学、行为科学、社会精神科学的期刊论文以及专著、评论、会议录、博士论文的文摘和题录。数据的回溯自1887年，数据每月更新。

芯片
chip

一种高度压缩的集成电路，蚀刻于半导体薄晶片表面（通常是硅）之上。芯片具有耗电少、体积小、成本低和速度快等优点，广泛用于计算机或其他电子设备的处理器和存储器。计算机芯片是始于20世纪后半叶的信息技术革命的驱动力。

辛迪加公司
syndicate

指一种将专栏、卡通画和专题文章等出售给报纸、杂志、期刊、新闻和广播媒体的公司。从事此类工作的专栏作家称为辛迪加专栏作家。辛迪加公司的商业属性是节目分销商，在美国广播市场上属于最具活力的组成部分。该公司从节目制作人或全国商业电台手中购买节目的销售权，制定销售方案，向重要的有影响力的站台集团销售，最后节目制作商从辛迪加公司获得收入。

《辛普森当代引语辞典》（美国）
Simpson's Contemporary Quotations

收录1950—1988年间出现的最著名引语的工具书，尤其注重收集20世纪60年代以来的引语，由詹姆斯·辛普森（James B. Simpson）于1988年编写，共收录4 000多种文献来源中约1万个优秀的警句、妙语、讽刺性短句或者深奥的话语，划分为25大类60个小类，从政治和政府到传播和艺术都有所涉猎，收录了当代最有智慧的名家如埃兹拉·庞德（Ezra Pound）、亨利·基辛格（Henry Kissinger）、乔治·奥韦尔（George Orwell）和多罗西·帕克（Dorothy Parker）的引语，也涉及一些无名的或者声名狼藉的人的言辞。按照主题和著者排序。该辞典提供了条目出现的时间和语境。详细的信息使该工具书成为记者、牧师、行政长官、政治家、教师、演讲稿撰写者、学生和学者等对引语的精确性和意义有严格要求的人的常用工具书，该辞典有网络版。

辛希孟（1938—）
Xin Ximeng

中国科学院文献情报中心教授。1962年毕业于北京大学图书馆学系，同年就职于中国科学院图书馆（文献情报中心），曾任中心副主任（副馆长）、中央国家机关和科学研究系统图书馆学会理事长、中国图书馆学会常务理事、学术委员会副主任、编译委员会主任、荣誉理事和《图书情报工作》主编；还兼任华东师范大学、北京大学和山东理工大学等院校教授。现任中国科学院研究生管理学院教授、中国老教授协会图书情报专业委员会理事、国杰老教授科技咨询开发研究院图书情报研究所所长和《中国大百科全书》（第二版）图书馆学科主编。主编专著数部，发表论文数百篇。

锌版印刷术
zincography

用照相版制成锌凸版印刷的方法。主要包括照相锌凸版和照相锌平版两种，前者用雕刻或照相腐蚀制版的凸版印刷表面，后者用平印表面。

《新编图书情报学辞典》
A New Dictionary of Library and Information Science

张玉钟、刘学丰、陈瑞玲和马玉英主编，金恩晖作序。共收入图书馆学、情报学、目录学、图书学、文献学、档案学、版本学、校勘学、印刷学和计算机科学等十几个学科的专用名词术语7 200余条，由学苑出版社于1989年出版。

《新编英汉医学信息学词汇》
New English-Chinese Medical Informatics Dictionary

李恩生、雷春炳和徐国恒主编，内容主要涉及人工智能、字符处理、编码系统、医学工程学、医学信息学、电子病案、远程医疗、图像传输和网络通信等20 000余条，并从网络上收集了与计算机网络和信息学有关的网络缩略语。由人民军医出版社于2002年出版。

新成人读者
new adult reader

通过参加成人识字课程刚学会阅读的成年人。通过筛选一些适合他们阅读水平的材料，开发一些帮助他们熟悉现有信息资源的服务，公共图书馆尽力满足这类读者的需求。

新成员圆桌会议（美国）
New Members Round Table（NMRT）

由美国图书馆协会于1931年创建的圆桌会议，旨在帮助入会不满10年的会员在全国、州和地区的各项图书馆业务活动中充分发挥作用，施展自己的才能。除帮助提供论文摘要审核服务和介绍、指导项目外，新会员圆桌会议还创建有电子版本的《业务通讯》（*NMRT Newsletter*）（月刊）。

新词语，新义
neologism

从现有的词或词语杜撰而成的新词（例如："网络使用规则"就是由"网络"和"规则"二词而来），或赋予现有词新的意义。例如："夸克"来自芬尼根的"踪迹"（Finnegan's Wake），在物理学中作为亚原子颗粒的名称。首字母缩略词也是一种新词，要注意这种类型的新词或新义的使用。

新到出版物目录
list of recent acquisitions

图书馆编印的报道新入藏文献的书目。通常按文献类型、分类、文别或主题编排，反映每种新书刊的资料名称、责任者、出版项、内容提要和索书号等主要款目事项，供读者查询和借阅。对读者迅速了解新馆藏，提高藏书利用率有明显的效果。

新到文献
recent acquisition

图书馆对通过订购、邮购、复制、接受呈缴、调拨、征集、交换和接受捐赠等各种方式搜集到的新到馆文献的统称。新到文献并非一定是指物理形式或出版年代上是最新的，而是指刚到馆尚未正式加工的文献。

《新华书店协会会刊》
XinHua Bookstore Association Periodical

创办于2004年。旨在为进一步沟通全国新华书店系统信息，架起新华书店与国内外及社会各界的信息立交桥，以全面促进新华书店系统整体经营和管理水平的提高。其内容为报道新华书店协会动态、新华书店改制改革、经营管理、市场营销、传统教育、国外同业、采购指导和出版信息等。该刊设置以下栏目：新华动态、新华人物、特别策划、热点聚焦、市场观察、农家书屋、书店管理、业务探讨、新华风采和新华园地等。

新华书店总店
Xin Hua Bookstore Head Office

成立于1951年1月1日，是中国国家级图书、音像出版物批发企业。该店以"市场开发"为指针，积极推行代理制、寄销制和推销制，制定并实施以图书期现货批发为主体，以出版物物流配送和电子商务交易市场发展为基础，以大型门市零售连锁经营和"新华驿站"社区发展为市场支撑的大中盘战略，构筑了全中国的购销客户网络、仓储运输网络和资金结算网络。

《新华书目报》
XinHua Bibliography

创办于1963年，由中国出版集团主管、新华书店总店主办。该报是具有征订功能的中央级出版信息发布媒体，含《社科新书目》（以社科、文学、财经、少儿、文教和综合类出版物为报道对象）、《科技新书目》（以自然科学、基础科学、工程技术、医药、各级标准和生活科学等出版物为报道对象）和《图书馆报》（由中国图书馆学会协办，面向全国各类图书馆、各级出版社及图书馆相关机构，面向公共文化领域，以推动全民阅读为己任，关注中国公共文化事业发展与进步）。其出版定位是"产品及其市场"，报道内容涉及出版信息发布、行业动态报道和馆社合作互动等，同时出版《新华书店协会会刊》、《教材导刊》和《中国出版集团公司专刊》。

《新华书目报》征订数据
The Subscribed Data of XinHua Bibliography

简称"三目"征订数据，是《新华书目报》电子征订数据。与《新华书目报》纸本版同步，内容信息完全相同，具有更加快捷、高效的特点，内容覆盖中国近400家出版社发布的最新出版信息。数据格式为：Excel、MARC、DBF和TXT。每月出版九期。

新华通讯社
Xinhua News Agency

简称新华社，是中华人民共和国的国家通讯社，是中国最大的新闻信息采集和发布中心。前身是"红色中华通讯社"，创建于1931年11月，1937年改现名。该通讯社的新闻采集和处理系统由总社、国内分社、国外分社三部分组成。在国内，每天通过专线分别向中央、省市、地县日报、晚报、专业报和电台、电视台播发各类新闻稿件，总字数为40多万字。对海外，每天用中、英、法、西、俄、阿、葡7种文字24小时不间断地向世界各地提供各类新闻。此外，每天还向国内外发布经济信息约30万字，提供新闻图片近百张，并根据用户的特别需求向130多个国家提供多种文字的专稿和特稿。目前，该通讯社已在海内外建立起一个庞大的新闻信息用户网络，并与近百个国家的通讯社或新闻机构签订了新闻交换合作协议。此外，还编辑出版近40种报刊，该通讯社所属的新华出版社每年出版以新闻和时事政治为主的各类图书400余种。

新华网

www. xinhuanet. com

由中国官方通讯社新华社主办，为中国最重要的官方网站之一，由北京总网和分布于中国各地的30多个地方频道及新华社的十多家子网站联合组成，属世界范围内最重要的中文新闻网站之一。网站每天以汉语、英语、法语、西语、俄语、阿拉伯语和日语七种语言，全天候不间断地发布新闻信息，每日更新量近4 500条。内容以新闻为主，分为要闻专区和新闻专区两大版块，包括国内、国际、财经、证券、体育、科技、信息技术、法制、社会、娱乐、教育、校园、读书、汽车共十四大新闻类别。

新华文轩出版传媒股份有限公司

Xinhua Winshare Publishing and Media Co. , Ltd.

原称四川新华文轩连锁股份有限公司，2010年8月27日改为现名。是中国出版发行行业唯一的一家境外上市公司，是中国文化体制改革试点的首批成果企业，是中宣部重点扶植的大型国有文化企业。

《新华字典》

Xin Hua Dictionary

中国第一部现代汉语规范字典。1953年问世，平均每5年修订一次，累计印行突破4亿册。《新华字典》是一本让几代中国人受益的工具辞书，该字典第11版已于2011年7月出版发行。在最新版本的《新华字典》中，新增了800多个正字头，另外，还增加了1 500多个繁体字和500多个异体字。

新话

newspeak

模棱两可和自相矛盾为其特点的宣传语言。这里指作家、新闻记者乔治·奥韦尔（George Orwell）在其反乌托邦小说《1984年》中杜撰的新语，意即在政府口号，特别是权威性宣传语中使用的一种人工语言，它也是政治家、官员和军事人员在公开声明中为了回避民众对其行为的审查和指责，或广播人员为了赢得听众的满意而使用的委婉、迂回说法。例如：用“进入”代替“入侵”，英文中用“big brother”代表“tyrant”等。

新加坡国家图书馆

National Library, Singapore

原为新加坡莱佛士图书馆，创建于1823年，初为学校图书馆，1874年被政府接管，1886年开始接受缴送本。1957年正式成为国家图书馆兼公共图书馆。1968年《国家图书馆法案》修正案详细规定了其职能，强调了在全国图书馆事业发展和协调中的领导地位。该馆在各地设立有3个地区图书馆、18所社区图书馆和18所社区儿童图书馆，其管理者新加坡图书馆管理局隶属于国家信息与艺术部。新加坡国家图书馆注重使用信息技术，可提供24小时图书馆业务电话和在线检索资料服务。坐落于维多利亚街的新馆于2005年7月开放，面积为11 304平方米，馆藏总量近1 000万册（件）。

新加坡国家图书馆管理局

National Library Board Singapore

成立于1995年9月1日，通过对新加坡国家图书馆与新加坡公共图书馆系统的有效协调和管理为该国乃至全球读者提供便捷、值得信赖的图书馆与信息服务。借助创新科技与战略合作，国家图书馆管理局确保图书馆使用者可以方便、有效地使用丰富的印刷及电子信息服务与资源。该管理局视己为引导国民终生教育的灯塔，激活知识、激发想象，为新加坡注入更多活力与创意。

新加坡国立大学图书馆

National University of Singapore Libraries

由7所不同学科范围的图书馆（中央图书馆、中文图书馆、许春裕法学图书馆、韩瑞生纪念图书馆、医学图书馆、音乐图书馆和科学图书馆）组成，有阅览座位4 840席。馆藏图书文献涉及建筑、人类学、社会科学、商业、法律、医学及工程技术等领域，不仅范围广泛，深度也广受关注。共拥有藏书资料250余万册（件），纸质期刊5.1万种，电子期刊2万余种，视听资料3万余种，电子图书2万余种，缩微资料3.4万件以及数据库300余个。其特藏包括新马文献资料、善本书库及本校出版刊物。为该校人文暨社会科学院、设计与环境学院、工程学院、杨秀桃音乐学院和国大博学计划等单位的教学和科研工作提供保障。该馆还收藏有：新加坡和马来西亚的珍品；新加坡和马来西亚一些大公司的年鉴；新加坡早期的华文报纸与期刊；亚洲国家、中国与欧洲的法律。该馆为国际图联机构会员。

新加坡国立大学中文图书馆

The Chinese Library of National University of Singapore

坐落于新加坡国立大学中心图书馆的最顶层，属学校图书馆系统之特种图书馆之一。随着前新加坡大学与前南洋大学于1980年合并成为新加坡国立大学，该馆藏书汇集了前马来亚大学（1949—1961年）、前新加坡大学（1962—1980年）以及前南洋大学（1953—1980年）等图书馆的全部中文藏书。1992年，前东亚哲学研究所（1983—1991）的所有有关东亚哲学研究的藏书也交由该馆托管，现亦正式纳入该馆馆藏。2002年10月，日文资料室的日文藏书也并入该馆馆藏，因此，中文图书馆除收集中文图书资料外，也收集日文图书资料，并提供这两种语文资料的咨询服务。共收有中日文图书资料57万册，是新加坡中文图书资料收藏最丰的图书馆。馆藏以配合学校各院系的教学和研究为目标，以文、史、哲、语言和华侨华人研究的收藏最为丰富，其次是中医药、中国艺术、中国经济和中国法律的图书资料。

新加坡记忆项目

The Singapore Memory Project（SMP）

由新加坡国立图书馆管理局推动建立的新加坡国家知识资产的数字馆藏。该项目收集、保存与分享有关新加坡的故事。计划收集500亿份记忆，以在2015年庆祝新加坡独立50周年纪念。

新加坡理工学院图书馆

Singapore Polytechnic Library

位于新加坡城，始建于1958年，由两所图书馆（总馆和山顶图书馆）构成。馆藏图书文献侧重于工程、技术、计算机和商业领域。1984年随着图书馆自动化的实现，图书馆正努力向无边界的图书馆发展。馆藏图书约50万册，期刊及电子期刊2 800种，另有大量的各类数据库。

新加坡图书馆协会

Library Association of Singapore（LAS）

其历史可追溯至1955年成立的马来半岛图书馆集团（Malayan Library Group）。1972年3月25日，正式定为现名。其宗旨是团结所有对图书馆工作以及相关信息工作感兴趣的公民，促进图书馆和信息中心的管理，鼓励读者使用图书馆等。协会成员分个人会员及机构会员两类。协会设置4类奖项以奖励为新加坡图书馆事业发展作出贡献者和在继续教育中有突出成绩的图书馆员。该协会每年召开年度大会，出版年度报告和《新加坡图书馆快报》（*Singapore Libraries Bulletin*），2006年为增加协会成员间的互动，专门开通该快报的在线博客版。《新加坡图书馆与信息管理杂志》（*Singapore Journal of Library & Information Management*）是该协会的年刊，内容主要涉及信息管理、图书馆、信息科学与技术等主题。该协会还出版《新加坡图书馆与信息中心名录》（*Directory of Libraries and Information Centres in Singapore*），现为第8版。

新疆维吾尔自治区图书馆

Library of Xinjiang Uygur Autonomous Region

中国省级综合性公共图书馆之一。该馆原名为新疆省立图书馆，于1930年8月成立，后改为新疆省人民图书馆，1955年改为现名。馆舍2.47万平方米，有阅览座位2 500席。收藏有维吾尔、哈萨克、蒙古、柯尔克孜和乌孜别克等少数民族文献、较为齐全的新疆地方文献以及俄、英、日等外文图书，形成了多民族、多文种的综合性藏书体系。拥有馆藏200万册（件）。与新疆维吾尔自治区图书馆学会联合编辑出版《西域图书馆论坛》（季刊）。

新疆维吾尔自治区图书馆学会

Xinjiang Society for Library Science

成立于1979年12月2日。该学会成立以来，积极开展与组织各类学术研讨会，组织会员参加中国图书馆学会学术年会论文征文活动，并举办各类型专业培训班。编辑出版季刊《西域图书馆论坛》（*Library Tribune of the Western Region*）（汉文）和《图书论坛》（*Book Tribune*）（维吾尔文）。

新浪网

www. sina. com

中国的四大门户网站之一。该网站成为下设北京新浪、香港新浪、台北新浪和北美新浪等覆盖全球华人社区中文网站的全球最大中文门户。主要提供网络媒体及娱乐服务，以成为世界各地中国人的全功能网上生活社区为发展方向。其业务频道有：新闻中心、体育频道、娱乐频道、科技频道、财经频道、汽车频道、房产频道、游戏频道、女性频道、商城频道、新浪宽频、新浪WAP、博客频道、新浪论坛、新浪读书、新浪微博、新浪旅游和其他信息。

新媒体

new media

20 世纪后期出现了新技术支撑体系下展示的媒体形态，如数字杂志、数字报纸、数字广播、手机短信、移动电视、网络、桌面视窗、数字电视、数字电影和触摸媒体等。相对于报刊、户外、广播和电视四大传统意义上的媒体，新媒体被形象地称为“第五媒体”。

《新民晚报》

Xinmin Evening News

其前身为《新民报》，于 1929 年 9 月在上海创办，中共上海市委领导下的面向广大市民的综合性报纸。该报以“宣传政策，传播知识，移风易俗，丰富生活”为编辑方针，着眼于报纸“飞入寻常百姓家”。在内容与形式上，力求可亲性、可近性、可信性和可读性。立足上海，面向全国，发行海内外，日发行量近 180 万份，居全中国晚报发行量之首。该报日出 4 开 32 版，主要版面有：要闻版、综合新闻版、经济新闻版、社会新闻版、国际新闻版、地方新闻版、体育新闻版、文化新闻版和《夜光杯》副刊。1996 年 11 月该报在美国创办了《新民晚报》美国版。

《新明报》（新加坡）

Xin Ming Bao

影响较大的华文日报。1976 年 3 月 8 日创刊，由香港《明报》前社长查良镛与前新加坡《新生日报》老板梁润之合股创办，创刊后为新加坡华文日报的发行打开新的局面，销量猛增。1971 年该报开始改出晚报，每日出对开 3 张半至 4 张。自撰评论很少，经常转载香港《明报》、《快报》、《中报》和《天天日报》的社论，日销 9 万 ~ 10 万份，周末 15 万份，深受中下层人士欢迎。

新南威尔士大学信息系统、技术与管理学院（澳大利亚）

SISTM of University of New South Wales

世界上同类学院中最大、最古老的学院，始终处于澳大利亚国内最先进水平。该学院教学内容集中在三个主要领域：信息系统、信息技术和信息管理。可授予的学位包括信息系统、信息系统和信息管理、商业信息技术学士学位，信息学、信息系统与管理硕士学位和信息系统、信息和图书馆管理博士学位。

《新世纪科技期刊管理》

The Management of Scientific Technology Journal in the New Century

该书介绍了新世纪科技期刊的管理问题。作者从事科技期刊管理多年，总结多年实践经验，将其提炼升华，针对新世纪科技期刊的新变化，给出了有针对性的管理策略。肖先福著，由国家图书馆出版社于 2010 年出版。

《新世纪图书馆》

New Century Library

原名为《江苏图书馆工作》，1980 年创刊，1984 年更名为《江苏图书馆学报》，2003 年改为现名，中国国家图书馆馆长任继愈先生为该刊题写刊名。由江苏省图书馆学会和南京图书馆合办，主要栏目有：“学术论坛”、“业务研究”、“网络天地”、“专题研究”、“博士文苑”、“新技术与新方法”、“图书馆事业”、“国外图林”、“书评”、“会议·消息”和“学会工作·大事记”等。该刊开本为大 16 开，双月刊，国内外公开发行，有英文主要目次。

新书

new book

出版商在书业杂志和书评出版物首次发布的，或通过签名售书、作者见面等营销的新品种图书，通常为精装本。最新出版的品种编排在出版商目录的前页，有些新书成为畅销目录的主角。此外，还可查阅最新加入图书馆馆藏的品种，公共图书馆常常在公告牌或书亭上陈列新书的封皮，或将新书置放在一特定的书架位置上陈放几个星期，在进入普通馆藏之前供读者单独浏览。

新书加工过程

processing of books

新书到馆后要经过一系列的加工工序后才能上架入库，包括：盖馆藏章和财产登记号、贴书标和磁条等。

新书简介

prospectus

出版部门为即将出版的出版物所刊印的广告宣传品，以便图书馆和读者在采购时了解新书的内容。除对新书作简单的介绍评价之外，还包括一张样页和插图、目次、撰稿人、价格和出版日期。有时还附有正式出版前购买的价格和折扣。

新书目录
frontlist

出版社在最近出版周期内已出版（或即将出版）的所有新书列表，通常被销售职员大力宣传。因为新书目录包含所有的新书题名，所以出版社的编辑人员、生产人员和销售职员都特别感兴趣，通常被他们大力宣传。新书目录中最重要的题名被称为畅销书。

新书评论
review of new books

图书馆对新入藏图书进行简单述评以便向读者宣传到馆新书的一种服务方式。

新书通告
book announcement

出版商用简短文字预告出版的新书或重印书，并作为广告刊登在图书的贸易杂志或书评类的出版物上，或登在同时出版的另一本图书的广告页上。一种新书的通告常包括题名、著者或编者的姓名、国际标准书号、计划出版日期、定价和出版前的预约价，还包括简单的内容提要或者赞誉性的评论摘要，正面还可带有插图。将新到馆或新出版的书刊及时通报给读者，这是书目报道的方式之一。通常按书刊的类型、分类和文种或主题进行编排，报道的内容有每种新书刊的名称、责任者出版项、内容提要和索书号等主要款目事项，供读者查阅。新书通报有书本式、卡片式或在线网络版。卡片式定期陈列在馆内的公告栏上；书本式印发给有关单位或个人参考；在线网络版通过因特网放在图书馆的主页上供读者在网上浏览查阅。新书报道通常是定期编印出版，除在报道一所图书馆所藏新书刊的基础上，还可采用多馆联合报道的方式，就是在全国或地区及专业系统等范围内对新书进行联合通报，按期报道各馆新到的新书刊的情况。

新书推荐广告
blurb

出版商在对一种新书进行描述和推荐时，通常将图书介绍印在书籍护封勒口上。这部分内容还可作为广告刊印在图书贸易类杂志、评论性出版物和出版商的目录中。一些简短的赞赏性评论通常印在书籍护封的背面。

新书推荐，新书介绍
recommendation of new publication

图书馆将新到馆或新出版书刊有选择地向读者进行书面通报的一项业务工作。新书通报通常有书本式、板报式、电子邮件式和网页式等多种形式。

新书样本，赠本
advance copy（early copy）

图书或其他出版物在正式出版之前所印制的供出版商检查审阅的样本。这种样本同时也递送给书商、图书俱乐部的评审委员会和书评家等有关人士征求他们的意见作评介推广之用。通常预赠本是不装订或以简易形式装订的，并附有评论页。

新书优惠价
privileged price

在新书出版前的某一段预订期内，书商对图书馆或个别读者实行一定的优惠价，这是一种促销的方式。

新书预告
preview

将新到馆或者新出版的图书及时通报给有关单位或读者，是图书馆读者服务工作中的重要内容。

新斯科舍艺术设计学院图书馆（加拿大）
Nova Scotia College of Art and Design Library

位于加拿大新斯科舍省哈利法克斯，该学院是加拿大最早的独立文化研究机构，至今仍然是加拿大主要的视觉艺术研究中心。馆藏图书及期刊合订本10万余册，侧重于美术、手工艺、视觉传播、影视研究及数字媒体等领域。同时收藏了许多珍稀的版本和特色资料。该馆是新斯科舍地区大学图书馆联盟成员之一，通过资源共享的系统，师生可以借阅图书馆联盟内的200多万册图书资料。

新图书馆建设
new construction

与现有结构整修翻新或延伸不同，新馆建设是从头开始设计，从平地建设起来的全新图书馆设施，建筑师们可以在项目经费的限额之内充分运用最新的设计理念，用最新的建筑材料、家具和设备进行建设。一旦图书馆搬到新的馆舍建筑，其原来的旧设施通常会改作它用。

《新图书馆世界》(英国)
New Library World

1898 年创刊，该刊由《图书馆世界》与《亚洲图书馆》合并而成，英国利物浦约翰莫尔斯大学琳达·阿什克罗夫特（Linda Ashcroft）任主编。该刊能够及时抓住时机为读者提供其现在以及未来需要的服务。该刊登载著名学者与专业人员撰写的高质量文章，就图书馆的角色转变和外部因素对其未来角色和发展的影响进行了考察。由爱墨瑞得（Emerald）出版集团出版，双月刊。读者可以在线阅读自 1898 年至今的期刊论文。

新图书馆运动
New Library Movement

20 世纪初，近现代中国先进知识分子仿效近现代西方公共图书馆运动精神与办馆理念，掀起一场持续近 20 年的新图书馆运动（1917—1936 年），力图革除封建藏书楼的陋习，提倡图书馆平民化教育。1925 年中华图书馆协会成立之后，开始致力于“中国的图书馆学”研究和全国性公共图书馆体系建设。这标志中国近代“新图书馆运动”由自发步入自觉时代，具有一定的历史意义。

《新闻报》(阿根廷)
(西) ***La Prensa***

阿根廷最古老的报纸之一，1869 年 10 月 18 日创办。目前为对开日报，用西班牙文出版，每天 20 版左右，日发行量 4 万份。该报代表右翼保守势力的利益，同美国共和党的关系密切。报纸分为两部分：第一部分为政治和社会新闻、社论及评论文章；第二部分为经济、文化、体育和娱乐等。

新闻出版总署（国家版权局）
The General Administration of Press and Publication of the P. R. China

中华人民共和国国务院主管新闻出版事业和著作权的直属机构，在著作权管理上，以国家版权局名义单独行使职权。新闻出版工作在建设、传播和发展先进文化，增强国家的综合实力和民族凝聚力中发挥着不可替代的作用。成立于 1949 年 11 月 1 日，原名为中央人民政府出版总署。新闻出版总署先后颁布了《出版管理条例》、《音像制品管理条例》、《印刷业务管理条例》等一整套政策法规，明确了出版者、印刷者、发行者的权利和义务，规范了各级出版管理机关的权力和职责，使新闻出版业呈现出健康快速发展的良好态势，出版了一大批弘扬时代主旋律，反映中国改革开放和现代化建设成就，有利于提高广大人民群众思想道德素质和科学文化水平的优秀出版物。新闻出版总署还加强了扫“黄”打非和审核因特网从事出版信息服务的报批，对因特网出版信息内容实施监督管理的职能。

新闻法
press law

包括所有与新闻事业有关的法律、法规以及具有法律效力的判例、行政命令等。具体指有关规范新闻的采编、发行等活动以及新闻内容、新闻媒介、与从业人员权利和义务的专门法律。

新闻稿，通讯稿
press release

指由新闻机构发行的新闻稿。针对当前事件或者状况，由新闻秘书撰写或发布，代表公司、组织或党政和国家机关的观点，准备在报纸或新闻广播或其他新闻媒体上发表或公布的官方或权威的声明。

新闻公报，要闻简报
news bulletin

政党和国家机关团体编辑出版的有关重大事件的新闻性公告和声明；又指广播电台、电视台的重要新闻报道。

新闻集团（美国）
News Corporation

世界上最大的传媒集团之一。由美籍澳大利亚媒体大亨基思·鲁珀特·默多克（Keith Rupert Murdoch）所拥有，该集团在全球各地均开展业务，在美国、加拿大、英国、澳大利亚、拉丁美洲地区和太平洋地区业绩表现都非常出色。其主要业务覆盖了电影制作发行、电视广播、广告、报纸杂志、图书出版、多媒体信息技术和体育运动方面。著名品牌有 20 世纪福克斯公司（20 Century Fox）、英国天空广播（British Sky Broadcasting）、卫星电视（Star TV）、哈泼柯林斯（Harper Collins）等。

新闻聚合
Really Simple Syndication（RSS）

又称内容聚合，是因特网站点用于和其他站点共享内容的一种简易方式。用户借助于支持新闻聚合工具软件，如谷歌阅读器，在不打开原始网站页面的情况下，阅读支站点已更新的内容。

新闻媒体
press

传统上只包括印刷型机构（报社和杂志社），但现在还包括新闻服务机构、广播和电视。新闻媒体因迅速、准确地报道所发生的重大事件而在业内和公众中确立自己的影响力和公信力，同样，新闻媒体也会因自己在报道重大事件中，为社会有效地应对和处置事件发挥积极作用而赢得公众的认同和赞誉。

新闻提供服务
news service

19世纪中叶发明的一种集资经营新闻采集资源的方法。当时，美国纽约市6家竞争激烈的报纸出版商决定通过协作方式降低用电报为美国采集和传递世界新闻的开支。目前大多数通讯社都是由其新闻报道人员将采集到的报文和图片用电子邮件的方式发送给通讯社的驻海外机构的。

《新闻叙词表》
News Thesaurus

用于存储和检索新闻资料的专业叙词表。由中国新华通讯社新闻资料检索研究室主编，1988年出版。全表由字顺主表、词族索引、范畴索引三部分组成，共收入正式主题词8 603条，非正式主题词1 201条，学科范围涉及国内外政治、文化、外交、军事、科技以及社会生活等各个方面。

新闻学
Journalism

探讨、研究新闻传播规律和新闻传播事业发展规律的一门人文科学。其研究对象包括报纸、广播、电视、通讯社、新闻期刊、新闻电影等新闻传播媒介，主要是对新闻理论、新闻事业发展史、新闻实践和新闻机构的管理与经营等方面进行研究。

新闻业，新闻工作
journalism

收集新闻、写作并编辑新闻稿或指导报纸、杂志的出版传播的技术。将新闻变为新闻稿的人就是新闻记者，专门用镜头捕捉新闻的摄影师叫做摄影记者。中国设有“韬奋新闻奖”、“中国新闻奖”、“范长江新闻奖”和“全国‘百佳’新闻工作者奖”，每1~2年评选一次，以奖励做出优异成绩的新闻工作者。在美国设有普利策（Pulitzer）奖，每年颁发给在新闻工作中做出杰出成就的新闻工作者和机构。

新闻（影）片
newsreel

一种长约10~20分钟，记录有一系列新闻事件或普通公众感兴趣话题的短片，类似纪录片。利用现代手段来记录真实世界，并解释真实世界，并进而交流对世界的各种各样的解释。20世纪50—60年代，商业性电影院通常在放映正片之前先播放新闻片，后来被电视广播新闻所取代。新闻片是重要的宣传工具，一般保存在档案电影藏品中。

新闻杂志
news magazine

指具有较高文化品位和鲜明风格、大众化新闻类杂志，通常刊载主题范围广泛，从政治到娱乐领域（如《国内新闻》、《国际新闻》、《财经新闻》、《IT动态》、《体育在线》、《健康顾问》和《娱乐休闲》等）的新闻和评论文章。多数新闻杂志为周刊，由报摊、书店销售或订阅。近几年来，出现了免费电子新闻杂志，只要用户进行注册，就可以电子邮件的方式收到这种杂志，立即浏览最新杂志的全文。

新闻摘要
news digest

从重要报刊、各大通讯社电讯稿中辑录的国际和各国的重要新闻大事，通过概括、整理、翻译和重新编写而成。每一新闻摘要有标题和内容提要，引用的文件和讲话大多照录原文。常常以活页或卡片形式出版，定期累积成卷，一般还附有累积索引，方便用户使用。

新闻纸
news printing paper

又称“白报纸”，主要用于印刷报纸的原纸。一般以80%以上的机械木浆和20%以上的化学木浆混合制成。有些地方也采用甘蔗渣浆、竹浆为主要原料。新闻纸具有的优点是纸质松软，富有较好的弹性；吸墨性能好，这就保证油墨较快地固着在纸上；纸张经过压光后两面平滑，不起毛，从而使两面印刷品印迹比较清晰而饱满；有一定的机械强度；不透明性能好；适合于高速轮转机印刷。其缺点为不宜长期存放。保存时间过长，纸张会发黄变脆，抗水性能差，不宜书写等。新闻纸分为普通新闻纸、胶印新闻纸、卷筒新闻纸和平板新闻纸等。

《新闻周刊》(美国)
Newsweek

影响仅次于《时代》(*Time*)杂志的主要新闻类周刊，由华盛顿邮报公司（The Washington Post Company）在纽约出版，发行量400万份。1933年2月17日由美国《时代》周刊前国际部主任托马斯·马丁（Thomas J. C. Martyn）在纽约创刊，原名为《新闻-周刊》(*News-Week*)。《新闻周刊》经常刊登美国国内政治动态消息及新闻分析，国际新闻、体育和教育等专栏作品，并且还经常刊登名专栏作家的文章。该刊的特点是图片、图表较多，使读者对一些问题更加容易理解。除国内版外，还有大西洋版、太平洋版和拉丁美洲版。用英文、俄文、日文和西班牙文5种文字出版。1998年3月9日，该刊首次出版了一期中文版特刊，该刊因此成为出版发行中文版的第一家美国新闻杂志。

新闻组
newsgroup

因特网的留言板，通常供特定的话题使用。参加者可以发表评论或提出问题，然后观看其他参与者发表的回答，再对这些回答进一步作出反应等，一连串相关的帖子就组成了讨论线索，最常见的新闻组是“用户网络”（Usenet）和“网络新闻”（NetNews）。在一般情况下，一个用户可以是多个新闻组的成员，一个新闻组代表了一种讨论的主题，是由某一主题相关的新闻稿组成。

新西兰奥克兰大学图书馆系统
The University of Auckland Library System

该系统覆盖该校5个校区（城市校区、格拉夫顿校区、爱普森校区、太托克劳校区和塔马基校区），包括1个总馆、12个专门学科的图书馆。总馆是系统内最大的图书馆，主要为艺术、自然科学、商业与经济学科领域的师生提供服务，拥有100万余册纸本馆藏，包括新西兰及亚太地区语言的资料。12个专门学科的图书馆包括：城市校区的7个图书馆（建筑与规划图书馆、视听资料图书馆、商业信息中心、工程图书馆、美术图书馆、戴维斯法律图书馆和音乐舞蹈图书馆）、格拉夫顿校区的菲尔森医学与健康科学图书馆、爱普森校区的西尔维亚阿什顿华纳教育图书馆及其在太托克劳校区的分馆、塔马基校区图书馆以及利马林实验图书馆。新西兰奥克兰大学图书馆系统是新西兰最大的三甲级图书馆系统，该系统拥有纸本馆藏200万余册、电子图书42万余册、电子期刊10万余种、数据库850余个，服务5万余人次。该系统致力于为师生提供高质量的信息服务以支持提高学校的教学、研究、学术与创作。

新西兰电视台
Television New Zealand Ltd (TVNZ)

继承了新西兰广播公司电视台的资产，于1988年12月作为国有的公司成立。政府拥有100%的股份。该电视台于1962年正式播放节目，下设电视一台和电视二台以及5个地区电视台，覆盖全新西兰，收视率达70%。电视三台则是新西兰唯一的一家私人电视台，由加拿大公司控股。1989年11月开播，覆盖面为全国人口的85%。收视率达70%。

新西兰广播电台
Radio New Zealand Ltd (RNZ)

成立于1925年。由1个国家台、30个商业台、1个音乐台和1个声音档案馆组成。1995年，商业台脱离新西兰电台，成为单独的新西兰商业电台公司，并于1996年7月出售给私人。国家台重点播发时事和国内政治新闻，覆盖96%国土。该广播电台用有限的短波向南太平洋转播国家台节目。

新西兰国家图书馆
National Library of New Zealand

作为政府独立部门的新西兰国家图书馆根据法律成立于1965年，馆长也根据法律任命，经费为政府拨款，该馆对政府负责，为国家政策在信息领域里的实施而提供服务。根据国家图书馆法，该国出版物每种必须缴送3册。特种文献和国家图书馆中家谱协会档案资料的收藏是该馆馆藏的特点之一，便于新西兰公民研究自己的系谱、追溯自己的历史。馆藏图书600万册（卷），现刊2.2万种。该馆是国际图联的机构会员。

新西兰图书馆与信息协会
Library and Information Association of New Zealand Aotearoa (LIANZA)

成立于1910年，是国际图联的成员，原名为新西兰图书馆协会（New Zealand Library Association, NZLA）。1939年，根据《新西兰图书馆协会法令》，转变成一个股份制公司，更为现名。该协会为新西兰的图书馆与情报人员提供专业服务，与各图书馆情报机构合作向经济、社会及文化领域提供图书馆情报信息服务。协会有机构及个人两类会员，截至2010年10月，已有2 214个会员（其中，个人会员1 844个，机构会员370个）。该协会与新西兰国家图书馆合作提供馆际互借服务。出版有两种出版物：《图书馆生活》杂志（*Library Life*），每两周出版一次；研究期刊《新西兰图书馆与信息管理杂志》（*The New Zealand Library & Information Management Journal*），每年出版两次。该协会还设置了18个常规奖项以表彰在图书馆事业、学术研究、儿童图书创作及专业发展领域有突出贡献的人士。同时还管理图书馆创新奖（3M奖）及馆藏服务奖（YBP奖）。通过这些奖项鼓励专业标准及专业技能的发展。该协会于2002年11月发布了经过修订的国家信息化战略规划，提出了知识存取（强调建立存取知识的基础设施）、知识内容（强调知识内容的自由获取）、知识才智（强调将信息转化为知识所需要的技能）为核心的知识战略。特别是通过识字和信息素养战略，来确保每一个公民都有平等的机会和获取信息与知识的技能。

新雅文化事业有限公司
Sun Ya Publications（HK）LTD

成立于1961年，是香港历史悠久和具有规模的儿童图书出版社。五十年来，该公司出版了数千种优质少年儿童读物。每一种出版物都做到图文精美、有趣益智，由此而奠定了在读者心中的地位和信心。新雅图书不但有中文版、英文版，还被译成日文、泰文、韩文及荷兰文等，成为一家跨地域和语文界限的国际出版社。

新颖率
novelty ratio

在专题文献跟踪服务过程中，新近检出的新的相关文献量与被检出的相关文献总量的比率，即：新颖率=检出的新的相关文献量/检出的相关文献总量×100%。新颖率是测度定题服务（SDI）服务质量的一个重要指标。

新用户
novice user

对于某一特定网站而言，新注册的成员为其新用户。对于一些初学计算机者、检索新手和没有经验的用户，有时也泛称新用户。

《新约全书》
New Testament

基督教本身的经典，包括记载耶稣生平和教训的“四福音书”（《马太福音》、《马可福音》、《路迦福音》和《约翰福音》），叙述耶稣升天后使徒们的经历和早期教会发展史的《使徒行传》，对基督教教义所作系统叙述的《使徒书信》以及描写世界末日景象的《启示录》。

新泽西市免费公共图书馆（美国）
New Jersey City Free Public Library

位于美国新泽西州。拥有1所中心馆、11所分馆和1所流动图书馆，服务于新泽西地区的居民，其馆藏图书和期刊合订本有70万册，激光唱片、磁带和其他音频资料共3 500多件，数字视盘和家用录像机制式的视频材料共8 900件。年到馆访问为45万人次，年图书流通量为50万册次。

新泽西州立大学拉特格斯分校通信学、情报学与图书馆学学院（美国）
SCILS of the State University of New Jersey at Rutgers

1982年由该校图书馆学与情报学学院和通信学院（通信、新闻与媒体系）合并而成。本科生课程包括通讯、信息技术与信息学、新闻与媒体研究。研究生开设通信与信息研究、图书馆学情报学、通信与信息研究等课程，该学院获得美国图书馆协会资格认证。

薪水
salary

定期（如按每周、每两周或每月）支付给从事某一特定工作的雇用者的固定报酬。大多数全职图书馆员和图书馆辅助人员都是按此原则获得收入。

信笺抬头
letter heading

书信、公文等上端所印的组织机构名称，有的还包括地址、邮编和电话号码等。

信件
letter

手写或打印的个人或商务信息，通常用信封装封，通过邮递或承运投到收件人所在地址。

信件，公文

missive

书信和递送的文件、印刷品等。是指人们交流思想、传递信息和讨论问题等而书写的书信及政府机关递送的文件等。信件包括家书、情书、志愿书、介绍信、证明信和推荐信等。

《信使报》(智利)

(西) *EI Mercurio*

智利创刊最早的报纸，也是世界上出版的第一批西班牙文报纸之一。1827 年 9 月由佩德罗·费利克斯·比库尼亚（*Pedro Félix Vicuña*）创办于智利海港城市瓦尔帕莱索，自 1900 年起，该报改在首都圣地亚哥出版，分外地版和首都版两种面向全国发行。《信使报》标榜其办报宗旨为“独立、客观、充分”地报道国内外大事，并于 1992 年 3 月同阿根廷的《民族报》、秘鲁的《商报》和厄瓜多尔的《商报》共同组成“美洲日报集团”，意在交换新闻，共同促进美洲地区新闻事业的繁荣发展。

信息

information

通过施加于数据上的某些约定从而赋予这些数据的特定含义。从更为动态的意义上来说，信息是传递中的知识，这种知识必须对人们解决某种问题产生实际效用。也可以说，信息是传递中的对解决某一问题具有实际效用的知识。因此，是为未来服务的（未来的计划、决策和措施），是可以传递的，而且必须是具有针对性的知识（不一定是新的知识）。在现实生活中，信息的载体有多种形式，可以是数字或字母序列、文章和图像等，可以是时间离散的序列，也可以是时间连续的函数，但必须具有随机性或其他不定性。信息与物质、能源一样已成为现代科学的基本要素。

X

信息安全

information security

为了避免某个组织或机构的信息资产遭受意外，或避免未受权的个人、实体接触这些信息而创建保护系统或程序。它们可以对计算机内的信息进行保护，使其免受各类攻击、威胁和破坏，目前一般采用的信息安全技术主要有信息加密技术、信息确认技术和网络控制技术。

信息包，数据包

packet

在数据通信中，常用的一种信息传输格式。一组以一定格式排列的包括地址、控制信息信号和数据信号在内的二进制位序列，它们被作为一个整体在数据网中进行交换和发送。

信息仓库

information warehouse

某个组织或机构在所有计算机上的数据资源的总称。

信息产品

information product

为了满足大量用户无须进行修改而使用信息的特定需求，信息部门开发研制的一系列信息包。可以是电子书、录音带、录像带等多媒体网络信息产品及相关服务等，具有可以自行制作造价低、产品更新快、网络实时下载、无运输成本、总体特征简单和易操作的特点。

信息产业

information industry

亦称“信息工作”或“信息业”，包括在商业活动中为谋取利润而提供信息和信息获取途径的所有公司和个人。狭义上指直接或间接与电子计算机有关的生产部门，广义上则指一切有关信息的收集、存储、组织、传递、检索和分析研究等方面的部门，包括大众传媒、出版商、软件和数据库生产商和提供商、标引和摘要服务商以及信息自由经纪人等。公共图书馆、高校图书馆以及许多专门图书馆因为其服务建立在非营利的基础上，所以不包括在信息产业之内。

信息处理系统

information processing system

利用计算机对信息进行存储、处理和检索的系统总称，包括数据处理系统、数据通讯系统、过程控制系统、模式识别系统和信息检索系统等。

信息传递

information transfer

信息只有通过一定的渠道传递才能体现其价值，发挥其作用。信息传递的方式是多种多样的，按照流向的不同，可以有单向传递、反馈传递和双向传递三种方式；按信息传递时信息量的集中程序不同，有集中和连续两种方式；按信息传递范围或与环境关系的不同，可有内部传递和外部传递两种方式。信息传递的基本要求是速度快，要加快信息传递速度，必须利用一些现代化的传输手段，如电话、电报、传真、计算机联网、有线远程通信、无线通信和移动通信等。

信息传输速率
rate of information throughput（RIT）

信息在单位时间内沿着某一信道被传送的平均数量。信息传递速率是信息正常传递过程中衡量信道性能的重要指标。

信息第一站
FirstSearch（FS）

原名为第一检索，全球在线计算机图书馆中心（OCLC）的一种在线参考服务系统，于1991年创建。该服务系统为用户提供在线书目、摘要信息。用户可以简便快速访问、查询数据库，检索书目记录和文章摘要。其主要服务内容包括WorldCat的书目记录和馆藏信息；提供对14种在线书目数据库（包含艺术、人文、商业、经济、教育、工程技术、医药健康、生命科学、社会科学、公共事务、法律和新闻等）远程访问。图书馆员可轻易地确认自己图书馆收藏中的文献并能及时获得方便简单的参考咨询服务。该服务系统所提供的文摘数据库主题范围十分广泛。

信息法
information law

国家为保证信息政策的实施和加强对信息业的管理而制定的有关信息工作的规章制度，是信息工作健康发展的准绳和保证。其内容包括有关书籍检查、版权、知识产权、伪造、信息自由、知识自由、隐私权和计算机犯罪的法律等，同时也是一个与信息规则有关的法律研究的分支学科。

《信息分析》
Information Analysis

《现代信息资源管理丛书》之一。针对特定的需求，对信息进行深度分析和加工，提供有用的知识和情报。该书用新的视野、新的框架和新的发现，系统阐述信息分析的相关理论、技术方法和最佳实践，包括信息分析理论、信息分析工作框架、信息分析建模、信息分析方法、计算机辅助信息分析、科技信息分析、经济信息分析、社会信息分析以及信息分析项目与机构管理等内容。沙勇忠、牛春华著，由科学出版社于2009年8月出版。

信息分析中心
information analysis center（IAC）

对信息进行选择、获得、存储、分析、评估和编写等，使用户容易掌握特定专业领域的信息或数据的组织机构，一般设在专门的科研机构内，针对用户的特定信息需求，提供有评判的答复，出版分析性的综述、资料汇编等。

信息服务
information service

信息机构对信息进行搜集、存储、加工和提供，以满足特定用户的需求。这些机构包括传统的图书馆和信息服务机构，内容包括图书、期刊、档案、标准文献、专利文献和研究报告等，载体包括纸质文献和各类电子载体（如CD－ROM、数据库、软件、电子文档、多媒体和视频等）。

信息高速公路
information superhighway

指建立数字化的大容量光纤通信网络，将政府机构、大学、企业、科研机构和家庭的计算机联网，使光纤网络能传输视频、音频、数字和图像等多种媒体的信息。信息高速公路主要是指20世纪90年代初由美国政府提议的高速通信系统。主要目标：1. 在企业、研究机构和大学之间进行计算机信息交换；2. 通过药品的通信销售和X光照片图像的传送，提高以医疗诊断为代表的医疗服务水平；3. 使在第一线的研究人员的讲演和学校里的授课发展成为计算机辅助教学；4. 广泛提供地震、火灾等的灾害信息；5. 实现电子出版、电子图书馆、家庭影院、在家购物等；6. 带动信息产业的发展，产生巨大的经济效应，增强国际实力，提高综合国力。

信息革命
information revolution

指由于信息生产、处理手段的高度发展而导致的社会生产力、生产关系的变革。其直接目的是扩展人类的信息功能包括取得信息（感觉器官）和传输信息等。人类历史上，已出现过5次信息革命：语言时代、文字时代、印刷时代、电讯时代和计算机时代。信息革命对人类社会产生了重要的影响。

其发展趋势是对人类智能劳动的代替与扩大，具体表现就是自动化以及能够解决各种复合问题，新体系、新制度将不断涌现。

信息工程
information engineering

关于开发和维护组织内部的信息处理系统的工程技术或方法学，包括计算机系统和网络建设。信息工程由策略需求计划、数据分析、数据建模、过程结构、数据使用分析、分布分析、数据库设计和程序规格综合组成。

信息共享空间
information commons（IC）

20世纪90年代，在开放获取运动背景下，北美一些国家和地区兴起的一种信息共享模式。信息共享空间是一个经过特别设计的一站式服务中心和协同学习环境，整合使用方便的因特网、功能完善的计算机软硬件设施和内容丰富的知识库（包括印刷型、数字化和多媒体等各种信息资源），在技能熟练的图书馆参考咨询馆员、计算机专家、多媒体工作者和指导教师的共同支持下，为读者（包括个人、小组或学术团队）的学习、讨论和研究等活动提供一站式服务，培育读者的信息素养，促进读者学习、交流、协作和研究。

信息构建
information architecture（IA）

组织信息和设计信息环境、信息空间或信息体系结构，以满足需求者的信息需求的一门艺术和科学。涉及组织系统、标识系统、导航系统和搜索系统的设计，目的是帮助人们在网络和网络环境中更成功地发现和管理信息，实现了对网络信息资源的有效控制及网络信息空间的有序化，从而改变人的信息行为和文化。由美国建筑学家里查德·索尔·沃尔南在1976年最早提出，20世纪90年代末期得到广泛推崇和快速发展。网站信息构建系狭义，广义信息构建是面向组织机构整体的信息构建。

信息孤岛
information isolated island

指在一个单位的各个部门之间由于种种原因造成部门与部门之间完全孤立，各种信息（如财务信息、各种计划信息等）无法或者无法顺畅地在部门与部门之间流动。

信息管理
information management

对信息资源的获取、组织、存储、检索和传播进行熟练的控制。通常是指在一个公司、代理机构、组织或研究机构内部对文件、记录以及技术基础设施的管理。信息管理不仅包括信息本身，还包括人事、财务、市场、组织、技术和系统等其他相关方面。

《信息管理》
Journal of Information Management

1988年创刊，原名《文献工作研究》、《信息管理导刊》。由解放军南京政治学院上海分院军事信息管理系主办。双月刊，自办发行。主要栏目有："信息安全"、"理论研究"、"实践探索"、"硕士学位论文摘要"和"信息窗"等。

《信息管理导论》
An Introduction to Information Management

信息管理与信息系统专业核心课程系列教材之一。由谭祥金教授等编著，该书立足于社会信息环境和网络环境的发展变化，全面介绍了社会信息化和知识经济条件下，信息管理、信息资源管理和信息系统管理的基本概念、原理、技术和方法，主要内容包括信息与信息资源、信息社会、信息交流、信息组织、信息机构与信息资源管理、信息管理方法论、信息政策法规、信息道德、信息市场、信息产业、信息系统及信息技术等。该书由高等教育出版社于2002年出版。

信息管理系统
information management system（IMS）

为了信息的组织、存储、检索和发布而设计的系统。是进行有效的信息管理的前提和基础，主要有分散管理和集中管理两种形式。也指美国国际商用机器公司（IBM）于1971年研制的一种大型数据库管理和数据库通信系统，并得到广泛应用。

《信息管理协会会报：新信息展望》（英国）
Aslib Proceedings*: *New Information Perspectives

1949年创刊。在国际上享有一定盛誉的专业期刊，由英国伦敦大学大卫·尼古拉斯（David Nicholas）教授担任主编。从该刊中读者可以获知当代信息工作领域的最新研究、议题和讨论。该刊旨在为满足繁忙的业内人士与学者的现实需求与潜在需求，以一种简单易读的形式为他们提供有关研究和评论的信息。由爱墨瑞得（Emerald）出版集团出版，每年出版4～12期。读者可以在线阅读自1949年至今的期刊论文。

信息管理专业人员协会
Association for Information Management Professionals（ARMA）

为美国、加拿大和其他30余个国家的1万余名信息管理专业人员服务的国际性非营利性组织。成员包括资料管理人员、管理信息系统（MIS）和自动数据处理（ADP）专家、图像专家、档案管理员、医学和法律信息管理者、图书馆员和教育工作者等。该协会为成员提供教育、研究和联网工作机会，使资料、档案、信息和知识为企业财富发挥最大功效。协会通常也称为：Association of Records Managers and Administrators，出版刊物有双月刊《信息管理杂志》（*Information Management Journal*）和月刊《信息专业在线》（*InfoPro Online*）。

信息过滤
information filtering

指采用一定的方法、工具、技术或系统，从大量的动态信息流中将与用户无关的信息过滤掉，把满足用户需求的信息提供给用户，从而减轻用户的认知负担，提高用户获取信息的效率的过程。信息过滤的类型主要有两种，即：基于内容的过滤和协作过滤。

信息过载
information overload

在数字化环境下可获得对一个主题、一个普通事件的信息过多的现象，对一些可以辨别高质量资源（筛选资料）的系统非常需要。同时，信息消费者必须提高他们对信息的分析和批评能力。

信息和推荐
information and referral

一种由公共图书馆或其他公共服务机构免费提供的服务，服务内容主要是有资格向人们提供一些特定的信息和服务的组织、机构和个人的联系信息；而这些组织、机构和个人所提供的信息和服务可以是免费的，也可以是收费的。

信息鸿沟
information gap，information divide

又称“数字鸿沟”，即“信息富有者和信息贫困者之间的鸿沟”。最先由美国国家远程通信和信息管理局（NTIA）于1999年在名为《在网络中落伍：定义数字鸿沟》的报告中提出。意指在不同国家、地区、行业、人群之间由于对信息和通信技术应用程度的不同以及创新能力的差别造成的“信息落差”、“知识分隔”等问题，是信息技术在普及过程中呈现出的一种极不平衡的扩张状态，实际上表现为一种创造财富能力的差距。

信息化
informatization

培养、发展以计算机为主的智能化工具为代表的新生产力，并使之造福于社会的历史过程。其基本要素为信息基础实施、信息人力资源、信息软件环境以及信息技术产业和信息服务产业。

信息基础结构
information infrastructure

指可以提供信息传递设施的领域或部门，如出版、教育和信息中心等。

信息稽核
information audit

由专门指定的人员定期或不定期对计算机设备的使用、信息文件管理情况以及网络安全进行查核。

信息计量学
Informatics

由德国学者奥托·纳克教授（Otto Nacke）于1979年提出。采用数学、统计等各种定量方法，对信息的组织、存储、分布、传递、相互引证和开发利用等进行定量描述和统计，以揭示信息交流过程中的数量特征和内在规律的学科。

《信息计量学》
Informetrics

该书从理论、方法、应用三个角度，首次构建了信息计量学的内容体系，全面、系统地论述了信息计量学的六大基本规律和理论基础，详细讨论了引文分析法、计算机辅助信息计量分析法等主要的定量分析方法，还集中探讨了在信息资源管理、情报学、图书馆学、科学学与科技管理、科学评价与预测等学科领域及其定量管理等方面的具体应用。邱均平编著，由科学出版社于2007年1月出版。

信息技术
information technology (IT)

与信息处理有关的技术，是一个非常广泛并且很流行的概念，包括利用计算机进行信息管理和处理的各个方面以及存取信息所必需的硬件和软件。涉及电子计算机、电信、通信、微电子学、广播和影视、信息和数据处理、图书馆学情报学和出版印刷等技术领域。联合国教科文组织对信息技术所下的定义是："在信息处理与加工中所应用的科学、技术和工程学科以及管理方法、它们的应用、计算机及其与人和机器的交互作用以及与社会、经济和文化有关的问题。"国际上的信息技术机构认为信息技术应包括电子学、计算机科学和电信等。

信息技术管理者
information technology (IT) manager

负责信息技术运行的日常管理、信息技术策略的提出以及人才管理者，其职责包括：系统分析、编程和计算机及其辅助设备操作；对系统发展及维护进行指导；通过分析可控开支，确定部门预算并提出建议；对已有的数据应用软件及新软件进行有效性评价；帮助图书馆工作人员及用户排除设备故障或软件使用问题等。

《信息技术与图书馆》(美国)
Information Technology and Libraries

1982 年创刊，由美国图书馆协会主办、出版。是该协会的一个分部——图书馆与信息技术协会的官方刊物。专门刊登有关图书馆自动化、因特网和信息技术等方面的文章。涉及内容有：数字图书馆、元数据、授权与认证、电子期刊和电子出版、通讯、分布式系统和网络、计算机安全与知识产权、技术标准、地理信息系统、桌面应用、在线目录和书目系统、光学信息系统、软件工程、普遍获得技术、未来预测、图书馆联盟、供应商关系和技术与艺术，季刊。

信息技术专业组
Information Technology Section

隶属国际图联专业委员会图书馆服务部（Division of Library Services）。该专业组致力于培养、开发、推广与现代化图书馆、信息服务有关的信息技术，其中包括为各类图书馆和信息中心的创建、存储、检索和传递信息的方针政策及技术。出版该专业组的业务通讯（电子版），刊登有关信息技术的新闻与会议动态和论文，出版会议录、年报和一些专著等。

信息加工
information processing

对收集来的信息进行去伪存真、去粗取精、由表及里和由此及彼的加工过程。在原始信息的基础上，生产出价值含量高，方便用户利用的二次信息的活动过程。这一过程将使信息增值。只有在对信息进行适当处理的基础上，才能产生新的、用以指导决策的有效信息或知识。一般来说，信息加工的内容包括三个方面：信息的筛选和判别、信息的分类和排序和信息的分析和研究。信息加工方式主要有五种不同的划分：按处理功能的深浅分、按处理的响应时间分、按系统与用户之间的距离分、按企事业单位的管理和计算机配置分和是否运用计算机分。

信息检索
information retrieval

将信息按一定方式组织存储在某种载体上，并利用适当的方法或手段从中查出符合需要信息的过程或技术。在图书馆和档案馆，信息载体可能是文献收藏的可读目录或索引，也可能是基于计算机的信息存储和检索系统，比如一个在线目录或书目数据库。目前，信息检索的人机交互、认知过程、智能检索、数据挖掘、知识挖掘与知识发现等技术已成为研究的热点。

《信息检索导论：算法与启发式方法》(第二版)
Information Retrieval: Algorithms and Heuristics (Second Edition)

《灵计算机科学丛书》之一。该书是一本讲授信息检索的经典教材。全书共 21 章，前 8 章详述了信息检索的基础知识，包括倒排索引、布尔检索及词项权重计算和评分算法等，后 13 章介绍了一些高级话题，如基于语言建模的信息检索模型、基于机器学习的排序方法和 Web 搜索技术等。克里斯托弗·D·曼宁（Christopher D. Manning）、普博哈卡·拉哈万（Prabhakar Raghavan）和欣里克斯·舒策（Hinrich Schütze）著，王斌翻译，由人民邮电出版社于 2010 年 9 月出版。

信息检索的有效性
effectiveness of information retrieval

指利用检索系统（或工具）开展检索服务时所

X

产生的有效结果。

《信息检索“教”与“学”》
Teaching and Learning Information Access

作者分门别类地整理了这些年来所任教的南京大学信息管理系本科二、三年级学生所发表的课程论文，也选择了少量的未曾公开发表的有代表性的课程作业以及教师有关信息检索课程教学改革方法的论文，希望能为那些感兴趣于信息检索、并热衷于动手进行检索操作的学生、教师和研究人员提供一份有实际参考价值的资料。华薇娜编著，由南京大学出版社于 2010 年 9 月出版。

信息（检索）经纪人
information broker

指技能熟练的专业信息检索人员，一般采用个人独立经营的方式，他或她将自己的调查研究结果从商业角度上进入市场进行交易。在某些国家，信息（检索）经纪人通常是自由职业者，他们的专业活动由独立信息职业者协会（Association of Independent Information Professionals）来安排、组织。

信息检索系统评价
evaluation of information retrieval system

对信息检索系统进行的评价，是图书馆信息机构评价的重要组成部分。主要评价指标包括：文献信息资源库建设和检索设备系统能力。还包括系统的性能和服务效果，也就是系统满足用户信息需求所达到的程度和用户从系统的服务中所得到的收益；对计算机检索系统而言，评价内容主要有系统分析与设计、硬件设备的配置、检索软件及数据库、整个系统的补充和更新能力等。

《信息检索原理与技术》
Theory and Technology of Information Retrieval

《现代信息资源管理丛书》之一。该书对信息检索领域的相关问题进行了全面系统的研究，既有对其基本理论、方法、技术的论述，也有对其最新发展的系统阐述。具体内容包括：信息检索概论、信息检索模型、自动索引和文档组织、词汇控制、自动文摘技术、用户接口、信息检索系统的评价以及联机信息检索、因特网信息检索和数字图书馆的信息检索等。夏立新、金燕和方志著，由科学出版社于 2009 年 7 月出版。

信息焦虑
information anxiety（IA）

指一种由于无法消化媒介倾泻而出的过量信息而导致的恐慌和绝望的情绪。又称“知识焦虑综合征”。这个词组是由美国作家理查德·索尔·沃尔曼（Richard Saul Wurman）发明，他的主要观点是科技的发展和传媒渠道的增值使得人们比以前任何时候都感到没有办法认清周围的世界。

信息经济学
Economic of Information

又称“情报经济学”，由经济学和信息学交叉形成的学科，是一门研究信息的经济现象及其运动变化特征的学科。即运用经济学的理论和方法，分析信息价值的形成和转移过程以及信息和信息系统的经济功能和经济效益。主要研究信息的技术经济问题，开发信息资源，提高信息经济效益，使信息更有效地为技术措施、方案的选择、科学管理和领导决策服务。主要研究内容有信息与经济关系、评价信息系统和信息价值的标准和方法、信息的经济效果、信息技术引起的社会经济结构变化、信息经济学的基本理论和信息对生产力发展的特殊作用。一般认为，宏观的信息经济学分析国民经济信息部门的总投入和产出，微观的信息经济学研究个人的信息处理行为。

《信息经济学》（第二版）
Economics of Information

为教育部确定的普通高等教育“十一五”国家级规划教材，重点介绍了信息经济的基本理论、信息商品的价值与价格、信息商品市场、信息资源配置、信息产业、信息技术与经济发展、信息技术与现代企业、经济测度理论与方法、信息经济的效益评价、信息经济与社会发展等方面问题。内容丰富、新颖，注重应用，实用性强。张向先、靖继鹏和李北伟编著，由科学出版社于 2007 年 9 月出版。

信息可视化
information visualization

结合了科学可视化、人机交互、数据挖掘、图像技术、图形学和认知科学等诸多学科的理论和方法，逐步发展起来的一个跨学科领域，旨在研究大规模非数值型信息资源的视觉呈现，帮助人们理解和分析数据。囊括了数据可视化、信息图形、知识可视化、科学可视化以及视觉设计方面的所有发展与进步，一般适用于大规模非数字型信息资源的可视化表达，实际上是人和信息之间的一种可视化界面。

信息库
information base

为了实现特定之目的，按照一定规则组织的信息的集合。信息库内资料丰富，使用方便，并大大节省用户检索的时间。

信息类图书
information books

英美等国家对工具图书资料的一种称谓，理由是这类图书能够提供给读者所需的信息，主要作用是供师生查考使用，现在随着编纂和印刷技术的进步，这类图书的可读性也越来越强了。

信息论
information theory

以对收藏的精确而全面的数据分析为基础，系统阐述信息现象的原理，来检验有关假设属性和特性的正确性。是专门研究信息的计量、传递、交换和存储等科学，通过数学运算可以计算出信息传递的能力和效率，并应用在通讯、生理学和物理学等学科中。

信息门户
information portal

在网络环境下，把各种应用系统、数据资源和因特网资源统一集成到某信息门户之下，根据每个用户使用特点和角色的不同，形成个性化的应用界面，并通过对事件和消息的处理、传输，把用户有机地联系在一起。如网络信息门户、行业信息门户、企业信息门户和学科信息门户等。其中学科信息门户是经过组织、有序化和人工处理、专家排选、定期检查处理的学科信息导航系统，其资源都是有效的。

信息设计
information design

人们对信息进行处理的技巧和实践，通过信息设计可以提高人们应用信息的性能。信息设计最初期来源于平面设计，20 世纪 70 年代，英国平面设计师特格拉姆（Tegram）第一次使用了“信息设计”一词，目的是“进行有效能的信息传递”，与提倡艺术表现的平面设计确立了不同的发展方向。在信息技术领域，信息设计也可以理解为一种信息架构，即对信息系统、数据库和数据结构进行设计。

信息社会
information society

以信息技术、信息工业为社会主要资源和产业的社会，也称信息化社会、后工业化社会等。其主要特征为：经济上从以制造业为主转向以服务业为主，就业结构中受过高等教育的专业人员所占的比重越来越大，科学与技术的界限正在消失，重大决策不但靠经验，更要靠智能技术以及战略资源，不再是资本而是知识。

信息社会世界峰会
World Summit on Information Society（WSIS）

各国领导人最高级别的会议，与会的领导人致力于驾驭基于信息与通信技术的数字革命焕发的潜能造福于人类。峰会是一个真正广泛接纳利益相关方参与的进程，其中包括政府、政府间和非政府组织、私营部门和民间团体。峰会的目标是“建设一个以人为本、具有包容性和面向发展的信息社会。在这样一个社会中，人人可以创造、获取、使用和分享信息和知识，使个人、社区和各国人民均能充分发挥各自的潜力，促进实现可持续发展并提高生活质量”。据联合国大会第 56/183 号决议（2001 年 12 月 21 日通过），信息社会世界高峰会议分两个阶段召开，即 2003 年 12 月 10—12 日的日内瓦阶段会议和 2005 年 11 月 16—18 日的突尼斯阶段会议。国际电信联盟得到授权，在会议筹备工作中发挥主导作用的同时，与其他相关组织和伙伴开展合作。

信息社会指数
Information Society Index（ISI）

可对信息社会做定量分析，可以比较和测量各个国家获取、吸收和有效利用信息技术的能力。是由国际数据公司（IDC）和《世界时代》（*World Times*）全球研究部在“'97 全球知识发展大会”上共同提出的一个新概念。国际数据公司是国际数据集团（IDG）下属的信息研究机构，在 40 多个国家设有办事处，专门从事信息技术的数据研究、分析以及咨询服务；《世界时代》在 23 个国家中拥有 100 多万读者。他们提出的信息社会指数，引起来自 124 个国家的 2 000 多名参加全球知识发展大会代表的极大兴趣。

信息素养
information literacy

指获取所需信息的能力。包括对图书馆组织机构的了解，对他们所提供的资源（包括信息形式和计算机化的查找工具）的熟悉程度以及常用的查找技术方面的知识。这个概念还包括对信息本身的自然属性和技术性基础设施进行关键性检测的能力以及它的社会、政治、文化背景和影响。

信息素养专业组
Information Literacy Section

隶属国际图联专业委员会图书馆服务部（Division of Library Services）。原为用户教育圆桌会议（User Education Roundtable），2002 年改为现名。该专业组旨在促进各种类型的图书馆在开展信息技能教育发展方面的合作。该专业组集中了信息素养的各个方面，包括用户教育、学习方式、计算机的使用、网络资源、教学计划中的视听资料、远程教育以及在信息素养方面对图书馆员的培养。出版该专业组的业务通讯（电子版），刊登有关信息素养的新闻与会议动态和论文，出版会议录、年报和一些专著等。

信息通道
information channel

指在两点之间按单向或双向传送信息的通路。

信息图
information graphics

又称信息图形，指数据、信息或知识的可视化表现形式，能将复杂而大量的信息快速、简洁地表达出来。可以精准而清晰地利用视觉化图形展示出通常看来难以理清的复杂信息的相关趋势或内涵意义，不但把杂乱的数据变成视觉上的享受，也满足了人们在信息和知识上的需求。

信息推送服务
information push service

运用推送技术实现的个性化主动信息服务方式，通过一定的标准和协议，在因特网上按照用户的需要，定期主动传送用户需要的信息的一项计算机技术，是传统定题服务在数字图书馆中的一种再现。该服务的最大特点就是能实现用户一次输入请求，定期地不断地接受到最新的消息。信息推送服务分为两大类：一类是由智能软件完成的全自动化的信息推送服务；另一类是借助于电子邮箱、并依赖于人工参与的信息推送服务。其基本过程突出了信息的主动服务，即改“人找信息”为“信息找人”，通过邮件、“频道”推送、预留网页和寻呼机等多种途径送信息到人。该服务体现了个性化信息服务要求，成为个性化信息服务的一种重要形式。

信息挖掘
information mining

负责提取用户相关信息，以利用这些信息来提高检索服务的质量。通过对用户注册的个人兴趣信息及以前检索活动/行为的跟踪分析与学习，信息挖掘模块在个性化服务中起到关键作用。

信息网络
information network

由信息部门及其计算机设备、通讯网络和终端设备共同组成的信息服务系统，用以向用户提供各种信息。建立信息网络可以促进信息的共建共享，同时也可以提高计算机设施的使用率，节省费用。

信息网络传播权
right of communication of information on networks

2001 年修正的《中华人民共和国著作权法》依据《世界知识产权组织版权条约》1996 年补充的条款，增加了一种著作权人享有的财产权利，即“信息网络传播权”。信息网络传播权是指著作权人享有允许或不允许以有线或无线方式提供其作品，使公众可在某个人选定的时间和地点获得作品的权利。

信息污染
information pollution

在信息激增时代，人们每天都在接触大量的信息，其中也包含错误、过时、无用的甚至有害的信息，如垃圾信息、虚假信息、冗余过时信息、黄色信息、政治反动信息和种族歧视信息等在网上随意流动，相互渗透，大量有害的计算机程序（包括病毒）对各国信息系统造成严重危害。由于全球网络的贯通，任何一个系统、任何一个环节的污染都将给整个信息社会带来难以衡量的破坏和损失。因此，如何克服网络带来的负效应，采取有效的措施，进行网络环境下的“信息控污”，净化网络信息空间已成为当务之急。信息服务部门的一项职能就是对大量信息进行分析，剔除无用信息，向用户提供有用的信息。

信息系统

information system

为了满足用户的需求而设置的一套有组织的信息收集、存储、处理与检索系统，包括人、设备和信息传递程序等。其职能是将信息从信息源传递给有关的用户。

信息心理学

Information Psychology

信息学的下属分支学科，是研究如何寻找、获得、组织、处理、利用和存储信息的科学，兴起于20世纪70年代。主要是分析和研究人们在利用信息过程中的心理状态和心理演变规律。学科内容包括：信息人员的心理特点研究，信息用户的认识、情感、兴趣、性格和能力等，信息人员和信息用户的心理活动对信息的影响以及信息管理、教育、培训中的心理状态与心理活动等。

信息行为

information behavior

人类运用自己的智慧，以信息为劳动对象而展开的各种信息活动，即人类的信息查询、采集、处理、生产、使用和传播等一系列过程，包括主动和被动的信息寻求与使用行为。

《信息行为学》

Information Behavior

该书为21世纪高等学校研究生教材，管理学系列教材，详细阐述了信息行为是“人们在不同环境中需要、寻求、给予和使用信息的行为，信息环境包括工作场所和日常生活”；“信息行为是与信息资源和信息渠道相关的全部人类行为的总称，包括主动和被动的信息寻求与使用行为”。乔欢编著，由北京师范大学出版社于2010年5月出版。

信息需求

information need

一个人存在知识空白时，便在意识层面上将这种空白作为问题，产生对问题答案的寻求。也就是说，人们要进行活动就需解决“做什么”和“怎样做”的问题。如果这种需要很迫切，这种寻求可能会以不懈的努力来进行下去直至需求被满足。总的看来，人们需要的信息可以分为三类：知识、资料和消息。有信息需求的人通常会求助于最近的图书馆的参考咨询部门。解决图书馆读者的信息需求是图书馆参考馆员的职责；同时，这样还可以推动图书馆的藏书建设。那些利用图书馆资源仍然不能解决问题的读者可能会求助于本社区或其他部门的信息提供者。

信息学

Informatics

研究信息的学科，即根据用户需要选择传递信息的一般原理。包括对信息的产生、结构、使用、功能和性质等的研究以及对获取、记录、组织、存储、检索和传播信息的技术的研究等。主要包括电子学与半导体微电子学、光子学与光电子学、计算机科学和自动化科学等分支学科。

信息学家

information scientist

信息服务机构中具有相当能力和资格、高度才能或丰富知识的专业人员，并拥有研究、鉴定、传播以及进一步处理信息的职能。与一般意义的图书馆员不同，信息学家更多地是对来自最终用户的信息进行分析和评估。

《信息学文摘》(美国)

***Information Science Abstracts* (*ISA*)**

美国出版的一种信息文摘月刊，原刊名为《文献摘要》(*Documentation Abstract*) 于1966年创刊，由美国信息科学和技术学会 (American Society for Information Science and Technology, ASIST)、美国化学学会的化学文献部门 (Division of Chemical Literature of the American Chemical Society) 和专门图书馆学会 (Special Libraries Association) 等单位支持。主要使用者为专业图书馆和研究人员。每年发表的文摘达4 500多条，主要内容是计算机技术和自动化、通信技术、数学和人工智能，每期均附有著者和主题索引。其收录范围涉及700多种科技期刊、图书、报告、会议录和专利文献等。除了印刷版外，还提供光盘版 (Information Science Abstracts Plus)。

信息学院

iSchools

20世纪70年代，美国首次出现“信息学院”运动，其目的主要就是将图书馆学拓展到信息科学。图书馆学情报学的整体目标应该是培养能满足信息社会需要的各类信息专业人才。“信息学院”的含义是要融合传统的图书馆学、传统的情报学、信息科学、计算机科学以及通信领域等有关信息的各种学科，有效整合学科各种教育和研究资源以便为整合一个大学科群。

信息意识
information awareness

指人们对信息及其在政治、经济、社会和文化等的发展过程中的地位、作用、功能和价值等的认识，是人们对信息的感知和需求的反映，通过使用计算机和其他信息技术，来解决自己工作、生活中的问题的意识。

信息用户
information user

即信息的使用者，包括个人和组织、机构等。在信息活动的传递链中，信息用户是最后环节，同时也是信息系统存在和发展的动因、活动的出发点。根据不同的划分标准，信息用户可分为核心用户和一般用户、现实用户和潜在用户、直接用户和间接用户等。

《信息与文献—国际标准文本编码》（ISO 国际标准）
ISO 21047：*2009（E）Information and Documentation—International Standard Text Code（ISTC）/Information et documentation—Code international normalisé des texts（ISTC）*

国际标准化组织第 46 技术委员会第 9 分会制定的一项国际标准，该标准贯彻了国际图联（IFLA）组织专家起草的《书目记录的功能需求》（FRBR）的理念，旨在建立全球文本作品的编码标识系统，通过该系统可以唯一识别每一部文本作品。2009 年 3 月 1 日由国际标准组织办公室负责出版第 1 版。

《信息与文献——国际图书馆统计》（ISO 国际标准）
ISO 2789：*2006 Information and Documentation—International Library Statistics*

所有图书馆统计都是首先由单个图书馆采集数据并计算，为了使得这些数据和统计能够为地区、国家和国际范围内所有图书馆或不同类型图书馆所用，而且使得图书馆之间具有可比性，那么就需要对统计的项目及所采用的方法实行标准化，这就是 ISO 2789 图书馆统计国际标准诞生的初衷。自 1974 年发布第 1 版以来，经历过 1991 年、2003 年和 2006 年的 3 次扩充和修订，目前最新版本是 2006 年 9 月修订的第 4 版。2009 年 3 月，国际标准化组织相关工作组在德国柏林召开会议，提出 ISO 2789 第 5 版修订议案，而这项修订工作也已在 2010 年的 10 月开始启动。

《信息与文献——国家图书馆绩效指标》（ISO 国际标准）
ISO/TR 28118：*2009 Information and Documentation—Performance Indicators for National Libraries*

尽管国际标准 ISO11620“图书馆绩效指标”，旨在揽括所有类型图书馆都适用的指标，但是，并不能覆盖每一种类型的图书馆的任务和服务，尤其是国家图书馆。在 2005 年 8 月挪威奥斯陆第 71 届国际图联大会上，就产生了为国家图书馆单独制定一个国际标准的意向。2006 年 6 月，此项新工作计划的议案递交 ISO TC 46/SC 8 技术委员会的成员们投票，获得通过，并建议采用技术报告的方式，以便于该国际标准的制定减少程序和时间，并得到及时修改。2009 年 4 月，ISO/TR 28118“国家图书馆绩效指标”标准技术报告得以发布，该标准规范了 30 个绩效指标。ISO/TR 28118 虽然专门针对国家图书馆这一类型而设计，但并不排斥国家图书馆采用该标准以外的其他评估指标。ISO/TR 28118 标准不仅适用国家图书馆的质量评估，还适用于所有面向区域服务、而又没有明确定义的服务人群的图书馆类型。

《信息与文献——图书、报纸、期刊和电子出版物的生产和销售量的统计》（ISO 国际标准）
ISO 9707：*2008 Information and Documentation—Statistics on the Production and Distribution of Books, Newspapers, Periodicals and Electronic Publications*

该国际标准规范了如何维护对印刷型、电子型和缩微型出版物（主要是图书、报纸和期刊的缩微版）的国家统计，从而提供标准化的信息。此外，该标准提供学科分类的建议。标准由 1991 年第 1 版修订，目前发布的是 2008 年第 2 版，有英文和法文两个版本。

《信息与文献——图书馆绩效指标》（ISO 国际标准）
ISO 11620：*2008 Information and Documentation—Library Performance Indicators*

20 世纪 80 年代，发达国家的图书馆界就已经开始研究如何开发绩效指标来评估图书馆的工作，到 20 世纪 90 年代初，美国、英国、加拿大和澳大利亚等国图书馆界颁布了一系列绩效指标体系，但

X

是它们之间在术语和定义、测量方法上都不统一，因而不具有可比性。为了使绩效指标成为全世界所有图书馆通用的测评工具，评估必须标准化。那么只有把绩效指标体系开发成为国际标准，才能确保质量评估的安全性、可靠性、兼容性、效果、效率、互操作性和经济性。这就是国际图书馆界从1995 年开始进行图书馆质量评估——绩效指标国际标准开发热潮，也是设计开发图书馆绩效指标的宗旨所在，即要把绩效指标作为一种方法和工具，来评估图书馆所提供的服务和开展的活动的质量和效果，并评估图书馆为开展这些服务和活动所配置资源的效率。国际标准化组织于 1998 年 4 月 1 日出版发行了国际标准 ISO 11620：1998“信息与文献——图书馆绩效指标”，2003 年 7 月 5 日发布了该标准的补充本 ISO 11620：1998/Amd. 1：2003“信息与文献——图书馆绩效指标 补充本 1：增订图书馆绩效指标（Information and Documentation—Library Performance Indicators AMENDMENT 1：Additional Performance Indicators for Libraries）”；2003 年 11 月 1 日发布了国际标准技术报告 ISO/TR 20983：2003“信息与文献——电子图书馆服务绩效指标”。2008 年 8 月发布的 ISO 11620 标准第 2 版，整合了原来的 ISO 11620：1998、ISO 11620：1998/Amd. 1：2003 和 ISO/TR20983：2003 这三个标准（原有的三个标准从此而废止）。ISO 11620：2008 第 2 版共规范了 45 个指标对复合图书馆进行评估，这 45 个指标分别从 B. 1 资源、获取和设备，B. 2 利用，B. 3 效率，B. 4 潜能和发展，这四个方面来评估图书馆的绩效。该标准适用任何国家的所有类型的图书馆，但不是标准中的所有指标都适用所有的图书馆，每个指标的局限性在该标准中都有明确说明。该标准虽然能够对图书馆工作的大部分内容进行质量评估，但是没有覆盖图书馆服务的所有方面，尤其对图书馆深层次服务，例如图书馆开展的教学和科研服务，目前还没有开发适用的指标来评估，更不能评估图书馆对个人或社会产生的影响。

《信息与文献——图书馆所购印刷型和电子型文献价格标引的规定》（ISO 国际标准）

ISO 9230：*2007 Information and Documentation—Determination of Price Indexes for Print and Electronic Media Purchased by Libraries*

该国际标准规定了如何为图书馆所购印刷型和电子型文献进行价格标引的方法。标准并不意味着为整个国家的文献生产计算一个价格指数。该标准所涉及的文献仅严格局限为图书、连续出版物和数据库。该标准尽管会被其他组织机构发现有所帮助而接纳采用，但是其本意旨在为图书馆领域所应用。该标准由 1991 年第 1 版修订，目前发布的是 2007 年第 2 版，有英文和法文两个版本。

信息源

source of information

文献编目时描述/著录所依据的数据来源。

信息源，原始资料

source

指由作家、研究员、读者或数据库检索者找到的为其提供信息的任何文献。也指从另外一些文献中复印而来的提供信息的任何文献。例如：引语、引文和（对原著文字不加改动的）摘录、选录和文摘。在文学作品中，为另一部文学作品激发灵感，提供情节元素的故事、传奇或作品。

信息载体

information media

记录和传递信息的载体，包括文字载体（纸张）、声像载体（胶片、磁带等）和新型载体（计算机、通信网络等）。

信息战略

information strategy

1997—1999 年，美国参谋长联席会议前副主席欧文斯（Owens）和美海军军事学院教授巴特纳（Bartna），看到信息在军事领域的作用越来越大，便提出了“信息战略”理论。该理论认为，信息的作用犹如核武器，其基本点有三个：一是实施“信息威慑”；二是对盟友提供“信息保护伞”；三是“信息保障”。

信息整序

information arrangement

指在信息活动中，为了控制信息的流向和流速，要把其中杂乱无序的信息进行整理，从而形成系统有序的信息。随着信息的日益增多，信息整序也越发显得重要，从而出现了专门的机构对信息进行整序，即各类信息服务机构。

信息政策

information policy

指由政府、公司、组织或研究机构所采取的信息资源和技术方面的大政方针、管理原则、措施和办法。是建立和管理信息工作的依据，是信息行业的行动准则和规范。比如，决定怎样利用公共经费来资助学校和公共图书馆接入因特网。

信息中心
information center

可以获得信息资源的场所，其职员都是信息服务人员；也指一种专用于信息检索和决策支持的计算机系统。

信息专业人员
information professional

专门从事信息搜集、组织、存储、管理、检索和分配的人员，包括图书馆员、档案人员、博物馆员及其他信息管理人员。

信息准则
information ethics

行为准则的一个分支。集中关注信息生产者、组织者、传播者和使用者之间的相互关系以及控制人们在社会上的信息行为的道德标准和法规。中国图书馆学会颁布和实行的《中国图书馆员职业道德准则》(试行) 和美国图书馆协会制定的《伦理守则》(*ALA Code of Ethics*) 是对图书馆行业制定道德标准的一个尝试。

《信息咨询与决策》
Information Consultation and Decision-Making

《现代信息资源管理丛书》之一。该书全面论述了信息咨询与科学决策的辩证关系、信息咨询及信息咨询工作、信息咨询产业与市场、信息咨询机构、信息咨询人员、信息咨询客户与需求、信息咨询方法、信息咨询工具与咨询信息源、信息咨询程序与各类咨询公文编写、信息咨询管理和网络信息咨询等基本理论、方法与应用问题。文庭孝、张蕊和罗贤春编著，由科学出版社于 2008 年 7 月出版。

信息资源
information resource

各种可供人们直接或间接开发与利用的信息集合的总称。存在两种不同的情形：一种是本体论信息资源，这是一类潜在、巨大、未经加工的原始信息资源或称作“生信息资源”；另一种是认识论信息资源，这是经过主体感知和加工的信息资源或称作“熟信息资源”。网络上或数据库中的信息资源一般都是“熟信息资源”。

信息资源管理
information resource management (IRM)

20 世纪 70 年代末 80 年代初在美国首先发展起来然后渐次在全球传播开来的一种应用理论。是现代信息技术尤其是以计算机和现代通信技术为核心的信息技术的应用所催生的一种新型信息管理理论。信息资源管理有狭义和广义之分。

信息资源管理北京研究基地
Institute for Information Resource Management

目标在于系统研究国外信息资源管理的理论方法和经验，调查研究和总结信息资源开发利用的经验和存在问题，探索符合国情的信息资源管理的政策、体制、运行机制和技术方法，为国家有关部门提供咨询意见和解决方案。该研究基地挂靠在北京大学信息管理系。

《信息资源管理的理论和实践》
The Theory and Practice of Information Resources Management

该书分 4 篇 27 章，主要论述了信息资源管理研究进展、信息资源管理发展的趋势、信息资源管理的实践和信息资源管理的其他问题。程焕文、潘燕桃著，由中山大学出版社于 2008 年出版。

《信息资源管理学》
Information Resources Management

《现代信息资源管理丛书》之一。根据国内外最新研究动态，构建信息资源管理学的理论框架，对其结构内涵和重要的分主题进行了系统深入的阐述。该书分为理论和应用两大部分，理论部分阐述了信息资源管理学的基本概念、基础理论、体系结构等问题，并从技术、经济、人文三个维度展开信息资源管理学的具体内容；应用部分阐述网络信息资源管理、知识管理两个重要分支领域以及企业和政府两大应用领域的信息资源管理。邱均平、沙勇忠等编著，由科学出版社于 2011 年 6 月出版。

《信息资源管理学报》
Journal of Information Resources Management

于 2011 年 6 月创刊。由教育部科技司主管、高等学校自然科学学报研究会与武汉大学共同主办、武汉大学信息管理学院和武汉大学信息资源研究中心承办的学术期刊。该刊以信息资源管理过程中涉及的理论、方法、技术为主要内容，覆盖信息开发与利用、信息组织与检索、信息系统与集成、信息经济与政策、信息服务与用户等广泛的研究领域。为高等院校信息资源管理专业师生、相关专业机构研究人员，政府、企业与信息资源管理，海内外相关行业提供信息交流与研究成果发表平台，季刊。

《信息资源管理政策与法规》
Information Resource Management: Policies and Regulations

《现代信息资源管理丛书》之一。该书从广义信息资源角度构建信息资源管理的政策法规体系，既涉及信息资源管理政策法规的概况及过程，又分别从信息资源本身的管理、信息技术管理、信息产业管理、信息资源共享与利用管理等层面构建信息资源管理的政策法规体系，并对信息政策法规的学科建设及研究前沿领域进行了探讨。马海群、周丽霞和肖秋惠编著，由科学出版社于2009年1月出版。

信息自由
freedom of information

指公众访问由政府编辑和维护的官方信息的法定权。2002年8月，国际图联宣告："国际图联强调自由获取和传播信息是人类基本权利。图书馆和信息机构为信息自由的发展和维护民主价值和世界人权的捍卫起着重要作用。图书馆和信息服务机构应将他们所有的信息资料、设备和服务平等地提供给所有用户使用，不论他们的国籍或种族、性别、年龄、伤残情况、宗教、政治信仰等都必须平等对待。"

《信息自由法案》（美国）
Freedom of Information Act（FOIA）

由美国国会于1966年通过。该法案保证任何提交查看特定记录或文献拷贝书面申请的美国公民拥有访问非密级的政府信息权利。该法案免除关于被证明对国家防御、外交关系、法律实施，第三方商业活动或个人隐私有害的信息披露。法案制定之目的是使政府对公众更具透明度和责任性，并防止秘密地用于非法目的。类似的立法已在大部分欧洲和英联邦国家颁布。该法案只适用于联邦机构，不可以访问由国会、法院或州、地方政府机构（每个州已颁布了自己的访问法案）创建的记录信息。

信息组织
organization of information

即信息的有序化与优质化，也就是利用一定的科学规则和方法，通过对信息外在特征和内容特征进行揭示和描述，实现无序信息流向有序信息流的转换，从而使信息集合达到科学组合实现有效流通，促进用户对信息的有效获取和利用。信息组织的内容包括信息收集与选择、信息分析与揭示、信息描述与加工以及信息整理与存储。对信息的描述与揭示以及序化是信息组织的中心内容。信息组织具有类聚性、系统性、动态性、多重性和综合性的特点。

《信息组织（图书馆学情报学教学丛书）》（第三版）（美国）
The Organization of Information 3rd Edition（Library and Information Science Text Series）

2009年出版，由美国著名学者泰勒（Arlene G. Taylor）和丹尼尔·N·焦德莱（Daniel N. Joudrey）著。全书论述了目录信息组织、信息检索工具、编目标准、主体分析、词汇控制与分类系统以及目录编排与展示这6个问题。不同于第一版的是，书中增加了有关元数据和数字图书馆、信息体系结构、知识组织、搜索引擎和目录分类与分类法等目前的研究热点问题。作者对第一版中的部分章节内容进行修改和更新，反映了该领域当前的变化和特色。该书为图书馆学情报学的学生和研究者进行信息组织的研究提供了指导，对图书馆学情报学科发展具有重要意义。

《星岛日报》
Sing Tao Daily

中文日报，1938年8月1日由已故永安堂老板胡文虎在中国香港创办，是星系报纸之一。1950年后由星岛报业有限公司董事局主席、胡文虎之女胡仙接管。每日出40~120版不等，根据广告多寡而定。该报内容是新闻与副刊并重，文学与广告并重。

星号，星标
asterisk

一个特殊字符，形如"＊"，可以由标准键盘的Shift +8键打出。常用作参见符号以表明某页中的脚注或其他参考注释。一系列的星号则用以表示文中省略，表示不宜印出的词，如"D＊＊＊"。在大多数书目数据库的检索软件中，星号用作后截断符号。

星期日增刊

Sunday supplement

附加在星期天日报内的一组定期出版的报纸，这部分不刊登消息，通常包括照片、连环滑稽画和轻松、多半是激动人心的读物。

星云奖

Nebula Awards

首创于1966年，是由美国科幻奇幻作家协会（SFWA）评选颁发的。其奖金来源于出版年度获奖作品的收益，奖杯则是一个由透明合成树脂制成的螺旋星云——这个奖项也因此而得名。该奖虽然评选范围仅限于在美国出版或发表的科幻及奇幻作品，但仍是幻想小说界最重要的奖项之一。经常被用来与雨果奖相提并论，两者合称为“双奖”。如果一部小说同时拿到了“双奖”，就标志着已经毋庸置疑地进入了经典作品的殿堂。

行政地名

political name

在法律上对一个地理学地点、区域或实体进行的命名。这种命名往往随着政府的变迁而改变。如俄罗斯西北部港口城市圣彼得堡，1703年彼得大帝从瑞典人手中夺得该地区后首次将它命名为圣彼得堡；1914年由于第一次世界大战的爆发，俄国人去掉了城市名称中带日耳曼语系色彩的字样而将其更名为彼得格勒；苏联革命成功后，于1924年1月又改称列宁格勒；1991年12月苏联解体，列宁格勒恢复了它的历史名称——圣彼得堡。

行政管理

administration

与政府机构、非营利性组织和研究机构等有关的管理活动，如图书馆或图书馆系统的管理。

行政区划地图

political map

指用来显示国界、省界或州界、行政上从属关系以及首都（首府）名称等信息的地图。如世界行政地图、中华人民共和国行政区图等。

形式标目

form heading

以文献的类型特征而不是以其内容或其他特征作标目，这样可以在目录中集中特定类型的文献，以便读者从文献的类型特征检索自己所需要的文献。

形式复分

form subdivision

依据形式，将一组可适用于多个类别的子目结构，单独制表。在分类时，若有需要用到这个形式复分结构时，可以自行组合运用。形式复分表为常见的复分表。

形式号码

form number

用来表示作品的出版形式或写作形式的特殊符号。

形式类目

form classes

不是按照内容主题，而是根据写作体裁设置的类目，如诗歌、散文和小说等。

形式排架法

form arrangement

按照书籍的外部特点，例如字顺、登记号、年代和书型等进行图书排架。

形态学数字图书馆

Digital Morphology Library

美国得克萨斯大学数字形态学小组的一项研究成果。是一所唯一的生物学可视化图书馆。以海量的信息存储，将几乎所有类别的脊椎动物、无脊椎动物的二维和三维图像免费提供给读者浏览，并致力于通过研究并提供一套全新的应用软件，将复杂的生物体的计算机扫描和层析成像的数据转化为可以用于教学、研究二维和三位可视化图像。该项目是美国国家科学基金会资助的数字图书馆研究项目的一部分。

醒目排版

display matter

印刷品中与正文无关，以大字醒目排版的字体。包括标题说明、印刷商的图饰等。用不同的字号或铅字排印，以区别于正文字体。

醒目字

display type

规格大于14点的字体，主要用于标题、题名、标识或其他广告性文字。与正文使用的较小文字及引文、注释等使用的更小文字形成对照。

性能评价

performance evaluation

指对计算机硬件、软件等系统的性能进行测试评估。

姓

patronymic

源于父名的姓（如 Stevenson 源于 Steven）。

姓氏

surname

代表家族的族姓，常常是一个家族的人共有，亲戚之间有共同的姓氏。在图书馆编目中作为标目的姓氏和名字通常要进行规范词控制（姓必须要用全称，不能缩写，名字可以缩写），以便提高检全率和检准率。

匈牙利塞切尼国立图书馆

The National Széchényi Library of Hungary/*Országos Széchényi Könyvtár*

隶属于国家文化遗产部。成立于 1802 年，以贵族弗兰茨·塞切尼伯爵命名，以纪念其对图书馆创始的支持。塞切尼伯爵从 18 世纪末起在海内外四处求购匈牙利书籍，并于 1802 年一次性捐献给国家。翌年公共图书馆在佩斯向公众开放。塞切尼伯爵的爱国行为得到全国人民的响应，全社会发动起来向国家捐赠个人藏书，最大程度确保了国家图书馆得以收藏完整的馆藏。该馆拥有馆藏约 850 万件，包括 250 万册图书、39 万件连续出版物（报纸和期刊）、17.6 万份乐谱、近 100 万份手稿、20 万本地图、31 万份图片和版画、2.4 万张唱片、300 万张海报和小印刷品以及 30 万份文件的缩微复制品。特藏中有 1473 年匈牙利印刷的第一部图书，1711 年前的印本 8 500 件，古版书 1 700 件以及一些著名的手稿。该馆为国际图联机构会员，于 2006 年 4 月设立“上海之窗”。

胸前微型话筒

lapel microphone

指能附着在上衣上的微型无线麦克风。

熊第志（1932—）

Xiong Dizhi

中国医科大学图书馆研究员、教授。1955 年毕业于中国医科大学医学系，1962 年到中国医科大学图书馆工作，先后任该馆馆长、图书馆学情报学系主任。社会兼职有：中国图书馆学会第三、四届理事、中国医药院校图书馆协会常务副主任、辽宁省预防医学情报学会理事长、《医学情报工作》、《医学图书馆通讯》、《图书馆学刊》和《图书与情报工作》杂志编委。主编著作数部、发表论文 30 余篇。

休假年

sabbatical year (sabbatical leave)

给予行政人员或专业人员的带薪假期，使其能享受休息、旅行或从事研究或进行学术探讨。在某些国家里，假期时间一般为一学期或一学年。通常要连续工作七年才能享受这种待遇。由一专门委员会或协会高层通过某些途径在竞争的机制上对申请的人员进行评估，符合条件的大学图书馆员也可享受年休假。

修版

retouching

指图书馆工作人员用手工操作方法修补原稿缺陷，纠正照相制版过程中所造成的色差和层次差的一种工作。

修补

mending (repairing)

指使破损藏书恢复使用功能的工作，主要指纸型文献的补缀修整工作。是保护藏书完整，延长其使用功能的工作。书刊资料的破损通常包括：书页撕裂、撕断、脱落、皱裥、书脊脱离和封面封底丢失等机械损伤以及虫蛀、霉变和纸张的自然老化。发现藏书损坏，应该及时修补，以免破损加剧而最终不堪整补。藏书修补的主要材料是黏合剂与纸张。黏合剂用于粘补书页、封面和粘结其他各种材料，应对修补的藏书首先须仔细检查，以便了解其损坏情况，然后根据破损性质与程度确定适当的修补方法。修补时，应清除藏书的灰尘和各种污迹。藏书修补需要经过培训和在使用设备上要有经验的人员来担任。

修补本，挖补本

made-up copy

书中有缺陷，由同一个版本的一个或多个有缺陷的复本组合而成，或者书中残缺部分由同一版本的其他残卷零页填补完整的本子。图书馆或其他文献收藏部门常用挖补方法来补齐残缺部分。

修补专家
restorer

图书馆中专门从事书刊资料修补的专业人员。

修辞手段
figure of speech

一种主要用于修辞学和文学作品的表达方式，是根据表达的需要，运用有效的语言形式来提高语言的表达效果，有时为了达到一种奇特的美学或诗歌效果，会偏离词语和句子的正确顺序或字面意思。

修道院缮写室
scriptorium

中世纪的修道院里开辟的一间专为抄写员抄写手稿的房间。有些缮写室是一间独立的大房间，另一些缮写室则被分隔成许多独立的小房间。为了减少工作中的干扰，缮写室要求绝对的安静。

修道院图书馆员
armarian

中世纪修道院中负责保管院藏手稿和图书以及整理详细馆藏目录的专职人员。其职责还包括供给修道院缮写室里的工作人员以羊皮纸、小牛皮纸、钢笔、墨水、颜料和其他材料以开展抄录文件，添加插图和手工装订工作。

修订
revision

指由原作者或另一作者对原出版图书内容进行修改和订正补充的过程。

修订版
revised edition

指对初版图书的正文改动较大，或由原作者、编者或由另一作者对其进行更正、删减或补充后重新出版的版本。一些修订版本并不像其声称的那样修订完备，因此，购买者要认真辨别。修订版的修订范围有时只在图书的绪言或前言中有所标注。

修订版标识
designation of a named revision of edition

识别特定修订版的单词、字符或其组合。

修复
restoration

使破损藏书恢复或接近原状的修理工作。这种修理不仅要恢复藏书失去的功能，如补齐藏书的破损、丢失页和被读者开过“天窗”的内容等，而且还要尽量恢复其原有的面貌，在修补质量上要高于一般的装订补书。

修复室
restoration room

图书馆专门用于对破损、散落的文献资料进行技术处理的工作间。常用装备有各种手工修复工具和自动化修复器械。

修改
alteration

指对已经完成的作品进行的改动，即作者本人或授权他人对其作品的观点、内容和文字进行增删或修饰。未经作者同意，他人不得对作品的内容和观点作实质性的更改。

（修改很多的）校样
dirty proof

在印刷业中，指含有多处错误的校样，或还给印刷者含有多处校改的校样。在出版过程中，作者首先向出版社或期刊编辑部提交手稿或软盘。经过编辑加工后，返还给作者的稿件，已由编辑标出语法、标点和拼写等方面的错误。在打印稿上，编辑采用特定符号标出需要删除、插入和词序改变的地方。计算机编辑稿件已融入编辑的劳动，也用相应方法使作者能够与原稿相互比较。稿件返还出版社后，出版社再将稿件校样寄给作者，供校对使用。作者在校对过程中，用专门符号标注修改之处，再将初校样寄还出版社。为降低生产成本，许多出版社将校对工作交给作者。在最终定稿过程中任何变化都会提高出版成本，严重推延出版日期。因此，出版商通常仅要求作者对事实性错误予以改正，而不对排版风格做重要改变。同时要求作者对任何改变都必须理由充分。通常出版社给作者寄来两份校对稿，一份供改正，另一份给作者准备索引。

修改权
right of alteration

著作权人对创作的已发表或者没有发表的作品享有修改或者授权他人修改的权利。这是著作权人享有的一种人身权利。

袖珍版

pocket edition

一种小型的便携式图书，其尺寸通常在 4.25 英寸（10.8 厘米）×6.75 英寸（17.15 厘米）左右。袖珍版图书的主要特点是便于携带，便于在旅行途中阅读和使用，所以一些常用的手册、指南和介绍等性质的图书常以袖珍版形式发行。

袖珍本

miniature book

可以放在衣袖或衣服口袋中随身携带的小型书籍的总称，亦称掌中本。中国古代的巾箱本书籍即属此类。西方常指高度不足 10 厘米（3 英寸）的小型图书，有 60 开本、64 开本、100 开本、128 开本，最小的有 256 开本之分。虽在图书学上无特殊含义，但一些藏书家非常珍视。最初在 15、16 世纪出版，17 世纪时较为常见。18 世纪欧洲盛行，大多为《圣经》、诗文集、年历和儿童读物等，同时盛行特小型历书和日记本。此类图书版式很小，可置于口袋中，使用方便，并兼有珍玩之意。

袖珍词典，小型词典

pocket dictionary

一种可以方便地放入口袋、收词量约在 3 万 ~ 6 万之间的平装小型词典，如《袖珍英汉词典》（*A Pocket English-Chinese Dictionary*）。一些语言词典为方便学生和旅游者查阅也以小开本的形式出版。

袖珍乐谱

miniature score

指不供演奏用的、谱字较小的微型乐谱。通常用小型铅字印刷在开本很小的纸上，便于音乐爱好者或演员装在口袋里，随时学习和研究用。

X

袖珍手册，袖珍指南

vade mecum

指手册、指南和便览等便于携带的常用参考书，也可指任何常带在身边的书籍。拉丁文 *vade mecum* 是“伴随我”的意思。

绣面装订

embroidered binding

一种采用绣面织物材料作书壳（包括封面、书脊和封底）的精装装订工艺。主要用于制作精装本、特精装本、豪华本或礼品书。讲究的精装豪华本不仅以绰丝锦绣为书壳面料，封面更饰以金珠宝石。绣面装订工艺考究，不仅是一种专门的技术，也是一门艺术。

绣像小说

illustrated novel

印有人物肖像的俗文学小说，明代兴起。书前印有用线条勾勒的该书主要人物的画像，以“绣像”为名，是为了借刺绣的高超工艺，夸其描绘精细。《绣像小说》为刊行于 1903—1906 年的小说半月刊，前后共刊行 72 期。其中刊载了众多晚清著名作家创作及翻译的小说精品，代表了晚清小说期刊的最高文学成就，同时也是研究晚清文学史、文化史和社会史的珍贵资料。

虚构出版项

fictitious imprint（false imprint）

一种虚假的出版说明（在出版物上虚构的出版地、出版家和出版年），通常是为了逃避法律或其他约束限制，以避免支付版权费用，或隐藏作者身份。在图书馆编目时，真实出版项置于书目著录的虚构出版项后面的方括号中。

虚号

empty digits

分类法中用来分隔类号的标记。虚号本身并不代表任何类目，如杜威十进制法分类号中作为分隔标记的小圆点。

虚假广告

false advertising

指误导消费者的广告，不但虚假地表现使用该商品或其成分的好处或结果，并隐瞒由于使用该商品而有可能导致的伤害。

虚拟参考咨询服务

virtual reference services（VRS）

又称数字参考服务、电子参考咨询服务、网络参考咨询服务等。借鉴了电子商务中在线客户服务的成熟经验，以网络为基础，通过常见问题解答、数据库、电子邮件、Web 表格、在线聊天，共同浏览等同步或异步的方式，满足读者的各种信息需求的一种新型的信息服务模式。虚拟参考服务是传统参考咨询服务在网络环境下的延伸和拓展，具有前所未有的方便、快捷和个性化服务特色，其优势主要表现在三个方面：一是超越时空的界限，能够实现随时随地的咨询服务；二是可以提供个性化咨询服务，即为不同的信息群体依据他们的信息需求特点提供满足需要的个性信息服务；三是咨询内容和咨询结果的可重复再现性。咨询服务可以将焦点问题集中化，形成常见咨询（FAQ）栏目，减少重复咨询率。与此同时，咨询服务的结果也多样化：电子邮件、留言板答复、虚拟平台的在线交流或电子公告板等形式，这些都能以最短时间实现信息用户与虚拟咨询员的信息交流。

虚拟访问
virtual tour

通常指通过因特网对图书馆机构的在线访问。由于格式各不相同，有些包括可点击的楼面布置图，这些楼面布置图链接的图片和文本会介绍各个部门可以提供的资源和服务。

虚拟国际规范文档
Virtual International Authority File（VIAF）

2003 年在柏林召开的国际图联世界图书馆和信息大会上，德国国家图书馆、美国国会图书馆和联机计算机图书馆中心（OCLC）一致同意开发的一个国际项目。连接世界各国国家书目机构的规范记录，并免费提供网上检索，以证明自动连接不同国家规范文档的规范记录的可行性和优点。美国国会图书馆和德国国家图书馆的规范文档和书目文档被用来创建初始的虚拟国际规范文档，其中包括 600 多万个名称和 50 多万个连接。该项目的一个关键点是利用规范记录和其对应书目记录的信息开发自动名称匹配算法，显示了用算法建立不同国家规范文档的个人名称之间连接的实用性。该项目的长远目标是将许多国家图书馆和其他重要来源的规范名称结合起来，形成一个共享的个人、团体、会议和地名的全球规范文档服务。

虚拟联合权威档模式
Virtual Union Authority Files（VUAF）

一种集中的方式，但实际没有建立实体集中的权威档，而是采取虚拟集中、实际连接的方式，完整的权威记录仍保留在合作馆各自权威档中，权威资料通过开放档案的元数据收割协议（OAI）协议，由服务器加以收割。

虚拟图书馆
virtual library

所有资源并非存于纸张、缩微胶卷或其他任何有形物质上，而是通过数字形式存取的“没有围墙的图书馆”，它是网上图书馆的别称，侧重其无实体的特征。目前，人们多用比其更贴切的“数字图书馆”一词，因为虚拟图书馆的“虚拟”暗示使用这种图书馆的体验与使用物理意义的图书馆并不相同。事实上，通过计算机屏幕阅读或浏览文献的体验从性质上讲不同于阅读印刷型出版物，但其信息则是相同的。

虚拟网络日历
virtual web calendar（vCalendar）

一个开源的日历应用，用来在线发布及维护事件和时刻表。虚拟网络日历是同电子商务名片格式一起开发的。与其他在线日历不同的是，虚拟网络日历来源于多程序语言 PHP，ASP and ASP. NET（C#）中的源代码，未来可能会添加进更多的技术。

虚拟现实
virtual reality（VR）

也称人工合成环境、虚拟环境和信息空间。是由多媒体和仿真技术结合而成的一种人工交互环境，它可以创造一种身临其境、完全真实的感觉。虚拟现实技术潜在的应用范围很广，诸如国防、建筑设计、工业设计、培训和医学领域等。建筑设计师可以运用虚拟现实技术向客户提供三维虚拟模型，外科医生可以在三维虚拟的病人身上施行一种新的外科手术。

虚拟现实模拟语言
Virtual Reality Modeling Language（VRML）

一项和多媒体通讯、因特网、虚拟现实等领域密切相关的新技术用来描述一个目标对象是如何呈现在 Web 上的，和超文本标记语言一样，该语言也是可由浏览器解释的描述语言。其主要特征为三维性、交互性、动态性和实时性。

虚拟专用网络
virtual private network（VPN）

在公用网络上建立专用网络的技术。主要是整个 VPN 网络的任意两个节点之间的连接并没有传统专网所需的端到端的物理链路，而是架构在公用网络服务商所提供的网络平台，如 Internet、ATM（异步传输模式）、Frame Relay（帧中继）等之上的逻辑网络，用户数据在逻辑链路中传输。它涵盖了跨共享网络或公共网络的封装、加密和身份验证链接的专用网络的扩展。虚拟专用网络主要采用了彩隧道技术、加解密技术、密钥管理技术和使用者与设备身份认证技术。

需求
demand

对某项产品或服务的需要而产生的要求。在图书馆，高需求书刊也许会购买复本，或作为保留本收藏。在公共图书馆，藏书中流通利用需求率低的书刊有可能被作为剔除的对象。图书馆服务需求的峰值在一天、一周、一月或一年当中时间不同。

需求评估
needs assessment

通过观察“是什么”与“应是什么”的差异而发现某一特殊情况（或问题）存在的过程。它是一种系统的研究，包括从各方面了解事实、意见和数据，从而评价、生产和提供有针对性的、对决策有参考价值的办法和建议。需求评估也称作“需求分析”或“前端用户分析”。

需求群
need groups

在文献信息服务工作中，为了便于掌握用户的需求和心理规律，开展有针对性的、主动的服务，通常根据读者的一些固定特征，如职业、年龄和需求特点等将他们划分成一些不同的群体，使每一群体有大体一致的需求内容，这些不同的群体就构成了不同的特定需求群。需求群是动态发展、变化的，随着时间的推移或客观因素的变化，用户需求群也会随之而发生改变。

“需要知道”制
need to know

一种保密的原则，是信息安全系统的基本原则，是限制那些急需掌握和有资格了解敏感或分类信息资料的人使用这类信息的一种措施。在高度保密的状态下，信息安全系统还会具体地颁发各种不同的安全许可证。

徐家汇藏书楼
Xu Jiahui Books Storage Building

法国天主教耶稣会士在上海创办的第一家近代图书馆，隶属于耶稣会总院，最初供天主教传教士藏书与阅览之用。现存的徐家汇藏书楼建于清道光27年（1847年），两层西式建筑，一楼原为中文书库，二楼为西文书库，又称“藏经楼”。“神父楼”原为耶稣会总院所在地，为耶稣会神父住所，建于1867—1868年间，后经改扩建，为四层西式建筑，现也成为徐家汇藏书楼的一部分。该藏书楼于1956年正式并入上海图书馆，同时，亚洲文会图书馆、海光图书馆和尚贤堂等文化机构的藏书也相继并入。到2003年，经修复后的徐家汇藏书楼已成为上海图书馆旧外文文献资料中心。收藏有56万册1949年以前出版的外文文献资料，将成为内地收藏旧外文文献资料最多的机构。这些旧外文文献语种丰富，包括拉丁语、英语、法语、德语、日语和俄语等近20种，学科门类齐全，涉及哲学、文学、历史、政治学、社会学和宗教等各种学科。这些西文珍本文献是研究世界文化以及中西文化交流的珍贵史料，受到世界的关注。

徐家麟（1904—1975）
Xu Jialin

中国图书馆学教育家。1926年毕业于文华图书馆学专科学校，同年任北京中华教育改进社图书馆主任。先后在清华大学、燕京大学图书馆工作，1930年任文华图书馆学专科学校教务主任。1941赴美国哥伦比亚大学，次年获图书馆学硕士学位。1943年回国后在文华图书馆学专科学校任教并兼四川璧山国立社会教育学院教授。1951年到武汉大学任教至去世，曾任该校图书馆学系主任。著作有《中国编目论略之略》、《论图书馆作业之学术化与事业化》和《关于图书馆学的认识及几点观察》等。

徐建华（1958—）
Xu Jianhua

南开大学商学院信息资源管理系教授，博士生导师。兼任中国图书馆学会阅读推广委员会经典阅读推广委员会副主任、学术研究委员会图书馆史专业委员会委员、编译出版委员会委员，新闻出版总署高校出版专业学科建设协作小组副组长、中国编辑学会教育专业委员会副主任、中国高等教育学会新闻学与传播学专业委员会编辑出版学研究分会副会长。主持和参与包括国家社科基金、教育部基金、国家重点实验室开放课题、中国出版集团等在内的各级纵向、横向课题数十项，出版各类学术著作、工具书20多种，公开发表学术论文100多篇。研究领域涉及现代图书馆管理、出版管理、佛教目录、佛教藏书、谱牒学、目录学、文献学，所关注的重点是图书馆学规范性实证研究的实施与推广。

徐乾学（1631—1694）
Xu Qianxue

字原一，号健庵。江苏昆山人。清代大臣、学者、藏书家。曾担任《明史》总裁官，奉命编纂《大清一通志》、《清会典》以及《明史》，编刻《通志堂经解》，纂集《读礼通考》。著有《憺园文集》三十六卷，家设著名的藏书楼“传是楼”。

徐森玉（1881—1971）
Xu Senyu

名鸿宝，字森玉，以字行。浙江吴兴人。中国文物鉴定家、金石学家、版本学家、目录学家、文献学家。历任奉天测绘局局长、清廷学部图书局编译员、故宫博物院古物馆馆长、北京大学图书馆馆长、北京图书馆采访部主任、上海博物馆馆长和中央文史馆副馆长等。

徐孝宓（1926—1994）
Xu Xiaomi

湖北省图书馆研究馆员、版本学家。曾任湖北省图书馆副馆长、湖北省方志学会理事。对版本目录学研究很深，发表了几十篇颇有影响的论文和著述。主持编撰的《湖北方志考略》、《中国地方志书目提要·湖北卷》、《文艺志·图书馆专辑》、《湖北省图书馆志》和《湖北省图书馆八十周年纪念册》等图书，资料翔实、体例完备，在学术研究上，既重继承，又重创新。曾先后多次在湖北各地采访名家旧藏，经过亲自鉴定，抢救出数千种古籍善本。与此同时，为图书馆界培养大批业务人才。1959 年，和家人一起将其父亲徐行可的珍贵古籍（10 万册）捐献给湖北省图书馆。

徐雁（1963—）
Xu Yan

南京大学中国思想家研究中心副主任、教授，兼任中国写作学会阅读学专业委员会副会长、中国图书评论学会理事、中国索引学会理事、教育部图书馆学情报学学科建设指导委员会委员、中国图书馆学会第八届学术研究委员会图书馆史专业委员会副主任、阅读推广委员会副主任、南京市图书馆读者协会常务理事和江苏省作家协会会员。1984 年毕业于北京大学图书馆学系。曾先后任职于国家教委高教司、南京大学出版社。主要从事图书馆学、文献信息学和编辑出版的教学研究工作。曾独立主持 5 项国家和省部级重点科研项目，已出版各类著作 10 余部，发表文章百余篇，主编有关工具书、论文集、丛书和通史类著作 10 多种。两次获国家级“中国图书奖”，国家文化部和新闻出版署“中国青年优秀图书”提名奖，全国阅读学优秀著作奖和教育部中国高校人文社科研究优秀成果奖等。

徐引篪（1943—）
Xu Yinchi

中国科学院文献情报中心研究馆员、博士生导师。1964 年毕业于北京大学图书馆学系，同年到中国科学院图书馆工作至今。先后任该馆研究发展部副主任、主任和业务处处长、文献情报中心常务副主任和主任、学位评定委员会主任、国务院学位办学科评议组成员、中国图书馆学会副理事长、《图书情报工作》和《现代图书情报技术》杂志编辑委员会主任。研究方向为图书馆学基础理论和图书馆事业管理，曾主编、合著（译）专业著作 20 余部，发表论文 40 多篇；主持中国科学院、国家自然科学基金委员会和国家科技图书文献中心的多项研究项目，并多次获奖。

许建业（1964—）
Xu Jianye

研究馆员、副馆长。1989 年华东师范大学图书馆学情报学研究生毕业，获硕士学位。1989 年 8 月起在南京图书馆工作至今，历任馆办公室业务秘书、副主任（主持工作）和馆长助理。1998—1999 年期间，作为高级访问学者赴英国威尔士大学图书馆学情报学系留学研修。现兼任中国图书馆学会第八届学术研究委员会图书馆员研究专业委员会副主任、江苏省图书馆学会第六届理事会常务理事、学术研究委员会副主任、江苏省文化科技协会图书馆专业委员会主任，江苏省 333 人才工程第三层次培养对象。在国家级和省级以上专业刊物发表学术论文 50 余篇，主编参编著作 3 部，研究方向与专业兴趣包括：图书馆学理论、公共图书馆管理、图书馆发展战略和图书馆比较研究等。

许可版本
permissions copy

作者在第一次出版含有引用或摘录他人资料的著作时，除向出版许可部门递交若干作品复本外，还须送给被引作品的版权持有人一个副本，向他（她）证明哪些段落是依照特许而引用或摘录的。

许可证
permit

技术输出方将其技术使用权通过许可证协议出售给技术输入方使用，内容包括专利、商标、专有技术和使用权转让等。也可指作者或版权所有者授权他人根据签订的有关合同使用其作品。许可证分为垄断（独占）性许可证和非垄断（独占）性许可证。

许可证协议
license agreement

指供应商和用户之间关于允许使用的法律协议，内容包括使用资料、软件等的条件。

许培基（1929—）
Xu Peiji

苏州图书馆研究馆员。1946 年入苏州国立社会教育学院图书馆系学习，1957 年调苏州市图书馆任副馆长、馆长，1989 年改任顾问。兼任中国图书馆学会第一届理事会学术委员会委员、江苏省图书馆学会常务理事、学术委员会委员、主任以及苏州市图书馆学会理事长、学术顾问，发表论文 30 余篇。

序幕
prologue

指一件发生在前的或引起后果的行动、事件或事态发展，主要指引起重大事件的开端。

序言，前言
foreword（preface）

位于正文开头部分的导言，通常由其他人而非作者本人撰写。当由作者自己撰写时，多说明写书宗旨和经过。别人写的，则多介绍或评论书的内容。在图书正文前的版面里，前言或序言通常在题献词之后而在导言之前。

叙词表，主题词表
thesaurus

综合概括某一学科领域在语义上和类属关系上相关的名词术语而编制的一部词典，用以标引和检索文献。第一部英文叙词表是由彼得·马克·罗格特（Peter Mark Roget）编制，出版于 1852 年。梅里安-韦伯斯特（Merriam-Webster）公司编制了英文在线叙词表，可供用户上网查询。叙词表以规范化的、受控的（在数量上）、动态性的（可以增删修改）主题词为基本成分，以参照系统显示词间的关系。常由一个主表（按字顺排列的主题词表）和若干个专有叙词索引（包括地区索引、人名索引和机构索引等）及辅表（包括词族索引、范畴索引、轮排索引和双语种对照索引等）组成。thesaurus 的复数形式为 thesauri。

叙词含义说明，范围注释
scope note（SN）

附加于叙词表或主题词表中款目的简短说明，用于指明该叙词（主题词）的用途，包括在标引过程中运用时的特殊规则。通常，叙词含义说明被用来澄清词语的模糊含义或是限制多义词的意义。并非所有的叙词（主题词）都有叙词含义说明，但是一经列出，通常排在同义词、广义词、狭义词及相关词等的前面。

叙词，主题词
descriptor（index term）

编制索引所用的术语、说明或顺序标识。在文献书目记录中作为检索点。在图书馆编目中，这些检索点被称为主题标目；在书目数据库中，叙词出现在记录的 DE 或 SUBJECT 字段。主要叙词和次要叙词之间通常用星号区分。有些索引或文摘服务以印刷或在线形式提供主控叙词表。

叙利亚阿萨德国家图书馆
Alassad National Library of Syria

成立于 1984 年。1990 年颁布的新缴送法要求叙利亚出版的所有图书和非书资料均需向该馆缴送 5 册。叙利亚阿萨德国家图书馆负责对全国图书馆工作者进行培训，并举办阿拉伯图书博览会；出版《叙利亚国家书目》年刊（1984—）和《叙利亚期刊分类索引》（1985—）。与此同时，该馆还十分注意信息技术的发展，1990 年建成了叙利亚自 1918 年以来所制定法律的法律数据库及其他数据库，并免费提供在线目录查询服务。该馆馆舍面积为 2. 2 万平方米，拥有呈缴图书 4 万册。

叙事录
relation

报纸问世以前，出现在英国的一种专门用于报道战事或其他事件的不定期小册子。

叙事诗
epic

诗歌的一种。具有浓重的抒情成分，有比较完整的故事情节，以写人叙事为主，侧重于通过描述外部事件以传达诗人对生活的感受和评价。包括史诗、故事诗、文学叙述诗、史诗文学、诗剧和英语颂歌等。《诗经》中的《氓》是中国叙事诗的雏形。

叙述故事，讲故事
narration

以口头或书面形式，通常用第一人称或第三人称讲述故事或报道事件的行为。多数记录影片和电视节目都是由这种叙述的故事编制而成，并在片头字幕中通常标有讲述者或叙述者的名字，有时还邀请知名的讲解人员来讲述以增强作品的感染力和吸引力。

绪论
prolegomenon

由作者或他人附记在正文前的文章，用来说明写作意图、经过和对作品内容的评价等，尤其是学术著作开头说明全书主旨和内容等的部分。prolegomenon 的复数是：prolegomena。

续编
continuation

指接续一种连续性出版物、丛书或专著之后出版的某一部分。

续编（著作）
continuation

在原作者去世后，由别的作者接着完成的著作或作品。

续订
renew

指图书馆继续订阅往年已有期刊的一种方法。续订时间通常为一年或几年，续订超过一年时，出版商将给予续订馆一定幅度的减价和优惠。

续订通知
renewal notice

期刊出版商向原有订户寄出的一种续订通知，用以告知预订者或预订中介机构必须在规定的时间内进行刊物的续订和支付费用。

续集，续刊
sequel

指一部小说再续的作品。延续前部作品的情节、场景及人物，通常接着前部作品的结尾而续。

续借
renew（re-dating）

为满足读者继续利用已到或即将到归还期书刊的需要而按规定延长读者借阅期限的一项服务方式。如果读者在规定的借期结束后还想继续使用所借的书刊，通常可办理延长借阅期限的手续，即续借。各馆可根据自身的实际情况自行规定哪类读者可以享受续借服务以及续借书刊的种类、续借期限等。比如，有的图书馆规定：如果某一已借出书刊同时还有其他读者急需并已进行了预约，则该书刊不能再被已借阅者续借。还有一些图书馆规定只对本馆的某类读者提供书刊的续借服务。通常情况下，各馆的书刊续借通常只限一次。当然，在读者少、流通率低，而馆藏又比较丰富的情况下，也可以允许连续多次续借。随着图书馆现代化水平的提高和计算机网络的发展，网上续借已在许多图书馆成为现实。

续卷
added volume

馆藏已有的某种多卷书或丛书的一个新的卷次，有时还包括连续性会议记录的新届次。整套编目时，对续卷只需在原有款目中加入新的卷次即可。

续卡
run-on card

指在一张目录卡片上无法记录完某一款目的所有著录项目时，再增加新的卡片继续对该款目内容进行连续著录。

续排章节
run-on chapters

指在廉价版图书的排印过程中，为节省章节篇幅，将新起的一章直接排在前一章的末尾。

续篇（刊，集）
continuation

作为对先前出版作品的增补而发行的后续作品，也可指系列专题文章或著作中的某一组成部分。在图书馆中，通常将这类出版物连续排列。在编写相应的馆藏目录时，若该出版物还在连续出版，则在待续款目中注明。如果连续出版物所有的卷、期全部到馆，则在有关款目上不需要再留出填写续到卷期等事项的空白。

《续修四库全书》

The Continuance and Revision of Si Ku Quan Shu

经中国新闻出版总署和国家古籍整理出版规划小组批准的国家重点出版项目，由上海古籍出版社于2002年出版。其收录范围既包括对《四库全书》成书前传世图书的补选，也包括《四库全书》成书后著述的续选。《续修四库全书》共收书5 213种，比《四库全书》增加了51%。这是继18世纪清朝编修《四库全书》后，又一次在全中国范围内，对中国古典文献进行大规模的清理与汇集。该书沿袭《四库全书》体例，按经、史、子、集四部分类，用绿、红、蓝、赭四色装饰封面，16开本，精装1 800册，分经部260册，史部670册，子部370册，集部500册。与《四库全书》配套，构筑成一座中华基本典籍的大型书库，中国古代即1911年以前的重要典籍，可大致荟萃于此。

续纸台

feed board

指在印刷机上向压印滚筒送纸的装置。

宣传

publicity

通过多种形式（如发布通告、召开新闻发布会和发广告传单和海报等）以及利用报纸、广播、电视、电影、网络和直接邮寄等手段来向公众散发消息、传播商品及其他信息。

宣传报导

propaganda

最初是指罗马天主教委员会的传道活动。为传播某种教旨或思想体系而组织起来的小组或运动。现在指个人、团体、组织或政府机构为支持、帮助某种制度、事业或个人而传播各种思想、信息。

X

宣传，推销

promotion

为了说服人们购买某件产品、接受某项服务或支持某个机构开展的活动。同样，图书促销也是图书出版发行的重要环节。

宣传样书

desk copy

某些新书或最新修订版图书，由出版商有针对性地免费提供给读者，作为推广宣传的样书，这也是一种促销手段。

宣传用小册子

tract

为达到宣传之目的而编撰的图书或小册子，有些小册子由单张纸折叠成不同分页而成，题目可涉及政治、宗教、文化和社会等各个方面。

宣言

manifesto

指个人、团体或政府所做的关于信仰、动机、计划和意图的书面的或口头的公开宣示。也指国家、政府和政党对重大问题公开表示意见以进行宣传号召的文告，如《国际图联/联合国教科文组织公共图书馆宣言》（*IFLA/UNESCO Public Library Manifesto*）和《国际图联 Internet 宣言》（*The IFLA Internet Manifesto*）。

宣纸

Xuan Paper

一种主要的高级书画用纸。起于唐代，历代相沿。宣纸因原产于宣州府（今安徽宣城）而得名。宣纸采用青檀树皮加稻草等制成，具有“韧而能润、光而不滑、洁白稠密、纹理纯净、搓折无损和润墨性强”等特点，用来写字骨神兼备，作画神采飞扬，最能体现中国的艺术风格，再加上耐老化、不变色、少虫蛀、寿命长，故有“纸中之王、千年寿纸”的誉称。金石拓片、书画册、印谱以及一些考究的印本书，多采用此纸。宣纸品种较多，按加工方法可分为生宣、熟宣和半熟宣三种。

玄奘大学图书馆

Library of Hsuan Chuang University

位于台湾新竹市，1997年3月成立。1999年图书馆分成图书馆与资讯处两个单位。2006年8月图书馆与资讯处合并为图书资讯处。1998年采用TOTALSII图书馆自动化系统，并同时开放OPAC及WEBPAC查询馆藏。拥有馆藏文献30万册（件），其中包括中文图书22万册、西文图书6.5万册、视听资料7 600余件；有学校出版品、光碟资料、地图、硕士论文、录音带、录影带、特藏资料、考试用书、教职员著作等。编辑出版《玄奘图书馆电子报》。

玄奘大学图书资讯学系

Department of Library and Information Science of Hsuan Chuang University

1997年成立，旨在培育德智体兼备并且具有服务热诚的图书馆暨资讯服务的基础专业人才。主要在配合数字潮流的脉动，培养图书馆、数字内容、传统出版和数字出版等资讯服务与资讯传播产业的基础专业人才，涵盖的范围有各类图书馆员、图书资料管理人员、文件与档案管理人员、数字内容产制人员、网站行销企划人员、发行企划与出版人员、知识管理人员、专利资讯人员、游戏产业企划人员以及其他资讯专业人员。可授予图书资讯学的学士学位、双学士学位、硕士在职班和博士副修学位。开设的主要课程有图书咨询导论、电子计算机概论、媒体概论、读者服务与参考服务、馆藏发展与管理、研究方法与论文写作、数字图书馆导论、档案管理、网络规划与建置、知识管理、文献计量学、索引与摘要和图书资讯服务评鉴等。

悬行格式

hanging indention

以题名为主要款目的著录格式。题名从第一行开始，回行均缩二格。与以名称（个人著者姓名、团体名称和地名）为主要款目标目的段落式著录相对应。

旋风装

whirlwind binding

中国传统书册装帧形式之一。是卷轴装到册叶装的过渡形式。装帧形式是以一幅比书页略宽略厚的长条纸作底，把书页向左鳞次相错地粘在底纸上，收藏时从首向尾卷起。保留了卷轴装的外形，又解决了翻检时的不方便。

旋转式幻灯片盒

carousel

一种可拆卸的圆形幻灯片盒子，常为塑料质地。幻灯片排列其中可供特殊设计的幻灯机连续放映。虽然幻灯片盒大而笨重，但不用时，可以存储幻灯片。

旋转式卡片柜

rotary card file

顺着转轴可以自由转动的一种圆形卡片柜。这种卡片柜通常可装四个卡片箱，卡片箱呈圆形，顺着一个转轴可以转动，便于翻阅箱内卡片。

旋转式摄影

rotary filming

一种缩微摄影方式。摄影时原文献与胶片的运动保持同步，采用光缝曝光方式，摄影动作通常是连续的。

旋转式摄影机

rotary camera

一种专门用于拍摄单页文献的16毫米摄影机。摄影时，原件和胶片由传送机构带动，作同步运动，通过窄缝曝光，连续拍摄成整个画幅。其摄影形式有单面单行式、单面双行式和双面双行式。这种摄影机摄影速度快，且可同时拍摄原稿的两面。

旋转书架

revolving bookcase

以一个转轴为中心，可以自由旋转的一种小型书架。多用于展厅或空间较大的阅览场所。旋转书架便于读者查阅架上图书。

旋转显示

rotating display（rotor display）

指一种安放在圆柱体轴心上、结实耐用、四面装有陈列架的旋转式书架，读者浏览上面陈列的图书时可根据需要任意转动。通常用于图书馆和书店书刊和音像资料的直观展示。

选编书目，部分书目

partial bibliography

只选择图书的部分内容进行编目，或只编期刊，或某所图书馆、某个国家在某段时期的图书或期刊。

选词标引法

term indexing

在文献的正文中选取反映文献主题、具有检索意义的词，将这些词作为关键词，编制索引（主题索引、关键词索引等）。在选词时可以采取自动抽词、根据词频抽词等手段，一般要设立禁用词表，将不宜作为检索词的词列表，排除在自动抽词的范围外。

选单栏

menu bar

通常水平展示在图形用户界面（GUI）的标题栏下，相应的菜单选项隐藏起来。当用户选择一个菜单名时，适当的可选列表展示在下落、抛出或工具条菜单中。

选单驱动
menu-driven

指对检索的每一步，系统都显示一个可供用户选择的命令表或项目表（即“菜单”）。是一种十分简捷的人机交互模型，根据用户对菜单的操作情况去调用相应的功能来满足用户的需求，缺点是交互行为太简单。

选定版
definitive edition

某位著者的著作或著作集的完成版本。考虑到著作的最终完成与权威性，一般在著者去世后予以编辑与出版。也用于经过学者或其他专家考定后认为最接近于原始版本的佚名著作。

选集
anthology

对多个作者的作品摘录或整个作品进行收集、选择，并以单卷本或丛书形式出版的集子。这种选集通常都限定为某一特定文学形式（短篇小说、绘画、诗歌和剧本）或按民族、主题、时期和作者等形式。收入选集的作品按其排列顺序形成目录。在卡片目录中，分析款目用来对选集中的作品进行描述。在线目录中，选集中的作品列于书目记录的内容注释之中，可以利用大多数编目软件的关键词检索到。

选集，汇编
omnibus book

指同一作者独立出版的两册以上小说或其他文学著作的选集，或几个作者有关同一主题作品的汇编。

《选目》：大学图书馆的最新评论
CHOICE*: *Current Reviews for Academic Libraries

由美国大学和研究图书馆协会（Association of College & Research Libraries）于1964年创立的评论出版物，每年出版11期，提供大专院校图书馆负责馆藏发展的图书馆员和教学人员感兴趣的6 000~7 000种英语书籍、Web站点和其他资源的评论，按学科排列。《选目》的评论由学校的评论家根据整本书籍而不是长条校样作出。每期也包括社论、书目短论，或至少一篇专栏文章，末尾有单独的作者、题名和标题索引。《选目》也可以通过在线《选目评论》(*Choice Reviews, online*）订购。

选书
selection

决定何种图书资料应该收入馆藏的过程。一般按照图书馆员的知识和专业特长来确定各学科（主题）的图书资料的采购，采访馆员依据书评和藏书发展标准等进行选书。在高等院校图书馆中，设有学科馆员制度，成立采访委员会，有关教师也参加选书工作。有的图书馆还设置建议购书箱，以听取读者对选书的建议。

选书标准
selection criteria

图书馆员用于确定是否将图书资料的选择收入馆藏的一套标准，分别根据图书资料的形式、内容、版本、文种、出版社、内容范围、复本量等确定各种评价标准，作为选书的依据。选书标准通常包括涉及的主题、领域、专业水平、版本、货币、语种及格式等一系列因素。选书标准通常反映了图书馆的使命及读者的信息需求。但是选书的决策也会受到预算的限制及书评、核心书单推荐及其他选书指导的影响。

选书者角色
Selector Role

OCLC对使用WorldCat选订服务时负责某个馆藏范围进行资源采选的图书馆员的称谓。选书者在一个界面查看到由多个供应商提供的某特定馆藏范围的一个独立书单记录。选书者可查看每条记录，并可做选订、拒绝和发送给另一个选书者，或者推迟做决定等操作。

选题
selected subjects

出版社（或期刊社）对于准备出版（或发表）的图书（或作品）、音像制品和电子出版物等的设想和构思，一般由题名、著译者和内容设想、读者对象以及字数等部分构成。是编辑工作的基础。

选文集
chrestomathy

从某一作者的文学作品中选出的片段的集合，特别是指作为文学作品样本的汇编、辅助语言研究或供学习语言用的选文集。

选译
selected translation

选择整体作品中的一部分加以翻译。

选印（刊），抽印（单行）本
offprint

指将出版物中的某篇文章、章节或某一部分单独印刷。封面则可有可无，常出于作者个人的用途。学术期刊的投稿人常收到其论文为数不多的抽印本，有时是作为一种补偿的形式。抽印本可能会有题名页，也可能没有，但会保留原印本的页码。

选择性编目
selective cataloging

省略次要的附加款目，而著录主要款目的一种编目方法。这种编目方法常常针对某些利用率较低的图书使用，目的是节省目录体积和编目费用。

选择性分类法
selective classification

又可称简化分类法。是为了节省编目和分类的费用，对利用率低的图书不按照主题而采取有选择性的分类。

选择性文摘
selective abstract

又称倾向性文摘、专业文摘。指根据专业特点或特定的用户需要，有侧重地摘录文献内容中有关部分所形成的文摘。

薛芳渝（1946—）
Xue Fangyu

清华大学教授。1970 年毕业于清华大学无线电电子学系，历任清华大学化学与化学工程系讲师和副教授，清华大学化学系副教授、教授以及教研组主任、系副主任、系主任以及图书馆馆长。兼任中国图书馆学会第七届理事会常务理事、图书馆交流与合作委员会副主任、教育部高校图工委副主任委员、中国图书馆学会高校图书馆分会第一届委员会副主任委员和中国化学会教育委员会委员。

学报，杂志
journal

致力于传播某一特定学科、分支学科或研究领域发展的最新研究和评论的连续学术出版物，如《临床流行病学杂志》(*Journal of Clinical Epidemiology*)，由学术团体、科研单位或高等院校编辑出版。按出版周期常分为年刊、半年刊、季刊、双月刊和月刊等。在学报上发表的论文通常都超过 5 页，包括文尾的参考书目和引用文献，其正文前通常有一篇文摘，概述了该文的主要内容。每个出版年结束后，图书馆通常都会将全年的学报装订成册或将其缩微化、数字化。学报论文也可通过网络全文书目数据库获得，有时在万维网上还可以得到电子版。

学宫本
Regional Confucian School Imprint

宋元明三代地方官刻本的一种。宋代泉州学宫有《禹贡山川地理图》，溧阳学宫有《渭南文集》，桐江学宫有《开元天宝遗事》，富川学宫有《诗传遗说》，衢州学宫有《六帖补》，福州学宫有《西山先生真文忠公读书记》。元代嘉禾学宫有《通鉴纪事本末》、《吕氏春秋》，嘉兴路学宫有《汲冢周书》，三山学宫有《金华黄先生文集》。明代武昌学宫有《书经集注》等。

学会会刊，会报
transactions

指学会定期或不定期出版的刊物。通常反映当前的研究重点和最新发展动态，主要发表有学术价值或独创性的研究论文，具有较高的学术水平。

学会组织名录（美国）
Association Unlimited

美国盖尔（Gale）公司以提供高质量的工具书资料而著称，该名录收录了 152 000 个国际性机构的详细信息以及 300 000 多个国际性、美国国家和地方等各级非营利组织的信息。

学科辞典
subject dictionary

属于专科词典，具体可以分为：人文学科词典，包括哲学、宗教、语言学、语文学、文学、美术、艺术和音乐等的辞典。社会科学学科辞典，包括教育学、社会学、人类学与民俗学、神话学、风俗研究、统计学、经济学、政治科学、法律学和地理学等的辞典。人类历史学科辞典，包括世界通史、地区历史等的辞典。基础科学学科词典与应用科学的学科辞典，包括天文学、生物科学、化学、地文科学、数学、物理学、心理学、工程学、医学科学以及农业科学等的辞典。

学科馆员

subject librarian (subject specialist)

具有某种学科背景同时受到过图书馆学情报学专业训练，向特定学科领域的用户提供深层次、个性化信息获取与利用服务的图书馆员。学科馆员是图书馆与大学院系、科研机构各学科专业之间沟通的桥梁，能了解读者对信息资源的需求，有针对性地为教学、科研提供有力的帮助。

学科影响因子

discipline impact factor

利用迭代法逐次确定一个学科核心期刊的量度。1978年由赫斯特（Hirst）著文提出。是测度某刊中论文被某一学科的核心期刊所引用的平均次数。一定时间内的学科影响因子可以用以下公式表示：学科影响因子=待定期刊论文在引证集合中的被引证次数/待定期刊的论文数。其中，分子和分母无严格的时间规定和限制。如1997年计算A刊学科影响因子时，分母的“论文数”可能是1995—1997年3年间A刊的发文量；分子中“引证集合中的被引证数量”，可能是几种被初拟为学科核心期刊的期刊，引证A刊1997年以前各年度的发文。

学科，专业

discipline

人类知识组织的分支，在学习、研究或创造性思维过程中不断发展。不同的学科门类构成高等院校的教学内容。学科门类按传统可分为：艺术和人文，即考古学、古典研究、传播、民间艺术、历史、语言文学、表演艺术（舞蹈、电影研究、音乐和戏剧）、哲学、宗教神学和可视艺术；社会科学，即人类学、犯罪和犯罪审判、经济、国际关系、法律、政治学、神经学、心理学、公共管理、社会工作、社会学和城市研究与妇女研究；自然科学，即天文学、生物学、化学、计算机科学、地球科学、数学、医学和卫生以及物理学等。

学派

school of thought

同一学科中由于学说、观点不同而形成的派别。例如：紫阳（朱熹）学派；姚江（王守仁）学派，这是指传统的“师承性学派”。同样，因以某一地域，或某一国家，或某一民族，或某一文明，或某一社会，或某一问题为研究对象而形成具有特色的学术传统的一些学术群体，同样可称为“学派”，或曰“地域性学派”（包括院校性学派），或曰“问题性学派”。例如近代后西方经济学界相继涌现的芝加哥学派、奥地利经济学派、瑞典学派、剑桥学派、洛桑学派等“地域性学派”以及重农学派、现代货币主义学派、供应学派等“问题性学派”。

学期论文

term paper

在大学课程中代表学生整个学期的学业成绩的主要书面作业、学生的研究论文。如果内容优秀，可被视作学位论文。

学区图书馆

School District Libraries

每个学区都希望其学生能够利用图书，而学校又支付不起图书服务及维护的费用，通常通过捐助的形式来实现。1830年，贺拉斯·曼（Horace Mann）作为美国马萨诸塞州教育委员会秘书，推动了学校图书馆的兴起。由于学校图书馆的发展，教育工作者和立法者期望学区图书馆能够为成人和儿童同时提供服务，这样，学区图书馆孕育而生。学区图书馆既服务于学校教育，同时也向社区公众开放，扮演了公共图书馆和学校图书馆的双重角色。

学生版

school edition

指以学生为对象出版发行的图书，一般用质量较差的纸张来印刷，价格较便宜。有时图书在正式版本之外，还出版部分廉价的学生版。

学生助理馆员

student assistant

在校图书馆中做兼职的学生。学生助理馆员通常做书架整理、图书外借等辅助性工作或者一些清洁工作，并按照工作时间计算酬劳。

学士学位论文，大学毕业论文
university thesis

本科毕业生在校从事理论与实践研究工作的成果表现，能反映毕业生所具备的综合能力与基本素质，应用专业理论解决实际问题的水平，是本科生申请学士学位的重要依据。学士学位论文有特定的格式与写作要求，论文包括标题、摘要、关键词、目录、正文和参考文献几部分，论文的编排装订也有一定的要求。

学术版
scholarly edition

指书末附有较多的参考书目，供学术研究作参考的版本。

学术出版和学术资源联盟
Scholarly Publishing and Academic Resources Coalition（SPARC）

国际性的学术联盟。由大约200所大学、研究图书馆及图书馆协会组成，成立于1998年，由几位研究图书馆协会（Association of Research Libraries）的馆长创建，致力于科学、技术和医学杂志出版社的定价措施及政策的制定。该联盟鼓励学术交流市场的竞争，倡导学术交流及文化体制的改革。

学术出版社（美国）
Academic Press

创立于1942年，是一家非常著名的学术出版公司，其出版物的学科范围涉及医学、生物、计算机、经济、法律、物理、数学、心理学、化学、历史、社会学、环境科学、哲学、语言学和地理等学科。该社出版的200余种电子期刊通过爱思维尔科学（Elsevier Science）出版社的Science Direct Online系统提供服务。美国学术出版社的期刊是学术品质非常高的刊物，其中为《科学引文索引》（*SCI*）收录的核心期刊有109种。

学术出版社（美国）
Scholastic

1920年在美国纽约创建，是全球性儿童教育、娱乐出版社，是世界上最大的英语儿童图书出版社之一，有着美国最大的学校图书馆俱乐部，会员从学前儿童到高中生。甚至遍布加拿大、澳大利亚、新西兰、英国、墨西哥和印度。其35种课堂杂志有800万发行量，面向2 300万学生。该出版社每年出版3亿2 000万册儿童书籍，其中包括《哈利波特》(*Harry Potter*）系列丛书、《大红狗克里夫》(*Clifford Big Red Dog*）系列书等。这些书籍被翻译成超过25种语言，并在超过165个国家和地区发行。

学术出版学会（美国）
Society for Scholarly Publishing（SSP）

源于美国科学杂志协会及美国国家科学基金改革计划的一个组织，该组织致力于学术交流及出版业的发展。通过教育、合作及网络促进其成员的专业发展。其成员包括学术图书和期刊出版商、图书馆员和网络编辑等。

学术地位，学术身份
academic status

在一些国家里，高等教育机构认可其图书馆员为教学或研究人员，但这种学术身份不具有与教员相同的等级、称谓、权利和利益等。

学术会议录
transactions

指学（协）会主办的或一般学术会议征集的并后出版的论文集或文摘等出版物。

学术会议文献汇编
proceedings

在学术会议上发表各类文献的汇编，有时还包括与会者提供的文摘或论文报告以及报道有关讨论情况和会议进程等。

学术讲稿丛集，讲座系列丛书
lecture series

围绕某个专题或若干主题所作系列讲座的文稿汇集，一般以丛刊或丛书形式出版发行。

学术界
academia

进行高等教育和研究的科学与文化群体。支撑学术界的硬件是学者、学术组织、学术活动和学术媒体；支撑学术界的软件则是学术信念、学术道德、学术规范、学术制度和学术传统。因此，学术界是一个既真实又虚拟的世界，因为许多“支撑物”是无形的。

学术期刊集成全文数据库
Academic Search Premier（ASP）

美国EBSCO出版公司的全文数据库之一，是世界上最大的多学科学术资源数据库，系Academic Search Elite的升级版本。涵盖学科范围包括社会科学、教育、法律、医学、语言学、人文、工程技术、工商经济、情报科技、通信传播、生物科学、公共管理、军事、健康卫生医疗、传播学、法律、军事、文化、宗教与神学、艺术、历史学、计算机、心理学、哲学、妇女研究和各国文学等。收录8 000多种期刊，其中全文期刊4 600种，包括3 500多种经同行评议的杂志。收录起始年限为1975年。

学术期刊全文数据库
Academic Search Elite（ASE）

美国EBSCO出版公司的全文数据库之一，是综合型学术数据库。收录1984年以来的3 000多种索引期刊、1990年以来的2 000多种全文期刊（其中1 300种为peer-reviewed期刊）。涵盖社会科学、教育、法律、医学、语言学、人文科学、工程技术、工商经济、情报科技、通信传播、生物科学、公共管理、历史、军事、健康卫生、医疗、宗教与神学、艺术、心理学、哲学、妇女研究及文学等学科范围。

学术期刊图书馆数据库
Academic Research Library（ARL）

综合参考及人文社会科学期刊论文数据库，收录近4 000种综合性期刊和报纸的文摘/索引，其中2 365种是全文期刊。可检索1971年来的文摘和1986年来的全文。该数据库涵盖的学科包括：商业与经济、教育、保护服务/公共管理、社会科学与历史、计算机、科学、工程/工程技术、传播学、法律、军事、文化、医学、卫生健康及其相关科学、生物科学/生命科学、艺术、视觉与表演艺术、心理学、宗教与神学、哲学、社会学以及妇女研究等领域。

X

学术期刊，学术机构期刊
learned journals

由学术机构编辑出版的期刊。学术机构主要指学会、协会、研究院所及高等院校等，通常其编辑力量较强，编辑方针严谨，作者也大多是本领域内的专家。此类期刊特别是主要的国际性与全国性学术机构出版的期刊，内容较充实可靠、水平较高，常被学术界视为权威性知识来源。英国出版的《皇家学会哲学汇刊》（*Philosophical Transactions of the Royal Society*）是世界上最悠久的学术机构刊物。

学术权威
authority

具有渊博知识和丰富经验，并且其著作和言论都可作为某一领域表率的专家级人物。在学术团体中，权威的地位体现在所发表的专业著作、社会影响力、奖励、各种评论和引文范式等各个方面。

《学术世界》（英国）
World of Learning

全面收录国际和各国学术机构的重要参考书。原为《欧罗巴年鉴》（*The Europa Yearbook*）有关学术团体的一部分，1947年起由英国欧罗巴公司单独出版，现为年刊。可分为两大部分：国际组织部分，先是联合国教科文组织，接着按科学、哲学和人文科学等分别介绍400多个国际性组织；其次是各国部分，在每个国家名称之下分别介绍学术团体、研究机构、图书馆、博物馆、画廊以及各类型的高等院校，共3万多条目，其中以高等院校为主。还列举有关人员20多万名。每一条目一般提供以下信息：名称、地址、创建日期、电话和传真、电子邮件和网址、负责人、机构活动及出版物，还有历史和现状的简略介绍。著名的大学还列举有名的教授。该书目前已有网络版（http://www.worldoflearning.com），提供了一系列的高级查找和浏览功能，用户可从国家、机构名、类型、学科主题范围等途径进行检索。为保证信息的可靠性，该网站资源一年更新4次，同时还提供了有关1.1万多个学术机构站点的链接地址。

学术水平
level of scholarship

反映或代表学者与研究人员所具备的学术造诣和专业程度的可以测定与比较的系列标准与规范。近现代主要以其在专业载体上发表的论著、论文及其被引用情况以及在科学研究上的权威性贡献来衡量。

学术通讯
scholarly communication

从事学术研究及创造性活动的个人向其他从

事该项工作的同行通报其工作进展的一种方法。通报形式多种多样，可以采取专题论文或学术期刊文章的形式，可以在会上发表论文或是会后刊载在论文集上，还可以通过发送电子邮件以及浏览学术团体的网站等。大学图书馆及图书馆员的任务之一就是促进各种形式的学术通讯的发展。

学术团体协会（美国）
American Council of Learned Societies（ACLS）

成立于1919年，是一家非营利机构，总部设在美国首都华盛顿。其使命为：促进人文科学与相关社会科学所有领域中的人文研究，并保持与加强美国国内科学术团体间的关系。在国际学术联盟（*Union Académique Internationale*，*UAI*）中代表美国鼓励与支持通过协作研究与出版来促进学术研究发展，其出版物来自该联盟成员的分支机构，内容涉及语言学、考古学、历史学，以及行为科学、政治科学与社会科学等领域。作为美国人文科学奖学金的杰出代表，学术团体协会开发与管理了为数众多的特别项目，这些项目为美国各类人文科学与社会科学奖学金提供服务。

学术性期刊
scholarly journal

主要发表某一学科领域基础理论研究和应用研究方面具有创造性、高水平以及有重要意义的最新研究成果和学术论文的期刊。

学术性图书
scholarly book

指用学术的风格写出的关于特定主题的书籍，在书末还包括索引及书目，或者列出参考文献的清单以供进一步的阅读。主要在特定范围内销售，通常由大学出版社或学术团体下属的出版机构出版。一般来说，学术性图书获利非常少，但是较之绝大多数的商业书籍有更为稳定的读者群。

学术研究
academic research

借助已有的理论、知识和经验对科学问题进行假设、分析、探讨并推出结论。其结果应该是力求符合事物客观规律的，是对未知科学问题的某种程度的揭示。

学术著作
scholarly works（academic works）

也叫学术专著。是自然科学、社会科学和技术科学各学科领域的专业工作者对某个学科或某个专题经过社会调查、科学考察或实验，深入研究而写出的科研成果。内容充实，数据可靠，资料全面，观点新颖以及见解独到，具有较高的学术价值，可用作参考书、教科书或工具书，对读者系统地进行专业学习和研究具有较大的参考价值。学术著作有单卷本、多卷本、丛书、全集和选集等多种出版形式，不包括文学、艺术作品。

学说
doctrine

指学术上自成系统的主张、见解或理论。如国家学说、板块学说、阴阳学说、达尔文学说、基因学说、原子学说和氧化学说等。

学位论文
dissertation

为获得某种学位而撰写的论文。根据申请的学位不同，有学士论文、硕士论文和博士论文之分。尤指大学要求完成博士学位课程后必须撰写的博士论文。探讨的问题比较专一，篇幅较长，论述比较详细和系统。通常是一种学术研究和学习的论述。尽管论文质量参差不齐，但一般都要带有独创性，属于一次文献。对科研、生产和教学工作有一定参考价值。学位论文除少数发表在期刊或其他出版物上之外，多数不正式出版，通常存储于各大学的图书馆或其他专门收藏单位。大多数大学图书馆为读者提供学位论文馆际互借或文献传递服务。

《学位论文撰写与参考文献著录规范》
How To Write Thesis and Describe Bibliographical References

该书介绍了学位论文的特点、选题方法、科学研究的基本方法；检索工具的类型、信息资源检索步骤及检索技巧、素材整理的方法；重点阐述了学位论文的撰写要求和各类型参考文献的著录方法。段明莲、张久珍和李凤棠编著，由北京大学出版社于2009年7月出版。

学习
learning

指通过教授或体验而获取知识技术、态度或价值的过程。学习是指学习者因实践经验而引起的行为、能力和心理倾向等比较持久的变化。

学习对象元数据
learning object metadata（LOM）

一种管理、定位和评估学习对象的属性集。学习对象被定义为一个数字或非数字的实体，可在技术支持的学习中被使用、重用或引用。

学习共享空间
learning commons（LC）

指通过整合学校相关服务合作机构的空间资源、信息资源、技术资源、学习资源、设备资源、人力资源以及这些机构之间的相互合作与协作，为学校师生提供的一个没有时空限制、以学习和学术研究为主要目的的无缝空间环境。是一个比信息共享空间（information common，IC）更广泛的概念，是信息共享空间模式的发展。

学习曲线
learning curve

学习过程开始时，特别是在新环境中或新学科学习中，对所掌握要点的记忆过程的图形表达方式。学习曲线可能是急剧升降的，平稳适中的或柔和的，这取决于要获得的新知识的量和完成学习任务所需的时间。

学习指南，指导手册
tutorial

指图书馆为读者专门编写介绍如何利用计算机系统或电子资源的印刷品或在线帮助指南，通常是由浅入深，分步介绍。为了满足读者的需求，一些图书馆也编辑了在线使用的图书馆学习指南。

学习中心
learning center

配备有为个人或团体教育和学习而用的循序渐进或自我教育书刊资料的机构。

学习资源中心
learning resources center（LRC）

在美国，20 世纪 60 年代经常指学校图书馆，也称教材中心（Instructional Materials Center）。

学校图书馆
school library

公立或私立学校的图书馆，满足其学生的信息需求及教职员工的教学需求。其工作内容主要是配合学校教育和教学任务，培养学生独立利用图书馆的能力。其日常管理通常由学校图书馆员或媒体专家负责。联合国教科文组织于 1980 年 12 月在《学校图书馆宣言》（*Declaration on School Library*）中指出："学校图书馆是保证学校对青少年进行教育的一项不可缺少的事业。" 1999 年联合国教科文组织在新修订的《学校图书馆宣言》中明确规定了学校图书馆的使命、基金、立法和网络、学校图书馆目标、图书馆员、运作和管理等。

学校图书馆与资源中心专业组
School Libraries and Resource Centers Section

隶属国际图联专业委员会图书馆类型部（Division of Library Types）。该专业组致力于世界范围内学校图书馆和资源中心的进步和发展，特别提出对合格和可以胜任工作的图书馆员的要求，为交流思想、经验、研究成果和主张提供国际论坛。出版该专业组的业务通讯（电子版），刊登有关学校图书馆与资源中心的新闻与会议动态和论文，出版会议录、年报和一些专著等。

学校图书馆员协会（英国）
School Library Association（SLA）

英国学校图书馆的专业组织，成立于 1937 年，其宗旨在于让每个学生都能享受到学校图书馆的服务，为他们提供高质量的阅读和学习机会。该协会每年出版年度发展报告，对学校图书馆发展概况进行总结，并出版《学校图书馆员》（*School Librarians*），季刊。

《学校图书馆杂志》（美国）
***School Library Journal*（*SJL*）**

1954 年由 R·R·鲍克（R. R. Bowker）公司创刊，月刊，是学校图书馆员、儿童图书馆馆员及年轻图书馆员的评论性出版物。除了专栏、特色文章及图书馆从业人员感兴趣的新闻之外，该杂志每年还为儿童及青年读者提供近 4 000 种读物的书评和 1 000 种教育视听资料，包括只读光盘。由图书馆工作人员撰写的这些书评短小精炼，颇有价值。该杂志拥有 10 万以上的读者，其网络版也有近 4 万的读者。

学院图书馆
college library

由一所独立的四年制学院或一所大学的几所学院共同管理的一种院校图书馆，是学校的图书信息中心。这种图书馆负责收集、整理和提供各种知识载体为其学生和全体教职员工服务。

熏蒸法
fumigation

指烟熏、焚香、熏蒸的行动或过程。在文献保存中，有将用纸（以及其他材料）制成的文献暴露在有毒水汽中以消除昆虫、霉菌和其他对图书馆收藏有害的生物的处理方法。

寻呼机，BP 机
pager

无线寻呼系统中的被叫用户接收机，一般由超外差接收机、解码器和控制器等组成。工作过程一般为从接收信号中检测出呼叫本机的信号，产生 BP 声响或振动，并显示数字、字母或汉字信息（行情提示、投资分析、体育新闻、气象预报、交通信息和全球时钟等），具有体积小、重量轻和功耗小的特点。

寻回（丢失的图书资料）
recover

找回丢失的东西。通常指通过各种方式找回图书馆被盗或由借阅者丢失的文献资料。

寻址方式
accessibility

信息存储与检索专业术语，指计算机系统从文件中检索记录的方式，通常依赖于记录在存储介质中的排列方式。

询问馆员
ask-a-librarian

美国佛罗里达州的全州合作虚拟参考服务项目。源自图书馆自动化学院中心（CCLA）和坦帕湾图书馆联盟（Tampa Bay Library Consortium，TBLC）之间的一个合作，于 2003 年 7 月 28 日在佛罗里达电子图书馆正式启用，共有包括公共图书馆、大学图书馆在内的 103 所图书馆参加。截至 2007 年 8 月 19 日，共回答了 10 万个咨询问题。至 2011 年 2 月，共记录了 274 000 个通过实时虚拟参考平台和电子邮件提出的咨询问题。该项目的电子邮件服务每天 24 小时，每周 7 天开通，由参加该项目的图书馆负责解答所在地读者的咨询。

荀昌荣（1938—）
Xun Changrong

湘潭大学信息管理系教授、硕士生导师。1960 年毕业于武汉大学图书馆学系，同年留校任教，担任著名图书馆学家皮高品教授的助手，从事“中国历史”的教学与研究。1975 年调湘潭大学，筹建图书馆，任副馆长；1984 年负责筹建图书馆学情报学系，并于 1984—1997 年任主任。曾受聘担任中国图书馆学会学术委员会委员、湖南省政府信息化工作领导小组专家组成员、湘潭市政府信息化工作领导小组专家组组长、湖南省图书馆学会副理事长、学术委员会主任、湖南省信息协会常务理事和湘潭大学学术委员会委员。曾主持、参与国家级科研课题各 1 项，主持省部级科研课题 3 项，出版专著（含合著）14 部，发表论文 40 余篇。

循环
loop

一系列重复再现的行动，直至这一过程结束为止。在计算机程序语言中，指重复执行一组语句指令。

循序学习教科书
programmed text

一种提供一系列自主式学习单元的图书，是利用题解教科书按教程循序渐进的自学方法的图书。需要学生完成针对不同学习阶段提出的问题。如果答对，就继续学习下一课；如果没有答对，学生还需接受附加的指导和实践，直到完全掌握该单元。这种学习形式适用于内容不太复杂的课程。

循证图书馆与信息实践国际会议
Evidence Based Library and Information Practice Conference

循证图书馆（Evidence Based Librarianship，EBL）是美国乔纳森·埃尔德雷奇（Jonathan Eldredge）教授于 1997 年首次提出的，起源于医学图书馆员帮助临床专家将循证实践整合到日常工作的过程中。循证图书馆为一种方法，一种在工作和科学研究中都能运用到的实际有效的方法，即在图书馆工作中寻找和应用所能获得的最佳证据以指导决策制定，解决图书馆工作中的问题。近年来，趋向于用“循证图书馆及信息实践”（Evidence Based Library and Information Practice，EBLIP）来描述这一图书馆学新的研究领域。循证图书馆与信息实践国际会议，每两年召开一次，首届会议于2001年在英国谢菲尔德大学举行，现已成功举办6届。

训诂

Explanations of Words in Ancient Books

也叫“训故”、“诂训”、“故训”。用通俗的语言解释词义叫“训”；用当代的话解释古代的语言叫“诂”。“训诂”连用，最早见于春秋时期鲁国人毛亨注释《诗经》的书，书名叫《诗故训传》，“故”、“训”、“传”是三种注解古文的方法。训诂合用始见于汉朝的典籍。狭义的训诂就是解释的意思，即用易懂的语言解释难懂的语言，用现代的语言解释古代的语言，用普通话解释方言。训诂有形训、音训和义训三种方式。广义的训诂是指“训诂学”。

训诂学

Critical Interpretations of Ancient Texts

中国传统研究古书中词义的学科，是中国传统的语文学——小学的一个分支。训诂学在译解古代词义的同时，也综合分析古书中的语法、句读、修辞和文义等。其著作大体有两类：一类是专门解释某部著作，如《毛诗传疏》、《论语注疏》、《春秋左转集解》和《韩非子集解》等。另一类是收集词语分类编排，进行解释的词典，如《尔雅》、《方言》、《释名》和《广雅》等。训诂学可以有广义和狭义之分。广义的训诂学包括音韵学和文字学，狭义的训诂学只是小学中与音韵、文字相对的学科。

Y

压光机

calender

由一组辊轴构成的造纸机器的一部分，其作用是将干燥后的纸压平，通过封闭纸表面的气孔降低纸的吸湿性，使其变得有光泽。在压光过程中，纸的光泽度取决于辊轴的压力大小，辊轴压得越紧，纸的光泽度越大。

压花辊

roll

压印图书封面边框花纹的辊筒，通常用于装饰封面的书边或书角。

压空

blind stamping

又称凹凸印。是把已印好的纸张或书籍封面，放置在特制的凹版及配套的凸版之间，通过压印机以较大的压力挤压出各种凹凸图案和花纹。

压片平板

platen

曝光时使摄影胶片固定在焦平面上的机械装置。如在照片放大机上将摄影底片压平的玻璃板，动画片制作时放置在画稿透明片上方的平板玻璃。

压书机

book press

在两块厚复合板的4个角装有长螺丝所构成的机械装置。使用起来就像中间夹着肉和蔬菜的三明治。在图书装订、重装或修补时，对夹在中间的图书施压，以确保胶或浆糊能完全粘上。在重型压书机上，被安放在底部的压板两边，有两根向上的金属柱连接在一个水平棒上，且用一根大的螺杆向下拧紧而让棒受到压力。

压缩比

Reduction Ratio

缩微图像与母版间的尺寸关系。小于16倍为低压缩，16~30倍为标准压缩，31~60倍为高压缩，61~90倍为超高压缩，大于90倍为极高压缩。属“资源描述与检索”（RDA）的载体描述元素之一。

压缩磁盘

Zip disk

由艾美加（Iomega）公司研制的一种3.5英寸活动磁盘，可存储100兆字节以上的数据。与标准的软盘相比，存储量大，而相对价格较低。若使用压缩磁盘，在微机上必须安装特殊的软磁盘驱动器。

压缩分类表

reduction of schedules

指修订分类表时把某些类目的级别提高，从而使分类号的位数减少1~2位，相应地也就使分类表具有了更高的概括性。

压缩文件

packed file（compressed file）

指用文件压缩应用程序压缩后存储的文件。是一种将较大文件的数据压缩到尽可能小的存储容量，这种经压缩后生成的较小容量的文档被称为这些较大容量的文件（可能一个或一个以上）的压缩文件。

压凸印刷，浮凸印刷

raised printing

经过技术处理使字母或图像高出纸张表面的一种印刷方法，如浮雕印刷。多用于装饰书壳。

压纹辊，水印辊

dandy roll

在机械造纸中用来施加压力的金属网圆筒，用于在潮湿纸浆上进行滚压，在纸面上留下细纹（平纹或布纹）。

压印

impression

指一种印刷结果。湿油墨在铅字或图版的压力下形成了印张表面的文字和图画；也指压模机在书籍封面上压印字形或图案的方法。

压印版

embossing plate

凸版印刷工艺采用的印版。原理是印版上的印刷部分高于空白部分，而且所有印刷部分在同一高度的水平面上。当涂有墨层的墨辊滚过印版时，其凸出的印刷部分均匀地粘附油墨，而空白部分由于较凹未粘附油墨。承印物通过压印滚筒加压后与印版接触，印版上印刷部分的墨层就被转印到承印物表面，从而获得印刷成品。

压印机
embossing press

又称“压凸印刷机”，印刷机基本形式之一。根据制版种类，印刷机有凸版印刷机、平版印刷机和凹版印刷机三种；根据印刷机压印形式分，有平压平式印刷机、圆压平式印刷机和轮转式印刷机三大类。凸版印刷机的工作原理是：印版图文部分凸起，以接受油墨，非图文部分凹下，接触不到油墨。印刷时，通过压印机，着墨部分的图文就转印到纸张上，成为清晰整齐的印刷品。凸版印刷机的涂墨工作，是用具有一定弹性和黏性的胶辊，把油墨涂刷在印版凸起的版面上，因此不需要平版印刷机上的输水装置和凹版印刷机上的刮墨装置。

压印平版
platen

指印刷机上用来压纸的平版，从而使印刷材料在纸上产生压印。

压印，印模冲压
blocking（stamping）

用加热的铜制硬印在图书封面上压印浮雕文字、图案，或者用机器烘烤金属箔，把图案压印在图书封面上以形成凸饰的一种装饰工艺技术。

压印折痕
scoring

在装订过程当中，沿图书内边紧压纸，压折出一条线，使书更易翻开。或者在一张纸或卡片上刻一长条锯齿状，这样无论是翻书或折叠都很容易，也不会损坏纸的纤维。

压纸卷筒
platen

打印机或打字机上包有橡胶的圆筒。其作用是使打印纸或打字纸卷在压纸卷筒上，承受打印头或打字字模的冲击。

押韵诗
rhyme

在韵文的句末使用韵母相同或相近的字，使音调和谐优美、便于吟咏的一种诗歌。

鸭脚式引号
guillemets（duck-foot quotes）

即“《”或“》”中任何一种符号。这是法语中书写的引号。

牙买加国家图书馆
National Library of Jamaica

1979年，根据牙买加研究院法正式成立。其前身是1894年牙买加研究院设立的西印度参考图书馆，该馆是该国第一所公共图书馆的一部分。西印度参考图书馆逐渐形成综合性馆藏，并最终为牙买加国家图书馆打好了藏书基础。该馆隶属于牙买加教育文化部，是法定缴送本图书馆，为广大读者提供参考咨询、馆际互借、普及应用计算机知识等服务，并得到联合国教科文组织的技术支持。该馆收集自17世纪至今的图书和小册子4万册，报纸100种，珍贵手稿2万份。该馆是国际图联的机构会员。

雅典海达利公共图书馆（希腊）
Public Library of Haidari

根据《联合国教科文组织公共图书馆宣言》、以国际性图书馆模式建立的公共型图书馆，成立于1971年。肩负着通过各类渠道在广大民众中传播信息的艰巨使命。通过向大众提供免费服务以开拓知识、信息与交流。其主要目标之一便是实现稀珍馆藏的数字化。同时，该馆还举办丰富多彩的各类活动，如新书推介、电影、舞蹈、绘画、电子学习、戏剧、语言学习（涉及9种语言）、文学作品欣赏以及为心理疾病或精神病患者准备的视听服务。为了帮助后者以及残疾读者，图书馆正在馆内不断添置一些新的特殊设备。2006年9月，设立“上海之窗”。

雅典娜神庙，图书馆
Athenaeum

知识女神和智慧女神雅典娜的神庙，坐落于雅典。它是古希腊学者、作家聚会和交流思想的地方。在19世纪早期的新英格兰，人们也把一些专门图书馆、阅读室等称作雅典娜神庙。美国现存最古老的此类图书馆是位于罗德岛纽波特（Newport，Rhode Island）的雷德伍德图书馆（Redwood Library & Athenaeum）。

雅虎网

Yahoo!

一种具有优越组织结构和高度相关性的因特网门户网站，是一个非官方等级式的 Oracle 程序。由两名美国斯坦福大学工程系的博士生杨致远和大卫·费（David Fellow）于 1994 年创建的万维网索引，该系统将网页按照内容以主题目录的方式组成分层体系，并提供多种其他基于网络的服务。该名称源自于英国作家乔纳森·斯威夫特（Jonathan Swift）在《格列弗游记》(*Gulliver's Travels*）中，用于特指那些虚构的未开化的种族和野蛮民族，后来人们用来指任何粗野的或凶暴的人。杨致远和大卫·费罗认为这个词不太雅观，但一琢磨“反其义而用之”。为了增加褒义色彩，在后面加了一个感叹号：Yahoo！雅虎在全球共有 24 个网站，12 种语言版本，其中雅虎中国网站于 1999 年 9 月正式开通，是雅虎在全球第 20 个网站。雅虎中国网站为用户提供了强大的检索功能，通过其 14 类简单易用、手工分类的简体中文网站目录和强大的搜索引擎，用户可以容易地搜索到政治、文化、经济、教育、体育、科技、艺术、娱乐和房地产等方面的信息。

雅克-查理·布鲁内（1780—1867）

Jaques-Charles Brunet

法国书商兼目录学家。依据“文献保证”原则编制了布鲁内图书分类法，并编制了收录广泛著录详尽的珍本目录，该目录成为图书管理人员的重要参考工具书。布鲁内分类法共分为 5 部 40 类 1 100 子目，按照图书藏书内容及目的安排类目，堪称现代图书分类法先导。从 1830 年起，其分类法被美国哈佛学院、圣路易斯商业图书馆和费城图书馆逐渐采用，其《书商及图书爱好者手册》(*Bookdealer's and Book Lover's Handbook*）也广为世人所知。

亚当马修数字出版公司（英国）

Adam Matthew Digital

世界著名的学术出版公司，由威廉·皮达克（William Pidduck）先生与大卫·泰勒（David Tyler）先生于 1990 年 11 月 5 日创立，与世界著名图书馆、档案馆和学者合作，主要出版内容为原始手稿、稀有图书以及其他学术资源。内容涉及政治、外交、历史、军事社会、文化、经济、宗教、科技、音乐、艺术与建筑等。第一个出版项目为英国议会历史。目前，公司的出版项目已超过 500 个，这些项目均来自于欧洲、北美洲与澳大利亚的图书馆与档案馆馆藏。

亚当·密茨凯维奇大学图书馆（波兰）

Adam Mickiewicz University Library

位于波兰波兹南市，其历史可追溯到 1899 年，最初由一些德国图书馆捐赠而成立，馆藏开始大部分是德文文献。1919 年改为大学图书馆后，开始逐渐收藏波兰文献，现已成为波兰最大的大学图书馆之一，也是波兰国内出版物的法定托管图书馆之一。拥有藏书 500 万册。主要涉及人文、社会科学和自然科学。另有一所独立的科学图书馆，专门收藏医学、技术及农业领域的文献资料。其早期受赠的德文文献已成为国内德国研究基地。

亚历山大·冯·洪堡基金会（德国）

The Alexander Von Humboldt Foundation

1860 年，在亚历山大·冯·洪堡（*Alexander von Humboldt*）去世一年半以后，以其名字为名的洪堡基金会（Alexander von Humboldt Foundation）在德国柏林创立。当时，其主旨在于资助德国学者在国外所进行的研究旅行。1953 年 12 月 10 日，洪堡基金会由联邦德国重新建立，总部设立在波恩，并延续至今。迄今为止，来自 125 个国家超过 2 万名学者得到过该基金会的支持。目前，洪堡基金会已成为在国际学术界享有盛誉的促进科学研究交流与合作活动的组织。

亚历山大街出版社（美国）

Alexander Street Press

该出版社成立于 2000 年 5 月，致力于出版高质量的人文科学与社会科学数字化文集。自成立开始，即出版了拥有版权的以及从未出版过的资料，现在每年支付超过 200 万美元的版税费。目前拥有 800 多个合作伙伴，包括唱片公司（如百代唱片公司），影视公司（如华纳、索尼-哥伦比亚等），出版社（如牛津大学出版社，艾尔弗雷德·诺夫公司等），代理商以及作者等。出版超过 2 000 种著作，包括主要作家如山姆·谢泊德（Sam Shepard）与德里克·沃尔科特（Derek Walcott）的戏剧等。

亚历山大图书馆（埃及）

Library of Alexandrian/*Bibliotheca Alexandrina*

公元前 300 年前后，由托勒密一世（Ptolemy I）建立的图书馆，位于埃及亚历山大城，是古希腊的文化中心，世界上最古老的图书馆之一。在其鼎盛时期，曾收藏名家手稿逾 50 万卷（纸莎草纸），其中一些被翻译成其他文字广为流传。这些收藏按照卡里马科斯（*Callimachus*）的皮那科斯（*Pinakes*）法予以编目，包括作者姓名以及内容概要。该馆作为亚历山大城博物馆的一部分成为希腊时代的学术中心和文献中心，吸引了大批地中海地区的知名学者前来研习。大约在公元前 235 年，托勒密三世在西拉匹斯神庙另建了一所小型图书馆。尽管它的主要馆舍于公元前 47 年朱利斯·凯撒大帝（*Julius Caesar*）入侵时遭到一定破坏，但图书馆在罗马帝国时期依然兴旺发达，直至公元 3 世纪晚期奥里列阿斯皇帝（*Aurelian*）统治期间的内战时期。这座小图书馆于 391 年由于拜占庭皇帝西奥多勒斯（*Theodosius*）的诏令而遭破坏，其藏书和馆舍无一幸存。1987 年，联合国教科文组织（UNESCO）和埃及政府合作启动了亚历山大图书馆复苏工程，该工程力求恢复亚历山大图书馆文化科学和学术研究中心的地位。这座现代化的图书馆于 1995 年 5 月开始动工兴建，总面积达 85 405 平方米，共计 7 层，拥有读者座位 3 500 席。2002 年 10 月 16 日，有"世界最佳建筑"之称的新亚历山大图书馆举行了隆重的新馆开馆仪式。该馆拥有 25 万卷图书及珍本或绝本 6 700 册以及 20 多万卷微型电影和光盘类的视听资料。其中有中国捐赠的《中国通史》、《中国药物大全》、《二十四史》等极具收藏价值的书籍 556 套。2004 年 9 月该馆设立"上海之窗"。

亚利桑那大学信息资源与图书馆学学院（美国）
School of Information Resources & Library Science of University of Arizona

亚利桑那大学位于美国亚利桑那州的南部城市图森，成立于 1891 年，其研究生院下属的社会与行为科学院设有信息资源与图书馆学学院。获得美国图书馆协会资格认证，课程包括信息组织、图书馆与信息服务基础、研究方法、信息资源评估、知识与社会、信息资源开发、图书馆学与情报学基础、信息专业人员的伦理道德、政府信息和信息经济等。可授予情报科学和信息资源与图书馆学硕士学位、信息资源与图书馆学博士学位。

亚麻布衬纸
linen faced

糊上一层亚麻布的纸张（一面或双面）用来作图书封面材料。

亚麻布（封面）
linen

用亚麻的茎皮纤维纺织成布来包装的图书封面。

亚麻布原料纸
linen paper

以破烂亚麻布为原料所制成的纸张。

亚马逊书店
Amazon. com

美国最大的一家网络电子商务公司下属的单位，是世界上销售量最大的书店，可以提供 310 万册图书目录。该书店的商业活动主要表现为营销活动和服务活动。该书店一开始只经营网络的书籍销售，现在则扩及数字多功能光盘、音乐光碟、电脑、软件、电视游戏、电子品、衣服和家具等业务范围。

亚美尼亚国家图书馆
National Library of Armenia

位于亚美尼亚首都埃里温（Yerevan），始建于 1919 年，其前身为 1832 年成立的埃里温中学图书馆。该馆隶属于负责青年和体育的亚美尼亚文化部，由政府拨款。为满足共和国公民的信息需求，该馆是共和国文化遗产和文献遗产的保存中心，并且参与该国图书馆信息科学方面公共政策的制定。与 30 多个国家的图书馆、书商和情报机构进行资料交换，为联合国文献收藏馆，并且是国际图联成员。馆藏总量达 660 万册（件）。藏有珍本书（欧洲初期刊本、亚美尼亚最早的印刷出版物、亚美尼亚文的外交文书和地图等）以及亚美尼亚国务活动家和学者等的著作。

亚萨格勒市立图书馆（克罗地亚）
Zagreb City Libraries

全克罗地亚规模最大的公共图书馆机构，同时也是亚萨格勒市最重要的文化机构。萨格勒布市图书馆系统拥有遍布全市 42 处的分馆，其中包括 12 个较大规模的分馆和 31 个较小规模的分馆。此外还有两个流动图书馆，为总计 74 个服务点提供流动服务。亚萨格勒市图书馆成立于 1907 年，是萨格勒布市最早的图书馆，也都是克罗地亚建造的最早的公共图书馆之一，具有为本地社区民众服务，提供大量珍贵的地区、国家和国际性信息资源，为各年龄层读者提供图书馆和其他文化服务的悠久传统。该馆占地11 031平方米，馆藏共计200余万册图书和连续出版物1 024种，借阅图书的读者每年有32万人次，流通量则达520万册次。该馆于2005年10月设立“上海之窗”。

亚太汉学中心
Asia-Pacific Centre for Chinese Studies

全称为香港中文大学—蒋经国基金会亚太汉学中心，成立于2006年。该中心由蒋经国国际学术交流基金会的捐款和香港中文大学的资金支持，其宗旨是为促进两岸三地、亚太地区以至国际间的汉学研究与中国研究。该中心是蒋经国国际学术交流会第三所海外汉学研究中心，又是整个亚太地区的第一所。

亚太数字图书馆国际会议
International Conference on Asia-Pacific Digital Libraries (ICADL)

始于1998年，每年举行一次，主要关注数字图书馆技术及信息系统、数字内容管理、数字图书馆服务模式及成本与可持续发展等问题，目前已成为数字图书馆领域的主要会议之一。

亚太资讯集团公司
iGroup Asia Pacific Limited

一家专业经营图书馆资讯服务的跨国集团企业。1983年第一家公司在泰国成立，发展至今，已成为亚太地区最大的图书馆资讯服务供应商之一，公司成员遍及泰国、新加坡、马来西亚、印度、澳大利亚、韩国、越南、缅甸、菲律宾、中国内地和香港、台湾地区。该公司与多家国际著名出版机构合作，经营和代理许多电子数据库，同时也为用户在图书馆自动化系统、网上出版、远程教学及文献传递等方面提供服务，该公司于2001年在中国北京、上海设立办事处。

亚特兰大-富尔顿公共图书馆系统（美国）
Atlanta-Fulton Public Library System

位于美国乔治亚州首府亚特兰大市，始建于1902年，服务于亚特兰大市和富尔顿县居民。包括1所中心馆和32所分馆。馆藏图书及期刊合订本250多万册，激光唱片、磁带及其他音频资料7万多件以及数字视盘和家用录像机制式的视频资料7万多件。年到馆访问130万人次，年图书流通量480多万册次。其在线图书馆为读者提供英文及西班牙文服务。

亚洲电视台
Asia Television Ltd. (ATV)

简称亚视，1957年5月29日创办。为中国香港第一家电视台，也是全球第一家华语电视台。覆盖面涉及香港、澳门地区、广东省和北美近一亿观众，拥有中文台（本港台）和英文台（国际台）。每年自制节目超过3 000个小时，其中有精心制作的新闻专题节目“时事追击”，在纽约国际电影电视节、芝加哥国际电视节和亚洲电视奖中多次获奖。

亚洲和大洋洲专业组
Asia and Oceania Section

隶属国际图联专业委员会区域部（Division of Regions）。该专业组的主要目标是发起、促进和帮助亚洲及大洋洲五个地区图书馆与信息服务和图书馆专业的发展。该专业组与其他地区组、国际图联所有的专业组和核心计划密切合作。出版该专业组的业务通讯（电子版），刊登有关亚洲和大洋洲的新闻与会议动态和论文，出版会议录、年报和一些专著等。

亚洲商业数据库（美国）
ProQuest Asian Business

由美国ProQuest公司推出，收录最新的有关亚洲商业和经济信息，收录包括《远东经济评论》、《亚洲周刊》等重要的国际性刊物，有全文期刊111种，全文现刊69种。

亚洲研究协会（美国）
Association for Asian Studies (AAS)

美国促进亚洲领域学者之间联系和信息交流的一个非政治性、非营利性的学术机构，成立于1941年，目前在全球拥有近7 000名会员，是此类研究机构中规模最大的一家。每年春季，协会都会举办为期4天的年会，出版季刊《亚洲研究杂志》（*Journal of Asian Studies*），主要刊发亚洲研究中的经验研究与跨学科研究的佳作，涉及的学科领域包括文学、艺术、历史、社会科学和文化研究等。1996年，该协会创办了《亚洲教育杂志》（*Education about Asia*），每年出版3期，为高中和大学的教师提供了丰富的教学参考资源，对亚洲感兴趣的读者也能从中获得各个学科与亚洲相关的学术信息。近年来，该协会推出了两大书系，一个是“亚洲今昔”书系，每年推出2～3本新作；另一个是主要面向高校学生和高中师生推出的“亚洲研究中心的核心议题”书系。此外，每年出版4期《亚洲研究简报》（*Asian Studies Newsletter*），提供有关亚洲研究的会议、研究项目、出版物、网络资源、奖助和就业机会等方面的信息。此外，该协会网站提供了大量与亚洲研究相关的链接（按亚洲概览、东亚、南亚、东南亚归为4类）。

延伸服务
outreach services

为扩大服务范围，提高社会效益，各级图书馆面向社区，面向农村，面向基层所开展的服务。遵循整个图书馆的运作程序，图书馆延伸服务的目标是向那些任何年龄的、由于身体或其他限制不能到图书馆的人提供图书馆的娱乐及教育等资源。

延世大学图书馆（韩国）
Yonsei University Library

位于韩国首都首尔，最初于1915年由该大学创始人H. G. 安德伍德（H. G. Underwood）博士捐赠的30余本图书组建而成。第二次世界大战期间，很多藏书被毁坏，但从1957年起开始逐步恢复。现已发展成为一个藏量丰富、功能齐备的现代化图书馆。拥馆藏总量达200余万册，包括各种图书、期刊、稀缺书籍、地图及视听资料等。1990年，该馆成为韩国第一所使用图书馆自动化系统的图书馆，引进了IBM的DOBIS/E，又于1999年启用了网络化的信息系统“延世大学检索系统”（Yonsei University Retrieval System）。

延续卡
extension card（continuation card）

又称“续卡”。用于接续上一张卡片无法容纳著录的内容，著录与第一张卡片相同的分类号和标目的目录卡片。

严文兴（1909—）
Yan Wenxing

1930年上海圣约翰大学毕业，获理学学士学位。先后在北京燕京大学研究生院、美国匹兹堡大学研究生院学习，中央研究院化学研究所任助理研究员、美国匹兹堡大学物理学讲师、浙江大学教授，并兼任浙江大学总务长。1979—1984年兼任浙江大学图书馆馆长，曾兼任中国图书馆学会第一届理事会理事、浙江省图书馆学会理事长、省政协委员、省华侨联合会主席等职。

严文郁（1904—2005）
Yan Wenyu

1925年毕业于武昌文华大学图书科，获文学学士学位，1932年获美国哥伦比亚大学图书馆学硕士学位。1932—1933年任德国普鲁士邦立图书馆客座馆员。1933年起任北平图书馆编目部主任兼阅览部主任、国立北京大学、西南联合大学图书馆主任以及罗斯福图书馆筹备主任。1949年受聘联合国总部图书馆担任编目部主任，同年9月，被俄亥俄州立大学聘为图书馆学教授，并为其建立东亚图书馆。后在台湾辅仁大学图书馆学系执教，兼任汉学研究中心指导委员会顾问。1985年81岁时退休，定居美国新泽西州林登市。发表出版多部专著和数篇论文，1986年获美国华人图书馆员协会颁发的最佳服务奖。

严怡民（1929—）
Yan Yimin

武汉大学信息管理学院教授、博士生导师。1951年、1958年分别毕业于哈尔滨外语学院和该院研究生院。1977年调武汉大学图书馆学系任副主任，兼情报学专业教研室主任，1984年任武汉大学图书情报学院副院长兼国家科委与武汉大学联合举办的科技情报培训中心主任，先后担任国务院学位委员会学科评议组成员、中国科技情报学会常务理事兼情报教育委员会副主任、中国社会科学情报学会理事、湖北省科技情报学会理事长、湖北省科协委员、《中国大百科全书》情报学卷编委会委员和武汉大学学术委员会委员。主编或与他人联合编著专著6部，在国内外主要专业杂志上发表学术论文70余篇。

岩波书店（日本）
Iwanami Shoten，Publishers

1913年8月5日由岩波茂雄创业，1949年改组为有限公司。该书店自开业以来，以传播学术研究为中心，向世间传扬思想、文学、科学和艺术等方面杰出成果。该书店所刊行的日文辞书《广辞苑》为众多日本国民所信赖。

研究
research

对某一事物、行为、问题或现象进行认真的调查或考察的过程，尤指对事物或现象进行透彻的、批判性的考察或实验。其目的在于发现新事实以及关于它们的正确解释。在新发现的事实面前，对原有公认的结论、理论或定律进行修正，并将这种新的或修正过的结论、理论或定律付诸实际应用。

研究报告
report

指单独出版的个人或团体的研究进展或研究成果的记录，通常有报告编号，有时还有研究经费拨款或资助单位所提供研究经费的数额。

研究记录，学术报告
memoir

某人或学术团体在特定领域所作研究和观察的记录，也指为向专家学者或学术机构所做的报告。

研究经费津贴
grant

个人和机构接受的来自基金组织或政府赞助组织，为支持有价值研究课题而提供的拨款资助。多数情况下，接受资助者须递交一份申请材料参与竞争。获得这种研究经费津贴的诀窍可以说是一门艺术，英文称为“grantsmanship”（意为获得捐款的艺术，如为某些研究项目寻求捐款）。所撰写和递交的申请参考资料往往可以在大学图书馆和一些大型公共图书馆里找到。

研究论文
research paper

指篇幅一般在5页或5页以上、理论性较强或研究内容有一定深度的成文作品。研究论文的撰写一般需要广泛使用图书馆的相关资料来收集论据，并在充分掌握材料的基础上深入探究某一主题的最新知识、最新进展或最新观点。在高等学校，研究论文的撰写通常是作为学生的一门正式学习课程来安排的。研究论文的撰写，一般要求作者在论文的脚注或附注中列出所使用过的所有参考资料的来源。

研究论文编写须知
style manual

关于研究论文写作固定格式的指南，通常还包括脚注、注释和参考文献等的正确格式。在高校图书馆中，最新的研究论文编写须知常常放在指定参考阅览室里。

研究人员
researcher

指为证实论据、发现基本原理而对某个专业、研究领域或科学门类进行认真、系统地查询、调查或探索的人员。

研究生
postgraduate

一般指已取得学士学位并继续在大学和学院的研究生院或科学研究机构学习、研究的学生。泛指为获硕士或博士学位的研究者。

研究生图书馆
graduate library

指有些大学院校专门为研究生服务而设立的图书馆，除有专门的资料外，通常还有专门的设施，能满足他们对信息资料的需求。

研究室
research room

图书馆为方便专家型读者而在某些阅览室设立的一种专供这类读者在课题研究过程中查阅有关文献资料的小型参考室。研究室一般陈列有各种期刊索引、文摘、书目和检索工具书，为他们检索文献提供了很大的方便。

研究图书馆
research library

指围绕一定的学科方向，广泛收藏各种专业文献，为广大科研工作者学习、研究提供文献外借、阅览、参考咨询和定题跟踪等各种服务的专门图书馆。在许多国家里，高等院校图书馆多半具有研究图书馆的性质。

研究图书馆创新奖
Stanford Prize for Innovation in Research Libraries (SPIRL)

为全球性奖项，由斯坦福大学图书馆提供，主要是为了支持和鼓励创新研究活动的开展，每年颁发一次。评委会由该馆的图书馆委员会、图书馆和信息资源委员会、英国国家图书馆、德国国家图书馆、美国国会图书馆以及俄克拉玛大学图书馆、弗吉尼亚大学图书馆的专家组成。

研究图书馆协会（美国）
Association of Research Libraries（ARL）

成立于1932年，是大型研究图书馆的联合组织。其宗旨是寻求有关研究图书馆未来的影响因素，并提高它们为学生、教员及研究团体服务的能力。该协会以团体会员为主，大学图书馆是其主要成员。主要运作方式有增进交流，促成联盟，影响政策制定，支持革新和改善服务环境等。作为美国图书馆协会的分支机构，研究图书馆协会为其成员提供了所有权数据库，管理和项目开发培训与咨询，目录服务以及统计资料等。该协会主要业绩有：推广法明顿计划、有效收集国外具有研究价值的图书资料、发展北美馆藏目录计划、编制完整研究资源在线目录、举办各类研习班和培养业务骨干等。

研究图书馆信息网络（美国）
Research Libraries Information Network（RLIN）

美国最大的计算机信息网络之一，也是世界著名的图书馆信息网络。1974年由美国哥伦比亚大学图书馆、哈佛大学图书馆、耶鲁大学图书馆及纽约公共图书馆联合组成。现已拥有上千个成员馆，服务对象除美国本土的图书馆之外，还包括英国、加拿大等国外图书馆。该网络采用斯坦福大学研制的BALLOTS分时操作系统和SPIRES公共信息检索系统，整个系统由在线编目子系统、书目检索子系统、信息检索子系统、文献采购子系统及馆际互借子系统组成，能处理英、中、日、俄和韩等多种语言文字的文献数据。数据库收录了所有成员馆的馆藏目录及各种标准文档，数据记录包括图书、期刊、地图、影片、唱片和乐谱等。通过与因特网的链接，该系统可为全球联网用户提供相应的书目文献检索服务。

研究图书馆中心（美国）
Center for Research Libraries（CRL）

成立于1949年，总部设在芝加哥，旨在支持研究和教学，为北美大学、学院和独立的研究图书馆提供传统和数字化资源的组织。原名为美国中西部图书馆馆际中心，由美国中西部10所著名大学图书馆组成，后来因成员不断增加，因此，不再限于中西部地区，1965年改为现名。现有200余个成员大部分来自大型研究图书馆。该中心的基本任务是为在人文科学、自然科学和社会科学方面进行前沿研究和教学提供各种报纸、期刊、档案以及其他传统和数字资源。该中心双月出版业务通讯《中心》(*Focus*)（网络版）。

研究图书馆组（美国）
Research Libraries Group（RLG）

美国的图书馆专业学术团体，成立于1974年。由160多所拥有丰富馆藏的大学图书馆、国立图书馆、档案馆、博物馆、史学团体和相关学会组成，其成员主要包括纽约公共图书馆、耶鲁大学图书馆等研究图书馆。该组织长期以来一直致力于通过协作来改进对信息资料的检索与利用，并建立了美国研究图书馆信息网络在线书目数据库（RLIN Online Bibliographic Database），拥有书目数据8 800余万条，每年出版三期《研究图书馆组新闻》(*Research Libraries Group News*)。

研究小间
study room

为满足读者需要借助图书馆大量书刊资料做研究，图书馆专门开设一些小型房间，供他们安静而不受干扰地看书、研究和学习。主要目的是为促进和支撑科研发展，满足不同读者的需求，在图书馆空间利用评估与研究的基础上，对传统信息服务模式进行的改革与创新，为科研人员和教学人员的学习、研究环境，营造友好、安全和舒适的空间，提升读者的满意度。

研究性服务
research service

指图书馆研究人员通过向有关学科权威人士和机构进行咨询了解等形式，加强对该学科专业文献的全面调查分析与研究评价，然后为有关读者提供针对性较强、程度较深的文献信息服务。研究性服务不同于一般的书目咨询服务，主要是向特定的读者和特定类型的读者群提供可靠的统计资料，提出解决问题的答案等。研究性服务通常以报表、报告和备忘录等形式向读者提供综合性的信息。

研究用书
research collection

指供深入研究某个或多个方面课题、学科专业或知识门类所使用的、学术层次较高的综合性馆藏。高质量的研究用书一般包括本学科各类原始资料（一次文献）、二次文献和常用的参考工具书。

研究预测服务
forecast research service

在深入调查和研究的基础上，凭借专业人士的经验和知识，针对某一主题或领域，对其未来发展前景、方向、态势、特点及其规律作出分析判断。一般由专业信息咨询服务公司提供此种服务。

研究指南
research guide

指提供某一专业或研究领域详细信息资料及相关性技术、技巧和研究参考源指导的印刷型或电子型图书资料。印刷型研究指南通常陈列在图书馆参考部的书架上供参考咨询馆员开展工作使用。

《研究中心指南》（美国）
Research Centers Directory

全面介绍北美地区主要的非营利研究中心的参考性指南。初版于1960年，2011年10月由盖尔集团（Gale Group）出版至第41版。全书分两卷：第一卷以描述性的列表形式收录了美国和加拿大的非营利研究中心1.38万多个，按17个大主题排列，其中生命科学的研究中心居首位，内容包括名称、地址、创建年、主要成员、资助机构、研究领域、学术活动、能力和成果、设备、出版物、图书馆、电子邮件和网址等；第二卷是索引部分，除针对第一卷内容的主索引外，还包括地理、主题和人名等各种辅助索引。该指南内容最初为国际性，因自1982年起另外单独出版《国际研究中心指南》（*International Research Centers Directory*），后改为美国和加拿大的研究中心。

研磨纸
pouncing paper

指一种特殊的纸，纸面涂布贴以浮石粉层，用以加工羊皮纸表面。

研讨会，讲习班
workshop（colloquium）

与会者就专门的主题，在一起交流、学习和研讨的会议，有时感兴趣者可自由报名参加。具有会期较短（通常1~2天）、专题讨论和对公众开放的特点。

阎立中（1928—）
Yan Lizhong

中国科学院文献情报中心研究馆员。1947年毕业于重庆南开中学后进入天津南开大学政治经济学院经济系，1948年转入苏州东吴大学文学院学习。1956年到中国科学院图书馆工作，历任助理馆员、馆员、组长、处长和副馆长。1980—1981年在美国哥伦比亚大学图书馆学院进修。曾兼任中国情报文献工作标准化技术委员会副主任、中国图书馆学会常务理事兼副秘书长、学术委员会主任、《现代图书情报技术》主编、国际标准化组织第46技术委员会顾问组成员和第七、八、九届全国政协委员。在图书馆工作中主要从事编目和著录标准化的研究、国家标准的制订和推广，发表论文50余篇。

罨书网
Yan E-Book Website

服务于出版领域的专业B2B2C平台，旨在出版商和读者之间架起在线的桥梁，具有受众广泛、时效性强和经济实用等特点。

演出本，脚本
acting copy（version）

供演员和其他直接参与演出的人员使用的剧本，比供读者阅读的普通剧本有着更为详细的舞台说明，如出场、退场、服装、道具、灯光和音效安排等。通常以薄软纸封面/齐边硬装订的方式出版，价格低于其他版本形式。

演示软件
presentation software

一种能使演讲人用计算机在液晶显示（LCD）投影仪上演示文字或图像的应用软件（如PowerPoint）。这种软件在学术交流活动中使用十分普遍，许多图书馆从事读者教育工作的馆员也越来越多地在文献检索教学中使用演示软件。

演绎作品
deductive works

主要指改编、翻译、注释、整理已有作品而产生的作品，其著作权由改编、翻译、注释、整理人享有，但行使著作权时不得侵犯原作品的著作权。

演奏音乐
Performed Music

以可听形式的音乐表达的内容，区别于记号音乐（乐谱）。包括音乐表演录音、计算机生成音乐等。“资源描述与检索”（RDA）定义的内容类型（content type）之一。

验证
authentication

在多用户或网络操作系统中，系统验证用户登录信息的过程。也指鉴定用户为了访问网络或系统而提交的识别码是否真实的安全程序。

验证，检验
verification

图书馆通常在图书订购或编目之前，通过书目资源来判定作者，确定其姓名的正确拼写及作品的准确题名。也泛指通过参考权威的信息源，检查某一事实或陈述的真实性或准确性。

谚语，俗语
proverb

指用来表达深刻哲理、大众经验或伟人忠告的简单而生动的语言以及尽人皆知的简短警句，经常重复的简练而又用词巧妙的格言。

燕山大学图书馆
Yanshan University Library

源于1958年成立的东北重型机械学院图书馆，1997年东北重型机械学院南迁至秦皇岛并更名为燕山大学，燕山大学图书馆也因此而正式成立。图书馆大楼于1998年建成并投入使用，主体面积1.5万平方米，分馆面积近1.2万平方米。该馆收藏了以工为主、以重型机械为特色、兼顾文、法、经、管、教诸学科的中外文图书近110多万册，中外文期刊2 200多种。在电子资源方面，拥有覆盖各学科的80多个国内外学术数据库和自建特色数据库6个以及80多万册电子图书。

赝本
spurious edition（spurious copy）

假托名人手笔的书画、碑帖和刻本。亦指经书商作伪的古籍版本。

Y

扬克斯公共图书馆（美国）
Yonkers Public Library

位于美国纽约州的扬克斯市，设有1所中心馆和2个分馆，为全市20万居民提供服务，其馆藏图书和期刊合订本有68万册，激光唱片、磁带和其他音频资料共9.4万多件，数字视盘和家用录像机制式的视频资料5 500件。年到馆访问有115万人次，年图书流通量为100多万册次。

扬声器，喇叭
loudspeaker

有扩音作用的、通常具有喇叭筒状的，把电信号转换成可识别声音的装置。

扬州大学图书馆
Yanzhou University Library

1998年9月由6所院校的图书馆合并组建成扬州大学图书馆。共有馆舍面积6.6万平方米，拥有阅览座位8 200多席。该馆馆藏文献丰富，覆盖面广。拥有文献330万册，中文报刊3 376种，原版外文期刊548种。拥有丰富的电子文献资源，藏有各种电子出版物。馆藏中以苏北方志较为齐全，文史、农业、烹饪类文献具有特色，敦煌学资料丰富。

羊皮纸
parchment

公元前2世纪时，贝加玛（Bergama）图书馆藏书20万册，埃及亚历山大图书馆的藏书70万册。当时的书都是用尼罗河的芦苇制成的芦苇纸写的，埃及人怕贝加盟会后来居上，索性限制芦苇纸出口，于是贝加盟国王欧迈尼斯二世（Eumenes II）就下令科学家研发用兽皮制纸，也就是著名的羊皮纸。这种纸源自贝城古名Pergamum，是一种动物的表皮（主要是绵羊皮、山羊皮或小牛皮）经过漂白、拉长、磨光而制成的图书装订材料或书写材料。羊皮纸的发明对欧洲文明及基督教文化传播贡献很大，在中国的造纸术藉由十字军东征传到欧洲之前，所有的圣经都是用羊皮纸写的。尽管羊皮纸生产的成本很高，但因其更经久耐用而逐渐取代了纸草莎纸。羊皮纸在整个中世纪都被用作手抄书和手稿的纸张，这也是那时的书很厚的原因之一。

（羊皮纸的）文稿或毕业文凭
parchment

指书写或印刷在羊皮纸上的文稿，如手稿、地图或毕业文凭。

（羊皮纸等）一卷
（拉）*volumen*

“卷起来的东西”的意思。古代埃及、希腊和罗马使用的纸草卷或羊皮纸卷，只在其一面书写，文字成列，列数与卷的长度相等，最后一叶卷在带有把手的杆子上，存放于箱内或架上。存放在架子上时，书卷上带有彩色标签，标明作品名称。有时会用木盒保护书卷的页边。

(羊皮纸等做的)证书，奖状
scroll

在特定的纸上，如羊皮纸或精制犊皮纸，刻上或用手书写鲜明色彩装饰字的正式证书或奖状。

羊皮纸手抄稿
rotulus

指一种在长型的纸莎草纸或羊皮纸上单面书写的文字内容，然后将其储藏在一种空心卷轴中的古老手稿。这种手稿来源于古埃及。

阳海清（1938—）
Yang Haiqing

湖北省图书馆研究馆员。曾任该馆特藏部副主任、科研服务部副主任、办公室主任、副馆长、《图书情报论坛》杂志主编、中国图书馆学会古籍版本研究组副组长、《续修四库全书》编委、《中国古籍总目》常务编委和中国公共图书馆古籍文献编辑出版委员会常务委员。出版专著多部，发表论文数十篇。

阳历
Solar Calendar

目前全世界通用的历法，又称公历、太阳历和格里历。阳历是把地球绕太阳一周的时间作为一年。阳历浸透了人类几千年间所创造的文明，是古罗马人向埃及人学得，并随着罗马帝国的扩张和基督教的兴起而传播于世界各地。

阳文
Characters Cut in Relief

指把字形或者图案的线条保留，采用模印、刀刻、笔堆等方法，刻掉空白部分，这样印到纸上的字或者图案阴影部分就是字形或者图案内容。泛指镌刻成凸状的印文，或者高出器物平面的文字图案等。篆刻通常有阳文和阴文的区别。但古代的称法和现在正相反，因为古人是按照印章印在封泥上的印记来称阴阳文的，在封泥上是阴文的，在印章上呈现的是阳文；在封泥上是阳文的，在印章上却是阴文。因此，为了避免误会，就把阴文称为白文，阳文称为朱文。有的印章中杂有白文朱文，就称“朱白间文印”。

杨华（1939—）
Yang Hua

《河北科技图苑》编审。1964 年 7 月毕业于河北师范大学中国语文系，同年 9 月参加工作。曾任河北建筑工程学院图书馆馆长。1986 年 11 月调至河北省高等学校图书情报工作委员会任副主任兼秘书长，并兼担任中国图书馆学会编译出版委员会委员、河北省图书馆学会常务理事、《中国知识资源总库》技术委员会委员、《中国图书全文数据库》图书推荐委员会委员和《中国信息产业博览》编委会特约编委等职务。还是《河北科技图苑》杂志的创办人、主编，出版参编工具书 3 种，发表学术论文数百篇，并多次受到嘉奖。

杨美华（1950—）
Yang Meihua

中国台湾政治大学图书资讯与档案学研究所教授兼所长。先后获台湾大学图书馆学学士学位、美国印第安纳大学比较教育硕士学位、图书馆学硕士和图书馆学暨资讯科学博士学位。曾在美国加利福尼亚州大学洛杉矶分校、新西兰威灵顿大学和澳大利亚堪培拉大学做访问学者，并在德国波昂大学汉学系任助理研究员、台湾大学法学院图书馆主任、台湾逢甲大学副教授兼图书馆馆长、台湾中正大学教授兼图书馆馆长和美国印第安纳大学东亚图书馆馆长。研究领域为：图书馆学教育、图书馆行政、知识管理、资讯服务和研究方法。出版专著 10 余部，发表论文 170 余篇。

杨明华（1948—）
Yang Minghua

研究馆员、汕头大学图书馆馆长。1982 年毕业于贵州省工业大学理论物理专业，毕业后留校任教。1987 年北京大学信息管理系研究生，毕业后任教于贵州大学。曾任贵州大学图书馆学情报学系主任、研究生部部长和图书馆馆长、教授等职。2000 年 4 月调浙江万里学院任院管理系主任、科研处长、院长助理和基础学院院长、图书馆馆长。主要从事情报检索语言、信息管理、信息检索与存储、图书馆自动化系统等教学与科研工作，曾两次由国家教育部选派出国进修。发表学术论文 50 余篇、主参编教材 2 部，完成科研项目多项，多次获省市政府颁发的科技进步奖，2002 年被评为宁波市首届高校名教师。

杨沛超（1955—）
Yang Peichao

教授，中国社会科学院文献信息中心主任。1995年起指导理论图书馆学、信息资源管理方向硕士研究生。曾担任东北师范大学信息传播与管理学院院长、教授委员会主任和东北师大数字图书馆研究所所长。1993年起享受国务院政府特殊津贴，1997年获全国师范院校教师奖。现兼任中国图书馆学会第八届理事会副理事长、学术研究委员会委员、中国社会科学情报学会常务理事、秘书长和学术委员会委员等职。主要科研成果有《目录学教程》、《东北地区社会科学文献信息资源保障体系建设研究》，发表论文50余篇。主持国家社科基金2002年重点课题《新世纪图书馆学人才培养研究》等项目。

杨沛霆（1931—）
Yang Peiting

情报学家。1955年毕业于天津大学，1983年起先后任中国科学技术协会培训中心副主任、主任、教授。在中国科学技术情报研究所供职27年，主要从事情报学研究和情报分析研究。出版10余部专著，发表几十篇学术论文，并获得3项科技情报成果奖。

杨士奇（1366—1444）
Yang Shiqi

名寓，字士奇，以字行，号东里，谥文贞，汉族，泰和（今江西泰和县澄江镇）人。明朝大臣、学者。杨士奇家贫好学，曾任塾师多年，后以布衣身份被荐入翰林院充当编纂官，官至礼部尚书兼华盖殿大学士。杨士奇在家乡泰和城南五十多里处，修有东里草堂，其中设善乐堂藏书。杨士奇著述颇丰有《东里文集》、《东里诗集》、《东里续集》以及《东里别集》等，还编辑《三朝圣谕录》，与黄槐合编《历代名臣奏议》。

杨思慎（1914—1992）
Yang Sishen

别名杨泽启，图书馆学家。1941年燕京大学研究生院历史系肄业。1947年任天津图书馆图书部主任。1949年任天津市第二图书馆馆长。1952年任天津师范学院副教务长兼管图书工作。其间，他开办读者夜校，组织读者活动，建立流动图书站，举办新书展，建立科学的规章制度，加强队伍建设与人员培训等。1980年任天津社会科学院图书馆馆长、顾问后，致力于文化大革命后图书馆的恢复与建设。曾当选天津市图书馆学会第一、二届理事会副理事长。

杨威理（1925—）
Yang Weili

图书馆史学家、研究员。1943年就读于日本仙台第二高等学校、仙台东北帝国大学医学部。1949—1988年任中共中央马恩列斯著作编译局图书馆馆长。曾兼任中国图书馆学会常务理事、中央国家机关和科学研究系统图书馆学会理事长。主编《研究马克思恩格斯著作和生平论著目录》和《西方图书馆史》。

杨文祥（1951—）
Yang Wenxiang

河北大学信息管理学院教授。教育部图书馆学专业教学指导委员会委员、中国图书馆学会第八届学术委员会委员、河北省图书馆学会常务理事和学术委员会主任。1979年以来，先后担任白城师范学院图书馆资料员、采编部副主任，济南图书馆研究辅导部主任、业务副馆长，河北大学信息管理系副系主任、主任。出版信息管理学理论著作2部，发表学术论文60余篇。

杨以增（1787—1855）
Yang Yizeng

字益之，号至堂，别号东樵。山东聊城人。清道光、咸丰间著名藏书家。喜好藏书，所得至数十万卷，其藏书楼“海源阁”。另有藏书室“宋存书室”，专藏宋代旧刻，而以元本、校本和抄本为附藏。

杨勇（1954—）
Yang Yong

研究馆员、云南大学情报与档案学教授和图书馆学专业硕士导师。1983年毕业于北京大学图书馆学系图书馆学专业，获文学士学位，同年到云南大学图书馆工作，先后任云南大学图书馆编目部主任、馆长助理和副馆长等职，2004年3月调情报与档案学院任院长。兼任中国图书馆学会第六、七届学术研究委员会用户研究与服务专业委员会委员、第八届学术研究委员会图书馆员研究专业委员会副主任、云南省图书馆学会副理事长、教育部高等学校图书情报工作指导委员会委员和云南省高校图书情报工作委员会副主任等职。主要研究方向为图书馆学基础理论、图书馆业务组织管理、文献学、目录学，并担任信息资源建设、文献学基础等本科课程教学任务和图书馆学基础理论、文献学基础理论硕士课程教学任务。主编、参编著作8部，发表相关论文20余篇，主持或参与完成省级、厅级及校级课题多项，多次获科研成果奖励及先进工作者奖。

杨玉麟（1958—）

Yang Yulin

西北大学教授。1982年毕业于北京大学图书馆学系，获文学学士学位。曾任陕西省科学技术情报所文献馆副馆长、西北大学公共管理学院副院长。主编或参编教材、学术专著、其他著作8部，其中主编教育部“面向21世纪课程（图书馆学类）”课程教材《信息描述》(高等教育出版社出版)。发表论文50余篇，主要集中在图书馆管理、民国时期图书馆事业研究及文献编目等领域。获得各种学术奖励10余项，其中省部级3项。兼任教育部图书馆学学科教学指导委员会委员、中国图书馆学会第八届学术研究委员会委员、社区与乡镇图书馆专业委员会副主任、陕西省社会科学信息学会副会长、教育与培训专业委员会主任、学术委员会委员、陕西省图书馆学会常务理事、学术委员会副主任委员和陕西省科技情报学会常务理事。

杨肇英（1931—）

Victor C. Young

原美国西弗吉尼亚大学理工学院维宁图书馆馆长。20世纪50年代中期自故乡上海赴美求学，在皮巴德学院的图书管理系研究所取得硕士学位。历任印第安纳州的巴所罗苗郡图书馆副馆长、西弗吉尼亚理工学院（后并入西弗吉尼亚大学）图书馆馆长。1998年，该校为了表彰其数十年工作的成绩，经全体教授投票通过授予其名誉博士学位。在其任职期间和退休以来，为促进美、中两国图书馆界的交流和中国内地图书馆事业的发展，做了大量的工作，被上海交通大学、中南大学、中国海洋大学和北京航空航天大学聘为客座教授或图书馆的名誉馆长。20世纪90年代初，在其倡议下开始为来自其他国家的图书馆员开设图书馆实习项目，此后，还拿出自己退休工资中的一部分资助中国的图书馆员赴维宁图书馆学习。至今，已有40余位中国图书馆员获得了此项实习机会。自退休后，每年返国数次，开设与当代图书馆事业发展相关的各类讲座。

氧化锌静电复制法

electrofax

静电复印方式之一。原理为将具有光敏特性的氧化锌作为感光材料，经充电、曝光后形成静电潜像，再用显影剂显出可见影像而获得复印件，或将显出的影像转印到普通纸上制成复印件。纯氧化锌的感光范围窄，光灵敏度低。加入增光剂后可将感光范围扩大到全部可见光，并可适当提高感光度。特点是价格较低，制作方便，成像层次丰富，但使用寿命较短。

样本

dummy

供拣字、拼版操作时作参照格式用的样本，与最后成品有同样页码，但书心多为空白。通常未正式装订但已裁齐纸边或简易装订，使装订者对图书大小和纸张规格有基本了解，便于美术编辑进行版式设计。整个印刷品的版面设计，包括字体、字号、正文位置、标题、插图和插图解说词等。还指图书正式出版前送交有关方面作评介推广用的图书副本。有时采用比较简易的装订形式，与最终产品采用同一种纸张。

样本书

example

书稿排印装订后，由印刷厂提交给出版社作为样品的图书，通称为样本。样本书的用途一是按规定赠送给该书的著、译者；二是作为缴送版本呈缴给有关部门；三是为开展宣传或征求意见赠送给有关机构和人士。又指馆藏中非流通的、只供阅览或复制之用并作为永久保存的图书。图书馆将入藏图书各留一册作样本存储于“样本书库”。

样品盒

specimen case

装样品的容器，通常顶部是透明的，盒内被分隔为几个部分以便对放置的多个样品进行比较。博物馆中样品盒具有特殊的规格，以便存放各种不同的样品。

样品，样本

specimen

在同一类或同一组事物中具有典型性的或能表示其他同类事物的性质、特征或品质的某一个特定的项目、部分、方面或事件。又指专门挑选出来供检查、展览或研究用的标本或样品，例如图书馆展览中被挑选出来代表馆藏文献的书刊即为样品；书店发售大部头、善本图书等前所印的小册薄本，以示发售书籍的版面式样、插图、内容和装订等，供用户购买参考。还指印刷厂排印书稿的样页，供出版社或作者审看是否合意。

样书封面
specimen case

由印刷装订厂提供给出版社一批样书的封面，展示这批书封面的尺寸、字体以及包装盒的面积等，出版社批准后方可印刷装订。

样张
page proof

在印刷业中，一般先将需要印刷的材料印制成按页编排的试样，以便核对和查错，这些试样就称为样张。单页样张按一定次序编排后组成长条样张。

样张校对
proof correction

根据原稿对比排版校样，改正校样中与原稿不符的文字、标点符号和图表格式等的错误。

姚名达（1905—1942）
Yao Mingda

目录学家。1928 年毕业于清华大学研究院，后留校任教。1930 年起先后在上海商务印书馆任编辑兼特约撰述，开办女子书店，创办《女子月刊》，致力于平民教育，执教于复旦大学、暨南大学。出版关于目录学的专著近 10 部。

摇动式吸墨纸具
rocker blotter

一种专门用于吸拾洒在文稿上的墨水或墨汁的手摇纸质工具。

Y

摇滚乐数据库
Rock's Backpages

目前世界范围内收录摇滚音乐资源最多的在线全文数据库，收录了自 1960 年至今的摇滚音乐资料，包括评论、访谈、作品特点评述等，这些文章来源于音乐和主流媒体出版物，如《滚石杂志》（*Rolling Stone*）、《新音乐快递》（*New Musical Express*）、《旋律制造者》（*Melody Maker*）等。目前收录来自超过 2 500 位撰稿人提供的约 18 000 篇文章，内容既包括 500 字的专辑/演唱会评论，也包括 10 000 字的采访稿。该数据库的所有资料均得到版权持有者的全权许可。数据库文章不仅提供文本格式，同时还提供 MP3 音频文件和原始采访文件，内容可全文检索。该数据库是现代音乐学习者、记者、作家、流行文化和媒体工作者参考的重要资源。

遥控软件
remote control software

能够远距离完成计算机或控制台所规定的操作的远程软件。可以安装在多台机器中进行异地操控，以实现让本地计算机用户通过使用调制解调器对某一远程计算机进行控制。

药典
pharmacopoeia（codex）

指一个国家药品规格标准的法典，由国家法定的记载药物的名称、性质、形状、成分、用量以及配制和存储等方法的书籍。药典由国家编撰，并由政府颁布施行，具有法律性的约束力，药典收载功效确切，副作用较小，质量较稳定的常用药品。大多数图书馆藏有最新版本的现代药典。

药学文献数据库
Ringdoc

现名为德温特药学文献（The Derwent Drug File，DDF）数据库，由德温特出版物有限公司开发，内容涉及有关药物学、毒物学临床应用的所有科技文献，收录了从 1983 年至今全世界范围 1 200 种出版物，包括期刊和会议录，其中大约有 11% 的文章已被翻译成非英语语言。

要旨，内容
content

文章、书籍或演讲的主要内容。广义上指书籍或其他出版物中包含的所有思想、论题、事实或说明。也可指某一研究领域的主题。

药袋 秀樹（1948—）
Hideki Minai

日本图书馆学家、东京大学图书馆学博士、筑波大学研究生院图书馆情报媒体研究科教授。从事关于日本公共图书馆的理念、目的、法令、制度、行政财政、政策、服务方法、馆员的专业化教育、管理和使用情况等方面的研究。近几年来主要研究专业馆员的职务内容、资格、素质以及图书馆行政和图书馆运营的关系。

耶烈万国立大学科学图书馆（亚美尼亚）
Scientific Library of Yerevan State University

位于共和国首都耶烈万，始建于1920年，1997年改为现名。馆藏各种文献资料220万册（件），其中图书180万册，分别存放于总馆、科学实验室和阅览大厅，教材资料约70余万册。同时还收藏了大量珍贵文献，其中包括珍稀古本20 770册，期刊3 300册（合订本）。该馆不仅为学校师生服务，还面向各研究机构及团体开放。注册读者1.3万人，其中学生9 400人。

耶烈万国立医科大学图书馆（亚美尼亚）
The Library of Yerevan State Medical University

位于亚美尼亚共和国首都耶烈万，始建于1930年。馆藏各种文献资料68万册（件），其中科学文献近20万册，主要服务于学校教学和科研。所藏图书根据教学和研究特点分为基础科学类和教育类，再根据学科特点和语言种类划分。特色珍藏包括1806年出版的骨外科学、1843年出版的实用药剂学等文献。注册读者有5 000多人。

冶金工业信息标准研究院
China Metallurgical Industry Information Standard Institute

成立于1963年，原名冶金工业部情报标准研究所，1999年更为现名。主要业务范围：冶金、矿业、工程材料的文献采集、加工与开发利用，冶金科技、经济、政策信息研究与咨询服务，专业技术、市场分析及信息资源数据库网络服务，报刊及电子出版物冶金行业标准化技术归口管理，国际国内标准化研究，标准制修订，标准信息及技术咨询服务以及国际间技术交流与合作。其主要业务机构：冶金信息研究所（冶金信息网、国家工程技术图书馆第二分馆、北京曼特咨信科贸有限公司）、《世界金属导报》社（工程咨询中心、北京吉诚广告公司）、冶金标准化研究所（北京冶金标准样品技术开发公司）。

冶金企业技术竞争情报系统
Technology Competitive Intelligence System for Metallurgical Corporations（TCISMC）

北京万方数据股份有限公司研制开发。由冶金技术（科技期刊、学术论文、学位论文、科技成果、专利文摘和标准文摘）、产业研究（统计报告、技术报告、行业报告和竞争报告）、宏观信息（宏观政策、法律法规）、国际资讯（国际商情、国外政策）、冶金机构（企业信息、科研机构、高等院校和信息机构）和企业自建（新闻中心、规章制度、技术档案和信息管理）等栏目组成。

《冶金专业叙词表》
Metallurgy Thesaurus

用于储存和检索冶金科技情报资料的专门主题词表。由原中国冶金部情报所编制，1983年出版。由主表、范畴表和词族索引三部分组成。主表是标引、存储、检索和组织目录的重要工具。全部主题词按汉语拼音音序排列。范畴表将主表中的全部主题词按学科性质的范畴编排，便于用户从分类角度选择主题词，满足族性检索的需要。词族表中叙词按其概念等级阶梯式展开，同一等级叙词按汉语拼音排列。

野史，外史
unofficial history

又称稗史，是古代私家编撰的史书，与官修的“正史”相对。野史中所写的人物和事件大多是实有其人、实有其事的。刘鹗《老残游记》云：“野史者，补正史之缺也。名可托诸子虚，事虚证诸实在。”由于封建的正统观念及其他种种原因，正史中删去了一些本该记入的事情，这些事情，便成了野史。野史在研究中国历史挖掘真相上，颇具参考价值及贡献，不宜轻忽。

野添 篤毅（1941—）
Atsutake Nozoe

日本图书馆学家、文学硕士、现任日本爱知淑德大学研究生院文学研究科图书馆学情报学专业教授。主要从事大学医学图书馆及医学情报中心等处的情报服务，编制数据库和调查活动。研究的范围包括，有关生物医学、医疗和健康等情报（印刷体和网络数字情报）的产生、如何加工、如何传到用户手中的过程以及Web上健康情报的质量评价。

业绩评估
performance evaluation

公司或机构通常为了其雇员的续约或晋升，对其雇员的岗位责任心和工作表现进行业绩评估，看其是否达到所设定的业绩指标。在图书馆，馆员的业绩评估可由各部门负责，或者通过同级评价来完成，不合格者就要遭辞退。

业务处理记录
transaction log

指一定时间内（一周、一个月或一年）用户使用某自动系统的操作记录。在线目录及书目数据库中，这些操作一般指检索（通过著者、题名、主题和关键词等）。分析业务处理记录可以揭示用户使用模式以及当改变了检索界面或加强了用户指导时检索行为的改变。业务处理记录也可以指为了统计目的而保留的记录，如某一服务项目中接受图书馆员帮助的用户数目，或者是图书馆咨询馆员回答问题的数目等，通常这些记录按照指导性、报道性、指示性和咨询性等来分类。

业务流程重组
Business Process Reengineering（BPR）

美国迈克尔·哈默博士为了提高企业的竞争力、生存能力和发展能力，于20世纪90年代提出的一种现代企业管理思想和方法。强调以业务流程为改造对象和中心、以关心客户的需求和满意度为目标、对现有的业务流程进行根本的再思考和彻底的再设计，利用先进的制造技术、信息技术以及现代的管理手段、最大限度地实现技术上的功能集成和管理上的职能集成，以打破传统的职能型组织结构，建立全新的过程型组织结构，从而实现企业经营在时间、成本、质量、服务、速度和环境方面的巨大改善。

业务外包
outsourcing

现代工业企业经营管理方法，已被图书馆界吸收和采用，图书馆将非核心功能工作通过合约外包给社会机构来完成，从而达到降低成本、节约人力资源、提高工作效率，提升竞争优势之目的。业务外包主要指将由图书馆内部所承担的服务工作转给馆外服务提供商（通常是一个营利性企业），作为最近公共服务私营化这一潮流的一部分。业务外包在图书馆的应用主要集中在事务性工作和采编工作方面。业务外包的很大不足是，外部承包商不熟悉图书馆的专业和实际情况，同时也引发了以下方面的争论：文献保护和保存（尤其是装订和对原有形式的改变）、机读格式的购买目录记录、采访计划（包括正式批准的计划、综合订购计划和订购代理商等）、加工处理、回溯转换以及图书馆自动化系统等。

业务学习，在职培训
in-service training

由公司、代理处、组织或社会事业机构为其雇员提供业务学习讲座或培训班的机会，其目的是为了使雇员变得更熟练或者有资格胜任单位的工作，尤其是对于那些新技术或新技术设备使用的培训更显重要。培训可以安排在单位，由专家对员工进行适当的指导，来提高员工的业务水平。

叶
leaf

一张书页，包括正反两个页面，可单面或双面印刷。在图书生产中，当一个印张折叠一次时，形成2叶或4个页面；折叠两次后，则形成4叶或8个页面；再折叠一次后，形成8叶或16个页面，以此类推。双面编码或单面印刷时计叶数。

叶昌炽（1849—1931）
Ye Changchi

字兰裳、鞠常，自署歇后翁，晚号缘督庐主人。清校勘学家和金石学家，光绪十六年（1890年）进士，历任翰林院庶吉士、国史馆协修、纂修、总纂官，参与撰《清史》，后入会典馆，修《武备图说》，甘肃学政。有藏书3万卷，著有《藏书纪事诗》和《缘裻庐日记》等。

叶继元（1955—）
Ye Jiyuan

南京大学信息管理系教授、情报学博士生导师。1991年7月获南京大学史学硕士学位，历任南京大学图书馆期刊部副主任、主任和馆长助理，全国高校图书馆期刊工作研究会常务副秘书长、副主任兼秘书长，江苏省哲学社科研究规划专家组成员，江苏省高校文献资源保障系统资源专家组组长，国务院学位委员会学科评议组（图书馆学情报学）成员，南京大学中国社会科学研究评价中心第一副主任，教育部首届社会科学委员会委员。曾在美国堪萨斯大学做访问学者，1991年被美国《历史文摘》（*Historical Abstracts*）聘为编辑顾问，1997年成为首批江苏省“333人才工程”入选者。发表专业论文80余篇，著作10余部，并多次获奖。

叶盛（1420—1474）
Ye Sheng

字与中，号蛻庵，自号白泉，江苏昆山人。明代藏书家。叶盛曾长年在边镇为官，受条件限制，读书、聚书都很不便，但无论官邸至何处，他身边总是带着几个专门抄书的人，长年为他抄书。每抄成一书，他认真校阅，并且钤上他的官印为记。到了晚年，叶盛藏书累积至 4 600 余册，共 22 700 多卷，为当时江苏藏书之首。他曾经打算建一藏书楼起名为"篆竹"，但由于经费不足而未能建成。之后其孙叶恭焕竟其遗志，努力建成了篆竹堂，也成为藏书家。

叶饰首字母
foliate initial

在彩色稿本中，由藤、叶子、果实和花朵或其他植物组成的图案所修饰的词首字母。

叶鹰（1962—）
Ye Ying

教授、浙江大学人文学院信息资源管理系主任。1982 年、1988 年和 1995 年分别毕业于南京大学、华东师范大学和中山大学，获学士、硕士和博士学位。1992 年赴德国做访问学者、2000—2001 年成为美国富布赖特（Fulbright）研究学者。兼任中国图书馆学会第八届学术研究委员会委员和图书馆学教育专业委员会委员、浙江省图书馆学会副理事长和学术委员会副主任、浙江大学信息资源管理研究所所长、上海交通大学兼职教授，主要研究领域是：图书情报、信息科技和中国哲学。主要学术创新观点有抽象图书馆学、分析信息学和三元哲学等，发表论著 50 余篇（种）。

叶子节点
leaf

网络术语，指不管按何种路径，在树结构中，代表离根（原始节点）最远的节点位置。因此，在任何树结构中，叶子节点总是在分支的末端，它没有子节点。

（页边或行间的）注释
gloss

在书页左边或右边空白处的注释或评语。在现代印刷品中，书页左边或右边的边注字体通常比正文字体小一些。

页边空白，栏外空白
outer margin

书页边（即栏外）空白的宽度，页边空白指天头（上边）、前边（右边）、地脚（下边）和脊边（左边）。

页边引注
key in

指在打字稿页边添加的注释，以此说明和正文有关的插图或其他资料怎样去查找。

页边注行数
runner

指用数字或字母在栏外标明行数的一种标识符号。在诗歌集、外文教科书中多有采用。

页结束
end of page（EOP）

文档中嵌入的一道命令，指示已打印页的结束和打印新一页的开始。

页码错乱
paging disorder（erratic pagination）

由于在印刷、装订的过程中所产生的差错，出现了书刊页次序颠倒、缺页或其他缺陷等现象。

页码索引
page reference

起提示文献所在页码的作用，一般单独成卷或附在文献目录中，用户可根据所示的页码来查找所需要的资料。

页码，页数
page number

表示手稿、图书、小册子和期刊中的各页面顺序的标记系统。现代书刊的页码一般被标注或印刷在页面的上部或下部空白处，而且一般是中间或外侧缘。单页码往往在展开书本的右手书页上，双页码总在左手书页上。通常，扉页、版权页和目次等部分的页码用小写的罗马数字表示，而正文部分的页码则用连续的阿拉伯数字标注。

页，面
page

指手稿、图书、期刊或者其他印刷物中一张纸的一面。一般标有数字号码，用以表示页面的顺序。以一本翻开的图书为例，右边的那一面常常称为正面，而左边的那一面称为反面。在英文中，page 可以缩写为 p.（单数）或者 pp.（复数形式)。另外，Web page（网页）也可以简称为page。

页面布局
page layout/makeup

在桌面印刷中，安排文献中每页的文字与图像的过程。

页面描述语言
page description language（PDL）

一种在较高层次上描述实际输出结果位图的描述页面内容的语言。通过来自一部计算机的指令指定印刷页的安排并使打印机执行。页面描述语言能够因此服务作为一个针对传输和可打印文档存储的一个交换标准。

页面设置，版面设置
page setup

控制文件如何打印到纸张上的一组选项。主要有打印纸的尺寸、页面空白、打印范围、打印时图像是否放大或缩小等。

页面预览
page preview

计算机字处理专业用语。大多数字处理软件允许用户在打印一份文件前，先在计算机屏幕上预先显示和打印结果完全一致的页面，以便用户知道打印效果。页面预览功能可有效降低打印成本，提高工作效率。

页式打印机
page printer

一种按页印刷的设备，激光打印机以及发光二极管打印机就是页式打印机。

页式送纸器
cut-sheet feeder

指自动将单页纸送进打印机的一种装置。

页数密度
packing density

指每张缩微胶片上可容纳的缩摄页数。

页数杂异
various paging

指书的页码形式不一，或无一贯次序，一般指由两篇或两篇以上正文合辑的图书中，每篇正文都有各自的页码。

页头标题
Headline（page head）

顶部用来表示页码和连续标题的一行字，通常在书的左页，或表示页码和章节标题或某章某页标题的一行字，通常在书的右页。

页头题名，栏外标题
running title

特指书刊版心以外空白处刊印的题名或其他标题，通常印在每一页或单码的天头或地脚。如果是横排本书刊，那么这种题名和标题通常被印在天头处的书眉；如果是直排书刊，通常被印在翻口处的中缝。在书刊的分编过程中，如果书刊缺少正式的题名页，这种题名和标题通常可作为题名著录的依据。

页尾花饰
tail ornament

印在书页下端的花饰，起装饰作用。

液晶显示器
liquid crystal display（LCD）

一种通过将具有极性分子结构的液体混合物夹在两个透明电极间构成的显示方式，用于计算机等其他数字设备的图像输出。其原理是：当电场作用时，极性分子按电场方向排列，形成水晶式结构，极化入射的光，在电极上覆盖的一薄层极化过滤物质将阻止光的穿透。用这种方式，通过将液晶物质变黑，栅格电极能选择性地“打开”一个单元（像素）。液晶显示屏比传统的显示器需要的能源更少，所占空间也更小，因此广泛应用于数字手表、袖珍计算器、台式和便携式计算机。

一般保留政策
general retention policy

表示期刊在馆藏地保留的期限，例如永久保留、保留一段有限的时间或不保留。

一般参照
explanatory reference

又称“说明参照”、“普通参照”和“总括参照”。表示款目的注释或说明编制款目的某条通例的参照。即为避免过多地使用“单纯参照”或“相关参照”，集中目录中某些具有共性的标目，对它们及某条编目通则加以概括说明，指引读者从一个标目去查找多个标目。

一般藏书
ordinary collection

指图书馆所确定的重点藏书范围以外的所有藏书，是图书馆藏书的必要组成部分，通常包括一般读者学习提高和休闲阅读等方面的图书，具有类型广泛、数量大和流通率高等特点。

一般资料标识（文献类型标识）
general material designation（GMD）

书目著录中表示非书资料文献类型的、供选用的术语，著录在正题名之后，置于方括号内，如[录像资料]。依据《英美编目条例第二版》（*AACR*2），英国和北美分别采用不同的文献类型标识术语，对于某些特定的文献类型，英国采用的术语更为广泛（如术语“实物”包括透视图画、游戏、显微载物片、模型和自然物品），而美国国会图书馆规定，手稿、地图、乐谱等文献类型的编目不采用文献类型标识。

（一次登完文章的）期刊
one-shot

指整本书或删节本再版时在期刊上一次刊载完毕，还指只出版过一期就停刊的杂志。

一次文献出版物，主要出版物
primary publication

指主要包含新颖、独创资料（如描述新颖研究结果的论文）的出版物。

一次写入
write once

允许用户在可操作磁盘上一次性写入数据的技术。一旦数据写入，则不能修改。

一次性批处理
one-time batchload

指一次性实施的批处理项目，如回溯转换，通常有预定的记录数量，并在指定的期限内完成。

一次一密
one time pad

一种编码系统。对每次通信采用不同的密码进行加密，在通信结束后密码即失效，永远不再使用，这种密码是绝对安全的。

一次印数
printing

指书刊及其他出版物一次性印刷的数量（册数）。

一次印刷有不同版本
state

在书籍印刷过程中，出现了一次印刷有不同版本的情况。这是因印刷和装订过程中对文本的内容不断地增加、删除或修改等所致。

一对一服务
one-on-one

指由一位图书馆员为一个读者所提供高质量的个别服务。

一级类目，基本大类
basic class

也称分类大纲。是从图书分类表中首先区分出来的第一级类目，是在基本序列的基础上展开的知识分类体系框架，如《杜威十进分类法》的10大类，《中国图书馆分类法》的22类，就是这些分类法的基本大类。

一阶逻辑
first-order logic（FOL）

集数学、哲学、语言学和计算机科学的一个逻辑系统，包括：一阶谓词演算、低等谓词演算、量化理论和谓词逻辑等。一阶逻辑使用由数学结构类解释完全无歧义的形式语言。

一经售出，恕不退换
with all faults（w. a. f.）

古旧书商的事先声明，即不保证售出的产品无瑕疵，不包退换。

一年发行四次的，季刊
quarterly

每3个月发行一次的连续出版物。

一批
lot

指图书、期刊或其他印刷品的一批例行货运，由图书馆发往图书装订厂，以便将书刊装订或重新装订。短语“封存这批”指某个时间的临界点，过该点后不再添加任何书刊货物。

一人图书馆
one-person library（OPL）

由一个人运作和管理的图书馆或信息服务，通常只需要较少的援助，这种情况在专业图书馆比较常见。在公共图书馆系统中，小型分馆有时由一位图书馆员或辅助人员管理，不过通常都有社区自愿者的帮助。流动书车几乎都是由一个人来操作的。

一书帖
quire

特指印好但还未折的一书帖书页。早期一书帖为4大张，对折叠成8张即16页，这样就便于手工缝制成羊皮纸图书。活字印刷和纸张广泛使用后，与羊皮书相比，一本书可以容纳更多张纸但厚度并未增加。

一体化管理体系
integrated management system

又称为综合管理体系或整合型管理体系。就是指两个或三个管理体系并存，将公共要素整合在一起，两个或三个体系在统一的管理构架下运行的模式。通常具体是指组织将ISO 9000标准、ISO 14000标准和OHSAS 18000标准三位合一。一体化管理体系的特点有：包容性、系统性、科学性、预防性、透明性和扩展性。

一问一答式
question-and-answer format（Q&A format）

指撰写广告稿的一种方法：广告客户的代言人回答客户所提出的问题。一问一答的方式主要用于印刷媒体，但很多场合用于电视、电台广告。

一写多读存储器
Write Once Read Many（WORM）

表示一次记录，多次读出的含义。这种数字存储技术允许数据被一次性记录并不受次数限制地读出，但不能被擦除和改动，主要目的是防止档案数据因偶然失误而丢失。一写多读存储器是光盘的一种类型，尺寸从5.25英寸到14英寸不等。WORM是一种大容量存储装置，由于它上面的数据不能擦除或改写，因此只适合于存储归档文件和大量不需改变的信息。它既可用于存储图像、文件和档案资料，也可用作计算机的外存储器。

一站式服务
one-step service

原为欧美的商业概念，即商家为赢得消费者，不断扩大经营规模和商品种类，备有充足的货源，让消费者在一个商店里买到全部所需的商品，尽最大努力满足消费者的购物所需而不需东奔西跑。其本质上就是系统销售服务，表现为不仅提供产品的销售，还提供相关的技术服务、维修保养服务、使用培训服务和金融保险服务等。在新公共管理理论实践中，一些地方政府借鉴这一模式，推行集中办公，在公共服务领域开始尝试“一站式服务”，以最少的环节、最短的时间满足公众服务需要。省时省力的“一站式服务”将成为服务行业的发展趋势，这不仅意味着服务“量”的变化，更是服务“质”的提高。

一站式检索
one-stop search

用户只要检索一次，就可获得全球所有馆藏信息，满足其对文献的需求。具体说用户只需在检索框中输入检索词，便可在多种电子资源中检索到相关信息，并可链接全文。这种检索类型的优点是显而易见的，读者根本不需要了解各种电子资源的名称、类别、内容，不用反复登录进出不同的电子资源。通过最简单的操作，一步到位地检索到所需要的全部信息。

（一张或多张的）散页
loose

指未装订的书页，也指一本书的各个部分，使用时可部分或全部从装订书中拆出。

（一种查询期刊文章的）搜索引擎
AskJake

其功能在于从全文数据库或包含标引、文摘的书目数据库中检索指定的期刊标题。AskJake站点由加拿大西蒙弗雷泽（Simon Fraser）大学图书馆负责运行维护。

一种粗体，方衬线体
Egyptian

西文字体分类名称之一。1815 年左右由英国人文森特·菲金斯（Vincent Figgins）创写。当时欧洲正值埃及学热，这种字体粗壮有力，笔画带有十分突出的板块状装饰截线，使人联想到古埃及神殿的殿柱，因而也被称为埃及体。这种字体给人一种新奇印象，但不高雅，初期只用于街头广告牌上。20 世纪初又设计出多种新型埃及体，有方形截线体和细长截线体，故又称“方截线体”、“大型字体”。多用于书刊标题、索引。

一种极小型书
pugillaria

古罗马时期的一种袖珍图书，由木材、象牙或金属制成的 2～8 个页面组成。在页面上覆盖蜡，用一种叫铁笔的锋利书写工具将文字刻写上去。这些刻写板用皮线或皮环串起来，再用羊皮纸或皮革作封面。

（一种可拉开的）特制书箱
pull-case

一种由两个部分组成的套叠式可拉开书箱，用来存放图书、小册子或其他资料。

一种新闻杂志
news book

16—17 世纪时，一种记载时事问题的小册子（8～16 页），由 1～2 张纸折成八开构成。到 1640 年以后，在英国以周刊形式出版，成为专门刊登各种新闻的连续出版物。

伊拉克国家图书馆和档案馆
Iraq National Library and Archive

1929 年成立于巴格达，当时的名称是马克塔布·阿尔-萨拉姆公共图书馆，有 4 000 册书，搬家后更名为马克塔布·阿尔-阿马公共图书馆。1961 年伊拉克政府通过国家图书馆法，重新命名为马克塔布·阿尔-瓦塔尼亚图书馆，1970 年获得法定缴送本图书馆地位。1976 年迁入目前位于巴格达的现代建筑物内，该建筑设计藏书量为 100 万卷。该馆每 3 个月编辑出版《国家书目》。在两次烧毁和抢劫之前，拥有图书 42 万册（卷）、期刊 2 618 种，善本书与手稿 4 412 件。由于连年战争，该馆损失严重。

伊朗伊斯兰共和国国家图书馆与档案馆
National Library and Archives of the Islamic Republic of Iran

成立于 1937 年，接收了原公共图书馆的藏书，随后购买了私人图书馆的许多波斯手稿，并于 20 世纪 40 年代从伊朗和俄罗斯银行及德国政府得到大批馆藏。伊斯兰革命后巴列维图书馆和德黑兰图书加工中心先后并入该馆。1990 年经议会批准修改国家图书馆法，归共和国总统直接领导。该馆重点收藏伊朗学和伊斯兰教作品、儿童读物、图书馆学与参考书、波斯与阿拉伯文作品、手稿和视听资料等，总计藏书 50 万册（卷），现刊 980 多种。编辑出版《伊朗国家书目》和《伊朗期刊名录》等，为读者提供免费在线目录查询服务。该馆是国际图联的机构会员。

伊丽莎白·霍默·莫顿（1903—1977）
Elizabeth Homer Morton

加拿大图书馆学家，加拿大图书馆协会执行主席（1946—1968）。毕业于多伦多安大略图书馆学院，在多伦多公共图书馆编目部任编目员和参考部任参考咨询员。然后到加拿大图书馆理事会工作，努力创建加拿大图书馆协会。协会初创时期，人员少经费困难。她到处游说，充当顾问，召集会议，编辑杂志。最显著的功绩为创办和发展了《加拿大期刊索引》（*Canadian Periodical Index*），主办《加拿大图协通报》（*CAL Bulletin*），即后来的《加拿大图书馆杂志》（*Canadian Library Journal*）和《幸运儿》（*Feliciter*）杂志。

伊丽莎白免费公共图书馆（美国）
Elizabeth Free Public Library

位于美国新泽西州的伊丽莎白市。现包括 1 所中心馆和 3 所分馆，还有 1 所流动图书馆，为该市民提供各种服务，其馆藏图书和期刊合订本为 65 万册，激光唱片、磁带和其他音频资料 2.3 万件，数字视盘和家用录像机制式的视频材料 19 万件。年到馆访问为 60 万人次，年图书流通量为 84 万册次。

伊利诺依大学厄波纳-香佩恩分校图书馆学与情报学研究生院（美国）
GSLIS of University of Illinois at Urbana-Champaign

伊利诺依大学厄波纳-香佩恩分校位于美国芝加哥以南 140 英里，建于 1867 年，始终排名美国顶

Y

尖大学之列。其研究生院中的图书馆学情报学研究生院之前身为建于1893年芝加哥的阿默学院，100多年来，培养出许多图书馆学与情报学专业和研究领域的佼佼者。学生应用最新技术和方法为参考咨询、研究、信息组织及其他专业任务打下坚实的理论与方法基础。该研究生院可授予图书馆学与情报学的硕士和博士学位以及学校媒体专家认证资格。所开设主要课程有：科学与因特网、信息技术职业、目录学、网络信息系统导论、学问与知识周期、信息研究专题、人文科学计算和教学与辅助系统等。

伊利诺依州立图书馆（美国）
Illinois State Library

位于美国伊利诺依州首府斯宾菲尔德市，始建于1839年，为州政府的一个部门。主要服务对象为州政府、地方政府以及州内各图书馆。其馆藏根据类型分为政府信息、宗族信息以及数字信息等。由于伊利诺依州盛产作家，图书馆专门辟有文库收集所有该州出生及曾在该州创作过的作家的作品等文献。在参考文献方面，建有地图资源库、专利和商标资源库等。其中地图资源库包括各种地理书籍、杂志及地图集等500余万件。

伊萨多·吉尔伯特·马奇（1875—1957）
Isadore Gilbert Mudge

美国一流参考咨询馆员，康奈尔大学毕业后，在纽约州立图书馆学院获得硕士学位。1900年在伊利诺依厄波纳图书馆学院教书并做参考咨询工作，并与西尔斯合作编书。1908—1914年续编了《参考工具书研究与使用指南》(*Guide to the Study and Use of Reference Books*)。1910—1911年在波士顿的西蒙斯图书馆学院教书，后在哥伦比亚大学图书馆担任参考咨询工作。在校长支持下，为该馆建立优良的参考工具书馆藏，并为师生提供专门指导。马奇曾对参考工作的实施提出3M（Material, Mind, Method）理论，即馆藏、精神和方法为有效服务的基础，这种理念深受业内欢迎，并得到广泛应用。

Y

伊斯兰式图案花饰（书封）
arabesque

由花朵、叶子或其他几何图形交织而成的复杂而精巧的伊斯兰风格图案花饰设计，置于书本封面以起装饰作用。

伊斯坦布尔阿塔图尔克图书馆（土耳其）
Atatürk Kitapligi

该馆由伊斯坦布尔市政府于1931年建造，主要服务于当地和外来研究人员。坐落于伊斯坦布尔市中心一个大型花园内，与博斯普鲁斯海峡相望。图书馆楼由著名建筑师 *Sedad Hakki ELDEM* 设计，被 *Hürriyet* 报评为土耳其首屈一指的图书馆。馆内设有11个部门，分别是：数字档案部、期刊部、公共图书馆部、伊斯坦布尔专室、儿童图书室、书籍修复部、图书封面专室、音频部、会议厅、展览厅和书库。该馆的报刊馆藏有着150年的历史，书籍数量达35万册左右（土耳其语、阿拉伯语、法语、希腊语和英语等），另有特藏如手稿、舆图、日历、明信片和年鉴。读者可以通过因特网查阅其中1万册地图和明信片等。该馆还设有书籍封面修复工作室、为失明的读者专设音像室、并致力于善本的电子化。2008年8月，该馆设立“上海之窗”。

伊特鲁里亚式装订
Etruscan style

一种装订形式。封面采用赤色犊皮，因为封面的颜色与装饰类似希腊与伊特鲁里亚的赤陶瓶，故得名。

伊特鲁里亚语字母表
Etruscan alphabet

从希腊字母表派生的一种字母表，用来书写伊特鲁里亚语（古代意大利西北部的一个民族用的语言）。在公元前7世纪或公元前8世纪已知的最早形式中，有26个字母，后来变为20个。

《医学索引》（美国）
***Index Medicus*（*IM*）**

当前世界上最常用的综合性题录型生物医学文献检索工具。由美国国家医学图书馆的“医学文献分析与检索系统”（MEDLARS）编辑出版的月刊，1879年由美国医生约翰·肖·比利斯（John Shaw Billings）和罗伯特·富雷其（Robert Fletcher）创刊，收录范围有生物学、药物学、生理学、解剖学、心理学、精神医学、社会学和人类学等，现已收录世界上70余个国家和地区、44个语种的3 300余种生物医学及其相关学科期刊，以题录形式报道期刊上的论文（Article）、编者述评（Editorial）、综述（Review）、著名人士传记（Biography）及含有实质性内容的讣告（Obituary）以及会议论文

(Meetings)等英文文献。该索引分为：医学主题词表、收录期刊一览表、索引部分和医学评论书目。其特点为历史悠久、收录范围广和质量高（索引的编辑出版等工作由“文献选摘评述委员会”的医学、编辑及图书馆学等各方面的专家完成）。

医学图书馆

medical library（health science library）

大学医学院、医院、医学研究机构、公共健康处或者医学协会所举办的专业图书馆。此类图书馆为学生、研究人员、医师、护理人员和健康科学的从业人员（医学、牙科、药剂学和护理学等人员）服务，其馆藏包括与医学及与健康有关的印刷和在线资源。医学图书馆可分医学中心图书馆、牙医学院图书馆和药学院图书馆、医院图书馆以及医学与相关医学学会图书馆等。美国最大的医学图书馆是在华盛顿特区的国家医学图书馆。

医学图书馆协会（美国）

Medical Library Association（MLA）

美国图书馆协会的团体会员，成立于1898年，总部设在芝加哥。其宗旨在于促进美国医学图书馆的业务发展，加速会员间医学文献资料的流通和交换，改进和提高医学图书馆管理员的专业水平及地位等。在医学图书馆及相关医学专业图书馆工作的图书馆员或技术人员均可成为医学图书馆协会的会员。该协会每年举行一次年会，除了在会上宣读论文、研讨专题和举办展览，会前会后还开设各种继续教育培训班。《医学图书馆协会学报》(*Bulletin of the Medical Library Association*，*BMLA*)是该协会每季出版的会刊，所载有关医学图书馆的理论和实践的文章水平高，应用性强，很受医学图书馆界人士的重视和欢迎。

医学文献分析与检索系统（美国）

Medical Literature Analysis and Retrieval Service（MEDLARS）

由美国国家医学图书馆开发、于1964年建成。其宗旨是为医学研究者、临床医生和其他卫生专业人员提供生物、医学参考文献。当时主要用于《医学索引》的编辑排版，并进行批处理方式的文献检索。1965年起向美国各医学图书馆和研究机构发行生物与医学领域的文献磁带。1971年以该系统为基础，建成MEDLARS在线检索系统（MEDLARS On-line），简称“MEDLINE”。1975年起与“MEDLINE”统称为MEDLARS系统。编有《医学索引》(*Index Medicus*)月刊和《风湿病索引》(*Index Rheumatology*)半月刊等。

医学文献在线检索系统（美国）

MEDLINE

美国在线检索系统之一，世界上生物医学文献方面最大的书目数据库。美国全国医学图书馆于1971年起将MEDLIARS数据资料库的全部文献资料通过计算机同美国国内外一些生物医学中心的终端装置一起建立在线检索系统，这样便于读者在很短时间内找到所需参考文献。它包括《医学索引》(*Index Medicus*)《牙科文献索引》(*Index to Dental Literature*)和《国际护理》(*International Nursing*)三部分。涵盖了健康学、生物学和物理科学、人类学、医学和健康护理、人口生物学及再生生物学相关的信息科学范围。医学文献在线检索系统包含摘自1966年以来的3 900多种杂志和生物医学会议及研讨会的专集文章的1 100万条书目记录，大约67%的记录有文摘。

《医学信息学杂志》

Journal of Medical Informatics

原名《医学情报工作》。1979年创刊，内部刊物，季刊，1992年改为公开发行，双月刊，2006年更名为现名，2007年改为月刊。主要栏目有“专论”：反映当今医学信息学某一专题领域的研究应用进展；“医学信息研究”：新形势下医学信息研究与应用的新理论、新方法；“医学信息技术应用”：信息基础设施（网络、通信、设备等）的建设、开发、利用，即现代信息技术在医、教、研领域的应用；“医学信息资源管理与利用”：有关医学图书馆事业的研究、创新、进展和趋势，信息资源（各种信息载体）的建设、开发、利用与管理；“医学信息教育”：医学信息检索课的教学理论与方法的探讨。

《医学主题词表》（美国）

MeSH

该主题词表不仅可以提供按主题来查找医学图书资料，又是美国医学图书馆所建立的《医学文献分析与检索系统》(*MEDLARS*)计算机在线数据库的索引典。在全世界的医学图书馆广泛应用。美国医学图书馆出版发行的《医学主题词表》是按字母排序作树状结构排列并作注释的。*MeSH*是《医学主题词表》(*Medical Subject Headings*)的首字母的缩写词。

医院图书馆
hospital library

设于医院内的图书馆，是从属于医院的文化机构或科研机构。其收藏包括医学和保健方面的印刷品与在线资源，主要为医生、护士、住院病人或职员提供信息和医学科研服务，通常有医学图书馆员来进行管理。

《医院信息管理》
Information Management of Hospital

1992 年创刊，原名为《医院图书馆杂志》，2002 年改为现名。由中国图书馆学会医院图书馆委员会和江苏省人民医院联合主办，是医院图书馆专业杂志。主要栏目有："综论"、"现代技术应用"、"工作研究"、"期刊工作"、"文献检索"、"图书分类与编目"、"人才培养"、"文献计量分析"和"病案管理"。该刊为季刊，自办发行。

依阿华大学图书馆学与情报学学院（美国）
School of Library and Information Science of University of Iowa

依阿华大学位于美国依阿华州的依阿华市，成立于 1847 年，其研究生院下设有图书馆学情报学学院，建于 1965 年。教授自动化系统设计、信息资源组织、多媒体用户教育、数据库系统、磁带制作、万维网搜索引擎、电子出版、数字图书馆、超文本系统、文本检索、计算机网络和智能信息代理等课程。可授予图书馆学与情报学硕士学位和图书馆学与情报学及其他学科博士学位，该学院获得美国图书馆协会资格认证。

依阿华州立图书馆（美国）
State Library of Iowa

位于美国依阿华州得梅因市，1838 年建立，最初为州政府提供服务，后逐渐对公众开放，现为州教育部下属部门。主要服务对象为州各级政府、州内各图书馆和教育机构。馆藏文献根据读者不同的需求分为政府文献、家谱资料、法律图书馆、医学图书馆、专利和商标图书馆以及公共政策及管理文献等。

《仪器仪表主题词表》
Instrument Subject Thesaurus

用于储存和检索仪器仪表专业情报资料的专门叙词表，由原中国机械工业部工业局编制，1984 年出版。该词表不仅收录了仪器仪表学科的主题词，同时还收录了相邻和相近学科的主题词和通用主题词，共收录 4 481 个主题词（包括正式主题词 4 027 个，非正式主题词 454 个），由主表、范畴索引和词族索引组成。

宜道出版社
China Alliance Press

原名宜道书局，于 1911 年由宜道会西教士翟辅民牧师（Rev. Robert Alexander Jaffray）在广西梧州创立，1932 年迁至上海，1949 年南下香港，总部设在中国香港九龙，该出版社分别于 1984 年及 1987 年在加拿大爱蒙顿和温哥华设立分社。其主要出版物包括：哲学、文艺丛书、中西文化探讨、人物传记、生活伦理、儿童读物、电子图书及多媒体。服务包括印刷书刊、举办讲座及文化活动、安排书摊、影音租借以及书籍批发。

移动博客
mobile blogging

让手机用户以网络日记的形式随时随地的记录、传播与沟通，构建自我媒体。也就是说通过移动电话、拍照手机或个人数字化助理更新博客帖子。

移动社交网络
mobile social network

具有相似或相同兴趣的个体或团体通过移动通信平台相互连接的一种社交网络。随着智能手机等移动设备的普及，使用移动设备访问社交网络逐渐成为主流。

移动式排架法
movable location

指按照图书之间的相互关系排架，不受书架或房间的限制，便于随时把新的图书加插到已上架的图书旁。

移动图书馆及延伸服务协会（美国）
Association of Bookmobile and Outreach Services (ABOS)

成立于 2006 年，2009 年成为美国图书馆协会（ALA）的分支机构。该协会由各种类型及规模的图书馆组成，其成员包括图书馆管理者、图书馆员、政府官员及其他领域的专家。其使命是支持与鼓励政府官员、图书馆管理者、图书馆员提供高质量的移动图书馆及延伸服务以满足多样化群体的信息需求。该协会致力于为移动图书馆及延伸服务活动提供一个交流的平台，为从事移动图书馆及延伸服务的图书馆员提供培训与职业发展教育，并积极推进移动图书馆及延伸服务成为图书馆的一项重要服务，该协会已成为移动图书馆及延伸服务沟通交流与信息传播的渠道。自 2007 年开始，每年召开一次大会。

移动图像专家组
Moving Picture Experts Group（MPEG）

由国际标准化组织（ISO）和国际电子技术委员会（IEC）于 1991 年发布的移动图像压缩和文件格式标准。已制定公布的 MPEG1 标准，实质上是数字电视标准，MPEG2 标准是提供对宽频带分布媒体的压缩。

移动因特网
mobile Internet

以宽带网络之间互联的协议为技术核心，可以同时提供语音、数据、多媒体等业务的开放式基础电信网络。用户通过手机等移动终端，通过移动网络接入因特网。是将移动通信和因特网两者结合起来，成为一体。其特点是“小巧轻便”及“通讯便捷”。

移动硬盘
mobile hard disk

以硬盘为存储介质，计算机之间交换大容量数据，强调便携性的存储产品。另外，普通的电脑硬盘通过硬盘盒或其他转换接口设备，也能做到移动硬盘的效果。通常采用通用串行总线（USB）接口与计算机连接，移动硬盘的特点在于：容量大、传输速度高、使用方便和可靠性提升。

移动阅读
mobile reading

以手机、掌上电脑等终端为阅读工具，在移动通信与因特网相结合的因特网环境下对网上电子资源进行随时随地的阅读。是人们利用数字图书馆的新模式。其显著特点是移动性。

移行接排
overrun

由于已排版的内容有增补或删除而产生的移行，具体做法是把字母或单词从一行移到另一行，或把一行或几行从一个专栏或某一页移至另一专栏或另一页。

遗漏
out

排版时，因疏忽而漏排（一个字或一行字），书商或顾客发现这种错漏时，出版商通常会免费调换。

遗失图书
lost

用于图书馆目录记录的一种代码，以此表明某件馆藏因最终查明被先前一位读者借走未归还，而无法再借到的流通状况。大多数图书馆将根据该藏书替代物的价格罚以该读者一定的款额。有些图书馆还对找到并在合理时间内归还藏书的读者退还罚金。

遗书
posthumous papers

前人的遗著。如王夫之的《船山遗书》。也指前人所藏之书。又指临终留下的书面遗嘱，具有法律效力，与死者有关亲属都无权修改。

遗著
posthumous

指作者去世后第一次发表的作品。通常，这些作品在作者生前尚未完成，而由其他作者续写完成。

（已编码的）档案著录
Encoded Archival Description（EAD）

已编码的档案著录文献类型定义，是一种非专用标准，旨在用标准通用标记语言（SGML）对档案馆、图书馆、博物馆和其他保存手稿和原始资料的知识库检索的工具，如书单式目录、详细目录和索引等进行编码，以便于利用这些文献资料。已编码的档案著录由美国加州大学伯克利分校图书馆创建于 1993 年。现由美国国会图书馆和美国档案工作者协会共同维护。

已订购
on order

采访术语，指图书馆在出版社、批发商或经销商处预订，但未收到的图书。图书馆所做的订购记录在收到所订图书并做完处理后将不予保存。在某些在线目录中，预定图书的情况会在简要的目录记录中反映出来。

已付印
gone to press

印刷出版业术语，指书籍最终的印版已交付开印，若有重要变动或纠正错误，必须在印完之后另外用勘误表来补救。

已借出
on loan

图书馆外借服务用语，表示某种文献已被读者借走，目前不在馆的情况。

（已经发表的）作品
published work

指著作权人以著作权法规定的方式公之于众的作品。

已印次数
previous printings

版权页上指明出版物曾经印刷过的次数，并说明前几次印刷的年代、地点等。

（已知资料的）检索
known-item search

在图书馆检索某一特定的著作，不是检索某一知名作家的任何一部著作或检索某一特定主题的著作。如果知道一部著作的题名，最易查找到其方法就是通过其题名来检索图书馆目录或书目数据库。如果不能确切地记起题名，最好的选择就是采用著者检索，如果能记起题名中的2~3个有意义的词的话，最好选择关键词检索。

（已注销的）书刊
cancelled

由于图书馆或销售商的原因，图书馆停止正常订购、续订图书或者期刊。已注销的或者续订的资料注明在图书馆馆藏目录中的完结款目中。近几年来，尤其是大学图书馆，由于期刊价格的上涨和全文数据库的出现，纸本期刊停订的数量在增加。

已注销订单
order cancelled（OC）

用在发票上的术语，注明书商取消了图书馆所订购的某本书或其他资料，原因是此书已脱销或绝版。

（以地区为单位表示的）一种地图
choropleth map

根据某地区每单位发生的平均数，用颜色、阴影或一些其他的绘图技术来显示几个地区中的每个地区的一种变量（如死亡率、人口、降雨量）的密度或频率的一种图。

以及其他地方
（拉）*et al.*

拉丁文 *et alibi* 的缩写，主要用在西文书目著录中。

以及其他人
（拉）*et al.*

拉丁文 *et alii* 的缩写，意即“以及其他人”。在西文书目著录时，表示三个以上的编著者时，为避免列出全部名字而在著录第一人名后采用该缩写。

以及其他物
（拉）*et al.*

拉丁文 *et alia* 的缩写，主要用在西文书目著录中。

以及下列等等
（拉）*et seq*（*q*），*et sp*（*q*）

用在西文书目著录中。拉丁文 *et sequentes* 或 *et sequentia* 的缩写。

以45°角斜拼接，斜截
miter

也称斜角对接。把端边截成45°斜角，以便将两件对接成一斜角接合，并且不重叠。如在书的内角与封面材料对接成斜角；准确的接合（包皮的装饰线条）而不使在角上发生超越范围或交叉；如对于一些较贵重的线装书，一般在封面、封底的四角上包上斜截的漆布，以防书被磨损。miter 也可拼作：mitre。

以罗马字书写，罗马拼音法
romanization

将非罗马拼音的名称或题名用音译的办法拼成拉丁字母的一种拼音方式。

（以描述主人公成长过程为主题的）教育小说
（德）*Bildungsroman*

源于德国文学的一种传统小说类型，以描述主人公成长过程为主题。一般作者从儿童时期的主观意识和青春早期的客观自我意识发展的角度来展开情节。*Bildungsroman* 是由德文单词 *Bildung*（教育、文化）和法文单词 *roman*（小说）合成的词。

以色列犹太国家与大学图书馆
The Jewish National & University Library

最初是圣约之子会建立的图书馆，2 万册藏书来自锡安运动的著名波兰学者约瑟夫·沙赞诺维奇博士的捐赠。第一次世界大战以后，为耶路撒冷犹太人居民服务的公共图书馆。1920 年被移交给创立希伯来大学的世界锡安联合会并于 1925 年更名。1933 年该馆正式成为隶属于希伯来大学的国家图书馆。国际联盟的托管政府要求当地的出版商缴送两本出版物的政策被以色列政府继承。该馆是全犹太人民的国家图书馆，又是以色列出版物的呈缴中心，共有原始手稿 1.1 万件，包括爱因斯坦的相对论手稿，以及洛克、牛顿、达尔文、拿破仑和迪斯雷利等名人的书信。总藏品为 310 余万册（件），其中摇篮本 200 件，善本 2.5 万册。

以太网
Ethernet

1976 年由美国施乐公司（Xerox）的 Palo Alto 研究中心、英特尔（Intel）和数字设备公司（DEC）联合开发推出的经由同轴电缆相互串联的局域网技术，是一种介质共享网络体系结构。

以用户为中心，以读者为中心
user-centered（user-oriented）

图书馆 2.0 的核心要求。这种全新的图书馆服务理念鼓励持续及有目的之改变，在建立实体和虚拟服务的基础上，邀请读者（用户）的参与，并通过始终如一的服务评估给予支持，目的在于通过改进的用户驱动的服务体系来吸引新读者，使得图书馆 2.0 的每一个组成部分都在向更好的读者服务迈进。

义务馆员，志愿馆员
volunteer

为图书馆工作但不获取物质报酬者。义务馆员通常是一些退休人员，他们希望通过自身的积极活动为社区作出贡献。根据个人的技能和才能，他们承担归架、修补、讲故事和园艺等各种各样的任务。高等院校中也选拔一些大学生利用课余时间担当义务馆员。

艺（美）术品
art

根据美学原理，运用技能、创作想像力和审美力进行手工制作的物品，包括文学、绘画、雕塑、建筑、音乐、舞蹈、戏剧、电影和曲艺等。

艺术
art

指一定社会生活在艺术家头脑中能动反映的形象产物。艺术既表现为人类能动地、形象地、情感地认识自然、表现自然、认识自身、表现自身的特殊社会意识形态，又表现为人类凭借一定工具和材料按照美的规律进行审美创造特殊的精神生产工具。

《艺术百科全书》
Art Cyclopedia

拥有超过 10 万幅艺术作品的在线黄页网站，由加拿大人约翰·梅隆（John Malyon）主持成立。目前该网站收集有 1 200 个艺术网站。该网站主要拥有世界 7 500 位艺术家的作品，有大量的图片，最多的是绘画和雕塑，其次有摄影、装饰艺术、装置艺术、录影艺术、数字艺术和网络艺术。

艺术博物馆在线数据库
Catalog of Art Museum Images Online（CAMIO）

OCLC 的博物馆艺术品图片数据库，英文简称为 CAMIO。该数据库收录了世界各地丰富多样的艺术作品的图像，其内容及描述由 20 多家世界级知名博物馆提供。该数据库馆藏丰富，涵盖公元前 3 000 年至今的 10 万多件艺术作品的精美图像，包括照片、绘画、雕塑、装饰和实用物品、印刷品、素描和水彩画、珠宝和服饰、纺织物以及建筑等。该数据库展示了各种美术和装饰艺术等作品资料，为教育、研究和欣赏提供高质量的艺术图像。

（艺术和技术方面的）精通者
master

指艺术家、作家、作曲家、表演家和手艺人或工匠等。

艺术/技术贡献者
Artistic and/or Technical Credit

除演员、解说者及主持人之外，对电影或录像的艺术/技术制作有贡献的个人、家族或团体名称一览表。属“资源描述与检索”（RDA）的内容描述元素之一。

艺术家小说
kunstlerroman

指从童年到成熟期追溯一个作者的创造性天才成长过程的小说，特别着眼于任何主要的考验和障碍及其对该艺术家性格和作品的影响。kunstlerroman 是从德文单词 *Kunstler*（艺术家）和法文单词 *roman*（小说）得来。

（艺术家、作家少年时代的）作品
juvenilia

艺术家或作家的少年或青年时期所创作的作品，常显示出文学或艺术上的不成熟，但可能为年轻人的充沛精力和创造性精神所弥补。

艺术品原件
art original

由艺术家创作的二维或三维艺术作品的原件，区分于此作品的复制件。如油画、素描和雕塑等。在图书馆工作中作为非书资料处理。此术语不适用于照片、版画等由一般人即可多次复制的作品。

艺术图书馆专业组
Art Libraries Section

隶属国际图联专业委员会图书馆类型部（Division of Library Types）。该专业组力求那些涉及各种文本和视觉艺术的可视艺术文献的图书馆和机构，促进用户对艺术信息的存取，并为艺术信息和资料的自由交换和艺术图书馆员继续教育提供了国际论坛。出版该专业组的业务通讯（电子版），刊登有关艺术图书馆的新闻与会议动态和论文，出版会议录、年报和一些专著等。

艺术印刷品
art print

指艺术家用镌刻、蚀刻、平版、蜡版、木刻等方法制版所制作的印件。

《艺术与建筑叙词表》（美国）
***Art & Architecture Thesaurus*（*AAT*）**

关于艺术品的最详尽和标准的主题词表，包含大约 131 000 个词条和有关概念，用于描述艺术、建筑学、装饰艺术、物质文化和档案材料。任一概念词条包括词条的单、复数形式、拼写变化以及各种各样的口语形式和同根源的同义词形式，有一个标记为首选的词条或描述词条。由美国保罗·盖蒂信托基金会出版发行。

艺术与人文科学引文索引数据库
Arts & Humanities Citation Index（A&HCI）

由美国科学技术信息所于 1976 年出版。拥有印刷版、光盘版、网络版和在线版这 4 种出版类型，各种类型所收录的内容基本一致。收录了艺术与人文学科领域 1 200 余种核心期刊及 7 000 余种科学、社会科学期刊中的相关内容，收录的起始年限为 1975 年。其内容涉及各个艺术领域，如视觉、音乐、表演、文学、工艺、历史和宗教等，还有人文科学的各个方面，其主题范围包括考古、建筑、艺术、亚洲研究、古典著作、舞蹈、电影、历史、人文、语言学、文学、音乐、哲学、诗歌、广播、宗教、电视和戏剧等。每年数据库增加 10 万条记录。该数据库现由汤姆逊路透医疗与科学部负责运作、发行。

艺术作品
artwork

指基于审美价值而人工创作的物体原件。

艺术作品描述类别
Categories for the Description of Works of Art（CDWA）

一种描述与获取艺术作品、建筑、其他物质文化、作品集及相关图片的信息的概念框架，包括讨论、编目基本准则与范例，用于描述艺术数据库内容。包含数百个类别与子类别，其类别的一个子集为核心集，代表识别与描述一部作品所需最低限度的必要信息。

《艺文志》
Bibliographic Treatise in a Dynastic History

中国历代纪传体史书、政书和方志中记载图书目录部分的专名。艺文志始见于班固《汉书》，删定刘歆《七略》而成，为后代正史“艺文志”之始祖。其中《汉书·艺文志》以《七略》“六分法”方式，记载自先秦到西汉学术发展的状况，分类记录当时存世的典籍，共六略三十八类，计著录596家，13 269卷，是中国现存最早的古代综合性图书分类史志目录。经籍志是中国古代史书中记载的图书目录。如《隋书》的经籍志，则是中国现存的第二部古代综合性图书分类史志目录。

议案，法案
bill

由立法机关的正式会议提议的法律条例。在《英美编目条例第二版》（*AACR*2）中，立法草案和议案是由适当的立法机关引导分类的。

议定书，协议
protocol

文件或议事录的原稿、记录或详细记载，尤其指由公证人保存并供其核实抄件文件或议事录的原始记录。也指正式谈判前所预备的有关两方或多方协定的签名文件。

议会图书馆
parliamentary library

由议会创建、主要为议员以及议会工作人员和研究人员服务的图书馆，议会图书馆也向公众提供服务。馆藏主要包括有关法律、宪政方面的文献资料，同时入藏议会的各种文件、法案、辩论记录、会议记录和法令修正案等出版物。

议会图书馆与研究服务专业组
Library and Research Services for Parliaments Section

隶属国际图联专业委员会图书馆类型部（Division of Library Types）。该专业组的目标是将国际图联的总体宗旨应用于法律图书馆、中央集权国家的全国立法机关及联邦制国家立法机关的图书馆。作为图书馆界一个独特类型，全世界的议会图书馆在国际图联内部形成它们自己的一个专业组。出版该专业组的业务通讯（电子版），刊登有关议会图书馆与研究服务的新闻与会议动态和论文，出版会议录、年报和一些专著等。

议会文献
parliamentary paper

主要指由英国议会出版的几个文献，其中有上下两院的公报、上议院文件和法案、下议院法案以及议会辩论记录。

议事日程，待议事项（一览表）
agenda

主要是指按照日期排定的行事程序。也指需要在会议上讨论的主题或事项一览表。该表通常由会议召集者或主持人提前向预期参加会议的人员征求意见后确定。按惯例议程在会议正式开始前发放给与会人员，以给出时间准备议程所列问题。

异本，异文
variant

凡同一书的不同版本，或不同的书记载同一事物而字句互异者称异文。图书的一次印刷中，与其他本子一处或几处稍有不同的本子，或者是与同一版本的前次印刷本一处或几处稍有不同的本子。这种差异主要出现在书帖、装订等方面。一旦出版物的某种序列最后确定了，这种变异就叫做（期刊的）期和（同一图书的）不同版次。

异步数字参考咨询服务
asynchronous virtual reference service

用户的提问和专家的回答为非即时的参考服务，主要方式有：常见问题解答方式（Frequently Asked Questions，FAQ），电子邮件咨询方式，具体又分为电子邮件咨询和电子表单两种形式，留言板方式。如通过电子公告板（BBS）留言板来提问和解答，还有网上导航方式。该项服务具有便于记录保存、回答时间充分以及节省人力资源等优点。

异构数据库
heterogeneous database

相关的多个数据库系统的集合，可以实现数据的共享和透明访问，每个数据库系统在加入异构数据库系统之前本身就已经存在，拥有自己的数据库管理系统（DBMS）。异构数据库的各个组成部分具有自身的自治性，实现数据共享的同时，每个数据库系统仍保有自己的应有特性、完整性控制和安全性控制。

异体字
variant

指与规定的正体字音同义同而形体（写法）不同的字。

佚名著作
anonymous work

指没有著者或者著者情况不明确的文献。

译本
version

翻译成另一种文字的本子。Version 又指基督教《圣经》的钦定译本。

译文，译本
translation

将一种文字译成另一种文字，或同一种文字由古语译成现代语的文字材料，在译文的题名页上译者的名字通常在著者名后，译文可以同时具有能够表达原著的译名。

译著
translation

经授权翻译的作品。译著对促进世界各民族各国家的文化交流，推动人类社会进步发展具有重要地位。在中国，约 2000 年前就开始翻译印度的佛经；近现代以来，许多译著在介绍外国先进思想、促进学术发展中起到了很大的作用。与此同时，中国也有大量著述被翻译成其他语言。

（易读的，趣味性的）阅读材料
readable

可以容易被阅读的、不给读者造成很大困难的、有参考价值、内容有趣并以某种为大部分读者所理解的风格写作的阅读材料的一种特性。

（易读的，易辨认的）手稿或印刷品
legible

易于阅读或辨认的手稿或印刷品。其反义词是：难以辨认的（illegible）。易辨性是印刷型资料设计中的一个重要因素。

《易经》
Classic of Changes

即"周易"，中国最古老而深邃的经典之一。据说是由伏羲的言论加以总结与修改概括而来（同时产生了易经八卦图），是华夏五千年智慧与文化的结晶，被誉为"群经之首，大道之源"。在古代是帝王之学，政治家、军事家和商家的必修之术。从本质上来讲，《易经》是一本关于"卜筮"之书。"卜筮"就是对未来事态的发展进行预测，而《易经》便是总结这些预测的规律理论的书。《易经》被儒家尊为"五经"之首；上古三大奇书之一。《易经》事实上是集合了古代的《连山》、《归藏》和《周易》，但《连山》和《归藏》已经失传。《易经》以一套符号系统来描述状态的变易，表现了中国古典文化的哲学和宇宙观。其中心思想，是以阴阳两种元素的阴阳一元论去描述世间万物的变化。广义的《易经》包括《易经》和《易传》。《易经》分为《上经》三十卦，《下经》三十四卦。

易排的稿件
fat matter

印刷术语，由于包含大量的空白，排版简单。例如，小说或诗句、戏剧中很长的对白段等。

易趣网
eBay（eBay. com）

世界上最大的网上拍卖公司。1995 年 9 月成立，总部设在美国加利福尼亚州圣何塞市，该公司创始人、首席执行官皮埃尔·奥米得亚（Pierre Omidyar）利用家中的一台计算机，以每月 30 美元的成本，通过当地因特网服务提供商（ISP）设计开辟了一个网上拍卖网站。该公司开创了网上拍卖的先河，其经营特点是让买卖双方直接接触，自己并不接触商品，只是靠收取物品上网发布费和交易提成赚钱。拍卖内容有书刊、报纸、艺术品、钱币、计算机、照相机、手表、游戏机、电影胶片、录像机、邮票和玩具等所有生活用品。

易用性
usability

指使用硬件或者软件难易的程度。具体指用户掌握某个软件的难易程度，尤其是对于一个新手来说，也可以有效且熟练使用计算机界面。设计可用性好的界面应优先考虑提供清楚、连贯的漫游内容。图书馆依据易用性测试对网页的用户友好性进行评估。

意大利佛罗伦萨国立中央图书馆
The Central National Library of Florence/*Biblioteca Nazionale Centrale-Firenze*

前身为 1737 年的佛罗伦萨公共图书馆，1743 年托斯卡纳大公下令整个国家出版的每种图书需缴送 1 册给该馆。1747 年以马利亚贝基图书馆之名向公众开放。1861 年马利亚贝基图书馆与裴迪南三世创建的图书馆合并，成为新意大利联合王国的国立图书馆。馆藏印刷图书 560 万册（卷），现刊 1.6 万种。特藏有许多意大利名人手稿，包括伽利略的大量科学手稿。作为国家图书馆编辑出版《意大利国家书目》，并为读者提供在线目录查询服务。该馆为国际图联的机构会员。

意大利广播电视公司

（意）*Radiotelevi-sione Italiana*（*RAI*）

意大利国营广播电视机构。1924 年在罗马成立，原名为意大利广播联盟（*Unione Radiofonica Italiana*），中间曾两次改名，1954 年改称现名。主办全国性广播电视，广播、电视节目各 3 套，由各台分别经营，自行编制节目。广播时数均为每天 24 小时，分别用长波、中波、短波和调频播出。3 套电视节目均为综合节目，每天也播出 24 小时。1984 年起播出图文电视，1989 年 12 月开始进入卫星电视实验广播，并对欧洲和拉丁美洲通过卫星传送电视节目。

意大利罗马维托里奥·伊曼纽尔二世国立中央图书馆

The Central National Library Emanuele II, Rome/Biblioteca Nazionale Centrale "Vittorio Emanuele II"

1873 年统一的意大利王国颁布法令没收了宗教团体的图书馆，1876 年在此基础上成立了维托里奥·伊曼纽尔二世国立中央图书馆，1917 年在庆祝建国 50 周年举办的展览时，大量的藏书、期刊、报纸吸引了很多的读者。该馆旨在保存国家文化遗产，开发自身文化功能，并享有法定缴送全部出版物权。由于隶属于文化部领导，根据法律每年可获得自动化管理资金。特藏有 4—11 世纪的 558 部手稿以及珍本善本书刊。馆藏专著 570 万册（件），现刊 1.2 万种。

意大利那不勒斯国立图书馆

National Library of Naples/*Biblioteca Nazionale Vittorio Emanuele III di Napoli*

该馆的历史从法尔内塞红衣主教（后来的教皇保罗三世）于 1495 年修建的宫廷图书馆开始。1799 年法国入侵那不勒斯，藏书归并到那不勒斯皇家图书馆。1815 年重新登位的费迪南一世将该馆更名为波旁皇家图书馆。1860 年，这所图书馆兼并了国王和王后的私人图书馆及圣恰柯莫的图书馆。由于国王维克多·伊曼纽尔三世于 1923 年将皇家宫殿捐献给国家，1927 年该馆被命名为维克多·伊曼纽尔三世国立图书馆。同时兼并了那不勒斯的公共图书馆，成为南意大利主要的文化中心。拥有馆藏 200 万册（卷），现刊 4 000 种。

意见箱

suggestion box

很多图书馆设有给读者提出自己意见和建议的箱子。读者需要购买的图书资料、对于图书馆服务的改进意见、对于图书馆政策的意见都可写在纸条上塞入意见箱中。读者还可以通过发送电子邮件方式向图书馆提出意见和建议。对于读者提出的问题和要求，图书馆通常会在其公告栏或主页的特定栏目等公开场合作出回答。

意译

free translation

根据原文的大意进行翻译，不作逐字逐句的翻译。对旨根据某种语言词语的意义译成另一种语言的词语。

因特网

Internet

又译为“国际互联网”或“互联网”，是指把世界各类型的计算机联结起来，并以同样的编码系统和通信协议为基础的光纤网络（称为 TCP/IP，即传输控制协议/因特网协议）。能够让使用者通过电子邮件（E-mail）进行联系，进行文件和数据的传送（采用 FTP，即文件传送协议），在因特网上搜索信息，进行远程的计算机访问，如在线目录、电子数据库等。因特网的前身是始于 1969 年的阿帕网（APRAnet），即美国国防部高级研究计划局的计算机网络，主要目的是给从事与国防有关的科学研究项目的组织提供安全的、能经受核攻击的通信网络。后来，其他领域的研究人员和学者也开始使用这一网络。美国国家科学基金会（National Science Foundation）于 1991 年接收了阿帕网的许多 TCP/IP 技术，建立起了能把许多通信量极大的网互联起来的分布式网络，并逐渐传播到全世界。因特网是现代社会最重要的信息基础设施和现代知识经济的重要支撑环境。

因特网服务提供者

Internet service provider（ISP）

向不能直接联结因特网的计算机使用者提供因特网接入服务的商业公司，一般是通过电信通道来实现，每月收费也较为低廉。大多数的因特网服务提供者亦向因特网用户提供其所拥有的软件。

因特网工程任务组

The Internet Engineering Task Force (IETF)

成立于1985年底，是全球因特网最具权威的技术标准化组织，由网络设计师、运营者、服务提供商和研究人员组成。主要任务是帮助建立与因特网有关标准，负责制定远程网络监视管理信息库，由因特网工程筹备指导组负责日常管理。

因特网公共图书馆

The Internet Public Library (IPL)

网上第一所公共图书馆，于1995年1月由美国密西根大学信息学院建立。其后，德类赛尔大学、佛罗里达州立大学加盟，与密西根大学组成大学联盟共同开发和维护。10多年来，该馆已发展到近45 000个链接，并且在阿根廷和日本设立了镜像点。其宗旨是为全世界的用户免费提供有价值的图书馆服务和促进信息与知识的全社会共享。同时也致力于加强图书馆员之间的交流以此为教学科研提供服务，并探讨网络环境下，图书馆情报工作的变革与发展以及图书馆员的职业技能、未来发展等。

因特网咖啡屋

Internet café (cybercafé)

出售咖啡、小吃和快餐，并在顾客就餐时免费或收取适当费用向其提供计算机设备和接入因特网服务的零售商店。某些大型高等院校图书馆和公共图书馆都安装了此类设施。

因特网浏览器

Netscape

1995年，由美国国家超级计算应用中心在Mosaic的基础上开发研制的图形化浏览器，是方便用户浏览万维网（World Wide Web）上各站点可利用信息的一种大众化软件程序。因特网浏览器可帮助用户标记网站供将来使用，打印和下载检索结果，以及拥有许多其他对用户友好的特色功能。在Web浏览器市场上，其主要的竞争者是微软公司开发的Web浏览器Internet Explorer。

因特网内容提供者

Internet Content Provider (ICP)

在因特网上向广大用户提供大量丰富且实用信息的服务提供商。提供的产品就是网络内容服务，包括搜索引擎、虚拟社区、电子邮箱和新闻娱乐等。因特网内容提供者可以允许专线、拨号上网等各种方式访问该服务提供商的服务器，提供各类信息服务，同样是经国家主管部门批准的正式运营企业，享受国家法律保护。

《因特网世界》(美国)

Internet World

1998年创刊，原名为《网络周刊》。周刊（除1月26日、5月25日、6月22日、7月6日和20日、8月3日和17日、11月23日和30日以及12月28日外）。由美国Meckler-media公司出版。主要介绍和报道因特网、万维网、电子网络和电子出版物等方面的研究进展，包括评论、介绍和实践经验教训。读者也可上网阅读该刊的电子版。

因特网协议

Internet Protocol (IP)

传输控制/因特网协议网络体系结构中网际层的协议，对应于ISO/OSI模型中的网络层。

因特网协议地址

IP address

指受传输控制协议/因特网协议（TCP/IP）支配的某一网络所附带的客户或服务器计算机的自然地址。一般是用4组阿拉伯数字表示，各组数字之间用圆点分开，如123.456.78.9。每一个因特网协议地址都有一个易于记忆的用数字联合表示的域名系统（DNS）地址。IP表示“Internet Protocol”。

因特网学会

Internet Society (ISOC)

国际性的非营利性组织，由个人、公司和基金会或政府机构组成，有180个国家100多个组织2万多名会员。其目的是促进因特网的使用、维护和发展，负责推动和支持因特网的技术发展，激励和教育科学和学术团体、工业部门及广大民众使用因特网技术和应用软件，激发他们的兴趣、促进网上新的应用程序的开发。

因特网资源

Internet resource

可以通过因特网从远程服务器下载的数字文档（如网页、文件传送协议文档和电子邮件消息等）。因特网资源编目规则可以从全球联机计算机图书馆中心（OCLC）的《因特网资源目录：手册与应用指南》(*Cataloging Internet Resources: A Manual and Practical Guide*) 获得。

Y

阴历
Lunar Calendar

又称太阴历，在天文学中与阳历对应，指主要按月亮的月相周期来安排的历法。其一年有12个朔望月，约354日或355日。主要根据月亮绕地球运行一周时间为一个月（29.5，306天），大月30日，小月29日。纯粹的阴历有希腊历和伊斯兰历，又称回历，而大部分通常说的阴历实际上都是阴阳历。在农业气象学中，阴历略微不同于农历、殷历、古历和旧历，是指中国传统上使用的夏历。

阴文版
reverse plate

指把阳文复制成阴文，黑字复制成白字进行制版的一种方法。这种制版方法比普通制版多一道手续，一般用作封面制版。

阴影字母
shaded letter

在印刷过程中，沿着字母轮廓每一笔画的同一边，加上深色的阴影，显得很有立体感。主要运用于醒目的广告。

音带配置
Tape Configuration

录音带上的声道数。属音频特征（sound characteristic）之一。

音节划分
syllabication

指将单词划分成音节的过程。英文书写中，如果句尾一个单词太长在一行里写不完时，必须在音节处常通过“-”断开，余下部分必须另起一行。许多数字处理软件具有自动断词的功能。

音量
volume

指电视、收音机和电子回放设备等发出的声音的大小程度，收听者可以用控制设备调节其大小。

音频
Audio

资源描述中指存储录制的声音、设计供播放设备如转盘、录音带播放器、CD播放器或MP3播放器使用的媒体。包括存储模拟与数字编码声音的媒体。属“资源描述与检索”（RDA）定义的8种媒体类型（media type）之一。

音频描述
audio description

经由人工或语音合成、大声朗读的叙述文本，简要解释资源的音频元素未能指明的视频细节。也称：音频旁白、音频字幕、视频描述。属于无障碍内容的一部分。

音频特征
Sound Characteristic

与资源的音频编码有关的技术指标，包括录音类型、录音媒介、播放速度、纹道特征、声迹配置、音带配置、播放信道配置及其他特殊播放特征等。属“资源描述与检索”（RDA）的载体描述元素之一。

音视频元数据
audio MD and video MD

一种音频与视频数字对象技术元数据的可扩展标记语言（XML）规范。常用作元数据编码与传输规范（METS）管理元数据部分或保存元数据（PREMIS）的扩展规范，也适用于单个元数据文件，或者结合其他结构如作为资料交换格式（MXF）文件的嵌入元数据。

音素
phoneme

从音质角度划分的最小的语音单位，从发音特征上可分为两类，即元音（也叫母音）音素和辅音（也叫子音）音素。音素也是计算机语音分析的基础元素。

音响资料，录音文献
sound recording

一个描述声音的总称术语。指录有声音与影像的媒体资料，这些声音在适当的声频仪器的帮助下被录制到一个媒质上（留声机唱片，录灌磁带、光盘、影片、录像带和数字视盘等）。图书馆收集包括音乐、人声制品（诗歌朗诵、戏剧、演讲、采访、广播和有声读物等）等文献。有时会议也会被录制下来用于存档。

音响资料图书馆
sound library

指专门收藏唱片、录音带、电影、电视片、幻灯片、激光唱片、影视光碟和数字视盘等资料，并提供服务的图书馆。

音像档案协会联合会
Co-ordinating Council of Audiovisual Archives Associations (CCAAA)

由国际录音资料协会、国际电影档案人员协会、国际音像档案协会、国际档案理事会、国际电影档案联合会、国际图联、国际电视档案联合会和东南亚——太平洋音像档案协会8个成员机构组成的联合会，旨在促进对音像档案有重要影响的公共政策的发展。该联合会致力于音像及影像文献的保存，以便能为当代及后代公民获取与使用奠定基础。

《音像资料叙词表》
Audio-Visual Materials Thesaurus

以音像资料为标引对象的中等规模的叙词表，侧重文艺音像资料。即可用于计算机系统，也可用于手工系统。由赵锦、戴维民主编，由中国计量出版社于1995年出版。

音译，直译
transliteration

将一种文字的字母按发音直译成另一种文字的字母，其中每一个字母都有独立对应的另一种语言的字母。

音乐图书馆
music library

又称音响资料图书馆。是专门收藏唱片、录音带、乐谱、乐曲、音乐书刊、音乐家的资料和有声电影等有关视听资料的专业图书馆。读者多属艺术工作者及专门从事音乐工作的研究人员。编制有关音乐的专业参考目录，是音乐图书馆的重要工作之一。

音乐图书馆协会（美国）
Music Library Association (MLA)

1931年创立于美国，是美国图书馆协会的一个分支机构。该协会旨在促进音乐图书馆事业的发展，并鼓励、推动对音乐图书馆组织管理的研究。每年冬季或春初召开3～5天的年会。出版《协会札记》(*Notes*) 季刊，《编目通报》(*MLA Cataloguing Bulletin*) 月刊以及《在线业务通讯》(*The MLA Newsletter Online*)。

音乐作品
musical work

指以音乐为题材的作品，包括以下内容：为表演而编写的音乐剧作品；为音乐剧作品编写的曲谱和表演的音乐剧。如音乐戏剧、歌剧、钢琴演奏曲、歌曲、乐谱、音乐唱片和音乐电影等。在音乐作品编目中，作曲者为主要款目，而改编者、歌词作者和主要表演者则作附加款目。

（音乐作品的）主题目录
thematic catalog

作曲家音乐作品的列表，按年代顺序或分类排列。其中主要曲目会列出每一组成部分，或一个长曲目的一段，通常会是几小节。有些主题目录是关于某一时期或某一形式的音乐作品，这种目录通常是按作曲家姓名的字母顺序排列。

音韵学，声韵学
Chinese Phonology

研究汉语语音发展变化的科学，注重辨析字音的声、韵、调三种要素，考证其音类和音值，研究范围包括古音、今音、等韵及近现代音。汉语音韵学研究汉语语音从古至今的变化，因此现代语言学把它归类于历史语言学（历时语言学）；与之相对的是研究某一特定时代语言情况的断代语言学（共时语言学），如大学中的现代汉语课程语音部分。其目标为，在汉语方言，隋朝和唐朝的反切系统的基础上，探测古汉语的发音如何以及古今发音的演变规律。音韵学的研究最注重中古汉语（隋唐）和上古汉语（春秋、战国）两个时代。

殷墟卜辞
Oracle Bone Inscriptions of the Yin Ruins

指19世纪末年以来，河南的殷墟遗址先后出土刻在龟甲兽骨上记录占卜的文字。这些占卜甲骨绝大部分是商朝后期（约公元前14至前11世纪）王室的遗物。在中国已发现的可以辨识的古代文字资料里，殷墟甲骨卜辞是中国发现最早的文献纪录，对历史学、文字学、考古学等方面都具有极其重要的意义。从甲骨上的文字看，已经具备了中国书法的用笔、结字、章法三要素。从章法上看，虽受骨片大小和形状的影响，仍表现了镌刻的技巧和书写的艺术特色。

银雀山汉简
Bamboo Slips of Han Dynasty Found at Yinque Shan

1972年发掘出土于山东临沂银雀山两座汉墓中。简文书体为早期隶书，写于公元前140年到前118年（西汉文景时期至武帝初期）。银雀山汉墓竹简共计有完整简、残简4 942简，此外还有数千残片。其内容包括《孙子兵法》、《孙膑兵法》、《六韬》、《尉缭子》、《晏子》、《守法守令十三篇》、《元光元年历谱》等先秦古籍及古佚书。这些古籍均为西汉时手书，是较早的写本。对于研究中国历史、哲学、古代兵法、历法、古文字学、简册制度和书法艺术等方面，都提供了可贵的资料。

引导程序
bootstrap

当接通电源开关后，能使安装在计算机上的软件（通常是操作系统）第一部分的程序进行装载，从而能够让中央处理器开始执行指令的一种程序。“引导程序”一词最初是指“通过本身的动作将自己引入到一种要求的状态”而设计的一种技术或设备。计算机有（源）启动、冷启动、重新启动和热启动等。

引导款目词
lead term

标引时标题或内容描述词中的第一个词，它决定着按字母数字式顺序的标题位置。在两个或两个以上词汇的标题中，常规词序有时需要倒置，即将最重要的词置于首词位置。

引导片
leader

指电影片、幻灯片或缩微胶片第一幅之前的空白胶片，也称为片头。

引导，启动
boot（boot up）

表示获得引导程序的口令，意思是启动一台计算机时，通过装入某个操作系统，能使操作系统中的文档开始运行。应用程序是“装载”而不是“卸载”。

引得深度
indexing depth

又称“引得深度”、“索引深度”。是指在标引过程中揭示文献主题的详尽程度，主要是指标引一篇文章所用的标识数量。

引点线
leaders

在排印时，由一系列破折号、系列短破折号或点组成，在目录中用于标题与页码之间。

引号
quotes

一种标点符号，有双引号（“ ”）和单引号（‘ ’）之分，表示文中直接引用的部分，有时也用来表示需要着重论述的对象或具有特殊含义的词语等。引号里面还要用引号时，外面一层用双引号，里面一层则用单引号。

引片
lead story

影片、幻灯或未曝光胶卷的片头部分，用于为放映机、冲洗机或照相机装胶片。

引题广告
teaser advertisement

一种隐去广告客户或产品名称，但保证要在未来结算单中详列数据资料，意在增加奇特性的广告。也指出版公司的市场部门在一本新书的护封上所印的广告，其目的在于吸引读者对新书产生兴趣。

引文分析
citation analysis

分析被出版物引用的著作以决定学术交流模式的一种文献计量学技术。例如，比较在一个或多个学科，图书和期刊的相对重要性，或者最新的资源与回溯资源的相对重要性。

引文矩阵
citing matrix

也称为“交叉矩阵”。一种显示作者、文献或期刊的引文矩阵。通常表示各种期刊论文的引文。引文矩阵的一种特殊类型是“同被引矩阵”，通常表示两位作者或两种期刊是否经常同时被引用。如图所示：期刊A引用期刊A（自引）两次，期刊A引用了期刊B5次，期刊C引用了期刊A零次等。

引文耦合
bibliographic coupling

文献通过被引证文献所构成的联系。具体是指两篇或多篇论文同时引用了一篇或多篇参考文献，这些文献之间的关系则称为引文耦合。引文耦合愈多，其相应的来源文献之间的相关性愈高。

引文数据库
citation database

将各种参考文献的内容按照一定规则记录下来，集成为一个规范的数据集。通过这个数据库，可以建立著者、关键词、机构和文献名称等检索点，满足作者论著被引、专题文献被引、期刊和专著等文献被引、机构论著被引、个人、机构发表论文等情况的检索。

引文索引
citation index

一种以文献之间的引证关系为基础的文献索引。是一种新颖独特的索引，以被引用文献为检索入口，以文献之间的引证关系为媒介，使引用过同一文献的各种文献聚集在该引文之下。关于引文作者的全部文献信息均在来源索引（Source Index）中出现。还提供一种轮排主题索引（Permuterm Subject Index），按醒目的题目词列出文章。例如：美国科学信息研究所出版的《艺术和人文科学引文索引》（*Arts & Humanities Citation Index*）、《科学引文索引》（*Science Citation Index*）和《社会科学索引》（*Social Science Citation Index*）。

引文网络
citation network

指在引证文献和被引文献之间通过作者、文献、主题、地域、机构和时间等要素建立起来的具有相互引证结构的、单向或多向性的关系网。引文网络可清楚地表现出科学文献之间纵向继承和横向联系的交流态势，包含丰富的有关文献交流、学科联系以及学科发展的有益信息，通过对这些信息数据的统计分析，可追溯科学发展的历史、评价科学发展的规模和趋势。

引文，引语
quotation

话语、文章中采用的出自其他书面作品或口头作品的词句。使用时须注意，词句离开原上下文环境可能会产生歧义。引用不当，则为误引（misquotation）。在出版界，一位好的编辑会很注重引文的准确性。排版时，简短的引文排在文中并用引号标示，较长的引文则与正文主体分开，不用引号，而是首行缩进以小一号字体标示，引文与正文主体之间上下均空一行。书面作品中，引文须以脚注或尾注的形式注明；口头作品则要说明引语的原作者，以免侵权。

引文字体
extract type

指文献中引文所使用的字体，一般略小于正文。

引言
epigraph（afterward）

又称“导言”、“绪论”。指写在著作或文章正文之前，或在某一章节之首，简要介绍其内容和主旨以引导读者阅读的简短文字。

引用
citation

从文学意义上讲，引用指的是在创作和发言中任何参考一位权威或先辈的著述或言论，或逐字参考另一位发言者的言论或作家作品的片段。在图书馆的使用中，是指在一著作中引用了某一特定的作者、编辑和作曲家等作品的片段内容或定理后，所标注的有关源文献资料（书籍、文章、论文、报告和音乐作品等）信息，以供参考。不同研究领域的引用格式不同，但至少要包括作者、题目和出版日期。citation 可缩写为：cite。

引用查寻
citation chasing

一种正统的调研技术，即从文献检索中的参考书目里寻找同一主题线索的另外文献来源。

引用次序
citation order

在列举分类法中，是指划分类目时运用不同分类标准的先后次序，引用次序影响类目体系的效果。

引语，（注释的）题头
lemma

由作者在作品开始时所撰写或引用的一段话或主题。

引喻，暗示
allusion

在文学著作中简要涉及或象征性喻示文章之外的人物、地点、事件或事物。引喻性文章有时也结集出版。

引证
reference

参考文献的一种，用于指明该文献中的某些内容被其他文献所引用；或是指明某一语句或命题的出处。

引证文献
citing reference

也称为来源文献。指引用或参考其他文献的文献，即写作时引用或参考了其他文献，并将其以参考文献的形式列于文后的文献。如在文献甲中以文后参考书目或脚注等形式列出文献乙及其出处，则称文献甲为文献乙的引证文献。

隐蔽藏印
private mark

往往为了用来区别真伪而在书内特定的页上盖的藏印。

隐私
privacy

指公民自己的私事、个人信息。个人拥有个人信息控制权、个人生活自由权和占有权，因此，个人拥有不向他人（包括政府机构和商业企业）透露其私人生活和职业生涯的权利。未经有关法律的授权，不得监视别人的隐私。《美国图书馆协会道德法规》(*ALA Code of Ethics*) 鼓励图书馆员和图书馆工作人员保护每一位读者的隐私权，对读者查找或接受的信息以及与咨询、借阅、获取或传递有关的资源保密。

隐性知识
implicit knowledge (TK)

1958 年，英国科学家、哲学家波兰尼（Polanyi）最早提出了“显性知识”（明确知识）和“隐性知识”（缄默知识）的知识形态分类之后，隐性知识的存在和意义逐渐引起世人关注。波兰尼认为，作为显性知识的相辅相成的一类，隐性知识是指尚未被言语或其他形式表述的知识，是“尚未言明的”、“难以言传的”，尚处于“缄默”状态的知识。波兰尼不仅肯定隐性知识的存在，而且还阐述了隐性知识的优先地位。将隐性知识转化为显性知识是典型的知识创新的过程。在这一过程中，人们将自己的经验、直觉和想像转化为语言可以描述和表达的内容，这是一个将感性知识提升为理性知识、从想像转变为概念的过程。

印版，图版
plate

即上面采用阳雕或阴雕方式刻有花样、图形或图像，可以用来在纸或其他印刷介质上进行印刷的一小块木片或金属片。在现代印刷业中，采用照相制版技术，既可以印刷文字又可以印刷图像。

印箔
blocking foil

为增进书刊封面或其他印刷品的装饰效果，将加热的金属印模把文字或图案烫印在书籍封面或其他印刷品上时所用的金属箔或色粉箔等材料。采用印箔烫印的书刊封面或其他印刷品一般都具有光亮美观、耐久不变色的特点，但价格相对要比普通平装本书刊昂贵。

印次
print run

又称“出版份数”。一种图书印刷的次数，从第一版第一次印刷起，累积计算。

印第安纳大学图书馆学与情报学学院（美国）
SLIS of Indiana University

印第安纳大学是一所综合性大学，提供超过 130 种本科专业和其他 320 种学位课程。位于布鲁明顿（Bloomington）的图书馆学情报学院一直享有良好口碑，有强大的师资力量，课程内容涉及情报科学、图书馆学、心理学、政治学、社会学、计算机科学、工程、语言学和教育技术等，提供情报科学硕士、图书馆学硕士、情报学博士、图书馆学和情报科学高级专家资格认证（相当于硕士）等学位。该学院获得美国图书馆协会资格认证，其研究内容包括学者交流、界面设计、公共图书馆政策、计算机交流和信息检索等。该学院的计算机实验室为学生提供了各种平台和应用软件的实习环境，其图书馆收藏包括几百种期刊和在线数据库。

印第安纳州立图书馆（美国）
Indiana State Library

位于美国印第安纳州首府印第安纳波利斯市，始建于1825年，最初为州政府官员和雇员服务，1934年对公众开放。为政府部门的管理和研究工作提供咨询，为州内各图书馆提供咨询和培训等服务，为州内教育机构提供相应的课程与研究成果以及为公众提供借阅服务。馆藏各种图书期刊等文献200余万册，手稿3 500余件以及大量的联邦政府文献、印第安纳出版的报纸、家谱资料、各种照片、地图和缩影胶片等。

印度报业托拉斯
Press Trust of India Ltd（PTI）

印度最大的通讯社。其前身是1910年建立的印度联合新闻社。1919年成为路透社的附属机构。1947年印度独立后筹建，1948年正式成立。1976年与其他3家通讯社合并为萨尔查尔通讯社。1977年11月，萨尔查尔通讯社解散后改为现名。印度报业托拉斯的总社设在孟买，新闻总编室则设在新德里。全国设有50多个分社，并在纽约、伦敦和莫斯科等地设有分社。

印度电视台
Doordarshan India（DDI）

印度全国性电视台，1959年9月开始试播，其前身是全印广播电台的一部分，1976年4月1日起从全印广播公司分离出来成为独立机构，隶属于政府新闻广播部，总部设在新德里。目前共有543个发射台，可覆盖国土面积的67.6%和人口的78.7%。在全国有18个节目制作中心，9个转播中心。1995年开办了一个对外电视频道。

印度国家图书馆
National Library of India

该馆的历史可以从1836年成立的加尔各答公共图书馆算起。印度独立后，将1891年建立的帝国图书馆正式更名为国家图书馆，但仍起着公共图书馆和政府图书馆的作用。该馆隶属于印度中央政府的人文资源开发部下属的文化部，图书馆总监由中央政府任命。作为国家4个法定保存本图书馆之一，该馆是全印度的总书库，充分行使国家图书馆职能。20世纪80年代晚期开始就其业务和服务进行计算机化。该馆面积为2.5万平方英尺，馆藏总书架达32英里，藏书达230万册，其中印度文图书有80万册，印度政府出版物50万册，地图近9万件，现刊18 000多种。

印度科学研究所 J. R. D. 塔塔纪念图书馆
J. R. D. TATA Memorial Library of Indian Institute of Science

著名的印度科学图书馆，是印度最好的科学和技术图书馆之一。该馆作为3个最早创建的研究所图书馆之一，创建于1911年，并逐步在科学和技术领域成为一个珍贵的国家资源中心。该馆在期刊订阅方面每年花费6千万卢比，这在世界上都是绝无仅有的。该馆收藏了大量的图书和期刊，其中有一些是在1820年及其以前出版的。

《印度快报》
Indian Express

英文日报，属印度快报系，是印度最有名望和发行量最大的一家报纸，由两个戈恩卡家族共同投资经营。1940年在孟买创刊，1953年报社搬到新德里，总发行量为58万份。该报在政治上倾向美国，曾反对印度过分依赖苏联，主张与中国改善关系。该报代表垄断资本家利益，反对英迪拉·甘地政府，曾因拒绝政府指定的代理总编辑而被关闭数月之久。

印度尼西亚国家图书馆
National Library of Indonesia/*Perpustakaan Nasional Republik Indonesia*

1980年，由印度尼西亚教育文化部颁布条令将4所图书馆合并成国家图书馆。条令指出国家图书馆要直接对总统负责，除了行使国家馆的各项职能，还负责监督1990年《缴送本法案》和1991年《关于印本及录音资料呈缴实施细则》的实施。各省负责保存印刷文献的机构被称为省级国立图书馆，是国家图书馆组织结构中的分支机构。该馆开展国内外馆际互借，为全印尼公民提供书刊资料和信息服务。该馆是国际图联的机构会员。

印度神学图书馆协会
Indian Theological Library Association（ITLA）

该协会成员仅接纳来自印度的神学图书馆及馆员。其主要使命有：培育其成员的专业技能，提高他们作为管理者及馆员的供职能力；推进神学图书馆事业的发展，协助神学图书馆员理解图书馆在神学教育中的作用；提供高质量的信息服务及便利的工具以支持神学、宗教及相关学科的教学与研究；促进神学图书馆和宗教资料收藏机构馆员的合作，并为这些馆员所面临的共同问题提出纲领性的解决方案。

《印度时报》

The Times of India

英文日报，隶属印度时报集团。印度最早的英文报纸，1838 年在孟买创办，当时叫《孟买日报》，每星期出版 2 次，1859 年改为日报。1861 年 5 月与《旗帜报》、《电讯与信使报》合并，改称现名。原为英国贝内特·科莱曼有限公司经营，后被印度达尔米亚-贾殷财团买进。该报目前在新德里、孟买、艾哈迈达巴德、班加罗尔、巴特那、勒克瑙和斋普尔等地印刷出版，并在华盛顿、伦敦、东京和加德满都派有常驻记者。该报的新闻报道较详尽，反映政府观点，主要读者对象为知识分子、政府官员、商人和海外印侨。该报是印度国家报纸，反映政府观点的英文对开日报。

《印度医学图书馆协会公报》

Medical Library Association of India Bulletin

由印度医学图书馆协会主办，为传播专业信息的刊物。1983 年 3 月创刊，季刊。主要刊登在医学图书管理业务领域的评论文章、论文、学术性研究成果、关于医学图书馆问题发展的政策的讨论以及印度的医学图书馆协会新闻等。由于一些原因，该公报中途曾被停刊，2002 年复刊。

印花粉

pounce

指撒在镂花模板上以印出图案使用的细粉末。

印坏的纸张

spoilage

在图书印制过程中，出现有如废印而丢弃的纸张。按照规定，允许有一定比例的废印率。

印谱

Manual on Seals

亦称“印存”、“印集”、“印式”、“印举”等。汇集古代玺印和篆刻家创作的图谱。可供人鉴赏、临写，更重要的是研究篆刻发展史、文字学、史学的资料。印谱版本可分为木刻翻摹、原印钤盖、摹刻、制版印刷等种类。品类有集古印谱、摹古印谱、摹印人印谱、自刻印谱、文赋印谱和汇辑印材的印谱等。中国的印谱起源于宋徽宗《宣和印谱》。

印书纸

book paper

相对于其他种类的纸（如新闻纸、薄绉纸、墙纸和包装纸等）而言，是指适合于印刷图书、小册子、期刊和目录等的一种纸。印书纸在质量、色彩、抛光、不透明性、重量和韧性方面各不相同。对于需要无限期保存的馆藏图书来讲，图书馆员喜欢质地优良、韧性好的纸。

印数

number of runs

指一种书或期刊等每版印刷的总量，即所印册数。

印数不足

underrun

出版社印刷数量比订购数少。

印数说明

limitation

在书上注明本版一共印多少册，通常印在题名页前一页的反面。同时还注明该版本的所有特性（大开纸、特殊装订等），另外，还留有一处空白，以便手工添加每个复本号码。

印数，印次

impression

指图书每一版印刷的次数，从第一版第一次印刷起开始计算。如果图书的内容经重大修订而再版，那就要另行计算印次。

印刷版

printing plate

一般由金属制成，也有时由塑料或纸制成，可以被平放或被卷曲装在滚筒上。照相玻璃底版主要用于高质量的大型专业相机上，而最流行的背衬材料还是醋酸薄膜。

印刷厂或出版商标记

printers or publishers mark

印刷厂或出版商以名称缩写或特定图案等形式意在表明其出版物的标记。通常印在版权页、题名页或书脊上。

印刷厂内校样

reader's set

指印刷厂对文稿进行校对的一种校样。

印刷出版样式

house style

出版商、印刷商、公司或机构在写作风格（语法、句法、用法和标点等）和表现形式（拼写、缩写、上标/下标和引用格式等）上有统一可供遵照的标准，以保证所有出版物的一致性，从而更好地得到读者的认可。出版样式包括页眉、页码位置、字型和尺寸、拼写和标点符号等。大多数出版公司都有自己的编辑排版样式。

印刷出纳卡登记法

book amatic

指一种图书借阅管理系统。读者在办理借书手续时，把书卡和借书证放在一种叫地址印刷记录器下面，将读者的姓名地址及所借图书的作者、书名等复印在两张带有编号的出纳卡上，其中一张放入书中，到还书时才取出，这样按编号排列，如有缺号便是逾期图书。

印刷次数表

list of impression

在版权页上说明此书多次印刷的日期。

印刷，打印

print

用油墨将印版、字模或金属板上的图像或文字印在一张纸、纸卷或其他印刷材料的表面。至于手工印刷，多用棕刷子蘸墨刷在印版上，然后放上纸，再用干净的棕刷子在纸的背面用力来回擦。在现代印刷中，各种印刷机均被采用。

印刷地

place of printing

编目用语，指文献印刷的地点。

印刷工艺

printing

指用印刷机或打印机将图像或文字印在一张纸、纸卷或其他印刷材料表面上的工作、方法和技术等。

印刷花饰

pinter's flower

一种像花朵或植物叶子之类的小型印刷品装饰图案，或是金属饰物、雕刻艺术字，也可以将它们连续排列成装饰花边。

印刷机

printing press

印刷专用的技术设备，用以将图形从有油墨的图版或印版转印到纸或其他印刷平面上。现代印刷机是由德国约翰·谷腾堡（*John Gutenberg*）于1456年发明，第一部印刷品是《谷腾堡圣经》（*Gutenberg Bible*）。现时的印刷机分为：凸版印刷机、凹版印刷机、平板印刷机、丝网印刷机、单张纸印刷机、卷筒纸印刷机、平压平印印刷机、圆压平印印刷机、一回转印印刷机、二回转印印刷机（还分单色印刷机、双色印刷机和多色印刷机等）。

印刷计数机

numbering machine

印刷机上安装的自动计数装置，利用光电原理可以自动地计算出印刷物的份数。

印刷卡片

printed catalog card

在手工编目时期，由统一的编目机构编制并面向图书馆信息机构发行的单元卡形式卡片，再由各图书馆信息机构根据需要添加各种款目，并按照一定的顺序排列。这种印刷卡片便于增删，可供多人使用，但不便于携带。

印刷量，一次付印数

press run

某一出版物一次印刷的总册（份）数，常多于征订单所要求的数量，以备印刷过程中的损耗。

印刷品

print matter

利用印刷技术印刷、复制出来的报刊、小册子和活页乐谱等物品的总称。多数国家邮政规定的报纸、小册子、活页乐谱、校样等印刷品都可作邮寄的印刷品。至于广告画印刷品，是根据英国版权法规定，经过版权登记的一种广告美术作品，有时配有文字说明，一般印在杂志内一张不超过四折的纸上。

印刷前准备
press-ready

指除印版外在印刷前的准备工作，包括油墨、纸张和送纸设备等的准备。

（印刷）说明书
specification

由出版商送给印刷商关于一部书的印刷说明，包括其尺寸、用纸量、打印效果、插图的数量、正文前的版面（标题页、前言和目录）及正文后索引、附录和参考书目等一系列所希望达到的印刷要求。按照说明书的要求，印刷商会打印出一份样品页。

印刷套准
register

指在印刷页面第二部分内容的过程中，使前后两个页面对准，以使两次印刷的内容精确地重合。在多色套印过程中，印刷套准技术能确保前后印刷每种颜色时印制出精确套准的图像，而不会出现对得不齐的图像。

印刷体字母
block letter（sans-serif）

指笔画宽厚相等、整齐且无衬线的字体印刷的西文字母。原为早期书信手写体的残迹，后演变为广告和展览说明文字的字体。1927 年起由英国印刷家吉尔推广并用于一般图书的印刷中。20 世纪 30 年代逐步被出版商广泛应用。

印刷物上的斑点
hickie

印刷行业的行话，指无意中留在印刷物上的污点或瑕疵，通常是由于附着在印版上的灰尘或干墨造成的。hickie 也可拼写作 hickey。

印刷型目录
printed catalog

以书本形式印刷出版的目录，不同于目录卡片或其他形式的目录，可广泛发行交流。

印刷型文献
printed document

采用铅印、胶印或版印等方式把文字、图像信息印制在纸张上而形成的文献（图书、小册子、期刊、会议录、地图和乐谱等），与电子出版物相对应。

印刷型音乐文献
printed music document

基本内容是表述音乐的文献，常常以音符的形式出现。印刷型音乐文献可以以单页或者抄本的形式存在。

印刷业
printing trade

指印刷工作的技艺、实践和业务的总和。

印刷业者，印刷工
printer

从事印制图书、小册子、期刊或其他文献的人或公司，特指从事印刷业中某一工种的熟练工人。

印刷用原稿
printer's copy

作品在付印过程中专供印刷排版用的手稿或原稿，分文字原稿、图画原稿和照相原稿等类型。

印刷用纸
printings（print paper）

用来印刷文稿的纸。按其类型可分为：新闻纸、书刊用纸、地图纸和封面纸等。

印刷油墨
printing ink

将固体料分散在联结料中制成的具有一定流动度的比较稳定的悬浮液，以供印刷之用。特指一种用炭黑和稠亚麻子油或其他类似的油料，还加入松香油和松香清漆调制成的黑色油墨。根据性质的不同，可分为新闻油墨、书刊油墨和铜版油墨等。

（印刷字体的）厚度
weight

印刷字体划分等级为特细、细、较细、中等、较粗、粗、特粗和最粗等。一般正文部分用中等常规粗细度，标题和重点的文字则加粗。

印刷作业
machining（press work）

指印刷、出版一本书的重要过程，其他两个重要过程是排版和装订。

印刷作业前准备，垫板

make-ready

把印版垫好，调整其位置和高度，以求得印刷质量的完美无缺，特别对彩色精印来说，垫板过程是一项极为重要的工艺过程。

印透

show through

一种印刷次品，即在某页上的文字或插图，从其背面也可看见。带有印透书页的图书称次品。这往往由于印刷工人油墨配比不当所致。

印相

printing

负片或正片以接触或投影方式在感光材料上晒印正像或负像的方法。

应变计划

contingency plan

针对可能发生的某些情况（如原方案未能按计划实施或条件发生变化）预先准备好的替代方案，例如防灾预案和紧急应对措施。

（应答轮唱赞美的）诗集

antiphonary

包含有赞美诗、圣诗和韵文诗并由唱诗班单唱或对唱的礼拜仪式歌曲集。也指包含有天主教日课中唱诗部分的书，尤其是指每日祈祷书与曲谱在一起的应答轮唱赞美诗集。

应到图书目录

dues

已从出版商订购但无法提取的图书，只有从印刷厂加印才能运到图书馆。如果是新版图书多因没有库存，旧版图书多为正在重印过程中。该类图书大部分是事先订购。图书馆单独设立应到图书目录，书到馆后撤销该书目录。

应急资金

contingency fund

指图书馆预算中为应付意外事件、紧急情况或计划外支出所预留的专项资金。

应修人（1900—1933）

Ying Xiuren

原名应麟德，笔名丁九。浙江慈溪人。1921 年创办上海通信图书馆，并主编《上海通讯图书馆月报》和《支那二月》文艺杂志。

应用材料

Applied Material

应用于资源之基底材料（basic material）上的物理或化学物质。属“资源描述与检索”（RDA）的载体描述元素之一。

应用程序

application program

指为了完成某项或某几项特定任务而被开发运行于操作系统之上的计算机程序，为软件的一个组成部分。应用程序运行在用户模式，可以和用户进行交互，具有可视的用户界面。不同应用程序的分界线称为进程边界。

应用程序接口

application programming interface（API）

又称为应用编程接口，指软件系统不同组成部分之间衔接的约定。出色的应用程序接口可降低系统各部分的相互依赖，提高组成单元的内聚性，降低耦合度，从而提高系统的维护性和扩展性。

应用峰值

peak use

指在每天、每周、每月和每年这四个周期中，读者利用图书馆服务和资源的高峰期，也可以是使用计算机系统的高峰期。根据业务数据记录，流通统计数据和读者进出量等数据报告，经过分析能用来揭示该峰值出现的周期，其研究结果可用来决定图书馆的开放时间、预先考虑人员的调配安置和确定设备维修时间等。

应用情报学

Applied Informatics

主要研究情报事业与工作这样一些偏重实践的问题，情报工作按流程可分情报采集、加工报道、检索、研究和服务等环节。研究这些环节中的规律性问题构成了应用情报学研究的微观方面的一门学科。

应用软件

application software

允许用户处理数据或实施运算以求得所需结果的计算机软件，相对于用以控制计算机硬件的操作系统软件。常见的微机应用软件包括文字处理、图形设计程序、电子表格程序和数据库管理系统等。

应用图书馆学
Applied Librarianship

图书馆学的学科门类之一，是图书馆学的应用研究和开发研究。主要研究各类型图书馆现代化管理技术，图书馆的相关理论与技术，包括：文献资源建设、标引与组织、检索与咨询、用户服务以及数字化图书馆技术等。

《英俄汉图书情报学词典》
English-Russian-Chinese Dictionary of Library & Information Science

孙瑞年、尹秀波编，由科技文献出版社于1992年出版。涉及图书馆学、图书分类法、情报学、情报源和文献搜集、文献整理与管理、情报检索与咨询、计算机、复制技术、编辑、出版、印刷和装订，共40 000余条，并附有俄语词汇索引。

《英法德西俄汉图书馆学情报学词汇》
English-French-German-Spanish-Russian-Chinese Glossary of Library & Information Science

赵福来、赵负阁和赵琏编，由商务印书馆于1991年出版。以图书馆学情报学词汇为核心，包括书刊采购、分类、编目、加工、典藏、流通、参考咨询、情报的收集、整理、研究、报道、存储、检索和传播等，辅以目录学、档案学、文献学、博物馆学以及印刷、装订、纸张、出版和发行等有关词汇，并尽可能注意到现代化技术，如缩微、复制、计算机、数据库和视听资料等稳定的新词汇。共5 596个词目。书后附有六国文字的索引。

英格兰博物馆、图书馆及档案馆理事会
The Museums, Libraries and Archives Council (MLA)

成立于2000年4月，由文化、媒体及体育部资助的非政府公共组织。该理事会将原有的英国博物馆与美术馆委员会和图书馆信息委员会、英国的档案馆合并，试图开发博物馆、图书馆和档案馆三种机构合作的潜力。该理事会作为研发机构，其工作的领域涉及英格兰所属博物馆、图书馆及档案馆的相关工作，如制定标准、政策及战略规划，提供资助及支持，研究领域内的重要主题，出版报告及统计数据等。

英国标准学会
British Standards Institution (BSI)

英国国内得到政府认可的独立的标准化机构组织，负责制定机械、建筑、化工、家用等产品及服务的质量标准。成立于1901年，当时的名称叫做工程标准委员会（Engineering Standards Committee）。1929年由皇家授权为产品制定标准。1931年改为现名。该学会涉及较为广泛的领域，如建材、家用电器和通信等，所负责的通信标准的编写是在1981年英国电信法案中规定的，当时协助工贸部在通信领域中制定英国关于自由竞争标准。该学会的出版物是《世界标准信息》(*Worldwide Standards Information*）和《技术外销消息》(*Technical Export News*)。

英国出版科技集团
Publishing Technology Plc

成立于1977年，数字出版技术与服务提供商。拥有世界170多个国家25 000多所图书馆机构用户。主要建有ingentaconnect全球数字图书馆平台、pub2web网络出版系统平台以及advance多平台出版管理系统。

英国第一版
First English edition

在其他国家已经出版的英文书籍，在英国首次排印出版。

英国儿童图书奖
Federation of Children's Book Groups Award

由英国儿童图书会联盟出资主办。于1980年首次颁发。设奖的宗旨是为了参与“维护儿童小说的斗争”。获奖小说的读者主要是14岁以下的少年儿童。评选工作由英国各地的成人和儿童组成的联合会担任。评奖标准是创作内容和插图都必须符合儿童的要求。

英国公共图书馆法
British Public Library Law

由英国下议院的议员威廉·埃瓦特（William Ewart）提出，并于1850年8月14日经英国议会批准执行。该法强调了图书馆不受私人捐赠的控制和采集书刊不为政治、宗教所左右的原则，并规定一个地区每5 000人要建立一所公共图书馆，其经费靠地方税收维持；图书馆对所有纳税者自由开放，并授权地方议会为免费图书馆的设备征税。这是英国最早的全国公共图书馆法，对英国图书馆的发展起了很大的促进作用。

英国公共图书馆服务标准
Public Library Service Standards

该标准于2001年由英国政府颁布，2008年第三次进行修订。其基本理念是：围绕公共图书馆的核心活动制定绩效评估目标并制定标准。该标准列出了10个指标，分别是1. 固定图书馆一定距离内能覆盖的家庭比例；2. 所有图书馆平均每千人拥有的累计开放时间；3. 能够提供因特网信息资源的图书馆比例；4. 拥有因特网接口和提供联机书目查询服务的电子工作站应达到每万人拥有6个或以上；5. 图书预约；6. 平均每千人到馆次数；7. 16岁以上读者对图书馆服务的评价；8. 8~16岁以下读者对图书馆服务的评价；9. 每千人每年新购馆藏216种；10. 流通馆藏替换年限——6.7年。

英国广播公司
Britain Broadcasting Company（BBC）

英国最大的广播公司，为世界十大广播公司之一。于1922年10月建立，当时为民营，1927年改为国营的全国性广播公司。该公司以无线电广播和电视广播的高质量服务著称，是英国广播电视事业的中坚，现有5个全国性广播电台，每年播出3.5万小时以上的节目，听众达2 700万。该公司国际台是世界上影响最大的国际广播电台，用英语和43种其他语言，每周广播870小时以上，全球听众大约有2亿5 000万以上。

英国国家档案馆（英国）
The National Archives

英国政府部门、司法部的档案机构。其所收录的政府官方档案涵盖了1 000年的历史，其中包括英国国王于1806年颁布的土地志至今的资料。馆藏形式有羊皮纸手稿、纸质卷轴、数字文档及地图。之前有4个分支机构：公共档案馆（Public Record Office）、历史手稿委员会（Historical Manuscripts）、公共资料办公室（Office of Public Sector Information）和女王文书局（Her Majesty's Stationery Office）。

《英国国家书目》
***British National Bibliography*（*BNB*）**

英国现行国家书目，1950年创刊。由英国图书馆书目服务部每周编辑出版，以英国图书馆版本局收到的缴送本为编目基础，及时报道英国、爱尔兰新出版的各类文献（含部分政府出版物，但不收单页地图、乐谱和廉价小说等），从1989年起《英国国家书目》同时发行印刷版、缩微版、磁带版和光盘版。由于该书目著录准确，载体形式多样，报道及时，索引体系完备，在现行的世界国家书目中堪称首屈一指，该书目也是公认的查检、利用和了解英国出版物重要的权威性检索工具书。由于市场需求下降和成本上涨，2011年年底起，英国国家图书馆不再编辑出版该书目。

英国国家图书馆
British Library

世界上目前最大的图书馆之一，最早为1753年成立的不列颠博物院图书馆。1973年，根据英国议会的议案，由英国博物院图书馆、国家科学技术外借图书馆、国家科学与发明参考图书馆、国家中央图书馆和英国国家书目公司等合并组建为现在的英国国家图书馆。英国国家图书馆的上级主管部门是隶属英国文化、媒体和体育部的英国图书馆理事会。该馆的经费来源80%由英国的议会下拨。该馆机构庞大，工作人员有2 300多名，拥有各类文献1亿5千多万册（件），其中图书1 395万册，各种文字的期刊达82.3万种，35份手稿，160万部乐谱以及300万件音像资料。1998年，建筑面积达20万平方米的现代化的新馆正式对外开放。另外，该馆的外借部还与该国5 000多个单位和世界60个国家400多所图书馆建立了良好的馆际互借关系。

英国国家图书馆文献提供中心
British Library Document Supply Center（BLDSC）

位于英国西约克郡（Yorkshire）的波士顿斯帕市（Boston Spa），原名是英国国家图书馆的外借部（British Library Lending Division，BLLD）。1973年7月1日成为英国国家图书馆的一个分馆。该中心的藏书仅供馆际互借使用。其业务范围主要是负责向国内外用户提供文献的外借和复制，并以开放时间长、满足率高、速度快和质量好而闻名于世。该中心每天24小时连续工作，收到借阅或复制申请后，在36小时内将用户所要文献快件寄出。为加快速度，该中心已普遍采用电传借书。此外，该中心还为读者提供翻译服务。文献提供的业务总量从世界各地用户中每年要达到约400多万个申请，所提供的服务不只限于传统的英国和各国图书馆与情报人员的用户，而且还包括商业用户和个体研究人员。使用Web服务器还可直接检索到馆藏文献信息和享受到所提供的各种服务，发送出版物不再受到地域的限制，而采用电子邮件发送方式来提供文献的数量也正逐渐增加。

英国国家图书中心
British National Book Center (BNBC)

成立于1947年，其前身为联盟图书中心（Inter-Allied Book Center）。该中心是将各图书馆多余的书刊资料，如复本期刊、剔旧书籍及赠阅资料等进行重新分配给英国或外国的图书馆，使这些资料得到利用并发挥一定的效益。

英国和爱尔兰大学和国家图书馆学会
Society of College, National and University Libraries (SCONUL)

旨在促进英国和爱尔兰大学和国家图书馆服务发展。在1950成立时，取名为大学和国家图书馆常务会议（Standing Conference of National and University Libraries）。1994年与理工学院图书馆长理事会（Council of Polytechnic Librarians，COPOL）合并，2001年改现名。目前该学会的成员包括：所有英国和爱尔兰的大学、学院的图书馆以及国家图书馆。

英国皇家文书局
Her Majesty's Stationery Office (HMSO)

英国负责印刷官方出版物的政府机构，是英国最大的出版机构。成立于1786年，专门出版英国政府及其下属各部的官方资料、报告和议会文件。

《英国教育索引》
***British Education Index* (*BEI*)**

前身为《期刊主题索引》(*Subject Index to Periodicals*)，1915年创刊。该索引收录以英国出版者为主，还包括一些欧洲国家出版的期刊。内容主要以教育学为中心，以及涵盖教育相关学科如社会学、心理学等。索引包括两大部分：著者索引和主题索引。该索引每季出版纸本式，每年还出版年汇编本；近几年开始以光盘形式发行，同时用户可从DIALOG在线系统中检索到有关教育学学术论文的篇名索引。

英国教育研究基金会
National Foundation for Educational Research (NFER)

组建于1946年，基金会成员包括英格兰和威尔士各地的教育部门，英国主要的教师协会和其他一些从事教育和培训的组织。基金会的主要任务是通过承担研究、开发以及提供信息服务改善全国和全世界的教育、培训工作。基金会的资金来源主要是从英国和国外的政府部门、慈善组织和公共机构获取科研、开发、测试和信息服务的合同（占全部收入的69%）以及地区政府的教育科研项目（占总收入的14%）获得。基金会总部位于英格兰中南部贝克郡（Berkshire）的斯劳（Slough）。此外，在威尔士和英格兰北部也有多个分支机构。

英国科幻小说协会奖
British Science Fiction Association Awards

由英国科幻小说协会主持每年评审一次，获奖作品由英国科幻小说协会成员投票决定。最近几年该项奖是在英国国家科幻小说大会上评比选出的。

英国空中广播公司
British Sky Broadcasting (BSKYB)

英国商业性卫星电视公司，1982年由美籍澳大利亚人基思·鲁珀特·默多克（Keith Rupert Murdoch）创办，1991年由“英国卫星广播公司”（BSB）和英国“空中电视公司”（SC）合并而成。该公司开办有15个频道，提供娱乐、体育、新闻、流行乐、儿童节目和电影节目等，观众遍及英国和欧洲其他许多国家。

英国联合信息系统委员会
The Joint Information Systems Committee (JISC)

1993年4月，由英国高等教育及继续教育的基金会资助成立，其目的是引领并促进信息及通信技术在英国高等教育与继续教育中的创新应用藉以支持教育与研究，提高工作效率。该委员会由董事会、下属专业委员会、主席委员会、筹划指导委员会、咨询委员会和执行委员会组成。该委员会负责管理及资助了35个规划项目、225个工程项目以及60项为高等教育及继续教育的服务的项目。该委员会出版的研究报告、简报、战略报告及项目相关的报告在业界具有很高的影响力，涉及电子图书、虚拟研究环境、开放教育资源、开放获取、数字化、机构库、长期保存、标准建设、学习与教育行为等内容。

英国情报科学家学会
Institute of Information Scientists (IIS)

成立于1958年。旨在促进科技信息工作的标准制定，为领域内专业人士提供职业准则与培训的机会。2002 年 4 月 1 日，该学会与英国图书馆协会（Library Association，LA）合并，统一后的机构名为“英国图书馆与信息注册协会”（Chartered Institute of Library and Information Professionals，CILIP）。

《英国人文科学索引》
***British Humanities Index*（*BHI*）**

前身是历史悠久的《期刊主题索引》（*Subject Index to Periodicals*）。1915 年创刊，1963 年启用现刊名，并将技术、教育、商业、生物和医学等内容从中抽出分别归入《英国技术索引》（*British Technology Index*）和《英国教育索引》（*British Education Index*）。该索引涉及人文科学，实际上还涉及政治、经济、法律和历史等学科。除了期刊，还收录几百种英国出版的报纸人文方面的文章。该索引按主题编排，它的年度累积本分著者索引和主题索引，该索引在内容上和美国威尔逊公司（H. W. Wilson Co.）出版的《人文学索引》（*Humanities Index*）有重复之处。

英国索引工作者学会
Society of Indexers（SI）

成立于 1957 年，创始人是英国著名索引家诺曼·纳特（Norman Knight）。该学会致力于索引、文摘和数据库的建设，开展索引工作培训，并负责职业资格认证。该学会所提供的职业索引培训在国际索引界享有盛名且标准非常严格，通过教授扎实的索引基础知识课程来培养高水平的索引工作者。该学会拥有 4 种级别的会员：学生会员、专业会员、高级专业会员和研究会员。参与职业索引培训的学员都可授予学生会员资格，达到课程标准的学员成为学会的专业会员，被列入学会索引员名录。经过两年的深入学习，专业会员可成为高级专业会员。再经两年学习，高级专业会员可申请成为研究会员。该学会和英国图书馆与信息注册协会为鼓励英国索引专业人员编制出高质量的索引，共同设立了惠特利奖（Wheatley Medal）。此奖以“英国索引之父”亨利·惠特利的名字命名。由图书馆与信息注册协会和索引工作者学会的各三位评奖人共同组成评审小组来评定。该学会组织召开年会及研讨会，定期出版会刊《索引员》（*The Indexer*）杂志和会员通讯。

英国图书馆和信息注册协会/国际图联立志奖
CILIP/IFLA Aspire Award

为纪念 2010 年 8 月去世的英国图书馆和信息注册协会执行总裁鲍勃·麦基，在国际图联和英国图书馆和信息注册协会的支持下设立了该项立志奖。该奖项将支持开发新专业人才，为他们出席英国图书馆和信息注册协会会议和国际图联大会提供资助。

英国图书馆及情报专业工作者特许协会
Chartered Institute of Library and Information Professional（CILIP）

2002 年 4 月 1 日，由英国图书馆协会（LA）与英国情报科学家学会（IIS）合并而成。是英国的图书馆和情报专业协会，规模仅次于美国图书馆协会，旨在改善图书馆管理、鼓励学术研究、制定工作规程、提高图书馆员地位和素质、开展图书馆职称认定和推进业务交流等。英国图书馆协会创立于 1877 年 10 月 5 日，当时，名称为“联合王国图书馆协会”（Library Association of the United Kingdom）。1896 年 1 月 30 日改名为英国图书馆协会，并于 1898 年 2 月 17 日获皇家特许认证。1962 年成为完全专业化的协会；该协会按章程选出理事会，总部设在伦敦，下设若干常设委员会，20 个专业组，另设 12 个地方分会；其宗旨为“人类思想是共同的财富”，出版月刊《图书馆记录》（*Library Association Record*）。该协会拥有会员近 3 万人，是英国最大的图书馆学情报学专业协会。每月出版会刊《最新图书信息》（*Library and Information Update*）和系列专业杂志，每年由协会出版有限公司国际合作出版专业新书约 200 种，包括《年度采购指南》（Annual Buyer's Guide Directory）。

《英国图书馆协会专业行为守则》
The Library Association, Code of Professional Conduct

1983 年公布，在《图书馆学情报学百科全书》第 52 卷上发表。该行为守则指出，英国图书馆协会会员必须遵守协会会章、法规和行为守则的条款，不得发生严重损伤图书馆专业或协会地位与声誉的行为，承担图书馆员的基本责任是对读者负责。

英国图书馆信息工作计划
Library and Information Plans（LIPS）

在英国开展的以分析图书馆和信息机构服务情

况为主要内容的地区性调查系列，该计划旨在促进图书馆和信息界的合作，密切相互之间的工作关系。

英国威斯敏斯特大学中国传媒中心
China Media Center, University of Westminster

成立于2005年6月17日。目前欧洲唯一一所致力于中国媒体研究的学术机构。该大学为英国第一所教授现代汉语的大学，她与中国的关系也由来已久。近年来，来威斯敏斯特大学攻读学士、硕士和博士课程的中国学生与年增加，每年还有大量来自中国传媒机构和大学的访问学者。中心主要从事下列工作：首先为研究，作为专业信息的顾问与智囊，中心与中英两国的媒体和政府机构保持着密切的联系。以戴雨果教授和科林·斯帕克斯教授领导的研究小组在中国媒体政策、媒体管理专业化、新媒体、电视节目开发和报刊出版等领域颇有建树。其次为教学，即发展与中国传媒相关的学术课程，展开与各方的合作，增进英国及欧洲其他各国对中国社会和传媒制度的了解，增进中西方在传媒和文化领域的交流。

英国文化协会
British Council

英国负责教育和文化关系的国际组织，由英国政府出资创办的促进英国海外信息交流、文化关系、教育资助计划和代销低价图书计划实施的机构。该协会成立于1934年，是以向海外宣传英国文化、普及英语教育为宗旨的文化交流组织，作为一个在英国注册的非营利性组织，通过在全球100多个国家的200多个城市设立的办事处，开展教育、英语教学、艺术、科技、法律与管理和信息交流等项目。

英国议会议事录
Hansard

英国政府出版物的一种，是英国政府发布的关于英国议会事记录的报告，也是记录议会辩论的文件。

《英国在版书目》
British Books in Print **(*BBIP*)**

英国全国性的出版书目，包括在版图书总集，由英国惠特克父子公司（J·Whitaker & Sons Ltd）出版。此书目始于1874年，最初取名《近期文献参考书目》（*The Reference Catalog of Current Literature*）。1967年起每年10月出版一次。该书目中列举英国14 500多家出版商所出版的各类在版图书约48万种。按著者、主题词（主要取自题名中的关键词）、题名字顺排列，著录内容详细，正文前有使用说明以及书型一览表、缩写字表等。书末附有出版商指南、国际标准书号索引和出版商代码表等。从1971年起开始采用计算机进行编制，1978年起又出版发行缩微版，每月更新。另外还可通过英国图书馆自动化信息服务系统和惠特克数据库检索到1970年以来所有英国出版的以及在英国发行的在版图书。1988年起，改称《惠特克书库》（*Whitaker's Book bank*）。收录来自英国16 000家出版社及海外出版社在英国出版或出售的超过60万种的图书目录。

《英汉－汉英图书馆实用核心词汇》
English-Chinese/Chinese-English Glossary of Library and Information Science

《图书馆职业英语系列》之一，广泛收录现代图书馆学情报学及古典文献学的大量基础术语，涵盖与其相关的编辑、出版印刷、文化、教育、语言等领域的词汇，同时加入近三年来在图书信息学方面出现的大量新词、术语，尤其是开放获取、机构典藏、网络2.0技术在图书信息学领域的运用及图书馆管理理念方面的转变等相关新词。词典收录6 000余条条目。邹秀英、舒悦编，由国家图书馆出版社于2010年出版。

《英汉－汉英文献信息词典》
An English-Chinese & Chinese-English Glossary for Document Information Terms

由武汉大学图书情报学院图书馆学情报学研究所石渤教授主编、武汉大学图书情报学院的师生编写。该词典共收词9万多条，260多万字，是一部英汉－汉英双向的、多学科交叉的综合性专业词典。收录了图书、情报、档案、通信、新闻、广播、广告、出版发行、教育、经贸、专利、信息技术与标准、计算机与信息服务、声像技术与视听资料等诸多领域的现用词汇及新出现的一些词汇。该词典于1996年由武汉大学出版社出版。

《英汉－汉英文献信息词汇》
An English-Chinese and Chinese- English Glossary of Library and Information Science

由邬淑珍、都平平主编，丘东江主审。共收近

2万条词目，近60万字。内容涉及图书馆学、情报学方面的新词汇、与之相关的Web和Internet技术词汇以及相应的交叉学科的词汇，并附有教育部所属高校校名英汉对照和国外常用数据库列表。上海图书馆馆长吴建中博士为该书作了序。于2003年由东南大学出版社出版。

《英汉情报图书工作词汇》

English-Chinese Glossary of Information & Library Work

中国科学技术情报所重庆分所编，于1982年由科学技术文献出版社重庆分社出版。为便于读者阅读和翻译情报学与图书馆学方面的英文文献，编者参考国内外有关词典和书刊，编成此书，共收录名词术语19 000多条，书末附有情报学与图书馆学书刊中最常见的英文缩略词370多个。

《英汉图书馆学词典》

English-Chinese Dictionary of Library Science

由张蕴珊、许邦兴和王恩光编辑，1982年由商务印书馆出版。共收词近6 000条。所选条目按英文字母顺序排列，加撰中文注释，释义力求简明通俗。

《英汉图书情报缩略语词典》

An English-Chinese Dictionary of Acronyms, Initialisms and Abbreviations in Library and Information Science

由田苍林、赵雁碧编，汤兆魁审定。该词典共收集了国外图书馆学情报学书刊中出现的图书馆学情报学专业缩略词13 400个，计56万字。内容包括图书情报方面的组织、学（协）会、计划、资源、服务、技术词汇、系统和数据库等，并涉档案、专利、图书贸易、教育、管理、计算机和复制技术等领域，另设有6个附录。1988年由科学技术文献出版社出版。

《英汉图书情报文献学词汇》

English-Chinese Glossary of Library Information and Documentation Terms

由刘子亚和陆宗城先生主编。共收28 000个词条，近60万字，并编列了6个附录：拉丁字母与日文字母音译对照表、俄文-英文字母音译对照表、罗马数字-阿拉伯数字对照表、美国50州全称-缩写对照表、8种文字月份名称缩写对照表以及8种文字数词对照表。该词汇由书目文献出版社（国家图书馆出版社）于1987年出版。

《英美编目条例》

***Anglo-American Cataloging Rules* (*AACR*)**

用以对各种各样的图书馆资料进行编目的标准化规则的明细集，这些资料均可在编目条例中找到其本源。此编目条例是由以下两种规则集组成的：1908年由美国图书馆协会和英国图书馆协会联合出版的《作者与标题款目》(*Author and Title Entries*)，《美国图书馆协会作者和标题款目编目规则，(1949)》(*A. L. A. Cataloging Rules for Author and Title Entries*) 以及其姊妹卷《国会图书馆描述性编目规则》(*Rules for Descriptive Cataloging in the Library of Congress*)。《英美编目条例》于1967年由美国图书馆协会、美国国会图书馆、英国图书馆协会和加拿大图书馆协会联合出版。主要以1961年在法国巴黎召开的国际编目会议的“原则声明”为基础，标目选取原则的着重点不仅凭出版物类型，而且主要依据著者对出版物内容所承担的责任。《英美编目条例第二版》(*AACR*2) 于1978年出版，并于1988年进行修订，即《英美编目条例第二版修订版》(*AACR*2*R*)，用以反映信息格式的变更。1998年修订版包括了《英美编目条例修订版》联合指导委员会 (*Joint Steering Committee for Revision of AACR*) 所认可的变动和更正；另外，1997年、1999年、2001年和2002年分别进行了附加修订，2004年出版了更新版。《英美编目条例第二版超文本版》(*AACR*2-*e*) 是由美国图书馆协会出版社出版的超文本版本（电子版），包含了至2001年所有的修正内容。2002年修订版主要是增加了连续出版物和电子资源部分。

《英文参考源的检索与利用》

Search & Utilization of English Reference Resources

《21世纪图书馆学丛书》（第三辑）之一，该书对工具书的源流、类型、作用、选择与评价等进行总结的基础上，系统介绍西方国家出版的英文书目、索引、文摘、百科全书、词典、年鉴、手册、机构名录和传记资料等，侧重社会科学的内容。黄如花主编，由海洋出版社于2010年出版。

英文学术期刊系列

Frontiers in China

该系列期刊是由中国教育部主办、由高等教育出版社出版的大型英文学术期刊，旨在集中高校科研优势，凝聚国内科研力量，建设一个中国品牌的国际化学术交流平台。共含24种全英文学术期刊，其中自然科学类17种，人文社会科学类7种，均为季刊。该系列期刊已经有 9 个学科分册被国际索引评价体系收录。

英文著者号
English Author Number

以《卡特著者号码表》为标准，主要的取码规则是：1. 要用著者作为查找对象；2. 著者姓名之间必须有空格；3. 靠上不靠下的原则；4. 著者号以图书的主要责任者为取号对象；5. 无著者的图书或著者查考不清楚的以书名取著者号。书名中夹有数字或以数字开头的，以该数字的汉语拼音音节取号。

迎面页
facing pages（spread）

指打开书或其他出版物，同时面对读者的两页（跨版页）。

萤火虫出版社
Fireflybooks

1999 年成立，出版图书 100 余册，共有 13 大类："图画书风景线"、"美德易开罐"、"启蒙直通车"、"与美德有约"、"作文指导妙点子"、"高效率阅读新视窗"、"修辞训练金钥匙"、"语文检测妙锦囊"、"形音意总动员"、"成语练习大排档"、"语文游戏全垒打"、"国高中学测新配方" 和 "语文活用工具书"。

影片剪辑
film clip

从一个长篇电影作品中摘录的较短的一段，通常用于宣传或评审，使观众对整部作品有一个简要印象。又指插入正在演播的电视节目的片段。

影片目录
filmography

一种电影目录集，通常限于某位导演或演员的作品、某特定流派、某特定时期或国家和某给定的主题，按题目字母顺序或发行日期年代顺序排列。影片目录的条目中包括以下所有或部分说明要素：电影片名、电影制片者、发行者、导演、演员、发行日期、运行时间、语言、彩色或黑白等。

影片图书馆
film library

一种专业图书馆，其收藏品主要是 8 毫米、16 毫米、35 毫米或 70 毫米的电影片、录像片以及与电影制作和研究有关的资料，将它们进行分类以便于检索和借阅。借阅仅限于那些支付租金的注册会员用户。

影片图书馆信息工作委员会
Film Library Information Council（FLIC）

于 1967 年成立，由美国与加拿大公共图书馆中负责管理影片工作的人员组成的专业性机构，旨在促进视听材料的广泛、有效地利用。出版有《影片图书馆季刊》（*Film library quarterly*）。

影片资料
motion picture

用电影摄影机把外界事物的影像摄录在感光胶片上所形成的声像型文献。它通过放映在银幕上造成活动的影像来表现一定的内容。影片包括纪录片、故事片和短电影片等。可分为开盘电影片、盒式电影片和盒式循环电影片等几种，胶片有黑白和彩色两种类型，尺寸有 8 毫米、8.75 毫米、16 毫米、35 毫米和 70 毫米等多种规格。图书馆收藏的电影片多为 8 毫米和 16 毫米规格，一般不出借给个人，多在馆内组织放映。电影片不耐高温、潮湿与日光直射，故保存的要求较高。

影射小说
（法）*roman à clef*

一种将真人真事以虚构形式出现的小说。这类小说常具有讽刺性。

影视点播
video on demand（VOD）

指在网络环境下的一种影视服务。容许用户自己挑选喜爱的影视节目。每当用户要求观看影视片时，这种影视点播系统就将影视节目传送给用户接收和显示装置，用户不用再购买录像带、数字激光视盘和数字视盘。

（影视片的）摄制人员名单
credit

在电影、录像和电视节目的片头或片尾中标出对有关该作品作出贡献的导演、制片人、编剧、演员和作者的名单。也指印在销售商月报上的或者是一个独立的工作人员备忘录上的人员名单。

影线
hatching

中世纪时装饰书籍用的线条，是刻出或绘出紧靠在一起的细线，主要为表现阴影的效果。

影响因数，引用率
impact factor

期刊中论文的平均被引用率，即期刊论文被引用量与可引论文总数之比。其中，期刊论文被引用量是论文被引用次数或被引用篇数；可引论文总数是该期刊可供引用论文总数。影响因子是期刊引证分析中常用的测度之一，是评价科技期刊的重要指标之一。

影印版，照相复印
type facsimile（facsimile reprint）

将已有的作品按照原样制版，重新采用一套印刷设备进行重印。要求重印出版的产品尽可能地与原版本相同。

影印本
reprint

已绝版的图书或过期期刊，用照相制版后，平版印刷出版，其特点是可以保留原版的面貌。

硬背装
fast back

指书背与书本身粘在一起的精装形式。

硬磁盘
hard disk（rigid disk）

计算机内能够存储大量数据的磁性介质，是硬磁盘驱动器的基本部件。其存储容量比相同尺寸的软磁盘大得多，具有随机存取快、数据传输率高和可靠性强等特点。在大、中型计算机中得到广泛应用。

硬封面装订本
hard bound（hard cover）

又称精装本。是指用厚纸板作封面，外面蒙以纸面或布面装订而成的图书。这种装订本一般比较坚固，但不便携带。

硬封面装订，精装
case binding

用两块板和布面、皮面或纸面粘成硬书皮的一种装订的形式，书壳单独制作，然后经过“上书壳”的工序，套入书芯。

硬件
hardware

指同计算机系统相关的机械的、电动的、电子的或是其他物理设备和机器，微型机的基本硬件配置有中央处理器、存储器卡、接口卡、磁盘驱动器、打印机、键盘和显示器等。大百科全书技术卷中将硬件与软件的区别描述成为“存储与输出”和“逻辑与语言”的差别。

硬拷贝
hard copy

以机读格式（数字化、缩微等）保存的文档或记录的印刷本。也指普遍意义上的印刷品，可供人阅读，同时也可长期保存。

硬盘录像机
digital video recorder（DVR）

即数字视频录像机，相对于传统的模拟视频录像机，采用计算机硬盘录像，故常常被称为硬盘录像机，是一套进行图像存储处理的计算机系统，具有对图像/语音进行长时间录像、录音、远程监视和回放视频的功能。

硬压垫
hard packing

印刷术语，用雕刻版在结实平滑的纸张上印刷时，滚筒上要包衬硬纸，以便使印刷字迹清楚，若用橡皮版或塑料版印刷时，也要使用这种衬垫。

硬纸板
pasteboard

俗称“马粪纸”，泛指纸板，特指比较薄而硬的纸板。一种用两三张或两三层纸或纸浆粘制而成的既牢固又相对轻巧的装帧图书封面用的材料。

佣书
scripter

指中国古代以抄书为业的人，最早出现在汉代。在印刷术发明之前，这些人的活动促进了图书的生产和流通，在抄写的过程中，积累了知识，有不少的人成为名人学士。

永固油墨
permanent ink

油墨中含有1%的溶解铁，以防干燥后褪色或被洗掉。

永久链接、固定链接
permalink

意指向一个特定网络日志（WebLog）的永久固定标识符，有时会将它翻译成“永久连结”或“静态连结”。一般情况下，指的是均为一个网络日志条目（Entry）的独立网页。默认存档设置包含基于数据库的存档和单独文件存档。在默认情况下，“永久链接”被设定为链接到一个条目的单独存档页面中。用户可以在网络日志的下方，或者在“发布时间”之后，看到“永久链接”。点击它将会把访问者导向到专属于该条目的独立网页中，一般包含“添加评论”等功能。

永久性（馆藏资料）
permanence

指永久、持久的性质或状态，图书馆员把能长期保存而无明显老化的馆藏资料定义为永久性馆藏资料。

《永乐大典》
Yongle Encyclopedia

中国最著名的一部大型古代典籍，其规模超过了前代编纂的所有类书，为后世留下许多丰富的故事和难解之谜。《永乐大典》编撰于明永乐年间，初名《文献大成》，是中国的百科全书式的文献集，全书目录60卷，正文22 877卷，装成11 095册，约3.7亿字，这一古代文化宝库汇集了古今图书七八千种。《永乐大典》常遭浩劫，大多亡于战火，今存不到800卷。

永田 治树（1944—）
Haruki Nagata

日本图书馆学家、经济学硕士、筑波大学研究生院图书馆情报媒体研究科教授。从事图书馆经营研究（图书馆服务中用户评价，学术图书馆的资源和组织经营）以及知识群聚论（混合型图书馆、目录和元数据论）。

用大写正体排版
keep up

排版时，对排字工人在正文中所提及任何著作的标题里，每个词首字母使用大写字母的一种指令。介词、连词和冠词常用小写字母排版，每个词的首字母全是用大写正体排版。不同国家在排版时的处理方式是不一样的。在现代英国的排版习惯中，英文只有第一个词和固有名称才用首字母大写。在法文中，只有跟在冠词后的第一个词和固有名称采用首字母大写。在意大利文中，只有首冠词和固有名称首字母大写。在德文中，所有名词首字母都要大写。

用户测试
trial user

指用户在正式使用一个新的计算机系统或开展一项新业务前，通常需要一定时间对其效用进行测试，以便发现问题及时解决。

用户调查，读者调查
user survey

由图书馆或图书馆系统对用户（读者）所进行的一项调查，包括用户（读者）来图书馆的目的，通常如何利用图书资源，需要提供什么服务，对现有设施及资源的评价以及所提出的改进意见（信息反馈）。

用户（读者）教育
user education

有计划、有目的地致力于帮助用户（读者）了解图书馆资源、服务设施的所有活动，包括正式的或非正式的在现场、教室或网上的由图书馆员或相关职员进行的授课。主要内容有：图书馆馆藏与利用、在线公共目录查询、电子资源的检索和利用、多媒体基础知识及光盘数据库检索与利用和各种各类文献的检索。用户教育的主要方式有系统开设有关课程、专题讲座或学习班以及现场指导等。

用户（读者）群
user group（clientele）

由图书馆提供服务，按照图书馆规则利用图书馆设备及藏书的个人或团体的总称。

用户界面，用户接口
user interface（UI）

又称“人机界面”。在数据库中用户与计算机之间的接口；也指在图形图像处理中，用户方便、友好地与交互绘图应用程序进行通信的不可缺少的连接软件。

用户满意度
user satisfaction

指图书馆系统服务满足用户需求的程度，这类信息的收集是提高服务质量的关键。

用户名
username

指给授权用户长期使用的代码名称，用户必须键入用户名才能登录，进入计算机系统并使用其资源，用户名常由某人的姓加上名字的首字母或一个或多个阿拉伯数字。

用户培训
user training

又称“用户教育”。指图书馆针对用户的不同需求，有计划、有目的地指导用户利用文献情报资源的教育活动。包括图书馆情报机构辅导用户利用所提供的各项服务，介绍馆藏目录与参考检索工具使用方法的指导活动以及教育部门和图书馆情报机构专门开设的各类情报检索与利用课程。主要组织形式除课程外，还有学习班、短训班以及现场指导等。

用户入馆教育，用户引导
user orientation

为图书馆新用户提供的有关图书馆概况、馆舍布局、资源与服务利用的介绍，是图书馆用户教育的一种形式，这种形式既可以是一次培训课程，也可以是图书馆参观导览。

用户提问档
user profile

又称定题需要单。指根据用户所提出的专业主题选择适当叙词编制成词汇表存储在计算机内，用以表达用户提问要求的文档。

Y

用户行为，读者行为
user behavior

用户在其阅读需要和动机的支配下到图书馆来阅读所需文献并取得一定知识信息的行为。受用户本身的主观因素、图书馆的规章制度及馆藏文献量的制约和影响。

用户需求委托单，定题需要单
interest profile (user profile)

图书馆或信息服务机构记录用户需求的委托单。信息检索是根据读者委托单来完成，并定期将有关出版物或信息等及时向读者通报。根据读者所提出的专业主题，用适当的叙词编成词汇表，存储在计算机内。当有标引词和读者的兴趣相符的文献到来时，即将这些文献的文摘通报发送给有关读者。

用户研究（调研）
users study

对用户特点及其与信息有关习性的研究。研究内容主要有：调查用户包括年龄、性别、文化程度、职业、居住地区和兴趣等，探讨用户的阅读心理、需求、动机、能力和环境等，研究用户阅读需求的产生、类型、影响因素、变化发展及不同用户的需求特点等，并调研用户对图书馆资源分布、馆藏情况、服务范围与方式了解和掌握的情况等。进行用户研究可作为改进图书馆管理和服务的较好方式。

（用户易操作的，用户友好的）方式
user-friendly

指无经验或未受训练的用户对某一软件系统比较容易理解和操作。从计算机科学进展和“以人为本”的角度考虑，各种应用程序、软件系统的设计应尽量避免过分复杂的专业名称和术语，而以友好的、易于操作的方式使用户不费多少时间和力气使用它，形成计算机与用户之间友好的界面。

用户原创内容
user-generated content (UGC)

伴随着以提倡个性化为主要特点的Web2.0概念而形成的用户行为，即用户将自己原创的内容通过因特网平台进行展示或者提供给其他用户，强调资源下载和上传并重。用户原创内容不是一种业务模式，而是一种用户使用因特网新的方式。

用户组
user group

也指使用某些软/硬件（或某一类型产品）的用户，他们定期交流并通过电子邮件与生产厂家和销售单位保持联系，共同探讨使用过程中遇到的问题，并提出改进意见，以保障用户的利益。

用花体字作装饰
flourish

用花饰斜体大写字母作一些装饰，通常使用一条或者多条曲线形式，在早期签名中作为鉴别标记，很难伪造。

用连字号连接
hyphenation

使用连字号分隔一个单词（co-opt）以复合两个或两个以上的单词（daughter-in-law），或表示讲话结巴或支支吾吾（n-n-no），或说明一个单词的拼写方法（h-y-p-h-e-n-a-t-e）。

用书（用圣经）占卜
bibliomancy

通过图书、圣经里的诗文或其他神学文本进行预测和占卜的一种艺术和技巧。也可以是打开预先不标记页码的圣经、诗文或者格言书，以随意看到的一段特定的文字来占卜吉凶。

用丝绢裱褙
silking

把丝或一些其他的薄型（半透明）材质裱贴到一张纸的一面或两面，或裱到书中的一页上，起到保护、保存书籍的作用。

（用无线电或电视）广播，播出
broadcast

指一种特殊类型的传输方式，所播发的信息同时传输到世界各地且需要拥有接收设备（如收音机和电视机或计算机网络）等才能被人们收听、收看或接收，或交费享受专门类型服务（有线电视）的人们收看到。还指无线电广播或电视节目的播出，一旦开始播送，观众（听众）就可收听、收看到。从最普遍意义上讲，就是让信息广为知晓。

用五张纸组成的书帖
quinternion

图书装订时的一书帖有 5 张纸或羊皮纸，经过一次折叠，变成 10 叶（20 页），用于装订手抄本和早期印刷本图书。

用鲜明色彩装饰
illuminated

具有丰富的手工彩饰、设计和亮彩的金色或银色插图的手稿或古版书。彩饰在中世纪时进入繁盛阶段，当时的书籍均是以羊皮或牛皮为介质的手抄本。到了 14 世纪，书籍的彩饰多由天主教的修道士完成，主要用于祷告以及与其他修道士进行交换。从 14 世纪开始，游历的艺术家们开始以彩饰技术进行商业交易，这些艺术家主要为富有的赞助人工作，而这些富有的赞助人则希望用精美的图书充实自己的私人图书馆。目前在法国国家图书馆里，可以看到查理五世（Charles V，1338—1380）时期的很多彩饰手稿，纽约的皮尔庞特·摩根（Pierpont Morgan）图书馆藏有美国最多的彩饰书籍和手稿。illuminated 来自于拉丁文 *luminaire*，意为“给予光亮”。

用小写字母排版
keep down

排版时，对排字工人在正文中所提到的著作标题中不使用大写字母的一种指令。

（用于计算机指令中）反向斜线，反斜杠
backslash（reverse solidus）

由一条从左上角向右下角倾斜的直线构成的一个字符，主要用于计算机指令中的符号，作为在 DOS 和 Windows 中分隔目录和文件名，常位于键盘 Enter 键的左上方。

用摘抄法编辑
quilt

指用拼合不同来源的项目或片断材料的方法来编辑图书，特指摘抄剪贴、东拼西凑地编（书）。

优先权，优先级
priority

在执行系统任务或使用系统资源时，与其他项相比，在等待系统信号或分配系统资源方面所赋予的优先等级。

优先顺序
preferred order

在分面组配分类法中，每个组面下属类目排列具有优先顺序，并以此建立一个分面分类体系，详细表达词或概念之间的相互关系。一旦该优先顺序确立后即不可改变。

优秀作品选集
garland

包含一些优秀散文等形式的短篇文学作品集，也指民歌、民谣的小册子（古代商人沿途叫卖的一种通俗小册子，内容大都为记载英雄传略、神话故事和歌谣等）。

优选（推荐）词

preferred term

又称正式主题词，指在标引、检索时，取代其他词而所用的标准词。

尤金·加菲尔德（1925—）

Eugene Garfield

美国著名的情报学家。第二次世界大战复员后获哥伦比亚大学图书馆学硕士学位，宾夕法尼亚大学结构语言学博士学位，其博士论文探讨实用语言学在化学情报标引中的应用。1958 年创办《现刊目次》(*Current Contents*) 公司，1960 年改为美国科学情报研究所，并任所长，获国家科学基金会支持；1963—1978 年正式编制、出版《科学引文索引》(*Science Citation Index*)、《社会科学引文索引》(*Social Science Citation Index*) 和《艺术和人文科学引文索引》(*Art and Human Science Citation Index*)。在此基础上诞生引文分析技术，成为评价国家科学能力、学术水平、鉴定核心期刊和出版社、预测科学进展的工具。著有《情报科学家随笔》(*Essays of an Information Scientist*)。

尤袤（1127—1194）

You Mao

字延之，小名盘郎，小字季长，号梁溪、遂初居士，谥号文简，常州无锡（今江苏无锡）人。著名文学家、藏书家和目录学家，版本目录学始祖。尤袤与杨万里、范成大、陆游齐名，世称“南宋四家”。尤袤喜欢读书、藏书并勤于书籍校勘。他校勘过许多图书，至今尚见记载有《战国策》和《山海经》等。尤袤在所居无锡九龙山下建有藏书楼，取晋名士孙绰《遂初赋》之意，名为“遂初堂”。“遂初堂”得宋光宗亲书匾额。遂初堂藏书3 200 多种，其中抄本、善本、史书和法书最为宝贵。遂初堂门户极严，其藏书从不外借于人。尤袤著有《遂初小稿》和《梁溪集》，均已亡佚。清尤侗辑有其诗集《梁溪遗稿》二卷。

由……负责出版费用

（拉）*Impensis*

“由……付费”的意思。一般出现在那些于17世纪末之前印刷的书籍的末页或封底或内封面（主要在版权页）上的说明之中，*Impensis* 后往往会跟上负责书籍出版费用的个人或实体的名称，一般是出版商、书商或赞助人的名称。

由作者自行出版

self publishing

指图书的版面、封面、装帧的设计、印刷及市场开拓都是由作者本人出资完成，无须商业出版社帮助的一种出版方式。这种方式图书出版的资金往往来自于该书主题的资助者。也指作者通过网络实现的电子出版方式。

邮戳广告

postmark advertising

利用邮政仪器盖在信封上、作为邮戳的一部分而出现的广告。美国邮政服务要求是：邮戳广告必须不涉及政治、不引起争论、不得设计成正常的邮戳式样混淆公众视听。

邮递路径

mail path

指示电子邮件从一个用户传送到另外一个用户的计算机名字序列。

邮递清单

mailing list

又称“邮件发送清单”。一种电子函件服务。在该服务中，系统将保存一张邮递地址表，无论何时只要给该服务系统投寄一则邮件，该邮件就会被转寄给地址表中的每一位收件人（用户），从而使得一群用户可以相互交换针对某一特定话题的邮件。

邮递区号，邮政编码

zip code

主要指美国用 5 位数字区分邮递区域的体系。一般采用阿拉伯数字（或其他字母）按一定结构组成的代表邮区、邮区中心局、市县邮政和投递区域的邮政专用局址代号。英国也建有类似的以字母和数字邮政区分地区的系统。世界上已有 40 多个国家先后实行了邮政编码制度，并以此作为衡量一个国家通信技术和邮政服务水平的标准之一，各国邮政编码规则并不统一。中国采用四级六位编码制，前两位表示省（直辖市、自治区），第三位代表邮区，第四位代表县（市），最后两位数字是代表从这个城市哪个投递区投递的，即投递区的位置。

邮购

mail order

又称“函购”。图书馆采集文献的一种方式。

采访部门直接与外地、国外出版发行机构、有关单位的邮购部、经销部等联系，开列需购文献书目或范围、数量的清单，由对方用邮寄托运方法供应所需的文献。是采集外地、国外出版物，尤其是小范围内发行的文献的有效方法。多作预订或选购的补充方法。

邮购出版物

mail order publication

规定只能通过邮购而不通过书店门市出售的图书资料。

邮寄调查

postal survey

一种通过邮寄调查表进行调查或民意测验的市场调查方法。该方法具有调查范围广、节省出差费用、获取信息全面、真实的特点而被广泛使用，为决策提供重要参考数据。

邮寄图书

books by mail

通过邮局系统为那些用电话或邮件提出借书申请的注册读者服务。这种由公共图书馆提供的服务一般通过邮订目录来进行，适于农村地区或足不出户以及无法亲自到图书馆借书的读者。

邮件合并，邮件式合并

mail merge

处理大量电子邮件的一种软件。把邮件的姓名、地址和接收者的有关信息与包含邮件的正文合并在一起。

邮件列表管理程序

LISTSERV

在因特网上流行的用户之间交换信息的一种电子论坛，是运用电子邮件的存储转发功能来实现的。其特点是用户可以实时发出自己的信件，并获得讨论组成员发布的信息，进行交流，用户可以自由地选择加入或退出讨论组，但不能控制讨论组发给自己的信息。

邮件邮局协议

POP（Post Office Protocol）

网络协议的一种，用于因特网中电子邮件的接收。

邮件炸弹

letter bomb（mail bomb）

电子邮件信息中含有的一种代码，可以像病毒一样影响接收邮件的计算机运行。

邮票

postage stamp

由国家或地区邮政部门印刷发行的供寄递邮件贴用的邮费凭证，用户将其贴在邮件上表示已纳付邮费。邮票上印有国家或地区的铭记、面值及图案等，可分普通邮票、纪念邮票和特种邮票。

邮政编码

postcode

一组数字（或字母与数字）组成的表示投递区域的代号，由邮政通信部门统一编定，可由此实现邮件分拣作业的机械化、自动化和加速邮件的处理与传递。目前各国邮政编码主要是结合本国的行政区划、语言文字习惯来进行编码的，中国采用6位阿拉伯数字区分地区系统。

邮资已付

postpaid

在通过邮局寄送信件或资料时，邮资已提前付讫。

犹他家谱学会（美国）

Genealogical Society of UTAH

位于美国盐湖城，成立于清光绪二十年（1894年），为美国摩门教下属的文化机构。1984年成立的盐湖城家谱图书馆（Family History Library）则是该学会旗下的总馆。该馆占地142 000平方英尺，收藏近200万卷缩微胶卷，70万张缩微平片，28万本书以及许多特殊家谱资料，其中收录的20多亿位已逝者的人名堪称世界上最庞大的家谱记录，并在全球86个国家和地区建有4 100多个家谱中心，协助教会教友和其他人士寻找他们祖先的资料。犹他家谱学会早在1938年率先开始采用缩微胶卷的科技，将家谱善本制作成胶卷收藏在盐湖城附近的花岗岩山洞内，用恒温、恒湿方式保存，以免受到人为与天然灾害的影响。中文资料的收集和拍摄从1970年开始，广泛收集来自中国内地、台湾和香港地区、印度尼西亚、新加坡、马来西亚、菲律宾、日本及美国等地资料。资料来源主要为祖先画像、地图、世系表、婚姻契约、卖店契约、功德榜、讣文、秋审题本、地方志、人物志、县城地图、科举资料和户籍清册等。目前在中国内地、台湾和香港地区，以台湾的资料最齐全，其次为中国内地的江苏省、浙江省和广东省。犹他家谱学会共计拍摄中国家谱约17 000多种，还收藏有数百种家谱原件，成为世界上收藏中国家谱缩微胶卷最多的单位。

犹太图书馆协会（美国）
Association of Jewish Libraries

成立于1965年，总部设于纽约。该协会下设15个委员会和2个部，致力于推动美国、加拿大和其他23个国家的犹太图书馆及犹太书籍出版事业的发展。协会出版半年刊《犹太图书馆事业》(*Judaica Librarianship*) 和季刊《犹太图书馆协会业务通讯》(*AJL Newsletter*)。

油墨过多
overinking

平版印刷使用水与墨相互排斥原理的化学印刷方式，要达到好的印刷品质，必须保持水与墨的平衡，在印版上使水分与油墨按一定的比例分布。油墨过多是指在印刷机上油墨的比例过大，引起版面污染，使版面上文字或图形的空白部分都沾上油墨，降低了印刷品质。

油墨污染
offset

在印刷过程中不慎将油墨蹭在另一张纸的背面上。

游标，光标
cursor

指在计算机屏幕上的一个闪烁着的小光点、小竖棒或其他符号，在用户打字或进行一项新的操作时，用户可以通过键盘、鼠标或其他控制装置指出一个新字符将要出现的位置。在Windows和其他图形用户界面软件中，当光标从一个窗口或对话框移动到另一个时，光标可以改变形状，转变为文本编辑用的光条、选择菜单或工具栏选项时的箭头或指针、表明正在运行中的漏斗或者在图形应用软件中一支小笔。

游戏用品
game

按照游戏规则设计的用品，通常存放在容器（如盒子）里以保持完整。其种类很多，如棋类、纸牌、电动玩具、机动玩具、电子玩具和手动玩具，材质有木头、塑料、金属和布绒等。游戏用品一般是供娱乐、休闲之用，但有很多用品具有教育之目的。游戏用品均存放在学校图书馆或公共图书馆少儿阅览室里。

（有不良行为的）读者
problem patron

指其行为破坏了图书馆正常次序的读者。如在公共服务区打手机电话、骚扰或大声说话影响他人阅读的读者，从事违法行为（故意破坏艺术品、挖补偷窃书刊和性骚扰）的读者，多数图书馆都采取了相应的防范措施。

有残缺的书
chipped

图书的封面、护封或书页中有小部分缺失的情况。

有偿服务
paid service

指图书馆或其他文献信息服务部门所提供的某些服务需要收取一定的费用。

有光纸
glossy paper

纸或纸板的表面光滑，且有光泽，从而提高了广告宣传画和插图的观赏性。许多杂志和新书护封都用有光纸印刷以吸引读者，有光纸的光泽度是通过测量纸张表面反光度和刨光的黑瓷砖的反光度的比例来测量的。

有声报刊
talking newspapers

20世纪70年代出现的录音资料，专门录制新闻和报刊短文，主要供盲人读者使用。

有声图书
book-on-tape（audiobook）

可读出声的图书，通常是由专业演员或广播员将朗诵的声音录在录音磁带上。在有些情况下，是由著者本人朗读录制的。最初，这种书是为了减少对人视觉上的伤害而出版的，但现在消费对象已扩大到了喜欢一边锻炼一边听书慢跑或散步的人、需独自长时间旅行的人、文盲或诵读困难的人以及其他宁愿听书而不愿看书的人。

有限截断检索
limited truncation

在检索时是指允许截去有限的字符。例如："acid? ?"表示截去一个字符，它可检出 acid、acids，但不能检出 acidic、acidicity、acidity 等词。又如"comput????"可检出 compute、computer、computers、computing 等词，不能检出 computable、computation、computerize 等词。词干后面连续的数个问号是截断符，表示允许截去字符的个数，最后一个问号是终止符，它与截断符之间要有一个空格。

有线电视
cable television (CATV)

一种电视广播系统，利用同轴电缆来传播广播电视信号，通过高架天线接收信号，再由同轴电缆传送到用户的家中。这种系统能改善接收质量，一般更多用于播放当地节目。有线电视构成的网络是高效廉价的综合网络，具有频带宽、容量大、多功能、成本低、图像稳定、清晰度高、抗干扰能力强和支持多种业务连接千家万户的优势，它的发展为信息高速公路的发展奠定了基础。

有线广播
cable broadcasting

由金属导体或者光纤组成的网络用于传送声音、视频节目，具有向大量用户输送的能力。

有线新闻电视网（美国）
Cable News Network (CNN)

世界十大广播公司之一。1980 年 6 月 1 日由特德·特纳（Ted Tener）创办于美国亚特兰大市，属于时代华纳广播公司（Time Warner Company）。对世界上举世瞩目的突发事件抢发独家新闻，进行及时、详尽的现场报道，是有线新闻电视网的一大特点。该电视网被认为是第一个全天候 24 小时的新闻频道，全美 8 600 万个家庭和 89 万个宾馆房间以及全球 212 个国家和地区的大约 10 亿人可以收看到。目前，有线新闻电视网拥有 15 个有线和卫星电视频道网络（如 CNN 头条新闻和 CNN 财经），12 个网站——2 个当地电视网络和 2 个广播网络，此外在全球还拥有多个地区和外语频道。在 1995 年 8 月 30 日启动了自己的新闻网站—CNN. com，被称作是因特网上第一个新闻网站。1987 年 2 月，有线新闻电视网在北京签订了在中国播放该台电视节目的合同。

有效工作时间
effective time

指计算机或其他设备实际上用于执行用户向其提交任务的时间。

有源网络
active network

指包含一个或多个有源节点和部件的网络。

右边不齐行
ragged margin

指在印刷型文献排编过程中出现的右边参差不齐的边缘，通常是在左边取齐的情况下造成的。

右对齐
right justification

指在文本编辑时，为使输入的页面整齐、美观，打印页面上的字符向右移动，以形成右边对齐的格式。通常，向右对齐要比向左对齐困难。

右击键
right click

特指计算机鼠标上用于右手无名指击键的按钮。

右截断
right truncation

在信息检索过程中常用的检索词无限截断的三种形式之一。其操作原则是将检索关键式右边的部分适当地截去（相当于截去词的后缀），从而使关键词的剩余部分在检索时匹配面更宽。这种截断，有利于提高检全率，因而被广泛应用于各类信息检索。

右页（单数页），正面
recto

编为单数页码的书页。通常，图书的奇数页多在右方，故又称为"右页"。与之相反的是偶数页或左页。一般图书的题名页、献词页、序言、引言、目次、章节、附录、索引和其他重要部分都是印刷在右页上。有时也指旨在让读者首先阅读的一张单面印刷面。

幼儿读物
board book

专为幼儿设计耐用的小开本图书，由未标页码的印有精美彩色插图和少量文字的光滑纸板构成。幼儿读物通常是用于识字或记数的图书。

于良芝（1963—）
Yu Liangzhi

南开大学信息资源管理系教授、中国图书馆学会第八届学术委员会图书馆学基础理论专业委员会副主任和《大学图书馆学报》编委。1984 年毕业于华东师范大学图书馆学系，获学士学位，1987 年在华东师范大学获硕士学位。1987—1992 年任教于南开大学图书馆学情报学系。1992—1996 年在英国拉夫堡大学（Loughborough University）攻读博士学位。1997—2000 年初在英国巴思大学和拉夫堡大学从事研究工作，先后参与英国图书馆联网中心（UKOLN）的“公共图书馆与社区联网”、英国图书馆与情报委员会的“面向视障用户的公共图书馆服务”、英国电子图书馆项目的“Super Journal”等课题的研究工作；此间曾参与“Advances in Librarianship 1996”、“Public Library Services to Visually Impaired People”等著作或研究报告的撰写，并在《文献杂志》(*Journal of Documentation*)、《情报学杂志》(*Journal of Information Science*)、《图书馆学情报学杂志》(*Journal of Librarianship and Information Science*)、《图书馆学情报学研究》(*Library and Information Science Research*) 和《信息服务与利用》(*Information Service and Use*) 等国际知名刊物上发表论文多篇。2000 年回国后在南开大学信息资源管理系任教，著有《图书馆学导论》和《拓展社会的公共信息空间》(科学出版社出版）等著作及研究论文近 20 篇。主要研究兴趣包括：信息领域的社会问题及社会经济发展中的信息问题以及图书馆管理与发展问题。

于鸣镝（1939—2006）
Yu Mingdi

研究馆员。1962 年毕业于东北师范大学图书馆学专修科，后在大连海运学院图书馆工作。1985 年任大连轻工业学院图书馆副馆长，1988—1991 年任馆长。1979 年开始在工作之余从事学术研究和图书馆学专业的教学工作，曾兼任全国高校图工委期刊工作专业委员会副主任、中国图书馆学会学术委员和辽宁省图书馆学会《图书馆学刊》编委。发表学术论文近 300 篇，论著数十部，并多次获奖。

于群（1951—）
Yu Qun

教授，博士生导师。兼任教育部历史教学指导委员会委员、中国“世界现代史研究会”常务理事、东北“世界近现代史研究会”副会长和吉林省史学会副会长。曾任西藏师范学院助教、东北师范大学历史系讲师、副教授、教授、历史系副主任、主任以及香港大学美国研究中心客座研究员和东北师范大学图书馆馆长兼网络信息中心主任等职。主持科研项目多个，出版专著多部，发表学术论文数十篇，并多次获奖。

余嘉锡（1884—1955）
Yu Jiaxi

中国目录学家、古典文献学家。曾任辅仁大学中文系主任和中国科学院语言研究所专门委员。1932—1948 年讲授目录学、古籍校读法、经学通论和《世说新语》研究等课程。其力著《四库提要辨证》是积多年钻研、考订所取得的成果，对其提要的谬误和阙略作了大量补正。1958 年正式出版，是研究《四库全书》及《四库全书总目提要》的主要参考书之一。《目录学发微》是余嘉锡的主要目录学著作，书中广泛利用中国历代学者在目录和目录学方面的论著，对目录学的意义、功用和源流，对目录的体例和类例的沿革，都作了精辟论述，并发展了清代史学家、思想家章学诚的观点。其他目录学论文大多收在 1963 年出版的《余嘉锡论学杂著》中。

余君立（1942—）
Yu Junli

武汉大学信息管理学院教授。1966 年毕业于武汉大学图书馆学系。先后在武汉大学图书馆、陕西省图书馆工作。1981 年 6 月重返武汉大学，在图书馆学系（后改名为图书情报学院、信息管理学院）任教。曾兼任武汉大学图书情报学院图书馆学系副主任、中国图书馆学会理事。兼任中国图书馆学会编译出版委员会委员、图书馆学著作编辑出版专业委员会委员、标引与编目专业委员会委员、《中国图书馆分类法》编委会委员、湖北省图书馆学会理事。出版著作 6 部，参编著作 6 部，发表论文 60 余篇，主持并完成国家社会科学基金项目一项。

逾期通知
overdue notice

以信函或电子邮件形式邮寄给读者要求其立即

归还已超过规定借期的书刊资料的通知，由计算机到期或者按要求自动打印输出。

舆图触觉图像

Cartographic Tactile Image

以线条、形状及其他形式表达，由触觉感知为二维静态图像的舆图内容。属“资源描述与检索”（RDA）定义的内容类型（content type）之一。

舆图内容的坐标

Coordinates of Cartographic Content

一种标识资源的舆图内容所覆盖区域的数学系统。坐标可以用行星表面的经度与纬度表示，也可以用天体图的赤经与赤纬的角度表示。属“资源描述与检索”（RDA）的内容描述元素之一。

舆图内容数字表达

Digital Representation of Cartographic Content

舆图资源中地理空间信息编码相关的技术细节，包括数据类型、对象类型以及表达空间信息的对象数量。属数字文件特征（digital file characteristic）之一。

舆图内容投影法

Projection of Cartographic Content

在平面上表现地球或天体表面的方法。通常在资源的容器、护套或辅助材料上有说明。属“资源描述与检索”（RDA）的内容描述元素之一。

舆图数据集

Cartographic Dataset

以数字编码数据集表达、由计算机处理的舆图内容。属“资源描述与检索”（RDA）定义的内容类型（content type）之一。

舆图，图考

maps of county or city

又称舆地图，为绘有疆域范围之地图，在历史上，中国各朝代先后绘制有多版舆地图；但在中西交流加强后，所绘制的舆地图已不限于本国之疆域。舆图是一种地图，舆的意思是车的底座，用来承载物体的，因为地图上载有山川、城镇和四方地物，所以古人就把地图叫做舆图。

舆图图像

Cartographic Image

以线条、形状和阴影等表达，由视觉感知为二维静态图像的舆图内容。包括地图、地图集和遥感图像等。属“资源描述与检索”（RDA）定义的内容类型（content type）之一。

舆图文献

territorial map

地图，多指疆域图。是地图集、星体图和海图等的总称，又称地图文献。

舆图移动图像

Cartographic Moving Image

以图像表达，感知为二维移动的舆图内容。包括移动的地球或其他天体的卫星图像。属“资源描述与检索”（RDA）定义的内容类型（content type）之一。

与机器无关的语言，独立于机器的语言

machine-independent language

可以在各种计算机上应用的程序设计语言，如COBEL、FORTRAN、PASCAL等高级语言，它们可以用于配有相应的语言处理程序的计算机，在不同的计算机执行相同的高级语言程序。

《与贸易有关的知识产权协议》

Agreement on Trade-Related Aspects of Intellectual Property Rights

1994年4月15日在马拉凯什签订，1995年1月1日起生效。《与贸易有关的知识产权协议》要求世界贸易组织所有成员都必须达到《知识产权协定》规定的知识产权保护的最低标准。《与贸易有关的知识产权协定》共有7个部分73个条款，还有一个前言。这7个部分分别是：总则和基本原则，关于知识产权的效力、范围及使用标准，知识产权执法，知识产权的获得与维持及有关当事人之间的程序，争端的防止与解决，过渡性安排，机构安排和最后条款。该协议涉及的知识产权的范围包括版权与邻接权、商标权、地理标志权、工业品外观设计权、专利权、集成电路布图设计（拓扑图）权、未披露过的信息专有权等。

（与图书馆有关的）集

librariana

关于汇集图书馆、图书馆员及相关主题，特别是历史文献的信息、著作和大事记等内容的综合术语。

(与著作权有关的)收益
copyright-related rights

即著作权的邻接权。指出版者对其出版的图书和报刊享有的权利,表演者对其表演享有的权利,录音录像制作者对其制作的录音录像制品享有的权利,广播电台、电视台对其制作的广播、电视节目享有的权利等。

雨果奖
Hugo Award

科幻小说界最重要的奖项之一,以"科幻杂志之父"雨果·根思巴克(Hugo Gernsback)的名字命名,从1953年举办至今已有50多年的历史。雨果奖也被称作科幻小说成就奖,每年由世界科幻协会评选。自1953年以来,其奖项设置几经变化,目前包括科幻文学、科幻影视、科幻杂志及科幻美术4大类,15小项,具体设置为:长篇小说、中篇小说、中短篇小说和短篇小说以及相关非小说书籍等。

语篇分析
discourse analysis

对口语或书面语言成分所作的语言学分析。语篇语言成分长于简单句,有可识别的结构单元,语篇分析是通过音韵、语法和语义的出现特点去发现规律。在计算机科学中,语篇分析可用于人机交互研究,如语言识别系统的开发。

语文差错
illiteracy

指在作文或发言中,由于文盲或被认为是文盲的人所犯的语文错误。

语言
language

特指人类所开发的用来表达意思、交流思想、沟通感情、获取信息和知识的音义结合的符号系统。语言由语音、词汇、语法规则、句法和缀字法所组成。一个国家的语言就是该国的官方(正式)语言,用于政府出版物和教育机构中。有的国家有一种以上的国语,如卢森堡官方指定的语言是法语、德语和卢森堡语。其中法语多用于行政、司法和外交;德语多用于报刊新闻;卢森堡语则为民间口语,亦用于地方行政和司法。在编目实践中,工作的语言可以是书面的或口头的。只有当正文用的语言与书目描述的特征不明显时,才在书目记录上加注。在线目录和书目数据库中,可以通过语言来限定检索结果。

语言词(辞)典
language dictionary

按字母顺序或以另一种次序定义的列出语言词汇的辞典。某些语言词典分成两部分,用另外一种定义的规则列举语言的词汇,反过来也如此。

语言代码
language code

用于将某种语言信息转换成另一种形式的符号系统。

语言复分
language sub-division

根据一书所用语种进一步区分一个类目,一般将分类法语言区分表上代表该语种的符号加在主要类号的后面。

语言号码
language number

冒号分类法中可以构成书号部分的一种分面。通过将图书所用语言转换成适当符号来生成,即按照语言区分表将图书所用文种转换成某种符号,作为组配类号的一个部分。这种符号是根据冒号分类法体系第五章规定的语言体系来确定。

语言排架法
shelving by language

又称文别排架法。这是在书库中按入藏图书的语种类别排序的排架方法,应用比较普遍,一般用于组织外国语文和民族语文藏书。

语言声学,发音学
Phonetics

研究声学性质和语言的发生、识别等问题的学科。

语言识别
speech recognition

利用计算机和数字信号处理技术准确识别别人的语音,并转为电信号,经过放大后,或转换成数

Y

字信号，然后根据需要对它进行分析。

语义代码
semantic code

一种后组式情报检索语言。按照一定规则组配表示文献主题的复杂概念，如佩里-肯特（Perry and Kent）语义代码和 RX 代码。

语义分析法
semantic analysis method

指通过分析句子中词语与描述对象之间的关系，来帮助机器进行识别文献中与主题内容相关的概念或词语。

语义关系
semantic relation

又称分析关系、基础关系和内在关系。指的是检索词之间在含义上的关系，是通过分析相应概念的内涵和外延得到的，并不是依赖于特定文献的一种词间关系。检索词间的语义关系是等级关系、等同关系和相关关系等。

语义搜索
semantic search

目的是要计算机通过一定的语义推理，在可搜索的数据空间内，准确地捕捉到用户所输入语句后面的真实意图，并以此来进行搜索，发现相互关联资源实体，从而准确向用户返回最符合其需求的高度相关的搜索结果。语义搜索其实质是一种自然语言处理技术。常用的语义搜索的方法有：资源描述框架（RDF）数据节点间关系路径搜索，关键词与概念映射，图模式匹配，基于网络本体语言（OWL）的逻辑描述，模糊概念间逻辑判断等。

语义网
semantic web

计算机和因特网界在描述下一阶段网络发展时所使用的术语。所谓“语义”就是文本的含义。语义网就是能够根据语义进行判断的网络，也就是一种能理解人类语言，可以使人与计算机之间的交流变得像人与人之间交流一样轻松的智能网络。通过语义网，可以构建一个基于网页内数据语义来进行连接的网络，从而使网络能按照用户的要求自动搜寻和检索网页，直至找到所需要的内容。语义网能够识别网页里所包含的每项具体信息的意义，使用户轻易地在更具体的信息片断间实现连接，从而彻底改变现有万维网的工作方式以及人们的生活方式。目标是建立一种资源描述框架（RDF）下的万维网框架，采用通用的资源描述框架数据表示形式来表示结构化、半结构化数据以及元数据，以实现各种应用、企业和机构之间数据共享和重用。语义万维网最早是由蒂姆·伯纳斯－李（Tim Berners-Lee）于 1998 年提出的一个概念，其核心是给予万维网上的数据以文档语义，使计算机提高信息“理解”能力，可以和人更好地协同工作。通常万维网资源的语义表现形式是采用资源属性的本体描述及其相互之间的类型关系，特别强调以计算机可理解的方式处理数据模型，以提升万维网及其互连资源的可用性和有效性。

语义网规则语言
Semantic Web Rules Language（SWRL）

以语意的方式呈现规则的一种语言，其规则部分的概念是由规则标记语言（RuleML）演变而来，再结合网络本体语言（OWL）本体形成，目前该语言已经成为万维网联盟（W3C）的规范之一。语义网规则语言的表达式有可扩展标记语言（XML）和资源描述框架（RDF）标记语言两种。

语义学
Semantics

语言学的一个分支，是研究语言内词组与符号之间关系的问题，与构成口头语言或书面语言中变化要素的词及符号的意义有关。同样，也是符号语言学的一个分支，在交流系统中处理符号与其所指同其他符号之间的关系。

语义因素分析
semantic factoring

将复合标题或复合叙词按照其组成部分分割成索引词的标引技术。也就是将复杂概念分析成几个简单的概念，再把表达简单概念的词组配标引原来的复杂概念的过程。

语音学
Phonetics

语言学的一个部门，研究语音修辞的学科，如对词音、句调、语气、节奏和音响等的选择及调配等。

语种
Language

都柏林核心元素集的元素之一。指反映资源知识性内容的语言。

庾司本
Office of Grain Supply Editions

由中国各代地方政府机构及官办的学校、书院等主持刻印的一种官刻图书，其他种类的地方刻书有公使库本、盐茶司本、漕司本、提刑司本、计台本、仓台本、安抚使本、郡斋本、各地州府县署刻本、各地州学、县学、军学、郡学（郡庠）和学宫本等。

预编，预编目
preliminary cataloging

人工进行的文献预先编制简略的款目，作为正式编目基础的过程。这样可以减少编目人员的事务工作，提高目录的质量。

预订单
advance order

在新书出版之前为促销目的而签下的订单。预订图书的数量有助于出版商制定首次印数、图书定价以及广告投入等。

预订书折扣
subscription terms

一般的图书在出版前出版社提供给书商预订图书的折扣，这种折扣最多可达到书价的35%，主要是为了补偿书商购买图书后因为市场因素而产生的积压风险。

预订，预约
subscription

对于一定期限（一年）内将要发行的期刊，订户采取向出版社或编辑部预先付款的购买方法。出版社往往对于新订户提供很多的折扣以促使他们继续订购。也指图书馆或图书馆系统付费按照许可合同以获得书目或全文数据库或其他在线资源使用权利的行为。

预防性维修
preventive maintenance

定期检查图书馆的设备并对出现的小故障及时进行维修，以防止重大事故发生，是一种新的维修方式。

预付版税
unearned advance

一般地说，出版合同允许作者得到作为版税的预付款。即使书无法售出，出版商不能要回预付的版税。如果作者的稿件不够出版标准，那么出版商可以有理由将钱要回。

预计出版期
probable publication date

指预先估计书刊的出版日期，一般地说，实际出版日期要比预计的晚。

预加工
preprocessing

指新出版的文献在被送到图书馆订户之前的一个或几个加工工序。

预借
hold

某书或资料已被借出时，大多数图书馆允许另一位借阅者在流通台对其办理预借手续。这样，该资料的前一位借阅者将不能续借，而办理了预借手续的读者在书归还后可以将其借走。许多在线目录都提供了让读者自行办理预借手续的服务。

预算
budget

在固定的一段时间内（通常是1年或2年），可满足图书馆经费开支的经费总额。主要包括收支规模、支出用途、资金来源及筹措方式等。在大多数经费预算中，其支出的种类进行分配就称为逐条列记。在按年度拨款的图书馆和图书馆系统内，对一些图书馆长和图书馆管理部门来说，经费预算常因无法全部得到保障而令人感到泄气。

（预先录下的）信息
prerecorded message

指预先录制在磁带上的电话信息，以便主人不在时能自动应答。图书馆常使用留言电话机，自动应答读者有关图书馆开放时间或各部门的联系电话等信息。

预演，预展
preview

在电影公映或展览开放之前面向少数观众的放映或展览。

预印本
preprint

指科研工作者的研究成果还未在正式出版物上发表，而出于和同行交流目的自愿先在学术会议上或通过因特网发布的科研论文、科技报告等文章。与刊物发表的文章以及网页发布的文章相比，预印本具有交流速度快、利于学术争鸣和可靠性高的特点。预印本也指在会议召开前出版的会议论文。

预印出版物
prepublication

一种图书在正式出版前先印出少数几本样本，征求意见并校正后再正式出版。

预约版本
subscriber's edition

某种图书出版后，只发给预约订户。这种图书可能纸张和装潢质量较好，与普通版本相比在印刷和包装上的质量更好。

预约借书
reservation

在某些藏书复本不足而读者又十分需要的情况下所开展的一种借阅服务方式。当读者要借的书刊没有库存时，可向图书馆预约登记，待归还后，由图书馆按预约顺序通知读者来馆借阅或送书上门。预约借书可分为：借出预约、新书预约和待查预约等三种形式。预约借书是图书馆外借文献的一种补充服务手段，一般不用于集体借书或馆际借阅。这种服务方式有利于降低拒借率，满足读者的特定需要。

预约卡
reserved card（reservation card）

一种记录读者提前约定借阅某种书刊资料的专用卡片。对于那些已外借或因其他原因暂时不能提供借阅的书刊资料，图书馆通常可以要求读者填写预约借阅卡片，以便这些书刊被归还后，可以方便地通知他们前来借阅。在使用计算机系统管理后，这种传统方式已不再采用。

预约通知单
reserved notice

图书馆向预约登记的读者发出前来办理已预约图书外借手续的一种通知单。

预赠本，样本（书）
editorial copies

出版社或期刊杂志社将其准备出版发行的图书、期刊预先印出一部分样本，分别赠送给有关单位或个人，供评介、做广告或编目之用，使广大读者和订户及早了解书刊内容及出版发行信息，便于用户订购和出版机构制作在版编目。

预撰文摘
pseudo abstract

作者常为了应邀出席某专业协会会议并作即席发言而撰写这类文摘，这样的文摘也许不会永久保存或出版。

域名
domain name

识别特定因特网网站的地址。因特网采用层次树状命名方法。任何连接在因特网上的主机或路由器，都有一个唯一的层次结构的名字，即域名。域名结构划分为不同层级，每级的域名都由英文字母和数字组成。最高级的顶级域名有三大类：国家顶级域名、国际顶级域名和通用顶级域名。在域名 www. ubcuniversity. edu 中，第一部分（www）指出存取地址时采用的协议或语言；第二部分（ubcuniversity）代表持有该地址的机构或组织；最后部分（edu）指出机构类型。原有 6 个通用顶级域名：. Com – 商业实体，. Edu – 教育机构，. Gov – 政府部门，. Mil – 军事部门，. net – 网络服务机构，. org – 非营利组织。由于因特网用户急剧增长，后新增 7 个通用顶级域名：. firm 公司企业，. shop 销售公司和企业，. web 以万维网活动为主的机构，. arts 文化、娱乐性机构，. rec 消遣、娱乐性机构，. info 提供信息服务的机构和 nom 个人。国家级顶级域名采用 ISO 3166 规定，如 . cn 表示中国，. fr 表示法国等。

域名系统
domain name system

在传输控制协议/因特网协议（TCP/IP）中所实现的层次型命名管理机制，又称分级命名系统。即将数字 IP 地址（如 123. 456. 78. 9）转换为因特网用户熟悉的字母式域名地址（如 www. ubcuniversity. edu），或将字母域名转换成数字 IP 地址的列表。主机命名有 3 个要求：唯一、易于管理和便于名字与 IP 地址之间的相互映射。典型的命名机制有：无层次命名机制和层次性命名机制。前者对主机进行无层次命名，每一主机名简单地由一个字符串组成，没有进一步的结构。因其无法适应大量数据的处理，所以已被淘汰。层次性命名在名字中加入结构，形成层次性结构。

寓言
fable

虚构的故事，主人公一般是人，更多情况下是人格化的动物、植物或其他东西和现象；特点是篇幅比较短小，多采用比喻、夸张和象征的表现手法，旨在表现或向人们传授一些道德与伦理观。公元前6世纪希腊寓言家伊索（*Aisopos*）、18世纪法国著名诗人寓言家拉封丹（*Jean La Fontaine*）撰写的寓言闻名于世。中国是世界寓言三大发源地之一，自春秋战国时代寓言就很盛行。中国寓言以其简洁、精炼的语言形式丰富为特色，对世界寓言产生了巨大影响，尤其是对远东诸国。日本、朝鲜、越南等国的寓言创作，都受到过中国古代寓言启迪。

寓言（说教性），比喻
parable

用讽喻或劝诫的手法编写而成的、通常是短小的虚构故事，用来说明道德态度或宗教准则。

寓意画
emblem book

又称“寓意书”。流行于16、17世纪的一种插图本。包含有象征意义的版画或木刻画等收藏品，每幅画表达一种寓意，并附有作为道德教育或发人深省的警句、格言和谚语，或用散文或诗句加以简要解释。

元词法
uniterm indexing system

又称单元词法，是主题法的一种。指采用单元词索引语言描述文献主题，编制索引或其他检索系统的一种索引方法或程序。由美国情报学家莫里斯·陶伯（Maurice Tauber）首创于20世纪50年代初期。主要特点是：通过检索阶段的布尔逻辑组配来合成主题概念，实现文献主题用户提问的匹配，即后组配原理。

元计算
metacomputing

关于“计算”的计算，是基于网络的高性能计算。通过网络连接强大的计算资源，形成对用户透明的超级计算环境，实现分布并行计算。元计算环境是在广域网上实现的，构成系统的计算机可以是不同种类、不同大小的，用户的程序类型也是多种多样的。元计算是网格计算的初级形态。

元刻本
Yuan Block Edition

元代雕版印刷的图书。元代官刻、私刻、坊刻的书籍都很多，刻本也很精良。元刻本传世不多，向为学人所贵，视为善本。至元二十七年（1290年）兴文署所刻《资治通鉴》被称为元代官刻之最。现存元代官刻中有不少为地方儒学和书院所刻之书，元代的私家刻书，今存岳氏荆溪家塾刻《春秋经传集解》、平水曹氏进德斋刻《中州集》等。元代刻书沿袭两宋刻本风格，但版式和字体都有所变化，并出现木活字印刷和套印技术，装订改为包背装，其特点是“三多一无”，即多黑口，多赵字，多简字，无讳字。

元曲
Yuan Opera

元杂剧和散曲的合称。元曲中的散曲是在中国北方民歌基础上，吸收了女真、蒙古等少数民族乐曲而形成并兴起于元代的一种可以入乐的新诗体，亦称北曲。作为元代文学的代表，常与中国文学史上的唐诗宋词相提并论。元曲四大家指关汉卿，马致远，郑光祖和白朴。元曲的代表作是《窦娥冤》。元曲作为“一代之文学”，题材丰富多样，创作视野阔大宽广，反映生活鲜明生动，人物形象丰满感人，语言通俗易懂，是中国古代文化宝库中不可缺少的宝贵遗产，和唐诗、宋词鼎足并举，成为中国文学史上三座重要的里程碑。

元数据
metadata

描述信息资源或数据等对象的数据，其使用之目的在于识别资源、评价资源、追踪资源在使用中的变化，实现高效地管理大量网络化数据，实现信息资源的有效发现、查找、一体化组织和对使用资源的有效管理。对于元数据概念和含义，主要有两种观点：第一种观点认为，元数据是关于数据的数据；第二种观点则强调，元数据是一种关于网络资源或其他资源的机器可理解性信息，并且认为机器可理解是关键。目前元数据在各个领域中已得到广泛应用，世界上最大的元数据应用项目是北欧元数据项目，其中最广泛的元数据格式即为都柏林核心（Dublin Core）。

元数据编码与传输标准
Metadata Encoding & Transmission Standard (METS)

一种对数字图书馆对象的描述、管理和结构元数据进行编码的标准，以可扩展标记语言（XML）模式语言表达。标准包括7个主要部分，即元数据对象描述框架（METS）头、描述型元数据、管理型元数据、文件部分、结构图、结构链接和行为，常用于数字对象的封装。

元数据标准框架
Metadata Framework

规范设计特定资源的元数据标准时需要遵循的规则和方法，是抽象化的元数据，从更高层次上规定了元数据的功能、数据结构、格式设计、方法语义、语法规则等多方面内容。

元数据标准，元数据规范
metadata standard

描述某类资源的具体对象时所有规则的集合。不同类型的资源可能有不同的元数据标准，一般包括完整描述一个具体对象所需的数据项集合、各数据项语义定义、著录规则和计算机应用时的语法规定。可以分为两类，既适用于所有数据资源的核心元数据标准，又适用于特定功能的元数据标准。核心元数据标准，或称为通用元数据标准，是由那些可用以描述所有数据资源的共性的数据元素组成，如数据资源的生产者、储存位置和数据分类等。特定功能的元数据标准，指仅适用于某一特定学科或主题的元数据标准，通常是在核心元数据标准的基础上增加了相关学科领域的信息而构成，例如，在都柏林核心元数据的基础上增加空间数据组织信息、空间参照系统信息和时间信息等，就可以构成数字地理空间元数据标准。

元数据对像描述框架
Metadata Object Description Schema (MODS)

一种在可扩展标记语言（XML）环境下表达书目的元数据标准。该框架包含 MARC 21 书目数据的一个子集，以有语义的字符串表达元素、子元素及其属性，共 20 个顶层元素。该框架可以当作简化的 MARC 格式直接描述资源，也可直接作为检索URL（SRU）格式使用、作为元数据编码与传输标准（METS）的扩展框架、提供元数据收割、与其他电子资源一同封装等，在数字图书馆项目中得到较多采用。

元数据规范描述框架
Metadata Authority Description Schema (MADS)

一种在可扩展标记语言（XML）环境下表达规范信息的元数据标准。与 MARC21 兼容，用于承载 MARC21 规范格式数据类型。包括 3 个主要元素，主要元素下有若干子元素。

元数据控制器
meta data controller (MDC)

光纤网中设备访问光纤磁盘阵列文件的最为重要的核心服务器，是基于每个卷（文件系统）的机器，负责硬安装及控制安全性和分配信息，如果发生故障会导致网络中的各功能工作站无法访问光纤盘阵内的共享资源。

元数据库
metadatabase

指数据库的数据库，通常由两个或多个小型数据库组成，允许用户作为整体搜索内容，而不是分别各自独立重复同样的搜索。由于市场上有大型期刊数据库检索用户的存在，从而使合并检索成为可能；但是，在各学科间检索时“一站式检索”对于缺乏技巧的用户，为特定的题目选择合适的数据库可能较适合；分割成一个个独立的数据库对于有经验的检索者则非常便利。

元数据图片 XML 规范
Metadata for Images in XML (MIX)

一种编码技术数据元素以管理数字图片收藏的可扩展标记语言（XML）规范。

元数据映射
Metadata Maping (Crosswalking)

利用特定转换程序对不同元数据元格式进行转换，也可利用一种中介格式对同一格式框架下的多种元数据格式进行转换。

元数据注册系统
Metadata Registry (MR)

又称登记系统。指对元数据的定义的信息、置标方案、转换规则、著录规则以及应用指南等规范进行发布登记管理和检索的系统。

Y

元搜索引擎
metasearch engine

也称"搜索引擎之母（The mother of search engines）"。指搜索引擎之后或之上的搜索引擎，是一种调用其他独立搜索引擎的引擎。元搜索引擎就是对多个独立搜索引擎的整合、调用、控制和优化利用。该搜索引擎分为并行处理式和串行处理式两大类。并行处理式元搜索引擎将用户的查询请求同时传送给所调用链接的多个独立型搜索引擎进行查询处理，串行处理式元搜索引擎将用户的查询请求依次传送给所调用链接的每一个独立型搜索引擎进行查询处理。

元索引
meta-index

指索引的索引。关于 Web 站点的索引的元索引，便于用户对站点进行检索，提高检索速度。

元维基
Wikipedia

维基媒体基金会下面负责各维基媒体计划的之间协调工作的一个项目。是一个众多维基媒体的发送消息的中心。其中重要的帮助文件都先在元维基上发布，经复制或翻译后应用到其他维基计划。其主要语言为英语。

（元音，音节的）省略
elision

指位于英文单词开头或中间的元音或不发音的辅音的省略，如"I've"和"doesn't"。亦指单词或短语的发音中，元音、辅音或音节的省略，如"ne'er"。按正字法，省略用省略符号表示。elision 源自拉丁文"*elisio*"，意思是"抹去，删去"。

元语言
metalanguage

用来描述另一语言的语法或语义的一种人工语言，使用特别符号以叙述另一语言的语法或语义。

元智大学资讯管理系
Department of Information Management of Yuan Ze University

位于中国台湾省，1993 年成立，在元智大学管理学院之下，1999 年设立硕士班，2005 年获准创办博士班。该系集中了元智大学现有管理研究所、资讯研究所等师资人力与设备资源，提供教学与研究发展所需的环境。该系设有大学部、硕士班、硕士在职班、二技专班、硕士学分班和博士班。除正规教育外，该系从 1998 年起开办了许多推广教育课程，包括资讯管理系硕士学分班、资讯管理技术学士学分班、电子商务网上硕士班和陆军总部资管硕士学分班等。

员工流动率
turnover

指在一定时间内，图书馆员工离职与退休人数和接替人数之比。过高的流动率有可能与条件较差的工作环境、工资较低和管理水平落后等因素有关。

员工培训
staff training

广义的员工培训，是指通过一定的科学方法，促使员工在知识、业务、技能、能力和态度等多方面的素质得到提高，以保证能够按照预期的标准或水平完成所承担或将要承担的工作和业务，从而促进组织效率的提高和组织目标的实现，是训练与教育两方面的统一。狭义的员工培训是指员工的业务工作培训，也就是使员工根据特定工作岗位的要求掌握相关技能的过程。

袁芳瑛（1814—1859）
Yuan Fangying

晚清著名藏书家。字漱六，室名卧雪楼（藏书楼名），亦名卧雪庐。湖南湘潭人，朱学勤、丁日昌并称为咸丰时三大藏书家。藏书之富足与瞿绍基恬裕斋、陆心源皕宋楼、杨以增海源阁相匹敌。所藏十分之三得之孙星衍旧藏。袁氏藏书甲于一世，号为近代第一。

袁海波（1940—）
Yuan Haibo

研究员，中国国家科技图书文献中心主任。1966 年毕业于清华大学无线电电子学系。1986 年以来从事国家自然科学基金的组织管理工作，历任工程与材料科学部副主任、计划局局长和国家自然科学基金委员会秘书长，兼任中国科学基金研究会副理事长，中国材料科学研究学会副理事长和中国科技情报学会第六届理事会常务理事。

袁翰青（1905—1994）
Yuan Hanqing

中国情报学家、化学家。中国科学技术情报研究所创始人之一、中国科学技术情报研究所研究员。1929年毕业于清华大学化学系，1932年获美国伊利诺依大学博士学位。1932年开始从事联苯化合物立体化学的研究，最早发现联苯化合物的变旋作用。后从事化学史的研究、教学、科学普及和科技情报工作。1956年任第一任所长。著有《中国化学史论文集》、《溶液》和《化学重要史实》等，并翻译英国李约瑟的《中国科学技术史》第一卷。1955年选聘为中国科学院院士（学部委员）。

袁克文（1891—1915）
Yuan Kewen

字豹岑，又作抱存，号寒云。河南项城（属陈州府）人，著名藏书家。虽为袁世凯的第二个儿子，但他参与政治活动很少而长于诗文，工书法。能演唱昆曲，爱好藏书和古玩，精于鉴赏。曾与周叔弢、傅增湘、徐森玉等交往，研究版本、文物。袁克文建有藏书室“后百宋一廛”，其藏书多为清廷内府藏本，所藏宋巾箱本《周易》、《尚书》、《论语》和《孟子》等8种专设“八经室”存储。

袁枚（1716—1798）
Yuan Mei

字子才，号简斋，晚号随园老人。浙江钱塘（今杭州）人。清初著名文艺批评家和诗人。袁枚活跃诗坛60余年，存诗4 000余首，基本上体现了他所主张的性灵说，有独特风格和一定成就。他有很多论诗的书信文章：《随园诗话》及《补遗》和《续诗品》为诗论主要著作。还著有《小仓山房集》、《随园诗话》及《补遗》、《子不语》及续编等，此外尺牍、说部等30余种。袁枚以官俸购书，所累积达40万卷，专建小仓山房所藏书。

袁名敦（1928—）
Yuan Mingdun

北京师范大学教授、硕士生导师。20世纪50年代毕业于北京师范大学物理学系。毕业后在该校物理学系、教务处和图书馆工作。曾任北京师范大学图书馆学情报学系主任、图书馆馆长。曾兼职有：中国大百科全书《图书馆学、情报学、档案学卷》图书馆学编辑委员会委员、全国高校图工委现代化技术委员会常务副主任、全国情报文献工作标准化技术委员会委员、中国社会科学情报学会理事、中国图书馆学会学术研究委员会委员、中国科技情报学会计算机情报管理专业委员会委员以及全国社会科学基金图书馆学、情报学和文献学评审组成员。共出版7本专著、教材，发表近40篇论文，并获得多项奖励。

袁水仙（1951—）
Yuan Shuixian

研究馆员。1975年毕业于浙江大学，1999—2001年在中国人民大学研究生班主修美国加利福尼亚州大学工商管理课程。兼任中国图书馆学会第八届理事会理事、中国科技情报学会第七届理事会常务理事、中国科技文献信息资源专业委员会副主任委员和全国高等学校图工委期刊专业委员会委员。从事外文图书、文献以及报刊等出版物进出口工作30年，曾担任中图公司英国代表处总裁、中国图书进出口（集团）总公司副总经理。曾组织、策划编辑出版了在全国范围内图书馆应用的工具书，并在有关刊物和杂志上发表多篇论文。

袁同礼（1895—1965）
Yuan Tongli

中国图书馆学家，美国匹兹堡大学法学名誉博士。1916年毕业于北京大学。1920年赴美国，先后入哥伦比亚大学历史系与纽约州立图书馆专科学校学习，获美国纽约州州立图书馆学校学士学位。历任广东岭南大学图书馆馆长、北京大学目录学教授兼图书馆馆长、北京图书馆协会会长、中华图书馆协会董事、董事部书记执行部长、故宫博物院图书馆副馆长、北京图书馆图书部主任、副馆长、馆长和美国斯坦福大学研究所编纂主任等职。1925年，在中华图书馆协会与国立东南大学联合组织举办图书馆学暑期学校，担任该校图书馆学术史、分类法、目录学等课程的教师。曾在刊物上多次发表有关明清私人藏书，《永乐大典》考证及《国立北平图书馆之使命》、《国立北平图书馆现藏海外敦煌遗籍照片总目》等论著。

袁咏秋（1928—）
Yuan Yongqiu

中国国家图书馆编审。毕业于武昌文华图书馆学专科学校、中原大学政治学院。先后任北京图书馆《图书馆工作》、《图书馆学通讯》和《图书馆》责任编辑、中国图书馆学会理事、编译出版委员会副主任和中国图书馆学报《图书馆学通讯》主编。1984年被聘为国际图联图书馆学专业杂志编辑圆桌会议通讯常委。编著有《中国历代图书著录文选》、《中国历代国家藏书机构及名家藏读叙传选》和《外国图书馆学名著选读》等。

原版本
as issued

古旧书交易用语。指在古旧书交易中那些自首次出版以来保留原版内容重新装订的图书。

原版显示
display in original format

特指将已加工的数字化文献在提供全文下载时，完全以非数字化形式发行传播时的原有版式显示，以保证文献下载、打印的原始样式。原版显示可包括各种载体的文献，类型涉及图书、期刊、论文、报纸以及课件等。原版显示可分为数字化原版显示和图像原版显示。前者可以运用系统所提供的工具对全文直接进行文字编辑、复制等处理。后者可直接复制图片和以图像提取页面，文字编辑则需要进行文字识别后再进行。

原本
parent edition

原始稿本，最初刻本；或翻译、注释、翻刻和改编等的母本、底本。

原创作作品
original works

指作者以最初的写作语言和表现形式出版的著作。是译本、缩写本、删节本和改编本等的依据。

原封面装订
covers bound in

在图书交易中经常用到的一个词，用来指明一卷册图书在后来的装订中包含了原来的封面。一般发生在重新装订时，装订厂决定保留原来的封面作为卷首的衬页或扉页。

原稿
raw copy

文字、图表或艺术作品在誊写、抄写或印制之前的手稿，还指写成后未经他人修改的稿子。

原稿本
exemplar

指著作人为发表作品交给出版社出版发行的原稿，又指在印刷术发明前，中世纪西方大学生使用的一种课本，即由学校授权的出版商出版并获官方批准的一种教科书。

原刻本
Original Block Edition

亦称“原刊本”、“祖本”，省称“原刻”、“原刊”。指初次刻印的书。也就是现代人所说的第一版，是一部书的原貌和“灵魂”，是后印本的源头。原刻本刻工精细，纸墨运用讲究，版面整洁，字迹清朗，错误较少，边框完整，并且印刷数量不会很大，一直是资深藏家的首选。

原生数字资源
born digital

以数字形式产生和存在的一种信息资源。除数字形式再没有其他载体形式的信息资源。

原始编目
original cataloging

对没有任何编目著录记录的文献进行编目。编目人员根据自己对文献内容和形式进行的分析、研究、选择和记录并提供著录事项，将编目数据输入数据库，供其他图书馆使用。

原始书目
primary bibliography

又称一次书目。与二次书目相对应的内容广泛的综合书目，其著录的文献只在出版、发表日期或者地点等相互联系，但在所论述的内容方面不一定相关，可据此编制各种专门或专题书目。

原始数据
raw data

计算机用语。指未经计算机系统处理或未经图书馆整理加工的数据。在文献检索中也指未经加工整理的穿孔带、磁带或其他形式的数据资料。

原始文献，一次文献
primary document

指未经过二次加工的文献全文（相对于文摘、题录而言）。原始文献的类型按其出版形式和使用习惯一般可分为：图书、期刊、会议文献、专利文献、标准文献、科技报告、学位论文、政府出版物、产品样本和说明书、技术档案、科技电影和其他资料。

原始性缩微品出版工作
original micropublishing

专门用缩微复制品形式出版资料而并非由印刷

品正本加工出版缩微复制品的出版工作。

原始著作权人
original owner of the copyright

指直接创作作品的公民以及依照法律规定视为作者的法人或者非法人单位。原始著作权人享有的是完整的著作权人身权和财产权。

原始资料，一次信息源
primary source

指第一手资料或原始信息，有关某一主题的手稿、档案记录或权威文献。原始资料包括：独创性的研究资料、访问记录、期刊文章、论文集、照片、电影胶片、信件、日记、政府文献、公务档案和剪报等。

原题名
original title

指最初的、通常也是正式的题名。如题名或翻译本名有更换时，该书换名前的原名即是原题名，著录时要将原文题名著录在附注项内。

原田 勝（1944—2004）
Masaru Harada

日本图书馆学家。东京大学研究生院工学研究科毕业，曾以专家身份在联合国教科文组织自然科学局科学技术文献情报部工作。积极从事科学技术情报的研究，特别是在科学社团间的情报生产和流通方面。研究的专题包括电子图书馆和电子参考服务，并对索引的基础理论、分类和科群集理论的数据挖掘应用产生了一定的兴趣。

原文如此
（拉）*sic*

表示“thus”（如此、这样）之意。引文后以小写字母形式出现在方括号或圆括号中，它前面的词，虽然错误或有疑问，但确为原文。在欧洲，用感叹号表示这种用法。

原文下载
full-text article downloads

也称为全文下载。是指对全文数据库进行检索后，将选中的文献正文的全部或部分下载保存到一定存储介质上，或者直接打印输出的行为。根据数据库产品的加工方式，全文下载的格式可分为：纯文本格式、原版面格式。纯文本格式不保留原版面格式，可直接复制原文；原版面格式完整保留文献原有版面，可区分为数字化全文、图像全文两种。原版面格式一般需要通过专用阅读器、通用阅读器进行阅读和打印。专用阅读器主要有：CAJ 全文浏览器、阿帕比（Apabi）阅读器等，通用阅读器常用的是 Adobe Reader。

原型
prototype

在艺术创作中，塑造人物形象时所凭借的现实生活中具有某种特性的真实的人。

原型小说
archetypal novel

被认为是现代小说先驱的传说和爱情故事。

原样复制
line for line

指复制本与原件完全一致。

原有出版物
prior publication

在提交给出版商出版的作品以前已经以另外一种不同的形式出版，这种已经出版的版本为原有出版物。如一篇论文最初在某期刊中发表，后来作为书的一个章节提交给出版商。一般情况是出版商会在其投稿指导方针中对原有出版物的定义作出有关的叙述。当前争论的问题是：是否将电子论文或电子学位论文等同于原有出版物。

原纸
body paper（body stock）

指任何一种具有合成或敷层处理如艺术、彩印、涂层、蓝印、聚酯、照相及其他纸张的基本原料纸，且纸的质量随加工要求而异。例如，铜版原纸要求组织均匀、厚薄一致、洁白细致；钢版原纸要求结构松软，吸收液体的性能好。

原著，原本
original

指由作者本人用自己的语言写作或用作者特有的文字撰写的著作，或指由艺术家独立思考或自发完成并可以复制的作品，也指供复制用的源文献、模型和图形等。

原著者
originator

指用初次出版时的语言创作著作的人或团体，即创作人，是著作知识内容的责任人。在图书馆编目中以此作为选定著者标目的准则。

原装
contemporary

指一本书出版时的装订，并没有经过修补或重新装订。

原装本，出版社装帧本
publisher's binding

图书或其他出版物在出版发行时的初版装帧，同一版本的图书有时会以不同方式进行装帧。这种装帧本与图书馆装帧本是不同的。

圆角书写黑体铅字
rotunda

中世纪时期在意大利和西班牙等地广泛使用的一种哥特体字，多用于抄录神学、法律和其他学术文本。其应用最后扩展到了阿尔卑斯山以北的欧洲广大地区，在15世纪印刷机器出现后，该字体继续用于铅字印刷。

圆括号
parenthesis

在著作或印刷中用以包括插入语的曲线符号"（"、"）"，表示对正文的附加说明，但不影响整段文字的意思。或用以表示在逻辑或数学公式里那些运算数该归在一起当作一个单元。美国国会图书馆用它作主题标目中的附加限定符，在布尔检索表达式中用它来限定词位（称嵌套法）。

圆书脊
round back

指装订时使书脊呈圆形。圆书脊通常要从中间用细绳将正页与封面装订在一起。

Y

圆书角
round corners

在图书馆的图书装订或修补过程中，将书壳的尖角切掉使其变成小圆角以防止其在使用过程中出现磨损和折角。

圆筒盒
capsa

圆筒形状的盒子是古代图书馆用来立放纸莎草纸卷轴的容器。

圆桌会议
round table

在举行国际会议时，为避免席次争执、表示与会各方地位平等，参加会议的各方代表围绕圆桌而坐，或将方桌摆成圆形而坐。这种围桌而坐成圆形座次的会议被称为"圆桌会议"。圆桌会议起源于英国。目前，被保存在英国温彻斯特的大圆桌被认为是世界上最早的圆桌会议的"圆桌"，据说该圆桌是当时亚瑟王及中世纪传说中骑士们围坐的中心。设立该圆桌之目的是为了减少开会时人们依座次论显赫的争吵。又指学术学（协）会下设的专门学术机构。

源程序
source program

用源语言编写的计算机程序。在使用之前，必须先翻译成机器语言。

《源氏物语》（日本）
The Tale of Genji

日本中古长篇写实小说。是由女作家紫式部于公元11世纪初创作而成。全书54回，共计100万字。该小说是世界文学史上最早的长篇写实小说，作品流露出现实主义倾向，被认为是代表了日本古典现实主义文学的最高峰，给后世作家的创作提供了艺术典范。

源数据库
source database

是指能为用户直接提供原始资料或具体数据的数据库，用户不必再查阅其他信息源。通常情况下可以分为数值数据库、文本—数值数据库、全文数据库、术语数据库和图像数据库等。来源文献一般指纸质文献的出版类型或某种特定形式和内容的文献类型，常见源数据库类型有期刊数据库、报纸数据库、图书数据库、会议论文数据库、博硕士学位论文数据库、专利数据库、年鉴数据库、史志数据库和科学实验数据库等。源数据库相对于某一类型的文献应具有收录完整性、保证使用者不需要再查阅其他信息源，并具有长久保存和可二次或多次编辑开发的价值。

源文献，原始文献
source document

在复制中，复印件的最初文献，通常包含无须放大就能读到的图文资料。又指编制引文索引的数据来源，如科技报告、专著、会议论文、期刊论文和学位论文等。

源语言，被译语言
source language

指原始文献的自然语言，又指一篇文章被译成另一种或多种语言前的最初语言。

源资料标引
indexing at source

又称在版标引。指在期刊上发表一篇文章的同时，发表该文章的标引资料，完成文章的标引工作。

源字段
source field

在大部分书目数据库的记录结构中，包括期刊刊名、卷号、期号、论文页数的字段，图书的题名、出版者、出版日期和书目索引的字段，论文的题目、写作者和收藏日期的字段。

远程办公
remote working (teleworking)

有时也称远程交换（telecommuting）。信息时代的工作方式出现了更加分化的趋势，人们不但可以在传统的办公室工作，还可以居家工作，或利用车载台在旅行中工作，后两种被称为远程工作（teleworking）。有人将远程工作分为5类：电子家庭作业（electronic homework）、电子村落（telecottage）、移动工人（nomadic or mobile workers）、远程办公（remote offices）和团队远程工作（group or team teleworking）。然而，从雇主的角度看，远程工作不利于进行有效的管理；从雇员的角度看，远程工作也不利于员工之间的交流，从而使得传统的工作场所依然被需要。

远程传真复印机
telefax

通过远程通信网络进行图像传输的一种文字图片拷贝设备。

远程存取
remote access

用户通过网络对处于异地的计算机系统中的信息资料进行直接通讯与存取的一种方式。大部分普通因特网用户的联网方式——拨号上网和远程登录（telnet）都属于远程存取。

远程登录
telnet (remote login)

因特网工具之一。为用户提供了在本地计算机上完成远程主机工作的能力。远程登录协议是进行远程登录的标准协议和主要方式。通过使用远程登录，因特网用户可以与全世界许多信息中心、图书馆及其他信息资源联系。远程登录的使用主要有两种情况：第一种是用户在远程主机上有自己的账号（account），即用户拥有注册的用户名和口令；第二种是许多因特网主机为用户提供了某种形式的公共远程登录信息资源，这种资源对于每一个远程登录用户都是开放的。

远程登录程序
rlogin

因特网上提供的、允许一台机器用户在另一异地机器上进行直接登录访问的一种服务。其效果就像用户终端直接连接在远程机器上一样。

远程订购系统
teleordering

实现订购过程自动化的系统。通过这种系统订购图书，所有订单都会得到自动处理。

远程教学
distance learning

一种可以克服时空障碍的教学和学习方式，学生可以利用家庭或本地的设备学习。可以通过电子邮件或其他电子方式获取学习资料。在远程学习中，电信网络和电信会议在教学过程中为师生提供交流手段。图书馆通过在线目录和数据库、电子预约、电子参考服务、在线导读和电子文献传递服务支持远程教学。

远程接入服务
remote access service

用户通过网络拨入来访问网络资源的一种服务功能。随着网络的普及，这种服务正变得越来越普遍和越来越重要。远程接入服务允许远程用户通过

Y

电话线与公司网络连接来访问网络资源，使远程用户安全地访问文件和打印机，也可通过网络运行应用程序，就像该用户位于此网络中一样。

远程通信
telecommunication

以电报、电话、无线电广播装置、电视、电缆或其他电磁手段远距离传送和接受信号、文字、声音或其他信息。也指在计算机系统和远程设备之间所进行的数据传送。

远程通信会议
teleconference

集图像、文字、数据等为一体的多媒体信息传输，利用声频和视频传输技术召开会议，参会者不用聚集在同一地点就能实时看到彼此和听到彼此间的对话，具有覆盖范围广、节省运营费用、传输率高、高稳定性和传输方式灵活的特点。

远程信息学，远程信息传输学
Telematics

对远程通信系统中除话音外的数据传输作出研究的一门科学。

《远东英汉大辞典》
Far East English-Chinese Dictionary

由梁实秋主编，中国远东图书公司印刷发行。该辞典旨在为一般学习英语者提供一本新颖而实用的参考工具书，于1960年12月初版，约收4万字，1963年出版修订本，增收至8万字左右，此后每年加印新版，随时修补增订，总计达20万字左右，成语和例句有40万条之多。收录范围除一般常用字外，涉及有关现代高科技、国际政治、文化、教育、经济、社会、历史、军事、医学和艺术等专有术语，以及方言、俚语、俗语、古语、诙谐语和外来语等都尽量收集。

远流出版公司
Yuan-Liou Publishing Co., Ltd.

全名为远流出版事业股份有限公司，简称远流，是台湾相当著名的大出版社。由王荣文先生于1975年创办，其后于1981年2月24日改组为现名。先后出版《我们的动物园》、《远流活用英汉辞典》、《历代通俗演义》、《中国历史演义全集》、《中国名著精华全集》(李敖主编)、《柏杨版资治通鉴》、《胡适作品集》、《金庸作品集》、《李敖作品集》、《儿童馆》丛书、《小说馆》丛书、《新桥译丛》丛书、《新心灵》丛书、《我会爱精选绘本》、《中国民间故事全集》、《大手牵小手》丛书、《儿童的台湾》、《绘本台湾民间故事》、《绘本童话中国》、《实用历史丛书》、《商务英语学习丛书》、《大众心理学全集》等。该公司于1997年成立网站《远流博识网》(YLib. com)。

约旦国家图书馆
National Library of Jordan

原名约旦国家文献中心，成立于1975年，1977年更名为国家文献与图书馆董事会，隶属于约旦国家文化与青年部。后国家文献与图书馆董事会又更名为国家图书馆、文献档案馆部。该部主要任务包括设立和管理国家图书馆，1990年分别成立了3个新机构：国家图书馆、国家文献中心和皇家文化中心。1992年颁布的缴送法涵盖印刷资料和非书资料，并指定国家图书馆为缴送本保存馆。为读者提供免费在线目录查询服务。编辑出版《约旦国家书目》(*The Jordanian National Bibliography*)。

约翰·阿彻博士图书馆(加拿大)
The Dr. John Archer Library

该馆是加拿大雷吉纳大学图书馆的主馆。馆藏约为250万件(册)，其中包括100多万册的图书、期刊及政府出版物以及近150万册(件)的微缩期刊、录音唱片和其他介质的文献。该馆配备有744席阅览座位，104台装有全套办公软件的电脑以及1个计算机室(配有30台电脑)。

约翰·巴特勒(1965—)
John Battelle

著名的Web 2.0运动的倡导者和参与者，《连线》(*Wired Magazine*)、《产业标准》(*The Industry Standard*)杂志的原创始人之一，新闻学硕士。2004年，他和提姆·奥莱理(Tim O'Reilly)共同主持Web 2.0峰会(也称为Web 2.0大会)。巴特勒在其《搜索：Google和其他的搜索引擎如何影响商业模式和转变我们的文化》(*The Search: How Google and Its Rivals Rewrote the Rules of Business and Transformed Our Culture*)一书，系统描述了搜索引擎引发的商务革命，以及由此产生的电子商务的发展趋势。

约翰·谷腾堡（1399—1468）
Johann Gutenberg

德国人，曾是一名金匠，因在美因茨地区发明铅字印刷术而著名，第一部印刷品就是在1454—1455年间印刷出版的42行哥特式字体拉丁文《谷腾堡圣经》(*Gutenberg Bible*)。铅字印刷品迅速传到荷兰、意大利、法国和英国，到15世纪80年代便主导了欧洲。1900年在德国美因茨建立了谷腾堡博物馆，成为研究谷腾堡生平、成就以及早期印刷术的中心。当然，对于谷腾堡的成就，由于生平材料尚不够详实，真正附有他名字的印刷品或其他作品似乎也没有征集到，因此还有一定存疑。

约翰·科顿·达纳（1856—1929）
John Cotton Dana

曾多年担任美国公共图书馆馆长，以开创和推进图书馆服务与公共教育而闻名。1889年任丹佛公共图书馆馆长，1898年调任马萨诸塞州普林费尔德城市图书馆馆长，1902年任新泽西州纽瓦克自由公共图书馆馆长。在丹佛公共图书馆，达纳进行了两项重要改革：实行开架借阅制度和开辟儿童阅览室。在普林费尔德城市图书馆，他积极倡导图书馆与学校以及博物馆合作，并成为该市博物馆的合作奠基人。在纽瓦克自由公共图书馆，为移民建立外文馆藏，为企业界创办文献特藏。在图书馆服务方面他积极提倡将图书馆视为第二课堂，承担继续教育和促进阅读的重要作用。作为图书馆专业领导人，达纳于1895—1896年担任过美国图书馆协会主席，1896—1902年为美国图书馆协会分委员会成员。1909—1910年，组建并担任了专业图书馆协会的主席。其代表作《建议》(*Suggestions*)充分阐述了他对图书馆管理的哲学观点，该书于1921年由F. W. 法克森出版社出版。

约翰·科顿·达纳图书馆公共关系奖（美国）
John Cotton Dana Library Public Relations Awards

通常被称为约翰·科顿·达纳奖，是美国图书馆协会的最高荣誉奖，由H. W. 威尔逊基金会专门授予在图书馆公共关系中作出卓越贡献者。在一年一度的美国图书馆协会年会期间，由H. W. 威尔逊公司颁发获奖的图书馆员，每位5 000美金。

约翰·肯尼迪总统图书馆和博物馆（美国）
John F. Kennedy Presidential Library and Museum

由著名建筑师贝聿铭先生设计，位于美国马萨诸塞州波士顿市南。为一座占地面积为1.4万平方英尺的9层预制混凝塔式结构的白色小楼。1979年10月20日正式对外开放。每年大约有20万访问者和2万研究者到访，约40万人参加图书馆组织的各种类型的活动。1993年10月29日，一所替代原图书馆的新馆落成，当时的美国总统克林顿与肯尼迪家族成员、馆内工作人员及各界人士出席了落成典礼。该馆收藏有：官方文件840万页，遗稿3 400多万页，视听档案包括1863—1963年的照片40万张、1910—1983年的750万英尺影片、1910—1085年的1.1万录音盘。书籍7万卷，文集330本，口述纪要1 100多份。特别值得一提的是肯尼迪家族专门为图书馆制作了一部30分钟的传记影片：《约翰·肯尼迪，1917—1963年》。1984年成立了肯尼迪图书馆基金会，是一个非营利组织，旨在帮助图书馆制定长期战略目标、拓宽馆藏范围、提高馆藏能力和促进图书馆事业的发展。

约翰·纽伯里（1713—1767）
John Newbery

英国作家、出版商、印刷商和书商。他首次认识到世界上存在着一个巨大的儿童读物市场。1744年，他开始出版儿童读物《漂亮的袖珍普及本》(*A Little Pretty Pocket-Book*)，含有大量的诗韵寓言和行为准则，接下来又于1765年出版了他朋友奥列佛·戈德史密斯（Oliver Goldsmith）最负盛名的说教作品《一双伪善小鞋的历史》(*The History of Little Goody Two-Shoes*)，配以彩色插图；这些图书在他廉价出版的“青少年图书馆”连续出版物上连载后，在英格兰广为流行。他还出版了7卷本的第一部儿童百科全书《科学的循环》(*The Circle of the Sciences*)(1745—1748）和第一种儿童期刊“侏儒杂志”（The Lilliputian Magazine)(1751)。为了纪念纽伯里对儿童文学的贡献，自1922年起美国设立了纽伯里奖（Newbery Medal），每年一次授予前一年由美国作家撰写的、在美国出版的最优秀儿童图书。

约翰·威利父子公司（美国）
John Wiley & Sons, Inc.

创立于1807年，总部设在纽约，属于印刷型出版物的出版社，是美国为数不多的具有悠久历史的独立图书出版公司。约翰·威利公司作为世界上三大科技出版商之一，其科技出版物在科技界有很高的声誉。公司的主要产品有图书、期刊和电子产品、光盘和网络产品。同时还有大量高质量的科技书刊出版物问世，其出版范围涵盖了电子、水力、流体力学、内燃机、生物化学、有机化学、物理化学、分析化学、热力学和航空学、心理学、社会学、管理学、政治学和医学等各个领域。约翰·威利父子公司出版的大专院校教材在美国、加拿大、欧洲、澳洲和亚洲广泛使用。生命科学、数学、工程和会计类图书在世界上居领先地位。

约翰·萧·比林斯（1839—1913）
John Shaw Billings

美国外科医生兼图书馆学家。俄亥俄医学院博士，作为军医调任外科医师将军办公室。1870—1875年致力于建设医院和医学院。1879年任国家卫生委员会副主席，1880年担任美国公共卫生协会主席。并从1865—1890年组织发展外科医师将军办公室图书馆，用美国医学协会的资料与国内外进行交换，并解答咨询。1876年出版《国家医学图书馆目录样品分卷》(*Specimen Fasciculus of a catalog of the National Medical Library*）以及《外科医师将军办公室图书馆索引——目录》(*Index Catalog of the Library of the Surgeon General's Office*)，载有30万册（卷）书籍、小册子和50万篇期刊文章。1896年任纽约公共图书馆馆长，对该馆进行改革，建立了40所分馆。比林斯于1902年被选为美国图书馆协会主席。

约克大学图书馆和档案馆（英国）
University of York Library & Archives

该馆由1所分馆和1所档案馆组成，拥有100万册纸本书籍、3 500种期刊、逾3 000种数字视听光盘和录音带、1万多种电子学术期刊和100种数据库以及极具价值的特殊馆藏。在其档案馆中收藏有多种珍贵的档案资料和手稿。

约瑟法·伊米莉亚·萨伯（1916—）
（西）*Josefa Emilia Sabor*

阿根廷图书馆工作者、管理者和教育家。生于西班牙，21岁时加入阿根廷国籍。曾在中学和大学任教，后靠奖学金攻读文学和图书馆学。曾任首都布宜诺斯艾利斯大学图书馆学院目录学研究室主任和该院图书馆馆长。1948—1952年任阿根廷国立科学博物馆图书馆馆长。1955—1964年任大学哲学与文学学院图书馆学院院长、教授。组建阿根廷与联合国教科文组织合办的哲学与文学学院图书馆研究中心，并主持工作。曾应聘为教科文组织图书馆委员会委员和顾问，并执教于巴拉圭和墨西哥。其主要著作有：《情报资源手册》(*Manual of Information Sources*)、《图书馆学手册》(*Manual of Librarianship*)和《图书馆学教学方法》（*Methods of Teaching Librarianship*）。

月刊
monthly

期刊出版频率（刊期）之一种，即每个月出版一期的定期出版物。期刊的出版频率有季刊、双月刊、月刊、半月刊和周刊等，而月刊在整个期刊群中占有很大比重。月刊不如周刊具有新闻性，其优点是适于刊登评论、文艺、科技及其他类别的文章，并可通过比较长期的观察来表现主题。

乐谱
music score

一种特殊的文献形式，是以各种符号或文字表示和记录声音的长短高低的专门记录。大致可分为文字乐谱和符号乐谱两类，现在通行的五线谱属后者。文字谱——公尺谱、简字谱等是中国传统的记谱法；符号谱——五线谱，数字谱——简谱则来自外国。这种在严密的组织体系下记载音的高低、长短、强弱的文字，数字或符号，被称为“谱”。乐谱有单张曲谱和装订成册的乐曲集、歌曲集，还有不供演奏用的、谱字较小的微型乐谱。各国的国家书目都收录乐谱。

乐谱
Notated Music

以音乐记号形式表达、以视觉感受的内容。包括除触觉感知外的所有音乐记号形式。“资源描述与检索”（RDA）定义的内容类型（content type）之一。

乐谱出版者编号
publisher's number for music

乐谱出版者给资源所赋编号标识，通常只出现在题名页、封面及乐谱首页。

乐谱格式
Format of Notated Music

以乐谱形式展示的资源内容的音乐或物理编排。包括总谱、研习总谱、声乐总谱、钢琴总谱、合唱总谱、缩写谱、分谱、钢琴指挥分谱、小提琴指挥分谱以及唱诗班歌曲集等。属“资源描述与检索”（RDA）的内容描述元素之一。

Y

乐谱格式

Scores Format

OCLC Connexion 编目系统中用于编目乐谱的MARC格式。检索 WorldCat 时，使用乐谱索引作为限定符来限定乐谱的检索记录结果。

乐谱图版编号

plate number for music

乐谱出版者给资源所赋编号标识，通常印在每页底端，有时也出现在题名页。

乐器数字接口

Musical Instrument Digital Interface（MIDI）

用于在音乐合成器、乐器和计算机之间交换音乐信息的一种标准协议。乐器数字接口可为音乐家、作曲家提供必不可少的工具。可用来创建、录制和播放音乐。由于乐器数字接口具有控制设备的功能，因此不但可用于乐器，而且越来越多的应用方式正在被发掘。

（乐曲的）专题索引

music thematic index

又称主旋律索引。是为音乐家、作曲家和音乐爱好者设计的特殊功能的乐曲索引。

乐曲形式

form of composition

指组成音乐作品的结构形式，如果著录的标题或其他部分不是显而易见的，则在书目记录的附注项中说明（如协奏曲、奏鸣曲和交响诗等）。

乐章

part

成套的乐曲中具有一定主题的独立组成部分，如一部交响曲一般分为四个乐章。

岳珂（1183—1234）

Yue Ke

南宋文学家、史学家和刻书家。字肃之，号倦翁相州汤阴人。著有《刊正九经三传沿革例》、《程史》、《愧录郯》以及《玉楮集》等。

钥匙控制

key control

图书馆对门锁和可锁设备的钥匙限制使用的办法。这对维护设备锁闭系统的安全是必要的。要实行对钥匙控制，必须对所有锁和上锁的地方进行全面调查并对所有钥匙建立详细目录。随后，对钥匙的分发，包括对已离开图书馆的雇员交回钥匙的情况，要仔细地加以记录。主要的钥匙只限必需的人使用，对安全特别重要的地方如珍善本书库、特藏和计算机室等要使用双钥匙系统。不用时，钥匙与记录借还钥匙者姓名及借还日期的日志一起存放在保管箱内。

阅读

reading

人类的一种高级认知行为。从微观上看，是读者对各种出版物信息接受和理解的过程，是一种复杂的生理和心理过程。在阅读过程中，读者首先要利用感观来感知文献载体上的记录符号，并将这些信号传入大脑。这是一个感觉器官传递信息符号的生理过程。大脑在接受信息后，再对这些信息进行反映，根据以往的经验进行判断、推理、比较、分类和概括等一系列思维活动，对阅读内容进行理解，在这一过程中伴随有知觉、记忆、思维和注意等心理现象的发生，因而是一个复杂的心理过程。从宏观上看，阅读是人们在社会生活中的一种有意识、有目的的行为，是一种高层次的社会需要。通过阅读，可以提高人的社会文化素质，发展社会意识，促进思想交流，是促进社会健康发展的一项重要人类活动。又指从记录媒体（文件、磁带等）将数据读出的过程。

阅读尺

reading ruler

阅读器或阅读复印机内用于跟行的一种尺子。

阅读灯

book light

一种很小的照明灯，通常用夹子固定在书的封面上，以便在暗处（飞机座位、火车卧铺、床等处）阅读而不妨碍别人。

阅读动机

reading intention

读者产生阅读需求、引起阅读行为、满足阅读愿望的一种内部动力。阅读动机可以反映读者选择阅读内容和阅读方法的主观原因，是达到阅读目的之主要因素。阅读动机一般可分为研究动机、学习动机、释疑动机和娱乐动机4类。了解和掌握读者的阅读动机，有利于对读者的阅读过程进行有针对性的辅导和引导，使其阅读活动朝着正确、健康的方向发展，提高阅读效果。

阅读放大镜

reading glass

一种通常装在手柄上的并用来便于阅读小字或查看地图的放大透镜。

阅读放大器

read amplifier

在阅读缩微胶卷或缩微平片时起光学放大作用的专用阅读仪器，也称阅读器。阅读放大器的种类很多，就其用途来分有普通阅读器、检索阅读器和复印阅读器等，也有些阅读器可以把几种功能集中在一台阅读器上，同时具有阅读、检索和复印功能。

阅读机

reading machine

用于阅读缩微胶卷或缩微胶片的一种专用仪器。阅读机的种类很多，根据其用途，可分为普通阅读机、检索阅读机、复印阅读机和多用途阅读机等。多用途阅读机一般集成了上述几种阅读机的功能，可以同时完成阅读、检索和复印等多种任务。

阅读机屏幕

reader screen

缩微文献阅读机上显示阅读内容的一种物理部件。阅读机屏幕有尺寸大小、分辨率高低和材质优劣之分。

阅读计划

reading plan

指图书馆员为帮助读者掌握系统的阅读方法，围绕某一特定学科或主题，协助读者拟定有关该学科或主题的循序渐进的阅读书目与阅读进度安排。阅读计划的制定通常是图书馆阅读指导工作的重要内容。

阅读疗法

bibliotherapy

又称阅读治疗。阅读疗法可以用于精神和情绪而引发的疾病，如抑郁、焦虑、恐慌、偏执以及心理失调、性别机能失调、阅读障碍和手术应激反应，也包括对部分生理疾病的辅助治疗，还可以用于生理残疾、慢性疾患、情绪问题、人格障碍和社会经济问题。阅读疗法已有几百年历史，近几年来，越来越多的人对阅读疗法持肯定的态度，许多医生、图书馆员已经开始这方面的研究和实践。

阅读率

read rate

又称“借阅率”。指图书馆的每位读者全年平均所借文献的数量。用公式表示为：阅读率 = 馆藏文献全年借出总册数/全年读者实际借阅人数 × 100%。阅读率是衡量读者利用图书馆程度的重要指标。

阅读目的

reading purpose

读者通过阅读行为的实施实现其阅读愿望，进而取得某种阅读效果的心理趋向与要求。从总体上看，读者的一切阅读活动都应该是有一定目的。只有明确的阅读目的才会导致自觉的阅读行为，进而产生积极的阅读效果。一般阅读目的可分为学习目的、研究目的、应用目的和娱乐目 4 种。阅读目的之间不是互相排斥、互相矛盾，而是相互交织和相辅相成的。一个人的阅读目的通常会受到兴趣、意志、情绪和能力以及社会环境的影响。因此，图书馆要通过阅读辅导工作引导读者树立明确、积极的阅读目的，进而产生良好的阅读效果。

阅读能力

reading ability

指读者在阅读活动中理解、消化文献内容和利用文献的能力。具体体现在选择文献对象、掌握阅读技能、理解文献内容、消化和运用文献知识 4 个方面。阅读能力是人类学习能力的重要组成部分，是读者在不断利用文献的过程中逐步获得的。学习、教育和阅读实践对提高读者的阅读能力起着至关重要的作用。培养读者的阅读兴趣，提高读者的阅读能力是图书馆读者教育工作的重要内容。

阅读年龄

reading age

适合阅读某种书刊的年龄，这种年龄的划分对低幼儿和少年儿童具有十分重要的意义。图书馆通常需要根据书刊的内容划分出不同的适宜于阅读的年龄段。

阅读起跑线

Bookstart

英国于 1992 年由公益组织“图书信托基金会”

(Booktrust）推出了该项项目，这是世界上第一个全球性的专为婴幼儿童提供阅读指导服务的计划，也是世界上第一个在国家范围内的送书活动，其目的在于通过免费赠书给育有婴幼儿家庭，提倡和鼓励婴幼儿童尽早接触图书，从中受益，使之拥有快乐温馨的早期阅读经验为日后终身的阅读习惯奠定良好的基础。从 1992 年英国伯明翰市第一批 300 位宝宝参与的实验计划开始到 2004 年，该项活动已经成为全球最具有代表性的婴幼儿阅读推广活动。阅读起跑线项目计划免费为每位宝宝提供约为价值 60 英镑的图书资料，分装在不同款式的帆布包内，根据宝宝成长的实际需要，分年龄段以不同方式分发（共分三次，第一次是在 8 个月的时候，第二次是在 1～2 岁的时候，第三次是在 3～4 岁的时候），同时各图书馆还开展各种亲子互动的阅读活动，帮助家长掌握培养宝宝养成良好阅读习惯的方法和技巧，鼓励家长与宝宝一起分享图书、故事和儿歌所带来的快乐。

阅读器屏幕
read screen

光学字符识别中用于阅读文献的一种透明屏幕。通过这个屏幕可以实现文献内容的读入。

阅读器指示灯
reader light

阅读器上的一种专用灯。通常安装在控制台上，用于指示或对阅读器中存在需要操作员予以注意的情况进行报警，如穿孔出错报警、储卡盒空报警和卡片卡住报警等。

阅读倾向
reading trend

个体读者或群体读者在阅读过程中表现出来、具有一定稳定性的书刊利用倾向。阅读倾向是图书馆读者调查的重要内容。一般可从读者的职业、年龄、性别和文化水平等角度进行调查和分析。图书馆研究读者阅读倾向之目的是为了掌握一定时期内读者的阅读兴趣和动向，为文献资源建设重点提供参考依据，同时有利于加强读者服务工作的针对性。

阅读社会学
Reading Sociology

利用社会学理论与方法，把阅读作为一种普遍的社会现象来进行系统研究的一门独立学科。其主要研究内容包括出版物的社会功能和社会属性、社会大众阅读行为、个体阅读需要及其在社会系统中的地位、阅读的社会性和社会影响等。阅读社会学的发展有助于人们对图书馆社会地位和社会功能的了解。

阅读书目
reading bibliography

书目的基本类型之一，指学校为配合各种类型的教育或某一阶段教学任务而由教师精选相关图书，以指导学生阅读的书目。也称学习书目、推荐书目、导读书目和举要书目。阅读书目具有较明显的辅助教育职能。

阅读水准
reading level

衡量读者阅读能力的标准之一。决定阅读水准的因素通常包括词汇、句子、结构和文本的长度和内容的难度，通常根据某一专门的学术水准或阅读进展标准来确定。

阅读速度
read rate

概指在信息处理过程中各类阅读装置在单位时间内读出的数据量。通常以每秒钟或每分钟读出的位数、字数或页数来表示。

阅读推广
reading promotion

促进阅读、宣传阅读所开展的活动，不仅能够提升公民的阅读水平，开发智力，汲取精神营养，传承民族文化，同时把阅读看作公民享受教育权利，参与社会生活，消弭教育鸿沟，紧密家庭关系，关心弱势群体的重要手段。图书馆在阅读推广活动中采取“名家讲座”、“图书推介”、“精品图书展览”、“读书征文比赛”、“读书箴言征集”、“读书有奖知识竞赛”、“图书捐赠”和“名著影视欣赏”等方式。

阅读卫生
reading hygiene

为防止因阅读引起眼睛疲劳而提出、用于从社会层面上规范阅读行为的一种卫生保健要求。典型的阅读卫生包括：在阅读写字时，坐的姿势要端正，眼睛与书本之间的距离应保持在 33 厘米；连续看书写字 45 分钟后要注意休息片刻或向远处眺望一会儿；不宜在光线暗淡或直射阳光下看书写字，不宜躺在床上看书，不宜走路看书，不宜在开动的各种交通工具中看书等。

阅读心理学

Reading Psychology

专门研究读者在阅读过程中所发生的心理活动、现象及其发展规律的一门科学。阅读心理学是读者心理学的重要分支科学，其主要研究内容为：1. 读者阅读行为的心理诱因；2. 读者阅读的基础条件，即读者现有的知识、经验、阅历、智力和接受能力；3. 读者阅读过程中的心理现象和个体心理特征，包括阅读动机、兴趣、态度和倾向等；4. 读者的阅读修养，即读者的阅读能力、阅读方法与阅读经验；5. 读者阅读效果和阅读环境的相互关系，即搜集一定环境中阅读效果的情况反映，如何通过改善设备、采光、通风、音响和卫生等各方面条件，创造适宜读者阅读的环境。通常，以图书馆读者为研究对象的阅读心理学又称为"读者阅读心理学"。读者阅读心理学研究成果是图书馆开展读者辅导、改进读者服务工作的基本理论依据和方法。

阅读兴趣

reading interest

有广义和狭义之分。广义的阅读兴趣是指读者对整个阅读活动的喜爱程度；狭义的阅读兴趣是指读者对某些学科文献或某种载体文献的内容表现出的一种自觉选择倾向。在阅读实践中，阅读兴趣是阅读动机的重要表现形式。它形成于阅读过程，并在阅读过程中呈现上升或下降以及转移的趋势。根据阅读内容，阅读兴趣可分为职业性阅读兴趣和业余爱好性阅读兴趣；根据阅读目的，阅读兴趣可分为直接阅读兴趣和间接阅读兴趣；根据阅读范围，阅读兴趣可分为一般性阅读兴趣和专业性阅读兴趣；根据时间特征，阅读兴趣可分为稳定性阅读兴趣和短暂性阅读兴趣。浓厚的阅读兴趣往往会产生自觉、自在的学习和获取知识的内在动力，使阅读过程始终处于最佳状态，从而产生积极的阅读效果。帮助读者培养阅读兴趣是图书馆读者工作的重要组成部分。

阅读行为

reading behavior

读者在阅读过程中所产生的生理和心理活动的一种外在表现形式。是达到阅读活动目的和取得阅读效果的手段，其实现过程实际上是阅读行为人（读者）对文献中的信息符号和信息内容的感知过程。一般来讲，阅读行为的实现首先表现为视觉行为，有时辅之以听觉、触觉和发声器官，以强化阅读效果。取得阅读效果是整个阅读行为实现过程的关键。而阅读效果的有无取决于阅读行为人识别和理解文献信息符号的能力；阅读效果的大小则依赖于阅读行为人对文献内容的理解和接受程度。

阅读行为调查中心

The Investigation Center of Reading Behavior

成立于 2009 年 4 月，隶属于新华书店总店信息中心，并以该信息中心"成品数据"作为书目分析基础数据库，旨在调查与阅读有关的一切行为，并针对普通受众的阅读行为进行随机抽样分析，以此为书业发展提供有效参考。目前，阅读行为调查中心已形成"北京地区阅读行为调查"、"大中专教材出版数据分析"、"畅销书榜上的出版社影响力"等报告品牌，为出版社、经销商提供了有效专业的终端市场反馈信息。

阅读修养

reading mastery

读者阅读能力、阅读经验和阅读技巧等各方面素质的总和，是读者在长期的阅读实践活动中培养起来的阅读水平的综合表现。阅读修养在内涵上不仅包括读者吸收文字信息符号的能力，而且还包括其获取所需阅读文献的能力以及甄别选择文献、运用阅读方法、理解和鉴赏阅读内容、消化运用所获知识的能力。阅读修养可以在一定程度上反映出读者的知识水平和文化素养。

《阅读研究季刊》（美国）

Reading Research Quarterly

1965 年创刊，由国际阅读协会主办、出版。所刊登很多重要的研究报告、各种调查方式、阐述不同的扫盲实践、教学和学习的观点的文章。40 多年来，该刊一直为各种年龄的学生的读书识字发放奖学金。俄亥俄州立大学大卫·布鲁姆和兰·威尔金森担任该刊编辑，172 位来自世界各地高校的教学人员担任编辑审查委员会委员。

阅读站

read station

通过阅读器装置从数据媒体中读出数据的实际位置。

阅读指导

reading guidance

指图书馆通过开发利用文献资源，帮助、教育和吸引读者有效利用图书馆资源。其目的在于充分了解和研究文献的基础上，主动向读者揭示文献的形式和内容，宣传先进思想、科学知识、职业技术以及各种文化信息，及时向读者推荐最需要的文献；在了解和研究读者的基础上，积极引导他们选择阅读范围，使其正确领会文献内容，并帮助他们学会利用图书馆的各种文献检索工具，提高图书馆利用效率。

阅览部

reading department

图书馆的业务部门之一。负责各类阅览室的建立和管理，提供阅览环境及相关设备，供读者在馆内查阅和参考馆藏文献资料。阅览部通常还要根据本馆的工作安排和实际情况开展文献宣传与阅读辅导活动，是图书馆从事读者服务工作的重要业务机构和职能部门。图书馆通常按所藏文献的学科内容、语种和读者对象，分别设立社会科学阅览室、自然科学阅览室、工具书阅览室、外文文献阅览室、研究阅览室、教师阅览室和学生阅览室等。阅览室的藏书多为开架或半开架。现在比较流行的做法是实行藏、阅、查和借一体化服务，同时大多数阅览室还为读者提供计算机检索服务和口头咨询服务。读者入室阅览一般要出示专用阅览证或借书证。

阅览服务

reading service

一是指图书馆提供阅览室及相关设备，供读者利用文献的一种服务；二是特指图书馆为使盲人和弱视者能更好地利用文献，应要求为其提供朗读文献内容的一种服务。图书馆为盲人提供阅览服务通常采取两种形式：一是当面朗读；二是将所需朗读的内容录制在磁带上供需要者借用。

阅览规则

reading regulations

图书馆为满足读者需要、营造良好的阅览环境、使阅览工作顺利进行而制定的各种规章制度。这些规章制度通常根据本馆的服务目的、服务对象、文献类型、阅览环境及其他因素制定，内容一般包括阅览手续、借阅文献范围、阅览室纪律和违章处理办法等。

阅览设备

reading devices

供读者在图书馆阅览室内利用文献资料进行学习和研究的各种设备的总称。广义的阅览室设备既包括阅览室内配备的各种设备，又包括阅览室本身。

阅览室

reading room

图书馆专门供读者阅览报刊或图书的场所。那里通常配有大量书刊、阅览桌、阅读灯和舒适的椅子，读者可安静地、不受任何干扰地学习、研究。有些图书馆还在阅览室布有网络线，为那些拥有手提计算机的用户提供因特网接入服务。阅览室可分为多种类型，一般根据读者成分、知识门类、文献类别和语种分别设置，以满足不同类型读者的阅读需求。

阅览椅

reading chair

为读者在阅览室内利用书刊而配备的专用椅子。用木或钢木制成。阅览椅一般要求造型美观、结构牢固、稳定舒适和轻巧灵便，为防止移动椅子时发出声响，椅脚宜加装橡胶软垫。椅子的尺寸和形状应与人体尺度相适应，在阅览室里最好使用普通靠背椅，不用时可随时置于桌下。在小型专修室或高档研究型阅览室里，常配备舒适的皮椅。

阅览桌

reading table（reading desk）

为读者在阅览室内利用书刊而配备的专用桌子。多用木或钢木制成。桌面多数为矩形。阅览桌一般要求造型美观大方、结构牢固、色泽柔和、无反光现象、无油漆味；桌面应坚硬、平整耐用和易于清洁。阅览桌的基本类型有：1. 普通阅览桌，按利用面积可分为单面式和双面式；按支撑方式可分为板座式和腿立式。2. 特殊阅览桌，为读者的特殊需要而专门配置，如斜面座、研究桌、阅报台和检索桌等，有的还配有局部照明灯和连桌小书架。

越级组配

exceed level coordination

指一种错误的组配，即参加组配的概念级别不当。例如，在主题词表中采用较细的概念替代较粗的概念或用较粗的概念替代较细的概念所进行的组配。这种组配方式在一定程度上降低了文献检索的查准率。

越南本

Vietnam edition

指越南刻印的书籍。其技术由中国传入，与中国刻印和装订形式没有什么差别。

越南国家图书馆

National Library of Vietnam

坐落于首都河内市，最初是1917年11月29日成立的印度支那图书馆中心，1919年9月1日作为河内中央图书馆正式开馆。从1921—1941年，作为法定保存本图书馆，正式接收印度支那出版的每种出版物各1册。1945年10月22日被越南民主共和国的临时革命政府更名为越南国家图书馆。该馆隶属于文化信息部。拥有馆藏图书150万册（卷），报刊7 800种，古文献4 000册，地图300幅，学位论文9 000份。该馆建筑面积为1 900平方米，拥有10个阅览室。可容纳1万名读者到馆阅览。该馆为国际图联的机构会员。

云计算

Cloud Computing

狭义云计算指信息技术基础设施的交付和使用模式，指通过网络以按需、易扩展的方式获得所需资源；广义云计算指服务的交付和使用模式，指通过网络以按需、易扩展的方式获得所需服务。提供资源的网络被称为“云”。“云”中的资源在使用者看来是可以无限扩展的，并且可以随时获取，按需使用，随时扩展，按使用付费。OCLC World Cat Local是云计算在图书馆具体应用，是印本资源和电子资源一站式检索的强大解决方案。

云南大学公共管理学院情报学与档案学系

Department of Information and Archive of Public Management College of Yunnan University

最初为云南大学历史系档案学专业，设立于1983年。1984年档案学专业首次招生，1986年设立图书馆学专业，次年开始招生。1993年情报学专业（后改名为信息管理与信息系统专业）首次招生。1997年3个专业并入人文学院成立信息管理学系，2004年单独组建情报学与档案学院，由文秘与档案学系、信息管理学系和文献资源管理学系以及档案研究所、信息研究所组成，并设有档案学、图书馆学和信息管理与信息系统3个本科专业，档案学、图书馆学和专门史3个硕士点，历史文献学、民族学和专门史3个博士点。2005年，云南大学情报学与档案学院与原云南大学公共管理学院、民族学与社会学学院、国际关系学院合并，组成新的公共管理学院，情报学与档案学系为其下属4个系之一。新组建的云南大学公共管理学院情报学与档案学系只设档案学和信息管理与信息系统两个本科专业，停办图书馆学本科专业，同时继续招收和培养档案学、图书馆学专业硕士研究生和历史文献学博士研究生。2006年，经国务院学位委员会批准，该系获得图书馆学、情报学与档案学管理一级学科硕士学位授予权和档案学二级学科博士学位授予权。2010年，该系又首批获得图书馆学情报学硕士专业学位授予权，成为云南省唯一能够招收和培养档案学专业本科生、少数几个能够招收和培养信息管理与信息系统专业本科生，拥有历史文献学、档案学两个二级学科博士学位授予权以及图书馆学情报学与档案管理一级学科硕士学位授予权和图书馆学情报学硕士专业学位授予权的教学科研实体。

云南大学图书馆

Yunnan University Library

成立于1923年。馆舍面积为5.4万平方米，馆藏总量为300多万册（件），其中包括17万册古籍线装书以及2 600余种1949年前的报刊资料，地方史、志，少数民族研究文献，生物学研究文献为该馆特色收藏；有电子图书50万册，中外文数据库20多个。还建立了“伍谢瑞芝文库”、“云南大学文库”、“西南少数民族研究文献数据库”和“高原山地生态学研究文献数据库”等。

云南省图书馆

Yunnan Provincial Library

省级综合性公共图书馆之一。该馆创建于1909年，由当时的经正书院、育才书院、五华学院和学务公所图书科藏书组合而成，位于翠湖公园北侧。1950年云南省人民政府在云南省立昆华图书馆的基础上，将志舟图书馆、明伦学社等图书馆并入，成立昆明人民图书馆。1953年正式命名为云南省图书馆。馆舍面积3.1万平方米，内设25个阅览室及报告厅、展厅和教室等，馆藏文献260万册（件）。其中58万册地方文献、古籍文献和民族文献最具特色，如明嘉靖年间丽江著名文人木公的自刻本《雪山庚子稿》和《雪山始音》、清乾隆年间昆明钱南园的手稿《钱氏族谱》、清嘉庆年间的刻本《黑盐井志》、清光绪年间的石印本《云南地志》和刻本《滇南本草》、1903年创刊的云南最早出版的报纸《滇南抄报》等，都是极为珍贵且富于云南地方特色的人类文化遗产；纳西族的《东巴经》、傣族的《贝叶经》、白族的《南诏备考》和包括了彝文、哈尼文等17个少数民族文字的文献，都是独特而稀有的民族文化瑰宝；从唐朝南诏的《护国司南抄》到清朝的《龙藏》等历代写本和刻本佛经，都是收藏系统、价值连城的系列佛教经典善本；与云南省图书馆学会、云南省高校图工委联合编辑出版《云南图书馆》(*Yunnan Library*)(季刊)。2005年4月，该馆荣获2005年度国际图联格斯特·韦斯梅尔（The Guust van Wesemael Literacy Prize 2005）读书奖。

云南省图书馆学会
Yunnan Society for Library Science

1979年6月18日成立。该学会成立以来，多次召开各种学术报告会，组织综合性与专题性学术研讨会，举办各类业务培训班和职称考试班，积极与国外同行进行学术交流。与云南省图书馆、云南省高校图工委合办学术刊物《云南图书馆》(*Yunnan Library*)(季刊)。

《云南图书馆》
Yunnan Library

1981年创刊，由云南省图书馆学会、云南省图书馆和云南省高校图工委联合主办。内容为图书馆学、情报学、目录学及相关学科的研讨与争鸣、各类图书馆改革和业务工作经验的交流；面向基层普及图书情报资料工作的业务知识；报道国内外图书馆动态及有关书评、资料等。主要栏目有："图书馆与西部大开发"、"文献资源建设"、"文献标引与编目"、"观察与思考"、"自动化与文献开发利用"、"基层图书馆"、"学校图书馆"、"少儿图书工作"、"业务知识"和"图书馆文学"等。该刊为季刊，自办发行。

云纹状纸，大理石花纹纸
marbled paper

一种用浅大理石花纹作底色的装饰纸。

匀墨辊
rider rollers

印刷机输墨系统的钢辊，能进行往返轴向运转，对油墨的黏性表面起着匀墨和输墨的作用。

芸香草
cymbopogon distans

一种产于欧亚的、具有强烈芳香的、可用于防止书刊蛀虫的野草。

(允许退还的）书刊
returnable

图书馆在书刊采购过程中，可根据与书商签订的协议，将不符合本馆需要或非本馆预订的书刊资料退还给书商。

运书车
delivery van

一种经过专门设计和改良的、用来运输成箱书籍的交通工具。有些运书车还具有展示图书的功能。

运书手推车
book trolley (trolley)

指装有轮子的两三层书架的书车，在图书馆内主要是用来运书的。特点是车轮灵活，车体坚固，操作灵便，回转半径小。书车有三轮、四轮和六轮之分，车轮一般都采用定向轮或转向轮。书车身长，一般是600～1 000毫米；书车宽度，单面者300～500毫米；双面者450毫米。车轮直径一般为75～100毫米。

运书箱
book boxes

通常指具有标准尺寸大小的箱子，用于馆际之间运书，常采用轻便的夹板材料制成。

运书小车
bookbin

指安装在图书馆里，能作水平或垂直方向运动，用于运书的且带有轮子的小车，由所设定的计算机程序控制。

运输
shipping

指由出版商、批发商或供应商通过邮递或其他方式向图书馆运送有关图书、材料、设备或供应品。

运算符，操作符
operators

表示运算中要执行的动作的一种符号。而在符号处理中，表示操作中要实现的动作的一个符号，比如+、－、×、÷等。

运行，操作
operations

是指执行计算机指令时所规定的若干动作。也指在日常基础上管理图书馆或图书馆系统的所有活动和具体业务工作，如计划、预算、决策、资金筹措和公共关系等。

运行良好
operational

指计算机设备或系统保持良好的运行状态。

运行时间
running time

一是指一部影片的放映时间；二是指启动一个计算机程序所需要的时间。

运作预算
operating budget

通常按年度或两个年度分配用于支付图书馆或图书馆系统运作所需的资金，其中包括图书馆员的工资、科研经费、采购图书资料、设备、储备物资及服务的支出。

晕滃线
hachure

在地图上表示地面倾斜方向的系列短线：疏松的细长线条表示斜度平缓，密集的短粗线条表示斜度陡峭，线条延伸的方向即倾斜方向。在美国国家地理学会（National Geographic Society）出版发行的地图上通常使用这种方法来表示地面倾斜的地貌。

韵书
Rhyming Book

中国古代把汉字按照字音分韵编排的一种书。这种书主要是为分辨、规定文字的正确读音和韵文押韵而作，属于音韵学材料的范围。同时具有字义的解释和字体的记载，也能起到辞书、字典的作用。在记录每一个字的意义之余，还用反切记录了其读音。中国最早的韵书是三国时期李登编著的《声类》和晋代吕静编著的《韵集》，但这两书早已亡佚。

韵文
rhyming writings

讲究格律，甚至大多数要使用同韵母的字作句字结尾，以求押韵的文体或文章。如诗、赋、词、曲和有韵的颂、赞、箴、铭、哀、诔等。由于使用韵母相同或相近的字，在朗诵或咏唱韵文时，会产生铿锵和谐感。

Z

传记网

www. zhuanjinet. com

以记录和传播人生经历为主要任务。面对百姓，关注人生，记载历史长河中芸芸众生的平凡或不平凡的生活经历，与公众一起走进历史，品味人生。共设“关于我们”、“连载中”、“传记库”、“征稿专区”、“传记评说”、“网上书店”、“传记动态”、“我要出书”以及“论坛”等栏目。

《杂编》

Medley

《四库全书总目》分类法中子部杂家类下的一属。

杂技艺术作品

acrobatic works

指杂技、魔术、马戏等通过形体动作和技巧表现的作品。

杂色小牛皮，斑纹小牛皮

mottled calf

用作装订的材料。指犊牛皮在加工过程中，由于染色、加化学材料进行鞣制处理，使得牛皮的局部发生变化起斑点而形成的杂色或斑纹。在欧洲造纸术发达以前，最初曾用这种皮革作为书写材料。因其耐久性、柔软性和外观等都不错，故用做装饰材料。

杂史

miscellaneous history

泛指中国古代私家著述的史书，是以记载带有掌故性见闻为主的史书。不同于纪传表志等体例齐全的正史，也不同于关系一朝执政的别史，不受体例限制，博录所闻，虽则杂荒疏浅，却可弥补官修史书的疏漏与不足，包括家史、外史、小史、稗史、野史和逸史等类别。杂史的著录颇为芜杂，但保存了较多的有价值的史料。

杂文

essay

现代散文的一种。即篇幅简短，笔锋犀利，含义深刻的文艺性论文。它关注社会问题，对时弊进行抨击，文风带有强烈的文学色彩。包括杂感、杂谈和杂论等；不拘泥某种形式，偏重议论，也可以叙事。

杂文集

miscellany

汇集各种题材的作品于一卷的诗文杂集，不拘泥于某一种形式，偏重议论，也可以是叙事的现代文学作品的出版物。其特点是文章较短，论述的主题杂驳、无类相从。杂文集可以是一人撰写的文集，也可以是几个作家著作的合集。

（杂志附赠的）宣传材料

outsert

随杂志一起寄送的免费广告或宣传材料。

《杂志记事索引》（日本）

Japanese Periodicals Index

由日本国立国会图书馆编辑出版，纪伊国屋书店销售。是国立国会图书馆收集、整理的日本国内刊行的日文杂志（一部分为日本国外刊行的日文杂志和日本国内刊行的外文杂志）中将所有论题的记录做成数据库，以便读者对日本学术杂志文献的检索。该索引合计采用的杂志数量为 1.5 万多种，收录的学术杂志始于 1948 年（其中，1948—1974 年期间，只收录人文科学编）。《杂志记事索引》是十分方便的论文检索工具，日本各大学图书馆和大多数公共图书馆均有收藏。

杂志，期刊

magazine

有一相对统一的名称、相对固定的版式、篇幅和内容范围，采用定期或不定期的方式连续刊行的出版物。其内容多数是由许多短篇作品编辑而成的，不包括报纸、机关团体的会议资料（会议录、会议论文集等），在报摊或书店出售，也可订购。杂志是在 17 世纪伴随着近代科学的产生而出现的一种文献类型。在科学发展的早期，传播科学的主要手段是个人之间的口头交流或通信交流。随着科技活动规模的不断扩大，这两种途径都难以满足科学家们交流信息的需要。于是，杂志就在学术通信和学术会议的基础上诞生了。1665 年 1 月 5 日创刊的《学者周刊》（*Le Journal des Scavans*）与同年 3 月英国皇家学会创办的《皇家学会哲学汇刊》（*Philosophical Transaction of the*

Royal Society）都是世界上历史最悠久的期刊。早期的学术性期刊内容广泛，一般是综合性的。随着科学的发展，学科分支越分越细，杂志也逐渐地向专业化方向发展。

杂志性图书
mook

指编辑花时间尽快地出版的一种新闻要事的专题图书。英文“mook”为“magazine”和“book”的合成词。

杂志中大张插页
pull-out

指书刊中可以拆卸保存供参阅的大张插图、图表或地图，它们比杂志、书本的开本要大，装订时用胶水粘在书页或封面、封底里，折叠后收放在杂志、书本内。

灾难
disaster

由于人为或自然的原因，造成信息系统运行严重故障或瘫痪，使信息系统支持的业务停顿的突发性事件。在突发灾难发生时图书馆或档案馆馆藏有遭受严重损害或毁灭的危险，特别是火灾、水灾和地震。因此图书馆应该有突发事件的灾难应急计划和采取积极的解决措施。

灾难应急预案
disaster contingency plan

指面对突发事件如自然灾害、重特大事故、环境公害及人为破坏的应急管理、指挥、救援计划等，一般应建立在综合防灾规划上。图书馆作为公共场所，也面临着许多危机和突发事件的侵袭。要遵循聚焦“图书馆安全、传播防灾减灾知识”的主题，构建必要的灾难应急预案。

载体
carrier

存储数据、声音和图像等的物理介质。对某些类型资源，载体可以由存储介质（如磁带、胶片）和由塑料、金属等制作的容器（如卡、盒）共同构成资源的组成部分。

载体表现
Manifestation

作品的内容表达的物理体现，以单件为实例。载体表现可以体现为作品集、个别作品或者作品的组成部分。载体表现可以以一个或多个物理单位的形式出现。载体表现是“资源描述与检索”（RDA）根据《书目记录的功能需求》（FRBR）所定义的4个实体之一。

载体表现的作品
work manifested

体现在载体表现中的作品。通过作品的标识符、规范检索点或合成描述，记录载体表现与作品间的关系。

载体表现样本
exemplar of manifestation

载体表现的单个样本或实例。通过单件的标识符或合成描述，记录载体表现与单件的关系。

载体化的内容表达
expression manifested

嵌入载体表现的内容表达。通过内容表达的标识符、规范检索点或合成描述，记录作品的内容表达与嵌有该内容表达的载体表现间关系。

载体类型
carrier type

综合反映资源的存储介质格式和实际载体，以及资源内容的查看、播放、运行等所需中介设备类型的一种分类。如录音带、录像带、计算机光盘、缩微平片、电影胶片和卡片等。

载体形态项
physical description area

用以反映著录文献的物质外形特征的著录事项，如文献的数量、插图、尺寸或开本、附件及其他形态等，传统编目术语称“稽核项”（collation）。

再版，再印
republication

又称重版。即利用原有的纸型、图版或底片再次印刷。再版时，作者可以对作品内容作少量的修改。又指由另一个出版商重新印刷出版发行以前出版过的作品，其正文无任何变化。有时指重印另一个国家的著作。

再培训
retraining

针对本馆工作人员开展的一项继续教育工作。其目的是为了使他们能更好地适应在新技术条件下的工作环境。再培训计划应纳入图书馆总体工作计划之中。

再生表，凤凰表
phoenix schedule

为一个特定学科完全重新编制的类表。除基本类号不变外，其他类号的内容都可以变动。此类表最早为《杜威十进分类法》(*Dewey Decimal Classification*) 所采用。

再生纸
recycled paper

将回收的废纸化浆，然后再去掉油墨和其他杂质后制成的纸张。再生纸可用于打印和书写。使用再生纸有利于节约自然资源，减少垃圾。

再校样张，改样
revise

指为了对前一样张所作的改正进行仔细检查而提供的第二或第三校样。这些样张往往也是制作并呈送审阅的样张。

再印本
reprint

以原书为“底稿”，另行排版印刷的图书，内容没有任何变化，页码、版面等与原书略有不同。

再运行
rerun

计算机专业用语，指在计算机运行过程中，因操作上的需要，重新执行部分或全部程序。往往是在发生错误、修改错误或中断以后，使计算机程序重新启动运行。

再（重）印
rerun

印刷行业术语，指在印刷过程中对印刷质量不合格产品进行返工、按原计划要求进行重新印刷。

在版编目
cataloging-in-publication（CIP）

指在图书正式出版前的编目过程。加入在版编目的出版商完成在版编目数据单并同图书的正文的版面（如标题页、前页和目录等）或者新书的全文（通常是长条校样）提交到有关集中编目机构，用于分配图书分类号和准备书目记录并在10天内送回出版商，并将其印在题名页的背面。在版编目自1971年始于美国国会图书馆，现在已推广到全世界。在版编目是推动图书编目工作标准化和确保书目资料与图书出版同步传递的重要措施。cataloging-in-publication（CIP）的英国拼法是 cataloguing-in-publication。

在版编目的图书
precataloged book

在出版时具有在版编目的数据，即CIP数据的图书。

《在版儿童书目》（美国）
Children's Books in Print

为儿童和青少年图书所做的作者、题目和插图索引，由美国鲍克公司（R. R. Bowker）每年出版。单独出版的《在版儿童图书主题指南》（*Subject Guide to Children's Books in Print*）包括了出版商、零售商和经销商的索引。

《在版书目》（美国）
***Books in Print*（*BIP*）**

多卷套参考用且附有著者、题名及主题的美国现行出版目录，于1948年首次出版，其条目包括图书馆员采访工作中的有用信息如出版商、价格、版本、装订形式和国际标准书号等，每年由鲍克（Bowker）公司出版发行一次。《在版书目》还含有一个出版商指南。此外，鲍克公司每年还单独出版发行《在版儿童图书书目》(*Children's Books in Print*)。一些图书馆还拥有在线版和CD-ROM式的《在版书目》。《国际在版书目》(*International Books in Print*) 由德国绍尔（*K. G. Saur*）公司出版、美国的盖尔集团（Gale Group）发行。

在版（图书），出版商有现货
in print

指在印刷、出版的书。又指出版商可供应的图书，是新书或是重版书、再版书，不同于绝版图书。

《在版中小学教科书和连续出版物》（美国）
El-Hi Textbooks & Serials in Print

由美国鲍克公司（R. R. Bowker）连续出版的

参考书目。即将当前出版中的中小学教科书按著者、题名和主题分类表编制索引。连续出版的教科书有索引卷。中小学连续出版物按主题和题名编制索引。

在编目加工过程中
in process

由于编目速度跟不上图书采购的速度，导致新近订购的资料无法上架流通。在一些在线的目录中，关于在编目加工过程中这个词的含义还包含已经送交的还没有经过核对的流通新书。现在，大部分图书馆根据读者的需求加快了编目加工的过程。

在岗培训，业务学习
in-service training，on-the-job training

指用人单位对在岗的劳动者根据工作需要进行的技术、业务培训。主要由用人单位组织实施，也可委托职业培训机构和职业学校实施。在岗培训是企事业单位开展职工培训的主要形式之一。在岗培训应按照岗位规范的要求，根据培训对象、培训内容的不同情况组织实施。其方式灵活多样，应有针对性的按照生产工作需要来确定。

在继续出版中
in progress

编目用语，指大套连续出版物或多卷集丛书等还没有出完，出版商要继续出版。

在前面所引证的书中
（拉）*opere citato*

指使用在注释和书目引用中，只给出新的页码即可再次引用前面已引用著作的内容。*opere citato* 的缩写形式为：*op. cit.* 或 *o. c.* 。

“在上述引文中”
（拉）*loco citato*

“在引用的一段文章中”的意思。*loco citato* 的缩写形式为：*loc. cit.* 或 *l. c.* 。

Z

在外国的附属公司
foreign subsidiary

整个出版社或出版社的一部分附属于在另一国家设有总部的公司，如蓝登书屋（Random）被德国的贝塔斯曼集团（*Bertelsmann AG*）所拥有。公司所有权全球化趋势深深地影响了媒体行业，包括出版业。

在线参考服务
Ask an IPL Librarian

由美国密西根大学信息学院建立的因特网公共图书馆向公众提供在线参考服务，通过点击“Ask an IPL Librarian”，输入自己的有关信息和问题后，就有 IPL 的管理员或者来自世界各地的读者和专业人员给予解答；用户同时还可以通过“FAQs”来得到一些常见问题的答案。

在线服务，网络服务
Web services（online services）

在网络上运行的、面向服务的、基于分布式程序的软件模块，网络服务采用超文本传输协议和可扩展标记语言等因特网通用标准，使人们可以在不同的地方通过不同的终端设备访问网上的数据，如网上订票，查看订座情况。

在线聊天室
online chat room

一种人们可以在线交谈的网络论坛，一般分为语音聊天室和视频聊天室两种。通常聊天室是按照房间或频道为单位的，在同一房间或频道的网络用户可以实时地广播和阅读公开消息。聊天室在一般情况下不保存聊天记录。

在线论坛
online discussion forum

因特网站为用户提供的一种极为常见的互动交流服务平台。网站设立论坛可以向网友提供开放性的分类专题讨论区服务，网友们可以在此发表自己的某些观感、交流某些技术、经验乃至人生的感悟与忧欢，也可作为用户与商家交流的渠道。在线论坛具有用户、版主、查询、统计和发贴等功能。

《在线信息评论》（英国）
Online Information Review

1977 年创刊，由新西兰惠林顿维多利亚大学加里·E·戈尔曼（Gary E Gorman）博士任主编。该刊确保信息专业人员在这迅速变化的研究领域能够跟上新的发展，同时还为读者提供在专业网站研究、分析和使用方面优质的同行评审文章，确保读者能够始终站在专业的前沿。由爱墨瑞得（Emerald）出版集团出版，双月刊。读者可以在线阅读自 1977 年至今的期刊论文。

在一条记录中设置馆藏
Set Holdings on a Record

指 Connexion 编目服务中的一项操作，OCLC 成员馆在编目时在 WorldCat 书目记录中附上其图书馆的 OCLC 代码来设置他们的馆藏。一条书目记录上附有某机构的 OCLC 代码即表明该机构拥有这份文献资料。

在印刷中，已付印
in press

指正在印刷过程中尚未出版的图书或其他出版物。

在职培训
on-the-job training

指用人单位为了使员工所具备的素质达到岗位要求而对其进行的技能训练。在职培训能使员工更新知识，提高专业技能，是人力资源开发的主要手段之一，也是人力资本实现真正专业化的重要环节。在职培训的内容、形式包罗万象，从上岗培训、专业证书培训到科研训练、模拟仿真试验，一直到高级专业培训等，按时间则可分为脱产培训、半脱产培训、不脱产培训和业余时间的培训。

暂编新书号
new book number

有些读者急需借阅的图书，图书馆签收后一时来不及进行系统地加工、分类编目，便采用特别的顺序编号或冠以“新书”（N. B.）字样，临时编上一个暂编号即投入流通，以区别于正式书号，这种书必须在重新编目加工后方能正式进入馆藏。

暂定价格
tentative price

出版社在其新书征订目录上预告新书的出版，并标有暂定的价格，这种定价在新书正式出版时可能会有所变动。

暂定题名
working title

在图书未出版前，由作者提供给出版商暂用的题目。等到正式出版时，题名有可能变动，这是为了与图书的内容更加贴切，或是为了促进市场销售。

暂设借书处
temporary branch

因为要建造新的公共图书馆，先设立一个临时借书处，一是满足读者需要，二是用以调查读者的借阅情况和新馆址选择是否得当。

暂设图书馆
shop library

图书馆的新馆舍未建成前就利用某一店铺旧址暂时开展工作，主要是外借服务。

暂用目录卡
temporary card

对一本书作较为简单的著录，先插入目录中供临时使用，在正式目录卡编出后即撤除。

赞助者，支持者
sponsor

为广播节目、电视台节目、网站或者其他公众性活动提供经济及其他支持的个人或商业公司。这些节目本身是非商业性的，但在节目中要安排一定时间播放赞助者的商品广告。

臧国全（1963—）
Zang Guoquan

博士、博士研究生导师、郑州大学信息管理系教授、系副主任。2003 年武汉大学情报学博士研究生班毕业，获管理学博士学位。2005 年进入武汉大学图书情报档案管理博士后流动站。兼任中国图书馆学会第八届学术研究委员会图书馆学教育专业委员会委员、郑州大学文献信息资源研究中心副主任。主要研究方向：计算机信息检索与电子出版物。出版发表专著、学术论文多部（篇），主持科研项目多项，并多次获奖。

凿（雕刻工具）
gouge

书籍装订过程中用来穿孔或挖沟专用的工具（如圆凿、半圆凿），可在封面上刻出曲线（封面雕镂）的工具。

早稻田大学图书馆（日本）
Waseda University Library

1882 年创立，其前身为东京专门学校图书馆。经过数次的扩大和再建，中央图书馆馆舍于 1991 年为纪念学校百年诞辰而建成。该学校共拥有 29

所图书馆，包括中央图书馆，4 所校区图书馆及一些学院图书馆和阅览室。藏书总数约 450 万册（件）（其中中央图书馆藏书约 250 万册）。该馆拥有庞大先进的图书管理系统，所有学术领域的学术信息都实现了在线搜索，其书目记录数据已上传到联机计算机图书馆中心（OCLC）的 WorldCat 数据库中。其出版物有《图书馆年报》、《销售出版物目录》、《图书馆公告》和《早稻田大学图书馆报》等。

早期图书
early book

人类社会早期阶段产生的用于记录知识信息的文献。如美索不达米亚用泥板、古埃及用纸莎草、亚洲用树皮和棕榈叶或其他载体。由于制作这样的文献劳动量太大，通常只能生产单册。知识内容限于宗教祈祷和仪式，著名的英雄传记和史诗，朝代更迭记录，法典和法律裁决，财产所有权和征税记录，神奇的咒语，天文观测和占星预测以及重要的医学知识等。

早期象形文字
logographic writing

用某一个符号代表整个单词的早期文字。

早期印刷资源
early printed resources

指机器印刷出现前、约 1825—1830 年间印制的资料。

早期英文图书在线
Early English Books Online（EEBO）

由密歇根大学、牛津大学和 ProQuest 信息与学习公司合作开发并于 1999 年推出的在线全文数据库，旨在再现 1473—1700 年间英国及其殖民地所有纸本出版物以及这一时期世界上其他地区的纸本英文出版物，是目前仍留存的早期英语世界 227 年（1473—1700 年）全部资料的汇总。该项目内容涵盖了文学、历史、哲学、神学、语言学、艺术以及音乐学等多种领域。

早期杂志
early journal

17—19 世纪出版的杂志，多作为收藏和研究使用，一般作为图书馆的特藏保存，也称古旧杂志或古旧期刊。图书馆为了保存需要，进行了缩微拍摄和数字化处理，一般提供缩微胶片和电子文档服务。

造纸
papermaking

最初是由撕碎的旧布等纤维的混合浆液制成的，现在许多纸张由木材等纤维的浆液加工而成，但是高质量的纸张还是使用前一种方法。用植物纤维造纸的技术是中国古代的四大发明之一。蔡伦于公元 105 年发明了造纸术，11 世纪由阿拉伯商人传到欧洲。在欧洲，造纸作坊的产生至少比活字印刷要早 250 年，但是，使用羊皮纸作为书写和印刷的介质一直流行到印刷出版确立之时。有关造纸术的著作以中国明代宋应星的《天工开物》中记载最详尽。第 13 篇《杀青》中关于纸料、竹纸、皮纸的记载，可说是中国传统造纸术发展到最高峰的总结性叙述。其中又可分 5 个步骤：斩竹漂塘、煮木皇足火、荡料入帘、覆帘压纸和透火焙干。

造纸原料
furnish

纸浆中所包含各种原材料，如茅草、旧布和粉碎成片的木材等。

责任编辑
responsible editor

指出版部门独立负责对稿件进行审阅、整理和加工等工作的编辑人员。其主要职责是充分了解其责任范围内的著译学术情况与出版发行动态，以便提出选题和开展组稿工作，对来稿进行审读处理；对图书的开本、版式、使用的字体和封面、扉页、插图等装帧设计，提出建议，并且对清样进行通读，纠正差错；在图书出版后，进行检查以及收集反馈意见等。

责任说明
statement of responsibility

在图书馆编目中，有关文献责任者的描述项目，是题名与责任说明项的一个著录单元（其中包括书籍的著者、编者和译者等，以及音乐作品的词作者、曲作者和整理者），用来反映与文献有关的各类责任者名称和责任方式。

泽诺多图斯（公元前 330—234）
Zenodotus of Ephesus

希腊语法学家。生活在托勒密（Ptolemy）一世及二世统治时期，是藏书达70万卷的亚历山大图书馆第一任馆长，以主持编辑、出版第一部校勘本《荷马诗集》而著名。

《怎样建设数字图书馆》
How to Develop Digital Library

《21世纪图书馆学丛书》（第三辑）之一，由刘晓清主编。该书以数字图书馆的应用为背景，以数字图书馆建设的实践为核心，系统地阐述了数字图书馆的信息环境、规划、系统架构、资源配置、版权保护、标准规范、系统安全、运营管理和绩效评估等重要部分。该书还紧密联系当前数字图书馆建设和应用，根据数字图书馆发展趋势，分析和概括了数字图书馆系统应用的各个环节，为数字图书馆的建设提供参考。由海洋出版社于2010年出版。

《怎样写好文献综述：案例及评述》
How to Review Literature—Cases and Comments

该书通过对近20篇文献综述案例的分析，指出了在文献综述过程中经常出现的问题，如对文献的简单罗列、不恰当的综述线索、逻辑混乱和不严密以及没有基于文献提出研究问题和假设等。此外，该书对如何在文章的引言、文献回顾和研究方法和结果讨论等部分结合文献进行综述做了详细的阐述。张黎著，由科学出版社于2008年1月出版。

曾程双修（1937—）
Sally C. Tseng

美国奥利根大学图书馆学硕士、前美国加利福尼亚州大学欧文校区图书馆期刊编目部主任和美国华人图书馆员协会执行理事长。曾任美国内布拉斯加大学林肯图书馆期刊编目部主任以及美国国家科学研究院、世界银行、中国高等院校图书馆、上海图书馆和广东省立中山图书馆荣誉顾问以及中国图书馆学会名誉会员，几十年来为中美图书馆界同行的交流与合作作出很大贡献。多年来从事期刊联网研究，近几年关注于知识管理及元数据的研究。发表论文共计50余篇，出版多本图书馆学参考书籍，如《图书馆编目规则》、《英美编目规则的解释》、《编目者入门》和《电子编目：英美编目及其期刊专著编目元数据》等。

曾浚一（1935—）
Zeng Junyi

新疆医科大学图书馆研究馆员。1961年毕业于北京大学图书馆学系。后在新疆医学院图书馆工作，历任中国图书馆学会第二、三、四届理事，新疆图书馆学会第一届副秘书长，第二、三、四届副理事长，新疆维吾尔自治区图书资料系列高级专业技术职务评审委员会副主任，新疆高等院校图书情报工作委员会常务副主任、新疆医学院图书馆馆长和《新疆图书馆》主编，发表论文数十篇。

曾蕾（1956—）
Marcia Lei Zeng

美国肯特州立大学图书馆学情报学院教授，兼任国际知识组织学会执行委员会委员、都柏林核心元数据组织DCMI顾问委员会委员和美国情报学会理事。曾任国际图联标引与分类法委员会主席、国际图联数字图书馆指南工作组成员、国际图联FRBR项目中关于主题规范数据的功能要求工作组主席、美国国家信息标准组织、国家标准工作组成员和投票委员、美国专业图书馆协会编目委员会主席、W3C图书馆关联数据小组特邀专家、欧盟ISA项目语义资产描述元数据工作组成员。研究与教学领域包括关联数据、数字图书馆、知识组织系统、文献标引与检索、元数据与置标语言、多语种信息处理、数据库质量分析与控制和数字图像处理等。发表研究文章70余篇，编写专著4部。曾获美国情报学会最佳博士论文奖。

曾民族（1934—）
Zeng Minzu

研究员，中国国防科技信息中心学术顾问、中国科技情报学会信息技术专业委员会顾问。1957年毕业于北京大学图书馆学系，先后担任北京大学、武汉大学、上海交通大学、西安电子科技大学和华东理工大学兼职教授，清华大学全国学术期刊光盘中心学术委员会副主任及多家系统的技术顾问以及国内外多家学术刊物的编辑。40多年来致力于科技情报现代化的研究和实践，多次主持或参与国家和国防科技情报现代化领域许多重大科研项目的研究，组织和主持全国计算机情报检索学术活动，领导课题组研究制定国家和国防科技情报服务系统发展规划和实施方案，提倡和阐述“数据库、计算机和通信三位一体”的中国科技情报现代化发展战略、建设在产业结构和业务内容上能够同国际发展趋势接轨的现代科技信息服务业、发展汉字自动标引、文本检索和后控制三结合的具有中国特色检索系统等有创见的学术观点，在国内外发表论著、译作上百种，发表论文数百篇，并多次受到奖励。

增补
enlargement

增添或补充所缺的或漏掉的部分。如人员、内容等，还指图书馆馆舍的扩建部分。

增补关键词索引
enriched keyword index

关键词索引种类之一，又称“添加关键词索引”。是题内关键词索引或上下文关键词索引（Keyword-in-context index，KWIC）的一种改进型。是在文献篇名中关键词来源不充分的情况下而编制的一种索引。其编制原理、排列方式与题内关键词索引相同，不同之处是，此索引在选择关键词时增加了人工干预措施，由标引员从文献正文或文摘中抽取一些关键词补充到篇名中去，与篇名中的关键词一起参加轮排，从而提供更多的检索入口。

增补题名
augmented title

又称补拟题名。文献著录过程中，题名无从查考时，由编目人员以文献的内容概括或参考有关资料而为文献补拟的题名，增补题名在著录时应加方括号，并在附注项内注明。

增订版
revised and enlarged edition

某种图书经过前后几次刊印，如果后印的版本在内容上较以前版本的内容有新的改动或增加，即可称为增订版。其作者可以是原作者，也可以是新作者，但一般情况下是原作者。

增订本
expanded edition

指书籍内容经作者或编译者进行增补修订，并重新印制的本子。

增刊，副刊
supplement

报纸和期刊中额外增加的一页、一个部分或者是一期内容，通常包含特别的内容，是提高名声的扩版。一些图书馆学期刊为了使图书馆员有更多的机会发表自己的论文，往往采取增刊的办法。

增强现实
augmented reality (AR)

又称混合现实或扩增现实，是借助计算机图形技术和可视化技术，把现实世界难体验到的实体信息，借助显示设备将虚拟对象与真实环境融为一体，叠加到现实世界被人类感官所感知，从而达到超越现实的感官体验的计算机工程应用技术。

赠书者记录
donor file

向图书馆或档案馆捐赠资料的个人和组织名称的系统记录。维护完好的捐赠者记录应该记录所有捐赠品及对记录保存、使用或处理的规定，并提供联系信息。在图书馆或档案馆不再需要这些资料时，最好首先查询有关记录，确定与捐赠者是否签有处理协议，再对捐赠品作出处理决定。

赠送本
presentation copy

指在扉页上由作者或插图画家亲笔签名或题词的赠阅本。

赠与证书
deed of gift

由捐赠者将不动产或个人财产作为礼物，不求回报、自愿移交给图书馆或档案馆，并以文件形式列出协议条款，经签字生效的法律凭证。赠送给接收机构时，可以附带或不附带特别的检索、使用和保留等条件。

赠阅本
complimentary copy

出于敬意和感谢等原因，免费赠送给教师或其他指导者的书籍。有时受赠者还会将赠阅本捐给学院或单位的图书馆。而在广义上，赠阅本还包括出版商出于促销目的所赠送的书籍或刊物，其中有：作者样书、宣传样书和供评论用的赠阅本。

赠作者本
personal copies

指作品被出版社录用并出版后，出版社赠送给作者的印本。

札记
reading notes

文体名。读书时摘记要点、心得或随时记录所闻所见的文字，汇集多篇成书，乃称“札记”。古时称小木简为札，将文字一条一条记在札上。札记形式灵活多样，可长可短。

炸弹，毁坏程序
bomb

指突然且彻底地毁坏计算机系统或程序，并导致整个计算机系统彻底崩溃而造成的灾难或故障的非正常情况，并且还不给用户一个机会去重新启动程序或让系统从异常情况中恢复。

摘句簿
commonplace book

由空白页组成的，供使用者随时记录散文或诗句以便日后进一步推敲的小本子。使用者不仅可以记录自己的想法，也可摘录其他人的文字、言谈和思想。有些摘句簿非常有价值，甚至可整理出版，如现收藏于美国国会图书馆的美国著名政治家托马斯·杰佛逊（Thomas Jefferson，1743—1826）的《法律摘句簿》（*Legal Commonplace Book*，1762—1767）和《文学摘句簿》（*Literary Commonplace Book*，1758—1772）。摘句簿作为一种文学的表达方式已经没落了，但也有个别诗人仍在使用它。

摘录，选录
excerpt

摘取原文献的片断，缩短文献篇幅的记录。即从长篇作品，如文章、乐章、文件或电影中摘录的一段或一部分。又指摄取文献纲要，对于原文献主题思想的说明。

摘要，梗概
（法）*résumé*

一是指选择一个或若干个专题文献的文章提要进行编辑，然后交出版社出版而形成的参考性出版物；二是指从原文献中摘录出来的关于该文献的主要内容要点，是一种文体类型。

摘要和索引数据库
abstract and indexing database

在查找所需要的文献资料时，就应该先查关于文献的摘要与索引数据库，充分利用“摘要与索引”型检索系统，找到文献线索，保证文献资料的查全率，再通过“全文型”数据库找到所需要文献的电子全文，还可以利用资源共享服务，以求获得最大的文献保障率。

摘要，提要
（法）*précis*

对一部长篇作品的内容进行忠实的概括和提炼、并保持原作的主要思想和风格的简写作品。

翟金生（1774—1822）
Zhai Jinsheng

清代泥活字创制者之一。字西园，又名文虎。安徽泾县水东人。经过30年努力，制成坚硬如骨的五种规格胶泥活字10万余个。道光甲辰年（1844年）与子、孙合作排印自著《诗文联语》，定名为《泥版试用篇》即泥斗版。后又印过《水东翟氏宗谱》（泥聚珍版）等成批的书。

窄（频）带
narrowband

相对更宽的频带。美国联邦通讯委员会认为宽带意味着下载速率为4 Mbit/s，上行为1 Mbit/s，可以实现视频等多媒体应用，并同时保持基础的Web浏览和电子邮件特征。

窄频广播
narrowcast

指把数据传送给经过挑选的人，通过有选择性地运用通信媒体，传送特殊的电视节目给专业听众，与大众化的媒体广播不同，后者试图尽可能地拥有最大数量的听众或观众。

粘贴本
album

装订的或粘贴的本子，通常多半是空白页，可用来收存邮票、相片、诗篇、语录、剪报、手稿、签名以及其他值得纪念的东西。

詹德优（1940—）
Zhan Deyou

1963年毕业于武汉大学图书馆学系，后留校担任教学工作。历任助教、讲师、副教授、教授和博士生导师。先后担任图书馆学教研室主任、图书馆学系主任和图书馆学档案学系主任，先后兼任中国图书馆学会常务理事、名誉理事和学术研究委员会副主任。长期从事图书馆学教学与研究工作，注重将工具书理论与信息咨询实践相结合，致力于工具书的综合利用及参考咨询的信息化。其主要研究方向为信息检索与信息咨询。

詹福瑞（1953—）
Zhan Furui

教授、博士生导师、中国国家图书馆常务副馆长、党委书记，中国图书馆学会第八届理事会理事长兼《中国图书馆学报》主编。1978年河北大学中文系毕业后留校任教。后在该校古籍整理研究所攻读硕士和博士学位，1991年5月毕业。先后任河北大学中文系副主任、主任、河北大学副校长、党委书记。2003年9月任中国国家图书馆党委书记、副馆长（主持日常工作），兼任中国图书馆学会第六届理事会常务副理事长。2005年1月任中国国家图书馆馆长。

詹姆斯·比林顿（1929—）
James H. Billington

第13任美国国会图书馆馆长。毕业于美国普林斯顿大学，在牛津大学获博士学位。曾供职于军队和美国预算局，1957—1974年分别在哈佛和普林斯顿大学担任历史教授，1973—1987年任伍德罗·威尔逊国际学术中心主任，1987年9月14日成为美国国会图书馆的第13任馆长。发起“美国记忆”（American Memory）数字图书馆项目，开辟“美国图书馆”网站，创建支持国家数字图书馆计划和扩充国会图书馆馆藏和服务的私人机构顾问小组——詹姆士·麦迪逊委员会。2005年11月，又开始施行“世界数字图书馆”（World Digital Library）计划。比林顿撰有《俄罗斯转型：希望的突破》（*Russia Transformed: Breakthrough to Hope*）、《俄罗斯面面观》（*The Face of Russia*）等多部专著，并曾获得30余项荣誉学位、奖励和勋章。

詹姆斯·哈迪曼图书馆（爱尔兰）
James Hardiman Library

位于爱尔兰戈尔韦市（Galway），原为爱尔兰国立高威大学图书馆，始建于1845年。1973年，为纪念第一任馆长的贡献而改为现名，由1所总馆、1所医学图书馆和1所护理学图书馆组成。该馆收藏有大量关于特藏、报纸期刊、电子图书、考试资源和学习技巧等方面的文献。

詹姆斯·克里斯蒂·迈尼奇·汉森（1864—1943）
J. C. M. Hanson

美国目录学家，出生挪威，就读于美国康奈尔大学，1893年任威斯康辛大学图书馆编目部主任。1897年到美国国会图书馆任编目部主任，修订《卡特书本式字典目录条例》（*Cutter's Rules for a Printed Dictionary Catalog*），推动其他图书馆使用国会图书馆的编目方法。1900年担任美国图书馆协会编目条例咨询委员会主席，促使1908年《英美编目条例》（*Anglo-American cataloging Code*）面世。在汉森指导下生产的国会图书馆目录卡片质量上乘，其发行的成功促进了全美国编目工作标准化。汉森当年还主持修订的《国会图书馆标题表》（*Subject Heading List*）现仍在使用。1910年到芝加哥大学图书馆任副馆长，1928年任芝加哥大学研究生院院长，积极参与国际图书馆界活动，并获得挪威爵士称号。

展架
easel

一种自立式或台面式架子。通常置于三脚架上，用于放置陈列或展示用的敞开的图书或杂志。大型展架用于陈列多页活动挂图，这种架子可按所需要的角度进行调节。

展开，扩展
expansion

指分类表中现有类目和子目引申发展出更多的下位类目，可以满足类分更加专指主题文献的需要。

展开式分类法
Expansive Classification

图书分类法的一种类型。类表中的类目可以根据需要随时增补，增补的结果不影响原表序列及其逻辑关系，又指美国图书馆学家卡特（A. Cutter）编制的《卡特展开制分类法》（*Cutter's Expansive Classification*）。

展览
exhibition

在博物馆、艺术馆和图书馆等地将物品分门别类地布置以供人参观欣赏。展品通常具有重要的艺术价值、科学价值或历史价值，一般不出售。与陈列相比，展览具有周期短、规模小、内容专一、体裁多样和便于组织等特点。

展览目录
exhibit catalog（exhibition catalog）

对博物馆、美术馆或画廊展出的展品，按陈列顺序编制而成的一览表，表上所列的展品没有标价。

展览权
right of exhibition

指作者或者其他著作权人依法享有的公开陈列其作品，供他人观赏的权利。这是著作权人的财产权利之一。

展览书橱（柜）
exhibit case

指用来陈列和展示物品专用的橱（柜）。

展览样本
display copy

用以展示的新书或其他出版物，一般用于书店、会议或展览会上作为出版商的展览内容。会后，展览样本多以折扣价格售与参会人员，尤其在封面被翻阅过多较旧的情况下。

展览圆桌会议（美国）
Exhibits Round Table（ERT）

美国图书馆协会中的一个常设圆桌会议，为促进协会和展出商之间的合作而提供的一种会议形式，这种带有展览性质的会议已成为国家、地区和各州图书馆会议的有效组成部分。

展品
exhibit

陈列在博物馆、艺术馆和图书馆等处供人欣赏的物品，或在展览会上展出的一件或一批陈列品。

展示馆藏列表
display holdings

一项指令，当用户在 WorldCat 书目数据库中浏览一份资料的书目信息时，通过该指令即可查看拥有这份资料的机构代码列表。当图书馆员或用户使用 OCLC 资源共享服务时，通过这个列表可选择潜在的出借馆。

展示柜
display case（exhibit case）

以玻璃或透明塑料制作的封闭的箱或架，在展览中用以保护图书或其他展品。展示柜可以独立放置，依墙而立或嵌于墙中。现代设计的展示柜通常可以上锁。博物馆的标本柜可以调节湿度和温度以保护陈列在内的标本。

展示架
display rack

图书馆家具之一。用金属、木和塑料等材料制造，用于展示宣传手册、布告、指导手册和阅读书目等。正面朝前，以便用户浏览和选择，也可钉于墙上或独自站立，规格大小不等。

崭新的（旧书）
mint

出版商用术语，一般指自出版后没有用过的书，书上没有任何污迹，允许退书之意。

辗压，压成薄片
lamination

用透明塑料薄膜覆贴在书刊封面上起保护书刊的作用。

战略规划
strategic planning

公司、组织或机构为实现其目标和使命，基于对资源和人力的现实估计而设计的几年之中的未来发展目标和发展步骤以及具体实施规则。

战略联盟
strategic alliance

指图书馆与一个或多个其他机构和组织为了共同的利益而结成的一种合作伙伴关系。例如，图书馆、档案馆、博物馆和历史学会为了共同进行数字化项目形成的合作关系。

站点许可证
site license

指一种软件使用的许可证，就是允许在商业机构或公共机构使用相同软件的多个拷贝，一般有较大的折扣。

张白影（1944—）
Zhang Baiying

广州大学教授、图书馆资深顾问。1966 年毕业于武汉大学图书馆学系，历任湖南大学图书馆副馆长、馆长、人文社会科学系副主任、广州师范学院图书馆和广州大学图书馆馆长。先后兼任湖南省图书馆学会常务理事、副秘书长、编译委员会副主任、主任，湖南省高校图书馆情报工作委员会常务理事、副秘书长，《高校图书馆工作》主编以及广州市图书馆学会理事长等。发表论文数百篇，主编著作数十部，并多次获奖。

张德芳（1929—）
Zhang Defang

四川省图书馆研究馆员。1953 年毕业于西南师范学院图博科，同年分配到四川省图书馆工作。历任采编部副主任、办公室主任。曾兼任四川省图书馆学会秘书长、理事、常务理事、副理事长，中国图书馆学会理事、学术委员会委员，《中国图书馆图书分类法》编委、顾问，四川省社会科学联合会理事，巴蜀文化研究会常务理事和中国国际文化交流中心四川分会理事。出版、发表论文著作数（篇）部。

张鼎钟（1934—）
Zhang Dingzhong

中国台湾大学教授。中国台湾大学文学士、美国玛丽屋学院图书馆学硕士、美国印第安纳图书馆学情报学研究生院哲学博士。曾任美国圣约翰大学图书馆馆员、美国哈佛大学燕京图书馆编审、香港中文大学图书馆副馆长、台湾大学、台湾辅仁大学、台湾淡江文理学院和台湾师范大学副教授及教授，兼任台湾大学图书馆馆长。因其学术成就，多次获奖，著作甚丰。

张海鹏（1755—1816）
Zhang Haipeng

字若云，一字子瑜。江苏常熟人。清乾隆、嘉庆间著名藏书家。喜好藏书，家设"照旷阁"至万卷。自己的藏书室名"借月山房"。校刻书籍多种。曾说："藏书不如读书，读书不如刻书。读书益己，刻书益人。"所刻的书有《学津讨原》、《墨海金壶》、《借月山房汇钞》和《太平御览》。

张厚生（1943—2008）
Zhang Housheng

东南大学图书馆研究员、教授。1967 年毕业于武汉大学图书馆学系，1981 年获武汉大学图书馆学硕士学位。1982 年到东南大学图书馆先后任秘书、馆长助理兼科技情报教研室主任、副馆长和情报科学技术研究所所长等。发表学术论文 80 多篇，参编的专著 10 多部。

张华（232—300）
Zhang Hua

西晋文学家、藏书家。字茂先，范阳方成人。据《晋书》第 36 卷中记载，称张华"雅爱书籍，身死之日，家无余财，惟有文史溢于机箧……"。著有《博物志》400 卷。

张怀涛（1957—）
Zhang Huaitao

中原工学院图书馆馆长、研究馆员。1982 年毕业于武汉大学图书馆学系。历任图书馆采编部主任、期刊部主任、副馆长和书记。现兼任教育部高等学校图书情报工作指导委员会委员、全国高等学校图书馆工作委员会期刊工作专业委员会副主任、河南省高等学校图工委副主任、中国图书馆学会第七届学术研究委员会图书馆学理论专业委员会委员、河南省图书馆学会常务理事及学术委员会副主任、《河南图书馆学刊》副主编。出版专著教材 10 多部，发表论文 80 多篇及译文 10 多篇，编辑文集 5 本，编导录像片 4 部，主持或参加了国家社会科学规划基金项目"基于网络的图书馆信息资源的组织与服务"、河南省社会科学规划基金项目"河南信息资源的开发与利用研究"、河南省教委社会科学规划基金项目"图书馆期刊工作信息化研究"等科研课题 5 项，并多次获奖。

张金吾（1787—1829）
Zhang Jinwu

清代著名藏书家、版本学家。字慎旃，别字月宵，清江常熟人，道光时诸生。致力于藏书，研究诸学。潜心经术、目录学。嘉庆二十三年（1888 年）编辑藏书总目《爱日精庐书目》20 卷和善本书目《藏书志》4 卷。

张琪玉（1930—）
Zhang Qiyu

中国图书馆学家，南京政治学院上海分院军事信息管理系教授。1954 年毕业于北京大学图书馆学系，曾任职于文化部社会文化事业管理局图书馆管理处、新疆维吾尔自治区图书馆和吉林市图书馆。1976 年在武汉大学图书馆系（后改为图书情报学院）任讲师、副教授和教授。1987 年在空军政治学院图书档案系（现为南京政治学院上海分院军事信息管理系）任系主任、教授。从 20 世纪 70 年代末起开拓情报检索语言新领域，提出情报检索语言理论研究的新方向、新范围和新方法。出版专著 17 部，发表论文、译文 350 篇，并多次获奖，其中包括国家科学技术进步奖一等奖。

Z

张树华（1932—）
Zhang Shuhua

北京大学信息管理系教授。1953 年毕业于北京大学图书馆学系。历任北京大学图书馆学系图书馆学教研室主任、中国图书馆学会第一、二、三届学术委员会委员、图书馆学基础理论研究组组长、图书馆读者服务研究委员会主任。出版《北京各类型图书馆志》、《图书馆学基础》和《中小学图书馆工作导论》等十余种著作，发表学术论文近百篇。

张晓林（1956—）
Zhang Xiaolin

博士、教授、中国科学院国家科学图书馆馆长，兼任中国图书馆学会第八届理事会副理事长、《中国图书馆学报》副主编以及中国科技情报学会第七届理事会常务理事。1984 年获美国哥伦比亚大学理学硕士学位，1992 年获美国哥伦比亚大学图书馆学博士学位，2000—2001 年在美国匹兹堡大学信息科学学院作高级访问学者。1992—2000 年在四川大学信息管理系任教，担任系副主任、主任和管理学院副院长。2001 年经过专家评审入选中国科学院百人计划。主要研究领域包括数字图书馆技术、元数据、数字信息资源建设、知识管理、信息检索、图书馆自动化系统和图书馆学情报学基础理论等，现承担中国科学院百人计划“基于用户的数字信息系统机制”等研究课题。著述颇丰，主要代表作有《元数据研究与应用》、《开放数字信息服务体系：概念、结构与技术》等。2005 年 6 月，被选为国际图联管理委员会委员和国际图联专业委员会委员（2005—2007）。

张欣毅（1957—2012）
Zhang Xinyi

研究馆员、宁夏回族自治区图书馆副馆长。1981 年毕业于武汉大学图书馆学系，同年到宁夏回族自治区图书馆工作至今。先后兼任中国图书馆学会理事、少数民族图书馆专业委员会和图书馆学期刊编辑出版专业委员会副主任、中国索引学会理事、国际知识组织会员、宁夏社科联委员会委员、宁夏出版协会理事、宁夏青年科技工作者联合会副理事长、政协宁夏回族自治区第八届委员会委员、宁夏回族自治区图书馆学会副理事长和秘书长以及《图书馆理论与实践》主编。长期致力于图书馆学、情报学、文献学、信息学和图书馆管理研究，兼及文化史和宁夏地方文献研究。发表学术论文 90 多篇，并多次获奖。

张勇（1962—）
Zhang Yong

湖南图书馆馆长兼党委书记，研究馆员。1984 年毕业于北京大学图书馆系，同年分配到湖南图书馆工作至今。曾先后从事古籍分编、中文采分编和业务辅导工作。1990 年，在文化部主办的全国省级图书馆“黄鹤杯”业务竞赛中，获分类赛单项冠军和团体第三名。1995 年任副馆长。兼任中国图书馆学会第八届理事会常务理事、学术研究委员会委员、地方文献研究专业委员会主任、《中国图书馆分类法》编委会第七届委员会委员、湖南省科技情报学会副理事长和湖南省社科联委员。长期致力于文献资源建设、图书馆管理和分类编目学方面研究，发表论文 30 多篇，参编著作 4 部。

张元济（1867—1959）
Zhang Yuanji

中国近代出版家、版本目录学家、藏书家。清光绪十八年（1892 年）进士，历任刑部主事、总理各国事务衙门章京。1901 年投资商务印书馆，历任编译所长、经理、监理和董事长。由于出生于藏书闻名的世家，自青年时代起就有“继承先世遗业之志”。经多年寻访，搜集到大量古籍，并建立藏书室，命名为涵芬楼，后又扩充藏书，建成东方图书馆。1951 年，由商务印书馆出面，将涵芬楼存下的《永乐大典》21 册，捐献给国家，其余善本全部由文化部收购，转交北京图书馆收藏。主要研究领域为目录学、版本学以及校勘学，对《四部丛刊》、《续古逸丛收》和《百衲本二十四史》等都是精心选择，仔细校勘。1985 年，浙江省海盐县人民政府为纪念张元济先生对中国文化事业的贡献，特将该县图书馆扩建馆舍，面积为 8 000 平方米，补充藏书并将馆名改为“张元济图书馆”，陈云同志为该馆题写馆名。

张振海（1966—）
Zhang Zhenhai

清华大学加速器与物理专业毕业，硕士。清华同方知网技术有限公司常务副总经理、总工程师；清华同方知网知识传播工程技术研究院常务副院长。在中国知识基础设施（CNKI）和《中国知识资源总库》的战略框架下，主持开发了集成全文检索与电子出版技术、全文数据库制造与检索系统和知识资源网格共享平台等一系列知识管理与知识增值、知识传播与应用的超大型信息技术平台；主持开发了具有国际先进水平的知识挖掘工具、数字化学习与研究工具和知识网络系统，为知识挖掘、增值利用和网络化学习研究的实用化建立了可行的技术模型，在全文数据库、数字图书馆、信息服务以及网络出版等方面形成了系统全面的技术解决方案。

张遵俭（1915—1990）
Zhang Zunjian

湖北省图书馆研究馆员。曾任中央图书馆编辑、编纂，天津南开大学图书馆、南京教育部图书馆馆员，武昌文华图书馆学专科学校讲师，中南文化部文物处副科长。湖北省图书馆秘书、副馆长、研究馆员。第二、三届湖北省政协委员。湖北省图书馆学会第一届理事会理事。编译委员会委员和第二届理事会名誉理事。

章伏源（1949—）
Zhang Fuyuan

研究馆员。1982 年毕业于北京大学图书馆学系。曾任江西省图书馆馆长、中国图书馆学会理事会理事、学术研究委员会资源建设与共享专业委员会委员、江西省图书馆学会常务副理事长、编辑出版委员会主任和《江西图书馆学刊》主编，先后任该馆采编部、保管部主任和业务副馆长等职。从事图书采访、图书分类、参考咨询、图书馆自动化、图书馆业务工作指导、图书馆管理、省图书馆学会学术委员会以及编辑出版委员会等业务工作。多次主持制订了《江西省图书馆中长期发展规划》、《江西省图书馆自动化建设总体方案》和《江西省文献资源建设规则》等，发表学术论文十余篇，并多次受到奖励。

章，节
chapter

一本书或其他著作的几个主要部分之一，每个部分的本身都是完整的，但在主题或情节上与其前后部分相关联。在非小说类文学作品中，通常都有章节题目，但在小说中，可能只以罗马数字简单编号。章节按其出现的顺序以题目或数字列于书籍正文前的目录中。

章节标题
caption title（head title）

印在书上的章、节前面或每页上端的标题，也指正文开始的标题，在题名页缺损时，也可用此标题作为全书的题名，但要在编目记录中注明来源。乐谱中，也指开始小节上面的题名。

章距
chapter drop

章节正文的开始与章节的题目之间的距离，比连续正文页的正文低，在大多数图书中，所有章距都是一样的。

章末参考书目
topical bibliography

在图书章节的最后有时作者会附一些与该章节相关的参考书目，供读者选择阅读。

章目
chapter title

出现在图书的一章开始的题名，通常体现该书的部分内容。各章可能简单地标以数字（通常是罗马数字），或另标以数字和题名，按数字或题名列于书籍正文前的目录中。

章首花饰
headpiece（head ornament）

在书籍章节或部分前的空白处的装饰，通常是印刷者的专用标识或由专业插图作家绘制的小插图。

章头空白
sinkage

在印刷过程中，除了在每一页打印的第一行上方留有正常的空格外，在该章的第一页还余有大量的空白。

章头，章节标题
chapter heading

书籍或手稿的每一章所展示的标题，通常由一个代表章节的序号的罗马数字以及随后的章名组成，在正文开始之前，以统一的格式和位置书写或印刷在该章的第一页。章头设为统一的字体字号，大于每页页首的标题，可以用插图或花饰装饰。

章尾花饰
tail ornament

印在一章文字最后一页空白处的花饰，起补白、装饰作用。

章学诚（1738—1801）
Zhang Xuecheng

原名文酕、文镳，字实斋。会稽（今浙江绍兴）人。清代乾嘉时期著名的史学家、目录学家、方志学家。倡“六经皆史”之论，治经治史，皆有特色。著有《文史通义》是清中叶著名的学术理论著作。另著有《校雠通义》、《方志略例》、《文集》、《外集》、《湖北通志检存稿》、《未成稿》和《外编》等。章学诚一生主修、参修各类地方志十余部，并撰写大量志评著作。重视方志编纂，提出“辨章学术，考镜源流”的目录学思想，建立了较为系统的历史学和目录学理论。

掌上图书馆
hand-held library（palm-held library）

有一张大容量的存储卡就可以将上千册的书（电子书）装入其中。再利用掌上电脑上的电子书阅读软件，犹如随身携带了一个小型图书馆，无论是漫画还是文字，都可以随手就读。开通了“掌上图书馆”，通过 3G 手机还可以浏览访问图书馆网站，可以预约和续借图书，了解资讯服务，在线下载和阅读电子图书和期刊。

掌上型计算机
palmtop

一种尺寸很小的计算机，使用时一只手拿着，另一只手操作。这种计算机使用现成的电池作电源，一般没有磁盘驱动器。

掌上阅读器
hand-held reader（palm-held reader）

专门用于显示从书籍、杂志、报纸和其他印刷品来源的书面材料的数字版本即电子书的便携式、低能耗、高分辨率的设备。具有大屏幕的液晶显示器，内置上网芯片，可以从因特网上方便的购买及下载数字化的图书，并且有大容量的内存可以储存大量数字信息，一次可以储存大约 30 本传统图书的信息。掌上阅读器采用翻页系统，显示效果逼真，看起来和看书的效果一样，可以让人舒适的长时间阅读。其便携、容易使用、大容量的特点非常适合现代生活，而数字版权贸易和因特网技术的发展，使电子书的用户可以以更低的价格方便的购买到更多的图书，为阅读器的流行奠定了基础。

账单，发票
bill

对所提供的货物或劳务、服务该付的款额的书面形式，由卖方提供给购买者以期得到尽快的支付。在图书馆的采购中，一般以英文词“发票”（invoice）更为常见。

招标建议书
request for proposal（RFP）

在图书馆项目的招投标过程中，有关方面负责人就项目整体或某一特定内容要求向预期中的投标人征求建议的一种制式书面文件。

招聘
recruitment

指用公告的方式聘请合格人员从事某一专门工作或职业的行为。图书馆吸纳各种人才到馆工作所采取的一种方法，一般是张榜公布其空缺位置或通过其他媒体（专业杂志或图书馆网站）发布招聘通知的方式来进行。也指图书馆学院或图书馆不遗余力地鼓励有前途的学生从事图书馆工作。

招贴画，海报
poster

指印有广告或通告，用于张贴、宣传的大幅印刷品，它们常常是单面印刷，图文并茂，并且被张贴在公共场所的布告栏、报亭、墙壁或其他一切合适的地方。如音乐会海报、会议告示等。一张招贴画的标准尺寸为 20 英寸（50.8 厘米）×30 英寸（76.2 厘米）。

找书位置号
location symbol（location mark）

印在目录卡片或添加在书目款目上的由几个字母或一个单词组成的代码，以表示藏书排架所在的专门特别位置或特别馆藏，或在一个图书馆系统或图书馆联盟中拥有一个复本的某所图书馆或若干所图书馆。

兆，百万
mega（M）

一种前缀，取希腊文中“多”的意思，表示“大”、“强”、“兆”和“百万”。在表示频率、电阻值时指 10^6，即 1 000 000；又指表示存储容量时为 2^{20}，即十进制数 1 048 576。

兆赫兹
MegaHertz（MHz）

电子设备的传输速度的度量单位，以德国物理学家海因里奇·赫兹（*Heinrich R. Hertz*）命名，1兆赫兹通常等于100万次电振动或周期；对于计算机时钟而言，兆赫兹的数量表示中央处理器（CPU）的速度。

兆位，百万位
Megabit（Mb）

指1 024×1 024（1 048 576）个二进制位。

兆字节
Megabyte（MB）

指存储容量的度量单位，用来检测数据大小和计算机系统部件的存储能力。一百万字节实为1 048 576字节。

诏令奏议
Edicts and Memorials

中国古代最大的丛书——《四库全书》史部的一个类，下分诏令、奏议2属，其中诏令是以皇帝名义发布的公文的统称，民间一般称为“圣旨”，包括册文、制、敕、诏、策令、玺书、教和谕等，皇后在皇帝死后也可以发令。奏议则是臣子向皇帝上书言事、条议是非的文字的统称。

《赵城金藏》
Jin Tripitaka

中国第一部汉文大藏经《开宝藏》的版式，于金皇统九年（1149年）前后在解州（今山西运城）天宁寺开雕，到大定十三年（1173年）前后工毕。存放在山西洪洞县霍山南麓的广胜寺。因该书每卷卷首又加刻广胜寺刊刻的《释迦说法图》，被叫做《赵城金藏》，简称《赵城藏》。该书共有6 980卷，现存4 000余卷，全世界只有一部，所以被视为稀世珍宝，与《永乐大典》、《四库全书》和《敦煌遗书》成为国家图书馆的镇馆之宝。

赵继海（1958—）
Zhao Jihai

研究馆员、浙江大学宁波理工学院图书馆馆长。1987年毕业于原浙江农业大学，获硕士学位。同年进入浙江农业大学图书馆从事科技资料编译工作。1992年起任浙江农业大学图书馆副馆长，1999年随浙江大学等四校合并，任浙江大学图书馆玉泉校区分馆副馆长，2002年起任浙江大学图书馆副馆长，同年晋升研究馆员。主要研究领域：图书馆管理、数字图书馆理论与技术、农业信息等，在国内外刊物上发表论文40多篇，出版专著、教材4本。兼任浙江大学文献信息技术研究中心副主任、浙江省图书馆学会常务理事、浙江省图书馆学会学术委员会副主任委员、中国农学会农业图书馆分会常务理事兼数字图书馆专业委员会主任委员、国际农业信息专家协会中国分会副秘书长、国家教育部“十五”高等教育文献保障体系项目专家委员会成员等职。

赵孟頫（1254—1322）
Zhao Mengfu

字子昂，号松雪，又号鸥波、水晶宫道人，元湖州（今属浙江）人。元代著名书画家和藏书家。赵孟頫书斋名“松雪斋”，其不少藏书流传至今。他收藏的宋刻本《汉书》、《后汉书》一直为明清藏书家所称绝。赵孟頫藏书喜盖名氏印和闲章，所用印章成为判断宋元刻本的重要标志。著作有《尚书注》、《松雪斋文集》等。

赵世良（1931—2009）
Zhao Shiliang

黑龙江图书馆研究馆员、东北师范大学图书馆学教授。1952年考入北京大学图书馆专修科，1954年赴苏联莫斯科图书馆学院学习。1961年调入黑龙江省图书馆，先后在科技阅览室、总库出纳台、书目咨询室、文献检索室和外文编目组等多个部门工作。1979—1982年在东北师范大学图书馆学系任教，1983—1988年任《黑龙江图书馆》编辑部副主编、主编。出版专著8种，发表论文、译文数十篇。

赵树林（1930—2004）
Zhao Shulin

山西省图书馆研究馆员。1945年12月8日，经原国立北平图书馆馆长袁同礼介绍入该馆任练习生，后改任为书记。先后在中文编目组从事古籍编目、中文新书编目和阅览部工作。1955年7月保送入北京俄语学院学习。1957年经北京大学图书馆学系主任王重民介绍调入该系学习，1961年7月本科毕业，派回北京图书馆工作。10月经文化部介绍和北京图书馆推荐调山西省图书馆工作。历任该馆阅览组、中文编目组组长，馆长办公室业务秘书，研究辅导部主任、馆长和名誉馆长。兼任《山西图书馆学刊》和《图书馆学文摘》主编，发表文章数十篇，主持《计算机文献标引对照系统》获得文化部科学技术进步二等奖。

赵万里（1905—1980）
Zhao Wanli

中国古文献学家、目录学家。1925 年任清华学校国学研究院助教，1928 年到北海图书馆（北京图书馆前身）工作，历任中文采访组组长、善本考订组组长和善本部主任，并在北京大学、清华大学、中法大学和辅仁大学等校任教，1949 年后任北京图书馆研究员兼善本特藏部主任。1979 年当选为中国图书馆学会名誉理事。在北京图书馆从事善本采访、编目和保存工作长达 50 余年。1949 年后积极访求、征集到大量名家的藏书和稿本，鉴定、购入一批港澳收藏家的珍本，使北京图书馆的善本收藏更为丰富。主持《赵城金藏》的修复工作和《永乐大典》的辑佚工作，举办《中国印本书籍》等善本专题展览，为北京图书馆工作人员讲授应用目录学，多次参加国内重要文物图书的调查鉴定工作，为保存和整理古籍做出许多贡献。接触到大量宋元珍本和名家抄校本，且和当代藏书家傅增湘等切磋研究，获得丰富的版本学经验和学识，主编专著、善本书目多部。

赵燕群（1940—）
Zhao Yanqun

中山大学信息管理系教授、硕士生导师。1963 年毕业于武汉大学图书馆学系，先后任铁道部科学技术情报研究所馆员、北京师范大学图书馆学系副主任、中山大学图书馆馆长；曾兼任《中国图书馆分类法》第四、五届编委会委员、第六届编委会顾问，广东省图书馆学会第七届理事会副理事长和广东省高等学校图情工作委员会副主任。参加多项科研工作，著述甚丰。

照排稿
follow copy

印刷术语，写在原稿上表示严格按照原稿排版，即使有误也不改正。也指写在印刷品上表示版式、字体照原样排。

照片
photograph

由光线通过照相机，把对象摄制在感光材料上产生独特的负片影像，胶片经过显影在感光纸上形成的正面影像。照片分黑白和彩色两种，常作为图书和期刊的插图，而且在线文献和光盘也用数字化的照片作插图。保存照片的室内需要一定温度和湿度，要防止外界空气污染。

照片光盘
photo-compact disc

具有特殊格式的用于记录数字化照片信息的小型光盘，也可以用于存储文字、图形、音频信息。

照相凹版，凹版印刷
photogravure

印版的一种，用照相法制成的凹版印刷用的印版。具体是将用照相成像技术得到的图文蚀刻或雕刻在一张金属板或金属圆筒上，使感光膜移到筒面上构成防蚀层，最后腐蚀成版。

照相凹印印刷术
rotary gravure

一种用轮转机进行印刷的照相凹版印刷法。印版上的图文部分低于空白部分，凹纹内能储填油墨，供凹版印刷之用。主要用于印刷画报和报刊杂志的插图。

照相复印机
photocopier

1907 年美国雷克蒂格拉夫公司在纽约生产出第一台照相复印机。1938 年美国人卡尔森取得第一张静电复印制品，1959 年施乐 914 型静电复印机面世。多数图书馆使用的一种采用黑白照相原理复制文献的复印机。某些照相复印机有放大和缩小功能。图书馆的不少复印机是自动投币或采用智能卡启动操作和计费的。

照相复制法
photo reproduction

指用照相复印技术对原稿或印刷品进行复制的方法。

照相复制，复印
photocopy

指照相复印技术。将印刷型的资料或图形资料直接复制在纸或其他复印材料上，颜色分黑白或彩色两种。根据法定许可和合理使用的原则，图书资料的复印要受版权法公平使用规定的制约。

照相胶印法，照相影印
photo offset

一种照相制版与胶印方法相结合的印刷技术，是平版印刷的一种；能忠实再现小网点和细微部分，主要设备是胶印机。

照相排版机
phototypesetter

一种可以将图文印晒到照相胶片上的印刷排版机器。随着计算机的发展，自动照排系统已能实现整页拼版，而且图文能同时输出。由于这种排版机在较短时间内产生高质量的排版结果，所以这种方法是许多新出版物都采用的排版方法，取代了传统的铸排。

照相排字
photocomposition

用照相排字机制成底片、翻底片或光刻底版，再通过这些底片、翻底片制造出平印、凸印或凹印的印版。

照相排字机，照相排版机
photo composing machine

利用照相方法排组版面的机械，是照相排版技术的主要设备。一般由光源、照相机、字模盘、字模版和选字装置组成。按其功能，一般分为机械型、半电子型和全电子型三代。

照相平版印刷
photo lithography

一种照相制版与平版印刷相结合的印刷技术。制版时先把原稿摄成底片，修整校色后，再将底片覆在感光膜上晒制成平版，即图文和空白处于同一平面上。利用水油相拒原理，将印版用药水浸润后，图文部分呈亲油性，空白部分则呈亲水性，油墨只能附着在图文部分。印刷时，图文部分先转印到滚筒上，再转印到纸张上。

照相外借法
photo-charging

一种图书借还系统。该系统将被借图书的细目卡、读者借书证和期限卡拍摄在35毫米的胶片上，随后将借书证和期限卡放入书袋中让读者带走。这种方法借还书处理手续繁复，代价昂贵，现在已不采用。

照相影印图书
photo offset book

采用照相方法将图像文字照在印版上再进行胶版印刷而成的图书。

照相制版的原稿
camera-ready copy（CRC）

在印刷中，原稿（文字、插图、标题和页码等）用文字处理软件或者用其他手段进行处理，充分编辑后，直接照相制成印版，无须再排版。

折叠插页
gatefold

因附于书内的插图大而只能折叠起来，一般是折成三部分，像三折写板似的两边向中间折叠。常见的还有印刷的广告单、表演节目单和餐馆菜单等。

折叠号
fold symbols

用来说明印书用纸折叠成若干折叠符号。折叠号作为书籍的开本标记印于书页折合处的角端，以便于装订时折页之用。

折叠式图书
folded book

一种新颖的图书形式，由一张长条的可折叠式的纸组成，一端或者两端分别与坚硬的封面粘在一起，多用于儿童读物，展开时有立体感；特别是在中国，用于显示很宽的全景图。更为复杂的折叠式图书由当代艺术家创造，他们认为书是一种视觉艺术形式。

折叠式印刷品
folder

由一个单独页面组成的出版物，可以把该页面折成两页或者更多页（通常从中间折叠），但不切分和组合。如表演节目单、铁路行车时刻表和饭店菜单等。

折叠式装订
concertina

一种书脊与封面和封底相连，但中间部分被折叠成许多平行的细褶，用以黏合书页的装订方式。

折叠图
folding plate

一种插图，图幅大于图书幅面而折叠于图书内。

折缝，起皱
creasing

装订时在纸上压出一条嵌线，沿着该线形成一个锯齿状，这样就产生一个褶痕。通过压缩纸张的纤维，产生一个明显的褶痕，以提高纸张分离前折叠的次数。

折扣率
rate of discount

指出版社或书商依照行业惯例或有关政策，根据书价总金额的多少给代理商或订户折扣的比率。

折帖
section

按页码已折叠好的一个印张。一个折帖一般由一个印张（也有一张半、二张或加帖散页）折成，往往一本图书由若干折帖构成。

折帖记号
black step

在图书的装订中，为避免订漏、订错、订重，在书帖脊上印上一个小长方形的字母、数字，在书心的脊部形成一个自上而下斜线的标记，供装订时检查。

折线图
line graph

指用几个连接在一起的线段来表示数据随时间或其他自变量的变化而变更的图形。

折页棒
folding stick

折页时用来压平折缝的扁平的圆头骨片或竹片。

折页插图
hinged

以内边折叠的形式插入书中的插图、地图或其他活页，装订后容易翻开摊平，不致撕坏。

折页机
folding machine

指将印件折成书贴的机器。

折子式的装订本
orihon

又称手风琴式装订本。一般用折子式折页的长条纸张、纸莎草纸或犊皮纸，以便将书写或印刷有文字的一面分成页或栏，有时在封面上装饰束带。多见于中国、日本等国家。

摺本
Folded Edition (Pleated Edition)

指长卷往复折叠成窄而长的本子。因为佛教的经典大多采用这种装订方式，所以也称为经折装或梵夹本。又指奏折，清代官员向皇帝奏事的文书。

浙江大学宁波理工学院图书信息中心
Library and Information Center of Ningbo Institute of Technology, Zhejiang University

建于2001年，建筑面积为2.5万平方米。拥有文献110万册（件），其中印刷型藏书75万册，电子图书35万种（册），中外文期刊2 000多种。建立图书馆网站，集成该院以及浙江大学和宁波大学园区图书馆的数字资源，设立多项服务功能模块，建立“有声读物库”和“土木建筑工程学科”等学科信息服务，创建图书馆工具条，开发了“数字资源整合服务”系统，利用Web 2.0技术和门户新技术，实行全开放仓储式管理和一站式服务，周开放时间87.5小时。该馆具有先进的计算机网络系统和图书馆集成管理系统，为该校和宁波市读者服务。

浙江大学图书馆
Zhejiang University Libraries

其前身为建于1897年的求是书院藏书楼。1998年，原浙江大学、杭州大学、浙江农业大学和浙江医科大学四校图书馆随校合并，成为覆盖各学科的综合性大学图书馆。2003年10月，2.6万平方米的紫金港校区新图书馆落成启用，该馆拥有馆舍5座，总建筑面积达8.4万平方米，阅览座位6 800多席。该馆设有6个业务部门，分别为研究发展部、读者服务部、参考咨询部、资源建设部、数字图书馆研究与技术中心和古籍特藏部。同时另设工学分馆、理学分馆、人文分馆、社科分馆、农业分馆、医学分馆等6个学科分馆。全馆实体馆藏总量已达535.2万册，包括线装古籍18万多册。“浙大文库”收集本校教职工和校友著作以及浙大出版的期刊约1万多册。引进的中外文数据库已覆盖学校所有学科范围，各类文献数据库400多个，中外文电子图书151万种，中外文电子期刊48 626种。在机械工程及仪表、电力电子科学与工程、化学化工、医学、农业、生物科学、地方文献、敦煌学和心理学等学科文献的收藏具有特色。该馆与中国科学院研究生院共同牵头承担“中美百万册书数字图书馆合作计划”（China-US Million Book Digital Library Project），简称CADAL项目。此项目是“十五”期间“211工程”公共服务体系建设的重要组成部分，由中国政府投资建设，同时得到美国合作方投入的相当于1 000万美元的软硬件系统支持，这是中国首次利用引进外资方式进行“211工程”建设的项目。该馆于2005年加入国际图联，成为其机构会员。

浙江大学信息资源管理系

Department of Information Resources Management, Zhejiang University

以原浙江大学科技情报专业、原杭州大学图书馆学专业和档案学专业为基础合并组建的新系，于2003年11月15日正式成立。原浙江大学和杭州大学的图书馆学、情报学、档案学专科和本科教育已有20多年历史，合并组建的信息资源管理系以图书馆学—情报学—档案学一体化教学与科研为特色和方向。该系拥有信息资源综合管理和电子政务两个本科专业方向、情报学和档案学2个二级学科硕士点和图书馆、情报与档案管理一级学科硕士点，2007年在公共管理一级学科下设立了信息资源管理博士点。浙江大学信息资源管理研究所是在该校情报学、档案学和图书馆学专业基础上组建的跨学科型研究所。有专职研究人员6人，其中教授2人、副教授4人，并吸纳国内外专家、学者作为兼职研究员。该所研究方向主要有：文件与档案信息管理理论、电子文件管理理论与技术、信息资源综合管理研究、信息资源与知识产权保护、信息分析、信息检索、信息价值鉴定和评价、信息社会化与信息传播、文献信息保护技术应用研究等。科研项目涵盖档案学、情报学、图书馆学等学科，承担国家自然科学基金项目、国家社会科学基金项目、国家部属重点科研项目、浙江省社科基金重点科研项目、一般科研项目以及重大横向项目多项。

《浙江高校图书情报工作》

Library & Information Service of Zhejiang Universities & Colleges

浙江省高校图书情报工作委员会主办，于2000年创刊，主要栏目有：“特稿”、“改革与探索”、“现代技术”、“文献建设”、“采编工作”、“读者服务”和“动态信息”等，该刊为双月刊，有英文目次，自办发行。

浙江工业大学图书馆

Zhejiang University of Technology Library

由杭州化学工业学校图书馆、浙江化工专科学校图书馆、浙江化工学院图书馆和浙江工学院图书馆组成。拥有馆舍总面积为近6万平方米，全馆共有阅览座位5 000多席，藏书320多万册，其中印刷型图书166.4万册，电子图书109万册，印刷型期刊合订本12.9万册，电子型期刊合订本28万册，主要收藏中、英、德、法、日、俄等文种的专业文献，文献覆盖文、理、工、法、农、医、经济、管理、医药和教育等学科门类，尤其以化学工程、机电工程、电子信息工程、土木工程、环境工程、经贸管理等类文献最为丰富。该馆引进了世界著名的检索期刊和电子全文期刊数据库，已形成覆盖学校各类学科专业、具有较丰富的中外文文献信息资源和完备的检索体系。

浙江省图书馆学会

Zhejiang Society for Library Science

成立于1979年10月，是浙江省社会科学界联合会的团体会员。该学会成立以来，多次召开全省性学术研讨会、业务培训班，组织会员参加全国性的各种学术活动，承办全国性学术会议，参与组织了华东六省一市图书馆学会的协作活动以及各类型的图书馆学国际学术研讨会，并出访国外各类型图书馆。与浙江图书馆联合编辑出版学术刊物《图书馆研究与工作》（*Library Science Research and Work*）（季刊）。

浙江图书馆

Zhejiang Library

中国省级综合性公共图书馆之一，其前身是1900年创办的杭州藏书楼，1909年正式以图书馆命名，是国内创办最早的省级公共图书馆之一。1931年建成大学路馆舍，蔡元培先生题写馆名。2000年11月18日，值浙江图书馆百年华诞之际，浙江图书馆新馆正式开馆。拥有馆舍4处：黄龙洞新馆、孤山路馆舍、大学路馆舍和湖州嘉业藏书楼，并在全省各地设有7个分馆29个流通站。全馆建筑总面积4.9万平方米，阅览座位近2 000席。馆藏文献550万册（件），馆藏珍品首推文澜阁《四库全书》，此外有敦煌经卷、宋元明刻本、稿抄本、名家批校题跋本及日本、朝鲜、越南等外国刻本。地方文献的收藏系统、完整。建有浙江省地方志、浙江省人物等专题数据库。与浙江省图书馆学会共同编辑出版《图书馆研究与工作》（季刊）。该馆服务面覆盖全省，主要服务方式有：文献借阅、信息咨询、文献展览及教育培训等。该馆与浙江大学图书馆、浙江省科技情报研究所（浙江省科技信息研究院）联合，实行“高层次读者馆际互阅”和“数字化文献共享”措施，走资源共享之路。该馆于1994年加入国际图联，成为其机构会员。

浙江万里学院图书馆
Zhejiang Wanli University Library

成立于1999年，其前身是有50多年办学历史的浙江农业技术师范专科学校图书馆。由文献信息中心中心馆、钱湖馆、回龙馆和清水浦馆四部分组成，总建筑面积3万多平方米。馆内拥有200多座和90多座的设备先进的报告厅各一个、8个学术研讨室、20个不同功能的阅览室，馆藏纸质文献总量为100多万册，中外文纸质报刊2 500多种，并在校园网上运行有多语种、多类型的数字化资源，并已与国内多个图书馆建立了文献资源共知共建共享的协作关系，最大限度地提高图书馆对该校师生的文献信息满足率，馆内共设有1 000多个信息点，配置了近600台用户计算机，并在馆内实现了无线上网。

浙江网络图书馆
Zhejiang Digital Library

以浙江文化信息资源共享工程和全浙江省公共图书馆的传统文献和数字资源为基础，以“共建、共享、共通和共赢”为目标，运用先进的网路技术，打破地域限制，为读者打造一个统一的、“一站式”资源和服务平台。以全浙江省公共图书馆为成员馆的网络化数字化图书馆，在省图书馆设立管理中心，实现全省范围的电子文献传递和纸质文献的馆际互借。其功能有：读者统一认证、资源统一检索、在线查询目录、电子原文传递、申请馆际互借和提供知识导航等。

诊断程序
diagnostics

用于自动测试计算机硬件（软盘、键盘和缓存等）的软件。在任何程序的启动过程中，该软件都会自动检测运行状况是否正常。如果某一部分无法启动，则在屏幕上显示警告信息。

侦探小说
detective fiction

小说的一种形式。主要描写业余或专业侦察人员利用一系列线索，进行推理、判断、破解犯罪疑案的故事。侦探小说也被称为“智慧文学”，它以曲折的情节，强烈的悬念和严谨的逻辑为表现手段，显示出独有的魅力，在全世界拥有广大的读者群。现代侦探小说由美国作家爱德加·爱伦·坡（Edgar Allan Poe）的《英格街谋杀案》（*Murders in the Rue Morgue*）起始，已成为流行的神秘小说的一个分支。有些侦探小说也是历史小说，如爱丽斯·彼德斯（Ellis Peters）的《卡的菲尔兄弟纪年》（*The Chronicles of Brother Cadfael*）。由英国“侦探小说之父”亚瑟·柯南·道尔（Sir Arthur Conan Doyle）的《福尔摩斯探案全集》（*The Complete Works of Sherlock Holmes*）、英国杰出作家阿加莎·克里斯蒂（Agatha Christie）的《尼罗河上的惨案》（*Death on the Nile*）和《东方快车谋杀案》（*Murder on the Orient Express*）等都是十分有影响的作品。

珍本
rare book

古籍中刻印较早、流传较少，或文物价值较高、内容好，对科学研究有价值的珍贵图书。大部分图书馆都把善本、珍本图书收藏在一个相对安全的场所（通常收藏在特藏部），对其保管和利用也有非常严格的规定。

珍本书商
bibliopole

专门针对珍稀图书和版本进行交易的书商。

珍藏版
collector's edition

为吸引收藏家购买珍藏而特别出版的书、录像带或数字视频光盘，发行价格甚至二手价格都会比正常版本高。珍藏版的书用优质的纸张印刷、附加特别制作的插图；珍藏的录像带、数字视频光盘拥有特别设计的包装。

珍贵地图
rare map

早期出版且极具价值的地图。地图是否珍贵取决于所描绘国家的历史。现保存下来的最古老的地图是公元前25世纪至公元前23世纪巴比伦人绘制在陶片上的地图。1973年12月，在湖南长沙马王堆三号汉墓出土的西汉地图就是非常珍贵的地图。公元2世纪古希腊亚历山大城天文学家、地理学家和光学家托勒密（*Clandius Ptolemaeus*）编著了《地图学指南》，并附27幅世界地图，这些地图堪称当时西方划时代的作品。美国将在1900年以前出版的各种本国地图均视为珍贵地图，尤其是那些描绘洛基山西部地区的地图。在英国，如果在1825年以前出版的地图就被认为是珍贵地图。珍贵地图作为历史性文献经常能引起学者和收藏家的极大兴趣。

珍善本和手稿组（美国）
Rare Books and Manuscripts Section（RBMS）

美国大学与研究图书馆协会（ACRL）的一个专门委员会，成立于1948年，在全美和国际性专门藏书界发挥着领导作用，代表那些从事专门藏书工作的图书馆员和其他专业人员的利益。该组出版有半年刊《RBM：珍善本、手稿和文化遗产杂志》（*RBM：A Journal of Rare Books，Manuscripts，and Cultural Heritage*）和《RBM业务通讯》（*The RBMS Newsletter*）两种刊物。

真迹版
autography

著者亲笔写成的字或稿子，或指按手稿真迹复制术。

《真理报》（俄罗斯）
Pravda

俄罗斯综合性的独立左翼报纸，原为苏联共产党中央机关报，日发行量近30万份。于1912年5月5日（俄历4月22日）在彼得堡创办出版，列宁是该报的创办人和领导人。1912—1914年沙皇政府曾8次查封该报，1914年7月21日被查禁。二月革命后于1917年3月18日恢复出版。几次更改名称。十月革命后，自1917年11月9日（俄历10月27日）重新以《真理报》名称出版，1918年3月16日起在莫斯科出版。

真实犯罪故事
true crime story

一种非小说类的文学作品，主题一般是真实的犯罪事件，如失踪、绑架和谋杀等。这类题材由于不同寻常和非常神秘，因此，能够激起读者的兴趣和好奇心。如美国著名写真实犯罪故事作家安·茹尔（Ann Rule）的《爱死你》（*Every Breath you take*）。

真实性
authenticity

与客观事实相符合的特性（正确的、实际的和真实的等）。经过调查而确认档案或特殊收藏具有真实性的过程称为鉴别（authentication）。

镇纸，镇尺
paperweight

写字作画时用以压纸的一种文房用具，以保持纸、书面的平整。镇纸质材多为铜、铁、玉、石、瓷、木和竹等。最初的镇纸无固定形状，现以长方形居多，上面雕刻有各种图案和诗词名句等内容，也有雕成动物、人物的立体形象，具有一定艺术欣赏价值。

征订文书
requisition

图书馆用户或协议使用单位以统一的格式向图书馆采访部门提出订购资料、设备、用品或某项服务的书面需求。

征稿
solicit contribution

指出版机构为扩大稿源而公开登载启事向社会征集所需要的稿件。征稿有普通征稿和专题征稿之分。普通征稿是经常性的，一般没有截稿日期；专题征稿是阶段性的，一般需有截稿日期。征稿既能征集到优质稿件，又能发掘培养新作者，还可以收到良好的宣传效果。

征缺目录，缺本目录
want list（waiting list）

图书馆专门用来记录缺藏文献的目录，作为除征订目录之外补充订购的重要参考。缺藏文献包括重点书刊的补缺配套部分和一时无法购到的图书，以及根据向有关单位或个人发出的征求意见表和读者要求订购的图书等。

征书广告
publication wanted

出版商为征集书稿在报刊上所刊登的广告。

《睁眼看世界——我们向国外图书馆学习什么》
Simply Looking at the World*: *What Shall We Learn from Foreign Libraries

《21世纪图书馆学丛书》（第三辑）之一，由王陆军著。该书分为五个部分：百年间的两场公共图书馆运动给我们带来的震撼与反思；聚集于图书馆服务、人才、法制建设和数字资源建设，这是一本重新唤起图书馆人求真务实精神的书。由海洋出版社于2010年出版。

整版插图
plate

指图书或其他出版物中的插图材料，一般用比较高级的纸张如铜版纸来印刷。插图一般集中放置在正文的前面或后面，也有穿插在正文中间的，其页码一般不和正文部分连续编排而是单独的用罗马数字或阿拉伯数字来标注。在图书馆目录中，有关插图的信息体现在载体形态项中，即MARC 21书目数据格式的300字段中。

整版，调整版面
justifying

指在排版时，控制页面上字符打印的位置，使之与页左右两边沿对齐，每行都保持相同的长度。

整边，边缘调整
justified margin

指在数据显示或打印时，使数据项按左、右边界对齐输出；文本数据打印时，调整一行中各单词之间的距离，使左右边缘对齐。

整合查询系统
federated search systems

该系统具有从一个界面进行跨库检索、不用再去选择各类数据库、节省用户分别检索各资料库的时间以及可避免漏检重要研究资料等优点，但也有很多缺点，如查询效率低，结果重复而且关联性排列不理想，而且很多非图书馆资源不包括在内等。

整理
arrangement

档案学中，将原本无序的档案记录按照既定的档案排列原则整理好以利于使用。

整理作品
works created by arrangement of preexisting works

指整理已有作品而产生的作品，其著作权由整理人享有，但行使著作权时不得侵犯原作品的著作权。

整修，翻新
renovation

指对现有建筑、设备进行重大修整，使其看上去像新的一样。在图书馆中，整修一般是指重新油漆门窗家具、更换地毯以及安装新的配套设施等。同时也指拆除旧建筑物中的各种过时设备并重新对之进行改造以满足读者的实际需求和符合当代设计标准。大面积的整修工程，可能需要将图书馆的所有藏书、服务机构和工作人员搬迁至其他临时性地点直至整修工作完成。

整页拼版
make-up

指在凸版印刷中，排字工人根据出版商的页面设计把活字排列成正文、图表和注解等的格式。也指出版商送给印刷、装订厂的一份图书内容目次，指示他们如何安排版面、插图、地图、折叠页和衬页等的具体位置。或指用拼好的印版打印的校样，来检查排版、图表等的质量和正确性。一般把印版按长条校样校改后，按页拼成版面，并标明页码，打印而成。

正标题
official title

在图书或其他印刷出版物的题名页上出现的标题，图书馆员用来编制款目。

正读
right reading

文献或图像复制时对正片影像的阅读。通常情况下，负片的影像是反读的，而正片的影像是正读的。

正面
face

指经过书写、印刷的文字、图案或加工装饰的页面；两面都经过刻写或印刷的某种东西，由于一面包含了主要的内容，可以认为是正面。

正面版，前半版
outer forme

在整幅纸张两面各用一组印版印刷时，在纸的一面上首先印刷的版，称作正印版；在纸张反面所用的印版，叫反面印版（inner forme）。

正片，拷贝
print

经过晒印带有图像的照相纸，用拍摄的电影底片洗印出来，供放映用的胶片。

正拼写，正字法
orthography

指依据标准词典用正确字母的拼写技巧。某些词的英、美拼法略有不同，如 color（colour），catalog（catalogue），centre（center）等。

正始石经
Zheng Shi Carved Stone

又称魏石经、三体石经。碑文都用古文、小篆和汉隶三种字体书写。

正式出版（日期）前的
prepublication

说明著作正式出版前的有关活动的形容词。例如：出版商的出版前报价。

正式订单
firm order

由出版商、批发商和经销商发出的订单，指定最高价格和发送时间限期，而且是经图书馆的审核确定，不再撤销。图书馆应该根据馆藏发展而选择所需要的图书资料，而正式订单则是为了图书资料的需求而发放的。

（正式或官方的）函件或命令
brief

可引申为裁定的文书，特别是由教皇签发派送的罗马天主教宗教委员会的文书，还指由敕书秘书签署而用教皇的指环印封的教皇信件；或由英国国王作为国教首脑颁发的授权为某一特定目的颁发的在教堂中征收捐款的特许证书。

正式名称，官方名称
official name

公司、组织、团体和公共机构等的法定名称，可能与其在出版物或为图书馆而做的编目中的名称有点区别。

正题名
title proper

文献的主要题名，包括交替题名，但不包括并列题名与其他题名信息；有些正题名是由共同题名和附属题名组成，称为复合题名。在中国机读目录中，正题名著录在 200 字段，而在《英美编目条例第二版》（*AACR2*）中，正题名著录在 MARC 21 书目数据记录中的 245 字段。

正题名后资料
remainder of title

指题名页上除正题名以外的其他相关信息，如副题名、并列题名及其他题名资料等。

正文补充页（贴在正文后），勘误表
paste-in

加在原先印制的正文后的补充页或勘误表，粘在该页的正面或反面上。

正文后参考资料
back matter（reference matter）

在文献的正文结束后所附资料的总称，通常为附录、补遗、注释、参考书目、撰稿人名单、索引、版本说明以及广告。对于学术作品，书后的补充材料相当重要。书后所附资料一般接着作品正文的页码用阿拉伯数字标记页数。

正文结束符
end of text character（ETX）

在计算机通信中用来表示正文结束的字符。

正文前版面
front matter

图书第一页正文前的各组成部分。正文前版面通常包括在书籍第一页上的简题名，从书标题或卷首插图、题名页、印记和版权通告、献词、铭文、序言/前言、感谢、投稿人、目录表、插图列表、图表列表、投稿人名单、导言、缩略语列表、翻译者注释、正误表或勘误表，这些内容在出现次序上并不是不可变的。正文前版面通常用小写罗马数字标明页数。

正文前的空白页
blind page

一本书中通常包括题名扉页、题名页和空白页等没有印出页码但算在总页数中的页面。

正文前的内容
front matter

指的是一本书正文前的内容，具体包括（通常是以下顺序，但也可能有所变化）：封面、丛书名或标题页、扉页、印记和版权声明、题词、目录、列表插图或表、序、引言、鸣谢、题词、缩略语列表、译者注和勘误表等。书的前面这部分内容通常是以小写的罗马数字标识页码。

正文前的图文
preliminary matter

书籍正文前各部分内容的总称。通常包括简略题名页、题名页、版权页、目录、插图目录、序言和导言等。preliminary matter 的简写形式为 prelims。

正文，书的主体部分
body（text）

图书的主体部分，从正文的第一页起，包括脚注和插图，但不包括前面的版面（如标题页、前言、目录等）和正文后索引、附录和参考书目等。在电子邮件的信息中，指相对于包括发送者的电子信箱地址、接收人的地址和邮件主题在内的文头以外的主体信息内容。

正文以外的部分，文外栏目
oddments

指书籍正文以外的部分如目录、前言以及正文后的补白等。

正文用语
language of the text

文献正文所用的语种。一般可从题名来识别，但有时题名语种可能与正文不同，也有的题名没标出语种特征，这时编目员应在款目的附注项中加以说明，为读者选择文献提供依据。报道多语言文献的文摘与索引等检索工具也常在款目中注明语种。例如，浮士德（Faust）其英文和德文形式完全相同，这时编目员可以增加一个注释，如“正文使用德语和英语”；标出翻译说明，如“由……译成英语”和增加标目。

正文用字体
text type（body type）

排印书刊正文用的字体。相对于标题用字体，注释用字体等而言。

正像本
positive copy

指缩微复制品与原件相同色调、图像的白底黑字本。

正页面插图
face up

在印刷过程中，将一整页插图印刷在纸张的右页（奇数页）上，以便读者在打开一本书或其他出版物时，这页插图出现在书的右面。

证明书，毕业证书
credential

证明一个人、组织或机构有资格胜任某一特殊职位，可以在某一特定领域提供某种服务的信件、证书、学位或证明文件。高等院校在学生毕业时颁发的文件，证明学生的学业成绩和学术水平。对于图书馆员而言，最理想的文凭莫过于官方认可的图书馆院校所颁发的图书馆学硕士或图书馆学与情报学硕士学位。

证明，证书
certification

用可靠的材料来表明或断定人或事物的真实性。在公文中，证实某种原始文件或其复印件的性质和法定真实性。也指由国家授权的机构或非政府机构或组织，对个人、组织或机构实施某项特别的服务或功能的资格评估，以授予其资格，颁发证书。

证人，鉴定人
witness

指在古版书（1450—1500 年期间用金属排版活字印刷的书籍）或手迹稿本方面的权威和专家。

证实，鉴别
authentication

在档案学中，指经过仔细的调查研究而核实一篇文献或其复本的过程。

郑建明（1960—）
Zheng Jianming

教授、博士生导师。教育部高等学校图书馆学学科教学指导委员会副主任、教育部高等学校图书情报工作指导委员会委员、中国图书馆学会第八届学术研究委员会目录学专业委员会副主任、江苏省高等学校图书情报工作委员会副主任兼秘书长和江苏省图书馆学会副理事长兼学术委员会主任。1988年毕业于武汉大学图书情报学院，获文学硕士学位，1996年毕业于南京大学历史学系，获史学博士学位。长期从事图书馆学、目录学、文献学与信息学教学和科研与教学管理工作。曾任南京大学图书馆常务副馆长。主要研究方向：信息咨询学、社会信息化理论研究、情报学方法论研究和当代目录学与书目信息理论研究。承担社会科学基金资助项目1项、教育部项目4项、江苏省教育厅项目5项和其他项目两项。出版学术专著4部，参著6部，在核心和一级刊物上发表学术论文近30篇。曾获得南京大学奖教金一等奖（1998）、江苏省高等教育教学成果一等奖（2000）、国家级教学成果二等奖（2001）、江苏省教育厅人文社会科学研究成果二等奖（2002）和江苏省优秀课程建设二等奖（2002）。

郑莉莉（1936—）

Zheng Lili

北京大学信息管理系教授。1959年毕业于苏联国立莫斯科图书馆学院（今俄罗斯莫斯科国立文化与艺术大学）图书馆学系，同年回国，在北京大学任教。1988—1989年以高级访问学者的身份再次赴苏联国立列宁格勒文化大学和国立莫斯科文化大学（今俄罗斯国立圣彼得堡文化与艺术大学和国立莫斯科文化与艺术大学）进修，进行学术交流。从1959年起，在北京大学担任助教、讲师、副教授和教授，并被聘任为硕士生导师；曾兼任中国图书馆学会学术委员会委员、儿童图书馆专业委员会副主任、教育部基础教育课程教材发展中心中小学阅读图书评审专家组成员。长期从事图书馆学教学与研究工作，主编专著、译著数部，发表论文、译文数十篇，并多次获奖。

郑樵（1103—1162）

Zheng Qiao

字渔仲，南宋兴化莆田（福建莆田）人，世称夹漈先生。南宋史学家、目录学家。其学识渊博，在经学、礼乐、天文、地理和文字音韵等方面都有较深的造诣。著述有80余种，但流传下来只有《夹漈遗稿》、《尔雅注》、《诗辨妄》、《六经奥论》和《通志》等。其中《通志》是郑樵的代表作，主张实行史学上的“会通”精神，通录古今图书，“记百代之有无，广古今而无遗”。

郑章飞（1962—）

Zheng Zhangfei

研究馆员、湖南大学图书馆馆长、湖南大学信息研究所所长。1982年毕业于湖南大学图书馆学专业。兼任教育部高等学校图书情报工作指导委员会委员、湖南省高等学校图书情报工作委员会副主任、秘书长、《高校图书馆工作》杂志主编、湖南省图书馆学会副理事长、湖南省科技情报学会副理事长和湖南省图书资料系列高级职称评审委员会成员，国家社科基金项目同行评议专家、教育部人文社会科学项目同行评议专家和湖南省社科基金项目评审专家。主要研究方向为数字化图书馆、用户教育和图书馆管理，主持国家艺术科学规划课题1项、湖南省社科基金项目1项，主编、参编专业著作近10部，发表专业论文40多篇，其中1篇论文被SCI、ISTP收录，多篇论文被CSSCI收录，并多次获奖。

郑州大学图书馆

Zhengzhou University Library

建于1956年。2000年7月由原郑州大学与原郑州工业大学和原河南医科大学合并为新的郑州大学，原三校图书馆也随之合并。现馆舍面积为8.4万平方米，阅览室30多个，阅览座位6 642多席；藏书总量达720多万册，中外文报刊18 325种，其中纸质报刊3 325种，另有音像资料11 119件。拥有国内外重要网络、光盘数据库138个，中外电子图书约249万册，中外文电子期刊共计1.5万种。古籍图书近50万册，其中善本2 200册，元明多种刻本和宝卷约320种，元、明、清小说270种。同时还藏有大量科技报告、学位论文、会议录、技术标准、缩微资料、专刊文献和汇编。该馆设有“郑州大学周易与古代文献研究所”和“郑州大学科学技术信息研究所”两个校级研究机构。

郑州大学文献信息资源研究中心

Institute of Document Information Resource, Zhengzhou University

前身为郑州大学文献信息分类研究所，初建于1995年，重组于2002年，现依托于郑州大学信息管理系。该中心现设3个方向：古籍资源开发与利用研究、虚拟图书馆研究以及数字资源评价研究。围绕研究方向，对文献信息管理领域中的重大理论问题和实际问题进行深入研究。

Z

郑州大学信息管理系

Department of Information Management, Zhengzhou University

成立于1985年，原名为图书馆学系，同年开始招生。1994年改为现名，并开办了经济信息管理和计算机应用专业。1996年确立了系徽和系训。1998年该系图书馆学专业成为硕士学位授权点，同年，该系经济信息管理和计算机应用专业升格为本科，并随全国专业目录调整更名为信息管理和信息系统专业。2001年6月，郑州大学、郑州工业大学和河南医科大学三校合并后，将原文博学院档案系与原郑州工业大学信息管理和信息系统专业并入，成立新的信息管理系。2003年该系又增加了情报学硕士学位授权点，设有图书馆学教研室、档案学教研室、信息管理与信息系统教研室和郑州大学文献信息资源研究中心。该系设有文献信息资源管理、档案信息资源管理和网络信息资源管理3个基础实验室和文献信息组织、参考咨询与信息检索两个专业实验室。

《政府报告通报与索引》（美国）

***Government Reports Announcements and Index* (*GRAI*)**

1946年开始出版，由美国国家技术情报服务处（NTIS）主办和商业部共同编辑的以摘要形式报道美国政府研究机构及其合同户提供的科技报告，同时也报道美国政府主持的科技译文和某些外国科技报告，包括全部美国商务部出版局（PB）报告、所有公开或解密的美国陆海空三军科研机构（AD）报告、部分美国国家航空和宇航局（NASA）报告和美国能源部（DOE）报告。并将这些报告混排以供检索。其名称、刊期、卷号和报道内容屡有变化。自1977年起政府报告和索引合并。近几年来美国对军事和高技术领域实行有限控制，从1987年起《政府报告通报与索引》的类目进行大幅调整。采用美国国家技术情报服务处主题分类，将全部报告分成38个大类（categories）350个小类（subcategories），增加了许多民用技术和社科类目。有关键词、个人著者、合同号和报告号索引，并有累积本。

政府出版物

government publication

联合国教科文组织认为："根据国家机关的命令，并由国家负担经费而出版的一切记录、图书、刊物等，均称政府出版物。"政府出版物是各国政府及其所属机构出版的文献资料。具有官方性质，内容广泛。可大致分为行政性文件和科技性文献两大类。前者包括政府报告、会议记录、司法资料、决议、指示以及调查统计资料等；科技性文献主要包括各部门的研究报告、技术政策文件和教育、科学的统计资料等。

政府公报

official gazette

一种定期或不定期出版的政府出版物，用以由具有相当级别的政府部门发布政府政令、决定和统计资料等反映政府意志和决策的行政性内容，具有权威性和可靠性。

政府机构出版局（美国）

Government Printing Office (GPO)

负责收集、出版和发行美国联邦政府信息的政府机构，于1861年成立。该局主要出版物有《国会记录》(*Congressional Record*)、《联邦法规汇录》(*Federal Register*)，并且还以《美国政府出版物每月目录》(*Monthly Catalog of U. S. Government Publications*）的月报形式印刷出版政府文献索引，受"联邦托管图书馆课题计划"的资助，设立在线存取网站，名为GPO Access。至于英国的政府出版局则称为皇家书业局。

政府机关图书馆

government library

由各级政府置办的图书馆，主要是根据政府各部门的工作需要，收集、管理有关文献，编辑目录和参考资料，为政府机关工作人员提供服务。

（政府）批准的图书馆学院

approved library school

指美国一些由州政府或教育机构认可或批准的，达到一定的质量和符合专业标准要求的图书馆学院。其中一些同时是被美国图书馆协会认证的学院。

政府图书馆专业组

Government Libraries Section

隶属国际图联专业委员会图书馆类型部（Division of Library Types）。该专业组是具有管理任务机构的一部分，并为政府提供服务。该专业组鼓励政府图书馆的发展，支持它们之间的合作。出版该专业组的业务通讯（电子版），刊登有关政府图书馆的新闻与会议动态和论文，出版会议录、年报和一些专著等。

政府文献
government documents

指由政府提供经费印刷，以政府名义出版发行的各种记录、通告、决议、特许、法令、报告、论文、期刊和统计等。

政府信息与官方出版物专业组
Government Information and Official Publication Section

隶属国际图联专业委员会藏书部（Division of Library Collections）。该专业组促使对来自所有社会团体的信息的发现、收集、书目控制、保护和传递。从政府文献和公共政策检索领域的全球专家团体中选出对该专业组工作感兴趣的人员。出版该专业组的业务通讯（电子版），刊登有关政府信息与官方出版物的新闻与会议动态和论文，出版会议录、年报和一些专著等。

政府作品
official works

此类作品因其是否适用著作权法进行保护而分为两类。一类指国家机关的决议、决定、命令和其他具有立法、行政、司法性质的文件及官方正式译本。这些作品不属于著作权法保护的客体。另一类指以政府名义发表的法人作品，如某一政府部门的工作报告、年度计划等，此类作品作为法人作品，是著作权法保护的客体。

政书
Works Relating to Government Institutions

源于明代钱溥《秘图书目》，是一类文献的总称（类名），又称会要体，是中国及其他汉字文化圈地区记录典章制度的书籍。广泛收集政治、经济、文化制度方面的材料，分门别类系统地加以组织，并详述各种制度的沿革等。由于具有工具书的某些性质、特点，人们也将其归入工具书的范畴。政书一般分两大类，一为记述历代典章制度的通史式政书，以“十通”为代表；二为记述某一朝代典章制度的断代式政书，称为会典、会要。

政治大学图书馆
National Chengchi University Libraries

1955 年春季设图书室于理学院志希楼现址，隶属学校教务处管理。1959 年 10 月才独立设立图书馆，1961 年另设社会科学资料中心与图书馆并立，同属校长领导。除总馆外还设立有传播学院分馆、商学院分馆和综合学院分馆。该馆馆藏为185 万册（件），该校平均每位学生拥有106. 95 册。

政治大学图书资讯学和档案学研究所
NCCN Graduate Institute of Library, Information and Archival Studies

位于中国台湾省，1996 年成立，初名为图书资讯学研究所，成立之初分为 3 个领域：图书资讯学、档案学与博物馆学。2002 年该所正式易为现名。该研究所分为图书资讯组及档案学组，图书资讯组结合图书馆学与资讯科学，开设知识组织与资讯取用、读者服务研讨、资讯素养教育研讨、网络资讯检索、资讯科学理论、数位馆藏发展与管理、技术服务研讨、资讯服务机构管理研讨、数位图书馆、图书馆与资讯工作中心工作实务、资讯使用与图书馆评鉴、国际与比较图书资讯学、公共图书馆专题、图书馆与资讯社会、学术图书馆专题、当代图书馆问题研讨和资讯社会理论。档案学组则开设档案选择与鉴定研究、档案读者服务、文书学研究、校史馆管理专题、档案编排与描述、电子文件管理专题、档案馆管理专题、清代的档案与制度、档案馆实习、档案维护实务、档案数位化专题、档案行销专题、民国史影像与档案专题、档案工作实务、档案维护学、档案与历史研究等。该研究所可授予档案学和图书资讯学硕士和博士学位，编辑出版电子报（e-paper）。

政治地图
political map

反映世界各国、各地区、各大洲政治区划和国际政治关系，并使用各种比例尺和不同投影方法编制的一种专题地图。现代政治地图的图面要素基本包括：1. 政治地理位置，即表明各国所属的政治体系、类型和集团；2. 国界线和领土，在图上表示出领土实际标志线或假想线内的陆地、内水和领海等范围；3. 行政区划、行政中心和交通干线；4. 民族、人口、居民和宗教信仰分布状况。通过对政治地图内某些专项因素分布的图面分析，可了解一个国家或集团直至整个世界的政治地理特征和问题，如领土、外交关系、语言文化差异、民族问题和宗教信仰等对国家社会政治生活的影响等。

《政治家年鉴》（英国）
Statesman's Yearbook

内容侧重政治和历史，对当前世界各国诸方面的情况作简明而又相当可靠介绍的统计性工具书。该年鉴自1864年起逐年出版，历史悠久，至今已出版2013年版，即第149卷，出版者是帕格雷夫·麦克米兰（Palgrave Macmillan）公司。其编排体例自1978/79年版起，分为“国际组织”和“世界各国”两部分，后一部分严格按国名的A～Z字顺排列。每个国家的内容均按下列顺序叙述：历史、面积和人口、宪法和政府、国防、国际关系、经济、能源和自然资源、工业和贸易、交通、司法、宗教、教育、社会福利以及外交使节等。卷末附有完善的地名/国际机构和产品索引。该年鉴出版迅速、内容及时，历年来各卷内容不同、各有侧重。国外评论家评论该年鉴为“对世界各国情况的介绍，条理清楚，文笔简洁，在同类工具书中是无与伦比的，是最实用的可供随时查考的参考书”。

帧
frame

指计算机应用窗口独立滚动区域或被分成多个滚动区域的网页。

之字形图书
zig-zag book

图书装帧形式的一种，其特点是将长条纸按长方形书页形式前后连续折叠成册，书折折完拉开如屏风。又称手风琴折或扇形折。

支撑系统
bracing

用一个拼成大“X”型的重金属杆垂直地从一层单面书架的背后穿过，或向下从双面活动书架的中间穿过，以减少书架的摇摆。金属支撑系统还可用来连结平行的书架，以防止图书馆员或读者穿越走道时书架左右摇晃，特别是在地震的多发地区。

芝加哥大学出版社（美国）
University of Chicago Press

创立于1891年，位于芝加哥市的密执安湖畔，是美国最大的大学出版社。其创立理念是“大学只有教学和研究是不够的，必须将成果公之于众，供相同领域的研究人员及有兴趣的社会大众参考”。该出版社是大学的组成部分，但独立自主运作，不受大学左右。所出版的图书质量很高，著者中有很多是诺贝尔奖金获得者。该出版社所出版的学科主要是经济学类、自然科学类学术性图书，当然也有其他类别的图书，如心理学、宗教、法律、行为学、人类学和文学等。

芝加哥大学图书馆（美国）
University of Chicago Library

1891年创建，世界上最大且收藏量最为丰富的图书馆之一，由6所图书馆组成：约翰·克里雷尔图书馆、迪·安杰洛法律图书馆、埃克哈特图书馆、乔和丽卡曼索托图书馆（2011年开馆）、约瑟夫·里根斯坦图书馆和社会服务管理图书馆。拥有馆藏印本770万册（件），包括3.9万多件手稿和档案以及43.5万册的地图和航空照片。特色文献有政府文件（1897年起）、手稿（始于公元2世纪）、善本、本校档案、地图、地区研究文献，中文文献上起甲骨文、木简，下至《东方杂志》等全套期刊以及“文革”时期红卫兵小报均在搜罗之列。由于其规模宏大，为研究中国及其他东亚国家地区的文化提供了很有参考价值的资料，因而遐迩闻名。编辑出版通讯《*Libra*》。

《芝加哥格式手册》（美国）
***The Chicago Manual of Style* (*CMS*)**

关于英语论文格式的规范。对撰写英语论文很有用。适用于美国英语的格式指南。该手册受到高度重视，主要用于解决格式、原稿预备，以及少数惯用法的问题（在出版界的术语中，格式是指标点符号、斜体、粗体、大写、表格等，而不是指如散文、抒情文的格式）。出版商和编辑在遇到文本所表述的问题时，通常会将该手册列为最终的标准。该手册由芝加哥大学出版社（University of Chicago Press）发行。第一版的名称是《格式手册》（*A Manual of Style*），1906年由芝加哥大学出版社发行；至2010年为止共编辑了十六版，并还出版网络版。

芝加哥公共图书馆（美国）
Chicago Public Library

位于美国伊利诺依州首府芝加哥市，始建于1873年。包括1所中心馆，77所分馆和2所流动图书馆，为辖区居民290万人提供服务。馆藏图书及期刊合订本近600多万册，激光唱片、磁带及其他音频资料23万多件以及数字视盘和家用录像机制式的视频资料12万多件。年到馆访问280万人次，年图书流通量1 000多万册次，特色收藏包括各种海报的艺术品，芝加哥作者创作和芝加哥出版的作品以及芝加哥剧院史料等。该馆是国际图联的机构会员。

芝加哥州立大学阅读、初等教育与图书馆学/传播媒体学系（美国）

Department of REELSCM of Chicago State University

位于蓝岛的美国芝加哥州立大学，成立于1867年9月2日，是伊利诺依州第二古老的公立大学。该系是芝加哥大学最早的师范学院。该校教育学院设有阅读、初等教育、图书馆学和媒体学系，旨在培养知识渊博的学校图书馆媒体专家，利用教育学的观点来组织和管理学校图书馆媒体中心和其他类型的图书馆，开设有图书馆学与传媒课程，可授予图书馆学课程与教学和阅读教学硕士学位。

知识

knowledge

指根据经验已被理解、经过评价并与认识者对世界的理解合成一体的信息。知识是事物运动状态及其变化规律的表述。在人工智能理论中，知识指为使一个计算机程序智能化所必须具有的、经过筛选和整理的信息。知识可分为四大类：知道是什么即知事（know-what，又称事实知识）、知道为什么即知因（know-why，称原理知识）、知道怎样做即知窍（know-how，又称技能知识）和知道谁有知识即知人（know-who，又称人力知识）。

知识本体

ontology

从哲学上讲，是关于自然界及其存在之间如何相互组织的一门哲学。目前在计算机界经常引用格鲁伯（Gruber）在1993年所下的定义："一个对共享概念的形式化的、显性的规范说明。"斯塔德（Studer）等于1998年在此定义的基础上，作出了比较明确的解释："知识本体是对概念体系的明确的、形式化、可共享的规范说明。"因此，可以把知识本体看作是"领域知识规范的抽象和描述、表达、共享和重用知识的方法"。

Z

知识仓库

knowledge database（knowledge repository，knowledge warehouse）

面向特定应用领域，按照一定的知识体系对各种相关源数据进行整合加工和重新编辑而成的数据库。知识仓库不仅便于知识的获取和编码，而且相对于某一领域具有文献类型的完整性和相关知识信息的完备性。

知识产权

intellectual property

意思是"智力资产"。知识产权即知识财产权，也称"智力成果权"。是指对科学、技术、文学、艺术和商业等领域从事脑力劳动（也称智力活动）所创造的"精神产品"财富；由法律所确认并赋予精神产品财富的所有人对其创造性的智力成果在一定的地域和一定的时间内所享有的专有权或独占权，他人不得侵犯，否则，就要受到法律的制裁。这是一种受特定法律保护的具有地域性、时间性和公开性的经济利益的权利，尤其是被版权保护和已经申请了专利的发明，包括商标。知识产权又分为工业产权和版权两大类型。

知识产业

knowledge industry

指生产和提供知识产品的产业。具体指利用人类社会发展过程中所积累的知识，从事有关知识产品的生产、传播和服务的行业和部门。包括教育、研究发展、通信、信息机械和信息服务等多个行业，随着人类知识积累的几何级数增长，知识产业得到了全面的、越来越快的发展，如今在发达国家已成为占有主导地位的"第四产业"（fourth industry）。

知识处理

knowledge processing

指在把人类知识整体与计算机技术相结合的基础上，研究知识结构、分类、预测、访问、传输、表示、转换、管理、利用和学习等问题。知识处理系统包括专家系统、知识处理系统及百科知识处理系统三个层次。

知识创新工程

Knowledge Innovation Project

中国国家创新体系建设的一部分。总体目标：到2010年前后，把中国科学院建设成为瞄准国家战略目标和国际科技前沿、具有强大和持续创新能力的国家自然科学和高技术的知识创新中心；成为具有国际先进水平的科学研究基地、培养造就高科技人才的基地和促进中国高技术产业发展的基地，成为有国际影响的国家科技知识库、科学思想库和科技人才库。

知识创造

knowledge creation

在个人意识中隐性知识与显性知识交互作用过程中，产生思想的螺旋过程；与他人交流经常是发展这个想法的重要的一步。这个过程模式有4个步骤：社会化（隐性到隐性）、外部化（隐性到显性）、合并（显性到显性）和内在化（显性到隐性）。

知识地图

knowledge map

最早是由布鲁克斯（B. C. Brooks）提出的。他提出的知识地图的概念主要是指人类的客观知识，他认为人类的知识结构可以绘制成各个单元概念为节点的学科认识图。在企业知识管理中，知识地图有它特定的含义，是一种知识库管理系统技术（DBMS）与因特网技术相结合的新型知识管理技术。知识地图以科学学为基础，涉及应用数学、信息科学及计算机科学诸学科交叉的领域，通过数据挖掘、信息处理、知识计量和图形绘制等技术手段，可视化、动态、直观地展现科学技术知识的复杂领域和前沿领域的内容。知识地图可使管理者掌握企业知识存量的状况，确立企业知识需求，实行重点式的知识管理；知识地图可以作为企业存储以及搜寻知识的目录，也可以作为专家黄页或入口网站的参考。

知识短讯

knowledge message

将一定信息源中各学科领域的知识、思想、观点、技术方法和线索等内容，高度概括以及浓缩为简短文字的知识表达形式。知识短讯服务，是根据用户的需求，采用一定的分类体系组织知识短讯，并以定制方式，通过有线或无线通信网络，定时发送至用户指定位置的个性化知识服务方式。

知识分类法，科学分类法

knowledge classification

指适用于各门学科的一种分类法。该分类法不能直接用于对具体图书进行分类。在设置了形式类目、复分类目、标记符号和索引等之后，知识分类法才成为图书馆用于类分文献的分类法。

知识服务

knowledge services

从各种显性和隐性知识资源中按照人们的需要有针对性地提炼知识，并用来解决用户问题的高级阶段的信息服务过程。这种服务其特点就在于，是一种面向知识内容、融入用户决策过程并帮助用户找到或形成问题的解决方案的增值服务。

知识工程

knowledge engineering

研究知识信息处理和提供开发智能系统的技术，是人工智能、数据库技术、数理逻辑、认知科学和心理学等学科交叉发展的结果。其概念出现于1977年，现已成为一门新兴的边缘学科。知识工程是人工智能在知识信息处理方面的发展，研究如何由计算机表示知识，进行问题的自动求解。知识工程的研究使人工智能的研究从理论转向了应用，从基于推理的模型转向基于知识的模型，是新一代计算机的重要理论基础。知识工程之根本目的是在研究知识的基础上，开发人工智能系统，补充和扩大大脑的功能，开创人-机共同思考的时代。

“知识工程”（文化系统工程）

Knowledge Engineering

指以发展图书馆事业为手段，以倡导读书、传播知识、推动社会文明与进步为目的的一项社会文化系统工程。由广西壮族自治区图书馆首倡，该馆从1994年起开展“知识工程”活动，收到了很好的社会效果。根据国务院关于“请文化部加强对这项工作的领导，认真组织、开展好这项活动，并请有关部门给予积极支持与配合”的指示精神，中央宣传部、文化部、国家教委、国家科委、广播影视部、新闻出版署、全国总工会、共青团中央、全国妇联共9个部委发出在全国组织实施“知识工程”的通知，并附“全国知识工程实施方案”，实施方案提出，从1997年到2010年逐步实现形成全社会爱书、读书、利用图书馆的良好风尚，提高全民族的思想道德素质和科学文化素质，围绕此目标开展形式多样的读书活动等四大目标。

知识共享

Creative Commons（CC）

一个非营利组织，成立于2001年，总部设在美国加利福尼亚州山景城，由劳伦斯·莱斯格（Lawrence Lessig）、哈罗德·艾贝尔森（Harold Abelson）和艾里克·艾尔德雷德（Eric Eldred）创办。主要宗旨是增加创意作品的流通性，使得创作者可以“保留部分权利”。知识共享提供多种可供选择的授权形式及条款组合，创作者可与大众分享其创作，并授予其他人一定条件下再发布的权利，却又可能保留其他某些权利。

知识管理
knowledge management

根据国内外学者对知识管理的研究，可以简单理解为“认为知识管理就是对信息的管理”的技术学派，“认为知识管理就是对人的管理”的行为学派和“知识管理不但要对信息和人进行管理，还要将信息和人连接起来进行管理”的综合学派。

知识管理专业组
Knowledge Management Section

隶属国际图联专业委员会图书馆服务部（Division of Library Services）。该专业组旨在支持在新环境下知识管理文化的实施，同时为专业通信以及图书馆和图书馆员理解知识管理的意义提供一个国际论坛。出版该专业组年报、业务通讯以及年会会议录和论文集。

知识交换格式
Knowledge Interchange Format（KIF）

一种知识交换标准，是用在不同的计算机系统间（不同的程序员、不同的时间和不同的语言等）进行知识交换的语言。知识交换格式基于一阶谓词逻辑，具有以下几个基本特性：语言是符合公开的语义规范、逻辑兼容的语言提供了对知识的表达。这使使用者可以直接对知识表达进行决策，也可以不必改变语言就可以引入新的知识表达结构。知识交换格式的语法包括语言字符集、词汇与表达式。

知识经纪人
Knowledge Broker

指知识需求者（买主）和知识提供者（卖主）之间通过媒介将两者连接起来的人、组织或者过程。

知识经济
knowledge-based economy

“以知识为基础的经济”，是经济增长直接依赖于知识和信息的生产、传播和使用，以高技术产业为第一产业支柱，以智力资源为首要依托，是可持续发展的经济，是以现代科学技术为核心的，建立在知识和信息的生产、存储、使用和消费之上的经济。知识经济区别于以前的以传统工业为产业支柱、以稀缺自然资源为主要依托经济的新型经济，是相对于靠土地和种养殖业的农业经济和大量消耗能源和原材料的工业经济而产生的新的经济概念和经济形态。知识经济的最大特点在于，它的繁荣不是直接取决于资源、资本、硬件技术的数量、规模和增量，而是直接依赖于知识，技术特别是高新技术，以及有效信息的积累和利用。知识经济的出现，标志着人类社会正步入以知识资源为依托的新经济时代，在这个新时代，知识将成为最重要的经济因素，由此引发的经济革命将重塑全球经济的新格局，并将引起政治、社会的全面变革。

知识可视化
knowledge visualization

将个体知识以图解的方式表示出来，形成能够直接作用于人的感官的知识外在表现形式。就是在科学计算可视化、数据可视化、信息可视化基础上发展起来的新兴研究领域，应用视觉表征手段，促进群体知识的传播和创新。

知识库
knowledge base

知识工程中结构化、易操作、易利用、全面有组织的知识集群，是针对某一（或某些）领域问题求解的需要，采用某种（或若干）知识表示方式在计算机存储器中存储、组织、管理和使用的互相联系的知识片集合。知识库使基于知识的系统（或专家系统）具有智能性。并不是所有具有智能的程序都拥有知识库，只有基于知识的系统才拥有知识库。

知识库系统
knowledge base system

指将人类在某个专业领域中已有的知识以文字、图形和声音等形式存入计算机，按照一定的方式整理，使之排列有序，并建立各类知识间的关联，以便进行知识查询和问题求解，为用户提供知识共享的环境。

知识门户
knowledge portal

对组织内的知识处理节点和知识库驻点的优化整合后，供最终用户访问、查找、抽取、分析以及共享的知识表现层应用系统。是对知识管理和知识工程的各种知识处理结果进行展现的窗口，用户借助这个门户可以对知识库和知识信息进行全文搜索等多种方式的检索。知识门户可以将用户的问题转变为对各种知识数据库的指令，由数据库给出答案，并提供足够广泛的相关知识信息。知识门户还可以看成是外界进入某个知识网格的入口。

知识模型
knowledge model

包括知识结构、知识操作和知识的完整性约束等三个方面。所提供知识信息表示和操作手段的形式框架，是知识信息处理系统的重要基础。

知识审计
knowledge audit

对组织当前的知识管理成效、知识环境以及隐性知识和显性知识资源的利用情况的评估。

知识网格
knowledge grid

一种智能互联环境，能使用户或虚拟角色有效地获取、发布、共享和管理知识资源，并为用户和其他服务提供所需要的知识服务，辅助实现知识创新、协同工作、问题解决和决策支持。其目标是创建一种基于因特网的新一代知识服务平台和软件基础设施。在这个平台上，知识的处理是分布式、协作和智能化的，用户可以通过单一入口访问所有知识信息，享受一步到位的服务。采纳下一代因特网所使用的技术和标准，下一代因特网的相关研究成果为知识网格提供了技术和实现平台。

知识信息处理
knowledge information processing

指为便于其他人更好地利用有关知识而对这些知识信息进行收集、存储、分类和排序以及建立各类知识之间相关联系的活动。这些知识信息主要以文字、图形等方式存储于计算机内，故知识信息的处理主要侧重于对符号逻辑的处理，强调通过已获取的有限知识推导出新的知识或解决问题的方案。

知识元
knowledge element

指具有独立意义且内容不可切分的知识单元。包括三类基本知识元：理论和方法型、数值型、事实型。理论与方法型知识元包括两部分：一部分是理论性知识元，包括思想、方法论、概念、公理、原理、定律以及正在探究中的观念、观点、理念；第二部分是方法型知识元，主要指方法与技巧等。数值型知识元指各种数据类知识和科学数据，具有数值分析和知识推理功能，事实型知识元是指自然、社会存在和演变的事实信息。

知识元链接
knowledge element linkage

指中国知识基础实施工程网格资源共享平台上的资源组织和利用方式之一，是一种由信息服务向知识服务过渡的方法。采用链接技术，将从平台上大量资源中抽取出来的、具有独立意义和检索意义的知识单元，与知识网络中心建立关联。除了作为知识链接使用外，可作为文献在线阅读时即查即用的工具系统，大大降低文献的阅读难度，提高学习和研究效率。

知识整合
knowledge integration

将不同来源、不同载体、不同内容和不同形态的知识，通过新的排列组合、交叉和创造，实现知识应用和产生新知识的动态过程。知识整合能使组织具有较强的柔性、条理性和系统性，并形成新的核心知识体系。

知识支持参考系统
Knowledge Support Reference Services

主要包括5项子系统：知识资源示意图、学科专家咨询系统、网络知识灯塔系统、工具书选介以及台湾图书馆合作参考服务系统。该系统前端网页功能包含资讯利用课程、馆际合作、参考室指引以及参考服务等。

知识自由圆桌会议（美国）
Intellectual Freedom Round Table（IFRT）

美国图书馆协会常设的圆桌会议，创立于1973年。该圆桌会议倡导图书馆信息存取和言论自由，并且向那些卷入审查制度的图书馆员提供帮助。同时还在一些国家和地区组织知识自由论坛，督察一些有影响的图书馆在知识自由方面的发展，如立法和法庭决议。该圆桌会议还专门出版了《图书馆权利法案》（*Library Bill of Rights*）、《读书自由声明》（*Freedom to Read Statement*）和美国图书馆协会有关读书自由的书籍。

知识组织系统
Knowledge Organization Systems（KOS）

被计算机系统所识别、读取和理解。其核心在于构建概念（知识）属性的形式化描述框架以满足基于及其理解的信息处理和知识管理的功能需求并实现不同系统之间不同层面上的互操作。是对人类知识结构进行表达和有组织地阐述的各种语义工具的统称，包括分类法、叙词表、语义网络、概念本体以及其他情报检索语言和标引语言。

知网百科
Cnkipedia

百科知识库，已有近 1 500 多万词条，内容来源于正规出版的 2 000 余部字典、辞典、百科全书和图录表谱等，全部词条均由该领域的权威专家撰写，每个条目都有明确的来源和出处。年更新条目将达 100 万以上。

知网节
Knowledge Network Node

中国知识基础实施工程数据库知识网络中提供单篇文献详细信息和扩展信息的浏览页面被称为“知网节”。“知网节”包含单篇文献的题录摘要和知识元、参考文献、引证文献、相似文献、读者推荐文献和作者与机构等扩展信息，支持扩展信息的链接和分类导航，通过概念相关、事实相关等方法揭示知识之间的关联关系，具有支持知识获取、学习、发现和管理的强大功能，是单篇文献各种扩展信息的入口汇集点和相关知识信息的链接点。“知网节”是“中国知网”与“中国知识基础实施工程数据库”独创的知识增值整合规格和知识出版传播模式，是中国知识基础实施工程知识网络的主要表现形式。

执行尺寸
executive size

一种纸张尺寸，规格为 7. 25 英寸 ×10. 50 英寸 (18. 4 厘米 ×26. 7 厘米)。美国有时采用这种尺寸。

执行概要
executive summary

有关文献内容的简要说明。这种包含所有要点的说明通常作为文献的开篇，使读者快速领会其要点。

执行信息系统
executive information system (EIS)

可将信息分类和组织成报表的一组工具。因为强调信息，因此该系统不同于进行分析和决策的决策支持系统。

直观教具
visual aid

具有生动性、具体性和直接性特点的，用来讲解说明某事某物的教学工具的总称，如幻灯、电影、照片、盒式录像带、地图、模型、图标和样品等。图书馆内的教学人员有时将含有配合课程内容的参考工具书带进课堂，让学生直观地接受教育。

直观（视觉）词典
visual dictionary

单词和短语按主题、题目或活动分组编排，并以同页或反面的线条图或其他插图来解释的辞典。每个词汇都用细线或数字表示通向插图的答案线索。这种形式常用于儿童读物中，也用于语言辞典。

直接版
direct edition

作者提供给出版商可用于直接出版的照相排版或计算机软盘。在前信息时代，直接版书稿主要用于难以产生规模效益的作品，直接版可降低排版成本。

直接传递
direct delivery

在用户需要时，通过邮寄方式直接将图书馆资料送到用户手中。仅适用于某些特殊图书馆服务。对专门图书馆而言，直接传递只在所属机构内提供，有些公共图书馆只为无法到图书馆的用户提供传递服务。

直接存取，一次存取
primary access

指直接从文件或数据库中查找特定的信息记录的存取方式。

直接订购
direct order

指图书馆采访馆员不通过零售商或征订机构而直接从出版商征订书刊的方式。

直接发货
drop ship

图书采访部从批发商征订的出版物，根据批发商要求，直接由出版商送到图书馆，在批发商没有库存的情况下，可以节省货运费用。

直接访问

direct access

指参加某个数据资源的购买单位的读者，通过因特网直接访问数据商的服务器，获取电子文献。与此相反的访问方式是在图书馆内建立镜像服务站，为信息共享内的各成员馆和读者提供服务，此种服务模式可减轻访问负载，提高访问速度。

直接复印法

lensless copying（direct copying）

又称直接复印过程，即不采用在感光材料上透镜成像，而是将光导材料涂敷在纸上，直接在纸上曝光、显影（干法还要加热定影）制成复印件；也就是将文献直接与感光纸接触而不需要再转印的静电复印方法。

直接联盟借阅

Direct Consortial Borrowing（DCB）

通过某项约定允许一个机构的用户向联盟内的另一个机构直接请求和借阅馆藏资源，使读者在某图书馆联盟内完成一个实在的流通处理即预订和借阅资料。2001 年，美国国家信息标准组织发布了一项有关馆际互借的协议，即 Z39.83 协议，以方便在不同的流通系统间传输用户身份和馆藏信息，并允许一个机构管理非本地用户访问另一个机构的馆藏资源和对其提供本地控制。OCLC 参与了这项协议的制定。

直接影印机

photostat

指一种直接从手稿、图纸、地图或印刷品上复制照相件的装置。

直接主题款目

direct entry

以自然词序的复合主题词为标目的款目，不采用倒装的形式。如公共图书馆的直接主题款目为：公共图书馆，而不是：图书馆——公共。直接主题款目可帮助用户直接进入主题目录查到所需文献。

直纹纸，条纹纸

laid paper

也称水印纸。一种手工制作的纸张，在铜网上压出的、带有密而细的水纹印的纸张。纸张加工裁切后，若纤维的纹向与长边平行的纸，就叫做“直纹纸”。当将这种纸与光线呈直角方向靠近光源时，能隐约地显露出半透明的双线。这种格式是由制纸框线所定，通过压胶辊在机器造纸中表现出同一效果。这种设计包括水印图案、附加戳印和布纹纸的网线。

直译

literal translation

在保证翻译标准的前提下，尽量使译文的表达形式与原文相似或完全一致，包括词汇、语法结构，特别是原文比喻、形象和民族色彩等。

值得纪念的事物

memorabilia

对个人来说感伤的或有历史意义的材料，包括个人的图书和论文、剪辑材料、照片、草图、通信、日记、杂志和注解等。

值勤工作时间表

desk schedule

为图书馆员和其他公共服务人员准备的时间安排表。通常置于图书馆流通台、参考咨询台、信息问询台或其他公共服务点，这是为了帮助读者了解工作人员的值班安排，同时提醒工作人员准时值班。

职符

roles

又称“取号”。是表示“标引词”在标引语句中的职能或语法作用的一种专用标引符号，主要用于情报检索语言中。比如，在某一具体情报检索语言中，人们可用 A、B、C 等字母作为代表各种语法关系和职能作用的符号，附于组配的主题词之后，从而对主题词进行语法上和范围上的限定，以避免错误组配。职符的使用有助于明确某个标引词在描述文献主题时的含义和作用，以及标引词之间的句法关系，排除组配后可能产生的歧义现象，提高系统的查准率。

职工考核

employee evaluation

图书馆根据法定的管理权限，按照规定的内容、标准、程序和方法，对本馆工作人员进行定期或不定期的考查和评价。是图书馆人事管理中的一个重要工作环节。目的主要在于科学、全面地了解人员的思想、业务水平等，以便合理使用人才，更好地调动人员的积极性；同时为工作人员的升迁、职称评定、调动以及奖惩等管理工作提供客观依据，以加强人员队伍建设。

职工手册
employee handbook

又称“雇员手册”。通常采用活页印刷方式，内容涉及与公司、组织团体、代办处或机构雇员有关的权利、责任义务、待遇、规定以及预期事务等，雇员在受聘时可以领到一本手册。在高等学校图书馆里，也编有图书馆员手册，其中包括图书馆员的职责、享受教师待遇和图书馆管理等方面的内容。

《职官志》
Monograph on Official Posts

书名。也称《百官志》，是中国古代史书中记述历代官员设置、品级待遇及其职掌等发展变化的专门志书。《后汉书》始有《百官志》，《晋书》改称《职官志》。此后，除《魏书》称《官氏志》以外，其余或称《职官志》，或称《百官志》。

职能号
operators

主题语言中的一种语法符号，用于在组配标引时缩小和限定某一词的含义，准确表达单元词组配中的各种语法功能。它通常以数字形式附加于有关单元词的后面，以供计算机识别该词在标引词中的作用，以免误检。

职位
rank

指所聘用图书馆馆员的等级职务，反映该等级职位馆员的资格、经验、技能和成就。在一些国家的高等学校图书馆中，图书馆馆员与教师享有同等的权利和地位。未获图书馆学硕士或图书馆学情报学硕士学位的图书馆工作人员的职位通常要根据其技术技能和经验而定。

职位，岗位
position

指图书馆员应尽的责任和义务，不同的岗位具有不同的职责，具体的工作条款一般在聘用协议上有详细记述。在图书馆，岗位往往和一个具体的功能相关联，如参考馆员、编目馆员等。当某个功能改变时，岗位也常常随之改变或产生，比如数字服务馆员就是图书馆的新工作岗位。

职务说明
job description

指对在一个机构中某一特定职位有关的职责和义务的详细描述，主要是所需要的个人素质：教育程度、经历和技能等，用于培训、表现评估和工作量的分配。

职务（位）名称，岗位名称
position title

指某一特定职位的正式名称。在图书馆中，专业岗位包括：参考咨询馆员、流通馆员、期刊馆员、采访馆员、编目馆员、儿童馆员、辅导馆员、媒体专家、学科馆员、在线服务馆员、系统馆员、青少年服务馆员和馆长等。

职务作品
works created in the course of employment

即公民为完成法人或者其他组织工作任务所创作的作品。

职业道德
professional ethics

引导或约束某一特定职业群体行为的行为规范或行为准则。《中国图书馆员职业道德准则》（试行）是为了加强全国各系统图书馆的行业自律和图书馆员职业道德建设，培养图书馆员良好的思想道德素质，强化图书馆员的社会角色意识。有助于增强图书馆员的社会责任感和团队意识，树立良好的职业形象。

植鞣绒面革
ooze leather

通常用经过植物鞣制的牛犊皮制出的一种皮革，皮面上有柔软的绒毛，主要用于装订诗集、密信集等。

植松 貞夫（1948—）
Sadao Uematsu

日本图书馆学家、工学博士、筑波大学研究生院图书馆情报媒体研究科教授、图书馆建筑专家。对科学技术情报的全部领域，特别对科学团体中的情报生产和流通感兴趣，其研究对象是电子图书馆，特别是电子参考服务。着重研究索引的基础理论及分类、群聚理论的数据挖掘方面的应用。

植物索引
plants index

将有关植物的名称、分类、说明和图片等资料加以排列编制而成的索引。

只读
read-only

一种数字存储介质或文档特有的属性。这种介质具有只供阅读、不能修改或删除的功能，用于永久保存数据。阅读个人计算机磁盘操作系统文件、存储在只读光盘存储器中的文件或在网上浏览网页时，凡在“文档属性”部分标有“read-only”字样的文件，读者只可以打开阅读，不能修改或删除其中的任何部分。

只读存储器
read only memory（ROM）

固定的、只供用户阅读，不允许用户更改或写入新内容的记忆空间。实质上是一种存储芯片，用于存储计算机操作系统中最重要的、不能修改或删除的指令文件。与其相对应的是随机存取存储器（RAM）。通常，随机存取存储器上的信息记忆是暂时的、流动的和可删除的，而只读存储器上的信息记忆是永久的、固定的、不可更改的。

只读光盘驱动器
CD-ROM drive

一种用于读取在只读光盘上的记录数据的硬件设备。早期的属于外部设备，现在都装到了大多数微机的内部。如果与计算机内的声卡相连，也可用于播放声音碟片。只读光盘驱动器检索数据的速度要比计算机磁盘驱动器慢得多。

只读光盘塔
CD-ROM tower

一种计算机硬件设备，用于存储大量的只读光盘，通常与服务器相连接入网络。

只读光盘网络
CD-ROM network（CD-ROM LAN）

一种客户机/服务器系统。只读光盘塔内存有多种只读光盘，能为授权的用户提供网络服务。只读光盘里的多种书目数据库为特许用户提供服务。

只读光盘，只读光盘存储器
Compact Disc-Read Only Memory（CD-ROM）

20 世纪 80 年代初期，由菲利普公司发明推出的一种大容量信息存储装置。是一种类似唱片的小型塑料光盘，直径为 4.72 英寸或者是 12 厘米。作为出版载体和存储数字化信息使用。在只读光盘上的数据编码，可以检索和在计算机的显示屏上显示。但是，不能更改和擦除，可以用光盘驱动器的细小的激光束来阅读。每张光盘能存储 150 兆字节数据或者 5.5 亿字符。相当于 25 万印刷页书或 1 000 本图书。只读光盘也可以用来存储声音、静止或运动图像和计算机程序及文本文件。在图书馆中，只读光盘主要是用来存储书目数据库、文本文件、大部分词典、百科全书和其他的参考资料的存储介质。

只印单册图书
one-of-a-kind book

不同于大量印行的图书，只出版一册，如用于展览的艺术图书。

纸板
pulp board

以经过加工处理的植物纤维为主要成分生产的具有一定强度和适合印刷的纸。有些纸板是用多层纸张合成的，称为硬纸版（pasteboard），一般厚度大于 0.5 毫米，每平方米重量在 250 克以上。

纸边，碎料
offcut

指依照特定尺寸裁切原张纸后所剩下的部分，可保留用作拍纸簿或其他书写条。又指从印刷页上裁切下来并单独折页的部分。

纸草学
Papyrology

指研究缮写在纸草纸上的古代文献的学科。

（纸草纸上的）古代文献
papyrus

指缮写在纸草纸上的古埃及、古希腊或古罗马文献。

纸的纹理匀度
texture

指纸张纤维的分布形状与方向，是图书质量的检验标准因素之一。

纸的吸光度
absorbency

纸张吸收和保留水分的能力，不同的纸张类型吸光度各不相同。在使用液体油墨的印刷工艺中，对纸的吸光度有其特定的要求。

纸的重量
paper weight

通常以克/平方米来计算，范围从 30 克/平方米（圣经纸）到 150 克/平方米（图画纸）；纸板也是以克/平方米计算，通常为 250 克/平方米。

纸机加工
machine finish（MF）

通过造纸机加热压平使纸张表面光滑而不带光泽。

纸浆
pulp

由稻草、芦苇、竹子、破布、木材等经过化学或机械方法处理，除去杂质后剩下的纤维素，是造纸的原料。多数纸浆用木材制成，但持久耐用的纸常含有一定比例的棉或亚麻。

纸浆流向
machine direction

指纸浆在抄纸机铜网上纵向流动的方向。

纸毛
lint

造纸过程中将亚麻布或其他原料加以刮绒处理后的纸毛、散乱纤维等杂质。

纸面平装
paper covered

书刊装订方法之一。不用硬封面，而仅以普通封面纸制成软封面，一般用于小册子或小本书的装订。该装订方法简单、成本低，但平装书经不起翻折，易破损。

纸面装订
paperback（paper binding）

用普通封面纸制成软封面的装订的一种形式，传统的平装形式有骑马钉、铁丝平钉、敲眼穿钉、缝纫车钉、锁线钉和无线钉等，现代装订即将热融化的黏合剂用来装订图书并使其直接黏合在纸质封面的过程。其牢固程度取决于粘合剂保持柔韧性的时间与程度。paperback 常缩写为 pb. 或 ppr. 。

纸面装订书
trade paperback（quality paperback）

与标准的平装书相比具有较好的装订、较大的版式和软封皮装饰等特点。纸面装订书由大学出版社和专门为零售商供书的出版商印刷出版并在大学和普通书店里零售，大多数普通版图书首次以精装形式出版，然后再是纸面版。

纸莎草纸，纸草纸
papyrus

古埃及人用原产于北非尼罗河谷的高茅草（Cyperus papyrus）制作书写和绘画介质。这种纸莎草纸从公元前 3000 年一直沿用到大约公元 10 世纪，埃及人、希腊人、罗马人用之于书写。虽然英文词“paper”（纸）起源于 papyrus，但从技术意义上说，后者不是一种纸，因为它并不通过纸浆加工过程生产，而是把纸莎草的髓切成纵的长条，使之纵横交错排列两三层，浸泡水中，然后压平后用作缮写材料。

纸型
mat（mould）

又称纸版。指浇铸铅版使用的纸质模型。是把纸型原纸粘在活字版，并在凸版上压实，使纸型原纸嵌入版的凹处而做成的雏形。纸型须具有能耐高温铅水多次浇铸，并能很好再现原版的特性。制作纸型的原纸有干式和湿式两种方法，湿式法现在已被淘汰。

纸型用纸
flong

指浇铸铅版使用的纸质模型用的纸。

纸（印）张
sheet

常指一张长方形或正方形的纸，尤其指按照不同用途而制造的不同尺寸的长方形或正方形的纸张。又指一张大小适于印刷的纸，尤其是指适于印书或其他印件的纸张，这种纸张的大小等于一大张纸的一部分。

纸张

paper

通常用植物纤维、矿物纤维或合成纤维的水悬浮液流入细网而粘结制成，用以书写、印刷、绘画或包装。公元105年中国的蔡伦用树皮、麻布和破渔网为原料制成可书写的纸。纸的种类很多，可按内容、颜色、厚度、透明度、化学稳定性、磨光度和主观应用分成不同的等级。纸的酸含量是图书馆在藏书保存时所要考虑的一个问题。常见的纸张类型有新闻纸、复印纸、喷墨纸、胶版纸、普通照片纸、光泽照片纸、高质量光泽照片纸、亚光纸、铜版纸、绘图纸和彩机纸等。

纸张（表面）光洁度

finish

一种纸张表面质量等级的术语，由所采用的生产材质和技术决定，如纤维含量、胶料、压光、涂层和烘干等。用于形容光洁度的术语通常是描述性的：仿古的、起皱的、极薄的、有光泽的、粗糙的和点状的，等等。在装帧时，将印字或纹饰应用到书籍封面上，这个过程称为装帧精整。

（纸张）表面无光泽的

matte

指暗底（表面无光泽）的表面粗糙的纸张，比亮底的纸张更适合阅读，但是对于印刷图形来说则视觉效果较差，matte 也可拼作 matt。

纸张尺寸

paper size

书写和印刷用纸的尺寸标准。各国纸张的标准不一，有的以长宽尺寸为标准，有的以纸的牌子来命名，有的则以每令纸的重量来计算。

纸张的正面

right

书刊印刷过程中用于印刷奇数页（单数页）内容的纸张页面。通常情况下，纸张正反面的光洁度和粗糙度是有区别的。在实际印刷同一册书刊的过程中，如果纸张的正反面相互交叉使用，其印刷效果就会受到很大影响。一般情况下，辨别纸张的正面可凭上面的水印商标。

纸张返黄，发黄

yellowing

纸张返黄是纸张老化的特征之一。其原因是纸张的主要化学成分纤维素、半纤维素和木质素在太阳光特别是紫外光的照射下，发生氧化和纸张中的酸性促使纤维素分子水解，生成了醛、呋喃、醌、甲氧基醌和芪等有色结构基团，从而导致纸张发黄。同时，过高的温湿环境，会使纸张中纤维素、半纤维素的水解和木质素的氧化反应速度加快。纸张的木质素很易被氧化，因此在造纸过程中需要尽可能地除去有害物质。防止纸张发黄的保护措施有：避光保存、保持良好的环境条件、造纸时使用中性施胶和提倡使用永久性纸张。

纸张填料

filler

指在造纸过程中（如在打浆机内）加到纸内以增加不透明度和提高印刷性能的矿物质，如黏土、滑石或二氧化钛等。

（纸张）透视

look-through

也称“迎光检查”，纸张质量的检验方法，即对着强光检视纤维的分布是否均匀，从而判断其强度和是否掺有杂质。

纸质档案

paper archives

以纸张为载体的档案。产生于中国，已有近2 000年的历史。虽然目前出现各种现代化形式的档案，但由于诸多原因，纸质档案还是占多数，如保存备查的报告、决议、会议记录、总结、外交条约、证书、日记、信札、书稿、账册、家谱和图纸等原本和原稿。

指北标箭头

north pointer

标准的图解工具，呈小十字或车轮型，其箭头指向北方。通常标记在地图、图表、蓝图和平面图等的图例之中或图例的附近，用来表示罗盘方向。

指导读者，引导读者

directional

在信息台或咨询台直接回答问题，指引读者找到图书馆的特定资源、服务或设备，不同于需要大量信息源才能回答的问题、也不同于图书馆资源使用的培训、或外部机构或权威人士的咨询。

指导委员会
steering committee

被选举或任命的负责复杂项目的一个委员会。他们的职责包括确定事情的重要性和先后顺序，如对图书馆进行改革或者组织图书馆迁移新馆舍时给予一定的指导和安排。

指定图书阅览室
reserved book department

根据读者的某种特定需要而开设的收藏某些特定专业书刊资料供读者就室利用的一种阅览室。

指定阅读图书
reserves

指在大学图书馆中，图书馆员根据学科导师的授课进度及其所开具的图书清单，在一定期限内（通常是一个学期或半年）向所有选修该课程的学生短期出借导师所指定的、学生必须阅读的那部分书刊资料。指定阅读图书通常只能在馆内使用，不提供长期外借服务。对于部分外借的指定阅读图书，其逾期罚款额通常要高于一般性书刊资料，其主要目的是鼓励读者按时归还，方便他人使用。在一些数字化水平较高的大学图书馆中，学生可通过网络来获得电子版的指定阅读图书。

指令
instruction

在计算机中，硬件和软件的结合点是计算机的指令系统，计算机的一条指令是计算机硬件可以执行的一步操作。

指南
guide

图书馆用来解释其服务项目的小册子，主要内容有如何进行在线目录查找和馆际互借等，如何以主题来利用文献资源，如何撰写参考书目并加以引用，等等。对于档案馆来说，指南有助于根据主题、地区、年代和类别，查阅档案资料。

Z

指南针集团有限公司
Compass Group Ltd

创立于1999年8月，总部设在中国香港九龙。该公司积极从事出版业务，从2001年开始，将出版业务迈向多元化，分别出版以计算机、女性潮流、儿童及以有趣味性为主题的专门书籍。其出版物主要以品牌分类，利用图鉴形式，与读者一起回顾与分享书中的艺术与美感，该公司出版的丛书获得了空前的成功，纷纷登上各大书店的畅销书榜，并在短短的数年间在香港发行百万册计算机丛书，在市场引起极大的反响。

指示笔
stylus

外形像铅笔的一种小型电子指示器，能提供显示面上坐标数据的手持指示器，如光笔、声笔和图板输入笔。

指示符
indicator

在MARC 21书目数据格式中，位于字段标识符后（0××字段除外）的头两个字符位的值，说明字段的特定内容，字段之间的相互关系及数据处理过程中所需要操作的附加信息。每个指示符的值都有其特殊的含义，字段指示符值可以是数字、空位或字母，多数情况下使用0~9的数字和空位。

指示完整性
referential integrity

数据库管理系统中设定的旨在防止用户输入不一致数据的一种提示标志。

指示性摘要
indicative abstract

指明一次文献的论题及所取得成果的性质和水平的摘要，其目的是使读者对该研究的主要内容有一个轮廓性的了解。创新内容较少的论文，其摘要可写成指示性摘要，一般适用于学术性期刊的简报、问题讨论等栏目以及技术性期刊等只概括地介绍论文的论题，使读者对论文的主要内容有大致的了解。这类摘要适用于讨论性、综述性文章和简短论文。其篇幅比报道性摘要短，篇幅以100字左右、英文单词250个为宜。

指示页，导引页
lead-in page

指录像带文字说明系统的首页，以引导用户阅读正文内容。

指针，提示符
pointer

计算机屏幕上根据鼠标或跟踪球移动的小符号，通常是一个箭头。

志愿者馆员

library volunteers

到图书馆工作但无需支付薪酬的人员。在条件允许的情况下，志愿者可以接受微薄的补偿和津贴，但是他们和图书馆学生助理不同，学生助理是在获得薪酬的情况下为图书馆工作的。

帙

book pocket

又称书衣，用布帛制成的书、画封套。因即谓书一套为一帙。

制版清样

reproduction proof（reproduction pull，repro pull）

经过校对、字体清晰、可以直接复制打印在光洁纸上供照相制版用的一种校样。这种校样极易弄脏，取用时要十分小心。

制表

tabulate

将各数据项定位在适当位置，并根据需要加上边框线和标题，制成表格形式，供打印和屏幕显示使用。

制表键

tab key

打字机或计算机键盘上的一个功能键，传统上用于在文档中插入制表符，一般应用于表格或跨栏操作。

制片人（厂），制作人

producer

指主要负责媒体产品（如电影、电视节目）或安排节目（如舞台剧、歌剧或电视剧）的形式和内容的人、公司或代理商，又指主要负责创建机读文稿内容（如书目数据库）的组织或人员。

制图学，制图法

Cartography

制图法是制作地图或其他地图资料的技巧和工艺。是把地球上各种表面的空间分布状况绘制成形象化的地图或海图的科学、技术或方法。现代制图法很多采用航空拍摄作为绘制地图的基础，照片可由飞机或人造卫星摄取，绘图人员可根据拍摄的资料绘成地图。制作地图的人称为地图绘制员。

制图资料

mapping data

制图生产的过程中所用的各种地图、图表、统计资料、文字以及遥感资料的通称。其主要类型为地图资料、统计资料、文字资料和遥感资料等。所有这些资料对出版社、专门研究机构新编地图的质量起着重要作用。

制造日期

date of manufacture

指出版资源的印刷、复制以及铸造等日期。

制造商

manufacturer

对于图书、期刊和其他出版物而言指的是印刷商。

制造说明

manufacture statement

识别出版资源的制造地、制造者和制造日期的说明。

制作方式

Production Method

资源的制作方式。包括晒图、玻璃版、雕刻、蚀刻、石版、影印、照相制版、打印和木刻等。属“资源描述与检索”（RDA）的载体描述元素之一。

制作日期

date of production

指未出版资源的铭刻、制作以及施工等日期。

质量类报纸（英国）

quality paper

指严肃性大开张的全国（英国）性日报，具有较高的编辑水平。读者对象为受过良好的教育的上层人士及中产阶级。如《卫报》（*Guardian*）、《每日电讯报》（*The Daily Telegraph*）、《泰晤士报》（*The Times*）和《金融时报》（*Financial Times*）。

质量-统计与绩效评价分技术委员会

ISO/TC 46/SC 8 Quality-Statistics and Performance Evaluation

国际标准化组织技术委员会第 46 分会：信息与文献技术委员会下属的第 8 分委员会（Subcommittee 8 SC 8）：质量-统计和绩效评价分技术委员

Z

会，负责起草和制定图书馆、文献与信息中心、出版业、档案、记录管理、博物馆文献、索引与文摘服务以及信息科学领域有关统计和绩效评价的国际标准。该分技术委员会目前下属的工作组有 8 个，负责不同主题的相关国际标准的起草、制定、评估、修订与废止，它们分别是：TC 46/SC 8/WG 2：国际图书馆统计（International Library Statistics）、TC 46/SC 8/WG 4：图书馆绩效指标（Performance Indicators for Libraries）、TC46/SC 8/WG5：价格标引（Price Indexes）、TC 46/SC 8/WG 6：图书等产品的统计（Statistics on Production of Books，etc）、TC 46/SC 8/WG 7：国家图书馆的质量评估（Quality Measures for National Libraries）、TC 46/SC 8/WG 8：图书馆建筑的统计数据（Statistical Data for Library Buildings）、TC 46/SC 8/WG 9：网络存档的统计与质量问题（Statistics and Quality Issues for Web Archiving）、TC 46/SC 8/WG 10：图书馆影响评价的方法和程序（Methods and Procedures for Assessing the Impact of Libraries）。

质疑，异议
challenge

图书馆读者以个人身份或代表一个团体，对图书馆馆藏的某些特别资料表示不满，通常要求去除某种资料，这就可能涉及图书馆的规划。公共图书馆遇到的质疑远远多于其他类型的图书馆，因为它是由国家税收和公众的基金支持的，且必须为各种各样的读者提供资源和服务。一个书写明确的馆藏发展规划是图书馆为此类异议答辩的最好办法。

致命错误
fatal error

指引起计算机系统或相关程序无法完成任务的不可恢复的错误。

致谢
acknowledgment

著作的一部分，作者在此对该书做出贡献的人员致以正式的谢意。通常位于前言之后，简介之前；也有一些作者在前言中表达致谢。

智慧藏学习科技股份有限公司
Wordpedia. com. Co. ,Ltd.

2000 年成立，属远流出版集团的子公司，使远流出版集团跨入数字内容产业，使其出版业务范畴更趋完整。其愿景是开启华人全球视野的智慧之门。其策略为研发学习科技，创新知识价值，以数字化技术整合内容产业，以娱乐化界面启动知识引擎；以“线上百科全书”经营大量华人知识消费社群。以“线上电子图文库”建立华文出版的数字流通之加值服务机制。该公司主要出版百科全书、字词典、学术文献、知识库和纪录片等数字出版物，如《大英百科全书》线上中文版、《中国大百科全书》网络版、《台湾大百科全书》网络版、《科学人》杂志知识库、台湾古迹学习知识库、台湾原住民学习知识库、智慧藏多益英检知识库、台湾导演与国际生态环保之纪录片等。

智慧文学
wisdom literature

以色列王国在大卫和所罗门统治期间，内治外平，跻身于世界强国之列，由于国家安定繁荣，当时的文化、艺术和文学都得以大力发展。一种以探讨人生和伦理为主题的文学，称为智慧文学，就在这个时期兴盛起来。大卫与所罗门时代，常被称为以色列的文学黄金时代。所罗门本人是个很有智慧的君王，他可称为智慧文学的推动者。有《圣经》（*Bible*）中的《所罗门智慧书》（*Solomon's Wisdom Books*）、《圣经·旧约》（*Old Testament*）中的《约伯记》（*Job*）、《箴言书》（*Proverbs*）和《传道书》（*Ecclesiastes*）等。这些诗篇被学者们归类为智慧文学。

智力拼图玩具图书馆
jigsaw puzzle library

指收集拼图玩具并将其外借的图书馆，如著名的英国智力拼图玩具图书馆（British Jigsaw Puzzle Library）就提供手工制作的木制智力拼图外借服务，并可通过邮寄方式外借。该图书馆采用会员制，早在 1933 年就成立了俱乐部。目前该馆有 4 000 件玩具可供流通。

智利国家图书馆
（西）*Biblioteca Nacional de Chile*

南美洲最大图书馆之一，1813 年成立于圣地亚哥，最初的 8 000 多册藏书来自殖民地时代的耶稣会图书馆，大部分是与神学有关的书刊资料。由于 1825 年颁布了缴送法，既是国家图书馆还是智利联邦政府出版物的保存本库，使该馆的藏书有了较快的增长。1877 年，出版了重要的国家书目——《智利出版物年鉴》（*Yearbook of the Chilean Press*），1976 年更名为《智利书目》（*Chilean Bibliography*）。20 世纪80年代使用NOTIS系统，以机读目录格式处理馆藏资料。拥有馆藏90万册（卷），提供在线目录检索服务。

智能电话
smart phone

指一种带有信息服务功能的电话。其典型产品是具有蜂窝电话、提供标准的通话服务以及电子邮件、传真、寻呼和一定的网络浏览功能。

智能机器人
knowbot

指在网络上利用智能计算机软件自动从分布式数据库中查询和收集数据的智能机器或服务系统，多用于搜索引擎的制作。

智能检索
smart search

文献数据库的检索项之一。根据系统中所建立的参照系统，利用联想、比较、判断、推理以及学习等技术方法，综合考查文献的内容特征和外部属性特征与检索词的重要性及相关性，并据其对检索结果进行内容排序后输出。《中国学术期刊全文数据库》中提供此检索项。

智能书架
intelligent bookshelf

高性能的在架图书实时管理系统，通过在书架上安装多个无线射频识别读写天线，配合书刊的无线射频识别标签，实现在架书刊单本识别。可以读取该书架上书刊的无线射频识别信息，实时扫描、记录和更新书刊的架位信息，并和初始数据比较，从而完成馆藏书刊监控、清点、查询定位、阅览统计和错架统计等功能。智能书架由读写器、控制器、天线、后台管理系统和数据库等部分组成。

智能阅览室
intelligent reading room

通过在阅览室的书架、阅览桌、墙壁、天花板安装多个无线射频识别读写器和天线，配合书刊的无线射频识别标签，实现对整个阅览室的书刊进行实时定位，单本识别。可以读取室内各处书刊的无线射频识别信息，实时扫描、记录和更新书刊的位置信息，并和初始数据比较，具有馆藏书刊监控、出入室管理、清点、查询定位、阅览统计和错架统计等功能。智能阅览室系统由读写器、控制器、天线、后台管理系统和数据库等部分组成。

滞架时间
shelf time

指某书在两次流通之间滞留在书架上的时间。滞架时间越长，说明此书利用率越低。

滞架书刊
sleeping book

也称死书、呆滞书。指图书馆的藏书中长期处于读者少用、不用的状态。这就需要不断地进行剔除，以提高藏书的利用率。

滞留文件
pending file

对于不能立即处理完成的文件或电子文档，可以暂时积压，等有条件时再进行处理。滞留文件的增加说明工作流程中产生了“瓶颈”问题。

滞销存货
rag stock

指不易售出、销路不畅的货物，如滞销图书等。

滞销书
remainders

出版社或经销商在较长时间内销不出去的那部分剩余图书。对于这类书的处理，出版社或经销商通常采取廉价甩卖的方式。事实上，一种廉价书并不一定完全反映出该作品的内容质量，它之所以滞销，可能是由于该版本印量太大、定价太高、题材太深奥，或者是该书已有修订版投入市场。Remainders的缩略词为：rem。

（置于方括号内的）书目记录
bracketed interpolation

对方括号“［ ］”内的书目记录添加内容，以表明此信息是由编目员提供的。通常因为其款目本身缺少某些内容而需添加。例如：［19］p. 表示一本未标明页码的书有19页长。

中东技术大学图书馆（土耳其）
Middle East Technical University Library

位于土耳其安卡拉市，始建于1957年，是土耳其国内最大的图书馆之一。馆藏图书40万册，期刊16万册（合订本），电子期刊1.1万种，现刊

1 600 多种，在线数据库 45 个，CD-ROM 数据库近 10 个。馆藏文献以英文为主，也有大量土耳其文。

中东通讯社（埃及）
The Middle East News Agency（MENA）

埃及唯一的国家通讯社。其前身是民办的埃及新闻社，1954 年改名为中东社，1960 年收归国有。该通讯社用阿拉伯文、英文和法文 3 种文字发稿，报道重点是埃及、阿拉伯世界事务以及世界的重大新闻。中东社设有国内、国际编辑部、记者报道组、研究室、翻译室、摄影部、资料室、电务机务室和印刷厂。与此同时还出版 3 种刊物：《开罗报刊综述》(*Cairo Press Review*)、《中东经济周刊》(*MENA Economic Weekly*) 和《经济评论》(*Economic Review*)。该通讯社是阿拉伯世界和非洲国家中实力最强的新闻通讯社之一，根据联合国教科文组织的报告，中东社在世界通讯社中排名第 11 位。每日传送阿拉伯文新闻大约 500 多条。1996 年起该通讯社改用 3 颗卫星传输，可以覆盖亚非欧和南北美洲。

《中国百科辞典》
Encyclopedia Dictionary of China

中国第一部大型综合性百科词典。全书收录词条近 5 万，包括哲学、逻辑学、伦理学、美学、心理学、民族、宗教、人口学、政治学、法学、社会学、行政学、决策学、军事、经济、文化、新闻、传播学、出版发行、图书馆学、博物馆学、档案学、秘书学、科学学、人才学、创造学、未来学、公共关系学、教育、体育、语言文字、文学、艺术、历史、考古学、方志学、地理、旅游学、数学、物理、化学、天文学、气象学、地质学、海洋学、生物、人类学、医药卫生、农业、林业、能源、工程技术、计算机与自动控制、交通、邮电、生态学和环境科学等 58 个学科，2001 年由北京银冠电子出版有限公司出版发行。

中国百科网
www. chinabaike. com

该网站具有公益性质，旨在普及科学技术知识，传播百科知识实用信息，供网友实现资源共享、交流和学习使用。主要栏目有：生活、营养、管理、技术、文化、保险、疾病、经济、历史、健康、理财、机械、美食、营销、植物、自然、旅游、动物、地理、法律、母婴、科技、英语、汽车、电脑、农业、技术、移民、考试和留学。百科分类有：百科词条、专题、词典·辞典类、生活知识、历史政治、农业百科、菜谱大全、医药百科、中国诗词大全、中国百科以及留学百科。

中国版权保护中心
Copyright Protection Center of China

于 1998 年 9 月成立。是中华人民共和国新闻出版总署和国家版权局直接领导的综合性的版权社会管理和社会服务机构。其宗旨是依照《中华人民共和国著作权法》及相关法律、法规的规定，维护著作权人和作品使用者及传播者的合法权益，鼓励创作，繁荣科学文化，促进版权事业和版权产业的发展。中国版权保护中心下设 10 个职能机构和部门，包括中华版权代理总公司、中国著作权使用报酬收转中心、中国文字作品著作权协会、软件著作权登记部、《中国版权》杂志编辑部、中国版权信息网站、法律部、版权鉴定委员会、著作权登记部以及行政办公室等。

《中国标准化》
China Standardization

1958 年创刊，该杂志宣传重点是中国政府的标准化方针和政策、标准化基础理论、标准化技术动向、介绍各类标准制定、实施的情况和经验，报道国内外标准化动态和热点企业在生产、经销、检验工作中的标准化情况；合格评定工作动态；质量检验和抽查；科技和标准化基础知识等。是融政策、学术、技术应用于一体的标准化综合刊物，适于各种类型的单位或组织阅读，月刊。英文版于 2004 年创刊，由中国国家质量监督检验检疫总局主管、中国标准化协会主办的中国标准化领域第一本全球发行的全英文版杂志。

中国标准化研究院
China National Institute Standerdization

1999 年由原中国标准化与信息分类编码研究所、中国技术监督情报研究所和国家质量技术监督局管理研究所合并组建而成的。其目的是为了加强中国标准化的科学研究、标准制定和管理工作，促进标准化事业的发展，以适应社会主义市场经济建设的要求。其主要任务是：组织和开展重要基础标准、高新技术标准和重要方法标准的研究工作；积极参与相关国际标准化组织的活动，承担相关技术支持和管理工作；履行国家标准技术审查职责、开展行业标准和地方标准审查、备案和管理国家标准档案以及数据库并开展国家标准宣传贯彻和培训活动。承担标准化、质量等工作方面相关法律、法规、规章的研究工作；经国务院授权，管理全国组织机构代码工作，推进代码信息的应用以及管理全国商品条码工作，积极开展相应技术的研究和推广应用工作等。

中国标准刊号

China Standard Serial Numbering（CSSN）

在中国登记的每种报纸和期刊的每一个版本都具有的唯一标准编码，由国际标准刊号（ISSN）和国内统一刊号两部分组成，国内统一刊号是中国标准刊号的必要成分。中国标准刊号应印在每期报刊的固定显著位置及版权说明位置处。它的两部分可合在一起印刷，也可分开印刷。对于报纸，中国标准刊号应印在其刊头下方，其中国际标准刊号（ISSN）在左，国内统一刊号在右。对于期刊，中国标准刊号除应印在版权标识位置处外，还应将国际标准刊号（ISSN）部分印在封面的右上角，国内统一刊号部分印在封四下方。中国标准刊号由中国国家技术监督局于1988年12月10日批准，1989年7月1日实施。

中国标准书号

China standard book numbering（CSBN）

标识在中国国家出版管理部门注册的出版者所出版的每一种出版物的每个版本的国际性唯一代码。中国标准书号（GB/T 5795—1986）于1986年1月16日由中国国家标准局发布，自1987年1月1日起实施，至1988年1月1日完全取代原用的统一书号。中国标准书号首次（GB/T 5795—2002）由中国国家质量监督局检疫总局于2002年1月4日批准，2002年8月1日实施。中国标准书号（GB/T 5795—2006）由中国国家质量监督局、检疫总局和中国国家标准化管理委员会于2006年10月18日发布，2007年1月1日实施。中国标准书号采用国际标准书号（ISBN）的13位数字结构：1. EAN－UCC前缀号；2. 组区号；3. 出版者号；4. 出版序号；5. 校验码。

《中国标准文本编码》

China Standard Text Code

为国家标准GB/T 23723，是国际标准文本编码系统（ISO 21047 信息与文献—国际标准文本编码（International Standard Text Work Code，ISTC）的组成部分）为唯一、持久地识别中国境内各类文本作品提供了一种国际通用的编码方法。该标准由中华人民共和国国家质量监督检验检疫总局和中国国家标准化管理委员会于2009年5月6日发布，2009年11月1日开始执行。2009年8月由高等教育出版社出版。

中国残疾人联合会信息中心

China Disabled Persons' Federation Information Center

中国残疾人联合会直属事业单位，承担该联合会信息化建设领导小组办公室的行政管理职能，负责制定残联系统信息化发展规划并组织实施，指导地方残联的信息化建设工作，负责中国残联网站的运行和维护。

《中国藏书楼》

Chinese Book Storage Buildings

著名学者任继愈任主编、萧东发教授任执行主编，著名学者季羡林、李学勤、来新夏、白化文和安平秋等担任编委，作者荟萃了国内图书馆界、文史界一批知名学者。由辽宁人民出版社于2001年出版。全书分为上、中、下三编，上编为“中国藏书论”，中编为“中国藏书楼发展史”，下编为“中国藏书史大事记”，全面概括了中国几千年的藏书史，系统反映了中国古代社会文化建设的历程。

《中国藏书通史》

The Comprehensive History of Chinese Books

由傅璇宗、谢灼华编著，由宁波出版社于2001年出版。全书分上下两册，共8编37章129节，论述了先秦、秦汉、魏晋南北朝、隋唐五代、宋辽夏金元、明代、清代和20世纪中国藏书的起源、收集、编目、保藏、管理、利用以及藏书楼、藏书家等方面。

中国出版服务有限公司

China Publishers Services LTD.

该出版公司位于中国香港特别行政区，成立于2006年，主要从事图书出版，服务地区：中国内地、香港特别行政区和台湾地区。出版物类别：社会科学、艺术、法律、数学、自然科学、计算机技术、环境科学、安全科学、建筑科学、信息与知识传播和医药卫生等。

中国出版工作者协会

The Publishers Association of China

中国出版工作者自愿结合的群众性的专业团

Z

体，于1979年成立。其主要任务为：组织出版工作者学习马列主义、毛泽东思想和党的方针政策，培训出版队伍，开展出版业务研究和学术活动，交流出版工作经验，不断提高出版工作者的思想水平和业务水平。表彰先进的出版工作者，密切与著译者的联系，组织优秀图书的评奖，促进出版事业的发展和繁荣。团结各民族的出版工作者，巩固党和非党出版工作者的亲密关系，加强同台湾同胞、港澳同胞以及海外同胞中爱国的出版工作者的联系和团结。积极开展出版方面的对外文化交流活动，加强同各国出版界友好人士的联系和合作。依法维护出版工作者的民主权利。协助政府有关部门改善出版工作者的工作条件和生活条件，并根据需要和可能兴办福利设施。

中国出版集团

China Publishing Group

于2002年4月9日成立，由人民出版社、人民文学出版社、商务印书馆、中华书局、中国大百科全书出版社、中国美术出版总社、人民音乐出版社、生活·读书·新知三联书店、中国对外翻译出版公司、东方出版中心共10家出版单位，新华书店总店、中国出版对外贸易总公司、中国图书进出口（集团）总公司共3家发行单位，共13家大型企事业单位组成。该出版集团以出版物生产和销售为主，是集各种介质出版物的出版和销售、连锁经营、进出口贸易、版权贸易、印刷复制、信息技术服务、科技开发、金融融资于一体的经营多元化的大型集团。

《中国出版集团专刊》

Special Issue of China Publication Group

宗旨为突出“出版集团”的整体实力，更好地服务于出版集团的发行工作。以丰富的图书品种集中征订，推品牌，树形象。其内容是为出版集团的图书做全面以及个性化的征订、营销与推广。栏目设置有：集团动态、特别策划、集团畅销、书评园地、精品推荐、企业参考和新书看点等。

中国传播学会

Communication Association of China（CAC）

经中国社会科学院批准，中华人民共和国民政部登记注册的全国性传播学学术团体。全称是“中国新闻文化促进会传播学分会”，简称“中国传播学会”。于2005年成立。本着自愿原则，由全国高等院校新闻传播院、系，新闻、传播研究机构和新闻传媒等作为单位成员，以高校新闻传播院、系教师、新闻记者等作为个人会员的学术性团体。该学会的主管单位是中国社会科学院新闻与传播研究所。

中国传媒大学传播电视研究中心

National Center for Radio and Television Studies, Communication University of China

2000年初成立，是教育部人文社会科学重点研究基地之一。中心侧重广播电视领域，集科学研究、人才培养、学术交流、情报资料和咨询服务于一体，目前已经成为在全国居于领先地位、在国际上具有较高声誉的综合性广播电视研究机构。中心下设广播电视新闻研究所、广播电视语言研究所、广播电视艺术研究所、广播电视经营与管理研究所四个研究机构，并与美国宾夕法尼亚大学安南堡传播学院合作成立传播政策与法律研究所。中心还设有《媒介研究》编辑部、资料室、办公室和机房。

《中国丛书综录》

Catalog of Chinese Series-books

全面反映中国古籍丛书的联合目录，是当代中国书目工作的重大成就之一。该书分3大册：第一册为“总目分类目录”，分“汇编”、“类编”两部分；第二册为“子目分类目录”，编排了7万多条子目；第三册是“子目书名索引”、“子目著者索引”，是第二册丛书子目的书名和著者索引。书中所收辑的目录包括北京、上海、南京、杭州、广州和武汉等全国各大城市41个主要图书馆所藏历代的丛书2 797种，古籍38 891种，总字数达750万字。《中国丛书综录》由上海图书馆于1959年编制，1962年由中华书局出版。湖北图书馆杨海清先生对原书中著录不全、异名等作了详尽的改正，并由广陵书社于2003年出版了《中国丛书综录补正》。

《中国大百科全书》

Encyclopedia of China

共74卷，是中国第一部包罗古今中外知识，同时突出中国内容的现代综合性百科全书。其编纂继承了中国悠久的百科类书的有益传统，吸收了外国现代百科全书的编纂经验，并有所创造，有所发挥，在世界百科全书之林中自树一帜，独具中国特色。是中国科学文化事业繁荣发达的一个重要标志。该百科全书共收77 859个条目，12 568万字，并附有5万幅图片，参加编撰的专家学者共20 672

人，册叶浩瀚、内容宏富。阐述的基本知识和提供的翔实资料，其广度、深度和容量使它成为相当完整的知识系统。该百科全书覆盖哲学、社会科学、文学艺术、文化教育、自然科学和工程技术等66个学科或知识领域。在介绍国内外科学成果中突破“西方中心论”的框框，适当侧重中国，有关第三世界的知识也占相当的比例。《中国大百科全书》第二版于1995年12月经国务院批准正式立项，预计规模32～35卷，综合了社会科学、人文科学和自然科学等80多个学科和知识领域。与《中国大百科全书》第一版的分学科卷出版不同，第二版是采用以汉语拼音为序、从A～Z的全字顺排列法编排的大型综合性百科全书。

中国大百科全书出版社
Encyclopedia of China Publishing House

1978年11月18日在北京正式成立。近30年来，该出版社业已发展成为以出版百科全书和其他工具书为主，同时出版各种学术著作和普及读物的国家级大型出版社。先后出版了《中国大百科全书》(74卷)、《中国大百科全书（简明版）》（12卷)、《简明不列颠百科全书》(中文版，11卷）等一系列鸿篇巨制，出版各类专业和地区百科全书50多种，出版各种系列工具书、学术著作、普及读物2 000多种，与50多家港、台及海外出版机构合作出书300多种，出版电子出版物和音像制品100多种，此外该出版社还编辑出版了《百科知识》和《小百科》两种杂志。

《中国大百科全书（第二版)》
***Encyclopedia of China* (*The Second Edition*)**

《中国大百科全书（第二版)》是第一版的修订重编版，是面向21世纪反映国家科学文化水平的新一代百科全书。全书包括哲学、社会科学、文学艺术、文化教育、自然科学、工程技术以及军事科学等各个学科和领域古往今来的基本知识。不仅涵盖了全人类科学文化成果，而且注重对悠久的中国各民族历史文化遗产和科学技术成就的传承。第二版条目的撰写在尽可能保留第一版仍健在的作者的基础上，又聘请了近年来在各学科领域出色的中青年专家学者为作者。《中国大百科全书（第二版)》在编排上遵循了当代世界各国编排百科全书的一般通行做法：全书条目标题全部按其汉语拼音顺序编排，更加方便查检阅读。由中国大百科全书出版社于2009年出版。

《中国大百科全书》(精粹本)
***Encyclopedia of China* (*Pithy Edition*)**

在《中国大百科全书（简明版)》的基础上，进行较大幅度的修改而成。该书共3万个条目，1 700多万字，条目按汉语拼音顺序排列，后附条目汉字笔画索引。书后所附的《中外大事年表》概括地介绍自人类文明发祥以来各时期、各地区、各领域发生的重大事件，揭示人类文明的发展脉络，为读者提供社会发展的基本线索。由中国大百科全书出版社于2002年出版。

《中国大百科全书》数据库
***Encyclopedia of China* Database**

于2011年5月发行。该数据库是中国国内唯一的百科全书式的，具有权威性、系统性、准确性和完整性的可升级性知识集成型资源数据库。该数据库主要收录内容源自《中国大百科全书》第一版和第二版。其中第一版按学科和知识领域分成74卷，共收7.8万个条目，5万幅图片，第二版按字母顺序分成32卷，共收条目约6万个，约6 000万字，插图3万幅，地图约1 000幅。该数据库同时还可以根据用户的不同需求定制其他专业百科全书、地区百科全书的内容。在内容上，该数据库共收录近16万个条目，80个学科，近100万个知识点，2亿文字量，同时还配发了近10万幅高清晰图片、地图。此外该数据库还收有国家、人物、世界遗产名录以及国家级非物质文化遗产等多种附录数据及特殊数据资源。

中国大百科全书《图书馆学·情报学·档案学》卷
Library, Information and Archival Science, Encyclopedia of China

第一部汇集图书馆学、情报学和档案学三个领域的基本理论和知识的大型工具书，全卷共收1 200个条目，578幅黑白与彩色插图，计179万多字。内容涉及文献学、目录学、图书馆事业、文献资源建设和管理、图书馆服务、图书馆现代技术、情报理论、情报技术及业务、情报系统与情报事业、档案学基础理论、档案管理学、档案文献编纂学、档案保护技术、文书学及档案事业史等。

中国-丹麦预印本合作项目
Chinese-Danish Preprint Collaboration Project

中国科技信息研究所（ISTIC）和丹麦技术中心（DTV）的合作成果，目标是为了促进科研工作者发布自己的预印本文章以及使用预印本数据库。该项目系统利用开源软件构建，运作通过全球合作进行。现提供来自17个预印本网站的75万条记录供检索该项目的数据资源，这项服务的数据来源于全世界的科技预印本数据库。这些数据库使用了用于元数据收集的OAI协议（Open Archives Initiative Protocol）来收集描述性的元数据。对这些收集来的数据库，用户可以在全部、单独或选定的数据库组内进行检索，收集的数据库的数量还在稳定的增长。

《中国档案》

China Archives

1951年创刊，月刊，由中国国家档案局主办。1999年起，连续多年被南京大学中国社会科学研究评价中心创立的《中文社会科学引文索引》（*CSSCI*）列为来源期刊。2000年在人民大学书报资料中心的1 475种文化、科学、体育类期刊中，转载量排名第14位。2001年入选国家期刊方阵，并被国家新闻出版总署评为双效期刊。所开设的栏目有："评论员文章"、"新闻视点"、"军队档案工作"、"本期策划"、"档案事业管理"、"机关档案工作"、"企业档案工作"、"科技档案工作"、"百家言"、"档案科技"、"国际档案界"、"档案学研究"、"三台经纬"、"档案与社会"和"信息与动态"等。有英文主要目次，公开发行。

中国档案分类法

Classification of Chinese Archives

中国第一部全国通用的档案分类法。其编制目的在于为统一全国档案分类检索工具体系，为档案工作标准化、现代化创造条件。该分类法由编制说明、基本大类、主表、辅助表、分类索引规则和类目细分规则等部分组成，共有19个大类，约4 500个类目。该分类法经国家档案局批准，在全国档案部门使用，并由档案出版社分别于1987年和1997年正式出版了《中国档案分类法》（第1、2版）。

Z

中国档案学会

Chinese Society of Archives

1981年在北京成立，是中国档案工作者自愿结成的具有法人资格的全国性、学术性和公益性的社会团体，是发展中国档案事业的重要社会力量。该学会现有单位会员79个，个人会员近8 000人。下设7个专业委员会：档案学基础理论学术委员会、档案整理鉴定学术委员会、档案文献编纂学术委员会、档案保护技术委员会、影像技术委员会、档案自动化技术委员会和企业档案学术委员会。出版发行会刊《档案学研究》（*Archives Science Study*）（双月刊）。

《中国档案主题词表》

Chinese Archive Subject Thesaurus

中国档案主题标引与检索标准化的工具书，中国国家标准《档案著录规则》的配套项目。由中国国家档案局主持编辑，1988年由档案出版社出版试行本。该词表由前言、说明、主表和范畴索引组成。共收录主题词27 288条，其中正式主题词22 759条，非正式词4 529条。款目结构包括汉语拼音、款目主题词、注释、词间关系、范畴号，没有英文译词。该词表于1992年开始修订。

中国地质图书馆（中国地质调查局地学文献中心）

China Geological Library（Geoscience Documentation Center）

亚洲地区最大的地学专业图书馆。建于1916年，其前身为中国农商部地质调查所图书室。1956年，建立了全国地质图书馆。1996年，第30届国际地质大会在北京召开期间，一座大型的现代图书馆大楼应运在北京市海淀区学院路29号落成，建筑面积达1.3万平方米，2000年更为现名。地质勘查行业和地学文献为该馆的特色收藏，国内外地学文献的收藏始于约200年前的近代地质学启蒙时期，馆藏书刊60万册，期刊6 500种，各类地质图件1万多套，包括近代地质学启蒙时期以来近200年的国内外地学文献；世界各国地质图件1万多套；有10多个大型文献数据库；该馆代表中国地学图书馆界和地学信息界参与国际地学专业活动，保持、发展与国外专业图书馆和信息界的交流与合作。该馆是国际地科联地学信息委员会成员，是中国图书馆学会常务理事单位、中国科技情报学会理事单位。编辑出版中文地质学科综合性检索刊物《中国地质文摘》（月刊，1986年创刊）。

中国法律法规全文数据库

Polices and Laws of China（PLOC）

由北京万方数据股份有限公司研制开发，收录自1949年以来，全国人民代表大会及其常委会、国务院及其办公厅、国务院各部委、最高人民法院和最高人民检察院以及其他机关单位所发布的国家法律、行政法规、部门规章、司法解释以及其他规范性文件；该数据库共有国家法律、行政法规、司法解释、部门规章、地方法规、合同范本、仲裁裁决、裁判文书、文书样式、公报案例、港澳台法律和外国法律等13个基本数据库。

中国方志目录
Bibliotheca of Local Topography in China

起源比较早，隋、唐和宋时期的史志目录、官藏和私人藏书目录中的史部地理类收有方志目录，有《隋书·经籍志》、《旧唐书·经籍志》和《新唐书·文艺志》以及《宋史·文艺志》的史部地理类。明代祁承㸁的《澹生堂藏书目》史部设有图志类，下分统志、约志、省会通志、郡邑志和边镇志等。清代《四库全书总目》史部地理类分总志、都会郡县志等。20世纪后，中国一些图书馆开始编辑馆藏方志，如《国立北平图书馆方志目录》、《上海图书馆地方志目录》、《中国地方志联合目录》和《中国新地方志目录》等。该方志目录登录中国方志书目和版本或考证内容、辨别体例，说明其价值的专题文献目录，根据该目录可以研究中国历代政治、经济、科技和文化的发展情况，了解方志发展的过程。

《中国分类主题词表》
Chinese Classified Thesaurus

第一版由华艺出版社于1994年出版。1996年8月通过中国文化部科技司组织的全国图书情报档案界的专家的鉴定：《中国分类主题词表》具有较高的学术性和实用性，它的研制实属首创，在中国图书馆界、情报界，特别是情报检索语言领域具有重大意义，是目前中国国内唯一的一部既能满足主题标引、又能满足分类标引的大型综合性工具书。该词表于1996年12月获中国国家科委、国防科工委、中国科学院、中国科协和国家自然科学基金会联合颁发的“国家优秀科技信息成果”二等奖。1999年10月获中国国家社会科学基金项目二等奖。为了适应在线编目和网络编目进一步的发展，《中国图书馆分类法》编委会决定修订《中国分类主题词表》。该主题词表第二版是以其第一版编制规则和“主题词机读规范数据库”、“《中国图书馆分类法》（第四版）机读目录数据库”为基础，以满足电子版功能为主，兼顾手工印刷版需求的分类与主题、标引与检索一体化的实用工具。《中国分类主题词表》第二版对其第一版进行全面系统修订，其中增补主题词2万多条。该主题词表的印刷版和电子版于2005年由北京图书馆出版社出版。

中国高等教育文献保障系统
China Academic Library & Information System (CALIS)

经国务院批准的中国高等教育“211工程”总体规划中两个公共服务体系之一。作为国家经费支持的中国高校图书馆联盟，该文献保障系统的宗旨是，在中国教育部的领导下，把国家的投资、现代图书馆理念、先进的技术手段、高校丰富的文献资源和人力资源整合起来，建设以中国高等教育数字图书馆为核心的教育文献联合保障体系，实现信息资源共建、共知、共享，以发挥最大的社会效益和经济效益，为中国的高等教育服务。该文献保障系统管理中心设在北京大学，下设了文理、工程、农学、医学全国文献信息服务中心，华北、华东、华中、华南、西北、西南和东北地区文献信息服务中心以及东北地区国防文献信息服务中心。

中国高等学校中英文图书数字化国际合作计划
China America Digital Academic Library (CADAL)

中国高等学校中英文图书数字化国际合作计划是中国高等教育“211工程”公共服务体系建设的重要组成部分，由中国国家发展和改革委员会于2004年批准立项建设。中国高等学校中英文图书数字化国际合作计划项目与中国高等教育文献保障体系（CALIS）项目一起，构成中国高等教育数字化图书馆的基本框架。中国高等学校中英文图书数字化国际合作计划项目由浙江大学和中国科学院牵头，北京大学、清华大学、复旦大学、南京大学等16所高校参加，引进国外的图书和设备资源参与建设，其目标是建立100万册规模的公益性数字图书馆。2000年底，中美两国计算机科学家倡导建设“中美百万册书数字图书馆合作计划（China-US Million Book Digital Library Project）”，进而发展成为“全球数字图书馆（Universal Digital Library）计划”，得到了中国教育部、美国国家科学基金会和印度政府的支持，已有中国、美国、印度、埃及和澳大利亚等国家计算机专家和图书馆参加了项目建设。中国高等学校中英文图书数字化国际合作计划项目是其组成部分之一。2005年11月1日，其门户网站正式开通运行。

中国高等院校医药图书馆协会
Medical & Medicinal Library Association of Chinese Universities and Colleges

前身是“中国高等医药院校图书馆协会”，成立于1985年，是在中国卫生部科教司和全国高等学校图书情报工作委员会的支持与指导下独立开展活动的学术性协作组织，目前拥有 150 多个成员单位，提供现刊联目查询、过刊联目查询、协调采购和联合目录的编辑等服务。

中国高校人文社会科学文献中心
China Academic Humanities and Social Sciences Library（CASHL）

由中国教育部根据高校人文社会科学的发展和文献资源建设的需要而设立的。其宗旨是组织若干所具有学科优势、文献资源优势和服务条件优势的高等学校图书馆，有计划、有系统地引进国外人文社会科学期刊，借助现代化的服务手段，为中国高校的人文社会科学教学和科研提供高水平的文献保障。这是全中国的唯一的人文社会科学外文期刊保障体系。该中心不仅可以为高校教学科研服务，也成为全国其他科研单位文献获取的基地。与科技部建设的“国家科技图书文献中心”互为补充，珠联璧合。该中心建立有全国中心、区域中心以及学科重点中心。

中国工具书网络出版总库
China Reference Books Online

大型的工具书在线检索平台，已收入中国内地 200 多家出版社的近 5 000 册工具书，约 1 500 万个条目、80 万幅图片；类型包括语言词典、专科词典、百科全书、图谱、年表和手册等，内容涵盖自然科学、社会科学和工程技术各个领域，为读者解决在学习、研究和生活中遇到的有关字、词、语、术语、人名、地名和事实等疑难问题。

《中国公共图书馆发展蓝皮书（2010）》
Blue Print for the Development of Public Library Profession in China 2010

全书分为 12 大专题由公共图书馆研究院主持、专门组建研究编撰项目组，专家学者数十位担任执笔人。该书通过最新权威数据，扎实的调研和典型的个案，全面梳理了 2005—2009 年间中国公共图书馆的发展状况和特点，深入研究了发展改革进程中的若干重大问题，并适度盘点分析了中国公共图书馆政策走向和发展趋势。由深圳海天出版社于 2010 年 12 月出版。

Z

《中国古代文献保护研究》
A Study of Document Preservation and Conservation in Ancient China

该书是中山大学图书馆学丛书之一。本书共 8 章节，内容包括引言、古代文献保护研究综述、文献受损的因素、文献制作中的保护、文献收藏中的保护：建筑与用具、文献收藏中的保护：方法与制度、文献修复技术与方法等。本书可供相关学者参考阅读。由林明著，广西师范大学出版社于 2012 年 2 月出版。

中国古典文学
Chinese Classical Literature

广义指从先秦至清代末年的中国文学，包括作家、作品、文学事件、文体起源与发展历程、文学运动、流派、文学理论、作家作品的考据、研究等，类似中国古代文学史。按文学史的习惯，可以划分为先秦文学、秦汉文学、魏晋南北朝文学、隋唐五代文学、宋金元文学、明代文学和清代文学。狭义指中国古典文学作品。代表性的文学作品形式有诗、词、曲、赋、散文和小说等。中国古典文学是中华民族最宝贵的文化遗产之一，是中国文学史上闪烁着灿烂光辉的经典性作品或优秀作品，也是世界文学宝库中令人瞩目的瑰宝。

《中国古籍善本书总目》
Union Catalog of Rare Chinese Books

中国大型古籍目录。共著录中国内地各地区、各系统图书馆、名人纪念馆和寺庙等 781 个单位的藏书约 6 万多种，13 万部。凡是有历史文物性、学术资料性和艺术代表性并流传较少的古籍，年代下限大致断至清代乾隆以及在此之后辛亥革命前有特殊价值的刻本、抄本、稿本和校本，都作为善本在收录之列。编排方法基本按四部分类法排列，并增设丛书部，故分为经、史、子、集和丛书五部。1985 年上海古籍出版社出版了经部，丛书部和史部分别于 1990 年和 1992 年出版。著录项目有书名（含卷数）、著者和著作方式、版本等。每部书均有编号，书末附藏书单位代号及检索表，并另编书名、作者、版本、批校题跋者索引。由天津图书馆编、齐鲁书社于 2003 年出版了《稿本中国古籍中国古籍善本书目书名索引》。故宫博物院图书馆翁连溪编校、线装书局于 2005 年出版了《中国古籍善本总目》。前者是根据《中国古籍善本书目》的《征求意见稿》的油印本编制出索引，将《征求意见稿》影印后作为附录；后者则是经过校核后，将《征求意见稿》予以“翻印”。

中国古籍研究中心
Research Centre for Chinese Ancient Texts

成立于1988年，隶属香港中文大学中国文化研究所。前身为汉达古文献资料库。其目的是将中国古代传世及出土文献加以校订、整理并录入电脑资料库，然后通过各种媒体出版，为研究工作者、教育工作者提供重要学术工具和文化宝库。主要出版《逐字索引丛刊》、《汉达古籍研究丛书》以及《汉达通讯》。

中国国际广播电台
China Radio International（CRI）

中国唯一向全世界广播的电台，由国家广电总局直接管理。成立于1941年12月3日，1978年5月改用现名。每天用43种语言向世界各地累计播出290小时。在东京、贝尔格莱德、巴黎、伊斯兰堡、墨西哥城、华盛顿、波恩、曼谷、开罗、莫斯科、纽约（联合国）、布鲁塞尔和内罗毕等地建立驻外记者站，同60多个国家和地区的广播机构建立了节目交换、人员交流和互访关系，每年向国外电台、电视台传送和寄送介绍中国的各类节目约1 400小时。除了新闻节目外，还设置了400多个专题节目。

中国国际图书贸易总公司
China International Book Trading Corporation（CIBTC）

原名中国国际书店，成立于1949年12月，是中国最大的专业性书刊进出口公司之一，出口大量的中外文书刊、报纸、音像、缩微制品和电子出版物，同时进口国外各类书刊；参加世界各地的国际书展，举办中国书展，同时承办国外来华书展；积极开展版权代理业务，促进中、外出版界之间的交流和合作；同时也经营书画原作和工艺美术品，在国外举办中国画展。公司总部设在北京，同时在上海、深圳、旧金山、伦敦、法兰克福、香港和东京设有分公司或代表处，并在洛杉矶、布鲁塞尔开办了长城书店。该公司成立以来，不断拓宽经营范围，努力开发国际市场，业务网络遍及180多个国家和地区，与海外千余家发行机构、书店、出版社及数十万读者保持业务往来。在国内市场，有着完善的进货渠道和发行网络及固定的读者群。

中国国家图书馆
National Library of China

前身为清代1909年建立的京师图书馆，馆舍设在北京广化寺。辛亥革命后，由北京政府教育部接管，于1912年开馆。1916年京师图书馆按规定正式接受国内出版物呈缴本。1928年7月更名为国立北平图书馆，次年兼并北平北海图书馆，并开始编辑全国书刊联合目录。1931年文津街馆舍落成（现为国家图书馆分馆），成为当时国内规模最大、最先进的图书馆。先后参与筹划开馆和主持馆务的主要有徐坊、江翰、夏曾佑、鲁迅、梁启超、陈垣、马叙伦、蔡元培、袁同礼和李四光等。1950年国立北平图书馆更名为国立北京图书馆。1951年更名为北京图书馆，1987年北京西郊白石桥新馆舍落成，建筑面积14万平方米。1998年12月12日经国务院批准更名为国家图书馆。冯仲云、丁西林、刘季平、任继愈、詹福瑞和周和平先后任馆长。目前该馆总建筑面积为25万平方米（含总馆一期、二期，古籍馆），馆藏文献近3 000万册（件），现刊近2万种。尤以典藏古籍善本闻名，共有善本古籍27万册（件），普通古籍164万（件）。馆藏殷墟甲骨、敦煌遗书、赵城金藏、《永乐大典》、《四库全书》等极为珍贵；外文善本中最早的版本为1473—1477年间印刷的欧洲“摇篮本”。特藏为宋、元、明、清诸代善本及手稿。可在线检索中西文图书目录、西文期刊联合目录。中国国家图书馆是综合性研究图书馆，是国家总书库。履行搜集、加工、存储、研究、利用和传播知识信息的职责。该馆是全中国书目中心、图书馆信息网络中心。研究和采用现代技术，在全国图书馆标准化、规范化、数字化和网络化建设中起骨干作用。承担着为中央国家领导机关，重点科研、教育、生产单位和社会公众服务的任务。负责全国图书馆业务辅导，开展图书馆学研究。代表国家执行有关对外文化协定，开展与国内外图书馆界的交流与合作，该馆是国际图联的机构会员。

中国国家信息中心
State Information Center

1987年，该中心正式成立。其指导方针是坚持以科学发展观为指导，以决策咨询、信息内容服务、信息技术服务三大业务为支柱，以“两网一金”建设、重大问题研究和信息资源开发利用为重点，全面提升国家信息中心的综合服务能力，为信息化建设做出新的贡献。

中国海洋大学图书馆
Library of Ocean University of China

前身是私立青岛大学图书馆，始建于1924年。1959年发展成为山东海洋学院图书馆，1988年更名为青岛海洋大学图书馆，2002年10月，更为现名。由鱼山路校区图书馆和崂山校区图书馆及各院系的15个图书资料室组成。鱼山路校区图书馆于1985年迁入新馆，崂山校区图书馆建于1991年。馆舍总面积达5.2万平方米，阅览座位3 000多席。拥有馆藏纸质文献约190多万册，电子图书110多万册、中外文期刊3万多种、中外文电子数据库111个。馆藏文献资源在保持连续性和覆盖面的基础上，努力满足重点学科和优势研究领域的需求，馆藏文献特色日益凸显。形成了以海洋、水产学科为特色的馆藏体系。文献资源涵盖了理学、工学、农学（水产）、医药学、经济学、文学、管理学、法学和教育学等学科。

中国化工信息中心
China National Chemical Information Center

中国化工科技文献资源中心，又是中国科技图书文献中心工程技术图书馆分馆。成立于1992年，由化工部科技情报所和化工部经济信息中心合并而成。馆藏图书、资料和文献近40万册，中外文期刊2 500多种，科技报告、专题资料和会议录等文献10万多册。编辑出版10多种国内外公开发行的期刊、专题资料及内部出版物，报道有价值的信息和研究成果。

中国机读目录格式
China MARC Format（CNMARC Format）

指1992年2月正式出版的《中国机读目录通讯格式》，为中国机读目录实现标准化并与国际接轨，从数据结构方面提供了保障。其结构原理与US-MARC格式相同，每一条MARC记录由记录头标区、地址目次区、数据字段区和一个记录分割符4个部分组成，每一个可变字段包括若干子字段，并按功能划分为十个功能块。字段标识符的第一个数字（最左边）表示字段所属的功能块。0为标识块，1为编码信息块，2为著录信息块，3为附注块，4为连接款目块，5为相关题名块，6为主题分析块，7为责任说明块，8为国际使用块，9为国内使用块。

中国教育出版传媒集团有限公司
China Education Publishing & Media Group Ltd.

于2010年12月18日成立，集团成员包括人民教育出版社、高等教育出版社、语文出版社、中国教学仪器设备总公司和中国教育图书进出口公司等单位，采取“集团公司+股份公司”的方式整合出版资源，力争进入世界三大教育出版集团之列。

中国教育科研网
China Education and Research Network（CERNET）

始建于1994年，由中华人民共和国教育部负责管理，清华大学等高等学校承担建设和管理运行的全中国性学术计算机因特网络。主要面向教育和科研单位，是最大的公益性网络。1996年被国务院确认为中国四大骨干网之一。分四级管理，分别是全国网络中心，设在清华大学；地区网络中心和地区主结点，分别设在清华大学、北京大学、北京邮电大学、上海交通大学、西安交通大学、华中科技大学、华南理工大学、电子科技大学、东南大学、东北大学等10所高校；省级结点即省教育科研网，设在36个城市的38所大学。

中国教育图书进出口公司
China Educational Publications Import and Export Corporation

中国教育系统唯一的大型图书进出口企业。自1987年创建以来，积极开拓国际、国内两个市场，逐步形成了书刊、电子文献和音像制品进出口；高等学校图书馆中文图书联合编目、联合采购；对外承办书刊专业展览等主营业务。该公司的业务范围覆盖全国30多个省、市、自治区，并与海外几百家出版社和代理商建立了良好的业务关系。

中国经济信息网
China Economic Information Net（CEINET）

1996年12月3日正式开通，由中国国家信息中心组建、以提供经济信息为主要业务的专业性信息服务网络，简称中经网。继承了国家信息中心多年来的丰富的信息资源和信息分析经验，利用自主开发的专网平台和因特网平台，为政府部门、金融机构、高等院校、企业集团、研究机构及海内外投资者提供宏观经济、行业经济、区域经济和法律法规等方面的动态信息、统计数据和研究报告，帮助其准确了解经济发展动向、市场变化趋势、政策导向和投资环境，为其经济管理和投资决策提供强有力的信息支持，是因特网上最大的中文经济信息库，也是描述和研究中国经济的权威网站。

中国科技成果数据库
Chinese Science and Technology Achievement Database (CSTAD)

中国国家科技部指定的新技术、新成果查新数据库。其收录范围包括新技术、新产品、新工艺、新材料、新设计，涉及自然科学各个学科领域。该数据库已成为中国最具权威的技术成果宝库。由北京万方数据股份有限公司研制。

中国科技大学图书馆
Library of University of Science and Technology of China

1958 年建于北京，1970 年随学校迁至安徽合肥。由中国科技大学西校区的中心馆、东校区与南校区的分馆组成。总建筑面积 3.5 万平方米，阅览座位 3 624 席。该馆在数学、力学、物理学、化学、天文学、地球科学、生物学、材料科学、机械工程、动力与电气工程、核科学技术、电子通讯与自控、计算机科学技术等领域积累了丰富的馆藏。馆藏文献 190 万册，其中有 4 000 多种印刷型外文期刊和 3 000 多种中文科技期刊。以科研和教学的中外文书刊为主，研究型的文献资料占相当的比例，其中中外文图书 130 万册，中外文过刊 23 万册（合订本）、现刊 2 500 种，中文电子图书 60 多万册、外文电子图书 9 万册、外文电子期刊 2 万多种、中文电子期刊 9 千种、国内外硕士博士学位论文 21 万份。

中国科技论文引文分析数据库
Chinese Science and Technology Papers and Citation Database (CSTPC)

由北京万方数据股份有限公司研制。收录范围为中国自然科学统计源刊和主要社会科学类核心源刊。该数据库集文献检索与论文统计分析于一体，既是科技人员查找有关参考文献的重要依据，又是各级科技管理部门和各科研机构、高等院校了解全国和各单位、各部门科技论文发表信息的重要工具，提供了科技论文的引文分析。

中国科技论文在线
Sciencepaper Online

经中华人民共和国教育部批准，由教育部科技发展中心创办的科技论文网站。利用现代信息技术手段，打破传统出版物的概念，免去传统的评审、修改、编辑和印刷等程序，从而给科研人员提供一个方便、快捷的交流平台，提供了及时发表成果和新观点的有效渠道。

中国科技期刊数据库（引文版）
Chinese Scientific Journals Citation Database

由重庆维普资讯有限公司在十几年的专业化数据库生产经验的基础上开发的产品。该数据库可查询论著引用与被引情况、机构发文量、国家重点实验室和部门开放实验室发文量和科技期刊被引情况等，是科技文献检索、文献计量研究和科学活动定量分析评价的有力工具。1990 年至今公开出版的 5 000 多种科技类期刊（其中包括《中文核心期刊要目总览》中的核心期刊 1 500 多种），总数据量约 120 万篇文献，涵盖科学、工程技术、农业、医药卫生、经济、教育和图书情报等学科的信息资源。

中国科技情报学会
China Society for Scientific and Technical Information (CSSTI)

始创于 1964 年，是中国科技信息工作者自愿结合、依法注册成立的全国性非营利学术团体。其宗旨是坚持实事求是的科学态度和优良作风，团结组织广大科技信息工作者，充分发扬民主，开展学术研究与交流，促进科技知识的普及和信息资源的开发利用，促进科学技术信息事业面向社会、面向经济、面向科技，为社会主义市场经济的繁荣与发展服务。该学会自成立以来，组织了大量学术活动以及为经济建设和科技进步服务的咨询、研讨和科普活动。与其他单位联合出版发行《情报学报》(*Journal of CSSTI*)、《中国科技资源导刊》(*China Scientific and Technology Resources Review*)、《大众软件》(*Popsoft*) 以及《学会工作会讯》(*CSSTI Newsletter*)。

中国科技网
China Science & Technology Network (CSTNET)

前身为 1989 年成立的“中关村教育与科研示范网络”。1994 年 4 月，该网络与美国国家科学基金会网直接互联，实现了中国与因特网全功能网络连接，标志着中国最早的国际因特网络的诞生。1995 年 12 月，中国科学院百所联网工程完成，1996 年 2 月，中国科学院决定正式将以教育与科研示范网络为基础发展起来的中国科学院院网（CASNET）命名为“中国科技网”。该网络以确立实现中国科学院科学研究活动信息化（e-Science）和科研活动管理信息化（ARP）为建设目标，先后独立承担了中国科学院“百所”联网、中国科学院网络升级改造等近百项网络工程的建设以及国家“863”计算机网络和信息管理系统、网络流量计费系统、网络安全系统等项目的开发，并且负责中国科学院视频会议系统、邮件系统的建设和维护。

中国科技信息机构数据库

Chinese Science and Technical Information Mechanism Database（CSTI）

全面介绍中国内地各科技信息机构和高校图书情况单位业务状况的数据库。该数据库共收入各科技信息单位和高校图书馆和情报单位 2 000 多家。由北京万方数据股份有限公司研制。

《中国科技资源导刊》

China Scientific and Technology Resources Review

原名为《中国信息导报》，1957 年创刊，由国家科技部主管、中国科学技术信息研究所、中国科技情报学会和中国信息导报社联合主办的科技信息行业管理和业务导向性刊物。主要栏目有：“新闻追踪”、“综合新闻”、“科技发展”、“信息产业与信息服务业”、“网络和信息资源建设”、“观察与思考”、“企业之窗”和“电子商务”等。《中国信息导报》于 1992 年、1996 年被中宣部、国家科委、国家新闻出版署联合授予“全国优秀科技期刊”称号，2000 年，被评为“受欢迎的期刊”，2001 年，被列为“中国期刊方阵”。该刊为月刊，有英文目录，国内外公开发行。

中国科学技术信息研究所

Institute of Scientific and Technical Information of China（ISTIC）

建于 1956 年。是中国国家科学技术部直属的国家级公益性科技信息机构，下设 7 个职能部门、6 个公益部门和 3 个集团企业。向社会各界提供科技信息服务为其主要任务。建筑面积 6 万平方米。中外文科技期刊、西文会议文献和科技报告等科技文献资料为该所的重点收藏，现藏有国外科技资料近 200 万册、科技期刊 1.6 万多种。该研究所代表国家参加了 7 个国际组织，并与 30 多个国外文献信息机构建立了业务合作关系。2002 年，该所被批准设立博士后科研工作站。出版刊物主要有：《电子产品世界》、《通讯世界》、《电子经理世界》、《情报学报》、《中国科技资源导刊》、《电子设计应用》和《生物技术世界》等。

中国科学引文数据库

Chinese Science Citation Database（CSCD）

始建于 1989 年，由中国国家自然科学基金委员会和中国科学院共同资助，由中国科学院文献情报中心研制的一个多功能的大型数据库，收录中国数学、物理、化学、天文学、地学、生物学、农林科学、医药卫生、工程技术、环境科学和管理科学等领域出版的中英文科技核心期刊和优秀期刊近千种。该数据库可提供论著（期刊论文、专著、会议论文、学位论文、专利文献等）被引情况、期刊被引情况、机构或个人在核心期刊上发表论文情况的检索。2011—2012 版本，该科学引文数据库共遴选了 1 124 种期刊，其中英文刊 110 种，中文刊 1 014 种；核心库期刊 751 种（以 C 为标记），扩展库期刊 373 种（以 E 为标记）。

中国科学院出版图书情报委员会

Committee of Publication，Library and Information，CAS

于 1950 年成立。其宗旨是贯彻执行党和国家出版和文献情报的方针政策。跟踪国际出版和文献情报工作的前沿发展态势，根据国家和中国科学院战略发展需求以及出版和文献情报工作自身发展规律，制定中国科学院出版和文献情报发展战略规划和年度计划，并负责研究和推进系统的体制改革和结构性调整。主要任务为遵照国家出版和文献情报的法律、法规，对中国科学院出版和文献情报系统进行管理，向中宣部、新闻出版总署、科技部行业管理部门负责，及时研究和解决全院出版和文献情报工作中存在的问题，保障其健康发展。

中国科学院国家科学图书馆

National Science Library，Chinese Academy of Sciences

中国最大的专业图书馆，中国科学院和国家创新工程重要的基础设施。是集文献信息服务、情报研究服务、科学文化传播服务和图书馆学情报学高级人才培养功能于一身的研究型国家科学图书馆。建于 1950 年，原名中国科学院图书馆，1985 年改为文献情报中心，同时保留中国科学院图书馆的名称。2006 年 3 月由中国科学院所属的文献情报中心、资源环境科学信息中心、成都文献情报中心和武汉文献情报中心四个机构整合而成，实行理事会领导下的馆长负责制。总馆设在北京，下设兰州、成都、武汉三个二级法人分馆，并依托若干研究所（校）建立特色分馆。全馆现共有员工 470 多人，馆舍建筑面积8万平方米，依托网络提供高速、便捷的科技信息服务。馆藏文献以自然科学和高技术领域的图书、期刊等文献为收藏重点。多学科高素质的专业人才队伍使该馆能够担负培养图书馆学情报学高级专门人才的任务，是图书馆学情报学硕士、博士学位授予单位。拥有一支在学科背景、专业素质和学历层次等方面均为一流的人才队伍。引进“百人计划”、“文献情报系统优秀人才”，编辑、出版图书馆学情报学核心刊物《图书情报工作》、《现代图书情报技术》以及《化学进展》、《中国生物工程杂志》、《中国数学文摘》、《中国物理文摘》、《高科技与产业化》和《科技开发动态》等。该馆为国际图联的机构会员。

中国科学院国家科学图书馆成都分馆
Chengdu Branch of the National Science Library, CAS

原称中国科学院成都文献情报中心，成立于1958年。馆舍面积为1.2万平方米。天然药物、生物学、化学、光电技术、计算机通信网络和环境科学文献为该中心的特色收藏，科技期刊、检索工具和会议文献为重点收藏。馆藏文献300万册，19 000多种中外文全文电子期刊，英国皇家学会等机构的4 000多种原版外文全文电子期刊，35万多册中文电子图书，以及大量的网络版工具书和专利文献等，编辑出版《天然产物研究与开发》和《世界科技研究与发展》等刊物，建有全球图书情报资源导航门户网站和天然药物门户网站。

中国科学院国家科学图书馆兰州分馆
The Lanzhou Branch of the National Science Library, CAS

又称中国科学院资源环境科学信息中心、甘肃省科技图书馆。始建于1955年，初名为“中国科学院图书馆兰州分馆”；后又易其名，1987年改名为“中国科学院兰州文献情报中心”；1997年10月经批准，更名为“中国科学院资源环境科学信息中心”；2002年10月，院地合作挂牌成立“甘肃省科技图书馆”。2006年3月18日，挂牌为中国科学院国家科学图书馆兰州分馆，同时保留中国科学院资源环境科学信息中心名称。该馆始终立足西北、面向全院、服务全国，致力于科技文献信息的收集、开发、研究、传播与交流，现已是中国科学院科技创新的重要支撑机构，是重点服务于资源环境领域科技创新和中科院西北地区研究所科研创新以及服务于西部地区经济社会发展的具有鲜明特色的现代文献情报中心。在为国家、区域和地方的科技信息服务方面发挥着重要作用。编辑出版有《地球科学进展》（月刊）、《天然气地球科学》（双月刊）、《遥感技术与应用》（双月刊）和《黄金科学技术》（双月刊）4种学术刊物。

中国科学院国家科学图书馆武汉分馆
Wuhan Branch of National Science Library, CAS

又名中国科学院武汉文献情报中心和湖北省科学图书馆，成立于1956年。馆舍面积为5 860平方米。重点收藏生物科学、农业科学、物理学、化学、地球科学、地理学、环境科学和电子技术等学科的文献，长江流域资源生态环境文献为该中心的特色收藏。馆藏文献250万册，其中中文现刊1万多种（包括中文电子期刊），外文现刊近3 000种（包括外文电子期刊），且拥有包括SCI、EI等大型网络及光盘数据库40多种及自建数据库10多种。编辑出版《长江流域资源与环境》等刊物。

中国科学院上海生命科学信息中心
Shanghai Information Center for Life Sciences, Chinese Academy of Sciences

建于1953年，前身是中国科学院图书馆上海分馆，1978年更名为中国科学院上海图书馆，1987年改名为中国科学院上海文献情报中心。2002年改为现名。同年，上海生命科学研究院和上海图书馆签约共建定名为：中国科学院上海生命科学研究院/上海图书馆上海科技情报研究所生命科学图书馆。馆舍建筑面积1.2万平方米。生物学、医学、农学和化学等学科文献为该中心的特色收藏，现馆藏各类文献350万册，编辑、出版《中国生物学文摘》与《生命科学》等专业期刊。

中国科学院图书馆图书分类法
The Classification of Library of Chinese Academy of Science

简称“科图法”。该分类法主要被中国科学院系统图书馆和文献馆所采用，用户数在全中国占第2位。由5部类25大类组成。其类号标记采用纯数字制。《中国科学院图书馆图书分类法》由中国科学院图书馆编写，于1958年出版，1974年完成自然科学部分修订，1979年完成社会科学部分修订，1991年出版第2版。1994年又进行修订，并出版第3版。

中国科学院专业领域知识环境
Science Knowledge Environment (SKE)

支持科研人员快速构建面向特定的学科领域的知识平台，以实现对科研过程中所产生、所需信息知识资源的组织、管理、共享和协作。其服务目标为：是科研人员自我组织研究领域知识的工具和平台；是科研人员或项目发布科研成果、共享信息/知识的个性化知识环境；是科研人员发现可能的科研项目、可能的合作者的学术社区；也是图书馆员为专业学科领域的科研人员或课题组快捷建设知识环境服务的工具。

中国科研机构数据库
Chinese Scientific Institutions Database (CSI)

由北京万方数据股份有限公司研制。该数据库收录了中国内地近1万家地、市级以上及大学所属主要科研机构的详细信息，包括机构名称、地址、邮编、负责人、电话、传真、成立年代、职工人数、科研成果和学科研究范围等。

中国矿业大学图书馆
China University of Mining and Technology Library

建于1909年，前身是焦作路矿学堂图书馆，1951年改名为中国矿业学院图书馆，1988年更为现名。自建馆以来，馆址随校经历了焦作、天津、北京和四川等地的迁移，分别设立徐州校本部和北京校区图书馆。徐州校本部图书馆设文昌校区馆和南湖校区馆，该馆总建筑面积6.2万平方米，以矿业为特色，以理工为重点，文、管、经、法协调发展的馆藏体系，纸质与电子文献总量达400万册（件），其中纸质文献馆藏中既有矿业类的权威著作如《天工开物》、《矿业要览》等，又有不少矿业类核心期刊，且有20多种矿业类及其相关学科的学术期刊已连续收藏60年以上，有的已连续收藏100多年，如Transaction of the American Institute Mining and Metallurgical Engineers起藏于1871年的创刊号，Engineering and Mining Journal起藏于1878年。电子文献有SCI、EI、Elsevier SD、IEL等30个外文数据库，CNKI期刊、CNKI博硕士论文、维普中文科技期刊等32个中文数据库，自建有“矿业工程数字图书馆”、“低碳新能源数据库”等5个数据库。2006年，中国矿业大学图书馆通过“十五”“211工程”建设，完成了汇文文献信息管理双机集群系统、光纤网络存储系统的升级改造工作，将图书馆文献服务系统延伸到各院系资料室，形成了全校文献信息服务体系统一管理，资源共享的服务格局。

《中国历史手册》
Chinese History*: *A Manual

西方汉学界推出的最权威的一本中国历史工具书。其作者是汉学家恩迪米昂·维尔金森（Endymion Wilkinson），曾任欧洲委员会驻华代表团团长。该手册于1998年出版，2000年出版增订版，成为西方了解中国史研究的很重要的入门书，涉及中国文字、语言、哲学、文化、社会风俗、人文地理和中国历史等各个层面，手册中不仅介绍了研究中国史的基本原始资料，而且概览了东西方有关中国史的研究状况，对欧美、中国内地、台湾地区、香港特别行政区、日本，甚至俄罗斯、东南亚有关中国史的研究状况都有涉猎。由哈佛大学出版社出版。

中国联合编目中心
Online Library Cataloging Center (OLCC)

依托中国国家图书馆于1997年10月成立的非赢利性组织。其宗旨是：在全中国范围内组织和管理图书馆联机联合编目工作，运用现代图书馆的理念和技术手段将各级各类图书馆丰富的书目数据资源和人力资源整合起来，以国家图书馆为中心，实现书目数据资源共建共享，降低成员馆及用户的编目成本，提高编目工作质量，避免书目数据资源的重复建设，实现书目数据资源的共建共享。该编目中心隶属国家图书馆，采用中心——分中心——成员馆的组织机构，下设管理委员会、书目数据中心、技术中心和专家组。该编目中心除了为用户提供中文普通图书书目数据以外，还提供中、西文期刊书目数据库，台港图书书目数据库、民国图书书目数据库等20多个数据库。除了加强数据建设以外，该编目中心还通过培训、业务交流、业务论坛等多种方式为编目人员提供不断提高业务能力的平台。

中国盲文出版社
China Braille Press

成立于1953年12月3日，曾名盲文编译组、盲文出版组、北京盲文印刷所、北京盲文出版社和中国盲文书社。现隶属于中国残疾人联合会，位于北京丰台区卢沟桥城内街39号。该出版社共出版7 000多种、500多万册盲文书刊和其他盲人读物，是全中国唯一为广大盲人提供服务的出版机构，也是全国盲人文化资源中心。

中国美术学院图书馆
China Academy of Art Library

以收藏美术类文献为主体的专业图书馆。建于1928年，前身是中国国立艺术学院图书馆，首任馆长为刘开渠先生。馆舍建筑面积4 000平方米。馆藏文献20万册，形成了以美术类文献为核心，文史哲等新社科文献为重点兼顾边缘交叉学科的藏书体系。其中外文期刊300多种，中文报刊280多种，藏有相当数量的单幅图像资料，其中包括历代和现代名家书画真迹以及世界名作精印复制品及碑帖、拓片、木版年画和民间工艺品等，另珍藏有1 000多件文物。

中国民族图书馆
Chinese Nationalities Library

该馆是全国性的少数民族专业中心图书馆，是中国少数民族文献的收藏、保护、研究和展示中心。1959年建成开放，原为民族文化宫图书馆，1989年改称现名。设采访编目部、阅览典藏部、研究发展部、古籍特藏部、数字资源与网络技术部等5个部门。有汉、蒙古、回、藏、维吾尔、苗、彝、朝鲜、满和水共10个民族的工作人员34人。该馆馆藏以具有民族特色而著称。拥有藏书60万册，以汉文和少数民族文字文献为主，外文文献为辅。所藏的民族文献种类繁多，有蒙古、藏、维吾尔、哈萨克、朝鲜、彝、壮等24种；外文有英、俄、日、德等14种。特藏民族文字古籍近10万册(件)，其中不少是珍本、孤本。文献中有不少国内外罕见的各种民族文字写本、刻本、金石拓片、舆图，还有年代久远的稀世真品、菩提叶写本等。汉文古籍中大量收藏了地方志、史志、民族史志、年谱、传记，并有部分孤本。如《甘省便览》、《西昌备乘志》等。此外还有极为珍贵的元初补雕的《金藏》，它是《中华大藏经》汉文部分的底本之一。民族文字古籍中，有藏、蒙古、满、维吾尔、彝、壮、水、布依等文种，仅藏文经典就有3 000函，数万种之巨。这些古藏文珍品中有《红史》、《萨伽班智达贡嘎坚赞本生事记》等。其他民族典籍精粹有蒙古文《成吉思汗格言》、彝文《西南彝志》、水文《正七》等。

《中国目录学史》
The History of Chinese Bibliography

由中国目录学家姚明达所著。该书是中国近代以来第一部以《中国目录学史》命名，全面、系统研究中国目录学发展历史的学术著作，是了解、研究中国目录学史的必读参考书。由商务印书馆于1936年出版。1957年重印时，附有王重民所作的后记，对原书进行订正，并对若干问题作了很多补充和说明。2002年由上海古籍出版社再版。

《中国目录学史论丛》
The Series of Chinese Bibliography History

由中国图书馆学家王重民所著。该书主要部分是作者于1962年为北京大学中文系古典文献专业编写的讲义《中国目录学史》。该讲义按中国历史阶段叙述了中国目录学的产生、发展和主要成就，系统分析与介绍了历代重要古典书目的内容与编制方法，从理论上总结了图书著录与分类、类序和提要各方面的经验。由中华书局于1984年出版。

中国农业大学图书馆
China Agricultural University Library

建于1905年，原名北京农业大学图书馆和北京农业工程大学图书馆，1995年由两馆合并成立现馆。馆舍总面积为2.2万平方米，阅览座位2 774席。馆藏文献170万册，其中期刊2 900种，电子文献147多万册，初步形成以农业科学、生物科学和农业工程文献为主体的馆藏文献体系。建有SCI期刊索引、教师论文数据库、农业工程中文期刊全文数据库和农业工程知识仓库等专题数据库。中国高等教育文献保障系统农林中心、国家教育部农业学科外国教材中心，海淀区农业图书馆设在该馆。

中国农业科学院图书馆
Library of Chinese Academy of Agricultural Sciences

由成立于1957年的中国农业科学院图书馆及该院情报所、宏观经济研究室和计算机中心合并而成。是中国农业部情报研究所、国家农业图书馆，承担着全国农业中心图书馆的任务，是全国农业文献收藏、加工、检索、翻译、咨询和服务中心。建筑面积1.1万平方米。农业科学、农业经济及与农业关系密切的生物科学书刊为该中心收藏文献的主体。其藏书始于1937年，现有文献210多万册，其中图书31万多册，20多万种；古农书、地方志等15 000多册，3 494种；中外文资料12万多册，11万多种；期刊164.7万多册，1.4万多种，订购中外文科技期刊4 000多种，其中800多种外文期刊是全国的孤本。图书馆设有中文、西文、日俄文期刊、最新图书、古籍、参考工具书、内部资料和电子文献等八个阅览室，可同时容纳读者250人。作为国家科技图书文献中心成员馆之一，还提供原文请求、参考咨询等服务。该馆购买或自建的全文型、文摘型、事实型等各类数据库100多种，内容涵盖了农业、生物、食品科学、环境科学、经济等学科。其中网络数据库达30多种，光盘数据库数十种。外文网络全文数据库十多种，涵盖外文网络版期刊约2 000种。外文网络文摘/事实数据库十多种，涵盖了世界范围内农业和农业相关学科权威专业文摘数据库，总纪录达2 500万条。中文网络全文数据库十多种，内容涵盖了8 000多种全文期刊、13万种电子图书、几十种电子统计年鉴等国内主要电子资源。中文文摘/目录数据库几十种，总记录近1 000万条。

中国谱牒学研究会
China Institute of Genealogy

全中国的学术团体，由山西社会科学院发起成立，1988年揭开了家谱收集整理与研究利用的新篇章。编辑出版《谱牒学研究》、《谱牒学论丛》、《中华族谱集成》以及第一部中国家谱目录。与美国、法国、泰国、澳大利亚、新加坡、马来西亚、日本、韩国和加拿大等国的侨胞以及专家学者建立起了广泛的联系，为国内外谱牒学爱好者和研究者提供了切磋和交流学术成果的阵地。

中国期刊全文数据库
Chinese Journal Full-text Databases (CJFD)

《中国知识资源总库》的核心资源之一，由中国学术期刊（光盘版）电子杂志社编辑出版、清华同方知网技术有限公司开发建设和发行，通过“中国知网”运营，是目前全球最大的、动态更新的中文期刊（含英文版）全文数据库。内容覆盖理工、经济、历史、法律、哲学、文学、政治、教育、医药卫生、电子信息、农业等，分为9大专辑，126个专题，积累全文文献800万篇，题录1 500多万条。来源国内公开出版6 100种核心期刊与专业特色期刊的全文。

中国期刊网
China Journal Net

指中国第一个通过因特网以数据库方式连续出版期刊全文的网站，由中国学术期刊（光盘版）电子杂志社于1999年6月创办开通，是中国网络出版产业的重要标志，在海内外具有重大影响和数以千万计的读者。“中国期刊网”每日大规模整合出版来自中国7 500多种自然科学、工程技术和人文与社会科学期刊的文献一万多篇，提供文献题录免费查询、全文检索下载、数字化学习与研究、引文统计与文献评价分析和期刊信息查询以及学科专家库等多种服务。

中国期刊网阵
Cluster of Chinese Journal Websites

由中国学术期刊（光盘版）电子杂志社建设的、以“中国知网”与“中国期刊网”及其广泛的读者群为基础的、专门为期刊出版单位提供信息化服务的编辑部和杂志社门户网站。其目标是通过“中国知网”与“中国期刊网”的巨大影响力和众多读者，建立中国期刊特别是学术期刊的全球性联系通道与发行平台，已建有6 000多个期刊编辑部和杂志社的虚拟主页与网络办公平台。其中“中国期刊采编发行管理平台”以网上征稿、投稿、审稿、征订和发行为主要建设内容，正逐步改变着传统的编辑、出版和发行模式，不断提高期刊文献的发表速度。

中国期刊协会
China Periodicals Association (CPA)

1992年4月成立的具有法人资格的全国性行业团体。该协会的主要任务，是广泛团结全国期刊工作者，认真贯彻党和国家的方针政策，深化期刊事业的改革，探讨期刊发展理论，组织人员培训，不断提高期刊质量，开展国际合作与交流，为繁荣和发展中国的期刊事业做出努力。自成立以来，已接受中央和地方约4 000家期刊社为会员。为便于开展活动，该协会下还成立了医药卫生期刊分会、文化综合类期刊分会、冶金期刊分会等10个二级分会，并主办有《中外文摘》、《商务旅行》、《中国期刊年鉴》和中国期刊协会网。还下设组织、财务、外事、经营管理与发行、继续教育、社会科学期刊、科学技术期刊、少年儿童期刊和军队期刊9个工作委员会，并设有经常性的办事机构秘书处。2000年10月，中国期刊协会加入国际期刊联盟。2004年被推选为国际期刊联盟董事会成员。由中国期刊协会、北京市新闻出版局与国际期刊联盟共同主办的2007年第36届世界期刊大会在北京召开。

《中国青年报》
China Youth Daily

中国共产主义青年团中央机关报，以广大青年为主要读者对象，1951年4月27日创办于北京。文革时期停刊，1978年10月复刊。该报是具有鲜明特色的综合性日报，以推动改革开放和社会主义进步为神圣职责，引导广大青年在建设有中国特色社会主义的伟大事业中发挥作用、健康成长；该报以独特的视角和客观、翔实的报道，及时反映人们普遍关注的青年问题和社会热点，积极倡导同社会主义市场经济相适应的新思想、新观念，倡导奋发进取、健康高尚的人生态度和精神品格。该报每日对开 8 版，除要闻版、国内版、国际版和体育版之外，还有 20 多个专刊和副刊轮流刊出，专门报道相关领域的新闻事件及背景分析。

中国青年出版社
China Youth Press

成立于 1950 年。其办社宗旨是：积极传播科技文化知识，努力为青年的成长、成才服务。该出版社现有青春、社科、文学、文教、科普、音像、电子、艺术、计算机、少儿和法律等 10 多个分社及编辑出版中心，还有《青年文摘》、《青年文摘·人物版》、《虹》、《青年心理》和《青年文学》等 5 个杂志社。该出版社还与美国、英国、德国、法国、日本、韩国、澳大利亚等国 100 多家出版社建立了合作关系，每年引进版权 100 种左右。

《中国情报学大百科全书》
Information Science of Encyclopedia of China

由中国科学技术情报学会和中国国防科技信息学会共同组织中国情报学界专家学者编写的工具书。由中国大百科全书出版社于 2010 年 7 月出版。全书设情报学理论与方法、情报源与情报采集、情报加工处理与信息组织、情报检索、情报服务、情报研究、情报技术与基础设施、情报事业与管理、情报成果与专著、情报机构与人物、综合与相关学科共 11 个分支领域，收录 1 219 个条目，字数为 130 万。

中国人民大学出版社
China Renmin University Press

成立于 1955 年，是中国教育部指定的全国高等学校文科教材出版中心，出版高水平的学术著作、期刊、音像制品和适用于研究生、本科生、专科生、成人教育、各类培训、入学考试、学历教育以及现代远程教育等方面的教材，每年出版新书 600 种。“出教材学术精品，育人文社科英才”，是该出版社的办社理念。近年来出版了一大批具有文化积累、文化传播价值的优秀图书，在海内外享有很高的声誉；出版的教材被中国各类学校广泛采用，许多教材一版再版，发行数十万册、数百万册以至上千万册。由于成果丰硕，多次获奖，包括国家级图书奖。

中国人民大学书报资料中心
China Renda Social Sciences Information Center

成立于 1958 年，是中国国内最早从事搜集、整理、存储、提供社会科学和人文科学信息资料的学术机构。其主要任务是对国内公开出版的 4 000 多种报刊上的社会科学、人文科学文献进行不同层次的整理加工，以多种形式向社会提供信息资料产品和服务。产品信息含量大，内容丰富，国内外公开发行，通过近半个世纪的发展，该资料中心已形成了具有相当规模的系列产品，拥有 148 种期刊，几十种光盘，包括“复印报刊资料”、“文摘”、“报刊资料索引”和原发期刊四大系列，成为国内人文社科信息资料服务领域的知名品牌。

中国人民大学图书馆
The Library of Renmin University of China

建于 1937 年，其前身为陕北公学图书室，后随校几经变迁，1950 年定为现名。总建筑面积 5.6 万平方米。馆藏文献 350 万册。该馆馆藏以人文社会科学文献为主，文理兼顾，纸本和数字资源协调并重，其中，线装古籍（1911 年以前）40 多万册，民国时期（1911—1949 年）出版物 10 万多册，港台书、刊 3 万多册。还设有人大文库，藏有人大学者和校友著作、研究生论文 8 万多册。经济学、法学、史学和哲学等学科文献的收藏较为系统。近年来加强了以电子资源为主攻方向的资源建设，拥有网络数据库 100 多种。该馆注重与国内外图书馆界同仁的学术交流和业务往来，同国外 50 多所院校图书馆或研究机构建立了资料交换关系。该馆于 1993 年加入国际图联，成为其机构会员。

中国人民大学图书馆图书分类法
The Classification of Library of Renmin University

简称“人大法”。该分类法之编制目的，主要是适合中国人民大学图书馆所藏的图书与资料的分类，所以分类表不仅要适合图书分类，还要适合资料分类；分类的项目，既要概括，也要详尽。该分类法把全部类目分为 4 大部分，排列 17 类。《中国人民大学图书馆图书分类法》由张照、程德清主编，中国人民大学图书馆集体编著，中国人民大学出版社出版。该分类法于 1953 年初版问世，1955 年出第 2 版增订本，1979 年起开始修订，期间都有较大的修改和补充，现为第 6 版。

中国人民大学新闻与社会发展研究中心
Research Center of Journalism and Social Development of Renmin University of China

前身为 1986 年 10 月成立的中国人民大学舆论研究所及此后相继成立的现代广告研究中心、媒介经营管理研究所、港澳台新闻研究所和视听传播研究中心，1999 年 11 月，以现名重新组建，2000 年 9 月被批准为教育部人文社会科学重点研究基地。研究中心下设新闻传播研究所、舆论研究所、媒介经济研究所，另与新闻学院共建新闻资料中心，共同主办了新闻传播学的综合性学术期刊《国际新闻界》，共同复办《新闻学论集》。

中国人民大学信息资源管理学院
School of Information Resource Management, Renmin University of China

中国人民大学专门从事信息资源管理学科教学与科研活动的机构，是中国信息管理、信息系统、知识管理、图书馆学、情报学与档案管理教学科研及人才培养的重要基地之一。2003 年 12 月，在原档案学院的基础上正式成立。该学院下设档案学系、政务信息管理系，下辖 1 个学院办公室，5 个教研室，1 个实验中心，1 个资料室，1 个博士后流动站，1 个实验档案馆。与兄弟院系共同建立“数据工程与知识工程教育部重点实验室”。中国人民大学电子政务研究中心、《档案学通讯》(*Archives Science Bulletin*) 杂志社均由学院直接管理。该学院拥有图书馆学、情报学与档案管理一级学科博士学位授予权，学科专业结构涉及学科领域的所有二级学科，其中档案学科是国家重点学科，情报学科为北京市重点学科。在本科教育层次设有档案学和信息管理与信息系统（政务信息管理方向）2 个专业；在硕士研究生教育层次设有档案学、情报学、图书馆学、信息资源管理、中外政治制度 5 个专业；在博士研究生教育层次现设有档案学、情报学、图书馆学、信息资源管理 4 个专业。

中国人文科学发展公司
Chinese Corporation for Promotion of Humanities

1980 年成立于北京，是综合性国际贸易公司，直属于中国社会科学院（国家人文、社会科学研究中心)，致力于中国的人文科学和社会科学建设与发展。根据科贸结合的原则，依靠中国社会科学院的智力和信息优势以及专家学者的支持与合作，按照国家经贸部审定核准的经营范围及进出口商品目录，广泛开展国际间的进出口贸易、经济合作、学术与文化交流、人文科学及社会科学信息咨询、人员培训、国际展览和广告等业务。公司下设分公司、工贸结合的子公司及其他各种规模的经济实体。该公司与世界各国数百个组织、机构和企业建立了经常性的联系。

中国人物传记网
www. chinawzj. com

旨在记录中国改革开放以来各行业人士的奋斗故事和成功业绩，展现他们的勤劳和智慧，弘扬蕴涵其中的时代精神，讲述他们不为人知的辛酸和苦难，从另外的角度记录改革开放以来中国经济社会所发生的巨大变化。该网聚集了数十名资深记者和作家，通过采访、整理所提供的资料，撰写了家史、村史和厂史以及个人传记、报告文学和公文等文稿。

《中国日报》
China Daily

中国的第一份全国性英文日报，1981 年 6 月 1 日正式创办于北京。主要读者对象为在华的外国人。目前该报发行到世界 150 多个国家和地区，日均发行量超过 30 万份。周一至周五出版对开 12 版，周六周日为对开 8 版，周日出《商业周刊》专版。在纽约设有北美发行公司，自 1997 年起在中国香港创办了香港版。该报另外还出版英文报《21 世纪报》(*21st Century*)，主要报道国际时事、介绍世界风情，指导英语学习，提供留学信息。每周三出版，在上海、广州有卫星传真版分印点。

中国软件联盟
China Software Alliance (CSA)

1995 年成立，是中国软件行业协会知识产权保护联盟的简称，是一个推动中国软件知识产权法律保护、打击软件盗版、仿冒和非法拷贝等侵权行为，维护软件权利人的合法权益，促进软件产业发展的社团组织。

中国社会科学情报学会
Chinese Information Society of Social Sciences (CISSS)

于 1986 年成立。中国社会科学院主管、由社会科学院系统、党校系统、军队院校系统、新闻系统、高校系统和公共图书馆系统中从事图书情报工作的机构组成的全国性学术团体。其宗旨为：团结全国的社会科学文献信息工作者，在繁荣和发展图书馆情报学理论研究和促进学术交流方面，在推动文献信息工作的规范化、标准化、自动化和网络化方面，在新技术的推广和应用方面，在促进文献信息资源共建共享方面，在为哲学社会科学研究提供可靠的文献信息保障方面发挥积极作用。该学会出版发行学报《情报资料工作》(*Information and Documentation Services*)。

《中国社会科学》(英文版)
***Social Science in China* (English edition)**

中国重要的人文社会科学综合类英文学术刊物，介绍中国人文社会科学研究方面的学术成果、理论动态和学术研究信息。是国外了解中国人文社会科学发展状况的信息窗口，也是国内学者与国际交流的文化之桥。季刊。

中国社会科学院文献信息中心
Center for Documentation and Information, Chinese Academy of Social Science

建于1957年，前身是中国科学院哲学社会科学学部情报研究室，几经更名，1992年定为现名。1994年起，又称中国社会科学院图书馆。建筑面积2万平方米。该中心重点收藏人文社会科学类书刊文献。馆藏书刊240万册，其中古籍约20万册，珍善本书达3 650多册，中文期刊2 218种（含港台期刊89种），外文期刊953种，电子出版物600多种。方志书总量已达53 600册，其中新编地方志书为26 000册。收藏的地名志1 512册，学位论文约20万册。编辑出版的刊物有《Internet信息世界》(*Internet Information World*)(月刊)、《国外社会科学》(*Social Sciences Abroad*)(双月刊)、《当代韩国》(*Contemporary Korea*)(季刊)、《环球市场信息导报》(月刊) 和《第欧根尼》(*DIOGENES*)(半年刊)。

中国生物医学期刊引文数据库
China Medical Citation Index

由中国人民解放军医学图书馆数据库研究部研制开发的专业引文数据库。收录1995年以来的中文生物医学期刊1 000多种，涵盖该领域所有的核心刊和重要刊，含有200万条来源期刊文献和200多万条期刊引文数据。是中国生物医学领域规模最大的新型引文检索系统。该系统通过对中文医学期刊引文现状的充分调研，从实用性考虑，采用了智能扩检技术，具有较高的查全率和查准率。

中国式的线装书
Chinese style

在中国和日本，图书的演进过程与西方相同，都是从卷轴书到带封面书，但是演进方式不同。中国式的图书不是将抄本形式分开的书页一页页地装订起来，而是将连续的手写材料的卷轴像手风琴一样对折，形成连续折叠的书页，页边不切开，仅在一面书写（后来是印刷），在订口附近用线装订，中国从明朝开始就用此法。

《中国书目》(法国)
(法) *Bibliotheca Sinica*

法国著名汉学家亨利·考狄埃（*Henri Cordier*）编写的西方汉学目录书，初版于1881年。该书目记载了19世纪西方学者研究中国社会各方面问题的图书和期刊论文的状况，具有较高的学术价值。

中国数字化期刊群
China Online Jourals (COJ)

中国最核心的数字化期刊出版联盟，是由北京万方数据股份有限公司研制开发的。该期刊群以核心期刊为主线，内容涵盖医药卫生、工业技术、农业科学、基础科学、社会科学、经济财政、科教文艺和哲学政法等各个学科领域，共包括100多个类目的近5 000多种核心期刊以及数字化全文数据库、万方数据中文知识（链接）门户和数字化期刊刊名数据库。《中国数字化期刊群》具有收入期刊种类齐全、知识链接、更新频率高、格式通用、检索方式多样、结果显示可定制、界面清晰、使用性强和使用价值高的特点。

中国数字图书馆有限责任公司
China Digital Library Corp., Ltd.

经国务院批准，服务于国家数字图书馆工程建设的高新技术企业，于2002年2月正式成立。该公司承担国家数字图书馆工程整体信息服务体系的建立与运营、核心技术研发与应用推广、相关技术标准规范的制定、专业信息提供、数字化信息总体解决方案、数字版权管理与商业服务及其相关的资本运营工作。以国家巨额财政投入建立的国家数字图书馆工程为基础，充分依托中国国家图书馆丰富的馆藏资源和国家数字图书馆工程资源建设联盟成员的特色资源、借助遍布全国的信息组织与服务网络，利用公司技术专家和经营专家在信息内容组织、数字化加工、国家图书馆馆藏数据库服务、数字图书馆技术总体解决方案、数字图书馆资源库建设与应用服务等方面的经验与专业素养，建立为各类用户、特别是为社会团体和工商企业用户提供专业性、系统性和主动性的多媒体咨询服务，并将成为全球最大的中文多媒体数字信息资源内容服务提供商。

《中国索引》

Journal of the China Society of Indexers

2003 年创刊，由中共中央编译局主管，中国索引学会主办。编辑部设在上海复旦大学图书馆内。其宗旨为：以促进中国索引学和文献数据库技术的研究，推动索引和文献数据库事业的发展，普及索引和文献数据库知识，进行索引学和文献数据库技术领域的国际交流。所开设的栏目有："中国索引学会之页"、"评论"、"索引与数据库论坛"、"各类型索引与数据库研究"、"网络信息检索工具研究"、"索引语言（情报检索语言）研究"、"自动标引与自动分类研究"、"索引与数据库介绍"、"因特网信息资源介绍"、"索引与数据库漫笔"和"索引与数据库新闻"等。季刊，有英文要目。

中国索引学会

The China Society of Indexers (CSI)

索引研究和编纂的非营利性学术组织，于 1991 年 12 月 24 日在上海成立。总部设在复旦大学图书馆，挂靠单位为复旦大学，主管单位为中共中央编译局。学会以"真诚、求实、开拓、奉献"为办会宗旨和会员活动准则，旨在促进索引理论研究，繁荣索引编辑出版，培训索引编纂人才，加强国内外学术交流。目前该学会在全国图书情报、学术文化和新闻出版系统发展有会员 1 000 多人，并在各省市自治区设有联络处。该学会成立后即筹划编纂出版大型工具书《二十世纪中国学术论著目录索引丛书》，并由葛永庆等主编《索引研究论丛》（已出版《索引的昨天、今天和明天》、《论索引和索引法》、《索引工作自动化》、《索引技术和索引标准》、《报纸索引和新闻数据库》等专辑）。该学会每隔两年召开年会暨学术讨论会，还定期举行各类成果展评和学术报告会、研讨会等活动。出版会刊《中国索引》(*Journal of the China Society of Indexers*)和《索引通讯》。

中国通信学会

China Institute of Communications (CIC)

中国通信科技工作者和中国通信企、事业单位自愿组成、依法登记的非营利性学术团体、中国通信科技工作者之家，成立于 1979 年。其主要任务是：组织国内外学术与技术交流，提供通信技术、政策和工程类咨询服务，普及通信科学技术知识，开展继续教育和培训，出版科技刊物，举办通信科技展览，组织与国际学术机构的民间合作与交流，接受委托，组织通信科技项目评估和成果鉴定，评选科技进步奖励项目，开展表彰、奖励活动，评审技术职务资格，发现与推荐人才以及其他科技性中介活动。下设 7 个工作委员会、21 个专业委员会。主办或联合主办《通信学报》(*Journal on Communications*)、《电信科学》(*Telecommunications Science*)、《现代通信》(*Communications Today*) 和《中国电信业》(*China Telecommunication Trade*) 等 4 种期刊。

中国统计年鉴数据库

China Statistical Yearbooks Database

集统计数据查询、统计数据分析及个性化统计数据库管理功能于一体的综合统计年鉴（资料）数据总库。该数据库收录统计年鉴 287 种 3 171 册，普查资料 91 种 196 册以及其他统计资料 28 种 95 册。资源总数共计 635 种 3 799 册，统计资料内容涵盖了国民经济与社会发展各个领域。

中国图书馆分类法

Chinese Library Classification (CLC)

原名为"中国图书馆图书分类法"，是一部具有代表性的大型综合性分类法，简称"中图法"。该分类法与国内其他分类法相比，编制产生年代较晚，但发展很快，不仅系统地总结了中国分类法的编制经验，而且还吸取了国外分类法的编制理论和技术。该分类法把文献所包含的知识内容划分为：马列主义、毛泽东思想，哲学，社会科学，自然科学和综合科性图书 5 个基本部类和 22 个大类。自 1999 年起更为现名，简称不变。《中国图书馆分类法》的编制始于 1971 年，先后出版了 5 版，即 1975 年出版第 1 版，1980 年出版第 2 版，1990 年出版第 3 版，1999 年出版第 4 版，2010 年出版第 5 版。

《中国图书馆分类法》编辑委员会

The Editorial Committee of *Chinese Library Classification*

简称《中图法》编委会，是《中图法》各种

系列版本包括《中分表》的研究、编制、修订和管理的组织机构，始建于1971年2月。由原北京图书馆和中国科学技术情报研究所等36个单位组成。1979年6月经国家有关主管部门批准，正式成立第一届编委会。现由国家图书馆领导并主持其常务工作，其委员由国家图书馆、全国主要公共图书馆、高校图书馆、高校信息管理系从事分类法、主题词表研究以及教学与实际编目工作的专家担任。

《中国图书馆分类法·儿童图书馆、中小学图书馆版》

***Chinese Library Classification*（*Children's Library & School Library Edition*）**

简称《少图版》。是为适应中小学、儿童图书馆类分中小学藏书和青少年文献的需要而编制的。1990年《中图法》编委会成立了《中图法（少图版）》分编辑委员会，在《中图法》第3版和第4版草稿的基础上，分别于1991年、1998年编辑出版了《中图法（少图版）》第1版和第2版。每版都有与之相配套的使用手册，使用手册第2版附有类目主题索引。

《中国图书馆分类法·期刊分类表》

Periodicals Classification Scheme of CLC

简称《期刊表》。为适应中外文期刊分类排架和分类检索的需要，由《中图法》编委会自1985年开始编辑，在《中图法》类目体系的基础上，参考了北京图书馆、福建省图书馆和湖南省科技情报所等单位的期刊分类表草案，结合期刊综合性强等特点，对一些不适合期刊分类的类目进行了调整和删并而形成的。于1987年出版第1版，1993年修订出版了第2版，1998年出版了《期刊表》实用指南。该分类表与《中图法》的编制原则、体系结构和标记制度基本一致，分主表和辅助表两部分。主表中社会科学和人文科学列类一般至3级，自然科学和工程技术列类一般至4级。期刊分类表的第2版共列类1 300条左右，交替类70条左右。主表中只有港台政治、各国政治设有专类复分，其他各类不再设有专类复分表。辅助表只有形式复分表、世界地区表和中国地区表。

《中国图书馆年鉴》

China Library Yearbook

由中国图书馆学会、国家图书馆联合主办的集中反映全国图书馆事业年度发展状况的重要载体，也是展示各系统、各地区图书馆工作成就的重要平台。反映中国图书馆事业基本情况的大型资料性、专业性工具书，其宗旨是为各级领导对中国图书馆事业宏观管理和科学决策提供参考，为图书馆工作人员和教学科研工作者提供中国图书馆事业的基本文献、基本数据、科研成果和最新工作经验，为广大社会用户提供有关图书馆的各种信息资源。《中国图书馆年鉴》创刊于1996年，由中国图书馆学会编译出版委员会年鉴编辑研究委员会和国家图书馆研究院组织编写，全国各省、市、自治区、各系统图书馆学会或专业刊物的负责人担任撰稿者，条目和有关资料由专业研究人员和工作人员撰写和提供。

《中国图书馆学报》

The Journal of the Library Science in China

由文化部主管、中国图书馆学会和中国国家图书馆主办。创刊于1957年，原名为《图书馆学通讯》，1991年改为现名。主要栏目有："理论研究·实践研究"、"事业发展·现代化建设"、"探索·交流"和"信息·动态"等。载文内容偏重图书馆学情报学的理论研究和事业发展的宏观研究，以求为专业理论和事业的发展提供参考和指导。该刊坚持从严选稿，刊登文章质量较高，在近十年进行的全国图书馆学期刊评比中，均被评为优秀期刊，并被定为国家核心期刊，被国际上许多著名的检索期刊如《乌利希国际期刊指南》（*Ulrich's International Periodicals Directory*）收录。2002年入选"中国期刊方阵"，并荣获第2届国家期刊奖重点期刊奖。双月刊，有英文目录和摘要。

《中国图书馆学报》英文版年刊

***Journal of Library Science in China*（Annual，English Edition）**

创刊于2009年，由文化部主管，中国图书馆学会和中国国家图书馆共同主办的图书馆学情报学专业学术刊物，由中国图书馆学报编辑部编辑，国家图书馆出版社出版发行。该刊关注国际图书馆学研究和图书馆事业的发展趋势，侧重于对中国图书馆事业的研究，反映中国图书馆学的优秀学术成果。

中国图书馆学会

Library Society for China（LSC）

中国图书馆工作者的学术性群众团体，中国科协的组成部分。其前身为成立于1925年的中华图书馆协会，是国际图书馆协会联合会（IFLA）的发起单位之一。中国图书馆学会于1979年7月在山西太原召开第一次全国代表大会。为更好地开展学术活动，成立了学术研究委员会、编译出版委员会和图书馆交流与合作委员会。该学会的主要任务是：开展国内外学术交流，加强同国际图书馆界的联系与合作，活跃学术思想，组织学术研究，编辑、出版、发行图书馆学书刊资料，促进学科发展；为国家文化、教育、科技发展战略、政策和经济建设中的重大决策以及中国图书馆事业政策的制定提供咨询服务；介绍、推广和评定图书馆学科研成果；开展对会员和图书馆工作者的继续教育，普及图书馆学基础知识，传播推广先进技术，发现并举荐人才，表彰、奖励在学术活动中取得优秀成绩的会员和图书馆工作者；维护会员和图书馆工作者的合法权益，反映会员的意见和要求；举办为会员服务的事业和活动；面向社会公众，指导阅读，开展科普教育。该学会除上述3个委员会，还设有科普与阅读指导委员会以及《中国图书馆学报》编委会，并在9个系统成立了分支机构。1996年8月，在北京成功举办了第62届国际图联（IFLA）大会，并从1999年起，每年召开学术年会。编辑出版双月刊《中国图书馆学报》（*The Journal of Library Science in China*），内部发行会员刊物《中国图书馆学会工作通讯》（*LSC Newsletter*）。

中国图书馆学情报学书目数据库

The Bibliographical Database for Library & Information Science in China

在武汉大学博士生导师陈光祚的指导下，由深圳南山图书馆建立的《图书学情报学书目数据库》正式开通。该数据库收集了自1901年以来中国图书情报学领域发表的学术论文、专著、会议文献和毕业论文等书目数据12万多条。主要内容有自1901以来在各图书馆学、情报学专业期刊发表的学术论文，部分其他学科核心期刊中的有关图书馆学、情报学的学术论文；正式出版的图书馆学、情报学专著；研究生、博士生学位论文以及中国图书馆学年会会议论文集等。

《中国图书馆员职业道德准则》（试行）

***Professional Ethic Codes of Chinese Librarians* (*trial*)**

以中共中央颁布的《公民道德建设实施纲要》为指导，总结中国图书馆活动的实践经验，为履行图书馆承担的社会职责而制定的行业自律规范。该准则指出：准则的贯彻落实，有赖于图书馆员的自觉行动、图书馆馆长的具体指导、图书馆组织的引导激励、图书馆间的积极合作，以及全社会的支持与监督。该准则共10条，由中国图书馆学会第六届四次理事会2002年11月15日通过。

中国图书进出口（集团）总公司

China National Publications Import and Export Corporation (CNPIEC)

具有50多年历史的集报刊、图书、文献资料、音像制品和电子出版物等文化信息产品进出口贸易、版权贸易以及出版、印刷、物流快递、投资、信息技术、物业、展览和广告等业务于一体的国有重点骨干企业。其前身是1949年11月建立的原国际书店，1964年进出口业务划归中国外文书店经营，1973年1月中国外文书店改名为中国图书进口公司，1981年正式更名成立中国图书进出口总公司，1999年改为现名。该公司每年进出口书报刊几十万种，音像制品5 900多种；累计出版图书3 000多种，其他科技资料2 600多种；累计购买国外科技期刊版权近400种，图书版权4 000多种。公司总部设在北京，由报刊、图书、文献等8个业务部门及经理办公室、人力资源部、计划财务部等9个职能管理部门组成。在上海、广州等地设有20多家国内分支机构，在美国、英国、德国、日本和俄罗斯等国家和地区设立7个境外分支机构。至2012年，该公司已承办了19届北京国际图书博览会，举办4届全国图书馆文献采访工作研讨会。

《中国图书情报工作实用大全》

A Practical Complete Collection of Library and Information Services

由武汉大学图书情报学院主编。该书广泛收集了图书、情报、资料和档案工作需要经常查考的文献资料，诸如一些基本的公式、数据、法规、条例，扼要地概述了图书、情报、资料和档案领域有关的名词术语和基本概念、基本理论、基本技术方法及代表人物、机关团体等。全书约有1 200多个条目，200多幅图、表和附录，由科学技术文献出版社于1990年出版。

《中国图书情报工作文库》

Essays on Library and Information Service

由辛希孟先生主编，收集论文800多篇，5卷本，共计1 500万字。内容涉及总论、文献资源建设、文献加工、文献信息服务、检索语言、情报研究、工具书编辑与利用、信息技术开发利用、图书情报工作的组织和管理、图书情报事业和书刊编辑出版与发行。由中央编译出版社于1996年出版。

《中国图书资料分类法》
Chinese Books and Materials Classification

简称《资料法》。与《中图法》同时始编于1971年，1975年刊行第1版，1982年出版第2版，1989年刊行第3版，2000年出版第4版。1995年《资料法》编委会由《中图法》编委会分出，成立独立的编委会，负责《资料法》的修订、出版和管理。主要供各级情报部门类分图书资料、编制分类检索工具时使用。该分类法与中图法在体系结构、标记制度等方面是一致的，不同之处在于：类目设置详尽；复分、仿分、冒号组配的使用范围较广泛。

《中国文化》
Chinese Culture

目前唯一的一家北京、香港、台湾同时出版的大型学术刊物。每年推出春季号、秋季号两期，每期25万字，特大16开，四面彩色插页，印制精美。创刊以来已出版30多期，普获中外学界人士的期许与佳评。其宗旨是“深研中华文化，阐扬传统专学，探究学术真知，重视人文关怀”。主要栏目有：文史新篇、专学研究、文化与传统、古典新义、文学的文化学阐释、中国艺术与中国文化、古代科技与文明、宗教与民俗、现代文化现象、宗教信仰与文化传播、学术史论衡、学林人物志、学人语要、中国文化研究的检讨与展望、域外汉学、序跋与书评、作家专栏、本刊专访和文化学术动态等。

中国文化大学图书馆
Chinese Culture University Library

位于中国台湾省台中市，建于1962年，是学校创办人张其昀博士斥巨资购买大量图书而组建成的，建筑面积为14 170平方米。馆藏图书128万册，纸质图书121万册，纸质期刊6 869种，电子期刊27 793种，电子图书187 045种，另外各种缩微胶片、视听资料68 645万件，光盘数据库40多种，在线数据库184种。特色收藏有全套台湾省各县市姓氏谱系资料以及丰富的敦煌文献，包括有关敦煌的研究论文。

中国文化研究所
Institute of Chinese Culture/Chinese Academy of Arts

保持交叉学科的人文与社会科学的专门研究机构，隶属于文化部所属的中国艺术研究院。所内聚集了一批功底坚实的中青年学人，分属于思想史、学术史、艺术学、法学、政治学、人类学等不同学科，每年都有相当数量的科研成果问世。资深学者李学勤、汤一介、金耀基、余英时等应聘担任所学术评议委员。下属机构有“法律与文化研究中心”、“休闲文化研究中心”，出版《中国文化》杂志。研究所接收国内外访问学者。

《中国文化研究所学报》
Journal of Chinese Studies

由香港中文大学中国文化研究所委任的编辑委员会负责，实际工作由编辑委员会主席及副编辑主持。1968年创刊，每期均发单篇的中、英文论著，其中以中文稿为主。所刊登的数百篇论文种类繁杂，体制殊异，自古迄今，上记新旧石器时代，下迄晚清、民国至当代中国。主要有：经典文献、历史、文学、哲学思想、佛教、小学、考古、艺术、建筑、音乐、礼仪、历法、医药、民俗、人物、中外交通、近现代政治、社会经济、文化变迁等。该学报采用匿名评审制度，论文均经编委参酌审查报告然后作出决定是否刊登，用稿公正以提升水准。

中国文联出版社
China Federation of Literary and Art Circles Publishing House

1983年成立于北京。该出版社出版的图书包括：被称为目前国内大型套书之一的《中国新文艺大系》、中国当代及近现代文学作品（包括港澳台及海外华文文学）、马克思主义文艺理论与美学著作、外国文学作品、连环画与儿童读物、文化生活读物、美术、音乐、摄影、书法等艺术门类书籍及音像出版物。

《中国文献编目规则（第二版）》
The Cataloging Rule for Chinese Documentation (2nd Edition)

根据《国际标准著录规则》（*ISBD*）和《英美编目条例》（*AACR*）的最新版本，并适应中国文献编目工作的需要，对原《中国文献编目规则》进行了修订。在具体项目修改中，对规定信息源、版本信息选取、特殊文献著录对象的确立、分析著录的不同类型等著录项目进行了修改；同时对电子资源、连续性资源和测绘制图资料等章节做了补充与修改。特别是标目法部分，在内容、章节和结构上做了较大的调整，增加了大量样例，使内容更加充实。中国国家图书馆《中国文献编目规则》修订组编辑，由北京图书馆出版社于2005年出版。

《中国文献情报》

Chinese Journal of Library and Information Science

2008年创刊，中国内地首份英文图书馆学情报学杂志，只发表英文学术文章，也接受中文稿件，在通过专家匿名评议后，需由作者翻译成英文发表。该刊内容分设固定栏目与非固定栏目两种形式，固定栏目论文有综述论文、研究论文和实践论文；非固定栏目刊登新书推荐、书评、著名图书馆学家的趣闻轶事、比较图书馆学研究以及会议简讯和报道等。由中国科学院国家科学图书馆出版，季刊。

中国文献影像技术协会

China Document Image Technical Association (CDITA)

原名为中国缩微摄影技术协会，成立于1994年。全国广大缩微摄影技术和数字影像技术工作者的非盈利性专业团体。其主要宗旨是：积极促进缩微摄影技术和数字影像技术的应用、普及与发展；努力提高缩微摄影技术和数字影像技术在现代化信息管理工作中的地位与作用。

中国文字著作权协会

China Written Works Copyright Society

于2008年10月24日在北京成立，是中国唯一的文字著作管理组织，是教科书和报刊“法定许可”稿酬收转的法定机构，提供文字著作权许可服务和版权代理服务。

中国现代文学馆

National Museum of Modern Chinese Literature

中国现代文学的资料中心，集文学博物馆、文学图书馆、文学档案馆、文学资料研究和文学交流的功能于一身。其任务是收集、保管、整理、研究中国现、当代作家的著作、报刊、手稿、译本、书信、日记、录音、录像、照片和文物等文学资料、档案资料和有关的研究资料。1981年由著名作家巴金建议创建，1985年在北京正式开馆。该馆现共有藏品近40万件，其中包括书籍、杂志、报纸、手稿、照片、书信、录音带、录像带和文物等。已建立的有巴金文库、冰心文库、周扬文库、俞平伯文库、丁玲文库、夏衍文库、姚雪垠文库和刘白羽文库等中国内地、港、澳、台及海外华人作家的文库共81个。编辑出版的学术资料有《中国现代作家大辞典》、《当代台湾作家代表作大系》、《中国现代文学百家》丛书和《作家书信集》丛书等。与此同时，还与国内外各界进行广泛交流，先后单独或联合主办了“走近巴金大型图片展览”、“冰心创作生涯七十年展览”和“老舍创作生涯展览”等17位作家作品及生涯展览。目前，该馆的图书资料管理实现了现代化。配有计算机管理系统、电视拍摄厅和后期制作室和先进的保管、检索、复制和阅读设备，能为读者提供周到的服务。

《中国新闻出版报》

China Press and Publishing Journal

由中华人民共和国新闻出版总署主管，是面向全国新闻出版领域的一张综合性的报纸；紧紧围绕党和国家关于新闻出版工作的大政方针，围绕新闻出版总署的中心工作，围绕新闻出版工作的实际问题，积极地组织宣传报道。国家的有关新闻出版和版权管理、印刷业管理等方面的政策、法规，主要由《中国新闻出版报》向社会发布。该报围绕新闻出版业热点、焦点、难点和兴奋点，组织了一系列有影响的全国性重大活动。

中国新闻出版研究院

Chinese Academy of Press and Publication

前身是成立于1985年3月的中国出版发行科学研究所，2010年更为现名。其主要业务是研究国内外出版业的现状、趋势与历史，为政府和业界提供全方位的决策咨询和智力支持。与此同时还承担组织制定出版业的相关标准，组织编撰、出版专业书刊，发布国内外出版信息以及组织或承办出版界大型行业活动等工作。

中国新闻社

China News Agency

简称中新社，是由中国新闻界和海内外知名人士于1952年9月14日在北京发起成立的，是中国内地仅有的两家通讯社之一，直属于中国国务院侨务办公室（国侨办）。经过60年的建设与发展，中新社已具可观的规模。其总社设在北京，在全国23个省、自治区、直辖市和中国香港、澳门以及美国、法国、日本、澳大利亚和泰国设有分社。

中国学术会议论文文摘数据库
Chinese Academic Conference Papers（CACP）

由北京万方数据股份有限公司研制开发，中国科技信息研究所收录的由国家级学会、协会、研究会组织召开的学术会议论文。其范围覆盖自然科学、工程技术、农林和医学等领域，收录自1985年以来召开的3 800多个学术会议发布的论文、论文文摘数已超过55万篇。

中国学术期刊（光盘版）
China Academic Journals（CAJ-CD）

中国第一个连续电子出版物，由清华大学创办于1995年。开始以中国标准书号形式分月刊和双月刊连续出版理工A、理工B、理工C、农业、医药卫生、文史哲、教育与社会科学综合7个专辑，于1997年12月获准取得中国第一批共7个连续电子出版物刊号。该光盘版择优全文收录了中国正式出版的学术类、科技类、政策指导类中英文期刊约7 000种。该光盘系列按学科分为基础科学、工程科技Ⅰ辑、工程科技Ⅱ辑、农业科技、医药卫生科技、信息科技、哲学与人文科学、社会科学Ⅰ辑、社会科学Ⅱ辑、经济与管理科学等十个专辑，按月与印刷版基本同步出版发行。

中国学术期刊（光盘版）电子杂志社
China Academic Journals Electronic Publishing House

中国第一个连续电子出版物出版机构和第一批获准成为因特网出版机构的单位之一，1997年9月成立，由清华大学主办、教育部主管。2003年11月经国家新闻出版总署批准成为因特网出版机构。创办之初主要从事《中国学术期刊（光盘版）》的编辑出版发行和相关知识信息服务产业，现已发展成为集数据库型电子期刊出版、因特网出版和大规模知识整合与增值传播、知识信息服务产业为一体的大型电子与网络出版机构和知识信息服务机构。中国学术期刊（光盘版）电子杂志社以中国知识基础实施工程和《中国知识资源总库》为建设目标，以中心网站版、镜像数据库版和光盘数据库版等多种产品形态连续出版《中国期刊全文数据库》、《中国优秀博硕士学位论文全文数据库》和《中国重要会议论文全文数据库》、《中国重要报纸全文数据库》等24个超大型全文数据库和各行业专业知识仓库以及多媒体素材库，用户分布在全球30多个国家和地区。

中国学术期刊综合引证报告
Chinese Academic Journal Comprehensive Citation Report

以文献分散定律、引文分析理论、文献指数增长律与文献老化指数为理论依据，采用定量评价方法、多指标体系，通过规范化加工、统计分析《中国知识资源总库》中学术性论文的引文数据并按“同类相聚，同级相比”原则编制而成。突破了以小样本、分学科划定核心期刊作为来源期刊的做法。是中国引文量最大、统计速度最快、综合性、跨学科的大型科学文献计量年报，中国期刊评价工具之一。内容包括：来源期刊刊名字顺总表；期刊在统计年的总被引频次、他引总引比、影响因子、即年指标和被引半衰期等主要科学文献引证指标；总被引频次分类排序表；影响因子分类排序表和各个类目的文献计量指标平均值统计总表。从不同侧面分析和反映了某种期刊在各个学科领域期刊的相对重要性及在科学交流中被使用的程度和范围、影响力、学术水平。由“中国学术期刊（光盘版）电子杂志社”主办并编辑出版。

中国学位论文全文数据库
Dissertations of China，Fulltext（DOCFT）

由国家法定学位论文收藏机构中国科技信息研究所提供中国学位论文文摘数据库资源，并委托北京万方数据股份有限公司加工建库，收录了自1977年以来中国自然科学领域博士、博士后及硕士研究生论文，其中文摘已达38万多篇。首次推出最近3年的论文全文10万多篇，并年增3万篇，形成中国学位论文全文数据库，涉及社会科学、理学、医药卫生、农业科学和工业技术等学科范围。

中国医科大学图书馆
China Medical University Library

创建于1914年，其前身是1892年始建的辽宁医学院图书馆和1911年创办的满洲医科大学图书馆。馆舍总建筑面积1.5万平方米，设有阅览座位913席；藏书总量达110万册，其中收藏生物医学专业期刊6 537种26万册，现刊1 425种（其中外文期刊312种）。中医古籍始于公元1298年（元大德四年），德、英和日文医学期刊分别始于1824年、1825年和1878年，外文全文数据库29种。该馆与加拿大麦吉尔大学卫生科学图书馆建有长期合作协议，开展学术交流、文献交流和人才交流，并与日本、美国、英国和荷兰等70多个学术机构建有资料交换关系。

中国医学科学院/协和医科大学图书馆
Library of the Chinese Academy of Medical Sciences and Peking Union Medical College

前身为美国洛克菲勒基金会于1917年创办的北京协和医学院图书馆。1957年改名为中国医学科学院图书馆。1985年中国协和医科大学复名，该馆又称中国协和医科大学图书馆。拥有藏书量已达270万册（件），以生物医学书刊为主，其中尤以外文医学期刊较为丰富，许多重要期刊都是从创刊号成套入藏。外文医学期刊6 900多种（其中纸质期刊近3 500多种）、中文医学期刊1 300多种、网络数据库和光盘数据库37种、研究生论文7 000多册，还藏有1 000多部中医古籍、1 000多种外文医学史专著和2万多册WHO系列出版物等特色资源。2000年国家科技图书文献中心成立，该馆既是该中心理、工、农、医四个国家级专业支柱图书馆之一，又是中国卫生部全国医学文献资源共享网络的国家中心馆和中国医学科学院/协和医科大学文献信息中心。

中国移动手机阅读基地
China Mobile Communication Mobile Reading Base

2009年，中国浙江移动受中国移动集团公司委托，在浙江统一建立和运营手机阅读基地，利用基地"用户全国服务、内容一点接入、业务统一运营和产品全国推广"等特点，整合图书、期刊、漫画等各种出版形态，搭建国内领先的无线图书发行平台，助力传统出版产业的升级改制并承担推动全民阅读率的提升、服务节能减排和绿色环保的社会责任。

《中国艺术百科辞典》
Encyclopedia Dictionary of Chinese Art

红学家冯其庸先生担任主编，商务印书馆于2004年出版，是一部综合性艺术类工具书。辞典正文部分约500万字，收词25 000余条，收录图片1 400多幅；根据内容编排，全书分成绘画、书法和雕塑等16卷。编者认为，全书展示了中华民族各艺术门类精华，多角度介绍了中国艺术衍生、发展脉络。

中国音乐著作权协会
The Music Copyright Society of China

中国第一个全国性的保护音乐作品著作权的集体管理机构。1992年8月成立于北京。协会的宗旨是为了帮助音乐作品的著作权人行使权利，促进音乐作品的合法使用，保证著作权法的有效实施，在国际著作权公约的基础上开展著作权集体管理领域的对外合作。

中国音像协会
China Audio & Video Association

于1994年4月29日正式成立，是全中国音像界自愿组成的国家级行业团体，包括音像的出版、复制和发行三个环节，负责三个方面的合法权益，协调三方面的业务关系，提供三方面的有关信息，规范三支队伍的法制观念和职业道德。作为配合政府密切联系音像单位，对音像单位实施宏观管理的纽带，担负多方面具体任务。从中国音像业的实际、特别是多年来音像单位遇到最大难题出发，保护音像制品制作者的版权，使之不受侵犯，这是该协会当前的主要任务。作为全中国音像界的行业组织，要更紧密团结全体会员，探索中国音像业发展之路，倡导团结、健康、繁荣和进步之风。

中国印刷博物馆
China Printing Museum

于1996年6月1日建成开馆，共有建筑面积8 100平方米。该馆全面展示了中国印刷术的起源、发明和发展的历史过程。馆内设有"源头古代馆"、"近现代印刷馆"、"印刷设备馆"和"综合馆"4大展区，同时设有"钱币印刷"、"邮票印刷"和"港澳台印刷"专题展。另外，还设有国际展区，其中谷腾堡博物馆展区，介绍15世纪来，德国和欧洲印刷的发展。

中国印刷科学技术研究所
China Academy of Printing Technology

创建于1956年，原直属新闻出版总署，是中国最大的综合性印刷技术研究所，又是以高新技术产品为龙头，集科、工、贸、出版和信息于一体的现代化科研事业单位。2002年正式转为科技型企业，整体进入中国印刷集团公司。该研究所主要从事印刷技术、设备、材料、工艺的研究、生产和销售以及印刷工业标准拟定。举办大型专业展览会及新技术报告会、研讨会等学术活动，同时开展相关专业培训与咨询服务、印刷专业书籍及教材的出版与发行，负责《印刷技术》、《数码印刷》、《印刷经理人》、《印刷质量与标准化》和《中国印刷商情》等期刊的出版与发行，电子出版物及印刷专业网站业务。

中国优秀博硕士学位论文全文数据库

China Doctor/Master's Dissertation Databases

《中国知识资源总库》的核心资源之一，由中国学术期刊（光盘版）电子杂志社编辑出版、清华同方知网技术有限公司开发建设和发行，通过“中国知网”运营，内容覆盖社会科学、经济、历史、法律、哲学、文学、政治、教育、医药卫生、理工科学和农业等，具有中国知识基础实施工程知识分类与学位点学科分类两种导航体系，是中国内地最完备、收录质量最高、连续动态更新的博硕士论文全文数据库，经作者投稿授权，收录出版中国几百家博士培养单位的博士论文和优秀硕士论文

中国知识产权研究会

China Intellectual Property Society

其宗旨是坚持实事求是的科学态度，团结广大知识产权工作者、具有知识产权管理职能的各政府部委、司法界、科技界、教育与学术界和企业界，开展知识产权学术研究和交流，为中国知识产权法律制度的建立、完善提出有参考价值的意见和建议。该研究会为不断完善和提高中国知识产权立法、执法、实施、保护和管理水平作出应有的贡献。编辑出版《知识产权》，双月刊。

中国知识基础设施工程

China National Knowledge Infrastructure（CNKI）

由清华大学所属中国学术期刊（光盘版）电子杂志社和清华同方光盘股份有限公司于1999年开始建设，是以实现全社会知识信息资源共享为目标的大规模信息化工程。目标是通过建设一个国家级的可供知识生产、传播、扩散和知识开发利用的知识信息资源系统与交互式网络平台，实现知识信息的大规模整合与网络化出版，使任何人在任何时候、任何地方都可以获得所需知识，使知识信息在整合传播、智能推送、网络出版和互动应用的过程中不断地增值，使知识资源系统成为高度社会化共享的、权威的文献检索工具和数字化学习与研究、知识发现与知识创新的工具。

中国知识基础实施工程检索站

CNKI Search Station

全称“中国学术期刊文献检索咨询站”，始建于1996年12月，由清华同方光盘股份有限公司发起建设，目的在于在全国范围内建设现代化的文献检索咨询服务体系，促进中国学术期刊文献的数字化应用和广泛传播，是中国全文数据库广泛社会化应用和产业化发展的开端和重要标志。曾对各级各类图书馆和文献信息服务机构的现代化与数字化建设产生过重要作用和影响，直接促进了中国第一代数字图书馆的诞生和发展。检索站划分为三级：一级站设于省级以上和省会城市及重点城市高校图书馆和相关文献信息服务机构；二级站设于地市级政府、省部级所属高校、科研机构等文献信息服务机构；三级设于市、县级政府、科研机构、学校等文献服务机构。后更名为中国知识基础实施工程知识网络服务站。

中国知识基础实施工程交换服务中心

CNKI Exchange Service Center

由清华同方光盘股份有限公司创建于2001年11月，分别建在全国十大中心城市，是基于中国知识基础实施工程数据库资源总量的迅猛增长和当时的网络条件，为满足全国用户便捷使用该工程数据库，落实国家“十五”计划关于“加快信息基础设施建设，建立数据库及其交换服务中心，强化信息资源共享”战略方针应运而生的。主要功能是：为直接上网的读者提供网上数据库检索服务；为几百个分布在全国各地的镜像站点提供每日数据更新和数据库的全文传送服务，缓解镜像站点的硬件投资压力，降低镜像站点维护难度，提高镜像站点的安全运转效率。对促进知识资源的大规模整合传播和社会化共享、降低资源使用成本起到了重要的作用，极大地提高了知识资源的网络化应用和知识基础设施的建设水平。随着网络传输速度的提高其功能和作用已逐步由中国知识基础实施工程中心网站所取代。

中国知识基础实施工程网格共享平台

CNKI Grid Sharing Platform

由清华同方知网（北京）技术有限公司设计研制并于2004年推出的具有知识整合、知识增值、数据库集成、分布异构跨库检索、知识链接、智能分析、数字化学习与研究、开放式互联网资源共享接入与管理以及电子商务功能的知识出版传播与共享应用平台。互联网上任何一点的数据库等知识信息资源均可以通过此平台进行发布传播。同样，互联网上任何一点的终端均可以通过此平台访问和使用接入此平台的所有知识信息资源。该平台以《中国知识资源总库》为资源基础，通过“中国知网”

Z

以及智能化、交互式手段和知识信息链接，将各种孤立、异构的信息资源集成整合为相互关联的知识网络，形成统一、开放的资源体系，提供增值性知识传播与应用服务。

中国知识基础实施工程知识仓库
Knowledge Database of CNKI

指面向一类具有相同知识信息需求的用户，根据其需求的知识结构特征和层次范围，对中国知识基础实施工程源数据库进行二次筛选、整合、编辑而成的，通过各种媒体进行动态更新和提供专业化服务的数据库。目前该知识仓库包括《中国医院知识仓库》、《中国基础教育知识仓库》、《中国农业知识仓库》、《中国政府知识仓库》和《中国企业知识仓库》等。

中国知识资源总库
China Knowledge Resources Integral Database

创立于2003年10月，由清华大学主办、中国学术期刊（光盘版）电子杂志社和清华同方光盘股份有限公司建设，由清华同方知网（北京）技术有限公司通过“中国知网 www. cnki. net”和分布在全球的镜像站以及光盘载体向世界各地的读者提供知识信息服务，是具有完备知识体系和规范知识管理功能的、由海量知识信息资源构成的学习系统、知识挖掘系统和知识内容出版系统。其内容覆盖自然科学、工程技术、人文与社会科学各个领域，囊括科学知识和生活常识的各个层次，包括学术文献、科学数据、统计数据、新闻资料、专利技术资料、史志档案和多媒体文献资料与教学资料等各类知识信息资源。建有多种期刊的《中国期刊全文数据库》、《中国优秀博硕士学位论文全文数据库》、《中国重要会议论文全文数据库》和《中国重要报纸全文数据库》等多个超大型全文数据库和各行业专业知识仓库，统称为“CNKI系列数据库”，每日有新增全文文献，并提供每一篇文献的全部相关信息及其链接；建有“数据库超市”，当前已整合各类机构和单位研制开发的各类数据库。库中海量文献以“知网节”为纽带，通过引文链接、知识元链接、相似文献关联和同类文献关联等构成智能化的知识网络，形成统一的整体和知识资源总库，是权威性文献情报检索工具、学术文献与科研绩效评价工具、数字化学习与研究工具、提供知识服务的智能化知识库和可二次开发的数字图书馆基础馆藏资源。

中国知网
CNKI. NET

创办于2004年4月，由清华大学主管、中国学术期刊（光盘版）电子杂志社和清华同方知网（北京）技术有限公司主办，是《中国知识资源总库》的门户网站和网络出版平台，整合出版《中国知识资源总库》的全部数字化文献资源，每日发布已公开出版的最新的自然科学与技术和人文与社会科学各学科文献以及重要社会新闻资料1万～1.5万篇，每日网络出版作者直接投稿的论文作品。建有“数据库超市”平台，不断出版发布各类机构和单位研制开发的各类数据库；拥有“中国期刊网”等20多个子网；全部文献题录免费面向海内外各行各业提供公益性知识信息服务，文献全文以远程包库、镜像和流量计费等方式向全球用户提供服务；具有异构数据库统一跨库检索、普通与高级智能检索、多种导航和引文链接、知识元链接、相似文献关联、同类文献关联等知识网络链接功能；满足文献查全查准、全文阅读下载和数字化学习与研究、在线讨论、论文写作和网络会议等需求；提供参考咨询、科技查新、情报分析、文献评价与科研绩效评价等多项服务；建有面向编辑出版机构和作者的多种服务平台，具有网上投稿、论文评审、网络出版和广告发布等服务功能；电子商务平台提供在线支付、银行支付和电信支付等多种便捷的支付方式。“中国知网”及《中国知识资源总库》构成了全球最大的权威性中文文献情报检索工具、学术文献与科研绩效评价工具、数字化学习与研究工具和集成化增值性知识信息传播媒体，机构用户分布在全球30多个国家和地区。

中国中央电视台
China Central Television（CCTV）

中华人民共和国国家电视台，由国家广电总局直接管理。1958年5月1日试播，同年9月2日正式播出。初名北京电视台，1978年5月1日更为现名。开办有21套播出的电视节目，并开通一个高清晰度电视频道。内容几乎涵盖社会生活的各个领域。同时开办了20多个数字电视付费频道和28个网络电视频道。数字电视付费频道包括新科动漫、电视指南、风云足球、第一剧场、风云剧场、世界地理、风云音乐、怀旧剧场、高尔夫·网球、中视购物、老故事、CCTV－娱乐、CCTV－戏曲、CCTV－电影、CCTV－台球、央视精品、国防军事、女性时尚、中学生、发现之旅等频道。网络电视频道包括新闻、央视关注、纪录、旅游、历史、英语、杂技、电视剧、综艺、相声、气象、科技、美食、小品、音乐、体育、生活、时尚、动画、戏剧、少儿、经济、法制、教育、游戏、话剧、魔术以及人物等。

中国重要报纸全文数据库
Chinese Major Newspapers Full-text Database

《中国知识资源总库》的核心资源之一，由中国学术期刊（光盘版）电子杂志社编辑出版、开发建设和发行，通过“中国知网”运营。是以重要报纸刊载的学术性、资料性文献清华同方知网技术有限公司为收录转载对象的连续动态更新的数据库，是中国重要报纸上刊载的重要文章的全文转载汇编。内容包括国家大事、科教文卫、政治经济和社会生活等多方面。

中国重要会议论文全文数据库
Chinese Major Proceedings of Conference Full-text Database

《中国知识资源总库》的核心资源之一，由中国学术期刊（光盘版）电子杂志社编辑出版、清华同方知网技术有限公司开发建设和发行，通过“中国知网”运营。收录中国重要学会、协会和其他学术机构或团体在国内召开的国际性和全国性学术会议的会议论文，内容涵盖自然科学、工程技术、人文和社会科学和各个学科领域。

中国专利文摘数据库
China Patent Abstract Database

包含了中国专利局自1985年至2001年9月底为止，公布的所有发明专利和实用新型专利的申请，内容有题录、文摘和主权项等，每一件申请均有关键词、发明名称、国际专利分类号、范畴分类号、申请人、发明人、申请号、公告号、优先权项、国别省市代码、申请日、公告日、申请人地址和代理机构代码等27个描述字段。

中国专利信息中心
China Patent Information Center

成立于1993年，是国家知识产权局直属的事业单位、国家级专利信息服务机构，主营业务包括信息化系统运行维护、信息化系统研究开发、专利信息加工和专利信息服务等。该信息中心以满足客户需求为主旨，凭借国家知识产权局赋予信息中心专利数据库的管理权、使用权和综合服务的经营权，及信息中心遍及全国各地的信息收集和服务网络，通过先进的信息技术应用为国内外用户提供快捷、优质的服务。该信息中心于2009年7月23日正式通过ISO 20000国际标准第三方认证机构加拿大TCIC公司和奥地利CIS认证机构审核，达到IT服务管理领域世界公认的领先水平，并于2010年6月26日正式通过了CMMI ML3认证。

中国专业图书馆网
Chinese Special Library Network

由北京华夏网信科技有限公司开发，以图书馆、书店/出版社、读者为核心服务对象的自动化管理及信息交流平台。在这个网络平台上，图书馆通过“基于Web的集群图书馆管理系统”可以轻松实现图书采购、编目、典藏、流通控制、期刊管理和馆藏查询等业务的自动化；书店/出版社通过“书店Web数据管理发行系统”能够方便地发布新书信息，编辑、管理及发行书目数据；读者可以随时随地网上检索查询各类图书、期刊信息，了解借阅及购买渠道。

中国资讯行
China InfoBank

共有14个大型数据库，内容涉及19个领域，197个行业。数据每日更新。主要子库有：中国经济新闻库、中国统计数据库、中国商业报告库、中国法律法规库、中国上市公司文献库、中国人物库、香港上市公司资料库、中国医疗健康库、中国企业产品库、中国中央及地方政府机构库以及名词解释库。

中号纸
medium

一种传统的非米制的纸张尺寸，通常为18英寸×23英寸的印刷纸。

中华版权代理总公司
Copyright Agency of China（CAC）

从事各项著作权代理业务的全国民间服务性公司，1988年4月成立于北京。主要业务是代作者转让版权，代理谈判、签约，代收代转酬金或版税，代理解决版权纠纷，代理著作权诉讼，推荐、介绍作品等。

中华出版社
Chinese Publishing House（CPH）

该出版社是由澳门特别行政区政府批准成立的

Z

文化实体。2003 年 7 月 1 日起获准成为国家新闻出版总署信息中心暨《全国新书目》理事单位，《中国新书》常务理事单位。主营图书、报刊杂志和音像制品及电子物的出版发行，兼营网吧、文化产品和事业投资。

中华传播学会
Chinese Communication Society（CCS）

创立于 2006 年，由多名传播学者共同发起。多数会员为台湾各大学传播系所专任教师，还有法学、教育、社会、语文学者和部分研究生和新闻工作者，会员有数百人。目前开展的活动除会务外，每年举办一次大型年度论文研讨会，并就研讨会论文编辑成论文光碟。该学会每年编辑发行两期学术期刊《中华传播学刊》，另不定期举行学术演讲。

《中华传播学刊》
Chinese Journal of Communication

中华传播学会的学术性期刊，于 2002 年 6 月创刊，以人文、文化、思辨的精神，鼓励多元视野的传播学术研究。其使命为：为华人传播研究社群提供对话的论坛；鼓励具有开创性、前瞻性、反思性的传播研究；发扬传播知识的生活意义与社会贡献；促进传播学与其他学科的对话。该刊为半年刊（6 月、12 月），繁体中文。

中华国学网
www. iguoxue. cn

曾用名爱国学网，自 2007 年开始专注国学产业信息化数字化领域的探索，在弘扬国学文化，传承、推广和普及中华文化方面有多年的积累，曾提出“打造数字化国学文化品牌，发展老百姓关注的国学文化，倡导讲述你我个性的国学故事”等主要发展理念，长期致力于国学文化产业在手机传播、移动互联、手机应用、动漫国学文化等方面的积累和探索。

中华人民共和国国家版权局
National Copyright Administration of the P. R. China

中国最高著作权行政执法机关，直属国务院领导，与新闻出版总署为一个机构、两块牌子。1985 年由文化部原出版局改称国家出版局，国家出版局与国家版权局为一个机构、两块牌子。《版权公报》（*Copyright Bulletion*）中文版由中国国家版权局与联合国教科文组织合作出版，创办于 1994 年。

《中华人民共和国著作权法实施条例》
Copyright Law Implementing Regulations of the P. R. China

由国务院批准，自 2002 年 9 月 15 日起施行。共有 6 章 38 个条款，对著作权法在实施中的一些具体问题作了补充规定。1991 年 5 月 24 日国务院批准、1991 年 5 月 30 日国家版权局发布的《中华人民共和国著作权法实施条例》同时予以废止。

中华书局
Zhong Hua Book Co.

成立于 1912 年元月，是中国历史最悠久的出版社之一，由陆费逵（伯鸿）先生在上海创办。建局之初，奉行“开启民智”的宗旨，以编辑出版各类教科书为主，在传播科学文化知识，推行新式教育方面，起了积极的作用。建局不久，中华书局的出版事业得到迅猛发展，在国内出版业占有十分重要的地位。1954 年 5 月，中华书局实行公私合营，总公司迁至北京，同时在上海留有中华书局上海办事处，1958 年改组为中华书局上海编辑所。同年，国务院古籍整理出版规划小组成立，中华书局被指定为该小组的办事机构，成为整理出版中国古代和近代文学、历史、哲学、语言文字图书及相关的学术著作、通俗读物的专业出版社，并承担着国家级古籍整理的基本项目。

中华书局（香港）有限公司
Chung Hwa Book Co.（HK）Ltd.

中华书局是一家历史悠久的文化机构，1912 年在上海成立，1927 年设立香港分局，1988 年在香港注册成立中华书局（香港）有限公司，成为联合出版（集团）有限公司属下成员公司之一。该书局秉承“弘扬中华文化，普及民智教育”的创局宗旨，努力服务读者。香港中华书局已发展成为一家综合性及多元化的出版文化机构，经营编辑出版、代理发行、门市零售等业务，其附属机构包括中原出版社及开明书店。

中华图书馆协会
Library Association of China

1925 年 4 月 25 日成立于上海，同年 6 月 2 日在北京举行成立仪式，会所附设于北平图书馆。协会设董事部和执行部，梁启超任第一任董事部部长，下设分类、编目、索引、出版和图书馆教育 5 个委员会。该协会以“研究图书馆学术，发展图书馆事业，并谋图书馆之协助”为宗旨，开展多种活动，先后编辑出版《中华图书馆协会会报》(1925—1948 年 5 月）和《图书馆学季刊》(1926—1937 年 6 月）等出版物，为中国图书馆事业和图书馆学研究的发展作出了很大贡献，同时还积极开展国际交流，是国际图联的发起成立机构之一。

《中华图书馆协会会报》
Bulletin of the Library Association of China

1925 年 6 月 30 日创刊，民国时期三大图书馆学期刊之一。该会报由中华图书馆协会主编。其内容主要刊登中华图书馆协会的各种规程、条例，详细介绍全国各地协会开展的活动情况，报道国内外图书馆动态，登载简短精悍的文章或馆藏目录和新书通报等。该会报有助于增强图书馆行业的凝聚力，有助于更好地发挥中华图书馆协会的行业领导作用，完善保存了许多图书馆史资料和推动学科建设，提高图书馆学的地位。双月刊。

中华文化信息网
China Culture Information Net

文化部主管的行业性政府网站，开通于 1999 年 4 月 23 日。该网站以其丰富深刻的内容、生动活泼的形式、清新高雅的格调获得广泛赞誉。已开通简体中文版、繁体中文版、海外版和英文版 4 个版本的信息服务内容，涵盖了文化艺术的各个领域，具有文化信息的权威性、时效性、实用性和互动性。设有文化信息、文化人物、知识课堂、文化专题、文化博览、地方文化、文化论坛、书海津梁、文化服务、展览信息、演出信息以及文化超市等栏目。同时设有中国文化报电子版主页、数字图书馆主页。专院校、全国各省市图书馆以及 63 个国家共 500 家图书馆建立了图 Genealogy 书 Genealogy 馆馆际互借业务。

中华寻根网
http://ouroots. nlc. gov. cn

由中国国家图书馆所承担的全球家谱数字化服务、教育和研究的项目，以保存人类文明的共同记忆为最终目标。该项目在因特网上实现具有网络寻根、家谱编纂互动、家谱专家咨询、寻根百科、家谱在线阅览、家谱目录和全文检索、家谱谱系分析等功能。于 2011 年 3 月 5 日正式开通，为世界提供中国国家图书馆珍贵的家谱馆藏的服务。

《中华医学图书情报杂志》
Chinese Journal of Medical Library and Information Science

1991 年创刊，原名为《中华医学图书馆杂志》，由中国人民解放军军事医学科学院主管、解放军医学图书馆主办，并与中华医学会医学信息学分会合作编辑出版发行的医学图书馆情报专业的学术性期刊，为中华医学会医学信息学分会指定会刊。设专论、特稿，研究与探讨，事业发展，信息管理与利用，查新咨询与文献检索教学，现代图书情报技术，国外图书情报，文献计量，基层图书情报工作，书刊评介，人物与机构，编者·作者与读者，动态简讯等栏目；报道国内外有关医学图书情报理论与方法、现代信息技术（数据库技术、网络通信技术、人工智能技术和数字化图书馆技术等）在医学信息领域的应用与研究，图书馆管理与改革等方面的研究成果、发展趋势及经验介绍。该刊为双月刊，有英文主要目次，国内外公开发行，该刊被美国《化学文摘》(CA)、《剑桥科学文摘》(CSA)《乌利希国际期刊指南》收录。

中间存储器
intermediate storage (secondary storage)

在计算机执行运算期间，分配用于存放中间结果的存储器。

中间记录
intermediate records

机构或个人在商贸事务中经常使用的记录，以使其正常的业务不会因为存储地点的转移而受到影响或损害。

中间件
middleware

一种独立的系统软件或服务程序，目的是实现不同的技术之间共享资源。中间件一般连接两个独立应用程序或独立系统，以便于运行在一台或多台机器上的多个应用程序通过网络进行信息交互。通过中间件，应用程序可以在多平台或多操作系统环境下工作。中间件设计可以提高分布式体系架构的互操作性。

中间人，中介
intermediary

在终端用户与在线书目检索系统之间发挥作用的人或软件程序，在数据库选择中发挥协助作用、建立通讯联系、用正确的句法表述有用的询问，并评估所检索到有关信息。在大多数的大学图书馆里，一般都会根据读者需求而提供中介检索服务，承担这项工作的大多为经过在线检索培训的图书馆员。

中间装置
broker

在客户机/服务器结构的分布式管理系统中，将客户机与相应的资源连接在一起的部分。

中量级感光照相纸
medium weight paper

一种感光照相纸，其厚度在0.0084～0.0111英寸之间。

中美图书馆合作会议
China-United States Library Conference

1996年作为第62届国际图联大会的会前会议，首届中美图书馆合作会议在北京召开。时隔5年的2001年在美国纽约皇后图书馆法拉盛分馆和国会图书馆又举行第二届会议，美方在告别宴会上表示希望缩短原定5年一次中美图书馆合作会议的时间间隔。第三届会议于2005年3月22—25日在上海图书馆举行，第四届会议于2007年10月23—25日在美国俄亥俄州的联机计算机图书馆中心（OCLC）总部举行。第五届会议于2010年9月9—10日在中国国家图书馆召开。中美图书馆合作会议对于推动中美图书馆界在未来的合作、对于新世纪中美图书馆事业的发展起到积极的推动作用，对世界图书馆事业的发展也产生一定的影响。

中南财经政法大学图书馆
The Library of Zhongnan University of Economic and Law

前身是中原大学图书馆，经50多年的发展，现已成为拥有两座完整馆舍（南湖校区馆和首义校区馆）及南湖校区老图书馆的一部分。馆舍面积为4.8万平方米，总阅览座位达5 300席。馆藏文献达570多万册（件），主要以财经、政法和管理类文献为主，覆盖人文、社科及部分工科专业。文献总量在财经及政法类院校位居第一，为研究级收藏单位。在订的中外文报刊达4 325册。图书的品种和数量丰富齐全。收藏的报刊中，有解放前的重要中文期刊《新青年》、《东方杂志》、《国闻周报》等，参考保存价值较高。收藏的古籍线装书及解放前的出版物数量较多，其中善本书有110种，较好的版本有明徐时泰东雅堂初刻《昌黎先生集》、明凌氏精刻朱墨套印《陶靖节集》等。此外，像《四库全书》、《四部备要》、《四部丛刊》、《四库珍本》、《万有文库》等重要典籍亦有收藏。近几年来，该馆大大增加了电子资源在馆藏中的比例，购进了近50种大型的网络数据库，以及大量的学习软件和多媒体光盘读物。同时也加强了以电子资源和网络资源服务为主要内容的读者培训和网络导航工作。

中南大学图书馆
Library of Central South University

2002年由原中南工业大学、湖南医科大学和长沙铁道学院图书馆合并组建而成。该馆以新校区图书馆为主体，分布于5个校区，拥有馆舍面积总计7万平方米，设12个业务部门，拥有阅览座位5 500多个，周开放时间70～105小时。馆藏纸本文献总量累计450万册，电子图书160多万册，电子期刊19万多种。文献资源建设形成了实体资源与虚拟资源相结合，具鲜明特色的馆藏文献信息资源保障体系，收藏文献的学科重点包括有色金属冶金、材料、地质、选矿、采矿、土木建筑、交通运输、数学、力学、机械、电工电子、管理、外语、医学遗传学、病理生理学、药理学、外科学、内科学、精神病与精神卫生学、神经病学等多个方面，建立了能反映学校专业特色的藏书体系。已引进中国学术期刊全文数据库（CNKI）、SCI、CA、EI等中外文全文和文摘数据库共90多个，馆藏各类电子资源涵盖该校全部重点学科。自建多个特色数据库，形成一定规模，其中《有色金属特色文献数据库》和《重点学科导航库》被列入“中国高等教育文献保障体系（CALIS）”子项目。依托中国高等教育文献保障体系（CALIS）、湖南省高校数字化图书馆、馆际互借资源共享平台等，实现文献信息资源共享。

中南大学医学技术与情报学院
College of Medical Technology and Information, Central South University

成立于2002年7月24日，由原湖南医科大学的检验医学系、麻醉医学系和医学信息系组成，下辖专业有检验医学、麻醉医学和医学信息学专业。医学信息学专业始于1987年，其创始人为柳晓春教授，当时的专业名称为图书情报（医学，药学），1998年调整为信息管理与信息系统专业（医学信息方向），2002 年申请经教育部批准为全国唯一的医学信息学本科生招生专业，1996 年获得情报学硕士学位授予权单位。

中篇小说
medium-length novel

篇幅介于长篇和短篇小说之间的小说，叙述不很铺张，但是可以对社会生活作广泛的描写。如 2004 年获雨果奖的由弗诺·文奇（Vernor Vinge）著的中篇小说《甜点怪物》（*The Cookie Monster*）。

中山大学图书馆
Sun Yat-Sen（Zhongshan）University Library

其历史可追溯到 1906 年建立的两广优级师范学校藏书楼。1924 年由广东高等师范学校、广东政法专门学校、广东农业专门学校和广东公医学校合并成立广东大学图书馆。1926 年改名为国立中山大学图书馆。历任馆长中有著名的图书馆学大师杜定友、著名图书馆学家袁同礼等先生。该图书馆系统现由南校区图书总馆、北校区医学图书馆、东校区图书馆、珠海校区图书馆共 4 个校区图书馆和经济与管理学科分馆组成。馆舍总建筑面积达 11 万多平方米，设有阅览座位 11 892 个，检索和服务终端 502 台。拥有纸质馆藏总量达 601.66 万册（件），其中，古籍图书近 44 万册，中文纸本期刊 58.88 万册，外文纸本期刊 34.76 万册，中文电子期刊 31 339 种，外文电子期刊 33 901 种，中文电子图书 112.03 万册，外文电子图书 40.31 万册，光盘及网络数据库 300 多种，多媒体光盘资源 5.51 万片。馆藏学科门类齐全，广东地方文献、医学文献、孙中山研究文献和港澳研究文献等为其特色馆藏。该馆设有图书馆与资讯科学研究所、医学情报研究所和中国古文献研究所。自 1996 年以来，医学情报研究所内部编辑出版《医学信息荟萃》旬刊。该馆注重馆员专业素质培养和科研水平的提升，在图书馆学、文献学、古籍整理与数字化等领域取得了丰硕成果。承担的大型科研项目包括由美国岭南基金会资助的“中山大学图书馆馆藏碑帖数字化”项目、教育部 CALIS 特色数据库项目“大珠江三角洲研究数据库”等。

中山大学图书馆学与资讯科学研究所
Research Institute of Library & Information Science, Sun Yat-Sen University

于 2002 年 11 月成立。重点从事信息资讯科学与图书馆学研究。其研究方向包括：图书馆学与资讯科学理论、图书馆学与资讯科学技术和图书馆学与资讯科学教育与人才培养。程焕文教授任该研究所所长。

中山大学资讯管理学院
School of Information Management of Sun Yat-sen University

2010 年 12 月 25 日，在庆祝中山大学资讯管理系创办 30 周年之际成立。经过 30 年的发展，中山大学资讯管理教育迎来了一个新时代，该学院拥有正副教授 17 名，在校学生 1 121 人。依托该学院成立中山大学国家保密学院和国家保密教育培训基地广州分基地。

中山医学大学图书馆
Chung Shan Medical University Library

位于中国台湾省台中市，建于 1961 年，当时为私立中山牙医专科学校图书室。1962 年学校改制，更名为中山医学专科学校图书馆，1977 年随着学校的升级改为私立中山医学院图书馆。馆舍面积为 2 782.32 平方米。中外文馆藏图书 26 万册，其中中文书 14 万册，外文图书 12 万册。中外文期刊总种数 3 184 种，现刊 677 种，其中外文期刊 342 种，中文期刊 355 种。电子期刊 22 278 种，电子图书 530 836 种，数据库 136 个和视听资料 24 872 万件。

（中世纪布道中的）劝谕性故事（或寓言、轶事）
exemplum

宣讲、阐明道德观念或支持一种论证的故事或奇闻轶事，尤指中世纪传教士布道经文中的故事或轶事。

中世纪抄写员
librarill

中世纪时文献的抄写者，他们往往以此为职业。

中图信息技术有限公司
CNPIEC Information Technology Co., Ltd.

中国出版集团公司所属中国图书进出口（集团）总公司的全资子公司。该公司秉承中图集团 50 多年来在国内外书业界积累的巨大资源基础和业务优势，借助高科技手段建立起自己的商业平台——“中图在线”，将中国图书进出口（集团）

总公司的传统业务提升到电子商务平台。同时充分利用中图集团在传统领域的优势和因特网的互动特性，为中国出版集团公司、集团成员企业，以及行业内外客户提供信息技术服务和商务服务。公司的管理层和业务骨干是由中图集团派出，同时高薪聘用了一批具有软硬件系统设计、开发、维护经验的优秀技术人才，组成技术攻坚的骨干力量。是集软件开发、网络运行维护、网站策划、设计、制作、技术咨询、培训、信息数据加工、电子商务和信息产品代理为一体的综合性高新技术公司和软件企业。

中外文扩展检索
across linguistic search

一种基于概念的跨语言检索。系统将用户输入的某一语言文字的检索词，自动扩展转换为对两种及其以上语言文字概念进行检索。支持跨语言检索的方法主要有三种：第一种是将检索结果限制在某种语言之内，要求用户在检索提问之前选择要检索信息的语言，检索结果通过相应语言的阅读软件阅读；第二种是直接用一种语言检索出多语言文字结果；第三种是用一种语言文字检索，系统自动将检索结果在多种语言文字间互译。

中位数
median

统计总体中各单位按其某一标志的数值大小排列时，居于中间位置的变量值。例如，某图书馆1—5月入藏图书册数按大小排列为200册、250册、300册、320册、380册，则居中的300册即为中位数。如果各数值对于中位数是对称的，那么中位数之值与平均数之值相等。

《中文导报》
Chinese Review Weekly

由中国留日学生于1992年创办。在报道华人社会新闻方面，该报领先于其他报刊：每期都有多篇华人社会新闻，包括事件、人物，不少是独家报道。除了平时的积极采写华人社会之外，《中文导报》还坚持年年有“年终专稿”，分析总结一年来日本华人社会的发展变迁、喜怒哀乐、成功与失败，其文章的深度、分量、影响，均是年年见好，是研究日本华侨华人社会不可多得的好报刊。《中文导报》于2005年再次改版，四大版块《时事篇》、《华人篇》、《财经篇》和《文娱篇》共计40个版。

《中文工具书基础》
The Foundation of Chinese Reference Books

在书目文献出版社1987年出版的《中文工具书》基础上，编写的一本关于中文工具书理论知识与实际应用的基础教程。书中强调了对工具书类型及结构的解说与剖析，提出了有关工具书鉴别、评论的机理与原则，归纳了利用工具书解决实际问题的思路、途径与方法，选收了近年来出版的重要工具书，力求反映20世纪90年代以来中国国内中文工具书的概貌。书中增加了有关计算机化工具的内容。由朱天俊、李国新教授编著，于2005年由北京图书馆出版社出版。

《中文核心期刊要目总览》
A Guide to the Core Journals of China

以文献分散定律、引文分析理论、文献指数增长律与文献老化指数为理论依据，采用定量评价方法、多指标体系，通过文献计量统计筛选出的中国内地各学科核心期刊表。《中文核心期刊要目总览》是中国期刊评价工具之一。先后采用的期刊评价指标有：被索量、被摘量、被引量、他引量、被摘率、影响因子、载文量以及获国家奖或被国内外重要检索工具收录等。由北京大学图书馆和北京高校图书馆期刊工作研究会主持，40多所高校图书馆参与编纂。1992年首次出版，1996年、2000年、2004年、2008年和2012年分别出版了第二、第三、第四、第五和第六版。

中文科技期刊数据库
Chinese Scientific Journal Database

由重庆维普资讯有限公司开发研制的中文电子期刊数据库，是中国国内最大的综合性文献数据库，收录了1989年以来中国自然科学、工程技术、农业科学、医药卫生、经济管理、教育科学和图书馆学情报学等学科12 000多种期刊的2 300多万篇文章的全文，引文3 000多万条，并以每年150万篇的速度递增。该数据库具有检索入口多、辅助手段丰富、查全查准率高和人工标引准确的传统优点。该数据库配备了专用全文浏览器。内嵌OCR技术，能直接把图像文件转换成文本格式进行编辑，还具有“题录下载”、将图像文件另存为TIF或PDF文件格式、同一浏览器窗口打开多篇文章等多种功能。

《中文期刊大词典》
The Great Dictionary of Chinese Periodicals

武杰主编，国家图书馆、上海图书馆、中国科学院文献情报中心和北京大学图书馆等42所图书馆参加编写，是目前收录中文期刊最多最全的期刊书目检索工具。共收录自1815年至20世纪90年代前期国内及部分海外出版的中文期刊33 000多种，列出刊名、副刊名、责任者、起讫卷期年月、出版地、出版（发行）者、出版年、出版周期及各种沿革、变化事项。内容提要部分介绍刊物性质、宗旨、特色、主要内容及栏目。1949年以前出版的期刊注明撰稿单位及其馆藏。条目按刊名汉语拼音编排，附分类索引和年代索引。由北京大学出版社于2000年出版，全书分上下两册。

中文、日文和韩文（资料）
CJK

CJK是中文、日文和韩文的英文词首缩写，通常用来表示中文、日文和韩文资料的缩略语。

中文社会科学引文索引
Chinese Social Sciences Citation Index（CSSCI）

由南京大学中国社会科学研究评价中心开发研制，用来检索中文社会科学领域的论文收录和文献被引用情况。该数据库提供了大量数据，通过统计分析子系统可以得到：作者发文情况统计、机构发文情况统计、地区发文情况统计、发文的学科分布统计、图书和期刊的被引统计、出版社被引统计、作者被引统计和论文被引统计等。每一种统计均可按学科分别进行。由此可定量评价社会科学研究机构、高校、地区和作者个人的科研生产能力、学术成果和学术影响。该数据库还可以提供期刊的多种定量数据：期刊论文录用量、期刊论文及期刊被引频次、期刊影响因子、期刊论文作者的地域分布、学科分布、期刊引文的年代分布及半衰期、期刊引文的学科分布和期刊论文被引用的年代分布及半衰期。由期刊的多种定量指标可得相应的统计排序，由此可评价期刊的学术影响和地位。

中文生物医学期刊数据库
China Medical Current Contents（CMCC）

由中国人民解放军医学图书馆数据库研究部研制开发的文献目录型数据库。主要面向医院、医学院校、医学研究所、医药工业、医学信息和医学出版等单位。该数据库收录了1994年以来国内正式出版发行的生物医学期刊和自办发行的1 400多种生物医学刊物中的相关文献，累计270万篇，每年递增30万篇；半月更新，每年24期光盘，几乎与印刷版期刊同步；涉及基础医学、临床医学、预防医学、药学、医学生物学、医院管理、医学情报及部分自然科学等方面的内容；文献记录有题名、全部作者、摘要等11项内容；载体为光盘，数据半月更新，是中文医学文献检索、查新、报奖必备工具之一。

中文元数据标准框架
Chinese Metadata Standard Framework

规范设计中文特定资源的元数据标准时需遵循的规则和方法如：中文元数据的功能、数据结构、格式设计、方法语义和语法规则等。

中文在线
www. ChineseAll. com

于2000年在清华大学成立，是中国数字出版的开创者之一。中文在线以“数字传承文明”为企业使命，定位为中文数字出版的服务平台，以出版社、知名作家、网络原创作者为正版数字内容来源，进行内容的聚合和管理，以因特网、手机、手持阅读器和数字图书馆等终端数字设备进行全媒体出版，构筑数字出版的新业态，全力助力全民阅读和国民素质的提升。通过与国内400余家出版机构、2 000余位知名作家、5万余名网络作者的正式签约授权，中文在线每年可提供7万~10万种电子图书，占每年出版图书（纸制）市场的30%~50%，大众图书（纸制）市场的70%。中文在线已成为中文电子图书最大的正版内容提供商。

中文资讯交换码
Chinese Character Code for Information Interchange（CCCII）

亦称中文资讯交换码。是台湾地区为了使中文信息的交换更加便利，开发的一套中文字符集和编码方案。使用三个字节来代表一个中文字，用特别的94×94×94编码空间存放字符，易于检索某一中文字的异体字。目前只用于台湾和香港地区以及美国各大学的图书馆检索系统中。

中小学教科书
el-hi book

又称“中小学课本”。根据中小学教学大纲和教学法的要求，专为中小学学生编写的教学用书。一般有目录、课文、作业、注释和附录等部分。广义指为中小学学龄读者编写的任何出版物。el-hi book 也可拼作 el-hi。

《中小学图书馆管理与服务》
The Management and Services of School Library

该书针对中小学图书馆工作实践，详细论述了中小学图书馆性质与任务、文献信息资源建设、文献分类、文献编目、报刊声像与电子资源管理、中小学图书馆的现代化建设、读者服务及图书馆管理实务等。倪道潜主编，由国家图书馆出版社于2010年出版。

《中小学图书情报世界》
Library & Information World of Schools

于1993年创刊，由中国教育部基础教育司和基础教育课程教材发展中心联合主办，2001年为教育部基础教育课程教材发展中心独家主办。主要栏目有："特稿"、"事业建设"、"工作研究"、"经验交流"、"校园内外"、"阅读指导"、"课程与教材"、"书苑沙龙"、"信息教材"和"简讯"等。该刊为月刊，国内外公开发行。

中心图书馆，图书馆总馆
central library (main library)

图书馆系统的管理中心或主要图书馆，负责制定全系统范围的管理决策，集中完成图书的技术处理，保存主要馆藏。也指在各级各类的学校，除各系、各年级图书馆外的总图书馆。

中兴大学图书馆
National Chung Hsing University Library

前身为1919年成立的省立农林专门学校图书馆，1961年更名为台湾省立中兴大学图书馆，并在椰林大道运动场右侧修建独立馆舍，面积为875平方米，设有阅览座位320席。后于1980年在中兴湖畔修建馆舍，定名"中正纪念图书馆"总面积11 844平方米，阅览座位有1 100席。2005年9月新图书馆大楼落成，面积为34 492平方米，阅览座位达2 000席。该馆拥有78万多本纸质图书、38万多件录音/录影资料、76万册电子书、现刊1 939种、过刊132 661种和电子期刊80 184种和数据库87个。每月出版图书馆馆讯。

中兴大学图书资讯研究所
NCHU Graduate Institute of Library & Information Science

位于中国台湾省台中市，1999年8月成立，以培养融合图书馆学及资讯科学的跨学科高素质人才为其宗旨。所开设硕士课程主要有：图书馆作业评估、图书馆建筑、书评研究、图书馆管理研究、图书资讯法规、图书馆文献导读、图书资讯学研究、数位图书馆研究、资讯素养教育研究、知识管理研讨、人工智慧与资讯处理、电子出版研究和多媒体技术与应用等。开设图书资讯学硕士学分班（包括在职生），可授予硕士学位。

中型编目法
medium cataloging

比简易编目要详细些，但不及详细编目完整。

中型活字
medium

在印刷中，指介于细长体和黑体铅字之间的字体。中型活字是印刷文本中的标准字体。

中央处理机，中央处理单元
central processing unit (CPU)

按照安装其内的程序存储和处理数据的计算机硬件部分，包括操作系统、外设运行装置、操作程序等，控制着整个计算机系统各部分的协调运行，计算机系统中的各种运算，访问存储器和输入/输出操作都由中央处理单元执行和控制，一般来说，中央处理机具有的内存和计算机的磁盘存储越大，在一定时间内它的运算能力越强，完成指定任务的速度越快。

中央大学图书馆（罗马尼亚）
（罗）*Biblioteca Centrala Universitara*

位于罗马尼亚雅西市，始建于1860年。由1所中心馆和12所分馆组成，分馆都是专业图书馆。馆藏文献资料共280万册（件），现刊250多种，其中外文期刊180多种。共设有26个阅览室，1 200个阅览座位，注册读者约2.5万人，年到馆访问达80万人次，年借阅量达96万册。该馆和近70个国家和地区的700多个团体开展国际图书交换活动，网站主页提供英文、法文和罗马尼亚文服务。该馆为国际图联的机构会员。

中央美术学院图书馆

Library of CAFA

初名为成立于1918年的国立北京美术学校图书室，几经更名，直至1950年中央美术学院成立。馆舍建筑面积为6 000 平方米，阅览座位有400余席。馆藏图书以中外美术专业书刊为主，社科类图书为辅，尤其艺术类图书画册，自解放前美术出版物到当代艺术图书，藏书种类与藏书品质，在中国美术院校中首屈一指。

中央人民广播电台

China National Radio（CNR）

中华人民共和国国家广播电台，由国家广电总局直接管理。1940年12月30日在延安创建，当时名为“延安新华广播电台”。1949年迁址北京，同年12月5日，正式定名为中央人民广播电台。现共办有中国之声、经济之声、音乐之声、都市之声、中华之声、神州之声、华夏之声和民族之声8套节目，每天播音156个小时，全部通过卫星播出。有覆盖全国的广播网，并负责对港、澳、台和用蒙、藏、维、哈和朝5种少数民族语言播音。在全国各地设有39个记者站和办事处，同40多个国家和地区的广播机构建立了业务合作关系。

《中央日报》

Central Daily News

中国国民党中央机关报，1921年2月1日创办于上海，1949年3月迁至中国台北发行。1950年发行香港航空版，同年10月发行纽约航空版，1956年11月创办海外版。在美国、日本、西欧、东南亚和中国香港等国家和地区派有记者。该报目前每天出20～24版。

《中央日报》（韩国）

Joog-Ang IIbo

一家具有企业集团背景的股份制韩国综合性日报，1965年9月22日创刊。1965年12月7日由《中央日报》、《中央广播》和《中央电视》合并。办报宗旨：“立足社会正义，大胆而迅速地进行真实报道，唤起超越党派的正论，增进民众对美好明天的憧憬和勇气。”韩国最大企业集团之一“三星企业集团”是该报最重要的股东。该报每周发行168版，发行量200万份。该报还出版发行《中央经济新闻》、《少年中央》、《女性中央》、《文艺中央》和《中央月刊》等杂志。

中央音乐学院图书馆

Library Central Conservatory of Music

1950年建于天津，1958年随校迁至北京。馆舍面积4 780平方米，馆藏乐谱15.6万册，其中外国作品包括交响乐、室内乐、合唱、独唱歌曲、舞台剧以及各种器乐独奏谱，中国音乐作品包括各种民族管弦乐、独奏乐、吹打乐、歌曲、民间戏曲乐、琵琶文字谱、寺庙音乐公尺谱、古文字谱等。馆藏音乐理论书籍7.5万册，主要包括中外音乐史学、民族音乐学、音乐美学、音乐家传记、民间音乐概论、乐理、和声、复调、配器、作品分析和音乐辞典等门类的代表作。非音乐理论图书3万多册，以文学、历史、哲学、宗教和民族学等综合性人文社科图书为主。此外，特藏资料为古琴名家查阜西先生所捐献古琴资料470种、中华再造善本681种以及线装书2 690种、中外期刊22.6万种以及78转唱片、33转唱片和大开盘录音带。非正式出版物5 000件。1997年该馆加入了国际音乐图书馆协会（IAML）。

《中医药主题词表》

Traditional Chinese Medicine Subject Thesaurus

用于储存和检索中医药情报资料的专门叙词表，由中国北京科学技术出版社于1987年4月出版。该词表由主表（字顺表）、范畴表以及索引组成，共收录正式主题词3 715条，非正式主题词1 207条，类称词11条。主表是该词表的主要部分，是标引、检索文献的主要依据。范畴表是根据中医药学科体系将正式主题词按学科门类进行划分的索引。索引由汉字笔画索引、英汉对照索引、中药及化学成分拉（英）汉对照索引组成。

中原大学张静愚纪念图书馆

Chung Yuan Christian University Chang Ching Yu Memorial Library

于1955年成立，1964年曾修建图书馆大楼。1985年新馆舍落成，并命名为“张静愚纪念图书馆”。面积为11 880平方米，阅览座位1 500余席。馆内除收藏传统书刊外，还收藏各类电子书及多媒体光碟，购置线上数据库、光碟数据库等数百种，全文期刊达一万余种。该馆为本校师生提供下列服务：图书馆导览、数据库讲习、参考咨询、数据库检索指导、网络资源利用和馆际互借等，也提供电子新闻、电子新书通报、电子流通通知单等服务。

中止

discontinuation

杜威十进制图书分类法（DDC）里，一个主题或一类编号的全部内容转移到在同一层次一个其他常规的符号上，或者主题或编号从目录里彻底清除，通常是因为目前的文献数量在这个主题或概念上已大大减少，或者是因为由编号代表的文献类别不再有效，或在这个领域里不再被认可。添加一个注解来解释转变或删除，停止使用的符号放在方括号。

中止出版，停（休）刊

publication suspended

指某一刊物的无限期或暂时停止出版发行。

终端机

terminal

又称共享器、分享器，是指网络与最终用户接触用以实现网络应用的各种设备。是计算机系统的输入、输出设备。计算机显示终端伴随主机时代的集中处理模式而产生，并且随着计算机技术发展而不断发展。终端机为用户节省成本。

终端设备

terminal

通过通信信道输入、显示或输出数据资料的一种装置，不能独立地用于数据处理，如计算机的键盘、显示器或光学扫描仪等。两种常用的终端设备是远程批处理终端设备和分时终端（交互键盘终端）设备。

终端用户

end user

信息检索中，由媒介为个人或团体完成检索并将检索结果传递给他们。广义指为需要利用图书馆资源或其他信息服务而进行查询检索的用户。又指在计算机网络中，接收经各级节点转发来的信息，并进行最终处理的节点。

Z

终端用户检索

end user search

信息检索中，由事实上想要利用检索结果的人进行的文献检索。不同于由受过训练的专业人员代替用户进行的检索。

终身学习

lifelong learning

指人一生、一辈子的学习。这里指的是图书馆书目教育和信息素养培养计划的一个目标，就是要帮助读者（用户）们获得所需技能，以便他们独立地在各正规教育机构终身求知。公共图书馆在满足这一需求方面发挥着重要的作用，因为它们不仅要为学生们接受正规课程教育，也为其他所有人提供学科面广和各种阅读水平的资料服务。

终止日期

date of termination

指团体终止或解散日期。

钟守真（1937—）

Zhong Shouzhen

南开大学教授。1960 年毕业于北京大学图书馆学系，先后在中国科学院图书馆、中国科学院华北分院图书馆和天津无线电技术研究所情报室等单位工作，1984 年在南开大学图书馆学系任教，曾任南开大学图书馆学情报学系副主任、信息资源管理系主任。曾兼任中国社会科学信息学会理事、中国图书馆学会学术研究委员会委员、图书馆学基础理论专业委员会副主任、天津市图书馆学会副理事长、学术委员会主任、天津科技情报学会理事、天津市学位委员会学科评议组成员、《图书馆工作与研究》编委会委员和天津市政协第九、十届委员。发表论著多部（篇），并多次获奖。

种次号

title number

书次号的一种。指图书馆为同类不同种的图书所编制的排列顺序号码。种次号简明易学，号码简短，排列方便，但不够科学，无法将同一类中同一著者的图书集中，也不能表示图书本身内在的特征。

种族复分号

ethnic number

在文献分类标引中，依据文献内容按分类法中种族复分表细分后所给的复分号。

重点藏书

main collection

图书馆为其重点任务和服务对象专门配置的藏书。

重点登记法
selective charging

图书馆对某些贵重图书的出借实行重点登记，其他图书则采用一般登记的办法。

重点读者
key reader

指经常利用图书馆资源来满足自身的知识与信息需要，同时与图书馆保持密切联系而又利用各种机会积极反映阅读需要、阅读效果乃至对图书馆各种服务的意见的读者。他们是图书馆中最为活跃的、最为热心的读者群。重点读者群数量比例的大小程度，可以反映出图书馆的开发利用程度。图书馆对重点读者在借阅各种文献数量、范围、期限以及服务措施等方面均有所优待。

重要文件
vital records

档案学中称一个机构继续运转所必需的、不可替代的文件，没有这些文件，机构就会停止其有效功能的发挥。鉴定和保护重要文件是档案管理和防灾工作的重点。

重要性系数
importance coefficient

在给定的主题领域内，某种期刊对此领域内其他期刊的相关重要性以及同这些期刊自身重要性的比值。重要性的界定标准是：一种期刊所登载论文所实施的引证数量比值。重要性系数通常是分析一组期刊并且收集它们之间互相引证频次的数据，再把数据置于引证文献矩阵中，经计算而得出。A 期刊对 B 期刊重要性系数的计算公式是：重要性系数 = A 期刊对 B 期刊的引证数量/A 期刊对所有的文献的引证数量。更为完善的分析认为，一种期刊的重要性系数应该是该刊与其对应的期刊逐年的重要性系数的平均值。

州郡志，地理志
Monograph on Administrative Geography

东亚纪传体史书中经常出现的“志”的一种，内容以全面系统记述所辖范围内地理环境的各个要素，诸如地质、地貌、气候、水文、土壤、植物、动物、自然资源以及其他地理环境要素等为主。有此志的中国史书有：《汉书》（地理志）、《后汉书》（郡国志）、《晋书》（地理志）和《宋书》（州郡志）等。

州政府手册
state manual

由美国的州政府发行的出版物，通常每一年或半年发行一次，包括有关政府宪章、章程、选举统计数字以及有关政府组织结构信息、选举和任命官员信息、投票区以及本州的镇、自治区、城市和农村的信息等，有时也称为蓝皮书。

周和平（1949—）
Zhou Heping

历任中学教师、校长，县委副书记，国家人事部处长，国家图书馆党委书记、常务副馆长；中国图书馆学会常务副理事长、理事长、名誉理事长，2001 年 3 月任文化部党组成员、副部长，2005 年 3 月任非物质文化遗产保护工作部际联席会议成员兼秘书长，2007 年 4 月任全国古籍保护工作部际联席会议成员。2009 年 12 月任国家图书馆馆长（副部长级）。2010 年 4 月任国家古籍保护中心主任，第十一届全国政协委员，全国政协社会和法制委员会委员。

周金龙（1951—）
Zhou Jinlong

中国科学院文献情报中心研究馆员。1978 年毕业于复旦大学。曾任中国科学院文献情报中心副主任、《图书情报工作》杂志社社长、主编，先后兼任中国图书馆学会第六、七届理事会常务理事、副秘书长，中国图书馆学会专业图书馆分会副理事长兼秘书长。出版编著《中国书史简辑》，发表论文数篇。所负责的《图书情报工作》先后获得中国科学院、全国优秀图书馆学期刊奖约 14 项，2005 年荣获国家期刊奖提名奖。

周刊，周报
weekly

指每周发行一次的连续出版物。许多报纸和新闻杂志甚至专业期刊是周报或周刊。

《周六之夜》（加拿大）
Saturday Night Magazine

加拿大历史最悠久的综合性英文月刊，创刊于 1887 年。以政治和文学为主要内容，所刊登的作品多次获得加拿大文学奖，文化品味较高，在加拿大文化界影响较大。目前每期发行量约 50 万份。

周期书目

periodical bibliography

定期分辑出版的、用累积方法修订、扩充的文献目录。

周叔弢（1891—1984）

Zhou Shutao

名暹，以字行。大实业家，古籍收藏家，文物鉴藏家。周叔弢自幼酷爱书籍，16 岁开始购求古籍，研究版本。曾多方努力，以高价买回流散国外的古籍。藏书多有珍品。周叔弢对名人书画、古代玺印、敦煌经卷等古代文物多有收藏，并对收藏文物有深刻研究。周叔弢一生经营企业所得，大都用来购买文物图书，先后积累的图书达 4 万余册。所得宋元精品甚多，此外还有活字本、历代抄校本、批跋本多种。他收藏文物图书，是出于对书的真知笃好，是为了保存一代文献，也为了避免这些珍宝落入市侩之手，流到国外。曾于 1952 年、1954 年先后多次把他和家族的藏书捐献给国家。

周文骏（1928—）

Zhou Wenjun

中国图书馆学教育家、教授、博士生导师。1953 年毕业于北京大学图书馆学专修科。1954 年任北京大学文学研究所图书资料室管理员，从 1956 年 6 月起，先后任北京大学图书馆学系教授、图书馆学情报学系主任、北京大学学术委员会委员，第二届学位评定委员会图书馆学分委员会主席、中国图书馆学会常务理事、编辑出版工作委员会主任、中国社会科学情报学会理事、北京市社会科学情报学会副会长、学术委员会主任和杭州市图书馆学会顾问等。主要专著有：《图书馆工作概要》、《文献交流引论》、《图书馆工作的传递作用、体系和发展》等。

周永年（1730—1791）

Zhou Yongnian

字书昌，济南历城人，因曾就读于佛峪林汲泉畔，故自号林汲山人。清代学者、藏书家，中国第一位公共图书馆创议人。周永年出身寒微，仕宦清苦。青年时代即嗜读书与藏书，1771 年举进士，后任翰林院编修，协助纪昀编纂《四库全书》。《四库全书》编成后，纪昀编撰《四库全书总目提要》及《简明目录》，周永年分担释家、道家典籍提要的编写。周永年节衣缩食，千方百计购求图书，积书达 5 万余卷。周永年贮书非以收藏事博炫耀于世，而是为了保存、整理和普及古代文化遗产。周永年广为宣传其藏书开放思想，并置田地，建其私人图书馆——借书园。

周转时期

turnaround time

指数据处理从开始到完全结束的一个完整过程所需要的时间。

轴测地图

axonometric map

关于一个城市非常详细的大型地图，城市中的楼房等建筑物均可在图中展现。这种地图通常置于斜面之上。

昼夜平分点、二分点

Equinox

天球赤道和黄道的两个交点之一。在记录天文舆图内容的坐标时，同时记录其昼夜平分点的年份。属“资源描述与检索”（RDA）的内容描述元素之一。

皱缩

cockled

书刊的书页或封皮硬衬板出现皱缩、波状、皱褶或卷曲等。通常是由于在干燥过程中过热及过度潮湿而造成的。书刊封面出现皱缩也可能是由于未正确使用黏合剂（太多或错误型号）所造成的。

皱纹摩洛哥皮

levant

一种装订图书用的山羊皮，即由安哥拉山羊皮制成的高级摩洛哥皮，以精美而光滑的外观而闻名。

皱褶纸

cockle

在生产纸的干燥过程中，因压力小或无压力而自然形成或人为地造成略微不均衡的皱褶产品，尤其是在薄半透明纸的制造过程中容易生产出此类产品。

籀文

Large Seal Script

古汉字一种书体的名称。也叫籀书，又称大篆。春秋时期已在秦国流行，字体与秦篆相近，但字形的构形多重叠。许慎所著《说文解字》保存了220多个籀文。籀文的代表为今存的石鼓文，以周宣文时的太史籀所书并刻于石鼓上而得名，是流传至今最早的刻石文字，为石刻之祖。

朱成功（1923—）

Zhu Chenggong

清华大学教授。1948年毕业于清华大学电机工程系，1978年调该校图书馆任副馆长，曾兼任中国科技情报学会理事、中国图书馆学会学术委员会建筑与设备分委员会主任、北京市高校图书情报工作委员会副主任和图书馆建筑咨询组组长，1985—1991年任国际图联图书馆建筑与设备委员会的通讯委员和常设委员会委员。发表学术论文数十篇。

朱墨本

red-black imprint

指朱笔和墨笔兼用的稿本，又指用朱、墨两种颜色套印而成的书本，墨色印正文，朱色印评语及圈点。

朱强（1955—）

Zhu Qiang

研究馆员、北京大学图书馆馆长。1982年毕业于北京大学图书馆学系，先后兼任全国高等学校图书情报工作委员会副秘书长、北京大学图书馆馆长助理兼自动化部主任和教育部深圳大学城图书馆馆长。兼任北京大学信息管理系硕士生导师、《大学图书馆学报》主编、中国高等教育文献保障系统管理中心副主任、专家组组长、教育部高等学校图书情报工作指导委员会副主任兼秘书长、北京地区高等学校图书情报工作委员会顾问、中国图书馆学会第七届理事会常务理事、第八届理事会副理事长、中国图书馆学会第七届学术研究委员会副主任和数字图书馆研究与建设专业委员会主任、《中国图书馆学报》副主编、中国图书馆学会高校图书馆分会第一届委员会副主任委员、全国高等学校图书馆期刊工作研究会主任委员、全国信息与文献工作标准化委员会计算机与网络应用分委员会委员、国家科技图书文献中心理事、美国情报学会会员和国际图联亚洲和大洋洲区域委员会委员。1994—1995年，在美国伊利诺依大学东亚和太平洋研究中心做高级访问学者。多次参与和主持教育部、北京大学关于高校图书馆规程的拟订和修订、自动化项目的立项和实施、参与高等教育文献保障系统的策划和建设，是CALIS系统建设方案的主要执笔人；参与主持国家自然科学基金项目、国家教委人文社会科学研究项目、国家科技攻关项目、国家科技部软科学研究项目和北京市“中关村科技园区数字图书馆群”软课题研究等。发表著、译作70多篇，其中以英文写作的论文30多篇，并多次获奖。参加多次国际学术会议，出访过一些国家和地区。

朱丝栏

red silk columns

指古代刻本书籍版面中的红色界格。后又指用于纸写本书籍与印本书籍。

朱彝尊（1629—1709）

Zhu Yizun

字锡鬯（chàng），浙江秀水（今嘉兴）人。清朝初年著名词人、诗人、学者、藏书家、文学家、历史学家及考据学家。朱彝尊曾参与纂修《明史》。其著述甚丰，有《经义考》、《日下旧闻》和《曝书亭集》等，并编有《词综》和《明诗综》等。其藏书所——曝书亭收藏有图书八万余卷。朱彝尊常出入曹溶静惕堂及徐乾学传是楼借抄典籍。曾为偷抄图书而丢官，但他毫不后悔而且抄书十分认真，每抄成一书，他都详加校正。

朱印本

red print

用红色印刷的书籍。印谱、符箓等书常用朱色印刷。中国明清时期，图书在雕版初成之后，必须先用朱色或蓝色印刷若干部，若用朱色，就称“初印红本”。

诸家骏（1924—）

Zhu Jiajun

图书馆学专家、律师，1947年东吴大学法学院毕业，美国彼堡台师范学院图书馆学硕士、马歇尔大学法学硕士及博士。曾任“联合国军”总部编译官。后回台湾投身军界，出任“国防部”军法局军法官、“海军总部”检察官。再度旅美任印第安纳大学东亚部主任及罗吉莎大学东亚图书馆主任等职。后返台出任“中央”图书馆第五任馆长。著有《公司法》、《四部备要索引》等。

猪皮装面

pigskin

一种坚韧的用猪皮制成的皮革制品，常用作大部头图书的封面。由于这种猪皮既强韧又耐磨，而且它上面粗壮的毛孔又能使被装帧的图书看起来雍容华贵，所以，猪皮装面被广泛应用。

竹帛

Document on Bamboo and Silk

竹简和白绢。古代用作书写的材料。《墨子·天志中》："又书其事於竹帛，镂之金石，琢之盘盂，传遗后世子孙。"亦用以指史册。如：功垂竹帛。《史记·孝文本纪》："然后祖宗之功德著於竹帛，施于万世，永永无穷，朕甚嘉之。"

竹简

Bamboo Slips

战国至魏晋时代用的书写材料。削制成的狭长竹片（也有木片），称简，木片称札或牍，每片写字一行，均用毛笔墨书，将一篇文章的所有竹片编联起来，称为"简牍"，现在一般说竹简。竹简是中国历史上使用时间最长的书籍形式，是造纸术发明以前及用纸普及以前主要的书写工具。竹简的长短尺寸有一定的定制，一般与书写的内容有密切的关系。凡是重要书籍或重要的事情，必须用长简书写。先秦时期的长简为3尺，用于书写国家的法令，故有"三尺法"及"三尺律令"的说法。竹简亦指史册。

竹刻

Bamboo Carving (Bamboo Engraving)

又称竹雕，是中国特有的一种专门艺术。指用竹根雕成人物及动植物形象，或在竹材、竹器上雕刻文字、图画等。通常也指用竹根、竹材、竹器雕刻成的雕塑工艺品。有浮雕、镂雕和阴刻等方法。中国是世界上最早使用竹制品的国家，所以竹刻在中国由来已久。唐宋时，中国的竹刻艺术已达到相当高的水平，明代时的江南竹刻艺术已达到全盛时期，发展为各具特色的两大流派，以南京竹刻为代表的"金陵派"；以上海嘉定竹刻为代表的"嘉定派"，后者成为当时全国竹刻艺术最大的流派。竹刻艺术品因其局限性，其数量尤其是精品较书画少得多，因而其收藏价值颇高。

竹内 悊（1927—）

Satoru Takeuchi

日本图书馆学家、教授。1965年毕业于美国佛罗里达州立大学图书馆系获硕士学位。1979年获美国匹丝堡大学图书馆学情报学博士学位。从1956年起，在学校图书馆、大学图书馆工作，并在日本东洋大学"图书馆馆员讲习"中获馆员资格。1967年在立正大学、1969年在专修大学担任图书馆学教育工作。1981年在图书馆情报大学任教授，同时兼任东京大学讲师。1987年任图书馆情报大学副校长及附属图书馆馆长，1993年任名誉教授，1997年任日本图书馆协会顾问，2001年任该协会理事长。出版的专著有《社团与图书馆》、《人的自立与图书馆》和《共同生活的孩子们与图书馆》等。

《竹谱》

Handbook on Bamboo

中国最早（公元5世纪中叶）的一部竹类植物专著，共一卷。作者戴凯之，字庆预，南朝刘宋时武昌（今湖北鄂城）人，曾被派遣为南康（今江西赣州）相。《竹谱》以韵文为纲，以散文形式逐条进行解释，记述了各种竹的名称、形态、生境、产地和用途。《竹谱》继承和发展了前人对竹类研究的成果，首次对中国的竹类资源进行了系统概括总结，对后世产生了深远的影响。

竹纸

Bamboo Paper

用嫩竹做原料制成的纸。2006年5月20日，竹纸制作技艺经中华人民共和国国务院批准列入第一批国家级非物质文化遗产名录。2007年6月5日，经中华人民共和国文化部确定，四川省夹江县的杨占尧和浙江省富阳县的庄富泉为该文化遗产项目代表性传承人，并被列入第一批国家级非物质文化遗产项目226名代表性传承人名单。

竺海康（1949—）

Zhu Haikang

浙江大学图书馆研究员、浙江大学图书馆原常务副馆长。曾在浙江大学光仪系任教，1991年到图书馆工作，兼任"中国高等学校中英文图书数字化国际合作计划"（CADAL）管理中心常务副主任、浙江大学图书馆学术委员会主任、浙江大学文献信息资源研究中心常务副主任、浙江省高校图书资料系列职称评审委员会副主任以及全国高等学校图书情报工作委员会委员、浙江省图书馆学会副理事长和浙江省高校图工委副主任。主持省部级科研项目4项，发表论文近50篇，并多次获奖。

逐词排列

word-by-word

以词为单位，按单词的字母顺序，逐词排列的方法。西文、俄文常用此法排列。单词之间的标点符号有的作空格处理；单词带有数字者，数字可按西文翻译的词处理。如词目“A—10”位于“A-ten”的位置，也指一种目录组织的方法，是按款目标目的词为单位比较其字母顺序而排列款目。

逐词排列法

Word by Word

按照款目标目的词为单位比较其字母顺序而排列款目，这是目录组织的一种方法。

逐字排法

nothing before something

又称一贯排列法、实体排列法。是以字母为单位，严格按照拉丁字母顺序排列的方法。

逐字逐句，一字不差

(拉) *verbatim et literatim*

意为“逐词的，逐字的”。指引用、抄写或完全忠实于原著，偏重于照顾原文字句、照字面的翻译。

主标目

main heading

指多层次团体标目的第一部分，至少有一个副标目的复合标目的第一部分，例如多层次团体责任者标目中的第一级机构名称，可用标点符号与副标目隔开。

主标题

main heading

在标引工作中根据一个文献的主要内容确定下来的表达文献内容主题关键性概念的词，一般排在一组标题的最前面，具有独立的检索意义，能成为读者查询某类文献的一个检索入口。复合标题基本上由主标题和副标题（subheading）组成，副标题表示一书主题的次要方面或出版物的形式。主标题与副标题之间用标点符号隔开。例如：“环境——生态”（environment-ecology），其中“环境”（environment）是主标题，在整个标题中起最主要的作用，“生态”（ecology）则是副标题。主标题有单词主题与复合主题两种。单词主题即只有一个词或一个带前缀的词，而复合主题则包括两个以上的词。

主持人

Presenter

以主持节目方式展现作品的个人、家族或团体。属“资源描述与检索”（RDA）的内容描述元素之一。

主出借方

net lender

在规定时间内通过馆际互借系统出借的图书大于从其他图书馆借到的图书的图书馆。主出借方在馆际互借服务中要比主借用方更希望采用收费服务。在线计算机图书馆中心（OCLC）的馆际互借服务中，每当一件收藏物被要求出借时，其状态便更新为“装运”，每一次出借文献都要为出借方图书馆增加少量费用，作为对主出借方图书馆的补偿。

主从系统

master-slave system

由主计算机和所控制的一个或多个辅助计算机组成的系统。

主丛编

main series

指包含一种或多种分丛编的编号连续出版物。

主存储器

main memory（primary storage）

计算机系统中的一种主要工作存储设备，可对其直接进行访问。在一般情况下，计算机所执行的指令和操作数都从主存储器中取出。

主动提供的书稿

over the transom

指未经出版商约稿而自行投来的书稿。相当部分这样的书稿不会采用，但偶尔也会有一部质量特别高的著作稿通过这种方式寄来，这意味着这位作者的成功写作生涯从此开始了。

主干网

backbone

指一个中央网络，通过它把分散的计算机或局域网连接在一起。也指因特网的主要通讯干线，可以达到最远程距离并承担最大通信量的物理网络部分。为了实现最大可能的交换速率，主干网必须有能提供最大带宽的电缆构建。在因特网上，局域网连接到光纤主干网，更小的网络连接到局域网，以此类推。

主机
host

作为数据源，为其他终端或计算机服务的计算机。如为与其直接相连的终端提供文件的中央计算机，或允许客户机对其进行访问的网络服务器。主机为其他计算机提供服务，如电子邮件、网络新闻会议、文件传输或万维网信息服务。

主（基本）类目表
main class table

又称“大纲”。由基本大类组成的一览表。在组配分类法中，有时以分面类表目次的形式出现。《美国国会图书馆分类法》的基本大类为 20 个类目，《杜威十进分类法》的基本大类有 10 个类目，《中国图书馆分类法》的基本大类包括 22 个类目。

主借用方
net borrower

指在规定时间内通过馆际互借系统借到的图书大于其向其他图书馆出借的图书的图书馆。其反义词是主出借方。

主卡片
main card

记录主要款目的目录卡片。

主题
Subject

都柏林核心元素集的元素之一。指描述资源主题或者内容的关键词、词组短语或者分类号。主题和关键词最好是取自一个受控词表或是一个规范的分类体系。

主题
subject

文献所论述或研究的一组具有共性的事物之总称。也指一部著作所表达的中心思想、所讨论的基本问题或对象。在图书馆目录中，给图书和其他文献一个或多个反映其内容的主题标目，以帮助用户通过主题来查找所需要的文献。在索引和书目数据库中，文献的主题标目被称为叙词。又指电子邮件的报文头（发送者地址、主题、日期和时间等信息），发邮件者通过主题来告知收件人邮件的主要内容，在所收到的邮件中，邮件主题和发件人的名称都将显示在收件人的收件箱中。

主题编目
subject cataloging

编制文献目录时，分析和确定文献内容的学科属性及主题特征的过程，要提供责任者及题名以外的学科类目标识及主题检索途径，包括分类标引和主题标引。

主题标目
subject heading

又称“标题”、“标题词”。指从一系列文献资料中选出的比较定型、能最准确反映文献主题内容的词或词组，是图书馆书目记录检索的检索点。

主题标引
subject indexing

根据文献的内容特征，以主题词表、标题表为依据，赋予文献词语标识的过程。主题标引又分为受控标引与非控标引。受控标引指须由事先指定的叙词表（主题词表）中选用相应规范词，对文献进行标引。非控标引又称自由词标引，指不设规范词表而由标引人员直接选用文献内自然语言词，对文献进行标引。

主题词检索
search by subject heading

用叙词、标题词、单元词和关键词等表达信息需求而进行的检索。

主题地图
topic map

描述知识结构、知识与信息资源之间联系的元数据标准，是一种类似于语义语意网络的知识表示模式，结合了传统索引、图书馆学与人工智能等领域的优点，通过主题、关联、事件的概念来展现某领域的知识结构，可以有效地组织知识以利于信息检索和知识推理，解决大量无序信息所带来的问题。其于 2000 年被提为标准 ISO/IEC 13250：2000。

主题法
alphabetical subject indexing system

直接以表达主题内容的语词作为检索标识，以字顺为主要检索途径，并通过参照系统等方法揭示词间关系的标引和检索信息资源的方法。目前国内外采用的主题法的类型很多，一般都具有下述特征：1. 直接以语词作为检索标识。2. 以字顺作为主要检索途径。3. 以特定的事物、问题、现象，即主题为中心集中信息资源。4. 通常是通过详尽的参照系统等方式揭示各个主题词之间的关系。主题法在信息资源组织中的作用，主要是用来处理信息资源、编制各种检索工具及检索系统。主题法的类型可以有许多不同的分法，按照主题法的选词方式，可以分为标题法、元词法、叙词法和关键词法；按照其使用时组配的先后，可以分为先组式主题法和后组式主题法；按照其使用时是否进行控制，可以分为受控主题法与非控主题法。

主题分类法
Subject Classification（SC）

20 世纪初期的著名分类法之一，由英国图书馆学家詹姆斯·德夫·布朗（James Duff Browne）创编。主题分类法遵循三个原则：科学的进化顺序原则、应用从属于理论原则和按研究的具体对象而不按学科性质设类的原则。因为类目陈旧，不能适应实际需要，所以使用范围很小。

主题分析
subject analysis

又称文献分析。根据信息检索的需求，对文献的内容，进行分析与综合。这是为了查明文献中含有具备实际参考价值的信息。如果析出的文献主题概念与文献的实际内容不符合，就会引起标引错误，造成漏检和误检。

主题规范合作项目
Subject Authority Cooperative Program（SACO）

合作编目项目（PCC）所属项目。成员经过培训，可以向美国国会图书馆提议加入美国国会图书馆标题表（LCSH）的主题标目以及加入或修改美国国会图书馆分类法（LCC）的分类号。

《主题规范数据的功能需求》
Functional Requirement of Subject Authorities Data（FRSAD）

国际图联（IFLA）开发的主题规范数据的实体——关系概念模型，2011 年出版。主题规范数据的功能需求提出主题数据有查找、识别、选择和探索四项用户任务；引入以拉丁语表示的Thema（主题）和 Nomen（名称）两个实体，Thema 指作为作品主题的任何实体，Nomen 指用于表达 Thema 的任何标识（字母数字、符号、声音等）；分析两个实体的属性，以及作品、主题和名称之间的关系；通过用户任务对各实体的属性和关系给予评价。

主题检索
subject search

基于主题概念并采用规范化的主题词进行的检索，也可称为事物检索。词与词之间可使用逻辑算符。有效地提高查全率和查准率。

主题检索语言
subject retrieval languages

建立在经常使用的自然语言和概念逻辑的基础上，用来描述文献主题或信息需求的各种词汇系统的总称，简称为主题语言，这是情报检索语言的主要类型之一，与分类检索语言相对。具体体现为主题词表或主题索引的标识系统，其主要特点是用语词作为描述信息特征的标识，指示文献内容或信息需求中所涉及的事物或概念，并按字顺组织检索文档。

主题剧
thesis play

提出、解说或辩解某一主题的剧本，还有些剧作家有目的地用戏剧的形式来反映一些社会问题、并暗示一种可能的解决办法的戏剧作品。

主题款目
subject entry

以反映文献内容的主题词为标目的文献款目。

主题目录
subject catalog

根据文献所研究的对象，按照主题词的字顺组织起来的目录，从文献内容的题材方面报道和检索文献的工具。按款目组织方式可分字顺主题目录和分类主题目录两种。它能把分散在各个学科里的同一主题的全部文献集中起来，弥补分类目录特性检索功能不强的局限。

主题排列法
subject arrangement

指按揭示文献内容的主题词来组织文献目录与索引的方法。

主题随选百科书目服务
Subject on Demand (SOD) Services

2011年由台湾图书馆推出。初期规划100个学科主题，可以检索该馆5个主系统：馆藏目录查询系统、台湾博硕士论文知识加值系统、台湾新书资讯网、台湾期刊论文索引系统和数字出版物平台系统。

主题索引
subject index

又称字顺主题索引。以主题词为标目并按字顺编排的索引，是指揭示文献的主题内容，供读者查找有关主题的文献线索的一种检索工具。

主题索引
thematic index

作曲家的作品清单，通常按时序或分类编排，每部乐曲或大型乐曲的每个部分附有主题。

主题小说
(法) *roman a these*

由创作者明确提出创作主题并围绕这一主题进行阐明或辩解的一种小说。其特点是作品本身有明确的主题思想，在价值取向上给人以先入为主的冲击，使得读者在阅读作品的过程中难以去自由裁决。

主文件
master file (MF)

在给定的作业中起主要作用、作为依据的文件。

主文献
host document

一个相对的概念，即对于期刊中每篇单独的文章而言，期刊本身就是其主文献。

主要关系
Primary Relationships

"资源描述与检索"（RDA）规定的主要关系，指书目记录的功能需求（FRBR）定义的第一组产品实体中，作品、内容表达、载体表现与单件间固有的关系。产品实体间主要关系有如下三种：1. 作品与实现作品的内容表达之间的关系；2. 作品的内容表达与嵌有内容表达的载体表现之间的关系；3. 载体表现与作为其示例的单件之间的关系。

主要款目
main entry

中文传统著录法及西文著录法中所使用的术语。款目依其在目录中的作用可分为主要款目与附加款目。主要款目又称"基本款目"，指图书馆目录中提供最完整书目著录项目，以文献主要特征为标目的款目。提供主要检索途径，是目录中必备的款目。在编目过程中首先被编制出来，并被附加上除主要标目以外的其他标目，形成各种附加款目。所组成的目录系统为图书馆信息部门的各项工作（如检索、查重等）提供最完整的信息。为了给一种文献提供多种检索途径，必须为一种文献编制多种款目。在复制技术尚不发达的时代，因人力物力所限，只能首先编制一种著录内容最完备的基本款目，并以此为基础编制其他必要的、内容比较简略的辅助款目。西方的传统著录法根据西方的语言特点和读者的检索习惯，确定著者款目为主要款目，而中国的传统著录法则以题名款目为主要款目。随着印刷复制技术与自动化技术的发展，尤其是单元式印刷卡片的流行，各种类型的款目已无详简之分，在题名、责任者和主题分立的目录体系中，已无区别主要款目与附加款目的必要。因此中国和日本的著录标准已不再采用主要款目的概念，取而代之以著录内容与标目分离的通用款目。西方的著录法因受传统的"著者原则"以及各类款目混排的字典式目录体系的影响，仍继续采用主要款目，但《英美编目条例第二版》（*AACR*2）已不注重主要标目的选择。

主要媒体
major media

期刊、报纸、电视、广播、电影和招贴海报等均为主要的广告媒体。

主要名称
predominant name

指参考资料中经常出现的个人或团体的名称及其名称形式；还指作品中或团体出版物中经常出现的名称以及名称形式；文献主要信息源中分担责任者中以字体、排列位置尤其显得突出的姓名及名称形式。

主要目录
main catalog

在图书馆的目录体系中居主导地位的目录，由目录体系和读者检索习惯所决定。一般分为分类目录或主题目录。

主要题名页
main title page

提供文献的详细著录事项的题名页。多出现于使用对照文字或重印、翻译的文献，一般使用与正文文种相同的文字。此类文献除有与本版直接有关的、通常较为详细的题名页外，还有关于其他文种或原版、原文信息的题名页。

主要信息源
chief source of information

编目员在编目工作中对文献资料进行著录时所首选的书目信息，通常是题名页或类似的内容，如幻灯片或电影片的题名画面，或网页的标题屏。

主要责任者，主要著者
primary author（principal responsibility）

对文献的知识内容或艺术内容负主要责任的个人或团体。主要责任者包括著者、编者、学位论文撰写者、专利申请者或所有者、报告撰写者、标准提出者、析出文献的作者等。

主要主题
main subject

文献内容包括几个主题时，其中重点叙述的主题，是文献标引时必须反映的主题。

主要著录单元
main element

组成著录项目的最小单位。由表示文献某一个特征的单词、短语或一组字符等构成。如题名与责任说明项的正题名、文献类型标识、并列题名和责任说明；版本项的版本说明、并列版本说明、本版责任说明、版本修订说明和版本的修订责任说明；出版发行项的出版发行地、出版者发行者、出版者发行者职能说明、出版发行年、制作地、制作者、制作年和载体形态项的文献单位标识及文献数量、其他形态细节、文献尺寸和附件说明等。

主页
homepage

当用户登录 Web 浏览器并打开万维网上某一站点的地址（URL）时，在显示器上出现的该站点的起始页或主要页面。主页地址结尾的文件名通常为 index. html，main. html，home. html 或类似的名称。设计得较好的网页通常会显示站点名称、作者和主机名称，并给出最近更新日期、版权提示、站点内容列表以及与子页面和相关资源的超级链接。主页通常是第一次浏览站点时的最佳起点。

主映片
feature film

电影院中上映的商业性长片电影，通常时间长度是 90 分钟。

煮过的皮革
（法）*cuir bouilli*

图书装订的一种早期形式。封面用的皮革在滚烫的水中浸过，然后在一个硬模上锤打成一个图案，在中世纪图书艺术中组合图形很流行（藤蔓、树叶、花、鸟和神话动物等）。当皮革干燥后变得很硬，而不再需要木板压。

煮料锅
kier

指造纸厂里用来蒸煮破布、茅草等造纸原料的大锅。

苎麻纤维
ramie

来自亚洲东部的一种高大的多年生草本植物，具有深绿色的十分厚的宽叶子，下部是灰白色带绒毛，在中国、菲律宾、日本和美国南部广泛栽培。因为它坚韧而有光泽的苎麻的纫皮纤维，是造纸业中最耐用的材料之一，常用于印制钞票。

助查类次
helpful order

分类法中将有关主题按一定的次序编排，有助于读者检索所需要的主题。

助记标记，助记号码
mnemonic notation

对分类法标记符号的要求之一，即标记符号应当便于记忆。其具体要求可归纳为：符号本身有固定的顺序、简短易读、清楚明白、具有一定的助记性和号码种类简洁。又指在分类法中的辅助号，可以加在任何类号后，保持相同的细分目的。

助记符号
mnemonic symbol

为了便于人们记忆而选用的符号。例如在计

Z

算机中用缩写词标示一个操作；机读目录中表示各数据字段的字段标识符；在文献分类中用作记录文献类别及其排列顺序的分类标记符号。一般无论用在分类标记的何处都保持同一含义。助记符号使分类号码易认、易记、方便分类标引和检索工作。mnemonic 源于希腊文“*mnemon*”，“记住的”意思。

助记性
mnemonic characteristic

在分类表中，使用相同的符号代表相同的概念，这种特征称作助记性。标记符号具有相当稳定含义的性质，它使分类号码易认、易记和方便分类标引以及检索工作。

注册
log on

用户登录远程计算机系统并着手与之建立联系的程序，通常通过打字或输入规范的用户名或者口令来完成。

注册处，登记处
registry

负责保存多种官方目录或办理登记人名、地名、事件、日期或其他信息的办公场所。

注册用户
registered user

为了在某图书馆内或者远离图书馆时使用图书馆的馆藏或服务而在该图书馆注册的个人或者组织。用户可以根据要求进行注册或者在加入某机构时自动注册。

注解，注释
annotation

附于书目中引文之后的简短说明，通常不超过2~3句，用以描述或解释引用作品的内容，或者对其进行评论。泛指对文献、图书目录等所作的任何简短解释性或描述性内容。

注释版
annotated edition

包括由作者或其他注释者所写的评注的版本，这些评注可能是解释性的、补充性的，甚至是批评性的。

注释，备注
note

在写作和印刷中，用来解释作品正文中的一个观点，或注明一段引用语或不属于作者观点出处的语句和陈述。附注是补充说明或解释正文的文字，放在篇后，或一页末了，或用括号插在正文中间，通常采用连续编号的方式列在述及它们的正文同一页的底部作为脚注；或列在一篇文章，一个章节或一种书的末尾作为尾注。此外，还可参见一条书目记录的附注项中的陈述，说明作品的内容，与其他作品的关系，书目著录中未包括的外形特征。如果有多条附注，每条附注应作为独立的一段。

注释（本）
commentary

对某一作品的评论性或解释性的注解或注解集，有时附随在作品中，有时也单独成册发行。通常对于某些著名的且主题深奥的作品才会编写注释（本）。

注释，解释
exegesis

对文章中语汇、内容和引文出处等所作的说明。通常位于某页下方、章节末尾或者卷末。可以灵活地揭示文献内容；注释一般采用比正文小的字体排印。在版面上的排印方式有“夹注”、“脚注”、“页后注”、“段后注”、“篇后注”和“书后注”等。

注释书目
annotated bibliography

对每个条目或引文均做简洁的解释性注释或评估性注释的书目。这些注释有助于研究者评估某个资源与给定主题或需求是否相关，具有揭示文献价值，推荐优秀著作，提供学术研究依据的功能。

注释作品
works created by annotation of preexisting works

注释已有作品而产生的作品，其著作权由注释人享有，但行使著作权时不得侵犯原作品的著作权。

注疏
annotation and commentary

注解和解释的文字并称。“注”是对经书字句的注解，又可称之为传、笺、解、章句。“疏”则是对“注”进行的再注解，又称义疏、正义、疏义等。注、疏内容关乎经籍中文字正假、语词意义、音读正讹、语法修辞以及名物、典制、史实等。中国宋朝时，人们将宋及宋以前十三经之注疏合刊(《十三经注疏》)，“注疏”之称始流行。

注销
withdrawal

指图书馆将丢失、调拨或剔除的已不再是馆藏文献部分从各项财产登记记录（包括计算机中的文档、图书登记簿和目录卡片）中删除的工作，以便使登记制度正确反映馆藏的总数量和总价值。

注销单
removal slip

图书馆用于注销文献的一种格式清单。注销单一般要列出注销登记号、注销总号、注销总件数、注销文献的名称、著者、件数、价格和原因等。通常注销一批，填写一份。又指图书馆向出版社或书商撤销订书单的通知。

注销书
discard

从图书馆藏书中正式撤销某些书以便处理的过程，包括从目录中取消所有相关款目。又指任何撤除待处理藏书的过程，撤除原因有：过时、不再流通、破损或因损坏而无法修复等。由于图书馆书架空间有限，撤出复本可以增加新书的储藏空间。注销书可与其他图书馆交换，或赠与他馆，根据图书馆政策中对注销书处理方案的具体规定，最常用的处理方法是销售，售给节俭书屋或作为垃圾处理。

注销章
withdrawal stamp

用于标识已注销图书、期刊的印章。盖在注销图书、期刊上的印章，通常用“注销图书”、“注销期刊”的字样；盖在登记簿和目录卡片上的印章通常用“注销”和“某年某月某日注销”字样。

驻留程序
resident program

特指在计算机出厂前被事先预置在其内存储器特定区域中的那部分计算机程序。

祝婚诗喜诗
epithalamium

表示颂扬的诗文或歌曲，尤指献给新娘和新郎的祝婚歌或祝婚诗。

著录单元
element

在图书馆编目中，组成著录项目的最小单位。由能够表示文献某一特征的一个单词、词组或一组字符等构成。例如，文献出版发行项包括出版地、出版者和出版年等著录单元。

著录格式
entry format

又称“款目格式”。款目内各个著录项目的组织、排列顺序和表示方法。著录格式由款目载体形式和款目所组成的目录性质所决定。以其载体的不同分为：卡片式著录格式、书本式著录格式和机读格式等；按其表现方法的不同可分为：标识符号法和空格法；按款目性质区分为通用款目格式、分类款目格式、主题款目格式、题名款目格式和责任者款目格式；依据其著录的文献类型的不同则分为：图书著录格式、连续出版物著录格式和非书资料著录格式等。

著录规则
rules for descriptive cataloging

指根据文献自身的特征，结合读者从多种途径检索文献的实际需要而制定的一整套系统地、正确地记录文献内容及其外表形式和物质形态的方法。著录规则是图书馆员著录文献的基本依据，其内容包括文献著录项目、著录格式、各个著录项目的著录细则、检索点的选取原则以及标目形式等。著录规则既有通用规则（总则），又有适用于各类文献著录的分则（细则）；既有国际标准，又有国内标准，还有行业标准。

著录级次
level of description

指在图书馆编目中，书目记录的详细程度，它由文献著录所包含的数据元素数来体现。即文献著录时，著录项目的选择层次，表现为著录项目的详略程度。是著录规则为适应不同文献类型和实际使用需要而采用的技术措施，以便提高著录的针对性、实用性。《英美编目条例》（*AACR*）规定了三种不同的著录等级：完全级、核心级和最低级。

著录区

title area

指缩微胶片上部印有标题、编号、著者和其他著录项的地方。

著录条例

rules for description

对文献的内容特征、外表特征和物质形态进行记录时必须共同遵循的一种条例。著录的直接目的是为了产生著录款目，而其间接目的在于制作读者了解文献、确认文献和查找所需文献的检索工具。著录条例是一种重要的文献工作条例，必须认真地制定或选择，以确保检索工具的质量，便于读者迅速找出自己所需的文献。

(著录) 项目

area

揭示文献形式和内容特征的记录事项。其主要部分称大项，组成各个主要部分的特定内容为小项。著录项目是指每一文献区别于其他文献的外部特征，如题名、作者、期刊名称、出版年、卷、期、页码和语种等。著录项目分为主要项目和选择项目两种。在图书馆目录或书目数据库里代表某一文献资源的书目记录中主要的描述性部分。主要是记录某一特定类目的数据元素。《英美编目条例第二版》(*AACR2*) 中，书目描述的标准著录项目有：

题名和责任说明（MARC 21 书目数据格式中字段为 245)；

版本（MARC 21 书目数据格式中字段为 250)；

特殊材料详述（音乐 MARC 21 书目数据格式中字段为 254，地图 MARC 21 书目数据格式中字段为 255，丛书 MARC 21 书目数据格式中字段为 362)；

出版，发行等（MARC 21 书目数据格式中字段为 260)；

（资料）形态著录（MARC 21 书目数据格式中字段为 300)；

丛书号（MARC 21 书目数据格式中字段为 4××)；

注释（MARC 21 书目数据格式中字段为 5××)；

标准号和获得条件（MARC 21 书目数据格式中字段为 020 或 022)。

著录项目

bibliographic item

指在一个书目系统中作为一个著录整体处理的某一个文献、某一个文献的部分或若干文献。具体指作为一个整体出版、发行或处理，并且成为一条目录款目基础的某一文献或某一套文献。

著录用标识符号

punctuation for description

指在文献著录时使用的标识符号，用来识别著录项目和著录单元的特定内容，或补充著录内容的符号。

著者版税，著者稿酬

author's royalties

根据图书预计销售量而付给著者的酬金，通常按图书销售额百分比的形式支付。

著者标目

author heading

以个人著者或集体著者的名称作为款目词而构成的用以组织目录和检索目录的标目。

著者不详

unknown authorship (anonymous)

指编目文献的著者不详或不能确定，包括出自团体的文献，该团体名称不详或缺少，如图书馆目录中的古典佚名作品《罗兰之歌》(*Chanson de Roland*)。依据英美编目条例第二版（*AACR2*）规则，如果编目文献有一个或一个以上个人或团体名称时，应作附加款目。

著者存疑

doubtful authorship

作者无法确定的作品，根据不完全或缺乏说服力的证据判断，作品可能属于一个或更多作者。在无法找到有说服力的证据时，将作品归为著者存疑。

著者访谈

author interview

由采访者所做的关于某作品著者的个人生活、工作及有关作品的访谈。著者访谈可在图书或期刊上，或者是电台、电视台全文或部分发表、播发。也指根据对著者的访谈而发表的文章或制作的节目。

著者附加款目

author added entry

在著录中以名称，包括著者名及机构团体名称等作为附加款目。

著者个人全集

author's edition（complete works，uniform edition）

某一著者已出版作品和未出版作品，以单卷本或多卷本形式统一出版，并于题名页冠以总题名，如《某某选集》《某某作品选》，以表示包含了该著者所有的作品。

著者号

author mark

由编目人员所添加的代表某一著者姓氏的字母、数字或其他符号，以区分于同一类目中的其他作品。分类号再加上著者号共同构成索书号，用以组织分类目录和图书排架。著者号一般根据编定出版的“著者号码表”取号。

著者号码表

author number table

将常用姓氏按一定的检字法（如笔画顺序或字母顺序）排成一个固定的顺序，并配以相应顺序号码的一览表。

著者介绍书目

author bibliography

特定著者的著作目录，或著者生平的著作目录，其形式多种多样。最简单的只是列出题录，较详细的则逐条有简介或摘要。

著者款目

author entry

图书目录、索引或书目记录中以一书的著者作标目的款目，声明作品的第一作者是个人作者还是集体作者。大多数图书馆目录将著者款目作为主要款目。由著者款目组成的目录叫著者目录。

著者目录

author catalog

以著者名称为标目的款目按字顺排列而成的目录，一般包括个人著者、编者、译者、作曲者和集体著者款目。可以满足以著者为线索查找文献的要求，并通过参照系统引导读者以著者名称的不同形式（真名、别名和笔名等）检索所需文献。具有集中同一著者各种著作，便于从特定著者角度揭示和报道文献的优点。

著者签名本

autographed copy

由著者亲笔签名的图书或其他出版物。如果著者非常有名并且签名本极少，那么著者签名本对于一些收藏者来说就弥足珍贵。

著者索引

author index

按标引作品的著者姓名（个人作者或团体作者）的字母顺序编列的索引。著者索引一般与主题索引或标题索引结合使用，给读者提供一条从著者角度检索有关文献的简便有效的途径，可用于查找相关主题文献。使用著者索引时，应注意著者姓名的取舍和排列规则以及不同语种的对译方法。著者索引可分个人著作索引、团体著者索引、专利权所有人索引和专利权受让人索引等。

著者题名参见

author-title reference

由个人著者姓名或机关团体名称和文献题名组成的一种参照。

著者题名附加款目

author-title added entry

指由个人著者姓名或机关团体名称和文献题名组成的附加款目。

著者题名索引

author-title index

以著者为标目和以题名为标目结合而成的索引，可以字顺混排成一套或分排成两套。

著者文摘

author abstract

由作品的著者本人针对自己的作品所写的文摘，而不是由其他人如专业文摘员或标引员所写。由于著者对本人所写作品的思想内容最为了解，所写文摘也能较为准确地反映原作要点。

著者项

author statement

指由著者名称和著作方式构成的著录项目。

著者巡回促销
author tour

由出版商组织著者参与的一种新书促销活动。著者要按紧凑的日程安排巡回各地，参加签名售书、著者访谈和图书点评等活动。所花费用由出版商承担，但著者往往酬不敷劳。

著者主要款目
main entry under author

又称“责任者主要款目”，是以文献责任者名称为标目的主要款目。传统的西文著录法强调责任者（著者）名称为主要的检索途径，并以个人作品的个人著者作为主要款目的标目，多人的作品以主要著者作主要款目标目，无著者的作品以可能的著者作主要款目标目，某些分担责任与混合责任的作品以最先提及的个人作主要款目标目。俄文图书著录法除规定某几种文献须用题名作标目，其他以责任者作为主要款目标目。

著作
works

为通讯和记录之目的，用语言、标记、代号、数字和图像等方式来表达人类思想或情感，当这样的方式公布于众时，可被认为是出版的作品，如果原作者、创作者不详，那么该作品被称作无名氏作品。作品一般可分为：文字作品，包括论著、创作、翻译、记述、改编、注释和评注等；口述作品，包括演讲、报告和说唱等；艺术作品，包括音乐、戏剧、曲艺、舞蹈、绘画、书法、雕塑、电影、电视和录像摄影等；工程设计、产品设计图纸及其说明；各种图表、图像和表谱、地图、历史图谱、年表、历表和年谱等；计算机软件和法律、行政法规规定的其他作品。

著作版权记录
copyright notice

在印刷文献或计算机程序中关于著作版权归属的说明，一般印在题名页的背面。

著作财产权
copyright property rights

又称经济权利，是指作者或其他著作权人依著作权法享有的与作品相联系的财产权利，也即著作权人自己使用或者授权他人以一定方式使用作品而获取物质利益的权利。著作财产权包括使用权和获得报酬权，即以复制、表演、播放、展览、发行电影、电视、录像或者改编、翻译、注释、编辑等方式使用作品的权利，以及许可他人以上述方式使用作品，并由此获得报酬的权利。著作财产权的性质明显不同于著作人身权，可以依法转让、继承、遗赠或放弃。著作财产权也明显不同于一般的财产权，受地域、时间等因素的限制。

著作代理商
literary agent

沟通作者与出版商之间联系的中间商。代理商还可以在选择出版商，签订图书协议，处理原作者的一般性事物——通常是换取由作者支付的佣金或工作酬劳部分方面提供指导和（或者）帮助。著作代理商还可代表出版商寻找著作以满足某种专门需要。但并不是所有作者都聘用代理商，有些作者倾向于直接与出版商交易。

著作区分号，著作号
work mark（work number）

编目员通常是在索书号里的著者号之后加注1～2个字母（如题名的第一、二两个字母）或数字代码，用以区分同一作者的不同著作或同一著作的不同版本的排列次序。著作号与著者号一起构成了书次号。

著作权
copyright

也称为版权，指依据著作权法的规定，自然人、法人或者其他组织对文学、艺术或科学作品享有的财产权利和人身权利的总称。分为著作人格权与著作财产权。其中著作人格权的内涵包括了公开发表权、姓名表示权及禁止他人以扭曲、变更方式，利用著作损害著作人名誉的权利。著作财产权是无形的财产权，是基于人类知识所产生之权利，故属知识产权。世界上第一部版权法是1709年由英国议会颁布的英国《安娜法令》。中文最早使用“著作权”一词，始于中国第一部著作权法律《大清著作权律》。

著作权标记
copyright mark

亦称版权标记。表明作品受著作权保护的记号。国际上通用《世界版权公约》所规定的版权标记，即用符号（英文版权 copyright 的第一个字母加圆圈）表示作品受版权保护。唱片、音像制品等用符号（英文唱片 phonogram 的第一个字母加圆圈）表示作品受版权保护。著作权标记应刊在作品的显著位置。但是，在大多数国家，作品受版权保护，并不取决于有无版权标记。

著作权的限制

limitations on copyrights

指为了社会公共利益以及科学、文化、教育事业的发展，法律规定著作权人对某部作品享有充分权利。同时，也规定了在作品的利用方面对社会必须履行的义务。著作权人享有的权利和对著作权人享有权利的限制即表现为著作权人的权利和义务。对著作权人某些权利加以的限制，在著作权立法中主要是通过合理使用的规定来实现。

著作权法

copyright law（copyright act）

指调整因著作权的产生、控制、利用和支配而产生的社会关系的法律规范的总称。广义的著作权法包括著作权法、邻接权法、各种相关的法律规范以及调整国家与国家之间，就相互提供著作权保护而缔结的国际条约。

《著作权集体管理条例》

Regulation for Copyright Collective Management Organization

由国务院批准，自 2005 年 3 月 1 日起施行。《著作权集体管理条例》是为了规范著作权集体管理活动，便于著作权人和与著作权有关的权利人行使权利和使用者使用作品，根据《中华人民共和国著作权法》而制定的，共有 2 章 8 条款。《著作权集体管理条例》主要对与著作权集体管理相关的概念，著作权集体管理组织的设立，著作权集体管理组织的机构，著作权集体管理活动，对著作权集体管理组织的监督，著作权集体管理组织的法律责任等方面问题做了规定。

著作权集体管理信息系统

copyright collective management information system

著作权集体管理组织为了有效地为著作权人行使权利、管理其著作权业务，运用网络、计算机和数字权利管理等信息技术，设计和运行的用于著作权集体管理的信息系统。

著作权集体管理组织

organization for collective administration of copyright

指为权利人的利益依法设立，根据权利人授权、对权利人的著作权或者与著作权有关的权利进行集体管理的社会团体。

著作权客体

object of copyright

指著作权法规定的，受保护的文学艺术和科学技术作品。包括文字作品，口述作品，音乐、戏剧、曲艺、舞蹈作品，美术、摄影作品，电影、电视、录像作品，工程设计、产品设计图纸及其说明，地图、示意图等图形作品，计算机软件，民间文学艺术作品以及法律、行政法规规定的其他作品等多种类型的作品。

著作权人

copyright owners

指依法享有著作权的公民、法人或者非法人单位。著作权人可分为原始著作权人和继受著作权人。

著作权使用费

copyright remuneration

指作品使用者因使用作品而向作者或其他著作权人支付的经济报酬。

《著作权行政处罚实施办法》

Implementing Rules on the Administrative Penalties on Copyright

国家版权局规定的版权规章，自 2003 年 9 月 1 日起施行。该办法是为规范中国著作权行政管理部门的行政处罚行为，保护公民、法人和其他组织的合法权益，根据《中华人民共和国行政处罚法》、《中华人民共和国著作权法》和其他有关法律、行政法规所制定。该办法主要对著作权行政处罚的执法主体、著作权违法行为、处罚种类、管辖和适用、处罚程序、执行程序等方面的问题做出了相关规定。中国国家版权局于 1997 年 1 月 28 日发布的《著作权行政处罚实施办法》同时废止。

著作权主体

subject of copyright

指依法享有著作权的人。首先是作者，即直接创作作品的公民或被视为作者的法人或者非法人单位，其次是依法取得著作权财产权的其他著作权人，如继承人、受遗赠人和版权受让人等。

著作权转让

transfer of copyright

指著作权人将其作品财产权部分或全部转移给他人所有。

著作人身权

copyright personality rights

又称作者人格权或精神权利，是指作者基于作品创作所享有的各种与人身相联系而无直接财产内容的权利。中国著作人身权具体包括发表权、署名权、修改权和保护作品完整权等四项权利。

（铸铅字的）字模

Mat（mould）

印刷术语。指用于字模雕刻原型的金属板制作的凹型字模。

筑波大学图书馆学情报学院（日本）

School of Library and Information Science，University of Tsukuba

前身为1979年10月创立的日本图书馆学情报学大学，2002年10月1日由该校和筑波大学合并而成。在充分发挥综合大学专门学院之特长的基础上，其目标是进一步充实图书馆学情报大学的教育，促进高度信息化社会信息的流通和培养相关人才。该学院不拘泥于文理科框架的限制，课程设置是有关图书馆学情报学的知识和技术，理论结合应用。

专称，专有名称

proper name

表示一逻辑主语及独特地标示一逻辑单一成分的代号，又指识别某一特定人物、机构团体、地名、事件或实体的称谓。

专家读者

expert user

对如何利用图书馆或计算机信息检索系统有着丰富的检索知识和经验的人。

专家检索

expert search

指系统在检索页面上设置一个较大的提问框供用户输入检索策略。用户可根据检索课题的需要，调用相应的检索技术编制比较细致复杂的检索提问式，以一次达到比较满意的检索结果。这种检索方式适用于有丰富检索经验的用户。

专家评审

peer review

著作、论文和软件等作品在发表出版之前，要提交给相关学科领域里的专家进行评审。这是发表出版学术性的作品的一个标准程序。

专家系统

expert system

指能在一定程度上模拟某个特定领域的专家解决该领域中疑难问题的计算机软件系统。通常包括知识库、推理机制、知识获取系统、解释程序和用户接口等部分，是基于人工智能规则的一种系统。其特点是：自发性：模拟专家进行推理和判断；透明性：解释系统本身的推理过程，求解用户提出的问题；灵活性：可以不断修改，扩充知识库。

专刊，专辑

special issue（special number）

又称专号、特号。指一期刊物，整版篇幅都是围绕一个特别的主题，因某项重大事件或学术研究而发行的专刊。有些刊物还用特别形式发表一年一度的行业名录、大事记和年会记录等。也指为纪念某一重要节日、事件或人物，专门出版的刊物，有些期刊还以特刊的形式发表年度报告和统计年报等。

专科目录学

Subject Bibliographic Science

目录学的分支学科之一，是其他学科与目录学相结合的边缘学科。专科目录学结合每门学科的特点，运用普通目录学的理论和方法，分别系统地认识和揭示各门学科文献和文献检索工具如词典、书目、索引、文摘、年鉴和手册等的一门学科。

专科书目

subject bibliography

书目种类的名称之一，指专为某一学科编制的书目。

专栏文章

column

通常刊登于报纸杂志的社论版面或与其临近的其他版面上，专就当前事件或形势进行评论的文章。

专利

patent

指法律保障一种新产品或新方法的发明人在指定时间内对其发明的产品或方法在制造、使用和销售方面享有独立的法律权益。

专利地图

patent map

又称专利统计图，是以统计分析方法，将各种与专利有关的资料信息，加以缜密分析整理，制成各种可分析解读的图表信息，使其具有类似地图的指向功能。一般分为：技术功效图、技术路线图、机械领域要点图、构成部件图、分布图和趋势图等；按照形式可分为：等高线图、折线图、条形图、雷达图、气泡图、饼图等。因此是一种搜集、整理和利用专利信息的工具，在于对数量庞大的专利基于不同的研究目的，从多角度进行方位的分析，从中抽取各种有用信息。

专利法

patent law

为了保护发明创造专利权，鼓励发明创造，有利于发明创造的推广应用，促进科学技术的发展，适应社会发展的需要，特制定有关专利方面的法律。专利法是国家制定的用以调整确认发明创造的所有权和因发明创造的利用而产生的各种社会关系的法律规范的总和，是国家重要的经济法规，目前世界上有160多个国家和地区拥有自己的专利法。《中华人民共和国专利法》于2001年7月1日施行。

专利公报

patent gazette

指由各国专利局或国际性专利组织报道专利申请审批状况及相关法律、法规信息的定期出版物。主要内容有专利局通知、专利申请案审查情况、发明的法律状况变化情况、已批准的专利摘要或专利权项以及各种索引等，专利公报多为周刊，也有旬刊、半月刊或月刊形式。通常按不同的专利类型分为发明专利公报、实用新型专利公报和外观设计专利公报等。《中国专利公报》是国家知识产权局唯一授权每周定期公开出版的法定出版物，刊载专利申请公开、专利权授予和授权公告索引等多项内容。是查找中国专利文献、检索中国最新专利信息和了解中国专利局专利审查业务活动的主要工具书。

专利国别代码

patent national name code

指专利号前面的英文字母。这是用来表示发行专利说明书的国家和地区性的国际标准代码。一般用两个英文字母表示，标注在各国专利号前。主要的专利国别代码有：中国（CN）、澳大利亚（AU）、加拿大（CA）、瑞士（CH）、德国（DE）、法国（FR）、英国（GB）、日本（JP）、韩国（KR）、俄罗斯（RU）和美国（US）等。

专利号索引

patent number index

将有关文献中的专利号按国家名称及专利号的顺序编制而成的一种索引。如《化学文摘》（*Chemical Abstracts*，*CA*）从1935年开始编排专利号索引。把《化学文摘》所收集的专利按照国家的国名简称字顺排列。在某国专利之下，列有专利号和文摘号。有不同期的累积本索引，《化学文摘》每期后面也附有这种索引。

专利和商标存储图书馆（美国）

Patent and Trademark Depository Library（PTL）

由美国专利和商标局（PTO）指定收藏美国专利和商标资料的图书馆。这类图书馆免费对公众开放，传播一般的专利和商标信息。专利和商标存储图书馆计划是根据1871年联邦法令创立的，其成员现已经发展到80多所图书馆，其中半数为高校图书馆，近半数为公共图书馆，还有一个州立图书馆和一个供研究用的专业图书馆。

专利和商标存储图书馆协会（美国）
Patent and Trademark Depository Library Association（PTDLA）

美国图书馆协会的一个分支机构，致力于向美国专利和商标存储图书馆（PTL）及其用户在利益、需求、意见和目标等方面提供建议，并协助其制定和提供相应的服务。

专利计量
patentometrics

最早由弗朗西斯·纳里（Francis Nari）于1994年在《科学计量学》(Scientometircs）上提出，以专利中的计量信息作为分析研究的基础，运用数学和统计学的方法探索和挖掘专利的分布结构、数量关系、变化规律等内在价值。纳里所提出专利计量的指标包括专利数、专利影响因子CII和技术强度TS。目前专利计量的指标有很多，对于不同的评价目的，应该选择不同的指标以及指标组合。

专利局
patent office

各国政府所属的管理机构，负责审查专利申请，批准后给予编号，并公开发行专利说明书等。

专利局审查通知书
office action

又称核驳审定书。指实行专利审查制的一些国家，专利局审查员对专利申请人所发的通知，内容一般为驳回专利申请的理由或如何修改申请书的建议等。

专利权
patent right

知识产权的一种，指专利权人在法律规定的期限内对其发明创造享有的专门独占权利。专利权由国家专利局授予，或由代表若干国家授权的地区局授予，如欧洲专利局（EPO）和非洲知识产权组织（OAPI)。根据这些地区制度，申请人在一国或多国提出要求保护发明的申请，由每一个国家来决定是否在各自领土上给予专利保护。专利权作为一种财产可以在市场中进行交易，专利权受到国家专利法保护，未经专利权人同意许可，任何单位或个人都不能使用。专利分为发明、实用新型和外观设计三种。申请发明、实用新型专利，要具备新颖性、创造性和实用性三个条件，缺一不可。多数大型工程图书馆提供专利数据库和专利检索服务。

专利权人
patentee

对于符合专利法的发明创造，由国家颁发专利证书，授予发明创造人以专利权。专利权人对其发明创造在一定期限内享有专有权，比如有权自己或允许他人为生产经营目的制造、使用其专利产品，或使用其专利方法，或使用、销售依照该专利方法直接获得的产品，同时，有权转让专利权、专利标记等。

专利权人索引
patentee index

将有关文献中的专利内容按专利权所有人的代码或实际名称编排而成的一种索引。

专利索引
patent index

专供查找专利信息的一种索引，一般以专利说明书编号、专利申请号、专利权人、专利分类号等为标目。专利索引有的刊载在专利公报中作为检索专利公报的各种专利信息之用；有的则单独出版，成为一种独立的检索工具。

专利文献
patent documentation

政府专利机构出版的官方文献。该文献保障一种新产品或新方法的发明人在指定时间内对其发明的产品或方法在制造、使用和销售方面享有独立的法律权利。广义地讲，专利文献指与专利有关的所有文献，包括各种类型的专利说明书、国家专利机构审理的专利申请案、诉讼案的有关文件、各国专利机构出版的专利公报以及各种专利文摘、索引等二次专利信息文献等。狭义地讲，专利文献指专利说明书。

专利信息中心
patent information center

负责收藏、保存和提供专利文献并提供专利信息检索的服务机构。

专利引文索引
patent citation index

引文索引的一种。这是指专门收录专利引文（即以专利说明书为参考文献）的一种索引，按照被引用专利的号码顺序进行排列。

专利杂志
patent journal

专门刊载专利及专利信息的连续出版物。

专利制度
patent system

国际上通行的一种利用法律的和经济手段推行专利的管理制度。专利制度的基本内容就是发明人将其完成的发明依法向社会公开，以便进行发明创造信息的交流和有偿技术转让，社会给予发明人对该项发明享有一定时期的独占权。

专利资料
patent file

存放在专利和商标存储图书馆里的有关专利的图形、说明书的特藏。读者可按专利的申请国、专利号和专利权人的名称或主题检索所需要的专利资料。

专论
monograph

内容针对某一学术领域的一个小范围，对该范围内各种问题作详尽无遗的论述并博引各种文献的专题学术评论；也指关于自然、历史等方面某一特定学科的专题论文或个人的出版物。

专门标识，标识图案
logo

被公司、组织、机构或协会作为商标或身份符号用在出版物和促销资料上的标识或图案。网站常用专门标识说明它与主办单位的关系或表明其内容属性。

专门藏书，特藏
special collections

图书馆把珍本图书、名人手稿、报纸及其他形式的文献分别收藏。这些文献都是关于某一主题、某一时期或某一地域的重要文献，它们特别珍贵但十分脆弱易损；这些文献资料通常是不能进行流通借阅的，即使借阅，也受到严格的限制。一般在大型图书馆和历史悠久的图书馆都设立了特藏部专门收藏这些珍贵的文献资料，目的在于更有效地管理和利用。

专门出版
niche publishing

出版领域限制在一个比较狭窄范围（例如自动维护手册或旅游指南等）或某一类文学作品（如侦探小说）的小型出版社或大型出版公司的部门活动。他们为满足某一特定的市场的需要而出版一些出版物，这类出版社的出版领域也有大有小。

专门辞典
special dictionary

又称术语词典。汇集专科词语的辞典，如《英-汉计算机辞典》(*A English-Chinese Dictionary of Computer Science*)。

专门书库
special stack room

又称特藏书库。一般指图书馆为那些需要特殊保管条件或供专门参考而单独设立的书库。这种专门书库的藏书范围为珍本、善本、特种文献和地方文献、手稿等，这反映了图书馆经过长期积累而成的系统珍贵的藏书。

专门图书馆
special library

又称专业图书馆或科学图书馆。是由商业公司、学（协）会、政府机关、非营利性的机构或具有某种特别兴趣的组织建立并给予资助的图书馆。专门图书馆配合所属机构制定任务及目标提供适当的服务来满足其成员或职员的信息需求。藏书范围有别于其他类型的图书馆，通常以主办机构的业务和专业为中心，经过精细选择，采购特定的主题以及与主题相关的各种图书资料，主要包括期刊、研究论文、报告、小册子、地图、多媒体、视听资料和盲人图书等。担任专门图书馆员的要求比较严格，除了具有图书馆学专业教育背景外还要具备专门的学科知识。

（专门图书馆的）主管单位
host organization

指图书馆作为其下属单位运行的组织机构。例如一家博物馆里的图书馆，专供其馆长和工作人员利用；或一家公司图书馆，为其员工和客户提供信息服务。

专门图书馆学

Special Librarianship

图书馆学分支学科，研究不同类型图书馆的产生、发展及其特点。由于具体研究对象不同，可以区分为公共图书馆学、大学图书馆学、科学技术图书馆学、儿童图书馆学和特种图书馆学等。每一专门图书馆学都是理论图书馆学在一种图书馆类型的应用和具体化，同时与技术方法紧密结合，使技术方法更加具有适应性。

专门杂志

special interest magazine

针对特殊读者群的关于某个主题的一期杂志，例如，《保龄球文摘》(*Bowling Digest*) 或《健身杂志》(*Fitness Journal*)。公共图书馆基于读者要求，通常会订购一些专门杂志。

专设阅览席

oasis

指在大学图书馆内专设的阅览席。通常是单独隔离的一个小空间，仅能容纳一个人。里面放置一张书桌，一把软沙发椅和一台计算机。这种专设阅览席是专供教师和研究生使用，需要办理预借手续。

专书目录

bibliography related to a specific book

全面反映某一著作编撰过程、篇目内容、版本流传、改编翻译及其影响的文献目录。是进行学术研究和开展情报服务的重要工具。中国唐代常宝鼎编的《文选著作人名目》，为中国最早的专书目录。20世纪，由于文化学术的发展，出现了大量专书书目和专书索引。专书书目因编纂目的、资料引用范围和各书影响不同，可分成以下几种：全面收集与某书有关的著、译、改编以至研究作者、作品资料的文献目录；供检索某书作者、篇名用的作者目录和篇名目录；专记某书流传情况的版本考和记载某书引用书籍的引书目录等。

Z

专题百科全书

subject encyclopedia

涉及某个特定主题领域或学术领域的百科全书，不同于广泛涉及多学科领域的综合性百科全书。例如，《心理学百科全书》(*Encyclopedia of Psychology*)、《图书馆学情报学百科全书》(*Encyclopedia of Library and Information Science*) 等。

专题报告

report on a special topic

围绕某一特定问题对有关信息资料进行浓缩和提炼所作的有数据、有观点的一种研究报告。专题报告一般应对特定问题作出明确的结论，提出解决问题的方案，能起到解答咨询的作用。

专题藏书

subject collection

指有关特定主题或是密切相关的系列主题的一系列图书馆馆藏资料。

专题地图

thematic map

关于地球表面特定区域的地貌情况的地图。专题地图可以定量地图示统计数据，如平均年降水量，也可以是定性地指明诸如语言、种族和宗教信仰等的分布特征。专题地图可按制图对象内容的不同分自然地图和人文地图两大类。专题地图应用广泛，在经济和国防建设、科学研究和文化教育中起着重要作用。

专题论文，专著

treatise

指一个专题的著述（如一篇文章或一部书），特指以系统的形式，为了阐述或辨析之目的，对有关的事实和原则提出有方法的讨论并作出结论。

专题书目

special bibliography

目录的基本种类之一。指为特定的用户全面系统地揭示与报道某一特定学科或某一专门主题的文献而编制的文献书目。具有编制及时，报道专深，针对性强的特点，能充分反映某一学科或主题的有关文献，是用户选择特定范围内文献的向导，能为用户开拓文献线索提供方便，同时也是书目情报工作者解答咨询的重要工具。

专题述评

subject commentary

对某学术专题研究状况进行的概说、评论、展望、预测和建议。在分析大量的情报资料的基础上进行科学概括，除了揭示出事物的本质外，同时还渗入了研究者鲜明的立场和观点，对优劣利弊予以评论，提出带结论性的看法和建议，一般由专家或学科领头人撰写，故又称“专家述评”。专题述评的基本结构包括文题、署名、内容提要、关键词、引言、正文、建议和参考文献等。其重点是“评”，“述”只是“概述”，处于次要地位。

专题讨论会
symposium

指专家们聚集在一起就共同关心的问题进行讨论，这种讨论会具有理论和哲理性质。图书馆界每年在世界各地召开各种专题研讨会，探讨有关专业发展的问题。

专题图集
thematic atlas

汇集某一特定学科、主题或专题的图像资料，表达一定的主题内容，通常包括正文、插图和其他图解资料。

专题研究
monographic study

指就某一方面的问题或就问题的某一部分进行专项和深入的研究。其特点是研究的范围窄、问题集中，但要求有相当的深度，最后要对所研究的问题提出较为精细和准确的说明和解释。

专题资料汇编
casebook

有关专题的主要论文和学术评论在一起的资料汇编，可供研究参考用。

专业标准
specialized standard

根据某专业范围统一的需要，由专业主管机构或专业标准化机构批准、发布的标准。主要包括专业范围内的主要产品标准、通用零部件、配件标准、设备、工具和特殊原材料标准、专业的典型工艺规程和通用的术语、符号、规则以及方法等基础标准。

专业词汇
specialized vocabulary

指在本专业范围内表示专业特有概念的词汇，这些词汇的词义比较单一。

专业发展
professional development

指图书馆专业人员受聘后的继续学习和培训。有时是根据馆长的安排，但也有的通过自愿参加重要的专业会议、专业研讨会或各种培训班，通过继续学习和培训，使图书馆员不断更新自己的知识，及时掌握新理论、新技能和新信息，提高业务素质，以适应图书馆事业发展的需要。

专业法律数据库
LexisNexis-Lexis. com

1973 年 LexisNexis 专为法律专业人士开发的网上信息产品。作为全球领先的专业法律信息数据库，律商联讯为法律专业研究人员和律师提供权威的、内容丰富的全球性法律信息；其强大的搜索引擎能够瞬间检索到所需的判例、专题论文、法律评论和相关的法律新闻，为研究带来极大的便利。如今，Lexis. com 专业法律数据库已经成为中国学术市场、国家部委、律师事务所、中资及外资跨国公司的信息服务合作伙伴以及法律研究者首选的法律信息资源。

专业分类法
professional classification

针对某一专业或学科领域的文献主题编制的分类法。

专业化
specialization

一门学科的研究不但集中在有限主题方面，通常还会延伸至相关领域研究的外围。图书馆学涉及的范围如此之广而导致图书馆员只能专攻专业的某方面。图书馆学专业的大多数学生，选择一个实用性很强的专业（公共服务、技术服务和系统）。这些专业又被细分为更小的科目，例如：技术服务中的主题分析、公共服务中的咨询工作。在公共图书馆中，图书馆员通常专攻为成人、青少年或儿童提供服务的专业。专业图书馆中的图书馆员通常把服务重心集中在某一特别的主题、领域（贸易、工程学、法律、医学等）和资料类（官方文件、电影胶片和录像带等）上。

专业继续教育发展与工作学习专业组
Continuing Professional Development and Workplace Learning Section

隶属国际图联专业委员会专业支持部（Division of Support of the Profession），原为专业继续教育圆桌会议（Continuing Professional Education Roundtable）。该专业组旨在鼓励和制订图书馆和情报专业人员的继续教育计划，并为各种专业教育活动提供一个活动中心。出版该专业组的业务通讯（电子版），刊登有关专业继续教育发展与工作学习的新闻与会议动态和论文，出版会议录、年报和一些专著等。

专业检索工具
professional retrieval device

全部内容或大部分内容涉及一门具体的专业或学科的文献检索工具。

专业教育，职业教育
professional education

学生所接受的有关图书馆学或信息科学，或相关领域的正式培训，大多数情况下由图书馆学校或类似教育机构举办。培训资格的水平在不同国家各有所不同。

专业课程
specialized course

又称“专业课”，与“基础课”相对。指高等学校和中等专业学校根据培养目标所开设的专业知识和专门技能的课程，是专业教学计划中的中心组成部分。专业课的任务，是使学生掌握必要的专业基本理论、专业知识和专业技能，了解本专业的前沿科学技术和发展趋势，培养分析解决本专业范围内一般实际问题的能力。由于专业知识的发展比较迅速，因此，专业课的内容也会随之发生变化。但是，由于高等学校只能打下一定专业知识的基础，更加专门的知识，要在实际工作岗位上继续学习，因此，专业课的设置和主要的课程内容，在一定时期内有相对的稳定性。

专业期刊
professional journal（academic journal）

由学术机构（学会或协会、研究所或研究院和高等院校）或出版社编辑出版的专业性较强的学术期刊。其特点是内容新颖、丰富、信息量大、信息价值高、主题范围集中和具有很强的学术性。

专业人员
professional staff

接受过图书馆学或信息科学专业教育的图书馆雇员。专业教育培训可以通过学习正式教育课程获得，也可以通过在严格督导下由图书馆提供的具有专业特性的业余培训课程来获得。在欧美国家的图书馆行业，图书馆员工在接受正式或业余的专业教育培训之后，必须得到行业相关的认证机构，比如图书馆协会或学会的认证，获得从业资格证书，才能称为专业人员。因此，在实行专业认证资格的图书馆行业，图书馆员工包括图书馆专业人员（professional staff）和图书馆助理员工（library assistant）两大类别。图书馆助理员工是非专业人员，通常图书馆聘请学生从事技术含量比较低的借阅服务，正式的图书馆助理人员也可以通过参加专业教育或在职培训学习得到提升，从而获得专业资格的认证。

专业术语障碍
professional terminology hinder

指在阅读文献时，因不懂相关专业或学科领域中的术语而产生的障碍。

专业图书馆及信息机构协会，信息管理协会（英国）
Association for Information Management（Aslib）

成立于1924年的非营利性组织，原名为：专业图书馆及信息机构协会（Association of Special Libraries and Information Bureaux），1983年设立了副名：信息管理协会（Information Management）。该协会于1949年和英国国际书目协会合并，拥有70多个国家2 000多名个人和组织会员，其目的在于促进一切公共事务、工商业以及全部科学、艺术、知识源和信息资料的统一协调、有效利用，主要是更高效的信息资源管理。协会下设14个专业委员会。该协会主要为小公司、大企业集团以及政府机构提供信息管理相关咨询服务。协会出版物有：《文献学杂志》（*Journal of Documentation*）双月刊、《管理信息》（*Managing Information*）每年10期、《在线和CD简报》（*Online and CD Notes*）每年10期、《性能测定和计量》（*Performance Measurement and Metrics*）每年3期、《大纲：电子图书馆和信息系统》（*Program: Electronic Library and Information Systems*）季刊和《业务管理杂志》（*Records Management Journal*）每年3期。

专业图书馆协会（美国）
Special Libraries Association（SLA）

成立于1909年，会员由全球范围内的信息专业人员组成。他们在专业图书馆以及贸易、研究领域、政府、大学、报界、博物馆及其他机构供职。该协会出版1910年创刊的《专业图书馆》（*Special Libraries*），《公共事务信息服务》（*Public Affairs In-*

Z

formation Service）以及月刊《信息观察》（*Information Outlook*）。

专业系统

professional system

能支持个人以及某一特殊专业群体独特需求的计算机智能系统。

专业协会

trade association

关于图书出版业或其他专业的专门协作组织，如中国出版者协会（The Publisher Association of China）、美国出版者协会（Association of American Publishers）和美国书商协会（American Booksellers Association）等，多数协会有其自己的会刊。

专业性词表

special thesaurus

指某个学科（或专业）领域的文献标引与检索业务的主题词表。

专业叙词表

subject thesaurus

一种概括某一专业学科领域，以规范化的、受控的、动态性的叙词（主题词）为基本成分和以参照系统显示词间关系，用于标引、存储和检索专业文献的词典。如：美国的《航空和航天局主题词表》、《国际核情报系统主题词表》、英国的《电机工程师协会主题词表》、中国的《航空科技资料主题词表》、《电子技术汉语主题词表》、《化学工业主题词表》等。这些专业叙词表作为情报检索系统的语言工具都已投入使用。

专业与协作图书馆机构协会（美国）

Association of Specialized and Cooperative Library Agencies（ASCLA）

美国图书馆协会的一个部门，是州图书馆机构、专业图书馆机构、独立图书馆以及各种类型图书馆的联合组织。该协会下设馆际合作与网络组、独立图书馆员交流组、为特殊人群服务图书馆组和州图书馆机构组。协会出版季刊业务通讯《界面》（*Interface*）。

（专用的）设备等

dedicated

计算机或通讯中为特殊用途保留的设备或频道。在图书馆中，使用专用服务器运行在线目录，提供图书馆网站的检索。

专用索引

special index

又称专业索引。为适应某些专业的特殊需要或某些文献的特点，以某门学科特有的概念或某些文献上特有的概念或某些文献上特有的标记符号为标目而编制的一类索引。常见的专用索引有分子式索引、生物系统索引、地图索引、会议索引和专利索引等。

专用线路，专线

dedicated line

通过独立的电信频道连接因特网或其他计算机网络的直接通道。不与其他用户共享，这一点与拨号连接相同，但指定用户可以昼夜使用。这种专线连接如果通过电信公司提供，其频道被称为租用线路。

专有出版权

exclusive right to publish the work

图书出版者经作者或其他著作权人的授权或许可，通过出版合同约定取得的，在一定期间内独占的、排他的、以某种版本形式出版其作品的权利。

专有概念，专有名词

proper noun

表示一个特定的人或物体的名词，不带限定性修饰语，一般指人名、地名和机构名，在英文中，首写字母一般大写。

专有名词

onomasticon

仅适用于特别领域或应用场所的专有或特别名词，如标题、化合物、公司和地名等。

专有软件

proprietary software

由个人或团体开发的软件，这种商业软件应受到版权保护。又指某种行业或政府部门自己开发的软件，专为一种系统服务，在其他场合无法运作。

专有叙词

specific descriptor

又称专用叙词。可作叙词使用的专有名词，如产品名、设备名称或型号、项目名、人名、地名、机构名、民族名、语言名和文件名。

专著
monograph

专门就某一科学课题或对象进行系统、全面论述的科学著作或重要的科学著作。一般都是根据科学计划而创作的，内容一般较专深，以科研工作者为主要对象。专著可能是由一人撰写的，也可由若干作者集体著述，但必须有一个总体的构思和前后一致的观点。

专著丛书
monographic series

又称专论集。在某一专题之下，汇集多种单本文献，由多个有独立题名和编著者，内容专一，各种著作之间有一定内在联系或有某些共同特征，出版规律和形式不定的图书构成的丛书，一般涉及一个学科或围绕一个主题。多为研究所、高等院校和政府机关等的出版物。

专著书目记录合作项目
Monographic Bibliographic Record Cooperative Program (BIBCO)

合作编目项目（PCC）所属项目。成员经过培训，可以向国际性分布式数据库贡献专著的完整级或核心级书目记录。这些记录被标记为 PCC 记录，以其完整规范（著录与主题）、有国家级索书号（如美国国会图书馆分类号或美国国家医学图书馆分类号）、有至少一个来自全国认可叙词表（如 LCSH、MeSH 等）的主题检索点而著称。其成员必须是名称规范合作项目（NACO）成员，最好是主题规范合作项目（SACO）成员。

转储，倾印
dump

同一计算机系统中将原始数据从一个地方复制到另一个地方的操作，通常只有少量或没有格式，在系统崩溃时，将程序状态记忆内容通过打印机打印或在计算机屏幕显示，有助于帮助诊断，找到问题发生的根源。

转录
transcribe (re-recording)

将数据或程序从一个外部存储介质转到另外一个介质中，不改变其中的内容。也指将声像资料进行介质转换的过程，即用电学方法把原有录音从这一部分胶带、磁带或唱片上转移到另一些胶带、磁带或唱片上的一种录制方式。

转录编目
copy cataloging (derived cataloging)

对已有编目记录进行改编，以符合本馆所需（主要来源一般是从 OCLC、RLIN、NUC 或其他书目数据库中找到的），主要是根据本馆编目的实际需要进行修改或稍加调整，成为本馆的书目记录。抄录编目有避免重复编目，降低编目成本，共享书目资源的优点。

转行（页）排
run over

一页正文的最后未排完的文字可以转到下一页。

《转型与超越：无所不在的图书馆》
Transition and Transcendence the Ubiquitous Library

吴建中著，2012 年 5 月由上海大学出版社有限公司出版。该书立足当前，展望未来，从“人”、“资源”、“空间”图书馆三要素出发，突出人在图书馆的位置，着力全媒体资源整合和内容挖掘，深入探索图书馆作为场所的价值。从图书馆的“二线”服务、“一线”服务和“超越”三个方面，探讨如何在全媒体的新环境下，通过资源整合、流程再造，谋求质的发展和软实力的提升，力争在未来知识服务体系中赢得一席之地。当今图书馆正处在从旧范型向新范型过渡的探索阶段，作者从复杂多变的环境中理出一条“以人为本”主线，并以此贯穿图书馆业务的整个过程。该书以文选链接的形式，将作者近年来发表的 9 篇与本书主题有关文章链接到有关章节，摘录自发表在作者博客上读者关心的几个问题的论述。

转移
transfer

指档案材料的保存地的转移，通常不含有材料的所属关系和责任的改变，如将以前的档案暂时重新放置在某处保存，等候最终处理。

撰稿人，投稿者
contributor

撰写一本图书、一篇文章或其他著作的一部分或多个部分的署名作者。投稿可以是杂志或期刊的一篇文章或专栏，文集中的一篇短文，文选中的一首诗或一篇小说，百科全书中的一个条目，或者字典或词典中的一个或多个词条及其定义。撰稿人一般印在图书的正文前后的版面、期刊的版权页或者一套参考书目的最后一卷，按照作者姓名字母顺序或在文中出现的顺序列出。

篆刻
seal cutting

镌刻印章的通称。因印章字体多采用篆书，先书后刻，故名。篆刻是一门与书法密切结合的独特的传统艺术，迄今已有两三千年的历史，又称玺印、印或印章等。先秦及汉魏时期即有较高艺术成就，明清则成为了中华篆刻史上最灿烂的时期，出现了以丁敬为代表的“西泠八家”，亦称“浙派”；以邓石如为代表的“邓派”，也称“皖派”。篆刻集文字书体之美和雕刻技巧之美于一体，有实用与欣赏的双重价值。按照印文的凹凸，可以分为朱文印（阳刻、阳文）和白文印（阴刻、阴文）。按照用途和使用场合，可分为官印、私印。

篆文
Seal Script

大篆、小篆的统称。中国书法样式。是中国五种字体（篆书、隶书、楷书、行书、草书）中出现和发展得最早的一种。大篆指甲骨文、金文、籀文、六国文字，保留古代象形文字的明显特点。小篆也称“秦篆”，是秦国的通用文字。大篆的简化字体，其特点是形体匀逼齐整、字体较籀文容易书写。在汉文字发展史上，大篆是隶、楷之间的过渡。

庄守经（1931—）
Zhuang Shoujing

北京大学图书馆研究馆员。1952 年毕业于燕京大学化工系，1979 年任北京大学图书馆副馆长，1981 年任北京大学图书馆学系主任，兼任全国高等学校图书馆工作委员会副主任，1983 年起，担任北京大学图书馆馆长，兼任中国图书馆学会副理事长。其主要研究领域和实践活动是大学图书馆的管理。

装版
locked up

把已排活字的印版放在活字版框架内，通过调整拼版活字和活字版框之间的可伸展木制或金属盒即版楔，便把它们捆缚紧，形成的印版便可置于印刷机床上。

装裱
binding and mending

中国书画史上特有的保护和美化书画以及碑帖等的一门特殊技艺。又称裱褙、装背、装界、装潢、装池、装治、潢治。在宣纸和绢素上所作书画，因墨内含胶质，画面多皱、易碎，只有经过托裱画心，使之平贴，再依其色彩浓淡、构图繁简和画幅的狭阔、长短以相应的绫锦纸绢进行加工、美化和修复，才能使画面色彩、形象更为突出，以增强其艺术性，其历史深远。其法，先用纸覆托于书画背面，再用绫、绢或纸镶边框。然后安装轴杆或版面。制成品有抽轴、书卷册页等形式。书画、碑帖经装裱后更增美观，便于观赏收藏，残破的也能修补完整。

装订
binding

出版物的书页或者各部分合订的过程和工序，通常通过缝合，或用熔化的胶粘剂涂于书脊处然后覆以封皮。可以用手工操作，也可以使用机器，由专业而熟练的装订工在装订室内完成。

装订本
binding copy

受损严重，但又有价值，而重新被装订的图书，或者是为了便于保管而装订成册的书刊。

装订边，订口
binding edge

一本书的书页相互合订的边沿，通常是先缝合褶皱，接着收齐各部分，然后与图书的里衬胶粘在一起，或者把里面的书边切齐，用强性粘合剂粘上。一本书的三个外部边沿是指书脊顶部、底边和前边缘。

装订厂
edition bindery

为出版社、出版商或图书馆提供书籍装订加工服务的工厂。

装订错漏
misbound

指书刊装订时出现的错误，包括错配、漏配页码、重配和倒头等，使得书刊不完整。书刊里常夹有一些附件，如说明、补遗、刊误表和启事等。

装订错误
binding error

装订出版物时出现的错误，通常包括：不正确的折页、缺页，某个部分的全部缺失，页码顺序排列错误，颠倒装订或者封面错误等。在大多数情况下，出版商会免费退换这类图书。

装订过实
tight

指图书被装订结实以至使其书脊不能折曲、书页不能容易地翻开的情况。当一本新书被频繁使用后，书页才能随意开合。由于图书馆装订所采用坚固、耐久的材料，因此要比出版社原装要结实得多。

装订检查
collation

在装订过程中，检查印张各部分的顺序是否正确。以降级顺序沿折叠线印刷的薄折标进行检查，可以很容易地发现放错的部分。

装订磨损，起毛
scuffing

由于在装订书时对书有很大的刮擦，以至于书在许多处都有磨损的痕迹，变得毛糙（起毛）。

装订室
bindery

指负责一种或者多种装订书刊的部门。一些规模较大的图书馆都拥有自己的装订室，通常采取一条龙的装订技术。而规模较小的图书馆通常会把需要装订或者重新装订的书刊资料送往营业性的装订工厂。

装订损坏
rubbed

指一本图书在装订过程中出现明显的破损但没有完全毁坏的一种状态。

装订题名，书脊题名
binder's title

印刷或者刻写在书脊上的题名。有时，装订题名和在题名页上的题名会出现不一致。根据著录规则所规定的，应以在题名页上的题名为准，装订题名可以作为附注或参照。

装订线
thread

指将书籍的各部分装订为一体的棉线、亚麻线和丝线等。

（装订用的）硬粗布
buckram

以棉花、亚麻或黄麻为原料采用上浆或上胶加固、覆裹图书的硬粗布，可用于期刊、期刊索引和儿童连环画图书的合订本。

装订政策
binding policy

由图书馆或者图书馆系统制定的准则，用来规范非购买资料的永久性装订方式。如已编目的专题论文通常会被装订（脱线式和螺旋式的除外）、小册子用封皮包起来、永久保存的连续出版物，除了转化成缩微复制品外一般也会装订。有些大型图书馆拥有自己的馆内装订室，而中小型图书馆则往往委托营业性的装订工厂。

装封面
mounted

也称封面制作，把按图书的开本和规定方法剪裁出来的封面布和报纸（厚封面用）或夹心纸（薄封面用）贴在一起的作业，也称糊封面。

（装卷轴用的）圆筒
scrinium

一个圆筒形的容器，容器顶端有一个活动的盖子，用于邮寄单页宣传画或挂历。古罗马人常常把它用来存放羊皮纸卷轴的手稿。

装饰精整
finishing

书写的文件一旦被印刷，这就意味着已进入了出版处理的最后阶段，包括切分、折叠、配帖、机器装订、冲压、加模等工序。再通过一定的加工、镶嵌和裱贴的手段，采用一些书写文字或者修饰元素，制成一本书的封面。

装饰首字母
historiated initial（inhabited initial）

装饰性手稿中的开头大写字母，外形上包括装饰性的人物、动物和想象的图像等，与文章的内容没有必然的联系。尤指中世纪欧洲文稿上用的花饰首字母。

（装饰书的）封面和封底
all over

对书的两面（封面和封底）都进行装饰的装订方式，与仅饰封面或仅饰书心、书角和书边的装订方式截然不同。

（装饰用的）薄金属板
plaquette

特指意大利文艺复兴时期用铅或青铜铸成的圆形或椭圆形金属饰物，这些饰物用于装饰书籍封面或其他个人物品。plaquette 来源于法文，原意是一小块金属薄片或金属板。

装饰字，花饰字
ornamental letter

点缀、装饰印刷品用的小图案、小花纹等，通常印在章尾、段首、页边上，起美化或填补空白的作用。

装帧设计
pattern

根据一定的目的和要求，在书籍印刷前为其装帧所提出的设计方案，包括确定文字和插图的编排、封面及内芯材料的选择、制版的形式、印刷的方法和装订的方式等。

装帧印模
bookbinding stamp

指一种常用于在图书封面上压印的浮雕图案模型。

装置，设备
device

任何电子或电磁机器以及所有硬件成分，包括计算机外部设备，如打印机、扫描仪和磁盘设备等。需要有程序模型即设备驱动程序与操作系统相连接。

追溯法
search by trace back

以文献后所附的参考文献为线索，逐一追踪查找，并且又通过新发现的参考文献去扩大查找范围的一种方法。因此，追溯法又称扩展法，或称跟踪追击法。该法着眼于检索到切题文献，又像“滚雪球”似的逐步查全，尤其适合于没有检索工具或检索工具不齐全的情况下使用。

追溯日
backdate

使文档或者交易从比当前时间更早的日期开始生效，比如，为了使买方能够获得到期折扣，在出版商许可的情况下，预先做好的图书订单。也指在支票或文件上签上比实际时间较早的日期。

准备时间
overhead time

指计算机为正常实现用户要求的某些服务功能而进行内部准备所需要的时间，这些时间不计入处理机为用户服务的时间。

准确度，精确度
accuracy

指信息资源和信息服务的准确、精确程度。图书馆员利用资源的准确度对于提供无差错的参考服务是至关重要的。准确度同时还是判断万维网站点资源可靠性的重要标准。

准确书型
exact size（absolute size）

即图书的精确开本。以厘米或英寸为计量单位标识。图书馆编目中，在书目记录的载体形态项著录图书的精确开本。依据《国际标准书目著录》（*ISBD*）规定，在机读目录的载体形态字段，图书的开本尺寸用国际计量单位“厘米”的缩写“cm”表示。

准同义词
quasi-synonym

在同一语言中表达与某词相近概念的词，但两者只限于在某些语境中互换（如果在所有语境中都可以互换。则为同义词），在其他一些情况下不适用。同义词和准同义词之间的划分具有主观性和很强的语境相关性。准同义词有时在某一特定的标引系统中会作为同义词使用。

准于出版
（拉）*nihil obstat*

指罗马天主教检查官在审阅图书时没有发现与

Z

信仰、道德相抵触的内容后所书写在图书题名页背面的字样，意即“无障碍”。当今在描述官方天主教学说的书籍中仍使用这一短语，例如：《新天主教大百科全书》(*New Catholic Encyclopedia*)。

桌面出版
desktop publishing（DTP）

采用微机硬件和软件排版、设计图形、印刷样本、以便直接照排的出版系统。桌面出版要求具备相应软件、高速个人计算机、大型显示器、高分辨率激光打印机等基础设施，以所见即所得（WYSIWYG）格式产生文本和图形。对小批量印刷来说，桌面出版比专业印刷要灵活，成本低得多。

着重号
bullet

在印刷、词语处理及Web网页设计中一种小型的图形单元素，是一种实心圆形符号。文章中若需要并列地说明几个事物，而且不强调排列顺序时，可采用缩格方法把每个事物单独排成一行，在一行首加上一个圆点。

着装
dress code

图书馆员的职业着装问题已属于图书馆职业文化建设的重要方面，对图书馆员确立其职业形象具有极其重要的作用。“图书馆馆员着装规范”通常由图书馆委员会起草，图书馆管理人员执行，以帮助图书馆员规范自己的着装和个人修饰。

咨询部
general reference

图书馆的一个部门，专为读者解答咨询，提供检索信息服务。

咨询，参考
referral

图书馆常设的一种信息服务工作。主要内容是有针对性地编制工具书、参考书，或系统地查找专题信息源，指导读者使用有关资料，代为科研人员检索有关文献，编制各种书目索引等。

咨询（参考）台
enquiry desk（reference desk）

一般指大型图书馆在入口处或总台设置的服务台。由图书馆的资深馆员负责解答读者在利用图书馆的过程中产生的各种问题。目前，一些图书馆在主页上开辟了网上咨询台，提供的服务内容主要有：电子邮件咨询：通过电子邮件向咨询馆员提问并得到答复；实时问答咨询：在线提问和回答；常见问题：对读者提问过的，具有代表性的问题提供知识库查询；馆内咨询指南：提供馆内各个咨询点的介绍；在线参考工具：提供网络版参考工具查阅和网络资源学科导航，按学科对网络资源进行的索引和相关介绍服务。

咨询档案
job file

指图书馆或其他信息服务部门保存用以查检及核查对用户咨询问题及解答内容的记录。

咨询服务
referral service

图书馆针对读者（用户）在科学研究、教学、生产和科技攻关等重大实践活动中的疑难问题，利用各种参考工具书和检索工具以及有关的文献，以口头或书面形式，向其提供文献或文献线索以及相关数据或知识单元的一项业务服务。服务内容包括：解答读者利用图书馆馆藏及查找馆藏目录时遇到的问题，馆藏不仅指传统的印刷版图书、期刊和缩微平片，还包括电子版出版物和网络数据库；解决读者查询网络信息时产生的问题，包括检索在线光盘、本馆网络数据库（自建库及镜像库）以及因特网上各种信息资源；解决读者寻求图书馆服务时提出的各种问题，包括馆际互借、科研课题查新、专题咨询和定题跟踪等，现代图书馆的咨询服务已延伸到网上。咨询服务大体有两种类型：一种是文献与数据咨询。其主要任务是解答文献线索、文献出处和具体文献内容；另一种是科技咨询。其主要工作内容是以专门知识和技术向用户提供解决问题的方案和建议。后一种服务多是由各级专业学会等科技部门承担。咨询服务是图书馆的一种高层次服务方式，咨询服务水平是衡量图书馆社会价值和作用的重要标志。咨询服务主要由信息咨询部的资深馆员承担。

咨询服务公司
reference service company

指专门从事解答用户各类咨询的专业公司。

咨询面谈

reference interview

参考咨询馆员为了确切了解读者的信息需求而同用户进行的交谈。是参考咨询馆员准确、有效地开展咨询服务的前提。参考咨询馆员须通过面谈（或通过电话、电子邮件），掌握读者咨询的目的和要求、读者所需信息的用途以及读者本身利用信息的能力，以便确定最佳的检索策略和查找途径，提供最准确、最适合读者需求的信息。咨询面谈有助于了解读者的确切需求，提高参考咨询工作效率。

《咨询年鉴》（美国）

Information Please Almanac

首卷于 1947 年由美国纽约霍顿·米福林（Houghton Mifflin）出版集团出版，以后逐年出版，至 1998 年止已出版第 51 卷。从 1999 年起与时代（Time Inc.）出版公司合作联合出版，同时改英文名为 Time Almanac：With Information Please。作为一部重要的综合性参考工具书，该年鉴提供了世界范围内有关地理、历史、政治、经济、文学艺术、科学、环境以及过去一年中重大事件等主题的统计资料和数据，其中包括了 100 万条以上的数据、资料和图表信息。以美国读者为主要对象，因此重点介绍了美国诸方面的情况。该年鉴每年均修订、改版，同时增加一些当前的热点问题及最新信息。在编辑体例上与百科全书年鉴相近，注重大主题编排，散文体叙述方式。在版面设计和字体方面，插图较多，开本大，行距较宽，颇为醒目。该年鉴网络版（www. infoplease. com）于 1998 年创办，用户只需在检索框内输入所要查询的事物，并选择所属的资源种类，便可查找到相关信息。对于普通用户和研究学者来说是一个相当实用的信息密集型检索工具。2008 版与大英百科全书合作内容包括：时事、美国国家统计、巨大的灾难以及各种奖项、娱乐和文化。

咨询师，顾问

consultant

凭借某领域的专业知识和经验，受雇于图书馆等机构，为该机构内部人员无力解决的问题提供专业意见或技术咨询的人。

咨询问题

reference question

读者在利用图书馆资源或查找专门信息的过程中需要帮助时，向图书馆员当面或通过电话、电子邮件提出的一种咨询请求。咨询问题通常分为指向类、信息类、辅导类和咨询类。图书馆员在解答读者咨询问题的过程中，须按类别将解答情况记录在工作日志上以便进行统计。

咨询中心

referral center

图书馆或信息中心内的一种专门负责解答用户信息咨询线索和文献信息来源的咨询服务机构或专业部门。其主要任务是编制和不断增补各种信息源指南，或自行编制本中心或本馆所需要的特定类型的信息源索引。咨询中心一般并不提供对文献内容进行分析研究的方案或结论，也不提供对某些具体科研、生产和技术问题的建议或评价，更不负责解答用户的具体提问，而是利用各种信息源指南和索引，指导询问者向可能提供答复的个人或机构查询，或指导用户获取所需信息的方法。

咨询资料档

reference file

参考咨询工作部门业务记录的集合。即图书馆的参考咨询部门以一定格式将读者所提问题、参考馆员查找文献的途径、方式、结果及资料来源详细记录下来并按一定的顺序编排成系列化的文档，以备下次解答同类问题时参考。完整的咨询档案既能反映出咨询处理结果，又能详细记录咨询过程中所利用的参考工具书。咨询资料文档既是咨询工作的原始记录和有价值的参考文献，同时又是一份具体的咨询工作经验总结材料。对进一步改进咨询工作，探索咨询规律，开拓新的服务领域，解答重复性咨询等均有重要的现实指导意义。

资本利用

capital improvement

指固定资产的投资，如新建或修缮设施、原有藏书设备或新购买的设备、办公用设施和车辆等的使用，这些资金都来自于固定资产的预算。图书资料不断的购置、人员工资和日常的修复与设备更新以及常规设施的维护都来自图书馆的运作经费。

资格鉴定

accreditation

教育或信息服务机构证实其教学和服务项目或

者整体运作制度符合法定质量标准的常规评估过程。高校图书馆的资格鉴定是图书馆整体运作制度的重要组成部分。资格鉴定的正式结果为认证书。从1950年起，美国图书馆协会实行对图书馆硕士计划实行资格鉴定制度，明确图书馆专业人员必须具有硕士学位，要提高馆员的工资待遇。

资金筹集
fund-raising

旨在鼓励资助人捐献一部分财产给图书馆或图书馆系统以维持资金项目和运作开支，要大力提倡这些资助人的捐助行为。一些大学图书馆和大型公共图书馆拥有一些捐赠资金，常常需要当地政府、社团也要提供相类似的资金。

资料
material

指用作参考或依据的一切文献材料，如小册子、图表、图纸、卡片、胶卷、录音带和录像带等。资料按其载体，可分印刷型资料和非印刷型资料；按其传播范围，可分内部资料和公开出版资料；按其文种可分中文资料和外文资料。

资料的文档柜
morgue

（图书馆或办公室的）保存偶尔使用的资料的文档柜或存放处。

资料盒，小册子夹
pamphlet file

用纸板、塑料或金属材料制作的盒子，竖立在书架上，用来存放小册子、各种资料或未装订的期刊，通常在其正面贴有标签用来标记所存放的内容，存取非常方便。

资料夹，公文包
portfolio

一种用于存放散页资料（如图画、印刷品、照片、图表、插图和手稿等）的硬纸夹或纸袋，通常由两块硬面纸板和皮革（或布料）连接组成。现在也泛指公文包一类的箱包。

资料剪辑
clipping（cutting）

希望保存文章、社论、致编辑部的信、图片和卡通等的个人和单位从报纸或杂志等印刷出版物上将有关内容剪切下来，并按一定的方法进行整理和排序，然后保存起来以备后用。大型机构或组织，尤其是图书馆通常将剪报集按主题或其他分类方法存储在剪报库中，以供有关人员查阅。

资料镜头
stock shot

指一段影片资料，可供不同的影片重复使用，以节约拍片成本及费用，一般保存在电影资料馆或商业性电影图书馆内。

资料类型（格式）限定符
type of material（format）qualifier

指用于将搜索结果限定至某个特定格式的限定符，例如图书（bks）、计算机文档（com）、地图（map）、混合资料（mix）、连续更新的资源（cnr）、乐谱（sco）、录音带（rec）和视频资料（vis）。

资料暂存处
holding area

档案馆中指定的专门用于临时存放半新的记录和资料的场所。

《资讯传播与图书馆学》
Journal of Information, Communication, and Library Science

1994年创刊，由中国台湾世新大学按春、夏、秋和冬四季出版，该校资讯学系及图书馆负责编辑工作，主要刊登有关资讯科学、传播学、资讯社会学、图书馆学及文献书目学等资讯相关学术性论文。该刊欢迎海峡两岸和国外学者专家投稿。该刊有英文目录，世新大学图书馆自办发行。

《资讯巨人》
Vannevar Bush

该书对布什的伟大事迹和研究精神以及对科学发展的未来愿景详细加以介绍，以启发激励后人。该书收集布什的著作以及“As We May Think”一文于1945年发表后，引用该文发表的相关文献进行统计分析，并参酌该文在图书馆学与资讯科学的教学研究方针。该书以布什对资讯社会的整体影响与贡献作为该书的总结，内含其研究精神树立学者典范。台湾著名图书馆学家、教育家李德竹教授著，由文华图书馆管理资讯公司于2001年出版发行。

资源
resource

泛指一切可被人类利用的客观存在，一般可分物质资源与劳动资源两大类。又指计算系统中供操作系统使用的全部硬软件。包括存储器、输入/输出设备、中央处理部件、数据集、数据库、文件控制与处理程序以及处理时间等。

资源
Resource

书目记录的功能需求（FRBR）定义的书目的第一组产品实体，即作品、内容表达、载体表现或单件。不仅包括单个实体，也包括实体的集成或组件（如三张地图、一套 20 张幻灯片中的单张、学术期刊某期中的一篇文章）。可以指有形实体（如盒式录音带），也可以指无形实体（如网站）。

资源保存
resource preservation

对资源的长期存储以及技术方面和法律方面的长期可获取，是持续收集、选择和组织最有价值的文化资源和重要资源，并对其进行长期保存，确保其真实性，在相应权利保护下为公众存取。随着文献的采购和生产中数字资源的比重越来越大，数字资源保存也引起人们极大的关注。联机计算机图书馆中心（On-line Computer Library Center，OCLC）认为数字资源长期保存可以被定义为保证数字比特流可长期维护和其内容可长期获取的必要管理活动。

资源的搜寻
treasure hunt

老师给学生布置的一系列非常明确但之间又几乎没有什么联系的问题，要求学生利用图书馆的资源去查询解答。很短的时间内大量同一个班级的学生涌到图书馆，通常这样的查询会给图书馆的参考咨询工作带来很大压力，因此，这也是图书馆员比较头痛的事情之一。但是图书馆员认为如何有效地利用图书馆是学生们必须掌握的一项技能。

资源分配
resource allocation

操作系统为完成各项作业而对硬件资源和软件资源进行的一种分配，通常有静态分配和动态分配两种方法，目前常用的是动态分配法。

资源共享
resource sharing

图书馆之间实现互通有无、共享共用的活动。共享的资源包括馆藏资料、书目数据、人员和设备等。资源共享一般要通过一定的协议来执行，目的在于提高图书馆信息服务工作的社会效益与经济效益。也指两个以上的系统共同访问一种书目资源，或共用计算机系统中的某类资源，即在操作上实现存取空间的共享。按其规模，资源共享可分为地区性的、全国性的和国际性的。

资源共享管理软件
ILLiad

OCLC 的一种资源共享管理软件，能够自动执行日常馆际互借业务，从而减少文案工作和提高工作效率。在基于视窗（Windows）的界面上管理图书的借入、借出和文献传递工作，大大节约了处理时间。用户可通过网络、电子邮件和简易信息聚合（RSS）订阅方式提交和和跟踪其请求。请求一旦发送成功，资源共享管理软件就会加以处理，并和用户保持联系。

资源共享网络
resource-sharing network

图书馆之间通过共享计划进行项目合作，以实现互通资源有无的一种协作网络。

资源管理器
resource manager

泛指负责分配计算机系统内各种资源的各类控制程序。

资源描述框架
Resource Description Framework (RDF)

一种用于表达关于万维网上的资源的信息的语言。于 1984 年由万维网联盟（W3C）发布。专门用于表达关于网络资源的元数据，比如网络页面的标题、作者和修改时间，网络文档的版权和许可信息，某个被共享资源的可用计划表等。

资源描述框架查询语言
RDF Query Language

一种能执行资源描述框架格式（RDF）数据操作和检索的计算机语言。

资源描述与检索

Resource Description and Access（RDA）

由美国、英国、加拿大及澳大利亚四个英语国家联合编制的元数据内容标准，其前身是《英美编目条例（第二版）》（AACR2）。2010 年 6 月以联机版工具套件（RDA Toolkit）形式正式发布。资源描述和检索不仅满足书目记录的功能和规范数据的功能需求，而且在结构、术语、资源类型和著录原则上作了较大改变。在其开发历程中共计 4 个版本（2004 年 12 月版、2005 年 12 月版、2006 年 6 月版和 2008 年 11 月版）的内容框架草稿，包括在各阶段的尝试与探索以及可能存在的不足。其框架演变历程反映了严谨逻辑分析的重要性；资源描述和检索对复杂信息资源类型和新信息特征进行描述的尝试；强调实体的内容和关系，深度挖掘资源的内容；强调以用户为中心的资源描述过程。资源描述和检索将满足图书馆用户以及其他信息组织机构的发现、识别、选择和获取资源的信息需求。

资源一站式检索服务平台

SOCOLAR：Open Access

由中国教育图书进出口公司开发。该平台收录了大量 Open Access 期刊、Open Access 机构仓储等学术资源，并向最终用户提供一站式文章级检索和全文链接服务。平台现有 1 万多种 Open Access 期刊和 1 000 多个 Open Access 机构仓储，资源周更新。涵盖学科广泛，主要包括：人文社科、商学与经济学、数学与统计、生物学与生命科学、工业技术、化学以及地球与环境科学等。同时提供这些文献的链接，通过链接可获取全文。

《资源组织》

Resource Organization

该书探讨了图书馆有关信息资源组织的技术，分析了目前最新的发展成果。王松林主编，由国家图书馆出版社于 2011 年 4 月出版。

《资治通鉴》

General Mirror for the Aid of Government

简称“通鉴”，是北宋著名史学家、政治家司马光和他的助手刘攽、刘恕、范祖禹和司马康等人编纂的一本长篇编年体史书，共 294 卷，耗时 19 年。记载的历史由周威烈王二十三年（纪元前 403 年）写起，一直到五代的后周世宗显德六年（纪元 959 年）征淮南，计跨 16 个朝代，共 1 362 年的逐年记载详细历史。是中国第一部编年体通史，在中国史书中有极重要的地位。在这部书里，编者总结出许多经验教训，供统治者借鉴，书名的意思是“鉴于往事，资于治道”，即以历史的得失作为鉴诫来加强统治，所以叫《资治通鉴》。此书约 300 多万字，另有《考异》、《目录》各三十卷。《资治通鉴》的内容以政治、军事和民族关系为主，兼及经济、文化和历史人物评价，目的是通过对事关国家盛衰、民族兴亡的统治阶级政策的描述警示后人。

资助款

grant-in-aid

图书馆或图书馆系统从各级政府机构获得的资助某个项目或工作正常开展的经费，有别于从它们所服务的团体或地区那里获得的经费。多数情况下，接受资助的图书馆必须提出申请，同其他图书馆竞争。

资助人，赞助者

patron

为一部重要著作的创作、复制和印刷提供赞助的人。或者指鼓励或支持一项活动或工程，尤其是在资金上提供帮助的任何个人或团体；或捐出本人部分资产或利用本人声誉来帮助某一个人、机构或事业的人。

子部

Individual Branch

中国古代图书四部分类法（经史子集）中的第三大类。专列诸子百家和释道宗教等著作及艺术、谱录等书。也称“丙部”。

子单元

subunit

数量/篇幅元素中一个单元的物理或逻辑细分部分。如一卷中的一页，一张缩微平片中的一帧以及一个数字文件中的一条记录。

子集

subset

自身是另一较大集合的一个元素的集合，特指每一个元素也是另一集合的元素的数学集合。例如，椅子是家具的子集。

子目

subdivision（subsection）（specific item）

图书分类法中由一个类目区分出来的细目。又指综合款目的一项内容。用来反映多级出版物的各组成部分的情况。

子设备
subset

在数据通信中，构成整个系统的任何部分设备。

子页面
subpage

网站中的一个网页，可以直接连接到网站的主页，或者在主页下一层或多层中的页面。设计较好的子页面都具有返回主页的链接以方便用户使用的功能。

子字段代码
subfield code

用于 MARC 21 书目数据记录中表明一个数据元素保留可变字段部分的一个字符代码。通常是一个小写字母，并允许使用阿拉伯数字。例如，美国国会图书馆（LC）记录的 260 字段（地区）的子字段 $ c 是描述出版时间。因为第一个子字段隐含在每个字段的开头处，第一个子字段的代码 $ a 通常并不显示。

子字段，副域
subfield

由于 MARC 21 书目数据记录的大部分可变字段都包含多种相关信息，他们被进一步细分以便使每一个描述元素能够被单独著录。子字段是一条记录中最小逻辑的数据字段单位。每一个子字段前有一个分界符（如 $ 或双剑号），并有小写字母加阿拉伯数字组成的子字段代码。例如，300 字段（载体形态）的子字段 $ c 是描述载体尺寸。因为第一个子字段隐含在每个字段的开头处，第一个子字段的代码 $ a 通常并不显示。

紫外线，紫外辐射
Ultraviolet（UV）

一种电磁性辐射，超过人类可视范围，位于可见光谱紫端之外的、波长要比可见光线短，但比 X 光长，太阳是天然紫外辐射的主要来源；因为紫外光辐射会损坏照片和加快纸张的变质，所以，图书资料应尽量避免直接与阳光接触，书库区尽量使用白炽光，可以减少紫外线的辐射。紫外线一般用于干燥油墨和封面上光，紫外线上光要比覆膜便宜但光泽度不如覆膜好。

自传
autobiography

由主人公亲自编写的关于他（她）个人生活、工作经历的叙述性作品，通常是作者挑选一些自认为最重要的或最感兴趣的事件，连续性叙述成文。世界上第一本真正意义上的自传是公元 4 世纪成书的、由圣奥古斯丁所著的《忏悔录》(*The Confessions of St. Augustine*)。当代许多名人自传都是由捉刀人代写的。自传不同于记述他人的日记，纯粹是因私人而写。

自传，回忆录
memoirs

作者通过对自己生活世界的个人观察或个人认识所写的叙述性事件或回忆，包括已经证实和人们了解或观察到的事件。作者的生活不必是有历史性重大意义的，但他（或她）所处的位置能观察到重大事件所展示的第一手资料。不同于个人日记或杂志，通常是在所写事件发生后很长时间写作出版的，不是每天的流水账。

自动编制文摘
automatic abstracting

利用计算机根据文献全文自动编制文摘的过程，与自动标引和自动分类技术关系比较密切。实质上只是在文中摘录句子，一般能够反映文献的主要内容。

自动标引
automatic indexing

又称“机器标引”，一种计算机化标引方法，利用一定的算法自动从标题和文本中抽取主题词或词组，并形成标引款目中的标目词。主要有自动抽词标引和自动赋词标引两种形式。自动标引研究始于 20 世纪 50 年代后期。

自动号码机
numbering machine

一种自动编号装置，主要由安置在齿轮上的多条橡皮带组成。每条橡皮带上刻有数字或其他所需的字体（如年、月、日等），用手工旋转齿轮可设定每条橡皮带上固定的具体数字或其他字体而构成一组号码。图书馆常用来为文献、登录本、借书证和阅览证等编号。

自动化
automation

指机器、设备和仪器能全部自动地按照规定要求和既定程序进行生产，而人只需要确定控制的要求和程序，不用直接操作。

自动校验
automated checkout

指一些计算机化流通系统允许程序自动校验资料而不需图书馆员的参与，这是图书馆自助服务的发展趋势。

自动信息服务
kowbot Information Services（KIS）

指网络上开通的一种实验性的信息服务，计划用于图书馆员来查找数据库以及电子邮件地址等。

自动续期
automatic renewal

图书馆与供应商约定，在原协议到期时，若没有新的协定，原签订的协议继续生效。另指在特定情况下，当读者借期已到而未来归还时，图书馆自动给予延期的行为，也称之为自动续期。如借期自动续期一个月。

自动印书机
espresso book machine（EBM）

一种适用于“按需印刷”的机器，可在短时间内完成单本图书印刷。自动印书机使用方便，适合在零售书店或图书馆使用。2008 年 9 月，美国密歇根大学图书馆成为第一个安装 Espresso 印书机的图书馆，对于那些用户需求的图书，这部机器可以在 5 分钟之内生产出该书的平装本，大约每本书 10 美元。Espresso 印书机就像是图书的银行自动取款机（ATM）一样。

自费出版社
vanity publisher

专门出版遭商业性出版社拒绝的、作者自费刊印的图书。这类出版社在美国比其他国家更常见，它们不对作品质量进行判断，不提供编辑服务和销售服务，出版费用和图书销售均由作者负责。通常印量极少，印好后直接寄到作者家中；至于是否卖给图书馆或书店，由作者决定。在英国，自费出版起初用于诗歌。评论家一般不评价自费出版的图书，图书零售商和图书馆一般也不会购买此类图书。商业性出版社也不会因为某作者在自费出版社出过书而对他的其他作品感兴趣。

自费印刷，自费出版
privately printed

由作者本人出资排版、印刷和出版自己撰写的书，印出后向亲朋好友赠阅。也指由私人出版社出版著作的一种术语。通常，只有当这些著作在图书拍卖会上被出售时才会引起公众关注。

自建数据库
home grown database

图书馆为其所拥有的特色数据信息资源进行整理，并进一步的开发和利用，以满足教学、科研的需要。最好的办法就是由图书馆自己建设数据库。在建库之时应当注意有关选题、调研、数据转换、建库管理系统的选择、文献主题分类和学科分类的标引、录入质量、数据修正、更新系统维护以及数据库安全等。

自然分类法
natural classification

依照事物的本质属性为分类标准，将相似的加以类集，相异的加以区别而确立的一个分类体系。目前的文献分类和科学分类均为自然分类法。

自然科学综合资料库（美国）
General Science Source

由美国 EBSCO 出版公司研制，对近 200 种物理学、生命科学、地球科学、环境科学及综合性学科的期刊做了文摘，并收录其中 10 种刊的全文。其简要文摘可帮助读者确定是否需要通过馆际互借索取原文，全文部分可以屏幕浏览或打印方式输出。

《自然史》
natural history

一种历史悠久的著名百科全书，编者是古罗马学者、著名博物学家老普林尼（Pline，公元 23（或 24）—79）。该书写成于公元 77 年，共 37 卷，2 500 章，由普林尼的养子小普林尼整理出版；它的题材广泛，像自然本身一样，丰富多彩，上自天文，下至地理，包罗万象，被称为古罗马最重要的百科全书式博物志，是当时知识的象征，迄今仍是研究科学史的重要参考工具书。

自然语言
natural language

指人们平时交际时使用的语言，其语言的结构和规则经过实际使用，一般通过漫长的时间而建立起来的人类语言，与人工语言，如计算机语言完全不同，因为它们在形成和使用之前便预先规定了语言的规则。在数据库检索中，运用人工语言检索时检索者可输入与口头或书面完全相同形式的检索提问式。

自然语言标引
natural language indexing

用自然界和人类社会的发展自然形成的语言对文献进行标引的方法。标引词是在文件中实际使用的一些词，通常从题名、文摘或全文中选取。用自然语言标引通常比用规范文档（authority file）或词库（thesaurus）中的归类标引词标引更方便。

自然语言处理
natural language processing

运用计算机对人类语言或自然语言进行分析的过程。也就是在人工智能中，使计算机能接受和处理自然语言，还能对自然语言进行信息加工以及能理解自然语言的过程。

自然语言检索
natural language searching（natural language retrieval）

直接采用自然语言中的字、词甚至整个句子作为提问式进行检索的方法。与受控语言检索相比，自然语言检索的优点是直观、方便，但数据库系统必须具有强有力的检索软件，对中文数据库系统而言，还必须建立有单汉字的倒排档文件。

自然语言接口
natural language interface

一种依赖于规格语言中使用的词汇和句子结构完成自然语言与计算机应用的通信系统。

自然语言障碍
natural language barrier

信息传递过程中影响和阻碍信息用户及时、准确地获取所需信息的一种因素。在信息交流过程中，由于信息发出者与信息接受者之间采用的不是同一种自然语言，从而形成语言不通而妨碍信息有效传递的一种现象。

自身封面，简易封面
self cover

指使用印制正文的纸张制作的小册子或期刊的封面。

自我服务
self service

在图书馆中，指读者不依赖图书馆员的帮助，自行查找书籍、利用图书馆服务。包括自动外借、读者发起的馆际互借服务，网上查阅自己所借的书和网上续借等记录。

自行登记借阅法
self charging system

某些图书馆或某些阅览室采用的在借阅书刊时读者自行登记的方法。

自行引用资料
self citation

作者（包括个人作者、团体作者）在撰写著作中引用自己以往成果的现象。在学术交流中，只要涉及到与以前有相同的主题，作者经常会采取此种做法。衡量自引程度的一个量度是自引率，即引文中出现自身著作的比例。

自由标引法
free indexing

又称非控制标引或抽词标引。在组配标引中，可以直接选用文献中的关键词或任何其他能确切表达文献主题的未经规范的语词。

自由词标引
free term indexing

该标引弥补了受控语言标引的专指度和网罗度，具有两种方式：自动标引和人工标引。前者主要是从题名和文摘中自动抽取一定权值的词来揭示信息内容，后者是由标引人员抽取出现在文献中没收录的专有名词和细小概念的专指词。

自由词，独立词
free term

直接用自然语言中的词或词组，在叙词中不出现。自由词一般是指不受词表控制，用于主题标引和检索的自然语词，自然词标引弥补了受控语言标引的未指度和网罗度，有自动标引和人工标引两种。

自由词检索
free term search

在一些专业数据库中得到广泛使用，如清华学术期刊（光盘版）就使用了关键词检索和任意词检索等。但是在传统图书馆数据库中自由词查寻一直很受限制，导致查找目标文献的效率相对较低。效率低下的产生原因大致有：目标文献查找须经过分析文献→查词表→查找主题→获得目标文献的途径且主题形式须与词表完全符合；每一主题下集中了大量资料，显示数据时又无法按重要程度排列。自由词检索在实际的应用中已得到了图书馆情报界及用户的肯定，各大网站及各种搜索引擎中的应用即可见一斑。

自由基地（美国）
Freebase

由美国 MetaWeb 软件公司创建，于 2007 年 3 月上线运行的一个资源库。与维基百科类似，自由基地所有内容都由用户添加，在知识共享许可（Creative Commons）下，网站条目内容可以自由引用，条目的结构化数据也便于数据复用。

自由软件基金会
Free Software Foundation

致力于推广自由软件的美国非盈利组织。1985 年 10 月成立。由美国自由软件运动的精神领袖理查·马修·斯托曼（Richard Matthew Stallman）创立。其主要工作是执行"革奴计划"（GNU），开发更多的自由软件。

自由书写
free hand

指书写时，不需要都遵循已建立的相关缩写、缩约、标点、大写和小写等规则。

自由文本查找
free-text search

用出现在被标引的文献文本或著录中的自然语言词和短语作为检索词，而不是从控制词汇（主题标目或认可的描述符）列表中选取词作检索词对书目数据库进行检索。

自由亚洲电台（美国）
Radio Free Asia（RFA）

根据 1994 年通过的美国国际广播法案由美国国会出资创建的一家非营利性私营广播电台，总部设在华盛顿。1996 年 9 月 30 日开播，目前，该电台用汉语、维吾尔语、缅甸语、越南语、老挝语、高棉语和韩国语等语言通过短波和因特网广播。其中，汉语广播是重点，每天播音 7 小时，以普通话为主，另用广东话和上海话播音。

自由阅读基金会（美国）
Freedom to Read Foundation（FTRF）

由美国图书馆协会于 1969 年创立的非营利组织，该基金会在没有政府干预下支持全体美国公民阅读和听取他人观点的《第一个修正法》（*The First Amendment*），同时也鼓励在图书馆中履行《个人第一修正法》（*The individual's First Amendment*），支持图书馆和图书馆员收藏在美国合法购买的任何作品，包括带有各种企图的、甚至是持反对意见的个人和团体的著作。

《自由阅读声明》（美国）
Freedom to Read Statement

最初是由美国图书馆协会韦斯特切斯特会议（Westchester Conference）和美国图书出版社理事会（American Book Publishers Council）于 1953 年 5 月发布的正式宣言。该声明确定了每一位美国公民在没有干预的情况下有选择阅读的权利。美国图书馆协会于 1972 年和 1991 年两次修改了该声明。

自由职业者
freelance

指为了获得预先支付的固定酬金，通常采用自我雇佣的方式向多个雇主提供和出售特定产品、技能或服务的人员。这种工作模式在文学代理、信息经纪人、新闻记者、摄影师、插图画家甚至编辑中较为普通。自由职业者常常在自己的家中工作，而不是在专门的办公地点办公。

自由字段
free fields

信息可以记录在存储媒体的任何位置上，可以不需要事先规定一定的格式与长度。

自由字段编码

free field coding

指在使用编码字段中，信息不限定存储在固定位置上。

自助借还机

self-circulation device

一般安置在图书馆馆舍内，为读者提供图书自助借还服务的设备。读者可自行操作完成图书的借出或归还，有的自助借还机还有对归还图书进行自动分拣、续借、预约、查询等功能。按照工作原理不同可分为条码式自助借还机和无线射频识别式两种。前者工作流程是：借书时，系统先读取读者证，然后逐本扫描所借图书的条码，同时对出借的书进行消磁处理。还书时，读者将图书逐一放到自助借还系统上，系统扫描图书条码并同时对所还图书进行充磁处理。无线射频识别式自助借还机的工作流程则是：系统先读取读者证，然后再通过读取所借图书无线射频识别芯片中的数据完成图书的借出工作（可一次进行多本图书借出操作），归还图书时，系统自动读取图书中无线射频识别芯片信息，自动办理图书归还操作。

自助图书馆

Self-Service Library

设立在城市各社区的一种设备，24 小时为读者提供自助借出图书的机器。不仅具有自动借还书功能，还拥有申办读者证、预借服务、续借服务、查询服务以及存入预付款与滞纳金自动扣缴等功能。这种设备安全可靠，美观大方，不仅方便了民众借书，也使图书管理员从烦琐工作中解放出来，极大地提升了图书馆现代化管理水平。

字典

dictionary

以字为单位，按一定次序排列，每个字上注上读音、意义和用法的工具书。中国在周宣王时产生了第一部字书《史籀》（15 篇），真正意义上的第一部字书是东汉许慎的《说文解字》（成书于 100 年），清代《康熙字典》（成书于 1716 年）是中国封建时代字书修纂的一个高峰，也是首次使用“字典”一词。

字典式目录

dictionary catalog

一种按字顺排列的目录。将著者、题名、主题、丛书与参见等款目按字顺集中排列起来，组成便于查询的字典式目录体系。图书馆卡片目录体系由三部分组成：排架目录、字典式目录和分立式目录。1904 年美国出版的“卡特规则”对字典式目录的要求是：在用户知道著者、题名或主题时，能够通过对已知款目的查询，确认图书馆是否拥有该书；通过对著者、主题或文献类型的著录显示图书馆藏书；通过对某书的充分描述，能够确认该书在书架上的位置。

字典台

book stop

用来置放供读者查阅特大型的词典、字典、辞书或论文集的斜面立架。可调整成便于阅读的角度（约 10°）而不致图书滑落。

字典纸

India paper

又称摹拓纸、圣经纸。是一种高级的薄型书刊用纸，纸薄而强韧耐折，纸面洁白细致，质地紧密平滑，稍微透明，有一定的抗水性能。主要供印刷字典、经典书籍一类页码较多、便于携带的书籍。字典纸对印刷工艺中的压力和墨色有较高的要求，因此印刷时必须从工艺上特别重视。

字段

field

机读目录中的一个固定长度或可变长度的相关区域，由字段标识符标识的被定义的字符串组成。在 MARC 格式中，每个字段由一个 3 位数字字符组成，字段长度包括字段指示符、子字段代码、数据元素和字段终止符，用于帮助用户区分各个不同的著录项目。可重复字段在同一记录中可多次出现，如中国机读目录格式的 606 字段（论题名称主题）和 MARC 21 书目数据格式的 650 字段（主题附加款目—论题性术语）；不可重复字段（NR）在同一记录中只能出现一次，如中国机读目录格式的 700 字段（个人名称—主要责任）和 MARC 21 书目数据格式的 100 字段（主要款目—个人名称）和 130 字段（主要款目—统一题名）。可变长数据字段通常由多个描述著录项的最小数据单元构成，这些最小数据单元即子字段。在书目记录中，约 10% 的 MARC 字段被经常使用，其他 90% 则较少使用。

字段标识符
field tag

在 MARC 记录中，用于标识字段的一组符号，由 3 位数字字符或字母组成，存储在目次区款目中，供计算机进行相关的数据处理。

字段标识符组
tag group

用来识别 MARC 21 书目数据格式中的一组数据元素：

0××字段为书目控制号和编码信息；

1××字段为主要款目标目字段，包括统一题名、责任者（个人、团体和会议）名称等；

2××字段包含题名字段、版本及出版说明字段；

3××字段是载体形态项等字段；

4××字段为丛编说明字段；

5××字段是附注字段；

6××字段为主题检索字段；

7××字段为附加款目字段和连接款目字段；

8××字段为丛编附加款目字段、馆藏信息字段等；

9××字段为本地使用字段。

字段标注
field label

在联机公共检索目录或其他文献数据库中记录的说明性文字，通常以缩略语或词组构成，用于说明其后数据的种类。例如，“source”指明在一个文献数据库中被标引的期刊文章的来源，“source”后将记录来源期刊的标题、卷期、出版日期和页数。在 MARC 记录中，则用特定数字标识代替文本标识指明记录的每个字段。

字段长
field length

一个字段的长度包括该字段的指示符、子字段代码、数据及字段终止符的字符总和。

字段定义
field definition

在数据库管理软件中，对数据库中机读目录记录的各字段赋予定义，规定输入各字段信息的特征，同时也决定了这些信息的格式。

字段/记录最大长度
maximum field/record size

对书目记录的每个字段、每条记录的最多可输入字符数的规定。例如，MARC21 格式规定每个字段的字符数不得超过 9 999 个，每条记录的字符数不得超过 99 999 个。

字段检索
field retrieval

基本检索单位，可分为基本字段检索和辅助字段检索。基本字段检索包括全单元词检索（自由单元词检索和规范化单元词检索）和多元词（词组）检索（自由多元词检索和规范化多元词检索）；辅助字段检索包括简单单元词检索和复合单元词检索规范化单元词检索、自由复合单元词检索以及自由多元词复合单元词检索。

字符
character

指用来组织、控制或表示数据的字母、数字以及计算机能识别的其他符号。

字符集
character set

为某一目的而设定的一组互不相同、特殊的字形符号，用于印刷或电子显示。在一已知的字符集内，字符总数是固定的，如布尔数 0 和 1、十进制数 1～9 以及 26 个英文字母等。

字符间的微调
microspacing

在打印时，以微小间隔增量调整字符摆放位置的过程。

字符间距，打字密度
pitch

指一种水平方向的度量单位。在打字机上，接连打入两个相同字符的各对应点之间的距离。在水平方向上用每英寸多少字符来表示字符的间隔，如打字密度为 10，表示每英寸可打印 10 个字符。

字符屏蔽
character masking

一种使搜索更加便捷的检索方法。在进行检索时，用问号（?）或数字符号（#）代表其他字符从而检索到多个单词。例如，使用 computer? 作为检索词，可检索到含有 computer 或 computerization 或 computerized 的记录。

字谷
counter

在凸版印刷术中，西文中的一个铅字笔画间的凹陷部分，即中间的空白部分。例如，字母“p”的中间或者在字母“h”的竖画之间的空白。

字迹清晰度，易读性
legibility

指读者在阅读书写资料或印刷本时的累积视觉效应，取决于字符大小、形状和深浅度、字间距、行的长度和行距的大小。影响字迹清晰度的其他因素还包括：纸张颜色和光洁度、有效的亮度以及读者的感受。在印刷中，字迹清晰度通过不高于每行 13 个词（指西文）、恰当的字形（9～12 点）、足够宽的空白和保持平衡、印刷的清晰度、油墨的浓度以及减少眩光的纸张光洁度等来提高。

字脚
foot

指活（铅）字的底部。

字脚排齐
alignment

将印刷字符设定为左边对齐或右边对齐的方式，并对行间活字进行调整。

字节
byte

二进制表的缩写式，计算机存储的常用单位，用于各种类型和大小的数字计算机，由 8 个二进制数字或比特所组成。从微机到大型计算机的硬件规格也都是由字节来表示的。每 8 个节点唯一次序表示一个单个的字符，共有约 256 个字符。在 ASCII 码中，字符是字母数字式的。1 字节 = 8 比特；1 千字节（K）= 1 024 字节；1 兆字节（MB）= 1 024 千字节；10 亿字节（GB）= 1 024 兆字节。文本和图像文档通常用千字节计算，程序文档用兆字节计算，硬磁盘存储能力是用十亿字节来计算。

字句索引，语词索引
concordance

从文章的正文或某一作者的若干著作中选取重要的字句作为标目，注明每个字句在原文中的精确位置并简要介绍其上下文，最后以字母顺序排列而成的索引。通常针对非常著名的著作如《圣经》（*Bible*），或非常著名的作家如乔叟（Chaucer）或莎士比亚（Shakespeare）的著作才会制作这类索引。

字类，全套铅字
type family

印刷行业中，一套基本铅字的所有不同字体的集合，包括大写字母、小写字母和小体大写字母的所有规格的罗马字体和斜体字（细体铅字、细黑体字、半黑体字、黑体字、狭身铅字和宽幅字）。

字面
typeface

指印刷活字的字面，也指印刷字体。活字字模的上表面有一个凸雕的字符。每个字符都有相应的字体形式，或者说一副铅字均有一定的字体，包括制作一副铅字时总的大小与尺寸等。设计一种新的铅字面是印刷业者的主要工作职责。因此，一种字体以设计它的人来命名非常普遍，如加拉蒙字体（Garamond）。有五种基本的字体，分别是：罗马字体、斜体、手写体、哥特体和黑体。

字面组配
literal coordination

从主题词表中找不到合适的主题词进行概念组配时，可以进行字面组配。组配的基本规则是：选用和主题关系最密切或最临近的主题词进行组配；组配的结果，则要求概念清楚、确切。

字母
letter

记载口述内容所用的书写和印刷字符。书面语言的字母构成字母表。用来书写英语的拉丁字母表有 26 个字母，每个都有大小写。

字母标记法
labeled notation（letter notation）

冒号分类法（Colon Classification）中使用的一种标记形式。每个大类用一个字母来标记，首先用大类字母与一个分面指示符号的组合形式来标识每个面；用数字来表示简单项。这是一种在同位数的号码后增加字母以实现类列无限容纳的扩号方法。一般采用 1～2 个字母，有时也采用多个字母以区分不同的人名、地名、物名和产品牌号等。

字母标记制
letter notation device

一种在同位数的号码后增加字母以实现类列无限容纳性的扩号方法与制度。一般采用 1 ~ 2 位字母、有时也采用多个字母，以区分不同人名、地名、物品和产品牌号等。

字母表
alphabet

某种语言使用的所有字符的集合，包括表音文字或注音符号的各个基本书写单位，通常按惯例排序。英语所使用的罗马字符包括 26 个字母（5 个元音，21 个辅音），每个字母都有大写和小写两种形式。书写其他语言所使用的罗马字符比英语字母有多有少，并且有些语言使用变音符来表示特殊的发音。在图书馆工作中应用较广的字母表主要有拉丁字母表、希腊字母表、斯拉夫字母表以及日文五十音图。

（字母的）衬线
serif

任何从字母笔画的顶端和底部伸出与笔画组成角度的短线。可能是直线、倾斜线或曲线，起源于石板上的罗马字母。为字母加衬线之目的是为了保持字母分离、一个字母与其邻近的字母连接成为可能，其次是为了使字母醒目。

字母的下笔画
tail

字母的弯曲末笔，如大写 R 或 K。

（字母的）字体
letterform

拉丁字母表中的大小写字母形状，尤指书法演变和排印设计。letterform 也可拼为 letter form。

字母记号
letter notation

指乐谱使用字母表示音高。

（字母）紧排
kerning（keep in）

指排版时退后一格将一个字母和另一个字母挤紧，以避免字行中出现间隔不规则的情况。也指排版时使字母或字符在水平方向上挤紧，从而减少间距使文本符合指定的行的长度。

字母连续排列法，逐字排列
letter-by-letter alphabetizing

单词与单词之间按字母顺序排列的方法，这些字母是逐字排列，中间没有空位。

字母敏感
case sensitive

一种计算机系统或软件，在输入字母时，大小写不可互换。在因特网上，网址就是字母敏感的，而邮件地址则不是。

（字母上伸出字身以外的）部分
kern

指西文字体中突出字身的出格部分，如小写字母 f。

字幕
captioning

表达言语及其他音频信息的文字，以书写语言形式将资源的音频元素显示在屏幕上。分为隐藏式字幕（经编码、解码后可见）和开放式字幕（永远显示、不可隐藏）。不包括翻译字幕（subtitle）。

字幕
title

在电影或电视机的荧光屏上放映出人名、情节或对话的文字。

字绕回，自动换行
word wrap

字处理程序或文本编辑程序的一项功能，使文本在页面边界或视窗边缘上自动换行，而不必回车操作，当单词太长在当前行不能打下时自动将一部分移入下一行。

字顺排列
alphabetical arrangement

将索引、书目及图书等按照著者、题名、主题或其他标目的字母表顺序排列。

字顺索引
alphabetical index

索引的一种，按照字母顺序而排列。

Z

字顺主题目录
alphabetical subject catalog

按字母顺序排列的主题目录。能直观、专指反映文献论述的主题，但不能系统揭示学科内容。

字体
typeface

又称字型、书体或字款，是指文字的风格和式样。中文字体主要有：宋体、仿宋、楷体、黑体、隶书、魏碑体、幼圆体和综艺体等。现在英文出版印刷用的字体有：阿尔丁·贝姆波体（Aldine Bembo）、巴斯克维尔体（Baskerville）、卡斯隆体（Caslon）、厄而哈特体（Ehrhardt）、富尼厄尔体（Fournier）、加拉蒙体（Garamond）、吉尔·桑斯体（Gill Sans）、依姆普林斯特体（Imprint）、帕尔佩图体（Perpetur）、帕兰丁体（Plantrin）、泰晤士·罗马体（Times Roman）和尤尼浮士体（Univers）等。

字体大小
Font Size

资源描述中专指视障人士用资源中的字符与符号的大小。如大字印刷。属“资源描述与检索”（RDA）的载体描述元素之一。

字体上下平齐，现代数字体
lining figures（ranging figures）

指同样大小和高度的阿拉伯数字体。

字（型）体
font

在打印时，具有规定尺寸和特定字型的所有字符，包括大写字体和小写字体、数字、标点符号、参考标识和一些特别字符，不同于那些具有相同打印风格（罗马字体，斜体和黑体等）但包含不同种类和大小的字体。在书中，正文设置为单一字体，其他较长的引用文和注释则采用相同字体，但采用较小尺寸。每种字型都有不同的字体，在打印机上可以选择输出的英文及其他符号的不同字体。font 来源于法文 *fondre*，意思是铸造（to cast）。

（字之间的）微调整，对齐
micro-justification

在单词的字符之间增加间隙，而不是只增加单词的间隙来填满一行的调整方法。好的微调会使调整后的正文看上去更加优美和专业化，但过度的微调会使单词失去视觉上的连贯性。

纵向研究
longitudinal study

连续或间断地对一个持续的时期内相同现象进行观察的一种研究方法：常用来辨别、识别不同条件下发生的暂时性模式或变化。

宗教经典
sacred text

受教徒尊崇的宗教著作，又指宗教团体视为权威源泉或受神的启示陈述其信仰、历史和宗教实践的书（如《圣经》）在图书馆编目中，这些书籍都冠以统一的名称，例如，《圣经》（*Bible*）、《犹太法典》（*Talmud*）、《可兰经》（*Koran*）、《吠陀本集》（*Vedas*）、《火教经》（*Avesta*）和《摩门经》（*Book of Mormon*）等。许多国家图书馆的参考部收藏了英文版的圣经译著，还包括注释和词汇索引等，特别是在开设了比较宗教专业的大学图书馆里，通常备有世界上主要的宗教经典可以流通借阅。

宗谱，家谱，族谱
Genealogy（Family Genealogy）

宗谱之谱系。一种以表谱的形式，记载一个以血缘关系为主体的家族世系繁衍和重要人物事迹的特殊图书体裁，以记载父系家族世系、人物为中心，是由记载古代帝王诸侯世系、事迹而逐渐演变而来。又称谱牒、家乘、世谱、世牒、支谱和房谱等。族谱是中国特有的文化遗产，是中华民族的三大文献（国史、地志、族谱）之一，属珍贵的人文资料，对于历史学、民俗学、人口学、社会学和经济学的深入研究，均有其不可替代的独特功能。

总发货，合并发货
consolidated shipment

图书交易中，为了尽量降低运输费用，供货方将以前拖欠的订货与新近的订货合并成一批，发送给书商或其他客户的做法。

总发行量，总流通量
total circulation

指图书、期刊等出版物通过订购、零售、赠送及内部使用等方式发行的总量，也指图书馆外借书刊的总流通量。

总汇编目
collection level cataloging (collective cataloging)

用于控制分散出版的文献（地图、小册子等）的编目等级，一些文献不宜采用完整级编目或最低级编目，但具有研究价值；可作为总（集合）题名下的单项著录，因为它们具有共同的特点（如同一作者、同一发行机构、同一语言、同一主题和同一大类等）。

总结
summary

对于一本图书（或其中一部分）的主要内容进行简要重述，包括其主要观点、发现和结论，常出现在文章的结尾处，以便读者记忆或加深了解。也指书目记录的附注项中对于文献主要内容的简要描述，以便读者更好地理解。

总括参照
general reference

又称“一般参照”、“说明参照”。在主题目录中，用一个“总参见”指引读者正确使用目录检索许多有关的具体主题款目。

总括订单，提类订单
blanket order

出版社或出版商提供给图书馆或图书馆系统的协议。协议书规定图书馆只提出图书收集范围，不注明具体图书而让出版社或书商按此范围主动发送图书。总括订单计划表主要是被大型高等院校图书馆和公共图书馆为了减少采选和购书的时间量而使用的，也可加速采集的新书进入流通的过程。且不同于认购计划，大多数总括订单计划是不允许退还的。

总论复分（表）
standard subdivision

一种适用于分类表中任何类目进行观点、方法复分和文献类型复分的通用复分表。

总目录
general catalog (central catalog)

即揭示图书馆全部馆藏文献最完备的图书馆目录。

总谱
full score

每一部分都单独写在谱表上的乐谱，通常供指挥家使用。对于管弦乐和合唱作品，通常需要一整张大纸。总谱中乐器部分的标准排列顺序从上到下是：木管乐器、铜管乐器、打击乐器和弦乐器，在协奏曲中任何独奏部分都放在小提琴的前面。发声部分按从高到低的顺序排列，放在弦乐部分之前，任何独奏部分放在齐声前面。仅有大型音乐图书馆才收藏这类乐谱类型。

总期号
whole number

由出版者对某一种连续出版物给出的一个期次号，这个编号不是某一种期刊或者连续出版的卷号或者某一卷之中的期号，而是从第一期开始的连续编号，是该种连续出版物的总编号。

总题名
general title

指多卷书或丛书的总的题名，其中各卷、分册一般还有分卷分册题名。

总统图书馆
presidential library

专门收藏美国前任总统的文件和与其任期有关的文献的图书馆，通常位于总统的出生地或竞选前的居住地。美国总统建立自己的图书馆自富兰克林·罗斯福（Franklin Roosevelt）以后开了先河，他在纽约哈德逊河畔海德公园建造了一个荷兰风格的楼房，保存档案资料和其他收藏。从此，后来的总统竞相效仿，在自己的家乡营造图书馆，述说自己的功业。美国国会因势利导，在 1955 年通过了《总统图书馆法案》，1978 年又通过了《总统文件法案》，总统图书馆就成了一种当然的制度，美国共有 13 所总统图书馆。

总线，总线网络
bus

指在计算机内，用来连接各种功能部件，使它们之间形成数据传输的公用线路。

综合参考
omnibus reference

在一种索引中指导使用者从单一标题到多重标题的相互参考。

综合画，综合插图
montage

相片、图画及各种美工作品综合组成的一幅画面，在宣传、广告和平面造型设计中广泛地使用。

综合检索
integrated access

一种允许用户查找图书、期刊论文或电子资源（计算机文档、网址等）的信息检索系统，使用单一的操作界面，而不是搜索在线目录、目录数据库或分散的搜索引擎。

综合类
general class

对文献内容涉及几个主题，而不能归入类目表中任何一个单一大类的出版物而设立的类目，称综合类。

综合描述、综合著录
comprehensive description

将资源作为一个整体所作的描述/著录，如一张地图、一本期刊、图书馆的海报收藏及由幻灯片、录音带和教师手册组成的套件。

综合书评，总评
omnibus review

一种评价性文章。评论者在文章中就某一题目或主题，在某一特定的研究领域，或者就某些其他的共同点，讨论和在某些情况下比较特定类型的两种以上的图书或其他出版物。

综合信息中心
general information center

指负责综合性课题信息服务的信息机构。其工作重点放在基础工作上，即对国内外信息资料的搜集、筛选、加工报道和编制有关检索工具，而且为各地区、基层信息机构和广大用户检索信息资料提供服务。

综合性百科全书
general encyclopedia

在极为广泛的范围内提供各门学科基本信息的综合性大辞典。例如，《中国大百科全书》(*Encyclopedia of China*)、《美国百科全书》(*Encyclopedia Americana*) 和《不列颠百科全书》(*Encyclopedia Britannica*)。但其介绍的深度不及专门学科的工具书。

综合性词表
general thesaurus

包括一切学科（或专业）文献主题范围的词表。不同于专业性词表，该表收词范围较广泛，适合各种类型的图书馆或相应机构使用。

综合性检索工具
general retrieval device

内容包括多门学科和多种专业的科技文献的检索工具。是按报道范围划分出的检索工具种类之一。以多个学科或全部学科领域的最新文献为报道范围的检索工具。在文献检索工作中，适用于查阅不同学科或专业的文献，使用价值较高。

综合性理工学院图书馆
polytechnic institute library

为提供理工科类专业学历教育或培训的高等学校服务的图书馆。

综合性著作
generalia（generalities）

指内容涉及几乎所有知识门类或许多知识门类的、不能按学科或专题将其归入某一类的著作。由于它们的非专门化和包罗万象的特点，使之不能专门分类，如《大百科全书》(*General Encyclopedia*) 和《世界年鉴》(*World Almanac*)。在图书馆分类学及目录学中，这类著作单独归为一个类别。

综合业务数字网
Integrated Services Digital Network（ISDN）

数字电话网络国际标准，一种典型的电路交换网络系统，由数字传输与数字交换结合而成，提供端到端数字连接，实现在同一个网络上承载多种业务的数字化电信网。具有专门为数字交换和传输服务的设施，可以传送话音、计算机信息、音乐和视频数据。分窄带和宽带两种。一般把窄带的综合业务数字网称“一线通”。

综述，调查报告
survey

指科学研究和调查的报告，其中包含系统收集的数据、对于数据的分析以及以表格、图形和摘要等形式表示的研究结果等。

综述性文摘

survey abstract

指对某些具有共同主题内容的文献综合摘录和介绍而形成的一种文摘。综述性文摘综合了多种文献的内容，是进行专题研究的有效工具。

棕榈叶书

palm leaf book

用棕榈叶书写装订而成的经书，盛行于泰国、缅甸和印度等佛教国家。具体是用特制墨水把经文写在16～36英寸长、1～3英寸宽的棕榈叶面上，中间穿一小孔，用线穿起来，又可以折叠成扇形。

邹华享（1945—）

Zou Huaxiang

湖南图书馆研究馆员。1968年毕业于武汉大学图书馆学系，曾任湖南图书馆副馆长，并兼任中国图书馆学会常务理事、湖南省图书馆学会理事长。主要从事湖南地方文献和地方人物研究。编辑出版了《近现代中国图书馆事业大事记》等多部著作，发表论文60余篇。

邹荫生（1945—）

Zou Yinsheng

广东中山图书馆研究馆员，曾任中国图书馆学会理事会理事、广东省图书馆学会常务理事、编译出版委员会副主任、《图书馆论坛》编辑部主任兼常务副主编。1968年毕业于武汉大学化学系。1992年调广东中山图书馆工作。出版著作15部，发表论文80余篇。

邹永利（1963—）

Zou Yongli

博士，中山大学咨讯管理学院教授。日本庆应大学文学部后期博士课程毕业、北京大学信息管理系博士、法国里昂第一大学情报学研究所情报学硕士、法国国家图书情报学院图书馆学硕士、武汉大学图书馆学系学士。研究方向：信息检索、网络信息组织与传播、跨文化交流与管理。

Z

邹志仁（1937—）

Zou Zhiren

南京大学信息管理系教授、博士生导师。1961年毕业于南京大学物理学系，1978年任南京大学情报室主任，1983年任南京大学图书馆副馆长。1985年创建南京大学图书馆学系（现名信息管理系）并任副系主任（主持工作）、系主任和南京大学中国社会科学研究评价中心常务副主任，还兼任江苏省图书馆学会常务理事、江苏省科技情报学会副理事长和中国社会科学情报学会理事。先后出版了《情报学基础》、《情报研究与预测》、《情报研究定量方法》和《信息学概论》4部著作，发表论文70多篇，其中《情报学基础》获教育部优秀教材奖。

走私，盗版

bootleg

不合法的产品进口或销售。违反现行版权法而进行复制和销售各种CD盘、计算机软件、盒式录像带、图书及其他出版物。特指影像盗版，未经许可而录制流行音乐并传播与出售的侵犯版权的行为，也指那些盗版电影光盘的行为，这种行为在某些国家和地区十分猖獗，往往是新片还没有放映，其盗版影碟已在黑市上流通。

《走向无纸信息系统》（美国）

Toward Paperless Information System

于1978年出版，由美国著名情报检索专家兰开斯特（Frederick Wilfred Lancaster，1933—）著。作者对于计算机在情报存储、检索和传播方面的应用，做了大胆地预测，设想了2000年前后无纸信息系统的发展和技术细节，探讨了无纸信息系统对科学交流的影响，认为网络信息交流将是交流渠道和非长势交流渠道之间的共存关系越来越明显。作者在书中分析了无纸信息系统的实施可能遇到的技术、职能、社会和信息等方面的问题，但认为无纸信息系统的实施和普及是必然的趋势。作者预测中的很多技术内容都已化为今天的现实，但其对物质社会的作用的预测较少考虑社会、心理和经济等因素，未免失实。

租借图书馆

circulating library

17世纪伦敦书商首次酝酿和实施的将小说和大众感兴趣的其他图书捐献出来，成立一个可供借阅的图书馆。在维多利亚时期，这类图书馆在英国广泛流传，为高质量小说的出版提供了一个市场，此类图书馆后来变成租借图书馆。

租赁合同

licensing agreement

为租用一个或多个专有书目数据库或在线资源，

在图书馆和信息资源提供商之间所签订的正式书面合同。大多数信息资源提供商根据图书馆的规模、注册读者（用户）或全日读者（用户）数量以及同一时间内的读者（用户）数量折价收取租金。

租书图书馆，租书处
rental library

指收取图书租借费的一种图书馆，也指附设在商店内对借出的图书按天收取固定费用的书刊租赁柜台。

租用通信线，专线
leased line

即电信连接，通常是一条为一个特殊用户单独使用而保留的电话线。

足本大词典，最全版本的词典
unabridged dictionary

未经删节的大型词典，如《韦氏国际英语辞典第三版》(*Webster Third New International Dictionary*, 1961)，《蓝登书屋大词典》(*Random House Unabridged Dictionary*, 1993）和《牛津英语词典》(*The Oxford English Dictionary*, 1989)。《牛津英语词典》具有举世无双最有权威的、综合性大词典的特点，它保留了过去 1 000 年里英语词典发行的权威记录。《韦氏国际英语辞典》首版在 1909 年出版，并约有 46 万个条目，它是美国最老、最受欢迎的词典，而《蓝登书屋大词典》的词条则要少些，约有 315 000 字，以美式英语为主，科学名词多。

足本，全文本
unabridged edition

版本学名词。指书籍没有缺佚、删削，内容完整的本子。

足够的折扣
long discount

也称“商业折扣”，出版商支付给书商的标准折扣一般是图书贸易额的 40%。

卒，死
（拉）*obiit*

拉丁文中“死亡”的意思，用第三人称单数过去式，放在时间前表示某人的卒年时。*obiit* 常被简化为 *ob.*，如 *ob.* 1935，表示卒于 1935 年。

族首词
top term（TT）

在具有概念等级关系的一群词中外延最大的一个主题词，在主题词表中常被缩写为 TT。

组成部分
component part

指较大资源中离散的知识内容单元。

组稿人
scout

具有丰富的从事书业工作经验的人，他们受雇于出版社，寻找有潜力的新作家约定书稿，同时开发有市场的新书。

组合标记法
group notation device

亦称“百分法”。当同位类过多时，就用双位数字来标示同位类，这是层累制编号方法中的一种特殊方法。

组合音响
music center

指集收音机、电唱机、盒式磁带录音机功率放大器以及话筒为一体的家用音响设备。组合音响具有方便、占空间少、价格便宜等特点，深受大众欢迎。20 世纪 80 年代中期，比组合音响体积更小的“迷迪”（mini system）音响问世。

组件
module

计算机内可以组合和更换的标准插件。例如：集成电路组件、磁带机和具有标准容量的磁芯存储器等。

组括标记法
packet notation

分类法中用连接符号把两个表中的不同类号组配起来的方法。如“冒号分类法”（Colon Classification）中用括弧，“国际十进分类法”（Universal Decimal Classification）中则用方括弧。

组面，分面
facet

在分面分类法中按照某种分类标准（分类特征）划分一个对象所产生出来的一组类目，简称面。

组配
collocation

在分类中，按照等级分类体系将大类目与子类目放置到同一等级类目中，以表明它们组配后的等级。

组配分类法
synthetic classification（faceted classification）

指在分类时，把分类法里有关类号按规定的顺序组配起来构成一本书的特定分类号。这种分类法除了用一般分类法的通用组配复分外，还采用学科组配，如阮冈纳赞的《冒号分类法》。

组配指示符
facet indicator

又称“分面符号”。在组配分类法的标记符号中指示不同组面的专门符号。

组织，机构
machinery

按一定的宗旨和系统建立起来的集体。泛指机关、团体或其他工作单位等。图书馆的机构一般按业务分为采编部、流通部、阅览部、期刊部、技术部、信息咨询部和办公室等部门。

组织机构文档
organization file

指专业图书馆收藏的有关组织机构的资料档案，包括会议记录、内部文件和宣传材料等。

组织体系
System of Organization

档案资源或收藏中资料的组织方法。属“资源描述与检索”（RDA）的内容描述元素之一。

祖本
First Edition

书籍或碑帖最早的刻本或拓本，即后来刻印诸本作为依据的本子。一种书在不同时期往往会刻有多种本子，难免产生讹误，而祖本则保持其本来面貌，因此为人们所重视。与“祖本”相对的是“后出本”，相关的如“重刻本”、“翻刻本”、“原刻本”、“初印本”等。

最大化
maximize

在计算机用户图形接口中，使显示窗口变大，以充满整个可用窗口或屏幕空间。

最大效用原则
maximum utility principle

文献采购原则之一。指图书馆应考虑采集利用率较高的为大多数读者所必需的文献（一时畅销的作品不包括在内）。即在读者普遍需要的普通书籍与少数人使用的专深著作之间，应首先选择前者作为重点采集对象。

最佳实践
best practice

理论应用于实际所达到的一个阶段，当理论与实践完美的结合并产生持续稳定的最佳效果时，这时的实践就是最佳实践。

最佳图书，推荐图书
best books

通过书评家在新近出版的图书中精心挑选出一些、往往是某一领域或某一类图书中最好的、具有一定代表性的图书。大多数图书馆所推荐的最佳出版物会刊印在年表里，年表往往会公布全年从各类图书中挑选向社会推荐的优秀图书，如参考书、小说、散文、年轻人读物和儿童读物等，推荐书目也经常以图书的形式出版。这些图书对馆藏发展非常有帮助。

最简级编目
minimal level cataloging（MLC）

编目级别是按照规定的简化级编目要求编制的不完整的书目记录，比核心级编目更为简单。当编目机构不能及时对文献进行编目而该文献又值得收藏保留时，通常采用最简级编目提供检索，但所提供的检索点不全面。

最小化
minimize

在计算机用户界面中，在不关闭应用程序的情况下，通过使它的显示窗口最小化而隐藏该窗口。通常一个代表该窗口的图标、按钮或名字会被显示在桌面上；当用户点击这个按钮、图标或名字时，这个窗口就会恢复成它原来的大小。

最新动态讲座
refresher course

图书馆围绕某一学科方向为读者开设的旨在介绍

该学科最新学术动态与前沿发展状况的一种知识讲座。

(最新归还书的)标记
recently returned

一种用于在线目录和流通系统中的代码，用来标识读者刚刚归还并由图书馆工作人员核对过的某书刊的流通状况。该书刊可能已在书架上或处于待上架之中。如果该书刊在书库中找不到，那么，这种临时性标识有助于工作人员对其流通去向进行追查。

最新款目
latest entry

揭示文献最新内容和形式特征的著录项目集合。尤其是指连续出版物在改名、更换责任者或改变出版频率时而进行著录的款目。

最新目次数据库（美国）
Current Contents Connect（CCC）

最初为印刷版《最新目次》（*Current Contents*），由美国科技信息所创立于1957年。以后出版光盘数据库和网络数据库。该数据库汇集了世界权威科技学术期刊，每周更新，是更新最快的文献信息源，为科技研究人员提供快捷的文献目次。所收集的世界各个领域高质量学术期刊8 000种以上以及2 000多种最新出版的专业图书，涵盖美国科技信息所出版的引文数据库SCI、SSCI和A&HCI中的90%以上的期刊。最新目次数据库按学科分7个子数据库和2个合集，涉及物理、化学、地质、生命科学、工程、计算机、农业、医学、环境和艺术人文等学科领域的核心期刊信息。

最新文献目录
current bibliography

只包括揭示与报道最近出版或即将出版的某个学科或专题领域内文献的目录，不同于回溯性目录。

最新型的，最优良的
state-of-the-art

指代表某一时期某领域发展最高水平的产品、系统或设计等。图书馆在购买有关新设备时，在考虑自身的财力状况下，要尽量考虑其最新的工艺和技术。

最终校样
final proof

也称“签字付印样”。指印刷之前的最后校样。

最终用户代理人
end user surrogate

由信息需求的用户指定为其进行信息查询或检索的代理人员。这种代理人通常是检索方面的专业人员，而非学科专家。

最终用户计算
end user computing

由最终用户选择进行的计算机数据处理操作。

尊称
honorific title

由公认的权威机构授予某人的一种称呼，作为一种荣誉、等级和尊贵的标志（如官衔、爵位和职称等）。在《英美编目条例第二版》（*AACR2*）中，只有当某人的尊称比本名更为人熟知时，才将其作为标目。在编目实践中，尊称都是放在人名之后、生卒年之前，例如：阿瑟·韦尔斯爵士（Wellesley Arthur, Sir, 1769—1852）。

左点击
left click

操纵鼠标器，将光标移到屏幕上要求的菜单选项或图标上，然后按鼠标上的左键，启动相应的操作。

左对齐，左调整
left justify

用计算机指令来确认文件左边上的文字处于一条直线上。

左截断检索
left truncation

又称为前截断检索。一种截词检索方法，即截去某个词的前部，只用词的后部作为检索用词。左截断检索也称后方一致检索，如输入zation，能够检出含有modernization，digitalization，computerization等词的记录。

左（上、下）角
left-hand corner

指页面或信封左边的上角或下角位置。

左四臧（1943—）
Zuo Sizang

美国加利福尼亚州州立大学北岭分校教授、图书馆员。台湾大学外国语文专业学士，美国密苏里大学图书馆学情报学硕士，曾在美国加利福尼亚州州立大学洛杉矶分校信息管理学系做硕士后研究。1969—1976 年在美国马萨诸塞州州立大学图书馆任编目部主任，1978—2003 年在加利福尼亚州州立大学北岭分校图书馆任参考和馆藏发展部主任，2004—2009 年任美国国务院富布赖特学术基金会特聘图书馆学情报学资深专家，美国加利福尼亚州圣峪华协健华社协创建者及社长（自 1990 年起在中国 19 个省/自治区资助建设 62 所乡镇图书馆，深入探访中国广大农村 10 多次，代表美国健华社从事资助协办乡镇公共图书馆各项活动）。自 1983 年起，经常参加中国内地及台湾地区图书馆学情报学专业会议，并多次在国内各大学图书馆演讲和讲学。

（左斜的）斜体字
backslant

指向中心左侧倾斜的印刷字体或书写字体，与之对应的是右斜的斜体字。

左页，偶数页
left-hand page（verso）

书刊中以偶数编码的页面。通常横排本为展开时的左边一页，直排本为展开时的右边一页。

（作封面的）纸板
board

一般指精装本图书里用来衬在封面里的硬质纸板。在早期的图书装订中，木材用来作衬物（通常用风干的橡树木），但到了 15 世纪，纸板被用来作封面。在现代的书籍装订中，价格便宜的图书封面通常用厚纸板（亦称装订板）或马粪纸或比精装本便宜的刨花板来制作。纸板按用途分有：书皮纸板、纸盒纸板、电气绝缘纸板、工业技术用纸板和建筑纸板等。

作品
Work

独特的智力或艺术创作，即智力或艺术内容。作品通过内容表达来实现，体现在载体表现中。作品是“资源描述与检索”（RDA）根据《书目记录的功能需求》（FRBR）所定义的 4 个实体之一。

作品的内容表达
expression of work

作品的实现，采用字母数字、音乐或舞蹈符号、声音、图像、物件和运动等及其组合形式。通过内容表达的标识符、规范检索点或合成描述，记录作品与内容表达间的关系。

作品的载体表现
manifestation of work

作品内容表达的物理体现。在未指明作品实现的内容表达的情况下，记录作品与嵌有该作品的载体表现间的关系。

作品根源，出处
authorship

指手稿、图书或其他书面作品的出处，引申为任何形式的创意或创作性作品的作者信息，例如，音乐作品的作曲者。如果一件作品不能确定其来源，则称之为“未知来源作品”。

作品
（拉）*opus*

在最为通用的意义上，指任何著作或作品。在音乐中指的是乐曲或一组乐曲，一般按发表时间的先后编号。opus 的简写为 op.，其复数为 opera 或 opuses。

作品日期
date of work

指作品的最早日期。

作品题名
title of the work

指作品为人所知的一个或一组单词与字符。

作品形式
form of work

作品所属类别，如诗歌、戏剧、舞蹈、电影、广播节目、电视节目、丛编、挂毯以及计算机文件等。

作曲家
composer

音乐作品的原创者，在图书馆目录中被确认为主要款目标目。

作业帮助

homework help

英美等国公共图书馆针对学龄儿童的一种基本服务方式，由于他们已经开始了正规的学习，因此不能像学龄前儿童那样有很多的时间光顾图书馆，通常会在图书馆度过放学后的时光。公共图书馆通常会在馆内开辟专门的作业角（homework center），在其中为孩子准备一些诸如字典、词典、百科全书和名人传记等类型的工具书以及一些关于本地区历史和文化的图书。此外，还会配备电脑设备，馆员会提前将馆内的数据库或有用的网络资源链接集中在一起，供学生完成作业时查找使用。为了节约开支，有些图书馆会请一些大学生作为志愿者来为孩子们服务。除了在馆内进行作业辅导外，依托于现代发达的网络技术，图书馆还会在自己的网站上设置作业辅导热线，孩子可以通过电话、邮件或即时通讯等工具来向馆员或一些教师求助。

作业记录，读者咨询记录

job logging

指图书馆信息咨询部门所保存的读者咨询记录档案。关于答复咨询的内容记录可以另行归档。这种档案可供咨询部门备查参考，在接受读者同类咨询时可以节省检索时间。

作业结束

end of job（EOJ）

表示计算机处理的作业已结束。

作业说明，任务描述

job description

在脱机成批处理作业系统中，有时无法及时与用户取得联系，就需要把一些作业要求和遇到特殊情况时所应采取的措施预先通知操作系统。这种用作业控制语言对作业进行描述所形成的命令序列，就是作业说明。

作业文件

job file

指保存在磁盘等媒体上，用于形成待执行作业序列的文件。

作用指示符

role indicator

在信息检索中，属于某个关键字、用来指示其语言、性质或功能的一种代码。

作者可疑的

apocryphal（anonymous）

作者身份的确切性或真实性值得怀疑。未知或不确定作者身份的作品称为“作者可疑著作品”或称“伪书”。

作者签名售书

book signing

一种预先安排在零售书店或图书馆的活动，活动中可得到新近出版的新书著者或插图画家的亲笔签名本，这种活动有时还会安排在图书座谈会或朗读会上进行。

作者题赠本

inscribed copy

从一本书里摘抄下来，作为题词介绍，有时也适当附带受赠者的评论，跟着就是捐赠者的署名。捐赠者可能是作者，题词通常被写在扉页上，实际上是指作者亲笔签名或题词的赠阅本。

作者样书

author’s copy

在作品首次出版时由出版商赠送给著者留作纪念的6本或更多的样书。大学教师有时将其作品的赠著者本捐赠给供职单位的图书馆。

作者影响因子

author impact factor

计算作者著述文献的客观效果的一种影响因子，即某年度某作者影响因子，等于在该特定年（一年时间）内，该作者前两年所发表的论文平均每篇的被引次数。是衡量某一位作者学术影响大小的一个定量指标。其计算公式为：某作者某年度影响因子 = 该年内对该作者前两年发表论文的总被引次数/该作者前两年发表论文总数。

作者，著者

author

书面文字作品（专论、散文、短篇故事、小说、剧本、电视剧和诗歌等）的创作者，著者姓名署于作品的标题页或签于手稿某处。按照英美编目条例的定义是：对著作的知识内容负责的个人或集体。一部作品可以有两个或多个合作著者。图书馆编目工作中的“著者”取其引申义，即包括编辑者、作曲者和制作者等。

作者著作目录
panel

在图书印刷时，在题名页前的左页印有同一作者的其他著作目录，这些著作可能已绝版或由其他出版社出版。

坐标
coordinate

能够确定一个点在空间的位置的一个或一组数，叫做这个点的坐标。例如，纬度和经度中的一个，用来在地图等平面图上确定一个点的位置，一般与坐标方格有联系。通常由这个点到垂直相交的若干条固定的直线的距离来表示。

坐标纸
quadrille

由垂直相交、间隔相等的若干条固定的直线构成的小方格纸，供绘制坐标图用。

座位
seat

图书馆提供给读者阅读和学习坐的位子。包括图书馆单独研究室、会议和学习室、视听室和儿童部的座位，但是大厅内、为参加特别活动的观众而设立的演讲报告厅等处的座位不包括在内。读者可以坐下的地板空间和类似的非正式座位的场所也不包括在内。

数字、西文字母

120 兆软盘驱动器
LS－120

一种软盘驱动器的高级版本，可以在一张软盘上存储120兆的数据。LS－120最大的优势就是可以兼容普通的1.44 MB软盘，可以让用户节省软驱的开支。

16世纪前的原装古版本
untouched

指没有用红字书写或修饰的古版本。

《1833—1949全国中文期刊联合目录》
The Union Catalog for Chinese Periodicals in All China

大型期刊检索工具书，共收中国50所省市级以上图书馆所藏的1949年以前出版的中文期刊近2万种。所收期刊为1957年底以前各参加馆入藏的期刊（出版时间为1833—1949年9月），但只收录比较有参考价值的品种，县级以下的期刊以及有关中小学、儿童教育的期刊视具体情况酌情选收。纯属宣传、黄色淫秽以及宗教会道门等期刊不予收录，伪满时期汉奸军政机关出版的期刊，除自然科学方面期刊外，其他不收。该联合目录于1961年由书目文献出版社出版，1981年出版了增订版。

《1998年数字千年版权法案》（美国）
***Digital Millenium Copyright Act of 1998*（*DMCA*）**

1996年在世界知识产权组织（WIPO）会议上起草，1998年美国国会通过的版权法案，对美国原有版权法作了重大改变。除基本内容外，法案主要与网络数字作品有关，力求平衡数字作品销售与信息资源公开使用的不同利益。开放式使用信息是图书馆及教育机构的生存关键。根据该法案规定，美国在线服务供应者，包括图书馆和教育机构，可以在不知情时免予侵权起诉。法案中必须遵守的条例有：任何组织必须向用户提供版权信息，制定相关政策终止反复侵权行为，“取下”侵权资料，支持工业标准的技术检测，及时接受版权局的法规通知。与数字图书馆相关的主要活动在法案中有相对宽松的规定。例如：允许服务提供者为用户提供信息存储设备，包括网站、超链接和搜索引擎等；服务提供者出于技术目的可以复制其他网站资料，如缓存、传递和排序等。服务提供者如果遵循规则，并在接到通知后改正错误，便可以在用户违反规则时不承担责任。大学和其他高等教育机构必须对其雇员行为承担法律责任。在管理者没有忽略教师和学生行为时，可以不必承担法律责任。法案规定，版权拥有者不能用任何技术方法阻止用户使用数字作品，也不允许生产和传播对抗性技术和方法。但在有些情况下可以例外。如软件开发人员可以采用硬件和软件保护计算机系统，保持系统交互能力。研究人员能够学习加密和系统安全技术。图书馆能够查阅和获取各种资料。用户允许识别和使用信息技术保护个人及使用情况的隐私信息。法案限定版权信息，如题名、著者、演奏者和版权拥有者等方面的信息不能任意更改或取消。法案得到软件和娱乐业支持，但为图书馆、研究机构和教育界反对。

《1999年儿童因特网保护法案》（美国）
***Children's Internet Protection Act of 1999*（*CIPA*）**

美国国会于1999年通过的一项立法，按1996年制定的《远程通讯改革法案》（*Telecommunications Reform Act*）中的“电子分级”的规定及某些“网络安全政策”的附带保证，限制学校和图书馆进入某些因特网站和内部连接服务，典型的技术是过滤和屏蔽某些被认为是对未成年人有害的或猥亵的网站。由联邦通讯委员会（FCC）实施的《儿童因特网保护法案》遭到教育界/图书馆和公民自由团体的强烈反对，现在仍有争议。

2040年的图书馆
Libraries *2040*（*Bibliotheken 2040*）

荷兰公共图书馆协会的一个研究项目。所讨论的不是必然的未来，而是可能或者可以选择的未来图书馆。到2040年，传统意义的图书馆将被更具有吸引力的场所取代，在那儿人们可以阅读不同的书籍，使用不同的信息载体。2000年12月，所有的参与者完成了该项目第一阶段的任务，提炼出7种类型的未来图书馆的设想：家庭图书馆（*Bibliothèque d'Amis*）、布拉邦图书馆（Brabant Library）、荷尔蒙图书馆（Hormone Library）、探险图书馆（Partisan Library）、虚拟图书馆（Virtual Library）、幸存者图书馆（Survival Library）和字母旅馆（Hotel Alphabet）。

《21 世纪参考和信息服务：导论》（美国）

Reference Information Services in the 21st Century: An Introduction

美国新泽西州立大学信息与图书馆学院讲师凯·安·卡塞尔（Kay Ann Cassel）和马萨诸塞州艾姆斯免费图书馆助理馆长乌玛·赫马思（Uma Hiremath）合著。2006 年第一版，2009 年第二版。第一部分为基本概念，第二部分是主要参考源介绍，参考和信息工作专题则是第三部分，最后一章阐述开发与管理参考馆藏和服务。该书由美国尼尔·舒曼出版社出版。

《21 世纪图书馆新论》

New Perspectives on the Library of the 21st Century

该书放眼世界潮流，对 21 世纪图书馆的功能及业务做了比较全面的叙述，既反映了国际图书馆发展的一般动态，也阐述了作者在多年工作实践中形成的独到思考。该书初版于 1998 年，第二版于 2003 年问世，并先后在日本及台湾地区出版了日文版和中文繁体版以及英文版。《21 世纪图书馆新论》的作者是上海图书馆馆长吴建中博士，由上海科学技术文献出版社出版。

24 小时自助借还机

24 hour Self-circulation Device

安置在图书馆馆舍外，为读者提供 24 小时图书自助借还、续借及借阅查询等服务的设备。目前一般采用无线射频识别（RFID）技术实现，由屏幕、键盘、无线射频识别读写设备、传送装置、专用书架、还书箱、微机、打印机等组成，通过网络和图书馆自动化系统相连，内置图书从几百到上千册不等。有的借还机只具有还书功能。

3M 公司

3M

全称 Minnesota Mining and Manufacturing（明尼苏达矿务及制造业公司），创建于 1902 年，总部设在美国明苏达州的圣保罗市（Saint Paul），是世界著名的产品多元化跨国企业。公司素以勇于创新、产品繁多著称于世，在其百多年历史中开发了 6 万多种高品质产品。现代社会中，世界上有 50% 的人每天直接或间接地接触到该公司的产品。3M 公司在全球 60 多个国家和地区设有分支机构，产品在 200 多个国家和地区销售，年营业额逾 196 亿美元。作为世界 500 强的企业之一，该公司在 2003 年被《商业周刊》评为全球最佳表现 50 强之一。在 2005 年被评为全球最具创新精神的 20 家公司之一，并连续两年入选《财富》杂志“最受赞赏的在华企业”之一。

3M 图书馆学奖学金

3M Fellowship in Library Science

美国 3M 公司与中山大学资讯管理学院于 2007 年联合设立，用来表彰和鼓励中山大学资讯管理系图书馆学中品学兼优的本科和研究生。

《AB 书商周刊》（美国）

AB Bookman's Weekly

创刊于 1947 年，当时只是书籍销售商索尔·马尔金（Sol. M. Malkin）在《出版商周刊》（*Publisher's Weekly*）上开设关于绝版书的专栏，其名称为《古旧书商》（*Antiquarian Bookman*）。最初目的是将正在销售和读者需要的绝版图书归类以便检索出版，是一本商业出版物，主要帮助古旧书商查找善本、绝版图书以及不知书名的图书。1948 年，作为独立的周刊由鲍克（R. R. Bowker）公司出版，名称不变。至 1967 年，更为现名。1972 年，被新闻记者杰·切尔诺夫斯基（Jake Chernofsky）买下，每年定期出版 48 次。在 1991 年的巅峰时期，发行量达到了 8 200 份，但在随后的几年，由于网上书店的兴起使其濒临破产，1999 年停止出版。

Adobe 出版社（美国）

Adobe Press

创立于 1982 年，总部设在美国加利福尼亚州圣何塞（*San Jose*）。是 Adobe 系统公司的出版社，又是美国第三大 PC 软件公司，在制定图像、出版和电子文件传送的多种标准颇有创意。该出版社主要出版有关的图形设计、桌面出版技术图书、采用看图学习、循序渐进的方法、制作项目和范例。事实上，当今世界上每天有数百万人使用该公司的新产品，因特网上的大多数图像，印刷品和光盘上的构筑，都是由 Adobe 系列产品之一所制作的。

Adobe 文献转换程序

Adobe Acrobat

由 Adobe 图形、图像软件公司开发的一种文献转换程序，能够将某一软件平台（DOS、Windows、Macintosh、UNIX 等）上所编制的数据文件转换到另一平台上显示和打印同时完整保留原文件格式。这种功能对于因特网上不同类型、不同规格的入网计算机之间进行信息交流是尤为重要的。

advance 多平台出版系统

advance multi-platform publishing system

面向未来而设计的出版商务管理平台，能够帮助出版机构通过出版资源整合，提高内容使用率。该系统以内容为核心，按照出版商和内容提供商需要设计，旨在帮助用户最大限度挖掘数字和印刷产品的潜在价值，通过提供高效的管理方案，使用户的商业运作更加有效。该系统是由英国出版科技集团开发。

A. E. 米哈依诺夫（1905—1988）

A. E. Mihailov

苏联时期情报学家、教育家、技术科学博士、教授。曾担任莫斯科化工机械研究所所长、莫斯科航空学院院长、航空工业部、高等教育部和重型机械制造部副部长。1956—1986 年任苏联国家科委委员、苏联科学院图书情报联合委员会副主席和全苏科学技术情报所所长。1962 年创建了莫斯科大学科学情报教研室，并领导该室科研教学工作直至逝世，是苏联情报教育事业的奠基人。一生发表科学著作 150 多种，其中有 10 部专著与教科书，其力作《科学情报基础》、《情报学基础》和《科学交流与情报学》被译成多种文字流传于世界。米哈依诺夫曾担任国际文献联合会（FID）副主席和该联合会理论研究委员会主席，《情报与文献国际论坛》和《科学技术情报》刊物的主编。

Ariel 文献传输系统

Ariel

由美国研究图书馆协会（RLG）开发的一个文献传输系统，通过综合性的浏览、扫描、传递、接收和打印功能实现在因特网上快速、廉价和高质量的文献传输。用户可以将文本及黑白图像（插图、照片等）传送到另一个 Ariel 工作站上，或另一个 Ariel 电子邮件账户，甚至是任何适用多用途的网际邮件扩充协议（MIME）的电子邮件用户和使用多页跨平台的压缩位图（TIFF）阅读器的用户。Ariel 文献传输系统主要用于馆际互借和文献传输服务。

ASTM 标准与数字图书馆

ASTM Standards Engineering Digital Library

一个庞大的集合行业领先的标准和工程技术信息。该数据库涵盖广泛工程学科，包括航空航天、生物医药、化工、土木、环境、地质、卫生和安全、工业、材料科学、机械、核电、石油、土壤科学和太阳能工程。

Atom 联合格式

Atom Syndication Format

一种基于可扩展标记语言（XML）的网站内容格式化的规范，具有像简易信息聚合（RSS）新闻频道阅读器那样的数据更新功能。该格式是针对 Web 提要而制定的因特网工程小组（Internet Engineering Task Force，IETF）标准，可以提供 Web 站点中的情节信息的更新。

A 级电影

A-grade movie（A-movie）

表示“（电影）只供成人观看”的级别代号。这个标志于 1914 年在英国首次使用，20 世纪 80 年代被取消，代替的是一套新电影分类系统。

BASIC 语言

Beginner's All-purpose Symbolic Instruction Code（BASIC）

1964 年由美国达特茅斯大学（Dartmouth）的约翰·凯梅尼（John Kemeny）和托马斯·库尔茨（Thomas Kurtz）开发研制的一种高级程序设计语言。这种语言简单易学，具有人机对话功能，便于修改和调试。

Booketeria 在线书店

Booketeria

美国的一家在线书店，位于得克萨斯州的圣安吉罗市（San Angelo），成立于 2000 年。该书店专门销售有关军事史、美国史和世界史方面的书籍，以及古典音乐、计算机、游戏软件、厨房和烹饪、照相和录像及玩具等多种图书。

BUBL 精选网络资源目录（英国）

BUBL LINK Catalogue of Selected Internet Resources

由英国斯特拉恩克莱德（Strathclyde）大学开

发的 BUBL LINK 网络知识库（LIbraries of Networked Knowledge），拥有 1 万多条记录，其内容覆盖了 10 个学科门类：即综合参考资源、艺术、人文、语言文学与文化、社会科学、工程与技术、健康科学、生命科学、数学与计算科学、物理学等。用户可以按照主题目录进行浏览，拥有 170 多个类目。对这些内容还提供 A～Z 字顺排检及关键词检索。该参考网站连接的网络资源数量多，类目合理，内容组织有序，检索功能比较好，能够为用户提供非常好的网络信息资源导航服务，是组织、评介网络参考源的典型代表。

B 级电影，副片
B-grade movie（B-movie）

20 世纪 30—50 年代期间，美国的电影院里一场电影往往放映两部片子，一部为正片，另一部则为副片。伴随正片放映的副片投资较少，演员水平不高，但也有一些在其中担任过角色的演员，后来成了明星，如后来的美国总统里根。

***Casalini Libri* 公司（意大利）**
Casalini Libri

主要为图书馆提供欧洲书籍、期刊、编目资料以及电子内容的供应商。创立伊始，该公司就密切与图书馆合作并发展出自己定制的产品供应以及图书馆服务，来满足世界各地每个客户的不同需求。目前集中供应意大利、法国、葡萄牙以及希腊的出版物，同时还提供一整套数据库开发和技术服务，该公司开发了自己的全文平台 Torrossa，该平台向各图书馆提供由著名欧洲学术出版社出版的学术内容并提供多样的订购方式或购买选择。

CatME 编目软件
CatME

基于 Windows 的 OCLC 编目增强软件。通过整合交互式在线检索和本地脱机文档的多种编辑处理，提高编目工作效率，降低工作成本，从而使工作流程和处理馆藏获得最大的工作效率。此软件能使编目人员在线搜索 WorldCat 数据库和 OCLC 的权威性的文件、离线编辑书目和下载授权的文档并能将编辑数据批量地发送到 OCLC 的编目服务器，以提高效率和降低成本。CatME 是 Cataloging Micro Enhance 缩写。

CD-I 系统
compact disc interactive（CD-I）

由菲利普和索尼公司于 1986 年发布的多媒体系统。把高质量的声音、文字、计算机程序、动画和图形等都以数字形式存储在 5.25 英寸 CD-ROM 上，而且容许用户将其连接到计算机或电视机上，通过交互方式选择有关视听资料进行播放，满足教学或娱乐的需要。

Connexion 编目服务系统
Connexion

OCLC 的一个强大、使用简便的编目工具，为图书馆提供建立和编辑高质量的书目和规范记录的功能。全球有近两万所图书馆使用 OCLC 编目服务，用户可迅速找到他们所需资料的高质量 MARC 记录，也能直接将 MARC 记录上传到 WorldCat。用 Connexion 系统编目，根据需要可选择基于 Windows 的简单易用的浏览器界面或客户端界面。

Connexion 客户端
Connexion Client

OCLC Connexion 编目服务的两个界面之一，于 2003 年推出。基于视窗（Windows）系统的界面不仅提供了与浏览器界面几乎相同的编目功能，同时还增加了可提升效率的增强功能，包括宏、附加键盘定制（可以通过自定义按键组合执行所有导航和编目操作）、集成的标签打印、离线工作，并可使用客户端本地文件和批量处理功能将操作发送至 OCLC。

Connexion 浏览器端
Connexion Browser

OCLC Connexion 编目服务的两个界面之一，于 2012 年推出。基于网络浏览器的界面提供访问 WorldCat 联机联合目录数据库的编目，优势是易于学习和使用，保证图书馆一直使用最新版本，没有软件更新升级的问题。但某些 Connexion 的功能如宏功能、脱机编目、批处理、非拉丁语系语言编目只能取自基于视窗（Windows）系统的 Connexion 客户端。

CONTENTdm 数字馆藏管理软件
CONTENTdm

OCLC 一款强大的数字馆藏管理软件，可存储各种类型的文件，包括各种图形文件（JPEG、GIF 和 TIFF）、音频文件（WAV、MP3）、视频文件（AVI、MPEG）以及文档文件（PDF）等；支持 Unicode、Z39. 50、Qualified Dublin Core、VRA、XML、JPEG 2000 和 OAI-PMH 等标准，实现了数字馆藏的加工、存储和管理，并通过网络向终端用户提供服务。

Credo 全球工具书大全（英国）
Credo Reference

英国 Credo 参考有限公司是一家图书馆与信息中心参考资源提供商，自 1999 年以来开始向图书馆提供完全定制的参考信息。收录来自全球 60 多家知名的出版社的工具书，目前收录的工具书共计 400 余种，包括 300 多万个词条，20 万个有声文件和 6 万个图像，100% 全文提供。主要包括以下方面的内容：科学、技术、医学、食品、商业、法律、社会科学、历史、地理、语言、文学、哲学、心理学、音乐、艺术、宗教、传记、字典、百科全书以及语录等。

CrossRef 协会（美国）
CrossRef

一家非营利性会员制协会，其使命是通过促进可持续基础设施的合作开发和应用实现对可信赖的电子内容的轻松确认和使用。其任务是使各出版商共同合作，为用户提供所需要的重要研究资料。CrossRef 元数据服务为授权的搜索和网络服务合作伙伴提供一整套易用型工具，收集源自合作出版商的元数据，从而提高网络的信息检索速度。

C 语言
C Language

1972 年由美国 AT&T 公司的贝尔实验室研制的高级编程语言，是一种结构化的程序设计语言，具有简洁、有效，适应性强的特点。

C + +语言
C + +

一种在 C 语言的基础上发展起来、具有面向对象特征的高级程序设计语言。由美国 AT&T 公司的贝尔实验室于 1986 年开发研制，综合了 C 语言与其他面向对象的程序设计语言的所有优点。

D. A. 巴利卡（1894—1971）
D. A. Balika

苏联时期图书馆学家和图书学家，1920 年毕业于托木斯克大学教育系。1916—1930 年期间，曾在别列别依图书馆、乌法图书馆、托木斯克图书馆和基辅等图书馆任馆员。在此期间组建了“图书馆学博物馆”，使其成为图书馆事业方面的应用和学术交流中心。从 1930 年开始，在哥里科夫斯克教育学院工作，同时还是哥里科夫斯克省图书馆的创始人之一，主要著作有：《读者研究》和《图书社会学》等。

DEMCO 有限公司（美国）
DEMCO

全世界最大的图书馆室内家具有限公司，创办于 1905 年。一个世纪以来，公司在图书馆任何领域都能提供“一站式”服务，产品近 2 万种，从图书馆的书档、护封和运书车到各类家具。公司以美国的威斯康辛州麦迪森（Madison）为基地，资源来自欧洲及全世界，能够将不同风格的家具配套组合形成独特的风格，为世界任何地方的图书馆提供全方位服务。

Dynix 公司（美国）
Dynix

成立于 1983 年，是世界领先的图书馆技术解决方案提供商，其产品和服务在世界范围内得到了最广泛的应用，为超过 40 个国家的 1. 1 万所学院图书馆、专业图书馆、学校图书馆、公共图书馆和社团图书馆提供服务。1993 年推出的 HORIZON 是第一个全新构建的客户机/服务器信息管理系统。Horizon 是技术上很先进的信息管理系统，其开放式体系结构、灵活性以及强大的功能，使其成为图书馆首先考虑购买的系统。2005 年，该公司与 Sirsi 公司正式合并成为新的 SirsiDynix 公司，是国际图联的金级企业团体会员。

EBSCO 公司（美国）
EBSCO

全称为：Elton B. Stephens Company，建于 1944 年，是美国一家专门经营纸本期刊、电子期刊发行和电子文献数据库出版发行业务的集团公司，是世界上最大的提供期刊、文献订购及出版服务的专业公司之一；该公司对世界 5 万多所图书馆或其他机构提供各种订阅服务，如电子期刊采订、在线书目数据库和全文数据库以及在线图书订购等服务。该公司开发了近 100 多个电子文献数据库，包括近 3 000 多种期刊全文，涉及自然科学、社会科学、人文和艺术等多种学术领域。其中主要两个全文数据库是：学术期刊集成全文数据库（Academic Search Premier）和商业资源电子文献全文数据库（Business Source Premier）。

EBSCO 学术期刊数据库

EBSCO Academic Source Complete

该数据库收录自 1887 年以来 12 800 多种期刊，包括 8 700 多种全文期刊（其中 7 613 种为专家评审期刊），553 种非期刊类全文出版物（图书、报告及会议论文）。

E. E. 巴伦包姆（1921—）

E. E. Burenbaom

苏联时期图书学家、哲学博士、教授。1945 年毕业于列宁格勒大学，从 1951 年起，在列宁格勒克鲁普斯卡娅文学院任教，1978 年开始，担任图书学教研室主任，着重研究苏联图书事业史、外国图书史以及国内外的图书历史。主要著作有：《N. A. 谢尔诺·索洛维耶维奇，1834—1866》、《约瑟法特·奥格雷兹科，1826—1890》和教科书《图书史》（合著）等。

E. E. 沙穆林（1889—1962）

E. E. Shamurin

苏联时期图书馆学家、教育学博士、教授。1921—1937 年在俄罗斯中央图书局工作，任图书局副经理，还兼任《图书年鉴》编辑。1944 年任莫斯科图书馆学院教授，编辑了《苏联目录学》期刊及一系列目录学教科书和教学参考资料，并撰写了许多有关书目方法和目录学方面的论文。主要编著有《图书馆书目分类法史纲》、《图书学术语词典》和《书评编纂法》等。

elibrary 公司（美国）

elibrary

成立于 1999 年 2 月，由麦克劳·希尔公司（McGraw-Hill Companies）、培生公司（Pearson Plc）和蓝登书屋公司（Random House Ventures）三家出版公司共同投资组建，整合了来自 100 多家学术、商业和专业出版商的 2 万多册权威图书和文献。该公司的优势是：数据库收藏内容每个月都新增几百种图书，允许用户同时访问；特色高级检索工具，与现有图书馆 ILS 系统和数字资源整合，并提供全部书籍的 MARC 记录；覆盖商业经济、计算机、技术工程、语言文学、社会科学、医学、历史、科技和哲学等主要学科。

eLib 项目（英国）

Electronic Library Programme

由英国的联合信息系统委员会（Joint Information Systems Committee，JISC）资助和监督的大型研究开发项目。该委员会隶属于英国的高等教育资助理事会（Higher Education Funding Councils，HEFCs）。该理事会是代表英国政府向高等学校分配资金的机构。eLib 项目是政府资助的国家项目，因此，拥有比较充足的资金支持。该项目正式启动于 1995 年，其第一、第二阶段的 60 个相关课题主要集中在资源开发，第三阶段始于 1998 年，致力于将前期开发的资源与图书馆的其他资源汇集成便于用户利用的有机整体。项目主要目的是带动整个高等教育界开发电子图书馆资源，促进信息技术在英国高等教育系统的应用。

EPS 数据平台——世界能源库

World Energy Data

收录自 1965 年以来世界能源组织、世界海关组织关于世界主要能源生产国和能源消费国的能源、生产、消费、库存、价格和能源国际贸易数据，按年度更新。

E. P. 安德列耶娃（1919—1978）

E. P. Andleyerva

苏联时期图书学家。1956 年毕业于莫斯科国立图书馆学院。从 1949 年起在苏联教育科学院乌申斯基教育图书馆工作，曾任科学与目录部主任。安德列耶娃是《克鲁普斯卡娅》一书的作者，也是“克鲁普斯卡娅的生活和工作”书目索引的作者，还组织编辑出版了回溯性目录《教育学目录》（1—3 卷）。她还是《关于教育科学和国民教育》目录编辑委员会的成员，从 1968 年起，每年都在《苏联目录学》杂志上发表关于教育学目录的评论性文章。

Ex Libris 公司（以色列）

Ex Libris, Inc.

该公司是国际图书馆自动化系统最大的开发商之一，主要用户为大学图书馆、研究图书馆。公司总部在以色列，但是其产品却遍布全球。该公司提供完整的图书馆自动化和数字图书馆解决方案，主要产品包括图书馆自动化集成系统 Aleph 和 Voyager，开放链接系统 SFX、整合检索系统 MetaLib，电子资源管理系统 Verde，数字资产管理系统 DigiTool、DPS，资源发现系统 Primo，数字资产保存系统 Rosetta 以及下一步研发的统一资源管理框 URM，以实现各种资源的工作流程和后端处理的流线型管理。

EZproxy 远程访问软件
EZproxy Authentication and Access Software

OCLC 的一款功能强大、性能稳定、操作简便的代理服务器软件，是解决图书馆向用户提供数据库远程访问服务的业内领先软件。其技术原理是不断地在数据库供应商所提供的网页内改变统一资源定位符（URL）；相反的，通过改变这些网页的统一资源定位符内的服务器名称来反映图书馆的 EZproxy 服务器，从而在用户访问这些网页上的链接时导致他们返回到 EZproxy 服务器上；结果，在不需要自动代理配置文件的情况下，也可为用户提供一个无缝访问环境。该远程访问软件于 1999 年推出，已升级到 5.5 版本，全世界有 60 多个国家和地区的 2 500 多所图书馆正在使用 EZproxy，北京理工大学图书馆是中国内地第一家用户。该软件的开发者图书馆员克里斯·萨嘎（Chris Zagar）于 2006 年获得美国图书馆协会（ALA）的图书馆和信息技术协会/布雷特巴特勒创业奖（LITA/Brett Butler Entrepreneurship Award），获奖原因是其开发的这个远程访问软件的创新性以及为图书馆提供良好的远程访问解决方案。

e 线博客
Blog Chinalibs

由北京雷速科技有限公司于 2004 年 11 月 18 日创办的一个关于知识传媒的专业博客群，依托于 e 线图情全文数据库、e 线论坛丰富的专业数据库资源和人气资源，吸引来自图书馆学、情报学、档案学、博物馆学、新闻学、出版学、广播电视学和信息传播学等知识传媒领域的专业工作者，就各自领域的有关问题进行深度的交流、探讨、碰撞和切磋，以独立思考，坚持原创，不断创新为原则，不断促进上述领域的发展为宗旨。让思想随时保持鲜活，这是 e 线博客努力的目标。e 线博客将在 e 线图情全文数据库和 e 线论坛的基础上，使 e 线图情不仅成为专业数据、知识和信息的集散地，而且成为专业领域的创新源泉，使专业人士的思想随时保持鲜活，而鲜活的思想是无价的。

e 线论坛
Forum Chinalibs

由北京雷速科技有限公司于 2003 年 5 月 18 日创办的面向中国图情界专业人士、图书馆普通读者等非专业人士发表意见，相互讨论、切磋、争鸣的图情园地。设有“学术论坛”、“管理论坛”、“技术论坛”、“业务论坛”、“读者论坛”、“教学论坛”、“产品论坛”、“海外论坛”、“数图论坛”、“建筑论坛”、“站务论坛”、“休闲论坛”和“让我们共同见证”共 13 个分论坛。

e 线图情
Chinalibs

由北京雷速科技有限公司于 2002 年 11 月 18 日创办的面向图情界、图情理论界、图情教学界、图情协会界以及图情企业界和个人提供集数据库服务、深度研究、专业咨询于一体的专业全文数据库，囊括了图书馆事业领域中人物、理论、技术、产品、市场和协会等各个方面的内容。是图书馆进行图书馆现代化建设、管理、业务、科研、教学和用户培训不可缺少的智囊。e 线图情下设图情人物、理论技术、企业产品、行业协会、用户市场、会议中心、图情单位、风云人物、馆长论坛、研究报告、图情事业、Chinalibs 电子杂志、个人专栏、图情要闻、行业聚焦、海外图情、国际动态、国际图联、图书馆建设和 Chinalibs 动态等栏目。

***Fabrizio Serra* 出版社（意大利）**
（意）*Fabrizio Serra*

意大利重要的学术期刊出版社，旗下拥有超过 100 种期刊，在社会科学和人文科学方面有广泛的覆盖面。

F. A. 维诺格拉多夫（1921—）
F. A. Vinogradov

苏联时期科学院院士、经济学博士、教授。1948 年毕业于莫斯科国际关系学院。1954—1960 年执教于莫斯科大学，1966 年被选为苏联科学院通讯院士。1972 年担任苏联科学院社会科学情报研究所所长，还担任《苏联社会科学》、《外国社会科学》文摘杂志编辑委员会主任及《经济学》类主编。1984 年当选为苏联科学院院士。主要代表作有：《关于工业的社会主义国有化理论与实践问题》、《列宁关于工人监督的思想在当前的作用》和《社会科学与情报》等。

Fexion 分享网
Fexion

2009 年初创建。是一个通过发送生活中的点滴消息，和朋友、亲人、同事以及陌生人相互分享交流以及保持联系的网站。通过该网站用户可以随时随地的分享快乐的事情，也可以和正在分享的朋友用私信聊天，也可以听自己喜欢的音乐。

《F. E. 列宁论图书目录》（俄罗斯）
F. E. Lenin on Bibliography

弗诺托夫编著，由莫斯科中央书库出版社于1962年出版。该书较系统地介绍了列宁在从事科学理论研究及领导苏联共产党和国家的工作中广泛地利用图书馆、书店和出版社的书目、书评的情况，同时刊登了列宁对书目、书目工作的意义和作用的论述及关注。

《F. E. 列宁与图书馆事业》（俄罗斯）
F. E. Lenin and Librarianship

由阿布拉莫夫编辑、莫斯科中央书库出版社于1987年出版。该文集共收入500篇列宁的文章，其内容包括：在革命前和社会主义时期列宁论图书馆事业、图书馆与经济建设、列宁生活中的图书馆与书目、苏维埃政权有关图书馆事业与书目的法令和决议等。该文集的附录登载未发表过的文献：根据列宁指示制定的法令、递交给列宁与图书馆事业有关的信件和其他资料以及列宁在各图书馆的工作报道等。

F. Y. 瓦西里琴科（1900—1961）
F. Y. Vasili Chenko

苏联时期图书馆学家、图书馆事业史和图书馆组织方面的专家。1924—1934年在莫斯科的图书馆工作，从1934年开始，就一直在国立莫斯科图书馆学院从事教学工作，曾任图书馆学系主任、研究科主任和图书馆学教研室主任。与此同时，还兼任俄罗斯教育人民委员部图书管理局局长、《图书馆员》杂志的编辑。其主要作品有：《苏联图书馆事业》（概论）、《俄罗斯11—18世纪图书馆事业简史》、《1917—1920年俄罗斯图书馆事业》。瓦西里琴科还是高等学校教程《苏联图书馆事业史》的作者之一。

Geac公司（荷兰）
Geac Benelux bv

1971年在加拿大创立。最早是以生产、制造和销售计算机软件产品为主，后来以图书馆为主要市场，并于1976年开发了图书馆信息系统（Geac Library Information System）深受用户欢迎，全球共有数百所图书馆使用该系统，包括许多著名大学图书馆。

GNU通用公共许可证
General Public License（GPL）

一个广泛被使用的自由软件许可证条款，由自由软件基金会发行的用于计算机软件的协议证书。最初由理查德·斯托曼（Richard Stallman）为“软件通用公共许可计划”而设计，于2007年6月29日发布。

Gopher系统
Gopher

该词起源于美国明尼苏达大学的一个分布式校园服务系统。因为明尼苏达州的外号叫Gopher州，而明尼苏达大学的足球队称为Golden Gopher；另一方面这个名词本身是指一种地鼠，这个名字揭示了该系统像地鼠一样在因特网空间钻来钻去，寻找资源。由于快速发展，目前的Gopher的特征很类似于信息传播系统，通过Gopher可以进行多种方式的信息查询。

G级影片
G rating

根据1968年在美国实行的按电影影片内容分级制度，G级为适合家庭观看的影片，M级为适合成人观看的影片，R级限于16岁或17岁以上的观看的影片，X级为17岁以下者不准观看的影片。

HathiTrust合作组织（美国）
HathiTrust

由12所大学组成的机构合作委员会和加利福尼亚州大学系统的11所图书馆共同发起，承担大学图书馆数个世纪的信息长期保存和获取任务。联机计算机图书馆中心与该合作组织开展合作，目的是提高后者共享数字化存储库中的资源的能见度和访问率。

H. B. 威廉姆斯纪念图书馆（新西兰）
H. B. Williams Memorial Library

位于新西兰吉斯伯恩（Gisborne）—南半球的第一个城市，始建于1869年，当时名为特兰加（Turanga）图书馆，位于郡政府内。1967年，威廉姆斯家族为了纪念其父亲，捐资建立了图书馆大楼，图书馆随之更为现名。该馆由当地政府管理，包括12所社区图书馆，服务于吉斯伯恩和东海岸地区居民。

H. W. 威尔逊公司（美国）
H. W. Wilson

为图书馆和研究人员出版参考性连续出版物的公司，以出版专门期刊索引闻名于世，尤其是光盘或在线形式的在版索引，包括一些全文数据库。该公司于1898年成立，刚开始只是一家小书店。创办人是美国著名出版家哈尔西·威廉·威尔逊(William Wilson Haley)。百余年来致力于“提供高品质的书目资料库和全球出版物的快速参考资源”。为帮助读者更快、更准确地获取所需资料，该公司对全球几千种各学科专业期刊制作索引、文摘，并陆续收录全文，全部索引、文摘均由该公司具有专业背景的硕、博士撰写，服务于图书馆及科研工作者。

iGroup 亚太资讯集团公司
iGroup Asia Pacific Ltd.

一家专业经营图书馆资讯服务的跨国集团企业。1983年第一家公司在泰国成立，现已成为亚太地区最大的图书馆资讯服务供应商之一；其成员公司遍布泰国、中国香港、新加坡、马来西亚、印度、澳大利亚、韩国、越南、缅甸、菲律宾和中国内地及台湾地区等亚太12个国家和地区。该公司同多家国际著名出版机构密切合作，经营和代理着众多电子数据库产品，内容包括自然科学、社会科学、人文科学、管理科学等诸多领域。同时，该公司也为合作伙伴和客户在图书馆自动化系统、网上出版、远程教学及文献传递等方面提供优秀的产品和专业的服务。该公司已在北京、上海两地成立办事处。

ingentaconnect 全球数字图书馆平台
ingentaconnect

由英国出版科技集团创设。该平台提供全流程数字出版外包技术，提供数据转化与提高、安全网络主机服务、电子商务和内容挖掘管理。该平台拥有16 000多种期刊和出版物以及500余万篇文章，提供多品种、综合的图书收藏管理，满足用户需求。

Ingenta 网
Ingenta. com

全球性学术研究的大型网站，致力于学术研究文章的网上检索和传递。收集有25 000多种出版物的摘要和4 500多种出版物的全文，140个出版商在该网上提供了其文章全文。另外MyIngenta是在Ingenta. com为用户提供的个性化服务。用户可以在其中定制自己的主页，并选定自己最感兴趣的出版物，建立Alert服务，获取感兴趣的最新文章信息和科技新闻。

Ingram 图书集团公司（美国）
Ingram

世界上最大的、与图书馆、书籍零售商以及专门零售商进行书本、有声读物和连续出版物交易的批发商。该公司由图书公司、期刊公司和图书馆服务公司等组成。这些公司在所列价格的基础上会根据数量给出折扣，以这种方式可以让用户节省大量的费用。

INNOPAC 系统
INNOPAC

由美国革新界面公司（Innovative Interface Inc.）于1989年开发完成的图书馆自动化集成管理系统，具有管理方法先进、自动化程度高、集成度高、功能强大和汉化充分等特点，尤其是打破了传统的借阅方式和流通模式，使管理服务更加方便快捷。图书馆实现网上采购、联合编目、馆际互借和网上下载数据等，用户足不出户就可实现图书远程续借和预约、查询馆藏信息和检索国内外文献等。因此深受欢迎，在全世界拥有包括几百个用户。由于其汉化好、容纳汉字多，因此在汉语文世界也颇受欢迎，清华大学图书馆、西安交通大学图书馆、浙江图书馆、国家会计学院图书馆、西安电子科技大学图书馆、华东师范大学图书馆和华中科技大学图书馆等，香港所有的大学、台湾地区近20所高校图书馆都采用该系统。

Innovative 公司（美国）
Innovative, Inc.

图书馆自动化系统的专业软件公司，其Millennium是一套功能较为完备的图书馆集成系统，可以弹性运用于各种类型图书馆：大学图书馆、研究图书馆、公共图书馆以及公司和事业单位图书馆。该公司拥有较为完整的产品线和服务流程：馆员功能（采访、期刊、编目、流通及报表）、读者服务（WebPAC Pro、AirPAC和My Millennium）、探索发现平台（Encore/Research Pro/Pathfinder Pro）、电子资源管理与服务（ERM/CASE/WebBridge LR）、数字资产管理与服务（Content Pro/Symposia/Media Management/MetaData Builder）、资源共享产品与服务

(INN-Reach/Article Reach）以及技术支持（Customer Services Help Desk/Implementation Services/Training services/Workflow Consulting/Extend Your Team）。

INPADOC 同族专利/法律状态数据库
INPADOC/Family and Legal Status

欧洲专利局的产品。数据来自 66 个国家和组织的专利信息。记录内容除了相关专利完整的同族专利，还包含 27 个国家的详细法律状态记录。该数据库重点在专利的全球同族专利及专利的详细法律状态。

iPad 平板电脑
iPad

一款由苹果公司生产的平板电脑，定位介于苹果的智能手机 iPhone 和笔记本电脑产品之间。具有浏览因特网、收发电子邮件、观看电子书、播放音频或视频、游戏等功能的移动设备。北京时间 2010 年 1 月 28 日凌晨 2 点，在美国旧金山欧巴布也那艺术中心（芳草地艺术中心）苹果公司正式发布了 iPad 产品。

iPod 便携式多功能数字多媒体播放器
iPod

由苹果电脑公司（Apple Computer Inc.）推出的一种大容量 MP3 播放器，采用东芝（Toshiba）公司出品的 1.8 英寸盘片硬盘作为存储介质，高达 10～40 GB 的容量，可存放 2 500～10 000 首 CD 质量的 MP3 音乐，它还有完善的管理程序和创新的操作方式，外观也独具创意，是 Apple 少数能横跨 PC 和 Mac 平台的硬件产品之一，除了 MP3 播放，iPod 还可以作为高速移动硬盘使用，可以显示联系人、日历和任务，以及阅读纯文本电子书和聆听 Audible 的有声电子书。第一代 iPod 于 2001 年 10 月 23 日发布，容量为 5 GB，2002 年 3 月 21 日新增 10GB 版本 iPod，第一代 iPod 的推出在当时引起了轰动，不但漂亮，而且拥有独特和人性化的操作方式以及巨大的容量，iPod 为 MP3 播放器带来了全新的思路。第二代 iPod 于 2002 年 6 月 17 日推出了能够支持 Windows 操作系统的"Windows 版 iPod"，同时增加了 20 G 版本的 iPod，自此 Mac 和 Windows 版本 iPod 都有 5 GB、10 GB、20 GB 三种容量。

ISI 全球新兴市场商业资讯
Emerging Markets Information Service（EMIS）

ISI 公司的旗舰产品，权威的新兴市场商业资讯数据库，提供包括亚太地区、欧洲、中东、北非和南北美洲的 80 多个新兴市场国家和地区的市场动态和商务信息，所有信息内容均由当地信息供应商直接提供并以英语和当地语言同时表现。该数据库内容覆盖公司、行业、宏观经济、研究报告、金融市场和法律法规等。

ISI 网络数据库
ISI Web of Science（WOS）

由美国科学技术信息所（Institute for Scientific Information，ISI）于 1997 年推出，是其 Web of Knowledge 的核心组成部分，提供理、工、农、医、人文科学和社会科学等学科领域的文献书目、作者摘要以及引文文献等资料。通过该系统可从网上检索到"科学引文索引"(SCI)、"社会科学引文索引"(SSCI)、"艺术与人文科学引文索引"(A & HCI)、"化学信息引文"（Index Chemicus）及"通用化学反应"（Current Chemical Reactions）等数据库。该系统汇集了超过 8 700 种最权威、最有影响的核心学术期刊。用户可无限制地浏览引用文献、相关记录和索引等检索结果所涉及的论文资料，互相链接、层层深入，其中包括全文链接。该数据库每周更新其内容，每年增加超过 110 万条书目及近 3 000 万份引用文献资料。

ISI 网络数据库的升级版
ISI Web of Knowledge（WOK）

由美国科学技术信息所于 2002 年推出的基于因特网的学术信息资源整合体系。其采用了"一站式"信息服务的设计思路，具有独特的检索机制和跨库交叉检索能力。该系统整合了多学科、多类型的自建资源、合作资源以及其他外部资源，包括学术期刊、技术专利、会议录、化学反应、研究基金和网站资源等。内容涵盖自然科学、社会科学、艺术与人文等多个领域，兼具知识的检索、提取、管理、分析与评价等多项功能，方便用户掌握世界范围内各个学术领域的渊源、变化、动态、走势及应用情况。

ISI 新兴市场信息服务
ISI Emerging Markets Information Service（EMIS）

该项服务为用户提供基于因特网平台的遍布亚太地区、欧洲、中东、北非和南北美洲的 80 多个国家和地区的全方位的市场动态和商务信息。所有信息内容由全球超过 3 000 多家信息服务机构提供 18 000 余种珍贵信息资源整合而成。共 21 种语言，内容包括：纯文本格式的实时新闻、所有上市公司和部分非上市公司的分析报告和可供比较的财务报表、行业深度分析报告和统计数据、金融证券市场分析、宏观经济统计数据以及法律法规等。

Java 面向对象程序设计语言
Java

由 Sun 公司开发的一种跨平台的、面向对象的网络编程语言，是基于异构网的分布式客户机/服务器软硬件环境而设计的，是一种全新的计算概念。因为设计者想到印度尼西亚的爪哇（Java）生产优质咖啡而取其名。作为一种程序设计语言，具有简单、面向对象、不依赖于机器的结构、具有可移植性、安全性和鲁棒性（指其编译和运行程序时，对可能出现的问题进行检查，以消除错误的产生）等特性，并提供了并发机制，具有极强的功能。同时，它最大限度地利用了网络，能使程序在一个由其激活的网页浏览器上运行而不管是什么样的平台（Windows，Macintosh，或者 UNIX），从而无须再将同一程序编写为每种平台专用的版本，其小应用程序（applet）可在网络上传输而不受中央处理单元和环境的限制。此外，还提供了丰富的类库，使程序设计人员能方便地建立自己的系统。

Jay Jordan 国际图联/联机计算机图书馆中心早期职业发展奖学金计划
The Jay Jordan IFLA/OCLC Early Career Development Fellowship Program

由美国神学图书馆协会、国际图书馆协会联合会（IFLA）与联机计算机图书馆中心（OCLC）以及联机计算机图书馆中心欧洲中心（OCLC PICA）联合资助，为来自发展中国家的图书馆学和情报学专业人士提供早期职业发展和继续教育。该计划自 2001 年设立以来，来自世界 30 多个国家和地区近 70 名图书馆员和情报学专业人员有幸获此奖学金并参与该计划的研究活动。

J. N. 安巴尔楚米扬（1903—1970）
J. N. Anbarzhumiean

苏联时期图书馆学家，长期执教于国立莫斯科图书馆学院。着重研究图书分类法和图书馆目录，提出并论证图书馆目录方法学的意义、读者目录的特点及各种分类方法的实际方针等理论，是图书馆目录教学参考书和图书分类法（适用于儿童图书馆、学校图书馆和省图书馆）等参考书的作者和编辑。其主要著作有：《图书馆分类法》（1—2 卷）、《分类目录》和《图书馆目录》（合著）等。

K. E. 阿布拉莫夫（1920—）
K. E. Abramov

俄罗斯图书馆学家、教育学博士、教授。1950 年毕业于国立莫斯科图书馆学院，并长期在该校任教，曾担任图书馆学教研室主任。阿布拉莫夫着重研究列宁和克鲁普斯卡娅在图书馆、图书事业、图书馆学理论和历史以及其他方面的遗产的著作。主要代表作有：《图书馆事业的历史》、《列宁关于苏联图书馆事业的组织计划》和《苏维埃政权初期的图书馆建设》等。

Koha 开源码的图书馆集成系统
Koha ILS

首个开放源代码的图书馆集成系统。1999 年由新西兰的 Katipo 通讯公司为 Horowhenua 图书馆信托组织开发，最初设计的时候是以占用最小的硬件资源为目标，运行于 Linux 操作系统，并配以 Apache网络服务器，使用最流行的 MySQL 开源数据库管理系统，所有程序的代码都是用实用报表提取语言（Perl）来编写的。很多编程的志愿者一直都在努力地拓展 Koha 的功能，其中包括基本功与其他方面的功能。目前有不少人正在努力将其本地化，有了很多版本，包括台湾的繁体中文。Koha 于 2000 年正式使用，适合不同类型和规模的图书馆。用户已遍及全球。

《Lambda 图书报道》（美国）
Lambda Book Report

由美国的 Lambda 文学基金会出版的月度书评出版物，该基金会是一个支持有关同性恋文学的非营利组织。该基金会还赞助年度 Lambda 文学奖（Lamda Literary Awards）和题为“在我们的面具后面”（Behind Our Masks）的作家年会。

Laubach 教育公司（美国）
Laubach Literacy（LL）

美国的一家非营利性的教育公司，成立于 1955 年，旨在帮助各年龄段的成人通过学习掌握重要的识字技能（阅读、写作、数字和解析）来改善生活与增进社交。其出版部门是新读者出版社（New Readers Press），已先后向美国的扫盲行动计划、图书馆、学校、监狱和宗教组织分发过 500 多种书籍。该公司是美国图书馆协会的会员机构。

L. B. 哈芙金娜（1871—1949）
L. B. Havkina

苏联时期图书馆学家、目录学家、教育学博士、俄国第一个图书馆学教育方案的制订者。1913年首次在莫斯科的沙尼雅夫斯基大学开设图书馆学课程，并编写了第一批综合性的图书馆学参考书《图书馆及其组织和技术》，同时还开设了第一批图书馆员培训班，对图书馆事业的发展作出了较大的贡献。

LexisNexis 学术大全数据库
LexisNexis Academic

该数据库是 Lexis-Nexis 数据库产品中，面向大学和学术研究设计的部分。共选自 5 300 种出版物的内容，主要包括以下几个方面的主题：综合性新闻、公司商业信息、政府规章、政治新闻、法律研究、医学、保健信息和参考性资料数据库。

LIBNET 电子邮件服务系统
LIBNET

澳大利亚图书馆与信息协会建立的一种电子邮件服务系统。

《LIBRA 年刊》（印度）
LIBRA

由印度最早的图书馆学院 Rajasthan 大学的图书馆学文献学系于 1962 年开始出版的一种年刊。其中某些卷期包括各类杂文，有些卷期以图书馆学情报学为特定主题组织文章，每期的编辑人员都会依据主题的变化而有所变动。

L. N. 托罗帕夫斯基（1885—1944）
L. N. Tropovsky

苏联时期图书馆学、目录学家。毕业于法国索邦大学自然科学系。从 1923 年起，任苏联中央政治教育工作委员会书目部的负责人。1932 年，又出任苏联图书馆学和推荐书目研究所的所长，并在莫斯科国立图书馆学院兼职，同时还是《目录学》等专业期刊编委会的成员，负责全面修订《国际十进分类法》，使之适合苏联图书馆的需要。代表作有《图书分类法和自然史的书目》等。

MANEY 出版社（英国）
Maney Publishing

成立于 1900 年。致力于出版高质量的学术著作，出版期刊 60 余种，涉及材料科学、工程、语言和文学、考古学、建筑历史、卫生保健和医学以及社会科学等领域。

MARC 21 格式
MARC 21 Format

用机读形式表示与交换书目数据、规范数据、馆藏数据、分类数据和团体信息是广泛使用的标准。由 MARC 21 书目数据格式、MRAC 21 规范数据格式、MARC 21 馆藏数据格式、MARC 21 分类数据格式和 MARC 21 团体信息格式组成。于 1999 年取代 USMARC 的机读编目版，是由 OCLC 支持的世界公认的 MRAC 标准版本。

MARC 21 馆藏数据格式
MARC 21 Format for Holdings Data

包含了内容标识符的应用原则，定义了识别连续性和非连续性文献馆藏报告中数据元素的代码和规则（标识符、指示符、子字段代码和代码值）。大部分数据元素的内容及其显示都可以用美国标准学会馆藏说明标准，即书目文献馆藏说明（ANSI/NISO Z39. 71）来确定。

MARC 21 规范数据格式
MARC 21 Format for Authority Data

其作用是将 MARC21 格式机读记录中检索点的名称或主题进行规范控制，使机读记录中的标目具有唯一性和一致性。主要用于参考名称（例如个人名称、团体名称、会议名称等）、主题（例如年代名称、主题名称、地理名称）、复分主题（名称的主题复分等）的规范形式以及这些形式之间的内在关系。

MARC 21 书目数据格式
MARC 21 Format for Bibliographic Data

有关印刷品、手稿文字资料、计算机文件、地图、音乐、连续出版物、视听资料和混合资料的书目信息的格式。书目信息通常包括题名、著者、主题、出版信息以及有关该资料的物理描述信息。MARC21 格式是美国、加拿大以 US MARC 格式为基础，将 US MARC 格式与 CAN/MARC 格式加以修订整合的编目格式，并于 1999 年出版。

MARC 的可扩展标记语言的交换格式
MARC XML

一种在可扩展标记语言（XML）环境下替代 ISO 2709 格式表达 MARC21 数据的元数据标准。采用MARC21格式的字段名、字段标识符和子字段名，可与MARC21格式数据互相转换而不损失任何信息。MARCXML除了可以直接以XML语法描述资源外，也可以作为元数据编码与传输规范（METS）的扩展框架、提供元数据收割、与其他电子资源一同封装。除元数据标准外，还有与之配套的样式表、数据格式验证及格式转换工具等，在新型图书馆目录开发中得到普遍采用。

MARC 交换格式
MarcXchange

一种机读书目数据的国际标准（ISO 25577：2008）。在MARCXML基础上发展、以可扩展标记语言（XML）表示的机读目录格式，与ISO 2709格式兼容，适用于各种类型MARC。对ISO 2709的扩展包括：2位字段指示符和1位子字段标识符均扩大到最高9位；对“记录”元素附加“格式”属性，标识机读目录的执行格式，如MARC21、Unimarc、CNMARC等；对“记录”元素附加“类型”属性，标识记录的种类，如MARC21格式有书目、规范、馆藏、分类与社团五种类型；00X字段除可置于“控制字段”元素外，也可作为“数据字段”元素。

M. I. 鲁多米诺（1900—1982）
M. I. Rudomiino

苏联时期图书馆学家。1926年毕业于莫斯科大学语言学系，1955年读完莫斯科国立图书馆学院的全部研究生课程，在莫斯科创立了全苏国立外国文学图书馆，并任馆长达50年之久。多年来，一直担任联合国教科文组织《图书馆通报》的俄文版编辑。1967年被选为国际图书馆协会联合会副主席，1971年任第一副主席，1973年当选为名誉副主席。曾是国内许多专业委员会、团体和编辑部的负责人，并且还在对外友协、苏联－丹麦学会、联合国教科文组织苏联委员会等部门中任要职。鲁多米诺还被选定为美国图书馆协会《世界图书馆及情报机构百科全书》的编辑。

MUSE 项目
Project MUSE

是美国约翰斯·霍普金斯（John Hopkins）大学出版社和该校的米尔顿S. 艾森豪威尔（Milton S. Eisenhower）图书馆的一个非赢利性合作项目，旨在传播高质量的艺术、人文和社会科学领域的学术知识。该项目成立于1995年，MUSE在线期刊数据库覆盖主要学科领域有：区域/国家研究、人类学、艺术、西方古典文化、经济、教育、电影戏剧和表演艺术、语言学、法律、文学、图书馆学及出版、医学与健康、数学、音乐、哲学、政治和政策研究、历史、国际关系、科学、社会学、心理学、宗教等。其中在区域/国家研究、文学、历史、政治和政策研究方面尤为突出。该项目对期刊严格甄选。加入该项目的期刊必须是同行评审期刊，必须是非赢利性或学协会出版社。此外，期刊的入选还会考虑其在学科领域的排名、影响因子和图书馆员的建议等。该项目还出版业务季刊通讯（*Quarterly Newsletter*）。

MyiLibrary 电子书
MyiLibrary

来自英格拉姆数字集团，是世界领先的集成性电子书平台，主要服务于学术研究者和高校学生等，是大学图书馆、科研院所及一些研究型公司不可或缺的参考工具。MyiLibrary目前已成为世界上数百个著名的学术图书馆和研究机构优先选择的电子书平台，并经由MyiLibrary来存取其全部的电子内容。2011年4月，OCLC宣布于英格拉姆数字集团公司合作推出新服务，对于那些目前还不能通过WorldCat资源共享和馆际互借服务获取的电子书，将可通过MyiLibrary短期获取。MyiLibrary电子书包含的学科：农业、工程、管理、物理、生物、数学、美术、政治、综合、医学、心理学、商业和经济、历史、音乐、宗教、化学、语言和文学、护理、社会学、计算机科学、法学、旅游、教育、生命科学以及哲学。

N. A. 鲁巴金（1862—1946）
N. A. Rubakin

苏联时期图书学家、目录学家、作家。毕业于彼得堡大学数理和法律学系。在大学期间曾因参加学生秘密组织被捕。1907年侨居瑞士，1930年起领取苏联养老金，1946年在瑞士洛桑去世。毕生从事图书学和目录学研究，编撰了大型推荐书目《书林概述》。在洛桑设立了阅读心理学研究所，创建了阅读心理学理论，编辑出版有《阅读心理学入门》和《读者和阅读心理学》等专著。

Net Library 电子图书
Net Library

创建于1999年。2002年1月，由全球最大的联机计算机图书馆中心（OCLC）进行管理。该数据库整合了来自350多家出版机构的5万多册电子图书，这些电子图书的90%是1990年后出版的，每月平均增加2 000多种。NetLibrary电子图书的80%面向大学的读者，涉及自然科学和人文科学各个领域，其中不仅包含学术性强的著名专业著作，还收录最新出版的各类人文、社会科学图书，覆盖了科学、技术、医学、生命科学、计算机科学、经济、工商、文学、历史、艺术、社会与行为科学、哲学和教育学等学科。2009年由美国EBSCO公司接手管理。

Netlib 数字图书馆

Netlib

美国收藏高质量教学软件的数字图书馆。1985年由唐阿拉（J. Dongarra）和弗罗斯（E. frosse）创建。目前由AT&T公司的贝尔实验室、田纳西大学和橡树岭（OakRidge）国家实验室共同维护。最初该数字图书馆专注于数字分析的软件，尤其是为具有向量或并行体系结构的超级计算机而设计的软件，目前的馆藏包括软件工具、技术报告、论文、性能测试标准数据以及专业会议信息。其大多数的资料是开放和免费的，但有些用于商业目的的资料则是收费的。在开发数字图书馆先进的组织和存储资料体系方面一直处于领导地位。

NewsBank 公司（美国）

NewsBank, Inc.

由企业家丹尼·琼斯（Daniel S. Jones）于1972年创立。其宗旨是为学生和研究人员提供“第一手”的信息资源。时至今日，已跻身世界最主要的信息出版公司之列，向世界各地数千所机构提供一千多种信息产品，有“信息时代领袖”之称。该公司将报纸、新闻广播、商业杂志和新闻期刊的内容以及具有史料和学术价值的文献精心整合，然后将产品通过因特网、光盘或缩微平片等方式提供学术机构的用户使用。几乎涵盖所有的学科领域，不仅可以支持课堂教学，帮助研究人员密切跟踪当前的问题和事件，而且还可向学者提供珍稀的历史文献。公司的另一独到之处在于它不仅提供信息资源，同时还举办国际机构文献管理研讨班，为使用资源的图书馆员提供进修的机会，帮助他们在信息时代中不断提升自身的业务水准和竞争能力。

N. K. 克鲁普斯卡娅（1869—1939）

N. K. Krupskaya

苏联时期国务活动家，教育家，苏联图书馆事业的先驱者，列宁夫人。流放期间关注民众教育，革命后热衷扫盲。担任《大众教育》、《人民教师》、《校外教育》和《成人教育》的编委。熟悉欧洲的许多图书馆，参与起草有关图书馆的主要法规“苏联图书馆事业集中化的法案”和“关于苏联图书馆事业的决议”等。倡导出版《红色图书馆员》、《自学之友》和《新书通报》等专业杂志，并撰写有关图书馆、出版、书目和终身教育的文章，出版了《列宁论图书馆》。鼓励兴办图书馆，推动成立图书馆学和书目研究所，提出了许多有关图书馆的重要理论和意见，对苏联图书馆事业的建设和发展起了巨大的作用。主要的编著有《列宁论图书馆工作》、《论图书馆事业文集》、《论图书馆事业（选集）》和《论图书馆事业著作集》1—4卷等。

N. N. 阿布洛夫（1882—1942）

N. N. Ablov

苏联时期图书馆事业活动家和图书馆学家。曾在加里诺夫斯基图书馆工作，1918—1924年在伊万诺沃-沃兹涅信斯科耶省创建图书馆，并任伊万诺沃-沃兹涅信斯科耶综合技术大学基础图书馆馆员，从1925年开始在莫斯科工作。主要的著作有：《图书馆用图书目录十进分类法》、《图书分类、图书分类的历史和方法与一般分类法的联系》、《1906—1907年俄罗斯目录定期刊物和各党派的目录杂志》和《俄罗斯的印刷出版物第一次“正式”注册试验一百周年纪念》等。

N. N. 奥尔洛夫（1898—1965）

N. N. Orlov

苏联时期图书学家、藏书家。1918—1933年期间在莫斯科的图书馆、图书管理机关及图书馆学校工作，曾任莫斯科包曼高等技术学院的科学技术图书馆馆长。1921—1930年任莫斯科大学俄罗斯图书目录学会秘书。1953—1963年在卡拉干达科学技术图书馆任高级图书目录部主任。奥尔洛夫在目录学、图书学和图书馆学等方面，撰写了170多篇作品。一生收藏了许多图书方面的学术著作（8 000多册图书和小册子），1948年将其大部分赠送给了苏联科学院社会科学基础图书馆。

O. B. 科尔舒诺夫（1926—）

O. B. Karshunov

俄罗斯目录学家、教育学博士、教授。曾任莫斯科文化学院普通目录学研究室主任、全苏教育学和心理学高级学位评审委员会成员、苏联高等和中等专业教育部高等图书馆学目录学教育科学方法委员会主席团成员、苏联国立列宁图书馆博士论文答辩专门常设委员会副主席和《苏联目录学》杂志编委会委员，长期从事目录学教学与研究工作。出版的专著与教科书有《目录学一般理论问题》、《苏联目录学：现状、问题和前景》、《普通目录学理论基础》，主编有《目录学普通教程》、《苏联书目分类问题》和《目录学理论、方法论和方法》等。

OCLC CatExpress 转录编目

OCLC CatExpress

OCLC 为图书馆提供的一项转录编目服务，将简单易用性与强大的 WorldCat 联机联合目录数据库结合，只需简单地从 WorldCat 查找、检索转录编目所需的记录，然后将其导出至本地系统，还可打印新馆藏的书脊和书袋标签的电子标签档。

OCLC Z39. 50 编目

OCLC Z39. 50 Cataloging

一项 OCLC 编目服务，图书馆使用 Z39. 50 界面访问 WorldCat 联机联合目录数据库，在编目工作流中搜索和检索 OCLC 的 MARC 记录、美国国会图书馆名称权威档和主题标目，直接在本地系统编辑记录并通过 Z39. 50 上传馆藏信息，从而很大程度地提高编目效率，降低编目成本。

OCLC 编目服务

OCLC Cataloging

一项在线服务，图书馆使用 WorldCat 联机联合目录数据库对图书馆资料进行编目，生成目录卡片、机读记录和其他离线产品。参与此项服务的 OCLC 成员馆检索书目记录、为本地使用修改信息、从 OCLC 下载已修改的记录。当成员馆编目的是一条 WorldCat 没有的记录，就将新记录和馆藏信息贡献到 WorldCat。成员馆使用以下几项服务都可以开展编目工作，如 Connexion 客户端/浏览器、CatExpress 和 Z39. 50 编目。

OCLC 编目概况

OCLC Cataloging Profile

标识和介绍一个机构的馆藏资源，包括部门和分馆的馆藏。描述目录卡片的安排、分类安排、卡片类型、哪些信息印在卡片上、分类法以及主题词表。

OCLC 代码

OCLC symbol

由 OCLC 分配的机构代码，具有唯一性，用来识别编制机读书目数据、馆际互借或参考咨询系统的图书馆或编目机构。OCLC 代码早期包含 5 个字符，2001 年后变为 3 位。OCLC 代码在书目记录中表示编目来源（040 字段），在 OCLC WorldCat 数据库中用于识别编目机构，馆际互借提供者代码以大写形式显示，非馆际互借提供者则以小写形式显示。

《OCLC 的系统与服务》(美国)

OCLC Systems & Services

1985 年创刊。由美国加州大学圣巴巴拉分校负责技术服务和学术交流的图书馆副馆长布拉德福·李·艾登博士编辑，内容涉及数字图书馆、数字资源库、数字文化内容服务、网络元数据标准、网络标记语言、数字保存、成像与数字化技术和可用性研究。季刊，不定期出版特刊。由爱墨瑞得出版集团出版。

OCLC 电子数据交换

OCLC Electronic Data Exchange (EDX)

指一种图书馆使用文件传输协议（FTP）或登录 OCLC 产品服务网站与 OCLC 交换书目记录、规范数据、标签数据和报告的服务。跟其他的交换方法不同的是电子数据交换允许同一时间发送或者接收多个文件。

OCLC 会议论文数据库

PapersFirst

世界会议论文索引。收录自 1993 年 10 月以来英国国家图书馆文献提供中心收集的会议论文，包括了在国际会议、联合会、博览会、专题会、专业会和学术报告会上发表的论文的题名索引，每两周更新一次。目前数据库的数据量超过 810 多万条记录，主题非常广泛，包含工程技术、科学和人文等种种在所报道的会议中涉及的主题。有关键词、著者、会议日期、会议地址、会议名称、期刊刊名等 20 个检索入口。

OCLC 机读书目记录订购服务

OCLC-MARC Subscription Service

OCLC 的一项在线服务，图书馆在 OCLC 编目时发送对某些文献的馆藏信息的替代、生成、更新或删除命令，OCLC 通过电子数据交换账号提供

OCLC 机读书目记录。

OCLC 奖学金
Awards and Scholarships

OCLC 很早就认识到，图书馆员的技能和知识应该得到持续发展，以适应快速变化的信息时代对图书馆带来的严峻挑战。因此，OCLC 单独或者联合其他力量为图书馆从业人员提供多种多样的职业发展计划机会和奖学金，以促进图书馆学情报学的研究和发展。主要项目有：The Jay Jordan IFLA/OCLC 早期职业发展奖学金计划、OCLC/ALISE 图书馆学和情报学研究资助计划、OCLC/LITA 少数民族图书馆与情报技术奖学金、Virginia Boucher 杰出馆际互借馆员奖、Margaret Mann Citation 奖、ALA 杜威奖章、Federick G. Kilgour 图书馆和情报技术奖等。

OCLC 联机联合目录
OCLC Online Union Catalog（OLUC）

OCLC Worldcat 的前身，是通过协作开发馆藏和共享馆藏信息来提高工作效率。该联机联合目录反映了其成员馆拥有馆藏文献的书目情况，为全世界的图书馆提供了在线编目和资源共享的基础。

OCLC 欧洲、中东和非洲地区荷兰分部
OCLC EMEA B. V.

该机构的前身是 Stichting Pica，是一个设立在荷兰莱顿市的非营利机构，主要向荷兰、法国和德国的图书馆提供在线编目、馆际互借、本地图书馆系统、参考咨询和终端用户服务。因双方的服务对象和产品有协同性，OCLC 与其合作共同建立 PICA B. V.。2007 年 7 月，OCLC 收购该机构，将其设为 OCLC 荷兰分部。

OCLC 期刊文章索引数据库
ArticleFirst

OCLC 成员馆拥有的期刊目录页的文章索引数据库。目前共有自 1990 年到现在的 1.6 万种期刊的大约 3 200 多万条记录，每条记录对应于期刊的一篇文章、新闻报道、信函或其他类型的资料，文章内容涉及商业、科学、人文、社会学、医学、技术和大众文化等多个领域。以英文期刊为主，兼收其他语言的刊物。数据库每天更新。提供主题、期刊名、文章名、作者、摘要和出版日期等多个检索入口。

OCLC 全球共享平台
OCLC WorldShare Platform

全球化的相互连接网络架构，支持 OCLC 万维网规模服务和应用程序，并可通过应用程序编程接口和其他网络服务提供灵活、开放的图书馆数据访问。通过共享服务、集成应用和简化的方法为集体创新提供网络平台，以管理图书馆的工作流程。WorldShare 与 WorldCat 协力，通过帮助全球图书馆以新的方式进行联系，使其实现万维网规模的运营、创新与合作。

OCLC 输入标准
input standards

OCLC 为其联合目录中的书目数据制定了以下标准：

SS——系统生成——编目员不能改变系统自动生成的数据信息；

M——必备性——编目员所编记录必须与某一特殊编目级别的标准相一致；

R——有则必备或易获取—数据元素符合《英美编目条例第二版》（*AACR*2）规则、或其单册可取、或可从其他记录获得；

O—选用—编目员决定哪些数据信息需要输入；

C——复制记录——编目记录中的数据信息是复制其他记录而来，通常来自于美国国会图书馆、美国国家医学图书馆等；

X——已废弃——不再使用（较早记录中包含的数据元素，现已不再使用）。

OCLC 术语服务
OCLC Terminologies Service

OCLC 提供的一项对多个受控词汇表检索的服务，帮助图书馆、博物馆或档案馆创建前后一致的元数据。用户可在一个界面快速、简便地检索多个叙词表，通过减少学习多个不同叙词表的需求，提高工作效率。

《OCLC 通讯》
NextSpace

影响图书馆的新观念和新趋势的刊物，对图书馆行业趋势和技术发展进行分析，并刊登有关 OCLC 的专题新闻，为 OCLC 会员机构和信息管理人员提供信息参考。其目标是帮助读者了解最新信息，做出关键决策，季刊。

OCLC 文章交换
OCLC Article Exchange

OCLC 于 2012 年初推出的一个文档共享网站，提供一个安全的地方供出借馆放置被请求的 PDF 和 TIFF 文章，并让图书馆员及其读者能够通过文献传递方式获取到请求的文章或图书章节。出借馆可以将文件上传到网站，网站会为每个文件产生唯一的统一资源定位符（URL）和密码，然后通知借入馆该文件可供使用。借入馆凭借统一资源定位符和密码查询和下载文件。此站点与 WorldCat 资源共享服务、ILLiad 馆际互借管理软件等轻松集成。该站点为文献传递服务增加了便利性、安全性和增强版权合规。

《OCLC 系统与服务：国际数字图书馆透视》
OCLC Systems & Services*：*International Digital Library Perspectives

1985 年创刊，由美国加州大学桑塔巴布拉分校布雷德福·李·伊登（Bradford Lee Eden）博士任主编。旨在为世界各地的信息专家、教育工作者、学生以及研究人员提供一个平台来共享和交流他们在数字图书馆、资料档案库、后设资料标准、标注语言、数码、影像以及可用性研究方面的思想、实践应用与研究结果。由爱墨瑞得（Emerald）出版集团出版，季刊。读者可以在线阅读自 1985 年至今的期刊论文。

OCLC 选订服务
OCLC Selection

指 OCLC 与美国康奈尔大学图书馆合作开发的一个新资料挑选和订购系统。图书馆采访人员从一个统一平台来查看多个资料供应商的通知记录，并自定义标准根据关键词、供应商等自动排除记录，并可将 MARC 记录由 WorldCat 联机联合目录数据库导出并载入图书馆集成系统，无需从多处来源重新输入或导入数据。此服务采用电子流程代替纸质工作，缩短从挑选、订购和接收的时间。

OCLC 研究所
OCLC Office of Research

世界图书馆界研究活动处于领先地位的中心。1978 年由 OCLC 创始人首任总裁和执行官斐德里克·格里德利·基戈尔先生建立。致力研究和解决图书馆实践中的有关问题。其研究活动主要是：增强 OCLC 联机联合目录的使用，研究文献全文的存储、检索和利用，加强用户与情报系统之间的互相影响，提供统计信息以及不断增强和完善杜威十进分类法体系。

OCLC 用户服务部
OCLC Customer Services Division（CSD）

其前称是 OCLC 用户与网络支持，是 OCLC 向用户提供协助和支持的联系服务台，主要提供远程通信、硬件、软件的支持。

OCLC 在线服务中心
OCLC Online Service Center

指一个安全的、基于网络的工具，拥有管理员授权的图书馆员可以在这个平台上订购 OCLC 产品和服务，同时可以查看、更新和管理他们的 OCLC 账户信息如，IP 地址等。

OCLC 政策目录
OCLC Policies Directory

指参与 WorldCat 资源共享服务的图书馆描述其馆际互借和文献传递政策的网络目录，一般包括机构信息（工作时间表、联系人、馆藏资源、网址等）、出借政策、允许请求绕开一个机构的偏转政策等。

OCLC 主记录
OCLC Master Record

供所有 OCLC 编目用户使用的 WorldCat 记录或美国国会图书馆权威档记录的版本，不包含任何图书馆的本地数据。编目员可以检索和编辑记录，并输出到本地系统。只有是完全编目级或更高级别的图书馆的编目员有权对主记录进行添加、取代、设置或删除馆藏代码。

O. C. 丘巴良（1908—1976）
O. C. Cubarian

苏联时期图书馆学家、教育学博士。长期担任苏联文化学院、国立公共科技图书馆和国立列宁图书馆等单位的领导工作。曾任苏联文化部所属图书馆学和目录学研究协调委员会副主席。1966 年当选为国际图书馆协会和机构联合会书目委员会主席，后又担任图书馆学委员会的领导人。丘巴良是《苏联图书馆学》和《苏联科技图书馆》两种杂志的创办人之一，一生发表 100 多种有关图书馆学、目录学及版本学等学科的论著，其中最重要的是《普通图书馆学》。另外还编辑出版了《苏联读者》、《城市生活中的图书与阅读》、《苏联农村生活中的图书与阅读》、《列宁与当前图书馆学的若干问题》和《苏维埃图书馆事业史》等。

OSI 参考模型

OSI reference model

国际标准化组织（ISO）提出的有关计算机网络协议的参考模型。共分为 7 个层次，即：物理层、数据链路层、网络层、传输层、会话层、表示层及应用层，同层实体间受该层协议的约束，并利用下一层提供的服务交流数据，当同层实体间不能直接通信时，可通过其他层实体中转。OSI 是 Open System Interconnection（开放系统互联）的首字母缩写，也可拼作：OSI/RM。

OverDrive 公司（美国）

OverDrive，Inc.

该公司是一家领先的提供全方位服务的电子图书、有声读物和数字内容的分销商。为全球数百万的出版商、图书馆、学校和零售商终端用户提供安全管理、数字版权加密保护技术以及下载完成服务。目前拥有来自兰登书屋、哈波柯林斯、阿歇特图书集团、麦克劳希尔集团、学者出版社、约翰威廉出版社、英国广播公司有声读物美国公司、丑角以及布卢姆斯伯里出版集团等 100 多家出版社为全球 13 000 多所图书馆提供数字内容服务。该公司成立于 1986 年，总部设在美国俄亥俄州的克利夫兰。

PG 级电影

Parental Guidance（PG）

美国的一种电影级别，凡是该级别的电影，儿童必须由其家长陪同指导下方可观看，因为其中可能有些不适合儿童的场景。

pH 值

pH

一种表示水溶液酸碱度的化学符号。以每升（溶液中）摩尔数表示的有效氢离子浓度或氢离子活度的负对数，通常以 0 ~ 14 为标度用来方便地表示酸度和碱度，其中 7 表示在 25℃时的纯水的值，或为中性。图书馆在保存资料时用来测试纸张的酸度。

PL/1 语言

PL/1

由国际商用机器公司（IBM）公司于 20 世纪 60 年代开发出来的一种高级程序语言，具有科学计算、事务处理以及实时控制等多种功能，也可用作系统程序设计语言。英文 PL/1 是 Programming Language/1 的缩写。

PL/M 语言

PL/M

一种仅适用于微处理器的高级程序语言，由 PL/1 语言改进而来，这种语言能帮助程序员把注意力集中在特殊问题处理或应用上面。

PMEST 组配公式

PMEST formula

印度著名图书馆学家 S. R. 阮冈纳赞创建的冒号分类法（或称分面组配式分类法）中 5 项基本范畴（本体、物质、动能、空间和时间）的组配公式。

P. M. 波格丹诺夫（1871—1919）

P. M. Pogdanov

俄国图书馆学家和目录学家。俄罗斯图书馆协会的创始人和领导人之一。1910—1915 年任《图书馆员》杂志的编辑，侧重于研究图书馆工作的组织和专业目录，其主要著作有：《图书馆技术简讯》和《俄罗斯农业图书的有关资料》及其他作品。

PROLOG 语言，逻辑程序设计语言

PROLOG

一种独具特色的、被广泛应用的计算机人工智能语言。自 1972 年第一个 PROLOG 系统问世以来，该语言已逐渐在世界各地流行，并成为国内外专家进行研究的一种重要的计算机语言。

ProQuest 系统全文数据库

ProQuest

由美国 ProQuest 信息和学习公司（ProQuest Information and Learning）开发的联机信息服务检索系统。提供数千种期刊、报纸、图书、学位论文及学术文献，包括书目、摘要、全文、文字和图表。主要数据库有：商情分析全文数据库（ABI/Inform Dateline）、商业与企业管理数据库（ABI/Inform Global）、工商企业商情全文数据库（ABI/Inform Trade & Industry）、学术期刊全文数据库（Academic Research Library，ARL）、教育大全全文数据库（Education Complete）、参考书全文数据库（Reference）和社会科学期刊全文数据库（Social Science Plus Full text，SSPT）等。

ProQuest 信息与学习公司

ProQuest Information and Learning

位于美国密执安州，创立于 1939 年。作为世界一流的信息收集、组织和发行商，为全球 180 多个国家的大学、政府机构和商业客户提供增值信息服务，并与世界上近万家出版商保持着良好合作关系，提供期刊、报纸、参考书、参考文献、书目、索引、地图集、绝版书籍、记录档案、博士论文和学者论文集等各种类型的信息服务，格式采用网络、光盘、微缩胶片及印刷版等。该中心拥有巨大的信息收藏量，内容涵盖人文科学、社会科学、科学技术、医药以及商业管理等诸学科，包括今天最新的地缘政治和经济信息及过去几百年来的学术成就。许多世界著名的大型学术图书馆都是该中心的用户，包括大学图书馆、国家政府图书馆、政府机构或组织内部图书馆、商业机构图书馆，还有许多小型的学校图书馆及公共图书馆联盟。该公司首创的全文图像光盘及通过因特网的 Web 版全文检索系统使图书馆传统的查询与复印资料的方式大为改观，处于世界领先地位。位于英国剑桥的国际部下设七个地区代表处，分别设在北京、吉隆坡、首尔、悉尼、法兰克福、马德里和横滨。

ProQuest 学术期刊全文数据库

ProQuest Academic Research Library（ARL）

全文期刊与报纸数据库。由美国 ProQuest 信息与学习公司（ProQuest Information and Learning）出版。内容包括社会科学、人文科学、商业与经济、教育、历史、传播学、法律、军事、文化、科学、医学、艺术、心理学、宗教与神学、社会学等学科领域。收录综合性期刊和报纸 3 200 多种，其中 2 000 多种全文期刊。可检索 1971 年以来的文摘、1986 年以来的全文及 1987 年以来的全文图像，数据每日更新。

ProQuest 学术研究数据库

ProQuest Research Library

该数据库是 ProQuest 平台上的数据库之一，内容覆盖商业经济、教育、历史、传播学、法律、军事、文化、科学、医学、艺术、心理学、宗教与神学以及社会学等领域。收录自 1971 年以来出版的综合性期刊和报纸 4 000 余种，其中多数期刊近年来的文章有全文。

ProQuest 学位论文数据库

ProQuest Digital Dissertation（PQDD）

世界著名的学位论文数据库。由美国 ProQuest 信息与学习公司（ProQuest Information and Learning Company）制作并提供服务。该数据库收录 1861 年起的欧美地区 1 000 多所大学的 170 多万篇博士、硕士论文摘要，数万篇学位论文的全文，且可免费浏览 1997 年后已数字化论文的前 24 页。内容涵盖理学、工程学、医学、农学、人文及社会科学等学科，可检索每年获得通过的北美地区博硕士论文的 90%，以及许多国际性的博硕士论文的文摘。每年约增 5.9 万篇。

P. S. 博德纳尔斯基（1874—1968）

P. S. Bodnarsky

苏联时期图书学家、目录学家、教育学博士、教授。毕业于莫斯科大学法学系。曾任俄罗斯中央书库的组织者和第一任馆长、俄罗斯目录研究所所长。1920—1929 年任莫斯科大学俄罗斯目录学协会主席及《目录学通报》杂志的编辑。1939—1956 年期间，在莫斯科和列宁格勒的一些高等学院讲授目录学和图书馆学课程。其主要著作有《俄罗斯目录的目录》、《从 1905 年 10 月 17 日起被查封的图书馆杂志的参考目录》（1—4 卷）、《1910 年 11 月 7 日前 L. N. 托尔斯泰的著作目录》和《1910 年 11 月 7 日起至 1912 年前 L. N. 托尔斯泰的著作目录》等。

pub2wb 网络出版系统平台

Pub2wb

能支持所有出版流程的主机服务应用平台。以自上而下的构建方式能够连接起任何文本格式的出版物内容。具有提供在线出版的所有必需功能，如在线内容转换、内容查询、认证和客户支持。该平台是英国出版科技集团的主要产品，能够满足出版商的线上策略，在符合读者预期的同时，满足个性化需求。

QQ 软件

QQ Software

为中国目前使用人数最多的即时通讯软件，于 1999 年推出，其服务提供商腾讯为中国最大的因特网通讯应用软件服务商，目前其注册用户超过 10 亿，活跃用户超过 6 亿。

QuestionPoint 系统

QuestionPoint

由联机计算机图书馆中心和美国国会图书馆馆合作开发的网上参考咨询系统，其特点在于合作模式的参考咨询服务。通过该系统，可以帮助图书馆通过网络回答读者所提出的问题；对于无法回答的问题，可以交给馆内其他专家来解答；对于馆内无法回答的问题，由请求管理器对该问题预先定义的数据进行匹配后自动将该问题提交到另一个最合适回答问题的图书馆；读者可以通过网络以 Web Form 或者 Live Chat 方式向参考馆员提问以及整合一个全球网络的参考咨询知识库，方便成员馆在当地直接访问。该系统主要由三部分组成：1. 成员资料库（Member Profiles）；2. 问答管理器（Reguest Manager）；3. 知识库（Knowledge Base）。

《Quill 和 Quire》杂志（加拿大）

Quill & Quire

创立于 1935 年，在加拿大多伦多出版的月刊杂志，每期发行 5 000 份，主要提供加拿大出版的图书的消息和评论以及作者介绍、畅销排行榜等。6 月号与 12 月号随刊免费赠送《加拿大出版商名录》（*Canadian Publishers Directory*）。主要读者为图书馆员、出版家、作家和学校教师等。该刊除了有印刷版外，还提供网络版。

Readex 缩微印刷品公司（美国）

Readex

该公司属 NewsBank 公司旗下，成立于 1950 年，是美国最著名的缩微印刷品出版公司，多年来一直致力于向学校和研究机构提供重要的原始资料的缩微产品。由于这些原始资料原件的数量巨大，任何一个机构都无法收藏齐全；而储存分散又导致使用极为不便。该公司的产品则克服了这些障碍，使用者可以以较为低廉的价格将原本散于各个收藏机构的资料收集齐全；而缩微产品便于使用、保存和管理、节省储存空间、使用寿命长等优点可以使收藏机构节省许多后续费用。尽管在因特网发达的今天，缩微产品仍以其在稳定性和安全性方面的优势，在原始资料出版领域独占鳌头。因此，该公司的产品在欧美各国颇受欢迎。

R 级影片

R film

美国自 1968 年起对市场的影片分级标准中设立的一种等级。该类影片要求 17 岁以下未成年人观看时必须有家长或监护人陪伴。

SFX 链接服务器

SFX

由以色列艾利贝斯公司（Ex Libris）于 2001 年开发，是最广泛使用的 OpenURL 链接解析器，可以在学术资源之间建立链接关系，用户利用这种服务更方便地获取相关的学术信息。该链接服务器可以实现从馆藏的联机公共目录查询系统、文摘索引数据库检索结果记录、电子全文文后参考文献链接到电子期刊全文、多馆馆藏、网上书店、馆际互借服务、作者电子邮件查询、网络搜索引擎以及咨询服务等。

Sirsi 公司

Sirsi

成立于 1979 年。起初是一个技术顾问公司，后来成为在发展图书馆客户端/服务器一体化系统方面具有领先地位的图书馆自动化系统公司。20 多年来，该公司一直是得到图书馆信任的技术伙伴，向图书馆提供最完整的图书馆系统。该公司正在帮助图书馆达到通过网络实现资源共享之目的。在全世界范围内，共有 5 000 多所图书馆在使用 Sirsi 的图书馆自动化管理系统。2005 年该公司与 Dynix 公司正式合并成为新的 SirsiDynix 公司。

Skype 免费电话

Skype

网络即时语音沟通工具，通过在全世界范围内向客户提供免费的高质量通话服务，具备 IM 所需的其他功能，比如视频聊天、多人语音会议、多人聊天、传送文件、文字聊天等功能。可以免费高清晰与其他用户语音对话，也可以拨打国内国际电话，无论固定电话、手机、小灵通均可直接拨打，并且可以实现呼叫转移、短信发送等功能。

SSCI 信息学与图书馆学期刊概览

SSCI Informatics and Library Science Journals Overview

该书选取 JCR2010（Journal Citation Report

2010）Information Science and Library Science（信息学与图书馆学）类目下收录的77种刊物，并从官方网站上获取各刊的相关资料，进行了综合取舍和翻译整理。读者可以从中了解到国际优秀学术期刊在投稿方式、稿件类型、论文写作规范及版权事宜等方面的要求，同时，也可管窥国际上在学术期刊编辑出版方面的一些通行做法。此外，对于国内其他科研作者开阔视野也不无裨益，读者可以借助该书了解和学习国际学术期刊出版界在论文写作方面的相关规范和要求。蒋弘主编由国家图书馆出版社于2012年7月出版。

SUWECO 公司（捷克）
SUWECO Company

1993年成立，全球知名的文献访问和订阅解决方案提供商，为客户提供纸本及电子出版物的订购，文献数据库访问和相应的信息管理平台等一站式服务。该公司一直致力于为客户提供优质的纸本和电子文献信息访问服务，并和遍布世界各地区的图书馆、政府机构和企业建立了良好的合作关系。

Swets 公司（荷兰）
Swets

获得ISO 9001：2008认证的世界上最大的订购代理商，总部位于荷兰的里斯（Lisse）。从阿姆斯特丹的一个小书店，发展到如今跨国公司，并在世界各地20多个国家和地区设有办事处。与6万多个学术单位、医疗机构和政府图书馆等有业务上的往来。该公司每年帮助中国国内图书馆获得超过1.5万份纸质期刊，并提供在线资源（期刊、报纸、电子书等）以及馆藏资源的综合管理方案。

TeX 排版系统
TeX

一种优秀的电子排版系统，由著名的计算机科学家唐纳德·克努特发明。电子排版系统的出现给印刷出版业带来了一场革命，可以减轻劳动强度，缩短出版周期。TeX提供了一套功能强大并且十分灵活的排版语言，有多达900多条指令，并且具有宏功能，用户可以不断地定义自己适用的新命令来扩展TeX系统的功能。许多人利用TeX提供的宏定义功能对TeX进行了二次开发，其中比较著名的有美国数学学会推荐的非常适合于数学家使用的AMS-TeX以及适合于一般文章、报告和书籍的LaTeX系统。TeX系统目前已经在数百种计算机系统上得到实现，其排版结果DVI（DeVice Independent）可以显示、打印和照排，几乎能在所有的输出设备上输出。

TXT 文本格式
TXT

微软在操作系统上附带的一种文本格式，是最常见的一种文件格式，早在DOS时代应用就很多，主要存文本信息，即为文字信息。该文本文件，在桌面或文件夹右键即可建立。TXT格式是一种文本文档，TXT即扩展名。

T. 布劳温（1932—）
T. Braun

世界著名科学计量学家和情报学家、匈牙利科学院图书馆副馆长。1956年在匈牙利原子物理研究所工作，1963年起在高校任教，1984年评为教授。1978年担任匈牙利科学院图书馆学与情报学以及科学计量学研究所所长。布劳温教授曾创办了4种国际知名科学期刊，其中包括《科学计量学》（*Scientometrics*），并出版16本专著，发表200多篇论文，获普赖斯奖（全球文献计量学和科学计量学领域的最高奖项）。

T 载播线路
T-carrier

1983年由美国AT&T公司提出的一种远距离数字通信线路服务，这种服务要求在发送端与接收端提供多路转换器，以实现发送端的信号合路和接收端的信号分路。1993年AT&T公司按容量把T载波服务分为4个等级：T1、T2、T3、T4。T1能够以1.544 Mbit/s的速度传输数据。由24个独立的信道组成，每一条信道都能以64 kbit/s的速度传输声音或数据。商业机构或学术单位可以通过租借T1线路连接因特网，也可以使用T1线路创建局域网。同时，因特网服务商也使用T1线路为个人或小型企业提供因特网入口。T2以6.312 Mbit/s的速度传输数据，由96个独立的信道组成，每一条信道都能以64 kbit/s的速度传输声音或数据。T3则以44.736 Mbit/s的速度传输数据，主要是被因特网服务商用来连接因特网骨干网以及骨干网之间的连接一条线路，包含672个独立信道，每个信道都能以 64 kbit/s 的速度传输声音或数据。T4 数据传输率为 274. 176 Mbit/s，可承载 4 032 路话音的传输线路，每个信道都能以 64 kbit/s 的速度传输声音或数据。

UNIX 操作系统
UNIX

由 D. 里查（D. Ritchie）和汤普森（K. Thompson）在贝尔实验室于 1969 年研发出来的多用户和多任务的操作系统。该系统功能简单实用，操作方便，结构灵活，被公认是成功的操作系统。

U 盘
USB flash disk

全称“USB 闪存盘”，也叫优盘，是微型高容量移动存储设备，可以通过 USB 接口与电脑连接，对内部的闪存芯片进行读写。其特点是体积小、容量大、可靠性高、价格便宜、即插即用。是使用最广泛的移动存储设备之一，已经完全取代了软盘。

V. G. 阿纳斯塔谢维奇（1775—1845）
V. G. Anastashevige

最早的俄国图书学家之一，最先使用“图书学”这个术语的学者。其主要著作有：《论目录学》、《关于欧洲定期出版物（报纸和杂志）的起源》、《关于定期出版物》、《论文艺》和《论发展俄罗斯图书学的必要性》。阿纳斯塔谢维奇在其著作中阐明了目录学的教育作用，指出了在资料系统中目录的科学性。在其编制的目录《按分类系统顺序排列的 B. 普拉维利希科夫图书馆藏书中的俄罗斯图书目录》中，采用了自己根据科学分类的先进观点加工而成的独创的图书分类表。

VSC 公式
VSC formula

美国图书馆协会在 19 世纪订立的公共图书馆面积标准。早期为人均 5 平方英尺；20 世纪 60 年代由于公共图书馆扩大服务，改为人均 7 平方英尺，现在因计算机等设备的增加需要更多的空间，规定人均至少 8 平方英尺。据此标准，设计图书馆时要考虑未来 20 年内藏书量（Volumes）、座位数（Seats）和流通量（Circulation）三个方面的因素，这三者决定了综合楼层的面积。完整的 VSC 公式是：预计藏书量（V）/10 + 预计读者阅览座位数（S）× 40 + 预计流通量（C）/40 = 综合楼层的面积。

VTLS 公司（美国）
VTLS, Inc.

全球范围提供前沿性图书馆解决方案和服务的专业公司。其软件开发和服务方向主要集中在：Virtua 产品线，专注于图书馆管理整体解决方案、Fastrac 提供 RFID 软件技术、数字图书馆技术包括数字图像处理和数字知识库产品 Vital、一站式本地和远程资源发现和传递解决方案 Visualizer，这 4 种主要产品目前服务于全球近 40 个国家和地区，1 000 多所图书馆。

V 芯片
V-chip

一种安装在电视机中的微芯片，帮助家长过滤电视或网站中暴力、色情等不良内容，以使孩子们免受不良影响。1996 年美国国会曾通过一项电信法案，要求广播电视业建立自愿分级制，对包含色情、暴力和家长认为不适合孩子观看、收听的其他节目内容进行分级。从 2000 年 1 月起，所有在美国出售的 13 英寸（33 厘米）及 13 英寸以上电视机都必须安装这种芯片。美国全国广播机构协会、全国有线电视协会和美国电影协会根据电信法案建立了《电视家长准则》（*TV Parental Guidelines*）的分级制度，在分级节目播出的最初 15 秒钟内，V 芯片按照事先设定好的分级标准读出信息，并将分级信息显示在电视屏幕上，家长可以据此锁住某种级别的节目，阻止其进入家庭。

WebBridge 参考引文链接系统
WebBridge

革新界面公司（Innovative Interface, Inc.）的一种参考引文链接系统，是一个动态链接桥，可以创建上下文的链接功能，将图书馆的所有资源整合在一起，包括图书封面、书评、记录的免费站点以及全文期刊的文章和电子图书。该系统是用来增强图书馆集成系统的功能产品，必须在 Innopac 系统上运行，所以图书馆无须为使用这种引文链接系统安装独立的服务器。

Web 服务器
Web server

在网络上提供万维网服务的一种计算机，包括硬件、操作系统、传输控制协议/因特网互联协议（TCP/IP）、网络服务软件以及安装在它上面的实际内容。通过 Web 服务器软件可以接受来自其他计算机的请求，完成下载超文本标记语言文本、图像以及音频文件等任务。

Web 服务器描述语言
Web Service Description Language (WSDL)

一种正式地描述 Web 服务的 XML 语言，是 Web 服务的接口定义语言，可描述 Web 服务的三个基本属性，即服务做些什么——服务所提供的操作（方法）；如何访问服务——和服务交互的数据格式以及必要协议；服务位于何处——协议相关的地址，如 URL。可以为客户端提供使用 Web 服务所需要的所有信息。可由 Web 服务工具用于执行操作，例如：采用各种语言生成客户端和服务存根，发布 Web 服务和动态测试 Web 服务等。

Web 即年下载率
Web immediacy downloads

上网期刊的文献计量指标之一。指来源期刊当年出版并上网的文献篇数与其当年被下载的文献篇次之比。具体算法为：Web 即年下载率 = 该期刊当年出版并上网的文献在当年被下载的次数/该期刊当年出版并上网的文献总数。

Web 浏览器
Web browser

一种客户端应用程序，允许用户在万维网上、另一个网络或用户自己的计算机上查看超文本标记语言文档以及传输文件，并能跟踪它们之间的超链接。大多数万维网浏览器允许用户发送和接收电子邮件并能访问新闻组。

《Web 数据挖掘》
Web Data Mining

该书旨在讲述这些任务及其核心挖掘算法；尽可能涵盖每个话题的广泛内容，给出足够多的细节，以便读者无须借助额外的阅读，即可获得相对完整的关于算法和技术的知识。其中结构化数据的抽取、信息整合、观点挖掘和 Web 使用挖掘这 4 章是该书的特色，这些内容在已有书籍中没有提及，但它们在 Web 数据挖掘中却占有非常重要的地位。至于传统的 Web 挖掘主题，如搜索、页面爬取和资源探索以及链接分析在书中也作了详细描述。刘兵（Liu B.）著，俞勇译，由清华大学出版社于 2009 年 4 月出版。

“with” 附注
with note

指“with”为导词的附注。是用于没有总题名的文集或文献集的分析款目的附注项目，说明装订在一起的其他文献的题名与责任者等情况。

WorldCat Local 一站式发现与传递
WorldCat Local Discovery and Delivery

指 OCLC 为图书馆提供一个实现印本资源和数字资源的一站式检索和传递的强大解决方案。在强大的元数据搜索技术和联邦检索技术的基础上，通过与图书馆的流通模块、资源共享模块及全文链接解析器软件等的互操作，向终端用户提供无缝的资源查找和获取体验。

WorldCat. org 网站
WorldCat. org

这是一个免费的具备搜索和社交网络功能的网站，使信息搜索者可以搜索全球一万多个 OCLC 成员图书馆的馆藏，并对其内容进行本地化和个性化部署。该网站是一个开放型、“网络级”系统的核心，该系统将 WorldCat 编目资料的有关数据发布到热门的搜索引擎、社交网络和其他合作伙伴站点中。全球用户在本网站找到他们所需要的内容以后，根据用户所在位置直接链接到附近机构的目录记录和电子服务中；用户可发表评论、建立书单，以进一步提高系统的搜索能力，扩展系统的实用性和覆盖范围。

WorldCat 编目合作伙伴
WorldCat Cataloging Partners

指一项与资料供应商的协作性工作，旨在降低图书馆的编目成本。图书馆从供应商合作伙伴处订购资料，然后供应商将订购的题名列表传送给 OCLC，OCLC 在 WorldCat 设置图书馆馆藏，OCLC 交付图书馆的书目记录和报告，供应商在同一时间将新资料全部交付给图书馆。

WorldCat 导航器
WorldCat Navigator

一项 OCLC 服务，为一个图书馆联盟提供无缝的资源共享服务。图书馆可以管理馆际互借和文献传递请求，并与本地流通系统、OCLC 资源共享网络整合，创建一个优越的发现与传递工具。这项服务可提供联盟图书馆的实时在架信息，帮助终端用户将请求只发送到可以提供的图书馆。

WorldCat 馆藏分析
WorldCat Collection Analysis

OCLC 的一项基于网络的服务，根据世界上最丰富的联合书目数据库 WorldCat 中数十亿条的馆藏信息提供对图书馆馆藏的比较和分析服务。图书馆通过将其馆藏与 WorldCat 中的所有馆藏、与 OCLC 成员馆中的同类机构进行比较，分析重复和唯一的馆藏的比率；图书馆联盟可以分析联盟馆藏的重复率和唯一率。图书馆能够随时获得所需的数据，以致能够更好地决定馆藏发展活动趋势，并为资金需求提供充分的依据。

WorldCat 馆藏集
WorldCat Collection Sets

通过提供一套匹配的、预先编目好的机读书目记录，可立即导入图书馆集成系统，让图书馆用户快速检索新采购的缩微复制品、非缩微复制品或电子内容。图书馆无须对成百上千个的题名进行单独编目。如果是 OCLC 会员馆，其馆藏符号在 WorldCat 联机联合目录数据库中自动设置。

WorldCat 链接管理器
WorldCat Link Manager

指一个基于开放链接（OpenURL）标准的开放的、可互操作的链接服务器软件，由 OCLC 提供完全支持和服务。WorldCat 链接管理器为整个图书馆提供统一而又是综合的链接功能，当图书馆用户点击目录或电子数据库中的某个期刊引文时，他们便被直接引导至图书馆馆藏中该文章的全文。WorldCat 链接管理器的前身是由 OCLC Openly Informatics 所开发的一套名为 1Cate 的动态链接系统，使得散布在不同数据库的资源能相互连接。2007 年 10 月 22 日，1Cate 正式更为现名。

WorldCat 数字馆藏网关
WorldCat Digital Collection Gateway

OCLC 提供的一项免费自助的网络服务工具，利用该网关将图书馆、博物馆等机构的特色数字资源的元数据上传到 WorldCat 中，使得用户在搜索 WorldCat. org、WorldCat Local 发现平台、Google、Yahoo 等时能发现这些资源，此举将大幅度地提高图书馆特色数字馆藏在网络上的可见度和可发现度。使用这项服务的机构可选择按每月、每季度、每半年或每年的频率自动收割元数据，与 WorldCat 进行同步。

WorldCat 搜索应用程序接口
WorldCat Search API

实现对 WorldCat 书目记录和馆藏的访问，采用书目记录的功能需求（FRBR）理念将同一作品的不同版本进行归类。该应用程序接口提供从客户端访问 WorldCat 联机联合目录数据库的能力，可以发送使用 OpenSearch 或 SRU 协议 RESTful URI 查询，并可接受 RSS、Atom、MARC XML 或 Dublin Core® 响应。该应用程序接口使参与图书馆能够直接向用户提供访问 WorldCat 的能力，同时无须离开图书馆自身的网站。由此，能够增加至图书馆目录的链接数量。

WorldCat 注册
WorldCat Registry

由 OCLC 推出的一项为全球图书馆提供的图书馆信息注册免费服务，可集中管理全球图书馆档案，已成为全面且权威的图书馆和图书馆服务指南。任何图书馆可从此处管理并发布描述其机构身份和服务的数据，包括图书馆的名称、地址、电话、传真、电子邮件地址、每天开馆和闭馆时间等。通过 WorldCat 注册，图书馆可与供应商、集团成员和其他第三方安全地共享自己的注册档案信息，可使全球读者容易地找到自己所需要的图书馆信息。

WorldCat 资源共享
WorldCat Resource Sharing

为 OCLC 的会员图书馆提供创建、发送、管理和跟踪馆际互借请求和文件订单的服务。目前全球有近 2 万所图书馆使用此项服务，一年通过 OCLC 馆际互借系统互借图书文件多达 1 000 多万种，平均每 4 秒处理一个馆际互借请求。OCLC 的这项服务可实现世界各地图书馆的馆际互借，达到资源共享之目的。

X 高度（西文字体的）
x-height

小写的拉丁字母如：a，c，e，m，n，o，r，s，u，v，w，x 和 z（不带上升或下降部分）从顶到底的高度。x-height 也可拼作：ex-height。

X 级，即成人影片或录像片
x-rated

只适合成人观看的影片或录像片，内容通常含有色情成分。

X 视窗系统
X window

1984 年，由美国麻省理工学院开发的一种软件产品，广泛应用基于系统工作站的网络窗口环境。

Y. N. 阿法纳西耶夫（1826—1871）
Y. N. Afanaciev

俄国民俗学家、俄罗斯民间神话、故事搜集家、研究家和出版家、图书学家。1848 年毕业于莫斯科大学法学系。曾是俄国革命前最好的图书目录学杂志之一的《图书目录论丛》的创始者、出版者和编辑者。主要著作有：《1769—1774 年俄罗斯讽刺杂志》、《关于 N. E. 诺维科夫、D. E. 方维津和 A. D. 坎捷米尔的作品》。阿法纳西耶夫还编辑了杂志《北方文献汇编》和《祖国见闻录》的主题索引。

Y. Y. 博罗夫斯基（1887—1946）
Y. Y. Borovsky

苏联时期目录学家。1921—1936 年在俄罗斯国家中央书库任副馆长，1936—1941 年担任苏联科学院历史研究所图书目录研究室主任，1941—1946 年在苏联科学院社会科学基础图书馆工作。主要著作有：《印刷作品统计，统计工作的组织与方法》和《印刷出版物及其统计》等。

Z39. 50 协议
Z39. 50

英文全称 Informational Retrieval Service Definition and Protocol Specifications for Library Applications，是一种网络协议，由一套用来控制和管理计算机之间通讯过程中所涉及的格式和进程的规则所组成。Z39. 5 又是一种开放网络平台上的应用层协议，支持计算机使用一种标准的、相互可理解的方式进行通讯，并支持不同数据结构、内容和格式的系统之间的数据传输，实现异构平台异构系统之间的互联与查询。同时还是一种基于网络的信息标准，允许用户检索远程数据库，但不局限于检索书目数据，在理论上可用于检索各种类型的数据资源。Z39. 50 的版本已于 1996 年被 ISO（国际标准化组织）正式确定为信息检索的国际标准（ISO23950）。Z39. 50 产生于图书馆界，最初之目的是为了提供联机公共书目数据检索。如今，图书馆界仍然是 Z39. 50 的主要应用领域之一。在因特网上，存在着大量的 Z39. 50 服务器，这些服务器连接着世界上许多大型图书馆的馆藏书目数据。用户只要采用一种基于 Z39. 50 的检索软件就可以在自己的计算机上同时对世界上多种异构平台数据库进行检索，共享信息资源。

α 测试
alpha test

对新开发的计算机软件或硬件进行第一轮全面测试，实质上是为了改进软件或硬件性能和提高品质，即新产品制成后，首次验证其性能的过程，一般在实验室环境下进行。下一个阶段的测试由实际用户进行，称为 β 测试。

“&”号
ampersand

起源于拉丁文“*et*”，指符号“&”，意为“和”，在《英美编目条例第二版》（*AACR2*）中，如果标题名本身含有“&”号（如 Notes & Queries），在书目记录中它就被原样誊写于题名项和责任项，并在标题下方注明“and”附加款目。

β 试验
beta test

新软件或硬件系统的一个全面测试，包括实际用户在正常操作环境下的测试。通常领先于在实验室中进行的 α 测试。经过 β 测试后，新软件或硬件系统方可正式投放市场。

中文索引

A

B

C

D

E

H

J

L

M

N

Q

R

S

T

W

X

Y

Z

数字、西文字母

外文索引

A

B

D

F

I

K

N

O

P

Q

R

S

U

V

W

数字、西文字母

附录—A
1928—2005年国际图联大会概况
(IFLA Council and General Conference)

表1 1928—1965年

届次	时间	地点	主席	会议录
1	1928年	意大利（罗马）	科林	1
2	1929年	意大利（罗马、佛罗伦萨、威尼斯）	科林	1
3	1930年	瑞典（斯德哥尔摩）	科林	2
4	1931年	澳大利亚（彻尔顿海姆）	科林	3
5	1932年	瑞士（伯尔尼）	毕晓普	4
6	1933年	美国（芝加哥、阿维尼翁）	毕晓普	5
7	1934年	西班牙（马德里）	毕晓普	6
8	1935年	西班牙（马德里、巴塞罗那）	毕晓普	7
9	1936年	波兰（华沙）	戈台特	8
10	1937年	法国（巴黎）	戈台特	9
11	1938年	比利时（布鲁塞尔）	戈台特	10
12	1939年	荷兰（海牙、阿姆斯特丹）	戈台特	11
13	1947年	挪威（奥斯陆）	芒瑟	12
14	1948年	英国（伦敦）	芒瑟	13
15	1949年	瑞士（巴塞尔）	芒瑟	14
16	1950年	英国（伦敦）	芒瑟	15
17	1951年	意大利（罗马）	芒瑟	16
18	1952年	丹麦（哥本哈根）	布儒瓦	17
19	1953年	奥地利（维也纳）	布儒瓦	18
20	1954年	克罗地亚（萨格勒布）	布儒瓦	19
21	1955年	比利时（布鲁塞尔）	布儒瓦	20
22	1956年	德国（慕尼黑）	布儒瓦	21
23	1957年	法国（巴黎）	布儒瓦	22
24	1958年	西班牙（马德里）	布儒瓦	23
25	1959年	波兰（华沙）	霍夫顿	24
26	1960年	瑞典（隆德、马尔默）	霍夫顿	25
27	1961年	英国（爱丁堡）	霍夫顿	26
28	1962年	德国（波恩）	霍夫顿	27
29	1963年	保加利亚（索菲亚）	霍夫顿	28
30	1964年	意大利（罗马）	弗朗西	29（1928—1964累积索引）
31	1965年	芬兰（赫尔辛基）	弗朗西	30

表 2 1966—1979 年

届次	时间	地点	主题	主席	会议录
32	1966 年	荷兰（海牙）	图书馆与文献	弗朗西斯	32
33	1967 年	加拿大（多伦多）	幅员辽阔的图书馆服务	弗朗西斯	33
34	1968 年	德国（法兰克福）	工业化社会图书与图书馆服务	弗朗西斯	34
35	1969 年	丹麦（哥本哈根）	图书馆事业中的图书馆教育与研究	弗朗西斯	国际图联年报 1969
36	1970 年	苏联（莫斯科）	列宁与图书馆	利布尔斯	1970
37	1971 年	英国（利物浦）	图书馆专业的组织	利布尔斯	1971
38	1972 年	匈牙利（布达佩斯）	变化世界中的阅读活动	利布尔斯	1972
39	1973 年	法国（格勒诺布尔）	世界书目控制	利布尔斯	1973
40	1974 年	美国（华盛顿）	国家与国际图书馆计划	利布尔斯	1974
41	1975 年 8 月 11—16 日	挪威（奥斯陆）	国际图书馆合作的未来	柯科加德	1975
42	1976 年 8 月 23—28 日	瑞士（洛桑）	国际图联	柯科加德	1976
43	1977 年 9 月 5—10 日	比利时（布鲁塞尔）	人类的图书馆：信息、文化和学习的世界	柯科加德	1977
44	1978 年 8 月 29 日— 9 月 1 日	捷克（什特尔布斯、凯普莱索）	出版物的普遍可得性	柯科加德	1978
45	1979 年 8 月 27 日— 9 月 1 日	丹麦（哥本哈根）	图书馆法规	柯科加德	1979

表 3 1980—2005 年

届次	时间	地点	主题	主席	参会人数	参会国家和地区	入选论文	中国参会人数	中国入选论文
46	1980 年 8 月 18—23 日	菲律宾（马尼拉）	图书馆与情报系统的发展	格兰海姆	1 237	52	94	8	
47	1981 年 8 月 17—22 日	德国（莱比锡）	国家中心在国家图书馆发展及世界图书馆合作中的作用	格兰海姆	1 200	67	138	10	1
48	1982 年 8 月 23—28 日	加拿大（蒙特利尔）	图书馆网络	格兰海姆	1 563	72	167	9	5
49	1983 年 8 月 22—27 日	德国（慕尼黑）	当今技术世界中的图书馆	格兰海姆	1 296	75	189	7	4
50	1984 年 8 月 19—24 日	肯尼亚（内罗毕）	图书馆与情报服务是国家发展的基础	格兰海姆	877	70	143	6	1
51	1985 年 8 月 18—24 日	美国（芝加哥）	图书情报的普遍可获得性	盖	1 354	84	209	15	1
52	1986 年 8 月 24—29 日	日本（东京）	21 世纪图书馆新水平	盖	1 934	61	219	28	6
53	1987 年 8 月 16—21 日	英国（布莱敦）	变化中世界的图书馆与情报服务	盖	1 882	84	214	23	2
54	1988 年 8 月 30 日—9 月 3 日	澳大利亚（悉尼）	共同生存——人民、图书馆、信息	盖	1 650	59	119	17	
55	1989 年 8 月 21—26 日	法国（巴黎）	昨天、今天和明天经济中的图书馆与信息	盖	2 006	87	179	14	2
56	1990 年 8 月 18—24 日	瑞典（斯德歌尔摩）	图书馆，为知识服务的信息	盖	1 777	120	84	8	
57	1991 年 8 月 18—24 日	苏联（莫斯科）	图书馆与文化——它们之间关系	威奇沃思	1 492	74	102	46	6
58	1992 年 8 月 30 日—9 月 5 日	印度（新德里）	图书馆与情报政策展望	威奇沃思	1 294	80	165	10	3

续表

届次	时间	地点	主题	主席	参会人数	参会国家和地区	入选论文	中国参会人数	中国入选论文
59	1993 年 8 月 22—28 日	西班牙（巴塞罗那）	全球图书馆：图书馆作为世界可利用的信息中心	威奇沃思	3 049	90	209	15	
60	1994 年 8 月 21—28 日	古巴（哈瓦那）	图书馆与社会发展	威奇沃思	938	80	187	11	1
61	1995 年 8 月 20—26 日	土耳其（伊斯坦布尔）	未来的图书馆	威奇沃思	2 613	102	200	38	
62	1996 年 8 月 25—31 日	中国（北京）	变革的挑战：图书馆与经济发展	威奇沃思	2 392	93	115	904	58
63	1997 年 8 月 31 日—9 月 5 日	丹麦（哥本哈根）	图书馆和信息为人类发展服务	德斯钱伯斯	2 917	143	108	52	1
64	1998 年 8 月 16—21 日	荷兰（阿姆斯特丹）	信息和文化面临重大抉择	德斯钱伯斯	3 328	120	190	58	1
65	1999 年 8 月 20—28 日	泰国（曼谷）	图书馆——知识世界的通道	德斯钱伯斯	2 237	117	151	162	2
66	2000 年 8 月 13—18 日	以色列（耶路撒冷）	信息合作：创造全球图书馆的未来	德斯钱伯斯	1 800	93	112	2	1
67	2001 年 8 月 19—26 日	美国（波士顿）	图书馆和图书馆员：在信息时代所起的重要作用	德斯钱伯斯	5 330	150	170	166	3
68	2002 年 8 月 18—24 日	苏格兰（格拉斯哥）	图书馆的生命力：民主、变化与传递	拉舍罗卡	4 765	122	283	124	3
69	2003 年 8 月 1—9 日	德国（柏林）	知识之门——图书馆：媒介—信息—文化	拉舍罗卡	4 500	133	202	147	3
70	2004 年 8 月 22—27 日	阿根廷（布宜诺斯艾利斯）	图书馆：教育和发展的工具	拉舍罗卡	3 289	120	256	114	3
71	2005 年 8 月 14—18 日	挪威（奥斯陆）	图书馆——发现之旅	拉舍罗卡	3 096	117	159	200	4

说明：从 2003 年起，国际图联大会和理事会（IFLA General Conference and Council）改称为世界图书馆和信息大会：国际图联大会和理事会（World Library and Information Congress：IFLA General Conference and Council）。

附 录 一 B

2006—2012 年世界图书馆和信息大会：国际图联大会概况（World Library and Information Congress：IFLA General Conference and Assembly）

届次	时间	地点	主题	会议概况	卫星会议召开地点	参会人数	参会国家和地区	中国参会人数
72	2006 年 8 月 20—24 日	韩国（首尔）	图书馆：知识与信息社会的发动机（动力引擎）	强调在知识与信息社会中，图书馆应当发挥的作用和数字图书馆受到广泛关注。共召开 215 次会议，收到 382 篇论文（4 篇中文），424 名代表发言，89 个图书馆服务商参展，出版《国际图联快报》8 期，中文成为国际图联工作语言	中国杭州和上海、日本东京以及韩国首尔	4 300 多人	124 个	233 人
73	2007 年 8 月 15—24 日	南非（德班）	未来的图书馆：进步、发展与合作	许多议题围绕非洲的发展而展开的，大多数专业组的分会场都特意安排了非洲代表发言。如非洲大学图书馆的信息技术与研究，图书馆面临的新问题：灾难、应急准备和突发疾病，图书馆在反腐败中的作用，在非洲获取 HIV/AIDS 信息与知识产权问题等。德国克劳迪亚·卢克斯（Claudia Lux）正式成为国际图联主席，中国科学院国家科学院图书馆馆长张晓林当选国际图联管理委员会委员。共举行 215 次会议，收到 393 篇论文（4 篇中文），102 家企业参展，翻译、印制《国际图联快报》（中文）7 期	南非德班、比勒陀利亚、开普敦、约翰内斯堡和格雷厄姆斯敦和博茨瓦纳哈博罗纳以及塞内加尔达卡	3 500 多人	118 个	122 人
74	2008 年 8 月 10—14 日	加拿大（魁北克）	图书馆无国界：迈向全球共识	尊重文化多样性，寻求全球共识、图书馆被提上议事日程、重视图书馆与 Web2.0 问题、充分体现图书馆协会/学会的重要作用。共举行 224 次会议，收到论文 245 篇，有 297 位代表发言，中国代表方丛蕙女士和张文举先生分别在会上发言，120 家企业参展。中文语言工作组翻译《国际图联快报》（中文版）7 期	美国波士顿、加拿大魁北克、多伦多、渥太华和温哥华	4 000 多人	118 个	96 人
75	2009 年 8 月 23—27 日	意大利（米兰）	图书馆创造未来：筑就于文化遗产之上	大会及各个分会场均围绕主题开展讨论。北京大学图书馆馆长朱强当选国际图联管理委员会委员。共举行 219 次会议，收到论文、译文 424 篇，中国代表有 12 篇论文入选，391 位代表发言，9 位中国代表发言，98 个图书馆服务商参展。翻译、印制《国际图联快报》（中文）7 期	意大利佛罗伦萨、都灵、博洛尼亚、瑞典斯多哥尔摩、希腊雅典、比利时梅赫伦和德国慕尼黑	3 360 人	127 个	126 人

续表

届次	时间	地点	主题	会议概况	卫星会议召开地点	参会人数	参会国家和地区	中国参会人数
76	2010年8月10—15日	瑞典（哥廷根）	开放获取——推动可持续发展进程	所有会议均围绕主题从知识自由获取与言论自由同等重要、“人人平等”对于视觉障碍人士或其他阅读障碍人士尤为重要、开放与包容、利用网络虚拟空间或实体空间，在公共领域共同构建和分享公共服务产品、接纳用户的创新观念、开放获取出版以促进知识创建和版权法与信息自由的更好平衡展开讨论。入选论文350篇，安排各类专业会议近150场，392位代表发言，中国代表有9篇论文入选，15位图书馆员先后发言。162位参展商参加展览。翻译、印制《国际图联快报》（中文）5期	瑞典马尔默、乌布萨拉、布鲁斯、希腊克里特岛、丹麦哥本哈根以及挪威奥斯陆	3 311人	121个	130多人
77	2011年8月13—18日	波多黎各（圣胡安）	图书馆：自我超越——整合、创新与信息服务	大会共举行160多场专业会议，来自世界各国的专家学者406位代表分别在57个分会场做了学术报告。8月16日上午，上海图书馆馆长吴建中博士在公共图书馆委员会和大都市图书馆委员会联合举办的研讨会上发言。中国图书馆学会吴悦、国家图书馆国际交流处郝金敏作了题为“继续教育发展创新——草根馆员的职业培训”的发言。164家图书馆服务公司参展	危地马拉、古巴、波多黎各、牙买加、多米尼加、马提尼克、美国	2 465人	116个	100多人
78	2012年8月11—17日	芬兰赫尔辛基	图书馆行动起来！——激发灵感、超越想象、赋予力量	大会为世界各国图书馆界人士就彼此关心的话题开展交流，提供增进了解的论坛，同时各个专业委员会也在大会期间举行工作会议。共举行216次会议，大会中文翻译文章有22篇，大会录用的中国代表发言文章有12篇，中国代表毛凌文、张蕾累、郝金敏、翟晓娟以及柯皓仁、陈格理分别发言，在拉脱维亚会前会上严向东（顾犇代表）、王玉萍以及张淇龙、陈亚宁和黄元鹤分别发言。编译、出版中文版《国际图联快报》5期	波兰华沙、拉脱维亚里加、立陶宛克莱佩达港以及芬兰约恩苏、米凯利、库奥皮奥、海门琳娜和赫尔辛基	4 000多人	100多个	340人（台湾地区代表37人）

说明：从2009年起，大会名称由World Library and Information Congress：IFLA General Conference and Council改为World Library and Information Congress ：IFLA General Conference and Assembly。

附 录 二 国际图联专业委员会结构表

(IFLA Professional Structure)

	第一专业部：图书馆类型	第二专业部：图书馆馆藏	第三专业部：图书馆服务	第四专业部：专业支持	第五专业部：地区
专业组	1. 国家图书馆 2. 学术与研究图书馆 3. 为议会提供的图书馆和研究服务 4. 政府图书馆 8. 公共图书馆 46. 都市图书馆 31. 为有阅读障碍人们服务的图书馆 48. 法律图书馆 30. 艺术图书馆 11. 学校图书馆与资源中心 28. 卫生与生物科学图书馆 7. 科学与技术图书馆 5. 社会科学图书馆	14. 采访与馆藏发展 15. 文献传递与资源共享 17. 政府信息与官方出版物 19. 保藏与保存 18. 珍善本与手稿 35. 视听与多媒体 39. 报纸 16. 期刊与其他连续性资源 37. 家谱与地方史	36. 参考与信息服务 42. 信息素养 10. 儿童和青少年图书馆 32. 为多元文化人们提供图书馆服务 9. 为有特殊需求提供图书馆服务 33. 读书写字与阅读 12. 书目 29. 分类与标引 13. 编目 47. 知识管理 21. 信息技术	40. 图书馆协会管理 34. 管理与营销 23. 教育与培训 43. 持续专业发展与工作场所的学习 20. 图书馆建筑与设备 22. 统计与评价 24. 图书馆理论与研究	25. 非洲 26. 亚洲与太平洋 27. 拉丁美洲与加勒比海地区
特殊兴趣小组	·农业图书馆 ·国家组织与国际关系 ·国家信息与图书馆政策	·环境可持续性与图书馆	·无线射频识别 ·土著事务 ·语义网	·新专业人员 ·电子学习 ·图书馆史 ·电子测量 ·妇女，信息与图书馆	·获取信息网络—非洲 ·发展中国家的图书馆学情报学教育
核心活动	·保藏与保存咨询委员会	·国际 MARC ·ICADS 咨询委员会	·信息自由存取与言论自由委员会 ·版权与其他法律事务委员会	·通过图书馆项目促进发展行动咨询委员会	
联合活动	为宣传世界图书馆开展活动	数字图书馆	国际图联/国际出版者协会指导小组	图书馆、档案馆、博物馆、纪念馆和网站	信息社会世界峰会

附 录 三
专业缩略语
(Professional Abbreviations)

A	
A2D	analog to digital　模拟转数字
AA	*American Archivist*　《美国档案工作者》
AAA	Association of Authors Agents　作者代理商协会（美国）
AACOBS	Australian Advisory Council on Bibliographical Service　澳大利亚书目服务咨询委员会
AACP	American Association of Commerce Publication　美国商业出版协会
AACR2	*Anglo-American Cataloging Rules*, 2nd ed.　《英美编目条例》第二版
AACR2-e	*Anglo-American Cataloging Rules*, 2nd ed. (*e*)　《英美编目条例》第二版（电子版）
AACR2R	*Anglo-American Cataloging Rules*, 2nd ed, 2002 *Revision*　《英美编目条例》第二版（2002 年修订版）
AACR	*Anglo-American Cataloging Rules*　《英美编目条例》
AACS	advanced automatic compilation system　高级自动编译系统
AALL	American Association of Law Libraries　美国法律图书馆协会
AALS	Association of American Library Schools　美国图书馆学院协会
AAM	American Association of Museums　美国博物馆协会
AAMOF	as a matter of fact　事实上
AAP	Association of American Publishers　美国出版商协会
AAS	1. American Antiquarian Society　美国文物工作者学会 2. Association for Asian Studies　亚洲研究协会（美国）
AASL	American Association of School Librarians　美国学校图书馆员协会
AAT	*Art & Architecture Thesaurus*　《艺术与建筑叙词表》
AAUP	1. American Association of University Professors　美国大学教授协会 2. Association of American University Presses　美国大学出版社协会
AB	Advisory Board　咨询（顾问）委员会
ABA	1. American Booksellers Association　美国书商协会 2. Australian Booksellers Association　澳大利亚书商协会
ABAA	Antiquarian Booksellers Association of America　美国古旧书商协会
ABAJ	Antiquarian Booksellers Association of Japan　日本古旧书商协会
abbr.	abbreviation　缩写，简写
ABC	1. American Broadcasting Company　美国广播公司 2. Australian Broadcasting Commission　澳大利亚广播公司 3. American Bibliographical Centre　美国书目中心

续表

A	
ABF	（法）*Association des bibliothecaires francais*　法国图书馆员协会
ABI	advance book information forms　新书预告单
ABIOS	advanced basic input/output system　高级基本输入/输出系统
ABLISS	Association of British Library and Information Science Schools　英国图书馆与情报学院协会
ABLS	Bachelor of Arts in Library Science　图书馆学学士
ABOS	Association of Bookmobile and Outreach Services　移动图书馆及延伸服务协会
ABPA	Australian Book Publisher's Association　澳大利亚图书出版商协会
ABPR	*American Book Publishing Record*　《美国图书出版记录》
abr.	1. abridged　简化的，经过删节的 2. abridger　简化，删节
ABR	available bit rate　可用比特速率
abr. ed.	Abridged edition　简略本
abs.	abstract　文摘，摘要
ABS	1. absolute function　绝对值函数 2. American Bureau of Standards　美国标准局 3. Australian Book Society　澳大利亚图书学会
ABSTI	Advisory Board on Scientific and Technical Information　科技情报咨询委员会（加拿大）
abt.	about　大约，近似
ABTPL	Association of British Theological and Philosophical Libraries　英国神学与哲学图书馆协会
AC	（拉）*Ante Christum*　公元前，纪元前
ACA	1. adaptive component architecture　适配组件体系结构 2. American Correctional Association　美国校勘协会 3. Association of Canadian Archivists　加拿大档案工作者协会
acc.	accompaniment　附件
acct.	account　账目，账户
ACD	automatic call distribution　自动呼叫分配器
ACES	automatic camera effects system　自动摄影机效果系统
ACF	advanced communication facility　高级通信设施
ACIA	asynchronous communications interface adapter　异步通信接口适配器
ACIC	Academic Conferences in China　中国学术会议论文全文数据库
ACK	acknowledge　肯定应答
ACL	access control list　访问控制表
ACLO	Association of Cooperative Library Organization　协作图书馆协会（美国）
ACLS	American Council of Learned Societies　学术团体协会（美国）
ACM	Association for Computing Machinery　计算机协会（美国）
ACP	Association of Canadian publishers　加拿大出版者协会

续表

A	
ACR	1. audio cassette recorder 盒式录音机 2. automatic cassette recorder 盒式自动录像机
ACRL	Association of College and Research Libraries 大学和研究图书馆协会（美国）
ACSI	（法）*L'Association canadienne des sciences de i'Information* 加拿大情报学协会
ACSTI	Advisory Committee for Scientific and Technical Information 科学技术信息咨询委员会（英国）
ACU	automatic calling unit 自动呼叫装置
ACUIB	Association of Canadian University Information Bureaus 加拿大大学信息机构协会
ACUP	Association of Canadian University Press 加拿大大学出版社协会
ACURIL	Association of Caribbean University and Research Libraries 加勒比海大学图书馆与研究图书馆协会
ad	advertisement 广告
a. d.	autograph document 手稿，手书
AD	1. assistant director, associate director 助理导演 2. administrative domain 管理域 3.（拉）*Anno Domini* 公元，纪元
ADA	1. automatic document analysis 自动文献分析 2. Americans with Disability Act 美国残疾人法案
adapt.	adaptations 改编作品
ADC	1. Abridged Decimal Classification 十进分类法精编本 2. analog-to-digital converter 模-数转换器
ADCCP	advanced data communication control procedure 高级数据通信控制规程
add.	1. addenda 补遗 2. address 地址 3. additional addition 附加
ADD	*American Doctoral Dissertations* 《美国博士学位论文文摘》
ADDR	address 地址
ADI	American Documentation Institute 美国文献学会
ad loc	（拉）*ad locum* 在本地（被引用）
ADMD	administration management domain 公共管理域
ADMS	advanced data management system 高级数据管理系统
ADN	any day now 任何时候，随时
ADP	automation data processing 自动数据处理系统
ADPL	Association of Data Processing Librarians 数据处理图书馆员协会（美国）
ADS	1. advertisement delivery system 广告传送系统 2. autograph document signed 手写题署本
ADSTAR	automatic document storage and retrieval 自动化文献存储与检索

续表

A	
ADU	1. automatic dialing up unit 自动拨号装置 2. average daily usage 平均日使用率
ADX	automatic data exchange 自动交换（系统）
AECT	Association for Educational Communications and Technology 美国教育传播与技术协会
a. e. g.	all edges gilt 图书的全金边
AF	audio frequency 音频
AFAIK	as far as I know 据我所知
AFIPS	American Federation of Information Processing Societies 美国信息处理学会联合会
AFK	away from keyboard 不在电脑旁
AFLA	Asian Federation of Library Associations 亚洲图书馆协会联合会
afr. aftw	afterword 跋，编后记
AFR	automatic field recognition 自动字段识别
AFTP	Anonymous file Transfer Protocol 匿名文件传输协议
AGU	American Geophysical Union 美国地球物理学联合会出版物
A & HCI	*Arts & Humanities Citation Index*《艺术与人文科学索引》
AHIL	Association of Hospital and Institution Libraries 美国图书馆学会医院与学会图书馆协会
AHP	The Analytic Hierarchy Process 层次分析法
A&I	abstracting and indexing 文摘和标引
AI	artificial intelligence 人工智能
AIB	（意）*Associazione Italiana Biblioteche* 意大利图书馆协会
AIBM	（法）*Association Internationale des Bibliothèques Musicales* 国际音乐图书馆协会
AIC	automatic information centre 自动化信息中心
AID	automated information directory service 自动信息发送服务（系统）
AIDS	automated information directory system 自动化信息咨询系统
AIGA	American Institute of Graphic Arts 美国书画刻印艺术协会
AIIM	Association for Information and Image Management 信息与影像管理协会（美国）
AIIP	Association of Independent Information Professionals 独立信息专业人员协会（美国）
AILA	American Indian Library Association 美国印第安图书馆协会
AIM	1. Association for Information Management 信息管理协会（英国） 2. Association of Information Managers 信息管理人员协会（美国）
AIMP	Association for Information Management Professionals 信息管理专业人员协会（美国）
AIP	1. archival information package 归档信息包 2. American Institute of Physics 美国物理联合会出版社

续表

A	
AIRS	1. automatic image retrieval system 自动图像检索系统 2. automatic information retrieval system 自动信息检索系统
AIS	automatic intercept system 自动截听（接）系统
AISP	Association of Information System Professionals 信息系统专业工作者协会（美国）
AIX	advanced interactive eXecutive 高级交互执行程序
AJL	Association of Jewish Libraries 犹太图书馆协会（美国）
AKA	also known as 亦作
AKWAS	author and keywords in alphabetic sequence 作者和关键词的字顺排列
AKWIC	author and keyword in context 作者和题内关键词
ALA	1. Afghan Library Association 阿富汗图书馆协会 2. American Library Association 美国图书馆协会
ALA-APA	American Library Association-Allied Professional Association 美国图书馆协会职业联合协会
ALARC	Association for Library Automation Research Communications 图书馆自动化研究通讯协会（美国）
ALAS	automated literature alerting system 自动化文献快报系统
ALCS	Authors Lending and Copyright Society 作者借阅与版权学会（英国）
ALCTS	Association for Library Collections and Technical Services 美国图书馆协会图书馆藏书和技术服务协会
ALDP	Academic Library Development Program 学术图书馆发展计划（美国）
ALEBCI	（西）*Association Latinoamericana de Escuelas de Bibliotecologia y Ciências de la información* 拉丁美洲图书馆与情报学院协会
ALECSO	Arab League Educational，Cultural & Scientific Organization 阿拉伯教育、文化和科学组织联盟
ALESCO	American Library and Education Service Company 美国图书馆和教育服务公司
ALGOL	algorithmic language 算法语言
ALIA	Australian Library and Information Association 澳大利亚图书馆和信息协会
ALIS	Association of Librarians in Schools 学院图书馆员协会（英国）
ALISE	Association for Library and Information Science Education 图书馆学情报学教育协会（美国）
all pub.	all that has been published 已出版
ALO	at least once 至少一次
ALP	1. Action for Development through Libraries Program 发展图书馆项目，促进发展行动（国际图联核心活动之一） 2. automated language processing 自动化语言处理 3. automated library program 图书馆自动化规划
alph. cat	alphabetical catalog 字顺目录

续表

A	
ALS	autograph letter sighed 作者签名
ALSC	Association for Library Service to Children 美国图书馆协会为儿童提供图书馆服务协会
ALTA	Association for Library Trustees and Advocates 美国图书馆协会图书馆理事和拥护者协会
aLTO	analyzed layout and text object 排版与文本对象分析
alt. t.	Alternative title 交替书名
ALU	arithmetic logic unit 算术逻辑单元，运算器
AM	1. amplitude modulation 调幅 2. Master of Arts 文学硕士
AMBW	all my best wishes 带上我所有的祝福
AMFIS	automatic microfilm information system 自动化缩微胶卷信息系统
AMIA	Association of Moving Image Archivists 活动图像档案管理员协会（美国）
AMICO	Art Museum Image Consortium 艺术博物馆影像协会（美国）
AMSER	Applied Math and Science Education Repository 应用数学和科学教育资源库
AMT	1. address mapping table 地址映射表 2. automated microform terminal 自动化缩微品（输出）终端
AN	1.（法）*Archives Nationales* 法国档案局 2.（拉）*absque nota* 出版情况不详
ANA	American National Archives 美国国家档案馆
ANB	*Australian National Bibliography* 《澳大利亚国家书目》
ANHUL	Australian National Humanities Library 澳大利亚国家人文图书馆
ANI	automatic number identification 自动号码识别
ANL	Australian National Library 澳大利亚国家图书馆
ann.	annual 年鉴，年刊
anno.	annotation 评注，提要，注解
ANS	1. advanced network and services 高级网络和服务中心 2. American National Standards 美国国家标准
ANSC	American National Standards Committee 美国国家标准委员会
ANSI	American National Standards Institute 美国国家标准学会
ANSTL	Australian National Scientific and Technological Library 澳大利亚科技图书馆
AOL	America Online 美国在线
AP	access point 检索点
APA	American Press Association 美国新闻协会
APADI	（印尼）*Asosiasi Perpustakaan, Arsip dan Dokumentasi Indonesia* 印度尼西亚图书、档案和文献工作协会

续表

A	
APALA	Asian-Pacific American Librarians Association 全美亚太裔图书馆员协会
A/P	authority to purchase 采购授权书，委托购买证
APCA	Authors and Publishers Copyright Association 作者和出版者版权协会（英国）
APDU	application protocol data unit 应用协议数据单元
APHA	American Printing History Association 美国印刷史协会
API	application programming interface 应用编程接口
APL	A Programming Language 编程语言
APLA	American Patent Law Association 美国专利法协会
app.	appendix 附录，补遗
APPC	Advanced Program to Program Communications 高级程序间通信协议
APPM	Archives, Personal Papers, and Manuscripts 档案资料著录的标准
APPN	advanced peer-to-peer networking 高级对等网络
APS	automated patent system 自动化专利（检索）系统（美国）
APT	application partitioning tool 应用分区工具
APTL	Association of Part-Time Librarians 兼职图书馆员协会（美国）
APV	approval, approve 批准，核准
AR	1. advisory report 咨询报告 2. annual report 年度报告 3. Augmented Reality 增强现实
A/R	acknowledgement of receipt 赠书回执
ARBA	*American Reference Books Annual* 《美国工具书年报》
ARC	automatic remote control 自动遥控
ARCS	automated reproduction and collating system 自动复印与整理系统
ARL	1. Academic Research Library 学术期刊图书馆数据库 2. Association of Research Libraries 研究图书馆协会（美国）
ARLIS/NA	Art Libraries Society/North American 北美艺术图书馆学会（美国）
ARMA	Association Records Management Association 美国档案管理协会
ARP	Address Resolution Protocol 地址解析协议
ARQ	automatic repeat request 自动重复请求
arr.	1. arranged, arrangement 改写，修订 2. arranger 改编者，修订者
ARSC	Association for Recorded Sound Collections 录音资料馆协会（美国）
ARSL	Association for Rural & Small Libraries 农村及小型图书馆协会
ASA	American Standards Association 美国标准协会

续表

A	
ASAP	1. Association of Southeast Asian Publishers 东南亚出版商协会 2. as soon as possible 尽快
ASA	The Australian Society of Archivists 澳大利亚档案协会
ASCII	American Standard Code for Information Interchange 美国信息交换标准码
ASCLA	Association of Specialized and Cooperative Library Agencies 专业和协作图书馆代理机构协会（美国）
ASD	（法）*Association Suisse de Documentation* 瑞士文献协会
ASE	Academic Search Elite 学术期刊数据库
ASI	American Society of Indexers 美国索引者工作学会
ASIS	American Society for Information Science 美国情报学学会
ASIST	American Society for Information Science and Technology 美国情报科学和技术学会
ASLA	Australian School Library Association 澳大利亚学校图书馆协会
ASL	age, sex, location 年龄、性别、所在地
Aslib	Association of Special Libraries and Information Bureaux 专业图书馆和信息机构协会（英国）
ASLP	Association of Special Libraries of the Philippines 菲律宾专业图书馆协会
ASN	abstract syntax notation 抽象语法表示
a. s. o.	and so on 等等
ASP	1. Active Server Page 动态服务器页面 2. application service provider 应用服务提供商 3. Academic Source Premier 学术期刊集成全文数据库
ASPIC	author's standard pre-press interfacing code 作者标准印前界面码
ASR	automatic send/receive 自动发送接收机
assoc.	association 协会，社团
AST	automatic scan tracking 自动扫描跟踪
ATIS	automatic terminal information service 自动终端信息服务
ATLA	American Theological Library Association 美国神学图书馆协会
ATM	1. adobe type manager Adobe 公司出品的字体管理软件 2. asynchronous transfer mode 异步传输模式
AT & T	American Telephone and Telegraph Company 美国电话电报公司
AUI	attachment unit interface 连接部件接口
AUL	1. assistant university librarian 大学图书馆助理馆长 2. associate university librarian 大学图书馆副馆长
auth.	Author 作者
auth. cd.	Author card 著者卡
auth. entry	author entry 著者款目

续表

A	
auth. heading	author heading 著者标目
auth. tab	author table 著者号码表
AUX	auxiliary 辅助设备
AV	1. audio-visual 音像 2. authorized version 钦定《圣经》英译本
AV or A/V	audiovisual 视听的
AVA	audiovisual aids 视听教学法
AVLINE	audiovisual online 视听资料在线
AVSL	Association of Vision Science Librarians 视觉科学图书馆员协会（美国）
B	
B	binding 装订
BA	1. Bachelor of Arts 文学士 2. *Biological Abstracts* 《生物学文摘》（美国） 3. black book 黑皮书 4. blue book 蓝皮书 5. Booksellers Association 书商协会（英国）
BAC	British Archives Council 英国档案委员会
BAD	Belgian Association for Documentation 比利时文献工作协会
BAI	Book Aid International 国际图书援助委员会
BAK	back at keyboard 回到电脑旁
BALS	Bachelor of Arts in Library Science 图书馆学文学士
BAP	basic assembler program 基本汇编程序
BAS	British Association of Standard 英国标准协会
BASIC	Beginner's All-purpose Symbolic Instruction Code BASIC 语言
BBC	1. British Broadcasting Corporation 英国广播公司 2. basic bibliographic citation 基本书目引证
BBCIC	Beijing Book Compass Info-consulting Company 北京文心图论文献信息咨询有限公司
BBIP	*British Books in Print* 《英国在版书目》
BBM	books by mail 邮寄图书
BBS	bulletin board system 电子公告牌系统
BBTA	British Book Trade Association 英国书业协会
BBW	Banned Books Week 禁书周（美国）
BC	1. bibliographic classification 书目分类法 2. bibliographic control 书目控制 3. binary code 二进制码

续表

B	
B/C	because　因为
B. C.	Before Christ　公元前
BCA	Bliss Classification Association　布利斯分类法协会（英国）
BCALA	Black Caucus of the American Library Association　美国图书馆协会黑人图书馆员会议
BCBTC	Beijing Chinese Book Trading Co.　北京珍本国际贸易有限公司
BCC	1. block character check　块字符校验 2. British Copyright Council　英国版权委员会
BCD	binary coded decimal　二进制编码的十进制
BCI	binary coded information　二进制编码信息
BCM	British Catalog of Music　英国音乐书目
BCPA	British Copyright Protection Association　英国版权保护协会
BCPL	bootstrap combined programming language　基本组合编程语言
BCR	Bibliographic Centre for Research　书目研究中心（美国）
BCS	British Computer Society　英国计算机协会
bd.	bound　合订本
bdg.	binding　装订
bds.	boards　硬纸板，书壳
BEA	Book Exposition of American　美国书展
BEAT	Bibliographic Enrichment Advisory Team　书目强化咨询组（美国）
BER	bit error rate　比特差错率
bf.	boldface　黑体、粗体
b. f.	Brought forward　承上页（发票、账单用语）
BFT	binary file transfer　二进制文件传输
BGP	Border Gateway Protocol　边界网关协议
BI	bibliographic instruction　书目指导
BIBCO	Bibliographic Cooperative Program　专著合作编目项目（美国）
BIBDES	Bibliographic Data Entry System　书目数据著录系统（英国）
BIBF	Beijing International Book Fair　北京国际图书博览会
bibl.	Bibliography　书目，目录学，书志学
BICC	Berne International Copyright Convention　伯尔尼国际版权公约
BIDA	（法）*Bureau International des Droits d' Auteurs*　国际版权局
BIJ	（法）*Bibliothèque Internationale de la Jeunesse*　国际青年图书馆

续表

B	
BIM	beginning of information mark 信息开始标记
BI-M	(bi-m) bimonthly 双月刊
BINDEX	book indexing 图书索引
biogr.	biography 传记
BIOS	basic input/output system 基本输入/输出系统
BIP	books in print 在版图书
BIS	biological information service 生物学信息服务
BISAC	Book Industry System Advisory Committee 图书出版业系统咨询委员会（美国）
BISDN	broadband integrated services digital network 宽带综合业务数字网
BISG	Book Industry Study Group 书业研究集团（美国）
bk.	book 图书，书籍
b. l.	black letter 黑体字、花体字
BL	British Library 英国国家图书馆
BLA	Botswana Library Association 博茨瓦纳图书馆学会
BLAC	British Library Advisory Council 英国图书馆咨询委员会
BLB	British Library Board 英国图书馆委员会
BLC	board library coordination 图书馆协调委员会
BLDSC	British Library Document Supply Center 英国图书馆文献提供中心
BLR & DD	British Library Research and Development Department 英国图书馆研究与开发部
BLS	Bachelor of Library Science 图书馆学学士
BM	British Museum 大英博物馆
BMC	1. British Marketing Council 图书营销委员会（英国） 2. British Museum Catalog 大英博物馆目录
BML	British Museum Library 大英博物馆图书馆
BNB	*British National Bibliography* 《英国国家书目》
BNC	（意）*Biblioteca Nazionale Centrale* 意大利国立中央图书馆
B/ND	binding/no date 装订/号码日期
BnF	（法）*Bibliothèque nationale de France* 法国国家图书馆
BNI	（意）*Bibliografia nazionale italiana* 意大利国家书目
BN	（波兰）*Biblioteka Narodawa* 波兰国家图书馆
BO	book order 待发货订单，待执行订单
BORD	book order and record document 图书订单与记录文件
BOT	back on topic 言归正传

续表

B	
BP	BIOSIS Preview 生物学信息数据库
BPANZ	Book publisher's Association of New Zealand 新西兰图书出版商协会
BPDC	Book and Periodic Development Council 书刊发展委员会（加拿大）
BPDU	bridge protocol data unit 网桥协议数据单元
bpi	bits per inch 每英寸的位数
BPIF	British Printing Industries Federation 英国印刷工业联合会
BPR	Business Process Reengineering 业务流程重组
BPS	Book Promotion Services Ltd. 图书馆推销有限公司（英国）
BPS or bps	bits per second 每秒比特数
BR	1. book of reference 参考书 2. break request 中断请求
BRA	1. basic rate access 基本速率存取 2. British Record Association 英国档案协会
BRB	Be right back 马上回来
BRD	*Book Review Digest* 《书评文摘》（美国）
BREW	binary runtime environment for wireless 无线二进制码
BRI	basic rate interface 基本速率接口
BS	1. backspace 退格键 2. Bachelor of Science 理学士 3. British Standard 英国标准
BSA	1. Bibliographical Society of America 美国书目学会 2. British Standards Association 英国标准协会
BSAM	basic sequential access method 基本顺序存取方法
BSC	1. Bibliographic Society of Canada 加拿大书目学会 2. British Society of Cinematography 英国电影摄影协会 3. binary synchronous communication 二进制同步通信
BSI	British Standards Institute 英国标准协会
BSLS	Bachelor of Science in Library Science 图书馆学理学士
BSO	broad system of ordering 概略分类体系
BSP	Business Source Premier 商业资源数据库（精华版）
BSRA	British Sound Recording Association 英国录音协会
BT（or B）	broader term 广义词，上位词
BTU	basic transmission unit 基本传输单元
BTW	by the way 顺便说一下

续表

B	
BVA	British Videogram Association 英国电视录像协会
B & W	black and white 黑白版（照片、设计图），黑白（电影、电视）
C	
C	1. citation 印证，引文 2. code 代码 3. copy 拷贝，副本，复本 4. copyright 版权，著作权
CA	*Chemical Abstracts* 《化学文摘》
CA on CD	*Chemical Abstracts* on CD 《化学文摘》光盘数据库（美国）
c. or ca.	（拉）*circa* 大约
CAC	Communication Association of China 中国传播学会
CACL	Canadian Association of Children's Librarians 加拿大儿童图书馆员协会
CACUL	Canadian Association of College and University Libraries 加拿大高校图书馆协会
CADAL	China-American Digital Academic Library 中美百万册书数字图书馆合作项目
CAD/CAM	computer aided design or computer assisted design/computer aided manufacture 计算机辅助设计/制造
CAD	computer aided design or computer assisted design 计算机辅助设计
CAI	computer aided instruction or computer assisted instruction 计算机辅助教学
CAIC	computer-assisted indexing and classification 计算机辅助标引和分类
CAIS	Canadian Association for Information Science 加拿大情报学协会
CAL	computer-aided learning or computer-assisted learning 计算机辅助学习
CALA	Chinese American Librarians Association 美国华人图书馆员协会
CALL	1. current awareness library literature 图书馆学最新信息通报 2. Canadian Association of Law Libraries 加拿大法律图书馆协会
CALIS	China Academic Library & Information System 中国高等教育文献保障系统
CALM	Committee on Archives, Libraries and Museums 档案馆、图书馆与博物馆委员会（美国）
CALS	Canadian Association of Library Schools 加拿大图书馆学院协会
CAM	computer-aided manufacture or computer-assisted manufacturing 计算机辅助制造
CAML	Canadian Association of Music Libraries 加拿大音乐图书馆协会
CAN	cancel character 作废字符
CANET	Canadian Network 加拿大网络系统
CAPL	Canadian Association of Public Libraries 加拿大公共图书馆协会
CAPP	Controlled Access Protection Profile 受控访问保护档
CAR	*Chemical Abstracts Reviews* 《化学文摘评论》（美国）

续表

C	
CARL	Canadian Association of Research Libraries 加拿大研究图书馆协会
CASE	1. computer aided software engineering 计算机辅助软件工程 2. common application service element 公共应用服务元素
CASHL	China Academic Humanities and Social Sciences Library 中国高校人文社会科学文献中心
CASIN	1. *Chemical Abstracts Subject Index Alert* 《化学文摘主题索引快报》(美国) 2. computer aided subject index 计算机辅助的主题索引
CASLIS	Canadian Association of Special Libraries and Information Services 加拿大专业图书馆和情报服务协会
cat.	catalog 目录
CATLINE	cataloging-online 在线编目
CATSS	cataloging support system 编目支持系统
CATV	community antenna television 有线电视，公用天线电视
CAUL	Committee of Australian University Librarians 澳大利亚大学图书馆员委员会
CBA	1. Canadian Booksellers Association 加拿大书商协会 2. Center for Book Arts 图书艺术中心(美国)
CBCA	Children's Book Council of Australia 澳大利亚儿童图书理事会
CBC	Children's Book Council 儿童图书委员会(美国)
CBDS	connectionless broadband data service 无连接宽带数据服务
CBI	cumulative book index 累积图书索引
CBIC	Canadian Books Information Center 加拿大图书信息中心
CBIP	1. *Children's Books in Print* 《在版儿童书目》(美国) 2. Canadian Books in Print 加拿大在版图书
CBL	1. computer-based learning 计算机辅助学习 2. cumulative book list 累积书目
CBMS	computer-based message system 计算机辅助信息系统
CBRA	*Canadian Book Review Annual* 《加拿大书评年刊》
CBT	computer-based training 计算机辅助训练
CBX	computerized branch exchange 计算机化分机交换
CC	1. closed caption 闭式解释字幕 2. Colon Classification 冒号分类法 3. communication centre 通信中心 4. courtesy copy 抄本，副本 5. Creative Commons 知识共享
cc	copies 本，份
C. C.	carbon copy 复写的副本

续表

C	
CCA	Chinese Communication Association 国际中华传播学会
CCAAA	Co-ordinating Council of Audiovisual Archives Associations 音像档案协会联合会
CCC	1. Canadian Committee on Cataloging 加拿大编目委员会 2. classified catalog code 分类目录代码 3. Copyright Clearance Center 版权批准中心（美国） 4. Current Contents Connect 最新目次数据库
CCCII	Chinese Character Code for Information Interchange 中文信息交换码
CCD	charge-coupled device 充电器，电荷耦合器件
CCI	Canadian Copyright Institute 加拿大版权学会
CCIR	（法）*Comité Consultatif International des Radiocommunications* 国际电报与电话咨询委员会
CCITT	Consultative Committee on International Telephone and Telegram 国际电话与电报顾问委员会
CCL	connection control language 连接控制语言
CCLN	Council of Computerized Library Networks 计算机图书馆网络委员会（美国）
CCLO	Coordinating Council of Library Organizations 图书馆组织协调委员会（美国）
CCLS	Canadian Council of Library Schools 加拿大图书馆院校委员会
CCO	Cataloging Cultural Objects 文化对象编目
CCR	1. Chinese Cataloging Rules 中国编目条例 2. Code of Cataloging Rules：Author and Title Entry 著者与书名款目编目条例（美国）
CCRM	Center for Chinese Research Materials 中文研究资料中心（美国）
CCS	Chinese Communication Society 中华传播学会
CCTV	1. China Central Television 中国中央电视台 2. closed circuit television 闭路电视
CCU	communications control unit 通信控制单元
CD	1. compact disc 光盘 2. Chdir or Change Directory 改变目录的命令 3. confidential document 机密文献
cd	cataloged 已编目
CDCVRS	CALIS Distributed Collaborative Virtual Reference System 中国高等教育分布式联合虚拟参考咨询系统
CD DA	compact disc digital audio 音乐光盘
CD-E	compact disc-erasable 可擦式光盘
CDF	catalog data file 编目资料档
CD-I	compact disc-interactive 交互式光盘
CDITA	China Document Image Technical Association 中国文献影像技术协会
CDMA	Code-Division Multiple Access 码分多址技术

续表

C	
CDNL	Conference Directors of National Libraries 国家图书馆馆长会议
CD-R	CD Recordable 光盘刻录机，可录式光盘
CD-ROM	Compact Disc-Read Only Memory 只读光盘存储器
CDRS	collaborative digital reference service 数字参考协作服务
CDRTOS	CD real time operating system 光盘实时操作系统
CD-RW	compact disc-rewritable 可擦写刻录机
CDS	1. Cataloging Distribution Service 统编卡发放服务处（美国） 2. cinema digital sound™ 电影数字声音 3. Common Depository System 公共保存系统（美国）
CDU	（法）*Classification Décimale Universelle* 国际十进分类法
CD-V	compact disc video 影碟光盘
CDWA	Categories for the Description of Works of Art 艺术作品描述类别
CD-WO	compact disc write once CD-ROM 一次可写光盘
CEAL	Council on East Asian Libraries 东亚图书馆协会（美国）
CEINET	China Economic Information Net 中国经济信息网
CEO	chief executive officer 首席行政长官
CERNET	China Education and Research Network 中国教育科研网
CERT	Computer Emergency Response Team 计算机紧急事故响应组
cf.	1.（拉）*confer* 比较，参看 2. calf 小牛皮
c. f.	carried forward 转入下页
CFN	Chinese Framework Net 汉语框架网络
CGA	color graphics adapter 彩色图形适配器
CGI	Common Gateway Interface 公共网关接口
CGM	computer graphics metafile 计算机图形元文件
CGP	Core Gateway Protocol 核心网关协议
ch. or chap.	chapter 章，节；分会（图书馆学、协会）
char.	character 字符，字体，特性
CH	clearing house 信息交换所，信息交换中心
CHLA	Canadian Health Libraries Association 加拿大卫生图书馆协会
chq.	cheque 支票
CI	1. competitive intelligence 竞争情报 2. cumulative index 累积索引
CIBTC	China International Book Trading Corporation 中国国际图书贸易总公司

续表

C	
CICS	customer information control system　客户信息控制系统
CIDI	（法）*Centre Internationale de Documentation et d'Information*　国际文献信息中心
CIDL	Canadian Initiative on Digital Libraries　加拿大数字图书馆先导项目
CIEPS	（法）*Centre International d'Enregistrement des Publications en Serie*　国际连续出版物注册中心
CIHED	Centre for International Higher Education Documentation　国际高等教育文献信息中心
CIM	1. computer input microfilm　计算机输入缩微片 2. communication interface monitor　通信接口监督程序
CIMS	computer integrated manufacturing system　计算机集成制造系统
CIO	Chief Information Officer　总信息官
CIP	cataloging-in-publication　在版编目
CIPA	*Children's Internet Protection Act of 1999*　《1999 年儿童因特网保护条例》（美国）
CIRS	computerized information retrieval services　计算机信息检索服务
CIS	1. cataloging in source　书源编目 2. Community Information Section　社区信息部（美国） 3. contact image sensor　接触型图像传感器
CISC	complex instruction set computer　复杂指令集计算机
CISTI	Canada Institute for Scientific and Technical Information　加拿大科技信息研究所
CJFD	Chinese Journal Full-text Databases　中国期刊全文数据库
CJK	Chinese, Japanese, and Korean Languages　中文、日文和韩文
CKO	chief knowledge officer　知识主管
cl.	1. class　类，类目 2. cloth　布
CLA	1. Canadian Library association　加拿大图书馆协会 2. Catholic Library Association　天主教图书馆协会（美国）
CLCAS	*Classification for Library of the Chinese Academy of Science*　《中国科学院图书馆分类法》
cl. cat.	classed catalog　分类目录
c & lc	caps and lower case　大写和小写
CLC	Chinese Library Classification 中国图书馆分类法
CLIR	Council on Library and Information Resources　图书馆信息资源委员会（美国）
CLIS	Clearing for Library and Information Science　图书馆学情报学信息资料交换所
CLJ	*Canadian Library Journal*　《加拿大图书馆杂志》
CLM	Committee on Copyright and Other Legal Matters　国际图联版权和其他法律事务委员会
CLNP	Connectionless Network Protocol　无连接网络协议
clo.	cloth　布面

续表

C	
CLPUC	*Classification for Library of the People's University of China*《中国人民大学图书馆分类法》
CLR	1. *Children's Literature Review* 《儿童读物评论》(美国) 2. Council on Library Resources 图书馆资源委员会(美国)
CLS	classification of library science 图书馆学分类法
CLT	communication line terminal 通信线路终端
CLTP	Connectionless Transport Protocol 无连接传输协议
CLUE	Campus Library User Education 校园图书馆用户教育
CLUT	color look-up table 彩色对照表
cm	centimetre 厘米
CM	content management 内容管理
CMF	count my fingers 屈指可数
CMIP	Common Management Information Protocol 公共管理信息协议
CMIS	Common Management Information Specification 公共管理信息规范
CML	computer-managed learning 计算机管理学习
CMM	capability maturity model 能力成熟模型
CMNP	Connection Mode Network Protocol 连接模式网络协议
CMS	*The Chicago Manual of Style*《芝加哥格式手册》(美国)
CNC	computer numeric control 计算机数值控制
C/N	credit note 退款单
CNI	Coalition for Networked Information 网络信息联盟(美国)
CNKI	China National Knowledge Infrastructure 中国知识基础设施工程
CNL	Canadian National Library 加拿大国家图书馆
CNMARC	China MARC 中国机读目录通信格式
CNN	Cable News Network 有线新闻电视公司联播网(美国)
CNPIEC	China National Publications Import & Export (Group) Corporation 中国图书进出口(集团)总公司
CNR	China National Radio 中央人民广播电台
CNS	community news service 公用新闻服务
CNT	cumulated new title 累积新标题
Co.	company 公司
CO	coordination 组代词
COBOL	common business oriented language 面向商业的通用语言
cod.	Codex 古代经典手稿本，药典

续表

C	
COD or c. o. d.	cash on delivery 货到付款
CODEN	1. code number 代码 2. code number for periodicals 期刊代号
COED	*Concise Oxford English Dictionary* 《简明牛津英语词典》
COJ	China Online Jourals 中国数字化期刊群
col.	1. column 栏，行，段，列 2. color 彩色，颜色 3. collector 收藏家 4. collation 稽核项 5. colophon 书籍的末页
COL	computer-oriented language 面向计算机语言
col. auth.	Collective authorship 团体著者，集体著者
coll.	1. collected 收藏 2. collection 藏书
Co. , Ltd.	Company, limited 有限公司
COM	1. computer output microform 计算机输出缩微胶片 2. computer output on microfilm 计算机微缩胶片输出 3. computer object module 公共对象模块
COMAL	common algorithmic language 常用算法语言
COMLA	Commonwealth Library Association 联邦图书馆协会
comp.	1. compile 编辑，编撰，汇编 2. compiler 编者 3. complete 完整的，全套的
CONS	connection-oriented network service 面向连接的网络服务
CONSAL	Conference of Southeast Asian Librarians 东南亚图书馆馆长会议
CONSER	1. cooperative online serials 连续出版物的载体转换 2. Cooperative Online Serials Program 合作联机连续出版物项目
cont.	1. contents 目次，内容 2. contemporary 现代的，当代的，近期的，同时发行的（报刊） 3. contract 合同，契约
coop.	cooperation 合著，协作
copy no.	copy number 复本号
cor.	corrected 校订的，改正的
CORA	computer orientated reproducer assembly 面向铅字印刷者的计算机排版语言
CORAL	common real-time applications language 一般实时应用语言
CORBA	Common Object Request Broker Architecture 公共对象请求代理体系结构

续表

C	
CORC	cooperative online resource catalog 联合在线资源目录
corp.	corporation 公司，有限公司，企业
CP	1. card punch 卡片穿孔机 2. computer 计算机 3. conference proceedings 会议录
C. P.	China paper 宣纸
CPA	China Periodicals Association 中国期刊协会
CPC	1. Canadian Publisher's Council 加拿大出版商委员会 2. Copyright Payments Centre 版权支付中心（美国）
CPH	Chinese Publishing House 中华出版社
CPI	1. *Central Patents Index* 《中心专利索引》 2. common programming interface 公共编程接口 3. *Canadian Periodical Index* 《加拿大期刊索引》
cpi	characters per inch 每英寸字符数
CPLA	Certified Public Library Administrator Program 公共图书馆管理者认证项目（美国）
CPLD	complex programmable logic devices 复杂可编程逻辑装置
cpl or CPL	characters per line 字符/行
CPPA	Canadian Periodical Press Association 加拿大期刊出版社协会
cpp or CPP	characters per page 字符/页
cps or CPS	characters per second 字符/秒
CPU	central processing unit 中央处理单元
CPY	copy 副本，复制本，册，电影拷贝
CR	1. carriage return 回车（键） 2. cross-reference 相关参照，互见 3. conference report 会议报告
CRC	camera-ready copy 照相制版
CRL	Center for Research Libraries 研究图书馆中心（美国）
CR/LF	carriage return /line feed 回车（键）换行
CRLNet	China Regional Libraries Network 地方版文献联合采编协作网
CRS	Congressional Research Service 美国国会研究服务部
CRSG	Classification Research Study Group 分类法研究学习组（美国）
CRT	cathode ray tube 阴极射线管
CS	customer satisfaction 读者（用户）满意
CSA	*Cambridge Science Abstracts* 《剑桥科学文摘》
CSBN	China standard book numbering 中国标准书号

续表

C	
c & sc	caps and small caps 大写和小体大写
CSCD	Chinese Science Citation Database 中国科学引文数据库
CSCW	computer support cooperative work 计算机支持的协调工作
CSDGM	Content Standard for Digital Geospatial Metadata 数字地理空间元数据的内容标准
CSI	The China Society of Indexers 中国索引学会
CSNA	Classification Society of North America 北美分类学会
CSSCI	Chinese Social Sciences Citation Index 中文社会科学引文索引
CSSIG	China Social Science Information Gateway 中国社会科学院信息门户
CSSN	China standard serial numbering 中国标准刊号
CSSSI	China Society for Social Science Information 中国社会科学情报学会
CSSTI	China Society for Scientific and Technical Information 中国科技情报学会
CSTAD	Chinese Science and Technology Achievement Database 中国科技成果数据库
CSTDB	Chinese Science and Technology Database 中国科技文献数据库（光盘版）
CSTNET	China Science & Technology Network 中国科技网
CSTPCD	Chinese Science and Technology Papers and Citation Database 中国科技论文引文分析数据库
CSU	channel service unit 信道服务单元
CTAVI	Centre Technique Audio-Visual International 国际视听技术中心
CTP	1. Communication Terminal Protocol 通信终端协议 2. computer to plate 计算机到印刷版
CTS	clear to send 清除发送
CU	control unit 控制单元
CUA	common user access 公共用户访问
CUG	closed user group 封闭用户群
CUMARC	cumulated machine readable cataloging 累积机读目录
CURLS	college, university and research librarians 学院、大学与研究图书馆馆员
CV	（拉）*curriculum vitae* 履历表
CVRS	CALIS Virtual Reference System CALIS 联合虚拟参考咨询系统
CWIT	concordance words in titles 标题索引词
C. W. O.	cash with order 预付款
CWP	communication word processor 通信字处理器
cyc. or cyclo	cyclopedia, cyclopedic 百科全书，百科词典

续表

D	
D	diagram 图表，图解
D3E	Digital Document Discourse Environment 数字文件分析环境
DA.	1. data analysis 数据分析 2. desk accessory 桌面附件 3. dissertation abstracts 学位论文文摘 4. Doctor of Arts 文学博士
DAB	1. *Dictionary of American Biography* 《美国人名辞典》 2. digital audio broadcasting 数字音频广播
DACS	data acquisition and control system 数据采集和控制系统
DAD	digital audio disk 数字音频磁盘
DAE	*Dictionary of American English* 《美国英语词典》
DAI	*Dissertation Abstracts International* 《国际学位论文文摘》(美国)
DAIRS	dial-access information retrieval system 拨号信息检索系统
DAL	database access language 数据库访问语言
DAM	digital assets management 数字资产管理
DAMA	demand assigned multiple access 按需分配多路存取
DAML	DARPA Agent Markup Language 美国国防高级设计研究计划署代理置标语言
DAMS	Sdigital assets management system 数字资产管理系统
DAO	data access object 数据存取对象
DAP	Data Access Protocol 数据存取协议
DASD	direct access storage device 直接存取存储设备
DAT	digital audio tape 数字音频磁带，数字录音带
DAV	data above voice 话音上数据，超声频数据
DB	1.(丹麦) *Danmarks Biblioteksforening* 丹麦图书馆协会 2. data base 数据库 3.(德) *Deutsche Bibliographie* 《德国书目》
DBA	1. database administrator 数据库管理员 2.(法) *Documentation, Bibliotheques, Archives* 《文献工作，图书馆和档案馆》
DBI	1. database interface 数据库接口 2.(德) *Deutsches Bibliotheksinstitut* 德国图书馆学会
DBK	data base key 数据库密钥
DBMS	database management system 数据库管理系统
DBS	direct broadcast satellite 直播卫星

续表

D	
d. c.	1. double cap 对折大页书写纸 2. double column 双栏版面 3. double crown 20×30 英寸的纸
DC	Dublin Core 都柏林核心
DCA	document content architecture 文档内容体系结构
DCC	digital compact cassette 微型数字磁带
DCD	1. data carrier detect 数据载波检测 2. Danish Centre for Documentation 丹麦文献工作中心
DCE	1. data communications equipment 数据通信设备 2. distributed computing environment 分布式计算环境
DCM	digital content management 数字内容管理
DCMES	Dublin Core Metadata Element Set 都柏林元数据元素集
DCMI	Dublin Core Metadata Initiative 都柏林核心元数据计划
DCNA	data communication network architecture 数据通信网络体系结构
DCOM	distributed component object model 分布式构件对象模型
DCRB	Descriptive Cataloging of Rare Books 珍本描述性编目
DD	1. data dictionary 数据字典 2. data directory 数据目录 3. digital data 数字资料，数字数据 4. double density 双密（度）
DDC	Dewey Decimal Classification 杜威十进分类法
DDCMP	Digital Data Communication Message Protocol 数字数据通信报文协议
DDE	dynamic data exchange 动态数据交换
DDI	Data Documentation Initiative 数字文献倡议计划
DDIF	Digital Document Interchange Format 数字文件转换格式
DDL	data description language 数据描述语言
DDNS	dynamic domain name system 动态域名系统
DDoS	distributed denial of service 分布式拒绝服务
DDP	1. Datagram Delivery Protocol 数据报传送协议 2. distributed data processing 分布式数据处理
DDPS	discrimination data processing system 数据鉴别处理系统
DDR	direct domestic reception 国内直接接收
DDRS	Declassified Documents Reference System 美国政府解密档案
DDS	1. document delivery service 文献传递服务 2. digital data service 数字数据服务
dec.	decoration 精装，精装本

续表

D	
DEK	data encryption key 数据加密匙
descr.	description 著录
dept	department 部门
DES	data encryption standard 数据加密标准，DES 加密方式
DFD	data flow diagram 数据流程图
DFS	distributed filing system 分布式文件系统
DGI	director general of information 信息总监
DGIS	direct graphics interface standard 直接图形界面标准
DHCP	Dynamic Host Configuration Protocol 动态主机配置协议
DHTML	dynamic hypertext markup language 动态超文本置标语言
DI	delete inhibit 禁止删除
DIA/DCA	Document Interchange Architecture/Document Content Architecture 一种网络文件传输和存储协议
DIANE	Direct Information Access Network for Europe 欧洲直接信息存取网络
DIB	1. data input bus 数据输入总线 2. device independent bitmap 设备无关位图
dict.	dictionary 词典，字典
DIDEX	distributed database experiment 分布式数据库试验
di litho.	direct lithography 直接平印法
DIM	document image management 文档图像管理
DiMA	Digital Media Association 数字媒体协会（美国）
DIMDI	（德）*Deutsches Institut fürMedizinische Dokumemtation und Information* 德国医学文献信息所
DIN	（德）*Deutsche Industrine Norm* 德国工业标准
DIODS	digital input/output display system 数据输入/输出显示系统
DIP	1. document image processing 文档图像处理 2. dual in-line package 双列直插式封装
DIR	directory（in MS-DOS） 显示目录命令
dis.	disease 残本书
diss.	dissertation 学位论文，专题论述
DIV	data in voice 语音数据
DIY	do-it-yourself 自己动手
DKWIC	double key word in context 题内双关键字（词）
DL	download 下载

续表

D	
DLA	1. Documentation, Libraries and Archives （联合国教科文组织）文献工作、图书馆和档案馆 2. Delhi Library Association 印度德里图书馆协会
DLC	1. digital loop carrier 数字回路载波器 2. data link control 数据链路控制 3. Danish Library Commission 丹麦图书馆委员会
DLF	Digital Library Federation 数字图书馆联盟（美国）
DLI	Digital Libraries Initiative 数字图书馆首创计划（美国）
DLL	dynamic link library 动态链接库
DLQ	*Drexel Library Quarterly* 《德雷克塞尔图书馆季刊》（美国）
DLS	1. data librarian system 数据图书馆员系统 2. doctor of library science 图书馆学博士
D. L. Sc	Doctor of Library Science 图书馆学博士
DM	data mining 数据挖掘
DMA	direct memory access 直接存储器存取
DMCA	*Digital Millennium Copyright Act* 《数字千年版权条例》（美国）
DME	distributed management environment 分布式管理系统
DMKD	Data Mining and Knowledge Discovery 数据挖掘和知识发现（技术）
DML	1. declarative markup language 说明性标记语言 2. data manipulation language 数据操作语言
DMP	documented material processed 已处理的文献资料
DMS	database management system 数据库管理系统
DNA	digital networking architecture 数字网络结构
D/N	debit note 补款单，追加款通知
DNF	digital National Framework 数字国家框架（英国）
DNS	1. domain name server 域名服务器 2. domain name system 域名系统 3. domain name service 域名服务
do.	ditto 同上，如前，复制品
doc.	document 文件，文献，公文
DOCFT	Dissertations of China, Full-text 中国学位论文全文数据库
DOI	digital object identifier 数字对象标识
DOM	Document Object Model 文档对象模型
DOS	disk operating system 磁盘操作系统
dp or DP	data processing 数据处理

续表

D	
d. p. i. *or* dpi.	dots per inch 每英寸点数
DPS	1. double page spread 插页 2. data processing system 数据处理系统
Dr.	doctor 博士，医生
DRAA	Digital Resource Acquisition Alliance of Chinese Academic Libraries 高校图书馆数字资源采购联盟
DRAM	dynamic random access memory 动态随机存取存储器
draw.	drawing 图纸，草图
DRM	digital rights management 数字版权管理
DRO	destructive readout 破坏性读出，抹掉信息读出
D. S.	document sighed 署名文献，署名文件
DSA	directory system agent 目录系统代理
DSAP	destination service access point 目的服务访问点
DSE	data switching exchange 数据交换机
DSI	distributed storage infrastructure 分布式存储基础设施
DSL	digital subscriber line 数字用户线
DSN	data source name 数据源名
DSP	1. digital signal processor 数字信号处理器 2. Domain Service protocol 域名服务协议
DSU	digital service unit 数字服务单元
DTB	digital talking book 数字有声书
DTD	document type definition 文件格式定义
DTE	data terminal equipment 数据终端设备
DTL	desk-top library 案头图书
DTM	dynamic synchronous transfer mode 动态同步传输模式
DTMF	dual tone, multi-frequency 双音多频
DTP	desktop publishing 桌面出版
DTR	diffusion transfer reversal process 扩散转印反转法
DTS	1. digital time-stamping 数字时间标记法 2. distributed time service 分布式时间服务
DTU	display terminal unit 显示终端设备
DUA	directory user agent 目录用户代理
DUV	data under voice 音频下数据
DVD	digital videodisc 数字视频光盘

续表

D	
DVE	digital video effects 数字视频效果
DV-I	digital video interactive 交互式数字视频
DVN	digital video network 数字视频网络
DVR	1. Digital Video Recorder 硬盘录像机 2. distributed virtual reality 分布式虚拟现实
DW	data warehouse 数据仓库
d. w.	dust wrapper 防尘护封，封面书套
DW，DWH	data warehouse 数据仓库
DXI	data exchange interface 数据交换接口
DYUV	delta yuv 一种数字视频彩色编码系统
E	
EA	*Encyclopedia Americana* 《美国百科全书》
EACC	East Asian Character Code 东亚字码
EAD	Encoded Archival Description 档案编码描述
EAI	Early American Imprints 美国早期印刷品
EALIER	European Association for Library & Information Education and Research 欧洲图书馆和信息科学教育研究协会
EAN	European article number 欧洲商品号码
EASL	European Association of Sinological Librarians 欧洲汉学图书馆员协会
EAX	electronic automatic exchange 电子自动交换机
EB	*Encyclopedia Britannica* 《大英百科全书》
EBM	Espresso Book Machine 自动印书机
EC	1. *Encyclopedia of China* 《中国大百科全书》 2. expansive classification 展开式图书分类法
ECC	error correction code 纠错码
ECCO	Eighteenth Century Collection Online 18 世纪作品在线
ECD	Energy Citations Database 能源引文数据库
ECDL	European Conference on Digital Libraries 欧洲数字图书馆会议
ECIP	electronic cataloging in publication 电子在版编目
ECMA	European Computer Manufacturers Association 欧洲计算机制造商协会
ECS	European Committee for Standardization 欧洲标准化委员会
ed.	1. editor 编者 2. edition 版本，版
EDAC	error detection and correction 检错与纠错

续表

E	
EDI	electronic data interchange 电子数据交换
EDL	European Digital Library 欧洲数字图书馆
e. d. l.	（法）*edition de luxe* 精装本，豪华本
EDP	electronic data processing 电子数据处理
EDPC	Electronic Data Processing Center 电子数据处理中心
EDRM	Enterprise Digital Rights Management 企业数字版权管理
eds.	editors 编辑
EDS	exchangeable disk storage 可更换的磁盘存储器
EDTV	extended-definition television 增强清晰度电视
EEBO	Early English Books Online 早期英文图书在线
EEMS	enhanced expanded memory system 增强型扩展内存系统
EFF	Electronic Frontier Foundation 电子边界基金会
e. g.	（拉）*exempli gratia* 例如
EGA	enhanced graphics adapter 增强型图形适配器
EGP	Exterior Gateway Protocol 外部网关协议
EI	*Engineering Index* 《工程索引》
e. i.	extra-illustrated 另附插图
EIS	1. executive information system 高级管理人员信息系统 2. electronic information service 电子信息服务
EL	1. English language cataloging 英语编目 2. everyman's library 大众文库（英国）
ELA	Ethiopian Library Association 埃塞俄比亚图书馆协会
ELT	electronic typewriter 电子打字机
EMMA	extra-MARC material 附加机读目录资料
EMP	everyman paperback 普及本，平装本
EMS	electronic message system 电子报文系统
EMS or LIM EMS	expanded memory system or lotus-intel-microsoft expanded memory system 扩充内存系统
enc.，encl.，enclo.	Enclosure 附件
encyc.	encyclopedia 百科全书
ENG	electronic news gathering 电子新闻收集
engr.	engraving 雕刻（术），雕版（印刷品）
enl.	enlarged 增订

续表

E	
enl. ed.	enlarged edition 增订本（版）
ENQ	enquiry character 询问字符
EOD	end of data 数据结束符
e. & o. e.	errors and omissions excepted 如有错漏另行更正
EOF	end of file 文件结束符
EOR	end of record 记录结束符
EOT	end of text 文本结束符
e. p. c.	editor's presentation copy 编者赠送本
EPC	1. editorial processing center 编辑处理中心 2. electronic page composition 电子版面排版
EPOS	electronic point of sale 电子销售点
EPROM	erasable programmable read-only memory 可擦写可编程只读存储器
EPS	encapsulated postscript 用于存储黑白和彩色图像的数字文件格式
EQLIPSE	Evaluation and Quality in Library Performance: System for Europe 欧洲图书馆绩效评估与质量系统
ERC	Education Research Complete 教育学研究全文期刊数据库
ERCC	error checking and correcting 检错与纠错
ERIC	Educational Resources Information Center 教育资源信息中心（美国）
ERL	electronic reference library 电子参考图书馆
ERM	electronic resource management 电子资源管理
ERT	Exhibits Round Table 美国图书馆协会展览圆桌会议
ESC	escape character 换码（转义）字符
ESP	English for specific purpose 专用英语
ESS	electronic switching system 电子交换系统
et al.	1.（拉）*et alibi* 以及其他地方 2.（拉）*et alii* 以及其他人 3.（拉）*et alia* 以及其他物
etc.	（拉）*et cetera* 等等
ETD	electronic thesis and dissertations 电子学位论文
et seq.	（拉）*et sequentes* 以及下面的一个
ETV	educational TV 教育电视
ETX	end of text 文本结束
ex.	1. extra 号外 2. exhibit 展览会 3. example 样本 4. exchange 交换

续表

E	
ex lib	（拉）*ex libris* 某某的藏书
expl.	Explain 说明，解释
F	
f.	Folio 对开本，对折纸
F2F	face to face 面对面
FABS	formulated abstracting 公式化文摘法
fac.	facsimile 影印本，拓本，传真
fac	factotum initial 特大型花体大写字母
FAFLRT	Federal and Armed Forces Libraries Round Table 美国图书馆协会联邦军队图书馆圆桌会议
FAI	frequently argued issue 经常讨论的问题
FAIFE	Committee on Free Access to Information and Freedom of Expression 国际图联信息存取和言论自由委员会
FALA	Federation of Asian Library Association 亚洲图书馆协会联合会
FAM	fast access memory 快速存取存储器
FAO	Food and Agriculture Organization 联合国粮农组织
FAQ	frequently asked questions 常见问题解答
FARNET	The Federation of American Research Networks 美国网络研究联合会
F. B. or FB	freight bill 运货单
FAX	facsimile transmission 传真
FBH	free on board in harbor 发货地价格
FBR	full bibliographic record 书目总记录
FC	1. fiber channel 光纤通道 2. full classification 细分规则
f. & c.	folded and collated 折页并校勘
FCB	file control block 文件控制块
FCBG	Federation of Children's Book Groups 儿童图书馆联合会（英国）
FCC	1. Federal Communications Commission 美国联邦通信委员会 2. frame count cueing 帧数提示
FD	1. full duplex 全双工 2. floppy disk 软盘
FDDI	fibre distributed data interface 光纤分布式数据接口
FDLP	Federal Depository Library Program 联邦存储图书馆计划（美国）
FDM	frequency division multiplexing 频分多路
FDMA	frequency division multiple access 频分多路访问

续表

F	
FDN	foundation 基金会
f. e.	first edition 初版，首版
FEDLINK	Federal Library Network 联邦图书馆网（美国国会图书馆）
FEDSTD	Federal Standard 联邦标准（代号）（美国）
FEP	front-end processor 前端处理器
f. & g.	folded and gathered 折页并配页
f. i.	for instance 例如
FGC	Federal Geographic Committee 联邦地理数据委员会（美国）
FIAF	*Fédération International des Archiresdu Film* 国际电影档案馆联合会
FIBP	（意）*Federazione Italiana delle Biblioteche Popolari* 意大利公共图书馆联合会
fig.	figure 数字，图例，插图
FILA	Féderation of Indian Library Association 印度图书馆协会联合会
FIPP	（法）*Fédération Internationale de la Presse Périodiques* 国际期刊出版社联合会
FIPTP	（法）*Fédération Internationale de la Press Technique et Périodique* 国际技术与报刊出版社联合会
FISAE	International Federation of Ex-libris Societies 国际藏书票联合会
fl.	flourished 写花体字
FLA	Finnish Library Association 芬兰图书馆协会
FLI	free language indexing 自然语言标引
FLIC	Film Library Information Council 胶片图书馆信息委员会（美国）
FM	1. Faceted Metadata 分面元数据 2. frequency modulation 调频
FN	1. foot note 脚注 2. file number 文档号
FNL	Friends of the National Libraries 国家图书馆之友（英国）
FO	fibre optics 光纤
FOB or f. o. b.	Free on Board 离岸价
FOIA	*Freedom of Information Act* 《信息自由条例》（美国）
FOL	1. First-order Logic 一阶逻辑 2. Friends of Library 图书馆之友
FORTRAN	formula translation 公式翻译器
FOS	1. file organization system 文件组织系统 2. freedom of speech 言论自由
FOUO	for official use only 仅供官方使用

续表

F	
FP	front projection 正面投影，正面放映
FPS	fast packet switch 快速分组交换
FQDN	fully qualified domain name 全限定域名
fr.	1. frame 帧 2. from 从
Fr.	1. franco 免费的 2. freight 运费，货运 3. frontispiece 卷首插图
FR	frame relay 帧中继
FRAD	*Functional Requirement of Authorities Data* 《规范数据的功能需求》
FRBR	*Functional Requirement for Bibliographic Records* 《国际图联书目记录功能需求》
FRR	false rejection rate 误捡率
FRSAD	*Functional Requirement of Subject Authorities Data* 《主题规范数据的功能需求》
f. s. e.	folded sewn and endpapered 折叠缝和衬页
FSN	full service network 全方位服务网络
FTAM	file transfer access and management 文件传送、存取和管理
ft.	foot, feet 英尺
f. t.	full title 完全书名
FTP	File Transfer Protocol 文件传输协议
FV or f. v.	（拉）*folio verso* 见本页背面
FW	forward 转发
f. x.	Foreign exchange 外汇
fxd.	foxed 书页发黄的
FYI	for your information 供参考
FYIG	for your information and guidance 供参照执行
FYI or fyi	for your information 供参考
FYR	for your reference 供参考
G	
g.	gilt 烫金，书面装饰
G	general audience 一般读者，一般听众
G or giga	1 073 741 824 吉（咖），千兆，十亿
GA	1. general agent 总代理（商） 2. give answer 请回答
GAC	geographic area code 地理区域代号

续表

G	
GAP	general assembly program　通用汇编程序
GATED	Gateway Daemon　网关守护神
gb.	1. Green Book　绿皮书 2. Grey Book　灰皮书
GB	gigabyte　千兆字节
GBIP	Global Books in Print　网络版在版书目
GBS	Google Books Search　谷歌图书搜寻
GCCS	global command control system　全球指挥控制系统
GCS	general classification scheme　综合分类表
GD	general documentation　普通文献工作
GDBMS	generalised data base management system　通用数据库管理系统
GDI	graphics device interface　图形装置接口
GDL	global digital library　全球数字图书馆
GDPS	Global Data Processing System　全球数据处理系统
g. e.	gilt edges　书的金边，书边烫金
GEBO	General Egyptian Book Organization　全埃及书业组织
GE	Google Earth　谷歌地球
GFF	Generalized Facet Formula　冒号分类法通用组配公式
GFI	general format identifier　通用格式标识符
GGG	great global grid　全球网格
GGP	Gateway to Gateway Protocol　网关至网关协议
GH	global information infrastructure　全球信息基础结构
GHz	gigahertz　吉赫，千兆赫
GIF	1. Graphics Interchange Format　图形交换格式 2. graphics interface format　图形界面格式
GIGO	garbage in garbage out　无用输入，无用输出
GII	global information infrastructure　全球信息基础结构
GIM	Generalized Information Management　广义信息管理
GINO	graphical input output　图形输入输出
GIP	1. glazed imitation parchment　（包装用的）上光仿羊皮纸 2. Global Internet Project　全球因特网计划联盟
GIRLS	generalized information retrieval and listing system　通用信息检索和列表系统
GIS	1. generalized information system　通用信息处理系统 2. Geographic Information System　地理资讯系统（美国）

续表

G	
GKS	graphics kernel system 图形核心系统
GLA	1. German Library Association 德国图书馆协会 2. Greek Library Association 希腊图书馆协会 3. Guyana Library Association 圭亚那图书馆协会
GMD	general material designation 普通资料类型标识
GML	generalized markup language 通用置标语言
GMS	global messaging system 全球通信服务系统
GNB	*Ghana National Bibliography* 《加纳国家书目》
GODORT	Government Documents Round Table 美国图书馆协会政府文献圆桌会议
GPDL	graphic picture drawing language 绘图语言
GPI	General Patents Index 《专利索引》(英国)
GPIB	general purpose interface bus 通用接口总线
GPL	general public licence 通用公共许可证
GPN	government publication number, government publication item number 政府出版物编号
GPO	The U. S. Government Printing Office 美国政府出版局
GPS	1. general pool stock 共用总书库 2. global positioning system 全球定位系统
GPSS	1. general-purpose simulation systems 通用模拟系统 2. general-purpose systems simulator 通用系统模拟程序
GPX	general-purpose exchange 通用交换程序
GS	Google Scholar 谷歌学术搜索
GSI	Grid Security Infrastructure 网络安全架构
GSLIS	graduate School of Library and Information Science 图书馆学情报学研究生院(美国)
GUI	graphical user interface 图形用户接口
GWP	Government's White Paper 政府白皮书(英国)
H	
hb.	1. half-bound 半精装本 2. hardbound 精装本
h. c.	half calf 半小牛皮装
HC	hard copy 干印本,纸印本,硬拷贝
HCSS	high capacity storage system 高容量存储系统
HD	half duplex 半双工
hdbk.	handbook 手册,便览
HDLC	high-level data link control 高级数据链路控制
HDTV	high definition television 高清晰度电视

续表

H	
HDX	half duplex 半双工
HEX	hexadecimal notation 十六进制表示法
HF	high frequency 高频
HFS	hierarchical filing system 分级文件系统
hgt.	height （图书）高度，（书）的长度
hi fi or hifi	high fidelity 高保真
HIPPI	high performance parallel interface 高性能并行接口
hi-res	high resolution 高分辨率，高清晰度
H & J	hyphenation and justification 连字号与齐行
HKCAN	Hong Kong Chinese Authority Name 香港中文名称规范
HKLA	Hong Kong Library Association 香港图书馆协会
HLDLC	high-level data link control 高级数据链路控制
HLL	high-level（programming）language 高级（编程）语言
hm.	half morocco 半摩洛哥皮面装订本
HMA	high memory area 高端内存区
HMI	human machine interface 人机界面（接口）
HMSO	Her Majesty's Stationery Office 英国皇家出版局
HOF	head of form 表格头
HOOP	handbook of operating procedures 操作程序手册
HP	Hewlett Packard 惠普公司（美国）
HPB	hand printed books 手工印书
HPC	handheld personal computer 手提计算机
HPCS	high performance computer system 高性能计算机系统
HPFS	high performance filing system 高性能文件系统
HR	human resources 人力资源
HRG	high resolution graphics 高分辨率图形
HRM	human resources management 人力资源管理
HSCL	high speed communication interface 高速通信接口
HSLN	high speed local network 高速局部网
HSM	hierarchical storage management 层次型存储器管理
HSP	high speed printer 高速打印机
HSR	high speed reader 高速阅读器
HSSI	high speed serial interface 高速串行接口
HSV	hue, saturation and value 色彩模型，色度、饱和度与纯度

续表

H	
HSWO	hot-set web offset 热凝固轮转胶印
h. t.	half title 简书名，半书名
HT	handy talkies 对讲机
HTH	hope this helps 愿对你有所帮助
HTML	Hypertext Markup Language 超文本置标语言
HTTP	Hypertext Transfer Protocol 超文本传输协议
I	
IA	1. information anxiety 信息焦虑 2. information architecture 信息构建
IaaS	Infrastructure as a Service 基础设施即服务
IAC	information analysis center 信息分析中心
IACB	International Advisory Committee on Bibliography 国际目录学咨询委员会
IACBDT	International Advisory Committee on Bibliography, Documentation and Terminology 国际目录学、文献学及术语学咨询委员会
IACDLA	International Advisory Committee of Unesco on Documentation, Libraries and Archives 联合国教科文组织文献工作、图书馆与档案馆国际咨询委员会
IACDOC-TERPAS	International Advisory Committee on Documentation and Terminology in Pure and Applied Science 国际理论与应用科学文献工作和术语学咨询委员会
IACDT	International Advisory Committee on Documentation and Terminology 国际文献与术语学咨询委员会
IACODLA	International Advisory Committee on Documentation, Libraries and Archives 国际文献工作、图书馆与档案馆咨询委员会
IAD	integrated automatic documentation 集中式自动化文献工作
IAEVI	International Association for Educational and Vocational Information 国际教育与职业信息协会
IALL	International Association of Law Libraries 国际法律图书馆协会
IAM	intermediate access memory 中间存取存储器
IAMCR	International Association for Mass Communication Research 国际大众传媒研究协会
IAML	International Association of Music Libraries 国际音乐图书馆
IAS	International Audiovisual Society 国际视听学会
IASA	1. International Association of Sound and Audiovisual Archives 国际有声和视听资料协会 2. International Association of Sound Archives 国际音响资料馆协会
IASL	International Association of School Librarianship 国际学校图书馆协会
IASLIC	Indian Association of Special Libraries and Information Centre 印度专业图书馆和信息中心
IASP	International Association of Scholarly Publishers 国际学术出版商协会
IATL	International Association of Theological Libraries 国际神学图书馆协会
IATUL	International Association of Technological University Libraries 国际工科大学图书馆协会

续表

I	
IAVC	International Audiovisual Center 国际视听中心
IB	information bulletin 信息公报，信息通报
ib. or ibid	（拉）*ibidem* 出处同前，出处同上
IBBY	International Board on Books for Young People 国际儿童读物联盟
IBC	1. inside back cover 封三，里封底 2. International Book Committee 国际图书委员会
IBD	international bibliographic description 国际书目著录
IBF	International Booksellers Federation 国际书商联合会
IBG	interblock gap 组间间格，块间隙
IBIP	International Books in Print 国际在版书目
IBM	International Business Machines Corporation 国际商用机器公司（美国）
IBSR	Interactive bibliographic search and retrieval 交互式书目查询和检索
IBY	International Book Year 国际图书年
IC	1. information commons 信息共享空间 2. integrated circuit 集成电路 3. International Center of ISDS 国际连续性出版物数据系统国际中心
ICA	International Council on Archives 国际档案理事会
ICADL	International Conference on Asia-Pacific Digital Libraries 亚太数字图书馆国际会议
ICADS	IFLA-CDNL Alliance for Digital Strategies 国际图联-国家图书馆馆长会议数字战略联盟
ICAE	International Council for Adult Education 国际成人教育理事会
ICAL	International Conference on Academic Libraries 国际学术图书馆会议
ICBA	International Community of Booksellers Associations 国际书商协会联合会
ICBD	International Children's Book Day 国际儿童图书日
ICBY	International Council on Books for Young People 国际青年图书委员会
ICC	Intergovernmental Copyright Committee 政府间版权委员会
ICCC	International Cataloging Consultation Committee 国际编目咨询委员会
ICCP	International Conference on Cataloging Principles 国际编目原则会议
ICDL	International Children's Digital Library 国际儿童数字图书馆
ICE	insertion communication equipment 插入通信设备
ICGH	International Confederation of Genealogy and Heraldry 国际家谱与纹章联合会
ICIC	International Copyright Information Center 国际版权信息中心
ICIP	International Conference on Information Processing 国际信息处理会议
IC/LC	Information/Learning Commons 信息或学习共享空间
ICLG	International and Comparative Librarianship Group 国际图书馆学和比较图书馆学组

续表

I	
ICMP	Internet Control Message Protocol 因特网控制报文协议
ICOLC	International Coalition of Library Consortia 国际图书馆共享联盟联合体
ICOM	International Council of Museums 国际博物馆理事会
ICOS	International Committee of Onomastics Sciences 国际专有名词词源学委员会
ICP	Internet Content Provider 因特网内容提供者
ICQ	I seek you 网络即时通讯工具
ICR	1. intelligent character recognition 智能型字符识别 2. International Council for Reprography 国际复制委员会
ICSGN	International Conference on Standardization of Geographic Names 国际地名标准化会议
ICSTI	The International Council for Scientific and Technical Information 国际科技信息委员会
ICT	information communication technology 信息传播技术
ICTPDL	International Conference on Theory and Practice of Digital Libraries 数字图书馆理论与实践国际会议
ICUDL	International Conference on Universal Digital Library 全球数字图书馆国际会议
ID	1. identification 识别码 2. identity 身份
id.	（拉）*idem* 同著者，同前，同上
IDC	1. Interactive Data Corporation 交互数据公司（美国） 2. International Data Corporation 国际数据公司 3. International Documentation Center 国际文献工作中心
IDD	international direct dialing 国际直拨
IDEP	International Data Exchange Program 国际数据交换计划（美国）
IDF	International DOI Foundation 国际数字对象标识符基金会
IDG	International Data Group 国际数据集团公司（美国）
IDN	integrated digital network 综合数字网
IDP	1. integrated data processing 集成数据处理 2. International Dun Huang Project 国际敦煌项目 3. Internet Datagram Protocol 因特网数据报协议
IDPS	integrated data processing system 综合数据处理系统
IDRP	Interdomain Routing Protocol 域间路由协议
IDS	Internet Database Service 数据库服务系统
IDSL	ISDN digital subscriber line ISDN 数字用户线
i. e.	（拉）*id est* 那就是，即，也就是
IEC	information exchange center 信息交换中心
IEE	Institution of Electrical Engineers 电气工程师学会（英国）
IEEE	Institute of Electrical and Electronic Engineers 电气电子工程师学会（美国）

续表

I	
IEHE	*International Encyclopedia of Higher Education* 《国际高等教育百科全书》
IETF	The Internet Engineering Task Force 因特网工程任务组
IFCS	International Federation of Classification Societies 国际分类学会联合会
IFF	1. interchange file format 交换文件格式，IFF 格式 2. international file format 国际文件格式，IFF 格式
IFFA	International Federation of Film Archives 国际影片档案联合会
IFIP	International Federation for Information Processing 国际信息处理联合会
IFLA	International Federation of Library Associations and Institutions 国际图书馆协会联合会
IFP	Ford Foundation International Fellowships Program 福特基金会国际奖学金项目
IFRRO	International Federation of Reproduction Rights Organizations 国际复制权组织联合会
IFRT	Intellectual Freedom Round Table 美国图书馆协会知识自由圆桌会议
IGP	Interior Gateway Protocol 内部网关协议
IH	interrupt handler 中断处理程序
IIB	（法）*Institut International de Bibliographic* 国际目录学学会
IIC	International Institute of Communications 国际通讯研究所
IID	（法）*Institut International de Documentation* 国际文献学学会
III	Innovative Interfaces Inc 革新接口公司（美国）
IIPC	International Internet Preservation Consortium 国际因特网保存联盟
IIS	1. Institute of Information Scientists 情报科学家学会（英国） 2. Internet information server 因特网信息服务器
IKBS	Intelligent Knowledge-based System 智能知识系统，专家系统
ILA	1. India Library Association 印度图书馆协会 2. Iranian Library Association 伊朗图书馆协会 3. Israel Library Association 以色列图书馆协会
ILAB	International League of Antiquarian Booksellers 国际古旧书商联盟
ILBC	International Library and Bibliographic Committee 国际图书馆和目录学委员会
ILF	infra-low frequency 超低频
ILISKMA	The Indian Library, Information Science and Knowledge Management Association 印度图书馆、信息与知识管理协会
ILL	inter-library loan 馆际互借
ill or illus.	1. illustrated 附插图 2. illustration 插图，图例，图解说明 3. illustrator 插图者
ILLS	interlibrary loan system 馆际互借系统
ILMP	*International Literary Market Place* 《国际出版业》（美国）

续表

I	
ILP	index to legal periodicals 法律期刊索引
ILS	integrated library system 综合图书馆系统
im.	image 图像，影像
IM	1. index manual 索引手册 2. instant messaging 即时问答，实时通信
IMA	1. Interactive Multimedia Association 交互多媒体协会 2. Interactive Midi Association 交互乐器指令数字化接口协会，交互 MIDI［迷笛］协会
IMAP	1. Interactive Mail Access Protocol 交互式邮件访问协议 2. Internet Message Access Protocol 信息存取协议
IMC	International Micrographic Congress 国际缩微复制术会议
IMCE	International Meeting of Cataloging Expert 国际编目专家会议
IMCO	in my considered opinion 依我所见
IME-ICC	IFLA Meetings of Experts on an International Cataloguing Code 国际图联国际编目条例专家会议
IMHO	in my humble opinion 据本人愚见
IMIA	International Medical Information Association 国际医学信息协会
IMIC	International Medical Information Center 国际医学信息中心（日本）
IMLS	Institute of Museum and Library Services 博物馆和图书馆服务研究所（美国）
IMNSHO	in my not so humble opinion 恕我直言
IMO	information management organization 信息管理组织
IMS	information management system 信息管理系统
in.	inch 英寸
INCINC	International Copyright Information Center 国际版权信息中心（美国）
incr.	increase 增大，增订
INFOL	information-oriented language 面向信息的语言
INFONET	information network 信息网络
INFOTERM	International Information Center for Terminology 国际术语学信息中心
INIS	International Nuclear Information System 联合国国际核信息系统
INMS	integrated network management system 综合网络管理系统
INPA	International Newspaper Promotion Association 国际报纸促进协会
INPADOC	International Patent Documentation Center 国际专利文献中心
INS	International News Service 国际新闻社（美国）
INSTARS	Information Storage and Retrieval Systems 信息存储与检索系统
INTAMEL	International Association of Metropolitan City Libraries 国际都市图书馆协会
INTELSAT	International Telecommunications Satellite Organization 国际通信卫星组织
IO	information officer 信息人员，信息官员
I/O	input/output 输入/输出

续表

I	
IOW	in other word 换言之
IP	1. information provider 信息提供机构 2. Internet Protocol 因特网协议，IP 协议
I. P.	India paper 薄叶纸，圣经纸，词典纸
i/P or I/P	input 输入
IPA	1. *International Pharmaceutical Abstracts* 《国际药学文摘》 2. international phonetic alphabet 国际音标 3. International Publishers Association 国际出版商协会
IPC	1. information processing center 信息处理中心 2. information processing code 信息处理码 3. International Patent Classification 国际专利分类法
IPF	International Publishers Federation 国际出版商联合会
iph	impressions per hour 每小时印刷量
IPI	1. International Patent Institute 国际专利学会 2.（印尼）*Ikatan Pustakawan Indonesia* 印度尼西亚图书馆员协会
IPL	1. information processing language 信息处理语言 2. Internet Public Library 因特网公共图书馆（美国）
IPS	information processing system 信息处理（加工）系统
IQ	intelligence quotient 智商
IR	1. information retrieval 信息检索 2. institutional repository 机构知识库，机构典藏
IRA	1. international Reading Association 国际读书协会 2. iranian Library Association 伊朗图书馆协会
IRC	1. information retrieval center 信息检索中心 2. internet relay chat 在线聊天系统
IRL	1. index retrieval language 索引检索语言 2. information retrieval language 信息检索语言
IRM	information resource management 信息资源管理
IRRT	International Relations Round Table 美国图书馆协会国际关系圆桌会议
IRS	1. information retrieval service 信息检索服务 2. information retrieval system 信息检索系统
IRSQ	information retrieval sequential 信息检索顺排资料档
IRT	information retrieval technique 信息检索技术
IS	1. indexing in source 出处（原始资料）标引 2. information science 情报学，信息科学 3. information service 信息服务（工作） 4. intermediate system 中间系统
ISA	industry standard architecture 工业标准结构
ISAD	International Standard for Archival Description 档案著录国际标准

续表

I	
ISAM	indexed sequential access method　索引顺序存取法
ISAR	Information Storage and Retrieval　信息存储和检索
ISBD	International Standard Bibliographic Description　国际标准书目著录
ISBN	International Standard Book Number　国际标准书号
ISC	International Serials Catalog　国际连续出版物目录
ISCS	information service computer system　信息服务计算机系统
ISD	Higher Institute of Documentation of Tunisia　突尼斯高等文献研究所
ISDN	Integrated Services Digital Network　综合业务数字网
ISDS	International Serials Data System　国际连续出版物数据系统
ISE	information science education　情报学教育
ISFN	international standard film number　国际标准胶卷号
ISI	Institute for Scientific Information　科学信息研究所（美国）
ISIC	International Standard Industrial Classification　联合国标准工业分类法
ISIS	Indian Society for information Science　印度情报学学会
ISKO	International Society for knowledge organization　国际知识组织学会
ISL	information search language　情报检索语言
ISLMTA	International Society of Libraries and Museums of the Theater Arts　国际图联国际戏剧艺术图书馆和博物馆协会
ISM	1. Internet server manager　因特网服务管理器 2. International Standards Method　国际标准（分类）法
ISMN	international standard music number　国际标准音乐号
ISN	1. information system network　信息系统网络 2. international standard number　国际标准号
ISNI	International Standard Name Identifier　国际标准名称标识符
ISO	International Standards Organization　国际标准组织
ISODOC	international standards organization information and documentation　国际标准组织信息与文献工作
ISORID	international information system on research in documentation　联合国教科文组织国际文献工作研究信息系统
ISO/TC-46	International Organization for Standardization Technical Committee 46-Information and Documentation　国际标准化组织 46 技术委员会
ISO/TC	International Organization for Standardization/Technical Committee　国际标准化组织技术委员会
ISP	Internet service provider　因特网服务提供者
ISPN	international standard program number　国际标准软件号码
ISR	information storage and retrieval　信息存储与检索

续表

I	
ISRC	International Standard Recording Code 国际音像制品标准号
ISS	information search service 信息检索服务
ISSHP	*Index to Social Science & Humanities Proceedings* 《社会科学及人文科学会议录索引》
ISSN	International Standard Serial Number 国际标准连续出版物编号
IST	Information Science Technology 情报学技术
ISTC	International Standard Text Code 国际标准文本码
ISTIC	Institute of Scientific and Technical Information of China 中国科技信息研究所
ISTM	International Group of Scientific, Technical and Medical Publishers 国际科学技术及医学出版商集团
ISTP	*Index to Scientific & Technical Proceedings* 《国际会议录索引》
ISTRN	international standard technical report number 国际标准技术报告号
ISV	1. independent software vendors 独立软件开发商 2. international scientific vocabulary 国际（通用）科技词汇
IT	1. information technology 信息技术 2. information theory 信息论
ITAC	international target audience code 国际目标读者码
ITE	information transfer event 信息传递活动
ITLA	Indian Theological Library Association 印度神学图书馆协会
ITS	invitation to send 发送邀请
ITU	International Telecommunication Union 国际电信联盟
IUP	International Union of Publishers 国际出版商联合会
IV	interactive video 交互视频
IYL	International Youth Library 国际青年图书馆
J	
J.	journal 期刊，杂志，学报
JAL	*Journal of Academic Librarianship* 《大学图书馆学杂志》(美国)
JAM	just a minute 稍等
JAMIA	*Journal of the American Medical Informatics Association* 《美国医学信息协会杂志》
JANET	Joint Academic Network 联合学术网，JANET 网络
JAVIC	Japan Audio-Visual Information Center 日本视听信息中心
JCDL	Joint Conference on Digital Libraries 数字图书馆联合会议
JCL	job control language 作业控制语言
JCR	1. *Japan Cataloging Rules* 《日本编目条例》 2. Journal Citation Reports 期刊引用报告

续表

J	
JIC	just in case　以防万一
JICST	Japan Information Center of Science and Technology　日本科技信息中心
JISC	The Joint Information Systems Committee　英国联合信息系统委员会
JLA	1. Jamaica Library Association　牙买加图书馆协会 2. Japan Library Association　日本图书馆协会 3. Jewish Library Association　犹太图书馆协会（美国）
JLH	*Journal of Library History*　《图书馆史杂志》（美国）
JMLA	Japan Medical Library Association　日本医学图书馆协会
JOLA	*Journal of Library Automation*《图书馆自动化杂志》（美国）
JoVE	*Journal of Visualized Experiments*　《可视化实验期刊》
JPEG	Joint Photographic Expert Group　JPEG 格式、JPEG 标准、联合图像专家组
JPLA	Japan Public Library Association　日本公共图书馆协会
JSC	Joint Steering Committee for Revision of *AACR*　《英美编目条例》修订联合指导委员会
JSLA	1. Japan School Library Association　日本学校图书馆协会 2. Japan Special Libraries Association　日本专业图书馆协会
JTM	job transfer and management　作业传输和管理
JULAC	Joint University Librarians Advisory Committee　大学图书馆馆长联席会
JUSP	Journal Usage Statistics Portal　期刊利用统计门户（英国）
JUSTICE	Japan Alliance of University Library Consortia for E-Resources　日本大学图书馆电子联盟
JVM	Java virtual machine　Java 虚拟机
K	
Kb or Kbit	kilobit　1 024 比特
KB or Kbyte	kilobyte　1 024 字节
KBS	knowledge based system　知识库系统
KC	Kyle Classification　凯尔分类法
KDC	Korean Decimal Classification　韩国十进分类法
KDD	knowledge discovery in database　数据库知识发现
KEYPER	keyword permuted　关键词轮排
kg	kilogram　千克，公斤
KIF	Knowledge Interchange Format　知识交换格式
KIPS	1. kilo instructions per second　每秒千指令数 2. Korea Information Processing Society　韩国信息处理学会
KIS	knowbot information service　智能信息服务
KIT	keep in touch　保持联系
KLA	Korea Library Association　韩国图书馆协会

续表

K	
KM	knowledge management　知识管理
KMML	Karl Marx Memorial Library　卡尔·马克思纪念图书馆（英国）
KMS	knowledge management system　知识管理系统
KOS	Knowledge Organization Systems　知识组织系统
KSAM	Keyed Sequential Access Method　关键字顺序存取法
KVA	kilovolt-ampere output rating　千伏安输出功率
KW	1. kilowatt　千瓦 2. kiloword　千字
KWAC	1. keyword and context　关键字（词）和上下文 2. keyword augmented in context　题内增补关键词（索引）
KWADE	keyword as a dictionary entry　词典条目式关键词
KWIC	keyword in context　题内关键字（词）
KWINDEX	key word index　关键词索引
KWIP	key word in permutation　轮排关键词
KWIT	key word in title　题目（标题）关键词
KWOC	keyword out of context　题外关键词
KWUC	Keyword and Universale Decimal Classification　关键词和国际十进分类法
L	
L	leather（binding）全革装，皮面装订
L/A	1. letter of authority　授权书 2. landing account　起货单
L. A.	Letter of advice　通知书
LA	library assistant　图书馆助理
LAA	1. Library Association of Alberta　阿尔伯塔图书馆协会 2. Library Association of Australia　澳大利亚图书馆协会
LAC	Library and Archives Canada　加拿大国家图书档案局
LAD	Library Advocacy Day　图书馆宣传日
LAI	Library Association of Ireland　爱尔兰图书馆协会
LAMA	Library Administration and Management Association　美国图书馆协会图书馆行政和管理协会
LAN	local area network　局域网
LAP	Link Access Protocol　键路存取协议
LAR	*Library Association Record*　《图书馆协会记录》（英国）
LARCA	Library Automation Research and Consulting Association　图书馆自动化研究和咨询协会（美国）

续表

L	
LAS	Library Association of Singapore 新加坡图书馆协会
LASH	*List of Australian Subject Headings* 《澳大利亚标题词表》
Lat.	Latin 拉丁语，拉丁字母表
LAT	local area transport 局域传输
LBF	London Book Fair 伦敦图书博览会
LBI	Library Binding Institute 图书馆装帧学会（美国）
LBR	laser beam recording 激光束记录
LC	1. Learning Commons 学习共享空间 2. Library of Congress 美国国会图书馆 3. Library of Congress System 美国国会图书馆制度
L/C	letter of credit （银行发行的）信用证
l. c	1.（拉）*loco citato* 在上述引文中 2. lower case 西文小写活字
LCA	Library Copyright Alliance 图书馆版权联盟
LCAS	Library of Chinese Academy of Sciences 中国科学院文献情报中心
LCC	*Library of Congress Classification* 《美国国会图书馆分类法》
LCCN	Library of Congress Control Number 美国国会图书馆控制编号
LCD	liquid crystal display 液晶显示
LCIB	*Library of Congress Information Bulletin* 《美国国会图书馆信息公报》
LCMARC	Library of Congress Machine Readable Cataloging 美国国会图书馆机读目录
LCNAF	Library of Congress Name Authority File 国会图书馆名称规范文档（美国）
LCQJ	*Library of Congress Quarterly Journal* 《美国国会图书馆季刊》
LCRI	Library of Congress Rule Interpretations 国会图书馆编目条例解释（美国）
LCSH	*Library of Congress Subject Headings* 《美国国会图书馆主题词表》
LCTGM	*LC Thesaurus for Graphic Materials* 《国会图书馆图像资料叙词表》
LDP	language data processing 语言数据处理
LDS	local distribution service 本地转播服务
LDSS	library decision support system 图书馆决策支持系统
LDX	long distance xerography 远距离静电印刷术
LEADS	library experimental automated demonstration system 图书馆自动试验示范系统
LEAF	Linking and Exploring Authority Files 国际权威数据库合作建设计划
lex.	lexicon 词典，专业词汇
lf.	lettering faded 褪色的字
L/G	letter of guarantee 信用保证书
l. g.	（拉）*litterae gothicae* 哥特体字，花体字

续表

L	
LIANZ	Library and Information Association of New Zealand 新西兰图书馆与信息协会
LIASA	Library and Information Association of South Africa 南非图书馆与信息协会
Lib.	1. librarian 图书馆员，图书馆学家，图书馆馆长 2. library 图书馆，文库，丛书
LIBER	（法）*Ligue des Bibliothèque Européennes de Recherche* 欧洲研究图书馆联盟
LIFE	Lifecycle Information for E-literature 电子文献生命周期信息（英国）
LIFO	last in first out 后进先出
LILA	（法）*Ligue Internationale de la Librairie Ancienne* 国际古书商联合会
LIRT	Library Instruction Round Table 美国图书馆协会图书馆指导圆桌会议
LIS	library and information science 图书馆学情报学
LISA	*Library and Information Science Abstracts* 《图书馆学情报学文摘》（英国）
LISTA	Library，Information Science & Technology Abstracts 图书馆学情报学文摘数据库
lit. or liter.	literature 文学，文献，著作
LITA	Library and Information Technology Association 美国图书馆协会图书馆与信息技术协会
LiYP	Library in Your Pocket 口袋图书馆
LL	1. large letter 大写字母 2. lending library 外借图书馆 3. *Library Literature* 《图书馆文献》（美国） 4. loose leaf 散页
ll.	1. leaves 张 2. lines 行
LLA	Lebanese Library Association 黎巴嫩图书馆协会
LLAMA	The Library Leadership and Management Association 美国图书馆领导与管理协会
LLNL	Lawrence Livermore National Laboratory 劳伦斯利弗莫尔国家实验室（美国）
LMA	last minute addition 最新改动
LMP	library material processed 图书馆处理的资料
LMS	library management system 图书馆管理系统
LMTA	library media technical assistant 图书馆媒体助理
loc cit	（拉）*loco citato* “在上述引文中”
LODES	library online data entry system 图书馆联机数据输入系统
LOM	Learning Object Metadata 学习对象元数据
LP	1. large print and long-playing record 大号铅字排印或慢转密纹唱片 2. linear programming 线性规划
LPM	lines per minute 每分钟线数

续表

L	
LQ	1. letter quality 活字质量，高质量 2. *Library Quarterly* 《图书馆季刊》（美国）
LRC	1. Learning Resources Center 教学资源中心（美国） 2. Library Research Committee 图书馆研究委员会（美国）
LRRT	Library Research Round Table 美国图书馆协会图书馆研究圆桌会议
L. S.	library school 图书馆学校
LS	literature search 文献检索
LSA	Library Services Act 图书馆服务工作法案（美国）
LSCA	*Library Services and Construction Act* 《图书馆服务和建设法案》（美国）
LSD	large screen display 大屏幕显示
LSI	1. large sale integration 大规模集成电路 2. latent semantic indexing 潜在语义标引
LSSCP	Library Support Staff Certification Program 图书馆辅助人员认证项目（美国）
LSTA	*Library Services and Technology Act* 《图书馆服务和技术法案》（美国）
LTR	Library Technology Report 图书馆技术报告（美国）
LTS	language translation system 语言翻译系统
LU	1. libraries unlimited 图书馆无限公司 2. logical unit 逻辑单元
LUSI	logical unit-based subject-indexing 以逻辑单元为基础的主题标引法
LUT	look-up table 对照表，查阅表，数值表
LV	literacy volunteers 扫盲志愿者
l. v. p.	large vellum paper 大开薄小牛皮纸，大开仿羊皮
l. w. p.	large whatman paper 大开高级绘图纸
M	
M	monthly 月刊
M. A. or MA	Master of Arts 文学硕士
MAC	1. multiplexed analog components 多路模拟 2. media access control 媒体访问控制
MADS	Metadata Authority Description Schema 元数据规范描述框架
mag.	magazine 杂志，刊物
MAGERT	Map and Geography Round Table 美国图书馆协会地图和地理圆桌会议
MAID	market analysis and information database 市场分析与信息数据库
MALIMET	master list of medical indexing terms 医学标引词主表
MAN	metropolitan area network 城域网络

续表

M	
MANOP	manual of operation 手工操作
MAP	Manufacturing Automation Protocol 制造自动化协议
MAPI	messaging application program interface 报文应用程序接口
MARBI	1. Machine-Readable Bibliographic Information Committee 美国图书馆协会机器可读书目信息委员会 2. Machine-Readable Bibliographic Information 机读书目信息委员会（美国）
MARC-AMC	MARC format for Archival and Manuscript 档案与手稿机读编目格式
MARCCAV	MARC audiovisual 视听资料机读目录
MARC	Machine-Readable Cataloging 机器可读目录
MASIS	management and scientific information system 管理和科学信息系统
MASS	MARC-based automated serials system 以机读目录为基础的自动化连续出版物系统
MATE	MARC translate and edit 机读目录翻译与编辑
MAU	1. multistation access unit 多站点访问部件 2. media access unit 媒体访问部件
MB or Mbyte	megabyte 兆字节
MBI	may be issued 可以出版，发行，发表
MBO	management by objectives 目标管理
MBPS	million bits per second 每秒百万比特
MBR	1. management by results 绩效（目标）管理 2. memory buffer register 存储器缓冲寄存器
MC	1. millicoulomb 毫库伦 2. *Monthly Catalog of USA Government Publication* 《美国政府出版物目录月刊》
MCA	microchannel architecture 微通道结构
MCF	meta content framework 原内容框架
MCGA	multicolor graphics adapter 彩色图形适配器
MCI	media control interface 媒体控制接口
MCP	1. master control program 主控程序 2. Message control processor 信息控制处理机
MCR	magnetic character reading 磁性识读
MCS	medium close shot 中近景
MCU	medium close-up 中近特写镜头
MD or MKDIR	make directory DOS DOS 操作系统中创建目录的命令
MDA	1. monochrome display adapter 单色显示适配器 2. Museums Documentation Association 博物馆文献工作协会（英国）

续表

M	
MDC	meta data controller 元数据控制器
MDR	memory data register 存储器数据寄存器
MDS	1. malfunction detection system 故障探测系统 2. museums documentation system 博物馆文献工作系统
m. e.	marbled edges 大理石花纹书边
MECCA	mechanized cataloging 机器编制目录
MEDLARS	Medical Literature Analysis and Retrieval System 医学文献分析与检索系统（美国）
MEDLINE	Medical Literature Analysis and Retrieval System On-Line 在线医学文献分析与检索系统（美国）
MeSH	*Medical Subject Headings* 《医学主题词表》
METS	Metadata Encoding & Transmission Standard 元数据编码与传输标准
MF	master file 主文件
MFCD	method of flow capturing and drawing 截流汲取法
mg	milligram 毫克
MHRST	*Medical and Health Related Sciences Thesaurus* 《医学和卫生相关学科叙词表》
MHS	message handling service 报文处理服务
MHz	MegaHertz 兆赫
mi	microform 缩微复制品
MIB	marketing information bank 市场信息库
MIBF	1. Montreal International Book Fair 蒙特利尔国际图书博览会（加拿大） 2. Moscow International Book Fair 莫斯科国际图书博览会
MIC	1. management information center 管理信息中心 2. microphone 麦克风，话筒
MICR	magnet ink character recognition 磁墨水字符识别
Microblog	Micro-Blogging 微博客
MIDI	musical instrument digital interface 乐器数字接口
MIME	Multipurpose Internet Mail Extensions 多用途因特网邮件扩展
MIMS	medical information management system 医学信息管理系统
MIND	management of information through natural discourse 自然语言表述的信息管理
MIPS	million instructions per second 每秒（执行）百万条指令
MIS	management information system 管理信息系统
MIX	Metadata for Images in XML 元数据图片 XML 规范
MKS	meter kilogram second 米·千克·秒制，公制
ML	machine language 机器语言

续表

M	
MLA	1. Malta Library Association 马耳他图书馆协会 2. Mauritius Library Association 毛里求斯图书馆协会 3. Medical Library Association 医学图书馆协会（美国） 4. Modern Language Association 现代语言学会（美国） 5. The Museums, Libraries and Archives Council 英格兰博物馆、图书馆及档案管理事会 6. Music Library Association 音乐图书馆协会（美国）
MLC	1. Microsoft Authorized Windows Learning Center 微软授权视窗应用中心 2. minimal level cataloging 极简编目
M. L. I. S.	Master of Library and Information Science 图书馆学和情报学硕士
MLISN	National Library and Information Service Network 全国图书馆和信息服务网络（美国）
MLL	Master of Law Librarianship 法学图书馆学硕士
MLM	Master of Library Media 图书馆媒体硕士
MLP	multiple line printing 多行打印
MLS	1. machine literature searching 机器文献检索 2. medium long shot 中长镜头
M. L. S.	Master of Library Science 图书馆学硕士
MM	master monitor 主监控器
mm	millimetre 毫米
MMA	MIDI Manufacturers Association MIDI 制造商协会
MME	multimedia extensions 多媒体扩展
MMI	man machine interface 人机界面
MMM	mobile media mode 移动媒体模式
MMP	microform market place 缩微品市场
MMS	multimedia massage service 多媒体信息服务
MMU	memory management unit 内存管理单元，存储器管理部件
MNB	*Malaysian National Bibliography* 《马来西亚国家书目》
M. O.	mail order 函购，邮购订单
MODS	Metadata Object Description Schema 元数据对象描述模式
MOLA	Major Orchestra Librarians' Association 大管弦乐队的图书馆员协会（美国）
MOP	Maintenance Operations Protocol 维护操作协议
mor.	morocco 摩洛哥皮革
mor. ext.	morocco extra 特制摩洛哥皮
MOTD	message of the day 当日信息
MP	miscellaneous publication 综合性著作
MPA	magazine publishers association 杂志出版商协会
MPC	multimedia pc 多媒体计算机

续表

M	
MPEG	Motion Picture Experts Group 移动图像专家组，MPEG 电影压缩技术
MPU	microprocessor unit 微处理器单元
MR	Metadata Registry 元数据注册系统
MRD	machine-readable database 机读数据库
MRDF	machine-readable data file 机读数据文档
MRM	multi-resolution mesh 多分辨率织网
MRS	multilingual reference system 多语种参考咨询系统
MS	1. manuscript 手稿，原稿 2. mass storage 大容量存储器，海量存储器 3. message store 报文仓库
ms.	manuscript 手抄本，稿本，原稿
MS. or M. S.	Master of Science 理科硕士
MSD	material specific details 文献特殊细节项
MS-DOS	Microsoft DOS MS-DOS 操作系统
MSG	message 消息
MSP	management service provider 管理服务提供商
MSR	1. magnetic stripe reader 磁条阅读器 2. mechanized storage and retrieval 机械化存储和检索
MT	machine translation 机器翻译
MTCU	magnetic tape and control unit 磁带控制器
MTMD	magnetic tape and magnetic drum 磁带和磁鼓
MTS	message transfer system 报文传输系统
MTU	maximum transmission unit 最大传输单元
N	
NA	not available 无现货，无法获得，不外借
NAB	National Association of Broadcasters 国家广播协会（美国）
NAC	1. National Archives Council 全国档案委员会（美国） 2. National Audiovisual Center 全国视听资料中心（美国） 3. network access controller 网络访问控制器 4. Network Advisory Committee 网络咨询委员会（美国）
NACL	National Advisory Commission on Libraries 全国图书馆咨询委员会（美国）
NACO	Name Authority Cooperative Program 名称规范合作计划（美国）
NAF	Name Authority File，authority file for personal name 人名标准档，名称规范档
NAGARA	National Association of Government Archives and Records Administrators 全国政府档案管理者协会（美国）

续表

N	
NAIC	network applications and information center 网络应用信息中心
NAICS	North American Industry Classification System 北美工业分类体系
NAK	negative acknowledgement 否定应答（信号）
NAL	National Agricultural Library 国家农业图书馆（美国）
NAME	National Association of Media Educators 全国媒体教育人员协会（美国）
NAMTC	National Association of Media & Technology Centers 全国媒体和技术中心协会（美国）
NANA	North American Newspaper Alliance 北美报业联盟
NAO	national archives office 国家档案局
NAP	1. National Association of Publishers 全国出版商协会（美国） 2. network access point 网络存取点
NAR	name authority record 名称规范记录
nar.	narrow 狭型书
NARA	1. National Archives and Records Administration 全国档案管理（美国） 2. National Archives of the United States 美国国家档案馆
NAS	1. network attached storage 网络附加存储 2. network application support 网络应用支持
NASIG	North American Serials Interest Group 北美连续出版物兴趣小组
NASLIN	North American Sport Library Network 北美体育图书馆网
NAT	network address translation 网络地址翻译
NAVA	National Audio-Visual Association 全国视听协会（美国）
NBA	Net Book Agreement 实价书协定（英国）
NBC	National Book Council 全国图书委员会（英国）
NBCD	natural binary coded decimal 自然二进制编码的十进制
NBF	（挪威）*Norsk Biblioteksforening* 挪威图书馆协会
NBFM	narrow band frequency modulation 窄带调频
NBIF	no basis in fact 毫无事实根据
NBM	non-book materials 非书资料
NBMCR	*Non-book Materials Cataloging Rules*《非书资料编目条例》（英国）
NBN	1. National Bibliography Number 国家书目编号 2. National Book Number 国家书号
NC	1. numerical control 数控 2. network computer 网络计算机
N/C	no charge 不计价，免费
n. c.	not cataloged 未编目的（图书资料）
NCB	network control block 网络控制块

续表

N	
NCBW	National Children Book Week　国家儿童图书周（英国）
NCC	network control center　网络控制中心
NCIP	NISO Circulation Interchange Protocol, Z39.83　国家信息标准组织馆际互借协议（美国）
NCLIS	National Commission on Library and Information Science　全国图书馆学与情报科学委员会（美国）
NCPTWA	National Clearinghouse for Periodical Title Word Abbreviations　全国期刊刊名缩语信息交流中心（美国）
NCR	1. *Nippon Cataloging Rules*　《日本编目条例》 2. no carbon required paper　无碳复写纸
NCS	network computer server　网络计算机服务器
n. d.	no date　无出版日期，出版日期缺
n/d	not dated　未注明日期
NDC	Nippon Decimal Classification　日本十进分类法
NDL	1. National Diet Library　日本国会图书馆 2. National Documents Library　国家文献图书馆（英国）
NDLTD	Networked Digital Library of Theses and Dissertations　网络学位论文数据库
NE. or N. E. or N/E	new edition　新版
NEH	National Endowment for Humanitics　美国人文科学基金
NE/ND	new edition /no date　新版本/出版日期未定
NEP	new edition in preparation　准备出版的新版本
n. e. p.	new edition pending　将出版新版
new ed.	new edition　新版本
new pub.	new publications　新出版物
new ser.	new series　新丛刊
NFA	National Film Archive　全国影片资料馆（英国）
NFAIS	National Federation of Abstracting and Information Services　全国文摘和信息服务联合会（美国）
NFPB	National Film Preservation Board　全国影片保护委员会（美国）
NFPF	National Film Preservation Foundation　全国影片保护基金会（美国）
NFR	National Film Registry　全国影片登记表（美国）
NFS	1. network file system　网络文件系统 2. not for sale　非卖品
n. f. s.	not for sale　非卖品
NGI	Next-Generation Internet　下一代因特网
NGS	National Genealogical Society　全国家谱学会（美国）

续表

N	
NHK	Nippon Hoso kyokal 日本广播协会
n. i.	new impression 新印版本
NICEM	National Information Center for Education Media 国家教育媒体信息中心（美国）
NIC	network interface card 网络接口卡
NII	National Information Infrastructure 国家信息基础设施（美国）
NIM	newspaper in microform 报纸缩微品
NIN	National Information Network 全国信息网（美国）
NIPDOK	Nippon Dokumenteshon Kyokai 日本文献学会
NIRI	National Information Research Institute 国家信息研究所（美国）
NISO	National Information Standards Organization 全国信息标准组织（美国）
N/K	not known 书名不详，填写不详
NKI	National Knowledge Infrastructure 国家知识服务框架（英国）
n. l.	new line 另起一行
nl	new line 新线路
NLA	1. National Librarians Association 全国图书馆工作者协会（美国） 2. National Library of Australia 澳大利亚国家图书馆 3. Nigerian Library Association 尼日利亚图书馆协会
NLB	National Library for the Blind 国立盲人图书馆（英国）
NLC	1. National Library of Canada 加拿大国家图书馆 2. National Library Committee 国家图书馆委员会（英国） 3. National Library of China 中国国家图书馆
NLDSB	National Library and Documentations Services Board of Sri Lanka 斯里兰卡国家图书馆和文献服务委员会
NLE	National Library of Education 国家教育图书馆（美国）
NLK	National Library of Korea 韩国国立中央图书馆
NLM	1. National Library of Malaysia 马来西亚国家图书馆 2. National Library of Medicine 国家医学图书馆（美国）
NLNZ	National Library of New Zealand 新西兰国家图书馆
NLP	natural language process 自然语言处理
NLSBPH	National Library Service for the Blind and Physically Handicapped 全国盲人和残疾人的图书馆服务（美国）
NLV	National Library of Vietnam 越南国家图书馆
NMA	National Microfilm Association 全国缩微胶片协会（美国）
NMP	Name Management Protocol 名字管理协议
NMS	network management system 网络管理系统
NNTP	Network News Transfer Protocol 网络新闻传输协议

续表

N	
N. O.	1. not ours 不是我们出版的 2. not out 尚未出版
N/O	no order 无订单
No.	number 数字，号码
NOC	notation of content 内容标记
non. fic.	Non-fiction 非小说类图书
NOP	not our publication 非本社出版物
NORINDOK	（挪威）*Norsk Komite for Informasjon og Dokumentasjon* 挪威信息和文献工作委员会
NOS	1. network operating system 网络操作系统 2. not on shelf 架上无书
NP	no problem 没问题
NPAC	National Program for Acquisition and Cataloging 全国采访和编目计划（美国）
n. p.	no place of publication 缺出版地，无出版地
NPRC	National Periodical Resources Center 全国期刊资料中心（美国）
NR	not returnable 不能退回
NRPB	National Recording Preservation Board 国家录音保存委员会（美国）
n. s.	1. new series 新辑，新编（号） 2. New Style 新历（阳历） 3. not signed 未签字的
ns	not specified 未说明的，不规定的
NSA	National Standards Association 国家标准协会（美国）
NSAP	network service access point 网络服务访问点
NSDL	National Science Digital Library 国家数字图书馆（美国）
NSF	National Science Foundation 美国科学基金会
NSLA	National & State Libraries, Australia 澳大利亚国家及州图书馆联盟
NSN	National Storytelling Network 全国讲故事网（美国）
NSTL	National Science and Technology Library 国家科技图书文献中心
NT	1. new translation 新译文本 2. not titled 无标题的
NT（or N）	narrower term 狭义（限定）词
NTIS	National Technical Information Service 全国技术信息服务（美国）
NTP	Network Time Protocol 网络时间协议
n. t. p.	no title page 无（缺）书名页
NTSC	National Television Standards Committee 国家电视标准委员会（美国、日本）
NTU	network termination unit 网络终端装置

续表

N	
NUC	National Union Catalog 全国联合目录（美国）
NUCMC	National Union Catalog of Manuscript Collections 全国入藏手稿资料联合目录（美国）
n. u.	name unknown 名称（姓名，书名）不详
numb.	numbered 已编号的
NVBF	（瑞典）*Nordiska Vetenskaplig a Bibliotekarieforbundet* 北欧科技图书馆管理员协会
NVT	networking virtual terminal 网络虚拟终端
NY	no year 无年份，年份不详
NYO	not yet out 尚未出版
NYP	not yet published 尚未出版
NYPL	New York Public Library 纽约公共图书馆
NYR	not yet returned 尚未归还
NYRB	*New York Review of Books* 《纽约图书评论》
O	
O. or oct	octavo 八开本
OA	1. office automation 办公自动化 2. open access 开放存取
OAA	open application architecture 开放式应用体系结构
OAI	Open Archives Initiative 开放档案协定
OAI-PMH	Open Archives Initiative Protocol for Metadata Harvesting 开放文档元数据互操作协议
OAIS	open archival information system 开放档案信息系统
OAS	office automatic system 办公自动化系统
OBC	outside back cover 外封底
OBTW	oh, by the way 噢，顺便问（说）一下
OC	order cancelled 订单已注销
OCA	Open Content Alliance 开放内容联盟
OCE	open collaboration environment 开放型合作环境
OCLC	1. Online Computer Library Center 在线计算机图书馆中心（美国） 2. Online Computer Library Catalog 图书馆在线编目
OCLC ILL	OCLC Interlibrary Loan OCLC 馆际互借
OCR	1. optical character reader 光学字符阅读器 2. optical character recognition 光学字符识别
ODA	open document architecture 开放文档体系结构
ODBC	open database connectivity 开放式数据库连接
ODI	open data-link interface 开放型数据链接接口

续表

O	
ODL	Open Digital Library 开放式数字图书馆
ODP	open distributed processing 开放分布式处理
OED	*Oxford English Dictionary* 《牛津英语词典》
OFC	outside front cover 外封面
off. cat	official catalog 公务目录
OGDB	（德）*Österreichische Gesellschsft für Dokumentation und Bibliographic* 奥地利文献及书目协会
OGSA	Open Grid Services Architecture 开放网格服务架构
OHP	overhead projector 投影仪
OIC	Oh, I see 我明白了
OJDA	Oxford Journals Digitized Archive 牛津大学出版社期刊回溯数据库
OJO	Oxford Journals Online 牛津大学出版社在线全文期刊数据库
OK Press	passed for press 可以付印
OKWC	ok with corrections 责任校对完毕
OL	1. open learning 开放学习 2. overlap 重叠
OLAP	online analytical processing 联机分析处理
OLC	Office of Library Coordination 图书馆协调办公室
OLCC	Online Library Cataloging Center 全国联合编目中心
OLE	object linking and embedding 对象链接和嵌入
OLTP	online transaction processing 在线事务处理
OLTS	online test system 在线测试系统
OLUC	OCLC Online Union Catalog OCLC 在线联合目录
O & M	organization and methods 编制方法
OMPB	oriental manuscripts and printed books 东方手抄本和印刷本
OMR	1. optical mark reader 光标记阅读器 2. optical mark recognition 光标记识别
ONA	open network architecture 开放式网络结构
ONB	（德）*Österreichische National-bibliothek* 奥地利国家图书馆
ONC	open network computing 开放网络计算
ONE	open network environment 开放网络环境
ONIX	ONline Information eXchange 联机信息交换
O/No.	order number 订单号码
OODB	object-oriented database 面向对象（目标）的数据库
OOP	object-oriented programming 面向对象编程

续表

O	
OOPS	open order plan service　开放式订货服务
OP	1. official publication　官方出版物，正式出版物 2. out of print　绝版
op.	（拉）*opus*　作品，乐曲
OPAC	Online Public Access Catalog　在线公共检索目录
o. p. cit.	（拉）*opere citato*　在所引的书中
Open URL	Open Uniform Resource Locator　开放统一资源定位器
OPL	one-person library　一人图书馆
OPP	1. oriented polypropylene　拉伸聚丙烯（为书封压膜之用） 2. out of print at present　目前无货
OPS	1. operations per second　每秒钟操作（运算）次数 2. out of print, searching　绝版，寻找中
OR	1. operation record　运转记录 2. operational report　操作报告
ORB	object request broker　对象请求代理结构
ord.	order　订单，次序，指令
ORG	origin　原版，初版
orig.	original　原版的，原作的，原本的
O & R	old & rate　古籍善本书
O/R	on request　请求
OS	1. old series　旧期刊（号，卷） 2. operating system　操作系统 3. out of stock　（图书）售缺，缺货
OSI	1. open system interconnection　开放系统互连 2. Open Source Initiative　开放源代码促进会
OSMF	Open Source Metadata Framework　开放源代码元数据框架
OSP	online service provider　在线服务供应商
OSRD	Office for Standard Reference Data　标准参考资料室（美国）
OSS	open source software　开放源代码软件，开源软件
OSUL	Ohio State University Libraries　俄亥俄州立大学图书馆（美国）
OTF	optical transfer function　光传递函数
OTOH	on the other hand　另一方面，此外
OTO/X	only to order from X　只能向 X 国订购
OUG	online users group　联机用户组
OUP	Oxford University Press　牛津大学出版社

续表

O	
o. v.	on vellum 仿羊皮纸，精制犊皮纸
OWL	Web Ontology Language 网络本体语言
P	
p.	1. page 页，页数 2. part 部，部分
P2P	Peer to Peer 点对点，点对点通信，对等联网
PA	1. *Physics Abstracts* 《物理文摘》(英国) 2. production assistant 制片助理，导演助理 3. Publishers Association 出版商协会（英国）
PaaS	Platform-as-a-Service 平台即服务
PAB	patent abstracts bibliography 专利文摘目录
PABX	private automatic branch exchange 专用自动交换分机
PAC	1. Preservation and Conservation 出版物的保护和保存（国际图联核心活动之一） 2. Public Archives of Canada 加拿大公共档案馆
PAL	Phase Alternating Line PAL 制式，帕尔制式
PAO	Periodicals Archive Online 典藏人文社科全文期刊库
PAP	Print Access Protocol 打印机访问协议
pass.	（拉）*passim* 到处，处处（指在书中）
PB	1. PowerBuilder 著名数据库应用开发工具 2. Publication Board Report PB 报告（美国商务部出版局报告）
pb	paperback 平装本
PBAA	Periodical and Book Association of America 美国期刊与图书协会
PBX	private branch exchange 专用交换分机
PC	1. paper copy 平装本 2. personal computer 个人计算机 3. photo copy 照相复制本 4. printed circuit 印刷电路
PCC	Program for Cooperative Cataloging 合作编目项目
PCL™	printer control language PCL 语言，打印控制语言
PCMR	photochromic microreproduction 彩色缩微复制
PCN	path control network 路径控制网络
PCU	peripheral control unit 外围设备控制器
PD	1. public domain 公共域 2. publication discontinued 中止出版，停（休）刊
PDA	personal digital assistant 个人数字助手，个人数字助记簿，电子记事簿
PDF	Portable Document Format 可移植的文献形式
PDI	public domain information 公共领域的信息

续表

P	
PDL	1. page description language 页面描述语言 2. program design language 程序设计语言
PDN	public data network 公用数据网络
PDP	plasma display panel 等离子显示器
PDS	partitioned data set 分区数据集，分片数据集
PDN	protocol data network 协议数据单元
PEP	Packet Exchange Protocol 分组交换协议
per.	periodicals 期刊，定期刊物
pf	1. portfolio 函盒，文书夹 2. proforma invoice 估计发票
PFS	patent family service 同族专利检索服务
pfx	prefix 前缀，冠首词
PIALA	Pacific Islands Association of Libraries and Archives 太平洋群岛图书馆和档案馆协会
PIC	1. picture 一种图像文件格式 2. Picture Image Compression 图像压缩
PID	personal identification device 个人识别装置
PIM	personal information manager 个人信息管理软件
PIN	personal identification number 个人身份识别码，个人身份号码
PIPO	parallel input/parallel output 并行输入/并行输出
PISO	parallel input/serial output 并行输入/串行输出
PIU	path information unit 路径信息单元
PKI	public key infrastructure 公共密钥基础结构
PL	1. preliminary leaves 文前栏页 2. price list 价目表 3. programming language 程序语言 4. public library 公共图书馆
PLA	1. Pakistan Library Association 巴基斯坦图书馆协会 2. Philippine Library Association 菲律宾图书馆协会 3. Polish Library Association 波兰图书馆协会 4. Public Library Association 美国公共图书馆协会
PLB	picture level benchmark 图像性能基准
PLC	1. power line communication 电源线通讯 2. public access catalog 公共检索目录，公共访问目录
PLIP	Public Library Innovation Program 公共图书馆创新计划
PLOC	Polices and Laws of China 中国法律法规全文数据库
PLP	Packet Layer Protocol 分组层协议
PLR	Public Lending Right 公共借书权

续表

P	
PLS	please 请
PLT	public library trustee 公共图书馆理事
PMA	post mortem authors 著者死后（出版）
PNG	portable network graphics 便携式网络图像
PO	1. patent office 专利局 2. post office 邮局
P. O.	purchasing order 订单
POD	print on demand 按需打印，按需出版
POL	problem-orientated language 面向问题的语言
POP	point of presence 存在点
POPSI	postulate-based permuted subject index 假定轮排主题索引
POR	*Patent Office Report* 《专利局报告》（美国）
POSH	permuted on subject headings 主题词轮排（索引）
POSIX	Portable Operating System Interface POSIX 标准，可移植操作系统界面
POS	point-of-sale 销售点
POV	point of view 意见，观点
PP	pages 页（复数）页数
PPA	Periodical Publishers Association 期刊出版商协会（英国）
ppd.	postage prepaid 邮资已预付
PPP	Point to Point Protocol 点对点协议
PPS	pictures per second 每秒帧数
PPSN	public packet switched network 公用分组交换网
PQDD	ProQuest Digital Dissertation ProQuest 学位论文数据库
PR	potential requirements 潜在需求
pr.	press 出版，出版社，印刷，印刷本
PRDLA	The Pacific Rim Digital Library Alliance 环太平洋数字图书馆联盟
PRECIS	Preserved Context Indexing System 保留上下文标引系统
pref.	preface 序言
PREMIS	Preservation Metadata Implementation Strategies 保存元数据实施策略
PRI	primary rate interface 主速率接口
PROLOG	Programming in Logic PROLOG 语言，逻辑程序设计语言
PROM	1. programmable read only memory 可编程只读存储器 2. programmable memory 可编程存储器
PS	1. picosecond 皮秒 2. pseudonym 笔名，署名

续表

P	
P. S.	post scriptum 又及，附言
PSI	permuterm subject index 轮排主题索引
PSN	packet switch node 分组交换节点
PSS	packet switching service 分组交换业务
PSTN	public switched telephone network 公用交换电话网络
PSW	password 密码
PTC	photographic type composition 照相版排字
PTDLA	Patent and Trademark Depository Library Association 专利和商标存储图书馆协会（美国）
PTLA	*Publisher's Trade List Annual* 《出版商书目年刊》（美国）
PTP	Packet Transfer Protocol 分组传送协议
PU	physical unit 物理单元
PURL	persistent uniform resource locator, persistent URL 持久性统一资源定位器
PVC	polyvinyl chloride 聚氯乙烯
PY	pinyin 汉语拼音
Q	
q. or or quar.	quarterly 季刊
QA	query author 要求作者校对的注释
Q/A	Question/Answer 问答
QAM	quadrature amplitude modulation 正交调幅式调制解调器
QAS	question-answering system （自动）问答系统
QATP	quality assurance technical publication 质量保证技术出版物
QBE	query by example （仿效）实例查询语言，QBE 语言
QCI	quality control information 质量管理信息
QI	quarterly index 季度索引
QISAM	queued indexed sequential access method 排队索引按序存取法
QJ	*Quarterly Journal of LC* 《国会图书馆季刊》（美国）
QL	query language 查询语言
qn.	question 询问，问题
QOS	quality of service 服务质量
QSAM	queued sequential access method 排队按次序存取法
quad.	quadraphonic 四声道
quot	1. quotation 报价，印证 2. quoted 引语，注明

续表

Q	
q. v.	（拉）*quod vide*　参见（阅）
qy.	query　问题，备注
R	
RAD	rapid access disc　快速存取磁盘
RADIR	random access document indexing and retrieval　随机存取文献标引与检索
RAID	redundant array of inexpensive disks　冗余序列廉价磁盘
RAM	random access memory　随机存取存贮器
RAS	remote access service　远程访问服务
RBMS	Rare Books and Manuscripts Section　美国大学与研究图书馆协会珍善本和手稿组
RBR	reserved book room　保存本阅览室
RC	1. reader code　阅读器代码 2. regional center　地区中心 3. remote control　遥控
RCP	remote communications processor　远程通信处理器
RD	reference division　参考（咨询）部
RD or RMDIR	remove directory（in DOS）　（DOS 中）删除空目录的命令
R & D	research and development　研究与开发
RDA	Resource Description and Access　资源著录与存取
RDBMS	relational database management system　关系数据库管理系统
RDC	remote data collection　远程数据收集
RDF	resource description framework　资源描述结构
RDP	Reliable Datagram Protocol　可靠数据报协议
Re	revised edition　修订版
REACC	RLIN（Research Libraries Information Network）East Asian Character Code　研究图书馆信息网络东亚字码
rec.	1. receipt　收据，收件 2. record　记录，唱片
ReCAP	Research Collections and Preservation Consortium　美国研究馆藏与保存联盟
RECON	retrospective conversion　回溯转换
REM	remark　注解
rep.	1. report　报告，报告书 2. reporter　报告人，记者
repro.	reproduction　复制，复制品

续表

R	
res.	1. research 研究，搜索，调查 2. reserve 预约，备用
REST	Representational State Transfer 表述性状态转移
rev.	1. revise 修订，校正 2. revised 修订的，校订的 3. revision 修订，校订，修订本
REW	rewind 反绕装置，倒带，倒片
RF	radio frequency 无线电频率，射频
RFC	request for comments 请求评论
RFD	request for discussion 请求讨论
RFID	radio frequency identification 无线射频识别
RFP	request for proposal 系统需求书
RFQ	request for quote 要求引用，要求引证
RFS	remote file system 远程文件系统
RGB	Red，Green，Blue 1. 彩色，红绿蓝彩色 2. （彩色电视机）红绿蓝三色射束
RI	1. relational indexing 相关标引法 2. rule interpretation 编目条例说明
RIA	Rich Internet Application 富因特网应用
RIAA	Recording Industry Association of America 美国唱片协会
RIFF	Resource Interchange File Format RIFF 格式
RIP	Routing Information Protocol 路由信息协议
RISC	reduced instruction set computer 精简指令集计算机
RLG	Research Libraries Group 研究图书馆协会（美国）
RLIN	Research Libraries Information Network 研究图书馆信息网络（美国）
RM	1. reference manual 工具书手册 2. research memorandum 研究备忘录
RMDIR or RD	remove directory（in DOS） DOS 中删除空目录的命令
RMI	reliability management information 可靠性管理信息
r. n.	registered number 登录号
R & N	right and now 马上
RNR	receiver not ready 接收方未准备好
RO	receive only 只接收
ROM	read only memory 只读存储器
RP	reprinting 再版通告
R/P	reprint 再版，重印

续表

R	
R. P.	reprint 重印，在重印中
RPC	Remote Process Call 远程进程调用
RPI	rows per inch （磁带）每英寸排数
RPM	resale price maintenance 维持特卖价格
RPS	raster pattern storage 光栅模式存储器
RR	1. receive ready 接收准备好 2. repetition rate 重复率 3. research report 研究报告
RRC	ready reference collection 便捷参考源
RRL	registered record librarian 注册记录的图书馆员
RS	1. record separator 记录符 2. remote station 远程（数据）站
RSS	1. retrospective search system 回溯性检索系统 2. Rich Site Summary, Really Simple Syndication 丰富站点摘要，真正简单聚合
RSC	reader service card 读者服务卡
R. S. V. P.	（法）*Répondez s'il vous plait* 请回答，恭候回复
RT	related term 相关词
RTF	Rich Text Format 多样化文本格式
RTMP	Routing Table Maintenance Protocol 路由表维护协议
RTOS	real-time operating system 实时操作系统
RTS	1. ready to send 准备发送 2. request to send 请求发送
RTSP	Real Time Streaming Protocol 实时流传输协议
RTT	round-trip-time 往返时间
RTTP	Real Time Transport Protocol 实时传输协议
RTU	remote terminal unit 远程终端设备
RTV	real-time video RTV 格式
RUSA	Reference and User Services Association 美国图书馆协会参考与用户服务协会
RUSQ	*Reference & User Services Quarterly* 《参考与用户服务季刊》（美国）
R/W	read/write 读写
RX	receive, receiver 接收
S	
S	1. see 见（编目用语） 2. serials 连续性出版物 3. series 丛书，丛集，多卷集，系列 4. signature 签名

续表

S	
s. a.	1. semi-annual 半年刊 2.（拉）*sine anno* 无日期，无出版日期
SA. or s. a.	see also 参见，互见
SA	*Science Abstracts* 《科学文摘》（英国）
SAA	1. Society of American Archivists 美国档案学家学会 2. systems application architecture 系统应用（软件）体系结构
SaaS	software as a service 软件服务化，软件即服务
SAB	system advisory board 系统咨询部
SAC	systems advisory committee 系统咨询委员会
SACP	Subject Authority Cooperative Program 主题规范档合作项目（美国）
SAF	see also from 参见自，参自
SAIDC	system for automation of information document center 信息与文献中心自动化系统
SAINL	semiautomatic indexing of natural language 自然语言半自动化标引
SALA	South African Library Association 南非图书馆协会
SALLA	Sierra Leone Library Association 塞拉利昂图书馆协会
SAM	semantic analyzing machine 语义分析机
SAN	1. standard account number 标准账号 2. Standard Address Number 标准地址号码 3. storage area network 存储区域网
SAP	1. service access point 服务访问点 2. subject access project 主题检索计划
SAPI	server application programming interface 服务器应用编程接口
SARL	Scandinavian Association of Research Librarians 斯堪的纳维亚研究图书馆员协会
SATRA	*Science and Technology Research Abstracts* 《科学技术研究文摘》（美国）
SB	1. selected bibliography 选目 2. special bibliography 专题书目
SBA	School Bookshop Association 学校书店协会（英国）
SBC	single board computer PCB 单板机，单板计算机
SBD	standard bibliographic description 文献目录标准著录
SBN	standard book number 标准书号
SBPR	（西）*Sociedad de Bibliotecarios de Puerto Rico* 波多黎各图书馆学会
SBP	（波兰）*Stowarzyszenie Bibliotekarzy Polskich* 波兰图书馆员协会
SBS	1. secondary basic subject 第二基本主题 2.（瑞典）*Svenska Bibliotekariesamfundet* 瑞典研究图书馆员协会
s. c.	1. small capitals 小号大写字母 2. supercalondered paper 超级研光纸

续表

S	
SC	1. storage capacity 藏书量，储存容量 2. subject classification 主题（学科）分类法 3. superimposed coding 叠加编码
sc	1.（拉）*scilicet* 即，算作，名为 2. storage capacity 藏书量，存储容量
SCAN	scheduling and control by automated network 自动化网络编表与管理
SCC	sectional classification code 分段分类码
Sc. D.	（拉）*Scientiae Doctor* 理学博士
SCI	*Science Citation Index* 《科学引文索引》（美国）
SCISearch	Science Citation Index Search 科学引文索引服务（美国）
SCL	Shanghai Central Library 上海中心图书馆
ScML	Science Museum Library 科学博物馆图书馆
SCM	*Subject Cataloging Manual* 主题编目手册（美国）
SCO	single copy order 单本订单
SCOLMA	Standing Conference on Library Materials on Africa 非洲图书资料常设会议
SCONUL	Society of College, National and University Libraries 英国和爱尔兰大学和国家图书馆学会
SCSI	small computer systems interface 小型计算机系统接口
SD. or s. d.	1.（法）*sans date* 无年代，未注明年代 2. single density disk 单密盘
s. d.	sans date 未注明日期
SDA	standard descriptive abstract 标准著录文摘
SDD	software description database 软件描述数据库
SDI	selective dissemination of information 定题信息提供，定题信息选报
SDK	software development kit 软件开发工具包
SDLC	synchronous data link control 同步数据链路控制
SDSL	symmetric digital subscriber line 对称数字用户线
SDS	serials data system 连续性出版物数据系统
SDTI	selective dissemination of technical information 技术信息定题服务
SDTS	Spatial Data Transfer Standard 空间数据转换标准
SDU	service data unit 服务数据单元
SDV	switched digital video 交换式数字图像
s. e.	special edition 特（专）刊，号外
sec.	section 部门，组，段落，章节，小类，三级类目
SECO	1. sequential coding 连续编码 2. sequential control 顺序控制
SELDOM	selective dissemination of MARC 机读目录定题服务

续表

S	
SEO	Search Engine Optimization 搜索引擎优化
sep.	separate 抽印本，单行本
seq.	（拉）*sequentes*，*sequentia* 以下
ser.	series 丛书，丛刊，丛集，多卷集
Sess.	session 会议，会期，学期
s. f.	（拉）*sub finem* 参见本章末
SFF	standard file format 标准文档格式
SFP	standard front page 标准标题页
SGML	Standard Generalized Markup Language 标准通用置标语言
SGMP	Simple Gateway Monitoring Protocol 简单网关监控协议
Sh.	sheep 羊皮革，羊皮纸
SHAL	subject heading authority list 主题标题规范表
SHARP	Society for the History of Authorship，Reading and Publishing 写作、阅读和出版史学会（美国）
SHF	super high frequency 超高频
SHTTP	Secure Hypertext Transfer Protocol 安全超文本传输协议
SI	Society of Indexers 英国索引工作者学会
SIB	scheduling information bulletin 定期信息通报
SIBF	Seoul International Book Fair 首尔国际书展
SIC	1. scientific information consultants 科学信息咨询员，科学信息顾问 2. specialized information center 专业信息中心 3. subject information center 专题信息中心
SICI	Serial Item and Contribution Identifier 期刊物件与文章标识符
SIDAR	selective information dissemination and retrieval 定题信息提供与检索系统
sig.	signature 签字，署名，书帖
SIL	subject indexing language 主题标引语言
SIN	1. selective information network 选题信息网 2. subject indicator number 主题指示符号码
SIO	serial input/output 串行输入/输出
SIP	standard interchange protocol 标准互换协议
SIPO	serial input/parallel output 串行输入/并行输出
SIR	1. semantic information retrieval 语义信息检索 2. simplified information retrieval 简化信息检索 3. special information retrieval 专业信息检索
SIRE	symbolic information retrieval 符号信息检索

续表

S	
SIS	science information services 科学信息源
SISD	single instruction stream single data stream 单指令流单数据流
SISO	serial input/serial output 串行输入/串行输出
SKE	Science Knowledge Environment 中国科学院专业领域知识环境
SKOS	Simple Knowledge Organization System 简单知识组织系统
SKWOC	structured keyword out of context 结构式题（上下文）外关键词
s. l.	（拉）*sine loco* 出版地不详，缺出版地
SLA	1. School of Library Association 学校图书馆学会（英国） 2. Scottish Library Association 苏格兰图书馆协会 3. Special Libraries Association 专业图书馆协会（美国）
SLC	1. Schools of Librarianship Committee 图书馆学院委员会（英国） 2. short loan collection 短期外借藏书
SLIC	1. selective listing in combination 选择组配标引法 2. Scottish Library & Information Council 苏格兰图书馆暨信息委员会
SLJ	*School Library Journal* 《学校图书馆杂志》（美国）
SLLA	Sri Lanka Library Association 斯里兰卡图书馆协会
SLSI	super large scale integration 超大规模集成
SM	scientific memorandum 科学备忘录
s. m.	semimonthly 半月刊
SMATV	satellite master antenna television 卫星共用天线电视
SMB	server message block 服务器信息块
SMD	specific material designation 具体资料表示，特定资料标识
SMDS	switched multimegabit data service 交换多兆位数据服务
SMI	structure of management information 管理信息结构
SMIL	synchronize multimedia integration language 同步多媒体集成语言
SML	symbolic machine language 符号机器语言
SMP	1. Session Management Protocol 会话管理协议 2. The Singapore Memory Project 新加坡记忆项目
SMS	short messaging service 短信服务
SMTP	Simple Mail Transfer Protocol 简单邮件传输协议
SN	1. scope note 范围注释，叙词含义说明 2. serial number 流水（顺序）号，丛刊号 3. sign 信号
s. n.	（拉）*Sine nomine* 缺出版者，出版者不详
SNA	systems network architecture 系统网络体系结构
SNAP	Sub-Network Access Protocol 子网访问协议

续表

S	
SNL	standard nomenclature list 标准术语表
SNMP	Simple Network Management Protocol 简易网络管理协议
SNS	1. social network service 社会网络服务 2. Social Network Software 社会性网络软件
SO	standing order 长期订单
SOA	Service-Oriented Architecture 面向服务架构
SOAP	Simple Object Access Protocol 简易对象访问协议
S/OFF	sign-off 去掉符号
SOLAR	1. semantically-oriented lexical archive 语义型词汇档案 2. storage and on-line automatic retrieval 存储和在线自动检索
SOM	system object model 系统对象模型
S/ON	sign-on 加上符号
SONET	synchronous optical network 同步光纤传输网络
SOS	1. sample operating system 样本操作系统 2. share operating system 共享操作系统
SP	specific publication 专题出版物，特种文献
SPAN	systems planning and analysis 系统规划和分析
SPAP	system for publication acquisitions and processing 出版物采购与加工系统
SPARC	Scholarly Publishing and Academic Resources Coalition 学术出版和学术资源联盟（英国）
SPECOL	special customer-oriented language 面向专门用户的语言
SPI	1. service publication instruction 业务出版物说明 2. standard practice instruction 标准操作说明书
SPIRS	special purpose information retrieval system 专用信息检索系统
SPLQ	*Scandinavian Public Library Quarterly* 《斯堪的纳维亚公共图书馆季刊》
SPP	Sequenced Packet Protocol 顺序分组协议
SPX	1. sequential packet exchange 顺序分组交换 2. simplex 单工
SQA	software quality assurance 软件质量保证
SQC	statistical quality control 统计量控制
SR	1. scientific report 科学报告 2. supplementary report 补充报告
SRM	standard reference material 标准参考工具资料
SRRT	Social Responsibilities Round Table 美国图书馆协会社会责任圆桌会议
SRU/SRW	Search and Retrieve URL/Web Service 检索 URL/检索 Web 服务
SSAP	source service access point 源服务访问点
SSCI	Social Science Citation Index 社会科学引文索引

续表

S	
SSCP	system services control point 系统服务控制点
SSD	single-sided disk 单面磁盘
SSI	small scale integration 小型集成电路
SSIRT	Support Staff Interests Round Table 美国图书馆协会辅助人员圆桌会议
SSP	Society for Scholarly Publishing 学术出版学会（美国）
SSPT	Social Science Plus Full-text 社会科学期刊全文数据库
s/s	same size 原尺寸
SS	Social Software 社会性软件
s. s.	standard subdivision 标准细分，标准复分表
st.	1. Saint 圣（加在圣徒，教会，学校，街道名字前） 2. stitched 订线的
s/t	small type 小铅字
stat.	statistics 统计资料，统计表，统计法
STD	1. standard 标准，规格 2. subscriber trunk dialing 用户干线播号
STDM	statistical time division multiplexing 统计时分多路转换
stereo.	stereophonic 立体声的
STF	short title file 简化书名档，简化题名档
STI	scientific and technological information network 科学技术信息网络
STID	science and technology information and documentation 科技信息与文献工作
STM	International Group of Scientific, Technical and Medical Publishers 国际科技和医学出版社组织
STN	The Scientific and Technical Information-Network 科学技术信息网
STRN	standard technical report number 标准技术报告号
STX	start of text 正文开始符
subj.	subject 标题，主题
subs.	subscription 预订，订阅
SUBTIL	synthesized user based terminology index language 读者用术语综合标引语言
SuDoc	Superintendent of Documents Classification 政府出版局分类法（美国）
sup. ex.	super-extra 豪华（本）
suppl.	supplement 补遗，补篇，副刊，增刊
s. v.	（拉）*sub voce* 在…… 词下
SVD	（德）*Schweizerische Vereinigung für Dokumentation* 瑞士文献协会

续表

S	
s. w.	semiweekly 半周刊
SW	short wave 短波
swd.	sewed 线装，缝合本
SWOC	subject-word-out-of context 题外主题词
SWRL	Semantic Web Rules Language 语义网规则语言
sym.	symbol 符号，标志
SZ	size 书型，开本
T	
T or t	1. octodecimo 十八开本（书） 2.（拉）*tomus* 卷
TA	（法）*traduction automatique* 机器翻译
tab	1. table 表格，图表，目录 2. tablet 书板 3. tabloid 小报，文摘，摘要 4. tabulator （打字机键盘上的）跳格键
TAC	1. technical advisory committee 技术咨询委员会 2. terminal access controller 终端存取控制器
TAFN	that's all for now 到此为止
TAPPI	Technical Association of the Pulp and Paper Industry 纸浆与造纸工业技术协会（美国）
t. a. w.	twice a week 每周（出版）两次
TB	1. talking book 有声图书 2. technical bulletin 技术公报，技术通报
TBC	to be continued 待续，见下文
t. cat	title catalog 书名目录，题名目录
TC	1. technical circular 技术通报 2. term combination 款目（术语）组配
TCP/IP	Transmission Control Protocol/Internet Protocol 传输控制协议/因特网协议
TCT	*Thesaurus Common Topics* 《通用主题叙词表》
TCW	time code word 时间代码词
TD	technical data 技术数据
TDC	1. technical data center 技术数据中心 2. Technical Documentation Center 技术文献中心（美国）
T. D. D.	technical data digest 技术数据汇集
TDM	time division multiplexing 时分多路转换，时分复用

续表

T	
TDMS	time-shared data management system 分时数据管理系统
TDR	technical data report 技术数据报告
t. e. g.	top edge gilt 金天边
TESLA	Technical Standard for Library Automation 图书馆自动化技术标准（美国）
TEST	*Thesaurus of Engineering and Scientific Terms* 《工程与科学叙词表》（美国）
TEXTIR	text indexing and retrieval 正文标引与检索
TF	term frequency 款目频度，检索词频率
thk.	thick 粗体的
TI	technical information 技术信息
TIC	technical information center 技术信息中心
TIDEX	technical information document index 技术信息文献索引
TIF	technical information file 技术信息档
TIFF	1. Tag Image File Format TIFF 文件格式，标签图像文件格式 2. tagged image file format 标记图像文件格式
TIL	technical information library 技术信息图书馆
TIPS	technical information processing system 技术信息加工系统
TIS	total information system 完全信息系统
tit.	title 书名，刊名，篇名，标题
TL	team librarianship 集体图书馆事业
TLA	1. Thai Library Association 泰国图书馆协会 2. Theatre Library Association 戏剧图书馆协会（美国） 3. Tonga Library Association 汤加图书馆协会 4. Toy Libraries Association 玩具图书馆协会（英国） 5. Turkish Librarians Association 土耳其图书馆员协会
TLC	teacher-librarian certificate 教师兼任图书馆员合格证书
TLS	*Times Literary Supplement* 《时代文学副刊》（英国）
TLU	table look-up 查表
TM	1. technical manual 技术手册 2. technical memorandum 技术备忘录
TMI	1. technical meeting index 技术会议索引 2. too much information 信息太多了
TNDC	Thai National Documentation Center 泰国国家文献中心
TN	technical note 技术札记
TOC	table of contents 目次表，内容目次
TOCS	term-oriented classification system 术语型分类系统
TOD	technical objective documents 技术目标文件

续表

T	
TOE	total operating expense　总操作费用
TON	top of the news　头条新闻
TOP	temporarily out of print　暂时停印
TORTOS	terminal oriented real time operating system　面向终端的实时操作系统
TOS	temporarily out of stock　暂时缺货
TP	1. technical paper　技术论文 2. teleprocessing　远程处理 3. transaction processing　事务处理
t. p.	1. thick paper　厚纸，粗纸 2. title page　题名页
T. P. A.	Technical Publications Association　技术出版物协会（英国）
TPD	total potential demand　总潜在需求
TPI	1. title page and index　标题页与索引页 2. tracks per inch　每英寸磁道数
t. p. i.	title page index　书名页索引
TPL	table producing language　表生成语言
t. p. m.	title page mutilated　书名页残缺
TPR	technical progress report　技术进展报告
TQM	total quality management　完全品质管理
TQS	term question specificity　词语提问专指性
TR	1. technical records　技术档案 2. technical report　技术报告
tr.	1. translation　翻译，译文 2. translator　译者，翻译程序
trac.	tracing　根查
TRANSDEX	translation index　译文索引
TREC	The Text Retrieval Conference　文本检索会议
TRI	technical report instruction　技术报告说明书
TRIAL	technique for retrieving information from abstracts of literature　文献文摘信息检索技术
TRIB	transfer rate of information bit　信息位的传输速率
TRIP	technical reports indexing project　技术报告标引计划
tr. mk.	trade mark　商标
TRT	Trademark Registration Treaty　商标注册条约
TSAC	title, subtitle, and caption　标题，副标题和题目
TSR	terminate and stay resident（program）　TSR 程序，（终止并）驻留程序

续表

T	
TSS	time-sharing system　分时系统
TST	test　测试，测验，考查
TSW	telesoftware　远程软件
TSX	time sharing executive　分时执行系统
TT	1. technical translation　技术译文 2. top term　族首词
TTBOMK	to the best of my knowledge　就我所知
TTKN	Tsinghua Tongfang Knowledge Network Technology Group　清华同方知网技术产业集团
TTUL	talk to you later　以后再聊
TV	television　电视
TVRO	television receive only　仅供电视接收
TWS	translator writing system　翻译程序编写系统
TYPOUT	typewriter output routine　打字机输出程序
U	
U. or u	1. unit　单元，单位，装置，设备 2. unclassified　无类别的，不保密的
UADPS	uniform automatic data processing system　标准自动资料处理系统
UADS	user attribute data set　用户属性数据集
UAF	Union Authority Files　联合权威档模式
UAP	Universal Availability of Publications　世界出版物收集和利用（原国际图联核心活动之一）
UBCIM	Universal Bibliographic Control and International MARC　世界书目控制与国际机读目录（原国际图联核心活动之一）
UBC	Universal Bibliographical Control　世界书目控制
u/c	unclassified　未分类的，不保密的
u. c.	upper case　大写字体
UCAP	*Union Catalog of Asian Publications*　《亚洲出版物联合目录》
UCB	union catalog of books　图书联合目录
UCC	1. Unified Classification Code　统一分类代码（英国） 2. universal classification system　通用分类系统 3. *Universal Copyright Convention*　《世界版权公约》
UCDRS	Unite Collaborate Digital Reference Service　联合参考咨询与文献传递网
UCF	union catalog file　联合目录文档
UCS	universal character set　通用字符集
UDC or U. D. C.	Universal Decimal Classification　国际十进分类法

续表

U	
UDDI	Universal Description (Discovery and Integration)　统一描述、发现与集成服务
UDP	User Datagram Protocol　用户数据协议
UE	user element　用户元素
UF	used for　"替代"
UFC	used for combination　租代
UGC	user-generated content　用户原创内容
UHF	ultra high frequency　超高频
UHF RFID	Ultra High Frequency Radio Frequency Identification　超高频射频识别
UI	user interface　用户界面，用户接口
u. i.	（拉）*ut infra*　如下所述，如下所示
UIS	universal information service　一体化信息服务
UL	1. uncontrolled language　非规范化语言 2. UNESCO Library　联合国教科文组织图书馆 3. university librarian (dean of university library)　大学图书馆馆长
U. L.	university library　大学图书馆
ULA	1. Uganda Library Association　乌干达图书馆协会 2. uncommitted logic array　自由逻辑阵列
ULC	Urban Libraries Council　城市图书馆委员会（美国）
ULDP	Unesco list of documents and publications　联合国教科文组织文献和出版物目录
ULS	union list of serials　期刊联合目录
ULSI	ultra-large scale integration　超大规模集成
ult.	（拉）*ultimo*　上月的，前月的
UML	unified modeling language　统一建模语言
unabr.	unabridged　未删节的，未省略的，完整的，全文本
U. N. B.	United Nations Bookshop　联合国书店
unbd.	unbound　未装订的，散装本
UNBIS	United Nations Bibliographic Information System　联合国书目信息系统
unc.	1. uncertain　书名或刊名不详 2. uncut　未切边，未册节
UNC	uniform naming convention　统一命名约定，通用命名惯例
unct.	uncut　未切书边，毛边，未册节
UNDI	United Nations Document Index　联合国文献索引

续表

U	
UNDIS	United Nations Documentation Information System 联合国文献信息系统
undsgd.	undersigned 在末尾签名的
UNESCO	United Nations Educational, Scientific and Cultural Organization 联合国教科文组织
UNI	user network interface 用户网络接口
UNICAT	union catalog 联合目录
UNIMARC	universal machine-readable cataloging 通用机读目录格式
UNISIST	Universal Information System in Science and Technology 联合国世界科技信息系统
UNISTR	user network for information storage, transfer, and retrieval 信息存储、传递、收集和检索用户网络
univ.	universal 通用的，普遍的，世界的，一般的
unkn.	unknown 不详，不明
UNL	United Nations Library 联合国图书馆
UNP or unp.	1. United Nations Publications 联合国出版物 2. unpaged 无页码的，未标页码的
unpub.	unpublished 未出版的
UNSBE	Universal Serials and Book Exchange 国际书刊交换中心（美国）
UNSCC	United Nations Standards Coordinating Committee 联合国标准协调委员会
UPC	1. Unesco Publications Center 联合国教科文组织出版中心 2. universal product code 通用产品（代）码
UPL	user programming language 用户程序设计语言
UPS	uninterruptible power supply 不间断电源
Ur	your 你的
URC	uniform resource citation 统一资源引用符
URI	universal resource identifier 通用资源标识符
URL	uniform resource locator 统一资源定位符
URN	uniform resource name 统一资源命名
U. S.	1. （拉）*ubi supra* 在上面提及之处 2. （拉）*ut supra* 如上所述
u/s	unassorted 未分类的，未配齐的
US	unit separator 单元分隔符
USART	universal synchronous asynchronous receiver-transmitter 通用同步异步收发器
USBC	universal standard book code 国际标准图书代号
USBS	United States Bureau of Standards 美国标准局

续表

U	
USENET	user network 网络论坛页面
USERID	user identification 用户标识（鉴定）
USMARC	United States machine readable cataloging 美国机读目录
UUCP	unix-to-unix copy program unix 到 unix 的复制程序
UV	1. ultraviolet 紫外光，紫外辐射 2. unique visitor 唯一访问者
V	
v or vid	（拉）*vide* 请看，参看
V.	volume 卷，册，卷次，音量
var. ed. & tr.	various editions and translations 各种版本和译本
VC	virtual channel 虚拟信道
vCalendar	Virtual Web Calendar 虚拟网络日历
VCD	video compact disc 激光视盘
VCI	virtual channel interface 虚拟通道接口
VCR	video cassette recorder 盒式磁带录像机
VCPS	Video Copyright Protection Society 影视版权保护协会（英国）
v. d.	various dates 出版日期不一
VDR	videodisc recorder 影碟刻录机
VDT	video display terminal 视频显示终端
VE	Visible Earth “可视地球”
vers.	verso 左页，偶数页
VESA	Video Electronics Standards Association 视频电子标准协会
VG	very good 很好
VGA	1. video graphics adaptor 视频图形适配器 2. video graphics array SVGA 视频图形陈列
VHD	very high density 甚高密度（视盘）
VHF	very high frequency 甚高频
VHS	video home system 家用录像系统
VIAF	Virtual International Authority File 虚拟国际规范档
VID	Vendor Inventory Database 书刊供应商库存数据库
vign.	vignette 小品文，章头章尾小花饰
VIS	video information system 视频信息系统

续表

V	
ViSCA	video system control architecture 视频系统控制体系
viz.	（拉）*videlicet* “即”、“就是说”或“就是”
VLAN	virtual LAN 虚拟局域网
VLDB	very large database 特大容量数据库
Vlog	Video Blog（Vlog） 视频博客
VLSI	very large scale integration 超大规模集成电路
VMS	virtual memory system 虚拟存储系统
VOB	Vereniging Openbare Bibliothekeu 荷兰公区图书馆协会
VOD	video on demand 视频点播
VPL	Vancouver Public Library 温哥华公共图书馆（加拿大）
VPN	virtual private network 虚拟专用网络
VR	virtual reality 虚拟实境
VRA	Visual Resources Association 视觉资料协会（美国）
VRD	virtual reference desk 虚拟参考台
VRML	1. virtual reality modeling language 虚拟现实建模语言 2. virtual reality markup language 虚拟现实置标语言
VRS	virtual reference services 虚拟参考咨询服务
VRT	video round table 电视圆桌会议
VS	virtual storage 虚拟存储器
VSAT	very small aperture terminal 微孔终端
VSM	vector space model 向量空间模型
VT	videotape 录像磁带
VTAM	virtual telecommunications access method 虚拟远程通信访问法
VTR	video tape recorder 录像机
VU	voice unit 音量单位
VUAF	Virtual Union Authority Files 虚拟联合权威档模式
V & V	verification and validation 检验和确认
v. y.	various years 出版年代不一
W	
w. or wkly.	weekly 周刊，周报
w. a. f.	“with all faults” 一经售出概不退还
WALA	West African Library Association 西非图书馆协会
WAMI	World Association for Medical Informatics 世界医学信息协会
WAN	wide area network 广域网

续表

W	
WAP	Wireless Application Protocol　无线应用协议
WATS	wide area telecommunications service　广域电信服务
wb.	white book　白皮书
WBI or w. b. I.	will be issued　将要出版，将发行
WBU	World Blind Union　世界盲人联合会
w. c.	without charge　免费
WCSI	World Center for Scientific Information　世界科学信息中心
WDC	World Data Center　世界数据中心
WDRC	World Data Referral Center　世界数据参考中心
WD	wiring diagram　线路图
WE	whatever　无论什么，无论如何
w. f.	wrong font　异体铅字
WIIWD	what it is we do　这正是我们要做的
WiKiCUU	*Wiki Chinese Universities Union*　《中国高校维基百科全书》
WIMP	window, icon, mouse, pointer　视窗，图标，鼠标，指针
WIPO	Word Intellectual Property Organization　世界知识产权组织
wkly	weekly　周刊，周报
WLA	Welsh Library Association　威尔士图书馆协会
WLAN	wireless local area network　无线局域网
WLIC	World Library and Information Congress　世界图书馆与信息大会
WLL	wireless local loop　无线本地环路
WMP	Windows Media Player　视窗媒体播放器
WORM	Write Once Read Many　一写多读存储器
w. p.	whatman paper　一种高级绘画纸
WP	word-processing　（文）字处理
WPI	World Patent Index　世界专利索引
WPM	words per minute　每分钟单词数
WPRIM	The Western Pacific Region Index Medicus　西太平洋地区医学索引
wrap.	wrapper　封皮，护封

续表

W	
WRT	with respect to 关于
WSDL	Web Services Description Language 网络服务描述语言
WSRF	Web Services Resource Framework 网络服务资源框架
Ww.	Who's who 人名录
WWW	Word Wide Web 万维网
WWWC	World Wide Web Consortium 万维网联盟
WYSIAYG	What you see is all you get 原样（复制）打印输出
WYSIWYG	What you see is what you get 即将打印出来的即示屏上显示的
X	
XL	extra large 特大号
XLL	extensible link language 可扩展链接语言
XML	Extensible Markup Language 可扩展置标语言
XMS	extended memory specification 扩展存储器规格，XMS 内存
xpln.	explanation 解释，说明
XRF	experimental reproduction film 实验复制胶卷
XSL	extensible style language 可扩展类型语言
XUL	extensible user interface language 可扩展用户界面语言
xylog.	xylographic 木版印刷的，木刻的，木版画的
Y	
YA	young adult 年轻的成年人
YALSA	Young Adult Library Services Association 美国图书馆协会图书馆青年服务协会
YB or y. b.	yearbook 年鉴，年刊，年报
yb.	yellow book 黄皮书
YMCK	yellow-magenta-cyan-black 黄-红-青-黑色
y or yr.	1. year 年代，年度，学年 2. yearly 每年的，一年一次的，年刊
YP	1. year of publication 出版年 2. yellow page 黄页
YUN	*Yearbook of the United Nations* 《联合国年鉴》
YWIA	you are welcome in advance 预先表示欢迎

续表

Z	
ZIP	Zone Information Protocol 地区信息协议
ZIT	zone information table 地区信息表
ZLA	Zimbabwe Library Association 津巴布韦图书馆协会
数字和西文	
3D	three-dimensional 三维

附 录 四
主要专业期刊
(The Main Professional Journals)

刊物名称		创刊年	出版国和地区	备注
American Libraries	《美国图书馆》 ISSN：0002－9769	1907	美国	美国图书馆协会编辑出版，每年出版11期（6月、7月合刊）
Annuals of Library and Information Studies	《图书馆与信息研究年报》 ISSN：0972－5423	1954	印度	印度国家科学文献中心编辑出版，每年出版4期（3月、6月、9月和12月）
Aslib Proceedings：New Information Perspectives	《专业图书馆和信息机构协会会刊：新信息展望》 ISSN：0001－253X	1949	英国	爱墨瑞得集团出版有限公司编辑出版，每年出版6期
Bibliography/ Библиография	《参考书目》 ISSN：0869－6020	1929	俄罗斯	俄罗斯图书商会编辑出版，月刊
Book Publishing/Книжное дело	《图书出版》 ISSN：0869－6039	1992	俄罗斯	俄罗斯图书出版商协会出版。主要栏目："事件、事实"、"新书展览会"、"法律"、"出版事业"、"书籍贸易"、"组织机构"、"图书馆事业"、"多媒体"和"儿童书籍"
Bulletin of the American Society for Information Science	《美国情报科学学会通讯》 ISSN：0095－4403	1975	美国	美国情报科学学会编辑出版，每年6期
Cataloging & Classification Quarterly	《编目与分类季刊》 ISSN：0163－9374	1976	美国	霍沃思出版公司编辑出版，每年4期
Cataloging Service Bulletin	《编目业务通讯》 ISSN：0160－8029	1978	美国	美国国会图书馆编目中心编辑出版，每年4期
China Information Review	《中国科技资源导刊》 ISSN：1005－7919	1957	中国	中国科学技术信息研究所、中国科技情报学会和中国信息导报社联合主办，月刊
College and Research Libraries	《大学与研究图书馆》 ISSN：0010－0870/ 2150－6701	1939	美国	美国图书馆协会大学与研究图书馆协会主办，刊载内容包括主编感言、研究论文、读者来信和书评等，双月刊

续表

刊物名称		创刊年	出版国和地区	备注
Computers in Libraries	《计算机在图书馆的应用》ISSN：1041－7915	1980	美国	美国信息公司编辑出版，月刊（除7—8月，1—2月合刊外），全年共10期。该刊主要研究计算机在图书馆的应用、计算机信息服务产品及服务开发
Database	数据库 ISSN：0162－4105	1968	美国	美国在线公司出版，双月刊
Digital Libraries/ディジタル図書館	《数字图书馆》ISSN：1345－9198	1994	日本	筑波大学数字图书馆编辑委员会编辑出版，季刊。主要收录日本国内有关数字图书馆的专论，大部分文章涉及有关数字图书馆的自由讨论、信息交换、研究、讨论及研究成果的出版和提供方式等
Digital Library Forum	《数字图书馆论坛》ISSN：1673－2286	2005	中国	中国科学技术信息研究所、科学技术部科技人才交流开发中心和北京万方数据股份公司主办，是中国唯一正式发行的以数字图书馆命名的专业性科学普及杂志，该刊关注国内外数字图书馆发展过程中的理论、技术、资源、方法、组织、管理版权和产业等问题，月刊
Directory of Library Automation Software, Systems and Services	《图书馆自动化软件、系统与服务指南》ISSN：1071－264X	1993	美国	梅德福学术信息公司出版，每年1期
Education for Information	《情报教育》ISSN：0167－8329/1875－8649	1983	荷兰	IOS出版社出版，季刊
Electronic Library	《电子图书馆》ISSN：0264－0473	1983	英国	爱墨瑞得集团出版有限公司编辑出版，每年6期

续表

刊物名称		创刊年	出版国和地区	备注
IFLA Journal	《国际图书馆协会联合会杂志》ISSN：0340－0352/1745－2651	1975	国际图联	原名《国际图书馆协会联合会快讯》。国际图书馆协会联合会正式出版物，由英国塞奇出版公司负责出版发行，季刊。文章主要用英文刊登，有时也用法、德、西班牙和俄文刊登。报导大会详细情况和国际图联管理委员会以及国际图联的核心活动、各专业委员会、专业组新闻动态，还包括国际图联管理委员会会议录、各专业组工作通讯和国际图联出版物评介等
Information and Documentation Services	《情报资料工作》ISSN：1002－0314	1980	中国	中国社会科学院文献信息中心和中国人民大学书报资料中心联合主办，双月刊。每期附有英文主要目次
Information Outlook: the Monthly Magazine of the Special Libraries Association	《信息展望：专业图书馆协会月刊》ISSN：1091－0808	1997	美国	美国专业图书馆协会编辑出版，每年12期
Information Processing & Management	《信息处理与管理》ISSN：0306－4573	1963	荷兰	爱思唯尔科学公司编辑出版，每年出版6期
Information Retrieval	《信息检索》ISSN：1386－4564/1573－7659	1999	德国	施普林格出版社编辑出版，每年6期
Information Sciences	《情报科学》ISSN：0020－0255	1969	美国	爱思唯尔科学公司编辑出版，每年36期
Information Science	《情报科学》ISSN：1007－7634	1980	中国	中国科技情报学会和吉林大学主办，月刊，每期附有英文目录，国内外公开发行
Information Services and Use	《信息服务与利用》ISSN：1875－8789/0167－5265	1987	荷兰	IOS出版社编辑出版，每年4期
Information Technology & Libraries	《信息技术与图书馆》ISSN：0730－9295	1968	美国	美国图书馆协会图书馆与信息技术协会主办，季刊
Information Today	《今日信息》ISSN：8755－6286	1984	美国	美国今日信息公司编辑出版，月刊（7—8月合刊）。主要刊登有关信息产业新闻、信息产品、信息产业发展趋势预测等方面的文章

续表

刊物名称		创刊年	出版国和地区	备注
Information Week	《信息周刊》 ISSN：8750－6874	1979	美国	CMP 媒体集团编辑出版，每年 51 期
International Journal of Information Management	《国际信息管理杂志》 ISSN：0268－4012	1981	英国	爱思唯尔科学公司编辑出版，每年 6 期。主要刊载信息管理科学与技术方面的研究文章，涉及信息系统的组织管理、计划决策、信息处理技术及发展趋势等
International Journal on Digital Libraries	《国际数字图书馆杂志》 ISSN：1432－1300	1997	德国	施普林格公司编辑出版，每年 4 期
Internet World	《因特网世界》 ISSN：1064－3923	1998	美国	原名《网络周刊》。梅克勒媒介公司编辑出版，周刊。主要介绍和报道因特网、电子网络和电子出版物等方面的研究进展，包括评论、介绍和实践经验教训等
Researches in Library Science	《图书馆学研究》 ISSN：1001－0424	1979	中国	吉林省图书馆和吉林省图书馆学会主办，原名《吉林省图书馆学会会刊》，1982 年改为现名，半月刊，有英文主要目次
Journal of Academic Librarianship	《大学图书馆杂志》 ISSN：0099－1333	1975	美国	爱思唯尔科学公司出版，双月刊。内容主要涉及图书馆管理、读者服务、藏书建设、教育与行政、技术服务、图书馆与计算机中心以及图书馆学情报学发展动态等。此外还包括一些短篇专栏文章、书评等
Journal of Academic Libraries	《大学图书馆学报》 ISSN：1002－1027	1981	中国	中国高等学校图书情报工作指导委员会和北京大学联合主办，双月刊。创刊名为《大学图书馆动态》，1983 年改为《大学图书馆通讯》，1989 年改为现名
Journal of Access Services	《检索服务杂志》 ISSN：1538－7967/ 1536－7975	2002	美国	霍沃思出版公司编辑出版，每年 4 期

续表

刊物名称		创刊年	出版国和地区	备注
Journal of American Society for Information Science	《美国情报学会会刊》 ISSN：0002－8231	1970	美国	美国情报学会主办，约翰·威廉父子公司编辑出版。1996年前为不定期刊，1996年后改为月刊。主要刊载学术论文和研究报告，该刊撰稿人均为美国情报学界的权威人士及专家
Journal of College and University Libraries	《大学图书馆杂志》 ISSN：0386－0507	1972	日本	日本国立、公立和私立大学图书馆协调委员会和大学图书馆研究编辑委员会编辑出版，每年出版3期。主要内容涉及日本国内外图书馆、图书和大学图书馆协会会议报告等
Journal of Documentation	《文献工作杂志》 ISSN：0022－0418	1945	英国	英国图书馆及信息专业工作者特许协会主办、爱墨瑞得集团出版有限公司编辑出版，每年出版4期
Journal of Electronic Resources in Medical Libraries	《医学图书馆电子资源杂志》 ISSN：1542－4065/1542－4073	2003	美国	霍沃思出版公司编辑出版，每年出版4期
Journal of Information, Communication, and Library Science	《资讯传播与图书馆学》 ISSN：1024－1302	1994	中国台湾	台湾世新大学资讯学系及图书馆负责编辑出版，世新大学图书馆自办发行，每年按春、夏、秋、冬四季出版，每期附有英文目录。于2006年停刊
Journal of Information Processing and Management	《情报加工管理杂志》 ISSN：1347－1597	1966	日本	初名为《情报和文献工作》，原由日本科学技术信息中心编辑出版，现由东京科学技术振兴事业团科学技术信息事业部编辑出版发行，月刊。从2001年4月起，该刊增发了网络版。该刊刊载的文章内容涉及各种讲座、事例报告、最新信息解说、评论和见解、新书介绍和活动集会新闻等

续表

刊物名称		创刊年	出版国和地区	备注
Journal of Information Science	《信息学杂志》 ISSN：0165－5515/1741－6485	1979	英国	英国图书馆及信息专业工作者特许协会和塞奇出版公司联合编辑出版，双月刊。刊载文章涉及知识交流、信息来源、信息检索、信息传播和信息管理等多个方面
Journal of Information Technology	《信息技术杂志》 ISSN：0268－3962/1466－4437	1986	英国	帕尔格雷夫·麦克米兰有限公司编辑出版，每年1卷4期
Journal of Interlibrary Loan, Document Delivery & Electronic Reserve	《图书馆际互借、文件传送与电子储备杂志》 ISSN：1072－303X/1540－3573	2005	美国	泰勒弗朗西斯集团编辑出版，每年5期
Journal of Internet Cataloging	《因特网编目杂志》 ISSN：1528－7017	1997	美国	霍沃思出版公司编辑出版，每年4期
Journal of Japan Society of Information and Knowledge	《日本情报知识学会杂志》 ISSN：1881－7661	1990	日本	日本情报知识学会编辑出版发行，季刊。主要内容包括与广义情报知识学有关的研究论文、事例调查报告、述评、论坛、讨论、研究速报、讲座、学会记事和演讲等
Journal of Japan Society of Library and Information Science	《日本图书馆学与情报科学学会杂志》 ISSN：1344－8668	1954	日本	原名《图书馆学会年报》，1999年3月改为现名，现由日本图书馆学情报科学会编辑出版，季刊。主要刊登图书馆学情报科学领域的论文、研究记录、文献展望、书评和文献资料介绍等
Journal of Librarianship and Information Science	《图书馆事业与情报科学杂志》 ISSN：0961－0006/1741－6477	1969	英国	英国拉夫巴勒大学情报科学系编辑、塞奇出版公司出版，每年4期
Journal of Librarianship and Information Studies	《图书与资讯学刊》 ISSN：1023－2125	1992	中国台湾	原名《政大图资通讯》，1994年改为现名。台湾政治大学图书馆主办，季刊，附有英文目录，公开发行，由台湾学生书局负责总经销
Journal of Library Administration	《图书馆管理杂志》 ISSN：0193－0826/1540－3564	1980	美国	霍沃思出版公司编辑出版，每年8期

续表

刊物名称		创刊年	出版国和地区	备注
Journal of Modern Information	《现代情报》 ISSN：1008－0821	1980	中国	吉林省科技情报所和吉林省科技情报学会主办，原名《情报知识》，1992 年改用现名，并改由中国情报学会、吉林省科技信息研究所和现代情报杂志社主办，月刊
Journal of the American Society for Information Science and Technology	《美国情报科学与技术学会志》 ISSN：1532－2882/1532－2890	1950	美国	约翰·威廉父子有限公司编辑出版，每年 12 期
Journal of the China Society for Scientific and Technical Information	《情报学报》 ISSN：1000－0135	1982	中国	中国科学技术情报学会和中国科学技术信息研究所主办，月刊，每期附有英文目录
Journal of the Library Science Society of Sichuan	《四川图书馆学报》 ISSN：1003－7136	1979	中国	四川图书馆学会主办。初为季刊，1986 年改为双月刊，自办国内外发行，每期附有英文主要目次
Knowledge and Process Management	《知识与过程管理》 ISSN：1092－4604/1099－1441	1997	美国	约翰·威廉父子有限公司编辑出版，每年出版 4 期
Knowledge of library and Information Science	《图书情报知识》 ISSN：1003－2797	1980	中国	武汉大学主办，武汉大学信息管理学院和武汉大学信息资源研究中心承办，1980 年 6 月试刊，1984 年 3 月正式创刊，双月刊，每期附有英文目次。
Library and Information	《图书与情报》 ISSN：1003－6938	1981	中国	甘肃省图书馆和甘肃省科技情报研究所主办，双月刊，每期附有英文主要目次
Library and Practice	《图书馆理论与实践》 ISSN：1005－8214	1979	中国	宁夏回族自治区图书馆学会和宁夏回族自治区图书馆主办，原名《宁夏图书馆通讯》，双月刊，国内公开发行，附有英文目次
Library Collection, Acquisitions, and Technical Services	《图书馆馆藏、采访与技术服务》 ISSN：1464－9055	1977	美国	爱思唯尔科学公司编辑出版，原名为《图书馆采访：理论与实践》，季刊。主要内容涉及图书馆采访、藏书建设等。该刊经常刊登美国图书馆协会一些会议涉及到采访的报告、经验介绍和具有特色的书评，理论与实践并重

续表

刊物名称		创刊年	出版国和地区	备注
Library Development	《图书馆建设》 ISSN：1004－325X	1978	中国	黑龙江省图书馆学会和黑龙江省图书馆主办，原名《黑龙江图书馆》，1992 年改为现名，月刊，国内外公开发行，附有英文主要目次
Library Hi Tech	《图书馆高技术》 ISSN：0737－8831	1983	美国	爱墨瑞得出版集团编辑出版，每年4期
Library & Information Science Research	《图书馆学与情报学研究》 ISSN：0740－8188	1979	美国	爱思唯尔科学公司编辑出版，季刊。原名《图书馆研究》，1983 年改为现名。主要内容有：图书馆学、情报学研究专论、书评以及编者按语、读者来信、作者介绍和编委会会议纪要等
Library & Information Service	《图书情报工作》 ISSN：0252－3116	1956	中国	中国科学院文献情报中心主办，原名《中国科学院图书馆通讯》，1975 年改为《图书馆工作》，1980 年改为现名，半月刊，每期附有英文目次和摘要
Library Journal	《图书馆杂志》 ISSN：0000－0027	1876	美国	原名《美国图书馆杂志》，由著名学者弗雷德里克·赖波特、麦维尔·杜威和 R. R. 鲍克合作创办。1877 年改为现名。现由属于青少年图书馆协会和号角图书杂志社管理的媒体资源公司出版。主要栏目有新闻与通报、特写文章和趋势分析等，并提供有关新书刊、数据库、CD-ROM、录像带和录音资料的综述与评论文章。从 1997 年起，在因特网上发行电子版。每年出版发行 20 期，同时还出版数期专刊，内容有：图书馆建筑、年度科技图书介绍、即将出版和再版的图书介绍等

续表

刊物名称		创刊年	出版国和地区	备注
Library Journal	《图书馆杂志》 ISSN：1000－4254	1982	中国	上海市图书馆学会与上海图书馆合办，原为季刊，1987 年起改为双月刊，1999 年起改为月刊，国内外公开发行，有英文目次
Library Philosophy and Practice	《图书馆哲学与实践》 ISSN：1522－0222	1998	美国	内布拉斯加大学—林肯图书馆编辑出版，月刊
Library Resources & Technical Services	《图书馆资源与技术服务》 ISSN：0024－2527/ 2159－9610	1957	美国	美国图书馆协会编辑出版，每年 4 期，2012 年起，开设网络版
Library Science/ Библиотеко ведение	《图书馆学》 ISSN：0869－608X	1952	俄罗斯	俄罗斯国家图书馆帕什可夫出版社编辑出版，原名《苏联图书馆学》，月刊
Library Trends	《图书馆趋向》 ISSN：0024－2594	1952	美国	约翰·霍普金斯大学出版社出版，季刊。每期围绕一个中心主题展开深入讨论。该刊被美国《图书馆学年刊》评为美国图书馆界专论性核心期刊。主要研究图书馆学和情报学领域的理论问题，以及交流图书馆工作经验
Library Tribune	《图书馆论坛》 ISSN：1002－1167	1982	中国	广东省立中山图书馆、广东省图书馆学会、广东省高校图工委和广东省中心图书馆委员会等单位主办，原名《广东图书馆学刊》，1991 年改用现名，双月刊，附有英文主要目次
Library Work and Research	《图书馆工作与研究》 ISSN：1005－6610	1979	中国	天津图书馆学会、天津图书馆和天津市少年儿童图书馆联合主办，月刊
Library	《图书馆》 ISSN：1002－1558	1980	中国	湖南图书馆、湖南省图书馆学会和湖南省中心图书馆委员会主办，原名《湘图通讯》，1983 年改用现名，双月刊，每期附有英文目次和摘要

续表

刊物名称		创刊年	出版国和地区	备注
Libri: International Journal of Libraries and Information Services	《图书馆：国际图书馆与信息服务杂志》 ISSN：0024－2667	1950	德国	原由丹麦哥本哈根蒙克斯佳得公司编辑出版，现由德·格里特·绍尔公司出版，季刊。每期刊登 5～6 篇专论文章，评述国际图书馆事业多元化发展特点。稿件来自世界各国，文章主要用英、法和德文刊登。从 2008 年提供网络版服务
New Century Library	《新世纪图书馆》 ISSN：1672－514X	1980	中国	江苏省图书馆学会和南京图书馆合办，1980 年创刊，原名《江苏图书馆工作》，1984 年改名为《江苏图书馆学报》，2003 年改为现名，月刊，国内外公开发行，附有英文主要目次
New Technology of Library and Information Service	《现代图书情报技术》 ISSN：1003－3513	1980	中国	中国科学院文献情报中心主办，原名《计算机与图书馆》，1985 年改为现名，属于信息管理技术类业务指导性刊物，月刊，有英文主要目次
Next Space	《OCLC 通讯》 ISSN：1559－0011	2006	美国	影响图书馆的新观念和新趋势的刊物，对图书馆行业趋势和技术发展进行分析，并刊登有关 OCLC 的专题新闻，为 OCLC 会员机构和信息管理人员提供信息参考。其目标是帮助读者了解最新信息，做出关键决策。季刊
Online	《联机》 ISSN：0146－5422	1977	美国	今日信息公司编辑出版，原为季刊，1982 年后改为双月刊。该刊是研究在线检索服务和在线信息技术的重要学术性刊物。所刊文章包括论文、信息检索新闻、产品评论、实例研究以及关于选择使用、管理电子信息产品的建议以及在线数据库系统、CD-ROM 专业信息等

续表

刊物名称		创刊年	出版国和地区	备注
Performance Measurement and Metrics: The International Journal for Library and Information Services	《功能测评：国际图书馆信息服务杂志》ISSN：1467－8047	2000	英国	爱墨瑞得集团出版有限公司编辑出版，每年出版3期
Program: Electronic Library and Information Systems	《程序：电子图书馆与信息系统》ISSN：0033－0337	1966	英国	爱墨瑞得集团出版有限公司编辑出版，每年出版4期
Reference Services Review	《参考工作评论》ISSN：0090－7324	1973	英国	爱墨瑞得出版集团编辑出版，每年出版4期
Reference & User Services Quarterly	《参考资料与用户服务季刊》ISSN：1094－9054	1962	美国	美国图书馆协会编辑出版，每年出版4期
Scandinavian Public Library Quarterly (SPLQ)	《斯堪的纳维亚公共图书馆季刊》ISSN：0036－5602	1968	瑞典	原由丹麦图书馆管理委员会主办，从2012年起，由瑞典国家图书馆负责出版。季刊，主要反映世界上人口稀少的图书馆状况、网络化以及在因特网上建立虚拟和有形图书馆之间的联系；介绍著名图书馆建筑以及世界一些国家的信息政策。另有电子版发行
School Library Journal	《学校图书馆杂志》ISSN：0362－8930	1954	美国	2010年起由属于青少年图书馆协会和号角图书杂志管理的媒体资源公司出版，月刊
Science & Technology Libraries	《科学与技术图书馆》ISSN：0194－262X/1541－1109	1981	美国	霍沃思出版公司编辑出版，每年出版4期
Scientometrics	《科学计量学》ISSN：0138－9130/1588－2861	1978	匈牙利	匈牙利科学院图书馆学情报学和科学计量学研究所所长布劳温教授创办并任主编。施普林格科学公司出版
Technical Services Quarterly	《技术服务季刊》ISSN：0731－7131/1555－3337	1984	美国	霍沃思出版公司编辑出版，每年出版4期
The Bookseller	《书商》ISSN：0006－7539	1858	英国	英国尼尔森媒体有限公司出版，周刊

续表

刊物名称		创刊年	出版国和地区	备注
The Canadian Journal of Information and Library Science	《加拿大情报科学与图书馆学学刊》 ISSN：1195－096X/1920－7239	1986	加拿大	1993年由《加拿大图书馆学学刊》和《加拿大情报学学刊》合并而成，加拿大情报学协会负责编辑，多伦多大学出版社负责出版，季刊。主要内容涉及情报学、图书馆学研究各个方面
The International Information & Library Review	《国际信息与图书馆评论》 ISSN：1057－2317	1969	荷兰	爱思唯尔科学公司编辑出版，每年4期
The Journal of Information Science and Technology Association/情報の科学と技術	《情报科学与技术协会杂志》 ISSN：0913－3801/0913－3801	1987	日本	日本情报科学技术协会编辑出版。该刊除了提供情报检索方法及数据库比较检索有关连载讲座之外，还登载投稿论文、海外论文翻译、书评和论坛等，同时也发表情报科学技术及相关领域理论与实践原创论文，月刊
The Journal of National and International Library Information Issues	《国内/国际图书馆信息问题杂志》 ISSN：0955－7490/2050－4551	1989	英国	英国国家图书馆编辑、曼彻斯特大学出版社出版，每年1卷3期（电子版5期）
The Journal of the Institute of Electronics, Information and Communication Engineers/電子情報通信学会誌	《电子、情报与通讯工程师学会杂志》 ISSN：0913－5693/0913－5693	1987	日本	日本电子情报通讯学会编辑出版，月刊，月发行量近5万册。主要内容为与电子通讯学有关的技术调查、最新课题讲座和指南
The Journal of the Library Science in China	《中国图书馆学报》 ISSN：1001－8867	1957	中国	中国图书馆学会和中国国家图书馆合办，原名《图书馆学通讯》，1991年改为现名，双月刊，每期有英文目录和摘要
The Journal of the Medical Library Association	《美国医学图书馆协会会刊》 ISSN：1558－9439/1536－5050	2002	美国	美国医学图书馆协会主办，季刊
The Library Journal/図書館雑誌	《图书馆杂志》 ISSN：0385－4000	1907	日本	日本图书馆协会编辑出版，日本图书馆协会会刊，月刊。内容主要有图书馆学理论、图书馆管理、图书馆员培训和国内外学术活动等

续表

刊物名称		创刊年	出版国和地区	备注
The Library Quarterly	《图书馆季刊》 ISSN：0024－2519/1549－652x	1931	美国	初由美国芝加哥大学图书馆学研究生院负责编辑出版，著名的图书馆学家谢拉等曾担任主编。20世纪90年代，改由洛杉矶加州大学图书馆学情报学研究生院编辑。2003年10月，转由佛罗里达州立大学图书馆学情报学研究生院负责编辑。该刊登载内容涉及图书馆学专业各个方面，包括历史学、社会学、统计学、管理学和教育学等各学科及跨学科研究文章。同时还包括有一些内容详尽的书评。该刊现由美国芝加哥大学出版社出版，季刊
The Reference Librarian	《参考咨询馆员》 ISSN：0276－3877/1541－1117	1982	美国	霍沃思出版公司编辑出版，每年出版4期
The Serials Librarian	《期刊图书馆员》 ISSN：0361－526X/1541－1095	1977	美国	霍沃思出版公司编辑出版，每年出版4期
Transactions of Information Processing Society of Japan/情報処理学会論文誌	《日本情报处理学会杂志》 ISSN：0387－5806	1979	日本	日本情报处理学会编辑出版，第1卷到第26卷为双月刊，从第27卷第1期开始改为月刊。该刊的宗旨是开创从产业到学术与信息处理有关的最新学术研究方法，其研究内容不仅包括计算机，还涵盖多媒体、信息环境、人文科学、社会科学、生命科学、医学、艺术和教育等多个学科领域

附录五
世界主要图书博览会
（International Book Fair）

博览会名称	举办地点	月份
开罗国际图书博览会 Cairo International Book Fair	埃及　开罗 Cairo, Egypt	1月 January
加尔各答图书博览会 Calcutta Book Fair	印度　加尔各答 Calcutta, India	1月 January
台北国际图书展览会 Taipei International Book Exhibition	中国　台北 Taipei, China	1—2月 January - February
新德里世界书展 New Delhi World Book Fair	印度新德里 New Delhi, India	2—3月 February - March
巴黎图书博览会 *Le Salon duLivre Paris*	法国　巴黎 Paris, France	3月 March
博洛尼亚少儿书展 Bologna Children's Book Fair	意大利　博洛尼亚 Bologna, Italy	3月 March
耶路撒冷国际图书博览会 Jerusalem International Book Fair	以色列　耶路撒冷 Jerusalem, Israel	3月 March
伦敦国际图书博览会 London International Book Fair	英国　伦敦 London, UK	3—4月 March - April
波哥大国际图书博览会 *Feria Internacional del Libro*	哥伦比亚　波哥大 Bogota, Colombia	4—5月 April - May
日内瓦国际图书博览会 *Salon International duLivre et de la Presse*	瑞士　日内瓦 Geneva, Switzerland	4—5月 April - May
布宜诺斯艾利斯国际图书博览会 *Feria Internacional del Libro de Buenos Aires*	阿根廷　布宜诺斯艾利斯 Buenos Aires, Argentina	4—5月 April - May
华沙国际图书博览会 Warsaw International Book Fair	波兰　华沙 Warsaw, Poland	5月 May
首尔国际书展 Seoul International Book Fair	韩国　汉城 Seoul, Korea	5—6月 May - June
美国图书博览会 BookExpo America	美国　纽约 New York, USA	5—6月 May - June
新加坡国际图书博览会 Singapore International Book Fair	新加坡 Singapore	5—6月 May - June

续表

博览会名称	举办地点	月份
澳大利亚国际书展 Australia Book Fair	澳大利亚 悉尼 Sydney, Australia	6 月 June
东京国际图书博览会 Tokyo International Book Fair	日本 东京 Tokyo, Japan	7 月 July
香港书展 Hong Kong Book Fair	中国 香港 Hong Kong, China	7 月 July
南非国际书展 South Africa International Book Fair	南非，开普敦 Cape Town, South Africa	7—8 月 July – August
马来西亚图书博览会 Malaysian Book Fair	马来西亚 吉隆坡 Kuala Lumpur, Malaysia	8 月 August
菲律宾图书博览会 Philippine Book Fair	菲律宾 马尼拉 Manila, Philippine	9 月 September
北京国际图书博览会 Beijing International Book Fair	中国 北京 Beijing, China	9 月 September
莫斯科国际图书博览会 Moscow International Book Fair	俄罗斯 莫斯科 Moscow, Russia	9 月 September
贝尔格莱德国际书展 The International Belgrade Book Fair	塞尔维亚 贝尔格莱德 Belgrade, Serbia	10 月 October
法兰克福图书博览会 Frankfurt Book Fair	德国 法兰克福 Frankfurt, Germany	10 月 October
西班牙图书博览会 *LIBER International Book Fair*	西班牙 马德里 Madrid, Spain	10 月 October
蒙特利尔书展 Le Salon dulivre	加拿大 蒙特利尔 Montreal, Canada	11 月 November

附 录 六
文 学 图 书 奖
(Literature and Book Award)

奖项中文名称	奖项外文名称	奖项主办单位
阿瑟·查尔斯克拉克奖	Arthur C. Clarke Award	英国科幻小说协会主办
阿斯特里克·林格伦纪念奖	Astrid Lindgren Memorial Award	瑞典政府为纪念举世闻名的该国儿童文学作家阿斯特里克·林格伦创立
爱伦坡奖	Adgar Allan Poe Award	美国推理作家协会主办的奖项
安万特大奖	Aventis	英国皇家学会颁发的科普图书奖
澳大利亚儿童图书奖	Australian Children's Book Award	澳大利亚儿童图书协会设立的儿童文学奖
贝斯特曼奖	Besterman Medal	英国图书馆协会设立的一种年度奖项
本杰明·富兰克林图书奖	Benjamin Franklin Book Award	国际独立出版家协会设立的图书奖
笔会福克纳小说奖	The PEN/Faulkner Award for Fiction	国际笔会管理的美国小说奖
《波士顿全球报》号角书奖	The Boston Globe-Horn Book Award	美国《波士顿全球报》和《号角》共同举办，分为小说、绘本和诗歌三大类
博洛尼亚国际儿童图书奖	Bologna Ragazzi Award	博洛尼亚国际儿童图书书展举办
布克优秀小说奖	Man Booker Prize for Fiction	英国布克麦康内尔公司赞助设立的奖项
曹禺戏剧文学奖	Cao Yu Prize for Drama and Literature	中国文联和中国戏剧家协会主办
春天文学奖	Spring Prize for Literatuew	人民文学出版社设立
德国青少年文学奖	(德) *Deutscher Jugendliteraturpreis*	德国国家级的青少年文学最高奖项，由德国青少年文学协会主办
德国书业和平奖	(德) *Friedenspreis des Deutschen Buchhandels*	法兰克福书展期间颁发的德国出版业年度大奖
迪特玛奖	Ditmar Awards	澳大利亚联邦科幻小说协会授奖
都柏林文学奖	Dublin Literature Prize	爱尔兰都柏林市议会、市政府共同主办的文学奖
儿童文学桂冠奖	Children's Laureate	英国最大的连锁书店“水石书店”设立
冯牧文学奖	Feng Mu Prize for Literature	中国作家协会中华文学基金会主办
格里纳韦（凯特）奖	Greenaway (Kate) Medal	英国图书馆协会设立的年度奖项
龚古尔文学奖	(法) *Prix Goncourt*	法国作家埃德蒙·德·龚古尔创设的最佳小说奖

续表

奖项中文名称	奖项外文名称	奖项主办单位
汉斯·克里斯蒂·安徒生奖	Hans Christian Andersen Award	国际儿童图书评议会创设的奖项
惠特布莱德童书奖（白面包奖）	Whitbread Award	英国和爱尔兰书商协会经办的文学奖
桔子图书奖	Orange Prize	世界上奖金最高的文学奖之一，凡女性作家以英文出版的作品均可角逐
皇家科学书奖	Royal Society Prizes for Science Books	英国皇家学院设立，分为成人奖及青少年奖
卡内基奖	Carnegie Medal	英国图书馆协会设立的儿童读物奖，世界儿童文学最高奖项之一
考尔德科特图书奖	Caldecott Book Award	美国图书馆协会设立的最佳儿童读物插图奖
科特·马希拉奖	Kurt Maschler Award	英国书界联合会主办的图书奖
老舍文学奖	Lao She Price for Literature	北京市文联和老舍文艺基金会主办
林格伦奖	Lindgren Award	瑞典政府设立的世界最大儿童文学奖
鲁迅文学奖	Lu Xun Prize for Literature	中国作家协会主办的优秀中短篇小说、报告文学、诗歌、、散文、杂文、文学理论和评论作品以及作品翻译等奖项
马丁·路德·金纪念奖	King（Martin Luther）Memorial Prize	英国设立的一种年度奖项
马什传记奖	Marsh Biograpy Award	英国说英语联盟管理
麦克米伦银笔奖	Macmillan Silver Pen Award	英国优秀小说年度奖
茅盾文学奖	Mao Dun Prize for Literature	中国作家协会主办的长篇小说最高文学奖之一
美国国家图书奖	National Book Award	美国图书基金会设立的美国文坛重要的奖项
纽伯里奖	Newbery Medal	美国图书馆协会主办的儿童著作奖，凡获此项奖书籍，皆被列入少年必读之书籍
诺贝尔文学奖	Nobel Prize for Literature	瑞典文学院发放的文学奖
蚯蚓儿童图书奖	Earthworm Children's Book Award	英国的环保组织——“地球信赖的朋友”设立的年度奖项
雀巢聪明豆儿童图书奖	Nestle Smarties Book Prize	英国图书信托基金会管理，于2008年停办

续表

奖项中文名称	奖项外文名称	奖项主办单位
日本星云奖	Sen'un shō	日本科幻大会成员投票选出的科幻文学奖
萨缪尔·约翰逊奖	Samuel Johnson Prize	BBC 第 4 频道主办的英国最重要的非文学类年度图书奖
世界奇幻奖	World Fantasy Awards	世界奇幻大会组织评选的年度奖
曙光文学奖	Aurora Award	加拿大最高科幻小说和图书奖
《学校图书馆》杂志最佳图书奖	School Library Best Book	美国《学校图书馆》杂志设立的图书奖
星云奖	Nebula Awards	美国科幻奇幻作家协会（SFWA）评选颁发
姚雪垠文学奖	Yao Xueying Prize for Literature	中国作家协会中华文学基金会主办
银河奖	Milky Way Award	中国《科幻世界》杂志独家承办的科幻小说奖
英国儿童图书奖	Federation of Children's Book Groups Award	英国儿童图书会联盟主办的儿童读物奖
英国科幻奖	The British Science Fiction Awards (BSFA)	英国科幻协会颁发的年度奖
英国图书馆与信息专业特许学会凯特·格林威奖	CILIP Kate Greenway Medal	英国图书馆与信息专业特许学会的前身——英国图书馆协会创设
雨果奖	Hugo Awards	世界科幻小说联合会颁发的科幻小说成就奖
中国国家图书馆文津图书奖	Wenjin Book Award of National Library of China	中国国家图书馆主办的年度图书奖
中国国家图书奖	National Book Award	中国国家新闻出版总署设立的中国国家级图书奖
中国图书奖	China Book Award	中国出版者协会主办，中国图书评论学会承办
庄重文学奖	Zhuang Zhong Prize for Literature	中华文学基金会主办

附录七

海峡两岸专业名词对照表

(The Table of Comparisons of Cross-straits Professional Terms)

英文	大陆	台湾
access	存取	资讯存取
acronym	简称；缩略语；首字母缩略词	头字语
address	地址	位址
adhesive binding	粘胶装订	黏著式装订
alphabetic field	字母字段	文字栏
alphanumeric code	字母数字代码	文数字码
alternative title	交替题名	别题名
amplifier	放大器	扩大器
analog representation	模拟表示法	类比表示法
analog-to-digital conversion	模拟与数字转换	类比式数位转换
analog	模拟；类似；同源语	类比
anonymous books	匿名书	隐名书
application manual	申请手册	作业手册
A Programming Language (APL)	程序设计语言	APL 程式设计语言
Archie	阿奇（工具）	公用软体查询系统
archival quality	归档质量	档案品质
array	类列	阵列
articulated index	连环索引；挂接索引	层次分类索引
artificial classification	人为分类	形式分类
artificial intelligence (AI)	人工智能	人工智慧
assembly program	汇编程序	组合程式
associative indexing	相关索引法；接合索引法	关联式索引法
authorized edition	审定版本	认可版
auto-indexing	自动化标引	自动索引法
automatic data processing (ADP)	自动数据处理	自动资料处理
automatic program control	自动化程序控制	自动化程式控制
backbone	骨干网	主干网路
back (book)	书脊	书背
back margin	（书页的）里边（空白处）	内边缘
back mark	折标	脊标
backspace key	返回键	回格键

续表

英文	大陆	台湾
back title	书脊书名；装订书名；存书目录	书背书名
bandwidth	带宽	频宽
benchmark	基准测试程序	水准基点
Berne Convention	伯尔尼公约	伯恩公约
bibliographic item	书目著录项目	书目款目
bibliology	图书学；目录学；版本学	目录计量学
bibliometrics	文献计量学；计量书目学	书目计量学
BIG 5	大 5 码	BIG 5 码
binary coded decimal（BCD）	二进制编码十进制	二进位码十进数
binary system	二进制	二进位制
biographer	传记作者	作传人
Biscoe Time Number	毕斯科时间号码表；比斯科时代表	毕氏时代书号
bit	位，比特	比次
blind reference	盲目参照	盲引
book auction	图书拍卖	图书标售
book jacket	护封	书套；书衣
book jobber	图书批发商	书商
broadband	宽带	广频带
broad sense informatics	广义情报学	广义资讯学
broken file	残缺档	零散期号
bulletin board system（BBS）	公告牌系统；电子公告系统	电子布告栏系统
byte（8 bits）	比特；字节；位组	位元组
calendered paper	研光纸	光泽纸；压光纸
canonical class	惯用类	标准类
caption title	章节标题	卷端书名；文首标题
caption	文首标题；章节标题	卷端；图片说明
case studies	案例研究	个案研究
catalog data file	编目资料档	现行资料之建档
cataloging in publication（CIP）	在版编目	出版品预行编目
catalog-online（CATLINE）	联机目录；在线目录	线上书目
catalog on microform	缩微目录	缩影目录
CD-ROM server	光盘服务器	光碟伺服器

续表

英文	大陆	台湾
central memory (CM)	中央存储器	中央记忆部门
certification of librarian	图书馆员证书	图书馆员资格检定
chain-indexing	链式标引法	连锁索引法
character set	字符集	字集
character	字符	字元
check bit	校验位	检查比特
check character	校验字符	检查字元
Chinese Character Code for Information Interchange (CCCII)	中文信息交换码	中文资讯交换码；全汉字标准码
Chinese ideographs	汉字	中国表意文字
citation reference	引文、参考文献	引证资料
clearinghouse	信息交换中心	资料交换所
clerical assistant	图书馆助理员	事务助理员
client-server	客户服务器	主从架构
cluster analysis	簇类分析；聚类分析	群集分析；分析群
cluster search	聚类检索	群集检索
code check	代码检查	代码核对；核对码
coil binding	螺旋式装订	盘绕装
collective cataloging	统一编目	汇总编目
collective title	总题名；集合题名	共同题名
combinational network	联合网络	联合网路
comic mode	连环漫画式	连环图式
common auxiliary	通用复分表	共同辅号；通用辅助号
communications channel	通信信道	通讯管道
compact disc (CD)	激光唱片	雷射光碟
compact disc interactive (CD-I)	交互式光盘	互动式光碟
compact disc/k read only memory (CD-ROM)	光盘只读存储器	唯读记忆光碟
compact disc real time operating system (CD-RTOS)	光盘实时操作系统	光碟即时作业系统
compact disk video (CD-V)	影视光盘	密集影像碟
component	单元；分类要素	组成部分；元词

续表

英文	大陆	台湾
computer file	计算机文档	电脑档
computer	计算机	电脑；电子计算机
conservation department	典藏部	保存部
controlled indexing	规范词标引法	控制索引法
coordinate indexing system	组配标引系统	组合索引系统
coordinate index	组配索引	组合索引
coordination	组配	协调；配组
corner mark	角注	卡角符号
cumulated volume	累积本	汇积本
current awareness service	近期文献报道服务	新知通报服务
cursor	光标	游标
cyberspace	网络空间	网际空间
database	数据库	资料库
data element	数据元	资料单元
data file	数据文件	资料档
data mining	数据挖掘	资料探勘
data phone	数据电话机；数据送话器	资料讯线；资料传送器
dataset	数据集	档案资料集
data warehouse	数据仓库	资料仓储
Delphi method	德尔菲法	叠慧法
descriptive cataloging	描述性编目；完全著录	叙述性著录；记述编目
dial-access-retrieval	磁盘式存取检索	拨号检索
digital computer	数字计算机	数位电脑
digital data	数字数据	数位资料
digitalization	数字化	数位化
digital library	数字图书馆	数位图书馆
digital signal	数字信号	数位讯号
discussion group	（电子）讨论组	群体讨论
disk operating system（DOS）	磁盘操作系统	磁碟作业系统
disk	磁盘；唱片	磁碟
distributed network	分布式网络	分散式资料网
domain name（DN）	域名	网域名称

续表

英文	大陆	台湾
double entry charging system	双轨借阅制	复式记录借书制
download	下载（文件）	资料转录
dump	转储；打印	倾印
edition statement	版本项；版本说明	版本叙述
electronic message system	电子信息系统	电子讯息系统
electronic publications	电子出版物	电子出版品
electronic video recording (EVR)	电子录像	电子录影
electronic video (tape) recorder (EVR)	电子录像机	电子录影机
element of Chinese character	汉字字素	中文字素；国字字表
encode	编码；译码	写码
entry format	著录格式	款目型式；款目格式
entry in contents note	内容注释项目	内容注细目；内容备注款目
entry word	标目；款目词	款目字；登录字
ergonomics (bio-technology)	人类工程学	人体工学
error detection	错误检测	侦错
error message	错误信息	错误讯号
evaluation and testing of search effectiveness	检索效果评价试验	检索效益评鉴测试
evaluation	估价；评价	评鉴
exchange code for Chinese character	汉字交换码	国字交换码
expectant user	未来用户	潜在使用者
explanatory note (s)	注释；注解；说明	凡例
explanatory reference	一般参照	说明参照
expurgated edition	修订版；删节版	删正版；删改版
extension library service	馆外流动服务	图书馆推广服务
extract	文选；抄本	摘录；文摘
extrapolation	外加标目法	扩充类目
facet analysis	分面分析；组面分析	层面分析
facsimile reproduction	复制本；传真复制	摹真版；传真版
fallout radio	离散率；误检率	副出率

续表

英文	大陆	台湾
false title	半书名	假书名
feature heading	主题标目	特色标目
feedback	反馈	回馈
field length	字段长度	栏长
field name	字段名	栏位名称
field retrieval	字段检索	栏位检索
field	字段；项目	栏位；资料区域
file server	文件服务器	档案伺服器
file transfer protocol (FTP)	文件传输协议	档案传输协定
file transfer	文件传送，文件转移	档案传输
file	文件	档案
filing code	排卡规则；目录组织规则	排列规则；排列条例
filing medium	标目；标引词	序列媒介
fill character	填充符	递补符号
fixed field	固定字段	定长栏
flexible classification	展开分类法	伸缩分类法
floor case	独立书架	座架
floppy disk	软盘	软性磁碟
fly leaves	扉页；衬页	飞页
follow block	卡片活动挡板；卡片盒挡板	从属版
formula indexes	分子式索引	公式索引
frame	帧	讯框
free term	自由词	自定术语
full cataloging	完全编目	详细编目
full title	全书名	全衔；正书名
gateway	网关	通信闸；闸门
gate	门；栅	闸；闸极
gazetteer	地名辞典；地名索引	方志辞典；地理辞典
generic indexing	上位词标引	普通词索引
glossarial index	词汇索引	字汇索引
gouge index	姆指索引；切口索引	圆槽索引
graphic materials	图像资料	图片资料；静画资料

续表

英文	大陆	台湾
group notation device	双位制；百分法	组合标记法
guard book catalog	书本式剪贴目录	书本式卡片目录
hacker	黑客	骇客
hand list	简目	便览
hard disk	硬磁盘；硬盘	硬式磁盘
hardware	硬件	硬体
hierarchical network	分级网络	层级式网路
high speed printer	高速打印机	高速印表机
historical bibliography	史志目录；历史书目学	史志书目
home page	主页	起始页
hypertext markup language (HTML)	超文本置标语言	超文件标志语言
Hypertext Transport Protocol (HTTP)	超文本传送协议	超文件传输协定
hypertext	超文本	超文件
icon	图符；图标	画像；图像
image	图像	影像
implementation codes	辅助代码	执行代码
index	索引	引得
indicator	指示符	指标
information age	信息时代	资讯时代
information entry	一般参照；总参照	资讯款目
information flow	情报流；信息流	资讯流通
information industry	情报产业；信息产业	资讯工业
information literacy	信息素养	资讯素养
information provider	信息提供者	资讯提供者
information science	情报科学	资讯科学
information superhighway	信息高速公路	资讯高速公路
information	情报；信息	资讯
integrated circuit (IC)	集成电路	积体电路
integrated data processing system (IDPS)	集成数据处理系统	整合资料处理系统
integrated processing system	集中加工系统	整合性处理系统

续表

英文	大陆	台湾
integrated services digital network (ISDN)	综合业务数字网	整体服务数位网路
integration of library and information	图书馆信息工作一体化	图书馆与资讯之整合
intellectual property	知识产权	智慧财产
interdisciplinary	跨学科的	科际性
internal memory	内存储器	内部记忆
internal report	内部报告	技术/研究报告
internet protocol (IP)	因特网协议	网际通信协定
internet service provider (ISP)	因特网服务提供商	网际网路服务提供者
Internet	因特网	网际网路
jacket	护封；书皮	夹档；书套
Java	Java 语言	爪哇程式
keyword and context index (KWAC index)	关键词与上下文索引	关键字索引
keyword in context (KWIC)	题内关键词	关键字索引法
keyword out-of-context index (KWOC index)	题外关键词索引	关键词索引
keyword out of context (KWOC)	题外关键词法	关键字索引
keyword	关键词	关键语
kilobytes (KB)	千字节	千拜；千数元组
language of text	正文文别	正文用语
laptop computer	膝上型计算机	膝上型电脑
laser disk (LD)	激光视盘	雷射影碟
laser optic disk	激光光盘	雷射光碟
leather cloth	充革	充皮布
left truncation	左截断	左截法
library and information science	图书馆学与情报学	图书馆学与资讯科学
library computerization	图书馆计算机化	图书馆作业电脑化
library finance	图书馆经费	图书馆财务
library rate	图书馆税	图书馆价格
library shelving	图书馆排架（法）	图书馆连用架

续表

英文	大陆	台湾
limited cataloguing	有限（简化）编目	速简编目
local area network（LAN）	局域网	区域网路
location mark	排架号	位置记号
machine indexing	计算机标引	机械索引法
magnetic cell	磁单元	磁巢
magnetic disk memory	磁盘存储器	磁碟记忆体
magnetic disk	磁盘	磁碟
main memory / storage	主存储器	主记忆体
main program	主程序	主程式
manual indexing	人工标引	一般索引法
manual operation	手工操作	人工作业
megabyte（MB）	兆字节	百万拜
memory	内存；存储；计算机存储器	记忆体
menu-driven	菜单式	选项式
message	消息；信息	讯息
metadata	元数据	诠释资料；元资料；超资料
micro-computer	微型计算机	微电脑
microcopy	缩微复制品	复制缩影资料
micro facsimile transmission	缩微传真	缩影传真
microfiche	缩微平片	缩影单片
microfilm	缩微胶卷	缩影卷片
microforms	缩微品	缩影资料
middleware	中间件	中介软体
millennium bug	千年虫	千禧虫
modification	说明语；著录修辞	修订
modulation of terms	类目调整	名词的调节
modulator-demodulator（MODEM）	调制解调器	调变器
mouse	鼠标	滑鼠
multi access computer（MAC）	多路存取计算机	多元出入电脑
multi-user dungeon（MUD）	多用户游戏	多人地下城堡世界

续表

英文	大陆	台湾
name authority file	规范名称档；权威名称档	名称权威档
narrower term（NT）	下位词	狭义词；细目
network	网络	网路
normal file	顺排档	普通资料档
obsolescence	过时；老化	汰旧
off-line batch processing system	脱机成批处理系统	离线整批作业系统
off-line	脱机	线外；离线
offset printing	胶版印刷；胶印	凸版印刷
one card system	单轨借阅制	一卡制
on-line database	在线数据库	线上资料库
on-line directory	在线指南	线上指引
on-line operation	在线操作	线上作业
online public access catalogs	在线公共查询目录	线上公用目录
operand	操作数；运算域	运算元
operating system	操作系统	作业系统
operations research（OR）	运筹学	作业研究
operator	运算符；职能号	运算子；操作员
optical character reader（OCR）	光符阅读器	光学阅读机
optic disc	光盘	光碟
parity error	奇偶错误	同位误差
password	口令	密码
peephole card	同位穿孔卡	窗孔式卡片
permuted index	轮排索引	交替索引
personal digital assistant（PDA）	个人数字助理	个人数位助理；可携带资讯终端机
physical description	载体描述；外形著录	外观叙述；稽核
portfolio	书夹；文件夹	卷夹
port	端口；出入口	埠
post-coordinate indexing language	后组式标引语言	后组合式索引语言
precision ratio	查准率；相关率	精确率；精密度

续表

英文	大陆	台湾
pre-coordinate indexing	先组式标引	前组合索引法
primary author	原著者	主要著者
primary data	原始数据	原始资料
primary storage	主存储器	主记忆体
primary term	基本术语	主要语
program	程序	程式
public data network（PDN）	公用数据网络	公众资料网路
public document	公开文献；政府出版物	公共文书；官方文件
push technology	推送技术	推播技术；推拨技术
qualifier	限定词；限定符	识别词；限意词
queue	队列；排队	候列
read-only memory（ROM）	只读存储器	唯读记忆
recall ratio	查全率；命中率	回现率
recall	催还；查全	回现
referral center	咨询中心	引介（转介）服务中心
relevance and recall	查准与查全	切题和回现
relevance ratio	查准率；适用率	相关率；检出率
reserved collection	库本；保存本	专门藏书
reverse side	偶数页	双数面
rewritable（CD-R）	可擦写光盘	可抹字型光碟
running title	页头题名；栏外标题	逐页书名
search engine	搜索引擎	检索工具；搜寻引擎
search techniques	检索技术	查寻技巧
section mark	分节号	段落符号
selective dissemination of information（SDI）	定题信息服务	专题选粹服务
server	服务器	伺服器
sewing	锁线；索线	套线装法
shareware	共享软件	共享软体
shelf mark	排架号	书架标志
shelf reading	查架；对架	读架
shellac	亮油；虫胶	松胶汁

续表

英文	大陆	台湾
site	站点	地点
software development	软件开发	软体发展
software package	软件包	套装程式
software	软件	软体
source code	源代码	原始程式码
specific cross reference	特定相关参照	特别互著法
specific search	特定检索	细目检索
spiders	搜索机器人	蜘蛛
standard generalized markup language（SGML）	标准通用置标语言	标准化通用标示语言
subfield	子字段	分栏
subject profile	主题档	兴趣档
supplementary publication	补充出版物	补编出版品
tag field	标识位	栏位
tag	标识符	栏号
telnet	远程登录	远端登录；远程载入
template	样板，模板	图模板
textual information	文本信息	文字资讯
text	文本，正文	本文；图书正文
theory of communication	交流说	沟通理论
thesauri indexing	叙词表索引	索引典式索引法
thesaurus	叙词表；主题词表	索引典
think tank	思想库	智库
tracings	根查；根查项	追寻项
trade book	普及版图书	通用书籍
transaction file	细目文档；细目文件	异动档案；交易资料档
truncation	截词；截断	截切；切裁
two card system	双轨借阅制	二卡制
ultrafiche	超缩微平片	超缩影单片
uniform convention heading	统一标目	划一习用标目
UNIX Operation System（UNIX OS）	UNIX 操作系统	UNIX 作业系统

续表

英文	大陆	台湾
user profile	用户文档	读者资料档
variable field	可变长字段	变长栏
video information	视频信息	视讯
video on demand（VOD）	视频点播	随选视讯
videotex	视频数据系统	电传视讯
viedo conferencing	电视会议	视讯会议
virtual reality	虚拟现实	虚拟实境
vocabulary control	词表控制	字汇控制
vocabulary	术语表；词汇表	字汇
web site development	网站建构设计；网站发展	网站建置
wide area information system（WAIS）	广域信息服务系统	广域资讯查询系统
Wide Area Network（WAN）	广域网	广域网路
world wide web（WWW）	万维网	全球资讯网
worm-bore	蛀孔；蛀洞	虫伤
worn-out books	残本；破损本	废毁书
Zipf's Law	齐普夫定律	基福定律；济普定律

附录八
都柏林核心元数据应用国际会议
(DCMI International Conference on Dublin Core and Metadata Application)

届次	时间	地点	主持单位	参与者	主要成果
DC-1	1995年3月1—3日	美国(俄亥俄州都柏林)	联机计算机图书馆中心与美国超级计算机应用中心	图书馆界、档案界、人文学界和地理学界的专家以及Z39.50和通用标记语言标准方面的专家50余人	创立了一个包含13个元素的元素集
DC-2	1996年4月1—3日	英国(维克)	联机计算机图书馆中心与英国图书馆信息网络办公室(UKOLN)	计算机专家、文本标识人员、图书馆专家、美国数字图书馆先导项目(DLII)、英国联合信息系统委员会(JISC)电子图书馆项目(eLib)以及欧洲和澳大利亚图书馆部分MARC标准制定团体和公司的代表50余人	提出"Warwick框架"的元数据结构的概念
DC-3	1996年9月24—25日	美国(俄亥俄州都柏林)	联机计算机图书馆中心与网络信息联盟(CNI)	计算机学、图书馆学、联机信息服务、地理信息系统、博物馆、档案馆、医学图像和其他领域的专家70余人	提出将DC应用于网络图像的方案,元素增加至15个
DC-4	1997年3月3—5日	澳大利亚(堪培拉)	联机计算机图书馆中心与分布系统技术中心(DSTC)和澳大利亚国家图书馆	来自12个国家和地区的数字图书馆研究专家、因特网技术专家、内容专家和图书馆员65人	提出"堪培拉限定词"(ECQ)方案
DC-5	1997年10月6—8日	芬兰(赫尔辛基)	联机计算机图书馆中心与芬兰国家图书馆	来自4大洲16个国家和地区75位不同资源描述界的代表	确定未修饰DC元素的定义,其15个元素已发展成独立又实用相对稳定的集合

续表

届次	时间	地点	主持单位	参与者	主要成果
DC-6	1998年11月2—4日	美国（华盛顿特区）	联机计算机图书馆中心与美国国会图书馆	来自4大洲16个国家和地区从事各学科领域资源描述研究工作的101位专家、学者	建立开放、有序的运作机制（基于工作组的运行方式），提出使DC成为多项国际、国家标准的目标
DC-7	1999年10月25—27日	德国（法兰克福）	联机计算机图书馆中心与德国国家图书馆	来自21个国家和地区128位图书馆主管、图书馆专家、学者	形成都柏林核心集修饰词1.0工作草案
DC-8	2000年10月4—6日	加拿大（渥太华）	联机计算机图书馆中心、国际图联 和加拿大国家图书馆	图书馆员、档案信息学专家、档案员、数字图书馆研究者、政府信息提供者、出版者、DC标准和应用项目的专家	推出DC修饰词标准
DC-2001（2001）	2001年10月22—26日	日本（东京）	日本国家信息研究所、都柏林核心元数据组织、日本科技公司、日本图书馆学情报学大学、日本通讯研究实验室和日本国会图书馆	来自亚洲太平洋、欧洲以及北美地区28个国家和地区300多位专家、学者	为不断地从基本规范到评估以及进行更为广泛的元数据经验交流提供重要模式
DC-2002（2002）	2002年10月13—17日	意大利（佛罗伦萨）	意大利图书馆协会、国家图书中心、都柏林核心元数据组织、欧洲大学研究所、科学史博物馆研究所和佛罗伦萨大学	来自30多个国家和地区300余位专家、学者	主要探讨DC元数据应用问题：电子政府、搜索引擎与元数据、知识管理、语义网络、元数据繁荣互用、教育元数据、商务和文化遗产元数据
DC-2003（2003）	2003年9月28日—10月2日	美国（华盛顿、西雅图）	华盛顿信息学院、华盛顿大学图书馆、都柏林核心元数据组织和雪城大学信息研究所	来自20个国家和地区300余位专家、学者	改组都柏林核心元数据先导计划工作组，提出和修订各自章程，提出文摘模式对各类应用纲要进行规范

续表

届次	时间	地点	主持单位	参与者	主要成果
DC－2004（2004）	2004 年 10 月 11—14 日	中国（上海）	上海图书馆	来自 21 个国家和地区 160 余名专家、学者	就元数据体系架构、用户及采集管理等问题进行了研讨
DC－2005（2005）	2005 年 9 月 12—15 日	西班牙（马德里）	西班牙信息学与信息管理研究所、马德里卡洛斯第三大学图书馆学情报学系	来自 33 个国家和地区 214 名专家、学者	2004 年提出的四个新的属性术语得到了认可
DC－2006（2006）	2006 年 10 月 3—6 日	墨西哥（曼萨尼）	墨西哥科利马大学	250 名元数据研究者和应用专家，来自 24 个国家和地区	形成 DC2006 曼萨尼约宣言
DC－2007（2007）	2007 年 8 月 27—31 日	新加坡	新加坡国家图书馆局	来自 33 个国家和地区 200 名专家、学者	形成“新加坡框架”、成立非营利公司进一步促进元数据的研究和推广应用
DC－2008（2008）	2008 年 9 月 22—26 日	德国（柏林）	德国互操作元数据管理中心、马克思·普朗克数字图书馆、下萨克森哥廷根州立暨大学、德国国家图书馆、洪堡大学以及都柏林核心元数据先导计划组织	来自 39 个国家和地区的图书馆、博物馆、档案馆、政府、公共、教育、研究、出版和商业 312 位学者、专家	研讨了都柏林核心：创新与发展、语义集成、链接与 KOS 方法、元数据生成：方法、方案及模型、元数据质量、社会网络中的标注与元数据
DC－2009（2009）	2009 年 10 月 11—17 日	韩国（首尔）	韩国国家图书馆、韩国图书馆协会	亚太、欧美国家和地区 97 名大专院校、科研院所、图书馆、政府机关、公众服务和制造业的代表	对于 DC 元数据核心元数据在关联数据中的作用达成基本共识、对于 DC 元数据应用纲要如何帮助用户实现其具体应用有更多的对策、对 DC 以外的元数据方案和编码体系做了较深的研究

续表

届次	时间	地点	主持单位	参与者	主要成果
DC－2010（2010）	2010年10月20—22日	美国（匹兹堡）	都柏林核心元数据组织、美国信息科学技术协会	23个国家和地区150名大专院校、科研院所、图书馆、政府机关、数据库商、国际组织、研究与专业协会的代表和软件开发商	肯定都柏林核心元数据先导计划对提升数据互操作所做出的贡献和所扮演的重要角色，指出DC的发展方向、强化都柏林核心元数据先导计划在社区中的指导和培训作用以及互操作层次的提升、关联的理论和实践
DC－2011（2011）	2011年9月21－23日	荷兰（海牙）	都柏林核心元数据组织、荷兰国家图书馆	欧洲、美洲、亚洲和非洲36个国家和地区175名大专院校、图书馆、政府机关、数据库商、国际组织、研究与专业协会的代表和软件开发商	基于不同元数据方案的交融交汇，重点探讨描述语言设计的理论和实践问题，进行探讨不同的元数据方案之间的相互融合需要解决语言的问题
DC－2012（2012）	2012年9月3—7日	马来西亚（砂捞越古普）	都柏林核心元数据组织、马来西亚信息与通讯技术研发中心	13个国家和地区20多名大专院校、科研机构、图书馆和数字图书馆研究专家	强调在信息系统中，元数据的作用至关重要，元数据是一种具有实际应用目的的数据。同时，提及与书目元数据界合作，帮助图书馆界将书目数据可以与关联数据兼容，可以被翻译成关联数据的语言

注：1. DC－1到DC－7的会议定名为“DC元数据研讨会”（Dublin Core Metadata Workshop）；
2. DC－8会议更名为“第八届DC元数据国际研讨会”（The 8th International Dublin Core Metadata Workshop）；
3. 从第九届DCMI年会起，改为以公元年号命名；
4. 从DC－2005起，DCMI年会改为在“DC与元数据应用国际大会”的名称下，增加反映当年年会主题的副标题。

附录九
中美图书馆合作会议
(China-United States Library Conference)

届次	时间	地点	主题	主办和承办单位	出席会议和发言人数
1	1996年8月21—23日	中国北京(国家图书馆)	全球的信息存取:挑战和机遇	中国图书馆学会、中国国家图书馆、美国图书馆协会、美国国会图书馆和华美图书馆员协会主办,中国国家图书馆承办	60人,8人发言
2	2001年8月11—16日	美国纽约和华盛顿(皇后图书馆法拉盛分馆、美国国会图书馆)	中美图书馆合作战略政策指导	中国图书馆学会、中国国家图书馆、美国图书馆协会、美国国会图书馆和华美图书馆员协会主办,皇后图书馆法拉盛分馆和美国国会图书馆承办	90人,30人发言
3	2005年3月22—25日	中国上海(上海图书馆)	数字时代的知识管理与服务	中国图书馆学会、中国国家图书馆、美国研究图书馆协会和美国国会图书馆主办,上海图书馆承办	100人,32人发言
4	2007年10月23—25日	美国俄亥俄州哥伦布(OCLC总部)	中国和美国的图书馆、博物馆和档案馆之间的合作	中国图书馆学会、中国国家图书馆、美国图书馆协会和美国国会图书馆主办,联机计算机图书馆中心承办	46人,18人发言
5	2010年9月9—10日	中国北京(国家图书馆)	数字资源共享:机遇与挑战	中国图书馆学会、中国国家图书馆、美国图书馆协会和美国国会图书馆主办,中国国家图书馆承办	120人,20人发言

附 录 十
上海国际图书馆论坛
(The Shanghai International Library Forum)

两年一届的上海国际图书馆论坛致力于推进全球图书馆和情报专业人员之间的交流与合作，充分发挥图书馆在传播科技、文化知识、服务经济、社会发展、提升人类文明程度方面的重要功能。各届论坛都收到来自世界各国家和地区的论文近百篇，上百位国内外图书馆领域的专家学者、研究人员和各界人士与会交流，历任国际图联主席在大会上作精彩报告。

届次	会议时间	会议主题	主旨报告	论文数(篇)	出席人数(人)	是否出版论文集
1	2002年7月16—18日	知识导航与图书馆服务	1.“图书馆在消除数字鸿沟中的作用”——吴建中 2.“格拉斯哥数字图书馆建设及其构成”——德克·劳(Derek Law) 3.“数字时代美国国会图书馆的作用”——温斯顿·陶伯(Winston Tabb) 4.“国际合作的数字战略：图书馆在知识社会的机遇”——陈刘钦智	73	120(境外80)	是
2	2004年10月12—15日	城市发展与图书馆服务	1.“图书馆与城市：共同进化观”——亚列克斯·伯恩(Alex Byrne) 2.“现代城市发展中图书馆的人文精神”——陈力 3.“语义万维网与数字图书馆”——埃里克·米勒(Eric Miller)	79	111(境外68)	是
3	2006年8月17—19日	管理创新与图书馆服务	1.“全球化对图书馆的影响及国际图联的作用”——克劳蒂娅·卢克斯(Claudia Lux) 2.“未来的有创见的图书馆管理者”——史蒂夫·奥康纳(Steve O'Connor)	85	125(境外72)	是
4	2008年10月21—22日	知识创新与图书馆服务	1.“知识创新与信息服务”——裴刚 2.“图书馆与情报服务”——贺德方 3.“塑造我们的空间：未来的新型学术图书馆”——约瑟夫·布雷宁(Joseph Branin)	75	124(境外62)	是

续表

届次	会议时间	会议主题	主旨报告	论文数（篇）	出席人数（人）	是否出版论文集
5	2010年8月24—27日	城市生活与图书馆服务	1.“我国城市化进程中的图书馆建设”——周和平 2.“以全球视角看知识与科技存取作用下的创新与发展”——艾伦·泰塞（Ellen Tise） 3.“公共图书馆与城市发展”——陈小平	101	200（境外97）	是
6	2012年7月17—19日	智慧城市与图书馆服务	1.“加快数字图书馆建设，全面提升城市图书馆服务水平”——周和平 2.“智慧城市、智慧图书馆、智慧图书馆员”——伊恩·M·约翰逊（Ian M. Johnson） 3.“大都市转型的大智慧：建智慧城市”——朱晓明	64	224（境外72）	是

参考文献

References

边春光. 1994. 编辑实用百科全书. 北京：中国书籍出版社.

藏借阅咨一体化服务模式的实践与思考. 文献信息论坛，2006（3）：35 ~ 38.

辞海编委会. 1999. 辞海缩印本. 上海：上海辞书出版社.

崔红娟，周游. 2006. 英汉图书馆学情报学术语词典. 上海：上海交通大学出版社.

董恩林. 2008. 中国传统文献学概论. 武汉：华中师范大学出版社.

杜伟生. 2003. 中国古籍修复与装裱技术图解. 北京：北京图书馆出版社.

方小容，郑勇，丘东江. 1995. 汉英图书馆学情报学辞典. 西安：三秦出版社.

何立. 1999. 文学词典. 北京：学苑出版社.

胡述兆. 1995. 图书馆学与资讯科学大辞典. 台北：汉美图书有限公司.

汇文忠，陆忠民. 1993. 汉英图书馆词汇. 上海：上海外语教育出版社.

瞿冕良. 2009. 中国古籍版刻辞典（增订本）. 苏州：苏州大学出版社.

来新夏. 1991. 图书馆学情报学档案学简明辞典. 天津：南开大学出版社.

李德竹. 1997. 图书馆学暨资讯科学词汇. 台北：文华图书馆管理资讯股份有限公司.

李国新. 2000. 日本图书馆法律体系研究. 北京：北京图书馆出版社.

李蘅. 1984. 图书馆学与情报学辞典. 慕尼黑：卡格・绍尔出版社.

李金波. 2011. 国外图书馆微博客建设及其启示. 图书与情报，(1)：70 ~ 73.

林在高，宋文强. 1999. 英汉计算机百科辞典. 北京：电子工业出版社.

刘子亚，陆宗城. 1987. 英汉图书情报文献学词汇. 北京：书目文献出版社.

牟玉亭. 2005. 中国古典文献学. 北京：社会科学文献出版社.

潘燕桃，程焕文. 2004. 世界图书馆学教育进展. 北京：北京图书馆出版社.

丘东江. 2006. 新编图书馆学情报学辞典. 北京：科学技术文献出版社.

丘东江. 2007. 图书馆员英语选读 I. 北京：海洋出版社.

丘东江. 2010. 全球图书馆界的“联合国”——联机计算机图书馆中心（OCLC）. 北京：海洋出版社.

丘东江. 2010. 图书馆员英语选读 II. 北京：海洋出版社.

丘东江，庄敬. 2000. 简明英汉因特网词典. 石家庄：河北教育出版社.

日本图书馆协会用语委员会. 2003. 图书馆用语集（第三版）. 东京：日本图书馆协会.

石渤. 1996. 英汉 - 汉英文献信息词典. 武汉：武汉大学出版社.

孙平. 2006. 英汉图书馆情报学词汇. 北京：清华大学出版社.

孙瑞年，尹秀波. 1992. 英俄汉图书情报学词典. 北京：科学技术文献出版社.

孙世菁，吴新民，郑莉莉. 1993. 汉英俄图书馆学信息学词典. 北京：印刷工业出版社.

图书馆学百科全书编委会. 1993. 图书馆学百科全书. 北京：中国大百科出版社.

王立诚. 2010. 科技文献检索与利用（第四版）. 南京：东南大学出版社.

王绍平，陈兆山，陈钟鸣，等. 1990. 图书情报词典. 上海：汉语大词典出版社.

王雪野. 2009. 国际图书与版权贸易. 北京：中国传媒大学出版社.

王余光，徐雁. 1999. 中国读书大辞典. 南京：南京大学出版社.

王玉晶. 2008. 合作数字参考咨询服务研究综述. 图书馆学研究，(8)：56 ~ 58.

邬淑珍，都平平，丘东江. 2003. 英汉－汉英文献信息词汇. 南京：东南大学出版社.
吴惠茹. 2009. 图书馆参考咨询服务可获得性探析. 情报杂志，28（9）：194～197.
吴建中. 2001. DC元数据. 上海：上海科学技术出版社.
吴建中. 2003. 21世纪图书馆新论（第二版）. 上海：上海科学技术出版社.
吴慰慈，董焱. 2000. 图书馆学概论. 北京：北京图书馆出版社.
武汉大学图书情报学院. 1990. 中国图书情报工作实用大全. 北京：科学技术文献出版社.
夏征农，陈至立. 2009. 辞海（第六版）. 上海：上海辞书出版社.
肖力. 1986. 读者行为论（上）. 图书与情报，(3)，17～20.
肖燕编. 2009. 图书馆职业英语阅读. 北京：国家图书馆出版社.
谢宗昭. 1990. 文献编目概论. 南京：南京大学出版社.
新英汉计算机词典编委会. 2000. 新英汉计算机词典. 北京：清华大学出版社.
杨若云. 1984. 图书馆学辞典. 台北：五洲出版社.
《英汉多媒体技术词典》编辑委员会. 2003. 英汉多媒体技术词典. 北京：清华大学出版社.
张佩云等. 2004. 主题地图标准及其应用研究. 安徽大学学报（自然科学版），(3)：19～22.
张琪玉. 2000. 情报语言学词典. 北京：北京图书馆出版社.
张修. 1998. 英汉计算机辞典. 北京：人民邮电出版社.
张蕴珊，许邦兴，王恩光. 1982. 英汉图书馆词典. 北京：商务印书馆.
赵福来，赵贞阁，赵琏. 1991. 英法德西俄汉图书馆学情报学词汇. 北京：商务印书馆.
赵国璋，潘树广. 2005. 文献学大词典. 扬州：广陵书社.
中国大百科全书编委会. 1993. 中国大百科全书图书馆学. 情报学. 档案学. 北京：中国大百科全书出版社.
《中国情报学百科全书》编辑委员会. 2010. 中国情报学百科全书. 北京：中国大百科出版社.
中国图书馆学会《西文文献著录条例》修订组. 2003. 西文文献著录条例. 北京：科学技术文献出版社.
仲荣法. 1998. 英汉INTERNET网络辞典. 北京：电子工业出版社.
周文骏. 1991. 图书馆学情报学词典. 北京：书目文献出版社.
周学艺. 2002 英汉美英报刊词典. 北京：外语教学与研究出版社.
周智佑. 1982. 文献与情报工作词典. 北京：科学技术文献出版社.
诸伟奇等. 1990. 简明古籍整理辞典. 哈尔滨：黑龙江人民出版社.
邹秀英，舒悦. 2010. 英汉—汉英图书馆实用核心词汇. 北京：国家图书馆出版社.
A. E. Cawkell. 1993. Encyclopedic Dictionary of Information Technology and Systems. London：Bowker－Saur.
Allen Kent, Harold Lancour. 1986. Encyclopedia of Library and Information Science. New York：Marcel. Dekker Inc.
Amjad Ali. 2004. Glossary of Library and Information Science. New Delhi：Ess Ess Publication.
Anglo－American Cataloging Rules, Second edition, 2002 Revision. 2002. Chicago：American Library Association.
Carolyn Watters. 1992. Dictionary of Information Science and Technology. New York：Academic Press.
Donald H. Johnston. 2003. Encyclopedia of International Media and Communications. Amsterdam：Academic Press.
Harrod's Librarians' Glossary And Reference Book：A Directory of Over 10 200 Terms, Organizations, Projects and Acronyms in the Areas of Information Management. Ray Prytherch, 2005.
Hartsill Young. 1983. The ALA Glossary of Library and Information Science. Chicago：American Library Association.
Henruk Sawoniak, Maria Wite. 1994. New International Dictionary of Acronyms in Library and Information Science and Related Fields. Munchen：K. G. Saur.
http：//159.226.100.150：8085/lis/netjournal/LIS_NET/2008－05
http：//202.194.11.42/libportal/zixun/showcata2.aspx

http://baike.baidu.com/view/124874.htm
http://baike.baidu.com/view/125672.htm
http://baike.baidu.com/view/127702.htm
http://baike.baidu.com/view/139450.htm
http://baike.baidu.com/view/15078.htm
http://baike.baidu.com/view/151774.htm
http://baike.baidu.com/view/15602.htm
http://baike.baidu.com/view/1708.htm
http://baike.baidu.com/view/1757212.htm
http://baike.baidu.com/view/17658.htm
http://baike.baidu.com/view/197043.htm
http://baike.baidu.com/view/240400.htm
http://baike.baidu.com/view/2594907.html?fromTaglist
http://baike.baidu.com/view/302256.htm;
http://baike.baidu.com/view/31748.htm
http://baike.baidu.com/view/345738.htm
http://baike.baidu.com/view/413034.htm
http://baike.baidu.com/view/414986.htm
http://baike.baidu.com/view/4256596.html?tp=1_01
http://baike.baidu.com/view/42722.htm
http://baike.baidu.com/view/45696.htm; http://www.hudong.com/wiki/%E5%A4%A7%E7%AF%86;
http://baike.baidu.com/view/460449.htm
http://baike.baidu.com/view/514065.html?tp=0_01
http://baike.baidu.com/view/526977.htm; http://www.cnpulp.com/pa/gn/iso_tszzkbfb.htm
http://baike.baidu.com/view/564339.htm
http://baike.baidu.com/view/568825.htm
http://baike.baidu.com/view/658279.htm
http://baike.baidu.com/view/683013.htm
http://baike.baidu.com/view/68501.htm#2
http://baike.baidu.com/view/754590.htm;
http://baike.baidu.com/view/755316.htm
http://baike.baidu.com/view/79493.htm
http://baike.baidu.com/view/8240.htm
http://baike.hosof.com/wiki/~bf6L6R5L2a
http://blog.sina.com.cn/s/blog_4dcf30a2010009w8.html
http://cco.vrafoundation.org/
http://cdmd.cnki.com.cn/Article/CDMD-10511-2009159426.htm
http://chazidian.com/r_ci_2432b57515b3627faddccb1dd1df206e
http://define.cnki.net/WebForms/WebDefines.aspx?searchword=%E8%BE%B9%E7%BC%98%E5%AD%A6%E7%A7%91
http://dict.baidu.com/baidu?ie=gb2312&cl=3&f=8&word=%B1%B8%D7%A2
http://d.wanfangdata.com.cn/Periodical_zgtsgxb200801015.aspx
http://eakmrc.hubu.edu.cn/newscontent.aspx?articleid=1106

http: //en. wikipedia. org/wiki/Categories_ for_ the_ Description_ of_ Works_ of_ Art
http: //en. wikipedia. org/wiki/Everyman's_ Library
http: //en. wikipedia. org/wiki/Henriette_ Avram
http: //en. wikipedia. org/wiki/Onix_ (publishing_ protocol)
http: //en. wikipedia. org/wiki/United_ States_ Government_ Printing_ Office
http: //hanyu. iciba. com/wiki/700560. shtml
http: //hanyu. iciba. com/wiki/93643. shtml#1
http: //hi. baidu. com/knowise/blog/item/07413bcb4ae90f16bf09e621. html
http: //hxd. wenming. cn/cldzgwm/disk3/0705/html/f09/0705f09. html
http: //iask. sina. com. cn/b/18263353. html
http: //iask. sina. com. cn/b/995842. html? retcode = 0
http: //lii. org/
http: //lu. com/odlis/
http: //ppyssb. com/mess158. html
http: //www. db. dk/dbi/samling/xdba_ uk. htm.
http: //thecanadianencyclopedia. com/index. cfm? PgNm = TCE&Params = A1ARTA0004675
http: //translate. google. com. hk/translate? hl = zh - CN&langpair = en%7Czh - CN&u =
http: //translate. google. com. hk/translate? hl = zh - CN&sl =
http: //translate. google. com. hk/translate? hl = zh - CN&sl = zh - TW&u = http: //morris. lis. ntu. edu. tw/wikimedia/index. php
http: //wenku. baidu. com/view/0d7ba92ced630b1c59eeb597. html
http: //wenwen. soso. com/z/q108444427. htm? pid = ask. box
http: //wenwen. soso. com/z/q217704163. htm? sp = 4126;
http: //wenwen. soso. com/z/q62712344. htm
http: //wiki. koha - community. org/wiki/Main_ Page
http: //www. 181855. com/160jinian/mulu2 - 5. htm;
http: //www. archivists. org/glossary/term_ details. asp? DefinitionKey = 1636
http: //www. ccdy. cn/2004 - 09/30/content_ 226670. htm
http: //www. cch. kcl. ac. uk/legacy/teaching/avmpre/avmpre_ useful_ sites. html
http: //www. cctv. com/tvguide/tvcomment/tyzj/zjwz/615. shtml
http: //www. cnki. com. cn/Article/CJFDTotal - ZJWL201006014. htm
http: //www. cnw. com. cn/cnw07/Software/data/htm2009/20090319_ 170136. shtml
http: //www. eastasianlib. org/Eastlibinstructions. htm
http: //www. editeur. org/8/ONIX/
http: //www. exam8. com/lunwen/gonggong/tushuguan/201003/1031286_ 2. html
http: //www. fslib. net/Article/ShowArticle. asp? ArticleID = 1105
http: //www. google. com. hk/search?;
http: //www. gov. cn/flfg/2010 - 02/26/content_ 1544458. htm
http: //www. gpo. gov/
http: //www. hudong. com/wiki/
http: //www. hudong. com/wiki/%;
http: //www. hudong. com/wiki/%E5%9C%B0%E6%94%AF
http: //www. hudong. com/wiki/%E5%A3%81%E7%94%BB;

http://www.hudong.com/wiki/%E5%AF%B9%E7%AD%89%E7%BD%91%E7%BB%9C
http://www.hudong.com/wiki/%E5%B8%9B%E4%B9%A6
http://www.hudong.com/wiki/%E6%A0%87%E9%A2%98%E6%B3%95
http://www.hudong.com/wiki/%E7%89%88%E6%9D%83%E6%B3%95
http://www.hudong.com/wiki/%E7%94%B5%E5%BD%B1%E8%B5%84%E6%96%99%E9%A6%86
http://www.hudong.com/wiki/%E7%A2%91%E6%96%87
http://www.hudong.com/wiki/%E7%BB%A2%E6%9C%AC;
http://www.hudong.com/wiki/%E7%BC%96%E8%80%85%E6%8C%89;
http://www.hudong.com/wiki/%E8%80%83%E5%8F%A4%E5%AD%A6
http://www.hudong.com/wiki/%E8%80%83%E8%AF%81
http://www.iciba.com/%E5%8D%9A%E5%A3%AB%E8%AE%BA%E6%96%87
http://www.iciba.com/%E5%8F%A4%E6%B1%89%E8%AF%AD/
http://www.iciba.com/layout%20sheet
http://www.ifla.org/III/wsis.html
http://www.ifla.org.sg/II/orgs.htm
http://www.kanji.zinbun.kyoto-u.ac.jp/kansekikyogikai/chenli.pdf
http://www.kjqb.cn/Article.asp? articleid=41290
http://www.lib.berkeley.edu/EART/abbrev.html
http://www.loc.gov/acq/conser/about.html
http://www.loc.gov/catdir/pcc/2001pcc.html
http://www.loc.gov/catdir/pcc/bibco/
http://www.loc.gov/catdir/pcc/bibco/bibcopara.html
http://www.loc.gov/catdir/pcc/hyslop1.html
http://www.loc.gov/catdir/pcc/naco/nacopara.html
http://www.loc.gov/catdir/pcc/reports.html#FAQ-Doc
http://www.loc.gov/catdir/pcc/saco/sacopara.html
http://www.loc.gov/ead/
http://www.loc.gov/mix/
http://www.loc.gov/standards/amdvmd/index.html
http://www.loc.gov/standards/mads/
http://www.loc.gov/standards/marcxml/marcxml-design.html
http://www.loc.gov/standards/marcxml/marcxml-overview.html
http://www.loc.gov/standards/mets/ METS：概要及指南（中译本）
http://www.loc.gov/standards/mods/mods-overview.html
http://www.loc.gov/standards/mods/registry.php
http://www.loc.gov/standards/premis
http://www.loc.gov/standards/sru/
http://www.loc.gov/standards/textMD/
http://www.loc.gov/standards/vracore/
http://www.longwiki.net/%E7%BB%A2%E6%9C%AC;
http://www.marketingman.net/faq/0052.htm;
http://www.neh.gov/whoweare/NEH_Internships.html
http://www.oaky.com.cn/oakystore/book/bookaward/Greenaway.htm

http: //www. oclc. org/asiapacific/zhcn/batchprocessing/options/holdings/set/pccbibco. htm

http: //www. open – ils. org/about. php

http: //www. planetware. com/london/marx – memorial – library

http: //www. viaf. org/

http: //www. ynlib. cn/Article/ShowArticle. asp? ArticleID = 21031

http: //www. zzbaike. com/wiki/% E5% BC% 80% E6% BA% 90

http: //zhidao. baidu. com/question/104430918. html

http: //zhidao. baidu. com/question/30408829. html

http: //zhidao. baidu. com/question/34021792

http: //zhidao. baidu. com/question/46005418. html

http: //zhidao. baidu. com/question/50442396. html

http: //zhidao. baidu. com/question/54652945. html

http: //zhidao. baidu. com/question/580612. html

http: //zhidao. baidu. com/question/5924546

http: //zhidao. baidu. com/question/5931221. html? si = 1

http: //zh. wikipedia. org/wiki

http: //zh. wikipedia. org/wiki/% E8% BE% 91% E4% BD% 9A

http: //zh. wikipedia. org/zh

http: //zh. wikipedia. org/zh – cn

http: //zh. wikipedia. org/zh – cn/% E5% A4% A7% E7% AF% 86;

http: //zh. wikipedia. org/zh/% E4% B8% AD% E5% 9C% 8B% E5% 8F% A4% E7% B1% 8D

http: //zh. wikipedia. org/zh/% E5% 8D% 95% E8% A1% 8C% E6% 9C% AC

http: //zh. wikipedia. org/zh/% E5% 9C% B0% E6% 94% AF

http: //zh. wikipedia. org/zh/% E5% A3% 81% E7% 95% AB

http: //zh. wikipedia. org/zh/% E5% B8% 9B% E4% B9% A6

http: //zh. wikipedia. org/zh – hans/% E5% 8F% A4% E4% BB% A3% E6% BC% A2% E8% AA% 9E

http: //zh. wikipedia. org/zh/Web_ 2. 0

http: //zh – yue. wikipedia. org/wiki

http: //zzbaike. com/wiki/% E7% 82% B9% E5% 87% BB% E7% 8E% 87

Janet Stevenson. 1997. Dictionary of Library and Information Management. Middlesex: Peter Collin Publishing.

Jeremy Orlebar. 2003. The Practical Media Dictionary. London: Oxford University Press, Inc.

Joan M. Reitz. 2004. Dictionary for Library and Information Science. Westport, Conn: Libraries Unlimimited.

John Feather. 1986. A Dictionary of Book History. New York: Oxford University Press.

John Feather, Paul Sturges. 2003. International Encyclopedia of Information and Library Science. New York: Routledge.

Jorge Reina Schement. 2002. Encyclopedia of Communication and Information. New York: Macmillan Library Reference.

Manisha Dawra. 2003. Encyclopedia of Modern Library and Information Science. New Delhi: Rajat Publications.

Miriam A. Drake. 2003. Encyclopedia of Library and Information Science. New York: Marcel Dekker, Inc.

P. H. Collin 编，韩闽红，赵东泓，何妍，杨晓洪译. 2002. 英汉双解出版印刷词典. 北京：外语教学与研究出版社.

P. P. Rawat and T. Kumar. 2002. Encyclopedic Dictionary of Library Science and Information Technology. New Delhi: Crest Publishing House.

Ray Prytherch. 2000. Harrod's Librarians Glossary of Terms Used in Librarianship, Documentation and the Book Crafts, and Reference Book. Aldershot: Gower.

Robert Wedgeworth. 1993. World Encyclopedia of Library and Information Services. Chicago: American Library Association.

S. M. H. Collin 编，刘相东，庞萍译. 2000. 英汉双解信息技术词典. 北京：外语教学与研究出版社.

Stella Keenan. 1996. Concise Dictionary of Library and Information Science. London: Boeker－Saur.

Stella Keenan, Colin Johnston. 2000. Concise Dictionary of Library and Information Science. London: Bowker－Saur.

Tong Gunton. 1993. The Penguin Dictionary of Information Technology. New York: Penguin Group.